Reimann · Bengel · Dietz
Testament und Erbvertrag
7. Auflage

Reimann · Bengel · Dietz

Testament und Erbvertrag

Herausgegeben von

Wolfgang Reimann · Manfred Bengel · Florian Dietz

Bearbeitet von

Manfred Bengel, Florian Dietz, Reinhard Geck, Hans Hammann, Peter Limmer,
Jörg Mayer (†), Wolfgang Reimann, Christoph Röhl, Sebastian Sammet, Robert Sieghörtner,
Lorenz Spall, Wolfgang Voit

7. Auflage

Carl Heymanns Verlag 2020

Zitiervorschlag: Reimann/Bengel/Dietz/*Bearbeiter*, Kap. 6 Rn. 26

Bibliografische Information der Deutschen Nationalbibliothek

Die Deutsche Nationalbibliothek verzeichnet diese Publikation in der Deutschen Nationalbibliografie; detaillierte bibliografische Daten sind im Internet über http://dnb.d-nb.de abrufbar.

ISBN 978-3-452-29168-4

Downloaden Sie die Formulare des Werkes zur weiteren Bearbeitung in Ihrem Textprogramm. Rufen Sie dazu die Website

http://download.wolterskluwer.de

auf und registrieren Sie sich mit dem folgenden Zugangscode:

WK6ERBNNM

Eine genaue Anleitung finden Sie unter der oben genannten Website.

www.wolterskluwer.de

Umschlagkonzeption: Martina Busch, Grafikdesign, Homburg-Kirrberg
Satz: Innodata Inc., Noida, Indien
Druck und Weiterverarbeitung: Williams Lea & tag GmbH, München

Gedruckt auf säurefreiem, alterungsbeständigem und chlorfreiem Papier.

Vorwort

Die Erbrechtsgestaltung ist mehr denn je eine Herausforderung für Juristen. Auch in den seit der letzten Auflage vergangenen vier Jahren blieb das Erbrecht in Bewegung: Zu der in Kraft getretenen EU-Erbrechtsverordnung sind erste, wichtige Grundsatzurteile ergangen, aber auch der Gesetzgeber hat mit der »Ehe für alle« und dem Verbot der Kinderehe zwar primär familienrechtliche Reformen verabschiedet, die aber auch tiefgreifende Auswirkungen auf unser Erbrecht haben. Dies und zahlreiche Gerichtsentscheidungen zum Erbrecht und Erbschaftsteuerrecht haben eine umfassende Neubearbeitung des Werks erforderlich gemacht.

Der frühe und unerwartete Tod des Mitherausgebers und Mitautors Notar Prof. Dr. Jörg Mayer kurz nach Erscheinen der letzten Auflage hat uns alle tief betroffen gemacht. Seine umfangreiche, präzise durchdachte und breit aufgestellte wissenschaftliche Arbeit hat auch dieses Werk maßgeblich geprägt. Es waren daher für die Neuauflage Veränderungen im Kreis der Herausgeber und Autoren notwendig geworden. In den Kreis der Herausgeber wurde Notar Dr. Florian Dietz aufgenommen. Als weitere Autoren konnten Notar Dr. Christoph Röhl, Notar Dr. Sebastian Sammet und Notar Lorenz Spall gewonnen werden.

Zu seinem eigenen und zu unserem großen Bedauern konnte Dr. Martin Stracke seine Mitarbeit an »Testament und Erbvertrag« nicht fortsetzen, ihm sei an dieser Stelle für seine bisherige Arbeit gedankt.

Verlag, Herausgeber und Bearbeiter hoffen, der erbrechtlichen Praxis mit dieser Auflage von »Testament und Erbvertrag« wieder ein Werk an die Hand geben zu können, das Handbuch, Formularbuch und Kommentar in einem Band vereint.

Regensburg, Fürth, Bamberg im Oktober 2019

Wolfgang Reimann, Manfred Bengel, Florian Dietz

Bearbeiterverzeichnis

Prof. Dr. Manfred Bengel
Notar a.D., Fürth

Dr. Florian Dietz
Notar, Bamberg

Dr. Reinhard Geck
Rechtsanwalt, Notar a.D. und Steuerberater, Hannover

Dr. Hans Hammann
Rechtsanwalt, Reutlingen

Prof. Dr. Peter Limmer
Notar, Würzburg

Prof. Dr. Jörg Mayer (†)
Notar, Simbach am Inn

Prof. Dr. Wolfgang Reimann
Notar a.D., Regensburg

Dr. Christoph Röhl
Notar, Hauzenberg

Dr. Sebastian Sammet
Notar, Höchstädt an der Donau

Prof. Dr. Robert Sieghörtner, LL.M. (Sydney), EMBA (Münster)
Notar, Gräfenberg

Lorenz Spall
Notar, Landau in der Pfalz

Prof. Dr. Wolfgang Voit
Professor an der Philipps-Universität Marburg

Im Einzelnen haben bearbeitet

Systematischer Teil

A. I. 1	Reimann
A. I. 2	Reimann
A. I. 3	Reimann
A. I. 4	Reimann
A. I. 5	Reimann
A. I. 6	Reimann
A. I. 7	Hammann
A. II.	Limmer
A. III.1	Reimann
A. III.2	Reimann
A. III.3	Reimann
A. III.4	Reimann
A. III.5	Reimann
A. III.6	Reimann
A. III.7	Reimann
A. III.8	Reimann
A. III.9	J. Mayer/Spall
A. III.10	Limmer
A. III.11	Reimann
A. III.12	Dietz
A. III.13	Limmer
A. III.14	Limmer
A. IV.1	J. Mayer/Spall
A. IV.2	Limmer
A. IV.3	Hammann
A. IV.4	Reimann
A. IV.5	Limmer
A. IV.6	Limmer
A. IV.7	Dietz
B.	Sieghörtner
C.	Geck

Formularteil

A. Checklisten	Dietz
B. Formulare	Dietz

Kommentarteil

§§ 2229–2264 BGB	Voit
§§ 2265–2273 BGB	J. Mayer/Sammet
§§ 2274–2285 BGB	J. Mayer/Dietz
§§ 2286–2300a BGB	J. Mayer/Röhl
§§ 2301–2302 BGB	Reimann

Inhaltsverzeichnis

Abkürzungsverzeichnis

a.A.	andere Ansicht
a.a.O.	am angegebenen Ort
ABl.	Amtsblatt
Abs.	Absatz
Abschn.	Abschnitt
AdG	Adoptionsgesetz
a.E.	am Ende
AEUV	Vertrag über die Arbeitsweise der Europäischen Union
a.F.	alte Fassung
AG	Aktiengesellschaft; Amtsgericht; Die Aktiengesellschaft (Zs.)
AGB	Allgemeine Geschäftsbedingungen
AktG	Aktiengesetz
Alt.	Alternative
amtl. Begr.	amtliche Begründung
AnfG	Anfechtungsgesetz
Anm.	Anmerkung
AnwBl.	Anwaltsblatt (Zs.)
AO	Abgabenordnung
Art.	Artikel
Aufl.	Auflage
AVB	Allgemeine Versicherungsbedingungen
AVNot	Angelegenheiten der Notarinnen und Notare
AVO-PStG	Ausführungsverordnung zum Personenstandsgesetz
AWG	Außenwirtschaftsgesetz
BAnz.	Bundesanzeiger
BauGB	Baugesetzbuch
BayObLG	Bayerisches Oberstes Landesgericht
BaySchlG	Bayerisches Schlichtungsgesetz
BB	Betriebsberater (Zs.)
Bd.	Band
Bde.	Bände
BDG	Bundesdisziplinargesetz
BDSG	Bundesdatenschutzgesetz
Beschl.	Beschluss
BeurkG	Beurkundungsgesetz
BFH	Bundesfinanzhof
BGB	Bürgerliches Gesetzbuch
BGBl.	Bundesgesetzblatt
BGH	Bundesgerichtshof
BGHR	Rechtsprechung des Bundesgerichtshofes
BGHSt	Entscheidungen des Bundesgerichtshofes in Strafsachen
BGHZ	Entscheidungen des Bundesgerichtshofes in Zivilsachen
BGHZ	Entscheidungen des Bundesgerichtshofes in Zivilsachen – Großer Senat für Zivilsachen
BKR	Zeitschrift für Bank- und Kapitalmarktrecht
BMF	Bundesministerium der Finanzen
BMJ	Bundesministerium der Justiz
BNotK	Bundesnotarkammer
BNotO	Bundesnotarordnung
BNotO-E	Entwurf eines Gesetzes zur Modernisierung von Verfahren im anwaltlichen und notariellen Berufsrecht
BORA	Berufsordnung für Rechtsanwälte
BRAGO	Bundesgebührenordnung für Rechtsanwälte
BRAO	Bundesrechtsanwaltsordnung

BR-Drucks.	Bundesrats-Drucksache
BSHG	Bundessozialhilfegesetz
BStBl.	Bundessteuerblatt
BT	Bundestag
BT-Drucks.	Bundestags-Drucksache
BVerfG	Bundesverfassungsgericht
BVerfGE	Entscheidungen des Bundesverfassungsgerichtes
BVerfGK	Kammerentscheidungen des Bundesverfassungsgerichts
BWNotZ	Zeitschrift für das Notariat in Baden-Württemberg
bzgl.	bezüglich
bzw.	beziehungsweise
ca.	circa
CDC	Caisse des Dépôts et Consignations
DAI	Deutsches Anwaltsinstitut
DAV	Deutscher Anwaltverein
DB	Der Betrieb (Zs.)
DDR	Deutsche Demokratische Republik
ders.	derselbe
d.h.	das heißt
dies.	dieselbe/n
DIN	Deutsches Institut für Normung
Diss.	Dissertation
DJ	Deutsche Justiz (Zs.)
DJZ	Deutsche Juristen-Zeitung
DM	Deutsche Mark
DNotI	Deutsches Notarinstitut
DNotV	Deutscher Notarverein
DNotZ	Deutsche Notar-Zeitschrift
DONot	Dienstordnung für Notarinnen und Notare
DR	Deutsches Recht (Zeitschrift)
DRiZ	Deutsche Richterzeitung
DStR	Deutsches Steuerrecht (Zs.)
DVBl.	Deutsches Verwaltungsblatt (Zs.)
DZWiR	Deutsche Zeitschrift für Wirtschafts- und Insolvenzrecht
EBE/BGH	Eildienst: Bundesgerichtliche Entscheidungen (Zs.)
EDV	Elektronische Datenverarbeitung
EG	Europäische Gemeinschaft
eG	eingetragene Genossenschaft
EGBGB	Einführungsgesetz zum Bürgerlichen Gesetzbuch
EGGVG	Einführungsgesetz zum Gerichtsverfassungsgesetz
EGInsO	Einführungsgesetz zur Insolvenzordnung
EGStGB	Einführungsgesetz zum Strafgesetzbuch
EGZPO	Einführungsgesetz zur Zivilprozessordnung
EHUG	Gesetz über elektronische Handelsregister und Genossenschaftsregister sowie das Unternehmensregister
ErbbauRG	Erbbaurechtsgesetz
ErbStG	Erbschaftsteuer- und Schenkungsteuergesetz
EStDV	Einkommensteuer-Durchführungsverordnung
EStG	Einkommensteuergesetz
EU	Europäische Union
EuErbVO	Europäische Erbrechtsverordnung
EuGH	Europäischer Gerichtshof
EuGHE	Entscheidungssammlung des Europäischen Gerichtshofes
EuGVÜ	Übereinkommen über die gerichtliche Zuständigkeit und die Vollstreckung gerichtlicher Entscheidungen in Zivil- und Handelssachen

e.V.	eingetragener Verein
evtl.	eventuell
EWG	Europäische Wirtschaftsgemeinschaft
EWiR	Entscheidungen zum Wirtschaftsrecht (Zs.)
EWIV	Europäische wirtschaftliche Interessenvereinigung
EWR	Europäischer Wirtschaftsraum
f.	folgende
FamFG	Gesetz über das Verfahren in Familiensachen und in den Angelegenheiten der freiwilligen Gerichtsbarkeit
FamRZ	Zeitschrift für das gesamte Familienrecht
ff.	folgende
FGG	Gesetz über die Angelegenheiten der freiwilligen Gerichtsbarkeit
FGO	Finanzgerichtsordnung
FGPrax	Praxis der Freiwilligen Gerichtsbarkeit (Zs.)
Fn.	Fußnote
FS	Festschrift
GBl.	Gesetzblatt
GBO	Grundbuchordnung
GbR	Gesellschaft bürgerlichen Rechts
GenG	Genossenschaftsgesetz
GG	Grundgesetz
ggf.	gegebenenfalls
ggü.	gegenüber
GmbH	Gesellschaft mit beschränkter Haftung
GmbHG	Gesetz betreffend die Gesellschaften mit beschränkter Haftung
GmbHR	GmbH Rundschau – Gesellschafts- und Steuerrecht der GmbH und GmbH & Co (Zs.)
GNotKG	Gerichts- und Notarkostengesetz
grds.	grundsätzlich
GrdstVG	Gesetz über Maßnahmen zur Verbesserung der Agrarstruktur und zur Sicherung land- und forstwirtschaftlicher Betriebe
GrEStG	Grunderwerbsteuergesetz
GVBl.	Gesetz- und Verordnungsblatt
GVO	Grundstücksverkehrsordnung
GwG	Geldwäschebekämpfungsgesetz; Geldwäschegesetz
Hs.	Halbsatz
HambgJVbl.	Hamburgisches Justizverwaltungsblatt
HeimG	Heimgesetz
HGB	Handelsgesetzbuch
HinterlO	Hinterlegungsordnung
h.M.	herrschende Meinung
HmbGVBl.	Hamburgisches Gesetz- und Verordnungsblatt
HöfeO	Höfeordnung
HRR	Höchstrichterliche Rechtsprechung (Zs.)
hrsg.	herausgegeben
Hrsg.	Herausgeber
IBR	Immobilien- & Baurecht (Zs.)
i.d.F.	in der Fassung
i.d.R.	in der Regel
insbes.	insbesondere
InsO	Insolvenzordnung
IPR	Internationales Privatrecht
IPRax	Praxis des Internationalen Privat- und Verfahrensrechts (Zs.)
i.S.d.	im Sinne der/s

i.S.e.	im Sinne einer/s
i.Ü.	im Übrigen
i.V.m.	in Verbindung mit
JMBl.	Justizministerialblatt
JMBl. NRW	Justizministerialblatt Nordrhein-Westfalen
JR	Juristische Rundschau (Zs.)
JurBüro	Das Juristische Büro (Zs.)
JurionRS	Jurion Rechtsprechung (die Ziffer JurionRS entspricht der Ziffer WKRS)
Justiz	Die Justiz (Zs.)
JW	Juristische Wochenschrift (Zs.)
JZ	JuristenZeitung
Kap.	Kapitel
KG	Kammergericht; Kommanditgesellschaft
KGaA	Kommanditgesellschaft auf Aktien
KO	Konkursordnung
KostO	Kostenordnung
KostRMoG	Kostenrechtsmodernisierungsgesetz
krit.	kritisch
KV	Kostenverzeichnis
KWG	Gesetz über das Kreditwesen
LAG	Lastenausgleichsgesetz
LG	Landgericht
Lit.	Literatur
LPartG	Lebenspartnerschaftsgesetz
MaBV	Verordnung über die Pflichten der Makler, Darlehens- und Anlagenvermittler, Anlageberater, Bauträger und Baubetreuer
MDR	Monatsschrift des Deutschen Rechts (Zs.)
m.E.	meines Erachtens
Mio.	Millionen
MiStra	Anordnung über Mitteilungen in Strafsachen
MittBayNot	Mitteilungen des Bayerischen Notarvereins, der Notarkasse und der Landesnotarkammer Bayern (Zs.)
MittRhNotK	Mitteilungen der Rheinischen Notarkammer (Zs.)
MiZi	Anordnung über Mitteilungen in Zivilsachen
MoMiG	Gesetz zur Modernisierung des GmbH-Rechts und zur Bekämpfung von Missbräuchen
MRVG	Gesetz zur Verbesserung des Mietrechts und zur Begrenzung des Mietanstiegs sowie zur Regelung von Ingenieur- und Architektenleistungen
m.w.N.	mit weiteren Nachweisen
NdsFGG	Niedersächsisches Gesetz über die freiwillige Gerichtsbarkeit
NdsRpfl.	Niedersächsische Rechtspflege (Zs.)
Nichtannahmebeschl.	Nichtannahmebeschluss
NJW	Neue Juristische Wochenschrift (Zs.)
NJW-RR	NJW-Rechtsprechungsreport Zivilrecht (Zs.)
notar	notar – Monatsschrift für die gesamte notarielle Praxis
NotBZ	Zeitschrift für die notarielle Beratungs- und Beurkundungspraxis
NotVO	Verordnung über die Tätigkeit von Notaren in eigener Praxis
Nr.	Nummer
NStZ	Neue Zeitschrift für Strafrecht
n.v.	nicht veröffentlicht
NVersZ	Neue Zeitschrift für Versicherung und Recht
NVwZ	Neue Zeitschrift für Verwaltungsrecht
NVwZ-RR	NVwZ-Rechtsprechungs-Report Verwaltungsrecht (Zs.)

NWB	Steuer- und Wirtschaftsrecht (Zs.)
NWVBl.	Nordrhein-Westfälische Verwaltungsblätter (Zs.)
NZ	Österreichische Notariatszeitung
NZG	Neue Zeitschrift für Gesellschaftsrecht
NZI	Neue Zeitschrift für Insolvenz und Sanierung
NZM	Neue Zeitschrift für Miet- und Wohnungsrecht
o.Ä.	oder Ähnliche/s
OECD	Organisation für wirtschaftliche Zusammenarbeit und Entwicklung
OHG	Offene Handelsgesellschaft
OLG	Oberlandesgericht
OLGZ	Entscheidungen der Oberlandesgerichte in Zivilsachen
OWiG	Gesetz über Ordnungswidrigkeiten
PKH	Prozesskostenhilfe
PreisAngG	Gesetz über die Preisangaben
PStG	Personenstandsgesetz
RBerG	Rechtsberatungsgesetz
RDG	Rechtsdienstleistungsgesetz
RegE	Regierungsentwurf
RG	Reichsgericht
RGBl.	Reichsgesetzblatt
RGZ	Entscheidungen des Reichsgerichts in Zivilsachen
RHeimstG	Reichsheimstättengesetz
RiBGH	Richter am Bundesgerichtshof
RIW	Recht der Internationalen Wirtschaft (Zs.)
RL-E	Richtlinienempfehlungen der BNotK
RLNot	Richtlinien der Notarkammern
Rn. bzw. Rdn.	Randnummer
RNO	Reichsnotarordnung von 1512
RNotO	Reichsnotarordnung von 1937
RNotZ	Rheinische Notar-Zeitschrift
Rpfleger	Der Deutsche Rechtspfleger (Zs.)
RpflStud	Rechtspfleger-Studienhefte (Zs.)
RSiedlungsG	Reichssiedlungsgesetz
RVG	Rechtsanwaltsvergütungsgesetz
RVO	Reichsversicherungsordnung
S.	Seite
s.	siehe
s.a.	siehe auch
SachenRBerG	Sachenrechtsbereinigungsgesetz
ScheckG	Scheckgesetz
SchlHA	Schleswig-Holsteinische Anzeigen (Justizministerialblatt des Bundeslandes Schleswig-Holstein)
SchStG	Schiedsstellen- und Schlichtungsgesetz
SGB	Sozialgesetzbuch
SGH	Schlichtungs- und Schiedsgerichtshof Deutscher Notare
s.o.	siehe oben
sog.	sogenannte/r/s
st. Rspr.	ständige Rechtsprechung
StBerG	Steuerberatergesetz
StGB	Strafgesetzbuch
StPO	Strafprozessordnung
str.	streitig
s.u.	siehe unten

u.a.	unter anderem
u.Ä.	und Ähnliche
UmwG	Umwandlungsgesetz
UmwStG	Umwandlungssteuergesetz
USA	United States of America
USt	Umsatzsteuer
UStG	Umsatzsteuergesetz
usw.	und so weiter
u.U.	unter Umständen
v.	vom; von
v.a.	vor allem
VAG	Versicherungsaufsichtsgesetz
VermG	Gesetz zur Regelung offener Vermögensfragen
VersR	Versicherungsrecht (Zs.)
vgl.	vergleiche
VIZ	Zeitschrift für das Vermögens- und Immobilienrecht
VO	Verordnung
VONot	Verordnung über die Tätigkeit von Notaren in eigener Praxis
Vorafl.	Vorauflage
Vorlagebeschl.	Vorlagebeschluss
VorsRiBGH	Vorsitzender Richter am Bundesgerichtshof
VuR	Verbraucher und Recht (Zs.)
VVG	Versicherungsvertragsgesetz
WährG	Währungsgesetz
WEG	Gesetz über das Wohnungseigentum und das Dauerwohnrecht
WG	Wechselgesetz
WiPrO	Gesetz über eine Berufsordnung der Wirtschaftsprüfer
wistra	Zeitschrift für Wirtschafts- und Steuerrecht
WKRS	Wolters Kluwer Rechtsprechung
WM	Wohnungswirtschaft und Mietrecht (Zs.)
WoBindG	Gesetz zur Sicherung der Zweckbestimmung von Sozialwohnungen
WTO-Gesetz	Gesetzes zum Übereinkommen zur Errichtung der Welthandelsorganisation
WuB	Entscheidungssammlung zum Wirtschafts- und Bankrecht
WuM	Wohnungswirtschaft und Mietrecht (Zs.)
z.B.	zum Beispiel
ZBB	Zeitschrift für Bankrecht und Bankwirtschaft
ZEV	Zeitschrift für Erbrecht und Vermögensnachfolge
ZfBR	Zeitschrift für deutsches und internationales Bau- und Vergaberecht
ZfIR	Zeitschrift für Immobilienrecht
Ziff.	Ziffer
ZInsO	Zeitschrift für das gesamte Insolvenzrecht
ZIP	Zeitschrift für Wirtschaftsrecht
ZKM	Zeitschrift für Konfliktmanagement
ZMR	Zeitschrift für Miet- und Raumrecht
ZNotP	Zeitschrift für die Notarpraxis
ZOV	Zeitschrift für offene Vermögensfragen
ZPO	Zivilprozessordnung
Zs.	Zeitschrift
z.T.	zum Teil
zust.	zustimmend
z.V.b.	zur Veröffentlichung bestimmt
ZVG	Gesetz über die Zwangsversteigerung und die Zwangsverwaltung

Literaturverzeichnis

Ann	Die Erbengemeinschaft, 2001
Apfelbacher	Ehebedingte Zuwendungen und Ehegatten-Eigenheimgesellschaft, 1993
Armbrüster/Preuß/Renner	Beurkundungsgesetz und Dienstordnung für Notarinnen und Notare, 7. Aufl. 2015
Arndt/Lerch/Sandkühler	Bundesnotarordnung, 8. Aufl. 2016
Assenmacher/Mathias	Kostenordnung, 16. Aufl. 2007 (vormals *Göttlich/Mümmler*)
Baltzer	Das Vor- und Nachvermächtnis in der Kautelarjurisprudenz, 2007
Baltzer/Reisnecker	Vorsorgen mit Sorgenkindern, 2012
Bamberger/Roth (Hrsg.)	Kommentar zum Bürgerlichen Gesetzbuch, 3. Aufl. 2002–2012
von Bar	Internationales Privatrecht, IPR I, 2. Aufl. 2003, IPR II, 1991
Baumbach/Lauterbach/Albers/ Hartmann	Zivilprozessordnung, 77. Aufl. 2019
Baumgärtel/Laumen/Prütting	Handbuch der Beweislast, 4. Aufl. 2018
Bayer/Koch (Hrsg.)	Schranken der Vertragsfreiheit, 2007
Beck´sches Formularbuch Erbrecht	siehe *Keim/Lehmann*
Beck'scher Online Großkommentar	(Hrsg.) Gsell/Krüger/Lorenz/Reymann/Henssler, zit.: BeckOGK
Beck'scher Online Kommentar BGB	(Hrsg.) Bamberger/Roth/Hau/Poseck, zit.: BeckOK-BGB
Beck´sches Notarhandbuch	Hrsg. Heckschen/Herrler/Starke, 6. Aufl. 2015
Bengel/Reimann	Handbuch der Testamentsvollstreckung, 6. Aufl. 2017
Bentler	Die Erbengemeinschaft im Internationalen Privatrecht, 1993
Bergschneider (Hrsg.)	Familienvermögensrecht, 3. Aufl. 2016
Bergschneider	Verträge in Familiensachen – Eheverträge, Trennungs- und Scheidungsvereinbarungen, 6. Aufl. 2018
Berndt/Götz	Stiftung und Unternehmen, 8. Aufl. 2009
Berse	Der Motivirrtum im Testamentsrecht, 1991
Birk (Hrsg.)	Steuern auf Erbschaft und Vermögen, 1999
Bittler/Roth/Rudolf	Vorsorgevollmacht, Betreuungsverfügung und Patientenverfügung, 4. Aufl. 2015
Blum	Anwaltsstrategien im Pflichtteilsrecht, 2007
Blydt-Hansen	Die Rechtsstellung der Destinatäre der rechtsfähigen Stiftung bürgerlichen Rechts, 1998
Böhm/Burmeister	Münchener Vertragshandbuch (MünchVertragshdb.), Band 1, Gesellschaftsrecht, 8. Aufl. 2018
Böhmer	Das postmortale Zustandekommen erbrechtlicher Verzichtsverträge, 2004
Bonefeld/Daragan/Wachter	Der Fachanwalt für Erbrecht, 3. Aufl. 2014
Bork/Jacoby/Schwab	FamFG – Kommentar zum Gesetz über das Verfahren in Familiensachen und in den Angelegenheiten der freiwilligen Gerichtsbarkeit, 3. Aufl. 2018
Brambring	Ehevertrag und Vermögenszuordnung unter Ehegatten, 7. Aufl. 2012
Brox/Walker	Erbrecht (Lehrbuch) 28. Aufl. 2018
Bruns/Kemper (Hrsg.)	Lebenspartnerschaftsrecht, Handkommentar, 2. Aufl. 2006
Buchholz	Erbfolge und Wiederverheiratung, 1986
Bumiller/Harders	FamFG Freiwillige Gerichtsbarkeit, 12. Aufl. 2019
Burandt (Hrsg.)	Erbrechtliche Unternehmensnachfolge, 2002
Burandt/Rojahn	Erbrecht, Kommentar, 3. Aufl. 2019

Burhoff	Handbuch der nichtehelichen Lebensgemeinschaft, 4. Aufl. 2014
Claßen	Rechtswahl im internationalen Stellvertretungsrecht, 1998
Cornelius	Der Pflichtteilsergänzungsanspruch hinsichtlich der Übertragung von Grundstücken unter dem Vorbehalt von Rechten des Schenkers, 2004
Crezelius	Erbschaftsteuer und Schenkungsteuer in zivilrechtlicher Sicht, 1979
Crezelius	Unternehmenserbrecht, 2. Aufl. 2009
Damrau	Der Minderjährige im Erbrecht, 2002
Damrau/Tanck (Hrsg.)	Praxiskommentar Erbrecht, 3. Aufl. 2014
Damrau/Zimmermann	Betreuung und Vormundschaft, 4. Aufl. 2010
Daniels, K.	Verträge mit Bezug auf den Nachlaß eines noch lebenden Dritten, 1973
Daniels, L.	Das Vor- und Nachvermächtnis, 2007
Daragan/Halaczinsky/Riedel (Hrsg.)	Praxiskommentar ErbStG und BewG, 3. Aufl. 2017
Dauner-Lieb/Grziwotz (Hrsg.)	Pflichtteilsrecht. Bürgerliches Recht/Prozessrecht/Wirtschaftsrecht. Handkommentar, 2. Aufl. 2017
Degert	Die Rechtsstellung des Schlußerben im gemeinschaftlichen Testament, 2001
Demharter	Grundbuchordnung (Kommentar), 31. Aufl. 2018
von Dickhuth-Harrach	Handbuch der Erbfolgegestaltung, 2011
Diehn (Hrsg.)	Bundesnotarordnung (Kommentar), 2. Aufl. 2019
Dreher	Die Rechtswahl im internationalen Erbrecht, 1999
Ebeling/Geck	Handbuch der Erbengemeinschaft und Erbauseinandersetzung im Zivil- und Steuerrecht (Loseblatt), Stand: Juni 2019
Ebenroth	Erbrecht (Lehrbuch), 1992
Eberl-Borges	Die Erbauseinandersetzung, 2000
Eccer	Antizipierte Erbfolge, 1980
Eisele	Vertragliches Einvernehmen über die Auslegung unklarer letztwilliger Verfügungen, 2002
Eisenbart	Patiententestament und Stellvertretung in Gesundheitsangelegenheiten, 2. Aufl. 2000
Engelmann	Letztwillige Verfügungen zugunsten Verschuldeter oder Sozialhilfebedürftiger, 2. Aufl. 2001
Enzensberger	Testamente für Geschiedene und Patchworkehen, 2. Aufl. 2009
Erman	Bürgerliches Gesetzbuch, 15. Aufl. 2017
Esch/Baumann/Schulze zur Wiesche	Handbuch der Vermögensnachfolge, 7. Aufl. 2009
Eylmann/Vaasen	Bundesnotarordnung. Beurkundungsgesetz. 4. Aufl. 2016
Fachanwaltskommentar Erbrecht	Hrsg. Frieser, 4. Aufl. 2013
Faßbender/Grauel/Ohmen u.a.	Notariatskunde, 19. Aufl. 2017
Felden	Die Unternehmensbewertung im Zugewinnausgleich – Konsumwertmethode –, 1998
Ferid	Internationales Privatrecht. Ein Leitfaden für Praxis und Ausbildung (unter Mitarbeit von *Christof Böhmer*), 1986
Ferid/Firsching/Dörner/Hausmann	Internationales Erbrecht (Loseblatt)
Fichtner/Wenzel	Kommentar zur Grundsicherung, 3. Aufl. 2005
Firsching	Deutsch-amerikanische Erbfälle, 1965
Firsching/Graf	Nachlassrecht, 11. Aufl. 2019

Flick/Piltz (Hrsg.)	Der Internationale Erbfall – Erbrecht, Internationales Privatrecht, Erbschaftsteuerrecht, 2. Aufl. 2008
Flume	Allgemeiner Teil des Bürgerlichen Rechts, Erster Band, Erster Teil, Die Personengesellschaft, 1977
Flume	Allgemeiner Teil des Bürgerlichen Rechts, Zweiter Band, Das Rechtsgeschäft, 3. Aufl. 1979 (= 4. unveränderte Auflage 1991)
Frank/Helms	Erbrecht, 7. Aufl. 2018
Frei	Die Erbenhaftung für Forderungen aus dem Steuerrechtsverhältnis, 1995
Friederich	Rechtsgeschäfte zwischen Vorerben und Nacherben, 1999
Frieser	Anwaltliche Strategien im Erbschaftsstreit, 2000
Frieser	Die anwaltliche Praxis in Erbschaftssachen, 1995
Frieser/Sarres/Stückemann/Tschichoflos	Handbuch des Fachanwalts Erbrecht, 7. Aufl. 2019
Fuchs/Hau/Thorn	Fälle zum Internationalen Privatrecht, 5. Aufl. 2019
Ganter/Hertel/Wöstmann	Handbuch der Notarhaftung, 4. Aufl. 2018
Gerhards	Ergänzende Testamentsauslegung wegen postmortaler Ereignisse, 1996
Gerken	Steuergestaltung bei Schenkung und Erbschaft, 2002
Gernhuber/Coester-Waltjen	Lehrbuch des Familienrechts, 6. Aufl. 2010
Götzenberger	Optimale Vermögensübertragung – Erbschaft- und Schenkungsteuer, 5. Aufl. 2017
Groll/Steiner (Hrsg.)	Praxis-Handbuch Erbrechtsberatung, 5. Aufl. 2019
Groß-Bölting	Probleme der beschränkten Steuerpflicht im Erbschaftsteuerrecht, 1996
Grunewald	Gesellschaftsrecht, 10. Aufl. 2017
Grziwotz	Beratungshandbuch für gleichgeschlechtliche Lebensgemeinschaften und Lebenspartnerschaften, 2003
Grziwotz	Nichteheliche Lebensgemeinschaft, 5. Aufl. 2014
Grziwotz	Partnerschaftsvertrag für die nichteheliche und nicht eingetragene Lebensgemeinschaft, 4. Aufl. 2002
Grziwotz/Heinemann	BeurkG, Kommentar, 3. Aufl. 2018
Gubitz	Vererben am Nachlass vorbei, 2005
Gursky/Lettmaier	Erbrecht, 7. Aufl. 2018
Haarmann	Die Rückforderung von Schenkungen durch den Träger der Sozialhilfe und private Dritte nach Verarmung des Schenkers, 1998
Haas, P.	Erbschaftsteuerrecht und gesellschaftsrechtliche Nachfolge, 1996
Halaczinsky	Die Erbschaft- und Schenkungsteuererklärung, 4. Aufl. 2018
Halm	Das Kürzungsrecht des pflichtteilsberechtigten Erben gegenüber Vermächtnisnehmern und Auflagenbegünstigten, 2000
Handzik	Erbschaft- und Schenkungsteuer, 9. Aufl. 2017
Hannes	Formularbuch Vermögens- und Unternehmensnachfolge,2. Aufl. 2017
Haug/Zimmermann	Die Amtshaftung des Notars, 4. Auf. 2018
Hausmann/Hohloch	Das Recht der nichtehelichen Lebensgemeinschaft, 2. Aufl. 2004
Heil	Die ordnungsmäßige Verwaltung eines Unternehmens im Vor- und Miterbenrecht, 1998
Heil	Erbrecht, Erbschaftsteuer, Schenkungsteuer, 4. Aufl. 2017
Heinemann	FamFG für Notare, 2009
Heinz-Grimm/Krampe/Pieroth (Hrsg.)	Testamente zugunsten von Menschen mit geistiger Behinderung, 3. Aufl. 1997
Henrich	Internationales Scheidungsrecht, 4. Aufl. 2017

Hepp-Schwab	Die Mitgliedschaft des Personengesellschafters und der Nießbrauch an seinem Gesellschaftsanteil, 1998
Hereditare	Jahrbuch für Erbrecht und Schenkungsrecht
Höfer/Huhn	Allgemeines Urkundenrecht, 1968
Hoffmann-Becking/Gebele (Hrsg.)	Beck´sches Formularbuch zum Bürgerlichen, Handels- und Wirtschaftsrecht, 12. Aufl. 2016
Horn/Kroiß	Testamentsauslegung, 2012
Hörger/Pohl (Hrsg.)	Unternehmens- und Vermögensnachfolge, 3. Aufl. 2010
Hueck, Dietrich	Internationale Erbschaftsteuerprobleme bei der Vererbung von Anteilen an Personengesellschaften, 1993
Hüßtege	Internationales Privatrecht, 5. Aufl. 2013
Hüttemann	Gemeinnützigkeits- und Spendenrecht, 4. Aufl. 2018
Ingenstau/Hustedt	ErbbauRG, Kommentar, 11. Aufl. 2018
Jacob	Die eingetragene Lebenspartnerschaft im Internationalen Privatrecht, 2002
Jacobs/Scheffler/Spengel	Unternehmensbesteuerung und Rechtsform, 5. Aufl. 2015
Jauernig	Bürgerliches Gesetzbuch, 17. Aufl. 2018
Joachim	Erbenhaftung, 3. Aufl. 2018
Jochum/Pohl	Nachlasspflegschaft. Ein Handbuch für die Praxis, 5. Aufl. 2014
Junker	Internationales Privatrecht, 1998
Kegel/Schurig	Internationales Privatrecht, 9. Aufl. 2004
Keidel	FamFG – Kommentar zum Gesetz über das Verfahren in Familiensachen und die Angelegenheiten der Freiwilligen Gerichtsbarkeit, 19. Aufl. 2016
Keim	Das notarielle Beurkundungsverfahren, 1990
Keim/Lehmann (Hrsg.)	Beck´sches Formularbuch Erbrecht, 4. Aufl. 2019
Kemp	Grenzen der Rechtswahl im internationalen Ehegüter- und Erbrecht, 1999
Kerscher/Riedel/Lenz	Pflichtteilsrecht in der anwaltlichen Praxis, 3. Aufl. 2002
Kerscher/Krug/Spanke	Das erbrechtliche Mandat, 6. Aufl. 2019
Kerscher/Tanck,	Pflichtteilsrecht in der anwaltlichen Praxis, 1997
Kersten/Bühling	Formularbuch und Praxis der freiwilligen Gerichtsbarkeit, 26. Aufl. 2019
Klingelhöffer	Pflichtteilsrecht, 4. Aufl. 2014
Koch	Gesellschaftsrecht, 11. Aufl. 2019
Korintenberg	GNotKG - Gerichts- und Notarkostengesetz:, 20. Aufl. 2017
Kornexl	Der Zuwendungsverzicht, 1998
Kössinger	Das Testament Alleinstehender, 4. Aufl. 2010
Krafka	Registerrecht, 11. Aufl. 2019
Krauß	Vermögensnachfolge in der Praxis, 5. Aufl. 2018
Kroiß	Das neue Nachlassverfahrensrecht, 2009
Kropholler	Internationales Privatrecht, 6. Aufl. 2006
Krug (Hrsg.)	Pflichtteilsprozess, 2. Aufl. 2018
Krug/Zwißler	Familienrecht und Erbrecht, 2001
Kübler, F./Assmann	Gesellschaftsrecht, 6. Aufl. 2006
Lange/Kuchinke	Erbrecht, 5. Aufl. 2001
Lange/Werkmüller	Der Erbfall in der Bankpraxis, 2002
Lüdtke-Handjery/von Jeinsen	Höfeordnung, 11. Aufl. 2015
Langenfeld	Grundlagen der Vertragsgestaltung, 2. Aufl. 2010
Langenfeld	Handbuch der Eheverträge und Scheidungsvereinbarungen, 7. Aufl. 2015
Langenfeld	Testamentsgestaltung, 4. Aufl. 2010, 5. Aufl. 2015

Langenfeld	Vorsorgevollmacht, Betreuungsverfügung und Patiententestament nach dem neuen Betreuungsrecht, 1994
Langner	Vor- und Nacherbschaft an Personengesellschaftsanteilen, 1999
Leipold	Erbrecht, 21. Aufl. 2016
Lerch	Beurkundungsgesetz. Kommentar, 5. Aufl. 2016
Limmer/Hertel/Frenz/Mayer (Hrsg.)	Würzburger Notarhandbuch, 5. Aufl. 2018
Lorz	Testamentsvollstreckung und Unternehmensrecht, 1995
Lorz/Kirchdörfer	Unternehmensnachfolge, 2002
Malik	Die Grenzen der elterlichen Vermögenssorge, 2000
Mayer/Geck	Der Übergabevertrag in der anwaltlichen und notariellen Praxis, 3. Aufl. 2013
Mayer, J.	Grundzüge des Rechts der Unternehmensnachfolge, 1999
Mayer/Bonefeld	Testamentsvollstreckung, 4. Aufl. 2015
Mayer/Süß/Tanck/Bittler	Handbuch Pflichtteilsrecht, 4. Aufl. 2017
Meikel	Grundbuchordnung, Kommentar, 11. Aufl. 2015
Meincke/Hannes/Holtz	Erbschaftsteuer- und Schenkungsteuergesetz, Kommentar, 17. Aufl. 2018
Michalski/Heidinger/Leible/Schmidt	Kommentar zum Gesetz betreffend die Gesellschaften mit beschränkter Haftung (GmbH-Gesetz), 3. Aufl. 2017
Moench/Albrecht	Erbschaftsteuer, 3. Aufl. 2012
Muckel/Ogorek	Sozialrecht, 5. Aufl. 2019
Müller/Renner	Betreuungsrecht und Vorsorgeverfügungen in der Praxis, 5. Aufl. 2017
Müller, G./Sieghörtner/Emmerling de Oliveira	Adoptionsrecht in der Praxis, 3. Aufl. 2016
Münchener Anwalts-Handbuch Erbrecht	Hrsg. Scherer, 5. Aufl. 2018
MünchKommBGB	Münchener Kommentar zum BGB, 7. Aufl. 2015 ff.
MünchKommFamFG	Münchner Kommentar zum FamFG, 3. Aufl. 2019
MünchKomm-ZPO	Münchner Kommentar zur ZPO, 5. Aufl. 2016 f.
Münchener Vertragshandbuch	Münchener Vertragshandbuch
Muscheler	Erbrecht, 2 Bände, 2010
Muscheler	Universalsukzession und Vonselbsterwerb, 2002
Musielak/Voit	Kommentar zur Zivilprozessordnung, 16. Aufl. 2019
Neininger	Steuerplanung auf den Todesfall, 2003
Nieder/Kössinger	Handbuch der Testamentsgestaltung, 5. Aufl. 2015
NK-BGB	Nomos-Kommentar zum BGB, Band 5 Erbrecht, 5. Aufl. 2018
Nordmeier	Zulässigkeit und Bindungswirkung gemeinschaftlicher Testamente im Internationalen Privatrecht, 2008
Nordmeyer	Pflichtteilsansprüche und Wiedervereinigung, 1999
Ott-Eulberg/Schebesta/Bartsch	Erbrecht und Banken, 3. Aufl. 2018
Palandt	Bürgerliches Gesetzbuch, 78. Aufl. 2019
Pauli	Unternehmensnachfolge durch Vermächtnis, 2007
Philippi	Testamentsvollstreckung an GmbH-Anteilen, 2000
Plate	Die Auflösung der Ehe durch den Tod. Eine rechtsvergleichende Untersuchung, 2000
Platz	Rechtsfragen beim Todesfall, 4. Aufl. 2012
Pohl, D.	Unternehmensnachfolge durch Teilungsanordnung und Sondererbfolge im Einkommensteuerrecht, 1997

Radke	Das Berliner Testament und die gegenseitige gemeinschaftliche Einsetzung des Ehegatten zu Vorerben in Formularsammlungen, 1999
Reiff	Die Dogmatik der Schenkung unter Nießbrauchsvorbehalt, 1989
Reimann	Testamentsvollstreckung in der Wirtschaftsrechtspraxis, 3. Aufl. 1998
Reithmann	Vorsorgende Rechtspflege durch Gerichte und Notare, 1989
Reithmann/Albrecht	Handbuch der notariellen Vertragsgestaltung, 8. Aufl. 2001
Reul/Heckschen/Wienberg	Insolvenzrecht in der Kautelarpraxis, 2006
RGRK-BGB	Kommentar zum BGB, hrsg. von Mitgliedern des BGB (früher: Kommentar der Reichsgerichtsräte)
Rheinische Notarkammer/ Verein für das Rheinische Notariat (Hrsg.)	Notar und Rechtsgestaltung – Tradition und Zukunft, Jubiläums-Festschrift des Rheinischen Notariats, 1998
Riedel	Die Bewertung von Gesellschaftsanteilen im Pflichtteilsrecht, 2006
Römermann	PartGG – Kommentar zum Partnerschaftsgesellschaftsgesetz, 5. Aufl. 2017
Roland	Die Verjährung im Erbrecht, 2008
Roth, W.	Erbrecht und Betreuungsfall, 2005
Roth, W.	Strategie und Taktik im Erbrecht, 2007
Ruby/Schindler	Das Behindertentestament, 3. Aufl. 2018
Sarres	Die Erbengemeinschaft, 2. Aufl. 2006
Schermann	Der Schutz des Vermächtnisnehmers im gemeinschaftlichen Testament und Ehegattenerbvertrag, 2006
Schewe	Die Errichtung der rechtsfähigen Stiftung von Todes wegen, 2004
Schippel/Bracker	Bundesnotarordnung, 9. Aufl. 2011
Schlitt/Müller, G.	Handbuch Pflichtteilsrecht, 2. Aufl. 2017
Schlüter/Röthel	Erbrecht, 17. Aufl. 2015
Schmidt, K.	Gesellschaftsrecht, 4. Aufl. 2002
Schmidt, K.	Handelsrecht, Unternehmensrecht I, 6. Aufl. 2014
Schmidt, L. (Hrsg.)	Einkommensteuergesetz, 38. Aufl. 2019
Schmitt, M.	Die steuerlichen Folgen des Berliner Testaments und die Gestaltungsmöglichkeiten, 2002
Schmittat	Einführung in die Vertragsgestaltung, 4. Aufl. 2015
Schmitz	Kapitalanlageentscheidungen des Testamentsvollstreckers, 2002
Schmoeckel	Erbrecht, 5. Aufl. 2018
Schmoeckel (Hrsg.)	Verfassungsrechtliche Grenzen der Gestaltungsmöglichkeiten im Familien-, Erb- und Gesellschaftsrecht, 2008
Schnabel	Das Geschiedenentestament, 2001
Schöner/Stöber	Grundbuchrecht, 15. Aufl. 2012
Schotten/Schmellenkamp	Das Internationale Privatrecht in der notariellen Praxis, 2. Aufl. 2007
Schulze zur Wiesche	Lehrbuch der Erbschaftsteuer, 5. Aufl. 2000
Schwab	Familienrecht, 26. Aufl. 2018
Schwab	Handbuch Scheidungsrecht, 8. Aufl. 2019
Schwab/Walter	Schiedsgerichtsbarkeit, 7. Aufl. 2005
Seibt	Unterschriften und Testamente, 2008
v. Campenhausen/Richter (Hrsg.)	Stiftungsrechts-Handbuch, 4. Aufl. 2014
Semrau	Das Unternehmertestament, 2. Aufl. 2010
Seubert	Die Jastrowsche Klausel. Gestaltungsfreiheit und Gestaltungsgrenzen im Erbschaftsteuerrecht, 1999

Soergel	Kommentar zum Bürgerlichen Gesetzbuch, 13. Aufl. 2002/2003 ff.
Sontheimer/Kollmar	Vertragsgestaltung und Steuerrecht, 3. Aufl. 2017
Spiegelberger	Unternehmensnachfolge, 2. Aufl. 2009
Spiegelberger	Vermögensnachfolge, 2. Aufl. 2010
Spitzbart	Das Betriebsvermögen im Erbschaftsteuerrecht, 2000
Staudinger	Kommentar zum BGB
Stein/Jonas	Kommentar zur ZPO. 23. Aufl. 2014 ff.
Sticherling	Schenkungen in fraudem testamenti, 2005
Sudhoff	Unternehmensnachfolge, 5. Aufl. 2005
Süß (Hrsg.)	Erbrecht in Europa, 3. Aufl. 2015
Süß/Ring (Hrsg.)	Eherecht in Europa, 3. Aufl. 2017
Tanck/Krug	Anwaltformulare Testamente, 5. Aufl. 2015
Thöne	Die Verwaltung des Testamentsvollstreckers, 1999
Trompeter	Vorweggenommene Erbfolge durch Betriebsübertragung, 1994
Tschichoflos	Erbrecht in der anwaltlichen Beratung, 2. Aufl. 2008
von Hoffmann/Thorn	Internationales Privatrecht, 9. Aufl. 2007
Wachter	Stiftungen. Zivil- und Steuerrecht in der Praxis, 2001
Walter	Die Vorsorgevollmacht, 1997
Wassermeyer	Das US-amerikanische Erbschaft- und Schenkungsteuerrecht, 1996
Wegmann	Ehegattentestament und Erbvertrag, 4. Aufl. 2010
Wegmann	Grundstücksüberlassung, 2. Aufl. 1999
Weidlich	Die Testamentsvollstreckung im Recht der Personengesellschaften, 1993
Weingärtner/Löffler	Vermeidbare Fehler im Notariat, 10. Aufl. 2019
Weingärtner/Gassen/Sommerfeldt	Dienstordnung für Notarinnen und Notare, 13. Aufl. 2017
Weinmann/Revenstorff/Offerhaus/Erkis	Erbschaft- und Schenkungsteuerrecht, 4. Aufl. 2017
Weirich	Erben und Vererben, 6. Aufl. 2010
Werber	Die Erbengemeinschaft, 2006
Werthmann	Die unbenannte Zuwendung im Privatrechtssystem, 1990
Wever	Vermögensauseinandersetzung der Ehegatten außerhalb des Güterstandes, 6. Aufl. 2014
Winkler, K.	Beurkundungsgesetz, 19. Aufl. 2019
Winkler, K.	Der Testamentsvollstrecker, 22. Aufl. 2016
Winkler, M.	Vorsorgeverfügungen, 5. Aufl. 2016
Winter	Die Vererbung von GmbH-Anteilen im Zivil- und Steuerrecht, 1997
Wirtz	Die erbrechtliche Position des Ehegatten im Scheidungsverfahren, 2003
Wöhrmann/Graß	Das Landwirtschaftserbrecht, 11. Aufl. 2018
Wolfsteiner	Die vollstreckbare Urkunde, 4. Aufl. 2019
Würzburger Notarhandbuch	siehe *Limmer/Hertel/Frenz/Mayer*
Zawar	Das Vermächtnis in der Kautelarjurisprudenz, 1983
Zimmermann	FamFG, 2. Aufl. 2011
Zimmermann	Die Testamentsvollstreckung, 5. Aufl. 2019
Zimmermann	Erbrecht, 5. Aufl. 2019
Zimmermann	Erbschein – Erbscheinsverfahren – Europäisches Nachlasszeugnis, 3. Aufl. 2016
Zimmermann	Rechtsfragen bei einem Todesfall, 7. Aufl. 2015

Zimmermann	Vorsorgevollmacht, Betreuungsverfügung, Patientenverfügung für die Beratungspraxis, 3. Aufl. 2017
Zimmermann	ZPO, 10. Aufl. 2015
Zimmermann/Hottmann/ Kiebele/Schaeberle/Scheel	Die Personengesellschaft im Steuerrecht, 12. Aufl. 2017
Zöller	Zivilprozessordnung, 32. Aufl. 2018

Verzeichnis der Muster und Checklisten

Teil 1. Systematischer Teil

A. Zivilrechtliche Grundlagen und ausgewählte Fragen

Übersicht

I. Die Grundlagen des Rechts der Verfügungen von Todes wegen

1. Allgemeines

a) Das Wesen des Erbrechts

1 Das Erbrecht als objektives Recht regelt die Rechtsverhältnisse des Vermögens eines Verstorbenen. Das Erbrecht als subjektives Recht ist die Rechtsmacht des Erben im Rahmen des objektiven Erbrechts. Das objektive Erbrecht betrifft grundsätzlich nur die vermögensrechtliche Nachfolge. Die Persönlichkeit des Menschen endet mit dem Tode. Die Vermögensrechte einer Person bedürfen auch über den Tod des Rechtsträgers hinaus einer Regelung. Das Erbrecht ist daher »die Fortsetzung des Vermögensrechts und der vermögensrechtlichen Herrschaft des Menschen über seinen Tod hinaus«.[1]

Gegenstand des objektiven Erbrechts ist die Verteilung des Vermögens eines Verstorbenen, eingeschlossen die Haftung für dessen Verbindlichkeiten.

b) Erbrechtliche Grundsätze

2 Das deutsche Erbrecht ist von folgenden Grundsätzen geprägt:
- **Privaterbfolge:** Das Vermögen des Erblassers wird in private Hand geleitet.
- **Testierfreiheit:** Der Erblasser kann die Erbfolge durch Verfügung von Todes wegen weitgehend selbst bestimmen (§ 1937 BGB). Die Testierfreiheit ist vertraglich nicht beschränkbar (§ 2302 BGB).
- **Familienerbrecht:** Sofern der Erblasser nicht abweichend verfügt, geht sein Vermögen auf seine Familie über (§§ 1924 ff. BGB). Verfügt er anderweitig, ist das Familienerbrecht durch das Pflichtteilsrecht gesichert (§§ 2303 ff. BGB).
- **Von-Selbst-Erwerb:** Mit dem Tod des Erblassers fällt sein Vermögen *ipso jure*, also »automatisch«, den Erben zu (§ 1922 BGB).
- **Gesamtrechtsnachfolge:** Das Vermögen des Erblassers geht als Ganzes auf den oder die Erben über (§ 1922 BGB).
- **Erwerb mehrerer Personen in Erbengemeinschaft:** Hinterlässt der Erblasser mehrere Erben, wird der Nachlass deren gemeinschaftliches Vermögen (gesamthänderische Bindung, § 2032 Abs. 1 BGB).
- **Ausschlagung:** Der Erbe kann die Erbschaft frei ausschlagen in der gesetzlichen Ausschlagungsfrist, also binnen 6 Wochen ab Kenntniserlangung vom Erbfall (§§ 1942 ff. BGB). Keine Befristung für Vermächtnisse.
- **Haftungsbegrenzung:** Jeder Erbe kann sicherstellen, dass er nicht mit seinem Privatvermögen für Nachlassverbindlichkeiten haftet (§§ 1967 ff. BGB).

---

1 *Lange/Kuchinke* § 1 VI 2 a; vgl. auch BVerfG FamRZ 1995, 405, 408.

c) Intestaterbrecht und gewillkürte Erbfolge

Der erbrechtliche Erwerb, in dem sich das objektive Erbrecht realisiert, kann auf gesetzlicher oder gewillkürter Erbfolge beruhen. 3

Die gesetzliche Erbfolge greift nur ein, wenn und soweit ein letzter Wille nicht erklärt wurde. Sie knüpft an die Verwandtschaft (§§ 1924 bis 1930 BGB), an die Ehe (§ 1931 BGB) bzw. Lebenspartnerschaft (§ 10 LPartG) oder an die Staatsangehörigkeit (vgl. § 1936 BGB) an. Inhalt der Erbfolge aufgrund Gesetzes ist eine schematische, den Bedürfnissen des Normalfalls genügende Verteilung des Nachlasses. Die gesetzliche Erbfolge ist getragen von dem Gedanken des Familienerbrechts, berücksichtigt also vor allem den Zusammenhalt des Familienvermögens.

Der Erblasser kann durch Rechtsgeschäft von Todes wegen den erbrechtlichen Erwerb seines Vermögens abweichend von der gesetzlichen Erbfolge regeln.[2] Hierzu ist er kraft der Testierfreiheit (vgl. Syst. A Rdn. 66 ff.) berechtigt, soweit nicht gesetzliche Schranken gesetzt sind. Gestaltungsmittel der gewillkürten Erbfolge sind die Verfügungen von Todes wegen. Durch sie kann der Erblasser für den Fall seines Todes eine Regelung treffen, welche die speziellen Belange gerade seiner Vermögensmasse (z.B. Unternehmen oder Unternehmensbeteiligung) berücksichtigt. Verfügungen von Todes wegen werden erst mit dem Tod des Erblassers wirksam. Dies gilt auch beim Erbvertrag; hier ist der Erblasser lediglich daran gehindert, eine andere Anordnung zu treffen.

d) Verfügungen von Todes wegen

Durch den Begriff »Verfügung von Todes wegen« werden diejenigen Willenserklärungen bezeichnet, deren Rechtsfolge auf den Tod eines am Rechtsgeschäft Beteiligten abgestellt ist, die daher im Gegensatz zu den Rechtsgeschäften »unter Lebenden« stehen. Der Terminus »Verfügung« ist missverständlich; die Verfügung von Todes wegen hat keine unmittelbare Wirkung auf den Bestand eines Rechtes, relevant wird sie vielmehr erst mit dem Erbfall. Der als Erbe Eingesetzte erwirbt zu Lebzeiten des Erblassers auch keine *auf Grund der Verfügung von Todes wegen entstehende* Anwartschaft, er hat insoweit nur eine tatsächliche Aussicht. Lediglich beim Erbvertrag hat der Vertragserbe bei Lebzeiten des Erblassers eine Anwartschaft, einmal Erbe zu werden,[3] jedenfalls dann, wenn er selbst Vertragspartner ist.[4] Diese Anwartschaft ist jedoch nicht in der Verfügung von Todes wegen begründet, sondern *in dem gegenseitigen Vertrag*, der in einem Erbvertrag zugleich enthalten ist.[5] Der in einem Erbvertrag vorgesehene Vermächtnisnehmer hat wegen § 2169 BGB keine Anwartschaft.[6] Auch aus § 2288 BGB lässt sich eine solche im Regelfall nicht herleiten.[7] Selbst der Erbvertrag hindert grundsätzlich den Erblasser nicht, unter Lebenden zu verfügen. »Verfügung« ist daher im Erbrecht im Sinne von »Anordnung« oder – noch allgemeiner – »Willenserklärung« zu verstehen. 4

»Verfügung von Todes wegen« ist der Oberbegriff zu »Testament« und »Erbvertrag«. *Testament* ist die einseitige Verfügung von Todes wegen. Es unterscheidet sich insoweit vom *Erbvertrag* als einem zweiseitigen Rechtsgeschäft. Das Gesetz (vgl. §§ 1937, 1941 BGB) bezeichnet allein die einseitigen Verfügungen von Todes wegen als *letztwillige Verfügungen*, während der Erbvertrag nicht als letztwillige Verfügung benannt wird, da er auch bei Änderung des im Vertrag niedergelegten Willens unabänderlich ist. »Letztwillige Verfügungen« ist grundsätzlich gleichbedeutend mit »Testament« 5

---

2 *Brox/Walker* § 2 Rn. 2; *Leipold* Rn. 36; *Muscheler* Bd. I Rn. 327 ff.

3 Vgl. BGH NJW 1984, 731, 732 = FamRZ 1984, 165, 166; BGHZ 37, 319 = NJW 1962, 1910 = DNotZ 1963, 553; KG OLG 21, 362; OLG Düsseldorf NJW 1957, 266. Die Anwartschaft ist wegen § 311b Abs. 4 Satz 1 BGB (analog) nicht übertragbar; BGHZ 37, 319, 323 = NJW 1962, 1910 = DNotZ 1963, 553.

4 Soergel/*M. Wolf* vor § 2274 Rn. 9; a.A. Palandt/*Weidlich* § 1941 Rn. 6; MünchKomm/*Musielak* § 2286 Rn. 3.

5 Zur Frage der Sicherung des Vertragserben vor lebzeitigen Verfügungen des Erblassers s. *Hohmann* ZEV 1994, 133.

6 BGHZ 12, 115 = NJW 1954, 633 = DNotZ 1954, 264 m. Anm. *Hieber*; BGHZ 37, 319, 322 = NJW 1962, 1910 = DNotZ 1963, 553; Palandt/*Weidlich* § 1941 Rn. 7.

7 BGH ZEV 1994, 37 = NJW 1994, 317 = FamRZ 1994, 165.

(vgl. § 1937 BGB), jedoch kann der Begriff auch die einzelne einseitige Anordnung, die in einem Testament oder einem Erbvertrag erhalten ist, bezeichnen. Der terminologische Unterschied kann vor allem dort von Bedeutung werden, wo in einer Verfügung von Todes wegen frühere Anordnungen widerrufen werden; die Formulierung »ich widerrufe alle bisher von mir getroffenen letztwilligen Verfügungen« erstreckt sich vom Wortlaut her nur auf einseitige Willenserklärungen von Todes wegen in Testamenten und Erbverträgen, nicht jedoch – falls hier überhaupt ein Widerruf möglich ist – auf vertragliche Verfügungen. Auch beim Abfassen von Erbverträgen sollte terminologisch klargestellt sein, ob bspw. ein Vermächtnis erbvertragsmäßig (also bindend!) oder nur als letztwillige Verfügung (also einseitig und einseitig widerruflich!) angeordnet wird.

2. Erbfall – Erblasser – Erbschaft – Erbe

a) Erbfall

6 Erbfall ist nach § 1922 Abs. 1 BGB der »Tod einer Person«. Diese Definition ist ungenau. Nur *Menschen* können beerbt werden, nicht auch *juristische Personen*; bei diesen ist für den Fall der Aufhebung der Rechtsfähigkeit ein besonderes Liquidationsverfahren vorgesehen, in dem der Übergang des Vermögens geregelt wird.[8]

7 Die *Todeserklärung* hat zur Folge, dass vermutet wird, der für tot Erklärte sei in dem Zeitpunkt gestorben, der in dem Beschluss als Todeszeitpunkt festgestellt ist (§§ 9 Abs. 1 Satz 1, 44 Abs. 2 Satz 1 VerschG). Der für tot Erklärte wird behandelt, als sei er wirklich gestorben, sodass sein Vermögen zum Nachlass wird. Wird die Todeserklärung aufgehoben, so kann der zu Unrecht für tot Erklärte sein Vermögen gem. § 2031 BGB heraus verlangen.

b) Erblasser

8 Unter »Erblasser« versteht man diejenige Person, deren Vermögen mit dem Tode auf eine oder mehrere andere Personen übergeht. Jeder Verstorbene ist daher Erblasser. Das Gesetz spricht – nicht ganz korrekt – vom »Erblasser« nicht erst nach Eintritt des Erbfalles, sondern bereits zu seinen Lebzeiten, wenn er seine vermögensrechtlichen Verhältnisse für die Zeit nach dem Tode regelt.[9]

c) Erbschaft-Nachlass

aa) Terminologie

9 Unter Erbschaft und Nachlass versteht man die Summe aller im Erbwege übergegangenen Rechte und Pflichten. Beide Begriffe, Erbschaft und Nachlass, haben denselben sachlichen Inhalt, obwohl sie im BGB terminologisch unterschiedlich verwendet werden.[10] Das Wort »Nachlass« wird gebraucht, »um die Gesamtheit der einzelnen Stücke oder Bestandteile des Vermögens des Erblassers (bona defuncti), sowohl der aktiven als der passiven, zu bezeichnen. ›Erbschaft‹ wird gebraucht von dem nachgelassenen Vermögen einer Person, wie dieses zugleich als mit einem bestimmten neuen Subjekte (Erbe), auf welches das Vermögen übergeht (Erbfolge), in Beziehung stehend bezeichnet werden soll«.[11]

bb) Rechtsübergang ipso jure und Gesamtrechtsnachfolge

10 Vom Grundsatz des Von-Selbst-Erwerbs ist der Grundsatz der Gesamtrechtsnachfolge zu unterscheiden. Das deutsche Recht geht vom Grundsatz des Von-Selbst-Erwerbs aus. Das Vermögen des Erblassers geht kraft Gesetzes, ohne dass es besonderer Übertragungsakte bedürfte, auf den Erben über. Der Nachlass wird »von selbst« mit dem Erbfall zur Erbschaft.

---

8 Vgl. *Lange/Kuchinke* § 4 II 1; *Leipold* Rn. 24; *Muscheler* Bd. I Rn. 111f.
9 Vgl. *Lange/Kuchinke* § 4 II 2; *Brox/Walker* § 1 Rn. 6; *Muscheler* Bd. I Rn. 112.
10 Staudinger/*Kunz* § 1922 Rn. 93; *Muscheler* Bd. I Rn. 115.
11 Motive V 603 f.

Der Erbe wird mit dem Erbfall Gesamtrechtsnachfolger des Erblassers. Dies bedeutet, dass der Erbe grundsätzlich in alle Rechtsbeziehungen des Erblassers eintritt. Der Übergang des Aktivvermögens ergibt sich aus § 1922 Abs. 1 BGB. Streitig ist, ob unter Vermögen im Sinne dieser Vorschrift auch das Passivvermögen zu verstehen ist.[12] Die Frage ist ohne praktische Bedeutung; denn der Übergang des Passivvermögens ergibt sich zumindest aus § 1967 BGB. Gleichgültig, welcher Ansicht man folgt, ist man sich darüber einig, dass der Vermögensbegriff des § 1922 BGB weiter ist als sonst, da er auch Rechte, die keinen Vermögenswert darstellen, erfasst.[13] Naturgemäß gehen nur diejenigen Rechte auf den Erben über, die zum Nachlass gehören; nicht alle dem Erblasser zustehenden Rechte bleiben von seinem Tod unberührt (vgl. dazu im Einzelnen unten Syst. A Rdn. 23 ff.).

d) Erbe

Nach § 1922 Abs. 1 BGB werden diejenigen Personen, auf die mit Tod eines Menschen dessen 11 Vermögen als Ganzes übergeht, als Erben bezeichnet. Der Erbe wird neuer Träger der Rechte und Pflichten des Verstorbenen.

Der Erbe muss grundsätzlich, da er anstelle des Erblassers Rechtsträger wird, *rechtsfähig* sein. Aktiv 12 erbfähig sind daher prinzipiell nur die z.Zt. des Erbfalls lebenden *natürlichen Personen* (§ 1923 Abs. 1 BGB) und die zu diesem Zeitpunkt bestehenden *juristischen Personen* (vgl. § 2101 Abs. 2 BGB).

Gesamthandsgemeinschaften sind, auch wenn sie im Rechtsverkehr unter eigenem Namen auf- 13 treten (vgl. § 124 HGB), nicht rechtsfähig. Gleichwohl sind sie aktiv erbfähig, zumindest in dem Sinne, dass der Nachlass unmittelbar, ohne dass eine Übertragung von den Gesamthändern auf die Gesamthand notwendig wäre, in das Gesamthandsvermögen fällt.[14] Umstritten war früher lediglich, inwieweit auch eine Gesellschaft bürgerlichen Rechts (§§ 705 ff. BGB) generell aktiv erbfähig sein konnte. Dies wurde überwiegend mit dem Argument abgelehnt, dass die GbR im Gegensatz zur OHG oder KG nicht derart stark einer juristischen Person angenähert ist, dass sie auch wie eine juristische Person erbfähig sein kann.[15] Diese Problematik ist durch die Rechtsprechung des BGH[16] – grundsätzliche Anerkennung der Rechtsfähigkeit der Außengesellschaft bürgerlichen Rechts – auch in erbrechtlicher Hinsicht geklärt. Mit der Anerkennung der Rechts- und Parteifähigkeit der GbR, soweit diese als Gesellschaft nach außen am Rechtsverkehr teilnimmt, muss die GbR folglich auch als generell aktiv erbfähig angesehen werden: »die Gesellschaft bürgerlichen Rechts als Gesamthandsgemeinschaft ihrer Gesellschafter kann im Rechtsverkehr grundsätzlich, d.h. soweit nicht spezielle Gesichtspunkte entgegenstehen, jede Rechtsposition einnehmen«.[17] Spezielle Probleme in Bezug auf die Kollision von Gesellschaftsrecht und Erbrecht bei der Einsetzung einer GbR als Erben, wie z.B. der Unterschied von Gesellschafter- und Erbenhaftung oder die Auswirkungen einer Erbunwürdigkeit einzelner Gesellschafter, stehen nach der prinzipiellen Anerkennung der Rechtsfähigkeit und der dadurch bedingten Annäherung der GbR an die OHG einer aktiven Erbfähigkeit nicht entgegen. Sie sind vielmehr entsprechend den im Recht der OHG und KG gefundenen Kollisionslösungsmöglichkeiten zu bewältigen.[18]

Wegen des Verweises in § 7 Abs. 2 PartGG auf § 124 HGB kann auch die **Partnerschaft freier** 14 **Berufe** aktiv Erbe sein.

---

12 Bejahend: *Planck/Flad* § 1922 Anm. 2; BGB-RGRK/*Kregel* § 1922 Rn. 10; verneinend: *Kipp/Coing* § 91 II 2; Staudinger/*Kunz* § 1922 Rn. 71 lässt die Frage im Hinblick auf § 1967 BGB offen.

13 Motive V 2; *Lange/Kuchinke* § 5 II 2 b; MünchKomm/*Leipold* § 1922 Rn. 16 Ebenroth Rn. 22.

14 *Lange/Kuchinke* § 4 III 1; vgl. im Einzelnen zu den dogmatischen Zweifelsfragen MünchKomm/*Leipold* § 1923 Rn. 36 ff.

15 Vgl. BayOblG FamRZ 1999, 170; MünchKomm/*Leipold* § 1923 Rn. 37 GbR nun nach h.M. rechtsfähig; Palandt/*Weidlich*, § 1923 Rn. 7.

16 BGH ZIP 2001, 330 = DNotZ 2001, 234; *Habersack* BB 2001, 477; *K. Schmidt* NJW 2001, 993.

17 BGH ZIP 2001, 330 = DNotZ 2001, 234.

18 BGH DNotZ 2002, 57 (BGB-Gesellschaft als Kommanditistin); vgl. auch *Ulmer* ZIP 2001, 576.

15 Gleiches gilt für den **nicht rechtsfähigen Verein.**[19] Die Erbeinsetzung ist rechtlich im Grunde nichts anderes als eine Berufung sämtlicher zur Zeit des Erbfalls vorhandener Gesamthänder (Gesellschafter, Vereinsmitglieder) zu Erben mit der Bestimmung, dass das Zugewandte Bestandteil des Gesamthandsvermögens werden soll, also durch den Gesamthands- (Gesellschafts-, Vereins-)Zweck bestimmtes Vermögen seiner Mitglieder. Der unmittelbare Übergang in das Gesamthandsvermögen lässt sich durch eine Analogie zu § 718 BGB rechtfertigen.[20] Nach a.A.[21] ist die Erbeinsetzung eines nicht rechtsfähigen Vereins nur als Zuwendung an die Mitglieder mit der Auflage zu deuten, das Zugewandte an den Verein zu übertragen. Nach Ansicht des Kammergerichts[22] kann die Erbeinsetzung eines nicht rechtsfähigen Vereins als Vermächtnis zugunsten der jeweiligen Mitglieder auszulegen sein.

16 Da der Erbe beim Erbfall bereits als Rechtssubjekt vorhanden sein muss, gilt für Erbe und Erblasser der **Grundsatz der zeitlichen Koexistenz.** Beide müssen wenigstens einen Augenblick lang gemeinsam gelebt haben bzw. Rechtsperson gewesen sein.[23]

17 Der Grundsatz, dass der Erbe z.Zt. des Erbfalls bereits Rechtssubjekt sein muss, gilt aber nicht uneingeschränkt. Nach § 1923 Abs. 2 BGB gilt der noch nicht geborene, aber **bereits erzeugte Erbe** als vor dem Erbfall geboren, wenn er später lebend geboren wird. Die Erbschaft fällt erst mit der Geburt an.[24]

18 § 1923 Abs. 2 BGB ist nicht anwendbar auf **juristische Personen**, die sich in der Entstehung befinden,[25] da bei ihnen keine tatsächliche Vermutung für den Erfolg der Gründung in vertretbarer Zeit spricht. Sie müssen grundsätzlich zum Zeitpunkt des Erbfalls rechtsfähig bestehen, um Erbe werden zu können.[26] Bei Kapitalgesellschaften hat die Eintragung im Handelsregister stets konstitutive Bedeutung für die Rechtsfähigkeit (§ 11 Abs. 1 GmbHG, § 41 Satz 1 AktG). Eine Kapitalgesellschaft im Gründungsstadium (Vorgesellschaft) stellt eine rechtsfähige und erbfähige Gesellschaft *sui generis* dar, unabhängig davon, ob sie als Gesamthandsgesellschaft zu qualifizieren ist.[27]

19 Auch **Personengesellschaften** müssen rechtswirksam entstanden sein, um erben zu können. Sie entstehen jedoch nicht mit Eintragung im Handelsregister, sondern mit Gründung. Allerdings gilt dies nur im Innenverhältnis, im Außenverhältnis gilt § 123 HGB, die Entstehung im Außenverhältnis tritt daher mit Eintragung im Handelsregister ein, es sei denn, die Gesellschaft hat die Geschäfte schon früher aufgenommen (§ 123 Abs. 2 HGB).[28]

20 Nur für **Stiftungen** besteht eine Ausnahme nach § 84 BGB. Demnach gilt eine Stiftung, für die erst nach dem Tode des Stifters die Anerkennung (§ 80 BGB) erteilt wird, für die Zuwendungen des Stifters an sie als bereits mit seinem Tode entstanden.[29] Dabei ist es unerheblich, ob es sich um eine Stiftung von Todes wegen oder um eine unter Lebenden errichtete Stiftung handelt, der Stifter aber vor deren Anerkennung verstirbt.[30] Mit ihrer Anerkennung wird eine als Erbin eingesetzte Stiftung rückwirkend zur Vollerbin. § 84 BGB ist nicht auf Zuwendungen Dritter an die noch nicht als

---

19 FG Münster EFG 2007, 1037; *Kipp/Coing* § 84 I 2 b; Staudinger/*Otte* § 1923 Rn. 31; *Habscheid* AcP 155, 400; Palandt/*Weidlich* § 1923 Rn. 7.

20 Staudinger/*Otte* § 1923 Rn. 31 bejahend im Hinblick auf § 54 Satz 1; *Lange/Kuchinke* § 4 III 1.

21 RG WarnR 1911 Nr. 89; Recht 1929 Nr. 975; BGB-RGRK/*Stetten* § 54 Rn. 17.

22 KG JFG 13, 133.

23 Vgl. Erman/*Lieder* § 1923 Rn. 2; *Muscheler* Bd. I Rn. 125 ff.

24 KGJ 34 A 79; LG Berlin, RPfl 1990, 362; Staudinger/*Otte* § 1923 Rn. 18.

25 Palandt/*Weidlich* § 1923 Rn. 7.

26 Staudinger/*Otte* § 1923 Rn. 33; *Leipold* Rn. 29.

27 Roth/Altmeppen/*Altmeppen*, GmbHG, § 11 Rn. 15ff; MünchKommAktG/*Pentz* § 41 AktG Rn. 24, 51 f.

28 Baumbach/Hopt/*Roth*, HGB, § 123 Rn. 2.

29 Staudinger/*Otte* § 1923 Rn. 34; Für ausländische Stiftungen gilt dies ebenso, wenn sie nach ihrem Heimatrecht Rechtsfähigkeit erlangt haben, OLG München ZEV 2009, 512.

30 *Lange* § 7 Rn. 18; Staudinger/*Otte* § 1923 Rn. 34.

rechtsfähig anerkannte Stiftung anzuwenden. Setzt ein Dritter die noch nicht entstandene Stiftung als Erbin ein, so ist die Erbeinsetzung unwirksam, § 1923 Abs. 1 BGB.[31]

Ein **noch nicht erzeugter Mensch** und eine **noch nicht entstandene juristische Person** können als 21
Erben eingesetzt werden, sie sind dann allerdings im Zweifel – Entstehung vorausgesetzt – Nacherben; Vorerben sind – mangels anderer Anordnung – die gesetzlichen Erben bis zur Geburt bzw. bis zum Entstehen des Nacherben (§§ 2101 Abs. 1 Satz 1, Abs. 2; 2105 Abs. 2; 2106 Abs. 2 BGB).

Probleme besonderer Art sind mit dem **medizinischen Fortschritt**, v.a. den Möglichkeiten post- 22
mortaler Insemination im Körper der Mutter sowie der Befruchtung der Eizelle im Reagenzglas (sog. »In-vitro-Fertilisation«) aufgetreten. Nach § 4 Abs. 1 Nr. 3 EmbryonenschutzG v. 13.12.1990[32] ist es zwar strafbar, bei einer künstlichen Befruchtung die Samenzellen eines verstorbenen Mannes zu verwenden. Dennoch muss für Fälle der postmortalen Befruchtung geklärt werden, ob das später geborene Kind ein gesetzliches Erbrecht nach seinem Vater haben kann. Zu berücksichtigen ist dabei auch die Möglichkeit, durch zwischenzeitliche Kryokonservierung von Spermien, Eizellen oder auch Embryonen postmortal eine Schwangerschaft in großer zeitlicher Distanz zum Erbfall herbeizuführen. Zum Teil wird jedenfalls dann, wenn die Befruchtung der Eizelle vor dem Erbfall stattgefunden hat, sie aber erst nach dem Erbfall implantiert worden ist, die Erbfähigkeit des Kindes in analoger Anwendung des § 1923 Abs. 2 BGB bejaht.[33] Es wird aber auch vertreten, dass generell die Erbfähigkeit von Kindern aus postmortaler Zeugung anerkannt werden soll. Diese Ansicht beruft sich auf Art. 1 Abs. 1, Art. 6 Abs. 1 oder auch Art. 3 GG sowie auf die Erbrechtsgarantie des GG. Demnach ist jedem Kind eine rechtlich geschützte Verbindung zu seinen beiden Elternteilen zu gewähren. Gilt der verstorbene Samenspender im Rechtssinne als Vater des Kindes, dann dürfe dem Kind auch sein gesetzliches Erbrecht nach dem Vater nicht versagt werden.[34] Nach der momentan herrschenden Auffassung ist die Einsetzung eines noch nicht Erzeugten als Erben jedoch unmöglich. Der Wortlaut des § 1923 BGB ist insoweit maßgeblich. Der *nondum conceptus* kann nur als Nacherbe eingesetzt werden (§ 2101 Abs. 1 BGB). Es sprechen vor allem ethische Bedenken sowie die dann auftretende Rechtsunsicherheit und die Manipulationsgefahr gegen die analoge Anwendung der Vorschrift des § 1923 Abs. 2 BGB.[35] Dies gilt auch für Fälle, bei denen ein Teil des Zeugungsvorgangs schon vor dem Erbfall stattgefunden hat. Hier ist die Geburt des Kindes nämlich nach dem Erbfall gewollt. Damit fehlt es an der Vergleichbarkeit zu der in § 1923 Abs. 2 BGB beschriebenen Situation, in der die Geburt nur zufällig nach dem Erbfall liegt.[36]

3. Zugehörigkeit zur Erbschaft – Aktivvermögen

Nach dem Grundsatz der Universalsukzession wird der Erbe Gesamtrechtsnachfolger des Erb- 23
lassers. Der Nachlass wird daher prinzipiell als Ganzes zur Erbschaft. Rechte und Pflichten des Erblassers gehen jedoch nur insoweit auf den Erben über, als sie nicht »höchstpersönlich« sind, also von der Person des Erblassers losgelöst werden können, ohne sich in ihrem Inhalt zu verändern.[37] Da die Persönlichkeit des Menschen mit seinem Tod endet, ist die Erbfolge keine Rechtsnachfolge in die Persönlichkeit des Erblassers, sondern prinzipiell (nur) in dessen Gesamtvermögen;[38] auch Persönlichkeitsrechte können jedoch Nachwirkungen haben. Als Aktivvermögen geht somit die Summe dessen, was in die Rechtsmacht des Erblassers gestellt ist, ohne höchstpersönlich zu sein,

31 MünchKomm/*Weitemeyer* § 84 Rn. 3.

32 BGBl. I 2746.

33 MünchKomm/*Leipold* § 1923 Rn. 19; Staudinger/*Kannowski* § 1 Rn. 23.

34 MünchKomm/*Leipold* § 1923 Rn. 21 ff; Soergel/*Stein* § 1923 Rn. 6; *Brox/Walker* § 1 Rn. 10.

35 Wie hier Staudinger/*Otte* § 1923 Rn. 25 ff. m.N.; Palandt/*Weidlich* § 1923 Rn. 6, § 1 Rn. 8 f.; *Lange/Kuchinke* § 4 III 2 b a; Erman/*Lieder* § 1923 Rn. 3; *Lange* § 7 Rn. 15a.

36 Staudinger/*Otte* § 1923 Rn. 26a.

37 Staudinger/*Kunz* § 1922 Rn. 72 ff. will die Antwort bei Zweifel durch Auslegung ermitteln.

38 Vgl. Staudinger/*Kunz* § 1922 Rn. 11.

auf den Erben über. Vermögensgegenstände des Erblassers gehen auch dann nicht aufgrund Universalsukzession auf den Erben über, wenn sie vom Erblasser zuvor aus dem Nachlass ausgegliedert wurden, sei es auch mit Wirkung auf den Todesfall. Instrumentarien hierfür sind die Übertragung einzelner Teile seines Vermögens durch Schenkung (§§ 516 ff. BGB), aufschiebend bedingt auf sein Ableben, eine Verfügung zugunsten Dritter auf den Todesfall (§ 331 BGB) oder/und die Anwachsung gem. § 738 Abs. 1 Satz 1 BGB im Rahmen einer Gesellschaftsbeteiligung.[39] Besonders Bankkonten und Lebensversicherungen eigenen sich für ein Übertragen am Nachlass vorbei, so dass sie nicht erst Bestandteil der Erbschaft werden.

a) Sachenrechtliche Positionen

aa) Eigentum

24 Das Eigentum ist vererblich.

bb) Beschränkte dingliche Rechte

25 Erbbaurecht (§ 1 Abs. 1 ErbbauRG), Dauerwohnrecht und Dauernutzungsrecht (§§ 33 Abs. 1, 31 Abs. 3 WEG), Hypotheken, Grund- und Rentenschulden sind vererblich. Nießbrauch (§ 1061 BGB) und beschränkte persönliche Dienstbarkeiten (§ 1090 Abs. 2 BGB) sind unvererblich. Reallasten sind grundsätzlich vererblich; ausnahmsweise sind sie unvererblich, wenn der Anspruch auf die einzelne Leistung nicht übertragbar ist (§ 1111 Abs. 2 BGB). Dingliche Vorkaufsrechte sind im Regelfall unvererblich (§§ 1098 Abs. 1, 514 BGB), jedoch ist eine abweichende Vereinbarung zulässig. Vererblichkeit des Dauerwohn- und Dauernutzungsrechtes und des Erbbaurechts können nicht abbedungen werden.[40]

cc) Besitz

26 Der Besitz ist gem. § 857 BGB vererblich.

b) Schuldrechtliche Positionen

aa) Ansprüche

27 Forderungen und sonstige schuldrechtliche Ansprüche, auch solche aus unerlaubten Handlungen, gehören zum Nachlass. Der Erbe übernimmt diese Rechtsstellung, wie sie der Erblasser hatte, d.h. mit allen Gegenrechten, Einreden usw. Nicht zum Nachlass gehört nach Ansicht der Rspr. der Anspruch des Vertragserben gem. § 2287 Abs. 1 BGB; er soll mit dem Erbfall als persönlicher Anspruch des Vertragserben entstehen.

bb) Auftragsverhältnisse

28 Diese erlöschen im Zweifel mit dem Tod des Beauftragten (§ 673 BGB).

cc) Mietverhältnisse

29 Ansprüche aus Mietverhältnissen werden ebenso von § 1922 BGB erfasst. Jedoch finden sich hier Sonderregeln in den Vorschriften des Mietrechts, das insbesondere in diesem Bereich durch das Gesetz zur Neugliederung, Vereinfachung und Reform des Mietrechts (Mietrechtsreformgesetz) vom 19.06.2001 (BGBl. I 1149) modifiziert wurde. Nach § 580 BGB n.F. sind der Erbe eines Mieters und der Vermieter beim Tod des Mieters aufgrund der Tatsache, dass der Vermieter in der Regel die Mietsache nur an eine bestimmte Person überlassen will, zur Kündigung unter Einhaltung

39 Vgl. dazu § 2301 Rdn. 59 ff.

40 OLG Neustadt NJW 1961, 1974; OLG Hamm NJW 1965, 1488; Palandt/*Wicke* § 33 WEG Rn. 2 und Palandt/*Wicke* § 1 ErbbauRG Rn. 9.

der gesetzlichen Kündigungsfrist berechtigt. Andererseits treten beim Tod des Mieters dessen Ehegatte bzw. seit der Änderung zum 01.09.2001 nun auch dessen Lebenspartner nach § 563 Abs. 1 BGB n.F. ipso iure in den Mietvertrag ein. Gleiches gilt für die in dem gemeinsamen Haushalt lebenden Kinder eines Mieters, soweit dessen Ehepartner bzw. dessen Lebenspartner nicht in das Mietverhältnis eintreten, § 563 Abs. 2 BGB n.F. Erklären die eingetretenen Personen gem. § 563 Abs. 3 BGB n.F., dass sie das Mietverhältnis nicht fortsetzen wollen, so gilt der Eintritt als nicht erfolgt. In § 563 Abs. 2 Satz 3 BGB n.F. wurde daneben Personen, die mit dem Mieter einen auf Dauer angelegten gemeinsamen Haushalt führen, ein subsidiäres Eintrittsrecht gewährt. Unter dem Personenkreis, der mit diesem neuen Rechtsbegriff erfasst werden soll, sind bspw. nichteheliche Lebensgemeinschaften entsprechend den Kriterien der bisherigen Rechtsprechung[41] zu subsumieren. Zudem steht dem Vermieter hier auch ein außerordentliches Kündigungsrecht zu. Letztendlich wurden im Mietrechtsreformgesetz die bisher bestehenden Regelungen zur Fortsetzung mit überlebenden Mietern in § 563a BGB n.F. und zur Fortsetzung des Mietverhältnisses mit dem Erben in § 564 BGB n.F. übernommen.[42]

dd) Vollmachten

Vollmachten zugunsten des Erblassers erlöschen im Zweifel mit dessen Tod (§§ 168, 673 BGB).[43] 30

ee) Bankkonten

Bankkonten gehen gem. § 1922 BGB auf die Erben über, und zwar einschließlich aller Neben- 31
rechte, z.B. Auskunftsrechte.[44] Der Kontoinhaber kann jedoch durch Verfügung (unter Lebenden) bestimmen, dass ein Guthaben außerhalb des Nachlasses auf einen Dritten übergeht (Verfügungen zugunsten Dritter auf den Todesfall).[45] Entsprechendes gilt für ein Depot, jedoch mit der Maßgabe, dass es sich hier um ein dingliches Recht handelt, das vererbt wird. Ist beabsichtigt, das Depot außerhalb des Nachlasses mit dem Ableben des Depotinhabers auf einen Dritten zu übertragen, ist es notwendig, die im Depot befindlichen Gegenstände treuhänderisch auf die verwahrende Bank zu übertragen und sodann die schuldrechtlichen Ansprüche aus der treuhänderischen Verwahrung außerhalb des Nachlasses einem Dritten zuzuwenden.[46]

ff) Lebensversicherungsansprüche

Lebensversicherungsansprüche sind vererblich, fallen also in den Nachlass, falls kein Bezugsberech- 32
tigter benannt ist; andernfalls, wenn also im Vertrag ein Bezugsberechtigter benannt ist, auch wenn die Bezugsberechtigung nicht unwiderruflich festgelegt wurde, liegt ein Vertrag (unter Lebenden) zugunsten Dritter vor, sodass sich der Rechtserwerb des Bezugsberechtigten außerhalb der Erbfolge *ipso jure* vollzieht.[47] Für die Kapitalversicherungen auf den Todesfall ist nach § 167 Abs. 2 VVG anzunehmen, dass sich der Rechtserwerb außerhalb der Erbfolge vollzieht, und zwar selbst dann, wenn Zahlung an die Erben bedungen ist.[48]

Ist bei einer Unfallversicherung als Leistung des Versicherers die Zahlung eines Kapitals vereinbart, gelten die §§ 166 bis 168 VVG (§ 180 VVG). Bei einer Unfallrentenversicherung ist durch Auslegung zu ermitteln, ob mit der Benennung der Erben als Bezugsberechtigte ein derartiger »Von-selbst-Erwerb« außerhalb des Nachlasses gewollt ist.[49]

---

41 BGHZ 121, 116.
42 Vgl. hierzu auch *Grundmann* NJW 2001, 2502.
43 *Hopt* ZHR 133, 305; Palandt/*Weidlich* § 1922 Rn. 33 a.E.
44 BGHZ 107, 104, 107.
45 Vgl. dazu § 2301 BGB Rdn. 16, 59 ff.
46 Vgl. dazu § 2301 BGB Rdn. 73.
47 BGHZ 32, 44; BGH NJW 2010, 3232, 3234.
48 Vgl. *Zehner* AcP 153, 424.
49 Soergel/*Stein* § 1922 Rn. 42.

c) Gestaltungsrechte

aa) Vererblichkeit

33 Allgemein sind Gestaltungsrechte, Vor-, An- und Wiederkaufsrecht, Anfechtungsrecht, Rücktrittsrecht, Wandlungs- und Minderungsrecht (nach der Herstellungstheorie), Annahme und Ausschlagung einer Erbschaft (sowie Anfechtung dieser Erklärungen) vererblich. Es kann sich durch Auslegung die Höchstpersönlichkeit und damit die Unvererblichkeit ergeben. Auch das Gestaltungsrecht ist vererblich. Das Vorkaufsrecht, das zeitlich beschränkt ist, ist vererblich, obwohl es im Zweifel nicht übertragen werden kann (§ 473 Satz 2 BGB). Das unbegrenzt zulässige Vorkaufsrecht ist im Zweifel nicht vererblich (§ 473 Satz 1 BGB).

bb) Schenkungsrückforderungsanspruch

34 Besonderheiten ergeben sich hinsichtlich des Schenkungsrückforderungsanspruchs gem. § 528 BGB. Es treten immer häufiger Fallkonstellationen auf, in denen der Sozialhilfeträger den Anspruch des Erblassers gegen einen Dritten, den der Erblasser zu Lebzeiten beschenkt hatte, auf Rückforderung der Schenkung geltend gemacht hat. Da den Sozialhilfeträgern durch § 93 SGB XII die rechtliche Handhabe gegeben wurde, Ansprüche des Sozialhilfeempfängers durch privatrechtsgestaltenden Verwaltungsakt auf sich überzuleiten, muss diese Möglichkeit gerade bei Zuwendungen im Rahmen vorweggenommener Erbfolge bedacht werden. Die Tendenz in der Rechtsprechung[50] geht dahin, der Sozialhilfe die entstandenen Kosten möglichst zu ersetzen, was jedoch sowohl im Hinblick auf den Zweck der Sozialhilfe als auch dogmatisch gerechtfertigt erscheint.[51]

cc) »Schwebelagen«

35 Besonders zu erwähnen sind auch solche Gestaltungsrechte, die in der schwebenden Rechtslage eines ausgesprochenen, aber zum Zeitpunkt des Erbfalls noch nicht angenommenen Vertragsangebotes liegen. Grundsätzlich sind derartige »Schwebelagen« vererblich, sodass die Erben regelmäßig die Möglichkeit haben, das Vertragsangebot anzunehmen.[52]

36 Probleme spezieller Art ergeben sich bei einer Schwebelage im erbrechtlichen Bereich, so im Anbahnungsstadium eines **Erbverzichtsvertrages**. Hat der Erblasser das Angebot abgegeben und stirbt der Erklärungsempfänger (also der dann verzichtende Teil) vor der Annahme, so kann eine Lösung im Wege der Auslegung gem. §§ 145 ff. BGB erreicht werden, und zwar sowohl für das dem Erbverzicht zugrunde liegende Kausalgeschäft[53] als auch für den verfügenden Erbverzichtsvertrag. Weil dieser ein Verfügungsvertrag unter Lebenden ist, sind auch insoweit die Vorschriften des allgemeinen Teils anwendbar.[54] So hat auch der BGH Vorschriften aus dem allgemeinen Teil über Verträge (§§ 145 ff. BGB) auf den Erbverzichtsvertrag angewendet.[55] Der Erbverzichtsvertrag muss indessen zu Lebzeiten des Erblassers wirksam werden.[56] Stirbt hingegen der Erblasser, bevor er das Angebot auf Abschluss eines Erb- oder Pflichtteilsverzichtsvertrages angenommen hat, kann das Angebot von seinen Erben nicht mehr angenommen werden. Auch eine Genehmigung durch den Verzichtenden ist nach dem Tode des Erblassers nicht mehr möglich, wenn der Erbverzichtsver-

---

50 Vgl. BGH NJW 1995, 2287; OLG Düsseldorf FamRZ 1997, 769; *Haarmann* FamRZ 1996, 522; *Schwarz* JZ 1997, 545; *Zeranski* NJW 1998, 2574.

51 Eingehend hierzu *Kollhosser* ZEV 1995, 391; vgl. auch BGH NJW 1994, 1655 = ZEV 1994, 254 m. Anm. *Skibbe* und *Hörlbacher* ZEV 1995, 202, jeweils m.N. zur Rspr.; zu Gestaltungsmöglichkeiten für vertragliche Pflegeleistungen unter Berücksichtigung des Sozialhilferechts: *Rastätter* ZEV 1996, 281; *J. Mayer* ZEV 1997, 176; *Kollhosser* ZEV 2001, 289.

52 Vgl. Staudinger/*Kunz* § 1922 Rn. 561 ff.; zur Vererblichkeit von Rückforderungsansprüchen der Schwiegereltern: *Stein* FamFR 2011, 243.

53 Palandt/*Ellenberger* § 145 Rn. 5 und § 153 Rn. 3.

54 *Lange/Kuchinke* § 7 IV 3.

55 BGH NJW 1996, 1062, 1064.

56 BGHZ 37, 319, 329.

trag zu dessen Lebzeiten vorbehaltlich einer Genehmigung durch den Verzichtenden abgeschlossen wurde.[57] Zwar ist die Option, die aus einem Angebot erwächst, prinzipiell vererblich,[58] das durch § 2347 Abs. 2 Satz 1 BGB aufgestellte Gebot der Höchstpersönlichkeit der Annahme des Verzichts durch den Erblasser schließt aber eine Annahme durch dessen Erben aus.[59] Die Sicherheit des Rechtsverkehrs fordert, dass die mit dem Tod des Erblassers eintretende Erbfolgeregelung auf einer festen Grundlage steht und nicht noch nach beliebig langer Zeit verändert werden kann.

Entsprechendes gilt auch für den **Pflichtteilsverzicht.** Der auf das Pflichtteilsrecht beschränkte Verzicht (§ 2346 Abs. 2 BGB) ändert im Gegensatz zum Erbverzicht zwar nicht die gesetzliche Erbfolge, erhöht also insbesondere auch nicht das Pflichtteilsrecht anderer Pflichtteilsberechtigter. Gleichwohl kann ein Pflichtteilsverzichtsvertrag nur zu Lebzeiten des Erblassers wirksam geschlossen werden;[60] der BGH folgert dies aus dem Unterschied von Pflichtteilsrecht (bis zum Ableben des Erblassers) und Pflichtteilsanspruch (ab diesem Zeitpunkt). Wegen dieser problematischen Rechtsprechung, die von der Möglichkeit einer Auslegung und einer Umdeutung des Verzichts auf das Pflichtteilsrecht in den Verzicht auf den Pflichtteilsanspruch absieht, ist bei allen Gestaltungen Vorsicht geboten, bei denen die Wirksamkeit eines Pflichtteilsverzichtsvertrages erst nach dem Ableben des Erblassers eintritt, also bei aufschiebenden Bedingungen oder Befristung und Vertragsabschlüssen vorbehaltlich Genehmigung.[61] 37

d) Immaterialgüterrechte

Immaterialgüterrechte (Urheber- und Erfinderrechte) sind vererblich, obwohl sich in ihnen persönlichkeits- und vermögensrechtliche Elemente treffen (§ 28 UrhG, §§ 29, 30, 60 Abs. 2, 117 a.a.O., § 34 VerlG, § 15 PatentG, § 22 GebrMG, § 29 DesignG, § 27 Abs. 1 MarkenG, §§ 22, 23 KUG).[62] Mit dem Immaterialgüterrecht gehen auch die mit ihm verbundenen Unterlassungs-, Beseitigungs- und Schadensersatzansprüche auf den Erben über. 38

e) Persönlichkeitsrechte

aa) Grundsatz

Der postmortale Persönlichkeitsschutz tritt in zwei Erscheinungsformen zutage, als sog. Recht zur Totenfürsorge und als postmortales Persönlichkeitsrecht, die Probleme des digitalen Nachlasses sind hinzugekommen. Während hinsichtlich des Rechts zur Totenfürsorge weitgehend Einigkeit besteht, ist vor allem der Ehrenschutz des Verstorbenen streitig; fraglich ist insbesondere, wer wahrnehmungsberechtigt ist. Primär obliegt es grundsätzlich den nächsten Angehörigen des Verstorbenen, nicht dessen Erben, diese Rechte wahrzunehmen.[63] § 2 Abs. 2 FeuerBG, der als allgemeiner Grundsatz herangezogen werden kann, bezeichnet als »Angehörige« den Ehegatten, Verwandte und Verschwägerte auf- und absteigender Linie, Geschwister und deren Kinder sowie den Verlobten, unter denen nach § 2 Abs. 3 FeuerBG der Ehegatte den Verwandten, die Kinder und deren Ehegatten den sonstigen Verwandten, die näheren Verwandten den entfernteren und dem Verlobten vorgehen.[64] Auch die Regelung in § 1a Nr. 5 des Transplantationsgesetzes vom 04.09.2007[65] bietet sich zur analogen Anwendung an. Da jedoch beherrschender Grundsatz des Totensorgerechts die 39

57 BGH ZEV 1997, 111.
58 Vgl. § 130 Abs. 2 und Staudinger/*Kunz* § 1922 Rn. 564 ff.
59 Vgl. Palandt/*Weidlich* § 2347 Rn. 2.
60 BGH ZEV 1997, 111.
61 *J. Mayer* MittBayNot 1997, 85, 87.
62 Vgl. BGH NJW 2000, 2195, 2197 ff.; JZ 2000, 1060.
63 Vgl. BGHZ 15, 249 = JZ 1955, 211; BGHZ 50, 133; BGH NJW-RR 1991, 982.
64 Vgl. ausführlich *Zimmermann* ZEV 1997, 440; zur Frage, wer bei einem Streit unter mehreren gleichrangigen Angehörigen über die Art der Bestattung entscheidet, vgl. Staudinger/*Marotzke* (2008) § 1922 Rn. 122.
65 BGBl. I 2206.

Maßgeblichkeit des Willens des Verstorbenen ist,[66] sind auch die Angehörigen an abweichende Willensäußerungen des Erblassers gebunden, durch die das Recht der Totenfürsorge nicht familienangehörigen Dritten übertragen wird.[67]

bb) Postmortales Persönlichkeitsrecht

40 Persönlichkeitsrechte, wie das Recht am Körper, am Namen und das Recht auf Ehre, erlöschen grundsätzlich mit dem Tod des Erblassers. Der Name wird von den Abkömmlingen einer Person schon mit der Geburt (aus eigenem Recht) gem. § 1616 BGB, nicht erst kraft Erbfolge (derivativ) erworben.[68] Wurde zu Lebzeiten des Erblassers durch Eingriff in dessen Persönlichkeitsrechte die Ursache für einen Schaden gesetzt, so ist zwischen materiellen vermögenswerten Interessen und immateriellen (ideellen) Beeinträchtigungen zu unterscheiden.[69] Vermögensschäden die zu Lebzeiten des Erblassers verursacht wurden, kann der Erbe geltend machen.[70] Hinsichtlich des materiellen Schadensersatzes für immaterielle Schäden differenziert der Gesetzgeber. Nach der Aufhebung des § 847 Abs. 1 Satz 2 BGB (Gesetz vom 14.03.1990, BGBl. I 478) sind nach dem 30.06.1990 entstandene Schmerzensgeldansprüche in vollem Umfang vererblich, auch wenn der verletzte Erblasser zu seinen Lebzeiten nicht den Willen bekundet hat, Schmerzensgeld zu fordern.[71] Der 6. Zivilsenat des BGH lehnte die Vererblichkeit des Geldentschädigungsanspruchs bei Verletzung des Persönlichkeitsrechts mit dem Argument ab, dass die Genugtuungsfunktion nach dem Ableben des Betroffenen keine besondere Rolle mehr spielen kann.[72] Nach dem 1. Zivilsenat ist entscheidend, ob eine kommerzielle Verwertung des Persönlichkeitsrechtes zu Lebzeiten des Erblassers wie auch nach seinem Ableben möglich war.[73] Bestand für den Betroffenen zu Lebzeiten die Möglichkeit zur Gewinngenerierung, liegt der Sache nach ein materieller Schaden und nicht eine Entschädigung für immaterielle Schäden vor.[74] Jedoch hat der 6. Zivilsenat des BGH den Anspruch auf Geldentschädigung wegen Persönlichkeitsrechtsverletzung auch dann für nicht vererblich erklärt, wenn er noch zu Lebzeiten des Geschädigten anhängig oder rechtshängig geworden ist. Nur wenn der Erblasser nach Rechtskraft der Entscheidung stirbt, geht der rechtskräftig zuerkannte Anspruch auf seine Erben über.[75] Persönlichkeitsrechte können über den Tod des Rechtsträgers fortwirken (insbesondere Schutz des Namens und der Ehre); aus dem Schutz der Persönlichkeit wird der Schutz des Andenkens Verstorbener. Hier werden allerdings nicht eigene Rechte wahrgenommen, sondern – treuhänderisch – diejenigen des Verstorbenen.[76]

cc) Totensorge

41 Der *Leichnam*, Skelett, Asche und die natürlichen Körperteile gehören nicht zum Nachlass. Der Körper des lebenden Menschen ist keine Sache, weil Körper und menschliche Person eine Einheit bilden und der Mensch als Träger von Rechten und Pflichten nicht zugleich ihr Gegenstand sein kann. Das Recht des Menschen an seinem Körper ist Ausfluss der Persönlichkeit und kein vererb-

66 BGH NJW-RR 1992, 834.
67 BGH NJW-RR 1991, 831; vgl. auch OLG Frankfurt NJW-RR 1989, 1159; LG Gießen, NJW-RR 1995, 264.
68 Staudinger/*Kunz* § 1922 Rn. 344; Palandt/*Weidlich* § 1922 Rn. 36.
69 Palandt/*Sprau*, BGB, § 823 Rn. 89 f.
70 Staudinger/*Kunz* § 1922 Rn. 299 f., 306 ff.; differenzierend: MünchKomm/*Leipold* § 1922 Rn. 51, 120.
71 BGH NJW 1995, 783; BGHZ 138, 388; *Huber* NZV 1998, 345.
72 BGHZ 50, 133; BGH ZEV 2006, 270.
73 BGHZ 143, 214; *Reimann* FamRZ 2014, 1195.
74 *Reimann* FamRZ 2014, 1195; Staudinger/*Schiemann*, § 253 Rn. 55.
75 BGH NJW 2017, 3004.
76 Einzelheiten sehr streitig, vgl. *Lange/Kuchinke* § 5 III 5; MünchKomm/*Leipold* § 1922 Rn. 123; Soergel/*Stein* § 1922 Rn. 23 ff.

liches dingliches Recht, insbesondere kein Eigentum.[77] Der Leichnam als selbständiger körperlicher Gegenstand, bei dem die Einheit von Körper und Mensch (Rechtsträger) nicht mehr besteht, ist eine *Sache* i.S.v. § 90 BGB.[78] Auch Leichenteile, wie herausgelöste Organe, sind Sachen, soweit sie selbständige körperliche Gegenstände sind. Die Leiche ist als Sache jedoch *herrenlos*. Der Erbe kann kein Eigentum an der Leiche des Erblassers haben, da er einerseits als derivativer Erwerber nur in die dem Erblasser zustehenden Rechte nachrücken kann und dieser kein Eigentum an seinem eigenen Körper hatte (vgl. oben), andererseits sein Persönlichkeitsrecht am Körper nicht vererblich ist. Die Angehörigen des Verstorbenen haben mangels gesetzlicher Zuweisung kein Eigentum am Leichnam.[79] Der Leichnam ist aufgrund der Anschauungen über die guten Sitten (Pietät) eine *verkehrsunfähige* Sache.[80]

Das *Totensorgerecht* steht den **Angehörigen des Verstorbenen** zu, den Erben nur, soweit Angehörige nicht vorhanden sind (Syst. A Rdn. 39). Die Art der *Bestattung* richtet sich nach den Anordnungen des Verstorbenen (vgl. im Einzelnen § 2 Abs. 1 FeuerBG), soweit solche nicht vorliegen, nach denen der Hinterbliebenen. Diese haben auch über die anderen Fragen der Totensorge (evtl. Umbettung der Leiche, Grabinschrift, Auswahl des Urnenortes) zu entscheiden.[81] 42

Eine **Aneignung der Leiche** oder von Leichenteilen ist wegen der mangelnden Verkehrsfähigkeit nicht zulässig.[82] *Künstliche Körperteile*, die mit dem Körper fest verbunden sind, sind zwar unvererblich, doch haben, da die Verkehrsfähigkeit hier nicht ausgeschlossen ist, die Erben ein ausschließliches Aneignungsrecht; die Ausübung dieses Rechtes kann u.U. von der Zustimmung der Angehörigen abhängen, wenn die Aneignung in die Totensorge eingreift.[83] Für *Gewebe- und Organentnahmen* aus einem Leichnam, etwa zum Zwecke der (unmittelbaren oder über eine Organbank laufenden) Transplantation gilt seit 01.12.1997 das Transplantationsgesetz (TPG) vom 05.11.1997 (BGBl. I 2631), neugefasst am 04.09.2007 (BGBl. I S. 2206). Hiernach ist zu differenzieren, ob der Organspender in die Entnahme eingewilligt hatte oder nicht. Hat er eingewilligt, ist die Entnahme nach Maßgabe von § 3 TPG zulässig. Hat er der Entnahme von Organen widersprochen, ist sie unzulässig. Liegen weder eine schriftliche Einwilligung noch ein schriftlicher Widerspruch des möglichen Organspenders vor, ist dessen nächster Angehöriger zu befragen, ob ihm eine Erklärung des Verstorbenen zur Organspende bekannt ist. Ist dies nicht der Fall, ist eine Organentnahme nach Maßgabe des § 4 TPG zulässig, wenn der nächste Angehörige zugestimmt hat. Nächste Angehörige i.S.d. Gesetzes sind (§ 1a Nr. 5 TPG) der Ehegatte oder eingetragene Lebenspartner, volljährige Kinder, Eltern, volljährige Geschwister und Großeltern. Dem möglichen Organspender steht es dabei frei, die Entscheidung über die Organentnahme einer bestimmten Person zu übertragen, diese tritt dann an die Stelle der nächsten Angehörigen (§ 4 Abs. 3 TPG). Die Widmung des 43

77 Palandt/*Ellenberger* Überbl. v. § 90 Rn. 11 und § 90 Rn. 3; Staudinger/Kunz § 1922 Rn. 279 ff.; Staudinger/*Stieper* § 90 Rn. 27.

78 Palandt/*Ellenberger* Überbl. v. § 90 Rn. 11; *Englert*, Todesbegriff und Leichnam als Element des Todesrechts, 1979; Staudinger/*Stieper* § 90 Rn. 39; a.A. MünchKomm/*Leipold* § 1922 Rn. 139: »nicht Sache, sondern Rest der Persönlichkeit« m.N., auch zur h.M.; ähnlich *Hübner*, BGB-AT, Rn. 289: »Persönlichkeitsrückstand«; offen gelassen bei *Ebenroth* Rn. 37.

79 Vgl. Palandt/*Ellenberger* Überbl. v. § 90 Rn. 11; *Ebenroth* Rn. 37.

80 RGZ 100, 172; BGB-RGRK/*Kregel* § 90 Rn. 5.

81 Vgl. Staudinger/*Kunze* § 1922 Rn. 295 ff. m. zahlr. Nachweisen und BGH NJW-RR 1992, 834; OLG Frankfurt NJW-RR 1989, 1159; LG Gießen NJW-RR 1995, 264; zum Bestimmungsrecht: deutsch NJW 1986, 1971; tag MedR 1998, 387.

82 Str., wie hier *Ebenroth* Rn. 37; MünchKomm/*Leipold* § 1922 Rn. 139; *Trockel* NJW 1970, 493: a.A. Soergel/*Stein* § 1922 Rn. 16; *Schlüter* (2007) Rn. 61; BGB-RGRK/*Kregel* § 90 Rn. 5.

83 Erman/*Lieder* § 1922 Rn. 37; Palandt/*Ellenberger* Überbl. v. § 90 Rn. 11; Palandt/*Weidlich* § 1922 Rn. 37; weitergehend MünchKomm/*Leipold* § 1922 Rn. 141: nicht bloß Aneignungsrecht, sondern von selbst entstehendes Eigentumsrecht der Erben bei Trennung vom Leichnam; zum Aneignungsrecht bezüglich eines Herzschrittmachers vgl. *Weimar* JZ 1979, 633; *Görgens* JR 1980, 140.

eigenen Körpers zu Transplantationen bedarf offenbar keiner besonderen Form, der Wille des Verstorbenen muss aber eindeutig zu ermitteln sein.[84]

44 Das Problem, wem das Bestimmungsrecht über **kryokonservierte Spermien** (vgl. Syst. A Rdn. 22), Eizellen oder Embryonen nach dem Tod des Spenders/der Spenderin bzw. beider zusteht, ist noch ungeklärt. Vor allem ethische Gründe sprechen dafür, postmortal jedenfalls eine Zeugung nicht zuzulassen; auch hinsichtlich des Einpflanzens und Austragens einer bereits befruchteten Eizelle nach dem Tod beider Eltern ist größte Zurückhaltung angebracht, nicht zuletzt von Verfassungs wegen (vgl. Art. 6 Abs. 2 Satz 1 GG: »Pflege und Erziehung der Kinder sind das natürliche Recht *der Eltern* und die zuvörderst *ihnen* obliegende Pflicht.«). Ob man aus einer neueren Entscheidung des BGH, welche einem Samenspender zu Lebzeiten ein Schmerzensgeld zusprach,[85] weil dessen Spende widerrechtlich vernichtet wurde, Schlüsse für den postmortalen Umgang mit derartigen Spenden ziehen kann (der BGH differenziert danach, ob gespendetes Sperma bzw. entnommene Eizellen zur Reimplantation bestimmt waren oder nicht), erscheint zweifelhaft.

dd) Digitaler Nachlass

45 Ungeklärt war lange die Behandlung des digitalen Nachlasses. Darunter fallen unter anderem Accounts bei sozialen Netzwerken oder E-Mail-Anbietern, digitale Telefonbücher, Daten in Cloud Computing, Blogeinträge, elektronische Unterlagen uvm.[86] Insbesondere geht es um den postmortalen Zugang zu Netzwerkverbindungen des Verstorbenen. Nach einer Grundsatzentscheidung des BGH vom 12.07.2018[87] geht der Nutzungsvertrag, den der Erblasser mit dem Betreiber eines sozialen Netzwerks (Facebook) geschlossen hat, nach § 1922 BGB auf den Erben über. Ein solcher Vertrag ist schuldrechtlicher Natur und enthält Bestandteile des Miet-, des Werk- und des Dienstvertrages.[88] Eine Differenzierung nach vermögensrechtlichen und nicht vermögensrechtlichen Bezügen ist bei derartigen Verträgen abzulehnen. Zum einen sind nach dem BGH höchstpersönliche analoge und digitale Inhalte gleich zu behandeln. So werden auch höchstpersönliche analoge Dokumente wie Tagebücher oder Briefe vererbt. Zum anderen würden durch eine solche Differenzierung unlösbare praktische Probleme entstehen.[89] Die Erben erhalten somit einen Anspruch auf Zugang zu dem Benutzerkonto sowie den darin enthaltenen Kommunikationsinhalten. Weder das postmortale Persönlichkeitsrecht des Erblassers noch das Fernmeldegeheimnis oder das Datenschutzrecht stehen dem Anspruch entgegen.

f) Unterhaltsansprüche

46 Unterhaltsansprüche erlöschen mit dem Tod des Berechtigten oder des Verpflichteten, soweit sie nicht auf Erfüllung oder Schadensersatz wegen Nichterfüllung für die Vergangenheit oder auf solche im Voraus zu bewirkende Leistungen gerichtet sind, die zur Zeit des Todes des Berechtigten oder des Verpflichteten fällig sind (§§ 1615 Abs. 1, 1586 BGB).

g) Handelsgeschäft und Unternehmen

47 Ein Handelsgeschäft ist vererblich (§ 22 HGB). Die Firma ist nur mit dem Unternehmen übertragbar und vererblich (§§ 21 ff. HGB). Nicht vererblich ist die Kaufmannseigenschaft; ihre Merkmale

84 Vgl. dazu deutsch NJW 1998, 777; *Walter* FamRZ 1998, 201.
85 BGHZ 124, 52; vgl. auch MünchKomm/*Leipold* § 1922 Rn. 138.
86 Weitere Beispiele s. Staudinger/*Kunz* § 1922 Rn. 595; zur gesamten Problematik s. auch *Raude* RNotZ 2017, 17.
87 BGH ZEV 2018, 582 m. Anm. *Ludyga*; s. auch DNotZ 2018, 846 m. Anm. *Gloser*; *Preuß* NJW 2018, 3146; *Deusch* ZEV 2018, 687; *Wellenhofer* JuS 2018, 1101.
88 *Bräutigam* MMR 2012, 635, 649.
89 So auch MünchKomm/*Leipold* § 1922 Rn. 24; Staudinger/*Kunz* § 1922 Rn. 598, 600; *Deusch* ZEV 2016, 194 f.; *Lieder/Berneith* FamRZ 2016, 743.

müssen in der Person des Inhabers vorliegen (§§ 1, 2, 3, 6 HGB).[90] Auch ein sonstiges gewerbliches Unternehmen, das kein Handelsgeschäft i.S.d. HGB ist, gehört zum Nachlass (z.B. Handwerksbetrieb).[91] Entsprechendes gilt für freiberufliche Praxen.

Die Zugehörigkeit zum Nachlass ist unabhängig davon, ob der Erbe aufgrund der gesetzlichen Bestimmungen zur Fortführung berechtigt ist. **Öffentlich-rechtliche Gewerbeberechtigungen** sind unvererblich.[92] Für Minderjährige kann der gesetzliche Vertreter das Geschäft fortführen. Weil dazu keine gerichtliche Genehmigung nach §§ 1643, 1822 Nr. 3 BGB erforderlich ist,[93] wurde durch das Minderjährigenhaftungsbeschränkungsgesetz vom 25.08.1998 (BGBl. I 2487) ab 01.01.1999 die Möglichkeit einer Haftungsbeschränkung geschaffen (§§ 1629a, 1793 Abs. 2 BGB) und ein außerordentliches Kündigungsrecht bei Volljährigkeit eingeführt (§ 723 Abs. 1 Satz 3 Nr. 2 BGB).[94] 48

h) Mitgliedschaftsrechte

Mitgliedschaftsrechte in juristischen Personen und Gesamthandsgemeinschaften sind grundsätzlich vererblich, wenn und soweit die Kapitalbeteiligung, nicht das persönliche Element im Vordergrund steht. 49

aa) Rechtsfähiger Verein

Die Mitgliedschaft ist nicht vererblich (§ 38 Satz 1 BGB), wobei jedoch in der Satzung etwas anderes bestimmt werden kann (§ 40 BGB). 50

bb) Eingetragene Genossenschaft

Die Mitgliedschaft ist hier unvererblich; der verstorbene Genosse gilt jedoch nicht mit seinem Tod, sondern als mit dem Schluss des Geschäftsjahres ausgeschieden (§ 77 Abs. 1 Satz 1, 2 GenG). Die Frage, ob der Erbe ein erlöschendes Mitgliedschaftsrecht zur Abwicklung übernimmt oder ein sterbendes Recht, ist ohne praktische Bedeutung, da in jedem Fall die Mitgliedschaft mit dem Ablauf des Geschäftsjahres, in welchem das Mitglied stirbt, beendet ist. Das Statut kann die Fortsetzung der Mitgliedschaft durch die Erben eines Genossen zulassen. Die Fortsetzung kann von persönlichen Voraussetzungen der Erben abhängig gemacht werden. Sind mehrere Erben vorhanden, kann durch das Statut bestimmt werden, dass die Mitgliedschaft endet, wenn sie nicht binnen einer bestimmten Frist auf *einen* Miterben übertragen wurde (§ 77 Abs. 1, 2 GenG). 51

cc) Kapitalgesellschaften

Die Mitgliedschaft bzw. die Anteile an Kapitalgesellschaften (GmbH, AG, SE, KGaA) sind grundsätzlich vererblich. Da aber in den Satzungen, insbesondere bei der GmbH und KGaA die Vererblichkeit eingeschränkt werden kann, ist an die Gestaltung der Verfügung von Todes wegen in diesem Bereich ein besonderes Augenmerk zu richten. S. dazu im Einzelnen Syst. A Rdn. 748 (AG), Syst. A Rdn. 744 ff. (GmbH) und Syst. A Rdn. 750 (KGaA). 52

90 Vgl. *Weimar* MDR 1967, 731; *Stürmer* JUS 1972, 653; *Langenfeld* BWNotZ 1981, 51; *Johannsen* FamRZ 1980, 1074.

91 BGH LM Nr. 1, 7.

92 Erman/*Lieder* § 1922 Rn. 16 differenzierend; Palandt/*Weidlich* § 1922 Rn. 9 a.E.; Staudinger/*Marotzke* (2008) § 1922 Rn. 369. – vgl. aber a.a.O. Rn. 264 bzgl. Rechtsscheinpositionen sowie bzgl. § 5 HGB (Kaufmann kraft Eintragung).

93 BGHZ 92, 259.

94 *Habersack* FamRZ 1999, 1; *Reimann* DNotZ 1999, 179; *Christen* ZEV 1999, 416; LG München I ZEV 2000, 370.

dd) Personengesellschaften

53 Bei Mitgliedschaften in Personengesellschaften ist die Zugehörigkeit zum Nachlass stets problematisch und anhand des Gesetzes und gesellschaftsvertraglichen Regelungen zu prüfen. Für die BGB-Gesellschaft sieht § 727 Abs. 1 BGB für den Fall des Todes eines Gesellschafters die Auflösung der Gesellschaft vor. Bei Personenhandelsgesellschaften (OHG, KG) wird beim Tod eines persönlich haftenden Gesellschafters gem. § 131 HGB i.d.F. des am 01.07.1998 in Kraft getretenen Handelsrechtsreformgesetzes (BGBl. I 1474) die Gesellschaft ohne dessen Erben unter den übrigen Gesellschaftern fortgesetzt, wenn keine Nachfolgeklausel im Gesellschaftsvertrag vereinbart wurde und die Gesellschafter nichts anderes beschließen (§ 131 Abs. 3 Nr. 5, 6 HGB). Der bisherige Auflösungsgrund (§ 131 Nr. 4 HGB a.F.) wurde in einen bloßen Ausscheidungsgrund verändert (§ 131 Abs. 3 Nr. 1 HGB n.F.) und dadurch der bisherige Grundsatz »Auflösung der Gesellschaft durch Tod eines voll haftenden Gesellschafters« in den gesetzlichen Regelfall »Fortführung der Gesellschaft und Ausscheiden des verstorbenen Gesellschafters« umgekehrt. Aber auch die Partnerschaftsgesellschaft wird beim Tod eines Partners nicht aufgelöst, sondern unter den verbleibenden Partnern ohne die Erben fortgesetzt (§ 9 Abs. 4, 1 PartGG i.V.m. § 131 Abs. 3 HGB). Für den Kommanditanteil sieht das Gesetz als Regelfolge des Ausscheidens durch Tod die Fortsetzung mit den Erben vor (§ 177 HGB).[95] Jedenfalls lässt sich im Gesellschaftsvertrag Vielfältiges regeln. Daher existieren auch bei Personengesellschaften viele Gestaltungsmöglichkeiten für eine Verfügung von Todes wegen. S. dazu Syst. A Rdn. 739 (GbR), Syst. A Rdn. 730 ff. (OHG), Syst. A Rdn. 740 (KG), Syst. A Rdn. 743 (Stille Gesellschaft), Syst. A Rdn. 742 (Partnerschaft) und Syst. A Rdn. 741 (EWIV).

i) Treuhand- und Sicherungsrechte

54 Treuhand- und Sicherungsrechte an Sachen und Forderungen sind vererblich.[96] Bei der Bewertung des Nachlasses sind Treuhandrechte jedoch überhaupt nicht, Sicherungsrechte nur im Umfang ihres voraussichtlichen Erlöses anzusetzen.[97]

j) Amtsstellungen

55 Amtsstellungen öffentlich-rechtlicher oder privat-rechtlicher Art (Beamten-, Nachlasspfleger-, Testamentsvollstrecker-, Insolvenzverwalterstellungen, Vorstand und Geschäftsführer bei juristischen Personen) sind unvererblich.[98] Allerdings hat bei Amtsbeendigung durch den Tod des Testamentsvollstreckers dessen Erbe unaufschiebbare Geschäfte auszuführen, bis der Nachfolgetestamentsvollstrecker anderweitig Vorsorge treffen kann; insoweit gilt der Erbe des Testamentsvollstreckers als mit der Vollstreckung beauftragt.[99]

k) Steueransprüche

56 Der Erbe tritt grundsätzlich auch in die Rechtsposition des Erblassers in Bezug auf Steueransprüche ein. Er erbt auch dessen Steuerrückerstattungsansprüche, § 45 Abs. 1 AO.[100] Der Erbe kann das Veranlagungswahlrecht nach § 26 EStG ausüben.[101] Er kann allerdings nicht die vom Erblasser nicht verbrauchten Verluste geltend machen.[102]

---

95 *K. Schmidt* NJW 1998, 2166; *K. Schmidt* DB 1998, 63; vgl. zur Übergangsregelung: Art. 41 EGHGB.

96 KG HRR 31 Nr. 1866; Staudinger/*Kunz* § 1922 Rn. 378 und 534 ff.

97 *Lange/Kuchinke* § 5 III 3 a.

98 Staudinger/*Kunz* § 1922 Rn. 373; MünchKomm/*Leipold* § 1922 Rn. 73.

99 Staudinger/*Reimann* § 2218 Rn. 37.

100 Der Erbe kann einen vom Erblasser nicht ausgenutzten Verlustabzug nach § 10d EStG nicht bei seiner eigenen Veranlagung zur Einkommensteuer geltend machen, vgl. BFH v. 17.12.2007 – GrS 2/04.

101 BFH NJW-RR 2007, 1458.

102 So in Abkehr von der früheren Rechtsprechung BFH ZEV 2008, 199; Beck-RS 2017, 94, 319; Beck-RS 2018, 161, 23.

4. Zugehörigkeit zur Erbschaft – Passivvermögen

Grundsätzlich gehen alle Verpflichtungen des Erblassers auf den Erben über, § 1967 BGB. Ausgenommen sind diejenigen Verpflichtungen, die an die Person des Verstorbenen gebunden sind. Sie nehmen nicht am Erbgang teil.[103] 57

a) Vollmachten

Vollmachten, die vom Erblasser erteilt werden, sind vererblich, auch wenn der gebräuchliche Passus »mit Wirkung für mich und meine Erben« nicht erscheint.[104] Der Übergang der Vollmacht beruht nicht auf dem Willen des Erblassers, sondern auf dem Grundsatz der Universalsukzession, nach dem alle nicht höchstpersönlichen Rechte und Pflichten auf den Erben übergehen. Die Vollmacht wirkt lediglich dann nicht gegen die Erben, wenn das Geschäft, auf das sich die Vollmacht bezieht, seinerseits untrennbar mit der Person des Erblassers verbunden war.[105] Die Vollmacht ist nicht nur dann vererblich, wenn sie auf ein bestimmtes Rechtsgeschäft bezogen ist, sondern auch wenn sie isoliert erteilt wurde, wie z.B. die sog. Generalvollmacht.[106] 58

Der Bevollmächtigte kann allerdings nicht mehr im Namen des Verstorbenen auftreten, z.B. in dessen Namen die Auflassung erklären; wurde in Unkenntnis des Todes des Vollmachtgebers in dessen Namen aufgelassen, so muss die Auflassung **im Namen der Erben** wiederholt werden, wobei gegenüber dem Grundbuchamt die Erbfolge nachzuweisen ist. Die Erben können die vom Erblasser erteilte Vollmacht widerrufen;[107] widerruft nur ein Miterbe, so erlischt sie im Übrigen nicht.[108] Der Erblasser kann nicht anordnen, dass eine Vollmacht nur für die Erben unwiderruflich sein solle, da hierdurch die Vorschriften über die Testamentsvollstreckung umgangen würden.[109] Die Erben können allerdings aus dem Grundgeschäft, auf das sich die Vollmacht bezieht, gehindert sein, diese zu widerrufen (z.B. Vollmacht, ein Grundstück aufgrund eines Kaufvertrages aufzulassen).[110] Einen Sonderfall stellt die Vorsorgevollmacht nach § 1896 Abs. 2 BGB dar. Diese ist ihrem Kausalverhältnis nach auf die Erledigung derjenigen Angelegenheiten begrenzt, die der Aussteller der Vollmacht nicht selbst vornehmen kann.[111] Problematisch ist die Fortgeltung einer Vorsorgevollmacht, die zur Vermeidung einer Betreuung erteilt wurde, nach OLG München erlischt diese mit dem Tod des Erblassers.[112] 59

---

103 Vgl. *Kipp/Coing* § 91 III 3 c.

104 KG JFG 12, 274; a.A. offenbar LG Koblenz DNotZ 1971, 49.

105 *Eule*, Die über den Tod des Machtgebers erteilte Vollmacht, Diss. Halle 1934, S. 44 ff.; BGH FamRZ 1969, 479: Unvererblichkeit einer Vollmacht zur Anfechtung eines Kindesannahmevertrages; BGH NJW-RR 1990, 131: Recht des Vollmacht-/Auftraggebers, die Rechenschaftspflicht gem. § 666 und die Herausgabepflicht gem. § 667 auf seine Person zu beschränken und von der Erbfolge auszunehmen.

106 *Eule*, S. 35 ff.; Staudinger/*Kunz* § 1922 Rn. 582 ff.; a.A. *Heldrich* JhJb 79, 315 ff.; Staudinger/*Schilken* § 168 Rn. 27 will dies durch Auslegung ermitteln; im Zweifel sei Erlöschen anzunehmen.

107 KG JFG 15, 334; als Willenserklärung erfordert der Widerruf jedoch Erklärungsbewusstsein – fehlt es, so liegt in dem bloß tatsächlichen Suchen eines zum Nachlass gehörenden Gegenstandes kein Widerruf, wenn die Erben von einer Bevollmächtigung keine Kenntnis hatten, vgl. BGH NJW 1995, 953; abl. *Schultz* NJW 1995, 3345, 3347.

108 RG JW 1938, 1892; Palandt/*Weidlich* Einf. v. § 2197 Rn. 13.

109 RG SeuffA 79 Nr. 221; *Eule*, S. 46; *Joachim/Lange* ZEV 2019, 62, 63.

110 BGH BB 1989, 1227; BayObLG FamRZ 1990, 98; Nach Ansicht des LG Koblenz DNotZ 1971, 49 soll für den Grundbuchverkehr die notariell beglaubigte Urkunde über eine Vollmacht, die ein inzwischen Verstorbener erteilt hat, zum Nachweis der andauernden Vertretungsmacht nur ausreichen, wenn sich aus der Urkunde selbst die Vollmachterteilung über den Tod hinaus ergibt oder wenn in der Form des § 29 Abs. 1 GBO nachgewiesen wird, dass der Vollmacht ein über den Tod hinaus wirksames Rechtsverhältnis zugrunde liegt. Diese Ansicht kann nicht zutreffen, da die notarielle Beurkundung keine Änderung der materiellen Anforderungen an eine Vollmacht zur Folge haben und auch § 29 GBO die materielle Rechtslage nicht ändern kann.

111 *Reimann*, MittBayNot 2012, 229; Staudinger/*Reimann*, Vorbem. zu §§ 2197 ff. Rn. 59 ff.

112 OLG München ZEV 2014, 615 m. abl. Anm. *Keim*

b) Leistungen aus Arbeitsverhältnissen

60 Diese sind an die Person gebunden. Aufseiten des Arbeitnehmers ist dies stets der Fall (§ 613 Satz 1 BGB), durch seinen Tod endet das Arbeitsverhältnis. Durch den Tod des Arbeitgebers wird das Arbeitsverhältnis grundsätzlich nicht beendet, wenn sich aus dem Arbeitsvertrag nichts anderes ergibt.[113]

c) Leistungen aus Gesellschaftsverhältnissen

61 Diese sind, sofern sie auf die Person des Gesellschafters abgestellt sind, wie dies bei Personengesellschaften regelmäßig der Fall ist, unabhängig von der vermögensrechtlichen Lage vom Erben nicht weiter zu erbringen. Der Gesellschaftsvertrag kann allerdings die Gesellschafterpflichten »entpersonalisieren«, sodass der Erbe bei Annahme der Erbschaft auch voll in die (persönliche) Pflichtenlage eintritt.

d) Familienrechtliche Leistungsverpflichtungen

62 Familienrechtliche Leistungsverpflichtungen sind grundsätzlich nicht vererblich. § 1586b BGB bestimmt abweichend von diesem Grundsatz, dass sich der Anspruch des geschiedenen Ehegatten auf nachehelichen Unterhalt nach dem Tod des verpflichteten Ehegatten bzw. des Lebenspartners nach Aufhebung der Lebenspartnerschaft auf nachpartnerschaftlichen Unterhalt nach dem Tode des verpflichteten Lebenspartners[114] nach § 16 Satz 2 LPartG i.V.m. § 1586b BGB hier als Nachlassverbindlichkeit gegen die Erben richtet. Erb- und Pflichtteilsverzichtsverträge können u.U. Auswirkungen auf diesen nachehelichen bzw. nachpartnerschaftlichen Unterhalt haben.

63 Nach der Auffassung von *Dieckmann*[115] setzt sich ein nachehelicher Unterhaltsanspruch gegen einen geschiedenen Ehegatten nicht gegen dessen Erben nach § 1586b BGB fort, wenn der Unterhaltsberechtigte vorbehaltlos auf das gesetzliche Erbrecht (§ 2346 Abs. 1 BGB) oder auf den Pflichtteil (§ 2346 Abs. 2 BGB) verzichtet hatte; vorbehaltloser Erbverzicht und Verzicht auf den Pflichtteil lassen einen gegen die Erben der unterhaltspflichtigen Ehegatten wirkenden Unterhaltsanspruch hiernach nicht entstehen, wenn der Ehegatte auf diese Weise sein Ehegattenerbrecht oder seinen Pflichtteilsanspruch einbüßt. Diese Meinung ist aber abzulehnen.[116] Ein vertraglich vereinbarter Verzicht auf das Ehegattenerbrecht und den Ehegattenpflichtteil hat nur Bedeutung, solange Ehegattenerbrecht und Pflichtteilsanspruch bestehen, d.h. also nur solange, als nicht nach § 1933 BGB das Ehegattenerbrecht ohnehin beseitigt wird; es gibt keinen Erb- oder Pflichtteilsverzicht des geschiedenen Ehegatten. Dies bedeutet, dass § 1586b Abs. 1 Satz 3 BGB nur den fiktiven Pflichtteil, wie er ohne jede vertragliche Vereinbarung – güterstandsunabhängig (§ 1586 Abs. 2 BGB) – bestünde, als Rechnungsgröße für die Beschränkung der Haftung des Erben ansieht. Der Erb- und Pflichtteilsverzicht ist stets aus der Natur der Sache heraus auflösend bedingt durch das Vorliegen der Voraussetzungen des § 1933 BGB. Das ausdrückliche Einfügen einer derartigen Bedingung in den Erb- oder Pflichtteilsverzicht zwischen Ehegatten ist indes unschädlich und dient der Klarstellung ebenso wie die Aussage, dass es bei der Geltung des § 1586b Abs. 1 Satz 3 BGB verbleiben solle.[117]

---

113 Vgl. Palandt/*Weidenkaff* § 613 Rn. 4 f., Vorbem. v. § 620 Rn. 2; vgl. a. Staudinger/*Kunz* § 1922 Rn. 493.

114 *Leipold* ZEV 2001, 218.

115 *Dieckmann* NJW 1980, 2777; FamRZ 1992, 633 und 1999, 1029; ebenso MünchKomm/*Maurer*, BGB, § 1586b Rn. 13.

116 Vgl. *Grziwotz* FamRZ 1991, 1258; *Pentz* FamRZ 1998, 1344; *Klingelhöffer* ZEV 1999, 13; *Bergschneider* FamRZ 2003, 1049: Palandt/*Brudermüller* § 1586b BGB Rn. 8.

117 *Grziwotz* FamRZ 1991, 1259; *Frenz* MittRhNotK 1995, 228.

e) Sonstige persönliche Verpflichtungen

Darüber hinaus gehen alle anderen Verpflichtungen, die personen- und nicht sachbezogen sind, nicht auf den Erben über. Hierzu gehören auch Unterlassungsverpflichtungen, die nicht objektbezogen sind.[118] 64

f) Steuerliche Pflichten

Auch bezüglich der Steuerverbindlichkeiten des Erblassers gilt der Grundsatz, dass der Erbe des Gesamtrechtsnachfolgers des Steuerpflichtigen in die Rechtstellung des Erblassers eintritt. Er kann alle Wahlrechte des Erblassers ausüben (vgl. § 26 EStG). Für die vom Erblasser nicht versteuerten Einkünfte haften die Erben (vgl. § 45 AO).[119] 65

5. Die Testierfreiheit und ihre Grenzen

a) Bedeutung

Die Erbfolge tritt aufgrund Gesetzes oder aufgrund einer Verfügung von Todes wegen ein. Das Recht ermöglicht es dem Einzelnen durch die Testierfreiheit, die schematischen Folgen des Intestaterbrechtes zu vermeiden. 66

Der Grundsatz der Testierfreiheit besagt, dass eine Person selbst bestimmen kann, wem ihr Vermögen nach ihrem Tod zufällt. Der Erblasser ist dabei frei in der Verfügung über sein Vermögen im Ganzen, er kann anordnen, dass bestimmte Begünstigte einzelne Gegenstände erhalten, und er kann Anordnungen darüber treffen, wie sein Nachlass zu verwalten ist. Der Grundsatz der Testierfreiheit ist die erbrechtliche Ausprägung des Prinzips der Privatautonomie, wonach der Einzelne seine privaten Lebensverhältnisse nach seinem Willen gestalten kann. Aufgrund der Testierfreiheit kann der Rechtsgenosse seine vermögensrechtlichen Verhältnisse auch insoweit frei gestalten, als sie erst mit seinem Tod wirksam werden (die Ausgangsposition ist damit freilich eine andere als bei Rechtsgeschäften unter Lebenden).[120] Testierfreiheit ist mithin die über den Tod hinaus wirkende Privatautonomie. Art. 2 Abs. 1 GG schützt **Privatautonomie** und Testierfreiheit.[121]

Die Testierfreiheit kann durch ein gemeinschaftliches Testament, durch einen Erbvertrag oder durch vorangegangenes Tun **eingeschränkt** sein. Zudem kann dem Erblasser auch die erforderliche Testiermacht fehlen.

b) Schutz der Testierfreiheit

Die Testierfreiheit wird primär durch § 2302 BGB geschützt. Ein Vertrag, durch den sich jemand verpflichtet, eine Verfügung von Todes wegen zu errichten oder nicht zu errichten, aufzuheben oder nicht aufzuheben, ist hiernach nichtig. Eine Bindung ist nur durch gemeinschaftliches Testament und Erbvertrag möglich, §§ 2271 Abs. 2 Satz 1, 2278 Abs. 1 BGB. Auch mittelbar, nämlich durch Vereinbaren einer Vertragsstrafe, kann die Testierfähigkeit nicht eingeschränkt werden (§ 344 BGB). Schadensersatzansprüche können aus einer entgegen § 2302 BGB eingegangenen Zusage nicht abgeleitet werden, auch nicht unter dem Gesichtspunkt eines Verschuldens bei Vertragsschluss.[122] Rechtswidriges Einwirken auf den Testierwillen führt zu Erbunwürdigkeit (§ 2339 BGB). 67

118 Vgl. *Gaa* AcP 161, 433.

119 *Meincke* NJW 1989, 3251.

120 Vgl. *Lange/Kuchinke* § 1 II; *Muscheler* Bd. I Rn. 327; *Kroppenberg*, Privatautonomie von Todes wegen, 2008; Staudinger/*Reimann*, Vorbem. §§ 2197 bis 2228, Rn. 6.

121 Vgl. *Laufke*, FS H *Lehmann*, 1956, Bd. I, S. 145 ff.; *Flume*, AT II § 1; *ders.*, FS Deutscher Juristentag I, 1960, S. 135 ff.; Staudinger/*Otte* Einl. zu §§ 1922 ff. Rn. 61 f. m.N.

122 Vgl. § 2302 BGB Rdn. 1 ff.

Die Testierfreiheit ist auch verfassungsrechtlich geschützt. Sie ist Teil der Privatautonomie und steht damit unter dem Schutz des Art. 2 Abs. 1 GG. Das Bundesverfassungsgericht[123] schützt die Testierfreiheit allerdings vornehmlich über die Garantie des Eigentums und des Erbrechts (Art. 14 GG).

c) Vertragliche Beschränkungen und Sonstiges

aa) Vertragliche Beschränkungen

68 Die vertraglichen Beschränkungen der Testierfreiheit ergeben sich aus der Bindung an einen Erbvertrag (§§ 2289, 2278 BGB) und an die wechselbezüglichen Verfügungen in einem gemeinschaftlichen Testament (§ 2271 BGB). Andere vertragliche Beschränkungen scheiden wegen § 2302 BGB aus.[124]

bb) Vorangegangenes Tun

69 Eine Beschränkung durch vorangegangenes Tun ist in jenen Fällen anzunehmen, in denen ein Hofeigentümer durch Art, Umfang und Dauer der Beschäftigung des Abkömmlings auf dem Hof zu erkennen gibt, dass dieser den Hof erben solle, und der Abkömmling sich hierauf einstellt. Der Grundsatz, dass unter Umständen in einer formlosen Vereinbarung über die Hoferbfolge eine bindende Bestimmung des Hoferben liegen kann,[125] gilt nach Ansicht des BGH[126] nicht nur für einen Übergabevertrag, sondern auch für einen Erbvertrag.[127] An die Wirksamkeit einer formlosen Vereinbarung über die Hoferbfolge sind strenge Anforderungen zu stellen; eine Bindung ist nur anzunehmen, wenn die Nichtigkeit »zu schlechthin untragbaren Ergebnissen führen«[128] und das »Rechtsempfinden vor allem in bäuerlichen Kreisen« verletzt würde.[129] Der BGH ordnet das Problem als einen Konflikt zwischen § 125 und § 242 BGB ein und gelangt demnach über den Vorrang des § 242 BGB zu einer vertraglichen Bindung. Es handelt sich jedoch nicht um eine Frage des Vertragsrechts, sondern darum, wie die Rechtsordnung ein bestimmtes tatsächliches Verhalten im Hinblick auf eine umstrittene Hoferbfolge bewertet; über das Verbot des »venire contra factum proprium« (§ 242 BGB) kann man dann zu einer gesetzlichen Beschränkung der Testierfreiheit gelangen.[130] Die Rechtsprechung des BGH ist – auch vom Ergebnis her – umstritten.[131] Eine Bindung kann in jedem Fall nur insoweit angenommen werden, als sie bei formgerechtem Vertragsschluss nach dem jeweiligen Höfe- und Anerbenrecht bestehen würde.[132] Über die Rspr. des BGH hinaus soll nach Ansicht des AG Bonn[133] eine formlose gültige Hoferbenbestimmung durch den Hofeigentümer nicht dadurch außer Kraft gesetzt werden können, dass dieser die Hofeigenschaft aufhebt, sofern dies überhaupt zulässig ist.

cc) Beschränkung der Testierfreiheit durch Verfügungen von Todes wegen Dritter

70 Fraglich ist, ob die Testierfreiheit durch Verfügungen von Todes wegen, insbesondere durch Verwirkungsklauseln, beschränkt werden kann. Bestimmungen des Erblassers, dass der Bedachte das

123 BVerfG ZEV 2004, 241.
124 Vgl. § 2302 BGB Rdn. 1 ff.
125 BGHZ 12, 286 = NJW 1954, 1241 = DNotZ 1954, 307.
126 Dabei wird den von *Tasche* (JhJb 90, 101) geäußerten Auffassungen gefolgt.
127 BGHZ 23, 249, 254.
128 BGHZ 23, 249, 254.
129 BGH NJW 1955, 1065 = DNotZ 1956, 134.
130 Ähnlich Staudinger/*Coing* Rn. 3e vor § 116 (1957); Staudinger/*Dilcher* Vorbem. zu §§ 116 bis 144 Rn. 44 ff. (1995); *Flume*, AT II, § 15 III 4 d.
131 Zustimmend *Rötelmann* RdL 1954, 311 und NJW 1954, 1644; *Schulte* RdL 1956, 177; *Enneccerus/Nipperdey* § 154 III 4; a.A. OLG Koblenz DRZ 1949, 40; *Pikalo* RdL 1954, 193; *Bosch* FamRZ 1955, 172; *Esser* JZ 1956, 555; *Wieacker* DNotZ 1956, 115; *Lorenz* AcP 156, 381; gern *Huber*, FS *Schmidt/Rimpler*, 1957, S. 151; *Kipp/Coing* § 19 III.
132 Vgl. Syst. A Rdn. 82 ff.
133 RdL 1970, 69 = MittRhNotK 1970, 360.

ihm durch Verfügung von Todes wegen Zugewandte wieder verlieren solle, wenn er eine bestimmte Verfügung von Todes wegen trifft oder nicht trifft, sind nicht schlechthin unwirksam. Der Erblasser kann seinen Nachlass der letztwilligen Verfügungsmacht des Erben jedoch vollkommen dadurch entziehen, dass er Nacherbfolge anordnet. Sieht er von dieser – auch für die Verfügungsfreiheit unter Lebenden – einschneidenden Maßnahme ab und begnügt er sich (im Interesse des Bedachten!) mit weniger beschränkenden Anordnungen, so müssen diese grundsätzlich zulässig sein. Voraussetzung ist jedoch, dass sich die gewünschte oder unerwünschte Verfügung von Todes wegen nur auf Gegenstände bezieht, die einmal zum Nachlass des Erblassers gehörten; die Testierfreiheit des Erben über sein eigenes Vermögen kann im Übrigen nicht beschränkt werden. Auch dürfen die Zeitgrenzen der §§ 2109, 2162 f., 2210 BGB durch die Anordnung des Erblassers nicht umgangen werden.[134]

d) Testierfreiheit und Testiermacht

71 Testierfreiheit ist von der Testiermacht abzugrenzen. Diese hat der Erblasser nur, wenn er über die fragliche Rechtsposition verfügen kann. Einschränkungen der Testiermacht können sich aus dem (einfachen) Recht, aber auch aus dem Verfassungsrecht ergeben.[135]

aa) Gesetzliche Schranken

72 Die wichtigsten gesetzlichen Beschränkungen sind der erbrechtliche Typenzwang, das Pflichtteilsrecht (§§ 2303 bis 2338 BGB), die Regelung nach § 138 Abs. 1 BGB und das Anerbenrecht.

(1) Erbrechtlicher Typenzwang

73 Anders als im Schuldrecht kann im Erbrecht nicht jede beliebige Gestaltung gewählt werden. Der Erblasser kann nur solche Verfügungen von Todes wegen treffen, die als Typen im Gesetz zugelassen sind. Der Grund hierfür liegt – wie im Sachenrecht – darin, dass nicht – wie im Schuldrecht – nur obligatorische Bindungen *inter partes* geschaffen, sondern unmittelbare Wirkungen gegen Dritte herbeigeführt werden (Rechtsträgerschaft, Haftung). *Zugelassen* sind die Erbeinsetzung und die Enterbung, unter gewissen Voraussetzungen auch der Pflichtteilsentzug, Einzelzuwendungen durch Vermächtnisse und Auflagen, Teilungsanordnungen bei Erbenmehrheit, Testamentsvollstreckung, Verwaltungsanordnungen, Aufschieben der Teilung unter Miterben. *Nicht möglich* ist es, den Grundsatz der Universalsukzession zu umgehen und den Nachlass in der Weise aufzuspalten, dass einzelne Gegenstände ipso jure auf den Nachfolger übergehen. Einzelne Gegenstände des Vermögens können durch Verfügung von Todes wegen dem Bedachten nicht mit dinglicher Wirkung, sondern nur über ein Damnationslegat, eine Teilungsanordnung oder eine Auflage zugewandt werden. Die Erbenhaftung kann vom Erblasser nicht stärker beschränkt werden, als das Gesetz es erlaubt. Die Testierfreiheit des Erblassers ist eingeschränkt, da er durch diesen Typenzwang und die festgelegte Wirkung bestimmter Anordnungen einem inhaltlichen Sachzwang unterworfen ist. Der Erblasser ist jedoch frei zu entscheiden, ob er testieren, von welchen Typen er Gebrauch machen und mit welchem konkreten Inhalt er die Typen versehen will. Neue Typen können nicht geschaffen werden. Tut der Erblasser dies trotzdem, so ist die Verfügung an sich unwirksam; es wird gleichwohl regelmäßig eine Auslegung möglich und geboten sein, welche den Willen des Erblassers im Sinne des *favor testamenti* zum Tragen kommen lässt.[136]

134 So auch Staudinger/*Otte* § 2074 Rn. 26.
135 BVerG ZEV 2004, 241; vgl. auch *Roethel* AcP 2010 [2010] 32; *Kroppenberg*, Privatautonomie von Todes wegen, 2008.
136 Vgl. *Kipp/Coing* § 20; *Flume*, AT II, § 1, 8 b.

(2) Pflichtteilsrecht

74 Die Testierfreiheit steht in einem notwendigen Gegensatz zum **Familienerbrecht**. Die Familie steht – auch als vermögensrechtlicher Verband – unter dem Schutz der Verfassung (Art. 6 GG). Das Gesetz bringt durch die Gestaltung der Intestaterbfolge – Anknüpfen an den Verwandten- und Ehegattenstatus (§§ 1924 ff., 1931 BGB) – zum Ausdruck, dass es das Erbrecht der Familie als Normalfall ansieht. Das Familienerbrecht wird ebenso wie die Testierfreiheit durch die grundrechtliche Anerkennung des Privaterbrechts (Art. 14 Abs. 1 Satz 1 GG) geschützt.[137] Gleiches muss im Hinblick auf gleichgeschlechtliche Lebenspartner gem. § 1 Abs. 1 LPartG[138] gelten.[139] Macht der Erblasser von der ihm eingeräumten Testierfreiheit Gebrauch, so wird dadurch das Familienerbrecht gefährdet, und zwar in seiner Gesamtheit dann, wenn eine familienfremde Person zum Erben eingesetzt wird. Das Gesetz löst den Konflikt, indem es ein Pflichtteilsrecht der Familienangehörigen einführt,[140] es lässt die Testierfreiheit als solche jedoch unangetastet. Wenn schon der Erblasser durch Verfügungen unter Lebenden den Nachlass zulasten seiner Familien schmälern darf, so müsste eine Regelung, durch welche die Testierfreiheit weitergehend eingeschränkt würde, in weitem Umfang ohne Wirkung bleiben.

75 Die §§ 2303 bis 2338 BGB stellen sicher, dass Abkömmlinge, Eltern und Ehegatten bzw. Lebenspartner (§ 10 Abs. 6 LPartG) des Erblassers zumindest die Hälfte des gesetzlichen Erbteils erhalten (§ 2303 BGB), zwar nicht als Erben, aber doch als Berechtigte eines gesetzlichen Geldvermächtnisses. Durch die §§ 2303 bis 2338 BGB sichert das Gesetz das Familienerbrecht. Der Testator kann zwar formell über sein Vermögen im Ganzen uneingeschränkt verfügen, doch sind ihm in der Sache durch die zu erwartenden Pflichtteilsansprüche seiner Abkömmlinge, seiner Eltern und seines Ehegatten bzw. seines Lebenspartners Schranken gesetzt. Der Pflichtteilsanspruch kann von ihm einseitig nicht ausgeschlossen werden, es sei denn, dass ein Grund zum Pflichtteilsentzug vorliegt (§§ 2333 ff. BGB). Ist dies nicht der Fall, so lässt sich das Pflichtteilsrecht nur im Einvernehmen mit dem (späteren) Berechtigten durch einen Erb- oder Pflichtteilsverzicht (§ 2346 BGB) ausschließen. Die eigentlichen Themen der gegenwärtigen Erbrechtsrenaissance sind »die letztwilligen Verfügungen und als deren Widerlager das Pflichtteilsrecht. Im Erbrecht ist so viel Gestaltungsfreiheit wie möglich zu erreichen, aber auch das Pflichtteilsrecht als Minimum der Verteilungsgerechtigkeit ist so gut abzusichern, wie es geht«.[141] Die Bedeutung des Pflichtteilsrechts steigt daher in dem Maße, in dem von der Testierfreiheit Gebrauch gemacht wird. In der Nachlassplanung wird der Pflichtteil als potenzieller Störfaktor oft nicht ernst genug genommen. Man vertraut in vielen Fällen darauf, dass er nicht geltend gemacht wird und verkennt, dass der Pflichtteilsanspruch – nach § 852 Abs. 1 ZPO nicht pfändbar – gem. § 2317 Abs. 2 BGB vererblich und übertragbar ist.

(3) Sittenwidrigkeit

76 Sittenwidrige Verfügungen von Todes wegen sind nichtig. § 138 Abs. 1 BGB gilt auch im Erbrecht. Privatautonomie und Testierfreiheit finden ihre Grenzen in den guten Sitten. Ein Sittenverstoß ist anzunehmen, wenn eine bestimmte Handlungsweise »den in den guten Sitten sich ausprägenden Auffassungen und dem Anstandsgefühl aller billig und gerecht Denkenden widerspricht«.[142] Eine Verfügung von Todes wegen ist daher nichtig, wenn sie »die Werte negiert, deren Verwirklichung nach geltender Rechtsüberzeugung der Rechtsordnung aufgegeben ist, sodass die rechtliche Aner-

137 Vgl. Staudinger/*Otte* Einl. zu §§ 1922 ff. Rn. 78 f.

138 Seit dem 01.10.2017 ist die Begründung neuer Lebenspartnerschaften nicht mehr möglich, s. Art. 3 Abs. 3 des G zur Einführung des Rechts auf Eheschließung für Personen gleichen Geschlechts v. 20.07.2017, BGBl. I 2787.

139 Vgl. zum Pflichtteilsrecht des Lebenspartners *Leipold* ZEV 2001, 221.

140 Vgl. dazu Syst. A Rdn. 75; *Brox/Walker* § 2 Rn. 3: »Kompromiss zwischen der Testierfreiheit und der Familienerbfolge«; vgl. dazu *Muscheler* Bd. I Rn. 423 ff.

141 *Schiemann* ZEV 1995, 199.

142 Motive II 727 (*Mugdan* II 406); daran anschließend RGZ 80, 219 ff.; BGH LM § 138 (Aa) Nr. 7a; § 139 (Ba) Nr. 2; § 138 (Ca) Nr. 1.

kennung des diese Werte negierenden Geschäftes mit dem Sinn und der Aufgabe des Rechts unvereinbar ist«.[143] Ob dies der Fall ist, lässt sich nur im Einzelfall nach den gesamten Umständen, insbesondere aus dem Inhalt der Verfügung von Todes wegen, den Beweggründen der Beteiligten und den von ihnen verfolgten Zwecken, beurteilen.[144] Testamente und Erbverträge mit dem gleichen Inhalt können je nach den Umständen gültig oder nichtig sein. Die Gültigkeit einer Verfügung von Todes wegen setzt nicht voraus, dass diese den guten Sitten (positiv) entspricht; es kann nur (negativ) auf den Sittenverstoß abgestellt werden.

Fraglich ist, ob der **objektive Sittenverstoß** *allein* – ohne Rücksicht auf den subjektiven Tatbe- 77
stand – eine Verfügung von Todes wegen nichtig werden lassen kann.[145] Nach RGZ 150, 3 braucht sich der Testator der Sittenwidrigkeit seines Tuns nicht unbedingt bewusst zu sein, er muss jedoch diejenigen tatsächlichen Umstände kennen, die den Vorwurf der Sittenwidrigkeit begründen, ausreichend ist, dass sich der Erblasser der Kenntnis dieser Umstände grob fahrlässig verschließt.[146] Das Rechtsgeschäft als Erklärungstatbestand, nicht etwa das Verhalten der beteiligten Personen, muss gegen die guten Sitten verstoßen. § 138 BGB will unsittliche Rechtsinhalte und nicht unsittliches Handeln verhindern oder dieses gar mit einem Unwerturteil belegen.[147] Auf den subjektiven Tatbestand kann es daher dort nicht ankommen, wo der Inhalt einer Verfügung von Todes wegen die der Rechtsordnung aufgegebenen Werte objektiv und erkennbar negiert; eine solche Verfügung kann nicht unter den Schutz des Rechts gestellt werden, auch dann nicht, wenn der Testator guten Glaubens war. Die irrtümliche Annahme, eine Verfügung sei sittlich zulässig, kann nicht dazu führen, dass sich die Rechtsordnung objektiv in den Dienst der Unsittlichkeit stellen lässt. Ist der Sittenverstoß nicht derartig evident, ist die Verfügung von Todes wegen nur fragwürdig, so muss der subjektive Tatbestand hinzutreten.[148] Der böse Wille allein reicht im Rahmen von § 138 BGB in keinem Fall aus, wenn ein objektiv einwandfreies Rechtsgeschäft vorliegt. Im Testamentsinhalt müssen also Anhaltspunkte für einen Verstoß gegen die Werte erkennbar sein.

Umstritten ist, in welchem **Zeitpunkt die Sittenwidrigkeit** vorgelegen haben muss. Nach Ansicht 78
des Reichsgerichtes kommt es auf den Erbfall an; hiernach kann eine Verfügung von Todes wegen nicht nichtig sein, wenn der Erblasser dieselbe Anordnung zur Zeit seines Todes hätte treffen können, z.B. weil die durch die Zuwendung an die damalige Geliebte hintangesetzte Ehefrau inzwischen verstorben ist.[149] Nach Ansicht des Bundesgerichtshofes ist die Zeit der Errichtung der Verfügung von Todes wegen maßgebend; einmal eingetretene Nichtigkeit könne nicht durch bloßen Zeitablauf beseitigt werden, erforderlich sei ein Abrücken von der früheren unsittlichen Einstellung.[150] Richtig ist an letztgenannter Auffassung, dass eine sittenwidrige Verfügung von Todes wegen keine unmittelbaren (mit der Errichtung eingetretenen) Wirkungen haben kann; so kann ein sittenwidriger Erbvertrag die Beteiligten trotz § 2289 Abs. 1 Satz 2 BGB nicht daran hindern, auch einseitig neue Verfügungen zu treffen, die nicht mit dem Makel des Sittenverstoßes behaftet sind. Im Übrigen treten die Wirkungen einer Verfügung von Todes wegen erst beim Tode des Erblassers ein. Zu diesem Zeitpunkt kommt es zu dem Wertkonflikt, den § 138 Abs. 1 BGB zugunsten der guten Sitten entscheidet. § 138 Abs. 1 BGB bezieht sich auf den Erfolgsunwert eines Erklärungstatbestandes, nicht auf den Aktunwert des Errichtungsvorganges. Eine Verfügung von Todes wegen kann daher nach § 138 Abs. 1 BGB nur dann nichtig sein, wenn der Wertkonflikt beim Erbfall

143 *Flume*, AT II, 18, 1, S. 366.
144 BGH DNotZ 1956, 414, 418.
145 Bejahend gern *Huber* FamRZ 1960, 326; verneinend RGZ 150, 6; BGH BB 1953, 695.
146 Vgl. auch BGH NJW 1951, 397; ähnlich *Enneccerus/Nipperdey*, AT, § 191 II 2; Staudinger/*Otte* Vorbem. zu §§ 2064 ff. Rn. 172.
147 BGHZ 53, 369, 375; vgl. BGH FamRZ 1983, 53, 54.
148 Vgl. BGH FamRZ 1983, 53, 55.
149 RG DR 1943, 91, 92; DR 1944, 494, 495.
150 BGHZ 20, 71 = NJW 1956, 865 m. Anm. *Rechenmacher* = LM § 138 (Cd) Nr. 6 m. Anm. *Johannsen*; BGH LM § 138 (Cd) Nr. 11; BGH FamRZ 1969, 323; NJW 1970, 1275; nach einer dritten Meinung soll der Zeitpunkt der richterlichen Beurteilung maßgeblich sein, vgl. OLG Hamm FamRZ 1979, 1074.

noch besteht; andernfalls ist § 138 Abs. 1 BGB überhaupt nicht einschlägig.[151] Ist eine Verfügung von Todes wegen im Zeitpunkt ihrer Errichtung sittlich unbedenklich, würde sie aber infolge später eingetretener tatsächlicher Umstände nach dem Erbfall zu unsittlichen Auswirkungen führen, so kann gegen die Durchsetzung der Einwand der unzulässigen Rechtsausübung erhoben werden.[152] Das Bundesverfassungsgericht lässt in seinem Hohenzollern Beschluss darüber hinaus erkennen, dass es für die Beurteilung der Sittenwidrigkeit nicht auf den Zeitpunkt der Errichtung der Verfügung von Todes wegen, sondern auf den Zeitpunkt ankommt, an dem sie im konkreten Fall ihre Wirkung entfaltet.[153]

79 Besondere Bedeutung haben Zuwendungen aufgrund **eheähnlicher Beziehungen.**[154] Grundsätzlich kann der Erblasser letztwillig bedenken, wen er will. Die Familienangehörigen sind durch die Vorschriften über das Pflichtteilsrecht hinreichend geschützt. Es müssen daher besondere Gründe vorliegen, wenn die Testierfreiheit über die §§ 2303 bis 2338 BGB hinaus eingeschränkt werden soll. Eine einheitliche Verfügung von Todes wegen, durch die eine teilbare Zuwendung angeordnet wird, z.B. alleinige Erbeinsetzung der Geliebten, kann auch nur teilweise nichtig sein, u.U. mit der Folge, dass die letztwillige Bedachte Erbin (nur) zur Hälfte, die Ehefrau und die Kinder gesetzliche Erben zur anderen Hälfte werden.[155] Die Sittenwidrigkeit soll bei derartigen Zuwendungen nur entfallen, wenn nicht ausschließlich die erotischen Beziehungen, sondern auch achtenswerte Gründe maßgebend waren. Es ist in diesem Zusammenhang zu prüfen, wer von den Angehörigen des Erblassers zurückgesetzt wurde, in welchen Beziehungen der Erblasser zu den Zurückgesetzten stand und wie sich die Zurücksetzung auf diese auswirkt.[156] Ein (bloßes) Vermächtnis an die »Geliebte« kann so u.U. voll wirksam sein.[157]

80 In den letzten Jahren hat sich im Hinblick auf die Nichtigkeit von letztwilligen Verfügungen wegen Verstoßes gegen § 138 Abs. 1 BGB eine neue Fallgruppe gebildet. Diese wird unter dem Schlagwort »**Behindertentestament**« diskutiert.[158] Damit sollen Verfügungen von Todes wegen umschrieben werden, mit denen Eltern behinderter Kinder verhindern wollen, dass das Erbe allein für die Kosten der Betreuung, der Heimunterbringung und des Lebensunterhalts eingesetzt wird. Anstelle dessen ist vielmehr gewünscht, dass diese Kosten durch die Sozialhilfe nach dem SGB XII getragen werden und dem geistig bzw. körperlich behinderten Abkömmling dessen eigenes Vermögen und das vererbte Vermögen persönliche und zusätzliche Vorteile bringen soll. Zu den verschiedenen erbrechtlich zulässigen Gestaltungsmöglichkeiten und zur umfassenden rechtlichen Diskussion, vgl. Syst. A Rdn. 808 ff.).

(4) Nichtigkeit aufgrund der Heimgesetzgebung

81 Besonderheiten gelten für Senioren, die in einem Alten- oder Pflegeheim wohnen oder sich um die Aufnahme in ein Heim bewerben, wenn sie den Heimträger oder dort Beschäftigte bedenken wollen. Nach § 14 Abs. 1 HeimG ist es dem Träger eines Heimes untersagt, sich von oder zugunsten von

151 So auch *Brox/Walker* § 18 Rn. 18; *Ebenroth* Rn. 292; *Gaul* FamRZ 1961, 501; *Lange* JhJb 82, 19; gern *Huber* FamRZ 1960, 334; *Flume*, AT II, § 18, 6; Staudinger/*Sack/Fischinger* § 138 Rn. 139 ff.; Staudinger/*Otte* Vorbem. zu §§ 2064 ff. Rn. 177 fordert zudem Vorhersehbarkeit der Änderung; differenzierend *Schlüter/Röthel* § 20 Rn. 18.

152 BGHZ 20, 75; Staudinger/*Sack/Fischinger* § 138 Rn. 136; MünchKomm/*Armbrüster* § 138 Rn. 138.

153 ZEV 2004, 241.

154 Vgl. zum Ganzen *Grziwotz* ZEV 1994, 267 ff. m. zahlr. Nachw.

155 BGHZ 52, 17 = NJW 1969, 1343 m. Anm. *Reinicke* = DNotZ 1969, 427; zu diesem »materiellen Noterbrecht« s. *Grziwotz* ZEV 1994, 267, 269 f.; Soergel/*Stein* § 1937 Rn. 34.

156 BGHZ 53, 377; BGH FamRZ 1983, 53.

157 BGH NJW 1983, 674 = JZ 1983, 606.

158 Vgl. hierzu aus der aktuellen Rechtsprechung: BGH, Urt. v. 19.01.2011 = MittBayNot 2012, 138 m. Anm. *Spall*; BGHZ 111, 36; 123, 368; LG Essen ZEV 2016, 324; *Hartmann* ZEV 2001, 89; *Damrau/Mayer* ZEV 2001, 293; *Spall* MittBayNot 2001, 249.

Heimbewohnern[159] Geld- oder geldwerte Leistungen über das vereinbarte Entgelt hinaus versprechen oder gewähren zu lassen. Nach § 14 Abs. 5 HeimG ist es dem Leiter, den Beschäftigten oder sonstigen Mitarbeitern eines Hauses untersagt, sich von oder zugunsten von Heimbewohnern neben der vom Träger erbrachten Vergütung Geld- oder geldwerte Leistungen für die Erfüllung der Pflichten aus dem Heimvertrag versprechen oder gewähren zu lassen, soweit es sich nicht um geringwertige Aufmerksamkeiten handelt. Es soll durch § 14 HeimG verhindert werden, dass die Arg- und Hilflosigkeit sowie sonstige Abhängigkeit alter und pflegebedürftiger Menschen ausgenutzt werden.[160] § 14 HeimG hat Auswirkungen auf Zuwendungen durch Verfügungen von Todes wegen zugunsten des Heimträgers und von Heimmitarbeitern. Verfügungen von Todes wegen, die gegen § 14 Abs. 1 oder § 14 Abs. 5 HeimG verstoßen, sind gem. § 134 BGB nichtig. Es handelt sich um einen von der Verfassung gedeckten Eingriff in die Testierfreiheit (Inhalts- und Schrankenbestimmung).[161] § 14 HeimG statuiert ein Verbot mit Erlaubnisvorbehalt.[162] U.U. ist eine Ausnahmegenehmigung nach § 14 Abs. 6 HeimG zu beantragen, wenn eine Verfügung zugunsten des ausgeschlossenen Personenkreises gleichwohl gewollt ist. Im Rahmen der Föderalismusreform I (2006) ist die Gesetzgebungskompetenz für das Heimrecht auf die Länder übergegangen. Mittlerweile haben auch alle Länder von ihrer Gesetzgebungskompetenz Gebrauch gemacht.[163] Die Landesgesetze entsprechen inhaltlich weitgehend § 14 HeimG. Für eine ausführliche Erläuterung vgl. Syst. A Rdn. 799 ff.

(5) **Anerbenrecht**

Grundsätzlich wirkt sich die Eigenschaft eines bestimmten Grundbesitzes als »Hof« (Bremen, Rheinland-Pfalz und ehemalige britische Zone, also Hamburg, Niedersachsen, Nordrhein-Westfalen und Schleswig-Holstein), als »geschlossenes Hofgut« (Südbaden), als »Anerbengut« (restliches Baden-Württemberg) oder als »Landgut« (Hessen) nur bei der gesetzlichen Erbfolge aus; denn gem. Art. 64 Abs. 2 EGBGB können die Landesgesetze das Recht des Erblassers, über das dem Anerbenrecht unterliegende Grundstück von Todes wegen zu verfügen, nicht beschränken. Das Anerbenrecht will nur für den Fall, dass der Hofeigentümer keine Verfügung von Todes wegen errichtet, eine unwirtschaftliche Aufsplitterung verhindern. Die württembergischen Anerbenrechte traten am 31.12.2000 außer Kraft (3. RBerG, GVBl. 1997, 2a). 82

Das **Reichserbhofgesetz** vom 29.09.1933 (RGBl. I 685) setzte sich über Art. 64 EGBGB hinweg. Es beseitigte die Testierfreiheit dadurch, dass der Erbhof (land- und forstwirtschaftlicher Besitz einer bauernfähigen Person in der Größe von mindestens einer Ackernahrung, höchstens von 125 ha) als Sondervermögen nur nach dem Reichserbhofrecht vererbt werden konnte (§ 19 BGB). Die Bestimmungen des BGB waren auch für die gewillkürte Erbfolge insoweit außer Kraft gesetzt.[164] Das Reichserbhofgesetz ist durch KRG 45 Art. II vom 20.02.1947 (ABl. KR 256) aufgehoben worden, sodass die am 01.01.1933 geltenden partikularen Anerbenbestimmungen samt dem dazu entwickelten Gewohnheitsrecht[165] wieder gelten. Das Anerbenrecht ist daher prinzipiell wieder auf die Intestaterbfolge beschränkt. 83

159 Nach OLG München NJW 2006, 2642 f., gilt dies auch, wenn ein Angehöriger eines Heimbewohners den Träger zum Erben oder Vermächtnisnehmer einsetzt und der Heimbewohner weiterhin in der Einrichtung dieses Trägers lebt und dessen Dienste in Anspruch nimmt.

160 BGHZ 110, 235, 239.

161 BVerfG NJW 1998, 2964.

162 Vgl. *Suyter* ZEV 2003, 104; *Kieser* ZErb 2002, 33; *Ziegert* ZErb 2003, 116.

163 LHeimG (B-W), PfleWoqG (Bay), WTG (Ber), BdgPBWoG (Bdg), BremWoBeG (Brem), HmbWBG (Hmb), HGBP (HE), EQG (M-V), NHeimG (Nds), WTG (NRW), LWTG (R-P), LHeimGS (Sar), SächsBewoG (Sachsen), WTG (S-A), SbStG (S-H), ThürWTG (TH).
Zu den unterschiedlichen Landesgesetzen: Burandt/Rojahn/*G. Müller* unter Nr. 92 HeimG; i.Ü. vgl. die ausführliche Darstellung in Syst. A Rdn. 799 ff.

164 Vgl. *Baumecker*, Handbuch des gesamten Reichserbhofrechts, 4. Aufl., 1940; *Dölle*, Lehrbuch des Erbhofrechts, 1935.

165 BGH NJW 1957, 259.

84 Eine Ausnahme von diesem Grundsatz gilt lediglich für den Bereich der **Höfeordnung**[166] (Länder Hamburg, Niedersachsen, Nordrhein-Westfalen und Schleswig-Holstein), wenn es sich um einen Hof im Sinne von § 1 HöfeO handelt.[167] Hier ist der Erblasser in seiner Testierfreiheit beschränkt. Gem. § 4 Satz 1 HöfeO kann ein Hof nur an *einen* Erben (den Hoferben) vererbt werden. Im Übrigen kann nach § 7 HöfeO der Eigentümer den Hoferben durch Verfügung von Todes wegen frei bestimmen oder ihm den Hof im Wege des Übergabevertrages übergeben. Grundsätzlich muss dabei – auch dies als Einschränkung der Testierfreiheit – der Hoferbe wirtschaftsfähig sein. Dies gilt jedoch nicht, wenn allein mangelnde Altersreife der Grund der Wirtschaftsunfähigkeit ist, oder wenn es sich um die Vererbung an den überlebenden Ehegatten handelt. Setzt der Hofeigentümer einen wirtschaftsunfähigen Abkömmling zum Hoferben ein, so wird er nur dann Hoferbe, wenn sämtliche Abkömmlinge ebenfalls wirtschaftsunfähig sind und ein wirtschaftsfähiger Ehegatte nicht vorhanden ist. Die geltende Höfeordnung hat damit den früheren Grundsatz (§ 7 Abs. 2 HöfeO a.F.) aufgegeben, wonach der Hof nach Möglichkeit in derselben Blutlinie bleiben soll und dass die Abkömmlinge des Erblassers die geborenen Hoferben sind, die nur beim Vorliegen eines triftigen Grundes übergangen werden dürfen.

bb) Verfassungsrechtliche Schranken

85 Nach dem sog. Hohenzollern Beschluss des BVerfG vom 22.03.2004 ist das Verfassungsrecht als Schranke der Testierfreiheit verstärkt zu beachten.[168] In den Grundrechtsbestimmungen des Grundgesetzes verkörpert sich eine objektive Wertordnung, die als verfassungsrechtliche Grundentscheidung für alle Bereiche des Rechts gilt und der vor allem auch bei der Interpretation zivilrechtlicher Generalklauseln maßgebliche Bedeutung zukommt. Indem die §§ 138 und 242 BGB ganz allgemein auf die guten Sitten, die Verkehrssitte sowie Treu und Glauben verweisen, verlangen sie eine Konkretisierung am Maßstab von Wertvorstellungen, die in erster Linie von den Grundsatzentscheidungen der Verfassung bestimmt werden.[169]

86 Nach dem genannten Grundlagen Beschluss des BVerfG vom 22.03.2004 ist künftig bei Verfügungen von Todes wegen besonders darauf zu achten, dass kein **unzumutbarer Druck** auf Erben in Bezug auf die Gestaltung ihrer familiären Verhältnisse ausgeübt wird.[170] Die Testierfreiheit ist zwar als bestimmendes Element der von Art. 14 Abs. 1 Satz 1 GG geschützten Erbrechtsgarantie anerkannt, ein Erblasser ist von Verfassungs wegen also nicht zu einer Gleichbehandlung seiner Familienmitglieder gezwungen.[171] Aus dem grundrechtlich gewährten Schutz der Familie (Art. 6 GG) können sich aber gleichwohl Einschränkungen der Testierfreiheit ergeben, insbesondere wenn erbrechtliche Positionen gewährt oder entzogen werden sollen, falls bestimmte Voraussetzungen in der Person des Erben oder Vermächtnisnehmers eintreten oder wegfallen und diese durch Art. 6 GG geschützt sind. Das BVerfG hat eine Ebenbürtigkeitsklausel in einer letztwilligen Verfügung als Verstoß gegen Art. 6 Abs. 1 GG angesehen und der Verfügung von Todes wegen, die zum Zeitpunkt ihrer Errichtung als Rechtens anerkannt wurde, die Wirksamkeit versagt. Die Entscheidung ist über den entschiedenen Fall hinaus in allen Fällen von Bedeutung, in denen – etwa durch Wiederverheiratungsklauseln – ein Erblasser auf das familiäre Verhalten von Erben und Vermächtnisnehmern unzumutbaren Druck ausübt. Ob dadurch bereits die »übliche« Wiederverheiratungsklausel gefährdet ist, ist zu bezweifeln.[172] Teilweise wird aber eine solche Klausel nur für zulässig gehalten, wenn

166 Höfeordnung (HöfeO) i.d.F. der Bekanntmachung vom 26.07.1976 (BGBl. I 1933), in Kraft seit 01.07.1976.

167 Zur Regelung der Hofeigenschaft *S. Dressel* NJW 1976, 1244; vgl. ausführlich Staudinger/*J. Mayer* Art. 64 EGBGB m.w.N. und Gesetzesfundstellen.

168 ZEV 2004, 241.

169 BVerfGE 7, 198, 206 f.; 42, 143; 89, 214 = NJW 1994, 36.

170 ZEV 2004, 241.

171 BVerfGE 67, 329 = NJW 1985, 1455.

172 Vgl. dazu *Otte*, ZEV 2004, 393; vgl. auch *Muscheler* Bd. I Rn. 337.

dem überlebenden Ehegatten im Fall seiner Wiederheirat zumindest sein Pflichtteil verbleibt.[173] Nach anderer Ansicht liegt Sittenwidrigkeit schon vor, wenn dem Überlebenden bereits bei Wiederheirat Herausgabepflichten an Nacherben oder Vermächtnisnehmer auferlegt werden und seine Vorerbenstellung damit schon vor seinem Tod endet.[174] Gleichwohl sollte man, damit nicht der Konflikt zwischen Testierfreiheit und Schutz der Familie relevant wird, im Fall von Wiederverheiratungsklauseln Lösungen finden, die dem überlebenden Ehegatten, dem im Fall der Wiederverheiratung sein Erbe entzogen wird, übergangsweise oder auf Dauer andere Rechtspositionen zuweisen (Nießbrauch, Wohnrechte, Abfindung).[175]

Einschränkungen in der Testierfreiheit können sich über § 138 Abs. 1 BGB auch aus **europarechtlichen Vorgaben** ergeben. Der Europäische Gerichtshof für Menschenrechte hat durch Beschl. v. 13.07.2004 entschieden, die Differenzierung in einer letztwilligen Verfügung zwischen leiblichen und adoptierten Kindern – ohne nähere Angabe von Gründen – sei ein Verstoß gegen Art. 8 EMRK (Schutz des Privat- und Familienlebens) i.V.m. Art. 14 EMRK (Diskriminierungsverbot).[176] Die EMRK entfaltet über § 138 Abs. 1 BGB eine mittelbare Drittwirkung.[177] Unmittelbare Auswirkungen hat die Rechtsprechung des EGMR zwar nicht, da die Entscheidungen der Transformation ins nationale Recht bedürfen.[178] Gleichwohl sind die Auswirkungen im Rahmen des § 138 Abs. 1 zu beachten. 87

Europarechtliche Vorgaben, die über § 138 Abs. 1 BGB wirken, werden – unabhängig davon, wie die **Antidiskriminierungsgesetzgebung** in Deutschland weitergeht – zur Folge haben, dass dort, wo bei Verfügungen von Todes wegen zwischen Familienmitgliedern differenziert wird und die u.U. unter das Verdikt des Antidiskriminierungsverbotes fallen könnten, die Motive für die Ungleichbehandlung an sich gleich zu behandelnder Personen in der Verfügung von Todes wegen darzulegen sind.[179] 88

6. Die Formstrenge im Recht der Verfügungen von Todes wegen

a) Formzwang

Verfügungen von Todes wegen unterliegen dem Formzwang. Dies gilt für die ordentlichen Testamente (§§ 2231, 2247 BGB) und die Erbverträge (§ 2276 BGB) wie für die außerordentlichen Testamente. Gerade bei den für besondere Notlagen geschaffenen Testamentsformen zeigt sich, dass ein Minimum von Formen für Verfügungen von Todes wegen unverzichtbar ist (Bürgermeistertestament: § 2249 BGB; Dreizeugentestament: § 2250 Abs. 2 BGB; Seetestament: § 2251 BGB); nur für das Militär- und das Verfolgtentestament kann u.U. davon abgesehen werden, dass Formen einzuhalten sind (vgl. § 2231 Rdn. 8, 9). Im Recht der Verfügungen von Todes wegen gilt der *Grundsatz,* dass ein letzter Wille unbeachtlich ist, wenn er nicht formgültig erklärt wurde.[180] 89

b) Zweck

Der Formzwang erfüllt im Erbrecht wie im übrigen Recht einen dreifachen Zweck. 90

173 MünchKomm/*Leipold* § 2074 Rn. 25; OLG Saarbrücken DNotZ 2015, 691.
174 Staudinger/*Otte* § 2074 Rn. 60.
175 Vgl. ausführlich: *Thielmann,* Sittenwidrige Verfügungen von Todes wegen, 1973, insb. S. 115 ff.
176 ZEV 2005, 162.
177 Palandt/*Ellenberger* § 138 Rn. 5; Staudinger/*Sack/Fischinger* § 138 Rn. 96 ff.; Bamberger/Roth/*Wendtland,* BGB, § 138 Rn. 17.
178 BVerfG NJW 2004, 3407.
179 *Staudinger* ZEV 2005, 140.
180 Vgl. hierzu ausführlich § 2247 Rdn. 11 ff.

aa) Warnfunktion

91 Formvorschriften sollen den Rechtsgenossen vor übereilten und unbedachten Handlungen bewahren. Jeder Zwang zur Form, auch zur bloßen Schriftform des § 2247 BGB, nötigt den Erblasser, seinen »letzten Willen« zu überdenken.[181] Während es möglich ist, das Testament jederzeit zu widerrufen, tritt beim Erbvertrag generell (beim gemeinschaftlichen Testament nur bei den wechselbezüglichen Verfügungen) eine Bindung an die Verfügung von Todes wegen ein. Daher ist es gerechtfertigt, dass die holografische Form beim Erbvertrag anders als beim Testament (§§ 2231 Nr. 2; 2247 BGB) nicht zugelassen ist, § 2276 BGB.

bb) Rechtsklarheitsfunktion

92 Die Notwendigkeit, eine Willenserklärung schriftlich oder zu öffentlicher Urkunde abzugeben, zwingt dazu, sie gedanklich-inhaltlich zu präzisieren. Bei Verfügungen von Todes wegen ist dies besonders wichtig, da sie erst nach dem Tode des Urhebers bekannt und wirksam werden, daher eine authentische Interpretation durch den Testator ausscheidet. Bei Erbverträgen und gemeinschaftlichen Testamenten muss der Verfügungsinhalt überdies klar sein, da sie die Testierfreiheit beschränken[182] und der Umfang dieser Beschränkung fixiert sein muss.[183] Das öffentliche Testament dient dem Zweck der Rechtsklarheit mehr als das privatschriftliche, da der fachmännische juristische Rat die Basis der gewillkürten Erbfolge durch ein besseres Abstimmen von Wille und Willenserklärung sichert.[184]

cc) Beweisfunktion

93 Die Verfügung von Todes wegen muss als letzter Wille geoffenbart werden. Schon bei Rechtsgeschäften unter Lebenden ist oft schwer zu entscheiden, wo die Vorverhandlungen enden und wo die verbindlichen Erklärungen beginnen; umso schwieriger ist dies beim letzten Willen, über den sich der Testator allein klar zu werden hat. Der letzte Wille muss als solcher (mit animus testandi)[185] förmlich manifestiert werden, damit erkennbar wird, dass der Bereich der Vorerwägung verlassen und derjenige der Verfügung betreten ist.[186] Darüber hinaus soll der Zwang zur Form sicherstellen, dass der Inhalt der Verfügung von Todes wegen räumlich-gegenständlich niedergelegt wird. Anders als bei Rechtsgeschäften unter Lebenden wird es bei Verfügungen von Todes wegen nur selten möglich sein, den Inhalt durch Zeugenaussagen zu rekonstruieren, da Erbstreitigkeiten »mit besonderer Parteileidenschaft« geführt werden.[187]

c) Folgen eines Formverstoßes

94 Wird eine Formvorschrift nicht eingehalten, so sind die Folgen verschieden, je nachdem, ob es sich um eine Soll- oder um eine Muss-Vorschrift handelt.

aa) Soll-Vorschrift

95 Wird eine Soll-Vorschrift nicht beachtet, führt dies nicht zur Nichtigkeit der ganzen Verfügung. Das BeurkG hat viele Vorschriften, die bisher zwingender Natur waren, zu Soll-Vorschriften umgestaltet, um die Konsequenzen eines Formverstoßes gering zu halten.[188]

181 Vgl. *Enneccerus/Nipperdey*, AT, § 154 II; *Lange/Kuchinke* § 16 IV 3.
182 Vgl. oben Syst. A Rdn. 68 .
183 *Kipp/Coing* § 19 II 1, 2.
184 Vgl. *Lange/Kuchinke* § 16 IV 4 a und § 17 BeurkG Rn. 5 f.
185 Vgl. Vorbem. zu §§ 2229 ff. Rdn. 22.
186 Vgl. Staudinger/*Baumann* § 2231 Rn. 19 sowie § 2247 Rn. 4 ff.
187 Vgl. *Kipp/Coing* § 9 II 1 und *Enneccerus/Nipperdey*, AT, § 154 II.
188 Zu der Frage nach der Rückwirkung milderer Formvorschriften des BeurkG vgl. vor § 2229 Rn. 2 ff.

bb) Muss-Vorschrift

Wird eine Muss-Vorschrift verletzt, so hat dies grundsätzlich die Nichtigkeit der ganzen Verfügung von Todes wegen zur Folge (§ 125 BGB). Da der Fehler regelmäßig erst beim Tod des Testators entdeckt wird, der Schaden also irreparabel ist, wird versucht, die Konsequenzen eines Formverstoßes zu mildern: 96

(1) Heilung

Eine Heilung durch nachträgliches Anerkennen ist nur dann möglich, wenn dieses in der Form der Neuerrichtung erfolgt. Eine Konvaleszenz durch stillschweigende oder schlüssige Billigung gibt es nicht; eine ausdrückliche Billigung des Testators ist ohne Bedeutung, wenn nicht die für Verfügungen von Todes wegen geltenden Formvorschriften beachtet werden. Die Heilung hat als Neuvornahme des Rechtsgeschäfts nur Wirkung *ex nunc*. 97

(2) Restriktive Anwendung

Die Rechtsprechung versucht gelegentlich, die Formvorschriften restriktiv anzuwenden, »solange sich nicht erhebliche Nachteile für den Rechtsverkehr ergeben oder eine Verfälschung des Willens des Erblassers nicht zu befürchten ist«.[189] Diese Ansicht wird damit begründet, dass »man ... nicht auf der einen Seite hinsichtlich der Formerfordernisse einen ganz strengen Standpunkt einnehmen und auf der anderen Seite hinsichtlich des materiellen Inhalts ... im Wege der Auslegung alle nur denkbaren Möglichkeiten ausschöpfen (könne), um das Testament aufrechtzuerhalten und den Willen des Erblassers zu verwirklichen«.[190] Wegen der Grundsatzentscheidung des Erbrechts für die Formstrenge (vgl. Syst. A Rdn. 89) können Billigkeitserwägungen jedoch nur eine begrenzte Rolle spielen.[191] Ob der Zweck der Formvorschriften im Einzelfall »durch die Form wirklich erreicht wird, ob er auch auf andere Weise erreichbar ist, und ob die Partei ihn auf andere Weise wirklich erreicht hat, releviert nichts. Der Gesetzgeber hat einmal die Sorge für die Erreichung dieses Zwecks nicht der Einsicht und dem freien Entschluss der Partei überlassen wollen, sondern er hat die Sache selber in die Hand genommen und den ihm gut scheinenden Weg zur Erreichung des Zieles zum ausschließlichen, notwendigen erhoben.«[192] 98

(3) Auslegung gem. § 2084 BGB

Die unerwünschten Folgen eines Formverstoßes können insbesondere nicht durch Auslegung gem. § 2084 BGB überspielt werden. § 2084 BGB ist bei festgestellten Formmängeln grundsätzlich nicht anwendbar. Auch wenn Zweifel darüber bestehen, ob der Testator in seinem Testament nur einen unverbindlichen Wunsch geäußert oder eine letztwillige Verfügung getroffen hat, so ist § 2084 BGB nicht anwendbar.[193] § 2084 BGB entscheidet ferner nicht Zweifel darüber, ob eine Verfügung oder erst der Entwurf oder die Ankündigung einer geplanten Verfügung vorliegt.[194] Insofern kann § 2084 BGB weder über einen Formverstoß noch über den fehlenden Testierwillen oder sogar fehlende Testierfähigkeit hinweghelfen. Diese Vorschrift regelt vielmehr den Fall, dass der Inhalt einer Verfügung von Todes wegen verschiedene Auslegungen zulässt. Sie bestimmt, dass dann im Zweifel diejenige Interpretation vorzuziehen ist, bei welcher die Verfügung Erfolg haben kann. Soll § 2084 BGB angewandt werden, so muss grundsätzlich feststehen, dass es sich bereits um eine Verfügung 99

---

189 OLG Hamm Rpfleger 1959, 379; vgl. auch KG JFG 14, 165, 167.

190 OLG Hamm a.a.O., a.A. im gleichen Fall offenbar BGHZ 31, 136 = NJW 1960, 813 = DNotZ 1960, 158.

191 Vgl. RGZ 51, 166; KG OLGZ 12, 375 f.

192 So *Jhering*, Der Geist des römischen Rechts II, 5. Aufl., S. 475.

193 RG LZ 1927, 523; RG Recht 1931 Nr. 314; BGB-RGRK/*Johannsen* § 2084 Rn. 26; *Lange/Kuchinke* § 34 II 1 b; Staudinger/*Otte* § 2084 Rn. 2; Soergel/*Loritz* § 2084 Rn. 57.

194 RG Recht 1931 Nr. 314; RGZ 169, 254; OLG München JZ 1954, 513; KG NJW 1959, 1441; *Kipp/Coing* § 21 Vb; *Ebenroth* Rn. 409; Palandt/*Weidlich* § 2084 Rn. 15; Staudinger/*Otte* § 2084 Rn. 2.

handelt.[195] Voraussetzung ist, dass »bereits im Übrigen ein genügender Erklärungstatbestand in Gestalt eines Testaments vorliegt und nur dieser oder jener nicht besonders geregelte Punkt eine Regelung verlangt«.[196] Durch Auslegung nach § 2084 BGB soll der getroffenen Verfügung zum Erfolg verholfen werden, dadurch muss aber zugleich dem Willen des Erblassers entsprochen werden. Um diesen Willen festzustellen, dürfen auch Umstände herangezogen werden, die außerhalb der Verfügung liegen, wie beispielsweise örtliche Gebräuche, die Art der Beziehung des Erblassers zu den in der Verfügung genannten Personen oder Erklärungen der bei der Errichtung beteiligten Personen.[197] Wenn bei mehreren Auslegungsmöglichkeiten feststellbar ist, welche davon zweifelsfrei dem Willen des Erblassers entspricht, dann ist § 2084 BGB nicht anwendbar, auch wenn bei dieser Auslegung die Verfügung dann unwirksam ist.[198] Eine entsprechende Anwendung von § 2084 BGB ist *zulässig*, wenn zwar nicht der Inhalt, sondern die rechtliche Natur einer Willenserklärung fraglich ist, jedoch nur dann, wenn zweifelsfrei feststeht, dass überhaupt eine rechtsgeschäftliche Willenserklärung vorliegt. Lässt also eine Erklärung des Erblassers sowohl die Auslegung zu, dass es sich um eine letztwillige Verfügung handelt, als auch diejenige, dass ein Rechtsgeschäft unter Lebenden gegeben ist, so ist die Erklärung als letztwillige Verfügung auszulegen, falls sie nur als solche wirksam werden kann.[199]

(4) **Teilunwirksamkeit**

100 Ein Formverstoß kann zu einer bloßen Teilunwirksamkeit der Verfügung von Todes wegen führen.[200] Grundsätzlich muss eine derartige Verfügung ihrem vollen Umfang nach feststehen, wenn Rechte aus ihr hergeleitet werden sollen. Ist aber trotz der mangelnden Feststellbarkeit eines Teils der Verfügung der Gesamtwille des Erblassers insoweit erkennbar, dass ohne Rücksicht auf den Inhalt und den Umfang des nicht festgestellten Teiles der Verfügung der feststellbare Teil Bestand haben soll und dieser Teil durch die Unbestimmtheit der nicht bekannten Verfügung seinem Umfang nach nicht wesentlich berührt wird, so reicht dies zur Geltendmachung der sich aus dem feststellbaren Teil ergebenden Ansprüche aus.[201] Ist eine von mehreren Verfügungen unwirksam, gilt § 2085 BGB; ist ein Bestandteil einer Verfügung unwirksam, so ist § 139 BGB maßgebend. § 2085 BGB gilt nicht nur bei Nichtigkeit der Verfügung von Anfang an, sondern auch, wenn später beispielsweise durch Anfechtung eine Verfügung nichtig geworden ist.[202] Einzelverfügungen, die wirksam neben einer nichtigen Verfügung stehen, bleiben demnach wirksam. Bei wechselbezüglichen Bestimmungen im gemeinschaftlichen Testament und Erbvertrag sind die §§ 2270, 2298 BGB zu beachten.

d) Maßgeblicher Zeitpunkt

101 Die Formvorschriften müssen bei der Errichtung der Verfügung von Todes wegen eingehalten werden. Nur dieser Zeitpunkt ist für die Beurteilung der Frage maßgebend, ob die Verfügung wirksam ist oder nicht. Ein Formverstoß kann nur durch formgerechtes Wiederholen (Neuvornahme) des Rechtsgeschäftes »geheilt« werden. Ein entgegen den Beschränkungen für Minderjährige (§§ 2233 Abs. 1, 2247 Abs. 4 BGB) errichtetes nichtiges Testament wird nicht dadurch wirksam, dass der »Erblasser« volljährig wird. Andererseits wird eine formgerecht erstellte Verfügung von Todes wegen nicht dadurch unwirksam, dass die Urkunde gegen den Willen des Testators vernichtet wird.[203]

195 Staudinger/*Otte* § 2084 Rn. 2; *Ebenroth* Rn. 409; *Schlüter/Röthel* § 19 Rn. 15; Soergel/*Loritz* § 2084 Rn. 3, 57; BGB-RGRK/*Johannsen* § 2084 Rn. 2, 26; vgl. auch *Muscheler* Bd. I Rn. 1883.
196 *Von Lübtow*, Probleme des Erbrechts, 1967, 67.
197 MünchKomm/*Leipold* § 2084 Rn. 29 ff.
198 Staudinger/*Otte* § 2084 Rn. 17.
199 BGH LM Nr. 3 zu § 2084 BGB; Staudinger/*Otte* § 2084 Rn. 4 ff.
200 BayObLGZ 98, 160.
201 BGH NJW 1955, 460.
202 MünchKomm/*Leipold* § 2085 Rn. 4.
203 BGH JZ 1951, 591; *Kipp/Coing* § 19 V.

7. Grundzüge und ausgewählte Probleme des Pflichtteilsrechts

a) Grundsätze

aa) Bedeutung des Pflichtteilsrechts

Das gesamte Pflichtteilsrecht spielt in der Erbrechtspraxis eine zentrale Rolle. Das gilt keineswegs allein für den forensisch tätigen Anwalt auf der Ebene der Abwicklung im Raum stehender Pflichtteils- und Pflichtteilsergänzungsansprüche. Vielmehr sind fundierte theoretische Kenntnis über die Feinheiten und Fallstricke des Pflichtteilsrechts und noch mehr praktische Erfahrungen bei der Pflichtteilsabwicklung auch und gerade für den Bereich der Testaments- und Nachfolgegestaltung essenziell wichtig. Als mit dem Todesfall fällig werdende, bar zu entrichtende Ansprüche im Wert der Hälfte des gesetzlichen Erbteils stellen Pflichtteilsansprüche eine Nachlassverbindlichkeit dar, die der Erbe – ob er will oder nicht – bis zur Grenze seines eigenen Pflichtteils und teilweise darüber hinaus[204] hinnehmen muss. Spiegelbildlich hierzu sind sie bei der Testamentsgestaltung als begrenzender Faktor zu berücksichtigen. In beiden Fällen können sie zu Ergebnissen führen, die sich mit den Wünschen und Vorstellungen des Erblassers nicht einmal ansatzweise decken. Bspw. ist Eltern nur schwer zu vermitteln, dass und warum ihr Sohn, der sich vor etlichen Jahren mit ihnen überworfen und jeglichen Kontakt abgebrochen hat, gleichwohl in Höhe seiner Pflichtteilsquote am elterlichen Nachlass partizipieren wird.[205] Nicht minder problematisch sind die Pflichtteilsansprüche des weichenden Erben im Rahmen der Unternehmensnachfolge. Fehlt es an ausreichender Liquidität, erlangen sie schnell eine das Unternehmen gefährdende Bedeutung. 102

bb) Verfassungsmäßigkeit des Pflichtteilsrechts

Vor diesem Hintergrund liegt es nahe, die Frage nach der **Verfassungsmäßigkeit des Pflichtteilsrechts** zu stellen.[206] Hiermit hat sich das BVerfG im Jahr 2005 intensiv beschäftigt[207] und seine Entscheidung in der Folgezeit wiederholt bestätigt.[208] In der Entscheidung aus dem Jahr 2005 hat das BVerfG in Fortschreibung seiner früheren Rechtsprechung[209] festgestellt, dass die grundsätzlich nicht entziehbare und bedarfsunabhängige Mindestbeteiligung von Kindern am Nachlass ihrer Eltern, wie sie § 2303 Abs. 1 BGB auf einfachgesetzlicher Ebene vorsieht, mit dem GG vereinbar und durch die Erbrechtsgarantie des Art. 14 Abs. 1 Satz 1 i.V.m. Art. 6 Abs. 1 GG verfassungsrecht- 103

204 Nimmt zum Beispiel der testamentarisch als Alleinerbe eingesetzte einzige Abkömmling des Erblassers die Erbschaft an, obwohl sie mit einem Vermächtnis über 3/4 des Nachlasses belastet ist, erhält er nur das verbleibende 1/4, auch wenn seine Pflichtteilsquote bei 1/2 liegt. In dieser Konstellation kann und muss der Erbe die belastete Erbschaft nach § 2306 BGB ausschlagen, um seinen eigenen Pflichtteil zu erhalten und zu verteidigen.

205 So die vergleichbare Konstellation in BVerfG, Beschl. v. 30.08.2000 – 1 BvR 2464/97, ZEV 2000, 399.

206 Vgl. etwa *Haas* ZEV 2000, 249.

207 BVerfG, Beschl. v. 19.04.2005 – 1 BvR 1644/00 und 1 BvR 188/03, BVerfGE 112, 331. Das Gericht hatte über die Verfassungsmäßigkeit von § 2303 Abs. 1 BGB sowie über bestimmte Pflichtteilsentziehungs- und -unwürdigkeitsgründe zu entscheiden. Einen guten Überblick zur tendenziellen Pflichtteilsfreundlichkeit der Rechtsprechung bei der Pflichtteilsentziehung liefert *Lange* ZEV 2018, 237.

208 Vgl. BVerfG, Beschl. v. 25.04.2016 – 1 BvR 2423/14, NJW 2016, 2943 (betrifft Anforderungen an ein notarielles Nachlassverzeichnis) sowie BVerfG, Beschl. v. 26.11.2018 – 1 BvR 1511/14, NZFam 2019, 168 (Bestätigung der Verfassungsgemäßheit von § 2325 Abs. 3 Satz 3 BGB, wonach das 10jährige Abschmelzungsmodell nach § 2315 Abs. 3 Satz 1 BGB bei Ehegatten nicht vor Auflösung der Ehe zu laufen beginnt).

209 Im Anschluss an den Beschl. v. 14.12.1994 – 1 BvR 720/90, BVerfGE 91, 346, 359 und an den Beschl. v. 30.08.2000 – 1 BvR 2464/97, ZEV 2000, 399 hat das Gericht die Verfassungsmäßigkeit der Beschränkung der Testierfreiheit durch das Pflichtteilsrecht bestätigt. Ausdrücklich offen gelassen hatte es die Frage, ob es von Verfassungs wegen geboten ist, nahen Angehörigen auch gegen den Willen des Erblassers eine Mindestbeteiligung am Nachlass einzuräumen. Hierauf kam es nach Auslegung des Testaments durch das BVerfG nicht an. Zu Recht kritisch zur Auslegung durch das BVerfG *J. Mayer* ZEV 2000, 447, 448.

lich garantiert ist. Zur Begründung hat das Gericht ausgeführt, dass die Erbrechtsgarantie das Erbrecht sowohl als Rechtsinstitut wie auch als Individualrecht gewährleistet.[210] Zu den bestimmenden Elementen des institutionell verbürgten Gehalts der Erbrechtsgarantie gehört neben der Testierfreiheit des Erblassers[211] und dem Eigentumserwerbsrecht des Erben[212] (dem der BGH im Jahr 2011 eine *»negative Erbfreiheit«* an die Seite gestellt hat)[213] auch und gerade die bedarfsunabhängige und grundsätzlich unentziehbare[214] Mindestbeteiligung von Kindern am Nachlass ihrer Eltern. Diese Mindestbeteiligung ist als tragendes Strukturprinzip des geltenden Pflichtteilsrechts durch die Erbrechtsgarantie des Art. 14 Abs. 1 GG geschützt, führt zu einem Ausgleich zwischen Verwandtenerbrecht und Testierfreiheit und begrenzt letztere zugleich.

Gleichzeitig steht das Pflichtteilsrecht in einem engen Sinnzusammenhang mit dem durch Art. 6 Abs. 1 GG gewährleisteten Schutz des Verhältnisses des Erblassers und seinen Kindern. Unter dem Blickwinkel der grundsätzlich unauflösbaren Familiensolidarität und -gemeinschaft in ihren verschiedenen Ausprägungen (Erziehung; finanzielle Unterstützung; Mitarbeit; Konsumverhalten; Pflegeleistungen) hat es die Funktion, unabhängig von einem bestimmten Bedarf des Kindes die Fortsetzung des ideellen und wirtschaftlichen Zusammenhangs von Vermögen und Familie über den Tod des Vermögensinhabers zu ermöglichen.[215]

Diesen verschiedenen verfassungsrechtlichen Anforderungen genügt das Pflichtteilsrecht der Kinder, wie es in § 2303 Abs. 1 BGB normiert ist. Einerseits sichert es ihnen eine grundsätzlich unentziehbare und angemessene Nachlassteilhabe in Form eines gegen den Nachlass gerichteten Geldanspruchs. Andererseits lässt es dem Erblasser einen hinreichend großen vermögensmäßigen Freiraum.

Ein auf Geld gerichteter Anspruch in Höhe der Hälfte des gesetzlichen Erbteils ist allerdings nicht der einzig denkbare Weg, um auf der einfachgesetzlichen Ebene das Spannungsverhältnis zwischen der Pflicht zur Ausgestaltung einer grundsätzlich zwingenden Nachlassteilhabe der Kinder des Erblassers und seiner ebenfalls grundgesetzlich geschützten Testierfreiheit aufzulösen. Auf Grund des weiten Gestaltungsspielraums, der dem Gesetzgeber zusteht,

> *»dürfte er (...) statt eines Pflichtteilsrechts in der Ausgestaltung eines Geldanspruchs auch eine Beteiligung des enterbten Kindes an der Erbengemeinschaft einführen. Auch die Höhe ist nicht verfassungsrechtlich strikt vorgeschrieben (...)«*[216]

Festzuhalten bleibt, dass das Pflichtteilsrecht von Kindern, wie es in Form von § 2303 Abs. 1 BGB geltendes Recht ist, keinen verfassungsrechtlichen Bedenken begegnet. Für Ehegatten gilt

---

210 So wird erreicht, dass das Privateigentum mit dem Tod des Eigentümers nicht untergeht, sondern im Wege der Rechtsnachfolge erhalten bleibt. Die Erbrechtsgarantie ergänzt damit die Eigentumsgarantie. Zusammen bilden sie die Grundlage für die im GG vorgegebene private Vermögensordnung; vgl. BVerfG, Ent. v. 14.12.1994 – 1 BvR 720/90, BVerfGE 91, 346, 358; Beschl. v. 19.04.2005 – 1 BvR 1644/00 und 1 BvR 188/03, BVerfGE 112, 331.

211 Das BVerfG definiert Testierfreiheit als die *»Befugnis des Erblassers, zu Lebzeiten einen von der gesetzlichen Erbfolge abweichenden Übergang seines Vermögens nach seinem Tode an einen oder mehrere Rechtsnachfolger anzuordnen, insbesondere einen der gesetzlichen Erben von der Nachlassbeteiligung auszuschließen und wertmäßig auf den Pflichtteil zu beschränken«*, vgl. BVerfG, Beschl. v. 30.08.2000 – 1 BvR 2464/97, ZEV 2000, 399, 400 sowie Beschl. v. 19.04.2005 – 1 BvR 1644/00 und1 BvR 188/03, BVerfGE 112, 331.

212 Das Eigentumserwerbsrecht des Erben, d.h. sein Recht, kraft gesetzlicher oder gewillkürter Erbfolge zu erben, korrespondiert mit dem Recht des Erblassers, zu vererben.

213 Der BGH hat der Erbrechtsgarantie als weitere Komponente eine *»negative Erbfreiheit«* entnommen, also das verfassungsrechtlich geschützte Recht, nichts zu erben. Vgl. BGH – Urt. v. 19.01.2011, IV ZR 7/10, BGHZ 188, 96 (= ZEV 2011, 258, 261 m. krit. Anm. *Zimmer*; = ZEV 2011, 528 [Ls.] m. krit. Anm. *Leipold* [*»kühne Neuerung«*]). Im Grundsatz zustimmend *Menzel* MittBayNot 2013, 289, 292.

214 Zu den Ausnahmen vgl. die in § 2333 BGB genannten Pflichtteilsentziehungsgründe.

215 BVerfG, Beschl. v. 19.04.2005 – 1 BvR 1644/00 und 1 BvR 188/03, BVerfGE 112, 331.

216 BVerfG, Beschl. v. 19.04.2005 – 1 BvR 1644/00 und 1 BvR 188/03, BVerfGE 112, 331. Hiervon unabhängig hat sich das BVerfG gegen eine allgemeine Zerrüttungs- oder Entfremdungsklausel ausgesprochen.

nichts anderes, betreffen sie die Überlegungen doch in gleicher Weise.[217] Das Pflichtteilsrecht der Eltern des Erblassers und seiner weiter entfernten Abkömmlinge schließlich ist ebenso wenig als verfassungswidriger Eingriff in die Testierfreit zu sehen, sondern vielmehr als zulässige Inhaltsbestimmung im Sinn von Art. 14 Abs. 1 Satz 2 GG.[218]

cc) Vom Pflichtteilsrecht zum Pflichtteilsanspruch

Das BGB unterscheidet zwischen dem Pflichtteilsrecht und dem daraus resultierenden Pflichtteils- **104**
anspruch.[219]

Unter **Pflichtteilsrecht** versteht man das abstrakte Rechtsverhältnis zwischen dem Erblasser und dem Pflichtteilsberechtigten, das auch schon zu Lebzeiten des Erblassers gewisse rechtliche Wirkungen auslöst. Das zeigt sich etwa durch:
- Vertrag unter künftigen gesetzlichen Erben (§ 311b Abs. 5 BGB),
- Anfechtung gem. §§ 2079, 2281 BGB wegen Übergehung eines Pflichtteilsberechtigten,
- Pflichtteilsverzicht gem. § 2346 Abs. 2 BGB.[220]

Das Pflichtteilsrecht garantiert den nächsten Angehörigen eine bedarfsunabhängige und grundsätzlich unentziehbare[221] Mindestbeteiligung am Nachlass in Form eines Geldanspruchs. Es hat eine Ersatzfunktion für das nicht oder nicht uneingeschränkt[222] zum Zuge kommende gesetzliche Erbrecht der nächsten Angehörigen und setzt voraus, dass der Erblasser sie enterbt[223] oder sie zwar als Erbe eingesetzt, aber im Sinn von § 2306 BGB belastet hat. Es entzieht dem Erblasser die Dispositionsbefugnis über den vom dem Pflichtteil erfassten Teil seines Vermögens und schränkt damit seine Testierfreiheit ein. Hieraus folgt für den Testamentsgestalter, dass er unbedingt die zwingenden Grenzen des Pflichtteilsrechts kennen und beachten muss.

Das Pflichtteilsrecht ist in den §§ 2303 bis 2338 BGB geregelt. Zentrale Norm ist § 2317 Abs. 1 **105**
BGB. Danach entsteht der konkrete **Pflichtteilsanspruch** mit dem Erbfall. Ergänzt wird die Bestimmung durch § 2332 BGB, der die Verjährung des Pflichtteilsanspruchs regelt.

Umstritten ist die Frage des **Entstehens eines Pflichtteilsanspruchs** in den Fällen der §§ 1371 Abs. 3, 2306 und 2307 BGB (entweder gem. § 2317 Abs. 1 BGB mit dem Erbfall oder erst bei Ausschlagung). Nach wohl überwiegender Meinung soll der Anspruch erst mit Ausschlagung entstehen; sie wirke über die Fiktion des § 1953 Abs. 1 BGB auf den Erbfall zurück, wobei die Verjährung jedoch nicht gehemmt ist (§ 2332 Abs. 2 BGB), so dass der Pflichtteilsanspruch im Zeitpunkt seiner Geltendmachung bereits verjährt sein kann.[224]

Unabhängig von der eventuellen Verjährung führt diese Ansicht allerdings zu erheblichen Problemen, wenn ein als Nacherbe Berufener nach dem Erbfall, aber vor dem Nacherbfall verstirbt

---

217 Vgl. BVerfG, Beschl. v. 26.11.2018 – 1 BvR 1511/14, NZFam 2019, 168 (Bestätigung der Verfassungsgemäßheit von § 2325 Abs. 3 Satz 3 BGB, wonach das 10jährige Abschmelzungsmodell nach § 2325 Abs. 3 Satz 1 BGB bei Ehegatten nicht vor Auflösung der Ehe zu laufen beginnt).

218 So bereits *Haas* ZEV 2000, 249, 260.

219 Das Pflichtteilsrecht kennt mehrere, unabhängig voneinander bestehende Pflichtteilsansprüche, so den ordentlichen Pflichtteil nach § 2303 BGB, der durch Pflichtteilsrestansprüche nach § 2305 BGB flankiert wird, und Pflichtteilsergänzungsansprüche nach § 2325 BGB. Instruktiv Burandt/Rojahn/*Horn* § 2303 Rn. 13 ff.

220 Vgl. hierzu nachfolgend Syst. A Rdn. 178 ff.

221 Zu den Voraussetzungen einer Pflichtteilsentziehung nach § 2333 BGB s. etwa OLG Saarbrücken, Beschl. v. 12.12.2017 – 5 W 53/17, NJW 2018, 597 (keine wirksame Pflichtteilsentziehung bei einer Verurteilung wegen schweren räuberischen Diebstahls zu einer Freiheitsstrafe von 1 Jahr und 9 Monaten, wenn bzw. da zur Bewährung ausgesetzt).

222 Vgl. § 2306 BGB.

223 Die Enterbung kann durch Erbeinsetzung einer anderen Person oder durch ein rein negatives Testament im Sinn von § 1938 BGB erfolgen.

224 Palandt/*Weidlich* § 2317 Rn. 1 und § 2332 Rn. 2; MünchKomm/*Lange* § 2317 Rn. 2 und § 2332 Rn. 10.

und das Ausschlagungsrecht nicht auf den Ersatznacherben übergeht. § 2317 Abs. 1 BGB duldet einerseits keine Ausnahme. Andererseits kann der Pflichtteilsanspruch hier erst nach Ausschlagung erfolgreich geltend gemacht werden. Das Problem wird gelöst, indem die nicht durchgeführte Ausschlagung als Einwendung gegen den (mit dem Erbfall entstandenen) Pflichtteilsanspruch qualifiziert wird.[225]

dd) Abstrakte und konkrete Pflichtteilsberechtigung, §§ 2303, 2309 BGB

106 Das Pflichtteilsrecht begünstigt von vorneherein nur Personen, die pflichtteilsberechtigt sein können. Das sind nach § 2303 BGB
- die Abkömmlinge des Erblassers,
- sein Ehegatte und
- seine Eltern.

(= Kreis der abstrakt Pflichtteilsberechtigten). Wären allerdings die Eltern und sämtliche Abkömmlinge des Erblassers unabhängig davon, ob es sich um nähere oder um weiter entfernte Abkömmlinge handelt, uneingeschränkt pflichtteilsberechtigt, würde das zu einer Vervielfältigung der Pflichtteilslast führen. Eine solche Mehrfachbelastung vermeidet § 2309 BGB.[226] Danach sind

> *»entferntere Abkömmlinge und die Eltern des Erblassers (...) insoweit nicht pflichtteilsberechtigt, als ein Abkömmling, der sie im Falle der gesetzlichen Erbfolge ausschließen würde, den Pflichtteil verlangen kann oder das ihm Hinterlassene annimmt«.*[227]

§ 2309 BGB regelt, dass und in welchem Umfang (*»insoweit«*) entferntere Abkömmlinge oder die Eltern des Erblassers Pflichtteilsansprüche geltend machen können, wenn Abkömmlinge vorhanden sind, die dem Erblasser näher stehen und ihnen deshalb vorgehen.

Die Bestimmung des Rangverhältnisses ist im Kontext zu § 1924 Abs. 2 BGB zu lesen. Danach schließt ein zur Zeit des Erbfalls lebender Abkömmling die durch ihn mit dem Erblasser verwandten und damit weiter entfernten Abkömmlinge von der Erbfolge aus. Schlägt der nähere Abkömmling die Erbfolge aus jedem Berufungsgrund aus, d.h. sowohl als gewillkürter/testamentarischer wie auch als gesetzlicher Erbe, wird er nach § 1953 Abs. 2 Satz 1 BGB so behandelt, als wenn er den Erbfall nicht erlebt hätte (Vorversterbensfiktion). Dann entfällt die Pflichtteilssperre und die entfernteren Abkömmlinge sowie gegebenenfalls die Eltern rücken nach. Ihnen steht das Pflichtteilsrecht zu. Allerdings ist zu unterscheiden:

107 – Wird der nähere Abkömmling mit einer Quote als Erbe eingesetzt, die **geringer als der Pflichtteil** ist, verbleibt bei der Ausschlagung der Pflichtteilsrestanspruch gem. § 2305 BGB beim näheren Abkömmling. Auf die entfernteren Pflichtteilsberechtigten geht der Anspruch nur i.H.d. testamentarisch zugedachten Quote (Differenz zwischen vollem Pflichtteil und Pflichtteilsrestanspruch) über.

108 – In den Konstellationen des **§ 2306 BGB** führt die Ausschlagung[228] seit dem 01.01.2010 generell dazu, dass der Ausschlagende den vollen Pflichtteilsanspruch ohne die bis dahin bestehende

225 *V. Lübtow* Probleme des Erbrechts, S. 34.

226 Vgl. BGH, Urt. v. 13.04.2011 – IV ZR 204/09, ZEV 2011, 366, 369; Urt. v. 27.06.2012 – IV ZR 239/10, ZErb 2012, 238, 239. Vgl. weiter *Mugdan* Bd. 5, S. 213 (Motive zu § 1983 BGB-E: *»Demselben Stamme darf nicht zweimal ein Pflichttheil gewährt werden.«*); Soergel/*Dieckmann* § 2309 Rn. 1 und 3; HK-Pflichtteilsrecht/*Heisel* § 2309 Rn. 1 und 26; OLG Celle, Beschl. v. 15.01.1998 – 22 W 115/97, ZEV 1998, 433 mit krit. Anm. *J. Mayer*. Vgl. zu § 2309 BGB weiter *Hammann* in: Krug, Pflichtteilsprozess, S. 247 ff.

227 Zum Umfang des Pflichtteilsrechts der weiter entfernten Pflichtteilsberechtigten bei Zuwendungen an den näheren Abkömmling z.B. durch Vermächtnis oder im Rahmen eines Erbverzichts gegen Abfindung vgl. HK-Pflichtteilsrecht/*Heisel* § 2309 Rn. 26 ff.

228 Die Ausschlagung selbst lässt Pflichtteilsergänzungsansprüche nach § 2325 BGB unberührt. Sie bleiben selbst dann bestehen, wenn die Ausschlagung zum Verlust des ordentlichen Pflichtteils führt, weil kein Fall von § 2306 BGB (belasteter pflichtteilsberechtigter Erbe), von § 2307 BGB (vermächtnisbedachter

Einwendung der fehlenden Ausschlagung geltend machen kann. Das gilt auch dann, wenn ihm der Erblasser weniger als seinen Pflichtteil zugewandt hat (pflichtteilsunterschreitende Erbeinsetzung). Folglich entfällt die Pflichtteilssperre für die entfernteren Pflichtteilsberechtigten nicht.

- Beim **Erbverzicht** (§ 2346 Abs. 1 BGB) eines Abkömmlings oder Seitenverwandten des Erblassers erstreckt sich der Verzicht nach § 2349 BGB auch auf die Abkömmlinge des Verzichtenden, sofern nichts anderes bestimmt wird.[229] Gibt es keine weiteren Erben erster Ordnung (in Bezug auf den Erblasser, nicht in Bezug auf den Verzichtenden), z.B. Geschwister des Verzichtenden, werden die Eltern pflichtteilsberechtigt. Anderenfalls greift § 1930 BGB. Danach ist ein Verwandter nicht zur Erbfolge berufen, solange ein Verwandter einer vorhergehenden Ordnung vorhanden ist. 109
- Hat der Abkömmling gem. § 2346 Abs. 2 BGB nur auf sein **Pflichtteilsrecht** verzichtet und das Erbe ausgeschlagen, steht den entfernteren Abkömmlingen kein Pflichtteilsrecht zu, da sie gem. §§ 1924 Abs. 2, 1930 BGB durch das bloße Vorhandensein des näheren Abkömmlings als gesetzliche Erben ausgeschlossen sind.[230]

Wird ein näherer Abkömmling für **erbunwürdig** erklärt, so gilt gem. § 2344 Abs. 1 BGB ein Anfall der Erbschaft an ihn als nicht erfolgt. Er wird so behandelt, als hätte er den Erbfall nicht erlebt. Mithin steht den entfernteren Abkömmlingen das volle Pflichtteilsrecht zu, sofern sie nicht ersatzberufene Erben sind und sie deshalb Erben werden. 110

Gleiches gilt nach herrschender, allerdings nicht unumstrittenerer Meinung bei **Pflichtteilsunwürdigkeit** gem. § 2345 Abs. 2 BGB (über § 2309 BGB) für die entfernteren Abkömmlinge und die Eltern, soweit der nähere Berechtigte über die Pflichtteilsunwürdigkeit hinaus zusätzlich enterbt wurde.[231] Ansonsten verdrängt der nähere Berechtigte nach wie vor die weiter entfernten Pflichtteilsberechtigten, da die Pflichtteilsunwürdigkeit seine Stellung als gesetzlicher Erbe unberührt lässt.

Die Folgen der **Enterbung** schließlich werden in Literatur und Rechtsprechung unterschiedlich beurteilt. Die Kernfrage lautet, ob die Enterbung zur Folge hat, dass die weiter entfernten Abkömmlinge oder gegebenenfalls die Eltern des Erblassers in das gesetzliche Erbrecht des enterbten näheren Abkömmlings eintreten können. Gerade dies bejaht die herrschende Meinung,[232] auch wenn das 111

Pflichtteilsberechtigter) oder von § 1371 BGB (in Zugewinngemeinschaft verheirateter Ehegatte) vorliegt. Vgl. BGH, Urt. v. 21.03.1973 – IV ZR 157/71, NJW 1973, 995 und im Anschluss daran etwa Burandt/Rojahn/*Horn* § 2309 Rn. 7 und § 2325 Rn. 6.

229 Mit Urt. v. 27.06.2012 hat der BGH über den Fall entschieden, dass eine Tochter (= näherer Abkömmling) auf ihre gesetzlichen Erb- und Pflichtteilsrechte nach ihren Eltern verzichtet hatte, ohne dass sich der Verzicht auf ihre eigene Tochter (= entfernterer Abkömmling) erstreckte, die Verzichtende aber nach dem Ableben der Mutter von dem länger lebenden Vater gleichwohl (wieder) als Alleinerbin eingesetzt wurde. Für diesen Fall hat der BGH entschieden, dass § 2309, 2. Alt. BGB *(»das ihm Hinterlassene annimmt«)* einschränkend auszulegen ist, weil es zu keiner Vervielfältigung der Pflichtteilslast kommen kann, wenn der gewillkürte Erbe und der weiter entfernte Abkömmling dem einzigen Stamm gesetzlicher Erben angehören; vgl. BGH, Urt. v. 27.06.2012 – IV ZR 239/10, ZErb 2012, 238, 239.

230 Str., wie hier Staudinger/*Otte*, Neubearbeitung 2015 § 2309 Rn. 23; Soergel/*Dieckmann* § 2309 Rn. 10; *Baumgärtel* DNotZ 1959, 65. A.A. *Lange/Kuchinke* § 37 IV 2 b Fn. 66, welche in diesem Fall ein Pflichtteilsrecht der entfernteren Abkömmlinge bejahen. S. auch *Lange* ZEV 2015, 69.

231 Vgl. MünchKomm/*Lange* § 2309 Rn. 12; a.A. Staudinger/*Otte* § 2309 Rn. 32.

232 Liegen zusätzliche Voraussetzungen vor, wird die Pflichtteilsberechtigung der entfernteren Abkömmlinge nach h.M. in der Literatur bejaht, so wenn der enterbte nähere Abkömmling pflichtteilsunwürdig (§ 2345 Abs. 2 BGB) ist, ihm der Pflichtteil entzogen wurde (§ 2333 BGB) oder er auf den Pflichtteil verzichtet hat (§ 2346 Abs. 2 BGB), ohne dass der Verzicht sich auf seine Abkömmlinge erstreckt (§ 2349 letzter Halbsatz BGB). Vgl. MünchKomm/*Lange* § 2309 Rn. 12. So auch Soergel/*Dieckmann* § 2309 Rn. 12 und 17 f. unter Hinweis auf den Wertungswiderspruch der Gegenmeinung für den Fall der Pflichtteilsentziehung; anders für den Fall des Pflichtteilsverzichts, vgl. Soergel/*Dieckmann* § 2309 Rn. 17.

BGB expressis verbis nur für die Fälle der Ausschlagung, der Erbunwürdigkeit und des Erbverzichts eine Vorversterbensfiktion enthält.[233]

Für den Fall der zusätzlichen Pflichtteilsentziehung hat der **BGH** sich mit **Urteil vom 13.04.2011**[234] der herrschenden Meinung angeschlossen und entschieden, dass die entfernteren Abkömmlinge in das gesetzliche Erbrecht des enterbten näheren Abkömmlings eintreten, wenn und soweit der nähere Abkömmling den Pflichtteil nicht fordern kann. Dann entfällt für die weiter entfernten Abkömmlinge die Pflichtteilssperre nach § 2309 BGB und ihnen steht ein nicht beschränktes Pflichtteilsrecht zu. In dem von dem BGH entschiedenen Fall war der Pflichtteil des näheren Abkömmlings wirksam nach § 2333 BGB entzogen worden.[235]

ee) Bestimmung der Pflichtteilsquote

112 Die Bestimmung der **Pflichtteilsquote** stellt im Normalfall kein Problem dar. Gem. § 2303 Abs. 1 Satz 2 BGB beträgt sie die Hälfte der gesetzlichen Erbquote. Allerdings ist uneingeschränkt zu beachten, dass zunächst die gesetzliche Erbquote des längerlebenden Ehegatten und erst anschließend die der Abkömmlinge zu bestimmen ist. Es wäre ein Kardinalfehler, umgekehrt zu verfahren und mit den Kindern zu beginnen. In diesem Zusammenhang ist bei in Zugewinngemeinschaft verheirateten Ehegatten § 1371 BGB zu berücksichtigen: Je nachdem, ob dem in Zugewinngemeinschaft verheirateten Ehegatten der »kleine« oder der »große« Pflichtteil zusteht, fallen die Pflichtteilsquoten der Kinder anders aus. Sie sind größer, wenn der längerlebende Elternteil den »kleinen« Pflichtteil erhält (ggfs. zzgl. Zugewinnausgleichsansprüche) und fallen kleiner aus, wenn dem Elternteil der »große« Pflichtteil zusteht.[236]

Die Höhe des zu zahlenden Geldbetrags entspricht der quotalen Beteiligung am Wert der Erbschaft. Der Pflichtteilsberechtigte ist **Nachlassgläubiger** und kann gem. §§ 1994, 2006 Abs. 1 BGB die Erstellung des Inventars und die Abgabe einer eidesstattlichen Versicherung verlangen.

ff) Bezugspunkt: Wert des Nachlasses, § 2311 BGB

113 Der Pflichtteil errechnet sich gem. § 2311 BGB aus dem Netto-Nachlasswert.[237] Er entspricht den Nachlassaktiva nach Abzug sämtlicher Nachlassverbindlichkeiten wie Erblasserschulden und Erbfallschulden – § 1967 Abs. 2 BGB –, also insbesondere Erbschaftsverwaltungsschulden, Voraus gem. § 2311 Abs. 1 Satz 2 BGB[238] und Anspruch des überlebenden Ehegatten auf den Zugewinnausgleich im Zeitpunkt des Erbfalles. Nicht abziehbar sind dem Pflichtteilsanspruch gleich- oder nachrangige Verbindlichkeiten. Hierzu zählen andere Pflichtteilsansprüche, Vermächtnisse, Auflagen, Erbersatzansprüche (vgl. § 327 Abs. 1 Nr. 2 InsO, § 1992 BGB), ferner die konkrete Erb-

---

233 Vgl. u.a. RG, Urt. v. 19.05.1905 – VII 489/04, RGZ 61, 14, 17 f.; Urt. v. 06.06.1918 – VI 114/18, RGZ 93, 193, 194 f.; *Hölscher/Mayer in*: Mayer/Süß/Tanck/Bittler, Handbuch Pflichtteilsrecht, § 2 Rn. 39; Soergel/Stein § 1924 Rn. 34 und § 1938 Rn. 7.

234 Vgl. BGH, Urt. v. 13.04.2011 – IV ZR 204/09, ZEV 2011, 366 mit krit. Anm. *Haas/Hoßfeld*. Vgl. hierzu auch *Schindler*, ZErb 2012, 149, 150; *Lange*, ZEV 2015, 69.

235 Vgl. auch OLG Hamm, Urt. v. 26.10.2017 – 10 U 31/17, ZEV 2018, 2011 (Wegfall der Pflichtteilssperre für Enkelsohn des Erblassers, dessen Vater [= Sohn des Erblassers] enterbt war und in dessen Person Pflichtteilsentziehungsgründe bestanden). Der Gegenmeinung zu Folge soll die Zugangssperre nur entfallen, wenn abgesehen von der Enterbung einer der drei Fälle Ausschlagung, Erbverzicht oder Erbunwürdigkeit vorliegt. Zur Begründung wird darauf verwiesen, dass das BGB nur für diese Fälle eine Vorversterbensfiktion geregelt habe, nicht aber auch für den Fall der Enterbung. Vgl. HK-Pflichtteilsrecht/*Heisel* § 2309 Rn. 13 mit der Begründung, dass der Pflichtteilsverzicht und die Pflichtteilsentziehung die fiktive gesetzliche Erbfolge unberührt lassen. S. auch Staudinger/*Otte*, Neubearbeitung 2015 § 2309 Rn. 24; *Bestelmeyer*, FamRZ 1997, 1124, 1130.

236 Hierzu ausführlich Syst. A Rdn. 139 ff.

237 Vgl. zur Wertermittlung im Pflichtteilsrecht *Horn* ZEV 2018, 627; *Riedel* ErbR 2018, 362.

238 OLG Naumburg, Urt. v. 05.11.1999 – 6 U 51/99, FamRZ 2001, 1406.

schaftsteuerschuld, die Teilungskosten, Kosten der Testamentseröffnung und grundsätzlich Kosten der Testamentsvollstreckung.[239]

Ebenfalls zu vernachlässigen ist der von dem als Vorerbe eingesetzten Ehegatten beim Tod des anderen Ehegatten nicht geltend gemachte Pflichtteil. Er ist dem Nachlass des eingesetzten Ehegatten nicht hinzuzurechnen.[240]

Eine latente Ertragsteuerlast nach § 16 EStG ist nach wohl herrschender Mehrheit in Literatur und 114
Rechtsprechung zwar nicht unmittelbar als Passivposition zu berücksichtigen. Sie kann allerdings mit dem gleichen Effekt wertmindernd im Rahmen der Unternehmensbewertung zu berücksichtigen sein.[241] Der BGH hat hierzu bereits im Jahr 1972 ausgeführt:

> *»Als unstreitig wird es bezeichnet, daß die Ertragssteuer bei einer Bewertung eines Unternehmens zum Zwecke der Liquidation zu berücksichtigen ist (...). Entsprechendes muß dann gelten, wenn das Unternehmen nach einem Erbfall von den Erben nicht fortgesetzt werden soll, sei es, weil der Erblasser die Auflösung oder Veräußerung angeordnet hat, sei es, weil mehrere Erben vorhanden sind und eine Auseinandersetzung der Erbengemeinschaft durch Verkauf des Unternehmens nach den §§ 2042, 753 BGB wünschen, sei es, weil der Erbe aus Gründen mangelnder Rentabilität des Unternehmens, aus Gründen mangelnder persönlicher Eignung zur Führung des Unternehmens oder aus sonstigen Gründen sich im Anschluß an den Erbfall zur Veräußerung oder Aufgabe des Betriebes entschließt. Stehen aus diesen Gründen Veräußerung oder Aufgabe des Geschäftsbetriebs in engem Zusammenhang mit dem Erbfall, dann kann nicht außer Acht gelassen werden, daß dem Unternehmen eine durch das Vorhandensein stiller Reserven und der dadurch latent gegebenen Steuerlast bedingte Wertminderung bereits zur Zeit des Erbfalls anhaftete, weil die Verwertung des Vermögens durch den Erben insoweit nicht ohne ein Fälligwerden der Steuer möglich ist.«*[242]

Eine eindeutig klärende höchstrichterliche Entscheidung gibt es allerdings nicht.

▶ **Beispiel:**

Erblasser E war alleiniger Kommanditist einer GmbH & Co.KG sowie geschäftsführender Alleingesellschafter der dazugehörigen Verwaltungs-GmbH. In die Personengesellschaft hatte E eine gewerblich vermietete Immobilie eingebracht. Laut Sachverständigengutachten beträgt der Ertragswert der Immobilie nach dem Ableben von E 1,8 Mio. €. Der Buchwert liegt bei 10.000 €. Macht die enterbte Tochter Pflichtteilsansprüche gegen ihren als Alleinerben eingesetzten Bruder geltend, wirkt sich die latente Einkommensteuerlast anspruchsmindernd aus. Die Ansprüche belaufen sich nicht auf 450.000 € (1/4 × 1.800.000 €), sondern – unter Berücksichtigung von Einkommensteuer, Soli und Kirchensteuer – auf 221.439,50 € (1/4 × [1.800.000 € – 914.242 €[243]]).

---

239 MünchKomm/*Lange* § 2311 Rn. 13 ff.; Palandt/*Weidlich* § 2311 Rn. 4 f. Die Kosten der Testamentsvollstreckung sind nur zu berücksichtigen, wenn die Testamentsvollstreckung auch für den Pflichtteilsberechtigten vorteilhaft war, vgl. BGH, Urt. v. 03.12.2008 – IV ZR 58/07, FamRZ 2009, 418.

240 BGH, Urt. v. 26.09.2001 – IV ZR 198/00, NJW 2002, 672.

241 BGH, Urt. v. 26.04.1972 – IV ZR 114/70, NJW 1972, 1269 (für Handelsunternehmen). Im Anschluss daran BGH, Urt. v. 22.10.1986 – IVa ZR 143/85, NJW 1987, 1260 (landwirtschaftlicher Betrieb). Vgl. weiter OLG München, Urt. v. 14.01.2003 – 23 U 1830/02, NJW-RR 2003, 1518, 1519; MünchKomm/*Lange* § 2311 Rn. 18, 32 (zu mit latenter Einkommensteuerlast belasteten Grundstücken) und 41 m.w.N.; *Gratz*, DB 1987, 2421; *Lorz* ZErb 2003, 302; *Winkler* ZEV 2005, 89; *Daragan* ZErb 2015, 329; *Krause/Opris* ZEV 2019, 190.
Vgl. für den Bereich des Zugewinnausgleichs BGH, Urt. v. 07.05.1986 – IVb ZR 42/85, FamRZ 1986, 776 (landwirtschaftlicher Betrieb); Urt. v. 24.10.1990 – XII ZR 101/89, NJW 1991, 1547 (Arztpraxis); Urt. v. 02.02.2011 – XII ZR 185/08, NJW 2011, 2572 (Steuerberater) und Urt. v. 09.02.2011 – XII ZR 40/09, NJW 2011, 999 (Zahnarztpraxis) sowie hierzu *Piltz*, NJW 2012, 1111.

242 BGH, Urt. v. 26.04.1972 – IV ZR 114/70, NJW 1972, 1269, 1270.

243 Basis: 45 % Einkommensteuer aus 1.790.000 € zuzüglich jeweils hieraus 5,5 % Soli und 8 % Kirchensteuer; keine gesonderte Gewerbeertragsteuer.

115 Maßgebend ist der **gemeine Wert** (Ausnahme: Ertragswert gem. § 2312 BGB). Wertbestimmungen des Erblassers sind unerheblich (§ 2311 Abs. 2 BGB, Ausnahme: Ertragswertanordnung gem. § 2312 BGB), können aber im Hinblick auf Teilungsanordnung oder (Voraus-)Vermächtnis relevant sein.[244]

Unter *»gemeinem Wert«* ist grundsätzlich der **Verkehrswert** (Verkaufswert) zu verstehen.[245] Aber dieser ist häufig sehr schwer zu ermitteln. Das BGB bestimmt keine Wertermittlungs- oder Wertfeststellungsmethoden. So obliegt letztlich die Entscheidung über den Nachlasswert häufig den Gerichten, denen im Bereich der notwendigen Schätzungen ein Beurteilungsspielraum zusteht.[246]

Bei der Schätzung des **Grundstückswertes** ist die ImmoWertV zu beachten.[247] Wird das Grundstück *»alsbald nach dem Erbfall«* veräußert, ist allerdings der Verkaufserlös maßgebend,[248] wobei auch ein 5 Jahre nach dem Erbfall erzielter Verkaufspreis maßgeblich sein kann, wenn die Verhältnisse im Wesentlichen gleich geblieben sind.[249]

116 **GmbH-Anteile** haben den Wert, den ein Dritter unter üblichen Bedingungen als Kaufpreis zahlen würde.[250] Grundsätzlich ist also nicht der Buchwert, sondern eine Kombination aus Substanz- und Ertragswert heranzuziehen.[251] Der Liquidationswert ist i.d.R. die unterste Grenze der Bewertung.[252]

117 Bei **Personengesellschaftsbeteiligungen** ist ebenfalls nicht der Buchwert maßgebend, sondern grundsätzlich der volle Wert unter Berücksichtigung der offenen und stillen Reserven.[253] Enthält der Gesellschaftsvertrag allerdings eine Klausel, die im Falle der Veräußerung oder Kündigung des Gesellschaftsanteils zu einer geringeren Abfindung führt, sind die pflichtteilsrechtlichen Folgen offen. Rechtsprechung des BGH liegt lediglich für den Zugewinnausgleich vor.[254] Danach soll die gesellschaftsvertraglich vorgesehene geringere Abfindung grundsätzlich nur dann maßgeblich sein, wenn das Ausscheiden zum Todestag des Erblassers bereits erfolgt oder eingeleitet ist. Führt der Erbe die Gesellschaft allerdings fort, verbleibt es grundsätzlich bei dem vollen (Verkehrs-)Wert der Beteiligung. Soweit der Erbe als nachrückender Gesellschafter – wie bei einer Personengesellschaft regelmäßig – den Gesellschaftsanteil nicht frei veräußern kann oder soweit im Fall der Kündigung eine Abfindungsklausel greift, wonach der ausscheidende Gesellschafter eine Abfindung unterhalb des Verkehrswerts erhält, erfolgt der Rechtsprechung des BGH zufolge nach § 242 BGB, d.h. im Rahmen einer **Einzelfallprüfung**, ein Bewertungsabschlag: Wirkt sich die eingeschränkte Verwertbarkeit der Verkehrsanschauung nach wertmindernd aus, ist maßgeblich, was ein außenstehender Dritter für den eingeschränkt verwertbaren Anteil zahlen würde.[255] In der Literatur werden aller-

---

244 Soergel/*Dieckmann* § 2311 Rn. 4.

245 BGH, Urt. v. 30.09.1954 – IV ZR 43/54, BGHZ 14, 368, 376; OLG Düsseldorf, Urt. v. 27.05.1994 – 7 U 136/93, ZEV 1994, 361.

246 *J. Mayer* ZEV 1994, 331; *Kerscher/Tanck* S. 76 ff.

247 Am 01.07.2010 trat die Immobilienwertermittlungsverordnung (ImmoWertV) vom 19.05.2010 (BGBl. I S. 639) in Kraft. Sie löste die bis dahin geltende Wertermittlungsverordnung vom 06.12.1988 (BGBl. I S. 2209) ab. Vgl. MünchKomm/*Lange* § 2311 Rn. 34 Fn. 126.

248 *Kerscher/Tanck* S. 77.

249 BGH, Urt. v. 14.10.1992 - IV ZR 211/91, NJW-RR 1993, 131.

250 *Ebeling* GmbHR 1976, 153; allg. für die AG: BayObLG, Beschl. v. 11.12.1995 – 3Z BR 36/91, NJW-RR 1996, 1125. Vgl. zur Pflichtteilsminimierung durch Gesellschaftsrecht *Hölscher* ErbR 2016, 422 und ErbR 2016, 478.

251 Vgl. hierzu BGH, Urt. v. 17.01.1973 – IV ZR 142/70, NJW 1973, 509; *Zehner* DB 1981, 2109; *Reimann* DNotZ 1992, 473; *ders.* ZEV 1994, 7.

252 BGH, Urt. v. 01.07.1982 – IX ZR 34/81, NJW 1982, 2441; Urt. v. 17.03.1982 – IVa ZR 27/81, NJW 1982, 2497; Urt. v. 07.05.1986 – IVb ZR 42/85, FamRZ 1986, 776, 779.

253 MünchKomm/*Lange* § 2311 Rn. 47; Staudinger/*Herzog* § 2311 Rn. 135.

254 Vgl. BGH, Urt. v. 25.11.1998 – XII ZR 84/97, NJW 1999, 784, 785; *Winkler* ZEV 2005, 89, 92 f.

255 Vgl. BGH, Urt. v. 10.10.1979 – IV ZR 79/78, NJW 1980, 229, 231. Vgl. zur Höhe des Abschlags *Bratke* ZEV 2000, 18.

dings die unterschiedlichsten Lösungsansätze vertreten.[256] Im Ergebnis gehört die Berechnung des Anteilswertes, gleich ob bei GmbH oder oHG/KG, zu den unsichersten Bereichen im Erbrecht.[257]

gg) Auskunft und Wertermittlung, § 2314 BGB

Der Pflichtteilsberechtigte hat gem. § 2314 Abs. 1 Satz 1 BGB einen eigenen, von dem Anspruch auf **118** den ordentlichen Pflichtteil nach § 2303 BGB unabhängigen Auskunftsanspruch gegen den Erben und gegen mehrere Erben als Gesamtschuldner.[258] Dieser Anspruch erfasst auch alle Angaben über den sog. fiktiven Nachlassbestand, d.h. über anrechnungs- und ausgleichungspflichtige Zuwendungen nach §§ 2315, 2316 BGB sowie über ergänzungspflichtige Schenkungen gem. § 2325 BGB.[259] Der Erbe ist allerdings nicht zur Vorlage von Belegen verpflichtet, etwa von Kontoauszügen.[260] Da im Rahmen eines notariellen Nachlassverzeichnisses der das Verzeichnis aufnehmende Notar allerdings aufgrund seiner eigenen und originären Prüfungspflicht die relevanten Belege anfordern und sichten muss,[261] und der Pflichtteilsberechtigte ein Hinzuziehungsrecht hat,[262] kann er über den Wechsel vom privatschriftlichen zum notariellen Nachlassverzeichnis faktisch eine Belegvorlage bewirken.[263] Hiervon unabhängig ist der Pflichtteilsberechtigte berechtigt, die Nachlassakte ein-

---

256 Nachweise bei Staudinger/*Herzog*, Neubearbeitung 2015 § 2311 Rn. 138; Palandt/*Weidlich* § 2311 Rn. 11. S. zum Problem der Pflichtteilsminimierung durch Gesellschaftsrecht *Hölscher* ErbR 2016, 422 und ErbR 2016, 478.

257 Vgl. MünchKomm/*Lange* § 2311 Rn. 51.

258 Vgl. OLG München, Beschl. v. 10.10.2018 – 34 Wx 293/18, NJW-RR 2018, 1353 (dort aufgrund der Umstände des Einzelfalls – 28 Jahre nach Erbfall – verneint). Vgl. allgemein zur Entwicklung der pflichtteilsrechtlichen Auskunftsansprüche *Sarres* ZEV 2016, 306.

259 Vgl. zur Nachforschungspflicht des Erben bei etwaigen pflichtteilsergänzungsrelevanten Schenkungen des Erblassers OLG Stuttgart, Beschl. v. 26.01.2016 – 19 W 78/15, ZEV 2016, 330: Besteht der Verdacht, dass ein Erblasser im maßgeblichen 10Jahres-Zeitraum Zuwendungen von seinem Bankkonto oder seinem Depot schenkungsweise an Dritte erbracht hat, ist der Erbe verpflichtet, von seinem Auskunftsrecht gegenüber der Bank Gebrauch zu machen, um eventuelle Zahlungsempfänger zu ermitteln. Hierzu gehört insbesondere die Einsichtnahme in die vollständigen Kontoauszüge, Sparbücher oder vergleichbare Bankunterlagen und die Zusammenstellung der einen bestimmten Betrag übersteigenden Verfügungen über die ermittelten Konten, soweit diesen Schenkungen oder sonstige Zuwendungen zugrundeliegen könnten. Dem OLG zu Folge soll eine Aufwandsentschädigung zugunsten der die Unterlagen zusammenstellenden Bank in Höhe von bis zu 1.500,00 € nicht unverhältnismäßig sein.

260 Vgl. OLG Düsseldorf, Urt. v. 06.07.2018 – 7 U 9/17, ZEV 2019, 90. A.A. Burandt/Rojahn/*Horn* § 2314 Rn. 38, der sich für einen allgemeinen Belegvorlageanspruch ausspricht, sowie *Krauß* Rn. 3567, der aus § 242 BGB ein Recht zur Vorlage von Kontoauszügen ableitet.

261 Zu den Anforderungen an den das Verzeichnis erstellenden Notar, vgl. BVerfG, Beschl. v. 25.04.2016 – 1 BvR 2423/14, NJW 2016, 2943: *»(…) ist es erforderlich, dass es von der Amtsperson selbst erstellt wird und diese nicht lediglich die Erläuterungen des Erben protokolliert und beurkundet. Der Notar ist dabei regelmäßig auch zur selbstständigen Ermittlung der aufzunehmenden Gegenstände und Forderungen berechtigt und verpflichtet, er muss zudem durch eine Bestätigung des Bestandsverzeichnisses als von ihm aufgenommen zum Ausdruck bringen, für den Inhalt verantwortlich zu sein.«* Hierzu gehört insbesondere *»Einsicht in die vollständigen Kontoauszüge und sonstigen Bankunterlagen für den Zehn-Jahres-Zeitraum zu nehmen oder eine Vollmacht des Auskunftsverpflichteten zur entsprechenden Anfrage bei der Bank einzuholen.«* Im Anschluss hieran BGH, Beschl. v. 13.09.2018 – I ZB 109/17, NJW 2019, 231 (zur Frage der Anwesenheitspflicht des Erben bei der Aufnahme des notariellen Nachlassverzeichnisses). Vgl. weiter zu den Anforderungen an ein notarielles Nachlassverzeichnis OLG Koblenz, Beschl. v. 30.04.2018 – 1 W 65/18, ZEV 2018, 431; OLG Dresden, Beschl. v. 27.07.2016 – 17 W 666/16, ErbR 2018, 165; OLG Bamberg, Beschl. v. 16.06.2016 – 4 W 42/16, RNotZ 2016, 530 und OLG Zweibrücken, Beschl. v. 07.09.2015 – 3 W 89/15, ErbR 2016, 168.

262 Vgl. Burandt/Rojahn/*Horn* § 2314 Rn. 62 ff. im Anschluss an KG, Urt. v. 18.12.1995 – 12 U 4352/94, NJW 1996, 2312 (2313). Vgl. zum Hinzuziehungsrecht weiter *Kind* ZErb 2018, 139.

263 Vgl. OLG Düsseldorf, Urt. v. 06.07.2018 – 7 U 9/17, ZEV 2019, 90.

schließlich des von dem Erben ausgefüllten Wertermittlungsbogens einzusehen.[264] Das Auskunftsrecht begründet zugleich ein berechtigtes Interesse im Sinn von § 12 Abs. 1 GBO zur Einsichtnahme in das Grundbuch.

Der Pflichtteilsberechtigte hat die Wahl zwischen einem privatschriftlichen und/oder einem notariellen Nachlassverzeichnis. Er kann auch erst ein privatschriftliches und dann ein notarielles Verzeichnis verlangen.[265] Die Kosten für die Erstellung des Nachlassverzeichnisses und die Ermittlung des Nachlasswertes sind Nachlassverbindlichkeiten, die der Erbe zu tragen hat.[266] Allerdings besteht grundsätzlich kein Anspruch auf Berichtigung oder Vervollständigung eines Nachlassverzeichnisses. Vielmehr ist der Auskunftsberechtigte auf den Weg der eidesstattlichen Versicherung angewiesen.[267]

Der Pflichtteilsberechtigte hat weiterhin Anspruch auf Wertermittlung (§ 2314 Abs. 1 Satz 2 BGB),[268] die auf Kosten des Nachlasses (§ 2314 Abs. 2 BGB) durchzuführen ist, gegebenenfalls durch einen Sachverständigen.[269] Ist allerdings kein ausreichender Aktivnachlass vorhanden, aus dem Kosten insbesondere für die Erstellung eines notariellen Nachlassverzeichnisses entnommen werden können, kann der Erbe die Vorlage entsprechend § 1990 Abs. 1 Satz 1 BGB verweigern, wenn der Pflichtteilsberechtigte nicht umgekehrt bereit ist, die Kosten für das Verzeichnis zu tragen und im Voraus direkt an den Notar zu entrichten.[270]

119 Die mit Erbfall als Pflichtteilsanspruch entstandene Geldforderung ist grundsätzlich nach § 2317 Abs. 1 BGB sofort fällig. Eine Ausnahme macht § 2331a BGB unter ganz besonderen, sehr engen Voraussetzungen. Eine Verzinsungspflicht beginnt erst mit Verzug oder Rechtshängigkeit. Erforderlich, aber auch ausreichend ist eine unbezifferte, aber einem zulässigen Antrag nach § 254 ZPO entsprechende außerprozessuale Mahnung. Sie setzt den Erben, grundsätzlich ohne dass er sich auf einen Rechtsirrtum berufen kann, wirksam in Verzug, soweit er die Verzögerung zu vertreten hat.[271]

Eine *»Ausschlagung«* des Pflichtteils ist nicht möglich. Zulässig sind jedoch (formlose) Vereinbarungen zwischen den Erben und dem Pflichtteilsberechtigten über die Höhe, eine Stundung sowie den teilweisen oder ganzen Erlass.[272]

120 Durch die Neufassung von § 2332 BGB durch das Gesetz zur Änderung des Erb- und Verjährungsrechts (ErbRÄndG) vom 24.09.2009[273] richtet sich die Verjährung grundsätzlich nicht mehr nach § 2332 BGB, sondern nach §§ 195, 199 BGB. Die Verjährungsfrist beträgt 3 Jahre.[274] Sie beginnt

---

264 Vgl. OLG Hamm, Beschl. v. 26.08.2016 – I-15 W 73/16, FGPrax 2017, 37.

265 Zuletzt bestätigt durch BGH, Urt. v. 31.10.2018 – IV ZR 313/17, NJW 2019, 234. Der Leitsatz lautet: *»Der im Rahmen einer Stufenklage von dem Pflichtteilsberechtigten geltend gemachte Anspruch auf Auskunft durch Vorlage eines privatschriftlichen Verzeichnisses hemmt grundsätzlich auch die Verjährung des Anspruchs auf Auskunft durch Vorlage eines notariellen Nachlassverzeichnisses.«*

266 Vgl. OLG Köln, Beschl. v. 16.04.2018 – 17 W 39/18, ZEV 2018, 412. Ob hierzu auch die Rechtsanwaltskosten für die Erstellung eines Nachlassverzeichnisses zählen, ist umstritten, vgl. OLG Oldenburg, Urt. v. 31.01.2018 – 3 U 43/17, ZEV 2018, 723 (verneint).

267 Vgl. OLG Hamburg, Urt. v. 28.09.2016 – 2 U 29/15, MittBayNot 2018, 357.

268 Zur Abgrenzung zwischen Auskunftsanspruch einerseits und eigenständigem Wertermittlungsanspruch andererseits vgl. *Horn* ZEV 2018, 627; *Krauß* Rn. 3576.

269 MünchKomm/*Lange* § 2314 Rn. 50 f.

270 Vgl. OLG München, Urt. v. 01.06.2017 – 23 U 3956/16, ZEV 2017, 460.

271 Vgl. zur Inverzugsetzung des Erben: BGH, Beschl. v. 03.12.2008 – IV ZR 58/07, ZEV 2009, 77 im Anschluss an BGH v. 06.04.1981 – IVa ZR 170/80, NJW 1981, 1729 (= BGHZ 80, 269). Allg. *Oechsler* AcP 200, 603, 612 ff.; *Klingelhöffer* ZEV 1998, 121.

272 Palandt/*Weidlich* § 2317 Rn. 2; MünchKomm/*Lange* § 2317 Rn. 8.

273 BGBl. I, S. 3142. Vgl. hierzu etwa *Schindler* ZEV 2017, 7; *Wiederhold* ZErb 2015, 299.

274 Bis zum 31.12.2009 galt nach § 197 Abs. 1 Nr. 2 a.F. für erbrechtliche Ansprüche eine 30jährige Verjährungsfrist, z.B. für Vermächtnisansprüche. Dies stand im Widerspruch zu dem durch das Gesetz zur Modernisierung des Schuldrechts vom 16.11.2001, BGBl. I, S. 3138, eingeleiteten Paradigmenwechsel hin zu einer einheitlichen, dreijährigen Verjährung, Palandt/*Weidlich* § 2317 Rn. 11 ff.

mit Ende des Jahres, in dem (1.) der Anspruch entstanden ist, (2.) der Pflichtteilsberechtigte Kenntnis vom Eintritt des Erbfalls sowie (3.) Kenntnis von der ihn beeinträchtigenden Verfügung von Todes erlangt hat oder ohne grobe Fahrlässigkeit hätte Kenntnis erlangen müssen.[275] Bei Pflichtteilsergänzungsansprüchen ist für den Fristbeginn (4.) zusätzlich Kenntnis von der oder den Schenkungen erforderlich. Dies kann bei mehreren jeweils Pflichtteilsergänzungsansprüche auslösenden Schenkungen zu einer unterschiedlichen Verjährung führen.[276]

hh) Tragung der Pflichtteilslast, §§ 2318 ff. BGB

Der Pflichtteilsanspruch wird nach außen grundsätzlich von den Erben geschuldet. Jedoch ist für 121
die Tragung der Pflichtteilslast im Innenverhältnis die §§ 2318 bis 2323 BGB zu berücksichtigen:[277]

- anteilsmäßige Verlagerung auf Vermächtnisnehmer oder Auflagebegünstigte (§ 2318 BGB),[278]
- Leistungsverweigerungsrecht des selbst pflichtteilsberechtigten Erben, sodass ihm der eigene Pflichtteil verbleibt (§ 2319 BGB),
- Tragung der Pflichtteilslast durch den an die Stelle des Pflichtteilsberechtigten tretenden gesetzlichen und im Zweifel gewillkürten Erben (§ 2320 BGB),
- bei Ausschlagung eines Vermächtnisses durch den Pflichtteilsberechtigten Verlagerung der Pflichtteilslast auf den durch die Ausschlagung Begünstigten i.H.d. erlangten Vorteils (§ 2321 BGB),
- Kürzungsrecht des Nachrückenden bei Ausschlagung der mit Vermächtnis oder Auflage beschwerten Erbschaft oder des Vermächtnisses durch den Pflichtteilsberechtigten (§ 2322 BGB).

Zu beachten ist in diesem Zusammenhang der in der Praxis immer wieder übersehene § 2324 122
BGB, wonach die gesetzlichen Regeln der §§ 2318 Abs. 1, 2320 bis 2323 BGB (nicht jedoch die der §§ 2318 Abs. 2, 3, 2319 BGB!) durch Verfügung von Todes wegen abdingbar sind.[279] Im Wege der Auslegung des Testaments nach den allgemeinen Regeln kann sich zwar ebenfalls eine abweichende Anordnung ergeben.[280] Aber der Kautelarjurist sollte Interpretationsunwägbarkeiten tunlichst von vorneherein durch eine klare Bestimmung über die Tragung der Pflichtteilslast ausschließen. Das gilt bereits dann, wenn die konkreten Anordnungen gemessen an den gesetzlichen Auslegungsregeln deklaratorisch sein sollten und – evident – noch viel mehr, wenn man davon abweichen will.

▶ Muster: Ausschluss des Vermächtniskürzungsrechts 123

Das Vermächtniskürzungsrecht (§ 2318 BGB) des Erben wird ausgeschlossen. Der Erbe hat demzufolge eine eventuelle Pflichtteilslast alleine zu tragen.

b) Annahme des Zugewandten, Ausschlagung und Pflichtteil

Obwohl gesetzlich klar geregelt, bestehen in der Praxis bisweilen falsche Rechtsansichten über das 124
Verhältnis zwischen Ausschlagung und Pflichtteilsverlangen. Es müssen hier folgende Fallgestaltungen unterschieden werden:[281]

275 Vgl. Palandt/*Weidlich* § 2317 Rn. 12.

276 Vgl. Palandt/*Weidlich* § 2325 Rn. 6.

277 Vgl. *Schmidt* ZEV 2016, 612.

278 Hierzu *Schlitt* ZEV 1998, 216 ff. § 2318 schützt jedoch nicht den Pflichtteilsberechtigten gegen Vermächtnisse, die in seinen Pflichtteil eingreifen. Hier hilft nur die sog. taktische Ausschlagung nach § 2306 Abs. 1, vgl. *Tanck* ZEV 1998, 132 zu § 2306 Abs. 1 Satz 1 a.F.; *Hammann* in: Krug, Pflichtteilsprozess § 5 Rn. 14, 64 m.w.N.

279 H.M., BGH, Urteil v. 08.01.1981 – IVa ZR 74/80, WM 1981, 335; Soergel/*Dieckmann* § 2324 Rn. 1.

280 BGH WP 1981, 337; MünchKomm/*Lange* § 2324 Rn. 3.

281 Vgl. zum Folgenden ausführlich *Hammann* in: Krug, Pflichtteilsprozess, S. 239 bis 357.

aa) Pflichtteilsunterschreitende Erbeinsetzung

125 Der Erblasser setzt den Pflichtteilsberechtigten zwar zum Erben ein, jedoch nur mit einem Bruchteil, der den Pflichtteil nicht erreicht (pflichtteilsunterschreitende Erbeinsetzung).

▶ **Beispiel:**

Der Erblasser setzt seine Ehefrau, mit der er in Gütertrennung lebt, und seinen Sohn zu je 1/8, die Tochter jedoch zu 6/8 als Erben ein.

126 Hier gewährt das Gesetz den zurückgesetzten Miterben einen schuldrechtlichen Anspruch auf Zahlung des Wertes, der zum Pflichtteilsbruchteil fehlt (§ 2305 BGB). Dieser sog. **Pflichtteilsrestanspruch** oder **Zusatzpflichtteil** geht nur auf den Wert des Unterschiedes. Er beträgt also im vorgenannten Beispiel die Differenz von 1/8 (gewillkürte Erbquote) zu 1/6 (Pflichtteilsquote). Schlägt aber der unzureichend bedachte Pflichtteilsberechtigte den ihm zugewandten Erbteil aus, so bewirkt dies, dass er sein Erbrecht verliert und ihm ausschließlich der Zusatzpflichtteil verbleibt,[282] hier also der Unterschied von 1/6 zu 1/8. Diese Rechtsfolge wird allzu häufig nicht bedacht. Sie tritt nur dann nicht ein, wenn durch die Ausschlagung die gesetzliche Erbfolge eröffnet wird und der Ausschlagende diese Berufung (hier 1/3, vgl. § 1931 Abs. 4) annimmt (§ 1948 BGB). Erblasser E wird im Zweifel allerdings nicht gewollt haben, dass seine Ehefrau und sein Sohn das ihnen zugedachte Weniger, d.h. den gewillkürten 1/8-Erbteil, ausschlagen können, um anschließend, also gerade unter Nichtbeachtung des testamentarischen Willens von E je zu 1/3 Miterben zu werden. Auch wenn im konkreten Beispiel § 1948 BGB aufgrund der erschöpfenden testamentarischen Anordnungen ausgeschlossen ist und der freiwerdende Erbteil über § 2084 BGB dem oder den nicht ausschlagenden Erben anwächst, zeigt die Praxis, dass es in derartigen Konstellationen immer wieder zu Verständnis- und Auslegungsschwierigkeiten kommt. Es empfiehlt sich deshalb, jedenfalls dann in das Testament eine klarstellende Anordnung aufzunehmen, wenn mit einer Ausschlagung zu rechnen ist.

127 Schlägt der unzureichend bedachte Pflichtteilsberechtigte aus *»Versehen«* aus, um den vollen Pflichtteil zu erhalten, könnte man meinen, dass er seine Ausschlagungserklärung gem. § 119 Abs. 1 BGB anfechten kann. Erfolgreich wäre eine Anfechtung, wenn ein Inhaltsirrtum in Form eines beachtlichen Rechtsirrtums vorliegen würde. Voraussetzung hierfür ist nach ständiger Rechtsprechung allerdings, dass das vorgenommene Rechtsgeschäft **wesentlich andere Rechtswirkungen** zur Folge hat, als beabsichtigt.[283] Umgekehrt stellt der nicht erkannte Eintritt von zusätzlichen oder mittelbaren Rechtsfolgen lediglich einen unbeachtlichen Motivirrtum dar,[284] der anders als im Bereich von § 2078 Abs. 2 BGB nicht zur Anfechtung berechtigt.[285]

Zur Anfechtung der Annahme der Erbschaft hat der BGH bereits in einer zu § 2306 Abs. 1 Satz 2 BGB a.F. ergangenen Entscheidung entgegen der gefestigten, restriktiven Rechtsprechung des BayObLG[286] festgestellt, dass die Annahme einer Erbschaft nicht nur im Wesentlichen darauf

282 BGH, Urt. v. 21.03.1973 – IV ZR 157/71, NJW 1973, 995.

283 Vgl. BGH, Beschl. v. 05.07.2006 – IV ZB 39/05, ZErb 2006, 378; BGH, Urt. v. 29.06.2016 – IV ZR 387/15, NJW 2016, 2954; Palandt/*Ellenberger* § 119 Rn. 15 f. m.w.N.

284 Vgl. für die Anfechtung der Annahme BGH, Beschl. v. 29.11.1996 – BLw 16/96, BGHZ 134, 152, 156 m.w.N.; OLG München, Beschl. v. 02.12.2010 – 31 Wx 067/10, ZErb 2011, 45.

285 Vgl. OLG München, Beschl. v. 02.12.2010 – 31 Wx 067/10, ZErb 2011, 45: Nimmt ein als Nacherbe eingesetzter Pflichtteilsberechtigter die (Nach-)Erbschaft zu einem Zeitpunkt an, zu dem seine Pflichtteilsansprüche verjährt sind, kann er die Annahme nicht mit dem Ziel anfechten, statt seiner (verjährten) Pflichtteilsansprüche die im konkreten Fall wiederum mit Nacherbschaft belastete Erbschaft zu retten. Denn der *»nicht erkannte Eintritt zusätzlicher oder mittelbarer Rechtswirkungen, die zu den gewollten und eingetretenen Rechtsfolgen hinzutreten, (ist) kein Irrtum über den Inhalt der Erklärung mehr, sondern unbeachtlicher Motivirrtum«*.

286 Vgl. BayObLG, Beschl. v. 16.03.1995 – 1 Z BR 82/94, NJW-RR 1995, 904 sowie Beschl. v. 28.04.1998 – 1Z BR 26/98, ZEV 1998 431, wonach der Verlust des Wahlrechts bei ausdrücklicher Annahme der Erb-

beschränkt sei, die Erbenstellung einnehmen zu wollen.[287] Vielmehr gehöre zu den wesentlichen Rechtswirkungen der Annahme ebenso der Verlust des Wahlrechts nach § 2306 Abs. 1 Satz 2 BGB a.F. und damit auch des Rechts, den Pflichtteil geltend machen zu können.[288] Diese Entscheidung hat der BGH im Jahr 2016 zu § 2306 BGB (n.F.) bestätigt.[289]

bb) Pflichtteilsgleiche Erbeinsetzung

▶ **Beispiel:**

Der Erblasser setzt seine Ehefrau (Gütertrennung) und den Sohn zu je 1/6 sowie die Tochter zu 2/3 als Miterben ein. 128

In diesem Fall steht der Ehefrau und dem Sohn überhaupt kein Pflichtteilsanspruch zu. Sie haben einen Erbteil erhalten, der ihrem Pflichtteilsbruchteil entspricht. Schlagen sie die Erbschaft aus, so kann ihnen, weil schon vorher ein Pflichtteilsanspruch nicht bestand, auch durch die Ausschlagung kein Pflichtteilsanspruch erwachsen.[290] Unabhängig von der Ausschlagung haben sie auch kein Anspruch auf einen Zusatzpflichtteil, da die zugewendeten Erbteile gerade den Pflichtteilswerten entsprechen und nicht i.S.v. § 2305 BGB geringer als diese sind. Anders kann sich die Rechtslage beim gesetzlichen Güterstand darstellen und zwar wegen der Möglichkeit des kleinen Pflichtteils und des Ausgleichs des Zugewinns (s. nachfolgend).

cc) Erbeinsetzungen unter Beschränkungen oder Beschwerungen, § 2306 BGB

Setzt der Erblasser den Pflichtteilsberechtigten zwar zum Erben ein, belastet ihn jedoch mit 129
Beschränkungen und Beschwerungen (bspw. Einsetzung eines Nacherben, Ernennung eines Testamentsvollstreckers oder Teilungsanordnung, Vermächtnisse oder Auflagen), greift § 2306 BGB.[291]

(1) Entwicklung von § 2306 BGB

§ 2306 BGB wurde durch das Gesetz zur Änderung des Erb- und Verjährungsrechts (ErbRÄndG) 130
vom 24.09.2009[292] neu gefasst und lautet seit dem 01.01.2010:

§ 2306 BGB

1) Ist ein als Erbe berufener Pflichtteilsberechtigter durch die Einsetzung eines Nacherben, die Ernennung eines Testamentsvollstreckers oder eine Teilungsanordnung beschränkt oder ist er mit einem Vermächtnis oder einer Auflage beschwert, so kann er den Pflichtteil verlangen, wenn er den Erbteil ausschlägt; die Ausschlagungsfrist beginnt erst, wenn der Pflichtteilsberechtigte von der Beschränkung oder der Beschwerung Kenntnis erlangt.

---

schaft lediglich mittelbare und nicht unmittelbar angestrebte Rechtsfolge sei. Daher liege kein beachtlicher Rechtsirrtum vor. Anders sei dies nur bei Annahme durch schlüssiges Verhalten, wenn der Erbe weder weiß noch will, dass er durch sein Verhalten das Recht verliert, die Erbschaft auszuschlagen. Kritisch hierzu *Keim*, ZEV 2003, 358, 360.

287 Vgl. BGH, Beschl. v. 05.07.2006 – IV ZB 39/05, ZEV 2006, 498, 500 (= ZErb 2006, 378 m. Anm. *Keim*) unter Bestätigung von OLG Hamm, Beschl. v. 20.09.2005 – 15 W 188/05, ZEV 2006, 168 mit zustimmender Anm. *Haas/Jeske* ZEV 2006, 172 f.

288 Ausdrücklich bezeichnete der BGH den Verlust des Pflichtteilsrechts in Folge der Erbschaftsannahme sowie das Einrücken in die Rechtsstellung des Erben als zwei Seiten ein und derselben Medaille, vgl. BGH, Beschl. v. 05.07.2006 – IV ZB 39/05, ZEV 2006, 498, 500. Zur Anfechtbarkeit in diesen Fällen vgl. auch *Hölscher/Mayer* in: Mayer/Süß/Tanck/Bittler Handbuch Pflichtteilsrecht, § 3 Rn. 19.

289 BGH, Urt. v. 29.06.2016 – IV ZR 387/15, NJW 2016, 2954.

290 BGH, Urt. v. 01.10.1958 – V ZR 53/58, NJW 1958, 1964, 1966.

291 Vgl. ausführlich *Hammann* in: Krug, Pflichtteilsprozess, S. 254 ff.

292 BGBl. I, S. 3142.

2) Einer Beschränkung der Erbeinsetzung steht gleich, wenn der Pflichtteilsberechtigte als Nacherbe eingesetzt ist.

Inhaltlich unterscheidet § 2306 BGB (n.F.) sich von der 110 Jahre lang geltenden Vorläuferregelung (§ 2306 BGB a.F.) dadurch, dass ein pflichtteilsberechtigter Erbe heute unabhängig von der Größe seines Erbteils gefahrlos ausschlagen kann, wenn er im Sinn von § 2306 BGB belastet ist. Nach altem Recht war das nur möglich, wenn der dem Pflichtteilsberechtigten hinterlassene Erbteil größer als der Pflichtteil war. Die alte, bis zum 31.12.2009 geltenden Fassung lautete:

§ 2306 BGB (a.F.)

1) Ist ein als Erbe berufener Pflichtteilsberechtigter durch die Einsetzung eines Nacherben, die Ernennung eines Testamentsvollstreckers oder eine Teilungsanordnung beschränkt oder ist er mit einem Vermächtnis oder einer Auflage beschwert, so gilt die Beschränkung oder die Beschwerung als nicht angeordnet, wenn der ihm hinterlassene Erbteil die Hälfte des gesetzlichen Erbteils nicht übersteigt. Ist der hinterlassene Erbteil größer, so kann der Pflichtteilsberechtigte den Pflichtteil verlangen, wenn er den Erbteil ausschlägt; die Ausschlagungsfrist beginnt erst, wenn der Pflichtteilsberechtigte von der Beschränkung oder der Beschwerung Kenntnis erlangt.

2) Einer Beschränkung der Erbeinsetzung steht es gleich, wenn der Pflichtteilsberechtigte als Nacherbe eingesetzt ist.

§ 2306 BGB a.F. erwies sich als eine der komplexesten und schwierigsten Vorschriften des BGB[293] und wurde seit in Kraft treten des Bürgerlichen Gesetzbuchs am 01.01.1900 kritisiert.[294] Die Unterscheidung in § 2306 BGB a.F., ob der hinterlassene Erbteil kleiner/gleich oder größer als der Pflichtteil war, erwies sich in der Praxis als ebenso problematisch wie haftungsträchtig. Sie führte zu erheblicher Rechtsunsicherheit, etwa bei einer Einsetzung nach Vermögensgruppen[295] und im Hinblick auf die umstrittene Frage der Anwendung der sog. Werttheorie im Rahmen von § 2306 BGB a.F. bei ausgleichungs- und anrechnungspflichtigen Zuwendungen.[296]

Im Zuge der lange diskutierten Erbrechtsreform griff der Gesetzgeber die Kritik der Literatur an der Differenzierung in § 2306 Abs. 1 BGB a.F.[297] auf und vereinfachte die Vorschrift. Damit entfielen eine ganze Reihe von Problemen und Unstimmigkeiten, die die alte Rechtslage mit sich brachte bzw. gemindert wurden, nämlich

- die praktisch und rechtlich schwierige Differenzierung zwischen einerseits pflichtteilsüberschreitender (dann § 2306 Abs. 1 Satz 2 BGB a.F.) und andererseits pflichtteilsunterschreitender oder pflichtteilsgleicher Erbeinsetzung (dann § 2306 Abs. 1 Satz 1 BGB a.F.),[298]
- das Risiko des irrtümlich ein Ausschlagungsrecht nach § 2306 Abs. 1 Satz 2 BGB a.F. annehmenden pflichtteilsberechtigten Erben, im Falle einer Ausschlagung den Pflichtteilsanspruch i.H.d. hinterlassenen Erbteils zu verlieren,[299]

---

293 Vgl. z.B. *Boehmer* AcP 144 (1938), 249, 252 ff.; Staudinger/*Otte*, Neubearbeitung 2015 § 2306 Rn. 3–5; *Bengel* ZEV 2000, 388; *Spall*, ZErb 2007, 272, 273 (»*brandgefährlich*«).

294 Vgl. *von Tuhr* DJZ 1901, 121 ff.; *Boehmer* AcP 144 (1938), 249, 256 (»*unbegreifliche Inkonsequenz*«).

295 Vgl. hierzu BGH, Urt. v. 28.10.1992 – IV ZR 221/91, NJW 1993, 1005 mit krit. Anm. *Kanzleiter* DNotZ 1993, 780, 784 f.

296 Ausdruck der umfangreichen Schwierigkeiten, die § 2306 BGB a.F. mit sich brachte, war auch die im Jahr 2006 vom BGH gegen das BayObLG entschiedene Frage, ob die Annahme bzw. das Verstreichen lassen der Ausschlagungsfrist in den Fällen des § 2306 Abs. 1 Satz 2 BGB a.F. einen zur Anfechtung berechtigenden beachtlichen Motivirrtum darstellt; näher hierzu Syst. A Rdn. 127.

297 Vgl. z.B. *Kanzleiter* DNotZ 1993, 780, 785.

298 Vgl. z.B. OLG Köln, Beschl. v. 28.10.1996 – 16 W 60/96, ZEV 1997, 298 (auch bei einem den Pflichtteil nahezu komplett aushöhlenden Vermächtnis grds. kein Wert-, sondern nur Quotenvergleich, sofern bei der Berechnung des Pflichtteils nicht ausnahmsweise Ausgleichungs- und Anrechnungspflichten zu berücksichtigen sind) mit abl. Anm. *Klingelhöffer* (auch in diesen Fällen Wertvergleich).

299 BT-Drucks. 16/8954, S. 20.

- der Streit zwischen Quoten- und Werttheorie,
- der Streit, ob ihm Rahmen der Werttheorie neben anrechnungs- und ausgleichungspflichtigen Zuwendungen auch pflichtteilsergänzungserhebliche Schenkungen mit zu berücksichtigen sind,[300]
- die zwingend einzuhaltende Reihenfolge der Ausschlagungserklärungen eines pflichtteilsberechtigten Erben, dem der Erblasser ein Vermächtnis sowie einen pflichtteilsunterschreitenden oder höchstens pflichtteilsgleichen Erbteil hinterlassen hat,[301]
- die unterschiedliche Rechtslage bei Erbeinsetzung (§ 2306 BGB) und bei bloßer Vermächtniszuwendung (§ 2307 BGB), die zumindest teilweise angeglichen wurde.[302]

(2) Erbfälle seit dem 01.01.2010

Für Erbfälle seit dem 01.01.2010 steht dem beschränkten oder beschwerten pflichtteilsberechtigten Erben generell das Recht zu, die Erbschaft auszuschlagen und statt des Erbteils seinen Pflichtteil geltend zu machen.[303] Allerdings muss der Pflichtteilsberechtigte heute beachten, dass die Beschränkungen und Beschwerungen nur dann entfallen, wenn er die Erbschaft auch ausschlägt. Sie sind nicht mehr kraft Gesetzes gegenstandslos, wenn der hinterlassene Erbteil kleiner als oder gleich dem Pflichtteil ist. Faktisch führt das Wahlrecht in § 2306 BGB also zu einer Wahlpflicht.[304] 131

(3) Erbfälle bis zum 01.01.2010 (§ 2306 BGB a.F.)

Für Altfälle musste und muss unterschieden werden:[305] 132

(a) Erbteilsquote nicht über dem halben gesetzlichen Erbteil

Blieb der zugewendete Erbteil hinter dem Pflichtteilsanspruch (»Hälfte des gesetzlichen Erbteils«) zurück (Erbquote kleiner oder gleich Pflichtteilsquote), galten alle Beschränkungen und Beschwerungen als nicht angeordnet (§ 2306 Abs. 1 Satz 1 BGB a.F.) und waren somit unwirksam. Die Frage, was unter der »Hälfte des gesetzlichen Erbteils« i.S.d. § 2306 Abs. 1 BGB a.F. zu verstehen war, war umstritten. Nach der »**Quotentheorie**« kam es nur auf die halbe gesetzliche Erbteilsquote, also auf die numerische Bruchteilsgröße an.[306] Demgegenüber war nach der »**Werttheorie**« der Pflichtteilsbetrag maßgebend, bei dessen Berechnung auch Werte heranzuziehen waren, die nicht im Nachlass enthalten sind, aber bei der konkreten Pflichtteilsberechnung herangezogen werden müssen (wie bei Anrechnung, § 2315 BGB, und Ausgleichung, § 2316 BGB; nicht aber Pflichtteilsergänzungsansprüche, § 2325 BGB).[307] Die Werttheorie war auf Fälle übergroßer Vermögensbelastung nicht übertragbar.[308] 133

300 So z.B. *Schindler* ZErb 2006, 186 mit zahlreichen Nachweisen zum damaligen Meinungsstand in Fn. 10 und 14; *ders.* ZEV 2008, 125 ff.

301 Vgl. etwa OLG Köln, Beschl. v. 28.10.1996 – 16 W 60/96, ZEV 1997, 298 (zu § 2306 Abs. 1 Satz 2 BGB a.F.) m. Anm. *Klingelhöffer*; *Frieser/Lindner* Fachanwaltskommentar Erbrecht, 4. Aufl. 2012 § 2307 Rn. 9.

302 Vgl. *Lindner* ErbR 2008, 374, 375. Zur Kritik an der unterschiedlichen Behandlung von belasteten/unbelasteten Erbteilen nach § 2306 BGB a.F. und belasteten/unbelasteten Vermächtnissen andererseits vgl. *Boehmer* AcP 144 (1938), 249, 256 ff.

303 Vgl. näher *Hammann* in: Krug, Pflichtteilsprozess, S. 254 ff.

304 Vgl. *Schindler* ZEV 2008, 125, 128; *J. Mayer* ZEV 2010, 2, 3.

305 Vgl. etwa *Hammann* in: Krug, Pflichtteilsprozess, S. 301 ff.

306 OLG Stuttgart, Urt. v. 24.02.1959 – 5 U 115/58, NJW 1959, 1735; OLG Köln, Beschl. v. 28.10.1996 – 16 W 60/96, ZEV 1997, 298; *Natter* JZ 1955, 138.

307 Ausführlich zu § 2306 a.F. Staudinger/*Otte*, Neubearbeitung 2015 § 2306 Rn. 4.

308 *Keim* ZEV 2003, 358.

(b) **Erbquote über Pflichtteilsquote**

134 **Überstieg** der zugewendete Erbteil die Pflichtteilsquote und waren Beschränkungen und Beschwerungen angeordnet, hatte der Betreffende nach § 2306 Abs. 1 Satz 2 BGB a.F. ein Wahlrecht, ob er den höheren Erbteil mit den Beschränkungen und Beschwerungen annehmen, oder ob er die belastete Zuwendung ausschlagen und dann den unbeschränkten und unbeschwerten (Geld-) Pflichtteil fordern wollte (§ 2306 Abs. 1 Satz 2 BGB).

dd) **Vermächtniszuwendung**

(1) **Ausschließliche Zuwendung eines Vermächtnisses, § 2307 BGB**

135 Gänzlich anders stellt sich die Rechtslage dar, wenn einem Pflichtteilsberechtigten nur ein Vermächtnis zugewendet wird.[309] Hier hat der Pflichtteilsberechtigte stets die Wahl, ob er das Vermächtnis annehmen oder ausschlagen möchte, mag es wertvoll oder geringwertig sein, mag es beschränkt sein oder nicht, mag es den Wert des Pflichtteils übersteigen oder nicht (§ 2307 Abs. 1 Satz 1 BGB). Schlägt nun der Pflichtteilsberechtigte das Vermächtnis aus, erhält er den unbeschränkten und unbeschwerten Pflichtteilsanspruch. Nimmt er das Vermächtnis an, so hat, wenn das Vermächtnis niedriger als der Pflichtteil ist, der Vermächtnisnehmer bis zur Höhe des Wertes seines Pflichtteils einen Zusatzpflichtteilsanspruch (§ 2307 Abs. 1 Satz 2 BGB). In diesem Falle bleiben bei der Wertermittlung des Vermächtnisses alle darauf lastenden Beschränkungen und Beschwerungen außer Betracht (§ 2306 Abs. 1 Satz 2, Halbs. 2 BGB); sie wirken sich nicht wertmindernd aus.[310]

(2) **Erbeinsetzung und zusätzliches Vermächtnis**

136 Denkbar sind auch Fälle, in denen der Pflichtteilsberechtigte gleichzeitig Erbe und Vermächtnisnehmer wird. Hier gilt:

(a) **Belastete Erbschaft und Vermächtniszuwendung**

▶ **Beispiel:**

137 Witwe A ist neben drei gemeinschaftlichen Kindern bei Gütertrennung (Folge: gesetzliche Erbquoten je 1/4, vgl. § 1931 Abs. 4 BGB) zur Erbin von 1/16 eingesetzt und erhält dazu ein Vermächtnis von 10.000,00 €. Der Gesamtnachlass beträgt 160.000,00 €. Für das Vermächtnis sind die Kinder zu Nachvermächtnisnehmern eingesetzt. Außerdem ist Witwe A mit Testamentsvollstreckung belastet.

Nimmt A beides an, erhält sie 20.000 €, allerdings belastet mit Testamentsvollstreckung und in Bezug auf das Vermächtnis mit einem Nachvermächtnis über 10.000 €.

Will A die mit Testamentsvollstreckung belastete Erbschaft über 10.000 € annehmen und daneben (unbelastete) Pflichtteilsrestansprüche in Höhe weiterer 10.000 € verlangen, muss sie das **Vermächtnis ausschlagen**. Die Testamentsvollstreckung wird – anderes als nach § 2306 Abs. 1 Satz 1 BGB a.F. – nicht von Gesetzes wegen gestrichen. Aufgrund der Ausschlagung des Vermächtnisses entfällt lediglich die Belastung mit dem Nachvermächtnis.

Witwe A kann auch nach § 2307 BGB das **Vermächtnis** (unabhängig davon, ob es im Sinn von § 2306 BGB belastet ist oder nicht) **und** nach § 2306 Abs. 1 BGB die belastete **Erbschaft ausschlagen**. Sie erhält dann den (vollen) Pflichtteil i.H.v. 1/8, also 20.000 €.

Schließlich kann die Witwe den belasteten **Erbteil ausschlagen** und das Vermächtnis annehmen. Sie hat dann Anspruch auf den Pflichtteilsrest nach § 2307 Abs. 1 Satz 2 BGB; dabei wird jedoch die Beschränkung mit dem Untervermächtnis nicht berücksichtigt (§ 2307 Abs. 1 Satz 2, Halbs. 2

309 Vgl. näher *Hammann* in: Krug, Pflichtteilsprozess, S. 319 ff.
310 Vgl. statt aller Palandt/*Weidlich*, § 2307 Rn. 2.

BGB). Die Witwe kann nur den Wertunterschied zwischen dem belasteten Vermächtnis über 10.000,00 € und ihrem Pflichtteil von 1/8 verlangen, also 10.000 €. Zusätzlich erhält sie das mit dem Nachvermächtnis belastete Vermächtnis in Höhe von 10.000 €

(b) Unbelastete Erbschaft und Vermächtniszuwendung

Erreichen ein im Sinn von § 2306 BGB unbelasteter Erbteil und ein zusätzlich zugewandtes Vermächtnis nicht den Pflichtteil, so bleiben die folgenden Möglichkeiten: **138**
- Annahme der Erbschaft und voller Pflichtteilsrestanspruch aus § 2305 BGB bei Ausschlagung des Vermächtnisses.
- Bei Annahme von Erbschaft und Vermächtnis steht ihm bis zur Hälfte des gesetzlichen Erbteils (abzüglich Erbschaft und Vermächtnis) der Pflichtteilsrestanspruch zu (§§ 2305, 2307 BGB).
- Bei Ausschlagung der Erbschaft und Annahme des Vermächtnisses stehen ihm gem. §§ 2305, 2307 Abs. 1 Satz 2 BGB nur Pflichtteilsrestansprüche zu. Sie belaufen sich auf den Differenzbetrag zwischen dem addierten Wert von Erbteil und Vermächtnis zu dem vollen Pflichtteil. In Höhe des ausgeschlagenen unbelasteten Erbteils geht der Pflichtteilsberechtigte leer aus.
- Schlägt er alles aus, erhält er nur Pflichtteilsrestansprüche i.H.d. Hälfte des gesetzlichen Erbteils abzüglich der tatsächlichen Erbquote (§ 2305 BGB). Das Vermächtnis wird hier nicht berücksichtigt; es kann nach § 2307 BGB gefahrlos ausgeschlagen werden.

ee) Sonderfall: Zugewinngemeinschaft

Der Pflichtteil des überlebenden Ehegatten, der im gesetzlichen Güterstand der Zugewinngemeinschaft verheiratet war, bemisst sich nach dem gem. § 1931 Abs. 3 i.V.m. § 1371 Abs. 1 BGB[311] um 1/4 erhöhten Erbteil, wenn der Ehegatte (gleich zu welcher Quote, gleich ob gewillkürter oder gesetzlicher) Erbe oder Vermächtnisnehmer ist. Nach der herrschenden Einheitstheorie kann der überlebende Ehegatte, der weder Erbe noch Vermächtnisnehmer ist, ausschließlich den nicht erhöhten (kleinen) Pflichtteil fordern und daneben den eventuellen Anspruch auf Zugewinnausgleich geltend machen.[312] Für die Pflichtteilsberechnung ist der Zugewinn als Nachlassverbindlichkeit vorher abzusetzen.[313] **139**

Für die Auslegung »weder Erbe noch Vermächtnisnehmer« in § 1371 Abs. 2 BGB ist es unbeachtlich, ob der (Komplett-)Ausschluss der Verfügung des Erblassers zuzuschreiben ist oder ob der Betreffende ihn selbst durch Ausschlagung herbeigeführt hat. Ein Wahlrecht wird ihm hierbei nicht eingeräumt.

311 Vgl. zur erb- und nicht güterrechtlichen Qualifikation der Erhöhung des gesetzlichen Erbteils um ein Viertel nach § 1371 Abs. 1 BGB EuGH, Urt. v. 01.03.2018 – C-558/16 (Doris Mahnkopf). Die Frage machte daran fest, ob in einem Europäischen Nachlasszeugnis, das die Ehefrau und der Sohn des Erblassers als seine gesetzlichen Erben bei dem zuständigen deutschen Nachlassgericht beantragt hatten und das (nur) zur Umschreibung eines Miteigentumsanteils an einem Grundstück in Schweden erforderlich war, die Erbquote der Ehefrau mit 1/4 oder mit 1/2 auszuweisen war. Bei der zuvor von dem BGH vorgenommenen güterrechtlichen Qualifikation hätten die Erbquoten je ½ betragen, vgl. BGH, Beschl. v. 13.05.2015 – IV ZB 30/14, DNotZ 2015, 624. Demgegenüber führt das Urteil des EuGH zu einer erbrechtlichen Qualifikation und damit zu einer gesetzlichen Erbquote der Witwe von 1/4. Vgl. zu den Folgen *Süß*, Die Entscheidung des EuGH in der Rechtssache Mahnkopf: Folgen für das gesetzliche Erbrecht des überlebenden Ehegatten in internationalen Ehen und neue Gestaltungsmöglichkeiten, DNotZ 2018, 742.

312 Vgl. die Grundsatzentscheidung BGH, Urt. v. 25.06.1964 – III ZR 90/63, NJW 1964, 2404, mit der der BGH sich gegen die sogenannte Wahl- und für die sogenannte Einheitstheorie ausgesprochen hat. Vgl. weiter BGH, Urt. v. 14.04.1976 – IV ZR 237/74, NJW 1976, 2131; Urt. v. 17.03.1982 – IVa ZR 27/81, NJW 1982, 2497. Kritisch zum Urteil vom 25.06.1964 *H. Lange*, NJW 1965, 369, der nur mit Bedauern von der Wahltheorie Abschied nimmt, sowie *Bosch*, FamRZ 1972, 171, der sich für die Wahltheorie ausgesprochen hat.

313 Palandt/*Weidlich* § 2311 Rn. 4.

§ 10 LPartG sieht hinsichtlich des Pflichtteilsrechts eines Lebenspartners einer eingetragenen gleichgeschlechtlichen Lebenspartnerschaft eine derartige Unterscheidung zwischen großem erhöhten und nicht erhöhtem Pflichtteil nicht vor. Insoweit ordnet § 10 Abs. 6 LPartG allein die grundsätzliche Pflichtteilsberechtigung eines Lebenspartners an, falls dieser durch den Erblasser durch Verfügung von Todes wegen von der Erbfolge ausgeschlossen wurde, und verweist demzufolge in § 10 Abs. 6 Satz 2 LPartG auf das Pflichtteilsrecht des BGB.[314] Gem. § 6 Satz 2 LPartG finden die Vorschriften der §§ 1371 bis 1390 BGB auf die Ausgleichsgemeinschaft entsprechende Anwendung. Die Ausgleichsgemeinschaft ist daher der Zugewinngemeinschaft grundsätzlich wesensgleich, sodass auch bei gleichgeschlechtlichen Lebenspartnern, die im Regelvermögensstand zusammengelebt haben, der Vermögensausgleich bei Beendigung der Gemeinschaft durch den Tod durch eine pauschale Erhöhung des gesetzlichen Erbteils (§ 10 Abs. 1 LPartG) entsprechend § 1371 Abs. 1 Satz 1 BGB erfolgt.[315]

Der Sonderfall Zugewinngemeinschaft bzw. Ausgleichsgemeinschaft führt zu folgenden Ergebnissen:[316]

(1) Einsetzung unter dem »großen Pflichtteil«

140 Ist der gewillkürte **Erbteil** des überlebenden Ehegatten geringer als der sich aus §§ 1931, 1371 Abs. 1, 2303 Abs. 1 Satz 2 BGB ergebende (große) Pflichtteil, so hat der überlebende Ehegatte einen Pflichtteilsrestanspruch gem. § 2305 BGB bis zum großen Pflichtteil. Der um 1/8 erhöhte (große) Pflichtteil bildet zugleich den Maßstab für eventuelle Pflichtteilsergänzungsansprüche.

Schlägt der Ehegatte das Erbe aus, steht ihm nach § 1371 Abs. 3 BGB der Anspruch auf den nicht erhöhten kleinen Pflichtteil und gem. § 1371 Abs. 2 BGB der Anspruch auf Ausgleich des Zugewinns zu.[317]

141 Hat der Erblasser den Erbteil zusätzlich im Sinn von § 2306 BGB belastet, fallen die Beschwerungen und Beschränkungen unabhängig von der Erbquote nur weg, wenn der länger lebende Ehegatte den belasteten Erbteil ausschlägt.

142 Wird der Ehegatte **Vermächtnisnehmer**, bleibt das Vermächtnis hinter dem großen Pflichtteil zurück und schlägt er das Vermächtnis nicht aus (§ 2307 Abs. 1 Satz 2 BGB), so kann er Ergänzung zum großen Pflichtteil verlangen. Schlägt er das Vermächtnis aus, greift wiederum § 1371 Abs. 2 BGB (»nicht Erbe und […] auch kein Vermächtnis«) und kann er den kleinen Pflichtteil zuzüglich eines eventuellen Zugewinnausgleichs verlangen (§§ 2307 Abs. 1 Satz 1, 1371 Abs. 2 BGB).

(2) Vollständige Enterbung oder Ausschlagung

143 Wird der überlebende Ehegatte komplett übergangen oder schlägt er den ihm hinterlassenen Erbteil (nach § 1372 Abs. 3 oder nach § 2306 BGB) sowie ein ihm ggfs. zugewandtes Vermächtnis (nach § 2307 Abs. 1 Satz 1 BGB) aus, so erhält er gem. § 1371 Abs. 2 Halbs. 2 BGB nur den kleinen Pflichtteil. Daneben kann er den tatsächlichen Zugewinnausgleich verlangen (§ 1371 Abs. 2 Halbs. 2 und Abs. 3 BGB). Im Falle des § 2307 Abs. 1 Satz 1 BGB greift also die **güterrechtliche Lösung** ein, weil der überlebende Ehegatte infolge der Ausschlagung nicht Vermächtnisnehmer wird. Hat der Ehegatte ausgeschlagen, steht ihm nicht noch ein weiteres Wahlrecht zwischen der güterrechtlichen Lösung und dem großen Pflichtteil ohne Zugewinnausgleich zu.

---

314 *Leipold* ZEV 2001, 218, 221; einschränkend *J. Mayer* ZEV 2001, 169, 172 f.

315 *Schwab* FamRZ 2001, 395 f.; Palandt/*Brudermüller* § 10 LPartG Rn. 5.

316 So *Kerscher/Tanck*, Pflichtteilsrecht in der anwaltlichen Praxis, Rn. 89 ff., vor allem zur sog. *»taktischen Ausschlagung«*.

317 Zur Zweckmäßigkeit der Ausschlagung vgl. die Nieder'sche Formel, *Nieder/Kössinger* Handbuch der Testamentsgestaltung § 1 Rn. 51 ff., die zum Ergebnis führt, dass die güterrechtliche Lösung nur bei Abkömmlingen sinnvoll ist.

(3) Zuwendung eines Vermächtnisses

Hat der Erblasser den überlebenden Ehegatten enterbt (ohne gleichzeitige Vermächtniszuwendung), so erhält er nur gem. § 1371 Abs. 2 BGB den **kleinen Pflichtteil zuzüglich Zugewinnausgleich**. Hat hingegen der Erblasser den Ehegatten mit einem noch so geringen Vermächtnis bedacht[318] und nimmt es der überlebende Ehegatte an, kann er über § 2307 Abs. 1 Satz 2 BGB den Zusatzpflichtteil bis zur Höhe des großen Pflichtteils (§ 1371 Abs. 1 BGB) verlangen. Ein Zugewinnausgleichsanspruch besteht daneben nicht. Damit ergibt sich die interessante Konstellation, dass der Erblasser die freie Wahl hat, ob er dem überlebenden Ehegatten den großen oder den kleinen Pflichtteil zukommen lassen will.[319] Paradox werden allerdings die Ergebnisse, wenn kein Zugewinn erzielt wird und man Vergleiche zum Erbrecht bei Gütertrennung anstellt: Bei Gütertrennung erhält neben einem Kind der Ehegatte in jedem Fall als Pflichtteil 1/4, neben zwei Kindern 1/6. Der enterbte Ehegatte steht also beim gesetzlichen Güterstand der Zugewinngemeinschaft schlechter, weil für ihn als kleiner Pflichtteil neben einem oder mehreren Abkömmlingen nur 1/8 verbleibt. 144

ff) Verweisung auf den Pflichtteil, § 2304 BGB

Besonders tückisch ist die Verweisung auf den Pflichtteil, wie z.B.: »*Mein Sohn soll nur seinen Pflichtteil erhalten*«. 145

In der Zuwendung des Pflichtteils kann dreierlei liegen:
- die Einsetzung als Erbe i.H.d. Pflichtteils,
- die vermächtnisweise Zuwendung des Pflichtteils oder
- der bloße Verweis auf den Pflichtteil.

Soweit der Wille des Erblassers nicht eindeutig formuliert ist, muss die Verfügung von Todes wegen daraufhin ausgelegt werden, was der Erblasser wollte. Erst und nur, wenn die Auslegung zu keinem Ergebnis kommt, greifen die gesetzlichen Auslegungs- und Zweifelsregelungen,[320] hier insbesondere § 2304 BGB. Die Vorschrift schließt als widerlegbare gesetzliche Vermutung allerdings nur negativ eine der drei Varianten aus, ohne positiv eine eindeutige Zuordnung zu treffen.[321] Im Ergebnis kommt es darauf an, ob der Erblasser den Pflichtteilsberechtigten auf das beschränken wollte, was ihm von Gesetzes wegen als Mindestbeteiligung zusteht, oder ob er ihn darüber hinaus begünstigen wollte.[322]

(1) Einsetzung als Erbe

Nach der Auslegungsregel des § 2304 BGB liegt im Zweifel in der Zuwendung des Pflichtteils keine Erbeinsetzung. § 2304 BGB ergänzt die allgemeine Auslegungsregel des § 2087 BGB. Sie ist widerlegbar, wobei es auch darauf ankommt, ob es sich um eine notarielle Verfügung von Todes wegen handelt (dann starke indizielle Wirkung) oder nicht.[323] 146

---

318 Der Wert der Zuwendung spielt keine Rolle, vgl. BGH, Urt. v. 25.06.1964 – III ZR 90/63, NJW 1964, 2404; MünchKomm/*Koch* § 1371 Rn. 22 ff.

319 In der Praxis sollte daher, um die (Vermächtnis-)Ausschlagung zu vermeiden, bei hohem Zugewinn dem überlebenden Ehegatten ein für ihn wichtiges Vermächtnis eingeräumt werden (z.B. Wohnungsrecht oder Nießbrauch am gemeinsam genutzten Haus).

320 Zur Vorrangigkeit der Auslegung vgl. etwa *Horn* in: *Horn/Kroiss*, Testamentsauslegung § 3 Rn. 1.

321 Weiter wird an § 2304 BGB kritisiert, dass unbeantwortet bleibt, was unter Zuwendung des Pflichtteils zu verstehen ist; vgl. etwa Damrau/Tanck/*Riedel*, Praxiskommentar Erbrecht, 3. Aufl. 2014 § 2304 Rn. 1.

322 Vgl. BGH, Urt. v. 07.07.2004 – IV ZR 135/03, ZEV 2004, 374 f.; Damrau/*Riedel*, Praxiskommentar Erbrecht, 2. Aufl. 2011 § 2304 Rn. 8 f.; Staudinger/*Otte* § 2304 Rn. 9 ff. (»*widerwillige Belassung des Pflichtteils*«).

323 Palandt/*Weidlich* § 2304 Rn. 2.

(2) **Pflichtteilsvermächtnis**

147 Beinhaltet die Klausel keine Erbeinsetzung, kann die Zuwendung jedoch als Vermächtnis aufgefasst werden. Mit der **Auslegung** ist zu prüfen, ob der Erblasser einen Vermögensvorteil zuwenden wollte (§ 1939 BGB, dann Vermächtnis) oder ob er in lediglich beschränkender Absicht nur auf das gesetzliche Pflichtteilsrecht hingewiesen hat, sodass der Berechtigte eben nur kraft der zwingenden Bestimmungen des BGB seinen Anspruch geltend machen kann.

148 Auch wenn die Verjährungsregeln inzwischen angeglichen sind,[324] ist der Unterschied zwischen Vermächtnis und Hinweis auf den gesetzlichen Pflichtteilsanspruch von erheblicher Bedeutung, so im Hinblick auf § 2307 BGB, auf § 852 ZPO (Pfändbarkeit des Pflichtteilsanspruchs nur unter beschränkten Voraussetzungen) u.a.[325]

In Bezug auf die Ausschlagung – der Pflichtteilsanspruch selbst kann nur erlassen werden – und schließlich beim gesetzlichen Güterstand ist § 1371 Abs. 4 BGB zu beachten. Danach haben Stiefabkömmlinge nur dann einen Anspruch auf Ausbildungskosten gegen den überlebenden Ehegatten, wenn sie nicht testamentarisch eingesetzt sind.[326]

(3) **Enterbung**

149 Schließlich kann die Verweisung eines gesetzlichen Erben auf den Pflichtteil auch den selbständigen Ausschluss des Betreffenden von der Erbfolge bedeuten.[327]

Dies hat vor allem dann Bedeutung, wenn der oder die Erben ausschlagen: Wegen der Teilwirksamkeitsregel des § 2085 BGB bleibt dann die Enterbungsbestimmung bestehen; bei einem bloßen Verweis auf die bestehende Gesetzeslage ohne eigenen Verfügungscharakter würde bei Wegfall der Verfügung durch Ausschlagung der Pflichtteilsberechtigte kraft Gesetzes Erbe (Miterbe) werden können.

Die **schwierige Auslegung**, was gewollt war, erfolgt nach den allgemeinen Grundsätzen unter Heranziehung aller zugänglichen Umstände, auch solcher außerhalb der Testamentsurkunde und unter Beachtung des im Erbrecht geltenden Formzwangs i.S.d. Andeutungstheorie. Im Falle der ausdrücklichen Enterbung ist ferner zu prüfen, ob diese von der Wirksamkeit der anderen Verfügungen abhängig sein sollte.[328]

(4) **Besonderheiten bei Zugewinngemeinschaft**

150 Für in Zugewinngewinngemeinschaft verheiratete Ehegatten stellt sich zusätzlich die Frage, was der länger lebende Ehegatte erhalten soll, den kleinen oder den großen Pflichtteil. Ersteres ist nach § 1371 Abs. 2 BGB der Fall, wenn der überlebende Ehegatte weder Erbe wird noch ihm ein Vermächtnis zusteht. Anderenfalls erhält er den nach § 1371 Abs. 1 BGB erhöhten großen Pflichtteil, ohne dass ihm ein Wahlrecht zustehen würde.[329]

Hat der Erblasser ausdrücklich den »großen Pflichtteil« zugewendet und den überlebenden Ehegatten damit über das gesetzlich zwingende Mindestmaß hinaus begünstigt (deshalb im Zweifel keine Enterbung), wird dies grundsätzlich als Vermächtniszuwendung[330] und nur ausnahmsweise als Erbeinsetzung auszulegen sein.

---

324 Bis zum 01.01.2010 betrug die Verjährungsfrist für Vermächtnisansprüche 30 Jahre (§ 197 Abs. 1 Nr. 2 a.F. i.V.m. § 200 Satz 1) und für Pflichtteilsansprüche 3 Jahre (§ 2332 a.F.).

325 Vgl. näher MünchKomm/*Lange* § 2304 Rn. 8 ff.

326 Palandt/*Brudermüller* § 1371 Rn. 7.

327 Staudinger/*Otte*, Neubearbeitung 2013 § 2085 Rn. 8.

328 Hierzu OLG Zweibrücken, Beschl. v. 10.04.1996 – 3 W 23/96, NJW-FER 1997, 12.

329 Vgl. Syst. A Rdn. 139 ff.

330 Vgl. MünchKomm/*Lange* § 2304 Rn. 13.

Bei der ausdrücklichen Zuwendung des »kleinen Pflichtteils« spricht vieles gegen die Annahme eines Pflichtteilsvermächtnisses oder einer entsprechenden Erbeinsetzung.[331] Denn würde man hiervon ausgehen, läge gerade kein Fall von § 1371 Abs. 2 BGB vor (*»nicht Erbe und [...] auch kein Vermächtnis«*). Als weitere Folge könnte der überlebende Ehegatte nach § 2305 Satz 1/§ 2307 Abs. 1 BGB i.V.m. § 1371 Abs. 1 BGB Pflichtteilsrestansprüche bis hin zum großen Pflichtteil geltend machen,[332] obwohl ihn der Erblasser gerade auf das zwingenden Mindestmaß beschränkt hat.

Noch problematischer sind die Fälle, in denen der Erblasser keine Klarstellung vorgenommen hat. Eine feste Auslegungsregel gibt es nach h.M. nicht.[333] Lässt sich allerdings ermitteln, was der überlebende Ehegatte erhalten sollte, den kleinen oder den großen Pflichtteil, gilt anschließend das oben Gesagte.[334] Im Übrigen dürfte es wohl lebensnahe sein, dass die allermeisten Erblasser weder die Differenzierung zwischen kleinem und großem Pflichtteil noch die Feinheiten von § 2304 BGB kennen. Von daher wird zumindest in privatschriftlichen Testamenten die »Zuwendung« des Pflichtteils in aller Regel als Beschränkung auf das absolut notwendige Mindestmaß und damit auf den kleinen Pflichtteil gemeint sein. Dies ist allerdings keineswegs zwingend.

c) Der Pflichtteilsergänzungsanspruch

aa) Abgrenzung Pflichtteilsergänzung (§ 2325 BGB) zu ordentlichen Pflichtteilsansprüchen (§ 2303 BGB)

Pflichtteilsergänzungsansprüche gem. §§ 2325 bis 2332 BGB stellen einen zeitlich begrenzten Schutz der Pflichtteilsberechtigten dagegen dar, dass der Erblasser durch Schenkungen sein Vermögen und damit den Nachlass schmälert. Sie sind klar von dem **ordentlichen Pflichtteil** nach § 2303 BGB zu unterscheiden.[335] Letztere knüpfen an den real vorhandenen Nachlass an, erstere an den fiktiven Nachlass, bei dem – stark vereinfacht und die wichtigen Ausnahmen an dieser Stelle noch ausklammernd – die Schenkungen des Erblassers in seinen letzten 10 Lebensjahren berücksichtigt werden. Praktisch relevant ist die Unterscheidung im Hinblick auf die Berücksichtigung von **Eigengeschenken** (§§ 2315 f. BGB einerseits und § 2327 BGB andererseits)[336] sowie für die **Verjährung**. So beträgt die Verjährungsfrist zwar einheitlich 3 Jahre. Ebenso einheitlich richtet sich der Beginn nach § 199 BGB. Danach beginnt die Verjährungsfrist mit dem Schluss des Jahres zu laufen, in dem der Anspruch entstanden ist (§ 199 Nr. 1 BGB) und der Pflichtteilsberechtigte von den Anspruch begründenden Umständen Kenntnis erlangt hat oder ohne grobe Fahrlässigkeit erlangen musste (§ 199 Nr. 2 BGB). Hieraus folgt für ordentliche Pflichtteilsansprüche, dass der Lauf der Verjährungsfrist (vereinfacht gesagt) mit Kenntnis (1.) vom Todesfall, (2.) von der 151

331 Vgl. Staudinger/*Otte*, Neubearbeitung 2015 § 2304 Rn. 29.

332 Alternativ hierzu könnte der überlebende Ehegatte wie bei jeder anderen Erb- oder Vermächtniszuwendung auch nach § 1371 Abs. 3 BGB ausschlagen und den kleinen Pflichtteil sowie Zugewinnausgleichsansprüche geltend machen; vgl. MünchKomm/*Lange* § 2304 Rn. 12.

333 Vgl. MünchKomm/*Lange* § 2304 Rn. 11 und 14; Staudinger/*Haas*, Neubearbeitung 2006 § 2304 Rn. 21. Das gilt auch für die Zuwendung »des Pflichtteils« (ohne nähere Spezifizierung) als Vermächtnis oder als Erbe, vgl. *Müller-Engels*, Beck'scher Online-Kommentar BGB, (Stand: 01.08.2018) § 2304 Rn. 14. A.A. insoweit *Bengel* in der 5. Aufl. Rn. A 157 (*»Regeltypus ist hier der Pflichtteil, wie er sich ohne die Erhöhung nach § 1931 Abs. 3 i.V.m. § 1371 Abs. 1 BGB darstellt, also der sog. kleine Pflichtteil.«*).

334 Maßgeblich ist insoweit wieder, ob der Erblasser den Ehegatten beschränken oder ob er ihn begünstigen wollte, vgl. Staudinger/*Haas*, Neubearbeitung 2006 § 2304 Rn. 21. A.A. mittlerweile Staudinger/*Otte*, Neubearbeitung 2015 § 2304 Rn. 29, wonach die Abgrenzung zwischen kleinem und großem Pflichtteil für die Auslegung unergiebig ist, da der große Pflichtteil generell nur im Vermächtnisweg zugewandt werden kann.

335 Vgl. zur materiell-rechtlichen Selbständigkeit von Pflichtteils- und Pflichtteilsergänzungsanspruch BGH, Urt. v. 10.07.1985 – IVa ZR 151/83, NJW 1985, 2828 (2830); Urt. v. 09.03.1988 – IVa ZR 272/86, NJW 1988, 1667; Urt. v. 27.04.1994 – IV ZR 132/93, NJW 1994, 1791; Urt. v. 31.10.2018 – IV ZR 313/17, NJW 2019, 234.

336 Vgl. zur Berücksichtigung von Eigengeschenken *Reimann* ZEV 2018, 198.

enterbenden Verfügung und (3.) von dem Anspruchsgegner ausgelöst wird, während für Pflichtteilsergänzungsansprüche zusätzlich (4.) die Kenntnis von der Schenkung erforderlich ist. Dies kann zu einem unterschiedlichen Beginn der Verjährung führen. Zudem ist die Frist bei mehreren Schenkungen für jede einzelne Schenkung gesondert zu bestimmen.[337]

Der Pflichtteilsergänzungsanspruch steht neben dem ordentlichen Pflichtteilsanspruch nach § 2303 BGB und kommt auch dann in Betracht, wenn keine ordentlichen Pflichtteilsansprüche bestehen, z.B. wenn dieser die Erbschaft ausgeschlagen hat, ohne dass ein Fall von § 2306 BGB oder von § 1371 Abs. 3 BGB vorliegt, oder weil der Nettonachlass bei null liegt. Maßgebend ist nicht, ob der Pflichtteilsberechtigte tatsächlich einen Pflichtteilsanspruch hat oder nicht, sondern vielmehr, ob er zum Kreis der Pflichtteilsberechtigten gem. § 2303 BGB zählt.

bb) Anspruchsgegner

152 **Pflichtteilsergänzungsansprüche** richten sich gegen den/die Erben (§ 2325 BGB) und subsidiär gegen den Beschenkten (§ 2329 BGB).[338] Sie stellen ebenso wie ordentliche Pflichtteilsansprüche eine **Nachlassverbindlichkeit** dar (§ 1967 Abs. 2 BGB), die sich grundsätzlich auch dann gegen die Erben richtet, wenn sie selbst pflichtteilsberechtigt sind (vgl. § 2328 BGB). Reicht der Nachlass nicht zur Befriedigung der Pflichtteilsansprüche aus, können die Erben ihre Haftung auf dem Nachlass durch die in den §§ 1975 bis 1992 BGB geregelten Beschränkungsmöglichkeiten herbeiführen.[339] Sie haften nur dann mit ihrem Privatvermögen, wenn sie die Möglichkeiten zur Herbeiführung einer Haftungsbeschränkung verloren haben. Das ist bspw. der Fall, wenn sie nach §§ 1993 ff. BGB ein Inventar errichtet haben, das im Sinn von § 2005 BGB unzureichend ist. Können die Erben allerdings ihre Haftung beschränken, entfällt der Ergänzungsanspruch.[340] Subsidiär haftet dann nach § 2329 BGB unmittelbar der Beschenkte, allerdings mit unterschiedlichen Folgen für die Verjährung.[341]

cc) Abkehr von der Rechtsprechung der »Doppelberechtigung«

153 Wie der BGH mit Urteil vom 23.05.2012 ausdrücklich entschieden hat,

> *»setzt der Anspruch (nach § 2325 BGB) nicht voraus, dass die Pflichtteilsberechtigung sowohl im Zeitpunkt des Erbfalls als auch schon zur Zeit der Schenkung bestanden hat.«*[342]

Von der bis dahin angewandten Theorie der Doppelberechtigung, die auf die Entscheidungen des BGH vom 21.06.1972 und vom 25.06.1997 zurückgeht[343] und die in der Literatur deutlich kritisiert wurde,[344] hat der BGH ausdrücklich Abstand genommen. Danach musste die Pflichtteilsberechtigung ebenso im Zeitpunkt des Erbfalls wie auch zur Zeit der Schenkung bestanden haben.

---

337 Vgl. Palandt/*Weidlich* § 2325 Rn. 6.

338 Der Beschenkte darf gem. § 2329 Abs. 1 BGB dann selbst in Anspruch genommen werden, wenn der Erbe selbst nicht haftbar gemacht werden kann.

339 Vgl. Palandt/*Weidlich*, Einführung vor § 1967 Rn. 2 und § 2325 Rn. 5.

340 Vgl. § 1990 BGB; BGH, Urt. v. 05.04.2000 – IV ZR 154/98, ZEV 2000, 274.

341 Beachte unbedingt die starre dreijährige Verjährungsvorschrift zugunsten des Beschenkten in § 2332 BGB. Beachte weiter: Erhebt der Beschenkte nach Ablauf der Verjährungsfrist die Einrede der Verjährung, fehlt für das Auskunftsbegehren nach § 2314 BGB das Rechtsschutzbedürfnis. Vgl. zu § 197 Abs. 1 Nr. 2 BGB a.F., der zum 01.01.2010 durch das Gesetz zur Änderung des Erb- und Verjährungsrecht ersatzlos aufgehoben wurde und wonach die Verjährungsfrist für Auskunftsansprüche nach § 2314 BGB 10 Jahre betrug, OLG München, Urt. v. 28.01.2009 – 20 U 4451/08, ZErb 2009, 271.

342 BGH, Urt. v. 23.05.2012 – IV ZR 250/11, ZEV 2012, 478, 479 unter Rn. 12 (= BGHZ 193, 260).

343 BGH, Urt. v. 21.06.1972 – IV ZR 96/71, BGHZ 59, 210, 212 ff. und Urt. v. 25.06.1997 – IV ZR 233/96, ZEV 1997, 373 unter I. 3. sowie im Anschluss daran OLG Köln, Urt. v. 13.10.2004 – 2 U 85/04, ZEV 2005, 398 und LG Dortmund, Urt. v. 03.04.1998 – 8 O 451/97, ZEV 1999, 30.

344 Vgl. MünchKomm/*Lange*, 7. Aufl. 2017 § 2325 Rn. 7 m.w.N. in Fn. 26.

In Folge dessen waren Personen, die erst nach der Schenkung durch Eheschließung, Adoption oder Geburt pflichtteilsberechtigt wurden, nicht anspruchsberechtigt.

Das Urteil des BGH betrifft vom Ausgangspunkt her Pflichtteilsergänzungsansprüche von Abkömmlingen. Die Entscheidung differenziert allerdings nicht zwischen nachrückenden Abkömmlingen und einem nachrückenden Ehegatten. Vielmehr ist sie insoweit allgemeingültig gefasst und betrifft daher auch letztere.[345] Es ist allerdings offen, ob § 2325 BGB nicht in Bezug auf einen Ehegatten, der zeitlich erst nach der Pflichtteilsergänzungsansprüche auslösenden Schenkung (kraft Heirat) pflichtteilsberechtigt geworden ist, mit der Folge einschränkend auszulegen ist, dass doch zu differenzieren ist.[346] Denn zwar hat der BGH die Theorie der Doppelberechtigung auch in Bezug auf den »späteren« Ehegatten zu Grabe getragen; die materiellen Wertungsfragen aber, die den BGH in den Jahren 1972 und 1997 in Bezug auf nachrückende Ehegatten zu der Theorie der Doppelberechtigung veranlasst haben, stellen sich nach wie vor und bedürfen einer Lösung.

dd) Schenkung

(1) Von § 2325 BGB erfasste Zuwendungen

Der Ergänzungsanspruch erfasst vom Wortlaut her nur **Schenkungen im Sinn von § 516 BGB,**[347] 154
nicht sonstige Zuwendungen wie z.B. Ausstattungen und »Pflicht- sowie Anstandsschenkungen« gem. § 2330 BGB. Unabhängig von der Höhe, der Art der Zuwendung oder einer etwaigen Benachteiligungsabsicht ist erforderlich, dass der Erblasser aus seinem Vermögen einem Dritten, der auch Erbe, Miterbe oder Pflichtteilsberechtigter sein kann, **objektiv eine den Empfänger bereichernde Zuwendung** macht und beide Teile sich **subjektiv über die Unentgeltlichkeit der Zuwendung** einig sind.[348]

Von § 2325 BGB werden auch Schenkungen erfasst, die ein nach dem 03.10.1990 verstorbener 155
Erblasser vor der Einigung Deutschlands unter Geltung des ZGB der ehemaligen DDR vorgenommen hat, obwohl das DDR-ZGB selbst keine Pflichtteilsergänzung kannte.[349]

Schenkungen i.S.v. § 2325 BGB sind auch Schenkungen unter Auflagen, renumeratorische Schen- 156
kungen sowie unbenannte/ehebedingte Zuwendungen.[350] Das Gleiche gilt für gemischte Schenkungen, also Verträge, bei denen der Wert der Gegenleistung dem der Leistung nur z.T. entspricht

---

345 Vgl. *Krauß* Rn. 3642. A.A. wohl *Bonefeld,* ZErb 2012, 225.

346 Wie hier, wenn auch mit weitergehender Begründung *Bonefeld,* ZErb 2012, 225, 226. Dagegen im Anschluss an den BGH OLG Hamm, Urt. v. 27.10.2016 – 10 U 61/07, BeckRS 2016, 117427 (Rn. 160: *»Dieser neuen Rechtsprechung schließt sich der Senat an, auch soweit sie die Pflichtteilsberechtigung von Ehegatten betrifft, da die vorgenannten Gründe in gleicher Weise wie bei Abkömmlingen auch bei Ehegatten gegen die Theorie der Doppelberechtigung sprechen.«*) Burandt/Rojahn/*Horn* § 2325 Rn. 17 lässt die Frage offen und empfiehlt, vorsorglich mit dem nachrückenden Ehegatten einen ggfs. gegenständlich beschränkten Pflichtteilsverzichtsvertrag zu schließen.

347 Vgl. z.B. BGH, Urt. v. 14.03.2018 – IV ZR 170/16, ZEV 2018, 274. Zur Qualifizierung einer Zuwendung an eine gemeinnützige Stiftung als Schenkung vgl. BGH, Urt. v. 10.12.2004 – IV ZR 249/02, NJW 2004, 1382 (»Dresdener Frauenkirche«). Zu Reformüberlegungen vgl. *Hüttemann/Rawert* ZEV 2007, 107.

348 Ob eine Schenkung vorliegt, bestimmt sich nach dem Zeitpunkt der Zuwendung, vgl. Palandt/*Weidlich* § 2325, Rn. 7f.; MünchKomm/*Lange* § 2325 Rn. 16. Zur Zulässigkeit der nachträglichen Vergütungs- bzw. Gegenleistungsvereinbarung vgl. BGH, Urt. v. 08.03.2006 – IV ZR 263/04, NJW-RR 2006, 877 (879: *»Übernommene Pflegeverpflichtungen und Pflegeleistungen können [...] – auch nachträglich – in Form echter Gegenleistungen bei gemischten Schenkungen als Abzugsposten in Betracht kommen.«*); Urt. v. 14.02.2007 – IV ZR 258/05, NJW-RR 2007, 803 (= ZEV 2007, 325 m. Anm. *Kornexl*).

349 BGH, Urt. v. 07.03.2001 – IV ZR 258/00, NJW 2001, 2398.

350 Vgl. BGH, Beschl. v. 22.02.1989 – IVb ZB 5/89, FamRZ 1989, 732; Urt. v. 27.11.1991 – IV ZR 164/90, NJW 1992, 564; OLG Köln, Urt. v. 22.11.1991 – 20 U 36/91, FamRZ 1992, 480; OLG Koblenz, Urt. v. 17.10.2001 – 9 U 166/01, ZErb 2002, 104.

und die Parteien dies sowohl wissen wie auch die Unentgeltlichkeit des überschießenden Teils wollen.[351] Insoweit ist nur der unentgeltliche Teil heranzuziehen.[352]

157 Die **Abgrenzung** zwischen gemischter Schenkung und Schenkung unter Auflage (§ 525 BGB) ist schwierig und umstritten, vor allem, ob die auferlegte Leistung bei der Ermittlung der Höhe des Pflichtteilsergänzungsanspruches den Ergänzungswert reduziert. Der BGH[353] differenziert nicht zwischen gemischter Schenkung und Schenkung unter Auflage im Hinblick auf den Pflichtteilsergänzungsanspruch und lässt den Abzug der auferlegten Gegenleistungen im Hinblick auf § 2325 BGB zu.[354]

Die **unbenannte (ehebedingte) Zuwendung** ist nach der ständigen Rspr. des BGH im Erbrecht grundsätzlich – unabhängig von der subjektiven Einordnung der Eheleute – als Schenkung zu behandeln.[355] Eine Ausnahme gilt nur dann, wenn die Zuwendung der Zukunftssicherung des Empfängers dient oder unterhaltsrechtlich geboten ist. Abgestellt wird mithin – abweichend vom Schenkungsbegriff – auf die »objektive Unentgeltlichkeit«.[356] Die BGH-Rechtsprechung wird in der Literatur z.T. allerdings heftig kritisiert.[357]

(2) Übergabeverträge

158 Die meisten **Übergabeverträge** stellen eine gemischte Schenkung dar.[358] Im Rahmen von § 2325 BGB stellt sich die Frage, in welchem Umfang Unentgeltlichkeit vorliegt und der Vertrag also Pflichtteilsergänzungsansprüche auslöst. Hierfür kommt es regelmäßig auf die Bewertung von Leistung und Gegenleistung, und – sofern der Übergeber sich ein Nießbrauch oder ein Wohnungsrecht vorbehalten hat – auf die Bewertung und vor allem die Berücksichtigungsfähigkeit des vorbehaltenen Rechts an.

(a) Bewertung von Leistung und Gegenleistung (»auffälliges, grobes Missverhältnis«)

159 Nach ständiger Rechtsprechung ist die Bewertung von Leistung und Gegenleistung grundsätzlich Sache der Vertragsparteien. Zwar kann der Parteiwille eine gänzlich fehlende Gegenleistung nicht ersetzen und dadurch eine Schenkung vermeiden. Im Rahmen der Vertragsfreiheit steht den Vertragsparteien allerdings ein erheblicher Bewertungsspielraum zu, der seine Grenze erst bei einer willkürlichen Bemessung, d.h. bei einem **»auffälligen, groben Missverhältnis«**[359] findet.[360] In einem jüngeren Urteil fragt der BGH danach, ob *»zwischen Leistung und Gegenleistung ein objek-*

351 Vgl. BGH, Urt. v. 06.03.1996 – IV ZR 374/94, NJW-RR 1996, 754; Urt. v. 19.07.2002 – V ZR 240/01,NJW 2002, 3165; OLG Koblenz, Urt. v. 17.10.2001 – 9 U 166/01, ZErb 2002, 104; Palandt/*Weidenkaff* § 516 Rn. 13.

352 BGH, Urt. v. 21.06.1972 – IV ZR 221/69, BGHZ 59, 132; zum Problem der subjektiven Äquivalenz: *Kerscher/Tanck*, S. 122 ff. m.w.N.; *J. Mayer* DNotZ 1996, 604, 612 f.; s. Erl. zu § 2287 BGB Rdn. 17, 19 ff.

353 BGH, Urt. v. 17.01.1996 – IV ZR 214/94, ZEV 1996, 186.

354 Zum Folgeproblem, wie die Auflage konkret zu bewerten ist, s. *Kerscher/Tanck* S. 124 f.

355 Vgl. zuletzt BGH, Urt. v. 14.03.2018 – IV ZR 170/16, ZEV 2018, 274. Zuvor BGH, Urt. v. 27.11.1991 – IV ZR 164/90, BGHZ 116, 167; OLG Düsseldorf, Urt. v. 31.01.1997 – 7 U 59/96, FamRZ 1997, 1110.

356 BGH, Urt. v. 14.03.2018 – IV ZR 170/16, ZEV 2018, 274; BGH, Urt. v. 27.11.1991 – IV ZR 164/90, BGHZ 116, 167; *Kollhosser* NJW 94, 2313.

357 *Kerscher/Tanck* 126 ff. m.w.N.; *Hayler* DNotZ 2000, 681, 683 ff.

358 BGH, Urt. v. 15.04.1964 – V ZR 105/62, NJW 1964, 1323; Urt. v. 04.07.1975 – IV ZR 3/74, NJW 1975, 1831, 1832; anders zumindest bei Pflegeversicherungen BGH, Beschl. v. 02.10.1951 – V ZR 77/50, BGHZ 3, 206, 211; Urt. v. 07.04.1989 – V ZR 252/87, BGHZ 107, 156.

359 So die ständige Formulierung des BGH. Vgl. auch *Klingelhöffer* Probleme der Darlegungs- und Beweislast im Erbrecht, ZEV 2007, 361.

360 Gelegentlich spricht der BGH von *»frisieren«* oder *»manipulieren«;* vgl. BGH, Urt. v. 21.06.1972 – IV ZR 221/69, NJW 1972, 1709 (= BGHZ 59, 132); BGH, Beschl. v. 22.02.1989 – IVb ZB 5/89, FamRZ 1989, 732.

tives, über ein geringes Maß hinausgehendes Missverhältnis«[361] besteht, wohl aber ohne die Missverhältnis-Grenze relativieren zu wollen.

Überschreiten die Vertragsparteien die Willkürgrenze, hat dies erhebliche prozessuale Konsequenzen. Grundsätzlich obliegt im Rahmen von § 2325 BGB dem Pflichtteilsberechtigten die **Darlegungs- und Beweislast** für das Vorliegen einer Schenkung. Dementsprechend hat er

– den Wert der Leistung,
– den Wert der Gegenleistung (und damit das auffällige, grobe Missverhältnis) sowie
– das Einigsein der Vertragsparteien über die Unentgeltlichkeit[362]

zu beweisen. Liegt allerdings ein auffälliges, grobes Missverhältnis zwischen Leistung und Gegenleistung vor, kommt dem Pflichtteilsberechtigten eine **Beweiserleichterung** im Sinne einer **tatsächlichen Vermutung (nur) bezüglich des subjektiven Tatbestandes** zugute. Zu seinen Gunsten wird vermutet,

> *»dass dies auch die Vertragsparteien erkannt haben und dass sie sich in Wahrheit über die unentgeltliche Zuwendung derjenigen Bereicherung einig waren, die sich bei einer verständigen und nach den Umständen vertretbaren Bewertung der beiderseitigen Leistungen ergeben hätte.«*[363]

Im Rahmen eines auf Pflichtteilsergänzungsansprüche gerichteten Prozesses obliegt es dann dem Anspruchsgegner, d.h. im Rahmen von § 2325 BGB dem Erben bzw. im Rahmen von § 2329 BGB dem Beschenkten, das Gegenteil darzutun und zu beweisen.

Ob ein auffälliges grobes Missverhältnis zwischen Leistung und Gegenleistung vorliegt, bemisst sich nach dem **Zeitpunkt des Vertragsschlusses.** Dementsprechend hat ein späterer Erlass oder die spätere Änderung einer ursprünglich vereinbarten Gegenleistung (Beweislast: Vertragspartner bzw. Erbe/Beschenkter)[364] keinen Einfluss auf den Entgeltcharakter des ursprünglichen Vertrages. Anders kann dies bei einem anfänglichen Erlass (Beweislast: Pflichtteilsberechtigter) sein.[365] Bspw. hat der BGH die rechtliche Einschätzung (durch das Berufungsgericht) eines Übergabevertrages, bei dem die Pflege für die Vergangenheit mit 60.000,00 DM bewertet wurde und diese Forderung noch in demselben Vertrag gleich wieder erlassen wurde, als Scheingeschäft unbeanstandet gelassen.[366]

Die **Überprüfung eines auffallenden Missverhältnisses** erfolgt in zwei Schritten. Zunächst ist der objektive Wert von Leistung und Gegenleistung festzustellen. Anschließend, wenn beide Werte 160

361 BGH, Beschl. v. 03.12.2008 – IV ZR 58/07, ZEV 2009, 77.

362 Vgl. OLG Oldenburg, Urt. v. 04.06.1996 – 5 U 27/96, NJW-RR 1997, 263; OLG Schleswig, Urt. v. 15.08.2006 – 3 U 63/05, ZErb 2006, 417; *Klingelhöffer* ZEV 2007, 362. Ebenso trägt der Pflichtteilsberechtigte die Darlegungs- und Beweislast für die Werthaltigkeit des Nachlasses. Sie erstreckt sich auch darauf, dass hinreichend substantiiert geltend gemachte Verbindlichkeiten nicht bestehen; vgl. hierzu die instruktive Entscheidung OLG Brandenburg, Urt. v. 05.11.2008 – 13 U 111/07, ZErb 2009, 187, bei der das Gericht von dem Erben per 31.12.2004 datierende Kontoauszüge zum Nachweis der Überschuldung des Nachlasses per Todestag am 15.02.2003 akzeptierte. Das Gericht hat sich auch mit der offenen Frage beschäftigt, ob die Verletzung der Auskunftspflicht durch den Erben zu einer Umkehr der Darlegungs- und Beweislast führt. Diese Frage hat es verneint und hierzu ausgeführt: *»Die Pflichtverletzung der Beklagten (Anm.: des Erben) führt (…) lediglich dazu, dass sie im Rahmen der Anforderungen an die hinreichende Substanziiertheit ihres Vorbringens zu berücksichtigen ist.«* Den danach gesteigerten Anforderungen an die hinreichende Substanziiertheit konnte der Erbe im konkreten Fall genügen.

363 Vgl. BGH, Urt. v. 21.06.1972 – IV ZR 221/69, NJW 1972, 1709 (1710). Vgl. weiter BGH, Urt. v. 27.05.1981 – IVa ZR 132/80, NJW 1981, 2458; OLG Oldenburg, Urt. v. 18.02.1992 – 5 U 102/91, NJW-RR 1992, 778; 11; 21; Urt. v. 04.06.1996 – 5 U 27/06, NJW-RR 1997, 263.

364 Ebenso obliegt dem Erben/dem Beschenkten die Beweislast für außervertragliche Gegenleistungen, vgl. BGH, Urt. v. 09.11.1983 – IVa ZR 151/82, NJW 1984, 487.

365 Vgl. BGH, Urt. v. 21.06.1972 – IV ZR 221/69, NJW 1972, 1709 (= BGHZ 59, 122).

366 Vgl. BGH, Urt. v. 21.06.1972 – IV ZR 221/69, NJW 1972, 1709; Urt. v. 17.01.1996 – IV ZR 214/94, NJW-RR 1996, 705; OLG Oldenburg, Urt. v. 18.02.1992 – 5 U 102/91, NJW-RR 1992, 778.

bekannt sind, kann und muss geprüft werden, ob ein insgesamt entgeltlicher Vertrag bejaht werden kann oder ob ein grobes Missverhältnis zwischen den ausgetauschten Leistungen offensichtlich ist, wobei zugunsten der Vertragsparteien eine großzügige Beurteilung vertretbar ist.[367]

Ein solches auffälliges, grobes Missverhältnis hat der BGH bspw. für die Bewertung eines Hauses mit 69,44 % seines Verkehrswertes angenommen[368] und bei einer Abweichung von rund 17 % verneint.[369] Ähnlich hat das OLG Koblenz eine Bewertung mit 81 % des Verkehrswertes und damit eine Abweichung von 19% für unschädlich erachtet.[370]

Liegt ein auffälliges, grobes Missverhältnis vor, errechnen sich die Pflichtteilsergänzungsansprüche aus der Differenz zwischen dem objektiven Wert und dem noch vertretbaren Wert

»bei einer verständigen, die konkreten Umstände des Falls berücksichtigenden Beurteilung«.[371]

Weiterhin ist bei der Berechnung der Pflichtteilsergänzungsansprüche derjenige Teil von vorneherein auszuklammern, der dem Beschenkten als eigener Erbteil ohnehin zustehen würde.[372] Umgekehrt hat der BGH die Bewertung von Ehegattenleistungen insoweit begrenzt, als dasjenige, was nach § 1360 BGB als Familienunterhalt geschuldet ist, nicht zur Gegenleistung erhoben werden kann.[373] Ein Indiz hierfür liegt in der in etwa gleichen Arbeitsleistung der Ehegatten.

Im Ergebnis bleibt festzuhalten, dass den Vertragsparteien ein durchaus erheblicher Spielraum bei der Bewertung von Leistung und Gegenleistung zusteht, der seine Grenze erst in einer willkürlichen Bemessung findet. Hält sich eine Bewertung allerdings in dem genannten Rahmen, muss der Pflichtteilsberechtigte dies hinnehmen, obwohl es zur Verkürzung seiner Pflichtteilsergänzungsansprüche führt.

---

367 Vgl. BGH, Urt. v. 21.06.1972 – IV ZR 221/69, NJW 1972, 1709.

368 Vgl. BGH, Urt. v. 21.06.1972 – IV ZR 221/69, NJW 1972, 1709. Dort haben die Vertragsparteien den Kaufpreis für ein Haus, dessen objektiver Wert 72.000,00 DM betrug, mit 50.000,00 DM angegeben. Vgl. auch OLG Oldenburg, Urt. v. 30.08.2006 – 5 U 154/05, ErbR 2007, 129 mit zustimmenden Anm. *Rogler*. Hier betrug der Wert der Gegenleistung einer im Jahr 1995 übergebenen Immobilie nur 22 % des Wertes des übergebenen Hauses (375.000,00 € unter Berücksichtigung eines eingeräumten Wohnrechts). Die Gegenleistung lag in der Arbeitsleistung des Beklagten in der Bäckerei und Gastwirtschaft der Eltern in den Jahren 1969 bis 1972, für deren Bewertung das OLG den durchschnittlichen Bruttoverdienst eines Bäckermeisters in eben den Jahren 1969 bis 1972 zugrunde gelegt und – mit eingehender Begründung – von einer Indexierung der Dienstleistung abgesehen hat.

369 Vgl. BGH, Beschl. v. 03.12.2008 – IV ZR 58/07, ZEV 2009, 77. Die Entscheidung des BGH betraf einen entgeltlichen Erbverzicht, bei der sich die vom BGH verneinte Frage stellte, ob der über dem Wert des Erbteils liegende Teil des Entgelts Pflichtteilsergänzungsansprüche auslöste (Wert des maßgeblichen Erbteils 793.000 €; Abfindungsbetrag für Erbverzicht 929.000). Leitsatz 3 der Entscheidung lautete: *»Für die Frage, ob die vom Erblasser gewährte Leistung über ein Entgelt oder eine angemessene Abfindung für den Erbverzicht hinausgeht, kann sich der Pflichtteilsberechtigte auf die in der Rechtsprechung bei gemischten Schenkungen anerkannte Beweiserleichterung berufen. Danach ist eine Schenkung zu vermuten, soweit zwischen Leistung und Gegenleistung ein objektives, über ein geringes Maß deutlich hinausgehendes Missverhältnis besteht.«* S. hierzu *Schindler* ZEV 2009, 80.

370 Vgl. OLG Koblenz, Beschl. v. 06.03.2006 – 6 W 114/06, ZErb 2006, 282 (Kaufpreis i.H.v. 52.000 €; Verkehrswert des Grundstücks unter Berücksichtigung des vorbehaltenen Nießbrauchs 63.670 €).

371 Vgl. BGH, Urt. v. 27.05.1981 – IVa ZR 132/80, NJW 1981, 2458. Bei der Übertragung eines Hausgrundstückes von einem Elternteil auf eines der Kinder hat der BGH insoweit von einer *»vertretbar großzügigen Beurteilung mit Blick auf das Eltern-Kind-Verhältnis«* gesprochen, vgl. BGH, Urt. v. 21.06.1972 – IV ZR 221/69, NJW 1972, 1709.

372 Vgl. OLG Oldenburg, Urt. v. 18.02.1992 – 5 U 102/91, NJW-RR 1992, 778, 779 (*»da insoweit keine unentgeltliche Verfügung (...) vorliegen kann«*).

373 Vgl. BGH, Urt. v. 15.03.1989 – IVa ZR 338/87, FamRZ 1989, 732. Vgl. auch *Klingelhöffer* ZEV 2007, 361.

(b) Berücksichtigung vorbehaltener Nießbrauchs- oder Wohnungsrechte

Im Rahmen von Grundstücksübertragungsverträgen spielt die Einräumung bzw. der Vorbehalt eines Nießbrauchsrechts oder eines lebenslänglichen Wohnungsrechts zugunsten des Übertragenden (und gegebenenfalls zugunsten Dritter bzw. des Ehegatten) eine große Rolle. [374] Sie können als echte Gegenleistung vereinbart werden oder als Schenkung unter Auflage, was allerdings auf der Pflichtteilsergänzungsebene keine großen Unterschiede mit sich bringt.[375] Beide Male kann (nicht: muss) der Wert der vorbehaltenen Nutzung den Grundstückswert erheblich kürzen. Nach gefestigter Rechtsprechung ist dies auf der Grundlage des in § 2325 Abs. 2 Satz 2 BGB verankerten **Niederstwertprinzips** (nur) dann der Fall, wenn bei der Berechnung der Pflichtteilsergänzungsansprüche auf den (früheren) Zeitpunkt der Schenkung, genauer gesagt auf den der Eintragung des neuen Eigentümers im Grundbuch[376] abzustellen ist und nicht auf den (späteren) Zeitpunkt des Erbfalls.[377] Die Rechtsprechung des Bundesgerichtshofes ist in der Literatur zwar auf erhebliche Kritik gestoßen.[378] Gleichwohl hält der BGH hieran fest und zwar unabhängig davon, ob die Nutzungen kraft dinglicher Belastung, schuldrechtlicher Vereinbarung oder als Auflage vorbehalten wurden.[379] 161

Die **Prüfungsfolge des BGH** erfolgt in **zwei Schritten:** 162

1. Schritt: Zunächst ist der inflationsbedingt bereinigte, d.h. der indexierte Wert der Immobilie (ohne Berücksichtigung des Nutzungsrechts) im Zeitpunkt des Vollzugs der Schenkung (= Eintragung im Grundbuch) mit dem Wert des Grundstücks beim Erbfall zu vergleichen. Entsprechend dem Niederstwertprinzip ist auf den niedrigeren der beiden Werte abzustellen.

2. Schritt: Nur wenn dies der Wert im Zeitpunkt der Schenkung ist, wird in einem zweiten Schritt der zu kapitalisierende und um den Inflationsausgleich zu bereinigende Wert des Nutzungsrechtes in Abzug gebracht.[380] Eine Schenkung liegt dann in dem Umfang vor, in dem der Wert des weggeschenkten Gegenstandes den Wert der kapitalisierten verbleibenden Nutzungen übersteigt.[381]

Ob die **Kapitalisierung des Wertes des vorbehaltenen Rechtes** auf der Grundlage einer ex ante-Betrachtung nach der statistischen Lebenserwartung[382] oder im Rahmen einer ex post-Betrachtung

---

374 Zu den Folgen für § 2325 Abs. 3 BGB s. Syst. A Rdn. 173 f.

375 Vgl. BGH, Urt. v. 30.05.1990 – IV ZR 254/88, NJW-RR 1990, 1158.

376 Vgl. BGH, Urt. v. 29.06.2016 – IV ZR 474/15. NJW 2016, 2957 im Anschluss an BGH, Urt. v. 02.12.1987 – IVa ZR 149/86, NJW 1988, 821.

377 Vgl. BGH, Urt. v. 21.06.1972 – IV ZR 221/69, NJW 1972, 1709 (= BGHZ 59, 122); Urt. v. 09.11.1983 – IVa ZR 151/82, NJW 1984, 487; Urt. v. 30.05.1990 – IV ZR 254/88, NJW-RR 1990, 1158; Urt. v. 08.04.1992 – IV ZR 2/91, NJW 1992, 2887; Urt. v. 29.04.1992 – IV ZR 252/91, NJW 1992, 2888; Urt. v. 27.04.1994 – IV ZR 132/93, NJW 1994, 1791; Urt. v. 17.01.1996 – IV ZR 214/94, NJW-RR 1996, 705; Beschl. v. 16.07.2003 – IV ZR 73/03, ZEV 2003, 416; Urt. v. 22.03.2006 – IV ZR 93/05, ZEV 2006, 265 für ein vorbehaltenes Wohnrecht (gegen OLG Celle, Urt. v. 17.01.2002 – 6/22 U 334/98, ZErb 2002, 233). Vgl. weiter OLG Schleswig, Urt. v. 25.11.2008, 3 U 11/08, ZEV 2009, 81.

378 Vgl. *Reiff* NJW 1992, 2860; ZEV 1998, 244; *Leipold* JZ 1994, 1123; OLG Oldenburg, Urt. v. 10.11.1998 – 5 U 91/98, NJW-RR 1999, 735, wonach kein Abzug des Nutzungswertes erfolgen soll, da nur ein zeitlich gestreckter Erwerb des unbelasteten Grundstücks vorliege. Vgl. weiter *Dingerrissen* JZ 1993, 402; *J. Mayer* FamRZ 1994, 743; *Pentz* FamRZ 1997, 723, wonach der Nutzungswert immer in Abzug zu bringen sei. Kritisch z.B. auch Burandt/Rojahn/*Horn* § 2325 Rn. 92.

379 Vgl. BGH, Urt. v. 17.01.1996 – IV ZR 214/94, NJW-RR 1996, 705.

380 Vgl. BGH, Urt. v. 08.04.1992, IV ZR 2/91, NJW 1992, 2887; Urt. v. 17.01.1996, IV ZR 214/94, NJW-RR 1996, 705; Urt. v. 08.03.2006, IV ZR 263/04, ZEV 2006, 265 (mit Anmerkungen *Joachim*, ZEV 2006, 504); OLG Koblenz, Urt. v. 13.07.2006 – 7 U 1801/05, ZErb 2006, 419; OLG Schleswig, Urt. v. 25.11.2008, 3 U 11/08, ZEV 2009, 81.

381 Vgl. BGH, Urt. v. 30.05.1990, IV ZR 254/88, NJW-RR 1990, 1158.

382 Vgl. BGH, Urt. v. 30.05.1990, IV ZR 254/88, NJW-RR 1990, 1158; Urt. v. 17.01.1996, IV ZR 214/94, NJW-RR 1996, 705; OLG Oldenburg, Urt. v. 18.02.1992 – 5 U 102/91, NJW-RR 1992, 778; Urt. v. 04.06.1996 – 5 U 27/06, NJW-RR 1997, 263; OLG Koblenz, Urt. v. 17.10.2001 – 9 U 166/01, FamRZ 2002, 772; Urt. v. 17.10.2001 – 9 U 166/01, ZErb 2002, 104; Beschl. v. 06.03.2006 – 6 W 114/06, ZErb 2006, 282; OLG Celle, Urt. v. 13.06.2002 – 22 U 104/01, NJW-RR 2002, 1448; *Dingerissen* JZ 1993, 402.

auf der Grundlage der tatsächlichen Zeitspanne zwischen Vermögensübertragung und Todesfall[383] erfolgt, oder ob er überhaupt nicht zu berücksichtigen ist,[384] wird in Rechtsprechung und Literatur unterschiedlich beurteilt.[385] Grundsätzlich stellt die Rechtsprechung allerdings auf die statistische Lebenserwartung im Zeitpunkt der Vermögensübertragung ab und errechnet dann nach Maßgabe der Tabelle, die das Bundesfinanzministerium gem. § 14 Abs. 1 Satz 4 BewG veröffentlicht (vergleichbar mit der Anlage 9 zu § 14 BewG, die zum 01.01.2009 aufgehoben wurde), den Wert des vorbehaltenen Rechtes, der dann noch bezogen auf den Todeszeitpunkt zu kapitalisieren ist.[386] In der Vergangenheit hat die Rechtsprechung z.T. unabhängig von der Anlage 9 zu § 14 BewG auf die Lebenserwartung *»nach den einschlägigen Sterbetafeln«* abgestellt.[387] Es bleibt abzuwarten, ob vergleichbare Entscheidungen auch vor dem Hintergrund der jetzt geltenden Tabelle des Bundesfinanzministeriums ergehen werden. Im Ergebnis obliegt die Bewertung jedenfalls der Schätzung durch den Tatrichter nach § 287 ZPO.[388]

(3) Ausstattung

(a) Begriffsbestimmung

163 Ausstattungen im Sinne von § 1624 BGB sind von Schenkungen deutlich zu unterscheiden. Sie sind keine Schenkungen mit der Folge, dass die gesetzlichen Bestimmungen, die wie § 2325 BGB eine Schenkung voraussetzen, nicht anwendbar sind.

§ 1624 BGB stellt maßgeblich auf einen bestimmten Zweck und/oder Anlass ab, der mit der Zuwendung verbunden sein muss, damit eine Ausstattung vorliegt. Weiterhin differenziert die Vorschrift zwischen Übermaßausstattungen, für die trotz ihrer Ausstattungseigenschaft Schenkungsrecht und damit auch § 2325 BGB Anwendung findet,[389] und Ausstattungen, die den Vermögensverhältnissen des Vaters oder der Mutter entsprechen (»Ausstattung im engeren Sinn«). Nur für sie greift ausschließlich »Ausstattungsrecht«. Hiervon unabhängig sind Eltern ihren Kindern gegenüber

383 Vgl. OLG Oldenburg, Urt. v. 10.11.1998 – 5 U 91/98, NJW-RR 1999, 734; OLG Köln, Urt. v. 22.11.1991 – 20 U 36/91, FamRZ 1992, 480; OLG Hamburg, Urt. v. 20.08.1991 – 2 U 30/90, FamRZ 1992, 228 sowie OLG Celle, 13.06.2002 – 22 U 104/01, NJW-RR 2002, 1448 (für den Fall, dass der Zuwendende im Zeitpunkt der Zuwendung schwer erkrankt und mit seinem baldigen Ableben zu rechnen war); *N. Mayer* FamRZ 1994, 739; *Heinrich* MittRhNotK 1995, 157; *Pentz* FamRZ 1997, 724.

384 So die Einzelfallentscheidung OLG Oldenburg, Urt. v. 10.11.1998 – 5 U 91/98, NJW-RR 1999, 734 (Erblasser verstarb nur 14 Monate nach der Schenkung). Vgl. weiter *Reiff* NJW 1992, 2857; ZEV 1998, 241.

385 Vgl. *Joachim* ZEV 2006, 504.

386 Vgl. BGH, Urt. v. 08.04.1992 – IV ZR 2/91, NJW 1992, 2887; Urt. v. 29.04.1992 – IV ZR 252/91, NJW 1992, 2888; OLG Schleswig v. 25.11.2008, 3 U 11/08, ZEV 2009, 81 mit näherer Auseinandersetzung des Diskussionsstandes.

387 Vgl. OLG Koblenz, Beschl. v. 06.03.2006 – 6 W 114/06, ZErb 2006, 282 (22-jährige Lebenserwartung der im Zeitpunkt der Grundstücksübertragung 62-jährigen Übergeberin auch dann maßgeblich, wenn sie 2 Jahre nach der Übergabe verstirbt).

388 Vgl. OLG Koblenz, Urt. v. 17.10.2001 – 9 U 166/01, ZErb 2002, 104; OLG Oldenburg, Urt. v. 10.11.1998 – 5 U 91/98, NJW-RR 1999, 734.

389 Vgl. BeckOK-BGB/*Pöcker*, § 1624 Rn. 7 (Stand: 01.05.2019); *Krauß* Rn. 3621. Allerdings ist eine Übermaßausstattung nur dann eine Schenkung, wenn sie eines anderen Rechtsgrundes entbehrt; vgl. BGH, FamRZ 1965, 430, 431 (keine Schenkung bei Abgeltung langjähriger Dienste des Abkömmlings auf dem elterlichen Hof: *»Soweit die Ausstattung das den Umständen, insb. den Vermögensverhältnissen des Vaters entsprechende Maß nicht überschreitet, verbietet § BGB § 1624 BGB die Annahme einer Schenkung. Aber auch bei Überschreitung dieses Maßes kann eine Schenkung – bzw. ein Schenkungsversprechen – nur dann angenommen werden, wenn sich die Beteiligten über die Unentgeltlichkeit i.S. des § BGB § 516 Abs. BGB § 516 Abs. 1 BGB einig sind [...]. Im vorliegenden Falle sollte aber nach den Feststellungen die versprochene Ausstattung einen Ausgleich dafür darstellen, daß der Kläger dem elterlichen Hofe jahrelang seine volle Arbeitskraft zur Verfügung stellte. Damit entfällt die Einigung über die Unentgeltlichkeit, so daß § BGB § 518 BGB nicht eingreift.«*) und im Anschluss daran *Schindler* ZEV 2006, 389, 391 sowie *Krauß* Rn. 266.

nach § 1610 BGB zu angemessenem Unterhalt verpflichtet, was den gesamten Bedarf einschl. der Kosten einer angemessenen Vorbildung zu einem Beruf umfasst. Von daher setzt eine Ausstattung i.e.S. eine Zuwendung voraus,
– die über den angemessenen Unterhalt hinausgeht,
– die den Vermögensverhältnissen der Eltern entspricht und
– die aus einem bestimmten Anlass bzw. zu einem bestimmten Zweck erfolgt.

Anders formuliert: Wenden Eltern ihren Kindern auf freiwilliger Basis Vermögensgegenstände als zusätzliche Starthilfe zu und entspricht die Zuwendung den Vermögensverhältnissen der Eltern, so kann eine Ausstattung vorliegen, wenn der Zuwendungszweck und damit der Vertragsinhalt als Geschäftsgrundlage auf die Begründung oder die Erhaltung der Wirtschafts- und Lebensstellung gerichtet ist.[390] Für ein eventuelles Übermaß gilt Schenkungsrecht *(»insoweit«)*,[391] wobei denjenigen die Beweislast trifft, der Übermaß behauptet.[392] Da allerdings auch Übermaßausstattungen Ausstattungen sind, kommt es hinsichtlich des Übermaßes zu einer parallelen Anwendung von § 2316 und § 2325 BGB.[393] Zur Vermeidung einer doppelten Berücksichtigung ist § 2325 BGB nur insoweit anwendbar, als das Übermaß im Einzelfall nicht bereits bei der Berechnung des Ausgleichspflichtteils nach § 2316 BGB Berücksichtigung gefunden hat, etwa weil ein Fall des Mehrempfangs vorliegt (vgl. § 2056 BGB).

Als Ausstattung kommt nicht nur die sog. »**Aussteuer**« infrage. Vielmehr kann Gegenstand einer Ausstattung jedes übertragbare Recht und jede übertragbare bewegliche oder unbewegliche Sache sein. Auch die Aufnahme eines Abkömmlings in das elterliche Geschäft (z.B. durch Einräumung einer stillen Teilhaberschaft) kann der Erlangung einer selbständigen Lebensstellung oder der Begründung einer wirtschaftlichen Existenz dienen und damit nicht als Schenkung qualifiziert werden.[394] **164**

(b) Abgrenzung zu Schenkungen

Im Vergleich zu Schenkungen weisen Ausstattungen eine ganze Reihe von Besonderheiten auf. So beruht eine Ausstattung auf einer causa sui generis, der »Ausstattungs-causa«. Anders als eine Schenkung bedarf das Ausstattungsversprechen grundsätzlich auch keiner Form. Insbesondere kommt § 518 Abs. 1 BGB nicht zur Anwendung. Das Gleiche gilt für die Regel über die Notbedarfseinrede nach § 519 BGB, die Rückforderung wegen Notbedarfs nach § 528 BGB und den Widerruf nach § 530 BGB. Ebenso wenig kommt im Bereich der ungerechtfertigten Bereicherung § 814 BGB zur Anwendung. Weiterhin begründen Ausstattungen **keine Pflichtteilsergänzungsansprüche** nach § 2325 BGB.[395] Gleichwohl soll eine Gläubigeranfechtung möglich sein.[396] **165**

390 Vgl. *Krug/Zwißler* Familienrecht und Erbrecht S. 116 Rn. 461. Unter Rn. 266 differenziert *Krauß* im Anschluss an *Schindler*, ZEV 2006, 389, 391.

391 Vgl. BeckOK-BGB/*Pöcker*, § 1624 Rn. 7 (Stand: 01.05.2019); *Krauß* Rn. 3621.

392 Vgl. *Schmid* BWNotZ 1971, 29; *Schindler* ZEV 2006, 389, 391 (zu den darzulegenden und im Zweifel zu beweisenden Tatbestandsvoraussetzungen von § 516 BGB).

393 Vgl. *Baltzer/Reisnecker* Vorsorgen mit Sorgenkindern, Rn. 287.

394 RGZ 121, 11; MünchKomm/*von Sachsen Gessaphe* § 1624 Rn. 4 f.

395 Nur konsequent kommt es anders als bei Ansprüchen nach § 2325 Abs. 1 BGB für den Beginn der 3-jährigen Verjährungsfrist nach § 2332 BGB nicht darauf an, wann der Pflichtteilsberechtigte Kenntnis von der Ausstattung erlangt hat. Vgl. allgemein für ausgleichungspflichtige Zuwendungen: OLG Karlsruhe ZEV 2007, 329.

396 Vgl. Palandt/*Diederichsen* § 1624 Rn. 2; Staudinger/*Hilbig-Lugani*, Neubearbeitung 2015 § 1624 Rn. 4 (*»hier müssen – parallel zu anderen Zuwendungen innerhalb der Familie – die Gläubigerinteressen überwiegen«*) unter Bezugnahme auf LG Tübingen, Urt. v. 24.05.2005 – 1 O 2/05, ZInsO 2005, 781; *Krauß* Rn. 270.

(c) Ausstattungen auf der Pflichtteilsebene, § 2316 Abs. 3 BGB

166 Auch wenn Ausstattungen Pflichtteilsergänzungsansprüche von vorne herein nicht entstehen lassen, sind sie **gleichwohl** in aller Regel **kein taugliches Mittel zur Pflichtteilsvermeidung**. Denn Ausstattungen sind nach § 2050 Abs. 1 BGB grundsätzlich ausgleichungspflichtig. Die Ausgleichungspflicht kann der Erblasser zwar für die Ebene der Auseinandersetzung zwischen Miterben ausschließen (vgl. § 2050 Abs. 1 BGB). Auf der Pflichtteilsebene greift allerdings § 2316 Abs. 3 BGB. Die Vorschrift lautet:

> *»Eine Zuwendung der in § 2050 Abs. 1 BGB bezeichneten Art kann der Erblasser nicht zum Nachteil eines Pflichtteilsberechtigten von der Berücksichtigung ausschließen.«*

§ 2316 Abs. 3 BGB[397] hat eminente Auswirkungen auf die Gestaltung insbesondere von Grundstücksübertragungsverträgen. Erfolgen sie *»im Wege der vorweggenommenen Erbfolge aus Ausstattung«*, kann zwar auf der Erbenebene die Ausgleichung (auch) zu Lasten der nicht an der Grundstückszuwendung teilnehmenden Abkömmlinge ausgeschlossen werden, nicht aber auf der Pflichtteilsebene. Auf dieser Ebene wirkt sich ein ausdrücklicher Ausschluss der Ausgleichung in dem Übertragungsvertrag von Gesetzes wegen nicht aus.[398] In Folge dessen wird es zu einer Berücksichtigung der Grundstückszuwendung bei der Pflichtteilsberechnung und damit zu einer Erhöhung des ordentlichen Pflichtteils bei den nicht begünstigten Abkömmlingen kommen. War genau eine solche Berücksichtigung aber gerade nicht gewollt, beispielsweise im Bereich von Behindertentestamenten, liegt ein Gestaltungsfehler vor und hätte die Grundstücksübertragung nicht im Wege einer Ausstattung erfolgen dürfen.

Im Ergebnis führen Ausstattungen auf der Pflichtteilsebene nur zu einer Verlagerung weg von Pflichtteilsergänzungsansprüchen hin zu einem Ausgleichspflichtteil mit der weiteren Folge, dass die Pflichtteilslast insgesamt gerade nicht sinkt.[399] Dasjenige Kind, dessen Pflichtteil minimiert werden soll, erhält aufgrund der Ausstattung an seine Geschwister zwar geringere Pflichtteilsergänzungsansprüche, dafür aber einen höheren ordentlichen Pflichtteil. Ausstattungen sind demnach kein taugliches Mittel zur Pflichtteilsvermeidung oder -verringerung.[400] Ganz im Gegenteil greift allein bei einer Schenkung das Abschmelzungs- bzw. Pro-Rata-Modell nach § 2325 Abs. 3 BGB und kommt auch nur bei einer Schenkung das Niederstwertprinzip nach § 2325 Abs. 2 Satz 1 BGB zur Anwendung.[401] Folglich wäre es ein Gestaltungsfehler, wenn Eltern zugunsten des einen Kindes eine Grundstückszuwendung im Wege der vorweggenommenen Erbfolge als nicht ausgleichungspflichtige Ausstattung vornehmen, es ihnen aber in Bezug auf ihr anderes Kind um eine Pflichtteilsminimierung durch die Grundstückszuwendung geht.

---

397 § 2316 Abs. 3 BGB bezieht sich auf Ausstattungen im Sinne von § 2050 Abs. 1 BGB sowie nach zutreffender h.M. auf Übermaßzuschüsse und Übermaßausbildungskosten im Sinn von § 2050 Abs. 2 BGB (»geborene« Ausgleichung), nicht aber auf Zuwendungen im Sinn von § 2050 Abs. 3 BGB, die erst durch eine vom Erblasser getroffene Anordnung ausgleichungspflichtig werden (»gekorene« Ausgleichung). Hier steht es dem Erblasser frei, die Zuwendung nur für die gesetzliche Erbfolge und nicht auch für die Berechnung der Pflichtteilshöhe der Abkömmlinge für ausgleichungspflichtig zu erklären, vgl. MünchKomm/*Lange* § 2316 Rn. 2.

398 Vgl. Staudinger/*Otte* § 2316 Rn. 8.

399 Weiter ist zu beachten, dass eine Ausgleichung nur auf der Ebene der Abkömmlinge in Betracht kommt und sie den Ehegatten nicht erfasst. Von daher kommen Ausstattungen, die Kraft ausdrücklicher Anordnung nicht ausgleichungspflichtig sein sollen, dann als pflichtteilsmindernde Maßnahmen in Betracht, wenn es um den Pflichtteil des Ehegatten geht. Zudem beschränkt die Ausgleichung sich auf den Teil des Nachlasses, der den Abkömmlingen bei gesetzlicher Erbfolge zustehen würde, vgl. MünchKomm/*Lange* § 2316 Rn. 1.

400 Vgl. zur Berechnung des Ergänzungsanspruchs beim Zusammentreffen von ausgleichungspflichtigen Zuwendungen und Schenkungen BGH, Urt. v. 15.03.1965 – III ZR 108/63, NJW 1965, 1526.

401 Vgl. zu den Risiken u.a. *Krauß* Rn. 271.

▶ **Beispiel:**

Witwer E verstirbt im Jahr 2019. In seinem handschriftlichen Testament hat er seinen Sohn S als Alleinerben eingesetzt. Seine Tochter T, mit der er sich im Jahr 2003 überworfen hat, hat E enterbt. Der Wert des Nachlasses beträgt 300.000,00 €. Im Jahr 2004 hatte E seinen Sohn anlässlich dessen Hochzeit einen Bauplatz zugewandt. Ausdrücklich heißt es in dem Grundstücksübertragungsvertrag, dass die Zuwendung »im Wege der vorweggenommenen Erbfolge als Ausstattung« erfolgen und dass sie weder nach §§ 2050 ff. BGB ausgleichungspflichtig noch nach § 2315 BGB anrechnungspflichtig sein soll. Bezogen auf den Todestag von E beträgt der indexierte Wert der Zuwendung des Bauplatzes 140.000,00 €. Welche Ansprüche löst die Grundstückszuwendung aus?

In dem Beispiel liegt kein Fall von § 2325 BGB vor. Da die Zuwendung des Bauplatzes im Wege einer Ausstattung erfolgt ist, scheiden Pflichtteilsergänzungsansprüche von vornherein aus. Es fehlt bereits an einer Schenkung, die erst und alleine Pflichtteilsergänzungsansprüche auslösen kann. Für eine Ausstattung besteht allerdings die Besonderheit, dass sie nach § 2050 Abs. 1 BGB kraft gesetzlicher Vermutung ausgleichungspflichtig ist und dass nach § 2316 Abs. 3 BGB die Ausgleichungspflicht auf der Pflichtteilsebene nicht ausgeschlossen werden kann. Das gilt zugunsten von T auf der Pflichtteilsebene insbesondere auch dann, wenn der Erblasser seine Abkömmlinge wie hier disquotal als Erben eingesetzt hat oder wenn er in dem notariellen Übergabevertrag die Ausgleichungspflicht ausgeschlossen hat. Beide Fälle erfassen ausschließlich die Erb-, nicht aber die Pflichtteilsebene. Unter Berücksichtigung aber der auf der Pflichtteilsebene auszugleichenden Grundstückszuwendungen stehen T über § 2316 BGB **ordentliche Pflichtteilsansprüche** zu:

	Realer Nachlass	300.000,00 €
+	ausgleichungspflichtige Zuwendung an S (umgerechnet und indexiert)	140.000,00 €
=	für die Ausgleichung maßgeblicher Nachlass	440.000,00 €
x	gesetzliche Erbquote von T	1/2
=	fiktiver Ausgleichungserbteil von T	220.000,00 €
x	Pflichtteilskorrektur	1/2
=	Ausgleichungspflichtteil	110.000,00 €

Hätte E demgegenüber die Grundstückszuwendung nicht im Wege einer Ausstattung, sondern als Schenkung im Sinn von § 516 BGB vorgenommen, wäre T insoweit leer ausgegangen. Zu einer Erhöhung der ordentlichen Pflichtteilsansprüche wäre es nicht gekommen, da § 2316 BGB dann nicht einschlägig gewesen wäre. Pflichtteilsergänzungsansprüche wären daran gescheitert, dass die 10-Jahres-Frist nach § 2325 Abs. 3 BGB bereits seit Jahren abgelaufen gewesen wäre.

(4) Pflicht- und Anstandsschenkungen, § 2330 BGB

Nach § 2330 BGB finden die Vorschriften über Pflichtteilsergänzungsansprüche auf solche Schen- 167
kungen keine Anwendung,

> *»durch die einer sittlichen Pflicht oder einer auf den Anstand zu nehmenden Rücksicht entsprochen wird«.*

Pflicht- und Anstandsschenkungen sind damit ergänzungsfest, auch wenn es sich um Schenkungen i.S.v. § 516 BGB handelt.

Anstandsschenkungen sind kleinere Zuwendungen zu besonderen Anlässen, bspw. zum Geburtstag, an Weihnachten, zur Hochzeit etc. Sie dürfen weder einen wesentlichen Teil des Vermögens ausmachen, noch eine bestimmte Wertgrenze überschreiten.[402] Maßgeblich ist die jeweilige, einzelfallbezogene örtliche oder gesellschaftsrechtliche Verkehrssitte. Eine Anstandsschenkung kann nur vorliegen, wenn die Unterlassung des Geschenks zu einer Einbuße an Achtung in dem jeweiligen Personenkreis führen würde.[403]

Dem gegenüber können **Pflichtschenkungen** durchaus von **erheblichem Wert** sein. So kann eine Schenkung selbst dann einer sittlichen Pflicht entsprechen, wenn sich hierdurch der Nachlass im Wesentlichen erschöpft.[404] Voraussetzung ist allerdings, dass das Unterlassen der Schenkung die **Verletzung der sittlichen Pflicht** darstellt. Demgegenüber reicht nicht aus, dass eine Schenkung sich im Rahmen des sittlich noch zu Rechtfertigenden hält.[405]

Überschreitet der Wert des Geschenks das durch eine sittliche Pflicht oder den Anstand gebotenen Maß, liegt nur hinsichtlich des überschießenden Teils eine ergänzungspflichtige Schenkung vor.[406] Einschränkend ist zu berücksichtigen, dass im Rahmen der erforderlichen Abwägung auch die Interessen des Pflichtteilsberechtigten zur Erhaltung einer Mindestbeteiligung am Nachlass mit einzustellen sind. Auch insofern besteht eine sittliche Pflicht, wobei das Pflichtteilsrecht entscheidenden Schutz verdient.[407]

ee) Bewertung, § 2325 Abs. 2 BGB

168 Die **Bewertung** erfolgt nach § 2325 Abs. 2 BGB: Alle verbrauchbaren Sachen werden stets mit dem Wert im Zeitpunkt der Schenkung angesetzt. Bei Grundstücken gilt nach der BGH-Rspr. das **Niederstwertprinzip**, wonach bei divergierenden Werten zwischen dem Zeitpunkt der Schenkung und dem Erbfall der niedrigere Wert anzusetzen ist, allerdings korrigiert um den Kaufkraftschwund.[408]

ff) Pro-Rata-Regelung, § 2325 Abs. 3 BGB

(1) Gesetzgeberisches Grundmodell

169 § 2325 Abs. 3 BGB bestimmt eine Schranke, nämlich eine **Ausschlussfrist** für die Berücksichtigung der Schenkung. Im Regelfall sind Schenkungen nach Ablauf von 10 Jahren pflichtteilsergänzungsfest. § 2325 Abs. 3 BGB sieht in der seit dem 01.01.2010 geltenden Fassung vor, dass der Wert der Schenkung sich innerhalb der 10 Jahre für jedes abgelaufene Jahr um 10 % des anfänglichen Wertes reduziert. Mit dieser Pro-Rata-Regelung, die auch zutreffend Abschmelzungsmodell genannt wird, hat der Gesetzgeber das bis zum 01.01.2010 geltende Alles oder nichts-Prinzip (»Fallbeillösung«) ersetzt. Danach waren Schenkungen bis zum Ablauf des letzten Tages der 10jährigen Frist mit 100 % anzusetzen.

---

402 Vgl. BGH, Urt. v. 17.01.1996 – IV ZR 214/94, NJW-RR 1996, 705; OLG Koblenz, Urt. v. 13.07.2006 – 7 U 1801/05, ZErb 2006, 419. Nichts desto trotz hat das OLG Düsseldorf die Schenkung einer Luxusjacht mit einem Anschaffungswert von 575.000 € gebilligt, vgl. OLG Düsseldorf, Urt. v. 27.01.2017 – 1-7 U 40/16, ZEV 2017, 328 mit Anm. *Hölscher.*

403 Vgl. Palandt/*Weidlich* § 2330 Rn. 2; Palandt/*Weidenkaff* § 534 BGB Rn. 3. Vgl., BeckOK-BGB/*Müller-Engels* § 2330 Rn. 2(Stand: 01.08.2018).

404 Vgl. BGH, Urt. v. 27.05.1981 – IVa ZR 132/80, NJW 1981, 2458; Urt. v. 07.03.1984 – IVa ZR 152/82, NJW 1984, 2939.

405 Vgl. BGH, Urt. v. 07.03.1984 – IVa ZR 152/82, NJW 1984, 2939; OLG Koblenz, Urt. v. 13.07.2006 – 7 U 1801/05, ZErb 2006, 419.

406 Vgl. BGH, Urt. v. 26.04.1978 – IV ZR 26/77, WM 1978, 905; Urt. v. 07.03.1984 – IVa ZR 152/82, NJW 1981, 2458; Urt. v. 08.03.2006 – IV ZR 263/04, ZEV 2006, 265.

407 Vgl. BGH, Urt. v. 07.03.1984 – IVa ZR 152/82, NJW 1984, 2939; OLG Koblenz, Urt. v. 13.07.2006 – 7 U 1801/05, ZErb 2006, 419.

408 BGH, Urt. v. 04.07.1975 – IV ZR 3/74, BGHZ 65, 75; Beschl. v. 16.07.2003 – IV ZR 73/03, ZEV 2003, 416; *J. Mayer/Geck* Der Übergabevertrag § 9 Rn. 80 f.

Der Streit um die Frage, ab wann die Ausschlussfrist zu laufen beginnt, ist durch die jüngere Rspr. des BGH weitgehend entschieden.[409] Danach kommt es auf die wirtschaftliche Ausgliederung des Geschenks aus dem Vermögen des Erblassers an.[410] Für die Schenkung einer beweglichen Sache ist die Vollendung des Eigentumsübergangs maßgeblich. Bei einer Grundstücksschenkung wird auf die Umschreibung im Grundbuch gem. § 873 Abs. 1 BGB abgestellt.[411] Anders hingegen ist die Rspr. zum Beginn der 10-Jahres-Frist im § 529 Abs. 1 BGB: hier genügt es, wenn der Schenker alles getan hat, was er für den Vollzug tun muss.[412] 170

(2) Ausnahmen

Größte praktische Bedeutung haben allerdings die (Ausnahme-)Fälle, bei denen die Frist nach § 2325 Abs. 3 BGB nicht mit Vollzug der Schenkung zu laufen beginnt. 171

(a) Ehegattenschenkungen

Das betrifft zum einen Schenkungen zwischen Ehegatten, wozu auch unbenannte Zuwendungen gehören. Diese Ausnahme ist ausdrücklich in § 2325 Abs. 3 BGB geregelt.[413] Hier beginnt die Frist erst mit Auflösung der Ehe. 172

Es stellt sich zwar die Frage, ob die Bestimmung noch zeitgerecht ist. Auch sind die gesetzgeberischen Motive, wonach bei Schenkungen unter Ehegatten stets der Verdacht einer Benachteiligungsabsicht nahe liegen könne,[414] sachfremd. Allerdings hat das Bundesverfassungsgericht die Regelung als verfassungskonform (kein Verstoß gegen Art. 3 Abs. 1 und Art. 6 Abs. 1 GG) bestätigt[415] und blieb die Regelung im Rahmen der Neufassung von § 2325 BGB unangetastet. Eine analoge Anwendung dieser Bestimmung auf voreheliche Schenkungen an den späteren Ehegatten ist allerdings nicht zulässig.[416]

(b) Nießbrauchs- und Wohnrechtsvorbehalt (»Genussrechtsprechung«)

Eine weitere Ausnahme hat der BGH im Rahmen seiner sogenannten **Genussrechtsprechung** gemacht. Behält sich der Schenker den **Nießbrauch** an einer verschenkten Immobilie vor, hindert 173

---

409 BGH, Urt. v. 06.05.1987 – IVa ZR 41/86, NJW 1988, 138, 139 (»Maßgebend ist (...), in welchem Zeitpunkt der einzelne verschenkte Gegenstand i. S. von § 325 Absatz 3 BGB objektiv geleistet worden ist. Das gilt auch dann, wenn der Erblasser mehrere Gegenstände aufgrund eines einzigen schuldrechtlichen Vertrages weggeschenkt hat.«).

410 BGH, Urt. v. 17.09.1986 – IVa ZR 13/85, DNotZ 1987, 315 m. Anm. *Nieder*.

411 Vgl. zuletzt BGH, Urt. v. 29.06.2016 – IV ZR 474/15, NJW 2016, 2957 und davor BGH, Urt. v. 19.07.2011, X ZR 140/10, NJW 2011, 3082. Letztere Entscheidung ist zu der 10-Jahres-Frist in § 529 Abs. 1 BGB ergangen. Anders als bei § 2325 Abs. 3 BGB lässt der BGH dort den Antrag auf Eintragung der Rechtsänderung beim Grundbuchamt genügen; vgl. auch BGH, Urt. 06.03.1970 – V ZR 57/67, NJW 1970, 941; Urt. v. 02.12.1987 – IVa ZR 149/86, NJW 1988, 821; Urt. v. 26.10.1999 – X ZR 69/97, ZEV 2000, 111 m. Anm. *Putzo*. Vgl. demgegenüber die Rechtsprechung des BGH zu § 2325 Abs. 3 BGB, BGH NJW 1970, 941; Urt. v. 17.09.1986 – IVa ZR 13/85, NJW 1987, 122; kritisch *Behmer* FamRZ 1999, 1254.

412 BGH, Urt. 06.03.1970 – V ZR 57/67, NJW 1970, 941; Urt. v. 02.12.1987 – IVa ZR 149/86, NJW 1988, 821; Urt. v. 26.10.1999 – X ZR 69/97, ZEV 2000, 111 m. Anm. *Putzo* und zuletzt BGH, Urt. v. 19.07.2011, X ZR 140/10, NJW 2011, 3082.

413 Vgl. § 2325 Abs. 3 Satz 3 BGB: »*Ist die Schenkung an den Ehegatten erfolgt, so beginnt die Frist nicht vor der Auflösung der Ehe*«.

414 Prot V 588.

415 Vgl. BVerfG, Beschl. v. 26.11.2018, 1 BvR 1511/14, NZFam 2019, 168 sowie zuvor BVerfG NJW 1991, 217.

416 *Dieckmann* FamRZ 1995, 189; *Pentz* NJW 1997, 2033. A.A. OLG Zweibrücken, Urt. v. 22.02.1988 – 4 U 121/87, FamRZ 1994, 1492; OLG Düsseldorf, Urt. v. 31.05.1996 – 7 U 120/95, MittBayNot 1997, 110.

das den Lauf der 10-Jahres-Frist, weil der Schenker lediglich seine formale Stellung als Eigentümer aufgibt, er zugleich aber den verschenkten Gegenstand weiterhin nutzt.[417] Aus diesem Grund soll eine »Leistung« i.S.d. § 2325 Abs. 3 BGB erst dann vorliegen, wenn der Erblasser auf den vorbehaltenen Nießbrauch durch einen weiteren notariellen Vertrag verzichtet oder wenn der Nießbrauch mit dem Ableben des Schenkers erlischt.[418]

Nach einer nicht unbeachtlichen Gegenauffassung soll der Nießbrauchsvorbehalt (beginnend mit Eintragung des Beschenkten im Grundbuch) gleichwohl den Lauf der 10-Jahres-Frist nicht hindern.[419] Nach dieser Ansicht ist der Wertzuwachs beim Beschenkten in den letzten 10 Jahren vor dem Erbfall ergänzungspflichtig.

174 In Fortführung seiner Grundsatzentscheidung aus dem Jahr 1994 hat der **BGH** für den Vorbehalt eines **Wohnungsrechts** mit Urteil vom 29.06.2016 entschieden, dass hierdurch nur in Ausnahmefällen der Beginn der 10-Jahres-Frist gehindert wird.[420] Das Gericht hat seine als maßgeblich erachtete wirtschaftliche Betrachtungsweise bestätigt, was unter »**Genuss**« zu verstehen ist. Eine die 10-Jahres-Frist auslösende Leistung

> *»liegt (...) nur vor, wenn der Erblasser nicht nur seine Rechtsstellung als Eigentümer aufgibt, sondern auch darauf verzichtet, den Gegenstand im Wesentlichen weiter zu nutzen.«*

Im konkreten Fall betraf die Zuwendung eine aus drei Etagen bestehende Immobilie, bei der das Wohnungsrecht zu Gunsten des Erblassers und seiner Ehefrau lediglich die Räume im Erdgeschoss, die Mitbenützung des Gartens, der Nebenräume sowie insbesondere der Garage umfasste.[421] Für diesen Fall hat der BGH für den Beginn der 10-Jahres-Frist auf den Zeitpunkt der Eintragung des neuen Eigentümers im Grundbuch abgestellt. Ab wann allerdings die maßgebliche Schwelle erreicht ist, ab der bei Übertragung eines Hausgrundstücks oder einer Eigentumswohnung unter einem **Wohnrechtsvorbehalt** nicht mehr von einer »Leistung« i.S.d. § 2325 Abs. 3 Halbs. 1 BGB gesprochen werden kann, ist offen und hängt davon ab, was man unter ***»im Wesentlichen weiter nutzt«*** versteht. Dass es eine solche Schwelle grundsätzlich gibt, folgt aus der dem Regel-Ausnahme-Verhältnis, auf das BGH abstellt. Offen ist allerdings, wann sie erreicht ist.[422] Es besteht

417 So die Grundsatzentscheidung BGH v. 27.04.1994, IV ZR 132/93, ZEV 1994, 233. Vgl. weiter OLG Schleswig v. 25.11.2008, 3 U 11/08, ZEV 2009, 81. Zum Problem des Bruchteils- oder Quotennießbrauchs (Stichwort: Grenze der Wesentlichkeit) s. *Krauß* Rn. 1423 ff.

418 Vgl. allgemein *Blum/Melwitz* ZEV 2010, 77.

419 Vor allem *Reiff* 150 f.; *ders.* ZEV 1998, 241; Staudinger/*Johann Frank* Vorbem. zu § 1030 Rn. 82; nicht eindeutig Soergel/*Dieckmann* § 2325 Rn. 35.

420 BGH, Urt. v. 29.06.2016 – IV ZR 474/15, NJW 2016, 2957.

421 Ähnlich die Konstellation bei LG Weiden i.d.OPf., Urt. v. 23.11.2011 (rkr.) – 22 S 43/09 –, ErbR 2013, 290 mit i.E. zust. Anm. *Munk*. (Leitsatz 2 lautet: »*Ob ein vorbehaltenes Wohnungsrecht an dem übertragenen Grundstück dem Eintritt des Leistungserfolgs und damit dem Fristbeginn i.S. des § 2325 Abs. 3 S. 2 BGB entgegensteht, ist anhand einer Abwägung der Umstände des Einzelfalls zu beurteilen.*« Im konkreten Fall hinderte das Wohnungsrecht im Erdgeschoss den Fristablauf nicht.). Vgl. LG Münster MittBayNot 1997, 113 für ein Leibgeding, das u.a. zum Bewohnen einer 33,5 qm großen Teilfläche (Gesamtwohnfläche 100 qm) berechtigte.
Vgl. für einen Quotennießbrauch von weniger als 50 %, bei dem nicht unerhebliche Teile der Nutzungsmöglichkeiten beim Erwerber (neuen Eigentümer) verbleiben, *Meyding* ZEV 1994, 204.

422 Bis zu dem Urteil des BGH vom 29.06.2016 hatte die Rechtsprechung der Oberlandesgerichte auf das Merkmal der Wesentlichkeit abgestellt und danach gefragt, ob die Schenkung für den Zuwendenden eine wesentliche Verschlechterung seiner Rechtsstellung zur Folge hat. Bspw. hatte das OLG Oldenburg die Einräumung bzw. den Vorbehalt eines Wohnrechts, dessen Übertragung an Dritte nicht nach § 1092 Abs. 1 Satz 2 BGB ausdrücklich gestattet (und dementsprechend ausgeschlossen) war, und das sich nur auf eine von mehreren Wohnungen erstreckte, entschieden, dass die 10-Jahresfrist mit Vollzug der Schenkung zu laufen beginnt, sofern kein Rückübertragungsanspruch vorbehalten ist, vgl. OLG Oldenburg, Beschl. v. 17.11.2006, 5 W 223/05, ZEV 2006, 80. Ähnlich OLG Celle, Beschl. v. 27.05.2003, 6 U 236/02, DNotI-Report 2004, 17 (kein Rückforderungsrecht vorbehalten) sowie OLG Bremen, Urt. v. 25.02.2005, 4 U 61/04, NJW 2005, 1726 (kein Rückforderungsrecht vorbehalten). In gleicher

dementsprechend nach wie vor die Unsicherheit, ab wann ein Wohnrechtsvorbehalt den Lauf der 10-Jahres-Frist hindert. Bewegt sich ein Übertragungsvertrag allerdings in einem der Entscheidung des BGH vergleichbaren Bereich, wird keine Gefahr drohen. Für den Bereich des Wohnungsrechts wird jedoch die Empfehlung, ein zu übertragendes Wohnhaus – sofern möglich – in Wohnungseigentum aufzuteilen und sich dann lediglich an einer bestimmten Wohnung ein Wohnrecht vorzubehalten,[423] Licht und Schatten bedeuten. Bei den nicht belasteten Wohnungen wird zwar die Pro-Rata-Regelung greifen,[424] bei dem mit einem Wohnungsrecht belasteten Wohnungseigentum dagegen wohl aber nicht.

(c) Leibrente und Rückforderungsrec

Bei Schenkung gegen **Leibrente** ist die »Leistung« mit Aufgabe der Eigentümerstellung (Eigentumsumschreibung) erfolgt.[425] 175

Soweit bestimmte **Rückforderungsrechte** für den Veräußerer vereinbart sind, werden diese (allein) den Fristbeginn nicht hindern. Problematisch und noch ungeklärt ist die Rechtslage bei völlig freiem Widerrufsrecht oder/und bei einer sehr weitgehenden Belastungsvollmacht für den Veräußerer.[426]

d) Pflichtteilsminimierung und -vermeidung

Vor dem Hintergrund einerseits des Beschlusses des BVerfG vom 19.04.2005[427] zur Verfassungsmäßigkeit des Pflichtteilsrechts[428] sowie andererseits der lediglich ebenso punktuellen wie moderaten Änderungen der §§ 2303 bis 2338 BGB durch das Gesetz zur Änderung des Erb- und Verjährungsrechts (ErbRÄndG) vom 24.09.2009[429] mögen die für das bis zum 01.01.2010 geltende Pflichtteilsrecht geäußerten Bedenken[430] nach wie vor berechtigt sein. Immerhin gibt es beachtliche Argumente gegen die starre Beteiligung eines vom Gesetzgeber bestimmten Kreises von Begünstigten. Andere Rechtskreise (z.B. USA – oder England) lassen dem Testator völlig freien Raum und das nicht mehr geltende ZBG der früheren DDR wies einen nicht uninteressanten Weg aus dem Dilemma der Mindestbeteiligung eines eng begrenzten Adressatenkreises und der absoluten Testierfreiheit. Für eine umfassende Reform gibt es allerdings nicht die geringsten Anzeichen. In der Kautelarjurisprudenz spielt deshalb die Verlagerung des Vermögens in »pflichtteilsfreie« Staaten eine nicht unerhebliche Rolle.[431] 176

Weise hatte das OLG Karlsruhe für den Fall entschieden, dass sich Eltern lediglich ein Wohnungsrecht an der Erdgeschosswohnung in dem übergebenen Wohnhaus sowie das Mitbenutzungsrecht an Keller und Garten vorbehalten haben, vgl. OLG Karlsruhe, Urt. v. 15.01.2008 – 12 U 124/07, NJW-RR 2008, 601. Demgegenüber hatte das OLG München ein spürbares Vermögensopfer für den Fall abgelehnt, dass die spätere Erblasserin sich das Wohnungsrecht an dem übertragenen Wohnhaus mit Ausnahme der Souterrainwohnung vorbehalten hat, sie berechtigt war, Familienangehörige und Pflegepersonal aufzunehmen und zudem ihrem Ehemann ein entsprechendes Wohnungsrecht bedingt durch ihr Ableben zustand, vgl. OLG München, Urt. v. 25.06.2008 – 20 U 2205/08, ZEV 2008, 480. Vgl. weiter OLG Düsseldorf, Urt. v. 18.12.1998 – 7 U 78/98, NJW-FER 1999, 279 (u.a. Rücküberlassungsanspruch vorbehalten; keine »Leistung« i.S.v. § 2325 Abs. 3 BGB).

423 So etwa *Frhr. v. Proff* ZEV 2016, 681, 684 sowie die Empfehlung in der Vorauflage.

424 Vgl. zum Nießbrauchsvorbehalt *Krauß* Rn. 1425. Zum Wohnrechtvorbehalt spricht *Krauß* sich in Rn. 1601 für einen gespaltenen Fristlauf aus.

425 *N. Mayer* ZEV 1994, 325; *Heinrich* MittRhNotK 1995, 157; *Wegmann* MittBayNot 1994, 307.

426 *J. Mayer* (*J. Mayer/Geck* Der Übergabevertrag§ 9 Rn. 102 f.) nimmt hier eine Anleihe beim »wirtschaftlichen Eigentum« und kommt (zutreffend) zum Ergebnis, dass bei solch weitgehenden Rechten die Frist nicht mit »Übergabe« zu laufen beginnt.

427 BVerfG, Beschl. v. 19.04.2005 – 1 BvR 1644/00 und 1 BvR 188/03, BVerfGE 112, 331.

428 S.o. Syst. A Rdn. 103.

429 BGBl. I, S. 3142.

430 *Otte* ZEV 1994, 193 ff.; *Haas* ZEV 2000, 249; *Dauner/Lieb* DNotZ 2001, 460; allg. *Henrich* DNotZ 2001, 441; Verh. des 64. Dtsch. Juristentags 2002: *Bengel* Bd. II/1 L 51 ff.; *Bengel* MittBayNot 2003, 270.

431 S. *Siemers/Müller* ZEV 1998, 206, 208; keine Umgehung des Pflichtteilrechts durch »*Trusterrichtungen*«.

Festzuhalten ist angesichts der Situation »gesetztes Recht – Rechtsprechung«, dass beim Pflichtteilsrecht gerade im Hinblick auf
- einerseits störungsfreie Betriebsnachfolge wegen der Wertermittlungskriterien (nicht gesellschaftsvertragliche Abfindungswerte, sondern »wahre« Werte) und
- andererseits wegen des Prinzips der Vererblichkeit (§ 2317 BGB)

kautelarjuristische Vorsorgemaßnahmen empfehlenswert sind. Als solche kommen vor allem infrage:

aa) Entgeltliche Geschäfte vor allem im Rahmen der vorweggenommenen Erbfolge

177 Abfindungen zugunsten Dritter, Übernahme von Verbindlichkeiten des Übergebenden und Gegenleistungen in Form von Leibrenten, dauernden Lasten oder sonstigen Versorgungsleistungen (insbesondere Pflegeverpflichtungen), führen zwar in der Regel nicht zur vollen Entgeltlichkeit. Sie sind folglich als Schenkung unter Auflagen zu behandeln. Die Gegenleistungen mindern jedoch den der Pflichtteilsergänzung unterliegenden Erwerb.[432]

Während die Ausgleichungspflicht nach § 2316 BGB keinerlei Einfluss auf die Höhe der Pflichtteilslast insgesamt (Summe der Ansprüche) hat, führt die Anrechnung gem. § 2315 Abs. 1 BGB stets zu einer Reduzierung. Allerdings verschiebt die Ausgleichungspflicht die Pflichtteilslast zugunsten des Ausgleichungsberechtigten auf den Ausgleichungspflichtigen.[433]

bb) Erb- und Pflichtteilsverzichte

(1) Rechtsnatur

178 Die h.M. ordnet die Verzichtsverträge den Verfügungsgeschäften[434] zu,[435] wobei divergierende Ansichten darüber bestehen, welches Recht das Objekt des Verzichts im Erbrecht ist: »Künftiges Recht«,[436] »Anwartschaft«[437] oder »Erbchance«?[438]

(2) Vertragspartner, Form und Wirkungen (insb. § 2310 Satz 2 BGB)

179 **Vertragspartner** des Erbverzichts sind einerseits der Erblasser und andererseits seine Verwandten oder sein Ehegatte. Aufgrund des Vertragscharakters führt der Erbverzicht (nur) im Verhältnis zu dem konkreten Erblasser als Vertragspartner[439] zum Verlust des gesetzlichen Erbrechts sowie des daran anknüpfenden Pflichtteilsrechts.[440] Konsequent sieht **§ 2310 Satz 2 BGB**[441] vor, dass derjenige, der aufgrund eines Erbverzichts von der gesetzlichen Erbfolge ausgeschlossen ist, bei der Feststellung des für die Berechnung des Pflichtteils maßgebenden Erbteils nicht mitgezählt wird. **Mit anderen Worten führt der Erbverzicht zu einer Erhöhung der Pflichtteilsquoten der**

---

432 *J. Mayer* DNotZ 1996, 604, 615 ff., 620.

433 Soergel/*Dieckmann* § 2316 Rn. 3.

434 Anders als rein schuldrechtlich wirkende Verträge nach § 311b Abs. 5 BGB, die zusätzlich dinglich umgesetzt werden müssen, vgl. MünchKomm/*Wegerhoff* § 2346 Rn. 2.

435 BayObLG, Beschl. v. 27.01.1995 – 1Z BR 22/94, NJW-RR 1995, 648; *Lange/Kuchinke* § 7 I 4; Palandt/*Weidlich* § 2346 Rn. 4.

436 So *Kipp/Coing* Lehrbuch des Bürgerlichen Rechts, Bd. V, Erbrecht, 11. Aufl. 1960, § 8 II 1 a.

437 So *v. Lübtow* Erbrecht, 1972, S. 524.

438 So *Lange/Kuchinke* § 7 IV 1.

439 Vgl. BayObLG, Beschl. v. 16.02.2005 – 1Z BR 115/04, ZEV 2006, 214: kein allgemeiner Verzichtsvertrag.

440 Vgl. § 2346 Abs. 1 Satz 2 letzter Halbsatz BGB.

441 Vgl. auch § 2316 Abs. 1 Satz 2 BGB.

übrigen Pflichtteilsberechtigten.[442] **Dies ist zwingend zu beachten!**[443] Dem entsprechend hat ein Erbverzicht im Ergebnis nicht die Verringerung der Pflichtteilslast insgesamt zur Folge, sondern nur eine andere Verteilung.[444] Deshalb kommt in der Praxis dem Erbverzicht keine große Bedeutung zu. Nur der auf den Pflichtteil beschränkte Verzicht nach § 2346 Abs. 2 BGB erweitert den erbrechtlichen Handlungsspielraum.[445] Zwar wird auch zu dem Pflichtteilsverzicht vertreten, dass die Fiktion des § 2310 Satz 2 BGB gelte.[446] Der Wortlaut, die Gesetzessystematik und die Funktion von § 2310 BGB sprechen allerdings eindeutig dafür, dass § 2310 Satz 2 BGB nur bei einem Erbverzicht nach § 2346 Abs. 1 BGB zur Anwendung kommt, nicht aber bei einem isolierten Pflichtteilsverzicht nach § 2346 Abs. 2 BGB.[447] Letzterer lässt das gesetzliche Erbrecht des Verzichtenden gerade unberührt[448] und führt nur dann zum Ausschluss des Verzichtenden von der Erbfolge, wenn der Erblasser über den Verzicht hinaus eine ihn enterbende Verfügung errichtet. Unmittelbare Folge einerseits des Erbverzichts ist der Ausschluss des Verzichtenden von der Erbfolge, wie wenn er zur Zeit des Erbfalls nicht mehr lebte (§ 2346 Abs. 1. Satz 2 Halbs. 2 BGB), und andererseits des Pflichtteilsverzichts, dass der Pflichtteil des Verzichtenden im Erbfall des Erblassers entsteht.[449] Die Auswirkungen auf das Pflichtteilsrecht Dritter sind dementsprechend komplett unterschiedlich. Insbesondere bedarf der bloße Pflichtteilsverzicht einer flankierenden Enterbung des Verzichtenden, soll er vom Nachlass ausgeschlossen werden. Denn der Pflichtteilsverzicht lässt anders als der Erbverzicht das gesetzliche Erbrecht des Verzichtenden unberührt.[450]

Notarielle Beurkundung ist für beide Verzichtsformen vorgeschrieben (§ 2348 BGB). Gleichzeitige Anwesenheit beider Parteien ist nicht erforderlich. Bei zulässiger Aufspaltung in **Antrag** und **Annahme** sind beide Erklärungen zu beurkunden (§§ 152, 128 BGB).[451] Da der Erblasser den Vertrag nur höchstpersönlich abschließen kann (§ 2347 Abs. 2 Satz 1 BGB), darf er nicht rechtsgeschäftlich oder gesetzlich vertreten werden, es sei denn, es liegt Geschäftsunfähigkeit vor (§ 2347 Abs. 2 Satz 2 BGB). Der Verzichtende hingegen kann vertreten werden. Für ihn kann auch durch einen Vertreter ohne Vertretungsmacht vorbehaltlich Genehmigung gehandelt werden.[452]

Eine **Beschränkung des Erbverzichts** der Gestalt, dass der Vertrag nur einen **Bruchteil** des gesetzlichen Erbrechts oder dessen Verminderung umfasst, ist zulässig.[453] Allerdings ist er nicht auf reale Teile oder bestimmte Gegenstände beschränkbar. Ein solcher gegenständlich beschränkter Erbverzicht wäre mit dem Prinzip der Universalsukzession nicht vereinbar.[454]

---

442 Aus diesem Grund steht den übrigen Pflichtteilsberechtigten im Hinblick auf eine ggf. bezahlte Abfindung für den Erbverzicht grds. auch kein Pflichtteilsergänzungsanspruch zu, BGH ZEV 2009, 77 ff.. Zum Pflichtteilsrecht der Abkömmlinge des Verzichtenden vgl. MünchKomm/*Lange*, 7. Aufl. 2017 § 2309 Rn. 8 f.; Soergel/*Dieckmann*, 13. Aufl. 2002 § 2309 Rn. 9 f.

443 Zur Berechnung der Schadenshöhe bei einem gegen den beurkundenden Notar gerichteten Schadensersatzanspruch wegen unterlassener Belehrung über die pflichtteilserhöhende Wirkung des Erbverzichts (Amtspflichtverletzung), vgl. BGH, Urt. v. 04.04.1990 – IV ZR 344/88, NJW 1990, 2063.

444 Anders wäre dies nur, wenn sämtliche Pflichtteilsberechtigten mit dem Erblasser einen Erbverzicht schließen würden.

445 *Bengel/Reimann* in: Beck'sches Notarhandbuch, 6. Aufl. 2015, Rn. 361 ff.

446 Nach Staudinger/*Otte*, Neubearbeitung 2015 § 2310 Rn. 21, soll letztendlich nicht der Verzicht auf das gesetzliche Erbrecht maßgeblich sein, sondern der auf das Pflichtteilsrecht.

447 So zu Recht *v. Proff* ZEV 2016, 173; *Kraus*, Rn. 3827.

448 Vgl. Staudinger/*Schotten*, Neubearbeitung 2015 § 2346 Rn. 74.

449 Vgl. *Frhr. v. Proff* ZEV 2017, 33 (dort auch zu den Fernwirkungen); Staudinger/*Schotten*, Neubearbeitung 2015, Einleitung zu § 2346 Rn. 17 und 23 sowie § 2346 Rn. 74.

450 Vgl. etwa *Kraus*, Vermögensnachfolge in der Praxis, 5. Aufl. 2018, Rn. 3827 f..

451 Staudinger/*Schotten*, Neubearbeitung 2016 § 2348 Rn. 12.

452 Staudinger/*Schotten*, Neubearbeitung 2016 § 2347 Rn. 6 ff.

453 Vgl. Palandt/*Weidlich* § 2346 Rn. 3; Soergel/*Damrau*, 13. Aufl. 2002 § 2346 Rn. 9.

454 Vgl. Palandt/*Weidlich* § 2346 Rn. 3; Soergel/*Damrau*, 13. Aufl. 2002 § 2346 Rn. 9. In der notariellen Urkunde sollten die Wirkungen des Erbverzichts entsprechend der gesetzlichen Auslegungsregel des

Verzichtet ein Abkömmling oder ein Seitenverwandter des Erblassers auf sein gesetzliches Erbrecht, so erstreckt sich der Vertrag nach § 2349 BGB automatisch auf seine **Abkömmlinge**. Dies ist allerdings abdingbar *(»... sofern nicht ein anderes bestimmt ist.«)*.

(3) Verzicht nur zu Lebzeiten des Erblassers

180 Sowohl der Erbverzicht als auch der Pflichtteilsverzicht können nach Ansicht des BGH **nur zu Lebzeiten** des Erblassers wirksam geschlossen werden.[455] Beim Erbverzicht wird dies mit dem Gebot der Rechtssicherheit begründet, welches erfordert, dass die mit dem Tod des Erblassers eingetretene Erbfolgeregelung auf einer festen Grundlage stehen muss und nicht nach beliebig langer Zeit durch eine Genehmigungserklärung des beeinträchtigten Bedachten wieder umgestoßen werden kann. Beim Pflichtteilsverzicht hingegen greift diese Argumentation nicht, da dieser Verzicht die gesetzliche Erbfolge nicht ändert und damit gem. § 2310 Satz 2 BGB auch nicht das Pflichtteilsrecht anderer Pflichtteilsberechtigter berührt. Vielmehr differenziert der BGH beim »Pflichtteilsverzicht« klar zwischen dem bis zum Tod des Erblassers bestehenden Pflichtteils**recht**, welches Gegenstand des Verzichtes ist, und dem Pflichtteils**anspruch**, der gem. § 2317 Abs. 1 BGB mit dem Tod des Erblassers entsteht.[456] Die Konsequenz aus der Differenzierung ist, dass das Angebot des Erblassers vom Pflichtteilsberechtigten nur zu Lebzeiten des Erblassers angenommen werden kann.

Die Entscheidung des BGH hat große Resonanz und bisweilen heftige Kritik in der Literatur erfahren.[457] Das Problem reduziert sich auf die Frage, ob zwischen dem abstrakten Pflichtteilsrecht (§§ 2303 ff. BGB) und dem konkreten schuldrechtlichen Pflichtteilsanspruch (§ 2317 Abs. 2 BGB) ein derartiger Wesensunterschied besteht, dass von einem aliud zwischen beiden gesprochen werden muss.[458] An der Rechtsprechung des BGH wird vor allem kritisiert, dass er sich zu wenig intensiv mit dem Verhältnis Pflichtteilsrecht/Pflichtteilsanspruch auseinandergesetzt hat. Der BGH stellt lediglich lapidar fest, dass der Pflichtteilsanspruch sich in verschiedener Hinsicht vom Pflichtteilsrecht unterscheide und dass deshalb der Verzicht ein Rechtsgeschäft sei, das seinem Gegenstand und seiner Eigenart nach mit dem Erblasser nur zu dessen Lebzeiten abgeschlossen werden könne.[459] Sieht man mit der h.M. im Pflichtteilsrecht ein den Tod des Erblassers überdauerndes Rechtsverhältnis, das sich mit dessen Erben fortsetzt[460] und das die »Quelle« des schuldrechtlichen Pflichtteilsanspruchs gem. § 2317 Abs. 2 BGB darstellt,[461] so umfasst das abstrakte Pflichtteilsrecht nach dem Tod des Erblassers den dann konkret entstandenen Pflichtteilsanspruch. Dieser ist also nur ein Teil des Pflichtteilsrechts, nicht jedoch ein »aliud«. Da der Pflichtteilsverzicht alle künftigen Ansprüche und Rechtsstellungen, die sich nach dem Erbfall aus §§ 2303 ff. BGB ergeben, umfasst, also auch den erst mit dem Ableben des Erblassers entstehenden konkreten Pflichtteilsanspruch, müsste die Annahme des Angebots des Erblassers auch nach dessen Tod durch den Pflichtteilsberechtigten noch möglich sein.[462]

---

§ 2350 Abs. 2 BGB ausdrücklich beschränkt bzw. konkretisiert werden, damit Auslegungsschwierigkeiten (*»im Zweifel«*) vermieden werden.

455 BGH, Urt. v. 04.07.1962 – V ZR 14/61, BGHZ 37, 319; Urt. v. 13.11.1996 – IV ZR 62/96 NJW 1997, 521.

456 BGH, Urt. v. 13.11.1996 – IV ZR 62/96, NJW 1997, 521.

457 *J. Mayer* MittBayNot 1997, 85; *Albrecht* DNotZ 1997, 425; *Hohloch* JUS 1997, 353; *Muscheler* JZ 1997, 853; *Reitmann* LM BGB § 4346 Nr. 3; *Reul* MittRhNotK 1997, 379, 382; *Pentz* JZ 1998, 88. Zustimmend dagegen *Weber/Raude* RNotZ 2018, 328.

458 *J. Mayer* MittBayNot 1997, 85.

459 BGH, Urt. v. 13.11.1996 – IV ZR 62/96, NJW 1997, 521.

460 *Lange/Kuchinke* § 37 III 1 a; Palandt/*Weidlich* § 2303 Rn. 6; MünchKomm/*Lange* § 2303 Rn. 15; *J. Mayer* MittBayNot 1997, 85.

461 *J. Mayer* MittBayNot 1997, 86; *Muscheler* JZ 1997, 853.

462 *Muscheler* JZ 1997, 853; *J. Mayer* MittBayNot 1997, 86.

Ungeachtet der dogmatischen Kritik an der BGH-Rechtsprechung ist jedoch in der Praxis von ihr auszugehen. Pflichtteilsverzichte sollten also möglichst schnell rechtswirksam werden. Denn offen bleibt auch die Frage, ob ein schwebend unwirksamer Pflichtteilsverzicht durch nachträgliche Genehmigung des Verzichtenden geheilt werden kann.[463]

(4) **Bedingung, Befristung**

Erb- und Pflichtteilsverzichte **können bedingt** und **befristet** vereinbart werden.[464] Wenn Abkömmlinge nach dem Erstversterbenden beider Elternteile auf das Pflichtteilsrecht verzichten, um den Eltern für den ersten Sterbefall freie Hand in der Gestaltung ihrer Verfügung von Todes wegen zu lassen, was im Unternehmertestament, vor allem im Hinblick auf die Höhe des Pflichtteils[465] und der Vererblichkeit des Anspruches (§ 2317 BGB) durchweg eine sinnvolle Gestaltungsvariante sein kann, ist als Bedingung für den Verzicht zumindest der Fortbestand der Ehe beider Elternteile empfehlenswert. Darüber hinaus sollte als weitere Bedingung vorgesehen werden, dass die Elternteile nicht anderweitig als im Familienstamm verfügen oder dass der Verzichtende im Schlusserbfall mit einer bestimmten Erbquote berufen oder mit einem fixierten Vermächtnis bedacht wird. 181

In der Praxis wird vor allem beim entgeltlichen Pflichtteilsverzicht bisweilen mit **aufschiebenden Bedingungen** gearbeitet. Als Bedingung des Verzichts wird die Erfüllung der vereinbarten Gegenleistung vereinbart. Bedingte Verzichte sind im Erbrecht unstreitig zulässig.[466] Die bislang h.M. sah es als unschädlich an, wenn die Bedingung – gleich ob aufschiebend oder auflösend – erst nach dem Erbfall eintritt.[467] Zwar ist das aufschiebend bedingte Rechtsgeschäft tatbestandlich bereits vollendet; es fehlt nur noch eine Wirksamkeitsvoraussetzung.[468] Da jedoch der Eintritt der aufschiebenden Bedingung nicht dinglich, sondern nur schuldrechtlich zurückwirkt (§ 159 BGB), könnte in Konsequenz zur BGH-Rechtsprechung der Verfügungsgegenstand beim zwischenzeitlichen Tod des Erblassers ein anderer sein, nämlich nicht mehr das Pflichtteilsrecht, sondern der Pflichtteilsanspruch. Unproblematisch hingegen erscheint die auflösende Bedingung. Hier entfaltet das auflösend bedingte Rechtsgeschäft zunächst alle Wirkungen des voll wirksamen Geschäftes; erst mit Eintritt der **auflösenden Bedingung** tritt gem. § 158 Abs. 2 BGB mit diesem Zeitpunkt der frühere Rechtszustand wieder ein. Bei auflösender Bedingung ist mithin zu Lebzeiten des Erblassers der Verzicht wirksam abgeschlossen. Rechtssicherheitsgründe gebieten angesichts der erwähnten BGH-Rspr. für den Kautelarjuristen Vorsicht bei der Aufspaltung des Rechtsgeschäfts in Angebot und Annahme, beim vollmachtlos vertretenen Pflichtteilsberechtigten und bei der Aufnahme einer aufschiebenden Bedingung oder Befristung.[469] Sollte dies gleichwohl aus zwingenden Gründen nicht vermieden werden können, empfiehlt sich, mit dem reinen Pflichtteilsverzicht hilfsweise einen Erlassvertrag bezüglich des mit dem Erbfall entstehenden Pflichtteilsanspruches vorzusehen, der in analoger Anwendung des § 2348 BGB ebenfalls der notariellen Beurkundung bedarf, soweit er vor dem Tod des Erblassers geschlossen wird.[470] 182

463 Der Erbverzicht ist nicht heilbar, BGH NJW 1978, 1179; zum Pflichtteilsverzicht s. *Albrecht* DNotZ 1997, 426.
464 Soergel/*Damrau* § 2346 Rn. 12; BGHZ 37, 327.
465 Berechnung des Wertes, s. Syst. A Rdn. 113 ff.
466 Staudinger/*Schotten* § 2346 Rn. 153 f.
467 Staudinger/*Schotten* § 2346 Rn. 155; Palandt/*Weidlich* § 2346 Rn. 10; MünchKomm/*Wegerhoff* § 2346 Rn. 15; Soergel/*Damrau* § 2346 Rn. 12.
468 Soergel/*Wolf*, 13. Aufl. 1999, § 158 Rn. 8.
469 *Mayer* MittBayNot 1997, 87.
470 *Muscheler* JZ 1997, 853.

(5) **Gegenleistung**

183 Erfolgt der Verzicht unentgeltlich, so liegt **keine Schenkung** des Verzichtenden gegenüber dem Erblasser vor.[471] Ob die als Gegenleistung für den Verzicht vom Erblasser gezahlte Abfindung eine Schenkung darstellt, ist umstritten.[472]

Die wohl h.M. in Literatur sowie der BGH sieht die Abfindung für den Verzicht als »**Gegenleistung**« oder »Äquivalent«, kommt also zur Entgeltlichkeit, es sei denn, dass eine ausnahmsweise übermäßig hohe Abfindung gewährt wurde.[473] Folglich kann der Pflichtteilsergänzung nur unterliegen, was über eine angemessene Abfindung hinausgeht. Damit rückt die Frage in den Mittelpunkt, wann eine Abfindung angemessen ist. Hierfür hat der BGH im Rahmen eines gegen Abfindung erklärten Erbverzichts als Vergleichsmaßstab auf den Wert des Erbteils, auf den verzichtet wird, abgestellt und nicht auf den des Pflichtteils.[474] Letztere wird Vergleichsmaßstab sein, wenn es um die Angemessenheit einer Abfindung für einen isolierten Pflichtteilsverzicht geht.[475]

In seiner Entscheidung vom 07.07.2015 hat der BGH allerdings auf den Willen der Vertragsparteien abgestellt.[476] Die Entscheidung betraf das Verhältnis zwischen einer Tochter und ihrem Vater, der die Rückübertragung verschiedener Grundstücke verlangte, die er ihr als Gegenleistung u.a. für einen Erb- und Pflichtteilsverzicht übertragen hatte.[477]

(6) **Ausübungskontrolle beim Erb- und Pflichtteilsverzicht?**

184 Die im Familienrecht durch BGH und BVerfG entwickelte zweigleisige Inhaltskontrolle (zunächst Wirksamkeitskontrolle gem. §§ 138, 134 BGB, dann Ausübungskontrolle gem. § 242 BGB) wird auf Erb- und Pflichtteilsverzichte übertragen.[478] Problematisch ist hierbei lediglich die Ausübungskontrolle, da die zivilrechtliche Wirksamkeit schon bisher nach den allgemeinen Regeln prüfbar war. Die wissenschaftliche Diskussion ist erst am Anfang. Der BGH hat sich in seinem Urteil vom 29.11.1996[479] mit einer Teilfrage beschäftigt und kam (im Leitsatz) wohl zum zutreffenden Ergebnis, dass einem Erbverzicht nach Eintritt des Erbfalles nicht mehr entgegengehalten werden könne, dass die Geschäftsgrundlage fehle oder der mit dem Verzicht bezweckte Erfolg nicht eingetreten sei. *Wendt* differenziert jedoch zwischen Erbverzicht und Pflichtteilsverzicht und will die

---

471 Staudinger/*Schotten* § 2346 Rn. 121.

472 Für Schenkung: Staudinger/*Schotten* § 2346 Rn. 124. Für Entgeltlichkeit einer angemessenen Abfindung: BGH, Beschl. v. 03.12.2008, IV ZR 58/07, ZEV 2009, 77 (unter ausdrücklicher Aufgabe des Urteils vom 08.07.1985, II ZR 150/84, NJW 1986, 121) m. Anm. *Schindler*; Soergel/*Damrau* § 2346 Rn. 3; MünchKomm/*Wegerhoff* § 2346 Rn. 21. Steuerrechtlich wird die Abfindung nach § 7 Abs. 1 Nr. 5 ErbStG als Schenkung behandelt; MünchKomm/*Wegerhoff* § 2346 Rn. 29.
Zur Steuerpflicht einer Abfindungszahlung an den Verzichtenden bei einem Vertrag unter künftigen gesetzlichen Erben nach § 311b Abs. 5 BGB, vgl. BFH, Urt. v. 10.05.2017 – II R 25/15, ZEV 2017, 532 (Steuerklasse 2, da Verhältnis zwischen Geschwistern maßgeblich).

473 BGH, Beschl. v. 03.12.2008, IV ZR 58/07, ZEV 2009, 77; BayObLG, Beschl. v. 27.01.1995 – 1Z BR 22/94, NJW-RR 1995, 648; Palandt/*Weidlich* § 2346 Rn. 7 f.

474 BGH, Beschl. v. 03.12.2008, IV ZR 58/07, ZEV 2009, 77, 78.

475 Vgl. *Schindler* ZEV 2009, 80.

476 BGH, Urt. v. 07.07.2015 – X ZR 59/13, NJW 2016, 324.

477 Für den BGH gab es deutliche Anzeichen, die Übertragung als Schenkung zu qualifizieren (BGH aaO, Rn. 25). Im Anschluss an den BGH hat das zuständige OLG München die Klage des Vaters zurückgewiesen; vgl. OLG München, Urt. v. 19.10.2016 – 7 U 4839/12, WKRS 2016, 26562.

478 Vgl. OLG Hamm, Urt. v. 08.11.2016 – 10 U 36/15, ZEV 2017, 163 (Sittenwidrigkeit bejaht) mit Anm. *v. Proff* ZEV 2017, 3101; LG Nürnberg-Fürth, Urt. v. 23.03.2018 – 6 O 6494/17, ZEV 2018, 593 mit Anm. *Hachenberg* NZFam 2018, 668. Zuvor hatte v.a. *Wendt* ZNotP 2006, 1 ff. sich für eine Übertragung der Rechtsprechung ausgesprochen. Vgl. auch *Kühle*, »Infektion« eines Pflichtteilsverzichtsvertrages durch einen sittenwidrigen Ehevertrag, ZErb 2013, 221. Eine Auflistung der pro- und der contra-Argumente findet sich bei *Krauß* Rn. 3861 f.

479 BGH, Beschl. v. 29.11.1996 – BLw 16/96, BGHZ 134, 152 ff.

Ausübungskontrolle für den Pflichtteilsverzicht deshalb zulassen, weil einer Änderung keine so gewichtigen Belange der Rechtssicherheit entgegenstünden wie beim reinen Erbverzicht.[480] Die Rechtsprechungsprognose ist jedenfalls derzeit unsicher.[481] Deshalb sollte – ähnlich wie bei ehevertraglichen Vereinbarungen – gerade beim isolierten Pflichtteilsverzicht die Motivlage mit in die Urkunde aufgenommen werden.[482]

cc) Voraus

Der Voraus gem. § 1932 ist ein gesetzliches Vorausvermächtnis i.S.v. § 2150 BGB, das güterstandsunabhängig dem überlebenden Ehegatten im Rahmen der Voraussetzungen des § 1932 BGB zusteht. Dem Lebenspartner einer eingetragenen Lebenspartnerschaft steht als gesetzlichem Erben seit dem 01.08.2001 gem. § 10 Abs. 1 Satz 2 und § 3 LPartG ebenso ein Recht auf die zum lebenspartnerschaftlichen Haushalt gehörenden Gegenstände zu.[483] Trotz der Rechtsnatur als Vermächtnis verringert der Voraus die Pflichtteilsrechte der Eltern des Erblassers und seiner Abkömmlinge, da er nach § 2311 Abs. 1 Satz 2 BGB vom Bestand und Wert des Nachlasses abzusetzen ist.[484] Gerade bei kleineren Nachlässen kann der Voraus erhebliche Bedeutung erlangen. Umstritten ist die Frage, ob der Voraus dem überlebenden Ehegatten entzogen ist, wenn der Erblasser durch Verfügung von Todes wegen seine gesetzlichen Erben eingesetzt hat.[485] In allen anderen Fällen, in denen der überlebende Ehegatte oder der überlebende Lebenspartner als Erbe letztwillig eingesetzt wurde, steht ihm der Voraus nicht zu.[486] **185**

dd) Ungeeignet: Ausstattungen

Die Ausstattung[487] gilt zwar nicht als Schenkung (§ 1624 Abs. 1 BGB). Auf der Pflichtteilsebene kann die Ausgleichungspflicht einer Ausstattung (§ 2050 Abs. 1 BGB) allerdings nicht zum Nachteil der Pflichtteilsberechtigten ausgeschlossen werden (§ 2316 Abs. 3 BGB). Die »Ausstattung« erhöht so über § 2316 BGB den rechnerischen Pflichtteilswert, ungeachtet der 10-Jahresgrenze des § 2325 Abs. 3 BGB. Im Ergebnis löst sie zwar keine Pflichtteilsergänzungsansprüche aus. Dafür sind sie auf der Ebene der ordentlichen Pflichtteilsansprüche zu berücksichtigen. Ausstattungen führen also nicht zu einer Pflichtteilsvermeidung, sondern nur zu einer Pflichtteilsverlagerung. **186**

II. Beurkundungsverfahren

1. Beurkundung

a) Einführung

aa) Beurkundung durch Notar

Das BeurkG regelt das Verfahren, das bei öffentlichen Beurkundungen jeder Art einzuhalten ist. In den §§ 27 ff. BeurkG sind Besonderheiten für Verfügungen von Todes wegen geregelt. Das BGB enthält die materiellen Formvorschriften, also diejenigen, die eine bestimmte Form vorschreiben, im Bereich der Verfügung von Todes wegen also die §§ 2231 bis 2233, 2249, 2250, 2251, 2265, 2266, 2274 bis 2276 BGB. Die allgemeine Zuständigkeit des Notars für die Beurkundung von Testamen- **187**

---

480 *Wendt* ZNotP 2006, 1 ff.

481 Das OLG Düsseldorf ließ diese Frage ausdrücklich unbeantwortet, OLG Düsseldorf, Beschl. v. 21.02.2013, 3 Wx 193/12, ZErb 2013, 94, 96.

482 Vgl. die Hinweise bei *Krauß* Rn. 3863.

483 Palandt/*Brudermüller* § 10 LPartG Rn. 4; *Leipold* ZEV 2001, 218, 221 f.

484 Soergel/*Stein*,§ 1932 Rn. 10.

485 Mit wohl zutreffender Begründung bejahend: Soergel/*Stein*, 13. Aufl. 2002 § 1932 Rn. 3; MünchKomm/*Leipold* § 1932 Rn. 5; a.A. Palandt/*Weidlich* § 1932 Rn. 2.

486 BGH, Urt. v. 06.12.1978 – IV ZR 82/77, BGHZ 73, 29; *Leipold* ZEV 2001, 218, 220.

487 Näheres vgl. oben Syst. A Rdn. 163 ff.

ten und Erbverträgen ergibt sich aus § 20 Abs. 1 BNotO. Die spezielle Zuständigkeitszuweisung ist für Testamente in § 2231 Nr. 1 BGB, für Erbverträge in § 2276 Abs. 1 Satz 1 BGB enthalten.

bb) Beurkundungen durch sonstige Urkundspersonen

188 Das BeurkG gilt gem. § 1 Abs. 2 BeurkG auch für andere Urkundspersonen, wenn diese neben dem Notar zuständig sind, öffentliche Urkunden zu erstellen.

189 Bei Verfügungen von Todes wegen kommen folgende Fälle in Betracht:

190 – Nottestament des Bürgermeisters und Dreizeugentestament
Das Nottestament des Bürgermeisters (§§ 2249, 2266 BGB) und das Dreizeugentestament (§§ 2250 Abs. 2, 2251 BGB) fallen nicht unter § 1 Abs. 2 BeurkG, weil ein Notar nicht nach diesen Sondervorschriften beurkunden darf.[488] Aufgrund der Verweisungen gelten allerdings die meisten Vorschriften des BeurkG entsprechend.

191 – Zuständigkeit von Konsularbeamten[489]
§ 10 Abs. 1 KonsularG bestimmt, dass die Konsularbeamten über Tatsachen und Vorgänge, die sie in Ausübung ihres Amtes wahrgenommen haben, Niederschriften oder Vermerke aufnehmen dürfen, insbesondere, vor ihnen abgegebenen Willenserklärungen und eidesstattlichen Versicherungen beurkunden, sowie Unterschriften, Handzeichen sowie Abschriften zur Beglaubigung oder sonstige einfache Zeugnisse (z.B. Lebensbescheinigung) ausstellen dürfen. Nach § 10 Abs. 2 KonsularG stehen die von einem Konsularbeamten aufgenommenen Urkunden denen von einem inländischen Notar aufgenommenen gleich. § 1 Abs. 2 BeurkG regelt die entsprechende Anwendung der Vorschriften des BeurkG. Konsularbeamte sind daher auch für die Beurkundung von Verfügungen von Todes wegen zuständig.[490] Testamente und Erbverträge sollen Konsularbeamte allerdings nur beurkunden, wenn die Erblasser Deutsche sind (§ 11 Abs. 1 Satz 1 KonsG).[491]

b) Bedeutung der Beurkundung

aa) Beweis- und Warnfunktion

192 Die notarielle Beurkundung hat den **Zweck**, den Erklärenden vor übereilter Bindung bei besonders riskanten oder besonders bedeutsamen Geschäften zu schützen (Überlegungssicherung bzw. Warnfunktion).[492] Im Bereich der letztwilligen Verfügungen hat die notarielle Beurkundung auch die Wirkung, dass der Erblasser durch die Anwesenheit des Notars vor äußeren Einflüssen geschützt und die Überlegungssicherung gewährleistet wird,[493] wenngleich auch der Notar nicht die völlig unbeeinflusste Entscheidung garantieren kann.[494] Allerdings kann der Notar durch entsprechende Gestaltung des Beurkundungsverfahrens diesen Effekt erhöhen, indem er z.B. die Beurkundung allein mit dem Testierenden durchführt. Der BGH hat im Urteil zur Inhaltskontrolle bei Eheverträgen auf diesen Aspekt zu Recht hingewiesen.[495]

---

488 *Winkler* BeurkG § 1 Rn. 51; *Lerch* BeurkG § 1 Rn. 36.

489 Vgl. zu konsularischen Beurkundungen *Eickelberg DNotZ* 2018, 332 ff.; *Bindseil* DNotZ 1993, 5 ff.; *Geimer* DNotZ 1978, 3 ff.; *Winkler*, BeurkG § 1 Rn. 40 ff.

490 *Eickelberg* DNotZ 2018, 332, 339; *Bindseil* DNotZ 1993, 5 ff.; *Geimer* DNotZ 1978, 3 ff.; *Winkler* BeurkG § 1 Rn. 40 ff.

491 *Eickelberg* DNotZ 2018, 332, 339

492 Vgl. hierzu *Winkler* BeurkG Einl. Rn. 19; BGHZ 58, 386, 394; *Heldrich*, AcP 147 (1947), 91 ff.; *Winkler*, NJW 1971, 402. Staudinger/*Hertel*, BGB, Vorbem. zu §§ 127a, 128 BeurkG Rn. 7 ff.; Eylmann/Vaasen/*Eylmann* BNotO/BeurkG Einleitung BeurkG Rn. 3; Armbrüster/Preuß/Renner/*Armbrüster/Preuß/Renner*, BeurkG, Einl. Rn. 14 ff.; Grziwotz/Heinemann/*Grziwotz*, § 1 BeurkG Rn. 7 ff.; *Frenz*, in: FG für Weichler, 1997, S. 175 ff.; *Bohrer* DNotZ 2002, 579 ff.

493 MünchKomm BGB/*Ruhwinkel* § 311b Rn. 2; *Winkler* BeurkG Einl. Rn. 22; *Bernhard*, in: Beck'sches Notar-Handbuch Rn. 11.

494 Vgl. allerdings auch zu den Grenzen *Christandl* notar 2017, 339, 344.

495 BGH NJW 2017, 1883, Anm. *Reetz* DNotZ 2017, 809; vgl. auch Langenfeld/*Milzer* in: Handbuch der Eheverträge und Scheidungsvereinbarungen Rn. 1 ff.; *Walz* DNotZ 2003, 164.

Die notarielle Urkunde und das Formerfordernis bezwecken, die beurkundete Verfügung ihrem gesamten Inhalt nach deutlich zu kennzeichnen und den Inhalt samt aller Nebenabreden klar, eindeutig und abschließend festzustellen. Eine ordnungsgemäß erstellte öffentliche Urkunde begründet vollen Beweis der in ihr bezeugten Tatsachen; die Beweiskraft ist nicht nur auf den Inhalt der rechtsgeschäftlichen Erklärungen beschränkt (formelle Beweiswirkung).[496] Bezeugt werden daher auch bei Testament und Erbvertrag Ort, Zeit und Inhalt der Erklärung und ihre Abgabe durch eine bestimmte Person, nicht jedoch die inhaltliche Richtigkeit des Erklärten. Die Beweiskraft umfasst auch die Feststellung über die Identität der erklärenden Person[497] sowie das Alter, den Personenstand, Güterstand.[498] 193

bb) Belehrungssicherung und Urkundenrichtigkeit

Während früher v.a. der Zweck der Beweissicherung im Mittelpunkt der notariellen Beurkundung stand,[499] hat insb. in den letzten Jahren, bedingt durch die Haftungsrechtsprechung des BGH, die Belehrungssicherung erhebliche Bedeutung gewonnen und stellt mittlerweile den wichtigsten Formzweck dar.[500] Der Notar ist nach § 17 BeurkG verpflichtet, den Willen der Beteiligten zu erforschen, den Sachverhalt zu klären, die Beteiligten über die rechtliche Tragweite des Geschäfts zu belehren und ihre Erklärungen klar und unzweideutig in der Niederschrift wiederzugeben. Dabei soll er darauf achten, dass Irrtümer und Zweifel vermieden, sowie unerfahrene und ungewandte Beteiligte nicht benachteiligt werden. Die Haftungsrechtsprechung des BGH hat aus diesen Prüfungs- und Belehrungspflichten, die als die Hauptpflicht des Notars i.R.d. Beurkundung angesehen werden kann, einen breitgefächerten Pflichtenkanon entwickelt, der erhebliche Schutzfunktionen zugunsten der Beteiligten hat. Über reine Belehrungspflicht hinausgehend hat der BGH auf der Grundlage des § 17 BeurkG mittlerweile eine Pflicht zur »richtigen« Vertragsgestaltung entwickelt.[501] 194

2. Zuständigkeiten

Der Notar hat wie ein Gericht oder eine Verwaltungsbehörde Zuständigkeiten bei seinen Amtshandlungen einzuhalten. Geregelt sind die Zuständigkeiten in den §§ 10a ff. BNotO und § 2 BeurkG. 195

3. Beurkundungs- und Mitwirkungsverbote

a) Überblick

Nach § 14 Abs. 1 BNotO ist der Notar nicht Vertreter einer Partei, sondern unparteiischer Betreuer der Beteiligten. Ist eine Amtshandlung mit der Unparteilichkeit nicht zu vereinbaren, so muss der Notar seine Mitwirkung versagen (§ 14 Abs. 2 BNotO). Da der Zweck des Neutralitätsgebotes 196

---

496 BGH NJW 1998, 3790; NJW 2001, 3135; BGH NJW 2017, 175, 176 = DNotZ 2017, 48; Grziwotz/Heinemann/*Grziwotz* BeurkG § 1 Rn. 7 ff.; vgl. auch BayObLG NJW 1992, 1841, 1842; Eylmann/Vaasen/*Limmer* BNotO/BeurkG § 1 BeurkG Rn. 7;.

497 OLG Celle NJW-RR 2006, 448; Armbrüster/Preuß/Renner/*Preuß*, § 1 BeurkG, Rn. 14.

498 Vgl. die Ausführungen von *Basty* zum Bedeutungswandel der Notarfunktion, in: FS für Schippel, S. 571, 572 ff.; *Winkler* BeurkG Einl. Rn. 21 ff.

499 Vgl. die Ausführungen von *Basty* zum Bedeutungswandel der Notarfunktion, in: FS für Schippel, S. 571, 572 ff.

500 Vgl. hierzu *Reithmann*, Vorsorgende Rechtspflege, S. 126; *Winkler* BeurkG Einl. Rn. 21 ff.; *Winkler* DNotZ – Sonderheft 1977, S. 113, 117; Staudinger/*Hertel*, BGB, Vorbem. zu §§ 127a, 128 BeurkG Rn. 12 ff.; Eylmann/Vaasen/*Limmer* BNotO/BeurkG § 1 BeurkG Rn. 8; Armbrüster/Preuß/Renner/*Armbrüster/Preuß/Renner* BeurkG Einl. Rn. 54 ff.; *Krafka* DNotZ 2002, 677, 679 ff.; Grziwotz/Heinemann/*Grziwotz*, § 17 BeurkG Rn. 8 ff.

501 BGH NJW 1994, 2283; BGH NJW 1995, 330.

darin liegt, das Vertrauen in die Amtstätigkeit der Notare zu gewährleisten, wird der Begriff der eigenen Sachbeteiligung weit ausgelegt.[502]

197 Das BeurkG regelt verschiedene Beurkundungsverbote, also Situationen, in denen der Notar die Beurkundung nicht vornehmen soll. Zum einen handelt es sich um die sog. **Mitwirkungsverbote** in den §§ 3, 6 und 7 BeurkG, die im Interesse einer geordneten vorsorgenden Rechtspflege bereits dem Anschein einer Gefährdung der Unabhängigkeit und Unparteilichkeit des Notars entgegenwirken sollen. Ferner enthält § 4 BeurkG eine **Generalklausel**, nach der Beurkundungen abzulehnen sind, wenn sie mit den Amtspflichten des Notars nicht vereinbar wären. Alle Beurkundungsverbote sind vom Notar einzuhalten, auch wenn die Sanktionen unterschiedlich ausgestaltet sind. Bei den §§ 3, 4 BeurkG handelt es sich lediglich um Soll-Vorschriften, die Verletzung der Pflichten nach den §§ 6 und 7 BeurkG führt zur Unwirksamkeit der Urkunde.

198 Auch wenn im Einzelfall §§ 3, 6, 7 BeurkG nicht erfüllt ist, so kann sich dennoch aus § 14 Abs. 1 BNotO die Pflicht zur Nichtmitwirkung ergeben, wenn allgemein das Unparteilichkeitsgebot verletzt sein könnte (relativ streng).[503] Unabhängig von Mitwirkungsverboten und Ausschließungsgründen kann sich der Notar selbst bei der Ausübung seines Amtes wegen Befangenheit enthalten (§ 16 Abs. 2 BNotO). Dafür genügt, dass eine Sachbeteiligung bei verständiger Würdigung den Grund haben kann, an der vollen Unparteilichkeit des Notars zu zweifeln.[504] Darüber hinaus ist zu beachten, dass der Anwalt nach § 45 Abs. 1 BRAO bestimmten Vertretungsverboten unterliegt, wobei ein Teil der Vertretungsverbote auch an vorrangige Notartätigkeiten anknüpft.

b) Mitwirkungsverbote nach § 3 BeurkG

aa) Persönlicher Anwendungsbereich

199 **Persönlich** gilt § 3 BeurkG nur für den beurkundenden Notar. Die Vorschrift gilt nicht für den zweiten Notar, der nach §§ 22, 25, 29 BeurkG zugezogen wird. Für diesen ist § 26 BeurkG maßgebend. § 3 BeurkG betrifft nur die Mitwirkung der Urkundsperson. Der zur Beurkundung zugezogene zweite Notar ist funktionell Zeuge, nicht Urkundsperson.[505]

bb) Angelegenheit

200 § 3 Abs. 1 BeurkG stellt darauf ab, ob der beurkundende Notar in bestimmten, in den Nummern 1–9 näher bezeichneten Beziehungen zu Personen steht, deren »Angelegenheiten« von der Beurkundung betroffen werden. Um wessen Angelegenheit es sich bei der Beurkundung handelt, ergibt sich einmal aus dem Inhalt der Urkunde, darüber hinaus jedoch auch dem gesamten Lebenssachverhalt als dem zu regelnden rechtlichen und wirtschaftlichen Verhältnis. Da es Aufgabe der Vorschrift ist, die notarielle Unabhängigkeit und Unparteilichkeit zu sichern, ist der Begriff der Angelegenheit weit auszulegen.[506]

201 Wendet man diesen Grundsatz auf Verfügungen von Todes wegen an, so ergibt sich Folgendes:

202 – Eine Verfügung von Todes wegen ist zumindest dem Testator als dem formellen wie dem materiellen Urheber des Rechtsgeschäfts von Todes wegen als dessen Angelegenheit zuzurechnen.

---

502 BGH DNotZ 1985, 231; *Arndt/Lerch/Sandkühler* § 14 BNotO Rn. 74.

503 BGH DNotZ 1985, 231.

504 *Mihm* DNotZ 1999, 8, 10.

505 Auch *Eylmann/Vaasen/Eylmann* BeurkG § 3 Rn. 6; *Winkler* BeurkG § 3 Rn. 14; *Lerch* BeurkG § 3 Rn. 2.

506 BGH DNotZ 1985, 2231; OLG Schleswig MDR 2010, 960 = RNotZ 2010, 666; Eylmann/Vaasen/*Eylmann* BNotO/BeurkG § 3 BeurkG Rn. 7 f.; Arndt/Lerch/Sandkühler/*Sandkühler*, BNotO, § 16 Rn. 22; *Winkler* BeurkG § 3 Rn. 23 ff.; *Lerch* BeurkG § 3 Rn. 6 ff.; Staudinger/*Hertel*, BGB, Vorbem. zu §§ 127a, 128 BeurkG Rn. 301 f.; *Mihm* DNotZ 1999, 8, 10 f.; *Brambring*, FGPrax 1998, 201; *Winkler*, MittBayNot 1999, 1, 7 f.; *Vaasen/Starke* DNotZ 1998, 661, 671; *Harder-Schmidt* DNotZ 1999, 956 ff.; *Limmer/Baumann*, RNotZ 2005, 358; mit eigenem Ansatz *Armbrüster/Leske*, ZNotP 2001, 454 ff.; Armbrüster/Preuß/Renner/*Armbrüster*, BeurkG, § 3 BeurkG Rn. 16 ff.

- Beim Erbvertrag sind auch die Angelegenheiten des Vertragspartners, der selbst keine Verfügung errichtet hat, betroffen. Einmal ist dieser formell am Rechtsgeschäft unmittelbar beteiligt, zum anderen – zumindest wegen der ihm gegenüber bestehenden Gebundenheit des Testierenden – auch materiell unmittelbarer Nutznießer des Geschäfts. 203
- Eine Verfügung von Todes wegen regelt die Angelegenheiten eines jeden, der in ihr bedacht wird, sei es durch Erbeinsetzung, Vermächtnis- oder Teilungsanordnung. Hier ist zwar keine formelle Teilnahme am Rechtsgeschäft gegeben, wohl aber die unmittelbare materielle Betroffenheit Die h.L. sieht daher auch die Verfügung von Todes wegen als Angelegenheit des Bedachten an.[507] 204
- Eine Verfügung von Todes wegen regelt ferner die Angelegenheit des zum **Testamentsvollstrecker** Ernannten, sodass nach § 3 Abs. 1 Nr. 4 BeurkG der Notar nicht die Bestellung einer Person i.S.d. § 3 Abs. 1 BeurkG insbesondere seines Sozius zum Testamentsvollstrecker beurkunden darf.[508] Zulässig bleibt aber die Lösung, dass der Notar die letztwillige Verfügung samt Testamentsvollstreckeranordnung beurkundet, die Benennung der Person des Testamentsvollstreckers erfolgt dann in einem privatschriftlichen oder bei einem anderem Notar beurkundeten Ergänzungstestament.[509] Es wird auch zulässig sein, dass der Notar den Wunsch des Erblassers an das Nachlassgericht beurkundet, nach Möglichkeit ihn zu berufen; das Nachlassgericht könne dann auf Ersuchen des Erblassers auch den Notar zum Testamentsvollstrecker ernennen, der die letztwillige Verfügung beurkundet hat.[510] Die Berufung des beurkundenden Notars selbst zum Testamentsvollstrecker ist nach §§ 27, 7 Nr. 1 BeurkG unwirksam (vgl. dazu unten Rdn. 223). Auch wenn kein Fall der §§ 3, 7 BeurkG vorliegt, kann die Beurkundung eines Testamentes ein Verstoß gegen die Unparteilichkeit nach § 14 BNotO sein, wenn Angestellte des Notars oder eine Gesellschaft eines Angestellten zum Testamentsvollstrecker eingesetzt werden.[511] 205
- Eine Verfügung von Todes wegen betrifft darüber hinaus auch die Angelegenheiten derjenigen Person, die als Erben übergangen und dadurch pflichtteilsberechtigt oder die gar von ihrem Pflichtteilsrecht ausgeschlossen werden; in deren Angelegenheiten wird durch Verfügung zwar nur negativ, aber sachlich nicht minder unmittelbar eingegriffen. 206
- Eine Erbausschlagung berührt auch denjenigen, der dadurch Erbe wird; nicht hingegen die Pflichtteilsberechtigten, die Vermächtnisnehmer und Nachlassgläubiger.[512] 207

cc) Angelegenheiten des Notars, des Ehegatten oder Lebenspartners oder der Angehörigen

208 Nach § 3 Abs. 1 Nr. 1 BeurkG soll ein Notar an einer Beurkundung nicht mitwirken, wenn es sich um eigene Angelegenheiten handelt. Dies trifft auch dann zu, wenn der Notar nur mitberechtigt oder mitverpflichtet ist; das Gleiche gilt nach Nr. 2 und Nr. 2a für Angelegenheiten seines Ehegatten, früheren Ehegatten oder seines Verlobten oder seines Lebenspartners, nach Nr. 3 für Angele-

507 Vgl. Eylmann/Vaasen/*Eylmann* BeurkG § 3 4; *Winkler* BeurkG § 3 Rn. 29; *Lerch* § 3 BeurkG Rn. 7; Arndt/Lerch/Sandkühler/*Sandkühler* § 16 BNotO Rn. 23; Armbrüster/Preuß/Renner/*Armbrüster*, BeurkG, § 3 BeurkG Rn. 33 f.

508 Vgl. zur Gesamtproblematik auch unten Rdn. 223 und BGHZ 134, 230 = DNotZ 1997, 466; BGH DNotZ 2013, 149 = ZEV 2012, 657; OLG Stuttgart, BWNotZ 2012, 137 = ZEV 2012, 486; *Beining*, VuR 2001, 424 ff.; *Lerch* BeurkG § 7 Rn. 8; Grziwotz/Heinemann/*Grziwotz* BeurkG § 3 Rn. 34; Arndt/Lerch/Sandkühler/*Sandkühler* BNotO § 16 Rn. 30; *Brambring* FGPrax 1998, 201; *Vaasen/Starke* DNotZ 1998, 661, 671; Eylmann/Vaasen/*Eylmann* BeurkG § 3 Rn. 14; *Winkler* BeurkG § 3 Rn. 29; Gutachten DNotI-Report 2012, 143 ff.; BGH DNotZ 1997, 466 ist durch die Neufassung des § 3 BeurkG überholt.

509 OLG Köln ZEV 2018, 271 = NJW-RR 2018, 457; *Winkler* BeurkG § 27 BeurkG Rn. 9; Gutachten DNotI-Report 1999, 101.

510 OLG Stuttgart OLGZ 1990, 14 = DNotZ 1990, 430 m. Anm. *Reimann*; zustimmend auch *Winkler*, § 27 BeurkG Rn. 9.

511 BGH DNotZ 2018, 550 = MittBayNot 2019, 189 m. Anm. *Meininghaus*.

512 So *Winkler* BeurkG § 3 Rn. 29; Eylmann/Vaasen/*Eylmann* BeurkG § 3 Rn. 14; *Winkler* MittBayNot 1999, 1, 4; Arndt/Lerch/Sandkühler/*Sandkühler* BNotO § 16 Rn. 30; BeurkG § 3 Rn. 7; a.A. zum Pflichtteilsberechtigten Schippel/*Vetter* BNotO § 16 Rn. 19.

genheiten einer Person, die mit dem Notar in gerader Linie verwandt oder verschwägert oder in der Seitenlinie bis zum dritten Grad verwandt oder bis zum zweiten Grad verschwägert ist oder war.

dd) Mitwirkungsverbot/Verbindung durch gemeinsame Berufsausübung

209 Nach § 3 Abs. 1 Nr. 4 BeurkG soll ein Notar an einer Beurkundung nicht mitwirken, wenn es sich um Angelegenheiten einer Person handelt, mit der sich der Notar zur gemeinsamen Berufsausübung verbunden oder mit der er **gemeinsame Geschäftsräume** hat. Durch § 3 Abs. 1 Nr. 4 BeurkG wird der Notar auch in Angelegenheiten der mit ihm verbundenen Sozien oder in Bürogemeinschaft verbundenen Personen oder bei ähnlichen Arten der Kooperation von einer Urkundstätigkeit ausgeschlossen.[513] Hintergedanke dieser Regelung ist es, die Gefährdung für das Vertrauen auf die Unparteilichkeit von vornherein auszuschließen.

ee) Mitwirkungsverbot/Notar ist gesetzlicher Vertreter

210 Das Mitwirkungsverbot nach § 3 Abs. 1 Nr. 5 BeurkG besteht dann, wenn entweder der Notar oder sein Sozius bzw. die Person, mit der er gemeinsame Geschäftsräume hat, gesetzlicher Vertreter ist. Als gesetzlicher Vertreter – Vater, Vormund, Pfleger, Betreuer, gesetzlicher Vertreter einer juristischen Person des öffentlichen Rechts – darf der Notar in Angelegenheiten des Vertretenen nicht mitwirken.

ff) Mitwirkungsverbot/Notar ist Mitglied des vertretungsberechtigten Organs

211 Der Notar nach § 3 Abs. 1 Nr. 5 BeurkG darf auch nicht mitwirken, wenn er oder sein Sozius bzw. eine Person, mit der er gemeinsame Geschäftsräume hat, dem vertretungsberechtigten Organ der Person angehört.

gg) Problemkreis der Vorbefassung (§ 3 Abs. 1 Nr. 7 BeurkG)

212 § 3 Abs. 1 Nr. 7 BeurkG erfasst das schwierige Verhältnis der sog. **Vorbefassung**. Danach besteht ein Beurkundungsverbot in Angelegenheiten einer Person, für die der Notar oder einer seiner Sozien bzw. eine Person, mit der er gemeinsame Geschäftsräume hat, außerhalb der Amtstätigkeit in derselben Angelegenheit bereits tätig war oder ist, es sei denn, diese Tätigkeit wurde im Auftrag aller Personen ausgeübt, die an der Beurkundung beteiligt sein sollen. Erfasst sind von der Vorschrift alle Tätigkeiten, mit denen der Notar in derselben Angelegenheit außerhalb seiner Amtstätigkeit in irgendeiner Weise beruflich, geschäftlich oder in sonstiger Weise – etwa als Anwalt, Steuerberater oder Wirtschaftsprüfer – bereits befasst gewesen oder noch befasst ist. Auch in der Vergangenheit abgeschlossene Sachverhalte werden einbezogen. Außerdem wird die Vorschrift über das Mitwirkungsverbot auf die mit dem Notar verbundenen Personen innerhalb der Sozietät erweitert.

hh) Mitwirkungsverbot/Notar ist in derselben Angelegenheit bevollmächtigt

213 § 3 Abs. 1 Nr. 8, 1. Alt. BeurkG erfasst das Mitwirkungsgebot bei der Beurkundung von Angelegenheiten einer Person, die den Notar in derselben Angelegenheit (rechtsgeschäftlich) bevollmächtigt hat. Die Identität der Angelegenheit als rechtlich-wirtschaftlicher Lebenssachverhalt ist vorausgesetzt; ist der Notar in einer anderen Sache Bevollmächtigter einer Beteiligten, so muss er nach § 3 Abs. 2 BeurkG auf das Ablehnungsrecht der Beteiligten hinweisen.

---

513 Vgl. *Mihm* DNotZ 1999, 8, 14; *Winkler*, MittBayNot 1999, 1; Eylmann/Vaasen/*Eylmann* BNotO/BeurkG § 3 BeurkG Rn. 33 ff., 3; *Winkler* BeurkG § 3 Rn. 73; Staudinger/*Hertel*, BGB, Vorbem. zu §§ 127a, 128 BeurkG Rn. 278 f.; Armbrüster/Preuß/Renner/*Armbrüster*, BeurkG, § 3 BeurkG Rn. 53 ff.; Grziwotz/Heinemann/*Grziwotz*, § 3 BeurkG Rn. 30.

ii) Hinweispflichten nach § 3 Abs. 2, Abs. 3 BeurkG

§ 3 Abs. 2 BeurkG enthält kein Mitwirkungsverbot, sondern nur eine Hinweispflicht. Zwei Fallgruppen werden von der Hinweispflicht erfasst: 214

Entweder war der Notar früher in dieser Angelegenheit als gesetzlicher Vertreter oder Bevollmächtigter tätig (Entscheidend für die Abgrenzung zu Abs. 1 Nr. 8 ist, ob die Vollmacht erloschen ist und ob es sich um dieselbe Angelegenheit handelt) oder der Notar war zum Zeitpunkt der Beurkundung in einer anderen Angelegenheit als Bevollmächtigter eines Beteiligten tätig. 215

Der Anwaltsnotar muss daher auf eine Prozessvollmacht immer aufmerksam machen, wenn er für einen Beteiligten in einer Sache tätig ist, die mit der Beurkundung nichts zu tun hat. 216

Ist die Prozessvollmacht erloschen, besteht keine Hinweispflicht. Der Notar hat in diesen Fällen die Anwesenden zu fragen, ob er gleichwohl die Beurkundung vornehmen soll. Den Beteiligten steht sodann das Recht auf Ablehnung des Notars zu. Lehnt einer der Beteiligten den Notar ab, so hat die Beurkundung zu unterbleiben. Das Ablehnungsrecht besteht bis zum Abschluss der Beurkundung. In der Urkunde ist zu vermerken, dass der Hinweis und die Belehrung erfolgt sind.[514] § 3 Abs. 3 BeurkG schließt die Hinweis- oder Fragepflicht des Notars und damit auch das Ablehnungsrecht der Beteiligten aus. 217

c) Beurkundungsverbote nach den §§ 6, 7 BeurkG

aa) Überblick

Die Beurkundungsverbote nach den §§ 6, 7 BeurkG unterscheiden sich von § 3 BeurkG dadurch, dass der Verstoß zur **Unwirksamkeit der Urkunde** führt. Im Gegensatz zu § 7 BeurkG bewirkt die Erfüllung der Unwirksamkeitstatbestände des § 6 BeurkG die Unwirksamkeit der Beurkundung im Ganzen; § 7 BeurkG ordnet nur eine teilweise Unwirksamkeit an. § 7 BeurkG wird ergänzt durch § 27 BeurkG. Diese Vorschrift stellt klar, dass Personen, die in einer Verfügung von Todes wegen bedacht oder als Testamentsvollstrecker eingesetzt werden, solchen Personen gleichstehen, die aus einer zu beurkundenden Willenserklärung einen rechtlichen Vorteil erlangen. Die Vorschrift gilt beim Testament und beim Erbvertrag,[515] auch für das Widerrufstestament (§ 2254 BGB), die Aufhebung eines Erbvertrags (§ 2290 Abs. 4 BGB), den Rücktritt vom Erbvertrag durch Testament (§ 2297 Satz 1 BGB) und das noch nicht vollzogene Schenkungsversprechen auf den Todesfall.[516] 218

bb) Beurkundungsverbote nach den § 6 BeurkG

Anknüpfungspunkt für die Ausschließungsgründe des § 6 BeurkG ist die Beziehung des beurkundenden Notars zu den an der Beurkundung »Beteiligten«. § 6 Abs. 2 BeurkG definiert den Begriff des »Beteiligten«. Beteiligte sind hiernach diejenigen Erschienenen (natürlichen Personen), die vor dem Notar die zu beurkundenden Erklärungen abgeben. Maßgebend ist mithin ausschließlich die **formelle Beteiligung**, nicht die materielle Beteiligung. Es ist unerheblich, ob der Erschienene die Willenserklärung im eigenen oder fremden Namen abgibt. Beteiligt ist aber nur der Vertreter, nicht der Vertretene und auch nicht derjenige, dessen Rechte und Pflichten durch die Beurkundung betroffen sind.[517] Bei der Beurkundung eines Testamentes ist der Erschienene wegen § 2064 BGB immer formell und materiell beteiligt, beim Erbvertrag der Erblasser wegen § 2274 BGB (abge- 219

---

514 *Winkler* BeurkG § 3 Rn. 191 f.; *Lerch* BeurkG § 3 Rn. 28; Grziwotz/Heinemann *Grziwotz*, § 3 BeurkG Rn. 53 f.

515 *Lerch* BeurkG § 27 Rn. 1; Grziwotz/Heinemann/*Heinemann* BeurkG § 27 Rn. 2; *Winkler* BeurkG § 27 Rn. 2;

516 Grziwotz/Heinemann/*Heinemann* BeurkG § 27 Rn. 2

517 BGH NJW 2005, 415, 418; *Winkler* BeurkG § 6 Rn. 5; Armbrüster/Preuß/Renner/*Armbrüster*, BeurkG, § 6 BeurkG Rn. 6; Eylmann/Vaasen *Eylmann* BNotO/BeurkG § 6 BeurkG Rn. 3; Grziwotz/Heinemann/*Grziwotz*, § 7 BeurkG Rn. 6 f.

sehen von den Fällen der Verbindung mit einem Ehevertrag gem. § 2276 Abs. 2 BGB) ebenfalls. § 6 Abs. 2 BeurkG wird daher im Recht der Verfügungen von Todes wegen nur für den nicht testierenden Partner des Erbvertrages und beim Ehe- und Erbvertrag erheblich.

220 Die Beurkundung von Willenserklärungen ist danach unwirksam, wenn
1. der Notar selbst,
2. sein Ehegatte,
2a. sein Lebenspartner,
3. eine Person, die mit ihm in gerader Linie verwandt ist oder war oder
4. ein Vertreter, der für eine der in den Nummern 1 bis 3 bezeichneten Personen handelt, an der Beurkundung beteiligt ist.

221 Eine entgegen § 6 BeurkG vorgenommene Beurkundung ist insgesamt unwirksam. Die Beteiligten können auf die Beachtung von § 6 BeurkG nicht verzichten.

cc) **Beurkundungsverbote nach den § 7 i.V.m. § 27 BeurkG**

222 Die Beurkundung von Willenserklärungen ist nach §§ 27, 7 BeurkG insoweit unwirksam, als diese darauf gerichtet sind,
1. dem Notar,
2. seinem Ehegatten oder früheren Ehegatten oder
2a. seinem Lebenspartner oder früheren Lebenspartner oder
3. einer Person, die mit ihm in gerader Linie verwandt oder verschwägert oder in der Seitenlinie bis zum dritten Grade verwandt oder bis zum zweiten Grade verschwägert ist oder war,

einen rechtlichen Vorteil zu verschaffen.

223 Die Willenserklärung muss darauf abzielen, dem Notar selbst oder einem der in § 7 Nr. 2, 2a und Nr. 3 BeurkG genannten Personen einen rechtlichen Vorteil zu verschaffen. Im Gegensatz zu § 6 BeurkG ist also i.R.v. § 7 BeurkG folglich die materielle Beteiligung entscheidend. Unter einem rechtlichen Vorteil versteht man dabei alles, was die Rechtsstellung verbessert, auch wenn diese schon vorhanden ist und nur verstärkt wird.[518] Der rechtliche Vorteil muss sich unmittelbar aus der in der Urkunde niedergelegten Willenserklärung ergeben und nicht erst als deren Folge eintreten oder gar erst eintreten können. Nicht erforderlich ist demgegenüber eine auf Zuwendung des Vorteils gerichtete Absicht der Beteiligten. Vielmehr genügt es, dass nach der objektiven Rechtslage aus dem Rechtsgeschäft unmittelbar ein rechtlicher Vorteil erwächst.[519] Die Berufung des beurkundenden Notars selbst zum **Testamentsvollstrecker** ist nach §§ 27, 7 Nr. 1 BeurkG unwirksam; keine Rolle spielt, ob der Testamentsvollstrecker eine Vergütung erhalten soll oder nicht.[520] Die Ernennung des Sozius als Testamentsvollstrecker ist nach § 3 Abs. 1 Nr. 4 BeurkG unzulässig; dies führt allerdings nicht zur Unwirksamkeit der Urkunde.[521] Deshalb ist auch die Regelung in einem notariellen Testament, dass der Notar die Person des Testamentsvollstreckers bestimmen soll (vgl. § 2198 Abs. 1 Satz 1 BGB), wegen des Verbots der Verschaffung eines rechtlichen Vorteils zugunsten des Notars gem. § 7 Nr. 1 BeurkG unwirksam.[522] Zulässig bleibt aber die Lösung,

---

518 BGH NJW 2013, 52 = DNotZ 2013, 149 = ZEV 2012, 657; *Winkler* BeurkG § 7 Rn. 3 ff.; Eylmann/Vaasen/*Eylmann* BNotO/BeurkG § 7 BeurkG Rn. 2; Grziwotz/Heinemann/*Heinemann* BeurkG § 27 Rn. 14 ff.

519 BGH NJW 2013, 52 = DNotZ 2013, 149 = ZEV 2012, 657; BGHZ 134, 230, 237; vgl. auch RGZ 88, 147, 150.

520 BGHZ 134, 230 = DNotZ 1997, 466; BGH DNotZ 2013, 149 = ZEV 2012, 657; OLG Stuttgart BWNotZ 2012, 137 = ZEV 2012, 486; *Lerch* BeurkG § 7 Rn. 8; Grziwotz/Heinemann/*Heinemann* BeurkG § 27 Rn. 18; Arndt/Lerch/Sandkühler/*Sandkühler,* BNotO § 16 Rn. 30; *Winkler* BeurkG § 27 Rn. 9; Gutachten DNotI-Report 2012, 143 ff.;

521 *Genske* notar 2017, 188, 190.

522 BGH NJW 2013, 52 = DNotZ 2013, 149 = ZEV 2012, 657; *Reimann* DNotZ 1994, 659, 664 f.; *ders.* Bengel/Reimann, Handbuch der Testamentsvollstreckung 4. Aufl. Kap. 2 Rn. 135.

dass der Notar die letztwillige Verfügung samt Testamentsvollstreckeranordnung beurkundet, die Benennung der Person des Testamentsvollstreckers erfolgt dann in einem privatschriftlichen oder bei einem anderem Notar beurkundeten Ergänzungstestament.[523] Es wird auch zulässig sein, dass der Notar den Wunsch des Erblassers an das Nachlassgericht beurkundet, nach Möglichkeit ihn zu berufen; das Nachlassgericht könne dann auf Ersuchen des Erblassers auch den Notar zum Testamentsvollstrecker ernennen, der die letztwillige Verfügung beurkundet hat.[524] Umstritten ist, die Rechtsfolge, wenn der Erblasser dem Notar nach Abschluss der Beurkundung einer letztwilligen Verfügung gem. § 2231 Nr. 1 BGB mit Anordnung der Testamentsvollstreckung eine verschlossene privatschriftliche letztwillige Verfügung übergibt, in der der Urkundsnotar zum Testamentsvollstrecker bestimmt wird.[525] In Abkehr seiner früheren Rechtsprechung hat das OLG Bremen entschieden, dass dieses Verfahren auch dann nicht zur Formunwirksamkeit des privatschriftlichen Testaments führt, wenn beide Verfügungen vom Notar in einem Umschlag in die amtliche Verwahrung des Nachlassgerichts gegeben werden.[526] In der Praxis wird allerdings empfohlen, die Dokumente getrennt zu verwahren.[527]

Bloß wirtschaftliche Vorteile reichen nicht aus. Grds. wird man schon im Anschluss an den Gesetzeswortlaut (»darauf gerichtet«) verlangen müssen, dass der rechtliche Vorteil die unmittelbare Wirkung der beurkundeten Willenserklärung ist.

Eine entgegen § 7 BeurkG vorgenommene Beurkundung ist nicht insgesamt, sondern nur teilweise unwirksam, nämlich insoweit, als sie darauf gerichtet ist, einer der in § 7 Nr. 1–3 BeurkG genannten Personen einen rechtlichen Vorteil zu verschaffen. Im Übrigen bleibt die Beurkundung wirksam. 224

4. Die Errichtung der Niederschrift

a) Einführung

§ 8 BeurkG schreibt für die Beurkundung von Willenserklärungen die Form der Niederschrift im Gegensatz zur Vermerkform (vgl. § 39 BeurkG) vor. § 8 BeurkG gilt nicht nur für die von Notaren vorgenommenen Beurkundungen, sondern gem. § 1 Abs. 2 BeurkG auch für diejenigen der Konsularbeamten (§ 10 Abs. 3 KonsularG), des Bürgermeisters (§ 2249 Abs. 1 Satz 4 BGB) und der »drei Zeugen« (§ 2250 Abs. 3 Satz 2 BGB). 225

b) Verhandlung

Gegenstand der Niederschrift ist die Verhandlung. Damit ist nicht die gesamte Vorbesprechung zwischen den Parteien und dem Notar gemeint, sondern deren Ergebnis, also das, was sich als die rechtsgeschäftliche Erklärung darstellt; deshalb braucht die Niederschrift nicht alle Entwicklungs- und Verhandlungsphasen zu erfassen, sie kann sich vielmehr auf das inhaltliche Endergebnis konzentrieren.[528] Grundsätzlich obliegt es dem verantwortungsvollen **Ermessen** des Notars, wie er die Verhandlung durchführt, wie er den Urkundentext aufbaut, welche Belehrungen er abgibt und welche Belehrungsvermerke er aufnimmt, er muss sich dabei nach den Vorgaben des BeurkG, den 226

---

523 OLG Köln ZEV 2018, 271 = NJW-RR 2018, 457; *Winkler* BeurkG, § 27 BeurkG Rn. 9; Grziwotz/Heinemann/*Heinemann* BeurkG § 27 Rn. 19; Gutachten DNotI-Report 1999, 101

524 OLG Stuttgart OLGZ 1990, 14 = DNotZ 1990, 430 m. Anm. *Reimann*; zustimmend auch Grziwotz/Heinemann/*Heinemann* BeurkG § 27 Rn. 19; *Winkler* BeurkG § 27 Rn. 9; Armbrüster/Preuß/Renner/*Seger* BeurkG § 27 Rn. 6; *Reimann* DNotZ 1994, 659, 663, a.A. Eylmann/Vaasen/*Baumann* § 27 BeurkG Rn. 5.

525 Vgl. zur Diskussion *Genske notar* 2017, 188 ff.; Grziwotz/Heinemann/*Heinemann* BeurkG § 27 Rn. 19; *Winkler* BeurkG § 27 Rn. 9; Armbrüster/Preuß/Renner/*Seger*, § 27 Rn. 6; *Reimann* DNotZ 1994, 659, 663, Eylmann/Vaasen/*Baumann*, § 27 BeurkG Rn. 5.

526 OLG Bremen ZEV 2016, 273 m. Anm. *Litzenburger*, in Abkehr von OLG Bremen NJW-RR 2016, 76.

527 *Genske* notar 2017, 188 ff.; *Reimann* DNotZ 1994, 659, 663.

528 Vgl. *Winkler* BeurkG § 8 Rn. 4 ff.; *Jansen* BeurkG § 8 Rn. 6.

Grundsätzen der notariellen Vertragskunst sowie den dienstrechtlichen Vorgaben richten; im Übrigen ist er bei der Gestaltung des Verfahrens frei, solange der grundsätzliche Zweck des Beurkundungsverfahrens und der Verhandlung eingehalten wird: Schaffung einer mit besonderer Beweiskraft ausgestatteten öffentlichen Urkunde in einem förmlichen, auf Interessenausgleich gerichteten Verfahren.[529]

227 Für die Beurkundung von Verfügungen von Todes wegen gelten zusätzlich die Sondervorschriften in den §§ 27 ff. BeurkG.

228 Im BeurkG sind u.a. folgende Amtspflichten des Notars geregelt:
- Bezeichnung des Notars und der Beteiligten sowie die Erklärungen der Beteiligten (§ 9 Abs. 1 BeurkG),
- Ort und Tag der Verhandlung (§ 9 Abs. 2 BeurkG),
- Identitätsfeststellung der Beteiligten (§ 10 BeurkG),
- Feststellung der Geschäftsfähigkeit und evtl. schwerer Krankheiten (§ 11 BeurkG),
- Prüfung der Nachweise der Vertretungsberechtigung (§ 12 BeurkG),
- Vorlesung, Genehmigung und Unterschrift der Niederschrift (§ 13 BeurkG),
- Übersetzung der Niederschrift (§ 16 BeurkG),
- Prüfungs- und Belehrungspflichten (§ 17 BeurkG),
- Hinweise über Genehmigungserfordernisse (§ 18 BeurkG),
- Hinweis auf Unbedenklichkeitsbescheinigung (§ 19 BeurkG),
- Hinweis auf gesetzliche Vorkaufsrechte (§ 20 BeurkG),
- Unterrichtung über Grundbuchinhalt (§ 21 BeurkG),
- Besondere Vorschriften bei Beteiligung von behinderten Personen (§§ 22 ff. BeurkG).

c) Bezeichnung des Notars und der Beteiligten/Identifizierung und Feststellung der Geschäftsfähigkeit

aa) Bezeichnung der Beteiligten und des Notars

229 § 9 Abs. 1 BeurkG bestimmt als Muss-Vorschrift die **zwingenden Mindestangaben** für die Wirksamkeit der Beurkundung. Demnach muss die Niederschrift die Bezeichnung des Notars und der Beteiligten sowie die Erklärungen der Beteiligten enthalten. Um eine einfache und klare Feststellung zu ermöglichen, empfiehlt sich für die Praxis das übliche Verfahren, dass **der Notar** im Eingang der Urkunde seinen Namen, seine Amtsbezeichnung und seine Geschäftsstelle bezeichnet, beim Namen am besten Vor- und Zuname, wobei der Nachname genügt, bei einem Doppelnamen, diesen.[530] Handelt ein **Notarvertreter**, so ist es üblich und zweckmäßig, wenn bereits im Eingang der Name und die Funktion als Notarvertreter für einen bestimmten Notar deutlich gemacht werden.[531] Nach § 41 Abs. 1 BNotO hat der Notarvertreter eine Unterschrift und einen ihn als Vertreter kennzeichnenden Zusatz beizufügen. Der **Notariatsverwalter** wiederum vertritt nicht den Notar, sondern tritt an seine Stelle (§ 56 BNotO). Das bedeutet, dass der Notariatsverwalter sich selbst mit seiner Amtsbezeichnung im Urkundseingang bezeichnen muss.

230 I.R.d. BeurkG wird nur noch von den Beteiligten ausgegangen. Beteiligt i.S.d. § 9 BeurkG ist nicht der materiell Beteiligte, sondern der **formell Beteiligte** i.S.d. § 6 Abs. 2 BeurkG, d.h. die Person, die vor dem Notar Erklärungen abgibt, sei es als eigene, sei es als Vertreter im fremden Namen.[532] Die

529 Eylmann/Vaasen/*Limmer* BeurkG § 8 Rn. 9.

530 Vgl. KG DNotZ 2003, 794; Staudinger/*Hertel*, BGB, Vorbem. zu §§ 127a, 128 (BeurkG) Rn. 328; Armbrüster/Preuß/Renner/*Piegsa*, § 9 BeurkG Rn. 5 f.

531 *Peterßen*, RNotZ 2008, 181, 200; Armbrüster/Preuß/Renner/*Piegsa*, § 9 BeurkG Rn. 10 ff.; Gutachten DNotI Report 2006, 9 f.; Staudinger/*Hertel*, BGB, Vorbem. zu §§ 127a, 128 (BeurkG) Rn. 329.

532 Vgl. *Jansen* BeurkG § 9 Rn. 9; *Winkler* BeurkG § 9 Rn. 7; Grziwotz/Heinemann/*Grziwotz*, § 9 BeurkG Rn. 7.

Beteiligten sollen so genau bezeichnet werden, dass Zweifel und Verwechslungen ausgeschlossen sind.

Damit hat der Gesetzgeber einer detaillierten Angabepflicht eine **generalklauselartige Verpflichtung** des Notars vorgezogen, die es grds. in sein Ermessen legt, wie er der Pflicht nachkommt, um Zweifel und Verwechslungen auszuschließen.[533] In § 26 Abs. 1 DONot, der § 10 Abs. 1 BeurkG ergänzt, ist normiert, dass Notarinnen und Notare bei der Beurkundung von Erklärungen und bei der Beglaubigung von Unterschriften oder Handzeichen sowie der Zeichnung einer Namensunterschrift die Person der Beteiligten mit besonderer Sorgfalt feststellen müssen. Bei der Bezeichnung natürlicher Personen sind nach § 26 Abs. 2 DONot der Name, das Geburtsdatum, der Wohnort und die Wohnung anzugeben; weicht der z.Zt. der Beurkundung geführte Familienname von dem Geburtsnamen ab, ist auch der Geburtsname anzugeben. Von der Angabe der Wohnung ist abzusehen, wenn dies in besonders gelagerten Ausnahmefällen zum Schutz gefährdeter Beteiligter oder ihrer Haushaltsangehörigen erforderlich ist. 231

Sind **sonstige Personen** an der Beurkundung beteiligt (Dolmetscher, zweiter Notar, Zeuge etc.), so schreiben die jeweiligen Soll-Vorschriften vor, dass die Tatsache der Beiziehung einer weiteren Person in der Niederschrift festgestellt werden soll, die auch die Niederschrift unterschreiben soll (§§ 22, 24, 25, 29 BeurkG). Eine fehlende Angabe berührt die Wirksamkeit der Beurkundung nicht. In der Praxis werden solche Personen aber i.d.R. auch im Eingang der Urkunde genannt. 232

bb) Identifizierung der Beteiligten

§ 10 Abs. 2 BeurkG begründet die **Identifizierungspflicht** des Notars. Zur Sicherung der Verlässlichkeit der Urkunde und damit zum Schutz des Rechtsverkehrs verpflichtet die Vorschrift den Notar, die Identität des Beteiligten zuverlässig festzustellen. Die Feststellung kann auf verschiedene Weise getroffen werden. Entweder ist der Beteiligte dem Notar persönlich bekannt oder er weist sich durch Vorlage seines Ausweises aus oder der Beteiligte wird durch einen Erkennungszeugen vorgestellt. Es liegt dabei im **pflichtgemäßen Ermessen des Notars**, die zur Identifizierung erforderlichen Mittel zu bestimmen.[534] 233

cc) Feststellung der Geschäftsfähigkeit

Nach § 11 BeurkG hat der Notar **Feststellungen über die Geschäftsfähigkeit** zu treffen.[535] Die Vorschrift begründet eine Amtspflicht, um den Rechtsverkehr vor nichtigen Urkunden zu schützen. Fehlt einem Beteiligten nach der Überzeugung des Notars die erforderliche Geschäftsfähigkeit, so soll er die Beurkundung ablehnen. Zweifel an der erforderlichen Geschäftsfähigkeit eines Beteiligten soll der Notar in der Niederschrift feststellen. Ist ein Beteiligter schwer krank, so soll dies in der Niederschrift vermerkt und angegeben werden, welche Feststellungen der Notar über die Geschäftsfähigkeit getroffen hat. Der Begriff des BeurkG knüpft an das materielle Recht an. Entscheidend ist die Fähigkeit, Rechtsgeschäfte selbstständig vollwirksam vorzunehmen, wobei es darauf ankommt, welche Art von Geschäftsfähigkeit die Beurkundung verlangt. Beim Testament verlangt die Rechtsprechung, dass der Testierende nicht nur erfassen können muss, dass er ein Testament errichtet und welchen Inhalt die darin enthaltenen Verfügungen aufweisen. Er muss auch imstande sein, den Inhalt des Testaments von sich aus zu bestimmen und sich aus eigener Überlegung ein klares Urteil über die Tragweite seiner Anordnungen zu bilden. Das erfordert, dass er sich die für und gegen die Anordnungen sprechenden Gründe vergegenwärtigen und sie gegeneinander abwägen kann. Es muss ihm deshalb bei der Testamentserrichtung möglich sein, sich an Sachverhalte und Ereignisse zu erinnern, Informationen aufzunehmen, Zusammenhänge zu erfassen und Abwägungen vorzu- 234

---

533 Vgl. eingehend *Renner*, NotBZ 2002, 432 ff.; Grziwotz/Heinemann/*Grziwotz*, § 10 BeurkG Rn. 5 ff.

534 BayObLG FGPrax 2004, 19, 20; OLG Celle DNotZ 206, 297; Eylmann/Vaasen/*Limmer* BNotO/BeurkG § 10 BeurkG Rn. 10; Grziwotz/Heinemann/*Grziwotz*, § 10 BeurkG Rn. 14.

535 Vgl. allgemein zum Testieren im Alter *Christandl* notar 2017, 339 ff.

nehmen.[536] Im Rechtsverkehr kann allerdings grds. davon ausgegangen werden, dass die Beteiligten an einer Beurkundung geschäftsfähig sind.[537] Daher hat der Notar nach § 11 BeurkG allgemein die erforderliche Geschäftsfähigkeit zu prüfen, und bei Verfügungen von Todes ist er auch verpflichtet das Ergebnis in der Niederschrift zu erwähnen.[538] Bei der Prüfung der Geschäftsfähigkeit liegt die Verfahrensleitung im Ermessen des Notars. I.d.R. wird er sich am äußeren Erscheinungsbild orientieren. Dabei darf er grds. von der Geschäftsfähigkeit als dem Regelfall ausgehen. Hat der Notar Bedenken, so muss er ihnen nachgehen. Weitere Nachforschungen sind erst erforderlich, wenn sich für den Notar gewisse Anhaltspunkte für eine eingeschränkte oder fehlende Geschäftsfähigkeit ergeben.[539] Der Notar muss nach Möglichkeit eine ärztliche oder psychologische Stellungnahme einholen, um diese Zweifel nach Möglichkeit auszuräumen. Auch erscheint es zweckmäßig, wenn der Notar in der Urkunde angibt, auf welchen Grundlagen basierend er von einer Geschäftsfähigkeit ausgeht, oder nach wie vor Zweifel hat. In der Literatur wurde vorgeschlagen, dass der Notar **medizinische** bzw. **psychologische Screeningverfahren** anwendet;[540] das ist abzulehnen, da der Notar mangels entsprechender medizinischer oder psychologischer Ausbildung derartige Verfahren gar nicht mit der notwendigen Sicherheit beherrschen kann.[541] Nach § 28 BeurkG soll der Notar seine **Wahrnehmungen über die erforderliche Geschäftsfähigkeit des Erblassers** in der Niederschrift vermerken. § 28 BeurkG ist Spezialnorm im Verhältnis zu § 11 BeurkG. Bei der Beurkundung **letztwilliger Verfügungen** muss der Notar nach § 28 BeurkG immer seine Wahrnehmungen über die erforderliche Geschäftsfähigkeit in der Niederschrift vermerken.

d) Die Erklärungen der Beteiligten (§ 9 Abs. 1 Satz 1 Nr. 2, Satz 2 und 3 BeurkG)

aa) Erklärungen in der Niederschrift

235 Das Protokoll **muss** die zu beurkundenden Willenserklärungen enthalten (§ 9 Abs. 1 Satz 1 Nr. 2 BeurkG). Bei der Errichtung eines öffentlichen Testaments durch mündliche Erklärung muss diese in der Niederschrift erscheinen, beim öffentlichen Testament, das durch Übergabe einer Schrift errichtet wird, die Erklärung, dass die übergebene Schrift den letzten Willen verkörpere. Beim Erbvertrag sind die rechtsgeschäftlichen Erklärungen beider Seiten im Protokoll festzuhalten. Der Notar hat die Erklärungen der Beteiligten nicht wörtlich zu fixieren, er hat den mündlich geäußerten Parteiwillen vielmehr in die richtige rechtliche Form zu bringen (vgl. § 17 Abs. 1 Satz 1 BeurkG). Da Formvorschriften nur äußerlich erkennbare Merkmale festsetzen können, ist § 9 Abs. 1 Satz 1 Nr. 2 BeurkG auch dann erfüllt, wenn der Notar die Erklärungen der Beteiligten nicht richtig oder unvollständig wiedergegeben hat; die Niederschrift bleibt als öffentliche Urkunde wirksam.[542] Die materielle Wirksamkeit des beurkundeten Rechtsgeschäfts kann jedoch beeinträchtigt sein, da der Beweis der unrichtigen Beurkundung zulässig ist (§ 415 Abs. 2 ZPO).

---

536 So OLG München NotBZ 2013, 355 = ZEV 2013, 504; OLG München FamRZ 2007, 2009; Palandt/*Weidlich* BGB § 2229 Rn. 2.

537 BayObLG BayObLGZ 1989, 111, 112 = MDR 1989, 748; BayObLG NJW-RR 1990, 721; OLG Frankfurt am Main, NotBZ 2006, 258 ff.; OLG Hamm NJOZ 2016, 343 = RNotZ 2016, 60; Armbrüster/Preuß/Renner/*Piegsa*, BeurkG, § 11 BeurkG Rn. 13; *Winkler* BeurkG § 11 Rn. 3; Staudinger/*Hertel*, BGB, Vorbem. zu §§ 127a, 128 BeurkG Rn. 337 ff.; Grziwotz/Heinemann/*Grziwotz*, § 11 BeurkG Rn. 10.

538 BGH DNotZ 2002, 536, 538 = NJW 2001, 3135 (zur Sprachkunde); BayObLG DNotZ 1993, 471; *Lerch* BeurkG § 11 Rn. 4; Armbrüster/Preuß/Renner/*Piegsa*, BeurkG, § 11 BeurkG Rn. 21 f.; *Winkler* BeurkG § 11 Rn. 12; *Zimmermann*, BWNotZ 2000, 97, 100.

539 OLG Hamm NJOZ 2016, 343 = RNotZ 2016, 60.

540 Vgl. *Stoppe/Lichtenwimmer* DNotZ 2005, 806 ff.

541 *Müller* DNotZ 2006, 325 ff.; *Cording/Forster* DNotZ 2006, 329 ff.; *Winkler* BeurkG § 11 Rn. 14 (»abwegig«); Armbrüster/Preuß/Renner/*Piegsa*, BeurkG, § 11 BeurkG Rn. 15; Grziwotz/Heinemann/Grziwotz, § 11 BeurkG Rn. 11 f.

542 OLG Stuttgart JW 1923, 1051; *Winkler* BeurkG § 9 Rn. 22; *Jansen* BeurkG § 9 Rn. 10.

bb) Erklärungen in der Anlage (echte Verweisung)

Erklärungen in einem Schriftstück, auf das in der Niederschrift verwiesen und das dieser beigefügt wird, gelten als in der Niederschrift selbst enthalten (§ 9 Abs. 1 Satz 2 BeurkG). Auch bei **Verfügungen von Todes wegen** kann nach § 9 Abs. 1 Satz 2 BeurkG verfahren werden[543] und zwar unabhängig von der Möglichkeit, ein Testament durch Übergabe einer Schrift zu errichten. 236

Auf die Anlage muss verwiesen werden. Eine wörtliche Bezugnahme ist nicht erforderlich. Der bloße Hinweis auf ein als Anlage beigefügtes Schriftstück genügt indes nicht, da dies auch zum Zwecke der Verdeutlichung geschehen kann.[544] Aus der Niederschrift muss vielmehr hervorgehen, dass zur Vervollständigung der rechtsgeschäftlichen Erklärung auf die Anlage verwiesen wird; der Erklärende muss sich zum Inhalt der Anlage Bekennen.[545] Die Verweisung muss klar ergeben, welche Schrift unter »Anlage« gemeint ist.[546] 237

Die Beifügung als Wirksamkeitsvoraussetzung ist erfüllt, wenn das Schriftstück mit der Haupturkunde räumlich zusammengefügt ist. Zusammenkleben, loses Ein- oder Beilegen reicht aus. Nach § 44 BeurkG sollen Anlagen mit dem Protokoll durch Schnur und Prägesiegel verbunden werden; die Gültigkeit der Beifügung wird jedoch nicht beeinträchtigt, wenn § 44 BeurkG missachtet wird. Außerdem kann § 44 BeurkG erst nach beendeter Beurkundung verwirklicht werden; die Beifügung muss jedoch spätestens bei Beginn des Abschlussverfahrens (§ 13 BeurkG) beendet sein.[547] Der Notar sollte, wenn er das Schriftstück dem Protokoll einfach beilegt, besonders darauf achten, dass die Identität der Schrift sichergestellt ist; dies dürfte a.M. besten durch den auf diese gesetzten Vermerk »Anlage zur Urkunde vom … UR Nr. …« möglich sein. 238

§ 9 Abs. 1 Satz 2 BeurkG stellt fest, dass die in der Anlage enthaltenen rechtsgeschäftlichen Erklärungen als notariell beurkundet gelten. 239

Die Anlage muss vorgelesen und genehmigt werden (§ 13 Abs. 1 Satz 1 BeurkG). Da auch die Anlage als Teil der Niederschrift auf Verlangen zur Durchsicht vorgelegt werden soll, muss das Schriftstück offen übergeben werden (anders als die gem. § 2232 Satz 1, 2 Alt BGB überreichte Schrift). Die Unterzeichnung der Niederschrift deckt diese in allen Teilen, also auch die Anlage; sie muss daher nicht gesondert unterzeichnet werden.[548] Ebenso bezieht sich auch der Abschlussvermerk im Protokoll auf die Anlage. Die Prüfungs- und Belehrungspflicht des Notars erstreckt sich auch auf den Inhalt der Anlage.[549] 240

cc) Verwendung von Karten, Zeichnungen und Abbildungen

Nach § 9 Abs. 1 Satz 3 BeurkG sind auch Karten, Zeichnungen und Abbildungen als Anlage geeignet. Hierunter fallen manuelle – zeichnerisch oder mit Mitteln der Technik, etwa der Fotografie – angefertigte Darstellungen und Pläne jeder Art.[550] Statt des Vorlesens sind sie den Beteiligten zur Durchsicht vorzulegen (§ 13 Abs. 1 Satz 1, Halbs. 2 BeurkG). Bei Verfügungen von Todes wegen hat § 9 Abs. 1 Satz 3 BeurkG vor allem Bedeutung bei Vermächtnissen, die sich auf die Übereignung von nicht vermessenen Grundstücken, von Kunstwerken (Bilder, Plastiken usw.) 241

543 *Winkler* BeurkG § 9 Rn. 34; Staudinger/*Hertel* Vorbem. zu §§ 127a, 128 BeurkG Rn. 410.
544 OLG Kiel DNotV 1915, 197; OLG Celle DNotZ 1954, 32.
545 BGH NJW 1994, 2095 = DNotZ 1995, 35.
546 So BGH NJW 1994, 2095 = DNotZ 1995, 35.
547 Vgl. *Müller* MittRhNotK 1959, 108 ff.; *Jansen* BeurkG § 9 Rn. 19.
548 RGZ 54, 195; 102, 276; 107, 294; *ders.* DNotZ 1954, 34; *Müller* MittRhNotK 1959, 114; *Jansen* BeurkG § 9 Rn. 23; *Winkler* BeurkG § 9 Rn. 57.
549 *Winkler* BeurkG § 9 Rn. 55 ff.; *Müller* MittRhNotK 1959, 115; *Jansen* BeurkG § 9 Rn. 25.
550 BT-Drucks. 8/3594, S. 3.

oder Schmuck richten.[551] Auf elektronische Datenträger (Disketten, CD-ROM etc.) kann nicht verwiesen werden.

dd) Verweisungen auf notariell beurkundete Rechtsgeschäfte

242 Eine Erklärung kann auch durch Verweisung auf eine andere notarielle Niederschrift abgegeben werden, die nach den Vorschriften über die Beurkundung von Willenserklärungen errichtet worden ist (§ 13a Abs. 1 Satz 1 BeurkG). Von dieser Verweisungsmöglichkeit sollte bei Verfügungen von Todes wegen wegen der Höchstpersönlichkeit der Erklärung nicht Gebrauch gemacht werden.

ee) Abgrenzung: Erläuternde und ergänzende Bezugnahme (unechte Verweisung)

243 Grundsätzlich gilt für die Einbeziehung von Anlagen in die Urkunde § 9 Abs. 1 BeurkG. Danach ist entweder die rechtsgeschäftliche Erklärung zum Gegenstand der Erklärung nach § 9 Abs. 1 Nr. 2 BeurkG zu machen oder es wird in der Niederschrift auf die Anlage verwiesen, die vorzulesen und der Niederschrift beizufügen ist. Nur wenn eine andere notarielle Urkunde vorliegt, die nach den Vorschriften über die Beurkundung von Willenserklärungen errichtet worden ist, kann auf diese andere notarielle Niederschrift in dem vereinfachten Verfahren nach § 13a BeurkG verwiesen werden.[552] Die Vereinfachung liegt darin, dass die Beteiligten auf das Vorlesen und Beifügen dieser anderen Niederschrift verzichten.

244 Eine **Ausnahme** enthält auch § 14 BeurkG, wonach auf bestimmte, dort genannte Schriftstücke verwiesen werden kann (**ergänzende Bezugnahme**), ohne dass diese vorgelesen werden; nur im eingeschränkten Rahmen des § 14 BeurkG kann auf das Vorlesen verzichtet werden.

245 Zu unterscheiden von der echten Verweisung ist die sog. **erläuternde Verweisung**, die keine Regelungsqualität hat.[553] Sie kommt überhaupt nur infrage, wenn der Text, auf den verwiesen wird, nicht zu dem nach materiellem Recht beurkundungspflichtigen Teil des Rechtsgeschäfts gehört. Ist dieser Text selbst nicht beurkundungsbedürftig, kann in der Niederschrift lediglich zur Verdeutlichung und Erläuterung des beurkundeten Inhalts auf Erklärungen in einem anderen Schriftstück hingewiesen werden, das selbst nicht zum beurkundungsbedürftigen Inhalt des Rechtsgeschäfts gehört. In diesem Fall spricht man von einer Bezugnahme oder unechten Verweisung. Dann muss die Anlage nicht verlesen werden. Erklärungen in einem Schriftstück, auf das in dieser Form Bezug genommen wird, sind nicht Inhalt der Niederschrift und somit nicht beurkundet. Die Bezugnahme kann z.B. auch als Auslegungsbehelf gedacht sein.

246 In der Literatur ist die Frage diskutiert worden, ob auf Vergütungstabellen zur Festlegung der **Testamentsvollstreckervergütung** nach § 9 BeurkG – als Teil der Niederschrift – verwiesen werden muss, mit der Folge, dass diese als Teil der Niederschrift vorgelesen und beigefügt werden müssten[554] oder ob eine erläuternde Verweisung genügt.[555] Der letzteren Auffassung ist zuzustimmen. Die Bezugnahme auf Vergütungstabellen stellt nur einen Auslegungsbehelf zur Festlegung der angemessenen Vergütung dar und ist daher nicht Teil der Niederschrift. Dem Erblasser ist i.d.R. bei Abfassung des Testamentes noch nicht bekannt, wie aufwendig die Testamentsvollstreckung sein wird, er wünscht

---

551 Vgl. ausführlich dazu: *Arnold* DNotZ 1980, 262; *Brambring* DNotZ 1980, 281; *Lichtenberger* NJW 1980, 864; *Vollhard* NJW 1980, 103; *Winkler* Rpfleger 1980; 169.

552 Echte Verweisung; vgl. zum Begriff, *Brambring* DNotZ 1980, 286; *Stauf* RNotZ 2001, 130; *Winkler* BeurkG § 9 Rn. 47 ff.

553 Vgl. BGH NJW 1979, 1984 »Identifizierungsbehelf«; BGH DNotZ 1994, 476; BGH NJW 1998, 3197 = DNotZ 1999, 50 m. Anm. *Kanzleiter/Stauf* RNotZ 2001, 130; *Reithmann*, ZEV 2001, 285, 386 *Winkler* BeurkG § 9 Rn. 72 ff.; Grziwotz/Heinemann/*Grziwotz* BeurkG § 9 Rn. 41.

554 *Zimmermann* ZEV 2001, 334, 335.

555 *Reithmann* ZEV 2001, 285, 386; Eylmann/Vaasen/*Limmer* § 9 BeurkG Rn. 18; *Bengel/Reimann/Eckelskemper*, Handbuch der Testamentsvollstreckung, S. 583 f.; Grziwotz/Heinemann/*Grziwotz* BeurkG § 9 Rn. 42; ausführlich zur Vergütung des Testamentsvollstreckers, Problemen und Lösungsvorschlägen bei der Gestaltung auch *Rott* notar 2018, 43.

daher im Regelfall eine angemessene Vergütung, andernfalls hätte er eine konkrete Vergütung vorgegeben. Insofern stellt eine Verweisung auf Vergütungstabellen nur einen Auslegungsbehelf für die Konkretisierung des gesetzlichen Begriffs der »angemessenen Vergütung« (§ 2221 BGB) dar. Mit der Verweisung auf Vergütungstabellen will der Erblasser gerade eine künftige Entwicklung offen halten.[556]

e) Angabe von Ort und Tag der Verhandlung (§ 9 Abs. 2 BeurkG)

Die Niederschrift soll Ort und Tag der Verhandlung enthalten. Fehlen diese Angaben, so hat der Notar zwar seine Amtspflichten verletzt, die Beurkundung ist jedoch voll wirksam. 247

Bei der Ortsbezeichnung ist grundsätzlich die politische Gemeinde anzugeben, ggf. mit einem unterscheidenden Zusatz. Den Erfordernissen des § 9 Abs. 2 BeurkG genügt jedoch jede Angabe, die es – allein oder in Verbindung mit anderen offenkundigen Tatsachen – ermöglicht, den Beurkundungsort zu ermitteln.[557] 248

Der Tag der Verhandlung ist grundsätzlich kalendermäßig anzugeben. Auch hier reicht jedoch jede andere Bezeichnung aus, die es gestattet, den fraglichen Tag einwandfrei zu ermitteln, z.B. »Ostermontag 2013«,[558] nicht dagegen »Ostern 2013«.[559] 249

Findet die Verhandlung an mehreren Orten bzw. mehreren Tagen statt, so sind diese vollständig zu nennen. Es braucht jedoch nicht gesagt zu werden, an welchem Ort oder Tag der eine oder andere Teil verhandelt wurde. Zumindest muss jedoch der maßgebliche Verhandlungstag, nämlich der Tag, an dem die Unterschriften geleistet werden, angegeben sein.[560] 250

f) Verlesung/Genehmigung der Urkunde und Unterschriften

§ 13 BeurkG bestimmt, dass die Niederschrift in Gegenwart des Notars den Beteiligten vorgelesen, von ihnen genehmigt und eigenhändig unterschrieben werden muss; soweit die Niederschrift auf Karten, Zeichnungen oder Abbildungen verweist, müssen diese den Beteiligten anstelle des Vorlesens zur Durchsicht vorgelegt werden. In der Niederschrift soll festgestellt werden, dass dies geschehen ist. Die Niederschrift muss sodann von dem Notar eigenhändig unterschrieben werden. Der Notar soll der Unterschrift seine Amtsbezeichnung beifügen. 251

Die Vorschrift regelt die Essentialia der notariellen Beurkundung: 252
- das Vorlesen,
- das Genehmigen und
- das Unterschreiben.

Insoweit ist die Vorschrift eine **Muss-Vorschrift**, das endgültige Fehlen einer dieser Bestandteile macht die Niederschrift formnichtig. Davon zu unterscheiden sind die **Soll-Vorschriften**, die § 13 BeurkG ebenfalls enthält: 253
- die Feststellung, dass vorgelesen, genehmigt und unterschrieben wurde,
- die Vorlage zur Durchsicht und
- die Beifügung der Amtsbezeichnung des Notars.

Die Verlesung der notariellen Urkunde nach § 13 BeurkG ist Kernstück der notariellen Beurkundungsverhandlung. Die Verlesung ist zwingend. Auf sie kann keiner der Beteiligten verzichten. Ebenso wenig wie das Diktat genügt auch nicht das Verlesen vom Bildschirm.[561] 254

---

556 So zu Recht *Reithmann,* ZEV 2001, 285, 386; Eylmann/Vaasen/*Limmer* BeurkG § 9 Rn. 18.
557 Vgl. OLG Karlsruhe DNotZ 1955, 49 m. Anm. *Keidel.*
558 Vgl. KOJ 41, 86.
559 KG Recht 1904 Nr. 1856.
560 BGHZ 29, 6 = NJW 1959, 626 = DNotZ 1959, 215; vgl. auch BGH DNotZ 1963, 313.
561 OLG Frankfurt DNotZ 2000, 513; *Mihm,* NJW 1997, 3121, 3122; *Ehlers,* NotBZ 1997, 109; Armbrüster/Preuß/Renner/*Piegsa* BeurkG, § 13 BeurkG Rn. 8; *Winkler* BeurkG § 13 Rn. 12 ff.; Staudinger/

255 Die Beteiligten müssen die ihnen vorgelesene Niederschrift sodann genehmigen, d.h. ihr Einverständnis mit dem Inhalt der Niederschrift abgeben.[562] Das BeurkG hat keine bestimmte Form vorgeschrieben, sodass **jede Form der Genehmigungserklärung**, auch die konkludente, genügt.

256 Durch die **Unterschrift** dokumentieren die Beteiligten schließlich, dass sie die Urkunde in ihrer körperlichen Form genehmigen und sich die Erklärungen zurechnen lassen. Sowohl die Unterschrift der Beteiligten als auch die des Notars müssen **eigenhändig** erfolgen (§ 13 Abs. 1 Satz 1 BeurkG). Dem Testierenden kann dabei die Hand gestützt werden. Unzulässig ist es aber, dem Beteiligten die Hand zu führen.[563] Bei Schreibunfähigen muss ein Schreibzeuge nach § 25 Satz 3 BeurkG unterzeichnen. Zu beachten ist, dass die **Gerichte** teilweise m.E. **überzogene Forderungen an die Unterschrift** unter Anwendung der Rechtsprechung zu bestimmenden Schriftsätzen fordern, sodass in der Praxis die Empfehlung gilt, eher etwas strenger zu sein.[564] Zu unterschreiben ist grds. mit dem Familiennamen, bei den Beteiligten sollte auch der Vorname aufgenommen werden, wobei dies nicht Wirksamkeitsvoraussetzung ist.[565] Die Unterzeichnung eines notariellen Testaments mit einem unzutreffenden Vornamen steht nach Ansicht des OLG Köln bei der zusätzlichen Verwendung des richtigen Familiennamens der Formwirksamkeit der Urkunde zu Recht nicht entgegen.[566] Ggf. kann bei bestimmten Personengruppen auch die Unterzeichnung notarieller Urkunden ausschließlich mit dem Vornamen genügen, nämlich dann, wenn der Vorname die Person des Unterzeichnenden eindeutig kennzeichnet. Das ist dann der Fall, wenn die Person unter diesem Vornamen in der Öffentlichkeit allgemein bekannt ist (z.B. kirchliche Würdenträger und Angehörige des Hochadels[567]). Ob die notarielle Urkunde auch dann wirksam ist, wenn andere Personen sie ausschließlich mit ihrem Vornamen unterzeichnen, ist in Rechtsprechung und Schrifttum umstritten.[568] Der BGH hat in seinem Urteil vom 25.10.2003[569] m.E. zu Unrecht die Frage dahin gehend entschieden, dass eine solche Unterschrift die Unwirksamkeit der abgegebenen Erklärungen zur Folge hat. M.E. genügt auch die Unterschrift mit dem Vornamen. Mittlerweile ist auch der BGH zum Schriftbild der Unterschrift großzügiger und stellt fest, dass »*in Anbetracht der Variationsbreite, die selbst Unterschriften ein und derselben Person aufweisen, jedenfalls bei gesicherter Urheberschaft bei den an eine Unterschrift zu stellenden Anforderungen ein großzügiger Maßstab anzulegen*« sei.[570] Eine Unterschrift setze einen die Identität des Unterzeichnenden ausreichend kennzeichnenden Schriftzug voraus, der individuelle und entsprechend charakteristische Merkmale aufweise, die die Nachahmung erschweren, der sich als Wiedergabe eines Namens darstelle und der die Absicht einer vollen Unterschrift erkennen lasse, selbst wenn er nur flüchtig niedergelegt und von einem starken Abschleifungsprozess gekennzeichnet sei. Unter diesen Voraussetzungen könne selbst ein vereinfachter und nicht lesbarer Namenszug – anders als eine dem äußeren Erscheinungsbild nach

---

Hertel, BGB, Vorbem. zu §§ 127a, 128 BeurkG Rn. 362; Rundschreiben der BNotK, Nr. 19/97 abgedruckt bei *Weingärtner*, Notarrecht, Nr. 151-1; unrichtig LG Stralsund, NJW 1997, 3178.

562 Armbrüster/Preuß/Renner/*Piegsa* BeurkG, § 13 BeurkG Rn. 28 ff.; *Winkler* BeurkG § 13 Rn. 30.

563 Grziwotz/Heinemann/*Heinemann* BeurkG § 13 Rn. 24; Eylmann/Vaasen/*Limmer* § 13 BeurkG Rn. 18.

564 Vgl. eingehend zur Unterschrift *Kanzleiter* DNotZ 2002, 520 ff.; *ders.*, MittBayNot 2003, 197 ff.; *Heinemann*, ZNotP 2002, 223 ff.; *ders.* DNotZ 2003, 243 ff.; *Köhler*, in: FS für Schippek, 1996, S. 209 ff.; Armbrüster/Preuß/Renner/*Piegsa*, BeurkG, § 13 BeurkG Rn. 35 ff.; *Winkler* BeurkG § 13 Rn. 45 ff.; *Lerch* BeurkG § 13 Rn. 25 ff.

565 BGHZ 152, 256 = NJW 2003, 1120 = DNotZ 2003, 269, 270.

566 OLG Köln FamRZ 2010, 679.

567 BGH DNotZ 2003, 269; RGZ 87, 109, 111; Armbrüster/Preuß/Renner/*Renner*, BeurkG, § 13 BeurkG Rn. 53; *Jansen* BeurkG § 13 Rn. 19; *Lerch* BeurkG § 13 Rn. 20; Soergel/*Harder*, BGB, § 13 BeurkG Rn. 6; *Glaser* DNotZ 1958, 302.

568 Bejahend *Kanzleiter*, MittBayNot 2003, 157 ff.; *Heinemann*, ZNotP 2003, 169; Grziwotz/Heinemann/*Heinemann* BeurkG § 13 Rn. 28; verneinend BGHZ 27, 274, 276 (zu § 16 TestG); OLG Stuttgart DNotZ 2002, 543, 544; LG Oldenburg, BWNotZ 1991, 120; *Winkler* BeurkG § 13 Rn. 41; *Firsching*, NJW 1956, 24; *Glaser* DNotZ 1958, 302; *Köhler*, in: FS für Schippel/Bracker, S. 209, 211.

569 BGH DNotZ 2003, 269 ff.

570 BGH NJW-RR 2017, 445= ZNotP 2017, 120.

bewusste und gewollte Namensabkürzung – als Unterschrift anzuerkennen sein, wobei insbesondere von Bedeutung sei, ob der Unterzeichner auch sonst in gleicher oder ähnlicher Weise unterschreibe.[571] Es dürfen bei der Unterschrift auch fremde Schriftzeichen verwendet werden.[572]

Nach § 13 Abs. 1 Satz 2 BeurkG soll in der Niederschrift festgestellt werden, dass die Niederschrift in Gegenwart des Notars dem Beteiligten vorgelesen, von ihm genehmigt und eigenhändig unterschrieben worden ist und soweit auf Karten, Zeichnungen oder Abbildungen verwiesen wurde, diese zur Durchsicht vorgelegen haben. Der **sog. Schlussvermerk** ist nur eine Soll-Vorschrift, das Fehlen führt nicht zur Unwirksamkeit der Beurkundung.[573] 257

g) Fremdsprachige Urkunden/Übersetzungen

§ 16 BeurkG[574] regelt das anzuwendende Verfahren, wenn einer der Beteiligten der Urkundssprache nicht mächtig ist. Urkundssprache kann entweder die deutsche Sprache sein oder nach § 5 Abs. 2 BeurkG auch eine andere Sprache, wenn der Notar der Sprache hinreichend kundig ist und die Beteiligten dies verlangen.[575] § 5 Abs. 2 BeurkG gestattet es auch, eine **doppelsprachige Urkunde** zu errichten.[576] Allerdings sollte klargestellt werden, welche Textfassung im Zweifel maßgeblich ist, da sich bei Übersetzungen auch Inhaltsabweichungen ergeben können. 258

Für den Fall der Sprachunkundigkeit sieht das BeurkG die Übersetzung in die den Beteiligten bekannte Sprache vor. § 16 BeurkG bestimmt die Amtspflicht des Notars, falls einer der Beteiligten der Sprache der Beurkundung nicht hinreichend kundig ist. In diesem Fall muss ein Dolmetscher hinzugezogen werden, sofern der Notar nicht selbst übersetzt (§ 16 Abs. 3 Satz 1 BeurkG). 259

Die Niederschrift muss den Beteiligten anstelle des Vorlesens übersetzt werden (§ 16 Abs. 2 Satz 1 BeurkG). Des Weiteren kann der Beteiligte verlangen, dass ihm eine schriftliche Übersetzung zur Durchsicht vorgelegt wird (§ 16 Abs. 2 Satz 2 Halbs. 2 BeurkG); auf dieses Recht hat der Notar den Beteiligten hinzuweisen (§ 16 Abs. 2 Satz 3 BeurkG). Außerdem sind **Vermerke über die fehlende Sprachkunde** sowie die Einhaltung der erwähnten Besonderheiten des Verfahrens (Hinzuziehung des Dolmetschers, mündliche Übersetzung, Hinweis auf das Recht, eine schriftliche Übersetzung zu verlangen) in die Urkunde aufzunehmen. Alle diese Vorschriften sind unbedingte Amtspflichten. Zur Unwirksamkeit der Urkunde führt es jedoch nach § 16 Abs. 2 Satz 1 BeurkG nur, wenn die Niederschrift die Feststellung enthält, dass ein Beteiligter nach seinen eigenen Angaben oder nach der Überzeugung des beurkundeten Notars der Sprache der Beurkundung nicht hinreichend kundig ist, und die Niederschrift den Beteiligten trotzdem nicht übersetzt wurde. Für **Verfügungen von Todes** wegen sind die **Sondervorschriften** nach den §§ 30 Satz 4, 32, 33 BeurkG zu beachten. 260

Zwingend ist, dass bei Sprachunkundigkeit eine Übersetzung zu erfolgen hat (§ 16 Abs. 2 Satz 1 BeurkG). Die Übersetzung ersetzt das Vorlesen; dieses ist jedoch nur ggü. dem sprachunkundigen Beteiligten entbehrlich, nicht jedoch ggü. den anderen. Da die Übersetzung an die Stelle des Vorlesens gem. § 13 Abs. 1 Satz 1 BeurkG tritt, sind diejenigen Teile zu übersetzen, die notwendig vorgelesen werden müssen. § 16 Abs. 3 Satz 1 BeurkG lässt die Übersetzung durch den Notar selbst zu. Der Notar kann selbst übersetzen, wenn er die erforderlichen Sprachkenntnisse hat. Falls der Notar die Übersetzung nicht leisten kann, muss diese Übersetzung durch einen Dolmetscher erfolgen (§ 16 Abs. 3 Satz 1 BeurkG). Auf diese Vorschriften können die Beteiligten nicht ver- 261

---

571 BGH NJW-RR 2017, 445= ZNotP 2017, 120

572 Grziwotz/Heinemann/*Heinemann* BeurkG § 13 Rn. 25; Armbrüster/Preuß/Renner/*Piegsa* BeurkG § 13 Rn. 49; *Winkler* BeurkG § 13 Rn. 52.Eylmann/Vaasen/*Limmer* § 13 BeurkG Rn. 18.

573 Armbrüster/Preuß/Renner/*Piegsa* BeurkG § 13 Rn. 87 ff.

574 Vgl. zum Dolmetscher bei Beurkundungen *Eckhardt* ZNotP 2005, 221 ff.; *Lerch* NotBZ 2006, 6 ff.; *Renner*, ZNotP 2005, 145 ff.; zur Frage zweisprachiger Urkunden vgl. *Hertel*, in: FS für Wolfsteiner, 2007, S. 51 ff.

575 Armbrüster/Preuß/Renner/*Preuß* BeurkG § 5 Rn. 5 ff.; *Winkler* BeurkG § 5 Rn. 6 ff.

576 Vgl. eingehend *Hertel*, in: FS für Wolfsteiner, 2007, S. 51 ff.; Armbrüster/Preuß/Renner/*Preuß* BeurkG § 5 Rn. 15.

zichten. Als Maßstab ist § 5 Abs. 2 BeurkG heranzuziehen, sodass der Notar. Das BeurkG definiert den **Begriff des Dolmetschers** nicht, sodass keine bestimmten Anforderungen an die Person des Dolmetschers zu stellen sind. Es ist aber Aufgabe des Notars, i.R.d. sachgerechten Gestaltung des Beurkundungsverfahrens dafür zu sorgen, dass eine kompetente Übersetzung stattfindet, sodass als Dolmetscher nur eine Person herangezogen werden soll, die in der Lage ist, den Inhalt der Niederschrift hinreichend richtig zu übersetzen.[577] Eine **falsche oder unzureichende Übersetzung** ist allerdings kein Unwirksamkeitsgrund. Der Dolmetscher soll vereidigt werden, wenn er nicht bereits allgemein, also auch für notarielle Verhandlungen, vereidigt ist (§ 16 Abs. 3 Satz 3 BeurkG). Der Eid ist entsprechend § 189 Abs. 1 GVG vom Dolmetscher dahin zu leisten, dass er *»treu und gewissenhaft übertragen werde«*.[578]

262 Die Niederschrift soll vom Dolmetscher unterschrieben werden (§ 16 Abs. 3 Satz 4 BeurkG).

263 Dem gleichgestellt ist der Fall, dass der Dolmetscher bereits allgemein vereidigt ist; dann genügt es, dass er sich auf diesen allgemeinen Eid nach § 189 Abs. 2 GVG, § 8 FGG bezieht. Der Dolmetscher also erklärt, dass er für die Richtigkeit der Übersetzung mit diesem Eid einstehen wird.[579] Nicht ausreichend ist hingegen die allgemeine Vereidigung von Dolmetschern nur für gerichtliche Angelegenheiten.[580] Nimmt der Notar die Vereidigung vor, dann erfolgt dies nach § 189 GVG. Der Dolmetscher hat den Eid zu leisten, dass er treu und gewissenhaft übersetzen wird. Die Vereidigung hat vor der Übersetzung zu erfolgen, wobei auch der **Nacheid des Dolmetschers** nicht zur Unwirksamkeit der Beurkundung führt.[581] Die Beteiligten können – was in der Praxis regelmäßig geschieht – auf die Vereidigung verzichten. Voraussetzung ist, dass alle Beteiligten verzichten.[582] Die Zuziehung des Dolmetschers, seine Vereidigung bzw. der Verzicht auf die Vereidigung sind in der Niederschrift festzustellen (§ 16 Abs. 3 Satz 4 BeurkG).

264 Wer als Dolmetscher heranzuziehen ist, entscheidet der Notar selbst. Dolmetscher kann jeder sein, der nach der Überzeugung des Notars eine Übersetzung richtig anfertigen kann.[583] Ungeeignet sind allerdings kraft Gesetzes diejenigen Personen, die als Notar gem. §§ 6, 7 BeurkG von der Beurkundung ausgeschlossen wären (§ 16 Abs. 3 Satz 2 BeurkG).

h) Beurkundung bei Behinderungen[584]

aa) Allgemeines

265 Die §§ 22 ff. BeurkG regeln den Sonderfall der Beteiligung von behinderten Personen an Beurkundungen. Die Vorschriften ergänzen § 13 BeurkG. Da ein behinderter Beteiligter seine verfahrensmäßigen Rechte

selbst nicht so gut wahrnehmen kann wie ein Beteiligter im Normalfall, sieht das BeurkG vor, dass bei Behinderung ein Zeuge oder ein zweiter Notar zugezogen werden soll.

bb) Taubheit/Blindheit/Stummheit

266 § 22 BeurkG bestimmt, dass im Fall, dass ein Beteiligter nach seinen Angaben oder nach der Überzeugung des Notars nicht hinreichend zu hören, zu sprechen oder zu sehen vermag, ein Zeuge oder

577 Vgl. *Renner*, ZNotP 2005, 145 ff.; Armbrüster/Preuß/Renner/*Renner Piegsa*, BeurkG, § 16 Rn. 27 ff.

578 Armbrüster/Preuß/Renner/*Piegsa*, BeurkG, § 16 Rn. 32 ff. weist darauf hin, dass Rechtsgrundlage die landesrechtlichen Vorschriften sind; dazu sein Überblick bei Rn. 34.

579 Von Armbrüster/Preuß/Renner/*Piegsa*, BeurkG, § 16 Rn. 32.

580 Armbrüster/Preuß/Renner/*Renner Piegsa*, BeurkG, § 16 BeurkG Rn. 32; *Winkler* BeurkG § 16 Rn. 24.

581 Armbrüster/Preuß/Renner/*Piegsa*, BeurkG, § 16 BeurkG Rn. 19.

582 *Lerch* BeurkG § 16 Rn. 10; *Winkler* BeurkG § 16 Rn. 27; Armbrüster/Preuß/Renner/*Piegsa*, BeurkG, § 16 Rn. 35.

583 Vgl. *Hornig* DNotZ 1942, 439.

584 Vgl. allgemein *Nieder* ZNotP 2003, 202; *Frank* NotBZ 2003, 8 ff.; *Rossak* ZEV 2002, 435 ff.; Staudinger/*Hertel* Vorbem. zu §§ 127a, 128 BeurkG Rn. 552 ff.

ein zweiter Notar zu der Beurkundung zugezogen wird. Auf Verlangen eines hör- oder sprachbehinderten Beteiligten soll der Notar einen **Gebärdensprachdolmetscher** hinzuziehen.[585] Die Überzeugung des Notars ist im Wege der freien Beweiswürdigung zu bilden. Eine falsche Angabe des Beteiligten und ein Irrtum des Notars bei der Beurkundung sind unschädlich.[586] Zu beachten ist jedoch, dass die Beteiligten auf die Hinzuziehung eines Zeugen als zweiten Notar verzichten können. Diese Tatsachen sollen in der Niederschrift festgestellt werden. Die Niederschrift soll auch von dem Zeugen oder dem zweiten Notar unterschrieben werden.

Die Zuziehung erfordert das Mitwirken der zugezogenen Person beim gesamten Beurkundungsakt. 267

cc) Besonderheiten bei Taubheit

Eine Niederschrift, in der nach § 22 Abs. 1 BeurkG die Feststellung getroffen wurde, dass ein 268 Beteiligter nicht hinreichend zu hören vermag, muss diesem Beteiligten nach § 23 BeurkG anstelle des Vorlesens zur **Durchsicht** vorgelegt werden. Auf Verlangen eines hör- oder sprachbehinderten Beteiligten soll der Notar einen Gebärdensprachdolmetscher hinzuziehen. In der Niederschrift sollen diese Tatsachen festgestellt werden. Hat der Beteiligte die **Niederschrift eigenhändig unterschrieben**, so wird vermutet, dass sie ihm zur Durchsicht vorgelegt und von ihm genehmigt worden ist. Der Notar hat diese Pflicht zu erfüllen, auch wenn der Beteiligte es nicht verlangt. Die Vorlage zur Durchsicht soll vom Notar im Schlussvermerk der Niederschrift festgestellt werden.

dd) Schreibunfähige

Vermag ein Beteiligter nach seinen Angaben oder nach der Überzeugung des Notars seinen Namen 269 nicht zu schreiben, so muss nach § 25 BeurkG bei dem Vorlesen und der Genehmigung ein Zeuge oder ein zweiter Notar zugezogen werden, wenn nicht bereits nach § 22 BeurkG ein Zeuge oder ein zweiter Notar zugezogen worden ist. Diese Tatsachen sollen in der Niederschrift festgestellt werden. Die Niederschrift muss von dem Zeugen oder dem zweiten Notar unterschrieben werden.

§ 24 BeurkG betrifft einen Beteiligten, der nicht hinreichend zu hören oder zu sprechen vermag 270 und der sich auch nicht schriftlich verständigen kann (**Verständigungsperson**).[587] In diesem Fall muss eine Person zugezogen werden, die sich mit dem Behinderten verständigen kann und mit deren Zuziehung der Behinderte einverstanden ist.

ee) Verbot der Mitwirkung als Zeuge oder zweiter Notar

§ 26 BeurkG normiert Verbote hinsichtlich der Zuziehung eines Zeugen oder eines zweiten Notars. 271

Es handelt es sich bei § 26 BeurkG um eine Soll-Vorschrift, die der Notar zu beachten hat, deren 272 Missachtung jedoch die Beurkundung nicht unwirksam werden lässt.

Als Zeuge oder zweiter Notar soll bei der Beurkundung nicht zugezogen werden, wer 273
- selbst beteiligt ist oder durch einen Beteiligten vertreten wird,
- aus einer zu beurkundenden Willenserklärung einen rechtlichen Vorteil erlangt,
- mit dem Notar verheiratet ist oder
- mit ihm in gerader Linie verwandt ist oder war.

Als Zeuge soll bei der Beurkundung ferner nicht zugezogen werden, wer 274
- zu dem Notar in einem ständigen Dienstverhältnis steht,
- minderjährig ist,
- geisteskrank oder geistesschwach ist,

585 Dies ist eingeführt worden durch das OLGVertrÄndG v. 23.07.2002, BGBl. I, S. 2850, vgl. dazu *Frank* NotBZ 2003, 8 ff.; *Rossak* ZEV 2002, 435 ff.; Grziwotz/Heinemann/*Heinemann* BeurkG § 22 Rn. 24 ff.

586 *Winkler* BeurkG § 22 Rn. 15; Armbrüster/Preuß/Renner/*Seger* BeurkG § 22 Rn. 12; Grziwotz/Heinemann/*Heinemann* BeurkG § 22 Rn. 12 ff.

587 Vgl. dazu *Winkler* BeurkG § 24 Rn. 8 ff.; Armbrüster/Preuß/Renner/*Seger* BeurkG § 24 Rn. 5 ff.

- nicht hinreichend zu hören, zu sprechen oder zu sehen vermag,
- nicht schreiben kann oder
- der deutschen Sprache nicht hinreichend kundig ist; dies gilt nicht im Fall des § 5 Abs. 2 BeurkG, wenn der Zeuge der Sprache der Niederschrift hinreichend kundig ist.

i) Besonderheiten für Verfügungen von Todes wegen

275 Bei Beurkundungen von Verfügungen von Todes wegen bestehen nach den §§ 27 ff. BeurkG eine Reihe von Besonderheiten.[588]

276 **§ 27 BeurkG** stellt klar, dass Personen, die in einer Verfügung von Todes wegen bedacht oder als Testamentsvollstrecker eingesetzt werden, solchen Personen gleichstehen, die aus einer zu beurkundenden Willenserklärung einen rechtlichen Vorteil erlangen.

277 Nach **§ 28 BeurkG** soll der Notar seine **Wahrnehmungen über die erforderliche Geschäftsfähigkeit** des Erblassers in der Niederschrift vermerken. Der Vermerk über die Wahrnehmungen des Notars, den § 28 BeurkG vorschreibt, soll im Fall eines Rechtsstreites über die Gültigkeit einer Verfügung von Todes wegen Beweisfunktionen erfüllen.

278 Auf Verlangen der Beteiligten soll der Notar nach **§ 29 BeurkG** bei der Beurkundung bis zu zwei Zeugen oder einen zweiten Notar zuziehen und dies in der Niederschrift vermerken. Die Niederschrift soll auch von diesen Personen unterschrieben werden. Der Notar ist verpflichtet, zwei Zeugen oder einen zweiten Notar zur Beurkundung zuzuziehen, wenn die Beteiligten es verlangen. Bei **Testamenten für den amerikanischen Rechtskreis** kann dieses Vorgehen empfohlen werden. Ein notarielles Testament nach deutschem Recht wird nicht in allen US-Bundesstaaten als formwirksam anerkannt, sodass sich die Einhaltung der US-amerikanischen Formvorschriften empfiehlt, soweit Vermögen in den USA belegen ist und von daher die dortigen Nachlassgerichte zur Entscheidung berufen sind. Übliche Testamentsform in allen US-Bundesstaaten ist das **Zweizeugentestament** (in einzelnen US-Bundesstaaten auch das Dreizeugentestament). Bei der Beurkundung eines Testaments durch den deutschen Notar kann dabei eine Mischform angewandt werden, die sowohl den Formvorschriften des deutschen wie denen des US-Rechts entspricht. Zunächst wäre die Niederschrift eines Testaments nach den Vorschriften des deutschen BeurkG vorzunehmen, wobei jedoch zwei (sicherheitshalber besser drei) Zeugen zur Beurkundung zugezogen würden. Auch das US-Recht schreibt vor, dass begünstigte Personen bzw. nahe Angehörige von Begünstigten keine Zeugen sein dürfen.

279 **§ 30 BeurkG** regelt die **Übergabe einer Schrift**. Wird eine Verfügung von Todes wegen durch Übergabe einer Schrift errichtet, so muss die Niederschrift auch die Feststellung enthalten, dass die Schrift übergeben worden ist. Die Schrift soll derart gekennzeichnet werden, dass eine Verwechslung ausgeschlossen ist. In der Niederschrift soll vermerkt werden, ob die Schrift offen oder verschlossen übergeben worden ist. Von dem Inhalt einer offen übergebenen Schrift soll der Notar Kenntnis nehmen, sofern er der Sprache, in der die Schrift verfasst ist, hinreichend kundig ist; § 17 BeurkG ist anzuwenden. Die Schrift soll der Niederschrift beigefügt werden; einer Verlesung der Schrift bedarf es nicht.

5. Belehrungsvorschriften

a) § 17 Abs. 1 BeurkG

aa) Grundsatz

280 § 17 Abs. 1 BeurkG enthält in einer Art **Generalklausel** die Regelung der für das Notaramt schlechthin konstituierenden **Prüfungs-** und **Belehrungspflicht**.[589] Rechtsprechung und Literatur

588 Vgl. *Nieder* ZNotP 2003, 202 ff.

589 Vgl. aus der neueren Lit. Ganter/Hertel/Wöstmann, Handbuch der Notarhaftung; *Armbrüster/Krause* NotBZ 2004, 325 ff.; *Bücker/Viefhues* ZNotP 2005, 91 ff.; *Ganter* ZNotP 2006, 42 ff.; *ders.* DNotZ

unterscheiden dabei zwischen der Belehrungspflicht des Notars aus »Urkundstätigkeit« sowie der erweiterten Belehrungspflicht aus »Betreuungsverpflichtung«. Während die **betreuende Belehrung nur aus besonderem Anlass** geschuldet wird – im Wesentlichen dann, wenn der Notar befürchten muss, einem Beteiligten drohe wegen der Besonderheiten des konkreten Geschäfts aus Unkenntnis Schaden[590] – hat die **Belehrung aus Urkundstätigkeit** stets zu erfolgen.[591] Die Belehrungspflicht aus Urkundstätigkeit entspricht den Vorgaben des § 17 Abs. 1 BeurkG. Nach § 17 Abs. 1 BeurkG soll der Notar den Willen der Beteiligten erforschen, den Sachverhalt klären, die Beteiligten über die rechtliche Tragweite des Geschäfts belehren und ihre Erklärungen klar und unzweideutig in der Niederschrift wiedergeben. Die Vorschrift soll gewährleisten, dass der Notar eine rechtswirksame Urkunde über den wahren Willen der Beteiligten errichtet.

Aus diesem Zweck folgt die **inhaltliche Begrenzung der Pflicht zur Rechtsbelehrung**: Sie geht nur 281 soweit, wie eine Belehrung für das Zustandekommen einer formgültigen Urkunde erforderlich ist, die den wahren Willen der Beteiligten vollständig und unzweideutig in der für das beabsichtigte Rechtsgeschäft richtigen Form rechtswirksam wiedergibt. Dabei soll der Notar darauf achten, dass unerfahrene und ungewandte Beteiligte nicht benachteiligt werden.[592] Diese Pflicht ist in einer besonders sorgfältigen Beratung zu verwirklichen, sowohl in Bezug auf den Typ (Testament oder Erbvertrag), den Inhalt wie die Art und Weise der Errichtung einer Verfügung von Todes wegen. Die Prüfungs- und Belehrungspflichten des Notars bestehen grundsätzlich nur gegenüber den formell i.S. von § 6 Abs. 2 an der Beurkundung Beteiligten.[593]

Die Belehrungspflicht aus Urkundstätigkeit, die regelmäßig, also nicht wie diejenige aus Betreuung 282 nur bei Vorliegen besonderer Voraussetzungen, ausgeübt werden muss, bedeutet, dass der Notar die Beteiligten insoweit zu befragen und zu belehren hat, als es notwendig ist, um eine ihrem Willen entsprechende, rechtswirksame Urkunde zu errichten. In diesem Rahmen sind die Beteiligten über die rechtliche Bedeutung ihrer Erklärungen und die unmittelbaren rechtlichen Bedingungen für den Eintritt des beabsichtigten Rechtserfolgs aufzuklären. Der Notar schuldet den an der Beurkundung Beteiligten hiernach

- die Erforschung ihres Willens,
- die Klärung des Sachverhalts,
- die Belehrung über die rechtliche Tragweite des Geschäfts und
- die klare und unzweideutige Wiedergabe ihrer Erklärungen in der Niederschrift.

Die Willenserforschung hat das Ziel, die wahren Absichten der Beteiligten zu erkunden, um sie 283 zum Inhalt einer rechtswirksamen Urkunde zu gestalten. Dabei darf sich der Notar nicht ohne Weiteres mit äußerlich unbedenklichen Erklärungen der Beteiligten begnügen. Er hat vielmehr bei Zweifeln nachzufragen und über die rechtliche Bedeutung des Erklärten aufzuklären.[594] Neben der Willensermittlung ist für die Errichtung einer rechtswirksamen Urkunde eine **sorgfältige Sachverhaltsaufklärung** unerlässlich.[595]

2004, 421 ff.; *ders.* DNotZ 2007, 246 ff., *ders.* DNotZ 2009, 1173 ff.; *Herrmann* ZNotP 2010, 82 ff.; *Kapsa* ZNotP 2007, 402 ff.; *ders.* ZNotP 2008, 468 ff.; *Reithmann* ZNotP 2007, 7 ff.; *ders.* NotBZ 2007, 14 ff.; *Volmer* ZFiR 2008, 371 ff.; Staudinger/*Hertel* Vorbem. zu §§ 127a, 128 BeurkG Rn. 446 ff.; *Kessler* ZNotP 2006, 375 ff.; *Kanzleiter*, in: FS für Wolfsteiner, 2007, 65 ff.; *Kapsa* RNotZ 2005, 592 ff.; *ders.* ZNotP 2007, 402 ff.; *ders.* ZNotP 2008, 468 ff.; *Wachter* GmbHR 2008, 768 ff.; *Reithmann* NotBZ 2007, 14 ff.

590 BGH WM 1988, 1853; WM 1991, 1046; DNotZ 1995, 407.

591 BGH DNotZ 1995, 407; *Haug* DNotZ 1972, 388, 400; *Winkler* DNotZ 1976, 123.

592 BGH DNotZ 1989, 45.

593 *Winkler* MittBayNot 1999, 1, 12.

594 BGH ZNotP 2011, 7 = MittbayNot 2011, 339 = NotBZ 2011, 266 = NJW 2011, 1355; BGH DNotZ 1954, 329, 330; DNotZ 1963, 308, 309; DNotZ 1987, 157; WM 1988, 337, 339; *Haug*, Amtshaftung, Rn. 466; *Winkler* BeurkG § 17 Rn. 38; Armbrüster/Preuß/Renner/*Armbrüster* BeurkG § 17 BeurkG Rn. 21; Grziwotz/Heinemann/*Grziwotz* BeurkG § 17 Rn. 15 ff.

595 BGH NJW 1987, 1266; *Winkler* BeurkG § 17 Rn. 38.

284 Dadurch soll erreicht werden, dass Wille und Willenserklärung einander entsprechen und Willensmängel, die bei Verfügungen von Todes wegen besonders häufig irreparabel sind, ausgeschlossen werden. Der Notar wird daher die Zielrichtung der Erklärung ermitteln, um von diesem Ausgangspunkt einen Zugang zum gewollten Rechtsgeschäft zu bekommen. Werden von den Beteiligten Rechtsbegriffe (»Vermächtnis«, »Nacherbe«) gebraucht, so ist besondere Vorsicht geboten, da diese außerhalb der Fachkreise oft einen anderen oder einen unpräzisen Inhalt haben. Das Mittel, den Willen der Beteiligten zu erforschen, ist die Verhandlung (das Gespräch) mit ihnen. Beim Erforschen des Willens hat der Notar den Beteiligten auch die verschiedenen rechtlichen Möglichkeiten zur Erklärung des Willens zu nennen; denn der Wille lässt sich meist nur dann richtig bilden, wenn man alternative Gestaltungen kennt.

285 Der Notar muss dabei bedenken, dass die **Beteiligten** möglicherweise **entscheidende Gesichtspunkte**, auf die es für das Rechtsgeschäft ankommen kann, **nicht erkennen** oder **rechtliche Begriffe**, die auch unter Laien gebräuchlich sind und die sie ihm als Tatsachen vortragen, **falsch verstehen**.[596] Lässt sich dies und damit eine unzutreffende Erfassung des Sachverhalts oder des Willens der Beteiligten nicht ausschließen, dann muss der Notar entsprechende Fragen stellen (§ 17 Abs. 2 Satz 1 BeurkG).[597]

bb) Rechtliche Tragweite

286 Der Notar hat weiterhin über die **rechtliche Tragweite des Geschäfts** zu belehren. Inhaltlich erstreckt sich diese Belehrung darauf, den Beteiligten zu erläutern, ob und unter welchen Voraussetzungen der erstrebte rechtliche Erfolg eintritt und welche unmittelbaren Rechtswirkungen sich an ihn knüpfen.[598] Der Umfang der Beratung richtet sich hiernach nach der Persönlichkeit der Beteiligten. Bei einem geschäftsfähigen Beteiligten kann insoweit vermutet werden, dass er sich über die Grundbegriffe des Rechtsverkehrs im Klaren ist.[599] I.R.d. **Pflicht zur Belehrung über die rechtliche Tragweite** hat der Notar die Beteiligten insoweit zu befragen und zu belehren, als es notwendig ist, um eine ihrem Willen entsprechende, rechtswirksame Urkunde zu errichten. Dabei sind die Beteiligten über die rechtliche Bedeutung ihrer Erklärungen und die unmittelbaren rechtlichen Voraussetzungen für den Eintritt des beabsichtigten Rechtserfolgs aufzuklären.[600] Dazu gehört auch die Belehrung, dass eine von den Beteiligten beabsichtigte Regelung aus Rechtsgründen scheitern kann, und der Vorschlag einer anderweitigen vertraglichen Gestaltung für diesen Fall. Zur rechtlichen Tragweite gehört insoweit auch die **Belehrung über Zweifel an der Wirksamkeit der rechtsgeschäftlichen Erklärungen**.

287 Auch die *Testierfreiheit* ist vom Notar zu prüfen. Es könnte bspw. eine Bindung an früher getroffene Verfügungen (Erbvertrag, wechselbezügliche Verfügungen in einem gemeinschaftlichen Testament) bestehen. Der Notar hat die Beteiligten hierüber zu befragen und sich davon zu überzeugen, dass der Testator nicht durch eine frühere Verfügung von Todes wegen gebunden und damit an der neuen Verfügung gehindert ist.[601] Diese Überzeugung gewinnt der Notar durch entsprechende Nachfragen. Auf die Richtigkeit und tatsächlichen Angaben der Beteiligten darf sich der Notar

596 BGH ZNotP 2011, 7 = MittbayNot 2011, 339 = NotBZ 2011, 266 = NJW 2011, 1355.

597 BGH NotBZ 2008, 309; AG 1996, 175 = MDR 1996, 420 = NJW 1996, 524, 525 = DStR 1996, 273 m. Anm. *Goette* = DNotZ 1996, 572 m. Anm. *Rinsche* und *Kanzleiter*; BGH, MDR 2008, 51 = BGHReport 2008, 20 = NJW 2007, 3566, 3567 = DStR 2007, 2124 m. Anm. *Goette* = GmbHR 2007, 1331 m. Anm. *Wachter*; dazu ferner *Volmer* EWiR 2007, 753.

598 BGH DNotZ 2011, 19 = MittBayNot 2011, 7; BGH NJW 2004, 1865, 1866; *Winkler* BeurkG § 17 Rn. 48; *Haug*, Amtshaftung, Rn. 473 ff.; *Lichtenberger*, in: FS für Schippel, S. 729, 730; Armbrüster/Preuß/Renner/*Armbrüster*, BeurkG, § 17 Rn. 29 ff.; Grziwotz/Heinemann/*Grziwotz* BeurkG § 17 Rn. 24 ff.

599 OLG Schleswig DNotZ 1972, 561; OLG Celle DNotZ 1983, 58; *Winkler* BeurkG § 17 Rn. 43; Eylmann/Vaasen/*Frenz*, BNotO/BeurkG, § 17 BeurkG Rn. 15.

600 BGH NJW 1993, 2741.

601 BGH DNotZ 1960, 157; BGH VersR 1958, 782; OLG Rostock ZEV 2009, 569.

ohne eigene Sachprüfung verlassen.[602] Ohne besonderen Anlass braucht der Notar, der eine Verfügung von Todes wegen beurkunden soll, in seinem Notariat nicht nach dem Vorliegen eines Erbvertrages zu forschen. Bei der Beurkundung der letztwilligen Verfügung eines verwitweten Beteiligten muss der Notar nicht die Nachlassakten des vorverstorbenen Ehegatten einsehen, auch wenn dies im Einzelfall zweckmäßig sein kann und die Beteiligten vor Schaden bewahren wird.[603] Liegen Anhaltspunkte vor, dass eine beabsichtigte Verfügung wegen fehlender Testierfreiheit nichtig sein könnte, hat der Notar über die zweifelhafte Rechtslage zu belehren.[604]

cc) Betreuende Belehrungspflicht

Aus § 17 BeurkG folgt weiter eine betreuende Belehrungspflicht des Notars; sie setzt nicht voraus, 288 dass der Notar neben dem Beurkundungsauftrag einen besonderen Auftrag zur Beratung und Betreuung gem. § 24 BNotO erhalten hat.[605] Diese allgemeine Belehrungspflicht erstreckt sich »auch auf außerhalb eines beurkundeten Vorgangs liegende rechtliche Erfordernisse und kann es dem Notar zur Aufgabe machen, die Beteiligten, die ihn im Vertrauen darauf angehen, vor nicht bedachten rechtlichen Folgen ihrer beurkundeten Erklärungen oder vor dem Nichteintritt der mit ihren Erklärungen erwarteten Folgen bewahrt zu bleiben, die nötige Aufklärung zu geben«.[606] Die betreuende Belehrungspflicht setzt allerdings nur ein, wenn besondere Umstände vermuten lassen, ein Beteiligter sei sich einer Rechtsfolge nicht voll bewusst, es drohe ihm daher ein (abwendbarer) Schaden.[607] Ein derartiger Schaden kann sich bei Verfügungen von Todes wegen insbesondere wegen zu geringer (Testament) oder wegen zu weitgehender Bindung (gemeinschaftliches Testament, Erbvertrag) ergeben. Der Notar wird daher auf die grundsätzliche – dem Bindungsgrad nach erforderliche – Gestaltung (Testament, gemeinschaftliches Testament oder Erbvertrag) und innerhalb der Verlauf die Möglichkeit individueller Klauseln (gegenständliche Einschränkung der Bindung, Rücktrittsvorbehalt, Freistellungsklausel, Wiederverheiratungsklausel) hinweisen müssen.

dd) Belehrung über wirtschaftliche und steuerliche Folgen

Unter die vorgenannte **Belehrung aus »Betreuungsverpflichtung«** fallen grds. nicht Belehrungen 289 über die wirtschaftlichen Folgen des beurkundeten Rechtsgeschäfts und über die wirtschaftlichen Gefahren, die damit verbunden sind, da diese nicht zur »rechtlichen Tragweite« gehören. Von der Belehrungspflicht des § 17 Abs. 1 Satz 1 BeurkG ist deshalb grds. nicht die **Belehrung** über **wirtschaftliche oder steuerliche Folgen** des zu beurkundenden Rechtsgeschäfts erfasst.[608]

Etwa anderes kann sich lediglich aus der betreuenden Belehrungspflicht[609] ergeben, wenn es nach 290 den besonderen Umständen des Einzelfalles nahe liegt, dass für die Beteiligten eine Schädigung eintreten und der Notar nicht mit Sicherheit annehmen kann, dass sich der Gefährdete seiner Lage bewusst ist, oder dass er das Risiko auch bei einer Belehrung auf sich nehmen würde.[610] Diese erweiterte Belehrungspflicht, ursprünglich zum Bauträgerrecht entwickelt, kann in der Praxis auch bei Verfügungen von Todes wegen von Bedeutung sein und den Notar zu erweiterten Hinweisen auch in wirtschaftlicher Hinsicht veranlassen.[611] Entsprechendes gilt auch für die Belehrung über steuerliche Folgen; der Notar muss also auf die steuerlichen Auswirkungen einer Verfügung von

---

602 BGHZ 64, 246; BGH DNotZ 1976, 629; OLG Rostock ZEV 2009, 569.
603 LG Ravensburg BWNotZ 1959, 163.
604 BGH VersR 1958, 782.
605 *Saage* DB 1962, 1165.
606 BGH DNotZ 1954, 330 f.
607 *Lerch* BeurkG § 17 Rn. 16 ff.
608 Zur steuerlichen Belehrung BGH DNotZ 1992, 813 = NJW-RR 1992, 1178, 118; DNotZ 1996, 116 = NJW 1995, 2794, *Kanzleiter*, in: FS für Wolfsteiner, 2007, 65 ff.
609 Armbrüster/Preuß/Renner/*Armbrüster*, BeurkG, § 17 Rn. 6 ff.
610 BGH DNotZ 1954, 319.
611 Vgl. BGH DNotZ 1974, 296.

Todes wegen grundsätzlich nicht hinweisen.[612] Eine Ausnahme besteht lediglich in der Hinweispflicht auf die Schenkungsteuer.[613] Etwas anderes gilt auch dann, wenn ein Beteiligter selbst die Frage nach den steuerlichen Folgen des Geschäfts aufwirft[614] oder wenn der Notar von sich aus erkennt, dass ein den Beteiligten oder einem von ihnen nachteiliger steuerlicher Tatbestand eingreift, von dem die Beteiligten keine Kenntnis haben.[615] Gibt der Notar steuerliche Auskünfte, ohne hierzu verpflichtet zu sein, so kann sich seine Haftung ausnahmsweise auch auf die Richtigkeit solcher Belehrungen erstrecken.[616] **Korrigiert ein Notar einen Teilaspekt** einer ihm von den Urkundsbeteiligten **vorgegebenen steuerlichen Gestaltung** des Geschäfts, so beschränkt sich seine Prüfungs- und Belehrungspflicht **regelmäßig auf diesen Teilaspekt**.[617]

b) Zweifel an der Wirksamkeit (§ 17 Abs. 2 BeurkG)

291 Der Notar hat Zweifel darüber, ob eine Willenserklärung mit dem wahren Willen der Beteiligten und mit dem Gesetz übereinstimmt, mit den Beteiligten zu erörtern (§ 17 Abs. 2 Satz 1 BeurkG). Dies hat mit dem Ziel zu erfolgen, Wille, Willenserklärung und Gesetz in Einklang zu bringen, damit das beurkundete Rechtsgeschäft wirksam sein kann.

292 Zweifelt der Notar – trotz Erörterung gem. § 17 Abs. 2 Satz 1 BeurkG – an der Rechtswirksamkeit des Geschäfts, bestehen die Beteiligten jedoch darauf, dass die Beurkundung vorgenommen wird, so darf der Notar seine Amtstätigkeit nicht versagen; er hat dann aber seine Belehrung und die hierzu abgegebenen Stellungnahmen der Beteiligten in der Niederschrift festzuhalten (§ 17 Abs. 2 Satz 2 BeurkG). Eine bloße Aktennotiz des Notars genügt nicht. Bestehen die Beteiligten nicht mehr auf der Beurkundung, so ist damit der ursprünglich gestellte Antrag entfallen; für den Notar besteht somit weder Anlass noch Verpflichtung noch Berechtigung, weiter zu beurkunden.

293 Nach § 17 Abs. 2 Satz 2 BeurkG ist nur zu verfahren, wenn der Notar *nur* zweifelt, nicht jedoch, wenn sich seine Bedenken zur Gewissheit verstärkt haben. Die Beurkundung ist gem. § 4 BeurkG abzulehnen, wenn der Notar überzeugt ist, dass die Willenserklärung dem Gesetz widerspricht und damit nichtig ist (§ 125 BGB) oder nicht mit dem wahren Willen der Beteiligten übereinstimmt und daher ein Anfechtungstatbestand (§§ 2078 f. BGB) gegeben ist.

294 Andererseits darf der Notar einen Vermerk gem. § 17 Abs. 2 Satz 2 BeurkG nur dann in das Protokoll aufnehmen, wenn er wirkliche Zweifel hat, da ein Vermerk gem. § 17 Abs. 2 Satz 2 BeurkG die Verwertbarkeit der Urkunde beeinträchtigen kann. Bloß entfernte Möglichkeiten genügen nicht. § 17 Abs. 2 Satz 2 BeurkG hat nichts mit der allgemeinen Belehrungspflicht (§ 17 Abs. 1 Satz 1 BeurkG) zu tun; die Erfüllung dieser Pflicht ist nicht in der Niederschrift festzuhalten. Ein Vermerk kommt nur bei besonderer Ermächtigung hierzu infrage.[618]

c) Die Gestaltung des Beurkundungsverfahrens (§ 17 Abs. 2a BeurkG)

295 Da die durch § 17 BeurkG normierten Pflichten grundsätzlich nur gegenüber den formell i.S.v. § 6 Abs. 2 BeurkG an der Beurkundung Beteiligten bestehen, können besondere Gestaltungen dazu führen, dass gerade die Personen, die einer Belehrung bedürfen, insbesondere »unerfahrene

---

612 BGH DNotZ 1992, 813 = NJW-RR 1992, 1178, 118; DNotZ 1996, 116 = NJW 1995, 2794, *Kanzleiter*, in: FS für Wolfsteiner, 2007, 65 ff.; RGZ 142, 424; RGJW 1932, 2855; BGH VersR 1959, 28; BGH DNotZ 1968, 303; NJW 1975, 2016 = DNotZ 1976, 54; BGH WM 1983, 123; BGH WM 1985, 523; BGH WM 1992, 1533; OLG Düsseldorf DNotZ 1981, 138.

613 § 8 Abs. 1 Satz 5, Abs. 4 ErbStDV.

614 BGH WM 1985, 666.

615 BGH WM 1988, 1853.

616 OLG Hamm DNotZ 1964, 188.

617 BGH ZNotP 2007, 468 = DNotZ 2008, 370 m. Anm. *Moes* = NotBZ 2007, 438 = NJW 2008, 1085.

618 §§ 17 Abs. 2 und 3, 18 bis 21 BeurkG; vgl. *Jansen* BeurkG § 17 Rn. 19.

und ungewandte Beteiligte« (§ 17 Abs. 2 Satz 2 BeurkG) von der Belehrung ausgeschlossen sind. § 17 Abs. 2a Satz 1 BeurkG, eingefügt im Rahmen der Novellierung des Berufsrechtes der Notare durch das Dritte Gesetz zur Änderung der BNotO (BGBl. I 2585), das a.M. 08.09.1998 in Kraft getreten ist, schreibt daher vor, das Beurkundungsverfahren sei so zu gestalten, dass die Einhaltung der Pflichten nach § 17 Abs. 1 und 2 BeurkG gewährleistet ist. Unabhängig von der verunglückten Fassung des Gesetzes[619] scheiden mithin solche Beurkundungsverfahren für den Notar aus, durch welche der erkennbar belehrungsbedürftige Beteiligte von der Beurkundung ausgeschlossen wird. Gemeint sind damit systematische Beurkundungen mit vollmachtlosen Vertretern, die systematische Benutzung isolierter Vollmachten, die systematische Aufspaltung von Verträgen in Angebotsabgabe durch den wirtschaftlichen stärkeren Teil und Annahme durch den wirtschaftlich schwächeren Teil sowie die Auslagerung geschäftswesentlicher Vereinbarungen in Bezugsurkunden. Für das Erbrecht hat § 17 Abs. 2a Satz 1 BeurkG nur eingeschränkte Bedeutung. Der Erblasser kann ein Testament (§ 2064 BGB), einen Erbvertrag (§ 2274 BGB) und einen Erbverzicht (§ 2347 Abs. 2 BGB) nur selbst abschließen oder aufheben (§§ 2280, 2296, 2351 BGB). Die Aufspaltung in Angebot und Annahme ist ausgeschlossen, wenn das Gesetz eine gleichzeitige Anwesenheit beider Parteien vorschreibt, wie beim Erbvertrag (§ 2276 BGB) und dessen Aufhebung (§ 2290 Abs. 4 BGB). Relevant ist daher § 17 Abs. 2a BeurkG vor allem beim Erb- und Pflichtteilsverzicht. Dieser kann sowohl in Angebot und Annahme aufgespalten sowie durch den Verzichtenden[620] aufgrund Vollmacht oder vorbehaltlich Genehmigung abgeschlossen werden. Schwachpunkt der Regelung ist hier vor allem, dass der verzichtende Teil bei einer Aufspaltung in Angebot und Annahme oder beim Auftreten eines Bevollmächtigten oder vollmachtlosen Vertreters nicht vom Notar belehrt werden kann. § 17 Abs. 2a Satz 1 BeurkG hat insoweit hier erhöhte Bedeutung, als die Vollmachtserteilung (§ 167 Abs. 2 BGB) bzw. die Zustimmung (§ 182 Abs. 2 BGB) nicht der für das Rechtsgeschäft bestimmten Form[621] bedarf. § 17 Abs. 2a Satz 2 und 3 BeurkG, eingefügt durch das OLGVertrÄndG vom 22.07.2002, BGBl. I 2850, hat für den erbrechtlichen Bereich erkennbar keine Bedeutung.

d) Fälle mit Auslandsberührung (§ 17 Abs. 3 BeurkG)

Besteht die Möglichkeit, dass ausländisches Recht anzuwenden ist, so soll der Notar die Beteiligten **296** hierauf hinweisen; der Hinweis ist im Protokoll zu vermerken (§ 17 Abs. 3 Satz 1 BeurkG). Die Frage, ob ausländisches Recht einschlägig sein könnte, ist nach (deutschem) internationalem Privatrecht zu beurteilen.

Über den Inhalt ausländischer Rechtsordnungen braucht der Notar die Beteiligten nicht zu beleh- **297** ren (§ 17 Abs. 3 Satz 2 BeurkG). Da das deutsche Kollisionsrecht die Möglichkeit der Rückverweisung (Art. 27 EGBGB) zulässt und damit dem – vom Notar nicht zu kennenden – ausländischen Recht Einfluss auf die Entscheidung der Frage, welche Rechtsordnung anwendbar ist, einräumt, ist die Urkundsperson nicht einmal verpflichtet, hierüber Auskunft zu geben.

6. Zentrales Testamentsregister

Mit dem »Gesetz zur Modernisierung des Benachrichtigungswesens in Nachlasssachen durch Schaf- **298** fung des Zentralen Testamentsregisters bei der Bundesnotarkammer und zur Fristverlängerung nach der Hofraumverordnung« vom 22.12.2010[622] und der »Verordnung zur Einrichtung und Führung des Zentralen Testamentsregisters (Testamentsregister-Verordnung – ZTRV)« vom 11.07.2011[623]

---

619 *Brambring* FGPrax 1998, 203; *Winkler* MittBayNot 1999, 1, 13; *Kanzleiter* DNotZ 1999, 292, 294.
620 Nicht durch den Erblasser (§ 2347 Abs. 2 Satz 1 BGB).
621 Notarielle Beurkundung (§ 2348 BGB).
622 BGBl. I 2010, S. 2255 ff.
623 BGBl. I 2011, S. 1386 ff.

wurde das Benachrichtigungswesen in Nachlasssachen grundlegend reformiert.[624] Das Testamentsregister wird von der BNotK betrieben und hat am 01.01.2012 seine Tätigkeit aufgenommen.

299 In das Zentrale Testamentsregister werden nach § 78b Abs. 1 BNotO Verwahrangaben zu erbfolgerelevanten Urkunden aufgenommen, die ab 01.01.2012 von Notaren beurkundet und/oder in amtliche Verwahrung genommen werden (§ 78b Abs. 3 BNotO). **Erbfolgerelevante Urkunden** sind nach § 78b Abs. 2 BNotO Testamente, Erbverträge und alle Urkunden mit Erklärungen, welche die Erbfolge beeinflussen können, insb. Aufhebungsverträge, Rücktritts- und Anfechtungserklärungen, Erb- und Zuwendungsverzichtsverträge, Ehe- und Lebenspartnerschaftsverträge und Rechtswahlen.[625] Nach § 34a BeurkG hat der Notar eine Meldepflicht: Der Notar ist verpflichtet nach Errichtung einer erbfolgerelevanten Urkunde im Sinne von § 78b Abs. 2 BNotO die Verwahrangaben im Sinne von § 78b Abs. 2 Satz BNotO unverzüglich elektronisch an das Zentrale Testamentsregister. Die Mitteilungspflicht besteht auch bei jeder Beurkundung von Änderungen erbfolgerelevanter Urkunden. Wird ein in die notarielle Verwahrung genommener Erbvertrag gem. §§ 2300 Abs. 2, 2256 BGB zurückgegeben, teilt der Notar dies ebenfalls der Registerbehörde mit. Mit der Meldung sind nach § 78b Abs. 2 S. BNotO sie sog. **Verwahrangaben**[626] zu übermitteln. Das sind nach § 1 Satz 1 Nr. 1 ZTRV folgende Daten:

300 1. Daten des Erblassers
   a) Familienname, Geburtsname, Vornamen und Geschlecht,
   b) Tag und Ort der Geburt,
   c) Geburtsstandesamt und Geburtenregisternummer, wenn die Geburt im Inland beurkundet wurde,
   d) Staat der Geburt, wenn der Erblasser im Ausland geboren wurde,
2. Bezeichnung und Anschrift der Verwahrstelle,
3. Verwahrnummer, Verwahrbuchnummer oder Aktenzeichen des Verfahrens der Verwahrstelle,
4. Art und Datum der Errichtung der erbfolgerelevanten Urkunde und
5. Name, Amtssitz und Urkundenrollen-Nummer des Notars bei notariellen Urkunden.

301 Nach § 9 Abs. 1 ZTRV erfolgen Meldungen, Bestätigungen, Benachrichtigungen, Registerabfragen und -auskünfte erfolgen grds. elektronisch.

7. Behandlung der Urkunde

a) Verschließung und Ablieferung

302 Die Niederschrift über die Errichtung eines Testaments bzw. (wenn der Erbvertrag in die Verwahrung des Nachlassgerichts gegeben wird) eines Erbvertrages hat der Notar in einen Umschlag zu nehmen und diesen mit einem Prägesiegel zu verschließen (§ 34 Abs. 1 BeurkG). Das Farbdrucksiegel genügt nicht, wohl aber Siegelung mit Oblaten und Siegelpresse. Das **Testament** ist vom Notar unverzüglich in die **amtliche Verwahrung** zu bringen (§ 34 Abs. 1 Satz 3 BeurkG), und zwar beim **AG** seines Amtssitzes, auf Wunsch des Erblassers auch bei einem anderen AG (§ 344 FamFG). An der Verwahrung durch das Amtsgericht haben das neue Meldeverfahren durch das »Gesetz zur Modernisierung des Benachrichtigungswesens in Nachlasssachen durch Schaffung des Zentralen Testamentsregisters bei der BNotK und zur Fristverlängerung nach der Hofraumverordnung« vom 22.12.2010[627] und die »Verordnung zur Einrichtung und Führung des Zentralen Testamentsregisters (Testamentsregister-Verordnung – ZTRV)« vom 11.07.2011[628] nichts geändert.

---

624 Vgl. dazu *Diehn* DNotZ 2011, 676 ff. *ders.*, NJW 2011, 481 ff.; *ders.* StAZ 2011, 70 ff.; *Bormann* ZEV 2011, 628 ff.; *Görk* DNotZ – Sonderheft 2011 Heft 1, 71 ff.

625 Vgl. zur Erbfolgerelevanz *Diehn* DNotZ 2011, 676, 677; *Bormann* ZEV 2011, 628, 629.

626 Vgl. *Diehn* DNotZ 2011, 676, 679; *Bormann* ZEV 2011, 628, 629.

627 BGBl. I 2010, S. 2255 ff.

628 BGBl. I 2011, S. 1386 ff.

Über jede dem AG abgelieferte Verfügung von Todes wegen hat der Notar nach § 10 DONot ein Vermerkblatt für seine Urkundensammlung anzufertigen. Besonders ist darauf zu achten, die Aufschrift auf dem Testamentsumschlag zu unterschreiben. Gem. § 35 BeurkG heilt diese Unterschrift eine fehlende Unterschrift des Notars unter der Niederschrift. 303

Beim **Erbvertrag** können die Vertragschließenden die besondere amtliche Verwahrung ausschließen. 304
Dies ist im Zweifel anzunehmen, wenn der Erbvertrag mit einem anderen Vertrag (z.B. Ehevertrag) in derselben Urkunde verbunden wird (§ 34 Abs. 2 BeurkG). Der Erbvertrag wird in diesem Fall in der Urkundensammlung des Notars aufbewahrt (§ 25 Abs. 2 BNotO).

b) Ablieferung/Eröffnung

Nach Kenntnis vom Todesfall (Vorlage der Sterbeurkunde oder Sterbefallmitteilung nach AV über 305
Benachrichtigung in Nachlasssachen) ist der Erbvertrag zum Nachlassgericht einzureichen, sofern er sich in der Verwahrung des Notars befindet. Durch das FamFG wurden die bisherigen §§ 2260, 2262 BGB durch §§ 346 ff. FamFG ersetzt.[629] Zuständig ist das AG am Wohnsitz des Erblassers (§ 343 Abs. 1 FamFG); bei fehlendem inländischen Wohnsitz das AG Berlin-Schöneberg (§ 343 Abs. 2 FamFG; bei ausländischen Erblassern jedes Gericht, in dessen Bezirk sich Nachlassgegenstände befinden. Ist die Verfügung von Todes wegen bereits in gerichtlicher Verwahrung, so ist das verwahrende Gericht zuständig (§ 343 Abs. 3 FamFG). Das Nachlassgericht nimmt die Eröffnung der Verfügung von Todes wegen von Amts wegen vor. Nach § 348 Abs. 1 FamFG hat das Gericht sobald es vom Tod des Erblassers Kenntnis erlangt, eine in seiner Verwahrung befindliche Verfügung von Todes wegen zu eröffnen. Soweit der Notar für die Beteiligten die Eröffnung »beantragt«, sollte eine Sterbeurkunde übersandt und die Adressen der gesetzlichen Erben und sonstigen Beteiligten, soweit sie sich nicht aus der Verfügung ergeben, mitgeteilt werden. Alle vorhandenen Verfügungen werden eröffnet, also auch soweit sie widerrufen sind. Bei gemeinschaftlichen Testamenten und Erbverträgen werden nach dem Erstversterbenden u.U. auch die Anordnungen eröffnet, die der Verstorbene als Überlebender getroffen hat, sofern sie sich nicht sprachlich von den Verfügungen des anderen Erblassers absondern lassen.[630] § 349 Abs. 1 FamFG bestimmt jetzt, dass bei der Eröffnung eines gemeinschaftlichen Testaments die Verfügungen des überlebenden Ehegatten oder Lebenspartners, soweit sie sich trennen lassen, den Beteiligten nicht bekannt zu geben sind. Entsprechendes gilt nach § 349 Abs. 4 FamFG für Erbverträge. Befindet sich ein Erbvertrag seit mehr als 30 Jahren in amtlicher Verwahrung, soll der Notar nach § 351 FamFG von Amts wegen ermitteln, ob der Erblasser noch lebt. Kann der Notar nicht ermitteln, dass der Erblasser noch lebt, ist die Verfügung von Todes wegen zu eröffnen, also an das Nachlassgericht abzugeben.[631] In diesem Fall bestätigt das Nachlassgericht nach § 7 Abs. 4 ZTRV der Registerbehörde den Eingang der Urkunde unter Angabe des Datums des Eingangs der Urkunde und des Aktenzeichens des Nachlassverfahrens. Die Registerbehörde ergänzt den Ort der Verwahrung der erbfolgerelevanten Urkunde in den betroffenen Verwahrdatensätzen.

Gehört zum Nachlass Grundbesitz, ist das **Grundbuch** zu **berichtigen**. Diese Berichtigung erfolgt 306
gerichtsgebührenfrei bei Antragstellung innerhalb von 2 Jahren seit dem Erbfall (Nr. 14110 Anm. 1 GNotKG). Beruht die Erbfolge auf notariell beurkundeter Verfügung von Todes wegen, genügt als Nachweis i.d.R. (§ 35 Abs. 1 Satz 2 GBO) statt eines Erbscheines, die Vorlage einer beglaubigten Abschrift der Eröffnungsniederschrift und der eröffneten Verfügung von Todes wegen. Ein Eröffnungsvermerk mit Stempelaufdruck auf der Verfügung genügt nicht. Gehört das Grundbuchamt zu dem Gericht, das auch die Nachlassakten führt, reicht der Verweis auf die Nachlassakten. Der Antrag auf Grundbuch-Berichtigung bedarf lediglich der Schriftform. Bei mehreren Erben genügt es, wenn der Antrag von einem Erben gestellt wird.

---

629 Vgl. *Zimmermann* Rpfleger, 2009, 437, 438; *ders.* ZEV 2009, 53 ff.

630 Ständige Rspr., zuletzt bestätigt durch BVerfG NJW 1994, 2535.

631 Vgl. *Bormann* ZEV 2011, 628, 630.

c) Rücknahme von Erbverträgen

aa) Allgemeines

307 Mit dem sog. OLG-Vertretungsrechtsänderungsgesetz[632] ist neben den bereits erwähnten Ergänzungen im BeurkG auch eine Regelung zur Rücknahme von Erbverträgen aus der amtlichen oder notariellen Verwahrung am 01.08.2002 in Kraft getreten. In § 2300 Abs. 2 BGB ist das Verfahren geregelt. Die Vorschrift findet Anwendung auf Erbverträge, die **nur Verfügungen von Todes wegen** enthalten.[633] Damit ist sichergestellt, dass der Rücknahme nichts entgegensteht, wenn der Erbvertrag – wie üblich – neben vertragsmäßigen auch einseitige Verfügungen von Todes wegen umfasst. Hiervon ausgenommen sind jedoch solche notariellen Urkunden, die neben einer Regelung für den Todesfall auch zu Lebzeiten wirksame Bestimmungen enthalten, etwa die Vereinbarung eines Verfügungsunterlassungsvertrages, um dem Erben trotz § 2286 BGB den Nachlass möglichst ungeschmälert zu erhalten. Auch die gekoppelte Beurkundung von Ehe- und Erbvertrag steht damit einem Herausgabeverlangen entgegen.[634] Gerade dieser Punkt sollte dem Notar zumindest in kritischen Fällen, etwa der Pflichtteilsentziehung, Anlass geben, die (künftigen) Ehegatten auf die Möglichkeit einer getrennten Beurkundung hinzuweisen. Die Anordnung nach § 1638 BGB steht der Rücknahme nicht entgegen.[635]

bb) Rückgabe

308 Das Gesetz schreibt vor, dass die Rückgabe nur an alle Vertragschließenden gemeinschaftlich erfolgen darf. Die Entgegennahme durch einen allein löst demnach die Widerrufsfiktion, die sich aus der entsprechenden Anwendung von § 2256 Abs. 1 BGB ergibt (§ 2300 Abs. 2 Satz 3 BGB), nicht aus. Die Rückgabe setzt zudem, wie auch aus der Gesetzesbegründung deutlich hervorgeht[636] und ebenso für § 2256 BGB verlangt wird, die körperliche Aushändigung der Urkunde an die Beteiligten voraus; eine **postalische** Versendung ist demnach unzulässig.[637] Da auch die **gestufte** Aushändigung einer einheitlichen Urkunde an mehrere Beteiligte nicht vorstellbar ist, kann eine mit der Widerrufsfiktion verbundene Rückgabe nur dadurch realisiert werden, dass sämtliche, alle seinerzeit am Abschluss des Erbvertrages Beteiligten gleichzeitig bei dem verwahrenden Notar (oder seinem Amtsnachfolger) erscheinen bzw. der Notar die Beteiligten auf deren Ersuchen an einem anderen Ort (etwa in einem Krankenhaus) unter Berücksichtigung der §§ 10a ff. BNotO aufsucht.[638]

309 Aus der Verweisung auf die Anwendung von § 2290 Abs. 1 Satz 2, Abs. 2 und 3 BGB ergibt sich ferner, dass die Rücknahme nur solange möglich ist, als **alle** Beteiligten, also auch die nur annehmende Partei, noch am Leben sind und eine Stellvertretung allenfalls für den Vertragsteil in Betracht kommt, der keine eigene Verfügung von Todes wegen hat beurkunden lassen. Dies ergibt sich nicht zuletzt daraus, dass die Herausgabe aufgrund ihrer Widerrufsfiktion zumindest in ihrer Wirkung einer erneuten Verfügung von Todes wegen gleichkommt,[639] die vom Erblasser nur persönlich vorgenommen werden kann. Dies hat auch zur Folge, dass die Wirkungen aus der Rückgabe nur eintreten können, wenn zumindest der verfügende Teil (weiterhin) testierfähig ist.

310 Ein durch Rückgabe aus der amtlichen oder notariellen Verwahrung zurückgenommener Erbvertrag gilt nach der gesetzlichen Fiktion in den §§ 2300 Abs. 2 Satz 3, 2256 Abs. 1 Satz 1 BGB in seiner Gesamtheit als widerrufen. Für nicht vertragsmäßige Verfügungen ergibt sich dies bereits aus

---

632 BGBl. I 2002, S. 2850; s. dazu, *Rossak* ZEV 2002, 435 f.; *Nieder* ZNotP 2003, 202; *Keim* 2003, 55; *Dickhuth-Harrach* RNotZ 2002, 384.

633 OLG Hamm NJW 2015, 1187; MünchKomm BGB/*Musielak* § 2300 Rn. 5.

634 *Keim* ZEV 2003, 55; MünchKomm BGB/*Musielak* § 2300 Rn. 5.

635 OLG Hamm NJW 2015, 1187 BeckOK BGB/*Litzenburger* § 2300 Rn. 3.

636 Vgl. BT-Drucks. 14/9266, S. 49.

637 MünchKomm BGB/*Musielak* § 2300 Rn. 5; *Reimann* FamRZ 2002, 1383, 1385; *Dickhuth-Harrach* RNotZ 2002, 384, 390.

638 MünchKomm BGB/*Musielak* § 2300 Rn. 5

639 Vgl. dazu *Firsching/Graf*, Nachlassrecht, Rn. 4.26.

der direkten Anwendung von § 2256 Abs. 1 Satz 1 BGB. Dieser Widerruf ist endgültig und kann in seinen Wirkungen nur durch Errichtung eines neuen notariellen Erbvertrages beseitigt werden, nicht jedoch durch Widerruf des Widerrufs, etwa durch Streichen des Vermerks auf der Originalurkunde oder durch erneute amtliche oder notarielle Verwahrung.

cc) Notarielles Rücknahmeverfahren

Der entsprechend anwendbare § 2256 Abs. 1 Satz 2 BGB sieht vor, dass 311
- die zurückgebende Stelle,
- über die Widerrufsfiktion belehren,
- dies auf der Urkunde vermerken und
- aktenkundig machen soll, dass beides geschehen ist.

Durch die Regelung als »Soll-Vorschrift« wird der deklaratorische Charakter der Vorschrift deutlich: 312 Ein Verstoß hiergegen ist somit für die Wirksamkeit der Rücknahme und damit den Eintritt der Widerrufsfiktion ohne Bedeutung. Die zurückgebende Stelle begeht allerdings eine Amtspflichtverletzung, wenn sie sich nicht an das vorgegebene Verfahren hält.

Bislang waren mit der Herausgabe von letztwilligen Verfügungen nur die (verwahrenden) Nachlass- 313 gerichte betraut. Das Verfahren hierzu ist – für den Bereich der Testamente – in § 27 Nr. 9 AktO geregelt. Die interne Zuständigkeitsverteilung (Richter, Rechtspfleger bzw. Urkundsbeamter) ergab sich insb. aus § 2258b BGB.

dd) Persönliche Amtsausübung

Obwohl in der Neuregelung ein Verweis auf § 2258b BGB fehlt, ergibt sich aus der Systematik 314 des Gesetzes, dass »die zurückgebende Stelle« i.S.d. Vorschrift diejenige Stelle ist, die bislang die Verwahrung übernommen hatte. Für die notarielle Verwahrung bedeutet dies, da es hier an einer der AG vergleichbaren Zuständigkeitsverteilung zwischen Richtern, Rechtspflegern und Urkundsbeamten fehlt, vielmehr der Notar gem. § 25 BNotO stets zur persönlichen Amtsausübung verpflichtet ist, sodass nur er selbst bzw. sein amtlich bestellter Vertreter die Rückgabe vornehmen kann. Dies gilt nicht zuletzt mit Blick auf die bereits angesprochene Belehrungspflicht über die Widerrufsfiktion und die damit einhergehende Überprüfung der Testierfähigkeit. Eine Delegation auf sonstige Mitarbeiter im Notariat scheidet demnach aus.

ee) Belehrung

Die zurückgebende Stelle ist verpflichtet, »den Erblasser über die in Satz 1 vorgesehene Folge 315 der Rückgabe (also die Widerrufsfiktion) zu belehren« (§ 2256 Abs. 1 Satz 2 BGB). Da die mit der Herausgabe eintretende Widerrufsfiktion vergleichbar einer (erneuten) Verfügung von Todes wegen jedoch nur eintritt, wenn der seinerzeit verfügende Teil weiterhin testierfähig ist, ist auch die **Prüfung der Testierfähigkeit** erforderlich. Bei begründeten Zweifeln kann dafür sogar die Vorlage eines ärztlichen (psychiatrischen) Attests verlangt werden. Wird die Verfügung von Todes wegen gleichwohl an einen (unerkannt) Testierunfähigen herausgegeben, folgt daraus allerdings nur, dass die Verfügung eben weiterhin wirksam bleibt. I.Ü. kann in diesem Zusammenhang auf die Kommentierung zu § 28 BeurkG zurückgegriffen werden.[640] Da mangels Beurkundung einer Willenserklärung – die in § 2256 Abs. 1 Satz 1 BGB angeordnete Widerrufsfiktion knüpft allein an die **Tatsache** der Herausgabe an – allerdings eine direkte Anwendung von § 28 BeurkG ausscheidet, gilt dies freilich nicht für die dort angeordnete Pflicht des Notars, seine »Wahrnehmungen über die erforderliche Geschäftsfähigkeit des Erblassers in der Niederschrift zu vermerken«. Vielmehr ist der Notar hier frei, ob er etwa als Erinnerungshilfe und zur eigenen Dokumentation einen

640 Vgl. etwa Reithmann/Albrecht/*Riegel*, Handbuch der notariellen Vertragsgestaltung, Rn. 1109 ff.

kurzen (gesonderten) Aktenvermerk anfertigt, der jedoch nicht mit dem Vermerk auf der Originalurkunde[641] oder dem Aktenkundigmachen[642] verwechselt werden darf.

ff) Vermerk

316 Auf der Originalurkunde ist sodann »dies« zu vermerken. Damit ist, wie sich aus der Systematik des Satzes 2 ergibt, nicht die erfolgte Belehrung gemeint, die ja anschließend noch aktenkundig zu machen ist. Vielmehr ist sowohl die Tatsache der Rückgabe als auch die damit eintretende Widerrufsfiktion auf der Urkunde – bevor sie herausgegeben wird – festzuhalten. Dies kann etwa durch Anbringen des Vermerks in Schriftform (auch als Stempel) auf dem ersten Blatt der Urkunde mit folgendem Wortlaut geschehen:

317 Auch das Anfügen eines mit Schnur und Siegel verbundenen weiteren Beiblattes ist denkbar, wobei dann jedoch – um die Tatsache des Widerrufs auf den ersten Blick deutlich zu machen – zusätzlich zu empfehlen ist, bereits auf der ersten Seite der Urkunde auf die Änderungen durch das angefügte Blatt zu verweisen. Zur Herstellung einer festen Verbindung erscheint in diesem Fall auch die Verwendung von Schnur und Prägesiegel zweckmäßig, selbst wenn das Anbringen eines Siegels für den Vermerk durch die AG bislang nicht vorgeschrieben war (vgl. auch § 44 BeurkG, §§ 30, 31 DONot).

gg) »Aktenkundigmachen«

318 Als Drittes spricht das Gesetz von der Pflicht, den Vorgang »aktenkundig zu machen«. Die Art und Weise dieses sog. »Aktenkundigmachen« kann einer entsprechenden Anwendung der Vorschriften der DONot entnommen werden, die gleichsam das Pendant zu der für die Gerichte geltenden Aktenordnung bildet. Demnach ist zunächst ein Vermerk entsprechend der §§ 20 Abs. 1 Satz 1 und 2, 18 Abs. 1 Satz 1 DONot aufzunehmen und zu unterschreiben, der Namen, Geburtsdatum, Geburtsort mit Postleitzahl und Wohnort der Vertragschließenden – ggf. auch der zweiten Notarin oder des zweiten Notars oder der Urkundszeugen – enthält sowie Angaben darüber, in welcher Form (§§ 2232, 2276 BGB) die Verfügung von Todes wegen errichtet worden ist, soweit ein solcher Vermerk nicht bereits aufgrund einer gesonderten Verwahrung des Erbvertrages i.S.v. § 18 Abs. 4 DONot vorhanden ist. Das Gleiche gilt, wenn im Fall der gesonderten Verwahrung gem. § 18 Abs. 4 Satz 2 Halbs. 1, 2. Alt. DONot eine beglaubigte Abschrift des Erbvertrags für die Urkundensammlung zurückbehalten wurde und die Beteiligten (auch) die Herausgabe der beglaubigten Abschrift wünschen (§ 20 Abs. 1 Satz 5 DONot). In jedem Fall ist zusätzlich § 20 Abs. 1 Satz 2 DONot zu beachten, wonach auf das Vermerkblatt die Nummern der Urkundenrolle und die zurückzubehaltende Abschrift der Kostenberechnung gesetzt werden muss.

319 Statt der Ablieferung an ein bestimmtes Amtsgericht ist sodann die Tatsache der Aushändigung an die Vertragsbeteiligten mit Datum sowie deren Belehrung über die Widerrufsfiktion und die Vornahme des entsprechend ausgeführten Vermerks (s. Syst. A Rdn. 316) in das für die Urkundensammlung anzufertigende Vermerkblatt aufzunehmen bzw., soweit ein solches Vermerkblatt bereits existiert oder stattdessen eine beglaubigte Abschrift zurückbehalten wurde, diese(s) entsprechend zu ergänzen.

hh) Meldung der Rücknahme von Erbverträgen an das Testamentsregister

320 Nach § 4 Abs. 3 ZTRV ist die Rücknahme des Erbvertrages aus der notariellen Verwahrung der Registerbehörde unter Angabe des Datums der Rückgabe zu melden.[643] Die Registerbehörde vermerkt die Rücknahme in den betroffenen Verwahrdatensätzen.

641 Dazu nachfolgend Syst. A Rdn. 316.
642 Unten Syst. A Rdn. 318.
643 Vgl. *Bormann* ZEV 2011, 628, 630.

III. Das erbrechtliche Instrumentarium

1. Erbeinsetzung

a) Grundsatz[644]

Mit dem Tod des Erblassers geht dessen Vermögen im Wege der Universalsukzession auf den oder die Erben über (§ 1922 Abs. 1 BGB). Macht der Erblasser von seiner Testierfreiheit Gebrauch, muss die Bezeichnung »Erbe« nicht wörtlich verwendet sein, wenngleich dies – vor allem im notariellen Testament – sinnvoll und geboten ist. Nach der allgemeinen Auslegungsregel des § 2087 Abs. 1 BGB ist die Bezeichnung »Erbe« dann nicht erforderlich, wenn der Erblasser sein Vermögen dem »Bedachten« zugewendet hat; verfügt der Erblasser nur über Einzelgegenstände, die aber das gesamte oder nahezu gesamte Vermögen ausmachen, kommt entgegen § 2087 Abs. 2 BGB ebenfalls eine Erbeinsetzung in Betracht.[645] **321**

Nach § 2065 Abs. 2 BGB kann der Erblasser »die Bestimmung der Person, die die Zuwendung erhalten soll, sowie die Bestimmung des Gegenstandes der Zuwendung nicht einem anderen überlassen«. Die Vorschrift gilt für jede Form der Erbeinsetzung, also für den Vollerben, den Ersatzerben (§ 2096 BGB) und auch den Nacherben (§ 2100 BGB). Die Rechtslage unterscheidet sich von der Zuwendung von Einzelvermögensgegenständen durch Vermächtnis oder Auflage. Dort ermöglichen die §§ 2151 ff. BGB bzw. § 2193 BGB weitgehend Drittbestimmungen.[646] Die **Person des Bedachten** muss vom Erblasser in der letztwilligen Verfügung selbst *bestimmt* sein. Aus § 2065 Abs. 2 BGB folgt nach der Rechtsprechung des BGH[647] nicht, dass der Bedachte in der Verfügung abschließend und namentlich *bezeichnet* sein muss; der letzte Wille kann hiernach inhaltlich auch dann bestimmt sein, wenn der Bedachte namentlich noch nicht benannt ist, sofern der Erblasser die für die Bezeichnung maßgebenden sachlichen Kriterien in der Verfügung festgelegt hat. Zulässig ist danach die Anordnung, dass ein Dritter aus einem bestimmten eng begrenzten Personenkreis (z.B. eheliche Kinder) den etwa für den Betrieb eines Unternehmens Geeignetsten als Erben bezeichnen kann[648]. Bei der Bezeichnung des Eben darf dem Dritten kein Ermessen eingeräumt werden, ein Beurteilungsspielraum ist unschädlich. Zulässig ist es, einen Nacherben bzw. einen Ersatzerben für den Fall, dass der Nacherbfall bzw. Ersatzfall mit dem Tod des Erstbedachten eintritt, unter der Bedingung einzusetzen, dass der Erbe (Vorerbe) nicht selbst letztwillig anders über seinen Nachlass verfügt hat.[649] **322**

Die Frage, ob es zulässig ist, diejenigen Personen zu seinen Erben einzusetzen, die ein anderer, z.B. der Erbe oder der Vorerbe, als seine Erben beruft[650], ist also unter dem Gesichtspunkt der Bestimmtheit zu entscheiden. Das OLG Hamm[651] hat zutreffend angenommen, dass die letztwillige Verfügung des Erblassers inhaltlich bestimmt sei. Sie gibt klare Auskunft darüber, wer Ersatzerbe werden soll, auch wenn die **Willensentscheidung eines anderen** zwischengeschaltet wurde. Die Situation ist vergleichbar mit einer Verfügung, in der die künftigen Adoptivkinder des überlebenden Ehegatten bedacht werden; diese letztwillige Anordnung verstößt nicht gegen § 2065 Abs. 2 BGB, auch wenn dieser in der Auswahl der zu Adoptierenden frei ist.[652] Tatsächlich will § 2065 Abs. 2 BGB nur vermeiden, dass die Erbeinsetzung »prolongiert« wird, weil der Erblasser selbst unentschlossen ist oder sich noch nicht entschieden hat. Diese innere Entscheidungssituation des Erblassers wird sich aber kaum objektiv verifizieren lassen. Das OLG Hamm stellt fest, dass **323**

---

644 Vgl. auch Beck'sches Notarhandbuch/*Bengel/Dietz*, Abschnitt C, Rn. 112 ff.; Münchener Anwaltshandbuch Erbrecht/*Scherer*, Teil B, 1. und 2. Abschnitt.

645 BayObLGZ 1965, 77, 84 f.; OLG Düsseldorf ZEV 1995, 410, 411; Staudinger/*Otte* § 2087 Rn. 20.

647 BGHZ 15, 199,203; vgl. auch *Karczewski* ZEV 2018, 192, 196.

648 RGZ 159, 299; BGH LM Nr. 2 zu § 2065; OLG Hamm DNotZ 1951, 369.

649 BGHZ 2, 35; BayObLGZ 1965, 463; OLG Hamm DNotZ 1967, 316.

650 So *Dieterle* BWNotZ 1971,17.

651 OLG Hamm ZEV 2019, 276 mit Anm. *Reimann;* a.A. für die Nacherbfolge OLG Frankfurt ZEV 2001, 316 mit Anm. *Otte* = DNotZ 2001, 143 mit Anm. *Kanzleiter*

652 BayObLGZ 1965, 457; *Immel* NJW 1966, 1222.

bei derartigen Gestaltungen der Erblasser selbst die erforderliche Bestimmung des Erben trifft, und lediglich dessen konkrete Bestimmung davon abhängig macht, ob und in welcher Form der zunächst betroffene Erbe selbst testiert. Auch die Literatur ist überwiegend der Meinung, dass die *Dieterle*-Klausel zulässig sei.[653] Unter der Maxime des sichersten Weges wird die Gestaltungspraxis nach Alternativlösungen suchen. Diese liegen im Einbau von Bedingungen[654] und bei der Nacherbfolgeanordnung im bedingten Herausgabevermächtnis.[655]

b) Alleinerbe

324 Der Erblasser kann jemanden zum alleinigen Erben berufen. Dann wird dieser *ipso jure* Träger aller Rechte und Pflichten des Erblassers, soweit dessen Rechtspositionen vererblich sind.[656]

c) Ersatzerbe

325 Der Erblasser kann für den Fall, dass der als Erbe Berufene vor dem Erbfall durch Ableben oder nach dem Eintritt des Erbfalls, vor allem durch Ausschlagung wegfällt, eine Ersatzperson bestimmen (Ersatzerbe). Tut er dies nicht, so kann gleichwohl eine Ersatzerbenberufung kraft (widerlegbarer) Vermutung gegeben sein. Gem. § 2069 BGB sind im Zweifel die Abkömmlinge bedachter Abkömmlinge (auch Adoptivkinder und Stiefkinder)[657] Ersatzerben. Im Wege der Testamentsauslegung kann sich auch bei Wegfall naher Angehöriger eine Ersatzerbenberufung deren Abkömmlinge ergeben.[658] Die Ersatzerbenberufung ist wichtig, auch bei Anordnung von Nacherbfolge. Der Nacherbe ist zwar im Zweifel mangels ausdrücklicher Regelung im Testament auch Ersatzerbe (§ 2102 Abs. 1 BGB); verstirbt jedoch der Nacherbe nach Eintritt des Vorerbfalles, bevor der Nacherbfall eintritt, so ist § 2108 Abs. 2 BGB zu beachten: Anstelle des Nacherben treten seine Erben die Nacherbschaft an, das Nacherbenrecht gilt in diesem Fall also als vererblicher Bestandteil des Vermögens des benannten Nacherben;[659] dabei handelt es sich um eine widerlegbare Vermutung. Die gesetzliche Auslegungsregel der §§ 2069, 2102 BGB greift dann nicht Platz, wenn im Wege der einfachen Auslegung des Erblasserwillens eine abweichende Ersatzerbenberufung ermittelt werden kann.[660] Grundsätzlich bestehen auch im Falle des Eintritts der Ersatzerbfolge die Beschwerungen durch Vermächtnisse, Auflagen und Ausgleichspflichten fort (§§ 2161, 2192, 2051 Abs. 2 BGB).

d) Mehrere Erben

326 Der Erblasser kann mehrere Personen zu Miterben i.H.d. von ihm bestimmten Quoten berufen. Er nimmt dann das Entstehen einer Erbengemeinschaft gem. § 2032 Abs.1 BGB in Kauf. Er kann die Erben und die Erbquoten abweichend vom Gesetz bestimmen und ergänzende Anordnungen für die Verwaltung und Auseinandersetzung der Erbengemeinschaft treffen.

327 Das Gesetz enthält Regelungen für die Erbengemeinschaft, ihre **Verwaltung** und ihre **Auseinandersetzung.** Die gesetzliche Regelung passt, wenn überhaupt, nur für die Erbengemeinschaft, die aus dem überlebenden Ehegatten und den mit dem Erblasser gemeinsamen Abkömmlingen besteht, nicht aber für heterogene Erbengemeinschaften, bei welchen der überlebende Ehegatte nicht mehr mit den Abkömmlingen des Verstorbenen verwandt ist. Die §§ 2032 bis 2057a BGB vermitteln keinen sinnvollen Rahmen für eine sachgerechte Verwaltung von komplexen Vermögenswerten. Auch die Vorschriften über die Auseinandersetzung der Erbengemeinschaft entsprechen nicht den wirtschaftlichen Anforderungen komplexer Verhältnisse. Die gesetzliche Regelung entbehrt

653 Staudinger/*Otte* BGB § 2065 Rn. 47; MünchKomm BGB/*Leipold* § 2065 Rn. 23; *Ivo* DNotZ 2002, 260.
654 *Kanzleiter* DNotZ 2001, 349.
655 *Reimann* MittBayNot 2000, 1
656 Vgl. oben Syst. A Rdn. 23 ff.
657 BayObLGZ 1959, 493, 497; OLG Frankfurt ZEV 1995, 457, 458 m. Anm. *Skibbe.*
658 RGZ 99, 82, 84 ff.; BayObLG ZEV 1996, 191; *Nieder* ZEV 1996, 241 ff.
659 Palandt/*Weidlich*, § 2108 Rn. 2.
660 *Lange/Kuchinke* § 27 VII 2.

all jener Bestandteile, die ein modernes Gesellschaftsrecht für die Verwaltung gemeinschaftlichen Vermögens oder das Wohnungseigentumsgesetz für die Eigentümergemeinschaften bereithalten.[661] Ergänzende Anordnungen sind also sinnvoll, wenn der Erblasser mehrere Personen als seine Nachfolger wünscht. Diese ergänzenden Anordnungen können vielfältiger Art sein, bei Unternehmen etwa die Vorgabe der gesellschaftsrechtlichen Struktur, die ergänzende Anordnung von Testamentsvollstreckung oder bspw. der Einbau von Stiftungen.

Unterlässt der Erblasser die quotenmäßige Bestimmung, so sind die Erben grundsätzlich zu unter sich gleichen Teilen berufen (§ 2091 BGB). Der **Einzelerbteil** steht dem Miterben selbständig zu. Zu unterscheiden hiervon ist der **gemeinschaftliche Erbteil**. Dieser verbindet die in ihm zusammengefassten Miterben untereinander (§ 2093 BGB). Nach außen sind die Unterbruchteile eines gemeinschaftlichen Erbteils wiederum selbständige Erbteile. Für das Innenverhältnis gelten dann jedoch die §§ 2089 bis 2092 BGB. 328

Korrespondierend zur Erhöhung des gesetzlichen Erbteils bei **Wegfall** eines gesetzlichen Erben vor dem Erbfall (§ 1935 BGB) hat der Gesetzgeber für den Fall, dass einer der eingesetzten Miterben vor oder nach dem Erbfall wegfällt, Anwachsung an die übrigen Miterben nach dem Verhältnis ihrer Erbteile angeordnet (§ 2094 Abs. 1 Satz 1 BGB). Das Wegfallen kann begründet sein im Vorversterben des Bedachten, in der Ausschlagung, der Erbunwürdigkeitserklärung, im Zuwendungsverzicht (§ 2352 BGB) und auch im Erbverzicht.[662] Die **Folge der Anwachsung** ist, dass für die Belastung mit Vermächtnissen und Auflagen sowie sonstigen Beschwerungen mit Ausgleichungspflichten der angewachsene Teil sowie der ursprüngliche Erbteil als selbständige Erbteile behandelt werden (§ 2095 BGB). Im Übrigen werden angewachsene und ursprüngliche Erbteile als **ein** Erbteil angesehen. Allerdings kann der Erblasser zum einen die Anwachsung ausschließen (§ 2094 Abs. 3 BGB) und zum anderen ist auch die Regel, dass für bestimmte Teilbereiche angewachsener und originärer Erbteil als selbständige Erbteile zu behandeln ist, disponibel. Der Anwachsungsregelung der §§ 2094, 2095 BGB geht allerdings die Ersatzerbeneinsetzung, auch die stillschweigende und vor allem die gem. § 2069 BGB, vor. Dies bedeutet, dass bei Wegfall eines Kindes des Erblassers dessen Kinder zunächst gem. § 2069 BGB als Ersatzerben berufen sind. Eine Anwachsung gem. § 2094 BGB an die weiteren Kinder des Erblassers kommt dann regelmäßig nicht infrage. Gleichwohl ist es empfehlenswert, klare Ersatzerb- und klare Anwachsungsregelungen in der Verfügung von Todes wegen vorzusehen. 329

e) Schlusserbe

Der Begriff »Schlusserbe« ist gesetzlich nicht bestimmt. Er hat sich in der Rechtspraxis herausgebildet. Unter »Schlusserbe« ist der Erbe des Letztversterbenden von Ehegatten in einem gemeinschaftlichen Testament oder Erbvertrag zu verstehen. Grundsätzlich kann aber von der Verwendung des Begriffs »Schlusserbe« nicht auf eine Vor- und Nacherbfolge geschlossen werden. 330

2. Nacherbfolgeanordnung

a) Grundsatz

Mit der Nacherbfolgeanordnung kann der Erblasser den »Erben des Erben« für den Nachlass bestimmen, den er selbst vererbt hat. Die Nacherbfolgeanordnung ist insbesondere in den Fällen von Bedeutung, in welchen verhindert werden soll, dass bestimmte Personen am Nachlass des Erblassers partizipieren. Dies kann etwa ein geschiedener Ehegatte über die gemeinsamen Kinder als Erbeserbe sein. Ebenso kann der Erblasser bspw. mit einer Nacherbfolge erreichen, dass sein Vermögen zwar zunächst dem länger lebenden Ehegatten zufällt, dieses allerdings bei dessen Todesfall wiederum von seinen Erben, etwa »einseitigen« Kindern, ferngehalten wird. Vorerbe und Nach- 331

661 *Eberl-Borges*, Die Erbauseinandersetzung, 2000, S. 31; *Ann*, Die Erbengemeinschaft, 2001, S. 120 ff.; Henrich/Schwab/*Reimann*, Familienerbrecht und Testierfreiheit im europäischen Vergleich, 2001, S. 41 f.

662 Vgl. Palandt/*Weidlich* § 2094 Rn. 2.

erbe sind jeweils Erben des Erblassers. Auf den Nacherben geht nur die Erbschaft des Erblassers über, nicht jedoch unbedingt das eigene Vermögen des Vorerben. Über dieses verfügt der Vorerbe unabhängig vom Willen des Erblassers. Die Nacherbfolge tritt, soweit der Erblasser nichts anderes bestimmt hat, mit dem Tod des Vorerben ein (§ 2106 Abs. 1 BGB). Der Zeitpunkt des Eintritts der Nacherbfolge kann jedoch vorverschoben werden, er kann auch durch Bedingung und Befristung beeinflusst werden. Ebenso kann die Vorerbschaft als solche aufschiebend oder auflösend bedingt sein.

332 Gem. § 2108 Abs. 2 BGB ist das **Nacherbenanwartschaftsrecht** grundsätzlich vererblich und veräußerlich.[663] Die Übertragung bedarf entsprechend § 2033 BGB, das Verpflichtungsgeschäft entsprechend § 2371 BGB, der notariellen Beurkundung. Unvererblichkeit ist die Ausnahme. Jedoch kann der Erblasser die Vererblichkeit (und damit auch die Veräußerlichkeit) ausschließen.[664] Der Ausschluss wird in der Regel vorliegen, wenn der Erblasser ausdrücklich einen Ersatznacherben bestimmt hat.[665] Wird ein Ersatznacherbe hingegen kraft gesetzlicher Auslegungsregel (§ 2069 BGB) berufen, so soll dies nach h.M. nicht reichen, um der Anwartschaft die Vererblichkeit (und Veräußerlichkeit) zu nehmen, weil das dispositive Recht des § 2108 Abs. 2 Satz 1 BGB Vorrang vor der Auslegungsregel des § 2069 BGB genießt.[666]

333 Soweit ein **Unternehmen** in den Nachlass fällt, hat der Vorerbe das alleinige Entscheidungsrecht, ob er das Geschäft fortführen will oder durch Einstellung gemäß den §§ 27 Abs. 2, 25 Abs. 1 HGB die unbeschränkte persönliche Haftung abwendet. Der Nacherbe hat insoweit keine Mitwirkungsrechte. Wenn der Vorerbe das Handelsgeschäft fortführt, kann er sich alleine als Firmeninhaber in das Handelsregister eintragen lassen. Entsprechendes gilt, wenn eine Beteiligung an einer **Personengesellschaft** zum Nachlass gehört. Soweit eine Eintritts- oder Fortsetzungsklausel gesellschaftsvertraglich vereinbart ist, entscheidet ebenfalls der Vorerbe alleine, ob er hiervon Gebrauch machen will oder nicht. Rückt er in die Gesellschafterstellung ein, wird der Vorerbe Gesellschafter. Ihm gebühren die Gewinnanteile, die während der Vorerbschaft anfallen.[667] Als Gesellschafter kann er alle Gesellschafterrechte ausüben (bspw. austreten oder kündigen). Desgleichen kann er Änderungen des Gesellschaftsvertrages mitbeschließen, sofern dies nicht gegen das Verbot der unentgeltlichen Verfügung gem. § 2113 Abs. 2 BGB verstößt.[668]

334 Da der Nacherbe Erbe des Erblassers ist, kann der Erblasser nicht dem Vorerben das Recht einräumen, den **Nacherben zu bestimmen** (§ 2065 Abs. 2 BGB). Eine derartige Verfügung ist dem in § 2104 Satz 1 BGB geregelten Fall gleichzusetzen.[669] Zulässig ist es jedoch, einen **Nacherben** unter der (aufschiebenden oder auflösenden) **Bedingung** einzusetzen, dass der Vorerbe nicht selbst letztwillig anders über den Nachlass verfügt.[670] Hier steht erst mit dem Tod des »Vorerben« (rückwirkend) fest, dass er Vollerbe gewesen ist. Der Nacherbenvermerk kann daher erst nach dem Tod

---

663 Staudinger/*Avenarius* § 2100 Rn. 73; BGB-RGRK/*Kregel* § 2033 Rn. 8; Palandt/*Weidlich* § 2108 Rn. 2 ff.; BGHZ 87, 367, 369.

664 H.M.; Palandt/*Weidlich* § 2108 Rn. 4; RGZ 170, 163; a.A. im Hinblick auf den Ausschluss der Veräußerlichkeit: Staudinger/*Avenarius* § 2108 Rn. 9 und § 2100 Rn. 76.

665 Kritisch *Lange/Kuchinke* § 25 VII 3 und § 28 VII 1.

666 Staudinger/*Avenarius* § 2108 Rn. 16 m.w.N.; a.A. BayObLGZ 1993, 334, 348 f. = MittBayNot 1994, 149, 150 f.; hierzu kritisch *J. Mayer* MittBayNot 1994, 111; OLG Braunschweig FamRZ 1995, 443, 444; vgl. ausführlich hierzu *Nieder* ZEV 1996, 241, 244 f.

667 BGH NJW 1990, 514, 515.

668 BGHZ 78, 177, 182 ff.; *Reimann* Hereditare Bd.7 (2017), 65,80 ff.

669 OLG Hamm ZEV 1995, 376.

670 Palandt/*Weidlich* § 2065 Rn. 6; sehr weitgehend BGHZ 59, 220, 222 f.; kritisch hierzu: MünchKomm/*Grunsky* § 2100 Rn. 16 und *Frank* MittBayNot 1987, 231.

des »Vorerben« gelöscht werden. Problematisch ist die Ermächtigung des Vorerben, beliebig anderweitig letztwillig über den Nachlass zu verfügen, ebenso wie die Ermächtigung des Vorerben, aus mehreren zu Nacherben bestimmten Personen denjenigen auszuwählen, der den Nachlass des Erblassers als »Schlusserbe« erhalten soll. Zur Frage, ob der Erblasser zu Nacherben diejenigen Personen bestimmen kann, die gewillkürte Erben des Vorerben werden, s. Rdn. 323.

Eine Nacherbeneinsetzung auf einzelne Nachlassgegenstände (**gegenständliche Nacherbeneinsetzung**) ist unzulässig.[671] Der Erblasser hat aber die Möglichkeit, bezüglich derjenigen Gegenstände, über die der Vorerbe wie ein Vollerbe frei verfügen kann, ein Vorausvermächtnis (§ 2150 BGB) zu seinen Gunsten anzuordnen, ggf. beschwert mit einem Nachvermächtnis (§ 2191 BGB). 335

b) Nicht befreiter Vorerbe

Soweit der Erblasser keine speziellen Regelungen trifft und auch im Wege der Auslegung nichts anderes ermittelbar ist, ist der Vorerbe von den Beschränkungen der §§ 2113 ff. BGB nicht befreit. So kann der Vorerbe über Grundbesitz (§ 2113 BGB) sowie über Hypothekenforderungen, Grund- und Rentenschulden (§ 2114 BGB) nicht ohne Zustimmung des Nacherben verfügen. Bezüglich der Anlegung von Geld ist er gebunden (§ 2119 BGB). Auf Verlangen des Nacherben sind Wertpapiere zu hinterlegen (§ 2116 BGB) und ein Verzeichnis der Erbschaftsgegenstände anzulegen. Der Vorerbe ist verpflichtet, dem Nacherben über den Bestand der Erbschaft Auskunft zu geben (§ 2127 BGB). Im Ergebnis gebühren ihm nur die **Erträgnisse** der Erbschaft. Über diese kann er unter Lebenden, aber auch durch Testament frei verfügen. Der Nacherbe wird, soweit sich Grundbesitz im Nachlass befindet, durch den Nacherbenvermerk, welcher von Amts wegen einzutragen ist (§ 51 GBO), gesichert. 336

c) Befreiter Vorerbe

Gem. § 2136 BGB kann der Erblasser den Vorerben von einigen der Beschränkungen und Verpflichtungen aus den §§ 2113 ff. BGB befreien. Strikt vermutet wird diese Befreiung bei der Nacherbeneinsetzung auf den Überrest (§ 2137 BGB). Eine völlige Befreiung hingegen ist nicht möglich. So kann der Erblasser den Vorerben nicht vom Verbot unentgeltlicher Verfügungen (§ 2113 Abs. 2 BGB)[672] befreien, von der Verfügung im Wege der Zwangsvollstreckung (§ 2115 BGB) und von der Pflicht zur Vorlage des Verzeichnisses der Nachlassgegenstände (§ 2121 BGB).[673] Auch vom Surrogationsgrundsatz des § 2111 BGB kann der Vorerbe nicht befreit werden. Soweit einzelne Gegenstände nicht dem Nacherbenrecht unterliegen sollen, sind sie als Vorausvermächtnis dem Vorerben zuzuwenden. Die Befreiung des Vorerben ist im Grundbuch einzutragen (§ 51 GBO) und im Erbschein anzugeben (§ 2363 BGB). 337

Ob die Befreiung auf **einzelne Nachlassgegenstände beschränkt** werden kann, ist streitig.[674] Die sichere Gestaltungsmöglichkeit ist angesichts fehlender obergerichtlicher Rechtsprechung der Weg über das Vorausvermächtnis, eventuell gekoppelt mit einem Nachvermächtnis (§ 2191 BGB), oder die Beschwerung des Nacherben mit der Pflicht, bestimmten Verfügungen des Vorerben zuzustimmen.[675] Der Vorerbe kann sein Recht auf den Nacherben übertragen und umgekehrt der Nacherbe sein Anwartschaftsrecht auf den Vorerben. Im Falle der letzteren Verfügung führt dies zwar dazu, dass der Vorerbe Vollerbe wird; allerdings ergeben sich Probleme, wenn ein Ersatznacherbe berufen ist.[676] 338

671 Palandt/*Weidlich* § 2087 Rn. 1; *Otte* NJW 1987, 3164.

672 Dazu *Heider* ZEV 1995, 1.

673 Vgl. auch *Müller* ZEV 1996, 179.

674 Bejahend: MünchKomm/*Grunsky* § 2136 Rn. 9; BGB-RGRK/*Johannsen* § 2136 Rn. 8; *Muscheler*, Hereditare 3 (2013), S. 159, 176; verneinend: Staudinger/*Avenarius* § 2136 Rn. 3.

675 Staudinger/*Avenarius* § 2136 Rn. 7.

676 Vgl. *Nieder* ZEV 1996, 241; *Neukirchen* RNotZ 2018, 357, 360.

d) Der superbefreite Vorerbe

339 Fraglich ist, ob man durch testamentarische Anordnungen den Vorerben noch zusätzlich freistellen kann. Die Auswirkungen einer Nacherbfolgeanordnung sind gravierend: Sie nehmen dem Vorerben, auch wenn er von allen gesetzlichen Beschränkungen befreit ist, die Möglichkeit, Gegenstände des Nachlassvermögens zu verschenken und eigenständig zu vererben. Wegen dieser Konsequenz wird die Nacherbfolgeanordnung in vielen Fällen als für den Erstbedachten als zu belastend empfunden. Die Möglichkeiten, den Vorerben noch freier zu stellen, als das Gesetz dies vorsieht, sind gering.[677] Es ist zu unterscheiden zwischen Lösungen, die mit der Nacherbfolgeanordnung arbeiten und solchen, die sie ersetzen.

Zur ersten Gruppe gehören
- ein die Nacherbschaft begleitendes Vorausvermächtnis zugunsten des Vorerben,
- die auflösend bedingte Nacherbschaft, die es dem Vorerben ermöglichen soll, in weiterem Umfang selbst zu verfügen,
- die aufschiebend bedingte Nacherbeneinsetzung, die mit anderen Mitteln Ähnliches zu erreichen versucht,
- das den Nacherben belastende Zustimmungsvermächtnis und
- die Einsetzung des Vorerben zum Mittestamentsvollstrecker.

Zur zweiten Gruppe gehören
- die Einsetzung des Erstbedachten zum Nießbraucher, ggf. auch zum Testamentsvollstrecker, und
- das Herausgabevermächtnis auf den Todesfall des Erstbedachten.

340 Als **Alternative** kann vor allem das **Herausgabevermächtnis**, das den Erstbedachten bzw. dessen Erben verpflichtet, alles, was aus dem Nachlass des Erblassers stammt, an die Zweitbedachten herauszugeben, in Betracht kommen. Wegen der geringen »Regelungsdichte« des Vermächtnisses[678] ist das Herausgabevermächtnis regelmäßig nur mit detaillierten begleitenden Anordnungen sinnvoll.[679]

341 Beim Vorausvermächtnis bleibt zu überlegen, ob nicht zur Steuerung der Rechtsnachfolge ein **Nachvermächtnisnehmer** bezüglich des Vorausvermächtnisgegenstandes bestimmt werden sollte (§ 2191 BGB). Ein **Zustimmungsvermächtnis** bleibt problematisch, weil es keine Wirkung vor Eintritt des Nacherbfalles entfaltet.[680] Einzelzustimmungsvermächtnisse dieser Art werden mit diesem Vorbehalt möglich sein und nicht gegen § 2136 BGB verstoßen. Beim generellen Zustimmungsvermächtnis ist dies fraglich. Eine **Freistellung des befreiten Vorerben vom Schenkungs- und Vererbungsverbot** ist unwirksam; die Rechtsprechung[681] legt derartige Anordnungen regelmäßig als Vollerbschaft des Vorerben aus.[682]

342 Als Alternative zur Nacherbfolgeanordnung kommt auch die Einsetzung des Zweitbedachten zum Vollerben infrage. Dieser kann dann mit einem **Nießbrauch** zugunsten des als »Vorerben« Vorgesehenen belastet werden. Diese Alternative kann aus steuerlichen Gründen geboten sein. Der Erblasser kann dann aber nicht von der Möglichkeit der Nichtvererblichkeit des Nacherbenrechts und der Ersatznacherbenregelung Gebrauch machen, weil der Nachlass mit dem Erbfall bereits auf den als »Nacherben« Vorgesehenen übergeht.

---

677 Vgl. *Kanzleiter* in: FS Schippel, 1996, 288; *J Mayer* ZEV 2000, 1; *Wingerter*, Die Erweiterung der Befugnisse des befreiten Vorerben, Diss. Regensburg, 2000; *Nolting*, Die Befreiung des Vorerben über die Grenzen des § 2136 BGB hinaus, Diss. Bielefeld, 2003.

678 *J. Mayer*, ZEV 2000, 1, 8.

679 *Reimann* MittBayNot 2002, 4; *Hölscher* ZEV 2009, 213.

680 BayObLGZ 1966, 271, 274 f.; Soergel/*Wolf* § 2147 Rn. 13; BGB-RGRK/*Johannsen* § 2147 Rn. 6.

681 OLG Oldenburg DNotZ 1956, 195; OLG Bremen DNotZ 1956, 159.

682 Vgl. auch Staudinger/*Avenarius* § 2136 Rn. 11; MünchKomm/*Grunsky* § 2136 Rn. 1.

3. Vermächtnis

a) Grundsatz

Neben der Erbeinsetzung ist das Vermächtnis der wichtigste vom Gesetzgeber zur Verfügung gestellte Gestaltungstyp: Jedem Vermächtnisnehmer steht ein schuldrechtlicher Anspruch (§ 2174 BGB) gegenüber dem Beschwerten (gesetzlicher oder gewillkürter Erbe oder Vermächtnisnehmer, § 2147 BGB) zu. Das Vermächtnis unterscheidet sich von der Erbeinsetzung dadurch, dass der Gläubiger (Vermächtnisnehmer) nicht am Nachlass dinglich beteiligt ist. Gleichwohl kann in der Zuwendung einzelner Gegenstände auch eine Erbeinsetzung gesehen werden, wenn diese Gegenstände nach der Vorstellung des Erblassers praktisch den gesamten Nachlass ausmachen und der Bedachte nach dem Willen des Erblassers dessen wirtschaftliche Stellung fortsetzen sollte.[683] Das Vermächtnis ist interessant, weil bei ihm der Grundsatz der Eigenbestimmtheit der letztwilligen Anordnung (§ 2065 BGB) teilweise durchbrochen ist. Beim Zweckvermächtnis kann der Bestimmungsberechtigte den Gegenstand, die Bedingungen der Leistung sowie die Zeit der Fälligkeit feststellen und die Auswahl der Person des Empfängers in den Grenzen der §§ 2151 und 2152 BGB dem Beschwerten oder einem Dritten überlassen. Dies kann bei der Bestimmung des Unternehmensnachfolgers von Bedeutung sein. 343

Auch beim Vermächtnisnehmer kommt der **Ersatzberufung** große Bedeutung zu. Nach § 2190 BGB kann ein Ersatzvermächtnisnehmer ähnlich dem Ersatzerbenrecht bestimmt werden. Fehlt eine klare Anordnung des Erblassers, greift die Auslegungsregel des § 2069 BGB Platz. Sofern dies nicht gewünscht wird, ist eine Ersatzvermächtnisnehmerberufung in der Verfügung von Todes wegen auszuschließen. Auch Nachvermächtnisse sind möglich (§ 2191 BGB). 344

b) Besondere Vermächtnisarten

Unter **Quotenvermächtnis** versteht man die Zuwendung eines Bruchteils des Nachlasswertes. Es ist ein echtes Vermächtnis.[684] Soweit der Bedachte jedoch eine echte Mitbeteiligung an der Erbschaft erhalten soll, liegt Erbeinsetzung vor.[685] 345

Betrifft das Vermächtnis einen bestimmten Gegenstand (**Stückvermächtnis**), der im Zeitpunkt der Abfassung der Verfügung von Todes wegen zum Vermögen des Erblassers gehört, so ist § 2169 Abs. 1 BGB zu beachten: Im Zweifel ist danach anzunehmen, dass der Erblasser ein **Verschaffungsvermächtnis** nicht gewollt hat. Gehört also der vermachte Gegenstand im Zeitpunkt des Erbfalls nicht mehr dem Erblasser, weil er ihn nach Testamentserrichtung und vor dem Erbfall veräußert hat, so ist die Vermächtnisanordnung im Zweifel nicht wirksam. Hat der Erblasser eine Gegenleistung für die Veräußerung des Gegenstandes erlangt oder einen Anspruch auf Gegenleistung, so stellt sich die Frage, ob anstelle des Gegenstandes der Anspruch auf die Gegenleistung, diese selbst oder ihr Wert vermacht sein sollten. Nur für den Fall des Forderungsvermächtnisses (§ 2173 BGB) soll im Zweifel anstelle der nicht mehr bestehenden vermachten Forderung die vom Schuldner erbrachte Leistung vermacht sein. Darüber hinaus kennt das Vermächtnisrecht eine allgemeine Surrogationsregel nicht. § 2169 Abs. 3 BGB ist nicht entsprechend anwendbar. Es ist allenfalls möglich, im Wege der ergänzenden Testamentsauslegung den Erlös als vermacht anzusehen.[686] 346

Vorausvermächtnis (§ 2150 BGB) ist die Zuwendung einzelner Gegenstände oder einer Mehrheit von solchen an den Erben oder Miterben neben seiner Erbeinsetzung. Es ist abzugrenzen von der Teilungsanordnung gem. § 2048 BGB. 347

Wichtig kann beim Vorausvermächtnis das **Nachvermächtnis** (§ 2191 BGB) sein, da es dem Erblasser ermöglicht, das Schicksal des Vorausvermächtnisgegenstandes über den Tod des Vorausver- 348

683 BayObLGZ 1965, 457, 460; Palandt/*Weidlich* § 2087 Rn. 2.
684 BGH MDR 1978, 649.
685 *Lange/Kuchinke* § 27 II 2 und § 29 II 2.
686 BGHZ 22, 357, 360 ff.

mächtnisnehmers zu beeinflussen. Wendet der Erblasser denselben Gegenstand in zeitlicher Reihenfolge nacheinander verschiedenen Personen dergestalt zu, dass der erste Vermächtnisnehmer (nicht der Erbe, es sei denn es handelt sich um ein Vorausvermächtnis) bei Eintritt eines Termins oder einer Bedingung dem Dritten (Nachvermächtnisnehmer) den Gegenstand herauszugeben hat, so liegt ein Nachvermächtnis gem. § 2191 BGB vor. Die Vorschriften über die Nacherbschaft werden weder unmittelbar noch analog angewandt, mit Ausnahme der in § 2191 Abs. 2 BGB ausdrücklich aufgeführten Bestimmungen. Das Nachvermächtnis ist stets ein aufschiebend bedingtes oder betagtes Vermächtnis (§ 2177 BGB). Es fällt dem Nachvermächtnisnehmer nicht mit dem Erbfall, sondern erst mit dem vom Erblasser bestimmten Zeitpunkt bzw. mit dem Tod des Vorvermächtnisnehmers an (§§ 2191 Abs. 2, 2106 Abs. 1 BGB). Demzufolge findet vom Erbfall bis zum Anfall des Nachvermächtnisses § 2179 BGB Anwendung, welcher auf die Normen des allgemeinen Teils verweist, die für die unter aufschiebender Bedingung geschuldete Leistung gelten. Dem Nachvermächtnisnehmer steht ab Erbfall und endend mit Anfall des Nachvermächtnisses eine Anwartschaft zu. Diese ist jedoch nicht dem Anwartschaftsrecht des Nacherben vergleichbar, da § 2108 BGB gem. § 2191 Abs. 2 BGB nicht unmittelbar auf das Nachvermächtnis anwendbar ist.

c) Anfall und Fälligkeit

349 Zwischen Anfall und Fälligkeit ist zu differenzieren. Der Vermächtnisanspruch (Anfall), mithin die Forderung des Vermächtnisnehmers gegenüber dem Beschwerten, wird mit dem Erbfall existent (§ 2176 BGB).[687] Ausnahmen regeln die §§ 2177 bis 2179 BGB. Demzufolge fällt das Vermächtnis bei aufschiebender Bedingung oder bei Befristung erst mit Eintritt der Bedingung oder des Zeitpunktes an. Vom Anfall ist die Fälligkeit zu unterscheiden. Soweit vom Testator nichts anderes bestimmt ist, ist mit dem Anfall des Vermächtnisses dieses auch fällig. Jedoch kann der Erblasser eine spätere Fälligkeit anordnen. Soweit Anfall und Fälligkeit auseinanderfallen, ist klarzustellen, inwieweit der Vermächtnisnehmer nach dem Anfall bis zur Fälligkeit eine Sicherung seines Anspruches verlangen kann (z.B. Auflassungsvormerkung bei Grundstücken). Auch die Frage, wem die Zinsen zustehen und wer Verwendungen auf den Vermächtnisgegenstand zu tragen hat, ist zweckmäßigerweise zu regeln.[688]

d) Vormerkungsfähigkeit

350 Bei Grundstücksvor- und -nachvermächtnissen stellt sich die Frage der Vormerkbarkeit des Nachvermächtnisnehmeranspruchs. Nach der h.M.[689] wird grundsätzlich dem Nachvermächtnisnehmer die Sicherungsmöglichkeit durch Eintragung einer Vormerkung zugebilligt. Soweit eine Vormerkung eingetragen ist, hat der Vorvermächtnisnehmer gegenüber dem durch Auflassungsvormerkung gesicherten Nachvermächtnisnehmer analog §§ 2124 ff., 2120 BGB die Ansprüche des Vorerben gegen den Nacherben.[690]

4. Auflage

351 Die Auflage begründet für den Begünstigten kein Recht; sie ist demzufolge keine Zuwendung von Todes wegen (§§ 1940, 2192 bis 2196 BGB). Mit der Auflage wird eine bestimmte Verpflichtung gegenüber dem Vollziehungsberechtigten zugunsten des Auflagebegünstigten begründet. Der Begünstigte selbst hat keinen Anspruch auf die Leistung (§ 328 BGB). Beschwert werden kann mit der Auflage sowohl der Erbe als auch ein Vermächtnisnehmer. Klassische Beispiele für eine Auflage sind Bestimmungen über Errichtung und Art des Grabdenkmals, Grabpflege, Versorgung von Haustieren oder schuldrechtliche Veräußerung und Leistungsverbote. Auch kann die Art der Bestattung durch Auflage geregelt werden. Dies empfiehlt sich jedoch regelmäßig deshalb nicht,

687 BGH NJW 1961, 1915, 1916.
688 Vgl. *Reimann* MittBayNot 2002, 4.
689 BayObLG Rpfleger 1981, 190.
690 *Maur* NJW 1990, 1161.

weil das Testament zu einem Zeitpunkt eröffnet wird, zu welchem die Beerdigung des Erblassers längst durchgeführt ist. Solche Verfügungen des Erblassers sollten also nicht im Testament, sondern durch Rechtsgeschäft unter Lebenden getroffen werden.

5. Teilungsanordnung, Erbteilungsverbot

Ohne weitere Bestimmungen durch den Erblasser erfolgt die Auseinandersetzung des Nachlasses 352 gem. § 2042 BGB nach den Grundsätzen für die Auseinandersetzung einer Bruchteilsgemeinschaft. Bei einer Erbengemeinschaft kann jeder Miterbe die Auseinandersetzung jederzeit verlangen, der Anspruch richtet sich gegen alle anderen Miterben. Er ist unverjährbar (§§ 2042 Abs. 2, 758 BGB).

Der Erblasser kann durch **Teilungsanordnung** Bestimmungen über die Auseinandersetzung tref- 353 fen (§ 2048 BGB). Durch Teilungsanordnungen kann der Erblasser vermeiden, dass langfristig gewachsene Vermögenswerte zerschlagen werden.[691] Derartige Auseinandersetzungs- bzw. Teilungsanordnungen können in einem Testament oder einem Erbvertrag getroffen werden. Sie nehmen jedoch an der erbvertraglichen Bindungswirkung (§ 2278 Abs. 2 BGB) nur teil, wenn sie zugleich Vermächtnisse oder Auflagen beinhalten. Teilungsanordnungen bewirken keinen unmittelbaren mit dem Erbfall eintretenden Übergang des Eigentums an den zugewiesenen Gegenständen. Eine Teilungsanordnung wirkt vielmehr nur schuldrechtlich zwischen den Miterben, die Höhe der Erbteile und deren Wert bleiben dabei unberührt. Jeder Miterbe hat einen Anspruch auf Einhaltung dieser Anordnung, aber durch gemeinsame Vereinbarung können die Erben sich über die Teilungsanordnung hinwegsetzen.[692] Ist Testamentsvollstreckung angeordnet, dann ist der Testamentsvollstrecker Adressat des Teilungsbegehrens der Miterben, weil die Erben selbst nicht verfügungsbefugt sind. Er ist verpflichtet, die Auseinandersetzung gemäß der Teilungsanordnung des Erblassers zu bewirken (§§ 2204 Abs. 1, 2048 BGB) und ist dabei unabhängig von den Weisungen der Erben. Das Einverständnis der Erben, Verfügungen entgegen der Teilungsanordnung vorzunehmen, hebt die Teilungsanordnung des Erblassers nicht auf. Dadurch werden lediglich Schadensersatzansprüche der Erben gegen den Testamentsvollstrecker vermieden, weil er entgegen seiner Verpflichtungen aus §§ 2203, 2204 BGB gehandelt hat. Das Einverständnis ist bis zur Vornahme der Verfügung frei widerruflich.[693]

Die Teilungsanordnung ist vom **Vorausvermächtnis** abzugrenzen. Beim Vorausvermächtnis ist der 354 gesamte Nachlass mit dem Vermächtnis belastet und der Bedachte selbst mitbeschwert. Das Vorausvermächtnis nimmt im Gegensatz zur Teilungsanordnung an der Bindungswirkung von Erbvertrag und gemeinschaftlichem Testament teil. Ob eine ausgleichungspflichtige Teilungsanordnung oder ein begünstigendes Vorausvermächtnis gewollt ist, ist im Wege der Auslegung zu ermitteln.[694] Klarstellungen in Testament und Erbvertrag sind zweckmäßig.

Der Erblasser kann gem. § 2044 Abs. 1 BGB durch letztwillige Verfügung den Ausschluss der 355 Auseinandersetzung, also ein **Erbteilungsverbot**, verfügen. Eine Anordnung, wonach die Auseinandersetzung trotz übereinstimmenden Willens aller Erben nicht vorgenommen werden soll, stellt eine Auflage zulasten aller Miterben dar.[695] Der Auseinandersetzungsausschluss durch den Erblasser wirkt allerdings nur schuldrechtlich. Die Verfügungsmacht der Miterben bleibt unberührt, falls sich die Erben einvernehmlich über das Teilungsverbot hinwegsetzen, sofern nicht zur Absicherung Testamentsvollstreckung angeordnet ist. In der Anordnung der Dauervollstreckung (§ 2209 BGB) liegt regelmäßig ein Erbteilungsverbot.[696]

691 *Ebenroth* Rn. 789.
692 Palandt/*Weidlich* § 2048 Rn. 4.
693 OLG München MittBayNot 2019, 166 mit Anm. *Reimann*.
694 BGH FamRZ 1987, 475, 476.
695 BGHZ 40, 115, 117.
696 *Reimann* DNotZ 2016, 769.

6. Testamentsvollstreckung

356 Besondere Bedeutung für die Testamentsgestaltung hat die Testamentsvollstreckung, gibt sie doch dem Erblasser die Möglichkeit, in gewissen Grenzen über eine Person seines Vertrauens auch über den Tod hinaus Einfluss auf den Nachlass auszuüben.[697]

a) Grundsatz

357 Testamentsvollstreckung ist anzuordnen, wenn sie die Realisierung des letzten Willens fördert. Eine Verwaltungsvollstreckung ist – anders als die Abwicklungsvollstreckung – auf die nachhaltige Nutzbarmachung des verwalteten Vermögens und auf die Erzielung von Erträgen (für die Erben) gerichtet, und zwar auch in der Regel unter Ausschluss der Erben. Sie stellt eine Art fürsorglicher Bevormundung des Erben dar, durch den Ausschluss der Verwaltungs- und Verfügungsbefugnis der Erben einerseits und durch Ausschluss des Zugriffs der Eigengläubiger des Erben auf den Nachlass (§ 2214 BGB) andererseits. Durch eine Verwaltungsvollstreckung kann ein großes Vermögen, auch ein Unternehmen, für lange Zeit zusammengehalten werden. Der Erblasser kann durch die Anordnung einer Verwaltungsvollstreckung einen geschäftsuntüchtigen Erben, einen unerwünschten Vormund und unerwünschte familienrechtliche Beschränkungen (§ 1365 BGB, Gütergemeinschaft des Erben, Vormundschaftsgericht) ausschließen. Durch die Ernennung eines Miterben zum Testamentsvollstrecker, etwa der Witwe, kann ihr in vermögensrechtlicher Beziehung die Stellung eines Familienoberhauptes gegeben werden. Gegenüber einer familienrechtlichen Anordnung nach § 1638 BGB hat die Anordnung der Testamentsvollstreckung den Vorteil, dass sie weniger schroff erscheint, die Anordnung einer Ergänzungspflegschaft nach § 1909 BGB entbehrlich macht und über das Volljährigkeitsdatum hinaus angeordnet werden kann.

b) Arten der Testamentsvollstreckung

358 Die §§ 2197 bis 2228 BGB ermöglichen es dem Erblasser, dem Testamentsvollstrecker umfassende Aufgaben zuzuweisen oder ihn aber mit der Abwicklung einzelner Aufgaben zu betrauen. Die Verwaltungsvollstreckung, die auch in der Form der Dauervollstreckung gem. § 2210 BGB mit den dort genannten Ausnahmen für höchstens dreißig Jahre möglich ist, ermächtigt den Testamentsvollstrecker den Nachlass in Besitz zu nehmen und zu verwalten sowie über Nachlassgegenstände zu verfügen. Die Verfügungsmacht des Testamentsvollstreckers verdrängt diejenige des Erben. Bei der Abwicklungsvollstreckung ist es Aufgabe des Testamentsvollstreckers, einzelne Vermächtnisse oder Auflagen zu erfüllen (§ 2203 BGB) oder aber die Auseinandersetzung unter den Erben zu bewirken (§ 2204 BGB). Bei der Nacherbenvollstreckung (§ 2222 BGB) nimmt der Testamentsvollstrecker die Rechte des Nacherben bis zum Eintritt der Nacherbfolge wahr. Die Nacherbenvollstreckung beschwert also nicht den Vorerben, sondern den Nacherben. Daneben kann auch der Vorerbe zusätzlich durch eine Verwaltungs- oder Abwicklungsvollstreckung beschwert sein.

c) Die Rechtsstellung des Testamentsvollstreckers

359 Der Testamentsvollstrecker ist Träger eines privaten Amtes, das ihm vom Erblasser übertragen ist und das er kraft eigenen Rechtes, also unabhängig vom Willen des Erben, und im eigenen Namen, aber – im Rahmen der letztwilligen Anordnung des Erblassers – doch im Interesse anderer, vor allem der Erben, ausübt.[698] Gleichwohl bleibt der Erbe Eigentümer der zum Nachlass gehörenden Gegenstände und Träger der in den Nachlass fallenden Rechte. Ein abstraktes Handeln »für den Nachlass« ist nicht möglich. Die Rechtsstellung des Testamentsvollstreckers ist derjenigen eines gesetzlichen Vertreters angenähert. Er hat sich – wie ein Vertreter – als solcher zu bezeichnen, will er vermeiden, dass er aus den Rechtsgeschäften, die er als Testamentsvollstrecker vornimmt, per-

697 Vgl. dazu im Einzelnen: Staudinger/*Reimann* §§ 2197 ff.

698 Amtstheorie, h.M. in Rechtsprechung und Literatur; Staudinger/*Reimann* Vorbem. zu §§ 2197 ff. Rn. 19 f., m.w.N.

sönlich haftet. Die Verfügungsbefugnis des Testamentsvollstreckers schließt diejenige des Erben aus (§§ 2205 Satz 2, 2211 BGB). Die Anordnung der Testamentsvollstreckung enthält also eine Beschränkung der Rechtsstellung des Erben (vgl. §§ 2306, 2338 Abs. 1 Satz 2, 2376 BGB). Der Testamentsvollstrecker kann allerdings ohne Mitwirkung der Erben nicht unentgeltlich verfügen, auch nicht teilentgeltlich (§ 2205 Satz 3 BGB).

Zwischen dem Testamentsvollstrecker und dem Erben besteht ein **gesetzliches Schuldverhältnis**, kein vertragliches oder vertragsähnliches.[699] Aufgrund des gesetzlichen Verpflichtungsverhältnisses zwischen dem Testamentsvollstrecker und dem Erben ist es diesem möglich, seinen Rechtsanspruch auf ordnungsgemäße Verwaltung gegen den Testamentsvollstrecker im Zivilprozess, also nicht im nachlassgerichtlichen Verfahren, durchzusetzen. Der Erbe kann vom Testamentsvollstrecker jederzeit verlangen, dass dieser seine Befugnisse nicht überschreite.[700]

Der Testamentsvollstrecker leitet seine Rechtsmacht vom Erblasser ab, nicht vom **Nachlassgericht**; das gilt auch dann, wenn dieses auf Ansuchen des Erblassers gem. § 2200 BGB die Ernennung ausspricht. Der Testamentsvollstrecker unterliegt daher nicht der Aufsicht des Nachlassgerichts (wie etwa der Vormund der Aufsicht des Vormundschaftsgerichts, § 1837 BGB), und zwar selbst dann nicht, wenn der Erblasser dies anordnet. Der Aufgabenkreis des Nachlassgerichts beruht auf öffentlichem Recht. Er kann daher vom Erblasser weder erweitert noch eingeengt werden. Insbesondere kann der Erblasser den Testamentsvollstrecker nicht einer weitergehenden Aufsicht des Nachlassgerichts unterwerfen. Dies bedeutet nicht, dass das Nachlassgericht keinerlei Funktionen bei der Testamentsvollstreckung hätte. Annahme und Ablehnung des Amtes sind dem Nachlassgericht gegenüber zu erklären (§ 2202 BGB). Es stellt auch das Testamentsvollstreckerzeugnis aus (§ 2368 BGB). So kann es den Testamentsvollstrecker ernennen, wenn es vom Erblasser darum ersucht wurde (§ 2200 BGB). Ist die Ernennung einem Dritten überlassen, erfolgt die Bestimmung durch Erklärung gegenüber dem Nachlassgericht (§ 2198 BGB). Es kann auf Antrag eines Beteiligten Anordnungen des Erblassers außer Kraft setzen, wenn ihre Befolgung den Nachlass erheblich gefährden würde (§ 2216 Abs. 2 Satz 2 BGB). Es entscheidet bei Meinungsverschiedenheiten unter mehreren Testamentsvollstreckern (§ 2224 BGB), jedoch nicht durch eine eigenständige Meinung, sondern nur durch das Votum für die eine oder andere Position. Die Kündigung des Amtes durch den Testamentsvollstrecker erfolgt gegenüber dem Nachlassgericht (§ 2226 BGB). Die wichtigste Funktion des Nachlassgerichtes ist aber das Entlassungsrecht aus wichtigem Grund gem. § 2227 BGB. Durch dieses Recht hat das Nachlassgericht einen mittelbaren Einfluss auf die Testamentsvollstreckung.

Auch **familienrechtliche Beschränkungen** des Erben gelten i.d.R. nicht für den Testamentsvollstrecker. § 1365 BGB gilt nicht für den Testamentsvollstrecker, wenn der Erbe im gesetzlichen Güterstand lebt. Einschränkungen der Verfügungsmacht des Testamentsvollstreckers ergeben sich auch nicht aus der Gütergemeinschaft des Erben. Der Grund hierfür liegt darin, dass der Testamentsvollstrecker sein Recht vom Erblasser, nicht vom Erben ableitet. Beruhen Verfügungen des Testamentsvollstreckers – z.B. bei Auseinandersetzung – nicht nur auf der letztwilligen Anordnung, sondern auch auf besonderen Vereinbarungen mit den Beteiligten, kommen jedoch die familienrechtlichen Beschränkungen zur Geltung.

Will der Erblasser, dass der Testamentsvollstrecker einer **Kontrolle** unterliegt, muss er diese durch letztwillige Anordnungen selbst einführen, etwa durch die Ernennung mehrerer Testamentsvollstrecker, die Beteiligung der Erben an den Entscheidungsprozessen oder durch die Bindung der Testamentsvollstrecker bei bestimmten Entscheidungen an die Mitwirkung Außenstehender, etwa eines Wirtschaftsprüfungsunternehmens.[701]

---

699 BGHZ 69, 235; Palandt/*Weidlich* Einf. vor § 2197 Rn. 2.
700 BGHZ 25, 275, 283.
701 Vgl. dazu *Reimann*, FamRZ 1995, 588.

Hat der Erblasser eine **trans- oder postmortale Vollmacht** an einen Dritten erteilt, kann es zu einer unerwünschten Konkurrenz zwischen der Verfügungsmacht des Bevollmächtigten und derjenigen des Testamentsvollstreckers kommen.[702] Es bestehen keine Bedenken dagegen, dass jemand sowohl die Stellung eines Testamentsvollstreckers als auch die eines Bevollmächtigten oder Generalbevollmächtigten aufgrund einer ihm vom Erblasser über dessen Tod hinaus erteilten Vollmacht innehat.[703] Er kann als Bevollmächtigter u.U. – wenn die Vollmacht (z.B. Generalvollmacht) dies gestattet – auch unentgeltlich Geschäfte vornehmen oder Rechtsgeschäfte mit sich selbst, wenn er von den Beschränkungen des § 181 BGB befreit ist, was er als Testamentsvollstrecker grundsätzlich nicht kann (§ 2205 Satz 3 BGB).

Auch eine **Interimsvollmacht** an den künftigen Testamentsvollstrecker ist sinnvoll, damit der Nachlass bis zum Amtsbeginn handlungsfähig bleibt. Die Vollmacht kann dadurch verstärkt werden, dass der Erblasser die Erben durch Auflage verpflichtet, die Vollmacht beizubehalten.

d) Die möglichen Aufgaben eines Testamentsvollstreckers

360 Der Erblasser wird also zunächst zu überprüfen haben, welche Ziele er mit seiner Verfügung von Todes wegen durchsetzen möchte. Sodann wird er prüfen müssen, was von diesen Zielen von den Erben und Vermächtnisnehmern selbst realisiert werden kann. Schließlich wird er zu entscheiden haben, ob er sich damit abfinden soll, dass einzelne der von ihm an sich verfolgten Ziele mit den Erben und Vermächtnisnehmern nicht durchgesetzt werden können oder ob er Dritte damit betrauen soll, die verbleibenden Restziele zu verwirklichen. Die Entscheidung hierüber wird davon abhängen, welches Gewicht der Erblasser den einzelnen Zielen zuweist. Er wird insbesondere entscheiden müssen, ob die von ihm verfolgten Ziele die mit einer Testamentsvollstreckung stets verbundene Beschränkung der Erben rechtfertigen. Hierbei sind die Besonderheiten des Nachlasses (z.B. Unternehmen, Auslandsbesitz etc.) wie auch familiäre Bedürfnisse zu berücksichtigen.

361 Die unter diesen Gesichtspunkten durchzuführende **Analyse der Sachlage** und der **Regelungsziele** wird zu einer Definition der Aufgaben des Testamentsvollstreckers führen. Die Aufgaben des Testamentsvollstreckers können kurzfristiger oder längerfristiger Art sein. Im ersten Fall wird das gesetzliche Regelbild der Abwicklungsvollstreckung (§§ 2203, 2204 BGB) im Vordergrund stehen, bei längerfristigen Aufgaben die Verwaltungs- und Dauervollstreckung (§§ 2205, 2209 BGB).

362 Dem eher **kurzfristigen Bereich** ist die fachmännische Organisation der Nachlassabwicklung zuzuordnen. Dazu gehören:

- die Erfüllung von Vermächtnis und Auflagen,
- die Auseinandersetzung des Nachlasses,
- die Konstituierung des Nachlasses unmittelbar in der Zeit nach dem Ableben des Erblassers, um Differenzen zwischen Nachlassbeteiligten, insbesondere über die Einzelzuweisung von Gegenständen und über Bewertungsfragen, zu vermeiden und
- bei Unternehmen auch die Auswahl eines Unternehmensnachfolgers aus einer Mehrheit von Erben oder Vermächtnisnehmern, die Festlegung der Unternehmensstruktur und die Einsetzung einer funktionierenden Geschäftsführung für die zum Nachlass gehörenden Unternehmen.

363 Dem eher **längerfristigen Bereich** sind zuzuordnen:

- Eine geschäftsführende Tätigkeit des Testamentsvollstreckers in der Erbengemeinschaft,
- die Einflussnahme auf künftige Entscheidungen in der Verwaltung des Nachlasses, vor allem bei Nachlassunternehmungen,
- bei Unternehmen und Unternehmensbeteiligungen deren eigenverantwortliche Verwaltung, also die eigentliche unternehmerische Tätigkeit,

702 Vgl. dazu ausführlich Bengel/Reimann/*Bengel/Dietz*, Handbuch der Testamentsvollstreckung, 6. Aufl. 2017, [HbTV] § 1 Rn. 35 ff.

703 BGH DNotZ 1963, 305; vgl. BayObLG-Rp 1995, 59.

- die Beschränkung des Erben in seinen Zugriffsmöglichkeiten auf den Nachlass, also nicht die aktive Aufgabenzuweisung an den Testamentsvollstrecker, sondern eine Tätigkeit im »defensiven« Bereich,
- die nachhaltige Abschirmung des Nachlasses gegen die Eigengläubiger des Erben (§ 2214 BGB) und
- die Nacherbenvollstreckung gem. § 2222 BGB.

Je nach Art der erforderlichen Testamentsvollstreckung sind dann die Intensität der Aufgaben und die Art der Abwicklung, auch ihre Dauer, festzulegen. Auch die Frage, ob der Testamentsvollstrecker alleine oder mit anderen agieren soll, ist zu entscheiden.

Dem Testamentsvollstrecker können dabei auch **andere Aufgaben** zugewiesen werden, die jedem 364
Dritten überantwortet werden können. Der Testamentsvollstrecker kann also zusätzlich

- Vormund oder Betreuer von Nachlassbeteiligten sein,
- trans- oder postmortaler Bevollmächtigter des Erblassers werden,
- Bestimmungsrechte jeder Art nach den §§ 315 ff. BGB ausüben,
- Schiedsgutachter und Schiedsrichter sein,
- im handels- und gesellschaftsrechtlichen Bereich Sonderfunktionen haben, etwa als Geschäftsführer oder Aufsichtsrat bei einer Gesellschaft oder
- Stiftungsorgan sein.

e) Die Rechtsstellung des Verwaltungsvollstreckers (Dauervollstreckers) im Besonderen

Für alle Fälle, in denen einem Testamentsvollstrecker die Verwaltung des Nachlasses nach § 2209 365
BGB übertragen ist, gilt nach Satz 2 die Auslegungsregel, dass der Testamentsvollstrecker in der **Eingehung von Verbindlichkeiten** für den Nachlass nicht beschränkt sein soll, wenn nicht ein anderer Wille des Erblassers anzunehmen ist (in diesem Falle bleibt es bei der Regel des § 2206 BGB). Das gilt bei Dauervollstreckung auch schon während der Zeit, zu der die dem Testamentsvollstrecker sonst zugewiesenen Aufgaben noch nicht erledigt sind. Das Gesetz hat die **Verpflichtungsbefugnis** des Verwaltungsvollstreckers erweitert, weil eine länger dauernde Verwaltung es mit sich bringt, dass der Testamentsvollstrecker immer wieder neue Geschäfte abschließen muss.

Bei Anordnung einer Verwaltung nach § 2209 BGB ist der Testamentsvollstrecker grundsätzlich nicht verpflichtet, die **Erträgnisse** des Nachlasses alljährlich an den Erben auszuliefern, er kann sie vielmehr auch thesaurieren.[704] Ein Anspruch des Erben gegen den Testamentsvollstrecker auf Aushändigung von Nutzungen wird sich aber auch dann, wenn der Erblasser hierüber nichts bestimmt hat, vielfach aus dem Willen des Erblassers oder aus dem Grundsatz der ordnungsmäßigen Verwaltung des Nachlasses ergeben, aber auch daraus, dass die Erbenstellung nicht völlig ihres wirtschaftlichen Inhalts beraubt werden darf. Gehört ein Unternehmen oder eine Unternehmensbeteiligung zum Nachlass, wird der Testamentsvollstrecker im Rahmen einer ordnungsmäßigen Verwaltung verpflichtet sein, dem Erben die auf das Unternehmen bzw. die Beteiligung entfallende Steuer aus den Nachlasserträgnissen zur Verfügung zu stellen.

Die Übertragung der Verwaltungsvollstreckung kann, wie sich schon aus § 2338 BGB ergibt, auch nur einen **Teil des Nachlasses**, insbesondere einen **Erbteil**, einen **Vermächtnisgegenstand** oder **einzelne Nachlassgegenstände** betreffen, z.B. ein Landgut oder ein Handelsgeschäft.

Bei einer Mehrheit von Erben setzt die Anordnung der Verwaltungsvollstreckung für einzelne Nachlassgegenstände voraus, dass für diese die Auseinandersetzung ausgeschlossen oder aufgehoben ist. Das **Verbot der Auseinandersetzung** ist aber in diesem Fall regelmäßig als vom Erblasser gewollt anzunehmen.[705]

704 RG JR 1929 Nr. 1652; BGH Rpfleger 1986, 434; BGH FamRZ 1988, 279.
705 *Reimann* DNotZ 2016, 769.

Die Bestimmung des § 2209 BGB ermöglicht eine lange dauernde Beschränkung des Erben und die Ausschließung des Zugriffs seiner Privatgläubiger auf den Nachlass (§§ 2211, 2214 BGB; § 863 Abs. 1 Satz 2 ZPO). Der pflichtteilsberechtigte Erbe kann sich gegen die Anordnung einer Verwaltungsvollstreckung dadurch wehren, dass er die Erbschaft ausschlägt und den Pflichtteil verlangt (§ 2306 BGB), im Übrigen – bei vorhandenem Grunde – die letztwillige Verfügung anficht (§ 2078 BGB). § 2306 BGB gefährdet alle Verfügungen von Todes wegen, in denen Testamentsvollstreckung angeordnet ist (vgl. Rdn. 372).

f) Vermögen mit Auslandsbezug

366 Kaum ein Nachlass von Gewicht ist ausschließlich nach deutschem Recht zu verwalten. Ausländische Wertpapiere, Grundbesitz im Ausland, Beteiligungen in anderen Ländern einerseits, aber auch in der Bundesrepublik Deutschland lebende Angehörige ausländischer Staaten führen dazu, dass ausländisches Recht in verstärktem Umfang in eine Testamentsvollstreckung hineinspielt. Der Testamentsvollstrecker, der eine derartige international-rechtlich orientierte Testamentsvollstreckung übernehmen soll, wird mit besonderer Vorsicht und Umsicht prüfen, ob er – und ggf. mit welchem Berater und gegen welches Honorar – die Testamentsvollstreckung übernehmen wird.

Die vor dem Erbfall durchzuführende Aufbereitung des Nachlasses ist hier besonders wichtig, insbesondere durch das Einbringen ausländischen Besitzes in eine Holding o.ä. Auf jeden Fall ist sicherzustellen, dass nach Übernahme der Testamentsvollstreckung durch juristische Beratung der ordnungsgemäße Ablauf gewährleistet ist. Der vorgesehene Testamentsvollstrecker sollte dafür Sorge tragen, dass **als Ersatz begleitende Vollmachten** nach ausländischem Recht, sofern dort möglich, erteilt werden, die bei Eintritt des Erbfalls die Handlungsfähigkeit des Nachlasses im Ausland gewährleisten.[706]

Bei Auslandsberührung sind **zwei Fallkonstellationen denkbar:** Entweder ein ausländischer Testamentsvollstrecker wird im Rahmen eines in Deutschland gelegenen Nachlasses tätig oder ein nach deutschem Recht Ernannter muss im Rahmen seiner Fähigkeiten im Ausland handeln. Weil sich nach dem jeweils geltenden Erbstatut auch die Zulässigkeit der Testamentsvollstreckung und die Rechtsstellung des Testamentsvollstreckers richten, ist zu klären, nach welcher Rechtsordnung sich die erbrechtlichen Folgen bestimmen.[707] Bis zum Anwendungsbeginn der **Europäischen Erbrechtsverordnung (EuErbVO)** am 17.08.2015 wurde diese Frage allein durch die Kollisionsnormen des deutschen IPR gelöst. Nach Art. 25 und 26 EGBGB a.F. war die Staatsangehörigkeit des Verstorbenen zum Zeitpunkt seines Todes maßgeblich für die Erbfolge. Erbrechtliche Regelungen in Staatsverträgen gingen gem. Art. 3 Nr. 1 EGBGB a.F. diesen Vorschriften jedoch vor.

367 Für Erbfälle ab dem 17.08.2015 gelten die EuErbVO und das Internationale Erbrechtsverfahrensgesetz vom 29.06.2015.[708] Da die Kollisionsnormen der Verordnung gem. Art. 20 EuErbVO universell ausgestaltet sind, gilt – vorbehaltlich erbrechtlicher Regelungen in Staatsverträgen – auch für **Kollisionsfälle mit Drittstaaten** das anwendbare Recht vorrangig nach der Verordnung. Nach Art. 21 Abs. 1 EuErbVO unterliegt die Rechtsnachfolge von Todes wegen dem Recht des Staates, in dem der Erblasser im Zeitpunkt seines Todes seinen gewöhnlichen Aufenthalt hatte. Ergibt sich aus den Umständen, dass der Erblasser zum Zeitpunkt seines Todes eine offensichtlich engere Verbindung zu einem anderen Staat hatte, gilt das Aufenthaltsprinzip ausnahmsweise nicht, Art. 21 Abs. 2 EuErbVO. Nach Art. 22 EuErbVO kann jedoch für die Rechtsnachfolge von Todes wegen auch das Recht des Staates gewählt werden, dem der Erblasser zum Zeitpunkt der Rechtswahl angehört. Kaum eine andere Rechtsordnung verleiht dem Testamentsvollstrecker ähnlich starke Befugnisse wie die deutsche Rechtsordnung.[709] Ist also nach Ansicht des Erblassers Testamentsvollstreckung

---

706 *Sieghörtner* ZEV 1999, 462; Staudinger/*Reimann* Vorbem. zu §§ 2197 ff. Rn. 199 ff.

707 BGH NJW 1963, 46; BayObLG FamRZ 2000, 573; 1990, 669.

708 BGBl. I S.1042.

709 Vgl. die Länderübersicht in Staudinger/*Reimann* Vorbem. zu §§ 2197 ff. Rn. 158 ff.

für die Abwicklung des Nachlasses notwendig, um den Nachlass sinnvoll verwalten und erhalten zu können, sollte frühzeitig diese Möglichkeit der beschränkten Rechtswahl nach Art. 22 EuErbVO in Betracht gezogen werden, um die Anwendung des deutschen Rechts sicherzustellen. Aufgrund der einheitlichen Geltung des Erbstatuts, unabhängig von Art und Belegenheit des Vermögens, Art. 23 Abs. 1 EuErbVO, kommt es regelmäßig zu keiner Nachlassspaltung mehr.

Wenn das deutsche Erbrecht Anwendung findet, hat der eingesetzte Testamentsvollstrecker im In- **368** und Ausland, zumindest in den Staaten der EU, in denen die EuErbVO gilt, die vollen Funktionen, die er nach den §§ 2197 ff. BGB hat. Im Geltungsbereich der Verordnung erfolgt der Nachweis der Testamentsvollstreckung und der Befugnisse des Testamentsvollstreckers für den Gesamtnachlass durch das Europäische Nachlasszeugnis (Art. 62-73 EuErbVO). Dennoch kann es im Ausland zu **Akzeptanzproblemen** kommen, wodurch die Handlungsfähigkeit des deutschen Testamentsvollstreckers stark eingegrenzt werden kann. Die Testamentsvollstreckung substituierende Vollmachten sind daher besonders wichtig.[710] Die Anerkennung von post- und transmortalen Vollmachten im Ausland ist allerdings ebenfalls nicht gesichert.[711]

g) Steuerrechtliche Aufgaben

Die steuerrechtlichen Aufgaben des Testamentsvollstreckers werden zunächst durch die Steuer- **369** gesetze definiert. § 34 Abs. 3 AO begründet ein Pflichtverhältnis zwischen dem Testamentsvollstrecker und der Finanzverwaltung.[712] Damit trifft ihn die Verpflichtung, die mit dem Nachlass zusammenhängenden Steuern zu entrichten und an ihrer Erhebung mitzuwirken. Hierunter fallen die noch fällige Einkommen- und Kirchensteuer des Erblassers sowie betriebliche Steuern bei einem in den Nachlass fallenden Unternehmen. Von dieser Verpflichtung kann der Erblasser den Testamentsvollstrecker den Finanzbehörden gegenüber nicht wirksam befreien. Jedoch ist Steuerschuldner nicht der Nachlass, sondern der Erbe.[713]

Der **Testamentsvollstrecker haftet** gem. § 69 AO im Rahmen des Steuerpflichtverhältnisses dafür, dass durch eine vorsätzliche oder grob fahrlässige Verletzung seiner Pflichten Steuern nicht erhoben werden konnten oder zu Unrecht Steuern erstattet wurden. Es kann daher ein besonderer Haftungsbescheid gegen ihn erlassen werden (§ 191 Abs. 1 Satz 1 AO). Des Weiteren hat der Testamentsvollstrecker eine Anzeige- und Berichtigungspflicht bei erkennbar falschen Steuerbescheiden (§ 153 Abs. 1 AO, strafbewehrt durch § 370 AO). Dies gilt auch, wenn der Testamentsvollstrecker Miterbe ist und ihm als Erbe ein Auskunftsverweigerungsrecht nach § 101 AO zustehen würde, denn der Testamentsvollstrecker erfüllt mit einer Anzeige nach § 153 AO keine persönliche, sondern eine allen Beteiligten obliegende Verpflichtung.[714]

Nach § 31 Abs. 5 Satz 1 ErbStG hat der Testamentsvollstrecker die **Erbschaftsteuererklärung** abzugeben. Auf der anderen Seite ist auch ihm der Steuerbescheid bekanntzugeben. Eine wirksame Bekanntgabe ist nur ihm gegenüber möglich, § 32 Abs. 1 Satz 1 ErbStG.[715]

Wenn der **Aufgabenkreis des Testamentsvollstreckers** beschränkt ist, erstreckt sich die Erklärungspflicht nur auf die Personen, für die er eingesetzt ist und nur auf die von ihm zu verwaltenden Teile des Nachlasses.[716] Hinsichtlich der Personen, denen infolge des Erbfalles schuldrechtliche Ansprüche erbrechtlicher Natur gegen den Erben zustehen (Vermächtnisse, Pflichtteilsansprüche), besteht keine Pflicht des Testamentsvollstreckers zur Abgabe der Steuererklärung. Anders ist es z.B.,

---

710 Bengel/Reimann/*Sieghörtner*, HbTV § 9 Rn. 164.

711 Vgl. *Börner* ZEV 2005, 146; *Reimann* ZEV 2015, 510, 514.

712 BFH BStBl. II 1970, 826.

713 BFH BStBl. II 1974, 100; *Kapp* DStR 1985, 725, 728.

714 Tipke/Kruse/*Seer* § 101 AO Rn. 3; § 153 AO Rn. 3.

715 BFH NJW 1991, 3302, 3303.

716 BFH NJW 1991, 3303.

wenn auch hinsichtlich des Vermächtnisses Testamentsvollstreckung angeordnet ist.[717] Fällt eine Lebensversicherungssumme mit dem Tod an einen Bezugsberechtigten und nicht in den Nachlass, hat der Testamentsvollstrecker insoweit keine Erbschaftsteuererklärung abzugeben. Das ist Sache des Empfängers.[718] Für die Bezahlung der Steuer haftet der Testamentsvollstrecker (§ 32 Abs. 1 Satz 2 ErbStG). Bei der Erstellung der Erklärung ist auf den richtigen Wertansatz zu achten, der oftmals vom Wertansatz im Nachlassverzeichnis abweichen kann.[719] Neben den Aufgaben, die sich aus den Steuergesetzen ergeben, hat der Testamentsvollstrecker auch steuerrechtliche Pflichten, die sich aus seinem Verhältnis zum Erben, vor allem aus der Pflicht zur ordnungsgemäßen Verwaltung (§ 2216 Abs. 1 BGB), ergeben.

h) Die Anordnung der Testamentsvollstreckung

370 Die Anordnung der Testamentsvollstreckung ist von der Ernennung des Testamentsvollstreckers zu unterscheiden. Die Anordnung der Testamentsvollstreckung und die Ernennung des Testamentsvollstreckers durch den Erblasser werden regelmäßig zusammenfallen (§ 2197 BGB). Lediglich bei der Ernennung des Testamentsvollstreckers durch einen vom Erblasser hierzu ermächtigten Dritten (§§ 2198, 2199 BGB) oder durch das vom Erblasser ersuchte Nachlassgericht (§ 2200 BGB) müssen beide Voraussetzungen getrennt vorliegen. Die Ernennung eines Testamentsvollstreckers durch den Erblasser und das Ersuchen auf Ernennung durch Dritte oder das Nachlassgericht schließt begrifflich die Anordnung der Testamentsvollstreckung ein. Bei bloßer Anordnung der Testamentsvollstreckung wird man unter Umständen im Wege der Auslegung ein Ersuchen des Nachlassgerichtes nach § 2200 BGB annehmen können (§§ 2084, 133 BGB). Die Anordnung der Testamentsvollstreckung ist prinzipiell Sache des Erblassers selbst (§ 2065 Abs. 1 BGB). Eine **Vertretung im Willen** scheidet insoweit völlig aus. Die §§ 2198 bis 2200 BGB ermöglichen es nur, Dritten die Bestimmung der Person des Testamentsvollstreckers zu übertragen, der Dritte kann aber nicht ermächtigt werden, die Entscheidung darüber, ob und wie lange eine Testamentsvollstreckung zu erfolgen hat, zu treffen. Da eine Vertretung bei der Anordnung der Testamentsvollstreckung nach § 2064 BGB grundsätzlich unzulässig ist, kann der Erblasser auch nicht einen anderen ermächtigen, die von ihm, dem Erblasser, getroffene Verfügung über die Testamentsvollstreckung abzuändern oder aufzuheben.

Die **Ernennung des Testamentsvollstreckers** erfolgt »durch Testament« (§ 2197 BGB). Das Testament braucht keine weiteren Verfügungen, insbesondere keine Erbeinsetzung, zu enthalten; es kann sich auf die Anordnung der Testamentsvollstreckung und die Berufung des Testamentsvollstreckers beschränken und es im Übrigen bei der gesetzlichen Erbfolge oder bei der Anordnung gegenständlicher Vermächtnisse belassen. Testamentsvollstreckung ist also sowohl bei gewillkürter als auch bei gesetzlicher Erbfolge möglich. Die Anordnung der Testamentsvollstreckung kann wie jede andere einseitige letztwillige Verfügung vom Erblasser jederzeit gem. §§ 2253 ff. BGB widerrufen werden. Die Testamentsvollstreckung kann auch in einem gemeinschaftlichen Testament (§§ 2265 ff. BGB) angeordnet werden, jedoch ohne den Charakter einer wechselbezüglichen Verfügung i.S.v. § 2270 Abs. 1 BGB erhalten zu können (§ 2270 Abs. 3 BGB). Sie kann daher von demjenigen Ehegatten, der den Testamentsvollstrecker ernannt hat, jederzeit gem. §§ 2253 ff. BGB widerrufen werden. Auch in einem Erbvertrag kann Testamentsvollstreckung angeordnet werden, allerdings nur durch einseitige, nicht durch vertragsmäßige Verfügung (§§ 2299 Abs. 1, 2278 Abs. 2 BGB). Eine solche Verfügung kann wie eine testamentarische Verfügung jederzeit widerrufen werden. Ist die Testamentsvollstreckerernennung vertragsmäßig ausgestaltet, kann eine solche, an sich unwirksame Verfügung, allenfalls in eine jederzeit widerrufliche Anordnung der Testamentsvollstreckung umgedeutet werden. Eine Ernennung durch Rechtsgeschäft unter Lebenden ist nicht möglich.

717 BFH, NJW-RR 1999, 1594.

718 Bengel/Reimann/*Piltz/Holtz*, HbTV § 8 Rn. 61.

719 Vgl. auch Bengel/Reimann/*Piltz/Holtz*, HbTV § 8 Rn. 42 ff.

Die **Wirksamkeit der Ernennung** des Testamentsvollstreckers setzt in erster Linie voraus, dass die Verfügung von Todes wegen, in der sie enthalten ist, rechtswirksam ist. Dies ist nach allgemeinen Grundsätzen zu beurteilen.

Die Wirksamkeit kann jedoch durch die **mangelnde Testierfreiheit** des Erblassers beeinträchtigt 371 werden, wenn er durch Erbvertrag oder gemeinschaftliches Testament gebunden ist. Die Ernennung eines Testamentsvollstreckers enthält eine Beschränkung des Erben (§§ 2306 Abs. 1 Satz 1, 2376 Abs. 1 BGB). Sie kann daher gegenüber einem Vertragserben (§§ 1941 Abs. 2, 2278 Abs. 1 BGB) grundsätzlich nur in dem Erbvertrag selbst oder durch Aufhebungsvertrag (§ 2290 BGB) oder durch gemeinschaftliches Testament (§ 2292 BGB) verfügt werden; durch einseitige Verfügung des Erblassers nur dann, wenn eine solche in dem Erbvertrag vorbehalten war, oder mit Zustimmung des Vertragserben, oder in den Ausnahmefällen der §§ 2293 ff. BGB (Rücktritt) und 2289 Abs. 2 BGB (Beschränkung des Pflichtteils in guter Absicht).[720]

Ist die **nachträgliche Anordnung** der Testamentsvollstreckung hiernach unwirksam, so wird sie auch nicht dadurch wirksam, dass der Bedachte sich mit ihr vor oder nach dem Erbfall einverstanden erklärt. Die formlose Zustimmung des Vertragsgegners eines Erbvertrages oder des vertragsmäßig Bedachten genügen nicht, um einer Verfügung von Todes wegen, die das Recht des in einem früheren Erbvertrag vertraglich Bedachten beeinträchtigen würde, Wirkung zu verleihen.[721] Ernennt jedoch der Erblasser in einem Erbvertrag zulasten des vertragsmäßig berufenen Erben gleichzeitig einseitig einen Testamentsvollstrecker, so ist diese Ernennung wirksam, wenn der Vertragserbe zugleich Partner des Erbvertrages ist; in seiner vorbehaltlosen Genehmigung der Urkunde ist die konkludente Zustimmung zur Testamentsvollstreckeranordnung zu sehen.[722] Wenn in einem gemeinschaftlichen Testament der eine Ehegatte durch eine wechselbezügliche Verfügung einen Erben eingesetzt hat, so kann er – da insoweit ein teilweiser Widerruf der Erbeinsetzung vorläge – diesen Erben nach dem Tode des anderen Ehegatten nicht mehr durch Einsetzung eines Testamentsvollstreckers beschränken, es sei denn[723]

- das gemeinschaftliche Testament enthält einen entsprechenden Vorbehalt,
- es ist ausnahmsweise nach den besonderen Umständen des Falles anzunehmen, die Ernennung eines Testamentsvollstreckers laufe dem früher erklärten übereinstimmenden (objektiven) Willen der Ehegatten nicht zuwider,
- es liegt einer der Ausnahmefälle der §§ 2294, 2336, 2338 BGB vor.

Ist hiernach die Bestellung eines Testamentsvollstreckers für einen Teil der letztwilligen Verfügungen wegen eines entgegenstehenden früheren wechselbezüglichen Testaments unwirksam, so ist doch die Bestellung nicht ohne Weiteres im Übrigen wirksam; vielmehr ist zu prüfen, ob die Teilvollstreckung dem Willen des Erblassers entspricht (§ 2085 BGB). Ist die Anordnung einer Testamentsvollstreckung durch Erbvertrag oder gemeinschaftliches Testament ausgeschlossen, kann der überlebende Ehegatte den Zweck, den die Anordnung der Testamentsvollstreckung verfolgt hätte, bis zu einem gewissen Grad – die Erben können widerrufen! – durch die Erteilung einer Vollmacht über den Tod hinaus oder auftragsähnliche Maßnahmen erreichen.

Die Anordnung der Testamentsvollstreckung kann auch durch das **Pflichtteilsrecht** blockiert werden. 372 Der pflichtteilsberechtigte Erbe kann gem. § 2306 Abs. 1 BGB die Erbschaft ausschlagen und den Pflichtteil verlangen. Das gesamte Gefüge der letztwilligen Anordnung kommt damit ins Wanken. § 2306 BGB gefährdet alle Verfügungen von Todes wegen, in denen Testamentsvollstreckung angeordnet ist, wenn nicht mit dem pflichtteilsberechtigten Erben vorab ein Erb- oder Pflichtteilsverzicht (§ 2346 BGB) vereinbart oder ein Erbschaftsvertrag (§ 311b Abs. 4, 5 BGB) abgeschlossen wurde.

720 Ausführlich *Reimann* in FS Kanzleiter 2010, 319 ff.
721 OLG Hamm DNotZ 1974, 627, 630.
722 OLG Hamm OLGZ 1976, 20, 23.
723 KG DNotZ 1967, 438, 439.

i) Die Ernennung des Testamentsvollstreckers

373 Der Erfolg einer Testamentsvollstreckung hängt wesentlich von der Person des Testamentsvollstreckers ab.

Im Idealfall sollte der Testamentsvollstrecker folgenden Anforderungen genügen:
- volles Vertrauen des Erblassers;
- menschliche Qualifikation, um mit den zu erwartenden persönlichen Schwierigkeiten fertig werden zu können;
- ausreichende Kenntnis der wirtschaftlichen und rechtlichen Zusammenhänge in seiner Aufgabe;
- ein Alter, das die Aufgabenerfüllung während der gesamten Dauer der Testamentsvollstreckung erwarten lässt;
- ausreichende Zeit.[724]

Entsprechend dem Grundgedanken des § 2065 Abs. 1 BGB geht das Gesetz (§ 2197 BGB) davon aus, dass der **Erblasser** den Testamentsvollstrecker selbst **ernennt**. Der Erblasser kann gem. § 2197 Abs. 2 BGB für den Fall, dass der ernannte Testamentsvollstrecker vor oder nach der Annahme des Amtes wegfällt, einen anderen Testamentsvollstrecker ernennen.

Der Erblasser kann die Bestimmung, wer Testamentsvollstrecker (Ersatz- bzw. Nachfolgetestamentsvollstrecker) sein soll, anderen – wenn auch nur nach Maßgabe der §§ 2198 bis 2200 BGB – überlassen. Die entsprechende Verfügung – Übertragung des Bestimmungsrechts auf einen Dritten – muss in dem Testament, in dem die Testamentsvollstreckung angeordnet ist, oder in einer anderen wirksamen Verfügung von Todes wegen enthalten sein. Sie ist in anderer Form auch dann nicht zulässig, wenn die Testamentsvollstreckung selbst in einem Testament angeordnet ist. Das Gesetz gibt **drei Möglichkeiten der Fremdbestimmung** des Testamentsvollstreckers, nämlich
- durch einen Dritten, der seinerseits vom Erblasser bestimmt wird (§ 2198 BGB),
- durch den Testamentsvollstrecker selbst, wenn dieser ermächtigt ist, einen Mitvollstrecker oder einen Nachfolgevollstrecker zu ernennen (§ 2199 BGB),
- durch das Nachlassgericht, wenn der Erblasser im Testament dieses um die Ernennung ersucht, sei es ausdrücklich, sei es konkludent (§ 2200 BGB).

Ernennungsberechtigter Dritter i.S.v. § 2198 BGB kann jeder sein, der als Testamentsvollstrecker ernannt werden kann. Darüber hinaus kann auch der Alleinerbe selbst ermächtigt werden, die Person des Testamentsvollstreckers zu bestimmen (RGZ 92, 68, 72). Bestimmungsberechtigter Dritter i.S.v. § 2198 Abs. 1 Satz 1 BGB kann nicht der das Testament beurkundende Notar sein. Denn dieser erhält durch das Gestaltungsrecht nach Abs. 1 einen rechtlichen Vorteil, was durch § 7 BeurkG ausgeschlossen werden soll.[725] Die Erklärung über die Ernennung des Dritten ist in öffentlich beglaubigter **Form** abzugeben (§ 2198 Abs. 1 Satz 2 BGB). Die Ernennung durch das Nachlassgericht gem. § 2200 BGB bedarf keiner Form.

j) Wer kann Testamentsvollstrecker werden?

374 Die §§ 2197 bis 2228 BGB enthalten nur eine einzige materiellrechtliche Einschränkung der Fähigkeit, Testamentsvollstrecker zu sein: § 2201 BGB bestimmt, dass die Ernennung des Testamentsvollstreckers unwirksam ist, wenn er zu der Zeit, zu welcher er das Amt anzutreten hat, geschäftsunfähig oder in der Geschäftsfähigkeit beschränkt ist oder nach § 1910 BGB zur Besorgung seiner Vermögensangelegenheiten einen Pfleger erhalten hat. Weitere Verhinderungsgründe sind nicht vorgeschrieben. Somit kann prinzipiell jede sonstige inländische oder ausländische Person Testamentsvollstrecker sein. Auch juristische Personen können Testamentsvollstrecker sein (s. § 2210 Satz 3 BGB), z.B. eine Treuhand-GmbH oder eine Gemeinde. Gleiches gilt – obwohl keine

---

724 Vgl. *Kapp* BB 1981, 115; *Hartmann*, Testamentsvollstreckung, Nießbrauch und Vorerbschaft zur Sicherung der Nacherbfolge des Einzelunternehmers in Zivil- und Steuerrecht, 2. Aufl. 1983, S. 14.

725 *Reimann*, DNotZ 1994, 664.

juristische Person – wegen §§ 124 Abs. 1, 161 Abs. 1 HGB für OHG und KG und auch für die BGB-Gesellschaft.

Aus der Natur der Sache heraus kann man **weitere Einschränkungen** ableiten, die neben § 2201 BGB stehen:

Eine **Behörde** kann nicht Testamentsvollstrecker sein, da auf diese Weise der gesetzlich festgesetzte Wirkungsbereich durch privatrechtliche Erklärungen erweitert würde. Allerdings kann der Inhaber eines bestimmten Amtes zum Testamentsvollstrecker ernannt werden, z.B. der jeweilige Vorstand einer Behörde, der jeweilige Notar einer bestimmten Notarstelle[726] etc. 375

Das **Nachlassgericht** kann nicht zum Testamentsvollstrecker ernannt werden. Auch eine Umdeutung in die Berufung des jeweiligen Nachlassrichters kommt nicht in Betracht, da es dem Erblasser nicht gestattet sein kann, den an sich zuständigen Amtsrichter durch Ernennung zum Testamentsvollstrecker auszuschalten.[727] 376

Der **Alleinerbe** kann grundsätzlich nicht alleiniger Testamentsvollstrecker sein (RGZ 77, 177, ständige Rechtsprechung). Der Alleinerbe kann jedoch zu einem von mehreren Testamentsvollstreckern ernannt werden, zumindest dann, wenn sie nach § 2224 Abs. 1 Satz 1 BGB das Amt gemeinschaftlich führen.[728] Der Alleinerbe kann alleiniger Testamentsvollstrecker sein, wenn er nur für die Ausführung der einem Vermächtnisnehmer auferlegten Beschränkungen zu sorgen oder einen Vermächtnisgegenstand zu verwalten hat (§ 2223 BGB); diese Art der Testamentsvollstreckung beschränkt nicht den Erben, sondern nur den Vermächtnisnehmer. 377

Ein **Miterbe** kann zum Testamentsvollstrecker bestellt werden, weil er dadurch Rechte erlangt, die er als Erbe nicht hat (§§ 2033 Abs. 2, 2038 bis 2040, 2203 ff. BGB).[729]

Auch **sämtliche Miterben** können zu Testamentsvollstreckern ernannt werden, und zwar unabhängig davon, ob neben ihnen noch ein weiterer Testamentsvollstrecker bestellt wird oder ob sie als Testamentsvollstrecker und Miterben identisch sind; im ersten Fall gilt für die gemeinsame Verwaltung § 2224 BGB, für das Verhalten der Miterben zueinander § 2038 BGB.[730]

Der **alleinige Vorerbe** kann grundsätzlich – abgesehen vom Fall der Vermächtnisvollstreckung gem. § 2223 BGB – ebensowenig wie der alleinige Vollerbe zum einzigen Testamentsvollstrecker bestellt werden, auch nicht zu dem Zweck, die Rechte des Nacherben gem. § 2222 BGB auszuüben.[731] Er kann jedoch zu einem von mehreren Testamentsvollstreckern oder Nacherbenvollstreckern ernannt werden, insbesondere, wenn der Erblasser anordnet, dass der Wegfall des erstbestellten Mitvollstreckers nicht den Übergang des Amtes auf den Vorerben allein, sondern die Bestellung eines anderen Mitvollstreckers zur Folge hat.[732] Er kann wegen § 2214 BGB allerdings Erbentestamentsvollstrecker sein, wenn sich das Amt auf die sofortige Erfüllung eines Vermächtnisses bezieht.[733]

Ebenso kann ein **Mitvorerbe** zum Testamentsvollstrecker und zugleich zum Nacherbenvollstrecker berufen werden, wenn die Testamentsvollstreckung durch ein Kollegium ausgeübt wird.[734]

Der **Nacherbe** oder einer von mehreren Nacherben kann zu einem den Vorerben beschränkenden Testamentsvollstrecker ernannt werden.[735]

---

726 BayObLGZ 20, 55.
727 Staudinger/*Reimann* § 2197 Rn. 81.
728 RGZ 163, 57, ständige Rechtsprechung.
729 BGH DNotZ 1959, 480.
730 Vgl. Palandt/*Weidlich* § 2197 Rn. 5; Soergel/*Damrau* § 2197 Rn. 13.
731 H.M., vgl. Staudinger/*Reimann* § 2197 Rn. 83; a.M. *Rohlff* DNotZ 1971, 518, 527 ff.
732 BayObLGZ 20 A 242.
733 BGH ZEV 2005, 204; *Adams*, Interessenkonflikte des Testamentsvollstreckers, 1997, 90.
734 BayObLGZ 1976, 67.
735 BayObLG NJW 1959, 1920, 1922.

378 Ein **Vermächtnisnehmer** kann Testamentsvollstrecker sein, auch der Nießbraucher. Auch ein Pflichtteilsberechtigter kann Testamentsvollstrecker sein, da es wegen § 2213 Abs. 1 Satz 3 BGB nicht zu einem Interessenkonflikt kommen kann.

379 Problematisch ist es immer, den **gesetzlichen Vertreter** – die Eltern (§§ 1626 ff. BGB), den Vormund (§ 1773 ff. BGB), den Betreuer (§ 1896 ff. BGB) oder den Pfleger (§ 1909 ff. BGB) – zum Testamentsvollstrecker zu ernennen. Nach Auffassung des BGH[736] besteht ein *erheblicher* Interessengegensatz i.S.v. § 1796 Abs. 2, 1796 BGB nicht, obwohl bei einer derartigen Doppelfunktion ein Interessengegensatz typischerweise gegeben ist. Dies führt aber nicht zwangsläufig dazu, dass der Testamentsvollstrecker nicht auch gesetzlicher Vertreter sein könne. Soweit im Einzelfall ein konkreter erheblicher Interessengegensatz besteht, ist der Testamentsvollstrecker an der Ausübung seines Amtes als gesetzlicher Vertreter gehindert, es ist dann Ergänzungspflegschaft anzuordnen. Dem Erblasser ist es verwehrt, verbindlich zu bestimmen, dass in einem derartigen Fall der Testamentsvollstrecker Ergänzungspfleger sein soll.[737] Soll die Ergänzungspflegschaft vermieden werden, kann der Erblasser für den Fall der Verhinderung gem. § 2199 Abs. 1 BGB den Testamentsvollstrecker ermächtigen, einen Mitvollstrecker zu ernennen, der dann die Aufgaben erledigt, an denen er als gesetzlicher Vertreter verhindert ist.[738]

380 Der postmortal wie auch der transmortal **Bevollmächtigte**, und auch der Generalbevollmächtigte, kann Testamentsvollstrecker sein.[739]

381 § 27 BeurkG schränkt die Wirksamkeit der Ernennung des **Urkundsnotars** ein, also des Notars, der die Verfügung von Todes wegen beurkundet. § 27 BeurkG statuiert durch die Verweisung auf § 7 BeurkG ein Mitwirkungsverbot. Missachtet der Notar die §§ 27, 7 BeurkG, beurkundet er also seine Ernennung zum Testamentsvollstrecker, ist die Beurkundung insoweit unwirksam. Dies gilt sogar dann, wenn die Ernennung in einem öffentlichen Testament des Erblassers erfolgte, das durch Übergabe einer verschlossenen Schrift gem. § 2232 Satz 1, 2. Alt. BGB errichtet wurde, und der Notar keine Kenntnis von der Ernennung hatte. Die Ernennung ist also immer dann unwirksam, wenn dem Notar im Rahmen des Beurkundungsverfahrens ein rechtlicher Vorteil verschafft wird, unabhängig von dessen Wissen. Wünscht der Erblasser den Urkundsnotar gleichwohl als Testamentsvollstrecker, so ist er darauf angewiesen, ihn in einem separaten Ergänzungstestament zum Testamentsvollstrecker zu ernennen, das entweder privatschriftlich verfasst oder von einem anderen Notar protokolliert ist.[740] Die Ablieferung des privatschriftlichen Ergänzungstestamentes gemeinsam mit dem notariell beurkundeten in einem Umschlag gem. § 34 Abs. 1 BeurkG gefährdet die Wirksamkeit der Ernennung, allerdings darf eine prozedurale Vorschrift nicht die Testierfreiheit des Erblassers einengen.[741] Wird das Ergänzungstestament notariell beurkundet, gilt für den Sozius das Mitwirkungsverbot des § 3 Abs. 1 Satz 1 Nr. 4 BeurkG, eine gleichwohl durchgeführte Beurkundung ist aber wirksam, auch wenn er an der Testamentsvollstreckervergütung aufgrund des Sozietätsvertrages partizipieren sollte.[742]

382 **Rechtsanwälte, Steuerberater und Wirtschaftsprüfer** sind geeignete Testamentsvollstrecker, nicht nur wegen ihrer fachlichen Eignung, sondern auch wegen ihrer beruflichen Verschwiegenheitspflicht und ihres Versicherungsschutzes.[743] Rechtsanwälten ist die Erbringung von Rechtsdienstleistungen aufgrund der **BRAO** generell erlaubt (§ 3 Abs. 1 BRAO). Die Befugnis des Rechtsanwaltes

---

736 BGH ZEV 2008, 330 m. Anm. *Muscheler*; im gleichen Sinne OLG Zweibrücken ZEV 2007, 333; abw. – vor der Rechtsprechung des BGH: OLG Hamm FamRZ 1993, 1122; OLG Nürnberg ZEV 2002, 158

737 OLG Schleswig DNotZ 2008, 67

738 *Reimann* MittBayNot 1994, 6; *Kirchner* MittBayNot 1997, 205; *Bonefeld* ZErb 2007, 2, 4.

739 BGH DNotZ 1963, 305.

740 Vgl. Staudinger/*Reimann* § 2197 Rn. 90 ff.

741 OLG Bremen, ZEV 2016, 273; *Litzenburger* ZEV 2016, 275; *Reimann* MittBayNot 2016, 350

742 BGH DNotZ 1987, 768 m. Anm. *Reimann*

743 Vgl. im Detail Bengel/Reimann/*Sandkühler*, HbTV § 11.

zur Erbringung von Rechtsdienstleistungen ist unbegrenzt.[744] Die übrigen Berufsordnungen zahlreicher freier Berufe wie zum Beispiel § 3 Patentanwaltsordnung PatAnwO, § 3 Nr. 1 StBerG, § 2 Abs. 2 WPO sowie § 1 BNotO sehen Einschränkungen vor, die aber der Übernahme einer Testamentsvollstreckung nicht entgegenstehen. Probleme ergeben sich auch für die Angehörigen der steuerberatenden Berufe, die Wirtschaftsprüfer und vereidigten Buchprüfer nach dem BGH-Urteil vom 11.11.2004, I. ZR 182/02,[745] ergangen zu einem Steuerberater als Testamentsvollstrecker, nicht mehr, da der BGH die Tätigkeit als Testamentsvollstrecker nicht als Besorgung fremder Rechtsangelegenheiten ansieht.[746]

Probleme ergeben sich aber dort, wo ein Rechtsanwalt, Steuerberater oder Wirtschaftsprüfer ein einzelkaufmännisches **Unternehmen** führen oder die Vollhaftung in einer Personengesellschaft in seiner Funktion als Testamentsvollstrecker (auch treuhänderisch) übernehmen soll. Dies ist ihm berufsrechtlich verwehrt, es sei denn, die Übernahme der persönlichen Haftung hat nur transitorischen Charakter. Besondere Abgrenzungsnotwendigkeiten werden sich, falls ein Rechtsanwalt, ein Steuerberater oder Wirtschaftsprüfer mit der Testamentsvollstreckung beauftragt werden soll, beim Erbringen von Berufsdiensten ergeben, insbesondere ist zu regeln, ob bei derartigen Berufsdiensten eine Selbstmandatierung möglich ist (Befreiung von den Beschränkungen des § 181 BGB) und wie sie im Rahmen der Vergütung zu berücksichtigen sind.

Kreditinstituten ist die Übernahme von Testamentsvollstreckungen erlaubt (§ 5 Abs.2 Nr.1 RDG). **383**
Damit kommt es auf die Frage, ob die Durchführung einer Testamentsvollstreckung als Rechtsdienstleistung i.S.d. RDG anzusehen ist,[747] nicht mehr an. § 5 Abs. 2 Nr. 1 RDG erfasst nur solche Tätigkeiten, die im Rahmen der Testamentsvollstreckung selbst anfallen. Berät hingegen der spätere Testamentsvollstrecker den späteren Erblasser bei der Abfassung der letztwilligen Verfügung, ist diese Tätigkeit nicht erlaubnisfrei nach § 5 Abs. 2 Nr. 1 RDG. Der Testamentsvollstrecker überschreitet auch dann die Grenzen der zulässigen Rechtsdienstleistung, wenn die Erbringung der Rechtsdienstleistung, konkret also die Durchführung der Testamentsvollstreckung, unmittelbaren Einfluss auf die Erfüllung einer anderen Leistungspflicht des Testamentsvollstreckers hat, die die ordnungsgemäße Erbringung der Rechtsdienstleistung gefährdet, § 4 RDG. Eine solche Unvereinbarkeit kommt für Banken und Sparkasse insb. in Betracht bei der Abwicklungsvollstreckung: Diese ist gerichtet auf die Übergabe des Nachlasses an den oder die Erben und/oder die Auseinandersetzung der Miterbengemeinschaft, § 2204 BGB. Banken und Sparkassen haben dagegen ein natürliches Interesse daran, das in der Regel bereits vor dem Erbfall bei ihnen angelegte Vermögen des Erblassers ungeteilt in ihrer Verwaltung zu halten und etwa bei anderen Banken angelegtes Vermögen im Rahmen der Testamentsvollstreckung an sich zu ziehen. Konflikte sind insb. dann unvermeidlich, wenn zum Beispiel ein oder mehrere Mitglieder einer Erbengemeinschaft in einer selbständigen Geschäftsbeziehung zu der jeweiligen Bank oder Sparkasse stehen. Haben beispielsweise der Erblasser und sein Ehepartner einen Kredit zur Hausfinanzierung aufgenommen, der im Zeitpunkt des Todes noch nicht zurückgezahlt ist, und wird der Erblasser von den überlebenden Ehegatten und den gemeinsamen Kindern beerbt, kollidieren die Pflicht der Bank zu unveränderten Bereitstellung des Kredites mit einer festen Laufzeit einerseits mit der andererseits bestehenden Pflicht, als Testamentsvollstrecker gem. § 2204 BGB den Nachlass auseinanderzusetzen und zu diesem Zweck vorab Nachlassverbindlichkeiten zu berichtigen.[748] Eine vergleichbare Konfliktlage ergibt sich, wenn zum Nachlass Anteile an einer Handelsgesellschaft gehören, die ihrerseits mit der zu Testamentsvollstreckerin ernannten Bank in einer Geschäftsbeziehung steht. Hier kollidieren die Rechtspflichten des Testamentsvollstreckers, den Nachlass auseinanderzusetzen und zu diesem Zweck ggf. auch Gesellschaftsanteile zu verwerten, mit der Konsequenz, dass es dann zu massiven Liquidationsengpässen bis hin zur Gefährdung der Existenz der Handelsgesellschaft kommen

---

744 *Krenzler* § 3 Rn. 44.
745 ZEV 2005, 123 m. Anm. *Stracke.*
746 A.A. h.M, vgl. Nachweise bei *Stracke* ZEV 2005,125.
747 So der BGH Urt. v. 11.11.2004, I ZR 213/01, ZEV 2005, 122 gegen die h.M, vgl. Rdn. 382.
748 *Krenzler* RDG § 85 Rn. 110 f.

kann, während die Bank umgekehrt eigentlich als Kreditgeberin der Handelsgesellschaft gerade an dem Erhalt von deren Liquidität interessiert ist.[749] Banken und Sparkassen müssen daher sorgfältig prüfen, ob sie im Einzelfall das Amt als Testamentsvollstrecker annehmen können oder verpflichtet sind, ihre eigentlichen Bankgeschäfte im Hinblick auf den Nachlass zu beenden oder zu beschränken.

384 Probleme können sich für Kreditinstitute durch das **Substitutionsverbot** gem. §§ 2218 Abs. 1, 664 BGB ergeben, dieses ist gem. § 2222 BGB zwingend. Allerdings kann der Erblasser gem. § 664 Abs. 1 Satz 2 BGB die Übertragung der Ausführung des Auftrags an Dritte gestatten; die Übertragung des Amtes als solche widerspricht dem höchstpersönlichen Charakter der Testamentsvollstreckung und ist also nicht zulässig. Kreditinstitute müssen die Testamentsvollstreckung nicht zwingend durch ihre Organe ausüben, es kann auch Dritten Durchführungsvollmacht erteilt werden.[750] Werden Dritte, also nicht nur Mitarbeiter der Kreditinstitute, mit der Durchführung einzelner Maßnahmen betraut, wie etwa die Erstellung des Nachlassverzeichnisses, stellt sich die Frage, ob es sich um Auslagen handelt, die über die Vergütung nach § 2221 BGB hinaus dem Erben in Rechnung gestellt werden kann. Im Zweifel ist dies nicht der Fall, da der Erblasser bei der Beauftragung einer Bank davon ausgeht, dass diese einen umfassenden Apparat zur Erledigung der regelmäßig anfallenden Arbeiten (außer Rechtstreitigkeiten und Steuerangelegenheiten) hat.

385 Bei einem **Verstoß des Testamentsvollstreckers gegen die Vorschriften des RDG,** zum Beispiel wegen § 4 RDG, verletzt er zugleich ein Verbotsgesetz i.S.v. § 134 BGB. Der zugrunde liegende Vertrag und im Zweifel darauf gegründete Vollmachten sind unwirksam.[751] Der Vergütungsanspruch gem. § 2221 BGB entfällt. Rechtsanwälte verstoßen mit der Durchführung von Testamentsvollstreckungen nicht gegen das RDG, sind aber an ihre berufsrechtlichen Pflichten insbesondere aus der BRAO und der BORA gebunden. Übrige Berufsträger und Unternehmen verstoßen dann mit der Durchführung von Testamentsvollstreckungen gegen das RDG, wenn sie außerhalb der Testamentsvollstreckung andere Leistungspflichten haben, die die ordnungsgemäße Erbringung der mit der Testamentsvollstreckung verbundenen Rechtsdienstleistung gefährdet.

386 Die Möglichkeiten eines wirksam ernannten Testamentsvollstreckers, sein Amt auszuüben, können auch durch **Gesellschaftsvertrag** eingeschränkt sein. So kann etwa die Satzung einer Personengesellschaft oder Kapitalgesellschaft die Wahrnehmung der Gesellschafterrechte durch Nichtgesellschafter ausschließen oder – auch für bestimmte Personen oder Personengruppen oder für bestimmte Beschlussgegenstände – beschränken. Ein Testamentsvollstrecker, der aufgrund einer derartigen Beschränkung nicht in der Lage ist, in der Gesellschaft mitzuwirken, bleibt aber Testamentsvollstrecker, seine Befugnisse beschränken sich dann auf die »Außenseite« bzw. die Beschlussgegenstände, für die er zugelassen ist. Auch sein allgemeines Verwaltungsrecht (§ 2205 Satz 1 BGB) besteht uneingeschränkt.[752]

Soll der **Geschäftsführer einer GmbH** zum Testamentsvollstrecker ernannt werden, ist zu berücksichtigen, dass er dann gem. § 47 Abs. 4 Satz 1 GmbHG bei der Beschlussfassung über seine Entlastung kein Stimmrecht hat. Es lebt dann das Stimmrecht des Gesellschafternachfolgers wieder auf.[753] Will man dies vermeiden, muss der Gesellschaftsvertrag eine Regelung enthalten, wonach in derartigen Fällen das Stimmrecht des Gesellschafternachfolgers vollständig ruht.[754]

---

749 *Krenzler* Rn. 113.

750 *Grunsky/Theiss* WM 2006, 1561; a.A. *J. Mayer* MittBayNot 2005, 366; vgl. auch *Zimmermann* ZErb 2007, 278.

751 Palandt/*Ellenberger* § 134 Rn. 21; BGH NJW 2002, 2305; BGH NJW 2005, 2088.

752 *Reimann* ZEV 2010, 521, 522.

753 BGH NJW 1969, 851.

754 *Reimann* GmbHR 2011, 1289, 1300; *ders.* ZEV 2014, 521, 523.

k) Mehrere Testamentsvollstrecker

Der Erblasser kann mehrere Testamentsvollstrecker ernennen (§ 2197 BGB). Er kann auch einen Dritten oder das Nachlassgericht ersuchen, mehrere Testamentsvollstrecker zu ernennen (§§ 2198, 2200 BGB). Er kann auch den Testamentsvollstrecker ermächtigen, einen oder mehrere Mitvollstrecker zu ernennen (§ 2199 BGB). Der Erblasser kann Anordnungen für die Amtsführung mehrerer Testamentsvollstrecker nur durch Verfügung von Todes wegen treffen. Soweit diese Anordnungen von der gesetzlichen Regelung abweichen, sind sie im Testamentsvollstreckerzeugnis (§ 2358 BGB) zu vermerken. Wenn der Erblasser nichts anderes bestimmt hat, führen mehrere Testamentsvollstrecker das Amt gemeinschaftlich; Meinungsverschiedenheiten entscheidet das Nachlassgericht (§ 2224 Abs. 1 Satz 1, 3 BGB). Diese Regelung gilt für das Innen- wie für das Außenverhältnis. Dies bedeutet, dass die Testamentsvollstrecker eine Rechtshandlung nur vornehmen dürfen und können, wenn alle Vollstrecker einig sind. Die Testamentsvollstrecker können ihre Aufgaben gleichwohl nach bestimmten Gebieten unter sich aufteilen, jedoch hat eine solche Vereinbarung nur interne Wirkung.[755] Die Testamentsvollstrecker können sich gegenseitig oder einem Dritten Vollmacht erteilen, ohne dass sich an ihrer Haftung nach § 2219 BGB hierdurch etwas ändern würde. Eine Generalvollmacht können die Vollstrecker nur widerruflich für einen bestimmten Kreis von Geschäften erteilen und nur dann, wenn kein Verbot des Erblassers entgegensteht.[756] Der Erblasser kann die wechselseitige Bevollmächtigung einschränken und ausschließen. 387

l) Ende der Testamentsvollstreckung

Die Dauer der Testamentsvollstreckung richtet sich prinzipiell nach den Anordnungen des Erblassers. Allerdings ist die Laufzeit einer Testamentsvollstreckung auf dreißig Jahre begrenzt, mit den Ausnahmen des § 2210 Satz 2 und 3 BGB. 388

Bei einer längerfristig geplanten Testamentsvollstreckung sollte beachtet werden, dass die **Erträge des Nachlasses**, auch wenn sie, wie bei Unternehmen weitgehend notwendig und üblich, nicht ausgeschüttet werden, aus dem Nachlass »herauswachsen«, insbesondere wenn sie im Verhältnis zum ursprünglichen Nachlass erheblich sind. Dies kann nicht nur zu einem Zugriff von Eigengläubigern des Erben (trotz § 2214 BGB) führen, sondern auch zu einer Beendigung der Testamentsvollstreckung.[757] Die Folge wäre eine »Doppelzuständigkeit«: Der Testamentsvollstrecker könnte nur den ursprünglichen Nachlass (incl. »normale« Erträge) verwalten, für den Rest der Erträge des ursprünglichen Nachlasses wäre der Erbe zuständig.

Wird eine langfristige Kontrolle der Erben für notwendig erachtet, sollte zumindest die Möglichkeit offenbleiben, die erbrechtliche Lösung durch eine gesellschafts- oder stiftungsrechtliche zu ersetzen.

Als **Gründe für die Beendigung** des Testamentsvollstrecker-Amtes hebt das *Gesetz* hervor:
- Den Tod des Vollstreckers nach dem Erbfall, die Beschränkung seiner Geschäftsfähigkeit oder die Bestellung eines Gebrechlichkeitspflegers für ihn (§§ 2225, 2201 BGB); stirbt der »Testamentsvollstrecker« vor dem Erbfall, so ist seine Ernennung unwirksam,
- die Kündigung durch den Vollstrecker gegenüber dem Nachlassgericht (§ 2226 BGB),
- die Entlassung des Testamentsvollstreckers durch das Nachlassgericht (§ 2227 BGB).

Das Amt endet aber auch in folgenden weiteren, **vom Gesetz nicht förmlich geregelten Fällen**:
- Bei einer Abwicklungsvollstreckung (nicht bei der Dauervollstreckung) durch die vollständige Erledigung aller dem Vollstrecker zugewiesenen Aufgaben – wozu regelmäßig die Ausführung

755 BGH NJW 1967, 2400, 2401.

756 Staudinger/*Reimann* BGB, § 2218 Rn. 15; *Molitoris*, Die Verwaltung des Nachlasses durch mehrere Testamentsvollstrecker, Diss. Regensburg 2005.

757 BGH NJW 1984, 2570; BGHZ 91, 132; BGH DNotZ 1987, 116.

der letztwilligen Verfügungen des Erblassers und die Bewirkung der Auseinandersetzung unter mehreren Erben gehört (§§ 2203, 2204 BGB) –,

- Ist der Testamentsvollstrecker zur Verteilung des Nachlasses und Errichtung einer Stiftung bestellt, so endigt sein Amt mit der Erledigung dieser Aufgaben.[758]
- Das Amt des Testamentsvollstreckers erlischt auch dann, wenn die Erben vereinbaren, die Auseinandersetzung solle unterbleiben, die Erbengemeinschaft also für immer oder auf Zeit fortzusetzen, und der Testamentsvollstrecker keine weiteren Aufgaben hat bzw. alle übrigen Aufgaben bereits erfüllt wurden.[759]
- Ist der Testamentsvollstrecker nur für den Vorerben bestellt, so endet sein Amt mit der Aushändigung der Erbschaft an den Nacherben.
- Das Amt des Testamentsvollstreckers erlischt auch, wenn der Nachlass erschöpft ist.[760]
- Ergeben sich für den Nachlass nachträglich Rückerstattungsansprüche, so lebt die scheinbar beendete Testamentsvollstreckung wieder auf.[761]
- Die Testamentsvollstreckung erlischt mit dem Eintritt der auflösenden Bedingung oder des Endtermins, bis zu dem die Testamentsvollstreckung angeordnet war. Eine Verwaltungsvollstreckung endet, von Sonderfällen abgesehen, spätestens dreißig Jahre nach dem Erbfall (§ 2210 BGB). Hat der Erblasser angeordnet, dass ein Erbteil bis zum Tode des Ehemannes der Erbin durch einen Testamentsvollstrecker verwaltet werden soll, so endigt sie im Zweifel auch bei Scheidung der Ehe.[762]
- Die Nacherbenvollstreckung (§ 2222 BGB) endet mit dem Eintritt des Nacherbfalles.
- Die Testamentsvollstreckung erlischt partiell, nämlich hinsichtlich einzelner Nachlassgegenstände, bei Freigabe nach § 2217 BGB oder bei wirksamer Veräußerung durch den Testamentsvollstrecker oder einen vom Erblasser über den Tod hinaus Bevollmächtigten; solche Gegenstände scheiden aus dem Nachlass aus und unterliegen dann nicht mehr dem Verwaltungsrecht des Testamentsvollstreckers.

Das Amt des Testamentsvollstreckers **erlischt** dagegen **nicht von selbst**,

- wenn die Erben mit dem Testamentsvollstrecker die Beendigung seines Amtes vereinbaren, der Testamentsvollstrecker jedoch – auch aus rechtlicher Unkenntnis – nicht gem. § 2226 BGB kündigt,
- wenn sich der Testamentsvollstrecker in der irrigen Meinung, seine Aufgaben seien erledigt, lange Zeit nicht mehr um sein Amt gekümmert hat.

In diesen Fällen kann aber eine Verpflichtung des Testamentsvollstreckers bestehen, sein Amt niederzulegen.[763]

Auch ist die **Eröffnung des Nachlassinsolvenzverfahrens oder der Nachlassverwaltung** kein Grund zur Beendigung der Testamentsvollstreckung; jedoch ruhen während der Dauer dieser Verfahren die Aufgaben und Befugnisse des Vollstreckers. Nach Beendigung des Insolvenzverfahrens leben sie wieder auf.

Fraglich ist, welche Relevanz **Vereinbarungen zwischen den Erben und Testamentsvollstrecker** über die Beendigung haben. Solche Vereinbarungen machen jedenfalls eine Kündigung durch den Testamentsvollstrecker nach § 2226 BGB erforderlich.[764]

---

758 KG OLGE 34, 299, 300.

759 BayObLGZ 1953, 357, 362; OLG München DNotZ 1936, 810, 811; OLG Hannover JR 1950, 693, 694 m. Anm. *Hartung*.

760 KG OLGE 37, 259.

761 OLG München NJW 1951, 74.

762 RG SeuffA 66 Nr. 72.

763 BGH NJW 1962, 912, 913.

764 *Reimann* NJW 2005, 789.

Es ist immer zu prüfen, ob nur das Amt des konkreten Testamentsvollstreckers erloschen ist und die Testamentsvollstreckung insgesamt fortbesteht oder aber, ob mit dem Erlöschen des Amtes des Testamentsvollstreckers auch die **Testamentsvollstreckung insgesamt beendet** ist. Im Wesentlichen wird für die Beurteilung dieser Frage die Verfügung von Todes wegen maßgebend sein. Einen Streit darüber, ob die Testamentsvollstreckung beendet oder das Amt eines bestimmten Testamentsvollstreckers erloschen ist, kann nur das Prozessgericht, nicht das Nachlassgericht entscheiden.[765]

7. Nießbrauch

a) Überblick

389 Das Recht des Nießbrauches ist in den §§ 1030 ff. BGB geregelt. Der Nießbrauch ist eine von drei im BGB geregelten Arten der Dienstbarkeiten. Die Dienstbarkeit ist ein dingliches Recht, das auf die Nutzung einer Sache oder eines Rechtes gerichtet ist.[766] Der Nießbrauch kann bestellt werden an Sachen (§§ 1030 ff. BGB), an Rechten (§§ 1068 ff. BGB) sowie an Vermögen oder an einer Erbschaft (§§ 1085 ff. BGB). Den Nießbrauch ergänzende Regelungen enthalten § 22 Abs. 2 HGB (Recht zur Firmenfortführung), § 102 Abs. 2 VVG (Eintritt in Rechte und Pflichten aus einer Betriebshaftpflichtversicherung) sowie § 30 Abs. 1 Nr. 4 WpÜG (Zurechnung des Stimmrechtes an den Nießbraucher). Die in der Praxis häufige Bestellung eines Nießbrauches an einem Grundstück grenzt sich bspw. von einer Grunddienstbarkeit dadurch ab, dass der Nießbrauch ein umfassendes Nutzungsrecht am Grundstück darstellt, von dem einige Nutzungen ausgenommen werden können (§ 1030 Abs. 2 BGB), während die Grunddienstbarkeit ein Nutzungsrecht nur »in einzelnen Beziehungen« am Grundstück gewährt, § 1018 BGB.[767]

390 Wegen des **sachenrechtlichen Typenzwanges** sind die Regelungen über die Entstehung und Beendigung des Nießbrauchs, die Unübertragbarkeit (§ 1059 BGB),[768] Unpfändbarkeit (§ 1059b BGB) sowie über die Unvererblichkeit (§ 1061 Satz 1 BGB) zwingend, wenn das Gesetz nicht ausdrücklich eine Abweichung zulässt.[769] Der Nießbrauch begründet ein gesetzliches Schuldverhältnis zwischen Eigentümer bzw. Inhaber einerseits und Nießbraucher andererseits. Die daraus entstehenden Rechte und Pflichten sind trotz des sachenrechtlichen Typenzwanges grundsätzlich auch mit dinglicher Wirkung abänderbar.[770] Dabei darf der Wesenskern des Nießbrauches nicht verändert werden, insb. dürfen die Grenzen zwischen Eigentum und Nießbrauch nicht überschritten werden.[771]

391 Der Nießbrauch kann durch Rechtsgeschäft (z.B. Aufhebung, § 875 BGB und § 1064 BGB), Tod oder Erlöschen des Berechtigten (§ 1061 BGB),[772] Eintritt einer auflösenden Bedingung i.S.v. 158 Abs. 2 BGB oder einer vereinbarten Endfrist, § 163 BGB **beendet** werden. Ferner endet der Nießbrauch durch völligen Untergang der Sache,[773] durch Konsolidation bei beweglichen Sachen und Rechten,[774] bei Zwangsversteigerung des mit dem Nießbrauch belasteten Grundstücks, §§ 91, 121 ZVG.

392 **Gesetzlicher Inhalt** des Nießbrauches ist das Recht, die Nutzungen der Sache, des Rechtes bzw. der einzelnen Gegenstände des Vermögens, an denen der Nießbrauch bestellt ist oder der Erbschaft zu ziehen, §§ 1030 Abs. 1, 1068 Abs. 1, 1085 Satz 1, 1089 BGB. Der Nießbrauch kann auch als

765 BGHZ 41, 23 (28) = NJW 1964, 1316, 1319 = DNotZ 1965, 98, 99.
766 MünchKomm/*Pohlmann* § 1030 Rn. 1; Soergel/*Stürner*, Vorbem. § 1018 Rn. 1.
767 MünchKomm/*Pohlmann*, § 1030 Rn. 9.
768 § 1059a BGB regelt Tatbestände, die keine Übertragung des Nießbrauchs selbst beinhalten.
769 §§ 926 Abs. 1 Satz 2, 1031, 1062, 1059a Abs. 1 Nr. 1 BGB.
770 BayObLGZ 1977, 81, 84 ff.; MünchKomm/*Pohlmann* § 1030 Rn. 20.
771 BayObLG, DNotZ 1973, 299, 300; MünchKomm/*Pohlmann* § 1030 BGB Rn. 21.
772 Ausnahmsweise geht der Nießbrauch bei Erlöschen des Berechtigten über, § 1059a BGB.
773 Unter Umständen setzt sich der Nießbrauch aber an die Stelle der Sache tretenden Versicherungsforderung fort, § 1046 BGB.
774 Nicht aber bei Nießbrauch an einem Grundstück oder grundstücksgleichem Recht, § 889 BGB.

Quotennießbrauch an einer in ungeteiltem Eigentum stehenden Sache quotal bestellt werden.[775] Der Eigentümer der mit dem Nießbrauch belasteten Sache oder des damit belasteten Rechtes ist nicht zu einem positiven Tun, sondern nur zur Duldung verpflichtet,[776] nämlich das Ziehen der Nutzungen durch den Nießbraucher. Dieser verdrängt also den Eigentümer bzw. Inhaber der Sache oder des Rechtes. Der Nießbraucher hat die Sache in ihrem wirtschaftlichen Bestand zu erhalten und daher die gewöhnlichen Ausbesserungen und Erneuerungen zu leisten, § 1041 BGB. Da ihm nur die gewöhnlichen Nutzungen der Sache verbleiben, ist er nicht verpflichtet, außergewöhnliche Unterhaltungsmaßnahmen durchzuführen; dieses obliegt dem Eigentümer bzw. Inhaber. Gewöhnlich sind Unterhaltungsmaßnahmen, die mit dem Lauf der Dinge von Zeit zu Zeit in kürzeren Abständen notwendig sind, damit der mit dem Nießbrauch belastete Gegenstand seine Beschaffenheit wie bei Nießbrauchbestellung beibehält.[777] Im Einzelfall kann Streit über die Frage herrschen, ob eine Modernisierungsmaßnahme unter den Begriff der gewöhnlichen Unterhaltung fällt oder sich als außergewöhnliche Maßnahme darstellt.

b) Nießbrauch als Gestaltungsmittel in der letztwilligen Verfügung

393 Der Nießbrauch bietet dem Erblasser die Möglichkeit, für lange Zeit das Eigentum um eine Sache von den Erträgnissen aus der Sache zu trennen. Damit kann er nicht der Vor- und Nacherbschaft dem Nießbraucher eine Versorgung auf begrenzte Zeit, nämlich längstens die Lebenszeit, zukommen lassen, die Sachsubstanz und die Nutzungen für die Zeit nach Ende des Nießbrauchs aber einer anderen Person zuwenden. Die Zuwendung eines Nießbrauchs bietet sich also insbesondere dort an, wo aufgrund unterschiedlichen Alters von Nießbraucher und dem Nachlassbeteiligten, dem die Sachsubstanz zugewendet wird, beide zu bedenken.

394 Die Verknüpfung zwischen dem sachenrechtlichen Institut des Nießbrauches und dem Erbrecht erfolgt meist über ein sog. **Nießbrauchvermächtnis**: Der Erblasser weist mit dem Beschwerten – nämlich Erbe oder Hauptvermächtnisnehmer – das Eigentum oder die Inhaberschaft und damit die Verfügungsbefugnis an der Sache oder dem Recht zu, dem Vermächtnisnehmer hingegen die Gebrauchsvorteile und Früchte.[778] Zugleich gewährt der Nießbrauch ein Recht zum Besitz, § 1036 Abs. 1 BGB. Der Nießbrauch bietet sich ferner auch deshalb als Gestaltungsmittel an, weil er mit Bedingungen und Befristungen kombiniert werden kann.[779] Ebenso wie bei der Anordnung von Vor- und Nacherbschaft kann also der Erblasser den Nutzen aus einer Sache oder einem Recht nacheinander verschiedenen Berechtigten zukommen lassen. Außerdem kann der Erblasser im Rahmen des Nießbrauchvermächtnisses einzelne Nutzungen gem. § 1030 Abs. 2 BGB ausschließen.[780] Soweit einzelne Nutzungen ausgeschlossen sind, verdrängt der Nießbraucher also den Eigentümer nicht. Dadurch kann der Erblasser die Möglichkeit der Fruchtziehung zwischen Nießbraucher und Sacheigentümer (Erbe oder Hauptvermächtnisnehmer) aufteilen. Der Erblasser kann auch mehrere Nießbrauchrechte an derselben Sache oder demselben Recht nacheinander verschiedenen Personen zuwenden.

c) Belastungsgegenstand, Modifizierbarkeit

395 Belastet werden mit einem Nießbrauch können Sachen, § 1030 Abs. 1 BGB, Rechte, § 1068 Abs. 2 BGB sowie Sachgesamtheiten oder Gesamtheiten von Rechten, § 1085 BGB. Soll sich der Nießbrauch beziehen bspw. auf das Vermögen einer Person und damit einer Sachgesamtheit, kann der Nießbrauch nur in der Weise bestellt werden, dass der Nießbrauch an den einzelnen Vermögensgegenständen jeweils bestellt wird, § 1085 Satz 1 BGB. Dies gilt entsprechend für den Nießbrauch

775 BGH NJW-RR 2003, 1290, 1291; Palandt/*Herrler* § 1030 Rn. 5.
776 BayObLG DNotZ 1973, 299, 301.
777 BGH NJW-RR 2003, 1290, 1291; *von Dickhuth-Harrach* § 29 Rn. 12.
778 *Von Dickhuth-Harrach*, § 29 Rn. 6.
779 *Von Dickhuth-Harrach*, § 29 Rn. 9 m.w.N.
780 MünchKomm/*Pohlmann* § 1030 Rn. 5.

an einer Erbschaft, § 1089 BGB.[781] Der Erblasser kann den in der letztwilligen Verfügung zugewandten Nießbrauch mit dinglicher Wirkung nur eingeschränkt von den gesetzlichen Regelungen abändern. So kann der Nießbraucher nicht mit dinglicher Wirkung berechtigt werden, über den mit dem Nießbrauch belasteten Gegenstand zu verfügen, unbeschadet der Möglichkeit, den Nießbrauch rechtsgeschäftlich als Dispositionsnießbrauch auszugestalten.[782]

Beim Nießbrauch an verbrauchbaren Sachen (§ 1067 BGB), an Forderungen (§§ 1075 Abs. 2, 1067 BGB) und Inhaber- und Orderpapieren (§§ 1084, 1067 BGB) regelt das Gesetz den Nießbrauch in der Form **des uneigentlichen Nießbrauchs.** Der Nießbraucher wird bei diesen Gestaltungen Eigentümer der Sachen bzw. Inhaber der Rechte und erlangt damit auch die Verfügungsbefugnis über sie. Im Einzelfall ergeben sich damit Besonderheiten bei Bargeld im Nachlass und unverzinslichen Forderungen, die in Bargeld umgewandelt werden.[783]

Der Nießbraucher kann nicht von der Pflicht zum Ersatz bei übermäßiger Fruchtziehung gem. § 1039 Abs. 1 Satz 2 BGB befreit werden.[784] Mit dinglicher Wirkung kann auch nicht Befreiung vom Verbot erteilt werden, die Sache umzugestalten oder wesentlich zu verändern, § 1037 Abs. 1 BGB.[785] Auch von der Pflicht zur Einhaltung der Regeln einer ordnungsgemäßen Wirtschaft, § 1036 Abs. 2 BGB, kann der Nießbraucher nicht entbunden werden.[786] Dagegen können mit dinglicher Wirkung vom Erblasser bspw. folgende **Modifizierungen** der gesetzlichen Regelungen zum Nießbrauch verfügt werden: Dem Nießbraucher kann über § 1041 BGB hinaus die Tragung auch der außergewöhnlichen Lasten der Unterhaltung auferlegt werden.[787] Beschränkt werden kann die Befugnis zur Überlassung der Ausübung des Nießbrauches aus § 1059 Abs. 2 BGB,[788] auch die Vermietungsbefugnis kann inhaltlich beschränkt werden.[789] Die Abgrenzung, inwieweit der Nießbraucher im Verhältnis zum Eigentümer der mit dem Nießbrauch belasteten Sache die Kosten der Unterhaltung zu tragen hat, insb. was unter außergewöhnlichen Kosten der Unterhaltung zu verstehen ist, führt häufig zu Streit. Da der Erblasser hier Modifikationen vornehmen kann, empfiehlt es sich auf jeden Fall, hierzu eine klare Aussage in der letztwilligen Verfügung zu treffen. So kann der Erblasser alle Lasten und Unterhaltungskosten auf den Nießbraucher überwälzen, man spricht dann vom »Nettonießbrauch«.[790] Vom Bruttonießbrauch spricht man, wenn Inhalt des Nießbrauches abweichend von der gesetzlichen Verteilung ist, dass alle Pflichten und der daraus entstehende Aufwand dem Eigentümer der mit dem Nießbrauch belasteten Sache obliegt, nicht aber dem Nießbrauch.[791] Soweit der Erblasser Modifikationen des Nießbrauchrechtes mit dinglicher Wirkung und damit bei der Belastung eines Grundstücks oder eines grundstücksgleichen Rechtes mit einem Nießbrauchrecht nicht in eintragungsfähiger Form vornehmen kann, kann er schuldrechtliche Modifikationen anordnen. Durch rein schuldrechtlich wirkende Änderungen kann der Erblasser das zugewandte Nießbrauchrecht vom gesetzlichen Leitbild des Nießbrauches weit entfernen.[792] Bspw. kann der Nießbraucher gem. §§ 183, 185 BGB ermächtigt werden, über den mit dem Nießbrauch belasteten Gegenstand oder das Recht zu verfügen, ebenso kann eine gleichlautende Vollmacht erteilt werden.[793]

781 Palandt/*Herrler* § 1089 Rn. 1.
782 BGH NJW 1982, 31, 32; s. dazu Syst. A Rdn. 396.
783 Vgl. *Reimann/Schechner* ZEV 2019, 122
784 BayObLGZ 1977, 81, 84 ff.
785 Palandt/*Herrler* § 1037 Rn. 1.
786 *Von Dickhuth-Harrach*, § 29 Rn. 19 m.w.N.; dort auch weitere Beispiele.
787 BayObLG DNotZ 1986, 151, 153.
788 BGH NJW 1985, 2827.
789 LG Aachen Rpfleger 1986, 468.
790 *Promberger* MittBayNot 2010, 22.
791 *Promberger* MittBayNot 2010, 22.
792 Palandt/*Herrler* Einführung vor § 1030 Rn. 4.
793 BGH NJW 1982, 31, 32.

396 Der Erblasser kann die Position des Nießbrauchers dadurch verstärken, dass er ihn zugleich zum Testamentsvollstrecker ernennt. Das BGB kennt zwar nicht den sog. **Dispositionsnießbrauch** als eine Form des Nießbrauchs, die auch das Recht der Verfügung (Veräußerung oder Belastung) über den mit dem Nießbrauch belasteten Gegenstand einschließen würde. Möglich ist es aber, dem Nießbraucher ein *rechtsgeschäftliches* Verfügungsrecht einzuräumen, insbesondere durch Ernennung zum Testamentsvollstrecker. Der Nießbraucher erhält dadurch neben seinem Fruchtziehungsrecht nach § 1030 Abs. 1 BGB die Verfügungsbefugnis gem. § 2205 Satz 2 BGB; lediglich zu unentgeltlichen Verfügungen ist er ohne Mitwirkung des Erben auch beim Dispositionsnießbrauch nicht berechtigt.[794]

d) Nießbrauch an Grundstücken und grundstücksgleichen Rechten

397 Besondere Bedeutung hat die Zuwendung eines Nießbrauchs an einem Grundstück, einem Erbbaurecht oder an einem Wohnungs- oder Teileigentum. Der Nießbrauch wird bestellt durch Einigung und Eintragung in das Grundbuch, § 873 BGB. Bei beweglichen Sachen wird der Nießbrauch bestellt durch Einigung und Übergabe, § 1032 BGB. Der Nießbrauch wird in Abt. II des Grundbuches eingetragen. Wegen des mit dem Nießbrauch verbundenen Rechtes zur Fruchtziehung stellt er sich als Beleihungshindernis für nachrangige Grundpfandrechtsgläubiger dar. Der Erblasser wird sich überlegen müssen, ob bspw. Erbschaftssteuern auch ohne Belastung des im Nachlass befindlichen Grundstückes vom Erben gezahlt werden können, wenn er einem Dritten einen Nießbrauch an diesem Gegenstand zuwendet. Der Erblasser kann natürlich auch dem durch das Nießbrauchvermächtnis Begünstigten auferlegen, mit dem Nießbrauchrecht im Rang hinter noch einzutragende Grundschulden zurückzutreten, die zu beziffern sind. Dieses gefährdet aber die Position des Nießbrauchers erheblich.

398 Da dem Nießbraucher die Früchte der Sache gebühren, kann der Nießbraucher das Grundstück, Erbbaurecht oder Wohnungs- oder Teileigentum nicht nur selbst nutzen, sondern **vermieten,** §§ 99 Abs. 3, 100 BGB. Wenn an dem Grundstück bereits ein Mietverhältnis besteht, wird der Nießbraucher Vermieter mit wirksamer Bestellung des Nießbrauches.[795] Trotz der Regelung des § 2184 BGB, wonach dem Vermächtnisnehmer die Früchte einer Sache seit dem Anfall des Vermächtnisses zustehen, steht dem durch das Nießbrauchvermächtnis Begünstigten – ungeachtet etwaiger Schadenersatzansprüche wegen Verzuges – erst ab wirksamer Bestellung des Nießbrauchs die Früchte und damit auch etwaige Mieterträgnisse zu.[796] Für diesen Fall kann der Erblasser anordnen, dass dem Nießbrauchberechtigten auch die zwischen Anfall des Vermächtnisses und wirksamer Bestellung des Nießbrauchs gezogenen Früchte, insb. Mieten zustehen sollen.

399 Mangels abweichender Anordnungen des Erblassers hat der Nießbraucher für die **Erhaltung der Sache** in ihrem wirtschaftlichen Bestand zu sorgen, § 1041 BGB. Dazu zählen Ausbesserungen oder Erneuerungen bspw. eines aufstehenden Gebäudes nur insoweit, als diese Maßnahme »zur gewöhnlichen Unterhaltung« gehört, § 1041 Satz 2 BGB. Zu den gewöhnlichen Unterhaltungsmaßnahmen gehören nur solche, die bei ordnungsgemäßer Bewirtschaftung regelmäßig, und zwar wiederkehrend innerhalb kürzerer Zeit Abstände zu erwarten sind.[797] Zu solchen gewöhnlichen Maßnahmen zählen insb. normale Verschleißreparaturen,[798] nicht aber die vollständige Erneuerung der Dacheindeckung.[799] Verbunden mit dem Recht, Nutzungen zu ziehen, ist auch die Befugnis des Nießbrauchers, in erforderlichem Umfang die Verwaltung über den Gegenstand durchzuführen. Dazu zählen also namentlich Erklärungen im Rahmen eines über den mit einem Nießbrauch

794 Staudinger/*Heinze*, Bearb. 2017, Vorbem. zu §§ 1030 ff, Rn. 20; 1089, Rn. 6; *Rohlff* DNotZ 1971, 518; Staudinger/*Reimann*, Bearb. 2016, § 2205 Rn. 230; *ders.* ZEV 2019, 122.

795 LG Verden, NJW-RR 2009, 1095.

796 KG, NJW 1964, 1808, 1809.

797 BGH NJW-RR 2003, 1290, 1292.

798 BGH NJW 1993, 3198, 3199; BGH NJW-RR 2003, 1290, 1292.

799 BGH NJW-RR, 1290, 1292.

belasteten Gegenstand abgeschlossenen Mietverhältnisses. Das Stimmrecht in der Wohnungseigentümerversammlung verbleibt allerdings beim Wohnungseigentümer; dieser kann im Einzelfall verpflichtet sein, bei der Ausübung seines Stimmrechtes die Interessen des Nießbrauchers zu berücksichtigen.[800] Der Erblasser sollte hierzu klare Anweisungen treffen. So kann er den Erben oder Hauptvermächtnisnehmer damit beschweren, dem Nießbraucher Stimmrechtsvollmacht zu erteilen, sofern die Verfassung der WEG dieses zulässt, anderenfalls aber zumindest das Stimmverhalten mit dem Nießbraucher vorher abzustimmen.

e) Nießbrauch an einer Erbschaft oder einem Erbteil

Gem. §§ 1089, 1085 Satz 1 BGB muss der Nießbrauch an einer **Erbschaft** an jedem einzelnen Erbschaftsgegenstand bestellt werden. Gem. § 1087 BGB kann der Erbe die Bestellung an einzelnen Gegenständen verweigern, die er zur Erfüllung von Nachlassverbindlichkeiten benötigt.[801] Der Erblasser sollte überlegen, ob er nicht lieber gleich Vor- und Nacherbschaft anordnet. So fehlt es für den Erbschaftsnießbrauch an einer gesetzlichen Surrogationsregelung wie § 2111 BGB bei der Vor- und Nacherbschaft. Wirtschaftlich unerwünscht ist in der Regel auch, dass der mit dem Nießbrauchvermächtnis belastete Erbe gem. § 1967 BGB alle Nachlassverbindlichkeiten zu tragen hat, obwohl er die Nachlassgegenstände noch nicht nutzen kann. **400**

Die Bestellung eines Nießbrauchs an einem **Erbteil** ist hingegen weniger aufwendig. Belastungsgegenstand sind hier also nicht die einzelnen Nachlassgegenstände, sondern der Erbteil. Er handelt sich damit um einen Rechtsnießbrauch. Wegen § 2033 Abs. 1 Satz 2 BGB bedarf die Nießbrauchbestellung in diesem Fall der notariellen Beurkundung. **401**

f) Nießbrauch an einem GmbH-Geschäftsanteil

Der Nießbrauch an einem GmbH-Geschäftsanteil ist zulässig, sofern er übertragbar ist (§ 1069 Abs. 2 BGB). Insoweit können sich aus einem satzungsmäßigen Abtretungsverbot und aus Vinkulierungsbestimmungen gem. § 15 Abs. 5 GmbHG Einschränkungen ergeben. Die Bestellung erfolgt gem. § 1069 BGB nach § 15 Abs. 3 GmbHG durch notarielle Vereinbarung.[802]Das Kausalgeschäft liegt im Anspruch des Vermächtnisnehmers auf Bestellung des Nießbrauches und bedarf bereits aus diesem Grund nicht der notariellen Form. Selbst dann, wenn die Nießbrauchbestellung aufgrund eines Rechtsgeschäftes unter Lebenden erfolgen würde, bedürfte das Kausalgeschäft nicht der notariellen Beurkundung i.S.d. § 15 Abs. 4 GmbHG.[803] **402**

Dem Nießbraucher stehen die Nutzungen aus dem Geschäftsanteil gem. §§ 1030, 100 BGB zu. Davon umfasst ist der auf den Geschäftsanteil entfallende Gewinn, bei Untergang des nießbrauchbelasteten Geschäftsanteils auch Surrogate wie die Liquidationsquote oder der Abfindungsanspruch.[804] Bei einer Kapitalerhöhung steht dem Nießbraucher nicht das Bezugsrecht zu, er hat auch keinen Anspruch darauf, dass das Nießbrauchrecht sich erstreckt auf durch Kapitalerhöhung neu gebildete Geschäftsanteile.[805] Eine Ausnahme gilt dann, wenn die Kapitalerhöhung aus Gesellschaftsmitteln erfolgt. Dann erstreckt sich der Nießbrauch auch auf hinzuerworbene Anteile des Nießbrauchbestellers.[806] Etwas anderes gilt nur dann, wenn der Erblasser dieses wirksam angeordnet hat. Ausnahmsweise kann der Nießbraucher auch einen Anspruch darauf haben, dass ihm an einem neu gebildeten und vom Verpflichteten übernommenen Geschäftsanteil ein Nießbrauch **403**

---

800 BGH NJW 2002, 1647, 1648 f.
801 Palandt/*Herrler* § 1089 Rn. 1.
802 Lutter/Hommelhoff/*Bayer* GmbHG § 15 Rn. 115.
803 Lutter/Hommelhoff/*Bayer* GmbHG § 15 Rn. 115.
804 Lutter/Hommelhoff/*Bayer* GmbHG § 15 Rn. 117.
805 BGHZ 58, 316, 319; Lutter/Hommelhoff/*Bayer* GmbHG § 15 Rn. 118.
806 Lutter/Hommelhoff/*Bayer* GmbHG § 15 Rn. 118.

bestellt wird, wenn der bisher belastete und vom Nießbrauchvermächtnis erfasste Geschäftsanteil einen Wertverlust erlitten hat und aus der Vermächtnisanordnung sich dieses ableiten lässt.[807]

404 Das Stimmrecht und die sonstigen **Verwaltungsrechte** verbleiben allerdings beim Gesellschafter.[808] Hier gilt das Verbot der Abspaltung des Stimmrechtes. Der Gesellschafter, dessen Anteil mit dem Nießbrauch belastet ist, hat jedoch auf die Interessen des Nießbrauchers Rücksicht zu nehmen. In jedem Fall empfiehlt sich eine ausdrückliche Anordnung durch den Erblasser. Zulässig ist die Erteilung einer Stimmrechtsvollmacht an den Nießbraucher, die unwiderruflich aber nicht verdrängend erteilt sein kann. Bei einer unwiderruflichen Vollmacht kann der Vollmachtgeber, nämlich der Inhaber des Geschäftsanteils, aus wichtigem Grund die Vollmacht widerrufen.[809]

405 Die Bestellung des Nießbrauchs an dem GmbH-Geschäftsanteil kann nicht in die **Gesellschafterliste** (§ 40 GmbHG) eingetragen werden. Nach der Rechtsprechung des BGH[810] steht es »nicht im Belieben der Beteiligten, den Inhalt der von ihnen eingereichten Gesellschafterliste abweichend von den gesetzlichen Vorgaben um weitere, ihnen sinnvoll erscheinende Bestandteile zu ergänzen«. Zum Schutz der Inhaber beschränkt dinglicher Rechte ist aber eine den Anforderungen des § 40 Abs. 1 Satz 4 GmbHG genügende Anzeige an die Gesellschaft geboten, welche dieser die Möglichkeit nimmt, befreiend (§ 407 BGB) an den Gesellschafter zu leisten.[811]

g) Nießbrauch an einem vollhaftenden Anteil an einer Personengesellschaft

406 Begrifflich unterschieden wird zwischen sog. Vollnießbrauch und sog. Ertragsnießbrauch und Nießbrauch im Rechtssinne.

407 Der **Vollnießbrauch** ist dadurch gekennzeichnet, dass der Berechtigte für die Dauer seines Rechtes vollständig die Stellung des Gesellschafters nach innen und außen wahrnimmt. Er übernimmt auch die persönliche Haftung anstelle des Gesellschafters und übt Mitgliedschaftsrechte, insb. das Stimmrecht aus. Während auf das Innenverhältnis zwischen dem Besteller, nämlich hier dem Erben oder Hauptvermächtnisnehmer, und dem Nießbrauchberechtigten Nießbrauchrecht Anwendung findet, handelt es sich im Außenverhältnis um eine treuhänderische Übernahme des betroffenen Gesellschaftsanteils.[812] Beim Vollnießbrauch wird der Nießbraucher als Gesellschafter z.B. einer OHG oder des Komplementär-Anteils bei einer KG in das Handelsregister eingetragen.[813]

408 Wenn Bestandteil des Gesellschaftsvermögens **Grundbesitz** ist, konnte nach früherer Rechtsprechung die Bestellung des Nießbrauchs an dem Gesellschaftsanteil in das Grundbuch eingetragen werden.[814] Nach nunmehr herrschender Rechtsprechung ist dieses nicht mehr möglich.[815] Statuarisch darf die Bestellung des Vollnießbrauches nicht ausgeschlossen sein. Wegen der persönlichen Struktur in der Personengesellschaft müssen die Mitgesellschafter der Bestellung eines Vollnießbrauches zustimmen, wenn die Satzung dieses nicht bereits zulässt. Eine solche Zulassung wird man in der freien Übertragbarkeit des Gesellschaftsanteils sehen können.

409 Als **Ertragsnießbrauch** ist der Nießbrauch an selbständig abtretbaren Rechten aus der Gesellschafterstellung bezeichnet. Es handelt sich um Rechte i.S.v. § 717 Satz 2 BGB. Insb. sind davon erfasst die Ansprüche an künftigen Auseinandersetzungsguthaben sowie am laufenden Gewinn.[816] Die Mitgliedschaftsrechte werden dabei vom Gesellschafter ausgeübt. Der Nießbraucher hat einen

807 Lutter/Hommelhoff/*Bayer* GmbHG § 15 Rn. 118.
808 Str.; so BGH NJW 1999, 571, 572 für die GbR.
809 Lutter/Hommelhoff/*Bayer*, § 15 Rn. 119.
810 BGHZ 191, 84.
811 Roth/Altmeppen/*Altmeppen* GmbHG § 16 Rn. 28.
812 BGH BB 1975, 295, 296; *von Dickhuth-Harrach* § 62 Rn. 4.
813 *Von Dickhuth-Harrach* § 62 Rn. 4 m.w.N.
814 So OLG Hamm DB 1977, 579, 580.
815 So z.B. OLG Celle, ZEV 2012, 437 f.
816 BGH DNotZ 1975, 735 = MittBayNot 1975, 125; Palandt/*Herrler* § 1068 Rn. 4.

Anspruch auf Auskehrung bzgl. der Höhe des Gewinnanteils. Der dem Nießbraucher zustehende Ertrag ist der nach Gesellschaftsrecht entnahmefähige Ertrag, z.B. der Gewinn einschließlich Zinsen auf das Guthaben auf dem Gesellschafterkonto.[817] Der Nießbraucher muss sich eine von den Gesellschaftern beschlossene Rücklage gefallen lassen.[818] An ausgeschütteten stillen Reserven und am Auseinandersetzungsguthaben sollen dem Nießbraucher mangels ausdrücklicher Regelung nichts zustehen.[819] Die Einzelheiten dessen, was dem Ertragsnießbraucher im Detail aufgrund seines Fruchtziehungsrechtes zusteht, sind sehr streitig.[820] Der Ertragsnießbrauch gibt dem Berechtigten nur eine recht schwache Stellung.

Schließlich kann ein »**Nießbrauch im Rechtssinne**« am Gesellschaftsanteil bestellt werden. Die Abgrenzung von Rechten und Pflichten erfolgt dann nach dem gesetzlichen Regelungssystem im Einzelfall. 410

Gleich, welcher Art der Nießbrauch ist, müssen folgende **Voraussetzungen** erfüllt sein: 411

Zunächst muss der Anteil des Erblassers an der Personengesellschaft nach Gesetz und Satzung **vererblich** sein. Sonst fällt er nicht in den Nachlass. Der Gesellschaftsvertrag muss also eine Nachfolgeklausel beinhalten. 412

Nach § 1069 Abs. 2 BGB kann der Nießbrauch nur an einem Recht bestellt werden, das **übertragbar** ist. Wenn als Gegenstand des Nießbrauchs beim sog. Ertragsnießbrauch die Gewinnansprüche und ein Anspruch auf künftiges Auseinandersetzungsguthaben erfasst sind, sind die Voraussetzungen gegeben. Denn gem. § 717 Satz 2 BGB sind unter anderem der Gewinnanspruch und der Anspruch auf künftiges Auseinandersetzungsguthaben abtretbar. Einer Zustimmung der Mitgesellschafter bedarf es nicht, wenn der Gesellschaftsvertrag keine anderweitige Regelung vorsieht. 413

Handelt es sich hingegen um einen sog. Vollnießbrauch oder Nießbrauch im Rechtssinne, bedarf es grundsätzlich der **gesellschaftsvertraglichen Zulassung** oder Zustimmung der Mitgesellschafter.[821] Denn die Beteiligung als solche ist nicht übertragbar, vgl. § 717 Satz 1 BGB. Der Erblasser muss also auf jeden Fall die gesellschaftsvertraglichen Voraussetzungen darauf hin überprüft haben, ob ein Nießbrauchvermächtnis rechtlich wirksam ist. Selbst wenn der Gesellschaftsvertrag die Anteilsübertragung als solche zulässt, liegt darin nicht ohne Weiteres das Einverständnis der Mitgesellschafter zu einer Nießbrauchbestellung, weil dadurch die Rechte aus der Mitgliedschaft in der Personengesellschaft auf zwei Personen verteilt werden.[822] 414

Das Wesen des Nießbrauches besteht in dem Recht, die Nutzungen zu ziehen. Daraus folgt aber nicht die Pflicht, auch Verluste zu tragen oder auszugleichen.[823] Umstritten ist, ob unabhängig davon den Nießbraucher im **Außenverhältnis** eine Haftung trifft. Die Einzelheiten sind höchstrichterlich noch nicht abschließend geklärt und umstritten.[824] Jedenfalls für den Fall des Vollnießbrauches, bei dem der Nießbraucher Gesellschafter wird, ist dieses zu bejahen. Im Zweifel dürfte dem Nießbraucher dann aber ein Rückgriffsanspruch gegen den Nießbrauchbesteller zustehen. 415

Wenn der Erblasser einen Nießbrauch an einen Personengesellschaftsanteil zuwenden möchte, ist es daher unerlässlich, die **Details der Nießbrauchbestellung** in der letztwilligen Verfügung festzulegen 416

817 BGH WM 1985, 1343.
818 BGH DNotZ 1975, 735 = MittBayNot 1975, 125.
819 BFH NJW 1995, 1918, 1919.
820 Vgl. zum Streitstand und den dogmatischen Problemen *von Dickhuth-Harrach* § 62 Rn. 8.
821 *Von Dickhuth-Harrach* § 62 Rn. 19.
822 *Von Dickhuth-Harrach* § 62 Rn. 21.
823 *Kruse* RNotZ 2002, 69, 81.
824 Vgl. *Kruse* RNotZ 2002, 69, 81 f.

und die gesellschaftsvertraglichen Voraussetzungen für die wirksame Bestellung eines Nießbrauchs zu schaffen bzw. sicherzustellen.[825]

h) Nießbrauch an einer Kommanditbeteiligung

417 Die Kommanditbeteiligung ist gem. § 177 HGB grundsätzlich vererblich. Größere Probleme wirft die Haftungsbeschränkung der §§ 171, 172 HGB auf. Die Begrenzung der Kommanditistenhaftung wird unter anderem bedingt durch die Eintragung der Haftungsbeschränkung in das Handelsregister. Dieses betrifft also den Gesellschafter und damit im Zweifel den Besteller des Nießbrauches. Wenn aber auf der anderen Seite dem Nießbraucher Mitverwaltungsrechte eingeräumt werden, soll daraus eine persönliche Haftung des Nießbrauchers für Gesellschaftsverbindlichkeiten folgen können.[826]

418 Fraglich ist, ob der Nießbrauch an einem Kommanditanteil im **Handelsregister** eingetragen werden kann. Das OLG Stuttgart[827] und das OLG Oldenburg[828] haben sich für die Eintragungsfähigkeit im Hinblick darauf ausgesprochen, dass die Befugnisse des Nießbrauchers im Sinne von § 108 HGB letztlich denen eines Gesellschafters gleichzustellen seien. Die Frage ist umstritten.[829]

i) Nießbrauch an einer Aktie

419 Bei der Beteiligung des Erblassers als Gesellschafter einer Aktiengesellschaft ist die Nießbrauchbestellung und damit die Nießbrauchzuwendung ebenso möglich wie bei einem GmbH-Geschäftsanteil.[830] Nur wenn die Aktien vinkuliert sind, kann dieses einer Nießbrauchbestellung entgegenstehen (§ 68 Abs.2 AktG).

420 Hält der Erblasser **Inhaberaktien**, wird der Nießbrauch durch Vereinbarung des Nießbrauchers mit dem Indossator und Übergabe der Aktie bestellt.[831] Handelt es sich um girosammelverwahrte Aktien, wird der Nießbrauch durch Einigung zwischen dem Besteller und dem Nießbraucher und Einräumung des mittelbaren Besitzes zugunsten des Nießbrauchers bestellt, wobei der mittelbare Besitz durch Abtretung des Herausgabeanspruches gegenüber der Depotbank verschafft wird.[832]

j) Nießbrauch an einem einzelkaufmännischen Unternehmen

421 Der eher seltene Nießbrauch an einem Einzelunternehmen richtet sich nicht nach den §§ 1085 ff. BGB, sondern nach den allgemeinen Vorschriften der §§ 1030 bis 1084 BGB.[833] Zu unterscheiden ist zwischen sog. echtem Unternehmensnießbrauch und dem bloßen Ertragsnießbrauch. Beim echten Unternehmensnießbrauch führt der Nießbraucher das Unternehmen verantwortlich, beim Ertragsnießbrauch ist der Nießbraucher trotz seiner dinglichen Berechtigung beschränkt auf Kontrolle und Abschöpfung des Ertrages.[834] Je nach Ausgestaltung des Nießbrauchs hat der Nießbraucher nur Anspruch auf Auskehrung des Gewinnes und Auskunft.

422 Beim **echten Unternehmensnießbrauch** hingegen wird der Nießbrauch an jedem einzelnen Gegenstand bestellt. Das Anlagevermögen bleibt Eigentum des Bestellers.[835] Entsprechend § 1067 BGB wird das Umlaufvermögen jedoch Eigentum des Nießbrauchers.

---

825 Zur steuerrechtlichen Handhabung s. *Geck* Syst. C.
826 *Kruse* RNotZ 2002, 69, 83.
827 OLG Stuttgart NZG 2013, 432
828 OLG Oldenburg NZG 2015, 643
829 A.A. etwa, Krafka/*Kühn* Rn. 770
830 BeckOK/*Wegmann* § 1069 BGB Rn. 23.
831 BeckOK/*Wegmann* § 1069 BGB Rn. 10.
832 Staudinger/*Heinze* § 1069 Rn. 18.
833 Palandt/*Herrler* § 1085 Rn. 3.
834 Palandt/*Herrler* § 1085 Rn. 3.
835 Palandt/*Herrler* § 1085 Rn. 5; BGH NJW 2002, 434, 435.

Nießbraucher und Besteller müssen die Bestellung zum **Handelsregister** anmelden.[836] Gem. § 22 Abs. 2 HGB kann der Nießbraucher mit Zustimmung des Erblassers oder seiner Erben die bisherige Firma fortführen. Da ihn die Erhaltungspflicht nach § 1041 Satz 1 BGB trifft und dazu die Fortführung der Firma geboten erscheint, wird er im Zweifel hierzu verpflichtet sein.[837] 423

Endet der Nießbrauch, hat der Eigentümer gegen den Nießbraucher oder dessen Erben einen Anspruch auf **Wertersatz** für das in das Eigentum des Nießbrauchers übergegangene Umlaufvermögen nach § 1067 Abs. 1 Satz 1 BGB. 424

Aus § 1048 Abs. 1 Satz 2 und § 1041 BGB lässt sich eine **Reinvestitionspflicht** des Unternehmens des Nießbrauchers herleiten.[838] Bei Nießbrauchbestellung bestehende Forderungen im Unternehmen stehen dem Nießbraucher zu, sofern nichts anderes vereinbart ist.[839] Führt der Nießbraucher das Unternehmen unter der bisherigen Firma fort, haftet er gem. § 25 Abs. 1 Satz 1 HGB für die Geschäftsschulden des bisherigen Inhabers mit seinem Eigenvermögen persönlich.[840] Eine abweichende Vereinbarung mit dem Nießbrauchbesteller und Eintragung in das Handelsregister gem. § 25 Abs. 2 HGB ist möglich. Davon ist – wie beim Nießbrauch an einer persönlich haftenden Beteiligung an einer Personengesellschaft – das Innenverhältnis zwischen Besteller und Nießbraucher zu unterscheiden. Auf dieses Verhältnis ist § 1047 BGB anzuwenden. Die außerordentlichen Lasten trägt der Besteller, die übrigen Lasten der Nießbraucher. Für Betriebskredite trifft z.B. den Nießbraucher der Zinsdienst, nicht aber die Tilgung.[841] 425

Die Nutzungen des Nießbrauchers bestehen im **Reingewinn** nach Abzug aller zur Erhaltung des Unternehmens in seinem wirtschaftlichen Bestand notwenigen Aufwendungen. Maßgeblich ist insoweit der durch Jahresbilanz ermittelte Gewinn nach Abzug der betriebswirtschaftlicher erforderlichen Abschreibungen und Rückstellungen.[842] Bei Ende des Nießbrauches hat der Nießbraucher oder seine Erben das Unternehmen analog § 1055 Abs. 2 i.V.m. § 596 Abs. 1 BGB in dem Zustand zurückzugeben, der einer bis zur Rückgabe fortgesetzten ordnungsgemäßen Unternehmensführung entspricht.[843] 426

8. Schiedsvereinbarungen und Schiedsklauseln in der erbrechtlichen Gestaltung

a) Grundsatz

Zu einer sachgemäßen Gestaltung von Verfügungen von Todes wegen gehört auch, für eine reibungslose Abwicklung der Anordnungen des Erblassers Sorge zu tragen. Infrage kommen dabei **Schiedsklauseln**, etwa durch Bestimmungsrechte eines Nachlassbeteiligten oder eines Dritten, durch welche die Leistung oder eine Leistungsmodalität bestimmt oder eine letztwillige Verfügung rechtsgestaltend ergänzt wird. Insoweit gelten die Vorschriften der §§ 315 ff BGB. 427

Infrage kommen aber auch **Schiedsgerichtsklauseln**. Die §§ 1025 ff. ZPO eröffnen die Möglichkeit, durch eine Schiedsvereinbarung Schiedsgerichte mit der Streitentscheidung anstelle der ordentlichen Gerichte zu beauftragen. Die Schiedsvereinbarung ist dabei ein Vertrag der Parteien, alle oder einzelne Streitigkeiten, die zwischen ihnen in Bezug auf ein bestimmtes Rechtsverhältnis vertraglicher oder nicht vertraglicher Art entstanden sind oder künftig entstehen, der Entscheidung durch ein Schiedsgericht zu unterwerfen (§ 1029 Abs. 1 ZPO). Jeder vermögensrechtliche Anspruch kann Gegenstand einer Schiedsvereinbarung sein (§ 1030 Abs. 1 Satz 1 ZPO). Eine Schiedsvereinbarung über nicht vermögensrechtliche Ansprüche hat (nur) insoweit rechtliche Wirkung, als die

836 MünchKomm/*Pohlmann* § 1085 Rn. 17.
837 MünchKomm/*Pohlmann* § 1085 Rn. 18.
838 MünchKomm/*Pohlmann* § 1085 Rn. 22; BGH NJW 2002, 434, 435.
839 MünchKomm/*Pohlmann* § 1085 Rn. 23.
840 MünchKomm/*Pohlmann* § 1085 Rn. 25.
841 BGH NJW 2002, 434, 435 f.
842 MünchKomm/*Pohlmann* § 1085 Rn. 28.
843 MünchKomm/*Pohlmann* § 1085 Rn. 29 m.w.D; Zur steuerrechtlichen Handhabung s. *Geck* Syst. C.

Parteien berechtigt sind, über den Gegenstand des Streites einen Vergleich abzuschließen (§ 1030 Abs. 1 Satz 2 ZPO). Bloße Tatsachenfeststellungen können nicht einem Schiedsgericht übertragen werden. Im Einzelfall ist aber stets zu prüfen, ob Schiedsklauseln wirklich weiterführend sind und die Nachlassabwicklung fördern.

Die Schiedsklausel führt zur **Unzulässigkeit einer zivilprozessualen Klage**, wenn sich der Beklagte hierauf vor Einlassung zur Hauptsache beruft (§ 1032 Abs. 1 ZPO). Nach § 1032 Abs. 2 ZPO kann bis zur Bildung des Schiedsgerichtes Antrag auf Feststellung der Zulässigkeit oder Unzulässigkeit eines schiedsrichterlichen Verfahrens gestellt werden. Zuständig ist das OLG (§ 1062 ZPO), es handelt sich um eine Feststellungsklage (§ 256 ZPO). Später kann der Schiedsgerichtsbeklagte die Unzuständigkeit des Schiedsgerichtes nur noch nach § 1040 Abs. 2 ZPO beim Schiedsgericht selbst einwenden. Die Rüge ist bis spätestens mit der Klagebeantwortung vorzubringen. Hält das Gericht sich für zuständig, so entscheidet es durch Zwischenentscheid. Dagegen kann eine gerichtliche Entscheidung beim OLG beantragt werden (§ 59 Abs. 2 Nr. 1a ZPO). Es kann aber auch schlicht und einfach weiterverhandeln. Hält das Gericht sich für unzuständig, weist es die Klage durch Schiedsspruch ab (sog. Prozessschiedsspruch), anfechtbar in der Regel nur im Aufhebungsverfahren.[844]

b) Schiedsvereinbarungen im Erbrecht

428 Auch im Erbrecht sind vertragliche Schiedsvereinbarungen denkbar. Da es sich um Verträge handeln muss, kommen dabei infrage

- Erbverträge (§§ 2274 bis 2302 BGB),
- Erb-, Pflichtteils- und Zuwendungsverzichtsverträge (§§ 2346 bis 2352 BGB) sowie
- die sog. Erbschaftsverträge nach § 311b Abs. 4, 5 BGB, also Verträge über den Nachlass eines noch lebenden Dritten.

c) Einseitige Schiedsklauseln

429 Nach § 1066 ZPO gelten die Vorschriften des 10. Buchs der ZPO auch für Schiedsgerichte, die »in gesetzlich statthafter Weise« durch **letztwillige Verfügung** angeordnet werden. § 1031 ZPO, insbesondere dessen Absatz 5 (eigenständige Urkunde) ist nicht anzuwenden.[845] Die Schiedsklausel ist auch im laufenden Text zulässig. Schiedsgerichte können somit auch auf einer letztwilligen (einseitigen) Verfügung beruhen. Sie zeichnen sich dadurch aus, dass von den Parteien nicht einvernehmlich auf den Schutz der staatlichen Gerichte verzichtet wird, sondern der Erblasser einseitig ein Schiedsgericht mit der Streitentscheidung betraut. Da erbvertraglich bindende Verfügungen gem. § 2278 Abs. 3 BGB nur getroffen werden können über Erbeinsetzungen, Vermächtnisse, Auflagen und die Rechtswahl, kann eine letztwillige Schiedsklausel nicht erbvertraglich bindend oder wechselbezüglich vereinbart werden.

Da Schiedsgerichtsklauseln durch letztwillige Verfügungen nur in »gesetzlicher statthafter Weise angeordnet werden« können (§ 1066 ZPO), ist fraglich, ob dafür die Einhaltung der Formvorschriften des Erbrechts genügt, oder ob **weitere materielle Voraussetzungen** erforderlich sind. Nach der Rechtsprechung des BGH[846] ist die materielle Theorie maßgebend, d.h., dass letztwillige Schiedsklauseln dem Erblasser nur gestattet sind, wenn er auch in der Lage ist, über den Gegenstand zu verfügen. Damit kann der Erblasser nicht einem Schiedsgericht die Bestimmung des Erben überlassen (§ 2065 Abs. 1 BGB), er kann aber dem Schiedsgericht die Bezeichnung des Erbens bei Vorgabe entsprechender Kriterien gestatten. Pflichtteilsansprüche sind zwingender Natur, Streitig-

844 *Zimmermann* § 1040 ZPO Rn. 3

846 BGH ZEV 2017, 416; ZEV 2017, 412.

keiten hierüber können nicht einseitig vom Erblasser einem Schiedsgericht übertragen werden.[847] Auch die Entlassung des Testamentsvollstreckers gem. § 2227 BGB kann nach Auffassung des BGH[848] vom Erblasser nicht einem Schiedsgericht übertragen werden. Der Erblasser kann auch einen Testamentsvollstrecker zum Schiedsrichter bestellen, allerdings nicht in der Weise, dass er in eigener Sache entscheiden könnte.[849] Bei Ernennung des Testamentsvollstreckers zum alleinigen Schiedsrichter ist regelmäßig die gesamte Klausel unwirksam.[850]

9. Zuwendungsverzicht

Der Zuwendungsverzicht ist ein Mittel zur Beseitigung einer Verfügung von Todes **wegen noch zu Lebzeiten des Erblassers** in anderer Form als durch Widerruf letztwilliger (§§ 2253 ff., 2271 BGB) oder Aufhebung erbvertragsmäßiger Verfügungen (§§ 2290 ff. BGB mit seinen Ersatzformen). Soll auf das gesetzliche Erbrecht zu Lebzeiten des Erblassers verzichtet werden, ist der Erbverzicht Mittel der Wahl, vgl. Rdn. 178 ff. 430

a) Wann benötigt man den Zuwendungsverzicht?

aa) Praktische Bedeutung

Soweit eine freie Widerruflichkeit von Verfügung von Todes wegen besteht, erlangt der Zuwendungsverzicht i.d.R. keine Bedeutung. Die Anwendung des Zuwendungsverzichts ist jedoch angezeigt,[851] 431

(a) soweit der Erblasser ganz oder auch nur beschränkt **geschäftsunfähig** ist;
(b) wenn eine **Aufhebung** eines mehrseitigen Erbvertrags wegen des Todes des einen der Vertragspartner **nicht mehr möglich** ist oder dieser nichts erfahren soll;
(c) zur **Beseitigung wechselbezüglicher Verfügungen** eines gemeinschaftlichen Testaments oder Erbvertrags mit Wiedererlangung der Verfügungsfreiheit des Ehegatten, wenn zwar ein Widerruf oder eine Anfechtung oder ein Rücktritt möglich wäre, aber zur Unwirksamkeit der wechselbezüglichen Verfügung von Todes wegen führt (§§ 2270 Abs. 1, 2298 Abs. 1, 2 BGB; etwa bei der Anfechtung bei der Wiederverheiratung nach § 2079 BGB zur Unwirksamkeit der für den Längerlebenden günstigen Erbeinsetzung);
(d) zur **Vermeidung der Ausschlagung** durch den längerlebenden Ehegatten zur Erlangung seiner Verfügungsfreiheit nach § 2271 Abs. 2 Satz 1 BGB, weil auch dies zum Wegfall der den Längerlebenden begünstigenden Verfügung des Erstversterbenden führen würde (§ 2270 Abs. 1 BGB);[852]
(e) zur **Beseitigung** einer **bindenden Verfügung** beim mehrseitigen Erbvertrag oder beim gemeinschaftlichen Testament.

Aber **Vorsicht**: Die Verfügungsfreiheit des erbrechtlich gebundenen Erblassers tritt trotz Zuwendungsverzichts des zunächst Bedachten nicht ein, wenn eine **Ersatzberufung** an andere als die Abkömmlinge des verzichtenden Abkömmlings oder Seitenverwandten oder eine Anwachsung 432

847 BGH ZEV 2017, 416.
848 BGH ZEV 2017, 412.
849 BGH ZEV 2019, 146.
850 BGH MittBayNot 2019, 464 m. Anm. *Bandel*; Formulierungsvorschläge s. Bengel/Reimann/*Reimann* HbTV § 2, Rn. 77; *Groll* Praxishandbuch Erbrechtsberatung, 3. Aufl. 2010, B. XIV. Rn. 64.
851 Vgl. im Einzelnen *W. Kössinger* in: Nieder/Kössinger, Handbuch der Testamentsgestaltung, § 19 Rn. 33 ff., 49 ff.; *Groll/Muscheler*, Praxis-Handbuch Erbrechtsberatung § 18 IV., Rn. 18.79 ff.; Checklisten bei *W. Kössinger* in: Nieder/Kössinger, Handbuch der Testamentsgestaltung, § 19 Rn. 46; *Bengel/Dietz*, Beck'sches Notarhandbuch, C. Rn. 375; *Lindenau/Bonefeld* in: Krug/Rudolf/Kroiß/Bittler, Anwaltformulare Erbrecht § 5 Rn. 111.
852 S. hierzu *Keim* notar 2019, 147, 152.

nach § 2094 BGB erfolgt, da der Zuwendungsverzicht dann nicht zulasten dieser Personen wirkt, sodass auch diese einen Zuwendungsverzicht erklären müssen.[853]

bb) Checkliste

433 Die praktische »Checkliste« für die Möglichkeit des Zuwendungsverzichts (also des »**obs**«) sieht daher wie folgt aus:

▶ **Checkliste: Möglichkeit des Zuwendungsverzichts**

1. Ist der Erblasser durch Verfügungen von Todes wegen (notariellen Erbvertrag oder gemeinschaftliches Testament mit früherem Ehegatten) **gebunden**? Hierzu Änderungsvorbehalte, Freistellungsklauseln oder anderweitige Aufhebungs- und Widerrufsmöglichkeiten prüfen; soweit vorhanden, sollten wegen der beschränkten Wirkung des Zuwendungsverzichts diese im größtmöglichen Rahmen genutzt werden.
2. Bestehen ausdrückliche oder durch § 2069 BGB zu vermutende **Ersatzberufungen**? Erstreckt sich der Zuwendungsverzicht hierauf (vgl. Syst. A Rdn. 454 ff.)? Tritt **Anwachsung** nach § 2094 BGB an andere ein?
   wenn keine Erstreckungswirkung oder aber Anwachsung eintritt:
3. **Ausschaltung** der Ersatzerbenberufungen durch **eigenen Verzicht** derselben, bei noch nicht bekannten Ersatzberufenen ist fraglich, ob Pflegerbestellung mit gerichtlicher Genehmigung hierfür überhaupt zulässig ist.
4. **Erstreckung** des Zuwendungsverzichts auf gesetzliches **Erb- und Pflichtteilsrecht**?

b) Was ist Gegenstand des Zuwendungsverzichts?

aa) Art der Zuwendung

434 Gegenstand des Zuwendungsverzichts können nach § 2352 Satz 1 und 2 BGB eine **Erbeinsetzung** oder ein **Vermächtnis** sein, die auf einer Verfügung von Todes wegen (daher Zuwendung) beruhen.

Ein Zuwendungsverzicht ist daher **nicht möglich** bezüglich
- einer **Auflage**, und zwar auch dann, wenn damit eine Begünstigung verbunden ist[854]
- einem **gesetzlich angeordneten Vermächtnis**, wie dem Voraus des Ehegatten nach § 1932 BGB, oder dem sog. Dreißigsten, § 1969 BGB.[855]

bb) Zuwendungsgrund

435 Die Zuwendung kann auf einem (einseitigen oder gemeinschaftlichen) **Testament** oder auf einen **Erbvertrag** beruhen, wobei im letzteren Fall nach § 2352 Satz 2 BGB Besonderheiten gelten (dazu unten d).

cc) Objektbezogenheit des Verzichts

436 Der Zuwendungsverzicht ist **streng objektbezogen**. Dies bedeutet[856]

---

853 Dies wird in der Praxis oft übersehen, wie Brems FamRZ 1983, 1279 zu Recht betont; lehrreich hierzu OLG Hamm MittBayNot 2015, 413 m. Anm. *Reimann*; s. auch Rdn. 462; eingehend zu dieser Frage s.u. Syst. A Rdn. 454 ff.

854 MünchKomm/*Wegerhoff* § 2352 Rn. 4; BeckOK BGB/*Litzenburger*, BGB § 2352 Rn. 4; a.A. Staudinger/*Schotten* § 2352 Rn. 3; Palandt/*Weidlich* § 2352 Rn. 2; *Reul* MittRhNotK 1997, 384 wegen der Erzwingbarkeit einer derartigen Auflage, die dadurch verhindert werden könnte.

855 *Groll/Muscheler*, Praxis-Handbuch Erbrechtsberatung § 18 IV., Rn. 18.82; BeckOK BGB/*Litzenburger*, BGB § 2352 Rn. 4.

856 *J. Mayer* ZEV 1996, 127, 128.

- die Verfügung von Todes wegen, auf der die Zuwendung beruht, muss zur Zeit des Verzichts bereits vorhanden sein; ein Verzicht auf eine erst **künftige Zuwendung** ist nicht zulässig.[857] Es gibt also **keinen vorsorglichen Zuwendungsverzicht.**[858]
- Bei der Formulierung des Verzichts sollte die betroffene **Zuwendung** zur Vermeidung von Rechtsstreitigkeiten **genau bezeichnet** werden.

Allerdings hat der BGH die Formulierung, »auf Erb- und Pflichtteilsansprüche gegen den Nachlass des Erblassers für jetzt und alle Zukunft zu verzichten« als auslegungsfähig angesehen und dahingehend verstanden, dass auch auf Zuwendungen aus einer bereits bestehenden letztwilligen Verfügung verzichtet wurde.[859] Damit dürfte ein Verzicht auf alle Zuwendungen aus allen in der Vergangenheit errichteten Erbverträgen und gemeinschaftlichen Testamenten eines Erblassers zulässig sein, wobei jedoch dringend zu empfehlen ist, bekannte Verfügungen konkret zu benennen.[860]

dd) Beschränkung des Verzichts

Inwieweit der Zuwendungsverzicht beschränkt werden kann, hängt von der Art der davon betroffenen Zuwendung ab: 437

- Werden **Erbeinsetzung** und zugleich **(Voraus-)Vermächtnis** zugewandt (sog. doppelte Zuwendung), so handelt es sich um zwei selbständige Berufungsgründe, auf die jeweils beschränkt verzichtet werden, also etwa nur auf das Vorausvermächtnis.[861]
- Bei einer Erbeinsetzung ist der Verzicht auf einen **ideellen Bruchteil** (wie beim Erbverzicht) möglich,[862] nicht aber ein gegenständlich beschränkter Verzicht, auch wenn die Erbschaft im Wesentlichen ein Haus umfasst, da dies dem Wesen der Universalsukzession widerspricht.[863]
- Ein **Vermächtnis** bezieht sich dagegen auf die **Zuwendung einzelner Gegenstände** oder von Sachgesamtheiten; daher kann auch beschränkt auf einzelne Vermächtnisgegenstände verzichtet werden.[864]
- Eine zulässige Beschränkung des Zuwendungsverzichts ist es auch, wenn dadurch dem Erblasser die **Befugnis** eingeräumt wird, den **Erben** mit neuen **Auflagen oder Vermächtnissen** zu beschweren oder Testamentsvollstreckung oder Vor- und Nacherbschaft anzuordnen,[865] etwa wenn dadurch die Rechte eines erbvertragsmäßig Bedachten eingeschränkt oder die Ausschlagungsmöglichkeit eines pflichtteilsberechtigten Erben nach § 2306 BGB ausgeschlossen werden soll. In der Praxis spielt diese Variante eine zunehmende Rolle insb. bei »versäumten« Behindertentestamenten, wenn etwa der überlebende Ehegatte bei bindendem gewöhnlichen Berliner

---

857 BGHZ 30, 261, 267; BayObLG Rpfleger 1987, 374; RG DR 1941, 263; KG HRR 1930 Nr. 713; *Groll/Muscheler*, Praxis-Handbuch Erbrechtsberatung § 18 IV., Rn. 18.81; Staudinger/*Schotten* § 2352 Rn. 8.

858 BGHZ 30, 261, 267; BayObLG Rpfleger 1987, 374; RG DR 1941, 263; KG HRR 1930 Nr. 713; *Groll/Muscheler*, Praxis-Handbuch Erbrechtsberatung B XV Rn. 81. Allerdings kann bei gesetzlichen Erben u.U. auf einen nur schuldrechtlich wirkenden und notariell zu beurkundenden Erbschaftsvertrag i.S.v. § 311b Abs. 4 u. 5 BGB ausgewichen werden.

859 BGH DNotZ 1972, 500.

860 So auch DNotI-Gutachten 150097 v. 12.07.2016.

861 *Jackschath* MittRhNotK 1977, 117, 120; Staudinger/*Schotten* § 2352 Rn. 9.

862 KG JFG 15, 99 = JW 1937, 1735; MünchKomm/*Wegerhoff* § 2352 Rn. 4.

863 MünchKomm/*Wegerhoff* § 2352 Rn. 4; Staudinger/*Schotten* § 2352 Rn. 11.

864 *W. Kössinger* in: Nieder/Kössinger, Handbuch der Testamentsgestaltung, § 19 Rn. 41; *J. Mayer* ZEV 1996, 128 m. Beisp.; *Reul* MittRhNotK 1997, 384 mit der unzutreffenden Bemerkung, dass dies auf dem schuldrechtlichen Charakter des Vermächtnisses beruht.

865 *W. Kössinger* in: Nieder/Kössinger, Handbuch der Testamentsgestaltung, § 19 Rn. 41; MünchKomm/*Wegerhoff* § 2352 Rn. 4; *Groll/Muscheler*, Praxis-Handbuch Erbrechtsberatung § 18 IV., Rn. 18.84; Staudinger/*Schotten* § 2352 Rn. 13; BGH LM § 1829 Nr. 5; BGH NJW 1982, 1100, 1102; OLG Köln FamRZ 1983, 837; a.A. *Jackschath* MittRhNotK 1977, 117, 121.

Testament ein Kind mit Behinderung nachträglich durch Nacherbschaft und Testamentsvollstreckung beschränken will; Probleme bestehen hier insb. bei fehlender Geschäftsfähigkeit des verzichtenden Kindes (vgl. Syst. A Rdn. 441).

c) Die formelle Seite

aa) Form des Zuwendungsverzichts, Vertragsabschluss

(1) Grundsatz

438 Wegen der besonderen Bedeutung (Schutz-, Warn- und Beweisfunktion) dieser Erklärung bedarf der Zuwendungsverzicht nach § 2352 Satz 3 i.V.m. § 2348 BGB der notariellen Beurkundung nach den §§ 6 ff. BeurkG. Diese Form wird gem. § 127a BGB auch durch einen entsprechenden gerichtlichen Vergleich ersetzt. Gleichzeitige Anwesenheit beider Vertragsteile ist dabei nicht vorgeschrieben, § 128 BGB, sodass durchaus ein Zuwendungsverzicht durch Angebot und Annahme erklärt werden kann.[866] Zur Sicherstellung der notariellen Belehrung ist dies auch bei getrennter Beurkundung regelmäßig angezeigt (§ 17 Abs. 2a S. 1 BeurkG). Gründe der erbrechtlichen Klarheit gebieten, dass **bei Eintritt des Erbfalls** der Zuwendungsverzicht wirksam sein muss, also bis dahin etwa zur Wirksamkeit erforderliche Genehmigungen erteilt sein müssen.[867] Auch wenn der künftige Erblasser vor der Annahme des Angebots durch den Verzichtenden verstirbt, so wird der Verzicht nicht wirksam.[868] Daher kann es mitunter angebracht sein, dass der nicht anwesende Verzichtende aufgrund mündlich erklärter Vollmacht vertreten wird, um den Eintritt der Wirksamkeit zu beschleunigen.[869] Als erbfolgerelevante Urkunde i.S.d. § 78b Abs. 2 Satz 1 BNotO muss die Urkunde, die den Zuwendungsverzicht enthält, durch den Notar im Zentralen Testamentsregister der Bundesnotarkammer (ZTR) registriert werden.

(2) Umfang der Beurkundungspflicht

439 Das dem Zuwendungsverzicht regelmäßig zugrunde liegende **Verpflichtungsgeschäft** (Kausalgeschäft) bedarf ebenso wie beim Erbverzicht auch der notariellen Beurkundung.[870] Dies erlangt besondere praktische Bedeutung, wenn eine Entgeltabrede mit dem Zuwendungsverzicht verbunden ist, sodass auch diese mit zu beurkunden ist. Nach h.M. tritt bei einem formnichtigen Verpflichtungsgeschäft durch den formgerechten späteren Abschluss des Zuwendungsverzichts eine Heilung ein.[871] Höchstrichterlich ist die Frage allerdings noch nicht geklärt, so dass der Verzicht auf die Beurkundung des Kausalgeschäfts wegen der möglichen Kondizierbarkeit des Verzichtsvertrages riskant ist.[872]

440 Unabhängig vom theoretischen Meinungsstreit ist die Beurkundung der Abfindungsvereinbarung dem Verzichtenden schon wegen seiner Absicherung dringend zu empfehlen, da sich nur so die

---

866 Vgl. etwa die Fälle OLG Stuttgart OLGZ 1979, 129, 130; OLG Hamm DNotZ 1977, 751.

867 § 184 BGB gilt hier nicht, BGHZ 37, 319, 329; BGH NJW 1978, 1159 = DNotZ 1978, 300; BGHZ 134, 60, 63 = NJW 1997, 521 Staudinger/*Schotten* § 2346 Rn. 19 i.V.m. § 2347 Rn. 8 m.w.N.

868 Vgl. BGHZ 134, 60, 63 = NJW 1997, 521 = MittBayNot 1997, 108 = DNotZ 1997, 422 zum Pflichtteilsverzicht.

869 *J Mayer* MittBayNot 1997, 85, 87.

870 Für den Zuwendungsverzicht *Reul* MittRhNotK 1997, 384; Staudinger/*Schotten* § 2352 Rn. 56 i.V.m. § 2348 Rn. 10; für den Erbverzicht OLG Köln ZEV 2011, 384; Palandt/*Weidlich* § 2348 Rn. 1 m.w.N.; *Keller* ZEV 2005, 229; *Schotten* DNotZ 1998, 163, 176; a.A. *Kuchinke*, NJW 1983, 2358.

871 MünchKomm/*Wegerhoff* § 2348 Rn. 8; *Keller* ZEV 2005, 229; 233; *Weidlich* NotBZ 2009, 149, 150; Staudinger/*Schotten* § 2348 Rn. 17.

872 Vgl. *Keim* RNotZ 2013, 411, 414.

Erfüllung der Abfindungsverpflichtung ausreichend sichern lässt. Dies kann etwa durch einen **Bedingungszusammenhang** geschehen,[873] der aber auch erhebliche Nachteile haben kann.[874]

Umstritten ist, ob § 139 BGB auf die beiden Verträge – Kausalgeschäft und Zuwendungsverzicht – anzuwenden ist.[875]

bb) Persönliche Voraussetzungen

Hierzu gelten zunächst die allgemeinen persönlichen Voraussetzungen entsprechend, die für den 441
Erbverzicht angeordnet sind, §§ 2352 Satz 3, 2347 BGB.

Hierzu ist zu beachten:

Die Zulässigkeit der Stellvertretung und das Erfordernis einer gerichtlichen Genehmigung sind unterschiedlich:

- Der **Verzichtende** kann sich ohne Weiteres **vertreten** lassen; eine Vollmacht bedarf grundsätzlich keiner besonderen Form, § 167 Abs. 2 BGB. Der minderjährige Verzichtende bedarf der familiengerichtlichen Genehmigung, gleich ob elterliche Sorge oder Vormundschaft besteht (§§ 2352 Satz 3, 2347 Satz 1 BGB).[876] Ein Betreuer braucht für den Verzicht die Genehmigung des Betreuungsgerichts (§§ 2352 Satz 3, 2347 Abs. 1 Satz 2 BGB).
- Der **Erblasser** muss den Verzichtsvertrag grundsätzlich **persönlich** abschließen, was bei verbundenen Verträgen, etwa im Bereich der vorweggenommenen Erbfolge, eine besonders gefährliche Gestaltungsfalle ist, gerade wenn betagtere Übergeber/Erblasser kurzfristig die persönliche Teilnahme an der Beurkundung absagen. Verstoß führt zur Nichtigkeit! Ist der Erblasser **geschäftsunfähig**, so kann ausnahmsweise der Vertrag durch den gesetzlichen Vertreter geschlossen werden, jedoch ist die betreuungsgerichtliche Genehmigung erforderlich (§§ 2352 Satz 3, 2347 Abs. 2 Satz 2 BGB). Hier ist darauf zu achten, dass tatsächlich Geschäftsunfähigkeit erforderlich ist; die bloße Bestellung eines Betreuers genügt nicht, da auch für einen Geschäftsfähigen Betreuung angeordnet sein kann. Der beschränkt Geschäftsfähige bedarf nicht der Zustimmung seines gesetzlichen Vertreters (§§ 2352 Satz 3, 2347 Abs. 2 Satz 1, Halbs. 2 BGB); dahinter steht der Gedanke, dass er dadurch einen rechtlichen Vorteil erlangt. Natürlich ergeben sich zur Frage der Genehmigungsfähigkeit erhebliche Fragen im Einzelfall.[877]

Wegen der in § 83 Abs. 1 Satz 1 InsO getroffenen Wertentscheidung ist davon auszugehen, dass der Abschluss eines Zuwendungsverzichts bei **Insolvenz** des Erben **keiner Mitwirkung** des Treuhänders oder Insolvenzverwalters bedarf.[878]

Tabellarisch ergibt sich demnach bezüglich der **Vertretung, des Vertragsabschlusses und der Aufhebung** derartiger Vereinbarungen sowohl für den **Erb-, den Pflichtteils-** wie den **Zuwendungsverzicht** folgende Übersicht:[879]

---

873 Vgl. etwa MünchKomm/*Wegerhoff* § 2346 Rn. 25; Palandt/*Weidlich* § 2346 Rn. 10; *Schotten* DNotZ 1998, 163, 168; eingehend, aber nicht praxisbezogen zur Leistungsverknüpfung *Edenfeld* ZEV 1997, 134. Umfassend zur rechtlichen Verknüpfung von Abfindungsleistung und Zuwendungsverzicht *Kornexl*, Der Zuwendungsverzicht (1998) Rn. 215 ff.

874 Dazu etwa *J. Mayer/Geck*, Der Übergabevertrag, 3. Aufl. 2012, § 10 Rn. 17 ff.

875 MünchKomm/*Wegerhoff*, § 2346 Rn. 27; Palandt/*Weidlich* § 2346 Rn. 10; *Weirich* DNotZ 1986, 5, 12; a.M. etwa *Schotten* DNotZ 1998, 167.

876 Früher geltende Erleichterungen beim Verzicht des Minderjährigen gegenüber Ehegatten oder Verlobten sind durch das Gesetz zur Bekämpfung von Kinderehen vom 17.07.2017 entfallen (BGBl. I S. 2429).

877 Hierzu *Kanzleiter* in Anm. zu. OLG Schleswig MittBayNot 2015, 48, 50.

878 DNotI-Report 2014, 43.

879 Nach *von Dickhuth-Harrach*, Handbuch der Erbfolge-Gestaltung, § 43 Rn. 13.

	Erblasser	Verzichtender
Form: dinglicher (verfügender) Verzicht	§ 2348 BGB: notarielle Beurkundung	
Form: schuldrechtliches Kausalgeschäft hierzu	§ 2348 BGB analog: notarielle Beurkundung[880]	
Vertretung: dinglicher Verzicht	grds. nicht zulässig (§ 2347 Abs. 2 Satz 1, Halbs. 1 BGB), Vertragsabschluss nur persönlich möglich, aber Angebot und Annahme (§§ 128, 152 BGB)[881] **Ausnahme** vom Vertretungsverbot: beim voll geschäftsunfähigen Erblasser (Bestellung eines Betreuers allein ist kein Nachweis für Geschäftsunfähigkeit!)	zulässig, der Verzichtende kann sich nach allgemeinen Grundsätzen vertreten lassen, Vollmacht bedarf keiner Form (§ 167 Abs. 2 BGB). Bei Insolvenz (wohl) keine Mitwirkung des Insolvenzverwalters oder Treuhänders erforderlich (arg. e § 83 Abs. 1 Satz 1 InsO)
Vertretung: schuldrechtliches Kausalgeschäft hierzu	es gilt nicht § 2347 Abs. 2 Satz 1 BGB, sondern die allgemeinen Regelungen, so dass beidseits Vertretung möglich ist[882]	
Beteiligter beschränkt geschäftsfähig, insbesondere bei Minderjährigen	ab seinem 7. Lebensjahr kann der Erblasser den Verzicht ohne Zustimmung des gesetzlichen Vertreters oder Genehmigung des Familiengerichts abschließen (§ 2347 Abs. 2 Satz 1 BGB)	Genehmigung des Familiengerichts erforderlich (§ 2347 Abs. 1 Satz 1 BGB)
Geschäftsunfähigkeit eines Beteiligten (unerheblich, ob unter Betreuung stehend oder nicht)	Vertragsabschluss nur durch den entsprechenden **gesetzlichen Vertreter** möglich; **Genehmigung** des Familien- oder Betreuungsgerichts erforderlich	
Beteiligter, der unter Betreuung steht, aber geschäftsfähig ist	Erblasser kann den Verzichtsvertrag nur selbst abschließen (§ 2347 Abs. 2, Satz 1, Halbs. 1 BGB); ein Einwilligungsvorbehalt ist hier nicht möglich (§ 1903 Abs. 2 i.V.m. § 2347 Abs. 2 Satz 1 BGB), eine Genehmigung des Betreuungsgerichts ist nicht erforderlich	Verzichtender kann Verzichtsvertrag selbst abschließen, – aber es kann **Einwilligungsvorbehalt** angeordnet werden (§ 1903 Abs. 2 BGB), sodass Zustimmung oder eigenes Handeln des Betreuers erforderlich – aber auch sein Betreuer kann Verzicht erklären, wenn entsprechender Aufgabenkreis besteht, dann Genehmigung Betreuungsgericht erforderlich (§ 2347 Abs. 1 Satz 2 BGB)
Rechtsfolgen bei Tod eines Beteiligten	Vertrag kann nur zu Lebzeiten des Erblassers wirksam werden – bei Abschluss durch Angebot und Annahme, muss Annahme fristgerecht und noch zu Lebzeiten des Erblassers wirksam geworden sein,[883] – soweit gerichtliche Genehmigung erforderlich, muss diese bis zum Erbfall wirksam geworden sein,[884] – umstr. ist, ob bei aufschiebenden Bedingungen der Bedingungseintritt vor dem Erbfall erfolgen muss[885]	
Aufhebung des Verzichts nach § 2351 BGB	Kann nur zu Lebzeiten des Erblassers erfolgen (§ 2347 Abs. 2 Satz 1 BGB)	BGH: kann nur zu Lebzeiten des Verzichtenden erfolgen[886]

880 Palandt/*Weidlich* § 2348 Rn. 1; *Keller* ZEV 2005, 229.
881 Palandt/*Weidlich* § 2348 Rn. 1.
882 Vgl. nur Staudinger/*Schotten* § 2347 Rn. 4, 26 m.w.N.
883 BGHZ 134, 60, 63 ff. = NJW 1997, 52 zum Pflichtteilsverzicht; dazu auch Staudinger/*Schotten* § 2346 Rn. 31.
884 BGH NJW 1978, 1159.
885 Ausf. dazu für den Erbverzicht *J. Mayer* in: Mayer/Süß, Handbuch Pflichtteilsrecht, § 11 Rn. 7, und für den Pflichtteilsverzicht, bei dem dies noch streitiger ist, *J. Mayer*, a.a.O, § 11 Rn. 17 ff.
886 BGH NJW 1998, 3117; Palandt/*Weidlich* § 2351 Rn. 2.

cc) Bedingter Zuwendungsverzicht

Ein Zuwendungsverzicht kann auch unter einer Bedingung vereinbart werden.[887] Dies empfiehlt sich beim entgeltlichen Zuwendungsverzicht zur Absicherung des Verzichtenden, damit dieser keine ungesicherte Vorleistung erbringt. Möglich ist auch ein **relativer Zuwendungsverzicht**, also ein zugunsten eines anderen erklärter, dementsprechend bedingter. Auf die für den Erbverzicht geltende Auslegungsregel des § 2350 BGB über eine derart relative Bedingung wird allerdings in § 2352 BGB nicht ausdrücklich verwiesen. Die h.M. bejaht allerdings die analoge Anwendung des § 2350 Abs. 1 BGB, wonach eine relative Wirkung vermutet wird, wenn der Verzicht zugunsten eines anderen erfolgt,[888] verneint aber die des Abs. 2.[889] 442

► **Praxistipp:**

Daher ist zu empfehlen, die Urkunde eindeutig zu formulieren, um es auf die Auslegungsregel nicht ankommen zu lassen.[890]

► **Praxisbeispiel:**[891]

Die Ehegatten M und F errichten ein gemeinschaftliches Testament und setzen sich gegenseitig als Erben ein; Schlusserbe nach beider Tod soll die Mutter des Ehemannes (S) werden. Alle Verfügungen sind wechselbezüglich (§ 2270 Abs. 2 BGB). Bei Errichtung des Testaments ging man davon aus, dass keine gemeinschaftlichen Kinder vorhanden sein werden. Später wird jedoch ein gemeinschaftliches Kind (K) geboren. Es kommt ber zu keiner Testamentsänderung. Nach dem Tode des Ehemannes M ist dessen Mutter allerdings bereit, auf ihre Schlusserbenstellung zu verzichten. Sie will jedoch verhindern, dass die F die sich für sie dann ergebende Testierfreiheit dahin ausnutzt, einen neuen Partner oder andere Personen als das Kind K einzusetzen. Daher kann die S den Zuwendungsverzicht unter der (auflösenden) Bedingung erklären, dass K der alleinige Erbe der F wird und auch mit keinerlei belastenden Anordnungen beschwert ist.

d) Besonderheiten beim Erbvertrag

aa) Vertragsmäßige Zuwendungen

§ 2352 Satz 2 BGB lässt hier einen Verzicht nur hinsichtlich solcher Zuwendungen zu, die dort einem **Dritten** gemacht wurden. Wichtig ist daher die Festlegung, wer *Dritter* in diesem Sinne ist. Das ist sicherlich der, der weder als Erblasser noch als Vertragspartner an dem Erbvertrag persönlich mitwirkt (formale Abgrenzung). Die rein formelle Mitunterzeichnung soll nicht schaden.[892] 443

Daraus ergibt sich: Wurde der Erbvertrag **nur** zwischen **zwei Personen** geschlossen, die auch sonst niemandem Zuwendungen machten, so ist ein Verzicht auf das vertraglich Zugewendete nicht zulässig.[893] Es bleibt nur die Möglichkeit der Aufhebung des Erbvertrages nach den §§ 2290 ff. BGB (ein Problem ist hier, wenn der Erblasser nicht mehr geschäftsfähig ist, da der Zuwendungsverzicht möglich wäre, §§ 2352 Satz 3, 2347 Abs. 2 Satz 2). 444

---

887 Allgemeine Meinung, etwa BGH NJW 1974, 43, 44 = DNotZ 1974, 231; Palandt/*Weidlich* Rn. 2; Staudinger/*Schotten* Rn. 15 je zu § 2352.

888 Staudinger/*Schotten* § 2352 Rn. 17; Palandt/*Weidlich* § 2350 Rn. 1; a.A.MünchKomm/*Wegerhoff* § 2352 Rn. 5; BeckOK BGB/*Litzenburger*, BGB § 2350 Rn. 2.

889 *Groll/Muscheler*, Praxis-Handbuch Erbrechtsberatung B XV Rn. 85; MünchKomm/*Wegerhoff* § 2352 Rn. 5; Soergel/*Damrau* § 2352 Rn. 2; weitere Nachweise bei *Reul* MittRhNotK 1997, 385 und *Kornexl* Rn. 441 ff.; DNotI-Gutachten 150097 v. 12.07.2016; a.A. etwa Staudinger/*Schotten* § 2352 Rn. 18.

890 Formulierungsvorschlag: KölnerFormBErbR/*Krause* Kap. 16 Rn. 141 M.

891 Dazu DNotI-Report 2001, 70; *von Dickhuth-Harrach*, Handbuch der Erbfolge-Gestaltung, § 43 Rn. 65.

892 Palandt/*Weidlich* § 2352 Rn. 3.

893 OLG Hamm DNotZ 1977, 751; OLG Stuttgart OLGZ 1979, 129 = DNotZ 1979, 107; *Groll/Muscheler*, Praxis-Handbuch Erbrechtsberatung § 18 IV., Rn. 18.80; MünchKomm/*Wegerhoff* § 2352 Rn. 8; Staudinger/*Schotten* § 2352 Rn. 24; *W. Kössinger* in: Nieder/Kössinger § 19 Rn. 33.

Haben **mehr als zwei Personen** den Erbvertrag unterzeichnet, so ist umstritten, wie der Begriff des Dritten zu bestimmen ist. Nach neuerer Auffassung genügt die bloße Mitunterzeichnung noch nicht, um ihn zum Vertragsschließenden zu machen und damit den Zuwendungsverzicht auszuschließen.[894]

445 Die wohl h.M.[895] sieht die Problemlösung nicht mehr in einem alternativen Verständnis von Aufhebungsvertrag (§ 2290 BGB) zum Zuwendungsverzicht, sondern betont das große praktische Bedürfnis dafür, den Zuwendungsverzicht auch beim mehrseitigen Erbvertrag durch Verzicht zwischen dem Erblasser und dem bedachten Vertragspartner zuzulassen. Denn stünde nur der Aufhebungsvertrag zur Beseitigung der Zuwendung zur Verfügung, wäre die Mitwirkung aller anderen Vertragsteile erforderlich, was nicht nur lästig, sondern – mitunter wegen Tod, nicht Erreichbarkeit oder Geschäftsunfähigkeit der weiteren Vertragspartner – nicht mehr möglich sein kann.[896] Dritter wird hier also rein numerisch nach der Zahl der Vertragsteile verstanden, nicht aber im sonst üblichen Sinne des nicht am Vertrag formell Beteiligten.[897] Der Begriff des »Dritten« ist aus diesem Grund im Wege der *teleologischen Reduktion* entsprechend dem Änderungsbedürfnis einschränkend auszulegen. Immer dann, wenn bei einem Erbvertrag mehr als zwei Personen beteiligt waren, muss dem im Erbvertrag materiell Bedachten die Möglichkeit des Zuwendungsverzichts eröffnet werden.[898] Das OLG Hamm hat in seinem Beschl. v. 02.12.2011[899] die h.M. bestätigt. Allerdings wird in der Entscheidung nicht deutlich, ob damit **generell** ein Zuwendungsverzicht bei einem mehrseitigen Erbvertrag **möglich** ist oder nur in den Fällen, in denen eine Aufhebung des Erbvertrags wegen eines Tods der anderen Vertragspartner oder dessen Testierunfähig ausscheidet. Andererseits wird von einer Auffassung in der Literatur z.T. in noch weiter gehender Weise ein Zuwendungsverzicht auch beim **zweiseitigen Erbvertrag** immer bereits zugelassen, wenn die Aufhebung des Erbvertrags wegen zwischenzeitlich eingetretener Geschäftsunfähigkeit des Erblassers nicht mehr möglich ist.[900]

bb) Einseitige Verfügungen

446 Für lediglich einseitige Verfügungen von Todes wegen, die nur so in einem Erbvertrag enthalten sind, gelten die Beschränkungen des § 2352 Satz 2 BGB nicht.[901]

cc) Vertragsmuster

447 Zur Formulierung des Zuwendungsverzichts s. etwa Form. Rdn. 106.[902]

894 So aber früher BayObLGZ 24 A 232 und OLG Celle NJW 1959, 1923.

895 Zum Streitstand *Kornexl* Rn. 479 ff.

896 Zu den sich beim mehrseitigen Erbvertrag ergebenden Problemen ausführlich *Keim* RNotZ 2012, 496.

897 *J. Mayer* ZEV 1996, 129 m.w.N. auch zur Gegenmeinung.

898 So MünchKomm/*Wegerhoff* § 2352 Rn. 8; *Reul* MittRhNotK 1997, 385; Palandt/*Weidlich* § 2352 Rn. 3; *W. Kössinger* in: Nieder/Kössinger § 19 Rn. 33; *Bonefeld* in: Krug, Erbrecht § 5 Rn. 86; *Haegele* Rpfleger 1968, 250; *Endemann* JW 1925, 2791; Staudinger/*Schotten* § 2352 Rn. 25 f., wenn auch mit anderer Begründung; BayObLGZ 1965, 188, 192 f., Brambring/Mutter/*Joachim*, Beck'sches Formularbuch Erbrecht, J. III. 15 Anm. 4; der BGH hat diesen Vorlagebeschluss des BayObLG nicht entschieden; enger aber etwa *Groll/Muscheler*, Praxis-Handbuch Erbrechtsberatung § 18 IV., Rn. 18.80: nur der rein materiell, aber nicht formell Beteiligte kann den Zuwendungsverzicht erklären; a.A. OLG Celle NJW 1959, 1923; Soergel/*Damrau* § 2352 Rn. 3; *Jackschath* MittRhNotK 1977, 117, 119; *Peter* BWNotZ 1977, 113, 115; eingehend hierzu § 2290 BGB Rdn. 9 ff.

899 ZEV 2012, 266 m. krit. Anm. *Gockel* = FamRZ 2012, 1171 = RNotZ 2012, 177 = NotBZ 2012, 139; vgl. dazu auch die Anm. von *Kornexl* MittBayNot 2013, 67.

900 *Kornexl* Rn. 484.

901 Allg. Meinung, MünchKomm/*Wegerhoff* § 2352 Rn. 10, dies wird aus § 2299 Abs. 2 Satz 1 BGB abgeleitet.

902 Vgl. auch Brambring/Mutter/*Joachim*, Beck'sches Formularbuch Erbrecht, J. III. 14 (Verzicht auf Zuwendung aus einem gemeinschaftlichen Testament) und J. III. 15 (Verzicht auf ein erbvertraglich zugewandtes Erbrecht); KölnerFormBErbR/*Krause* Kap. 16 Rn. 143 M ff.; *Eckert/Kroiß* in: Eckert/Kroiß, Erbrecht, § 2 Rn. 237.

Beim entgeltlichen Zuwendungsverzicht könnte die Verknüpfung von Abfindungsleistung und Zuwendungsverzicht durch eine aufschiebende Bedingung erfolgen und so formuliert werden, wie Form. Rdn. 106. 448

e) Wirkung des Zuwendungsverzichts

aa) Keine übertragende Wirkung

Der Zuwendungsverzicht hat noch **keine positiv gestaltende Wirkung**, d.h. es bedarf nicht nur des Verzichts (der nur den Weg hierfür freimacht), sondern noch einer entsprechenden Anordnung des Erblassers durch Verfügung von Todes wegen.[903] 449

bb) Allgemeine Wirkungen

Der Zuwendungsverzicht bewirkt nicht die Aufhebung der betroffenen Verfügung. Nach h.M. verhindert er nur – entsprechend der Wirkung des Erbverzichts auf den gesetzlichen Erbteil – den entsprechenden Anfall der Zuwendung beim Verzichtenden. Es wird also die sog. **Vorversterbensfiktion** des § 2346 Abs. 1 Satz 2 BGB entsprechend angewandt.[904] Dies hat positive wie negative Auswirkungen für die praktische Tauglichkeit des Zuwendungsverzichts: 450

(1) Keine Nichtigkeit

Die vom Zuwendungsverzicht betroffene Verfügung wird dadurch, anders als bei einer Anfechtung oder einem Widerruf, nicht nichtig, sondern nur **gegenstandslos**, d.h. das rechtliche Schicksal der weiteren Bestimmungen wird davon nicht berührt.[905] Dies erlangt besondere Bedeutung bei wechselbezüglichen Verfügungen in einem gemeinschaftlichen Testament und erbvertraglichen Verfügungen, die ebenfalls in einem Abhängigkeitsverhältnis stehen: Nichtigkeit (etwa durch Anfechtung) oder Widerruf der einen Verfügung führen hier auch zur Unwirksamkeit der anderen, korrespektiven Verfügung (§§ 2270 Abs. 1, 2298 Abs. 1 BGB). Der Zuwendungsverzicht als **Mittel zur Beseitigung** einer erbrechtlichen Bindung kann daher zweckmäßiger als die Anfechtung oder ein Widerruf sein und beim gemeinschaftlichen Testament dem Längerlebenden auch die Ausschlagung ersparen, die er sonst wählen muss, um nach § 2271 Abs. 2, Satz 1, Halbs. 2 BGB seine Verfügungsfreiheit zu erlangen.[906] 451

(2) Keine Auswirkung auf gesetzlichen Erbteil

Soweit nicht ausnahmsweise der Zuwendungsverzicht auf den gesetzlichen Erbteil des Verzichtenden erstreckt wird,[907] hat er keine Auswirkungen auf die Bemessung der Höhe des gesetzlichen Erb- 452

---

903 *Reul* MittRhNotK 1997, 384; Soergel/*Damrau* § 2352 Rn. 2.

904 MünchKomm/*Wegerhoff* § 2352 Rn. 12; Palandt/*Weidlich* § 2352 Rn. 4; Soergel/*Damrau* § 2352 Rn. 4; Staudinger/*Schotten* § 2352 Rn. 28; OLG Düsseldorf OLGZ 1982, 272, 279; BayObLG MittBayNot 1989, 161; a.M. *Kornexl* Rn. 82 ff., 384 ff.: lediglich negative Geltungsanordnung; *Kornexl* Auffassung führt zu einer sehr differenzierenden Auslegungsanalyse, was sicherlich nicht unbedingt der Rechtssicherheit dient und wozu es nicht des methodischen Ansatzes über die negative Geltungsanordnung bedurft hätte.

905 MünchKomm/*Wegerhoff* § 2352 Rn. 12 m.w.N.; *W. Kössinger* in: *Nieder/Kössinger* § 19 Rn. 34; Staudinger/*Schotten* § 2352 Rn. 28.

906 Vgl. etwa *W. Kössinger* in: *Nieder/Kössinger* § 19 Rn. 34; *Groll/Muscheler*, Praxis-Handbuch Erbrechtsberatung B XV, Rn. 93 f..

907 Zur Erstreckung im Wege der Auslegung: BGH DNotZ 1972, 500 (für den umgekehrten Fall, dass der Verzicht auf das gesetzliche Erbrecht auch ein Zuwendungsverzicht ist); OLG Frankfurt OLGZ 1993, 201 m. Anm. *Winkler* MittBayNot 1994, 237; eingehend zu Auslegungsfragen MünchKomm/*Wegerhoff* § 2352 Rn. 17; Staudinger/*Schotten* § 2352 Rn. 4.

und Pflichtteils der anderen Erben. Bei Ehegatten bewirkt der Zuwendungsverzicht auch keinen Verlust des Pflichtteils nach § 1371 Abs. 3, Halbs. 2 BGB.[908]

(3) **Verzicht des Vorerben**

453 Der Verzicht auf die Einsetzung als Vorerbe führt dazu, dass die als Nacherbe vorgesehene Person an seine Stelle tritt (§ 2102 Abs. 1 BGB);[909] zur Frage der Erstreckungswirkung des §§ 2352 Satz 3, 2349 BGB s. nachstehend Syst. A Rdn. 461. Entsprechendes gilt entsprechend beim Vorvermächtnis.[910]

(4) **Erstreckungswirkung nach §§ 2352 Satz 3, 2349 BGB**

(a) **Grundzüge der heutigen Regelung, frühere Rechtslage**

454 Für die seit dem 01.01.2010 eintretenden Erbfälle erstreckt sich der Zuwendungsverzicht aufgrund des ErbVerjRÄndG für den Fall, dass der Verzichtende ein Abkömmling oder Seitenverwandter des Erblassers ist, aufgrund der erweiterten Verweisung des § 2352 Satz 3 BGB auch auf § 2349 BGB auch auf dessen Abkömmlinge, soweit nichts anderes bestimmt wird.

Mangels entsprechender Verweisung war es bis dahin ganz h.M., dass sich ein Zuwendungsverzicht eines Abkömmlings oder Seitenverwandten nicht auch auf die Abkömmlinge des Verzichtenden erstreckte und auch eine analoge Anwendung des § 2349 BGB nicht in Betracht kam.[911] Nur in besonderen Einzelfällen und bei bestimmten Fallkonstellationen gelangte die h.M. aufgrund einer Auslegung der betreffenden Verfügung von Todes wegen dazu, dass eine solche Erstreckungswirkung gegenüber den Abkömmlingen des Verzichtenden eintrat, insbesondere wenn die Verfügung keine ausdrückliche Ersatzbestimmung enthielt und eine solche sich erst aufgrund der Auslegungsregel des § 2069 BGB ergab. Weitere Voraussetzung hierfür war aber, dass der Zuwendungsverzicht gegen **vollständige Abfindung** des Verzichtenden erfolgte.[912]

455 Nach Art. 229 § 23 Abs. 4 EGBGB gilt die heutige Regelung mit ihrer Erstreckungswirkung für alle ab dem 01.01.2010 eintretenden Erbfälle. Daher werden auch bereits **vor** dem Inkrafttreten der Neuregelung abgeschlossene **Zuwendungsverzichte** in ihrer Wirkung **von der Neuregelung erfasst**, wenn nur der Erbfall ab dem 01.01.2010 eintritt. Im Einzelfall kann allerdings die **Auslegung** des Verzichtsvertrags dazu führen, dass der unter der alten Rechtslage abgegebene Verzicht von den Vertragsteilen entsprechend der damals geltenden alten Rechtslage gewollt war.[913] Dies kann beispielsweise der Fall sein, wenn die Verzichtsurkunde einen Belehrungsvermerk gemäß der alten Rechtslage über die fehlende Erstreckung auf Abkömmlinge enthält.[914]

908 Palandt/*Weidlich* § 2352 Rn. 4.

909 Staudinger/*Schotten* § 2352 Rn. 29.

910 NK-BGB/*Beck* § 2352 Rn. 12; Staudinger/*Schotten* § 2352 Rn. 29; differenzierend dagegen *Kornexl* Rn. 457 ff.

911 Vgl. nur KG OLGE 14, 311; OLG Stuttgart NJW 1958, 347; OLG Hamm OLGZ 1982, 272; BayObLG Rpfleger 1984, 65; OLG Frankfurt ZEV 1997, 454 m. Anm. *J. Mayer* = DNotZ 1998, 220 m. Anm. *Kanzleiter*; *Mattes/Lutz*, BWNotZ 2011, 178, 180 f.; MünchKomm/*Strobel*, BGB, 3. Aufl. Rn. 14, Soergel/*Damrau* Rn. 4 und Staudinger/*Ferid/Cieslar*, 12. Aufl., Rn. 26 f. je zu § 2352; dagegen ausf. vor allem *Schotten* ZEV 1997, 1.

912 BGH NJW 1974, 43, 44; OLG Düsseldorf DNotZ 1974, 231; OLG Hamm OLGZ 1982, 273, 278; KG JFG 20, 160; OLG Köln FamRZ 1990, 99; OLG Frankfurt ZEV 1997, 454; eingehend zu diesen Fragen in der Voraufl. Syst. Teil A Rn. 237 ff.

913 OLG Schleswig ZEV 2014, 425, 427; *Keim* RNotZ 2007, 574, 576; MünchKomm/*Wegerhoff* § 2352 Rn. 14; generell gegen die Anwendung des neuen Rechts auf Altfälle *Kanzleiter* DNotZ 2010, 520, 527.

914 OLG Düsseldorf RNotZ 2017, 166 = MittBayNot 2017, 605 m. Anm. *Everts*.

(b) Einzelheiten zur Erstreckungswirkung nach der heutigen Rechtslage

Aufgrund der Verweisung des § 2352 Satz 3 BGB auf die Regelung des § 2349 BGB wird vermutet, dass bei Abgabe eines Zuwendungsverzichts durch einen Abkömmling oder einen Seitenverwandten des Erblassers sich die Wirkung des Verzichts auch **auf seine Abkömmlinge erstreckt**, sofern nichts anderes bestimmt ist. Diese Erstreckungswirkung tritt unabhängig davon ein, ob der Verzichtende für seinen Verzicht abgefunden wird oder nicht.[915] Will der Erblasser diese Erstreckungswirkung ausschließen, muss er dies im Zuwendungsverzicht möglichst ausdrücklich bestimmen. 456

Aus dem eindeutigen Wortlaut der Norm ergibt sich weiter, dass **alle ersatzweise berufenen Abkömmlinge des Verzichtenden** ausgeschlossen werden, gleichgültig, ob sie aufgrund der Auslegungsregel des § 2069 BGB oder aber ausdrücklich als Ersatzerben oder Ersatzvermächtnisnehmer berufen sind.[916] 457

Der generell anzunehmenden Erstreckungswirkung tritt vor allem *Weidlich* entgegen und begründet dies damit, dass zur Vermeidung eines unzulässigen Eingriffs in die privatautonom gesetzte Nachlassplanung in der Verweisung des Satzes 3 auf § 2349 BGB nur eine Auslegungsregel, keine Dispositivnorm zu sehen sei.[917] Es sei daher **vorrangig** der **Erblasserwille** zu prüfen, ob dieser einer Erstreckungswirkung des Zuwendungsverzichts nicht entgegenstehe. Allein die ausdrückliche Anordnung einer Ersatzerbfolge genüge hierfür aber nicht.[918]

Dem kann **nicht gefolgt** werden. Gegen diese Ansicht spricht zum einen bereits, dass damit der § 2349 BGB je nach seinem Anwendungsbereich eine sehr unterschiedliche Bedeutung hat: Im Rahmen eines Erbverzichts wäre er eine Dispositivnorm, im Zusammenhang mit einem Zuwendungsverzicht wäre er nur eine – gegenüber der vorrangigen individuellen Auslegung – nachrangige Auslegungsregel. Für eine solche »**Zwitterstellung**« lässt aber weder aus dem Wortlaut des Gesetzes noch aus dem systematischen Zusammenhang der Vorschriften noch gar aus der Entstehungsgeschichte der Neuregelung des § 2352 Satz 3 BGB nichts herleiten. Zum anderen widerspricht diese Ansicht eindeutig dem **Willen des Reformgesetzgebers**: Dessen Anliegen war ausdrücklich, dem praktischen Bedürfnis nach einer umfassenden Erstreckung des Zuwendungsverzichts auf die Abkömmlinge zu entsprechen. Dabei wollte man aber ganz bewusst über die frühere Rechtslage hinausgehen, wonach nur in Ausnahmefällen eine solche Erstreckung angenommen wurde (dazu oben Syst. A Rdn. 454).[919] Vor diesem Hintergrund sah der Gesetzgeber gar keine Notwendigkeit, die Fälle einer ausdrücklichen Ersatzberufung von der Erstreckungswirkung auszunehmen.[920] Im Gegenteil, nur so wird das Hauptanliegen der Gesetzesreform erreicht, die **Testierfreiheit des**

---

915 *Keim* RNotZ 2007, 574, 575; Staudinger/*Schotten* § 2352 Rn. 38; MünchKomm/*Wegerhoff* § 2352 Rn. 14.

916 *Keim* RNotZ 2009, 574, 575; Staudinger/*Schotten* § 2352 Rn. 38; *Wälzholz* DStR 2009, 2104, 2108; *Groll/Muscheler* § 18 IV., Rn. 18.86 und 18.91; DNotI-Gutachten 150097 vom 12.7.2016; vgl. auch OLG Hamm MittBayNot 2015. 413 m. Anm. *Reimann*; zweifelnd und danach differenzierend, ob nach dem Willen des Erblassers bei der Testamentserrichtung die Abkömmlinge als reiner Ersatz für den Zunächstbedachten vorgesehen sind oder ein »eigener Regelungsgehalt« dahinter steht: *Schaal/Grigas* BWNotZ 2008, 2, 24; anders *Weidlich* FamRZ 2010, 166, 168: Erstreckungswirkung nur, wenn diese nicht dem (zunächst festzustellenden) Erblasserwillen widerspricht.

917 *Weidlich* FamRZ 2010, 166, 168; Palandt/*Weidlich* § 2352 Rn. 5; ebenso *Mattes/Lutz*, BWNotZ 2011, 178, 181 ff.

918 Ähnlich jetzt auch *Kanzleiter* DNotZ 2010, 520, 526, wonach die Änderung des § 2352 BGB zu einer Änderung der Beweislast zulasten desjenigen führt, der sich gegen eine derartige Erstreckungswirkung wendet, insb. bei einer bindenden Verfügung von Todes wegen; für diesen Fall noch stärker gegen die Erstreckungswirkung *Mattes/Lutz*, BWNotZ 2011, 178, 183: »kaum möglich«.

919 BT-Drucks. 16/8954, S. 26.

920 Zutr. *G. Müller* ZNotP 2011, 256, 260.

Erblassers zu erweitern. Denn die Fälle, in denen keine ausdrückliche Ersatzberufung vorliegt, sondern eine solche kraft Gesetzes eintritt, wurden bereits durch die Rspr. einer zutreffenden Regelung zugeführt: Bereits nach der neueren Rspr. des BGH begründet die Kumulation der Auslegungsregeln der §§ 2270 Abs. 2, 2069 BGB ohnehin keine Wechselbezüglichkeit mehr,[921] sodass sich hier das Problem der Erstreckung des Zuwendungsverzichts auf Ersatzberufene bereits vor der Erbrechtsreform gar nicht mehr stellte.[922]

Die **Erstreckung** des Zuwendungsverzichts auf eine ausdrückliche Ersatzberufung muss mangels gesetzlicher Differenzierung auch dann gelten, wenn sich die durch **Erbvertrag** oder gemeinschaftliches Testament bereits eingetretene **Bindung** des Erblassers auch auf diese erstreckt.[923] Denn der Erblasser hätte durch eine ausdrückliche Anordnung eine solche Erstreckungswirkung ausschließen können (dazu Syst. A Rdn. 454).

Die **Erstreckungswirkung** tritt allerdings nicht ein,
(a) wenn der Verzichtende kein Abkömmling oder Seitenverwandter ist,[924]
(b) gegen Ersatzberufene, die keine Abkömmlinge des Verzichtenden sind oder
(c) bei einem Zuwendungsverzicht des Vorerben oder Vorvermächtnisnehmers gegenüber dem Nacherben oder Nachvermächtnisnehmer, weil dadurch deren bereits entstandenes Anwartschaftsrecht nicht beseitigt werden kann (Syst. A Rdn. 461) oder
(d) die Erstreckungswirkung im Zuwendungsverzicht ausdrücklich ausgeschlossen ist.

(c) Analogieversuche

458 In den Fällen von **(a)** und **(b)** wird teilweise eine analoge Anwendung der Erstreckungswirkung gefordert. Dies geschieht im Wesentlichen, um den Zuwendungsverzicht zu einem umfassenden Gestaltungsmittel mit Korrekturmöglichkeiten für die Nachlassplanung zu machen. Insbes. im Zusammenhang mit *Patchwork-Familien* wird daher teilweise eine **Analogie** der §§ 2352 Satz 3, 2349 BGB auch dann befürwortet, wenn die Ersatzberufenen Stiefabkömmlinge, Ehegatten oder sogar sonstige Personen sind.[925] Jedoch fehlt es an der für eine Analogie erforderlichen planwidrigen Regelungslücke: Dem Gesetzgeber waren die sich aus der bewussten Verweisung auf § 2349 BGB ergebenden Probleme bekannt. Sie wurden bei der Erörterung im Rechtsausschuss behandelt.

921 BGHZ 149, 363 = NJW 2002, 1126; eingehend zu dieser Entscheidung s. nachstehend die Kommentierung von § 2270 BGB Rdn. 41.

922 *G. Müller* ZNotP 2011, 256, 260 f.; jurisPK-BGB/*Reymann* § 2271 Rn. 98.

923 AA *Herzog/Lindner/Herzog* Erbrechtsreform Rn. 570 ff.; abschwächend *Kanzleiter* (DNotZ 2010, 520, 526; ders., ErbR 2013, 206): Beweislastumkehr bei erbvertragsmäßiger Zuwendung, wonach anzunehmen ist, dass mit dem Zuwendungsverzicht des zunächst Bedachten regelmäßig auch die ersatzweise Zuwendung an dessen Abkömmlinge entfällt.

924 *Reimann* FamRZ 2009, 1633, 1634 f.; *G. Müller* ZNotP 2011, 256, 263 f.

925 MünchKomm/*Wegerhoff* § 2352 Rn. 14; Palandt/*Weidlich* § 2352 Rn. 5; *Schotten* ErbR 2010, 342; *Metzler* Hereditare Bd. 1 (2011), S. 53, 100 f.; *Klinck* ZEV 2009, 533, 536 (sehr weitreichend, weil er anstelle der für die Erstreckungswirkung des § 2349 BGB maßgeblichen gesetzlichen Erbfolge beim Zuwendungsverzicht ganz allgemein ein »Zuwendungsverhältnis« setzen will); *Herzog/Lindner/Herzog*, Erbrechtsreform, Rn. 574; Staudinger/*Schotten* § 2352 Rn. 41 f.; *G. Müller* ZNotP 2011, 256, 263; i.E. im Wege eines »Erst-Recht-Schlusses« im Rahmen einer hypothetischen Auslegung *Weidlich* FamRZ 2010, 166, 170; zurückhaltend bezüglich einer solchen Analogie *Keim*, Testamentsgestaltung bei der Patchworkfamilie, in *Grziwotz*, Notarielle Vertragsgestaltung bei geänderten Familienstrukturen, 2012, S. 46, 68 f., der allenfalls bei Schlusserbeneinsetzungen von Stiefkindern eine Erstreckungswirkung im Wege einer beschränkten Analogie bejahen will; vgl. auch *ders.* notar 2019, 147, 152; generell ablehnend *Everts* ZEV 2010, 392, 396; BeckOK BGB/*Litzenburger*, BGB § 2350 Rn. 25; an Analogiemöglichkeit auch zweifelnd jurisPK-BGB/*Reymann* § 2271 Rn. 105 mit ausführlicher Begründung.

(d) Kritik an der Neuregelung

Die gesetzliche Neuregelung wurde ganz überwiegend begrüßt,[926] teilweise aber auch heftig kritisiert.[927].In der Tat beseitigt die Neuregelung keinesfalls alle bislang diskutierten Fragen, sondern wirft zudem neue auf.[928] Ein Großteil der Probleme und Friktionen ergibt sich dabei daraus, dass die Erstreckungswirkung des § 2349 BGB auf die gesetzliche Erbfolge und die dort bestehende Rechts- und Interessenlage zugeschnitten ist, während diese Verhältnisse im Rahmen einer Zuwendung aufgrund einer Verfügung von Todes wegen völlig anders sein können. Dies zeigt sich bereits an den Personen, die Verzichtende im Sinne dieser Regelungen sind.[929] Die Kritiker führen dabei im Wesentlichen gegen die Neuregelung an, dass sich der Gesetzgeber über die **schutzwürdigen Interessen** derjenigen hinweggesetzt hat, die als **Verfügende** in einem gemeinschaftlichen Testament oder Erbvertrag eine bindende Nachlassplanung getroffen haben, weil durch die Erstreckungswirkung des Zuwendungsverzichts sogar eine dort ausdrücklich und bindend getroffene Ersatzberufung beseitigt werden kann. Dadurch werde in unzulässiger Weise in die privatautonom getroffene Regelung eingegriffen.[930] Dieser Einwand ist zwar rechtspolitisch berechtigt, jedoch dogmatisch nicht zwingend. Denn dabei wird zu wenig berücksichtigt, dass die Ersatzberufenen gerade auch nach dem Willen der Testierenden nur eine abgeschwächte, hilfsweise und im Regelfall gerade keine relevante Rechtsstellung erhalten, die eben gerade mit keiner gesicherten Rechtsposition verbunden ist.[931] Vielmehr rücken sie erst durch den Zuwendungsverzicht, dem analog dem Erbverzicht eine Vorversterbensfiktion beigelegt wird, in eine bedeutsame Rechtsposition ein.[932] Der Gesetzgeber hätte die Wirkungen des Rechtsinstituts des Zuwendungsverzichts aber auch ganz anders konzipieren können. Was er also einerseits durch die bisher fehlende Erstreckungswirkung gegeben hat, kann er durch die Neuregelung genauso wieder nehmen, wie er dies bei der gesetzlichen Erbfolge im originären Anwendungsbereich der Dispositivnorm des § 2349 BGB ebenso gemacht hat.[933] 459

Teilweise wird sogar ein unzulässiger Eingriff in die **Testierfreiheit**, und damit letztlich ein **Verfassungsverstoß** gerügt, wenn bei einem geschäfts- und testierunfähigen Erblasser dessen Betreuer durch den Abschluss des Zuwendungsverzichts dessen Verfügung beseitigt.[934] Dabei wird jedoch verkannt, dass dieser Vorwurf auch dem eigentlichen Erbverzicht gemacht werden kann, bei dem die Beseitigung des gesetzlichen Erbrechts genauso möglich ist, von dessen Eintritt der Erblasser aber u.U. aufgrund einer konkreten, noch im testierfähigen Zustand getroffenen Entscheidung ausgegangen ist, und daher keinen Handlungsbedarf für die Errichtung einer Verfügung von Todes wegen sah. Nicht ganz von der Hand zu weisen sind allerdings die verfassungsrechtlichen 460

926 Vgl. etwa *Bonefeld* in: Bonefeld/Kroiß/Lange, Die Erbrechtsreform, 2010, § 14 Rn. 3; *Keim* RNotZ 2009, 574 und MittBayNot 2010, 85, 91; *Langenfeld* NJW 2009, 3121, 3122 f.; *J. Mayer* ZEV 2010, 1, 5 f.; *Muscheler* ZEV 2008, 105, 109; Staudinger/*Schotten* (2010) § 2352 Rn. 32 ff. mit eingehender Darstellung der Neuregelung; *Wälzholz* DStR 2009, 2104, 2107 f.

927 *Kanzleiter* DNotZ 2009, 805; *ders.*, FS Werner, 2009, S 508 ff.; *ders.* DNotZ 2010, 520; *Klinck* ZEV 2009, 533; die ausführlichste und sehr kritische, besonders lesenswerte Analyse stammt von *Metzler*, Hereditare Bd. 1 (2011), S. 53 ff.; krit. und mit anderem Ansatz zur Einschränkung des Anwendungsbereichs der Erstreckungswirkung *Weidlich* FamRZ 2010, 166, vgl. dazu bereits oben Syst. A Rdn. 457.

928 *Scherer/Spall* in MAH-Erbrecht § 31 Rn. 62 ff.

929 *Metzler*, Hereditare Bd. 1 (2011), S. 53, 69 ff.; dazu auch *G. Müller* ZNotP 2011, 264.

930 So bereits meine Äußerung in der Anhörung vor dem Rechtsausschuss des Deutschen Bundestags am 08.10.2008.

931 Ausf. diskutiert dies *Everts* (ZEV 2010, 392, 393 ff.), insb. unter dem Stichwort, ob die Ersatzbedachten eine »Anwartschaft« hätten und verneint dies.

932 Zutr. MünchKomm/*Wegerhoff* § 2352 Rn. 13, der meinen diesbezüglich Ausführungen ausdrücklich zustimmt.

933 Staudinger/*Schotten* (2010) § 2352 Rn. 35.

934 So *Weidlich* FamRZ 2010, 166, 168; *Kanzleiter* (DNotZ 2009, 805, 811 f.) sieht hierin einen Verstoß gegen den Grundsatz »pacta sunt servanda« als besondere Ausprägung der Vertragstreue, die zu den elementaren Grundsätzen eines Rechtsstaats gehörten; gegen die verfassungsrechtlichen Bedenken der Neuregelung aber zutr. *Everts* ZEV 2010, 392, 395 und insoweit auch *G. Müller* ZNotP 2011, 256, 265 f.

Bedenken, die im Hinblick darauf erhoben werden, dass aufgrund der großzügigen **Übergangsregelung** auch noch alte, u.U. im Vertrauen auf die frühere Rechtslage abgeschlossene Erbverträge oder gemeinschaftliche Testamente von der Neuregelung erfasst werden und daher der zunächst Berufene zulasten des Ersatzberufenen durch einen Zuwendungsverzicht nach neuem Recht dessen Rechtsstellung beseitigen kann, was nach früherem Recht nicht möglich gewesen wäre.[935] Hier kann allerdings die Auslegung des Verzichtsvertrages helfen, dem tatsächlichen Willen der Vertragsbeteiligten Geltung zu verschaffen, namentlich wenn aufgrund entsprechender Kenntnis der alten Rechtslage deren Rechtsfolge in den Willen der Beteiligten aufgenommen wurde.[936]

(e) Erstreckungswirkung bei Vor- und Nacherbschaft

461 Im Verhältnis zwischen Vor- und Nacherbe findet die Erstreckungswirkung nach §§ 2352 Satz 3, 2349 BGB **keine Anwendung**, da diese nur eine Ersatzberufung entfallen lässt, nicht ein eigenes Nacherbenrecht, das sogar als Anwartschaftsrecht anzusehen ist.[937] Die Wirkung des Zuwendungsverzichts beschränkt sich nach allerdings umstrittener Auffassung hier darin, dass die als Nacherben eingesetzten Abkömmlinge nicht als Ersatzerben zum Zuge kommen, wie dies sonst nach § 2102 Abs. 2 BGB der Fall wäre.[938] Damit ist aber noch die entscheidende Frage geklärt, wer bei einem solchen Verzicht des Vorerben an dessen Stelle tritt, wenn **keine Ersatzvorerben** vorhanden sind. In Betracht käme zum einen, dass dann entsprechend § 2105 Abs. 1 BGB die gesetzlichen Erben als Vorerben berufen sind. Zum anderen wird erwogen, dass die Erbschaft sofort den Nacherben als Vollerben zufällt.[939] Diese Grundsätze gelten auch bei der Anordnung eines Vor- und Nachvermächtnisses.[940]

(f) Ausschluss der Erstreckungswirkung des Zuwendungsverzichts in der Verfügung von Todes wegen

462 Wie dargestellt, wirkt nach zutr. Ansicht der Zuwendungsverzicht auch gegen Ersatzberufene einer insoweit bindenden Verfügung von Todes wegen. Es stellt sich daher die Frage, ob ein Ausschluss der Erstreckungswirkung nicht nur in dem Zuwendungsverzicht möglich ist, was angesichts des Wortlauts der Norm nicht zweifelhaft sein kann, sondern bereits in der ursprünglichen Verfügung von Todes wegen.[941] Dann ließe sich auch ohne Probleme begründen, dass durch die ausdrückliche Bestimmung in dieser Verfügung festgelegt werden kann, dass die Ersatzberufung auch für den Fall des Zuwendungsverzichts des Zunächstberufenen gelten soll.[942] Ansonsten muss man auf eine »originäre bedingte Erbeinsetzung« ausweichen.[943] Weiter ist zu beachten, dass trotz der zunächst eintretenden Erstreckungswirkung diese dann nicht automatisch zur Testierfreiheit führt, wenn

935 So die Bedenken bei *Keim* MittBayNot 2010, 85, 92; *G. Müller* ZNotP 2011, 256, 265 f.

936 Vgl. OLG Schleswig ZEV 2014, 425, 427; OLG Düsseldorf RNotZ 2017, 166.

937 *Everts* ZEV 2010, 392, 394; jurisPK-BGB/*Reymann* § 2271 Rn. 103; *Baumann/Karsten* RNotZ 2010, 95, 100; *Kanzleiter* DNotZ 2010, 520, 525 f.; *Keim* RNotZ 2009, 574, 576; MünchKomm/*Wegerhoff* § 2352 Rn. 16; *Metzler*, Hereditare Bd. 1 (2011), S. 53, 94 f.; *G. Müller* ZNotP 2011, 256, 261; Staudinger/*Schotten* § 2352 Rn. 29, 2. Abs.; a.A. *Klinck* ZEV 2009, 533, 535.

938 JurisPK-BGB/*Reymann* § 2271 Rn. 103; *G. Müller* ZNotP 2011, 256, 261; für einschränkende Auslegung der Erstreckungswirkung dahingehend, dass davon nicht auch die Ersatzerbeneinsetzung erfasst wird *Baumann/Karsten* RNotZ 2010, 95, 100; *Keim* RNotZ 2009, 574, 576; MünchKomm/*Wegerhoff* § 2352 Rn. 16; Staudinger/*Schotten* § 2352 Rn. 29.

939 *Keim* MittBayNot 2010, 85, 93; jurisPK-BGB/*Reymann* § 2271 Rn. 103; für die zuletzt genannte Lösung *G. Müller* ZNotP 2011, 256, 261.

940 MünchKomm/*Wegerhoff* § 2352 Rn. 16.

941 Dies hält im Ansatz *Weidlich* FamRZ 2010, 166, 168 für möglich; a.A. ohne Begr. *Kanzleiter* DNotZ 2009, 805, 809.

942 S. *Weidlich* FamRZ 2010, 166, 168 f. im Fall 3.

943 Staudinger/*Schotten* § 2352 Rn. 39; alternativ schlagen *Mattes/Lutz*, BWNotZ 2011, 178, 187 die Anordnung eines Vermächtnisses in der ursprünglichen Verfügung zugunsten des Abkömmlings vor, dessen Ersatzberufung durch die Erstreckungswirkung entfällt.

eine **Anwachsung** (§ 2094 BGB) an einen anderen bindend eingesetzten Erben eintritt.[944] Es ist also unbedingt nötig, die Wirkungen und Grenzen des Verzichts »zu Ende zu denken«.

(g) Vorsorge bei Fehlschlagen des Zuwendungsverzichts

Wegen der doch relativ großen Gefahr, dass der Zuwendungsverzicht fehlschlägt, sind vorsorgliche Vereinbarung für den *»worst case«* erforderlich: In Betracht kommen hier vertragliche Vereinbarungen im Rahmen des § 311b Abs. 5 BGB[945] und Regelungen über die Rückabwicklung bereits erbrachter Abfindungsleistungen.[946] 463

Wie vorstehend dargestellt (dazu Syst. A Rdn. 456 f.), bestehen hinsichtlich des Umfangs der Erstreckungswirkung des Zuwendungsverzichts noch zahlreiche Unklarheiten. Die sich hieraus ergebenden Probleme betreffen insbesondere die Fälle einer aufgrund Erbvertrag oder gemeinschaftlichem Testaments eingetretenen **bindenden Ersatzberufung**. Dies lässt sich dadurch **präventiv** bei der Errichtung der entsprechenden Verfügung vermeiden, dass die Ersatzberufungen, bei denen kein ausreichender Änderungsvorbehalt bestimmt ist, unter die auflösende Bedingung gestellt werden, dass sie ersatzlos wegfallen, wenn der Erstberufene durch Zuwendungsverzicht auf seine Zuwendung verzichtet.[947]

Der Appell hierzu vermag allerdings nichts, wenn die Mehrzahl der auftretenden Problemfälle durch privatschriftliche Testamente ohne sachkundige Rechtsberatung verursacht wird.

f) Sonderformen

Einordnungsprobleme lösen die Zustimmungen desjenigen aus, der durch Erbvertrag oder bindendes gemeinschaftliches Testament bedacht wurde und der in eine ihn beeinträchtigende spätere Verfügung von Todes wegen oder eine Schenkung unter Lebenden einwilligt. Der BGH rückt in zwei Entscheidungen[948] diese Erklärung zwar im Wege einer Analogie[949] in die Nähe eines Zuwendungsverzichts, jedoch beziehen sich diese Entscheidungen nur auf die formale Seite solcher Zustimmungen. *Kanzleiter* meint, dass die Zustimmung des in erster Linie Bedachten die für § 2287 BGB erforderliche Beeinträchtigungsabsicht ausschließe, eine weitere Zustimmung der Ersatzberufenen daher nicht notwendig sei.[950] Diese Aussage ist aber noch nicht gesichert. Denn die Beeinträchtigungsabsicht oder – nach dem neueren und gewandeltem Verständnis der Rspr. zu § 2287 BGB[951] – die Frage des Missbrauchs der lebzeitigen Verfügungsbefugnis ist bezogen auf eine etwaige Rechtsstellung des Ersatzbedachten zu sehen.[952] Die maßgebliche Frage ist daher, ob dem Ersatzberufenen eine eigenständige, aufschiebend bedingte Rechtsposition zusteht, auf die nur er verzichten kann. Der von *Kanzleiter*[953] gebrachte Systemvergleich zur Nacherbschaft überzeugt dabei jedoch und spricht gegen das Zustimmungserfordernis der Ersatzberufenen. Eingehend dazu § 2287 BGB Rdn. 53. 464

---

944 Vgl. hierzu OLG Hamm MittBayNot 2015, 413 m. Anm. *Reimann*.

945 *J. Mayer* ZEV 1996, 127, 132.

946 Eingehend dazu *Weidlich* ZEV 2007, 463, 469.

947 Dazu *W. Kössinger* in: Nieder/Kössinger, Handbuch der Testamentsgestaltung, § 19 Rn. 39; *Spall* in: *Scherer*, MAH § 31 Rn. 64 f. mit Formulierungsvorschlag; KölnerFormBErbR/*Krause* Kap. 16 Rn. 141M.

948 BGHZ 83, 44, 49 f. = NJW 1982, 1100 (Erfordernis der vormundschaftsgerichtlichen Genehmigung hierzu) und BGHZ 108, 252 = DNotZ 1990, 803 (Erfordernis der Einwilligung in notarieller Form).

949 Dagegen kritisch *Kanzleiter* DNotZ 1990, 776.

950 *Kanzleiter* ZEV 1997, 261, 265 ff., 267: man stünde hier i.d.R. »auf ziemlich sicherem Boden«; ebenso *Keim* ZEV 2001, 93, 95; a.M. jedoch *Wübben*, Anwartschaftsrechte im Erbrecht, 2001, 352; eingehend dazu § 2287 BGB Rdn. 48.

951 S. § 2287 BGB Rdn. 5 f.

952 Vgl. etwa BGHZ 83, 44, 51, wo trotz möglicherweise erfolgter Zustimmung eine Missbrauchsprüfung erfolgte.

953 Zustimmend *J. Mayer* ZEV 1997, 459.

g) Beseitigung des Zuwendungsverzichts

465 Der Zuwendungsverzicht kann ebenso wie der Verzicht auf das gesetzliche Erbrecht durch Vertrag mit dem Erblasser wieder aufgehoben werden; **§ 2351 BGB ist entsprechend anwendbar.**[954] Der BGH hat dies bestätigt, jedoch dabei die Einschränkung gemacht, dass die Aufhebung nur möglich ist, wenn der Erblasser den Rechtszustand vor dem Verzicht durch Verfügung von Todes wegen nicht vollständig wiederherstellen könnte.[955] Dies hat dann praktische Bedeutung, wenn der Erblasser infolge Testier- oder Geschäftsunfähigkeit keine neue Verfügung von Todes wegen mehr errichten kann. Allerdings hat der BGH gerade die Frage, ob bei einem geschäftsunfähigen Erblasser auch der gesetzliche Vertreter für diesen handeln kann, wie sich aus der Verweisung auf § 2347 Abs. 2 Satz 2 BGB u.U. schließen ließe, ausdrücklich offen gelassen. Bedenken gegen eine solche Vertretungsmöglichkeit ergeben sich vor allem aus §§ 2064, 2065 BGB. Zum anderen stellt sich die Frage, ob der Zuwendungsverzicht **»ex tunc«** oder nur ex nunc wirkt. Misst man der Aufhebung des Zuwendungsverzichts volle Rückwirkung zu, so könnte dadurch sogar eine zwischenzeitlich vereinbarte, erbvertraglich bindende Zuwendung unwirksam werden (§ 2289 Abs. 1 Satz 1 BGB), was ganz überwiegend als unzulässiger Eingriff in die Position des dadurch begünstigten Dritten angesehen wird,[956] vom BGH aber ausdrücklich offen gelassen wurde.

Ein **Rücktritt** vom Zuwendungsverzicht ist dagegen wegen der abstrakten Rechtsnatur des Rechtsgeschäfts nicht möglich.[957]

466 Eine **Checkliste** zum Zuwendungsverzicht[958] findet sich im Form. Rdn. 19.

10. Erbschaftsverträge gem. § 311b Abs. 5 BGB[959]

a) Überblick

467 Nach § 311b Abs. 4 BGB ist ein Vertrag über den Nachlass eines noch lebenden Dritten nichtig. Das Gleiche gilt für einen Vertrag über den Pflichtteil oder ein Vermächtnis aus dem Nachlass

954 LG Kempten MittBayNot 1978, 63 m. Anm. *Büttel*; MünchKomm/*Wegerhoff* § 2352 Rn. 18; Staudinger/*Schotten* § 2352 Rn. 50 m.w.N; a.M. etwa *Kornexl* Rn. 559 ff. mit beachtlichen Gründen sowie auch *Mittenzwei* ZEV 2004, 488, 490 f., der jedoch eine Aufhebungsmöglichkeit aus dem allgemeinen Grundsatz der Vertragsfreiheit und nach den allgemeinen zivilrechtlichen Regeln bejaht.

955 BGH NJW-RR 2008, 747= ZEV 2008, 237, 238 m abl. Anm. *Kornexl*, zu dieser Einschränkung ausf *G. Müller* MittBayNot 2008, 484 ff.

956 *Keim* NotBZ 1999, 1, 5; MünchKomm/*Wegerhoff* § 2352 Rn. 18; Staudinger/*Schotten* § 2352 Rn. 51; anders im Wesentlichen nur LG Kempten MittBayNot 1978, 63.

957 Staudinger/*Schotten* § 2352 Rn. 54.

958 Vgl. auch *Bengel/Dietz* in: Beck'sches Notarhandbuch, Abschnitt C Rn. 375; KölnerFormBErbR/*Krause* Kap. 16 Rn. 159; *W. Kössinger* in: *Nieder/Kössinger* § 19 Rn. 46. *Lindenau/Bonefeld* in: Krug/Rudolf/Kroiß/Bittler, Anwaltformulare Erbrecht § 5 Rn. 147.

959 Schrifttum: *P. Becker*, Zum Erbschaftsvertrag, insbesondere im Rahmen der vorweggenommenen Erbfolge, notar 2017, 447; *J. Blomejer*, Die vorweggenommene Auseinandersetzung der im gemeinschaftlichen Testament bedachten Kinder nach dem Tod eines Elternteils, FamRZ 1974, 421; *Damrau*, Zu den Grenzen und Gestaltungsmöglichkeiten des Erbschaftsvertrages, ZErb 2004, 206; *Daniels*, Verträge mit Bezug auf den Nachlass eines noch lebenden Dritten, 1973; *Dutta*, Erbschaftsverträge – Offene Fragen und Herausforderungen, in: Limmer, Hrsg. Erbrecht und Vermögenssicherung, 2016, S. 181; *Henssler*, Erbschaftsverträge nach § 311b As. 4 und 5 BGB, RNotZ 2010, 221; *Kaufhold*, Vereinbarungen über den Nachlass oder einzelner Nachlassgegenstände ohne Mitwirkung des künftigen Erblassers, ZEV 1996, 454; *Kues*, Die vorweggenommene Ausgleichung lebzeitiger Zuwendungen unter künftigen Erben als Vertrag i.S.v. § 312 Abs. 2 BGB, ZEV 2001, 13; *Kulke*, Anwendbarkeit des § 312 Abs. 1 BGB auf Bürgschaftsverträge bei Erberwartung des einkommens- und vermögenslosen Bürgen, ZEV 2000, 298; *Limmer*, Erbschaftsverträge nach § 312 BGB: Bestandsaufnahme und Neuorientierung, DNotZ 1998, 927; *Meincke*, Der problematische Scheidungsvergleich, JuS 1976, 501; *Frhr. v. Proff*, Erbschaftsverträge in der Praxis, ZEV 2013, 183; *ders.* in: Dauner-Lieb/Grziwotz, Pflichtteilsrecht, 2. Aufl., 2016 Anh.1, § 311b BGB;

eines noch lebenden Dritten. Die Vorschrift hat bereits nach dem Wortlaut, aber auch nach der Auslegung durch Rechtsprechung und Literatur einen vergleichsweisen weiten Anwendungsbereich und ist den Beteiligten häufig nicht bekannt, sodass bei der Gestaltung von Verträgen, die in den Anwendungsbereich des § 311b Abs. 4 BGB fallen können, besondere Vorsicht wegen der Nichtigkeitssanktion geboten ist.[960] In der Praxis spielen häufig Verträge eine Rolle, bei denen im weitesten Sinn das zukünftige Erb-, Pflichtteilsrecht oder Vermächtnis berührt ist. Diese sog. Erbschaftsverträge,[961] sind insbesondere dann von Bedeutung, wenn Vereinbarungen mit dem künftigen Erblasser (Erbvertrag, Erb- oder Pflichtteilsverzicht etc.) nicht mehr möglich sind (etwa wegen Geschäftsunfähigkeit oder weil dieser sich weigert, an einer derartigen Gestaltung mitzuwirken), oder die am Erbschaftsvertrag beteiligten Personen bewusst die Einbeziehung des künftigen Erblassers vermeiden wollen.[962] Folgende Fallgruppen der Erbschaftsverträge, die in den Anwendungsbereich des § 311b Abs. 4 BGB fallen könnten, lassen sich in der Praxis unterscheiden:[963]

– Vorweggenommene Erbteils-, Pflichtteils- oder Vermächtnisübertragungen: Der zukünftige Erbe möchte einen Teil oder seinen vollständigen Erbteil an einen Dritten abtreten oder sich zumindest schuldrechtlich hierzu verpflichten.
– Pflichtteilsregelungsverträge: Insbesondere wenn ein Pflichtteilsverzichtsvertrag aus den genannten Gründen ausscheidet, stellt sich die Frage, inwieweit zukünftige Berechtigte und Verpflichtete aus einem Pflichtteilsanspruch diesen zukünftigen Pflichtteilsanspruch intern gestalten können, z.B. Verzicht, Anrechnung etc.
– Vermächtnisregelungsverträge.
– Erbrechtsgestaltungsverträge: Die Beteiligten wollen sich bereits vor dem Erbfall verpflichten, von erbschaftsrechtlichen Gestaltungsrechten in bestimmter Weise Gebrauch zu machen, z.B. Verpflichtung zur Annahme oder Ausschlagung der Erbschaft.
– Nachlassgegenstandsverträge: Die Beteiligten gehen davon aus, dass im Nachlass ein bestimmter Vermögensgegenstand, z.B. ein Grundstück, sein wird und wünschen bereits vor dem Erbfall eine vertragliche Bindung im Hinblick auf diesen zukünftig dem Erben zustehenden Nachlassgegenstand (z.B. Bestellung eines Nießbrauchs oder Wohnrechts an einem Grundstück, das in den Nachlass fallen wird).[964]
– Anrechnungs- und Ausgleichungsverträge: Zukünftige Erben wollen die aus §§ 2050 ff. BGB folgende gesetzliche Ausgleichungsregelung modifizieren.[965]

b) Schutzzweck

Der Gesetzgeber hat mit § 311b Abs. 4 BGB und seiner Nichtigkeitssanktion verschiedene Schutzzwecke verwirklichen wollen, die für das Verständnis der Vorschrift von großer Bedeutung sind:[966] **468**

Schwarz, Vorweggenommene Erbfolge und Erbschaftsvertrag, BWNotZ 1995, 139; *Wiedemann*, Abfindungs- und Wertsetzungsvereinbarungen unter zukünftigen Erben, NJW 1968, 769.

960 Vgl. auch *Thode* ZEV 1995, 144, der auf die besondere Hinweispflicht bei der Beurkundung derartiger Verträge hinweist.

961 Vgl. zu diesem mittlerweile überwiegend gebrauchten Begriff BGH DNotZ 1989, 169; Palandt/*Grüneberg*, § 311b BGB, Rn. 73; *Henssler* RNotZ 2010, 221 *Frhr. v. Proff* ZEV 2013, 183.

962 Zum Bedarf für derartige Verträge vgl. *Dutta*, in: Limmer, Hrsg. Erbrecht und Vermögenssicherung, 2016, S. 181, 193 ff.

963 Vgl. auch verschiedene Fallgruppen bei *Limmer* DNotZ 1998, 927, 928 sowie *Kaufhold* ZEV 1996, 454; *Henssler* RNotZ 2010, 221, 224 ff.; *Frhr. v. Proff* ZEV 2013, 183, 186; *P. Becker*, notar 2017, 447.

964 Vgl. *Kaufhold* ZEV 1996, 454; *Henssler* RNotZ 2010, 221, 225 f.; *Becker*, notar 2017, 447 mit Beispielsfällen.

965 Vgl. hierzu *Mayer* ZEV 1996, 441 ff.; *Henssler* RNotZ 2010, 221, 227 ff.

966 Vgl. Palandt/*Grüneberg*, § 311b BGB, Rn. 73; Staudinger/*Schumacher* § 311b BGB IV, V Rn. 2; MünKomm/*Ruhwinkel* § 311b BGB.Rn. 122 f.; BGHZ 37, 319, 323; BGHZ 25, 321, 324; BGH NJW 1995, 448 = DNotZ 1996, 763; *Dutta*, in: Limmer, Hrsg. Erbrecht und Vermögenssicherung, 2016, S. 181 ff.; vgl. auch die Neuinterpretation des Schutzzwecks *Limmer* DNotZ 1998, 927, 930; *Henssler* RNotZ 2010, 221, 223 ff.; *Frhr. v. Proff* ZEV 2013, 183, 184.

Das Gesetz missbilligt Verträge über den Nachlass, den Erbteil, den Pflichtteil oder das Vermächtnis aus dem Nachlass eines lebenden Dritten. Es geht davon aus, dass der Abschluss derartiger Geschäfte über das Vermögen eines Lebenden, die in Erwartung seines Todes geschlossen werden, sittlich verwerflich ist und in den meisten Fällen nur zur leichtsinnigen Vermögensverschleuderung oder zur Ausbeutung solchen Leichtsinns führt. Bei Erlass der Vorschrift wurde weiterhin noch eine Erwägung angestellt, dass ein solcher Vertrag wegen der Spekulation auf den baldigen Tod sittlich verwerflich sein kann oder aber dass er für den Erblasser bei Kenntnis subjektiv die Testierfreiheit einzuschränken droht.[967] Nach der Rechtsprechung des BGH ist dieser Aspekt allerdings mehr und mehr in den Hintergrund getreten, sodass der Aspekt der Vermögensverschleuderung und damit der Schutzaspekt für den zukünftigen Erben bzw. Berechtigten in erster Linie für die Auslegung maßgebend ist.[968] Dementsprechend spielt der Rechtsgrund, der dem Vertrag im Sinne von § 311b Abs. 4 BGB zugrunde liegt, keine Rolle mehr und die Vorschrift greift nach der h.M. auch dann, wenn der Rechtsgrund durchaus sachlich gerechtfertigt ist, ja sogar bei einem der allgemeinen Üblichkeit entsprechenden Vertragsziel wie etwa der Gleichbehandlung etwaiger Erben.[969] Aus diesem Grund hat der Gesetzgeber nach § 311b Abs. 4 Satz 1 BGB derartige Verträge als nichtig erachtet. Eine Ausnahme von diesem Verbot enthält § 311b Abs. 5 BGB, nach dem ein Vertrag, der unter künftigen gesetzlichen Erben über den gesetzlichen Erbteil oder ein Pflichtteil eines von ihnen geschlossen wird, grundsätzlich zulässig ist. Sinn und Zweck dieser Vorschrift ist es, als Ausnahmeregelung des § 311b Abs. 4 BGB eine vorzeitige Auseinandersetzung unter den künftigen Erben zu ermöglichen.[970]

c) Dingliche Verfügungen über das zukünftige Erbrecht

469 Unabhängig von § 311b Abs. 4 BGB sind dingliche Verfügungen, die die zukünftige Erbschaft, den zukünftigen Erbteil, das zukünftige Vermächtnis oder den zukünftigen Pflichtteilsanspruch vor dem Erbfall betreffen, unwirksam, da nach der h.M. diese Rechtspositionen kein übertragbares oder vererbliches Anwartschaftsrecht begründen, sondern allenfalls als mehr oder minder begründete Aussichten auf einen künftigen Rechtserwerb anzusehen sind.[971] Problematisch sind allerdings die Fälle, in denen die Frage des Anwartschaftsrechts umstritten ist, insbesondere hinsichtlich des Schlusserben aus einem Berliner Testament bzw. des Vertragserben beim Erbvertrag. Hier hat der BGH zumindest ein Anwartschaftsrecht angenommen.[972] Unabhängig von der Qualifizierung dieser Rechtsposition als Anwartschaftsrecht wird von der h.M. die Übertragbarkeit dieser Rechtsposition bisher noch abgelehnt.[973] Eine Literaturauffassung weist allerdings zu Recht darauf hin, dass mit der dogmatischen Anerkennung dieser Rechtsposition als Anwartschaftsrecht ähnlich wie beim Anwartschaftsrecht des Nacherben weder dogmatische noch sachliche Gründe gegen die Zulässigkeit der Abtretung sprechen.[974] Verschiedentlich wird die Unzulässigkeit derartiger Verfügungsverträge auch mit § 311b Abs. 4 BGB begründet.[975] Das ist nicht überzeugend, da § 311b Abs. 5

967 Vgl. Staudinger/*Schumacher* § 311b BGB IV, V Rn. 2; *Henssler* RNotZ 2010, 221, 223 ff.; *Frhr. v. Proff* ZEV 2013, 183, 184.

968 So ausdrücklich BGH NJW 1995, 448 = DNotZ 1996, 763, vgl. auch *Frhr. v. Proff* ZEV 2013, 183, 184.

969 BGH NJW 1995, 448 = DNotZ 1996, 763.

970 Staudinger/*Schumacher* § 311b BGB IV, V Rn. 2; *Henssler* RNotZ 2010, 221, 223. ff.; *Frhr. v. Proff* ZEV 2013, 183, 184.

971 Vgl. BGHZ 12, 115: in einem Erbvertrag bedachter Vermächtnisnehmer, BGHZ 37, 319, 322; BGHZ 1, 343, 349; vgl. auch OLG Karlsruhe FamRZ 1989, 1351.

972 BGHZ 37, 319, 322 = NJW 1962, 1910; offen gelassen BGH ZEV 1998, 22; zustimmend OLG Düsseldorf ZEV 1996, 310, 313; zum Meinungsstreit vgl. MünchKomm/*Musielak*, § 2269 BGB Rn. 34 f.

973 BGHZ 37, 331, 337; BGHZ 104, 279 = DNotZ 1989, 169; MünchKomm/*Musielak* § 2269 BGB Rn. 34 f.

974 So Staudinger/*Schumacher* § 311b BGB IV, V Rn. 30; *Kuchinke* JZ 1990, 601, 602.

975 So MünchKomm/*Musielak* § 2269 BGB Rn. 35.

BGB gerade unter bestimmten Voraussetzungen Verträge unter gesetzlichen Erben zulassen will und im Grunde das Verfügungsgeschäft seinem Regelungszweck nach nur mittelbar regelt, sodass die Zulässigkeit des Verpflichtungsgeschäfts auf das Verfügungsgeschäft durchschlagen muss.[976]

Entscheidend in diesem Bereich ist also, ob die Grenzen des § 311b Abs. 5 BGB eingehalten werden.

Das Gleiche gilt für die Abtretung von Pflichtteilsansprüchen.[977] Nach ganz h.M. kann der Pflichtteilsanspruch dinglich bereits vor dem Erbfall als künftiger Anspruch übertragen werden.[978] Auch hier ist allerdings die Begrenzung des § 311b Abs. 4 BGB zu beachten, aber auch die Zulässigkeit nach Abs. 5 gegeben. 470

d) Der Anwendungsbereich des § 311b Abs. 4

aa) Überblick

Die h.M. geht davon aus, dass nach dem Wortlaut und der systematischen Stellung § 311b Abs. 4 BGB zunächst den schuldrechtlichen Vertrag erfasst und dessen Nichtigkeit anordnet.[979] Zum Teil nimmt die Literatur allerdings auch direkt dingliche Verträge in den Anwendungsbereich des § 311b Abs. 4 BGB auf,[980] die h.M. wendet § 311b Abs. 4 BGB aber nur entsprechend an und kommt im Ergebnis daher ebenfalls zu der Auffassung, dass Erfüllungsgeschäfte zur Erfüllung eines nichtigen schuldrechtlichen Vertrages ebenfalls nichtig sind.[981] 471

Abgesehen von der Ausnahmevorschrift des § 311b Abs. 5 BGB wendet die h.M. § 311b Abs. 4 BGB relativ weit an. Danach erfasst die Vorschrift jegliche Art von Verträgen, die sich auf den Nachlass eines noch lebenden Dritten oder den Pflichtteil oder ein Vermächtnis beziehen. Auch der Erbersatzanspruch gem. § 1934a BGB gehört hierzu. 472

bb) Gegenstand des Vertrages

(1) Vertrag über den Nachlass

Nach § 311b Abs. 4 Satz 1 BGB ist zunächst ein Vertrag »über den Nachlass« des noch lebenden Dritten nichtig. Verträge mit dem Erblasser selbst fallen nicht unter die Norm, da dieser nicht »Dritter« ist. [982] Insoweit sind die Regelungen über Erbvertrag, Erb-, Pflichtteilsverzicht etc. anzuwenden.[983] Allerdings führt die Beiziehung des Erblassers auch nicht zur Nichtanwendbarkeit der Norm, da das Gesetz keine Ausnahme zuläßt.[984] Gleichgestellt sind nach der h.M. auch Verträge, 473

---

976 Ebenso im Ergebnis Staudinger/*Schumacher* § 311b BGB IV, V Rn. 30.

977 Der vom Pflichtteilsrecht zu unterscheiden ist, vgl. MünchKomm/*Lange* §§ 2303 BGB Rn. 15, 2317 BGB Rn. 1; Staudinger/*Schumacher* § 311b BGB IV, V Rn. 16, 36; *Henssler* RNotZ 2010, 221, 229.

978 So MünchKomm/*Lange*, § 2317 BGB Rn. 1; Staudinger/*Schumacher* § 311b BGB IV, V Rn. 29; *Kuchinke* JZ 1990, 602.

979 RGZ 65, 367; RGZ 169, 99; BGHZ 37, 324; Palandt/*Grüneberg*, § 311b BGB, Rn. 70; MünKomm/*Ruhwinkel* § 311b BGB Rn. 124, Staudinger/*Schumacher* § 311b BGB IV, V Rn. 4; *Nieder/Kössinger*, Handbuch der Testamentsgestaltung, § 19 Rn. 61a; BeckOGK/*Schreindorfer* § 311b BGB, Rn. 438; *Frhr. v. Proff* ZEV 2013, 183, 184.

980 So Staudinger/*Schumacher* § 311b BGB IV, V Rn. 3.

981 BGHZ 26, 320, 326 = NJW 1958, 705; BGHZ 37, 319, 324; MünchKomm/*Ruhwinkel* § 311b BGB Rn. 111; Palandt/*Grüneberg*, § 311b BGB, Rn. 70; *Henssler*, RNotZ 2010, 221, 224; *Nieder/Kössinger*, Handbuch der Testamentsgestaltung, § 19 Rn. 60.

982 BGHZ 37, 319, 326; MünKomm/*Ruhwinkel* § 311b BGB Rn. 137; *Henssler* RNotZ 2010, 221, 231; *Dutta*, in: Limmer, Hrsg. Erbrecht und Vermögenssicherung, 2016, S. 181, 192.

983 *Henssler* RNotZ 2010, 221, 231.

984 BGHZ 37, 319, 326; MünKomm/*Ruhwinkel* § 311b BGB Rn. 137; Palandt/*Grüneberg*, § 311b BGB, Rn. 71; *Henssler* RNotZ 2010, 221, 231.

die einen Erbteil oder einen Bruchteil des Nachlasses betreffen.[985] Wie der BGH bereits frühzeitig entschieden hat, fallen unter § 311b Abs. 4 Satz 1 BGB nicht nur Verträge, durch die eine Verpflichtung zur Übertragung des Nachlasses oder eines Erbteils oder eines Bruchteils des Nachlasses begründet wird, sondern auch andere Rechtsgeschäfte, die im weitesten Sinn den Nachlass betreffen, z.B. die Verpflichtung, einen bestimmten Teil des durch den Nachlass bedingten Vermögenszuwachses in Geld abzuführen.[986] Auch sonstige o.g. Fallgruppen, die sich auf den Nachlass, einen Erbteil oder auf einen Bruchteil des Nachlasses beziehen, unterfallen der Verbotsnorm: insbesondere auch Verpflichtungen zur Verpfändung, Sicherungsübereignung, Annahme oder Ausschlagung des Erbrechts oder das Verhalten im Hinblick auf die Anfechtungsrechte.[987] Auch Verträge über die Anrechnung und Modifizierung der Anrechnungs- und Ausgleichungsbestimmungen sind Verträge i.S.d. § 311b Abs. 4 BGB.[988] Nach h.M. fallen auch Angebote oder einseitige Verpflichtungen hinsichtlich des Nachlasses eines noch lebenden Dritten unter § 311b Abs. 4 Satz 1 BGB.[989]

(2) Verträge über einzelne Nachlassgegenstände

474 Einigkeit besteht, dass Verträge, die nicht den Nachlass, einen Bruchteil oder ein Erbteil betreffen, sondern einzelne Gegenstände des künftigen Nachlasses, grundsätzlich nicht von § 311b Abs. 4 BGB erfasst werden.[990] Sicherungsübertragungsverträge über zukünftige einzelne Vermögensgegenstände oder die Verpflichtung zur Bestellung eines Wohnrechts an einem Grundstück, das voraussichtlich im Wege des Erbfalles auf den Erben übergeht, sind damit grundsätzlich zulässig. Ähnlich wie beim durch die Insolvenzrechtsreform aufgehobenen § 419 BGB ist die h.M. in Rechtsprechung und Literatur allerdings der Auffassung, dass § 311b Abs. 4 BGB Anwendung findet, wenn sich der Nachlass wertmäßig in den betroffenen Gegenständen im Wesentlichen erschöpft.[991] Gleichgestellt sollen die Fälle sein, in denen durch eine Aufzählung einzelner Gegenstände verschleiert werden soll, dass eine Beteiligung am Nachlass beabsichtigt ist. In der Literatur werden allerdings seit einiger Zeit zu Recht gegen diese, die Rechtssicherheit beeinträchtigende und auch vom Schutzzweck nicht unbedingt gedeckte Auslegung des § 311b Abs. 4 BGB Bedenken angemeldet.[992] Werden einzelne Gegenstände in dem Vertrag ausdrücklich genannt, so bleibt für den Veräußernden ersichtlich, welche konkreten Vermögensgegenstände er weggibt, sodass der Zweck des Verschwendungsschutzes, der bei der unspezifischen Bezeichnung als Nachlass angebracht ist, nicht greift. In der Praxis wird man sich allerdings auf die h.M. einstellen müssen.

---

985 BGHZ 26, 320, 325; MünchKomm/*Ruhwinkel* § 311b BGB Rn. 9111 ff.; *Henssler* RNotZ 2010, 221, 224; Palandt/*Grüneberg*, § 311b BGB, Rn. 70 Staudinger/*Schumacher* § 311b BGB IV, V Rn. 3 ff.; *Frhr. v. Proff* ZEV 2013, 183, 185; vgl. auch BGH DNotZ 1988, 169 = BGH JZ 1990, 599 mit Anm. *Kuchinke*.

986 So der Fall im BGHZ 26, 320; ähnlich auch der Fall BGH NJW 1995, 448 = DNotZ 1996, 763.

987 Vgl. im Einzelnen MünchKomm/*Ruhwinkel* § 311b BGB Rn. 31 ff.; *Henssler* RNotZ 2010, 221, 224 ff.; Palandt/*Grüneberg*, § 311b BGB, Rn. 70 Staudinger/*Schumacher* § 311b BGB IV, V Rn. 3 ff.; *Nieder/Kössinger*, Handbuch der Testamentsgestaltung, § 19 Rn. 60; *Frhr. v. Proff* ZEV 2013, 183, 185.

988 Vgl. *Mayer* ZEV 1996, 441, 444; *Henssler* RNotZ 2010, 221, 227. Auch Abfindungsvereinbarungen im Hinblick auf ein Erbrecht, z.B. zwischen Schlusserben, unterfallen dem Anwendungsbereich des § 312 Abs. 1 BGB (so BGHZ 37, 319 = NJW 1962, 1910; kritisch *Wiedemann* NJW 1968, 771).

989 MünchKomm/*Ruhwinkel* § 311b BGB Rn. 125; *Henssler* RNotZ 2010, 221, 230.

990 BGH MDR 1960, 575 = DNotZ 1960, 382; *Henssler* RNotZ 2010, 221, 225; MünchKomm/Ruhwinkel § 311b BGB Rn. 115 ff.; Palandt/*Grüneberg*, § 311b BGB, Rn. 71 Staudinger/*Schumacher* § 311b BGB IV, V Rn. 11; *Kaufhold* ZEV 1996, 454, 455; *Frhr. v. Proff* ZEV 2013, 183, 185.

991 Sog Erschöpfungstheorie; BGH DNotZ 1960, 382; RG LZ 1924, 587; MünchKomm/*Ruhwinkel r* § 311b BGB Rn. 115; Palandt/*Grüneberg*, § 311b BGB, Rn. 71 Staudinger/*Schumacher* § 311b BGB IV, V Rn. 11; *Kulke* ZEV 200, 298, 302; vgl. auch DNotI-Report 1996, 141; *Kaufhold* ZEV 1996, 454, 455 f.; kritisch *Henssler* RNotZ 2010, 221, 226; ablehnend *Frhr. v. Proff* ZEV 2013, 183, 185.

992 So Staudinger/*Schumacher* § 311b BGB IV, V Rn. 11; *Kaufhold* ZEV 1996, 456; *Henssler* RNotZ 2010, 221, 226; *Limmer* DNotZ 1998. 927, 934.

(3) Verträge über den Pflichtteil

§ 311b Abs. 4 Satz 2 BGB erweitert die Nichtigkeitssanktion auch auf Verträge über den Pflichtteil aus dem Nachlass eines noch lebenden Dritten. In der Literatur wird hierbei teilweise zwischen der als zulässig anerkannten Abtretung des Pflichtteilsanspruchs bzw. des zulässigen Verzichts auf den Pflichtteilsanspruch, der offenbar nicht § 311b Abs. 1 BGB unterfallen soll, und der unzulässigen Vereinbarung im Hinblick auf das Pflichtteilsrecht differenziert.[993] 475

(4) Vereinbarungen über Vermächtnis

Nach § 311b Abs. 4 Satz 2 BGB sind auch Vereinbarungen im Hinblick auf das Vermächtnis aus dem Nachlass eines noch lebenden Dritten erfasst. Bereits im Urteil aus dem Jahre 1956[994] entschied der BGH, dass Erben, bei denen ein Teil der Erben durch Vermächtnisse abgefunden wurden, nach § 311b Abs. 4 Satz 2 BGB keinen Vertrag schließen können, durch den die Kinder zu Lebzeiten des Erblassers diese Abfindung anderweitig regeln. Ebenfalls sollte in diesem Fall auf bestimmte Vermächtnisse verzichtet werden. Die Besonderheit der Nichtigkeit von Verträgen im Hinblick auf Vermächtnisse nach § 311b Abs. 4 Satz 2 BGB liegt darin, dass in § 311b Abs. 4 BGB auch unter künftigen Erben keine derartigen Verträge zulässig sein sollen, da in dieser Vorschrift das Vermächtnis nicht genannt ist.[995] In der Literatur wird daher auch ohne weiteres dieser alten Rechtsprechung des BGH zur Anwendung des § 311b Abs. 4 Satz 2 BGB auf alle Vermächtnisse und der Nichtanwendung des § 311b Abs. 4 BGB gefolgt.[996] Auch der BGH hatte ohne weitere Differenzierung in einem obiter dictum im Urteil v. 25.10.1995 die Auffassung vertreten, dass ein »Erbschaftsvertrag über ein Vermächtnis aus dem Nachlass eines noch lebenden Dritten unter § 311b Abs. 4 BGB« fällt.[997] Lediglich Die Literatur hat allerdings zu Recht[998] darauf hingewiesen, dass der Schutzzweck des § 311b Abs. 4 BGB nicht ohne weiteres passt und insbesondere die Nichtanwendung des § 311b Abs. 4 BGB zu Problemen führen kann. Im Gegensatz zum Nachlass und zum Pflichtteil betreffen Vermächtnisse häufig nur Einzelgegenstände. Bei Einzelgegenständen ist allerdings anerkannt, dass Verträge über Gegenstände aus dem Nachlass nicht § 311b Abs. 4 BGB unterfallen.[999] Unter Anwendung dieser am Schutzzweck orientierter Grundsätze muss auch beim Vermächtnis über einen Einzelgegenstand eine Vereinbarung zulässig sein.[1000] Der Schutzzweck des § 311b Abs. 4 BGB ist daher nur tangiert, wenn das Vermächtnis einen bestimmten Bruchteil betrifft. Für die Praxis ist allerdings zu beachten, dass sich diese Auffassung, soweit ersichtlich, in der Rechtsprechung noch nicht hat durchsetzen können, sodass derartige Vereinbarungen im Hinblick auf ein Vermächtnis mit größter Vorsicht zu beurteilen sind. Folgt man dieser einengenden Auslegung des § 311b Abs. 4 BGB nicht, dann spricht doch einiges dafür zumindest, § 311b Abs. 4 BGB auch auf ein Vermächtnis anzuwenden. Es ist häufig vom Zufall abhängig, ob eine Erbeinsetzung oder eine Vermächtnislösung gewählt wird, oft spielen auch wirtschaftliche oder steuerliche Gründe eine Rolle. Es ist daher nicht recht ersichtlich, warum nicht eine zulässige Vereinbarung künftiger gesetzlicher Erben nach § 311b Abs. 4 BGB nicht auch ein Vermächtnis regeln soll. Allenfalls das Wortlautargument, dass in § 311b Abs. 5 BGB das Vermächtnis nicht genannt ist, lässt sich heranziehen, sachliche Gründe sind hierfür kaum zu finden.[1001] 476

993 Vgl. Palandt/*Grüneberg*, § 311b BGB, Rn. 71; Staudinger/*Schumacher* § 311b BGB IV, V Rn. 16, 36; *Henssler* RNotZ 2010, 221, 229; *Frhr. v. Proff* ZEV 2013, 183, 185.

994 NJW 1956, 1151.

995 So ausdrücklich BGH NJW 1956, 1151.

996 Vgl. Palandt/*Grüneberg*, § 311b BGB, Rn. 70 f.; Staudinger/*Schumacher* § 311b BGB IV, V Rn. 17; *Henssler* RNotZ 2010, 221, 228.

997 So BGH DNotZ 1997, 122, 124.

998 In Staudinger/*Schumacher* § 311b BGB IV, V Rn. 17; *Henssler* RNotZ 2010, 221, 228.

999 Vgl. BGHZ 26, 320, 325.

1000 Ebenso *Nieder/Kössinger*, Handbuch der Testamentsgestaltung, § 19 Rn. 60b.

1001 Vgl. *Limmer* DNotZ 1998, 927, 935; a.A. BGH NJW 1956, 1151.

e) Zulässige Erbschaftsverträge nach § 311b Abs. 5 BGB

aa) Der Begriff der gesetzlichen Erben

477 § 311b Abs. 5 BGB regelt im Übrigen eine Ausnahme von der Nichtigkeitssanktion, um eine vorzeitige Auseinandersetzung unter künftigen gesetzlichen Erben zu ermöglichen.[1002]

Nach dem Wortlaut muss der Vertrag nach § 311b Abs. 5 BGB »unter künftigen gesetzlichen Erben« geschlossen werden. Nach der h.M. ist nicht erforderlich, dass es sich um die nächsten gesetzlichen Erben erster Ordnung handelt, es genügt, dass sie zum Zeitpunkt des Vertragsschlusses zu einer der in §§ 1924 ff. BGB genannten Erbgenerationen gehören.[1003] Unerheblich ist hierbei, ob die Vertragschließenden im Erbfall wirklich Erben werden, auch eine testamentarische Erbeinsetzung genügt für die Zulässigkeit nicht.[1004] Umstritten ist die Frage, welche Rechtsfolgen eintreten, wenn der Vertragspartner wegfällt und/oder der Rechtsnachfolger nicht zu gesetzlichen Erben gehört oder wenn das Erb- oder Pflichtteilsrecht, auf das sich der Vertrag bezieht, wegfällt.[1005] Überwiegend wird angenommen, dass der Vertrag unter der Bedingung steht, dass der Verpflichtete den Erblasser überlebt und – im Überlebensfall – dessen gesetzlicher bzw. – in gleicher Höhe –testamentarischer Erbe oder Pflichtteilsberechtigter wird.[1006] *Henssler* empfiehlt die Frage im Vertrag zu regeln.[1007]

bb) Inhaltliche Begrenzung

478 § 311b Abs. 5 BGB lässt zunächst einen Vertrag »über den gesetzlichen Erbteil« unter den genannten Beteiligten zu. Ein solcher Vertrag bedarf der notariellen Beurkundung. Seit der Grundsatzentscheidung des BGH vom 11.05.1988[1008] ist für die Praxis die Frage entschieden, dass ein Erbschaftsvertrag auch über einen testamentarischen Erbteil nach § 311b Abs. 5 BGB zulässig ist.[1009] Der BGH versteht damit nun § 311b Abs. 5 BGB dahingehend, dass es nicht darauf ankommt, ob der Erbteil kraft Gesetzes oder Kraft testamentarischer Erbfolge erlangt wurde. Das Merkmal des gesetzlichen Erbteils hat nach Auffassung des BGH lediglich die Bedeutung einer quantitativen Begrenzung dessen, über das die künftigen gesetzlichen Erben wirksame Erbschaftsverträge schließen können. Die Beteiligten können daher eine Regelung auch über testamentarische Erbteile treffen, soweit diese Regelung nicht über den gesetzlichen Erbteil hinausgeht.[1010] Die Umsetzung dieser quantitativen Grenze bereitet kaum Probleme bei der Frage, inwieweit Verpflichtungen zur Abtretung des Erbteils zulässig sind. Schwieriger sind Ausgleichungs- und Gestaltungsverpflichtungsverträge einzuordnen. Im Hinblick auf die Grundlagenentscheidung des BGH wird man diese

---

1002 Vgl. zum Schutzzweck des § 311b Abs. 5 BGB Palandt/*Grüneberg*, § 311b BGB, Rn. 7e; Staudinger/*Schumacher* § 311b BGB IV, V Rn. 17; *Henssler* RNotZ 2010, 221, 232; *Frhr. v. Proff* ZEV 2013, 183, 185 f.

1003 RGZ 98, 332; BGH NJW 1956, 1151; Palandt/*Grüneberg*, § 311b BGB, Rn. 73; MünchKomm/*Ruhwinkel* § 311b BGB Rn. 137; Staudinger/*Schumacher* § 311b BGB IV, V Rn. 17; *Henssler*, RNotZ 2010, 221, 232 *Frhr. v. Proff* ZEV 2013, 183, 186; *Dutta*, in: Limmer, Hrsg. Erbrecht und Vermögenssicherung, 2016, S. 181, 198.

1004 MünchKomm/*Ruhwinkel* § 311b BGB Rn. 137; Staudinger/*Schumacher* § 311b BGB IV, V Rn. 25; *Frhr. v. Proff* ZEV 2013, 183, 186.

1005 Vgl. zu dieser Frage MünchKomm/*Ruhwinkel* § 311b BGB Rn. 143 f.; *Henssler*, RNotZ 2010, 221, 239; *Dutta*, in: Limmer, Hrsg. Erbrecht und Vermögenssicherung, 2016, S. 181, 197 f.

1006 *P. Becker*, notar 2017, 447, 448 m.w.N.

1007 *Henssler*, RNotZ 2010, 221, 239.

1008 BGHZ 104, 279 = NJW 1988, 276 = DNotZ 1989, 169.

1009 Ablehnend RGZ 98, 330.

1010 So auch die herrschende Lehre Palandt/*Grüneberg*, § 311b BGB, Rn. 74; Staudinger/*Schumacher* § 311b BGB IV, V Rn. 34; *Henssler* RNotZ 2010, 221, 233 ff.; *Nieder/Kössinger*, Handbuch der Testamentsgestaltung, § 19 Rn. 61b; *Kuchinke* JZ 1990, 601; *Frhr. v. Proff* ZEV 2013, 183, 186.

Erbschaftsverträge auch bis zur Höhe des gesetzlichen Erbteils wohl als zulässig erachten können, soweit Ausgleichsverpflichtungen geregelt werden sollen.[1011]

cc) Notarielle Beurkundung[1012]

Ein derartiger Vertrag bedarf nach § 311b Abs. 5 Satz 2 BGB der notariellen Beurkundung. Beurkundungspflichtig ist der gesamte Vertrag, und damit alle Erklärungen, die nach dem Willen der Beteiligten mit dem Vertrag zwingend zusammenhängen.[1013] Der BGH hat im Urteil vom 30.11.1994[1014] entschieden, dass die vorgeschriebene Form auch für eine Vertragskombination gilt, bei der der Erblasser dem Erbschaftsvertrag ausdrücklich zustimmt. Verträge zwischen künftigen gesetzlichen Erben über wertmäßige Zahlungen in der Höhe der Hälfte des Nachlasswertes sind daher auch dann formbedürftig, wenn der Erblasser diesem Vertrag zustimmt. 479

11. Bankverfügung und Bausparvertrag im Erbrecht

a) Bankverfügung und Verfügung von Todes wegen

aa) Der Bestand von Bankverfügungen im Todesfall

Soweit das Vermögen einer Person aus Geld, Wertpapieren o.ä. besteht, ist derjenige, der diese Werte zu übertragen wünscht, nicht auf das erbrechtliche Instrumentarium angewiesen. Es gibt eine Reihe **bankspezifischer Gestaltungen**, die es ermöglichen, Vermögenswerte aus dem Nachlass auszugliedern und für sie eine »Sondernachfolge« anzuordnen.[1015] Diese sind Rechtsgeschäfte unter Lebenden, nicht Verfügungen von Todes wegen, auch dann nicht, wenn sie auf den Tod des Kontoinhabers bezogen sind. Insbesondere der Vertrag zugunsten Dritter (§ 328 BGB) und der Vertrag zugunsten Dritter auf den Todesfall (§ 331 BGB) ermöglichen zahlreiche sachgerechte Gestaltungen außerhalb des Erbrechts und außerhalb des erbrechtlichen Formzwanges; der Anwendungsbereich des § 2301 BGB (Schenkung auf den Todesfall) mit dem dort angeordneten Formzwang ist demgegenüber gering. Durch einen Vertrag zugunsten Dritter kann sich der Erblasser eine Leistung an den von ihm begünstigten Dritten derart versprechen lassen, dass dieser nach dem Tod des Erblassers unmittelbar einen Anspruch gegen den Versprechenden auf die Leistung erwirbt. Dem Dritten muss das Recht nicht endgültig und sofort zugewandt werden; dies folgt aus § 328 Abs. 2 BGB, wonach das dem Dritten zugewandte Recht befristet oder bedingt bestellt werden darf und der Zuwendende und der Versprechende das Recht wieder beseitigen oder ändern können. § 331 BGB ermöglicht die Zuwendung schuldrechtlicher Ansprüche, z.B. auf Übertragung des Eigentums; das Eigentum selbst kann (ohne Erfüllungsgeschäft) nicht unmittelbar nach § 331 BGB zugewandt werden.[1016] 480

Wird durch derartige bankspezifische Gestaltungen Vermögen einem Begünstigten zugewendet, wenn auch mit Wirkung zum Todesfall des Zuwendenden, hat dies zudem zur Folge, dass der Gegenstand der Zuwendung »am Nachlass vorbei« an den Begünstigten geht. Dadurch wird der oft **schwierige Erbnachweis** umgangen. In der Bankpraxis stellt sich häufig die Frage, wie der Erbe eines Kontoinhabers sein Erbrecht nachzuweisen hat, insbesondere bei privatschriftlichen Testamenten. Nach der Rechtsprechung des BGH ist der Erbe zwar nicht verpflichtet, sein Erbrecht durch einen Erbschein nachzuweisen, er hat auch die Möglichkeit, den Erbnachweis in anderer 481

1011 So auch *Mayer* ZEV 1996, 444; ähnlich auch *Nieder/Kössinger*, Handbuch der Testamentsgestaltung, § 19 Rn. 61a ff.; *Henssler* RNotZ 2010, 221, 233 ff.

1012 Vgl. zum besonderen Schutz durch notarielle Beurkundung *Limmer* DNotZ 1998, 927, 938 *Henssler* RNotZ 2010, 221, 239.

1013 MünchKomm/*Ruhwinkel* § 311b BGB Rn. 142; *Henssler* RNotZ 2010, 221, 239.

1014 ZEV 1995, 142.

1015 Vgl.*Lange/Werkmüller*, §§ 21 ff.; *Ott-Eulberg/Schebesta/Bartsch*, Erbrecht und Banken, 3. Aufl. 2018 § 3 Rn. 3 ff.; *Langauer*, Die Bankverfügung nach § 331 BGB in der erbrechtlichen Gestaltung, Diss. Regensburg 2003; *Burghardt* ZEV 1996, 136.

1016 BGH NJW 2006, 1434, 1437; Palandt/*Grüneberg*, § 328 Rn. 5, Einf. v. § 328 Rn. 8 f.

Form zu erbringen,[1017] fraglich bleibt dann, in welcher Form dies zu geschehen hat. Nach der BGH-Rechtsprechung[1018] ist jedenfalls ein eröffnetes öffentliches Testament im Regelfall ein ausreichender Erbnachweis. Der Erbe kann sein Erbrecht aber auch durch Vorlage eines eröffneten eigenhändigen Testamentes belegen, wenn dieses die Erbfolge mit der im Rechtsverkehr erforderlichen Eindeutigkeit nachweist.[1019] Die bankspezifischen Transfermöglichkeiten umgehen diese im Einzelfall meist schwierige Beurteilung.

482 Vermögensverschiebungen, die aufgrund bankspezifischer Maßnahmen herbeigeführt werden, sind jedoch in mehrfacher Hinsicht in ihrem **Bestand nicht gesichert**:[1020]

(1) Bestandsgefährdungen aus dem Deckungsverhältnis

483 Es handelt sich in allen Fällen um Vorgänge im Rahmen eines Bankvertrages. Die Rechtsbeziehungen des Erblassers (Versprechensempfängers) zu dem Versprechenden (z.B. die Bank), das sog. Deckungsverhältnis, und auch der dadurch etwa begründete Anspruch des Dritten (Begünstigter) gegen den Versprechenden unterliegen im Grundsatz nicht dem Erbrecht, sondern dem Schuldrecht.[1021] § 2301 BGB ist nicht anwendbar (also kein Formzwang!), selbst wenn es sich im Verhältnis zwischen dem Versprechensempfänger und dem Begünstigten (Valuta-Verhältnis) um eine unentgeltliche Zuwendung handelt.[1022] Es ist nicht nur das Verhältnis des Kontoinhabers zum Begünstigten (Valutaverhältnis) zu sehen, sondern auch sein Verhältnis als Versprechensempfänger zur Bank als Versprechender. Einen Anspruch auf eine Vermögensverschiebung erlangt der Begünstigte nur, wenn der Bankkunde ihm den Vermögensvorteil zuwenden wollte und diese Rechtsfolge auch der Bank bewusst war und von ihrem vertraglichen Leistungswillen umfasst wurde.[1023] Entsprechende Klarstellungen sind daher geboten. Ferner dürfen keine Einwendungen des Versprechenden gegen den Anspruch aus dem Vertragsverhältnis zum Versprechensempfänger bestehen, z.B. mangelnde Deckung des Kontos, von dem das dem Dritten zugewandte Recht bedient werden soll. Lässt sich die Bankverfügung nicht in solcher Weise bestandskräftig gestalten, ist eine erbrechtliche Absicherung der gewünschten Vermögensverschiebung notwendig; dies ist allerdings nur möglich, wenn der Kontoinhaber in seiner Testierfreiheit nicht beschränkt ist.

(2) Bestandsgefährdungen aus dem Valutaverhältnis

484 Kommt es zu einer Vermögensverschiebung aufgrund einer Bankverfügung, so kann der Begünstigte den so (außerhalb des Erbgangs) erlangten Vorteil nur behalten, wenn im Verhältnis zum Kontoinhaber (Erblasser) und dessen Erben ein wirksames Kausalverhältnis vorliegt; andernfalls besteht die Gefahr der Rückforderung durch den oder die Erben. Das Kausalverhältnis wird in aller Regel ein Schenkungsvertrag sein.[1024] Hierzu bedarf es einer Einigung des Begünstigten mit dem Schenker über die Unentgeltlichkeit der Zuwendung gem. § 516 BGB; diese ist beurkundungspflichtig (§ 518 Abs. 1 BGB). Der Formmangel wird geheilt, wenn der Begünstigte den erworbenen Anspruch gegen den Versprechenden mit dem Tod des Erblassers erwirbt. Da in derartigen Fällen ein sog. Von-Selbst-Erwerb des Begünstigten erfolgt,[1025] ist Vollzug nach § 2301 Abs. 2 BGB wie auch nach § 518 Abs. 2 BGB anzunehmen. Die Einigung über die Unentgeltlichkeit der Zuwendung kann auch erst nach dem Tode des Schenkers zustande kommen (§§ 130, 153 BGB). Sie wird

1017 BGH ZEV 2005, 388.
1018 BGH ZEV 2005, 388.
1019 BGH ZEV 2016, 320.
1020 Vgl. ausführlich *Werkmüller* ZEV 2001, 97.
1021 BGHZ 66, 8 = DNotZ 1976, 555.
1022 BGHZ 66, 8 = DNotZ 1976, 555; BGH WM 1976, 1130.
1023 BGH DNotZ 1984, 692.
1024 A.A. *Vollkommer* ZEV 2000, 10, der als causa ein erbrechtliches Rechtsgeschäft sieht; *Wolf* FamRZ 2002, 147 will den Willen des Erblassers, die Leistung dem Dritten endgültig zukommen zu lassen, als causa genügen lassen.
1025 BGHZ 41, 95.

jedoch dadurch verhindert, dass dem Begünstigten vor der Annahme des Angebots der Schenkung oder gleichzeitig mit ihr ein wirksamer Widerruf durch die Erben zugeht. Die Erben können in der Regel das Schenkungsangebot in gleicher Weise widerrufen wie der Erblasser selbst.[1026] Das Widerrufsrecht folgt aus § 328 Abs. 2 BGB. Der Erblasser kann die Widerrufsmöglichkeit der Erben nicht ohne Weiteres beseitigen, es sei denn, er verzichtet selbst auf das Widerrufsrecht. Andernfalls muss er die Erben durch Vermächtnis bzw. Auflage verpflichten, einen Widerruf zu unterlassen, oder die künftigen Erben an der Verfügung zugunsten Dritter beteiligen. Eine solche Verfügung von Todes wegen wird jedoch nicht immer möglich sein (z.B. bei bestehender erbvertraglicher Bindung).[1027] Liegt kein wirksames Kausalverhältnis vor, können die Erben den Vermögensvorteil des durch Bankverfügung Begünstigten gem. §§ 812 ff. BGB kondizieren.

(3) Bestandsgefährdungen aus der fehlenden Testierfreiheit des Kontoinhabers

Der Bankverfügung zugunsten Dritter wird dann besondere Bedeutung zukommen, wenn der 485
Kontoinhaber durch Erbvertrag oder gemeinschaftliches wechselbezügliches Testament in der Testierfreiheit eingeschränkt ist. Er kann dann den Wunsch haben, Geld oder Wertpapiere aus dem Nachlass auszugliedern und durch eine Sondernachfolge dritten Personen zuzuweisen. Eine derartige Verfügung zugunsten Dritter ist nicht schon aus dem Gesichtspunkt der Umgehung der Bindung unwirksam. Wohl aber kann dem benachteiligten Vertrags- oder Schlusserben ein Bereicherungsanspruch gem. § 2287 BGB zustehen. Dies gilt auch für den Vermächtnisnehmer nach § 2288 BGB.[1028] Entscheidend ist, ob der Kontoinhaber (Erblasser) ein anerkennenswertes lebzeitiges Eigeninteresse an der Bankverfügung hat.[1029] Liegt ein solches nicht vor, ist die Bankverfügung in ihrem Bestand gegenüber den Erben gefährdet.

bb) Bankvollmacht für den Todesfall

Der Erblasser kann Inhaber seines Bankkontos bleiben und dem Dritten, den er begünstigen will, 486
lediglich eine Vollmacht für den Todesfall bezüglich dieses Bankkontos erteilen. Der Umfang der Vertretungsmacht richtet sich nach den §§ 164 ff. BGB. Die Bankvollmacht für den Todesfall wird durch **Rechtsgeschäft unter Lebenden** erteilt, soll aber erst mit dem Tod des Vollmachtgebers wirksam werden (**postmortale Vollmacht**). Der Bevollmächtigte ist dann legitimiert, mit Wirkung für und gegen die Erben bezüglich des in der Vollmacht genannten Kontos aufzutreten.[1030]

Die Vollmachtserteilung beinhaltet noch keine **Vermögensverschiebung**, die etwa die 10-Jahres- 487
Frist des § 2325 Abs. 3 BGB auslösen würde. Die Bankvollmacht schafft also keinen Rechtsgrund zum Behaltendürfen, sondern ermöglicht nur Verfügungen über das Konto. Die Reichweite der Vollmacht ist im Einzelfall zu prüfen. Auch einem Ehegatten gestattet die Vollmacht nicht »automatisch« Vermögensverschiebungen zu seinen eigenen Gunsten.[1031] Soll sich die Vollmacht auf derartige Verfügungen zu eigenen Gunsten erstrecken, ist dies beim Erteilen der Vollmacht klarzustellen. Nimmt der Bevollmächtigte nach dem Ableben des Kontoinhabers Verfügungen zu seinen eigenen Gunsten vor, so kann er den so erlangten Vorteil nur behalten, wenn ein **wirksames Kausalverhältnis** zugrunde liegt.[1032] Die Vollmachtserteilung mit der Befugnis, zu eigenen Gunsten zu verfügen, kann, wenn die übrigen Gesichtspunkte auch hierfür sprechen, darauf hindeuten,

1026 BGH WM 1976, 1130; DNotZ 1984, 692.

1027 Außerdem macht die Auflage, von einer etwaigen Widerrufsmöglichkeit eines Angebotes auf Abschluss des Schenkungsvertrages an den Dritten keinen Gebrauch zu machen, den dennoch erklärten Widerruf nicht unwirksam. Die Auflage muss vollzogen werden, der Widerruf als Gestaltungsrecht wirkt, auch wenn der Erbe durch die Auflage eigentlich zu Gegenteiligem verpflichtet war. Der Dritte muss ggfs. schuldrechtlichen Ausgleich suchen.

1028 BGH FamRZ 1976, 205.

1029 Vgl. dazu § 2287 BGB Rdn. 16 ff.

1030 Münchener Vertragshandbuch/*Graf von Westphalen* Bd. 2, IV 9 Anm. 1.

1031 BGHZ 180,191, 199.

1032 S.o. Syst.Teil A Rdn. 483.

dass sie das Angebot auf Abschluss eines Schenkungsvertrages enthält. Das Angebot wird dann mit Verfügung durch den Bevollmächtigten angenommen; zugleich wird das Schenkungsversprechen vollzogen und damit der Formmangel im Sinn von § 518 Abs. 2 BGB geheilt.[1033] § 181 BGB ist, wenn eine Verfügung gestattet ist, nicht einschlägig.[1034] Eine Nachfrage der Bank bei den Erben ist nicht notwendig,[1035] jedoch nur, solange die Vollmacht von den Erben nicht widerrufen ist. Problematisch bleibt aber auch bei Annahme eins Angebotes auf Abschluss eines Schenkungsvertrages, dass der Bevollmächtigte im Zweifel beweisen muss, dass und in welchem Umfang der Erblasser ihn beschenken wollte.

488 Solange der **Widerruf der Vollmacht durch die Erben** gegenüber der Bank nicht erklärt wurde, bleibt die Vollmacht in Kraft. Grundsätzlich kann die Bankvollmacht auch so gestaltet werden, dass ein Widerruf durch die Erben nicht möglich ist;[1036] da auch hier zahlreiche Zweifelsfragen bestehen,[1037] ist eine Klarstellung in der Bankverfügung geboten. Es empfiehlt sich auch, die Bankverfügung durch die Bank bestätigen zu lassen, da die Rechtsfolge auch vom Vertragswillen der Bank umfasst sein muss.[1038] Auch wegen der problematischen Bedeutung des Kausalverhältnisses für die Unwiderruflichkeit ist eine Klarstellung über den Grund einer möglichen Zuwendung an den Bevollmächtigten selbst geboten. Schließlich sind viele Konstellationen möglich, in denen auch eine als unwiderruflich erteilte Vollmacht doch widerrufen werden kann.[1039] Die Bankvollmacht kann sinnvoll nur zur Absicherung des Vollzuges einer Zuwendung eingesetzt werden. Sie stellt selbst keine Zuwendung dar und reicht allein als Gestaltungsmittel nicht aus. In der Regel gewährt sie dem Bevollmächtigten auch nur kurze Zeit Vorteile oder Sicherheit, nämlich bis zum Widerruf durch den oder die Erben. Schließlich muss sich der Bevollmächtigte, der von der ihm erteilten Vollmacht Gebrauch gemacht hat, gegenüber den Erben häufig rechtfertigen und setzt sich schnell dem Untreuevorwurf aus, wenn er einen Rechtsgrund für die Vermögensverfügung nicht darlegen kann.

cc) Einzelkonto zugunsten Dritter (§ 328 BGB)

489 Soll ein Dritter außerhalb des Nachlasses begünstigt werden, so ist es möglich, dass der Begünstigende zu seinen Lebzeiten ein **Konto auf den Namen des Begünstigten** errichtet. Handelt er dabei nicht aufgrund Vollmacht für den Begünstigten, sondern im eigenen Namen, so liegt ein Vertrag mit der Bank zugunsten Dritter gem. § 328 BGB vor.

490 Will der Begünstigende erreichen, dass der Begünstigte über das Konto nicht vor einem bestimmten Zeitpunkt, z.B. nicht vor dem Ableben des Begünstigenden verfügen kann, so ist ein entsprechender Sperrvermerk anzuordnen. Ein solches **Sperrkonto**, das § 328 Abs. 2 BGB zuzuordnen ist, ist dadurch charakterisiert, dass die Verfügungsmacht des Kontoinhabers eingeschränkt ist.[1040] Auch unter dem Gesichtspunkt der formellen Kontenwahrheit (§ 154 AO) bestehen keine Bedenken; dieser Grundsatz besagt nur, dass jedes Konto auf den richtigen Namen einer Person lauten muss.[1041] Die Schenkung zugunsten Dritter auf den Todesfall wird in der Regel die 10-Jahres-Frist des § 2325 Abs. 3 BGB für die Geltendmachung des Pflichtteils nicht in Gang setzen.[1042]

1033 OLG München WM 1973, 1252; *Canaris*, Bankrecht Rn. 223; Münchener Vertragshandbuch/*Graf von Westphalen* Bd. 2, IX 9 Anm. 4.

1034 MünchKomm/*Schubert* § 181 Rn. 69, 72; Staudinger/*Schilken* § 181 Rn. 49, 52.

1035 BGH WM 1969, 702; BGH ZEV 1995, 150 m. Anm. *Krampe*, OLG Düsseldorf WM 1983, 547; MünchKomm/*Schubert* § 168 Rn. 52; a.A. *Canaris*, Bankrecht Rn. 223; *Flume*, AT, S. 149 ff.

1036 Staudinger/*Schilken* § 168 Rn. 11.

1037 Vgl. dazu Münchener Vertragshandbuch/*Graf von Westphalen* Bd. 2, IV 8 Anm. 9.

1038 BGH DNotZ 1984, 692.

1039 Vgl. Palandt/*Ellenberger*, § 168 Rn. 5 f.

1040 BGH DNotZ 1984, 692; *Canaris*, Bankrecht Rn. 250.

1041 *Eichel* MittRhNotK 1975, 615 = MittBayNot 1977, 43, 45; *Bork* NJW 1981, 905.

1042 BGH DNotZ 1987, 315 m. Anm. *Nieder*.

Der vorgenannte Fall liegt auch vor, wenn ein **Sparbuch** zugunsten eines (auch minderjährigen) Kindes eingerichtet wird, sofern zwischen Bank und Versprechensempfänger (Begünstigendem) Einigkeit darüber besteht, dass das Kind die Forderung erst zu einem bestimmten Zeitpunkt erwerben soll, z.B. wenn es volljährig geworden ist.[1043] Behält der Versprechensempfänger das Sparbuch, so behält er auch wegen § 808 BGB die Verfügungsbefugnis über das Konto.[1044] Im Zurückbehalten des Sparbuchs liegt ein Beweisanzeichen dafür, dass sich der Errichtende die Verfügungsbefugnis über das Sparbuch weiterhin vorbehält, d.h. einen unmittelbaren Anspruch im Sinne von § 328 Abs. 1 BGB dem begünstigten Dritten noch nicht zuwenden wollte, zumindest er sich aber gem. § 328 Abs. 2 BGB das Recht vorbehalten wollte, die noch nicht vollzogene Zuwendung abzuändern oder zurückzunehmen. Bei einem Vertrag zugunsten Dritter im Sinne von § 328 BGB tritt der Rechtserwerb des Begünstigten – wenn auch nicht endgültig und wenn auch mit inhaltlichen Beschränkungen versehen und gegebenenfalls auch mit einer auflösenden Bedingung im Sinne von § 158 Abs. 2 BGB behaftet – sofort ein, bei einer Verfügung nach § 331 BGB erst mit dem Ableben des Versprechensempfängers, also des Begünstigenden.[1045]

Der Begünstigte darf die Zuwendung nur behalten, wenn ein **Kausalverhältnis** vorliegt.[1046] In der Einrichtung eines derartigen Kontos ist jedoch ein Angebot auf Abschluss eines Schenkungsvertrages zu sehen, das vom Begünstigten auch noch nach dem Ableben des Begünstigenden formlos angenommen werden kann.[1047] Es ist zweckmäßig, eine Regelung für den Fall des Vorablebens des Begünstigten zu treffen. In der Regel wird es geboten sein, klarzustellen, dass die Zuwendung entfällt, wenn derjenige, auf dessen Namen das Konto eingerichtet wurde, vor dem Begünstigenden verstirbt. Andernfalls würden die Erben des Begünstigten Rechtsnachfolger werden. Fraglich wäre dann allerdings, ob sie wegen des Fehlens eines Kausalverhältnisses die Schenkung behalten könnten, es sei denn, dass sich das Angebot auf Abschluss eines Schenkungsvertrages auch auf die Rechtsnachfolger des ursprünglichen Begünstigten ausdehnen lässt.[1048]

Entsprechendes gilt im Ergebnis auch für **Wertpapierdepots**. Hier ist ebenfalls die Einrichtung 491
eines Fremddepots durch Vertrag zugunsten Dritter gem. § 328 BGB mit Sperrvermerk möglich.[1049] Die Gläubigerstellung ist beim Fremddepot, anders als beim Fremdkonto, nicht auf die Einlagenforderung, sondern auf das Eigentum an den Wertpapieren bezogen, also dinglicher Natur. Da ein dingliches Recht nicht durch Vertrag zugunsten Dritter begründet werden kann, ist das dingliche Recht am Wertpapier zunächst treuhänderisch auf die verwahrende Bank zu übertragen; die so entstandenen schuldrechtlichen Ansprüche werden dann gem. § 328 BGB auf den Dritten übertragen.[1050]

dd) Gemeinschaftskonto mit dem Begünstigten

Ein **Gemeinschaftskonto** zwischen dem Begünstigenden und dem Begünstigten ist in der Form 492
des Und-Kontos und in der Form des Oder-Kontos möglich. Von einem Oder-Konto spricht man, wenn jeder Inhaber allein und unbeschränkt verfügungsberechtigt ist. Diese Kontenform entsteht mangels besonderer Abmachung mit der Bank durch bloße Einrichtung des Kontos von Anfang an für mehrere Personen.[1051] Beim Und-Konto sind sämtliche Kontoinhaber nur gemeinsam ver-

1043 Staudinger/*Klumpp* § 328 Rn. 198; Münchener Vertragshandbuch/*Graf von Westphalen* Bd. 2, IV 6 Anm. 5.
1044 BGHZ 46, 198, 199; BGH NJW 1970, 1181, 1182.
1045 Staudinger/*Klumpp* § 328 Rn. 70.
1046 BGH WM 1975, 115, 116; 1976, 1130.
1047 Vgl. Münchener Vertragshandbuch/*Graf von Westphalen* Bd. 2, IV 7 Anm. 7, 9.
1048 Vgl. Münchener Vertragshandbuch/*Graf von Westphalen* Bd. 2, IV 7 Anm. 15.
1049 Münchener Vertragshandbuch/*Graf von Westphalen* Bd. 2, IV 10 Anm. 5.
1050 Vgl. dazu § 2301 BGB Rdn. 73.
1051 *Eichel* MittRhNotK 1975, 613, 615 = MittBayNot 1977, 43, 45.

fügungsbefugt. Die Bank kann dementsprechend nur mit befreiender Wirkung an sie gemeinsam leisten[1052] oder auf gemeinsame Anweisung über das Konto verfügen.

493 Das **Und-Konto** bietet keine sinnvolle Möglichkeit zur Vermögenszuweisung außerhalb des Nachlasses. Stirbt nämlich der begünstigende Kontomitinhaber, so fällt seine Kontoinhaberschaft in den Nachlass, sodass der begünstigte Kontoinhaber nur mit Zustimmung der Erben verfügungsbefugt wird.[1053]

494 Das **Oder-Konto** eignet sich eingeschränkt für eine Begünstigung außerhalb des Nachlasses. Die Einrichtung eines Oder-Kontos betrifft zunächst bloß die Rechtsbeziehung zur kontoführenden Bank.[1054] Stirbt der begünstigende Kontomitinhaber, so kann der verbleibende (begünstigte) Kontomitinhaber von der Bank die volle Leistung verlangen, also die Auszahlung des Kontoguthabens auf seinen Namen. Er ist quasi vom Erblasser bevollmächtigt, auch an dessen Stelle über das Konto zu verfügen. Kontoinhaber sind beide,[1055] also Zuwendender und der miteingetragene zu Begünstigende. Die Verfügungsbefugnis und -möglichkeit stellt selbst noch keinen Rechtsgrund zum Behalten dar. Soweit die Ausgleichungspflicht des verbleibenden Kontoinhabers gegenüber den Erben des verstorbenen Teils gem. § 430 BGB bestehen bleibt,[1056] liegt keine Schenkung vor, sodass der begünstigte Kontomitinhaber den ihm zugeflossenen Vorteil an die Erben des verstorbenen Kontomitinhabers herauszugeben hat.[1057] Ob aber eine gleichmäßige Berechtigung der Mitinhaber untereinander vorliegt und im Zweifel eine Ausgleichungspflicht nach § 430 BGB besteht, ist Frage des Einzelfalls. Bei intakter Ehe zwischen Erblasser und dem weiteren Kontoinhaber wird vermutet, dass eine Ausgleichungspflicht nach § 430 BGB zumindest konkludent ausgeschlossen ist.[1058] Soweit eine gleichmäßige Berechtigung aller Mitinhaber vorliegt, kann bei der Mehreinzahlung auf dieses Konto durch einen Mitberechtigten in seinem Verhältnis zum anderen Mitinhaber eine Schenkung liegen, die wiederum Pflichtteilsergänzungsansprüche auslösen kann.

495 Ist gewünscht, dass der Kontomitinhaber den ihm zugeflossenen Vermögensvorteil behalten darf, ist eine Verfügung zugunsten Dritter auf den Todesfall zu treffen oder, sofern möglich, eine **erbrechtliche Absicherung** vorzunehmen (Vermächtnis). Nach Auffassung des BGH[1059] gilt dann etwas anderes, wenn nach dem Willen des verstorbenen Kontomitinhabers nachgewiesenermaßen der verbleibende Kontomitinhaber mit dem am Todestag vorhandenen gesamten Bestand des Kontos bedacht werden sollte, dieser Bestand also »problemlos auf den Überlebenden übergehen« sollte. Wenn der Erblasser dem anderen Kontomitinhaber schon zu Lebzeiten die Mitverfügungsbefugnis über den gesamten jeweiligen Bestand einräumt, stellt dies ein schon zu Lebzeiten erbrachtes Vermögensopfer dar. An die Beweislage werden hier allerdings strenge Anforderungen zu stellen sein, insbesondere weil nach der Begründung des BGH wegen des zu Lebzeiten erbrachten Vermögensopfers wohl auch die 10-Jahres-Frist des § 2325 Abs. 3 BGB für die Geltendmachung des Pflichtteils in Gang gesetzt wird.[1060] Da bei derartigen Kontengestaltungen das Kontoguthaben regelmäßig von einem Teil stammt, stellt sich auch die Frage, ob bei der Einrichtung eines Oder-Kontos (der andere Teil wird Forderungsmitinhaber!) der dem anderen Teil so zugewandte halbe Anteil des Guthabens rechtswirksam geschenkt ist. Der BGH[1061] sieht in einem derartigen Verfahren eine nach § 518 Abs. 2 BGB vollzogene Schenkung. Die 10-Jahres-Frist des § 2325 Abs. 3 BGB wird insoweit wohl zu laufen beginnen, es sei denn, dass besondere Verfügungsbeschränkungen vereinbart sind.

1052 *Eichel* MittRhNotK 1975, 613, 615 = MittBayNot 1977, 43, 45.
1053 BGH ZEV 2010, 478.
1054 MünchKomm/*Heinemeyer*, § 430 Rn. 5.
1055 F. Graf von Westphalen/Thüsing/*Graf von Westphalen*, Vertragsrecht und AGB-Klauselwerke, Kap. 45 Vollmachtsklauseln Rn. 34 ff.
1056 BGH NJW 1976, 807.
1057 Vgl. § 2301 BGB Rdn. 13.
1058 BGH NJW 1990, 705.
1059 MittBayNot 1986, 197.
1060 BGH DNotZ 1987, 315.
1061 MittBayNot 1986, 197.

ee) Vertrag zugunsten Dritter auf den Todesfall (§ 331 BGB)

Der Kontoinhaber kann mit der kontoführenden Bank in einer Zusatzabmachung vereinbaren, dass das Konto mit seinem Tod unabhängig von der Erbfolge auf einen bestimmten Dritten übergeht. Die Bankverfügung zugunsten Dritter auf den Todesfall eignet sich in der Praxis besonders, um Sonderzuwendungen von **Bankguthaben** als einfach abgrenzbaren Vermögensteilen durchzuführen.[1062] Der Begünstigte wird damit nicht wie bei der Anlegung eines Bankkontos auf seinen Namen gem. § 328 BGB zu Lebzeiten des Begünstigenden sofort Kontoinhaber, sondern erst mit dem Ableben des Begünstigenden (§ 331 BGB). 496

Diese Regelung ist auch bei Depots möglich, hauptsächlich bei **Wertpapierdepots**. Da ein dingliches Recht jedoch nicht im Wege eines Vertrages zugunsten Dritter übertragen werden kann, ist das dingliche Recht zunächst treuhänderisch auf die verwahrende Bank zu übertragen; anschließend werden die nunmehr entstandenen schuldrechtlichen Ansprüche aus dem Treuhandvertrag im Wege eines Vertrages zugunsten Dritter dem Begünstigten zugewandt (s. § 2301 BGB Rdn. 73). 497

Der Begünstigte darf die Zuwendung nur behalten, wenn ein rechtswirksames **Kausalverhältnis** vorliegt, also in der Regel eine rechtswirksame Schenkung. Andernfalls muss er dem Erben den Anspruch als ungerechtfertigte Bereicherung herausgeben.[1063] Die Schenkung, die das Kausalverhältnis darstellt, ist an sich formbedürftig. Der Formmangel wird jedoch geheilt, wenn der Begünstigte den Anspruch gegen die Bank mit dem Tod des Erblassers erwirbt (§ 518 Abs. 2 BGB). Der Schenkungsvertrag kommt durch ein konkludentes Angebot des Kontoinhabers (durch die Verfügung zugunsten Dritter auf den Todesfall) zustande, die Annahme dieses Angebots kann auch nach dem Tod des Erblassers erfolgen, also z.B. wenn die Bank die Ausführung des Auftrags des Erblassers dem Begünstigten das Schenkungsangebot und ihre Bereitschaft zur Auszahlung übermittelt.[1064] 498

Wichtig ist vor allem bei diesen Gestaltungen, dass die Rechtsfolge der Bankverfügung (Begünstigung des Dritten außerhalb des Nachlasses) auch vom **Willen der Bank** mitumfasst werden muss, da ansonsten eine Verpflichtung zur Mitteilung kaum besteht.[1065] Eine entsprechende Klarstellung im Deckungsverhältnis mit der Bank ist daher geboten. 499

Der Kontoinhaber kann das **Recht des Dritten jederzeit aufheben**, wenn er sich im Deckungsverhältnis die Befugnis hierzu vorbehalten hat, also der Vertrag zwischen Kontoinhaber und Bank eine Änderung zulässt. Für diesen Fall bestimmt § 332 BGB, dass die Auswechslung des Dritten auch durch Verfügung von Todes wegen erfolgen kann. Beim Abfassen von Testamenten und Erbverträgen sollte also klargestellt werden, ob mit dem Widerruf früherer Verfügungen auch derartige Verträge zugunsten Dritter auf den Todesfall aufgehoben werden sollten. Wird der Dritte durch Verfügung von Todes wegen »ausgewechselt«, erwirbt der nunmehr Bedachte nicht aufgrund der Verfügung von Todes wegen, also kraft Erbrechts, sondern durch Vertrag unter Lebenden mit der Besonderheit, dass von dem Bestimmungsrecht in einer Verfügung von Todes wegen Gebrauch gemacht wurde. Der Erblasser kann jedoch das Konto oder Depot ausdrücklich in den Nachlass einbeziehen, z.B. weil er auch in Bezug auf diesen Vermögenswert Vor- und Nacherbfolge oder Testamentsvollstreckung anordnen will.[1066] 500

Sofern nichts anderes bestimmt ist, können die Erben des Kontoinhabers das Schenkungsangebot widerrufen. Erfolgt die Annahme durch den Begünstigten nach diesem **Widerruf**, ist die Schenkung gescheitert, der dem ursprünglichen Begünstigten zugeflossene Betrag ist daher an die Erben als **ungerechtfertigte Bereicherung** herauszugeben.[1067] Da die Erben oft nicht wissen, wen der Erblasser bei welcher Bank begünstigt hat, wird ein Widerruf schon aus tatsächlichen Gründen scheitern. 501

1062 Leider bieten nicht mehr alle Banken solche Anlage- und damit Zuwendungsmöglichkeiten an.
1063 BGH WM 1976, 1130.
1064 BGH WM 1976, 1130.
1065 BGH DNotZ 1984, 692, vgl. § 2301 BGB Rdn. 70.
1066 Staudinger/*Jagmann* § 332 Rn. 5 ff.
1067 BGH WM 1976, 1130.

Man wird den Erben gegenüber der Bank einen Auskunftsanspruch gem. § 666 BGB zugestehen müssen. Der Begünstigte hat nicht das Recht, die Bank unter Hinweis auf das Bankgeheimnis daran zu hindern, die gewünschte Auskunft zu erteilen.[1068] Da der Erbe unter denselben Voraussetzungen widerrufen kann wie der Erblasser, können derartige Gestaltungen zu einem Wettlauf zwischen dem Begünstigten und dem Erben werden. Der Erblasser kann nicht ohne Weiteres anordnen, dass zwar er, aber nicht der Erbe widerrufen kann. Verzichtet der Erblasser auf sein Widerrufsrecht, so sind die Erben als Gesamtrechtsnachfolger (§ 1922 BGB) an diesen Widerrufsverzicht gebunden. Eine derartige Gestaltung ist jedoch für den Begünstigten unzweckmäßig, da es ihm die Verfügungsmöglichkeit zu Lebzeiten nimmt. Die eigentlich gewünschte Gestaltung, wonach zwar der Kontoinhaber widerrufsberechtigt ist, das Widerrufsrecht jedoch nicht den Erben zusteht, ist nur dann möglich, wenn die Erben an einer derartigen Regelung mitwirken oder aber die Erben durch eine erbrechtliche Anordnung, also durch Auflage, evtl. abgesichert durch Testamentsvollstreckung, verpflichtet werden, ihr an sich gegebenes Widerrufsrecht nicht auszuüben; die Form der letztwilligen Verfügung ist dann einzuhalten. Andere Gestaltungen scheiden aus, da der Kontoinhaber die Erben nur über sich selbst als seine Rechtsnachfolger, nicht aber sie allein belasten kann.[1069]

502 Das Widerrufsrecht der Erben kann auch nicht dadurch ausgeschlossen werden, dass der Begünstigte die Bankverfügung, wie in den Bankformularen[1070] vorgesehen, bei Errichtung mitunterzeichnet, also die Zuwendung annimmt. Der Schenkungsvertrag kommt damit zwar sofort zustande, da es sich aber nicht (anders als im Fall des § 328 BGB) um eine vollzogene Schenkung handelt, mangelt es an der nötigen Form (§ 518 Abs. 1 BGB); die **Heilung des Formmangels** tritt erst mit Vollzug der Schenkung, also Abhebung der auf dem Konto ruhenden Gelder oder Umschreibung des Kontos auf den Namen des Begünstigten, ein (§ 518 Abs. 2 BGB). Bis zu diesem Zeitpunkt können die Erben widerrufen. Eine Verfügung zugunsten Dritter auf den Todesfall setzt die 10-Jahres-Frist des § 2325 Abs. 3 BGB nicht in Gang.[1071]

ff) Scheckhingabe

503 Eine Ausgliederung aus dem Nachlass kann auch dadurch erfolgen, dass ein Kontoinhaber dem Begünstigten einen Scheck übergibt. Hierin kann eine Schenkung liegen. Der Formmangel wird durch Einlösung des Schecks, also durch den Vollzug der Schenkung, geheilt. Der gegebene Scheck enthält die Weisung des Kontoinhabers an die Bank, zulasten des Kontos den Scheckbetrag an den Begünstigten auszuzahlen. Die Wirksamkeit dieser Weisung wird nicht dadurch berührt, dass der Kontoinhaber vor der Einlösung des Schecks verstirbt (§ 130 Abs. 2 BGB, Art. 33 ScheckG). Daraus ergibt sich, dass eine Zustimmung der Erben des Kontoinhabers zu der Einlösung des Schecks nicht erforderlich ist.[1072] Erlangen die Erben rechtzeitig Kenntnis von der Scheckbegebung, können sie das Entstehen des Kausalverhältnisses (Schenkung) durch Widerruf vereiteln. Der Kontoinhaber kann anordnen, dass der Scheck erst nach dem Tode an die Bank gegeben werden soll.[1073]

b) Bauspar- bzw. Ansparverträge und Erbrecht

504 **aa)** Auch beim Abschluss von Bausparverträgen werden regelmäßig **Begünstigungen für den Fall des Ablebens** ausgesprochen, die unter § 331 BGB fallen. Die Regelung ist mit denen bei Lebensversicherungen vergleichbar, wohl auch bezüglich der Frage, was zugewendet wird (schon gezahlte Bausparraten oder dem Begünstigten nach dem Ableben des Bausparers zufallende Bausparguthा-

1068 Münchener Vertragshandbuch/*Graf von Westphalen* Bd. 2, IV 7 Anm. 13.

1069 BGH WM 1976, 1130, 1132; vgl. auch ausführlich Münchener Vertragshandbuch/*Graf von Westphalen* Bd. 2, IV 7 Anm. 10.

1070 Münchener Vertragshandbuch/*Graf von Westphalen* Bd. 2, IV 7.

1071 *Nieder* DNotZ 1987, 321.

1072 BGH MDR 1978, 737.

1073 Vgl. BGH WM 1974, 450.

ben). Das Bausparguthaben fällt, sofern eine derartige Begünstigung vorliegt, nicht in den Nachlass.[1074] Entsprechendes gilt für Ansparverträge.

bb) Es ist darauf zu achten, dass im Bausparvertrag wie auch im Ansparvertrag die **Benennung eines Bezugsberechtigten** im Wege einer letztwilligen Verfügung **ausgeschlossen** sein kann, oder aber der Widerruf einer solchen Verfügung nur zu Lebzeiten des Erblassers, also nicht durch Verfügung von Todes wegen, erfolgen kann. So enthalten etwa die Allgemeinen Versicherungsbedingungen der Bayerischen Landesbausparkasse eine derartige Regelung, durch welche ein Vermächtnis des Bausparguthabens an eine bestimmte Person ausgeschlossen ist, sofern es im Widerspruch zu der bei Vertragsabschluss erfolgten Benennung steht. 505

cc) Von Verfügungen zugunsten Dritter kann bei Bausparverträgen nur das Guthaben betroffen sein. Wurde das **Bauspardarlehen** bereits in Anspruch genommen, fällt es als Passivposten in den Nachlass, wenn keine sonstigen Regelungen getroffen sind. Vor allem bei Zwischenfinanzierungen kann es daher zu einem unerwünschten Auseinanderfallen in der Rechtsnachfolge bei Guthaben und Darlehen kommen. 506

12. Lebensversicherung und Erbrecht

Die Lebensversicherung ist trotz geringerer Steuervorteile und fallender Rechnungszinsen der Versicherer nach wie vor eine verbreitete Vorsorge- und Kapitalanlageform. Rund ein Viertel ihres Geldvermögens (diese Quote ist seit vielen Jahren stabil) haben deutsche Privathaushalte in Lebensversicherungen investiert.[1075] Lebensversicherungsverträge[1076] gehören zum Vermögen des Erblassers und **fallen** damit grundsätzlich **in den Nachlass**; dies gilt allerdings nur, **sofern kein Bezugsberechtigter benannt** ist, was *in praxi* die Ausnahme ist.[1077] Ist ausnahmsweise kein Bezugsberechtigter benannt, hat der Erbe nicht die Möglichkeit, einerseits die Erbschaft auszuschlagen und andererseits die Versicherungssumme dennoch geltend zu machen.[1078] Denn der Erbe erwirbt die Versicherungsleistung kraft Erbgangs und nicht aus eigenem Recht. 507

Wurde hingegen, wie es die meisten Versicherungspolicen vorsehen, ein **Bezugsberechtigter benannt**, liegt ein **Vertrag zugunsten Dritter auf den Todesfall gem. §§ 328, 331 BGB** vor, sodass sich der Rechtserwerb des Bezugsberechtigten außerhalb der Erbfolge *ipso iure* vollzieht, auch wenn die Bezugsberechtigung nur widerruflich festgelegt wurde.[1079] Die Versicherungssumme fällt somit nicht in den Nachlass und ist daher gem. § 2311 Abs. 1 Satz 1 BGB auch nicht Bemessungsgrundlage für den ordentlichen Pflichtteil.[1080] Die Einräumung des Bezugsrechts löst allerdings einen Pflichtteilsergänzungsanspruch gem. § 2325 BGB aus.[1081] 508

Da der Erblasser bei Erstellung seiner letztwilligen Verfügung regelmäßig einen Gesamtverteilungsplan verfolgt, ist es ratsam, ihn auf diese unterschiedlichen Regelungsmechanismen hinzuweisen. 509

▶ Muster: Hinweis auf Verträge zugunsten Dritter

Der Notar hat darauf hingewiesen, dass Zahlungen aus Verträgen zugunsten Dritter auf den Todesfall (z.B. Lebensversicherungen oder Sparkonten) unmittelbar dem eingesetzten Bezugsberechtigten zustehen und insoweit nicht in den Nachlass fallen.

1074 BGH NJW 1965, 913 = DNotZ 1966, 494.

1075 Vgl. https://www.destatis.de/DE/Themen/Gesellschaft-Umwelt/Einkommen-Konsum-Lebensbedingungen/Vermoegen-Schulden/Tabellen/bruttogeldvermoegen-evs.html (16.06.2019).

1076 Darunter fallen in diesem Zusammenhang nicht nur Kapitallebensversicherungen, sondern auch Lebensversicherungen, die auf Zahlung einer Rente gerichtet sind, da für diese die maßgeblichen Vorschriften ebenfalls anwendbar sind, vgl. Langheid/Rixecker/*Grote*, Versicherungsvertragsgesetz, § 159 VVG Rn. 2.

1077 Palandt/*Weidlich* § 1922 Rn. 39.

1078 BGHZ 32, 47.

1079 BGHZ 32, 44; OLG Stuttgart NJW 1956, 1073.

1080 Vgl. *Herrler* ZEV 2010, 333.

1081 *Herrler* ZEV 2010, 333, 334.

Der Versicherungsvertrag wird nicht dadurch zur Verfügung von Todes wegen, dass seine Wirkung auf den Zeitpunkt des Todes des Versicherungsnehmers verzögert eintritt.[1082] Auch im Valutaverhältnis bedarf der Lebensversicherungsvertrag nicht der Einhaltung erbrechtlicher Formvorschriften.[1083] § 2301 BGB ist für das Valutaverhältnis des Lebensversicherungsvertrages nicht einschlägig, da §§ 330, 331 BGB als Sondervorschriften zu verstehen sind. Nach § 160 Abs. 2 VVG ist anzunehmen, dass sich der Rechtserwerb im Zweifel sogar dann außerhalb der Erbfolge vollzieht, wenn als Bezugsberechtigung »Zahlung an die Erben« bedungen ist.[1084] Da die Versicherungsleistung bei Benennung eines Bezugsberechtigten nicht in den Nachlass fällt, bleiben die Erben auch nach einer eventuellen Ausschlagung der Erbschaft hinsichtlich der Lebensversicherung bezugsberechtigt.[1085]

510 Nach § 332 BGB ist »im Zweifel« anzunehmen, dass der Versicherte die Benennung eines Bezugsberechtigten **auch durch Verfügung von Todes wegen** vornehmen kann, wenn er die Befugnis hat, ohne Zustimmung des Versicherers einen anderen an die Stelle des im Vertrag bezeichneten Versicherten zu setzen. Diese Befugnis, den Bezugsberechtigten auszuwechseln, ergibt sich aus § 159 Abs. 1 VVG. Da jedoch das Recht, die Bezugsberechtigung auszuwechseln, ausgeschlossen sein kann (durch Übereinkunft mit dem Versicherer gem. § 13 Abs. 2 ALB mit dinglicher Wirkung),[1086] wird der umsichtige Berater bei derartigen Verfügungen, die die Bezugsberechtigungen betreffen, zweckmäßigerweise die Versicherungsunterlagen einsehen oder besser noch die Mitwirkung des Versicherers herbeiführen.

511 Ist die **Unwiderruflichkeit der Bezugsberechtigung** des Dritten bereits zu Lebzeiten des Versicherten durch Übereinkunft mit dem Versicherer mit dinglicher Wirkung herbeigeführt, erwirbt der Dritte gem. § 159 Abs. 3 VVG das Recht auf Leistung **bereits mit der Bezeichnung als Bezugsberechtigter.**[1087] In diesem Fall ist der Bezugsberechtigte auch schon vor dem Eintritt des Versicherungsfalles zur wirtschaftlichen Verwertung und auch zur Vererbung als Inhaber des Anspruchs berechtigt.

512 Dagegen wird das **widerrufliche Bezugsrecht** durch den Begünstigten gem. § 159 Abs. 2 VVG erst **mit Eintritt des Versicherungsfalles** erworben. Der Begünstigte hat noch keine Verfügungsrechte, seine Gläubiger sind auf den Eintritt des Versicherungsfalles angewiesen. Vielmehr bleibt der Versicherungsnehmer bis zum Eintritt des Versicherungsfalls allein berechtigt.[1088] Durch die hier in der Regel vorliegende formlose Schenkung fehlt es an einem wirksamen Valutaverhältnis zwischen dem Versprechensempfänger und dem Begünstigten. Wird der Mangel nicht durch den Erwerb des Leistungsanspruchs geheilt (§ 518 Abs. 2 BGB), kann die Schenkung auch nach dem Tod des Versprechensempfängers durch die auftragsgemäße Übermittlung der Begünstigungserklärung an den Dritten wirksam zustande kommen.[1089] Allerdings können die Erben die Schenkungsofferte widerrufen und damit den Vertragsschluss verhindern.[1090] Als (formheilender) Vollzug der Schenkung i.S.v. § 518 Abs. 2 BGB wird bei unwiderruflichem Bezugsrecht regelmäßig bereits der Abschluss des Vertrages zugunsten Dritter angesehen, bei widerruflicher Bezugsberechtigung

1082 BGH NJW 1995, 3113; Ffm NJW-RR 2003, 1586; Naumburg WM 2004, 830; *Frey*, Lebensversicherung und Nachlassinteressen, 17 ff.

1083 H.M.; Bamberger/Roth/*Litzenburger* § 2301 Rn. 16; MünchKommBGB/*Musielak* § 2301 Rn. 31 ff.; *Frey*, Lebensversicherung und Nachlassinteressen, 17 ff.

1084 Vgl. *Zehner* AcP 153, 424.

1085 Vgl. Palandt/*Weidlich* § 1922 Rn. 39.

1086 Eine Regelung zwischen Bezugsberechtigtem und Versicherungsnehmer hat hingegen nur schuldrechtliche Bedeutung und bindet den Versicherer nicht, vgl. Langheid/Rixecker/*Grote*, Versicherungsvertragsgesetz, § 159 VVG Rn. 14.

1087 BGH ZEV 2013, 272; Schwintowski/Brömmelmeyer/*Ortmann*, Praxiskommentar zum Versicherungsvertragsrecht, § 159 VVG Rn. 49.

1088 *Wendt* ZNotP 2010, 242, 245.

1089 BGH ZEV 2013, 519; Palandt/*Grüneberg* § 331 Rn. 5.

1090 BGHZ 66, 13; ZEV 2013, 519.

der abgeschlossene Vertrag zugunsten Dritter mit dem Erlöschen des Abänderungsrechts für die Bezugsberechtigung durch den Tod des Versprechensempfängers.[1091]

Bislang hoch umstritten war die Frage, worin genau bei Lebensversicherungsverträgen zugunsten Dritter der Wert der Schenkung zu sehen ist. Das Meinungsspektrum reichte insoweit vom Wert der gezahlten Prämien (bisher h.A.)[1092] bis hin zur gesamten Versicherungssumme.[1093] Für **Lebensversicherungen mit widerruflichem Bezugsrecht** hat der BGH[1094] inzwischen Rechtssicherheit geschaffen und sich – überzeugend – einer bisher nur als Mindermeinung anzutreffenden Ansicht angeschlossen: Demnach ist vom Erblasser das zugewendet, worüber er selbst in einer gedachten logischen Sekunde vor seinem Tod noch selbst hätte verfügen können (»Entreicherung«). Dies ist im Ergebnis regelmäßig weder der Wert der Prämien noch die eigentliche Versicherungssumme, sondern der letzte Rückkaufswert der Versicherung. Ausnahmsweise kann auch ein nachgewiesener höherer Marktwert der Versicherung auf dem »Zweitmarkt« relevant sein. Mit dem Wegfall der (regelmäßig niedrigeren) Versicherungsprämien als Bemessungsgrundlage ist die Lebensversicherung als Pflichtteilsumgehungsmodell weitgehend passé.[1095] Die Leistung erfolgt erst mit Ende der Änderungsmöglichkeit des Bezugsrechts, also mit dem Tod des Erblassers, sodass die 10-Jahres-Frist des § 2325 Abs. 3 BGB auch erst mit dem Tod des Erblassers zu laufen beginnt.[1096] 513

Aus der Argumentation des BGH lässt sich für Lebensversicherungen mit **unwiderruflichem Bezugsrecht** schließen, dass bei diesen Verträgen die wirtschaftliche Ausgliederung des Schenkungsgegenstandes schon bei der Einräumung des unwiderruflichen Bezugsrechts und im weiteren Verlauf bei der jeweiligen Zahlung der Prämie erfolgt, sodass für den Wert der Schenkung und ihren Zeitpunkt auf den Rückkaufswert im Zeitpunkt der Regelung des unwiderruflichen Bezugsrechts bzw. die Leistung der folgenden Prämien abzustellen ist.[1097] Nachdem die Leistung schon mit der unwiderruflichen Einräumung des Bezugsrechts erfolgt ist, beginnt zu diesem Zeitpunkt auch die 10-Jahres-Frist des § 2325 Abs. 3 BGB.[1098] 514

Stellt man auch bei **reinen Risikolebensversicherungen** auf die letzte logische Sekunde vor dem Tod des Erblassers ab, stellt sich die Bewertung hingegen schwieriger dar: Der Versicherungsnehmer und Erblasser erhält bei dieser Versicherungsform regelmäßig keine Leistung, über die er verfügen könnte. Andererseits hat – so makaber dies ist – auch eine Risikolebensversicherung eines schwer Erkrankten einen wirtschaftlichen Wert, da die baldige Auszahlung der Versicherung wahrscheinlich ist. Die reine Risikoversicherung hat aber keinen Rückkaufswert (§ 169 Abs. 1 VVG *e contrario*). Im Regelfall kann der Erblasser bei ihr auch auf einem »Zweitmarkt« keinen nennenswerten Erlös erzielen. Unter Anwendung der Grundsätze der Entscheidung des BGH vom 28.04.2010[1099] wird man daher für Risikolebensversicherungen regelmäßig keinen Wert ansetzen können, zumal der BGH subjektive Elemente – wie einen bestimmten Krankheitsverlauf – gerade außer Acht lässt.[1100] 515

1091 BGH ZEV 2010, 305, 307; MünchKommBGB/*Gottwald*, § 331 Rn. 8.

1092 IV. Zivilsenat des BGH: BGHZ 7, 134 = NJW 1952, 1173; FamRZ 1976, 616; so bereits RGZ 128, 129; dieser Auffassung folgte auch der XII. Zivilsenat für Fragen des Zugewinnausgleichs: BGHZ 130, 377 = NJW 1995, 3113.

1093 So der IX. Zivilsenat des BGH zum Insolvenzrecht: BGHZ 156, 350 = NJW 2004, 214.

1094 Grundsatzentscheidung: BGH ZEV 2010, 305 m. abl. Anm. *Wall*; zust. Anm. *Walker* FamRZ 2010, 1249; *Röthel* LMK 2010, 304941; *Kesseler* NJW 2010, 3228 f.; grundlegend zu der Entscheidung *Rudy* ZErb 2010, 351 ff. und *Wendt* ZNotP 2010, 242 ff.

1095 S. auch *Herrler* ZEV 2010, 333, 335 f. und 338 f., mit Hinweisen auf den durch die Differenz zwischen Rückkaufswert und Versicherungsleistung verbleibenden Anwendungsbereich als Instrument der Pflichtteilsreduzierung sowie Reaktionsmöglichkeiten bei Neu- und Bestandsverträgen.

1096 *Herrler* ZEV 2010, 333, 335.

1097 So auch *Herrler* ZEV 2010, 333, 337; anders noch BGH FamRZ 1976, 616.

1098 *Herrler* ZEV 2010, 333, 337.

1099 BGH ZEV 2010, 305.

1100 BGH ZEV 2010, 305, 310 f.; vgl. auch DNotI-Report 2013, 130.

516 Die vorgenannten Grundsätze wird man wegen vergleichbarer Interessenlage und Regelung auf den **Schutz des Vertragserben (§ 2287 BGB)** und des durch ein bindend gewordenes gemeinschaftliches Testament Bedachten übertragen können, auch wenn hierzu noch keine höchstrichterliche Entscheidung vorliegt.

517 Das **Anfechtungs- und Insolvenzrecht** (§§ 3 f. AnfG; §§ 129 ff. InsO) verfolgt hingegen einen anderen Ansatz: Hier geht es nicht darum, den zu schützenden Pflichtteilsberechtigten so zu stellen, als wäre die den Pflichtteil beeinträchtigende Schenkung nicht erfolgt. Vielmehr soll ein maximaler Schutz der Masse vor Verfügungen des Schuldners erfolgen, die verwertbares Vermögen entziehen.[1101] Mit Verweis auf diese Motivlage stellt die insolvenzrechtliche Rechtsprechung[1102] auf die gesamte Versicherungssumme ab.

518 An der Unentgeltlichkeit und damit an **pflichtteilsrechtlicher Relevanz** kann es fehlen, wenn die Lebensversicherung der angemessenen **Altersversorgung der Ehefrau** dient.[1103]

519 Ist ein Minderjähriger bezugsberechtigt, so ist strittig, ob der Versprechensempfänger die Eltern von der elterlichen **Verwaltung der Versicherungssumme** nach § 1638 BGB durch Verfügung von Todes wegen ausschließen kann.[1104] Nachdem sich der Erwerb des Bezugsberechtigten hier durch Rechtsgeschäft unter Lebenden vollzieht, ist diese Anordnung zwar formlos möglich, muss aber bereits bei der Zuwendung erfolgen. Durch letztwillige Verfügung ist die Anordnung nur für den Erwerb von Todes wegen zulässig. Eine Vermischung der beiden Kategorien sieht § 1638 BGB nicht vor,[1105] sodass das elterliche Verwaltungsrecht bei minderjährigen Bezugsberechtigten wohl nicht durch nachträgliche Verfügung von Todes wegen ausgeschlossen werden kann.

13. Stiftungen – Trust

Literatur:

App, Wirtschaftliche Betätigung in Form einer rechtsfähigen Stiftung – Ein Überblick, NotBZ 1998, 49; *Andrick*, Stiftungsrecht und Stiftungsaufsicht (1988); *Blumers*, Die Familienstiftung als Instrument der Nachfolgeregelung, DStR 2012, 1; *v. Campenhausen/Richter* (Hrsg), Handbuch des Stiftungsrechts (4. Aufl. 2014); *Damrau/Wehinger*, Übersicht zum Mindeststiftungsvermögen nach dem Recht der Bundesländer, ZEV 1998, 178; *Feick*, Stiftung als Nachfolgeinstrument 2015; *Feick/Thon*, Schutz des Vermögens von Familienstiftungen vor dem Zugriff der Gläubiger des begünstigten, ZEV 20122, 404; *Götz*, Die gemeinnützige Stiftung im Zivil- und Steuerrecht, NWB 2000, 753 = Fach 2 S. 7321; *Korekij*, Familienstiftungen im neuen Erbschaftssteuerrecht, ZEV 1999, 132; *Kuchinke*, Probleme bei letztwilligen Zuwendungen für Stiftungszwecke, FS Neumayer (1985), S. 389; *Matschke/Renner*, Einfluss des Stifterwillens auf das Stiftungsvermögen im Zeitraum zwischen Todestag des Stifters und Genehmigung der Stiftung, Festschrift Welf Müller, 2001, S. 815; *Medicus*, Pflichtteilsergänzung wegen Zuwendung an Stiftungen, FS Ellenberer (1998), 380; *Langenfeld*, Die letztwillige Stiftung, ZEV 2002, 481; *Hüller/Schubert*, Die Stifterfamilie und die Sicherstellung ihrer Versorgung im Rahmen einer gemeinnützigen Stiftung, DStR 2000, 1289; *Hüttemann/Richter/Weitemeyer*, Landesstiftungsrecht, 2011; *Hüttemann*, Das Gesetz zur Modernisierung des Stiftungsrechts, ZHR 167 (2003) 35; *Ihle*, Stiftungen als Instrument der Unternehmens- und Vermögensnachfolge, RNotZ 2009, 557; 621; *Muscheler/Schewe*; Die Reform des Stiftungsrechts und der Stiftungserrichtung von Todes wegen, WM 1999, 1693; *Naumann zu Grünberg*, Die Stiftung in der Unternehmensnachfolge mit Auslandsbezug – Einsatzmöglichkeiten und Stiftungsstatut, ZEV 2011, 569; *Rawert/Katschinski*, Stiftungserrichtung und Pflichtteilsergänzung, ZEV 1996, 161; *Pauli*, Die Familienstiftung, FamRZ 2012, 344; *Reimann*, Die rechtsfähigen Stiftungen in der Kautelarpraxis, DNotZ 2012, 250; *Richter*, Handbuch des internationalen Stiftungsrechts, 2007; *Röthel*, Pflichtteil und Stiftungen: Generationengerechtigkeit versus Gemeinwohl, ZEV 2006, 8 *Schauhoff*, Neue Entwicklungen im Stiftungs- und Stiftungssteuerrecht ZEV 1999, 121; *Schiffer* (Hrsg.), Die Stiftung in der Beraterpraxis, 3. Aufl. 2013; *Schiffer*, Die Stiftung in der Vor- und Nacherbfolge, ZErb 2004, 115; *Schienke-Ohletz*, Die

1101 Vgl. *Wendt* ZNotP 2010, 242, 248 f.

1102 BGHZ 156, 350 = NJW 2004, 214.

1103 BGHZ 116, 167, 173 = NJW 1992, 564, 565; NJW 1972, 580; OLG Schleswig MittBayNot 2011, 148 m. Anm. *Herrler; Klingelhöffer* ZEV 1995, 182.

1104 Verneinend Naumburg WM 2004, 830; bejahend *Muscheler* WM 2004, 1009.

1105 In diese Richtung auch MünchKomm*Huber* § 1638 Rn. 7.

Beteiligung gemeinnütziger Stiftungen an Unternehmen, BB 2018, 2012; *Schmidt*, Vermögenszuwendungen und Festlegung des Stiftungszwecks bei der Errichtung unselbständiger Stiftungen von Todes wegen, ZEV 2003, 316; *Stumpf/Suerbaum/Schulte/Pauli, Stiftungsrecht*, 2011, *Söffing/Henrich*, Die gemeinnützige Stiftung als Unternehmensnachfolger, BB 2016, 1943; *Turner*, Die Stiftung – Eine Möglichkeit zukunftsorientierter Vermögensbindung, DB 1995, 413; *ders.*, Die Stiftung – Eine Möglichkeit individueller Nachfolgegestaltung, DStR 1996, 1448; *ders.*, Die Stiftung – Ein selbständig und individuell gestaltbarer Wunscherbe, ZEV 1995, 206; *Wachter*, Stiftungen – Zivil- und Steuerrecht in der Praxis, 2. Aufl. 2012; *Werner*, Stiftungen als Instrument des Vermögensschutzes, ZErb 2010, 104; *ders.*, Stiftungen als Instrument der Pflichtteilsvermeidung, ZEV 2007, 560; *ders.*, Die Vorstiftung – zivil- und steuerrechtliche Aspekte, ZErb 2011, 237; *Werkmüller*, Übertragung von Unternehmensanteilen auf eine Familienstiftung, ZEV 2018, 446; *Werner/Sänger*, Die Stiftung, 2008; *Wochner*, Stiftungen und stiftungsähnliche Körperschaften als Instrument dauerhafter Vermögensbindung, MittRhNotK 1994, 89; *ders.*, Die unselbständige Stiftung, ZEV 1999, 125; *ders.*, Rechtsfähige Stiftungen – Grundlagen und aktuelle Reformbestrebungen, BB 1999, 1441; *Zensus/Schmitz*, Die Familienstiftung als Gestaltungsinstrument zur Vermögensübertragung und -sicherung, NJW 2012, 1323.

a) Allgemeines

Die Zahl neu errichteter Stiftungen in der Bundesrepublik Deutschland ist kontinuierlich ange- 520
stiegen.[1106] Im Jahre 2019 betrug die Zahl der Stiftungen in Deutschland 22.743.[1107] Insbesondere wurde die Stiftung als Instrument erbrechtlicher Nachfolgeplanung sowohl im privaten als auch im unternehmerischen Bereich entdeckt.[1108] Das Rechtsinstitut der Stiftung ist im besonderen Maße sowohl im Rahmen der vorweggenommenen Erbfolgeplanung unter Lebenden als auch bei der Übertragung des Vermögens von Todes wegen geeignet, eine Zersplitterung des Nachlasses zu vermeiden und den Zusammenhalt des Vermögens »in einer Hand« zu garantieren.[1109] Darüber hinaus lässt sich der Stifterwille durch die spezifische Zweckbezogenheit der Stiftung im Vergleich zu erbrechtlichen Lösungen besser und dauerhafter verwirklichen. In der letzten Zeit wird auch der Aspekt des Schutzes des Vermögens des Stifters vor dem Zugriff der Gläubiger der Begünstigten als weiteres Gestaltungsziel der Stiftung genannt.[1110] Die Stiftung ermöglicht damit eine andere Kategorie der Perpetuierung des Vermögens des Erblassers als die sonstigen erbrechtlichen Gestaltungsinstrumente und ist daher vor allen Dingen für größere Vermögen, bei denen eine erhebliche Aufbauleistung vorliegt und der Wunsch des Erblassers im Vordergrund steht, dieses Vermögen in seiner Verbundenheit zusammenzuhalten, von besonderem Interesse,[1111] wobei auch Vermögen ab 50.000,00 € Gegenstand einer Stiftung sein können. Anders als bei erbrechtlichen Anordnungen oder gesellschaftsrechtlichen Lösungen führt die Stiftung zu einer Verewigung des Stifterwillens, da eine Änderung des Zwecks bei der Stiftung nur unter engen Voraussetzungen möglich ist. Zeitliche Grenzen, wie etwa die 30-Jahresregelung bei Testamentsvollstreckung nach § 2210 BGB bestehen bei der Stiftung nicht.[1112]

Definiert wird eine Stiftung als eine mit Rechtsfähigkeit ausgestattete, nicht verbandsmäßig orga- 521
nisierte Einrichtung, die einen vom Stifter bestimmten Zweck mithilfe eines dazu gewidmeten Vermögens dauernd fördern soll.[1113]

1106 Vgl. Reimann DNotZ 2012, 250; Zimmermann, NJW 2012, 3277; *Ihle* RNotZ 2009, 557, 558, *Schienke-Ohletz*, BB 2018, 2012; *Werkmüller*, ZEV 2018, 446; *Schiffer*, ZErb 2014, 337; *Ihle*, RNotZ 2009, 557.

1107 Vgl. die Statistik des Bundesverbandes Deutscher Stiftungen: https://www.stiftungen.org/stiftungen/zahlen-und-daten/statistiken.htm.

1108 Vgl. *Wochner* MittRhNotK 1994, 89; *Turner* DStR 1996, 1448, aus der jüngsten Literatur vgl. *Reimann* DNotZ 2012, 250; *Zensus/Schmitz* NJW 2012, 1323; *Blumers* DStR 2012, 1.

1109 Vgl. *Dutta*, Vermögenssicherung durch Stiftung, in: Grziwotz (Hrsg.) Erbrecht und Vermögenssicherung, 2011. S. 70 ff.; *Blumers* DStR 2012, 1, 2; *Zensus/Schmitz* NJW 2012, 1323; Bernd/Götz/*Berndt*, Stiftung und Unternehmen, 8. Aufl. 2009, Rn. 1624; *Naumann zu Grünberg* ZEV 2012, 569, 570.

1110 Vgl. dazu und den Gestaltungen *Feick/Thon* ZEV 2011, 404 ff.

1111 Vgl. *Hof in: v. Campenhausen/Richter*, Handbuch des Stiftungsrechts, § 9 Rn. 70 ff.

1112 Vgl. *Blumers* DStR 2012, 1, 3; *Zensus/Schmitz* NJW 2012, 1323.

1113 Vgl. BayObLG NJW 1973, 249; Palandt/*Ellenberger*, vor § 80 Rn. 5; *Wochner* MittRhNotK 1994, 90; *v. Campenhausen/Stumpf* in: *v. Campenhausen/Richter*, Handbuch des Stiftungsrechts, § 1 Rn. 1 ff.; *Turner* ZEV 1995, 206, 207.

522 Die gesetzlichen Bestimmungen der Stiftung waren bis zum Jahre 2002 vergleichsweise unübersichtlich geregelt, da **Grundregelungen in den §§ 80 bis 88 BGB** enthalten waren, ergänzend galten **die Stiftungsgesetze der Länder**, die insbesondere das Genehmigungsverfahren, die Stiftungsaufsicht, die Gestaltung der Satzung und die Verwaltung der Stiftung regelten.

Mit dem Gesetz zur Modernisierung des Stiftungsrechts vom 15.07.2001 wurde das Stiftungsrecht neu geregelt.[1114] Das neue Stiftungsrecht ist zwar hinter den hochgesteckten Erwartungen deutlich zurückgeblieben, die §§ 80 ff. BGB regeln aber seitdem bundeseinheitlich und abschließend die materiell-rechtlichen Voraussetzungen der Stiftungserrichtung, die insoweit die Landesstiftungsgesetze verdrängen.[1115] Den Landesstiftungsgesetzen bleiben weiterhin vorbehalten die Regeln des formellen Anerkennungsverfahrens und der Stiftungsaufsicht.[1116] Die wichtigsten Änderungen, die durch das Gesetz geschaffen wurden, sind: Das BGB regelt seit 2002 in § 80 Abs. 2 BGB, das Stiftung als rechtsfähig anzuerkennen ist, »wenn … die der Stiftungszweck das Gemeinwohl nicht gefährdet«. Damit hat der Gesetzgeber die bisher überwiegende Meinung bestätigt, dass die gemeinwohlkonforme Allzweckstiftung zulässig und gesetzliches Leitbild ist. Die Stiftung muss also keineswegs gemeinnützig sein, sie kann auch privatnützige Zwecke verfolgen.[1117] Zur Entstehung rechtsfähigen Stiftung bedarf es der Anerkennung ihrer Rechtsfähigkeit durch die Stiftungsbehörde (nicht mehr der Genehmigung). Das Anerkennungsverfahren läuft allerdings weitestgehend gleich ab, wie das Genehmigungsverfahren aus der Zeit vor 2002. Liegen die Voraussetzungen der Anerkennung vor, hat der Stifter heute aber einen gesetzlich gesicherten Anspruch auf Anerkennung. Das Stiftungsgeschäft muss schriftlich vorgelegt werden. Außerdem bedarf es einer Stiftungssatzung. Verstirbt der Stifter bevor die Stiftung anerkannt wurde, muss die Stiftungsbehörde die Fertigstellung der Satzung selbst übernehmen. Die Stiftungsgesetze der Länder mussten nach der Novellierung ebenfalls entsprechend geändert werden.[1118] Von *Hüttemann/Rawert* wurde ein Modellentwurf eines Landesstiftungsgesetztes erstellt.[1119] In den Ländern sind meist sog. Stiftungsverzeichnisse eingeführt worden.[1120] Seit 2015 hat sich erneut eine Bund-Länder-Arbeitsgruppe mit einer Reform des Stiftungsrechts befasst. Seit Februar 2018 liegt ein Diskussionsentwurf mit konkreten Änderungsvorschlägen vor.[1121] Dabei sollen einheitliche Regelungen für alle rechtsfähigen Stiftungen im BGB verankert werden.

Weitere Schritte zur Reform des Stiftungssteuerrechts sind am 25.07.2000 mit Inkrafttreten des Gesetzes zur weiteren steuerlichen Förderung von Stiftungen vom 14.07.2000[1122] sowie mit dem Gesetz zur weiteren Stärkung des bürgerschaftlichen Engagements vom 10.10.2007[1123] erfolgt, die im Kern erweiterte Möglichkeiten des Sonderausgabenabzuges für Stifter bei der Dotation steuerbefreiter Zuwendungen. Nach § 10b Abs. 1 Satz 1 EStG können Spenden zur Förderung steuer-

1114 BGBl. I 2634.

1115 Vgl. zur Reform *Schwarz* DStR 2002, 1718, 1768; *K. Schmidt* ZHR 166 (2002) 145; *Andrick/Suerbaum* NJW 2002, 145; *Schiffer/von Schuber* BB 2002, 267 ff.

1116 Zu den Landesstiftungsgesetzen vgl. Hüttemann/Richter/Weitemeyer, Landesstiftungsrecht, 2011, *v. Campenhausen/Stumpf* in: *v. Campenhausen/Richter*, Handbuch des Stiftungsrechts, § 1 Rn. 6 ff.; im Internet www.stiftungen.org.

1117 Vgl. *Schwarz* DStR 2002, 1768.

1118 Vgl. zu den Entwicklungen in den Ländern *Weitemeyer/Franzius* in: Hüttemann/Richter/Weitemeyer, Landesstiftungsrecht 2011, Rn. 2.3 ff.; *Andrick* ZStV 2010, 121 ff.; *ders.*, NWVBl. 2005, 445 ff.; *Backert/Carstensen* ZIP 2003, 284 ff.; *Hüttemann/Rawert* ZIP 2002, 2019 ff.; *Lex* ZEV 2001, 389 ff.; *Muscheler* NJW 2004, 713 ff.; *Nissel* ZSt 2007, 3 ff.; *Richter* ZEV 2003, 314; *ders.* ZEV 2005, 517; *Richter/Sturm* NZG 2005, 655.

1119 *Hüttemann/Rawert* ZIP 2002, 2019.

1120 Vgl. zu den Auswirkungen des Gesetzes auf die Ländergesetze *Richter* ZEV 2003, 314.

1121 Zur Reform vgl. *Mehren* DStR 2018, 1773; *Muscheler* ZRP 2018, 217; *ders.* ZEV 2019, 1; *Strachwitz* ZStV 2017, 161.

1122 BGBl. I 1034, dazu *Crezelius/Rawert* ZEV 2000, 421 ff.; *Lex* DStR 2000, 1939 ff.; *Schauhoff* ZEV 1999, 1212 ff.; *Schindler* BB 2000, 2077 ff.

1123 BGBl. 2007 I 2332.

begünstigter Zwecke i.S.d. § 52 bis AO zunächst insgesamt bis zu 20 % des Gesamtbetrags der Einkünfte oder 4 ‰ der Summe der gesamten Umsätze und der im Kalenderjahr aufgewendeten Löhne und Gehälter als Sonderausgaben abgezogen werden.[1124] Nach § 10b Abs. 1a EStG können darüber hinaus Spenden zur Förderung steuerbegünstigter Zwecke i.S.d. §§ 52 bis 54 AO in den Vermögensstock einer Stiftung, welche die bestimmten Voraussetzungen erfüllt, auf Antrag des Steuerpflichtigen im Veranlagungszeitraum der Zuwendung und in den folgenden neun Veranlagungszeiträumen bis zu einem Gesamtbetrag von 1 Mio. €, bei zusammen veranlagten Ehegatten sogar 2 Mio. €, zusätzlich zu den Höchstbeträgen nach § 10b Abs. 1 Satz 1 EStG abgezogen werden.[1125]

b) Stiftungsarten

Der Stiftungszweck wird vom Stifter in seinem Stiftungsgeschäft festgesetzt und muss auf Dauer angelegt sein. Nach § 80 Abs. 2 BGB ist die Stiftung ist als rechtsfähig anzuerkennen, wenn das Stiftungsgeschäft den Anforderungen des § 81 Abs. 1 BGB genügt, die dauernde und nachhaltige Erfüllung des Stiftungszwecks gesichert erscheint und der Stiftungszweck das Gemeinwohl nicht gefährdet. Der vom Stifter festgelegte Zweck ist konstruktives Merkmal und maßgebend für die ganze Lebensdauer der Stiftung. Ohne Angabe eines Zweckes liegt keine Stiftungserklärung vor.[1126] Stiftungen können grundsätzlich für jeden Zweck gegründet werden, der nicht gesetzlichen Verboten oder zwingenden Grundsätzen der Rechts- und Verfassungsordnung widerspricht. Abgesehen von der Errichtungsform – Stiftungsgeschäft unter Lebenden oder von Todes wegen – sind die verschiedenen Gestaltungsvarianten der Stiftung vor allem durch unterschiedliche Kategorien von Zwecksetzungen geprägt. 523

aa) Die gemeinnützige Stiftung

Die meisten Stiftungen verfolgen das Ziel der Gemeinnützigkeit[1127] im Sinne von §§ 51 ff. AO. Diese sind daher von der Körperschaft- (§ 5 Abs. 1 Nr. 9 KStG) und Gewerbesteuer (3 Nr. 6 GewStG) befreit. Die Errichtung einer steuerbegünstigten Stiftung i.S.v. §§ 51 ff. AO und die Zuwendung an diese ist darüber hinaus gem. § 13 Abs. 1 Nr. 16 Buchst. b) ErbStG auch von der Erbschafts- bzw. Schenkungssteuer befreit. Die gemeinnützige Stiftung kommt daher in der Gestaltungspraxis nur infrage, wenn der Stifter nicht die Versorgung von Angehörigen plant, sondern sein Vermögen außerhalb von persönlichen Versorgungsaspekten bestimmten öffentlichen, gemeinwohlbezogenen Zwecken zur Verfügung stellen möchte. Allerdings ist auch bei der gemeinnützigen Stiftung in gewissen Grenzen eine Begünstigung von Familienangehörigen möglich. Der Gemeinnützigkeit steht es nach § 58 Nr. 6 AO nicht entgegen, wenn eine Stiftung einen Teil, höchstens ein Drittel, ihres Einkommens dazu verwendet, um in angemessener Weise den Stifter und seine nächsten Angehörigen zu unterhalten, ihre Gräber zu pflegen und ihr Andenken zu ehren.[1128] Insofern können bei entsprechender Gestaltung die Steuervorteile der gemeinnützigen Stiftung mit der Angehörigenversorgung kombiniert werden (sog. **gemeinnützige Stiftung mit Versorgungscharakter**).[1129] In der Praxis werden daher im Rahmen der Unternehmens- und der Vermögensnachfolge- 524

1124 *Richter* in: v. Campenhausen/Richter, Handbuch des Stiftungsrechts, § 40 Rn. 54 ff.

1125 Vgl. dazu BMF v. 18.12.2008 BStBl. 2009 I; 16 = ZEV 2009, 155; *Reimann* DNotZ 2012, 250, 260; *Hüttemann* DB 2008, 1063.

1126 RGZ 170, 22, 25; MünchKomm/*Reuter*, § 80 Rn. 5, 52 ff. *Wochner* MittRhNotK 1994, 91; *Turner* ZEV 1995, 209 *Dutta*, Vermögenssicherung durch Stiftung, in: *Grziwotz* (Hrsg.) Erbrecht und Vermögenssicherung, 2011. S. 70, 74; eingehend *Hüttemann*, in: FS Reuter, 2010, S. 121 ff.

1127 95 % der Stiftungen sind gemeinnützig vgl. *Reimann* DNotZ 2012, 250.

1128 Vgl. *R. Werner* ZEV 2012, 244; *Werner* ZEV 2006, 539, 542 f.; *Schimpfky*, ZEV 2015, 456; *Bettenburg*, ZStV 2012, 187

1129 Vgl. zu diesen Gestaltungen *Müller/Schubert* DStR 2000, 1289 f.; *Reimann* DNotZ 2012, 250, 251 f., 260 ff.; *Söffing/Thoma* ErbStB 2005, 212; *Richter* in: *v. Campenhausen/Richter*, Handbuch des Stiftungsrechts, § 43 Rn. 78 ff.

planung auch gemeinnützige Stiftungen eingesetzt, weil damit z.B. die Erbschaftsteuerbelastung entweder vollständig vermieden oder zumindest erheblich reduziert werden soll und dennoch eine Versorgung der Angehörigen erreicht werden kann.[1130] Die Angehörigen müssen die Zuwendung als sonstige Einkünfte nach § 22 Nr. 1 Satz 2 Halbs. 2 Buchst. a) EStG versteuern, das Teileinkünfteverfahren ist nicht anzuwenden.[1131] Nach der Auffassung der Finanzverwaltung müssen sich Unterhalt, Grabpflege und Ehrung des Andenkens in angemessenem Rahmen halten. Damit ist neben der relativen Grenze von einem Drittel des Einkommens eine gewisse absolute Grenze festgelegt. Die Finanzverwaltung hält für die Angemessenheit des Unterhalts den Lebensstandard des Zuwendungsempfängers für maßgeblich. I.d.R. werden nur Beträge zwischen 100.000,– € und 150.000,– € toleriert.[1132] Streitig ist auch die Frage, wer Angehöriger in diesem Sinne ist.[1133] Nach Auffassung der Finanzverwaltung[1134] sind nur Ehegatten, Eltern, Großeltern, Kinder, Enkel (auch bei Adoption), Geschwister, Pflegeeltern und Pflegekinder Angehörige in diesem Sinnen, Urenkel, Nichten und Neffen sind bereits ausgeschlossen.

bb) Familienstiftung

525 Abgegrenzt von der gemeinnützigen Stiftung wird die Familienstiftung, die seit einiger Zeit besondere Beachtung auch in der praktischen gefunden Anwendung hat und überwiegend für zulässig erklärt wird.[1135] In Abgrenzung zur gemeinnützigen Stiftung sind als Familienstiftungen solche rechtsfähigen Stiftungen des bürgerlichen Rechts zu verstehen, die ausschließlich privaten Zwecken dienen und damit keine gemeinnützigen Zwecke verfolgen. Privatnützige Familienstiftungen sollen ausschließlich dem Nutzen einer Familie und ihrer Abkömmlinge dienen. Ihr Vorteil besteht darin, dass das Familienvermögen durch Einbringung in die Stiftung vor zukünftiger Zersplitterung durch Erbteilungen bewahrt bleibt. Familienstiftungen ermöglichen auf Dauer das Zusammenhalten von Familienvermögen und die Begünstigung bestimmter Familienangehöriger und deren Abkömmlingen.[1136] Darüber hinaus lässt sich der Stifterwille durch die spezifische Zweckbezogenheit der Stiftung im Vergleich zu erbrechtlichen Lösungen besser und dauerhafter verwirklichen. In der letzten Zeit wird auch der Aspekt des Schutzes des Vermögens des Stifters vor dem Zugriff der Gläubiger der Begünstigten als weiteres Gestaltungsziel der Stiftung genannt.[1137] Eine einheitliche Definition der Familienstiftung ist gesetzlich nicht vorgegeben. Das **Steuerrecht** definiert in § 15 Abs. 2 AStG Familienstiftungen als Stiftungen, »bei denen der Stifter, seine Angehörigen und der Abkömmlinge zu mehr als der Hälfte bezugsberechtigt oder anfallsberechtigt sind«. Ähnlich formulieren dies die Richtlinien zum ErbStG.[1138] § 1 Abs. 1 Nr. 4 ErbStG spricht von einer Familienstiftung »sofern sie wesentlich im Interesse einer Familie oder bestimmter Familien errichtet ist«. Die Stiftungsgesetze der Länder unterschieden früher danach, ob die Stiftung überwiegend dem Wohl einer oder mehreren bestimmen Familien dient, in manchen Landesstiftungsgesetzen wurde

1130 Vgl. *Reimann* DNotZ 2012, 250, 251 f.; *Söffing/Thoma* ErbStB 2005, 212.

1131 *Reimann* DNotZ 2012, 250, 261.

1132 *Reimann* DNotZ 2012, 250, 261; *Richter* in: v. Campausen/Richter, Handbuch des Stiftungsrechts, § 43 Rn. 78 ff.

1133 *Reimann* DNotZ 2012, 250, 261.

1134 Vgl. AEAO Nr. 6 zu § 58 Nr. 5, ablehnend *Söffing/Thoma* ErbStB 2005, 212, vgl. auch *Richter* in: v. Camphausen/Richter; Handbuch des Stiftungsrechts, § 43 Rn. 78 ff.

1135 Vgl. *Richter*, in: v. Camphausen/Richter, Handbuch des Stiftungsrechts, § 13, Rn. 28 ff.; *Wochner* MittRhNotK 1994, 91; MünchKomm/*Weitemeyer* BGB § 80 Rn. 177 ff.; *Reimann* DNotZ 2012, 250, 252, 263 ff.; *Feick/Thon* ZEV 2011, 404; *Blumers* DStR 2012, 1; *Zensus/Schmitz* NJW 2012, 1323; *Pauli* FamRZ 2012, 344; *Heuser/Freye* BB 2011, 983; *R. Werner*, Die Doppelstiftung, ZEV 2012, 244; *Werner* ZEV 2006, 549; *Dutta*, Vermögenssicherung durch Stiftung, in: *Grziwotz* (Hrsg.) Erbrecht und Vermögenssicherung, 2011. S. 70, 75; kritisch *Reuter* AcP 207 (2007) 1, 22 f.; *Ihle* RNotZ 2009, 621, 631 ff.

1136 Vgl. *Blumers* DStR 2012, 1, 2; *Zensus/Schmitz* NJW 2012, 1323; Bernd/Götz/*Berndt*, Stiftung und Unternehmen, 8. Aufl. 2009, Rn. 1624; *Naumann zu Grünberg* ZEV 2012, 569, 570.

1137 Vgl. dazu und den Gestaltungen *Feick/Thon* ZEV 2011, 404 ff.

1138 R 2 Abs. 2 ErStR 2011, vgl. auch BFHDStR 1998, 331; BFH/NV 2010, 898.

eine ausschließliche Familienförderung verlangt. Die Landesgesetze enthalten in den meisten Fällen keine besonderen Regeln mehr für die Familienstiftung, in manchen Bundesländern unterliegen sie nur einer eingeschränkten Aufsicht. Es ist lediglich sicherzustellen, dass sie nicht das Gemeinwohl gefährden (z.B. § 10 Abs. 2 Satz 1 BerlStiftG; § 5 Abs. 1 Satz 2 HambStiftG; § 4 Abs. 3 Satz 2 BrbgStiftG, § 6 Abs. 3 NRWStiftG, § 10 Abs. 2 und 3 SaarlStiftG). Entscheidend ist, dass bestimmte Familien in irgendeiner Weise begünstigt sein müssen. Wie diese Begünstigung auszusehen hat und in welcher Höhe sie zu erfolgen hat, ist dabei offen. Sonderregelungen gelten für Familienstiftungen auch im Bereich der Stiftungsaufsicht, z.T. findet diese wie z.B. in Bayern nicht statt, z.T. nur eingeschränkt.[1139]

Im Gegensatz zur gemeinnützigen Stiftung lässt sich die Familienstiftung bei der Nachfolgegestaltung funktional einsetzen, da hierdurch das Familienvermögen erhalten wird, indem es der dauerhaften Nutzung der Familie zur Verfügung gestellt, jedoch der Verfügung durch die einzelnen Familienmitgliedern entzogen wird.[1140]

Steuerrechtlich hat die Familienstiftung weniger Vorteile als eine gemeinnützige.[1141] Sie unterliegt **526**
bei der Errichtung grundsätzlich nach § 3 Abs. 2 Nr. 1 bzw. § 7 Abs. 1 Nr. 8 ErbStG der Erbschafts- und Schenkungssteuer,[1142] und in Abständen von 30 Jahren wird eine sog. Erbersatzsteuer erhoben (§ 1 Abs. 1 Nr. 4 ErbStG).[1143] Dies gilt auch dann, wenn der Zuwendende zugleich der einzige Begünstigte der Stiftung ist.[1144] Erfasst wird dabei das gesamte zum Stichtag vorhandene Vermögen der Familienstiftung einschließlich ausländischer und nicht familienbezogener Vermögensteile (§ 10 Abs. 1, Satz 5 ErbStG). Bei unternehmerischen Vermögen kann allerdings u.U. die Verschonung nach §§ 13a, 13b ErbStG in Anspruch genommen werden.[1145] Steuerschuldner gem. § 20 ErbStG ist die Stiftung. Die Steuerklasse ergibt sich nach § 15 Abs. 2 Satz 1 ErbStG nach dem Verhältnis des Stifters zu dem nach der Stiftungsurkunde entferntesten Berechtigten, die Bemessungsgrundlage ist nach § 10 ff. Erbschaftssteuergesetz zu ermitteln. Außerdem unterliegt sie mit allen Einkünften der Körperschaftssteuer (§ 23 Abs. 2 Nr. 2 KStG) und ggf. der Gewerbesteuer.[1146] Gegen die Familienstiftung wurden Bedenken, auch im Rahmen der Stiftungsreform geltend gemacht.[1147] Diese können nun nach der ausdrücklichen Anerkennung der gemeinwohlkonformen Allzweckstiftung nicht mehr vorgebracht werden.

1139 Vgl. dazu MünchKomm/*Weitemeyer* BGB § 80 Rn. 194.

1140 Vgl. *Wochner* MittRhNotK 1994, 91; *Sorg*, Die Familienstiftung, 50 ff.; *Blumers*, DStR 2012, 1, 2; *Zensus/Schmitz* NJW 2012, 1323; Bernd/Götz/*Berndt*, Stiftung und Unternehmen, 8. Aufl. 2009, Rn. 1624; *Naumann zu Grünberg* ZEV 2012, 569, 570; *Reimann* DNotZ 2012, 250, 263.

1141 Vgl. zum Steuerrecht der Familienstiftung eingehend *Zensus/Schmitz* NJW 2012, 1323, 1325; *Reimann* DNotZ 2012, 250, 264; *Blumers* DStR 2012, 1, 2; *Richter*, in: v. Camphausen/Richter, Handbuch des Stiftungsrechts, § 13, Rn. 50 ff.

1142 Vgl. BFH ZEV 2010, 202 m. Anm. *Geck* zur Zustiftung; *Zensus/Schmitz* NJW 2012, 1323, 1325; *Reimann* DNotZ 2012, 250, 264; *Blumers* DStR 2012, 1, 2 MünchKomm/*Weitemeyer* BGB § 80 Rn. 338.

1143 Vgl. BFH, BFH/NV 2010, 898; BFH ZEV 1998, 112; Kapp/Ebeleing/*Geck*, ErbStF § 1 Rn. 45 f.; *Zensus/Schmitz* NJW 2012, 1323, 1326; *Reimann* DNotZ 2012, 250, 264; *Richter*, in: v. Camphausen/Richter, Handbuch des Stiftungsrechts, § 13, Rn. 83 ff.; zur Verfassungsmäßigkeit BVerfG, HFR 2011, 1247.

1144 BFH ZEV 2010, 202. m. Anm. *Geck* zur Zustiftung.

1145 Vgl. dazu *Zensus/Schmitz* NJW 2012, 1323, 13264 ff.; *Reimann* DNotZ 2012, 250, 264; *Blumers*, DStR 2012, 1, 4.

1146 Zur Ertragssteuer vgl. *Blumers* DStR 2012, 1, 4 f.; *Zensus/Schmitz* NJW 2012, 1323, 1327; *Reimann* DNotZ 2012, 250, 265; MünchKomm/*Weitemeyer* BGB § 80 Rn. 338.

1147 Vgl. *Schwarz* DStR 2002, 1768.

cc) Die Unternehmensstiftung

527 Von der Gestaltungspraxis wurde die sog. Unternehmensstiftung bzw. unternehmensverbundene Stiftung zur Gestaltung der **Unternehmensnachfolge** entwickelt.[1148] Als Vorteil der unternehmensverbundenen Stiftung wird angesehen, dass das Familienunternehmen in seiner Gesamtheit erhalten werden kann und vor Erbauseinandersetzungen gesichert ist. Die Unternehmensstiftung kann entweder selbst das Unternehmen wie ein Einzelkaufmann betreiben – diese Unternehmensträgerstiftung ist in der Praxis relativ selten[1149] – oder sie ist an einer Personen- oder Kapitalgesellschaft beteiligt in Form einer sog. Beteiligungsträgerstiftung,[1150] wobei die Stiftung in diesen Fällen entweder reine Holdingstiftung sein kann, bei der sich der Zweck auf das bloße Halten der Beteiligung beschränkt, oder sie nimmt als persönlich haftende Gesellschafterin oder als Organträgerin auch geschäftsleitende Funktionen wahr. Häufigster Fall ist in diesem Zusammenhang die Unternehmensbeteiligungsstiftung. Die direkte Tätigkeit der Stiftung im Geschäftsverkehr ist eher selten. In der Regel handelt es sich bei der Unternehmensstiftung um eine Besonderheit der Familienstiftung: die sog. unternehmensverbundene Familienstiftung ist durch die Begünstigung der Stifterfamilie einerseits und die Verbindung zu einem erwerbswirtschaftlichen Unternehmen andererseits geprägt.[1151] Eine besondere Gestaltungsform ist die Beteiligungsträgerstiftung in der Form einer **Stiftung & Co KG**, bei der es sich wie bei der GmbH & Co KG um eine Kommanditgesellschaft handelt, deren einzige Komplementärin eine Stiftung ist. Auch die Zulässigkeit dieser Rechtsform ist zivilrechtlich anerkannt.[1152] Bei der Unternehmensbeteiligungsstiftung werden wiederum zwei Grundtatbestände unterschieden. Bei der einen Variante steht das Motiv des Stifters im Vordergrund, die für die Erfüllung des Stiftungszweckes erforderlichen Mittel über die Unternehmensbeteiligung bereitzustellen. Das Unternehmen ist also nur Erwerbsquelle, um dem eigentlichen

1148 Vgl. *Richter*, in: v. Campausen/Richter, Handbuch des Stiftungsrechts, § 12, Rn. 1 ff.; *Schiffer*, Die Stiftung in der Beraterpraxis 2009, § 2 Rn. 23 ff.; *Werner/Sänger*, Die Stiftung, 2008, Rn. 194 ff.; *R. Werner* ZEV 2012, 244; *Ihle* RNotZ 2009, 557, 561 ff.; *Reimann* DNotZ 2012, 250, 266 f.; *Kunze*, Unternehmensträgerstiftung, in Festschrift für Barz, S. 171, 184; *Blumers*, Die Familienstiftung als Instrument der Nachfolgeregelung, DStR 2012, 1; *Naumann zu Grünberg*, Die Stiftung in der Unternehmensnachfolge mit Auslandsbezug – Einsatzmöglichkeiten und Stiftungsstatut, ZEV 2011, 569; *Engel*, Die unternehmensverbundene Stiftung, 2008; *von Oertzen/Reich*, Die unternehmensverbundene Familienstiftung als Trägerin von Sondervermögen verschiedener Stifter – Anwendung der Steuerklasse I, DStR 2019, 317; *Ihle*, Stiftungen als Instrument der Unternehmens- und Vermögensnachfolge, RNotZ 2009, 557u. 621; *Muscheler*, Die Unternehmensstiftung, besser: Die unternehmensverbundene Stiftung ErbR 2008, 134 u. 174; *Brill/Stahl*, Gestaltungsaspekte zur Unternehmensnachfolge mit Familienstiftungen, GWR 2012, 364; aus der älteren Literatur vgl. *Goerdeler*, Zur Problematik der Unternehmensträgerstiftung, NJW 1992, 1487; *Hennerkes/Schiffer*, Regelung der Unternehmensnachfolge durch Stiftungskonstruktionen, BB 1992, 1940; *Reuter*, Rechtsprobleme unternehmensbezogener Stiftungen, DWiR 1991, 192; *Wochner* MittRhNotK 1994, 91 ff.; *Schmidt*, Die Errichtung von Unternehmensträgerstiftungen durch Verfügung von Todes wegen, 1997; *Lehleiter*, Die Familienstiftung als Instrument zur Sicherung der Unternehmenskontinuität bei Familienunternehmen, 1996; *Schurr*, Die Stiftung mit unternehmerischer Verantwortung, 1998; *App*, Wirtschaftliche Betätigung in Form einer Stiftung, NotBZ 168 ff.; 998, 49;

1149 Vgl. *Reimann* DNotZ 2012, 250, 266; *Kunze*, in: Festschrift für Barz, S. 171 ff.; *Richter*, in: v. Camphausen/Richter, Handbuch des Stiftungsrechts, § 12, Rn.

1150 *Engel*, Die unternehmensverbundene Stiftung, 2008, S. 41, 56, 85, 130 ff.; *Reimann* DNotZ 2012, 250, 267; *Werner/Sänger*, Die Stiftung, 2008, Rn. 194 ff.; *Richter*, in: v. Camphausen/Richter, Handbuch des Stiftungsrechts, § 12, Rn. 70 ff.

1151 Vgl. *Hennerkes/Schiffer* DB 1995, 209.

1152 Vgl. *Richter*, in: v. Camphausen/Richter, Handbuch des Stiftungsrechts, § 12, Rn. 77 ff.; *Engel*, Die unternehmensverbundene Stiftung, 2008, S. 137 ff.; *Reimann* DNotZ 2012, 250, 267; *Werner/Sänger*, Die Stiftung, 2008, Rn. 199 f.; *Hennerkes/Schiffer* BB 1992, 1941; *dieselben* DB 1995, 210; *Wochner* MittRhNotK 1994, 94; *Werkmüller* ZEV 2015, 522; *Hävelmann*, Die Stiftung & Co. KG als Unternehmensnachfolge. Grundlagen, Besteuerung, 2006

Stifterzweck Genüge zu tun.[1153] In der anderen Variante ist die Stiftung als Familientreuhänder ausgestaltet, deren Aufgabe es ist, dafür zu sorgen, dass bei einer Unternehmensbeteiligung die Beteiligungsrechte i.S. des Stifters ausgeübt werden und dass die Beteiligung der Familie erhalten bleibt.

Die h.M. ging bereits vor der Stiftungsreform aus dem Jahre 2002 von der Zulässigkeit der unternehmensverbundenen Stiftung aus.[1154] Allerdings wurden auch Bedenken hiergegen, z.T. aus ordnungspolitischen Gesichtspunkten, angemeldet.[1155] Dementsprechend war auch die **Genehmigungspraxis** der Bundesländer **unterschiedlich**. Mit der Anerkennung der gemeinwohlkonformen Allzweckstiftung durch die Neuregelung hat der Gesetzgeber im Jahre 2002 auch anerkannt, dass privatnützige und erwerbswirtschaftliche Stiftungszwecke der Anerkennung nicht entgegenstehen.[1156] 528

dd) Doppelstiftung

Bei der **Doppelstiftung** handelt es sich um eine besondere Anwendungsvariante der unternehmensverbundenen Stiftung in Form der Kombination einer Familienstiftung mit einer gemeinnützigen Stiftung.[1157] In der Praxis findet sich die Doppelstiftung bei der Unternehmensbeteiligungsstiftung dergestalt, dass die Gesellschaftsanteile an einer Kapitalgesellschaft teilweise von einer gemeinnützigen Stiftung und teilweise von einer Familienstiftung gehalten werden, wobei letztere als Führungsstiftung des Unternehmens ausgestaltet ist. Die Doppelstiftung wird vor allem aus steuerlichen Gründen gewählt, um die mit der Errichtung und dem Bestand einer Familienstiftung sonst verbundene Steuerbelastung zu minimieren. 529

ee) Unselbständige Stiftungen, Stiftungs-GmbH, Stiftungsverein

Von der in §§ 80 ff. BGB und den Stiftungsgesetzen geregelten rechtsfähigen Stiftung wird die sog. **unselbständige Stiftung** unterschieden. Im sog. »Grabpflegeurteil« vom 13.02.2009[1158] hat der BGH erstmals zur unselbständigen Stiftung grundlegend entschieden und festgestellt, dass man unter einer unselbständigen Stiftung die Übertragung von Vermögenswerten auf eine natürliche oder juristische Person mit der Maßgabe verstehe, diese als ein vom übrigen Vermögen des Empfängers getrenntes wirtschaftliches Sondervermögen zu verwalten und dauerhaft zur Verfolgung der vom Stifter gesetzten Zwecke zu verwenden (im Streitfall zur treuhänderischen Dauergrabpflege). Es handelt sich dabei also um Vermögenswerte, deren sich der Stifter zugunsten eines uneigennützigen, auf Dauer angelegten Zweckes entäußert, der nach seinem Willen durch einen anderen treuhänderisch zu erfüllen ist. Zu ihnen gehören die sog. **Fiduziarstiftungen**, wenn der Stiftungsträger 530

1153 Vgl. *Werner/Sänger*, Die Stiftung, 2008, Rn. 196; *Zops* AG 1970, 367; *Hennerkes/Schiffer*, Stiftungsrecht, 47.

1154 Palandt/*Ellenberer*, vor § 80 Rn. 11; Soergel/*Neuhoff*, vor § 80 Rn. 65 ff.; Erman/*Westermann* vor § 80 Rn. 8 ff.

1155 Vgl. die Kritik bei MünchKomm/*Reuter* vor § 80 Rn. 6; Staudinger/*Rawert* vor §§ 80 ff. Rn. 94 ff.

1156 Vgl. Palandt/*Ellenberger*, § 80 BGB Rn. 10; *Werner/Sänger*, Die Stiftung, 2008, Rn. 196; *v. Campenhausen/Richter/Pöllath*, Handbuch des Stiftungsrechts, § 13 Rn. 82; *Hüttemann*, ZHR 167 (2003) 61 mit Überblick über den Meinungsstreit.

1157 Vgl. *R. Werner*, Die Doppelstiftung, ZEV 2012, 244; *Werner/Sänger*, Die Stiftung, 2008, Rn. 195, 203; Werner, ZEV 2012, 244; *Engel*, Die unternehmensverbundene Stiftung, 2008, S. 51 ff.; *Reimann*, DNotZ 2012, 250, 267; *Binz/Sorg* ZEV 2005, 520 ff.; *Pauli* ZErb 20120, 66 ff.; *Syrbe*, Die Doppelstiftung – Eine Möglichkeit der Unternehmensnachfolge bei mittelständischen Unternehmen, 1995; Staudinger/*Rawert*, Vorbem. zu §§ 80 ff. Rn. 92; *Schnitger* ZEV 2001, 104; *Ihle*, RNotZ 2009, 621, 634 f.; *Richter*, in: v. Camphausen/Richter, Handbuch des Stiftungsrechts, § 12, Rn. 191 ff.; *Theuffel-Werhahn* ZStV 2015, 201; *Pauli*, Zerb 2010, 66.

1158 BGH BGHZ 180, 144 = ZEV 2009, 41 = WM 2009, 909; Anm. dazu *Möller* ZEV, 412; dazu auch *v. Campenhausen/Richter/Hof*, Stiftungsrechts-Handbuch, § 36, Rn. 1 ff.; MünchKomm/*Reuter*, vor § 80, Rn. 87; Bamberger/Roth/*Schwarz*, BGB, vor § 80, Rn. 22; *Wochner* ZEV 1999, 125; *Augsten/Wolf* ZErb, 2006, 155.

als Treuhänder gegenüber dem Stifter schuldrechtlich verpflichtet ist, das Vermögen zur Erfüllung des Stiftungszwecks einzusetzen.[1159]

Auch die unselbständige Stiftung ist Stiftung, da sie eine einem bestimmten Zweck dauernd gewidmete Vermögensmasse enthält. Sie unterscheidet sich von der rechtsfähigen Stiftung vor allen durch die fehlende Rechtsfähigkeit und das einer staatlichen Genehmigung.[1160] Die unselbständigen Stiftungen unterliegen auch keiner Stiftungsaufsicht[1161] und sind in vielen Fällen die flexiblere Lösung, weil sie unbürokratischer zu handhaben sind. Insbesondere bei kleineren Vermögen spricht der geringere Verwaltungsaufwand für die Errichtung einer unselbständigen Stiftung.[1162] Da die unselbständige Stiftung keine eigene Rechtspersönlichkeit hat, müssen die Vermögenswerte auf eine natürliche oder juristische Person, den Stiftungsträger, übertragen werden, der sie zur Zweckverfolgung treuhänderisch verwaltet. Insofern ist als Stiftungsträger in der Regel eine juristische Person eher geeignet als eine natürliche, da bei dessen Tod kein ausreichender Schutz für die dauerhafte Verwendung des Kapitals zum Stiftungszweck gesichert ist. Besonders Stiftungsvereine und Stiftungs-GmbH eignen sich als Ersatzformen für die dauerhafte Verfolgung des Stiftungszwecks.[1163]

c) Stiftungsgeschäfte unter Lebenden

aa) Rechtsfähige Stiftungen

(1) Das Stiftungsgeschäft

531 Für die Errichtung einer rechtsfähigen Stiftung gilt nach der Stiftungsreform abschließend § 81 BGB. Es besteht nun ein Rechtsanspruch: Die Stiftung ist danach als rechtsfähig anzuerkennen, wenn das Stiftungsgeschäft den Anforderungen des § 81 Abs. 1 BGB genügt, die dauernde und nachhaltige Erfüllung des Stiftungszwecks gesichert erscheint und der Stiftungszweck das Gemeinwohl nicht gefährdet. Die Errichtung der Stiftung bedarf nach § 81 Abs. 1 BGB der **Schriftform**, wobei umstritten ist, ob die Schriftform auch dann genügt, wenn zu dem der Stiftung gewidmeten Vermögen Grundstücke gehören. Aus Gründen der Schutzfunktion, die sich vor allen Dingen aus § 311b Abs. 1 BGB ergibt, sollte hier von einer Beurkundungsbedürftigkeit ausgegangen werden.[1164] Demgegenüber wird von einem Teil der Literatur unter Hinweis auf den Wortlaut, wonach das Stiftungsgeschäft unter Lebenden der schriftlichen Form bedarf, und auf die Entstehungsgeschichte des § 81 BGB die einfache Schriftform für ausreichend angesehen.[1165] Das Stiftungsgeschäft unter Lebenden ist eine einseitige, nicht empfangsbedürftige Willenserklärung, durch die der Stifter eine Stiftung durch Vorgabe von Stiftungszwecken und Vermögenswidmung ins Leben ruft. Der Inhalt des Stiftungsgeschäftes ergibt sich nun abschließend aus § 81 BGB: Es muss die

---

1159 Vgl. *Hof*, in: v. Camphausen/Richter, Handbuch des Stiftungsrechts, § 36 Rn. 1 ff.; *Wochner* MittRhNotK 1994, 104; *ders.* ZEV 1999, 125; *Augsten/Wolf* ZErb, 2006, 155 ff.

1160 Vgl. auch BayObLG NJW 1973, 249; *Wochner* ZEV 1999, 125, 126; *Augsten/Wolf* ZErb, 2006, 155; *Nieder/Kössinger*, Handbuch der Testamentsgestaltung, § 15 Rn. 308; MünchKomm/*Weitemeyer* BGB § 80 Rn. 252 ff.

1161 *Hof*, in: v. Camphausen/Richter, Handbuch des Stiftungsrechts, § 36 Rn. 23; *Staudinger/Rawert*, Vorbem. zu §§ 80 ff. Rn. 153; *Wochner* ZEV 1999, 125, 126; *Augsten/Wolf* ZErb, 2006, 155 ff.; *Nieder/Kössinger*, Handbuch der Testamentsgestaltung, § 15 Rn. 308 f.

1162 Vgl. *Nieder/Kössinger*, Handbuch der Testamentsgestaltung, § 15 Rn. 308 ff.; *Hof*, in: v. Camphausen/Richter, Handbuch des Stiftungsrechts, § 36 Rn. 27; *Wochner* MittRhNotK 1994, 104; *Turner* ZEV 1995, 206.

1163 Vgl. *v. Campenhausen/Stumpf*, in: v. Camphausen/Richter, Handbuch des Stiftungsrechts, § 2 Rn. 19 ff., zur Stiftungs-GmbH mit Vorschlägen zur Vertragsgestaltung vgl. *Wochner* DStR 1998, 1835; *ders.*, ZEV 1999, 125, 126; *Augsten/Wolf* ZErb, 2006, 155; zum Stiftungsverein *ders.* Rpfleger 1999, 310 ff.

1164 So auch MünchKomm/*Kanzleiter*, § 311b BGB Rn. 24; Palandt/*Grüneberg* § 311b BGB Rn. 16; Ermann/*Grziwotz*, 311b BGB Rn. 3; Staudinger/*Schumacher*, § 311b BGB Rn. 59; *Wochner* DNotZ 1996, 773.

1165 Vgl. Ermann/*Werner*, BGB, § 81 Rn. 4; MünchKomm/*Reuter*, § 81 Rn. 1; Staudinger/*Hüttemann/Rawert*, § 81 Rn. 15; vgl. auch OLG Schleswig DNotZ 1996, 770.

verbindliche Erklärung des Stifters enthalten, ein Vermögen zur Erfüllung eines von ihm vorgegebenen Zweckes zu widmen. Gesetzlich geregelt ist nun auch, dass das Stiftungsgeschäft die Stiftung eine Satzung erhalten muss mit Regelungen über

1. den Namen der Stiftung,
2. den Sitz der Stiftung,
3. den Zweck der Stiftung,
4. das Vermögen der Stiftung,
5. die Bildung des Vorstandes der Stiftung.

Nach § 81 Abs. 2 BGB ist bis zur Anerkennung der Stiftung als rechtsfähig ist der Stifter zum Widerruf des Stiftungsgeschäfts berechtigt. Ist die Anerkennung bei der zuständigen Behörde beantragt, so kann der Widerruf nur dieser gegenüber erklärt werden.[1166] Der Erbe des Stifters ist zum Widerruf nicht berechtigt, wenn der Stifter den Antrag bei der zuständigen Behörde gestellt oder im Fall der notariellen Beurkundung des Stiftungsgeschäfts den Notar bei oder nach der Beurkundung mit der Antragstellung betraut hat.

Das Stiftungsgeschäft enthält dabei zwei Bestandteile: den organisationsrechtlichen, der auf die Ausgestaltung der Stiftung gerichtet ist, und den vermögensrechtlichen, der die sachliche Ausgestaltung der Stiftung betrifft.[1167]

(2) Der Stiftungszweck

Begriffsnotwendig und konstitutives Merkmal ist der vom Stifter festgelegte **Zweck**, der die Arbeit 532
der Stiftung für ihr gesamtes Leben kennzeichnet.[1168] Er muss nach § 81 Abs. 3 Satz 1 Nr. 3 BGB in der Stiftungssatzung angegeben werden. Stiftungen können grundsätzlich für jeden im Rahmen der Rechtsordnung zulässigen Zweck gegründet werden,[1169] wobei die Zweckverfolgung allerdings eine gewisse Dauerhaftigkeit aufweisen und der Zweck hinreichend bestimmt sein muss.[1170] Die Zweckoffenheit hat der Gesetzgeber bestätigt, dass die gemeinwohlkonforme Allzweckstiftung zulässig und gesetzliches Leitbild ist. Es ist zu beachten, dass der Zweck keineswegs gemeinnützig sein muss. Diese Frage betrifft nur das Steuerrecht. Bei der Gestaltung ist darauf zu achten, dass die Zweckbestimmung ausreichende Flexibilität ermöglichen soll, dass auch künftige Entwicklungen berücksichtigt werden können. Der Zweck darf sich also nicht nach kurzer Zeit erledigen.[1171] Insbesondere bei kleineren Stiftungen wird empfohlen, dass der Zweck nicht zu anspruchsvoll im Hinblick auf das Stiftungsvermögen ist.

Eine Stiftung kann also sowohl privatnützigen als auch gemeinnützigen Zwecken dienen. Die §§ 51 ff. AO regeln die Voraussetzungen der steuerbegünstigten Stiftungen, wenn die Stiftung ausschließlich und unmittelbar gemeinnützige, mildtätige oder kirchliche Zwecke (steuerbegüns-

---

1166 Vgl. *Reimann* DNotZ 2012, 250, 254.

1167 Staudinger/*Rawert/Hüttemann*, § 80 Rn. 10; MünchKomm/*Reuter*, § 80 Rn. 1; Erman/*Werner*, § 80 Rn. 2; *Turner* ZEV 1995, 208 f.

1168 Vgl. *Hof*, in: v. Camphausen/Richter, Handbuch des Stiftungsrechts, § 7 Rn. 1 ff.; Staudinger/*Hüttemenn/Rawert*, Vor §§ 80, Rn. 8, § 80 Rn. 13; MünchKomm/*Reuter*, Vor §§ 80 Rn. 52, § 80 Rn. 5; *Turner* ZEV 1995, 208 f.; Erman/*Werner* Vor § 80 Rn. 8; eingehend *Reuter* AcP 207 (2007) 1 ff.; *Nieder/Kössinger*, Handbuch der Testamentsgestaltung, § 15 Rn. 269; *Dutta*, Vermögenssicherung durch Stiftung, in: *Grziwotz* (Hrsg.) Erbrecht und Vermögenssicherung, 2011. S. 70, 74; MünchKomm/*Weitemeyer* BGB § 80 Rn. 116 ff.

1169 Vgl. oben zu verschiedenen Zwecken im Einzelnen; *Hof*, in: v. Camphausen/Richter, Handbuch des Stiftungsrechts, § 7 Rn. 58 ff.; MünchKomm/*Weitemeyer* BGB § 80 Rn. 116 ff

1170 Vgl. Staudinger/*Hüttemann/Rawert*, § 80 Rn. 14 ff.; *Hof*, in: v. Camphausen/Richter, Handbuch des Stiftungsrechts, § 7 Rn. 9 ff.; MünchKomm/*Weitemeyer* BGB § 80 Rn. 116 ff

1171 *Turner/Doppstadt* DStR 1996, 1448, 1450; *Nieder/Kössinger*, Handbuch der Testamentsgestaltung, § 15 Rn. 269.

tigte Zwecke) verfolgt.[1172] Gemeinnützig ist der Zweck einer Stiftung, wenn ihre Tätigkeit darauf gerichtet ist, die Allgemeinheit auf materiellem, geistigem oder sittlichem Gebiet selbstlos zu fördern, worunter auch mildtätige oder kirchliche Zwecke fallen. Mit der Gemeinnützigkeit ist es nicht zu vereinbaren, wenn der Kreis der Personen, dem eine Förderung zugutekommen soll, abgeschlossen ist, bspw. Zugehörigkeit zu der Familie, zur Belegschaft eines Unternehmens oder Ähnliches. Der Begriff der Gemeinnützigkeit ist weit und nicht gesetzlich beschränkt. Aufgrund der Vielzahl denkbarer gemeinnütziger Zwecke ist es unmöglich eine abschließende Aufzählung zu erstellen. Anerkannt als gemeinnützig ist die Förderung von Wissenschaft und Forschung, Bildung und Erziehung, Kunst und Kultur, Religion oder Völkerverständigung, Umwelt-, Landschaft- und Denkmalschutz. Dazu gehören aber auch das Wohlfahrtswesen und der Sport sowie traditionelles Brauchtum und vieles mehr. Eine Stiftung bleibt auch dann gemeinnützig, wenn sie bis zu 1/3 ihres Einkommens dazu verwendet, um in angemessener Weise den Stifter und seine nächsten Angehörigen zu unterhalten, ihre Gräber zu pflegen und ihr Andenken zu ehren; wenn also 2/3 oder mehr der Stiftungserträge für gemeinnützige Zwecke verwendet werden.

(3) Stiftungsorganisation

533 Insbesondere bei der Ausgestaltung der **Stiftungsorganisation** sollte die Satzung die wichtigsten Regelungen treffen, da sonst nach § 81 Abs. 1 Satz 4 i.V.m. § 83 BGB die Stiftungsbehörden zur Ergänzung befugt sind. § 81 Abs. 1 verlangt den obligatorischen Stiftungsvorstand, dessen Bildung im Stiftungsgeschäft bezeichnet werden muss. Seine Erstbesetzung erfolgt durch den Stifter in der Stiftungssatzung. Für die Nachfolge kann die Satzung eine Selbstergänzung anordnen. Diese Bestimmung kann aber auch externen Personen oder anderen Organen vorbehalten werden. Die Einrichtung von weiteren Organen neben dem Vorstand ist der Gestaltungsfreiheit des Stifters überlassen. Üblicherweise wird zumindest eine Art Aufsichts- bzw. Beirat vorgesehen. In diesen eingerichteten Organen kann der Stifter zu Lebzeiten selbst tätig werden, aber dort auch Angehörige oder Personen des besonderen Vertrauens zur Erfüllung der Stiftungsziele über den eigenen Tod hinaus einsetzen. Als Regel empfiehlt sich daher die von zwei Organen geführte Stiftung mit einem Exekutivorgan (in der Regel Vorstand) und einem Legislativorgan (in der Regel Kuratorium oder Beirat), das über die Grundsätze bei der Verfolgung der Stiftungszwecke zu entscheiden hat und dem eine Kontrollfunktion zusteht.[1173] Ähnlich wie bei Gesellschaftsverträgen empfehlen sich Bestimmungen über Anzahl, Berufung, Amtsdauer und Abberufung der Organmitglieder, Vertretungsberechtigungen, Aufgaben, Rechte und Pflichten, Einberufung und Beschlussfähigkeit, Voraussetzungen für Satzungsänderungen, etwaige Rechte der Destinatäre und Regelungen über den Vermögensanfall bei Beendigung der Stiftung.

(4) Das Stiftungsvermögen

534 Ein weiterer Aspekt ist das **Stiftungsvermögen**. Mit der Rechtsfähigkeit erwirbt die Stiftung einen Anspruch gegen den Stifter auf Übertragung des Vermögens, das dieser in seiner Stiftungserklärung zugesagt hat.[1174] **§ 82 BGB** regelt nun den Übergang des Stiftungsvermögens: Wird die Stiftung als rechtsfähig anerkannt, so ist der Stifter verpflichtet, das in dem Stiftungsgeschäfte zugesicherte Vermögen auf die Stiftung zu übertragen. Rechte, zu deren Übertragung der Abtretungsvertrag genügt, gehen mit der Anerkennung auf die Stiftung über, sofern nicht aus dem Stiftungsgeschäfte sich ein anderer Wille des Stifters ergibt.

Die Erfüllung des Stiftungsanspruchs erfordert die Übertragung nach den allgemeinen Übertragungsvorschriften, bei Grundstücken Auflassung und Grundbucheintragung. Ein bestimmtes

1172 Vgl. *Richter*, in: v. Camphausen/Richter, Handbuch des Stiftungsrechts, § 40 Rn. 16 ff.; *Reimann* DNotZ 2012, 250, 259 m.w.N.

1173 *Wernicke* ZEV 2003, 301; *Turner* DB 1995, 413, 415; *ders.* ZEV 1995, 207, 209.

1174 *Wochner* MittRhNotK 1994, 95; *Turner* ZEV 1995, 207, 209; eingehend zum Vermögen *Hof*, in: v. Camphausen/Richter, Handbuch des Stiftungsrechts, § 9 Rn. 4 ff.

Mindestkapital ist nicht vorgeschrieben. Andererseits bestimmt § 80 Abs. 2 BGB, dass eine Stiftung als rechtsfähig anzuerkennen ist, wenn die nachhaltige Verwirklichung des Stiftungszwecks gesichert ist. Hierdurch wird das Ermessen der Genehmigungsbehörde eingeschränkt. Dadurch soll die Errichtung von Stiftungen mit unzulänglichem Vermögen verhindert werden.[1175] Die Praxis der Stiftungsaufsichtsbehörden zeigt jedoch, dass rechtlich selbständige Stiftungen in der Regel ab einer Kapitalausstattung von 50.000,00 € anerkannt werden. Dennoch empfiehlt sich eine Kapitalausstattung einer rechtsfähigen gemeinnützigen Stiftung ab einer Höhe von ca. 250.000,00 €.[1176] Die Errichtung einer nicht rechtsfähigen (fiduziarischen) Stiftung ist schon mit einer geringeren Kapitalausstattung, z.B. ab 50.000,00 € denkbar. Das Stiftungsvermögen ist in seinem Bestand ungeschmälert zu erhalten. Das Grundstockvermögen einer Stiftung umfasst alle Vermögenswerte, die der Stifter anlässlich der Errichtung der Stiftung dieser zuwendet und die nicht unmittelbar zur Erfüllung des Stiftungszwecks wieder verbraucht werden sollen. Zum Grundstockvermögen gehören auch die Zuwendungen, die Dritte bei oder nach Errichtung der Stiftung machen, mit der ausdrücklichen Bestimmung, dass die Zuwendungen der Vermögensausstattung der Stiftung zugutekommen sollen. Als Grundstock einer Stiftung kommen Vermögenswerte aller Art in Betracht, bspw. Immobilien und Rechte an Grundstücken, Geldvermögen und Wertpapiere, sonstige Sachwerte wie z.B. Kunstgegenstände, gewerbliche Unternehmen oder Unternehmensbeteiligungen, Forderungen oder sonstige Rechte, insbesondere auch gewerbliche Schutzrechte. Die Grenze dessen, was in eine gemeinnützige Stiftung eingebracht werden kann oder soll, bildet nicht die Art des übertragenen Grundstockvermögens, sondern dessen Ertragsfähigkeit, da hierdurch die zukünftige Leistungsfähigkeit der Stiftung bestimmt wird.

(5) Die Destinatäre

Schließlich sollten auch die sog. **Destinatäre** möglichst hinreichend konkret vom Stifter benannt 535
werden.[1177] Nach h.M. kann der Stifter den Destinatären durch die Stiftungssatzung sowohl Verwaltungs- bzw. Mitwirkungsrechte als auch Ansprüche auf Stiftungsleistungen einräumen.[1178] Rechtsfähigkeit erlangt die Stiftung erst mit der Erteilung der Genehmigung nach § 80 BGB. Die Genehmigung wird von der Genehmigungsbehörde des Bundeslandes erteilt, in dem sich der Sitz der künftigen Stiftung befinden soll.

(6) Steuerliche Rahmenbedingungen[1179]

Durch das Gesetz zur weiteren Stärkung des bürgerschaftlichen Engagements vom 10.10.2007[1180] 536
wurden die Regelungen zur steuerlichen Berücksichtigung von Zuwendungen vereinfacht. Differenziert werden muss nur noch, ob es sich bei einer Zuwendung zur Förderung steuerbegünstigter Zwecke i.S.d. §§ 52 bis 54 AO um eine Zuwendung in den Vermögensstock einer Stiftung handelt oder nicht. Der Höchstbetrag für Zuwendungen an Stiftungen i.H.v. 20.450 € ist entfallen, hier gelten wie für alle anderen Zuwendungen die Höchstbeträge von 20 % des Gesamtbetrags der Einkünfte oder 4 ‰ der Summe der gesamten Umsätze und der im Kalenderjahr aufgewendeten Löhne und Gehälter. Dafür wurden die Regelungen zur steuerlichen Berücksichtigung von Zuwen-

1175 Vgl. die Übersicht über das Mindeststiftungsvermögen der Länder bei *Damrau/Wehinger* ZEV 1998, 78 das zwischen 50.000,00 € und 150.000,00 € schwankt, vgl. auch *Schwake,* NZG 2008, 248

1176 *Nieder/Kössinger*, Handbuch der Testamentsgestaltung, § 15 Rn. 270 empfehlen sogar 500.000,– €; vgl. auch *Hof,* in: v. Camphausen/Richter, Handbuch des Stiftungsrechts, § 9 Rn. 35 ff.

1177 Vgl. *Wochner* MittRhNotK 1994, 103; Staudinger/*Hüttemann/Rawert*, § 85 Rn. 10 ff.; OLG Hamburg ZIP 1994, 1950.

1178 Vgl. Staudinger/*Rawert/Hüttemann*, § 85 Rn. 11; *Hof,* in: v. Camphausen/Richter, Handbuch des Stiftungsrechts, § 8 Rn. 132 ff.; MünchKomm/*Weitemeyer* BGB § 80 Rn. 38 ff.

1179 Vgl. *M. Müller,* Die Besteuerung von Stiftungen im nationalen und grenzüberschreitenden Sachverhalt, 2011, S. 18 ff.; *Richter* in: v. Camphausen/Richter, Handbuch des Stiftungsrechts, §§ 39 bis 42.

1180 BGBl 2007 I S. 2332, BStBl 2007 I S. 815.

dungen in den Vermögensstock einer Stiftung ausgeweitet.[1181] Nach § 10b Abs. 1 Satz 1 EStG können Spenden zur Förderung steuerbegünstigter Zwecke i.S.d. § 52 bis AO zunächst insgesamt bis zu 20 % des Gesamtbetrags der Einkünfte oder 4 ‰ der Summe der gesamten Umsätze und der im Kalenderjahr aufgewendeten Löhne und Gehälter als Sonderausgaben abgezogen werden.[1182] Nach § 10b Abs. 1a EStG können darüberhinaus Spenden zur Förderung steuerbegünstigter Zwecke i.S.d. §§ 52 bis 54 AO in den Vermögensstock einer Stiftung, welche die bestimmte Voraussetzungen erfüllt, auf Antrag des Steuerpflichtigen im Veranlagungszeitraum der Zuwendung und in den folgenden neun Veranlagungszeiträumen bis zu einem Gesamtbetrag von 1 Mio. € zusätzlich zu den Höchstbeträgen nach § 10b Abs. 1 Satz 1 EStG abgezogen werden.[1183]

Errichtet der Stifter eine anerkannte gemeinnützige Stiftung, so führt dies insgesamt zu folgenden Steuerprivilegierungen:
- Der Stifter kann einen Abzugsbetrag von bis zu 1.000.000 € für die Errichtungsdotation einer gemeinnützigen Stiftung in den ersten 12 Monaten nach der Stiftungserrichtung geltend machen. Voraussetzung ist, dass die Zuwendung endgültig in das »Grundstockvermögen« der Stiftung geleistet wird. Dieses Geld darf somit nicht »verbraucht« werden. Lediglich die Erträge dienen dem Stiftungszweck.
- Die gemeinnützige Stiftung kann steuerbegünstigte Zuwendungen, Spenden, empfangen.
- Die gemeinnützige Stiftung ist von der Körperschaftssteuer befreit.
- Die gemeinnützige Stiftung ist von der Gewerbesteuer befreit.
- Die gemeinnützige Stiftung genießt bei der Umsatzbesteuerung den ermäßigten Umsatzsteuersatz bei vollem Vorsteuerabzug.
- Die gemeinnützige Stiftung genießt Vergünstigungen bei der Erbschaft- und Schenkungssteuer.
- Die gemeinnützige Stiftung ist hinsichtlich der Grundsteuer privilegiert.

Die gemeinnützige Stiftung kann bis zu 1/3 ihres Einkommens für den Unterhalt des Stifters bzw. seiner nächsten Angehörigen verwenden, ohne die Steuervorteile zu verlieren.

bb) Unselbständige Stiftungen

537 Eine unselbständige Stiftung ist kein einseitiger Stiftungsakt, sondern als **Vertrag zwischen Stifter und Stiftungsträger** anzusehen.[1184] Der Stifter verpflichtet sich dabei, dem Träger die zur Erfüllung des Stiftungszwecks erforderlichen Vermögensgegenstände zu übertragen, der Träger verpflichtet sich, dieses Vermögen entsprechend dem Stiftungszweck zu verwenden. Da die Stiftungsvorschriften auf die unselbständige Stiftung nicht anwendbar sind, müssen entsprechende Regelungen des BGB herangezogen werden. In der Literatur war dabei umstritten, ob es sich bei einem derartigen Stiftungsgeschäft um einen Treuhandvertrag oder eine Schenkung unter Auflage handelt oder ob beide Rechtsinstitute zum Zweck der Errichtung einer unselbständigen Stiftung eingesetzt werden können.[1185] Nach der zutreffenden h.M. sind beide Rechtsinstitute, d.h. Treuhandvertrag als auch Schenkung unter Auflage, zur Errichtung einer unselbständigen Stiftung verwendbar,[1186] Stifter

1181 BMF v. 18.12.2008 BStBl. 2009 I; 16 = ZEV 2009, 155.

1182 Vgl. *Richter* in: v. Camphausen/Richter, Handbuch des Stiftungsrechts, § 40 Rn. 54 ff.

1183 Vgl. dazu BMF v. 18.12.2008 BStBl. 2009 I; 16 = ZEV 2009, 155; *Reimann* DNotZ 2012, 250, 260; *Hüttemann* DB 2008, 1063.

1184 Palandt/*Ellenberer*, Vorbem. zu § 80 Rn. 10; MünchKomm/*Weitemeyer* BGB § 80 Rn. 260 ff.; Staudinger/*Hüttemann/Rawert*, Vorbem. zu §§ 80 ff. Rn. 156; *Wochner* MittRhNotK 1994, 104; *Hof*, in: v. Camphausen/Richter, Handbuch des Stiftungsrechts, § 36 Rn. 29 ff.; *Wochner* ZEV 1999, 126; *Augsten/Wolf* ZErb, 2006, 155 ff.

1185 Vgl. zum Streitstand, Staudinger/*Rawert*, Vorbem. zu §§ 80 ff. Rn. 158; *Hof*, in: v. Camphausen/Richter, Handbuch des Stiftungsrechts, § 36 Rn. 29 ff.; *Wochner* MittRhNotK 1994, 105; eingehend *Westebbe*, Die Stiftungstreuhand, 1994, 66 ff.

1186 MünchKomm/*Weitemeyer* BGB § 80 Rn. 261; A.A. MünchKomm/*Reuter*, 5. Aufl. Vorbem. zu § 80 Rn. 41 ff.

und Trägerorganisation können daher die die für sie passende Rechtsgrundlage *wählen.*[1187] Der BGH hat im o.g. »Grabpflegeurteil« darauf hingewiesen, dass der Vertrag über die Errichtung einer unselbständigen Stiftung als Schenkung unter Auflage oder in Gestalt eines fiduziarischen Rechtsgeschäftes als Auftrag bzw. bei Entgeltlichkeit als Geschäftsbesorgungsvertrag geschlossen werden könne.[1188] Der BGH stellt darin klar, dass die Vereinbarung zwischen Stifter und Stiftungsträger nicht einem bestimmten Vertragstyp zuzuordnen sei. Für die Beurteilung, ob eine Schenkung unter Auflage oder ein als Auftrag bzw. Geschäftsbesorgungsvertrags ausgestaltetes Treuhandverhältnis vorliege, komme es vielmehr darauf an, wie die Parteien ihr Vertragsverhältnis selbst ausgestalten wollten. Im Urteil kam der BGH zu der Auffassung, dass es sich im konkreten Fall um ein Treuhandverhältnis handele, auf das der BGH im konkreten Fall § 309 Nr. 9a BGB anwendete, sodass eine längere Bindung als 2 Jahre unzulässig war und dementsprechend eine Kündigung möglich war. Für die Praxis bedeutet dies, dass eindeutige Regelungen über den gewollten Vertragstyp – entweder Treuhand oder Schenkung unter Auflage – vereinbart werden müssen.

Bei der Gestaltung sollte daher klargestellt werden, welche Lösung gewählt wird. Wird die Stiftung als **Schenkung unter Auflage** gem. § 525 BGB errichtet und liegt die Vollziehung der Auflage im öffentlichen Interesse, so kann gem. § 525 Abs. 2 BGB nach dem Tod des Schenkers eine Landesbehörde die Vollziehung verlangen, Gleiches gilt beim Wegfall des Schenkers, wenn dieser eine juristische Person ist. In diesem Fall bedarf das Stiftungsgeschäft notarieller Beurkundung (§ 518 BGB). Flexibler dürfte der Einsatz eines **Treuhandvertrags** sein. Zur Gewährleistung der Dauerhaftigkeit des Stiftungszwecks wird in der Literatur bei der Ausgestaltung verlangt, dass die Parteien ihr Widerrufs- bzw. Kündigungsrecht auf die Fälle des Vorliegens wichtiger Gründe beschränken und regeln, dass mit dem Tod des Auftraggebers entsprechend der Zweifelsregelung des § 672 Satz 1 BGB der Treuhandvertrag nicht erlischt, sondern seine Erben bindet.[1189] Allerdings ist zu beachten, dass nach dem genannten Urteil des BGH in Allgemeinen Geschäftsbedingungen nach § 309 Nr. 9a BGB sodass eine längere Bindung als 2 Jahre unzulässig ist.[1190] Außerdem ist zu empfehlen, dass die Grundsätze der Stiftungsverwaltung schriftlich niedergelegt werden.[1191] Das OLG München hat es als zulässig angesehen, dass, wenn der Zweck einer Stiftung hinreichend bestimmt ist, die Errichtung einer unselbständigen Stiftung aufgrund letztwilliger Verfügung auch in der Weise möglich sei, dass der Erblasser einem Dritten (hier: Testamentsvollstrecker) die Auswahl des Stiftungsträgers und die inhaltliche Fassung der Stiftungssatzung überlasse.[1192]

d) Stiftungsgeschäfte von Todes wegen

aa) Verfügung von Todes wegen

Die Stiftung kann nicht nur durch Stiftungsgeschäft unter Lebenden, sondern auch durch eine Verfügung von Todes wegen errichtet werden. § 83 BGB ist Grundlage der Regelung. Die Vorschrift wurde ergänzt durch das Gesetz zur Modernisierung des Stiftungsrechts um ein Ergänzungsrecht der Stiftungsbehörde: Genügt das Stiftungsgeschäft nicht den Erfordernissen des § 81 Abs. 1 Satz 3 BGB, wird der Stiftung durch die zuständige Behörde vor der Anerkennung eine Satzung gegeben oder eine unvollständige Satzung ergänzt; dabei soll der Wille des Stifters berücksichtigt werden. 538

1187 MünchKomm/*Weitemeyer* BGB § 80 Rn. 261; OLG Hamm ZErb 2012, 195; OLG München NJW 2014, 2448 = DNotZ 2014, 702 = GWR 2014, 348.

1188 Vgl. BGHZ 180, 144 = ZEV 2009, 41 = WM 2009, 909, Anm. dazu *Möller*, ZEV, 412; so auch die hL Staudinger/*Rawert*, Vorbem. zu §§ 80 ff., Rn. 158 ff.; *Hof*, in: v. Camphausen/Richter, Handbuch des Stiftungsrechts, § 36 Rn. 35 ff.; *Wochner* ZEV 1999, 125, 126 ff.

1189 Staudinger/*Hüttemann*/*Rawert*, Vorbem. zu §§ 80 ff., Rn. 164; *Hof*, in: v. Camphausen/Richter, Handbuch des Stiftungsrechts, § 36 Rn. 49; *Wochner* MittRhNotK 1994, 105.

1190 BGHZ 180, 144 = ZEV 2009, 41 = WM 2009, 909, Anm. dazu *Möller*, ZEV, 412.

1191 Gestaltungshinweis bei Münchener Vertragshandbuch/*Neuhoff*, Bd. IV/2, Formular XII 3; ausführlich *Westebbe*, Die Stiftungstreuhand, 1993, S. 192 ff.

1192 OLG München NJW 2014, 2448 DNotZ 2014, 702 = GWR 2014, 348.

Als Sitz der Stiftung gilt, wenn nicht ein anderes bestimmt ist, der Ort, an welchem die Verwaltung geführt wird. Im Zweifel gilt der letzte Wohnsitz des Stifters im Inland als Sitz.

539 Für das Stiftungsgeschäft von Todes wegen sind die dafür vorgeschriebenen Formen einzuhalten und es gelten die allgemeinen Vorschriften für Testamente (§§ 2064 ff. BGB). Die Formvorschriften gelten für das gesamte Testament, also auch das Stiftungsgeschäft von Todes wegen.[1193] Das OLG Stuttgart hat allerdings zu Recht entschieden, dass ein Testament dennoch wirksam sein kann, wenn die Stiftungssatzung nicht eigenhändig geschrieben ist.[1194]

540 Nach h.M. kann das Stiftungsgeschäft von Todes wegen i.S.d. § 83 BGB nicht nur in einem Testament, sondern auch im Rahmen eines **Erbvertrags** vorgenommen werden.[1195] Nach h.M. kann trotz der Nichterwähnung der Stiftung in § 2278 Abs. 2 BGB das Stiftungsgeschäft auch als vertragsmäßig bindende Verfügung vorgenommen werden.[1196] Ebenfalls als zulässig erachtet wird eine Kombination eines Erbvertrags mit einem Stiftungsgeschäft unter Lebenden dergestalt, dass beide Parteien der Stiftung Vermögen zuwenden und diese schon beim Tod des Erstversterbenden genehmigt werden soll.[1197] Bei dieser Gestaltung ist ungewiss, welche Partei zuerst verstirbt, sodass jede Vertragspartei ein Stiftungsgeschäft sowohl unter Lebenden als auch von Todes wegen vornimmt.

bb) Erbrechtliche Zuwendung

541 Inhaltlich kann die Stiftung sowohl als **Erbe**, durch ein **Vermächtnis** oder durch eine **Auflage** bedacht werden.[1198] Wird die Stiftung als Erbin eingesetzt, so bestimmt § 84 BGB, dass, wenn die Stiftung erst nach dem Tode des Stifters genehmigt wird, die Zuwendung des Stifters als vor dessen Tod entstanden gilt. Es handelt sich dabei um eine gesetzliche Fiktion.[1199] Der Anerkennung kommt damit Rückwirkung zu. Das Bestehen der Stiftung als juristische Person wird auf den Zeitpunkt vor dem Tod des Stifters fingiert. Die als Erbe eingesetzte Stiftung erwirbt das Stiftungsvermögen gem. § 1922 BGB als Gesamtrechtsnachfolger. Auch der BFH hat sich für die steuerlichen Fragen der zivilrechtlichen Lage angeschlossen.[1200] Allerdings weist er daraufhin, dass sich die Rückwirkungsfiktion nicht auf die Steuerbefreiung nach § 5 Abs. 1 Nr. 1 KStG für gemeinnützige Stiftungen auswirkt. Allerdings behandelt er die Stiftung im Ergebnis so als ob die Vergünstigung bereits ab dem Zeitpunkt des Erbfalls gilt, wenn das Stiftungsgeschäft und die Satzung die materiellen Voraussetzungen der §§ 51 ff. AO zu diesem Zeitpunkt erfüllen. Die Stiftung kann als grds. als Miterbe und Nacherbe[1201] eingesetzt werden. Bei der Miterbenstellung besteht allerdings das Pro-

---

1193 Vgl. *Wachter* ZEV 2010, 202; *Hof*, in: v. Campenhausen/Richter, Handbuch des Stiftungsrechts, § 6 Rn. 70.

1194 OLG Stuttgart, ZEV 210, 201 m. Anm. *Wachter*.

1195 Vgl. BGHZ 70, 313, 322 = NJW 1978, 943; Palandt/*Ellenberer*, § 83 Rn. 1; Staudinger/*Hüttemann/Rawert*, § 83 Rn. 2; *Ihle* RNotZ 2009, 557, 560 f.; *Muscheler* ZEV 2003, 41 ff.; *Schmidt*, Die Errichtung von Unternehmensträgerstiftungen durch Verfügung von Todes wegen, 1997, S. 26; vgl. eingehend *Kuchinke*, Probleme bei letztwilligen Zuwendungen für Stiftungszwecke, FS Neumayer (1985), 389 ff.; *Nieder/Kössinger*, Handbuch der Testamentsgestaltung, § 15 Rn. 282.

1196 BGHZ 70, 313, 321= NJW 1978, 943; *Kuchinke*, Probleme bei letztwilligen Zuwendungen für Stiftungszwecke, FS Neumayer (1985), 389 ff.; *Muscheler* ZEV 2003, 41, 43; *Nieder/Kössinger*, Handbuch der Testamentsgestaltung, § 15 Rn. 290.

1197 BGHZ 70, 313 = NJW 1978, 943; Staudinger/*Hüttemenn/Rawert*, § 83 Rn. 3; *Muscheler*, ZEV 2003, 41, 43; kritisch: *Kuchinke*, Probleme bei letztwilligen Zuwendungen für Stiftungszwecke, FS Neumayer (1985) 392.

1198 *Nieder/Kössinger*, Handbuch der Testamentsgestaltung, § 15 Rn. 283 ff.; MünchKomm/*Weitemeyer* BGB § 83 Rn. 7 ff.; *Reimann* DNotZ 2012, 250, 254 f.; *Ihle*, RNotZ 2009, 557, 561; *Hof*, in: v. Campenhausen/Richter, Handbuch des Stiftungsrechts, § 6 Rn. 90 ff.; *Pauli*, ZStV 2019, 41; *Wachter*, BB 2017, 2631; zu Gestaltungen beim Behindertentestament *Weidlich/Dittmer* ZStV 2010, 68-

1199 Vgl. Palandt/*Ellenberer*, § 84 Rn. 1; MünchKomm/*Weitemeyer* BGB § 84 Rn. 1; *Muscheler* DNotZ 2003, 661.

1200 Vgl. BFH/NV 2004, 245.

1201 MünchKomm/*Weitemeyer* BGB § 83 Rn. 10.

blem, dass § 2043 Abs. 2 BGB einen Ausschluss der Auseinandersetzung der Erbengemeinschaft bis zur Anerkennung der Stiftung vorsieht, aber die Anerkennung die einigermaßen sichere Kenntnis der Behörde von der künftigen Vermögensausstattung voraussetzt.[1202] Die Stiftung kann wohl nicht als Vorerbin eingesetzt werden,[1203] es besteht sonst die Problematik, dass die Vermögensausstattung nur vorübergehender Natur ist und daher häufig eine Anerkennung nicht erreicht wird.[1204] Auch soll sie nicht gem. § 13 Abs. 1 Nr. 16 ErbStG von der Erbschaftssteuer befreit sein.[1205]

Auch die Anordnung eines **Vermächtnisses** zugunsten einer noch zu errichtenden Stiftung ist zulässig und zweckmäßig. Die Stiftung erwirbt dann keinen unmittelbaren Vermögensvorteil, sondern nur einen klagbaren schuldrechtlichen Anspruch nach § 2174 BGB gegen die Erben auf Übertragung des ihr vermachten Vermögens.[1206] 542

Inhaltlich muss das Stiftungsgeschäft von Todes wegen dem Stiftungsgeschäft von Lebenden entsprechen (vgl. oben), insbesondere den Stiftungszweck und eine Stiftungssatzung[1207] enthalten. In der Praxis empfiehlt sich ergänzend, insbesondere bei Auflagen, die Anordnung einer **Testamentsvollstreckung** zur Sicherung der Errichtung der Stiftung.[1208] In diesem Zusammenhang kann der Stifter den Testamentsvollstrecker dazu befugen, der Stiftung eine Satzung zu geben bzw. eine derartige Satzung eventuellen Anordnungen der Genehmigungsbehörde anzupassen.[1209] § 83 BGB bestimmt wie dargelegt in seiner Neufassung vom 15.07.2002, dass die zuständige Behörde der Stiftung eine Satzung geben oder eine unvollständige ergänzen kann; dabei soll der Wille des Stifters berücksichtigt werden. Umstritten ist, ob eine Dauervollstreckung zulässig ist.[1210] 543

cc) Rechtsfähige Stiftungen

Eine rechtsfähige Stiftung bedarf auch bei einer Errichtung durch Stiftungsgeschäft von Todes wegen der **Anerkennung** durch die Stiftungsbehörde.[1211] Wird die Anerkennung nicht von dem Erben oder dem Testamentsvollstrecker nachgesucht, beantragt nach § 83 BGB das Nachlassgericht die Genehmigung. Auch wenn Gesetzgeber ein Ergänzungsverfahren in § 81 Abs. 1 Satz 3 BGB neu vorgesehen hat, empfiehlt es sich, vorher mit der Genehmigungsbehörde zu klären, unter welchen Voraussetzungen die Stiftung genehmigt wird. Bei Grundstücksstiftungen wird u.U. eine Beistiftung von liquiden Vermögenswerten verlangt, damit aus diesem Fonds Unterhaltskosten bestritten werden können.[1212] Für den Fall, dass die Genehmigung einer selbständigen Stiftung scheitert, sollten Eventuallösungen vorgesehen werden,[1213] etwa unselbständige Stiftungen einer bereits bestehenden juristischen Person. § 83 Satz 2 bis 4 BGB lässt jetzt die Möglichkeit zu, dass 544

1202 So MünchKomm/*Weitemeyer* BGB § 83 Rn. 9.

1203 Ablehnend *Reimann* DNotZ 2012, 250, 255; *Langenfeld* ZEV 2002, 482; *Nieder/Kössinger*, Handbuch der Testamentsgestaltung, § 15 Rn. 284; *Ihle* RNotZ 2009, 557, 561 MünchKomm/*Weitemeyer* BGB § 83 Rn. 11.

1204 Vgl. Staudinger/*Hüttemann/Rawert*, § 83 Rn. 5.

1205 Vgl. Bay. Staatsmin. Der Finanzen, Erlass vom 12.11.2003, ZEV 2004, 65.

1206 MünchKomm/*Weitemeyer* BGB § 83 Rn. 12.

1207 Vgl. *Kuchinke*, FS Neumayer, S. 397 zur Frage, welchen notwendigen Inhalt das Stiftungsgeschäft von Todes wegen haben muss und ob insoweit Ergänzungen möglich sind; vgl. auch *Steffek*, Die Anforderungen an das Stiftungsgeschäft von Todes wegen, 1996, S. 21 ff.; *Wicke* ZFE 2007, 171 ff.

1208 *Pauli* ZEV 2012, 461 ff.; *Reimann* DNotZ 2012, 250, 255 f.; *Wicke* ZFE 2007, 171 ff.; *Hof*, in: v. Campenhausen/Richter, Handbuch des Stiftungsrechts, § 6 Rn. 109 f.

1209 OLG München NJW 2014, 2448 = DNotZ 2014, 702, Anm. *Roth* NJW-Spezial 2014, 456; dazu *Wachter* BB 2017, 2631; Staudinger/Hüttemann/*Rawert*, § 83 BGB, Rn. 18; MünchKomm/*Weitemeyer* BGB § 83 Rn. 16; Staudinger/*Hütteman/Rawert*, § 83 Rn. 10; s. *Wochner* MittRhNotK 1994, 97; *Pauli* ZEV 2012, 461 ff.; *Reimann* DNotZ 2012, 250, 255 f.; *O. Schmidt* ZEV 2000, 438 ff.

1210 Vgl. dazu OLG Frankfurt ZEV 2011, 605 m. Anm. *Reimann; Reimann* DNotZ 2012, 250, 256; Staudinger/*Hütteman/Rawert*, § 83 Rn. 20; MünchKomm/*Weitemeyer* BGB § 83 Rn. 16 ablehnend.

1211 *Reimann* DNotZ 2012, 250, 257.

1212 *Reimann* DNotZ 2012, 250, 257; vgl. Übersicht bei *Damrau/Wehinger* ZEV 1998, 178 f.

1213 *Nieder/Kössinger*, Handbuch der Testamentsgestaltung, § 15 Rn. 288.

die Genehmigungsbehörde das Stiftungsgeschäft ändert und ergänzt. Ungeklärt ist die Rechtsnatur der Stiftung zwischen Erbfall und Genehmigung und die Frage, ob das Institut der »Vorstiftung« ähnlich der Vorgesellschaft anerkannt werden sollte.[1214]

dd) Unselbständige Stiftungen

545 Das **erbrechtliche Instrumentarium** bei unselbständigen Stiftungen ist das **gleiche** wie bei selbständigen Stiftungen, jeweils mit der Maßgabe, dass Zuwendungsempfänger (Erbe, Vermächtnisnehmer, Begünstigter der Auflage) nicht eine selbständige, vom Erblasser gegründete Stiftung ist, sondern eine bereits vorhandene natürliche oder zweckmäßigerweise juristische Person. Der Stiftungszweck kann bei der unselbständigen Stiftung erbrechtlich dadurch abgesichert werden, dass Vermächtnisse bzw. Untervermächtnisse oder eine Auflage angeordnet werden.[1215]

546 Wird der Stiftungsträger als Erbe eingesetzt, besteht die Möglichkeit, eine auflösende Bedingung festzulegen, nach der ein bestimmtes Verhalten Voraussetzung für das Behalten der Erbschaft ist. Die Verpflichtung des Stiftungsträgers zur Erfüllung des Stiftungszwecks kann auch durch die Anordnung eines Vermächtnisses erreicht werden. Dadurch kann den Destinatären ein Anspruch auf Leistung der Stiftung eingeräumt werden. Ist der Stiftungsträger selbst der Vermächtnisnehmer, kann ein Untervermächtnis zugunsten der Destinatäre ausgesetzt werden. In der Praxis stellt allerdings die Auflage den häufigsten Fall bei der Errichtung einer unselbständigen Stiftung dar.[1216] Danach wird der Stiftungsträger verpflichtet, die letztwillige Auflage zu erfüllen. Auch insoweit empfiehlt sich die Anordnung einer Testamentsvollstreckung zur Überwachung des Stiftungsträgers oder zur Sicherung des Vollzugs der letztwilligen Auflage.

ee) Pflichtteilsrecht

547 Die Errichtung einer Stiftung gilt vom Standpunkt des Pflichtteilsberechtigten als Schenkung.[1217] Der Wert der Stiftung wird also zum Nachlass hinzugerechnet. Durch eine Stiftung lassen sich Pflichtteilsansprüche nicht vermeiden. Das hat der BGH in der Entscheidung »Dresdner Frauenkirche« bestätigt.[1218]

Der Anspruch richtet sich zunächst gegen den Erben. Wenn diesem jedoch die Einrede der Verletzung seines eigenen Pflichtteils zusteht, muss sich der benachteiligte Pflichtteilsberechtigte an den Beschenkten halten. Die 10-Jahresfrist beginnt nicht vor Anerkennung der Stiftung durch die Stiftungsbehörde.[1219] Es empfiehlt sich also, das Stiftungsgeschäft gegen Pflichtteilsansprüche durch Erb- bzw. Pflichtteilsverzichtsverträge abzusichern bzw. den Beweis der Erbunwürdigkeit anzutreten.

1214 Vgl. Staudinger/*Hütteman/Rawert*, § 80 Rn. 37 ff.; *Zimmermann* NJW 2012, 3277, 3279; *Werner* ZErb 2011, 237; *Damrau* ZEV 2010, S. 14; *Hüttemann*, in: FS Spiegelberger, 2009, S. 1293; *Schmidt* ZEV 1998, 81, der eine Vorstiftung ablehnt; *Matschke/Renner*, FS Wolf Müller, 2001, 815; *Orth* ZEV 1997, 327; *Ebeling* ZEV 1998, 93 zu den steuerlichen Fragen.

1215 Vgl. *Wochner* MittRhNotK 1994, 105; *Schmidt*, die Errichtung von Unternehmensträgerstiftungen durch Verfügung von Todes wegen, S. 127; *Nieder/Kössinger*, Handbuch der Testamentsgestaltung, § 15 Rn. 310; *Wochner* ZEV 1999, 126; *Augsten/Wolf* ZErb, 2006, 155 ff.

1216 Vgl. *Lange/Kuchinke*, § 28 I 3; *Wochner* MittRhNotK 1994, 106; *Nieder/Kössinger*, Handbuch der Testamentsgestaltung, § 15 Rn. 310.

1217 Vgl. eingehend *Medicus*, FS Ellenberer, 1998, 381 ff.; BGHZ 70, 313; *Rawert/Katschinski*, ZEV 1996, 161, *Reimann* DNotZ 2012, 250; 253; *Damrau* ZEV 2010, 12; *Röthel* ZEV 2008, 112; *Werner* ZEV 2007, 560; *R. Werner* ZEV 2007, 560 ff.; *Ihle* RNotZ 2009, 557, 568 ff.

1218 BGH NJW 2004, 1382 = DNotZ 2004, 475 = ZEV 2004, 115 m. Anm. *Damrau*, anders die Vorinstanz OLG Dresden NJW 2002, 3181; vgl. dazu *R. Werner*, ZEV 2007, 560 ff.; *Richter* ZErb 2005, 134 ff.

1219 *Röthel* ZEV 2008, 112; *Reimann* DNotZ 2012, 250; 253.

e) Ausländische Stiftungen und Trusts

Im Rahmen internationaler Nachlassgestaltung und -planung werden auch häufig ausländische Stiftungen und Trusts eingesetzt.[1220] 548

aa) Ausländische Privatstiftung

Die Bestimmung des anwendbaren Rechts einer ausländischen juristischen Person, also auch einer Stiftung, bestimmt sich nach der h.M. nach den Grundsätzen des internationalen Gesellschaftsrechts.[1221] Dies hat der BGH im Urt. v. 08.09.2016 bestätigt.[1222]Nach der früheren h.M. richtete sich dies nach dem Recht am tatsächlichen Verwaltungssitz der juristischen Person (sog. **Sitztheorie**).[1223] Auch die Rechtsfähigkeit bestimmte sich nach dem Recht am **tatsächlichen Verwaltungssitz.**[1224] Umstritten ist, ob die durch die Rechtsprechung des EuGH im Rahmen der Niederlassungsfreiheit entwickelten Prinzipien auch für Stiftungen gelten.[1225] Nach der Rechtsprechung des EuGH ist die in einem Vertragsstaat nach dessen Vorschriften wirksam gegründete Gesellschaft in einem anderen Vertragsstaat – unabhängig von dem Ort ihres tatsächlichen Verwaltungssitzes – in der Rechtsform anzuerkennen, in der sie gegründet wurde (Gründungstheorie).[1226] Nach der 549

1220 Vgl. *Jakob* in: v. Camphausen/Richter, Handbuch des Stiftungsrechts, § 44; *Lange/Honzen*, Erbfälle unter Einschaltung ausländischer Stiftungen, ZEV 2010, 228; *Birnbaum/Lohbeck/Pöllath*, Die Verselbständigung von Nachlassvermögen: Stiftung, Trust und andere Gestaltungen im Vergleich, FR 2007, 479; *Richter/Wachter*, Handbuch des internationalen Stiftungsrechts, 2007; *Wagner* RIW 2008, 773; *Ettinger/Bauer* RIW 2008, 445; *Lennert/Blume* ZEV 2009, 171; *Löwe*, Österreichische Privatstiftung mit Stiftungsbeteiligten in Deutschland, IStR 2005, 577; *Söffing*, Die österreichische Privatstiftung – Ertrag- und erbschaftsteuerliche Aspekte beim Blick ins Nachbarland, ErbStB 2007, 219; *Süß*, Der Trust als Gestaltungsmittel deutscher Erblasser, FS Deutsches Notarinstitut, 2003, S. 387; *Neuhoff*, Die privatnützige Stiftung nach Jersey-Recht, ZEV 1996, 330; Erwiderung von *Piltz* ZEV 1996, 382; *Werkmüller*, Steuerliche Aspekte der ausländischen Familienstiftung, ZEV 1999, 138; vgl. auch den Überblick über die ausländischen Stiftungsgesetze bei *Wachter*, Stiftungen Zivil- und Steuerrecht in der Praxis 2. Aufl. 2012; *Plewka-Watrin*, Steuerliche Strukturierung internationaler Vermögensnachfolgen, ZEV 2002, 253 ff.; *von Bar*, Das Sachenrecht von Trust, Treuhandfonds und Treuhand, EuZW 2018, 925; *Lüdicke/Eiling*, Nutzung von US-Trusts in der Nachfolgeplanung, IStR 2017, 841; *von Oertzen/Stein/Reich*, Anglo-Amerikanische Nachlasstrusts und inländische Grundstücke bzw. grundstücksbesitzende Erbengemeinschaften, ZEV 2013, 109, *Kalss*, Die Leistungskraft der österreichischen Privatstiftung für Familienunternehm, ZVglRWiss 2018, 221; *Wachter*, Die österreichische Privatstiftung als Instrument der Nachfolgeplanung für deutsche Stifter? DStR 2000, 474; *ders.*, Steueroptimale Nachlassplanung mit einer österreichischen Privatstiftung, DStR 2000, 1037; *Piltz*, Die österreichische Privatstiftung in der Nachfolgeplanung – für Steuerinländer tabu?, ZEV 2000, 378.

1221 Vgl. Staudinger/*Hütteman/Rawert*, Vor § 80 Rn. 311; MünchKomm/*Kindler*, Internationales Gesellschaftsrecht Rn. 315, 751 f.; *Naumann zu Grünberg* ZEV 2012, 569, 572.

1222 BGH NZG 2016, 1187 = DNotZ 2017, 106.

1223 Vgl. Staudinger/*Grossfeld*, Internationales Gesellschaftsrecht 1993, Rn. 24, 251.

1224 BGHZ 97, 269, 271; Staudinger/*Grossfeld*; Internationales Gesellschaftsrecht 1993, Rn. 24, 251.

1225 Vgl. zur Diskussion Hoffmann in *Richter/Wachter*, HdB des internationalen Stiftungsrechts, 2007, § 10 Rn. 48 ff.; MünchKomm/*Weitemeyer*, § 80 Rn. 248 ff.; *Werner*, ZStV 2008, 17.

1226 EuGH ZIP 2002, 2037 – Überseering; bestätigt durch EuGH, ZIP 2003, 1885 – Inspire Art; vgl. auch BGHZ 154, 185, 189; vgl. ferner zur vergleichbaren Rechtslage beim Deutsch-Amerikanischen Freundschafts-, Handels- und Schifffahrtsvertrag: BGHZ 153, 353, 356 f.; BGH ZIP 2004, 1402 m.w.N.; BGH ZIP 2004, 2230, 2231; BGH NJW 2011, 3784, BGH NJW 2009, 289; im Gesellschaftsrecht auch die obergerichtliche Rechtsprechung vgl. BayObLG NZG 2003, 290; OLG Naumburg GmbHR 2003, 533; OLG Celle GmbHR 2003, 532; OLG Zweibrücken GmbHR 2003, 530; OLG Frankfurt am Main DNotZ 2008, 860 = BB 2008, 1197 dazu *Lutter* DB 2003, 7 ff.; *Behrens* IPrax 2003, 193 ff.; Palandt/*Thorn*, BGB, Anh. zu Art. 12 EGBGB Rn. 6 ff.; *Lutter*, BB 2003, 7, 9; *Eidenmüller* ZIP 2002, 2233, 2238; *Heidenhain* NZG 2002, 1141, 1142; *Großerichter* DStR 2003, 1, 15; *Forsthoff* DB 2002, 2471, 2476; *Leible/Hofmann* RIW 2002, 925, 929; *Zimmer* BB 2003, 1, 5.

einen Auffassung verbleibt es für Stiftungen bei der Sitztheorie,[1227] nach der anderen Meinung wird allerdings auch für die Stiftung die Gründungstheorie befürwortet.[1228] Der BGH hat im Urt. v. 08.09.2016 entschieden, dass seine Rechtsprechung zum Internationalen Gesellschaftsrecht auch auf Stiftungen anwendbar ist: Das Personalstatut von Gesellschaften richtet sich daher nach der so genannten Gründungstheorie, wenn die Auslandsgesellschaft in einem Mitgliedstaat der Europäischen Union, des EWR oder in einem mit diesen auf Grund eines Staatsvertrags in Bezug auf die Niederlassungsfreiheit gleichgestellten Staat gegründet worden ist. Nur für Gesellschaften, die in einem Drittstaat gegründet worden sind, hält die Rechtsprechung an der so genannten Sitztheorie fest, nach der für das Personalstatut das Recht des Sitzstaats maßgeblich ist.[1229]. Unabhängig von diesem Streit, der vor allem bei der Verlegung des Verwaltungssitzes eine Rolle spielt,[1230] kann nach allen Meinungen auch von einem Deutschen im Ausland eine rechtsfähige Stiftung nach den dortigen Vorschriften gegründet werden und diese Vermögensgegenstände im Inland erwerben. Auch die Grundbuchfähigkeit ist gegeben, wenn die Stiftung im Ausland ihren tatsächlichen Verwaltungssitz hat und nach dem dortigen Recht Rechtsfähigkeit genießt. Das OLG München hat entschieden, dass auch eine ausländische Stiftung (schweizerischen Rechts), die erst nach dem Erbfall errichtet wird, erbfähig i.S.d. § 1923 BGB sein kann.[1231] In der Praxis werden häufig Stiftungen in Gebieten mit günstiger Besteuerung gewählt,[1232] z.B. Liechtenstein,[1233] Österreich[1234] oder Schweiz.[1235] Steuerrechtlich hat die ausländische Stiftung durch § 15 AStG an Interesse verloren, weil nach § 15 Abs. 1 AstG für inländische Stifter und Destinatäre der ausländischen Stiftung gilt, dass das Vermögen und Einkommen der Familienstiftung, die Geschäftsleitung und Sitz außerhalb der Bundesrepublik hat, dem Stifter, wenn er unbeschränkt steuerpflichtig ist, sonst den unbeschränkt steuerpflichtigen Personen, die bezugsberechtigt oder anfallsberechtigt sind, entsprechend ihrem Anteil zugerechnet werden. In erster Linie hat daher der Stifter zu seinen Lebzeiten das Einkommen aus der Stiftung der Einkommensteuer zu unterwerfen, anderenfalls die Destinatäre.[1236] Durch das JStG 2009 wurde § 15 AstG um Abs. 6 und 7 ergänzt. Ziel dieser Regelung war es

---

1227 So Staudinger/*Hütteman/Rawert*, Vor § 80 Rn. 314; MünchKomm/*Kindler*, Internationales Gesellschaftsrecht Rn. 751 f.

1228 *Leible* in: FS Werner, 2009, S. 256, 364 f.; Richter/Wachter/*Hofmann*, Handbuch des internationalen Stiftungsrechts, 2007, S. 183, 209; *Naumann zu Grünberg*, ZEV 2012, 569, 574.

1229 So BGH NZG 2016, 1187 = DNotZ 2017, 106; BGH BGHZ 178, 192 = NJW 2009, 289, BGH NJW 2011, NJW 844.

1230 Vgl. *Naumann zu Grünberg*, ZEV 2012, 569, 574.

1231 Vgl. OLG München ZEV 2009, 512 m. Anm. *Muscheler*; dazu auch *Lange/Honsen*, ZEV 2009, 228, 231.

1232 *Lange/Honzen* ZEV 2010, 228, 229.

1233 Vgl. *Lennert/Blum* ZEV 2009, 171 zu den Neuregelungen nach der lichtensteinischen Stiftungsreform aus dem Jahre 2009; Deininger/Götzenberger/*Götzenberger*, Internationale Vermögensnachfolgeplanung mit Auslandsstiftungen und Trusts, S. 105; *Wagner*, IStR-Oasenbericht: Fürstentum Liechtenstein, IStR 1996, 240, 248, dazu auch die Entscheidung des BFH ZErb 2007, 353; vgl. dazu Anm. *Olgemüller* ZEV 2005, 452; *Werz* PIStB 2005, 286; *Spatscheck*, StAnwM 2005, 40; Troll/Gebel/Jülicher/*Jülicher*, ErbStG, § 2 Tz 123a., zum Pflichtteilsrecht bei liechtensteinischen Stiftungen vgl. *Becker* ZEV 2009, 177.

1234 Vgl. *Helbich*, Überblick über das neue österreichische Privatstiftungsgesetz, IStR 1994, 33; *Bruckner/Fries/Fries*, Die Familienstiftung, Wien 1994; *Löwe*, Österreichische Privatstiftung mit Stiftungsbeteiligten in Deutschland; IStR 2005, 577; *Söffing*, Die österreichische Privatstiftung – Ertrag- und erbschaftsteuerliche Aspekte beim Blick ins Nachbarland, ErbStB 2007, 219; *Kalss*, Die Leistungskraft der österreichischen Privatstiftung für FamilienunternehmZVglRWiss 2018, 221; *Wachter*, Die österreichische Privatstiftung als Instrument der Nachfolgeplanung für deutsche Stifter?, DStR 2000, 474; *ders.* Steueroptimale Nachlassplanung mit einer österreichischen Privatstiftung, DStR 2000, 1037; *Piltz*, Die österreichische Privatstiftung in der Nachfolgeplanung – für Steuerinländer tabu?, ZEV 2000, 378.

1235 Vgl. *Jakob* ZEV 2009, 165 ff.; *Grüninger*, Die Unternehmensstiftung in der Schweiz, Basel 1984.

1236 Vgl. eingehend BMF vom 27.06.2006, DStR 2006, 1227; *Milatz/Herbst* BB 2011, 1500; *Wassermeyer* DStR 2006, 1733; *M. Müller*, Die Besteuerung von Stiftungen im nationalen und grenzüberschreitenden Sachverhalt, 2011; S. 43 ff.; *Schaumburg*, Internationales Steuerrecht, 2. Aufl., 1998, § 11, S. 570 ff.; *Piltz* ZEV 1996, 382, 383; *Werkmüller* ZEV 1999, 138.

die Regelung den europäischen Vorgaben anzupassen. Für Familienstiftungen in einem EU-Staat ändert sich der gesetzliche Rahmen insoweit, als § 15 Abs. 1 AstG nicht anzuwenden ist, wenn die Familienstiftung Geschäftsleitung oder Sitz in einem Mitgliedstaat der Europäischen Union oder einem Vertragsstaat des EWR-Abkommens hat und wenn nachgewiesen wird, dass das Stiftungsvermögen der Verfügungsmacht der in den § 15 Abs. 2 und 3 AstG genannten Personen rechtlich und tatsächlich entzogen ist und zwischen der Bundesrepublik Deutschland und dem Staat, in dem die Familienstiftung Geschäftsleitung oder Sitz hat, aufgrund der Richtlinie 77/799/EWG oder einer vergleichbaren zwei- oder mehrseitigen Vereinbarung, Auskünfte erteilt werden, die erforderlich sind, um die Besteuerung durchzuführen.[1237]

Die Erbersatzsteuer nach § 1 Abs. 1 Nr. 4 EStG, die bei der inländischen Familienstiftung alle 30 Jahre anfällt, gilt bei ausländischen Familienstiftungen nicht. Erbschaftssteuerlich erhält die ausländische Privatstiftung nicht die Vergünstigung des § 15 Abs. 2 Satz 2 ErbStG, welche bei der Gründung einer inländischen Familienstiftung eine Übertragung zu den Steuerklassen I und II zulässt. Bei der Gründung einer ausländischen Privatstiftung erfolgt daher eine Besteuerung nach der Steuerklasse III.[1238] Auch bei der Auflösung der Stiftung fällt Steuer an.[1239]

bb) Trust

Auch der ausländische **Trust** findet in der Praxis Anwendung bei der Gestaltung der Nachlassplanung.[1240] 550

Der Trust ist ein typisches **Rechtsinstitut des anglo-amerikanischen Rechts**, des sog. **Common Law.**[1241] Der Trust trägt dem Bedürfnis Rechnung, einer Person die Verfügungsgewalt über einen 551

1237 Vgl. dazu BMF-Schreiben vom 14.05.2008 – IV B 4 – S 1361/07/0001, BStBl II 2008, 638; *M. Müller*, Die Besteuerung von Stiftungen im nationalen und grenzüberschreitenden Sachverhalt, 2011; S. 51 f.; *Hey*, IstR 2009, 181 ff.; *Lennert/Blum* ZEV 2009, 171 ff.

1238 Vgl. *Watrin/Kappenberg* ZEV 2011, 110; Flick/Piltz/*Jülicher*, Der internationale Erbfall, 2007, Rn. 1566.

1239 Vgl. *Desens/Hummel* DStZ 2011, 710.

1240 Vgl. *Oertzen/Stein/Reich*, Anglo-Amerikanische Nachlasstrusts und inländische Grundstücke bzw. grundstücksbesitzende Erbengemeinschaften, ZEV 2013, 110; *Oertzen/Stein*, Deutsch-US-amerikanische Nachlassplanung: Steuervorteile im ErbStG durch Verwendung von Trusts, ZEV 2009, 500; *Birnbaum/Lohbeck/Pöllath*, Die Verselbständigung von Nachlassvermögen: Stiftung, Trust und andere Gestaltungen im Vergleich, FR 2007, 479; *Daragan*, Trusts und gespaltenes Eigentum, ZEV 2007, 204; *Wienbracke*, A Clash of Cultures: Trusts und deutsches (internationales) Privatrecht, ZEV 2007, 413; *Witthun*, Trusts und Eigentum, ZEV 2007, 413; *von Bernstorff*, Der Trust als Instrument zur Vermögensverwaltung, RIW 2007, 641; *Süß*, Der Trust als erbrechtliches Gestaltungsmittel für deutsche Erblasser, in: FS 10 Jahre DNotI, 2003, S. 387; *Bredow/Reich*, Ausländische Trusts deutscher Steuerpflichtiger – Gestaltungsprobleme bei Vermögensnachfolge, Anlagemanagement und Steuerplanung, WiB 1995, 775; *Klein*, Trustbesteuerung nach deutschem Erbschaftssteuerrecht IStR 1999, 377; *von Oertzen*, Trust – Option oder Risiko für die internationale Nachfolgeplanung?, IStR 1995, 149; Erwiderung von Sieker IStR 1995, 344 und von *Oertzen* IStR 1995, 345; ausführlich *Sieker*, Der US-Trust, Instrument der Vermögensnachfolge und Steuerplanung eines deutschen Erblassers (1991); *Siemers/Müller*, Offshore-Trusts als Mittel zur Vermögensnachfolgeplanung? – Eine Bestandsaufnahme aus zivilrechtlicher Sicht, ZEV 1998, 206; *Klein*, Trustbesteuerung nach deutschem Erbschaftssteuerrecht, IstR 1999, 377; *Verstl*, Der internationale Trust als Instrument der der Vermögensnachfolge, 2000.; *von Bar*, Das Sachenrecht von Trust, Treuhandfonds und Treuhand, EuZW 2018, 925; *Lüdicke/Eiling*, Nutzung von US-Trusts in der Nachfolgeplanung, IStR 2017, 841; *von Oertzen/Stein/Reich*, Anglo-Amerikanische Nachlasstrusts und inländische Grundstücke bzw. grundstücksbesitzende Erbengemeinschaften, ZEV 2013, 109; *Wienbracke*, A clash of cultures: Trusts und deutsches (internationales) Privatrecht - – mit Bezug zum ErbStG, ZEV 2007, 413.

1241 Vgl. *Richter* in: v. Camphausen/Richter, Handbuch des Stiftungsrechts, § 39 Rn. 19 ff.; *von Bernstorff* RIW 2007, 641; *Süß*, in: FS 10 Jahre DNotI, 2003, S. 387, 389 f.; *Daragan* ZEV 2007, 204; *Wienbracke* ZEV 2007, 413; *Habammer* DStR 2002, 424; *Witthun* ZEV 2007, 413; Soergel/*Schurig*, Art. 25 EGBGB Rn. 43; Staudinger/*Stoll* IntSachenR, Rn. 171 ff.; *Czermak*, Der Express-Trust im internationalen Privatrecht, 1996; *Bachner*, Der Constructive Trust, 1995; *Wittuhn*, Das internationale Privat-

Gegenstand oder ein Vermögen zu verleihen, während einer anderen Person das Nutzungsrecht an diesem Gegenstand oder Vermögen zustehen soll. Ein Trust entsteht dadurch, dass eine Person (der **Settlor**) Bestandteile ihres Vermögens auf eine zweite Person (den **Trustee**) überträgt. Der **Trustee** hat nunmehr diese Vermögensgegenstände treuhänderisch zugunsten einer dritten Person (**Benificiary**) innezuhaben und zu verwalten und bei Beendigung an eine bestimmte Person auszukehren.[1242] Kennzeichen ist also eine treuhänderische Beziehung, die den gesetzlichen Eigentümer verpflichtet, diesen zum Wohl einer anderen Person zu verwalten.[1243] Neben der gesetzlichen Begründung spielt in der Praxis der Gestaltung häufig die Begründung durch Rechtsgeschäft (**Express Trust**) eine Rolle. Der **Express Trust** kann auf zwei Weisen begründet werden, einmal durch Rechtsgeschäft unter Lebenden (inter vivos), zum zweiten durch Verfügung von Todes wegen (Testamentary Trust).[1244] Erforderlich für die Entstehung eines Trust ist eine einseitige Willenserklärung des Settlor, mit der die Errichtung des Trustes begründet wird und die Erklärung, welche Vermögensgegenstände zum Trust gehören sollen und wer Benificiary sein soll.[1245] Ähnlich wie die Stiftung bietet der Trust den Vorteil, dass er dem **Settlor** die Möglichkeit eröffnet, das Vermögen als Vermögensmasse zusammenzuhalten und vor der Aufteilung im Rahmen der Erbfolge zu bewahren. Mit der Übertragung des Vermögens wird der **Trustee** nach dem **Common Law** gesetzlicher Eigentümer (**legal Titel**), während der Begünstigte das Recht hat (**In equity**), von dem **Trustee** die Einhaltung der zu seinen Gunsten getroffenen Anordnungen zu verlangen. Die große Flexibilität des **Trust**, auch im Vergleich zur Stiftung, zeichnet sich dadurch aus, dass Begünstigter eines Trust jede natürliche oder juristische Person sein kann. Auch der Errichter selbst kann Begünstigter des von ihm gegründeten Trust sein.

552 Im Vergleich zur Stiftung ist der Trust deutlich **flexibler**. Er kann zu jedem Zweck errichtet werden, er kann dauerhaft[1246] oder als widerruflicher Trust begründet werden, im letzteren Fall behält sich der Errichter das Recht vor, den Trust zu widerrufen und die Vermögensgegenstände zurückzuverlangen.[1247] Durch Gestaltung eines Trust, bei dem der Trustee freies Ermessen bezüglich der Auswahl der Berechtigten sowie der Festlegung von Art und Umfang ihrer Berechtigungen hat, kann ein besonderer Schutz von überschuldeten Erben vor deren Gläubigern oder bei zur Verschwendung neigenden Personen erreicht werden.[1248] Dadurch, dass der Trustee im Einzelnen Anweisungen geben kann, zu welchem Zweck Erträge zu verwenden sind, kann er sehr genau die Rechtssituation des Berechtigten gestalten.

553 Das **Haager Übereinkommen über das auf den Trust anwendbare Recht und die Anerkennung von Trusts vom 01.07.1985** enthält Kollisionsnormen, die das auf einen Trust anwendbare Recht bestimmen und Regelungen für die Anerkennung eines Trust.[1249] Nach Art. 6 des Abkommens

---

recht des Trust, 1987; *Graue*, Der Trust im internationalen Privat- und Steuerrecht, FS Ferid (1978), 151; *Peiner*, Die Nutzung des US-Trust für deutsche Investoren, RIW 1983, 593.

1242 Vgl. Definition Staudinger/*Stoll*, Rn. 171; bei *Wittuhn*, S. 4; *Czermak*, S. 6; *Kötz*, Trust und Treuhand, 1963, S. 41 ff.; *Ebenroth*, Erbrecht, Rn. 1297; *von Bernstorff*, RIW 2007, 641 ff.; Süß, in: FS 10 Jahre DNotI, 2003, S. 387, 389 f.; *Daragan* ZEV 2007, 204; *Wienbracke* ZEV 2007, 413; *Witthun* ZEV 2007, 413.

1243 Vgl. auch *Piltz* ZEV 1996, 382, 383; *von Bernstorff* RIW 2007, 641, 643; *Süß*, in: FS 10 Jahre DNotI, 2003, S. 387, 389 f.; *Daragan* ZEV 2007, 204; *Wienbracke* ZEV 2007, 413; *Witthun* ZEV 2007, 413.

1244 Vgl. *Czermak*, S. 25 ff.; *von Bernstorff* RIW 2007, 641, 642; *Süß*, in: FS 10 Jahre DNotI, 2003, S. 387, 389; *Daragan* ZEV 2007, 204, 205; *Wienbracke* ZEV 2007, 413; *Witthun* ZEV 2007, 413.

1245 *Wittuhn*, S. 11; vgl. auch *Süß*, in: FS 10 Jahre DNotI, 2003, S. 387, 389 ff., mit verschiedenen Praxisbeispielen; *Daragan* ZEV 2007, 204, 205.

1246 Zu beachten ist allerdings, dass manchen Staaten des anglo-amerikanischen Rechts gewisse zeitliche Begrenzungen vorsehen, vgl. dazu *von Bernstorff* RIW 2007, 641, 643 ff.; *Süß*, in: FS 10 Jahre DNotI, 2003, S. 387, 389.

1247 Vgl. im Einzelnen *Sieker*, Der US-Trust, S. 37 ff.; Staudinger/*Dörner*, Art. 25 EGBGB Rn. 408.

1248 Vgl. *Sieker*, Der US-Trust, S. 44 ff.

1249 Vgl. *Koppenol/Laforce*, The Trust, Notarius International 1998, 27; Text des Abkommens, IPrax 1987, 55; vgl. auch *Steinbach* RIW 1986, 1, vgl. auch ZEV 2006, 449.

untersteht der *Trust* dem vom Begründer gewählten Recht, soweit das gewählte Recht diese Rechtsfigur anerkennt; subsidiär wird auf das Recht abgestellt, mit dem der Trust die engste Verbindung aufweist. Die Bundesrepublik Deutschland ist, anders als z.B. die Schweiz,[1250] allerdings diesem Abkommen noch nicht beigetreten, sodass für die international privatrechtliche Qualifikation die allgemeinen Regeln gelten, die im Bereich des Trust umstritten sind.[1251]

Überwiegend wird der **Trust von Todes** wegen als erbrechtliches Rechtsgeschäft angesehen, sodass es sich nach dem Erbstatut richtet, ob der Erblasser einen derartigen Trust errichten kann.[1252] Für einen deutschen Erblasser scheidet daher in der Regel die Gründung eines Trust durch Testament im Inland aus, da ein solcher im Inland nicht anerkannt würde.[1253] Hat der deutsche Erblasser allerdings im Bereich des anglo-amerikanischen Rechts Grundstücke, so kommt es zu einer Nachlassspaltung (vgl. oben) und zur Anwendung des ausländischen Rechts, sodass im Hinblick auf den abgespaltenen Nachlass auch durch einen deutschen Erblasser ein Trust von Todes wegen gegründet werden kann.[1254] In der Literatur wird teilweise für solche Fälle die Verwendung eines Trust empfohlen, da alle am lokalen Rechtsverkehr beteiligten Personen mit diesem Instrument gut vertraut sind.[1255] Mit Geltung der EU-Erbrechtsverordnung stellt allerdings auch das deutsche internationale Privatrecht auf den gewöhnlichen Aufenthalt des Erblassers im Todeszeitpunkt ab. 554

Schwieriger zu beurteilen ist die Anknüpfung des **Trust unter Lebenden.**[1256] Zum Teil wird eine gesellschaftsrechtliche Qualifikation befürwortet.[1257] Zum Teil spricht sich die Literatur dafür aus, dass unter bestimmten Voraussetzungen ein Trust unter Lebenden als schuldvertragliches Rechtsgeschäft – Treuhandvertrag – zu qualifizieren ist.[1258] Folgt man der vordringenden schuldvertraglichen Anknüpfung, besteht die Möglichkeit, dass durch eine entsprechende Rechtswahlklausel die schuldrechtlichen Beziehungen einer Rechtsordnung unterstellt werden können, die den Trust zulässt.[1259] In der Praxis wird allerdings aus Sicherheitsgründen empfohlen, auch den Schwerpunkt des Rechtsverhältnisses in ein solches Rechtsgebiet zu legen, etwa durch Belegenheit des Trustvermögens und/oder den Wohnsitz des Trustees.[1260] Liegt keine Rechtswahl vor, so ist nach dieser Auffassung in entsprechender Anwendung des Art. 4 Abs. 2 Rom I-VO auf die charakterische Leistung des Trustee abzustellen; dies führt im Zweifel zum Recht seines gewöhnlichen Aufenthaltes, u.U. ist dies auch der Ort der Trust-Verwaltung.[1261] Allerdings ist auch der Anwendungsrahmen für den Trust unter Lebenden dadurch eingeschränkt, dass nach der h.M. an deutschem Recht unterliegenden Sachen, z.B. Grundstücken, nicht Rechte in Form eines Trust mit dinglicher 555

1250 Vgl. *Grüninger* ZEV 2007, 431.

1251 Vgl. Reithmann/Martiny/Hausmann/*Martiny*, Internationales Vertragsrecht, Rn. 62 ff.; *Wienbracke* ZEV 2007, 413 ff.; *Süß*, in: FS 10 Jahre DNotI, 2003, S. 387, 392 ff.

1252 Vgl. BayObLG ZEV 2003, 503; Staudinger/*Dörner*, Art. 25 EGBGB, Rn. 410; *von Oertzen* JStR 1995, 149, 150; *Czermak*, S. 132 ff.; *Ebenroth*, Erbrecht, Rn. 1299; *Wienbracke*, ZEV 2007, 415; *Süß*, in: FS 10 Jahre DNotI, 2003, S. 387, 394 ff.

1253 Vgl. BayObLG ZEV 2003, 503; *Wienbracke* ZEV 2007, 413, 415; differenzierend bzgl. der Frage, ob Trust-Gestaltungen durch deutsche Erblasser möglich sind *Süß*, in: FS 10 Jahre DNotI, 2003, S. 387, 398 ff.

1254 Vgl. *von Oertzen/Stein/Reich* ZEV 2013, 109, 110; *von Oertzen* IStR 1995, 150; *Sieker* IStR 1995, 344; *ders.*, Der US-Trust, S. 77 ff.

1255 *Sieker* IStR 1995, 344, 345.

1256 Vgl. auch mit Beispielen *Wienbracke* ZEV 2007, 413, 415.

1257 Staudinger/*Grossfeld*, Internationales Gesellschaftsrecht, Rn. 716; *Siemers/Müller* ZEV 1998, 206, 207; Soergel/*Hofmann*, Art. 37 EGBGB, Rn. 9; MünchKomm/*Kindler*, Internationales Gesellschaftsrecht, Rn. 293 ff.

1258 *Ebenroth*, Erbrecht, Rn. 1302; Reithmann/Martiny/Hausmann/*Martiny*, Internationales Vertragsrecht, 7. Aufl. 2012, Rn. 62; vgl. auch BGH NJW 1959, 1317; kritisch Staudinger/*Stoll*, IntSachenR, Rn. 174.

1259 Reithmann/Martiny/Hausmann/*Martiny*, Internationales Vertragsrecht, 7. Aufl. 2012, Rn. 62; *Süß*, in: FS 10 Jahre DNotI, 2003, S. 387, 392.

1260 Vgl. *Bredow/Reich* WiB 1995, 775, 777; *von Oertzen* IStR 1995, 149, 150.

1261 Reithmann/Martiny/Hausmann/*Martiny*, Internationales Vertragsrecht, 7. Aufl. 2012, Rn. 62.

Wirkung begründet werden können, da hier das jeweilige Belegenheitsrecht vorgeht. Der BGH hat ausdrücklich festgestellt, dass, wenn auf das dingliche Rechtsverhältnis deutsches Recht anzuwenden wäre, die Rechtskultur des Trust mit den dogmatischen Grundlagen des deutschen Rechts unvereinbar wäre.[1262] Danach ist es also nicht möglich, in Deutschland belegene Vermögensgegenstände in einen ausländischen Trust einzubringen. Solche Gegenstände müssten zunächst in das Land gebracht werden, dessen Rechtsordnung auf den Trust anwendbar ist, um durch Änderung des Belegenheitsortes einen Statutenwechsel zu erreichen. Anderenfalls wird die Rechtsprechung eine Angleichung bzw. Umdeutung in deutsche Rechtskategorien vornehmen, sodass es in solchen Fällen sinnvoll ist, gleich das entsprechende deutsche Rechtsinstitut zu wählen. Die Vermögensübertragung auf einen ausländischen Trust führt bei deutschem Erbstatut zu Pflichtteils- bzw. zu Pflichtteilsergänzungsansprüchen,[1263] wobei nach der Rechtsprechung des BGH[1264] zum Nießbrauch ungeklärt ist, wann die Zehnjahresfrist beim Trust unter Lebenden beginnt.[1265] Auch unter steuerlichen Gesichtspunkten gilt in der Regel Ähnliches wie bei der ausländischen Stiftung.[1266] Durch das Steuerentlastungsgesetz 1999/2000/2002 vom 24.03.1999 (BGBl. I 402, 491)[1267] werden »Vermögensmassen ausländischen Rechts« (§ 3 Abs. 2 Nr. 1, 7 Abs. 1 Nr. 8 und 9 ErbStG) den rechtsfähigen Stiftungen gleichgestellt, sodass frühere Steuervorteile[1268] des Trust entfallen bzw. sogar Steuernachteile entstehen.[1269] Nach § 7 Abs. 1 Nr. 8 ErbStG gilt als Schenkung unter Lebenden der Übergang von Vermögen auf eine »Vermögensmasse ausländischen Rechts, welche auf dauerhafte Bindung angelegt ist«. Der Trust wird insoweit als Steuersubjekt behandelt und mangels Verwandtschaftsverhältnis der Übergang auf den Trust in der Steuerklasse III besteuert. Der Mindeststeuersatz beträgt daher 30 % bei einem Freibetrag von nur € 20.000,–; da der Trust i.d.R. keinen Sitz im Inland hat, ist das Privileg nach § 15 Abs. 2 Satz 1 ErbStG ausgeschlossen.[1270] Unklar ist, ob durch das Urteil des BFH vom 30.11.2009[1271] bei der deutsch-amerikanischen Nachfolgeplanung neue Vorteile bei Trustgestaltungen bestehen.[1272] Mit Urteil vom 27.09.2012 hat der BFH festgestellt, der Vermögensübergang auf den Trust bei seiner Errichtung und auf die Anfallsberechtigten bei seiner Auflösung als jeweils zusätzlicher Erwerbstatbestand vom Gesetzgeber in die §§ 3 und 7 ErbStG aufgenommen werden und künftig der Besteuerung unterliegen sollte.[1273] Die dafür erforderliche Vermögensbindung ist bei einem Trust dann anzunehmen, wenn der Errichter bestimmt hat, dass die Verwalter des Trusts das Vermögen im Interesse der später Begünstigten verwalten und auf diese im Rahmen einer sich über einen längeren Zeitraum erstreckenden Vermögensnachfolge übertragen sollen. Nach dem Wortlaut der Vorschrift sei steuerbarer Erwerb der

1262 BGH NJW 1984, 2454 = IPrax 1985, 221 mit kritischer Anm. *Kötz*; vgl. auch *Coing*, Übernahme des Trust in unser internationales Privatrecht, FS Heinsius, 1991, 80 ff.; *Bredow/Reich*, WiB 1995, 775, 777; *Süß*, in: FS 10 Jahre DNotI, 2003, S. 387, 392.

1263 Vgl. *Wienbracke* ZEV 2007, 415, 417.

1264 Vgl. BGHZ 125, 395 = ZEV 1994, 233.

1265 Vgl. allgemein *Bredow/Reich* WiB 1995, 775, 778; *Siemers/Müller* ZEV 1998, 206, 208; *Wienbracke* ZEV 2007, 415, 417.

1266 Vgl. im Einzelnen und zu vielen Zweifelsfragen *Piltz* ZEV 1996, 382; *Bredow/Reich* WiB 1995, 775, 778; *Seiboldt*, Die vermögens- und erbschaftsteuerliche Behandlung von Common Law Trust, IStR 1994, 16; *Jülicher*, Besteuerung von deutschen Trustbegünstigten eines südafrikanischen Nachlasstrust, IStR 1996, 575.

1267 Zu den Einzelheiten vgl. Finanzministerium NRW, Erlass vom 06.04.1999, DStR 1999, 718.

1268 Vgl. zu den Vorteilen vor der gesetzlichen Neureglung dazu BFH BFHE 147, 70 = BStBl. II 1986, 615; *Schindhelm/Stein*, FR 1999, 880; *Söffing/Kirsten* DB 1999, 1626.

1269 Vgl. *von Oertzen* JStR 1999, 11; *von Oertzen/Stein* ZEV 2010, 500; *Siemers* ZEV 1998, 459; *Jülicher* IStR 1999, 106; 202; *Klein* JStR 1999, 377; *Gebel* ZEV 1999, 249; *Habammer* DStR 2002, 425; *Watrin/Kappenberg* ZEV 2011, 105, 110.

1270 Vgl. FG Baden-Württemberg, FR, 2011, 164 m. Anm. *Fumi* speziell zum Grantor-Trust.

1271 ZEV 2010, 500.

1272 Vgl. dazu *von Oertzen/Stein* ZEV 2010, 500, 502.

1273 BFH BStBl II 2013, 84 = BB 2012, 3041 = ZEV 2013, 155 unter Hinweis auf BT Drucks 14/23, 200; *Gebel* ZEV 1999, 249, 253; *Habammer* DStR 2002, 425, 430.

Zwischenberechtigten alles, was die berechtigten Personen nach dem Ermessen der Treuhänder oder aufgrund eigenen Rechtsanspruchs vor der Auflösung des Trusts aus dessen Vermögen oder Erträgen erhalten. Der Besteuerung unterliege damit auch die ausgeschütteten Vermögenserträge und nicht nur die ausgeschüttete Vermögenssubstanz.

14. Die taktische Ausschlagung

Literatur:
P. Baumann, Erbausschlagung gegen Abfindung bei minderjährigen Ersatzerben, DNotZ 2012, 803; *Berresheim*, Steuerliche Gestaltungsmöglichkeiten nach dem Tode des Erblassers, RNotZ 2007, 501; *Christ*, Ausschlagung und Abfindung als Erbschaftsteuerinstrument, ZEV 1995, 446; *Damrau*, Die Verpflichtung zur Ausschlagung der Erbschaft, ZEV 1995, 425; *Eickelberg*, Die Ausschlagung zugunsten Dritter als taktisches Gestaltungsmittel, ZEV 2018, 48; *Eue*, Die »Doppelausschlagung« auch für minderjährige Kinder bei werthaltigem Nachlass, ZEV 2018, 624; *Flick*, Die Erbausschlagung als Instrument zur nachträglichen Gestaltung einer verunglückten Erbfolge, DstR 2000, 1816; *Fröhler*, Erbausschlagungen von Eltern für ihr minderjähriges Kind; BWNotZ 2013, 88; *Horn*, Genehmigungsverfahren bei Ausschlagung für Betreute und Minderjährige, ZEV 2016, 20; *Ivo*, Die Teilausschlagung einer Erbschaft, ZEV 2002, 145; *ders.*, Die Erbausschlagung eines Sozialhilfeempfängers, FamRZ 2003, 6; *ders.*, Die Erbausschlagung zwecks Pflichtteilgeltendmachung beim »Behindertentestament«, ZErb 2004, 174; *ders.*, Vorsicht bei der Erbschaftsausschlagung zur Erbfolgesteuerung, ZNotP 2004, 398; *ders.*, Erbschaftsausschlagung wegen vermeintlicher Überschuldung und ihre Anfechtung bei Nachlassspaltung, NJW 2003, 185; *ders.*, Erbausschlagung – Systematik und Haftungsfallen, ErbR 2018, 674, *Keim*, Die vergessene Ausschlagung beim durch Vermächtnis entwerteten Erbteil, ZEV 2003, 358; *ders.*, Die Erbausschlagung – eine undankbare Aufgabe für den Notar, RNotZ 2006, 602; *ders*, Ehegattenerbrecht zwischen Annahme und Ausschlagung, MittBayNot 2014, 303; *Klümpen-Neusel/Griesel*, Ausschlagung gegen Abfindung, Erbfolgebesteuerung, 2005, 131; *Kraiß*, Die Anfechtung der Annahme und Ausschlagung der Erbschaft, BWNotZ 1992, 31; *Leipold*, Die internationale Zuständigkeit für die Ausschlagung der Erbschaft nach EuErbVO und IntErbRVG, ZEV 2015, 553; *Malitz/Benninghoven*, Erbausschlagung und Rechtsansichten, ZEV 1998, 415; *Meincke*, Abfindungsleistungen aus erbschaftsteuerlicher Sicht, ZEV 2000, 214; *J. Müller*, Die erbrechtliche Ausschlagung als Gestaltungsmittel, 2008; *Muscheler*, Universalsukzession und Vonselbsterwerb. Die rechtstechnischen Grundlagen des deutschen Erbrechts, 2002; *Pentz*, Ausschlagung durch Erbeserben, Rpfleger 1999, 516; *Pohl*, Mängel bei der Erbschaftsannahme und -ausschlagung, AcP 177 (1977), 52; *Reich*, Die ertragsteuerliche Behandlung der Ausschlagung einer Erbschaft durch den Alleinerben gegen wiederkehrende Leistungen, DStR 2011, 2030; *Sagmeister*, Die Erbausschlagung bei minderjährigen Nach- und Ersatzerben, ZEV 2012, 121; *Ch. Schmidt*, Wirkungen einer Erbschaftsausschlagung aufgrund Vorsorgevollmacht, insb. nach dem Tod des Vollmachtgebers, ZNotP 2008, 301; *Siebert*, Die taktische Ausschlagung, ZEV 2010, 454; *Specks*, Gefahren bei der Ausschlagung werthaltiger Erbschaften, ZErb 2007, 238; *ders.*, Die Zulässigkeit der Erbschaftsausschlagung unter einer Gegenwartsbedingung, ZEV 2007, 356; *Tiedtke/Wälzholz*, Ausschlagung einer Erbschaft gegen Zahlung einer Abfindung und Erbschaftskauf als Veräußerungsgeschäfte i.S.d. § 23 EStG, BB 2001, 234; *van de Loo*, Möglichkeiten und Grenzen eines Übergangs des Rechts zur Erbausschlagung durch Abtretung bzw. Überleitung, ZEV 2006, 473; *Wachter*, Erbschaftsausschlagung als steuerliches Gestaltungsmittel, ZNotP 2004, 176; *Walter*, Annahme und Ausschlagung einer Erbschaft, ZEV 2008, 319; *Zimmermann*, Einkommensteuerliche Risiken aus der Erbschaftsausschlagung gegen Abfindung, ZEV 2001, 5.

a) Einführung

Nach § 1922 Abs. 1 BGB geht mit dem Tode einer Person (Erbfall) deren Vermögen (Erbschaft) 556
als Ganzes an eine oder mehrere andere Personen (Erben) über. Anders als einige ausländische Rechtsordnungen geht das BGB vom sog. Vonselbsterwerb aus: Mit dem Tod des Erblassers geht die Erbschaft unmittelbar und von selbst auf den Erben kraft Gesetzes über, sein Nachlass fällt dem oder den Erben ohne weitere Übertragungshandlungen an; dieser wird Rechtsnachfolger des Erblassers.[1274] Der Erbe tritt in sämtliche Rechtspositionen des Erblassers ein, soweit diese nicht höchstpersönlich sind; der Nachlass mit allen Aktiven und Passiven geht auf den Erben ohne weiteres über.

1274 Palandt/*Weidlich* § 1922 Rn. 6; Staudinger/*Otte* § 1942 Rn. 3; *Muscheler*, Universalsukzession und Vonselbsterwerb, 2002.

557 § 1922 BGB wird ergänzt durch § 1942 Abs. 1 BGB. Danach geht die Erbschaft auf den berufenen Erben unbeschadet des Rechts über, sie auszuschlagen (Anfall der Erbschaft). Der Vonselbsterwerb vollzieht sich ohne Wissen und Willen des Erben kraft Gesetzes. Wegen der in §§ 1942 ff. BGB geregelten Möglichkeit der Ausschlagung ist er allerdings zunächst nur ein vorläufiger Erwerb. Erst mit der Annahme nach § 1943 BGB oder wenn die für die Ausschlagung vorgesehene Frist verstrichen ist, wird der Rechtserwerb vollendet.[1275] Als Korrektiv des aufgezwungenen Erwerbs von Vermögensgegenständen und Verbindlichkeiten hat das BGB die sogenannte Ausschlagung vorgesehen: Der Erbe hat das Recht, innerhalb einer bestimmten Frist die Erbschaft auszuschlagen. Gem. § 1953 BGB gilt im Falle der Ausschlagung der Anfall an der Ausschlagung als nicht erfolgt: Die Ausschlagung wirkt damit auf den Erbfall zurück. Die Ausschlagungsfrist ist relativ kurz geregelt: Nach § 1944 BGB kann die Ausschlagung nur binnen 6 Wochen erfolgen; die Frist beginnt mit dem Zeitpunkt, in welchem der Erbe von dem Anfall und dem Grunde der Berufung Kenntnis erlangt (§ 1944 Abs. 2 BGB).

558 Nach § 1953 Abs. 3 BGB fällt im Falle der Ausschlagung die Erbschaft demjenigen an, welcher berufen sein würde, wenn der Ausschlagende zur Zeit des Erbfalls nicht gelebt hätte. Der Anfall an den Nächstberufenen beurteilt sich damit nach der weiteren gesetzlichen oder gewillkürten Erbfolge, da der Ausschlagende als beim Erbfall nicht lebend betrachtet wird.[1276] Bei der gesetzlichen Erbfolge für die Ausschlagung eines Abkömmlings zur Berufung seiner Abkömmlinge (§ 1924 Abs. 3 BGB). Sind Abkömmlinge nicht vorhanden, erhöhen sich über § 1924 Abs. 4 BGB die Erbteile der anderen erstberufenen Abkömmlinge. Bei gewillkürter Erbfolge ist als Erstes maßgeblich, ob für den Ausschlagenden ein Ersatzerbe eingesetzt ist (§§ 2096, 2097, 2102 BGB). Ist kein Ersatzerbe berufen, löst die Ausschlagung die gesetzliche Erbfolge aus. Bei Miterben kommt Anwachsung in Betracht (§ 2094 BGB). Diese Rechtsfolgen zeigen, dass die Konsequenzen der Ausschlagungen nicht ganz einfach zu beurteilen sind und immer einer genauen Prüfung bedürfen.[1277]

559 Das BGB ermöglicht mit diesen Ausschlagungsmechanismen auch nach dem Tod des Erblassers den ursprünglich vorgesehenen Erwerb zu verhindern und die Erbschaft auf andere Personen »überzuleiten«. Damit gewährt das BGB auch im Rahmen der Gesamtrechtsnachfolge Gestaltungsspielräume für die Erben. Insbesondere bei unerwünschten Erbfolgen bleibt die Ausschlagung häufig einziges Mittel, um eine andere, als die ursprünglich vorgesehene Erbfolge zu erreichen.

b) Gründe für die taktische Erbausschlagung

560 Die Gründe für die Erbausschlagung sind in der Praxis vielfältig. Die wichtigsten sind wohl folgende:[1278]

561 Häufigster Grund für die Ausschlagung in der Praxis ist sicherlich Ausschlagung wegen Überschuldung des Nachlasses.

562 Weitere in der Praxis wichtige Gründe sind:

- Ausschlagung des überschuldeten Erben, der durch die Ausschlagung verhindern will, dass seine eigenen Gläubiger auf den Nachlass Zugriff erhalten.
- Ausschlagung zur steuerlichen Optimierung:[1279] In steuerlicher Hinsicht kann die Erbfolge vorteilhaft sein, wenn die Erbschaft in Folge der Ausschlagung mehreren Nächstberufenen anfällt. Führt die Ausschlagung zu einer Verteilung des Vermögens auf mehrere Personen, kann es zu

1275 Palandt/*Weidlich* § 1942 Rn. 2; MünchKomm/*Leipold* BGB § 1942 Rn. 1 ff.

1276 Palandt/*Weidlich* § 1953 Rn. 5; MünchKomm/*Leipold* BGB § 1953 Rn. 9 ff.

1277 Vgl. *Ivo* ZNotP 2004, 396 ff.; *Specks* ZErb 2007, 238 ff.

1278 Vgl. Würzburger Notarhandbuch/*Baumann*, Teil IV, Kapitel 2 Rn. 302; *Kössinger/Nieder*, Handbuch der Nachlassgestaltung, § 25 Rn. 5, *Keim* RNotZ 2006, 602, 605; *Siebert* ZEV 2010, 454 ff. mit Beispielen.

1279 *Wachter* ZNotP 2004, 176 ff.; *Zimmermann* ZEV 2001, 5 ff.; *Müller*, die erbrechtliche Ausschlagung als Gestaltungsmittel, 2008, S. 146.

einer niedrigen Steuerprogression kommen.[1280] Durch die Ausschlagung kann auch eine Generation übersprungen werden, sodass doppelte Erbschaftssteuerbelastung durch zwei Erbfälle vermieden werden kann.[1281] Schließlich kann sich die Ausschlagung auch dadurch steuerlich vorteilhaft auswirken, weil der Nächstberufene einer günstigen Steuerklasse angehört.[1282]

- Ausschlagung zum Zwecke der Beseitigung der bestehenden Bindungswirkung bei einem gemeinschaftlichen Testament mit wechselbezüglichen Verfügungen oder einem Erbvertrag mit vertragsmäßigen Verfügungen gem. §§ 2271 Abs. 1 Satz 1, 2298 Abs. 2 Satz 3 BGB.
- Ausschlagung des Ehegatten im gesetzlichen Güterstand, um eine wertmäßig höhere Beteiligung am Nachlass durch die sogenannte güterrechtliche Lösung gem. §§ 1371 Abs. 2, 3 BGB herbeizuführen.
- Ausschlagung eines pflichtteilsberechtigten Erben mit dem Ziel, die Beschränkung eines Nacherben, Testamentsvollstreckung, Teilungsanordnung, Vermächtnis und Auflagen (§ 2306 Abs. 1 BGB) zu beseitigen, um ihren Pflichtteil geltend zu machen.
- Die Ausschlagung kann auch erfolgen, um Nachfolgebeschränkungen in Gesellschaftsverträgen zu entgehen und den Nachlass auf einen nachfolgeberechtigten Erben übergehen zu lassen.
- Schließlich kann die Ausschlagung aus persönlichen motivationsbedingten Gründen erfolgen, etwa um aus Altersgründen einen Generationssprung zu ermöglichen oder aus sonstigen persönlichen Motiven des Erben.

c) Gestaltungsfragen

aa) Überblick

In der Gestaltungspraxis relativ unproblematisch sind die Gestaltungen, bei denen es dem ausschlagenden Erben nur darum geht, dass die Erbschaft nicht bei ihm anfällt, etwa weil sie überschuldet ist, weil er sich von der Bindungswirkung eines Erbvertrages oder wechselbezüglich Testamentes befreien will oder weil er selbst überschuldet ist. In diesen Fällen spielt es für ihn in der Regel keine bedeutende Rolle, wer als Nächstberufener die Erbschaft erhält. Genauere Prüfung ist allerdings erforderlich, wenn bei einer werthaltigen Erbschaft die Ausschlagung nur zu dem Zweck erfolgt, dass bestimmte Dritte – etwa die eigenen Abkömmlinge – die Erbschaft durch Ausschlagung erwerben sollen.[1283] Diese Fälle sind häufig die steuerlich motivierten oder die Fälle der Herbeiführung eines Generationensprungs u.ä.[1284] In diesen Fällen muss zunächst vor der Ausschlagung sehr sorgfältig geprüft werden, wem die Erbschaft nach der Ausschlagung zufällt. Andererseits besteht die Gefahr, dass entgegen der Vorstellung des Ausschlagenden eine andere als die vorgesehene Person nächstberufener Erbe wird.[1285] 563

bb) Ausschlagung zugunsten eines Dritten

Die Frage, wer die Erbschaft im Fall der Ausschlagung erwirbt, ist in § 1953 Abs. 2 BGB geregelt: 564
Die Erbschaft fällt demjenigen an, welcher berufen sein würde, wenn der Ausschlagende zur Zeit des Erbfalles nicht gelebt hätte. Der sog. Nächstberufene wird nach den Vorschriften der gewillkürten oder der gesetzlichen Erbfolge ermittelt. Will der ausschlagungswillige Erbe einen Dritten begünstigen, der nicht Ersatzerbe ist, so ist die Ausschlagung nicht das richtige Mittel, dieses Ergebnis lässt sich nur durch den Erbteilsübertragungsvertrag oder Übertragung der Erbschaft erreichen.

1280 Vgl. *Müller*, Die erbrechtliche Ausschlagung als Gestaltungsmittel, 2008, S. 146.
1281 Vgl. *Frick* DStR 2000, 1816, 1817; *Wachter* ZNotP 2004, 176, 184; *Müller* Die erbrechtliche Ausschlagung als Gestaltungsmittel, 2008; S. 147.
1282 *Müller*, Die erbrechtliche Ausschlagung als Gestaltungsmittel, 2008; S. 148; *Wachter* ZNotP 2004, 176, 184.
1283 *Ivo* ZNotP 2004, 396 ff.; *Specks* ZErb 2007, 238 ff.
1284 *Siebert* ZEV 2010, 454, 456 f.
1285 Vgl. Würzburger Notarhandbuch/*Baumann*, Teil IV, Kapitel 2 Rn. 128; *Ivo* ZNotP 2004, 396.

565 Liegt **gesetzliche Erbfolge** vor, ist anhand der gesetzlichen Regelungen festzustellen, wer der Nächstberufene ist, da der Ausschlagende als beim Erbfall nicht lebend angesehen wird. Bei gesetzlicher Erbfolge führt daher die Ausschlagung eines Abkömmlings zur Berufung seiner Abkömmlinge (§ 1924 Abs. 3 BGB). Auch bei Ausschlagung eines Eltern- oder Großelternteils treten dessen Abkömmlinge ein (§ 1925 Abs. 3, 1926 Abs. 3 BGB). Sind Abkömmlinge des Ausschlagenden nicht vorhanden, erhöhen sich über § 1924 Abs. 4 BGB die Erbteile der anderen erstberufenen Abkömmlinge.

566 Schwieriger zu beurteilen ist die Rechtsfolge bei **gewillkürter Erbfolge**. Bei der gewillkürten Erbfolge ist zunächst die Frage zu stellen, ob der Erblasser einen Ersatzerben nach § 2096 BGB eingesetzt hat. Durch die Ersatzerbeinsetzung sichert der Erblasser die weitere Folge bei Wegfall des Erstbedachten und schließt die gesetzliche Erbfolge weiterhin aus.[1286] In der Praxis ist in diesen Fällen zu prüfen, ob das Testament eine entsprechende Ersatzerbenbestimmungen enthält. Ist dies nicht der Fall, wird diese Gestaltung schon schwieriger. Die Ersatzerbenbestimmung muss zwar im Testament nicht ausdrücklich erklärt sein, sondern kann auch durch ergänzende Auslegung festgestellt werden.[1287] Dabei sind die gesetzlichen Auslegungsregeln in §§ 2069 und 2102 BGB zu berücksichtigen. Allerdings stellt die wichtigste Regelung des § 2069 BGB nicht eine gesetzliche Vermutung auf, sondern nur eine Auslegungsregel dar, die nach h.M. erst eingreift, wenn sich ein widersprechender Erblasserwille aus dem Inhalt der Testamentsurkunde und den bekannten Nebenumständen nicht feststellen lässt.[1288] Vorrang hat immer die individuelle Auslegung.

567 Enthält die testamentarische Regelung keine klare Ersatzerbenbestimmung, kann die taktische Ausschlagung nicht unerhebliche Gefahren mit sich bringen, da die Rechtsprechung seit Langem in bestimmten Fällen trotz fehlender ausdrücklicher Ersatzerbenbestimmung zu Ersatzberufungen von Abkömmlingen und ähnlichen kommt. § 2069 BGB gilt zunächst nur für Abkömmlinge, nicht aber für andere nahe Verwandte oder nahe Personen, auch nicht entsprechend.[1289] Dennoch ist nach der Rechtsprechung durch ergänzende Testamentsauslegung zu ermitteln, ob in der Einsetzung der Erben zugleich die Kundgabe des Willens gesehen werden kann, die Abkömmlinge des Bedachten zu Ersatzerben einzusetzen.[1290] In solchen Fällen ist daher für die Gestaltungspraxis das Ergebnis der Ausschlagung nur schwer vorhersehbar, im Zweifel sollte daher von der Ausschlagung als Gestaltungsmittel abgesehen werden.

cc) Ausschlagung unter Vorbehalt

568 Nach § 1947 BGB ist die Ausschlagung unter einer Bedingung unzulässig und damit gem. § 134 BGB nichtig.[1291] Die Ausschlagung ist bedingungsfeindlich, um den Schwebezustand eindeutig zu beenden und Rechtsklarheit zu schaffen. Umstritten ist, ob sog. Gegenwartsbedingungen bei der Ausschlagung zulässig sind. Dabei handelt es sich um objektiv bereits feststehende, dem Betroffenen jedoch subjektiv noch unbekannte Tatsachen.[1292] Z.T. wird eine Ausschlagung unter einer

1286 Palandt/*Weidlich* § 2096 Rn. 1; MünchKomm/*Rudy* BGB § 2096 Rn. 1 ff.

1287 Palandt/*Weidlich* § 2096 Rn. 1; *Nieder* ZEV 1996, 241; *Nieder/Kössinger*, Handbuch der Testamentsgestaltung, § 25 Rn. 6; MünchKomm/*Rudy* BGB § 2096 Rn. 4; Beispiele aus der Gerichtspraxis: OLG Hamburg FamRZ 1988, 1322; OLG Karlsruhe FamRZ 1993, 363; BayObLG FamRZ 1997, 1177; OLG Düsseldorf NJW-RR 2014, 1287; OLG Schleswig FamRZ 2014, 693.

1288 BGHZ 33, 60 = NJW 1960, 1899; BGH NJW 74, 43; Palandt/*Weidlich* § 2069 Rn. 1; MünchKomm/*Leipold* BGB § 2069 Rn. 20.

1289 BGH NJW 1973, 240; BayObLG NJW – RR 2006, 1997; OLG München ZEV 2007, 93; MünchKomm/*Leipold* BGB § 2069 Rn. 37.

1290 OLG München, FamRZ 2008, 306; Palandt/*Weidlich* § 2096 Rn. 8.

1291 BayObLGZ 1977, 163, 169; BayObLG Rpfleger 1982, 69; LG München I FamRZ 2000, 1328; MünchKomm/Leipold BGB § 1947 Rn. 2; Gutachten DNotI-Report 2006, 21.

1292 MünchKomm/*Westermann* BGB § 158 Rn. 52; Gutachten DNotI-Report 2006, 21; *Eickelberg* ZEV 2018, 489, 490; *Keim* RNotZ 2006, 602, 608; *Specks* ZEV 2007, 356.

solchen Bedingung für zulässig angesehen.[1293] Das bedeutet, schlägt der Erbe für den Fall aus, dass die Erbschaft dadurch ohne weitere Zwischenschritte einem bestimmten Dritten als Nächstberufenen anfällt, dann macht er die Wirksamkeit der Ausschlagung von einem Umstand abhängig, der objektiv im Zeitpunkt der Ausschlagung feststeht.[1294] Es handele sich damit eigentlich nicht um eine Bedingung. Z.T. wird diese Möglichkeit allerdings auch abgelehnt.[1295] *Specks* hält daher eine Ausschlagungserklärung, die in ihrer Wirksamkeit davon abhängig gemacht wird, dass die Erbschaft infolge der Ausschlagung einem bestimmten Dritten gem. § 1953 Abs. 2 BGB anfällt, für unwirksam.[1296] Eine unzulässige Bedingung liegt dagegen nach allen Meinungen vor, wenn die Ausschlagung unter dem Vorbehalt des Anfalls an einen Dritten steht, der erst durch die Ausschlagung weiterer Personen zum Zug kommen kann.[1297] Da die Rechtslage noch unsicher ist, wird daher für die Praxis davon abgeraten, diese Bedingung aufzunehmen.[1298] Umstritten ist, ob sich bei der Ausschlagung zugunsten eines Dritten um eine »Bedingung« i.S.d. § 1947 BGB handelt.[1299] Die herrschende Meinung differenziert wohl dahingehend, dass eine unzulässige Bedingung vorliegt, wenn die Erklärung nur gelten soll, sofern der Dritte auch wirklich Erbe wird und der Erklärende mit einem möglichen anderen Erfolg keineswegs einverstanden ist.[1300] Wirksam ist sie dagegen, wenn der gewollte Erwerb des Dritten nur Motiv für die Ausschlagung war, aber die Wirksamkeit dieser Erklärung nicht vom Anfall an diese Person abhängen soll. Ob eine zulässige Motivangabe oder eine unzulässige Bedingung vorliegt, ist durch Auslegung zu ermitteln.[1301]

d) Die Einzelheiten der Ausschlagung

aa) Die Ausschlagungserklärung

Nach § 1945 Abs. 1 BGB erfolgt die Ausschlagung durch Erklärung gegenüber dem Nachlassgericht. Die Ausschlagung selbst ist eine einseitige, form- und fristgebundene, amtsempfangsbedürftige Willenserklärung und wird daher erst wirksam, wenn sie dem Nachlassgericht zugeht. Die Ausschlagungserklärung muss den Willen zum Ausdruck bringen, nicht Erbe sein zu wollen; dies kann auch im Wege der Auslegung festgestellt werden.[1302] Die Ausschlagung ist nicht mehr möglich, wenn die Annahme der Erbschaft stattgefunden hat. In solchen Fällen ist nur die Anfechtung der Annahme nach §§ 1954 ff. BGB möglich. In Einzelfällen kann eine Erbschaftsausschlagung auch sittenwidrig sein, z.B. bei Sozialhilfebezug des Ausschlagenden.[1303] Die Ausschlagungserklärung kann prinzipiell auch angefochten werden, wobei Werthaltigkeitsfragen oft nur als unbeachtlicher Motivirrtum angesehen werden.[1304] Eine Anfechtung einer Erbausschlagung wegen Irrtums über Person des Nächstberufenen wurde hingegen angenommen.[1305] 569

1293 Gutachten DNotI-Report 2006, 21; *Eickelberg* ZEV 2018, 489, 490; *Keim* RNotZ 2006, 602, 608; LG Düsseldorf DNotZ 1998, 839 = FamRZ 1998, 25; *Frohn*, Rpfleger 1982, 56, 57; MünchKomm/*Leipold*, § 1947 BGB Rn. 4, 6; *J. Müller*, Die erbrechtliche Ausschlagung als Gestaltungsmittel, 2008, 13 ff.; Palandt/*Weidlich* § 1947 BGB Rn. 2.

1294 So Gutachten DNotI-Report 2006, 21.

1295 *Specks* ZEV 2007, 356 ff.

1296 *Specks* ZEV 2007, 356, 360.

1297 MünchKomm/*Leipold*, § 1947 BGB Rn. 6.

1298 *Keim* RNotZ 2006, 602, 608.

1299 *Specks* ZEV 2007, 356; Palandt/*Weidlich* § 1947 Rn. 2; *Nieder/Kössinger*, Handbuch der Testamentsgestaltung, § 25 Rn. 16 ff.

1300 BayObLG, Rpfleger 1982, 69; Palandt/*Weidlich* § 1947 Rn. 2; *Nieder/Kössinger*, Handbuch der Testamentsgestaltung, § 25 Rn. 16 ff.

1301 OLG Hamm, NJW 1981, 2585; *Eickelberg* ZEV 2018, 489, 490.

1302 MünchKomm/*Leipold* § 1945 Rn. 3; Palandt/*Weidlich*, § 1945 Rn. 1.

1303 LSK Bayern ZEV 2016, 43 m. Anm. *Litzenburger;* OLG Hamm ZEV 2009, 471; LG Neuruppin ZErb 2018, 157.

1304 OLG Düsseldorf ZEV 2019, 263; OLG Düseldorf ZEV 2016, 721

1305 OLG Düsseldorf ZEV 2018, 85.

bb) Ausschlagungsfrist

570 Die Ausschlagung kann nur nach § 1944 Abs. 1 BGB nur binnen 6 Wochen erfolgen. Nach Absatz 2 beginnt die Frist mit dem Zeitpunkt, an welchem der Erbe von dem Anfall der Gründe der Berufung Kenntnis erlangt hat. Ist der Erbe durch Verfügung von Todes wegen berufen, beginnt die Frist nicht vor Bekanntgabe der Verfügung von Todes wegen durch das Nachlassgericht. Nach Absatz 3 beträgt die Frist 6 Monate, wenn der Erblasser letzten Wohnsitz nur im Ausland gehabt hat oder wenn er sich bei Beginn der Frist im Ausland aufhielt. Kenntnis i.S.d. § 1944 Abs. 2 BGB setzt ein zuverlässiges Erfahren der maßgeblichen tatsächlichen und rechtlichen Umstände voraus, aufgrund dessen erwartet werden kann, dass der Erbe vernünftigerweise in die Überlegung über Annahme oder Ausschlagung eintritt.[1306] Eine Testamentseröffnung durch das Verwahrungsgericht, die nicht der Bekanntmachung des Testamentes gegenüber den Erben dient, setzt die Ausschlagungsfrist noch nicht in Gang.[1307] Der Erbe muss Kenntnis von der Verkündung des Testamentes haben.[1308] Ist die Ausschlagungsfrist versäumt, so gilt die Erbschaft als angenommen. In diesen Fällen kommt nur eine Anfechtung durch die mit Fristablauf fingierte Annahme nach dem §§ 1954 ff. BGB in Betracht. Bei fehlender bzw. beschränkter Geschäftsfähigkeit ist hingegen die Kenntnis des gesetzlichen Vertreters erforderlich.[1309]

cc) Form der Ausschlagungserklärung

571 Die Erklärung muss nach § 1945 Abs. 1 BGB gegenüber dem Nachlassgericht abgegeben werden. Dies kann entweder zur Niederschrift des Rechtspflegers erfolgen (§ 1945 Abs. 2 BGB) oder nach § 1945 Abs. 1 BGB – in der Praxis häufigster Fall – durch schriftliche Erklärung in öffentlich beglaubigter Form. Das Verfahren der öffentlichen Beglaubigung durch den Notar richtet sich nach den §§ 129 Abs. 1 BGB i.V.m. 39 ff. BeurkG, wobei die notarielle Beurkundung als strengere Form genügt. In der Praxis wird meist die Unterschrift unter die Ausschlagungserklärung nach § 40 Beurkundungsgesetz beglaubigt. In diesen Fällen ist der Zugang der Erklärung nach § 1945 Abs. 1 BGB i.V.m. § 130 Abs. 3 BGB Nachlassgericht für die Fristberechnung maßgeblich.

e) Ausschlagung durch Bevollmächtigten

572 Nach § 1945 Abs. 3 BGB kann die Ausschlagung auch durch einen gewillkürten Vertreter erfolgen. In diesem Fall bedarf der Bevollmächtigte einer öffentlich beglaubigten Vollmacht. Dementsprechend kann die Ausschlagung auch durch entsprechende General- und Vorsorgevollmachten in dieser Form erfolgen.[1310] Zu beachten ist, dass die Vollmacht dem Nachlassgericht innerhalb der Ausschlagungsfrist nach § 1945 Abs. 3 Satz 2 BGB der Erklärung beigefügt oder innerhalb der Ausschlagungsfrist nachgebracht werden muss. Umstritten ist, ob der Bevollmächtigte zu Lebzeiten des Erben die Ausschlagung erklären muss, sodass sie nicht aufgrund einer transportalen Vollmacht erfolgen kann.[1311]

f) Ausschlagung durch den gesetzlichen Vertreter

573 Bei minderjährigen Erben müssen die gesetzlichen Vertreter die Erbschaft formgerecht ausschlagen. Besteht gemeinschaftliche Sorge, so müssen **beide Elternteile** für ihr Kind die Ausschlagung erklären, da nach § 1629 Abs. 1 BGB Gesamtvertretung gilt.[1312] Ist allerdings vom Erblasser nach § 1638 Abs. 1 BGB die Vermögenssorge beschränkt worden, so gilt dies nach Auffassung des BGH auch

1306 BGH FamRZ 2000, 1504; OLG Zweibrücken FamRZ 2006, 892.
1307 OLG München MDR 1990, 341.
1308 OLG Karlsruhe DNotZ 1989, 589.
1309 Vgl. BayObLG NJWE-FER 1998, 37; Rpfleger 1984, 403.
1310 Vgl. MünchKomm/*Leipold* § 1945 Rn. 17; OLG Zweibrücken NJW-RR 2008, 239 mit ablehnender Anm. *Zimmer* ZEV 2008, 194.
1311 So OLG Zweibrücken NJW-RR 2008, 239; *Müller* DNotZ 2008, 385; a.A. *Zimmer* ZEV 2008, 194.
1312 Vgl. *Sagmeister*, ZEV 2012, 121, 122.

für die Ausschlagungserklärung: Die in einem solchen Fall von einem ausgeschlossenen Elternteil im Namen des Kindes erklärte Ausschlagung ist mangels Vertretungsmacht unwirksam.[1313] Sonstige gesetzliche Vertreter, die die Ausschlagung erklären können, sind der **Vormund** nach §§ 1773 ff., 1793 BGB, der **Betreuer** nach §§ 1896 ff., 1902 BGB und der **Pfleger** nach §§ 1909 ff., 1915 BGB.

Zur Ausschlagung der Erbschaft benötigen der Betreuer, Vormund und Pfleger gem. §§ 1908i Abs. 1 Satz 1, 1822 Nr. 2 BGB, 151 Nr. 4, 5 FamFG stets die **Genehmigung des Betreuungsgerichts**. Da es sich bei der Erbschaftsausschlagung um eine einseitige Willenserklärung handelt, muss die Genehmigung gem. §§ 1908i Abs. 1 Satz 1, 1831 BGB an sich bereits bei der Erklärung der Ausschlagung vorliegen. Aufgrund der Besonderheiten der Erbschaftsausschlagung (fristgebunden und amtsempfangsbedürftig) genügt es nach allgemeiner Meinung, wenn die Genehmigung dem Nachlassgericht vor Ablauf der Ausschlagungsfrist nachgewiesen wird.[1314] Nach § 1643 Abs. 2 Satz 1 BGB bedürfen die Eltern (bzw. der allein sorgeberechtigte Elternteil, vgl. § 1629 Abs. 1 Satz 2 BGB) für die Ausschlagung grundsätzlich der **Genehmigung des Familiengerichtes.**[1315] Nach § 1643 Abs. 2 Satz 2 BGB ist die Genehmigung des Familiengerichtes ausnahmsweise nicht notwendig, wenn die Erbschaft dem Kind erst infolge der Ausschlagung eines Elternteiles angefallen ist, der das Kind allein oder gemeinsam mit dem anderen Elternteil vertritt, es sei denn, dass dieser Elternteil neben dem Kind berufen war. Der Genehmigungsfreiheit gem. § 1643 Abs. 2 Satz 2 BGB liegt die Annahme des Gesetzgebers zugrunde, dass die Erbschaft auch für das nächstberufene Kind ohne Vorteil sein werde und daher eine Benachteiligung des Kindes nicht zu befürchten sei, weil der vertretungsberechtigte Elternteil im Normalfall selbst das dringendste Interesse daran habe, die Erbschaft zu erwerben und nicht ohne gehörige Prüfung der Sachlage ausschlagen werde. Es fehlt also nach der generellen Annahme des Gesetzgebers an einer Interessenkollision, die eine gerichtliche Überprüfung erforderlich macht.[1316] 574

Jedoch legt eine starke Meinung in der Literatur trotz des gesetzlichen Wortlautes § 1643 Abs. 2 BGB dahingehend aus, dass eine Genehmigungspflicht dann besteht, wenn eine Konstellation vorliegt, bei der die Eltern- und Kindesinteressen nicht gleichgerichtet sind und es somit zu einer Interessenkollision kommen könnte. Dies wird von der Literatur insbesondere bei werthaltigem Nachlass diskutiert[1317] und dann bejaht, wenn die Eltern nur für einzelne Kinder die Erbschaft ausschlagen, um diese in eine bestimmte Richtung zu lenken oder um diese selbst als gesetzliche Erben anzunehmen (taktische Ausschlagung).[1318] In derartigen Fällen sei die § 1643 Abs. 2 Satz 2 BGB zugrunde liegende gesetzgeberische Annahme, bei einer Ausschlagung durch einen Elternteil sei auch der Anfall an das Kind nachteilig, widerlegt.[1319] Das OLG Köln lehnte in seinem Beschl. v. 26.04.2012[1320] diese die Rechtssicherheit beeinträchtigende Auffassung weitgehend ab. Es gibt nach Ansicht des OLG Köln keinen Grund, von dem allgemeinen vom BGH in ständiger Rechtsprechung[1321] bestätigten Grundsatz abzuweichen. Danach sei der Kreis der nach §§ 1643, 1822 575

1313 BGH NJW 2016, 3032 = ZEV 2017, 33.

1314 RGZ 118, 145, 148 BayObLGZ 1983, 213, 219; *Firsching/Graf*, Nachlassrecht, 10. Aufl. 2014, Rn. 4.106.

1315 Zum Inhalt der gerichtlichen Prüfung vgl. OLG Köln DNotZ 2019, 311.

1316 Vgl. MünchKomm/*Huber*, BGB, § 1643 Rn. 17; Staudinger/*Otte*, BGB, § 1945 Rn. 10 f.; *Sagmeister* ZEV 2012, 121, 123.

1317 *Sagmeister* ZEV 2012, 121, 123; *Baumann* DNotZ 2012, 803.

1318 Vgl. OLG Hamm NotBZ 2014, 179; KG Berlin NotBZ 2012, 218 = FGPrax 2012, 165 = RPfleger 2012, 533; Staudinger/*Engler*, § 1643 Rn. 39; MünchKomm/*Huber*, BGB, § 1643 Rn. 24; *Sagmeister* ZEV 2012, 121, 123.

1319 Vgl. OLG Hamm NotBZ 2014, 179; KG Berlin NotBZ 2012, 218 = FGPrax 2012, 165 = RPfleger 2012, 533; Staudinger/*Engler*, § 1643 Rn. 38; MünchKomm/*Huber*, BGB, § 1643 Rn. 24; *Ivo* ZEV 2002, 309; *Sagmeister* ZEV 2012, 121, 123; *Baumann* DNotZ 2012, 803.

1320 OLG Köln DNotZ 2012, 835 m. Anm. *P. Baumann* 803.

1321 BGH, NJW 1962, 2344 = BGHZ 38, 26; BGH NJW 1970, 33 = BGHZ 52, 316; BGH NJW 1983, 1780 = FamRZ 1983, 371 = BGHZ 92, 259.

BGB genehmigungsbedürftigen Geschäfte um der Rechtssicherheit willen formal und nicht nach den jeweiligen Umständen des Einzelfalls zu bestimmen. Eine auf die Umstände des Einzelfalls bezogene Erweiterung des Kreises der genehmigungsbedürftigen Geschäfte durch analoge Gesetzesanwendung sei ausgeschlossen. Die Ausschlagung der Erbschaft für ein minderjähriges Kind durch beide sorgeberechtigten Eltern sei gem. § 1643 Abs. 2 Satz 2 BGB genehmigungsfrei, auch wenn der Nachlass werthaltig sei, wenn der Anfall an das Kind als Ersatzerbe eines Elternteils erfolgt sei, der seinerseits die Erbschaft ausgeschlagen habe. Von einer missbräuchlichen Erbausschlagung der sorgeberechtigten Eltern für das minderjährige Kind sei nicht auszugehen, wenn nicht der Nachlass entgegen dem Erblasserwillen umgeleitet, d.h. anstelle des von der Erbausschlagung betroffenen Kindes anderen Personen zugutekommen solle, sondern wenn dem Willen des Erblassers nach Übertragung wesentlichen Nachlasses an die von ihm benannten Erben Rechnung getragen, aber die Nachteile der unmittelbaren Umsetzung der testamentarischen Verfügungen vermieden werden sollen. Dieser Auffassung ist zu folgen, da nur so die vom Gesetz angestrebte Rechtsklarheit erreicht werden kann; es sollte daher zu einem klaren Verständnis des § 1643 Abs. 2 BGB gefunden werden.[1322] Auch das OLG Hamm[1323] entschied, dass es für die Erbausschlagung des minderjährigen Kindes auch dann, wenn die Erbschaft werthaltig ist, nicht der familiengerichtlichen Genehmigung bedarf.

IV. Ausgewählte Fragen der materiellen Gestaltung

1. Auslegungsgrundsätze und Gestaltung von Verfügungen von Todes wegen

a) Die Formulierungspflicht als Amtspflicht des Notars[1324]

576 § 17 Abs. 1 Satz 1 BeurkG verpflichtet den Notar bei der Beurkundung von Willenserklärungen u.a., »den Willen der Beteiligten (zu) erforschen … und ihre Erklärungen klar und unzweideutig in die Niederschrift wiederzugeben.« Dabei ist darauf zu achten, dass Irrtümer und Zweifel vermieden werden. Dieser **Formulierungspflicht**[1325] kommt gerade bei Verfügungen von Todes wegen besondere Bedeutung zu, wenn zwischen Errichtung der Verfügung von Todes wegen und deren Wirksamwerden oftmals ein erheblicher Zeitraum mit mitunter erheblichen Veränderungen der persönlichen und wirtschaftlichen Verhältnisse der Betroffenen liegt. Hinzu kommt, dass – anders als bei vielen anderen Rechtsstreitigkeiten – die Befragung desjenigen, der den Willen erklärt hat, zu Aufklärung des tatsächlich Gewollten hier i.d.R. ausscheidet, da der Erblasser im Regelfall schon verstorben ist, wenn es zu entsprechenden Streitigkeiten kommt.

»Eine Verfügung von Todes wegen sollte so ausgestaltet sein, dass weder auf gesetzliche Vermutungen noch auf das Mittel der ergänzenden Auslegung zurückgegriffen werden muss.«[1326] Denn die »Auslegung ist der Feind der Rechtsgestaltung«.[1327] Nicht klar formulierte Urkunden führen zu vermeidbaren Rechtsstreitigkeiten, für deren Kosten der Notar oder der sonst mit deren Fertigung betraute Rechtsberater haftet.[1328] Daraus ergibt sich der **Grundsatz der klaren und eindeutigen Formulierung.**

1322 Ebenso *P. Baumann* DNotZ 2012, 803, 808.

1323 OLG Hamm NJW 2018, 3526.

1324 Eingehend hierzu *J. Mayer* DNotZ 1998, 772; *Nieder* ZNotP 1999, 104 ff.

1325 Vgl. dazu etwa *Reithmann* in: Reithmann/Albrecht, Handbuch der notariellen Vertragsgestaltung, Rn. 1, 4; zur Formulierungs- und Belehrungspflicht des Notars im Erbrecht s. Armbrüster/Preuß/Renner/*Armbrüster* § 17 BeurkG Rn. 142 ff.; *von Dickhuth-Harrach*, Handbuch der Erbfolge-Gestaltung, § 14 Rn. 21 ff.; *Roggendorf* RNotZ 2002, 413; zu den Pflichten und Risiken des Rechtsgestalters in erbrechtlichen Bereich *W. Kössinger* in: Nieder/Kössinger, Handbuch der Testamentsgestaltung, § 7 Rn. 51 ff.

1326 *Bengel/Dietz* in: Beck'sches Notarhandbuch, C Rn. 116; vgl. etwa auch *von Dickhuth-Harrach*, Handbuch der Erbfolge-Gestaltung, § 1 Rn. 36 f.

1327 *W. Kössinger* in Nieder/Kössinger § 23 Rn. 70.

1328 BGH NJW 1982, 572 = DNotZ 1982, 498, allerdings nicht zu einer erbrechtlichen Streitigkeit.

Damit ist aber die **Gefahr von Auslegungsstreitigkeiten noch nicht gebannt.** Dies zeigt sich insbesondere an zwei Problemkonstellationen: 577

- Nach der neueren Rechtsprechung des BGH[1329] ist eine **Auslegung trotz** des scheinbar **klaren und eindeutigen Wortlauts** möglich. Damit hat der BGH die sog. »Eindeutigkeitsformel« der älteren Rechtsprechung aufgegeben, wonach die Auslegungsbedürftigkeit nur bei einer objektiven Mehrdeutigkeit des Textes gegeben war und der klare Wortlaut die Schranke für die Auslegung bildete. Der BGH hat dazu allerdings klargestellt, dass einer Willenserklärung auch im Wege der Auslegung kein Sinn beigelegt werden darf, der in ihr nicht zum Ausdruck gekommen ist.[1330]
- Durch die **ergänzende Auslegung** werden lückenhafte Regelungen in der Verfügung von Todes wegen vervollständigt, die Nachlassplanung des Erblassers, die ursprüngliche oder aber auch nachträgliche Lückenhaftigkeit aufweisen kann, zu Ende gedacht und entsprechend seinen Zielvorstellungen weiterentwickelt. Diese an sich positive Möglichkeit, auch nach dem Tod des Erblassers seinen Zielvorstellungen Geltung zu verschaffen und etwa an bei der Testamentserrichtung noch nicht gekannte Entwicklungen anzupassen, kann aber wiederum viel Streit schaffen. Denn die Lückenausfüllung erfolgt durch Ermittlung des sog. irrealen oder hypothetischen Willens, den der Erblasser gehabt hätte, wenn er bei der Testamentserrichtung die Lückenhaftigkeit seiner Regelung vorhergesehen hätte.

Gegen die Gefahren, die sich aus dem Grundsatz der erläuternden Auslegung trotz eindeutigen Wortlauts ergeben, hilft nur eine eingehende Sachverhaltsaufklärung zur Erforschung des Willens der Beteiligten (§ 17 BeurkG) und deren klare und eindeutige Umsetzung mittels der **Verwendung der gesetzlichen Begriffe** in der Urkunde; laienhafte oder juristisch nicht präzise Begriffe (etwa Abgabe eines »Gleichstellungsverzichts«) sind zu vermeiden. Die direkte Formulierung von Zielvorstellungen in der Verfügung von Todes wegen selbst, etwa in Form einer »Präambel«, ist jedoch äußerst problematisch, da durch eine solche Motivangabe natürlich die Gefahr von Auslegungsstreitigkeiten erhöht werden kann, wenn dies nicht klar und gut genug geschehen ist. In aller Regel wird es schlicht nicht möglich sein, den gesamten Strauß an Beweggründen und Motiven – einschließlich Reihenfolge und Gewichtung – hinreichend exakt wiederzugeben. 578

Gerade bei **Rechtsbegriffen** wird in einem hohen Maße die Gefahr von Auslegungsstreitigkeiten gegeben sein, etwa bei der Verwendung der Ausdrücke »Vor- und Nacherbschaft«, die von Laien oft in einem ganz anderen Sinne verstanden werden. Zwar wird bei einem notariellen Testament i.d.R. anerkannt, dass von der richtigen juristischen Begriffsverwendung ausgegangen werden könne.[1331] Zu beachten ist aber auch hier, dass bei der Auslegung nicht die Auffassung des beurkundenden Notars, sondern die des Erblassers maßgeblich ist.[1332] Es gilt daher, dass zwar die Verfügung von Todes wegen in der juristischen Fachsprache abzufassen ist, da nur sie die notwendige Präzision aufweist und damit zur nötigen Eindeutigkeit und Klarheit führt.[1333] Daran schließt sich jedoch die Aufgabe des Vertragsjuristen – des Notars oder beratenden Rechtsanwalts – an, diese Fachausdrücke zu erläutern; die Sprache der Verhandlung und Belehrung ist daher die Umgangssprache.[1334] 579

1329 BGHZ 86, 41, 45 = DNotZ 1984, 38 = NJW 1983, 672 = JZ 1983, 709 m. Anm. *Leipold*. Vgl. dazu etwa MünchKomm/*Leipold* § 2084 Rn. 10 ff.; Staudinger/*Otte* vor §§ 2064 ff. Rn. 50 ff.; *W. Kössinger* in: Nieder/Kössinger § 23 Rn. 21 ff.

1330 FamRZ 1987, 475, 476.

1331 MünchKomm/*Leipold* § 2084 Rn. 39; Staudinger/*Otte* vor §§ 2064 ff. Rn. 63.

1332 BGH LM § 2100 Nr. 1 = MDR 1951, 474; OLG Hamm FamRZ 1994, 188 = NJW-RR 1993, 1225. Von einer gemessen am Willen des Erblassers unrichtigen Begriffsverwendung im Zusammenhang mit einer Vor- und Nacherbschaft geht KG FamRZ 1987, 413, 414 aus.

1333 *Langenfeld*, Vertragsgestaltung, Methode – Verfahren – Vertragstypen, Rn. 145 ff.; *W. Kössinger* in: Nieder/Kössinger § 23 Rn. 79; *von Dickhuth-Harrach*, Handbuch der Erbfolge-Gestaltung, § 14 Rn. 42 i.V.m. § 1 Rn. 33 ff., allgemein hierzu Armbrüster/Preuß/Renner/*Armbrüster* § 17 BeurkG Rn. 42 ff.

1334 *Langenfeld/Fröhler*, Testamentsgestaltung, Rn. 144.

Er übernimmt dabei die Funktion eines Dolmetschers.[1335] Zur Erläuterung der Fachausdrücke können schriftliche »Schwerpunktbelehrungen« zumindest nützlich sein;[1336] auf ihre Formulierung ist aber besondere Sorgfalt zu legen, damit sie nicht ihrerseits wegen einer Divergenz zwischen juristischem Fachausdruck und umgangssprachlichem Erklärungsversuch Ansatzpunkt für eine nicht gewollte Auslegung oder gar Anfechtung der letztwilligen Verfügung sind. Gleiches gilt, wenn umgangssprachliche Erklärungen direkt in den sachlichen Inhalt der Verfügung von Todes wegen aufgenommen werden.[1337]

580 Im Folgenden werden anhand einiger Rechtsprechungsfälle aus den letzten Jahren die Gefahren aufgezeigt, die sich aus Auslegungsfragen ergeben. Dabei zeigt sich, dass bei der Rechtsgestaltung auch die gesetzlichen Auslegungsgrundsätze überschätzt werden.

b) Fälle aus der Rechtsprechung der letzten Jahre

aa) Klare sprachliche Formulierung

581 Da die »grammatikalische Interpretation« eine der anerkannten Auslegungsmethoden auch bei privaten Willenserklärungen ist, sind die Regeln der Grammatik besonders zu beachten. Instruktiv dazu der vom Bayerischen Obersten Landesgericht am 20.02.1997[1338] entschiedene Fall. Dort hieß es in einem Ehegattenerbvertrag:

> *»Zum Erben des Zuletztversterbenden von uns berufen wir den Neffen des Ehemanns, nämlich … (Bet. zu 1) ersatzweise dessen Abkömmlinge nach gleichen Stammanteilen zum Erben zur einen Hälfte und den Bayerischen Blindenbund eV zum Erben zur anderen Hälfte.«*

582 Es stritten nun der Blindenbund und der Neffe um die Erbschaft, wobei der Blindenbund sich darauf berief, dass er nicht nur für den Ersatzerbfall zum Erben berufen war, sondern bereits von vornherein. Dabei kam es bei einer rein wortorientierten Auslegung auf den Bezug des Relativsatzes, ja u.U. auf die Kommasetzung an. Die Pointe daran ist m.E., dass ein »Komma« an sich nach § 13 BeurkG gar nicht verlesen werden muss. Das Bayerische Oberste Landesgericht hat die Urkunde als »sprachlich unklar« angesehen und nach inhaltlichen Kriterien ausgelegt.

bb) Die gesetzlichen Auslegungsgrundsätze

(1) Ihre Bedeutung für die Kautelarjurisprudenz

583 Das Gesetz enthält eine Vielzahl von gesetzlichen Auslegungsregeln im weitesten Sinne (vgl. etwa §§ 2049, 2051 Abs. 1, 2066 bis 2077, 2087, 2089 bis 2093, 2096 ff., 2098, 2101, 2102, 2108 Abs. 2, 2110, 2148, 2165 bis 2167, 2169 Abs. 3, 2173 BGB).[1339] Sie wurden deshalb in das Gesetz aufgenommen, weil bei Inkrafttreten des BGB die individuelle Auslegung noch nicht so weit fortgeschritten war und man daher auf ein solches Instrumentarium nicht verzichten wollte. Sie bringen das zum Ausdruck, was nach der allgemeinen Lebenserfahrung bei der geregelten Fallkonstellation i.d.R. vom Erblasser gewollt ist. Dabei wird dogmatisch zwischen den Auslegungsregeln im engeren Sinne unterschieden, die eine vorhandene unklare Verfügung klären sollen,[1340] und Ergänzungsregeln, die bei einer fehlenden oder lückenhaften Regelung des Erblassers eingreifen sollen.[1341] Sie gelten aber **nur im Zweifel**, also nur dann, wenn der Verfügung weder ausdrücklich noch mittels individueller erläuternder oder ergänzender Auslegung ein anderer Wille des Erblassers entnommen

1335 *Jerschke* DNotZ-Sonderheft 1989, 26 f.; *Langenfeld/Fröhler* Rn. 144.
1336 *Duve* DNotZ-Sonderheft 1981, 52.
1337 *W. Kössinger* in: Nieder/Kössinger § 23 Rn. 79.
1338 NJW-RR 1997, 835 = MittBayNot 1997, 235.
1339 Vgl. die Auflistung bei Staudinger/*Otte* Vorbem. zu §§ 2064 ff., Rn. 103.
1340 *Stammler* AcP 69, 28; zu dieser Unterscheidung etwa *W. Kössinger* in: Nieder/Kössinger § 23 Rn. 60.
1341 Jedoch wird zunehmend bezweifelt, ob diese Unterscheidung sinnvoll ist, so etwa Staudinger/*Otte* Vorbem. zu §§ 2064 ff. Rn. 98 ff., weshalb sie im Folgenden nicht getroffen werden soll.

werden kann, wobei ein mittels der Auslegung zu ermittelnder Wille in der Urkunde wenigstens einen gewissen Anhalt gefunden haben muss (**Grundsatz der Subsidiarität der gesetzlichen Auslegungsregeln**).[1342] Daher darf ihre Bedeutung für die Vertragsgestaltung[1343] keineswegs überschätzt werden. Insbesondere wenn man nachträglich eine Unzulänglichkeit einer bereits beurkundeten Erklärung entdeckt, sollte man lieber versuchen, durch eine Nachtragsbeurkundung den »Fehler« zu reparieren – soweit möglich – anstatt auf das Eingreifen dieser Regeln zu hoffen.

Natürlich soll nicht verkannt werden, dass den gesetzlichen Auslegungsbestimmungen in **verfahrensrechtlicher Hinsicht**, sei es bei einem Zivilprozess, sei es aber auch bei einem solchen in der freiwilligen Gerichtsbarkeit, eine erheblich weiter gehende Bedeutung zukommt, da sie die Darlegungs- und (formelle wie materielle) Beweislastverteilung, im FamFG-Verfahren die sog. Feststellungslast, bestimmen.[1344] Aber das ist zunächst für den Kautelarjuristen zweitrangig, da er ja gerade die Verfügung von Todes wegen so ausgestalten soll, dass von vornherein jeder Streit vermieden wird. 584

(2) Praxisrelevante Rechtsprechungsbeispiele

An Beispielen über die Fehleinschätzung der Bedeutung von Auslegungsregeln seien genannt: 585

(a) Abhängigkeit von gemeinschaftlichem Testament und Ehegattenerbvertrag vom Fortbestand der Ehe

Nach § 2077 Abs. 1 BGB ist grundsätzlich eine letztwillige Verfügung, durch die der Erblasser seinen Ehegatten bedacht hat, unwirksam, wenn die Ehe geschieden oder in anderer Weise vor dem Tod des Erblassers aufgelöst wird. § 2279 Abs. 2 BGB erweitert die Anwendung dieser Vorschrift auf Erbverträge auch insoweit, als dadurch Dritte bedacht werden; ebenso geschieht dies nach § 2268 Abs. 1 BGB für das gemeinschaftliche Testament von Ehegatten und zwar auch bezüglich der nicht wechselbezüglichen Verfügungen von Todes wegen. Diese Bestandsabhängigkeit der Verfügung von Todes wegen von der Ehe gilt allerdings nicht, wenn ein sog. »Aufrechterhaltungswille« vorliegt, also der Erblasser trotz des Scheiterns der Ehe seine letztwillige Verfügung weiter gelten lassen will. Die genannten Vorschriften sind nur Auslegungsregeln.[1345] Sie beschwören daher große Unsicherheiten und die Gefahr von endlosen Rechtsstreitigkeiten herauf.[1346] Dabei findet sich durchaus eine Tendenz der neueren Rechtsprechung, aus der besonderen Person der letztlich Bedachten auf einen Aufrechterhaltungswillen zu schließen und der letztwilligen Verfügung über die Scheidung hinaus Geltung zu verschaffen.[1347] Dies gilt besonders, wenn gemeinschaftli- 586

1342 *W. Kössinger* in: Nieder/Kössinger § 23 Rn. 60; BGH, NJW 1981, 2743, 2744 (zu § 2107 BGB); KG FamRZ 1987, 413, 414 = NJW-RR 1987, 451; BGH DNotZ 1988, 178, 179 f. = NJW-RR 1987, 1410, 1411 (zu § 2270 BGB); anders von einem abweichenden, für die Testamentsgestaltung aber insoweit nicht so erheblichen Ansatzpunkt ausgehend Staudinger/*Otte* Vorbem. zu §§ 2064 ff. Rn. 112 ff.; *Tappmeier* NJW 1988, 2715.

1343 Dazu eingehend *W. Kössinger* in: Nieder/Kössinger § 23 Rn. 61; *J. Mayer* DNotZ 1998, 772.

1344 Eingehend dazu *Tappmeier* NJW 1988, 2714, 2715 f.; *W. Kössinger* in: Nieder/Kössinger § 23 Rn. 60 f.; Staudinger/*Otte* Vorbem. zu §§ 2064 ff. Rn. 112 ff.

1345 Palandt/*Weidlich* § 2077 Rn. 1; Soergel/*Loritz* § 2077 Rn. 2; z.T. wird darin auch eine Ergänzungsregel oder dispositive Gesetzesnorm gesehen, vgl. etwa *Muscheler* DNotZ 1994, 733, 736; wiederum anders MünchKomm/*Leipold* § 2077 Rn. 2 f. (mit Darstellung des Streitstands): gesetzliche Regel der ergänzenden Testamentsauslegung.

1346 *Reimann* ZEV 1995, 330; das BayObLG ZEV 2001, 190, 192 = FamRZ 2001, 941 hat daher zutreffender Weise die Regelungsbedürftigkeit betont. Zu Recht beanstandet *Radke*, Das Berliner Testament und die gegenseitige gemeinschaftliche Einsetzung der Ehegatten zu Vorerben in Formularsammlungen, 1999, 163 ff., dass die Formularpraxis hierzu kaum Regelungen verwendet.

1347 Palandt/*Weidlich* § 2268 Rn. 3; *J. Mayer* ZEV 1997, 280; Staudinger/*Kanzleiter* § 2268 Rn. 10; so auch die Einschätzung von *Keim* ZEV 2004, 425; ausf. zu dieser Problematik *von Dickhuth-Harrach* § 41 Rn. 61 ff.

che Kinder der Eheleute als Erben eingesetzt werden; selbst ihre Erbeinsetzung zum Schlusserben soll nach Auffassung des OLG Hamm[1348] die gescheiterte Ehe überdauern und zwar – was eine qualitative Veränderung ist – in eine sofortige Erbeinsetzung beim Tod des jeweiligen Elternteils verwandelt werden. Allerdings nimmt das OLG hier immerhin an, dass mit der Scheidung nach der allgemeinen Lebenserfahrung »der Wille zur erbvertraglichen Bindung« entfalle, sodass der Erblasser durch den früheren Ehegattenerbvertrag wenigstens nicht an einer neuen Verfügung von Todes wegen gehindert ist. Jedoch kann die Kautelarpraxis nicht einmal mehr darauf vertrauen, dass mit der Scheidung wenigstens die Bindung wegfällt. Nach einer Grundsatzentscheidung des **BGH** zum gemeinschaftlichen Testament behalten die wechselbezüglichen Verfügungen, die aufgrund eines Aufrechterhaltungswillens auch nach der Scheidung wirksam bleiben, zugleich auch ihre Wechselbezüglichkeit und können daher wegen § 2271 Abs. 1 Satz 2 BGB nicht einfach durch eine einseitige Verfügung von Todes wegen aufgehoben werden.[1349] Es gilt also der **Grundsatz**: Einmal wechselbezüglich, immer wechselbezüglich.[1350] Daher muss man durch eine klare diesbezügliche Regelung in der Verfügung von Todes wegen Rechtsstreitigkeiten vermeiden. Gerade nach der genannten Grundsatzentscheidung des BGH ist bei einem gemeinschaftlichen Testament eine ausdrückliche Regelung dringend angezeigt.[1351]

Allerdings fällt es bei der Errichtung der Verfügung von Todes wegen i.d.R. sehr schwer den Willen der Ehegatten zu ermitteln, welche Lösung sie für den Fall ihrer Ehescheidung wollen. Tendenziell dürfte es aber richtig sein, »in dubio pro Unwirksamkeit« zu formulieren.[1352] Dem Ehegattenerbvertrag oder gemeinschaftlichen Testament könnte daher vorangestellt werden:

»Bestand und Wirksamkeit unserer Ehe bis zum Tod des Erstversterbenden von uns oder bis zu unserem gleichzeitigen Tod vorausgesetzt, bestimmen wir was folgt: …«

587 Man kann allerdings die Unwirksamkeit der Verfügung von Todes wegen **vorverlagern**: Nach § 2077 Abs. 1 Satz 2 und 3 BGB steht der Auflösung der Ehe gleich, wenn zur Zeit des Todes des Erblassers die Voraussetzungen für die Scheidung der Ehe gegeben waren und der Erblasser die Scheidung beantragt oder ihr zugestimmt hatte oder der Erblasser zur Zeit seines Todes berechtigt war, Antrag auf Aufhebung der Ehe zu stellen und diesen Antrag auch gestellt hatte (vgl. § 1933 BGB). Allerdings wirft das Vorliegen dieser Voraussetzungen viele **Zweifelsfragen** auf. Praktikabel erscheint daher als Alternativgestaltung nur, wenn man auf die **bloße Rechtshängigkeit**[1353] **des Scheidungsantrags** abstellt,[1354] und zwar unabhängig davon, welcher Ehegatte diesen gestellt hat.[1355] Denn man muss sich darüber im Klaren sein, dass angesichts der weitreichenden Rechtsfolgen derartiger Klauseln immer eine **einfache Beweisbarkeit** gewährleistet sein muss, um im Streitfall zu

1348 OLGZ 1994, 326 = ZEV 1994, 367; vgl. ebenso BayObLG NJW 1996, 133 = ZEV 1995, 331 = DNotZ 1996, 302 m. krit. Anm. *Kuchinke* sogar zur Erbeinsetzung der einseitigen Tochter der Ehefrau.

1349 BGHZ 160, 33 = NJW 2004, 3113 = ZEV 2004, 423 m. Anm. *Keim*; krit. dazu *Kanzleiter* ZEV 2005, 181; zu den Auswirkungen auf die Gestaltung der Verfügungen von Todes wegen *Ivo* ZFE 2004, 292; *A. Lehmann* NotBZ 2004, 480.

1350 Anders die Einschätzung von *Keim* ZEV 2004, 425, wonach auch bei einem Aufrechterhaltungswillen nach der Ehescheidung eher davon auszugehen sei, dass die Verfügung nur als einseitige fortbestehen soll.

1351 *Von Dickhuth-Harrach* § 11 Rn. 68.

1352 *Reimann* ZEV 1995, 330; *A. Lehmann* NotBZ 2004, 480, 481; *Kanzleiter* ZEV 2005, 181, 184; *J. Mayer* ZEV 1997, 280, 282 mit Fallgruppenbildung; *Frenz* ZNotP 2000, 105 (mit Unwirksamkeit bereits ab Stellung des begründeten Scheidungsantrags).

1353 Auch das Abstellen auf die bloße Anhängigkeit des Scheidungsantrags kommt in Betracht, zumal dadurch Zustellungsverzögerungen keine Rolle mehr spielen würden; dagegen wird aber nicht zu Unrecht eingewandt, dass vieles dafür spreche, die Unwirksamkeit erst eintreten zu lassen, wenn der andere Ehegatte auch Kenntnis vom Scheidungsantrag hat und deshalb seinerseits die Veranlassung besitzt, eine neue Verfügung zu errichten, zutr. *von Dickhuth-Harrach* § 41 Rn. 69 Fn. 78.

1354 Ebenso *von Dickhuth-Harrach* § 41 Rn. 70; *Kornexl*, Nachlassplanung bei Problemkindern, Rn. 888.

1355 *Frenz* ZNotP 2000, 102, 105.

entscheiden, ob die Verfügung von Todes wegen noch wirksam ist oder nicht.[1356] Hinsichtlich der Rechtsfolgen ist es tendenziell wohl am interessengerechtesten, wenn eine Gesamtunwirksamkeit aller Verfügungen von Todes wegen angeordnet wird.[1357] Denn sonst kann es wiederum zu Auslegungsstreitigkeiten kommen, in welchem Umfang die anderen Verfügungen von Todes wegen, durch welche nicht die Ehegatten selbst bedacht werden, trotzdem fortbestehen.[1358] Im Einzelfall kann es angezeigt sein, die Unwirksamkeit auf die gegenseitige Erbfolge zu beschränken. Dann ist aber auch ausdrücklich zu regeln, ob die übrigen Verfügungen, insbesondere die Schlusserbeneinsetzung, bindend bleibt, u.U. mit der Beibehaltung des im Übrigen ohnehin für den »Normalfall« geltenden Änderungsvorbehalts oder der Freistellungsbefugnis, oder nur als einseitige Verfügungen weiter gelten sollen.[1359]

Zu beachten ist weiter, dass in diesen Vorverlagerungsfällen das **gesetzliche Erbrecht der Ehegatten** noch bestehen kann, weil allein die Rechtshängigkeit des Scheidungsantrags dieses nach § 1933 BGB noch nicht entfallen lässt.[1360] Daher sollte auch dieses ausgeschlossen werden. Zu weit geht es aber wohl, wenn man damit zugleich noch einen Pflichtteilsverzicht verbindet. Eher Verwirrung schafft man auch, wenn ein Wiederaufleben der Verfügungen von Todes wegen für den Fall vorgesehen wird, dass der Scheidungsantrag zurückgenommen wird; einer etwaigen Fehlvorstellung der Ehegatten, dass dies dann automatisch einträte, kann durch eine sachgerechte Belehrung vorgebeugt werden.[1361] Sachgerecht erscheint daher etwa folgende Formulierung:[1362]

> *»Beantragt einer von uns, aus welchem Grund auch immer, die Scheidung unserer Ehe, so werden mit Eintritt der Rechtshängigkeit dieses Antrags alle in dieser Urkunde getroffenen Verfügungen von Todes wegen unwirksam, mag es sich dabei um vertragsmäßige (wechselbezügliche) oder einseitige handeln. Auch ist dann jeder von uns als gesetzlicher Erbe des anderen enterbt. Dies gilt unabhängig davon, ob die Voraussetzungen für die Scheidung der Ehe vorlagen und ob diese dann auch durchgeführt wird. Für den Fall, dass unsere Ehe aufgrund eines entsprechenden gerichtlichen Verfahrens aufgehoben wird, gelten die vorstehenden Bestimmungen entsprechend.«*

Statt anderer Formulierungen, wie etwa dass bei **längerem Getrenntleben** die Verfügung automatisch unwirksam wird, ist es besser, für den Fall des längeren Getrenntlebens ein Rücktrittsrecht vom Erbvertrag einzuräumen.

Bei allen diesen Formulierungen ist allerdings zu beachten, dass sie bei notariellen Testamenten und Erbverträgen u.U. deren Eignung als **erleichterter Erbnachweis**, insbesondere nach § 35 Abs. 1 Satz 2 GBO, erschweren. Denn wegen der dadurch begründeten Unsicherheit, ob nicht infolge eines entsprechenden Scheidungsantrags die Verfügungen von Todes wegen unwirksam wurden, verlangen manche Grundbuchämter zumindest eine entsprechende eidesstattliche Versicherung, dass dies nicht der Fall ist. Jedoch scheint sich neuerdings eine großzügigere Praxis durchzusetzen: Denn zunehmend wird vertreten, dass eine eidesstattliche Versicherung oder gar ein Erbschein nur

---

1356 So auch *von Dickhuth-Harrach* § 41 Rn. 69; problematisch daher *Langenfeld/Fröhler*, Testamentsgestaltung, Rn. 675, der für die Unwirksamkeit auf das Vorliegen der Voraussetzungen des § 2077 abstellt; so auch *J. Mayer* ZEV 1997, 280, 282.

1357 *Von Dickhuth-Harrach* § 41 Rn. 69; *J. Mayer* ZEV 1997, 280, 282; *R. Kössinger* in: Nieder/Kössinger § 14 Rn. 107.

1358 Vgl. dazu etwa den Fall von OLG München NotBZ 2005, 370.

1359 *Von Dickhuth-Harrach* § 41 Rn. 72 mit Formulierungsvorschlag in Rn. 73; Formulierungsvorschlag etwa auch bei *Kornexl* Rn. 888.

1360 *Von Dickhuth-Harrach* § 41 Rn. 71, wobei der dort gemachte Formulierungsvorschlag ungenau ist: Wenn es heißt, dass »das gesetzliche Erbrecht des überlebenden Ehegatten ausgeschlossen ist«, dann könnte darin ein Erbverzicht (§ 2346 Abs. 1 BGB) liegen, der zu einer Erhöhung der Erb- und Pflichtteilsquoten der anderen führt, § 2310 Satz 2; daher sollte ausdrücklich von »Enterbung« gesprochen werden.

1361 Zutr. *von Dickhuth-Harrach* § 41 Rn. 71 gegen die Bedenken von *Brambring* in: Brambring/Mutter, Beck'sches Formularbuch Erbrecht D. 2. Anm. 3.

1362 Nach *von Dickhuth-Harrach* § 41 Rn. 70.

dann verlangt werden könne, wenn konkrete Anhaltspunkte für die Stellung eines Scheidungsantrags oder für die Einleitung eines Eheaufhebungsverfahrens bestehen.[1363]

(b) Die unvollständige Ersatzerbenbestimmung

588 Die Ersatzerbfolge sollte in einer Verfügung von Todes wegen immer geregelt werden, auch wenn § 2069 BGB eine gesetzliche Auslegungsregel[1364] enthält. Nach dem oben Gesagten würde man nun wegen der Subsidiarität der gesetzlichen Auslegungsregel denken, dass eine ausdrücklich bestimmte Ersatzerbenregelung der gesetzlichen Auslegungsregelung vorgeht. Das Bayerische Oberste Landesgericht[1365] hat dies allerdings in einem Fall der Einsetzung mehrerer Geschwister zu Nacherben anders gesehen, bei dem zu Ersatznacherben ausdrücklich die übrigen Geschwister untereinander eingesetzt wurden. Die gesetzliche Auslegungsregel des § 2069 BGB soll in dem hier entschiedenen Fall vorrangig gegenüber der ausdrücklich angeordneten Ersatznacherbfolge sein. Bei einer ausdrücklich angeordneten Ersatzerbfolge von anderen Personen als den Abkömmlingen des zunächst Bedachten sei vielmehr zunächst zu prüfen, ob diese nach dem tatsächlichen oder mutmaßlichen Willen des Erblassers erst dann zur Anwendung kommen solle, wenn der ganze Stamm des zunächst Bedachten weggefallen sei. Daraus ergeben sich erhebliche Gestaltungsunsicherheiten für die in der Praxis sehr häufigen Fälle, dass Ersatzerben eines zunächst berufenen Kindes nicht dessen Abkömmlinge sein sollen, weil diese noch nicht bekannt oder deren Eignung ungewiss ist, sondern ein Geschwister des zunächst Berufenen.[1366] Daher empfiehlt sich folgende Formulierung:

> *»Abweichend von anders lautenden gesetzlichen Auslegungs-, Vermutungs- und Ergänzungsregeln und anderer gesetzlicher Bestimmungen wird zum (alleinigen) Ersatz-(nach) erben bestimmt … «*[1367]

Oder kürzer:

> *»Anstelle unseres Kindes A wird dessen Geschwister B zum Ersatzerben bestimmt und zwar auch für den Fall, dass unser Kind A Abkömmlinge hinterlässt.«*

(c) Die Fallstricke der Wechselbezüglichkeit

589 Die Frage der Wechselbezüglichkeit der letztwilligen Verfügungen in einem **gemeinschaftlichen Testament** (§ 2265 BGB) ist sowohl für die Frage der Bindungswirkung – und damit der Widerruflichkeit der Verfügungen (§ 2271 BGB) – wie auch der **Bestandsabhängigkeit** derselben (§ 2270 Abs. 1 BGB) von großer Bedeutung. Zur Klärung der Frage der Wechselbezüglichkeit enthält § 2270 Abs. 2 BGB eine Auslegungsregel, die in ihrer Schwierigkeit aber bereits an höhere Mathematik grenzt. Zutreffend spricht *Bengel* von den »Fallstricken der Wechselbezüglichkeit«.[1368] Aber auch vor der Anwendung des § 2270 Abs. 2 BGB hat grundsätzlich die individuelle (erläuternde oder ergänzende) Auslegung zu erfolgen.

(aa) Bedeutung im Grundbucheintragungsverfahren

590 Besondere Bedeutung kommt dem Verhältnis der gesetzlichen Auslegungsregeln zu der individuellen, tatsächlichen Auslegung im **Grundbucheintragungsverfahren** zu, wenn die Eintragung einer Erbfolge gemäß einer Verfügung von Todes wegen aufgrund einer öffentlichen Urkunde

---

1363 *Schöner/Stöber*, Grundbuchrecht, Rn. 788; *Langenfeld/Fröhler* Rn. 676; so auch KG ZErb 2013, 41 = NotBZ 2013, 33.

1364 Palandt/*Weidlich* § 2069 Rn. 1; MünchKomm/*Leipold* § 2069 Rn. 1.

1365 BayObLGZ 1993, 334, 337 = MittBayNot 1994, 149 = ZEV 1995, 25.

1366 Ausf. *von Dickhuth-Harrach* § 22 Rn. 26 ff.

1367 Ähnlich *Langenfeld/Fröhler* Rn. 304; vgl. auch die Formulierungsvorschläge bei *von Dickhuth-Harrach* § 22 Rn. 28 ff.

1368 *Bengel*, 2. Aufl., Vorbem. 15 zu §§ 2265 ff.

nach § 35 Abs. 1 Satz 2 GBO erfolgen soll. Fehlt es an einer ausdrücklichen Formulierung im gemeinschaftlichen Testament, ob Wechselbezüglichkeit vorliegt, so könnte wegen des Grundsatzes der »Subsidiarität der gesetzlichen Auslegungsregel« an sich das Grundbuchamt nicht auf § 2270 Abs. 2 BGB zur Klärung dieser Frage zurückgreifen, obgleich es bei der Berichtigung des Grundbuchs an sich eine selbständige Prüfungspflicht hat. Eine eigene Beweiserhebung durch Einvernahme der Beteiligten oder des Notars ist ihm aber andererseits im Eintragungsverfahren verwehrt. Daher wäre trotz Vorliegens eines öffentlichen gemeinschaftlichen Testaments ein kostenintensiver Erbschein erforderlich. Das OLG Stuttgart hat dies im Beschl. v. 10.09.1991[1369] nicht so streng gesehen.[1370] Aber darauf darf nicht vertraut werden, sondern es ist klar zu formulieren.

(bb) Missglückte Absicherung des gemeinsamen Kindes oder Freiheit für den Längerlebenden?

Die Probleme des Fehlens einer ausdrücklichen Regelung der Wechselbezüglichkeit in einem gemeinschaftlichen Testament werden an dem Fall deutlich, der mit Beschluss des BayObLG vom 04.03.1996[1371] entschieden wurde:

► **Praxisbeispiel:** 591

Ehegatten waren Miteigentümer je zur Hälfte eines Hausgrundstückes, das ihr wesentliches Vermögen darstellte. Sie setzten mit einem privatschriftlichen gemeinschaftlichen Testament ihr einziges Kind unmittelbar zum Erben ihres gesamten Vermögens ein. Der längerlebende Ehegatte konnte so nicht mehr über den Hausanteil des Zuerstverstorbenen (unter Lebenden oder von Todes wegen) verfügen. Nach dem Tod des einen Ehegatten heiratete der Längerlebende wieder und setzte seinen neuen Ehepartner als Alleinerbe ein. Nach dem Tode des Längerlebenden stellte sich die Frage nach der Wirksamkeit dieses zweiten Testaments: Stand dieser die Wechselbezüglichkeit der Erbeinsetzung des Kindes aus erster Ehe im ersten Testament entgegen? Das neue Testament war nach Auffassung des Bayerischen Obersten Landesgerichts wirksam, der Längerlebende durch das gemeinschaftliche Testament hieran nicht gehindert. Denn das Gericht verneint das Vorliegen von wechselbezüglichen Verfügungen i.S. von § 2270 BGB. Bei einer solchen sofortigen Erbeinsetzung des gemeinschaftlichen Kindes zum Erben eines jeden Ehegatten läge aufgrund der »allgemeinen Lebenserfahrung« die Annahme nahe, dass jeder Ehegatte auf jeden Fall und unabhängig von der Verfügung des anderen das gemeinsame Kind zu seinem Erben berufen wolle.[1372] Und gegen die Wechselbezüglichkeit spreche gerade, dass bei einer Anfechtung nach § 2079 BGB durch den Längerlebenden dann die vom Erstversterbenden getroffene Erbeinsetzung des Kindes wegen § 2270 Abs. 1 BGB unwirksam werde.

Soweit tragendes Motiv für die Gestaltung des ersten Testaments war, durch beiderseitige unmittelbare Einsetzung des Kindes zum Alleinerben den Nachlass – und namentlich das Hausgrundstück – zusammenzuhalten und für das Kind sicherzustellen, mag dieses Ergebnis Fragen aufwerfen.[1373] Der Fall zeigt allerdings lehrbuchartig, dass es kaum möglich ist, nach dem Tode beider Ehegatten und Jahre nach Errichtung des gemeinschaftlichen Testaments die wahre Motivlage sicher zu ermitteln. Klarheit und Sicherheit hätte hier – wie in allen Fällen – eine ausdrückliche Regelung zur Wechselbezüglichkeit gegeben. Soweit die Ehegatten den Bestand des ersten Testaments auch für den Fall der Wiederverheiratung des Längerlebenden gewollt hätten, wäre außerdem ein **Verzicht** das gesetzliche **Anfechtungsrecht** bei Übergehung eines Pflichtteilsberechtigten nach § 2079 BGB 592

1369 OLGZ 1992, 147 = Rpfleger 1992, 154 = NJW-RR 1992, 516; krit. gegen die hier vertretene Auffassung *Schmucker* MittBayNot 2001, 526, 531 Fn. 91.

1370 Vgl. dazu § 2270 BGB Rdn. 85.

1371 ZEV 1996, 188 m. Anm. *B. Kössinger* = FamRZ 1996, 1040 = MittBayNot 1996, 216.

1372 So bereits BayObLG Rpfleger 1985, 445; *Schmucker* MittBayNot 2001, 526, 528; vgl. auch Staudinger/*Kanzleiter* § 2270 Rn. 28b; MünchKomm/*Musielak* § 2270 Rn. 12, 14.

1373 Ablehnend und für eine Wechselbezüglichkeit deshalb noch *J. Mayer* in der Vorauflage.

erforderlich gewesen.[1374] Ein solcher Verzicht ist möglich,[1375] was sich bereits aus § 2079 Satz 2 BGB ergibt.

(cc) **Klarstellung bei Änderungsvorbehalten**

593 Die genaue Festlegung der Wechselbezüglichkeit der Verfügungen gehört zu den Kernthemen eines fachgerecht errichteten gemeinschaftlichen Testaments. Ihr ist stets besondere Sorgfalt zu widmen.

Bei der Aufnahme von **Änderungsvorbehalten (Freistellungsklauseln)** in einem gemeinschaftlichen Testament, die zu einer einseitigen Änderung der in dem gemeinschaftlichen Testament enthaltenen Verfügung berechtigen,[1376] sollte vorsorglich klargestellt werden, dass durch die Ausübung des Änderungsrechts durch den Längerlebenden bezüglich der ursprünglich getroffenen Schlusserbenregelung sich nichts an der zunächst verfügten gegenseitigen Erbeinsetzung ändert.

(dd) Schlussfolgerung für die Gestaltung gemeinschaftlicher Testamente

594 Ein gemeinschaftliches Testament muss daher zur Streitverhütung **unbedingt enthalten:**[1377]

- Eine genaue Festlegung, **welche Verfügungen** und in welchem Verhältnis zueinander **wechselbezüglich** sind;
- dass auf ein **Anfechtungsrecht nach § 2079 BGB** wegen Übergehung von Pflichtteilsberechtigten **verzichtet** wird;
- falls gewollt, Aussagen zur Wirkungsbeschränkung der letztwilligen Verfügung;
- bei Änderungsvorbehalten, ob sich durch die Ausübung des Abänderungsrechts etwas an der gegenseitigen Erbeinsetzung ändert.

(d) Vertragsmäßige Verfügungen im Erbvertrag

595 Für den Erbvertrag enthält das BGB keine Auslegungsregel, wann eine vertragsmäßige und damit bindende Verfügung vorliegt.[1378] § 2278 Abs. 1 BGB bestimmt nur, welche Verfügungen überhaupt erbvertragsfähig sind. Solche sind aber noch nicht deshalb vertragsmäßig getroffen, weil sie in einem Erbvertrag enthalten sind.[1379] Enthält der Erbvertrag vielmehr hierüber keine klare Aussage, so ist wiederum im Wege der Auslegung zu prüfen, ob es sich um erbvertragsmäßige Verfügungen handelt.[1380] Wegen der weitreichenden Folgen der Bindungswirkung ist auf die diesbezüglichen Formulierungen besondere Sorgfalt zu legen. Die Rechtsprechung ist u.U. sehr schnell mit der Annahme einer »unklaren Formulierung« bei der Hand.

596 Als Beispiel sei der Fall von BayObLG vom 16.01.1997[1381] genannt. Der Notar formulierte:

»Zur Herbeiführung der erbvertragsmäßigen Bindung nehmen wir die vorstehenden erbvertragsmäßigen Bestimmungen gegenseitig an. ...«

Zu den vorstehenden Bestimmungen gehörte die Anordnung einer Testamentsvollstreckung sowie ein Erbverzicht. Beides ist nicht erbvertragsfähig. Aus dieser ungenauen Anordnung der For-

---

1374 So richtig *B. Kössinger*, a.a.O., 190.

1375 BGH NJW 1981, 2247.

1376 Palandt/*Weidlich* § 2271 Rn. 20 ff.

1377 Vgl. auch *Schmucker* MittBayNot 2001, 526, 534; eingehende Gestaltungsüberlegungen mit sehr guter Analyse der gängigen Klauseln der Formularbücher bei *Radke*, Das Berliner Testament ..., S. 123 ff.; vgl. auch *ders.*, NotBZ 2001, 15. Gut verwendbare Formulierungsvorschläge etwa bei *Weirich*, Erben und Vererben, Rn. 1446 ff.; Münchener Vertragshandbuch/*Otto*, Bd. 6, Form XII. 24 und 25 (mit Freistellungsklausel); vgl. auch Formulierungsvorschlag bei *von Dickhuth-Harrach* § 66 Rn. 12.

1378 Für die Einführung einer solchen »de lege ferenda« *C. Nolting*, Inhalt, Ermittlung und Grenzen der Bindung beim Erbvertrag, 1985, 132.

1379 Palandt/*Weidlich* § 2278 Rn. 2.

1380 Zu den dabei zu beachtenden Kriterien: s. nachstehend § 2278 BGB Rdn. 6 ff.

1381 ZEV 1997, 160 = MittBayNot 1997, 179.

mulierungen leitete das Gericht bereits die Auslegungsfähigkeit des Erbvertrags ab. Dem Sohn, der zunächst zum Vollerben eingesetzt worden war, konnte ein **Nacherbe** nachgeordnet werden. Damit war es möglich, das nachzuholen, was zunächst versäumt wurde, weil der Sohn an einer schweren Behinderung litt: Die schützende Anordnung der Nacherbschaft im Rahmen eines **Behindertentestaments.**[1382]

Aber auch die gewählte **Formulierung** über die **Annahme** der erbvertraglichen Verfügungen selbst ist **nicht klar.** Hier passierte das, was gar nicht so selten bei Formulierungen unterläuft: Man will etwas eigenständig regeln, wiederholt aber nur die Rechtsfolge und klärt nicht die Tatbestandsvoraussetzungen. Zu regeln ist beim Erbvertrag, welche der allgemein erbvertragsfähigen Verfügungen nun tatsächlich erbvertragsmäßig und damit bindend getroffen werden. Die Wendung, dass die vorstehenden »erbvertragsmäßigen Bestimmungen« gegenseitig angenommen werden, lässt aber gerade offen, welche Regelung eigentlich vertragsmäßig ist.

(e) Die Problematik der Motivangabe

(aa) Grundüberlegungen, der Hauptanwendungsfall beim Überschuldeten Testament

Mit einer Motivangabe in der letztwilligen Zuwendung kann der Erblasser direkt auf den Bedachten, insbesondere seine Lebensführung nach dem Erbfall einwirken oder die Verfügung an die künftige Entwicklung der Verhältnisse anpassungsfähig erhalten.[1383] Sinnvoll kann dies etwa sein, wenn der Erblasser sich bereits an die Verfügung von Todes wegen bindet (Erbvertrag) oder den Bedachten mit erheblich belastenden Anordnungen beschwert. Dies geschieht etwa bei einer weitverbreiteten Gestaltung, bei dem durch Testamentsvollstreckung und Nacherbfolge beschwerten, **überschuldeten Erben.** Hier will man bei Eintritt der Entschuldung ihn auch von diesen Belastungen befreien,[1384] was auch als sog. **»Besserungsklausel«**[1385] bezeichnet wird.[1386] Die Motivangabe ist der erforderliche Anhalt i.S. der Andeutungstheorie für eine (i.d.R. ergänzende) Auslegung und eine dadurch zu ermittelnde echte Bedingung für die letztwillige Zuwendung oder aber sie sichert beweismäßig den Anfechtungsgrund für die Anfechtung wegen Motivirrtums nach § 2078 Abs. 2 BGB. Sie ist aber ein »zweischneidiges Schwert«,[1387] da sie zum Wegfall der gesamten Verfügung führen kann, obgleich dies vielleicht so vom Erblasser gar nicht gewollt war. Denn man muss bedenken, dass vielfach der letztwilligen Verfügung ein **ganzes Motivbündel** mit einer u.U. ganz vielschichtigen Bewertung von verschiedenen Belangen zugrunde liegt, das zu ermitteln und dann auch richtig in der Verfügung von Todes wegen anzugeben nicht einfach ist. Wie jede Rezeptur ist daher auch die Motivangabe nur mit Vorsicht anzuwenden.[1388] Auch sollte man eher von einer Zweckangabe sprechen, weshalb die juristische Gestaltung gewählt wurde. Hinzu kommt, dass die Anfechtung fristgebunden (§ 2082 BGB) und die Frist hierfür vielleicht schon verstrichen ist, bis es zur Anfechtung kommt, etwa weil der Erbe darauf vertraute, bereits durch eine entsprechende Auslegung käme es zum Wegfall der belastenden Anordnung. Näher liegt es eigentlich bei diesen Anordnungen mit einer Bedingungslösung zu arbeiten: Wenn die Überschuldung beendet ist, sollen die belastenden Klauseln automatisch entfallen. Daher ist zu Recht die Frage aufgeworfen worden, ob überhaupt ein durch die Anfechtung korrekturbedürftiger Irrtum vorliegt, wenn der 597

1382 Dazu nachstehend ausf. Syst. A Rdn. 808 ff.

1383 Vgl. etwa *R. Kössinger* in: Nieder/Kössinger § 15 Rn. 336 ff.; vgl. auch *von Dickhuth-Harrach*, Handbuch der Erbfolge-Gestaltung, § 69 Rn. 12 f.; *Spall*, ASR, 2008, 195, 204, je zum Überschuldeten-Testament.

1384 Dazu etwa *von Dickhuth-Harrach* § 69 Rn. 1 ff.; *R. Kössinger* in: Nieder/Kössinger § 21 Rn. 116 ff.; *J. Mayer* MittBayNot 2011, 445; *Spall*, ASR, 2008, 195, 204; ausf. oben Syst. A Rdn. 663 ff.

1385 Dazu *Wälzholz* FamRB 2006, 252, 256; *Everts* ZErb 2005, 357; *Kleensang* RNotZ 2007, 22, 26.

1386 Formulierungsvorschläge etwa bei Münchener Vertragshandbuch/*Otto* Form XII 17; *von Dickhuth-Harrach* § 69 Rn. 20; *Kleensang* in: Brambring/Mutter, Beck'sches Formularbuch Erbrecht F. II. 2.

1387 *R. Kössinger* in: Nieder/Kössinger § 15 Rn. 337.

1388 Vgl. etwa *Kornexl* Rn. 422; *Litzenburger* ZEV 2009, 278, 279 f.; J. Mayer in: Mayer/Bonefeld, Testamentsvollstreckung, 3. Aufl. 2011, § 22 Rn. 34; *Chr. Hartmann* ZNotP 2005, 82, 87; *Spall*, ASR, 2008, 195, 204.

Erblasser in Kenntnis dieser Lösungsmöglichkeiten sich bewusst dagegen entschieden hat, diesen Fall durch Aufnahme einer Bedingungslösung zu regeln.[1389]

(bb) Die wunderbare Vermehrung der Erben

598 Die weitreichenden Folgen einer Motivbenennung in einer letztwilligen Verfügung zeigt der am 27.06.1997 vom Bayerischen Obersten Landesgericht entschiedene Fall.[1390] Hier wurden dadurch aus den eingesetzten zwei Erben letztlich drei: Vereinfacht dargestellt hatte dort die Mutter in einem privatschriftlichen Testament zwei ihrer Söhne je zur Hälfte als Erben eingesetzt. Weiter hieß es:

»Mein Sohn Fritz erhielt bereits seinen Erbteil ausbezahlt, weshalb er keinen weiteren Anspruch mehr hat.«

Dies deshalb, weil dieser Sohn Fritz vorher von einem seiner Brüder eine Geldzuwendung von 30.000,00 DM erhalten hatte und als Gegenleistung dafür privatschriftlich auf seinen Erbteil am Nachlass seiner Mutter verzichtete, was natürlich formunwirksam war (§ 2348 BGB). Nach dem Tod der Mutter wurde Fritz daher verurteilt, diese Abfindungszahlung wieder zurückzuzahlen. Da damit der Grund für die von der Mutter bei der Testamentserrichtung angenommene ausreichende Abfindung weggefallen war, lag damit eine an sich klassische Irrtumssituation vor, die zur Anfechtung durch Fritz als gesetzlichen Erben nach § 2078 Abs. 2 BGB berechtigt hätte. Allerdings wäre eine Anfechtung wohl daran gescheitert, dass die Anfechtungsfrist bereits abgelaufen war. Das Bayerische Oberste Landesgericht half hier damit, dass es eine **ergänzende Testamentsauslegung** zuließ, weil der Erblasser sich über die Verhältnisse zur Zeit der Testamentserrichtung geirrt hatte. Darauf, ob die Anfechtungsfrist abgelaufen sei, komme es hierbei nicht an.[1391] Hätte das Testament keine Motivangabe enthalten, wäre die vorgenommene Auslegung mangels eines Anhaltspunkts kaum möglich gewesen und hätte nur eine Anfechtung erfolgen können.

(f) Vorsicht bei Zuwendungen an Schwiegerkinder – oder: das »lachende Ex-Schwiegerkind«[1392]

599 Mit Beschl. v. 02.04.2003[1393] entschied der BGH, dass § 2077 BGB auf die Erbeinsetzung von Schwiegerkindern nicht entsprechend anwendbar ist. In der auf Vorlagebeschluss des OLG Naumburg ergangenen Entscheidung hatte die Erblasserin ihren »Sohn W. E. … sowie dessen Ehefrau S. E. … zu gleichen Anteilen« als Erben eingesetzt. Die Ehe wurde kurz vor Eintritt des Erbfalls geschieden. Trotz der Verwendung des Begriffes »Ehefrau« bei der Erbeinsetzung hat der BGH mit nur sehr kurzer Begründung[1394] eine Auslegung dahin gehend verneint, dass die Zuwendung vom Bestand der Ehe ihres Sohnes und der Schwiegertochter abhängig sein soll. Anschließend lehnt er entgegen der bis dahin doch ganz überwiegenden Auffassung[1395] auch eine analoge Anwendung des § 2077 BGB auf diese Fälle ab, weil der Zuwendung an Schwiegerkindern oftmals ganz unterschiedliche Motive unabhängig vom Bestand der Ehe mit dem Kind des Erblassers zugrunde liegen

---

1389 *Chr. Hartmann* ZNotP 2005, 82, 87; *Spall*, ASR, 2008, 195, 204.

1390 BayObLGZ 1997, 197 = ZEV 1997, 339 = DNotZ 1998, 209.

1391 Das entspricht allerdings durchaus der h.M., vgl. MünchKomm/*Leipold* § 2084 Rn. 97; *Schlüter*, Erbrecht, Rn. 193; a.A. *Brox*, Einschränkung der Irrtumsanfechtung, S. 159. Das Gericht verwies allerdings zur weiteren Sachverhaltsaufklärung an das LG zurück, das zu ermitteln hat, ob der Wille der Erblasserin wirklich dahin ging, alle drei Söhne in dieser Weise gleichzustellen.

1392 *Keim* NJW 2003, 3248.

1393 BGHZ 154, 336 = NJW 2003, 2095 = DNotZ 2003, 865 = MittBayNot 2004, 48 = ZEV 2003, 284 m. Anm. *Leipold*; dazu auch *Keim* NJW 2003, 3248; *Koutses* BGHReport 2003, 734; *Loritz* LMK 2003, 148; *Olzen* JZ 2004, 99; *Löhnig* JA 2003, 825; *Litzenburger* ZEV 2003, 385.

1394 *Leipold* (ZEV 2003, 286 f) spricht von »überraschend blutleer«.

1395 OLG Saarbrücken FamRZ 1994, 1205 f. = NJW-RR 1994, 589; Palandt/*Edenhofer* (61. Aufl.) § 2077 Rn. 2; Soergel/*Loritz* § 2077 Rn. 22; MünchKomm/*Leipold* BGB, 3. Aufl. 1997, § 2077 Rn. 5; für Annahme der Unwirksamkeit in Folge einer entsprechenden ergänzenden Auslegung Staudinger/*Otte* 2003, § 2077 Rn. 27 (nunmehr aber mit der Rspr. Staudinger/*Otte* 2012, § 2077 Rn. 29).

können. Außerdem würde dies zu einer Veränderung der Feststellungs- und Beweislast führen, denn entgegen den allgemeinen Grundsätzen müsste dann derjenige, der durch die Verfügung bedacht ist, die Wirksamkeit desselben beweisen. Der BGH verweist vielmehr auf die Möglichkeit der Anfechtung der letztwilligen Verfügung, die jedoch fristgebunden ist und den Anfechtenden mit einer entsprechenden Darlegungs- und Beweispflicht belastet. Allerdings kommen Zuwendungen an Schwiegerkinder in der Praxis kaum vor. Dies liegt zum einen an dem nur geringen **Erbschaftssteuerfreibetrag** der Steuerklasse II von 20.000 € und dem hohen Erbschaftsteuersatz von mindestens 15 %. Zum anderen aber beruht dies auf einer weitverbreiteten Angst, es könne zu einer Scheidung kommen, und dann sei die Zuwendung für die eigene Familie verloren.[1396] Angesichts der hohen Scheidungsraten sind diese Befürchtungen leider häufig begründet. Wenn dennoch solche Zuwendungen an Schwiegerkinder gewollt sind, so gilt es für die entsprechenden Verfügungen von Todes wegen aus der BGH Entscheidung die notwendigen Schlüsse zu ziehen. Dabei ergibt sich:[1397]

– Bei Zuwendungen an Schwiegerkindern ist immer klarzustellen, ob die Wirksamkeit der Anordnung **vom Fortbestand der Ehe abhängig** ist. Die bloße Formulierung, dass die Zuwendung an die »Ehefrau« oder den »Ehemann« des eigenen Kindes erfolgt, ist nicht ausreichend.

Wer eine **Bestandsabhängigkeit verneint**, sollte entsprechend eindeutig formulieren, aber auch klären, ob bei einem gemeinschaftlichen Testament oder Erbvertrag mit der Ehescheidung nicht wenigstens auch die **Bindungswirkung** bzw. Wechselbezüglichkeit entfällt. Dies wird in der Regel immer gewollt sein.

Wer eine **Bestandsabhängigkeit** bejaht, muss weiter differenzieren:

– Soll die Zuwendung **nur dann entfallen**, wenn die Scheidung bereits **vor dem Tod des Erblassers** eintritt oder
– wird die **Zuwendung** auch dann unwirksam, wenn die **Scheidung erst nach dem Erbfall** eintritt?[1398] Dabei ist bei Erbeinsetzungen zu beachten, dass eine derartige Bedingung zwingend zu einer »konstruktiven Nacherbfolge« führt.[1399] Daher sind dann entsprechende Anordnungen zur Nacherbfolge (Person der Nach- und Ersatznacherben, Befreiung des Vorerben von den gesetzlichen Beschränkungen) erforderlich. Bei einem Vermächtnis kommt die Anordnung eines Nachvermächtnisses in Betracht.

cc) Folgerungen für die Testamentsgestaltung[1400]

Demnach ergibt sich: **600**

– Aufgrund der **Subsidiarität der gesetzlichen Auslegungsregeln** sind Verfügungen von Todes wegen so klar und vollständig auszugestalten, dass es zur Streitvermeidung i.d.R. gar nicht erforderlich ist, auf die Auslegungsregeln zurückzugreifen. Dies gilt insbesondere für die Fragen der Bindungswirkung und Wechselbezüglichkeit.
– Gegen die **ergänzende Testamentsauslegung** hilft nur die möglichst umfassende Vermeidung von Gestaltungslücken, was leichter gesagt als getan ist. Der Verzicht auf ein Anfechtungsrecht nach § 2078 BGB, so er überhaupt im Voraus ohne konkreten Anhaltspunkt zulässig ist, kann äußerst gefährlich sein. Man denke etwa an die Fälle, da die Verfügungen unabhängig vom »heutigen Bestand des Vermögens« getroffen wurden, sich aber durch die Wiedervereinigung nunmehr ganz andere Vermögenswerte im Nachlass befinden. Der Verzicht auf das Anfechtungsrecht nach § 2079 BGB ist aber i.d.R. beim Ehegattenerbvertrag oder gemeinschaftlichen Testament sachgerecht und vermeidet Auslegungsstreitigkeiten.

1396 *von Dickhuth-Harrach* § 22 Rn. 36.

1397 Ausführlich *Litzenburger* ZEV 2003, 385, 389 f. mit Formulierungsvorschlägen; s. auch *von Dickhuth-Harrach* § 24 Rn. 36 ff.

1398 Dieser Fall ist in dem Formulierungsvorschlag bei *von Dickhuth-Harrach* § 24 Rn. 40 nicht erfasst!

1399 Dazu *Keim* NJW 2003, 3248, 3250.

1400 Vgl. auch *J. Mayer* DNotZ 1998, 772; *W. Kössinger* in: Nieder/Kössinger § 23 Rn. 75 ff.

- Gerade bei **belastenden Anordnungen** aus besonderem Grund, wie der Vor- und Nacherbschaft mit Testamentsvollstreckung beim überschuldeten Erben, empfiehlt sich eine Zweckangabe mit Teilwirksamkeitsregelung, sodass bei Wegfall des motivierenden Umstands im Wege der ergänzenden Auslegung, notfalls durch (Teil-)Anfechtung, die belastende Anordnung beseitigt werden kann. Ansonsten ist aber eine Motivangabe nicht unproblematisch, eröffnet sie doch gerade die Anfechtungsmöglichkeit aus sonstigen Gründen.
- Gegen die **Auslegung trotz des klaren und eindeutigen Wortlauts**, insbesondere bei Verwendung von Fachausdrücken, hilft letztlich nur die Hinzufügung einer umgangssprachlichen Erläuterung. So etwa beim Vorausvermächtnis: »im Wege des Vorausvermächtnisses, also vorneweg ohne Anrechnung auf seinen Erbteil (oder: außer Erbteil und im Voraus), erhält ...«. Problematisch ist jedoch die Verwendung von **regional gebundenen Rechtsbegriffen** (z.B. »Vater- oder Muttergut«), die keinen überregionalen Bekanntheitsgrad haben. Bei einem Rechtsstreit kennt diese kein Richter mehr, zumindest im Berufungsverfahren.[1401]
- Die vom BGH immer noch angewandte **Andeutungstheorie** führt letztlich dazu, dass, je umfangreicher testiert wird, desto mehr Auslegungsstreitigkeit entstehen können.[1402] Je nach Fallgestaltung sollte man daraus seine Schlüsse ziehen.

2. Güterrecht und familienbezogene Testamentsgestaltung

a) Güterstand und Erbrecht

601 Die Wahl des ehelichen Güterstandes hat **unmittelbare erbrechtliche Auswirkungen**. Zum einen wird durch den Güterstand bestimmt, welche Vermögenswerte dem verstorbenen Ehegatten gehören und somit in den Nachlass fallen. Zum anderen richtet sich die Höhe des Erbteiles des überlebenden Ehegatten und der sonstigen Erben nach dem Güterstand des Verstorbenen.

Unberührt von der Art des ehelichen Güterstandes bleiben die Bestimmungen über die Wirkungen der Ehe im Allgemeinen (§§ 1353 bis 1362 BGB). Diese Vorschriften können ehevertraglich nicht abbedungen oder eingeschränkt werden.

602 Für **alle** Güterstände gilt die Vorschrift des § 1932 BGB: Dem überlebenden Ehegatten, der gesetzlicher Erbe neben Verwandten der zweiten Ordnung (§ 1925: Eltern des Erblassers und deren Abkömmlinge) oder neben Großeltern wird, stehen die zum ehelichen Haushalt gehörenden Gegenstände, soweit sie nicht Zubehör eines Grundstückes sind, sowie die Hochzeitsgeschenke als »**Voraus**« zu.[1403] Wenn diese Gegenstände zur Führung eines angemessenen Haushaltes benötigt werden, dann erhält sie auch der neben Verwandten der ersten Ordnung (§ 1924 BGB: Abkömmlinge) gesetzlich zum Erben berufene Ehegatte. Anspruchsvoraussetzung ist, dass die Ehe im Ablebenszeitpunkt des einen Ehegatten noch besteht (§ 1933 BGB) und der überlebende Ehegatte gesetzlicher Erbe wird. Der Anspruch auf den Voraus entfällt somit, wenn der Ehegatte die Erbschaft ausschlägt, erbunwürdig ist, auf das gesetzliche Erbrecht verzichtet hat, von der gesetzlichen Erbfolge ausgeschlossen ist (§§ 1938, 1942 Abs. 1, 1953, 2344 Abs. 1, 2346 BGB), auf den Pflichtteil gesetzt wird oder durch Verfügung von Todes wegen als Erbe eingesetzt wurde.[1404]

603 Der Voraus umfasst Sachen und Rechte, die dem Erblasser gehörten und dem gemeinschaftlichen Haushalt während der Ehe gedient haben.[1405] Hierunter fallen auch Rechte aus Abzahlungs-

---

1401 Großzügiger die überwiegende Meinung, vgl. Armbrüster/Preuß/Renner/*Armbrüster* § 17 BeurkG Rn. 44; *Winkler* § 17 BeurkG Rn. 275, die eine solche Verwendung zulassen.

1402 Dazu bereits *Brox* JA 1984, 549, 555.

1403 Vgl. allgemein: *Staudenmaier* DNotZ 1965, 68; *Rippel* BWNotZ 1965, 266; *ders.* JurBüro 1979, 655; *Harder* NJW 1988, 2761; MünchKomm/*Leipold* BGB § 1932 Rn. 4; für den wohl nur selten vorkommenden Fall, dass der überlebende Ehegatte durch Ausschlagung gesetzlicher Erbe wird (§ 1948), vgl. Palandt/*Weidlich* § 1932 Rn. 2.

1404 RGZ 62, 109, 110; BGHZ 73, 29.

1405 Palandt/*Weidlich* § 1932 Rn. 4; KG OLGE 24, 80; MünchKomm/*Leipold* BGB § 1932 Rn. 9; Staudinger/*Werner*, § 1932 Rn. 14; Soergel/*Stein*, § 1932 Rn. 5.

geschäften für Gegenstände, die dem Haushalt dienen (Möbel, Wäsche), und Schadensersatzansprüche aus Zerstörung oder Beschädigung von Haushaltsgegenständen. Das Mietrecht für die eheliche Wohnung gehört hingegen nicht zum Voraus. Die durch das Mietrechtsreformgesetz vom 19.06.2001 neu gefassten §§ 563 ff. BGB begründen eine Sondererbfolge.[1406] Lebten die Ehegatten von Anfang an getrennt, dann fehlt es an einem ehelichen Haushalt.[1407] Unter den Begriff **Haushaltsgegenstände** fallen alle zum persönlichen Gebrauch bestimmten Vermögenswerte (Kleidung, Schmuckstücke, Arbeitsmittel, die für die Berufsausübung des Ehegatten erforderlich sind, Familien-Pkw[1408]). Prinzipiell ist der Begriff »Haushaltsgegenstände« nicht eng zu verstehen.[1409] Seiner Rechtsnatur nach stellt der Voraus ein gesetzliches Vermächtnis i.S.d. § 2150 BGB dar, das dem Ehegatten zusätzlich zum gesetzlichen Erbteil ipso iure zugewendet wird. Die Erfüllung erfolgt durch Einigung und Übergabe, soweit nicht der Ehegatte bereits Besitzer ist.[1410]

Der Voraus ist eine Nachlassverbindlichkeit (§ 1967 Abs. 2 BGB). Er bleibt bei der Berechnung des Pflichtteils von Eltern und Abkömmlingen gem. § 2311 Abs. 1 Satz 2 BGB »außer Ansatz«, mindert also Pflichtteilsansprüche von Abkömmlingen und Eltern nur, wenn der überlebende Ehegatte gesetzlicher Erbe wird.[1411]

Die gerade dargelegten Ausführungen sind ebenso auf die Partner einer eingetragen **Lebenspartnerschaft** zu übertragen. Auch dort hat die Wahl des Vermögensstandes unmittelbare erbrechtliche Auswirkungen. Gleichfalls stehen dem überlebenden Lebenspartner als gesetzlichem Erbe nach § 10 Abs. 1 Satz 2 LPartG die zum lebenspartnerschaftlichen Haushalt gehörenden Gegenstände und die Geschenke zur Begründung der Lebenspartnerschaft als Voraus zu. In § 10 Abs. 1 Satz 3 und 4 LPartG findet sich zudem – gleichlautend mit § 1932 Abs. 1 Satz 2 BGB – eine Einschränkung zugunsten der Verwandten erster Ordnung sowie ein Verweis auf die für Vermächtnisse geltenden Vorschriften.[1412]

aa) Gesetzliches Güterrecht: Zugewinngemeinschaft

(1) Allgemeines

Unter gesetzlichem Güterrecht versteht das BGB die **Ordnung der Güterrechtsverhältnisse** unter den Ehegatten, die **kraft Gesetzes** durch Eheschließung mangels anderweitiger ehevertraglicher Vereinbarungen eintritt.[1413] Durch das Gesetz über die Gleichberechtigung von Mann und Frau auf dem Gebiet des bürgerlichen Rechts vom 18.06.1957[1414] wurde die Zugewinngemeinschaft als gesetzlicher Güterstand eingeführt. 604

Diese Zugewinngemeinschaft gilt als gesetzlicher Güterstand in allen Ehen, die **nach dem 01.07.1958** geschlossen wurden, ohne dass ein Ehevertrag errichtet wird, sowie in allen vor dem 01.07.1958 geschlossenen Ehen, in denen bis dahin der gesetzliche Güterstand bzw. in der Zeit vom 01.04.1953 bis 30.06.1958 der außerordentliche gesetzliche Güterstand (Gütertrennung) galt und nicht einer der Ehegatten bis spätestens 30.06.1958 dem zuständigen Amtsgericht in notarieller Urkunde erklärt hat, dass für die Ehe auch weiterhin die Gütertrennung gelten soll. 605

1406 Erman/*Schlüter* § 1932 Rn. 10.
1407 LG Göttingen RPfleger 46, 91; Palandt/*Weidlich* § 1932 Rn. 4; bei späterer Trennung erfasst der Voraus den früheren Haushalt, KG OLG 24, 80; a.A. Soergel/*Stein* § 1932 Rn. 5.
1408 AG Erfurt FamRZ 2002, 849.
1409 Staudinger/*Werner* § 1932 Rn. 15.
1410 KG FamRZ 1960, 71.
1411 BGHZ 73, 29.
1412 *Leipold* ZEV 2001, 218; *Schwab* FamRZ 2001, 385, 395 f.
1413 Palandt/*Brudermüller* Grundz v. § 1363 Rn. 1; vgl. allg. *Stenger* ZEV 2000, 51.
1414 BGBl. I 709 ff.; Inkrafttreten am 01.07.1958; vorher galt bis 31.03.1953 der Güterstand der ehemännlichen Verwaltung und Nutznießung; vom 01.04.1953 bis 30.06.1968 der damals außerordentliche gesetzliche Güterstand der Gütertrennung.

Ausgenommen von der Überleitung des früheren gesetzlichen Güterstandes in den Güterstand der Zugewinngemeinschaft sind diejenigen Güterstände, die ehevertraglich vereinbart werden.

Der Güterstand der Vertriebenen und Flüchtlinge wurde durch Gesetz vom 04.08.1969 (BGBl. I 1067) geregelt: Mit Wirkung zum 01.10.1969 wurden die Güterstände in den gesetzlichen Güterstand der Zugewinngemeinschaft übergeleitet, soweit beide Ehegatten den gewöhnlichen Aufenthalt im Bundesgebiet haben, soweit nicht jeder Ehegatte bis zum 31.12.1970 von dem Recht Gebrauch gemacht hat, einseitig durch notariell beurkundete Erklärung gegenüber jedem Amtsgericht die Überleitung abzulehnen.[1415]

606 Im Gebiet der **neuen Bundesländer** gilt seit dem 03.10.1990 das eheliche Güterrecht des BGB. Jeder Ehegatte konnte bis 02.10.1992 die Überleitung rückwirkend durch eine Erklärung ausschließen, dass der bisherige Güterstand (Eigentums- und Vermögensgemeinschaft) des DDR-FGB fortgelten solle (Art. 234 § 4 Abs. 2 EGBGB). Der frühere gesetzliche Güterstand des DDR-FGB stellte eine Art Errungenschafts- und Vermögensgemeinschaft dar.[1416]

607 Der Zugewinngemeinschaft liegt das **Prinzip der Gütertrennung**, das nur zwei Vermögensmassen, nämlich die des Ehemannes und die der Ehefrau kennt, zugrunde. Beide Vermögen bleiben güterrechtlich voneinander getrennt und selbständig, gleich, ob das Vermögen in die Ehe eingebracht worden ist oder während der Ehe hinzuerworben wurde (§ 1363 Abs. 2 BGB). Häufig wird aber durch Rechtsgeschäft gemeinschaftliches Vermögen der Ehegatten (zu gleichen, unausgeschiedenen Miteigentumsanteilen) begründet. Nutzungen und Erträgnisse gebühren demjenigen Ehegatten, dem das Vermögensobjekt gehört. Kein Ehegatte haftet kraft Gesetzes für die Schulden des anderen Ehegatten. Bei der Zwangsvollstreckung sind die Eigentumsvermutungen des § 1362 und die Gewahrsamsvermutung des § 739 ZPO zu beachten.

608 Jeder Ehegatte verwaltet ferner sein Vermögen grundsätzlich selbständig (§ 1364 BGB). Beschränkungen bestehen hier jedoch hinsichtlich der freien Verpflichtungs- und Verfügungsfreiheit: Die Verpflichtung, über sein **Vermögen im Ganzen** zu verfügen, bedarf der Einwilligung des anderen Ehegatten (§ 1365 Abs. 1 BGB). Gleiches gilt für das Verfügungsgeschäft, wenn der Ehegatte nicht bereits dem obligatorischen Geschäft zugestimmt hat. Beim Vermögensbegriff hat sich die sog. Einzeltheorie durchgesetzt, wonach § 1365 BGB auch Rechtsgeschäfte über einzelne Gegenstände erfasst, die objektiv das ganze oder im Wesentlichen das ganze Vermögen des Ehegatten ausmachen.[1417] Zwar bestimmt § 1365 BGB keine subjektiven Voraussetzungen, gleichwohl verlangt die h.M. und Rspr., dass der Dritte weiß, dass es sich bei dem einzelnen Gegenstand um das ganze Vermögen handelt oder er zumindest die Verhältnisse kennt, aus denen sich dies ergibt.[1418] Ob ein Einzelgegenstand das nahezu gesamte Vermögen ausmacht und damit § 1365 BGB einschlägig ist, richtet sich nach dem Verhältnis der Werte des vom Rechtsgeschäft erfassten und des nicht erfassten Vermögens. Bei kleineren Vermögen bleibt das Geschäft zustimmungsbedürftig, wenn dem Ehegatten ca. 15 % verbleiben, bei größerem Vermögen ca. 10 % des ursprünglichen Gesamtvermögens.[1419] Auch die Verpflichtungsgeschäfte bzw. Verfügungen über Gegenstände des ehelichen Haushalts (bspw. Nahrungsmittelvorräte, Haushaltswäsche, Wohnungseinrichtung, auch Fernseher, Radio) sind nur wirksam, wenn der andere Ehegatte einwilligt (§ 1369 Abs. 1 BGB). Die Einwilligung kann jedoch in beiden Fällen durch das Vormundschaftsgericht ersetzt werden (§§ 1365 Abs. 2, 1369 Abs. 2 BGB). Im Übrigen kann durch Ehevertrag auf die Ver-

1415 Vgl. hierzu Staudinger/*Thiele* Einl. zu §§ 1363 ff. Rn. 91 ff.

1416 Hierzu m.w.N. Staudinger/*Thiele* Einl. zu §§ 1363 ff. Rn. 96; Beck'sches Notarhandbuch/*Grziwotz* B I Rn. 52 ff.

1417 BGHZ 35, 134; 43, 174; 77, 203; 105, 253.

1418 Staudinger/*Thiele* § 1365 Rn. 19 ff. m.w.N.; MünchKomm/*Koch* BGB § 1365 Rn. 27 ff.

1419 BGH NJW 1991, 1739, 1740; MünchKomm/*Koch* BGB § 1365 Rn. 23 ff. m.w.N.

fügungsbeschränkungen der §§ 1365, 1369 BGB hinsichtlich eines oder beider Ehegatten verzichtet werden.[1420]

(2) **Zugewinnausgleich**

Von der Gütertrennung unterscheidet sich die Zugewinngemeinschaft insbesondere durch den Ausgleich des ehelichen Zugewinns. Endet die Zugewinngemeinschaft durch **Tod eines der beiden Ehegatten**, dann erfolgt der Zugewinnausgleich allgemein durch pauschalierte Erhöhung des gesetzlichen Erbteils des überlebenden Ehegatten um ein Viertel (§ 1371 Abs. 1, Halbs. 1 BGB), wobei es unbeachtlich ist, welcher der beiden Ehegatten den Zugewinn tatsächlich erzielt hat (§ 1371 Abs. 1, Halbs. 2 BGB).[1421] Dieser Grundsatz der **erbrechtlichen Lösung** kommt aber nur dann zur Anwendung, wenn zum Zeitpunkt des Todes des verstorbenen Ehegatten die Zugewinngemeinschaft, wenn auch (nur) in modifizierter Form, bestand[1422] und der überlebende Ehegatte gesetzlicher und nicht durch Verfügung von Todes wegen berufener Erbe (gleich ob Vor- oder Nacherbe) oder Vermächtnisnehmer ist (arg ex § 1371 Abs. 1 und e contrario Abs. 2 BGB).[1423] Der überlebende Ehegatte kann in Fällen, wenn er nicht gesetzlicher Erbe wird und sein ihm durch Verfügung von Todes wegen zugewendeter Erbteil oder Vermächtnis geringer ist, den sog. **großen Pflichtteil**, also den Pflichtteil, der von dem nach § 1371 Abs. 1 BGB erhöhten gesetzlichen Erbteil gem. den §§ 1931, 2303 BGB berechnet wird, verlangen.[1424] Neben diesem großen Pflichtteil kann ein Ausgleich des Zugewinns nach den §§ 1373 ff. BGB nicht mehr beansprucht werden.[1425] Es besteht auch kein Wahlrecht zwischen kleinem Pflichtteil zzgl. Zugewinnausgleich und großem Pflichtteil.[1426] Er kann allerdings die Voraussetzungen für die güterrechtliche Lösung dadurch schaffen, dass er die Erbschaft oder das ihm zugewandte Vermächtnis ausschlägt.[1427] **609**

Wird der überlebende Ehegatte gesetzlicher Erbe, so trifft ihn die Pflicht, mit dem zusätzlichen Erbteil den nach dem Verstorbenen erbberechtigten Kindern (Stiefkindern) und deren Abkömmlingen die **Ausbildungskosten** – soweit Bedürftigkeit vorliegt – zu gewähren (§ 1371 Abs. 4 BGB).[1428] Dies gilt auch gegenüber nichtehelichen Kindern des Vorverstorbenen. Wird der überlebende Ehegatte weder aufgrund Gesetzes oder durch Verfügung von Todes wegen Erbe, noch mit einem Vermächtnis (auch wenn dieser sehr klein ist) bedacht,[1429] dann tritt die **güterrechtliche Lösung** ein:[1430] Dem Ehegatten steht nur der sog. **kleine Pflichtteil** (also der Pflichtteil, der von dem gesetzlichen Erbteil nach § 1931 Abs. 1 oder 2 BGB ohne die Erhöhung nach § 1371 Abs. 1 BGB berechnet wird) **610**

1420 BGHZ 41, 370; *Knur* DNotZ 1957, 467; *Lange* FamRZ 1964, 564; *Langenfeld/Milzer*, Handbuch der Eheverträge, Rn. 119 ff.

1421 Der überlebende Ehegatte wird also neben Abkömmlingen Erbe zu 1/2, neben Eltern und deren Abkömmlingen sowie neben Großeltern Erbe zu 3/4.

1422 MünchKomm/*Koch* BGB § 1371 Rn. 8; Soergel/*Grziwotz* § 1371 BGB Rn. 6; BeckOK BGB/*Siede* BGB § 1371 Rn. 4.

1423 BGHZ 37, 58; FamRZ 1965, 604; *Dittmann* DNotZ 1962, 173 ff.; MünchKomm/*Koch* BGB § 1371 Rn. 9, 20; Palandt/*Brudermüller* § 1371 Rn. 2 ff.; BeckOK BGB/*Siede* BGB § 1371 Rn. 5.

1424 BGHZ 37, 58; MünchKomm/*Koch* BGB § 1371 Rn. 21; BeckOK BGB/*Siede* BGB § 1371 Rn. 16; Staudinger/*Thiele*, § 1371 BGB, Rn. 24 f.; Palandt/*Weidlich*, § 2303 BGB Rn. 16; *Horn* NZFam 2016, 539, 540;

1425 H.M. *Dittmann* DNotZ 1962, 173.

1426 BGH, NJW 1982, 2497; BeckOK/*J. Mayer*, § 2303 BGB Rn. 23; Palandt/*Weidlich*, § 2303 BGB Rn. 16; *Horn*, NZFam 2016, 539, 541;

1427 *Horn* NZFam 2016, 539, 541 mit Beipiel; BeckOK BGB/*Siede* BGB § 1371 Rn. 6.

1428 Bekommt der überlebende Ehegatte nur den großen Pflichtteil, so ist § 1371 Abs. 4 BGB nicht anzuwenden, Palandt/*Brudermüller* § 1371 Rn. 7 ff.

1429 BGHZ 37, 58; 42, 182.

1430 *Horn* NZFam 2016, 539, 540; MünchKomm/*Koch* BGB § 1371 Rn. 9, 20; Palandt/*Brudermüller* § 1371 Rn. 12 ff.; BeckOK BGB/Siede BGB § 1371 Rn. 6.

zu.[1431] Er kann aber neben dem Pflichtteil den Ausgleich des tatsächlichen Zugewinns nach den für die Beendigung der Ehe geltenden Grundsätzen (§ 1371 Abs. 2 i.V.m. §§ 1373 ff. BGB) verlangen. Diese Ausgleichsforderung ist eine Nachlassverbindlichkeit (§ 1967 BGB) und daher bei Berechnung des Pflichtteils abzusetzen (§ 2311 BGB).[1432] Die kleine Pflichtteilsquote beträgt daher z.B. bei Vorhandensein von Abkömmlingen 1/8 (1/4 als gesetzliche Erbquote) bzw. bei Vorhandensein von Verwandten der 2. Ordnung auf 1/4 (1/2 als gesetzliche Erbquote.[1433] Die güterrechtliche Lösung gilt auch, wenn der überlebende Ehegatte sein Erbrecht oder das Vermächtnis ausschlägt, wenn sein Erbrecht gem. § 1933 ausgeschlossen ist, ihm der Pflichtteil entzogen ist (§ 2335 BGB), die Erbunwürdigkeit festgestellt wird (§§ 2339 ff. BGB) oder ein wirksamer Erbverzicht vorliegt (§ 2346 BGB).[1434]

611 Der Ausgleich des **Zugewinns unter Lebenden** (§ 1372 BGB) erfolgt bei Ehescheidung (§§ 1564 bis 1586b BGB), Aufhebung der Ehe (§§ 1313 bis 1318 BGB),[1435] bei Klage auf vorzeitigen Zugewinnausgleich (§§ 1385 ff. BGB) und in dem vorerwähnten Fall der güterrechtlichen Lösung. Zunächst wird der Zugewinn nach § 1373 BGB festgestellt. Hierbei ist das Anfangsvermögen (alle Positionen mit wirtschaftlichem Wert abzüglich der Verbindlichkeiten, § 1374 BGB) vom Endvermögen (§ 1375 BGB) des Ehegatten abzuziehen. Maßgebend sind die Verkehrswerte.[1436] Bei landwirtschaftlichen Betrieben ist der Ertragswert anzusetzen (§§ 1976 Abs. 4, 2049 Abs. 2 BGB). Übersteigt nun der ermittelte Zugewinn des einen Ehegatten den des anderen Ehegatten, so steht die Hälfte des Überschusses dem anderen Ehegatten als Ausgleichsforderung zu (§ 1378 Abs. 1 und 2 BGB). Die Ausgleichsforderung entsteht im Zeitpunkt der Beendigung der Zugewinngemeinschaft und ist vererblich (§ 1378 Abs. 3 Satz 1 BGB). Die sofort fällige Forderung kann auf Antrag durch das Familiengericht gestundet werden (§ 1382 BGB).

bb) Vertragsmäßiges Güterrecht

612 Als Wahlgüterstände führt das BGB die Gütertrennung und die Gütergemeinschaft auf. Die Ehegatten sind jedoch nicht gebunden, einen dieser gesetzlich geregelten Güterstände zu wählen. Der das eheliche Güterrecht beherrschende Grundsatz der Vertragsfreiheit gestattet jede von den Ehegatten gewünschte güterrechtliche Regelung innerhalb der allgemeinen gesetzlichen Schranken.[1437] Als solche kommen vor allem die §§ 134, 138 BGB in Betracht; der Gleichheitsgrundsatz (Art. 3 Abs. 2 GG) braucht nicht eingehalten zu werden.[1438] Auf nicht mehr geltendes oder ausländisches Recht darf indes nicht verwiesen werden (§ 1409 BGB).

613 Der Ehevertrag bedarf immer der **notariellen Beurkundung** (§§ 1410, 125 BGB). Gleichzeitige Anwesenheit beider Parteien vor dem Notar ist erforderlich. Stellvertretung ist jedoch möglich.[1439]

1431 *Horn* NZFam 2016, 539, 540; *Klingelhöffer* ZEV 1995, 444 f.; MünchKomm/*Lange* BGB § 2303 Rn. 37.

1432 BGHZ 37, 58, 64; Palandt/*Brudermüller* § 1371 Rn. 15.

1433 MünchKomm/*Lange* BGB § 2303 Rn. 37; *Horn* NZFam 2016, 539, 540.

1434 *Horn* NZFam 2016, 539, 540;

1435 Bis zum 01.07.1998 erfolgte der Ausgleich des Zugewinns unter Lebenden auch bei Nichtigerklärung der Ehe gem. §§ 16 ff. EheG. Seit der Wiedereingliederung des EheG in das BGB durch das Eheschließungsrechtsgesetz (BGBl. I 833) werden die früheren Nichtigkeitsgründe einer Ehe von den Vorschriften der §§ 1313 ff. BGB erfasst. Eine Nichtigerklärung ist nun de lege lata nicht mehr möglich. Lediglich die Aufhebung der Ehe durch gerichtliches Urteil kann beantragt werden.

1436 BGHZ 70, 114; BGH NJW 70, 2018; Palandt/*Brudermüller* § 1374 Rn. 5; § 1375 Rn. 3 ff.; § 1376 Rn. 3 ff.

1437 *Langenfeld*, Handbuch der Eheverträge, Rn. 161 ff.

1438 *Knur* DNotZ 1957, 467; *Finke* MDR 1957, 579; vgl. BVerfG NJW 2001, 957; BGH NJW 2004, 930; Palandt/*Brudermüller* § 1408 Rn. 7 ff.; vgl. zur möglichen Sittenwidrigkeit von Eheverträgen vgl. BGH NJW 2018, 1015 m. Anm. *Grziwotz*; MünchKomm/*Maurer* § 1585c BGB Rn. 155 ff.; *Bergschneider* NZFam 2018, 61 ff.

1439 Vgl. zu etwaigen Formerfordernissen BGH NJW 1998, 1857; *Kanzleiter* NJW 1999, 1612.

Bei beschränkt Geschäftsfähigen oder Geschäftsunfähigen ist § 1411 BGB zu beachten. Der gewählte Güterstand sowie alle eherechtlichen Vereinbarungen, die die Rechtsstellung der Ehegatten zu Dritten insgesamt oder auch hinsichtlich einzelner Gegenstände unmittelbar beeinflussen, können auf Antrag nach den §§ 1558 bis 1563 BGB in das Güterrechtsregister eingetragen werden.[1440]

(1) Gütertrennung

Die Gütertrennung galt in der Zeit vom 01.04.1953 bis 30.06.1958 als sog. außerordentlicher gesetzlicher Güterstand. Nach dem 01.07.1958 konnte und kann Gütertrennung nur noch durch Ehevertrag vereinbart werden. Sie tritt kraft Gesetzes ein, wenn die Ehegatten ehevertraglich den gesetzlichen Güterstand oder den Ausgleich des Zugewinns oder den Versorgungsausgleich (§§ 1414, 1587 ff. BGB) ausschließen oder die Gütergemeinschaft aufheben (§ 1414 Satz 2 BGB). Eine besondere gesetzliche Ausgestaltung hat die Gütertrennung nicht erfahren (außer in den §§ 1414 und 1931 Abs. 4 BGB). **614**

Das **Wesen der Gütertrennung** besteht darin, dass das Vermögen beider Ehegatten völlig – wie bei Unverheirateten – getrennt ist. Diese vollständige Trennung gilt sowohl für das bereits vor der Eheschließung vorhandene, wie für das während der Ehe zu erworbene Vermögen. Die Trennung der Vermögensmassen führt dazu, dass jeder Ehegatte für die von ihm eingegangenen Verbindlichkeiten alleine haftet.[1441] An der Wohnung und an dem gemeinsamen Hausrat haben die Ehegatten regelmäßig Mitbesitz.[1442] Folge der völligen Trennung der Vermögensmassen der Ehegatten ist das unbeschränkte Verfügungsrecht der Ehegatten über ihr Vermögen. Gütertrennung schließt indes nicht die ausdrückliche oder stillschweigende Begründung einer Ehegatten-Innengesellschaft aus.[1443] Auch sind über § 313 BGB vertragliche Ausgleichsansprüche denkbar.[1444] Auch gesellschaftsrechtliche Ansprüche sind unter bestimmten Voraussetzungen möglich.[1445] Die Beendigung der Gütertrennung tritt ein mit Auflösung der Ehe, durch ehevertragliche Vereinbarung oder durch Tod eines Ehegatten. Soweit die Gütertrennung unter Lebenden endet, erfolgt keine güterrechtliche Vermögensauseinandersetzung. **615**

Bei **Ableben eines Ehegatten** gilt § 1931 Abs. 1 und 4 BGB:[1446] Tritt gesetzliche Erbfolge ein und sind neben dem überlebenden Ehegatten ein oder zwei Kinder des Erblassers vorhanden, so erbt der überlebende Ehegatte neben einem Kind zu 1/2 und das Kind zu 1/2, neben zwei Kindern zu 1/3 und die Kinder zu je 1/3. Abkömmlinge eines weggefallenen Kindes treten gem. §§ 1931 Abs. 4, Halbs. 2, 1924 Abs. 3 BGB an die Stelle des Kindes. Sind mehr als zwei Kinder vorhanden, so gilt die allgemeine Regel des § 1931 Abs. 1: der überlebende Ehegatte wird kraft Gesetzes zu einem Viertel zum Erben berufen, die Kinder unter sich zu gleichen Teilen zu 3/4. Neben Verwandten der 2. Ordnung (§ 1925 BGB) wird der überlebende Ehegatte zur Hälfte gesetzlicher Erbe. Ebenfalls zur Hälfte wird der Ehegatte Erbe, wenn er mit Großeltern des Verstorbenen zusammentrifft (§ 1931 **616**

1440 *Kanzleiter* DNotZ 1971, 469.

1441 Zu beachten ist aber die Eigentumsvermutung nach § 1362 und die Gewahrsamsvermutung nach § 739 ZPO.

1442 BGHZ 12, 380; Palandt/*Brudermüller* Grundz § 1414 Rn. 1.

1443 BGH WM 1973, 1242; BGH NJW 1995, 3383; BGH NJW 1999, 2962 ff.; BGH, NZG 2016, 547; BeckOJ/*Hahn* BGB § 1356 Rn. 24 ff. m.w.N. zu den vertraglichen Ausgleichsansprüchen bei Miterstellung des Familienwohnheims s. BGHZ 84, 361, 366 f.; 127, 51.

1444 Palandt/*Grünberg* § 313 Rn. 50 ff. m.w.N.

1445 Palandt/*Sprau* § 705 Rn. 39.

1446 Abs. 4 wurde durch Art. 1 Nr. 87 NEhelG eingefügt und ist am 01.07.1970 in Kraft getreten (Art. 12 § 27 NEhelG), gilt also für alle Sterbefälle nach dem 30.06.1970. Die Erhöhung des gesetzlichen Erbteils des überlebenden Ehegatten erfolgte im Hinblick auf die ebenfalls durch das NEhelG eingeführte Ausgleichsverpflichtung wegen besonderer Leistungen eines Abkömmlings (§ 2057a), vgl. Palandt/*Weidlich* § 1931 Rn. 13 m.w.N. Abs. 4 wurde zudem durch das Gesetz zur Reform des Kindschaftsrechts v. 16.12.1997 geändert, BGBl. I 2942.

Abs. 1 Satz 1 BGB). Trifft er mit Großeltern und Abkömmlingen der Großeltern zusammen, so erhält der Ehegatte zunächst die Hälfte, die ihm neben den Großeltern alleine zustehen würde und weiter von der anderen Hälfte den Teil, der nach § 1926 BGB den Abkömmlingen zufallen würde (§ 1931 Abs. 1 Satz 2 BGB).[1447] Sind nur Abkömmlinge von Großeltern vorhanden, so fällt dem überlebenden Ehegatten der gesamte Nachlass zu (§ 1931 Abs. 2 BGB).

(2) **Gütergemeinschaft**

617 Gütergemeinschaft (§§ 1415 bis 1482 BGB) kann **nur durch Ehevertrag** vereinbart werden (§§ 1415, 1408 BGB). Durch ihre Vereinbarung entsteht kraft Gesetzes eine Gesamthandsgemeinschaft (§ 1416 BGB).[1448] Was die Ehegatten besitzen und erwerben, wird grundsätzlich Gesamtgut. Besonderer rechtsgeschäftlicher Übertragungsakte bedarf es nach § 1416 Abs. 2, Halbs. 2 BGB nicht. Träger der Vermögensbeziehungen ist »das Ehepaar«.

618 Ausgenommen vom Gesamtgut sind **Vorbehalts- und Sondergut** des jeweiligen Ehegatten (§§ 1418, 1417 BGB). Enthält der Ehevertrag keine ausdrücklichen Bestimmungen, so wird das Gesamtgut von beiden Ehegatten gemeinschaftlich verwaltet (§ 1421 BGB). Über sein Vorbehalts- und Sondergut kann jeder Ehegatte alleine verfügen (bei Vorbehaltsgut auf eigene Rechnung, bei Sondergut auf Rechnung des Gesamtgutes).[1449]

619 Hinsichtlich der **Schuldenhaftung** ist zu unterscheiden, ob das Gesamtgut durch beide Ehegatten gemeinsam oder nur von einem Ehegatten verwaltet wird. Zwar ist die Haftung gegenüber Dritten nach den gleichen Grundsätzen geregelt. Die Auswirkungen sind jedoch verschieden. Es gilt für beide Fälle der Grundsatz, dass Gläubiger des Ehemannes oder der Ehefrau aus dem Gesamtgut Befriedigung verlangen können (§§ 1437, 1459 BGB), denn alle persönlichen Schulden sind Gesamtgutsverbindlichkeiten. Bei gemeinschaftlicher Verwaltung sind sämtliche persönliche Schulden eines Ehegatten Gesamtgutsverbindlichkeiten. Bei Verwaltung durch einen Ehegatten sind alle persönlichen Schulden des Verwalters Gesamtgutsverbindlichkeiten und grundsätzlich auch sämtliche Schulden des anderen Ehegatten, allerdings sind diejenigen Verbindlichkeiten ausgenommen, die nach Eintritt der Gütergemeinschaft ohne Zustimmung des Verwalters begründet wurden (§ 1438 BGB) oder die unter §§ 1439, 1440 BGB fallen.[1450] Der Ehegatte, der das Gesamtgut verwaltet, haftet neben dem Gesamtgut für die Verbindlichkeiten des anderen Ehegatten, die Gesamtgutsverbindlichkeiten sind, auch persönlich als Gesamtschuldner (§ 1437 Abs. 2 BGB). Bei gemeinschaftlicher Verwaltung haften neben dem Gesamtgut beide Ehegatten auch persönlich als Gesamtschuldner (§ 1459 Abs. 2 BGB). Diese persönliche Haftung umfasst auch das einzelne Vorbehalts- und Sondergut der Ehegatten.

620 Die Gütergemeinschaft endet durch Scheidung der Ehe,[1451] Eheauflösung, Nichtigkeit der Ehe und durch Tod eines Ehegatten, sofern nicht Fortsetzung der Gütergemeinschaft nach den §§ 1483 ff. BGB durch Vereinbarung im Ehevertrag eintritt.

Erfolgt die Beendigung der Gütergemeinschaft unter Lebenden, so ist das Gesamtgut auseinanderzusetzen (§§ 1471 ff. BGB), wobei vorab die Gesamtgutsverbindlichkeiten zu berichtigen sind. Wird die Gütergemeinschaft durch Tod eines Ehegatten aufgelöst, so gelten die allgemeinen erbrechtlichen Vorschriften. Der Anteil des verstorbenen Ehegatten an dem Gesamtgut fällt ebenso wie sein Vorbehalts- und Sondergut in den Nachlass (§ 1482 BGB). Das Gesamtgut wird zwischen den

1447 Vgl. hierzu Beispiele bei Palandt/*Weidlich* § 1931 Rn. 6 f.

1448 RGZ 129, 120, vgl. allg. zur Gütergemeinschaft *Behmer* MittBayNot 1994, 377 ff.; *ders.* FamRZ 1988, 339 *Röthel* FamRZ 2012, 1916 ff.; *Mai* BWNotZ 2003, 55 ff.; MünchKomm/*Maurer* BGB § 1583 Rn. 8.

1449 Palandt/*Brudermüller* § 1417 Rn. 4 und § 1418 Rn. 1.

1450 Palandt/*Brudermüller* § 1437 Rn. 3; *Stenger* ZEV 2000, 141, 143.

1451 BayObLG FGPrax 2003, 22 f.

Erben und dem überlebenden Ehegatten nach den §§ 1471 ff. BGB auseinandergesetzt. Der gesetzliche Erbteil des überlebenden Ehegatten bemisst sich entsprechend § 1931 Abs. 1 und 2 BGB.

Die Gütergemeinschaft kann jedoch nach Ableben eines Ehegatten von dem überlebenden Ehegatten mit den gemeinschaftlichen Abkömmlingen **fortgesetzt** werden (**fortgesetzte Gütergemeinschaft,**[1452] § 1483 BGB). 621

Während bei der vor dem 01.07.1958 ehevertraglich vereinbarten Gütergemeinschaft mit dem Ableben eines Ehegatten noch fortgesetzte Gütergemeinschaft eintritt, wenn diese nicht ausdrücklich ausgeschlossen ist, wird die Gütergemeinschaft, wenn sie nach dem 01.07.1958 vereinbart wurde, nur fortgesetzt, wenn die Ehegatten die Fortsetzung ehevertraglich ausdrücklich vereinbart haben. In jedem Fall kann der überlebende Ehegatte die Fortsetzung der Gütergemeinschaft mit den Abkömmlingen ablehnen (§ 1484 Abs. 1 BGB).

Die fortgesetzte Gütergemeinschaft kennt **vier Vermögensmassen**: 622
(a) das Gesamtgut der fortgesetzten Gütergemeinschaft (§ 1485 BGB),
(b) das Vorbehaltsgut des überlebenden Ehegatten (§ 1486 Abs. 1 BGB),
(c) das Sondergut des überlebenden Ehegatten (§ 1486 Abs. 2 BGB),
(d) das Vermögen der Abkömmlinge.

Eine Beerbung des verstorbenen Ehegatten erfolgt nur hinsichtlich dessen Vorbehalts- und Sonderguts. Eine Auseinandersetzung des Gemeingutes findet nicht statt (§ 1483 Abs. 1 Satz 2 BGB). Nicht in das Gesamtgut fällt das Vermögen der Abkömmlinge, gleichgültig, wann es erworben wurde (§ 1485 Abs. 1 BGB). Die Verwaltung des Gesamtgutes der fortgesetzten Gütergemeinschaft steht dem überlebenden Ehegatten zu (§ 1487 Abs. 1, Halbs. 2 BGB). Im Übrigen gelten für das Gesamtgut der fortgesetzten Gütergemeinschaft im Grundsatz die gleichen Bestimmungen wie bei der ehelichen Gütergemeinschaft.[1453]

Die fortgesetzte Gütergemeinschaft **endet** durch Aufhebung (§ 1492 BGB), Wiederverheiratung des überlebenden Ehegatten (§ 1493 BGB), Tod des überlebenden Ehegatten (§ 1494 BGB) oder Aufhebungsurteil nach den §§ 1495 f. BGB. Nach Beendigung der fortgesetzten Gütergemeinschaft hat die Auseinandersetzung des Gesamtgutes gem. den §§ 1497 ff. BGB zu erfolgen. 623

Der fortgesetzten Gütergemeinschaft kommt heute **weniger Bedeutung** zu, da regelmäßig bei Abschluss des Ehevertrages auch ein Erbvertrag vereinbart werden wird. Wollen aber die in Gütergemeinschaft verheirateten Ehegatten keine Verfügungen von Todes wegen treffen, so sollte im Interesse des überlebenden Ehegatten die Fortsetzung der Gütergemeinschaft vereinbart werden. Denn bei Eintritt der gesetzlichen Erbfolge steht der überlebende Ehegatte bei fortgesetzter Gütergemeinschaft regelmäßig besser als bei beendeter Gütergemeinschaft und Erbengemeinschaft:[1454] Ihm steht das alleinige Verwaltungsrecht hinsichtlich des Gesamtgutes zu; er hat freies Verfügungsrecht hinsichtlich des beweglichen Vermögens. Auch kann bei fortgesetzter Gütergemeinschaft die Auseinandersetzung des Gesamtgutes – ausgenommen der Fall des § 1495 BGB – von den Abkömmlingen nicht erzwungen werden. Die fortgesetzte Gütergemeinschaft verhindert so die Auflösung und Spaltung des Vermögens beider Ehegatten. Im Übrigen haftet das Gesamtgut nicht für Verbindlichkeiten der Abkömmlinge (§ 1488 BGB). 624

Zu beachten ist hier ferner, dass, wenn bei fortgesetzter Gütergemeinschaft ein Abkömmling stirbt, nur seine Abkömmlinge, nicht aber Schwiegertöchter oder Schwiegersöhne, in die fortgesetzte Gütergemeinschaft nachrücken (§ 1490 BGB). 625

1452 Vgl. dazu *Ruby* ZEV 2017, 72 ff.; *Bruschke* ErbStB 2014, 22 ff.; BeckOGK/*Witt* BGB § 1583 Rn. 11; MünchKomm/*Kanzleiter* BGB § 1483 Rn. 2 ff.

1453 Vgl. im Einzelnen hierzu Palandt/*Brudermüller* § 1487 Rn. 2 ff.

1454 Vgl. hierzu grds. *Röll* MittBayNot 1959, 176.

626 Ein wesentlicher **Nachteil der fortgesetzten Gütergemeinschaft** ist darin zu sehen, dass zu allen Verfügungen (auch Belastungen) des überlebenden Ehegatten über Grundbesitz des Gesamtgutes die Mitwirkung sämtlicher anteilsberechtigter Abkömmlinge erforderlich ist. Als Druckmittel für den überlebenden Ehegatten, die Mitwirkung leichter zu erreichen, könnte die Bestimmung (in der Verfügung von Todes wegen) dienen, dass diejenigen Abkömmlinge, die aus nicht triftigen Gründen die Mitwirkung verweigern, die Hälfte des Werts ihres Anteils am Gesamtgut an den überlebenden Ehegatten zu zahlen haben und auch beim Ableben des überlebenden Elternteils auf den Pflichtteil gesetzt sein sollen (§§ 1512, 1513 BGB). So betrachtet ist die fortgesetzte Gütergemeinschaft dann zweckmäßig, wenn neben der ehevertraglichen Vereinbarung der Gütergemeinschaft keine Verfügungen von Todes wegen getroffen werden.

627 In letzter Zeit gewinnt die Gütergemeinschaft bei Ehegatten mit sehr unterschiedlichen Vermögen insoweit an Bedeutung, als die Vereinbarung dieses Güterstandes grundsätzlich **keine Schenkung** darstellt (wichtig für den effektiven Pflichtteilswert, nicht aber für die erbschaftsteuerliche Beurteilung); denn der Rechtsgrund der Bereicherung liegt primär im familienrechtlichen Vertrag und nicht in der Einigung über die Unentgeltlichkeit.[1455] Nach Ansicht des BGH kann von einer Schenkung nur dann gesprochen werden, wenn festgestellt werden kann, dass die Absichten der Eheleute – soweit es sich um die Bereicherung des weniger begüterten Teiles handelt – nicht zwecks Verwirklichung der Ehe auf eine Ordnung der beiderseitigen Vermögen gerichtet waren.[1456] Nur dann sei Raum für die Annahme, die ehegüterrechtliche causa für die Bereicherung sei durch einen schuldrechtlichen Schenkungsvertrag verdrängt. In Betracht kommen kann eine derartige Annahme, wenn nach einem einheitlichen Plan zunächst Gütergemeinschaft und nach einiger – auch längerer – Zeit ein anderer Güterstand vereinbart wird, oder wenn es sich etwa um die nachträgliche Verschiebung wertvoller Gegenstände aus dem Vorbehaltsgut eines Ehegatten in das des anderen oder in das Gesamtgut oder um eine solche aus dem Gesamtgut in Vorbehaltsgut handelt. Ein gewichtiges Anzeichen für die Verfolgung »ehefremder Zwecke« kann es aber nach Auffassung des BGH auch sein, wenn Gütergemeinschaft kurz vor dem Tode eines Ehegatten vereinbart wird, oder wenn für die Auseinandersetzung dem zunächst weniger begüterten Teil eine höhere Quote eingeräumt wird, als § 1476 BGB vorsieht, oder auch wenn ein Ehevertrag nur deshalb geschlossen wird, um pflichtteilsberechtigte Angehörige zu benachteiligen.[1457]

cc) Lebenspartnerschaft nach dem LPartG

628 Die dargestellten Grundzüge hinsichtlich der unmittelbaren Auswirkungen des Güterstandes im Erbrecht lassen sich entsprechend auf die seit dem 01.07.2001 durch das Gesetz zur Beendigung der Diskriminierung gleichgeschlechtlicher Gemeinschaften geschaffene eingetragene Lebenspartnerschaft (zuletzt geändert durch Gesetz v. **06.07.2009, BGBl. 2009/I, 1696**) übertragen. Die Lebenspartner sind rechtlich den Ehegatten weitgehend gleichgestellt,[1458] Die erbrechtliche Stellung der Lebenspartner wird gleichermaßen außerhalb der Bestimmungen des BGB im LPartG mit entsprechenden Verweisen normiert.[1459] Die sog »Ehe für alle« wurde mit dem Gesetz zur Einführung des Rechts auf Eheschließung für Personen gleichen Geschlechts[1460] eingeführt, dementsprechend können seit 01.10.2017 Lebenspartner auf Antrag ihre Lebenspartnerschaft in eine Ehe umwandeln, wenn zwei Lebenspartnerinnen oder Lebenspartner gegenseitig persönlich und bei gleichzeitiger Anwesenheit erklären, miteinander eine Ehe auf Lebenszeit führen zu wollen (§ 20a

1455 Allg. *Behmer* MittBayNot 1994, 377 ff.; BGHZ 116, 178; Palandt/*Weidlich* § 2325 Rn. 12; *Milzer* ZEV 2015, 260 ff. zu den pflichtteilsrechtlichen Fragen.
1456 BGHZ 116, 178 = DNotZ 1992, 503 = NJW 1992, 559.
1457 BGHZ 116, 178 = DNotZ 1992, 503 = NJW 1992, 559.
1458 Zur weitgehenden Gleichstellung s. BVerfG NJW 2012, S. 2790 ff.
1459 Palandt/*Brudermüller* Einl. LPartG Rn. 3 f.; *Langenfeld* ZEV 2002, 8 f.; *Mayer* ZEV 2001, 169, 172.
1460 BGBl. 2017 I S. 2787.

LPartG).[1461] Seit dem 01.10.2017 ist die Begründung neuer Lebenspartnerschaften hingegen nicht mehr zulässig (§ 1 LPartG). Das Gesetz berührt bereits bestehende eingetragene Lebenspartnerschaften allerdings nicht.

Der überlebende Lebenspartner wird gem. § 10 Abs. 1 Satz 1 LPartG wie ein Ehegatte nach § 1931 Abs. 1 Satz 1 und 2 BGB neben den Verwandten der ersten Ordnung **gesetzlicher Erbe** zu 1/4, neben Verwandten der zweiten Ordnung oder neben Großeltern des Erblassers zu 1/2. Sind weder Verwandte erster Ordnung noch der zweiten Ordnung oder Großeltern vorhanden, wird der Überlebende gesetzlicher Alleinerbe (§ 10 Abs. 2 LPartG). Auch die Vorschrift des § 1931 Abs. 1 Satz 2 wurde nunmehr in das LPartG übernommen. Daneben gebühren dem Lebenspartner gem. § 10 Abs. 1 Satz 3 bis 5 LPartG die zum lebenspartnerschaftlichen Haushalt gehörenden Gegenstände, soweit sie nicht Zubehör eines Grundstücks sind und die Geschenke zur Begründung der Lebenspartnerschaft als **Voraus**. Der Anspruch besteht wie bei Ehegatten nur, auch wenn dies in § 10 Abs. 1 LPartG nicht ausdrücklich geregelt ist, wenn der Lebenspartner gesetzlicher Erbe wird.[1462] Auf ihn finden die für Vermächtnisse geltenden Vorschriften entsprechende Anwendung (§ 10 Abs. 1 Satz 5 LPartG; gesetzliches Vorausvermächtnis nach § 2150). Liegen zur Zeit des Erbfalls die Voraussetzungen für die Aufhebung der Lebenspartnerschaft nach § 15 Abs. 2 Nr. 1 oder 2 LPartG vor oder hat der Erblasser einen Antrag auf Aufhebung gem. § 15 Abs. 2 Nr. 3 LPartG gestellt, so sind das gesetzliche Erbrecht und damit gleichfalls der Anspruch auf den Voraus ausgeschlossen (§ 10 Abs. 3 LPartG).[1463] **629**

Durch das Gesetz zur Überarbeitung des Lebenspartnerschaftsrechts vom 15.12.2004 (BGBl. I S. 3396) wurde das eheliche Güterrecht für die eingetragene Lebenspartnerschaft eingeführt. So ist der gesetzliche Regelgüterstand die Zugewinngemeinschaft (§ 6 Satz 1 LPartG). Als Güterstandsvarianten stehen die Gütertrennung oder die Gütergemeinschaft zur Verfügung, die gem. §§ 7 LPartG, 1408 BGB durch notariell zu beurkundenden Lebenspartnerschaftsvertrag vereinbart werden können. Die frühere Streitfrage, ob der Überschussausgleich im Rahmen einer pauschalen Erhöhung des gesetzlichen Erbteils um 1/4 unabhängig vom tatsächlich erwirtschafteten Überschuss oder durch konkrete Berechnung entsprechend §§ 1372 ff. BGB verwirklicht werden soll, ist durch die Gesetzesänderung obsolet, weil uneingeschränkt das eheliche Güterrecht gilt.[1464]

Erbrechtlich können fernerhin auch Lebenspartnern ein **gemeinschaftliches Testament** errichten **630** (§ 10 Abs. 4 LPartG). Eine Verfügung von Todes wegen, durch die ein Lebenspartner den anderen als Erben eingesetzt hat, wird wie bei Ehegatten nach der Auslegungsregel des § 2077 Abs. 1 und 3 BGB bei Auflösung der Lebenspartnerschaft unwirksam, es sei denn, es ist anzunehmen, dass der Erblasser sie auch für diesen Fall getroffen hätte (§ 10 Abs. 5 LPartG). Die Vorschriften des BGB über den **Erbverzicht** gelten gem. § 10 Abs. 7 LPartG auch zwischen Lebenspartnern.[1465]

Letztlich steht dem überlebenden Lebenspartner, der durch eine Verfügung von Todes wegen von der Erbfolge ausgeschlossen wurde, die Hälfte seines gesetzlichen Erbteils als **Pflichtteil** zu. Die

1461 Vgl. zur Umwandlung *Löhnig* NZFam 2017, 977 ff.; *ders.* NZFam 2019, 166; *Kaiser* FamRZ 2017, 1985 ff.; *Erbarth* FamRZ 2018, 1221 ff.

1462 *Grziwotz* DNotZ 2001, 280; *Leipold* ZEV 2001, 218; *Schwab* FamRZ 2001, 385, 395.

1463 Diese Einschränkung des gesetzlichen Erbrechts ist bei Ehegatten mit § 1933 vergleichbar, wenn auch § 10 Abs. 3 nicht mit § 1933 identisch ist, da sich die Aufhebung als Auflösung der Lebenspartnerschaft i.S.e. Scheidung nach § 15 LPartG grundlegend von den §§ 1564 ff. unterscheidet. Vgl. ausführlich *Schwab* FamRZ 385, 395, 397 f.

1464 *Wellenhofer* NJW 2005, 705; *Grziwotz* DNotZ 2005, 13; *Walter* MittBayNot 2005, 193; *Stüber* FamRZ 2005, 574.

1465 *Mayer* ZEV 2001, 169, 172 f.; *Schwab* FamRZ 2001, 385, 395 f.

Vorschriften der §§ 2303 ff. sind nach § 10 Abs. 6 Satz 2 LPartG mit der Maßgabe entsprechend anzuwenden, dass der Lebenspartner wie ein Ehegatte zu behandeln ist.[1466]

b) Familiäre Sondersituationen

aa) Verfügungen von Todes wegen bei kinderlosen Ehegatten

631 Bei kinderlosen Ehegatten ist zunächst die Versorgung des überlebenden Ehegatten erster und meist wichtigster Interessenschwerpunkt. Die Ehegatten wünschen häufig, dass der überlebende Ehegatte sich nicht mit den Verwandten des Verstorbenen auseinandersetzen muss. Außerdem besteht in manchen Fällen auch das Interesse, zukünftige gemeinschaftliche Abkömmlinge zu bedenken, wobei bei der Gestaltung die Freiheit des überlebenden Partners eine große Rolle spielt. Vertragstypisch wird dabei zwischen jungen, noch kinderlosen Ehegatten und älteren Ehegatten unterschieden, bei denen keine Kinder mehr zu erwarten sind.[1467]

(1) Kinderlose junge Ehegatten

632 Bei jüngeren Ehegatten, bei denen noch nicht ausgeschlossen ist, dass gemeinschaftliche Abkömmlinge geboren werden, bestehen z.T. unterschiedliche Interessenlagen, je nachdem, ob das Vermögen von den Ehegatten gemeinsam erwirtschaftet wurde und daher der überlebende Ehegatte möglichst ungeschmälert in den Genuss dieses Vermögens gelangen soll, oder ob ein Ehepartner von seiner Familie ein größeres Vermögen erlangt hat. In diesem Fall besteht u.U. ein Interesse des Ehegatten mit dem größeren Vermögen, dieses im Rahmen seiner Familie zu halten. Hierbei muss insbesondere geprüft werden, inwieweit in Rechtsgeschäften unter Lebenden (z.B. Schenkungsvertrag der Eltern) Rückübertragungsansprüche für den Fall des Vorversterbens ohne eigene Abkömmlinge aufgenommen wurden, die dazu führen, dass diese Vermögensgegenstände vom Erben an den damaligen Schenker zurückübertragen werden müssen. Häufig werden derartige Ansprüche im Immobilienbereich durch Rückauflassungsvormerkungen gesichert, sodass die schenkenden Verwandten bereits außerhalb des Erbrechts abgesichert sind.[1468]

633 Wurde das Vermögen von den Ehegatten weitgehend **gemeinsam erwirtschaftet** oder ist nur ein kleines eigenes Vermögen vorhanden, dann wird der Interessenlage in erster Linie eine gegenseitige Erbeinsetzung in einem gemeinschaftlichen Testament entsprechen. Zu klären bleibt die weitere Frage, ob bereits zu diesem Zeitpunkt eine Schlusserbeneinsetzung und wenn ja, welche, vorgenommen werden oder ob der überlebende Ehegatte vollständige Freiheit im Hinblick auf den Nachlass erhalten soll. Im letzteren Fall wäre die gegenseitige Erbeinsetzung ausreichend. Wünschen die Beteiligten hingegen bereits zu Lebzeiten zugunsten etwaiger Abkömmlinge eine Bindungswirkung, bietet sich eine Schlusserbeneinsetzung der gemeinschaftlichen Abkömmlinge nach den Vorschriften über die gesetzliche Erbfolge an, wobei im Regelfall der Einheitslösung der Vorzug gegeben wird, bei der der überlebende Ehegatte zunächst Vollerbe wird und die Bindungswirkung nur über die Wechselbezüglichkeit erreicht wird.[1469] Die generelle Schlusserbeneinsetzung der »Abkömmlinge« hat den Vorteil, dass in vielen Fällen das Testament dann nicht geändert werden muss, wenn neue Abkömmlinge geboren werden. Allerdings hat diese Lösung den Nachteil, dass im Schlusserbfall auch bei einer notariellen letztwilligen Verfügung ein Erbschein beantragt werden muss. Andererseits kann im Hinblick auf die völlig unbekannte Entwicklung der noch nicht geborenen Abkömmlinge eine gemilderte Form der Bindungswirkung zu empfehlen sein.

1466 Vgl. Palandt/*Brudermüller* § 10 LPartG Rn. 4; zu den erbrechtlichen Problemen einer gleichzeitig bestehenden Ehe und Lebenspartnerschaft *Eue* FamRZ 2001, 1196.

1467 *Nieder/Kössinger* § 21 Rn. 1 ff.

1468 Vgl. *Krauß*, Vermögensnachfolge in der Praxis, Rn. 1753 ff. *Mayer/Geck*, Der Übergabevertrag, S. 469 ff.; Beck'sches Notar-Handbuch/*Herrler*, A V Rn. 465 ff.; *Langenfeld/Günther*, Grundstückszuwendungen, 6. Aufl. 209, S. 153 ff.; *Weser* ZEV 1995, 353 ff.; *Nieder/Kössinger* § 1 Rn. 116 ff.; *Ellenbeck* MittRhNotK 41 ff.; *Schippers* MittRhNotK 1998, 69.

1469 Palandt/*Weidlich* § 2269 Rn. 3.

Beim gemeinschaftlichen Ehegattentestament kann dies durch eine Freistellungsklausel und beim Ehegattenerbvertrag durch einen Änderungsvorbehalt erreicht werden. Eine Mittellösung wird mit einer gegenständlich beschränkten Freistellung des Überlebenden für Vermächtnisse aus Vermögensteilen, die der Überlebende erst nach dem Tod des Erstversterbenden erwirbt, ermöglicht.[1470]

Stammt das wesentliche **Vermögen** aus der Familie **eines Ehegatten** und soll diese familiäre Bindung erhalten bleiben, ist beim gemeinschaftlichen Ehegattentestament zu erwägen, ob die **Trennungslösung mit Vor- und Nacherbschaft** zugunsten der Abkömmlinge und ersatzweise zugunsten bestimmter Verwandter des verstorbenen Ehegatten angeordnet wird.[1471] Die Vorerbschaft führt zu einer Trennung der Ehegattenvermögen und ermöglicht die Steuerung in die zweite Generation.[1472] Der Nacherbe erwirbt die Erbschaft als Gesamtrechtsnachfolger des Erblassers, mit dinglicher Wirkung als Ganzes kraft Gesetzes.[1473] Zwischen dem Vorerben und dem Nacherben besteht ein **gesetzliches Schuldverhältnis**, kraft dessen der Vorerbe vor allem zur ordnungsgemäßen Verwaltung des Nachlasses verpflichtet ist (§ 2130 Abs. 1 BGB). Zutreffend ist dabei zwischen Außenverhältnis gegenüber Dritten und Innenverhältnis zum Nacherben zu unterscheiden.[1474] Im Außenverhältnis ist die Rechtsstellung vor allem durch die Verfügungsbeschränkungen gekennzeichnet, im Innenverhältnis besteht die Verpflichtung nach § 2130 BGB, die Erbschaft in dem Zustand herauszugeben, in der sie sich bei einer bis zur Herausgabe fortgesetzten ordnungsgemäßen Verwaltung befindet. Hiermit ist die Pflicht zur **ordnungsgemäßen Verwaltung** festgelegt. Hat der Vorerbe die Erbschaft nicht ordnungsgemäß verwaltet, so ist er dem Nacherben schadenersatzpflichtig. Der Nacherbe ist berechtigt, vom Vorerben Auskunft über den Bestand der Erbschaft zu verlangen, wenn Grund zur Annahme besteht, dass der Vorerbe seine Rechte erheblich verletzt (§ 2127 BGB). Im Rahmen der ordnungsgemäßen Verwaltung stehen dem Vorerben (nur) die Nutzungen zu. Im Gegenzug hat er die gewöhnlichen Erhaltungskosten zu tragen (§ 2124 Abs. 1 BGB). Das Außenverhältnis wird vor allem durch die Verfügungsbeschränkungen, aber auch durch den Schutz des Sondervermögens definiert. Nach § 2115, 773 ZPO und § 83 InsO besteht Vollstreckungsschutz des Nachlasses gegen Vollstreckungsmaßnahmen der Eigengläubiger des Vorerben. Die Vor- und Nacherbschaft hat den Nachteil, dass der Vorerbe diversen Verfügungsbeschränkungen unterworfen ist. Soll dem überlebenden Ehegatten eine größere Freiheit zugebilligt werden, die bei einer Vorerbfolge nicht möglich ist, könnte die Lösung in der Anordnung eines **Universalvermächtnisses** liegen.[1475] Als alternative Lösung, die wirtschaftlich ein ähnliches Ergebnis bewirkt wie die Vor- und Nacherbfolge – allerdings ohne deren Sicherungsmechanismen und damit auch ohne deren Beschränkungen – ist die die Aussetzung von (Herausgabe-)Vermächtnissen (sog. Vermächtnislösung).[1476] Der Erblasser kann seine Erben mit einem beim Tod des Erben anfallenden Sachvermächtnis beschweren, wonach diejenigen Vermögensgegenstände, die ursprünglich zum Nachlass gehört haben, sowie Surrogate (§ 2111 BGB) an bestimmte Personen (die wirtschaftlichen »Nacherben«) herauszugeben sind. Hierdurch wird sichergestellt, dass das Vermögen des Erblassers nicht an den Erben des Erben fällt. Als Vermächtnisnehmer können diejenigen Personen eingesetzt werden, die als mögliche Nacherben bedacht werden sollen. Die Vermächtnisse können auch aufschiebend bedingt angeordnet werden etwa beim Geschiedenentestament, wenn durch den Tod der beschwerten Erben Nachlassgegenstände aus dem ihnen vom Erblasser zugewendeten Vermögen 634

1470 Vgl. *Nieder/Kössinger* § 21 Rn. 8; Formular hierzu Münchener Vertragshandbuch/*Nieder/Otto* Bd. 6/2 XBVI.29.

1471 *Nieder/Kössinger* § 14 Rn. 91 ff.; MünchKomm/*Musielak* BGB § 2269 Rn. 49; *Zawar* NJW 1988, 16,17.

1472 Vgl. Palandt/*Weidlich*, § 2100 Rn. 2; Bamberger/Roth/*Litzenburger*, BGB, § 2100 Rn. 2; *Hartmann* ZEV 2009, 107.

1473 Palandt/*Weidlich*, BGB, § 2139 Rn. 1.

1474 *V. Dickhut-Harrach*, S. 531.

1475 *Nieder/Kössinger* § 14 Rn. 98 ff.

1476 *Reimann* MittBayNot 2002, 4; *Schlitt* ZErb 2006, 226; *Busse* MittRhNotK 1998, 237 mit Formulierungsvorschlag; *Baltzer*, Das Vor- und Nachvermächtnis in der Kautelarjurisprudenz, S. 203 f.; *Frohnmayer*, Geschiedenentestament, S. 15 f.; *v. Dickhuth-Harrach*, S. 1398 f.; *Hahn* ZEV 2016, 360; *Hölscher* ZEV 2009, 213.

mittelbar an dessen geschiedenen Ehegatten, dessen Abkömmlinge aus anderen Verbindungen oder seine Verwandten aufsteigender Linie fallen oder sie zur Grundlage der Pflichtteilsberechnung des geschiedenen Ehegatten werden.

In der Literatur wurde zwar auch die Meinung vertreten, dass ein Universalvermächtnis als Erbeinsetzung zu werten sei.[1477] Die h.M. hingegen bejaht die Möglichkeit, sofern der Wille eindeutig ist.[1478] Für die wirksame Anordnung eines Universalvermächtnisses ist daher von entscheidender Bedeutung, dass der Erblasser die Auslegungsregel des § 2087 Abs. 1 BGB entkräftet, dass er die Zuwendung ausdrücklich als Universalvermächtnis deklariert und damit Auslegungszweifel ausschließt.[1479]

Eine Alternative könnte darin liegen, dass dem überlebenden Ehegatten nur ein **Nießbrauchsvermächtnis** am gesamten Nachlass oder an bestimmten Vermögensgegenständen eingeräumt wird und als Vollerben die Abkömmlinge ersatzweise die Verwandten des verstorbenen Ehegatten eingesetzt werden. Bei dieser Nießbrauchslösung kann wiederum die Stellung des Ehegatten durch seine Einsetzung als Testamentsvollstrecker in Form der Dauertestamentsvollstreckung gestärkt werden (**Testamentsvollstreckernießbrauch**).[1480] Außerdem sollte zugunsten des überlebenden Ehegatten ein vermächtnisweises Auseinandersetzungsverbot angeordnet werden, um zu verhindern, dass Eigengläubiger eines Miterben die Auseinandersetzung der Erbengemeinschaft betreiben können. Hierdurch wird eine der Vorerbschaft angenäherte Lösung erreicht. Soll die Stellung des überlebenden Ehegatten durch eine Erbeinsetzung gestärkt werden, könnte sich ein Vermächtnis zugunsten der Verwandten des verstorbenen Ehegatten empfehlen, das sofort beim Tod des Erblassers fällig wird und den familiengebundenen Vermögensgegenstand betrifft. Teilweise wird es zur Nachlasssicherung genügen, die Vor- und Nacherbfolge auf Immobilien zu beschränken.[1481] Wie bei der allgemeinen Erbeinsetzung ist es wegen des Grundsatzes der Universalsukzession aber unzulässig, eine Sondernacherbfolge in einen Einzelgegenstand anzuordnen.[1482] In der kautelarjuristischen Literatur wird deshalb, wenn eine »gegenständliche beschränkte Nacherbfolge« gewünscht ist, empfohlen, der Person, die zum Vorerben berufen wird, alle Nachlassgegenstände mit Ausnahme derjenigen, für die die Vor- und Nacherbfolge gedacht ist, als **Vorausvermächtnis** zuzuwenden, das dann gem. § 2110 Abs. 2 BGB nicht der Nacherbfolge unterliegt, was ausdrücklich klargestellt werden sollte.[1483] Denn nach § 2110 Abs. 2 BGB erstreckt sich das Recht des Nacherben im Zweifel nicht auf ein dem Vorerben zugewandtes Vorausvermächtnis. Ein Vermächtnis als Vorausvermächtnis ist auch zugunsten des Alleinerben rechtlich möglich und gerade beim Vorerben im Hinblick auf § 2110 Abs. 2 BGB auch von Bedeutung.[1484] Der Gegenstand eines Vorausvermächtnisses wird dann vom Vorerben ohne weiteres erworben, und zwar ohne Beschränkung mit der Nacherbschaft, sodass z.B. von vornherein kein Nacherbenvermerk im Grundbuch einzutragen wäre.[1485] Der BGH hat bereits 1960 entschieden, dass der Gegenstand des Vorausvermächtnisses nicht vom Nacherbrecht erfasst und deshalb bereits mit dem Anfall des Vermächtnisses aus der Vorerbmasse ausgeschieden werde.[1486]

Dafür, dass auch die neuere Rechtsprechung den Gestaltungsweg über ein Vorausvermächtnis für zulässig hält, spricht der in einer Grundbuchsache ergangene Beschluss des BayObLG vom

1477 *Sudhoff* DB 1966, 1720, *Menz* DB 1966, 1719.

1478 *Reimann* MittBayNot 2002, 4, 5; *Schlitt* ZErb 2006, 226.

1479 So *Schlitt* ZErb 2006, 226, vgl. auch *Reimann* MittBayNot 2002, 4, 5.

1480 Vgl. *Nieder/Kössinger* § 10 Rn. 170; § 14 Rn. 96 ff.; *Keller* BWNotZ 1970, 49; zu den Schwierigkeiten der Ausgestaltung im Einzelnen vgl. *J. Mayer* ZEV 2001, 8 ff.

1481 *Rossak* ZEV 2005, 14.

1482 Münchener Kommentar/*Grunsky* § 2100 BGB Rn. 16; Staudinger/*Avenarius* § 2100 BGB Rn. 7.

1483 *Rossak* ZEV 2005, 14; *J. Mayer* ZEV 2000, 1, 4 f.; *Ludwig* DNotZ 2001, 102, 109 f.; *Zawar* DNotZ 1986, 515, 523; vgl. auch BayObLG v. 02.03.2000, 2Z BR 144/99, ZEV 2000, 274.

1484 BGH v. 10.02.1960, V ZR 39/58, BGHZ 32, 60, DNotZ 1960, 553.

1485 Palandt/*Weidlich* § 2110 Rn. 2.

1486 BGH v. 10.02.1960 BGHZ 32, 60, DNotZ 1960, 553.

02.03.2000.[1487] Wie sich aus der Begründung des Beschlusses ergibt, hatte der Ehemann hier der Ehefrau im Wege eines Vorausvermächtnisses die gesamten zum Zeitpunkt seines Todes in seinem Eigentum stehenden beweglichen Gegenstände einschließlich des gesamten Geldes im weitesten Sinn (Bargeld, Bankguthaben, Sparguthaben, Aktien, Pfandbriefe, Forderungen u.ä.) zugewandt und diese Gegenstände damit der angeordneten Nacherbfolge entzogen. In seiner Begründung hat das BayObLG die Frage der Wirksamkeit dieser Gestaltung überhaupt nicht thematisiert.

Seltener dürfte das Interesse bei jungen Ehegatten darin liegen, dass der überlebende Ehegatte 635
bereits im Hinblick auf die Verwandten des verstorbenen Ehepartners gebunden sein soll. Ist dies gewünscht, dann kann bereits eine gesetzliche Schlusserbeneinsetzung für den Tod des überlebenden Ehegatten getroffen werden, nach der entweder jeweils die gesetzlichen Erben des Ehemannes und der Ehefrau je zur Hälfte nach den Regeln über die gesetzliche Erbfolge eingesetzt werden oder in dem bestimmte Verwandte als Schlusserben bestimmt werden.

Ebenfalls zu berücksichtigen sind **erbschaftsteuerliche Überlegungen**, vor allem bei größeren Vermögen. Im Einzelfall muss allerdings abgewogen werden, ob und inwieweit Steuervorteile zulasten der Absicherung des überlebenden Ehegatten und durch Einschränkungen von dessen Verfügungsfreiheit erreicht werden sollen. Dies kann nur im Einzelfall entschieden werden. Erbschaftsteuerlich ist das Überspringen des überlebenden Ehegatten am günstigen, z.B. durch sofortige Einsetzung der Abkömmlinge und Absicherung des überlebenden Ehegatten durch ein Nießbrauchsvermächtnis. Auch die Ausnutzung von Freibeträgen durch Vermächtnisse beim ersten Erbfall kann angezeigt sein.

Gestaltungsübersicht:

- Vollständige Regelungsfreiheit des überlebenden Ehegatten: gegenseitige Erbeinsetzung im 636
gemeinschaftlichen Testament oder Erbvertrag, keine Regelung der Schlusserbfolge;
- Schlusserbeneinsetzung der Abkömmlinge ohne Bindungswirkung: gegenseitige Erbeinsetzung der Ehegatten im gemeinschaftlichen Testament oder Erbvertrag, Einsetzung von Schlusserben, beim gemeinschaftlichen Testament Schlusserbeneinsetzung einseitig ohne Bindungswirkung; beim Erbvertrag Einsetzung der Schlusserben ohne erbvertragliche Bindung;
- Schlusserbeneinsetzung mit begrenzter Änderungsmöglichkeit: gegenseitige Erbeinsetzung der Ehegatten im gemeinschaftlichen Testament oder Erbvertrag, Änderungsvorbehalt in bestimmten Grenzen (z.B. wertverschiebende Anordnungen etc.);
- Vorhandensein von familiär gebundenem Vermögen: gegenseitige Erbeinsetzung in Erbvertrag oder gemeinschaftlichen Testament, Schlusserben die gemeinschaftlichen Abkömmlinge, ersatzweise bestimmte sonstige Verwandten (Eltern, Geschwister etc.), keine Änderungsmöglichkeit;
- Familiäre Bindung eines bestimmten Vermögensgegenstandes: gegenseitige Erbeinsetzung, Grundstücksvermächtnis zugunsten der gemeinsamen Abkömmlinge, ersatzweise der Eltern des Ehemannes, ersatzweise sonstiger dritter Verwandter, u.U. Untervermächtnis zugunsten der Ehefrau (z.B. Wohnungsrecht);
- Vermögen stammt aus der Familie eines Ehegatten: gemeinschaftliches Testament mit Vor- und Nacherbfolge (Trennungslösung), vermögender Ehegatte setzt seine Ehefrau zu seiner Vorerbin ein, Nacherben sind gemeinschaftliche Abkömmlinge nach den Regeln der gesetzlichen Erbfolge, ersatzweise die Eltern (weitere Ersatzerbeneinsetzung denkbar); der Nacherbfall tritt ein mit dem Tod des Vorerben oder bei seiner Wiederverheiratung, eventuell Vorausvermächtnis zugunsten der Ehefrau bezüglich bestimmter Vermögensgegenstände oder Wohnungsrecht; Ehegatten setzen bereits für den ersten Erbfall die Abkömmlinge als Erben ein, überlebender Ehegatte erhält ein Nießbrauchsvermächtnis am gesamten Nachlass oder nur an bestimmten Nachlassgegenständen (z.B. Wohnhaus, Hausrat), Stärkung der Stellung des überlebenden Ehegatten durch seine Einsetzung als Testamentsvollstrecker, Anordnung eines vermächtnisweisen Auseinandersetzungsverbotes.

1487 BayObLG v. 02.03.2000, 2Z BR 144/99, ZEV 2000, 274.

(2) **Testamente von älteren kinderlosen Ehegatten**

637 Bei älteren Eheleuten, bei denen mit Abkömmlingen nicht mehr gerechnet werden kann, wird in der Regel die vollständige Erbeinsetzung des überlebenden Ehegatten gewünscht. Häufig wird allerdings auch bereits eine Regelung für den Tod des Letztversterbenden gewünscht, indem bestimmte Verwandte beider Ehegatten bereits bedacht werden sollen. Auch in diesem Zusammenhang ist die Bindungswirkung des überlebenden Ehegatten zu klären, insbesondere ist an einen eingeschränkten Änderungsvorbehalt, der den Verwandten bestimmte Mindestanteile sichert, aber im Übrigen dem überlebenden Ehegatten einen gewissen Gestaltungsspielraum gibt, zu denken.

638 Gestaltungsmöglichkeiten:

- Regelung beider Erbfälle, weitgehende Freiheit des überlebenden Erblassers: gegenseitige Erbeinsetzung durch gemeinschaftliches Testament oder Erbvertrag, Schlusserbeneinsetzung jeweils zur Hälfte der Verwandten des Ehemannes und der Ehefrau, die nach den Regeln der gesetzlichen Erbfolge berufen wären, wenn beide gleichzeitig versterben würden; Schlusserbeneinsetzung ist jeweils einseitig getroffen bzw. ohne erbvertragliche Bindung und kann jederzeit aufgehoben oder geändert werden;
- Regelung beider Erbfälle mit begrenzter Änderungsmöglichkeit des überlebenden Ehegatten: gegenseitige Erbeinsetzung durch gemeinschaftliches Testament oder Erbvertrag; Schlusserbeneinsetzung der Verwandten des Ehemannes und der Ehefrau je zur Hälfte, eingeschränkter Änderungsvorbehalt, wonach der überlebende Ehegatte über den halben Erbanteil seiner Verwandten anders verfügen kann.

bb) Letztwillige Verfügung bei Ehegatten mit Kindern aus unterschiedlichen Verbindungen (»Patchwork-Familie«)[1488]

639 Haben beide Ehegatten Kinder aus anderen Ehen, besteht die Problematik, dass zum einen der erstversterbende Ehegatte seinen Ehegatten versorgt wissen will, dass zum anderen aber ausgeschlossen werden soll, dass der überlebende Ehegatte Verfügungen zum Nachteil seiner eigenen Kinder zugunsten der fremden Kinder trifft.[1489] Bei dieser Fallgestaltung ist zum einen die Frage zu klären, ob die Abkömmlinge jeweils nur als Erben des leiblichen Elternteils behandelt oder ob beim Schlusserbfall eine gleichmäßige Verteilung des gesamten Ehegattenvermögens auf alle Abkömmlinge wie bei gemeinsamen Abkömmlingen vorgenommen werden soll.[1490] Außerdem muss die Frage der Bindungswirkung und die Verfügungsmöglichkeit des überlebenden Ehegatten gegen die Sicherung der eigenen Kinder abgewogen werden.

640 Sollen selbständige Erbfälle stattfinden, bietet sich die gegenseitige Erbeinsetzung mit Trennungslösung (Vor- und Nacherbschaft) an, oder der überlebende Ehegatte erhält am Nachlass des Versterbenden nur ein Nießbrauchsvermächtnis, Erben werden dann die eigenen leiblichen Kinder. *Keim*[1491] weist darauf hin, dass, besonders wenn ein Partner über ein sehr großes Vermögen verfügt, das nicht in der neuen Beziehung erwirtschaftet wurde, er nicht selten den Wunsch hat, seinen Nachlass an seine eigenen Kinder aus einer früheren Beziehung zu vererben. In diesen Fällen kommt es zunächst infrage, den Partner zum befreiten Vorerben und die eigenen Kinder zu Nacherben einzusetzen. Soll dagegen eine Regelung erreicht werden, die der bei gemeinsamen Abkömmlingen entspricht, bietet sich die Einheitslösung an, bei der dann die Frage der Bindungswirkung der

1488 Vgl. dazu *Nieder/Kössinger* § 21 Rn. 19 ff.; Hausmann DNotZ 2011, 602 ff.; *Sarres* ZFE 2008, 99 ff.; *Grziwotz* FamRB 2003, 232 ff.; *Klinger/Treml*, NJW-Spezial 2007 Heft 5, 205; *v. Dickhuth-Harrach*, S. 1423 ff.; *Ortloff* ZFE 2008, 444 ff.; Grizwotz/*Keim*, Notarielle Gestaltung bei geänderten Familienstrukturen, S. 48; *Zimmer*, NotBZ 2014, 26 ff.; *Keim*, notar 2013, 115 ff. *Enzensberger*, Testamente für Geschiedene und Patchworkehen; *Sarres* ZFE 2008, 99 ff.; *Grziwotz* FamRB 2003, 232 ff.; *Ortloff* ZFE 2008, 444 ff.

1489 Vgl. *Nieder/Kössinger* § 21 Rn. 19; *von Olshausen* DNotZ 1979, 707 ff.

1490 Vgl. *Langenfeld* NJW 1987, 1577, 1583.

1491 Grizwotz/*Keim*, Notarielle Gestaltung bei geänderten Familienstrukturen, S. 48 ff.

Schlusserbeneinsetzung geklärt werden muss. Bei der Einheitslösung bestehen zwei Probleme:[1492] Zum einen müssen beim Erbfall des vorversterbenden Ehegatten dessen Abkömmlinge davon abgehalten werden, Pflichtteilsansprüche geltend zu machen. Hier bieten sich die üblichen Pflichtteilssanktionsklauseln an.[1493] Ein weiteres Problem kann daraus resultieren, dass die jeweiligen Nachlässe des erstversterbenden und des letztversterbenden Ehegatten so weit voneinander abweichen, dass aufgrund der Zusammensetzung der Nachlässe der gesetzliche Erbe nach dem Letztversterbenden einen Pflichtteils- bzw. Pflichtteilsrestanspruch hat, der die gleichmäßige Verteilung verhindern würde.[1494] Insbesondere wenn beim Letztversterbenden nur ein gesetzlicher Erbe vorhanden ist, stünde diesem Erben als Pflichtteilsanspruch bereits der hälftige Gesamtnachlass zu, der sich seinerseits wieder aus dem Nachlass des Ehemannes und der Ehefrau zusammensetzt. Es ist daher bei der Testamentsplanung auch sehr genau das Wertverhältnis beider Nachlässe im Hinblick auf eventuelle Pflichtteilsrechte zu überprüfen und ggf., wenn eine derartige Situation zu befürchten ist, durch entsprechende Klauseln abzusichern. Hier könnte zum einen die Trennungslösung eine wirksame Gestaltungsmaßnahme darstellen. Soll es bei der Einheitslösung bleiben, wird in der Literatur folgende Gestaltung vorgeschlagen: Der Ehegatte, dessen Kindern eine Benachteiligung durch ein Pflichtteilsverlangen des nach dem überlebenden Ehegatten pflichtteilsberechtigten Kindes droht, setzt seinen Kindern für den Fall seines Vorversterbens sofort mit seinem Tode anfallende Vermächtnisse in Höhe ihrer gesetzlichen Erbteile aus, deren Fälligkeit aber bis zum Tode des überlebenden Ehegatten aufgeschoben ist. Außerdem wird dieses Vermächtnis unter die auflösende Bedingung gestellt, dass das Kind des anderen Ehegatten auf den ihm zustehenden Pflichtteil verzichtet, und zwar entweder zu Lebzeiten des überlebenden Ehegatten oder nach dessen Tod durch formlosen Erlassvertrag bzw. dadurch, dass das Kind seinen Pflichtteilsanspruch verjähren lässt.[1495]

cc) Das Geschiedenentestament[1496]

(1) Auswirkungen der Scheidung auf letztwillige Verfügungen

Eine letztwillige Verfügung, durch die der Erblasser seinen Ehegatten bedacht hat, ist unwirksam, 641
wenn die Ehe nichtig oder wenn sie vor dem Tod des Erblassers aufgelöst worden ist (§ 2077 Abs. 1 Satz 1 BGB). Nach § 2077 Abs. 3 BGB ist eine solche Verfügung nicht unwirksam, wenn anzunehmen ist, dass der Erblasser sie auch für einen solchen Fall getroffen haben würde. § 2268 Abs. 1 BGB bestimmt, dass in den Fällen des § 2077 BGB ein gemeinschaftliches Testament insgesamt unwirksam ist, also auch hinsichtlich der Verfügungen zugunsten Dritter und der nicht wechselbezüglichen Verfügungen. § 2279 Abs. 2 BGB erweitert diese Regelung insoweit, als die Unwirksamkeit auch eine Zuwendung erfasst, die von den Ehegatten in ihrem Ehevertrag zugunsten eines Dritten gemacht wurden. Bei diesen Vorschriften handelt es sich allerdings nur um Auslegungsregeln und nicht um eine widerlegliche Vermutung.[1497] Für die Ermittlung des hypothetischen Willens der Ehegatten ist allein auf den Zeitpunkt der Errichtung der letztwilligen Verfügung abzu-

---

1492 Vgl. *Nieder/Kössinger* § 21 Rn. 19 f.

1493 Vgl. OLG Frankfurt ZEV 2014, 6; *Litzenburger* ZEV 2014, 257; Palandt/*Weidlich*, § 2075, Rn. 7; Soergel/*Loritz*, § 2075, Rn. 6, 7.

1494 Vgl. Berechnungsbeispiel bei *von Olshausen* DNotZ 1979, 707, 708 f.

1495 Vgl. den Vorschlag bei *von Olshausen* DNotZ 1979, 707, 719; *Nieder/Kössinger* § 21 Rn. 19 f.

1496 Lit.: *Nieder/Kössinger* § 21 Rn. 35 ff.; *Busse* MittRhNotK 1998, 225; *Damrau*, BWNotZ 1971, 170; *Reimann* ZEV 1995, 329; *ders.*, Zur Kongruenz von ehevertraglicher Regelung und erbrechtlicher Gestaltung, FS *Schippel*, 1996, 301; *Krug*, FPR 2011, 268; *Nieder* ZEV 1994, 156; *Wagner* ZEV 1997, 469; *Limmer* ZFE 1/2002, 19; *v. Dickhuth-Harrach*, Handbuch der Erbfolge-Gestaltung, S. 1390 ff.; *Schnabel*, Das Geschiedenentestament, 2005; *Frohnmayer*, Geschiedenentestament, 2004; *Baltzer*, Das Vor- und Nachvermächtnis in der Kautelarjurisprudenz, 2007; *Stein*, FamFR 2012, 363.

1497 BayObLG ZEV 1995, 331; BayObLG NJW-RR 1993, 12; BGH FamRZ 1960, 28; Soergel/*Damrau* § 2077 Rn. 2; *Reimann*, FS Schippel, 311; *Busse* MittRhNotK 1998, 225, 226; Gutachten DnotI-Report 2005, 45 ff., *Nieder/Kössinger* § 14 Rn. 105 ff.; a.A. allerdings *Muscheler* DNotZ 1994, 733 ff., der der Auffassung ist, es handele sich um einen dispositiven Rechtssatz.

stellen.[1498] Spätere Umstände können für die Ermittlung des hypothetischen Willens nur insoweit herangezogen werden, als sie Rückschlüsse darauf zulassen, wie der Erblasser testiert hätte, wenn er die Auflösung der Ehe vorausbedacht hätte.[1499] Ein Aufrechterhaltungswille kann daher nur angenommen werden, wenn der Erblasser zu der Verfügung nicht durch die Erwartung des Fortbestandes der Ehe bestimmt worden ist.[1500] Bei wechselbezüglichen Verfügungen bzw. zumindest Gegenseitigkeit der Verfügung besteht in der Regel ein Indiz gegen den Aufrechterhaltungswillen.[1501] Zu beachten ist, dass nach der Rechtsprechung des BGH § 2077 BGB als Auslegungsregel nicht analog anwendbar ist, insbesondere nicht auf die Erbeinsetzung von Schwiegerkindern.[1502]

642 Da nach der h.M. den genannten Regelungen nur eine Auslegungsfunktion zukommt und es in der Praxis schwer vorhersehbar ist, welche Umstände letztendlich für die Auslegung herangezogen werden und zu welchen Ergebnissen diese führen, sind in jedem Fall klarstellende Anordnungen zweckmäßig.[1503] Die Maßnahmen, die zu treffen sind, entsprechen denen bei getrennt lebenden Ehegatten, sodass auf unten verwiesen werden kann (s.u. Syst. A Rdn. 644 ff.)

643 Auf **Lebensversicherungen** und sonstige Rechtsgeschäfte unter Lebenden ist nach h.M. § 2077 BGB nicht entsprechend anzuwenden.[1504] Insofern sind besondere Maßnahmen, insbesondere der Widerruf des Bezugsrechts, veranlasst. Zu beachten ist dabei, dass nach § 13 Abs. 2 ALB die Einräumung und Aufhebung einer Drittberechtigung am Lebensversicherungsvertrag erst mit deren schriftlicher Anzeige an den Vorstand des Versicherers wirksam wird. Trotz der Auslegungsregel des § 332 BGB genügt die Änderung der Bezugsberechtigung in einer Verfügung von Todes wegen nicht.[1505]

(2) Getrennt lebende Ehegatten[1506]

644 Bei Trennung tritt die Auslegungsregel des § 2077 Abs. 1 Satz 2 BGB nur ein, wenn zur Zeit des Todes des Erblassers die Voraussetzungen für die Scheidung gegeben waren und der Erblasser die Scheidung beantragt oder ihr zugestimmt hatte. Die Zustimmung ist nach Auffassung des BGH eine Prozesshandlung und muss im Scheidungsverfahren dem Gericht gegenüber erklärt werden.[1507] Ungeklärt ist dabei noch, in welcher Form die Zustimmung zu klären ist.[1508] Hat nur der überlebende Ehegatte die Scheidung beantragt und der Erblasser nicht zugestimmt, so bleibt sein gesetzliches Erbrecht erhalten.[1509] Ebenso wie bei geschiedenen Ehegatten handelt es sich auch insoweit nur um Auslegungsregeln, sodass auch in diesen Fällen klarstellende Anordnungen zweckmäßig sind. Sind die Voraussetzungen nicht gegeben oder sollen Auslegungsunsicherheiten beseitigt werden, dann sind je nach erbrechtlicher Situation verschiedene Maßnahmen zu prüfen.[1510] Besteht

1498 BGH FamRZ 1960, 28; *Nieder/Kössinger* § 14 Rn. 106.

1499 BGH FamRZ 1961, 366; BayObLG FamRZ 1993, 362; BayObLG ZEV 1995, 331; *Busse* MittRhNotK 1998, 225, 226; *Nieder/Kössinger* § 14 Rn. 106.

1500 OLG Hamm OLGZ 1992, 272, 277.

1501 Vgl. OLG Hamm OLGZ 1992, 272; Palandt/*Weidlich* § 2268 Rn. 2; RGRK/*Johannsen* § 2268 Rn. 2; *Dieterle* BWNotZ 1970, 171.

1502 BGH NJW 2003, 2095.

1503 So zu Recht *Reimann*, FS Schippel, 311; *Nieder/Kössinger* § 14 Rn. 107.

1504 BGH NJW 1987, 3113; *Tappmeier* DNotZ 1987, 715; *Busse* MittRhNotK 1998, 225, 228.

1505 BGHZ 81, 95; BGH NJW 1981, 2245; BGH NJW 1993, 3133; *Nieder/Kössinger* ZEV 1994, 156, 157 f.; *Tappmeier* DNotZ 1987, 715.

1506 Vgl. dazu *Nieder/Kössinger* § 21 Rn. 31; *Schlitt* ZEV 2005, 96 ff.

1507 BGHZ 111, 329, 331 = NJW 1990, 2382; BGH NJW 1995, 1082.

1508 H.M. wohl formlos: BayObLG NJW-RR 1996, 651; OLG Frankfurt OLGZ 1990, 215; OLG Stuttgart OLGZ 1993, 263; OLG Zweibrücken NJW 1995, 609; *Strenger* vgl. OLG Zweibrücken OLGZ 1983, 160; OLG Saarbrücken FamRZ 1992, 109.

1509 VGl. *Nieder/Kössinger* § 21 Rn. 32; *Bengel* ZEV 1994, 360; an der Verfassungsmäßigkeit dieses einseitigen Erbrechtsausschlusses zweifelt *Zopfs* ZEV 1995, 309.

1510 Vgl. *Reimann* ZEV 1995, 329; *ders.*, FS Schippel, 1996, 301.

kein Testament, sollte ein enterbendes Testament verfügt werden. Ein begünstigendes Testament sollte widerrufen werden, beim gemeinschaftlichen Testament ist der Widerruf durch notariell beurkundende Widerrufserklärung notwendig. Ist beim Ehegattenerbvertrag der Rücktritt vorbehalten, kann sich der Erblasser vom Erbvertrag durch Rücktritt befreien. Ist kein Rücktrittsvorbehalt enthalten, so kann jeder Ehegatte seine Verfügung in dem Ehegattenerbvertrag wegen Motivirrtum gem. § 2078 Abs. 2 BGB durch notariell zu beurkundende und dem anderen Ehegatten zuzustellende Anfechtungserklärung anfechten.[1511] Pflichtteilsansprüche lassen sich nur durch einen notariell beurkundeten Erb- oder Pflichtteilsverzichtsvertrag verhindern. Kommt es zu einer Scheidungsvereinbarung, empfiehlt es sich, daher auch die erbrechtliche Situation zu regeln und alle bisher getroffenen gemeinschaftlichen Testamente und Erbverträge aufzuheben und einen Erb- oder Pflichtteilsverzichtsvertrag zu vereinbaren. In der Regel ist in diesem Rahmen der Erbverzicht dem Pflichtteilsverzicht vorzugswürdig.[1512]

(3) Die Problematik des Geschiedenentestamentes

Die Interessenlage bei geschiedenen Ehepartnern ist in der Regel dergestalt, dass unter allen 645
Umständen verhindert werden soll, dass der geschiedene Ehepartner in welcher Form auch immer am Vermögen des anderen Ehegatten beteiligt wird. Sind gemeinsame Abkömmlinge vorhanden, besteht die Problematik, dass beim Vorversterben der gemeinschaftlichen Kinder der geschiedene Ehepartner wiederum als gesetzlicher Erbe der Kinder am Nachlass partizipiert bzw. Pflichtteilsansprüche geltend machen kann, die sich wertmäßig auch aus dem Nachlass des verstorbenen Ehepartners zusammensetzen.[1513] Gestaltungen, die dies verhindern sollen, werden unter den Begriff des Geschiedenentestaments diskutiert.

(4) Sicherung durch Anordnung der Nacherbfolge

Soll das weitere Schicksal von Vermögenswerten über den Tod des Erben hinaus gesteuert werden, 646
wird in der Regel die Anordnung von Vor- und Nacherbfolge gewählt.[1514] Hierdurch wird verhindert, dass kraft Erbfolge das vom Erblasser stammende Vermögen über die Kinder als Erben an den geschiedenen Ehegatten fällt. Durch die Anordnung der Vor- und Nacherbfolge wird ein Sondervermögen geschaffen, das vom eigenen Vermögen des (Vor-)Erben getrennt ist und – da es zur Testierbefugnis des Vorerben regelmäßig entzogen ist – nicht an dessen Erben fallen und als Sondervermögen auch nicht zur Berechnung von Pflichtteilsansprüchen der pflichtteilsberechtigten Angehörigen des Erben herangezogen werden kann.[1515] Außerdem können wegen der §§ 2112 ff. BGB auch bei einer Verfügung unter Lebenden Nachlassgegenstände nur beschränkt auf den anderen Ehegatten übertragen werden.

Als Nacherben kann der Erblasser die zukünftigen Abkömmlinge seiner Kinder oder deren gesetz- 647
liche Erben einsetzen, wobei allerdings ausdrücklich der andere Elternteil ausgenommen werden muss, dessen Abkömmlinge, die nicht aus der Ehe mit dem Erblasser stammen, und dessen Verwandte aufsteigender Linie (ausgeschlossener Personenkreis).[1516] Nachteil dieser Lösung ist, dass die eigenen Erben langfristig gebunden werden und insbesondere keine eigenen letztwilligen Ver-

---

1511 BayObLG FamRZ 1983, 1275; BayObLG NJW-RR 1990, 200; *Nieder* ZEV 1994, 157.

1512 *Reimann* ZEV 1995, 329.

1513 Vgl. *Busse* MittRhNotK 1998, 225; *Dieterle* BWNotZ 1971, 14 ff.; *Nieder* ZEV 1994, 156, 158; *Nieder/Kössinger* § 21 Rn. 35 ff.; *Langenfeld*, Das Ehegattentestament, Rn. 341 ff.; *v. Dickhuth-Harrach*, S. 1390 f.; *Wagner* ZEV 1997, 369; *Reimann* ZEV 1995, 329, 330; *Schnabel*, Das Geschiedenentestament, 2005; *Frohnmayer*, Geschiedenentestament, 2004; *Baltzer*, Das Vor- und Nachvermächtnis in der Kautelarjurisprudenz, 2007.

1514 *Nieder/Kössinger* § 21 Rn. 39 ff.; *v. Dickhuth-Harrach*, Handbuch der Erbfolge-Gestaltung, S. 1392 ff.

1515 Palandt/*Weidlich*, § 2100 Rn. 2; Bamberger/Roth/*Litzenburger*, BGB, § 2100 Rn. 2; *Hartmann* ZEV 2009, 107; *v. Dickhuth-Harrach*, Handbuch der Erbfolge-Gestaltung, S. 1393.

1516 Vgl. *Nieder* ZEV 1994, 157, 158; *Langenfeld*, Das Ehegattentestament, Rn. 342; *Dieterle* BWNotZ 1971, 170; *Busse* MittRhNotK 1998, 225, 230 mit Formulierungsvorschlag.

fügungen, z.B. zugunsten ihrer eigenen Ehepartner, treffen können. Dies ist deshalb unerwünscht, da es nicht um den Schutz der Nacherben geht, sondern nur um die Steuerung des Nachlasses am Ehegatten vorbei. Die Interessenlage geht daher in der Regel dahin, den eigenen Erben möglichst viel Gestaltungsfreiheit zu lassen.[1517] Hierfür werden verschiedene Lösungen vorgeschlagen:[1518]

648 – Der Erblasser bestimmt, dass diejenigen Personen Nacherben sein sollen, die der Vorerbe von Todes wegen zu seinen Erben bestimmt (sog. Dieterle-Klausel).[1519] Bei dieser Klausel ist allerdings umstritten, ob sie gegen § 2065 Abs. 2 BGB verstößt, ob es also ausschließlich vom Willen des Vorerben abhängt, wer Erbe wird. Ein Teil der Literatur lässt allerdings diese Anordnung zu und sieht keinen Verstoß gegen § 2065 Abs. 2 BGB.[1520] Allerdings war das OLG Frankfurt im Beschl. v. 10.12.1999[1521] ohne weitere Auseinandersetzung mit der Literatur der Auffassung, dass eine Bestimmung, dass derjenige Nacherbe sein soll, den der Vorerbe testamentarisch bestimmt, wegen Verstoßes gegen § 2065 Abs. 2 BGB unwirksam sei. Auch die Auslegungsregel des § 2104 BGB finde keine Anwendung. Auch das BayObLG hat im Beschl. v. 18.03.2004[1522] klargestellt, dass die Bestimmung der Person des Nacherben nicht dem Vorerben überlassen sein darf. Im Beschl. v. 24.08.2006 hat auch das OLG Hamm[1523] Zweifel an dieser Lösung geäußert. In der Praxis ist diese Gestaltung daher in Zukunft bis zu einer Klärung nicht mehr zu empfehlen.[1524] Bei dieser Gestaltung müsste – wenn sie noch verwendet werden soll – in jedem Fall geregelt werden, dass für den Fall, dass der Vorerbe den geschiedenen Ehegatten des Erblassers oder Personen, die zum ausgeschlossenen Personenkreis gehören, ganz oder teilweise als Erben einsetzt, hilfsweise eine bedingte Anordnung getroffen wird, etwa in der Weise, dass die Erbschaft bzw. »der freie Anteil« den gesetzlichen Erben des Vorerben mit Ausnahme des anderen Elternteils und dessen Angehörigen oder den übrigen gewillkürten Erben des Vorerben zufallen soll.

649 – Unabhängig von dieser problematischen Regelung wird als zulässig erachtet, dass der Erblasser bestimmte Nacherben einsetzt, diese aber unter der auflösenden bzw. aufschiebenden Bedingung, dass der Vorerbe nicht anderweitig letztwillig verfügt. Diese Lösung wird von der h.M. anerkannt.[1525] Die auflösende Bedingung kann in der Art eingeschränkt werden, dass sie nur eingreift, wenn der Vorerbe bestimmte Personen oder einen bestimmten Personenkreis bedenkt. Die bedingte Vorerbschaft führt zur Vollerbschaft, sofern der Vorerbe eine Verfügung über sein Vermögen trifft. In diesem Fall kann sich allerdings beim Tod des »Vorerben« herausstellen, dass im Falle der Vollerbschaft der geschiedene Ehegatte über sein Pflichtteilsrecht nach seinem Kind

1517 Vgl. *Wagner* ZEV 1997, 370.

1518 Vgl. auch die Vorschläge von *Hartmann* ZNotP 2012, 372 ff.; *v. Dickhuth-Harrach*, Handbuch der Erbfolge-Gestaltung, S. 1394 ff.

1519 Vgl. *Dieterle* BWNotZ 1970, 170 und BWNotZ 1971, 14.

1520 So *v. Dickhuth-Harrach*, Handbuch der Erbfolge-Gestaltung, S. 1394 f.; Palandt/*Weidlich* § 2065 BGB Rn. 7; *Nieder* ZEV 1994, 156, 158; *Busse* MittRhNotK 1998, 232; *Hölscher* ZEV 2009, 213; *Dieterle* BWNotZ 1970, 170; MünchKomm/*Leipold* § 2065 BGB Rn. 18, der allerdings verlangt, dass der Erblasser in seiner Verfügung die überhaupt in Betracht kommenden Personen selbst bezeichnet; ablehnend Soergel/*Loritz* § 2065 Rn. 14; vgl. auch *Wagner* ZEV 1997, 369, 370.

1521 OLG Frankfurt DNotZ 2001, 143 m. Anm. *Kanzleiter*; dazu *Ivo* DNotZ 2002, 260 ff.

1522 BayObLG FamRZ 2005, 65.

1523 OLG Hamm MDR 2007, 663 = ZFE 2007, 158.

1524 *Kanzleiter* spricht daher vom Ende der *Dieterle*-Klausel DNotZ 2001, 150; ähnlich auch *J. Mayer* ZEV 2001, 7; *ders.* ZERB 2001, 197, 205; *Oertzen/Sistermann* ZEV 2001, 186; *Nieder/Kössinger* § 21 Rn. 41; *Ivo* DNotZ 2002, 260 ff.

1525 RGJW 1910, 820; BGHZ 2, 35; BGHZ 59, 220; BayObLGZ 1982, 331; BayObLG FamRZ 1991, 1488; OLG Oldenburg FamRZ 1991, 862; BayObLG NJW-RR 2001, 1588; KG DNotZ 1999, 679; OLG Hamm MDR 2007, 663; OLG Hamm NJW-RR 2000, 78; Staudinger/*Otte* § 2065 BGB Rn. 19; MünchKomm/*Leipold* § 2065 BGB Rn. 10; Soergel/*Loritz* § 2065 BGB Rn. 19; *Busse* MittRhNotK 1998, 236; *Zawar* DNotZ 1986, 515, 521; *Frank* MittBayNot 1987, 231; *Kanzleiter* DNotZ 2001, 15; *J. Mayer* ZEV 1996, 104, *ders.* ZEV 2001, 6 f. mit Formulierungsbeispiel; *v. Dickhuth-Harrach*, Handbuch der Erbfolge-Gestaltung, S. 1395.

an dem Vermögen des Erblassers partizipiert. Das KG hat bestätigt, dass eine Erbeinsetzung unter einer Bedingung, deren Eintritt von einem Dritten, etwa dem Testamentsvollstrecker, festgestellt werden soll, nicht gegen § 2065 BGB verstößt, wenn die Voraussetzungen des Bedingungseintritts durch sachliche Kriterien hinreichend bestimmt sind und nicht dem Ermessen des Dritten überlassen sind.[1526] Das OLG Hamm war im Beschl. v. 24.08.1999 der Auffassung, dass die Bestimmung in einem Ehegattentestament, die eine angeordnete Nacherbeneinsetzung mit einer auflösenden Bedingung verknüpft, die bei einer anderweitigen Verfügung des überlebenden Ehegatten über den Nachlass eintritt, wirksam ist.[1527] Der Bedingungseintritt könne dabei auch so gestaltet werden, dass er nicht nur durch eine anderweitige letztwillige Verfügung, sondern auch durch ein lebzeitiges Rechtsgeschäft des überlebenden Ehegatten herbeigeführt werden kann.

– Die Nacherbfolge kann auch nur bedingt angeordnet werden für den Fall, dass Nachlassgegen- 650
  stände des Erblassers nach dem Tod des Erben im Wege der Erbfolge oder aufgrund eines Vermächtnisses auf den geschiedenen Ehegatten, dessen Abkömmlinge, die nicht aus der Ehe mit dem Erblasser stammen, oder auf seine Verwandte aufsteigender Linie übergehen würden oder Grundlage für die Berechnung des Pflichtteils der ausgeschlossenen Person wären.[1528] Diese aufschiebende Bedingung führt aber auch dazu, dass die Schutzvorschriften des §§ 2113 ff. BGB gelten.[1529]

Es empfiehlt sich außerdem, die nach § 2108 Abs. 2 BGB grundsätzlich gegebene Vererblichkeit 651
und die nach dem Erbfall mögliche Übertragungsfähigkeit[1530] der Anwartschaft des Nacherben auszuschließen, damit nicht der geschiedene Ehegatte und dessen Lebenskreis über den Nacherben doch noch an dem Vermögen des Erblassers teilnehmen. Der Ausschluss kann auch teilweise, nämlich soweit der geschiedene Ehegatte und dessen Angehörige zum Zuge kommen, angeordnet werden. Ein derartiger Ausschluss ist nach der Rechtsprechung des BGH[1531] sinnvoll. Der Umstand allein, dass der Nacherbe ein Abkömmling des Erblassers ist, genügt noch nicht, um annehmen zu können, der Erblasser habe die Vererblichkeit der Nacherbenanwartschaft nicht gewollt. Die zeitliche Schranke des § 2109 BGB ist zu beachten.

Da sich die Nacherbenbestimmung nicht gegen den Vorerben, sondern gegen den geschiedenen 652
Ehegatten des Erblassers richtet, wird dieser den Vorerben von allen Beschränkungen im Rahmen des gesetzlich Zulässigen freistellen.[1532] Soll eine weitere Freistellung zu Lebzeiten erreicht werden, wäre daran zu denken, anzuordnen, dass für den Fall, dass der Vorerbe über Gegenstände, die der Vor- und Nacherbfolge unterliegen, zu Lebzeiten zugunsten anderer Personen als des geschiedenen Ehepartners bzw. des ausgeschlossenen Personenkreises verfügt, er diese als Vorausvermächtnis erhält, die nicht der Vor- und Nacherbfolge unterliegen. Es handelt sich dabei also um ein Vorausvermächtnis der Nachlassgegenstände unter der Bedingung, dass hierüber zu Lebzeiten eine Verfügung getroffen worden ist. Bei dieser Gestaltung ist fraglich, ob sie nicht dem Grundgedanken der Vor- und Nacherfolge widerspricht und ob sie nicht als Vollerbeneinsetzung gewertet wird, verbunden mit einem Vermächtnis hinsichtlich des Teils des Nachlasses, über den der zunächst Berufene bis zu seinem Tod nicht verfügt hat.[1533]

1526 KG DNotZ 1999, 679.
1527 OLG Hamm MittRhNotK 1999, 312 = ZEV 2000, 197 m. Anm. *Loritz* = MittBayNot 2000, 47.
1528 *Dieterle* BWNotZ 1971, 18; *Nieder* ZEV 1994, 156, 158.
1529 *Nieder* ZEV 1994, 156, 158.
1530 RGZ 170, 168; Staudinger/*Avenarius* § 2108 BGB Rn. 7; Palandt/*Weidlich* § 2108 BGB Rn. 6.
1531 NJW 1963, 1150.
1532 Zu den verschiedenen Befreiungsmöglichkeiten vgl. instruktiv mit Formulierungsbeispielen *J. Mayer* ZEV 2001, 1, 6 ff.
1533 OLG Bremen DNotZ 1956, 149.

(5) Sicherung durch auflösend bedingte Erbeinsetzung

653 Der Erblasser kann den Erben auch nur auflösend bedingt zum Erben einsetzen und als Bedingung die Veräußerung (unter Lebenden) eines Nachlassgegenstandes an den anderen Elternteil (bzw. dessen Angehörige) festsetzen. Eine solche Gestaltung ist für alle Beteiligten sehr einschneidend und wegen der Schwierigkeiten, die der gutgläubige Erwerb Dritter mit sich bringen kann, nicht zweckmäßig. Trotz des Grundsatzes der Testierfreiheit ist es zulässig, als (auflösende) Bedingung auch eine letztwillige Zuwendung des Erben an den geschiedenen Ehegatten festzusetzen.[1534]

Allerdings kann eine derartige testamentarische Verwirkungsklausel als Anordnung der Nacherbfolge oder als aufschiebend bedingte Pflicht des Erben zur Herausgabe des Zugewendeten an einen Vermächtnisnehmer aufzufassen sein.[1535] Sofern eine echte bedingte Erbeinsetzung gewollt ist, sollte dies in der Verfügung von Todes wegen klargestellt werden.

(6) Sicherung durch Aussetzung von Vermächtnissen

654 Als zweite Lösung, die die Nachteile der Vor- und Nacherbfolge vermeidet, wird in der Literatur die Aussetzung von aufschiebend bedingten (Herausgabe-)Vermächtnissen vorgeschlagen.[1536] Der Erblasser kann seine Erben mit einem beim Tod des Erben anfallenden Sachvermächtnis beschweren, wonach diejenigen Vermögensgegenstände, die ursprünglich zum Nachlass gehört haben, sowie Surrogate (§ 2111 BGB) herauszugeben sind.[1537] Hierdurch wird sichergestellt, dass das Vermögen des Erblassers nicht an den geschiedenen Ehegatten, dessen Abkömmlinge, die nicht aus der Ehe mit dem Erblasser stammen, und die Verwandten aufsteigender Linie als Erben des Erben oder – im Wege der Pflichtteilsberechnung wertmäßig – als Pflichtteilsberechtigte[1538] fällt.

Als Vermächtnisnehmer können diejenigen Personen eingesetzt werden, die als mögliche Nacherben genannt wurden. Zulässig ist auch die Anordnung eines **Universalvermächtnisses.**[1539] Als alternative Lösung, die wirtschaftlich ein ähnliches Ergebnis bewirkt wie die Vor- und Nacherbfolge – allerdings ohne deren Sicherungsmechanismen und damit auch ohne deren Beschränkungen – ist die die Aussetzung von (Herausgabe-)Vermächtnissen (sog. Vermächtnislösung).[1540] Der Erblasser kann seine Erben mit einem beim Tod des Erben anfallenden Sachvermächtnis beschweren, wonach diejenigen Vermögensgegenstände, die ursprünglich zum Nachlass gehört haben, sowie Surrogate (§ 2111 BGB) an bestimmte Personen (die wirtschaftlichen »Nacherben«) herauszugeben sind. Hierdurch wird sichergestellt, dass das Vermögen des Erblassers nicht an den Erben des Erben fällt. Als Vermächtnisnehmer können diejenigen Personen eingesetzt werden, die als mögliche Nacherben bedacht werden sollen. Die Vermächtnisse können auch aufschiebend bedingt angeordnet werden etwa beim Geschiedenentestament, wenn durch den Tod der beschwerten Erben Nachlassgegenstände aus dem ihnen vom Erblasser zugewendeten Vermögen mittelbar an dessen geschiedenen Ehegatten, dessen Abkömmlinge aus anderen Verbindungen oder seine Verwandten aufsteigender Linie fallen oder sie zur Grundlage der Pflichtteilsberechnung des geschiedenen Ehegatten werden.

1534 Staudinger/*Otte* § 2074 BGB Rn. 43.

1535 BayObLG NJW 1962, 1060.

1536 *Dieterle* BWNotZ 1971, 19; *Nieder* ZEV 1994, 157, 159; *Langenfeld*, Das Ehegattentestament, Rn. 342; *Busse* MittRhNotK 1998, 237 mit Formulierungsvorschlag; *Nieder/Kössinger* § 21 Rn. 43 ff.; *Hölscher* ZEV 2009, 213 ff.; *Hartmann* ZNotP 2012, 372 f.

1537 *Nieder* ZEV 1994, 157, 159; *Hartmann* ZNotP 2012, 372 f.

1538 Wobei die Pflichtteilsberechnung nicht ganz unumstritten ist. Vgl. *Hartmann* ZEV 2001, 89, 93; *ders.* ZNotP 2012, 372 f., *Kanzleiter* DNotZ 2001, 152; *Wagner* ZEV 1997, 369, 370; *Reimann*, MittBayNot 2002, 1, 7.

1539 *Nieder/Kössinger* § 14 Rn. 98 ff.

1540 *Reimann*, MittBayNot 2002, 4; *Schlitt*, ZErb 2006, 226; *Busse* MittRhNotK 1998, 237 mit Formulierungsvorschlag; *Baltzer*, Das Vor- und Nachvermächtnis in der Kautelarjurisprudenz, S. 203 f.; *Frohnmayer*, Geschiedenentestament, S. 15 f.; *v. Dickhuth-Harrach*, Handbuch der Erbfolggestaltung, S. 1398 f.

In der Literatur wurde zwar auch die Meinung vertreten, dass ein Universalvermächtnis als Erbeinsetzung zu werten sei.[1541] Die h.M. hingegen bejaht die Möglichkeit, sofern der Wille eindeutig ist.[1542] Für die wirksame Anordnung eines Universalvermächtnisses ist daher von entscheidender Bedeutung, dass der Erblasser die Auslegungsregel des § 2087 Abs. 1 BGB in der Weise entkräftet, dass er die Zuwendung ausdrücklich als Universalvermächtnis deklariert und damit Auslegungszweifel ausschließt.[1543]

Die Vermächtnisse können **aufschiebend bedingt** angeordnet werden, wenn durch den Tod der beschwerten Erben Nachlassgegenstände aus dem ihnen vom Erblasser zugewendeten Vermögen mittelbar an dessen geschiedenen Ehegatten, dessen Abkömmlinge aus anderen Verbindungen oder seine Verwandten aufsteigender Linie fallen oder sie zur Grundlage der Pflichtteilsberechnung des geschiedenen Ehegatten werden.[1544] 655

Nach § 2151 BGB kann der Erblasser durch ein Vermächtnis mehrere Personen in der Weise bedenken, dass der Beschwerte oder ein Dritter zu bestimmen hat, wer von den Mehreren das Vermächtnis erhalten soll. Der Kreis der möglichen Vermächtnisnehmer muss allerdings soweit beschränkt sein, dass ein sicherer Anhalt für die Bestimmung des Bedachten gegeben ist.[1545] Da es sich bei der vorgeschlagenen Gestaltung erst beim Tod des Erben herausstellt, ob das Vermächtnis anfällt, kann der Erbe die Bestimmung i.S.v. § 2153 BGB nicht vornehmen; dies ist eine empfangsbedürftige Willenserklärung unter Lebenden und kann nicht durch Verfügung von Todes wegen realisiert werden. Das Bestimmungsrecht ist, da nicht übertragbar, auch nicht vererblich, es erlischt also mit dem Tod des Berechtigten.[1546] Es kann also nur ein Dritter das Bestimmungsrecht erhalten. Der Dritte kann auch ein eventuell vom Erben eingesetzter Testamentsvollstrecker sein.[1547] Kommt es nicht zur Bestimmung, sind die Bedachten Gesamtgläubiger (§ 2151 Abs. 3 Satz 1 BGB). 656

Nach § 2153 BGB kann der Erblasser den mit dem Vermächtnis Beschwerten oder einen Dritten ermächtigen, unter Zugrundelegung der im Vermächtnis genannten ideellen Beteiligung die Vermächtnisgegenstände unter den Bedachten real aufzuteilen. Der Erbe selbst scheidet aus den gleichen Gründen als Bestimmungsberechtigter aus wie bei § 2151 BGB. Kommt es nicht zur Bestimmung, so haben die mehreren Bedachten abweichend von § 2151 Abs. 3 Satz 1 BGB den Vermächtnisanspruch nicht als Gesamtgläubiger, sondern als Bruchteilsgläubiger zu gleichen Teilen. 657

Die in § 2151 und dem § 2153 BGB gegebenen Möglichkeiten können kombiniert werden.[1548] Der Erblasser kann also sowohl die Auswahl der endgültigen Vermächtnisnehmer aus einem von ihm bezeichneten Kreis wie die Verteilung der Gegenstände einem Dritten überlassen. Kommt es entgegen dem Willen des Erblassers nur zur Bestimmung, so kann nur § 2151 Abs. 3 Satz 1 BGB anwendbar sein, da die Voraussetzung des § 2153 Abs. 2 Satz 1 BGB (Bestimmtheit der Vermächtnisnehmer) noch nicht gegeben ist. 658

Die Anordnung vorstehender Vermächtnisse hindert den Erben nicht, die Nachlassgegenstände durch Vertrag unter Lebenden an den anderen Elternteil zu übertragen. Das Vermächtnis kann insofern durch eine Strafklausel ergänzt werden, wonach der Nachlass einzeln oder im ganzen im Fall der Veräußerung an den geschiedenen Ehegatten des Erblassers einem Dritten vermacht sein 659

1541 *Sudhoff* DB 1966, 1720, *Menz*, DB 1966, 1719.
1542 *Reimann* MittBayNot 2002, 4, 5; *Schlitt* ZErb 2006, 226.
1543 So *Schlitt* ZErb 2006, 226, vgl. auch *Reimann* MittBayNot 2002, 4, 5.
1544 *Nieder* ZEV 1994, 159.
1545 RGZ 96, 15; Staudinger/*Otte* § 2151 BGB Rn. 3; MünchKomm/*Rudy* § 2151 BGB Rn. 2; Palandt/*Weidlich* § 2151 BGB Rn. 1.
1546 Staudinger/*Otte* § 2151 BGB Rn. 9; MünchKomm/*Schlichting* § 2151 BGB Rn. 13; Erman/*M. Schmidt* § 2151 BGB Rn. 3; Palandt/*Weidlich* § 2151 BGB Rn. 1.
1547 *Dieterle* BWNotZ 1971, 19.
1548 RGZ 30, 287; 96, 17; Staudinger/*Otte* § 2153 BGB Rn. 1; MünchKomm/*Rudy* § 2153 BGB Rn. 1; Palandt/*Weidlich* § 2153 BGB Rn. 1; Soergel/*M. Wolf*, § 2153 Rn. 1, 5.

soll.[1549] Eine gleichwohl vom Erben vorgenommene Einigung wäre wegen der nur schuldrechtlichen Wirkung des Vermächtnisses wirksam, da er als dinglich Berechtigter verfügt hätte. Er ist jedoch dem Vermächtnisnehmer wegen Verletzung des gesetzlichen Schuldverhältnisses zum Schadensersatz verpflichtet. Seinen Willen, dass nichts durch Rechtsgeschäft unter Lebenden aus dem Nachlass an den geschiedenen Ehegatten gelangen solle, kann der Erblasser außerdem durch entsprechende Auflagen und Anordnung der Testamentsvollstreckung sicherstellen. Möglich ist auch dem Endbedachten einen Anspruch auf Eintragung einer Vormerkung bei einem Immobilienvermächtnis zu gewähren, allerdings mit dem Nachteil, dass dann der Erbe stark eingeschränkt ist.[1550]

(7) **Kombination von Nacherbfolge und bedingten Vermächtnissen**

660 *Nieder*[1551] schlägt darüber hinaus eine Kombination beider Lösungen vor, und zwar dergestalt, dass die Nacherbfolgelösung nur für die Situation und Zeiträume gewählt wird, in denen die Gefährdung besonders groß ist, also die Lebenszeit des geschiedenen Ehegatten (Kombinationslösung).[1552] Für diese Zeit sollte daher die Nacherbfolge gewählt werden. Für den Zeitpunkt danach würde sich die Vermächtnislösung anbieten.

(8) **Sonstige Bestimmungen**

661 Der Erblasser, der minderjährige Kinder, die zugleich vom geschiedenen Ehegatten abstammen, zu Erben einsetzt oder mit Vermächtnissen bedenkt, kann dem geschiedenen Partner zusätzlich das Verwaltungsrecht gem. § 1638 BGB entziehen;[1553] das Familiengericht hat dann eine Ergänzungspflegschaft gem. § 1909 BGB anzuordnen, wobei der Erblasser die Person des Pflegers durch letztwillige Verfügung benennen kann.[1554] Das Verwaltungsrecht des anderen Elternteils ist ebenfalls ausgeschlossen, soweit ein Testamentsvollstecker als Verwaltungsvollstrecker zuständig ist. Der ehemalige Ehegatte kann jedoch hier als gesetzlicher Vertreter seines Kindes dessen Erbrechte geltend machen. Auch eine Kombination Entzug des Verwaltungsrechts und Testamentsvollstreckung ist zulässig.[1555]

662 Fraglich war, ob der Ausschluss des Verwaltungsrechts dem geschiedenen Ehegatten bei minderjährigen Kindern auch das Recht nimmt, für das als Erbe vorgesehene Kind die Erbschaft (mit Genehmigung des Familiengerichts) auszuschlagen. Nach der einen Ansicht sollte dies der Fall sein;[1556] begründet wird diese Ansicht mit der Erwägung, wenn die Eltern schon von der Verwaltung ausgeschlossen werden könnten, müsse dies erst recht für die Entscheidung über die Annahme oder Ausschlagung der Zuwendung gelten. Die h.M.[1557] ging dahin, dass die Eltern von der Vertretung bei der Annahme oder der Ausschlagung der Zuwendung nicht ausgeschlossen werden können; die Eltern seien hier als (persönliche) Vertreter des minderjährigen Bedachten, nicht als Vermögensverwalter tätig. Der BGH hat im Beschl. v. 29.06.2016[1558] entschieden, dass der durch Verfügung von Todes wegen angeordnete Ausschluss der elterlichen Vermögensverwaltung für vom Kind ererbtes Vermögen auch die Befugnis zur Ausschlagung der Erbschaft umfasst. Die in einem solchen Fall

1549 Staudinger/*Otte* § 2074 BGB Rn. 44, 53.

1550 *Nieder/Kössinger* § 21 Rn. 47; vgl. auch *Watzek* MittRhNotK 1999, 42; *v. Dickhuth-Harrach*, Handbuch der Erbfolge-Gestaltung, S. 1399.

1551 ZEV 1994, 156, 159.

1552 *Nieder/Kössinger* § 21 Rn. 54, mit Formulierungsvorschlag; *v. Dickhuth-Harrach*, Handbuch der Erbfolge-Gestaltung, S. 1399.

1553 Vgl. *Hartmann* ZNotP 2012, 372 f. mit Formulierungsvorschlag.

1554 *Dieterle* BWNotZ 1971, 16; *Nieder ZEV* 1994, 156, 159; *Damrau* ZEV 1998, 90; *Busse* MittRhNotK 1998, 234.

1555 *Damrau* ZEV 1998, 90, 91; *Busse* MittRhNotK 1998, 230, 238.

1556 RGRK/*Schäffler* § 1638 Rn. 7.

1557 KG OLG 32, 13; OLG Karlsruhe OLGZ 65, 260; Palandt/*Diederichsen* § 2638 BGB Rn. 4.

1558 BGH MittBayNot 2017, 595 m. Anm. *Suttman; vgl. auch Müller* NotBZ 2016, 462, 463; *Becker* notar 2017, 185.

von einem ausgeschlossenen Elternteil im Namen des Kindes erklärte Ausschlagung sei mangels Vertretungsmacht unwirksam. *Suttman* empfiehlt, dass bei der Gestaltung von Verfügungen von Todes wegen künftig klargestellt werden sollte, dass ein Ausschluss nach § BGB § 1638 Abs. 1 BGB sich ausdrücklich auch auf die Frage der Annahme oder Ausschlagung beziehen soll.[1559]

dd) Testamentsgestaltung bei Überschuldung des Erben[1560]

(1) Allgemeines

In der Praxis werden verschiedene Lösungen der Gestaltung bei überschuldeten potenziellen Erben diskutiert. Zum einen wird auf § 2338 BGB hingewiesen, nach dem bei überschuldeten Abkömmlingen als Ausnahme von § 2306 Abs. 1 BGB unter den dort genannten Voraussetzungen die gesetzlichen Erben des Abkömmlings als Nacherben oder als Nachvermächtnisnehmer eingesetzt und ggf. nach § 2338 Abs. 1 Satz 2 BGB Testamentsvollstreckung angeordnet werden können.[1561] Nach ganz h.M. gilt diese Vorschrift nicht gegenüber den Eltern und dem Ehegatten des Erblassers.[1562] Bei überschuldeten Ehegatten wird allerdings ebenfalls eine Kombination von § 2115 BGB (Anordnung der Nacherbfolge) mit § 2214 BGB (Anordnung der Testamentsvollstreckung) empfohlen.[1563] Außerdem wird teilweise noch die Zuwendung eines Nießbrauchsvermächtnisses an den Überschuldeten diskutiert, wobei die Gestaltung allerdings seit einer Entscheidung des BGH unsicher geworden ist. 663

(2) Kombination von Nacherbfolge und Testamentsvollstreckung

Ähnlich wie bei dem sog. Behindertentestament[1564] (s. Syst. A Rdn. 808 ff.) wird als wohl wichtigste und in der Praxis wohl zuverlässigste Möglichkeit die Kombination des Vollstreckungsschutzes zugunsten des Nacherben nach § 2115 BGB und das Zugriffsverbot auf die der Testamentsvollstreckung unterliegenden Nachlassgegenstände nach § 2214 BGB empfohlen. 664

(a) Schutzwirkung der Testamentsvollstreckung

Nach § 2214 BGB können sich Gläubiger des Erben, die nicht zu den Nachlassgläubigern gehören, nicht an die der Verwaltung des Testamentsvollstreckers unterliegenden Nachlassgegenstände halten. Zwar sind entsprechende Vollstreckungsmaßnahmen nicht von vornherein nichtig, sodass der Testamentsvollstrecker, der dies nicht dulden will, mit dem Rechtsbehelf der Erinnerung aktiv gegen sie einschreiten muss. Der Schutz geht aber weiter als der des § 2115 BGB, da er nicht bloß die Veräußerung und die Überweisung, also die Verwertung von Nachlassgegenständen, verbietet, 665

1559 *Suttmann* MittBayNot 2017, 598.

1560 Schrifttum: *Engelmann*, Letztwillige Verfügungen zugunsten Verschuldeter oder Sozialhilfebedürftiger, 1999; *dies.*, MDR 1999, 968; *Flick* BWNotZ 1979, 53; *Keim* ZEV 1998, 127; *Limmer* ZEV 2004, 133; *Schlieper* MittRhNotK 1995, 249; *Everts*, ZErb 2005, 353; *Hartmann* ZNotP 2005, 82; *Kiesgen*, RNotZ 2018, 429; *Kornexl*, Nachlassplanung bei Problemkindern 2009; *Limmer* ZEV 2004, 133; Tiedtke/Kanzleiter/*Limmer*, Erbrechtsberatung 2007, Akt. Entwicklungen im ErbR u. ErbschaftsteuerR, S. 43 ff.; *Litzenburger* ZEV 2009, 278; *Wälzholz* FamRB 2006, 252; *Mayer*, MittBayNot 2011, 445, 448 ff. *Bisle*, DStR 2011, 526; *Hartmann* ZNotP 2005, 82; *Herrler*, NJW 2011, 2258; *Ihrig*, NotBZ 2011, 345; *Kornexl*, Nachlassplanung bei Problemkindern, 2006; *Klühs* ZEV 2011, 15; *Litzenburger ZEV* 2009, 278; *Reich* ZEV 2011, 639; *Werz/Sager*, ErbStB 2009, 361; *v. Dickhuth-Harrach*, Handbuch der Erbfolge-Gestaltung, S. 1446 ff.

1561 Vgl. *Baumann* ZEV 1996, 121; *Engelmann*, Letztwillige Verfügungen zugunsten Verschuldeter oder Sozialhilfebedürftiger, 1999, S. 168 ff.; *Keim* ZEV 1998, 127, 129; Münchener Vertragshandbuch/*Nieder/Kössinger*, Bd. 4, 2. Halbband, Rn. 525; Kiesgen, RNotZ 2018, 429, 444 ff.

1562 Vgl. MünchKomm/*Lange* § 2338 BGB Rn. 4; Staudinger/*Olshausen* § 2338 BGB Rn. 16.

1563 Vgl. *Flick* BWNotZ 1979, 53; *Engelmann*, Letztwillige Verfügungen zugunsten Verschuldeter oder Sozialhilfebedürftiger, 1999, S. 91 ff., 101 ff.; *Keim* ZEV 1998, 127, 129.

1564 Vgl. BGHZ 111, 36 = NJW 1990, 2055; BGHZ 188, 96 = ZEV 2011, 258; *Bengel* ZEV 1994, 29; *Dietz/Spall* ZEV 2012, 456.

sondern jede Vollstreckungsmaßnahme schlechthin, auch eine solche, die erst ab dem Ende der Verwaltung wirksam werden soll. Eine dem § 2214 BGB zuwiderlaufende Vollstreckung ist in allen Fällen unzulässig.[1565] Auch in der **Insolvenz des Erben** besteht aufgrund der Testamentsvollstreckung keine Möglichkeit der Insolvenzgläubiger, auf den Nachlass zuzugreifen.[1566] Eine vom Erblasser angeordnete Testamentsvollstreckung besteht während der Insolvenzverwaltung über das Vermögen des Erben fort, mit der Folge, dass die Verfügungsbeschränkung des Erben nach § 2211 BGB auch für den Insolvenzverwalter gilt und der Testamentsvollstrecker im Rahmen seiner Befugnisse den Nachlass verwalten und über Nachlassgegenstände verfügen kann.[1567] Das der Testamentsvollstreckung unterlegende Vermögen kann somit für den Zeitraum der Testamentsvollstreckung nicht vom Insolvenzverwalter verwertet werden.[1568] Mit Urteil vom 11.05.2006 hat der **BGH**[1569] entschieden, dass ein der Testamentsvollstreckung unterliegender Nachlass zwar mit Eröffnung des Insolvenzverfahrens über das Vermögen des Erben in die Insolvenzmasse fällt. Bis zur Beendigung der Testamentsvollstrecke stelle dieser allerdings eine Sondermasse dar, auf die die Nachlassgläubiger, nicht aber die Erbengläubiger Zugriff nehmen könnten.

Nach der **herrschenden Meinung** ist auch der Anspruch der Erben auf Herausgabe von Nachlasserträgen grds. pfändbar bzw. in der Insolvenz verwertbar.[1570] Wie beim Behindertentestament besteht allerdings Einigkeit, dass sich bei Anordnung der Testamentsvollstreckung die **Verwendung von Nachlasserträgen** grds. nach den Anordnungen des Erblassers richtet.[1571] In der Literatur ist umstritten, inwieweit einschränkende Anordnungen des Erblassers bzgl. der Nachlasserträge zulässig sind, etwa dergestalt, dass dem überschuldeten Erben entsprechende Zuwendungen zu machen sind, wie dieser i.H.d. jeweiligen Pfändungsfreigrenze erhalten kann, soweit diese Grenze nicht bereits durch die Erzielung eigenen Einkommens ausgeschöpft ist. Denkbar wäre auch eine Lösung, die die Ausschüttung der pfändungsfreien Ertragsbestandteile an den überschuldeten Erben vorsieht und etwaige darüber hinausgehende Erträgnisse im Wege des Vermächtnisses dessen Kinder zuwendet.

666 Das Reichsgericht hatte allerdings entschieden, dass eine Regelung zulässig und wirksam ist, nach der der jährliche Reinertrag eines Erbteils bei Testamentsvollstreckung für unabtretbar und unpfändbar erklärt wird. Für den Fall, dass gleichwohl abgetreten oder gepfändet würde, sollten in dem betreffenden Fall die Beträge an die Testamentsvollstrecker fallen mit der Auflage, dieselben zur Naturalverpflegung des Sohnes und seiner Familie zu verwenden.[1572] Diese Entscheidung wird allerdings in der Literatur weitgehend abgelehnt.[1573]

1565 Vgl. bereits RG LZ 1916, 1473; Staudinger/*Reimann* § 2214 Rn. 4; MünchKomm/*Zimmermann* § 2214 BGB Rn. 3; *Muscheler*, Die Haftungsordnung der Testamentsvollstreckung, 1994, S. 95 f.

1566 Vgl. *Muscheler*, Die Haftungsordnung der Testamentsvollstreckung, 1994 S. 95 f.; Staudinger/*Reimann*, BGB, § 2214 Rn. 4; *Mayer*, MittBayNot 2011, 445, 450.

1567 *Uhlenbruck*, InsO § 83 Rn. 5; *Leipold*, in FS für Gaul, S. 367, 375 (Fn. 15); MünchKomm-InsO/*Schumann*, § 83 Rn. 8; Staudinger/*Reimann*, BGB, § 2211 Rn. 2 sowie § 2214 Rn. 4; MünchKomm-BGB/*Zimmermann*, § 2211 Rn. 2; *Muscheler*, Die Haftungsordnung der Testamentsvollstreckung, 1994, S. 95 f.; *Damrau*, MDR 2000, 255 ff.; *Kiesgen* RNotZ 2018, 429, 446.

1568 LG Aachen, NJW 1960, 46, 48; MünchKomm-InsO/*Schumann*, § 83 Rn. 8.

1569 BGH, NJW 2006, 2698 = DNotZ 2006, 865 = NZI, 2006, 462.

1570 MünchKomm-BGB/*Zimmermann*, § 2211 Rn. 2; Staudinger/*Reimann*, BGB, § 2211 Rn. 2 sowie § 2214 Rn. 4; Bengel/Reimann/*Schaub*, Handbuch der Testamentsvollstreckung, S. 141 ff., Rn. 32 ff.

1571 BayObLG, ZEV 1995, 366, 368; MünchKomm-BGB/*Zimmermann*, § 2216 Rn. 15; Bengel/Reimann/*Schaub*, Handbuch der Testamentsvollstreckung, S. 141, Rn. 32 ff.; MünchKomm-BGB/*Zimmermann*, § 2209 Rn. 12; *Litzenburger* ZEV 2009, 278, 279; *Eichenhofer*, JZ 1999, 226, 229; *Nieder/Kösinger*, Handbuch der Testamentsgestaltung, § 21 Rn. 107; *Mayer*, MittBayNot 2011, 445, 450.

1572 RG LZ 1919, 877.

1573 Soergel/*Dieckmann* § 2338 Rn. 12; Staudinger/*Olshausen* § 2338 BGB Rn. 48; MünchKomm/*Lange* § 2338 BGB Rn. 19; Palandt/*Weidlich* § 2338 BGB Rn. 4; zustimmend allerdings *Muscheler*, S. 99 f.; wohl auch Erman/*Schlüter* § 2338 BGB Rn. 54.

Unabhängig von dieser Streitfrage besteht allerdings Einigkeit, dass sich bei Anordnung der Testamentsvollstreckung die Verwendung von Nachlasserträgen grundsätzlich nach den Anordnungen des Erblassers richtet.[1574] Hierbei ist allerdings zu berücksichtigen, dass der Erbe Herausgabe der Nutzungen vom Testamentsvollstrecker nur dann verlangen kann, wenn das den Grundsätzen der ordnungsgemäßen Verwaltung entspricht.[1575] 667

Allerdings wird die Frage, inwieweit bei einem sog. Behindertentestament im Hinblick auf die Nachlasserträge einschränkende Verwaltungsanordnungen mit einem weitreichenden Thesaurierungsgebot zulässig sind, diskutiert. Zum Teil wird im Zusammenhang mit dem Behindertentestament die Auffassung vertreten, dass dem Erben auch entgegen einer anderslautenden Anordnung des Erblassers die Früchte des Nachlasses zustehen, da die Einbehaltung oder die Auskehrung an Dritte keine ordnungsgemäße Verwaltung des Nachlasses sei.[1576] Auch Krampe[1577] weist darauf hin, dass nach der bisherigen Rechtsprechung bei der Anordnung von Verwaltungsbestimmungen dem Erblasser zwar eine weitgehende Gestaltungsfreiheit zukomme. Dies gelte grundsätzlich auch, wenn Gläubigerinteressen dadurch benachteiligt würden. Auch Nieder[1578] hat unter Berufung auf eine Entscheidung des Reichsgerichts[1579] die Auffassung vertreten, dass der Testamentsvollstrecker auf jeden Fall dem Vorerben aus den erzielten Erträgen soviel herauszugeben habe, wie dieser für seinen angemessenen Unterhalt und die Erfüllung seiner gesetzlichen Unterhaltspflichten benötigt. Auch der BGH hatte, ohne die Frage im Einzelnen zu entscheiden, zumindest darauf hingewiesen, dass bei der Frage der Auskehrung der Nutzungen der Testamentsvollstrecker bei Vor- und Nacherbschaft sowohl die Interessen des Nacherben an Substanzerhaltung, als auch die Interessen des Vorerben nach den ihm gebührenden Nutzungen berücksichtigt werden müssten.[1580] In der Tendenz kann man wohl dennoch feststellen, dass maßgeblich der Erblasserwille für die Frage der Nutzungsverteilung bleibt. Auch das OLG Bremen[1581] war der Auffassung, dass der Erblasser die Machtbefugnisse des Testamentsvollstreckers so regeln kann, dass der Bedachte von den Erträgnissen des Nachlasses weitgehend ausgeschlossen wird, soweit dies im wohlverstandenen Interesse des Erben liegt. 668

Abschließend ist darauf hinzuweisen, dass damit beim Alleinerben ein weitgehender Schutz vor den Gläubigern erreicht werden kann. Bei Miterben gilt allerdings, dass der Eigengläubiger eines Miterben dessen Erbteil zusammen mit dem Anspruch auf Auseinandersetzung pfänden kann.[1582] Die Erbteilspfändung kann auch ohne Zustimmung des Testamentsvollstreckers im Grundbuch eines zum Nachlass gehörenden Grundstücks als Verfügungsbeschränkung eingetragen werden.[1583] Hat aber der Erblasser die Auseinandersetzung für bestimmte Zeit ausgeschlossen, so kann auch der Eigengläubiger eines Miterben auch nach Pfändung des Erbteils vom Testamentsvollstrecker nicht die vorzeitige Auseinandersetzung verlangen.[1584] 669

Für die Dauer der Testamentsvollstreckung ist also durch diese Regelungen weitgehend der Zugriff der Gläubiger des Erblassers auf den Nachlass versperrt. Der Erblasser kann nach § 2210 BGB die

1574 MünchKomm/*Zimmermann* § 2216 BGB Rn. 15; BayObLG ZEV 1995, 366; *Bengel/Reimann*, HdTV, S. 141, Rn. 32 ff.; MünchKomm/*Zimmermann* § 2209 BGB Rn. 12; Kiesgen, RNotZ 2018, 429, 446.

1575 BGH FamRZ 1986, 900; BGH FamRZ 1988, 279.

1576 So *Otte* JZ 1990, 1027, 1028, vgl. auch die eingehende Darstellung des Streitstandes bei *Engelmann*, Letztwillige Verfügungen zugunsten Verschuldeter oder Sozialhilfebedürftiger, 1999, S. 121 ff.

1577 AcP 1991, 526.

1578 NJW 1994, 1264, 1266.

1579 RG LZ 1918, 1267.

1580 BGH FamRZ 1988, 279.

1581 FamRZ 1984, 213.

1582 Vgl. MünchKomm/*Zimmermann*, § 2214 BGB Rn. 4; vgl. auch BGH NJW 1984, 2464.

1583 MünchKomm/*Zimmermann* § 2214 BGB Rn. 4; Staudinger/*Reimann* § 2214 Rn. 9.

1584 Vgl. Soergel/*Damrau* § 2214 BGB Rn. 2 und § 2204 BGB Rn. 15; Staudinger/*Reimann* § 2214 Rn. 9; MünchKomm/*Zimmermann* § 2214 BGB Rn. 4; a.A. *Enztaler* Rpfleger 1988, 94.

Testamentsvollstreckung für 30 Jahre anordnen. Er kann aber auch anordnen, dass die Verwaltung bis zum Tod des Erben fortdauern soll (§ 2210 2. HS BGB).

In diesem Fall der Anordnung der Testamentsvollstreckung besteht also Schutz gegen Gläubiger des Erben bis zu seinem Tode. Der Schutz endet aber dann, wenn die Gläubiger sich bei dieser Lösung nach dem Tod des Erben aus dem Nachlass befriedigen können, die Eigenschulden des Erben sind dabei Bestandteil seines Nachlasses und das Zugriffsverbot endet mit der Testamentsvollstreckung.[1585] Deshalb wird in der Praxis in diesen Fällen immer eine Kombination der Testamentsvollstreckung mit der Vor- und Nacherbschaft empfohlen.

(b) Anordnung einer Nacherbschaft

670 Ein wichtiges Instrument der Vermögenslenkung durch erbrechtliche Verfügung ist die Einsetzung eines Vor- und eines Nacherben. Der Nacherbe ist nicht Erbe des Vorerben, sondern des Erblassers. Der Vorerbe ist deshalb zur Sicherung des Erbrechts des Nacherben in seiner Verfügungsmacht beschränkt. Dies hat auch erhebliche Konsequenzen für die Zugriffsmöglichkeiten der Gläubiger.

671 Bei der Vor- und Nacherbschaft wird der Vollstreckungsschutz durch § 2115 BGB ergänzt durch die Vorschriften der § 773 ZPO und § 83 Abs. 2 InsO. Nach § 2115 BGB ist eine Verfügung über einen Erbschaftsgegenstand, die im Wege der Zwangsvollstreckung oder der Arrestvollziehung oder durch Insolvenzverwalter erfolgt, im Falle des Eintritts der Nacherbfolge insoweit unwirksam, als sie das Recht des Nacherben vereiteln oder beeinträchtigen würde. Die Wirkung dieser Regelung liegt darin, dass die im Wege der Zwangsvollstreckung oder Arrestvollziehung begründeten Pfandrechte für die Dauer der Vorerbschaft wirksam sind; dies gilt auch für die Beschlagnahmewirkung der Insolvenzeröffnung.[1586] Die Rechtswirkungen sind wie im Fall des § 2113 BGB durch den Eintritt des Nacherbfalles auflösend bedingt und bleiben daher als vollwirksam bestehen, wenn der Nacherbfall ausfällt. Nach § 773 ZPO soll lediglich keine Veräußerung oder Beweissicherung im Wege der Zwangsvollstreckung erfolgen. Die Vorschrift verbietet damit die Zwangsvollstreckung von Eigengläubigern des Vorerben in den Nachlass nicht allgemein, sondern in Bezug auf Nachlassgegenstände nur die Veräußerung. Im Übrigen steht der Nachlass, der bis zum Eintritt des Nacherbfalles allein dem Vorerben zusteht, dem Zugriff seiner Gläubiger im Wege der Zwangsvollstreckung offen. Zulässig sind danach bloß sichernde Zwangsvollstreckungsmaßnahmen, deren Beseitigung der Nacherbe bei Eintritt der Nacherbfolge verlangen kann.[1587] Auch in der Insolvenz des Vorerben gehört die Vorerbschaft zwar zur Insolvenzmasse. Das Verfügungsrecht des Insolvenzverwalters ist jedoch gem. § 2115 BGB eingeschränkt. Wird über einen Erbschaftsgegenstand, der der Nacherbfolge unterliegt, im Wege der Zwangsvollstreckung oder sonst im Sinne von § 2115 Satz 1 BGB verfügt, dann wird diese Verfügung bei Eintritt der Nacherbfolge im Grundsatz ganz oder teilweise unwirksam, sofern und soweit das Recht des oder der Nacherben vereiteln oder beeinträchtigen würde.

672 Wird über einen Erbschaftsgegenstand, der der Nacherbfolge unterliegt, im Wege der Zwangsvollstreckung oder sonst im Sinne von § 2115 Satz 1 BGB verfügt, dann wird diese Verfügung bei Eintritt der Nacherbfolge im Grundsatz ganz oder teilweise unwirksam, sofern und soweit das Recht des oder der Nacherben vereiteln oder beeinträchtigen würde. Dementsprechend ordnet § 773 Satz 1 ZPO an, dass ein solcher Gegenstand im Wege der Zwangsvollstreckung nicht veräußert oder überwiesen werden soll, wenn diese Verfügung im Nacherbfall unwirksam würde. Der

---

1585 So zu Recht *Engelmann*, Letztwillige Verfügungen zugunsten Verschuldeter oder Sozialhilfebedürftiger, 1999, S. 116 f.

1586 Vgl. Staudinger/*Avenarius*, § 2115 BGB Rn. 2; MünchKomm/*Grunsky*, § 2115 BGB Rn. 10; *Kiesgen* RNotZ 2018, 429, 444 ff.

1587 Vgl. Soergel/*Harder* § 2115 BGB Rn. 1.

Nacherbe kann seine Rechte nach Maßgabe des § 771 ZPO mit der Widerspruchsklage wahren.[1588] § 773 ZPO begründet daher ein bereits vor dem Nacherbfall vorgezogenes Verwertungsverbot.[1589]

Anders als bei der Testamentsvollstreckung ist also der Schutz durch die Vor- und Nacherbschaft nur begrenzt, sichert aber vor allem für den Zeitpunkt nach dem Tod des Erben. Vollstreckungsmaßnahmen von Privatgläubigern des Vorerben an Erbschaftsnutzungen sind ebenfalls uneingeschränkt wirksam; insofern gilt § 2115 BGB nicht. Insbesondere kann bei einem Nachlassgrundstück Zwangsverwaltung angeordnet werden.[1590] 673

Sind mehrere Erben eingesetzt und ist einer dieser überschuldet, so wirkt § 2115 im Hinblick auf den Erbteil nicht. Das gegen die Gläubiger des Vorerben gerichtete Verwertungsverbot des § 2115 BGB erfasst nur die einzelnen zur Erbschaft gehörenden Sachen und Rechte, nicht aber den Miterbenanteil, über den der Miterbe aber auch verfügen könnte.[1591] Dementsprechend können die Gläubiger auch den Erbanteil eines Miterben nach § 859 Abs. 2 ZPO bis zur Auseinandersetzung pfänden.[1592] Auch eine Verwertung (§§ 844, 857 ZPO) ist zulässig, allerdings nur mit der Maßgabe, dass das Recht des Nacherben nicht beeinträchtigt wird.[1593] Die angeordnete Pfändung des Vorerbteils erlischt allerdings mit Eintritt des Nacherbfalles, da der Nacherbe nicht Schuldner des Pfändungsgläubigers wird (§§ 2100, 2139, 2144 Abs. 1 BGB). 674

(3) Pflichtteilsrechtliche Grenzen

Sowohl bei der Anordnung der Nacherbfolge als auch der Anordnung der Testamentsvollstreckung nach § 2306 Abs. 1 BGB ist zu beachten, dass der der Erbe nach § 2306 Abs. 1 BGB ein Wahlrecht hat: Er kann entweder den höheren Erbteil samt Beschränkungen und Beschwerungen annehmen oder die Erbschaft ausschlagen und den vollen Pflichtteil verlangen. Auch in diesem Fall kann die Testamentskonstruktion durch den Pflichtteilsberechtigten gefährdet werden, dieser geht allerdings das Risiko ein, dass dann sein Pflichtteil durch seine Gläubiger gepfändet wird. 675

(4) Nießbrauchsvermächtnis

In der Praxis wurde bei überschuldeten Erben die Gestaltung der Zuwendung eines Nießbrauchsvermächtnisses an den Überschuldeten mit gleichzeitigem Ausschluss der Überlassung der Ausübung des Nießbrauchs[1594] diskutiert. Seit der BGH-Entscheidung aus dem Jahre 1974[1595] ist diese Lösung allerdings problematisch, da der BGH dort entschieden hat, dass Gegenstand der Pfändung der Nießbrauch selbst und nicht der obligatorische Anspruch auf seine Ausübung ist. 676

(5) Enterbung

Denkbar ist auch die Lösung, den überschuldeten Ehemann nicht zum Erben einzusetzen, sondern andere Personen als Erben einzusetzen und den Überschuldeten nur mit bestimmten Vermögensgegenständen vermächtnisweise zu bedenken, die nicht pfändbar sind (z.B. dingliches Wohnungsrecht nach § 1093 BGB, sofern die Überlassung seiner Ausübungsbefugnis nicht ausdrücklich gestattet ist). 677

1588 Vgl. auch BGHZ 110, 178 = NJW 1990, 1238.
1589 Staudinger/*Avenarius* § 2115 BGB Rn. 16.
1590 MünchKomm/*Grunsky* § 2115 BGB Rn. 3; Soergel/*Harder* § 2115 BGB Rn. 10; Palandt/*Weidlich* § 2115 BGB Rn. 4; Erman/*Schmidt* § 2115 BGB Rn. 3.
1591 Vgl. MünchKomm/*Grunsky* § 2112 BGB Rn. 2 und § 2100 BGB Rn. 18; Staudinger/*Avenarius* § 2112 BGB Rn. 10.
1592 Vgl. zur ähnlichen Problematik beim Behindertentestament *van de Loo* NJW 1990, 2852, 2853; *Stöber*, Forderungspfändung, Rn. 1705; Staudinger/*Avenarius* § 2100 Rn. 48.
1593 *Stöber*, Forderungspfändung Rn. 1705; *van de Loo* NJW 1990, 2852, 2853.
1594 Vgl. *Nieder/Kössinger* § 21 Rn. 98 ff.
1595 BGHZ 62, 133 = DNotZ 1974, 433.

(6) Restschuldbefreiung und Verbraucherinsolvenz

678 Die am 01.01.1999 in Kraft getretene InsO hat erstmals ein eigenes Insolvenzrecht für Verbraucher in den §§ 304 ff. InsO und die Möglichkeit der sog. Restschuldbefreiung geschaffen. In der Praxis stellt sich daher die Frage nach einer Gestaltung, bei der die o.g. Beschränkungen wegfallen, wenn der Erbe Restschuldbefreiung erlangt hat und die Überschuldung dadurch beseitigt ist.[1596] Der Gesetzgeber hat mit der Insolvenzrechtsreform das Verfahren der sog. Restschuldbefreiung eingeführt, das einem Schuldner die Möglichkeit geben soll, von seinen Schulden dauerhaft frei zu werden. Das Restschuldbefreiungsverfahren wird als eigenständiges Verfahren im Anschluss an das Verbraucherinsolvenzverfahren durchgeführt, ist allerdings eng mit diesem verbunden: Der Antrag auf Restschuldbefreiung wird gem. § 287 InsO im Insolvenzverfahren gestellt. Das Restschuldverfahren gliedert sich in drei Verfahrensabschnitte:

- Der erste Abschnitt beginnt mit dem Antrag des Schuldners gem. § 287 InsO und endet mit der Entscheidung des Insolvenzgerichts gem. § 289 Abs. 1 Satz 2 BGB, in der die Restschuldbefreiung in Aussicht gestellt wird.
- Im Anschluss an diese Eingangsentscheidung beginnt der zweite Verfahrensabschnitt, die sog. Wohlverhaltensperiode, die dadurch gekennzeichnet ist, dass der Schuldner sein pfändbares Arbeitseinkommen an einen Treuhänder abtritt und bestimmte Obliegenheiten erfüllen muss. Die Wohlverhaltensperiode beträgt 6 Jahre nach Eröffnung des Insolvenzverfahrens (§ 287 Abs. 2 InsO). Durch das Gesetz zur Verkürzung des Restschuldbefreiungsverfahrens und zur Stärkung der Gläubigerrechte (GlRStG)[1597] wurde eine Kürzung der Wohlverhaltensphase eingeführt: 5 statt 6 Jahre, wenn der Schuldner die Verfahrenskosten der Privatinsolvenz vollständig begleicht, 3 statt 6 Jahre, wenn der Schuldner neben den Verfahrenkosten noch mindestens 35 % seiner Schulden gegenüber den Insolvenzgläubigern tilgt.
- Im Anschluss an diese Periode entscheidet das Gericht nach § 300 InsO über die Restschuldbefreiung.

Für den Bereich der Testamentsgestaltung spielt die **Obliegenheitsverantwortung** nach § 295 InsO eine erhebliche Rolle. § 295 Abs. 1 Nr. 2 InsO bestimmt, dass es dem Schuldner obliegt, während der Laufzeit der Wohlverhaltensperiode, Vermögen, das er von Todes wegen oder mit Rücksicht auf ein künftiges Erbrecht erwirbt, (nur) zur Hälfte des Wertes an den Treuhänder herauszugeben hat. Der Gesetzgeber hat mit diesem Halbteilungsgrundsatz versucht, einen Ausgleich zwischen den berechtigten Gläubigern- und Schuldnerinteressen herbeizuführen.[1598] Eine vollständige Herausgabe hätte nach Einschätzung der Regierungsbegründung zum Gesetzentwurf dazu geführt, dass der Schuldner die Erbschaft ausschlägt, was ihm nach § 83 InsO ohne Weiteres zustehe. Zu beachten ist, dass nach überwiegender Literaturmeinung ein Erwerb von Todes wegen, der erst nach der Treuhandzeit eintritt, nicht dieser Obliegenheit unterfällt.[1599] Bleibt die Frage, welchen Schutz die kombinierte Nacherbschaftsanordnung mit Testamentsvollstreckung im Rahmen der Restschuldbefreiung und den Herausgabeobliegenheiten bietet.[1600] Bei einer lebenslangen Testamentsvollstreckung samt Nacherbenanordnung, besteht keine Zugriffsmöglichkeit des überschuldeten Erben auf das Vermögen, sodass ihm m.E. auch keine Obliegenheitsverletzung vorgeworfen werden kann; es bleibt allein die Frage, ob er nicht verpflichtet werden kann, die Erbschaft auszuschlagen und den Pflichtteil geltend zu machen. Dem wird man jedoch nicht folgen können, da das in § 83 InsO verankerte **Prinzip der Höchstpersönlichkeit** vorgeht.[1601] Der BGH hat die Frage im Urteil vom

---

1596 Vgl. dazu ausführlich *Kiesgen* RNotZ 2018, 429, 434 ff.

1597 BGBl. I 2013, 2379.

1598 Vgl. Begr zu § 255, BT-Drucks. 12/2443, S. 192, vgl. dazu *Limmer* ZEV 2004, 133, 135 ff.

1599 *Leipold* Festschr Gaul, 367, 317; Frankfurter Kommentar/*Ahrens*, InsO § 295 Rn. 36.

1600 Vgl. dazu *Limmer* ZEV 2004, 133, 135 ff.

1601 *Uhlenbruck/Vallender*, InsO, § 295 Rn. 34; *Vallender*, InVo 1998, 177; *Nerlich/Römermann*, InsO, § 295 Rn. 27; *Kübler/Prütting/Wenzel*, InsO, § 295 Rn. 19.

25.06.2009[1602] entschieden. Der Verzicht auf die Geltendmachung eines Pflichtteilsanspruchs in der Wohlverhaltensphase stellt nach Meinung des BGH – ebenso wie die Ausschlagung der Erbschaft oder der Verzicht auf ein Vermächtnis und keine Obliegenheitsverletzung dar. Der Halbteilungsgrundsatz des § 295 Abs. 1 Nr. 2 InsO greife erst ein, wenn der Schuldner die Erbschaft angenommen oder den Pflichtteilsanspruch rechtshängig gemacht habe oder dieser anerkannt sei.

Die Instanzgerichte sind dieser Auffassung auch schon vor der BGH-Entscheidung gefolgt: So hat das LG Mainz entschieden, dass die Ausschlagung einer Erbschaft ein höchstpersönliches Recht sei, das keine Obliegenheitsverletzung darstelle.[1603] Der BGH hat Beschl. v. 10.03.2011 diese Rechtsprechung auch auf das Vermächtnis ausgedehnt:[1604] Erst mit der Annahme des Vermächtnisses entsteht die Obliegenheit des Schuldners aus § 295 InsO, die Hälfte des Werts des Vermächtnisses an den Treuhänder abzuführen.

Konstruktiv wäre daher eine Gestaltung zu prüfen, bei der der Erblasser seinen überschuldeten Erben nicht nur als Vorerben, sondern zugleich **aufschiebend bedingt zum Vollerben einsetzt**, wobei die **Bedingung rechtskräftige Erteilung der Restschuldbefreiung** nach § 300 InsO wäre. Durch die Anordnung der auflösenden Bedingung im Falle einer Restschuldbefreiung ist der überschuldete Vorerbe nicht nur zum Vorerben, sondern zugleich aufschiebend bedingt mit der Restschuldbefreiung zum Vollerben eingesetzt. Damit ist nach der herrschenden Meinung der überschuldete Erbe aber nicht nur Vorerbe, sondern der aufschiebend bedingt eingesetzte Vollerbe ist rechtlich zugleich wie ein Nacherbe zu behandeln.[1605] Durch diese Bedingung würde dem betroffenen Erben neben der Vorerbschaft, die weitgehend zugriffsfrei ist, ein weiteres Recht, nämlich eine **Nacherbenanwartschaft** zugeordnet werden. Als Vermögenswert – und auch insoweit besteht Einigkeit – ist dieses Anwartschaftsrecht grds. abtretbar, verpfändbar und nach Maßgabe des § 857 Abs. 1 i.V.m. Abs. 2 ZPO pfändbar.[1606] Will man die vorgenannten **Risiken vollständig vermeiden**, bleibt nur der in der Literatur vorgeschlagene Gestaltungsvorschlag, in der Verfügung von Todes wegen als Motiv für die Beschränkung des Erben durch Nacherbfolge und Testamentsvollstreckung den Schutz des Nachlasses vor dem Zugriff der Eigengläubiger des Erben ausdrücklich anzugeben. Auf diese Weise soll der Erbe die Möglichkeit haben, für den Fall, dass RSB gewährt wird, diese Beschränkung durch Anfechtung gem. § 2078 Abs. 2 BGB zu Fall zu bringen (sog. Anfechtungslösung).[1607] Dagegen wird allerdings vorgebracht, dass die Auslegung des Testaments doch zu einer aufschiebend bedingten Vollerbschaft führt.[1608] Von Tönnies[1609] wurde ein weiterer Lösungsvorschlag vorgetragen, der eine **flexible Entscheidung des betroffenen überschuldeten Abkömmlings** ermöglicht. Diese Lösung kommt vor allen Dingen dann in Betracht, wenn nicht abzusehen ist, ob der einsetzende Erbe zum Zeitpunkt des Erbfalls tatsächlich überschuldet sein wird, etwa wenn Verbindlichkeiten im Raum stehen (z.B. Haftpflichtprozess), deren Ausgang noch nicht absehbar ist. Tönnies macht sich die Regelung des § 1951 Abs. 3 BGB zunutze. Grds. gilt bei der Ausschlagung, dass der Erbe gem. § 1950 BGB entweder nur die Erbschaft ganz annehmen oder ausschlagen kann. Dieses **Alles-oder-Nichts-Prinzip** wird allerdings durch § 1951 BGB durchbrochen, wenn der Erb-

---

1602 BGH, Urt. v. 25.06.2009 – IX ZB 196/08, DNotZ 2009, 862 m. Anm. *Goltzsche* = ZNotP 2009, 351 = ZInsO 2009, 1461.= ZEV 2009, 469, dazu *Floeth*, FamRZ 2010, 460; *Schmerbach*, NZI 2009, 552; bestätigt in BGH, Beschl. v. 10.03.2011 – IX ZB 168/09, NJW 2011, 229 = MittBayNot 2011, 421 = ZEV 2011, 327; vgl. dazu auch *Herrler*, NJW 2011, 2258 ff.

1603 LG Mainz, ZInsO 2003, 525 sowie ähnlich ZInsO 2002, 45.

1604 NJW 2011, 229 = MittBayNot 2011, 421 = ZEV 2011, 327.

1605 BGHZ 87, 367; 37, 325; BVerwG, NJW 2001, 2417; *Harder* ZEV 1995, 453 Palandt/*Weidlich*, BGB, § 2100 Rn. 11.

1606 BGHZ 87, 367; 37, 325; BVerwG, NJW 2001, 2417; *Harder* ZEV 1995, 453; Palandt/*Weidlich*, BGB, § 2100 Rn. 11.

1607 Vgl. *Everts*, ZErb 2005, 353, 357; *Limmer* ZEV 2004, 133, 140; *Litzenburger* ZEV 2009, 278, 280; *Langenfeld*, Handbuch zur Testamentsgestaltung Rn. 433; Bengel/Reimann/*Mayer*, Handbuch der Testamentsvollstreckung, 5. Kap. Rn. 365 f.

1608 *J. Mayer* ZEV 2005, 175, 178.

1609 *Tönnies* ZNotP 2003, 92.

lasser die Teilbarkeit der Ausschlagung zulässt. Setzt der Erblasser einen Erben auf mehrere Erbteile ein, so kann er ihm durch Verfügung von Todes wegen gestatten, den einen Erbteil anzunehmen und den anderen auszuschlagen (§ 1951 Abs. 3 BGB).

Diesen Rechtsgedanken hat die Rechtsprechung dahin gehend weiterentwickelt, dass auch dann, wenn der Erbe nicht mehrere Erbteile erbt, sondern **mehrfach zum Alleinerben** unter unterschiedlicher Ausgestaltung seiner Erbenstellung (z.B. unbeschränkter Alleinerbe, Vorerbe, Nacherbe) als Erbe eingesetzt ist, der Erblasser den Bedachten entsprechend diesem Rechtsgedanken die gesonderte Annahme oder Ausschlagung der verschiedenen Erbschaften gestatten kann.[1610] Dementsprechend schlägt Tönnies vor, den gefährdeten Erben zunächst als Vollerben einzusetzen, ferner für den Fall der Ausschlagung dessen Kinder als Ersatzerben, diese wiederum nur als Vorerben einzusetzen und als Nacherben wiederum einen möglicherweise überschuldeten Abkömmling. Im Fall der Ausschlagung der Vollerbeneinsetzung würde dann der Nacherbfall allerdings zu einem bestimmten Zeitpunkt, etwa 10 Jahre nach dem Tod des Erblassers eintreten. Ferner belastet wäre dann die Vorerbenstellung einer Testamentsvollstreckung zugunsten des Nacherben.

ee) Testamentsgestaltung bei eingetragenen Lebenspartnern

679 Da die Lebenspartner einer eingetragenen Lebenspartnerschaft im Erbrecht rechtlich den Ehegatten weitgehend gleichgestellt sind, gelten die vorstehenden Überlegungen und Gestaltungsvorschläge entsprechend. Neben dem Erbvertrag, den gleichgeschlechtliche Personen auch schon vor Inkrafttreten des Lebenspartnerschaftsgesetzes abschließen konnten, können Lebenspartner wie Ehepartner auch gemeinschaftliche Testamente errichten. Es ist daher auch hier auf die Bindungswirkung zu achten, insbesondere bei der Schlusserbeneinsetzung zugunsten sozialer Projekte, sollte geklärt werden, ob der Überlebende zur Abänderung befugt ist.[1611] Die sog »Ehe für alle« wurde mit dem Gesetz zur Einführung des Rechts auf Eheschließung für Personen gleichen Geschlechts eingeführt, dementsprechend können seit 01.10.2017 Lebenspartner auf Antrag ihre Lebenspartnerschaft in eine Ehe umwandeln, wenn zwei Lebenspartnerinnen oder Lebenspartner gegenseitig persönlich und bei gleichzeitiger Anwesenheit erklären, miteinander eine Ehe auf Lebenszeit führen zu wollen (§ 20a LPartG). Seit dem 01.10.2017 ist die Begründung neuer Lebenspartnerschaften hingegen nicht mehr zulässig (§ 1 LPartG). Das Gesetz berührt bereits bestehende eingetragene Lebenspartnerschaften allerdings nicht.

3. Pflichtteilsklauseln

a) Zielvorstellungen von Eltern bei der Testamentsgestaltung

680 Wenn Eltern ein gemeinsames (Berliner) Testament errichten, verfolgen sie typischerweise drei Ziele:

(1.) Der länger lebende Ehegatte soll in rechtlicher Hinsicht möglichst gut abgesichert und umgekehrt möglichst wenig belastet werden (rechtliche Absicherungs- und Entlastungsfunktion).[1612]

1610 BayObLG, NJW 1997, 22; Palandt/*Weidlich*, BGB, § 1951 Rn. 5.

1611 Vgl. *Grziwotz* DNotZ 2005, 13, 27; *v. Dickkuth-Harach* FamRZ 2005, 1139.

1612 Die in der Literatur zu Pflichtteilsklauseln regelmäßig vernachlässigte Entlastungsfunktion betont zu Recht etwa OLG Düsseldorf, Beschl. v. 18.07.2011 – 3 Wx 124/11, FamRZ 2012, 331 (»*Im Allgemeinen – so auch hier – ist aus der objektivierten Sicht des Erblassers davon auszugehen, dass der Erblasser mit der Sanktionsklausel seine(m) überlebenden Ehegatten (...) auch und gerade die persönlichen Belastungen ersparen wollte, die mit einer Auseinandersetzung mit dem (angeblich) Pflichtteilsberechtigten regelmäßig verbunden sind.*«). Die Entlastungsfunktion wirkt sich etwa bei der Frage aus, ob der länger lebende Ehegatte/Elternteil vor ihn in der Praxis oft über Monate beschäftigenden und in aller Regel ausgesprochen belastenden Auskunfts- und Wertermittlungsansprüchen nach § 2314 BGB geschützt werden soll. Vgl. hierzu den Formulierungsvorschlag in Rdn. 697.

(2.) Bis zum Ableben des länger lebenden Elternteils soll der Nachlass bzw. soll das regelmäßig als Einheit gesehene Familienvermögen ungeschmälert bei ihm verbleiben[1613] und sollen die Kinder »mit dem Erben« warten (finanzielle Absicherungs- und Unabhängigkeitsfunktion).
(3.) Nach dem Ableben des länger lebenden Elternteils sollen die Kinder gleich behandelt werden und das elterliche Vermögen zu gleichen Teilen erhalten. Im Idealfall soll keiner der Abkömmlinge bei der Verteilung des Gesamtnachlasses bevorteilt werden (Gleichbehandlungsfunktion).[1614]

Klassisches Mittel zur Umsetzung dieser ebenso einfach wie klar definierbaren praktischen Ziele ist ein gemeinschaftliches »Berliner Testament«, insbesondere in Form der sog. »Einheitslösung«. Auf den ersten Erbfall (= Ableben des erstversterbenden Ehegatten) hat es für die Abkömmlinge zur Folge, dass sie enterbt sind und ihnen folglich Pflichtteilsansprüche zustehen. Die Geltendmachung dieser Pflichtteilsansprüche stellt allerdings einen ganz erheblichen **Störfaktor** im Rahmen der Gesamtüberlegungen dar.[1615] Zum einen deshalb, weil sie den länger lebenden Ehegatten wirtschaftlich mit einer u.U. erheblichen und regelmäßig nicht gewollten Auszahlungsverpflichtung belasten.[1616] Zum anderen führt das Pflichtteilsverlangen dann zu einer ganz anderen Nachlassbeteiligung, als die Ehegatten sich vorgestellt hatten, wenn sie hierauf im Rahmen der Testamentsgestaltung nicht vorausschauend Rücksicht genommen haben. Denn ist die Schlusserbeneinsetzung der Abkömmlinge bindend und enthält das Testament weder eine Pflichtteilsklausel noch eine Abänderungsklausel, partizipiert der illoyale Abkömmling zwei Mal am Vermögen der Eltern: Zunächst erhält er aus dem Nachlass des erstversterbenden Elternteils den Pflichtteil. Dazu kommt der ihm auf den zweiten Erbfall (= Ableben des länger lebenden Elternteils) als Schlusserbe zugedachte Erbteil, den er allerdings entgegen der Erwartung der Eltern um den vorab geltend gemachten Pflichtteil zulasten seiner loyalen Geschwister aufgestockt hat (s. das Berechnungsbeispiel in Rdn. 708).[1617]

Die gesetzliche Regelung hierfür ist unbefriedigend.[1618] Seit Langem will man daher durch entsprechende Testamentsgestaltungen diese unerwünschte Wirkung der Pflichtteilsforderung verhindern oder eindämmen. Da die Pflichtteilsforderung der Abkömmlinge, abgesehen von den seltenen Fällen der Pflichtteilsentziehung (§§ 2333 ff. BGB), allerdings nicht einseitig durch den oder die Erblasser ausgeschlossen werden kann, bleibt nur als Weg, die Pflichtteilsgeltendmachung auf den ersten Erbfall wirtschaftlich möglichst uninteressant zu machen. **681**

Hier setzen Pflichtteilsklauseln an. Im Einklang mit den oben beschriebenen Zielen, dienen sie zur[1619] **682**

– **Entlastung** des länger lebenden Ehegatten vor der Pflichtteilsauszahlung und den damit verbundenen finanziellen und persönlichen Belastungen

1613 Vgl. etwa OLG Rostock, Beschl. v. 11.12.2014 – 3 W 138/13, NJW-RR 2015, 776 im Anschluss an BayObLG, Beschl. v. 23.10.1990 – BReg. 1 a Z 50/90, NJW-RR 1991, 394; vgl. weiter OLG Hamm, Beschl. v. 13.02.2013 – I-15 W 421/12, ZEV 2013, 397 mit zust. Anm. von *Horn/Kroiß*.

1614 Vgl. OLG Köln, Beschl. v. 27.09.2018 – 2 Wx 314/18, BeckRS 2018, 25213; OLG Düsseldorf FamRZ 2012, 331, 332; BayObLG FamRZ 1990, 969.

1615 S. Erl zu § 2269; guter Überblick zu den Pflichtteilsstrafklauseln bei *v. Dickhuth-Harrach*, FS Rheinisches Notariat, 1998, 185, 210 ff.; *Worm* RNotZ 2003, 535, 549; vgl. auch *Horn* in: *Scherer*, MAH Erbrecht, 5. Aufl. 2018, § 21 Rn. 16.

1616 Vgl. etwa *Giesen/Lennart*, ErbR 2018, 13.

1617 Besonders bei einseitigen Kindern kann das bereits nach dem ersten Todesfall erfolgte Pflichtteilsverlangen die bei Eintritt des Schlusserbfalls geplante gleichmäßige Nachlassbeteiligung aller Kinder völlig torpedieren, vgl. hierzu OLG Stuttgart DNotZ 1979, 104 und instruktiv *von Olshausen* DNotZ 1979, 707 sowie unten Syst. A Rdn. 708.

1618 § 2269 BGB Rdn. 104 ff.

1619 Vgl. OLG Düsseldorf FamRZ 2012, 331, 332; BayObLG FamRZ 1990, 969; *Lübbert* NJW 1988, 2706, 2708 f.; *J. Mayer* MittBayNot 1996, 80; *Horn* in: *Scherer* MAH Erbrecht, § 21 Rn. 16 ff.; *Seubert*, Die Jastrow'sche Klausel, 1999, 72 ff., der eine präventiv-repressive und eine belohnend-sanktionierende Wirkung unterscheidet, wobei üblicherweise die Begriffspaare genau umgekehrt gebildet werden.

- **Vermeidung** einer ungerechten **Bevorzugung** des illoyalen Kindes, das vorzeitig seinen Pflichtteil verlangt
- **Belohnung** der loyalen Kinder, die den letzten Willen respektieren, durch Sicherung der als angemessen betrachteten Nachlassbeteiligung.

b) Beabsichtigte Wirkung: Abschreckung und Zuteilung

683 Den gängigen Pflichtteilsklauseln liegt zum einen die Devise von »Zuckerbrot und Peitsche« zugrunde: Wer auf den ersten Erbfall Pflichtteilsansprüche geltend macht, wird auf den zweiten Erbfall bestraft und wer heute verzichtet, wird später belohnt. Zum anderen beruhen sie auf dem »Spatz in der Hand/Taube auf dem Dach«-Prinzip: Je größer und je sicherer die Erbschaft nach dem länger lebenden Elternteil (= »Taube auf Dach«) im Vergleich zu dem deutlich reduzierten Gesamterwerb im Falle der Geltendmachung des Pflichtteils nach dem ersten Erbfall (= »Spatz in der Hand«) ist, desto eher wird der vor die Wahl gestellte Abkömmling auf den ersten Erbfall davon absehen, Pflichtteilsansprüche geltend zu machen und folglich »die Taube« und nicht »den Spatz« wählen. Dieses doppelte Ziel lässt sich in der Praxis einerseits mit abschreckenden Klauseln erreichen und andererseits mit begünstigenden Anordnungen, die rein negative Klauseln ergänzen können (aber nicht müssen).

aa) Abschreckende Klauseln: Auflösend bedingte Schlusserbeneinsetzung

(1) Pflichtteilsklauseln bei Einheitslösung

684 Eine »**Abschreckungswirkung**« versucht man dadurch zu erreichen, dass der seinen Pflichtteil nach dem Tod des erstversterbenden Elternteils fordernde illoyale Abkömmling beim Tod des zweiten Elternteils »enterbt« oder der geltend gemachte Pflichtteil auf die ihm an sich zugedachte Erbquote wenigstens angerechnet wird. Anknüpfungspunkt ist für den Fall, dass die Ehegatten das Modell des »**Berliner Testaments**« gewählt haben, die Schlusserbeneinsetzung des betreffenden Abkömmlings durch den länger lebenden Ehegatten. Sie wird auflösend bedingt angeordnet.[1620] Auflösende Bedingung ist das konkret benannte Verhalten, an das die Klausel anknüpft, regelmäßig das Verlangen[1621] oder die Durchsetzung[1622] des Pflichtteils.

(2) Pflichtteilsklauseln bei Trennungslösung

Haben die Eltern sich dagegen für die **Trennungslösung** entschieden und den länger lebenden Ehegatten nur als Vorerben des Erstversterbenden eingesetzt (s. § 2269 BGB Rdn. 3), so kann der zum (Mit-)Nacherben berufene Abkömmling seinen Pflichtteil nach dem Tod des ersten Elternteils nur beanspruchen, wenn er bereits vor Eintritt des Nacherbfalls die Nacherbschaft ausschlägt (§ 2306 Abs. 2 BGB).[1623] Hierin, im Erfordernis zunächst ausschlagen zu müssen, bevor der Pflichtteil »verlangt« werden kann, besteht der Unterschied zur Einheitslösung. Im Vergleich zur Einheitslösung bedarf es daher keiner zusätzlichen, speziell auf die Trennungslösung zugeschnittenen Anordnun-

1620 Vgl. BGH, Beschl. v. 02.06.2016 – V ZB 3/14, ZEV 2016, 635 (zu Verwirkungs- sowie zu Pflichtteilsklauseln). Vgl. z.B. auch OLG Stuttgart, Beschl. v. 09.11.1978 – 8 W 507/78, OLGZ 1979, 72.

1621 OLG Düsseldorf FamRZ 2012, 331: Sanktioniert eine Strafklausel das »geltend machen« von Pflichtteilsansprüchen, »*erfordert (dies) ein entsprechendes ernsthaftes Verlangen (...), nicht (aber) dessen erfolgreiche, womöglich gerichtliche Durchsetzung oder (in den Fällen des § 2306 BGB) die wirksame Ausschlagung des Nachlasses.*«

1622 Zur Frage, was unter »Verlangen des Pflichtteils« zu verstehen ist, eingehend *Lübbert* NJW 1988, 2706, 2710 und unten Syst. A Rdn. 687 und Rdn. 696. Dort auch zur richtigen Formulierung,

1623 So richtig OLG Düsseldorf FamRZ 2012, 331 und etwa *Horn* in: *Scherer* MAH Erbrecht, § 21 Rn. 42. In den Vorauflagen wurde demgegenüber empfohlen, das Nacherbenrecht der Kinder durch die Geltendmachung des Pflichtteils auflösend zu bedingen, vgl. etwa *Thoma* in: *Scherer*, MAH Erbrecht, 3. Aufl. 2010, § 21 Rn. 29.

gen.[1624] Hinsichtlich des Eigennachlasses des länger lebenden Elternteils ist die gleiche Regelung wie bei der Einheitslösung erforderlich, aber auch ausreichend.

(3) Relativierender Gegeneffekt: Abänderungsklausel

Der **Abschreckungseffekt** ist aber u.U. nur sehr begrenzt. Er verliert einen großen Teil seiner Wirkung, wenn die elterliche Verfügung von Todes wegen eine Abänderungsklausel enthält und der betreffende Abkömmling befürchten muss, auch dann auf den zweiten Erbfall enterbt zu werden, wenn er nach dem ersten Erbfall davon absieht, Ansprüche geltend zu machen. Ist die Schlusserbeneinsetzung nicht bindend erfolgt, besteht selbst bei Wohlverhalten keine Garantie, nach dem Ableben des länger lebenden Elternteils tatsächlich Schlussserbe zu werden und nicht doch noch – aus welchen mehr oder minder rationalen Gründen auch immer – enterbt worden zu sein. Umgekehrt ist eine gesicherte Erbenstellung der Abkömmlinge auf Grund ihrer bindend angeordneten Schlusserbeneinsetzung geeignet, die Ausübung der Pflichtteilsrechte zusätzlich zu hemmen und dadurch die Rechtsstellung des länger lebenden Ehegatten zu verbessern.[1625] **685**

(4) Relativierender Gegeneffekt: unterschiedliche Vermögensverhältnisse

Weiterhin relativiert sich die abschreckende Wirkung im gleichen Verhältnis, wie das Vermögen des erstversterbenden Elternteils das des länger Lebenden übersteigt. Dann wirkt sich der angedrohte Wegfall der Schlusserbeneinsetzung wirtschaftlich nicht so stark aus wie bei einer gleichmäßigen Verteilung des Familienvermögens. Hinzu kommt, dass bei der Einheitslösung i.S. des Berliner Testaments das den Pflichtteil fordernde Kind faktisch zwei Mal am Nachlass des erstversterbenden Ehegatten partizipiert: Einmal unmittelbar beim Tod des Erstversterbenden und ein zweites Mal mittelbar mit dem Ableben des länger Lebenden, weil sich in dessen Nachlass auch das restliche Vermögen des Erstversterbenden befindet. Gegen diese Gefahr schützt teilweise die Trennungslösung, insbesondere wenn der Nachlass des Erstversterbenden der wesentlich Bedeutendere ist. Eine solche Gestaltung führt jedoch für den länger lebenden Ehegatten zu erheblichen Verfügungsbeschränkungen. Mitunter kann dem Pflichtteilsberechtigten auch der sofortige Vermögenszufluss in Gestalt des Pflichtteils wichtiger sein als die (vielleicht nur ungewisse) Aussicht auf einen höheren Erbteil beim zweiten Erbfall[1626] (»Spatz in der Hand/Taube auf dem Dach«).

bb) Zuteilende Klauseln

Neben rein negativ wirkende, weil enterbende Klauseln treten in der Praxis Anordnungen, die eine **Zuwendung** von Nachlassvermögen beinhalten. Sie führen zu einer Belohnung der loyalen Abkömmlinge, die ihren Pflichtteil nicht verlangt haben. Ihnen wendet der zuerst versterbende Elternteil ein Vermächtnis in beliebiger Höhe zu, meist in Geld und in Höhe ihres/des gesetzlichen Erbteils, den sie ohne die Verfügung von Todes wegen hätten. Zum Schutz des länger lebenden Elternteils vor den nachteiligen Folgen einer sofortigen Auszahlung ist das Vermächtnis nicht zu seinen Lebzeiten zu erfüllen. Entweder wird es bis zum Tod des zweiten Ehegatten gestundet[1627] oder sogar aufschiebend befristet erst für diesen Fall angeordnet. Tatbestandsmäßig kann die Vermächtniszuweisung dadurch bedingt sein, dass sie erst bei einem entsprechenden Pflichtteilsverlangen eines der anderen Abkömmlinge eingreift, wie die berühmte **»Jastrow'sche Klausel«**.[1628] Es kann aber auch ein mit dem Tod des erstversterbenden Ehegatten bereits anfallendes, unbedingtes **686**

1624 Die Neufassung von § 2306 BGB hat insoweit zu keiner Änderung geführt.

1625 So zutreffend KG, Beschl. v. 06.04.2018 – 6 W 13/18, BeckRS 2018, 9262; OLG Saarbrücken, Beschl. v. 06.01.1994 – 5 W 119/93 – 70, NJW-RR 1994, 844, 846.

1626 *Weirich*, Erben und Vererben, Rn. 1034.

1627 Beachte dann aber zu den steuerlichen Folgen § 6 Abs. 4 ErbStG. S. hierzu näher unten Syst. A Rdn. 700.

1628 So benannt nach ihrem Erfinder *Jastrow* DNotV 1904, 424, 425 f.

Vermächtnis dieser Art eingeräumt werden, das nur für die Abkömmlinge entfällt, die ihren Pflichtteil nicht bereits beim ersten Erbfall geltend machen.[1629]

Zuteilende Klauseln beruhen allerdings nicht nur auf dem Gedanken des Wohlverhaltens durch Belohnung. Die Aussetzung des Vermächtnisses hat auch noch einen weiteren Effekt, nämlich die Reduzierung der Pflichtteilsbelastung im zweiten Erbfall und damit die Schmälerung des Pflichtteils des illoyalen Abkömmlings zu Gunsten der loyalen Abkömmlinge: Bei richtiger Ausgestaltung stellt das Vermächtnis des erstversterbenden Elternteil zu Gunsten der loyalen Abkömmlinge im Rahmen des zweiten Erbfalls eine Nachlassverbindlichkeit dar, die gem. § 2311 BGB bei der Berechnung des Pflichtteils des illoyalen Abkömmlings mindernd in Abzug gebracht werden kann. Dadurch ergibt sich eine je nach Vermögenslage und Höhe des angeordneten Vermächtnisses mehr oder weniger stark ausfallende **Verringerung der Bemessungsgrundlage** des Pflichtteils der Abkömmlinge im zweiten Todesfall (wie sie bei der Trennungslösung kraft Gesetzes entsteht). Die Anordnung eines aufschiebend bedingten Vermächtnisses zugunsten der loyalen Abkömmlinge stellt dementsprechend eine Alternative zur Anordnung von Vor- und Nacherbschaft dar (ebenso wie bei der Parallelproblematik der Gestaltung von Geschiedenen- und Patchworktestamenten), vermeidet aber die regelmäßig nicht gewollten Folgen der Trennungslösung (s.o.). Dies wirkt sich dann besonders entlastend zugunsten der anderen loyalen Schlusserben aus, wenn zugleich auch die beim Pflichtteilsverlangen eintretende bedingte Enterbung angeordnet wurde (s. Syst. A Rdn. 683). Noch einschneidender wirkt eine solche zuteilende Klausel, wenn sie den gesamten Nachlass des erstversterbenden Elternteils umfasst (»Universalvermächtnis«).

c) Mögliche objektive Anknüpfungspunkte

687 Als objektive Tatbestandsvoraussetzungen für das Eingreifen einer Pflichtteilsklausel werden in der Praxis diskutiert:[1630]

– Bereits das bloße »**Verlangen des Pflichtteils**« kann die enterbende Wirkung auslösen.[1631] Erforderlich, aber auch ausreichend ist dann, dass der Pflichtteilsberechtigte ausdrücklich und ernsthaft deutlich macht, dass er seinen Pflichtteil geltend machen will. Eine darüber hinaus gehende erfolgreiche, womöglich gerichtliche Durchsetzung des Anspruchs ist demgegenüber nicht erforderlich, um die Klausel auszulösen.[1632] Ähnlich wird teilweise darauf abgestellt, dass »**auf den Pflichtteil bestanden**«,[1633] dass der Pflichtteil »**gefordert**«[1634] oder dass er »**geltend gemacht**« wird.[1635] Die letztgenannte Formulierung knüpft dabei an das an, was erbschaftsteuerlich seitens des Pflichtteilsberechtigten getan werden muss, damit die Erbschaftsteuerpflicht entsteht (§ 3 Abs. 1 Nr. 1 ErbStG) und was somit erforderlich ist, damit der Pflichtteil als Abzugsposten beim länger lebenden Ehegatten berücksichtigt werden kann.[1636] Dies

1629 Dies kann vor allem dann angebracht sein, wenn einseitige Kinder vorhanden sind, vgl. den in Fn. 197 genannten Fall. Zur näheren Ausgestaltung s. *von Olshausen* DNotZ 1979, 707, 718.

1630 Vgl. auch *Worm* RNotZ 2003, 535, 552.

1631 So etwa *R. Kössinger* in: Nieder/Kössinger, Handbuch der Testamentsgestaltung, § 14 Rn. 79 mit Fn. 153; *Langenfeld*/Fröhler Testamentsgestaltung M 171 in Kap. 5 Rn. 134.

1632 Vgl. OLG Köln, Beschl. v. 27.09.2018 – 2 Wx 314/18, BeckRS 2018, 25213 (Rn. 17); OLG Rostock, Beschl. v. 11.12.2014 – 3 W 138/13, NJW-RR 2015, 776 (m.w.N. in Rn. 18); OLG Hamm, Besch. v. 13.02.2013 – I-15 W 421/12, ZEV 2013, 397; OLG Düsseldorf, Beschl. v. 18.07.2011 – 3 Wx 124/11, NJW-RR 2011, 1515; OLG München, Beschl. v. 29.01.2008 – 31 Wx 68/07, 31 Wx 068/07, ZEV 2008, 341. So auch *Tanck*, ZErb 2018, 8.

1633 Vgl. KG, Beschl. v. 06.04.2018 – 6 W 13/18, BeckRS 2018, 9262 (Rn. 39 »*(...) läge in den bloßen Verhandlungen, die in einer freiwilligen Zahlung enden, noch kein ernsthaftes, die Strafklausel auslösendes Verlangen.* «) im Anschluss an OLG Schleswig, Urt. v. 25.06.1996 – 3 U 8/95, BeckRS 1996, 10680 (Rn. 79). S. dagegen OLG Köln, Beschl. v. 27.09.2018 – 2 Wx 314/18, BeckRS 2018, 25213 (Rn. 16).

1634 Vgl. OLG Köln, Beschl. v. 27.09.2018 – 2 Wx 314/18, BeckRS 2018, 25213; OLG Rostock, Beschl. v. 11.12.2014 – 3 W 138/13, NJW-RR 2015, 776.

1635 *Weirich*, Erben und Vererben, Rn. 1733 § 4. Vgl. hierzu OLG Düsseldorf FamRZ 2012, 331.

1636 Vgl. BFH, Urt. v. 19.02.2013 – II R 47/11 –, ZEV 2013, 220.

liegt insbesondere bei größeren Nachlässen sowohl im Interesse des Pflichtteilsberechtigten wie des Erben und sollte dann bei solchen »einverständlichen« Regelungen gerade nicht die weitreichenden Sanktionen im zweiten Erbfall auslösen. Dem könnte allerdings auch durch die einschränkende Formulierung begegnet werden, dass bei einer »einverständlichen« Pflichtteilsgeltendmachung die Pflichtteilsklausel nicht eingreifen soll. Aber auch sonst erscheint die Verwendung des Begriffs des »Pflichtteilsverlangens« nicht unproblematisch: Soll dazu bereits das den länger lebenden Ehegatten regelmäßig über Monate beschäftigende und regelmäßig als große Belastung empfundene Auskunfts- und Wertermittlungsverlangen nach § 2314 BGB[1637] oder die Geltendmachung von Sicherungsrechten[1638] gehören? Und wie sieht es aus, wenn die Zahlung letztlich vom länger lebenden Ehegatten ausgeht, aber die Verhandlungen dazu vom Pflichtteilsberechtigten initiiert wurden? Wie sieht es schließlich aus, wenn der Pflichtteilsberechtigte »nur« die Erbenstellung des länger lebenden Elternteils angreift, ohne gleichzeitig Ansprüche geltend zu machen?[1639] Wenn diese Fallgestaltungen erfasst werden sollen, ist die Klausel entsprechend zu fassen, um Auslegungsschwierigkeiten von vorneherein zu vermeiden.

– Die enterbende Wirkung soll erst eintreten, wenn der Pflichtteilsberechtigte den Pflichtteil »**verlangt und erhält**«.[1640] Eine solche Klausel ist dort sinnvoll, wo aus steuerlichen Gründen der Pflichtteil geltend gemacht, aber dann gestundet wird. Probleme ergeben sich auch in dem Fall, dass bei Eintritt der Schlusserbfolge der Pflichtteil nach dem erstversterbenden Elternteil zwar verlangt, aber noch nicht bezahlt ist. Kann die Klausel auch dann noch eingreifen? Hier stellen sich neue Auslegungsfragen, wie das OLG Zweibrücken ausdrücklich betont.[1641] Zudem sieht sich der überlebende Elternteil u.U. gezwungen, den verlangten Pflichtteil möglichst schnell und ohne nähere Prüfung auszuzahlen, damit die enterbende Wirkung eintritt, und er über den freiwerdenden Erbteil neu testieren kann.[1642] Daher wird alternativ vorgeschlagen, das »und« durch ein »oder« zu ersetzen, sodass etwa bei erfolgter Auszahlung des Pflichtteils sich nicht mehr das Problem stellt, ob ein »Verlangen« i.S. der Pflichtteilsklausel vorlag.[1643] Dann würde die enterbende Wirkung auch eintreten, wenn ein sich eigentlich passiv verhaltender Pflichtteilsberechtigter vom länger lebenden Ehegatten den Pflichtteil erhält, weil er dadurch bevorzugt werden soll, was aber gerade den Intentionen des Berliner Testaments widerspräche.[1644]

1637 So im konkreten Fall OLG Düsseldorf, Beschl. v. 18.07.2011 – 3 Wx 124/11, FamRZ 2012, 331. Anders dagegen OLG Rostock, Beschl. v. 11.12.2014 – 3 W 138/13, NJW-RR 2015, 776 (Rn. 18) im Anschluss an BayObLG, Beschl. v. 23.10.1990 – BReg. 1 a Z 50/90, NJW-RR 1991, 394 (Leitsatz 2: »*Allein in der gerichtlichen Geltendmachung eines Auskunftsanspruchs über den Umfang des Nachlasses liegt noch nicht das Verlangen des Pflichtteils*«). Ablehnend auch *Lübbert* NJW 1988, 2706, 2710, wenn man nicht den Erben auch gegen diesen Ärger schützen will.

1638 Vgl. etwa OLG Schleswig ZEV 1997, 331; BayObLGZ 1990, 58 (»Geltendmachung« durch den Ergänzungspfleger).

1639 So die Konstellation in OLG München, Beschl. v. 06.12.2018 – 31 Wx 374/17, DNotZ 2019, 372. Der Leitsatz lautet: »*Eine Pflichtteilsklausel, die auf ein »Verlangen« des Pflichtteils nach dem Tod des erstversterbenden Ehegatten abstellt, greift nicht bereits dann ein, wenn der Pflichtteilsberechtigte die Erbenstellung des Überlebenden angreift (im Anschluss und in Abgrenzung zu OLG München v. 07.04.2011 – OLG München, Beschl.. v. 07.04.2011 – 31 Wx 227/10, NJW-RR 2011, 1164).*« S. demgegenüber OLG Dresden, Beschl. v. 16.02.1999 – 7 W 1571–98, NJW-RR 1999, 1165 (Leitsatz 1 lautet: »*Die testamentarische Klausel »wer das Testament anficht« ist, falls keine Anzeichen vorhanden sind, dass der Ausdruck rechtstechnisch gemeint ist, nicht auf die Anfechtung gem. §§ 2078 ff. BGB beschränkt, sondern erfasst alle Handlungen, die geeignet sind, die Verfügung ganz oder teilweise zu Fall zu bringen, also auch Einwendungen im Erbscheinsverfahren gegen die Wirksamkeit der Verfügung.*«)

1640 So *Nieder*, Handbuch der Testamentsgestaltung, 3. Aufl. 2008, § 14 Rn. 7; aufgegeben in 5. Aufl. 2015, § 14 Rn. 84; *Tanck/Kerscher/Krug*, Testamente in der anwaltlichen und notariellen Praxis, 2. Aufl., 2002, § 20 Rn. 101.

1641 OLG Zweibrücken MittBayNot 1999, 294, 295 f. = ZEV 1999, 108 m. Anm. *Loritz* ZEV 1999, 187.

1642 *Radke* ZEV 2001, 136, 138.

1643 *Radke* ZEV 2001, 136, 138; *ders.*, Das Berliner Testament ..., 1999, S. 100.

1644 *Radke* ZEV 2001, 136, 138.

Aber dies ist sicher nur ein Sonderfall; hinsichtlich der anderen Tatbestandsvoraussetzung, dem »Verlangen« bleibt es bei den geschilderten Auslegungsproblemen. Denn die Auslegungsprobleme, die sich aus dem Tatbestandsmerkmal »Verlangen« des Pflichtteils ergeben, werden nicht gelöst, wenn beides (Verlangen und Erhalten) kumulativ gegeben sein muss, damit die Pflichtteilsklausel greift.

- Soll die enterbende Wirkung dann eintreten, wenn der Pflichtteilsberechtigte seinen Anspruch **in einer Verzug begründenden Weise geltend macht**?[1645] Diese Formulierung scheint auf den ersten Blick klarer zu sein. Tatsächlich ist aber auch sie es nicht. Denn Verzug setzt Verschulden oder zumindest Vertreten müssen voraus (§ 286 Abs. 4 i.V.m. §§ 276–278 BGB). Angesichts der schwierigen Bewertungsprobleme, die es gerade im Pflichtteilsrecht gibt, wird man allerdings nicht immer ausschließen können, dass trotz einer eindeutigen Forderung des Berechtigten der Pflichtteilsschuldner sich in einem vertretbaren Irrtum befand. Zudem kann Verzug in einer Vielzahl von Umständen begründet werden. Und letztlich bleibt festzuhalten, dass oftmals bereits die Geltendmachung eines Auskunfts- oder Wertermittlungsanspruchs als erhebliche Belastung für den länger lebenden Elternteil angesehen wird, die deshalb zur Enterbung führen soll.[1646]
- Soll erst mit der »**Durchsetzung**« des Pflichtteils die Sanktion eintreten?[1647] Aber auch diese Formulierung ist nicht so eindeutig, wie es zunächst scheint. Das Durchsetzen muss nicht unbedingt nur die Fälle erfassen, dass der Pflichtteil tatsächlich ausbezahlt wurde; bereits vorbereitende Maßnahmen, wie die Geltendmachung des Auskunftsanspruchs (§ 2314 BGB) oder die Mahnung lassen sich als Durchsetzen begreifen. Auch diese Formulierung führt demnach zu Auslegungsproblemen.[1648]

688 Letztlich zeigt sich, dass eine allseits befriedigende und für alle Fälle passende Formulierung wohl nicht zu finden ist. Egal welche Formulierung man wählt, jede hat ihre jeweiligen Vor- und Nachteile.

d) Subjektives Tatbestandsmerkmal

689 Unabhängig davon, ob eine Pflichtteilsklausel abschreckenden oder zuteilenden Charakter hat, setzt ihr Eingreifen nach h.M. ein quasi ungeschriebenes subjektives Tatbestandsmerkmal voraus. Erforderlich, aber auch ausreichend ist im Zweifel, dass der Pflichtteilsberechtigte seinen Pflichtteil bewusst in Kenntnis der Verwirkungsklausel verlangt.[1649] Folgerichtig wird die Klausel nicht ausgelöst, wenn der Pflichtteilsberechtigte ohne die Strafklausel zu kennen Pflichtteilsansprüche geltend macht, hiervon aber umgehend Abstand nimmt, sobald er von der Strafklausel Kenntnis

---

1645 Dafür *Radke* ZEV 2001, 136, 137 f.; *ders.*, Das Berliner Testament …, 1999, S. 99. Vgl. zur Inverzugsetzung des Erben: BGH, Beschl. v. 03.12.2008, IV ZR 58/07, ZEV 2009, 77 im Anschluss an BGH v. 06.04.1981, IVa ZR 170/80, NJW 1981, 1729 (= BGHZ 80, 269): Eine unbezifferte, aber einem zulässigen Antrag nach § 254 ZPO entsprechende außerprozessuale Mahnung setzt den Erben, grds. ohne dass er sich auf einen Rechtsirrtum berufen kann, wirksam in Verzug, soweit er die Verzögerung zu vertreten hat. Allg. *Oechsler* AcP 200, 603, 612 ff.; *Klingelhöffer* ZEV 1998, 121; *Tank* ZErb 2018, 8 sowie eingehend *Rißmann* ZErb 2002, 181.

1646 Vgl. OLG Düsseldorf FamRZ 2012, 331.

1647 So *Langenfeld/Fröhler* Testamentsgestaltung, 5. Aufl. 2015, M 172 in Kap. 5 Rn. 135; *Castell* in: Beck'sches Formularbuch Bürgerliches, Handels- und Wirtschaftsrecht, 8. Aufl. 2003 VI.6 Nr. V. In der 13. Auflage 2019 stellt *Najdecki* auf die »Geltendmachung des Pflichtteils« ab (vgl. Formular VI.8).

1648 *Radke* ZEV 2001, 136, 139.

1649 Vgl. etwa OLG Rostock, Beschl. v. 11.12.2014 – 3 W 138/13, NJW-RR 2015, 776; OLG Hamm, Beschl. v. 13.02.2013 – I-15 W 421/12, ZEV 2013, 397 mit zustimmender Anm. von *Horn/Kroiß*; OLG Düsseldorf FamRZ 2012, 331; OLG München ZEV 2008, 341, 343 (Verlangen eines Pflichtteilsanspruchs, der auf Grund eines zuvor erklärten Erlasses objektiv nicht mehr bestand) m. Anm. *Purrucker*; BayObLG ZEV 2004, 202, 204 (spätere Rückzahlung des nach dem erstversterbenden Elternteils geforderten und erhaltenen Pflichtteils an den länger Lebenden führt nicht zur Beseitigung der Rechtsfolgen der Strafklausel) m. Anm. *Ivo* und sowie *Kössinger* in: Nieder/Kössinger, Handbuch der Testamentsgestaltung, § 14 Rn. 82 und Staudinger/*Kanzleiter*, 2014, § 2269 Rn. 58a.

erlangt.[1650] Daher sollte die Bezeichnung »Strafklausel« vermieden werden, damit nicht erst bei einem in vorwerfbarer Weise erfolgenden »bewusstem« oder gar erst »böswilligem Auflehnen« die gewünschte Sanktion eintritt.[1651]

e) Unterscheidung nach Wirkung: Arten der Pflichtteilsklauseln

Ausgehend von der Wirkung der Pflichtteilsklauseln lassen sich die verschiedenen in der Praxis ver- 690
wendeten Gestaltungen wie folgt systematisieren:

aa) Einfache Pflichtteilsklauseln

Einfache Pflichtteilsklauseln basieren allein auf der Abschreckungswirkung der Androhung der Ent- 691
erbung auf den zweiten Erbfall. Verschiedene Formen sind möglich:

(1) Anrechnungsklausel

Bei einer Anrechnungsklausel ordnen Ehegatten an, dass derjenige der Abkömmlinge, der beim 692
Ableben des erstversterbenden Elternteils seinen Pflichtteil verlangt, sich den Wert auf seinen Erbteil (beachte: unwirksam wäre es, eine Anrechnung auf den Pflichtteil anzuordnen, da dies in rechtlich nicht zulässiger Weise in den Pflichtteil des illoyalen Kindes nach dem zweiten Erbfall eingreifen würde; vgl. zutreffend § 2269 BGB Rdn. 119) am Nachlass des länger Lebenden anrechnen lassen muss.[1652] (Die Anrechnungsklausel ist nicht zu verwechseln mit der Bestimmung der Anrechnung einer lebzeitigen Zuwendung nach § 2315 BGB auf den Pflichtteil). Konstruktiv handelt es sich um eine den illoyalen Schlusserben entsprechend belastende (Voraus-)Vermächtnisanordnung durch den länger lebenden Elternteil zugunsten der loyalen anderen Kinder auf den zweiten Todesfall.[1653] Sie besticht auf den ersten Blick unter dem Gesichtspunkt der gleichmäßigen Nachlassverteilung: Auch der, der sofort seinen gesetzlichen Pflichtteil verlangt, soll bei der Endverteilung nicht benachteiligt werden und so viel wie die anderen erhalten. Aber dies ist nicht ganz richtig. Denn der Fordernde erhält durch die sofortige Pflichtteilsauszahlung auch weitere wirtschaftliche Vorteile, insbesondere Liquiditäts- und Zinsvorteile,[1654] die bei der gerechten Aufteilung dann auch berücksichtigt werden müssten. (Dieselbe Problematik betrifft den Bereich ausgleichungspflichtiger Zuwendungen nach §§ 2050 ff. BGB, wenn zwischen den Zuwendungen an die verschiedenen Abkömmlinge Jahre oder Jahrzehnte liegen.) Daher kann bei der Ausgestaltung der Pflichtteilsklausel z.B. an eine Indexierung gedacht werden, d.h. an den Ausgleich des Kaufkraftschwundes für die Zeit zwischen der Zahlung des Pflichtteils nach dem ersten Erbfall und dem Ableben des länger lebenden Elternteils. Die Entlastungsfunktion für den länger lebenden Ehegatten (s. Syst. A Rdn. 682) kommt dagegen zu kurz.

Aus taktischen Gründen ist eine Anrechnungsklausel dann nicht angezeigt, wenn der Nachlass des länger lebenden Ehegatten wesentlich größer ist als der des Erstversterbenden. Bei dieser Konstellation kann sich die Anrechnung nicht so stark auswirken und wird der Abschreckungseffekt deutlich relativiert (wenn auch die wirtschaftliche Belastung für den länger lebenden Ehegatten dann eher tragbar sein dürfte). Daher empfiehlt sich bei stark unterschiedlichem Vermögen, von pauschalen

1650 So zutreffend OLG Rostock, Beschl. v. 11.12.2014 – 3 W 138/13, NJW-RR 2015, 776 (Rn. 23: »*(...) ist subjektiv zu Gunsten der Bet. zu 2 zu bewerten, dass diese nach dem Schreiben vom 22.12.2003 und in Kenntnis der Pflichtteilsstrafklausel nichts mehr unternommen hat, um einen möglichen Rechtsanspruch zu verfolgen.*«)

1651 Zu diesen Fragen eingehend § 2269 BGB Rdn. 109 f.

1652 Etwa *Staudinger/Kanzleiter*, Neubearbeitung 2014, § 2269 Rn. 62.

1653 *Karch* BWNotZ 1989, 75, 76 mit weitergehendem Vorschlag, dass vermächtnisweise alles herauszugeben ist, was den geltend gemachten Pflichtteil übersteigt; *R. Kössinger* in Nieder/Kössinger, Handbuch der Testamentsgestaltung, 5. Aufl. 2015, § 14 Rn. 84; *Worm* RNotZ 2005, 535, 550.

1654 *Weirich*, Erben und Vererben, 6. Aufl. 2010, Rn. 1030.

Anordnungen, die für beide Ehegatten gelten, abzusehen und zu differenzieren, je nachdem wer zuerst verstirbt.

Aber auch die Gleichbehandlungsfunktion (vgl. Syst. A Rdn. 680), d.h. die angestrebte gerechte Nachlassbeteiligung nach dem zweiten Erbfall kann u.U. nicht erreicht werden. Denn ebenso, wie die Anrechnungsklausel ein die loyalen Abkömmlinge begünstigendes Vorausvermächtnis darstellt, belastet sie den illoyalen Abkömmling im Sinn von § 2306 Abs. 1 BGB. Die Klausel kann daher ohne Weiteres dadurch umgangen werden, dass der mit der Anrechnungsanordnung, d.h. einem Vermächtnis zu Gunsten seiner Miterben belastete Abkömmling nach § 2306 Abs. 1 BGB die ihn beeinträchtigende Schlusserbenstellung ausschlägt und seinen ungekürzten Pflichtteil verlangt. Im Fall der Ausschlagung aber erhält er doch wieder zweimal den Pflichtteil aus dem Nachlass des Erstversterbenden und fährt damit u.U. besser.[1655] Diesen Weg wird er wählen, wenn der ungekürzte Pflichtteil nach dem länger lebenden Elternteil größer ist, als der um den Anrechnungsbetrag gekürzte Erbteil. Dann müsste für diesen Fall die sog. »Jastrow'sche Formel« angeordnet werden.[1656]

(2) **Ausschlussklausel**

693 Mit einer Ausschlussklausel wird der Abkömmling, der im ersten Erbfall seinen Pflichtteilsanspruch geltend macht, von der Schlusserbfolge ausgeschlossen. Unabhängig davon, dass die Abschreckungswirkung (auch) von Ausschlussklauseln – wie bereits erwähnt – u.U. gering ist,[1657] kann man sie in zwei Kategorien untergliedern. Im einen Fall tritt die Enterbung des illoyalen Kindes sofort mit dem Pflichtteilsverlangen ein (Automatische Ausschussklausel) und im anderen Fall (erst) aufgrund einer entsprechenden enterbenden Verfügung durch den länger lebenden Elternteil (Fakultative Ausschlussklausel):

(a) **Automatische Ausschlussklausel**

694 Bei einer automatischen Ausschlussklausel tritt die enterbende Wirkung mit dem Pflichtteilsverlangen ein, ohne dass es weiterer Umstände bedarf.[1658] Typische Formulierungen lauten z.B. »ist auf den zweiten Erbfall enterbt und auf den Pflichtteil gesetzt« oder »In diesem Fall wird er hiermit von uns enterbt«. Wie bei allen Gestaltungen, die mit Bedingungen arbeiten, kann die Automatik allerdings zu mitunter nicht gewollten Folgen führen. Mögliche Nachteile können sein:[1659]

- Bei entsprechend weiter Formulierung besteht oft Unklarheit, wann ein »Pflichtteilsverlangen« im Sinn der Klausel vorliegt (vgl. Syst. A Rdn. 687).[1660]
- Die automatische Ausschlussklausel verhindert, dass der länger Lebende individuell auf die entsprechende Lebenssituation reagieren kann. Bspw. kann es aus erbschaftsteuerlichen Gründen gerade im Rahmen des Berliner Testaments angezeigt sein, den Pflichtteil im allseitigen Einvernehmen bzw. – wenn der länger lebende Ehegatte die Erbschaft angenommen hat und dann innerhalb der Verjährungsfrist der Pflichtteilsansprüche verstirbt – nach dem Ableben des länger lebenden Elternteils gewissermaßen rückwirkend geltend zu machen, um bereits im 1. Erbfall die Freibeträge der Kinder zu nutzen und die Steuerbemessungsgrundlage für den 2.

1655 Eine Anrechnung, die stärker und mit absoluter Geltung in den Pflichtteil nach dem Zweitversterbenden Ehegatten eingreift, ist nicht wirksam, *Kipp/Coing* Lehrbuch des Bürgerlichen Rechts, Band V, Erbrecht, 11. Aufl. 1960, § 79 IV 2.

1656 *R. Kössinger* in Nieder/Kössinger, Handbuch der Testamentsgestaltung, § 14 Rn. 84.

1657 AllgM, vgl. etwa *Horn* in: *Scherer* MAH Erbrecht, § 21 Rn. 22 f.; *Worm* RNotZ 2005, 535, 550; s. auch die nachstehende Tabelle.

1658 Vgl. z.B. OLG Düsseldorf, Beschl. v. 03.08.2018 – 3 Wx 65/17, BeckRS 2018, 26335.

1659 Vgl. dazu etwa *Weirich*, Erben und Vererben, Rn. 1031; *R. Kössinger* in Nieder/Kössinger, Handbuch der Testamentsgestaltung, § 14 Rn. 86; *Langenfeld/Fröhler* Testamentsgestaltung, Kap. 5 Rn. 130, 136.

1660 Eingehend hierzu *Lübbert* NJW 1988, 2706, 2710 f.; *Radke* ZEV 2001, 136; *ders.*, Das Berliner Testament … 96 ff.; *Horn* in: *Scherer* MAH Erbrecht, § 21 Rn. 28. Siehe etwa OLG Düsseldorf FamRZ 2012, 331 (ernsthaftes Geltendmachen der Auskunftsansprüche nach § 2314 BGB reicht aus).

Erbfall zu reduzieren. Daher sind automatisch wirkende Klauseln vorsichtig zu formulieren[1661] und sollte zur Vermeidung von Auslegungsschwierigkeiten unbedingt die Formulierung *»gegen den Willen des länger Lebenden von uns«* verwendet werden.[1662]

- Durch die Bedingung treten hinsichtlich der Schlusserbenstellung **konstruktive Schwierigkeiten** ein: Solange die Pflichtteilsgeltendmachung noch möglich ist (also bis zum Verzicht oder Verjährung),[1663] sind die Abkömmlinge nur (konstruktive) Vorerben, die anderen, möglicherweise loyalen Kinder Nacherben. Erst mit endgültigem Bedingungseintritt oder -ausfall steht die Erbfolge endgültig fest.[1664]
- Im Bereich von Behindertentestamenten hat der BGH wiederholt entschieden, dass der für das behinderte Kind zuständige Sozialhilfeträger den Pflichtteil nach § 93 SGB XII (auch) gegen den erklärten Willen aller am Erbfall Beteiligter auf sich überleiten und geltend machen kann, unabhängig davon, ob die Voraussetzungen von § 852 Abs. 1 ZPO vorliegen oder nicht.[1665] Dann stellt sich die Frage, ob dies die automatische Ausschlussklausel, deren Voraussetzungen ihrem Wortlaut nach erfüllt wären, tatsächlich auch auslöst oder ob die Klausel – wie vom BGH jeweils im Rahmen einer ergänzenden Testamentsauslegung zu Recht angenommen – einschränkend ausgelegt werden kann und muss.

Demgegenüber kann allerdings auch gerade gewollt sein, dass der Längerlebende keinen Entscheidungsspielraum haben soll. Auch helfen automatische Ausschlussklauseln dort den letzten Willen durchzusetzen, wo der Längerlebende nicht mehr zum Testieren kommt, etwa bei einem vergesslichen oder testierunfähigen Erblasser. **695**

Wer sich für die automatische Ausschlussklausel entscheidet, sollte sie nach **Tatbestand** und Rechtsfolge möglichst klar und konkret abfassen,[1666] um Auslegungsschwierigkeiten soweit irgend möglich von vorneherein zu vermeiden. Hinsichtlich der Voraussetzungen sollte bedacht werden, dass der Pflichtteilsanspruch auch von Dritten geltend gemacht werden kann, die ihn nach Eintritt **696**

1661 *Dressler* NJW 1997, 2848, 2850; *J. Mayer* ZEV 1998, 54; *Worm* RNotZ 2005, 535, 550; vgl. auch *Rinck* in: Reithmann/Blank/Rinck, Notarpraxis, 2. Aufl. 2001, K Rn. 32.

1662 So zutreffend *Horn* in: *Scherer* MAH Erbrecht, § 21 Rn. 31 und 34 unter Hinweis auf OLG Frankfurt am Main, DNotZ 2011, 552 (Die Strafklausel lautete dort: *»Sollte eines der Kinder auf Auszahlung seines Pflichtteils bestehen, so soll es auch nach Ableben des überlebenden Ehepartners nur einen Pflichtteil bekommen.«)* m. Anm. *Kanzleiter*. Dem OLG zufolge löst die Geltendmachung des Pflichtteils selbst dann die im konkreten Fall angeordnete automatische Ausschlussklausel aus, wenn der Pflichtteil im Einvernehmen mit dem länger lebenden Elternteil gezahlt wurde.

1663 Weitergehend BGH, Urteil vom 12.07.2006 – IV ZR 298/03 –, ZEV 2006, 501. Der Leitsatz lautet: *»Bei einem Berliner Testament mit Verwirkungsklausel (Pflichtteilsklausel) kann der Eintritt der auflösenden Bedingung grundsätzlich auch nach dem Tod des länger lebenden Ehegatten, nach Annahme der Schlusserbschaft und nach Verjährung des Pflichtteilsanspruchs nach dem Erstverstorbenen herbeigeführt werden.«* Aufgrund der (haftungsrechtlich) uferlosen Konsequenzen zu Recht kritisch *Fischer* ZEV 2006, 503 sowie *Purrucker* ZEV 2007, 126.

1664 Zu den grundbuchrechtlichen Folgen vgl. Rdn. 707.

1665 BGH, Urt. v. 08.12.2004, ZEV 2005, 117 mit – nicht zum Ergebnis, aber zur konkreten Begründung – ablehnender Anm. Muscheler; BGH, Urt. v. 19.10.2005, ZEV 2006, 76 sowie insoweit im Anschluss daran konsequent OLG Hamm, Urt. v. 28.02.2013 – 10 U 71/12 –, NJW-RR 2013, 779. Mittlerweile kritisch zur (eigenen) Rechtsprechung des BGH allerdings *Wendt*, ErbR 2012, 66, 68: *»Es sind (...) zunehmend Zweifel angebracht, ob es nicht bereits damals konsequenter gewesen wäre, dem Sozialhilfeträger die Überleitung mit Blick auf die Sanktionsklausel insgesamt zu versagen. (...) Die Rechtsprechung bedarf daher der Überprüfung.«*; vgl. *Hammann*, Ergänzende Testamentsauslegung: Ermittlung des hypothetischen Erblasserwillens, ErbR 2014, 420 ff.

1666 Dazu die gründliche Analyse der gängigen Vorschläge in den Formularbüchern bei *Radke*, Das Berliner Testament ..., 1999, S. 95 ff.

des Erbfalls vom Pflichtteilsberechtigten geerbt[1667] oder als Sozialhilfeträger übergeleitet haben.[1668] Deshalb sollte klargestellt werden, dass in solchen Fällen dies nicht zulasten des Pflichtteilsberechtigten im zweiten Erbfall gehen darf. Weiter sollte die steuerliche Komponente bedacht werden. Denn die Geltendmachung des Pflichtteils kann zu einer erheblichen Entlastung bei der Erbschaftsteuer führen[1669] und damit auch im Interesse des länger lebenden Ehegatten liegen.

Bezüglich der **Rechtsfolgen** ist klar zu regeln, ob **Anwachsung** des frei werdenden Teils der Erbschaft an die anderen Schlusserben oder diesbezüglich eine **Ersatzberufung** eintritt.[1670] Anderenfalls geraten die Erbbeteiligten u.U. in den Bereich der nur schwer kalkulierbaren ergänzenden Testamentsauslegung, was von den Erblassern sicherlich nicht gewollt ist.

Zu beachten ist, dass reine Pflichtteilsklauseln wegen ihrer bloß enterbenden Wirkung für sich betrachtet zwar nicht bindend oder **wechselbezüglich** sein können (vgl. §§ 2278 Abs. 2, 2270 Abs. 3 BGB).[1671] Wird damit jedoch eine Schlusserbenbestimmung verbunden – was nicht notwendigerweise der Fall sein muss[1672] –, so liegt konstruktiv eine auflösend bedingte Schlusserbeneinsetzung vor, die mit der weiter dort i.d.R. getroffenen Erbeinsetzung insoweit »korrespondiert«, als das, was dem einen wegfällt, dem anderen zugutekommen muss (Anwachsung, Ersatzberufung). Wegen dieser »Reflexwirkung« liegt faktisch eine Bindung/Wechselbezüglichkeit vor,[1673] die einen entsprechenden Änderungsvorbehalt erfordert, um die Testierfreiheit wiederzugewinnen.[1674]

697 Eine solche automatische Ausschlussklausel[1675] könnte daher in einem gemeinschaftlichen Testament oder Ehegattenerbvertrag lauten:[1676]

1667 Vgl. den instruktiven Fall von BayObLG NJW-RR 1996, 262 = MittBayNot 1996, 110: Der »Pflichtteil der Schwiegertochter«.

1668 S. BGH ZEV 2005, 117 m. abl. Anm. *Muscheler*. Im konkreten Fall rettete der BGH das Testament im Wege der ergänzenden Testamentsauslegung, Hierauf kann und darf man sich als Gestalter in keinem Fall verlassen, was die Entscheidung OLG Hamm, Urt. v. 28.02.2013 – 10 U 71/12 –, NJW-RR 2013, 779 nachhaltig belegt.

1669 Vgl. BFH, Urt. v. 19.02.2013 – II R 47/11 –, ZEV 2013, 220 (= Beck RS 2013, 94531) zu der Besonderheit, dass die auf der Grundlage eines Berliner Testaments nach dem erstverstorbenen Vater enterbte Tochter den nach dem Ableben der länger lebenden Mutter noch nicht verjährten Pflichtteil gegen sich selbst als Erbin der Mutter geltend machte. Dies hat der BFH steuermindernd anerkannt.

1670 *Worm* RNotZ 2003, 535, 550. Nach *R. Kössinger* in: Nieder/Kössinger, Handbuch der Testamentsgestaltung, 5. Aufl. 2015, § 15 Rn. 189 spricht eine Vermutung für den Ausschluss des ganzen Stammes desjenigen, der den Pflichtteil geltend macht. Andernfalls tragen wenigstens die ersatzweise zur Erbfolge gelangenden Abkömmlinge des ausschlagenden Kindes die Pflichtteilslast, § 2320 BGB. *Tanck*, ZErb 2018, 8 berücksichtigt nur die Anwachsung, nicht aber die Ersatzerbenproblematik.

1671 Missverständlich *Tanck* in *Kerscher/Tanck/Krug*, Das erbrechtliche Mandat, 4. Aufl. 2007, § 8 Rn. 480; ebenso *R. Kössinger* in: Nieder/Kössinger, Handbuch der Testamentsgestaltung, 5. Aufl. 2015, § 14 Rn. 81 sowie *Horn* in: *Scherer* MAH Erbrecht, 5. Aufl. 2018, § 21 Rn. 16. Zu weit OLG Hamm, Urt. v. 28.02.2013 – 10 U 71/12 –, NJW-RR 2013, 779.

1672 Sie wirkt dann zunächst rein enterbend ggü. der gesetzlichen Erbfolge, *Lübbert* NJW 1988, 2708.

1673 *Strobel* MDR 1980, 363; für die Annahme eines stillschweigenden Änderungsvorbehalts hier Staudinger/*Kanzleiter*, Neubearbeitung 2014, § 2269 Rn. 63.

1674 BayObLGZ 1990, 58, 60: bejaht Abänderungsbefugnis durch Auslegung. OLG Hamm, Urt. v. 28.02.2013 – 10 U 71/12 –, NJW-RR 2013, 779, verneint Auslegung pro Abänderungsbefugnis mangels Andeutung im Testament.

1675 Vor verunglückten Pflichtteilsklauseln sei gewarnt, vgl. etwa BGH NJW-RR 1991, 706 sowie OLG Frankfurt am Main ZEV 2014, 257 (kein Auslösen einer allgemein formulierten Verwirkungsklausel *»der mit diesen Tatbestandsbestimmungen nicht einverstanden ist«* durch Pflichtteilsgeltendmachung); großzügiger BayObLG ZEV 1995, 191 f.

1676 Formulierungsvorschlag nach Bengel/Reimann/J. Mayer, Testament und Erbvertrag, 5. Aufl. 2006, Formularteil Rn. 47.

▶ Muster: Automatische Ausschluss-/Pflichtteilsklausel

Sollte nach dem Tode des Erstversterbenden von uns gegen den Willen des länger Lebenden durch wen auch immer[1677] der Pflichtteil verlangt oder sollten Auskunfts- und/oder Wertermittlungsansprüche geltend gemacht werden, so erhält der entsprechende Pflichtteilsberechtigte einschließlich seiner Abkömmlinge[1678] auch beim Tod des länger lebenden Elternteils nur seinen gesetzlichen Pflichtteil, soweit er gesetzlich hierauf einen Anspruch hat.[1679] Weiterhin entfallen alle in diesem Testament/Erbvertrag diesbezüglich enthaltenen Zuwendungen und vereinbarten Bindungen ersatzlos. Ein Pflichtteilsverlangen in unserem Sinne setzt in subjektiver Hinsicht nur die Kenntnis von dieser Bestimmung voraus, nicht aber ein weiteres vorwerfbares Verhalten.

(b) Fakultative Ausschlussklausel

Fakultative Ausschlussklauseln vermeiden die Nachteile, die mit der automatisch Wirkenden verbunden sind (s. Syst. A Rdn. 694). Dabei wäre der in Syst. A Rdn. 697 gemachte Formulierungsvorschlag dahingehend abzuändern, dass der längerlebende Ehegatte bei Vorliegen des Pflichtteilsverlangens *»berechtigt ist«,* die entsprechenden Sanktionen anzuordnen. 698

Der Sache nach handelt es sich um einen spezifizierten **Änderungsvorbehalt** (vgl. § 2278 BGB Rdn. 14 ff., § 2271 BGB Rdn. 75). Eine derartige Klausel ist daher nur dann erforderlich, wenn in der Verfügung von Todes wegen trotz ausdrücklich angeordneter oder sich insbesondere aus § 2270 BGB ergebender Bindung des länger lebenden Ehegatten an die Schlusserbeneinsetzung entweder ein solcher Vorbehalt überhaupt nicht vorhanden oder nicht ausreichend ist (etwa wenn

---

1677 Vor dem Hintergrund des Urteils des OLG Hamm vom 28.02.2013 (10 U 71/12 –, NJW-RR 2013, 779) ist zu beachten: Sofern die Überleitung des Pflichtteils durch den für den pflichtteilsberechtigten Erben zuständigen Sozialhilfeträger droht, also insbesondere bei Behindertentestamenten, muss die Formulierung *»durch wen auch immer«* modifiziert werden. Es muss sichergestellt werden, dass die Geltendmachung des Pflichtteils durch den Sozialhilfeträger nicht die Strafklausel auslöst. Anderenfalls würde der Sozialhilfeträger so in eigener Hand die Voraussetzungen schaffen, um auch nach dem Ableben des länger lebenden Elternteil den Pflichtteil erneut auf sich überleiten und geltend machen zu können. Beispielsweise könnte die Einschränkung lauten: *»mit Ausnahme eines ggfs. zuständigen Sozialhilfeträgers«.* Alternativ könnte formuliert werden: *»Nicht ausgelöst wird diese Klausel allerdings, wenn der/ein für unsere behindertes Kind zuständiger Sozialhilfeträger o.ä. den Pflichtteil auf sich überleitet und geltend macht.«* Das Urteil des OLG Hamm betraf den Fall eines fehlgeschlagenen Behindertentestaments. Es basiert auf der Annahme, dass der für den behinderten Erben zuständige Sozialhilfeträger nach § 93 Abs. 1 SGB XII den dem behinderten Erben zustehenden Pflichtteil selbst dann geltend machen und auf sich überleiten kann, wenn die Voraussetzung nach § 852 ZPO nicht vorliegen. Die Privilegierung des Sozialhilfeträgers geht auf die beiden Urteile des BGH vom 08.12.2004 (IV ZR 223/03, NJW-RR 2005, 369) und vom 19.10.2005 (IV ZR 235/03, NJW-RR 2006, 223) zurück, die das OLG Hamm konsequent umgesetzt hat. (Leider) nicht aufgegriffen hat das Gericht die Kritik von RiBGH *Wendt* an der eigenen Rechtsprechung: *»Es sind (...) zunehmend Zweifel angebracht, ob es nicht bereits damals konsequenter gewesen wäre, dem Sozialhilfeträger die Überleitung mit Blick auf die Sanktionsklausel insgesamt zu versagen. (...) Die Rechtsprechung bedarf daher der Überprüfung.«, Wendt,* ErbR 2012, 66, 68. Kritisch zu der durch das OLG Hamm vorgenommenen ergänzenden Testamentsauslegung *Hammann,* Ergänzende Testamentsauslegung: Ermittlung des hypothetischen Erblasserwillens, ErbR 2014, 420, 426 mit Fn. 88.

1678 In Folge der Einbeziehung der weiter entfernten Abkömmlinge werden sie nicht Ersatzerben. Vielmehr tritt Anwachsung ein.

1679 So soll zweierlei verhindert werden, nämlich zum einen, dass darin eine Vermächtniszuwendung in Höhe des Pflichtteils auch dann gesehen wird, wenn dem Betreffenen ein solcher nicht zusteht. Das ist etwa der Fall, wenn ein Pflichtteilsentziehungsgrund vorliegt oder wenn – etwa bei einseitigen Kindern – ein Pflichtteilsanspruch im zweiten Erbfall von vorneherien nicht besteht (vgl. den abschreckenden Fall einer verunglückten Pflichtteilsklausel bei BGH NJW-RR 1991, 706; großzügiger die Auslegung BayObLG ZEV 1995, 191 f.). Zum anderen wird so (m.E. deklaratorisch, aber für die Praxis nicht weniger sinnvoll) noch einmal deutlich gemacht, dass nach §§ 2315 f. BGB Vorempfänge zu berücksichtigen sind, vgl. Bengel/Reimann/J. Mayer, 5. Aufl. 2006, Formularteil Rn. 47 mit Fn. 28.

alle Kinder den Pflichtteil verlangen, der Änderungsvorbehalt aber die Abänderungsmöglichkeit persönlich dahingehend beschränkt, dass nur zugunsten der Kinder geändert werden kann). Die Bedenken, die im Allgemeinen gegen die lediglich enterbend wirkenden Pflichtteilsklauseln vorgebracht werden, etwa die Probleme, die aus dem doppelten Pflichtteilsverlangen entstehen, gelten natürlich auch hier (vgl. Syst. A Rdn. 684 f.).

bb) Jastrow'sche Klausel

(1) Urfassung der Jastrow'schen Klausel

699 In der Urfassung der Jastrow'schen Klausel führt die Geltendmachung des Pflichtteils nach dem ersten Erbfall durch einen der Abkömmlinge dazu, dass die anderen Abkömmlinge ein mit dem ersten Erbfall anfallendes Vermächtnis (nach dem erstversterbenden Elternteil) in Höhe ihres gesetzlichen Erbteils erhalten. Es ist jedoch bis zum Ableben des Längerlebenden ohne oder mit Zinsen[1680] gestundet und wird dann erst fällig. Die Jastrow'sche Klausel verbindet folglich die enterbende Komponente mit einer zuteilenden, um insbesondere für den zweiten Erbfall die Bemessungsgrundlage für den Pflichtteil des illoyalen Kindes zu reduzieren (s. Syst. A Rdn. 686).[1681] Sie ist daher nicht erforderlich, wenn durch die Trennungslösung ohnehin eine Separation des beiderseitigen Nachlasses eintritt. Gegen die grundsätzliche Zulässigkeit und Wirksamkeit dieser Klausel bestehen keine durchgreifenden Bedenken; insbesondere handelt es sich um eine zulässige Potestativbedingung, die mit § 2065 BGB vereinbar ist und nicht gegen § 134 oder § 138 BGB verstößt. Auch wenn dadurch mittelbar der Druck ausgeübt wird, den Pflichtteil beim Tod des Erstversterbenden nicht geltend zu machen, liegt darin keine sittenwidrige Benachteiligung des Pflichtteilsberechtigten.[1682] Der »Ur-Jastrow« hatte jedoch einige Schwächen, die zu Verbesserungsvorschlägen führten.[1683]

(2) Weiterentwicklungen

700 Als Nachteile wurden erkannt und zur Verbesserung vorgeschlagen:

- Die mit dem ersten Todesfall entstehenden Vermächtnisse stellen **selbständige Vermögenspositionen** dar. Sie können auch an Familienfremde oder sonst nicht erwünschte Personen weitervererbt werden und unterliegen sofort der Erbschaftsteuer. Als **Abhilfe** wurde daher vorgeschlagen, sie auf den Eintritt des zweiten Erbfalls aufschiebend befristet anzuordnen und in Klarstellung zu § 2177 BGB zu bestimmen, dass die Vermächtnisse nur dann anfallen, wenn die Bedachten den Zeitpunkt des Todes des letztversterbenden Elternteils auch erleben, sowie ihre Vererblichkeit und Übertragbarkeit auszuschließen.[1684]
- Verstirbt aber dann bis zum Eintritt des zweiten Erbfalls eines der loyalen Kinder, so kommt dieser **Bedingungsausfall** dem Nachlass des Erstversterbenden und über die gegenseitige Alleinerbeneinsetzung auch dem Nachlass des länger lebenden Ehegatten zugute. Das wiederum führt zu der gerade ungewollten **Erhöhung des Pflichtteils** des illoyalen Kindes im zweiten Erbfall,

---

1680 Dies erhöht die Pflichtteilsentlastung im zweiten Erbfall. Beachte hiervon unabhängig, dass Zinsen Einkünfte aus Kapitalvermögen darstellen und nach § 20 Abs. 1 Nr. 7 EStG zu versteuern sind, vgl. BFH, Beschl. v. 20.10.2015 – VIII R 40/13, ZEV 2016, 221.

1681 Eingehend dazu *J. Mayer* ZEV 1995, 136; *Radke*, Das Berliner Testament ..., 1999, 110 ff. (mit eingehender Analyse); *Seubert*, Die Jastrow'sche Klausel, 1999.

1682 Eingehend zu diesen Fragen *Seubert* (Fn. 1499) S. 84 ff.

1683 Die Verbesserungsbedürftigkeit der Urfassung ist allgemein anerkannt, vgl. etwa *R. Kössinger* in: Nieder/Kössinger, Handbuch der Testamentsgestaltung, 5. Aufl. 2015, § 14 Rn. 77–79; *Radke*, Das Berliner Testament ..., 1999, Fn. 1190, S. 111 ff.; a.M., aber ohne überzeugende Begründung *Seubert*, Die Jastrow'sche Klausel, 1999, Fn. 1499, S. 209, aber selbst wiederum i.S. der h.M. offensichtlich auf S. 130 ff.

1684 *Weiss* MDR 1980, 812 f.; auch *Radke* (Das Berliner Testament ..., 1999, Fn. 1190, S. 114 ff.) betont die dringende Regelungsbedürftigkeit dieser Frage und erörtert eingehend die verschiedenen Auslegungsmöglichkeiten, die sich sonst ergeben können.

da ein »Abzugsposten« wegfällt. Als **Ausweg** wurde daher vorgeschlagen, dass die Vermächtnisse hinsichtlich der Höhe und Berechtigten entsprechend den Erbquoten der loyalen Kindern im zweiten Erbfall bestimmt werden.[1685] Das führt zu dem »juristischen Paradoxon«, dass es sich zwar um ein vom erstversterbenden Elternteil stammendes Vermächtnis handeln soll und muss, damit es im zweiten Erbfall vorrangig bei der dann anstehenden Pflichtteilsberechnung abgezogen werden kann, seine genaue Höhe aber erst mit dem zweiten Erbfall festgelegt wird.[1686] Besser erscheint es daher, die Vermächtnisansprüche höchstpersönlich auszugestalten und dadurch eine ungewollte Weitervererbung auszuschließen.[1687]

- Werden die Vermächtnisse nicht auf das begrenzt, was beim Tod des länger Lebenden aus dem Nachlass des Erstversterbenden übrig ist (**Vermächtniseinsetzung auf den Überrest**), so können die Vermächtnisnehmer zur Sicherung ihrer bedingten Ansprüche die Anordnung eines Arrestes oder einer einstweiligen Verfügung beantragen oder Schadensersatzansprüche geltend machen.[1688]
- Nicht nur das den Pflichtteil fordernde Kind selbst, sondern – wegen § 2069 BGB oder wegen ausdrücklich vorhandener Ersatzberufungen – sein **gesamter Stamm** ist auf den Pflichtteil zu verweisen.[1689]
- Aufnahme eines **Änderungsvorbehalts**, wonach der länger Lebende über den durch die Pflichtteilsgeltendmachung frei werdenden Erbteil frei verfügen kann, also die sonst eintretende Anwachsung oder Ersatzberufung ausschließen, ja u.U. sogar dem den Pflichtteil fordernden Abkömmling wieder im zweiten Erbfall etwas zuwenden kann.[1690]

1685 *Strobel* MDR 1980, 363, 364; *Worm* RNotZ 2003, 535, 553.

1686 Kritisch daher *J. Mayer* ZEV 1995, 13 7 f.; zustimmend in diesem Punkt *Seubert,* Die Jastrow'sche Klausel, 1999, Fn. 1499, S. 148. Trotzdem bejaht die h.M. die Vorrangigkeit des Vermächtnisses ggü. dem Pflichtteilsanspruch im zweiten Erbfall, so insb. unter Berufung auf § 327 InsO *Reimann* MittBayNot 2002, 4, 7; *Strobel* MDR 1980, 363, 364; *Weiß* MDR 1979, 812; für das Geschiedenen-Testament *Schnabel,* Das Geschiedenentestament, 2001, 150. Bestimmt man, dass sich die Vermächtnisse nach den Verhältnissen im zweiten Erbfall richten, führt dies dazu, dass der länger Lebende bei der Berechnung der Vermächtnishöhe nicht zu berücksichtigen ist, vielmehr die Erbschaft nach dem Erstversterbenden allein auf die Abkömmlinge aufzuteilen wäre, eine – im Einzelfall durchaus gewollte – Konsequenz, von der *Radke* (Das Berliner Testament ..., 1999, Fn. 1190, S. 118) zu Recht bemerkt, dass die dadurch bewirkte Verdoppelung der Vermächtnishöhe von den Autoren dieser Formulierungsvorschläge kaum beabsichtigt sein dürfte.

1687 *Worm* RNotZ 2003, 535, 554; *Horn* in: Scherer MAH Erbrecht, 5. Aufl. 2018, § 21 Rn. 28.

1688 Vgl. *von Olshausen* DNotZ 1979, 707, 714. Zu Recht weist aber *Radke* (Das Berliner Testament ..., 1999, Fn. 1190, S. 118 f.) darauf hin, dass ein Teil der Formulare hier zu viel des Guten tun und über die zutreffende Anregung von *von Olshausen* hinausgehen: Es genügt zur Erreichung des verfolgten Zwecks völlig, wenn der Vermächtnisanspruch auf den im Schlusserbfall noch vorhandenen Nachlass des Erstversterbenden beschränkt wird. Demgegenüber sehen *R. Kössinger* (Nieder/Kössinger, Handbuch der Testamentsgestaltung, § 14 Rn. 84), *Nieder/Otto* (Münchener Vertragshandbuch, Bd. 6/II, Form XII 24 unter § 5), und *Langenfeld* (Langenfeld/Fröhler Testamentsgestaltung, Kap. 5 Rn. 137 ff., M 173) in ihren Mustern vor, dass sich der Vermächtnisanspruch *»aus dem Wert des zum Zeitpunkt des Todes des Längstlebenden noch vorhandenen Nachlasses des Erstversterbenden (berechnet)«*. Für die Berechnung der Vermächtnisse der loyalen Abkömmlinge auf den dann noch vorhanden »Restnachlass« als Bezugsgröße abzustellen und nicht auf das Vermögen des Erstversterbenden im Zeitpunkt seines Ablebens, kann aber zu einer erheblichen wirtschaftlichen Schlechterstellung der loyalen Kinder führen. *Radke* berechnet bei vier Kindern und einem Nachlass des Erstversterbenden von 100.000,00 €, von dem beim Schlusserbfall noch 30.000,00 € übrig sind, für die drei Kinder, die den Pflichtteil nach dem Erstversterbenden nicht geltend machen, einen Unterschied von 6.250,00 € pro Kind, den sie nach der Methode *von Olshausen* mehr erhalten würden. Der gesetzliche Erbteil der drei loyalen Kinder beträgt nach *von Olshausen* je 12.500,00 € (je 1/8 × 100.000 €), begrenzt auf je 10.000 €, und nach den genannten Autoren je 3.250 € (je 1/8 x 30.000 €).

1689 Vgl. *Strobel* MDR 1980, 363, 364.

1690 Zur wechselbezüglichen Wirkung der Pflichtteilsklauseln s. Syst. A Rdn. 705.

- Die **steuerlichen Folgen** wurden völlig verkannt: Das beim Tod des länger Lebenden fällig werdende und bis dahin gestundete Vermächtnis wird nach § 6 Abs. 4 ErbStG **erbschaftsteuermäßig** in der gleichen, ungünstigen Weise behandelt wie eine Nacherbschaft.[1691] Das bedeutet, dass abweichend von den zivilrechtlichen Vorstellungen die im Rahmen des Jastrow zugewandten Vermächtnisse als Erwerb vom länger lebenden Ehegatten und nicht als ein solcher vom Erstversterbenden anzusehen sind. Es liegt daher weder beim Tod des erstversterbenden Elternteils noch beim Tod des überlebenden Elternteils eine die jeweilige erbschaftsteuerliche Bereicherung durch Erbanfall mindernde Vermächtnislast i.S.d. § 10 Abs. 5 Nr. 2 ErbStG vor. Infolgedessen werden die Erbschaftsteuerfreibeträge der Kinder im ersten Erbfall verschenkt. Allerdings lässt die Finanzverwaltung einen Abzug der Schuld beim überlebenden Ehegatten als Erblasserschuld nach § 10 Abs. 5 Nr. 1 ErbStG zu.[1692]
- Ist das Vermächtnis, bei dem die Fälligkeit hinausgeschoben wird (betagtes Vermächtnis), verzinslich ausgestaltet,[1693] gilt natürlich auch hier: Zinsen sind **einkommensteuerpflichtig**![1694] Werden sie aber erst mit der Hauptsache (also i.d.R. erst nach vielen Jahren fällig), führt das im Einkommensteuerrecht geltende Zuflussprinzip dazu, dass erst dann, nun aber in voller Höhe, der gesamte angesparte Zinsbetrag zu versteuern ist und zu einer enormen Steuerprogression führen kann. Ist das betagte, später als ein Jahr nach dem Erbfall[1695] fällig werdende Vermächtnis unverzinslich ausgestattet, so fingiert die sog. »Aufteilungsrechtsprechung« des BFH[1696] dennoch durch die analoge Anwendung des § 12 Abs. 3 BewG eine Verzinslichkeit mit 5,5 % jährlich, was wieder zu den gleichen katastrophalen Folgen führt. (Es ist daher auf eine angemessene Verzinsung zu achten.) Auch die Ausgestaltung als aufschiebend befristetes Vermächtnis bietet zumindest in erbschaftsteuerlicher Hinsicht insoweit keine Vorteile, da dann wieder § 6 Abs. 4 ErbStG eingreift.[1697]

(3) **Kritik**

701 Diese Bedenken – mit Ausnahme des Steuerrechts – führten zur Entwicklung des sog. »neuen Jastrows«, bei dem erst mit dem Tod des länger Lebenden die Vermächtnisse zugunsten der loyalen Kinder anfallen und dann fällig werden sollen.[1698] Ihr eigentliches Ziel aber, dass die Vermächtnisse beim Tod des länger lebenden Ehegatten vorrangig gegenüber den in diesem Fall entstehenden Pflichtteilsansprüchen der »illoyalen Kinder« sein sollen, dürften sie m.E. nicht (mehr) erreichen. Normalerweise sind die im Todesfall entstehenden Vermächtnisse gegenüber dem Pflichtteil nachrangig. Sonst könnte der Pflichtteil als zwingende gesetzliche Mindestbeteiligung leicht unterlaufen werden.[1699] Dass dies allein deshalb anders sein soll, weil das Vermächtnis vom Erstversterbenden »herrührt« (was wegen § 2269 Abs. 2 BGB zudem ausdrücklich anzuordnen ist), kann nicht maß-

---

1691 Zu den erbschaftsteuerlichen Nachteilen der Vor- und Nacherbschaft s. etwa *Meincke*/Hannes/Holtz Erbschaft- und Schenkungsteuer, Komm, § 6 Rn. 10 ff.

1692 Vgl. R 6 ErbStR 2011. S. auch *Daragan* FR 2001, 1251, 1252 und *J. Mayer* ZEV 2002, Heft 8 XI.

1693 So etwa bei *Weirich*, Erben und Vererben, Rn. 1737, § 6.

1694 Vgl. BFH, Urt. v. 20.10.2015 – VIII R 40/13, DStR 2016, 666.

1695 Die Jahresfrist folgt aus § 12 Abs. 3 BewG.

1696 Für die Vermächtnisanordnung ausdrücklich BFH v. 26.06.1996, BFH/NV 1997, 175 = BB 1996, 2392 = ZEV 1997, 84 m. krit. Anm. *Wohlschlegel*; ebenso *Worm* RNotZ 2003, 535, 554.

1697 Eingehend zur Vermächtnisausgestaltung und den daran sich knüpfenden erbschaft- und einkommensteuerlichen Fragen *J. Mayer* ZEV 1998, 50, 55, 58; *Worm* RNotZ 2003, 535, 554 nimmt an, dass die Finanzverwaltung die »filigrane« Unterscheidung zwischen betagtem (betrifft Fälligkeit) und befristetem Vermächtnis (betrifft Anfall) auch in einkommensteuerrechtlicher Hinsicht nicht anerkennen wird; so auch bereits *J. Mayer* ZEV 1998, 50, 56 f.

1698 Muster etwa bei *Nieder/Otto* in Münchener Vertragshandbuch, 7. Aufl. 2016, Bd. 6/II, Form XII 24 unter § 5 im Anschluss an *Strobel* MDR 1980, 363. Zu Recht kritisiert *Buchholz* (FamRZ 1985, 874), dass dies sprachlich einem juristischen Laien nicht mehr vermittelbar sein dürfte.

1699 Palandt/*Weidlich*, § 2317 Rn. 2; BGH NJW 1988, 136 für den Pflichtteil des nichtehelichen Kindes.

geblich sein.[1700] Zwar wird auch bei dieser Konstruktion die Vermächtnisforderung bereits mit dem Tod des Erstversterbenden begründet.[1701] Von ihm stammt ja das mit dem zweiten Erbfall anfallende und dann fällig werdende Vermächtnis zu Gunsten der loyalen Abkömmlinge. Das ändert aber nichts daran, dass bis zum Vermächtnisanfall beim Tod des länger Lebenden nur eine Anwartschaft des Vermächtnisnehmers besteht. Sie wird zwar über § 2179 BGB, der zahlreiche Bestimmungen des Bedingungsrechts für anwendbar erklärt, weitgehend rechtlich geschützt.[1702] Man mag daher sogar von einem Anwartschaftsrecht sprechen. Wer aber aus den o.g. Gründen (Syst. A Rdn. 700) diese Schutzvorschriften ausschließt und letztlich nur noch eine Vermächtnisanordnung auf den Überrest trifft, der »sägt am eigenen Ast« seiner Konstruktion. Bestenfalls kann dann noch der im zweiten Erbfall vorhandene Überrest als Abzugsposten gegen den im zweiten Erbfall entstehenden Pflichtteil zugelassen werden. Man könnte sogar noch weiter gehen und argumentieren, dass vor dem Anfall weder ein Vermächtnisrecht noch wegen des Ausschlusses der Schutzvorschriften eine Anwartschaft vorliege, sondern nur eine reine erbrechtliche »Hoffnung«,[1703] die in keiner Weise pflichtteilsmindernd ist. Dementsprechend wird zum Nachvermächtnis vertreten, dass dieses im Nachvermächtnisfall gegenüber den Pflichtteilsansprüchen nachrangig ist,[1704] was im Übrigen der erbschaftsteuerlichen Behandlung ähneln würde. Ein den länger lebenden Ehegatten nur formal belastendes, aber für ihn nicht lästiges Vermächtnis demgegenüber zu Lasten seiner Pflichtteilsberechtigten zu berücksichtigen, scheint problematisch, insbesondere wenn man sich die tendenziell pflichtteilsfreundliche Rechtsprechung des BGH vom sog. »Genußverzicht« vor Augen hält.[1705] Dann aber entfällt der eigentliche Sinn der »Jastrow'schen Klausel«, nämlich die Verringerung der Bemessungsgrundlage für den Pflichtteil im zweiten Todesfall zur Sicherung der gleichmäßigen Vermögensteilhabe der loyalen Kinder. Man befindet sich daher auf sehr unsicherem Terrain, wählt man diese neue Variante des »Jastrow«.

Damit gelangt man aber, verwendet man die sicherste Gestaltung, auch beim »Jastrow« wieder zu seinen Wurzeln, dem bereits nach dem ersten Erbfall anfallenden und gestundeten Vorabvermächtnis. Hierzu gehörte übrigens bereits in der Urfassung auch eine Regelung mit einer Vermächtniszuweisung an Dritte, wenn alle Kinder den Pflichtteil nach dem ersten Todesfall fordern.[1706] Darin zeigt sich zum einen, dass auch gute Arznei mitunter bitter schmeckt (echte Belastung für den länger lebenden Ehegatten erforderlich), und dass das Unbehagen gegen zu komplizierte Gestaltungen und Formulierungen mitunter doch auch seinen rationalen Grund hat.

(4) **Nebenwirkungen und Gegenanzeigen**

Unerwünschte weitere Nebenwirkungen bleiben dennoch: 702

1700 A.M. *Radke* (Das Berliner Testament ..., 1999, Fn. 1190, S. 121 f.) ohne überzeugende Begründung und unter Bezug auf *G. Müller* ZEV 1996, 179, 181 (dort ohne nähere Erörterung); wie hier aber offensichtlich *Seubert* (Die Jastrow'sche Klausel, 1999, Fn. 1499, S. 148), ohne aber zu erkennen, dass damit die praktische Tauglichkeit der Klausel – zumindest nach den neueren Formulierungsvorschlägen – entwertet ist.

1701 *Lange/Kuchinke* Erbrecht, § 29 IV 2 a.

1702 *Lange/Kuchinke* Erbrecht, § 29 IV 2 b; *J. Mayer* ZEV 1998, 58.

1703 Dafür spricht besonders, wenn man mit *Strobel* (MDR 1980, 364) den Berechtigten und die Anteilsquoten gar erst im zweiten Erbfall bestimmen will.

1704 *Werkmüller* ZEV 1999, 343, 344; ähnlich *Zawar*, Das Vermächtnis in der Kautelarjurisprudenz, 1983, 61; a.M. allerdings *Watzek* MittRhNotK 1999, 37, 41, und für das Herausgabevermächtnis *Reimann* MittBayNot 2002, 4, 7 f., wobei sich aber aus dem von ihnen angezogenen Wortlaut des § 327 InsO nichts für ihre einschränkende Auffassung herleiten lässt.

1705 BGHZ 125, 395 (= ZEV 1994, 233; = FamRZ 1994, 885). Zur Kritik vgl. bereits *J. Mayer* ZEV 1995, 138.

1706 Entgegen Kerscher/Tanck/Krug/*Tanck*, Das erbrechtliche Mandat, 4. Aufl. 2007, § 8 Rn. 477, kann man dies also nicht *Jastrow* vorwerfen.

- Zwingend ist mit der Anordnung des »Jastrow« ein **Verlust** der Vorteile der **»Einheitslösung«** verbunden:[1707] Zur Berechnung des Vermächtnisses spätestens im zweiten Erbfall bedarf es einer entsprechenden Aufstellung und Unterscheidbarkeit von Eigenvermögen und Ererbtem – was in der Praxis allerdings regelmäßig unterbleibt und dann zu größten (Bestimmungs- und Bewertungs-) Schwierigkeiten führt. Werden die Vermächtnisse nach dem hier gemachten Vorschlag nicht auf den »Überrest« im zweiten Erbfall begrenzt, kann der Längerlebende »de facto« über den ererbten Nachlass nicht verfügen, will er nicht Schadensersatzansprüche oder gar einstweilige Sicherungsmaßnahmen der Vermächtnisnehmer riskieren.[1708]
- Bei **Kindern aus verschiedenen Ehen** kann die »Jastrow'sche Klausel« zur Falle werden: Die hier oftmals für den Schlusserbfall gewollte Gleichstellung klappt dann nicht, wenn der Pflichtteil der einseitigen Kinder des einen Ehegatten größer ist als die ihnen zugedachte Schlusserbquote.[1709] Wollen die einseitigen Kinder des erstversterbenden Ehegatten dies verhindern, werden sie leicht dazu verleitet, bereits nach dem ersten Todesfall ihren Pflichtteil geltend zu machen. Dann aber werden sie durch den »Jastrow«, wie aber auch durch eine einfache Pflichtteilsklausel, auch für den zweiten Erbfall enterbt, und die Ungleichbehandlung wird noch verstärkt.[1710]

(5) Anwendungsbereich

703 Sinnvoll ist daher die Verwendung des »Jastrow« nur bei Ehegatten mit größerem Vermögen, wenn das jeweilige Vermögen sich relativ leicht unterscheiden[1711] lässt und wegen der Diskrepanz in der Größe desselben die sich aus dem einseitigen Pflichtteilsverlangen u.U. ergebende unterschiedliche Vermögensbeteiligung besonders krass auswirken kann. Bei solchen Vermögenswerten ist aber bereits aus erbschaftsteuerlichen Gründen das Konzept des klassischen »Berliner Testaments« ohnehin mehr als problematisch.[1712] Hier geht man sowieso dann den Weg des mehr oder weniger starken sofortigen Vermögensanfalls an die Abkömmlinge im ersten Todesfall. Eine **Renaissance des »Jastrow«** ist daher bei derartigen Nachlasswerten schon aus steuerlichen Gründen nicht zu erwarten, auch wenn er mehr ist als ein liebenswertes Stück deutscher Rechtsgeschichte. Wer ihn trotzdem möchte, kann etwa formulieren:[1713]

▶ Muster: Jastrow'sche Klausel (modifiziert)

704 **Verlangt nach dem Tod des zuerst Versterbenden von uns einer unserer Abkömmlinge gegen den Willen des länger Lebenden von uns seinen Pflichtteil (ggf.: oder macht er Auskunfts- und/oder Wertermittlungsansprüche insbesondere nach § 2314 BGB geltend), so sind er und seine Abkömmlinge von der Erbfolge nach dem Tod des länger Lebenden von uns ausgeschlossen.[1714] Unsere Abkömmlinge, die den Pflichtteil im ersten Erbfall nicht**

1707 *von Olshausen* DNotZ 1979, 707, 718; *R. Kössinger* in: *Nieder/Kössinger*, Handbuch der Testamentsgestaltung, 4. Aufl. 2011, § 14 Rn. 80.

1708 Aber auch wer den Weg über den »Überrest« geht, hat Probleme, da sich die Verfügung über die verschiedenen Vermögensgruppen unterschiedlich auswirkt: zu Lasten der Vermächtnisnehmer oder des illoyalen Kindes, vgl. *von Olshausen* DNotZ 1979, 707, 718 bei Fn. 43.

1709 Wenn etwa drei Kinder je zu gleichen Teilen erben sollen, der längerlebende Ehegatte aber nur ein eigenes Kind hinterlässt: Dessen Pflichtteil beträgt bereits 50 % und wird über Pflichtteilsrestansprüche realisiert, vgl. OLG Stuttgart DNotZ 1979, 104.

1710 Auch die *von Olshausen* DNotZ 1979, 707, 714 ff. vorgeschlagene unbedingte Vermächtnisanordnung für die Kinder des Erstverstorbenen nach dessen Tod kann die völlige Gleichstellung nicht garantieren, vgl. *J. Mayer* ZEV 1995, 138; *ders.*, MittBayNot 1999, 265, 268. *Seubert* (Die Jastrow'sche Klausel, 1999, Fn. 1499, S. 135) betont zutreffend, dass durch die Jastrow'sche Klausel die gleichmäßige Vermögensteilhabe der Kinder nicht gesichert werden könne.

1711 Sonst treten Bewertungsprobleme auf.

1712 *J. Mayer* ZEV 1998, 60.

1713 Formulierungsvorschlag nach Bengel/Reimann/J. Mayer, Testament und Erbvertrag, 5. Aufl. 2006, Formularteil Rn. 48.

1714 Enterbende Komponente.

gefordert haben, erhalten dann ein bereits mit dem ersten Todesfall anfallendes, bis zum Tode des länger Lebenden von uns gestundetes Geldvermächtnis in Höhe des Wertes, der ihrem gesetzlichen Erbteil nach dem Tod des Erstversterbenden von uns entspricht.[1715] Diese Vermächtnisforderung ist nur an die (ggfs.: ehelichen) Abkömmlinge (ggfs.: sowie an den Ehegatten) des Vermächtnisnehmers vererblich und übertragbar; sie ist ab dem Tod des Erstversterbenden von uns mit jährlich 3,5 % zu verzinsen, wobei die Zinsen jeweils am 31.12. eines jeden Jahres zu zahlen sind.[1716] Die dingliche Sicherung des Vermächtnis kann nicht verlangt werden. Machen alle unsere Abkömmlinge nach dem ersten Erbfall ihren Pflichtteil geltend, so erhält dann statt dessen Herr/Frau ... ein Vermächtnis in Höhe von ... EUR. Für dieses Vermächtnis gelten die vorstehenden Bestimmungen entsprechend.[1717]

f) Fernwirkung von Pflichtteilsklauseln

aa) Konkludente Schlusserbeneinsetzung durch Pflichtteilsklauseln?!

Unabhängig von ihrer konkreten Ausgestaltung spielen Pflichtteilsklauseln bei der Auslegung von Testamenten eine große Rolle (vgl. zur Auslegung einer Pflichtteilsklausel im Sinn einer anspruchsbegründenden [!]Vermächtnisanordnung in Höhe des fiktiven Pflichtteils auf den längerlebenden Stiefelternteil § 2269 BGB Rdn. 108 m.w.N. und zur Auslegung beim Fehlen einer Pflichtteilsklausel § 2269 BGB Rdn. 121 m.w.N.), wenn ein Testament zwar eine Pflichtteilsklausel, nicht aber eine Schlusserbeneinsetzung enthält. Hier stellt sich die Frage, ob aus der Pflichtteilsklausel auf eine Schlusserbeneinsetzung geschlossen werden kann. Diese Frage wird zwar nicht einheitlich beantwortet.[1718] Jedenfalls die jüngere Rechtsprechung aber bejaht sie mehrheitlich regelmäßig dann,[1719] wenn zu der bloßen Pflichtteilsklausel weitere Umstände hinzukommen, seien sie im Gesamtzusammenhang mit der Testamentsurkunde, seien sie außerhalb.[1720] 705

1715 Andere Höhe ist möglich. Beachte hiervon unabhängig § 6 Abs. 4 ErbStG: »*Nachvermächtnisse und beim Tod des Beschwerten fällige Vermächtnisse oder Auflagen stehen den Nacherbschaften gleich.*«

1716 Die jährliche Auszahlungspflicht verhindert einen Anspareffekt bis zum zweiten Erbfall. Vermieden wird damit die bei einem einmaligen und hohem Vermögenszufluss nach dem zweiten Erbfall durch die Progression verbundene hohe Einkommensteuerbelastung, vgl. Bengel/Reimann/J. Mayer, Testament und Erbvertrag, 5. Aufl. 2006, Formularteil Rn. 48 mit Fn. 31. Es ist allerdings fraglich, ob eine solche Auszahlungspflicht in der Praxis auch befolgt wird. Hier stellt sich das gleiche Problem wie bei einer testamentarisch angeordneten Pflicht des Vorerben, im Interesse sowohl des Nacherben wie auch der Erben des Eigenvermögens des Vorerben, nach dem Erbfall ein Vermögensverzeichnis über das der Vorerbschaft unterfallende Vermögen zu erstellen. Jede noch so gute Anordnung läuft ins Leere, wenn sie nicht »gelebt« wird.

1717 Die Klausel ist ggfs. um einen Änderungsvorbehalt sowie die Bestimmung dessen, was unter »Geltendmachung« zu verstehen ist, zu ergänzen.

1718 Das OLG Stuttgart, Beschl. v. 09.08.2017 – 8 W 336/15, ZEV 2017, 708 kommt zu dem Schluss einer aufschiebend bedingten Enterbung ohne Erbeinsetzung nach § 1938 BGB – allerdings ohne nähere Begründung und damit ohne jede Auseinandersetzung mit der sonstigen Rechtsprechung. Ablehnend z.B. auch OLG Saarbrücken, Urt. v. 10.03.1992 – 7 U 164/91, NJW-RR 1992, 84.

1719 Vgl. etwa OLG Düsseldorf, Beschl. v. 03.08.2018 – 3 Wx 65/17, BeckRS 2018, 26335 (dort in Rn. 18 offengelassen, da weitere Umstände feststellbar waren); KG, Beschl. v. 06.04.2018 – 6 W 13/18, BeckRS 2018, 9262 (Rn. 26 m.w.N.); OLG München, Beschl. v. 08.11.2016 – 31 Wx 224/16, BeckRS 2016, 21400 (Rn. 6); OLG München, Beschl. v. 16.07.2012 – 31 Wx 290/11, NJW-RR 2013, 202 (Kombination von Pflichtteils- und Wiederverheiratungsklausel).

1720 So z.B. auch *Roth*, NJW-Spezial 2015, 103, im Anschluss an *Fischer*, ZEV 2005, 189. Beide differenzieren bei der erforderlichen Auslegung zwischen privatschriftlichen und notariellen Testamenten. Diese auf das OLG Saarbrücken, Urt. v. 10.03.1992 – 7 U 164/91, NJW-RR 1992, 841, 842 sowie DNotI, DNotI-Report 2000, 149 zurückgehende Differenzierung ist als solche zwar richtig. Die Begründung von *Roth* (»*(...) denn der Notar muss den letzten Willen so deutlich ausformulieren, dass (...) keine Zweifel bestehen können. Unterbleibt in einem notariellen Testament die Schlusserbeinsetzung, deutet dies daher darauf hin, dass die Testatoren mit der Strafklausel gerade keine Schlusserbeinsetzung gewünscht haben.*«) ist aber zumindest missverständlich, da auch bei der Auslegung eines notariellen Testament allein auf den Willen des/der Testierenden abzustellen ist und er nicht mit den Vorstellungen des beurkundenden

706 Führt aber eine Pflichtteilsklausel zu einer konkludenten Schlusserbeneinsetzung der Abkömmlinge, ist letztere in aller Regel auch wechselbezüglich und damit für den länger lebenden Ehegatten bindend. Die Wechselbezüglichkeit wird in aller Regel § 2270 Abs. 1 BGB entnommen. Zwar muss jeder Auslegungs- und Zweifelregelung und damit auch § 2270 Abs. 1 BGB eine individuelle Auslegung (erläuternde und/oder ergänzende Auslegung) vorausgehen.[1721] Die Rechtsprechung begnügt sich regelmäßig allerdings mit dem Hinweis, dass keine Anhaltspunkte dafür ersichtlich (und vorgetragen) sind, dass die Testierenden etwas anderes gewollt haben könnten.[1722] In Ergebnis schränken Pflichtteilsklauseln daher die Testierfreiheit des länger lebenden Ehegatten gewissermaßen automatisch ein, wenn man hieraus die Schlusserbeinsetzung ableitet. Nimmt der länger lebende Ehegatte dann eine neue, von der bindenden (konkludenten!) Schlusserbeneinsetzung abweichende Erbeinsetzung vor, verstößt dies gegen § 2289 Abs. 1 Satz 2 BGB (bei Erbverträgen direkt, bei gemeinschaftlichen Testamenten analog) und ist deshalb unwirksam.[1723]

bb) Grundbuchrechtliche Folgen automatischer Ausschlussklauseln

707 Wie oben ausgeführt (Rdn. 694) lösen automatisch wirkende Ausschlussklauseln hinsichtlich der Schlusserbenstellung konstruktive Schwierigkeiten aus:[1724] Solange die Pflichtteilsgeltendmachung noch möglich ist, sind die Abkömmlinge nur (konstruktive) Vorerben und die anderen, möglicherweise loyalen Kinder Nacherben. Erst mit endgültigem Bedingungseintritt oder -ausfall steht die Erbfolge endgültig fest. Befindet sich aber ein Grundstück im Nachlass folgt hieraus, dass wegen des sachenrechtlichen Bestimmtheitsgrundsatzes entgegen § 35 Abs. 1 Satz 2 GBO das Grundbuchamt auch bei einem beurkundeten Testament oder Erbvertrag mit einer solchen Klausel einen Erbschein[1725] oder eine Erklärung der Beteiligten in der Form des § 29 GBO, d.h. eine eidesstattliche Versicherung, fordern kann, um klarzustellen, ob die Bedingung für den Nacherbfall bereits eintrat.[1726]

Notars gleichgesetzt werden kann. Dass notarielle Testamente nicht per se davor schützen, vor Gericht ausgelegt werden zu müssen, belegt aufschlussreicher Weise gerade das Urt. des OLG Saarbrücken v. 10.03.1992. Mit anderen Worten kommt es nicht auf die Form an, sondern auf den Inhalt. In diesem Sinn auch OLG München, Beschl. v. 16.07.2012 – 31 Wx 290/11, NJW-RR 2013, 202, 203: *»Auch der Umstand, dass trotz notarieller Beurkundung des letzten Willens der Ehegatten eine ausdrückliche Anordnung von Schlusserben unterblieben ist, führt nicht bereits dazu, dass eine (Schluss-)Erbeinsetzung der Abkömmlinge von vorneherein ausscheidet.«*

1721 So vollkommen zu Recht KG, Beschl. v. 06.04.2018 – 6 W 13/18, BeckRS 2018, 9262, Rn. 37; OLG München, Beschl. v. 16.07.2012 – 31 Wx 290/11, NJW-RR 2013, 202, 204: *»Erst wenn die Ermittlung des Erblasserwillens weder die gegenseitige Abhängigkeit noch die gegenseitige Unabhängigkeit der beiderseitigen Verfügungen ergibt, ist gem. § 2270 Abs. 1 BGB im Zweifel Wechselbezüglichkeit anzunehmen (...).«*

1722 Vgl. z.B. OLG Düsseldorf, Beschl. v. 03.08.2018 – 3 Wx 65/17, BeckRS 2018, 26335 (Rn. 27)

1723 Vgl. etwa OLG Düsseldorf, Beschl. v. 03.08.2018 – 3 Wx 65/17, BeckRS 2018, 26335; KG, Beschl. v. 06.04.2018 – 6 W 13/18, BeckRS 2018, 9262; OLG München, Beschl. v. 08.11.2016 – 31 Wx 224/16, BeckRS 2016, 21400; OLG München, Beschl. v. 16.07.2012 – 31 Wx 290/11, NJW-RR 2013, 202.

1724 S. oben Rdn. 694.

1725 Vgl. *Böhringer* BWNotZ 1988, 155; LG Kassel Rpfleger 1993, 397.

1726 Eine eidesstattliche Versicherung, dass der Pflichtteil nicht geltend gemacht wurde, ist erforderlich, aber auch ausreichend nach BGH, Beschl. v. 02.06.2016 – V ZB 3/14, ZEV 2016, 635; OLG Frankfurt, Beschl. v. 07.02.2013 – 20 W8/13 –, BeckRS 2013, 07536 (= ZEV 2013, 449 [Ls]); OLG Bremen, Beschl. v. 28.03.2011 – 3 W 1/11 –, BeckRS 2014, 09323; OLG Düsseldorf ZEV 2010, 98; OLG Frankfurt OLGZ 1994, 262 = NJW-RR 1994, 203 = MittBayNot 1994, 56 = DNotZ 1995, 312. Großzügiger LG Stuttgart BWNotZ 1988, 163; LG Köln, Beschl. v. 01.10.1987 – 11 T 321/87, MittRhNotK 1988, 177 (notarielles Testament mit Eröffnungsprotokoll ausreichend und Erbschein nicht erforderlich, wenn Pflichtteilsnichtgeltendmachung nicht zweifelhaft ist). Für Abwägung im Einzelfall *Worm* RNotZ 2003, 535, 550. Vgl. auch OLG Zweibrücken ZEV 1999, 108 m. Anm. *Loritz* ZEV 1999, 187. Eine ähnliche Problematik besteht im Handelsregister (vgl. § 12 Abs. 1 Satz 4 HGB), vgl.

g) Zur Tauglichkeit von Pflichtteilsklauseln

Die Tauglichkeit der Pflichtteilsklauseln zur Verwirklichung der angestrebten Zwecke darf nicht überschätzt werden. Vielfach lassen sich – wie etwa bei der Ausschlussklausel – gleiche Ergebnisse bereits durch sachgerechte und inhaltlich abgestufte Änderungsvorbehalte erzielen. Auch entlasten zudem Pflichtteilsanrechnungen nach § 2315 BGB den länger lebenden Ehegatten aufgrund der immer häufiger werdenden lebzeitigen Zuwendungen bereits in viel stärkerem Umfang. Die konkrete Auswirkung der Pflichtteilsklauseln auf die Nachlassaufteilung lässt sich aber nicht allein wegen der hier auftretenden Bewertungsprobleme nur schwer abschätzen.[1727] Eine tatsächlich befriedigende und vorhersehbare Nachlassplanung lässt sich daher nur durch umfassende Pflichtteilsverzichte der Abkömmlinge und auch der beteiligten Ehegatten untereinander erzielen. Das Pflichtteilsrecht als Determinanten der Gestaltung der Verfügung von Todes wegen bleibt. **708**

Dazu, was sie aber bei richtiger Gestaltung leisten können, folgendes

► **Beispiel:**
Nachlass des erstversterbenden Ehegatten: 200.000,00 EUR; eigenes Vermögen des Zweitversterbenden: 10.000,00 EUR; zwei Kinder, A und B; gesetzlicher Güterstand. Nur A fordert nach dem Tod des erstversterbenden Elternteils seinen Pflichtteil. »Jastrow'sche Klausel« i.H.d. Erbteils nach dem ersten Todesfall.

Wie sich dabei zeigt, lässt sich die beste Pflichtteilsreduzierung durch die Anordnung der Vor- und Nacherbschaft hinsichtlich des Nachlasses des Erstversterbenden erzielen. Die damit allerdings verbundenen Belastungen für den länger lebenden Ehegatten müssen aber gründlich bedacht werden.

Die Auswirkung des Pflichtteilsverlangens bei Trennungslösung, Einheitslösung und Pflichtteilsklauseln.[1728] Tabelle:

	Trennungslösung		**Einheitslösung**					
	Ohne Pflichtteilsklausel		Ohne Pflichtteilsklausel		Einfache Pflichtteilsklausel (Ausschlussklausel)		»Jastrow'sche Klausel«	
	A	B	A	B	A	B	A	B
Nachlassbeteiligung nach Tod des Erstversterbenden	25.000,00 (Pflichtteil)	175.000,00 (als alleiniger Nacherbe)	25.000,00	–,–	25.000,00	–,–	25.000,00	50.000,00[1729]

etwa OLG Bremen, Beschl. v. 15.04.2014 – 2 W 22/14 –, ZEV 2014, 318 (*»im Registerverfahren keine geringeren Anforderungen als im Nachlassverfahren«*).

1727 Ausgleichungsanordnungen nach § 2050 Abs. 3 BGB sind demgegenüber noch problematischer, da sie zum einen über § 2316 BGB zu einer u.U. nicht gewollten Pflichtteilserhöhung der anderen Abkömmlinge führen und zum anderen nicht so direkt entlastend wirken wie die Anrechnung: *Langenfeld*/Fröhler Testamentsgestaltung, 4. Aufl. 2010, Rn. 235 ff.; *Sostmann* MittRhNotK 1976, 479, 493.

1728 Vgl. auch *Buchholz* FamRZ 1985, 874.

1729 Zum Teil erfolgen die Berechnungen dahingehend, dass die des gesetzlichen Erbteils der loyalen Kinder unter Ausschluss desjenigen des illoyalen Kindes erfolgt (*Jastrow* DNotV 1904, 424, 425 f.), was aber den Formulartexten als solches nicht zu entnehmen ist.

1730 Eine enterbende Pflichtteilsklausel hätte sich hier wegen des kleinen Eigennachlasses des länger Lebenden nicht groß ausgewirkt: statt 5.000,00 € hätte A 2.500,00 € und damit insgesamt aus beiden Nachlässen nur 27.500,00 €.

Nachlass-beteiligung nach Tod des länger lebenden Elternteils	5.000,00[1730]	5.000,00	92.500,00	92.500,00	46.250,00	138.750,00	33.750,00	101.250,00
Summe aus 1. und 2. Erbfall	30.000,00	180.000,00	117.500,00	92.500,00	71.250,00	138.750,00	58.750,00	151.250,00

4. Verfügungen von Todes wegen bei Unternehmern

a) Allgemeines

709 Gehört zum Nachlass ein Unternehmen oder eine Unternehmensbeteiligung, so sind beim Gestalten der Verfügung von Todes wegen besondere tatsächliche und rechtliche Schwierigkeiten zu überwinden, insbesondere wegen der betriebswirtschaftlichen und steuerlichen Auswirkungen sowie wegen der Kollision des Erbrechts mit dem Handels- bzw. Gesellschaftsrecht.[1731]

Die **gewillkürte Erbfolge** wird für den Unternehmer den **Vorrang vor der gesetzlichen Erbfolge** haben, da nur durch eine Verfügung von Todes wegen den individuellen Bedürfnissen der Familie und des Betriebes Rechnung getragen wird und es beim Eintritt der gesetzlichen Erbfolge nicht selten bei der Auseinandersetzung der Erbengemeinschaft – der Anspruch auf Erbteilung ist unverjährbar (§§ 2042 Abs. 2, 758 BGB) – zum Ende des Unternehmens kommt.

Die Verfügung kann durch **einseitige letztwillige Verfügung** (Testament), auch durch eine zweiseitige Verfügung von Todes wegen (Erbvertrag, gemeinschaftliches Testament) errichtet werden. Es ist im Einzelfall abzuklären, ob die **Bindungswirkung** des gemeinschaftlichen Testamentes oder Erbvertrages sachgerecht ist. Prinzipiell sollte ein Unternehmen sich erbrechtlich noch weniger binden als ein Privatmann, schon allein wegen der Notwendigkeit, auf veränderte Umstände, z.B. steuerrechtlicher und volks- und betriebswirtschaftlicher Art, reagieren zu können. Ein Erbvertrag kann aber geboten sein, wenn auch die Erben (etwa mit einem Pflichtteilsverzicht) in das Vertragswerk eingebunden werden sollen. Ist die Bindungswirkung bereits eingetreten, will aber der Unternehmer davon abweichende einseitige Anordnungen treffen, stellt sich die Frage nach ihrer Rechtfertigung durch ein lebzeitiges Eigeninteresse des Testators i.S.v. § 2287 BGB.[1732]

Weil bei der Gestaltung von Unternehmenstestamenten in besonderem Maße die zum **Zeitpunkt der Errichtung** geltenden Verhältnisse und die Erwartungen des Verfügenden in die zukünftige Entwicklung berücksichtigt werden, ist es für die Erhaltung des Erblasserwillens von entscheidender Bedeutung, Unternehmertestamente in regelmäßigen Abständen zu überprüfen, den externen Verhältnissen, vor allem den steuerlichen Rahmenbedingungen, der internen Struktur und der Rechtsform des Unternehmens sowie dem Kreis der möglichen Erben und deren Eignung anzupassen. Gerade bei Unternehmertestamenten sollte daher nicht versucht werden, den letzten Willen auf allzu lange Zeiträume zu beziehen. Dieser Grundsatz ist auch aus steuerlichen Gesichtspunkten zu beachten, weil eine Gesetzes- oder Rechtsprechungsänderung eine erb- und gesellschaftsrechtlich sinnvolle Gestaltung wegen der Steuerbelastung u.U. undurchführbar macht.

1731 Gem. Art. 2 Abs. 1 EGHGB hat das Handelsrecht als spezielleres Zivilrecht Vorrang vor dem (allgemeinen) Erbrecht des BGB.

1732 Vgl. § 2287 BGB Rdn. 4 ff.

b) Regelungsziele

aa) Familiensicherung

Bei einer Verfügung des Unternehmers ist – wie bei Verfügungen anderer Personen auch – auf die Sicherung der Familie zu achten, insbesondere der Personen, die nicht zur Unternehmensnachfolge berufen sind. Es ist die der Eigenart des Unternehmens und den Interessen der beteiligten Personen angemessene sachgerechte Lösung zu ermitteln und zu realisieren.[1733] 710

Infrage kommen als Gestaltungen zur Sicherung der Familie hierbei
- die Zuweisung des Unternehmens an alle gesetzlichen Erben: Es stellt sich dann die Frage der Unternehmensstruktur, die vom Testator vorgegeben oder von einem Dritten (z.B. Testamentsvollstrecker) bestimmt werden kann;
- die Zuweisung des Unternehmens an einen oder an einige der gesetzlichen Erben. Die Versorgung der weichenden Erben kann dann sichergestellt werden (u.a.) durch Rechte, die am Unternehmen begründet werden (Beteiligungen, Nießbrauch, Darlehen, Renten etc.), durch Zuweisung von Gegenständen des Privatvermögens;
- die Veräußerung oder Verpachtung des Unternehmens;
- die Liquidierung des Unternehmens und Zuweisung entsprechender Teile des Liquidationserlöses an die gesetzlichen Erben.

bb) Unternehmensfortführung

Das Unternehmenstestament unterscheidet sich von einem »normalen« Testament nicht nur durch die Rücksichtnahme auf die Dynamik des Unternehmens, sondern auch durch die Tendenz, das Unternehmen nach dem Tod des Unternehmers möglichst fortzuführen. Primär ist allerdings die der Eigenart des Unternehmens und den Interessen der beteiligten Personen angemessene und sachgerechte Lösung zu ermitteln. In der Regel wird der Wille des Erblassers darauf gerichtet sein, das Unternehmen auch nach seinem Tod zu erhalten; in diesem Fall ist zu prüfen, mit welchen Personen und mit welchen erbrechtlichen Anordnungen dieses Ziel erreicht werden kann. Oft wird den Bedürfnissen der als Erben infrage kommenden Personen durch eine Liquidierung des Unternehmens mehr gedient sein, insbesondere wenn den Angehörigen die nötigen fachlichen Fähigkeiten zur Fortführung des Unternehmens fehlen. Dieser Einsicht des Testators kann dadurch Wirkkraft verliehen werden, dass der Erblasser durch eine Auflage den Verkauf des Unternehmens anordnet und die Erfüllung der Auflage, die Verteilung und Anlegung des Gewinns sachkundigen Testamentsvollstreckern überträgt. 711

Bei der Fortführung des Unternehmens ist zu unterscheiden zwischen Einzelunternehmen und Gesellschaften (Personengesellschaften, Kapitalgesellschaften). Durch die **geeignete Unternehmensstruktur** bzw. deren Umgestaltung noch zu Lebzeiten des Erblassers kann die Unternehmensnachfolge erleichtert werden. Ist sie noch nicht voll zu überblicken, kommt eine Interimsfortführung durch einen geeigneten Testamentsvollstrecker in Betracht.

Die Fortführung eines Unternehmens kann **gesichert** werden
- durch geeignete Verfügungen von Todes wegen;
- durch vorbereitende und flankierende Maßnahmen zu Lebzeiten des Unternehmers: Hier wird vor allem darauf zu achten sein, dass der richtige Güterstand gewählt wird.[1734] Bei Unternehmensbeteiligungen ist die Nachfolge von Todes wegen gesellschaftsvertraglich vorzubereiten bzw. durch eine Umorganisation der Gesellschaftsstruktur zu vereinfachen.[1735] Gleichfalls ist der Einbau des designierten Unternehmensnachfolgers zu Lebzeiten durch Gründung einer Gesellschaft bzw. Hereinnahme in diese zu erwägen. Auch der Abschluss von Abfindungs-

1733 Vgl. *Spiegelberger*, Unternehmensnachfolge, S.7 ff.
1734 S. dazu Syst. A Rdn. 601 ff.
1735 S. dazu unter Syst. A Rdn. 729 ff.

und Pflichtteilsverzichtsverträgen mit weichenden Erben gehört zu solchen flankierenden Maßnahmen.[1736]

cc) Eindämmen von Erben-Belastungen

712 Ist die Entscheidung für die Unternehmensnachfolge gefallen, so sind die Belastungen des Erben und des Unternehmens, die durch den Erbfall entstehen können, allerdings unter Berücksichtigung der Familiensicherung, möglichst einzudämmen. An Erbenbelastungen kommen insbesondere Pflichtteilsansprüche, Auseinandersetzungsansprüche und die Erbschaft- sowie Einkommensteuer in Betracht.

Bei der Sachgerechtigkeit sind auch die **finanziellen Auswirkungen** der Anordnung – Pflichtteils- und Auseinandersetzungsansprüche, Steuern – zu prüfen und zu lenken. Ausschließlich steuerliche Überlegungen, die alle anderen dominieren, sind indes abzulehnen. Dieser Grundsatz wird häufig – insbesondere bei der Erbschaftsteuer – nicht eingehalten, mit der Folge, dass unvernünftige, nicht funktionierende und prozessgeneigte, jedoch steuersparende Gestaltungen gewählt werden.[1737] Auch wenn ein Unternehmer die finanziellen Belastungen seines Nachfolgers, insbesondere durch die Erbschaftsteuer, eindämmen will, sollten steuerliche Gestaltungsalternativen nur im Rahmen einer vorweg erarbeiteten zivilrechtlich sinnvollen Lösung realisiert werden. Denn viel eher wird ein Unternehmen durch Pflichtteils- und Auseinandersetzungsansprüche gefährdet als durch die Erbschaftsteuer.

(1) Pflichtteilsansprüche

(a) Grundsatz

713 Pflichtteilsansprüche weichender Erben können die Unternehmensnachfolge erheblich gefährden. Nach § 2306 BGB kann ein als Erbe berufener Pflichtteilsberechtigter die Erbschaft ausschlagen und den Pflichtteil verlangen, wenn er durch die Einsetzung eines Nacherben, die Ernennung eines Testamentsvollstreckers oder durch eine Teilungsanordnung beschränkt ist oder er mit einem Vermächtnis oder einer Auflage beschwert wurde. Gerade bei Problemfamilien wird es häufig notwendig sein, Nacherbfolge oder Testamentsvollstreckung anzuordnen. In diesen Fällen ist das gesamte Konstrukt gefährdet, wenn Pflichtteilsansprüche geltend gemacht werden. Pflichtteilsansprüche (§§ 2303 ff. BGB) können vom Erblasser gegen den Willen der Berechtigten nicht ausgeschlossen werden. Da die Ansprüche beim Erbfall fällig sind (§ 2317 Abs. 1 BGB), kann durch sie der Fortbestand des Unternehmens gefährdet werden.

714 Zweckmäßig kann es daher sein, ein Unternehmertestament mit **Pflichtteilsverzichtsverträgen** (§§ 2346 ff. BGB) zu verbinden bzw. in einen Unternehmer-Erbvertrag[1738] solche aufzunehmen, wobei der Unternehmer seinen Nachfolger-Erben dadurch gegen die Liquidität des Betriebes gefährdende Forderungen absichert, dass er dem Verzichtenden Abfindungen unter Lebenden zahlt, deren Fälligkeit frei vereinbart werden kann. Der Unternehmer »erkauft« sich also lebzeitig die auch wirtschaftliche Testierfreiheit.

Oft bietet es sich an, den Unternehmensnachfolger zum Alleinerben zu ernennen, den Pflichtteilsberechtigten aber durch **Vermächtnis** Gegenstände, die nicht zum Betriebsvermögen gehören, bspw. Grundstücke, Wertpapiere oder Bargeld, zuzuwenden.[1739] Gesetzliche Erben, die **nicht** zur

1736 S.u. Syst. A Rdn. 716.

1737 *Crezelius*, Unternehmenserbrecht, Rn. 6.

1738 Nach BGHZ 22, 364 kann mit dem Abschluss eines Erbvertrages auch ein stillschweigender Pflichtteilsverzicht verbunden sein. Kritisch dazu *Habermann* JuS 1979, 169. Ausdrückliche Vereinbarungen sind vorzuziehen. Vgl. auch BGH NJW 1997, 1729.

1739 Der Vermächtnisnehmer, der nicht Erbe wird, bleibt aber von der Erbfolge ausgeschlossen; er kann den Pflichtteil verlangen, wenn er das Vermächtnis ausschlägt oder sich seinen Wert anrechnen lässt, § 2307 BGB.

Unternehmensnachfolge ausersehen sind, können, wenn die Gesamtumstände dies zulassen, als Gesellschafter (mit geringer Beteiligung und geringen Mitwirkungsrechten) in das Unternehmen – auf Dauer oder Zeit – aufgenommen und auf diese Weise auf ein spezielles gesellschaftsvertragliches Abfindungsverfahren (Buchwerte, Zahlungsraten etc.)[1740] festgelegt werden.

(b) Vorwegnahme der Erbfolge

Pflichtteilsansprüche der weichenden Erben können durch eine Vorwegnahme der Erbfolge für den Nachfolger-Erben auf Raten verringert werden, wobei die Fristenregelung in § 2325 Abs. 3 BGB die lebzeitige Übertragung von unternehmerischem Vermögen begünstigt, selbst wenn zwischen Übertragung und Erbfall weniger als 10 Jahre liegen. Hierzu bietet sich vor allem die Möglichkeit an, den designierten Unternehmensnachfolger bereits zu Lebzeiten in den Betrieb einzugliedern, bei Einzelfirmen durch deren Umwandlung in eine Gesellschaft (OHG, KG, Stille Beteiligung), bei Gesellschaften durch Voll- oder Teilabtretung des Anteils oder durch eine Unterbeteiligung. 715

Allerdings sollte der Unternehmer sich gegen eine **mögliche Fehlentwicklung des Nachfolgers** sichern, vor allem durch Rücktritts-, Kündigungs- und Ausschlussrechte.[1741] Die erbschaftsteuerliche Anerkennung ist durch solche – auch völlig freie – Vorbehalte nicht gefährdet.[1742] Allerdings sind die ertragsteuerlichen Grenzen hinsichtlich der Zulässigkeit von Ausschluss- und Einziehungsmöglichkeiten wesentlich enger; bereits eine jederzeitige Ausschlussmöglichkeit zum Buchwert führt dazu, dass bei Personengesellschaften eine Mitunternehmerschaft nach § 15 Abs. 1 Satz 1 Nr. 2 EStG nicht anerkannt wird.[1743] Wird die Mitunternehmerschaft einkommensteuerlich nicht anerkannt, wirkt sich dies auch auf die erbschaftsteuerliche Privilegierung des Vorgangs (§§ 13a-13d, 19a ErbStG) aus.[1744] Die Beteiligung mit Nießbrauchvorbehalt führt nicht dazu, dass die 10-Jahres-Frist des § 2325 Abs. 3 BGB in Gang gesetzt wird.[1745] Bei der Aufnahme Minderjähriger in die Gesellschaft sind nicht nur zivilrechtliche, sondern auch steuerliche Anerkennungsprobleme gegeben.[1746]

(c) Gesellschaftsvertragliche Abfindungsregelungen

Die Gesellschaftsverträge (Personen- und Kapitalgesellschaften) können die Abfindung, die beim Ausscheiden eines Gesellschafters von der Gesellschaft zu zahlen sind, in ihrer Höhe regeln und u.U. ganz ausschließen. Es ist aber fraglich und höchst umstritten, ob durch gesellschaftsvertragliche Klauselwerte die Erbenbelastung reduziert werden kann.[1747] 716

Werden **Pflichtteilsberechtigte** in der Verfügung von Todes wegen **übergangen**, so gilt: Sind sie erbrechtlich übergangen, so haben sie einen Pflichtteilsanspruch gegen die Erben. Sind sie erbberechtigt geworden, jedoch nicht zur Nachfolge in den Gesellschaftsanteil berufen, so ergeben sich erbrechtliche Ausgleichsansprüche gegen die Gesellschafter-Nachfolger oder eventuell Abfindungsansprüche gegen die verbleibenden Gesellschafter. Dies gilt auch, wenn der Gesellschaftsvertrag eine qualifizierte Nachfolgeklausel enthält, also das Nachrücken von Personen, die an sich erbrechtlich qualifiziert sind, in einen Geschäftsanteil ausschließt. Diese qualifizierte Nachfolge vermag die quantitative Berechtigung des einzelnen Miterben am Nachlass des Verstorbenen, wie sie sich

1740 Zu den Wirksamkeitsschranken gesellschaftsvertraglicher Abfindungsklauseln s. BGHZ 116, 359; MünchKomm/*Schäfer* § 738 Rn. 39 ff.; *Lange* NZG 2001, 635; *Reimann* DNotZ 1992, 472, 476; *Wangler* DB 2001, 1763; *Ulmer* ZIP 2010, 805.

1741 Vgl. dazu *Klumpp* ZEV 1995, 385; *Jülicher* ZEV 1998, 201.

1742 Vgl. *Meyding* ZEV 1995, 397.

1743 BFH/NV 1987, 567; BFH BStBl. 1981 II 663; vgl. *Spiegelberger*, Vermögensnachfolge, Rn. 369; *Pauli* ZEV 2013, 289, 294.

1744 *Piltz* ZEV 1997, 59.

1745 BGH FamRZ 1992, 802; BGH NJW 1994, 1791.

1746 *Reimann* DNotZ 1999, 179.

1747 S. zum Ganzen ausführlich *Reimann* DNotZ 1992, 472, 484 ff.; *ders.* ZEV 1994, 7 ff.

aufgrund einer Verfügung von Todes wegen oder kraft gesetzlicher Erbfolge ergibt, nicht zu ändern. Nach Auffassung des BGH[1748] ist die Erbquote keine gegenständliche Begrenzung des Erwerbs in dem Sinne, dass der Miterbe keinen über diese Quote hinausgehenden Teil des Geschäftsanteils erwerben könnte. Sie bestimmt nur zwingend seinen Anteil am Wert des gesamten Nachlasses. Die Erbquote behält hiernach auch bei einer qualifizierten Nachfolge die volle ihr nach Erbrecht zukommende Bedeutung für die Ansprüche der Erben untereinander auf Wertausgleich. Es ist hiernach auch möglich, alle Miterben oder einige von ihnen zur Gesellschafter-Nachfolge zu berufen, jedoch in einem Anteilsverhältnis, das von der quotenmäßigen Beteiligung am Nachlass abweicht, und zwar mit unmittelbar dinglicher Wirkung, sodass eine Auseinandersetzung der Miterben über den Gesellschaftsanteil nicht mehr nötig ist.[1749]

Die **Abfindungsansprüche**, die im Falle des Ausscheidens eines Gesellschafters gegen die Gesellschaft oder die Gesellschafter[1750] gerichtet sind, richten sich, soweit geregelt, nach dem **Gesellschaftsvertrag**. Die Grenze solcher Abfindungsklauseln liegt in den §§ 138, 723 Abs. 3 BGB und in § 133 Abs. 3 HGB: sie sind also nur dann unzulässig, wenn sie sittenwidrig sind, insbesondere das Kündigungsrecht eines Gesellschafters ungebührlich beeinträchtigen.[1751] Die Rechtsprechung zur Frage, ob der Klauselwert *im Zugewinnausgleich* zu berücksichtigen ist, kann ergänzende Kriterien liefern.[1752] Der Klauselwert ist hiernach maßgebend, wenn die Kündigung zum Stichtag des § 1376 BGB bereits erfolgt ist und die Abfindungsklausel damit aktualisiert war. Ist die Kündigung zum Stichtag des § 1376 BGB nicht bereits erfolgt, dann ist ein etwa niedrigerer Klauselwert nur mittelbar zu berücksichtigen, nämlich durch einen Abschlag vom Verkehrswert. Die Höhe des Abschlags bestimmt sich nach der weiteren Nutzungsmöglichkeit der Beteiligung des Inhabers, also auch nach der Wahrscheinlichkeit seines Ausscheidens aus der Gesellschaft.[1753] Bei typisierender Betrachtungsweise wird man die Rechtsprechung zum Zugewinnausgleich auch auf die erbrechtliche Problematik zu übertragen haben. Es ist daher auch im Erbrecht prinzipiell vom echten Wert der Beteiligung auszugehen, es sind aber Abschläge zu machen, je nach der Wahrscheinlichkeit der Beendigung der Beteiligung nach Antritt der Nachfolge.

Problematisch sind solche Klauseln im Erbfall auch dann, wenn sie bei der Wertermittlung für die **Berechnung des Pflichtteils** zu einer Kollision von Erb- und Gesellschaftsrecht führen.

Bei **Personengesellschaften**, bei denen die Vererblichkeit grundsätzlich ausgeschlossen werden kann, ist – auch für Pflichtteilsansprüche! – der im Gesellschaftsvertrag vereinbarte Wert maßgebend, u.U. hat der Gesellschaftsanteil, wenn eine Abfindung ausgeschlossen ist, damit keinen Vermögenswert, der für die Berechnung des Pflichtteils herangezogen werden kann. In diesen Fällen wird jedoch zu prüfen sein, ob nicht Ergänzungsansprüche gem. §§ 2325 ff. BGB gegeben sind. Wird die Gesellschaft nur mit einem Miterben fortgesetzt, so muss grundsätzlich der wahre Wert der Beteiligung des Erblassers am Todesfall unter Berücksichtigung der offenen und stillen Reserven herangezogen werden, da der Gesellschafter-Nachfolger in eine werbende Gesellschaft eintritt. Dem Gesellschafter-Nachfolger wird man allerdings wohl ein Leistungsverweigerungsrecht einräumen, wenn z.Zt. des Erbfalls nur der Buchwert realisiert werden kann.[1754]

Bei **GmbH-Anteilen** gilt nichts anderes als bei Personengesellschaften. Bei ihnen ist die Unvererblichkeit wegen der zwingenden Vorschrift des § 15 Abs. 1 GmbHG technisch anders herzustellen als bei Personengesellschaften, nämlich durch die gesellschaftsvertraglich begründete Verpflichtung der zur Nachfolge nicht zugelassenen Erben, die Einziehung des Anteils zu dulden oder durch ihre

1748 BGHZ 68, 225 = DNotZ 1977, 550, 558 m. Anm. *Priester*.
1749 *Priester* DNotZ 1977; 558; GroßKomm HGB/*Schäfer* § 139 Rn. 27, 45, 47.
1750 Vgl. Palandt/*Sprau*, § 738 Rn. 3, § 730 Rn. 6.
1751 BGH DB 1985, 167; BGH NJW 1989, 3272; BGHZ 116, 359; OLG Naumburg NZG 2001, 658; Palandt/*Sprau* § 738 Rn. 7 f.; Staudinger/*Habermeier* § 738 Rn. 25; *Reimann* DNotZ 1992, 472, 476.
1752 BGHZ 75, 195; 87, 367; BGH NJW 1999, 784; OLG Düsseldorf FamRZ 2016, 977.
1753 BGH NJW 1987, 321; dazu *Reimann* FamRZ 1989, 1248.
1754 *Siebert* NJW 1960, 1033; *Winkler* ZEV 2005, 89, 93; Palandt/*Weidlich* § 2311 Rn. 11.

Verpflichtung, den Anteil an die Gesellschaft oder an von ihr bestimmte Personen abzutreten.[1755] Aus diesem technischen Unterschied Folgerungen auf die Qualität oder die Höhe des Abfindungsentgelts ziehen zu wollen, also etwa anzunehmen, dass bei GmbH-Anteilen für die Pflichtteilsberechnung stets der gemeine Wert maßgebend und der Klauselwert keine Funktion habe,[1756] wäre im Hinblick auf die gleich gelagerte Interessenlage bei beiden Arten von Gesellschaften verfehlt. Die Problematik stellt sich also bei der GmbH genauso wie der Personengesellschaft.[1757]

Hieraus resultiert die **Empfehlung**, den Gesellschaftsvertrag durch erbrechtliche Maßnahmen (Vermächtnisse und partielle Pflichtteilsverzichte, Erbverzichte, Ausgleichsvereinbarungen) abzusichern.

(2) Auseinandersetzungsansprüche

Sie werden stets erhebliche Probleme aufwerfen, wo ein Unternehmer mehrere Personen zu Erben 717
bestimmt, ohne klare Teilungsanordnungen zu treffen und Vermächtnisse auszusetzen. Es empfiehlt sich unter dem Gesichtspunkt der Praktikabilität und der Rechtsklarheit, nur einen Erben zu benennen, um Auseinandersetzungsansprüche von vornherein auszuschließen. Auch ist zu berücksichtigen, dass der in den Nachlass fallende Anteil an einer Personengesellschaft bei mehreren Erben mangels klarer anderweitiger gesellschaftsvertraglicher oder erbrechtlicher Regelungen im Wege der Sondererbfolge unmittelbar auf die Erben quotal übergeht, unabhängig von der Erbauseinandersetzung im Übrigen. Das führt in aller Regel zu ungewünschten Folgen unter den Miterben und für das Unternehmen. Für das sogenannte Alleinerbenmodell spricht weiter, dass Streit bei der Führung des in den Nachlass fallenden Unternehmens vermieden wird und die Kosten für die Übertragung des Unternehmens oder der Anteile daran auf den Unternehmensnachfolger gespart werden.[1758]

c) Steuerliche Vorüberlegungen (Erbschaftsteuer, Einkommensteuer)

Der Erbfall hat eine erbschaftsteuerliche und eine ertragsteuerliche Dimension. Dies gilt unabhän- 718
gig davon, ob Privatvermögen oder (im steuerlichen Sinne) Betriebsvermögen oder beides vererbt wird. Die beim Erbfall eintretenden steuerlichen Auswirkungen sind bereits bei der Gestaltung von Testament und Erbvertrag zu berücksichtigen. Bei Unternehmertestamenten kommt dem steuerrechtlichen Aspekt eine weit größere Bedeutung zu als beim »normalen Testament«.[1759]

d) Grundfragen der erbrechtlichen Nachfolgeregelung des Einzelunternehmers

aa) Art der Fortführung

Wünscht der Unternehmer nur ***einen*** **Nachfolger**, so kann er dies dadurch erreichen, dass er nur 719
einen Erben benennt; kommen mehrere Personen als gesetzliche Erben in Betracht, so sollte rechtzeitig erwogen werden, wie eventuelle Pflichtteilsansprüche weichender Angehöriger mit den Interessen des Nachfolgers vereinbart werden können. Der Testator kann auch mehrere Personen zu Erben einsetzen und das Unternehmen durch Teilungsanordnung oder Vermächtnis[1760] einem Miterben oder durch Vermächtnis einem Dritten als Unternehmensnachfolger zuweisen. Will der Erblasser sicherstellen, dass der Erbe bzw. Miterbe den Betrieb tatsächlich übernimmt, so kann er anordnen, dass die Erbeinsetzung nur wirksam sein solle, wenn der »Nachfolger« der Übernahmepflicht nachkommt; es ist eine Auslegungsfrage, ob es sich hierbei um eine aufschiebend oder um

---

1755 Baumbach/Hueck/*Fastrich*, GmbHG, § 15 Rn. 12 f.; Lutter/Hommelhoff/*Bayer*, GmbHG, § 15 Rn. 16, 20.

1756 *Ebeling* GmbHRdsch 1976, 153.

1757 *Reimann* ZEV 1994, 9.

1758 *Ivens*, ZEV 2010, 462, 463.

1759 S. ausführlich zur Erbschaftsteuer Teil C sowie zur Erbschaft- und Einkommensteuer in: Beck'sches Notar-Handbuch *Bengel/Dietz/Wartenburger* Abschn. C Rn. 503 ff.

1760 Ob eine Teilungsanordnung oder ein Vermächtnis gewählt wird, ist bei gemeinschaftlichen Testamenten und Erbverträgen für die Bindungswirkung von Bedeutung. Nur das Vermächtnis, nicht auch die Teilungsanordnung nimmt an der Bindungswirkung teil (§§ 2270 Abs. 3, 2278 Abs. 2 BGB).

eine auflösend bedingte Erbeinsetzung handelt. Derartige Anordnungen sind wegen der mit ihnen verbundenen temporären Unsicherheit allerdings problematisch und meist unzweckmäßig. Außerdem haben aufschiebende und auflösende Bedingungen den Nachteil, dass ihre Rechtsfolge ipso iure eintritt und es den Beteiligten meistens nicht möglich ist, diese Rechtsänderung im allseitigen Einvernehmen zu vermeiden. Der Testator kann einem Erben auch bloß das Recht einräumen, den Betrieb als Alleininhaber zu übernehmen; das Übernahmerecht wird dann durch Erklärung des Berechtigten realisiert.[1761] Das Übernahmerecht kann durch Teilungsanordnung oder Vorausvermächtnis eingeräumt werden; wollte der Erblasser durch das Einräumen des Übernahmerechts den Miterben bevorzugen, handelt es sich im Zweifel um ein Vorausvermächtnis.[1762]

720 Soll das bisherige Einzelunternehmen von **mehreren Erben** (z.B. Ehefrau und Kindern) fortgeführt werden, sollte der Testator die Art des Gesellschaftsverhältnisses und dessen wesentlichen Inhalt durch Teilungsanordnung, bei gemeinschaftlichem Testament und beim Erbvertrag – um den einseitigen Widerruf durch den Überlebenden auszuschließen (§§ 2270 Abs. 3, 2278 Abs. 2 BGB) – durch Vermächtnis oder durch vermächtnisweise Teilungsanordnung festlegen. Hierdurch kann unter den Erben unnötiger Streit während eines vertragslosen Zustands und eine für das Unternehmen ungünstige Auseinandersetzung vermieden werden. Die Einzelheiten der Gesellschaftsgestaltung können einem Dritten (§§ 2048 Abs. 1 Satz 2; 2151 Abs. 1, 2154, 2156 BGB), etwa einem Testamentsvollstrecker, übertragen werden. Auch die Auflage, verbunden mit Testamentsvollstreckung, ermöglicht es dem Testator, die Fortführung seines Unternehmens in angemessener Form zu beeinflussen.

721 Auch eine **Erbengemeinschaft** kann Inhaber eines Handelsgeschäfts sein. Die Erbengemeinschaft ist allerdings als Inhaber eines einzelkaufmännischen Unternehmens unzweckmäßig (§ 27 Abs. 1 HGB, gemeinsame Verwaltung nach § 2038 BGB). Eine zwangsweise Umwandlung der Erbengemeinschaft in eine OHG oder ein Registerzwang finden nicht statt.[1763] Wenn Minderjährige zum Kreis der Erben gehören, haben diese das Recht, die Haftung nach § 1629a Abs. 1 Satz 1 BGB auf das Vermögen zu begrenzen, das er bei Volljährigkeit hatte. Macht der Minderjährige von dieser Möglichkeit Gebrauch, gelten nach § 1629a Abs. 1 Satz 2 BGB die §§ 1990, 1991 BGB (beschränkte Erbenhaftung) entsprechend.[1764] Die Haftung ist dabei nicht auf das geerbte Vermögen beschränkt, sondern auf dasjenige, das der volljährig Gewordene bei Erreichung des 18. Lebensjahres hatte. Der volljährig Gewordene hat darüber hinaus die Möglichkeit, das außerordentliche Kündigungsrecht nach § 723 Abs. 1 Satz 3 Nr. 2 BGB auszuüben. Dieses außerordentliche Kündigungsrecht gilt nur für Personengesellschaften. Es gefährdet deren Liquidität erheblich. Da der Minderjährige keinen Bestandsschutz für das geerbte Vermögen hat, sondern lediglich vor einer »Infizierung« *seines* Vermögens geschützt werden soll, kann das außerordentliche Kündigungsrecht erbrechtlich zwar nicht ausgeschlossen werden, es kann aber mit Sanktionen belegt werden, etwa als auflösende Bedingung für die Schenkung. Ausgewogene Abfindungsklauseln in Gesellschaftsverträgen sind zweckmäßig.[1765]

722 Hat der Unternehmer keine Angehörigen, die er bedenken möchte, und ist ein geeigneter Nachfolger für das Unternehmen auch sonst nicht vorhanden, kann die Gründung einer **Stiftung** ratsam sein. Die selbständige rechtsfähige Stiftung muss durch Stiftungsgeschäft unter Lebenden oder von Todes wegen begründet und staatlich genehmigt werden (§§ 80, 81 BGB); gem. § 84 BGB gilt die Stiftung für die Zuwendungen des Stifters als schon vor seinem Tod entstanden. Es kann auch eine Familien- oder Betriebsstiftung bedacht werden; hierdurch werden dann entsprechend dem Stiftungszweck die Familien- bzw. Betriebsangehörigen begünstigt.[1766]

1761 BGHZ 31, 13 = NJW 1959, 2252 = DNotZ 1960, 207 m. Anm. *Hieber*; BGHZ 36, 115 = NJW 1962, 343 = JZ 1962, 541 = DNotZ 1962, 322; BGH JZ 1962, 542; s. auch *Benk* MittRhNotK 1979, 53.

1762 BGHZ 36, 115 = NJW 1962, 343 = JZ 1962, 541 = DNotZ 1962, 322; BGH JZ 1962, 542.

1763 BGHZ 92, 259, 263; Staudinger/*Löhnig* § 2032 Rn. 26.

1764 Vgl. allg. *Bittner* FamRZ 2000, 325; *Reimann* DNotZ 1999, 179.

1765 *Habersack* FamRZ 1999, 1; *Reimann* DNotZ 1999, 179.

1766 Vgl. Syst. A Rdn. 525 ff.

bb) Auswahl der Erben durch Dritte

Der Unternehmer muss wie jeder andere Erblasser auch seine Erben selbst bestimmen (§ 2065 Abs. 2 BGB). Sind seine Abkömmlinge noch minderjährig, lassen sich also die unternehmerischen Fähigkeiten noch nicht beurteilen, so wird eine namentliche Erbeneinsetzung weder möglich noch sinnvoll sein. Das in § 2065 Abs. 2 BGB aufgestellte Erfordernis der Bestimmtheit der Verfügung ist bereits erfüllt, wenn der Erblasser in der Verfügung von Todes wegen einen Dritten ermächtigt, aus einem eng begrenzten Personenkreis (z.B. eheliche Abkömmlinge) den Erben nach von ihm genannten sachlichen Kriterien zu bezeichnen.[1767] Es muss jedoch jede Willkür ausgeschlossen sein. Wird eine derartige Regelung getroffen, so ist es notwendig, den Kreis der potenziellen Erben persönlich und sachlich eng einzugrenzen. Da der Dritte nicht wählen, sondern nur bezeichnen darf, ist die Brauchbarkeit dieser Möglichkeit für die erbrechtliche Auswahl des Unternehmensnachfolgers stark eingeschränkt, weil sie in der Abgrenzung zu § 2065 Abs. 2 BGB mit erheblichen Unsicherheiten verbunden ist. Zulässig ist danach wohl nicht einmal eine Bestimmungsermächtigung, die auf die Eignung des Nachfolgekandidaten abstellt, wohl aber eine Klausel, die einen Dritten berechtigt, den Erben nach dem Abschluss einer bestimmten Ausbildung (u.U. zu einem bestimmten Zeitpunkt, u.U. mit einem bestimmten Ergebnis) zu bezeichnen. Bis zur Ausübung des Bestimmungsrechtes steht der Erbe nicht fest; Abhilfe ist nur durch Nachlasspflegschaft gem. § 1960 BGB möglich. Die Bestimmung des Unternehmensnachfolgers durch Vermächtnis gibt dem Dritten bessere Mitwirkungsmöglichkeiten.[1768] Häufig wird gewünscht und sachgerecht sein, dem Erben die Entscheidung darüber zu erlassen, wer als Ersatzerbe (§ 2069 BGB) das geerbte Vermögen erhalten soll, wenn er die Erbfolge wegen Vorablebens nicht antritt. Entsprechendes gilt auch für die Bestimmung des Nacherben (§ 2100 BGB) durch den Vorerben. Die Frage ist, ob eine derartige Bestimmung, die dem Willen der Parteien meist am nächsten kommt, durch § 2065 BGB gedeckt ist.[1769] 723

cc) Fortführung durch Testamentsvollstrecker

Sind die Erben des Unternehmers minderjährig oder zu unerfahren, um das bisher einzelkaufmännisch betriebene Unternehmen fortführen zu können, wird der Erblasser geneigt sein, die Übergangszeit durch die Einsetzung eines Testamentsvollstreckers zu überbrücken. Der Testamentsvollstrecker vermag jedoch nicht, in seiner Eigenschaft und kraft seines Amtes ein Handelsgeschäft zu führen. Testamentsvollstrecker können Verbindlichkeiten nur für den Nachlass, nicht für die Erben persönlich eingehen, § 2206 BGB. Könnte der Testamentsvollstrecker das Unternehmen für die Erben fortführen, würde ein Unternehmen mit lediglich beschränkter Haftung der Inhaber entstehen; dies wäre mit den Bedürfnissen eines geordneten und sicheren Handelsverkehrs[1770] und wohl auch mit dem gesellschaftsrechtlichen *numerus clausus*[1771] unvereinbar. 724

Es bieten sich jedoch – schon bei herkömmlicher Betrachtungsweise – folgende **Abhilfemöglichkeiten**: Der Testamentsvollstrecker kann – erstens – das Handelsgeschäft als Bevollmächtigter der Erben führen; die Erben haften dann persönlich und unbeschränkt, ihnen kommt jedoch die Geschäftserfahrung des Testamentsvollstreckers zugute.[1772] Der Erblasser kann die (widerrufliche) Vollmacht selbst mit Wirkung über den Tod hinaus erteilen oder seine Erben durch Auflage verpflichten, den Testamentsvollstrecker zu bevollmächtigen, zugleich den Testamentsvollstrecker berechtigen, die Vollziehung der Auflage zu verlangen; die Bevollmächtigung kann zur Bedingung 725

1767 Vgl. im Einzelnen Vorbem. zu § 2229 Rdn. 25 ff. und oben Rdn. 322.

1768 *N. Mayer*, ZEV 1995, 247; *Otto* in: Münchener Vertragshandbuch Bd. 6, Form. XII 8 Anm. 4; Vorbem. zu §§ 2229 ff. Rdn. 24 ff.

1769 Vgl. dazu Syst. A Rdn. 322 f.

1770 RGZ 132, 138, 144; Staudinger/*Reimann* § 2205 Rn. 147.

1771 *K.Schmidt*, Gesellschaftsrecht, S. 96 ff.

1772 BGH NJW 1961, 1304, 1305; Staudinger/*Reimann* § 2205 Rn. 153 ff.; *Holch* DNotZ 1958, 291 ff.; *Johannsen* LM Nr. 1 zu § 2216 S. 44.

der Erbeinsetzung gemacht werden.[1773] Der Testamentsvollstrecker kann – zweitens – das Unternehmen als Treuhänder übernehmen und nach außen im eigenen Namen fortführen; er haftet dann im Außenverhältnis persönlich und unbeschränkt, die wirtschaftlichen Auswirkungen treffen jedoch im Innenverhältnis die Erben. Die Anordnung der Testamentsvollstreckung ist im Zweifel in diesem Sinne auszulegen.[1774] Das Verhältnis zu den Erben beurteilt sich nach dem Recht der Testamentsvollstreckung. Der Testamentsvollstrecker kann – drittens – im Außenverhältnis das Handelsgeschäft freigeben, sodass es die Erben fortführen und auch selbst voll haften; im Innenverhältnis kann sich der Testamentsvollstrecker die Entscheidungsbefugnis vorbehalten.

726 Es sind zwei Arten der **Treuhand** möglich: Die Verwaltungs- oder Ermächtigungstreuhand, bei welcher der Testamentsvollstrecker die Verfügungsmacht über die Gegenstände übertragen bekommt, und die Vollrechtstreuhand, bei der Testamentsvollstrecker das Eigentum an dem Handelsgeschäft übertragen bekommt. Dies ist jedoch wegen der damit verbundenen Einzelübertragung aller Gegenstände u.U. sehr aufwendig.[1775] Die Stellung des Testamentsvollstreckers ist bei der Verwaltungs- oder Ermächtigungstreuhand der eines Pächters des Handelsgeschäftes ähnlich. Er wird nicht als Eigentümer der Geschäftsgrundstücke im Grundbuch eingetragen, ebenso wenig erwirbt er Eigentum an den beweglichen Geschäftsgegenständen. Infolgedessen geht auch sein Recht zur Verfügung über diese nur so weit, wie es ihm als Testamentsvollstrecker zusteht, und das Geschäftsvermögen haftet für die von ihm begründeten Verbindlichkeiten nicht, wenn er die ihm gezogenen Grenzen überschritten hat. Bei der **Vollrechtstreuhand** erhält der Testamentsvollstrecker im Wege der Einzelübertragung das Eigentum am Handelsgeschäft. Die Übertragung muss der Testamentsvollstrecker durch (als zulässig angesehenes) In-sich-Geschäft vornehmen (§ 181 BGB).[1776] Doch auch diese Ersatzlösung ist umstritten: Vor allem der fehlende Erblasserwille hinsichtlich einer so weitgehenden Übertragung auf den Testamentsvollstrecker, der begrenzte Gestaltungsspielraum des Erbrechts, der es nicht ermöglicht, den Erben zur Vollrechtsübertragung zu zwingen und wiederum haftungsrechtliche Probleme werden gegen eine Vollrechtstreuhand angeführt.[1777] In der Praxis werden deshalb oft Mischformen gewählt. Im Verhältnis zu den Erben unterscheidet sich die Stellung des Testamentsvollstreckers, der das zum Nachlass gehörende Handelsgeschäft nach außen als Inhaber fortführt, nicht von der eines gewöhnlichen Testamentsvollstreckers.[1778] Übernimmt der Testamentsvollstrecker das Handelsgeschäft als Treuhänder, so wird er nach außen alleiniger Inhaber und haftet den Gläubigern persönlich; im Innenverhältnis aber hat er gegenüber den Erben, für deren Rechnung er das Geschäft führt, gem. §§ 2218, 670 BGB einen Anspruch auf Befreiung von seiner unbeschränkten Haftung.[1779] Allerdings können die Erben die Freistellungshaftung auf den Nachlass begrenzen. Der Testamentsvollstrecker kann sich jedoch u.U. durch abweichende Vereinbarungen mit den Erben absichern. Die Treuhandlösung ist also für den Testamentsvollstrecker mit großen Risiken verbunden, da er als Geschäftsinhaber im Außenverhältnis persönlich und unbeschränkt mit seinem Vermögen für Verbindlichkeiten haftet, die im Unternehmen, also im Innenverhältnis, auf Rechnung der Erben, begründet wurden. Die Frage, ob ein Testamentsvollstrecker eine derartige Treuhandschaft annimmt, wird im Wesentlichen davon abhängen, welche Bonität das Unternehmen hat und welche Sicherheiten für etwaige Regressansprüche der Nachlass bieten kann. Zu berücksichtigen ist in derartigen Fällen auch, dass der Testamentsvollstrecker, der Treuhänder (oder auch Bevollmächtigter) der Erben ist, nicht aufgrund der gesetzlichen Aufgabenzuweisungen, sondern kraft Sonderzuweisung von Aufgaben durch den Erblasser handelt. Er hat

1773 BGHZ 12, 100, 103 = NJW 1954, 636 = DNotZ 1954, 270.
1774 BGHZ 24, 106, 112 = NJW 1957, 1026 = DNotZ 1957, 413.
1775 *Lorz*, Testamentsvollstreckung und Unternehmensrecht, S. 74.
1776 *Muscheler*, Die Haftungsordnung der Testamentsvollstreckung, S. 301 ff.; empfehlenswert ist stets die ausdrückliche Befreiung von § 181 BGB durch den Erblasser in seiner letztwilligen Verfügung, vgl. BGHZ 30, 67, 68 sowie OLG Hamm, FGPrax 2011, 26, 27; auf Insichgeschäfte des Testamentsvollstreckers ist § 181 BGB nämlich entsprechend anwendbar.
1777 *Brandner*, FS Stimpel, S. 991, 1004; *Lorz* Testamentsvollstreckung und Unternehmensrecht, S. 83 ff.
1778 KG JW 1939, 104.
1779 BGHZ 24, 106; MünchKomm/*Zimmermann* § 2205 Rn. 27 f.

daher insoweit vor allem familienrechtliche Schranken, die für den Testamentsvollstrecker an sich nicht gelten, zu beachten.[1780]

Die Funktion der **Vollmachtlösung** besteht darin, die unbeschränkbare Verpflichtung der Erben zu ermöglichen, d.h. die Testamentsvollstreckung soll nicht gänzlich ersetzt, sondern nur ergänzt werden, soweit sie als solche unzulässig ist.[1781] Rechtsprechung und herrschende Lehre kombinieren so die Vorzüge von Testamentsvollstreckung und Vollmacht. Man spricht daher von der vollstreckungsergänzenden Vollmacht.[1782] Dies hat zur Folge, dass auch bei der Tätigkeit des Testamentsvollstreckers im Rahmen der Vollmachtlösung die dingliche Sperre der §§ 2211, 2214 BGB gilt, dem Testamentsvollstrecker die Aktivprozessführungsbefugnis zusteht (§ 2212 BGB) und Nachlassverbindlichkeiten gem. § 2206 BGB durch den Testamentsvollstrecker begründet werden können (erstmals BGHZ 12, 100, 103: »dem Testamentsvollstrecker die Befugnis einzuräumen, auch über den Rahmen des § 2206 BGB hinaus persönliche Verpflichtungen für den Erben einzugehen«).[1783] 727

Die Rechtsprechung des BGH[1784] eröffnet **weitere Gestaltungsalternativen**: Bei der sog. **beaufsichtigenden Testamentsvollstreckung** führt der Erbe als Inhaber das Unternehmen, er darf aber ohne Mitwirkung des Testamentsvollstreckers nicht über dieses verfügen.[1785] Zudem bleibt gerade beim einzelkaufmännischen Unternehmen Träger der Einzelrechte (Grundbesitz, sonstige Vermögensgegenstände, Forderungen etc.) der Erbe persönlich, die bilanzielle Zusammenfassung führt nicht zu einem **Sondervermögen**. Es ist daher möglich, Testamentsvollstreckung in Bezug auf diese einzelnen Gegenstände, die zu den Aktiven und Passiven des Unternehmens gehören, anzuordnen, mit der Folge, dass dem Testamentsvollstrecker insoweit auch die Verwaltungsbefugnisse des § 2204 BGB zustehen. Der Testamentsvollstrecker kann zwar nicht das Unternehmen führen, weil ihm die Verpflichtungsbefugnis für das nach Handelsrecht haftende Eigenvermögen des Erben fehlt, er kann aber die Einzelgegenstände, die zum aktiven und passiven Vermögen des geerbten Unternehmens gehören, verwalten. Auch eine Unternehmensveräußerung insgesamt und auch die Beteiligung Dritter am Unternehmen wäre hiernach ohne Mitwirkung des Testamentsvollstreckers unwirksam. Dem Testamentsvollstrecker kann somit eine originäre, wenn auch defensive Funktion zugewiesen werden, wenn ein einzelkaufmännisches Unternehmen zum Nachlass gehört. Dies ändert aber nichts daran, dass er aus rechtlichen Gründen daran gehindert ist, das Unternehmen (von innen heraus) zu führen, es sei denn, eine der drei Ersatzlösungen befähigt ihn dazu. Beim Abfassen der Verfügung von Todes wegen sollte klargestellt werden, welche Gestaltung gewollt ist. Dabei sollten auch die Vor- und Nachteile der jeweiligen Ersatzlösung analysiert und abgewogen werden.[1786] 728

e) Verfügungen von Todes wegen bei Beteiligung an einer Gesellschaft

Ist der Erblasser an einer Gesellschaft beteiligt, so unterliegt die von ihm zu treffende Regelung für den Todesfall sowohl dem Erbrecht als auch dem Gesellschaftsrecht. Denn die Rechte des Verstorbenen vererben sich nur, soweit sie nicht höchstpersönlich sind. Sache des Gesellschaftsrechtes ist es, die Vererblichkeit der Mitgliedschaft dem Grunde und dem Inhalt nach festzulegen.[1787] Das Erbrecht findet die gesellschaftsrechtliche Situation vor und kann sie nur insoweit gestalten, als das Gesellschaftsrecht dies zulässt. Wegen des unabdingbaren Bezugs zum Gesellschaftsrecht ist darauf zu achten, dass Gesellschaftsvertrag und Verfügung von Todes wegen miteinander in Einklang stehen, da sonst erbrechtliche Gestaltungen u.U. gesellschaftsrechtlich ins Leere gehen können. 729

1780 OLG Hamburg DNotZ, 1983, 381.
1781 MünchKomm/*Zimmermann* § 2205 Rn. 25 f.
1782 *Lorz,* Testamentsvollstreckung und Unternehmensrecht, S. 40.
1783 Vgl. auch Staudinger/*Reimann* § 2205 Rn. 153.
1784 BGH DNotZ 1987, 116; vgl. auch BGH NJW 1996, 1284.
1785 Vgl. § 146 Abs. 1 Satz 2 HGB.
1786 Staudinger/*Reimann* § 2205 Rn. 149.
1787 RGZ 170, 392, 394; BGHZ 68, 225; BGH WM 1971, 308, BGH WM 1987, 981.

aa) **Offene Handelsgesellschaft**

730 Das Gesetz sieht als regelmäßige Folge des Todes eines Gesellschafters nicht mehr, wie bis zum 01.07.1998, die Auflösung der OHG vor (§ 131 Nr. 4 HGB a.F.), sondern gem. § 131 Abs. 3 Satz 1 Nr. 1 HGB n.F. nur noch das Ausscheiden des Verstorbenen und die Fortsetzung der Gesellschaft mit den verbleibenden Gesellschaften, gestattet aber den Gesellschaftern, abweichende Regelungen im Gesellschaftsvertrag zu treffen (vgl. §§ 131 Abs. 3, 139 HGB). Je nach der gesellschaftsvertraglichen Gestaltung ist die Frage der Vererbung des Mitgliedschaftsrechtes zu beurteilen. In Betracht kommt also die Fortsetzung der Gesellschaft ohne, mit oder mit bestimmten Erben. U.U. kommt auch die Fortsetzung der Gesellschaft mit einem durch Vertrag zugunsten Dritter bestimmten Nachfolger in Betracht.

(1) **Auflösung der OHG**

731 Soll die Gesellschaft kraft ausdrücklicher Regelung im Gesellschaftsvertrag durch den Tod eines Gesellschafters aufgelöst werden, so treten dessen Erben in Erbengemeinschaft in die Liquidations-OHG ein.[1788] In diesem Fall kann sich der Testator regelmäßig damit begnügen, den oder die Erben zu benennen. Ein Testamentsvollstrecker kann die Auseinandersetzungsansprüche der Erben verwalten.[1789]

(2) **Fortsetzung der OHG unter den verbleibenden Gesellschaftern (§ 131 Abs. 3 Satz 1 Nr. 1 HGB)**

732 Hierbei ist zwischen einer automatischen Fortsetzung und einer Fortsetzung, die in der Disposition der Gesellschafter liegt, zu unterscheiden: Bei letzterer muss ein Gesellschafterbeschluss darüber entscheiden, ob die Gesellschaft fortbesteht und der Anteil des Erblassers den übrigen Gesellschaftern anwächst (§§ 105 Abs. 3 HGB, 738 Abs. 1 Satz 1 BGB). In diesem Fall haben die Erben einen schuldrechtlichen Abfindungsanspruch gem. §§ 105 Abs. 3 HGB, 738 Abs. 1 Satz 2 BGB gegen die übrigen Gesellschafter, der allerdings durch den Gesellschaftsvertrag vermindert, gestundet und ganz ausgeschlossen werden kann.[1790] Auch hier kann der Testator den oder die Erben bestimmen, ohne weiteren Einfluss auf die OHG nehmen zu können. Die Abfindungsansprüche können von einem Testamentsvollstrecker geltend gemacht werden. Setzen die übrigen Gesellschafter die OHG nicht fort, so treten die Erben in die Liquidations-OHG ein (s.o. Rdn. 730).

(3) **Fortsetzung der Gesellschaft mit Erben (erbrechtliche Lösung)**

733 Bei den im Gesellschaftsvertrag möglichen Nachfolgeklauseln werden nach der sog. erbrechtlichen Lösung der oder die Nachfolger durch den Erblasser bzw. die gesetzliche Erbfolge bestimmt. Der Eintritt in die Gesellschaft vollzieht sich unmittelbar durch den Erbfall und bedarf keiner zusätzlichen Rechtsgeschäfte.[1791] Nachfolgeklauseln sind im Zweifel so auszulegen, dass sie im Rahmen der erbrechtlichen Lösung den Gesellschaftsanteil vererblich stellen.[1792] Sie können einfach, eingeschränkt oder qualifiziert sein. Bei der einfachen Nachfolgeklausel werden alle gesetzlichen oder testamentarisch bestimmten Erben, bei der Erbengemeinschaft wegen der haftungsrechtlichen Unterschiede zwischen Erb- und Gesellschaftsrecht im Wege der Sondernachfolge unmittelbar also *ipso iure* Gesellschafter als Nebenerben entsprechend ihrer Erbquote.[1793]

1788 Der Gesellschaftsanteil des Erblassers geht in diesem Fall nicht qua Sondererbfolge auf die einzelnen Miterben über, BGH NJW 1982, 170, 171 für die GbR.

1789 Palandt/*Weidlich* § 2205 Rn. 11; Staudinger/*Reimann* § 2205 Rn. 163.

1790 Palandt/*Weidlich* § 2205 Rn. 11 m.w.N.

1791 BGHZ 22, 186; *Karsten Schmidt*, Gesellschaftsrecht, S. 1342 f.

1792 BGHZ 68, 225; vgl. auch MünchKomm/Schäfer § 727 Rn. 28 ff.

1793 BGHZ 22, 186. Ob diese Rspr. nach dem BGH-Urteil zur beschränkten Rechtsfähigkeit der BGB-Gesellschaft (BGHZ 146, 341) noch gerechtfertigt ist, wird zunehmend fraglich; vgl. *Heil* ZEV 2002, 296; *Weipert* ZEV 2002, 300.

Die Klausel kann in der Weise eingeschränkt werden, dass nur im Falle der testamentarischen Bestimmung die Erben Gesellschafter werden. Schließlich kann eine qualifizierte Klausel dergestalt in den Gesellschaftsvertrag eingefügt werden, dass nur (ein) bestimmte(r) Erbe(n) den Gesellschaftsanteil erben. Soweit diese Personen nicht Erbe werden, kommt eine Umdeutung in eine rechtsgeschäftliche Klausel in Betracht.[1794] 734

Der Erblasser kann bei der erbrechtlichen Lösung **direkt bestimmen**, wer in seine Mitgliedschaft nachfolgt. Gestattet der OHG-Vertrag die Fortsetzung mit allen Erben, so kann es zweckmäßig sein, die Erben durch Auflage oder Vermächtnis zugunsten der OHG zu verpflichten, ihre Rechte durch einen bestimmten Miterben, der auch vom Erblasser selbst benannt werden kann, als Repräsentanten wahrnehmen zu lassen.[1795] Die Auswahl dieses Repräsentanten kann einem Dritten, etwa einem Testamentsvollstrecker, übertragen werden. Bei der qualifizierten Nachfolgeklausel ist klarzustellen, ob es sich um eine erbquotenmäßige Teilnachfolge oder um eine Vollnachfolge handelt, da hiervon die Rechte der weichenden Erben abhängen. Die in die Mitgliedschaft nachfolgende Person kann auch ein Vermächtnisnehmer sein, wenn der Gesellschaftsvertrag dies gestattet. Die Erben sind sodann schuldrechtlich verpflichtet, die Beteiligung auf den Vermächtnisnehmer zu übertragen, § 2174 BGB. Sieht der Gesellschaftsvertrag vor, dass auch die einem Gesellschafter zustehende Geschäftsführungs- und Vertretungsbefugnis vererbt werden kann, ist in der Verfügung von Todes wegen klarzustellen, ob der Erblasser dies will und wer unter mehreren Erben ggf. die speziellen Gesellschafterrechte ausüben soll. 735

Die **Auswahl des Gesellschafter-Nachfolgers** kann (in den Grenzen des § 2065 Abs. 2 BGB) einem Dritten, z.B. einem Testamentsvollstrecker, einem Mitgesellschafter oder allen übrigen Gesellschaftern überlassen werden, wenn der Personenkreis persönlich eingegrenzt und durch sachliche Kriterien bestimmt ist. Die Zuweisung durch Vermächtnis gibt dem Dritten größere Mitwirkungsmöglichkeiten. 736

Das auf den (die) Erben übergehende Mitgliedschaftsrecht kann nach bisheriger h.M. in vollem Umfang nicht von einem Testamentsvollstrecker ausgeübt werden.[1796] Will der Erblasser erreichen, dass ein Testamentsvollstrecker gleichwohl den (die) unerfahrenen Erben berät, so kann dies auf die gleiche Art und Weise wie beim einzelkaufmännisch betriebenen Unternehmen geschehen. Vor allem die **Ermächtigungstreuhand** und die **vollstreckungsbegleitende Vollmacht** haben sich als zweckmäßige und wirksame Instrumente erwiesen. Nach der Rechtsprechung des BGH[1797] ist es nunmehr möglich, Testamentsvollstreckung an der »Außenseite« eines Gesellschaftsanteils (z.B. Verfügung über den Anteil, Abfindungsanspruch) anzuordnen. Der Erbe kann zwar in der Gesellschaft (»Innenseite«) seine Rechte ausüben, dies kann er aber auch im Rahmen der bisherigen Ersatzlösungen.[1798] Der Gesellschaftsvertrag muss jedoch die Ermächtigung zu diesen Gestaltungen geben; ist dies nicht der Fall, müssen die Gesellschafter konkret zustimmen.[1799] Die jeweils gewählte Gestaltung sollte in der Verfügung von Todes wegen festgelegt werden. Ordnet der Erblasser an, dass der Testamentsvollstrecker die Gesellschaftsrechte treuhänderisch wahrnehmen solle, so liegt hierin zugleich ein Vermächtnis bzw. eine Auflage, die Mitgliedschaft treuhänderisch fortzuführen, wenn der Erbe nicht damit einverstanden ist, dass der Testamentsvollstrecker die Mitgliedschafts- 737

1794 BGH NJW 1978, 264; *Brox/Walker*, Erbrecht, § 44 Rn. 15.

1795 S.u. Syst. A Rdn. 792.

1796 RGZ 170, 392; 172, 199; BGHZ 24, 112 = NJW 1957, 1026 = DNotZ 1957, 413; BGHZ 68, 225; *Richardi* Das Verwaltungsrecht des Testamentsvollstreckers an der Mitgliedschaft in einer Personengesellschaft, 1961, S. 43; Staudinger/*Reimann* § 2205 Rn. 167; Palandt/*Weidlich* § 2205 Rn. 14; *Faust* DB 2002, 189; a.M. *Muscheler* Die Haftungsordnung der Testamentsvollstreckung S. 295 ff.; MünchKomm/*Zimmermann*, § 2205 Rn. 34 ff.

1797 Ausführlich zu den einzelnen Gestaltungsmöglichkeiten Staudinger/*Reimann* § 2205 Rn. 167 ff.; Bengel/Reimann/*Pauli*, HbTV § 5 Rn. 156 ff.

1798 Staudinger/*Reimann* § 2205 Rn. 170.

1799 BGHZ 24, 106, 112 = NJW 1957, 180 = DNotZ 1957, 406.

rechte für ihn in der Gesellschaft ausübt.[1800] Der Erbe scheidet während des Treuhandverhältnisses aus der Gesellschaft aus.

(4) **Eintrittsrecht der Erben**

738 Räumt der Gesellschaftsvertrag dem (den) Erben lediglich das Recht ein, in die OHG einzutreten, so kann diese Befugnis nicht durch Verfügung von Todes wegen gestaltet werden. Es handelt sich um ein Recht, das den Erben kraft Gesellschaftsvertrags zusteht und nicht in den Nachlass fällt.[1801] Testamentsvollstreckung kann daher nicht angeordnet werden. Es können aber die für den Gesellschaftsanteil möglichen Ersatzlösungen angeordnet werden.

bb) BGB-Gesellschaft

739 Die Rechtslage entspricht weitgehend derjenigen bei der OHG. Allerdings sieht § 727 Abs. 1 BGB für den Fall des Todes eines Gesellschafters die Auflösung der Gesellschaft vor. Die Folge ist allerdings gesellschaftsvertraglich abdingbar. Auch eine Testamentsvollstreckung ist eingeschränkt möglich, wenn der Erbe in die Beteiligung nachfolgt. Testamentsvollstreckung an dem ererbten Anteil einer Gesellschaft bürgerlichen Rechts ist somit nicht schlechthin ausgeschlossen, auch dann nicht, wenn »die Erben des Gesellschaftsanteils vor dem Erbfall bereits an der Gesellschaft beteiligt waren«.[1802] Der BGH hat dabei zu erkennen gegeben, dass für eine erweiterte Funktion des Testamentsvollstreckers auch am Anteil eines persönlich haftenden Gesellschafters Raum sei, wenn er nicht zur Geschäftsführung befugt und auch nicht in der Lage sei, durch eigene Handlung seine Mitgesellschafter zu verpflichten.[1803]

cc) Kommanditgesellschaft

740 Für den Tod des Komplementärs gelten die Grundsätze für das Ausscheiden eines Gesellschafters aus einer OHG. Der Tod des Kommanditisten löst nach § 177 HGB die Gesellschaft nicht auf. Sein Gesellschaftsanteil ist vererblich. Sind mehrere Erben vorhanden, rücken diese nicht als Erbengemeinschaft, sondern als Nebenerben zu dem ihrer Erbquote entsprechenden Anteil in die Gesellschafterstellung des Verstorbenen ein.[1804] Der Gesellschaftsvertrag kann die Vererblichkeit des Kommanditanteils aber beschränken oder ganz ausschließen. Da eine KG ohne Komplementär nicht bestehen kann und dem Erben des Komplementärs das Recht zusteht, gem. § 139 Abs. 1 HGB die Umwandlung seiner Mitgliedschaft in eine Beteiligung als Kommanditist zu verlangen, muss Vorsorge für den Fall getroffen werden, dass der letzte Komplementär wegfällt. Dies geschieht am besten durch die Aufnahme einer GmbH als Komplementär.

Ist der Testator **Komplementär**, so ergeben sich gegenüber der OHG keine Besonderheiten. Ist er **Kommanditist**, so kann er – unabhängig vom Gesellschaftsvertrag – durch Auflage bestimmen, dass die Erben ihre Gesellschafterrechte durch einen Repräsentanten wahrzunehmen haben. Ist einer der Erben bereits Komplementär, kann er zwar im Außenverhältnis nicht gleichzeitig Kommanditist sein. Im Innenverhältnis werden die beiden Kapitalanteile aber gesondert behandelt, sofern der Gesellschaftsvertrag nichts Gegenteiliges vorsieht. Nach der Rechtsprechung des BGH können die Rechte des Kommanditisten durch einen Testamentsvollstrecker ausgeübt werden.[1805] So ist eine Dauertestamentsvollstreckung, welche die gesamte Kommanditistenstellung, also auch die Verwaltungsrechte, erfasst (die »Innenseite« der Beteiligung), zulässig.

1800 BGHZ 22, 186 = NJW 1957, 180 = DNotZ 1957, 406.
1801 BGHZ 22, 186 = NJW 1957, 180 = DNotZ 1957, 406.
1802 BGH ZEV 1996, 110 m. Anm. *Lorz*.
1803 Vgl. auch *Weidlich* ZEV 1998, 339.
1804 DR 1942, 1228; BGHZ 22, 186; BGHZ 68, 225 = DNotZ 1977, 550, 556; s. aber Fn. 334.
1805 BGHZ 108, 187 = DNotZ 1990, 183 m. Anm. *Reimann*.

dd) Europäische Wirtschaftliche Interessenvereinigung (EWIV)

Nach § 1 EWIV-Ausführungsgesetz gelten, soweit nicht die EGVO Nr. 2137/85 etwas anderes aussagt, für die EWIV die Regelungen des HGB für die OHG. Die Situation entspricht somit derjenigen bei der OHG. 741

ee) Freiberufliche Partnerschaft

Freiberufler haben die Möglichkeit, sich in der personengesellschaftsrechtlichen Rechtsform der Partnerschaft zusammenzuschließen. Wesentliche Grundsätze des Rechts der OHG und der BGB-Gesellschaft gelten sinngemäß (§ 1 Abs. 4 PartGG). § 9 Abs. 4 PartGG sieht allerdings – anders als bei der OHG – vor, dass der Tod eines Partners nur zum Ausscheiden des Verstorbenen führt. Da die Beteiligung an der Partnerschaft gem. § 9 Abs. 4 Satz 1 PartGG grundsätzlich nicht vererblich ist, kommt § 738 BGB zur Anwendung, wonach der Anteil des ausscheidenden Partners den verbleibenden Partnern zuwächst. Der Auseinandersetzungsanspruch fällt dann in den Nachlass. Die Frage, ob durch Erbgang ein neuer Partner hinzutreten kann, kann im Partnerschaftsvertrag aber geregelt werden, indem die Partner ihre Beteiligungen an Dritte vererblich stellen.[1806] Dieser Dritte muss dabei jedoch als Partner i.S.d. PartGG in Betracht kommen (vgl. § 9 Abs. 4 Satz 2 PartGG). Möglich ist auch eine strengere Regelung, so die Vereinbarung einer qualifizierten Nachfolgeklausel, wofür wiederum die zur OHG entwickelten Rechtsgrundsätze gelten.[1807] 742

ff) Stille Gesellschaft

Der Tod des stillen Gesellschafters löst die Gesellschaft nicht auf (§ 234 Abs. 2 HGB). Der Erbe tritt voll an die Stelle des Erblassers, mehrere Erben folgen in Erbengemeinschaft nach. Abweichende Vereinbarungen sind zulässig.[1808] Die stille Gesellschaft eignet sich besonders zur Versorgung der aus der Geschäftsführung ausgeschiedenen Alt-Gesellschafter und ihrer Ehegatten sowie der von der Betriebsnachfolge ausgeschlossenen Abkömmlinge. Der Erblasser kann an einem stillen Gesellschaftsanteil in vollem Umfang Testamentsvollstreckung anordnen.[1809] 743

gg) GmbH

Die Gesellschaftsanteile an einer GmbH sind vererblich (§ 15 Abs. 1 GmbHG). Mehrere Miterben erwerben den Anteil gesamthänderisch. Sie können ihre Gesellschafterrechte nach § 18 Abs. 1 GmbHG nur gemeinschaftlich ausüben. Die Vererblichkeit kann durch die Satzung nicht generell ausgeschlossen werden.[1810] Die Satzung der GmbH kann aber die Wirkung der Vererbung beseitigen. Der Geschäftsanteil des verstorbenen Gesellschafters kann durch satzungsmäßige Anordnung der Einziehung und Abtretung wieder aus der Erbschaft herausgelöst werden. Die Satzung der GmbH kann vorsehen, dass beim Tode eines Gesellschafters dessen Geschäftsanteil (entgeltlich oder unentgeltlich) gem. § 34 GmbHG einzuziehen ist oder an eine bestimmte Person, die GmbH selbst, einen Gesellschafter oder eine von der Gesellschaft genehmigte Person abzutreten ist. Da die Einziehung nicht unbegrenzt zulässig ist,[1811] empfiehlt es sich, in der Satzung die Pflicht zur Abtretung mit dem Recht zur Einziehung zu kombinieren. Die Satzung kann auch die Wirkungen der Vererbung geringhalten. Dies ist dadurch möglich, dass bestimmt wird, der Gesellschaftsanteil solle nach dem Tode des Gesellschafters nicht mehr eine volle Gesellschafterstellung geben. Auf diese Weise kann dem Erben das Stimmrecht oder das Recht auf Auskunft genommen werden, nicht jedoch die kapitalistische Beteiligung. Sieht die Satzung einen bestimmten Nachfolger vor oder ist in der Satzung ein bestimmtes Auswahlverfahren enthalten, so ist diese Bestimmung an sich 744

1806 Sozietätsrecht, Handbuch für rechts-, steuer- und wirtschaftsberatende Gesellschaften, § 12 Rn. 8.
1807 S. zum Ganzen auch *Johann Mayr* ZEV 1996, 321; *Heydn* ZEV 1998, 161.
1808 Baumbach/Hopt/*Roth* HGB § 234 Rn. 4.
1809 BGH WM 1962, 1084; Palandt/*Weidlich* § 2205 Rn. 18.
1810 Baumbach/Hueck/*Fastrich* GmbHG § 15 Rn. 12; Scholz/*Seibt* GmbHG § 15 Rn. 24 ff.
1811 Insb. ist die Auszahlungssperre der §§ 34 Abs. 3, 30 Abs. 1 GmbHG zu beachten.

nicht mit § 15 GmbHG vereinbar, es ist aber in der Regel eine Umdeutung dahin geboten, dass die Erben verpflichtet sind, den Geschäftsanteil auf den so bestimmten Gesellschafter-Nachfolger zu übertragen. Die Erben sind dann der Gesellschaft gegenüber zur Übertragung verpflichtet.

745 Bei einer **Freiberufler-GmbH** ist eine Beschränkung der Vererblichkeit unbedingt notwendig, denn die Geschäftsanteile an einer Rechtsanwalts-, Steuerberatungs- oder Wirtschaftsprüfer-GmbH sind nur dem für den entsprechenden Beruf zugelassenen Personenkreis zugänglich. Die Satzung muss daher eine Bestimmung treffen für die Nachfolge beim Tod eines Gesellschafters, wie etwa die Abtretungspflicht der Erben, das Einziehungsrecht der Gesellschaft oder der Ermächtigung zur Kaduzierung, sofern nicht schon das Gesetz eine Regelung vorsieht (z.B. §§ 27 ff. WPO, §§ 49 ff. StBerG, § 59e BRAO). Die entsprechenden, z.T. landesgesetzlichen Vorgaben sind zu beachten.[1812] Der Testator kann den Geschäftsanteil nach Maßgabe des Gesellschaftsvertrages frei vererben. Es kann angeordnet werden, dass ein Testamentsvollstrecker den Geschäftsanteil unter Ausschluss des (der) Erben zu verwalten hat.[1813] Ein Testamentsvollstrecker kann auch nur zu dem Zweck ernannt werden, dass er das Stimmrecht aus dem Geschäftsanteil unter Ausschluss der Erben ausübt.[1814]

746 Fraglich ist, ob der Testamentsvollstrecker durch sog. **Kernrechte** des Gesellschafters in seinen Befugnissen eingeschränkt ist. Die Kernbereichslehre wurde zum Schutz von Minderheitengesellschaftern gegen Mehrheitsbeschlüsse entwickelt: Es gibt hiernach unentziehbare bzw. mehrheitsfeste Rechte, die zwar durch Gesellschaftsvertrag und Satzung abdingbar sind, dem Gesellschafter aber nicht ohne oder gegen seinen Willen entzogen werden können.[1815] Die Kernbereichslehre wurde gelegentlich auf die Testamentsvollstreckung übertragen. Davon nimmt die herrschende Meinung heute Abstand.[1816] Der Testamentsvollstrecker hat eine in den Nachlass fallende Beteiligung so zu verwalten, wie sie der Erblasser hinterlässt und der Gesellschaftsnachfolger sie vorfindet. Die Beschränkungen des Testamentsvollstreckers ergeben sich ausschließlich aus dem Gesetz, sofern nicht der Erblasser die Rechtsmacht des Testamentsvollstreckers in zulässiger Weise eingeschränkt oder erweitert hat. Damit ist der Testamentsvollstrecker – vorbehaltlich etwaiger zulässiger anderweitiger Anordnungen des Erblassers – ausschließlich den erbrechtlichen Beschränkungen unterworfen, also dem Verbot unentgeltlicher Verfügungen (§ 2205 Satz 3 BGB), dem Verbot persönlicher Verpflichtung des Erben (§§ 2206, 2207, 2209 BGB) und dem Gebot ordnungsgemäßer Verwaltung des Nachlasses (§ 2216 Abs. 1 BGB). Gesellschaftsrechtliche Beschränkungen wirken gegen den Testamentsvollstrecker nur insoweit, als sie auch gegen den Erben wirken. Weitergehende Beschränkungen aus dem Gesellschaftsrecht ergeben sich für die Amtsausübung des Testamentsvollstreckers nicht.

747 **Kapitalerhöhungen** sind mithin ohne Zustimmung des Erben nur möglich, wenn die zur Kapitalerhöhung erforderlichen Mittel aus dem Nachlass (nicht unbedingt nur aus der Gesellschaftsbeteiligung) aufgebracht werden können. Um Nachweisschwierigkeiten zu vermeiden, sind hier begleitende Vollmachten zweckmäßig.

hh) Aktiengesellschaft (AG) und Europäische Gesellschaft (SE)

748 Die Rechtsform der Aktiengesellschaft ist auch für mittelständische und Familienunternehmen interessant geworden, daher stellt sich auch bei ihnen verstärkt die Frage nach der Erbfolge beim Tod eines Aktionärs. Ebenso wie bei der GmbH sind die Anteile an der AG frei vererblich, was auch durch die Satzung nicht ausgeschlossen werden kann.[1817] Dies gilt gleichermaßen für Inhaber- und

1812 Vgl. *J. Mayer* ZEV 1996, 321; vgl. auch für satzungsmäßige Vorgaben BayObLG WiB 1995, 115.
1813 BGH NJW 1959, 1820; *Wiedemann*, Die Übertragung und Vererbung von Mitgliedschaftsrechten bei Handelsgesellschaften, 1965, S. 338.
1814 OLG Hamm BB 1956, 511.
1815 BGH NJW 1989, 3152
1816 Vgl. Nachweise bei Staudinger/*Reimann*, § 2205 Rn. 190 ff
1817 Palandt/*Weidlich* § 1922 Rn. 23 und § 2032 Rn. 10, *Nieder/Kössinger*, Handbuch der Testamentsgestaltung, 5. Aufl., § 1 Rn. 185.

Namensaktien. Nachfolgeregelungen in der Satzung unterliegen aber weitergehenden Beschränkungen als bei einer GmbH.[1818] Die Bestimmungen einer Abtretungspflicht der Erben ist ebenso unzulässig (vgl. § 54 AktG, Verbot der Begründung von Nebenpflichten) wie die Ausdehnung der Vinkulierung von Namensaktien auf die Fälle des Aktienübergangs kraft Erbfolge. Die Vinkulierung von Namensaktien kann allerdings bei Vermächtnissen und Erbauseinandersetzung – als rechtsgeschäftliche Übertragungen – Bedeutung erlangen. Allein die Regelung einer Zwangseinziehung beim Tod eines Aktionärs ist in der Satzung möglich.[1819] Die Einziehung erfolgt dann durch eine Entscheidung des Vorstandes (vgl. § 237 Abs. 6 AktG).

Will der Erblasser erreichen, dass seine Aktien im Familienbesitz bleiben, so kann er anordnen, dass für den Fall der Abtretung einer Aktie an eine familienfremde Person ein anderer Angehöriger ein aufschiebend bedingtes Vermächtnis (§ 2177 BGB), das ihm einen Anspruch auf die Aktie gewährt, erhalten soll. Auch eine auflösend bedingte Erbeinsetzung (§ 2075 BGB) ist möglich. Die AG kann auch dadurch vor Überfremdung geschützt werden, dass die Erben verpflichtet werden, eine **Schutzgemeinschaft** in Form einer BGB-Gesellschaft zu gründen,[1820] die das Verhalten der Aktionäre gesellschaftsrechtlich reguliert oder in die die Aktien einzubringen sind. Diese Anordnung kann durch Testamentsvollstreckung gesichert werden. Die Rechte aus der Aktie können von einem Testamentsvollstrecker ausgeübt werden.[1821]

Die Regelungen zur Aktiengesellschaft gelten sinngemäß auch für die **Europäische Gesellschaft** 749
(SE). Sie ist strukturell eine Aktiengesellschaft.

ii) KGaA

Auch die KGaA (Kommanditgesellschaft auf Aktien) wird zunehmend für mittelständische und 750
Familienunternehmen interessant, mit ihr lassen sich Elemente von Personen- und Kapitalgesellschaft kombinieren. Bezüglich des Anteils des persönlich haftenden Gesellschafters gelten die Ausführungen für den Komplementär der KG bzw. für die OHG entsprechend,[1822] für die Kommanditaktionäre gelten die Regelungen für die Aktiengesellschaft.[1823]

jj) Mischformen

(1) Betriebsspaltung

Wird das Unternehmen im Rahmen einer sog. Betriebsaufspaltung in der Weise betrieben, dass 751
das Anlagevermögen im Eigentum einer Personengesellschaft (BGB-Gesellschaft, OHG, KG) steht und der Betrieb einer GmbH obliegt, ergeben sich keine Besonderheiten gegenüber dem bisher Ausgeführten. Die Nachfolge in die Personengesellschaft ist nach den für diese geltenden Regeln zu beurteilen, die Nachfolge in die GmbH nach den Grundsätzen, die für diese gelten. Es ist bei der Abfassung von Gesellschaftsvertrag und Verfügung von Todes wegen – insbesondere um durch die erbrechtliche Nachfolge die steuerrechtliche Anerkennung nicht zu verlieren – darauf zu achten, dass die Regelungen für beide Unternehmen aufeinander abgestimmt werden.

(2) GmbH & Co KG

Die Frage der Nachfolge beurteilt sich bei der GmbH nach GmbH-Recht, bei der KG nach dem 752
Recht der Personenhandelsgesellschaft. Die erbrechtliche Nachfolge ist bei der GmbH & Co einfacher zu regeln als bei einer »reinen« KG, da die Probleme, die mit § 139 HGB zusammenhängen,

1818 Vgl. *Schaub* ZEV 1995, 84.
1819 Formulierungsvorschlag bei *Schaub* ZEV 1995, 84.
1820 *Ivens*, Hamburger Handbuch der Vermögensnachfolge, S.1073 ff.
1821 Palandt/*Weidlich* § 2205 Rn. 20.
1822 *Philbert*, Die Kommanditgesellschaft auf Aktien zwischen Personengesellschaftsrecht und Aktienrecht, 2005; Syst. A Rdn. 730 ff.
1823 Syst. A Rdn. 748.

von vornherein nicht gegeben sind. Die GmbH & Co KG eignet sich für die Nachfolgeregelung besonders gut wegen der Möglichkeit der Drittorganschaft, wenn im Bereich der Gesellschafter-Nachfolger keine Eignung für die tatsächliche Geschäftsführung gegeben ist. Die GmbH & Co KG eignet sich auch zu einer leistungsorientierten Aufspaltung der Verantwortlichkeiten, etwa wenn die weichenden Erben des einen Gesellschafters Alleingesellschafter und/oder Alleingeschäftsführer der GmbH werden, sämtliche Erben, also auch die nicht mitarbeitenden, Kommanditisten werden. Durch Vorrechte bei der Abstimmung kann hier der GmbH (damit den mitarbeitenden Gesellschaftern) eine starke Position zugewiesen werden. Auch im Bereich der Gewinnverteilung (Entgelt für Tätigkeit) kann eine Unterscheidung zwischen mitarbeitenden und nicht mitarbeitenden Gesellschaftern getroffen werden.

(3) **»GmbH & Still«**

753 Die Rechtsform der »GmbH & Still« eignet sich für die Regelung der Unternehmensnachfolge gut: Einmal ist eine Nachfolgeregelung bei der GmbH unproblematisch, die Rechte der Stillen auf die Geschäftsführung sind begrenzt, die kapitalmäßige Beteiligung ist jedoch gewährleistet. Auch die Möglichkeit einer Testamentsvollstreckung (s. Syst. A Rdn. 743) erleichtert die Unternehmensnachfolgeregelung.

f) Sonderprobleme

aa) Nacherbfolge im Unternehmensbereich

(1) Einzelkaufmännisches Unternehmen

754 Der Nachlass (Unternehmen) geht grundsätzlich in das Vermögen des Erben über. Will der Erblasser den Erbfall danach regeln, so ist die Anordnung einer Vor- und Nacherbschaft ein hierfür geeignetes Mittel. Zeitliche Grenze: § 2109 BGB (grundsätzlich 30 Jahre). Die Nacherbeneinsetzung kann auch unter dem Vorbehalt anderweitiger Verfügung des Vorerben stehen.[1824] Die Bestimmung des Nacherben kann im Rahmen des § 2065 Abs. 2 BGB auch einem Dritten, also dem Vorerben oder einem anderen, z.B. Testamentsvollstrecker, überlassen werden, wenn die Verfügung ausreichend bestimmt ist. Die Beschränkung des Auswahlrechtes auf den Kreis der gemeinsamen Abkömmlinge ist möglich.[1825]

Der Vorerbe ist **Vollrechtsinhaber**, er wird in das Grundbuch eingetragen (mit Nacherbenvermerk, § 51 GBO) und in das Handelsregister (hier ohne besonderen Vermerk). Es ist in der Verfügung von Todes wegen klarzustellen, welchen Beschränkungen des Gesetzes der Vorerbe unterliegt bzw. von welchen Beschränkungen er befreit ist. Gehört ein Handelsgeschäft zum Nachlass, entscheidet der Vorerbe, ob er es fortführt oder nicht. Der Nacherbe haftet auch für Verbindlichkeiten des Vorerben nach § 27 HGB, ohne Rücksicht darauf, ob die Verbindlichkeiten im Rahmen einer ordnungsgemäßen Verwaltung eingegangen wurden oder nicht.[1826]

(2) Gesellschaft

755 Der Vorerbe ist handels- und gesellschaftsrechtlich Vollrechtsinhaber, also nur erbrechtlich in seinen Möglichkeiten eingeschränkt, nicht handels- und gesellschaftsrechtlich. Dies gilt für die Verwaltungsrechte wie für die Vermögensrechte. Der Vorerbe erhält aber wie ein Nießbraucher nur den ausgeschütteten (entnahmefähigen) Gewinn. Die stillen Reserven stehen ihm nicht zu.[1827] Aufgrund der unklaren gesetzlichen Regelung ist diesbezüglich in jedem Fall eine ausdrückliche Regelung zu treffen. Als Sicherungsmaßnahmen gegen Verfügungen des Vorerben, die er handelsrechtlich vor-

1824 Vorbem. zu §§ 2229 ff. Rdn. 24; oben Syst. A Rdn. 334.
1825 *Mayer* ZEV 1995, 247.
1826 BGHZ 32, 60.
1827 BGH DNotZ 1981, 760, 765; vgl. auch *Hadding* GmbH-Rdsch 1975, 73 ff.; *Karsten Schmidt* FamRZ 1976, 683; MünchKomm/*Pohlmann* § 1085 Rn. 28.

nehmen kann, erbrechtlich aber nicht vornehmen darf (oder nach dem Willen des Erblassers nicht vornehmen sollte) kommen hier die Anordnung einer (allgemeinen) Testamentsvollstreckung und die Anordnung einer speziellen Nacherbenvollstreckung gem. § 2222 BGB in Betracht.

Fällt die Geschäftsbeteiligung an einer Personengesellschaft in den Nachlass, so ist die Anordnung von Vor- und Nacherbfolge unmöglich, wenn der Gesellschaftsvertrag die Fortsetzung der Gesellschaft mit dem/den Erben eines durch Tod ausgeschiedenen Gesellschafters nicht zulässt.[1828] Voraussetzung für den Übergang auf den Nacherben ist, dass der Gesellschaftsvertrag noch im **Zeitpunkt des Nacherbfalls** eine derartige **Nachfolgeklausel** enthält. Der Vorerbe kann an einer Änderung des Gesellschaftsvertrages dahin mitwirken, dass er mit seinem Tod ausscheidet, der Nacherbe also nur in den Abschichtungsanspruch nachfolgt; Grenzen dieser Änderungsbefugnis sind in der Unentgeltlichkeit zu finden (§ 2113 Abs. 2 BGB).[1829] Unentgeltlichkeit ist nicht gegeben, wenn eine Vertragsänderung alle Gesellschafter gleichmäßig betrifft oder wenn der Vorerbe zwar einseitigen Änderungen zulasten seines Gesellschaftsanteils zustimmt, im Gegenzug aber Konzessionen erhält, die seinen Geschäftsanteil verstärken.[1830] Entsprechendes hat für die Beteiligung an einer Kapitalgesellschaft zu gelten.

Die **Nacherbenvollstreckung** (§ 2222 BGB) beschränkt nicht den Vorerben, der ohnehin durch 756
die Anordnung der Nacherbfolge belastet ist, sondern den Nacherben, da dieser seine Rechte nicht selbst wahrnehmen kann. Die Aufstellung eines Nacherbenvollstreckers wird besonders dann zweckmäßig sein, wenn der Nacherbe unter elterlicher Gewalt oder Vormundschaft des Vorerben steht, wenn er noch nicht geboren oder noch nicht gezeugt ist oder seine Persönlichkeit erst durch ein künftiges Ereignis bestimmt werden soll (z.B. Ablegung einer Prüfung etc.). Zwar kann in diesen Fällen nach §§ 1909, 1912, 1913 BGB ein Pfleger bestellt werden, aber doch nur dann, wenn das Familiengericht von der Angelegenheit Kenntnis erhält und wenn es ein Fürsorgebedürfnis anerkennt. Da beides nicht immer gewährleistet ist, kann es in solchen Fällen angezeigt sein, durch Einsetzung eines Nacherbenvollstreckers die Wahrnehmung der Interessen des Nacherben zu sichern. Für manchen Erblasser mag es auch vorteilhaft scheinen, dass der Nacherbenvollstrecker im Gegensatz zum Pfleger nicht unter der Aufsicht des Vormundschaftsgerichtes steht. Auch wird die Ernennung eines Nacherbenvollstreckers in den bezeichneten Fällen die Bestellung eines Pflegers in der Regel überflüssig machen.[1831] Die Nacherbenvollstreckung nach § 2222 BGB beginnt mit dem Erbfall, nicht erst mit dem Nacherbfall.[1832] Die Nacherbenvollstreckung sichert somit lediglich die (bürgerlich-rechtlichen) Rechte, die der Nacherbe kraft Gesetzes gegenüber dem Vorerben hat. Die Nacherbenvollstreckung kann aber nicht die speziellen (handelsrechtlichen) Gefährdungen, die im unternehmerischen Bereich mit der Anordnung einer Vor- und Nacherbfolge verbunden sind, eingrenzen. Der alleinige Vorerbe kann naturgemäß nicht zum alleinigen Testamentsvollstrecker für den Nacherben nach § 2222 BGB ernannt werden.[1833] Einer von mehreren Vorerben kann jedoch Nacherbenvollstrecker nach § 2222 BGB sein, ebenso der alleinige Vorerbe einer von mehreren Nacherbenvollstreckern. Der Nacherbe kann jedoch zum (allgemeinen) Testamentsvollstrecker des Vorerben bestellt werden.[1834]

Der Erblasser kann neben der Nacherbenvollstreckung nach § 2222 BGB noch eine **allgemeine Tes-** 757
tamentsvollstreckung für den Vorerben mit den Aufgaben und Befugnissen nach §§ 2203 ff. BGB anordnen,[1835] und zwar auch für den befreiten Vorerben.[1836] Es ist sogar zulässig, dass der Erblasser

1828 BGHZ 69, 47; BGHZ 78, 177.
1829 Vgl. u.a. BGH NJW 1981, 1560; *Harder* DNotZ 1994, 822.
1830 BGHZ 78, 177; dazu *Reimann* hereditare Bd.7 (2017), 65,80 ff.
1831 BayObLG NJW 1960, 966.
1832 Staudinger/*Reimann* § 2222 Rn. 19.
1833 RGZ 77, 177.
1834 Staudinger/*Reimann* § 2222 Rn. 17.
1835 BGH NJW 1995, 456.
1836 BGH NJW 1995, 456, 457.

den gleichen Testamentsvollstrecker für den Vorerben als allgemeinen Vollstrecker und zugleich für den Nacherben mit der in § 2222 BGB vorgesehenen Beschränkung ernennt.[1837] Insbesondere kann dieselbe Person einerseits zur Verwaltung der Erbschaft für den Vorerben nach §§ 2209, 2338 Abs. 1 Satz 2 BGB und andererseits zur Wahrnehmung der Rechte des Nacherben nach §§ 2222, 2338 Abs. 1 Satz 1 BGB bestellt werden. Durch die Anordnung einer (allgemeinen) Testamentsvollstreckung, die den Vorerben beschwert, kann somit sichergestellt werden, dass der Vorerbe nicht das Handelsgeschäft einstellt oder an Änderungen des Gesellschaftsvertrages mitwirkt, die die Nachfolge des Nacherben in den Geschäftsanteil verhindern. Da jedoch die Testamentsvollstreckung weder am Handelsgeschäft noch am Geschäftsanteil der Personengesellschaft an sich möglich ist, ist eine der o.g. Alternativlösungen vorzusehen. Es ist also dem Testamentsvollstrecker als Sonderfunktion das Recht zuzuweisen, das Handelsgeschäft oder die Beteiligung an der Personengesellschaft so zu verwalten, als wenn eine Testamentsvollstreckung kraft Gesetzes möglich wäre (s. Syst. A Rdn. 725 ff., 737).

bb) Unternehmensnachfolge durch Vermächtnis

758 Unternehmen bzw. Unternehmensbeteiligung können auch durch Vermächtnis zugewandt werden, bei Unternehmensbeteiligungen ist dabei stets die gesellschaftsvertragliche Zulässigkeit einer derartigen Nachfolge zu prüfen.[1838] Wegen der nur schuldrechtlichen Wirkung des Vermächtnisses (§ 2174 BGB) ist seine Erfüllung oft problematisch. Die Rechte des Vermächtnisnehmers können durch Testamentsvollstreckung gesichert werden. Der Vermächtnisnehmer kann zugleich Testamentsvollstrecker sein.[1839] Der Erblasser kann einem Miterben einen Gegenstand auch als Vorausvermächtnis zuwenden (§ 2150 BGB). Dies ist auch bei einem Alleinerben möglich, vor allem beim Fall der Einsetzung eines Nacherben ist ein Vermächtnis zugunsten des Vorerben möglich.[1840]

cc) Beeinflussung der Unternehmensfortführung durch Auflagen

(1) Allgemeines

759 Der Erblasser kann die Erben durch Auflage (§ 1940 BGB) in bestimmten Richtungen verpflichten (§§ 2192 bis 2196 BGB). Die Vollziehung der Auflage kann nur im Rahmen des § 2194 BGB verlangt werden, deshalb ist die Absicherung einer Auflage durch Testamentsvollstreckung sinnvoll, auch eine Vermächtnisanordnung unter der auflösenden Bedingung, dass die Auflage erfüllt wird.

(2) Umwandlungsanordnung

760 Die Auflage ist ein geeignetes Instrument, wenn die Umwandlung vom Unternehmen nach Ableben des Erblassers durchgeführt werden soll, z.B. von einem einzelkaufmännischen Unternehmen in eine GmbH, ferner wenn überhaupt die Fortführung eines Betriebes gesichert werden soll, schließlich wenn einem Testamentsvollstrecker Befugnisse eingeräumt werden sollen, die ihm kraft Erbrechts nicht zustehen, z.B. Testamentsvollstreckung an Geschäftsanteilen von Personengesellschaften, sowie Erteilung entsprechender Vollmachten.

(3) Bestimmungsrechte, Schiedsgutachter- und Schiedsgerichtsklauseln

761 Der Erblasser kann Streitigkeiten, die bei der Nachlassbereinigung und -verwaltung (vor allem im unternehmerischen Bereich) auftreten, dadurch entschärfen, dass er durch Auflagen die Nachlassbeteiligten verpflichtet, Bestimmungsrechte Dritter sowie Schiedsgutachter- und Schiedsgerichtstätigkeiten zu dulden.

1837 BGH NJW 1995, 456, 457.
1838 Ausführlich: *Pauli*, Unternehmensnachfolge durch Vermächtnis.
1839 Staudinger/*Reimann* § 2197 Rn. 89.
1840 BGHZ 32, 60.

Bestimmungsrechte: Zu den Bestimmungsrechten, die jedem Dritten übertragen werden können, gehört, soweit durch § 2265 BGB erlaubt, die Bezeichnung des vom Erblasser nach sachlichen Kriterien bestimmten Erben, die Bestimmung bei Vermächtnissen (§§ 2151, 2152 BGB) und die Bestimmung bei Auflagen (§ 2193 BGB) sowie generell die Bestimmung über die Leistung gem. § 317 BGB, soweit Spielraum für die Anwendung dieser Vorschrift besteht. Der Testamentsvollstrecker kann ohnehin – hier nicht kraft besonderer Zuweisung, sondern als originäre Aufgabe (§ 2204 Abs. 1 i.V.m. § 2048 Satz 2 BGB) – die Auseinandersetzung des Nachlasses nach billigem Ermessen vornehmen. Die §§ 315 ff. BGB gelten unmittelbar.[1841] 762

Schiedsgutachterliche Tätigkeit: Jedem anderen Dritten können auch andere tatsächliche Feststellungen übertragen werden, wie z.B. die Festlegung eines Grundstücks- oder Geschäftswertes oder eines entsprechenden Übernahmepreises. Hier werden Tatsachen oder Tatbestandsmerkmale für die Beteiligten verbindlich festgestellt. Auch wenn in derartigen Fällen diese Funktion als Schiedsrichtertätigkeit bezeichnet wird, handelt es sich in der Sache doch nur um schiedsgutachterliche Tätigkeiten, für welche die Vorschriften der §§ 315 ff. BGB entsprechend anzuwenden sind.[1842] 763

Schiedsgerichtliche Tätigkeit: Streitigkeiten können gem. §§ 1051 Abs. 1, 1055 ZPO durch ein Schiedsgericht entschieden werden. Auch erbrechtliche Schiedsklauseln sind zulässig. Auch der Testamentsvollstrecker kann Schiedsrichter sein, sofern nicht er oder sein Amt von dem Streit betroffen sind.[1843] 764

(4) Erteilung von Vollmachten[1844]

Der Erblasser kann wegen der geschäftlichen Unerfahrenheit seines Unternehmensnachfolgers den Wunsch haben, dass das Unternehmen in einer Übergangszeit nach seinem Ableben von einer Person seines Vertrauens als Bevollmächtigtem geführt wird. Infrage kommt die Erteilung einer Vollmacht durch den Erblasser selbst mit Wirkung über seinen Tod hinaus, und zwar durch Rechtsgeschäft unter Lebenden oder durch Verfügung von Todes wegen.[1845] Die Wirkung der Vollmacht ist an sich schwächer als die Testamentsvollstreckung, da der Bevollmächtigte kein Amt bekleidet.[1846] Die postmortale Vollmacht berechtigt nur zum Handeln, soweit der Nachlass betroffen ist. Will oder kann der Erblasser die Vollmacht nicht selbst erteilen, so kommt die Verpflichtung seiner Erben durch Auflage in Betracht, der gewünschten Person nach dem Erbfall eine Vollmacht zu erteilen. Eine derartige vom Erben erteilte Vollmacht beschränkt sich nicht auf den Nachlass, was wichtig ist, wenn Unternehmerrechte in den Nachlass fallen. Die Vollziehung der Auflage kann durch Testamentsvollstreckung sichergestellt werden. Auch hier ist die Position an sich schwächer als die eines Testamentsvollstreckers, da die Vollmacht ein eigenes rechtswirksames Handeln des Unternehmensnachfolgers nicht ausschließt. Andererseits kann der Bevollmächtigte unkomplizierter handeln als ein Testamentsvollstrecker. Die Kombination von Vollmacht und Testamentsvollstreckung ist möglich. Die Verpflichtung zur Erteilung einer Vollmacht wird dort unzulässig sein, wo bei einem relativ geringen Nachlass eine relativ große Gefährdung des (nicht geerbten) Vermögens des Erben vorliegt. Die wesentlichen Nachteile einer Vollmachtslösung bestehen darin, dass das Handeln des Bevollmächtigten ein Handeln des Erben (und Unternehmensnachfolgers) nicht ausschließt und dass auch eine vom Erblasser unwiderruflich erteilte trans- oder postmortale Vollmacht aus wichtigem Grund widerrufen werden kann.[1847] 765

1841 Palandt/*Grüneberg* § 317 Rn. 3.
1842 *Walter* MittRhNotK 1984, 69, 78; Palandt/*Grüneberg* § 317 Rn. 3.
1843 Vgl. Syst. A Rdn. 427 ff. und 783.
1844 *Bengel/Dietz* in: Beck'sches Notar-Handbuch, Abschn. C Rn. 357.
1845 Palandt/*Weidlich* Einf v. § 2197 Rn. 9; *Trapp* ZEV 1995, 314.
1846 Staudinger/*Reimann* Vorbem. zu §§ 2197 ff. Rn. 72 ff.
1847 *Schöner/Stöber*, Grundbuchrecht, 15. Aufl., Rn. 3589; vgl. auch BGH, NJW 1988, 2603.

dd) Testamentsvollstreckung im Unternehmensbereich[1848]

(1) Die Testamentsvollstreckung als Instrument der erbrechtlichen Gestaltung

766 Die Testamentsvollstreckung ermöglicht es dem Erblasser, im Rahmen der ihm gegebenen Testierfreiheit auch über seinen Tod hinaus Einfluss auf sein Vermögen zu nehmen. Der Erblasser wird Testamentsvollstreckung anordnen, damit die Nachlassabwicklung (Erfüllung von Vermächtnissen und Auflagen, auch die Erbauseinandersetzung) unabhängig vom Willen der Erben stattfinden kann. Gelegentlich wird er auch im Unternehmensbereich die Abschirmwirkung des § 2214 BGB nutzen wollen, um also das Unternehmen von Eigengläubigern des Erben zu schützen.

767 Besondere Bedeutung kommt aber im Unternehmensbereich der **Dauervollstreckung** (§ 2209 BGB) zu, wenn die Verwaltung einem sachkundigen Dritten, also dem Testamentsvollstrecker, übertragen werden soll, sei es auch für eine Übergangszeit, sei es auf längere Dauer.[1849] Wesentlich ist dabei die Verlagerung der Verwaltungs- und Verfügungsbefugnis auf den Testamentsvollstrecker (§§ 2205, 2211 BGB). Hauptzweck der Testamentsvollstreckung im Wirtschaftsrecht ist es somit, den Erben in seiner Rechtsstellung zu beschränken und erbrechtlich sicherzustellen, dass der Erbe sich einer – nach Ansicht des Erblassers – fachkundigen Beratung und Unterstützung bedient. Vor allem, wenn Unternehmen oder Unternehmerrechte in den Nachlass fallen und der gewünschte Unternehmensnachfolger nicht oder noch nicht die erforderliche Qualifikation hat, kann die Anordnung der Testamentsvollstreckung eine sinnvolle Interimslösung bieten. Das Gesetz (§ 2109 BGB) begrenzt diese Einflussnahme zeitlich.

768 Der Erblasser muss sich vorab entscheiden, ob er eine schlichte Abwicklungsvollstreckung (u.U. mit Erbteilung) will oder eine Dauertestamentsvollstreckung installieren möchte. Je nachdem sind die Voraussetzungen, die er im Vorfeld der Testamentserrichtung zu schaffen hat, anders. Insbesondere bei Beteiligungen an Gesellschaften muss er hierzu auch die nötigen **gesellschaftsrechtlichen Grundlagen** herstellen, wenn diese noch nicht vorhanden sind. Geht es um eine gesellschaftsrechtliche Beteiligung, ist Voraussetzung für eine Testamentsvollstreckung stets, dass die Beteiligung bzw. der Anteil an der Gesellschaft vererblich ist. Dies kann bei Personengesellschaften wie auch bei Kapitalgesellschaften problematisch sein.[1850] Ggf. ist der Gesellschaftsvertrag entsprechend anzupassen.

769 Zudem muss sichergestellt sein, dass der Testamentsvollstrecker, sofern vom Erblasser gewollt, auch berechtigt ist, die **Rechte des Gesellschafter-Nachfolgers *in der Gesellschaft*** wahrzunehmen. Bei Personengesellschaften bedarf es dazu einer satzungsmäßigen Grundlage oder aber, wenn diese fehlt, einer Zustimmung sämtlicher übriger Gesellschafter.[1851] Bei Kapitalgesellschaften, wo nicht die persönliche Mitwirkungskomponente im Vordergrund steht, ist die Wahrnehmung von Gesellschafterrechten durch Dritte zwar möglich, kann aber satzungsmäßig eingeschränkt oder ausgeschlossen sein.[1852] Auch insoweit kann es zweckmäßig sein, die satzungsmäßigen Grundlagen zu überprüfen und ggf. anzupassen.

770 Damit keine **Fremdeinflüsse** die Fortführung des Unternehmens, insbesondere eines Familienunternehmens, gefährden, kann es zweckmäßig sein, im Gesellschaftsvertrag die Möglichkeit der Ernennung eines Testamentsvollstreckers personell einzuschränken.[1853]

1848 Dazu ausführlich: *Muscheler*, Die Haftungsordnung der Testamentsvollstreckung S. 285 ff.; *Lorz*, Testamentsvollstreckung und Unternehmensrecht, S. 125 ff.; *Reimann*, Testamentsvollstreckung in der Wirtschaftsrechtspraxis, Rn. 332 ff.

1849 Bengel/Reimann/*Pauli*, Handbuch der Testamentsvollstreckung, § 5 Rn. 109 ff.

1850 Vgl. dazu oben Rdn. 729 ff.

1851 Vgl. Staudinger/*Reimann*, § 2205, Rn. 182.

1852 Vgl. Staudinger/*Reimann*, § 2205, Rn. 202.

1853 Vgl. dazu Syst. A Rdn. 357.

(2) Die Festlegung der Unternehmensstruktur durch den Testamentsvollstrecker

Oft ist der Unternehmer nicht in der Lage, die Unternehmensstruktur, die nach seinem Ableben gelten soll, selbst letztgültig festzulegen. Der Erblasser kann diese Aufgabe dem Testamentsvollstrecker übertragen. Sie ist Teil der Befugnis des Testamentsvollstreckers, die Auseinandersetzung des Nachlasses nach Maßgabe der §§ 2042 bis 2056 BGB zu bewirken (§ 2204 Abs. 1 BGB). Hat der Erblasser selbst keine Anordnung für die Auseinandersetzung getroffen, kann er den Testamentsvollstrecker ermächtigen, die Auseinandersetzung nach billigem Ermessen zu treffen (§ 2048 Satz 2 BGB); diese Befugnis kann auch als Detailbestimmungsrecht neben die generellen Anordnungen des Erblassers über die Auseinandersetzung des Nachlasses treten. Dieses Bestimmungsrecht des Testamentsvollstreckers kann verstärkt werden durch über § 2048 Satz 2 BGB hinausgehende Bestimmungs- und Schiedsgutachterrechte, insbesondere dadurch, dass die Zuweisung an die endgültigen Unternehmensnachfolger durch Vermächtnis erfolgt und damit der nach § 2065 BGB zugelassene Spielraum für Entscheidungen eines Dritten größer wird. Die Position des Testamentsvollstreckers kann darüber hinaus durch seine Einsetzung zum Schiedsrichter nach § 1035 Abs. 1 ZPO und durch Erteilung von Sondervollmachten an ihn verstärkt werden. Diese Befugnisse insgesamt geben dem Testamentsvollstrecker das Instrumentarium zur gewünschten Umstrukturierung des Unternehmens nach dem Ableben des Erblassers. 771

(3) Gründung neuer Unternehmen und Neuerwerb von Beteiligungen[1854]

Die Begründung eines neuen einzelkaufmännischen Unternehmens, die Gründung von Gesellschaften für die Erben und der Erwerb von Unternehmensbeteiligungen für die Erben kann einmal im Zuge der vom Erblasser gewünschten und dem Testamentsvollstrecker übertragenen Umstrukturierung des Unternehmens erforderlich werden, zum anderen kann sich die Notwendigkeit hierzu im Rahmen der ordnungsgemäßen Verwaltung des Nachlasses ergeben. In beiden Fällen kollidieren erneut erbrechtliche und handelsrechtliche Grundsätze: Die handelsrechtlichen Haftungsrisiken, die mit der Gründung eines Unternehmens oder dem Erwerb einer Unternehmensbeteiligung durch die Erben verbunden sind, bestehen darin, dass hierdurch auch ihr privates Vermögen, also nicht nur das durch Erbgang erworbene, gefährdet wird. Es sind somit prinzipiell die gleichen Grundsätze maßgebend, die gegen eine Testamentsvollstreckung an Unternehmen und Unternehmerrechten, die in den Nachlass fallen, sprechen. 772

Es sind dabei diejenigen Fälle zu unterscheiden, bei denen der Testamentsvollstrecker ohne Zustimmung der Erben handelt, und diejenigen, in denen die Zustimmung der Erben gegeben ist. 773

(a) Handeln des Testamentsvollstreckers ohne Mitwirkung der Erben

Einzelkaufmännisches Unternehmen: Der Testamentsvollstrecker hat im Rahmen seiner Verpflichtungsbefugnis (§§ 2206 ff. BGB) nicht das Recht, ein neues einzelkaufmännisches Unternehmen mit Wirkung für die Erben zu begründen. Die hierdurch auf die Erben zukommenden Haftungsrisiken wären mit der Beschränkung der Haftung auf den Nachlass unvereinbar.[1855] 774

OHG, Komplementär bei KG: Entsprechendes gilt für die Gründung einer offenen Handelsgesellschaft oder einer Kommanditgesellschaft, wenn der Erbe bzw. die Erben persönlich haftende Gesellschafter würden. 775

Kommanditist bei KG, GmbH: Gleiches gilt jedoch im Grundsatz auch für die Beteiligung der Erben als Kommanditisten an einer KG und auch für ihre Beteiligung an einer GmbH: Der Testamentsvollstrecker kann einen Gesellschaftsvertrag nicht mit Wirkung für die Erben abschließen, wenn durch diesen Verbindlichkeiten begründet werden, die ihrem Inhalt nach mit der Beschränkung der Haftung auf den Nachlass nicht vereinbar sind. Der Testamentsvollstrecker kann daher 776

1854 *Reimann*, Testamentsvollstreckung in der Wirtschaftsrechtspraxis, Rn. 452 ff.
1855 Bengel/Reimann/*Pauli*, HbTV § 5 Rn. 217.

auch nicht mit Wirkung für den Nachlass bei der Errichtung einer Kommanditgesellschaft oder einer GmbH mitwirken oder entsprechende Anteile erwerben, wenn den Gesellschaftern in dem Vertrag persönliche Verpflichtungen auferlegt sind (§§ 171 Abs. 1, 172, 176 HGB, §§ 3 Abs. 1 Nr. 4, 9, 9a GmbHG) oder wenn – bei der GmbH-Gründung – eine weitere Haftung der Gesellschafter nach § 24 GmbHG in Betracht kommt.

777 Nur wenn solche **weitergehenden Verpflichtungen** der Gesellschafter von vornherein auszuschließen sind, also solche Einzahlungsverpflichtungen nachweislich erfüllt sind oder vom Testamentsvollstrecker aus Nachlassmitteln erfüllt werden, kann der Testamentsvollstrecker eine derartige Beteiligung für die Erben eingehen.[1856] Gleiches gilt, wenn die Gesellschafterpflichten finanziell erweitert werden, z.B. durch eine Kapitalerhöhung bei einer GmbH.

778 **Aktiengesellschaft:** Entsprechendes gilt auch für die Aktiengesellschaft. Auch hier verneint die h.M. wegen der strengen persönlichen Haftung der Gründer (§ 46 AktG) das Recht des Testamentsvollstreckers, sich für den Nachlass oder einzelne Nachlassbeteiligte an der Gründung einer AG zu beteiligen.[1857]

779 **Genossenschaft:** Der Testamentsvollstrecker kann – wegen der Verpflichtung zur Einzahlung des Anteils – prinzipiell auch nicht mit Wirkung für die Erben Mitglied einer Genossenschaft werden.[1858] Etwas anderes kann sich jedoch u.U. aus der Verpflichtung zur ordnungsgemäßen Verwaltung ergeben, etwa wenn es notwendig ist, gem. § 2206 BGB Verbindlichkeiten bei der Kreditgenossenschaft einzugehen und der Kredit an die Genossenschaftsmitglieder zu günstigeren Konditionen ausgereicht wird.

(b) Handeln des Testamentsvollstreckers unter Mitwirkung der Erben

780 Die Situation stellt sich anders dar, wenn die Erben an der Gründung des Unternehmens bzw. an dem Erwerb der Unternehmensbeteiligung mitwirken, also entweder aus freien Stücken zustimmen oder aber vom Erblasser durch Auflage verpflichtet werden, ein derartiges Handeln des Testamentsvollstreckers zu dulden. Die Problematik ist vergleichbar mit denjenigen Gestaltungen, in denen dem Testamentsvollstrecker Sonderfunktionen, insbesondere Vollmachten zur Verwaltung des Nachlasses, zugewiesen werden. Dies wird insbesondere dort gelten, wo der Erblasser den Testamentsvollstrecker beauftragt hat, im Rahmen der Nachlassauseinandersetzung (§ 2204 Abs. 1 BGB) das Unternehmen umzustrukturieren, also insbesondere ein Einzelunternehmen in eine Personen- oder Kapitalgesellschaft umzuwandeln. Der Testamentsvollstrecker kann in derartigen Fällen neue Unternehmen gründen, sei es als einzelkaufmännische Unternehmen, sei es als Gesellschaften, er kann auch Geschäftsanteile an Personen- und Kapitalgesellschaften wie auch an Genossenschaften mit Wirkung für die Erben erwerben.

Die **Gestaltungsmöglichkeiten** sind dabei die gleichen wie bei der Verwaltung von Unternehmerrechten, die sich bereits im Nachlass befinden: Der Testamentsvollstrecker kann im eigenen Namen, aber für Rechnung der Erben auftreten (Treuhänder), er kann im Namen der Erben und für Rechnung der Erben als deren Bevollmächtigter handeln, und er kann seine Tätigkeit auf das Innenverhältnis beschränken (Weisungsbefugnis im Innenverhältnis bei unbeschränktem Auftreten der Erben nach außen).

Die Tätigkeit des Testamentsvollstreckers kann dadurch erleichtert werden, dass ihm zusätzlich von den Erben Vollmacht erteilt wird, für sie zu handeln; dann ist insbesondere der – meist schwer zu erbringende – Nachweis, dass der Erwerb aus Mitteln des Nachlasses erfolgt, nicht erforderlich.

1856 Staudinger/*Reimann* § 2205 Rn. 214; Bengel/Reimann/*Pauli*, HbTV § 5 Rn. 218, 244.
1857 KGJ 33 A 135; Bengel/Reimann/*Pauli*, HbTV § 5 Rn. 263.
1858 *Meyer/Beuthien* GenG § 15 Rn. 5; a.A. *Müller* GenG § 15, Rn. 6; Pöhlmann/Fandrich/Bloehs/*Fandrich* GenG § 15 Rn. 3.

Bei derartigen Gestaltungen – Handeln des Testamentsvollstreckers unter Mitwirkung der Erben – ist stets zu berücksichtigen, dass der Testamentsvollstrecker nicht eine originäre Aufgabe i.S.d. §§ 2197 bis 2228 BGB wahrnimmt, sondern aufgrund ihm vom Erblasser oder den Erben zugewiesener oder geduldeter **Sonderfunktionen** handelt. Dies hat zur Folge, dass die Privilegierung des Testamentsvollstreckeramts insoweit dem Testamentsvollstrecker nicht zugutekommt. Dies bedeutet insbesondere, dass der Testamentsvollstrecker, falls ein Erbe nicht geschäftsfähig ist, beim Erwerb der Beteiligung der familiengerichtlichen Genehmigung gem. § 1822 Nr. 3 BGB bedarf.[1859]

(4) Umwandlungsmaßnahmen

Nicht völlig geklärt ist die Frage, welche Befugnisse der Testamentsvollstrecker bei **Umwandlungsmaßnahmen** nach dem UmwG hat.[1860] Derartige Umwandlungen können schon aus steuerlichen Gründen durch das Gebot der ordnungsgemäßen Verwaltung (§ 2216 BGB) erforderlich werden. Gesellschaftsrechtlich wird man die Zustimmungserfordernisse der Gesellschafter dem Kernbereich der Beteiligung zuordnen müssen; würde man die Zuordnung auch erbrechtlich vornehmen, wäre das Instrument der Testamentsvollstreckung für derartige Fälle entwertet. Begleitende Vollmachten der Gesellschafternachfolger, die Absicherung solcher Vollmachten durch Auflage sowie insgesamt ausdrückliche Klarstellungen im Testament über die Möglichkeit von Umwandlungsmaßnahmen durch den Testamentsvollstrecker werden im Hinblick auf das aufgefächerte Umwandlungsinstrumentarium des Umwandlungsgesetzes künftig zweckmäßig sein.[1861] 781

(5) Zuweisung von Sonderaufgaben im Unternehmensbereich an den Testamentsvollstrecker

Der Erblasser kann die Befugnisse des Testamentsvollstreckers im Rahmen der §§ 2197 bis 2228 BGB erweitern. Er kann aber auch dadurch die Befugnisse erweitern, dass er dem Testamentsvollstrecker Sonderfunktionen überträgt. Der Erblasser ist nicht daran gehindert, dem Testamentsvollstrecker solche Befugnisse zu übertragen, die auch ein Dritter wahrnehmen darf. 782

Zu diesen **Sonderfunktionen**, die der Testamentsvollstrecker zusätzlich zu seinem Amt wahrnehmen kann, gehören 783

- die Ausübung von Bestimmungsrechten aller Art, soweit nicht die spezifischen Strukturen des Erbrechtes entgegenstehen,
- die Tätigkeit als Bevollmächtigter des Erblassers und (nach dessen Ableben) der Erben, bzw. als deren Treuhänder wiederum mit der Einschränkung, soweit dies mit den Besonderheiten des Erbrechtes vereinbart ist,
- die Tätigkeit als Schiedsgutachter und Schiedsrichter, vor allem bei der Abwicklung und Umstrukturierung des Nachlasses.[1862]

Die Personalunion von Schiedsrichter und Testamentsvollstrecker führt allerdings zu einer Interessenkollision und zur Unwirksamkeit der Schiedsklausel, wenn der Testamentsvollstrecker Partei ist. Selbst betroffen ist der Testamentsvollstrecker bei Streitigkeiten zwischen ihm und den Nachlassbeteiligten, auch über die Rechtswirksamkeit von Testamenten, von deren Bestand auch die Bestellung zum Testamentsvollstrecker abhängt, oder Streitigkeiten über die Auslegung eines Testamentes, soweit diese den Bestand seines Amtes selbst betreffen, ferner bei den von ihm geführten Aktivprozessen gem. § 2212 BGB und den gegen ihn geführten Passivprozessen gem. § 2213 BGB. In allen derartigen Fällen kann der Testamentsvollstrecker nicht Schiedsrichter sein. Ist er Einzelschiedsrichter, ist die gesamte Schiedsklausel unwirksam.[1863] 784

1859 OLG Hamburg DNotZ 1983, 381; *Damrau* DNotZ 1984, 660 ff.

1860 LG Mannheim MittBayNot 2000, 270 m. Anm. von *Weidlich*; *Weidlich* MittBayNot, 1996, 1; allg. *Reimann* ZEV 2000, 381.

1861 Vgl. *Dörrie* GmbHR 1996, 245; *Weidlich* MittBayNot 1996, 1; *Reimann*, Testamentsvollstreckung in der Wirtschaftsrechtspraxis, Rn. 468 ff.

1862 Vgl. oben Syst. A Rdn. 427 ff. und Bengel/Reimann/*Reimann*, HbTV § 2 Rn. 230.

1863 BGH ZEV 2019, 146,148.

785 **Die Durchsetzung von Vollmachten und Treuhandtätigkeiten:** Problematisch ist die Durchsetzung von Vollmachten an den Testamentsvollstrecker im Unternehmensbereich und die treuhänderische Übertragung von Unternehmensrechten. Auch hier kollidieren wieder zivilrechtliche und handelsrechtliche Grundsätze, wenn ein Unternehmen oder eine Unternehmensbeteiligung in den Nachlass fällt: Der Testamentsvollstrecker kann aufgrund der Vollmacht den Erben als Inhaber eines Handelsgeschäftes persönlich und unmittelbar verpflichten, ebenso den vollhaftenden Gesellschafter einer OHG oder KG. Auch der Kommanditist haftet nicht beschränkt auf den Nachlass des Erblassers, sondern im Rahmen seiner gesellschaftsrechtlichen Verpflichtung in vollem Umfang persönlich. Auch die grundsätzliche summenmäßige Beschränkung der Haftung eines Kommanditisten nach den Vorschriften der §§ 171 f. HGB ändert nichts an der persönlichen Haftung. Entsprechendes gilt bei der Rechtsausübung durch den Testamentsvollstrecker als Treuhänder; auch hier ist das Ergebnis den Erben wirtschaftlich zuzurechnen.

In jedem Fall bleibt es dem Erblasser unbenommen, die Erteilung von Vollmachten an den Testamentsvollstrecker bzw. die Duldung von Vollmachten, die er selbst erteilt hat bzw. die treuhänderische Übertragung von Unternehmerrechten durch **Bedingungen** mittelbar sicherzustellen: Die Erbeinsetzung oder die Anordnung des Vermächtnisses kann unter der auflösenden Bedingung erfolgen, dass die Vollmachten erteilt bzw. geduldet werden. Der Erbe bzw. Vermächtnisnehmer hat dann die Wahl, die Vollmachten zu akzeptieren oder aber die Erbschaft bzw. das Vermächtnis auszuschlagen.

Der Erblasser kann jedoch auch durch das Instrument der **Auflage** nach den §§ 2192 ff. BGB die Erben zwingen, dem Testamentsvollstrecker die Zustimmung zur treuhänderischen Geschäftsführung oder zur Tätigkeit im Unternehmensbereich als Bevollmächtigter zu erteilen. Eine derartige Auflage wird stets dann anzunehmen sein, wenn der Wille erkennbar ist, den Erben von der Geschäftsführung auszuschließen.[1864] Der BGH hat allerdings Bedenken gegen die Durchsetzung derartiger Vollmachten durch Auflage erkennen lassen, ohne sich allerdings verbindlich festzulegen.[1865] Diesem *obiter dictum* des BGH von der Unzulässigkeit derartiger Auflagen ist das BayObLG[1866] nicht gefolgt. Die Bedenken, die gegen eine derartige Verpflichtung des Erben, Vollmachten bzw. Aufträge zu erteilen, die ihn über den Nachlass hinaus persönlich verpflichten, sind schon im Hinblick auf das ihm unbenommen bleibende Ausschlagungsrecht in der Regel nicht begründet. Wegen der Bedenken, die bei sehr weit in den privaten Vermögensbereich des Erben eingreifenden Lösungen bestehen, ist jedoch insbesondere im Hinblick auf § 138 Abs. 1 BGB Vorsicht bei allen Auflagen geboten, die den Erben zu weitreichenden Bevollmächtigungen und Übertragungen von Treuhandstellungen nötigen, wenn der Nachlass im Verhältnis zu den Gefährdungen der privaten Vermögenssphäre des Erben relativ gering ist. Nur gewisse grundlegende Entscheidungen – insbesondere die Entscheidung über den Eintritt in die Gesellschaft nach § 139 HGB[1867] – müssen dem Erben selbst vorbehalten bleiben.

Der Testamentsvollstrecker kann die **Vollziehung der Auflage** gem. §§ 2208 Abs. 2, 2194 BGB vom Erben verlangen.[1868] Dies hat zur Folge, dass die Erben der Rechtsausübung durch ihn nicht widersprechen dürfen, sie also zu dulden verpflichtet sind, allerdings nur, soweit sich seine Handlungen im Rahmen einer ordnungsgemäßen Verwaltung bewegen. Die Position des Testamentsvollstreckers kann auch dadurch verstärkt werden, dass der Erblasser zur Durchführung der Auflage wiederum Testamentsvollstreckung anordnet, und zwar mit demselben Testamentsvollstrecker; dieser kann dann selbst gem. § 2203 BGB »die letztwilligen Verfügungen des Erblassers zur Ausführung bringen«.[1869]

1864 *Lange/Kuchinke*, Erbrecht, § 29 V, VIIb; Staudinger/*Reimann* § 2205 Rn. 153.
1865 BGH WM 1969, 492.
1866 BayObLGZ 1969, 138.
1867 *Schörnig* ZEV 2001 S. 130 f. und 134 f.
1868 BGHZ 12, 100, 103; BayObLGZ 1969, 138, 141.
1869 Staudinger/*Reimann* Vorbem. zu §§ 2197 ff. Rn. 99; *Reithmann* BB 1984, 1394, 1397.

ee) Nießbraucher als Testamentsvollstrecker (Dispositionsnießbrauch)

Auch der Nießbraucher kann Testamentsvollstrecker sein.[1870] Der Erblasser kann den Nießbraucher-Testamentsvollstrecker so weitgehend freistellen, dass er über alle Nachlassgegenstände – im Rahmen einer ordnungsgemäßen Verwaltung gem. § 2216 BGB – verfügen darf. Es tritt dann dingliche Surrogation nach § 2041 BGB ein, sodass der Erlös in den Nachlass fällt und sich der Nießbrauch daran fortsetzt; die Substanz kann vom Nießbraucher-Testamentsvollstrecker nur mithilfe eines zusätzlichen Vermächtnisses verwertet werden.[1871] Vgl. zu den Zulässigkeitsvoraussetzungen je nach Gesellschaftsform oben Syst. A Rdn. 402 ff. 786

[nicht besetzt] 787–791

ff) Obligatorische Gruppenvertretung bei Familiengesellschaften[1872]

Der Nießbraucher wird dabei nicht Gesellschafter, ihm stehen aufgrund des dinglichen Nutzungsrechtes nur die Früchte der Mitgliedschaft zu. Problematisch ist auch, welche Verwaltungsbefugnisse ein solcher Nießbrauch im Einzelnen vermittelt. Jedenfalls wird dem Gesellschafter nicht sein Stimmrecht genommen. Klarstellungen sind im Einzelfall geboten. 792

Wenn mehrere Kinder in das Unternehmen durch Vertrag unter Lebenden unter Gründung einer Gesellschaft oder die Überleitung von Todes wegen (Testament oder Erbvertrag) aufgenommen werden, besteht eine Gefahr darin, dass der Anteilsbesitz zersplittert wird, wenn die Nachfolger des Unternehmensgründers ihrerseits ihre Anteile auf Abkömmlinge übertragen und somit eine Vielzahl von Gesellschaftern mit geringen Anteilen keinen nennenswerten Einfluss mehr ausüben können. In diesen Fällen ist die Anordnung einer obligatorischen Gruppenvertretung sinnvoll. Die Vertretung durch einen gemeinsamen Bevollmächtigten hat eine einheitliche Wahrnehmung der Gesellschafterrechte gegenüber der Gesellschaft und den übrigen Gesellschaftern durch einen Vertreter zur Folge. Es wird damit die Rechtslage herbeigeführt, die nach § 18 Abs. 1 GmbHG besteht, wenn der Geschäftsanteil an einer GmbH auf mehrere Personen im Erbwege übergeht. Rechtstechnisches Instrument der Durchsetzung einer obligatorischen Gruppenvertretung bei der Überleitung des Anteils von Todes wegen ist die Auflage (§§ 2192 ff. BGB) oder eine bedingte Erbeinsetzung (§ 2074 BGB). Eine obligatorische Gruppenvertretung ist jedenfalls bei einer KG in Bezug auf die Beteiligung eines Kommanditisten und bei einer Beteiligung an einer GmbH zulässig.[1883] Bei der Zusammenfassung der Nachfolger in einer GbR oder einer OHG mit dem Gestaltungsmittel einer obligatorischen Gruppenvertretung sind allerdings gesellschaftsrechtliche Grenzen zu beachten.[1884]

Die obligatorische Gruppenvertretung widerspricht nicht dem Verbot der **Stimmrechtsabspaltung**.[1885] Sie ist zulässig für Abstimmungen, sonstige Gesellschafterrechte, also für Mitverwaltungsrechte, für Sonderrechte und für reine Vermögensrechte. Sie ist problematisch im Bereich der Kernrechte (Eingriff in Gesellschafterrechte, Vermehrung von Gesellschafterpflichten, Kündigungsrecht des Gesellschafters, Informations- und Kontrollrecht). Die Problematik ist hier ähnlich wie bei der Testamentsvollstreckung.[1886]

Die **Struktur der Gruppe** kann nicht durch Gesellschaftsvertrag geregelt werden, sondern nur durch Willensbildung in der Gruppe, die jedoch durch entsprechende letztwillige Auflagen vorbestimmt

1870 Vgl. Bengel/Reimann/*Reimann*, HbTV § 2 Rn. 97.
1871 *Rohlff* DNotZ 1971, 522.
1872 Vgl. ausführlich *Schörnig*, Die obligatorische Gruppenvertretung – Ein gesellschaftsrechtliches und erbrechtliches Gestaltungsmittel, 2001.
1883 BGHZ 46, 291; BGH WM 1989, 64; OLG München OLGR 1993, 7.
1884 *Schörnig*, Die obligatorische Gruppenvertretung – Ein gesellschaftsrechtliches und erbrechtliches Gestaltungsmittel, S. 171 ff. und 193 ff.
1885 BGHZ 3, 356; 20, 363.
1886 S.o. Syst. A Rdn. 744 ff.

sein kann. Der Gesellschaftsvertrag kann jedoch regeln, ob der Vertreter aus dem Kreis der Gesellschafter zu kommen hat oder ob ein außenstehender Dritter als gemeinsamer Vertreter bestimmt werden kann. Darüber hinausgehende Eingriffe durch den Gesellschaftsvertrag sind nicht möglich, insbesondere ist es nicht möglich, dass die Gesamtgesellschafterversammlung einer Gesellschaftergruppe einen Vertreter aufoktroyiert.[1887] Derartige Anordnungen gegenüber der Nachfolgergruppe können jedoch mit erbrechtlichen Mitteln erreicht werden.

gg) Ergänzende familienrechtliche Anordnungen

793 Familienrechtliche Anordnungen im Rahmen letztwilliger Verfügungen sind gelegentlich notwendig, um Fehlverhalten zu vermeiden, insbesondere, wenn minderjährige Kinder aus einer geschiedenen Ehe zur Unternehmensnachfolge ausersehen sind. Nach § 1638 Abs. 1 BGB kann der Erblasser bei der letztwilligen Zuwendung an einen Minderjährigen bestimmen, dass dessen Eltern das zugewendete Vermögen nicht verwalten dürfen.[1888] Eine solche Regelung kann nicht durch Erbvertrag oder im Rahmen einer wechselbezüglichen Verfügung in einem gemeinschaftlichen Testament getroffen werden.[1889] Der Zuwendende hat nach § 1917 Abs. 1 BGB ein Benennungsrecht für den Pfleger.

Der **Anwendungsbereich** des § 1638 Abs. 1 BGB erstreckt sich auch auf die gesetzliche Erbfolge[1890] und den Pflichtteilsanspruch bzw. das zu seiner Erfüllung Geleistete[1891] sowie im Hinblick auf etwaige Surrogate nach § 1638 Abs. 2 BGB. Ist der gesetzliche Vertreter gem. § 1638 BGB von der Verwaltung des Nachlasses ausgeschlossen, ist der in der Folge zu ernennende Zuwendungspfleger nach dem Beschluss des BGH vom 29.06.2016[1892] auch zur Annahme und Ausschlagung der Erbschaft befugt, auch insoweit wird die Zuständigkeit des gesetzlichen Vertreters verdrängt. Damit hat der BGH[1893] die Möglichkeit des Erblassers, die gesetzlichen Vertreter von der Verwaltung seines Vermögens fern zu halten, noch einmal verstärkt. Im Unternehmensbereich sind damit Konstrukte, die ansonsten wegen § 2306 BGB, insbesondere bei angeordneter Testamentsvollstreckung, gefährdet sind, sicherer geworden.[1894]

5. Testamentsgestaltung bei freiberuflichen Praxen

a) Allgemeines

794 Bei der Gestaltung von letztwilligen Verfügungen bei freiberuflichen Praxen oder Beteiligungen an freiberuflichen Gesellschaften können **besondere Probleme** bestehen. Zum einen ist in steuerlicher Hinsicht zu beachten, dass der steuerrechtlich günstigere Freiberuflerstatus i.S.d. § 18 EStG verloren gehen kann, wenn nicht sämtliche Erben, die die Praxis im Wege der Erbfolge erwerben oder in die Gesellschaftsbeteiligung nachfolgen, ebenfalls den notwendigen steuerlichen Freiberuflerstatus haben.[1895] Außerdem sehen manche Berufsrechte bestimmte Beschränkungen, manche Übergangsregelungen (z.B. § 55 Abs. 2 StBerG, § 34 Abs. 1 Nr. 2 WiPrO)

1887 *Damrau* ZEV 1999, 96.

1888 Zum ganzen Problemkreis ausführlich *K. Schmidt*, ZHR 146, 1982, 525 ff.

1889 Staudinger/*Heilmann* § 1638 Rn. 12.

1890 BayObLG FamRZ 1964, 522.

1891 OLG Hamm FamRZ 1969, 662.

1892 BGH ErbR 2016, 630 = ZEV 2017, 33.

1893 Zuvor schon in diesem Sinne: *Frenz* DNotZ 1995, 908; *Reimann*, in: FS Hahne 2012, 455.

1894 Vgl. auch § 2302 Rdn. 11.

1895 Vgl. hierzu *Krauß*, Vermögensnachfolge in der Praxis Rn. 385 ff.; *Korn*, Gelöste und ungelöste Einkommensteuerprobleme bei Praxisveräußerung, – Einbringung und Verpachtung, DStR 1995, 961; *Schoor* Praxisverkauf eines Freiberuflers, DStZ 1995, 132; *Schulze/zur Wiesche*, Die freiberufliche Praxis, BB 1995, 593; *Sistermann*, Steuerliche Behandlung der Rechtsnachfolge bei Freiberufler-Gesellschaften, ZEV 1998, 166; *Neufang/Beißenwenger*, GmbH & Co. KG eine neue Rechtsform für Freiberufler, BB 2009, 932; *Urban*, ZEV 2016, 297.

vor.[1896] So ist z.B. im Apothekenrecht die Erlaubnis zum Betrieb der Apotheke an eine bestimmte Person gebunden und erlischt mit dem Tod des Apothekers;[1897] auch bei Ärzten kann das Kassenarztrecht, das Zulassungsbeschränkungen vorsieht, der freien Übertragbarkeit durch die Erben Grenzen setzen.[1898]

b) Steuerrechtliche Vorgaben

Der BFH[1899] hat entschieden, dass die Annahme freiberuflicher Einkünfte i.S.d. § 18 EStG 795 voraussetzt, dass derjenige, der die berufliche Tätigkeit ausübt, auch die erforderlichen persönlichen berufsspezifischen Voraussetzungen erfüllt und kein sog. Berufsfremder ist. Sind die Erben, die die Praxis des Freiberuflers oder die Beteiligung an einer freiberuflichen Gesellschaft erlangen, nicht alle Freiberufler derselben Kategorie und führen sie als Erbengemeinschaft die Praxis fort, so wird gleichsam durch den Berufsfremden die freiberufliche Praxis in einen steuerlichen Gewerbebetrieb umgewandelt und die Erben erzielen gewerbliche Einkünfte.[1900] Damit fällt nicht nur Gewerbesteuer an, sondern die Umqualifikation in einen Gewerbebetrieb führt auch dazu, dass sich das im Erbfall übergegangene freiberufliche Betriebsvermögen in gewerbliches Betriebsvermögen umwandeln kann.[1901] Im Urteil vom 29.04.1993 hat der BFH[1902] allerdings entschieden, dass ertragsteuerlich beim Tod eines Freiberuflers dessen Betrieb nicht zwangsweise aufgegeben wird, sondern trotz der höchstpersönlichen Natur der Tätigkeit geht der Betrieb auf die Erben über. Diese Beurteilung ist auch für die Betriebsvermögenseigenschaft nach § 13a Abs. 1 Nr. 1 i.V.m. Abs. 4 Nr. 1 ErbStG maßgebend.[1903] Der Tod des Freiberuflers kann also die Betriebseinstellung, aber noch nicht die Betriebsaufgabe zur Folge haben. Berufsfremde Erben des freiberuflichen Vermögens erzielen bei dessen Verwertung nur dann freiberufliche Einkünfte, wenn sie die Praxis sogleich auflösen.[1904] Die Gewerblichkeit kann nur vermieden werden, wenn die Erbauseinandersetzung innerhalb von 6 Monaten nach dem Erbfall dergestalt erfolgt, dass die Freiberuflermiterben die Praxis übernehmen.[1905] Der BFH hat allerdings in seinem Urteil vom 14.12.1993 klargestellt, dass nicht berufsqualifizierte Erben eines Freiberuflers dessen Praxis dauerhaft fortführen und auch verpachten dürfen, ohne dass dies automatisch eine Betriebsaufgabe mit Überführung der betrieblichen Werte in das Privatvermögen der Erbengemeinschaft ist. Die Fortführung der freiberuflichen Praxis durch nicht berufsqualifizierte Erben macht allerdings aus dem freiberuflichen Unternehmen einen Gewerbebetrieb. Der Praxiswert wandelt sich zum Geschäftswert. Statt freiberuflicher Einkünfte beziehen die Erben gewerbliche Einkünfte, jedenfalls sofern sie nicht lediglich Entgelte der ehemaligen freiberuflichen Tätigkeit nachträglich vereinnahmen.[1906] Noch nicht völlig

1896 Vgl. auch *Krauß*, Vermögensnachfolge in der Praxis, Rn. 385.

1897 Gem. § 2 Nr. 3 ApoG ist es u.a. Voraussetzung, dass der Übernehmer die deutsche Approbation als Apotheker besitzt. Vgl. *Holland*, Apothekenrecht und Erbrecht, DNotI-Report 21/1997, 222; *Meyer*, Das Testament des Apothekers, 1983, 49 ff.; *Spickhoff/Walter*, Medizinrecht 2011, § 9 ApoG Rn. 1.

1898 Vgl. *Seer* Einschränkungen der Veräußerbarkeit von freiberuflichen Arzt- und Zahnarztpraxen durch das Sozialrecht, DStR 1995, 377; *Kampf* Die Fortführung der Praxis eines verstorbenen Arztes durch den Praxisverweser, NJW 1995, 2384; eingehend *Ehler/Preissler/Hesial/Möller/Küntzel/Gasser*, Praxis der Fortführung von Arztpraxen, 1998.

1899 BFH NV 1991, 319; BFH BStBl. II 1993, 716; BFHE 193 482 = BStBl II 2001; 24; BFHE 247, 513 = BFH/NV 2015, 597; vgl. auch BFH BStBl. II 1994, 922 = ZEV 1994, 382; BFH DStR 2007, 269, FG Köln EFG 2015, 1923; *von Oertzen*, ZEV 2009, 642; *Urban* ZEV 2016, 297.

1900 BFH BStBl. II 1993, 36 = DStR 1992, 1470; BFH BStBl. II 1993, 716; FG Köln EFG 2015, 1923; *Korn* DStR 1995, 961, 966.

1901 *Schoor* DStZ 1995, 132, 135.

1902 BFHE 171, 385 = DStR 1993, 1327, ebenso BFH DStRE 2006, 830, BFH ZEV 2009, 640.

1903 BFH ZEV 2009, 640 m. Anm. *von Oertzen*.

1904 BFH BStBl. II 1989, 509 = DStR 1989, 389; *Korn* DStR 1995, 961.

1905 Vgl. BMF-Schreiben v. 11.01.1993, BStBl. I 1993, 62 = DStR 1993, 51.

1906 BFH BFHE 174, 503 = NJW 1995, 279.

geklärt ist die Frage, ob bei einer Verpachtung der freiberuflichen Praxis durch die berufsfremden Miterben das von der Rechtsprechung für Betriebsverpachtung entwickelte Wahlrecht zwischen Betriebsaufgabe und -fortführung gilt.[1907]

796 Soll diese unsichere Rechtslage vermieden werden, dürfte es sich empfehlen, bereits bei der testamentarischen Gestaltung vorzusorgen, dass durch entsprechende erbrechtliche Anordnungen, soweit dies möglich ist, die Praxis vermächtnisweise oder durch erbrechtliche Gestaltung i.V.m. Teilungsanordnung auf einen oder mehrere Personen übergeht, die den entsprechenden Freiberuflerstatus haben.

c) Einschränkung der Übertragbarkeit von Arzt und Zahnarztpraxen durch das Sozialrecht

797 Das Gesundheitsstrukturgesetz 1993 hat eine völlig neue Rechtslage im Hinblick auf die Veräußerung von Arzt- und Zahnarztpraxen sowie Gemeinschaftspraxisanteilen geschaffen.[1908] § 103 Abs. 4 SGB V sieht für die Praxisübertragung in sog. gesperrten Gebieten vor, dass, wenn die Kassenarztzulassung durch Tod endet und die Praxis von einem Nachfolger fortgeführt werden soll, die kassenärztliche Vereinigung auf Antrag der berechtigten Erben den Arztsitz ausschreibt und über die Zulassung unter mehreren Bewerbern nach den gesetzlich vorgegebenen Kriterien entscheidet.[1909] Bei der Auswahl der Bewerber sind die berufliche Eignung, das Approbationsalter und die Dauer der ärztlichen Tätigkeit zu berücksichtigen, ferner, ob der Erwerber der Ehegatte, ein Kind des Vertragsarztes oder ein angestellter Arzt des bisherigen Vertragsarztes ist. Nach § 103 Abs. 4 Satz 6 SGB V sind bei der Nachbesetzung des Vertragsarztsitzes die wirtschaftlichen Interessen des ausscheidenden Vertragsarztes zu berücksichtigen, soweit der Kaufpreis die Höhe des Verkehrswertes der Praxis nicht übersteig. Die **Entscheidung** trifft die **kassenärztliche Vereinigung**. Durch diese Regelung ist in Gebieten, in denen der Landesausschuss der Ärzte bzw. Zahnärzte und Krankenkassen nach § 101 Abs. 1 Satz 2 SGB V wegen Überversorgung eine Zulassungssperre verhängt hat, der Vertragsarztsitz der Verfügungsgewalt des Arztes entzogen. Über die Nachfolge entscheidet stattdessen der Zulassungsausschuss nach pflichtgemäßem Ermessen, wobei die wirtschaftlichen Interessen des verstorbenen Arztes bzw. seiner Erben ein abwägungsrelevanter Faktor sind.[1910] Eine testamentarische Regelung, nach der die Arztpraxis einem bestimmten Erben vermächtnisweise oder im Wege der Teilungsordnung zugeordnet werden soll, kann daher wegen dieser Regelung leer laufen, da auch Erben, Kinder und Ehegatten sich wie alle anderen Berufszugänger um die Zulassung bewerben müssen.[1911] Es ist daher nicht mehr sichergestellt, dass der erbrechtlich geplante Nachfolger tatsächlich auch die Kassenzulassung erhält, wobei derzeit noch nicht klar ist, welchen Einfluss testamentarische Nachfolgebestimmungen auf die Ermessensentscheidung des Zulassungsausschusses haben. Im Gesetz selbst ist die Nachfolgeplanung als ein Kriterium genannt. Die Wertigkeit dieses Kriteriums ist in der Praxis derzeit noch nicht vollständig geklärt. Bei der Gestaltung empfiehlt es sich daher, diese öffentlich-rechtlichen Vorgaben zu berücksichtigen und Alternativen für den Fall vorzusehen, dass der geplante Nachfolger nicht in den Kassenarztsitz eintreten kann. Wird z.B. die Praxis einem bestimmten Erben im Wege der Teilungsanordnung oder des Vermächtnisses zugeordnet und erhält er letztendlich nicht die Kassenarztzulassung, ist die Frage zu regeln, wem der Erlös zusteht, der aus dem dann nachfolgenden Praxisverkauf anfällt. Hierbei ist wiederum zu beachten, dass u.U. wegen des länger dauernden Zulassungsverfahrens gewisse Wertverluste eintreten können, die bei der Gesamtverteilung des Vermögens eine Rolle spielen können. Außerdem

1907 *Korn* DStR 1995, 966.

1908 Vgl. Ehlers/*Hesral*, Praxis der Fortführung von Arztpraxen, 3. Aufl. 2009, 39 ff.; *Seer* DStR 1995, 377; *Klapp*, Abgabe und Übernahme einer Arztpraxis, 1997, 22 ff.; *Kremer/Wittman*, Vertragsärztliche Zulassungsverfahren, 2012, Rn. 414 ff.

1909 Vgl. Hassel/Gurgel/Otto/*Gurgel*, Handbuch des Fachanwalts Sozialrecht 5. Aufl. 2015, Rn. 83 ff.; dazu auch BGH AztR 2012, 297; LSG Bayern MedR 2009, 491.

1910 Vgl. LG Hagen Urt. v. 19.04.2007 – 4 O 308/06

1911 Vgl. Ehlers/*Hesral*, Praxis der Fortführung von Arztpraxen, S. 97 *Kremer/Wittman*, Vertragsärztliche Zulassungsverfahren, Rn. 414 ff.

sollte geregelt werden, wem das Recht auf Antragstellung im kassenrechtlichen Zulassungsverfahren zusteht, damit den Wert mindernde Verzögerungen vermieden werden.

d) Apothekenrechtliche Vorgaben

Die apothekenrechtliche Erlaubnis, die zum Betrieb einer Apotheke erforderlich ist, erlischt mit dem Tod des Erlaubnisinhabers nach § 3 Nr. 1 Apothekengesetz.[1912] Nach § 13 Abs. ApoG besteht für den Erben die Möglichkeit, die Apotheke vorübergehend für höchstens zwölf Monate durch einen approbierten Apotheker in seinem (des Erben) Namen verwalten zu lassen.[1913] Dieses Verwaltungsrecht ist ausdrücklich nur Erben eröffnet. Ein Vermächtnisnehmer hat dieses Privileg somit nicht.[1914] Auch die Verpachtung einer Apotheke ist nach dem Apothekengesetz grundsätzlich unzulässig. Nach dem sog. »**Waisenprivileg**« des § 9 Abs. 1 Nr. 2 Apothekengesetz sind nur die erbberechtigten Kinder des Apothekers nach dessen Tod verpachtungsberechtigt, bis das jüngste verpachtungsberechtigte Kind das 23. Lebensjahr vollendet hat.[1915] Nr. 3 der Vorschrift gestattet dem überlebenden Ehegatten die Verpachtung bis zu seiner Wiederverheiratung, sofern er erbberechtigt ist und nicht selbst eine Erlaubnis nach § 1 Apothekengesetz besitzt. Voraussetzung für die Verpachtungsberechtigung ist, dass die Apotheke in den Nachlass fällt und die genannten Personen die Nachfolge antreten. Nach Auffassung der Literatur ist bei der vermächtnisweisen Zuwendung der Apotheke an den überlebenden Ehegatten oder die Kinder das Verpachtungsrecht ausgeschlossen.[1916] Nach Sinn und Zweck der Vorschrift ist aber wohl ein Vorausvermächtnis ausreichend, mit dem einem Überlebenden die Apotheke zugewendet wird, um das Verpachtungsprivileg zu erhalten. Erfüllt ein Erbe die Erlaubnisvoraussetzungen des Apothekengesetzes, kann er als Erbe eingesetzt werden, da er dann als Erlaubnisinhaber die Apotheke fortführen kann. Hat der Erblasser mehrere Erben eingesetzt, empfiehlt sich eine Teilungsanordnung, um das Erbe dem zukünftigen Apotheker zuzuwenden. In diesem Fall ist allerdings auch zulässig, dass der Erblasser denjenigen seiner Erben als Vermächtnisnehmer einsetzt, der die apothekenrechtlichen Voraussetzungen erfüllt. Ist keiner der Erben Apotheker, so bleibt nur die Verpachtung auf der Grundlage des Verpachtungsprivilegs. Dabei ist wieder zu berücksichtigen, dass nach der Literatur das Vermächtnis nicht das Verpachtungsprivileg begründet. Hieraus folgt, dass eine Erbengemeinschaft in den Genuss des Verpachtungsprivilegs nur kommt, wenn alle Erben zu dem bevorzugten Personenkreis des § 9 Apothekengesetz (Kinder oder Ehefrau) gehören.[1917] Insofern empfiehlt es sich, bereits frühzeitig bei der Erbrechtsgestaltung sicherzustellen, dass nur privilegierte Erben eingesetzt werden. Zuwendungen an nicht privilegierte Personen sollten in diesem Fall vermächtnisweise erfolgen, da sonst das Verpachtungsprivileg verloren gehen könnte.[1918] Eine möglichst lange Verpachtungsberechtigung innerhalb der Familie kann dadurch erreicht werden, dass der überlebende Ehegatte nur als Vorerbe eingesetzt wird und die Kinder für den Fall des Versterbens des Längerlebenden bzw. im Fall von dessen Wiederverheiratung als Nacherben eingesetzt werden.[1919] Beim Berliner Testament mit Schlusserbeneinsetzung der Kinder geht nach dem Tod der letztversterbenden Ehefrau das Verpachtungsprivileg verloren, wenn nicht der überlebende Ehegatte selbst Apotheker ist, 798

1912 Vgl. zum Ganzen *Rohner*, Gesetzliche Fortführungsmöglichkeiten einer Apotheke nach dem Tod des Erlaubnisinhabers, ZEV 2003, 15; *Schreiber*, Das Verpachtungsrecht des Apotheker-Erben, MittBayNot 1983, 107; *Holland* DNotI-Report 1997, 222; *Spickhoff/Walter*, Medizinrecht 2011, § 9 ApoG; Rn. ; *Fröhler* BWNotZ 2010, 12.

1913 *Fröhler* BWNotZ 2010, 12.

1914 *Fröhler* BWNotZ 2010, 12.

1915 *Fröhler* BWNotZ 2010, 12 ff.

1916 Vgl. *Meyer*, Das Testament des Apothekers, 1983, 51; *Fröhler* BWNotZ 2010, 12, 14 f.; *Holland* DNotI-Report 1997, 222; *ders.* DNotI-Report 1998, 151; a.A. *Schreiber*, MittBayNot 1983, 1983 107, 108.

1917 Vgl. *Holland* DNotI-Report 1997, 222 m.w.N.

1918 Vgl. zur Gestaltung auch *Meyer*, Das Testament des Apothekers, 50 ff.

1919 Vgl. *Holland* DNotI-Report 1997, 222.

weil die Kinder nicht Erben des Apothekers geworden sind.[1920] Vor- und Nacherbschaft ist daher hier vorzugswürdig.

6. Letztwillige Verfügungen zugunsten des Heimträgers oder von Heimmitarbeitern, Betreuern, Beamten oder sonstigen Beschäftigten im öffentlichen Dienst

Literatur:
Burmeister/Dinter, Die Heimgesetzgebung der Bundesländer – Ein Rechtsvergleich, NVwZ 2009, 628; *Dietz*, § 14 HeimG – Gut gemeinter Schutz für Heimbewohner und -bewerber, Fallstrick für den Testamentsgestalter, MittBayNot 2007, 453; *Drasdo*, Der Heimvertrag nach der Föderalismusreform, NVwZ 2008, 639; *Dubischar*, Die untersagte »Vorteilsannahme« nach § 14 HeimG, DNotZ 1993, 419; *Everts*, Heimgesetz und Testamentsvollstreckung, ZEV 2006, 544; *ders.*, Letztwillige Verfügungen zugunsten des Heimträgers – Inkrafttreten des Wohn- und Teilhabegesetzes – WTG NRW, RNotZ 2009, 222; Gutachten DNotI-Report 1997, 173; *Koos*, Die Genehmigungsbedürftigkeit der Erbeinsetzung von Angehörigen des öffentlichen Dienstes aus zivilrechtlicher Sicht, ZEV 1997, 435; *Hollstein*, Die Nichtigkeit letztwilliger Verfügungen wegen Verstoßes gegen das gesetzliche Verbot aus § 14 Abs. 1, 5 HeimG vor und nach der Föderalisierung des Heimrechts 2010; *Karl*, Auswirkungen der Länderregelungen zum Heimrecht in der erbrechtlichen Praxis, ZEV 2009, 544; *Keim*, Die Testierverbote nach den Heimgesetzen der Länder, notar 2017, 119; *Ludyga*, Vererben im betreuten Wohnen – Zur Bedeutung der »Landesheimgesetze« in der testamentarischen Gestaltungspraxis, ZEV 2014, 177; *Müller*, Zur Wirksamkeit lebzeitiger und letztwilliger Zuwendungen des Betreuten an seinen Betreuer, ZEV 1998, 219; *Müller* in: 10 Jahre Deutsches Notarinstitut, 2003, 153; *Münzel*, Heimbewohner und Testierfreiheit – Zur Anwendbarkeit des § 14 Abs. 1 HeimG auf letztwillige Verfügungen, NJW 1997, 112; *Niemann*, Testierverbot in Pflegefällen, ZEV 1998, 419; *Rossak*, Letztwillige Verfügungen von Heimbewohnern zugunsten des Heimträgers oder von Heimmitarbeitern, ZEV 1996, 41; *Stach*, Nichtigkeit letztwilliger Verfügungen zugunsten Bediensteter staatlicher Altenpflegeeinrichtungen?, NJW 1988, 943; *Tersteegen*, Letztwillige Zuwendungen an den Heimträger bei Heimunterbringung eines Angehörigen; ZErb 2007, 414; *ders.* Drittzuwendungen an den Heimträger, RNotZ 2012, 376; *Ziegert*, Verstoß gegen die Testierverbote des § 14 HeimG durch Zuwendungen an heimfremde Dritte – ZErb 2003; 167.

799 Eine Reihe von öffentlich-rechtlichen Vorschriften verbieten jede Form der Vorteilsannahme. In der notariellen Praxis spielte insbesondere § 14 HeimG[1921] eine Rolle. Im Rahmen der Föderalismusreform wurde die Gesetzgebungsbefugnis für die ordnungsrechtlichen Vorschriften des Heimgesetzes durch Art. 74 Abs. 1 Nr. 7 GG auf die Länder übertragen.[1922] Das Bundesheimgesetz gilt nur fort, soweit die Bundesländer nicht von der neuen Gesetzgebungskompetenz Gebrauch gemacht haben (vgl. Art. 125a Abs. 1 GG). Von der neuen Gesetzgebungskompetenz für das öffentlich-rechtliche Heimwesen Gebrauch gemacht haben bislang folgende Bundesländer:[1923]

- Baden-Württemberg:
  Gesetz für unterstützende Wohnformen, Teilhabe und Pflege (Wohn-, Teilhabe- und Pflegegesetz – WTPG) v. 20.05.2014 (GVBl. 2014, 241);
- Bayern:
  Gesetz zu Regelung der Pflege-, Betreuungs- und Wohnqualität im Alter und bei Behinderung (Pflege- und Wohnqualitätsgesetz – PfleWoqG), BayGVBl 2008, 346, in Kraft seit 01.08.2008.
- Berlin:
  Gesetz über Selbstbestimmung und Teilhabe in betreuten gemeinschaftlichen Wohnformen (Wohnteilhabegesetz – WTG) vom 03.06.2010 (GVBl. Berlin I 2009, S. 285), in Kraft seit 01.07.2010
- Brandenburg:

1920 So zu Recht *Schreiber* MittBayNot 1993, 107, 109.

1921 Gesetz über Altenheime, Altenwohnheime und Pflegeheime für Volljährige in der Fassung des ersten Gesetzes zur Änderung des HeimG vom 23.04.1990, BGBl. I, 758, zuletzt geändert durch Gesetz vom 05.11.2001, BGBl. I, 2960.

1922 Vgl. *Drasdo* NVwZ 2008, 639; *Ludyga* ZEV 2014, 177; vgl. die Übersicht des Deutschen Notarinstituts: http://www.dnoti.de/informationen/arbeitshilfen/erbrecht.

1923 Vgl. die aktualisierte Übersicht des Deutschen Notarinstituts: www.dnoti.de, dort sind auch die Gesetzestexte abrufbar.

Gesetz über das Wohnen mit Pflege und Betreuung des Landes Brandenburg (Brandenburgisches Pflege- und Betreuungswohngesetz (BbgPBWoG) vom 08.07.2009 (GVBl. Brandenburg I 2009, 298 ff.), in Kraft seit 01.01.2010

- Bremen:
  Bremisches Wohn- und Betreuungsgesetz v. 12.12.2017 (GBl. S. 730);
- Hamburg:
  Hamburgisches Gesetz zur Förderung der Wohn- und Betreuungsqualität älterer, behinderter und auf Betreuung angewiesener Menschen (Hamburgisches Wohn- und Betreuungsqualitätsgesetz – HmbWBG) vom 15.12.2009 (Hamb. GVBl.2009 I, 494 ff.), in Kraft seit 01.01.2010
- Hessen:
  Hessisches Gesetz über Betreuungs- und Pflegeleistungen (HGBP) vom 07.03.2012 (GVBl. I 2012, 34, Gliederungs-Nr. 34-69) in Kraft seit 21.03.2012
- Mecklenburg-Vorpommern:
  Gesetz zur Förderung der Qualität in Einrichtungen für Pflegebedürftige und Menschen mit Behinderung sowie zur Stärkung ihrer Selbstbestimmung und Teilhabe (Einrichtungenqualitätsgesetz – EQG M-V) vom 17.05.2010 (GVOBl. M-V 2010, 241), in Kraft seit 29.05.2010
- Niedersachsen:
  Niedersächsisches Heimgesetz (NHeimG) v. 29.06.2011 (Nds. GVBl. Nr. 14/2011, 196 ff.), in Kraft seit 06.07.2011
- Nordrhein-Westfalen:[1924]
  Gesetz über das Wohnen mit Assistenz und Pflege in Einrichtungen (Wohn- und Teilhabegesetz – WTG) vom 18.11.2008 (GV. NRW. 2008, 738), in Kraft seit 10.12.2008
  Inhaltlich bringt das Gesetz Änderungen gegenüber dem bisherigen HeimG des Bundes. Insbesondere findet sich keine unmittelbar § 14 HeimG (Verbot mit Erlaubnisvorbehalt) entsprechende Norm. § 10 HeimG NRW verbietet Zuwendungen. Es gibt einzelne, gesetzlich geregelte Ausnahmen, aber keine Ausnahmegenehmigung wie bisher in § 14 Abs. 6 HeimG.
- Rheinland-Pfalz:
  Landesgesetz über Wohnformen und Teilhabe (LWTG) vom 22.12.2009 (GVBl. 2009, 399), in Kraft seit 01.01.2010
- Saarland:
  Saarländisches Gesetz zur Sicherung der Wohn-, Betreuungs- und Pflegequalität für ältere Menschen sowie pflegebedürftige und behinderte Volljährige (Landesheimgesetz Saarland – LHeimGS) vom 06.05.2009 (Amtsblatt 2009, 906), in Kraft seit 19.06.2009
- Sachsen:
  Betreuungs- und Wohnqualitätsgesetz vom 12.07.2012, (Sächs. GVBl. S. 397), in Kraft seit 12.08.2012
- Sachsen-Anhalt:
  Wohn und Teilhabegesetz (WTG LSA) vom 17.02.2011 (GVBl. LSA Nr 5/2011, S. 136), in Kraft seit 26.02.2011
- Schleswig-Holstein:
  Gesetz zur Stärkung von Selbstbestimmung und Schutz von Menschen mit Pflegebedarf oder Behinderung (Selbstbestimmungsstärkungsgesetz – SbStG), Pflegegesetzbuch Schleswig-Holstein – Zweites Buch, vom 17.07.2009 (GVOBl. 2009, 402), in Kraft seit 01.08.2009.
- Thüringen:
  Gesetz zur Stärkung von Selbstbestimmung undSchutz von Menschen mit Pflegebedarf oder Behinderung (Selbstbestimmungsstärkungsgesetz – SbStG SH) vom 17.07.2009 (GVOBl. 2009, 402).

Die Landesgesetze haben meistens dem § 14 HeimG vergleichbare Verbotsvorschriften geschaffen, sodass die bisherigen Entscheidungen zu § 14 HeimG auch bei der Auslegung der neuen landesrechtlichen Verbotsvorschriften herangezogen werden können, wobei im Einzelfall deutliche Unter-

---

1924 Zum WTG NRW vgl. *Tersteegen* RNotZ 2009, 222, *ders.* RNotZ 2012, 376.

schiede bestehen können, sodass daher immer eine genaue Analyse des jeweiligen Landesrechtes erforderlich ist.[1925]

Nach § 14 HeimG bzw. den vergleichbaren Landesvorschriften ist es sowohl dem Träger als auch dem Leiter, den Beschäftigten oder sonstigen Mitarbeitern eines Heimes untersagt, sich von oder zugunsten von Heimbewohnern Geld oder geldwerte Leistungen gewähren zu lassen. Aber auch die beamtenrechtlichen und dienstrechtlichen Vorschriften (§ 70 BBG, § 43 BRRG) und vergleichbare Vorschriften der Landesbeamtengesetze (z.B. Art. 79 BayBG) sowie § 10 BAT, § 19 SoldatenG und § 78 Abs. 2 ZDG sehen Regelungen vor, nach denen Beamte oder Angestellte Belohnungen oder Geschenke in Bezug auf die dienstliche Tätigkeit nur mit Zustimmungen des Arbeitgebers bzw. Dienstherrn annehmen dürfen. Bei allen Vorschriften stellt sich in der Praxis die Frage, inwieweit auch Zuwendungen aufgrund letztwilliger Verfügungen hiergegen verstoßen und welche Auswirkungen ein solcher Verstoß hat.

a) § 14 HeimG bzw. die neuen landesrechtlichen Verbotsvorschriften

800 Nach den heimrechtlichen Verbotsvorschriften ist es dem Träger eines Heimes untersagt, sich von oder zugunsten von Bewohnerinnen und Bewohnern oder den Bewerberinnen und Bewerbern Geld oder geldwerte Leistungen über das vereinbarte Entgelt hinaus versprechen oder gewähren zu lassen. Ferner ist es weiterhin dem Leiter, den Beschäftigten oder sonstigen Mitarbeitern eines Heimes untersagt, sich von oder zugunsten von Bewohnern neben der vom Träger erbrachten Vergütung Geld oder geldwerte Leistungen für die Erfüllung der Pflichten aus dem Heimvertrag versprechen oder gewähren zu lassen, soweit es sich nicht nur um geringwertige Aufmerksamkeiten handelt. Diese Vorschriften spielen in der Praxis der Gestaltung letztwilliger Verfügungen eine erhebliche Rolle. Sinn und Zweck dieser Vorschrift ist die Verhinderung einer unterschiedlichen und sachlich nicht gerechtfertigten Behandlung der Heimbewohner, der Schutz der Heimbewohner vor finanzieller und wirtschaftlicher Ausnutzung und Benachteiligung und auch der Schutz der Testierfreiheit der Heimbewohner.[1926] Es handelt sich um ein dem Schutz des Heimbewohners dienendes Verbotsgesetz mit der Folge, dass dagegen verstoßende Rechtsgeschäfte, auch letztwillige Verfügungen gem. § 134 BGB, nichtig sind.[1927] Das BVerfG hat die Verfassungsmäßigkeit der Norm bestätigt und keine unzulässige Einschränkung der Testierfreiheit darin gesehen.[1928] Ein Verstoß gegen die einschlägigen Verbotsgesetze der Landesheimgesetze ist im Fall einer letztwilligen Verfügung eines Heimbewohners zugunsten des Heimträgers jedoch nur dann gegeben, wenn der Heimträger sich durch sein Verhalten die letztwillige Verfügung im Sinne dieser Bestimmung versprechen oder gewähren lässt. Nach der herrschenden Meinung setzt dies – in Übereinstimmung mit dem Begriffsverständnis in § 138 Abs. 2 BGB – voraus, dass sich das Versprechen oder Gewähren

1925 So *Keim* notar 2017, 119, 120 f.; vgl. dazu *Hollstein*, Die Nichtigkeit letztwilliger Verfügungen wegen Verstoßes gegen das gesetzliche Verbot aus § 14 Abs. 1, 5 HeimG vor und nach der Föderalisierung des Heimrechts 2010. So hat z.B. das WTG NRW eine eigenständige Regelung in § 10 getroffen und sieht keine Ausnahmegenehmigung vor, dazu *Tersteegen* RNotZ 2009, 222; vgl. auch OLG Frankfurt DNotI-Report 2015, 102.

1926 Vgl. BR-Drucks. 203/89, 44 f.; BVerfG NJW 1998, 2964; BVerwG NJW 1990, 2226; BayObLG NJW 1992, 55, 56; BGHZ 110, 235, 239 = NJW 1990, 1603; BGH NJW 2012, 155 = DNotZ 2012, 210 = MittBayNot 2012, 297 = notar 2012, 139 m. Anm. *Odersky;* Dahlem/Giese/Igl/*Klie*, HeimG, Loseblattwerk Stand: August 2008, § 14 HeimG Rn. 6; LPK-HeimG/*Plantholz*, 2. Aufl. 2006, § 14 HeimG Rn. 7; *Rossak* ZEV 1996, 41; *Niemann* ZEV 1998, 419, 420; *Tersteegen* ZErb 2007, 414, *ders.* RNotZ 2012, 376, 377; *Ziegert* ZErb 2003, 166, 169.

1927 BGH NJW 2012, 155 = DNotZ 2012, 210 = MittBayNot 2012, 297 = notar 2012, 139 m. Anm. *Odersky*; BGHZ 110, 235 = NJW 1990, 1603; BGH ZEV 1996, 147; BayObLG DNotZ 1992, 258; OLG Stuttgart MittBayNot 2014, 353; *Tersteegen* RNotZ 2012, 376; *Dubischar* DNotZ 1993, 419, 423; *Rossak* ZEV 1996, 41, 42; die Verfassungsmäßigkeit ist mittlerweile geklärt. Vgl. BVerfG ZEV 1998, 312; zweifelnd noch *Münzel* NJW 1997, 112; kritisch auch *Keim* notar 2017, 119, 120.

1928 BVerfG NJW 1998, 2964.

des Vermögensvorteils auf ein Einvernehmen zwischen Testierendem und Bedachten gründet.[1929] Das erforderliche Einvernehmen wird bei einseitigen letztwilligen Verfügungen von der h.M. dann angenommen, wenn zu der einseitigen Willenserklärung des Testierenden das Einverständnis des Bedachten mit der Zuwendung hinzutritt, wobei dieses Einverständnis keiner ausdrücklichen Erklärung bedarf, sondern sich durch schlüssiges Verhalten aus den Umständen ergeben kann. Nach der Rechtsprechung des BVerwG ist es vielmehr ausreichend, wenn die Gesamtumstände auf ein Einvernehmen schließen lassen.[1930] Es fehlte nach der bisherigen überwiegenden Meinung allerdings am Tatbestand, wenn der Heimträger bzw. eine Person, deren Wissen er sich zurechnen lassen muss, zu Lebzeiten des Heimbewohners von der Verfügung nichts erfährt. Andererseits liegt das erforderliche Einvernehmen bereits dann vor, wenn die letztwillige Zuwendung dem Heimträger zu Lebzeiten des Heimbewohners bekannt geworden ist, der Heimbewohner von dessen Kenntnis weiß und aus dessen Verhalten bzw. Umständen den Schluss ziehen muss, der Heimträger sei mit der Zuwendung von Todes wegen einverstanden.[1931] Zum Schutze der Testierfreiheit legt der BGH allerdings die Vorschriften dahingehend aus, dass diese dem Angehörigen eines Heimbewohners die Einsetzung des Heimträgers als Nacherbe in einem »stillen« Testament, von dem der Heimträger erst nach dem Tode des Erblassers erfährt, nicht verbietet.[1932] Unsicherheiten sind durch die Entscheidung des OLG München vom 20.06.2006[1933] entstanden. Das OLG München war der Meinung, dass ein Verstoß auch dann vorliege, wenn der der Heimträger zwar erst nach dem Tod des Erblassers, aber noch zu Lebzeiten des Heimbewohners vom Inhalt des Testamentes Kenntnis erlange. Der BGH hat im Urteil vom 26.10.2011[1934] zu Recht die bisherige h.M. zum sog. »stillen Testament«[1935] bestätigt und die Entscheidung des OLG München abgelehnt. Der BGH weist darauf hin, dass eine einseitige Willenserklärung oder Betätigung des Gebers nicht genüge; es müsse eine Annahmeerklärung des Empfängers oder ein entsprechendes vorangegangenes Verlangen hinzukommen. Am notwendigen Merkmal des »sich gewähren lassen« fehle es deshalb nach allgemeiner Auffassung beim »stillen« Testament eines Heimbewohners, von dem der Heimträger bis zum Eintritt des Erbfalles keine Kenntnis erlangt habe.[1936] Damit ist für die Praxis geklärt, dass des »stille Testament« kein Verstoß darstellt.[1937] Ist die letztwillige Verfügung lediglich dem Landesverband mitgeteilt worden, so ist dessen Kenntnis dem Heimträger nicht zuzurechnen.[1938]Freilich ist die Geheimhaltung und der entsprechende Nachweis im Streitfall weiterhin problematisch, sodass sich die Einholung der Ausnahmegenehmigung und die vorsorgliche Bestimmung von Ersatz-Begünstigten empfiehlt.[1939] *Tersteegen*[1940] schlägt dagegen, zumindest für Nordrhein Westfalen, wo keine Ausnahmegenehmigung im Landesgesetz vorgesehen ist, eine Bestätigung aufzunehmen, dass der Heimträger keine Kenntnis hat und den ausdrücklichen Hinweis, dass dieser auch keine erlangen darf.

1929 Vgl. BGH NJW 2012, 155 = DNotZ 2012, 210 = MittBayNot 2012, 297; BayObLG NJW 1992, 55; BVerWG NJW 1990, 2268; OLG Stuttgart MittBayNot 2014, 353; *Tersteegen* ZErb 2007, 414, *ders.* RNotZ 2012, 376, 377; *G. Müller* in: 10 Jahre Deutsches Notarinstitut, 2003, 153, 157; *Rossak*, ZEV 1996, 43.

1930 BVerwG NJW 1990, 2268.

1931 Vgl. BVerwG NJW 1990, 2268; BayObLG DNotZ 1992, 258; BayObLG ZEV 2001, 121; *Rossak* ZEV 1996, 44; *Dubischar* DNotZ 1993, 419, 426.

1932 BGH NJW 2012, 155 = DNotZ 2012, 210 = MittBayNot 2012, 297; KG, NJWRR 1999, 2; BayObLG NJW 1992, 55; OLG Karlsruhe ZEV 2011, 424; OLG Stuttgart MittBayNot 2014, 353, OLG Frankfurt NJW 2015, 2351.

1933 OLG München NJW 2006, 2642, dazu kritisch *Tersteegen* ZErb 2007, 414 ff.

1934 BGH NJW 2012, 155 = DNotZ 2012, 210 = MittBayNot 2012, 297 = notar 2012, 139 m. Anm. *Odersky*, dazu *Tersteegen* RNotZ 2012, 376; dem BGH folgend OLG Stuttgart MittBayNot 2014, 353 m. Anm. *Müller*.

1935 Vgl. zu diesem Begriff *Tersteegen* RNotZ 2012, 376, 377 f.

1936 BGH NJW 2012, 155 = DNotZ 2012, 210 = MittBayNot 2012, 297.

1937 VGl. auch *Keim* notar 2017, 119, 124 Burandt/Rojahn/*G. Müller*, Erbrecht, § 14 HeimG Rn. 13.

1938 OLG Stuttgart MittBayNot 2014, 353.

1939 So zu Recht *Odersky* notar 2012, 139.

1940 *Tersteegen* RNotZ 2012, 376, 378.

Vom Verbot der Heimgesetze werden nicht nur letztwillige Verfügungen der Heimbewohner selbst, sondern auch von Dritten erfasst, die diese im Hinblick auf einen Heimbewohner abgeben.[1941] Nach Auffassung des BGH ist § 14 Abs. 1 HeimG a.F. auch auf Heimbewerber anwendbar.[1942] Die Neuregelung des Gesetzes hatte Heimbewerber ausdrücklich in den Gesetzestext aufgenommen. Nach Ansicht des Kammergerichts[1943] wird sogar eine vor dem Einzug in ein Heim zugunsten des Heimträgers errichtete letztwillige Verfügung nach dem Einzug nichtig, wenn über sie zwischen Heimträger und Heimbewohner Einvernehmen besteht und eine Ausnahmegenehmigung nicht eingeholt wird. § 14 Abs. 1 HeimG a.F. ist aber **nicht nur** anwendbar, wenn der Heimträger sich die Zuwendung von einem **Heimbewohner oder Heimbewerber** versprechen oder gewähren lässt. Die Vorschrift erfasst nach ihrem Wortlaut (»... von oder zugunsten von Bewohnerinnen und Bewohnern oder den Bewerberinnen und Bewerbern um einen Heimplatz ...«) vielmehr **auch Vorteilsgewährungen durch Dritte**, soweit diese zugunsten von Heimbewohnern oder Heimbewerbern erfolgen. Daher sind auch Behindertentestamente zugunsten von Heimen problematisch.[1944]

801 Das HeimG verbietet nicht nur Zuwendungen an den Träger des Heimes, sondern darüber hinaus z.B. § 14 Abs. 5 HeimG – aber auch die entsprechenden landesrechtlichen Vorschriften – auch Zuwendungen an den Leiter des Heims, an die Beschäftigten oder sonstigen Mitarbeiter des Heimes.[1945] Nach Auffassung des OLG Düsseldorf steht der Annahme eines Verstoßes gegen § 14 Abs. 4 HeimG nicht entgegen, dass nicht der Heimleiter selbst, sondern seine Kinder zu Nacherben eingesetzt wurden.[1946]

802 Das Testierverbot richtet sich gegen alle Personen, die entweder aufgrund besonderer Verträge oder ehrenamtlich in dem Heim tätig sind.[1947] Die Erbeinsetzung der Ehefrau eines Heimbediensteten kann dann eine Umgehung des § 14 Abs. 5 HeimG darstellen, wenn die Ehefrau eine eigene Betreuungsleistung erbracht hat; die wird vermutet.[1948] Bei einem Pflegeheim in der Rechtsform einer GmbH gilt nach Auffassung des BayObLG § 14 HeimG auch, wenn der geschäftsführende Alleingesellschafter eingesetzt wird.[1949] In solchen Fällen geht die Rechtsprechung von einem **Umgehungsgeschäft**[1950] aus, das auch dem Verbot unterfällt. Für Berlin entschied das KG, dass zum Kreis der Verbotsadressaten auch der Unternehmensgründer eines Pflegedienstes zähle, wenn dieser nach Abgabe der Geschäftsführung im Unternehmen verbleibt, da dann die Vermutung besteht, dass er weiter Einfluss auf die Leitung des Unternehmens habe.[1951] Zu weitgehend ist die Entscheidung des VG Würzburg in seinem Urteil vom 03.06.2008[1952] zur Zuwendung an eine Stiftung: Danach soll es – bei fehlender Identität von Heimträger und Erbe – für die analoge Anwendung des § 14 Abs. 1 HeimG ausreichen, wenn die beiden juristischen Personen in der Öffentlichkeit (hier: gemeinsamer Internet-Auftritt) als zusammengehörig auftreten. Diese Ausdehnung ist nicht mit der Testierfreiheit zu vereinbaren.[1953] Voraussetzung für die Anwendung des HeimG nach § 1 HeimG ist, dass eine nicht nur vorübergehende Unterbringung vorliegt. Die Bestimmung dieser Frage ist

1941 BGH NJW 2012, 155 = DNotZ 2012, 210 = MittBayNot 2012, 297; LG Flensburg NJW 1993, 1866; *Tersteegen* ZErB 2007, 414; *Keim* notar 2017, 119, 123.
1942 BGH NJW-RR 1995, 1272; ablehnend OLG Frankfurt NJW-RR 1994, 312.
1943 ZEV 1998, 437.
1944 Vgl. *Keim* notar 2017, 119, 123.
1945 Vgl. im Einzelnen: Gutachten DNotI-Report 1997, 173, 174; *Kieser* ZErb 2002, 33, 35 *Ziegert* ZErb 2003, 166 ff.; *Keim* notar 2017, 119, 122.
1946 ZEV 1997, 459.
1947 BayObLG ZEV 2001, 120.
1948 OLG Frankfurt DNotZ 2001, 716.
1949 BayObLG MittBayNot 2000, 453, vgl. zu einem ähnlichen Fall BayObLG, FGPrax 2000, 246 ff.= ZEV 2002, 121 ff.
1950 Vgl. dazu ausführlich *Ziegert* ZErb 2003, 166 ff.
1951 KG ZEV 2018, 526.
1952 VG Würzburg, ZEV 2008, 601 ff. m. Anm. *Limmer*.
1953 Vgl. *Limmer* ZEV 2008, 306 f.; ebenso Keim notar 2017, 119, 122; Würzburger Notarhandbuch/*G. Müller*, Teil 4 Rn. 75.

nach dem Zweck des HeimG zu bestimmen. Eine Unterbringung ist nur dann nicht nur vorübergehend, wenn ein späteres Ausscheiden nach Ziel und Zweck der Einrichtung von Anfang an nicht vorgesehen ist, also die Aufnahme auf nicht absehbare, unbestimmte Zeit oder auf Dauer erfolgt, sondern auch, wenn bei einer vor vornherein feststehenden Dauer die Bewohner keinen weiteren Aufenthaltsort haben oder ihre bisherige Wohnung als Lebensmittelpunkt aufgehoben haben.[1954] Nach Auffassung des OLG Oldenburg gilt § 14 HeimG allerdings nur für in der Bundesrepublik Deutschland belegene Heime, nicht für ausländische.[1955]

Die meisten Heimgesetze sehen die Möglichkeit vor, von der zuständigen Behörde eine Ausnahmegenehmigung zu erwirken,[1956] wobei im Rahmen dieses Verwaltungsverfahrens die im Einzelfall vorliegenden besonderen Umstände, wie etwa eine langjährige Verbundenheit der Erblasserin mit dem Bedachten, Berücksichtigung finden können.[1957] Da die Heimaufsichtsbehörde bei der Ausübung ihres Ausnahmeermessens dem dargelegten Zweck Rechnung tragen muss, darf sie das gesetzliche Verbot aufgrund sorgfältiger Prüfung aller Umstände des Einzelfalles nur dann aufheben, wenn sich bei dieser Prüfung ergibt, dass der Schutz der Heimbewohner ausnahmsweise die Aufrechterhaltung des Verbots nicht erfordert. Insbesondere muss dabei feststehen, dass der Heimbewohner sein Vermögen freiwillig und ohne Druck hergibt.[1958] Nach der Rechtsprechung der Verwaltungsgerichte kann die Ausnahme von dem Verbot nur vor der Verfügung zugelassen werden, eine **nachträgliche Ausnahmegenehmigung ist unwirksam.**[1959] Die Rechtsprechung geht dabei bei letztwilligen Verfügungen davon aus, dass bei einer Zuwendung durch letztwillige Verfügung eine Ausnahmegenehmigung dann möglich ist, wenn der Heimträger im Anschluss an die Kenntniserlangung dem Heimbewohner die Rechtslage deutlich macht und auf die Notwendigkeit der Einholung einer Ausnahmegenehmigung hinweist. Denn in diesem Fall wäre die Leistung noch nicht versprochen oder gewährt und es bleibe Raum für die Einholung einer Ausnahmegenehmigung.[1960] Nach Auffassung des OLG München ist daher auch bei der Gestaltung letztwilliger Verfügungen vom Notar über das Verbot des § 14 HeimG und die Möglichkeit der Ausnahmegenehmigung zu belehren.[1961] **803**

b) Anwendung der Verbotsvorschriften auf Betreuer; Pflegekräfte, betreutes Wohnen und heimähnliche Einrichtungen[1962]

Uneinheitlich wird die Frage beurteilt, inwieweit Verbotsvorschriften auf Betreuer; Pflegekräfte, betreutes Wohnen und heimähnliche Einrichtungen anzuwenden sind: Zum HeimG bestand noch eine eher restriktive Haltung. Das BayObLG hatte die Frage zu entscheiden, inwieweit § 14 HeimG auf das Verhältnis zwischen Betreuer und Betreutem anwendbar ist.[1963] Es lehnte die Analogie ab, da sich die Vorschrift nach Wortlaut, Sinn und Zweck nur auf das Verhältnis zwischen Heimbewohner und Heimträger bzw. Heimpersonal beziehe.[1964] Die Grenze für die Zulässigkeit einer Zuwendung von Todes wegen zugunsten eines Betreuers bzw. einer mit dem Betreuer verwandten Person sind danach nur anhand des Sittenwidrigkeitsverbotes des § 138 Abs. 1 BGB zu bestimmen.[1965] Unklar **804**

1954 Saarländisches OLG OLG-Report Saarbrücken 1998, 92.
1955 OLG Oldenburg MittBayNot 1999, 486 = NJW 1999, 2448.
1956 Vgl. dazu *G. Müller*, in: 10 Jahre Deutsches Notarinstitut, 153, 171; *Keim* notar 2017, 119, 124 ff..
1957 KG DNotI-Report 1998, 139.
1958 BVerwG NJW 1988, 984, 985.
1959 BVerwG NJW 1988, 984; Dahlem/Giese/Igl/*Klie*, HeimG, § 14 Rn. 22; *Tersteegen* ZErB 2007, 414, 416; *Keim* notar 2017, 119, 124.
1960 So KG DNotI-Report 1998, 139; BayObLG NJW 93, 1143, 1145, das von der Möglichkeit der Einholung einer Ausnahmegenehmigung nach Kenntniserlangung ausgeht; a.A. allerdings *Rossak* ZEV 1996, 146.
1961 OLG München ZEV 1996, 145 m. Anm. *Rossak*.
1962 Vgl. eingehend *Müller* ZEV 1998, 219; *Niemann*, ZEV 1998, 419, 420; *Keim* notar 2017, 119, 121 ff.; Gutachten DNotI-Report 2018, 123.
1963 BayObLG FGPrax 1998, 59 = ZEV 1998, 232; zustimmend auch *Müller* ZEV 1998, 219 ff.
1964 Vgl. auch *Ludyga* NZS 2013, 201, 204 f.
1965 Vgl. hierzu *Müller* ZEV 1998, 219 ff.

war die Anwendung des § 14 HeimG auf heimähnliche Einrichtungen oder bei häuslicher Pflege durch gewerbliche Pfleger.[1966] Das OLG Düsseldorf hat entschieden, dass § 14 HeimG nicht analog anwendbar sei auf Angestellte eines häuslichen Pflegedienstes.[1967] Das OLG Braunschweig war allerdings der Auffassung, dass ein Testament, das eine betreute Person errichtet, sittenwidrig ist, wenn der Betreuer seinen Einfluss auf den Betreuten dazu benutzt hat, dass dieser ohne reifliche Überlegung über erhebliches Vermögen zugunsten des Betreuers oder seiner Angehörigen verfügt hat.[1968] Auch ein Rechtsgeschäft mit dem Hausarzt kann insoweit als sittenwidrig angesehen werden.[1969] Die Rechtsprechung hat daher bislang eine analoge Anwendung auf Sachverhalte, die der **Heimsituation vermeintlich vergleichbar** sein sollten, abgelehnt. So wurde eine letztwillige Zuwendung an einen **ambulanten Pflegedienst**, der den Behinderten zu Hause versorgt, **nicht entsprechend § 14 HeimG für unwirksam erachtet** oder für Zuwendungen des Vollmachtgebers an seinen Vorsorgebevollmächtigten.[1970] Zu beachten ist, dass die Heimgesetze der Länder diesbezüglich nicht mehr einheitlich sind:[1971] So bestimmt z.B. § 2 Abs. 3 WTPG in Baden-Württemberg, dass nur vollständig selbstverantwortete Wohngemeinschaften nicht dem Anwendungsbereich des Gesetzes unterliegen. Eine ambulant betreute Wohngemeinschaft ist danach nur dann vollständig selbstverantwortet, wenn dort nicht mehr als zwölf Personen gemeinschaftlich wohnen, die Eigenverantwortung und Selbstbestimmung aller Bewohner gewährleistet ist und sie von Dritten, insbesondere einem Leistungsanbieter, strukturell unabhängig ist. Für Berlin entschied das KG, dass § 12 WTG Zuwendungen durch Menschen in betreuten gemeinschaftlichen Wohnformen iSd §§ 3, 4 WTG verbiete. Zum Kreis der Verbotsadressaten zähle auch der Unternehmensgründer eines Pflegedienstes, wenn dieser nach Abgabe der Geschäftsführung im Unternehmen verbleibt, da dann die Vermutung besteht, dass er weiter Einfluss auf die Leitung des Unternehmens habe.[1972] Art. 2 Abs. 2 BayPfleWqG differenziert für das betreute Wohnen: Das Gesetz findet keine Anwendung auf Formen des Betreuten Wohnens, die zugleich die Voraussetzungen des Abs. 1 erfüllen, wenn die Mieterinnen oder Mieter oder Käuferinnen oder Käufer vertraglich lediglich dazu verpflichtet werden, allgemeine Betreuungsleistungen wie Notrufdienste, die Vermittlung von Dienst- und Pflegeleistungen oder Informationen und Beratungsleistungen (Grundleistungen) von bestimmten Anbietern abzunehmen und die über die Grundleistungen hinausgehenden Betreuungs- und Pflegeleistungen (Zusatzleistungen) von den Bewohnerinnen oder Bewohnern frei wählbar sind. Auch die hessische Verbotsnorm des § 6 HGBP erfasst ambulante Betreuungs- und Pflegeeinrichtungen und die Betreuung und Pflege durch vermittelte Pflegekräfte.[1973] Das OLG Frankfurt[1974] entschied zum hessischen Heimgesetz (§ 7 HGBP), dass bei der Erbeinsetzung der Geschäftsführerin eines ambulanten Pflegedienstes durch eine zu pflegende Person in einem Erbvertrag bis zum Beweis des Gegenteils die Vermutung besteht, dass diese Erbeinsetzung mit den Pflegeleistungen in Zusammenhang stehe.

c) Öffentliches Dienstrecht[1975]

805 Gem §§ 42 BeamtStG, 71 BBG, Art. 79 BayBG ist es Beamten, nach § 19 SoldatenG ist es Soldaten untersagt, Belohnungen und Geschenke ohne Zustimmung des Dienstherrn anzunehmen, sofern die Zuwendungen dienstbezogen und nicht ausschließlich in der Privatsphäre begründet ist. Gem. § 78 Abs. 2 ZDG ist § 19 SoldatenG auch auf Zivildienstleistende anzuwenden.[1976] § 10

1966 Vgl. *Niemann* ZEV 1998, 419, 420 ff.
1967 OLG Düsseldorf ZEV 2001, 366; ebenso LG Bonn MDR 1999, 809.
1968 OLG Braunschweig FamRZ 2000, 1189.
1969 OLG Karlsruhe OLG-Report 2001, 319 zur Grundstücksschenkung.
1970 Vgl. BayObLG DNotZ 2003, 439 = Rpfleger 2003, 130 = FGPrax 2003, 34.
1971 Vgl. *Keim* notar 2017, 119, 121; Gutachten DNotI-Report 2018, 123.
1972 KG ZEV 2018, 526.
1973 Gutachten DNotI-Report 2018, 123.
1974 NJW 2015, 2351.
1975 Vgl. *Koos* ZEV 1997, 435; *Müller* ZEV 1998, 219 ff.
1976 Vgl. BVerwG ZEV 1996, 343 m. Anm. *Ebenroth/Koos* = JZ 1996, 854 m. Anm. *Battis*. Mit der Aussetzung der allgemeinen Wehrpflicht im Jahr 2011 gilt die Zivildienstüberwachung nur im Spannungs- oder Verteidigungsfall.

Abs. 1 BAT regelte ähnlich wie jetzt § 3 Abs. 2 TVöD, dass ein Angestellter des öffentlichen Dienstes Belohnungen oder Geschenke in Bezug auf seine dienstliche Tätigkeit nur mit Zustimmung seines Arbeitgebers annehmen darf.

Zwischen den beamtenrechtlichen Vorschriften und dem früheren § 10 BAT bzw. jetzt § 3 Abs. 2 **806**
TVöD besteht allerdings der Unterschied, dass die beamtenrechtlichen Vorschriften nach ihrem Wortlaut den Beamten auch nach Beendigung seines aktiven Dienstverhältnisses binden,[1977] während der Angestellte im öffentlichen Dienst nach Beendigung seines Arbeitsverhältnisses nicht mehr dem Verbot unterliegt.[1978]

Nach der überwiegenden Meinung gilt das hierin enthaltene Verbot auch für eine Begünstigung **807**
durch letztwillige Verfügung.[1979] Die Belohnung muss aber »dienstbezogen« sein, was anzunehmen ist, wenn sie ohne bestehendes Dienstverhältnis nicht gewährt worden wäre, wenn nach den Umständen des Falles für die Zuwendung kein anderer Grund gefunden werden kann als der, dass der Zuwendungsempfänger ein bestimmtes Amt bekleidet oder ihm im Bereich des Angestelltenverhältnisses eine bestimmte Dienststellung obliegt.[1980] Die Zuwendung einer letztwilligen Verfügung eines Angestellten verstößt jedenfalls nicht gegen § 3 Abs. 2 TVöD, wenn sie im Hinblick auf die Bekanntschaft zwischen Erblasser und Zuwendungsempfänger im privaten Bereich erfolgt.[1981] Streitig in der Literatur war, welche Sanktionen an einen Verstoß gegen die beamtenrechtlichen oder dienstrechtlichen Vorschriften geknüpft sind. Zum Teil wurde auch hier angenommen, dass es sich um Verbotsgesetze i.S.d. § 134 BGB handelt, sodass Nichtigkeit der Verfügung anzunehmen sei.[1982] Ein anderer Teil der Auffassungen ging davon aus, dass nur die Annahme der Erbschaft i.S.v. § 1943 BGB gegen ein Verbotsgesetz i.S.v. § 134 BGB verstoße, wenn der testamentarisch Bedachte Beamter oder Angestellter im öffentlichen Dienst ist.[1983] Teilweise wird eine Ausschlagungspflicht angenommen.[1984] Schließlich wurde noch die Auffassung vertreten, dass die letztwillige Verfügung bis zur Genehmigungsverweigerung schwebend unwirksam sei.[1985] Der BGH hatte entschieden, dass ein Verstoß gegen § 10 Abs. 1 BAT nicht zur Nichtigkeit des Geschäftes führe.[1986] Liegt ein Verstoß gegen § 10 Abs. 1 BAT bzw. jetzt § 3 Abs. 2 TVöD vor, so kann der Verstoß anders als beim HeimG noch nachträglich durch die Zustimmung des Arbeitgebers geheilt werden.[1987]

7. Gestaltung der Verfügungen von Todes wegen bei behinderten Abkömmlingen

a) Sozialhilferechtliche Grundlagen[1988]

Bei Verfügungen von Todes wegen durch Eltern behinderter Kinder sind besonders die Vorschrif- **808**
ten des SGB XII zu beachten. Danach muss der Behinderte für die Kosten der Betreuung, seiner

1977 Vgl. BVerwG ZEV 1996, 343.
1978 Vgl. Ruge/Krömer/Pawlak/Rabe Lexikon Arbeitsrecht im öffentlichen Dienst 2019, S. 568.
1979 BAG NVwZ 1985, 142; BayObLG Rpfleger 1990, 56; BVerwG ZEV 1996, 343.
1980 BAG NVwZ 1985, 142, 143; BayObLG FamRZ 1990, 301, 302; Gutachten DNotI-Report 1997, 175; *Dubischar* DNotZ 1993, 419, 430; *Stach* NJW 1988, 943, 945 zu § 10 BAT.
1981 BayObLG Rpfleger 1990, 56; BayObLG NJW 1995, 3260; ablehnend *Koos* ZEV 1997, 435, 437.
1982 *Dubischar* DNotZ 1993, 419, 430; *Nieder* Handbuch, Rn. 326; *Stach* NJW 1988, 943, 945; Gutachten DNotI-Report 1997, 173, 175; ablehnend Soergel/*Stein* § 1923 Rn. 11, § 1943 Rn. 7.
1983 So *Stach* NJW 1988, 943, 945; vgl. auch BVerwG ZEV 1996, 343, das von einer Zustimmungsbedürftigkeit der Erbschaftsannahme ausgeht; ablehnend MünchKomm/*Leipold*, § 1943 Rn. 12; *Meinke* ZEV 1996, 384; *Koos* ZEV 1996, 384; *Koos* ZEV 1996, 41, 45.
1984 MünchKomm/*Leipold*, § 1943 Rn. 12; ablehnend *Rossak* ZEV 1996, 41, 45; *Koos* ZEV 1997, 435, 437.
1985 *Koos* ZEV 1997, 439.
1986 BGH ZEV 2000, 202 m. Anm. *Koos* ZEV 2000, 235.
1987 Gutachten DNotI-Report 1997, 176; BVerwG ZEV 1996, 343.
1988 Monografien zu diesem Komplex: *Heinz-Grimm/Krampe/Pieroth*, Testamente zugunsten von Menschen mit geistiger Behinderung, 3. Aufl., Marburg 1997; *Wietek*, Verfügungen von Todes wegen zugunsten behinderter Menschen, Diss., Frankfurt am Main 1996; *Kaden*, Zur Sittenwidrigkeit des Behindertentestaments, Diss., Frankfurt, 1997; *Settergren*, Das Behindertentestament, Diss., Mainz 1999; *Baltzer/*

Heimunterbringung und seines Lebensunterhaltes grundsätzlich sein gesamtes verwertbares Vermögen einsetzen. Nur bestimmte Vermögensteile sind gem. § 90 Abs. 2 SGB XII ausgenommen, bspw. angemessener Hausrat; Familien- und Erbstücke, deren Veräußerung eine besondere Härte bedeuten würde; Gegenstände, die zur Befriedigung geistiger und künstlerischer Bedürfnisse dienen – ausgenommen Luxusgegenstände –, sowie ein angemessenes Hausgrundstück, auf dem der Behinderte selbst oder mit Angehörigen tatsächlich wohnt. Ausgenommen sind auch Ansparmittel (z.B. Bausparverträge), die nachweislich für die baldige Beschaffung eines solchen kleinen Hausgrundstückes, das den Wohnzwecken des Behinderten dient, bestimmt sind. Darüber hinaus dürfen derzeit einem volljährigen Behinderten nach § 90 Abs. 2 Nr. 9 SGB XII i.V.m. BarbetrV[1989] Barbeträge bis 5.000,00 € zur Verfügung stehen. Gem. § 93 Abs. 1 Satz 1 SGB XII kann der Träger der Sozialhilfe Ansprüche des Hilfeempfängers gegen Dritte bis zur Höhe seiner Aufwendungen durch schriftliche Anzeige an den Dritten auf sich überleiten. Für die Definition des »Anspruchs« ist § 194 Abs. 1 BGB maßgebend: er stellt das Recht dar, von einem anderen ein Tun oder Unterlassen zu verlangen. Keine Ansprüche in diesem Sinne und demnach nicht überleitbar sind Gestaltungsrechte.[1990] Für den Bereich der Sozialhilfe bedeutet dies, dass alle geldwerten Ansprüche des Hilfeempfängers unabhängig vom jeweiligen Grund und Inhalt übergeleitet werden können, also auch Ansprüche mit persönlichem Charakter (z.B. Wohnungsrecht – Wert der Befreiung von der Leistungs- und Duldungspflicht).[1991] Auch der Pflichtteilsanspruch ist überleitbar, selbst wenn er noch nicht geltend gemacht worden ist, da nach § 93 Abs. 1 Satz 4 SGB XII der Übergang nicht dadurch ausgeschlossen ist, dass der Anspruch nicht übertragbar oder pfändbar ist. Gleiches gilt auch für Vermächtnisse, zumindest soweit sie in Geldwert zu beziffern sind. Nicht überleitbar ist hingegen das Ausschlagungsrecht.[1992] Bei der Gestaltung der Verfügungen von Todes wegen ist ferner der Kostenersatz durch den Erben des Leistungsempfängers, seines Ehegatten oder Lebenspartners nach § 102 SGB XII zu beachten, wonach der Erbe[1993] zum Kostenersatz für die innerhalb eines Zeitraums von 10 Jahren[1994] vor dem Erbfall aufgewendeten Kosten der Sozialhilfe herangezogen werden kann.

Reisnecker, Vorsorgen mit Sorgenkindern, München 2012; *Kornexl*, Nachlassplanung bei Problemkindern, Münster 2008; weiteres Schrifttum: Scherer/*Spall*, Münchener Anwaltshandbuch Erbrecht, 5. Aufl., München 2018 § 41; Bengel/Reimann/*Bengel/Dietz*, HdTV, 6. Aufl., München 2017, § 5, Rn. 418 ff.; J. *Mayer* DNotZ 1994, 347; ders. ZErb 1999, 600; *ders.* ZErb 2000, 16; *Nieder* NJW 1994, 1264; *van de Loo* MittRhNotK 1989, 233; *ders.* NJW 1990, 2852; *ders.* ZEV 2006, 473; *Bengel* ZEV 1994, 29; *Köbl* ZfSH/SGB 1990, 449, 465; *Eichenberger* JZ 1999, 226; *Engelmann* MDR 1999, 968; *Hartmann* ZEV 2001, 89; *Weidlich* ZEV 2001, 94; *Spall* MittBayNot 2001, 249; *ders.* MittBayNot 2003, 356; *ders.* ZEV 2006, 344; *ders.* ZErb 2007, 272; *Damrau/Mayer* ZEV 2001, 293; *Limmer* ZFE 2002, 156 ff.; *Grziwotz* ZEV 2002, 409 ff.; *Joussen* NJW 2003, 1851 ff.; *Litzenburger* RNotZ 2004, 138 ff., 162 ff.; *Ivo* EE 2004, 42 ff.; *Schuhmann* UVR 2005, 176 ff.; *Armbrüster* ZEV 2010, 88; *ders.* ZEV 2010, 555; *Bengel/Spall* ZEV 2010, 195; *Dietz/Spall* ZEV 2012, 456; *von Proff* RNotZ 2012, 272; zu den sozialrechtlichen Grundlagen: *Doering-Striening*, ZErb 2014, 211; *Spall*, MittBayNot 2014, 211.

1989 Verordnung zur Durchführung des § 90 Abs. 2 Nr. 9 des Zwölften Buches Sozialgesetzbuch vom 11.02.1988 (BarbetrV), zuletzt geändert 22.03.2017.

1990 Staudinger/*Peters* [1995] § 194 Rn. 18; MünchKommBGB/*Grothe* § 194 Rn. 4.

1991 Vgl. hierzu *Baur* Zentralblatt für Sozialversicherung, Sozialhilfe und Versorgung 1982, 230. Allerdings kann das Wohnungsrecht so ausgestaltet werden, dass es bei dauerhaftem Wegzug des Berechtigten entschädigungslos erlischt, sodass im Ergebnis kein überleitbarer Bestandteil verbleibt; diese Gestaltung ist nach nunmehr h.M. zulässig, insb. nicht sittenwidrig: BGH DNotZ 2009, 431; 2009, 441; zustimmend *Herrler*, DNotZ 2009, 408.

1992 *Karpen* MittRhNot 1998, 131, 149; inzwischen auch *van de Loo* ZEV 2006, 473, 477; vgl. auch Syst. A Rdn. 821.

1993 Maßgebend ist der zivilrechtliche Erbenbegriff, BVerwGE 66, 161; Rolfs/Giesen/Kreikebohm/Udsching/*Adams*, Sozialrecht, § 102 SGB XII Rn. 2; Grube/Wahrendorf/*Bieback*, SGB XII Sozialhilfe, § 102 Rn. 8.

1994 Bis zur Änderung durch Art. 26 Nr. 8 des HaushaltsbegleitG 1984 galt gem. § 92c BSHG noch eine Frist von nur 5 Jahren.

Die Kostenersatzpflicht des Erben stellt eine Nachlassverbindlichkeit i.S.d. § 1967 BGB dar, für die der Erbe mit dem gesamten Nachlasswert i.S.v. § 2311 BGB haftet.[1995] Das Rangverhältnis dieser Ersatzpflicht gegenüber anderen Nachlassverbindlichkeiten, insbesondere Pflichtteilsansprüchen, Vermächtnissen und Auflagen, ist nach wie vor umstritten und letztlich ungeklärt (§ 102 Abs. 2 SGB XII).[1996] Daneben sind in § 102 Abs. 3 SGB XII Einschränkungen des Kostenersatzanspruches zugunsten des Erben enthalten (»Härtefallregelungen«).

b) Die Konfliktsituation

Eltern (oft auch andere Angehörige) geistig bzw. körperlich behinderter Kinder befinden sich bei der Abfassung einer Verfügung von Todes wegen häufig in einer Konfliktsituation: 809

- Einerseits soll das behinderte Kind am Nachlass beteiligt werden. Eine Benachteiligung des behinderten Kindes gegenüber den gesunden Kindern ist regelmäßig nicht gewollt. Welche materielle Verteilung dabei von den Eltern als »gerecht« empfunden wird, ist vor allem unter Berücksichtigung des häufig deutlich erhöhten Betreuungsaufwands für ein Kind mit Behinderung Frage des Einzelfalls.
- Andererseits wünschen sehr viele Eltern, dass der Behinderte auch tatsächlich in der Lage ist, aus dem Ererbten einen persönlichen Vorteil zu ziehen; der Behinderte soll vom Vermögen der Eltern »auch etwas haben«. Es soll ihm also über die Sozialleistungen hinaus eine Verbesserung seiner Lebensqualität geschaffen werden.
- Bei kleineren bis mittleren Vermögen geht deshalb die Suche der Eltern nach einer erbrechtlichen Gestaltungsmöglichkeit häufig in die Richtung, dass aus Nachlassmitteln dem behinderten Kind etwas zugute kommt, auf das der Sozialhilfeträger keinen Zugriff hat, und überdies die Substanz des Nachlasses nicht durch übergeleitete Pflichtteilsansprüche geschmälert wird.
- Bei größeren Vermögen hingegen liegt die Sorge der Eltern meist weniger beim Problem der Kostenerstattung, sondern mehr bei der guten Unterbringung und Betreuung in persönlicher und wirtschaftlicher Hinsicht.

c) Gestaltungsmöglichkeiten

Aus der Vielzahl der Gestaltungsmöglichkeiten ist insbesondere an folgende zu denken: 810

aa) Güterstand

Der Güterstand hat Einfluss auf die Höhe der gesetzlichen Erbteile und damit auch die Quote des 811
Pflichtteils. Im Hinblick darauf ist regelmäßig der gesetzliche Güterstand zu empfehlen, weil dieser zur geringsten Pflichtteilsquote der Abkömmlinge führt. Ausnahmsweise kommt jedoch auch die Gütergemeinschaft infrage. Die Vereinbarung derselben stellt grundsätzlich keine Schenkung dar.[1997] Denn der Rechtsgrund der Bereicherung bei der Gütergemeinschaft liegt in dem familienrechtlichen Vertrag. Hierdurch werden die Vorschriften der §§ 516 ff. BGB verdrängt.[1998] Eine Einigung über die Unentgeltlichkeit fehlt in der Regel. Ausnahmsweise kann jedoch gleichwohl in der Vereinbarung von Gütergemeinschaft dann eine Schenkung gesehen werden, wenn festgestellt wird, dass die Geschäftsabsichten der Eheleute nicht zwecks Verwirklichung der Ehe auf eine Ordnung der beiderseitigen Vermögen gerichtet war.[1999]

Wird vom gesetzlichen Güterstand zur Gütertrennung gewechselt, ist die gem. § 1378 Abs. 1 BGB entstehende Ausgleichsforderung gem. § 5 Abs. 2 ErbStG kein der Schenkungsteuer unterliegender

1995 Grube/Wahrendorf/*Bieback*, SGB XII Sozialhilfe, § 102 Rn. 38.

1996 Für Gleichrang und somit Teilung der Nachlasswerte mit dem Sozialleistungsträger: *Damrau*, ZEV 1998, 1; *Damrau/J. Mayer* ZEV 2001, 293; hingegen für einen Vorrang zumindest des Nachvermächtnisanspruchs: *Baltzer* ZEV 2008, 116, 118 f.; *Spall*, MittBayNot 2001, 252.

1997 BGHZ 116, 178; Palandt/*Weidlich* § 2325 Rn. 12; Burandt/Rojahn/*Horn* § 2325 Rn. 55 ff.

1998 Vgl. allg. ausführlich MünchKommBGB/*Lange* § 2325 Rn. 25; *Weigmann* ZEV 1996, 201.

1999 BGHZ 116, 178, 181 ff.

Erwerb. Da es sich auch hier um eine Gestaltung der ehelichen Vermögensverhältnisse zur Verwirklichung der Ehe handelt, spricht vieles dafür, dass auch zivilrechtlich keine gem. § 2325 BGB der Pflichtteilsergänzung unterliegende Schenkung vorliegt.[2000] Dies ist allerdings nicht unbestritten.[2001] Grenzwertig dürfte z.B. eine Gestaltung nach dem Modell der »Güterstandsschaukel« sein, wenn also kurz nach der Vereinbarung der Gütertrennung und Ausgleich des Zugewinns wieder zum gesetzlichen Güterstand zurückgekehrt wird, also der Vermögenstransfer und nicht die Ausgestaltung der güterrechtlichen Situation im Vordergrund steht.[2002] Geht es hingegen in erster Linie um eine angemessene Ausgestaltung der ehelichen Vermögensverhältnisse, kehren also die Ehegatten nicht kurze Zeit später in den gesetzlichen Güterstand zurück, wird man die Entgeltlichkeit der Vermögensübertragung auch pflichtteilsrechtlich anerkennen müssen.

bb) Rechtsgeschäft unter Lebenden

812 Bei der Übertragung von Grundbesitz an die nicht behinderten Abkömmlinge ist die **10-Jahres-Frist** im Hinblick auf die Geltendmachung der **Pflichtteilsergänzung** durch das behinderte Kind wegen Schenkung gem. § 2325 BGB zu beachten. Freilich hat dieser Anspruch durch das »Abschmelzungsprinzip« des § 2325 Abs. 3 BGB, wonach sich der Pflichtteilsergänzungsanspruch nach »wirtschaftlicher Ausgliederung« des Geschenks aus dem Vermögen des Schenkers jedes Jahr um ein Zehntel verringert, an Schärfe verloren. Darüber hinaus kann nach § 528 Abs. 1 Satz 1 BGB der Schenker, der seinen eigenen standesgemäßen Unterhalt nicht bestreiten oder – und dies ist bei behinderten Abkömmlingen häufig der Fall – die Unterhaltspflicht, die dem Schenker obliegt, nicht erfüllen kann, vom Beschenkten Herausgabe des Geschenks verlangen. Auch hier ist der Anspruch ausgeschlossen, wenn zwischen der Leistung des geschenkten Gegenstandes und dem Zeitpunkt des Eintritts der Bedürftigkeit 10 Jahre verstrichen sind (§ 529 Abs. 1 BGB). Der **Anspruch aus § 528 BGB** stellt einzusetzendes Vermögen dar. Deshalb kann dieses Rückforderungsrecht vom Sozialhilfeträger gem. § 93 SGB XII übergeleitet werden.[2003] Umstritten ist hingegen, ob beim Tod des Schenkers der Rückforderungsanspruch aus § 528 BGB erlischt oder auf den Erben übergeht.[2004] Nach der Rechtsprechung erlischt er grundsätzlich nicht, wenn der Anspruch vom Schenker geltend gemacht oder von diesem abgetreten wurde, sowie wenn der Schenker und Erblasser von Dritten unterhaltssichernde Leistungen – bspw. gerade Leistungen nach dem SGB XII – empfangen hat.[2005]

Vergessen werden darf nicht, dass bei Übergabeverträgen die von dem Übergebenden an den Behinderten zu erbringenden Leistungen auf dessen künftiges Pflichtteilsrecht nach der Übergabe mit einer **Anrechnungsbestimmung** versehen werden können (§ 2315 Abs. 1 BGB). Weitergehend wäre auch an einen **Pflichtteilsverzicht** des behinderten Leistungsempfängers zu denken, der nach h.M.[2006] und nunmehr auch höchstrichterlicher Rechtsprechung[2007] ein erlaubter Gebrauch erbrechtlicher Gestaltungsmittel und daher insbesondere nicht sittenwidrig oder ein unzulässiger Vertrag zulasten Dritter ist. Bei einem voll geschäftsfähigen Behinderten kann der flankierende Pflichtteilsverzicht, insbesondere nach dem erstversterbenden Elternteil ein wichtiges Gestaltungs-

---

2000 *Brambring*, ZEV 1996, 248, 252 ff.; Palandt/*Weidlich* § 2325 Rn. 12; Burandt/Rojahn/*Horn* § 2325 Rn. 56; *Krauß*, Vermögensnachfolge in der Praxis, Rn. 74, 80, *Wegmann*, ZEV 1996, 201, 206 f.

2001 Vgl. Mayer/Süß/Tanck/Bittler/Wälzholz/*Pawlytta*, Handbuch Pflichtteilsrecht, § 7 Rn. 64 m.w.N.; MünchKommBGB/*Lange* § 2325 Rn. 25; Bamberger/Roth/*Müller-Engels* § 2325 Rn. 22.

2002 In diese Richtung auch *Krauß*, Vermögensnachfolge in der Praxis, Rn. 86.

2003 Zu den Gestaltungsmöglichkeiten für Rechtsgeschäfte unter Lebenden s. vor allem *Wahl*, Vertragliches Versorgungsrecht in Übergabeverträgen und sozialrechtliche Ansprüche, Diss., 1989; *Krauß* MittBayNot 1992, 77 ff.; *ders.*, Vermögensnachfolge in der Praxis, Rn. 1032 ff.

2004 Vgl. BGH NJW 1995, 2287 m.w.N.

2005 BGH NJW 2001, 2084.

2006 Von *Proff* ZErb 2010, 206; *J. Mayer* ZEV 2007, 556, 559; *Krauß*, Vermögensnachfolge in der Praxis, Rn. 104; *Bengel/Spall*, ZEV 2010, 195; a.A.: VGH Mannheim NJW 1993, 2953; OLG Stuttgart NJW 2001, 3484; *Settergren*, Das »Behindertentestament« im Spannungsfeld zwischen Privatautonomie und sozialhilferechtlichem Nachrangprinzip, 1999, 28 ff.

2007 BGH MittBayNot 2012, 138 m. zust. Anm. *Spall*.

instrument sein. In der Vielzahl der Fälle geistiger Behinderungen wird es aber an der Geschäftsfähigkeit fehlen, sodass der gesetzliche Vertreter des Behinderten den Pflichtteilsverzichtsvertrag abschließen müsste, wozu er als Elternteil gem. § 1643 Abs. 2 Satz 1 BGB der Genehmigung durch das Familiengericht und als Betreuer bzw. Vormund gem. §§ 1908i Abs. 1 Satz 1, 1822 Nr. 2 BGB der Genehmigung durch das Betreuungsgericht bedarf.[2008] Diese wird für einen Verzicht ohne Gegenleistung nur schwer zu bekommen sein. Erhält der Behinderte im Austausch aber einen echten Vorteil, spricht vieles für die Genehmigungsfähigkeit.

cc) Verfügungen von Todes wegen

Die gesetzliche Erbfolge wird nur in den wenigsten Fällen von den Eltern gewollt sein, da das ver- 813
erbte Vermögen des behinderten Kindes relativ schnell durch die Kosten seiner Betreuung, Unterbringung und seines Lebensunterhaltes aufgezehrt sein wird. Auch die Nichtberücksichtigung des Behinderten bzw. die Setzung des Behinderten auf seinen Pflichtteil hilft hier nicht weiter. Die Fürsorge für den behinderten Abkömmling könnte dadurch zum Ausdruck gebracht werden, dass die als nicht behinderte Kinder zu Erben Berufenen mit Auflagen versehen werden, für den Behinderten zu sorgen. Allerdings ist der Wert der Auflage nicht auf den Pflichtteil des Behinderten anzurechnen. § 2305 BGB erfasst nur die Zuwendung eines Erbteils, § 2307 BGB nur die eines Vermächtnisses. Damit kann zusätzlich zur Auflage der volle Pflichtteil geltend gemacht werden! Darüber hinaus führt die Auflage zu weiteren Fragen: Wer ist berechtigt, die Vollziehung von Auflagen zugunsten des Behinderten zu verlangen? Der Berechtigte selbst hat keinen Anspruch auf Vollzug (§ 2194 BGB), also kann dieses Recht auch nicht dem Vormund bzw. Betreuer zustehen (§ 2124 BGB). Sinnvollerweise wäre dann die Auflage mit einer Testamentsvollstreckung zu verbinden, dem dann gegenüber den nicht behinderten Kindern als Erben das Forderungs- und Klagrecht hinsichtlich der Vollziehung der Auflage zusteht. Hierbei ist auch denkbar, dass die Testamentsvollstreckung allein zum Zwecke der Sicherstellung des Vollzugs der Auflage vom Erblasser angeordnet wird.[2009]

(1) Vermächtnisse

Vermächtnisse in Form der Zuwendung eines Wohnungsrechts oder eines Leibgedings (Altenteil) 814
sollten so ausgestaltet werden, dass der Wegzug des Behinderten – insbesondere im Falle der Heimunterbringung – keine Ersatzzahlungen des Eigentümers auslöst, weil diese grundsätzlich als überleitbare Ansprüche nach § 93 Abs. 1 SGB XII anzusehen sind.[2010] Ratsam ist daher die Aufnahme einer sog. »Wegzugsklausel«, die klarstellt, dass dem Berechtigten im Falle seines Auszugs aus dem Anwesen keine Ersatzzahlungen zustehen sollen, wenn der Eigentümer den Auszug nicht schuldhaft herbeigeführt hat.[2011]

▶ Muster: Wegzugsklausel bei Wohnungsrecht

Das Wohnungsrecht ist auflösend bedingt dadurch, dass der Berechtigte das Anwesen auf Dauer verlässt. Der Berechtigte ist in diesem Fall zur Abgabe einer Löschungsbewilligung verpflichtet. Solange ein vorübergehendes Ausübungshindernis besteht, ruhen die Rechte und Leistungen. Geldersatzansprüche des Berechtigten sind in beiden Fällen ausgeschlossen. Ist ein Auszug vom Erwerber jedoch schuldhaft herbeigeführt worden, steht dem Berechtigten ein Ersatzanspruch entsprechend Art. 20 BayAGBGB zu.

Als weiterer sinnvoller Inhalt bei der Vermächtnisregelung bieten sich – unter Berücksichtigung der Beträge, die ein Sozialleistungsempfänger haben darf – laufende Zahlungen an. Neben den Vermächtnissen ist der Zusatzpflichtteil nach § 2307 Abs. 1 Satz 2 BGB bzw. die Möglichkeit, das

---

2008 *Spall* MittBayNot 2012, 141, 143.

2009 BayObLG 1986, 34.

2010 Grube/Wahrendorf/*Giere*, SGB XII Sozialhilfe, § 93 Rn. 15.

2011 Nach h.M. zulässig, insb. nicht sittenwidrig: BGH DNotZ 2009, 431; 2009, 441; zustimmend *Herrler*, DNotZ 2009, 408; weiterer Formulierungsvorschlag z.B. bei *Krauß*, Vermögensnachfolge in der Praxis, Rn. 1197.

Vermächtnis gem. § 2307 Abs. 1 Satz 1 BGB auszuschlagen und den Pflichtteil zu verlangen, zu beachten. Bei der Zuwendung von Vermächtnissen ist zu prüfen, ob, sofern nicht vom Vermächtnisnehmer aufgebraucht, der Vermächtnisgegenstand auch den gesetzlichen Erben des Behinderten zufallen soll oder ob über ein angeordnetes Nachvermächtnis (§ 2191 BGB) der Erblasser andere Bestimmungen trifft. Auch wenn die Nachvermächtniseinsetzung nicht dinglich wirkt (§ 2174 BGB), ist der Anspruch des Nachvermächtnisnehmers bei Grundstücken oder Grundstücksrechten grundsätzlich vormerkbar.[2012] Allerdings gilt – anders als bei der Nacherbeneinsetzung – gem. § 2191 Abs. 1 BGB der erste Vermächtnisnehmer als beschwert, d.h. der Nachvermächtnisnehmer leitet sein Recht nicht unmittelbar vom Erblasser ab. Der Vermächtnisgegenstand fällt also beim Tod des Vorvermächtnisnehmers in dessen Nachlass. Der Nachvermächtnisnehmer hat einen Anspruch gegen den Erben auf Erfüllung des Nachvermächtnisses. Damit sieht sich der Erbe des Behinderten zum einen wegen § 102 SGB XII dem Anspruch auf Kostenersatz und zum anderen dem Anspruch des Nachvermächtnisnehmers auf Vermächtniserfüllung ausgesetzt. Ein Vorrang des Sozialhilfeträgers besteht nicht. Die Forderung des Nachvermächtnisnehmers und die Forderung des Sozialhilfeträgers sind gleichrangig.[2013]

Als »Königsweg« bezeichnet *Grziwotz*[2014] die sogenannte umgekehrte Vermächtnislösung: Das behinderte Kind wird alleiniger beschränkter Vorerbe; diese Vorerbeinsetzung wird mittelbar gegenständlich beschränkt dadurch, dass erhebliche Nachlassbestandteile über ein Vermächtnis dem nicht behinderten Kind zugewendet werden. Hierdurch soll der Nachteil der klassischen Vor- und Nacherbschaftsregelung, das Entstehen einer Erbengemeinschaft, vermieden werden. Zwar entfallen nach der jüngsten Erbrechtsmodernisierung die Beschwerungen und Anordnungen bei Unterschreiten des Pflichtteils nicht mehr automatisch.[2015] Der Behinderte kann aber in diesem Falle das ihm zugewandte Erbe ausschlagen und seinen Pflichtteil verlangen. Im Übrigen sind die »Schrecken« der Erbengemeinschaft bei der klassischen Lösung als nicht besonders hoch einzustufen. Aufgabe des eingesetzten Testamentsvollstreckers ist schließlich auch, die Gemeinschaft auseinanderzusetzen. Dabei dürfen allerdings keine Fehler gemacht werden, die die wesentlichen Anordnungen des sog. Behindertentestaments beseitigen – insbesondere darf vom Testamentsvollstrecker keinesfalls über den Erbteil als solchen verfügt werden.[2016] Überdies kann auch der Erblasser über die Teilungsanordnung gem. § 2048 BGB verfügen, wie die Auseinandersetzung zu erfolgen hat.

(2) Vor- und Nacherbschaft

815 Das Institut der **Vor- und Nacherbschaft** kann in vielen Fällen dem Willen der Eltern, einerseits dem behinderten Kind bestimmte Leistungen zukommen zu lassen und andererseits die Vermögenssubstanz in der Familie zu erhalten, gerecht werden. Infrage kommt insbesondere folgende Gestaltungsmöglichkeit:

Das behinderte Kind wird entsprechend seinem gesetzlichen Erbteil Erbe, jedoch nur **nicht befreiter** Vorerbe (§§ 2113 ff. BGB). In Betracht kommen allenfalls die Befreiung von der Pflicht zur Geldanlage gem. § 2119 BGB, um ertragreichere Anlagevarianten zuzulassen sowie evtl. die Befreiung von der Verpflichtung zur Erstellung eines Wirtschaftsplans (§ 2123 BGB). Die Einsetzung zum befreiten Vorerben hingegen eröffnet dem Sozialhilfeträger eine mittelbare Zugriffsmöglichkeit, wenngleich er wegen § 2115 BGB nicht in den Nachlass vollstrecken kann. Denn der befreite

2012 BayObLG Rpfleger 1981, 190; *Bengel* NJW 1990, 1826.

2013 *Damrau* ZEV 1998, 1, 3; i.E. hätte dann eine quotale Teilung des Nachlasses zu erfolgen. Aus § 327 Abs. 1 Nr. 2 InsO lässt sich hingegen keine Lösung bezüglich des Rangverhältnisses ableiten; s. auch: DNotI-Report 1999, 149; *Damrau/J. Mayer* ZEV 2001, 193, 294 ff.; die Gegenauffassung sieht für das Nachvermächtnis als Erblasserschuld hingegen einen Vorrang ggü. dem sozialhilferechtlichen Überleitungsanspruch, der nur Erbfallschuld sei: *Weidlich* ZEV 2001, 94, 97; *Spall* MittBayNot 2001, 252; *Baltzer*, ZEV 2008, 116, 118 f.

2014 ZEV 2002, 409.

2015 *Spall* ZErb 2007, 272, 273 f.

2016 *Keim*, DNotZ 2014, 895; vgl. den zugrunde liegenden tragischen Fall LG Kassel ZEV 2014, 104.

Vorerbe kann prinzipiell frei über das Nachlassvermögen verfügen (ausgenommen Rechtsgeschäfte gem. § 2113 Abs. 2 BGB). *Otte*[2017] vertritt die Ansicht, dem **befreiten Vorerben** stehen nicht nur die Nachlassfrüchte, sondern auch die Nachlassgegenstände zu. Dies ist insoweit richtig, als die h.M. zu § 2216 Abs. 2 Satz 2 BGB unter der wirtschaftlichen Gefährdung des Nachlasses auch die wirtschaftliche Gefährdung des (Vor-)Erben subsumiert. Jedenfalls kann der Sozialhilfeträger bei befreiter Vorerbschaft unter Hinweis auf das diesem zum Verbrauch zur Verfügung stehende Nachlassvermögen möglicherweise gem. § 90 Abs. 1 SGB XII die Gewährung von Sozialhilfe verweigern.[2018] Damit ist bei der befreiten Vorerbschaft trotz Testamentsvollstreckung und Verwaltungsanordnungen nicht gesichert, dass der Sozialhilfeträger nicht doch auf Früchte und Substanz zugreifen kann. Mithin ist als sicherer Weg eine **nicht befreite Vorerbschaft vorzugswürdig**.

Nacherben werden die Abkömmlinge des behinderten Kindes, sofern solche nicht vorhanden sind, seine Geschwister bzw. deren Abkömmlinge zu unter sich gleichen Stammanteilen. Der Nacherbfall tritt ein mit dem Ableben des Vorerben (§ 2106 Abs. 1 BGB).

(3) Testamentsvollstreckung

Für den auf das behinderte Kind entfallenden Erbteil wird **Testamentsvollstreckung** angeordnet, **816**
und zwar nicht bloße Abwicklungsvollstreckung gem. §§ 2203, 2204 BGB, sondern Dauervollstreckung (§ 2209 Satz 1 BGB). Zum Testamentsvollstrecker wird eine dem Behinderten besonders nahestehende Person berufen. Der Verwaltungsvollstrecker ist gem. § 2209 Satz 2 i.V.m. § 2207 BGB im Zweifel auch zur Eingehung von Verbindlichkeiten befugt. Bei der Verfügung über Nachlassgegenstände entfällt ohnehin die kausale Beschränkung des § 2206 Abs. 1 Satz 1 BGB.

Eine Befreiung des Testamentsvollstreckers von der dinglichen Beschränkung des § 2205 Satz 3 BGB im Hinblick auf unentgeltliche Verfügungen ist nicht möglich (§ 2207 Satz 2 BGB), regelmäßig auch nicht sinnvoll.

Eine **Überwachung** des Testamentsvollstreckers durch das Nachlassgericht kann vom Erblasser nicht angeordnet werden.[2019] Familienrechtliche Beschränkungen (z.B. bei minderjährigen Erben) gelten für den Testamentsvollstrecker nicht.[2020] Gleiches gilt für ehegüterrechtliche Beschränkungen des Erben (z.B. § 1365 BGB).[2021]

Der Testamentsvollstrecker soll also **weitestgehende** Rechte haben. Er wird angewiesen, aus den **817**
Erträgnissen des Erbteils dem Vorerben zu bestimmten Anlässen oder für bestimmte Zwecke solche Zuwendungen zu machen, die nach § 90 SGB XII geschützt sind.

Fehlt eine klare **Verwaltungsanordnung** gem. § 2216 Abs. 2 BGB für den Testamentsvollstrecker, **818**
so gelten die allgemeinen Regeln des § 2216 Abs. 1 BGB. Nach diesen gehört zur ordnungsgemäßen Verwaltung des Nachlasses durch den Testamentsvollstrecker, dass dieser für einen angemessenen Unterhalt des Erben zu sorgen hat, soweit der Unterhalt aus den Einkünften des Nachlasses geleistet werden kann.[2022] Dieser Anspruch des Behinderten aus § 2216 Abs. 1 BGB gegen den Testamentsvollstrecker könnte vom Sozialhilfeträger übergeleitet werden. Die h.M.[2023] sieht aber solche Verwaltungsanordnungen als zulässig an, wonach die Erträge des dem Behinderten zugewandten Erbteils ausschließlich für den über den notwendigen, von der Sozialhilfe zu tragenden Unterhalt hinausgehenden angemessenen Unterhalt i.S.d. §§ 1601 ff., 1610 BGB zu verwenden sind. *Krampe*[2024] vertritt die Ansicht, dass zur ordnungsmäßigen Verwaltung i.S.d. § 2216 Abs. 1

2017 *Otte* JZ 1990, 1027.
2018 *Van de Loo* NJW 1990, 2852; *Nieder* NJW 1994, 1264; DNotI-Report 1996, 48.
2019 BayObLGZ 1953, 357; Bengel/Reimann/*Bengel/Dietz*, HdTV, Kap. 1, Rn. 17 ff.
2020 Bengel/Reimann/*Bengel/Dietz*, HdTV, Kap. 1, Rn. 26.
2021 Staudinger/*Reimann* [2016] § 2205 Rn. 129.
2022 Staudinger/*Reimann* [2016] § 2216 Rn. 17.
2023 *Nieder* NJW 1994, 1264; a.A. *Mayer* DNotZ 1994, 347, 357.
2024 *Krampe* AcP 191, 526 ff.

BGB die Herausgabe der Erträgnisse zur Unterhaltssicherung des (Mit-)Erben gehört, dass also bei Vor-/Nacherbenmodell die Erträgnisse auch überleitbar wären (»Früchtelösung«). Der BGH[2025] hat jedoch entschieden, dass die Früchte nur zur Unterhaltsdeckung heranzuziehen sind, »vorbehaltlich einer anderslautenden Verfügung von Todes wegen«.[2026] Deshalb sind klare Verwaltungsanweisungen an die Testamentsvollstrecker erforderlich (§ 2216 Abs. 2 BGB).

819 Wenn das Amt des Betreuers bzw. des Vormunds und des Testamentsvollstreckers zusammenfällt, ergibt sich die Situation, dass eine Gestattung des **Selbstkontrahierens** für den Betreuer bzw. den Vormund nicht infrage kommt (§ 1795 Abs. 2; § 1908i i.V.m. § 1795 Abs. 2 BGB),[2027] dem Testamentsvollstrecker indes durch den Erblasser das Selbstkontrahieren gestattet werden kann.[2028] Ist eine Interessenkollision nicht ausschließbar, kann dem Vormund bzw. Betreuer die Vertretungsmacht hinsichtlich der Wahrung der Rechte des Erben gegenüber dem Testamentsvollstrecker entzogen werden; für diesen Bereich wäre dann ein Ergänzungspfleger bzw. -betreuer zu bestellen.[2029] Es ist daher ratsam, diese Ämter nach Möglichkeit in verschiedene Hände zu legen.

820 Bei der vorgeschlagenen Gestaltung musste für Erbfälle bis Ende 2009 der Erbteil **größer als der Pflichtteil** sein, damit es nicht zum »Super-GAU«[2030] kam und die beschränkenden Anordnungen (Nacherbschaft und Testamentsvollstreckung) gem. § 2306 Abs. 1 Satz 1 a.F. BGB automatisch entfielen. Die h.M. stellte hier auf die Quote ab (**Quotentheorie**), soweit nicht Ausgleichungs- bzw. Anrechnungspflichten bestehen (dann **Werttheorie**).[2031] Dieser Streit und dieses Risiko haben sich durch die für Erbfälle ab 2010 geltende Rechtslage erledigt, da die Beschränkungen der Nacherbfolge und der Testamentsvollstreckung gem. **§ 2306 BGB n.F. nunmehr unabhängig von der Erbquote nur beseitigt** werden können, wenn die **Erbschaft ausgeschlagen** und der **Pflichtteil verlangt** wird. Bleibt die Erbquote hinter dem Pflichtteil zurück, steht dem Pflichtteilsberechtigten lediglich neben der mit den beschränkenden Anordnungen versehenen Beteiligung am Nachlass gem. § 2305 BGB ein Zusatzpflichtteil zu.[2032] Dieser unterliegt mangels der schützenden Anordnungen dem Zugriff des Sozialleistungsträgers, sodass auch nach neuer Rechtslage eine Erbeinsetzung des Behinderten über der Pflichtteilsquote ratsam ist.[2033] Der Ausschlagende muss voll geschäftsfähig sein. Andernfalls handelt für ihn der gesetzliche Vertreter. Vormund bzw. Betreuer bedürfen zu diesem Rechtsgeschäft der familien- bzw. betreuungsgerichtlichen Genehmigung (§§ 1822 Nr. 2, 1908i BGB). Fraglich ist, wann die Ausschlagungsfrist bei nicht voll Geschäftsfähigen beginnt. Üblicherweise gilt §§ 1944, 2306 Abs. 1 Halbs. 2 BGB (6 Wochen, beginnend mit Kenntniserlangung des Erben von der Beschränkung); beim Geschäftsunfähigen oder beschränkt Geschäftsfähigen kommt es auf die Kenntnis des gesetzlichen Vertreters an (§ 131 Abs. 1 BGB).[2034] Soweit kein gesetzlicher Vertreter bestellt ist, gelten die §§ 210, 1944 Abs. 2 Satz 3 BGB: Erst wenn ein beschränkt Geschäftsfähiger oder Geschäftsunfähiger einen gesetzlichen Vertreter hat und dieser vom Anfall der Erbschaft und vom Grund der Berufung samt den angeordneten Beschränkungen Kenntnis erlangt, beginnt die für die Ausschlagung geltende Verjährungsfrist von 6 Wochen zu

---

2025 BGH FamRZ 1986, 900.

2026 Hierzu auch Staudinger/*Reimann* [2016] § 2216 Rn. 17, 19, 35; *Eichenhofer* JZ 1999, 226, 299 f.

2027 MünchKommBGB/*Spickhoff* § 1795 Rn. 12 ff.; MünchKommBGB/*Schwab* § 1908i Rn. 17.

2028 BGH RPfleger 1960, 88.

2029 LG Frankfurt RPfleger 1990, 207; OLG Hamm FamRZ 1993, 1122; OLG Nürnberg ZEV 2002, 158; BGH ZEV 2008, 330 m. Anm. *Muscheler*, lehnt allerdings für die elterliche Sorge die generelle Annahme einer Interessenkollision ab und verlangt eine Einzelfallprüfung. Vgl. auch Bengel/Reimann/*Bengel/Dietz*, HdTV, Kap. 5, Rn. 414 ff.

2030 Mayer/Süß/Tanck/Bittler/Wälzholz/*J. Mayer*, Hdb. PflichtteilsR, § 12 Rn. 6 f.; vgl. zur Problematik des alten § 2306 BGB beim Behindertentestament auch *Spall*, ZEV 2006, 344.

2031 BGH WM 1968, 543; BayObLGZ 1968, 112; OLG Celle ZEV 1996, 307 m. Anm. *Skibbe*; OLG Köln ZEV 1997, 298; *Marotzke* AcP 191, 563; *Weidlich* ZEV 2001, 94, 95 f.

2032 *Krauß*, Vermögensnachfolge in der Praxis, Rn. 6527; *Odersky*, notar 2008, 125.

2033 *Spall*, ZErb 2007, 272, 273 f.

2034 Palandt/*Weidlich* § 1944 Rn. 6.

laufen. Der gesetzliche Vertreter kann die Ausschlagung bereits vor Vorliegen der gerichtlichen Genehmigung erklären. Diese muss allerdings zusammen mit der gerichtlichen Genehmigung innerhalb der Ausschlagungsfrist dem Nachlassgericht zugehen. Dies ist schon wegen der Rechtsmittelfristen des Genehmigungsverfahrens regelmäßig praktisch ausgeschlossen. Daher wird die Ausschlagungsfrist analog §§ 206, 1944 Abs. 2 Satz 3 BGB von Beantragung der Genehmigung bis zu ihrer rechtskräftigen Bekanntgabe an den gesetzlichen Vertreter gehemmt. Anschließend läuft der Rest der Frist – ohne einen zusätzlichen Zeitraum für die Übermittlung der Genehmigung an das Nachlassgericht – ab.[2035] Das Familien- bzw. Betreuungsgericht und der gesetzliche Vertreter haben sich ausschließlich am Wohl des Kindes zu orientieren. Beide müssen sich also die Frage stellen, ob der Behinderte besser steht, wenn ausgeschlagen wird oder wenn die mit Beschränkungen und Beschwerungen versehene Erbschaft angenommen wird. Entscheidend ist hierbei – neben der wertmäßigen Höhe des Pflichtteils –, dass bei Überleitung des Pflichtteilsanspruchs dem Kind die Vermögenswerte nicht verbleiben. Die Ausschlagung dient damit in aller Regel nicht dem Wohl des Kindes und wäre pflichtwidrig.[2036]

Da die **Ausschlagung** ein höchstpersönliches Gestaltungsrecht darstellt, ist sie nicht nach § 93 821
SGB XII auf den Sozialhilfeträger überleitbar.[2037] *Van de Loo* vertrat insoweit eine abweichende Ansicht, hat diese aber zwischenzeitlich aufgegeben.[2038] Im Übrigen ist auch die Ausschlagung kein vermögensrechtlicher Anspruch gegen einen anderen, so wie es § 93 SGB XII voraussetzt. Darüber hinaus ist von Bedeutung, dass die Ausschlagung der Erbschaft nur innerhalb von 6 Wochen erklärt werden kann (§ 1944 Abs. 1 BGB). Haben der Behinderte oder sein Betreuer bzw. sein Vormund die Erbschaft angenommen, so bestehen keine Rechte mehr, auf die zugegriffen werden könnte. Der Behinderte ist dann an die Beschränkungen der Vorerbschaft und durch das Verwaltungsrecht des Testamentsvollstreckers gebunden. Ein Kostenersatz durch den Nacherben gem. § 102 SGB XII scheidet aus, weil der Nacherbe nicht Erbe des Vorerben wird.[2039] Dieser Konstruktion ist immanent, dass sie zwar dem Behinderten größtmöglichen Nutzen erbringt, das Vermögen in der Familie erhält, jedoch hierdurch für den Sozialhilfeträger Rückgriffsmöglichkeiten abgeschnitten werden können. Letzteres ist aber nach der Motivlage der Testatoren regelmäßig nicht Primärziel ihrer Verfügung, sondern bloßer Reflex der gewählten Gestaltung.[2040]

dd) Vollmacht, Vormundbenennung, Betreuerauswahl

Als begleitende Maßnahme kann dem Testamentsvollstrecker eine postmortale Vollmacht erteilt 822
werden, um seine starke Stellung weiter zu verbessern. Ist der Behinderte noch minderjährig, können die Eltern, einen Vormund gem. § 1777 Abs. 3, 1776 BGB durch Verfügung von Todes wegen benennen. Hingegen ist eine Einflussnahme auf die Auswahl des Betreuers für einen Volljährigen nicht vorgesehen. Eine Betreuungsverfügung i.S.v. § 1897 Abs. 4 BGB kann nur der Volljährige selbst vornehmen. Hierfür genügt die Fähigkeit zur Bildung eines natürlichen Willens, Geschäfts-

2035 MünchKommBGB/*Leipold* § 1944 Rn. 25.

2036 *Klüsener* in: *Heinz-Grimm/Krampe/Pieroth*, Testamente zugunsten von Menschen mit geistiger Behinderung, 3. Aufl., Marburg 1997, 159 ff.

2037 Inzwischen ganz h.M.: BGH MittBayNot 2012, 138 m. Anm. *Spall*; *Wendt* in: *Heinz-Grimm/Krampe/Pieroth*, Testamente zugunsten von Menschen mit geistiger Behinderung, 3. Aufl., Marburg 1997, 111; *Karpen* MittRhNotK 1988, 131, 149; *Kuchinke* FamRZ 1992, 363; *Eichenhofer* JZ 1999, 226, 231 f.; Palandt/*Weidlich* § 2306 Rn. 7.

2038 *Van de Loo* NJW 1990, 2864; s. nun aber *Van de Loo* ZEV 2006, 473, 477.

2039 Vgl. LG Konstanz FamRZ 1992, 350; die Auffassung, dass die Ausschlagung an sich sittenwidrig und damit unwirksam sein könnte, vgl. OLG Stuttgart NJW 2001, 3484, dürfte durch die jüngste Entscheidung des BGH zum Pflichtteilsverzicht eines behinderten Leistungsempfängers überholt sein: BGH MittBayNot 2012, 138 m. Anm. *Spall*; so bereits LG Aachen NJW-RR 2005, 307; *Ivo*, FamRZ 2003, 6.

2040 *Bengel/Spall* ZEV 2010, 195.

fähigkeit ist nicht erforderlich.[2041] Den Eltern bleibt es aber unbenommen, die Bestellung bestimmter, geeigneter Personen anzuregen, wobei eine solche Anregung das Gericht freilich nicht bindet.

ee) **Keine Sittenwidrigkeit**

823 Den vorstehenden Regelungsvorschlägen entsprechende letztwillige Verfügungen waren Gegenstand mehrerer BGH-Entscheidungen. Ausgehend vom Vorrang der grundgesetzlich geschützten Testierfreiheit und der Tatsache, dass ohnehin bei allen Verfügungen von Todes wegen das Pflichtteilsrecht unberührt bleibt, stellt der BGH[2042] fest, dass die Eltern gerade durch das sog. »Behindertentestament« ihrer sittlichen Verantwortung für das Wohl des Kindes nachkommen können, wenn über die Sozialhilfe hinaus dem Behinderten zusätzliche Vorteile und Annehmlichkeiten gewährt werden.[2043] Jüngst hat der BGH[2044] eine Entscheidung zur Frage der Sittenwidrigkeit des Pflichtteilsverzichts eines Hilfeempfängers erneut zum Anlass genommen, auf die Zulässigkeit der hier vorgeschlagenen erbrechtlichen Gestaltung zur Verbesserung der Lebensqualität eines Behinderten hinzuweisen. Es werde nicht dem Sozialleistungsträger böswillig Vermögen entzogen,[2045] sondern mit dem anerkennenswerten Hauptziel der Verbesserung der Lebensstellung des Behinderten in erlaubter Weise von erbrechtlichen Gestaltungsmitteln Gebrauch gemacht, die auch in Kombination angewendet werden dürfen. Überdies gelte der Nachranggrundsatz des Sozialleistungsrechts nicht lückenlos. Vielmehr sei der Nachranggrundsatz gerade im Hinblick auf Behinderte auch im Interesse des Familienlastenausgleichs durchbrochen.[2046] Probleme mit einer Sittenwidrigkeit der Gestaltung werden für den Fall diskutiert, wenn die Erträgnisse aus dem der Vorerbschaft unterliegenden Vermögen so reichlich sind, dass die Kosten des Sozialhilfeträgers davon abgedeckt werden könnten. In solchen Fällen sollte vom »Behindertentestament« nicht schematisch Gebrauch gemacht werden. Zumindest sollte dann eine zusätzliche salvatorische Regelung für den Fall der Unwirksamkeit des Testamentes getroffen werden. Die (gelegentlich vorgeschlagene) zusätzliche Beschwerung des behinderten Vorerben mit einem **Vermächtnis zugunsten des Nacherben** über die beim Tod des Vorerben in dessen Nachlass fallenden nicht »verbrauchten« Erträgnisse[2047] ist kritisch zu sehen. Gem. § 102 SGB XII (Kostenersatz durch den Erben) hat der Sozialhilfeträger Zugriff auf den Nachlass des Hilfeempfängers. Mit diesem Vermächtnis aber wird der Zweck verfolgt, die noch vorhandenen Erträgnisse dem Sozialhilfeträger vorzuenthalten; ein Vorteil für den Behinderten ist bei diesem Vermächtnis nicht zu erkennen. Die Rechtfertigung dieser Gestaltung erscheint daher schwierig. Unabhängig davon ist bereits unklar, ob einem solchen Herausgabevermächtnis überhaupt Vorrang vor dem Regressanspruch des Sozialleistungsträgers zukommt.[2048]

824 Das Muster eines Behindertenerbvertrages findet sich im Formularteil Form. Rdn. 100.

2041 DNotI-Report 2015, 9 f.

2042 BGHZ 111, 36 = DNotZ 1992, 241 m. Anm. *Reimann*; BGHZ 123, 368; ZEV 2005, 117; 2006, 76; BGHZ 188, 96; ZEV 2013, 337; 2017, 267.

2043 *Bengel* ZEV 1994, 29 ff.; *Engelmann* MDR 1999, 968, 971 ff.; *Eichenhofer* JZ 1999, 226, 227 f.; *Bengel/Spall* ZEV 2010, 195; LG Konstanz FamRZ 1992, 360 m. Anm. *Kuchinke*; OLG Karlsruhe FamRZ 1993, 482; OVG Bautzen ZEV 1997, 344; *Smid* NJW 1990, 409; *Otte* JZ 1990, 1027; *van de Loo* NJW 1990, 2852; *Karpen* MittRhNotK 1988, 131 ff.; *Krampe* AcP 191, 526; *Schubert* JR 1991, 106; *Nieder/Kössinger*, Handbuch der Testamentsgestaltung, § 21 Rn. 103 ff.; Beck'sches Notarhandbuch/*Dietz*, Kap. C Rn. 282 ff.; *Pieroth* NJW 1993, 173 ff.; *Wietek*, Verfügungen von Todes wegen zugunsten behinderter Menschen, 11 ff.; kritisch *J. Mayer* DNotZ 1994, 347 ff..

2044 Obiter dictum BGHZ 188, 96 = MittBayNot 2012, 138 m. Anm. *Spall*.

2045 In diese Richtung noch *Armbrüster* ZEV 2010, 85, 88 und ZEV 2010, 555 zur Entscheidung der Vorinstanz.

2046 *Von Proff*, RNotZ 2012, 272, 273.

2047 *Spall* in Limmer, Erbrecht und Vermögenssicherung, 2016, S. 75.

2048 *Krauß*, Vermögensnachfolge in der Praxis, Rn. 6612 mit Verweis auf *Kornexl*, Nachlassplanung bei Problemkindern, Rn. 361.

B. Grundzüge des Internationalen Testaments- und Erbvertragsrechts

Übersicht

I. Rechtsquellen

1. Auszüge aus der EuErbVO

1 **Art. 1 Anwendungsbereich**

(1) Diese Verordnung ist auf die Rechtsnachfolge von Todes wegen anzuwenden. Sie gilt nicht für Steuer- und Zollsachen sowie verwaltungsrechtliche Angelegenheiten.

(2) Vom Anwendungsbereich dieser Verordnung ausgenommen sind:

a) der Personenstand sowie Familienverhältnisse und Verhältnisse, die nach dem auf diese Verhältnisse anzuwendenden Recht vergleichbare Wirkungen entfalten;

b) die Rechts-, Geschäfts- und Handlungsfähigkeit von natürlichen Personen, unbeschadet des Artikels 23 Absatz 2 Buchstabe c und des Artikels 26;

c) Fragen betreffend die Verschollenheit oder die Abwesenheit einer natürlichen Person oder die Todesvermutung;

d) Fragen des ehelichen Güterrechts sowie des Güterrechts aufgrund von Verhältnissen, die nach dem auf diese Verhältnisse anzuwendenden Recht mit der Ehe vergleichbare Wirkungen entfalten;

e) Unterhaltspflichten außer derjenigen, die mit dem Tod entstehen;

f) die Formgültigkeit mündlicher Verfügungen von Todes wegen;

g) Rechte und Vermögenswerte, die auf andere Weise als durch Rechtsnachfolge von Todes wegen begründet oder übertragen werden, wie unentgeltliche Zuwendungen, Miteigentum mit Anwachsungsrecht des Überlebenden (joint tenancy), Rentenpläne, Versicherungsverträge und ähnliche Vereinbarungen, unbeschadet des Artikels 23 Absatz 2 Buchstabe i;

h) Fragen des Gesellschaftsrechts, des Vereinsrechts und des Rechts der juristischen Personen, wie Klauseln im Errichtungsakt oder in der Satzung einer Gesellschaft, eines Vereins oder einer juristischen Person, die das Schicksal der Anteile verstorbener Gesellschafter beziehungsweise Mitglieder regeln; DE L 201/116 Amtsblatt der Europäischen Union 27.07.2012

i) die Auflösung, das Erlöschen und die Verschmelzung von Gesellschaften, Vereinen oder juristischen Personen;

j) die Errichtung, Funktionsweise und Auflösung eines Trusts;

k) die Art der dinglichen Rechte und

l) jede Eintragung von Rechten an beweglichen oder unbeweglichen Vermögensgegenständen in einem Register, einschließlich der gesetzlichen Voraussetzungen für eine solche Eintragung, sowie die Wirkungen der Eintragung oder der fehlenden Eintragung solcher Rechte in einem Register.

Art. 3 Begriffsbestimmungen. (1) Für die Zwecke dieser Verordnung bezeichnet der Ausdruck

a) »Rechtsnachfolge von Todes wegen« jede Form des Übergangs von Vermögenswerten, Rechten und Pflichten von Todes wegen, sei es im Wege der gewillkürten Erbfolge durch eine Verfügung von Todes wegen oder im Wege der gesetzlichen Erbfolge;
b) »Erbvertrag« eine Vereinbarung, einschließlich einer Vereinbarung aufgrund gegenseitiger Testamente, die mit oder ohne Gegenleistung Rechte am künftigen Nachlass oder künftigen Nachlässen einer oder mehrerer an dieser Vereinbarung beteiligter Personen begründet, ändert oder entzieht;
c) »gemeinschaftliches Testament« ein von zwei oder mehr Personen in einer einzigen Urkunde errichtetes Testament;
d) »Verfügung von Todes wegen« ein Testament, ein gemeinschaftliches Testament oder einen Erbvertrag;
e) »Ursprungsmitgliedstaat« den Mitgliedstaat, in dem die Entscheidung ergangen, der gerichtliche Vergleich gebilligt oder geschlossen, die öffentliche Urkunde errichtet oder das Europäische Nachlasszeugnis ausgestellt worden ist;
f) »Vollstreckungsmitgliedstaat« den Mitgliedstaat, in dem die Vollstreckbarerklärung oder Vollstreckung der Entscheidung, des gerichtlichen Vergleichs oder der öffentlichen Urkunde betrieben wird;
g) »Entscheidung« jede von einem Gericht eines Mitgliedstaats in einer Erbsache erlassene Entscheidung ungeachtet ihrer Bezeichnung einschließlich des Kostenfestsetzungsbeschlusses eines Gerichtsbediensteten;
h) »gerichtlicher Vergleich« einen von einem Gericht gebilligten oder vor einem Gericht im Laufe eines Verfahrens geschlossenen Vergleich in einer Erbsache;
i) »öffentliche Urkunde« ein Schriftstück in Erbsachen, das als öffentliche Urkunde in einem Mitgliedstaat förmlich errichtet oder eingetragen worden ist und dessen Beweiskraft
   i) sich auf die Unterschrift und den Inhalt der öffentlichen Urkunde bezieht und
   ii) durch eine Behörde oder eine andere vom Ursprungsmitgliedstaat hierzu ermächtigte Stelle festgestellt worden ist.

Art. 20 Universelle Anwendung

Das nach dieser Verordnung bezeichnete Recht ist auch dann anzuwenden, wenn es nicht das Recht eines Mitgliedstaats ist.

Art. 21 Allgemeine Kollisionsnorm

(1) Sofern in dieser Verordnung nichts anderes vorgesehen ist, unterliegt die gesamte Rechtsnachfolge von Todes wegen dem Recht des Staates, in dem der Erblasser im Zeitpunkt seines Todes seinen gewöhnlichen Aufenthalt hatte.

(2) Ergibt sich ausnahmsweise aus der Gesamtheit der Umstände, dass der Erblasser im Zeitpunkt seines Todes eine offensichtlich engere Verbindung zu einem anderen als dem Staat hatte, dessen Recht nach Absatz 1 anzuwenden wäre, so ist auf die Rechtsnachfolge von Todes wegen das Recht dieses anderen Staates anzuwenden.

Art. 22 Rechtswahl

(1) Eine Person kann für die Rechtsnachfolge von Todes wegen das Recht des Staates wählen, dem sie im Zeitpunkt der Rechtswahl oder im Zeitpunkt ihres Todes angehört.

Eine Person, die mehrere Staatsangehörigkeiten besitzt, kann das Recht eines der Staaten wählen, denen sie im Zeitpunkt der Rechtswahl oder im Zeitpunkt ihres Todes angehört.

(2) Die Rechtswahl muss ausdrücklich in einer Erklärung in Form einer Verfügung von Todes wegen erfolgen oder sich aus den Bestimmungen einer solchen Verfügung ergeben.

(3) Die materielle Wirksamkeit der Rechtshandlung, durch die die Rechtswahl vorgenommen wird, unterliegt dem gewählten Recht.

(4) Die Änderung oder der Widerruf der Rechtswahl muss den Formvorschriften für die Änderung oder den Widerruf einer Verfügung von Todes wegen entsprechen.

Art. 23 Reichweite des anzuwendenden Rechts

(1) Dem nach Artikel 21 oder Artikel 22 bezeichneten Recht unterliegt die gesamte Rechtsnachfolge von Todes wegen.

(2) Diesem Recht unterliegen insbesondere:
a) die Gründe für den Eintritt des Erbfalls sowie dessen Zeitpunkt und Ort;
b) die Berufung der Berechtigten, die Bestimmung ihrer jeweiligen Anteile und etwaiger ihnen vom Erblasser auferlegter Pflichten sowie die Bestimmung sonstiger Rechte an dem Nachlass, einschließlich der Nachlassansprüche des überlebenden Ehegatten oder Lebenspartners;
c) die Erbfähigkeit;
d) die Enterbung und die Erbunwürdigkeit;
e) der Übergang der zum Nachlass gehörenden Vermögenswerte, Rechte und Pflichten auf die Erben und gegebenenfalls die Vermächtnisnehmer, einschließlich der Bedingungen für die Annahme oder die Ausschlagung der Erbschaft oder eines Vermächtnisses und deren Wirkungen;
f) die Rechte der Erben, Testamentsvollstrecker und anderer Nachlassverwalter, insbesondere im Hinblick auf die Veräußerung von Vermögen und die Befriedigung der Gläubiger, unbeschadet der Befugnisse nach Artikel 29 Absätze 2 und 3;
g) die Haftung für die Nachlassverbindlichkeiten;
h) der verfügbare Teil des Nachlasses, die Pflichtteile und andere Beschränkungen der Testierfreiheit sowie etwaige Ansprüche von Personen, die dem Erblasser nahe stehen, gegen den Nachlass oder gegen den Erben;
i) die Ausgleichung und Anrechnung unentgeltlicher Zuwendungen bei der Bestimmung der Anteile der einzelnen Berechtigten und
j) die Teilung des Nachlasses.

Art. 24 Verfügungen von Todes wegen außer Erbverträgen

(1) Die Zulässigkeit und die materielle Wirksamkeit einer Verfügung von Todes wegen mit Ausnahme eines Erbvertrags unterliegen dem Recht, das nach dieser Verordnung auf die Rechtsnachfolge von Todes wegen anzuwenden wäre, wenn die Person, die die Verfügung errichtet hat, zu diesem Zeitpunkt verstorben wäre.

(2) Ungeachtet des Absatzes 1 kann eine Person für die Zulässigkeit und die materielle Wirksamkeit ihrer Verfügung von Todes wegen das Recht wählen, das sie nach Artikel 22 unter den darin genannten Bedingungen hätte wählen können.

(3) Absatz 1 gilt für die Änderung oder den Widerruf einer Verfügung von Todes wegen mit Ausnahme eines Erbvertrags entsprechend. Bei Rechtswahl nach Absatz 2 unterliegt die Änderung oder der Widerruf dem gewählten Recht.

Art. 25 Erbverträge

(1) Die Zulässigkeit, die materielle Wirksamkeit und die Bindungswirkungen eines Erbvertrags, der den Nachlass einer einzigen Person betrifft, einschließlich der Voraussetzungen für seine Auflösung, unterliegen dem Recht, das nach dieser Verordnung auf die Rechtsnachfolge von Todes wegen anzuwenden wäre, wenn diese Person zu dem Zeitpunkt verstorben wäre, in dem der Erbvertrag geschlossen wurde.

(2) Ein Erbvertrag, der den Nachlass mehrerer Personen betrifft, ist nur zulässig, wenn er nach jedem der Rechte zulässig ist, die nach dieser Verordnung auf die Rechtsnachfolge der einzelnen beteiligten Personen anzuwenden wären, wenn sie zu dem Zeitpunkt verstorben wären, in dem der Erbvertrag geschlossen wurde.

Die materielle Wirksamkeit und die Bindungswirkungen eines Erbvertrags, der nach Unterabsatz 1 zulässig ist, einschließlich der Voraussetzungen für seine Auflösung, unterliegen demjenigen unter den in Unterabsatz 1 genannten Rechten, zu dem er die engste Verbindung hat.

(3) Ungeachtet der Absätze 1 und 2 können die Parteien für die Zulässigkeit, die materielle Wirksamkeit und die Bindungswirkungen ihres Erbvertrags, einschließlich der Voraussetzungen für seine Auflösung, das Recht wählen, das die Person oder eine der Personen, deren Nachlass betroffen ist, nach Artikel 22 unter den darin genannten Bedingungen hätte wählen können.

Art. 26 Materielle Wirksamkeit einer Verfügung von Todes wegen

(1) Zur materiellen Wirksamkeit im Sinne der Artikel 24 und 25 gehören:
a) die Testierfähigkeit der Person, die die Verfügung von Todes wegen errichtet;
b) die besonderen Gründe, aufgrund deren die Person, die die Verfügung errichtet, nicht zugunsten bestimmter Personen verfügen darf oder aufgrund deren eine Person kein Nachlassvermögen vom Erblasser erhalten darf;
c) die Zulässigkeit der Stellvertretung bei der Errichtung einer Verfügung von Todes wegen;
d) die Auslegung der Verfügung;
e) Täuschung, Nötigung, Irrtum und alle sonstigen Fragen in Bezug auf Willensmängel oder Testierwillen der Person, die die Verfügung errichtet.

(2) Hat eine Person nach dem nach Artikel 24 oder 25 anzuwendenden Recht die Testierfähigkeit erlangt, so beeinträchtigt ein späterer Wechsel des anzuwendenden Rechts nicht ihre Fähigkeit zur Änderung oder zum Widerruf der Verfügung.

Art. 27 Formgültigkeit einer schriftlichen Verfügung von Todes wegen

(1) Eine schriftliche Verfügung von Todes wegen ist hinsichtlich ihrer Form wirksam, wenn diese:
a) dem Recht des Staates entspricht, in dem die Verfügung errichtet oder der Erbvertrag geschlossen wurde,
b) dem Recht eines Staates entspricht, dem der Erblasser oder mindestens eine der Personen, deren Rechtsnachfolge von Todes wegen durch einen Erbvertrag betroffen ist, entweder im Zeitpunkt der Errichtung der Verfügung bzw. des Abschlusses des Erbvertrags oder im Zeitpunkt des Todes angehörte,
c) dem Recht eines Staates entspricht, in dem der Erblasser oder mindestens eine der Personen, deren Rechtsnachfolge von Todes wegen durch einen Erbvertrag betroffen ist, entweder im

Zeitpunkt der Errichtung der Verfügung oder des Abschlusses des Erbvertrags oder im Zeitpunkt des Todes den Wohnsitz hatte,

d) dem Recht des Staates entspricht, in dem der Erblasser oder mindestens eine der Personen, deren Rechtsnachfolge von Todes wegen durch einen Erbvertrag betroffen ist, entweder im Zeitpunkt der Errichtung der Verfügung oder des Abschlusses des Erbvertrags oder gewöhnlichen Aufenthalt hatte, oder

e) dem Recht des Staates entspricht, in dem sich unbewegliches Vermögen befindet, soweit es sich um dieses handelt.

Ob der Erblasser oder eine der Personen, deren Rechtsnachfolge von Todes wegen durch einen Erbvertrag betroffen ist, in einem bestimmten Staat ihren Wohnsitz hatte, regelt das in diesem Staat geltende Recht.

(2) Absatz 1 ist auch auf Verfügungen von Todes wegen anzuwenden, durch die eine frühere Verfügung geändert oder widerrufen wird. Die Änderung oder der Widerruf ist hinsichtlich ihrer Form auch dann gültig, wenn sie den Formerfordernissen einer der Rechtsordnungen entsprechen, nach denen die geänderte oder widerrufene Verfügung von Todes wegen nach Absatz 1 gültig war.

(3) Für die Zwecke dieses Artikels werden Rechtsvorschriften, welche die für Verfügungen von Todes wegen zugelassenen Formen mit Beziehung auf das Alter, die Staatsangehörigkeit oder andere persönliche Eigenschaften des Erblassers oder der Personen, deren Rechtsnachfolge von Todes wegen durch einen Erbvertrag betroffen ist, beschränken, als zur Form gehörend angesehen. Das Gleiche gilt für Eigenschaften, welche die für die Gültigkeit einer Verfügung von Todes wegen erforderlichen Zeugen besitzen müssen.

Art. 28 Formgültigkeit einer Annahme- oder Ausschlagungserklärung

Eine Erklärung über die Annahme oder die Ausschlagung der Erbschaft, eines Vermächtnisses oder eines Pflichtteils oder eine Erklärung zur Begrenzung der Haftung des Erklärenden ist hinsichtlich ihrer Form wirksam, wenn diese den Formerfordernissen entspricht

a) des nach den Artikeln 21 oder 22 auf die Rechtsnachfolge von Todes wegen anzuwendenden Rechts oder

b) des Rechts des Staates, in dem der Erklärende seinen gewöhnlichen Aufenthalt hat.

Art. 29 Besondere Regelungen für die Bestellung und die Befugnisse eines Nachlassverwalters in bestimmten Situationen

(1) Ist die Bestellung eines Verwalters nach dem Recht des Mitgliedstaats, dessen Gerichte nach dieser Verordnung für die Entscheidungen in der Erbsache zuständig sind, verpflichtend oder auf Antrag verpflichtend und ist das auf die Rechtsnachfolge von Todes wegen anzuwendende Recht ausländisches Recht, können die Gerichte dieses Mitgliedstaats, wenn sie angerufen werden, einen oder mehrere Nachlassverwalter nach ihrem eigenen Recht unter den in diesem Artikel festgelegten Bedingungen bestellen.

Der/die nach diesem Absatz bestellte(n) Verwalter ist/sind berechtigt, das Testament des Erblassers zu vollstrecken und/oder den Nachlass nach dem auf die Rechtsnachfolge von Todes wegen anzuwendenden Recht zu verwalten. Sieht dieses Recht nicht vor, dass eine Person Nachlassverwalter ist, die kein Berechtigter ist, können die Gerichte des Mitgliedstaats, in dem der Verwalter bestellt werden muss, einen Fremdverwalter nach ihrem eigenen Recht bestellen, wenn dieses Recht dies so vorsieht und es einen schwerwiegenden Interessenskonflikt zwischen den Berechtigten oder zwischen den Berechtigten und den Nachlassgläubigern oder anderen Personen, die für die Verbindlichkeiten des Erblassers gebürgt haben, oder Uneinigkeit zwischen den Berechtigten über die

Verwaltung des Nachlasses gibt oder wenn es sich um einen aufgrund der Art der Vermögenswerte schwer zu verwaltenden Nachlasses handelt.

Der/die nach diesem Absatz bestellte(n) Verwalter ist/sind die einzige(n) Person(en), die befugt ist/sind, die in den Absätzen 2 oder 3 genannten Befugnisse auszuüben.

(2) Die nach Absatz 1 bestellte(n) Person(en) üben die Befugnisse zur Verwaltung des Nachlasses aus, die sie nach dem auf die Rechtsnachfolge von Todes wegen anzuwendenden Recht ausüben dürfen. Das bestellende Gericht kann in seiner Entscheidung besondere Bedingungen für die Ausübung dieser Befugnisse im Einklang mit dem auf die Rechtsnachfolge von Todes wegen anzuwendenden Recht festlegen.

Sieht das auf die Rechtsnachfolge von Todes wegen anzuwendende Recht keine hinreichenden Befugnisse vor, um das Nachlassvermögen zu erhalten oder die Rechte der Nachlassgläubiger oder anderer Personen zu schützen, die für die Verbindlichkeiten des Erblassers gebürgt haben, so kann das bestellende Gericht beschließen, es dem/den Nachlassverwalter(n) zu gestatten, ergänzend diejenigen Befugnisse, die hierfür in seinem eigenen Recht vorgesehen sind, auszuüben und in seiner Entscheidung besondere Bedingungen für die Ausübung dieser Befugnisse im Einklang mit diesem Recht festlegen.

Bei der Ausübung solcher ergänzenden Befugnisse hält/halten der/die Verwalter das auf die Rechtsnachfolge von Todes wegen anzuwendende Recht in Bezug auf den Übergang des Eigentums an dem Nachlassvermögen, die Haftung für die Nachlassverbindlichkeiten, die Rechte der Berechtigten, gegebenenfalls einschließlich des Rechts, die Erbschaft anzunehmen oder auszuschlagen, und gegebenenfalls die Befugnisse des Vollstreckers des Testaments des Erblassers ein.

(3) Ungeachtet des Absatzes 2 kann das nach Absatz 1 einen oder mehrere Verwalter bestellende Gericht ausnahmsweise, wenn das auf die Rechtsnachfolge von Todes wegen anzuwendende Recht das Recht eines Drittstaats ist, beschließen, diesen Verwaltern alle Verwaltungsbefugnisse zu übertragen, die in dem Recht des Mitgliedstaats vorgesehen sind, in dem sie bestellt werden.

Bei der Ausübung dieser Befugnisse respektieren die Nachlassverwalter jedoch insbesondere die Bestimmung der Berechtigten und ihrer Nachlassansprüche, einschließlich ihres Anspruchs auf einen Pflichtteil oder ihres Anspruchs gegen den Nachlass oder gegenüber den Erben nach dem auf die Rechtsnachfolge von Todes wegen anzuwendenden Recht.

Art. 30 Besondere Regelungen mit Beschränkungen, die die Rechtsnachfolge von Todes wegen in Bezug auf bestimmte Vermögenswerte betreffen oder Auswirkungen auf sie haben

Besondere Regelungen im Recht eines Staates, in dem sich bestimmte unbewegliche Sachen, Unternehmen oder andere besondere Arten von Vermögenswerten befinden, die die Rechtsnachfolge von Todes wegen in Bezug auf jene Vermögenswerte aus wirtschaftlichen, familiären oder sozialen Erwägungen beschränken oder berühren, finden auf die Rechtsnachfolge von Todes wegen Anwendung, soweit sie nach dem Recht dieses Staates unabhängig von dem auf die Rechtsnachfolge von Todes wegen anzuwendenden Recht anzuwenden sind.

Art. 31 Anpassung dinglicher Rechte

Macht eine Person ein dingliches Recht geltend, das ihr nach dem auf die Rechtsnachfolge von Todes wegen anzuwendenden Recht zusteht, und kennt das Recht des Mitgliedstaats, in dem das Recht geltend gemacht wird, das betreffende dingliche Recht nicht, so ist dieses Recht soweit erforderlich und möglich an das in der Rechtsordnung dieses Mitgliedstaats am ehesten vergleichbare Recht anzupassen, wobei die mit dem besagten dinglichen Recht verfolgten Ziele und Interessen und die mit ihm verbundenen Wirkungen zu berücksichtigen sind.

Art. 32 Kommorienten

Sterben zwei oder mehr Personen, deren jeweilige Rechtsnachfolge von Todes wegen verschiedenen Rechten unterliegt, unter Umständen, unter denen die Reihenfolge ihres Todes ungewiss ist, und regeln diese Rechte diesen Sachverhalt unterschiedlich oder gar nicht, so hat keine der verstorbenen Personen Anspruch auf den Nachlass des oder der anderen.

Art. 33 Erbenloser Nachlass

Ist nach dem nach dieser Verordnung auf die Rechtsnachfolge von Todes wegen anzuwendenden Recht weder ein durch Verfügung von Todes wegen eingesetzter Erbe oder Vermächtnisnehmer für die Nachlassgegenstände noch eine natürliche Person als gesetzlicher Erbe vorhanden, so berührt die Anwendung dieses Rechts nicht das Recht eines Mitgliedstaates oder einer von diesem Mitgliedstaat für diesen Zweck bestimmten Einrichtung, sich das im Hoheitsgebiet dieses Mitgliedstaates belegene Nachlassvermögen anzueignen, vorausgesetzt, die Gläubiger sind berechtigt, aus dem gesamten Nachlass Befriedigung ihrer Forderungen zu suchen.

Art. 34 Rück- und Weiterverweisung

(1) Unter dem nach dieser Verordnung anzuwendenden Recht eines Drittstaats sind die in diesem Staat geltenden Rechtsvorschriften einschließlich derjenigen seines Internationalen Privatrechts zu verstehen, soweit diese zurück- oder weiterverweisen auf:
a) das Recht eines Mitgliedstaats oder
b) das Recht eines anderen Drittstaats, der sein eigenes Recht anwenden würde.

(2) Rück- und Weiterverweisungen durch die in Artikel 21 Absatz 2, Artikel 22, Artikel 27, Artikel 28 Buchstabe b und Artikel 30 genannten Rechtsordnungen sind nicht zu beachten.

Art. 35 Öffentliche Ordnung (ordre public)

Die Anwendung einer Vorschrift des nach dieser Verordnung bezeichneten Rechts eines Staates darf nur versagt werden, wenn ihre Anwendung mit der öffentlichen Ordnung (ordre public) des Staates des angerufenen Gerichts offensichtlich unvereinbar ist.

Art. 36 Staaten mit mehr als einem Rechtssystem – Interlokale Kollisionsvorschriften

(1) Verweist diese Verordnung auf das Recht eines Staates, der mehrere Gebietseinheiten umfasst, von denen jede eigene Rechtsvorschriften für die Rechtsnachfolge von Todes wegen hat, so bestimmen die internen Kollisionsvorschriften dieses Staates die Gebietseinheit, deren Rechtsvorschriften anzuwenden sind.

(2) In Ermangelung solcher internen Kollisionsvorschriften gilt:
a) jede Bezugnahme auf das Recht des in Absatz 1 genannten Staates ist für die Bestimmung des anzuwendenden Rechts aufgrund von Vorschriften, die sich auf den gewöhnlichen Aufenthalt des Erblassers beziehen, als Bezugnahme auf das Recht der Gebietseinheit zu verstehen, in der der Erblasser im Zeitpunkt seines Todes seinen gewöhnlichen Aufenthalt hatte;
b) jede Bezugnahme auf das Recht des in Absatz 1 genannten Staates ist für die Bestimmung des anzuwendenden Rechts aufgrund von Bestimmungen, die sich auf die Staatsangehörigkeit des Erblassers beziehen, als Bezugnahme auf das Recht der Gebietseinheit zu verstehen, zu der der Erblasser die engste Verbindung hatte;
c) jede Bezugnahme auf das Recht des in Absatz 1 genannten Staates ist für die Bestimmung des anzuwendenden Rechts aufgrund sonstiger Bestimmungen, die sich auf andere Anknüpfungspunkte beziehen, als Bezugnahme auf das Recht der Gebietseinheit zu verstehen, in der sich der einschlägige Anknüpfungspunkt befindet.

(3) Ungeachtet des Absatzes 2 ist jede Bezugnahme auf das Recht des in Absatz 1 genannten Staates für die Bestimmung des anzuwendenden Rechts nach Artikel 27 in Ermangelung interner Kollisionsvorschriften dieses Staates als Bezugnahme auf das Recht der Gebietseinheit zu verstehen, zu der der Erblasser oder die Personen, deren Rechtsnachfolge von Todes wegen durch den Erbvertrag betroffen ist, die engste Verbindung hatte.

Art. 37 Staaten mit mehr als einem Rechtssystem – Interpersonale Kollisionsvorschriften

Gelten in einem Staat für die Rechtsnachfolge von Todes wegen zwei oder mehr Rechtssysteme oder Regelwerke für verschiedene Personengruppen, so ist jede Bezugnahme auf das Recht dieses Staates als Bezugnahme auf das Rechtssystem oder das Regelwerk zu verstehen, das die in diesem Staat geltenden Vorschriften zur Anwendung berufen. In Ermangelung solcher Vorschriften ist das Rechtssystem oder das Regelwerk anzuwenden, zu dem der Erblasser die engste Verbindung hatte.

Art. 38 Nichtanwendung dieser Verordnung auf innerstaatliche Kollisionen

Ein Mitgliedstaat, der mehrere Gebietseinheiten umfasst, von denen jede ihre eigenen Rechtsvorschriften für die Rechtsnachfolge von Todes wegen hat, ist nicht verpflichtet, diese Verordnung auf Kollisionen zwischen den Rechtsordnungen dieser Gebietseinheiten anzuwenden.

2. Auszüge aus dem EGBGB

Art. 3 Anwendungsbereich; Verhältnis zu Regelungen der Europäischen Union und zu völkerrechtlichen Vereinbarungen. 2

Soweit nicht

1. unmittelbar anwendbare Regelungen der Europäischen Union in ihrer jeweils geltenden Fassung, insbesondere
   a) die Verordnung (EG) Nr. 864/2007 des Europäischen Parlaments und des Rates vom 11.Juli 2007 über das auf außervertragliche Schuldverhältnisse anzuwendende Recht (Rom II),
   b) die Verordnung (EG) Nr. 593/2008 des Europäischen Parlaments und des Rates vom 17.Juni 2008 über das auf vertragliche Schuldverhältnisse anzuwendende Recht (Rom I),
   c) Artikel 15 der Verordnung (EG) Nr. 4/2009 des Rates vom 18. Dezember 2008 über die Zuständigkeit, das anwendbare Recht, die Anerkennung und Vollstreckung von Entscheidungen und die Zusammenarbeit in Unterhaltssachen in Verbindung mit dem Haager Protokoll vom 23. November 2007 über das auf Unterhaltspflichten anzuwendende Recht,
   d) die Verordnung (EU) Nr. 1259/2010 des Rates vom 20. Dezember 2010 zur Durchführung einer Verstärkten Zusammenarbeit im Bereich des auf die Ehescheidung und Trennung ohne Auflösung des Ehebandes anzuwendenden Rechts,
   e) die Verordnung (EU) Nr. 650/2012 des Europäischen Parlaments und des Rates vom 4. Juli 2012 über die Zuständigkeit, das anzuwendende Recht, die Anerkennung und Vollstreckung von Entscheidungen und die Annahme und Vollstreckung öffentlicher Urkunden in Erbsachen sowie zur Einführung eines Europäischen Nachlasszeugnisses,
   f) die Verordnung (EU) 2016/1103 des Rates vom 24. Juni 2016 zur Durchführung einer Verstärkten Zusammenarbeit im Bereich der Zuständigkeit, des anzuwendenden Rechts und der Anerkennung und Vollstreckung von Entscheidungen in Fragen des ehelichen Güterstands sowie
   g) die Verordnung (EU) 2016/1104 des Rates vom 24. Juni 2016 zur Durchführung der Verstärkten Zusammenarbeit im Bereich der Zuständigkeit, des anzuwendenden Rechts und der Anerkennung und Vollstreckung von Entscheidungen in Fragen güterrechtlicher Wirkungen eingetragener Partnerschaften oder

2. Regelungen in völkerrechtlichen Vereinbarungen, soweit sie unmittelbar anwendbares innerstaatliches Recht geworden sind,

maßgeblich sind, bestimmt sich das anzuwendende Recht bei Sachverhalten mit einer Verbindung zu einem ausländischen Staat nach den Vorschriften dieses Kapitels (Internationales Privatrecht).

Art. 9 Todeserklärung

Die Todeserklärung, die Feststellung des Todes und des Todeszeitpunkts sowie Lebens- und Todesvermutungen unterliegen dem Recht des Staates, dem der Verschollene in dem letzten Zeitpunkt angehörte, in dem er nach den vorhandenen Nachrichten noch gelebt hat. War der Verschollene in diesem Zeitpunkt Angehöriger eines fremden Staates, so kann er nach deutschem Recht für tot erklärt werden, wenn hierfür ein berechtigtes Interesse besteht.

Art. 17b Eingetragene Lebenspartnerschaft und gleichgeschlechtliche Ehe

(1) Die Begründung, die Auflösung und die nicht in den Anwendungsbereich der Verordnung (EU) 2016/1104 fallenden allgemeinen Wirkungen einer eingetragenen Lebenspartnerschaft unterliegen den Sachvorschriften des Register führenden Staates. Der Versorgungsausgleich unterliegt dem nach Satz 1 anzuwendenden Recht; er ist nur durchzuführen, wenn danach deutsches Recht anzuwenden ist und das Recht eines der Staaten, denen die Lebenspartner im Zeitpunkt der Rechtshängigkeit des Antrags auf Aufhebung der Lebenspartnerschaft angehören, einen Versorgungsausgleich zwischen Lebenspartnern kennt. Im Übrigen ist der Versorgungsausgleich auf Antrag eines Lebenspartners nach deutschem Recht durchzuführen, wenn einer der Lebenspartner während der Zeit der Lebenspartnerschaft ein Anrecht bei einem inländischen Versorgungsträger erworben hat, soweit die Durchführung des Versorgungsausgleichs insbesondere im Hinblick auf die beiderseitigen wirtschaftlichen Verhältnisse während der gesamten Zeit der Lebenspartnerschaft der Billigkeit nicht widerspricht.

(2) Artikel 10 Abs. 2 und Artikel 17a gelten entsprechend.

(3) Bestehen zwischen denselben Personen eingetragene Lebenspartnerschaften in verschiedenen Staaten, so ist die zuletzt begründete Lebenspartnerschaft vom Zeitpunkt ihrer Begründung an für die in Absatz 1 umschriebenen Wirkungen und Folgen maßgebend.

(4) Gehören die Ehegatten demselben Geschlecht an oder gehört zumindest ein Ehegatte weder dem weiblichen noch dem männlichen Geschlecht an, so gelten die Absätze 1 bis 3 mit der Maßgabe entsprechend, dass sich das auf die Ehescheidung und auf die Trennung ohne Auflösung des Ehebandes anzuwendende Recht nach der Verordnung (EU) Nr. 1259/2010 richtet. Die güterrechtlichen Wirkungen unterliegen dem nach der Verordnung (EU) 2016/1103 anzuwendenden Recht.

(5) Für die in Absatz 4 genannten Ehen gelten Artikel 13 Absatz 3, Artikel 17 Absatz 1 bis 3, Artikel 19 Absatz 1 Satz 3, Artikel 22 Absatz 1 Satz 2 und Absatz 3 Satz 1 sowie Artikel 46e entsprechend. Die Ehegatten können für die allgemeinen Ehewirkungen eine Rechtswahl gemäß Artikel 14 treffen.

Art. 25 Rechtsnachfolge von Todes wegen

Soweit die Rechtsnachfolge von Todes wegen nicht in den Anwendungsbereich der Verordnung (EU) Nr. 650/2012 fällt, gelten die Vorschriften des Kapitels III dieser Verordnung entsprechend.

Art. 26. Form von Verfügungen von Todes wegen

(1) In Ausführung des Artikels 3 des Haager Übereinkommens vom 5. Oktober 1961 über das auf die Form letztwilliger Verfügungen anzuwendende Recht (BGBl. 1965 II S. 1144, 1145) ist eine letztwillige Verfügung, auch wenn sie von mehreren Personen in derselben Urkunde errichtet wird oder durch sie eine frühere letztwillige Verfügung widerrufen wird, hinsichtlich ihrer Form gültig, wenn sie den Formerfordernissen des Rechts entspricht, das auf die Rechtsnachfolge von Todes wegen anzuwenden ist oder im Zeitpunkt der Verfügung anzuwenden wäre. Die weiteren Vorschriften des Haager Übereinkommens bleiben unberührt.

(2) Für die Form anderer Verfügungen von Todes wegen ist Artikel 27 der Verordnung (EU) Nr. 650/2012 maßgeblich.

3. Auszüge aus dem EGBGB a.F.

Art. 4 Rück- und Weiterverweisung; Rechtsspaltung 3

(1) Wird auf das Recht eines anderen Staates verwiesen, so ist auch dessen Internationales Privatrecht anzuwenden, sofern dies nicht dem Sinn der Verweisung widerspricht. Verweist das Recht des anderen Staates auf deutsches Recht zurück, so sind die deutschen Sachvorschriften anzuwenden.

(2) Soweit die Parteien das Recht eines Staates wählen können, können sie nur auf die Sachvorschriften verweisen.

(3) Wird auf das Recht eines Staates mit mehreren Teilrechtsordnungen verwiesen, ohne die maßgebende zu bezeichnen, so bestimmt das Recht dieses Staates, welche Teilrechtsordnung anzuwenden ist. Fehlt eine solche Regelung, so ist die Teilrechtsordnung anzuwenden, mit welcher der Sachverhalt am engsten verbunden ist.

Art. 14 Allgemeine Ehewirkungen

(1) Die allgemeinen Wirkungen der Ehe unterliegen
1. dem Recht des Staates, dem beide Ehegatten angehören oder während der Ehe zuletzt angehörten, wenn einer von ihnen diesem Staat noch angehört, sonst
2. dem Recht des Staates, in dem beide Ehegatten ihren gewöhnlichen Aufenthalt haben oder während der Ehe zuletzt hatten, wenn einer von ihnen dort noch seinen gewöhnlichen Aufenthalt hat, hilfsweise
3. dem Recht des Staates, mit dem die Ehegatten auf andere Weise gemeinsam am engsten verbunden sind.

(2) Gehört ein Ehegatte mehreren Staaten an, so können die Ehegatten ungeachtet des Art. 5 Abs. 1 das Recht eines dieser Staaten wählen, falls ihm auch der andere Ehegatte angehört.

(3) Ehegatten können das Recht des Staates wählen, dem ein Ehegatte angehört, wenn die Voraussetzungen des Abs. 1 Nr. 1 nicht vorliegen und
1. kein Ehegatte dem Staat angehört, in dem beide Ehegatten ihren gewöhnlichen Aufenthalt haben, oder
2. die Ehegatten ihren gewöhnlichen Aufenthalt nicht in demselben Staat haben.

Die Wirkungen der Rechtswahl enden, wenn die Ehegatten eine gemeinsame Staatsangehörigkeit erlangen.

(4) Die Rechtswahl muss notariell beurkundet werden. Wird sie nicht im Inland vorgenommen, so genügt es, wenn sie den Formerfordernissen für einen Ehevertrag nach dem gewählten Recht oder am Ort der Rechtswahl entspricht.

Art. 15 Güterstand

(1) Die güterrechtlichen Wirkungen der Ehe unterliegen dem bei der Eheschließung für die allgemeinen Wirkungen der Ehe maßgebenden Recht.

(2) Die Ehegatten können für die güterrechtlichen Wirkungen ihrer Ehe wählen
1. das Recht des Staates, dem einer von ihnen angehört,
2. das Recht des Staates, in dem einer von ihnen seinen gewöhnlichen Aufenthalt hat, oder
3. für unbewegliches Vermögen das Recht des Lageorts.

(3) Art. 14 Abs. 4 gilt entsprechend.

(4) Die Vorschriften des Gesetzes über den ehelichen Güterstand von Vertriebenen und Flüchtlingen bleiben unberührt.

Art. 25 Rechtsnachfolge von Todes wegen

(1) Die Rechtsnachfolge von Todes wegen unterliegt dem Recht des Staates, dem der Erblasser im Zeitpunkt seines Todes angehörte.

(2) Der Erblasser kann für im Inland belegenes unbewegliches Vermögen in der Form einer Verfügung von Todes wegen deutsches Recht wählen.

Art. 26 Verfügungen von Todes wegen

(1) Eine letztwillige Verfügung ist, auch wenn sie von mehreren Personen in derselben Urkunde errichtet wird, hinsichtlich ihrer Form gültig, wenn diese den Formerfordernissen entspricht
1. des Rechts eines Staates, dem der Erblasser ungeachtet des Art. 5 Abs. 1 im Zeitpunkt, in dem er letztwillig verfügt hat, oder im Zeitpunkt seines Todes angehörte,
2. des Rechts des Ortes, an dem der Erblasser letztwillig verfügt hat,
3. des Rechts eines Ortes, an dem der Erblasser im Zeitpunkt, in dem er letztwillig verfügt hat, oder im Zeitpunkt seines Todes seinen Wohnsitz oder gewöhnlichen Aufenthalt hatte,
4. des Rechts des Ortes, an dem sich unbewegliches Vermögen befindet, soweit es sich um dieses handelt, oder
5. des Rechts, das auf die Rechtsnachfolge von Todes wegen anzuwenden ist oder im Zeitpunkt der Verfügung anzuwenden wäre.

Ob der Erblasser an einem bestimmten Ort einen Wohnsitz hatte, regelt das an diesem Ort geltende Recht.

(2) Abs. 1 ist auch auf letztwillige Verfügungen anzuwenden, durch die eine frühere letztwillige Verfügung widerrufen wird. Der Widerruf ist hinsichtlich seiner Form auch dann gültig, wenn diese einer der Rechtsordnungen entspricht, nach denen die widerrufene letztwillige Verfügung gemäß Abs. 1 gültig war.

(3) Die Vorschriften, welche die für letztwillige Verfügungen zugelassenen Formen mit Beziehung auf das Alter, die Staatsangehörigkeit oder andere persönliche Eigenschaften des Erblassers beschränken, werden als zur Form gehörend angesehen. Das Gleiche gilt für Eigenschaften, welche die für die Gültigkeit einer letztwilligen Verfügung erforderlichen Zeugen besitzen müssen.

(4) Die Abs. 1 bis 3 gelten für andere Verfügungen von Todes wegen entsprechend.

(5) Im Übrigen unterliegen die Gültigkeit der Errichtung einer Verfügung von Todes wegen und die Bindung an sie dem Recht, das im Zeitpunkt der Verfügung auf die Rechtsnachfolge von Todes wegen anzuwenden wäre.

Die einmal erlangte Testierfähigkeit wird durch Erwerb oder Verlust der Rechtsstellung als Deutscher nicht beeinträchtigt.

4. Auszüge aus der EuGüVO

Art. 20 Universelle Anwendung 4

Das nach dieser Verordnung bezeichnete Recht ist auch dann anzuwenden, wenn es nicht das Recht eines Mitgliedstaats ist.

Art. 21 Einheit des anzuwendenden Rechts

Das gesamte Vermögen der Ehegatten unterliegt ungeachtet seiner Belegenheit dem gemäß Artikel 22 oder 26 auf den ehelichen Güterstand anzuwendenden Recht.

Art. 22 Rechtswahl

(1) Die Ehegatten oder künftigen Ehegatten können das auf ihren ehelichen Güterstand anzuwendende Recht durch Vereinbarung bestimmen oder ändern, sofern es sich dabei um das Recht eines der folgenden Staaten handelt:

a) das Recht des Staates, in dem die Ehegatten oder künftigen Ehegatten oder einer von ihnen zum Zeitpunkt der Rechtswahl ihren/seinen gewöhnlichen Aufenthalt haben/hat, oder
b) das Recht eines Staates, dessen Staatsangehörigkeit einer der Ehegatten oder künftigen Ehegatten zum Zeitpunkt der Rechtswahl besitzt.

(2) Sofern die Ehegatten nichts anderes vereinbaren, gilt eine während der Ehe vorgenommene Änderung des auf den ehelichen Güterstand anzuwendenden Rechts nur für die Zukunft.

(3) Eine rückwirkende Änderung des anzuwendenden Rechts nach Absatz 2 darf die Ansprüche Dritter, die sich aus diesem Recht ableiten, nicht beeinträchtigen.

Art. 23 Formgültigkeit der Rechtswahlvereinbarung

(1) Eine Vereinbarung nach Artikel 22 bedarf der Schriftform, ist zu datieren und von beiden Ehegatten zu unterzeichnen. Elektronische Übermittlungen, die eine dauerhafte Aufzeichnung der Vereinbarung ermöglicht, sind der Schriftform gleichgestellt.

(2) Sieht das Recht des Mitgliedstaats, in dem beide Ehegatten zum Zeitpunkt der Rechtswahl ihren gewöhnlichen Aufenthalt haben, zusätzliche Formvorschriften für Vereinbarungen über den ehelichen Güterstand vor, so sind diese Formvorschriften anzuwenden.

(3) Haben die Ehegatten zum Zeitpunkt der Rechtswahl ihren gewöhnlichen Aufenthalt in verschiedenen Mitgliedstaaten und sieht das Recht beider Staaten unterschiedliche Formvorschriften für Vereinbarungen über den ehelichen Güterstand vor, so ist die Vereinbarung formgültig, wenn sie den Vorschriften des Rechts eines dieser Mitgliedstaaten genügt.

(4) Hat zum Zeitpunkt der Rechtswahl nur einer der Ehegatten seinen gewöhnlichen Aufenthalt in einem Mitgliedstaat und sind in diesem Staat zusätzliche Formvorschriften für Vereinbarungen über den ehelichen Güterstand vorgesehen, so sind diese Formvorschriften anzuwenden.

Art. 24 Einigung und materielle Wirksamkeit

(1) Das Zustandekommen und die Wirksamkeit einer Rechtswahlvereinbarung oder einer ihrer Bestimmungen bestimmen sich nach dem Recht, das nach Artikel 22 anzuwenden wäre, wenn die Vereinbarung oder die Bestimmung wirksam wäre.

(2) Ein Ehegatte kann sich jedoch für die Behauptung, er habe der Vereinbarung nicht zugestimmt, auf das Recht des Staates berufen, in dem er zum Zeitpunkt der Anrufung des Gerichts

seinen gewöhnlichen Aufenthalt hat, wenn sich aus den Umständen ergibt, dass es nicht angemessen wäre, die Wirkung seines Verhaltens nach dem in Absatz 1 bezeichneten Recht zu bestimmen.

Art. 25 Formgültigkeit einer Vereinbarung über den ehelichen Güterstand

(1) Die Vereinbarung über den ehelichen Güterstand bedarf der Schriftform, ist zu datieren und von beiden Ehegatten zu unterzeichnen. Elektronische Übermittlungen, die eine dauerhafte Aufzeichnung der Vereinbarung ermöglichen, sind der Schriftform gleichgestellt.

(2) Sieht das Recht des Mitgliedstaats, in dem beide Ehegatten zum Zeitpunkt der Vereinbarung ihren gewöhnlichen Aufenthalt haben, zusätzliche Formvorschriften für Vereinbarungen über den ehelichen Güterstand vor, so sind diese Formvorschriften anzuwenden.

Haben die Ehegatten zum Zeitpunkt der Vereinbarung ihren gewöhnlichen Aufenthalt in verschiedenen Mitgliedstaaten, und sieht das Recht beider Staaten unterschiedliche Formvorschriften für Vereinbarungen über den ehelichen Güterstand vor, so ist die Vereinbarung formgültig, wenn sie den Vorschriften des Rechts eines dieser Mitgliedstaaten genügt.

Hat zum Zeitpunkt der Vereinbarung nur einer der Ehegatten seinen gewöhnlichen Aufenthalt in einem Mitgliedstaat und sind in diesem Staat zusätzliche Formvorschriften für Vereinbarungen über den ehelichen Güterstand vorgesehen, so sind diese Formvorschriften anzuwenden.

(3) Sieht das auf den ehelichen Güterstand anzuwendende Recht zusätzliche Formvorschriften vor, so sind diese Formvorschriften anzuwenden.

Art. 26 Mangels Rechtswahl der Parteien anzuwendendes Recht

(1) Mangels einer Rechtswahlvereinbarung nach Artikel 22 unterliegt der eheliche Güterstand dem Recht des Staates,
a) in dem die Ehegatten nach der Eheschließung ihren ersten gemeinsamen gewöhnlichen Aufenthalt haben, oder anderenfalls
b) dessen Staatsangehörigkeit beide Ehegatten zum Zeitpunkt der Eheschließung besitzen, oder anderenfalls
c) mit dem die Ehegatten unter Berücksichtigung aller Umstände zum Zeitpunkt der Eheschließung gemeinsam am engsten verbunden sind.

(2) Besitzen die Ehegatten zum Zeitpunkt der Eheschließung mehr als eine gemeinsame Staatsangehörigkeit, findet nur Absatz 1 Buchstaben a und c Anwendung.

(3) Ausnahmsweise kann das Gericht, das für Fragen des ehelichen Güterstands zuständig ist, auf Antrag eines der Ehegatten entscheiden, dass das Recht eines anderen Staates als des Staates, dessen Recht nach Absatz 1 Buchstabe a anzuwenden ist, für den ehelichen Güterstand gilt, sofern der Antragsteller nachweist, dass
a) die Ehegatten ihren letzten gemeinsamen gewöhnlichen Aufenthalt in diesem anderen Staat über einen erheblich längeren Zeitraum als in dem in Absatz 1 Buchstabe a bezeichneten Staat hatten und
b) beide Ehegatten auf das Recht dieses anderen Staates bei der Regelung oder Planung ihrer vermögensrechtlichen Beziehungen vertraut hatten.

Das Recht dieses anderen Staates gilt ab dem Zeitpunkt der Eheschließung, es sei denn, ein Ehegatte ist damit nicht einverstanden. In diesem Fall gilt das Recht dieses anderen Staates ab Begründung des letzten gemeinsamen gewöhnlichen Aufenthalts in diesem anderen Staat.

Die Anwendung des Rechts des anderen Staates darf die Rechte Dritter, die sich auf dasnach Absatz 1 Buchstabe a anzuwendende Recht gründen, nicht beeinträchtigen.

Dieser Absatz gilt nicht, wenn die Ehegatten vor der Begründung ihres letzten gemeinsamen gewöhnlichen Aufenthalts in diesem anderen Staat eine Vereinbarung über den ehelichen Güterstand getroffen haben.

Art. 27 Reichweite des anzuwendenden Rechts

Das nach dieser Verordnung auf den ehelichen Güterstand anzuwendende Recht regelt unter anderem
a) die Einteilung des Vermögens eines oder beider Ehegatten in verschiedene Kategorien während und nach der Ehe;
b) die Übertragung von Vermögen von einer Kategorie in die andere;
c) die Haftung des einen Ehegatten für die Verbindlichkeiten und Schulden des anderen;
d) die Befugnisse, Rechte und Pflichten eines oder beider Ehegatten in Bezug auf das Vermögen;
e) die Auflösung des ehelichen Güterstands und die Teilung, Aufteilung oder Abwicklung des Vermögens;
f) die Wirkungen des ehelichen Güterstands auf ein Rechtsverhältnis zwischen einem Ehegatten und Dritten und
g) die materielle Wirksamkeit einer Vereinbarung über den ehelichen Güterstand.

Art. 28 Wirkungen gegenüber Dritten

(1) Ungeachtet des Artikels 27 Buchstabe f darf ein Ehegatte in einer Streitigkeit zwischen einem Dritten und einem oder beiden Ehegatten das für den ehelichen Güterstand maßgebende Recht dem Dritten nicht entgegenhalten, es sei denn, der Dritte hatte Kenntnis von diesem Recht oder hätte bei gebührender Sorgfalt davon Kenntnis haben müssen.

(2) Es wird davon ausgegangen, dass der Dritte Kenntnis von dem auf den ehelichen Güterstand anzuwendenden Recht hat, wenn
a) dieses Recht das Recht des Staates ist,
   i) dessen Recht auf das Rechtsgeschäft zwischen einem Ehegatten und dem Dritten anzuwenden ist,
   ii) in dem der vertragschließende Ehegatte und der Dritte ihren gewöhnlichen Aufenthalt haben oder
   iii) in dem die Vermögensgegenstände – im Fall von unbeweglichem Vermögen – belegen sind,

   oder
b) ein Ehegatte die geltenden Anforderungen an die Publizität oder Registrierung des ehelichen Güterstands eingehalten hat, die vorgesehen sind im Recht des Staates,
   i) dessen Recht auf das Rechtsgeschäft zwischen einem Ehegatten und dem Dritten anzuwenden ist,
   ii) in dem der vertragschließende Ehegatte und der Dritte ihren gewöhnlichen Aufenthalt haben oder
   iii) in dem die Vermögensgegenstände – im Fall von unbeweglichem Vermögen – belegen sind.

(3) Kann ein Ehegatte das auf seinen ehelichen Güterstand anzuwendende Recht einem Dritten nach Absatz 1 nicht entgegenhalten, so unterliegen die Wirkungen des ehelichen Güterstands gegenüber dem Dritten dem Recht des Staates,
a) dessen Recht auf das Rechtsgeschäft zwischen einem Ehegatten und dem Dritten anzuwenden ist oder
b) in dem die Vermögensgegenstände – im Fall von unbeweglichem Vermögen – belegen sind oder, im Fall eingetragener Vermögenswerte oder im Fall von Rechten, in dem diese Vermögenswerte oder Rechte eingetragen sind.

Art. 29 Anpassung dinglicher Rechte

Macht eine Person ein dingliches Recht geltend, das ihr nach dem auf den ehelichen Güterstand anzuwendenden Recht zusteht, und kennt das Recht des Mitgliedstaats, in dem das Recht geltend gemacht wird, das betreffende dingliche Recht nicht, so ist dieses Recht soweit erforderlich und möglich an das in der Rechtsordnung dieses Mitgliedstaats am ehesten vergleichbare Recht anzupassen, wobei die mit dem besagten dinglichen Recht verfolgten Ziele und Interessen und die mit ihm verbundenen Wirkungen zu berücksichtigen sind.

Art. 30 Eingriffsnormen

(1) Diese Verordnung berührt nicht die Anwendung der Eingriffsnormen des Rechts des angerufenen Gerichts.

(2) Eine Eingriffsnorm ist eine Vorschrift, deren Einhaltung von einem Mitgliedstaat als so entscheidend für die Wahrung seines öffentlichen Interesses, insbesondere seiner politischen, sozialen oder wirtschaftlichen Ordnung, angesehen wird, dass sie ungeachtet des nach Maßgabe dieser Verordnung auf den ehelichen Güterstand anzuwendenden Rechts auf alle Sachverhalte anzuwenden ist, die in ihren Anwendungsbereich fallen.

Art. 31 Öffentliche Ordnung (ordre public)

Die Anwendung einer Vorschrift des nach dieser Verordnung bestimmten Rechts eines Staates darf nur versagt werden, wenn ihre Anwendung mit der öffentlichen Ordnung (ordre public) des Staates des angerufenen Gerichts offensichtlich unvereinbar ist.

Art. 32 Ausschluss der Rück- und Weiterverweisung

Unter dem nach dieser Verordnung anzuwendenden Recht eines Staates sind die in diesem Staat geltenden Rechtsnormen mit Ausnahme seines Internationalen Privatrechts zu verstehen.

Art. 33 Staaten mit mehr als einem Rechtssystem – interlokale Kollisionsvorschriften

(1) Verweist diese Verordnung auf das Recht eines Staates, der mehrere Gebietseinheiten umfasst, von denen jede eigene Rechtsvorschriften für eheliche Güterstände hat, so bestimmen die internen Kollisionsvorschriften dieses Staates die Gebietseinheit, deren Rechtsvorschriften anzuwenden sind.

(2) In Ermangelung solcher internen Kollisionsvorschriften gilt:

a) Jede Bezugnahme auf das Recht des in Absatz 1 genannten Staates ist für die Bestimmung des anzuwendenden Rechts aufgrund von Vorschriften, die sich auf den gewöhnlichen Aufenthalt der Ehegatten beziehen, als Bezugnahme auf das Recht der Gebietseinheit zu verstehen, in der die Ehegatten ihren gewöhnlichen Aufenthalt haben.

b) Jede Bezugnahme auf das Recht des in Absatz 1 genannten Staates ist für die Bestimmung des anzuwendenden Rechts aufgrund von Vorschriften, die sich auf die Staatsangehörigkeit der Ehegatten beziehen, als Bezugnahme auf das Recht der Gebietseinheit zu verstehen, zu der die Ehegatten die engste Verbindung haben.

c) Jede Bezugnahme auf das Recht des in Absatz 1 genannten Staates ist für die Bestimmung des anzuwendenden Rechts aufgrund sonstiger Bestimmungen, die sich auf andere Anknüpfungspunkte beziehen, als Bezugnahme auf das Recht der Gebietseinheit zu verstehen, in der sich der einschlägige Anknüpfungspunkt befindet.

5. Auszüge aus der EuPartVO

Art. 20 Universelle Anwendung 5

Das nach dieser Verordnung bezeichnete Recht ist auch dann anzuwenden, wenn es nicht das Recht eines Mitgliedstaats ist.

Art. 21 Einheit des anzuwendenden Rechts

Das auf die güterrechtlichen Wirkungen einer eingetragenen Partnerschaft anzuwendende Recht gilt für sämtliche unter diese Wirkungen fallenden Vermögensgegenstände ohne Rücksicht auf deren Belegenheit.

Art. 22 Rechtswahl

(1) Die Partner oder künftigen Partner können das auf die güterrechtlichen Wirkungen ihrer eingetragenen Partnerschaft anzuwendende Recht durch Vereinbarung bestimmen oder ändern, sofern dieses Recht güterrechtliche Wirkungen an das Institut der eingetragenen Partnerschaft knüpft und es sich dabei um das Recht eines der folgenden Staaten handelt:

a) das Recht des Staates, in dem die Partner oder künftigen Partner oder einer von ihnen zum Zeitpunkt der Rechtswahl ihren/seinen gewöhnlichen Aufenthalt haben/hat, oder
b) das Recht eines Staates, dessen Staatsangehörigkeit einer der Partner oder künftigen Partner zum Zeitpunkt der Rechtswahl besitzt, oder
c) das Recht des Staates, nach dessen Recht die eingetragene Partnerschaft begründet wurde.

(2) Sofern die Partner nichts anderes vereinbaren, gilt eine während der Partnerschaft vorgenommene Änderung des auf die güterrechtlichen Wirkungen der eingetragenen Partnerschaft anzuwendenden Rechts nur für die Zukunft.

(3) Eine rückwirkende Änderung des anzuwendenden Rechts nach Absatz 2 darf die Ansprüche Dritter, die sich aus diesem Recht ableiten, nicht beeinträchtigen.

Art. 23 Formgültigkeit der Rechtswahlvereinbarung

(1) Eine Vereinbarung nach Artikel 22 bedarf der Schriftform, ist zu datieren und von beiden Partnern zu unterzeichnen. Elektronische Übermittlungen, die eine dauerhafte Aufzeichnung der Vereinbarung ermöglichen, sind der Schriftform gleichgestellt.

(2) Sieht das Recht des Mitgliedstaats, in dem beide Partner zum Zeitpunkt der Rechtswahl ihren gewöhnlichen Aufenthalt haben, zusätzliche Formvorschriften für Vereinbarungen über die güterrechtlichen Wirkungen einer eingetragenen Partnerschaft vor, so sind diese Formvorschriften anzuwenden.

(3) Haben die Partner zum Zeitpunkt der Rechtswahl ihren gewöhnlichen Aufenthalt in verschiedenen Mitgliedstaaten und sieht das Recht beider Staaten unterschiedliche Formvorschriften für Vereinbarungen über die güterrechtlichen Wirkungen einer eingetragenen Partnerschaft vor, so ist die Vereinbarung formgültig, wenn sie den Vorschriften des Rechts eines dieser Mitgliedstaaten genügt.

(4) Hat zum Zeitpunkt der Rechtswahl nur einer der Partner seinen gewöhnlichen Aufenthalt in einem Mitgliedstaat und sind in diesem Staat zusätzliche Formvorschriften für Vereinbarungen über die güterrechtlichen Wirkungen einer eingetragenen Partnerschaft vorgesehen, so sind diese Formvorschriften anzuwenden.

Art. 24 Einigung und materielle Wirksamkeit

(1) Das Zustandekommen und die Wirksamkeit einer Rechtswahlvereinbarung oder einer ihrer Bestimmungen bestimmen sich nach dem Recht, das nach Artikel 22 anzuwenden wäre, wenn die Vereinbarung oder die Bestimmung wirksam wäre.

(2) Ein Partner kann sich jedoch für die Behauptung, er habe der Vereinbarung nicht zugestimmt, auf das Recht des Staates berufen, in dem er zum Zeitpunkt der Anrufung des Gerichts seinen gewöhnlichen Aufenthalt hat, wenn sich aus den Umständen ergibt, dass es nicht angemessen wäre, die Wirkung seines Verhaltens nach dem in Absatz 1 bezeichneten Recht zu bestimmen.

Art. 25 Formgültigkeit einer Vereinbarung über die güterrechtlichen Wirkungen einer eingetragenen Partnerschaft

(1) Die Vereinbarung über die güterrechtlichen Wirkungen einer eingetragenen Partnerschaft bedarf der Schriftform, ist zu datieren und von beiden Partnern zu unterzeichnen. Elektronische Übermittlungen, die eine dauerhafte Aufzeichnung der Vereinbarung ermöglichen, sind der Schriftform gleichgestellt.

(2) Sieht das Recht des Mitgliedstaats, in dem beide Partner zum Zeitpunkt der Vereinbarung ihren gewöhnlichen Aufenthalt haben, zusätzliche Formvorschriften für Vereinbarungen über die güterrechtlichen Wirkungen einer eingetragenen Partnerschaft vor, so sind diese Formvorschriften anzuwenden.

Haben die Partner zum Zeitpunkt der Vereinbarung ihren gewöhnlichen Aufenthalt in verschiedenen Mitgliedstaaten und sieht das Recht beider Staaten unterschiedliche Formvorschriften für Vereinbarungen über die güterrechtlichen Wirkungen einer eingetragenen Partnerschaft vor, so ist die Vereinbarung formgültig, wenn sie den Vorschriften des Rechts eines dieser Mitgliedstaaten genügt.

Hat zum Zeitpunkt der Vereinbarung nur einer der Partner seinen gewöhnlichen Aufenthalt in einem Mitgliedstaat und sind in diesem Staat zusätzliche Formvorschriften für Vereinbarungen über die güterrechtlichen Wirkungen einer eingetragenen Partnerschaft vorgesehen, so sind diese Formvorschriften anzuwenden.

(3) Sieht das auf die güterrechtlichen Wirkungen einer eingetragenen Partnerschaft anzuwendende Recht zusätzliche Formvorschriften vor, so sind diese Formvorschriften anzuwenden.

Art. 26 Mangels Rechtswahl der Parteien anzuwendendes Recht

(1) Mangels einer Rechtswahlvereinbarung nach Artikel 22 unterliegen die güterrechtlichen Wirkungen einer eingetragenen Partnerschaft dem Recht des Staates, nach dessen Recht die eingetragene Partnerschaft begründet wurde.

(2) Ausnahmsweise kann das Gericht, das für Fragen der güterrechtlichen Wirkungen der eingetragenen Partnerschaft zuständig ist, auf Antrag eines der Partner entscheiden, dass das Recht eines anderen Staates als des Staates, dessen Recht nach Absatz 1 anzuwenden ist, für die güterrechtlichen Wirkungen der eingetragenen Partnerschaft gilt, sofern das Recht dieses anderen Staates güterrechtliche Wirkungen an das Institut der eingetragenen Partnerschaft knüpft und sofern der Antragsteller nachweist, dass

a) die Partner ihren letzten gemeinsamen gewöhnlichen Aufenthalt über einen erheblich langen Zeitraum in diesem Staat hatten und
b) beide Partner auf das Recht dieses anderen Staates bei der Regelung oder Planung ihrer güterrechtlichen Beziehungen vertraut hatten.

Das Recht dieses anderen Staates gilt ab dem Zeitpunkt der Begründung der eingetragenen Partnerschaft, es sei denn, ein Partner ist damit nicht einverstanden. In diesem Fall gilt das Recht dieses anderen Staates ab Begründung des letzten gemeinsamen gewöhnlichen Aufenthalts in diesem anderen Staat.

Die Anwendung des Rechts des anderen Staates darf die Rechte Dritter, die sich auf das nach Absatz 1 anzuwendende Recht gründen, nicht beeinträchtigen.

Dieser Absatz gilt nicht, wenn die Partner vor der Begründung ihres letzten gemeinsamen gewöhnlichen Aufenthalts in diesem anderen Staat eine Vereinbarung über die güterrechtlichen Wirkungen der eingetragenen Partnerschaft getroffen haben.

Art. 27 Reichweite des anzuwendenden Rechts

Das nach dieser Verordnung auf die güterrechtlichen Wirkungen eingetragener Partnerschaften anzuwendende Recht regelt unter anderem
a) die Einteilung des Vermögens eines oder beider Partner in verschiedene Kategorien während und nach der eingetragenen Partnerschaft,
b) die Übertragung von Vermögen von einer Kategorie in die andere,
c) die Haftung des einen Partners für die Verbindlichkeiten und Schulden des anderen,
d) die Befugnisse, Rechte und Pflichten eines oder beider Partner in Bezug auf das Vermögen,
e) die Teilung, Aufteilung oder Abwicklung des Vermögens bei Auflösung der eingetragenen Partnerschaft,
f) die Wirkungen der güterrechtlichen Wirkungen eingetragener Partnerschaften auf ein Rechtsverhältnis zwischen einem Partner und Dritten und
g) die materielle Wirksamkeit einer Vereinbarung über die güterrechtlichen Wirkungen einer eingetragenen Partnerschaft.

Art. 28 Wirkungen gegenüber Dritten

(1) Ungeachtet des Artikels 27 Buchstabe f darf ein Partner in einer Streitigkeit zwischen einem Dritten und einem oder beiden Partnern das für die güterrechtlichen Wirkungen seiner eingetragenen Partnerschaft maßgebende Recht dem Dritten nicht entgegenhalten, es sei denn, der Dritte hatte Kenntnis von diesem Recht oder hätte bei gebührender Sorgfalt davon Kenntnis haben müssen.

(2) Es wird davon ausgegangen, dass der Dritte Kenntnis von den güterrechtlichen Wirkungen des anzuwendenden Rechts hat, wenn
a) dieses Recht das Recht des Staates ist,
   i) dessen Recht auf das Rechtsgeschäft zwischen einem Partner und dem Dritten anzuwenden ist,
   ii) in dem der vertragschließende Partner und der Dritte ihren gewöhnlichen Aufenthalt haben, oder
   iii) in dem die Vermögensgegenstände – im Fall von unbeweglichem Vermögen – belegen sind,
   oder
b) ein Partner die geltenden Anforderungen an die Publizität oder Registrierung der güterrechtlichen Wirkungen der eingetragenen Partnerschaft eingehalten hat, die vorgesehen sind im Recht des Staates,
   i) dessen Recht auf das Rechtsgeschäft zwischen einem Partner und dem Dritten anzuwenden ist,
   ii) in dem der vertragschließende Partner und der Dritte ihren gewöhnlichen Aufenthalt haben, oder
   iii) in dem die Vermögensgegenstände – im Fall von unbeweglichem Vermögen – belegen sind.

(3) Kann ein Partner das auf seine güterrechtlichen Wirkungen anzuwendende Recht einem Dritten nach Absatz 1 nicht entgegenhalten, so unterliegen die güterrechtlichen Wirkungen gegenüber dem Dritten dem Recht des Staates,
a) dessen Recht auf das Rechtsgeschäft zwischen einem Partner und dem Dritten anzuwenden ist oder
b) in dem die Vermögensgegenstände – im Fall von unbeweglichem Vermögen – belegen sind oder, im Fall eingetragener Vermögenswerte oder im Fall von Rechten, in dem diese Vermögenswerte oder Rechte eingetragen sind.

Art. 29 Anpassung dinglicher Rechte

Macht eine Person ein dingliches Recht geltend, das ihr nach dem auf die güterrechtlichen Wirkungen einer eingetragenen Partnerschaft anzuwendenden Recht zusteht, und kennt das Recht des Mitgliedstaats, in dem das Recht geltend gemacht wird, das betreffende dingliche Recht nicht, so ist dieses Recht, soweit erforderlich und möglich, an das in der Rechtsordnung dieses Mitgliedstaats am ehesten vergleichbare Recht anzupassen, wobei die mit dem besagten dinglichen Recht verfolgten Ziele und Interessen und die mit ihm verbundenen Wirkungen zu berücksichtigen sind.

Art. 30 Eingriffsnormen

(1) Diese Verordnung berührt nicht die Anwendung der Eingriffsnormen des Rechts des angerufenen Gerichts.

(2) Eine Eingriffsnorm ist eine Vorschrift, deren Einhaltung von einem Mitgliedstaat als so entscheidend für die Wahrung seines öffentlichen Interesses, insbesondere seiner politischen, sozialen oder wirtschaftlichen Ordnung, angesehen wird, dass sie ungeachtet des nach Maßgabe dieser Verordnung auf die güterrechtlichen Wirkungen einer eingetragenen Partnerschaft anzuwendenden Rechts auf alle Sachverhalte anzuwenden ist, die in ihren Anwendungsbereich fallen.

Art. 31 Öffentliche Ordnung (ordre public)

Die Anwendung einer Vorschrift des nach dieser Verordnung bestimmten Rechts eines Staates darf nur versagt werden, wenn ihre Anwendung mit der öffentlichen Ordnung (ordre public) des Staates des angerufenen Gerichts offensichtlich unvereinbar ist.

Art. 32 Ausschluss der Rück- und Weiterverweisung

Unter dem nach dieser Verordnung anzuwendenden Recht eines Staates sind die in diesem Staat geltenden Rechtsnormen mit Ausnahme seines Internationalen Privatrechts zu verstehen.

Art. 33 Staaten mit mehr als einem Rechtssystem – interlokale Kollisionsvorschriften

(1) Verweist diese Verordnung auf das Recht eines Staates, der mehrere Gebietseinheiten umfasst, von denen jede eigene Rechtsvorschriften für die güterrechtlichen Wirkungen eingetragener Partnerschaften hat, so bestimmen die internen Kollisionsvorschriften dieses Staates die Gebietseinheit, deren Rechtsvorschriften anzuwenden sind.

(2) In Ermangelung solcher internen Kollisionsvorschriften gilt:
a) Jede Bezugnahme auf das Recht des in Absatz 1 genannten Staates ist für die Bestimmung des anzuwendenden Rechts aufgrund von Vorschriften, die sich auf den gewöhnlichen Aufenthalt der Partner beziehen, als Bezugnahme auf das Recht der Gebietseinheit zu verstehen, in der die Partner ihren gewöhnlichen Aufenthalt haben.

b) Jede Bezugnahme auf das Recht des in Absatz 1 genannten Staates ist für die Bestimmung des anzuwendenden Rechts aufgrund von Vorschriften, die sich auf die Staatsangehörigkeit der Partner beziehen, als Bezugnahme auf das Recht der Gebietseinheit zu verstehen, zu der die Partner die engste Verbindung haben.
c) Jede Bezugnahme auf das Recht des in Absatz 1 genannten Staates ist für die Bestimmung des anzuwendenden Rechts aufgrund sonstiger Bestimmungen, die sich auf andere Anknüpfungspunkte beziehen, als Bezugnahme auf das Recht der Gebietseinheit zu verstehen, in der sich der einschlägige Anknüpfungspunkt befindet.

6. Auszüge aus dem Übereinkommen über das auf die Form letztwilliger Verfügungen anzuwendende Recht vom 05.10.1961

Art. 1 Anknüpfung 6

Eine letztwillige Verfügung ist hinsichtlich ihrer Form gültig, wenn diese dem innerstaatlichen Recht entspricht:
a) des Ortes, an dem der Erblasser letztwillig verfügt hat, oder
b) eines Staates, dessen Staatsangehörigkeit der Erblasser im Zeitpunkt, in dem er letztwillig verfügt hat, oder im Zeitpunkt seines Todes besessen hat, oder
c) eines Ortes, an dem der Erblasser im Zeitpunkt, in dem er letztwillig verfügt hat, oder im Zeitpunkt seines Todes seinen Wohnsitz gehabt hat, oder
d) des Ortes, an dem der Erblasser im Zeitpunkt, in dem er letztwillig verfügt hat, oder im Zeitpunkt seines Todes seinen gewöhnlichen Aufenthalt gehabt hat, oder
e) soweit es sich um unbewegliches Vermögen handelt, des Ortes, an dem sich dieses befindet.

Ist die Rechtsordnung, die aufgrund der Staatsangehörigkeit anzuwenden ist, nicht vereinheitlicht, so wird für den Bereich dieses Übereinkommens das anzuwendende Recht durch die innerhalb dieser Rechtsordnung geltenden Vorschriften, mangels solcher Vorschriften durch die engste Bindung bestimmt, die der Erblasser zu einer der Teilrechtsordnungen gehabt hat, aus denen sich die Rechtsordnung zusammensetzt.

Die Frage, ob der Erblasser an einem bestimmten Ort einen Wohnsitz gehabt hat, wird durch das an diesem Orte geltende Recht geregelt.

Art. 2 Widerruf letztwilliger Verfügungen

Art. 1 ist auch auf letztwillige Verfügungen anzuwenden, durch die eine frühere letztwillige Verfügung widerrufen wird.

Der Widerruf ist hinsichtlich seiner Form auch dann gültig, wenn diese einer der Rechtsordnungen entspricht, nach denen die widerrufene letztwillige Verfügung gem. Art. 1 gültig gewesen ist.

Art. 3 Bestehende Formvorschriften der Vertragsstaaten

Dieses Übereinkommen berührt bestehende oder künftige Vorschriften der Vertragsstaaten nicht, wodurch letztwillige Verfügungen anerkannt werden, die der Form nach entsprechend einer in den vorangehenden Artikeln nicht vorgesehenen Rechtsordnung errichtet worden sind.

Art. 4 Anwendung auf gemeinschaftliche Testamente

Dieses Übereinkommen ist auch auf die Form letztwilliger Verfügungen anzuwenden, die zwei oder mehrere Personen in derselben Urkunde errichtet haben.

Art. 5 Zur Form gehörig

Für den Bereich dieses Übereinkommens werden die Vorschriften, welche die für letztwillige Verfügungen zugelassenen Formen mit Beziehung auf das Alter, die Staatsangehörigkeit oder andere persönliche Eigenschaften des Erblassers beschränken, als zur Form gehörend angesehen. Das Gleiche gilt für Eigenschaften, welche die für die Gültigkeit einer letztwilligen Verfügung erforderlichen Zeugen besitzen müssen.

Art. 6 Allseitige Anwendung des Übereinkommens

Die Anwendung der in diesem Übereinkommen aufgestellten Regeln über das anzuwendende Recht hängt nicht von der Gegenseitigkeit ab. Das Übereinkommen ist auch dann anzuwenden, wenn die Beteiligten nicht Staatsangehörige eines Vertragsstaates sind oder das aufgrund der vorangehenden Artikel anzuwendende Recht nicht das eines Vertragsstaates ist.

Art. 7 Ordre public-Klausel

Die Anwendung eines durch dieses Übereinkommen für maßgebend erklärten Rechtes darf nur abgelehnt werden, wenn sie mit der öffentlichen Ordnung offensichtlich unvereinbar ist.

Art. 8 Intertemporale Regelung

Dieses Übereinkommen ist in allen Fällen anzuwenden, in denen der Erblasser nach dem Inkrafttreten des Übereinkommens gestorben ist.

Art. 9 Vorbehalt bezüglich der Bestimmung des Wohnsitzrechtes

Jeder Vertragsstaat kann sich, abweichend von Art. 1 Abs. 3, das Recht vorbehalten, den Ort, an dem der Erblasser seinen Wohnsitz gehabt hat, nach dem am Gerichtsort geltenden Rechte zu bestimmen.

Art. 10 Vorbehalt bezüglich mündlicher Testamente

Jeder Vertragsstaat kann sich das Recht vorbehalten, letztwillige Verfügungen nicht anzuerkennen, die einer seiner Staatsangehörigen, der keine andere Staatsangehörigkeit besaß, ausgenommen den Fall außergewöhnlicher Umstände, in mündlicher Form errichtet hat.

Art. 11 Vorbehalt bezüglich bestimmter Formen

Jeder Vertragsstaat kann sich das Recht vorbehalten, bestimmte Formen im Ausland errichteter letztwilliger Verfügungen aufgrund der einschlägigen Vorschriften seines Rechtes nicht anzuerkennen, wenn sämtliche der folgenden Voraussetzungen erfüllt sind:

a) Die letztwillige Verfügung ist hinsichtlich ihrer Form nur nach einem Rechte gültig, das ausschließlich aufgrund des Ortes anzuwenden ist, an dem der Erblasser sie errichtet hat,
b) der Erblasser war Staatsangehöriger des Staates, der den Vorbehalt erklärt hat,
c) der Erblasser hatte in diesem Staate einen Wohnsitz oder seinen gewöhnlichen Aufenthalt und
d) der Erblasser ist in einem anderen Staate gestorben als in dem, wo er letztwillig verfügt hatte.

Dieser Vorbehalt ist nur für das Vermögen wirksam, das sich in dem Staate befindet, der den Vorbehalt erklärt hat.

Art. 12 Vorbehalt bezüglich Anordnungen nicht erbrechtlicher Art

Jeder Vertragsstaat kann sich das Recht vorbehalten, die Anwendung dieses Übereinkommens auf Anordnungen in einer letztwilligen Verfügung auszuschließen, die nach seinem Rechte nicht erbrechtlicher Art sind.

Art. 13 Zeitlicher Vorbehalt

Jeder Vertragsstaat kann sich, abweichend von Art. 8, das Recht vorbehalten, dieses Übereinkommen nur auf letztwillige Verfügungen anzuwenden, die nach dessen Inkrafttreten errichtet worden sind.

II. Gegenstand des Internationalen Testaments- und Erbvertragsrechts

Aufgabe des Internationalen Testaments- und Erbvertragsrechtes ist es, bei Testamenten und Erbverträgen mit Auslandsberührung festzustellen, welchen Staates Rechtsordnung bzw. welcher Staaten Rechtsordnungen auf das jeweilige Testament oder den jeweiligen Erbvertrag Anwendung finden. Die dabei vorausgesetzte Verbindung des Sachverhaltes zum Recht eines ausländischen Staates ergibt sich aus **Art. 3 EGBGB**, der gewissermaßen als Einstiegsnorm das gesamte Internationale Privatrecht prägt. Eine solche **Auslandsberührung** kann sich in dem hier interessierenden Bereich des Kollisionsrechts vor allem dann ergeben, wenn 7
- der Erblasser nicht (nur) die deutsche **Staatsangehörigkeit** hat oder hatte oder dies voraussichtlich in der Zukunft so sein wird; oder
- der Erblasser seinen **Wohnsitz** oder (gewöhnlichen) Aufenthalt nicht (nur) im Inland hat oder hatte oder dies in Zukunft voraussichtlich der Fall sein wird; oder
- **Vermögen** des Erblassers nicht (nur) im Inland belegen ist oder voraussichtlich in Zukunft nicht (nur) im Inland belegen sein wird oder
- das Testament bzw. der Erbvertrag im Ausland errichtet werden soll oder errichtet worden ist; oder
- eine sonstige in die Verfügung von Todes wegen involvierte Person ausländische Staatsangehörigkeit bzw. Wohnsitz bzw. gewöhnlichen Aufenthalt besitzt; oder
- der Erblasser in einem ausländischen Güterstand lebt.

Da die Testaments- und Erbvertragsgestaltung als Teil der Kautelarjurisprudenz zwingend zukunftsorientiert ist, ist die Problematik der Auslandsberührung, wie vorstehend exemplarisch dargelegt, auch entsprechend perspektivisch zu betrachten. Es spielt deshalb nicht nur eine Rolle, ob eine Auslandsberührung bereits im Zeitpunkt der Abfassung des Testaments bzw. Erbvertrages gegeben ist, sondern auch, ob eine solche zukünftig, vor allem im Zeitpunkt des Todes des Erblassers, gegeben sein kann.

Liegt nun ein solcher Fall mit Auslandsbezug vor, so ist es der Gegenstand des Internationalen Testaments- und Erbvertragsrechtes, die anwendbare Rechtsordnung bzw. die anwendbaren Rechtsordnungen für den jeweiligen Fall festzulegen. Nur diese Frage nach dem anwendbaren Sachrecht ist nach allgemein-internationalprivatrechtlichen Grundsätzen die Aufgabe des **Kollisionsrechts**. Die so gefundene Rechtsordnung entscheidet dann die für das jeweilige Testament bzw. den jeweiligen Erbvertrag sich stellenden Sachfragen.

Dabei ist es ebenso eine Binsenweisheit, dass sich nicht nur das sachliche Erbrecht in den nationalen Rechtsordnungen unterscheidet, auch das Internationale Privatrecht ist nationales Recht, sodass sich das Internationale Testaments- und Erbvertragsrecht in den verschiedenen Rechtsordnungen ebenfalls unterscheidet, wenngleich nun durch die EuErbVO eine Vereinheitlichung des Erbkollisionsrechts für Deutschland und 24 weitere EU-Staaten erreicht ist. Dies muss derjenige, der eine Verfügung von Todes wegen gestaltet bzw. dabei berät, beachten. Zwar wird er grundsätzlich vom deutschen Kollisionsrecht ausgehen, die Internationalen Testaments- und Erbvertragsrechte anderer Rechtsordnungen spielen jedoch nicht etwa nur bei der Frage der Rück- und Weiterverweisung eine

Rolle. Der juristisch Gestaltende oder Beratende muss sich bei Sachverhalten mit Auslandsbezug vielmehr häufig auch fragen, ob die Verfügung von Todes wegen von ausländischen Behörden oder Gerichten, sei es in einem Nachlassverfahren, sei es im Zivilprozess, anerkannt bzw. wie sie von ihnen beurteilt wird. Hier entscheidet das ausländische Kollisionsrecht, ob der ausländische Staat etwa zu einer anderen Rechtsordnung kommt und daher auch die sachlichen Fragen anders beurteilt. Dann können hinkende Verfügungen von Todes wegen die Folge sein, die im Ausland ganz oder teilweise nicht als wirksam angesehen werden.

Dass das auf Verfügungen von Todes wegen mit Auslandsberührung anwendbare Recht in erster Linie vom Internationalen Erbrecht bestimmt wird, ist einsichtig. Das Erbstatut ist insoweit kollisionsrechtlich betrachtet das Hauptstatut. Wie regelmäßig im Internationalen Privatrecht kommen jedoch auch gesondert anzuknüpfende Teilfragen in Betracht. So entspricht es einem allgemeinen kollisionsrechtlichen Grundsatz, dass die Form von Rechtsgeschäften gesondert zu betrachten ist.

8 Mit dem Ziel der Vereinheitlichung des internationalen Erbrechts in der Europäischen Union wurde die **Verordnung (EU) Nr. 650/2012 vom 04.07.2012 über die Zuständigkeit, das anzuwendende Recht, die Anerkennung und Vollstreckung von Entscheidungen und die Annahme und Vollstreckung öffentlicher Urkunden in Erbsachen sowie zur Einführung eines europäischen Nachlasszeugnisses** erlassen (»EuErbVO«).[1] Sie gilt für Erbfälle ab dem 17.08.2015 (Art. 83 Abs. 1 EuErbVO). Ihr Anwendungsbereich ist universell (Art. 20 EuErbVO, sog. »loi uniforme«). Damit gelten ihre Verweisungen aus deutscher Sicht auch im Verhältnis zu den EU-Staaten, die nicht durch sie gebunden sind (Dänemark, Vereinigtes Königreich, Irland), und Drittstaaten. Die bestehenden völkerrechtlichen Verträge zu Drittstaaten bleiben unberührt (Art. 75 EuErbVO).[2] Das betrifft auch das Haager Testamentsformübereinkommen vom 05.10.1961, welches mithin weiter die Formwirksamkeit von Testamenten beherrscht, zumal es in Art. 27 EuErbVO inkorporiert ist.[3] Ferner gelten die bilateralen Staatsverträge zwischen Deutschland mit der Türkei, den (meisten) Nachfolgestaaten der Sowjetunion und dem Iran fort.[4] Das Erbstatut wird grundsätzlich an den letzten gewöhnlichen Aufenthalt des Erblassers angeknüpft (Art. 21 Abs. 1 EuErbVO; zu beachten ist allerdings ggf. die Ausweichklausel in Art. 21 Abs. 2 EuErbVO). Eine dem Art. 3a Abs. 2 EGBGB entsprechende Norm enthält die EuErbVO nicht[5], aber mit Art. 30 EuErbVO eine Vorschrift, die sich mit »besonderen Regelungen« befasst. Eine Beachtung von Rück- und Weiterverweisungen eines Drittstaats ist nur geboten, wenn sie auf das Recht eines EuErbVO-Mitgliedsstaates gerichtet ist oder auf das Recht eines anderen Drittstaats, der sein eigenes Recht anwenden würde (Art. 34 EuErbVO); Rechtswahlen sind indes immer als Sachnormverweisungen zu verstehen (Art. 34 Abs. 2 EuErbVO). Art. 22 EuErbVO sieht vor, dass der Erblasser durch Erklärung in Form einer Verfügung von Todes wegen die gesamte Erbfolge dem Recht des Staates unterstellen kann, dem er angehört. Die materielle Wirksamkeit einer Verfügung unterliegt dem Recht, das zum Zeitpunkt der Errichtung Erbstatut wäre. Nach Art. 25 Abs. 1 EuErbVO kommt es bei Erbverträgen auf das Erbstatut des Verfügenden zum Zeitpunkt der Errichtung an. Bei mehreren Verfügenden richtet er sich nach den Errichtungsstatuten aller Verfügenden (Art. 25 Abs. 2 Unterabs. 1 EuErbVO), seine materielle Wirksamkeit und Bindungswirkung allerdings nach dem Errichtungsstatut, zu dem er im Zeitpunkt der Errichtung die engste Verbindung hat (Art. 25 Abs. 2 Unterabs. 2 EuErbVO). Die Art der **dinglichen Rechte** und die Eintragung von Rechten an beweglichen oder unbeweglichen Gegenständen in einem Register (samt der Eintragungsvoraussetzungen und -wirkungen) bleiben der lex rei sitae vorbehalten (Art. 69 Abs. 5, Art. 1 Abs. 2 Buchst. k) und l, Art. 31 EuErbVO).

---

1 Amtsblatt L 201/107; vgl. dazu etwa *Volmer* Rpfleger 2013, 421; *Wagner* DNotZ 2010, 506; *Dutta* FamRZ 2013, 4; *ders.* RabelsZ 2009, 547; *Kindler* IPRax 2010, 44; *Majer*,ZEV 2011, 445; *Buschbaum/Kohler* GPR 2010, 106, 162; *Süß* ZErb 2009, 342.

2 *Volmer* Rpfleger 2013, 421, 422; ausführlich *Mankowski* ZEV 2013, 529 ff.

3 *Odersky* notar 2013, 3, 6.

4 Ausführlich *Mankowski* ZEV 2013, 529 ff.

5 *Odersky* notar 2013, 3, 4.

III. Testierfähigkeit

Testierfähigkeit bedeutet die Fähigkeit des Erblassers, Verfügungen von Todes wegen errichten zu können. Nach Art. 26 Abs. 1a) EuErbVO gehört sie zur materiellen und nicht zur formellen Wirksamkeit im Sinne der EuErbVO. Damit gilt gem. Art. 24 Abs. 1, 25 Abs. 1 EuErbVO das Recht, das zum Zeitpunkt der Errichtung Erbstatut wäre. Hat eine Person nach dem nach Artikel 24 oder 25 EuErbVO anzuwendenden Recht die Testierfähigkeit erlangt, so beeinträchtigt ein späterer Wechsel des anzuwendenden Rechts nicht ihre Fähigkeit zur Änderung oder zum Widerruf der Verfügung, Art 26 Abs. 2 EuErbVO. 9

Zur Beurteilung der Testierfähigkeit betreffend die Zeit vor dem 17.08.2015 vgl. Art. 26 Abs. 5 EGBGB a.F. 10

IV. Das auf die Form einer Verfügung von Todes wegen anwendbare Recht

Das auf die Form eines Testaments anwendbare Recht wird zuvörderst durch staatsvertragliche Regelungen bestimmt. Art. 75 Abs. 1 EuErbVO, wonach die bestehenden völkerrechtlichen Verträge zu Drittstaaten unberührt bleiben, betrifft nämlich ausdrücklich auch das Haager Testamentsformübereinkommen vom 05.10.1961, welches mithin weiter die Formwirksamkeit von Testamenten beherrscht und Art. 27 EuErbVO verdrängt. Neben dem insoweit in Deutschland in Kraft getretenen **Haager Testamentsformübereinkommen** enthält auch der **deutsch-türkische Konsularvertrag** vom 28.05.1929 in § 16 eine Vorschrift, die die Formgültigkeit regelt, indem sie wahlweise die Ortsform oder die Form des Heimatrechts für ausreichend erklärt. Das **Washingtoner Testamentsübereinkommen**[6] hingegen ist für die Bundesrepublik nicht in Kraft getreten. 11

Art. 27 EuErbVO enthält eine weitgehend dem Haager Testamentsformübereinkommen entsprechende Regelung, was in Art. 26 Abs. 2 EGBGB nochmals deklaratorisch festgestellt wird.[7] Mündliche Verfügungen von Todes wegen erfasst Art. 27 EuErbVO nicht, wohl aber werden diese vom Haager Testamentsformübereinkommen einbezogen.[8] Von wesentlicher Bedeutung ist, dass Art. 27 EuErbVO, anders als das Testamentsformübereinkommen, auch für **Erbverträge** gilt. Insoweit dehnt die Vorschrift die Formfreundlichkeit auch noch dadurch aus, dass es gem. Art. 27 Abs. 1 UAbs. 1 Buchst. b), c) und d) EuErbVO genügt, wenn die dort vorausgesetzten Anforderungen bei einem der Erblasser vorliegen.[9] Art. 27 EuErbVO findet auch schon auf solche Verfügungen von Todes wegen Anwendung, die vor dem 17.08.2015 vorgenommen wurden. Dies ergibt sich aus Art. 83 Abs. 3 EuErbVO. 12

Das Haager Testamentsformübereinkommen enthält – ähnlich Art. 27 Abs. 1 EuErbVO – eine Reihe alternativer **Anknüpfungen der Formwirksamkeit**, d.h. eine Verfügung von Todes wegen ist formwirksam, wenn sie nur einer der zur Verfügung gestellten Rechtsordnungen entspricht. Die Formwirksamkeit kann sich insbesondere ergeben 13

- aus einem effektiven oder tatsächlichen Heimatrecht des Erblassers zum Zeitpunkt der Errichtung oder des Todes,
- aus dem Recht des Errichtungsortes,
- aus dem Recht des Ortes des Wohnsitzes oder gewöhnlichen Aufenthalts des Erblassers zum Zeitpunkt der Errichtung oder des Todes,
- und hinsichtlich des unbeweglichen Vermögens aus dem Recht am Belegenheitsort.

Art. 26 Abs 1 EGBGB gibt zusätzlich zum Testamentsformübereinkommen die Möglichkeit der Formgültigkeit eines Testaments, wenn es den Formerfordernissen des Rechts entspricht, das auf die

6 Staudinger/*Dörner* vor Art. 25 EGBGB Rn. 136 ff.
7 *Döbereiner* NJW 2015, 2449, 2455.
8 MünchKomm/*Dutta* Art. 27 EuErbVO Rn. 5.
9 MünchKomm/*Dutta* Art. 27 EuErbVO Rn. 6.

Rechtsnachfolge von Todes wegen anzuwenden ist oder im Zeitpunkt der Verfügung anzuwenden wäre Diese Regelung gilt jedoch nicht für Erbverträge, weil Art. 27 EuErbVO keine dem Art. 3 Testamentsformübereinkommen entsprechende Öffnungsklausel enthält.[10]

14 Das **Haager Testamentsformübereinkommen** gilt gem. Art. 4 auch **für gemeinschaftliche Testamente**, nicht aber für Erbverträge. Es findet in gleicher Weise Anwendung auf die Formgültigkeit eines Testamentswiderrufs (Art. 2).

15 Das Testamentsformübereinkommen ist in folgenden Staaten in Kraft getreten:

Staat	**In Kraft seit**	**BGBl.**
Australien	21.11.1986	1987 II, 174
Antigua und Barbuda	01.11.1981	1985 II, 1125
Armenien	30.04.2007	2008 II, 203
Belgien	19.12.1971	1971 II, 1315
Bosnien-Herzegowina	05.01.1964	1994 II, 296
Botswana	17.01.1960	1969 II, 993, 2200
Brunei Darussalam	09.07.1988	1988 II, 971
(China) Hongkong	23.08.1968	1966 II, 11
Dänemark	19.09.1976	1976 II, 1718
Deutschland	01.01.1966	1966 II, 11
Estland	12.07.1998	1988 II, 1667
Fidschi	10.10.1970	1971 II, 1075
Finnland	23.08.1976	1976 II, 1718
Frankreich	19.11.1967	1967 II, 2548
Grenada	07.02.1974	1985 II, 1125
Griechenland	02.08.1983	1983 II, 479
Irland	02.10.1967	1967 II, 2363
Israel	10.01.1978	1977 II, 1270
Japan	02.08.1964	1966 II, 11
Kroatien	05.01.1964	1993 II, 1962
Lesotho	04.10.1966	1985 II, 1125
Luxemburg	05.02.1979	1979 II, 303
Mauritius	12.03.1968	1970 II, 1063
Mazedonien	05.01.1964	1994 II, 296
Moldawien	10.10.2011	2012 II, 195
Montenegro	03.06.2006	2007 II, 1398
Niederlande	01.08.1982	1982 II, 684
Norwegen	01.01.1973	1972 II, 1639
Österreich	05.01.1964	1966 II, 11
Polen	02.11.1969	1969 II, 2200; 1971 II, 6

10 MünchKomm/*Dutta* Art. 27 EuErbVO Rn. 7.

Staat	In Kraft seit	BGBl.
Serbien	27.04.1992	2002 II, 49
Schweden	07.09.1976	1976 II, 1718
Schweiz	17.10.1971	1971 II, 1149
Slowenien	05.01.1964	1993 II, 1962
Spanien	10.06.1988	1988 II, 971
Swasiland	22.01.1971	1971 II, 98
Südafrika	04.12.1970	1971 II, 6
Tonga	04.06.1970	1978 II, 1294
Türkei	22.10.1983	1983 II, 720
Ukraine	14.05.2011	2011 II, 843
Vereinigtes Königreich	05.01.1964	1966 II, 11

Vorbehalte nach Art. 9 (Wohnsitz) haben erklärt:

Antigua und Barbuda, Botswana, China (Hongkong), Fidschi, Grenada, Lesotho, Luxemburg, Mauritius, Moldawien, Südafrika, Swasiland, Tonga, Türkei, Ukraine, Vereinigtes Königreich von Großbritannien und Nordirland.

Vorbehalte nach Art. 10 (mündliche Testamente) haben erklärt:

Antigua und Barbuda, Armenien, Belgien, Estland, Frankreich, Grenada, Lesotho, Luxemburg, Moldawien, Niederlande, Schweiz, Südafrika, Türkei, Tonga, Ukraine, Vereinigtes Königreich von Großbritannien und Nordirland.

Zu Art. 11 hat niemand einen Vorbehalt gemacht.

Zu Art. 12 (Verfügungen nicht erbrechtlicher Art) haben Vorbehalte erklärt:

Armenien, Luxemburg, Österreich, Polen, Südafrika, Türkei, Ukraine.

Zu Art. 13 (zeitliche Geltung) haben Armenien und Botswana einen Vorbehalt gemacht.[11]

Alle Verweisungen im Haager Testamentsformübereinkommen wie auch in Art. 27 EuErbVO 16
sind Sachnormverweisungen (vgl. Art. 1 Abs. 1 Testamentsformübereinkommen: »innerstaatlichen Recht«; Art. 34 Abs 2 EuErbVO). In Art. 26 Abs. 1 Satz 1 EGBGB ist eine Rück- oder Weiterverweisung mittelbar beachtlich, weil die Regelung sicherstellen soll, dass auch die Erfüllung der Formerfordernisse eines durch Rück- oder Weiterverweisung berufenen Erb- bzw. Errichtungsstatuts ausreicht.[12]

V. Anknüpfung des Erbstatuts nach vorrangigen Staatsverträgen

1. Vorbemerkung

Staatsvertragliche Regelungen gehen gem. Art. 75 EuErbVO bzw. Art. 3 Nr. 2 EGBGB der 17
EuErbVO bzw. dem autonomen Kollisionsrecht vor. Zu beachten sind insoweit die für die Bundesrepublik Deutschland in Kraft getretenen Staatsverträge mit der Türkei, der UdSSR und dem Iran.

11 Quelle: Conférence de la Haye: (www.hcch.net).

12 Palandt/*Thorn* Anh. Art. 26 EGBGB Rn. 4, 5.

2. Deutsch-türkischer Konsularvertrag vom 28.05.1929[13]

18 Im Verhältnis zwischen der Bundesrepublik Deutschland und der Türkei gilt der deutsch-türkische Konsularvertrag vom 28.05.1929,[14] der gemäß Bekanntmachung vom 26.02.1952[15] fortgilt.[16] Als Anlage zu Art. 20 des Konsularvertrags wurde das deutsch-türkische Nachlassabkommen geschlossen. Dessen § 14 bestimmt:

§ 14 Nachlassabkommen

(1) Die erbrechtlichen Verhältnisse bestimmen sich in Ansehung des beweglichen Nachlasses nach den Gesetzen des Landes, dem der Erblasser zur Zeit seines Todes angehörte.

(2) Die erbrechtlichen Verhältnisse in Ansehung des unbeweglichen Nachlasses bestimmen sich nach den Gesetzen des Landes, in dem dieser Nachlass liegt, und zwar in der gleichen Weise, wie wenn der Erblasser zur Zeit seines Todes Angehöriger dieses Landes gewesen wäre.

19 Nach deutschem wie nach türkischem IPR findet damit eine Nachlassspaltung statt. Die Rechtsnachfolge von Todes wegen nach einem türkischen Erblasser beurteilt sich damit hinsichtlich des in Deutschland belegenen Grundbesitzes nach deutschem Erbrecht[17] und hinsichtlich des übrigen Nachlassvermögens aufgrund der Staatsangehörigkeit[18] nach türkischem Recht.[19] Anwendungsvoraussetzung des Abkommens ist, dass ein Angehöriger eines Vertragsstaates verstirbt.[20] Dieser muss Angehöriger nur des betreffenden Vertragsstaates sein.[21].Nicht erfasst von den Kollisionsnormen des Abkommens wird der in Deutschland belegene Nachlass eines Deutschen, auch wenn er in der Türkei lebt, und auch nicht der in der Türkei belegene Nachlass einer Türkin, auch wenn sie in Deutschland lebt.[22] Insoweit gelten vielmehr die Regeln der EuErbVO.[23] Parteiautonomie lässt das Abkommen nicht zu.[24] Was die Qualifikation des § 1371 Abs. 1 BGB im Zusammenhang des Abkommens angeht, dürfte für Fälle, in denen nun die Europäischen Güterrechtsordnungen zum Tragen kommen, eine erbrechtliche Qualifikation geboten sein; für Fälle, bei denen Art. 15 EGBGB a.F. weiter gilt, dagegen weiterhin die güterrechtliche.[25]

---

13 RGBl. II 1930, 748; BGBl. 1952 II, 608 = Jayme/Hausmann, Nr. 62; näher Staudinger/Dörner, vor Art. 25 EGBGB Rn. 160 ff.; MünchKomm/*Dutta* Art. 75 EuErbVO Rn. 15 ff.

14 RGBl. 1930 II, 748.

15 BGBl. 1952 II, 608.

16 Ausführlich *Gebauer* IPRax 2018, 345 ff.; *Majer* ZEV 2012, 182 ff.

17 Vgl. z.B. BGH NJW-RR 2013, 201 – auch hinsichtlich der Bezüge zum Ehegüterstatut.

18 Str. ist, ob das Abkommen auch für deutsch-türkische Doppelstaater gilt, vgl. *Kaya* ZEV 2015, 208, 209; *Gebauer* IPRax 2018, 345, 349 f.

19 Vgl. OLG Köln BeckRS 2014, 10414; *Dörner*, Das deutsch-türkische Nachlassabkommen, ZEV 1996, 90 ff.

20 *Mankowski* ZEV 2013, 529, 530; die Behandlung deutsch-türkischer Doppelstaater ist sehr str., vgl. ausführlich *Kaya* ZEV 2015, 208 m.w.N.

21 *Mankowski* ZEV 2013, 529, 530.

22 *Gebauer* IPRax 2018, 345, 347; *ders.* IPRax 2018, 586, 587; str. ist, inwieweit das Abkommen auch in einem Drittstaat belegenes Vermögen erfasst, vgl. MünchKomm/*Dutta* Art. 75 EuErbVO Rn. 20; NK-NachfolgeR/*Köhler* Vor Art. 20 ff. EuErbVO Rn. 52.

23 Ausführlich *Gebauer* IPRax 2018, 345, 347.

24 *Mankowski* ZEV 2013, 529, 530.

25 Ausführlich *Gebauer* IPRax 2018, 586 ff.; für die Fälle von Art. 15 EGBGB a.F. so im Ergebnis auch OLG Karlsruhe NJW-RR 2018, 713.

3. Deutsch-sowjetischer Konsularvertrag vom 25.04.1958[26]

Seit dem 24.05.1959 ist der **deutsch-sowjetische Konsularvertrag** in Kraft. Er gilt seit der Auflösung der UdSSR im Verhältnis zur Russischen Föderation weiter.[27] Das Erbstatut des unbeweglichen Vermögens bestimmt Art. 28 Abs. 3: 20

Hinsichtlich der unbeweglichen Nachlassgegenstände finden die Rechtsvorschriften des Staates Anwendung, in dessen Gebiet diese Gegenstände belegen sind.

Die Erbfolge in **bewegliche Nachlassgegenstände** wird vom Abkommen nicht geregelt, bestimmt sich also nach dem autonomen Kollisionsrecht.[28] Durch gemeinsame Erklärung oder Notenwechsel hat die Bundesrepublik mit den meisten Nachfolgestaaten vereinbart, dass die zwischen der Bundesrepublik und der früheren UdSSR geschlossenen völkerrechtlichen Verträge im Verhältnis zwischen der Bundesrepublik und dem betreffenden Nachfolgestaat so lange angewandt werden sollen, bis beide Seiten etwas Abweichendes vereinbaren. Vereinbarungen wurden getroffen mit:
- Armenien,[29]
- Aserbaidschan,[30]
- Belarus,[31]
- Georgien,[32]
- Kasachstan,[33]
- Kirgisistan,[34]
- Moldau,[35]
- Tadschikistan,[36]
- Ukraine,[37]
- Usbekistan.[38]

Die baltischen Staaten betrachten sich nicht als Rechtsnachfolger. Ungeklärt ist die Rechtslage weiter im Verhältnis zu Turkmenistan.[39]

4. Deutsch-iranisches Niederlassungsabkommen vom 17.02.1929[40]

Im deutsch-iranischen Rechtsverkehr ist das Niederlassungsabkommen vom 17.12.1929 zu beachten. Es enthält in Art. 8 Abs. 3 auch eine erbrechtliche Kollisionsnorm, die durch das Schlussprotokoll vom 17.12.1929[41] erläutert wird: 21

26 BGBl. 1959 II, 233, 469 = *Jayme/Hausmann* Nr. 63.
27 Bek. v. 14.08.1992, BGBl. II, 1016; vgl. zu den Vertragsstaaten MünchKomm/*Dutta* Art. 75 EuErbVO Rn. 28.
28 *Mankowski* ZEV 2013, 529, 533.
29 BGBl. 1993 II 169.
30 BGBl. 1996 II 2472.
31 BGBl. 1994 II 2533.
32 BGBl. 1992 II 1128.
33 BGBl. 1992 II 1120.
34 BGBl. 1992 II 1015.
35 BGBl. 1996 II, 768.
36 BGBl. 1995 II, 255.
37 BGBl. 1993 II, 1189.
38 BGBl. 1993 II, 2038.
39 MünchKomm/*Dutta* Art. 75 EuErbVO Rn. 28.
40 RGBl. 1930 II, S. 1006; BGBl. 1955 II, 829 = *Jayme/Hausmann*, Nr. 22; hierzu Staudinger/*Dörner*, vor Art. 25 f. EGBGB Rn. 149 ff.; MünchKomm/*Dutta* Art. 75 EuErbVO Rn. 8 ff.; ferner *Birmanns*, IPRax 1996, 320; Beispiel: OLG Hamm v. 29.09.1992, IPRax 1994, 49 mit Aufs. *Dörner*, S. 33 ff.
41 RGBl. 1930 II, 1012.

Art. 8 Abs. 3

In Bezug auf das Personen-, Familien- und Erbrecht bleiben die Angehörigen jedes der vertragsschließenden Staaten im Gebiet des anderen Staates jedoch den Vorschriften ihrer heimischen Gesetze unterworfen. Die Anwendung dieser Gesetze kann von dem anderen vertragsschließenden Staat ausnahmsweise nur insoweit ausgeschlossen werden, als ein solcher Ausschluss allgemein gegenüber jedem anderen Staat erfolgt.

Schlussprotokoll zu Art. 8 Abs. 3:

Die vertragsschließenden Staaten sind sich darüber einig, dass das Personen-, Familien- und Erbrecht, d.h. das Personalstatut, die folgenden Angelegenheiten umfasst: Ehe, eheliches Güterrecht, Scheidung, Aufhebung der ehelichen Gemeinschaft, Mitgift, Vaterschaft, Abstammung, Annahme an Kindes Statt, Geschäftsfähigkeit, Volljährigkeit, Vormundschaft und Pflegschaft, Entmündigung, testamentarische und gesetzliche Erbfolge, Nachlassabwicklung und Erbauseinandersetzung, ferner alle anderen Angelegenheiten des Familienrechts unter Einschluss aller den Personenstand betreffenden Fragen.

Das Abkommen knüpft sowohl für bewegliches als auch für unbewegliches Vermögen an die Staatsangehörigkeit an.[42] Die Anknüpfung regelt die erbrechtlichen Fragen umfassend.[43] Auch in Drittstaaten belegenes Nachlassvermögen ist erfasst.[44] Die Anknüpfung der Formgültigkeit einer Verfügung von Todes wegen richtet sich allerdings nach den allgemeinen Regeln.[45]

Das Abkommen gilt nicht für Personen, welche die deutsche und die iranische Staatsangehörigkeit besitzen,[46] wohl aber ist es hinsichtlich solcher Personen anwendbar, die neben der iranischen (oder der deutschen) Staatsbürgerschaft die Staatsbürgerschaft eines Drittstaates haben, wenn die iranische bzw. deutsche Staatsbürgerschaft die effektive ist.[47]

Problematisch ist, ob die Regelung Raum für eine Rechtswahl (gem. Art. 22 EuErbVO bzw. früher gem. Art. 25 Abs. 2 EGBGB) lässt. Die wohl h.M. geht davon aus, dass die erbrechtliche Anknüpfung des Niederlassungsabkommens abschließend und zwingend ist.[48]

VI. Anknüpfung des Erbstatuts

1. Intertemporales Recht

22 Gem. Art. 84 UAbs. 2 EuErbVO gelten die inhaltlichen Vorschriften der Verordnung ab dem 17.08.2015. Art. 83 EuErbVO bestimmt, auf welche Sachverhalte die Verordnung in zeitlicher Hinsicht anwendbar ist. Dabei findet die EuErbVO Anwendung auf seit dem 17.08.2015 eingetretene Erbfälle. Für vorher eingetretene Erbfälle verbleibt es bei der früheren Rechtslage.[49]

---

42 Vgl. z.B. OLG München NJW-RR 2012, 1096 – auch hinsichtlich der Bezüge zum Ehegüterstatut und der Anpassung der Erbquote der Ehefrau über den ordre public.

43 MünchKomm/*Dutta* Art. 75 EuErbVO Rn. 11.

44 *Mankowski* ZEV 2013, 529, 534; *Wurmnest* IPRax 2016, 447, 450; a.A. AG Hamburg-St. Georg ZEV 2015, 580.

45 MünchKomm/*Dutta* Art. 75 EuErbVO Rn. 11.

46 OLG München ZEV 2010, 255; *Wurmnest* IPRax 2016, 447, 449.

47 AG Hamburg-St. Georg ZEV 2015, 580; *Wurmnest* IPRax 2016, 447, 449; str.

48 MünchKomm/*Dutta* Art. 75 EuErbVO Rn. 12; Erman/*Hohloch* Art. 75 EuErbVO Rn. 3; *Schotten/Wittkowski*, Das deutsch-iranische Niederlassungsabkommen im Familien- und Erbrecht, FamRZ 1995, 269; im Verhältnis zu Art. 25 EGBGB a.F. a.A. mit guten Gründen Staudinger/*Dörner* vor Art. 25 EGBGB Rn. 151.

49 Anderes ergibt sich auch nicht aus Art. 25 EGBGB n.F., denn diese Norm bestimmt gerade keine Rückwirkung der Anwendung der EuErbVO auf Erbrechtsfälle vor dem 17.8.2015; OLG Schleswig ZEV 2016, 502; *Looschelders* IPRax 2017, 580, 581.

Insoweit legte sich Art. 25 Abs. 1 EGBGB a.F. auf das **Staatsangehörigkeitsprinzip** fest, wenn er als objektives Erbstatut das Recht des Staates, dem der Erblasser im Zeitpunkt seines Todes angehörte, festschrieb. Dies wurde nur in sehr eingeschränktem Umfang durch Art. 25 Abs. 2 EGBGB a.F. durchbrochen. Er erlaubte dem Erblasser, für im Inland belegenes unbewegliches Vermögen in der Form einer Verfügung von Todes wegen deutsches Erbrecht zu wählen. Daneben trat noch Art. 26 Abs. 5 Satz 1 EGBGB a.F. Nach dieser Vorschrift unterlagen diejenigen **Gültigkeitsvoraussetzungen einer Verfügung** von Todes wegen, die nicht als zur Form gehörend und damit Art. 26 Abs. 1 bis 4 EGBGB a.F. bzw. dem Haager Testamentsformenübereinkommen unterfallend anzusehen waren, sowie die Bindung an eine Verfügung von Todes wegen dem Recht, das im Zeitpunkt der Verfügung auf die Rechtsnachfolge von Todes wegen anzuwenden gewesen wäre. Verwiesen war damit auf Art. 25 EGBGB a.F., jedoch mit dem wesentlichen Unterschied, dass es hier für das Erbstatut nicht auf den Zeitpunkt des Todes, sondern insoweit ausnahmsweise auf den Zeitpunkt der Errichtung der Verfügung ankam.

Die Art. 25 und 26 EGBGB a.F. galten in der Bundesrepublik Deutschland seit dem 01.09.1986. Sie bezogen sich nach der intertemporalen Vorschrift des Art. 220 Abs. 1 EGBGB nicht auf vor dem 01.09.1986 abgeschlossene Vorgänge. Dabei war abgeschlossener Vorgang in diesem Sinne beim Erbrecht der Erbfall, nicht etwa seine Abwicklung.[50] Bei Erblassern, die vor dem 01.09.1986 verstorben waren, ist daher das EGBGB in der vor dem 01.09.1986 geltenden Fassung anzuwenden, und damit auch für die Beurteilung von letztwilligen Verfügungen solcher Verstorbener.[51] Selbst bei später verstorbenen Erblassern sollte sich jedoch die Gültigkeit eines vor dem 01.09.1986 errichteten Testamentes nach altem Erbkollisionsrecht bemessen.[52] Allerdings fallen die Unterschiede zwischen vor dem 01.09.1986 geltenden Kollisionsrecht und Art. 25 und 26 EGBGB a.F. kaum ins Gewicht, jedenfalls soweit es nicht um eine Rechtswahl geht. Das Gesetz zur Neuregelung des IPR von 1986 hatte nämlich das Internationale Erbrecht im Gegensatz zu anderen Materien wohl am wenigsten geändert.[53] Schon vorher galt aufgrund der Verallgemeinerung der Art. 24 Abs. 1 und 25 Satz 1 EGBGB in der vor dem 01.09.1986 geltenden Fassung das Staatsangehörigkeitsprinzip.[54]

2. Aufenthaltsprinzip

Nach der EuErbVO ist zur Anknüpfung des Erbstatuts grundsätzlich allein an den gewöhnlichen Aufenthalt des Erblassers anzuknüpfen (Art. 21 Abs. 1 EuErbVO). Dabei ist davon auszugehen, dass jedermann genau einen gewöhnlichen Aufenthalt hat.[55] In Erwägungsgrund 23 zur EuErbVO finden sich Hinweise dazu, wie der gewöhnliche Aufenthalt zu bestimmen ist. Vorzunehmen ist eine Gesamtbeurteilung der Lebensumstände des Erblassers in den Jahren vor seinem Tod und im Zeitpunkt seines Todes. Hierbei sind alle relevanten Tatsachen zu berücksichtigen, insbesondere die Dauer und die Regelmäßigkeit des Aufenthalts des Erblassers in dem betreffenden Staat sowie die damit zusammenhängenden Umstände und Gründe. Der gewöhnliche Aufenthalt soll unter Berücksichtigung der spezifischen Ziele der Verordnung eine besonders enge und feste Bindung zu dem betreffenden Staat erkennen lassen.[56] Nach Erwägungsgrund 24 zur EuErbVO können familiäre und soziale Bindungen, aber auch der Ort der Belegenheit von Vermögensgegenständen eine entscheidende Rolle spielen.[57] Dies alles führt zu der gängigen Formel, wonach es sich um den Daseinsmittelpunkt als Schwerpunkt der familiären, sozialen und beruflichen Beziehungen 23

50 *Siehr* IPRax 1987, 4; *Dörner* DNotZ 1988, 67, 80 ff.
51 Vgl. BayObLG NJW 1987, 1148.
52 *Dörner* DNotZ 1988, 67, 83 f.
53 *Siehr* IPRax 1987, 4.
54 *Siehr* IPRax 1987, 4; OLG Hamm Rpfleger 1983, 276, 277.
55 *Egidy/Volmer* Rpfleger 2015, 433, 437.
56 Zu Zweifelsfällen ausführlich *Solomon* in: Dutta/Herrler, Die Europäische Erbrechtsverordnung, S. 19, 26 ff.; *Odersky* notar 2013, 3, 4 f.; *Weber* notar 2015, 296 f. sowie *Egidy/Volmer* Rpfleger 2015, 433, 437 ff.
57 Zum Fall eines Grenzpendlers KG IPRax 2018, 72 m. Anm. *Martiny*.

handelt,[58] hin.[59] Dabei stellt vor allem in Zweifelsfällen der »Bleibewille« (ohne Rückkehrabsicht) ein äußerst wichtiges Kriterium dar.[60] Ist er gegeben, bedarf es für die Begründung eines neuen gewöhnlichen Aufenthalts auch keiner »Mindestverweildauer«.[61]

Art. 21 Abs. 2 EuErbVO enthält eine Ausweichklausel, wonach ausnahmsweise dann, wenn sich aus der Gesamtheit der Umstände ergibt, dass der Erblasser im Zeitpunkt seines Todes eine offensichtlich engere Verbindung zu einem anderen Recht als dem des Aufenthaltsstaates hatte, dieses Recht Erbstatut ist. In Betracht kommt dies, wenn der Wechsel des gewöhnlichen Aufenthalts sich noch nicht »verfestigt« hat, Erwägungsgrund 25 zur EuErbVO.[62] Diskutiert wird außerdem als Anwendungsfall die Auslandsverbringung von Geschäftsunfähigen.[63]

Die Maßgeblichkeit des gewöhnlichen Aufenthalts des Erblassers eröffnet für diesen unter Umständen Gestaltungsmöglichkeiten (s. auch Syst. B Rdn. 96). Er hat hier die Möglichkeit, durch geschickte Auswahl seines gewöhnlichen Aufenthalts das anwendbare Erbrecht zu beeinflussen. Wegen des damit in der Regel verbundenen hohen Aufwandes wird dies nicht oft in Betracht kommen; allerdings verfügen gerade sehr wohlhabende Personen häufig über Wohnstätten in verschiedenen Staaten.[64]

3. Anknüpfungszeitpunkt

24 Was den Zeitpunkt der Feststellung des gewöhnlichen Aufenthalts anbelangt, ist die Unterscheidung in Art. 21 Abs. 1 EuErbVO einerseits und Art. 24 Abs. 1 sowie Art. 25 Abs. 1 und 2 EuErbVO andererseits zu beachten. Grundsätzlich ist für das Erbstatut nach Art. 21 Abs. 1 EuErbVO der gewöhnliche Aufenthalt des Verstorbenen, den er zur Zeit seines Ablebens besaß, entscheidend. Man spricht insoweit vom sog. **definitiven Erbstatut.** Bei der Gestaltung eines Testamentes oder Erbvertrages ist deshalb ein möglicher Wechsel des gewöhnlichen Aufenthalts des Verfügenden bis zu seinem Tode in Rechnung zu stellen.

Art. 24 ff. EuErbVO enthalten Sonderregeln für die Zulässigkeit und die materielle Wirksamkeit von Verfügungen von Todes wegen sowie die Bindungswirkung von Erbverträgen.[65] Maßgeblich ist insoweit das hypothetische Erbstatut im Zeitpunkt der Errichtung. Wurde im Zeitpunkt der Errichtung eine Rechtswahl zugunsten des Heimatrechts (Art. 22 EuErbVO) getroffen, ist dieses gewählte Recht das hypothetische Erbstatut.[66] Nach Art. 24 Abs. 2, 25 Abs. 3 EuErbVO kann auch nur für die in Art. 24 bzw. 25 EuErbVO geregelten Fragen das Heimatrecht gewählt werden. Bei einem Erbvertrag mit mehreren Erblassern ist hinsichtlich der Zulässigkeit grundsätzlich kumulativ an alle hypothetischen Erbstatute anzuknüpfen (Art. 25 Abs. 2 UAbs. 1 EuErbVO). Die materielle Wirksamkeit und insbesondere die Bindungswirkung sowie die Auflösung richten sich hingegen für alle Beteiligten einheitlich nach dem Errichtungsstatut, zu dem der Erbvertrag insgesamt die engste Verbindung aufweist, Art. 25 Abs. 2 UAbs. 2 EuErbVO.

58 Palandt/*Thorn* Art. 21 EuErbVO Rn. 6.

59 Bengel/Reimann//*Sieghörtner*, Handbuch der Testamentsvollstreckung, § 9 Rn. 43.

60 *Solomon* in: Dutta/Herrler, Die Europäische Erbrechtsverordnung, S. 19, 24; OLG Hamm NJW 2018, 2061, dazu krit. – gegen eine solche subjektive Komponente – *Kurth* IPRax 2019, 123, 125; OLG München FGPrax 2017, 134.

61 Vgl. EuGH IPRax 2012, 340; Palandt/*Thorn* Art. 21 EuErbVO Rn. 6; NK-BGB/*Makowsky* Art. 4 EuErbVO Rn.35.

62 *Solomon* in: Dutta/Herrler, Die Europäische Erbrechtsverordnung, S. 19, 34.

63 *Egidy/Volmer* Rpfleger 2015, 433, 439; *Odersky* notar 2013, 3, 5; *Mankowski* IPRax 2015, 39, 43.

64 *Steiner* Testamentsgestaltung bei kollisionsrechtlicher Nachlassspaltung, 2002, S. 79.

65 Ausführlich *Bonomi/Öztürk* in: Dutta/Herrler, Die Europäische Erbrechtsverordnung, S. 47 ff.

66 *Bonomi/Öztürk* in: Dutta/Herrler, Die Europäische Erbrechtsverordnung, S. 47, 53.

4. Umfang der Statute nach Art. 21 EuErbVO und nach Art. 24 ff. EuErbVO

Wegen des unterschiedlichen Zeitpunktes für die Anknüpfung ist es bei Verfügungen von Todes wegen von Bedeutung, was unter den Begriffen der Zulässigkeit, der materiellen Wirksamkeit sowie der Bindungswirkung i.S.d. Art. 24 ff. EuErbVO zu verstehen ist und demgemäß zum fiktiven Erbstatut gehört. Dabei stellt die Zulässigkeit lediglich einen besonderen Aspekt der materiellen Wirksamkeit dar und beantwortet die Frage, ob eine Verfügung von Todes wegen an sich statthaft ist.[67] Im Übrigen legt Art. 26 Abs. 1 EuErbVO fest, welche Fragen unter den Begriff der materiellen Wirksamkeit fallen, insbesondere die Testierfähigkeit, Testierverbote bezüglich bestimmter Begünstigter, die Zulässigkeit einer Stellvertretung, die Auslegung[68], Fragen der Höchstpersönlichkeit einer Verfügung (§ 2065 BGB) sowie Willensmängel und damit auch die Anfechtbarkeit und Anfechtung.[69] Auch die Fragen der Unwirksamkeit einer Verfügung von Todes wegen aufgrund Gesetzes- oder Sittenwidrigkeit sind dem zuzurechnen.[70] Nicht dazu zählt vor allem die Frage des Pflichtteilsrechts, welche dem allgemeinen Erbstatut unterfällt (Art. 23 Abs. 2 Buchst. h) EuErbVO).[71] 25

»Bindungswirkungen« i.S.d. Art. 25 EuErbVO betreffen rechtliche Wirkungen, die den bzw. die beteiligten Erblasser an der einseitigen Errichtung von abweichenden nachträglichen Verfügungen von Todes wegen oder auch unter Lebenden im Hinblick auf deren Unwirksamkeit hindern.[72] Damit ist die teilweise oder vollständige Aufhebbarkeit, Änderbarkeit oder die Widerrufbarkeit bzw. der Rücktritt davon gemeint. Man wird insoweit exakterweise dahin gehend zu differenzieren haben, dass sich die Überwindung der früheren Verfügung nach deren Errichtungsstatut richtet, die Gültigkeit der überwindenden Verfügung von Todes wegen im Übrigen nach ihrem eigenen Errichtungsstatut,[73] vgl. auch Art. 24 Abs. 3 EuErbVO. 26

5. Mehrrechtsstaaten

Die Verweisungen in Art. 21 Abs. 1 bzw. 24 Abs. 1, 25 Abs. 1 und 2 EGBGB führen dann zu Schwierigkeiten, wenn im Staat des gewöhnlichen Aufenthalts des Erblassers Rechtsspaltung herrscht, d.h. dort unterschiedliche Rechtsordnungen gelten. Eine solche Rechtsspaltung ist gerade im Erbrecht nicht selten. 27

Ein Beispiel für eine sog. **territoriale Rechtsspaltung** liefert dabei Spanien. Dort gelten in bestimmten Gebieten (Aragonien, Balearen, Galizien, Navarra, Baskenland, Katalonien) besondere Partikularrechte, sog. **Foralrechte.**[74] Diese Spezialgesetze bestimmter Territorien haben Vorrang vor dem gemeinspanischen Recht, wie es im Código civil niedergelegt ist. Die größte Bedeutung der Foralrechte liegt gerade im Bereich des Erbrechtes.[75] So kann etwa nach baskischem Recht anders als nach gemeinspanischem Recht ein Testament auch durch einen Vertreter errichtet werden,[76] außerdem sind die Erbquoten in den Teilrechtsordnungen durchaus verschieden.[77] Einen anderen Fall territorialer Rechtsspaltung in Europa stellt daneben insbesondere das Vereinigte Königreich

67 *Bonomi/Öztürk* in: Dutta/Herrler, Die Europäische Erbrechtsverordnung, S. 47, 55.

68 Die Einordnung der Auslegung bei der materiellen Wirksamkeit wird teils heftig kritisiert, *Ludwig* FamRZ 2018, 1275: »systematisch falsch«; MünchKomm/*Dutta* Art. 26 EuErbVO Rn. 10: »überraschend«; zum auf die Auslegung anwendbaren Recht, wenn ein Testament vor Anwendungsbeginn der EuErbVO errichtet wurde, aber der Erblasser danach verstarb AG Hamburg-Wandsbek FamRZ 2018, 1274 m. Anm. *Ludwig.*

69 Erman/*Hohloch* Art. 26 EuErbVO Rn. 7; MünchKomm/*Dutta* Art. 26 EuErbVO Rn. 13; *Reymann* ZVglRWiss 114 (2015) 40, 56; *Weber* notar 2015, 296, 297.

70 MünchKomm/*Dutta* Art. 26 EuErbVO Rn. 14.

71 *Bonomi/Öztürk* in: Dutta/Herrler, Die Europäische Erbrechtsverordnung, S. 47, 56; *Weber* notar 2015, 296, 297.

72 Erman/*Hohloch* Art. 25 EuErbVO Rn. 5.

73 So wohl auch MünchKomm/*Dutta* Art. 25 EuErbVO Rn. 12.

74 Ausführlich *Jayme* RabelsZ 55 (1991), 303.

75 *Jayme* RabelsZ 55 (1991), 303, 328.

76 *Jayme* RabelsZ 55 (1991), 303, 328.

77 *Jayme* RabelsZ 55 (1991), 303, 328.

von Großbritannien und Nordirland dar, wo in England und Wales, in Schottland und in Nordirland unterschiedliches materielles und auch Internationales Erbrecht gilt.[78] Außerhalb Europas gibt es territorial gespaltene Rechtsordnungen z.B. in den USA, Kanada und Australien. Die **Spaltung** kann jedoch nicht nur territorialer Art sein, sondern auch **personaler** bzw. **religiöser** Natur derart, dass für bestimmte Personen- bzw. Religionsgruppen unterschiedliche materielle Erbrechte gelten, wie häufig in islamischen Staaten.

Art. 36 EuErbVO enthält insoweit Vorschriften. In erster Linie bestimmen nach Art. 36 Abs. 1 EuErbVO bei Mehrrechtsstaaten die internen Kollisionsvorschriften dieses Staates selbst die Gebietseinheit, deren Rechtsvorschriften anzuwenden sind. Das ist etwa in Spanien der Fall, wo ein interlokales Recht in Kollisionsfällen bestimmt, ob und gegebenenfalls welches forale Erbrecht zur Anwendung kommen soll.[79] Entscheidend ist dabei die Foralrechtzugehörigkeit, sog. vecindad, d.h. die Gebietszugehörigkeit zu einem bestimmten Foralrecht.[80] Im Gegensatz zu Spanien besteht im Vereinigten Königreich von Großbritannien und Nordirland eine solche übergeordnete interne Kollisionsrechtsordnung auf gesamtstaatlicher Ebene nicht,[81] sondern jede Teilrechtsordnung hat ihr eigenes Kollisionsrecht zur Lösung der Rechtsspaltung. Ähnliches gilt für die USA. In einem solchen Falle gilt bei Maßgeblichkeit des gewöhnlichen Aufenthalts die Teilrechtsordnung, in der der Erblasser im Zeitpunkt seines Todes seinen gewöhnlichen Aufenthalt hatte (Art. 36 Abs. 2 Buchst. a) EuErbVO), und bei Maßgeblichkeit der Staatsangehörigkeit die Teilrechtsordnung, zu welcher der Erblasser die engste Verbindung hatte (Art. 36 Abs. 2 Buchst. b) EuErbVO). Unterscheidet ein Staat erbrechtlich zwischen verschiedenen Personengruppen, insbesondere nach religiösen Aspekten, so entscheiden nach Art. 37 EuErbVO die in diesem Staat geltenden Vorschriften, welches Recht zur Anwendung berufen ist. Bei Fehlen von diesbezüglichen Vorschriften ist das Rechtssystem oder das Regelwerk anzuwenden, zu dem der Erblasser die engste Verbindung hatte.

6. Rück- und Weiterverweisung (sog. renvoi)

28 Das Internationale Privatrecht weist wie jede andere nationale Rechtsmaterie nationale Eigen- und Besonderheiten auf, die von Land zu Land verschieden sind[82], wobei für das Erbkollisionsrecht durch die EuErbVO eine gewisse Vereinheitlichung erreicht ist. Wählt die verwiesene ausländische Rechtsordnung einen anderen Anknüpfungspunkt oder eine andere Anknüpfungszeit für das Erbstatut als die EuErbVO, so besteht die Möglichkeit, dass das fremde IPR seinerseits auf deutsches Recht zurückverweist (Rückverweisung) oder auf das Recht eines Drittstaates weiterverweist (Weiterverweisung). Bei den in der EuErbVO enthaltenen Kollisionsnormen handelt es sich allerdings um Sachnormverweisungen (also Verweisungen auf das ausländische Recht ohne dessen Vorschriften zum Internationalen Privatrecht), soweit das Recht eines anderen Mitgliedstaates zur Anwendung berufen ist (Art. 34 EuErbVO). Mitgliedstaaten sind alle Staaten der Europäischen Union mit Ausnahme von Dänemark, Großbritannien und Irland. Eine Beachtung von Rück- und Weiterverweisungen eines Drittstaats ist nur geboten, wenn sie auf das Recht eines EuErbVO-Mitgliedsstaates gerichtet sind (Art. 34 Abs. 1 Buchst. a) EuErbVO) oder auf das Recht eines anderen Drittstaats, der sein eigenes Recht anwenden würde (Art. 34 Abs. 1 Buchst. b) EuErbVO); Verweisungen in Art. 21 Abs. 2, 22, 27, 28 Buchst. b) und 30 EuErbVO und damit insbesondere Rechtswahlen sind indes immer als Sachnormverweisungen zu verstehen (Art. 34 Abs. 2 EuErbVO). Das dürfte auch für die in Art. 34 Abs. 2 EuErbVO nicht erwähnten Art. 24 Abs. 2, 25 Abs. 3 EuErbVO gelten.[83]

---

78 DNotI-Report 2002, 2.

79 Ausführlich zu Spanien *Steinmetz/Löber/García Alcázar* ZEV 2013, 535.

80 Vgl. *Jayme* RabelsZ 55 (1991), 303, 315.

81 Vgl. z.B *Richters* ZEV 2012, 576.

82 Bengel/Reimann/*Sieghörtner*, Handbuch der Testamentsvollstreckung, § 9 Rn. 84; Länderübersicht z.B. bei *Milzer* BWNotZ 2002, 166, 169 ff.

83 Redaktionsversehen, *Dutta* FamRZ 2013, 4, 12; Palandt/*Thorn* Art. 34 EuErbVO Rn. 2.

Die Formulierung »soweit« (Art. 34 Abs. 1 EuErbVO) macht klar, dass auch partielle Rück- und Weiterverweisungen beachtlich sind.[84] Durch die Beachtlichkeit eines renvoi in den Fällen des Art. 34 Abs. 1 EuErbVO kann es außerdem auch unter der EuErbVO zu einer Nachlassspaltung kommen.[85]

Im Rahmen des Art. 34 Abs. 1 EuErbVO ist das sonach etwa berufene ausländische Kollisionsrecht grundsätzlich nach seinen eigenen Rechtsbegrifflichkeiten anzuwenden und auszulegen. Demnach beurteilen (qualifizieren) sich Voraussetzung und Umfang einer etwaigen Rück- oder Weiterverweisung nach den Begriffen der fremden Rechtsordnung. So spalten manche Staaten den Nachlass auf, wie beispielsweise im angelsächsischen Rechtskreis verbreitet. Nach englischem Internationalen Privatrecht etwa unterliegt der Nachlass keinem einheitlichen Recht. Nach dem Prinzip der **internationalprivatrechtlichen Nachlassspaltung** vererbt sich vielmehr der unbewegliche Nachlass nach dem Recht des Lageortes, während die Erbfolge in den beweglichen Nachlass von dem Recht des Staates beherrscht wird, in dem der Erblasser zur Zeit seines Todes sein domicile hatte.[86] Der **Domizilbegriff** ist dabei im Sinne des englischen Rechts zu sehen und nicht mit dem deutschen Wohnsitz- oder Aufenthaltsbegriff identisch.[87] Es bedeutet nicht Verbundenheit mit einem Ort, sondern Zugehörigkeit zu einem bestimmten Rechtsgebiet; außerdem kann jede Person nur ein domicile haben.[88] Durch Geburt erwirbt man ein »domicile of origin«, das je nach ehelicher oder unehelicher Geburt mit dem domicile des Vaters oder der Mutter identisch ist.[89] Man kann jedoch ein domicile of choice neu erwerben, welches das bisherige ersetzt, indem man objektiv die tatsächliche Niederlassung in einem neuen Rechtsgebiet nimmt (factum of residence) und als subjektive Voraussetzung den animus manendi et non revertendi, d.h. die Absicht, an diesem neuen Ort ständig zu bleiben und nicht mehr zum vorherigen zurückzukehren, hat.[90] Entscheidet sich ein ausländisches Kollisionsrecht für eine solche Nachlassspaltung, ist auch nach seinen Qualifikationsgrundsätzen zu beurteilen, ob ein Nachlassbestandteil als bewegliches oder unbewegliches Vermögen einzuordnen ist, es sei denn, es überlässt diese Qualifikationsfrage einem anderen Recht, typischerweise dem Recht des Belegenheitsortes des jeweiligen Gegenstandes, sog. **Qualifikationsrück- bzw. -weiterverweisung.**[91] So weist das anglo-amerikanische Recht dem berufenen Recht die Bestimmung, ob ein Gegenstand bewegliches oder unbewegliches Vermögen ist, zu.[92]

Bei der Anwendung des ausländischen Rechtes ist in Rechnung zu stellen, dass die Kollisionsnormen nicht immer offen als solche zutage treten, sondern sich gerade im angloamerikanischen Rechtskreis häufig in Normen über die internationale Zuständigkeit (jurisdiction) verstecken. So wenden bspw. die Gerichte in den USA das eigene materielle Recht an, wenn sie jurisdiction haben, d.h. wenn ihre Gerichte international zuständig sind, die Frage zu entscheiden.[93] Sind etwa nach solchen amerikanischen Vorschriften zur internationalen Zuständigkeit deutsche Gerichte berufen, liegt hierin eine »**versteckte Rückverweisung**« auf deutsches Recht, sind danach Gerichte eines Drittstaates zuständig, liegt hierin eine ggf. zu beachtende »versteckte Weiterverweisung«.[94]

84 NK-BGB/*Looschelders* Art. 34 EuErbVO Rn. 13; *Döbereiner* MittBayNot 2013, 358, 364.

85 Etwa im deutsch-britischen Rechtsverkehr vgl. *Richters* ZEV 2012, 576; *Odersky* notar 2013, 3, 4; ausführlich *Süß* in: Süß, Erbrecht in Europa, § 2 Rn. 58 ff.; zur Nachlassspaltung vgl. Rdn. 39 f.

86 *Lange* DNotZ 2000, 332, 342; *Graupner/Dreyling* ZVglRWiss 82 (1983), 193, 197; *Dopffel* DNotZ 1976, 335, 349.

87 *Graupner/Dreyling* ZVglRWiss 82 (1983), 193, 197.

88 *Graupner/Dreyling* ZVglRWiss 82 (1983), 193, 197; *Dopffel* DNotZ 1976, 335, 349.

89 *Graupner/Dreyling* ZVglRWiss 82 (1983), 193, 197; *Dopffel* DNotZ 1976, 335, 349.

90 DNotI-Report 2002, 2; *Dopffel* DNotZ 1976, 335, 349; *Graupner/Dreyling* ZVglRWiss 82 (1983), 193, 197 mit weiteren Ausführungen.

91 So zum früheren Recht *Coester* JA 1979, 351 f.; einschränkend bei in der EU belegenem Vermögen offenbar MünchKomm/*Dutta* Art. 34 EuErbVO Rn. 9.

92 BGH IPRax 2002, 40.

93 Bengel/Reimann/*Sieghörtner*, Handbuch der Testamentsvollstreckung, § 9 Rn. 87; von Overbeck IPRax 1988, 329, 333; MünchKomm/*Dutta* Art. 34 EuErbVO Rn. 8.

94 Bengel/Reimann/*Sieghörtner*, Handbuch der Testamentsvollstreckung, § 9 Rn. 87.

7. Besondere Regelungen

29 Art. 30 EuErbVO enthält eine Sonderanknüpfung für »besondere Regelungen« im Recht eines Staates, in dem sich bestimmte unbewegliche Sachen, Unternehmen oder andere besondere Arten von Vermögenswerten befinden. Diese »besonderen Regelungen« sind dadurch gekennzeichnet, dass sie die Rechtsnachfolge von Todes wegen in Bezug auf die betreffenden Vermögenswerte aus wirtschaftlichen, familiären oder sozialen Erwägungen beschränken oder berühren und nach dem Recht des betreffenden Staates unabhängig von dem auf die Rechtsnachfolge von Todes wegen anzuwendenden Recht anzuwenden sind.[95] Insoweit verdrängt das Belegenheitsrecht das Erbstatut.

Wichtigster Anwendungsfall für Art. 30 EuErbVO dürfte in den meisten Rechtsordnungen das Landwirtschaftserbrecht sein.[96] Gemeint ist damit auch die in dem Gebiet der früheren britischen Besatzungszone fortgeltende Höfeordnung. Ihre Vorschriften setzen sich, wenn der Hof dort belegen ist, auch gegenüber einem fremden Erbstatut durch.[97] Unter Art. 30 EuErbVO fällt auch § 14 des österreichischen WEG.[98] Diese Vorschrift bezieht sich auf in Österreich belegene Eigentumswohnungen, die im Eigentum von zwei natürlichen Personen (Eigentümerpartnerschaft) stehen. Stirbt ein Partner, so wird der überlebende grundsätzlich aufgrund gesetzlichen Vermächtnisses unmittelbar (Allein-)Eigentümer der Wohnung und muss dafür einen »Übernahmepreis« an den Nachlass zahlen.[99]

Erwägungsgrund 54 Satz 4 zur EuErbVO stellt ausdrücklich klar, dass anders als unter Art. 3a Abs. 2 EGBGB a.F. kollisionsrechtliche Sonderanknüpfungen für unbewegliches Vermögen wegen der Notwendigkeit einer engen Auslegung nicht von Art. 30 EuErbVO erfasst werden.[100]

8. Ordre Public

a) Inländischer ordre public, Art. 35 EuErbVO

30 Die Verweisungen auf ausländische Rechtsordnungen in der EuErbVO stehen jeweils unter dem Vorbehalt, dass sie nicht zu einem Ergebnis führen, das mit der öffentlichen Ordnung des Staates des angerufenen Gerichts, bei Verfahren vor deutschen Gerichten also des deutschen Rechts, offensichtlich unvereinbar ist, Art. 35 EuErbVO. Wesentliche Fälle hierfür dürften aus deutscher Sicht dieselben wie bislang gem. Art. 6 EGBGB sein. Die EuErbVO hat das Problem allerdings durch den prinzipiellen Gleichlauf von Zuständigkeit (Art. 4 EuErbVO) und anwendbarem Recht (Art. 21 Abs. 1 EuErbVO) entschärft.[101] Zu beachten ist aber die Einbettung inländischer Rechts- und Sittenvorstellungen in den unionsrechtlichen Kontext von Art. 35 EuErbVO.[102]

Vorausgesetzt ist eine offensichtliche Abweichung von wesentlichen Rechtsnormen oder im Inland als grundlegend anerkannten Rechten, so dass eine Anwendung des ausländischen Rechts in einem nicht hinnehmbaren Gegensatz zur inländischen Rechtsordnung stünde.[103] Dabei ist das konkrete Ergebnis aufgrund der Anwendung der fremden Norm im Einzelfall entscheidend, nicht ihr abs-

95 NK-BGB/*Looschelders* Art. 30 EuErbVO Rn. 1.

96 MünchKomm/*Dutta* Art. 30 EuErbVO Rn. 8; *Heinig* RNotZ 2014, 197, 206; *Döbereiner* MittBayNot 2013, 358, 364.

97 Palandt/*Thorn* Art. 30 EuErbVO Rn. 1.

98 OGH ZfRV 2018, 278 m. Anm. *Ofner*; MünchKomm/*Dutta* Art. 30 EuErbVO Rn. 8; a.A. NK-BGB/*Looschelders* Art. 30 EuErbVO Rn. 9.

99 Ausführlich *Haunschmidt/Haunschmidt*, Erbschaft und Testament, S. 15, 98; es handelt sich also um eine Art gesetzliches Vindikationslegat.

100 NK-BGB/*Looschelders* Art. 30 EuErbVO Rn. 7; Palandt/*Thorn* Art. 30 EuErbVO Rn. 2; *Heinig* RNotZ 2014, 197, 207; *Richters* ZEV 2012, 576, 578; *Frank/Leithold*: ZEV 2014, 462, 466.

101 NK-BGB/*Looschelders* Art. 35 EuErbVO Rn. 3; Erman/*Hohloch* Art. 35 EuErbVO Rn. 1.

102 Ausführlich Erman/*Hohloch* Art. 35 EuErbVO Rn. 1.

103 MünchKomm/*Dutta* Art. 35 EuErbVO Rn. 3.

trakter Regelungsgehalt.[104] Die Vorschrift des Art. 35 EuErbVO darf nur zurückhaltend angewendet werden.[105] Sie erfordert eine hinreichende Inlandsbeziehung des konkreten Sachverhalts, für die neben der Staatsangehörigkeit und dem gewöhnlichen Aufenthalt des Erblassers und der Nachlassbeteiligten insbesondere auch die Vermögensbelegenheit der Nachlassgegenstände eine Rolle spielen kann.[106]

Bei Anwendung des Art. 35 EuErbVO muss darauf gesehen werden, ob und inwieweit fehlende erbrechtliche Begünstigungen funktional durch andere Rechtsinstitute übernommen werden.[107]

Es gibt im Erbrecht genug Ansatzpunkte, die Anlass zur Diskussion des ordre public geben. So wurde etwa die Gewährung eines gesetzlichen Erbrechtes für die unverheiratete, mit dem Erblasser in häuslicher Gemeinschaft und Familie lebende Frau nicht als Verstoß gegen Art. 6 EGBGB angesehen,[108] ebenso wenig eine wesentliche Schlechterstellung des überlebenden Ehegatten im Vergleich zum deutschen Erbrecht[109] oder, wenn das zur Anwendung berufene ausländische Recht vorsieht, dass der Erbe für Verpflichtungsgeschäfte über Nachlassgegenstände die Zustimmung des Testamentsvollstreckers benötigt.[110] Das Gleiche gilt, wenn das ausländische Recht den Erbschaftserwerb einer juristischen Person an einen Genehmigungsvorbehalt knüpft.[111] Dagegen kann bei entsprechendem, stets vom Art. 35 EuErbVO zu fordernden hinreichenden Inlandsbezug ein Verstoß vorliegen, wenn das anwendbare Recht nach Religionszugehörigkeit differenziert oder wenn es männliche und weibliche Abkömmlinge ungleich behandelt.[112] Zu korrigieren ist deswegen die im islamischen gesetzlichen Erbrecht vorgesehene Schlechterstellung der Ehefrau, die sich dadurch ausdrückt, dass sie nur einen halb so großen Anteil nach dem Ehemann erbt als er bei ihrem Versterben erhalten würde,[113] ebenso wie die in islamischen Rechten enthaltene Regelung, den Töchtern nur eine halb so große gesetzliche Erbquote zuweist wie Söhnen.[114] Gleiches gilt, wenn Personen deswegen von der gesetzlichen Erbfolge ausgeschlossen werden, weil sie einer anderen Religion angehören als der Erblasser (Art. 3 Abs. 3 GG),[115] sowie wegen Art. 6 Abs. 5 GG im Falle einer Schlechterstellung nichtehelicher Kinder.[116] Nicht dem Verdikt des Verstoßes gegen den ordre public ist hingegen das grundsätzliche französische Verbot einer Substitution gem. Art. 896 C.c.

---

104 Süß/*Süß*, Erbrecht in Europa, § 5 Rn. 9.

105 NK-BGB/*Looschelders* Art. 35 EuErbVO Rn. 13.

106 Süß/*Süß*, Erbrecht in Europa, § 5 Rn. 18 ff.

107 Süß/*Süß*, Erbrecht in Europa, § 5 Rn. 9.

108 BayObLG NJW 1976, 2076; *Haas* ZNotP 2002, 206, 217.

109 OLG Hamm NJW 1954, 1731.

110 BGH NJW 1963, 46, 47.

111 KG ZEV 1996, 269, 270.

112 Ausführlich *Lorenz* IPRax 1993, 148 ff. zum islamischen Ehegattenerbrecht; Süß/*Süß*, Erbrecht in Europa, § 5 Rn. 8, 10 f., 17, 21; vgl. auch *Rohe*, Europäisches Kollisionsrecht und religiöses Recht, in: Arnold (Hrsg.), Grundfragen des Europäischen Kollisionsrechts, 2016, S. 67, 80.

113 OLG Hamburg FamRZ 2015, 1232 Anm. *Köhler*; OLG Düsseldorf NJW-RR 2009, 732, 733 f.; OLG Frankfurt ZEV 2011, 135; *Lorenz* 1993, 148, 150 ff.; Süß/*Süß*, Erbrecht in Europa, § 5 Rn. 17; a.A. OLG Hamm FamRZ 1993, 111, 114.

114 Mayer/Süß/Tanck/Bittler/*Süß*, Handbuch Pflichtteilsrecht, § 18 Rn. 231; vgl. auch OLG Hamm DNotI-Report 2005, 117, 118; a.A. LG Hamburg IPRspr 1991 Nr. 142 mit der nicht tragfähigen Begründung, der Erblasser hätte auch entsprechend testieren können; dazu auch OGH FamRZ 2019, 738; ausführlich *Pattar*, Islamisches inspiriertes Erbrecht und deutscher Ordre public, 2007 S. 508 ff.

115 OLG Düsseldorf NJW-RR 2009, 732, 734; OLG Frankfurt ZEV 2011, 135; OLG Hamm ZEV 2005, 436 m. Anm. *Lorenz*, wonach aber ein Verstoß gegen den ordre public ausscheide, wenn die Rechtsfolge des ausländischen Rechts dem Willen des Erblassers entsprach; vgl. dazu auch *Looschelders* IPRax 2006, 462 ff.; 2009, 246 ff.; 505 ff.; KG NJW-RR 2008, 1109; ausführlich *Pattar*, Islamisch inspiriertes Erbrecht und deutscher Ordre public, 2007 S. 502 ff.

116 Ausführlich Mayer/Süß/Tanck/Bittler/*Süß*, Handbuch Pflichtteilsrecht, § 18 Rn. 238; ausführlich auch *Pattar*, Islamisch inspiriertes Erbrecht und deutscher Ordre public, 2007 S. 521 ff.

unterworfen, das die nach deutschem Recht gegebenen Möglichkeiten einer Vor- und Nacherbfolge wesentlich einschränkt.[117]

Äußerst umstritten für die Testamentsgestaltung wegen der dadurch verbundenen Ausdehnung der Testierfreiheit ist, ob bzw. inwieweit es geduldet werden kann, wenn das ausländische Erbstatut kein **Pflichtteils- oder Noterbrecht** der nächsten Verwandten oder des Ehegatten vorsieht.[118] Relevant ist diese Fragestellung vor allem in Hinblick auf das anglo-amerikanische Erbrecht, das häufig kein Pflichtteilsrecht kennt,[119] dies allerdings teilweise durch die Gewährung von Unterhaltsansprüchen ausgleicht.[120] Die Rechtsprechung hatte hier früher keinen Verstoß anerkannt.[121] Neueren Strömungen gemäß soll demgegenüber bei entsprechender Stärke des Inlandsbezugs – insoweit handelt es sich um ein allgemeines Merkmal des ordre public – und je nach persönlicher Situation des Betroffenen der ordre-public-Vorbehalt durchschlagen.[122] Das könne bei Minderjährigen und Bedürftigen der Fall sein, soweit die Gewährung des Pflichtteilsanspruchs erforderlich sei, um eine Unterhalts- bzw. Sozialhilfebedürftigkeit abzuwenden.[123] Andere Autoren gehen noch weiter und unterstellen unabhängig von der Bedürftigkeit oder Minderjährigkeit des Berechtigten das Pflichtteilsrecht dem Schutzbereich des Grundrechts aus Art. 14 GG und damit auch dem ordre-public-Vorbehalt.[124] Diese Ansicht hat durch das BVerfG[125] Auftrieb erhalten, nach dem die grundsätzlich unentziehbare und bedarfsunabhängige wirtschaftliche Mindestbeteiligung der Kinder am Nachlass durch die Erbrechtsgarantie Art. 14 Abs. 1 Satz 1 i.V.m. Art. 6 Abs. 1 GG gewährleistet wird. Unter der Voraussetzung, dass der erforderliche Inlandsbezug gegeben ist, wird man dies im Rahmen des Art. 35 EuErbVO zu beachten haben, wenngleich das BVerfG keinen Fall mit Auslandsbezug zu beurteilen hatte. Dabei ist die Höhe des Pflichtteils verfassungsrechtlich nicht strikt vorgegeben, sondern es muss lediglich eine unentziehbare angemessene Teilhabe gewährleistet werden.[126] Für das internationale Erbrecht ist also zu klären, erstens, was nach dem GG (noch) eine angemessene Teilhabe darstellt, und zweitens, welcher Auslandsbezug hinreichend ist, um dieser Teilhabe zum Durchbruch zu verhelfen. Entsprechend der Rechtsnatur des Art. 35 EuErbVO als einzelfallbezogener Ausnahmevorschrift kann die Entscheidung endgültig nur anhand der konkreten Situation in casu getroffen werden.

Eine wesentliche Funktion dürfte dem ordre-public-Vorbehalt künftig im Hinblick auf das gesetzliche Erbrecht **eingetragener Lebenspartner** zukommen, denn die Sondervorschrift in Art. 17b Abs. 1 Satz 2 EGBGB a.F. ist mit der EuErbVO entfallen.[127] Kennt das im Einzelfall anwendbare Recht eine Erbberechtigung von Lebenspartnern nicht, so würde es demnach, allgemeinen Grundsätzen des ordre public-Vorbehalts entsprechend, die Bildung einer Ersatznorm im Rahmen des anzuwendenden Erbrechts erlauben, eine Erbberechtigung des überlebenden Partners zu begründen.[128]

---

117 Ausführlich *Veelken* RabelsZ 49 (1985), 1 ff., insb. 28.

118 Ausführlich zur Frage, ob das Pflichtteilsrecht zum ordre public zu zählen ist *Merkle* Pflichtteilsrecht und Pflichtteilsverzicht im Internationalen Erbrecht, 2008, S. 522 ff.; vgl. weiter OLG Köln FamRZ 1976, 170; *Dörner* IPRax 1994, 362; *Pentz* ZEV 1998, 494; *Edenfeld* ZEV 2001, 457, 462; *Gruber* ZEV 2001, 463, 467 ff.; *Kegel/Schurig* § 21 II; MünchKomm/*Dutta* Art. 35 EuErbVO Rn. 8 m.w.N.; zur Rechtslage in Italien Ebenroth/*Kleiser* RIW 1993, 353, 356.

119 *Gruber* ZEV 2001, 463, 467; *Dopffel* DNotZ 1976, 335, 343; *Kegel/Schurig* § 21 I 2.

120 *Kegel/Schurig* § 21 II; *Gruber* ZEV 2001, 463, 467 Fn. 54; *Dopffel* DNotZ 1976, 335, 343 – jeweils für England.

121 OLG Köln FamRZ 1976, 170; RG JW 1912, 22; vgl. auch BGH NJW 1993, 1920 f., der die Problematik nicht einmal erwähnt.

122 *Gruber* ZEV 2001, 463, 468; vgl. auch KG NJW-RR 2008, 1109, 1111.

123 *Gruber* ZEV 2001, 463, 468; MünchKomm/*Dutta* Art. 35 EuErbVO Rn. 8; *Dörner* IPRax 1994, 362, 363; auch in Frankreich plädiert die Literatur dafür, die Anwendung des ordre public auf Fälle zu beschränken, die bedürftige Kinder betreffen, vgl. *Pintens* FamRZ 2018, 294, 295.

124 *Pentz* ZEV 1998, 449.

125 NJW 2005, 1561.

126 BVerfG NJW 2005, 1561, 1564.

127 Palandt/*Thorn* EuErbVO Art. 35 Rn. 2.

128 Ausführlich *Coester* ZEV 2013, 115, 117.

b) Ausländischer ordre public

Den ordre public eines ausländischen Rechtes hat der deutsche Richter oder Notar im Rahmen des Art. 35 EuErbVO nicht zu wahren.[129] Problematisch ist seine Relevanz jedoch dann, wenn das Recht des gewöhnlichen Aufenthalts des Erblassers in gem. Art. 34 EuErbVO beachtlicher Weise auf deutsches Recht zurückverweist oder auf eine dritte Rechtsordnung weiterverweist. In diesem Fall soll nach h.M. die Rück- bzw. Weiterverweisung nur in den Grenzen des ordre public der rück- bzw. weiterverweisenden Rechtsordnung maßgeblich sein.[130] Bei einer Rückverweisung auf deutsches Recht wird sonach bedeutsam, welche Regelungen des deutschen Erbrechts möglicherweise gegen den ordre public des Erbstatuts verstoßen können, wobei insbesondere zu nennen sind: Erbvertrag, Erbverzicht, gemeinschaftliches Testament, Nacherbschaft, Pflichtteilsrecht.[131] Die Relevanz des ordre public der ausländischen Rechtsordnung im Rahmen der Rück- bzw. Weiterverweisung ergibt sich folgerichtig aus dem mit Art. 34 Abs. 1 EuErbVO verfolgten internationalen Entscheidungseinklang, d.h. es wird aus deutscher Sicht möglichst dasselbe Ergebnis herauskommen wie aus Sicht der verwiesenen Rechtsordnung. Allerdings muss sorgfältig geprüft werden, ob wirklich aus der ausländischen Sicht ein Verstoß gegen den internationalen/externen ordre public des Heimatrechts gegeben ist, was bezüglich der vorgenannten Rechtsinstitute nicht ohne Weiteres angenommen werden kann. Gerade im romanischen Rechtskreis muss exakt zwischen dem internen ordre public, d.h. dem innerstaatlich zwingenden Recht und dem internationalen/externen ordre public, der aus Sicht unserer Rechtsordnung in Art. 35 EuErbVO geregelt ist, unterschieden werden.[132] Dass das fragliche ausländische Recht eines seiner Institute für nicht abdingbar im Sinne eines zwingenden Rechtes ansieht, reicht noch nicht aus, es auch zum internationalen ordre public zu zählen. 31

Jedenfalls ergibt sich für die Gestaltung von Verfügungen von Todes wegen selbst dann, wenn das ausländische Recht des gewöhnlichen Aufenthalts auf die deutsche Rechtsordnung zurückverweist, aus der Relevanz des ausländischen ordre public eine Unsicherheit für die Wirksamkeit bzw. Wirkung der Verfügung, die es angeraten erscheinen lässt, auch den Inhalt des ausländischen Rechts in die Betrachtung einzubeziehen.

9. Gesetzesumgehung

Der Erblasser hat vielfältige Möglichkeiten, auf das Erbstatut Einfluss zu nehmen, sei es über den Anknüpfungspunkt (insbesondere gewöhnlichen Aufenthalt), sei es durch Rechtswahl oder Vermögensverschiebungen. Macht er hiervon in der Absicht,[133] unerwünschte Folgen des ansonsten anzuwendenden Erbrechts zu vermeiden, Gebrauch, so stellt sich die Frage, in welchen Grenzen dies die Rechtsordnung hinnehmen kann. Bedeutsam dürfte dies insbesondere im Hinblick auf das Pflichtteilsrecht sein.[134] Eine allgemeine gesetzliche Bestimmung über die Gesetzesumgehung enthält die EuErbVO nicht. Bedenkenswert erscheint der Vorschlag, Art. 21 Abs. 2 EuErbVO fruchtbar zu machen, wenn es um die Verschiebung des gewöhnlichen Aufenthalts geht.[135] Voraussetzen wird man müssen, dass die Folgen der Umgehung schlechthin unangemessen sind.[136] Es 32

129 MünchKomm/*Dutta* Art. 35 EuErbVO Rn. 13.

130 MünchKomm/*Dutta* Art. 35 EuErbVO Rn. 13.

131 MünchKomm/*Dutta* Art. 35 EuErbVO Rn. 13.

132 Vgl. *Kropholler* § 36 I; *Riering* ZEV 1994, 225, 227; hinsichtlich derjenigen Staaten des romanischen Rechtskreises, die Mitgliedstaaten der EuErbVO sind, stellt sich freilich die Frage nicht mehr, da sie aus deutscher Sicht ohnehin keinen renvoi mehr aussprechen können.

133 Die Notwendigkeit dieses subjektiven Merkmals ist str.; vgl. Süß/*Süß*, Erbrecht in Europa, § 5 Rn. 25; Mayer/Süß/Tanck/Bittler/*Süß*, Handbuch Pflichtteilsrecht, § 18 Rn. 258.

134 Mayer/Süß/Tanck/Bittler/*Süß*, Handbuch Pflichtteilsrecht, § 18 Rn. 246 ff.; Süß/*Süß*, Erbrecht in Europa, § 5 Rn. 22 ff.

135 Vgl. Mayer/Süß/Tanck/Bittler/*Süß*, Handbuch Pflichtteilsrecht, § 18 Rn. 249.

136 Süß/*Süß*, Erbrecht in Europa, § 5 Rn. 25; Mayer/Süß/Tanck/Bittler/*Süß*, Handbuch Pflichtteilsrecht, § 18 Rn. 258.

sind strenge Anforderungen zu stellen und das Rechtsinstitut der Gesetzesumgehung auf krasse Einzelfälle zu beschränken. Häufig werden sich die Probleme schon über den ordre public lösen lassen. Grundsätzlich ist auch die zweckorientierte Herstellung der Tatbestandsmerkmale in- oder ausländischer Kollisionsnormen wirksam.[137] Auch gesetzlich ausdrücklich vorgesehene Gestaltungsmöglichkeiten wie die Rechtswahl nach Art. 22 EuErbVO müssen grundsätzlich, auch etwa hinsichtlich des Pflichtteils, genutzt werden können.[138] Nur wenn untragbare Ergebnisse sowie ein hinreichender Inlandsbezug vorliegen, der Statutenwechsel allein aus Gründen der Umgehung herbeigeführt wird und durch sonstige Gründe nicht zu rechtfertigen ist, kommt eine Gesetzesumgehung in Betracht.[139] Deutsche Gerichte haben bislang eine Rechtsumgehung noch nicht angenommen.[140]

10. Bestimmung des Erbstatuts durch Rechtswahl

a) Rechtswahl nach Art. 22 EuErbVO

aa) Allgemeines

33 Art. 22 EuErbVO sieht vor, dass der Erblasser durch Erklärung in Form einer Verfügung von Todes wegen die gesamte Erbfolge dem Recht des Staates unterstellen kann, dem er angehört. Bei Mehrstaatern stehen nach Art. 22 Abs. 1 Satz 2 EuErbVO alle Staatsangehörigkeiten gleichermaßen für die Rechtswahl zur Verfügung, so dass es auf die effektive Staatsangehörigkeit nicht ankommt.[141] Der Erblasser ist nicht auf die Wahl des Rechts des bzw. eines Staates beschränkt, dem er im Zeitpunkt der Rechtswahl angehört, sondern kann auch ein anderes Recht wählen, vorausgesetzt, er hat die entsprechende Staatsangehörigkeit im Zeitpunkt seines Todes. Eine Rechtswahl des im Todeszeitpunkt geltenden Heimatrechts als solchem (ergebnisoffene oder »dynamische« Wahl) ist aber nicht zulässig.[142] Gehört der Testierende einem Mehrrechtsstaat an, so sind für die Ermittlung des wählbaren Rechts zusätzlich die Art. 36 und 37 EuErbVO zu beachten, so dass es in erster Linie auf das interlokale bzw. interpersonale Kollisionsrecht, hilfsweise auf die engste Verbindung abzustellen ist.[143]

Die Wahl bezieht sich nach dem von der Verordnung verfolgten Grundsatz der Nachlasseinheit auf das gesamte Vermögen des Erblassers. Eine auf einzelne Nachlassgüter beschränkte Rechtswahl ist nicht zulässig,[144] ebensowenig die Begrenzung der Wahl auf einzelne Rechtsinstitute oder Rechtsbereiche.[145] Eine Wahl des Rechts am gewöhnlichen Aufenthalt ermöglicht die EuErbVO ebenfalls nicht.[146] Entsprechend allgemeinen Grundsätzen kann die Rechtswahl auch bedingt oder befristet erklärt werden.[147]

---

137 Palandt/*Thorn* Einl. v. Art. 3 EGBGB Rn. 26.

138 *Hellner* in: Dutta/Herrler, Die Europäische Erbrechtsverordnung, S. 107, 111.

139 Süß/*Süß*, Erbrecht in Europa, § 5 Rn. 25.

140 Mayer/Süß/Tanck/Bittler/*Süß*, Handbuch Pflichtteilsrecht, § 18 Rn. 259.

141 *Bonomi/Öztürk* ZVglRWiss 114 (2015) 4, 19; *Heinig* RNotZ 2014, 197, 203; *Cach/Weber* ZfRV 2013, 263, 268.

142 *Janzen* DNotZ 2012, 484, 486; *Leitzen* ZEV 2013, 128; a.A. *Volmer* Rpfleger 2013, 421, 423, der allerdings mit Recht darin einen gestalterischen Unfug sieht.

143 *Döbereiner* MittBayNot 2013, 358, 362; *ders.* DNotZ 2014, 323, 324.

144 *Bonomi/Öztürk* ZVglRWiss 114 (2015) 4, 19; *Heinig* RNotZ 2014, 197, 203; *Leitzen* ZEV 2013, 128, 129; *Döbereiner* MittBayNot 2013, 358, 363; *ders.* DNotZ 2014, 323, 324.

145 *Heinemann* MDR 2015, 928, 929; *Leitzen* ZEV 2013, 128, 129.

146 *Heinig* RNotZ 2014, 197, 203; *Heinemann* MDR 2015, 928, 929; ob für Staatenlose und Flüchtlinge anderes gilt, ist str., vgl. MünchKomm/*Dutta* Art. 22 EuErbVO Rn. 5; *Döbereiner* MittBayNot 2013, 358, 362 f.; *ders.* DNotZ 2014, 323, 324.

147 *Leitzen* ZEV 2013, 128, 129; *Döbereiner* MittBayNot 2013, 358, 363; *ders.* DNotZ 2014, 323, 324; *Meise* RNotZ 2016, 553, 565; vgl. aber auch *Ludwig* DNotZ 2014, 12, 15: eine bedingte Rechtswahl nach Art. 22 Abs. 1 EuErbVO ist zulässig, wenn das die Bedingung auslösende Ereignis spätestens im Zeitpunkt des Erbfalls ermittelt werden kann.

bb) Form und Zustandekommen der Rechtswahl; Bindung

Sofern sich die Rechtswahl nicht ausdrücklich aus der Verfügung von Todes wegen ergibt, kann sie sich auch aus ihren Bestimmungen ergeben (Art. 22 Abs. 2 EuErbVO). Wann eine solche konkludente Rechtswahl vorliegt, bleibt unklar.[148] Jedenfalls dürfte sie anzunehmen sein, wenn auf Rechtsinstitute und Vorschriften einer bestimmten nationalen Rechtsordnung Bezug genommen wird (Erwägungsgrund 39 Satz 2 zur EuErbVO).[149] Die Rechtswahl kann auch schon in einer vor dem 17.08.2015 errichteten Verfügung enthalten sein (Art. 83 Abs. 2 EuErbVO). Zusätzlich legt Art. 83 Abs. 4 EuErbVO fest, dass dann, wenn eine Verfügung von Todes wegen vor dem 17.08.2015 nach dem Recht errichtet wurde, welches der Erblasser gemäß der EuErbVO hätte wählen können, dieses Recht als das auf die Rechtsnachfolge von Todes wegen anzuwendende gewählte Recht gilt.[150] 34

Die Änderung oder der Widerruf[151] der Rechtswahl muss nach Art. 22 Abs. 4 EuErbVO den Formvorschriften für die Änderung oder den Widerruf einer Verfügung von Todes wegen entsprechen. Nach § 2278 Abs. 2 BGB bzw. § 2270 Abs. 3 BGB n.F. kann die Wahl des anzuwendenden Erbrechts auch vertragsmäßig bzw. als wechselbezügliche Verfügung getroffen werden.[152]

b) Rechtswahl des Errichtungsstatuts bei Testament bzw. Erbvertrag nach Art. 24 Abs. 2 bzw. Art. 25 Abs. 3 EuErbVO

Nach Art. 24 Abs. 2, 25 Abs. 3 EuErbVO kann auch nur für die in Art. 24 bzw. 25 EuErbVO geregelten Fragen das Heimatrecht gewählt werden. Die Rechtswahl erfasst insoweit nur die Zulässigkeit und die materielle Wirksamkeit bzw. bei Art. 25 EuErbVO auch die Bindungswirkungen. Dann unterliegt das Erbstatut weiter dem Recht nach Art. 21 EuErbVO (also grundsätzlich dem am gewöhnlichen Aufenthaltsort, Art. 21 Abs. 1 EuErbVO).[153] 35

c) Rechtswahl nach ausländischem IPR

Die Parteiautonomie wird noch dadurch erweitert, dass eine Rechtswahl durch den Erblasser, die das Kollisionsrecht eines Staates ihm zubilligt, welches gem. Art. 34 Abs. 1 EuErbVO im Wege der Gesamtverweisung zu beachtet ist, akzeptiert werden muss.[154] 36

d) Gestalterische Überlegungen

Vor allem Art. 22 EuErbVO eröffnet dem Erblasser eine wertvolle Option, das anwendbare Erbrecht selbst festzulegen. Aus kautelarjuristischer Sicht ist es in jedem Fall nicht zu empfehlen, sich auf die durch Art. 22 Abs. 2 EuErbVO auch eröffnete Möglichkeit einer konkludenten Rechtswahl zu verlassen. Um der Klarheit willen sollte eine Rechtswahl ausdrücklich erfolgen. 37

Möglichst sollte das Problem im Auge behalten werden, ob die Rechtswahl auch im Ausland anerkannt wird.

---

148 *Odersky* notar 2013, 3, 5; MünchKomm/*Dutta* Art. 22 EuErbVO Rn. 14 will sie etwa annehmen, wenn der Erblasser eindeutig vor dem Hintergrund seines Staatsangehörigkeitsrechts testiert oder die Verfügung nach dem objektiv bestimmten Erbstatut unzulässig oder unwirksam wäre; gegen einen solchen *favor testamenti* und für Zurückhaltung bei der Annahme einer konkludenten Rechtswahl *R. Magnus* IPRax 2019, 8, 10, 13.

149 *Bonomi/Öztürk* ZVglRWiss 114 (2015) 4, 19; *Heinig* RNotZ 2014, 197, 204; *R. Magnus* IPRax 2019, 8, 9.

150 Ausführlich zu dieser Fiktion einer Rechtswahl des Erbrechts des Heimatstaates *Amann* DNotZ 2019, 326.

151 Formulierungsvorschläge dazu bei *Weber* notar 2015, 296, 300.

152 Ausführlich dazu *Soutier* ZEV 2015, 515.

153 Zur Frage, ob auch eine isolierte Wahl nur des Erbstatuts zulässig ist *Kroll-Ludwigs* notar 2016, 75, 77; *Döbereiner* MittBayNot 2013, 358, 366; *Heinig* RNotZ 2014, 197, 208.

154 Palandt/*Thorn* EuErbVO Art. 34 Rn. 3.

Die Rechtswahl als solche kann nicht deshalb als Verstoß gegen den ordre public (Art. 35 EuErbVO) angesehen werden, weil sie eine Pflichtteilsreduzierung bezweckt (zum Thema der Gesetzesumgehung s. auch Syst. B Rdn. 32).[155] Eine andere Frage ist aber, ob die Anwendung des gewählten Rechts, wenn es nur sehr geringe Pflichtteilsrechte oder gar keine vorsieht, gegen den ordre public verstößt (s. auch Syst. B Rdn. 30).[156]

11. Vorfragen

38 Eine Vorfrage ist jede Frage nach dem Bestehen eines präjudiziellen Rechtsverhältnisses oder einer Rechtslage, die im Tatbestand einer Kollisions- oder Sachnorm vorausgesetzt wird.[157] In Erbsachen stellen sich meist familienrechtliche Vorfragen.[158] Im Rahmen der EuErbVO sind Vorfragen grundsätzlich unselbständig, also nach dem IPR des Erbstatuts, anzuknüpfen.[159] So richtet sich bei deutschem Recht als Erbstatut die Wirksamkeit einer Ehe in materieller Hinsicht nach Art. 13 Abs. 1, 2 EGBGB und ihre Formwirksamkeit nach Art. 13 Abs. 4 oder Art. 11 Abs. 1 EGBGB. Für die Abstammung gilt Art. 19 Abs. 1 EGBGB, für die Wirksamkeit einer Adoption Art. 22, 23 EGBGB.

12. Nachlassspaltung

a) Entstehungsgründe

39 Die Kollisionsnormen der Art. 21 ff. EuErbVO folgen dem Grundsatz der kollisionsrechtlichen Nachlasseinheit, das Erbstatut gilt für den gesamten Nachlass.[160] Eine gegenständlich beschränkte Rechtswahl ist nicht vorgesehen. Eine dem Art. 3a Abs. 2 EGBGB a.F. entsprechende Norm enthält die EuErbVO nicht.[161]

Eine Nachlassspaltung kann sich ergeben aus:[162]
- einem Staatsvertrag, der eine Nachlassspaltung beinhaltet und den Anknüpfungen der Art. 21 ff. EuErbVO vorgeht, etwa dem deutsch-türkischen Konsularvertrag und dem deutsch-sowjetischen Konsularvertrag,
- einer Nachlassspaltung durch das ausländische Kollisionsrecht, auf das insbesondere Art. 21 Abs. 1 EuErbVO verweist und welches gem. Art. 34 Abs. 1 EuErbVO zu beachten ist, nämlich vor allem dann, wenn einer der in fremden Kollisionsrechten häufigen Fälle vorliegt, dass dieses im Erbrecht den beweglichen Nachlass und den unbeweglichen Nachlass unterschiedlich anknüpft,[163]
- einem Verweis auf Mehrrechtsstaaten im Rahmen der Unteranknüpfung nach Art. 36 Satz 1, Art. 37 Satz 1 EuErbVO,
- durch die Sonderanknüpfung für »besondere Regelungen« in Art. 30 EuErbVO,
- der Behandlung erbenloser Nachlässe in Art. 33 EuErbVO.

Die Rechtswahl (nur) des Errichtungsstatuts bei Testament bzw. Erbvertrag nach Art. 24 Abs. 2 bzw. Art. 25 Abs. 3 EuErbVO kann keine Nachlassspaltung in dem Sinne bewirken, dass auf einzelne

---

155 *Heinemann* MDR 2015, 928, 931; *Hellner* in: Dutta/Herrler, Die Europäische Erbrechtsverordnung, S. 107, 111.

156 So wohl auch *Heinig* RNotZ 2014, 197, 207; a.A. wohl *Heinemann* MDR 2015, 928, 931.

157 Statt vieler NK-BGB/*Kroiß* Art. 25 EGBGB Rn. 62.

158 Vgl. BGH NJW 1981, 1900 für die Vorfrage nach der Gültigkeit einer Ehe.

159 Palandt/*Thorn* EuErbVO Art. 1 Rn. 5; *Dörner* ZEV 2012, 505, 512 f.; *Döbereiner* MittBayNot 2013, 358, 361; *Kleinschmidt* RabelsZ 77 (2013), 723, 766; *Weber* NJW 2018, 1356, 1357; anders *Hellner*, in: Dutta/Herrler, Die Europäische Erbrechtsverordnung, S. 107 109: Unionsrecht enthält keine Vorgaben, daher weiterhin nach deutscher hM selbständig anknüpfen; gegen unselbständige Anknüpfung auch *Looschelders* FS Coester-Waltjen, 2015, S. 531, 538.

160 *Dutta* FamRZ 2013, 4, 9.

161 *Odersky* notar 2013, 3, 4.

162 MünchKomm/*Dutta* vor Art. 20 EuErbVO Rn. 7.

163 Vgl. z.B. *Schaal* BWNotz 2013, 29, 30 mit Beispielsfall.

Nachlassteile unterschiedliches Erbrecht zur Anwendung käme, sondern nur dazu führen, dass für bestimmte Rechtsfragen anderes Erbrecht gilt (inhaltliche Spaltung des Erbstatuts).

b) Folgen der Rechtsspaltung

Die Nachlassspaltung bewirkt, dass jeder der Nachlassteile als rechtlich selbstständig anzusehen ist, 40
d.h. so behandelt wird, als ob er den gesamten Nachlass bildet.[164] Praktisch ist weitgehend so zu verfahren, als handele es sich um getrennte Erbfälle.[165]

Der Erblasser hat hier insbesondere die Möglichkeit, für jeden Teilnachlass eine gesonderte Verfügung von Todes wegen zu treffen.[166] Getrennt zu betrachten ist auch die Gültigkeit eines Testamentes, sodass dieses nach der einen Rechtsordnung wirksam, nach der anderen unwirksam sein kann.[167] Die eine Rechtsordnung hat dabei zu entscheiden, ob die von ihm beherrschten Anordnungen vom Defekt der anderen infiziert werden.[168]

Die Ausgleichung von Vorempfängen ist für jede Nachlassmasse nach deren Recht, insbesondere was die Art der Ausgleichung anlangt, zu beurteilen, wobei jedoch die Höhe der Ausgleichungspflicht im Verhältnis des Wertes der Einzelmasse zum Wert des Gesamtnachlasses zu ermäßigen ist.[169]

Der Pflichtteilsanspruch ist für jeden Teilnachlass gesondert zu beurteilen, sodass das jeweilige Recht über Ob, Wie und auch die Quote des Pflichtteilsanspruchs entscheidet.[170] Vor allem hier stellt sich das Problem der Verteilung von Nachlassverbindlichkeiten. Eine Regelung enthält insoweit nur Art. 33 EuErbVO für erbenlose Nachlässe. Im Übrigen wird empfohlen, eine Lösung durch Anpassung in Anlehnung an das materielle Erbrecht der lex fori zu suchen.[171] Ist dies das deutsche Recht, so wird häufig zwischen fixierten und nicht fixierten Nachlassverbindlichkeiten unterschieden.[172] Fixierte Verbindlichkeiten sollen dabei solche sein, die einem Teilnachlass eindeutig zuzurechnen sind, etwa obligatorische und dingliche Speziesschulden, Stückvermächtnisse, dingliche Schulden.[173] Im Einzelnen ist hier aber wenig geklärt.[174] Den Gläubigern der fixierten Nachlassverbindlichkeiten haften nur die Erben des betreffenden Nachlassteiles.[175] Für die nicht fixierten Verbindlichkeiten, insbesondere Geldschulden, haftet nach h.M. zum bisherigen deutschen Kollisionsrecht jeder eigenständige Nachlass den Gläubigern jeweils bis zu seiner vollen Erschöpfung voll und nicht nur pro rata im Verhältnis des jeweiligen Nachlassteils zum Gesamt-

---

164 MünchKomm/*Dutta* vor Art. 20 EuErbVO Rn. 11; zum bisherigen deutschen Kollisionsrecht: BGHZ 24, 352; BayObLG FamRZ 2000, 989; OLG Nürnberg ZEV 2016, 510, 511; OLG Zweibrücken FamRZ 1998, 264; MittBayNot 2003, 146, 148; *Ivo* NJW 2003, 185; *Dörner* IPRax 1994, 362, 363; *Gruber* ZEV 2001, 463, 464.

165 MünchKomm/*Dutta* vor Art. 20 EuErbVO Rn. 11.

166 MünchKomm/*Dutta* vor Art. 20 EuErbVO Rn. 13.

167 MünchKomm/*Dutta* vor Art. 20 EuErbVO Rn. 16.

168 *Dörner* DNotZ 1988, 67, 102; str.

169 *Kegel/Schurig* § 21 I; a.A. *Dörner* DNotZ 1988, 67, 104 ff.; Staudinger/*Dörner* Art. 25 EGBGB Rn. 788; MünchKomm/*Dutta* vor Art. 20 EuErbVO Rn. 23 ff.: der begünstigte Miterbe soll hinsichtlich seines Mehrempfangs insgesamt, also bezogen auf alle Nachlässe, zum Ausgleich herangezogen werden und nicht nur anteilig nach dem jeweiligen Wert des einzelnen Nachlasses am Gesamtnachlass – mit weiteren Einzelheiten; ausführlich zur Ausgleichung von Vorempfängen bei Nachlassspaltung *Merkle* Pflichtteilsrecht und Pflichtteilsverzicht im Internationalen Erbrecht, 2008, S. 650 ff.

170 So zum bisherigen deutschen Kollisionsrecht: BGH NJW 1993, 1920, 1921; *Dörner* IPRax 1994, 362 f.; ausführlich *Gruber* ZEV 2001, 463 ff.

171 MünchKomm/*Dutta* vor Art. 20 EuErbVO Rn. 29.

172 Vgl. MünchKomm/*Dutta* vor Art. 20 EuErbVO Rn. 29.

173 *Dörner* DNotZ 1988, 67, 107; *Gruber* ZEV 2001, 463, 465 n.w.N.

174 *Gruber* ZEV 2001, 463, 465.

175 *Hustedt* MittRhNotK 1996, 337, 352.

nachlass.[176] Hier hat der Gläubiger die Wahl, gegen welchen Nachlassteil er vorgehen will und der in Anspruch genommenen Nachlassmasse ist, soweit nicht der Erblasser etwas anderes angeordnet hat, das Geleistete im Verhältnis des Wertes der Nachlassteile zu ersetzen.[177]

Anpassungsschwierigkeiten durch Nachlassspaltung sollten, wenn sie nicht schon auf der Ebene des Kollisionsrechts vermieden werden können, zumindest in der Verfügung von Todes wegen einer Regelung zugeführt werden, soweit sie zu diesem Zeitpunkt bereits erkennbar sind. ZB kann das Problem der Nachlassverbindlichkeiten einer Regelung zugeführt werden, indem im Innenverhältnis festgelegt wird, zulasten welcher Masse bzw. welcher Begünstigter sie gehen. Alle denkbaren Schwierigkeiten einer Nachlassspaltung wird man bei der Rechtsgestaltung aber nie regeln können.[178]

c) Abgrenzung zur faktischen Nachlassspaltung

41 In den vorstehend genannten Fällen der rechtlichen Nachlassspaltung kommt bereits aus der Sicht der EuErbVO verschiedenes Erbrecht für einzelne Nachlassteile zur Anwendung. Davon abzugrenzen ist die **faktische Nachlassspaltung.**[179] Faktische Nachlassspaltung tritt ein, wenn aus Sicht eines Staates, in dessen Bereich sich Nachlassgegenstände befinden, nach seinem Erbkollisionsrecht ein anderes Erbrecht – ganz oder teilweise – zur Anwendung kommt als aus der Sicht der EuErbVO. Hintergrund dafür ist der Charakter des Internationalen Privatrechts als nationales Recht, das sich in den verschiedenen Rechtsordnungen unterscheidet und demnach verschieden anknüpft. Die Folge einer solchen faktischen Nachlassspaltung ist, dass sich dasjenige Erbrecht, das sich aus der Sicht der EuErbVO ergibt, für die Nachlassgegenstände, die in dem fremden Staat belegen sind, der die Kollisionsfrage anders entscheidet, nicht durchsetzen lassen wird. Es kommen mithin de facto unterschiedliche Rechtsordnungen zur Anwendung.

In solchen Fällen sind Rechtsanwendungskonflikte also vorprogrammiert, die bei einer grenzüberschreitenden Nachfolgeplanung in Rechnung gestellt werden sollten, um hinkende Rechtsverhältnisse nach Möglichkeit zu vermeiden. Dabei kann einer faktischen Nachlassspaltung in manchen Fällen durch Rechtswahl entgegengewirkt werden. Lässt sie sich nicht verhindern, kann man versuchen, ihre Folgen durch entsprechende Ausgestaltung der Urkunden einzudämmen, bspw. durch Strafklauseln oder indem man die Verfügungen so konzipiert, dass sie in der Terminologie den Anforderungen des aus Sicht der jeweiligen lex fori anwendbaren Rechts entsprechen, wobei die Aufführung der hinter den Verfügungen stehenden Motive hilfreich sein kann.[180]

VII. Anknüpfung des Erbstatuts nach früherem EGBGB

1. Staatsangehörigkeitsprinzip (Art. 25 Abs. 1 EGBGB a.F.)

42 Mit der Staatsangehörigkeit knüpften die Art. 25 Abs. 1, 26 Abs. 5 Satz 1 EGBGB a.F. für vor dem 17.08.2015 eingetretene Erbfälle an ein grundsätzlich leicht feststellbares Merkmal an.

Bei Erblassern mit mehreren Staatsangehörigkeiten war das Erbrecht desjenigen Staates berufen, mit dem der Erblasser am engsten verbunden ist, insbesondere durch seinen gewöhnlichen Aufenthalt oder durch den Verlauf seines Lebens, Art. 5 Abs. 1 Satz 1 EGBGB, sog. effektive Staatsangehörigkeit. Bedeutsame Bezüge sind insoweit außerdem die Beziehung zu einem Elternteil, die

176 *Ivo* NJW 2003, 185, 186.

177 Vgl. Staudinger/*Dörner* Art. 25 EGBGB Rn. 795.

178 Ausführlich zur Testamentsgestaltung in Fällen der Nachlassspaltung nach bisherigem deutschen Kollisionsrecht *Steiner* ZEV 2001, 477 ff.

179 Ausführlich zum bisherigen deutschen Kollisionsrecht dazu *Steiner* Testamentsgestaltung bei kollisionsrechtlicher Nachlasspaltung, 2002, S. 28 ff.; BayObLG Rpfleger 2003, 429, 430 spricht von »Nachlasskonflikt«.

180 So zum bisherigen deutschen Kollisionsrecht *Steiner* Testamentsgestaltung bei kollisionsrechtlicher Nachlassspaltung, 2002, S. 29, 33.

Ausübung politischer Rechte, die Erfüllung der Wehrpflicht, die wirtschaftlichen und beruflichen Beziehungen sowie die sprachliche und kulturelle Zugehörigkeit.

Nach Art. 5 Abs. 1 Satz 2 EGBGB[181] wird dem deutschen Recht zum Durchbruch verholfen, wenn der Erblasser auch die deutsche Staatsangehörigkeit hatte. Es war also unabhängig davon, ob der Erblasser überhaupt noch eine effektive Beziehung zu Deutschland hat, deutsches Erbrecht berufen, was das IPR der betroffenen anderen Staaten jedoch oft nicht anerkennen wird.

2. Anknüpfungszeitpunkt

Was den Zeitpunkt der Feststellung der Staatsangehörigkeit anbelangte, war die Unterscheidung 43
in Art. 25 Abs. 1 und Art. 26 Abs. 5 Satz 1 EGBGB a.F. zu beachten. Grundsätzlich war für das Erbstatut nach Art. 25 Abs. 1 EGBGB a.F. das Heimatrecht des Verstorbenen, das er zur Zeit seines Ablebens besaß, entscheidend.

Die Gültigkeit der Errichtung einer Verfügung von Todes wegen, soweit es nicht um Formfragen geht, sowie die Bindung an die Verfügung bemaß sich demgegenüber nach dem Recht, das im Zeitpunkt der Errichtung der Verfügung auf die Rechtsnachfolge von Todes wegen anzuwenden gewesen wäre. Entscheidend war demnach die Staatsangehörigkeit des Verfügenden in diesem Zeitpunkt, sog. Vornahmestatut bzw. hypothetisches Erbstatut.

3. Rück- und Weiterverweisung (sog. renvoi)

Verwiesen die Art. 25 Abs. 1 bzw. 26 Abs. 5 Satz 1 EGBGB a.F. auf eine ausländische Rechtsord- 44
nung, so lag hierin nach Art. 4 Abs. 1 Satz 1 EGBGB eine Verweisung auf das gesamte ausländische Recht, einschließlich der ausländischen erbrechtlichen Kollisionsnormen (Gesamtverweisung).

Folgte das Erbkollisionsrecht des ausländischen Erblassers ebenso wie das deutsche dem Prinzip der Anknüpfung an die Staatsangehörigkeit, so nahm es die Verweisung in Art. 25 Abs. 1 bzw. 26 Abs. 5 Satz 1 EGBGB a.F. an und es war daher das ausländische materielle Erbrecht zur Entscheidung der Sachfragen berufen. Wählte die verwiesene ausländische Rechtsordnung einen anderen Anknüpfungspunkt oder eine andere Anknüpfungszeit für das Erbstatut als das deutsche Kollisionsrecht, so bestand die Möglichkeit, dass das fremde IPR seinerseits auf deutsches Recht zurückverwies (Rückverweisung) oder auf das Recht eines Drittstaates weiterverwies (Weiterverweisung).

4. Vorrang des Einzelstatuts (Art. 3a Abs. 2 EGBGB a.F.)

Das gem. Art. 25 Abs. 1 bzw. 26 Abs. 5 Satz 1 EGBGB a.F. berufene Heimatrecht beanspruchte 45
grundsätzlich Geltung für den ganzen Nachlass (Gesamtstatut). Waren jedoch Nachlassgegenstände, insbesondere Grundstücke, nicht im Heimatstaat des Erblassers bzw. im Gebiet eines Staates belegen, dessen Recht kraft Rück- oder Weiterverweisung der Kollisionsnormen des Heimatstaates anzuwenden war, und unterlagen sie nach dem Recht des Lagestaates »besonderen Vorschriften«, so waren diese Sondervorschriften anzuwenden, Art. 3a Abs. 2 EGBGB a.F. Dabei verdrängte das Belegenheitsrecht das einheitliche Erbstatut nur insoweit, als es besondere Regelungen bezüglich des in seinem Staat belegenen Vermögens selbst aufwies und es diese in seinem Geltungsbereich belegenen Gegenstände erfassen wollte.

Solche »besondere Vorschriften« des Rechts des Belegenheitsstaates waren zum einen Sonderregelungen des materiellen Erbrechts für Nachlassgegenstände bestimmter Art. Zu nennen sind etwa, obwohl sie aus deutscher Sicht nur eine geringe Rolle spielen dürften, Lehen, Fideikommisse, Stamm- und Anerbengüter.[182] Eine größere Bedeutung hatte jedoch, dass auch die Sonderrechts-

181 Kritisch z.B. *Siehr* IPRax 1987, 4 f.

182 *Lange* DNotZ 2000, 332, 342.

nachfolge des Hoferben Art. 3a Abs. 2 EGBGB a.F.unterfiel.[183] Gemeint ist damit auch die in dem Gebiet der früheren britischen Besatzungszone fortgeltende Höfeordnung.

Nach h.M. erfasste Art. 3a Abs. 2 EGBGB a.F. zum anderen vom deutschen Recht abweichende ausländische Kollisionsnormen, wenn diese das eigene Recht berufen, weil ein bestimmter Gegenstand innerhalb ihres Staates belegen ist.[184] Auch die Rechtsprechung folgte dieser Auffassung. Voraussetzung war insoweit jedenfalls, dass das fragliche ausländische IPR auf die Belegenheit im eigenen Staat als solche abstellt.

Bedeutung hatte Art. 3a Abs. 2 EGBGB a.F. demnach vor allem in der Situation, dass ein deutscher Erblasser unbewegliches Vermögen in einem Staat besaß, der dieses nach dem Belegenheitserbrecht behandelt.[185]

5. Ordre public

46 Die Verweisungen auf ausländische Rechtsordnungen im EGBGB stehen jeweils unter dem Vorbehalt, dass sie nicht zu einem Ergebnis führen, das mit wesentlichen Grundsätzen des deutschen Rechts offensichtlich unvereinbar ist, Art. 6 EGBGB. Vorausgesetzt ist ein so schwerwiegender Widerspruch zur deutschen Rechtsordnung, dass das Ergebnis der Rechtsanwendung für untragbar angesehen werden muss. Dabei ist das konkrete Ergebnis aufgrund der Anwendung der fremden Norm im Einzelfall entscheidend, nicht ihr abstrakter Regelungsgehalt. Die Vorschrift des Art. 6 EGBGB darf nur zurückhaltend angewendet werden. Sie erfordert eine hinreichende Inlandsbeziehung des konkreten Sachverhalts, für die neben der Staatsangehörigkeit und dem gewöhnlichen Aufenthalt des Erblassers und der Nachlassbeteiligten insbesondere auch die Vermögensbelegenheit der Nachlassgegenstände eine Rolle spielen kann.

6. Bestimmung des Erbstatuts durch Rechtswahl

47 Art. 25 Abs. 2 EGBGB a.F. erlaubte dem Erblasser, für im Inland belegenes unbewegliches Vermögen in der Form einer Verfügung von Todes wegen deutsches Recht zu wählen. In den Grenzen seiner Wirksamkeit bestimmte die Rechtswahl dabei auch über das Errichtungsstatut i.S.d. Art. 26 Abs. 5 Satz 1 EGBGB a.F. Die Rechtswahl war dabei in dreifacher Weise eingeschränkt. Sie galt erstens nur für unbewegliches Vermögen, das zweitens im Inland belegen sein musste, außerdem konnte drittens nur deutsches Erbrecht gewählt werden.[186] Eine Ausdehnung des Anwendungsbereiches der Norm auf die Wahl des ausländischen Belegenheitsrechts bei ausländischen Grundstücken war ausgeschlossen, da es sich um eine einseitige Exklusivnorm handelte.[187] Die Rechtswahl bewirkte immer dann, wenn sie besonders interessant war, nämlich deutsches Erbrecht nicht schon als objektiv bestimmtes Erbstatut gem. Art. 25 Abs. 1 EGBGB a.F. zur Geltung kam, eine Nachlassspaltung dahin gehend, dass die von Art. 25 Abs. 2 EGBGB a.F. erfassten Nachlassgegenstände anderen erbrechtlichen Vorschriften unterlagen als der übrige Nachlass.

Die nur sehr eingeschränkte Parteiautonomie des Art. 25 Abs. 2 EGBGB a.F. wurde dadurch erweitert, dass eine Rechtswahl durch den Erblasser, die das Recht eines Staates ihm zubilligte, auf welches das deutsche Kollisionsrecht (Art. 25 Abs. 1, 26 Abs. 5 Satz 1 EGBGB a.F.) verwies, anerkannt wurde und ihm somit auch dieser Weg zur Bestimmung des Erbstatuts offen stand.[188] Soweit das berufene ausländische IPR also im größeren Umfang Parteiautonomie gewährte als Art. 25 Abs. 2

183 *Reinhart* BWNotZ 1987, 97, 99.
184 BGHZ 45, 351; 50, 63; BGH IPRax 1994, 375 m. Anm. *Dörner*; ZEV 2004, 374, 376; *Lange* DNotZ 2000, 332, 342; *Reinhart* BWNotZ 1987, 97, 99; a.A. *Kegel/Schurig* § 21 I 1; *Solomon* IPRax 1997, 81 ff.
185 Vgl. BGH ZEV 2004, 374, 376: Grundstück in Florida; *Gruber* ZEV 201, 463 f.; *Steiner* ZEV 2001, 477.
186 *Krzywon* BWNotZ 1987, 4; *Jayme* IPRax 1986, 265, 269; *Röll* MittBayNot 1989, 1, 5.
187 *Siehr* IPRax 1987, 4, 7; *Reinhart* BWNotZ 1987, 97, 100; *Lange* DNotZ 2000, 332, 335, 337.
188 *Lange* DNotZ 2000, 332, 340 f.; *Krzywon* BWNotZ 1989, 153, 157, 159.

EGBGB a.F. nahm dies das deutsche IPR hin.[189] Voraussetzungen, Grenzen, Umfang und Inhalt der Rechtswahl wurden dabei grundsätzlich vom ausländischen Kollisionsrecht bestimmt.

7. Nachlasspaltung

Das deutsche Erbkollisionsrecht folgte in Art. 25 Abs. 1 EGBGB a.F. dem Grundsatz der Nachlasseinheit und unterstellte den gesamten Nachlass einer einzigen Rechtsordnung. 48

Eine Nachlassspaltung konnte sich ergeben aus:[190]

- einem Staatsvertrag, der eine Nachlassspaltung beinhaltet und bereits aus deutscher Sicht der Anknüpfung des Art. 25 Abs. 1 EGBGB vorgeht, etwa dem deutsch-türkischen Konsularvertrag,
- dem Vorrang des Einzelstatuts für bestimmte Vermögensgegenstände, Art. 3a Abs. 2 EGBGB a.F.,
- der Rechtswahl nach Art. 25 Abs. 2 EGBGB a.F. für in Deutschland belegenes unbewegliches Vermögen,
- einer Nachlassspaltung durch das ausländische Kollisionsrecht, auf das Art. 25 Abs. 1 EGBGB a.F verwies und welches gem. Art. 4 Abs. 1 Satz 1 EGBGB zu beachten war, nämlich vor allem dann, wenn einer der in fremden Kollisionsrechten häufigen Fälle vorlag, dass dieses im Erbrecht den beweglichen Nachlass und den unbeweglichen Nachlass unterschiedlich anknüpft.

Fälle der Nachlassspaltung waren daher durchaus nicht selten.

VIII. Gemeinschaftliche Testamente und Erbverträge

1. Das Verbot gemeinschaftlicher Testamente bzw. von Erbverträgen in ausländischen Rechtsordnungen

Gemeinschaftliche Testamente und Erbverträge sind dem deutschen Recht als Sonderformen erbrechtlicher Verfügungen selbstverständlich, §§ 2265 ff., 2274 ff. BGB. Das stellt sich im internationalen Vergleich völlig anders dar.[191] Vor allem in romanischen Ländern werden sie wegen der Gefahr gegenseitiger Beeinflussung als anstößig angesehen.[192] Zuwiderlaufende Vereinbarungen entfalten keine Rechtswirkung.[193] 49

Besonders rigoros ist in dieser Hinsicht das **italienische Recht** (vgl. Art. 458, 589, 635 C.c.). Es erkennt gemeinschaftliche Testamente nicht an und will auch den bloßen Anschein einer Bindung vermeiden.[194] Unabhängig davon, ob es sich um wechselbezügliche oder einseitige Verfügungen von Todes wegen handelt, können zwei oder mehrere Personen nicht in der gleichen Urkunde ein Testament errichten, (Art. 598 C.c.). Auch der Erbvertrag wird seinem ganzen Inhalt nach als nichtig angesehen.[195]

Frankreich und **Belgien** machen aus ihrer Abneigung gegenüber gemeinschaftlichen Testamenten und Erbverträgen ebenfalls keinen Hehl, (vgl. Art. 968, 895, 1130 Abs. 2 C.c.).[196] Das Verbot wird aber durch die institution contractuelle aufgelockert, die eine ehevertragliche oder zwischen Eheleuten auch außerhalb eines Ehevertrages vereinbarte unentgeltliche Zuwendung auf den Todesfall zulässt (vgl. ausführlich Syst. B Rdn. 66).[197] In **Spanien** wirkt es sich aus, dass es sich insoweit um

189 *Lange* DNotZ 2000, 332, 341; *Mankowski/Osthaus* DNotZ 1997, 10, 13; *Dörner* DNotZ 1988, 67, 86.

190 Vgl. *Jayme* IPRax 1986, 265, 270; *Dörner* DNotZ 1988, 67, 97 f.

191 Länderübersicht bei *Milzer* BWNotZ 2002, 166, 169 ff.; ausführlich auch *Lehmann* ZEV 2007, 193 ff.

192 *Edenfeld* ZEV 2001, 457, 461.

193 *Edenfeld* ZEV 2001, 457, 461 zu Italien, Portugal, Spanien, Griechenland, den Niederlanden und Polen.

194 *Denzler* IPRax 1982, 181, 185; ausführlich *Hausmann* JbItalR 15/16 (2002/2003) 173 ff.

195 *Lange* DNotZ 2000, 332, 336; *Denzler* IPRax 1982, 181, 184 f., mit Hinweis auf den dahinter stehenden römischrechtlichen Gedanken »ambulatoria debet essere voluntas testatoris«.

196 Für Frankreich *Edenfeld* ZEV 2001, 457, 461; *Riering* ZEV 1994, 225, 227 f.; für Belgien *Hustedt* MittRhNotK 1996, 337, 348.

197 Für Frankreich *Edenfeld* ZEV 2001, 457, 461; für Belgien *Hustedt* MittRhNotK 1996, 337, 348.

einen Mehrrechtsstaat handelt. Der gemeinspanische C.c. verbietet gemeinschaftliche Testamente und Erbverträge, (vgl. Art. 669, 733, 1271 C.c.).[198] Viele Foralrechte lassen hingegen gemeinschaftliche Testamente (Aragon, Navarra) und Erbverträge (z.B. Katalonien, Aragon, Navarra, Balearen, Galizien) zu.[199]

Das Verbot des Erbvertrages ist darüber hinaus etwa bekannt im **portugiesischen Recht**,[200] im **polnischen Recht**[201] und in der Regel in den früheren **jugoslawischen Teilrechtsordnungen**.[202] In den **Niederlanden** bleiben Erbverträge und gemeinschaftliche Testamente auch nach der Erbrechtsreform von 2003 verboten (Art. 4:4, 4:93 BW).[203] In **Griechenland** ist die Errichtung letztwilliger Verfügungen durch mehrere Personen in einer Urkunde wie auch der Erbvertrag nach materiellem Recht unzulässig (Art. 1717, 368 ZGB), wobei ausnahmsweise nach einem Gesetzesdekret von 1974 ein Grieche im Ausland mit seinem ausländischen Ehegatten einen Erbverzichtsvertrag schließen darf.[204] Schweden kennt das gemeinschaftliche Testament, misst ihm aber keine Bindungswirkungen zu; den Erbvertrag lässt es nicht zu.[205]

Qualitativ völlig anders stellt sich die Rechtslage im angelsächsischen Bereich dar. So kennt das **englische Recht** neben der bloß äußerlichen Verknüpfung zweier oder mehrerer Einzeltestamente in einem Schriftstück (sog. **joint wills**) auch gegenseitige Testamente (sog. **mutual wills**), die nicht notwendig in einer Urkunde zusammengefasst sein müssen, bei denen sich aber Personen gegenseitig bedenken oder ihre Anordnungen sonst wie aufeinander abstimmen.[206] Sie sind bindend, sofern sie auf einer zusätzlichen vertraglichen Vereinbarung der Unwiderruflichkeit beruhen (contract not to revoke a will),[207] wobei diese Bindungswirkung nur auf schuldrechtlicher Ebene erreicht wird, d.h. es handelt sich um eine Vereinbarung, die getroffene Verfügungen von Todes wegen nicht wieder zu widerrufen.[208] Eine abweichende Verfügung wäre also grundsätzlich erbrechtlich wirksam und würde nur einen schuldrechtlichen Ersatzanspruch des anderen Beteiligten gegen den Nachlass zur Folge haben[209] bzw. zur Entstehung eines trust führen.[210] Ähnlich wie in England ist die Rechtslage auch in vielen **US-Bundesstaaten**.[211]

Dadurch bleiben gemeinschaftliches Testament und Erbvertrag vor allem eine Erscheinung des deutschen Rechtskreises. In **Österreich** gibt es das gemeinschaftliche Testament, aber nur zwischen Ehegatten oder Verlobten für den Fall der Heirat. Die Verfügungen darin sind in jedem Fall frei

198 Ausführlich zur Zulässigkeit und Zweckmäßigkeit gemeinschaftlicher Testamente und Erbverträge bei Vermögen in Spanien *Steinmetz/Löber/Garcia* ZEV 2011, 454; vgl. auch *Jayme* 55 (1991), 303, 307, 328; *Selbherr* MittBayNot 2002, 165, 166.

199 *Jayme* 55 (1991), 303, 307, 328; *Selbherr* MittBayNot 2002, 165, 166.

200 *Edenfeld* ZEV 2001, 457, 461.

201 *Edenfeld* ZEV 2001, 457, 461.

202 OLG Zweibrücken MittBayNot 2003, 146, 147 m. Anm. *Riering*; DNotI-Report 2001, 97, 98; Pintaric ZEV 2003, 498 – jeweils für Kroatien und offensichtlich offen lassend für den Fall, dass keine wechselseitige Erbeinsetzung, sondern die Einsetzung eines Dritten durch gemeinschaftliches Testament vorliegt.

203 *Riering* in: Zehn Jahre Deutsches Notarinstitut, 2003, S. 359, 364; *Eule* RNotZ 2003, 434, 437.

204 *Kegel/Schurig* § 21 III 2 c; ausführlich *Süß* ZErb 2002, 341, 343 f.

205 DNotI-Report 2002, 106, 107.

206 NK/BGB/*Odersky* Bd. 5 Länderbericht Großbritannien Rn. 47; *Dopffel* DNotZ 1976, 335, 336; vgl. aber auch *Rauscher* ZEuP 1998, 148: eine Verfügung von zwei oder mehreren Personen in selber Urkunde kann als Testament nicht wirksam werden.

207 Instruktiv High Court of Justice, Chancery Division, ZEuP 1998, 140 m. Anm. *Rauscher*; NK/BGB/*Odersky* Bd. 5 Länderbericht Großbritannien Rn. 43; zu den Grenzen der Zulässigkeit einer solchen Vereinbarung vgl. *Dopffel* DNotZ 1976, 335, 341 ff.

208 DNotI-Report 2002, 1, 3.

209 *Dopffel* DNotZ 1976, 335, 337; DNotI-Report 2002, 1, 3.

210 NK/BGB/*Odersky* Bd. 5 Länderbericht Großbritannien Rn. 43.

211 Vgl. BayObLGZ 1974, 223, 224: Erbvertrag ist dem materiellen Recht der US-Staaten fremd, Bindungen über schuldrechtlichen Umweg können jedoch praktisch zum gleichen Ergebnis führen (für Wisconsin).

widerrufbar.[212] Auf drei Nachlassviertel beschränkt ist der ebenfalls bekannte Erbvertrag, der nach österreichischem Verständnis allerdings ein Ehepakt, also ein Ehevertrag ist.[213] Auch Erbverträge können daher nur von Eheleuten, eingetragenen Partnern oder Brautleuten wirksam abgeschlossen werden, wobei bei letzteren die Wirksamkeit vom Zustandekommen der Ehe abhängig ist.[214] Die Bindungswirkung ist nach österreichischem Verständnis wohl weiterhin dahin gehend beschränkt, dass Vertragsgegenstand nur das Erbrecht des überlebenden Ehegatten sein kann, weder Vermächtnisse noch Auflagen, noch das Erbrecht eines Dritten mit Bindungswirkung vereinbart werden können.[215] Das freie Viertel (§ 1253 ABGB) bleibt der freien letzten Anordnung, die in der Regel in ein gemeinschaftliches Testament aufgenommen wird,[216] aber auch im Erbvertrag enthalten sein kann, mangels einer solchen letzten Anordnung der gesetzlichen Erbfolge vorbehalten.[217] Das **schweizerische ZGB** kennt kein gemeinschaftliches Testament, wohl aber den Erbvertrag als Institut der gewillkürten Erbfolge, Art. 494 ZGB.[218] Ähnlich wie in der Schweiz ist es in der **Türkei** (Art. 527 ZGB).[219] Dort ist die Zulässigkeit des gemeinschaftlichen Testaments unklar, jedenfalls aber ist es unüblich.[220] Vorzuziehen dürfte daher der jedenfalls zulässige, bindende Erbvertrag sein.[221]

2. Behandlung des gemeinschaftlichen Testaments nach EuErbVO

a) Qualifikation

Die EuErbVO enthält keine gesonderte Kollisionsnorm für gemeinschaftliche Testamente. Es ist daher umstritten, ob gemeinschaftliche Testamente unter Art. 24 EuErbVO[222] oder Art. 25 EuErbVO fallen. Insoweit spricht viel dafür, in einer Urkunde niedergelegte Testamente, in denen jeder Testierende ohne inneren Zusammenhang zueinander über sein Vermögen verfügt, unter Art. 24 EuErbVO, gemeinschaftliche Testamente mit wechselbezüglichen Verfügungen dagegen unter Art. 25 EuErbVO zu subsumieren.[223] Insoweit wird dann auch die Frage der Bindung von Art. 25 EuErbVO erfasst. **50**

212 *Riering/Bachler* DNotZ 1995, 580, 587; ausführlich *Steiner* ZEV 2004, 362 ff.

213 *Denzler* IPRax 1982, 181, 183.

214 *Denzler* IPRax 1982, 181, 183; *Riering/Bachler* DNotZ 1995, 580, 587; *Kerschbaum* ZEV 2016, 144.

215 *Denzler* IPRax 1982, 181, 183; vgl. auch *Haunschmidt/Haunschmidt*, Erbschaft und Testament, S. 51; *Steiner* ZEV 2004, 362, 364; *Riering/Bachler* DNotZ 1995, 580, 591.

216 *Haunschmidt/Haunschmidt*, Erbschaft und Testament, S. 51.

217 Ausführlich *Riering/Bachler* DNotZ 1995, 580, 588 f.; Gutachten DNotI-Report 2002, 65, 66.

218 *Edenfeld* ZEV 2001, 457, 461.

219 Ausführlich *Naumann* RNotZ 2003, 343, 363 ff.

220 Vgl. *Schömmer/Kesen*, Internationales Erbrecht Türkei, Rn. 269: nicht unmöglich; *Kesen* ZEV 2003, 152, 153: Ehegatten können gemeinschaftliches Testament errichten, in dem jeder eigenständige Erklärungen abgibt, Ehegattentestament jedoch nicht möglich; *Naumann* RNotZ 2005, 68 hält die Zulässigkeit für fraglich; Gutachten DNotI-Report 2005, 65, 66: türkisches Recht kennt gemeinschaftliches Testament nicht.

221 *Naumann* RNotZ 2005, 68.

222 *Nordmeier* ZEV 2012, 513, 514; 2013, 117, 120; *Simon/Buschbaum* NJW 2012, 2393, 2396; *Burandt* FuR 2013, 314, 385; *Hilbig-Lugani* IPRax 2014, 480, 486: »Eine Privilegierung durch die Hintertür über die Erbvertragsdefinition dürfte sich mittelfristig als deutscher Wunschtraum erweisen."

223 *Bonomi/Öztürk* in: Dutta/Herrler, Die Europäische Erbrechtsverordnung, S. 47, 60 ff.; *dies.* ZVglRWiss 114 (2015) 4, 22 – auch für mutual wills nach englischem Recht; *Dutta* FamRZ 2013, 4, 9; *Lechner* NJW 2013, 26, 27; *Lehmann* ZErb 2013, 25, 29; *Lutz* BWNotZ 2016, 34; *Döbereiner* MittBayNot 2013, 437, 438; *ders.* DNotZ 2014, 323, 337; *Leipold* ZEV 2014, 139, 144; *Weber* notar 2015, 296, 304; vgl. auch *Reymann* ZVglRWiss 114 (2015) 40, 60 f.: für deutsche gemeinschaftliche Testamente zu Art. 25 EuErbVO neigend, für liechtensteinische wegen deren mangelnder Bindungswirkung dagegen zu Art. 24 EuErbVO.

b) Behandlung des Verbots

aa) Bislang vorherrschende Ansicht

51 Auch unter Geltung der EuErbVO wird wie unter dem früheren Recht die Unterscheidung zwischen rein formellen und materiellen Verboten als entscheidend vertreten.[224] Insoweit können drei Typen des gemeinschaftlichen Testaments unterschieden werden.[225] Es kann sich dabei handeln
- um eine rein äußerliche Zusammenfassung der Verfügungen von Todes wegen zweier oder mehrerer Personen in einer Urkunde, ohne dass die einzelnen Verfügungen irgendeine innere Beziehung miteinander aufweisen, sog. testamentum mere simultaneum;[226]
- um ein gegenseitiges Testament in dem Sinne, dass die Verfügenden sich gegenseitig zum Erben einsetzen oder sonst etwas zuwenden, und zwar ohne dass ein inneres Wirksamkeitsverhältnis zwischen diesen Einsetzungen bzw. Zuwendungen vorliegt;
- um ein gemeinschaftliches Testament im Sinne eines wechselbezüglichen Testamentes derart, dass die Verfügungen voneinander in ihrer Wirksamkeit abhängig sind.

52 Verbietet die betreffende Rechtsordnung gemeinschaftliche Verfügungen nur aus formellen Gründen, soll hierfür das Formstatut maßgeblich sein. Liegt ein inhaltliches Verbot vor, soll es zur materiellen Wirksamkeit der Verfügung gehören.

53 Nach der zum bisherigen deutschen Kollisionsrecht vertretenen Auffassung war demgemäß nachzuprüfen, ob die ausländische Verbotsvorschrift als Formvorschrift oder als materielle Norm zu beurteilen ist. Ob es sich bei dem in vielen ausländischen Rechtsordnungen bestehenden Verbot gemeinschaftlicher Testamente um ein Form- oder ein Sachverbot handelt, ist äußerst schwierig zu beurteilen. Bei der Qualifikation spielt eine gründliche Analyse des ausländischen Rechts, welches das Verbot ausspricht, eine gewichtige Rolle. Sinn und Funktion der einzelnen Verbotsnorm sind dabei zu betrachten. Herkömmlicherweise wird danach unterschieden, ob eine Klarstellungsfunktion (richtige Ermittlung des Erblasserwillens) bzw. eine Schutzfunktion (Schutz vor unlauterer Beeinflussung des schwächeren Teils) im Vordergrund steht oder die Sicherung des freien Willensentschlusses bzw. die freie Widerruflichkeit.[227] Im ersteren Falle handele es sich um eine typische Formfunktion, bei der Sicherung des freien Willensentschlusses und des freien Widerrufs hingegen nicht.[228] Auf dieser Grundlage wird das Verbot des gemeinschaftlichen Testaments in Frankreich lediglich als Formverbot angesehen.[229] Dasselbe soll für Polen[230] und die Niederlande gelten.[231] Für Spanien geht die dort wohl h.L. im Zivilrecht davon aus, die Verbotsnorm sei Sach- und nicht Formvorschrift.[232] Besonders problematisch ist die Frage auch im Falle Griechenlands. Hier wird

---

224 Palandt/*Thorn* EuErbVO Art. 25 Rn. 4; *Nordmeier* ZEV 2012, 513, 515; *Simon/Buschbaum* NJW 2012, 2393, 2396; *Schaal* BWNotz 2013, 29, 30; *Döbereiner* MittBayNot 2013, 437, 440; *Hilbig-Lugani* IPRax 2014, 480, 481.

225 *Umstätter* DNotZ 1984, 532, 536 f.; mit guten Gründen krit. hinsichtlich des Werts dieser Aufteilung *Süß* IPRax 2002, 22, 23 Fn 14.

226 *Lange/Kuchinke*, Erbrecht, § 16 III 4 b.

227 *Kropholler* § 51 V 5; IPG 1983 Nr. 35.

228 *Kropholler* § 51 V 5; IPG 1983 Nr. 35.

229 *Döbereiner* ZEV 2014, 486 unter Verweis auf Cour de Cassation, Urteil vom 21.11.2012 (Cass. Civ 1re, 21 novembre 2012, D 2013, 880); dazu auch *Beller/Wahl* BWNotZ 2015, 29; vgl. auch *Kropholler* § 51 V 5.

230 OLG Schleswig ZEV 2016, 502, 505; *Looschelders* IPRax 2017, 580, 581.

231 H.M.; KG FamRZ 2001, 794; *Eule* RNotZ 2003, 434, 437; vgl. aber auch OLG Düsseldorf NJW 1963, 2228, 2229: Verbot hat insoweit auch materiellerbrechtlichen Charakter, als zum Ausdruck kommt, dass das niederländische Erbrecht eine Bindung grds. nicht anerkennt.

232 Vgl. *Löber/Huzel*, Erben und Vererben in Spanien, 4. Aufl. 2004, S. 42; *Lopez/Artz* ZErb 2002, 278, 281; *Selbherr* MittBayNot 2002, 165, 166: materiell-rechtliches Verbot; daher zu Recht *Steiner* ZEV 2004, 362, 363: Rechtslage unklar.

wohl überwiegend ein materielles Verbot angenommen.[233] Vor allem im italienischen Recht, aber etwa auch dem portugiesischen Recht und dem kroatischen Recht, soll es sich um ein materielles Verbot handeln und keine bloße Formvorschrift.[234] Ein Verstoß gegen Art. 589 italienischer Codice civile führt zwingend zur Nichtigkeit des gemeinschaftlichen Testaments und auch eine Aufrechterhaltung wenigstens als einseitige letztwillige Verfügung ist nach italienischem Recht nicht möglich.[235]

Geht es bei dem fraglichen ausländischen Verbot demgemäß nur um eine Formvorschrift, so ist 54
insoweit zunächst auch nur über die Formgültigkeit entschieden. Über die nicht-formellen Errichtungsvoraussetzungen ist dadurch noch nichts ausgesagt, erst recht nicht über eine etwaige Wechselbezüglichkeit bzw. Bindung.[236] Für diese Fragen bleibt es bei dem Statut des Art. 24 bzw. 25 EuErbVO.

bb) Vordringende Gegenansicht

Nach der vordringenden Gegenansicht sollen nun sämtliche nationalen Verbote unter den Begriff 55
der Zulässigkeit (Art. 24 bzw. 25 EuErbVO) fallen.[237]: Diese Interpretation hat vor allem den Wortlaut der Verordnung, der die »Zulässigkeit« von Verfügungen von Todes wegen ausdrücklich neben der materiellen Wirksamkeit nennt, auf ihrer Seite.[238] Würde man lediglich sachliche Verbotsnormen dem Anwendungsbereich der Art. 24 und Art. 25 EuErbVO unterstellen, wäre dieser zusätzliche Begriff überflüssig, da solche Verbotsnormen ohnehin unter dem Begriff der materiellen Wirksamkeit zu subsumieren wären.[239]

3. Behandlung des Erbvertrags nach EuErbVO

Mit Art. 25 EuErbVO existiert nun eine Vorschrift, die sich ausdrücklich mit der Zulässigkeit und 56
Bindungswirkung von Erbverträgen befasst.[240] Zu beachten ist dabei insbesondere die kumulative Anknüpfung der Zulässigkeit an alle hypothetischen Erbstatute bei einem Erbvertrag mit mehreren Erblassern (Art. 25 Abs. 2 UAbs. 1 EuErbVO).

IX. Nacherbschaft

Von Todes wegen Verfügende suchen häufig nach rechtlichen Gestaltungsmitteln in dem Bestreben, 57
ihr Vermögen entgegen den zentrifugalen Kräften des Erbfalls über den Tod hinaus zu binden.[241] Dafür bietet sich in geeigneten Fällen aus deutscher Sicht das Institut der Vor- und Nacherbfolge i.S.d. §§ 2100 ff. BGB an. Zulässigkeit, Wirkungen und Umfang der Anordnung von Vor- und

---

233 IPG 2003/2004 Nr. 36 Rn. 12; ausführlich *Papacharalampous/Lintz* MittBayNot 2003, 464, 476; *Süß* ZErb 2002, 341, 344, der eine Qualifikation als Formvorschrift bevorzugt.

234 Vgl. OLG Koblenz FamRZ 2013, 1516; OLG Frankfurt IPRax 1986, 112; *Kropholler* § 51 V 5; *Ebenroth/Kleiser* RIW 1993, 353, 359 f.; ausführlich *Hausmann* JbItalR 15/16 (2002/2003) 173, 185 f. – jeweils für Italien; OLG Zweibrücken MittBayNot 2003, 146, 147 m. Anm. *Riering*; DNotI-Report 2001, 97, 98 – jeweils für Kroatien; ausführlich zu Portugal: IPG 2003/2004 Nr. 38 Rn. 22 ff.

235 *Schäuble* NZFam 2015, 576.

236 A.A. *Kegel/Schurig* § 21 III 2 c: aus Gründen des Vertrauensschutzes soll sich auch insoweit das Ortsrecht durchsetzen; ebenso OLG Zweibrücken NJW-RR 1992, 587, 588.

237 *Lehmann*, ZErb 2013, 25, 29; *Dutta* FamRZ 2013, 4, 10; *Herzog* ErbR 2013, 2, 8; Hausmann/Odersky/*Odersky* § 15 Rn. 197.

238 Hausmann/Odersky/*Odersky* § 15 Rn. 197.

239 Hausmann/Odersky/*Odersky* § 15 Rn. 197.

240 *Döbereiner* MittBayNot 2013, 437, 440 will allerdings wie bisher im deutschen IPR bei der Frage der Zulässigkeit eines Erbvertrages auch künftig danach unterscheiden, ob ein im Raum stehendes Verbot von Erbverträgen auf formellen oder materiellen, d. h. sachlichen Erwägungen, beruht (zum entsprechenden Problem beim gemeinschaftlichen Testament s. Syst. B Rdn. 51 ff.).

241 Vgl. *Veelken* RabelsZ 49 (1985), 1.

Nacherbschaft unterfallen nach allgemeiner Ansicht im deutschen IPR dem Erbstatut,[242] und zwar dem definitiven Erbstatut im Zeitpunkt des Todes nach Art. 21, 22 EuErbVO (vgl. Art. 23 Abs. 2 lit. f) EuErbVO) und nicht dem Errichtungsstatut nach Art. 24, 25 EuErbVO.[243] Es handelt sich nämlich insoweit um die Frage nach der Wirkung einer Verfügung von Todes wegen, die eine entsprechende Anordnung beinhaltet.

Der Rechtsanwender wird allerdings dann, wenn er zur Anwendung ausländischen Erbrechts gelangt, häufig feststellen, dass dort die Vor- und Nacherbschaft gar nicht oder nur in sehr begrenztem Umfang zugelassen wird, weil die dadurch mögliche lange Bindung an den Willen des Erblassers einerseits und die begrenzte Rechtsstellung des Vorerben andererseits als nicht besonders günstig und empfehlenswert angesehen werden. Zwar kennen mit mehr oder weniger großen Einschränkungen das Institut der Nacherbschaft die Rechte von Schweden, Spanien (Art. 781 ff. C.c.), Griechenland, der Schweiz[244] sowie Österreichs (fideikommissarische Substitution, §§ 608 ff. ABGB).[245] In engen Grenzen gibt es eine Substitution auch in Italien (Art. 692 C.c.: nur zum Schutze entmündigter Abkömmlinge bzw. geisteskranker minderjähriger Kinder, deren Entmündigung erwartet werden kann; das im Übrigen bestehende Verbot der Vor- und Nacherbfolge gehört nicht zum italienischen ordre public)[246] und Schottland.[247] Das französische Recht hingegen erklärte unter dem Einfluss der Revolutionsideologie Substitutionen grundsätzlich für unzulässig, (Art. 896 C.c.).[248] Dem folgt etwa Belgien.[249] Nunmehr ermöglicht aber das französische Recht Vor- und Nacherbschaft über die libéralités graduelles et résiduelles in Art. 1048 bis 1061 C.c.[250] Im englisch-amerikanischen Recht existiert zwar vor allem die rule against perpetuities,[251] die Frage der Einsetzung eines Erben auf Zeit wird hier jedoch über die Errichtung eines trust gelöst.[252]

Beachtet werden muss in diesem Zusammenhang vor allem bei der Prüfung einer Rück- bzw. Weiterverweisung (Art. 34 Abs. 1 EuErbVO) auch, ob das zu prüfende **ausländische Kollisionsrecht** das der deutschen Nacherbschaft vergleichbare Rechtsinstitut nach seiner allgemeinen erbrechtlichen Kollisionsnorm anknüpft oder insoweit besondere Anknüpfungsregeln kennt.

Ist in einer erbrechtlichen Verfügung die testamentarische Anordnung der Vor- und Nacherbschaft, wie sie dem deutschen Erbrecht entspricht, enthalten, ist aber Erbstatut in diesem Fall tatsächlich ein ausländisches Recht (insbesondere weil auch keine konkludente Rechtswahl nach Art. 22 EuErbVO gegeben ist), so handelt es sich um einen typischen Fall des Handelns unter fremdem bzw. falschem Recht (s. Syst. B Rdn. 84).[253] Die testamentarische Anordnung der Vor- und Nacherbfolge ist hier dahin zu interpretieren, dass der Wille des Testators grundsätzlich auf den Eintritt aller Rechtsfolgen gerichtet ist, die nach dem deutschen Recht mit der Vor- und Nacherbschaft verbunden sind.[254]

---

242 Palandt/*Thorn* EuErbVO Art. 23 Rn. 2; NK-BGB/*Looschelders* Art. 23 EuErbVO Rn. 20; ausführlich zum alten Recht *Veelken* RabelsZ 49 (1985), 1, 14, 28.

243 *Weber* notar 2015, 296, 297.

244 *Lange/Kuchinke*, § 28 I 1 c.

245 Dazu ausführlich *Riering/Bachler* DNotZ 1995, 580, 592 f.

246 Ausführlich *Hausmann* JbItalR 15/16 (2002/2003) 173, 181 f., 201; vgl. auch *Padovini* ZfRV 2002, 207, 209.

247 *Lange/Kuchinke*, § 28 I 1 c.

248 Ausführlich *Veelken* RabelsZ 49 (1985), 1 ff.

249 *Lange/Kuchinke*, § 28 I 1 c; *Hustedt* MittRhNotK 1996, 337, 346.

250 Ausführlich *Gresser* ZErb 2006, 407, 409 f.; *Döbereiner* ZEuP 2010, 588, 595.

251 *Kegel/Schurig* § 21 I 2.

252 *Lange/Kuchinke* § 28 I 1 c.

253 *Veelken* RabelsZ 49 (1985), 1, 3; vorrangig muss allerdings geprüft werden, ob nicht eine – zumindest teilweise – Rechtswahl auf deutsches Recht hierin gesehen werden kann, *Veelken* RabelsZ 49 (1985), 1, 30.

254 *Veelken* RabelsZ 49 (1985), 1, 31.

X. Testamentsvollstreckung

Für die Testamentsvollstreckung gilt im Grundsatz, da es sich ebenfalls um eine Frage der Wirkung einer Verfügung von Todes wegen handelt, das Gleiche wie für die Nacherbschaft. Das nach Art. 21, 22 EuErbVO zu bestimmende Erbstatut entscheidet auch hier über die Zulässigkeit der Ernennung durch Testament bzw. die allgemeine Zulässigkeit einer Testamentsvollstreckung, die Rechtsstellung im Ganzen und die Einzelbefugnisse des Testamentsvollstreckers sowie seine Entlassung (vgl. Art. 23 Abs. 2 lit. f) EuErbVO).[255] Das Erbstatut bestimmt dabei auch über ausländische Rechtsinstitute, die im deutschen Recht kein unmittelbares Pendant haben, ihrem Sinn und Zweck nach aber die Funktion einer Testamentsvollstreckung besitzen.[256] Zu nennen wäre hier etwa der im anglo-amerikanischen Rechtskreis gegebene Nachlassverwalter (»executor«, wenn er im Testament ernannt wurde; »administrator«, wenn er gerichtlich bestellt wird), der nach dortigem Verständnis durch den Erbfall Träger der Rechte und Pflichten des Erblassers wird, wobei jedoch der executor nicht in jedem Fall einem Testamentsvollstrecker des deutschen Rechts nahe kommt, sondern nur dann, wenn der Erblasser eine entsprechende Stellung des von ihm als executor Benannten gewollt hat.[257] Rechtsvergleichend ist allgemein festzustellen, dass fremde Rechtsordnungen eine derart umfassende Testamentsvollstreckung wie sie die §§ 2197 ff. BGB ermöglichen, kaum kennen.[258] Wird in einer Verfügung von Todes wegen Testamentsvollstreckung nach deutschem Recht angeordnet und unterliegt jedoch die Wirkung dieser Verfügung einem ausländischen Erbstatut (wobei insoweit jedoch vorrangig an eine Rechtswahl – Art. 22 EuErbVO – zu denken wäre), so liegt ein Handeln unter fremdem Recht vor und es muss entsprechend umgedeutet werden (s. Syst. B Rdn. 84). 58

Erlaubt das anzuwendende ausländische Erbrecht den vom Erblasser intendierten Umfang der Testamentsvollstreckung nicht, so ist aus Sicht der Rechtsgestaltung bzw. Rechtsberatung an die Erteilung einer Vollmacht über den Tod hinaus zu denken, um der als Testamentsvollstrecker vorgesehenen Person weiterreichende Befugnisse einzuräumen (s. unten Syst. B Rdn. 65).[259]

Als weitere Möglichkeiten, um seine Position zu stärken, wenn die Anerkennung des Testamentsvollstreckers im Ausland auf Schwierigkeiten stoßen kann, kommen in Betracht:[260]
- eine Auflage, den Testamentsvollstrecker mit umfassenden rechtsgeschäftlichen Vollmachten auszustatten oder ihm Nachlassgegenstände treuhänderisch zu übertragen;
- Strafklauseln;
- Einbringung von Nachlassvermögen in eine Holdinggesellschaft.

XI. Pflichtteil

Bei der Gestaltung von Testamenten bzw. Erbverträgen spielen häufig etwaige **Pflichtteilsrechte** bzw. **Noterbrechte**[261] eine Rolle, da sie den Erblassern nicht selten unerwünscht sind. Die Ausgestaltung solcher Rechte ist in den einzelnen nationalen Erbrechten höchst verschieden. So geben nach deut- 59

255 BGH NJW 1963, 46, 47; NK-BGB/Looschelders Art. 23 EuErbVO Rn. 19; ausführlich zur internationalen Testamentsvollstreckung Bengel/Reimann/*Sieghörtner*, Handbuch der Testamentsvollstreckung, § 9 Rn. 1 ff.; ausführlich zum Handeln deutscher Testamentsvollstrecker im Ausland und ausländischer Testamentsvollstrecker in Deutschland *Reimann* ZEV 2015, 510.

256 Vgl. auch NK-BGB/*Looschelders* Art. 23 EuErbVO Rn. 19: Begriff des Nachlassverwalters in einem weiten funktionalen Sinne auszulegen.

257 Vgl. OLG Brandenburg IPRspr 2001 Nr. 109.

258 Ausführliche Länderberichte bei Bengel/Reimann/*Süß*, Handbuch der Testamentsvollstreckung, § 9 Rn. 284 f. und Bengel/Reimann/*Becker*, Handbuch der Testamentsvollstreckung, § 9 Rn. 520 ff.; ein Ländervergleich findet sich auch bei *Reimann* ZEV 2015, 510, 511 f.; vgl. zu der Rechtssituation in Belgien *Hustedt* MittRhNotK 1996, 337, 346.

259 Ausführlich *Reimann* ZEV 2015, 510, 514 f.

260 Vgl. *Steiner* ZEV 2003, 500, 501.

261 Übersicht über die Ausgestaltung des Pflichtteils in verschiedenen Ländern bei *Milzer* BWNotZ 2002, 166, 169 ff.

schem Recht die §§ 2303 ff. BGB nur einen schuldrechtlichen Anspruch, während andere Rechte hier echte materielle Noterbrechte in dem Sinne geben, dass über einen bestimmten Teil des Nachlasses nicht disponiert werden kann. Dies ist vor allem im romanischen Rechtskreis verbreitet,[262] wobei allerdings in der Regel eine Herabsetzungsklage der Berechtigten vorausgesetzt wird, mit der diese die Herabsetzung der Verfügung des Erblassers auf den Teil, der seiner freien Verfügung unterliegt, fordern. Auch das klassische islamische Recht kennt ein dem echten Noterbrecht vergleichbares Institut, da es dem Erblasser nur erlaubt, max. über ein Drittel des Nachlasses Verfügungen zu treffen.[263] Für solche Mindestbeteiligungen am Nachlass gilt das definitive Erbstatut, wie es sich zum Zeitpunkt des Todes darstellt,[264] was bei Errichtung einer Verfügung von Todes wegen dazu führt, dass insbesondere im Falle eines Staatsangehörigkeitswechsels des Erblassers das maßgebliche Recht ein anderes sein kann, als ursprünglich vom Erblasser in Rechnung gestellt. Im Rahmen der EuErbVO ergibt sich die Anwendung der Art. 21, 22 EuErbVO schon aus Art. 23 Abs. 2 lit. h) EuErbVO.

Zum definitiven Erbstatut nach Art. 21, 22 EuErbVO gehört auch der Anspruch auf **Pflichtteilsergänzung** einschließlich der Fragen nach dessen Schuldner und dem Kreis der Pflichtteilsberechtigten.[265] Teilweise kennen ausländische Rechtsordnungen eine zeitlich unbegrenzte Hinzurechnung bzw. Herabsetzung lebzeitiger Schenkungen bei der Ermittlung des Pflichtteils bzw. Noterbrechts, z.B. Frankreich, Italien und Spanien.[266]

XII. Lebzeitige Rechtsgeschäfte mit Todesbezug

1. Erbverzicht

60 Auch wenn der **Erb- bzw. Pflichtteilsverzichtsvertrag** keine Verfügung von Todes wegen darstellt, wirkt er doch verändernd auf die zu erwartende erbrechtliche Lage ein. In Anbetracht dieser Rechtswirkungen wird der Erb- und Pflichtteilsverzicht erbrechtlich qualifiziert. Aufgrund der Definition des Erbvertrags in Art. 3 Abs. 1 lit. b) EuErbVO fallen hierunter auch Erb- und Pflichtteilsverzicht, so dass insoweit auch Art. 25 EuErbVO zur Anwendung kommt.[267]

Ein Erb- oder Pflichtteilsverzicht ist auf der Basis der Geltung deutschen Rechts unproblematisch, doch ist zu beachten, dass zahlreiche ausländische Rechtsordnungen den Erbverzicht für unzulässig halten.[268] Lüderitz[269] und ihm nachfolgend zahlreiche Autoren[270] sind sogar der Ansicht, dass das Verbot des Erbverzichts zum ordre public der romanischen Länder gehöre.[271]

262 Vgl. z.B. *Lange/Kuchinke* § 37 I 1 d.

263 Vgl. z.B. LG Hamburg IPRspr 1991 Nr. 142.

264 MünchKomm/*Dutta* Art. 23 EuErbVO Rn. 34.

265 BGH ZEV 2002, 282 m. Anm. *Kummer* – zum alten Recht; MünchKomm/*Dutta* Art. 23 EuErbVO Rn. 35; eine schuldrechtliche Qualifikation der Pflichtteilsergänzung gegenüber nachlassfremden Dritten erwägt jedoch *S. Lorenz* in: Dutta/Herrler, Die Europäische Erbrechtsverordnung, S. 113, 117 f.

266 *Steiner* ZEV 2003, 145, 147; Mayer/Süß/Tanck/Bittler/*Süß*, Handbuch Pflichtteilsrecht, § 19 Rn. 83, 229, 495.

267 Palandt/*Thorn* EuErbVO Art. 25 Rn. 2; MünchKomm/*Dutta* Art. 25 EuErbVO Rn. 2; Hausmann/Odersky/*Odersky* § 15 Rn. 271; *Lutz* BWNotZ 2016, 34, 35; *Schaal* BWNotz 2013, 29, 30; *Nordmeier* ZEV 2013, 117, 120 f.; *Döbereiner* ZEV 2016, 490, 495; *Meise* RNotZ 2016, 553, 562; ausführlich zur Behandlung von Erb- und Pflichtteilsverzichtsverträgen in der EuErbVO *Weber* ZEV 2015, 503 und *ders.* notar 2015, 296, 305.

268 Vgl. *Weber* ZEV 2015, 503 f.; vgl. zu Frankreich *Döbereiner* ZEV 2016, 490, 494 f.

269 *Lüderitz*, Rechtsgutachten des Instituts für internationales und ausländisches Privatrecht, MittRhNotK 1976, 543, 552 unter Berufung auf Cour d´appel de Colmar, Rev. crit. 1950, 52.

270 *Tiedemann*, Internationales Erbrecht in Deutschland und Lateinamerika, S. 38; *Reinhart*, Zur Neuregelung des internationalen Erbrechts, BWNotZ 1987, 97, 102; *Johnen*, Die Behandlung von Erbscheinsanträgen mit Auslandsberührung in der notariellen Praxis, MittRhNotK 1986, 57, 60.

271 S. auch *Hoffmann*, Aktuelle Praktikertagung, S. 125 f., 200 f.; *Tiedemann* S. 38; nach *Weber* ZEV 2015, 503, 508 kann der Abschluss eines Erb- und Pflichtteilsverzichtsvertrags grds. keinen ordre public-Verstoß i.S.d. Art. 35 EuErbVO begründen.

Es ist umstritten, welche Auswirkungen ein Wechsel des Erbstatuts auf den Erb- bzw. Pflichtteilsverzicht hat. Das spielt vor allem dann eine Rolle, wenn das tatsächliche Erbstatut (Art. 21 EuErbVO), welches infolge eines Wechsels des gewöhnlichen Aufenthalts nach Abschluss des Erb- bzw. Pflichtteilsverzichts zur Anwendung kommt, anders als das Errichtungsstatut (Art. 25 EuErbVO) einen solchen Verzicht nicht kennt. Teilweise wird davon ausgegangen, dass der Verzicht unter diesen Gegebenheiten keine Auswirkung hat und ins Leere geht.[272] Richtiger Ansicht nach dürfte es sich insoweit um eine Frage der Zulässigkeit i.S.d. Art. 25 EuErbVO handeln, so dass der Verzicht wirksam bleibt.[273]

2. Schenkung von Todes wegen

Nicht selten beabsichtigen Erblasser, durch Rechtsgeschäfte unter Lebenden das Erbrecht zu umgehen. Der dadurch ins Blickfeld rückende Grenzbereich lebzeitiger und letztwilliger Verfügungen bereitet vielen Rechtsordnungen Schwierigkeiten.[274] Dies gilt vor allem für die Schenkung von Todes wegen. Ihre Zulässigkeit und ihre Voraussetzungen werden in den einzelnen Rechtsordnungen sehr unterschiedlich behandelt.[275] Das deutsche Recht regelt die Abgrenzung zwischen Schenkungsrecht und Erbrecht in § 2301 BGB. Eine Schenkung unter Lebenden auf den Todesfall liegt demnach vor, wenn der Erblasser ein unentgeltliches Rechtsgeschäft unter die Bedingung stellt, dass der Beschenkte ihn überlebt.[276] Auf dieses Rechtsgeschäft sollen grundsätzlich die Vorschriften über Verfügungen von Todes wegen, also Erbrecht, Anwendung finden, es sei denn, der Schenker vollzieht die Schenkung; dann gelten die Vorschriften über Schenkung unter Lebenden, § 2301 Abs. 2 BGB. 61

Diese Grundsätze des deutschen Sachrechtes aus § 2301 BGB übertrug die h.M. zum früheren Erbkollisionsrecht auf die Ebene des Kollisionsrechts.[277] Schenkungen, die unter der Bedingung stehen, dass der Beschenkte den Schenker überlebt und noch nicht zu dessen Lebzeiten vollzogen werden, unterlagen daher dem Erbstatut, andernfalls unterlagen sie dem Schuldvertragsstatut gem. Art. 3 ff. Rom I-VO, wonach regelmäßig an den gewöhnlichen Aufenthalt des Schenkers bzw. bei Grundstücken deren Belegenheit anzuknüpfen ist, vgl. Art. 4 Rom I-VO, wenn keine Rechtswahl getroffen wurde.[278] Die sonach bedeutsame Frage, ob die Schenkung bereits vollzogen ist, vgl. § 2301 Abs. 2 BGB, richtet sich jedoch, da sie sachenrechtlicher Natur ist, nach dem Recht, das die Verfügung beherrscht, also bei Sachen nach dem Recht des Staates, wo die geschenkte Sache

272 *Döbereiner* MittBayNot 2013, 437, 443; MünchKomm/*Dutta* Art. 23 EuErbVO Rn. 27; *Meise* RNotZ 2016, 553, 562 f.

273 *Weber* notar 2015, 296, 305; *Everts* NotBZ 2015, 3, 4.

274 *Edenfeld* ZEV 2001, 457, 461.

275 Ausführlicher Rechtsvergleich im Überblick bei *Henrich* FS Firsching, 1985, S. 111 ff., vor allem mit dem Hinweis auf die Unzulässigkeit im französischen und italienischen Recht; vgl. auch *Nöcker* ZErb 2004, 342, 346 zum englischen Recht; *Edenfeld* ZEV 2001, 457, 461: Frankreich, Italien, England, und Luxemburg unterwerfen die »donatio mortis causa« grds. dem Erbrecht, *Hausmann* JbItalR 15/16 (2002/2003) 173, 178: zulässig ist im italienischen Recht lediglich die unwiderrufliche Schenkung unter Lebenden unter der auflösenden Bedingung des Vorversterbens des Beschenkten, wenn der Schenkungsgegenstand zum Zeitpunkt der Schenkung bereits endgültig feststeht, sowie OLG Düsseldorf FamRZ 1997, 61, 62 f.; im griechischen ZGB ermöglicht Art 2034 die Vereinbarung einer unwiderruflichen Schenkung von Todes wegen, *Süß* ZErb. 2002, 341, 344; ähnlich wie in Deutschland ist wohl die Rechtslage in der Schweiz, vgl. *Winkler von Mohrenfels* IPRax 1991, 237, 240.

276 Palandt/*Weidlich* § 2301 Rn. 1; *Winkler von Mohrenfels* IPRax 1991, 237, 239.

277 *Kropholler* § 51 V 6 b; *Winkler von Mohrenfels* IPRax 1991, 237, 239.

278 Vgl. *Lorenz* ZEV 1996, 406 f.; BGH NJW 1959, 1317; OLG Düsseldorf FamRZ 1997, 61, 62; *Kropholler* § 51 V 6 b; anders *Kegel/Schurig* § 21 II: die Schenkung von Todes wegen sollte dem Erbstatut unterliegen, selbst wenn sie (z.B. nach § 2301 Abs. 2 BGB) als Rechtsgeschäft unter Lebenden behandelt wird, denn sie bezweckt wie eine Verfügung von Todes wegen allein eine Regelung für die Zeit nach dem Tode des Gebers.

belegen ist, sog. **lex rei sitae** (Art. 43 Abs. 1 EGBGB).[279] Soweit nicht das Eigentum an einer Sache geschenkt wird, sondern ein sonstiger Gegenstand (z.B. eine Forderung) zugewendet wird, entscheidet entsprechend das für den dinglichen Übergang dieses Gegenstandes maßgebliche Recht, ob und wann die Schenkung vollzogen wurde.

Soweit nach Vorstehendem das Erbstatut zur Anwendung kam, entschied über die Gültigkeit der Schenkung von Todes wegen – soweit es nicht um die Frage der Form geht – und die Bindung an sie das hypothetische Erbstatut des Art. 26 Abs. 5 Satz 1 EGBGB a.F. Welche Auswirkungen die Schenkung auf den Todesfall auf die Rechtsposition gesetzlicher Erben oder testamentarisch bzw. erbvertraglich Bedachter hat (vgl. §§ 2325 ff., 2287 f. BGB), bestimmte das Erbstatut.[280] Diese Grundsätze gelten grundsätzlich auch unter der EuErbVO (vgl. auch Art. 1 Abs. 2 Buchst. g) EuErbVO),[281] wenngleich unbedingt zu beachten ist, dass ihre Normen autonom und nicht nach den Normen des deutschen Sachrechts auszulegen sind.[282] Die erst im Todeszeitpunkt vollzogene Schenkung unterfällt der Definition des Erbvertrags in Art. 3 Abs. 1 lit. b) EuErbVO und damit auch Art. 25 EuErbVO.[283]

Abweichende kollisionsrechtliche Einordnungen in anderen Rechtsordnungen, die von den vorstehenden Grundsätzen des deutschen IPR abweichen, können gegebenenfalls im Wege einer Rück- und Weiterverweisung (Art. 34 Abs. 1 EuErbVO) Beachtung finden. Schon allein deswegen ist die Empfehlung von Nieder[284] zu bedenken, wonach eine Schenkung, deren Erfüllung auf den Tod des Schenkers aufgeschoben ist, für die vorsorgende Rechtspflege im internationalen Bereich ausscheiden dürfte, da es einen in den Rechtsordnungen einheitlichen Begriff dafür nicht gibt, ihre kollisionsrechtliche Einordnung, Zulässigkeit und Wirkung in fremden Rechtsordnungen kaum vorhersehbar ist.

3. Vertrag zugunsten Dritter auf den Todesfall

62 Eng verschränkt mit der Schenkung von Todes wegen ist die Problematik des Vertrages zugunsten Dritter auf den Todesfall. Schon im deutschen materiellen Erbrecht ist das Verhältnis zwischen den Rechtsnormen des § 2301 BGB und des § 331 BGB heftig umstritten. Die h.M. befürwortet hier ein Vorrangverhältnis der letzteren Vorschrift, da sie eine Sonderregelung gegenüber § 2301 BGB darstelle.[285] § 331 BGB (vgl. auch §§ 166 ff. VVG) geht davon aus, dass dann, wenn die Leistung an den Dritten nach dem Tode des Versprechensempfängers erfolgen soll, der Dritte das Recht auf die Leistung im Zweifel mit dessen Tod erwirbt.

Auch hier erfolgt eine Übertragung der sachrechtlichen Strukturen in das Internationale Privatrecht. Zu unterscheiden ist zum einen zwischen dem Deckungsverhältnis, also dem Rechtsverhältnis zwischen Versprechendem und Versprechensempfänger und dem Valutaverhältnis, das ist das Rechtsverhältnis zwischen dem Versprechensempfänger (dem späteren Erblasser) und dem Dritten.[286]

Das **Deckungsverhältnis**, also etwa bei einem Sparbuch der unechte Verwahrungsvertrag bzw. Darlehensvertrag, bei einer Lebensversicherung der Versicherungsvertrag, unterliegt keinesfalls dem

279 Palandt/*Thorn* EuErbVO Art. 1 Rn. 11; OLG Düsseldorf FamRZ 1997, 61, 62; *Lorenz* ZEV 1996, 406, 407; *Henrich* FS *Firsching*, 1985, S. 111, 119; *Winkler von Mohrenfels* IPRax 1991, 237, 240; *Kropholler* § 51 V 6 b.

280 *Ludwig* in: Zehn Jahre Deutsches Notarinstitut, 2003, S. 407, 423.

281 Palandt/*Thorn* EuErbVO Art. 1 Rn. 11, 25 Rn. 2; NK-BGB/*Looschelders* Art. 1 EuErbVO Rn. 46; vgl. auch *Nordmeier* ZEV 2013, 117, 121: vollzogene Schenkung von Todes wegen vom Anwendungsbereich der EuErbVO auszunehmen.

282 Vgl. nur MünchKomm/*Dutta* Art. 1 EuErbVO Rn. 32.

283 *Dutta* FamRZ 2013, 4, 10; *Nordmeier* ZEV 2013, 117, 121.

284 Handbuch der Testamentsgestaltung, 2. Aufl. 2000, Rn. 401.

285 BGHZ 41, 95; 46, 198; 66, 8; BGH NJW 1993, 2171.

286 *Nordmeier* ZEV 2013, 117, 122.

Erbstatut, sondern als Rechtsgeschäft unter Lebenden seinem eigenen Statut, typischerweise dem Schuldvertragsstatut gemäß Rom I-VO.[287] Dieses Statut des Deckungsverhältnisses entscheidet insbesondere über die Zulässigkeit des Vertrages zugunsten Dritter auf den Todesfall.[288]

Die Behandlung des **Valutaverhältnisses**, bei dem es sich regelmäßig um eine Schenkung handelt, ist problematisch. Ist es eine Schenkung von Todes wegen, so gelten die hierfür entwickelten Grundsätze (s. Syst. B Rdn. 61).[289]

Welche Auswirkungen die Zuwendung des Anspruchs auf die Rechtsposition gesetzlicher Erben oder testamentarisch bzw. erbvertraglich Bedachter hat (vgl. §§ 2325 ff., 2287 f. BGB), bestimmt das Erbstatut (vgl. Art. 23 Abs. 2 Buchst. i); Erwägungsgrund 14 Satz 2 zur EuErbVO).[290]

Zwar sind Verträge zugunsten Dritter auf den Todesfall z.T. auch in den Ländern zugelassen, die den Erbvertrag verbieten, sodass sie die Möglichkeit eröffnen, Zuwendungen unter Lebenden auf den Todesfall zu machen und das Erbrecht zu umgehen.[291] Dennoch können sie ähnlich wie die Schenkung von Todes wegen schon aufgrund der problematischen Einordnung im Kollisions- wie auch im Sachrecht und aufgrund der schwierigen Überblickbarkeit der Rechtslage in ausländischen Rechtsordnungen nicht unbedingt bei der Rechtsgestaltung empfohlen werden. Ludwig[292] weist jedoch darauf hin, dass die Zuwendung eines Bankkontos auf den Todesfall sinnvoll sein kann, wenn das Erbstatut Noterbrechte vorsieht, die eine Umschreibung des Kontos erschweren könnten.

4. Vertrag über den Nachlass eines lebenden Dritten

Das deutsche Recht duldet Verträge über den Nachlass eines noch lebenden Dritten grundsätz- 63
lich nicht, § 311b BGB. Sie erscheinen ihm sittlich verwerflich, da sie mit dem Tod des Dritten spekulieren, können außerdem in dessen Testierfreiheit eingreifen und sind vor allem wegen ihres aleatorischen Charakters wirtschaftlich bedenklich.[293]

Trotz dieser Nachlassbezogenheit handelte es sich bei solchen Verträgen nach bisherigem Recht nicht um erbrechtliche, sondern schuldrechtliche Rechtsgeschäfte, die deshalb dem Vertragsstatut der Rom I-VO zu unterstellen sind.[294] Es bestand mithin freie Rechtswahl, (Art. 3 Rom I-VO). Zum deutschen ordre public gehört das Verbot des § 311b BGB nicht.[295] Im Rahmen der EuErbVO dürfte sich dies nicht anders darstellen, zumal Verträge über den Nachlass eines noch lebenden Dritten der Definition des Erbvertrags in Art. 3 Abs. 1 lit. b) EuErbVO nicht unterfallen.[296]

---

287 NK-BGB/*Looschelders* Art. 1 EuErbVO Rn. 47; Palandt/*Thorn* EuErbVO Art. 1 Rn. 11; *Nordmeier* ZEV 2013, 117, 122; Bengel/Reimann/*Sieghörtner*, Handbuch der Testamentsvollstreckung, § 9 Rn. 70; zum früheren Recht vgl. OLG Düsseldorf ZEV 2001, 484, 485 mit insoweit zustimmender Anmerkung *Henrich* 487;.

288 Vgl. zum früheren Recht *Ludwig* in: Zehn Jahre Deutsches Notarinstitut, 2003, S. 407, 429.

289 NK-BGB/*Looschelders* Art. 1 EuErbVO Rn. 47; Palandt/*Thorn* EuErbVO Art. 1 Rn. 11; a.A. *Nordmeier* ZEV 2013, 117, 122; *Werkmüller* ZEV 2016, 123, 124 f.: akzessorische Anknüpfung zum Valutaverhältnis.

290 Palandt/*Thorn* EuErbVO Art. 1 Rn. 11; zum früheren Recht *Ludwig* in: Zehn Jahre Deutsches Notarinstitut, 2003, S. 407, 431.

291 *Edenfeld* ZEV 2001, 457, 461; zum Vertrag zugunsten Dritter in einzelnen ausländischen Rechtsordnungen: *Henrich* FS W Lorenz, 1991, S. 379, 382 f.; *Ebenroth* Erbrecht Rn. 537 ff.

292 In: Zehn Jahre Deutsches Notarinstitut, 2003, S. 407, 431 f.

293 Palandt/*Grüneberg* § 311b Rn. 69; ebenso z.B. das italienische Recht (Art. 458 C.c.), *Hausmann* JbItalR 15/16 (2002/2003) 173, 176.

294 MünchKomm/*Dutta* Art. 23 EuErbVO Rn. 30; a.A. zum früheren Recht für den Fall, dass der Vertrag zwischen künftigen gesetzlichen Erben geschlossen wird, *Hausmann* JbItalR 15/16 (2002/2003) 173, 189: erbrechtlich zu qualifizieren.

295 MünchKomm/*Birk*, 5. Aufl., Art. 26 EGBGB Rn. 163.

296 NK-BGB/*Looschelders* Art. 3 EuErbVO Rn. 9; MünchKomm/*Dutta* Art. 3 EuErbVO Rn. 12; *Döbereiner* MittBayNot 2013, 437, 438; *Soutier*, Die Geltung deutscher Rechtsgrundsätze im Anwendungsbereich der Europäischen Erbrechtsverordnung, 2015, S. 186; a.A. Voraufl.

5. Testiervertrag

64 Ein Vertrag, durch den sich jemand verpflichtet, eine Verfügung von Todes wegen zu errichten oder nicht zu errichten, aufzuheben oder nicht aufzuheben, ist nach deutscher Rechtsauffassung nichtig (§ 2302 BGB). Anders als das deutsche Recht und viele andere Rechtsordnungen[297] steht der angloamerikanische Rechtskreis solchen Testierverträgen durchaus wohlgesonnen gegenüber.[298]

Es handelt sich um schuldrechtliche Verträge mit erbrechtlichem Ziel, die deshalb nach bisherigem Recht dem hypothetischen Erbstatut des sich derart Verpflichtenden im Zeitpunkt des Vertragsschlusses zu unterwerfen waren.[299] Dies gilt, obwohl nach anglo-amerikanischen Rechten aus solchen Verträgen Erfüllungsansprüche regelmäßig nicht in Betracht kommen, sondern es um die Erhebung von Schadensersatzansprüchen gehen wird,[300] und gerade im Hinblick darauf, dass solche Verträge dort die Aufgaben wahrnehmen, die denen eines Erbvertrages oder eines gemeinschaftlichen Testamentes entsprechen.[301] Andererseits wird man § 2302 BGB regelmäßig nicht als Teil des deutschen ordre public auffassen,[302] jedenfalls nicht dann, wenn durch die Testiervereinbarung eine Bindung des Testators an seine Verfügungen hergestellt werden soll, wie dies in anderer Weise – durch gemeinschaftliches Testament oder Erbvertrag – auch nach deutschem Recht möglich wäre.[303]

Die Behandlung unter der EuErbVO ist im Ausgangspunkt problematisch, da höchst umstritten ist, ob die Definition des Erbvertrags in Art. 3 Abs. 1 lit. b) EuErbVO erfüllt ist, was zu bejahen sein dürfte.[304]

6. Trans- bzw. postmortale Vollmacht

65 Vorteile trans- bzw. postmortaler Vollmachten liegen vor allem darin, dass sie unabhängig vom Erbstatut sind und der Bevollmächtigte keines aufwendigen Nachlassverfahrens bedarf.[305] Die Nachlassabwicklung kann so vereinfacht werden. In kollisionsrechtlicher Hinsicht muss dabei beachtet werden, dass sich das Vollmachtsstatut in Ermangelung einer Rechtswahl regelmäßig nach dem Recht des Landes bemisst, in dem die Vollmacht ihre Wirkungen entfaltet, sog. Wirkungsstatut (vgl. im Einzelnen Art. 8 EGBGB; zur Vorsorgevollmacht vgl. Art. 15 ErwSÜ).[306] In sachrechtlicher Hinsicht ist bedeutsam, dass in vielen Rechtsordnungen die Vollmacht grundsätzlich mit dem Tode des Vollmachtgebers erlischt.[307] Daher sollte die rechtliche und tatsächliche Situation

---

297 Z.B. Italien: *Hausmann* JbItalR 15/16 (2002/2003) 173, 175.

298 *Van Venrooy* JZ 1985, 609; *Dopffel* DNotZ 1976, 335 ff.

299 MünchKomm/*Birk*, 5. Aufl., Art. 26 EGBGB Rn. 151 f.; Staudinger/*Dörner* Art. 25 EGBGB Rn. 404; ähnlich ist wohl die Rechtslage aus englischer Sicht, vgl. *Dopffel* DNotZ 1976, 335, 351 f.; a.A. *van Venrooy* JZ 1985, 609, 612 ff.: Schuldvertragsstatut, dessen konkrete Ausgestaltung jedoch durch die Kollisionsnormen des Erbstatutes zu erfolgen habe – diese Vorgehensweise ist aus heutiger Sicht schon deshalb problematisch, weil nunmehr das Schuldvertragsstatut ausdrücklich geregelt ist.

300 Vgl. *Dopffel* DNotZ 1976, 335, 337 auch zur etwaigen Wirkung zugunsten Dritter.

301 MünchKomm/*Birk*, 5. Aufl., Art. 26 EGBGB Rn. 152.

302 *Van Venrooy* JZ 1985, 609, 610 ff. und Staudinger/*Dörner* Art. 25 EGBGB Rn. 411 sprachen sich gegen eine Anwendung des Art. 6 EGBGB (nun: Art. 35 EuErbVO) aus, für die Abwehr fremden Rechts, wenn es im Widerspruch zu § 2302 die Testierfreiheit durch Vertrag beschränken lässt, allerdings wohl *Lange/Kuchinke* § 3 II 4 b.

303 *Dopffel* DNotZ 1976, 335, 347.

304 *Döbereiner* MittBayNot 2013, 437, 439; MünchKomm/*Dutta* Art. 3 EuErbVO Rn. 10; NK-BGB/*Looschelders* Art. 1 EuErbVO Rn. 48; a.A. Vorauf1.; Palandt/*Thorn* EuErbVO Art. 1 Rn. 11, der allerdings über die Ausweitung des Anwendungsbereichs des Kapitels III der EuErbVO in Art. 25 EGBGB n.F. doch zur EuErbVO kommt; *Nordmeier* ZEV 2013, 117, 123 f.

305 Ausführlich *Süß* ZEV 2008, 69.

306 Ausführlich zu General- und Vorsorgevollmachten mit Auslandsberührung *Kordel* notar 2018, 303.

307 Z.B. Spanien, *Lopez/Artz* ZErb. 2002, 278, 280; *Börner* ZEV 2005, 146: spanisches Recht kennt keine transmortale Vollmacht; *Piske* ZErb. 2004, 214, 216: Art. 1732 Nr. 3 C.c.; vgl. auch *Gantzer* informacio-

im jeweiligen Staat genau geprüft werden und die Vollmacht inhaltlich und formal für jeden Staat individuell gestaltet werden.[308] Vielfach wird dabei der Aufwand in keinem Verhältnis zum Erfolg stehen.[309] Insgesamt handelt es sich bei trans- bzw. postmortalen Vollmachten um ein eher schwaches Gestaltungsinstrument.[310]

7. Einzelne ausländische Rechtsinstitute

a) Institution contractuelle

Der romanische Rechtskreis lehnt zwar regelmäßig den Erbvertrag ab, kennt jedoch als spezifisches Rechtsinstitut im Hinblick auf Ehegatten z.T. die »**institution contractuelle**«.[311] 66

Das französische Recht regelt die institution contractuelle in Art. 1082 ff. C.c. und unterscheidet drei Formen: Die institution contractuelle durch Dritte zugunsten von künftigen Ehegatten in deren Ehevertrag, die institution contractuelle zwischen künftigen Ehegatten in ihrem Ehevertrag und die institution contractuelle zwischen Ehegatten nach Eheschließung außerhalb eines Ehevertrages.[312] Sie kann das gesamte Vermögen des Verfügenden zum Zeitpunkt seines Todes erfassen und so wirtschaftlich einer Alleinerbeneinsetzung entsprechen,[313] darf allerdings die Noterbrechte der nächsten Angehörigen nicht verletzen.[314] Außerdem ist sie aufgrund ihres vertraglichen Charakters nicht frei widerrufbar, wenn sie in einem Ehevertrag getroffen wurde.[315]

Die institution contractuelle ist grundsätzlich erbrechtlich zu qualifizieren und war deshalb früher Art. 25, 26 EGBGB a.F. zu unterstellen.[316] Unter der EuErbVO ist sie als Erbvertrag zu behandeln, denn sie begründet Rechte am künftigen Nachlass zumindest einer der beteiligten Personen.[317] Wenn im konkreten Fall das anzuwendende Erbrecht des romanischen Rechtskreises dieses Institut kennt, so kann es als Alternative zum gemeinschaftlichen Testament bzw. Erbvertrag zwischen Ehegatten herangezogen werden.

b) Trust

Das anglo-amerikanische common law[318] kennt das besondere Rechtsinstitut des **trust** (vgl. ausführlich dazu Syst. A Rdn. 520 ff.). Er ersetzt vor allem in den USA häufig das gemeinschaftliche 67

nes 2003, 158, 159: zur Erbschaftsteuerersparnis Generalvollmacht zu prüfen, die die Kinder nach dem Tod der Eltern zur Verfügung über spanischen Grundbesitz ermächtigt; vgl. zum österreichischen Recht *Steiner* Testamentsgestaltung bei kollisionsrechtlicher Nachlassspaltung, 2002, S. 26 f.: postmortale Vollmacht nicht zulässig, transmortale Vollmacht zulässig; zum italienischen Recht *Hausmann* JbItalR 15/16 (2002/2003) 173, 179: Wirksamkeit der Vollmacht endet zwar grds. mit dem Tode des Vollmachtgebers (Art. 1722 Nr. 4 C.c., was jedoch durch Parteivereinbarung abdingbar ist.

308 Süß/*Süß*, Erbrecht in Europa, 2. Aufl., § 6 Rn. 81.

309 Süß/*Süß*, Erbrecht in Europa, 2. Aufl., § 6 Rn. 81.

310 Süß/*Süß*, Erbrecht in Europa, 2. Aufl., § 6 Rn. 74.

311 S.o. Syst. B Rdn. 49.

312 Ausführlich Süß/*Döbereiner*, Erbrecht in Europa, Frankreich Rn. 120 ff.; *Döbereiner* ZEV 2016, 490, 492 f.; in Frankreich ist nach Eheschließung ein Ehevertrag grundsätzlich nicht mehr möglich, vgl. *Henrich* FS Schippel, 1996, S. 905, 907; ausführlich Süß/Ring/*Döbereiner*, Eherecht in Europa, Frankreich Rn. 93 ff.

313 *Hustedt* MittRhNotK 1996, 337, 348.

314 Süß/*Döbereiner*, Erbrecht in Europa, Frankreich Rn. 130, 132.

315 *Hustedt* MittRhNotK 1996, 337, 348; vgl. auch Süß/*Döbereiner*, Erbrecht in Europa, Frankreich Rn. 142.

316 OLG Frankfurt IPRax 2014, 447.

317 *Nordmeier* IPRax 2014, 418, 424; MünchKomm/*Dutta* Art. 3 EuErbVO Rn. 13; *Döbereiner* ZEV 2016, 490, 493, der aber auf eine während der Ehe geschlossene institution contractuelle, da diese frei widerruflich ist, Art. 24 EuErbVO anwenden will.

318 Das liechtensteinische Recht kennt mit der Treuhänderschaft eine dem trust weitgehend entsprechende Rechtsfigur, *Wachter* ErbStB 2004, 338, 339.

Testament, den Erbvertrag, den Testiervertrag und vergleichbare Mittel.[319] Durch die Errichtung eines trust können erbrechtliche Ansprüche weitgehend außer Kraft gesetzt werden.[320] Im Wesentlichen lassen sich der »**testamentary trust**«, der durch letztwillige Verfügung angeordnet wird, und der »**inter vivos trust**« der durch Rechtsgeschäfte unter Lebenden errichtet wird, unterscheiden.[321] Es steht damit ein Mittel der Nachlassplanung zur Verfügung, das andere Rechtsordnungen, insbesondere die deutsche, nicht kennen.

Der inter vivos trust ist ein Rechtsgeschäft unter Lebenden, sodass sich seine Wirksamkeit grundsätzlich nach dem Schuldvertragsstatut, Art. 3 ff. Rom I-VO, richtet.[322] Der durch Rechtsgeschäft für den Todesfall begründete testamentary trust unterfiel nach früherem Recht hingegen folgerichtig dem Erbrechtsstatut, war bei Anwendung deutschen Erbrechts als solcher aber grundsätzlich zivilrechtlich unwirksam, da ihn das deutsche Erbrecht nicht vorsieht.[323] Dann kommt häufig eine Umdeutung in eine (Dauer-)Testamentsvollstreckung nach §§ 2197 ff. BGB, ggf. kombiniert mit Vor- und Nacherbschaft, in Betracht, da diese Rechtsfiguren bei rechtsvergleichender Betrachtung dem testamentary trust am nächsten kommen.[324] Je nach Einzelfall sind auch Vermächtnis, Untervermächtnis, Auflage bzw. Nießbrauch als Umdeutungsergebnisse möglich.

Nach Art. 1 Abs. 2 lit. j) EuErbVO gilt die EuErbVO nicht für Errichtung, Funktionsweise und Auflösung eines trusts. Dieser Ausschluss betrifft aber nicht erbrechtliche Fragen (Erbgang, Erbberechtigung) beim testamentary trust oder kraft Gesetzes bei gesetzlicher Erbfolge entstehendem trust, vgl. Erwägungsgrund 13 zur EuErbVO.[325] Durch die EuErbVO ändert sich daher für die erbrechtliche Behandlung von trusts im Wesentlichen nichts.[326]

c) Joint tenancy

68 Neben dem trust findet im Rahmen der Nachlassplanung nach US-amerikanischem Recht in erster Linie die »**joint tenancy**« Anwendung, eine besondere Form gemeinschaftlicher Berechtigung an einem Gegenstand.[327] Sie ist eine Form des Gemeinschaftseigentums, die sich durch ein Anwachsungsrecht derart auszeichnet, dass beim Tod eines tenant den übrigen dessen Anteil an dem gemeinsam gehaltenen und genutzten Gegenstand ohne Weiteres anwächst, sog. **right of survivorship**.[328] Der zuletzt nach Versterben aller anderen Übrigbleibende wird Alleineigen-

319 *Süß* in: Zehn Jahre Deutsches Notarinstitut, 2003, S. 387, 390 f.; ausführlich zu anglo-amerikanischen Nachlasstrusts *von Oertzen/Stein/Reich* ZEV 2013, 109.

320 *Siemers/Müller* ZEV 1998, 206.

321 *Klein* ZVglRWiss 101 (2002) 175 ff. mit ausführlicher Darstellung des testamentary trust samt Rechtsvergleich mit dem deutschen Erbrecht; *Süß* in: Zehn Jahre Deutsches Notarinstitut, 2003, S. 387 ff. mit ausführlicher Darlegung der Verwendungsmöglichkeiten des trust für deutsche Erblasser; *Siemers/Müller* ZEV 1998, 206.

322 Reithmann/Martiny/*Martiny*, Intern. Vertragsrecht, Rn. 62 – trotz Art. 1 Abs. 2 Buchst. h) Rom I-VO; *Siemers/Müller* ZEV 1998, 206 f.; *Habammer* DStR 2002, 425, 427; str.; *Leithold* FamRZ 2014, 709 will bei einem inter vivos trust mit ausschließlich postmortaler Wirkung im Verhältnis von settlor und beneficiary von einer erbrechtlich zu qualifizierenden Schenkung ausgehen.

323 OLG München ZEV 2006, 456, 457; *Siemers/Müller* ZEV 1998, 206 f.

324 OLG Schleswig-Holstein IPRax 2016, 163; OLG München ZEV 2006, 456, 458; ausführlich *Dutta* IPRax 2016, 139 ff.; *Klein* ZVglRWiss 101 (2002) 175 ff.; vgl. auch OLG Frankfurt DNotZ 1972, 543; *von Oertzen/Cornelius* ErbStB 2004, 356, 357.

325 Palandt/*Thorn* EuErbVO Art. 1 Rn. 14; MünchKomm/*Dutta* Art. 1 EuErbVO Rn. 45; NK-BGB/*Looschelders* Art. 1 EuErbVO Rn. 56; *Reymann* ZVglRWiss 114 (2015) 40, 63; a.A. *Richters* ZEV 2012, 576, 577.

326 *Dutta* IPRax 2016, 139, 142.

327 Ausführlich *Czermak* ZVglRWiss 1988, 58 ff.; *Jülicher* ZEV 2001, 469 ff.; *Henrich* FS Riesenfeld, 1983, S. 103 ff.; die Zulässigkeit und Ausgestaltung in den einzelnen US-Bundesstaaten ist aufgrund der dort im Zivilrecht herrschenden Rechtsspaltung unterschiedlich; zu »joint accounts« in Kanada vgl. *Hewel* ZEV 2007, 427.

328 *Jülicher* ZEV 2001, 469; *Czermak* ZVglRWiss 1988, 58, 60; *Henrich* FS Riesenfeld, 1983, S. 103.

tümer.[329] Der Anteil des Verstorbenen fällt nicht in den Nachlass, sondern der Erwerb im Wege der Anwachsung erfolgt außerhalb des Erbrechts kraft des ursprünglichen Rechtsgeschäfts, durch das die joint tenancy begründet wurde.[330] Am Nachlass erb- oder güterrechtlich Berechtigte sowie Drittgläubiger des Verstorbenen können ihre Ansprüche nach dessen Ableben daran nicht geltend machen.[331]

Da die joint tenancy eine besondere Form der Mitberechtigung mehrerer an einem Vermögensgegenstand darstellt, spielt das **Sachenrechtsstatut** hier eine wichtige Rolle. Bei Sachen, die in joint tenancy gehalten werden, muss das Sachenrecht am Belegenheitsort dieser Sache die besondere Form des Miteigentums anerkennen. Für in Deutschland belegene Sachen scheidet die joint tenancy demnach aus, da das deutsche Sachenrecht diese Art der Mitberechtigung nicht vorsieht.[332] Wegen dieser Einschränkung der Zulassung durch das Sachenrechtsstatut, das für den jeweiligen Vermögensgegenstand zur Anwendung kommt, ist die joint tenancy aus deutscher Sicht für die Rechtsgestaltung nur von eingeschränkter Bedeutung.

Die **unter Lebenden** begründete joint tenancy ist durch Art. 1 Abs. 2 lit. g) EuErbVO ausdrücklich vom Anwendungsbereich der Verordnung ausgenommen.[333] Der Rechtserwerb aufgrund des Anwachsungsrechts unterliegt bei gemeinschaftlichem Eigentum an Sachen dem Sachstatut.[334] Da das deutsche Recht kein entsprechendes Rechtsinstitut kennt, kann eine joint tenancy an inländischen Sachen nicht mit dinglicher Wirkung vereinbart werden.[335]

Der Ausschlusstatbestand des Art. 1 Abs. 2 lit. g) EuErbVO gilt nicht für den Fall, dass der Erblasser **durch Verfügung von Todes wegen** eine joint tenancy an Nachlassgegenständen anordnet.[336] Dies ändert allerdings nichts daran, dass eine joint tenancy an inländischen Gegenständen nicht begründet werden kann.[337] Nach Art. 31 EuErbVO ist daher eine Anpassung der joint tenancy erforderlich.[338] Ist Erbstatut dabei deutsches Recht, so wurde unter dem früheren Recht erwogen, die im deutschen Recht nicht vorgesehene joint tenancy in eine wechselseitig befreite Vor- und Nacherbschaft umzudeuten.[339]

XIII. Lebenspartnerschaften

Bei **eingetragenen gleichgeschlechtlichen Partnerschaften** bestanden im früheren Recht Sonderregelungen in Art. 17b Abs. 1 Satz 2 Halbs. 2 EGBGB a.F. und Art. 17b Abs. 4 EGBGB a.F. Nach Art. 17b Abs. 1 Satz 2 Halbs. 2 EGBGB a.F. war dann, wenn das Erbstatut dem Partner kein gesetzliches Erbrecht gewährte,[340] insoweit das Recht des Registerstaates anzuwenden. Im Zuge der EuErbVO wurden diese erbrechtlichen Regelungen in Art. 17b EGBGB aufgehoben. Die bisher in Art. 17b Abs. 1 Satz 2 Halbs. 2 EGBGB a.F. geregelten Fälle sind nun über die ordre public-Klausel in Art. 35 EuErbVO zu lösen.[341] **69**

Soweit es um das in den Rechten mancher Staaten geregelte gesetzliche Erbrecht der Partner einer formlos eingegangenen nichtehelichen Lebensgemeinschaft geht, wird dieses nach teilweise vertre- **70**

329 *Jülicher* ZEV 2001, 469; *Henrich* FS Riesenfeld, 1983, S. 103.
330 *Czermak* ZVglRWiss 1988, 58, 64.
331 *Jülicher* ZEV 2001, 496, 470.
332 *Jülicher* ZEV 2001, 469 f.; *Henrich* FS Riesenfeld, 1983, S. 103, 107 ff.
333 *Hertel* in: Dutta/Herrler, Die Europäische Erbrechtsverordnung, S. 85, 96 Fn. 35.
334 NK-BGB/*Looschelders* Art. 1 EuErbVO Rn. 50.
335 NK-BGB/*Looschelders* Art. 1 EuErbVO Rn. 50.
336 NK-BGB/*Looschelders* Art. 1 EuErbVO Rn. 51; MünchKomm/*Dutta* Art. 1 EuErbVO Rn. 34 Fn. 93.
337 NK-BGB/*Looschelders* Art. 1 EuErbVO Rn. 51.
338 NK-BGB/*Looschelders* Art. 1 EuErbVO Rn. 51; MünchKomm/*Dutta* Art. 1 EuErbVO Rn. 34 Fn. 93.
339 *Czermak* ZVglRWiss 1988, 58, 73 f.; Staudinger/*Dörner* Art. 25 EGBGB Rn. 52; *Henrich* FS Riesenfeld, 1983, S. 103, 114.
340 Das Fehlen einer Pflichtteilsberechtigung genügte nicht, *Leipold* ZEV 2001, 218, 221 f.
341 Palandt/*Thorn* Art. 17b Rn. 10.

tener Ansicht dem Erbstatut entnommen und die Lebensgemeinschaft analog Art. 13 EGBGB als Vorfrage behandelt, während die Gegenmeinung die Voraussetzungen der nichtehelichen Lebensgemeinschaft unmittelbar dem Erbstatut entnehmen will.[342]

XIV. Abgrenzung zu anderen Statuten

1. Abgrenzung zum Güterstatut

a) Die Erhöhung gem. § 1371 Abs. 1 BGB

71 Über die Einordnung des erhöhten gesetzlichen Erbteils nach § 1371 Abs. 1 BGB und vergleichbarer fremdrechtlicher Rechtsinstitute herrschte lange Uneinigkeit.[343] Gem. § 1371 Abs. 1 BGB gilt, dass bei Tod eines Ehegatten der Ausgleich des Zugewinns dadurch verwirklicht wird, dass sich der gesetzliche Erbteil des überlebenden Ehegatten um ein Viertel erhöht, sodass in Erbfällen mit Auslandsberührung von Bedeutung ist, ob § 1371 Abs. 1 BGB Anwendung findet. Diese Frage gehört zu den umstrittensten überhaupt. Dabei wurde zuletzt eine allein erbrechtliche Qualifikation, wonach § 1371 Abs. 1 BGB zur Anwendung gelangt, wenn deutsches Erbrecht berufen ist,[344] nicht mehr vertreten.

Eine zweite Ansicht wandte § 1371 Abs. 1 BGB dann an, wenn deutsches Recht Erb- und Güterrechtsstatut ist. Dabei wollte eine Meinung diese Vorschrift sowohl erb- als auch güterrechtlich qualifizieren, da in ihr güter- und erbrechtliche Elemente untrennbar miteinander verklammert seien,[345] während eine andere Auffassung aus materiellrechtlichen Gründen die gleichzeitige Geltung des deutschen Erbrechts als Voraussetzung sah. § 1371 Abs. 1 BGB stehe in untrennbarem Zusammenhang mit § 1931 BGB und weiteren Vorschriften des deutschen Erbrechts.[346] Der güterrechtliche Ausgleich war dieser Ansicht zufolge gem. § 1371 Abs. 2 i.V.m. §§ 1373 ff. BGB vorzunehmen.[347]

Die in Literatur und Praxis herrschende Ansicht qualifizierte § 1371 Abs. 1 BGB ausschließlich güterrechtlich und wandte sie grundsätzlich auch neben einem ausländischen Erbstatut an.[348] Im Jahr 2012 hatte sich dann auch der BGH[349] letztlich der güterrechtlichen Qualifikation angeschlossen.[350] Dies gilt im deutschen Internationalen Privatrecht zwar fort, ist auf europäischer Ebene aufgrund des Grundsatzes der autonomen Auslegung des Unionsrechts aber nicht verbindlich.[351]

---

342 Ausführlich Süß/*Süß*, Erbrecht in Europa, § 3 Rn. 53 ff.

343 Ausführlich zum früheren Meinungsstand *Derstadt*, Der Zugewinnausgleich nach § 1371 BGB bei Geltung des französischen Erbrechts, IPRax 2001, 84.

344 Z.B. *Bärmann*, Das neue Ehegüterrecht, AcP 157 (1958/59), 145, 198; *Firsching*, Deutsch-amerikanische Erbfälle, 1965, S. 63; Staudinger/*Firsching*, 12. Aufl. 1991, Vorbem. zu Art. 24–26 EGBGB (Stand 1981) Rn. 227; *Sielemann*, Das geltende belgische Ehegüterrecht, MittRhNotK 1969, 289, 374 f.

345 OLG Düsseldorf, MittRhNotK 1988, 68, 69; *Schotten*, Zur Anwendbarkeit des § 1371 Abs. 1 BGB bei ausländischem Erb- und deutschem Güterrechtsstatut, MittRhNotK 1987, 18, 19; *Schotten/Johnen*, Probleme hinsichtlich der Anerkennung, der Erteilung und des Inhalts von Erbscheinen im deutsch-deutschen Verhältnis, DtZ 1991, 257, 279; IPG 1977 München Nr. 37 S. 356, 363.

346 Staudinger/*Gamillscheg*, 10./11. Aufl. 1973, Art. 15 EGBGB Rn. 335; Erman/*Marquordt*, 7. Aufl. 1981, Art. 15 EGBGB Rn. 13.

347 OLG Düsseldorf, MittRhNotK 1988, 68, 69; OLG Köln FGPrax 2011, 302.

348 OLG Schleswig NJW 2014, 88; OLG Hamm, IPRax 1994, 49, 53; OLG München DNotI-Report 2012, 107; LG Bonn, MittRhNotK 1985, 106, 107 = IPRspr 1984 Nr. 115; Staudinger/*Dörner* Art. 25 EGBGB Rn. 34; Soergel/*Kegel*, 11. Aufl. 1983, Art. 15 EGBGB Rn. 9, 11; *Horn* ZEV 2008, 417, 418; IPG 1965/66 Nr. 56 (Köln) S. 610, 627; IPG 1971 Nr. 33 (Köln) S. 326, 336 f.; IPG 1978 Nr. 36 (Kiel) S. 366, 387; IPG 1987/88 Nr. 42 (Heidelberg) S. 384, 398; IPG 1987/88 Nr. 43 (Köln) S. 402, 414; IPG 1983 Nr. 32 (Göttingen) S. 287, 295 f.

349 FamRZ 2012, 1871, 1873; 2015, 1180 Anm. *Mankowski*.

350 *Dörner* in: Dutta/Herrler, Die Europäische Erbrechtsverordnung, S. 73, 77.

351 *Sakka* MittBayNot 2018, 4, 8.

Unter der EuErbVO hat der EuGH in seiner Entscheidung vom 01.03.2018[352] § 1371 Abs. 1 BGB als erbrechtliche Vorschrift qualifiziert und damit die Richtung fundamental gewechselt. Fraglich wird damit beim Zusammentreffen von deutschem Erbrecht und ausländischem Güterrecht, ob der ausländische Güterstand als »Zugewinngemeinschaft« i.S.d. §§ 1931 Abs. 3, 1371 Abs. 1 BGB eingeordnet werden kann. Das ist eine Frage der »Substitution«.[353] Maßgeblich ist dabei, ob es dem Normzweck des § 1371 Abs. 1 BGB entspricht, einem ausländischen Güterstand das für die deutsche Zugewinngemeinschaft entwickelte Ausgleichsmodell eines pauschalierten Zugewinnausgleichs überzustülpen.[354] Das kommt wohl nur in Betracht, wenn das ausländische Güterrecht zur Abwicklung eines bestimmten Güterstands eine Erbteilserhöhung vorsieht [355]

b) Die Erhöhung gem. § 1931 Abs. 4 BGB

72 Die in § 1931 Abs. 4 BGB vorgesehene Erhöhung des gesetzlichen Erbteils bei Ehegatten, die in Gütertrennung leben, wird erbrechtlich qualifiziert (str). Es geht darum, wie der Nachlass zu verteilen ist, nicht um einen güterrechtlichen Ausgleich.[356] Es kann sich um eine Gütertrennung nach deutschem oder nach einem ausländischen Recht handeln. Nach der herrschenden Meinung muss dann die fremdrechtliche Gütertrennung bei abstrakter Betrachtungsweise der deutschen Gütertrennung entsprechen (Substitution).[357]

2. Abgrenzung zum Gesellschaftsstatut

a) Allgemeines

73 Gehörte dem Erblasser ein Anteil an einer Gesellschaft, so bereitet das Ineinandergreifen von Erbstatut und Gesellschaftsstatut teilweise Schwierigkeiten.[358] Erbstatut und Gesellschaftsstatut weichen häufig voneinander ab. Das einheitliche Gesellschaftsstatut ist, außerhalb staatsvertraglicher Regelungen, nach h.M. grundsätzlich nach dem tatsächlichen Sitz der Gesellschaft zu bestimmen, sog. **Sitztheorie.**[359] Allerdings gilt dann anstelle des Sitzrechts weitgehend das Recht, nach dem die Gesellschaft gegründet wurde (Gründungsstatut), wenn die Gesellschaft nach dem Recht eines Staates der EU oder des EWR-Abkommens errichtet wurde, der dieses Gründungsrecht für maßgeblich hält (Gründungstheorie). Dies folgt aus der hier zu beachtenden Niederlassungsfreiheit (vgl. Art. 49, 54 AEUV).[360] Die EuErbVO nimmt gesellschaftsrechtliche Fragen von ihrem Anwendungsbereich praktisch vollständig aus, Art. 1 Abs. 2 lit. h), i), l). Nach Art. 1 Abs. 2 Buchst. h) EuErbVO sind vom Anwendungsbereich ausgenommen »Fragen des Gesellschaftsrechts, des Vereinsrechts und des Rechts der juristischen Personen, wie Klauseln im Errichtungsakt oder in der Satzung einer Gesellschaft, eines Vereins oder einer juristischen Person, die den Verbleib der Anteile verstorbener Gesellschafter beziehungsweise Mitglieder regeln« sowie nach Art. 1 Abs. 2 Buchst. i)

352 NJW 2018, 1377; dazu *Süß* DNotZ 2018, 742.

353 *Fornasier* in: Dutta/Weber, Internationales Erbrecht, Art. 63 EuErbVO Rn. 32; DNotI-Report 2018, 49, 50 mit ausführlichen Erwägungen für den Fall des gesetzlichen Güterstands des österreichischen Rechts; ausführlich *Süß* DNotZ 2018, 742, 747 ff.

354 *Weber* NJW 2018, 1356, 1357; nach *Dörner* ZEV 2018, 305, 307 kann dagegen die Rechtsfolge des § 1371 Abs. 1 BGB überhaupt nicht eintreten, wenn die Eheleute nicht in einer Zugewinngemeinschaft des deutschen Rechts gelebt haben.

355 *Weber* NJW 2018, 1356, 1357 f. auch zu den möglicherweise auftretenden Anpassungsproblemen.

356 *Dörner* in: Dutta/Herrler, Die Europäische Erbrechtsverordnung, S. 73, 76; Süß/*Süß*, Erbrecht in Europa, § 3 Rn. 90; *Mankowski* ZEV 2016, 479, 483.

357 Süß/*Süß*, Erbrecht in Europa, § 3 Rn. 90; zum früheren Recht OLG Düsseldorf ZEV 2009, 515.

358 *Kropholler* § 51 IV 2 c; ausführlich zum Schicksal von Gesellschaftsanteilen in internationalen Erbfällen *Paulus* notar 2016, 3.

359 BGHZ 53, 181, 183; Bengel/Reimann/*Sieghörtner*, Handbuch der Testamentsvollstreckung, § 9 Rn. 57 mit vielen weiteren Nachweisen.

360 Vgl. EuGH NJW 1999, 2027 (»Centros«); 2002, 3614 (»Überseering«); 2003, 3331 (»Inspire Art«); BGH NJW 2003, 1461; OLG Frankfurt IPRax 2004, 56.

EuErbVO »die Auflösung, das Erlöschen und die Verschmelzung von Gesellschaften, Vereinen oder juristischen Personen«. Daraus folgt zunächst einmal, dass die EuErbVO für die Abgrenzung grds. keine Neuerungen bringt.[361]

Grundsätzlich bestimmt zwar das Erbstatut den Umfang des Nachlasses.[362] Die Frage der rechtlichen Existenz der einzelnen Rechtspositionen und ihre Vererblichkeit ist jedoch eine selbstständig anzuknüpfende Vorfrage.[363]

Demnach bestimmt das Gesellschaftsstatut darüber, welche Auswirkungen der Tod eines Gesellschafters auf den Bestand der Gesellschaft hat. Dieses entscheidet, ob dadurch die Gesellschaft aufgelöst oder fortgeführt wird.[364] Es regelt dabei grundsätzlich auch, welche Auswirkungen der Tod des Gesellschafters auf den Gesellschaftsanteil hat,[365] insbesondere ob der Gesellschaftsanteil in den Nachlass fällt oder nur ein Abfindungs- oder Ausgleichsanspruch.[366] Es herrscht auch allein über die Gestaltungsmöglichkeiten, unter denen eine an sich unvererbliche gesellschaftsrechtliche Rechtsposition vererblich gestellt werden und umgekehrt eine an sich vererbliche Rechtsposition unvererblich gestellt werden kann.[367] Mit Recht wird daher von einem grundsätzlichen Vorrang des Gesellschaftsstatuts vor dem Erbstatut gesprochen.[368]

Sache des Erbstatuts ist es hingegen zu regeln, wer Erbe bzw. Vermächtnisnehmer geworden ist und bei mehreren solchen grundsätzlich auch, welches Anteilsverhältnis zwischen ihnen maßgeblich ist.[369]

b) Kapitalgesellschaften

74 Bei Anteilen an deutschen Kapitalgesellschaften entstehen sonach keine größeren Schwierigkeiten. Der Kapitalgesellschaftsanteil ist regelmäßig ein gewöhnlicher Nachlassgegenstand.[370] Der Erbfall führt hier regelmäßig nur zu einer Auswechslung der Person des Aktionärs oder des Inhabers des Gesellschaftsanteils.[371]

c) Personengesellschaften

75 Ungleich komplizierter ist die Rechtslage bei Personengesellschaften, jedenfalls hinsichtlich des Erbgangs nach persönlich haftenden Gesellschaftern. Bereits im deutschen Sachrecht wird die Vererbung solcher Gesellschaftsanteile vom allgemeinen Erbrecht abgekoppelt und vor allem einer Singularsukzession unterworfen.[372] Die Berührungsbereiche zwischen Gesellschafts- und Erbrecht sind hier mannigfaltig. Vor allem geht es um mögliche Konflikte zwischen Erbenhaftung und Gesellschafterhaftung, die innere Ausgestaltung der Erbengemeinschaft und die der Gesellschaft, die Art. des Anteilserwerbes und die Frage der Geltung des Universalsukzessionsgrundsatzes.

---

361 *Leitzen* ZEV 2012, 520.

362 *Von Oertzen* IPRax 1994, 73, 74.

363 *Von Oertzen* IPRax 1994, 73, 74; *Kegel/Schurig* § 21 II.

364 Ausführlich *Leitzen* ZEV 2012, 520 f.; *Paulus* notar 2016, 3, 10; vgl. auch Bengel/Reimann/*Sieghörtner*, Handbuch der Testamentsvollstreckung, § 9 Rn. 58; Palandt/*Thorn* EuErbVO Art. 1 Rn. 12; Hausmann/Odersky/*Odersky* § 15 Rn. 320; *Reymann* ZVglRWiss 114 (2015) 40, 62.

365 *Döbereiner* in: Löhnig u.a., Unternehmenserbrecht in Europa, S. 1, 26.

366 Ausführlich *Leitzen* ZEV 2012, 520 f.; *Paulus* notar 2016, 3, 10; vgl. auch *von Oertzen* IPRax 1994, 73, 74; Bengel/Reimann/*Sieghörtner*, Handbuch der Testamentsvollstreckung, § 9 Rn. 58.

367 *von Oertzen* IPRax 1994, 73 f.

368 *Paulus* notar 2016, 3, 7 ff.; *Döbereiner* in: Löhnig u.a., Unternehmenserbrecht in Europa, S. 1, 28.

369 Palandt/*Thorn* EuErbVO Art. 1 Rn. 12; *Döbereiner* in: Löhnig u.a., Unternehmenserbrecht in Europa, S. 1, 26.

370 MünchKomm/*Dutta*, 6. Aufl., Art. 25 EGBGB Rn. 179; *Paulus* notar 2016, 3, 7.

371 MünchKomm/*Birk*, 5. Aufl., Art. 25 EGBGB Rn. 180.

372 Grundlegend BGHZ 68, 225.

aa) Lösung durch Einzelstatut

Die früher wohl h.M. wollte die dadurch drohenden Anpassungsprobleme im Wege der Anwendung des Art. 3a Abs. 2 EGBGB a.F. vermeiden.[373] Auf der Grundlage, dass bereits im Sachrecht die allgemeinen erbrechtlichen Vorschriften den speziellen Regeln einer Sondererbfolge zu weichen haben, sollte auch auf kollisionsrechtlicher Ebene diesen Vorschriften Vorrang derart zukommen, dass sie das allgemeine Erbstatut verdrängen und damit stattdessen etwa bei Personengesellschaften mit Sitz in Deutschland die von der deutschen Wissenschaft und Rechtsprechung entwickelten Grundsätze über die Sondererbfolge zur Anwendung gelangen. Es kam damit zur Nachlassspaltung, wobei auf den Personengesellschaftsanteil deutsches Erbrecht und im Übrigen das allgemeine Erbstatut zur Anwendung gelangt. Anpassungsprobleme zwischen Erb- und Gesellschaftsstatut werden dadurch vermieden. Dafür entstanden wie regelmäßig bei Nachlassspaltung ggf. Angleichungsschwierigkeiten zwischen den Erbstatuten. 76

bb) Lösung durch Qualifikation und Anpassung

Eine jetzt eindeutig überwiegende Ansicht im Schrifttum lehnt die Anwendung des Art. 3a Abs. 2 EGBGB a.F. – diese Norm gilt ab der EuErbVO für das Erbstatut ohnehin nicht mehr – ab und stellt sich dem Konflikt zwischen Erb- und Gesellschaftsstatut, dessen Lösung durch Qualifikation und Anpassung zu suchen sei.[374] Der aus dem deutschen Sachrecht bekannten Durchsetzung gesellschaftsrechtlicher Aspekte gegenüber dem Erbrecht lässt sich mithilfe dieser allgemein-internationalprivatrechtlichen Instrumente auch bei Fällen mit Auslandsberührung Rechnung tragen. So entscheidet über den Anfall der Erbschaft zwar grundsätzlich das Erbstatut, die in Gesellschaftsverträgen für den Erbfall vorgesehenen Eintrittsklauseln, einfache oder qualifizierte Nachfolgeklauseln unterstehen jedoch dem Gesellschaftsstatut (vgl. auch Art. 1 Abs. 2 Buchst. h) EuErbVO).[375] Bei der qualifizierten Nachfolgeklausel befindet jedoch das Erbstatut darüber, ob die dazugehörige Anordnung der qualifizierten Nachfolge im Testament wirksam ist.[376] Über den Erbgang befindet grundsätzlich das Erbstatut, allerdings setzt sich auch insoweit das Gesellschaftsstatut durch, wenn es insoweit z.B. eine Singularsukzession verlangt.[377] Das Gleiche gilt für die innere Ausgestaltung der Erbengemeinschaft. Sieht das Gesellschaftsstatut die vom Erbstatut vorgenommene Ausgestaltung der Struktur der Erbengemeinschaft als unvereinbar mit dem eigenen Organisationsverständnis an, so kommt es insoweit ebenfalls zum Tragen.[378] 77

d) Testamentsvollstreckung

Eine Testamentsvollstreckung wird grundsätzlich vom Erbstatut bestimmt. Es regelt die Wirksamkeit der Anordnung, Umfang und Inhalt des Amtes des Testamentsvollstreckers und ob sich dieses 78

373 Vgl. *Ebke* RabelsZ 48 (1984), 319, 344; *Schotten* Rpfleger 1991, 181; *v. Oertzen* RIW 1994, 818.

374 Vgl. MünchKomm/*Dutta* Art. 1 EuErbVO Rn. 41: »Doppelqualifikation und ggf. sachrechtliche Anpassung«; Bengel/Reimann/*Sieghörtner*, Handbuch der Testamentsvollstreckung, § 9 Rn. 61 ff., jeweils m.w.N.; vgl. auch *Paulus* notar 2016, 3, 9 mit dem zutreffenden Hinweis, dass auch eine Anwendung des Art. 30 EuErbVO ausscheidet.

375 Ausführlich *Leitzen* ZEV 2012, 520 f.; vgl. auch NK-BGB/*Looschelders* Art. 1 EuErbVO Rn. 53; *von Oertzen* IPRax 1994, 73, 75; Bengel/Reimann/*Sieghörtner*, Handbuch der Testamentsvollstreckung, § 9 Rn. 62; Palandt/*Thorn* EuErbVO Art. 1 Rn. 12.

376 *von Oertzen* IPRax 1994, 73, 75.

377 *von Oertzen* IPRax 1994, 73, 76; *Döbereiner* in: Löhnig u.a., Unternehmenserbrecht in Europa, S. 1, 26; Bengel/Reimann/*Sieghörtner*, Handbuch der Testamentsvollstreckung, § 9 Rn. 63; LG München I IPRax 2001, 459.

378 *Leitzen* ZEV 2012, 520, 523; *von Oertzen* IPRax 1994, 73, 75; Bengel/Reimann/*Sieghörtner*, Handbuch der Testamentsvollstreckung, § 9 Rn. 63; vgl. auch Süß/*Süß*, Erbrecht in Europa, § 3 Rn. 122; Hausmann/Odersky/*Odersky* § 15 Rn. 320.

auch auf etwaige Gesellschaftsanteile erstreckt.[379] Ob und inwieweit die Testamentsvollstreckung letztlich tatsächlich die Gesellschaftsanteile erfasst, entscheidet jedoch wiederum das Gesellschaftsstatut.[380] Es befindet vor allem darüber, welche Befugnisse dem Testamentsvollstrecker innerhalb der Gesellschaft zukommen.[381] Umstritten ist, ob und inwieweit inländische Personengesellschaftsanteile von einer nach anglo-amerikanischem Recht angeordneten administration oder execution erfasst werden.[382]

e) Gestalterische Überlegungen

79 In rechtsgestalterischer Hinsicht kann, soweit nicht zwingende oder überwiegende zivilrechtliche oder steuerrechtliche Gründe im Einzelfall entgegenstehen, gegebenenfalls daran gedacht werden, Gesellschaftsanteile in eine Holdinggesellschaft einzubringen und deren Statut, etwa durch entsprechende Wahl des Verwaltungssitzes, so zu beeinflussen, dass es mit dem Erbstatut übereinstimmt.[383] Konflikte und Schwierigkeiten zwischen Erbstatut und Gesellschaftsstatut können dadurch reduziert werden.

f) Erbfähigkeit bzw. Einsetzbarkeit

80 Nicht die Vererbung der Anteile, sondern die Erbfähigkeit bzw. Einsetzbarkeit ist betroffen, wenn die Frage im Raum steht, ob und unter welchen Voraussetzungen Gesellschaften in Testamenten bzw. Erbverträgen bedacht werden können. Dies entscheidet grundsätzlich das Erbstatut (Art. 23 Abs. 2 Buchst. c) EuErbVO: Erbfähigkeit). Das Gesellschaftsstatut befindet nur darüber, ob der jeweiligen Gesellschaft diejenigen Merkmale zukommen, die das Erbstatut insoweit fordert.

3. Abgrenzung zum Sachenrechtsstatut

a) Allgemeines

81 Vor allem die sachenrechtlichen Wirkungen des Erbfalles führen an der Nahtstelle zwischen Erbstatut und Sachenrechtsstatut zu Problemen. Aus deutscher Sicht kommt der Frage besondere Bedeutung zu, welche Rechtswirkungen im Inland solche Nachlassteilhaberechte eines ausländischen Erbstatuts haben können, die nach Art oder Ausgestaltung dem deutschen Sachrecht unbekannt sind.[384] Allgemeine Aufgabe des in Art. 43 ff. EGBGB normierten Sachenrechtsstatuts ist die Entscheidung über sämtliche sachenrechtlichen Fragen, insbesondere über Begründung, Fortbestehen, Übertragung und Untergang von Rechten an Sachen sowie die zulässigen Arten von Rechten an Sachen.[385]

Wegen des Geltungsvorrangs der EuErbVO stellt sich die Abgrenzungsfrage nun in erster Linie aus deren Sicht dar. Hierbei sind insbesondere Art. 1 Abs. 2 lit. k) und l), Art. 31 EuErbVO sowie Art. 23 Abs. 2 lit. e) EuErbVO entscheidend. Gem. Art. 1 Abs. 2 lit. k) EuErbVO ist die Art der dinglichen Rechte vom Anwendungsbereich der Verordnung ausdrücklich ausgenommen.

379 Ausführlich Bengel/Reimann/*Sieghörtner*, Handbuch der Testamentsvollstreckung, § 9 Rn. 64; *von Oertzen* IPRax 1994, 73, 76.

380 *Von Oertzen* IPRax 1994, 74, 76; *Paulus* notar 2016, 3, 11; *Döbereiner* in: Löhnig u.a., Unternehmenserbrecht in Europa, S. 1, 28; Bengel/Reimann/*Sieghörtner*, Handbuch der Testamentsvollstreckung, § 9 Rn. 64; vgl. auch MünchKomm/*Dutta* Art. 1 EuErbVO Rn. 38: Vorrang des Gesellschaftsstatuts etwa bei einer nach dem Gesellschaftsstatut verbotenen Testamentsvollstreckung.

381 Bengel/Reimann/*Sieghörtner*, Handbuch der Testamentsvollstreckung, § 9 Rn. 64; vgl. auch *Schurig* IPRax 2001, 446, 448.

382 Ausführlich dazu *von Oertzen* IPRax 1994, 73, 76 ff.

383 *Von Oertzen* IPRax 1994, 73, 79.

384 *Dörner* IPRax 1996, 26.

385 Bengel/Reimann/*Sieghörtner*, Handbuch der Testamentsvollstreckung, § 9 Rn. 53.

Art. 31 EuErbVO stellt klar, dass insoweit eine Anpassung der unbekannten dinglichen Rechte zu erfolgen hat. Auch die Eintragungen von Rechten in Register einschließlich der hierfür notwendigen Voraussetzungen und Wirkungen unterfallen gem. Art. 1 Abs. 2 lit. l) EuErbVO nicht dem Anwendungsbereich der Verordnung. Jedoch macht Art. 23 Abs. 2 lit. e) EuErbVO andererseits deutlich, dass der Übergang der zum Nachlass gehörenden Vermögensgegenstände auf die Erben »und gegebenenfalls die Vermächtnisnehmer« zum Erbstatut nach Art. 21 und 22 EuErbVO gehört. Gegenwärtig ist im Grundsatz wie auch im Detail noch vieles umstritten. Teilweise wird Art. 1 Abs. 2 lit. k) EuErbVO als generelle Ausnahme zugunsten des Sachenrechts interpretiert.[386] Von anderen wird demgegenüber der Übertragungsvorgang dem Erbstatut zugeordnet.[387] Weiterer Ansicht[388] nach gilt der Vorrang des Sachenrechts nur für die Art dinglicher Rechte; was den Übertragungsvorgang angeht, geht das Sachenrecht dem Erbstatut dann vor, wenn es (das Sachenrecht) die Eintragung in einem Register voraussetzt, also aus deutscher Sicht insbesondere im Immobilienrecht. Der EuGH hat mit Hinblick auf das Vindikationslegat Licht in die Problematik gebracht (vgl. Syst. B Rdn. 82).

b) Insbesondere: Vindikationslegat, Teilungsanordnung mit dinglicher Wirkung, Legalnießbrauch, Vonselbsterwerb

Klassische Fälle sind Teilungsanordnungen und Vermächtnisse mit dinglicher Wirkung, da diese 82
dem deutschen Recht unbekannt sind. Manche ausländischen Rechtsordnungen statten Vermächtnisse mit dinglicher Wirkung aus, mit der Folge, dass der Vermächtnisnehmer unmittelbar und ohne Mitwirkung des Erben die zugewendete dingliche Rechtsstellung erwirbt, sog. **Vindikationslegat.**[389] Selbst wenn das ausländische Erbstatut solches zulässt, wurde dies für Sachen, die in Deutschland belegen sind, früher nicht anerkannt, da ansonsten eine Durchbrechung des Grundsatzes der Universalsukzession vorläge.[390] Der EuGH[391] hat nun die Streitfrage im gegenteiligen Sinne entschieden und ausgesprochen, dass Vindikationslegate dem Erbstatut unterfallen und alle Mitgliedstaaten die unmittelbare dingliche Wirkung anerkennen müssen. Der Eigentumserwerb des Vermächtnisnehmers vollzieht sich hier ohne weiteren Publizitätsakt und bei deutschen Grundstücken ohne Auflassung. Entsprechendes dürfte auch für etwa im ausländischen Erbstatut zugelassene **Teilungsanordnungen** mit dinglicher Wirkung gelten.[392] In gleicher Weise dürften im ausländischen Erbstatut vorgesehene **Legalnießbrauchsrechte** bzgl. in Deutschland belegenen Vermögens nun dingliche Wirkung haben, obwohl das deutsche Sachenrecht keine Nießbrauchsentstehung kraft Gesetzes kennt.[393]

In ähnlicher Weise ist auch die Qualifikationsfrage zu entscheiden, welchem Statut zu entnehmen ist, ob der Erbe (wie im deutschen Recht) den Nachlass »von selbst erwirbt« oder (wie etwa im

386 *Remde* RNotZ 2012, 65, 81; *Dörner* ZEV 2013, 505, 509.

387 *Dutta* FamRZ 2013, 4, 12; *Mansel* FS Coester-Waltjen, 2015, S. 587, 589 ff.

388 *Hertel* in: Dutta/Herrler, Die Europäische Erbrechtsverordnung, S. 85, 99 f.

389 Vgl. ausführlich *Schmidt* ZEV 2014, 133.

390 BGH WM 1994, 2124: Vindikationslegat nach kolumbianischem Recht begründet bezüglich deutschen Grundstücks nur schuldrechtlichen Anspruch; *Dörner* IPRax 1996, 26 ff.; aA *J.P. Schmidt* RabelsZ 77 (2013), 1 ff.; *Lechner*, Die Reichweite des Erbstatuts in Abgrenzung zum Sachenrechtsstatut anhand der Europäischen Erbrechtsverordnung 650/2012, 2017, S. 31 ff.

391 NJW 2017, 3767; dazu *Wagner* NJW 2017, 3755, 3757 f.; *Dorth* ZEV 2018, 11; *Dressler* Rpfleger 2018, 413 und – mit berechtigter Kritik – *Weber* DNotZ 2018, 16.

392 *Mansel* FS Coester-Waltjen, 2015, S. 587, 590 ff.; *Lechner*, Die Reichweite des Erbstatuts in Abgrenzung zum Sachenrechtsstatut anhand der Europäischen Erbrechtsverordnung 650/2012, 2017, S. 31 ff.; *Bandel* MittBayNot 2018, 99, 105; a.A. wohl OLG Nürnberg FamRZ 2018, 1609, 1610.

393 *Lechner*, Die Reichweite des Erbstatuts in Abgrenzung zum Sachenrechtsstatut anhand der Europäischen Erbrechtsverordnung 650/2012, 2017, S. 31 ff.; daher unter dem früheren Recht anders BayObLG DNotI-Report 1996, 125, 126 zum belgischen Legalnießbrauch des überlebenden Ehegatten.

österreichischen oder liechtensteinischen[394] Recht) hierfür ein gesondertes Verfahren, z.B. eine Einantwortung, geboten ist.[395] Es gilt auch insoweit das Erbstatut.[396]

4. Abgrenzung zum Unterhaltsstatut

83 Probleme an der Nahtstelle zwischen Erb- und Unterhaltsstatut bereitet insbesondere die in manchen Rechtsordnungen vorgesehene Versorgung naher Angehöriger bzw. des Ehegatten durch Ansprüche auf laufenden Unterhalt, die mit dem Erbfall erst entstehen. Ihre Einordnung war früher umstritten. Art. 1 Abs. 2 lit. e) EuErbVO löst dies nun im Sinne einer erbrechtlichen Qualifikation, denn die Unterhaltspflicht entsteht hier mit dem Tod.

Umstritten waren auch die Konstellationen, in denen die Unterhaltspflicht zu Lebzeiten des Erblassers entstanden ist, es also vor allem darum geht, ob das »Stammrecht« mit dem Tod erlischt oder ob und wieweit die Erben zur Leistung verpflichtet sind. Nach Art. 1 Abs. 2 lit. e) EuErbVO ist nun insoweit eine unterhaltsrechtliche Einordnung geboten.[397]

XV. Handeln unter falschem Recht

84 Ein Handeln unter falschem Recht ist gegeben, wenn der Erblasser in einem Testament oder Erbvertrag materiell-rechtliche Institute eines Rechts verwendet, das nicht als Erbstatut berufen ist.[398] Dazu kann es kommen, wenn von vornherein bei der Abfassung der Verfügung von Todes wegen vom falschen Erbrecht ausgegangen worden ist. Insoweit ist allerdings nun vorrangig an eine konkludente Rechtswahl nach Art. 22 EuErbVO zu denken. Die Ursache kann weiterhin darin liegen, dass wegen der in Art. 21 Abs. 1 EuErbVO bzw. Art. 25 Abs. 1 EGBGB a.F. enthaltenen Anknüpfung auf den Zeitpunkt des Todes des Erblassers zwischen der Errichtung der Verfügung und diesem Zeitpunkt ein Statutenwechsel stattgefunden hat.[399] Auch bei einer Nachlassspaltung, die dem Testator nicht bewusst war, wird ein Handeln unter falschem Recht fast zwangsläufig die Folge sein.[400]

Soweit die tatsächlich anzuwendende Erbrechtsordnung identische Regelungen bzw. Rechtsfolgen nicht vorsieht, muss durch Auslegung bzw. Umdeutung der Wille des Erblassers in die Dogmatik und Schranken der ausländischen Rechtsordnung umgesetzt werden.[401] Es muss zunächst durch Auslegung nach den Regeln des Erbstatuts, aber unter Berücksichtigung des Sinngehalts des ausländischen Rechts, ermittelt werden, was er ausdrücken wollte.[402] Danach entscheidet das Erbstatut, ob das Gewollte zulässig ist und in welchen Rechtsformen des eigenen Rechts es unter weitestmöglicher Aufrechterhaltung des Erblasserwillens dargestellt werden kann.[403]

---

394 Vgl. dazu *Reymann* ZVglRWiss 114 (2015) 40, 46.

395 Vgl. ausführlich zum Erwerb der Erbschaft, auch hinsichtlich der verschiedenen Erwerbssysteme, *Schmidt* ZEV 2014, 455.

396 Vgl. OGH FamRZ 2018, 635; ZEV 2018, 737 m. Anm. *Steiner* zu österreichischem Grundstück bei deutschem Erbstatut; *Schmitz* notar 2018, 148; *Reymann* ZVglRWiss 114 (2015) 40, 71 ff. mit dem Hinweis, dass dies aber nur aus Sicht der EuErbVO-Staaten gelten muss, nicht aber z.B. aus liechtensteinischer Sicht.

397 NK-BGB/*Looschelders* Art. 1 EuErbVO Rn. 38.

398 Statt vieler BayObLG Rpfleger 2003, 429, 433; OLG Düsseldorf FGPrax 2016, 268; OLG Köln FGPrax 2014, 75.

399 *Veelken* RabelsZ 49 (1985), 1, 4; *Kegel/Schurig* § 21 III 3.

400 *Steiner* Testamentsgestaltung bei kollisionsrechtlicher Nachlassspaltung, 2002, S. 105.

401 Vgl. BGH NJW-RR 2006, 948; KG ZEV 2017, 577; OLG Düsseldorf FGPrax 2016, 268; OLG Köln FGPrax 2014, 75; ausführlich *Veelken* RabelsZ 49 (1985), 1, 30 ff., für die Anwendung französischen materiellen Erbrechts auf eine auf Herbeiführung der Rechtwirkung der deutschen Vor- und Nacherbschaft gerichtete testamentarische Verfügung.

402 BayObLG Rpfleger 2003, 429, 433; OLG München ZEV 2006, 456; *Looschelders* IPRax 2005, 232, 234; *Dutta* IPRax 2016, 139, 140.

403 BayObLG Rpfleger 2003, 429, 433.

XVI. Testaments- und Erbvertragsgestaltung

1. Pflichtenstellung des Rechtsberaters

Die Beratung und Gestaltung in Testaments- bzw. Erbvertragsfällen mit Auslandsberührung stellt an den damit befassten Rechtsberater besondere Anforderungen. Häufig wird es sich bei diesem Rechtsberater um einen Notar handeln. Insoweit sind für das Beurkundungsverfahren teilweise Regelungen über die Pflichtenstellung in § 17 Abs. 3 Beurkundungsgesetz enthalten. Aber auch dann, wenn es sich um einen anderen Rechtsberater, z.B. einen Rechtsanwalt, handelt, werden ihn grundsätzlich ähnliche Pflichten treffen. Hierbei geht es zum einen darum, überhaupt zu erkennen, dass es sich um einen Erbrechtsfall mit Auslandsberührung handelt, und im nächsten Schritt darum, wie weiter zu verfahren ist. 85

a) Aufklärungspflichten

Ausgangspunkt ist, dass den Notar grundsätzlich keine Pflicht trifft, nach einer Auslandsberührung zu forschen.[404] Er hat zwar eine etwaige Auslandsberührung zu beachten, hat aber nicht zu ermitteln, ob eine solche überhaupt gegeben ist.[405] Er hat insbesondere nicht stets nach der Staatsangehörigkeit der Beteiligten zu fragen;[406] ebenso wenig, ob sich Vermögen im Ausland befindet.[407] Deswegen besteht auch keine Verpflichtung, in jeder Verfügung von Todes wegen Angaben der Beteiligten über Staatsangehörigkeit, Güterstand oder Vermögensbelegenheit aufzunehmen, wenngleich dies empfehlenswert sein kann. Nur wenn objektiv erkennbare Anhaltspunkte für eine Auslandsberührung bestehen, hat der Notar diesen, und zunächst nur diesen, gemäß der in § 17 Abs. 3 Beurkundungsgesetz angelegten Prüfungspflicht nachzugehen.[408] Die Anhaltspunkte können sich ergeben aus den Angaben der Beteiligten wie auch anderen Umständen, etwa vorgelegten Unterlagen. Vor allem kommen insoweit in Betracht:[409] 86

- ein deutliches und verlässliches Indiz stellen ausländische Ausweispapiere dar;
- ein gewöhnlicher Aufenthalt im Ausland;
- Ähnliches gilt für die Belegenheit von Vermögensgegenständen im Ausland;
- ein ausländischer Akzent eines Beteiligten sollte ebenso zur Prüfung veranlassen;
- aufdrängen wird sich außerdem regelmäßig die Prüfung, wenn ein Beteiligter den Wohnsitz im Ausland hat;
- schließlich sind auch die Absichten der Beteiligten von Bedeutung, etwa zukünftig eine ausländische Staatsangehörigkeit zu erwerben, dort Wohnsitz bzw. gewöhnlichen Aufenthalt zu nehmen oder Vermögensgegenstände dort zu erwerben;
- existiert bereits eine frühere Verfügung von Todes wegen, die im Ausland errichtet wurde, liegt ebenfalls ein Aspekt für eine mögliche Auslandsberührung vor.

Das Aussehen alleine eines Beteiligten genügt heute nicht mehr als Anhaltspunkt, der eine Prüfungspflicht nach sich ziehen könnte.[410] Das Gleiche muss folgerichtig selbst dann gelten, wenn ein fremdländisch klingender Vor- und Familienname vorliegt.[411] Nicht ausreichen dürfte ohne

404 Beck'sches Notarhandbuch/*Zimmermann*, H Rn. 14; *Bardy* MittRhNotK 1993, 305, 306 n.w.N.

405 *Lichtenberger* FS Schippel, 1996, S. 729, 733.

406 BGH DNotZ 1963, 315; *Lichtenberger* FS Schippel, 1996, S. 729, 733; *Bardy* MittRhNotK 1993, 305, 306 auch mit Nachweisen zur Gegenmeinung.

407 *Lichtenberger* FS Schippel, 1996, S. 729, 733.

408 BGH DNotZ 1963, 315, 316; Beck'sches Notarhandbuch/*Zimmermann*, H Rn. 14; *Bardy* MittRhNotK 1993, 305, 306.

409 *Bardy* MittRhNotK 1993, 305, 306; Beck'sches Notarhandbuch/*Zimmermann*, H Rn. 14.

410 Beck'sches Notarhandbuch/*Zimmermann*, H Rn. 14; a.A. *Bardy* MittRhNotK 1994, 305, 306.

411 Vgl. *Meyer* DNotZ 2018, 726, 728; a.A. Beck'sches Notarhandbuch/*Zimmermann*, H Rn. 14; Nieder/Kössinger/*W. Kössinger*, Handbuch der Testamentsgestaltung, § 5 Rn. 41; vgl. auch *Bardy* MittRhNotK 1994, 305, 306: regelmäßig nur in Kombination.

weitere Anhaltspunkte auch ein bloßer Geburtsort im Ausland, da er auch bei Deutschen häufig vorkommt.

Auf die tatsächlichen Angaben der Beteiligten kann sich der Notar verlassen.[412]

b) Belehrungs- und Vermerkpflichten

87 Hat der Rechtsberater aufgrund solcher Anhaltspunkte einen Fall mit Auslandsberührung festgestellt, so ist hinsichtlich seiner Pflichtenstellung zunächst zu beachten, dass er nur das deutsche Recht beherrschen und darüber belehren muss; zur Belehrung über den Inhalt ausländischer Rechtsordnungen ist er nicht verpflichtet, vgl. § 17 Abs. 3 Satz 2 Beurkundungsgesetz.[413] Nach h.M. muss auch das deutsche Kollisionsrecht – dazu gehört auch die EuErbVO – beherrscht werden.[414] Jedoch geht die Kenntnispflicht insoweit im Ergebnis deswegen weitgehend ins Leere, weil das ausländische IPR nicht gekannt werden muss und deshalb vom Notar auch eine etwaige Rück- und Weiterverweisung (Art. 34 Abs. 1 EuErbVO) nicht zu prüfen ist,[415] sodass er also das Ergebnis der kollisionsrechtlichen Prüfung teilweise gar nicht feststellen kann.

Aus diesen Grundsätzen über die erforderliche Rechtskenntnis folgen die vom Notar zu beachtenden Belehrungspflichten. Gem. § 17 Abs. 3 Satz 1 Beurkundungsgesetz soll der Notar die Beteiligten darauf hinweisen, dass ausländisches Recht zur Anwendung kommt oder darüber Zweifel bestehen. Hierauf beschränkt sich seine Verpflichtung.[416] Es bedarf deshalb insbesondere keiner Belehrung, dass dem Notar ausländisches Recht unbekannt ist, da sich dies von selbst versteht.[417] Aus demselben Grund muss auch nicht ausdrücklich darauf hingewiesen werden, dass nach einem möglichen anwendbaren ausländischen Recht die Gültigkeit der Verfügung von Todes wegen bis hin zur Unwirksamkeit beeinträchtigt werden kann.[418] Ähnliches gilt auch dann, wenn das deutsche Kollisionsrecht unmittelbar auf das deutsche Sachrecht verweist. Auch hier ist eine gesonderte Belehrung darüber, dass bei im Ausland belegenen Nachlassgegenständen das dortige Recht möglicherweise anders entscheidet, nicht geboten.[419] Dennoch ist es selbstverständlich ein nobile officium für den Notar, hierüber zu informieren, wenn er dies für veranlasst hält. Nutzlos ist hingegen der häufig geforderte Hinweis, dass das ausländische Recht möglicherweise auf das deutsche Recht zurückverweist oder auf ein drittes Recht weiterverweist.[420] Den Beteiligten ist mit einem bloßen Hinweis über Möglichkeiten nämlich nicht gedient. Hilfreicher ist für sie hingegen eine Empfehlung, insoweit das Gutachten eines Universitäts- oder anderen fachkundigen Institutes oder die Meinung eines Juristen des betreffenden Staates einzuholen. Auch für eine solche Empfehlung kann jedoch aus dem Gesetz keine Rechtspflicht entnommen werden.[421]

---

412 *Lichtenberger* FS Schippel, 1996, S. 729, 734; Beck'sches Notarhandbuch/*Zimmermann*, H Rn. 14.

413 *Bardy* MittRhNotK 1993, 305, 306; Beck'sches Notarhandbuch/*Zimmermann*, H Rn. 15; Nieder/Kössinger/*W. Kössinger*, Handbuch der Testamentsgestaltung, § 5 Rn. 47; *Krzywon* BWNotZ 1987, 4, 5.

414 BGH NJW 1993, 2305, 2306; *Meyer* DNotZ 2018, 726, 729; Beck'sches Notarhandbuch/*Zimmermann*, H Rn. 15; *Bardy* MittRhNotK 1993, 305, 306; *Meise* RNotZ 2016, 485, 486: »Unmittelbar anwendbare Vorschriften des Unionsrechts und ins deutsche Recht transformierte bindende Staatsverträge gelten nicht als »ausländisches Recht«.

415 *Bardy* MittRhNotK 1993, 305, 306; *Meyer* DNotZ 2018, 726, 730.

416 *Schütze* BWNotZ 1992, 122, 123.

417 Beck'sches Notarhandbuch/*Zimmermann*, H Rn. 15; a.A. OLG Düsseldorf NJW-RR 1995, 1147: Notar muss darauf hinweisen, dass ihm ein anwendbares ausländisches Recht unbekannt ist; *Bardy* MittRhNotK 1993, 305, 307; *Winkler*, Beurkundungsgesetz, § 17 Rn. 271.

418 A.A. *Bardy* MittRhNotK 1993, 305, 307; Huhn/v. Schuckmann/*Armbrüster*, BeurkG, § 17 Rn. 191.

419 A.A. *Bardy* MittRhNotK 1993, 305, 307.

420 Solches fordern etwa *Bardy* MittRhNotK 1993, 305, 307; Beck'sches Notarhandbuch/*Zimmermann*, H Rn. 15; Ganter/Hertel/Wöstmann/*Ganter*, Handbuch der Notarhaftung, Rn. 1193.

421 A.A. Beck'sches Notarhandbuch/*Zimmermann*, H Rn. 15; ausführlich zum Streitstand *Bardy* MittRhNotK 1993, 305, 307, der ebenfalls den Notar nicht für verpflichtet hält, die Beteiligten auf die

Vorstehender Pflichtenkatalog gilt grundsätzlich auch dann, wenn eine **Rechtswahl** einer ausländischen Rechtsordnung stattfindet.[422] Wählen die Parteien das deutsche Recht besteht insoweit eine uneingeschränkte inhaltliche Beratungspflicht; entscheiden sie sich dagegen für eine fremde Rechtsordnung, so muss der Notar sie nur über die Tragweite der Rechtswahl im Allgemeinen belehren.[423]

In die notarielle Urkunde ist gem. § 17 Abs. 3 Satz 1 Beurkundungsgesetz nur der **Vermerk** aufzunehmen, dass darauf hingewiesen wurde, dass ausländisches Recht zur Anwendung kommt bzw. darüber Zweifel bestehen. Das Unterlassen des Vermerkes gem. § 17 Abs. 3 Satz 1 Beurkundungsgesetz als solches macht nicht haftpflichtig, da die Vorschrift lediglich Beweiszwecken dient.[424] Die Erfüllung der üblichen Belehrungs- und Hinweispflichten muss schon nach allgemeinen Beurkundungsgrundsätzen nicht in der Urkunde ausdrücklich vermerkt werden.

Erfüllt der Notar seine vorgenannten Pflichten und nehmen die Beteiligten dennoch keinen Abstand von der Beurkundung, so kann der Notar unbedenklich nach und aufgrund deutschen Rechts verfahren und haftet nicht, falls die Urkunde ganz oder teilweise unwirksam sein sollte, weil tatsächlich fremdes Recht Anwendung findet.[425] Die Beurkundung ablehnen darf er nur dann, wenn die Beteiligten sich nicht mit der Belehrung nach § 17 Abs. 3 Beurkundungsgesetz zufriedengeben.[426]

c) Haftungsausschluss

Belehrt oder berät der Notar über ausländisches Recht, obwohl er dazu nicht verpflichtet ist, so 88
haftet er für falsche Auskünfte.[427] Sehr umstritten ist, ob der Notar, wenn er über Kenntnisse des ausländischen Rechts verfügt und diese an die Beteiligten weitergibt, insoweit seine Haftung einschränken kann.[428] Zwar ist es dem Notar als Träger eines öffentlichen Amtes grundsätzlich verwehrt, seine Haftung auszuschließen. Sofern jedoch der Notar seine Rechtsmeinung über das ausländische Recht äußert und die Unverbindlichkeit ausdrücklich offen legt, muss anderes gelten. Nur damit ist den Beteiligten gedient, da der Notar ansonsten besser beraten wäre, seine etwaigen Kenntnisse über das fragliche ausländische Recht den Beteiligten völlig zu verschweigen. Dies schon deshalb, weil sein Haftpflichtversicherungsschutz in der Regel Schäden aus der Verletzung oder Nichtbeachtung ausländischen Rechts nicht abdeckt.[429] Der Rechtsgestalter müsste hier außerdem die Verfügung streng nach Begriffen und Grundsätzen des deutschen Erbrechts ausgestalten, selbst

---

Möglichkeit der Einholung eines wissenschaftlichen Gutachtens hinzuweisen; vgl. auch differenzierend *Meyer* DNotZ 2018, 726, 735: »nach den Gegebenheiten des Einzelfalls«.

422 *Bardy* MittRhNotK 1993, 305, 307; Beck'sches Notarhandbuch/*Zimmermann*, H Rn. 15.

423 *Meyer* DNotZ 2018, 726, 733.

424 Münchener Vertragshandbuch/*Döbereiner*, Bd. 6, 7. Aufl., XIV. 1. Rn. 10; *Bardy* MittRhNotK 1993, 305, 307 m.w.N. auch zur Gegenmeinung.

425 Münchener Vertragshandbuch/*Döbereiner*, Bd. 6, 7. Aufl., XIV. 1. Rn. 10 m.w.N.; Beck'sches Notarhandbuch/*Zimmermann*, H Rn. 21.

426 *Schütze* BWNotZ 1992, 122, 123.

427 Beck'sches Notarhandbuch/*Zimmermann*, H Rn. 21; Nieder/Kössinger/*W. Kössinger*, Handbuch der Testamentsgestaltung, § 5 Rn. 47.

428 Dagegen Beck'sches Notarhandbuch/*Zimmermann*, H Rn. 22; *Bardy* MittRhNotK 1993, 305, 308 f. n.w.N.; *Milzer* BWNotZ 2002, 166, 184, der empfiehlt, Grundlagen und Umfang der Beratung in der Urkunde zu dokumentieren, und dafür auch ein Formulierungsbeispiel anbietet; für die Zulässigkeit einer Haftungsbeschränkung Nieder/Kössinger/*W. Kössinger*, Handbuch der Testamentsgestaltung, § 5 Rn. 47; *Lichtenberger* FS Schippel, 1996, S. 729, 738; *Umstätter* DNotZ 1984, 532; vgl. auch Münchener Vertragshandbuch/*Döbereiner*, Bd. 6, 7. Aufl., XIV. 1. Rn. 10: Der Notar kann insoweit nur seine hinsichtlich des fremden Rechts eingeschränkte Kompetenz offen legen und dadurch verhindern, dass durch seine Tätigkeit ein Vertrauenstatbestand geschaffen wird; das soll durch den »Haftungsausschluss« zum Ausdruck kommen.

429 Vgl. Nieder/Kössinger/*W. Kössinger*, Handbuch der Testamentsgestaltung, § 5 Rn. 47; Münchener Vertragshandbuch/*Döbereiner*, Bd. 6, 7. Aufl., XIV. 1. Rn. 10; *Bardy* MittRhNotK 1993, 305, 309.

wenn ihm bewusst wäre, dass wegen der erstrebten Gültigkeit im Ausland die Berücksichtigung der dortigen Begrifflichkeiten tunlich wäre, etwa die Einsetzung eines executors für den Bereich des angelsächsischen Rechtskreises.

2. Praktische Handhabung eines internationalen Testaments- bzw. Erbvertragsfalles

89 Da besonders im hier interessierenden Bereich gilt, dass jeder Fall anders gestaltet ist, sind allgemeingültige Grundsätze nicht feststellbar. Die nachfolgenden Punkte sollen insoweit Leitlinien bei der Gestaltung eines Testamentes bzw. Erbvertrages mit Auslandsberührung sein.[430]

a) Feststellung der für die Rechtsanwendung maßgeblichen Tatsachenaspekte

90 Zunächst sind die Sachverhaltsaspekte festzustellen, die für die Anwendung des Kollisionsrechtes Bedeutung haben können. Vor allem geht es um die Staatsangehörigkeit bzw. Staatsangehörigkeiten des Erblassers, gegebenenfalls seine Rechtsstellung als Flüchtling oder Asylbewerber, den Wohnsitz und gewöhnlichen Aufenthalt. Diese Gesichtspunkte sollten auch hinsichtlich eines etwaigen Ehegatten wegen des möglichen Einflusses der güterrechtlichen Verhältnisse (vgl. zur Anknüpfung Art. 15 EGBGB bzw. die EuGüVO/EuPartVO) auf das Erbrecht geklärt werden.

Eine wesentliche Rolle spielen auch diejenigen Orte, an denen Nachlassgegenstände belegen sind. Hinsichtlich der Vermögensbestandteile ist außerdem relevant, wie sie beschaffen sind, ob es sich z.B. um Gesellschaftsbeteiligungen handelt.

Erkennbare Absichten der Beteiligten, die vorgenannten Sachverhaltsaspekte in Zukunft zu ändern, z.B. den gewöhnlichen Aufenthalt in eine anderen Staat zu verlegen, sind ebenfalls erheblich.

b) Feststellung des anwendbaren Rechts

aa) Formstatut

91 Anhand Art. 27 EuErbVO bzw. Art. 26 Abs. 1 bis 4 EGBGB a.F. bzw. des Haager Testamentsformenübereinkommens ist die Formgültigkeit der beabsichtigten Verfügung von Todes wegen zu prüfen.

bb) Erbstatut

92 Zur Anknüpfung des Erbstatuts sind zunächst etwaige vorrangige Staatsverträge zu prüfen, andernfalls Art. 21 ff. EuErbVO bzw. – früher – Art. 25 f. EGBGB a.F. Bei Mehrrechtsstaaten muss gegebenenfalls eine Unteranknüpfung gem. Art. 36 f. EuErbVO (vor der EuErbVO: Art. 4 Abs. 3 EGBGB) vorgenommen werden. Die so gefundene Rechtsordnung ist daraufhin auf eine etwa beachtliche Rück- oder Weiterverweisung zu untersuchen und diese weiter zu verfolgen.

Das Augenmerk musste nach bisherigem Recht auch auf den Vorrang des Einzelstatuts gem. Art. 3a Abs. 2 EGBGB a.F. gelenkt werden. Zu erwägen war außerdem eine Rechtswahl gem. Art. 25 Abs. 2 EGBGB a.F. wie auch eine etwaige vom berufenen fremden Kollisionsrecht zugelassene Möglichkeit, das Erbrecht parteiautonom zu bestimmen. Nach neuem Recht muss eine Rechtswahl nach Art. 22, 24 Abs. 2, 25 Abs. 3 EuErbVO erwogen werden.

430 Ausführliche Darstellung zur praktischen Handhabung eines Erbrechtsfalles mit Auslandsberührung – auch hinsichtlich der erbschaftssteuerlichen Fragen – bei *von Oertzen* ZEV 1995, 167 ff.; außerdem bei Süß/*Süß*, Erbrecht in Europa, § 1 Rn. 51 ff.; *Blum* ErbR 2006, 6 ff.: vgl. i.Ü. Bengel/Reimann/*Sieghörtner*, Handbuch der Testamentsvollstreckung, § 9 Rn. 150 ff.; *Bachmayer* BWNotZ 2009, 28 ff., 51 ff.

c) Weitere Gestaltungshinweise

aa) Formbezogen

Soll ein Testament in einem Staat Wirkung entfalten, der anders als die Bundesrepublik Deutschland nicht dem Haager Testamentsabkommen beigetreten ist bzw. der EuErbVO unterworfen ist, so sollte das Testament neben der deutschen Ortsform die Form wahren, die nach den kollisionsrechtlichen Vorschriften des ausländischen Staates einzuhalten sind.[431] Soweit nach ausländischem Sachrecht die Mitwirkung eines Notars geboten ist, ist zu überlegen, ob es dort akzeptiert wird, wenn insofern ein deutscher Notar mitwirkt. Da in vielen Rechtsordnungen umstritten ist, ob die Pflicht zur Zuziehung von Zeugen bei der Errichtung der Verfügung von Todes wegen überhaupt eine Form- oder nicht vielmehr eine materielle Voraussetzung ist, kann es sich empfehlen, unabhängig vom Formstatut im Zweifel Zeugen entsprechend der Bestimmungen der beteiligten Rechtsordnungen zuzuziehen.[432] 93

bb) Inhaltlich

Die inhaltliche Gestaltung der Verfügung von Todes wegen richtet sich nach dem so gefundenen Erbrecht bzw. den so gefundenen Erbrechten. Soweit demnach ausländisches Erbrecht zur Anwendung kommt, ist es dementsprechend anzuwenden und die dadurch gegebenen Gestaltungsmöglichkeiten sind zu bedenken. 94

Die dem Kollisionsrecht eigene Grenze des ordre public (Art. 35 EuErbVO) muss dabei jedoch im Hinterkopf behalten werden. Die etwa am Ort der Belegenheit eines Nachlassgegenstandes geltende Rechtsordnung sollte auch dann berücksichtigt werden, wenn an sich deutsches oder ein anderes Erbrecht anzuwenden wäre, da dieses unter Umständen wegen einer faktischen Nachlassspaltung nicht durchsetzbar erscheint. Entschließt sich der Erblasser, zur Sicherheit zusätzlich zur deutschen Verfügung auch ein Testament im Ausland zu errichten, so muss darauf geachtet werden, dass die Verfügungen sich nicht widersprechen.[433] Jedenfalls außerhalb der Fälle einer rechtlichen Nachlassspaltung kann es in der Regel nicht empfohlen werden, in den Staaten der Belegenheit von Nachlassgegenständen jeweils unterschiedliche und entsprechend nur auf die jeweiligen Vermögensmassen territorial beschränkte Testamente zu errichten, da dies stets das Risiko einander widersprechender Verfügungen birgt.[434]

Will der Erblasser verhindern, dass Erbstreitigkeiten vor den Gerichten verschiedener Länder ausgetragen werden, so kann er dies versuchen durch eine Gerichtsstandsvereinbarung, welche allerdings nur schwierig zu bewerkstelligen ist, durch eine Schiedsgerichtsanordnung (vgl. § 1066 ZPO) oder durch Strafklauseln.[435]

Eine rechtliche Nachlassspaltung gibt die Option, in völlig getrennten Verfügungen von Todes wegen Regelungen zu treffen. Wird für die Nachlassteile in derselben Urkunde verfügt, kann klargestellt werden, ob die Verfügungen für die einzelnen Teile miteinander stehen und fallen oder völlig unabhängig voneinander sind.[436] Wollen die Beteiligten eine Bindung an Verfügungen von Todes wegen durch Erbvertrag oder gemeinschaftliches Testament, lehnt jedoch die beteiligte

---

431 *von Oertzen* ZEV 1995, 167, 171 f.; Bengel/Reimann/*Sieghörtner*, Handbuch der Testamentsvollstreckung, § 9 Rn. 168.

432 *Nieder/Kössinger/W. Kössinger*, Handbuch der Testamentsgestaltung, § 5 Rn. 43.

433 Für deutsch-spanische Fälle *Lopez/Artz* ZErb 2002, 278, 281.

434 Für Spanien *Selbherr* MittBayNot 2002, 165, 168.

435 *Steiner* Testamentsgestaltung bei kollisionsrechtlicher Nachlassspaltung, 2002, S. 112 ff. mit Formulierungsbeispielen für Strafklauseln.

436 *Steiner* Testamentsgestaltung bei kollisionsrechtlicher Nachlassspaltung, 2002, S. 111 mit Formulierungsbeispiel einer salvatorischen Klausel.

Rechtsordnung solches ab, so kann man getrennt testieren lassen[437] oder in Zweifelsfällen zusätzlich zum gemeinschaftlichen Testament bzw. Erbvertrag noch vorsorglich Einzeltestamente errichten.[438] Vorrangig sind freilich die Rechtswahlmöglichkeiten in Art. 24 Abs. 2, Art. 25 Abs. 3 EuErbVO in Erwägung zu ziehen.

Stößt eine Testamentsvollstreckung oder eine Vor-/Nacherbschaft im ausländischen Recht auf Schwierigkeiten, kann man z.B. an Stiftungslösungen, Treuhandkonstruktionen bzw. Vollmachtslösungen denken.[439]

cc) Verfahrensbezogen

95 Befinden sich Nachlassgegenstände im Ausland, so können etwa dort bestehende Hinterlegungsmöglichkeiten genutzt werden, damit die Verfügung von den dortigen Behörden leichter wahrgenommen werden kann.[440]

dd) Beeinflussung des anwendbaren Erbrechts und Gestaltungsmöglichkeiten außerhalb des Erbrechts

96 Aus deutscher Sicht bietet ein Wechsel des gewöhnlichen Aufenthalts (vgl. Art 21 EuErbVO) die direkte Möglichkeit, das Erbrechtsstatut zu verändern. Dadurch können insbesondere pflichtteilsrechtliche Ansprüche reduziert werden.[441] Allerdings stehen diesem Weg häufig praktische oder psychologische Hemmnisse entgegen.

Nicht außer Acht gelassen werden sollten die Einflussmöglichkeiten außerhalb des Erbrechts, vor allem nämlich durch schuldrechtliche, güterrechtliche oder gesellschaftsrechtliche Regelungen. Es können sich hier anbieten Rechtsgeschäfte unter Lebenden, etwa eine vorweggenommene Erbfolge oder Verträge zugunsten Dritter, daneben post- oder transmortale Vollmachten. Bspw. kann aus erbschaftsteuerrechtlichen Gründen beim Kauf ausländischer Immobilien bereits der zu Begünstigende das Eigentum erwerben, während der (spätere) Erblasser nur den Nießbrauch auf Lebenszeit erhält.[442]

In güterrechtlicher Hinsicht ist zu beachten, dass Art. 26 Abs. 1 Buchst. a) EuGüVO auf den ersten gemeinsamen gewöhnlichen Aufenthalt der Ehegatten abhebt, Art. 21 Abs. 1 EuErbVO dagegen auf den letzten gewöhnlichen Aufenthalt des Erblassers. Damit führt jede grenzüberschreitende Aufenthaltsverlagerung eines Ehegatten während der Ehe, aber vor seinem Tod zu einer Divergenz von Erb- und Ehegüterrechtsstatut.[443] Ähnliches gilt für eingetragene Partnerschaften, denn Art. 26 Abs. 1 EuPartVO knüpft ebenfalls unwandelbar an, allerdings an den Staat, nach dessen Recht die eingetragene Partnerschaft begründet wurde. Insoweit ist zu beachten, dass Art. 22 EuGüVO/EuPartVO bzw. Art. 15 Abs. 2 EGBGB für das Güterstatut umfangreichere Rechtswahlmöglichkeiten bereithalten, während Art. 22 Abs. 1 EuErbVO allein erlaubt,

437 Nieder/Kössinger/*W. Kössinger*, Handbuch der Testamentsgestaltung, § 5 Rn. 45; *Steiner* ZEV 2003, 145, 146.

438 *Riering* ZEV 1994, 225, 229; *Steiner* ZEV 2003, 145, 146.

439 *Steiner* ZEV 2003, 145, 147.

440 Z.B. *Selbherr* MittBayNot 2002, 165, 169; *Lopez/Artz* ZErb. 2002, 278, 280: beglaubigte und übersetzte Kopie des deutschen notariellen Testaments an das Zentrale Nachlassregister in Madrid/Spanien.

441 *Reymann* ZVglRWiss 114 (2015) 40, 45, der darin mit Recht grundsätzlich keinen Verstoß gegen den ordre public (Art. 35 EuErbVO) sieht; problematisch wird die Situation aber dann, wenn das Recht des neuen gewöhnlichen Aufenthalts nur sehr geringe Pflichtteilsrechte oder gar keine vorsieht (s. auch Syst. B Rdn. 30), so wohl auch *Heinig* RNotZ 2014, 197, 207; vgl. ausführlich zur »Pflichtteilsdämpfung aufgrund der EuErbVO« auch *Everts* ZEV 2013, 124.

442 Vgl. für Spanien *Selbherr* MittBayNot 2002, 165, 172.

443 *Mankowski* ZEV 2016, 479, 486.

das Heimatrecht des Erblassers zu wählen und kein anderes Recht. Daher muss der Brückenschlag von der güterrechtlichen Seite her erfolgen.[444]

Verbleibende Disharmonien zwischen Erb- und Güterstatut können durch inhaltliche Gestaltungen in Eheverträgen und in Verfügungen von Todes wegen geglättet werden.[445] Außerdem kann eine Stärkung der Position des überlebenden Ehegatten durch Vereinbarung einer Gütergemeinschaft erfolgen.

Vor allem der durch Einbringung von Erblasservermögen in eine (Holding-)Gesellschaft entstehende Gestaltungsspielraum ist beträchtlich.[446] Unerwünschte Folgen des Erbstatuts können so umgangen werden. Mögliche Ziele sind dabei die Erleichterung der praktischen Abwicklung (Vermeidung einer Erbauseinandersetzung bzw. gesonderter Nachlassverfahren in mehreren Staaten), der Ausschluss bzw. die Einschränkung von Pflichtteilsrechten, der Schutz des Vermögens vor dem Zugriff von Nachlassgläubigern[447] oder die Umgehung eines vom Erbstatut ausgesprochenen Verbots gemeinschaftlicher Testamente bzw. Erbverträge.[448] Als Möglichkeit gibt es etwa die Mobilisierung unbeweglichen Vermögens durch Einbringung in eine Gesellschaft[449] oder die Überführung von Unternehmensbeteiligungen in eine Holding-Gesellschaft. Dadurch kann z.B. eine Nachlassspaltung vermieden werden.[450]

3. Formulierungsbeispiele

a) Hinweisvermerk über ausländisches Recht

Ein Vermerk gem. Art. 17 Abs. 3 Satz 1 BeurkG kann etwa wie folgt lauten. 97

▶ Muster: Einfacher Hinweisvermerk

Der Notar hat insbesondere darauf hingewiesen, dass ausländisches Recht zur Anwendung kommen kann.

Nach der hier vertretenen Auffassung ist dies ausreichend, um der gesetzlichen Vorschrift über den Inhalt des Vermerks gerecht zu werden. Wer seine Belehrungen ausführlicher auch in der Niederschrift festhalten und den verschiedenen in der Literatur vertretenen Meinungen hierüber gerecht werden möchte, kann umfangreicher formulieren, wie im nachfolgenden Vorschlag.

▶ Muster[451]: Ausführlicher Hinweisvermerk

Der Notar hat insbesondere auf Folgendes hingewiesen:
- **Es kann ausländisches Recht zur Anwendung kommen.**
- **Dies kann auch infolge einer erst künftigen Auslandsberührung der Fall sein, zum Beispiel durch einen Wechsel von gewöhnlichem Aufenthalt oder Staatsangehörigkeit oder durch Vermögenserwerb im Ausland.**
- **Es ist auch möglich, dass das ausländische Recht deutsches Recht verbindlich für anwendbar im Wege der Rückverweisung erklärt.**
- **Ausländisches Recht kann formell und/oder materiell auf die Bestimmungen in dieser Urkunde einwirken, was dazu führen kann, dass diese ganz, teilweise oder beschränkt**

---

444 *Mankowski* ZEV 2016, 479, 486; *ders.* ZEV 2014, 121, 128.

445 *Steiner* Testamentsgestaltung bei kollisionsrechtlicher Nachlassspaltung, 2002, S. 98.

446 Zu den Einsatzmöglichkeiten von Stiftungen in der Unternehmensnachfolge mit Auslandsbezug vgl. *Naumann zu Grünberg* ZEV 2012, 569.

447 *Steiner* Testamentsgestaltung bei kollisionsrechtlicher Nachlassspaltung, 2002, S. 93.

448 Vgl. zu Italien *Padovini* ZfRV 2002, 207, 209.

449 Bengel/Reimann/*Sieghörtner*, Handbuch der Testamentsvollstreckung, § 9 Rn. 164; *Milzer* BWNotZ 2002, 166, 180 f. hält dies für ein eher risikoreiches Gestaltungsmittel und schlägt stattdessen vor, die Immobilie den in Aussicht genommenen Erben entgeltlich zu übertragen und auf diese Weise in Geldvermögen zu transformieren.

450 *Werkmüller* ZEV 2004, 365, 366.

451 Formulierungsvorschläge finden sich auch bei *Langenfeld/Fröhler*, Testamentsgestaltung, Kap. 1 Rn. 192.

unwirksam sind oder der mit ihnen verfolgte Zweck beeinträchtigt wird. Auch die Nichtanerkennung im Ausland ist möglich.
- **Es gehört nicht zu den Amtspflichten eines deutschen Notars, ausländisches Recht zu kennen oder darüber zu belehren und beraten.**
- **Es kann Klarheit über Fragen des ausländischen Rechts geschaffen werden durch Einholung eines Gutachtens eines Universitäts- oder sonstigen Institutes oder ein ausländischer Rechtsberater um Rat ersucht werden.**
- **Die Beteiligten wünschen trotz dieser Hinweise die sofortige Beurkundung in der vorliegenden Form und mit dem vorliegenden Inhalt und nehmen alle damit verbundenen Risiken in Kauf. Der Notar hat über den Inhalt ausländischer Rechtsordnungen weder belehrt oder Auskunft erteilt, noch beraten oder betreut. Ihm wurde auch ein dahingehender Auftrag nicht erteilt. Die Beteiligten entbinden ihn insoweit von jeglicher Haftung.**

(Hat der Notar insoweit Auskünfte erteilt, sollte es stattdessen heißen: »Dem Notar wurde kein Belehrungs- oder Beratungsauftrag hinsichtlich ausländischen Rechts erteilt. Soweit er Hinweise darüber erteilt haben sollte, sind diese unverbindlich und die Beteiligten entbinden ihn auch insoweit von jeglicher Haftung.«[452]).

b) Teilunwirksamkeitsklausel

98 Um einer denkbaren Unwirksamkeit infolge ausländischen Rechts bzw. Nichtanerkennung im Ausland gerecht zu werden, kann sich eine entsprechende salvatorische Klausel empfehlen.

▶ Muster: Teilunwirksamkeitsklausel

Teilunwirksamkeit, beschränkte Wirksamkeit oder Nichtanerkennung im Ausland berühren die Wirksamkeit der Bestimmungen in dieser Urkunde im Übrigen nicht. Nach Möglichkeit soll Wirksamkeit in Inland eintreten, soweit möglich aber auch sonst.

Nieder/Kössinger/*W. Kössinger*[453] schlägt außerdem noch die nachfolgende Klausel vor.

▶ Muster: Ergänzung zur Teilunwirksamkeitsklausel

Sind einzelne der letztwilligen Verfügungen in Ländern, in denen sie Wirkung entfalten sollen, ganz oder teilweise unwirksam, so sollen sie jeweils, soweit zulässig, in erster Linie durch Auslegung, dann durch Umdeutung und letztlich durch Bestimmung eines vom Nachlassgericht zu ernennenden Testamentsvollstreckers oder der entsprechenden Person im fremden Recht durch diejenige zulässige Regelung ersetzt werden, die dem Zweck der unzulässigen Verfügung am nächsten kommt. Mangels einer passenden Ersatzregelung ist das Interesse des Bedachten in Geld zu ersetzen.

c) Rechtswahl

99 Für eine Rechtswahl nach Art. 22 EuErbVO kann sich anbieten folgendes

▶ Muster[454]: Rechtswahl von Deutschem mit gewöhnlichem Aufenthalt im Ausland

Ich bin deutscher Staatsangehöriger und habe meinen gewöhnlichen Aufenthalt in .... Ich wähle jedoch hiermit für die Rechtsnachfolge von Todes wegen in mein gesamtes Vermögen sowie für Fragen der Rechtswirksamkeit dieses Testaments das deutsche Recht als mein Staatsangehörigkeitsrecht.
Der Notar hat insbesondere auf Folgendes hingewiesen:
- **die Rechtswahl gilt nicht nur für das heutige Testament sondern für alle Aspekte der Rechtsnachfolge von Todes wegen (wie z.B. auch für Pflichtteilsrechte),**

452 Die Zulässigkeit einer solchen Haftungsfreizeichnung ist umstritten, s.o. Syst. B Rdn. 88.
453 Handbuch der Testamentsgestaltung, § 5 Rn. 45.
454 Abgewandelt nach Hausmann/Odersky/*Odersky* § 15 Rn. 125; Formulierungsvorschläge finden sich auch bei *Langenfeld/Fröhler*, Testamentsgestaltung, Kap. 1 Rn. 192; *Odersky* notar 2013, 3, 7 ff.; *Weber* notar 2015, 296, 299 sowie in großer Zahl und sehr differenzierend bei *Heinig* RNotZ 2014, 197, 217 ff.

- **ohne Rechtswahl würde das Erbrecht des gewöhnlichen Aufenthaltsorts zur Anwendung kommen; der Notar muss ausländisches Recht nicht kennen und hat darüber als Alternative zu meinen heutigen Verfügungen auch nicht im Einzelnen beraten,**
- **es ist fraglich, ob die Rechtswahl im Ausland anerkannt wird.**

Für eine Rechtswahl bei Mehrrechtsstaaten schlägt *Odersky* vor:[455]

▶ Muster: Rechtswahl bei Mehrrechtsstaaten

Ich habe meinen gewöhnlichen Aufenthalt in München, bin aber ausschließlich Staatsangehöriger der USA. Ich wähle hiermit für die Rechtsnachfolge von Todes wegen in mein gesamtes Vermögen mein Staatsangehörigkeitsrecht. Dabei gehe ich davon aus, dass meine engste Verbindung zu den Staaten innerhalb der USA nach Kalifornien besteht, weil ich dort … (Gründe für engste Verbindung angeben). Soweit ich dies bestimmen kann, wünsche ich die Anwendung kalifornischen Rechts.
Der Notar hat mich insbesondere darauf hingewiesen, dass
- **die Rechtswahl nicht nur für das heutige Testament sondern für alle Aspekte der Rechtsnachfolge von Todes wegen (wie z.B. auch für Pflichtteilsrechte) gilt;**
- **ohne Rechtswahl das Erbrecht des gewöhnlichen Aufenthaltsorts zur Anwendung kommen würde;**
- **er nicht beurteilen kann, ob die Rechtswahl von ausländischen Rechtsordnungen anerkannt wird, und ob das Testament im Ausland ganz oder teilweise als nicht wirksam oder nicht durchführbar angesehen wird;**
- **der Notar ausländisches Recht nicht kennen muss und darüber auch nicht beraten hat, insbesondere auch nicht als inhaltliche Alternative zum deutschen Recht. Ich verzichte hierauf und wünsche in Kenntnis der damit verbundenen Risiken die heutige Beurkundung. Der Notar wird von jeglicher Haftung, die sich aus der Anwendbarkeit ausländischen Rechts ergeben könnte, entbunden..**

Für eine umfassende Rechtswahl im Hinblick auf einen Erbvertrag von zwei deutschen Erblassern mit gewöhnlichem Aufenthalt im Ausland empfiehlt *Odersky*:[456] 100

▶ Muster: Rechtswahl im Erbvertrag von Deutschen mit gewöhnlichem Aufenthalt im Ausland

Wir, A und B, sind deutsche Staatsangehörige und haben unseren gewöhnlichen Aufenthalt in …. Da wir unsere Rechtsnachfolge von Todes wegen umfassend nach deutschem Recht gestalten wollen, wählen wir sowohl für die Zulässigkeit, materielle Wirksamkeit und Bindungswirkung dieses Erbvertrags als auch für das jeweils anwendbare Erbrecht erbvertraglich bindend das deutsche Recht.

d) Ausgewählte Beispiele unter Berücksichtigung ausländischer Rechtsinstitute

Im angelsächsischen Rechtskreis ist eine erbrechtliche Bindung regelmäßig unbekannt, sondern die Testierfreiheit kann nur schuldvertraglich beschränkt werden. Das gilt etwa für England. 101

▶ Muster[457]: Bindung nach englischem Recht

Soweit englisches Recht Anwendung findet, verpflichten sich die Beteiligten gegenseitig schuldrechtlich, soweit die Bindungswirkung dieses Erbvertrages nach deutschem Recht reicht bzw. reichen würde, ihre Verfügungen von Todes wegen weder aufzuheben noch abzuändern.[458]

---

455 Hausmann/Odersky/*Odersky* § 15 Rn. 140.

456 Hausmann/Odersky/*Odersky* § 15 Rn. 140; ausführliche Formulierungsvorschläge für die Rechtswahl im Erbvertrag auch bei *Weber* notar 2015, 296, 303 f. und *Odersky* notar 2015, 183, 184.

457 DNotI-Report 2002, 3.

458 Die ausdrückliche Regelung ist sinnvoll, weil die Absicht einer Bindung keinesfalls zu vermuten ist; es ist insb. auch zu empfehlen, ausdrücklich zu bestimmen, welche Folgen eine Wiederheirat des Längerlebenden haben soll, vgl. *Dopffel* DNotZ 1976, 335, 342, 344.

Bei Testamentsvollstreckung ist es möglich, sicherheitshalber die Erben mit der Auflage zu beschweren, eine internationale Nachlassvollmacht nach dem Muster der Kommission für europäische Angelegenheiten (CAE) der internationalen Union des lateinischen Notariats (UINL) zu erteilen.[459]

▶ Muster[460]: Verpflichtung zu internationaler Nachlassvollmacht

Sofern Nachlassgegenstände in anderen Staaten belegen sind, haben die Erben dem Testamentsvollstrecker eine internationale Nachlassvollmacht nach dem Muster der Kommission für europäische Angelegenheiten (CAE) der internationalen Union des lateinischen Notariats (UINL) für die Dauer der Testamentsvollstreckung zu erteilen. Die Erben haben in diesem Fall sich einer eigenen Tätigkeit zu enthalten, soweit und solange der Bevollmächtigte von der Vollmacht Gebrauch macht.

459 *Von Oertzen* ZEV 1995, 167, 171.
460 *Von Oertzen* ZEV 1995, 167, 171.

C. Grundzüge des Erbschaftsteuerrechts sowie der erbrechtlichen Bezüge des Einkommensteuerrechts

Übersicht

I. Grundzüge des Erbschaftsteuerrechts

1. Grundprinzipien

a) Erbschaftsteuer als Erbanfallsteuer

1 Die Erbschaftsteuer (Schenkungsteuer) wird im Allgemeinen als sogenannte Erb- bzw. Vermögensanfallsteuer eingestuft.[1] Diese Umschreibung ist nicht völlig korrekt, da nach § 1 Abs. 1 Nr. 4 ErbStG das Vermögen einer sogenannten Familienstiftung sowie des Familienvereines in Zeitabständen von jeweils 30 Jahren der Erbersatzsteuer unterliegen. In diesem Sonderfall wird in periodischen Abständen das Vermögen der vorgenannten Stiftungen und Vereine erfasst. Insoweit hat die Erbschaftsteuer den Charakter einer Vermögensteuer. Im Grundsatz ist jedoch die Aussage, wonach der in diesem Zusammenhang allein interessierende Erwerb von Todes wegen der Steuer unterliegt, zutreffend.

Die dem ErbStG zugrunde liegende Erbanfallsteuer grenzt sich von der sogenannten Nachlasssteuer ab, die das angelsächsische System prägt. Bei der Erbanfallsteuer ist steuerbegründender Tatbestand nicht der Bestand eines Nachlasses, sondern der Erwerb dieses Nachlasses durch den oder die Erben oder anderweitig durch Verfügung von Todes wegen Begünstigte. Tatbestand der Besteuerung ist der Erwerb der Nachlassgegenstände durch den oder die Erben (Erbengemeinschaft) oder sons-

1 *Meincke/Hannes/Holtz*, ErbStG, Einführung Rn. 1, *Moench/Weinmann*, ErbStG, Einführung Rn. 2.

tige Erwerber von Todes wegen. Ist steuerbegründender Tatbestand der Rechtsübergang auf den Begünstigten, ist die Erfassung der Bereicherung bei dem Begünstigten auch der Anknüpfungspunkt für die Maßgeblichkeit persönlicher Verhältnisse in Bezug auf die verwandtschaftliche Beziehung zwischen Erblasser und Erben. Nur im System der Erbanfallsteuer hat das Verwandtschaftsverhältnis Einfluss auf die Höhe der festzusetzenden Erbschaftsteuer durch Berücksichtigung von Freibeträgen und unterschiedlichen Steuerklassen je nach Verwandtschaftsgrad.

Bei der sogenannten Nachlassbesteuerung sind die persönlichen Verhältnisse unerheblich. Auf den Nachlass wird die Steuer ohne Berücksichtigung der persönlichen Verhältnisse der Begünstigten festgesetzt. Die Nachlasssteuer ist der Sache nach quasi die letzte Einkommen- oder Vermögensteuer des Erblassers, indem sein fundiertes Vermögen nochmals der Besteuerung unterliegt. Konsequent ist Steuerschuldner in diesem Fall der Erblasser, vertreten durch die Erben.

Das ErbStG geht hingegen von der Erbanfallsteuer aus. Dies ergibt sich aus dem Tatbestand des § 3 Abs. 1 Nr. 1 ErbStG, der als Erwerb von Todes wegen den Vermögensanfall an einen kraft Gesetzes oder gewillkürter Erbfolge Begünstigten bindet. Nur die Erbanfallsteuer ist nach der allerdings schon älteren Auffassung des BVerfG im Beschl. v. 22.05.1995[2] verfassungskonform, da nur auf diesem Wege das sog. Kernvermögen der Familie über günstige Steuerklassen und Freibeträge steuerfrei gestellt werden kann. Das BVerfG verlangt die Steuerfreiheit sog. Gebrauchsvermögens bei Erben der Steuerklasse I. Diese kann durch eine Nachlassteuer nicht sichergestellt werden.

b) Bereicherungsprinzip

Ist die Anknüpfung der Erbschaftsteuer an den Erbanfall in Form des Erwerbes von Todes wegen der Anlass für ihre Erhebung, ist sie materiell-rechtlich in der beim Erwerber infolge Erbanfalls zu beobachtenden Steigerung der Leistungsfähigkeit begründet, die zugunsten des Fiskus teilweise wieder abgeschöpft wird. Somit ist eine Besteuerung nur gerechtfertigt, wenn durch den Erwerb das Vermögen des Erwerbers bereichert ist. Dementsprechend ist nach § 10 Abs. 1 Satz 1 ErbStG als steuerpflichtiger Erwerb die Bereicherung des Erwerbers, soweit sie nicht steuerfrei ist (§§ 5, 13, 13a, 13d, 16, 17 und 18 ErbStG), zu erfassen. Bei der Erbschaftsteuer gilt als Bereicherung der Betrag, der aus dem nach den Vorschriften des ErbStG zu ermittelnden Wert des gesamten Vermögensanfalls beim Erwerber, soweit er der Besteuerung nach dem ErbStG unterliegt, nach Abzug der zu berücksichtigenden Nachlassverbindlichkeiten als Bereicherung verbleibt. Ausfluss des Bereicherungsprinzips ist somit insbesondere der Abzug der Nachlassverbindlichkeiten vom steuerpflichtigen Erwerb, da i.H.d. Nachlassverbindlichkeiten die Bereicherung infolge des Erwerbes von Todes wegen gemindert worden ist. Entgegen der systematischen Stellung des § 10 ErbStG im Abschnitt über die Wertermittlung ist schon im Rahmen einer sogenannten Bereicherungsvorprüfung auf der Tatbestandsebene zu prüfen, ob überhaupt eine Bereicherung des Erwerbers vorliegt. Ist schon auf der Tatbestandsebene eine Bereicherung nicht erkennbar – weil z.B. der Erbe zu Lebzeiten des Erblassers an diesen Gegenleistungen für eine vertraglich vereinbarte Erbeinsetzung, mindestens im Wert des Nachlasses erbracht hat,[3] ist dieser Aspekt schon auf der Tatbestandsebene zu berücksichtigen. Eine Verlagerung der Bereicherungsprüfung in die Wertermittlung würde unter Umständen aufgrund unterschiedlicher Wertansätze der jeweiligen Leistungen zu unzutreffenden Ergebnissen führen. Überträgt z.B. der Vertragserbe als Entgelt für die Erbeinsetzung einen Gegenstand, der nicht mit dem Nominalwert anzusetzen ist, hätte dies zur Folge, dass bei einem wirtschaftlich ausgeglichenen Geschäft gleichwohl ein erbschaftsteuerpflichtiger Erwerb vorliegt. 2

c) Stichtagsprinzip

Das Bereicherungsprinzip wird ergänzt durch das Stichtagsprinzip. Dieses setzt den Termin, dessen Verhältnisse für die Ermittlung der Bereicherung maßgebend sind. Da die Vermögenswerte des 3

2 2 BvR 552/91, BStBl. II 1995, 671, B 2 der Entscheidungsgründe.
3 BFH v. 13.07.1983, DB 1984, 331.

Nachlasses ständigen Wertveränderungen unterliegen, ist die Anordnung eines Stichtages erforderlich, um die Erbschaftsbesteuerung von willkürlichen Veränderungen freizuhalten. Durch die Maßgeblichkeit des Stichtages werden Wertveränderungen vor und nach dem Stichtag als irrelevant ausgeschieden. Stichtag für die Erfassung der Bereicherung ist der Zeitpunkt der Entstehung der Steuerschuld (§ 9 ErbStG). Dieser Zeitpunkt ist zugleich auch Stichtag für die Wertermittlung (§ 11 ErbStG).

Der Stichtag hat nicht nur Bedeutung für die Wertermittlung, sondern auch für die Merkmale der persönlichen Steuerpflicht sowie der Steuerklasse des Erwerbers und damit auch der Freibeträge, für die Anrechnung ausländischer Erbschaftsteuer und für die Steuerermäßigung bei mehrfachem Erwerb desselben Vermögens.

In Einzelfällen können das eher formelle Stichtagsprinzip und das Bereicherungsprinzip miteinander kollidieren. Dies gilt insbesondere in den Bereichen, in denen Nachlassverbindlichkeiten noch nicht entstanden sind, gleichwohl wirtschaftlich begründet worden sind. Wichtigstes Beispiel ist die latente Einkommensteuerschuld auf ein Wirtschaftsgut des Betriebsvermögens, die nicht als Nachlassverbindlichkeit abgezogen werden kann. Der II. Senat des BFH[4] tut sich sehr schwer mit der Berücksichtigung der latenten Steuerschuld. So hat er zwar zugelassen, dass die Einkommensteuerschuld des Todesjahres des Erblassers als Nachlassverbindlichkeit abgezogen werden kann, obgleich sie erst mit Ablauf des Kalenderjahres, also nach dem Tode des Erblassers entsteht. Nicht abgezogen werden kann jedoch die latente Steuerschuldschuld auf steuerverstricktes Vermögen, da sich diese Steuerschuld nur aufgrund von Handlungen des Erwerbers ergeben kann.[5] Gleiches gilt auch für sog. zweigliedrige Besteuerungstatbestände des EStG, wenn ein Tatbestandsmerkmal zu Lebzeiten des Erblassers, das zweite erst nach dessen Tode verwirklicht ist. Klassischer Fall ist die Honorarforderung des Erblassers, die erst nach dessen Ableben an den Erben gezahlt wird und bei diesem sowohl der Einkommensteuer als auch der Erbschaftsteuer unterliegt. Weiterer wichtiger Fall sind die Stückzinsen, die erst nach dem Ableben des Erblassers an den Erben gezahlt und bei diesem mit Einkommensteuer belastet werden, obwohl sie wirtschaftlich noch teilweise zu Lebzeiten des Erblassers »verdient« sind und über den Kurs des entsprechenden Wertpapiers auch der Erbschaftsteuer unterliegen.[6] Ferner ergeben sich Härten aus der in aller Regel vorhandenen zeitlichen Trennung zwischen Erbfall und Inbesitznahme des Erwerbes durch den Erwerber. Die Wertveränderungen zwischen Erbfall (Entstehung der Steuer) und Inbesitznahme durch den Erwerber muss dieser hilflos zur Kenntnis nehmen, ohne hierauf durch Verwertung des Vermögens reagieren zu können. So ist etwa bei einem Kursverfall von Aktien im Zeitraum von Erbanfall bis zur Inbesitznahme der Erbschaft der Kurs am Todestag des Erblassers maßgebend, obwohl der Erbe unter Umständen erst sehr viel später in die Lage gekommen ist, die Vermögensgegenstände zum Zwecke der Entrichtung der Erbschaftsteuer zu veräußern. Dies kann im Einzelfall bei ungünstigen Steuerklassen und hohen Steuersätzen dazu führen, dass der gesamte Erwerb von Todes wegen zum Zwecke der Tilgung der Erbschaftsteuer veräußert werden muss. Gleichwohl hält die herrschende Meinung[7] auch in diesen Fällen am strengen Stichtagsprinzip fest, sodass Wertveränderungen nach dem Stichtag ohne Relevanz sind. Im Interesse der Rechtssicherheit ist dies durchaus zu begrüßen, zumal sich das Stichtagsprinzip bei steigenden Kursen auch zugunsten des Steuerpflichtigen auswirken kann. Gleichwohl sollte die Finanzverwaltung in Einzelfällen im Billigkeitswege die Steuer nach den Wertverhältnissen im Zeitpunkt der Inbesitznahme des Erwerbes von Todes wegen festsetzen, wenn weder den Erwerber noch eine andere Person ein Verschulden an der verspäteten Inbesitznahme der Erbschaft trifft. Ist der Steuerpflichtige etwa bei schuldhaft verspäteter Auskehrung eines

4 BFH v. 04.07.2012 – II R 38/10, BStBl. II 2012, 790.

5 BFH v. 27.09.2017 – II R 15/15, BStBl. II 2018, 281 = DStR 2018, 343, zurecht ablehnend *Hübner/Friz/Grünwald* ZEV 2019, 390.

6 BFH v. 17.02.2010 – II R 23/09, BStBl. II 2010, 641; Verfassungsbeschwerde nicht angenommen.

7 BFH v. 22.10.2014 – II R 4/14, BStBl. II 2015, 237; BFH v. 30.08.2017 – II B 16/17, BFH/NV 2017, 1611; *Moench/Weinmann*, ErbStG, § 11 Rn. 5; a.A. Kapp/Ebeling/*Geck*, ErbStG, § 11 Rn. 7; *Meincke/Hannes/Holtz*, ErbStG, § 11 Rn. 7.

Vermächtnisses durch einen Testamentsvollstrecker Inhaber eines Schadensersatzanspruches gegen den Testamentsvollstrecker, mag für eine Billigkeitsmaßnahme kein Anlass bestehen.

d) Maßgeblichkeit des Zivilrechts

Das ErbStG ist durch eine Bindung an das Zivilrecht, insbesondere an das Erbrecht, gekennzeichnet. Einzelbestimmungen, wie § 3 Abs. 1 Nr. 1, 2, § 5 ErbStG, enthalten ausdrückliche Verweisungen auf das BGB. Da das ErbStG die Erwerbe von Todes wegen und die mit ihnen eingetretene Bereicherung besteuert, ist die Bindung an das BGB vorgegeben. Da eine Erbschaft nie eine Erbschaft im wirtschaftlichen, sondern stets im rechtlichen Sinne sein muss, ist auf den zivilrechtlichen Vermögenserwerb zurückzugreifen. Dies hat zur Folge, dass die erbrechtlichen Institute wie Erben- bzw. Miterbenstellung, Vermächtnis, Pflichtteilsberechtigung auch in dem Sinne das ErbStG binden, als eine solche Stellung im wirtschaftlichen Sinn nicht entscheidend ist. Es kommt stets auf die erbrechtliche Rechtsposition an. Die Voraussetzungen des Vermögensanfalls, der besteuert wird, sind somit dem Erbrecht zu entnehmen.[8] Ob und inwieweit wirtschaftliche Betrachtungsweisen in die Auslegung der steuerpflichtigen Tatbestände einfließen, ist allein bei unentgeltlichen Zuwendungen unter Lebenden i.S.d. § 7 Abs. 1 ErbStG zu klären. 4

Es sei allerdings erwähnt, dass die Bindung des ErbStG an das Zivilrecht vom ErbStG im Fall des § 3 Abs. 1 Nr. 4 ErbStG selbst aufgehoben worden ist. Danach gilt als Erwerb von Todes wegen jeder Vermögensvorteil, der aufgrund eines vom Erblasser geschlossenen Vertrages bei dessen Tode von einem Dritten unmittelbar erworben wird. Angesprochen ist unter anderem der Bereich der Ansprüche, die aufgrund eines Vertrages zugunsten Dritter, auch eines Lebensversicherungsvertrages, einem Dritten zugewandt werden. Der Erwerb vollzieht sich zivilrechtlich nicht auf der Ebene des Erbrechts.[9] Gleichwohl wird kraft Fiktion (»als Erwerb von Todes wegen gilt«) der Vermögensanfall als Erwerb von Todes wegen besteuert. Gleiches gilt auch für Abfindungsleistungen, für einen Verzicht auf einen entstandenen Pflichtteilsanspruch oder für die Ausschlagung erbrechtlicher Rechtspositionen (§ 3 Abs. 2 Nr. 4 ErbStG). Die Bindung an das Erbrecht hätte zur Folge gehabt, dass diese Abfindungsleistungen nicht der Erbschaftsteuer unterliegen, da sie nicht als Erwerb von Todes wegen i.S.d. § 3 Abs. 1 ErbStG i.V.m. den zivilrechtlichen Normen einzustufen wären. Die Einbeziehung des Tatbestandes in den Katalog der erbschaftsteuerpflichtigen Erwerbe verfolgt allein den Zweck, Steuerumgehungen zu vermeiden. In diesen Fällen wird die Bindung an das Zivilrecht zwar durchbrochen; da das ErbStG die Anordnung selbst trifft, ist dies zulässig, weil von der gesetzgeberischen Gestaltungsfreiheit gedeckt.[10] 5

e) Konkurrenz zu anderen Steuerarten, insbesondere das Problem der Doppelbelastung

Ein erbschaftsteuerpflichtiger Erwerb kann für den Erwerber die Besteuerung nach anderen Steuergesetzen auslösen oder zumindest Auswirkungen auf andere Steuerarten haben. Ein Verstoß gegen das GG oder einfach-gesetzliche Normen ist hierin nicht zu sehen. Zwischen Erbschaftsteuer und Einkommensteuer besteht in aller Regel kein Konkurrenzverhältnis. Denn die Erbschaftsteuer ist eine Steuer auf den Vermögenserwerb, während die Einkommensteuer Einkünfte erfasst. Daher bestehen in der Regel keine Berührungspunkte beider Steuern. Gleichwohl kann in einzelnen Fällen eine Doppelbelastung vorliegen. Erwirbt etwa der Erbe einen Betrieb, den er anschließend weiterveräußert, ist der Erwerb von Todes wegen der Erbschaftsteuer unterworfen, die anschließende Veräußerung der Einkommensteuer. Die Doppelbelastung wirkt in der Weise, dass die latente Einkommensteuerbelastung bei der Erbschaftsteuer nicht als Nachlassverbindlichkeit abgezogen werden kann, während die Einkommensteuer andererseits nicht den steuerpflichtigen Gewinn aus der Weiterveräußerung um die zuvor gezahlte Erbschaftsteuer mindert. § 35b EStG schafft eine 6

---

8 *Meincke/Hannes/Holtz*, ErbStG, § 3 Rn. 4 m.N.; *Crezelius*, Erbschaft- und Schenkungsteuer in zivilrechtlicher Sicht, 1979, 36 f.

9 BGHZ 32, 44; *Elfring*, ZEV 2004, 305.

10 *Lehmann*, ZEV 2004, 398, 399.

gewisse Entlastung. Danach kann die für den Erwerb angefallene Erbschaftsteuer auf die Einkommensteuer angerechnet werden, wenn der fragliche, dem Nachlass zugehörige Gegenstand innerhalb von 5 Jahren einkommensteuerpflichtig veräußert wird. Dies gilt vermutlich auch für die durch die Veräußerung entstehende Nachsteuer im Bereich der Erbschaftsteuer.[11] Liegt im Bereich des Betriebsvermögens eine Betriebsaufgabe noch in der Person des Erblassers vor, fehlt es an der Doppelbelastung auf der Ebene des Erben, da die letzte Einkommensteuerschuld des Erblassers als Nachlassverbindlichkeit im Rahmen der Erbschaftsteuer abgezogen werden kann.[12]

7 Nach § 3 Nr. 2 Satz 1 GrEStG ist der Grundstückserwerb von Todes wegen von der Grunderwerbsteuer ausgenommen. Erwerbe von Todes wegen von Grundbesitz unterliegen somit nur der Erbschaftsteuer. Die Steuerbefreiung nach § 3 Nr. 2 Satz 1 GrEStG greift auch dann ein, wenn der erbschaftsteuerpflichtige Erwerb nicht zu einer Steuerfestsetzung geführt hat, weil die Freibeträge des ErbStG nicht überschritten sind. Wird im Rahmen einer Erbauseinandersetzung Grundbesitz übertragen, ist dieser Vorgang der Nachlassverteilung gem. § 3 Nr. 3 GrEStG steuerbefreit.

Unter den Tatbestand des § 3 Nr. 2 Satz 1 GrEStG fallen auch Vertragsgestaltungen, in denen ein Erbberechtigter oder Pflichtteilsberechtigter das Grundstück als Abfindung für eine Erbausschlagung, die Ausschlagung eines Vermächtnisses, den Verzicht auf einen Pflichtteil oder den Verzicht auf die Geltendmachung erbrechtlicher Ansprüche erhält und somit die Übertragung den Tatbestand des § 3 Abs. 2 Nr. 4 ErbStG auslöst. Der BFH[13] vertritt allerdings die Auffassung, dass der Vorgang dann der Grunderwerbsteuer unterliegt, wenn das Grundstück nicht als Abfindung für eine Erbausschlagung, die Ausschlagung eines Vermächtnisses oder den Verzicht auf einen Pflichtteil gewährt wird, sondern als Leistung an Erfüllungs statt. Denn in diesem Fall unterliegt der Erbschaftsteuer der Pflichtteilsgeldanspruch. Die Erfüllung dieses Anspruchs durch Hingabe eines Grundstücks ist ein gesondert zu beurteilendes Rechtsgeschäft, welches der Grunderwerbsteuer unterliegt. Das Entgelt liegt in der Verrechnung des Pflichtteilsanspruchs mit der Gegenleistungsverpflichtung aus der Grundstücksübertragung. Im Einzelfall kann natürlich parallel der Befreiungstatbestand des § 3 Nr. 4, 6 GrEStG vorliegen, wonach eine Übertragung zwischen Ehegatten, eingetragenen Lebenspartnern oder Verwandten gerader Linie grunderwerbsteuerfrei ist.

8 Ein Konkurrenzverhältnis zwischen USt und Erbschaftsteuer kann nicht bestehen, weil der Erwerb von Todes wegen kein umsatzsteuerpflichtiger Leistungsaustausch ist. Infolge der Gesamtrechtsnachfolge ist der Erwerb von Todes wegen auch kein Vorgang, der zur Vorsteuerkorrektur nach § 15a UStG zwingt. Die Vorsteuerkorrektur kann nur in einem späteren Verhalten des Erben begründet sein.

f) Steuerbefreiungen – verfassungsrechtliche und europarechtliche Anforderungen

9 Das geltende Recht ist verfassungskonform. Das BVerfG hat im Urt. v. 17.12.2014[14] das ErbStG dem Grunde nach für verfassungskonform erklärt, was auch die vorgelagerte Stufe der Bewertung erfasst. Die Beanstandungen des Gerichtes betrafen in erster Linie die zu weitgehend gefassten Vergünstigungen für Betriebsvermögen. Diese Beanstandungen hat der Gesetzgeber durch das »Gesetz zur Anpassung des Erbschaft- und Schenkungsteuergesetzes an die Rechtsprechung des Bundesverfassungsgerichts« v. 04.11.2016[15] beseitigt. Gewisse Zweifel mag es an der Rückwirkung auf Erwerbstatbestände ab dem 30.06.2016 geben. Diese ändern jedoch nichts daran, dass jedenfalls für zukünftige Erwerbsvorgänge die Steuererhebung verfassungskonform ist.

11 Zu Einzelheiten vgl. *Schmidt/Kulosa*, EStG, § 35b Rn. 18 f. mit Berechnungsbeispielen für den Steuerermäßigungsbetrag.

12 BFH v. 15.04.1993, DB 1993, 2005.

13 BStBl. II 2002, 775.

14 BVerfG v. 17.12.2014 – 1 BvL 21/12, BStBl. II 2015, 50 = ZEV 2015, 19; dazu ausführlich *Crezelius*, ZEV 2015, 1.

15 BGBl. I 2016, 2464.

Bezüglich von Vergünstigungen hat der Gesetzgeber allerdings zu beachten, dass diese am verfassungsrechtlichen Verdikt der Gleichbehandlung der Steuerpflichtigen zu messen sind. Dies bedeutet, dass eine gleichheitsgemäße Ausgestaltung nur dann vorliegt, wenn die Abweichung von der gesetzlichen Belastungsentscheidung, wie sie in den Erwerbstatbeständen, den Steuerklassen, Freibeträgen und Steuergesetzen enthalten ist, einen sachlichen Rechtfertigungsgrund hat. Im Ergebnis werden daher steuerliche Vergünstigungen am verfassungsrechtlichen Maßstab des Art. 3 Abs. 1 GG, also dem allgemeinen Gleichheitssatz, gemessen. 10

Die erbschaftsteuerlichen Vergünstigungen, insbesondere für Erwerber von Betriebsvermögen, sind in jüngerer Zeit europarechtlich unter dem Aspekt einer verbotenen Beihilfe diskutiert worden.[16] Danach könnte ein Verstoß gegen Art. 107 Abs. 1 AEUV vorliegen. Die Norm verbietet, soweit in den maßgeblichen europarechtlichen Verträgen nichts anderes bestimmt ist, aus staatlichen Mitteln gewährte Beihilfen gleich welcher Art, die durch die Begünstigung bestimmter Unternehmen oder Produktionszweige den Wettbewerb verfälschen oder zu verfälschen drohen, soweit dies den Handel zwischen Mitgliedsstaaten beeinträchtigt. Beihilfe können auch Steuererleichterungen sein. Maßgebendes und allein streitiges Prüfungskriterium ist dasjenige der materiellen Selektivität. Dies bedeutet, dass jeder Vorteil europarechtswidrig, weil selektiv ist, der nicht allen betroffenen Steuerpflichtigen gewährt wird. Dem Gesetzgeber ist es jedoch freigestellt, Gruppen von betroffenen Steuerpflichtigen zu bilden, deren Interessen im Rahmen der Selektivität abschließend zu beurteilen sind. Der nationale Gesetzgeber des ErbStG hat die Betriebsvermögensverschonung an produktiv tätige Unternehmen gebunden. Daher ist nicht anzunehmen, dass die Erbschaftsteuerverschonung eine verbotene Beihilfe ist. Dies lässt sich auch auf die Entscheidung des EuGH zur Vorschrift des § 6a GrEStG v. 19.12.2018[17] stützen, nach welcher bereits dann keine verbotene Beihilfe vorliegt, wenn der Gesetzgeber Festlegungen trifft, die einem bestimmten Kreis an Unternehmen aus nachvollziehbaren Gründen die Möglichkeit verschafft, Verschonungsnormen in Anspruch zu nehmen. Dies gilt im Übrigen auch für die Anteilseigner solcher Unternehmen, die von der Erbschaftsteuer erfasst sind. 11

g) Überblick über den Gesetzesaufbau

Das ErbStG ist klar gegliedert: den §§ 1 bis 9 ErbStG über die Steuerpflicht, die sich in Abschnitte über die persönliche und sachliche Steuerpflicht aufgliedern, folgt im Abschnitt II die Regelung über die Wertermittlung (§§ 10 bis 13a ErbStG). Abschnitt III behandelt die Berechnung der Steuer (§§ 14 bis 19 ErbStG), insbesondere die Steuerklassen, Freibeträge und Steuersätze, während der Abschnitt IV die eher technischen Fragen der Steuerfestsetzung und der Erhebung in den §§ 20 bis 35 ErbStG behandelt. Das Gesetz schließt ab mit dem Abschnitt V über die Ermächtigungs- und Schlussvorschriften (§§ 36 bis 39 ErbStG). 12

2. Die Besteuerung dem Grunde nach

a) Persönliche Steuerpflicht

§ 1 Abs. 1 Nr. 1 ErbStG definiert als der Erbschaftsteuer unterliegende Vorgänge Erwerbe von Todes wegen. Diese extrem weite Fassung der Norm hat zur Folge, dass auch Tatbestände, die keinen Inlandsbezug aufweisen, in den Anwendungsbereich des ErbStG fallen würden. Schon aus völkerrechtlichen Gründen bedarf es einer Einschränkung auf Sachverhalte mit Inlandsbezug.[18] Diese Art Filterfunktion erfüllt § 2 ErbStG, der insoweit § 1 Abs. 1 Nr. 1 ErbStG einschränkend die Tatbestände auf solche mit Inlandsbezug einschränkt, wobei bei einem vorhandenen Inlandsbezug durchaus auch einzelne Tatbestandsmerkmale im Ausland erfüllt sein können, ohne die Anwendung des deutschen ErbStG infrage zu stellen. Nach § 2 Abs. 1 ErbStG unterliegen nur solche 13

16 *Wachter* DB 2016, 1273.
17 EuGH v. 19.12.2018 – C-374/17-A-Brauerei, Ubg 2019, 51.
18 *Meincke/Hannes/Holtz*, ErbStG, § 2 Rn. 1 f.

nach § 1 ErbStG steuerpflichtigen Vorgänge der deutschen Erbschaftsteuer, die ein im Inland vorhandenes Vermögen betreffen oder die durch die beteiligten Personen mit dem Inland verbunden sind. Im Einzelnen unterscheidet § 2 ErbStG wie auch im Bereich der Ertragsteuern zwischen unbeschränkter Steuerpflicht (§ 2 Abs. 1 Nr. 1, 2 ErbStG) und beschränkter Steuerpflicht (§ 2 Abs. 1 Nr. 3 ErbStG).

Unbeschränkte und beschränkte Steuerpflicht unterscheiden sich in der Weise, dass bei der unbeschränkten Steuerpflicht zumindest eine der beteiligten Personen Inländer sein muss, während die beschränkte Steuerpflicht an das im Inland belegene Vermögen anknüpft.

14 Bei der unbeschränkten Erbschaftsteuerpflicht ist zu beachten, dass sich diese auf den gesamten Vermögensanfall des Erwerbers bezieht und somit auch im Ausland belegenes Vermögen erfasst. Sie tritt ein für alle Erwerbe aus dem Nachlass eines inländischen Erblassers, selbst wenn der Erwerber kein Inländer ist (vollkommen unbeschränkte Erbschaftsteuerpflicht), sowie für alle Erwerbe von Inländern von einem nicht als Inländer geltenden Erblasser (begrenzte unbeschränkte Steuerpflicht). Hierunter fallen insbesondere Erwerbe von ausländischen Erblassern durch inländische Erben (begrenzte unbeschränkte Steuerpflicht).

Analog den Regelungen zur Einkommensteuer (§§ 1, 2 EStG) ist die Einordnung als Inländer im Sinne der Vorschriften über die unbeschränkte Erbschaftsteuerpflicht nicht von der Staatsangehörigkeit des Erblassers oder des Erwerbers abhängig. Vielmehr gelten als Inländer unabhängig von ihrer Staatsangehörigkeit alle natürlichen Personen, die in der Bundesrepublik Deutschland ihren Wohnsitz oder gewöhnlichen Aufenthalt im Zeitpunkt der Verwirklichung des Steuertatbestandes (Todestag) haben, sowie alle Körperschaften, Personenvereinigungen und Vermögensmassen, die in der Bundesrepublik Deutschland ihren Sitz oder ihre Geschäftsleitung haben. Auf die Vorschriften der §§ 8, 9 AO, die entsprechende Legaldefinitionen enthalten, sei verwiesen.[19] An die Annahme einer Wohnung werden keine hohen Anforderungen gestellt.[20] Es reicht schon aus, wenn die im Inland vorhandene Wohnung nur gelegentlich aufgesucht wird, jedoch dem Inhaber stets zur freien Verfügung steht.

Aufgrund der gesetzlichen Fiktion des § 9 AO, wonach es für die Annahme eines gewöhnlichen Aufenthaltsortes im Inland ausreicht, wenn eine zeitlich zusammenhängende Aufenthaltsdauer von mehr als 6 Monaten vorliegt, können auch die Voraussetzungen des gewöhnlichen Aufenthaltes im Inland schneller erfüllt sein, als gemeinhin angenommen wird. In den Fällen, in denen ein ausländischer Staatsangehöriger seinen gewöhnlichen Aufenthaltsort aufgrund der Fiktion des § 9 Satz 2, 3 AO (6-Monats-Zeitraum) im Inland hat, droht in aller Regel die Gefahr der Doppelbelastung, da das ausländische Erbschaftsteuerrecht seinen Steueranspruch in aller Regel nicht schon bei vorübergehender Abwesenheit aus seinem Territorium aufgibt.

15 Sondertatbestände enthalten § 2 Abs. 1 Nr. 1 Buchst. b) und c) ErbStG, da diese Vorschrift nur auf deutsche Staatsangehörige anwendbar ist. Haben sich deutsche Staatsangehörige ohne Wohnsitz im Inland nicht länger als 5 Jahre dauernd im Ausland aufgehalten oder stehen sie zu einer inländischen Person des öffentlichen Rechts in einem Dienstverhältnis (Stichwort Diplomaten), unterliegen sie der so genannten erweiterten unbeschränkten Steuerpflicht. Im persönlichen Anwendungsbereich erstreckt sich diese auch auf die zum Haushalt dieser Person gehörigen Angehörigen, soweit sie deutsche Staatsangehörige sind.

16 Die unbeschränkte Erbschaftsteuerpflicht erfasst nach § 2 Abs. 1 ErbStG den gesamten Vermögensanfall, mithin auch das im Ausland belegene Vermögen. Die Norm ist allerdings einschränkend so auszulegen, dass beim Erwerb von einem ausländischen Erblasser, der nicht unbeschränkt steuerpflichtig war, durch einen unbeschränkt steuerpflichtigen Erwerber (Erben) nur der diesem Erben

---

19 Bei Auslegungsproblemen ist die Hinzuziehung der einkommensteuerrechtlichen Judikatur und Literatur hilfreich, s. auch RE 2.2 ErbStR 2011, BStBl. I Sondernummer 1/2011.

20 *Schmidt/Heinicke*, EStG, § 1 Rn. 21 m.w.N.

angefallene Vermögenserwerb der unbeschränkten Steuerpflicht unterliegt. Setzt z.B. ein im Ausland ansässiger Erblasser einen Inländer und einen Ausländer als Miterben ein, ist nur der dem inländischen Erben angefallene Vermögensanfall der unbeschränkten Steuerpflicht zu unterwerfen. Fällt im Ausland belegenes Vermögen in den Nachlass, ist dieses gem. § 31 BewG mit dem gemeinen Wert anzusetzen.[21] Wertabweichungen ergeben sich insbesondere im Bereich des Vermögens, das nicht mit dem Nominalwert angesetzt wird, insbesondere für das Grundvermögen. Die Regelungen der §§ 157 ff. BewG, die nach wie vor den Erwerb von Grundvermögen privilegieren, finden auf Auslandsvermögen keine Anwendung. Da die Bewertung von Grundvermögen nach den Bewertungsregelungen der §§ 157 ff. BewG jedenfalls nicht ausnahmslos zum Ansatz des Verkehrswertes (gemeinen Wertes) führt, können sich in Einzelfällen Mehrbelastungen ergeben, die u.U. ein gerichtliches Verfahren mit Überprüfung durch den EuGH rechtfertigen könnten. Verfassungsrechtlich ist für die Steuerpflichtigen keine Hilfestellung zu erwarten, da das BVerfG die Bewertungsnormen nicht als gleichheitswidrig eingeordnet hat.

Bei unbeschränkter Erbschaftsteuerpflicht sind unabhängig von der Staatsangehörigkeit sämtliche 17
Vorschriften des ErbStG anwendbar, insbesondere auch zugunsten der Steuerpflichtigen die entlastenden Regelungen, wie Freibeträge, aber auch die Steuerbefreiungen sowie die Vergünstigungen bei Beendigung des Güterstandes der Zugewinngemeinschaft nach § 5 Abs. 1 ErbStG.

Im Bereich der beschränkten Erbschaftsteuerpflicht verbleiben nur die Sachverhalte, in denen weder 18
Erblasser noch Erwerber Inländer im Sinne der vorgenannten Regelungen sind. In diesen Fällen unterliegt der inländischen Erbschaftsteuer nur das sogenannte Inlandsvermögen. Der Umfang des Inlandsvermögens ist in § 121 Abs. 2 BewG definiert, auf den § 2 Abs. 1 Nr. 3 ErbStG verweist. Der Katalog ist umfassend und umfasst weite Teile des inländischen Vermögens. Als Ausnahmen seien jedoch Anteile an Kapitalgesellschaften mit Sitz im Inland genannt, soweit die Beteiligung des Erblassers am Grund- oder Stammkapital der Gesellschaft nicht ein Zehntel erreicht, sowie Forderungen gegen ausländische Schuldner, die nicht durch Hypotheken, Grundschulden oder Renten gesichert sind. Damit unterliegen ungesicherte Pflichtteilsansprüche von Ausländern im Falle der Erbfolge nach einem ausländischen Erblasser nicht der beschränkten Steuerpflicht, selbst wenn der Erbe Inländer ist und der Nachlass ausschließlich aus Inlandsvermögen besteht. Gleiches gilt auch für Vermächtnisansprüche ausländischer Vermächtnisnehmer gegen inländische Erben, da in aller Regel eine Sicherung nicht besteht.[22] Das der beschränkten Steuerpflicht unterliegende Vermögen wird nach den allgemeinen Regelungen des ErbStG i.V.m. den Vorschriften des BewG bewertet. Aus Sicht des Erwerbers können mit dem Inlandsvermögen im Zusammenhang stehende Verbindlichkeiten abgezogen werden, selbst wenn die Schulden aus Sicht des Forderungsinhabers nicht den Charakter von Inlandsvermögen haben. Aus diesem Grunde kann der beschränkt steuerpflichtige Erwerber auch Vermächtnis- und Pflichtteilsschulden abziehen, die den inländischen Nachlass belasten, obgleich sie aus Sicht des Gläubigers keinen Erwerb von Inlandsvermögen darstellen und somit nicht der deutschen Erbschaftsteuer unterliegen.[23] Im Bereich der beschränkten Steuerpflicht gilt der gleiche Tarif wie bei der unbeschränkten Steuerpflicht. Auch Steuerbefreiungen sind jedenfalls bezüglich des im EU- bzw. EWR-Gebietes belegenen Vermögens anzuwenden. Im Bereich der persönlichen Freibeträge sind unbeschränkt und beschränkt Steuerpflichtige gleichgestellt. In beiden Fällen findet allerdings eine Zusammenrechnung mit Vorerwerben statt; vgl. § 16 Abs. 2 ErbStG.

Nachdem der EuGH in der Entscheidung Hünnebeck[24]die Regelung des § 2 Abs. 3 ErbStG, 19
wonach unbeschränkt Steuerpflichtige berechtigt sind, für die unbeschränkte Steuerpflicht zu optieren, als europarechtswidrig eingestuft hat, musste der Gesetzgeber tätig werden und hat durch

21 Fraglich für im EU-Bereich belegenes Vermögen, vgl. EuGH v. 24.04.2010 – C 510/08 – Vera Mattner, DStR 2010, 891.

22 FG Bremen, EFG 1955, 336; Kapp/Ebeling/*Eisele*, ErbStG, § 2 Rn. 51.

23 *Meincke*, § 2 Rn. 11.

24 EuGH v. 08.06.2016 – Rs. C-479/14, DStR 2016, 1360.

das Steuerumgehungsbekämpfungsgesetz v. 23.06.2017[25] die Norm aufgehoben. Stattdessen werden beschränkt Steuerpflichtigen in § 16 Abs. 2 ErbStG höhere Freibeträge als bislang gewährt; vgl. auch vorstehende Rdn. 18. Danach wird der Freibetrag für unbeschränkt Steuerpflichtige auch beschränkt Steuerpflichtigen gewährt. Dies kann zu einer Inländerbenachteiligung führen. Denn bei unbeschränkter Steuerpflicht wird der Gesamterwerb, gleich wo er belegen ist, besteuert, während bei beschränkter Steuerpflicht nur das inlandsradizierte Vermögen in die Bemessungsgrundlage einfließt. Daher wird der Freibetrag für beschränkt Steuerpflichtige nur in dem Anteil gewährt, in welchem im Gesamterwerb innerhalb der 10-Jahres-Frist vor dem Stichtag des unentgeltlichen Erwerbes inländisches und der deutschen Steuerpflicht unterliegendes Vermögen enthalten ist. Ist in einem Erbfall mit beschränkter Steuerpflicht somit Vermögen von 1 Mio. € vom Erwerber zu versteuern, von welchem 400.000,00 € der inländischen Besteuerung unterliegt, beschränkt sich der Freibetrag auf 40 %, bspw. bei Erwerb durch Abkömmlinge somit 40 % von 400.000,00 € = 160.000,00 €.

20 Ohne große praktische Bedeutung ist die erweiterte beschränkte Erbschaftsteuerpflicht nach dem Außensteuergesetz. Nach § 4 AStG tritt die erweiterte beschränkte Steuerpflicht ein, wenn die Steuerschuld bis zum Ablauf von 10 Jahren nach Ende des Jahres, in dem die unbeschränkte Einkommensteuerpflicht des Erblassers geendet hat, entstanden ist und die weiteren Voraussetzungen des § 2 Abs. 1 Satz 1 AStG im Zeitpunkt der Entstehung der Steuerschuld vorlagen. Die erweiterte beschränkte Steuerpflicht nach AStG beschränkt sich auf deutsche Staatsangehörige. Über § 121 Abs. 2 BewG hinausgehend erfasst sie alle Vermögenswerte, deren Erträge im Falle einer unbeschränkten Einkommensteuerpflicht nicht ausländische Einkünfte i.S.d. § 34c EStG wären. Hiermit sind insbesondere Kapitalforderungen gegen Schuldner im Inland, Spareinlagen und Bankguthaben bei Geldinstituten, aber auch Rentenansprüche gegen inländische Schuldner erfasst.[26]

b) Erwerb von Todes wegen (§ 3 ErbStG)

aa) Erwerb durch Erbanfall (§ 1922 BGB)

21 § 3 Abs. 1 Nr. 1 ErbStG dokumentiert die Bindung des Erbschaftsteuerrechts an das Zivilrecht. Danach gilt als Erwerb von Todes wegen unter anderem der Erwerb durch Erbanfall (§ 1922 BGB). Infolge des Verweises auf das BGB ist erbberechtigt nur derjenige, der auch erbfähig ist. Erwerber können somit auch juristische Personen sowie Personenhandelsgesellschaften sein. Gleiches gilt auch für Gesamthandsgemeinschaften in der Form der Gesellschaft bürgerlichen Rechts. Dies gilt auch nach der Änderung der Rspr.[27] zur Steuerschuldnerschaft der Gesellschaft bürgerlichen Rechts, da diese Entscheidung in der Weise zu verstehen ist, dass an der Erwerberstellung der Gesellschaft bürgerlichen Rechts keine Zweifel bestehen und sich die Änderung der Rechtsprechung lediglich auf die Steuerklasse der Gesamthänder bezieht.

Von § 3 Abs. 1 Nr. 1 ErbStG erfasst ist nur der Erwerb **durch** Erbanfall, nicht aufgrund von Erbanfall.[28] Die Ansprüche eines Vertragserben gegen einen Dritten, an den der Erblasser in beeinträchtigender Weise ein Geschenk gemacht hat, unterliegen nicht der Steuerpflicht nach § 3 Abs. 1 Nr. 1 ErbStG, da der Anspruch aus § 2287 BGB nicht in den Nachlass fällt. Diese Rechtsprechung des BFH[29] hat den Gesetzgeber veranlasst, diesen Anspruch durch einen Auffangtatbestand in § 3 Abs. 2 Nr. 7 ErbStG als Erwerb von Todes wegen einzuordnen.[30]

---

25 BGBl. I 2017, 1682.

26 *Meincke*, § 37a Rn. 7.

27 BFH v. 14.09.1994, DB 1995, 254, gegen BFH BStBl. II 1989, 237.

28 So explizit BFH v. 04.05.2011 – II R 34/09, BStBl. II 2011, 725; ausführlich *Geck*, in: FS Bengel/Reimann, 2012, 81 m.N.

29 BFH v. 06.03.1991, DB 1991, 1103.

30 Über seinen Wortlaut hinaus erfasst § 3 Abs. 2 Nr. 7 ErbStG auch Ansprüche des Vertragsvermächtnisnehmers nach § 2288 BGB sowie den Anspruch des durch eine wechselbezügliche Verfügung Bedachten (Testamentserben) analog § 2287 BGB, BFH v. 08.08.2000, BStBl. II 2000, 587 = DB 2000, 2308.

Der Erbschaftsteuerpflicht unterliegt die Bereicherung des Erwerbers (des Erben). Eine Bereicherungsabsicht aufseiten des Erblassers ist nicht erforderlich.

Über die Gesamtrechtsnachfolge nach § 1922 BGB hinaus erfasst § 3 Abs. 1 Nr. 1 ErbStG auch den Erwerb des Nacherben gem. § 2139 BGB sowie den Erwerb des Dritten, der die Nacherbenanwartschaft durch Rechtsgeschäft vom Nacherben erworben hat und beim Nacherbenfall gem. § 2139 BGB erwirbt.[31] Die Regelung des § 6 ErbStG hat insoweit nur ergänzende Bedeutung. 22

Erbschaftsteuerlich ist ohne Bedeutung, ob der Erbanfall aufgrund gesetzlicher oder gewillkürter Erbfolge erfolgt. Bei einer Erbengemeinschaft wird der Nachlass entsprechend den Erbquoten gem. § 39 Abs. 2 Nr. 2 AO den Erben zugerechnet. Bewertungsvorteile kommen damit allen Erben zugute, unabhängig davon, wer den Nachlassgegenstand im Rahmen der Erbauseinandersetzung erhält. Ausnahmen gelten nur für privilegiertes, weil ganz oder teilweise verschontes Vermögen; vgl. §§ 13 Abs. 1 Nr. 4b), c), 13a Abs. 5, 13b Abs. 3, 13d Abs. 2, 19a Abs. 2 Satz 2 ErbStG. Dies gilt selbstverständlich für aktive und passive Nachlassgegenstände. Hinsichtlich der Höhe der Erbquoten hat der Erbschein auch steuerlich nach § 2365 BGB die Vermutung der Richtigkeit für sich.[32] Demzufolge hat der Steuerpflichtige den Erbschein gegen sich gelten zu lassen, solange er seine Unrichtigkeit nicht nachweist. Das Finanzamt kann für eine abweichende Steuerfestsetzung zur Voraussetzung machen, dass der Steuerpflichtige über die Einziehung des bisherigen Erbscheins und Neuerteilung des Erbscheins eine abweichende, für ihn günstigere Erbquote nachweist. Ist der Erbschein nicht vorhanden, etwa weil die Erben die Auseinandersetzung des Nachlasses ohne Erbschein betreiben können, ist das Finanzamt nicht berechtigt, den Nachweis der Erbfolge durch Vorlage eines Erbscheins zu verlangen. Vielmehr ist das Finanzamt gehalten, sich aufgrund Auslegung der letztwilligen Verfügungen oder im Falle gesetzlicher Erbfolge durch Ermittlung der Erbquoten nach den gesetzlichen Vorgaben die Grundlagen für die Ermittlung der Erbquote zu verschaffen. Nur soweit es Streit zwischen Finanzamt und Steuerpflichtigem über die Höhe der Erbquote gibt, ist das Finanzamt berechtigt, zunächst die von ihm ermittelten Erbquoten der Besteuerung zugrunde zu legen und den Steuerpflichtigen auf einen Nachweis aufgrund eines Erbscheins zu verweisen. 23

Allerdings ist das Finanzamt an einen so genannten ernst gemeinten Vergleich der Beteiligten über die streitige Erbrechtslage gebunden. Dies gilt insbesondere dann, wenn der Vergleich zur Auslegung einer zweifelhaften letztwilligen Verfügung, aber auch einer streitigen Rechtsfrage abgeschlossen wird.[33] Die Rechtsprechung fußt auf der Überlegung, dass der Besteuerung nur das zugrunde zu legen ist, was nach Auffassung aller Beteiligten tatsächlich gilt. Dies gilt selbst dann, wenn das von den Parteien Vereinbarte insgesamt zu einer niedrigeren Steuerbelastung führt als die Interpretation, die das Finanzamt der Besteuerung zugrunde gelegt hätte, wenn der Vergleich nicht geschlossen worden wäre. 24

Gleichwohl sei davor gewarnt, diese Rechtsprechung extensiv auszulegen. Maßgebend können nur Vereinbarungen sein, die auf begründeten, d.h. nachvollziehbaren Zweifeln am Inhalt einer letztwilligen Verfügung beruhen. Erbschaftsteuerlich ungünstige letztwillige Verfügungen oder gesetzliche Erbfolgen können nicht durch Vergleiche unter den Beteiligten zulasten des Finanzamtes beseitigt werden. Hierzu stehen andere Möglichkeiten, wie etwa die Erbausschlagung gegen Abfindung zur Verfügung. Dient der Vergleich nicht der Beseitigung der Unsicherheit über die erbrechtliche Lage, ist in aller Regel davon auszugehen, dass er seine Grundlage nicht in der Klarstellung des Erblasserwillens oder der Erbauseinandersetzung hat, sondern in einer privaten Beziehung unter den Beteiligten, sodass in aller Regel in diesen Fällen auch eine freigebige Zuwendung unter den Miterben vorliegen kann. Hiervor sei nachdrücklich gewarnt.

---

31 OLG Düsseldorf MDR 1981, 143.

32 BFH v. 22.11.1995, DB 1996, 918; nur bei gewichtigen Gründen gegen die Richtigkeit des Erbscheins sind Finanzbehörden und -gerichte berechtigt und verpflichtet, das Erbrecht und die Erbanteile selbst zu ermitteln.

33 Grundlegend BFH v. 18.05.1966, BStBl. III 1966, 593; Kapp/*Ebeling*/*Geck* § 3 Rn. 54 ff., bestätigt durch BFH v. 06.12.2000, BFH/NV 2001, 601.

25 Erbschaftsteuerlich bedarf der Erwerb durch Erbanfall ebenso wenig wie im Zivilrecht einer ausdrücklichen Annahmeerklärung des Erwerbers. Vielmehr ist der Steuertatbestand schon mit dem durch den Tod des Erblassers erfolgten Erbanfall verwirklicht. Lässt der Erwerber die Ausschlagungsfrist verstreichen, begibt er sich der Möglichkeit, den Steuertatbestand mit Wirkung auf den Todesstichtag zu beseitigen.

26 Erwirbt ein Vertragserbe durch Erbanfall, ist dieser berechtigt, die Gegenleistung, die er für die Einsetzung als Erbe erbracht hat, als Nachlassverbindlichkeit i.S.d. § 10 Abs. 5 Nr. 3 ErbStG[34] vom Wert des Erbanfalls in Abzug zu bringen, soweit die Leistungen nach Abschluss des Erbvertrages erbracht worden sind. Hintergrund dieser Einschränkung ist die Überlegung, dass eine Nachlassverbindlichkeit nur dann begründet ist, wenn der Leistende zu dieser Leistung verpflichtet war.

bb) Erwerb durch Vermächtnis, Abgrenzung zwischen Teilungsanordnung und Vermächtnis

27 Als Erwerb von Todes wegen gilt auch der Erwerb aufgrund eines Vermächtnisses (§§ 2147 ff. BGB). Der Vermächtnisnehmer ist Inhaber eines schuldrechtlichen Anspruches gegen den oder die Erben auf Übertragung des Vermächtnisgegenstandes. Diese Einordnung ist auch erbschaftsteuerlich von Bedeutung, weil das Vermächtnis mit dem Steuerwert dessen angesetzt wird, auf das es gerichtet ist (§ 10 Abs. 1 Satz 2 ErbStG i.V.m. § 12 ErbStG). Ist das Vermächtnis in Form eines Geldanspruches gegen den oder die Erben ausgesetzt, ist Bemessungsgrundlage der gemeine Wert des Geldanspruches, mithin der Nominalwert. Ist das Vermächtnis auf Übertragung eines Grundstücks gerichtet, ist der Steuerwert des Grundstücks anzusetzen. Der Vermächtnisnehmer steht somit erbschaftsteuerlich quasi vor der Klammer, indem abweichend zu den vorstehend skizzierten Grundsätzen bei einer Erbengemeinschaft ihm keine Erbquote zugerechnet wird, deren Steuerwert sich aus der Summe sämtlicher Aktiv- und Passivwerte des Nachlasses entsprechend seiner Erbquote zusammensetzt, sondern der als Vermächtnis ausgesetzte Gegenstand.

Dies kann sich zuungunsten oder zugunsten des Vermächtnisnehmers auswirken. Besteht der Nachlass aus steuerbegünstigten Gegenständen, etwa in Form von unterhalb des gemeinen Wert angesetzten Grundbesitzes oder durch den Verschonungsabschlag entlasteten Betriebsvermögens, und ist dem Vermächtnisnehmer lediglich ein Geldanspruch ausgesetzt worden, profitiert er nicht von den Privilegien der erbschaftsteuerlichen Behandlung der vorgenannten Vermögensgegenstände, sondern hat den Nominalwert seines Anspruchs zu versteuern. Die Erben sind spiegelbildlich berechtigt, den Nominalwert des Anspruchs als Nachlassverbindlichkeit abzuziehen. In diesem Fall ist der Vermächtnisnehmer steuerlich schlechtergestellt, als wenn er Mitglied der Erbengemeinschaft wäre und somit anteilig an den Vergünstigungen der vorgenannten Vermögensgegenstände teilhaben würde. Ist der Vermächtnisanspruch hingegen auf steuerlich auf Bewertungsebene oder durch Verschonungsnormen entlastete Sachwerte (z.B.Grundstücke, Betriebsvermögen) gerichtet, während der Nachlass im Übrigen aus Vermögen besteht, das mit dem Nominalwert anzusetzen ist, ist der Vermächtnisnehmer begünstigt, die Erbengemeinschaft schlechtergestellt. All dies ist bei der Abfassung letztwilliger Verfügungen zu bedenken.

28 Die zivilrechtliche Abgrenzung zwischen Vermächtnis und Teilungsanordnung schlägt auch auf die erbschaftsteuerliche Beurteilung durch. Anders als das Vermächtnis ist die Teilungsanordnung erbschaftsteuerrechtlich ohne Bedeutung, sodass erbschaftsteuerlich trotz Teilungsanordnung fingiert wird, dass sämtliche Erben quasi im Wege einer Realteilung alle Vermögensgegenstände, gleich ob Besitzposten oder Nachlassverbindlichkeiten, im Verhältnis der Erbquoten erwerben.

Die Teilungsanordnung wird als eine Maßnahme der Erbauseinandersetzung eingeordnet. Aufgrund des eindeutigen Wortlauts des § 3 Abs. 1 Nr. 1 ErbStG, der den Erwerb durch Erbanfall der Erbschaftsteuer zugrunde legt, ist die Erbauseinandersetzung erbschaftsteuerlich ohne Bedeutung. Eine eng begrenzte Ausnahme gilt in den Sachverhalten, in denen in der Erbauseinandersetzung die Erbquoten aufgrund eines ernstlich vereinbarten Vergleiches korrigiert werden. Somit unter-

34 BFH v. 13.07.1983, DB 1984, 331; zum Zivilrecht s. BGH, NJW 1962, 250.

liegt entsprechend dem Bürgerlichen Recht der Erwerb durch Erbanfall (Erbquote laut Erbschein) und nicht der Erwerb aufgrund Erbfalls, d.h. das Ergebnis der Abwicklung des Nachlasses, der Erbschaftsteuer. In einigen Teilbereichen haben die Steuergerichte für eine erfreuliche Präzisierung gesorgt. Hat die Teilungsanordnung eine Verschiebung der Erbquote zur Folge, ist die unter Berücksichtigung der Teilungsanordnung maßgebende Erbquote anzuwenden.[35] Hierin liegt kein Widerspruch zur vorstehenden Auffassung, da auch in diesem Fall eine Besteuerung auf der Grundlage der Erbquoten erfolgt, die allerdings durch die Teilungsanordnung abweichend vom Wortlaut der letztwilligen Verfügung verschoben worden sind.

Wird der Vermächtnisgegenstand quasi erbschaftsteuerlich aus dem Nachlass ausverlagert, ist schon auf der zivilrechtlichen Ebene der Auslegung der letztwilligen Verfügung zu klären, ob der von Todes wegen Begünstigte Vermächtnisnehmer oder Miterbe ist und die Übertragung eines einzelnen Gegenstandes lediglich im Rahmen einer Teilungsanordnung verlangen kann. Die leider unter Laien verbreitete Praxis, ohne ausdrückliche Erbeneinsetzung einzelne Gegenstände einzelnen Personen zuzuordnen und ihre hierfür vorhandenen Lösungen, hat somit auch erbschaftsteuerrechtliche Relevanz. 29

Ist ein Vermächtnis als sogenanntes Vorausvermächtnis einzustufen, sodass es dem Erben zusätzlich zur Erbquote ausgesetzt wird, ist der Anspruch vor die Klammer zu ziehen und mit dem Steuerwert des Gegenstandes anzusetzen, auf dessen Eigentumsübertragung er gerichtet ist. Für die Abgrenzung zwischen Vorausvermächtnis und Teilungsanordnung folgt das Erbschaftsteuergesetz dem Zivilrecht.

▶ **Beispiel für die unterschiedliche Besteuerung von Teilungsanordnungen und Vermächtnissen:**

Im Nachlass des Erblassers A befindet sich Kapitalvermögen mit einem Kurswert von 500.000,00 € und ein Grundstück mit einem Verkehrswert von 500.000,00 €, jedoch einem Steuerwert von 400.000,00 €. B und C sind Miterben je zur Hälfte. A hat durch Teilungsanordnung angeordnet, dass B das Grundstück und C das Wertpapierdepot erhält. Erbschaftsteuerlich wird die Bemessungsgrundlage von 900.000,00 € auf die Erben entsprechend der Erbquote aufgeteilt, sodass C auch in den Genuss der Niedrig-Bewertung des Grundbesitzes kommt; denn die Teilungsanordnung als Maßnahme der Erbauseinandersetzung ist erbschaftsteuerlich ohne Bedeutung. 30

Hätte der Erblasser hingegen das Wertpapierdepot und das Grundstück jeweils durch Vorausvermächtnisse zugeordnet, hätte jeder Vorausvermächtnisnehmer den von ihm (außerhalb der Erbauseinandersetzung) erworbenen Vermögensgegenstand mit dem jeweiligen Steuerwert zu besteuern. Hieraus ergibt sich, dass Gestaltungsmöglichkeiten insbesondere in den Fällen bestehen, in denen der Erwerber von Vermögen eine ungünstige Steuerklasse zum Erblasser aufweist. Werden diesem Personenkreis Vermögensgegenstände zugewiesen, welche unterhalb des Verkehrswertes steuerlich angesetzt werden, empfiehlt es sich, diesen Personenkreis mit (Voraus-)Vermächtnissen zu bedenken. Nur hierdurch schlägt der niedrige Steuerwert unmittelbar auf die Besteuerung des Vermächtnisnehmers durch.

§ 3 Abs. 2 Nr. 4 ErbStG erweitert den Tatbestand des § 3 Abs. 1 Nr. 1 ErbStG um eine Abfindung für die Ausschlagung eines Vermächtnisses. Hiermit soll dem »Steuersparmodell« vorgebeugt werden, wonach der Vermächtnisanspruch nicht geltend gemacht wird und der Erbe als Entgelt für die Nichtgeltendmachung eine Leistung an den Vermächtnisnehmer erbringt. Dies würde sich insbesondere dann »rechnen«, wenn die Geltendmachung des Vermächtnisses bei dem Vermächtnisnehmer zu einer erheblichen Erbschaftsteuerbelastung führt, während der Erbe durch die Erfüllung des Vermächtnisses erbschaftsteuerlich keine Entlastung erfährt, da gegen ihn ohnehin aufgrund hoher Freibeträge oder steuerfreien Erwerbes keine Erbschaftsteuer festzusetzen ist. Da die Steuer beim Vermächtnisnehmer erst entsteht, wenn er das Vermächtnis geltend macht, führt die Abfin- 31

35 Vgl. RE 3.1 Abs. 4 ErbStR 2011.

dung für die Ausschlagung eines Vermächtnisses nicht zu einer doppelten Erbschaftsteuerbelastung. Denn die Steuerpflicht erfasst nach § 3 Abs. 2 Nr. 4 ErbStG nur die als Abfindung für die Ausschlagung des Vermächtnisses erhaltene Leistung. Das als Abfindung Gewährte ist mit dem Steuerwert der Leistung anzusetzen, die als Abfindung erbracht wird. Wird als Abfindung z.B. ein Grundstück übertragen, ist der Grundstückswert anzusetzen, nicht der Verkehrswert des Grundstücks. Nur dieser kann allerdings auch beim Erwerber als Nachlassverbindlichkeit abgezogen werden. Im Einzelfall können sich beträchtliche Steuerersparnisse ergeben. Ist der Vermächtnisnehmer nur weitläufig mit dem Erblasser verwandt und findet auf seinen Erwerb Steuerklasse III Anwendung, während der Erbe durch die Erfüllung des Vermächtnisses infolge niedrigerer Steuerklasse nicht wesentlich entlastet wird, empfiehlt es sich, anstelle des Geldvermächtnisses ein Grundstück zu leisten, sofern dieses – was häufig vorkommt – niedriger als mit dem gemeinen Wert bewertet wird. Die Addition der Entlastung beim Vermächtnisnehmer und Belastung beim Erben ergibt in aller Regel eine Entlastung, deren wirtschaftliches Ergebnis durch Bemessung des Abfindungsbetrages unter den Beteiligten »geteilt« gewährt werden kann. Der erbschaftsteuerliche Wert des Vermächtnisanspruches entspricht dem Wert des Gegenstandes, auf dessen Eigentumsübertragung sich der Vermächtnisanspruch richtet. Somit ist der Anspruch auf Herausgabe eines Grundstücks in Erfüllung des Vermächtnisses mit dem Steuerwert des betroffenen Grundstücks anzusetzen. Sind mit dem Grundstück in Zusammenhang stehende Verbindlichkeiten zu übernehmen, sind diese mit dem Nominalwert als Nachlassverbindlichkeit abzugsfähig. Mit dieser Auffassung[36] wird der Tatsache Rechnung getragen, dass der Vermächtnisanspruch notwendigerweise zunächst ein schuldrechtlicher Anspruch ist, jedoch im Ergebnis der Erblasser dem Vermächtnisnehmer den Gegenstand zuwenden wollte, auf den sich der Vermächtnisanspruch richtet. Beim mit dem Vermächtnis belasteten Erben ist der Vermächtnisanspruch mit dem Steuerwert des Gegenstandes als Nachlassverbindlichkeit abzuziehen, auf dessen Erfüllung sich der Anspruch richtet. Hieraus können sich Gestaltungserwägungen ergeben, indem Personen, welche in einer ungünstigen Steuerklasse zum Erblasser stehen, jedoch mit dem Nominalwert anzusetzenden Vermögenspositionen als Vermächtnis ausgestattet sind, diese gegen Abfindung durch Hingabe niedriger bewerteter Vermögensgegenstände aufgeben.

▶ **Beispiel:**

32 Erblasser A hat seiner langjährigen Haushaltshilfe ein Vermächtnis i.H.v. 200.000,00 € ausgesetzt. Die Haushaltshilfe vereinbart mit dem Erben, dass diese das Vermächtnis nicht annimmt, sondern als Abfindung für die Nichtannahme des Vermächtnisses eine Eigentumswohnung mit Verkehrswert von 200.000,00 €, einem Grundbesitzwert (Steuerwert) i.H.v. nur 160.000,00 € erhält. Bemessungsgrundlage aus Sicht der Haushaltshilfe als Vermächtnisnehmerin ist der Steuerwert der Eigentumswohnung (160.000,00 €). Allerdings kann der belastete Erbe nicht den Nominalwert des Geldvermächtnisses, sondern nur den Steuerwert der hingegebenen Eigentumswohnung als Nachlassverbindlichkeit abziehen. Vor- und Nachteile sind durch Vermächtnisnehmer und Erben jeweils im Einzelfall gegeneinander abzuwägen.

33 Aufgrund dieser Überlegungen ist die Rechtsprechung des BFH[37] bei einem Geldvermächtnis, das aufgrund einer unter den Beteiligten getroffenen Vereinbarung durch ein Grundstück erfüllt wird, nicht den Wert des Grundstücks, sondern den Nominalwert des Geldvermächtnisanspruches der Besteuerung zugrunde zu legen, nicht überraschend. Gleiches gilt auch, wenn der Vermächtnisnehmer aus dem Nachlass ein Grundstück käuflich erwirbt und die Geldvermächtnisforderung anteilig zur Aufrechnung stellt.[38]

36 Überblick über die Rechtsentwicklung bei Kapp/Ebeling/*Geck*, ErbStG, § 3 Rn. 158 ff.
37 BFH v. 25.10.1995, DB 1996, 189.
38 BFH v. 21.06.1995, DB 1995, 220.

Beim Wahlvermächtnis i.S.d. § 2154 Abs. 1 BGB ist der Wert der Leistung anzusetzen, die der Vermächtnisnehmer aufgrund des ihm erteilten Wahlrechtes auswählt.[39] Steht das Wahlrecht dem Erben zu, entscheidet er im Ergebnis über die erbschaftsteuerliche Belastung des Vermächtnisnehmers durch Auswahl des entsprechenden Gegenstandes. Dies sollte bei der Abfassung letztwilliger Verfügungen bedacht werden. 34

Etwas schwieriger ist, die erbschaftsteuerliche Behandlung des sogenannten *Verschaffungsvermächtnisses* zu beurteilen. Beim Verschaffungsvermächtnis ist der Anspruch des Vermächtnisnehmers auf die Eigentumsübertragung eines Gegenstandes gerichtet, der nicht Bestandteil des Nachlasses ist, sondern vom Erben im Wege eines Vertrages zugunsten eines Dritten zunächst beschafft werden muss. Aus Sicht des Vermächtnisnehmers ist der Steuerwert des Gegenstandes anzusetzen, den er in Erfüllung des Vermächtnisses erhält. Beim Grundstücksvermächtnis ist dies der sogenannte Grundbesitzwert gem. § 12 Abs. 2 ErbStG. Beim belasteten Erben ist die Rechtslage insofern anders als bei der Übertragung eines im Nachlass befindlichen Grundstücks, da der Erbe einen Geldbetrag zum Erwerb des Vermächtnisgegenstandes aufwenden muss. Dies rechtfertigt es, nicht den Steuerwert des Grundstücks, sondern den zum Erwerb des Grundstücks erforderlichen Geldbetrag als Nachlassverbindlichkeit abzuziehen.[40] 35

Das sogenannte Kaufrechtsvermächtnis, bei dem der Vermächtnisnehmer einen Anspruch auf Erwerb eines Nachlassgegenstandes zu einem bestimmten Kaufpreis erwirbt, ist erbschaftsteuerlich nur dann von Bedeutung, wenn der festgesetzte Kaufpreis unter dem Verkehrswert des Gegenstandes liegt, auf den sich das Kaufrechtsvermächtnis richtet. Der BFH[41] vertritt die Auffassung, der Gegenstand, auf welchen sich das Kaufrechtsvermächtnis richtet, sei nicht mit dem Steuerwert des Gegenstandes, welchen der Vermächtnisnehmer erwirbt, sondern mit dem gemeinen Wert zu bewerten. Gegenstand der Bewertung ist somit nicht der Gegenstand selbst, sondern der Anspruch auf Übertragung des Gegenstandes gegen einen festgelegten Kaufpreis. Dies ist der Verkehrswert des Gegenstandes. Der Vermächtnisnehmer ist allerdings berechtigt, die Gegenleistung vom Wert des Anspruchs abzuziehen. 36

▶ **Beispiel:**

Vermächtnisnehmer A ist berechtigt, ein Grundstück, welches einen Steuerwert von 150.000,00 € und einen Verkehrswert von 200.000,00 € hat, zu einem festgelegten Preis von 100.000,00 € zu erwerben. Bemessungsgrundlage ist der Verkehrswert des Grundstücks, gekürzt um die Gegenleistung. Vermächtnisnehmer A versteuert mithin vor Abzug persönlicher Freibeträge einen steuerpflichtigen Erwerb i.H.v. 50.000,00 €. 37

Korrespondierend ist auf der Ebene des belasteten Erben zunächst das Grundstück mit dem Steuerwert zu erfassen. Die Verbindlichkeit auf Übertragung des Grundstücks auf den Vermächtnisnehmer ist aus Sicht des Erben mit dem Verkehrswert (200.000,00 €) abzuziehen und der Anspruch auf Zahlung von 150.000,00 € als Besitzposten anzusetzen.

cc) Erwerb aufgrund eines geltend gemachten Pflichtteilsanspruches

Als Erwerb von Todes wegen gilt auch der Erwerb aufgrund eines **geltend gemachten** Pflichtteilsanspruches. Das Gesetz bindet die Steuerpflicht daher nicht an die Entstehung des Anspruches, der mit Erbfall entsteht (§ 2317 BGB), sondern macht darüber hinaus die Geltendmachung des Anspruchs zur Voraussetzung für den Steueranspruch. Damit soll verhindert werden, dass Pflichtteilsansprüche nur aus dem Grund geltend gemacht werden, um die auf sie entfallende Erbschaftsteuer zu entrichten. Korrespondierend kann auch nur der geltend gemachte Pflichtteilsanspruch beim Belasteten als Nachlassverbindlichkeit abgezogen werden (§ 10 Abs. 5 Nr. 2 ErbStG). Befin- 38

39 So BFH v. 06.06.2001, ZEV 2001, 452 m. Anm. *Wälzholz.*

40 Höchstrichterlich noch nicht geklärt, Überblick bei Kapp/Ebeling/*Geck*, ErbStG, § 3 Rn. 176.

41 BFH v. 13.08.2008, BStBl. II 2008, 982; maßgebend ist danach der Verkehrswert.

det sich im Nachlass jedoch ein Pflichtteilsanspruch, welcher bereits in der Person des Erblassers bestand und von ihm noch nicht geltend gemacht ist, ist dieser Anspruch als Bestandteil des Nachlasses zu erfassen.[42]

Der Anspruch besteht bereits dann, wenn der Pflichtteilsberechtigte seinen Anspruch gegenüber dem Erben geltend macht. Die Erfüllung des Anspruchs ist nicht Voraussetzung für die Erfüllung des erbschaftsteuerpflichtigen Tatbestandes. Es reicht bereits aus, wenn der Pflichtteilsberechtigte den Erben auffordert, gem. § 2314 BGB Auskunft über den Umfang des Nachlasses zu erteilen.

39 Wird der Pflichtteilsanspruch zunächst geltend gemacht, dann aber auf ihn verzichtet, ist die Erbschaftsteuer nach § 9 Abs. 1 Nr. 1b ErbStG gleichwohl entstanden, sodass der Verzicht die Erbschaftsteuer nicht entfallen lässt. Erfolgt der Verzicht ohne Gegenleistung, kann hierin eine freigebige Zuwendung gegenüber dem Erben liegen. Im Ergebnis hat dies eine doppelte Steuerbelastung (Erbschaftsteuer auf den Pflichtteil, Schenkungsteuer durch den Verzicht) zur Folge, sodass die Entscheidung, den Pflichtteil geltend zu machen, sorgfältig bedacht werden sollte.

40 Leistungen, die als Abfindung für einen Pflichtteilsanspruch gewährt werden, sind mit dem Wert der hingegebenen Leistung anzusetzen (§ 3 Abs. 2 Nr. 4 ErbStG), woraus sich Gestaltungsmöglichkeiten ergeben. So kann der Erbe dem Pflichtteilsberechtigten steuerbegünstigtes Vermögen wie Betriebsvermögen oder Grundbesitz übertragen und damit den Steuerwert des Pflichtteilsanspruchs über den Betrag hinaus ohne zusätzliche Steuerbelastung auffüllen, der entstehen würde, wenn der Pflichtteil in Geld befriedigt würde. Als Nachteil bleibt zu beachten, dass der Erbe die von ihm erbrachten Leistungen nur mit dem Steuerwert der übertragenen Gegenstände abziehen kann.

Der Verzicht auf den Pflichtteilsanspruch vor dessen Entstehung (Pflichtteilsverzicht unter Lebenden) ist nach § 13 Abs. 1 Nr. 10 ErbStG steuerfrei. Erfolgt der Verzicht gegen eine Abfindung, so ist diese steuerpflichtig, wobei sie vom Erblasser als zugewandt gilt und im Zeitpunkt des Todes des Erblassers zu versteuern ist, selbst wenn der Pflichtteilsverzicht zeitlich vorausgeht (§ 7 Abs. 1 Nr. 5 ErbStG).

Wird der geltend gemachte Pflichtteil durch Leistung an Erfüllungs Statt durch Übertragung eines anderen Gegenstandes als einer Geldleistung getilgt, ist gleichwohl die Geldforderung der Besteuerung zugrunde zu legen, da die Rspr. des BFH zur Leistung an Erfüllungs Statt (s. Syst. C Rdn. 31) beim Vermächtnis auch auf den geltend gemachten Pflichtteil übertragbar ist.

dd) Erwerb durch Schenkung auf den Todesfall

41 Als Erwerb von Todes wegen gilt nach § 3 Abs. 1 Nr. 2 ErbStG auch der Erwerb durch Schenkung auf den Todesfall (§ 2301 BGB). Zivilrechtlich ist bei der Schenkung auf den Todesfall, die unter der Überlebensbedingung des Beschenkten steht, zu unterscheiden. Sofern die Schenkung noch vor dem Tode des Schenkers vollzogen wird, gilt das Schenkungsrecht, anderenfalls finden die Vorschriften über die Verfügungen von Todes wegen Anwendung (vgl. § 2301 Abs. 1 Satz 1, Abs. 2 BGB). § 3 Abs. 1 Nr. 2 Satz 1 ErbStG erfasst nur den Fall des zu Lebzeiten des Erblassers noch nicht vollzogenen Schenkungsversprechens, obgleich die schon zu Lebzeiten vollzogene Schenkung wegen der fortwirkenden Überlebensbedingung eine Schenkung auf den Todesfall i.S.d. § 2301 BGB bleibt. Zwingend scheint dies nicht zu sein, da die Unterscheidung, die § 2301 BGB trifft, allein zivilrechtlich motiviert ist.[43] In der Praxis bleibt daher für den Anwendungsbereich des § 3 Abs. 1 Nr. 2 ErbStG wenig Raum, da die gängige Praxis, die dingliche Einigung bezüglich des Schenkungsgegenstandes aufschiebend bedingt auf den Tag des Todes des Erblassers zu erklären, sofern der Beschenkte den Erblasser überlebt, den Sachverhalt aus den erbschaftsteuerpflichtigen Tatbeständen ausscheidet und sie in den Bereich des Schenkungsteuerrechts verlagert. Es ergeben sich hieraus für die Praxis massive Unterschiede, wie der Fall der gemischten Schenkung zeigt.

42 BFH v. 07.12.2016, ZEV 2017, 283.

43 Kritisch *Meincke/Hannes/Holtz*, § 3 Rn. 55 f.

Fällt der Sachverhalt der gemischten Schenkung – Übertragung gegen Teilgegenleistung – in den Bereich des § 3 Abs. 1 Nr. 2 ErbStG, kann die Gegenleistung in voller Höhe vom Steuerwert abgezogen werden, während bei Anwendung des Schenkungsteuerrechts nur eine anteilige Kürzung des Steuerwertes im Umfang der entgeltlichen Bereicherung stattfindet.

ee) Erwerb aufgrund Vertrages zugunsten Dritter

§ 3 Abs. 1 Nr. 4 ErbStG erfasst die Fälle, in denen der Berechtigte Ansprüche nicht aufgrund gesetzlicher Erbfolge oder einer Verfügung von Todes wegen, sondern aufgrund einer vertraglichen Vereinbarung in Form eines Vertrages zugunsten Dritter erwirbt. Diese Instrumente haben in der Praxis erhebliche Bedeutung. Dies gilt insbesondere für den Bereich der Lebensversicherung. Diese ist in aller Regel ein echter Vertrag zugunsten Dritter, da der Bezugsberechtigte nach der gesetzlichen Vermutung des § 330 Satz 1 BGB im Zweifel einen unmittelbaren Anspruch gegen den Versprechenden (Lebensversicherungsgesellschaft) auf Auszahlung der Versicherungssumme erwirbt.[44] Werden als Bezugsberechtigte der oder die Erben – ohne Namensnennung – eingesetzt, vollzieht sich der Erwerb bereits durch Erbfall gem. § 3 Abs. 1 Nr. 1 ErbStG, da der Anspruch in den Nachlass fällt. Der Auffangvorschrift des § 3 Abs. 1 Nr. 4 ErbStG bedarf es nicht. Werden hingegen individualisierbare Personen als Bezugsberechtigte benannt, vollzieht sich der Erwerb aufgrund des § 3 Abs. 1 Nr. 4 ErbStG. Diese Unterscheidung ist nicht nur von theoretischer Bedeutung. Ist Erbe und zugleich Bezugsberechtigte die überlebende Ehefrau, ist bei strikter Gesetzesanwendung der erbschaftsteuerpflichtige Erwerb gem. § 3 Abs. 1 Nr. 4 ErbStG (Vertrag zugunsten Dritter) in der Bemessung des steuerfreien Zugewinnausgleichs gem. § 5 ErbStG nicht zu berücksichtigen. Anders ist die Rechtslage, wenn der überlebende Ehegatte die Versicherungssumme durch Erbanfall erwirbt, da insoweit die Lebensversicherungssumme das Endvermögen des Ehemannes erhöht. Diese Diskrepanz ist in der Weise entspannt,[45] als auch in den Fällen, in denen der überlebende Ehegatte die Lebensversicherungssumme aufgrund Vertrages zugunsten Dritter erwirbt, diese Lebensversicherungssumme – entgegen dem Zivilrecht – das Endvermögen des Erblassers erhöht. Gleichwohl ist auf eine Rechtsprechung weniger Verlass als auf eine klare gesetzliche Regelung, sodass zu empfehlen ist, als Bezugsberechtigte die Erben einzusetzen und sodann durch letztwillige Verfügung die überlebende Ehefrau als Erbin einzusetzen. Diese Empfehlung entbindet aber nicht von einer exakten Prüfung jedes Einzelfalles. 42

Eine erbschaftsteuerliche Belastung lässt sich auch in der Weise vermeiden, dass die Ehefrau als Versicherungsnehmerin den Versicherungsvertrag abschließt und der Erblasser nur versicherte Person ist. Mit Ableben des Ehemannes ergeben sich keine erbschaftsteuerlichen Auswirkungen. Allenfalls die unentgeltliche Zuwendung der Versicherungsprämien vom Ehemann an die Ehefrau kann den Tatbestand des § 7 Abs. 1 ErbStG (freigebige Zuwendung) erfüllen.

In den Anwendungsbereich des § 3 Abs. 1 Nr. 4 ErbStG fallen auch Ansprüche aus Kfz-Insassen-Unfall-Versicherungen[46] sowie Hinterbliebenenbezüge aufgrund eines vom Erblasser geschlossenen Vertrages mit einem Dritten, soweit der Berechtigte die Ansprüche unmittelbar gegen den Dritten erwirbt. 43

Diese Voraussetzungen sind allerdings in aller Regel nicht erfüllt bei Hinterbliebenenbezügen, die auf arbeitsrechtlicher Grundlage beruhen, soweit sie insoweit als angemessen zu beurteilen sind, also keine Ursache außerhalb des Arbeitsverhältnisses etwa in Form einer Überversorgung haben. Nicht steuerbar sind somit auch Witwenbezüge eines Gesellschafter-Geschäftsführers, soweit der Gesellschafter-Geschäftsführer die Position eines abhängigen Geschäftsführers hat. Hat der Gesellschafter-Geschäftsführer infolge seiner Beteiligungsquote an der Gesellschaft die Position eines herrschenden Gesellschafters, sind diese Bezüge, soweit sie von der Gesellschaft an die Nachlassbe- 44

44 MünchKomm/*Gottwald* § 330 BGB Rn. 3 ff., Palandt/*Grüneberg* § 330 BGB Rn. 2.
45 RE 5.1 Abs. 4 Satz 2 ErbStR.
46 BFH v. 28.09.1993, DB 1994, 359.

rechtigten entrichtet werden, nicht steuerfrei, sondern vielmehr in den Anwendungsbereich des § 3 Abs. 1 Nr. 4 ErbStG einzubeziehen.[47] Gleiches gilt auch, wenn der Gesellschafter-Geschäftsführer zwar nur die Stellung eines Minderheitsgesellschafters hat, jedoch mit einem anderen Gesellschafter-Geschäftsführer, der über ähnliche Versorgungsbezüge verfügt, gemeinsam über eine Mehrheit verfügt und die übrigen Gesellschafter-Geschäftsführer für sich allein keine Mehrheitsbeteiligung haben. Bestehen somit bei zwei Gesellschafter-Geschäftsführern, die jeweils 50 % des Stammkapitals halten, gleichlautende Versorgungsvereinbarungen, ist der Tatbestand des § 3 Abs. 1 Nr. 4 ErbStG erfüllt. Anderes gilt nur dann, wenn ein Gesellschafter-Geschäftsführer über einen Anteil von 70 %, der andere von 30 % verfügt. In diesem Fall unterliegen nur die Versorgungsbezüge der Hinterbliebenen des Gesellschafter-Geschäftsführers der Erbschaftsteuer gem. § 3 Abs. 1 Nr. 4 ErbStG, der über den Geschäftsanteil von 70 % verfügt. Abweichend von den ertragsteuerlichen Grundsätzen unterliegen auch Hinterbliebenenbezüge eines Gesellschafters einer Personengesellschaft, die arbeitsrechtlich demzufolge nicht auf ein Arbeitsverhältnis des Erblassers zurückzuführen sind, nur dann der Erbschaftsteuer gem. § 3 Abs. 1 Nr. 4 ErbStG, wenn der Erblasser zumindest im Innenverhältnis wie ein Angestellter gegenüber den die Gesellschaft beherrschenden anderen Gesellschaftern gebunden war.[48]

Versorgungsbezüge, die eine Freiberuflersozietät an die Witwe eines verstorbenen Partners leistet, unterliegen der Erbschaftsteuer, da im freiberuflichen Bereich eine Einordnung der Position des Verstorbenen als eines Angestellten schon aus berufsrechtlichen Gründen in aller Regel nicht in Betracht kommt.

45 Auf gesetzlicher Grundlage gewährte Hinterbliebenenbezüge wie Sozialrenten, Renten aufgrund berufsständiger Zwangsversicherungen sowie Beamtenpensionen gehören nicht zu den vom Erblasser begründeten Vermögensvorteilen und sind daher erbschaftsteuerfrei. Der Tatbestand des § 3 ErbStG ist nicht erfüllt.[49] Der Leistungsbezug aus einer vom Erblasser zur Befreiung von der Pflichtversicherung in der gesetzlichen Rentenversicherung abgeschlossenen Lebensversicherung unterliegt nach § 3 Abs. 1 Nr. 4 ErbStG der Erbschaftsteuer.[50]

ff) Vermögenserwerb durch eine Stiftung

46 Der Übergang von Vermögen auf eine bereits bestehende Stiftung wird, wenn er von Todes wegen erfolgt, bereits von § 3 Abs. 1 Nr. 1 ErbStG erfasst. Die Regelung des § 3 Abs. 2 Nr. 1 ErbStG erfasst jedoch den Übergang von Vermögen auf eine vom Erblasser durch Verfügung von Todes wegen angeordnete Stiftung, die als Erbin oder Vermächtnisnehmerin eingesetzt ist.[51] Sie gilt in gleicher Weise für eine Stiftung, die aufgrund einer Auflage, mit der der Erblasser den Erben oder Vermächtnisnehmer beschwert hat, von diesem Personenkreis zu errichten ist. Dient die Stiftung wesentlich dem Interesse der Familie des Stifters, so ist für die Besteuerung nach § 15 Abs. 2 ErbStG das Verwandtschaftsverhältnis des nach der Stiftungsurkunde entferntest Berechtigten zu dem Erblasser maßgebend. Eine solche Familienstiftung ist dann anzunehmen, wenn entweder der Stifter oder seine Angehörigen zu mehr als der Hälfte bezugsberechtigt oder anfallsberechtigt sind. Ist dies nicht der Fall, kann eine Familienstiftung vorliegen, wenn aus anderen Gründen ein wesentliches Familieninteresse zu bejahen und die Familie zu mehr als 25 % bezugs- oder anfallsberechtigt ist.

Die Errichtung der Familienstiftung von Todes wegen ist der Erbschaftsteuer nach § 3 Abs. 2 Nr. 1 ErbStG zu unterwerfen, sofern die erwerbende Stiftung nicht gemeinnützig ist. Bei einer Familienstiftung wird dies in aller Regel nicht infrage kommen. Die Voraussetzungen an die Gemeinnützigkeit der Stiftung richten sich nach den Regelungen der §§ 52 ff. AO. Verfolgt die Stiftung Zwe-

47 BFH v. 13.12.1989, DB 1990, 718.
48 So HE 3.5 ErbStH 2011 mit Beispielen.
49 Kapp/Ebeling/*Eisele*, ErbStG, § 17 Rn. 4, mit Überblick über die nicht erbschaftsteuerbaren Bezüge.
50 BFH v. 24.10.2001 – II R 10/00, BStBl. II 2002, 153; II R 11/00, BFH/NV 2002, 548.
51 Bemessungsgrundlage der Erbschaftsteuer ist das im Zeitpunkt der Genehmigung der Stiftung vorhandene Vermögen, vgl. BFH v. 25.10.1995, DB 1996, 191.

cke zur Förderung der Allgemeinheit i.S.d. § 52 Abs. 2 Nr. 1–4 AO, steht der Anerkennung der Gemeinnützigkeit nicht entgegen, wenn einzelne steuerlich unschädliche Betätigungen (§ 58 AO) ausgeübt werden. Dies gilt insbesondere für die Bildung von Rücklagen nach §§ 58 Nr. 6, 62 AO sowie die teilweise Verwendung des Einkommens für den Stifter und seine nächsten Angehörigen einschließlich der Grabpflege gem. § 58 Nr. 5 AO. Hiernach kann die Stiftung einen Teil, jedoch höchstens ein Drittel ihres Einkommens dazu verwenden, um in angemessener Weise den Stifter und seine nächsten Angehörigen zu unterhalten, ihre Gräber zu pflegen und ihr Andenken zu ehren. Als nächste Angehörige gelten der überlebende Ehegatte sowie die Abkömmlinge des Stifters. Weitergehende Verwandtschaftsverhältnisse erfüllen nicht die engen Voraussetzungen des »nächsten Angehörigen«. In der Praxis hat diese Erweiterung der steuerunschädlichen Verwendung der Stiftungserträge dazu geführt, dass von gemeinnützigen Stiftungen in erhöhtem Umfang Gebrauch gemacht wird. Die Erbschaftsteuerersparnis ist insbesondere bei größerem Vermögen evident.

Erfüllt die Stiftung nicht die gemeinnützigkeitsrechtlichen Vorgaben, ist ihr Vermögen, soweit sie eine Familienstiftung ist, im Abstand von 30 Jahren der sogenannten Erbersatzsteuer gem. § 1 Abs. 1 Nr. 4 ErbStG zu unterwerfen.

Diese Regelung ist verfassungsgemäß.[52] Erfüllt die Stiftung weder die Anforderungen der Gemeinnützigkeit noch ist sie Familienstiftung, unterliegt sie nur bei ihrer Errichtung der Erbschaftsteuer. Die Erbersatzsteuer, die Ausgleich für die fehlende Vermögensübertragung innerhalb der Familie in den regelmäßigen Generationsabläufen ist, findet keine Anwendung.

gg) Erwerb infolge Vollziehung einer Auflage oder Erfüllung einer Bedingung, Erwerb durch Dritte bei Genehmigung einer Zuwendung

Als Erwerb von Todes wegen gilt auch, was infolge Vollziehung einer vom Erblasser angeordne- 47
ten Auflage oder infolge der Erfüllung einer vom Erblasser gesetzten Bedingung durch Berechtigte erworben wird. Erfasst sind damit die Leistungen, die durch Vollziehung einer dem Erben oder einem Vermächtnisnehmer auferlegten Auflage auf Berechtigte übertragen werden, die keinen einklagbaren Anspruch auf Leistung haben. In diesem fehlenden Rechtsanspruch liegt der Unterschied zum Vermächtnis. Weiterer Steuertatbestand ist der Eintritt einer vom Erblasser bedingten Erbeinsetzung durch Eintritt der Bedingung. Hierbei kann es sich um eine aufschiebende oder auflösende Bedingung handeln. In der Praxis ist der häufigste Fall der Erwerb unter der auflösenden Bedingung durch den Eintritt eines bestimmten Ereignisses, wenn z.B. die Berechtigte (Schwiegertochter) beim Erwerb von den Schwiegereltern nicht wieder heiratet.

Gem. § 3 Abs. 2 Nr. 3 ErbStG sind auch Erwerbe erbschaftsteuerpflichtig, die die Genehmigung durch einen Dritten voraussetzen. Erfasst sind – seltene Fälle – Erwerbe durch Erwerber in der Rechtsform der juristischen Person des öffentlichen Rechts. Aufgrund landesrechtlicher Vorschriften bedarf in diesen Fällen der Erwerb unter Umständen staatlicher Genehmigungen.

hh) Gesellschaftsrechtliche Erwerbstatbestände

Nach § 131 Nr. 4 HGB führt der Tod eines Gesellschafters nicht mehr per se zur Auflösung der 48
Personenhandelsgesellschaft. Der Kommanditanteil geht im Wege der Sonderrechtsnachfolge auf den oder die Erben über. Bei Auflösung der Gesellschaft infolge Todes eines der Gesellschafter fällt in den Nachlass der Gesellschaftsanteil an der Abwicklungsgesellschaft. Der Wert des Gesellschaftsanteils wird nach § 12 Abs. 5 ErbStG so ermittelt, als sei der Gesellschaftsanteil auf die Erben übergegangen. Das Gesellschaftsvermögen ist in der Weise zu bewerten wie bei einer fortbestehenden Gesellschaft, was in aller Regel nicht sachgerecht ist, da eine Bewertung mit Liquidationswerten die wirtschaftlich sachgerechtere Lösung wäre.

52 BVerfG, DB 1983, 1024; zu Gestaltungen sehr lesenswert von Oertzen, Beihefter zu DStR-Heft 11/2012 mit zahlreichen Nachweisen.

Ist eine Fortsetzungsklausel vereinbart, fällt das Abfindungsguthaben in den Nachlass. Es unterliegt der Erbschaftsteuer mit dem Nominalwert des Abfindungsanspruchs.

49 Durch Gesellschaftsvertrag kann die Abfindung der Erben ausgeschlossen werden. Infolge der sogenannten Wagnisrechtsprechung des BGH[53] liegt hierin keine Schenkung. § 3 Abs. 1 Nr. 2 Satz 2 ErbStG stuft jedoch den Anwachsungstatbestand bei den Mitgesellschaftern als erbschaftsteuerpflichtigen Erwerb von Todes wegen ein, da die verbleibenden Gesellschafter unentgeltlich bereichert werden. Die vorgenannte Norm erfasst auch den Fall, dass die Mitgesellschafter im Rahmen einer Fortsetzungsklausel mit Abfindungszahlen an die weichenden Erben einen Gesellschaftsanteil mit einem Steuerwert erwerben, der den Wert der Abfindung überschreitet. In diesem Fall gilt als Erwerb von Todes wegen die Differenz zwischen dem Steuerwert des Anteils und der Abfindungszahlung an die Erben. Ist die Abfindungszahlung in Raten zu erbringen, die nicht angemessen verzinst sind, ist der Abfindungsanspruch abzuzinsen und erhöht somit den Wert der erbschaftsteuerpflichtigen Bereicherung. Die Vorschrift ist die kodifizierte Aufhebung der Wagnisrechtsprechung, die bei der Fortsetzungsklausel eine Schenkung auf den Todesfall ablehnte. Durch den Tatbestand des § 3 Abs. 1 Nr. 2 Satz 2 ErbStG ist klargestellt, dass der Ausschluss der Abfindungszahlung nicht den Tatbestand der freigebigen Zuwendung, wohl aber den des Erwerbes von Todes wegen erfüllt.

Der Besteuerung ist die Steuerklasse zwischen Erblasser und begünstigtem Mitgesellschafter zugrunde zu legen, nicht die Steuerklasse zur Gesellschaft.

50 § 3 Abs. 1 Nr. 2 Satz 2 ErbStG kommt auch dann zur Anwendung, wenn aus einer **zweigliedrigen** Gesellschaft ein Gesellschafter von Todes wegen ausscheidet, sodass der Überlebende das Gesellschaftsvermögen kraft Anwachsung erwirbt,[54] in der Weise beantwortet, dass die vorgenannte Vorschrift auch auf die zweigliedrige Gesellschaft zur Anwendung kommt. Dies ist nicht unproblematisch, weil der Gesetzeswortlaut diese Interpretation nicht deckt. Denn die Vorschrift setzt den Übergang des Anteils eines Gesellschafters auf die anderen Gesellschafter oder die Gesellschaft voraus. Seitens des historischen Gesetzgebers dürfte damit der Fortbestand der Gesellschaft zur Voraussetzung der Norm gemacht worden sein. Gleichwohl muss die Praxis mit der Rechtsprechung leben. Die Regelung des § 3 Abs. 1 Nr. 2 Satz 2 ErbStG hat in der Praxis in den letzten Jahren an Bedeutung verloren. Da ein Großteil der Gesellschaftsverträge die sogenannte Buchwertklausel zur Bemessung des ausscheidenden Gesellschafters vorsieht, besteht in aller Regel keine nennenswerte Differenz zwischen dem Buchwert und dem Steuerwert des Anteils, da seit der Neuregelung der Anteilsbewertung i.S.d. § 12 Abs. 5 ErbStG aufgrund des Steueränderungsgesetzes 1992[55] der Steuerwert aus den Buchwerten der Gesellschaft abgeleitet wird. Steuerlich relevant sind die Fälle daher nur, wenn eine Abfindung unterhalb des Buchwertes gewählt wird.

Das Bewusstsein der Unentgeltlichkeit gehört nicht zum gesetzlichen Tatbestand des § 3 Abs. 1 Nr. 2 Satz 2 ErbStG. Allein die objektiv gegebene Bereicherung rechtfertigt die Anwendung der Vorschrift.

51 Bei der einfachen Fortsetzungsklausel geht der Gesellschaftsanteil auf den Alleinerben oder anteilig auf die Miterben entsprechend der Erbquote über. Jeder Miterbe hat schon nach § 3 Abs. 1 Nr. 1 ErbStG den seiner Erbquote entsprechenden Teil des Kapitalanteils des Erblassers zu versteuern, sodass auf den Tatbestand des § 3 Abs. 1 Nr. 2 Satz 2 ErbStG nicht zurückgegriffen werden muss. Bei der qualifizierten Nachfolgeklausel fällt der Anteil für die erbschaftsteuerrechtliche Betrachtung in den ungeteilten Nachlass, da der BFH[56] die Regelungen über die qualifizierte Nachfolge in einen Gesellschaftsanteil als eine gesellschaftsrechtlich besondere Variante der bloßen Teilungsanordnung ansieht, die für die Erbschaftsbesteuerung ohne Bedeutung ist. Somit ist der Steuerwert des Gesell-

53 BGHZ 22, 186.
54 DB 1992, 2534; dem BFH folgend auchRE 3.4 Abs. 2 ErbStR 2011.
55 BStBl. I 1992, 146 = BGBl. I 1992, 267.
56 DB 1983, 1289.

schaftsanteils den Miterben unabhängig von der Person des Rechtsnachfolgers in den Gesellschaftsanteil quotal zuzurechnen.

Ist im Falle einer Eintrittsklausel der zum Eintritt in die Gesellschaft Berechtigte Alleinerbe, ist der Steuerwert des Gesellschaftsanteils zugrunde zu legen.

Anteile an Kapitalgesellschaften sind nach § 12 Abs. 1 ErbStG i.V.m. § 11 Abs. 1 BewG grund- 52
sätzlich mit dem Börsenkurswert, hilfsweise mit dem Wert aus einem zeitnahen Verkauf anzusetzen. Bei mittelständischen Unternehmen ist dies regelmäßig nicht möglich. Danach ist nach § 11 Abs. 2 BewG i.V.m. §§ 199 ff. BewG grundsätzlich der Wert anzusetzen, der sich unter Berücksichtigung der Ertragsaussichten am Bewertungsstichtag ergibt. Diese Wertermittlung erfolgt nach dem sog. vereinfachten Ertragswertverfahren. Danach wird der durchschnittliche Jahresertrag der letzten 3 Jahre ohne Gewichtung innerhalb dieses Zeitraums zunächst um außerordentliche Einflüsse berichtigt, wie sie bei außerordentlichen Erträgen oder außerordentlichen Aufwendungen gegeben sind. Anschließend wird der so ermittelte Wert mit einem Vervielfältiger von 13,75 (vgl. § 203 Abs. 1 BewG) multipliziert. Der Gesetzgeber geht daher davon aus, dass Kapitalgesellschaftsanteile zum 13,75fachen anteiligen Jahresgewinn veräußert werden. Dies führt häufig zu einer überhöhten Bewertung. Auch nach Auffassung der Finanzverwaltung[57] ist der Nachweis des niedrigeren Wertes durch Vorlage eines Gutachtens eines Sachverständigen möglich, wobei allerdings grundsätzlich das Ertragswertverfahren anzuwenden ist. Nur wenn in der maßgeblichen Branche andere Verfahren verbreitet sind, können diese zugrunde gelegt werden. Mindestwert ist jedoch immer der Substanzwert, d.h. die Summe der gemeinen Werte der Einzelwirtschaftsgüter gekürzt um die Verbindlichkeiten. Der so ermittelte Wert ist der Abfindungszahlung gegenüberzustellen. Die Differenz ist erbschaftsteuerpflichtig. Der Erwerb ist jedoch gem. §§ 13a bis 13c, 19a ErbStG unter den dort aufgeführten Voraussetzungen zu entlasten, was insbesondere voraussetzt, dass der ausgeschiedene Gesellschafter mindestens mit 25 % am Nennkapital der Gesellschaft beteiligt war oder eine Poolvereinbarung bestand; vgl. § 13b Abs. 1 Nr. 3 ErbStG.

ii) Entgelt für die Übertragung einer Nacherbenanwartschaft

Als Ersatztatbestand, der die Vermeidung der Erbschaftsteuer durch Gestaltungen verhindern soll, 53
ist auch als Erwerb von Todes wegen i.S.d. ErbStG einzustufen, was als Entgelt für die Übertragung der Anwartschaft eines Nacherben gewährt wird (§ 3 Abs. 2 Nr. 6 ErbStG). Der Nacherbe erwirbt mit dem Erbfall ein unentziehbares Recht auf die Nacherbfolge (Anwartschaftsrecht). Das Nacherbenanwartschaftsrecht ist vererblich (§ 2108 Abs. 2 BGB). Es kann auch unter Lebenden übertragen werden, und zwar sowohl unentgeltlich als auch entgeltlich. Erbschaftsteuerlich ist vom Nacherben nicht der Erwerb des Anwartschaftsrechtes, sondern erst der Anfall der Erbschaft zu versteuern (vgl. § 6 Abs. 1 ErbStG). Erst mit Eintritt des Nacherbfalles ist der Nacherbe bereichert. Denn auch das Nacherbenanwartschaftsrecht schützt ihn nicht davor, dass der Nachlass trotz der zivilrechtlichen Beschränkungen des Vorerben (§§ 2116 f. BGB) an Wert verliert.

Veräußert der Nacherbe sein Anwartschaftsrecht, besteht für das ErbStG kein Anlass, den veräußernden Nacherben nicht in Anspruch zu nehmen. Denn die Bereicherung ist in Form des Veräußerungserlöses eingetreten. Aus diesem Grunde ist das Entgelt für die Übertragung der Anwartschaft steuerpflichtig als Erwerb von Todes wegen nach § 3 Abs. 2 Nr. 6 ErbStG. Maßgebend ist das Verwandtschaftsverhältnis zum Erblasser. Der Nacherbe ist berechtigt, den Erwerb nach seinem Verhältnis zum Erblasser zu versteuern, sofern dies günstiger ist als die Besteuerung nach seinem Verhältnis zum Vorerben (§ 6 Abs. 2 Satz 1 ErbStG). Diese Vorschrift ist analog auf die unentgeltliche Übertragung der Anwartschaft eines Nacherben auf einen Dritten anwendbar. In diesem Fall ist das Verwandtschaftsverhältnis des unentgeltlichen Einzelrechtsnachfolgers (Erwerbers) zum Vorerben bzw. Erblasser maßgebend.[58]

57 RB 199 ff. Erbschaftsteuer-Richtlinien 2012.
58 BFH DB 1993, 567.

Tritt nach Veräußerung des Anwartschaftsrechtes der Nacherbfall ein, versteuert der Erwerber den Erwerb nach § 6 Abs. 1 ErbStG als Erwerb von Todes wegen. Er ist jedoch berechtigt, das an den Nacherben für die Übertragung des Anwartschaftsrechtes entrichtete Entgelt von seinem Erwerb nach § 10 Abs. 5 Nr. 3 ErbStG abzuziehen.[59]

54 Bei Eintritt des Nacherbfalles richtet sich die Steuerklasse, der Steuersatz sowie die Höhe des Freibetrages nach dem Verhältnis des Erwerbers zum Vorerben gem. § 6 Abs. 2 Satz 1 ErbStG bzw. zum Erblasser gem. § 6 Abs. 2 Satz 2 ErbStG. Hierauf ist in der Praxis zu achten. Insbesondere wenn der Erwerber ein ungünstigeres Verwandtschaftsverhältnis zum Erblasser hatte als der Nacherbe, ist in die Bemessung des Kaufpreises für den Erwerb des Anwartschaftsrechtes zumindest gedanklich die Höhe der Erbschaftsteuer als mindernde Position einzubeziehen. Umgekehrt kann es sinnvoll sein, das Nacherbenanwartschaftsrecht von einem Nacherben, der über eine ungünstige Steuerklasse verfügt, auf einen Dritten zu übertragen, dessen Verwandtschaftsverhältnis zum Erblasser oder zum Vorerben einen günstigeren Steuersatz auslöst. Da die unentgeltliche Übertragung des Anwartschaftsrechtes durch den Nacherben auf einen Dritten nicht der Erbschaftsteuer unterliegt, können sich erhebliche Gestaltungsspielräume ergeben, da bei unentgeltlicher Übertragung selbstverständlich auch der Tatbestand des § 3 Abs. 2 Nr. 6 ErbStG nicht eingreift.

Überträgt der Nacherbe sein Anwartschaftsrecht auf den Vorerben, wird dieser zum Vollerben. Ein etwaiges Entgelt ist vom Nacherben alternativ als Erwerb von Todes wegen nach dem Erblasser oder im Verwandtschaftsverhältnis zum Vorerben zu versteuern. Der Vorerbe kann das Entgelt als Nachlassverbindlichkeit nach § 10 Abs. 5 Nr. 3 Satz 1 ErbStG abziehen.

Die vorstehenden Grundsätze gelten auch für die Fälle des angeordneten Vor- und Nachvermächtnisses (vgl. § 6 Abs. 4 ErbStG).

c) Vor- und Nacherbschaft

aa) Doppelbelastung des Nachlasses mit Erbschaftsteuer

55 Das Rechtsinstitut der Vor- und Nacherbschaft (§§ 2100 ff. BGB) bietet dem Erblasser die Möglichkeit, den Nachlass über zumindest zwei Generationen zusammenzuhalten. Der zeitlich nachgeschaltete Erbanfall zunächst beim Vorerben und anschließend beim Nacherben ist jedoch erbschaftsteuerrechtlich nicht vorteilhaft. Denn das Vermögen des Erblassers unterliegt zweimal der Erbschaftsteuer, zunächst beim Vorerben, mit Eintritt des Nacherbfalles beim Nacherben. Die Rechtslage entspricht der des Berliner Testamentes, bei welchem das Vermögen zunächst vom überlebenden Ehegatten zu versteuern ist, während nach dessen Tod das kumulierte Vermögen der Ehegatten den Schlusserben anfällt und bei diesen erbschaftsteuerlich zu erfassen ist. Das Erbschaftsteuerrecht trägt dem Umstand, dass der Vorerbe eine zumindest dem Nießbraucher ähnliche Position hat, nicht Rechnung.

bb) Besteuerung des Vorerben

56 Der Vorerbe ist erbschaftsteuerrechtlich Vollerbe; er erwirbt den gesamten Nachlass vom Erblasser (§ 6 Abs. 1 ErbStG). Dies hat zur Folge, dass der gesamte Nachlass von ihm zu versteuern ist, und zwar ohne Berücksichtigung der Verfügungsbeschränkungen, die mit der Anwartschaft des Nacherben verbunden sind. Der Vorerbe ist berechtigt, die durch die Vorerbschaft veranlasste Steuer aus den Mitteln der Vorerbschaft zu entrichten (§ 20 Abs. 4 ErbStG). Die Vorschrift ist das steuerliche Pendant zu § 2126 BGB. Die Steuerklasse, der Steuertarif und der persönliche Freibetrag wird ermittelt nach dem Verwandtschaftsgrad zwischen Vorerbe und Erblasser.

59 FG Düsseldorf, EFG 1993, 44.

cc) Besteuerung des Nacherben

Mit Eintritt des Nacherbfalles erwirbt der Nacherbe den Nachlass. In der Praxis wird Vor- und Nacherbfall des Öfteren angeordnet, wenn der Erblasser Personen zu Nacherben einsetzt, die zwar von ihm, nicht jedoch vom Vorerben abstammen. Häufigster Fall ist eine zweite Ehe, wobei zunächst die überlebende Ehefrau, nach deren Tode die Kinder aus erster Ehe erben sollen. Würde das Erbschaftsteuerrecht die Verwandtschaftsverhältnisse zwischen Vor- und Nacherbe der Besteuerung zugrunde legen, hätte dies in diesen Fällen eine erhebliche höhere Erbschaftsteuerbelastung zur Folge. Da der Vermögensanfall aus dem Nachlass des Erblassers entstammt, es sich jedoch nicht um Eigenvermögen des Vorerben handelt, räumt das ErbStG in § 6 Abs. 1 Satz 2 ErbStG dem Nacherben das Recht ein, die Versteuerung nach dem Verwandtschaftsverhältnis des Nacherben zum Erblasser durchführen zu lassen. Erforderlich ist ein entsprechender Antrag des Nacherben. In aller Regel wird sich in den Fällen der Vor- und Nacherbschaft empfehlen, das Verwandtschaftsverhältnis des Nacherben zum Erblasser der Besteuerung zugrunde zu legen. Die erbschaftsteuerliche Doppelbelastung der Vor- und Nacherbschaft wird dadurch gemildert, dass der Nacherbe auch einen Freibetrag im Verhältnis zum Erblasser beanspruchen kann. Vor- und Nacherbschaft sind somit zwar zweimal der Erbschaftsteuer unterlegen, jedoch wird zweimal der Freibetrag gewährt, nämlich zunächst beim Erwerb des Vorerben vom Erblasser und anschließend beim Erwerb des Nacherben vom Erblasser. 57

Schwierig sind die Fälle, in denen der Nacherbe mit dem Vorerben im selben Grad verwandt ist wie mit dem Erblasser und zugleich mit Eintritt des Nacherbfalls Erbe des Vorerben wird. In diesen Fällen kann durch die Ausübung des Wahlrechtes, die persönlichen Verhältnisse zum Erblasser der Besteuerung zugrunde zu legen, nicht erreicht werden, dass die Erbschaftsteuer beide Vermögensanfälle getrennt behandelt. Vielmehr ist nach herrschender Meinung[60] die Steuer für das gesamte Vermögen, mithin das der Vorerbschaft unterliegende Vermögen und das Eigenvermögen des Vorerben, zu ermitteln. Die Vergünstigung des § 6 Abs. 1 Satz 2 ErbStG besteht zwar hinsichtlich der Steuerklasse, nicht aber hinsichtlich des Steuersatzes. Auch ist der Nacherbe nicht berechtigt, zweimal den Freibetrag, nämlich einmal im Verhältnis zum Erblasser, zum anderen im Verhältnis zum nachverstorbenen Vorerben, zu beanspruchen. Ferner darf der Freibetrag nicht höher sein als der, der für den Erwerb des Nacherbschaftsvermögens im Verhältnis zum Erblasser in Betracht kommt. Dies ist nicht unproblematisch, weil mit dieser Auffassung die Ausübung des Wahlrechtes, die Besteuerung nach dem Erblasser zu wählen, quasi gesetzlich fingiert wird. Gleichwohl vertritt der BFH[61] eine enge Auffassung. Denn nach § 6 Abs. 2 Satz 4 ErbStG kann für das Eigenvermögen des Vorerben ein Freibetrag nur gewährt werden, soweit der Freibetrag für das der Nacherbfolge unterliegende Vermögen nicht verbraucht wird. Um zu vermeiden, dass sich für den Nacherben durch die Trennung der Vermögensmassen ungerechtfertigte Vorteile hinsichtlich des Freibetrages ergeben, ist dem Nacherben nicht für jede Vermögensmasse des gesamten Erwerbs gesondert ein Freibetrag zu gewähren, sondern nur insgesamt der Freibetrag, der für sein günstigeres Verwandtschaftsverhältnis zum Erblasser gegeben ist. Für das ihm zusätzlich anfallende Vermögen des Vorerben wird ihm der für diese Steuerklasse maßgebende Freibetrag nur gewährt, wenn und soweit der höhere, nach dem Verwandtschaftsverhältnis zum Erblasser maßgebende Freibetrag durch den Anfall des Nacherbschaftsvermögens nicht verbraucht ist. Tritt der Nacherbfall nicht durch den Tod des Vorerben, sondern aufgrund eines anderen Ereignisses ein (Wiederverheiratung, Erreichen eines bestimmten Lebensjahres durch den Nacherben), hat der Vorerbe auflösend bedingt, der Nacherbe aufschiebend bedingt erworben (§ 6 Abs. 3 ErbStG). Der Nacherbe ist insoweit Erbe des Erblassers. Ein Wahlrecht, die Besteuerung nach dem Verhältnis zum Vorerben durchzuführen, besteht nicht, da ein Erwerb vom Vorerben nur bei Eintritt des Nacherbfalles durch den Tod des Vorerben in Betracht kommt.

60 Kapp/Ebeling/*Geck* § 6 Rn. 29 ff. m.w.N.
61 BFH v. 02.12.1998, BStBl. II 1999, 235; kritisch hierzu *Ebeling*, ZEV 1999, 238 f.

Für den Bestand der Nacherbschaft sind die Verhältnisse im Zeitpunkt des Eintritts des Nacherbfalles maßgebend. Dies hat zur Folge, dass in aller Regel Bemessungsgrundlage der Erbschaftsteuer beim Eintritt des Vorerbfalles und des Nacherbfalles voneinander abweichen.

dd) Vor- und Nachvermächtnis

58 Zivilrechtliche Parallele zur Vor- und Nacherbschaft ist das Vor- und Nachvermächtnis i.S.d. § 2191 BGB. Nach § 6 Abs. 4 ErbStG stehen Nachvermächtnisse insoweit Nacherbschaften gleich. Somit hat auch der Nachvermächtnisnehmer das Wahlrecht, für die Besteuerung die Verhältnisse zum Vermächtnisnehmer oder Erblasser zu wählen. Auch § 6 Abs. 3 ErbStG gilt entsprechend.

Gleiches gilt nach § 6 Abs. 4 ErbStG für beim Tode des Beschwerten fällige Vermächtnisse. Erfasst sind Fälle, in denen der Erblasser den Vorerben mit einem Vermächtnis zugunsten einer anderen Person als dem Nacherben belastet, das erst mit dem Tode des beschwerten Vorerben fällig wird. In der Praxis ist der häufigste Fall die Anordnung eines Vermächtnisses zugunsten der Haushälterin des Erblassers, das erst nach dem Tode des Vorerben fällig wird. In diesem Fall erwirbt die begünstigte Person vom Erblasser, jedoch erst mit dem Tode des Vorerben. Erst in diesem Zeitpunkt entsteht die sie belastende Erbschaftsteuer. Der Vorerbe ist jedoch nicht berechtigt, den Vermächtnisanspruch als Verbindlichkeit bei der Ermittlung der Erbschaftsteuer anzusetzen.

d) Sonderfall: Zweckzuwendungen

59 § 8 ErbStG, der die Steuerpflicht der Zweckzuwendungen regelt, führt ein Schattendasein im ErbStG. Unter Zweckzuwendungen i.S.d. § 8 ErbStG sind Zuwendungen von Todes wegen oder freigebige Zuwendungen unter Lebenden zu verstehen, die mit einer Auflage verbunden sind, zugunsten eines bestimmten Zweckes verwendet zu werden. Mit Ausführung der Zweckzuwendung entsteht kein so genanntes herrenloses Vermögen, sondern das Vermögen ist auf eine andere Person zu übertragen, verbunden mit der Auflage, das Vermögen in einer bestimmten Weise zu verwenden. Ferner hat die Zuwendung einem bestimmten unpersönlichen Zweck zu dienen. Dient die Zuwendung materiellen oder immateriellen Interessen des Erblassers, ist sie nicht als Zweckzuwendung einzustufen. In der Praxis ist der wichtigste Fall die Zuwendung eines Betrages an eine Person mit der Auflage, die Kapitalerträge aus dem Vermögen zu bestimmten Zwecken, die nicht den Interessen des Erblassers dienen, zu verwenden. Als Beispiel sei genannt, dass eine Kommune einen bestimmten Geldbetrag unter der Auflage erhält, die Kapitalerträge etwa zur Förderung der Grünanlagen der Stadt zu verwenden. Zweckzuwendungen unterliegen aufgrund der Spezialnorm des § 15 Abs. 1 a.E. ErbStG stets der Steuerklasse III. Steuerschuldner ist der mit der Zuwendung Beschwerte (§ 20 ErbStG), im Beispielsfall also die Kommune.

3. Einfluss des ehelichen Güterrechts auf die Erbschaftsteuer

a) Güterrechtliche Grundlagen

60 Wird im gesetzlichen Güterstand der Zugewinngemeinschaft die Ehe durch den Tod eines Ehegatten beendet, wird nach § 1371 Abs. 1 BGB der Zugewinnausgleich dadurch verwirklicht, dass sich der gesetzliche Erbteil des überlebenden Ehegatten um ein Viertel der Erbschaft auf einhalb erhöht. Es ist ohne Bedeutung, ob die Ehegatten im Einzelfall einen Zugewinn erzielt haben. Zivilrechtlich wird zulasten der weiteren Erben unwiderleglich vermutet, dass ein entsprechender Zugewinnausgleichsanspruch des überlebenden Ehegatten besteht. Dies gilt selbst in dem Fall, in dem der überlebende Ehegatte derjenige ist, der bei rechnerischer Ermittlung des Zugewinnausgleichs zum Ausgleich verpflichtet wäre.[62]

Der güterrechtliche Zugewinnausgleich nach § 1371 Abs. 2 BGB setzt voraus, dass der überlebende Ehegatte weder Erbe noch Vermächtnisnehmer wird. In diesem Fall, der ggf. durch Ausschlagung

62 Kritisch völlig zu Recht *Meincke/Hannes/Holtz*, ErbStG, § 5 Rn. 11.

herbeigeführt werden kann, wird der Zugewinnausgleich nach den §§ 1373 ff. BGB so durchgeführt, als wenn der Güterstand unter Lebenden (häufigster Fall: Scheidung) aufgelöst worden wäre. Mithin ist in diesem Fall eine exakte Ermittlung des jeweils erzielten Zugewinns der Ehegatten durchzuführen. Durch Vergleich des Endvermögens mit dem Anfangsvermögen wird dabei der Zugewinn jedes Ehegatten ermittelt. Der Ehegatte, dessen Zugewinn höher ist, ist verpflichtet, die Hälfte des Differenzbetrages an den anderen Ehegatten in Erfüllung dessen Ausgleichsforderung zu leisten (§ 1378 Abs. 1 BGB).

b) Regelungssystem des § 5 ErbStG

§ 5 ErbStG unterscheidet insoweit noch dem Zivilrecht folgend zwischen dem erbrechtlichen und 61
dem güterrechtlichen Zugewinnausgleich.

Bei Beendigung der Zugewinngemeinschaft durch den Tod eines Ehegatten i.V.m. der erbrechtlichen Lösung des Zugewinnausgleichs durch Erhöhung der Erbquote bleibt nach § 5 Abs. 1 Satz 1 ErbStG der Betrag steuerfrei, den der überlebende Ehegatte bei güterrechtlicher Abwicklung der Zugewinngemeinschaft tatsächlich als Ausgleichsforderung geltend machen könnte. Es fällt sofort auf, dass diese Regelung sich von der zivilrechtlichen löst. Die mit der zivilrechtlichen Regelung angestrebte Erhaltung des Familienfriedens durch eine pauschale Regelung, die auf eine exakte Wertermittlung verzichtet,[63] wird vom Steuerrecht gerade nicht übernommen. Somit müssen die Verkehrswerte der Anfangsvermögen sowie der Endvermögen ermittelt werden.

Der so ermittelte rechnerische Zugewinnausgleich ist steuerfrei. *Meincke/Hannes/Holtz*[64] ist beizupflichten, dass § 5 Abs. 1 Satz 1 ErbStG einen sogenannten Zugewinnausgleichsfreibetrag regelt, während die nachfolgend noch darzustellende Regelung des § 5 Abs. 2 ErbStG für den güterrechtlichen Zugewinnausgleich nur klarstellt, dass dieser nicht steuerbar i.S.d. §§ 1, 3 ErbStG ist. Bei der Ermittlung des Zugewinnausgleichsfreibetrages ist insoweit eine Bindung an das Zivilrecht festzuhalten, als dem Zivilrecht folgend als Zugewinn nur ein positiver Betrag ausgewiesen wird und auch das Anfangsvermögen nicht negativ sein kann. Die Ermittlung wird durch § 5 Abs. 1 Satz 5 ErbStG erschwert, wonach höchstens der dem Steuerwert des Nachlasses entsprechende Betrag nicht als Erwerb i.S.d. § 3 ErbStG gilt, soweit der Nachlass des Erblassers bei der Ermittlung des als Ausgleichsforderung steuerfreien Betrages mit einem höheren Wert als dem nach den steuerlichen Bewertungsgrundsätzen ermittelten Wert angesetzt worden ist. Im Klartext gesprochen hat dies zur Folge, dass bei der Ermittlung des Freibetrages nicht der nach dem Zivilrecht ermittelte Zugewinnausgleich mit dessen Nominalforderung anzusetzen ist, sondern zu prüfen ist, ob die Bewertung einzelner Wirtschaftsgüter vom Zivil- und Steuerrecht abweichend beurteilt wird. Wichtigster Fall ist die Bewertung von Grundbesitz, der zivilrechtlich mit dem Verkehrswert, steuerlich aber mit dem Grundbesitzwert nach den §§ 157 ff. BewG anzusetzen ist. Die Wertermittlung hat in diesen Fällen somit zweistufig zu verfahren. Zunächst ist der zivilrechtliche Ausgleichsanspruch zu ermitteln. Anschließend ist der Ausgleichsanspruch unter Berücksichtigung der Steuerwerte anzusetzen. Ergibt sich eine Differenz, ist höchstens der dem Steuerwert des Nachlasses entsprechende Betrag steuerfrei zu stellen.

Bei der Ermittlung des zivilrechtlichen Ausgleichsanspruches sind von den bürgerlich-rechtlichen 62
Regelungen der Ermittlung des Zugewinnausgleichs abweichende güterrechtliche Vereinbarungen erbschaftsteuerrechtlich nicht zu berücksichtigen (§ 5 Abs. 1 Satz 4 ErbStG). Hingegen steht es den Ehegatten nach wie vor offen, den Zugewinnausgleich ganz auszuschließen, sofern der Güterstand erhalten bleibt, oder seine Höhe unter den gesetzlichen Anspruch herabzusenken, ohne dass dies einen Einfluss auf den Freibetrag hätte. Lediglich Modifikationen hinsichtlich der Wertermittlung werden steuerlich nicht berücksichtigt.

---

63 Statt aller Palandt/*Brudermüller* § 1371 Rn. 1.
64 ErbStG, § 5 Rn. 2.

63 Somit sind Änderungen des Güterstandes erst mit Wirkung für die Zukunft zu berücksichtigen. Wechselt somit ein Ehepartner vom Güterstand der Gütertrennung in den Güterstand der Zugewinngemeinschaft, treten die erbschaftsteuerlichen Wirkungen dieser Änderung erst mit Wirkung für die Zukunft ein. Nur der von Begründung der Zugewinngemeinschaft bis zur Beendigung des Güterstandes durch Tod entstehende Zugewinn ist erbschaftsteuerlich steuerfrei, soweit die Forderung in der Person des überlebenden Ehepartners begründet wird. Die in der Praxis häufige Vereinbarung, die Wirkungen des Güterstandswechsels bereits vom Beginn der Ehe an zu begründen, hat somit erbschaftsteuerlich keine Auswirkung, soweit es sich um den erbrechtlichen Zugewinnausgleich handelt.

64 Im Falle güterrechtlichen Ausgleichs der Zugewinngemeinschaft, bei der der Zugewinn im Todesfall nach § 1371 Abs. 2 BGB ausgeglichen wird und der überlebende Ehegatte den Pflichtteil geltend machen kann, enthält § 5 Abs. 2 ErbStG eine an das bürgerliche Recht angelehnte Lösung. Die Ausgleichsforderung nach § 1378 BGB gehört nicht zu den Erwerben von Todes wegen i.S.d. § 3 ErbStG. Mangels einer § 5 Abs. 1 Satz 5 ErbStG entsprechenden Regelung ist eine Beschränkung auf den Steuerwert des Nachlasses nicht vorgesehen. Im Einzelfall können sich hieraus erhebliche erbschaftsteuerliche Vorteile ergeben. Dies gilt insbesondere, wenn der Nachlass sich aus Vermögensgegenständen zusammensetzt, deren Steuerwert den Verkehrswert wesentlich unterschreitet. Auch bei der güterrechtlichen Zugewinnausgleichsberechnung ist zu fragen, ob die nach den gesetzlichen Vorgaben errechnete Höhe der Zugewinnausgleichsforderung durch eine Vereinbarung etwa im Wege des Ehevertrages unter den beteiligten Ehegatten mit steuerlicher Wirkung verändert werden kann. Dies ist mit der herrschenden Meinung[65] zu bejahen, denn abweichend von § 5 Abs. 1 ErbStG als der Regelung über den erbrechtlichen Zugewinnausgleich enthält § 5 Abs. 2 ErbStG keinen Hinweis auf die zwingende Anwendung der zivilrechtlichen Regelung über die Wertermittlung. Ehevertragliche Regelungen sind daher auch mit steuerlicher Wirkung zu akzeptieren.[66] Allerdings mag im Einzelfall durchaus zu prüfen sein, ob in krassen Fällen der Abweichung vom gesetzlichen Regelstatut eine freigebige Zuwendung des Ausgleichsverpflichteten gegenüber dem Ausgleichsberechtigten vorliegt.

65 Aus der grundsätzlichen Akzeptanz ehevertraglicher Regelungen im Rahmen des güterrechtlichen Zugewinnausgleichs ergibt sich auch, dass abweichend von § 5 Abs. 1 Satz 4 ErbStG beim güterrechtlichen Zugewinnausgleich auch Vereinbarungen über die Höhe des Anfangsvermögens mit steuerlicher Wirkung getroffen werden können. So kann zwischen Ehegatten vereinbart werden, dass der Güterstand der Zugewinngemeinschaft quasi rückwirkend wieder eingeführt wird, indem das Anfangsvermögen bei Wiedereintritt in den Güterstand der Zugewinngemeinschaft dem entspricht, wie es bei Beginn der Ehe sich darstellte. Wird diese Regelung beim erbrechtlichen Zugewinnausgleich nicht anerkannt, gilt dies für die güterrechtliche Lösung nicht. § 5 Abs. 1 Satz 4 ErbStG kann daher in der Weise legal ausgehebelt werden, indem der überlebende Ehegatte die Erbschaft ausschlägt, den güterrechtlichen Zugewinnausgleichsanspruch geltend macht und darüber hinaus den Pflichtteil verlangt. Allerdings ist bei der Ermittlung der Höhe des Pflichtteils der Zugewinnausgleichsanspruch als Verbindlichkeit abzusetzen. Der Berater sollte im Einzelfall rechnen, was günstiger ist, zumal – wie bereits erwähnt – die Beschränkung des steuerfreien Teils auf den entsprechenden Anteil am Steuerwert des Nachlasses im Falle des güterrechtlichen Ausgleichs nicht greift. Dabei ist zu berücksichtigen, dass der zum Zugewinnausgleich hinzutretende Pflichtteilsanspruch ein Geldanspruch ist, sodass der überlebende Ehegatte nicht in die Vergünstigung der Grundbesitzbewertung oder der möglichen Verschonung von Betriebsvermögen kommt.

4. Entstehung der Erbschaftsteuer bei Erwerben von Todes wegen

66 Als Ausdruck des Bereicherungsprinzips entsteht die Erbschaftsteuer erst, wenn der Erwerber einen Anspruch auf das Vermögen oder auf Nutzung an einem Vermögen erlangt hat. Dementsprechend

65 So auch RE 5.2 Abs. 1 ErbStR 2011.
66 *Geck*, ZErb 2004, 21 m.w.N.

regelt § 9 ErbStG, wann die Voraussetzungen des Steuertatbestandes erfüllt sind. Die einzelnen Tatbestände der Vorschrift sind unter dem Aspekt des Bereicherungsprinzips zu sehen, das sich durch die Auslegung wie ein roter Faden zieht. Denn der Steueranspruch des Fiskus kann sinnvollerweise erst dann entstehen, wenn infolge einer eingetretenen Bereicherung auch die Grundlage für das Abschöpfen eines Teiles der Bereicherung gegeben ist. Von der Entstehung der Steuer ist deren Fälligkeit zu unterscheiden. Die Steuer wird erst fällig zu dem im Steuerbescheid angegebenen Termin, jedenfalls nicht vor Bekanntgabe des Steuerbescheides (§ 220 Abs. 2 Satz 2 AO). Zinsen entstehen erst ab Fälligkeit. Es besteht daher für den Steuerpflichtigen kein Anlass, die Festsetzung der Erbschaftsteuer zu beschleunigen.

a) Maßgeblichkeit des Todestages

In 99 % der Steuerfälle entsteht die Steuer mit dem Tode des Erblassers, § 9 Abs. 1 Nr. 1 ErbStG. 67 Auf eine Kenntnis des Erben oder anderweitig von Todes wegen Begünstigter kommt es nicht an. Auch die Verfügungsmöglichkeit des Erwerbers ist nicht Voraussetzung für die Entstehung der Steuer. Dies gilt auch bei Erbengemeinschaften, da jeder Erbe jederzeit die Erbauseinandersetzung betreiben und sich somit in den Besitz von Teilen des Nachlasses oder des in Durchführung der Erbauseinandersetzung ihm zugewiesenen Veräußerungserlöses setzen kann. Bestehen tatsächliche Hindernisse, den Nachlass oder den dem Miterben zustehenden Teil in Besitz zu nehmen, vermag dies an der grundsätzlichen Entstehung der Steuer mit Erbanfall nichts zu ändern, da der eindeutige Wortlaut des § 9 Abs. 1 ErbStG eine teleologische Reduktion nicht zulässt. Ferner sind bestimmte Fallgruppen, in denen eine spätere Entstehung kraft Gesetzes angeordnet ist, ein Indiz dafür, dass es sich insoweit um abschließende Regelungen handelt. In Einzelfällen, in denen eine Inbesitznahme der Erbschaft aus tatsächlichen Gründen nicht möglich und die Entrichtung der Erbschaftsteuer für den Verpflichteten mit einer unzumutbaren Belastung verbunden ist, vermag eine Stundung im Billigkeitswege in Betracht kommen. Auch für den Vermächtnisnehmer entsteht die Steuerschuld mit dem Tode des Erblassers, da es sich um einen Erwerb von Todes wegen handelt. Die Bereicherung des Vermächtnisnehmers besteht in dem schuldrechtlichen Anspruch gegen die Erben auf Erfüllung des Vermächtnisses. Wird das Vermächtnis nicht erfüllt, kann dies ein Ereignis mit Rückwirkung i.S.d. § 175 Abs. 1 Nr. 1 AO darstellen, sodass der Erbschaftsteuerbescheid zu ändern ist.

Bei Schenkungen auf den Todesfall, die als Erwerb von Todes wegen einzustufen sind (§ 3 Abs. 1 Nr. 2 Satz 1 ErbStG), entsteht die Steuer abweichend von den Grundsätzen bei Schenkungen (§ 9 Abs. 1 Nr. 2 ErbStG), nicht erst im Zeitpunkt der Ausführung der Zuwendung, sondern bereits mit dem Tod des Erblassers und dem damit verbundenen Eintritt der Überlebensbedingung. Dies ist im Ergebnis Folge der Einordnung der Schenkung auf den Todesfall in die Kategorie der Erwerbe von Todes wegen.

b) Hinausgeschobene Entstehung der Steuer

Nachfolgend werden die Sachverhalte dargestellt, in denen die Steuer nicht bereits mit Erwerb 68 von Todes wegen, sondern erst später entsteht. Diese Ausnahmeregelungen tragen dem Umstand Rechnung, dass es in Einzelfällen zur Bereicherung des Erwerbers erst zu einem späteren Zeitpunkt kommt.

aa) Aufschiebend bedingte, betagte oder befristete Erwerbe

Klassischer Fall einer hinausgeschobenen Entstehung der Steuer ist der aufschiebend bedingte 69 Erwerb. In diesem Fall besteht wirtschaftlich kein Anlass, die Erbschaftsteuer schon im Todeszeitpunkt entstehen zu lassen, weil nicht feststeht, ob den Erwerber jemals eine Bereicherung »ereilt«. Zum Zwecke der sachgerechten Festsetzung der Erbschaftsteuer schiebt § 9 Abs. 1 Nr. 1a ErbStG die Entstehung der Steuer auf den Eintritt der aufschiebenden Bedingung hinaus. Allerdings ist deutlich darauf hinzuweisen, dass es stets nur um die Entstehung, nicht jedoch die Fälligkeit der

Steuer geht.[67] Die hinausgeschobene Fälligkeit mag im Rahmen der Bewertung von Belang sein, nicht jedoch für die Frage der Entstehung der Steuer.

Beim betagten Erwerb, unter dem eine noch nicht fällige Verbindlichkeit zu verstehen ist, entsteht die Steuer ebenfalls erst in einem in der Zukunft liegenden Zeitpunkt. Wichtigster Anwendungsfall ist das Vermächtnis im Rahmen der sogenannten Jastrow´schen Formel, nach der beim Berliner Testament den Schlusserben bereits Vermächtnisse nach dem Tode des Erstversterbenden eingeräumt werden, diese jedoch erst mit dem Tode des Letztversterbenden fällig werden. In diesem Fall ist das Ergebnis festzuhalten, dass die Vermächtnisschuld nach dem Tode des Erstversterbenden bereits als Nachlassverbindlichkeit abgezogen werden kann, während die Steuerschuld für das Vermächtnis erst mit dem Tode des Letztversterbenden gem. § 9 Abs. 1 Nr. 1a ErbStG entsteht.[68] Beim Erben ist allerdings die Vermächtnisschuld wegen der hinausgeschobenen Fälligkeit abzuzinsen. Betagte Ansprüche, bei denen die Steuer mit dem Erbfall entsteht, sind solche, die zu einem bestimmten, d.h. feststehenden Zeitpunkt fällig werden. Ist dieser Zeitpunkt der Fälligkeit hinausgeschoben, sind solche Ansprüche abzuzinsen. Nur die Steuer auf solche betagten Ansprüche, bei denen der Zeitpunkt des Eintritts des zur Fälligkeit führenden Ereignisses unbestimmt ist, entsteht erst mit Eintritt des Ereignisses.[69]

Der Entstehungszeitpunkt der Steuer ist der für die Wertermittlung maßgebende Zeitpunkt. Wertsteigerungen oder Wertminderungen, zwischen dem Zeitpunkt der Entstehung der Steuer und der Veranlagung, sind bedeutungslos.

bb) Pflichtteil

70 Nach § 3 Abs. 1 Nr. 1 ErbStG unterliegt der geltend gemachte Pflichtteilsanspruch der Erbschaftsteuer. Anders als der Erwerb von Todes wegen durch Erbanfall bedarf es einer Willenserklärung des Berechtigten gegenüber dem Erben, aus der sich ergibt, dass er den Pflichtteil geltend macht. Aufgrund dieser Regelung des § 3 ErbStG ist es konsequent, wenn § 9 Abs. 1 Nr. 1b ErbStG den Zeitpunkt der Entstehung der Steuer mit dem Zeitpunkt der Geltendmachung des Pflichtteilsanspruchs gleichsetzt. Die Abtretung des Pflichtteilsanspruchs ist noch nicht als Anspruchserhebung i.S.d. § 3 Abs. 1 Nr. 1 ErbStG zu bewerten, da das Gesetz die Geltendmachung gegenüber dem Verpflichteten fordert. Erst wenn der Anspruchsempfänger den Pflichtteil gegenüber dem Erben geltend macht, ist der Steueranspruch aus Sicht des § 9 Abs. 1 Nr. 1b ErbStG entstanden.[70] Verzichtet der Pflichtteilsberechtigte gegen Entgelt auf seinen Pflichtteilsanspruch gegen eine Abfindung, entsteht die Steuer im Zeitpunkt des Verzichts.

Befindet sich im Nachlass ein Pflichtteilsanspruch, welcher dem Erblasser zustand, ist dieser unabhängig davon anzusetzen, ob der Pflichtteil geltend gemacht ist.[71]

5. Wertermittlung

a) Steuerpflichtiger Erwerb i.S.d. § 10 ErbStG

aa) Überblick

71 § 10 ErbStG bestimmt, was als steuerpflichtiger Erwerb des Erwerbers gilt. Die Grundaussage enthält § 10 Abs. 1 Satz 1 ErbStG. Danach gilt als steuerpflichtiger Erwerb die Bereicherung des Erwerbers, soweit sie nicht nach den §§ 5, 13, 13a – 13d, 16, 17 und 18 ErbStG steuerfrei ist. Diese Aussage wird in Satz 2 in der Weise ergänzt, dass als Bereicherung bei Erwerben von Todes wegen

67 BFH v. 18.03.1987, BFH/NV 1988, 489.

68 RE 6 S. 2 ff. ErbStR 2011.

69 So der BFH v. 27.08.2003 – II R 58/01, BStBl. II 2003, 921; vgl. auch *Geck*, FS. Korn 2005, 557.

70 FG Hessen, EFG 1990, 587; Ebeling/Geck/*Klose*, Hdb. der Erbengemeinschaft und Erbauseinandersetzung, II Rn. 482.

71 BFH v. 07.12.2016- II R 21/14, ZEV 2017, 283; vgl. auch vorstehend Rdn. 38.

der Betrag gilt, der sich ergibt, wenn von dem nach § 12 ErbStG zu ermittelnden Wert des gesamten Vermögens die Nachlassverbindlichkeiten mit ihrem nach § 12 ErbStG zu ermittelnden Wert abgezogen werden. Daraus ergibt sich, dass § 10 ErbStG festlegt, was zu bewerten ist, während § 12 ErbStG festlegt, wie zu bewerten ist. Hieraus lässt sich folgendes **Schema** ableiten:[72]

	Wert des aktiven Nachlasses am Bewertungsstichtag
./.	Nachlassverbindlichkeiten i.S.d. § 10 Abs. 5 Nr. 1, 2 ErbStG (Erblasserschulden, Vermächtnisse, Pflichtteile)
./.	Nachlasskosten nach § 10 Abs. 5 Nr. 3 ErbStG (Verfahrenskosten, Bestattungskosten)
=	Wert des Nachlasses
	Anteilige Erbquote
=	Bruttobereicherung des Erben
./.	Freibeträge
=	Eingetretene Bereicherung (§ 10 Abs. 1 Satz 1 ErbStG).

Diese Bereicherung bildet die Bemessungsgrundlage für die steuerklassenabhängige Steuerfestsetzung.

Auch wenn der Nachlass und damit die Summe der durch den Tod des Erblassers eingetretenen Erwerbe einen negativen Erwerb aufweist, ist damit eine Erbschaftsteuerpflicht einzelner Beteiligter nicht ausgeschlossen. Wichtigster Beispielsfall ist das Vermächtnis, dessen Wert positiv ist. Die Erfassung bei der Erbschaftsteuer ergibt sich daraus, dass Besteuerungsgrundlage jeweils der Vermögensanfall an den einzelnen Erwerber ist. Die Bewertung des gesamten Nachlasses ist insoweit ohne Belang. Hieraus folgt, dass bei einer Erbengemeinschaft oder sonst mehreren Beteiligten stets zu ermitteln ist, wie groß der Vermögensanfall des jeweiligen Beteiligten ist, wobei sich dies in aller Regel aus der letztwilligen Verfügung oder der gesetzlichen Erbfolge heraus regelt.

bb) Erfassung der Besitzposten

Der Umfang des zu erfassenden aktiven Bestandes des Erwerbes richtet sich nach den zivilrechtlichen Vorgaben. 72 Sämtliche Vermögenswerte des Erblassers sind zu erfassen, mit welchem Wert, steht allerdings auf einem anderen Blatt. Zu den Besitzposten zählen auch Steuererstattungsansprüche. Dies gilt jedoch nur, wenn sie im Zeitpunkt des Todes bereits rechtlich entstanden sind, sodass ein Einkommensteuererstattungsanspruch bezogen auf das Todesjahr des Erblassers nicht mit seinem Tod, sondern erst mit Steuerfestsetzung entsteht. Da in diesem Zeitpunkt der Erblasser bereits verstorben ist, ist dieser Erwerb nicht steuerbar. Ein in der Person des Erblassers vorhandener einkommensteuerlicher Verlustvortrag geht unter.[73] In den Nachlass fällt auch die Todesfallentschädigung einer zugunsten des Erblassers abgeschlossenen oder eingreifenden Kfz-Insassenunfallversicherung.[74] Gleiches gilt im Bereich der so genannten »Und«-»Oder«-Konten des Erblassers für das Kontoguthaben, dessen Guthaben aus dem Vermögensbereich des Erblassers stammt. Lässt sich dessen Höhe im Detail nicht mehr feststellen, wird der Kontostand in aller Regel nach Köpfen auf die Kontoinhaber aufgeteilt. Da es sich in aller Regel um die Ehegattenkonten handelt, fällt in der Regel 1/2 des Guthabens in den Nachlass. Allerdings ist die Kontobezeichnung nicht mehr als Indiz für den Parteiwillen und daher nur mangels abweichender Erbumstände ausschlaggebend. Es steht daher dem Mitinhaber offen, den Nachweis zu führen, dass zivilrechtlich der Bestand auf dem Konto vollständig oder zumindest überwiegend ihm zusteht. Ein Indiz kann bei Sparbüchern auch der Besitz an dem Sparbuch sein.[75]

72 Nach *Ebenroth*, Erbrecht § 19 Rn. 1373.

73 BFH v. 17.12.2007, BStBl. II 2008, 608, aus dem Schrifttum etwa *Fischer*, DStR 2008, 697.

74 *Nieders* FG, EFG 1992, 540; *Meincke* § 10 Rn. 12.

75 Vgl. BFH v. 23.11.2011, BStBl. II 2012, 473 = ZEV 2012, 280 m. Anm. *Wachter*.

Die Besitzposten sind um Steuerbefreiungen zu bereinigen. Aus systematischen Gründen sollen die Steuerbefreiungen nicht an dieser Stelle, sondern in Syst. C Rdn. 120 ff. dargestellt werden.

cc) Nachlassverbindlichkeiten

73 Bei den Nachlassverbindlichkeiten, die vom Wert des gesamten Vermögensanteils abgezogen werden können, ist zwischen den Erblasserschulden (§ 10 Abs. 5 Nr. 1 ErbStG), den Erbfallschulden (§ 10 Abs. 5 Nr. 2 ErbStG) und den sonstigen Nachlassverbindlichkeiten (§ 10 Abs. 5 Nr. 3 ErbStG) zu unterscheiden. Sämtliche vorgenannten Verbindlichkeiten mindern den Wertansatz der Besitzposten. Dies ist notwendige Folge des Bereicherungsprinzips. Erblasserschulden sind nur dann abzugsfähig, wenn sie nicht bereits bei der Bewertung der Besitzposten berücksichtigt sind. So sind z.B. Schulden und Lasten, die mit einem Betriebsvermögen im wirtschaftlichen Zusammenhang stehen, bereits in den Einheitswert des Betriebsvermögens einzubeziehen (§ 12 Abs. 5 ErbStG i.V.m. §§ 99 ff. BewG).

74 Erblasserschulden sind die Verbindlichkeiten des Erblassers im Todeszeitpunkt i.S.d. § 1967 BGB. Erblasserschuld ist auch die Zugewinnausgleichsschuld. Sie kann mit dem Nennwert als Nachlassverbindlichkeit gem. § 10 Abs. 5 Nr. 1 ErbStG abgezogen werden. Dies gilt auch dann, wenn die Ausgleichsforderung einvernehmlich zwischen den Beteiligten durch Übertragung eines Grundstücks erfüllt wird, dessen Steuerwert unter dem Nominalwert der Ausgleichsforderung liegt.[76] Da bei güterrechtlichem Zugewinnausgleich aufseiten des ausgleichsberechtigten Ehegatten keine Erbschaftsteuer entsteht, können sich hieraus interessante Gestaltungsmöglichkeiten ergeben.

Versprechen des Erblassers, jemanden als Entgelt für Dienstleistungen durch eine letztwillige Verfügung zu bedenken, fallen in den Anwendungsbereich des § 10 Abs. 5 Nr. 1 ErbStG, da es sich um Erblasserschulden handeln soll.[77] Voraussetzung für einen Abzug ist allerdings, dass ein Dienstvertrag zwischen dem Erblasser und dem Erben bestand, da § 10 Abs. 5 Nr. 1 ErbStG eine Verpflichtung des Erblassers zur Zahlung voraussetzt. Dies hat in den Fällen, in denen der Erblasser von Verwandten gepflegt wird, die anschließend auch Erben werden, zur Folge, dass im Zweifel ein Abzug als Erblasserschulden ausscheidet, da es sich in aller Regel um eine Pflege handelt, die auf verwandtschaftlichen, nicht aber dienstvertraglichen Grundsätzen beruht. Für die Gestaltungspraxis ist festzuhalten, dass es sich in solchen Fällen empfiehlt, dienstvertragliche Regelungen zu treffen, wobei nicht außer Acht bleiben sollte, dass die dienstvertragliche Regelung allerdings zur Folge hat, dass ein Entgelt jedenfalls ertragsteuerlich als Einkünfte aus nichtselbständiger Tätigkeit einzustufen ist. Denn selbst wenn es zu Lebzeiten des Erblassers an einem Zufluss i.S.d. § 11 EStG fehlt, tritt dieser Zufluss mit dem Erbfall ein. Es ist daher im Einzelfall zu prüfen, ob die Erbschaft- oder Einkommensteuerbelastung gewünscht wird.

Ist eine Erblasserschuld wirtschaftlich keine Belastung, scheidet ein Abzug nach § 10 Abs. 5 Nr. 1 ErbStG aus. Beispiel ist eine verjährte Schuld des Erblassers. Lediglich wenn der Erbe die Schuld erfüllt, kann ein Abzug nach § 10 Abs. 5 Nr. 1 ErbStG vorgenommen werden, weil es dem Schuldner einer verjährten Verbindlichkeit freisteht, die Einrede zu erheben oder es zu unterlassen.

Erblasserschulden sind auch die Steuerschulden des Erblassers, unabhängig davon, ob sie im Zeitpunkt seines Todes bereits festgesetzt sind. Allerdings ist die Erbschaftsteuerschuld des Todesjahres gekürzt um geleistete Vorauszahlungen als Nachlassverbindlichkeit abzugsfähig, obwohl sie erst nach dem Tod des Erblassers festgesetzt ist (§ 36 EStG), und zwar gegenüber den Erben. Entscheidend ist die wirtschaftliche Veranlassung noch zu Lebzeiten des Erblassers.[78] Allerdings hat der BFH in der soeben zitierten Entscheidung ebenfalls ausgeführt, dass ein Abzug der latenten Steuerschuld nicht in Betracht kommt.[79] Enthalten somit die Nachlassgegenstände latente Steuern, die

76 BFH v. 10.03.1993, DB 1993, 1069.
77 BFH v. 09.11.1994, DB 1995, 354, m. Anm. *Albrecht* ZEV 1995, 118.
78 BFH v. 04.07.2012 – II R 15/11, BStBl. II 2012, 782 = ZEV 2012, 500 m. Anm. *Crezelius*.
79 BFH v. 27.09.2017 – II R 15/15, BStBl. II 2018, 281 = DStR 2018, 343.

durch Realisierung stiller Reserven entstehen, spielt dies für die Erbschaftsteuerfestsetzung ebenso wenig eine Rolle wie die Erfüllung des einkommensteuerpflichtigen Tatbestandes in der Person der Erben, wenn etwa ein Teil des Tatbestandes noch durch den Erblasser verwirklicht, der wirtschaftliche Erfolg jedoch erst in der Person des Erben eintritt. Klassischer Fall ist die vom Erblasser verdiente, aber jedoch erst dem Erben zugeflossene Honorarforderung. Diese unterliegt beim Erben sowohl der Einkommen- als auch der Erbschaftsteuer, gegebenenfalls entlastet nach § 35b EStG auf der Einkommensteuerebene.

Sachleistungsansprüche sind mit dem gemeinen Wert anzusetzen.[80] Bei so genannten schwebenden Geschäften, die im Zeitpunkt des Erbfalls nicht oder noch nicht vollständig erfüllt sind, ist der Sachleistungsanspruch auch in diesem Fall mit dem gemeinen Wert anzusetzen, welcher dem Verkehrswert entspricht. Maßgebend ist, welcher Vermögensgegenstand zivilrechtlich dem Nachlass zuzuordnen ist. Dies ist in diesen Fällen nicht der Gegenstand, auf welchen sich der Anspruch richtet, sondern allein der Anspruch selbst. Nach Auffassung des BFH[81] ist der auf Übereignung gerichtete Sachleistungsanspruch mit dem gemeinen Wert anzusetzen und nicht mit dem Steuerwert des Gegenstandes, auf welchen er sich richtet. Außerdem finden die Grundsätze der mittelbaren Grundstücksschenkung auf den Erwerb von Todes wegen keine Anwendung. Ist ein Erwerber von Todes wegen vom Erblasser verpflichtet worden, ein zum Nachlassvermögen gehörendes Grundstück aus Mitteln des Nachlasses zu renovieren, kann nicht das renovierte Grundstück mit dem Steuerwert angesetzt und die Renovierungsverpflichtung mit dem Nominalwert als Nachlassverbindlichkeit abgezogen werden. Vielmehr ist im Nachlass das Grundstück in unrenoviertem Zustand zu erfassen. Ferner ist anzusetzen der Wertpapierbestand, aus dessen Verwertung heraus die Renovierungsverpflichtung erbracht werden musste. Die Verpflichtung, das Gebäude aus Mitteln des Nachlasses zu renovieren, kann nach § 10 Abs. 9 ErbStG nicht als Nachlassverbindlichkeit abgezogen werden.[82] 75

Nach § 10 Abs. 5 Nr. 2 ErbStG sind abzugsfähig als Nachlassverbindlichkeiten Verbindlichkeiten aus der Erfüllung von Vermächtnissen, Auflagen und geltend gemachten Pflichtteilsansprüchen.[83] Diese Verbindlichkeiten sind schon Verbindlichkeiten i.S.d. § 1967 BGB. Die Einschränkung bei Pflichtteilsansprüchen, die nämlich nur insoweit abzugsfähig sind, als sie geltend gemacht werden, soll im Wege eines Korrespondenzprinzips sicherstellen, dass ein Abzug nur erfolgt, wenn auch eine Erfassung beim Berechtigten infolge Geltendmachung des Anspruchs besteht. Richtet sich ein Vermächtnis auf Eigentumsübertragung eines Gegenstandes, ist die Verbindlichkeit beim Erben mit dem Steuerwert des hingegebenen Gegenstandes zu bewerten. Etwas anderes gilt nur beim Verschaffungsvermächtnis (s.o. Syst. C Rdn. 35). 76

Pflichtteilsverbindlichkeiten sind mit dem Nennwert, und zwar ohne Abzinsung, abzugsfähig. Auch wenn die Pflichtteilsverbindlichkeit durch Übertragung eines Vermögensgegenstandes erfüllt wird, wird die Pflichtteilsschuld mit dem Nominalwert angesetzt, nicht mit dem Steuerwert des hingegebenen Gegenstandes. 77

Dritte Variante der Nachlassverbindlichkeiten sind die sogenannten Erbfallverbindlichkeiten, die nach § 10 Abs. 5 Nr. 3 ErbStG eingeschränkt abgezogen werden können. Danach sind abzugsfähig die Kosten der Bestattung des Erblassers, die Kosten für ein angemessenes Grabdenkmal und für die übliche Grabpflege sowie die Kosten, die dem Erwerber unmittelbar im Zusammenhang mit der Abwicklung, Regelung oder Verteilung des Nachlasses oder mit der Erlangung des Erwerbes entstehen. Zum letzten Komplex zählen Kosten, die durch die Erfüllung von Vermächtnissen, Pflichtteilsansprüchen etc. entstehen, aber auch die Kosten der Erbauseinandersetzung.[84] 78

80 BFH v. 27.01.1991, DB 1992, 927, v. 15.10.1997, BStBl. II 1997, 820.
81 BFH v. 22.05.2002 – II R 61/99, BStBl. II 2002, 598.
82 BFH v. 28.06.1995, DB 1995, 2252.
83 BFH v. 30.04.2003 – II R 6/01, BFH/NV 2003, 341.
84 BFH v. 09.12.2009, BStBl. II 2010, 489.

79 Im Interesse einer Verwaltungsvereinfachung können die vorgenannten Nachlassverbindlichkeiten mit einem Pauschbetrag von 10.300,00 € abgezogen werden. Dieser Pauschbetrag ist je Erbfall nur einmal zu berücksichtigen, erhöht sich somit nicht mit der Zahl der Erben.[85] Trägt eine andere Person als der Erbe, etwa ein Vermächtnisnehmer, Teile der Erbfallverbindlichkeiten i.S.d. § 10 Abs. 5 Nr. 3 ErbStG, mindern diese Beträge die Höhe des Pauschbetrages. Andererseits kann der Pauschbetrag vom Vermächtnisnehmer in Anspruch genommen werden; jedoch nur, wenn er Aufwendungen hatte.[86]

80 Bestattungskosten sind die Aufwendungen, die mit der Bestattung oder in ihrem unmittelbaren Zusammenhang entstehen. Wichtigste Einzelpositionen sind die Kosten für die Überführung der Leiche, die Aufbahrung und Leichenschau, die Kosten für Todesanzeigen, die üblichen Feierlichkeiten anlässlich der Bestattung sowie für Zwecke der von den Erben angeschafften Trauerkleider. Allerdings müssen diese Trauerkleider speziell zum Zwecke der Beerdigung selbst angeschafft sein. In der Praxis größte Position sind die Kosten für die Bestattung selbst sowie für den Erwerb der Grabstätte. Die Kosten für ein Grabdenkmal sind abzugsfähig, soweit sie angemessen sind. Die Angemessenheit ist nach der Lebensstellung des Erblassers zu beurteilen, aber auch die Höhe seines Vermögens ist zu berücksichtigen. Möchte der Erblasser die Abzugsfähigkeit eines besonders üppigen Grabdenkmals sicherstellen, hat er die Möglichkeit, eine entsprechende Anordnung zu treffen. In diesem Fall ist der Abzug der Kosten auch bei Unangemessenheit unter dem Gesichtspunkt der Auflage zulässig.

Die Grabpflegekosten sind unabhängig davon abzugsfähig, ob der Erblasser die Grabpflege letztwillig angeordnet hat. Die Kosten sind mit ihrem Kapitalwert für ihre unbestimmte Dauer als Nachlassverbindlichkeit abziehbar.[87] Die Grabpflegekosten sind mit dem 9,3-fachen des Jahreswertes anzusetzen (unbestimmte Dauer).

81 Abzugsfähig sind auch Kosten, die im unmittelbaren Zusammenhang mit dem Todesfall entstehen. Hierunter fallen insbesondere Kosten der Nachlassregelung, wie insbesondere die Kosten für die Ermittlung des Nachlasses, aber auch Kosten, die erforderlich sind, um die Erben in den Besitz der angefallenen Güter zu setzen. Abzugsfähig sind die Kosten der Testamentsvollstreckung, soweit sie angemessen sind. Ist ein familienfremder Dritter mit der Testamentsvollstreckung beauftragt, ist eine Angemessenheitsprüfung grundsätzlich nicht erforderlich. Übersteigt die Vergütung des Testamentsvollstreckers den angemessenen Rahmen, handelt es sich regelmäßig nicht um ein Vermächtnis an den Testamentsvollstrecker, sodass insoweit die Verbindlichkeit nach § 10 Abs. 5 Nr. 1 ErbStG abgezogen werden kann.[88] Die Kosten der Dauertestamentsvollstreckung betreffen die Verwaltung des Nachlasses. Ihr Abzug ist durch § 10 Abs. 5 Nr. 3 Satz 3 ErbStG ausdrücklich ausgeschlossen. Abzugsfähig sind somit nur die Kosten der Abwicklungstestamentsvollstreckung. Kann die Aufteilung der Kosten des Testamentsvollstreckers in solche für die Abwicklung und solche für die Dauertestamentsvollstreckung nicht exakt getrennt werden, ist zu schätzen.

Auch die Kosten, die erforderlich sind, um sich ggf. mit gerichtlicher Hilfe in den Besitz des Nachlasses zu setzen oder ihn zumindest zu sichern, sind Kosten, die in unmittelbarem Zusammenhang mit dem Todesfall stehen. Sie sind abzugsfähig. Abzugsfähig sind auch die Kosten für die Beantragung der Erteilung eines Erbscheins.

82 Die Kosten für die Erstellung der Erbschaftsteuererklärung durch den Steuerberater sind unter Berücksichtigung der den Erben unmittelbar durch den Erbfall treffenden Verpflichtungen zur Abgabe der Erbschaftsteuererklärung als Nachlassregelungskosten zum Abzug zugelassen. Keine Nachlassregelungskosten sollen hingegen nach Auffassung der Finanzverwaltung Kosten sein, die

85 So RE 9 Abs. 3 Satz 1 ErbStR 2011.

86 Beispiel bei Ebeling/Geck/*Klose*, Hdb. der Erbengemeinschaft und Erbauseinandersetzung, Teil II Rn. 505.1.

87 FinMin Niedersachsen v. 04.04.1990, DB 1990, 1063.

88 BFH v. 02.02.2005 – II R 18/03, DStR 2005, 825.

in einem sich an die Steuerfestsetzung anschließenden Rechtsbehelfsverfahren oder einem finanzgerichtlichen Verfahren anfallen und vom Erwerber zu tragen sind.[89]

dd) Abzugsverbot von Schulden und Lasten in Sonderfällen

Werden Vermögensgegenstände nicht der Besteuerung nach dem ErbStG unterworfen, hätte der Steuerpflichtige einen doppelten Vorteil, wenn die mit diesen Vermögensgegenständen zusammenhängenden Schulden und Lasten als Nachlassverbindlichkeiten abgezogen werden könnten. Um dies zu vermeiden, ordnet § 10 Abs. 6 Satz 1 ErbStG an, dass Schulden und Lasten nicht abzugsfähig sind, soweit sie mit diesen vorgenannten Vermögensgegenständen im Zusammenhang stehen. Sind die Vermögensgegenstände nur teilweise steuerbefreit, beschränkt sich der Schuldenabzug auf den Betrag, der dem steuerpflichtigen Teil entspricht (§ 10 Abs. 6 Satz 3 ErbStG). 83

Ein Zusammenhang zwischen Vermögensgegenstand und Schulden besteht dann, wenn die Entstehung der Schuld auf einem Vorgang beruht, der den Vermögensgegenstand selbst betrifft. Die Schuld muss begründet worden sein, um den steuerbefreiten Vermögensgegenstand zu erwerben, ihn zu erhalten oder zu sichern. Dies hat zur Folge, dass die Belastung eines Grundstücks, das nicht der Erbschaftsteuer unterliegt, mit einer Hypothek oder Grundschuld für sich nicht ausreicht, den wirtschaftlichen Zusammenhang zu begründen. Erst durch die Feststellung, dass die dinglich gesicherte Schuld im Zusammenhang mit dem Vermögensgegenstand steht, wird sie vom Abzug als Verbindlichkeit ausgeschlossen. Dient die dingliche Sicherung einer schuldrechtlichen Verbindlichkeit, die mit dem Sicherungsgegenstand nicht im Zusammenhang steht, bleibt diese Schuld abzugsfähig.

Nach § 10 Abs. 6 Satz 2 ErbStG ist bei beschränkter Steuerpflicht ein Abzug der Nachlassverbindlichkeiten nur insoweit möglich, als sie in wirtschaftlichem Zusammenhang mit dem steuerpflichtigen Erwerb stehen, d.h. das Vermögen erfassen, das der beschränkten Steuerpflicht unterliegt. Wichtigster Fall der Abzugsbeschränkungen sind Verbindlichkeiten, die im Zusammenhang mit ganz oder teilweise steuerbefreitem Vermögen stehen. Wird etwa eine Verbindlichkeit mit vererbt, die der Erblasser im Zusammenhang mit dem Erwerb begünstigten Betriebsvermögens begründet hat, ist diese Verbindlichkeit in dem Umfang nicht abzugsfähig, in welchem der Erwerb begünstigten Vermögens steuerbefreit ist. Gleiches gilt auch beim Erwerb von sonstigem steuerbefreiten Vermögen, wie dem Familienheim gem. § 13 Abs. 1 Nr. 4b, c ErbStG durch den Ehepartner des Erblassers oder Abkömmlinge. Nicht in wirtschaftlichem Zusammenhang mit steuerbefreitem Vermögen stehen hingegen Zugewinnausgleichs- und Pflichtteilsansprüche, so dass diese ungekürzt abgezogen werden können.[90] 84

Die Erbschaftsteuer des Erwerbers ist nach § 10 Abs. 8 ErbStG nicht abzugsfähig. Anderes gilt selbstverständlich dann, wenn der Erblasser seinerseits Steuerschuldner einer Erbschaftsteuer aus einem Vorerwerb war. Diese ist als Erblasserschuld in vollem Umfang abzugsfähig. 85

Vom Abzug ausgeschlossen sind auch Auflagen, die dem Beschwerten selbst zugutekommen (§ 10 Abs. 9 ErbStG). Dies ist konsequent, da es in diesem Fall an einer Entreicherung durch die Auflage fehlt.

ee) Entrichtung der Steuer durch Dritte

Erlegt der Erblasser die Entrichtung der vom Erwerber geschuldeten Steuer einem anderen auf, der zugleich am Nachlass beteiligt sein kann, so gilt als Erwerb der Betrag, der sich aus einer Zusammenrechnung des Erwerbers nach § 10 Abs. 1 ErbStG und der aus ihm errechneten Steuer ergibt. Angesprochen ist die Variante, in der der Erblasser dem Erben auferlegt, die Erbschaftsteuer für das 86

---

89 HE 10,8 ErbStH 2011.

90 BFH v. 22.07.2015 – II R 12/14, ZEV 2015, 661 m. Anm. *Birnbaum*; BFH v. 22.05.2015 – II R 21/13, DStR 2015, 2013.

Vermächtnis zu zahlen. In diesem Fall ist erbschaftsteuerpflichtiger Erwerb des Vermächtnisnehmers nicht nur der vermächtnisweise zugewandte Gegenstand, sondern auch die von ihm zu zahlende Steuer, die nunmehr der Erbe zu entrichten hat. Korrespondierend kann der Erbe die für Rechnung des Vermächtnisnehmers gezahlte Erbschaftsteuer als Kosten im Rahmen der Erfüllung eines Vermächtnisses gem. § 10 Abs. 5 Nr. 2 ErbStG abziehen. Da § 10 Abs. 2 ErbStG die Erbschaftsteuer des Vermächtnisnehmers nur ohne Ansatz des zusätzlichen Erwerbes in Form der Übernahme der Erbschaftsteuer durch den Erben errechnet, können sich Steuerersparnisse ergeben, wenn etwa der Vermächtnisnehmer eine schlechtere Steuerklasse aufweist als der zur Zahlung verpflichtete Erbe.

ff) Einfluss des Stichtagsprinzips (§ 11 ErbStG)

87 Nach § 11 ErbStG ist für die Wertermittlung der Zeitpunkt der Entstehung der Steuer maßgebend. Wertveränderungen vor oder nach dem Stichtag bleiben grundsätzlich ohne Einfluss auf die erbschaftsteuerliche Wertermittlung. Dies gilt grundsätzlich auch für die Bewertung von Betriebsvermögen oder einer Beteiligung am Betriebsvermögen, die durch Erwerb von Todes wegen auf einen anderen übergegangen ist. Maßgebend ist abgesehen von Sonderfällen stets der Todestag des Erblassers. Für die Praxis hat dies erhebliche Probleme zur Folge, da das Vermögen einer Gesellschaft in aller Regel nur auf einen bestimmten Stichtag – in aller Regel Bilanzstichtag – bewertet wird. Insbesondere bei Gesellschaften mit einem sehr großen Gesellschafterkreis, wie gewerblichen Immobilienfonds, müsste unter Umständen täglich eine Bewertung durchgeführt werden. Gleichwohl ist festzuhalten, dass grundsätzlich auf den Todestag zu bewerten ist. Ferner ist eine Ermittlung zum Stichtag nicht erforderlich, wenn durch gesellschaftsvertragliche Regelungen angeordnet ist, dass als Bewertungsstichtag der Bilanzstichtag anzusetzen ist. In diesem Fall sind die Verhältnisse am Bilanzstichtag maßgebend. Zur Arbeitsersparnis empfiehlt es sich daher dringend, eine entsprechende Regelung in den Vertrag aufzunehmen.

b) Bewertung im Einzelnen

aa) Verweis auf die allgemeinen Regelungen des Bewertungsgesetzes

88 Als Generalklausel verweist § 12 Abs. 1 ErbStG vorbehaltlich von Spezialregelungen in den Abs. 2 bis 6 auf die allgemeinen Bewertungsvorschriften des ersten Teils des Bewertungsgesetzes (§§ 1 bis 16 BewG). Nach § 9 BewG ist grundsätzlich der gemeine Wert zugrunde zu legen, der dem Preis entspricht, der im gewöhnlichen Geschäftsverkehr bei einer Veräußerung des entsprechenden Vermögensgegenstandes zu erzielen wäre. Von diesem Bewertungsmaßstab, der der gesetzliche Regelfall ist, wird jedoch in den §§ 12 Abs. 2 bis 6 ErbStG in wichtigen Fällen abgewichen.

Aus der Verweisung auf das BewG ergibt sich ferner, dass gem. § 2 BewG jede wirtschaftliche Einheit gesondert bewertet werden muss. Auch dieser Grundsatz wird bei der Bewertung von Betriebsvermögen durch den auf den Bewertungsstichtag festgestellten Wert durchbrochen. Hierbei werden sämtliche Wirtschaftsgüter einer betrieblichen Einheit zusammengefasst (§ 12 Abs. 5 ErbStG i.V.m. § 109 Abs. 1 BewG). Aufgrund des nach § 2 Abs. 2 BewG anwendbaren § 39 Satz 2 AO sind die Wirtschaftsgüter mehreren Beteiligten quotal zuzurechnen. Steht ein Wirtschaftsgut mehreren Personen zu, so ist sein Wert im Ganzen zu ermitteln (§ 3 BewG). Dies hat zur Folge, dass bei Erbengemeinschaften das Wirtschaftsgut nur einmal zu bewerten ist, um unterschiedliche Ergebnisse bei mehreren Beteiligten zu vermeiden, aber auch um eine Verwaltungsvereinfachung zu erreichen.

89 Ein aufschiebend bedingter Erwerb ist erst mit Eintritt der Bedingung zu berücksichtigen, ein auflösend bedingter Erwerb ist zunächst als unbedingter Erwerb zu behandeln. Erst mit Eintritt der auflösenden Bedingung ist der Steuerbescheid gem. § 175 Abs. 1 Nr. 1 AO zu korrigieren. Gleiches gilt für aufschiebend bedingte und auflösend bedingte Lasten. Auch diese werden zunächst so behandelt, als gebe es keine Bedingung.

Beim Ansatz des gemeinen Wertes sind ungewöhnliche oder persönliche Verhältnisse nicht zu berücksichtigen. Als Regelbeispiel zählt § 9 Abs. 3 BewG als persönliche Verhältnisse auch Verfügungsbeschränkungen in der Person des Steuerpflichtigen oder seines Rechtsvorgängers auf.

Ungewöhnliche Verhältnisse sind solche, die der Rechtsverkehr nicht erwartet, insbesondere ein begrenzter Nachfragerkreis von Erwerbern. Die persönlichen Verhältnisse des Steuerpflichtigen bleiben ebenfalls unberücksichtigt, sodass eine persönliche Notlage, die einen Notverkauf erfordert, nicht wertmindernd zu berücksichtigen ist. Gleiches gilt für ungewöhnliche Wertsteigerungen, die auf Liebhaberpreisen beruhen.

Der Teilwert i.S.d. § 10 BewG hat nur für die Bewertung von Wirtschaftsgütern Bedeutung, die 90
einem Unternehmen dienen. Es sei auf die nachfolgenden Ausführungen verwiesen. An dieser Stelle sei nur festgehalten, dass der Teilwert im Unterschied zum gemeinen Wert ermittelt wird durch Substraktion des Wertes, den ein Erwerber für das betreffende Wirtschaftsgut im Rahmen des Erwerbs des ganzen Unternehmens zahlen würde, also dem Unternehmensgesamtwert. Hierbei ist davon auszugehen, dass der Erwerber das Unternehmen fortführt.

Betriebsvermögen von Einzelunternehmen und Personengesellschaften einschließlich deren Son- 91
derbetriebsvermögens wird in gleicher Weise, insbesondere nach der gleichen Methode bewertet, wie dasjenige von Kapitalgesellschaften und damit der Anteile von Gesellschaftern an Kapitalgesellschaften. Der Gesetzgeber geht somit von einer rechtsformunabhängigen Bewertung aus, sodass es dem Idealbild nach keinen erbschaftsteuerlichen Unterschied macht, ob sich im Nachlass der Anteil an einem Personenunternehmen oder einer Kapitalgesellschaft befindet. Von dieser Grundaussage gibt es Ausnahmen im Bereich der Kapitalgesellschaften, die börsennotiert sind. Dies wird im mittelständischen Bereich eher die Ausnahme sein. Ansonsten ist die Bewertung grundsätzlich auf der Grundlage zeitnaher Verkäufe durchzuführen, d.h. solcher Verkäufe, die innerhalb eines Jahres vor dem Stichtag unter fremden Dritten im üblichen Geschäftsverlauf erfolgt sind. Da dies in der Praxis eher selten vorkommt, erfolgt die Bewertung gem. § 11 Abs. 2 Satz 2 bis 4 BewG unter Berücksichtigung der Ertragsaussichten der Gesellschaft. Diese dem Wortlaut nur für Kapitalgesellschaften anwendbare Vorschrift findet über die Verweisung in § 109 BewG auch auf Personenunternehmen Anwendung. Die Einzelheiten der Bewertung sind in den §§ 199 ff. BewG enthalten, die von der Finanzverwaltung in RB 199 ErbStR 2011 in allen Einzelheiten kommentiert sind. Die in der Praxis bedeutendste Frage besteht darin, ob dieses Verfahren für alle Bewertungsfälle verbindlich ist oder auf Besonderheiten des Einzelfalls Rücksicht genommen werden kann. Nach RB 11.2 ErbStR 2011 ist der Steuerpflichtige berechtigt, den gemeinen Wert durch Vorlage eines methodisch nicht zu beanstandenden Gutachtens nachzuweisen, das auf den für die Verwendung in einem solchen Verfahren üblichen Daten der betreffenden Gesellschaft beruht. Dabei sind branchenspezifische Besonderheiten zu berücksichtigen. Häufigster Fall sind die sog. Umsatzverfahren, bei welchen der Unternehmenswert aufgrund typisiert gleicher Ertragskraft von Unternehmen gleicher Branche aus dem erwirtschafteten durchschnittlichen Umsatz abgeleitet wird. Die Finanzverwaltung wiederum ist grundsätzlich an das vereinfachte Ertragswertverfahren gebunden, soweit dies nicht zu offensichtlich unzutreffenden Ergebnissen führt.

Nach dem vereinfachten Ertragswertverfahren ergibt sich der gemeine Wert aus zwei Komponen- 92
ten, nämlich dem Ertragswert und dem Kapitalisierungsfaktor. Der gemeine Wert ist das Produkt der vorgenannten Werte.

Zusätzlich sind noch die Wirtschaftsgüter des nicht betriebsnotwendigen Vermögens sowie im wirtschaftlichen Zusammenhang damit bestehende Schulden anzusetzen. Dies ist insbesondere dann der Fall, wenn das zu bewertende Unternehmen Wirtschaftsgüter aufweist, die für die Betriebsführung nicht erforderlich sind, wie etwa Grundstücke, die für betriebliche Zwecke nicht benötigt werden o.ä. Der hieraus erzielte Ertrag fließt in den anzusetzenden Ertragswert naturgemäß nicht ein, um eine doppelte Berücksichtigung zu vermeiden. In den Ertragswert nicht einzubeziehen sind ferner die Erträge solcher Wirtschaftsgüter, die innerhalb von 2 Jahren vor dem Bewertungsstichtag in das Unternehmen eingelegt sind, um damit zu vermeiden, dass Korrekturen gezielt erfolgen, um den erbschaftsteuerlich anzusetzenden Wert zu beeinflussen.

Jahresertrag ist der zukünftig nachhaltig erzielbare Ertrag, abgeleitet aus den Durchschnittserträgen der Vergangenheit. Dabei sind die letzten 3 Jahre vor dem Bewertungsstichtag anzusetzen. Somit zählt regelmäßig das Jahr des Bewertungsanlasses nicht mit. In gewissen Grenzen kann der Wert auch durch Nutzung erbschaftsteuerlicher Gestaltungsmöglichkeiten verändert werden. Ist Gegenstand eines Vermächtnisses etwa der Erwerb von Anteilen an Kapitalgesellschaften, kann der Vermächtnisnehmer durch den Zeitpunkt der Annahme des Vermächtnisses den Stichtag beeinflussen, auf welchen die Bewertung erfolgt. Ausnahmen sind Fälle von Neugründungen, wenn die seither abgelaufene Zeit noch nicht 3 Jahre beträgt. In diesem Fall kommt es auf die abgelaufene Zeit an. Weitere Ausnahmen sind solche, in denen das laufende Wirtschaftsjahr für die Ermittlung des zukünftig zu erzielenden Jahresertrages von besonderer Bedeutung ist, sowie Sachverhalte, die unter das UmwG fallen, sofern sich die frühere Rechtsform auf das Jahresergebnis ausgewirkt hat.

93 Ausgangspunkt ist das Betriebsergebnis (vgl. § 202 BewG). Dieses wird durch den Unterschiedsbetrag i.S.d. § 4 Abs. 1 Satz 1 EStG (Bilanzgewinn) abgebildet. Bei Unternehmen, die ihren Gewinn durch Ermittlung des Überschusses der Einnahmen über die Ausgaben ermitteln (§ 4 Abs. 3 EStG), ist dies der danach ermittelte Überschuss. Ferner erfolgen Hinzurechnungen und Kürzungen für das jeweilige Wirtschaftsjahr. Von besonderer Bedeutung ist für Personenunternehmen, dass der durchschnittliche Unternehmerlohn den Jahresertrag mindert. Damit soll versucht werden, die Gleichbehandlung von Personen- und Kapitalgesellschaften aufrechtzuerhalten. Da bei Letzteren das Geschäftsführergehalt regelmäßig den maßgeblichen Jahresertrag mindert, bei Personenunternehmen zumindest steuerlich nicht, erfolgt der Ausgleich über den angemessenen Unternehmerlohn. In der Praxis führt dies zu Diskussionen mit dem Erbschaftsteuer-Finanzamt, welches nunmehr unter ganz anderen Aspekten, nämlich nicht ertragsteuerlich, die Angemessenheit der Vergütung prüft. Ferner erfolgt zur Abgeltung der auf der Ebene des Unternehmens entstehenden Steuerlast eine Kürzung um 30 %.

94 Bei Personenunternehmen ist der Unternehmenswert auf die Gesellschafter entsprechend der Kapitalkonten der Gesamthandsbilanz und von etwaigen Ergänzungsbilanzen aufzuteilen. Das Sonderbetriebsvermögen ist dem jeweiligen Gesellschafter vorab zuzurechnen. Auf diese Weise soll sichergestellt werden, dass auch die Wirtschaftsgüter des Sonderbetriebsvermögens erbschaftsteuerlich demjenigen zugerechnet werden, in dessen Eigentum sie stehen.

95 Das Betriebsergebnis ist für Erwerbsvorgänge ab dem 01.01.2016 gem. § 203 Abs. 1 BewG mit einem im Gesetz festgelegten Faktor von 13,75 zu multiplizieren. Der Bundesminister der Finanzen ist ermächtigt, den Faktor anzupassen, soweit die wirtschaftlichen Verhältnisse dies erfordern. Hiervon hat er bislang keinen Gebrauch gemacht. Für vorausgegangene Stichtage der Entstehung der Steuer ist ein variabler Kapitalisierungszinssatz anzusetzen, der in den letzten Jahren aufgrund des niedrigen Zinsniveaus sogar zu höheren Bewertungen geführt hat. Das nachfolgende Beispiel betrifft die Rechtslage ab 01.01.2016.

▶ **Beispiel:**

96 Durchschnittliches Betriebsergebnis 400.000,00 €

Kapitalisierungsfaktor = 13,75.

Gemeiner Wert: 5.500.000,00 €

Der Gesetzgeber könnte in manchen Fällen über das Ziel hinausgeschossen sein. Denn er geht davon aus, dass im vorliegenden Beispiel der Wert des Unternehmens dem 13,75-fachen des durchschnittlichen Jahresertrages entspricht. Selbst unter Berücksichtigung der Kürzungen ist dies sehr ambitioniert. Der Weg über Gutachten zum Nachweis des niedrigeren Wertes ist vorgezeichnet.

97 Kapitalforderungen und Schulden i.S.d. § 12 BewG sind mit dem Nennwert anzusetzen. Hiervon gibt es Ausnahmen, die in einer hohen, niedrigen oder fehlenden Verzinsung liegen können.[91] Uneinbringliche Forderungen sind nicht anzusetzen (§ 12 Abs. 2 BewG). Uneinbringliche Forde-

91 Ausführliche Darstellung bei *Ebeling/Geck*, Hdb. der Erbengemeinschaft und Erbauseinandersetzung, Teil II Rn. 646.

rungen können auch solche aus Kryptowährungen sein, sofern dem Erwerber der sog. private key, welchen er zur Verwendung des Guthabens benötigt, nicht zur Verfügung steht.[92] Noch nicht fällige Ansprüche aus Lebens-, Kapital- oder Rentenversicherungen werden mit dem nachgewiesenen Rückkaufswert angesetzt (§ 12 Abs. 4 Satz 1, 2 BewG). Wiederkehrende Nutzungen und Leistungen werden mit ihrem Kapitalwert angesetzt, dessen Höhe mit einem aus Anlage 9a zu entnehmenden Vielfachen des Jahreswertes ermittelt wird. Ist die Nutzung eines Wirtschaftsgutes zu bewerten, ist bei der Ermittlung des Kapitalwertes der Jahreswert dieser Nutzung höchstens mit dem Betrag anzusetzen, der sich ergibt, wenn das benutzte Wirtschaftsgut mit seinem Wertansatz nach BewG durch den Faktor 18,6 geteilt wird (§ 16 BewG). Diese Begrenzung spielt insbesondere bei einem Nießbrauchsvorbehalt eine entscheidende Rolle. Ohne die Regelung des § 16 BewG könnte der kapitalisierte Wert des Nießbrauchs den übertragenen Vermögenswert übersteigen, sodass eine entsprechende Übertragung im Ergebnis steuerfrei wäre. Auch der Jahreswert eines Wohnrechts ist auf einen/18,6 des maßgebenden Wertes begrenzt. Gleiches gilt für obligatorische Nutzungsrechte, wobei § 16 BewG jedoch nur anzuwenden ist, wenn enge rechtliche und wirtschaftliche Bindungen zwischen dem Anspruch des Nutzungsberechtigten und dem genutzten Wirtschaftsgut bestehen.

bb) Bewertung des Grundbesitzes[93] – Grundlagen

Nach § 12 Abs. 1 ErbStG richtet sich die Bewertung vorbehaltlich der genuin erbschaftsteuerrecht- 98
lichen Regelungen nach den Vorschriften des Ersten Teils des Bewertungsgesetzes. Damit wäre für den Grundbesitz nach § 9 Abs. 1 BewG der gemeine Wert zugrunde zu legen, der durch den Preis bestimmt wird, der im gewöhnlichen Geschäftsverkehr für den Vermögensgegenstand erzielt wird. Diese Bewertung nach jeweiligen Marktpreisen für die Immobilie wäre sicherlich in Anbetracht der von Verfassungswegen geforderten annähernden Gleichbehandlung von Geld- und Grundvermögen die gerechteste Lösung gewesen, hätte jedoch zum einen die gegenüber Geldvermögen nur eingeschränkte Umschlagbarkeit von Grundbesitz unberücksichtigt gelassen, zum anderen auch eine Fülle von Bewertungsproblemen zur Folge gehabt, da gerade bei Immobilien der Markt nur sehr schwer einzuschätzen ist.

Dementsprechend legt § 12 Abs. 3 ErbStG fest, dass Grundbesitz mit dem Wert anzusetzen ist, der 99
nach dem nach § 151 Abs. 1 Satz 1 Nr. 1 BewG auf den Bewertungsstichtag (§ 11 ErbStG) festgestellt wird. Der Grundbesitzwert ist gesondert festzustellen, sodass der festgestellte Wert Grundlagenbescheid für das Erbschaftsteuerverfahren ist. § 151 Abs. 1 Satz 1 Nr. 1 BewG verweist wiederum auf § 157 BewG. Danach sind die Grundbesitzwerte unter Berücksichtigung der tatsächlichen Verhältnisse und der Wertverhältnisse zum Bewertungsstichtag festzustellen. Die Einzelheiten ergeben sich dann aus den §§ 176 ff. BewG (Grundvermögen).

Der Grundbesitzwert ist nur im Bedarfsfall festzustellen (§ 151 Abs. 1 Satz 1 BewG, Bedarfs- 100
bewertung). Ein Bedarf ist immer vorhanden, wenn der Wertansatz für eine etwaige Festsetzung der Erbschaft- oder Schenkungsteuer benötigt wird. Nach § 153 Abs. 1 BewG kann das Finanzamt von jedem, für dessen Besteuerung eine Bedarfsbewertung erforderlich ist, die Abgabe einer Feststellungserklärung innerhalb einer vom Finanzamt festzusetzenden Frist von mindestens einem Monat verlangen.[94] Ist offensichtlich, dass keine Steuer festzusetzen ist, weil auch unter Berücksichtigung eines großzügig geschätzten Grundbesitzwertes die Bemessungsgrundlage die persönlichen Freibeträge nicht überschreitet, ist die Aufforderung des Finanzamtes zur Abgabe einer Erklärung über die Feststellung des Grundbesitzwertes rechtswidrig wegen Ermessensfehlgebrauches. Allerdings dürfte dies nur in den Fällen gegeben sein, in denen die fehlende Relevanz des Wertes unzweifelhaft auf der Hand liegt.

---

92 *Amend-Traut/Hagenröder* ZEV 2019, 113.

93 Ausführlich zur Grundbesitzbewertung RB 176 ff. ErbStB 2011.

94 BFH v. 02.12.2003 – II B 76/03, BStBl. II 2004, 204 = BFH/NV 2004, 390.

Stichtag für die Wertfeststellung ist der Tag der Entstehung der Steuer (§ 157 BewG). Der Gesetzgeber hat sich nunmehr dafür entschieden, den Stichtag der Entstehung der Steuer mit dem Wertfeststellungszeitpunkt in Übereinstimmung zu bringen. Die aus der Vergangenheit bekannten Probleme, dass die Wertfeststellungen auf einen Stichtag erfolgten, der weit vor dem Stichtag der Entstehung der Steuer lag, sind somit obsolet geworden. Diese Entscheidung des Gesetzgebers ist zutreffend, da nur auf diesem Wege die Verhältnisse am Tag der Vollendung des steuerpflichtigen Erwerbes Grundlage für die Steuerfestsetzung sind.

101 Verfahrensrechtlich ist darauf hinzuweisen, dass der **Grundbesitzwert gesondert festzustellen** ist, sodass Einwendungen gegen den Wert in dem Feststellungsverfahren über den Grundbesitzwert zu erheben sind. Dieser Bescheid ist Grundlagenbescheid für den Folgebescheid (Erbschaftsteuer- und Schenkungsteuerbescheid). Ist ein Anteil an einer Personengesellschaft mit Grundbesitz zu bewerten, ist der Grundbesitz der Gesellschaft gesondert festzustellen. Der Bescheid kann von den Feststellungsbeteiligten angefochten werden. Es reicht nicht aus, wenn die Grundbesitzwerte vom Lage-Finanzamt im Wege der Amtshilfe dem Erbschaftsteuerfinanzamt formlos mitgeteilt werden.[95] Änderungen des Grundlagenbescheides führen auch zu Änderungen des Folgebescheides (§ 175 Abs. 1 Nr. 1 AO). Im Grundlagenbescheid sind nach § 151 Abs. 2 BewG auch Feststellungen über die Zurechnungen der wirtschaftlichen Einheit und bei mehreren Beteiligungen über die Beteiligungsquote, aber auch die Zuordnung des Grundbesitzes zum Betriebsvermögen. Gerade der letzte Punkt ist durch die Vergünstigungen für Betriebsvermögen von besonderer Bedeutung.

Für alle bebauten Grundstücke – gleich welcher Grundstücksart – ist zwingend eine Bewertung auf der Grundlage des **Ertragswertverfahrens** durchzuführen, was vielleicht eine erhöhte Einzelfallgerechtigkeit bedeutet, jedoch für Finanzverwaltung, Finanzgerichte und auch Steuerpflichtige mit einem erheblichen Mehraufwand verbunden sein wird, da es eine dreistufige Wertermittlung erfordert.[96]

cc) Grundvermögen

102 Beim Grundvermögen fehlt es beim unentgeltlichen Erwerb regelmäßig an einem sicheren Marktpreis für das konkrete, zu bewertende Grundstück. Daher sind die nachfolgenden Verfahren solche, die eine gewisse Streubreite von +/- 20 % der Verkaufspreise für ein und dasselbe Objekt noch als tolerabel ansehen. Da die Bewertung ein Massenverfahren ist, sind diese Streubreiten nicht vermeidbar.

Nach § 12 Abs. 3 BewG ist Grundbesitz mit dem nach § 151 Abs. 1 Satz 1 Nr. 1 BewG auf den Bewertungsstichtag festgestellten Wert anzusetzen. § 151 Abs. 1 Satz 1 Nr. 1 BewG enthält nur die Verpflichtung, den Wert auf den Stichtag festzustellen, regelt jedoch das Bewertungsverfahren selbst nicht. Dieses ist in den §§ 157, 176 ff. BewG enthalten.

103 Zum Grundvermögen gehören Grund und Boden, die darauf errichteten Gebäude, sonstige Bestandteile und Zubehör, aber auch das Erbbaurecht, sowie das Wohnungseigentum, Teileigentum, Wohnungserbbaurecht und Teilerbbaurecht nach dem WEG, soweit es sich nicht – insoweit vorrangig – um land- und forstwirtschaftliches Vermögen oder um Betriebsvermögen handelt (§ 176 Abs. 1 BewG). Maßgebend sind die Verhältnisse am Stichtag der Entstehung der Steuer, mithin am Tag des Vollzugs der Schenkung; vgl. § 9 Abs. 1 Nr. 2 BewG.[97]

104 Das Gesetz unterscheidet zwischen unbebauten und bebauten Grundstücken.

Ersteres ist ein solches, auf dem sich keine benutzbaren Gebäude befinden. Ob ein Gebäude benutzbar ist, hängt davon ab, ob es den ihm beigemessenen Zweck erfüllen kann. Ein Rohbau ist somit

95 BFH v. 02.12.2003 – II B 76/03, BStBl. II 2004, 204 = BFH/NV 2004, 390.
96 Zu den Unwägbarkeiten *S. Wolf* DStR 1997, 350.
97 Gleichlautender Erlass der obersten Finanzbehörden der Länder v. 01.12.2004, BStBl. I 2004, 1194 = ZEV 2005, 108.

noch kein bebautes, sondern ein unbebautes Grundstück. Ist das Gebäude nur aufgrund baulicher Mängel nicht benutzbar, ist es gleichwohl ein bebautes Grundstück. Der bauliche Mangel rechtfertigt allerdings einen Wertabschlag.

Der Wert unbebauter Grundstücke bestimmt sich nach § 179 Abs. 1 Satz 1 BewG regelmäßig nach ihrer Fläche und den Bodenrichtwerten. Der Bodenrichtwert wird von den Gutachterausschüssen nach § 196 BauGB ermittelt und den Finanzämtern mitgeteilt. Der Bodenrichtwert am Stichtag wird mit der übertragenen Fläche multipliziert. Das Produkt stellt den Wert des unbebauten Grundstücks dar.

In der Praxis hat sich ergeben, dass die Gutachterausschüsse häufig über keine ausreichende **105** Anzahl von vorausgegangenen Grundstücksveräußerungen verfügen, sodass für die Ermittlung des Bodenrichtwertes, aus welchem sich der Verkehrswert der maßgebenden Fläche ableitet, kein ausreichendes Datenmaterial zur Verfügung steht. Insbesondere im ländlichen Bereich, in dem nur eine geringe Anzahl von Verkäufen stattfindet, ergeben sich in der Praxis stets Probleme. Zu diesem Zwecke ist die Finanzverwaltung dazu übergegangen, sog. Richtwertzonen zu bilden, die Gebiete umfassen, die nach Art und Maß der baulichen Nutzung größtenteils übereinstimmen. In diesem Zusammenhang ist die Finanzverwaltung ferner bestrebt, die Verhältnisse einzelner Richtwertzonen auf andere Gebiete zu übertragen, sofern die örtlichen Verhältnisse in etwa übereinstimmen. Ob diese Wertermittlung zu akzeptieren ist, bleibt abzuwarten. Für diese Ermittlung spricht, dass der Steuerpflichtige nach § 198 BewG immer die Möglichkeit hat, den niedrigeren Wert darzulegen und zu beweisen. Fraglich ist nur, wie er dies tun soll, wenn selbst der Gutachterausschuss über kein ausreichendes Fallmaterial verfügt, welcher den aktuellen Verkehrswert belegt. In der Praxis ergeben sich Verhandlungsspielräume, die von den Beratern genutzt werden.

Soweit es sich um unbebautes, aber bebaubares Gelände handelt (Bauland oder Bauerwartungs- **106** land), sind für die Wertfestsetzung die typischerweise zulässigen Bebauungsformen maßgebend. Besonderheiten etwa im Bereich der Geschossflächenzahl bei mehrstöckigen Gebäuden o.ä. sind durch Zu- und Abschläge zu erfassen. Die Finanzverwaltung hat in RB 179 ErbStR 2011 die Korrektur des Bodenrichtwertes bei abweichender Grundstücksgröße, Grundstückstiefe und baulicher Nutzung zugelassen. Der häufigste Fall sind besonders kleine oder besonders große Grundstücke, bei denen eine vollständige Bebauung faktisch ausgeschlossen ist.

In allen anderen Fällen der Abweichung, etwa bei Vorliegen spezieller Wertminderungsgründe wie Verkehrsbeeinträchtigung, Lärm-, Staub- oder Geruchsbelästigungen sowie Altlasten bleibt nur der Nachweis des niedrigeren gemeinen Wertes durch ein Bewertungsgutachten (§ 198 BewG).

Bebaute Grundstücke sind – wie der Begriff bereits vermuten lässt – solche, auf denen sich benutz- **107** bare Gebäude befinden. Wird ein Gebäude in Bauabschnitten errichtet, ist der fertiggestellte und daher schon nutzbare Teil als benutzbares Gebäude anzusehen, sodass es sich insgesamt um ein bebautes Grundstück handelt. Für den auf dem Grundstück bereits vorhandenen und noch nicht abgeschlossenen Rohbau findet ein Abschlag statt.

Für die Bewertung ist zunächst zwischen den Grundstücksarten zu unterscheiden. Diese sind: **108**
- Ein- und Zweifamilienhäuser
- Mietwohngrundstücke
- Wohnungs- und Teileigentum
- Geschäftsgrundstücke
- gemischt genutzte Grundstücke
- sonstige bebaute Grundstücke.

Diese in § 181 Abs. 1 BewG getroffene Differenzierung ist für die Wahl des Bewertungsverfahrens (§ 182 BewG) von entscheidender Bedeutung. Für die Abgrenzung der Wohngrundstücke ist der bewertungsrechtliche Wohnungsbegriff maßgebend. Danach handelt es sich um ein Wohngrundstück, wenn dieses in sich abgeschlossene Wohnungen enthält.

109 Das Bewertungsverfahren, wie es in § 182 Abs. 1 BewG enthalten ist, verfolgt das Ziel, den Wert der bebauten Grundstücke nach dem Vergleichs-, dem Ertrags- oder dem Sachwertverfahren zu ermitteln und damit einen Wert festzusetzen, der dem gemeinen Wert (Verkehrswert) zumindest nahekommt. In die Ermittlung des Wertes ist die »Immobilienwertermittlungsverordnung« (sog. ImmoWertV)[98] mit einzubeziehen, jedoch nicht in der Weise, dass der Inhalt in das BewG einfließt. Die steuerliche Bewertung erfolgt originär auf der Grundlage des BewG. Jedoch sind die Vorschriften des BewG im Lichte dieser Verordnung auszulegen.[99]

110 Das Vergleichswertverfahren ist nach § 182 Abs. 2 Satz 1 BewG grundsätzlich für Wohnungseigentum, Teileigentum sowie Ein- und Zweifamilienhäuser anzuwenden. Dabei wird zwischen dem Vergleichskaufpreisverfahren und dem Vergleichsfaktorverfahren unterschieden. Mit dem Vergleichskaufpreisverfahren ist gemeint, dass zumindest ein Vergleichskaufpreis vorliegt, der ein nahezu gleichwertiges Objekt betrifft, welches zeitnah, also in etwa ein Jahr vor dem Stichtag, unter fremden Dritten veräußert ist. Der häufigste Fall ist der Verkauf einer Doppelhaushälfte mit gleicher Grundstücksfläche und gleicher Ausstattung in einem Zeitraum von einem Jahr vor dem unentgeltlichen Erwerb der anderen Doppelhaushälfte.

111 Das Vergleichskaufpreisverfahren wird in der Praxis sehr selten angewandt werden können. Daher wird in der Praxis mit dem Vergleichsfaktorverfahren gearbeitet. Dieses an die ImmoWertV angenäherte Verfahren arbeitet mit der Vervielfältigung des jährlichen Ertrages entsprechend den örtlichen Gegebenheiten. Es kommt damit dem Ertragswertverfahren sehr nahe. Die Erträge wiederum werden abgeleitet aus den Kaufpreissammlungen, wie sie für die jeweilige Region erstellt werden. Daraus ergeben sich sog. Grundstücksmarktberichte der Gutachterausschüsse, die nach Wohnungsgrößen und Baujahrsgruppen gestaffelt sind. Soweit in diese Gruppen wertbestimmende Merkmale nicht eingeflossen sind, ist dies zu korrigieren. Hierzu sind Zu- und Abschläge wegen der besonderen Belegenheit der Immobilie (angrenzende Stadtautobahn, ruhige Lage am Waldrand) geeignet. Zu berücksichtigen sind auch wertbeeinflussende Rechte und Belastungen privatrechtlicher oder öffentlich-rechtlicher Art. Gleichwohl ist in der Praxis festzustellen, dass das Vergleichsfaktorverfahren nur in größeren Kommunen zu zuverlässigen Werten führt. Denn auch das Vergleichsfaktorverfahren setzt voraus, dass ein regelmäßiger Grundstücksverkehr durch Verkäufe in der jeweiligen Region stattfindet. In der Praxis wird häufig ein Sachverständigengutachten seitens des Steuerpflichtigen eingeholt werden, um den Wert abweichend von dem vom Gutachterausschuss ermittelten Vergleichswert nachweisen zu können.

112 Im Ertragswertverfahren sind nach § 182 Abs. 3 Satz 1 BewG Mietwohngrundstücke, Geschäftsgrundstücke und gemischt genutzte Grundstücke zu bewerten. Nach § 184 Abs. 3 BewG ist der Wert der baulichen Anlagen getrennt vom Wert des unbebauten Grund und Bodens zu ermitteln. Es handelt sich somit um einen addierten Wert, indem der Wert des unbebauten Grund und Bodens nach den Grundsätzen der Bewertung unbebauter Grundstücke (vgl. § 179 BewG) ermittelt wird und für das Gebäude ein gesonderter Ertragswert festgestellt wird. Anschließend werden die Werte addiert.

Für den Ertragswert des Gebäudes ist als Ausgangsgröße auf den Rohertrag abzustellen. Dieser leitet sich aus der aktuellen Nettokaltmiete ab (§ 186 BewG). Bei unentgeltlicher Nutzung oder Nutzung durch den Eigentümer kommt es auf die übliche Höhe der Nettokaltmiete an. Der so ermittelte Rohertrag ist um die Bewirtschaftungskosten zu kürzen. Diese setzen sich aus

- Verwaltungskosten
- Betriebskosten
- Instandhaltungskosten
- Mietausfallwagnis

98 Immobilienwertermittlungsverordnung vom 19.05.2010, BGBl I 2010, 683.
99 Vgl. ausführlich *Drosdzol*, ZEV 2010, 403.

zusammen; vgl. § 187 Abs. 2 BewG. Soweit individuelle Kostennachweise bzw. Erfahrungssätze nicht vorliegen, werden die Bewirtschaftungskosten nach der Anlage 23 zu § 187 Abs. 2 BewG pauschaliert angesetzt. Der danach verbleibende Betrag ist der sog. Reinertrag, welcher wiederum um eine angemessene Bodenwertverzinsung zu kürzen ist. Denn die Bewertung des Gebäudes im Ertragswertverfahren muss berücksichtigen, dass der Reinertrag nur erwirtschaftet werden kann, weil der Grundstückseigentümer diesen Grundbesitz dem Nutzer des Gebäudes zur Verfügung stellt. Daher entspricht die Konstellation der des Erbbauberechtigten und des Eigentümers des belasteten Grundstücks. Die Bodenwertverzinsung ergibt sich regelmäßig aus der Anwendung des maßgeblichen Liegenschaftszinses; § 188 BewG, welcher von den Gutachterausschüssen ermittelt wird. Kann dieser keine Liegenschaftszinssätze zur Verfügung stellen, gelten die in § 188 Abs. 2 Satz 2 BewG enthaltenen Zinssätze, wie etwa 5 % für Mietwohngrundstücke und 5,5 % für gemischt genutzte Grundstücke mit einem gewerblichen Anteil von bis zu 50 %. Der danach verbleibende jährliche Gebäudereinertrag ist mit einem Vervielfältiger zu multiplizieren, dessen Höhe sich aus der Anlage 21 zu § 185 Abs. 3 BewG ergibt. Dieser Vervielfältiger ist an der voraussichtlichen Restnutzungsdauer des Gebäudes ausgerichtet. Seine Parameter sind daher die Art des Gebäudes sowie das Jahr der Herstellung. Je nach Art des Gebäudes werden wirtschaftliche Gesamtnutzungsdauern vermutet, die berücksichtigen, innerhalb welcher Nutzungsdauer das Gebäude typischerweise verbraucht wird. Es ist naheliegend, dass Ein- und Zweifamilienhäuser eine längere Nutzungsdauer haben als etwa gewerbliche Einheiten wie Einkaufsmärkte o.ä. Je jünger das zu bewertende Gebäude ist, umso höher ist naturgemäß der zu erwartende Ertrag. Nach § 185 Abs. 3 Satz 5 BewG beträgt die Restnutzungsdauer eines noch nutzbaren Gebäudes jedoch mindestens 30 % der wirtschaftlichen Gesamtnutzungsdauer. Insofern wird etwa bei Ein- und Zweifamilienhäusern, denen eine wirtschaftliche Gesamtnutzungsdauer von 80 Jahren zuerkannt wird, davon ausgegangen, dass die Restnutzungsdauer mindestens 30 %, also 24 % der wirtschaftlichen Gesamtnutzungsdauer beträgt. Dies soll gerade bei älteren Gebäuden die Prüfung entbehrlich machen, ob die restliche Lebensdauer durch Baumaßnahmen verlängert wurde und dadurch u.U. ein neues Gebäude entstanden ist.

Aus Sicht der Praxis ist festzuhalten, dass durch die Addition von Bodenrichtwert und Gebäudewert 113
häufig Werte angesetzt werden, die am Grundstücksmarkt gar nicht erzielt werden können. Dies wird insbesondere dann der Fall sein, wenn bei einem Gebäude mit einer nur noch relativ kurzen Restnutzungsdauer eine Restnutzungsdauer von 30 Jahren vermutet wird, was den maßgeblichen Gebäudereinertrag nach oben treibt. Daher ist bereits in den wenigen, seit dem 01.01.2009 verstrichenen Jahren festzustellen, dass die Zahl der Sachverständigengutachten zwecks Nachweises eines niedrigeren gemeinen Wertes deutlich zugenommen hat.

Im Sachwertverfahren sind gem. § 182 Abs. 4 Satz 1 BewG Wohnungseigentums-, Teileigentums-, 114
Ein- und Zweifamilienhäuser zu bewerten, wenn ein Vergleichswert nicht vorliegt und auch nicht ermittelt werden kann. Das Sachwertverfahren gilt ferner für Geschäftsgrundstücke und gemischt genutzte Grundstücke, für die sich auf dem örtlichen Grundstücksmarkt keine übliche Miete ermitteln lässt. In der Praxis betrifft dies Grundstücke, die sich durch eine besondere Ausstattung oder Lage auszeichnen, die eine Vergleichbarkeit mit anderen Grundstücken nicht ermöglicht und für die auch kein dauerhafter Ertrag ermittelt werden kann. Ein plastisches Beispiel mag das Gelände der Volkswagen AG in Wolfsburg sein. Für dieses wird kein Vergleichswert ermittelt werden können. Auch das Ertragswertverfahren wird versagen. Das Sachwertverfahren ist ein modifiziertes Ertragswertverfahren, da auch bei diesem der Wert durch die Summe von Bodenwert und Gebäudewert gebildet wird. Der Bodenwert ist nach § 179 BewG zu ermitteln. Der Gebäudewert ist nicht nach den zu erwartenden Erträgen, sondern auf der Grundlage der gewöhnlichen Herstellungskosten je Flächen- bzw. Raumeinheit zu ermitteln, welcher durch typisierte Abschläge für Altersminderung korrigiert wird. Die konkrete Belegenheit des Grundstücks ist durch einen Marktanpassungsfaktor zu korrigieren, welcher die örtlichen Verhältnisse (Ballungszentrum oder ländliches Gebiet) berücksichtigt. Auch im Sachwertverfahren wird es häufig zu Streit zwischen Finanzamt und Steuerpflichtigem kommen.

115 Das BewG enthält auch Sonderfälle für Bewertungen, von denen nur auf die Konstellation des Erbbaurechts sowie der Gebäude auf fremdem Grund und Boden eingegangen werden soll (§§ 183, 184 BewG).

Beim Erbbaurecht sieht § 192 Satz 1 BewG vor, dass die Werte für die wirtschaftliche Einheit des Erbbaurechts und die des belasteten Grundstücks (Erbbaugrundstücks) gesondert zu ermitteln sind.

116 Der Wert des Erbbaurechts ist nach dem Vergleichswertverfahren (§ 183 BewG) zu ermitteln, wenn ein entsprechender Vergleichskaufpreis vorliegt. Dies wird nur selten der Fall sein. Daher sieht § 193 Abs. 2 BewG als gesetzlichen Ausnahme-, jedoch faktischen Regelfall vor, dass sich der Wert des Erbbaurechts aus einem Bodenwertanteil und einem Gebäudewertanteil zusammensetzt. Der Bodenwertanteil ist die Differenz zwischen dem angemessenen Verzinsungsbetrag des Bodenwertes für ein unbelastetes Grundstück und dem vertraglich vereinbarten jährlichen Erbbauzins. Dieser Bodenwertanteil ist in der Praxis nur dann von Bedeutung, wenn der tatsächliche Erbbauzins von der gemessenen Verzinsung von Grund und Boden abweicht, also Vereinbarungen aufweist, die nicht marktgerecht sind. Ist die tatsächliche Verzinsung aus Sicht des Erbbauberechtigten geringer, weil der Erbbauzins besonders günstig ist, findet auf den Gebäudeanteil ein Zuschlag statt.

117 Der Gebäudewertanteil ist gem. § 193 Abs. 5 BewG nach dem Ertragswertverfahren, in Ausnahmefällen nach dem Sachwertverfahren zu ermitteln. In der Praxis wird es dabei bleiben, dass nur der Gebäudewertanteil den Wert des Erbbaurechtes bestimmt. Der Eigentümer des belasteten Grundstücks (Erbbaugrundstücks) hat den Wert dieses Grundstücks ebenfalls im Vergleichswertverfahren zu ermitteln (§ 194 Abs. 1 BewG), jedoch in der Praxis gem. § 194 Abs. 2 BewG mangels vergleichbarer Kaufpreise nach dem Schätzverfahren des Abs. 2. Danach ist der Bodenwertanteil zugrunde zu legen. Dieser ist die Summe des über die Restlaufzeit des Erbbaurechts abgezinsten Bodenwertes, ermittelt nach § 179 BewG und der über diesen Zeitraum kapitalisierten Erbbauzinsen. Mithin wird zunächst der Wert des unbebauten Grund und Bodens ermittelt und dann um den Faktor abgezinst, welcher sich aus der Belastung durch das Erbbaurecht und die damit verbundene Nutzungseinschränkung ergibt. Diesem abgezinsten Bruttowert ist der kapitalisierte Wert der Erbbauzinsen hinzuzurechnen. Die Abzinsungsfaktoren sowie die Faktoren für die Ermittlung der Restlaufzeit des Erbrechts ergeben sich aus den Anlagen 21, 26 zum BewG.

118 Bei den Gebäuden auf fremdem Grund und Boden erfolgt die Bewertung des Gebäudes in gleicher Weise wie bei der Bewertung des Erbbaurechts. Der Wert des belasteten Grundstücks ist ebenso zu ermitteln wie der des Erbbaugrundstücks.

119 Von besonderer Bedeutung ist die Möglichkeit, den niedrigeren gemeinen Wert nachzuweisen. Dabei ist zunächst zu prüfen, ob die mit dieser Wertermittlung verbundenen Kosten sinnvoll investiert sind, indem der durch ein Sachverständigengutachten nachgewiesene niedrigere Wert die Erbschaftsteuer so weit mindert, dass der ersparte Betrag die Kosten des Gutachtens übersteigt. Denn diese sind nämlich unter keinem rechtlichen Aspekt erstattungsfähig. Dies gilt selbst dann, wenn in einem gerichtlichen Verfahren festgestellt wird, dass der Steuerpflichtige den niedrigeren gemeinen Wert nachgewiesen hat. Von den Finanzbehörden werden regelmäßig Gutachten von vereidigten Sachverständigen für Grundbesitz anerkannt. Ebenso anerkannt werden Gutachten des zuständigen Gutachterausschusses. Da diese bei den Finanzämtern regelmäßig nicht im Verdacht stehen, einseitig Werte zugunsten der Steuerpflichtigen festzusetzen, mag es sich im Einzelfall anbieten, ein solches Gutachten vorzulegen. Andererseits sind die Finanzämter verpflichtet, auch Gutachten anderer vereidigter Sachverständiger anzuerkennen. Daher ist der Hinweis auf den Gutachterausschuss eher als Erfahrungssatz und weniger als Praktikertipp aufzufassen.

6. Steuerbefreiungen außerhalb der Verschonung von Betriebsvermögen

120 Die Steuerbefreiungen im Katalog des § 13 ErbStG sind größtenteils aus sich heraus verständlich, sodass nachfolgend nur die wesentlichen Steuerbefreiungen erläutert werden.

a) Hausrat

Hinzuweisen ist auf die Steuerbefreiung des Hausrates einschließlich Wäsche und Kleidungsstücke, jedoch nur beim Erwerb durch Personen der Steuerklasse I und soweit der Wert insgesamt 41.000,00 € nicht übersteigt. Der Freibetrag von 41.000,00 € wird jedem Erwerber der Steuerklasse I gewährt, sodass etwa bei Erwerb durch drei Erben, die der Steuerklasse I angehören, Hausrat bis zur Höhe von 123.000,00 € steuerfrei ist. 121

Andere bewegliche körperliche Gegenstände sind beim Erwerb durch Personen der Steuerklasse I im Wert von insgesamt 12.000,00 € pro Erwerber steuerfrei.

Sind Erwerber der vorstehenden Gegenstände Personen der Steuerklassen II und III, beträgt der Wert 12.000,00 €. Ausgenommen von sämtlichen vorstehenden Befreiungen sind Gegenstände, die zum land- und forstwirtschaftlichen Vermögen, zum Grundvermögen oder zum Betriebsvermögen gehören sowie Zahlungsmittel, Wertpapiere oä.

b) Erwerb des Familienheims

§ 13 Abs. 1 Nr. 4b, c ErbStG befreit den Erwerb des Familienheims von der Erbschaftsteuer, sofern der Erblasser im Zeitpunkt seines Todes das Familienheim zu eigenen Wohnzwecken genutzt hat oder aus zwingenden Gründen (Pflegebedürftigkeit etc.) hieran gehindert war **und** die Erwerber das Familienheim für den Zeitraum von 10 Jahren ihrerseits als Eigentümer zu eigenen Wohnzwecken nutzen. Erwerber i.S.d. § 13 Abs. 1 Nr. 4b, c ErbStG sind ausschließlich der überlebende Ehegatte – gleich welchen Geschlechts -, der eingetragene Lebenspartner und/oder Kinder des Erblassers. Stiefkinder sind leiblichen und adoptierten Kindern des Erblassers gleichzustellen. Familienheim ist das bebaute Grundstück, in welchem sich das Familienleben des Erblassers im Zeitpunkt seines Ablebens bzw. bei zwingendem Ausschluss von der Selbstnutzung bei Auszug aus dem entsprechenden Grundstück abgespielt hat. Ferienwohnungen sind kein Familienheim.[100] Die Gründe, die die fehlende Selbstnutzung als unschädlich erscheinen lassen, sind sehr eng. Faktisch werden zumindest nach Auffassung der Finanzverwaltung[101] nur gesundheitliche Gründe anerkannt. Die Verlegung des Wohnsitzes etwa aus Gründen des Arbeitsplatzwechsels ist nicht geeignet, einen zwingenden Grund zu setzen, der die Selbstnutzung im Zeitpunkt des Ablebens als entbehrlich erscheinen lässt. 122

Weitere Voraussetzung ist, dass die vorgenannte Gruppe der Erwerber das Familienheim weitere 10 Jahre nach dem Erwerb nutzt. Dabei ist die Nutzung als Eigentümer erforderlich. So ist die Weitergabe des Familienheims bspw. durch den überlebenden Ehepartner im Wege der Schenkung unter Vorbehalt des Nießbrauchs für den Fortbestand der Verschonung schädlich, obwohl der überlebende Ehepartner das Objekt zu eigenen Wohnzwecken nutzt.[102] Auch bei ihm ist allein unschädlich, wenn er aus zwingenden Gründen die Selbstnutzung aufgibt. Häufigster Fall wird der Wegzug in eine Pflegeeinrichtung sein. Die Räumung des Objektes, etwa um in ein kleineres Grundstück zu ziehen oder sich in ein betreutes Wohnen zu begeben, ist nach allerdings sehr enger Auffassung der Finanzverwaltung[103], kein zwingender Grund. Noch schwieriger ist die Situation, sollten Kinder das Familienheim erwerben. Diese werden – sollte es sich nicht um sehr junge Kinder handeln – zum Nesthocker erzogen, indem sie das Objekt 10 Jahre nutzen müssen. Keine Voraussetzung ist, dass die vorgenannte Personengruppe das Familienheim im Zeitpunkt des Ablebens des Erblassers zu eigenen Wohnzwecken nutzt. Es ist jedoch erforderlich, dass diese Selbstnutzung innerhalb von 6 Monaten nach dem unentgeltlichen Erwerb von Todes wegen beginnt. 123

Nach § 13 Abs. 1 Nr. 4b Satz 2, 3, 4c Satz 2, 3 ErbStG entfällt die Verschonung, wenn und soweit der Erbe das Familienheim aufgrund einer letztwilligen Verfügung des Erblassers auf einen 124

---

100 BFH v. 18.07.2013 – II R 35/11, BStBl. II 2013, 1051 = ZEV 2013, 688.

101 RE 13.4 Abs. 2 Satz 2, 3 ErbStR 2011.

102 So zurecht BFH v. 03.06.2014 – II R 45/12, BStBl. II 2014, 806 = DStR 2014, 1670

103 RE 13.4 Abs. 6 Satz 4 ErbStR 2011.

Dritten übertragen muss. Dem gleichgestellt ist die (freiwillige) Übertragung im Rahmen der Erbauseinandersetzung.[104] Dieser wiederum kann die Verschonung in Anspruch nehmen, wenn er die persönlichen Voraussetzungen (Verwandtschaftsverhältnis) erfüllt und das Familienheim 10 Jahre zu eigenen Wohnzwecken selbst nutzt. Diese aus verfassungsrechtlichen Gründen (zielgerichtete Verschonung) in der ErbStG aufgenommene sog. Weiterleitungsklausel soll denjenigen entlasten, der das Familienheim erwirbt und selbst nutzt. Gleiches gilt auch, wenn und soweit im Rahmen einer Teilungsanordnung oder frei vereinbarten Erbauseinandersetzung einer der Erben das Familienheim übernimmt. Häufigster Fall ist die Erbauseinandersetzung über den Nachlass des Erblassers, bei welcher der überlebende Ehepartner das Familienheim zu Alleineigentum erwirbt. Die Verschonung steht dann nur allein ihm zu.

125 Wird gegen die zehnjährige Frist zur Selbstnutzung verstoßen, entfällt die Verschonung rückwirkend, und zwar in vollem Umfang, nicht lediglich zeitanteilig. Der Erbschaftsteuerbescheid ist gem. § 175 Abs. 1 Nr. 1 AO zu berichtigen, da es sich bei der aufgegebenen Selbstnutzung um ein Ereignis mit Rückwirkung handelt.

c) Erwerb durch Eltern

126 § 13 Abs. 1 Nr. 6 ErbStG befreit den Erwerb, der Eltern, Adoptiveltern, Stief- oder Großeltern des Erblassers anfällt, sofern der Erwerb zusammen mit dem übrigen Vermögen des Erwerbers 41.000,00 € nicht übersteigt und der Erwerber erwerbsunfähig ist oder durch Führung eines gemeinsamen Hausstandes mit erwerbsunfähigen oder in der Ausbildung befindlichen Abkömmlingen in der Ausübung einer Erwerbstätigkeit gehindert ist. Angesprochen sind die Fälle, in denen ein Mitglied der jüngeren Generation verstirbt und von seinen Eltern beerbt wird. Unter den vorgenannten Voraussetzungen soll die Erbschaftsteuer nicht erhoben werden. Dem liegt die Überlegung zugrunde, dass bei diesem Erwerberkreis mit geringem Vermögen der Tod des Erblassers eine besonders harte Auswirkung hat, zumal der gesetzliche Unterhaltsanspruch entfallen ist.

d) Freibetrag für Personen, die Pflegeleistungen erbracht haben

127 § 13 Abs. 1 Nr. 9 ErbStG gewährt einen Freibetrag von 20.000,00 € für einen steuerpflichtigen Erwerb, der Personen anfällt, die dem Erblasser unentgeltlich oder gegen unzureichendes Entgelt Pflege oder Unterhalt gewährt haben, soweit das Zugewendete als angemessenes Entgelt anzusehen ist. Diese Vorschrift wird durch die steigende Lebenserwartung der Bevölkerung an Bedeutung gewinnen. Pflege ist nicht gleichzusetzen mit Verpflegung. Sie geht insoweit darüber hinaus, als sie die allgemeine Fürsorge, insbesondere die Krankenpflege umfasst. Unter Unterhalt ist neben Verpflegung auch Unterkunft und Kleidung zu verstehen. Nach Auffassung des BFH[105] sind nur sehr geringe Anforderungen an eine Pflege zu richten. Schon die regelmäßige und dauernde Fürsorge für das geistige oder seelische Wohlbefinden einer wegen Krankheit, Behinderung oder eines sonstigen Grundes hilfsbedürftigen Personen ist ausreichend. Im Wege der Beweiserleichterung ist davon auszugehen, dass Personen, die älter als 80 Jahre sind, pflegebedürftig sind.[106] Es ist jeweils im Einzelfall zu prüfen, ob eine unentgeltliche oder unzureichende Entgeltsgewährung vorliegt. Unentgeltlich tätig werden auch solche Personen, die gesetzlich – weil bspw. in gerader Linie verwandt – zum Unterhalt verpflichtet sind.[107] Ist dies der Fall, ist für die Steuerfreiheit noch Voraussetzung, dass das Zugewendete als angemessenes Entgelt anzusehen ist. Handelt es sich somit nur um kleinere Handreichungen, ist die Zuwendung von 20.000,00 € unter Umständen unangemessen, sodass der

104 So BFH v. 23.06.2015 – II R 39/13, BStBl. II 2016, 225; s.a. Ländererlass v. 03.03.2016, BStBl. I 2016, 280.

105 BFH v. 09.11.2013 – II R 37/12, BStBl. II 2014, 114; BFH v. 10.05.2017 – II R 37/15, BStBl. II 2017, 1069.

106 Ländererlass v. 04.06.2014, BStBl. I 2014, 891.

107 BFH v. 10.05.2017 – II R 37/15, BStBl. II 2017, 1069 = BFH/NV 2017, 1263; so mittlerweile auch Ländererlass v. 25.10.2017, BStBl. I 2017, 1436 in Abweichung von RE 13.5 Abs. 1 Satz 2 ErbStR 2011.

Freibetrag nicht zur Anwendung kommt. Der Freibetrag wird nicht gewährt, wenn die Pflegeleistungen darauf beruhen, dass der Erblasser dem Erben zugesagt hat, ihn zum Erben einzusetzen und der Erbe den Erblasser daraufhin pflegt. Dieser Vergütungsanspruch ist Nachlassverbindlichkeit i.S.d. § 10 Abs. 5 Nr. 1 ErbStG.[108]

e) Rückfall geschenkten Vermögens

Steuerfrei ist der Rückfall geschenkter Vermögensgegenstände an Eltern oder Großeltern gem. 128
§ 13 Abs. 1 Nr. 10 ErbStG. Es muss sich dabei um Vermögensgegenstände handeln, die vorab durch Schenkung oder Übergabevertrag im Wege vorweggenommener Erbfolge dem Erblasser von dem vorgenannten Personenkreis zugewendet worden sind. Mit dieser Regelung soll verhindert werden, dass ein und derselbe Vermögensgegenstand unter Umständen dreimal belastet wird, indem zunächst der erste Erwerb der Schenkungsteuer, der Rückfall der Erbschaftsteuer und unter Umständen die erneute Schenkung an einen anderen Abkömmling erneut der Schenkungsteuer unterliegt. Der Rückfall einer Schenkung wegen Eintritts einer auflösenden Bedingung oder aufgrund eines Rückforderungsanspruchs fällt nicht in den Anwendungsbereich des § 13 Abs. 1 Nr. 10 ErbStG, da es sich nicht um einen Erwerb von Todes wegen handelt. § 13 Abs. 1 Nr. 10 ErbStG setzt nicht voraus, dass die Schenkung des Gegenstandes, der durch Erbfall zurückfällt, steuerpflichtig war. Selbst wenn der Erblasser im Rahmen der ihm obliegenden Unterhaltspflicht gehandelt hat, handelte es sich um privilegiertes Vermögen, dessen Rückfall nicht zu einer Erbschaftsteuer führt. Ob der Rückfall auf gesetzlicher oder gewillkürter Erbfolge beruht, ist ohne Belang.

In der Praxis die größten Schwierigkeiten bereitet das Merkmal der Nämlichkeit (= Identität), denn die Befreiungsvorschrift ist nur anwendbar, wenn die rückfallenden Vermögensgegenstände dieselben wie die zugewendeten Gegenstände sind.[109] Um diese Problematik zu vermeiden, sollte in der Praxis schon die schenkweise Zuwendung unter der auflösenden Bedingung durchgeführt werden, dass der zuwendende Elternteil das Kind überlegt. Denn in diesem Fall wird der Schenkungsteuertatbestand gem. § 29 Abs. 1 Nr. 1 ErbStG aufgehoben, ohne dass es hierfür des strengen Kriteriums der Nämlichkeit bedarf.

Wertveränderungen des Gegenstandes, die nicht auf Aufwendungen des Erwerbers beruhen, stehen der Steuerbefreiung nicht entgegen. Hat der Erwerber und spätere Erblasser hingegen Verwendung auf den Gegenstand vorgenommen, ist der dadurch entstandene Mehrwert erbschaftsteuerpflichtig.[110]

f) Pflichtteilsverzicht

Der Verzicht auf einen Pflichtteilsanspruch ist keine Bereicherung und damit nicht als Schenkung 129
zu erfassen. Wird für den Verzicht eine Gegenleistung gewährt, handelt es sich um einen Tatbestand, der beim Erwerber nach § 3 Abs. 2 Nr. 4 ErbStG zu erfassen ist, während der Erbe den entrichteten Betrag als Nachlassverbindlichkeit gem. § 10 Abs. 5 ErbStG abziehen kann; vgl. § 13 Abs. 1 Nr. 11 ErbStG.

7. Steuervergünstigungen von Betriebsvermögen

a) Grundlagen

Die Betriebsvermögensverschonung ist ein Kernstück der Erbschaftsteuerreform 2009 und durch 130
die Erbschaftsteuerreform 2016 in wesentlichen Teilbereichen noch einmal deutlich komplizierter geworden. Hintergrund sind die Anforderungen des BVerfG im Urt. v. 17.12.2014 [111] an die aus verfassungsrechtlichen Gründen geforderte zielgerichtete und punktgenaue Begünstigung von

108 BFH v. 09.11.1994, DB 1995, 354.

109 BFH v. 22.06.1994, 1692 m. Anm. *Felix*.

110 *Meincke/Hannes/Holtz*, ErbStG § 13 Rn. 29, ausführlich zu § 13 Abs. 1 Nr. 10 *Jülicher* ZEV 1995, 212, 244.

111 BVerfG v. 17.12.2014 – 1 BvR 10/12, BStBl. II 2015, 50.

Betriebsvermögen. Sie ist misslungen. Zum einen ist sie so kompliziert, dass selbst Fachleute nur schwer den Pfad durch das Dickicht finden. Zum zweiten hat die Bindung der Verschonung an die ertragsteuerlichen Rechtsinstitute der Mitunternehmerschaft etc. zur Folge, dass auch der Erwerb solcher Unternehmen begünstigt wird, für die die Betriebsvermögensverschonung nicht gedacht ist, insbesondere vermögensverwaltende Gesellschaften mit nur geringer Verwaltungsvermögensquote. Zum Dritten ergeben sich für jeden kundigen Berater ausreichend Möglichkeiten, die Steuer legal zu vermeiden.

Die Verschonungsnormen sind in den §§ 13a, 13b ErbStG enthalten. Diese sind so konzipiert, dass § 13a ErbStG die Technik der Verschonung sowie die Rechtsfolgen eines Verstoßes gegen die sog. Behaltensnormen regelt. Erläuternden Charakter hat § 13b ErbStG, der festlegt, welches Vermögen begünstigt und damit ganz oder teilweise verschont wird. Die Verschonungstechnik besteht darin, dass im sog. Grundmodell (Regelverschonung) der anzusetzende Wert des begünstigten Vermögens durch einen Verschonungsabschlag von 85 % auf 15 % der Bemessungsgrundlage reduziert wird, während im weitergehenden Modell der vollständigen Verschonung der Unternehmenswert vollständig außer Ansatz bleibt. Unter engen Voraussetzungen kommt für Familiengesellschaften noch ein Vorwegabschlag von max. 30 % auf das begünstigte Vermögen in Betracht (§ 13a Abs. 9 ErbStG).

Für Erwerbstatbestände ab dem 01.07.2016 ist § 13c ErbStG zu beachten. Soweit der Wert des begünstigten und damit verschonungsfähigen Vermögens 26 Mio. € übersteigt, ist der vorgenannte Verschonungsabschlag von 85 % bzw. 100 % nicht in vollem Umfang zu gewähren. Vielmehr wird für je 750.000,00 €, um welchen der Wert des begünstigten Vermögens den vorgenannten Schwellenwert von 26 Mio. € übersteigt, der Verschonungsabschlag um 1 % gekürzt. Ab einem Erwerb von 90 Mio. € beträgt er 0. Der Erwerber hat alternativ einen Anspruch auf Erlass der Steuer unter den engen Voraussetzungen des § 28a ErbStG. Mit dieser gegenüber dem bis 2016 geltenden Recht verschärften Regelung sollen Großerwerbe nicht in dem Umfang entlastet werden, wie dies beim Erwerb von mittelständischen Unternehmen der Fall ist.

b) Begünstigte Erwerbe

131 Die §§ 13a, 13b ErbStG enthalten eine sachliche Steuerbefreiung. Sämtliche Erwerbe nach dem ErbStG sind von der Verschonung erfasst, soweit die übrigen Voraussetzungen der Verschonung vorliegen. Korrespondierend bleiben mit dem der Verschonung unterliegenden Vermögen im Zusammenhang stehende Verbindlichkeiten vom bereicherungsmindernden Abzug ausgeschlossen, soweit die Verschonung den Erwerb auf der Ebene des übertragenen Vermögens steuerfrei stellt. Anderenfalls würde eine Doppelvergünstigung drohen. Der Verschonungsabschlag wird von Amts wegen gewährt. Ein Antrag ist nur erforderlich, soweit die vollständige Verschonung gewählt wird.

132 Begünstigte Erwerbe sind sämtliche in § 3 ErbStG aufgeführten Erwerbstatbestände, somit auch etwaige Anwachsungserwerbe gem. § 3 Abs. 1 Nr. 1 Satz 2 ErbStG.

c) Begünstigtes Vermögen

133 Erwerber sind alle rechtsfähigen Personen einschließlich Personen- und Kapitalgesellschaften. Ist Erwerber auf der zivilrechtlichen Ebene eine Personengesellschaft, wird durch diese auf die dahinterstehenden Gesellschafter durchgegriffen. Die Personengesellschaft ist transparent.

134 Voraussetzung für die Verschonung ist, dass sog. begünstigungsfähiges Vermögen erworben wird. Solches sind nur unternehmerische Gesamtheiten oder Anteile an Kapitalgesellschaften.

135 Als unternehmerische Einheit gilt auch land- und forstwirtschaftliches Vermögen. Voraussetzung ist jedoch, dass es sich um einen Betrieb handelt, welcher in der Summe seiner Wirtschaftsgüter dazu geeignet ist, die typischen land- und forstwirtschaftlichen Tätigkeiten zu erbringen. Gleichgestellt ist infolge des Verweises auf die ertragsteuerliche Beurteilung auch ein verpachteter Betrieb; § 13b Abs. 1 Nr. 1 ErbStG.

Unter Betriebsvermögen ist solches gewerbliches Unternehmen zu verstehen; § 13b Abs. 1 Nr. 2 ErbStG. Klassischer Fall ist das Einzelunternehmen, welches Gegenstand eines begünstigten Erwerbes ist. Voraussetzung ist allerdings, dass der Erwerber den Betrieb auch als gewerbliches Unternehmen fortführt. Die sofortige Übertragung in das Privatvermögen des Erwerbers ist nicht begünstigt. Denn das ErbStG möchte die Fortführung des Unternehmens von Erbschaftsteuer entlasten, was sich auch in den Nachsteuertatbeständen des § 13a ErbStG äußert. Einem Betrieb gleichgestellt ist der sog. Mitunternehmeranteil; § 13b Abs. 1 Nr. 2 Fall 3 ErbStG. Der Mitunternehmeranteil umfasst sowohl den Gesellschaftsanteil als auch das sog. Sonderbetriebsvermögen. Dies sind Wirtschaftsgüter, die der Gesellschafter (Erblasser) der Gesellschaft zur Nutzung überlässt, wie etwa vermietete Grundstücke, aber auch sonstige Wirtschaftsgüter, die für seine Gesellschaftsbeteiligung dienlich sind. 136

Im Ausland belegenes Betriebsvermögen ist ebenfalls begünstigt, soweit es einer Betriebsstätte in einem Mitgliedsstaat der EU oder einem Staat des EWR dient. Vermögen in Drittstaaten kann nur über eine im EU- oder EWR-Bereich ansässige Personen- oder Kapitalgesellschaft in die Vergünstigung einbezogen werden.

Weiter begünstigt sind Anteile an Kapitalgesellschaften mit Sitz im Inland oder EU- bzw. EWR-Bereich. Voraussetzung ist allerdings, dass der Erblasser mit einer Mindestbeteiligungsquote von mehr als 25 % am Nennkapital der Gesellschaft beteiligt war; vgl. § 13b Abs. 1 Nr. 3 ErbStG. Ob ein Anteil auf einen oder mehrere Erwerber übergeht, ist ohne Bedeutung. Erreicht die Beteiligung des Erblassers diese Mindestbeteiligungsquote nicht, ist der Erwerb gleichwohl begünstigt, wenn der Erblasser gemeinsam mit anderen Gesellschaftern der gleichen Gesellschaft eine Vereinbarung trifft, die gemeinhin als Poolvereinbarung bezeichnet wird; vgl. § 13b Abs. 1 Nr. 3 Satz 2 ErbStG. Diese Vereinbarung muss so viele Anteile erfassen, dass deren Summe die Mindestbeteiligungsquote von mehr als 25 % des Nennkapitals erreicht. Sie muss zum Inhalt haben, dass über die poolgebundenen Anteile durch die Gesellschafter des Pools nur nach einheitlichen Grundsätzen verfügt wird und das Stimmrecht aus den poolgebundenen Anteilen nur einheitlich ausgeübt werden kann.[112] 137

d) Begünstigtes Vermögen

Ist Gegenstand des unentgeltlichen Erwerbes eine begünstigungsfähige Einheit, ist im zweiten Schritt das in dieser enthaltene begünstigte Vermögen zu ermitteln. Denn nur dieses nimmt gem. § 13b Abs. 2 Satz 1 ErbStG am Verschonungsabschlag teil. Hierzu ist vorab zu ermitteln, welchen Anteil das nachfolgend erläuterte sog. Verwaltungsvermögen am gemeinen Wert der übertragenen begünstigungsfähigen Einheit hat. Beläuft sich das Verwaltungsvermögen auf mind. 90 % des Wertes des übertragenen begünstigungsfähigen Vermögens, findet überhaupt keine Verschonung statt. Dieser sog. 90 %-Test führt dazu, dass in vielen Fällen eine Verschonung nicht gewährt wird. Denn das sog. Verwaltungsvermögen wird allein brutto betrachtet. Verbindlichkeiten sind mindernd nicht zu berücksichtigen. Dadurch wird ein Bruttowert dem gemeinen Wert des Betriebsvermögens gegenübergestellt, welcher auch durch Passivposten bzw. damit im Zusammenhang stehende Aufwendungen gemindert wird. Ob diese Regelung verfassungskonform ist, wird sicherlich noch von den Gerichten beurteilt werden. 138

▶ **Beispiel:**

> Der gemeine Wert eines begünstigungsfähigen Kapitalgesellschaftsanteils beträgt 3 Mio. €. Beläuft sich der Wert des (Aktiv-)Verwaltungsvermögens auf mind. 2,7 Mio. € , findet keine Verschonung statt, selbst wenn dieses Verwaltungsvermögen in vollem Umfang mit Verbindlichkeiten belastet ist.

Ist diese Hürde übersprungen, ist das begünstigte Vermögen zu ermitteln. Hierzu ist das begünstigungsfähige Vermögen (in aller Regel der gemeine Wert der übertragenen Wirtschaftseinheit) um

112 Vgl. ausführlich A 13b.6 AEErbSt.

das schädliche Verwaltungsvermögen zu kürzen. Die Einzelheiten ergeben sich aus § 13b Abs. 2 ErbStG. Nur das begünstigte Vermögen wird um den Verschonungsabschlag entlastet. Das nichtbegünstigte Vermögen unterliegt regulär der Besteuerung. Der für Erwerbe bis zum 01.07.2016 geltende sog. Verwaltungsvermögenstest, nach welchem das gesamte Vermögen begünstigt war, soweit das Verwaltungsvermögen 50 % bei der Regelverschonung, bzw. 10 % bei der Vollverschonung nicht überschritt, ist nicht mehr maßgebend.

Daher ist in jedem Erbfall betr. ein begünstigungsfähiges Vermögen der Umfang des schädlichen Verwaltungsvermögens zu ermitteln und vom Wert des begünstigungsfähigen Vermögens abzuziehen.

War der Erblasser nicht allein am Vermögen der begünstigungsfähigen Wirtschaftseinheit beteiligt, ist die Ermittlung des Verwaltungsvermögens gesellschafterbezogen vorzunehmen. Dies bedeutet, dass dem Gesellschafter der Anteil am Verwaltungsvermögen zuzurechnen ist, der seinem Anteil am Gesellschaftsvermögen entspricht. Handelt es sich dabei um eine Personengesellschaft, können sich hierdurch erhebliche Mehrbelastungen ergeben, da bei der Ermittlung des Verwaltungsvermögens solches kumulativ im Sonderbetriebsvermögen und im Gesamthandsvermögen vorliegen kann.[113]

139 Daher bezieht sich bei Personengesellschaftsanteilen das begünstigte Vermögen auf den gesamten Mitunternehmeranteil, sodass sich Sonderbetriebsvermögen nur in der Person desjenigen auswirkt, der dessen Inhaber ist. Dies führt bei aktivem Sonderbetriebsvermögen dazu, dass der anteilige Unternehmenswert höher ist, als wenn das Sonderbetriebsvermögen nur entsprechend der Beteiligung an der Gesellschaft selbst (Gesamthandsanteil) aufgeteilt wird. Der negative Effekt ergibt sich, wenn die Beteiligung fremdfinanziert ist, weil dann negatives Sonderbetriebsvermögen den anteiligen Wert am Gesamthandsvermögen vermindert.

140 Bei Erwerb mehrerer begünstigter Einheiten ist die Prüfung für jede Einheit getrennt vorzunehmen. Dies gilt auch bei mehrstufigen Beteiligungsverhältnissen, wie sich aus § 13b Abs. 9 ErbStG ergibt. Stichtag ist regelmäßig der Todestag des Erblassers.

141 Die nachträgliche Umschichtung von Verwaltungsvermögen in sogenanntes Nichtverwaltungsvermögen ist unschädlich. Entscheidend sind allein die Verhältnisse am Stichtag der Entstehung der Steuer. In einem Sonderfall kann allerdings am Stichtag des unentgeltlichen Erwerbes infolge Erbfalls vorhandenes Verwaltungsvermögen zu begünstigtem Vermögen werden. Nach § 13b Abs. 5 Satz 1 ErbStG entfällt bei Erwerben von Todes wegen die Zurechnung der Vermögensgegenstände zum Verwaltungsvermögen rückwirkend zum Zeitpunkt der Entstehung der Steuer – also auf den Stichtag des Erbfalls -, wenn der Erwerber innerhalb von zwei Jahren ab dem Zeitpunkt der Entstehung der Steuer diese Vermögensgegenstände in Gegenstände investiert hat, die kein Verwaltungsvermögen sind. Allerdings muss diese Investition auf einem vorgefassten Plan des Erblassers beruhen. Hierzu bedarf es einer regelmäßig jedenfalls schriftlich dokumentierten Anweisung des Erblassers, bestimmte Investitionen nach seinem Tode vorzunehmen, die die etwa vorhandene Liquidität in Sachanlagevermögen umschichtet (Geld gegen Maschinen etc.). Ist der Erblasser nicht allein an der begünstigungsfähigen Wirtschaftseinheit beteiligt, reichen auch Gesellschafterbeschlüsse oder Business- und Investitionsplanungen aus, soweit sie zeitnah zum Tode des Stichtags erstellt sind.[114]

142 Besonderheiten gelten für die Vermögensgegenstände des so genannten jungen Verwaltungsvermögens; vgl. § 13b Abs. 7 Satz 2 ErbStG. Dabei handelt es sich um solche, die dem erworbenen Vermögen nicht länger als 2 Jahre zuzurechnen sind. Der Gesetzgeber dachte an die aus seiner Sicht unerwünschte Gestaltung, die darauf abzielt, in einen Rechtsträger, dessen Verwaltungsvermögensquote sehr niedrig ist, vor dem Stichtag der Übertragung gezielt Vermögensgegenstände des Verwaltungsvermögens zuzuführen und damit die Vergünstigungen für Unternehmen auf ehemaliges Privatvermögen zu erweitern.

113 Ausführlich *Geck*, in Festschrift Crezelius, 2018, 541 m. N.

114 Vgl. A 13b.24 AEErbSt.

Ungeklärt ist, ob junges Verwaltungsvermögen auch dadurch entsteht, dass bereits länger als 2 Jahre dem Betrieb zuzurechnendes Verwaltungsvermögen kurz vor der Übertragung in anderes Verwaltungsvermögen umgeschichtet wird.[115] Diese von der Finanzverwaltung vertretene Auffassung überzeugt nicht, geht sie doch über den Gesetzeszweck hinaus. Trotzdem ist sie zu beachten, sodass stets zu prüfen ist, seit wann das Wirtschaftsgut des Verwaltungsvermögens dem übertragenen Betrieb zuzurechnen ist.

Was Verwaltungsvermögen ist, ist in § 13b Abs. 4 ErbStG abschließend aufgezählt. Eine erwei- 143
ternde Auslegung ist nicht zulässig, da anderenfalls eine steuerverschärfende und damit grundgesetzwidrige Analogie hergestellt würde.

Verwaltungsvermögen sind zunächst Dritten zur Nutzung überlassene Grundstücke. Damit will der Gesetzgeber das in der Vergangenheit verwendete Modell gewerblich geprägter Personengesellschaften, die über Grundvermögen verfügen, von der Verschonung ausschließen. Dabei muss es sich um Grundstücke handeln, die Dritten zur Nutzung überlassen werden. »Dritter« im Sinne der Vorschrift ist jede Person, die nicht mit dem Nutzungsüberlassenden identisch ist. Hierzu zählen damit auch Gesellschaften, die unter Umständen von dem Eigentümer des Grundstücks geführt werden, aber auch Personen, die dem Grundstückseigentümer persönlich oder rechtlich nahe stehen. Ist das Grundstück allerdings einer Personengesellschaft, an welcher der Eigentümer beteiligt ist, zur Nutzung überlassen und handelt es sich dabei um Sonderbetriebsvermögen, greift eine Rückausnahme. Solche Grundstücke sind kein Verwaltungsvermögen. Hintergrund ist, dass das Erbschaftsteuerrecht bei gewerblichen Personengesellschaften an den ertragsteuerlichen Begriff des Mitunternehmers anknüpft. Dessen Beteiligung umfasst nicht nur den Gesellschaftsanteil, sondern auch die der Gesellschaft überlassenen Grundstücke. Es handelt sich somit bei der nutzenden Personengesellschaft nicht um einen »Dritten« im Sinne der erbschaftsteuerlichen Regelung.

Der Grundsatz, wonach Dritten zur Nutzung überlassene Grundstücke Verwaltungsvermögen sind, 144
erfährt zahlreiche weitere Ausnahmen. So ist die Nutzungsüberlassung im Rahmen einer Betriebsaufspaltung, nämlich an eine Gesellschaft, bei welcher der Überlassende selbst oder gemeinsam mit Dritten seinen Willen durchsetzen kann, keine Nutzungsüberlassung an einen Dritten, sodass das Grundstück kein Verwaltungsvermögen ist. Daher können die in der Praxis weitverbreiteten auch als Doppelunternehmen bezeichneten Betriebsaufspaltungen unter Inanspruchnahme der Verschonung in die nächste Generation übertragen werden.

Wie bereits angesprochen ist auch ein von einem Gesellschafter der Personengesellschaft im Rah- 145
men der Mitunternehmerstellung der Personengesellschaft zur Nutzung überlassenes Grundstück kein Verwaltungsvermögen.

Auch in bestimmten Konstellationen der Betriebsverpachtung sind zur Nutzung überlassene 146
Grundstücke kein Verwaltungsvermögen. Voraussetzung ist jedoch, dass der gesamte Betrieb verpachtet ist und der Betrieb beim Verpächter – gegebenenfalls als ruhender Gewerbebetrieb – zu Einkünften aus Gewerbebetrieb geführt hat. Weitere, inhaltlich kaum nachzuvollziehende Voraussetzungen sind, dass die Betriebsverpachtung alternativ voraussetzt, dass

- der Verpächter des Betriebes im Zusammenhang mit der unbefristeten Verpachtung den Pächter durch letztwillige Verfügung oder rechtsgeschäftliche Verfügung als Erben berufen hat.
- die Verpachtung zwar an einen Dritten erfolgt, jedoch nur deshalb, weil der Erwerber im Zeitpunkt der Steuerentstehung den Betrieb noch nicht führen kann und die Verpachtung auf höchstens 10 Jahre befristet ist. Diese Frist beginnt mit Vollendung des 18. Lebensjahrs des Erwerbers.

---

115 Diese Auffassung vertritt die FinVerw in RE 13b.19 Satz 2 ErbStR 2011 und hat durch eine nicht rechtskräftige Entscheidung des FG Münster v. 30.11.2017 – 3 K 2867/15, EFG 2018, 576 = ZEV 2018, 227 m. Anm. *Wachter* Unterstützung erhalten. Das Revisionsverfahren ist beim BFH unter dem Az. II R 8/18 anhängig.

Es handelt sich um singuläre Fälle, die der Gesetzgeber – schlecht beraten – in das Gesetz aufgenommen hat. Es sei daher davor gewarnt, in allen Fällen der Betriebsverpachtung davon auszugehen, die Grundstücke seien kein Verwaltungsvermögen.

147 Von Wohnungsunternehmen Dritten zur Nutzung überlassene Grundstücke bilden eine weitere Rückausnahme. Diese sind kein Verwaltungsvermögen, soweit der Hauptzweck des Betriebes in der Vermietung von Wohnungen besteht. Der Umfang der Vermietung muss die Anforderung eines wirtschaftlichen Geschäftsbetriebes erfüllen. Dieser ist in erster Linie dann gegeben, wenn weitere Tätigkeiten ausgeübt werden, die über diejenigen Tätigkeiten hinausgehen, die der Grundstücksvermieter typischerweise ausübt. Beispiele sind Handwerkerarbeiten durch beauftragte Mitarbeiter, Wohnungsverwaltung auch für Dritte etc. Diese Tätigkeiten muss der Inhaber nicht selbst ausüben, sondern kann sie auch durch Dritte wahrnehmen lassen. Die Finanzverwaltung hat in A 13b.17 AErbSt Indizien festgelegt, die darauf schließen lassen, dass eine umfangreiche Organisationsstruktur, das Unterhalten eines Büros, eine Buchführung zur Gewinnermittlung etc. Indizien für eine gewerbliche Tätigkeit sind. Hält das Unternehmen mehr als 300 Wohnungen, ist regelmäßig von einem wirtschaftlichen Geschäftsbetrieb auszugehen. Diese sog. Nichtbeanstandungsgrenze ist nicht abschließend. In der Praxis ist jedoch anzunehmen, dass ab Erreichen dieser Größenordnung das Finanzamt keine weiteren Recherchen anstellen wird. Bei darunter liegenden Wohnungsbeständen muss argumentiert werden, dass es sich um eine gewerbliche Nutzungsüberlassung handelt. Diese Auffassung überzeugt im Übrigen nicht. Sie hat die merkwürdige Konsequenz, dass mit zunehmender Zahl der Wohnungen und damit einer höheren Bemessungsgrundlage eine Verschonung immer wahrscheinlicher wird. Dem Charakter der Erbschaftsteuer als Bereicherungssteuer läuft dies zuwider.

148 Der BFH hat allerdings eine weitgehende Einschränkung vorgenommen. Im Urt. v. 24.10.2017[116] hat er die Steuerbefreiung für Wohnungsunternehmen faktisch abgeschafft. Seines Erachtens liegt ein Wohnungsunternehmen nur dann vor, wenn dieses eine originär gewerbliche Tätigkeit ausübt. Da die Vermietungstätigkeit regelmäßig eine vermögensverwaltende Tätigkeit darstellt, sind selbst Wohnungsunternehmen mit umfangreichem Grundbesitz von mehr als 300 Wohnungen jedenfalls nach Auffassung der Rechtsprechung kein Wohnungsunternehmen i.S.d. § 13b Abs. 4 ErbStG. Hinzukommen müssen eigene gewerbliche Tätigkeiten der Gesellschaft, wie Stellung von Handwerkern, Dienstleistungen auch gegenüber Personen, die nicht in dem Gebäude wohnen, etc. Diese Voraussetzungen sind rechtstatsächlich nicht gegeben, da dies wiederum diese Unternehmen von der sog. erweiterten Gewerbesteuerkürzung gem. § 9 Abs. 1 Nr. 2 GewStG ausschließen würde. Die Finanzverwaltung wendet die vorgenannte Entscheidung derzeit nicht an.[117] Daher kann die Praxis davon ausgehen, dass im derzeitigen Zeitpunkt noch der Anwendungserlass zur Erbschaftsteuer 2016 gilt. Allerdings ist sehr vorsichtig zu gestalten. Denn gerichtliche Hilfe kann bei negativen Einspruchsentscheidungen nicht erwartet werden. Daher muss sich die Praxis quasi sklavisch an die Anweisung im Anwendungserlass zur Erbschaftsteuer 2016 halten und ggf. streitige Tatbestände vorab mittels einer verbindlichen Auskunft versuchen zu klären.

149 Nicht als Verwaltungsvermögen gelten auch Dritten zur land- und forstwirtschaftlichen Nutzung überlassene Grundstücke. Dies ist der Grund dafür, warum im Bereich der Land- und Forstwirtschaft, die in erster Linie durch verpachtete Gewerbebetriebe gekennzeichnet ist, kein nennenswertes Steueraufkommen zu erwarten ist. Denn der Grund und Boden als wesentlich wertbildender Faktor ist kein Verwaltungsvermögen.

150 Anteile an Kapitalgesellschaften unterhalb der Mindestbeteiligungsquote von mehr als 25 % sind stets Verwaltungsvermögen; § 13b Abs. 4 ErbStG.

Bei der Beteiligung an Personengesellschaften spielt die Mindestbeteiligungsquote keine Rolle. Somit sind auch Zwergbeteiligungen, die sich im Vermögen einer Personengesellschaft befinden,

116 BFH v. 24.10.2017 – II R 44/15, DStR 2018, 403 = ZEV 2018, 219 m. Anm. *H.-U. Viskorf/Escher*.
117 Ländererlass v. 23.04.2018, BStBl. I 2018, 692.

deren Anteile übertragen werden, kein Verwaltungsvermögen. Es empfiehlt sich daher in geeigneten Fällen vor einer Übergabe den Beteiligungsbesitz so zu strukturieren, dass die Mindestbeteiligungsquote von mehr als 25 % keine Rolle spielt.

Bei Beteiligungsbesitz ist das begünstigte Vermögen auch bei diesen Gesellschaften zu ermitteln und mit demjenigen auf der Ebene der Spitzeneinheit zu konsolidieren; vgl. § 13b Abs. 9 ErbStG. **151**

Wertpapiere und vergleichbare Forderungen sind Verwaltungsvermögen; § 13b Abs. 4 ErbStG. **152** Wertpapiere sind in erster Linie Inhaber- oder Orderpapiere, bei denen derjenige, der die Urkunde vorlegt, Inhaber ist. Die Finanzverwaltung ist erweiternd der Auffassung, es sei der Wertpapierbegriff des Wertpapierhandelsgesetzes maßgebend. Danach sind nur auf dem Markt gehandelte Wertpapiere als Verwaltungsvermögen einzustufen.

Keine Wertpapiere sind Banknoten, Spareinlagen, Sichteinlagen, Festgeldkonten, Forderungen aus Lieferungen und Leistungen sowie solche an verbundenen Unternehmen.

Nach § 13b Abs. 4 Nr. 5 ErbStG sind Zahlungsmittel, Geschäftsguthaben, Geldforderungen und andere Forderungen Verwaltungsvermögen, soweit sie den gemeinen Wert der Schulden des Unternehmens sowie einen Sockelbetrag von 20 % des anzusetzenden Wertes des Betriebsvermögens der maßgeblichen unternehmerischen Einheit übersteigen. Damit hat der Gesetzgeber den sog. Cash-Gesellschaften das Handwerk gelegt. Die Ermittlung des maßgeblichen Verwaltungsvermögens erfolgt somit dreistufig, nämlich

Summe der betroffenen Vermögensgegenstände

abzgl. des gemeinen Wertes der Schulden

Zwischensumme

abzgl. 15 % des gemeinen Wertes des maßgeblichen Betriebes

soweit Wert positiv, Verwaltungsvermögen. Voraussetzung für den Freibetrag von 15 % ist allerdings, dass das begünstigungsfähige Vermögen des Betriebs oder der nachgeordneten Gesellschaften nach seinem Hauptzweck einer land- und forstwirtschaftlichen, gewerblichen oder freiberuflichen Tätigkeit dient, so dass dieser Freibetrag nicht gewährt wird, wenn es sich um eine gewerblich geprägte Personengesellschaft handelt oder auch die vermögensverwaltende Tätigkeit im Rahmen einer im Übrigen gewerblichen Gesellschaft überwiegt.

Das nach vorstehenden Grundsätzen ermittelte Verwaltungsvermögen ist mit anderen Vermögensgegenständen des Verwaltungsvermögens zu addieren. Die Vorschrift gilt jedoch nicht, wenn Gegenstand der Übertragung ein Gewerbebetrieb eines Kreditinstitutes oder eines Finanzdienstleistungsinstitutes oder eine Gesellschaft ist, deren Hauptzweck in der Finanzierung einer gewerblichen Tätigkeit von verbundenen Unternehmen besteht. Die Finanzverwaltung hat mit Ländererlass v. 10.10.2013[118] zu Einzelfragen Stellung genommen.

Ferner enthält § 13b Abs. 4 Nr. 3 ErbStG die Anordnung, dass auch Kunstgegenstände, Kunstsammlungen, wissenschaftliche Sammlungen, Bibliotheken und Archive, Münzen, Edelmetalle und Edelsteine Verwaltungsvermögen sind, soweit nicht ausnahmsweise diese Gegenstände einem Unternehmen zugewiesen sind, dessen Hauptzweck der Handel mit ihnen oder ihre Verarbeitung ist. Begünstigt sind daher Unternehmen, die jeweils als Juweliere, Kunsthändler o.Ä. tätig sind. Der Kunstsammler hingegen schenkt ohne Vergünstigung, soweit nicht ausnahmsweise die sachliche Steuerbefreiung des § 13 Abs. 1 Nr. 2 ErbStG eingreift.

Soweit nicht Schulden ohnehin den Bestand einer Untereinheit des Verwaltungsvermögens mindern, wie dies bei Finanzmitteln der Fall ist, sind sie in dem Verhältnis vom Verwaltungsvermögen

---

118 Ländererlass v. 10.10.2013, BStBl. I 2013, 1272; krit. hierzu *Korezkij*, DStR 2013, 2214, sowie *St. Viskorf/Haag*, ZEV 2014, 21.

abzuziehen mit der Folge, dass der Anteil des begünstigten Vermögens höher ist, in welchem das Verwaltungsvermögen zuzüglich der Schulden zum gemeinen Wert des Betriebes steht; § 13b Abs. 7 ErbStG.

153 Rechtsfolge der Verschonung ist, dass nur 15 % des gemeinen Wertes des Erwerbes zu erfassen sind; vgl. § 13a Abs. 1 Satz 1, § 13b Abs. 4 ErbStG. Der verbleibende Erwerb ist noch um einen Abzugsbetrag von € 150.000 zu kürzen; vgl. § 13a Abs. 2 ErbStG, wobei dieser Abzugsbetrag sich verringert, wenn der Wert des verbleibenden Vermögens die Wertgrenze von € 150.000 übersteigt. Der Abzugsbetrag verringert sich dann um 50 % des diese Wertgrenze übersteigenden Betrages. Übersteigt somit der Erwerb nach Berücksichtigung der Verschonung von 85 % mehr als € 450.000, wird kein Abzugsbetrag mehr gewährt.

Der Abzugsbetrag kann anders als die Verschonung nur einmal innerhalb von 10 Jahren für von derselben Person anfallende Erwerbe berücksichtigt werden.

154 Der Steuerpflichtige hat die Möglichkeit, durch eine schriftlich abzugebende Erklärung, die bis zum Eintritt der materiellen Bestandskraft des Erbschaftsteuerbescheides dem Finanzamt vorliegen muss, die vollständige Verschonung zu beantragen. Voraussetzung ist allerdings, dass das Verwaltungsvermögen nicht mehr als 20 % des gemeinen Werts des Betriebsvermögens beträgt. Sind Gegenstand des unentgeltlichen Erwerbes mehrere begünstigte Einheiten, kann der Antrag nach allerdings umstrittener Auffassung der Finanzverwaltung nur für alle Einheiten gemeinsam gestellt werden. Andererseits ist im Rahmen der maßgeblichen Verwaltungsvermögensquote die Selbstständigkeit der unternehmerisch übertragenen Einheiten erhalten geblieben. Somit führt der Antrag nur zum Erfolg, wenn bei allen übertragenden Einheiten die Verwaltungsvermögensquote max. 10 % beträgt.

155 Ist auch nur bei einem der übertragenen Rechtsträger die Quote überschritten, greift die Vollverschonung nicht ein. Es ist streitig, ob dann jedenfalls die Regeloption mit einer Verschonung von 85 % angewandt werden kann.[119] Die Finanzverwaltung lehnt dies in A 13a.20 Abs. 2 AEErbSt zu Unrecht ab. Die Praxis sollte sich der engen Auffassung der Finanzverwaltung anschließen, um nicht das Risiko einzugehen, dass überhaupt keine Verschonung gewährt wird. Wie der BFH entscheiden würde, muss offenbleiben. Jedenfalls empfiehlt es sich, mit dem Antrag möglichst lange zu warten, bis auf der vorgelagerten Ebene der Feststellung der maßgeblichen Verwaltungsvermögensquote gem. § 151 BewG Klarheit herrscht, wie hoch diese tatsächlich ist.

e) Fortbestand der Verschonung

156 Die Verschonungen sind an gewisse »Wohlverhaltenstatbestände« gebunden, die in der Praxis als Lohnsummen- und Vermögensbindungsmodell bezeichnet werden. Die Verschonung wird nur dann in vollem Umfang dauerhaft aufrechterhalten, wenn die maßgebliche Lohnsumme der auf den begünstigten Übertragungsvorgang folgenden 5 Kalenderjahre (= Mindestlohnsumme) mind. 400 % der durchschnittlichen Lohnsumme der 5 der Übertragung vorausgegangenen Kalenderjahre (Ausgangslohnsumme) beträgt, mit anderen Worten diese mindestens erreicht. Anderenfalls wird die Verschonung rückwirkend um den Prozentsatz gekürzt, um welchen die Mindestlohnsumme unterschritten wird.

157 In die Lohnsumme miteinzubeziehen sind auch die Lohnsummen nachgelagerter Gesellschaften, sodass im Rahmen der Ermittlung der Lohnsummen auch diejenigen von Beteiligungsgesellschaften zu ermitteln sind. Besteht die Beteiligung nicht in einem Umfang von 100 %, ist die in der Beteiligungsgesellschaft vorhandene Lohnsumme im Rahmen der Konsolidierung nur anteilig zu erfassen.

158 Bei mittelständischen Unternehmen wird die Lohnsummenregelung zunehmend an Bedeutung gewinnen. Denn anders als nach bis zum 01.07.2016 geltenden Recht ist sie auch dann zu beach-

119 Vgl. hierzu Kapp/Ebeling/*Geck*, ErbStG, Mai 2014, § 13a Rn. 137 f.

ten, wenn die Zahl der Beschäftigten mehr als 5 beträgt. Im Bereich von mehr als 5 bis 15 Beschäftigten gibt es zwar gewisse Erleichterungen im Bereich der Mindestlohnsumme. Gleichwohl ist das Thema der Lohnsummenkontrolle jetzt auch im Mittelstand angekommen. Bis zum 01.07.2016 vollzogene Erwerbstatbestände konnten ohne Lohnsummenregelung abgewickelt werden, wenn die geschenkte unternehmerische Einheit nicht mehr als 20 Mitarbeiter beschäftigte. Dieser Grenzwert ist deutlich abgesenkt worden. Bei Holdingstrukturen sind die Mitarbeiter auf der Spitzenebene mit denjenigen der nachgelagerten Einheiten zusammenzurechnen.[120]

Hat der Erwerber die Volloption in Anspruch genommen, hat er eine verschärfte Lohnsummenregelung zu beachten. Danach wird die vollständige Verschonung nur dann erhalten bleiben, wenn die Mindestlohnsumme in den folgenden 7 Jahren mind. 700 % der Ausgangslohnsumme beträgt. Für die quotale Kürzung bei Unterstreiten der maßgeblichen Mindestlohnsumme geltend die vorstehenden Grundsätze. 159

Neben den Anforderungen, die die Lohnsummenregelung beinhaltet, sind auch diejenigen der Vermögensbindung zu beachten, vgl. § 13a Abs. 6 ErbStG. Die maßgeblichen Zeiträume betragen im Regelmodell 5 Jahre, im Übrigen 7 Jahre; vgl. § 13a Abs. 10 ErbStG. Danach entfallen die Verschonungen – allerdings nur zeitanteilig –, wenn innerhalb der vorgenannten Fristen der Betrieb aufgegeben wird. Als Aufgabe gilt auch die Insolvenz. Dies hat zur Folge, dass selbst einflusslose Gesellschafter, die auf den Geschäftsbetrieb mangels ausreichender Beteiligungshöhe keinerlei Einfluss ausüben können, von einer Insolvenz betroffen sind, wenn sie innerhalb der vorstehenden Zeiträume Gesellschaftsanteile erworben haben. Man mag sich in vielen Fällen damit trösten, dass die Insolvenz absehbar war und bereits den maßgeblichen Unternehmenswert reduziert hat. Es gibt jedoch auch Fälle, in denen erst nach dem unentgeltlichen Erwerb der Wertverfall eingetreten ist und die Nachforderung der Erbschaftsteuer nicht nur den Betrieb, sondern auch dessen Inhaber in die Insolvenz gestürzt hat. Von der Rechtsprechung ist keine Gnade zu erwarten. Sie hat die Betriebsvermögensverschonung als sachliche Steuerbefreiung eingeordnet, sodass die Gründe, die zur Betriebsaufgabe geführt haben, ohne Bedeutung sind. 160

Der Betriebsaufgabe gleichgestellt ist die Veräußerung des begünstigt erworbenen Vermögens durch den Erwerber innerhalb der vorgenannten Fristen. Dies ist nachvollziehbar, da in diesen Fällen der Erwerber »Kasse macht«, was mit dem Begünstigungszweck des Fortbestandes des Unternehmens in der Person des Erwerbers nicht in Übereinstimmung zu bringen ist. War auf der Ebene des Begünstigungstatbestandes die Begünstigung nur deshalb zu gewähren, weil Anteile an einer Kapitalgesellschaft in eine Poolbindung einbezogen waren, gilt als Veräußerung auch die Aufhebung der Poolbindung innerhalb der Nachsteuertatbestände. Die Verwirklichung des Nachsteuertatbestandes hat zur Folge, dass die Verschonung rückwirkend gekürzt wird. Für die vollständig abgelaufenen Jahre, die dem Verstoß gegen die Vermögensbindung vorausgegangen sind, bleibt die Verschonung erhalten. Im Übrigen wird sie gekürzt. Grundlage für den geänderten Steuerbescheid ist § 175 Abs. 1 Nr. 2 AO (so genanntes rückwirkendes Ereignis). 161

Letzter Fall im Rahmen des Vermögensbindungsmodells sind die sogenannten Überentnahmen; § 13a Abs. 6 Nr. 3 ErbStG. Soll es nicht zu einer Nachsteuer kommen, darf der Erwerber innerhalb der maßgebenden Fristen von 5 bzw. 7 Jahren nur die in diesem Zeitraum angefallenen Gewinne zzgl. eines Betrages von max. € 150.000 aus dem Unternehmen entnehmen bzw. bei Kapitalgesellschaften an sich ausschütten lassen. Wichtig ist, dass erst am Ende der Zeiträume »abgerechnet« wird. Es besteht daher die Möglichkeit, Überentnahmen vor dem maßgebenden Stichtag noch auszugleichen, indem Einlagen getätigt werden. Es kann wesentlich preiswerter sein, eine Überentnahme wieder auszugleichen als die Nachsteuer zu tragen. Dies gilt umso mehr, da anders als bei den Tatbeständen der Betriebsaufgabe bzw. Veräußerung keine zeitanteilige Kürzung stattfindet – wie sollte diese auch errechnet werden? –, sondern die Verschonung in vollem Umfang gestrichen wird. Bitter sind die in der Praxis gelegentlich anzutreffende Sachverhalte, bei denen nach Ablauf 162

120 Vgl. A13a.4 Abs. 2 Satz 13 AEErbSt.

der maßgebenden Zeiträume durch eine steuerliche Betriebsprüfung eine so genannte verdeckte Gewinnausschüttung festgestellt wird. So kann etwa an den Erwerber ein erhöhtes Gehalt als Geschäftsführer Anstellungsvergütungen gezahlt worden sein. Da dieses als eine einer Entnahme gleichgestellte verdeckte Gewinnausschüttung gilt, kann sich hieraus zugleich eine negative Folge im Rahmen der Betriebsvermögensverschonung ergeben.

163 In Großerwerbsfällen sind mehrere Erwerbe innerhalb eines Zeitraums von zehn Jahren zusammenzurechnen, um Gestaltungen zu vermeiden, die durch Aufspaltung von Anteilsübertragungen dazu führen, dass jeder Erwerbstatbestand für sich den Grenzwert nicht überschreitet. Der Grenzwert bezieht sich nur auf das begünstigte Vermögen, da das begünstigungsfähige Vermögen ohnehin der regulären Besteuerung unterliegt. Ungeklärt ist, ob bei Zusammenrechnung mehrerer Erwerbstatbestände auch solche Erwerbe mit einzubeziehen sind, die vor der Gesetzesänderung zum 01.07.2016 vollzogen sind. Dies ist abzulehnen, da die Neuregelung so zu verstehen ist, dass alle Uhren am 01.07.2016 auf 0 gestellt werden. Dies ist allerdings nicht die Auffassung der Finanzverwaltung, wie sich aus A 13a.2 Abs. 2 Satz 3 AEErbSt ergibt. Eine gerichtliche Klärung ist zu erwarten.

8. Berücksichtigung früherer Erwerbe

164 Nach § 14 ErbStG sind mehrere innerhalb von 10 Jahren von derselben Person anfallende Vermögensvorteile in der Weise zusammenzurechnen, dass dem letzten Erwerb die früheren Erwerbe nach ihrem **früheren Wert** zugerechnet werden. Vorerwerbe außerhalb des 10-Jahres-Zeitraums dürfen die Progressionshöhe auch nicht mittelbar beeinflussen.[121] Von der Steuer für den Gesamtbetrag wird diejenige abgezogen, welche für die früheren Erwerbe nach den persönlichen Verhältnissen des Erwerbers und auf der Grundlage der geltenden Vorschriften zur Zeit des letzten Erwerbes zu erheben gewesen wäre. Diese Regelung will steuerliche Vorteile verhindern, die durch nacheinander erfolgende Zuwendungen erzielt werden könnten. § 14 ErbStG ist eine Vorschrift, die die Steuerprogression für den letzten Erwerb verändert. Eine Wertminderung hinsichtlich der Vorerwerbe innerhalb der Zehn-Jahres-Frist findet nicht statt. Ist der Wert in einem bestandskräftigen Schenkungsteuerbescheid für die Vorschenkung ermittelt, ist das Finanzamt an diese Festsetzung gebunden.[122] Der 10-Jahres-Zeitpunkt beginnt bei Vorschenkungen, die in Grundbesitz bestehen, mit Ausführung der Schenkung. Diese ist i.S. des Schenkungsteuerrechts ausgeführt, wenn der Beschenkte ohne Mitwirkung des Erblassers in der Lage ist, die für die Eigentumsumschreibung erforderlichen Unterlagen unverzüglich dem Grundbuchamt einzureichen und damit die Wirkung des § 17 GBO zu erreichen.[123] Voraussetzung ist ferner, dass die Erwerbe von derselben Person stammen. Bei Zwischenschaltung weiterer Personen ist zu prüfen, ob die zwischengeschaltete Person in der Verwendung des Vermögensgegenstandes frei ist. Will z.B. der Vater die Zusammenrechnung vermeiden und schenkt an den Sohn innerhalb des 10-Jahres-Zeitraumes über die Mutter einen Vermögensgegenstand, findet im Falle des Todes des Vaters innerhalb des 10-Jahres-Zeitraumes eine Zusammenrechnung statt, wenn die Mutter in der Verwendung des Vermögensgegenstandes nicht frei war, sie mithin gegenüber dem Ehemann verpflichtet war, den Vermögensgegenstand an den gemeinsamen Sohn unentgeltlich weiter zu übertragen. Die Zusammenrechnung mehrerer Erwerbe ist in der Weise durchzuführen, dass die Vorerwerbe in ihrem Wert mit dem letzten Erwerb zu addieren sind, den sie bei der früheren Veranlagung hatten. Eine Wertveränderung hat somit auf die Berechnung der Steuer für den Letzterwerb keinen Einfluss. Von der Steuer auf den Letzterwerb ist die Steuer auf den Ersterwerb abzuziehen. Bei unveränderten Steuersätzen ist die Schuld von der Steuer auf den Letzterwerb abzuziehen, die für den Ersterwerb zu zahlen ist.

121 BFH v. 03.11.2010, BStBl. II 2011, 123.

122 FG Düsseldorf v. 27.04.1983, EFG 1984, 77, zu ungelösten Problemen sehr instruktiv *Jülicher* ZEV 1997, 275.

123 Kapp/Ebeling/*Geck*, ErbStG, § 14 Rn. 59 f.

Dieser Idealfall ist in der Praxis allerdings nicht immer gegeben. Insbesondere durch Veränderungen der Steuerklassen und Tarife kann sich eine fiktive Steuer für den Vorerwerb ergeben, die von der tatsächlich gezahlten Steuer abweicht. Die Besteuerung des Gesamterwerbes wird damit stärker an das neue Recht gebunden. Bei im Zeitpunkt des Letzterwerbes gegenüber dem Vorerwerb gestiegenen Freibeträgen und ggf. gesunkenen Steuersätzen ergibt sich eine niedrigere fiktive anrechenbare Steuer auf den Ersterwerb, da dessen Steuer nach § 14 Abs. 1 Satz 1 ErbStG nach den Verhältnissen im Zeitpunkt des Letzterwerbes zu ermitteln ist, wobei lediglich die Bewertung nach den Verhältnissen im Zeitpunkt des Vorerwerbes zu ermitteln ist. Dies kann zu dem paradoxen Ergebnis führen, dass sich eine günstigere Rechtslage durch erhöhte Freibeträge zulasten des Steuerpflichtigen auswirkt, da sie zu einer niedrigeren anrechenbaren Steuer für den Vorerwerb führt. Dies ist durch die Anpassung der Freibeträge durch das ErbStRG 2009 insbesondere für die Schnittstelle zwischen Anwendung des alten und neuen Rechts im Bereich der angehobenen Freibeträge durch das ErbStRG 2009 zu beobachten. Sofern durch den höheren Freibetrag eine niedrigere fiktive Steuer auf den Ersterwerb entsteht, wirkt sich dies zum Nachteil des Steuerpflichtigen aus, weil ein niedrigerer Betrag von der Steuer auf den Gesamterwerb abzuziehen ist. Hierzu hat der BFH[124] die Auffassung vertreten, dass bei Ermittlung der fiktiven Steuer auf den Vorerwerb niedrigerer Freibeträge alten Rechts oder eine ungünstigere Steuerklasse heranzuziehen sind. Allerdings sollten die ungünstigeren Steuersätze unberücksichtigt bleiben. Diese durch den Gesetzeswortlaut nicht gedeckte Auffassung des BFH ist zwischenzeitlich in § 14 Abs. 1 Satz 2 ErbStG in das Gesetz aufgenommen worden. Danach ist die tatsächlich für den früheren Erwerb zu entrichtende Steuer abzuziehen, wenn diese höher ist als die fiktive anzurechnende Steuer. Eines Antrages bedarf es hierzu nicht. Die Berechnung hat das Finanzamt von Amts wegen durchzuführen. Dies kann im Einzelfall sogar dazu führen, dass die tatsächliche Steuer für den Vorerwerb infolge der gestiegenen Freibeträge und zugunsten der Steuerpflichtigen veränderten Steuerklassen höher ist als die Steuer für den Gesamterwerb, sodass sich rechnerisch ein Erstattungsbetrag ergibt. Zu einer Steuererstattung kommt es allerdings nicht, weil insoweit eine Rechtsgrundlage fehlt.[125] § 14 ErbStG regelt nur die **Anrechnung** der Steuer auf den Gesamterwerb. Dies kann nicht zu einer Erstattung führen; vgl. § 14 Abs. 1 Satz 5 ErbStG. In diesen Fällen sollte jedoch der Steuerpflichtige erwägen, durch letztwillige Verfügung dem Begünstigten, an den er bereits einen anrechenbaren Vorerwerb erbracht hat, soviel von Todes wegen zuzuwenden, dass die Steuer für den Gesamterwerb die Steuer für die frühere Zuwendung erreicht. Lässt sich dies bei unentgeltlichen Zuwendungen unter Lebenden steuern, ist selbstverständlich bei Erwerben von Todes wegen eine exakte Berechnung kaum möglich. Eine Zusammenrechnung ist nicht vorzunehmen, wenn Vorerwerbe einer qualitativen Steuerbefreiung unterlegen haben. Als Beispiel sei die Verschonung im Wege der vorweggenommenen Erbfolge nach § 13a Abs. 1 ErbStG genannt. Die Zusammenrechnung würde in den Fällen auch keinen Sinn ergeben, in denen qualitative Steuerbefreiung auch im Zeitpunkt des Letzterwerbes noch vorhanden ist und in Anspruch genommen werden kann. 165

Die Zusammenrechnung mit einer steuerlich negativen Zuwendung ist nach § 14 Abs. 1 Satz 5 ErbStG ausgeschlossen. Dies ist nicht völlig überzeugend, da beim Gesamterwerb fingiert wird, dass der gesamte Vermögensanfall erst im Zeitpunkt des Letzterwerbes zu erfassen ist. In diesem Fall wären jedoch positive und negative Werte zu saldieren. Es ist nicht recht nachvollziehbar, warum dies nicht gelten soll, wenn innerhalb des Zehn-Jahres-Zeitraumes Zuwendungen mit positiven und negativen Werten vorgenommen werden sollen. 166

9. Steuerklasse, Freibeträge, Steuersätze

a) Steuerklassen (§ 15 ErbStG)

§ 15 ErbStG enthält drei Steuerklassen. Die Besteuerung stellt dabei auf das persönliche Verhältnis des Erwerbers zum Erblasser ab. Maßgebend für die Bildung der Steuerklassen ist das nach Bürger- 167

---

124 BFH v. 18.02.1987, DB 1987, 1024.
125 BFH v. 17.10.2001, ZEV 2002, 77.

lichem Recht bestehende Verwandtschaftsverhältnis. Ist Erwerber eine Personengesellschaft oder andere Gesamthandsgemeinschaft, ist für die Anwendung der Steuerklasse das Verwandtschaftsverhältnis der Gesamthänder zum Erblasser maßgebend.[126]

aa) Erfasster Personenkreis der Steuerklasse I

168 Auf den Erwerb seitens des Ehegatten – gleich ob hetero– oder homosexuelle Ehe – findet Steuerklasse I Anwendung, wenn die Ehe bis zum Tod des Erblassers bestanden hat. In diesem Zusammenhang ist unerheblich, ob bereits im Zeitpunkt des Todes des Erblassers ein Scheidungsantrag gestellt war. Die in diesen Fällen bestehenden Beschränkungen des Erbrechts nach § 1933 BGB schlagen auf die erbschaftsteuerliche Beurteilung nicht durch. Anwendbar ist Steuerklasse I bis zur Auflösung der Ehe durch Scheidung. Ehegatten gleichgestellt ist der gleichgeschlechtliche eingetragene Lebenspartner. Der geschiedene Ehegatte fällt in die Steuerklasse II.

Diese Regelung, die im Interesse der Rechtssicherheit durchaus zu begrüßen ist, hat allerdings für die Steuerpflichtigen nachteilige Wirkungen, wenn sich die Ehegatten nach Scheidung der Ehe wieder versöhnt haben, jedoch vor einer erneuten Heirat einer der Ehegatten verstirbt. In diesem Fall bleibt es bei der Anwendung der Steuerklasse II. Auch eine Besteuerung aus Billigkeitsgründen unter Anwendung der Steuerklasse I kommt nicht in Betracht.[127] Nichteheliche Lebenspartner fallen nicht in die Steuerklasse I.[128]

Kinder i.S.d. Steuerklasse I sind nicht nur eheliche und nichteheliche Kinder, sondern auch Adoptivkinder sowie Stiefkinder. Die Kinder von Adoptivkindern fallen nicht in den Anwendungsbereich der Steuerklasse I, sofern sich nicht die Wirkung der Adoption auch auf sie erstreckt.

Für den Bereich der Stiefkinder ist festzuhalten, dass nichteheliche Kinder eines Ehegatten Stiefkinder des anderen Ehegatten sind, sodass auf diesen Personenkreis die Steuerklasse I zur Anwendung kommt.

Abweichend von der Behandlung bei Schenkungen sind Enkelkinder schlechthin in die Steuerklasse I einbezogen. Dies gilt auch, sofern die Zwischengeneration noch nicht verstorben war. Unterschiede ergeben sich lediglich bei den Freibeträgen (dazu sogleich b).

Im Zeitpunkt des Entstehens der Steuer erzeugte, aber noch nicht lebende Personen der Steuerklasse I, gelten als bereits geboren.[129]

Die oft steuerlich motivierte Adoption von Personen verschafft diesem Erwerberkreis die Vergünstigung der Steuerklasse I. Sofern Betriebsvermögen vererbt werden soll, ist festzuhalten, dass aufgrund der Tarifbegrenzung des § 19a ErbStG die Adoption nicht mehr erforderlich ist. Lediglich wenn zu erwarten ist, dass die Behaltensfristen des § 19a Abs. 4, 5 ErbStG nicht beachtet werden können oder sollen, bleibt es bei den Vorteilen, die mit einer Adoption verbunden sind. Ist auch oder allein nicht begünstigtes Vermögen vorhanden, das im Wege des Erbfalls auf den »Adoptionskandidaten« übertragen werden soll, bleibt allerdings zu prüfen, ob nicht die Adoption im Einzelfall zur Steuerminimierung angestrebt werden sollte. Ein Missbrauch kann in der Adoption nicht gesehen werden.[130]

Eltern und Großeltern fallen in die Steuerklasse I, wenn sie aufgrund eines Erwerbes von Todes wegen begünstigt sind.

126 BFH v. 14.09.1994, DB 1995, 354.
127 FG Münster v. 30.08.1990, EFG 1991, 199.
128 FG Düsseldorf v. 01.12.2003, DStRE 2004, 413.
129 Ebeling/Geck/*Klose*, Hdb. der Erbengemeinschaft und Erbauseinandersetzung, II Rn. 1043.
130 RFH RStBl. 1942, 1118.

bb) Erfasster Personenkreis der Steuerklasse II

In die Steuerklasse II fallen die Geschwister, wobei es unerheblich ist, ob es sich um voll- oder halbgebürtige Geschwister handelt. 169

In die Steuerklasse II eingestuft sind auch Abkömmlinge ersten Grades von Geschwistern, mithin die Kinder der Geschwister, nicht jedoch die Enkelkinder der Geschwister. Unter Abkömmlingen ersten Grades sind auch Adoptivkinder von Geschwistern erfasst, wobei es unerheblich ist, ob sich die Wirkung der Adoption nicht auf Verwandte des Annehmenden erstreckt und die Adoptivkinder mit dem Erblasser selbst daher nicht verwandt sind.

In die Steuerklasse II fallen ferner die Stiefeltern, mithin ein Ehepartner zweiter Ehe im Verhältnis zu den Kindern erster Ehe.

Die von Steuerklasse II ebenfalls erfassten Schwiegerkinder behalten diese für sie günstige Steuerklasse auch dann, wenn die Ehe im Zeitpunkt des Erwerbes bereits aufgelöst ist, da nach § 1590 Abs. 2 BGB die Wirkungen der Schwägerschaft auch über den Bestand der Ehe hinaus andauern.[131]

Wie bereits erwähnt, ist der geschiedene Ehegatte in die Steuerklasse II einzuordnen. Dies gilt auch, wenn die Ehe nicht durch Scheidung, sondern aufgrund einer Eheauflösung beendet worden ist oder die Ehe von vornherein nichtig war.[132]

cc) Steuerklasse III als Auffangtatbestand

Alle übrigen Erwerber fallen in die Steuerklasse III. Dies gilt insbesondere für juristische Personen, 170 sodass insbesondere bei Abfassung von Unternehmertestamenten darauf geachtet werden sollte, eine Kapitalgesellschaft nicht als Erwerber von Todes wegen einzusetzen. Die steuerlichen Auswirkungen können sich als katastrophal erweisen.

dd) Besonderheiten bei der Familienstiftung (§ 15 Abs. 2 Satz 1 ErbStG)

Ist die Stiftung im Interesse einer Familie im Inland errichtet, ist abweichend von den vorstehenden 171 Steuerklassen die Steuerklasse III nicht anzuwenden, sondern der Besteuerung vielmehr das Verwandtschaftsverhältnis zugrunde zu legen, das zwischen dem nach der Stiftungsurkunde entferntest Berechtigten zu dem Erblasser besteht. Hierbei vertritt die Finanzverwaltung[133] die Auffassung, dass die Steuerklasse I nur dann zur Anwendung kommt, wenn neben dem Stifter nur die Kinder sowie die Kinder vorverstorbener Kinder bezugsberechtigt sein sollen. Da in der Praxis der auf Dauer ausgerichteten Familienstiftung im Ergebnis auch Enkelkinder oder weitere Personen der Generationenfolge begünstigt werden sollen, findet die Steuerklasse II Anwendung. Dieser Auffassung, die im Schrifttum[134] mit Recht kritisiert wird, verschließt es den Familienstiftungen, in die Anwendung der Steuerklasse I zu gelangen.

Stiftungsberechtigt sind alle Personen, die nach der Satzung Vermögensvorteile aus dem Vermögen der Stiftung erlangen können.

Da die Familienstiftung im Abstand von 30 Jahren der Erbersatzsteuer unterliegt (§ 1 Abs. 1 Nr. 4 ErbStG), ist der doppelte Freibetrag gem. § 16 Abs. 1 Nr. 2 ErbStG anzusetzen, mithin insgesamt 410.000,00 € (§ 15 Abs. 2 Satz 3 ErbStG). Es findet Anwendung der Steuersatz der Steuerklasse I, der bei Erwerb der Hälfte des steuerpflichtigen Vermögens gelten würde, sodass unterstellt wird, dass die Steuer so erhoben wird, als wenn das Vermögen auf zwei Personen der Steuerklasse I übergehen würde.

131 RFH BStBl. 1926, 115.
132 BFH v. 22.10.1986, DB 1987, 466; *Moench*, ErbStG, § 15 Rn. 9; vgl. auch *Blumenthal* DStR 1983, 261.
133 RE 15.2 ErbStR 2011.
134 *Binz/Sorg* DStR 1994, 229.

ee) Besonderheiten beim sog. Berliner Testament (§ 15 Abs. 3 ErbStG)

172 Nach § 15 Abs. 3 ErbStG gelten für die Erbschaftsbesteuerung bei einem Berliner Testament die mit dem verstorbenen Ehegatten näher verbundenen Erben und Vermächtnisnehmer als dessen Erben. Das Gesetz trägt damit dem Umstand Rechnung, dass der Erbe des Letztversterbenden den Erwerb teilweise einem Willensentschluss des erstverstorbenen Ehegatten verdankt. Es ist damit gerechtfertigt, für den Erwerb die Steuerklasse im Verhältnis zum erstverstorbenen Ehegatten anzuwenden, sofern dies für den Erwerber günstiger ist. Im Normalfall des Berliner Testamentes, in dem Schlusserben die gemeinschaftlichen Kinder werden, ergibt sich somit keine unterschiedliche Behandlung, da auf den Erwerb sowohl nach dem Erstverstorbenen als auch dem Letztverstorbenen die Steuerklasse I Anwendung findet. Denn es handelt sich um einen Erwerb von den Eltern. Der Freibetrag wird nur einmal gewährt, sodass der mit dem Berliner Testament verbundene Nachteil fortbesteht, der in der fehlenden Ausnutzung der Freibeträge und Progressionseffekte bei einem Erwerb auch schon nach dem Erstversterbenden besteht. § 15 Abs. 3 ErbStG kommt in der Praxis nur zur Anwendung, wenn Schlusserben Personen sind, die gegenüber dem erstverstorbenen Ehegatten eine günstige, gegenüber dem letztverstorbenen eine ungünstige Steuerklasse aufweisen. In der Praxis dürfte der wichtigste Fall sein, dass Schlusserbe ein Neffe des zunächst verstorbenen Ehegatten ist, der insoweit in die Steuerklasse II fällt, während er beim Tod des letztversterbenden Ehegatten diesen nach Steuerklasse III beerbt.

Die Anwendung der günstigeren Steuerklasse setzt voraus, dass der überlebende Ehegatte an die Verfügung entweder gebunden ist oder sich an sie gebunden fühlt.[135] Eine relative Bindung derart, dass der überlebende Ehegatte so lange an die gemeinschaftliche Verfügung gebunden ist, als er sich nicht von ihr löst, reicht aus. Haben deshalb die Ehegatten in einem Berliner Testament den Schlusserben bestimmt, dem überlebenden Ehegatten aber das Recht eingeräumt, die Schlusserbenbestimmung zu ändern, ist § 15 Abs. 3 ErbStG anzuwenden, wenn der überlebende Ehegatte von diesem Recht keinen Gebrauch macht. Denn dann erwirbt der Schlusserbe immer noch auf der Grundlage des gemeinschaftlichen Testamentes. Lediglich wenn der zuletzt verstorbene Ehegatte von seinem Recht der anderweitigen Verfügung Gebrauch gemacht hat und mit seinem eigenhändigen Testament das gemeinschaftliche Testament abgeändert hat, greift § 15 Abs. 3 ErbStG nicht ein. Durch die Entscheidung des BFH[136] ist klargestellt, dass auch die Anordnung von Vermächtnissen in dem Testament des zuletzt verstorbenen Ehegatten die Anwendung des § 15 Abs. 3 ErbStG auf den unverändert eingesetzten Schlusserben nicht ausschließt, da dieser unverändert seine Rechtsposition aus dem gemeinschaftlichen Testament ableitet. In diesem Zusammenhang ist es daher in geeigneten Fällen anzuraten, die Verfügung des letztversterbenden Ehegatten in der Weise abzufassen, dass die Erbeinsetzung unverändert bleibt, aber Korrekturen auf dem Vermächtniswege erfolgen. Es ist in der Regel ein Beratungsfehler, die Schlusserbfolge abzuändern, etwa in der Weise, dass ein Dritter zum Schlusserben bestimmt und der ursprüngliche Schlusserbe mit Vermächtnissen bedacht wird, § 15 Abs. 3 ErbStG dann nicht zur Anwendung kommt, wenn der überlebende Ehegatte frei verfügen konnte und durch letztwillige Verfügung die Erbeinsetzung durch den vorverstorbenen Ehegatten nur bestätigt hat. Denn in diesem Fall mag man zwar der Auffassung sein, es liege eine eigene Verfügung in Abänderung des Ehegattentestamentes durch den überlebenden Ehegatten vor. Der Sache nach hat sich jedoch die erbrechtliche Situation des Schlusserben nicht geändert. Er hat die gleiche rechtliche Position, als wenn der überlebende Ehegatte diese Bestimmung nicht getroffen hätte.

Es sei nochmals betont, dass die bloße Abänderungsmöglichkeit die Anwendung des § 15 Abs. 3 ErbStG nicht gefährdet. Diese erbrechtlich oft sinnvollen Öffnungsklauseln sind somit nicht per se steuerrechtlich gefährlich. Erst wenn abweichend von der Verfügung des erstverstorbenen Ehegatten der überlebende Ehegatte testiert, bleibt der Weg in den § 15 Abs. 3 ErbStG verschlossen. Auch

135 Vgl. RE 15.3 ErbStR 2011.

136 BFH v. 16.06.1999, BStBl. II 1999, 789.

insoweit besteht eine steuerrechtliche Relevanz nur, soweit der Erwerber nicht ohnehin nach beiden Ehegatten in den Anwendungsbereich der Steuerklasse I fällt.

Als Kompromiss könnte empfohlen werden, dass der überlebende Ehegatte nur berechtigt ist, im Bereich der Vermächtnisse Veränderungen vorzunehmen, da dies die Erbeinsetzung des Schlusserben in keiner Weise beeinträchtigt. Insoweit bleibt auch bei Änderung des gemeinschaftlichen Testamentes die Anwendung des § 15 Abs. 3 ErbStG erhalten. Die Abänderungsmöglichkeiten haben nur Einfluss auf die Steuerklasse des Vermächtnisnehmers. Gleichwohl sollte die Entscheidung (Bindung ja oder nein) nicht allein unter erbschaftsteuerlichen Aspekten getroffen werden. Den Beteiligten selbst ist oft die erbrechtliche Lage wichtiger als die Erbschaftsteuer, die vom Erben, nicht jedoch vom Erblasser zu tragen ist.[137]

b) Freibeträge (§§ 16, 17 ErbStG)

§ 16 ErbStG hat folgenden Wortlaut: 173

§ 16 Freibeträge

(1) Steuerfrei bleibt in den Fällen des § 2 Abs. 2 Nr. 1 der Erwerb
1. **des Ehegatten und des Lebenspartners i.H.v. 500.000 €;**
2. **der Kinder im Sinne der Steuerklasse I Nr. 2 und der Kinder verstorbener Kinder im Sinne der Steuerklasse I Nr. 2 i.H.v. 400.000 €;**
3. **der Kinder der Kinder im Sinne der Steuerklasse I Nr. 2 i.H.v. 200.000 €;**
4. **der übrigen Personen der Steuerklasse I i.H.v. 100.000,00 €;**
5. **der Personen der Steuerklasse II i.H.v. 20.000,00 €;**
6. (*aufgehoben*)
7. **der übrigen Personen der Steuerklasse III i.H.v. 20.000,00 €.**

(2) In den Fällen der beschränkten Steuerpflicht (§ 2 Absatz 1 Nummer 3 ErbStG) wird der Freibetrag nach Absatz 1 um einen Teilbetrag gemindert. Dieser Teilbetrag entspricht dem Verhältnis der Summe der Werte des in demselben Zeitpunkt erworbenen, nicht der beschränkten Steuerpflicht unterliegenden Vermögens und derjenigen, nicht der beschränkten Steuerpflicht unterliegenden Vermögensvorteile, die innerhalb von zehn Jahren von derselben Person angefallen sind, zum Wert desjenigen Vermögens, das insgesamt innerhalb von zehn Jahren von zehn Jahren von derselben Person angefallen ist. Die früheren Erwerbe sind mit ihrem früheren Wert anzusetzen.

Der Gesetzeswortlaut ist größtenteils aus sich heraus verständlich, sodass nachfolgend nur folgende Ergänzungen gemacht werden:

Im Zusammenhang mit dem Ehegattenfreibetrag ist einzig – soweit ersichtlich – noch nicht geklärt, ob der Ehegattenfreibetrag im Falle der Versteuerung eines Erwerbs nach dem Jahreswert i.S.d. § 23 Abs. 1 ErbStG zunächst auf das übrige Vermögen oder auf den nach § 23 Abs. 1 ErbStG zu versteuernden Erwerb anzurechnen ist. Die Bedeutung liegt darin, dass bei Anrechnung auf den Kapitalwert nach § 23 Abs. 1 ErbStG der Erwerb des übrigen Vermögens unter Umständen sofort Erbschaftsteuer auslöst, weil der Freibetrag nicht zur Verrechnung zur Verfügung steht, während die Entlastung durch den Freibetrag erst pro rata temporis eintritt. Nach hiesiger Auffassung ist der Freibetrag gleichmäßig auf alle Teile des Erwerbes von Todes wegen aufzuteilen. Dies gilt nicht nur für Vorausvermächtnisse oder die Erbquote des überlebenden Ehegatten, sondern auch der Freibetrag muss vorab zur Verrechnung des Jahreswertes zur Verfügung gestellt werden.[138]

Hinsichtlich des geschiedenen Ehegatten ist nochmals zu betonen, dass dieser in die Steuerklasse II fällt. Bei einem Getrenntleben findet Steuerklasse I Anwendung. Dieser Steuerklasseneinteilung folgt auch die Freibetragsregelung. 174

137 Zu Gestaltungen und Gefahren vgl. *J. Mayer*, DStR 2004, 1371, 1409.
138 A.A. FG Hamburg v. 12.08.1986, EFG 1987, 130.

Ist Erwerber ein nichtehelicher Lebenspartner außerhalb gleichgeschlechtlicher eingetragener Partnerschaften, wird dieser Ehegatten nicht gleichgestellt. Es bleibt bei der Einstufung in Steuerklasse III. Auch von Verfassungswegen ist eine Gleichsetzung mit Ehegatten nicht geboten.[139]

Die Enkelkinder sind in die Steuerklasse I einbezogen. Dies gilt selbst dann, wenn die Zwischengeneration noch lebt. Hieraus ergeben sich allerdings Unterschiede bei der Höhe des Freibetrages. Der Freibetrag für Enkelkinder, deren Eltern bereits verstorben sind, beträgt bei Erwerb von einem Großelternteil 400.000,00 €. Lebt die Zwischengeneration noch, beträgt der Freibetrag lediglich 200.000,00 €. Durch die Einordnung in Steuerklasse I kann sich jedoch beim direkten Erwerb unter Umgehung der Zwischengeneration trotz des niedrigeren Freibetrages eine erhebliche Steuerminderung ergeben.

175 Der Freibetrag wird bei jedem Erwerb von Todes wegen gewährt. Die Zehn-Jahres-Frist des § 14 ErbStG ist nur bei Einbeziehung von Vorschenkungen, nicht jedoch bei Vorerwerben von Todes wegen zu berücksichtigen. Sterben in einem besonders tragischen Fall beide Eltern, wird der Freibetrag nach jedem der Eltern gewährt; gleichwohl kann bei ungleicher Verteilung des Vermögens auf die jeweiligen Erblasser der Freibetrag wirtschaftlich ausfallen, wenn nämlich einer der Ehegatten über sehr niedriges Vermögen verfügt, während der andere Ehegatte ein Vermögen verfügt hat, dessen Erwerb durch die Freibeträge nicht vollständig absorbiert wird.

176 In der Praxis wird insbesondere bei im Erbschaftsteuerrecht nicht besonders kundigen Beratern der Versorgungsfreibetrag des § 17 ErbStG übersehen. Danach hat der überlebende Ehegatte einen besonderen Versorgungsfreibetrag von 256.000,00 €. Der Freibetrag wird bei Ehegatten, denen aus Anlass des Todes des Erblassers Versorgungsbezüge zustehen, die nicht erbschaftsteuerpflichtig sind, um den zu ermittelnden Kapitalwert dieser Versorgungsbezüge (§ 14 BewG) gekürzt. Auch Kindern des Erblassers steht der Versorgungsfreibetrag in folgender Höhe zu:

– bei einem Alter bis zu 5 Jahren 52.000,00 €
– bei einem Alter von mehr als 5 bis zu 10 Jahren 41.000,00 €
– bei einem Alter von mehr als 10 bis zu 15 Jahren 30.700,00 €
– bei einem Alter von mehr als 15 bis zu 20 Jahren 20.500,00 €
– bei einem Alter von mehr als 20 bis zur Vollendung des 27. Lebensjahres 10.300,00 €.

Auch bei dem letztgenannten Personenkreis (Kinder) vermindert sich der Freibetrag um nicht der Erbschaftsteuer unterliegende Versorgungsbezüge, deren Kapitalwert nach § 13 BewG ermittelt wird.

Mit diesem Versorgungsfreibetrag soll eine annähernde Gleichbehandlung zwischen steuerpflichtigen und steuerfreien Versorgungsbezügen erreicht werden. Denn Versorgungsbezüge, die auf einem privaten Anstellungsvertrag beruhen, sind unter Umständen steuerpflichtig, insbesondere auch soweit es sich um Renten handelt, die aus dem Anstellungsverhältnis eines verstorbenen Gesellschafter-Geschäftsführers oder eines Mitgesellschafters einer Personengesellschaft entstammen, sofern ein gewisser unternehmerischer Einfluss besteht.[140]

177 Nicht erbschaftsteuerbare Hinterbliebenenbezüge, die auf den Freibetrag anzurechnen sind, sind insbesondere Versorgungsbezüge, die die Hinterbliebenen von Beamten kraft Gesetzes haben, Versorgungsbezüge aus der gesetzlichen Sozialversicherung für die Hinterbliebenen von Angestellten und Arbeitern, Versorgungsbezüge aus berufsständischen Pflichtversicherungen (Rechtsanwaltsversorgungswerke etc.), aber auch Versorgungsbezüge für Hinterbliebene, denen solche auf der Grundlage der Diätengesetze des Bundes und der Länder zustehen. Je nach Lebensalter des Versorgungsberechtigten kann daher der Versorgungsfreibetrag voll aufgezehrt werden.

Der Freibetrag nach § 17 Abs. 1 ErbStG wird neben dem Freibetrag nach § 16 Abs. 1 ErbStG dem überlebenden Ehegatten gewährt. Auch der Versorgungsfreibetrag steht nur unbeschränkt Steuer-

139 BVerfG v. 15.05.1990 – 2 BvR 592/90 – BStBl. II 1990, 764 (Nichtannahme einer Verfassungsbeschwerde).
140 Vgl. RE 17 Abs. 1 Nr. 5, 6 ErbStR 2011.

pflichtigen zu. Beim Ehegatten, nicht aber den bei den Kindern, sind auch Versorgungsbezüge nicht erbschaftsteuerbar und somit in kapitalisierter Form gem. § 17 Abs. 1 ErbStG vom Freibetrag abzuziehen, soweit sie auf Kindererziehungszeiten in der gesetzlichen Rentenversicherung beruhen.

Keine Kürzung erfolgt somit durch Lebensversicherungen oder ähnliche private Versorgungsbezüge, da diese erbschaftsteuerbar und erbschaftsteuerpflichtig sind.

Der Versorgungsfreibetrag für Kinder ist entsprechend dem Lebensalter der Kinder gestaffelt, da mit zunehmendem Lebensalter der Kinder der Freibetrag nicht mehr benötigt wird.

c) Steuersätze (§ 19 ErbStG)

Die Erbschaftsteuer wird nach einem sogenannten Stufentarif erhoben. Dies hat zur Folge, dass 178
anders als bei einer progressiven Steigerung des Steuersatzes, in dem bestimmte Teile des Erwerbes einer niedrigeren Steuer, die nächste Stufe einer höheren Steuer unterliegt, bei Erreichen eines bestimmten Erwerbes der Gesamterwerb einer höheren Steuer unterliegt. Als Beispiel sei ausgeführt, dass bei einem Erwerb von 550.000,00 € der Gesamterwerb bei Steuerklasse I einer Erbschaftsteuer von 15 % unterliegt. Es kann somit nicht in der Weise besteuert werden, dass bis zur Höhe von 500.000,00 € eine Steuer i.H.v. 15 % anfällt, und erst der die nächste Stufe übersteigende Erwerb dem Steuersatz von 19 % unterworfen wird. Dieser als »steinzeitlich« gebrandmarkte Tarif erfordert eine Härtefallregelung, die § 19 Abs. 3 ErbStG beinhaltet. Ohne Härtefallregelung würde ein Mehrerwerb bei Überschreiten der Stufengrenze in geringer Höhe eine erhebliche Mehrbelastung auslösen. Als Beispiel sei folgender Fall gebildet:

▶ **Beispiel:**

A ist Alleinerbe ihres Vaters. Der Nachlass nach Abzug der Verbindlichkeiten soll 1.000.000,00 € betragen. Nach Abzug des Kinderfreibetrages ergibt sich eine steuerliche Bemessungsgrundlage von 600.000,00 €. Bei einem Steuersatz von 15 % beträgt die Steuer 90.000,00 €. Beträgt der steuerpflichtige Erwerb nach Abzug des Freibetrages hingegen 620.000,00 €, beträgt die Steuer bei einem Steuersatz von 19 % bereits 117.800,00 €, sodass ein Mehrerwerb von 20.000,00 € zu einer Mehrbelastung von 27.800,00 € führt.

Diese in der Tat unverständliche Regelung soll durch § 19 Abs. 3 ErbStG in der Weise aufgehoben werden, als der Unterschied der Steuer, die sich bei Anwendung des Tarifes von 19 % ergibt und der Steuer, die sich bei einem Erwerb i.H.d. letztvorhergehenden Wertgrenze ergeben hätte, nur insoweit erhoben wird, als sie – in unserem Fall – bei einem Steuersatz bis 19 % aus der Hälfte des die Wertgrenze übersteigenden Betrages gedeckt werden kann. Somit beläuft sich die Steuer auf 100.000,00 €, da der Mehrerwerb von 20.000,00 € nur mit 50 % belastet wird, während es im Übrigen bei der Belastung mit 15 % bleibt.

§ 19 Abs. 2 ErbStG erfasst nur Fälle der unbeschränkten Steuerpflicht. Die Norm soll sicherstellen, 179
dass in Doppelbesteuerungsabkommen vereinbarte Freistellungen bestimmter Vermögensgegenstände für den Erwerber keine ungerechtfertigten Progressionsvorbehalte mit sich bringen. Bei der Ermittlung des Steuersatzes wird somit das steuerfrei gestellte Vermögen dem Gesamterwerb hinzugerechnet. Der Steuersatz ist selbstverständlich nur auf das steuerpflichtige Vermögen ohne Berücksichtigung des steuerfrei gestellten Vermögenserwerbes anzuwenden.

d) Tarifbegrenzung nach § 19a ErbStG für Betriebsvermögen von Betrieben der Land- und Forstwirtschaft und von Anteilen an Kapitalgesellschaften

§ 19a ErbStG erweitert die sog. Generationenbrücke des § 13a ErbStG zur Nachfolgebrücke; denn 180
Erwerber, die in die Steuerklassen II und III fallen, sind bei Erwerb des vorgenannten Vermögens in der Weise zu begünstigen, dass die Steuerklasse I anzuwenden ist. Hieraus folgt, dass § 19a ErbStG keine Änderungen bringt, soweit Erwerber von Todes wegen in die Steuerklasse I fallen. Die

Bedeutung der Vorschrift sollte daher nicht überbewertet werden. Sie kommt nur zur Anwendung, soweit Vermögen nicht in direkter Linie vererbt wird.[141]

181 Der Begünstigungstatbestand deckt sich mit §§ 13a, 13b ErbStG. Gleiches gilt für die Nachsteuertatbestände. Es kann insofern verwiesen werden.

182 Die Tarifbegrenzung vollzieht sich in der Weise, dass die tarifliche Erbschaftsteuer um einen Entlastungsbetrag gemindert wird, der nach § 19a Abs. 4 ErbStG zu ermitteln ist. Dabei wird zunächst die Steuer für den steuerpflichtigen Erwerb nach der tatsächlichen Steuerklasse des Erwerbers errechnet und sodann gem. § 19a Abs. 3 ErbStG auf das begünstigte und nicht begünstigte Vermögen aufgeteilt. Die Aufteilung erfolgt nicht nach Verkehrswerten, sondern nach Steuerwerten. Anschließend wird die Steuer nach Steuerklasse I für den steuerpflichtigen Gesamterwerb errechnet und ebenfalls wieder auf die beiden Vermögensteile aufgeteilt. Der Entlastungsbetrag ergibt sich aus dem Vergleich der Steuer auf das begünstigte Vermögen und dem Steuerbetrag auf den Gesamterwerb.

183 Die Tarifbegrenzung entfällt gem. § 19a Abs. 5 ErbStG mit Wirkung für die Vergangenheit, wenn der Erwerber innerhalb von 5 Jahren nach dem Erwerb das begünstigte Vermögen oder einen Anteil daran veräußert, wobei die Aufgabe des Gewerbebetriebs als Veräußerung gilt. Entsprechendes gilt, wenn – auch nur eine – wesentliche Betriebsgrundlage des begünstigten Vermögens veräußert oder in das Privatvermögen überführt wird oder die Voraussetzung für den teilweisen Erlass der Erbschaftsteuer im Falle von Großerwerben gem. § 28a ErbStG wegfällt. Unschädlich ist in diesem Zusammenhang die Übertragung von Wirtschaftsgütern in Erfüllung erbrechtlicher Anordnungen wie Vermächtnissen und Vorausvermächtnissen.[142]

Im Übrigen kommt es auf die subjektiven Momente nicht an. Das Gesetz lässt die Erfüllung des objektiven Tatbestandes ausreichen. Auch Notverkäufe führen daher zur Nachversteuerung.[143]

10. Steuerfestsetzung und Steuererhebung

a) Erwerber als Steuerschuldner, Überblick über die Haftung für die Entrichtung der Erbschaftsteuer

184 Nach § 20 Abs. 1 ErbStG ist bei Erwerben von Todes wegen Steuerschuldner der Erwerber. Dies ist diejenige Person, die den Tatbestand des § 3 Abs. 1, 2 ErbStG erfüllt hat. Da der Nacherbe erst mit dem Eintritt des Nacherbfalls erwirbt, ist er nicht Steuerschuldner für die durch den Vorerbfall entstandene Erbschaftsteuer.[144] Die wirtschaftliche Verwertung des Erwerbes von Todes wegen, etwa durch Abtretung des Vermächtnis- oder Pflichtteilsanspruchs, hat auf die Einordnung des Erwerbers als Steuerschuldner keinen Einfluss. Die Erbengemeinschaft insgesamt ist nicht Steuerschuldner. Dies hat unter anderem auch zur Folge, dass Miterben nicht für die Entrichtung der Erbschaftsteuer durch die einzelnen Erben in Anspruch genommen werden können.

Steuerschuldner ist ebenfalls nicht eine Gesamthandsgemeinschaft, wie eine BGB-Gesellschaft, offene Handelsgesellschaft oder eine Kommanditgesellschaft oder eine andere Erbengemeinschaft. Aufgrund der Rechtsprechung des BFH[145] sind Erwerber die Gesamthänder, nicht hingegen die Gesamthand selbst. Dies findet seinen Ausdruck auch in der Steuerklasse, für die es auf das individuelle Verwandtschaftsverhältnis zwischen Gesamthänder und Erblasser ankommt.

185 Der Nachlass haftet dem Fiskus gem. § 20 Abs. 3 ErbStG bis zu seiner Auseinandersetzung. Dies sollte die Miterben veranlassen, die Auseinandersetzung schleunigst durchzuführen, um nicht über die Haftung des Nachlasses für die Erbschaftsteuer aller am Erbfall Beteiligten im wirtschaftlichen

141 *Kapp/Ebeling/Geck,* ErbStG, 19a Rn. 4.
142 So zutreffend zum insoweit deckungsgleichen § 13a Abs. 3, 5 ErbStG: RE 13a.3 Abs. 1 ErbStR 2011.
143 *Kapp/Ebeling/Geck,* ErbStG, § 19a Rn. 48.
144 FG Hamburg v. 18.01.1968, EFG 1968, 362.
145 Urt. v. 14.09.1994, DB 1995, 354.

Ergebnis – wenn auch beschränkt auf den Anteil am Nachlass – für die Erbschaftsteuerentrichtung durch Miterben zu haften. Ist die Auseinandersetzung abgeschlossen, kann jeder Miterbe ohne steuerliche Risiken frei über das ihm angefallene Vermögen verfügen. Ab Auseinandersetzung trifft den Steuergläubiger somit das Risiko für den Eingang der Steuer der am Nachlass Beteiligten. Die Haftung des Nachlasses gem. § 20 Abs. 3 ErbStG beinhaltet auch die Haftung für Ansprüche von Erwerbern von Todes wegen, die nicht Erben geworden sind, also Vermächtnisnehmern und Pflichtteilsberechtigten.

Bei Vor- und Nacherbschaft ist der Vorerbe gem. § 20 Abs. 4 ErbStG berechtigt, die durch die Vorerbschaft veranlasste Steuer aus Mitteln der Vorerbschaft zu entrichten. Die Vorschrift korrespondiert mit § 2126 BGB, wonach der Vorerbe befugt ist, die Steuer dem Nachlass zu entnehmen.[146] Ist die Steuer durch den Vorerben bis zum Eintritt des Nacherbfalls nicht entrichtet, geht sie insoweit als Nachlassverbindlichkeit auf den Nacherben über.

Um den Steueranspruch des Fiskus zu schützen, haftet der unentgeltliche Erwerber des gesamten 186 Nachlasses oder Teilen des Nachlasses für die Entrichtung der Erbschaftsteuer seines Rechtsvorgängers (§ 20 Abs. 5 ErbStG). Die Vorschrift ist eine Parallele zu § 822 BGB, der die sog. Schwäche des unentgeltlichen Erwerbers im Bürgerlichen Recht dokumentiert. In der Praxis wird oft die Haftung derjenigen übersehen, die den Nachlass in ihrem Besitz halten. Nach § 20 Abs. 6 Satz 1 und 2 ErbStG i.V.m. den Regelungen der AO haben die Erben, Testamentsvollstrecker, Erbschaftsbesitzer und ähnliche Personen, die den Nachlass im Besitz halten, dafür zu sorgen, dass die Mittel zur Bezahlung der Erbschaftsteuer zurückbehalten und die Erbschaftsteuer bezahlt oder ihre Bezahlung sichergestellt wird. Bei Pflichtverletzungen haften sie persönlich für die Erbschaftsteuer. In der Praxis gilt dies insbesondere für den Testamentsvollstrecker, dessen Haftung auch in § 31 Abs. 3 ErbStG begründet werden kann.[147] Darüber hinaus sind aber sämtliche Personen betroffen, die den Nachlass in Gewahrsam haben. Im Rahmen der Haftung nach § 20 Abs. 6 Satz 2 ErbStG ist jede Art von Verschulden ausreichend, mithin auch leichte Fahrlässigkeit.[148] Allerdings ist die Kenntnis des Haftenden vom Tod des Erblassers selbstverständlich Voraussetzung für eine Haftung.

b) Anrechnung ausländischer Erbschaftsteuer (§ 21 ErbStG)

Auf die deutsche Erbschaftsteuer sind nach § 21 Abs. 1 Satz 1 ErbStG ausländische Erbschaftsteuern anzurechnen, wenn auf den der deutschen Steuer unterliegenden Erwerb auch eine der deutschen Erbschaftsteuer entsprechende Steuer – sei es als Erbanfallsteuer oder Nachlasssteuer[149] – erhoben worden ist. In diesem Fall ist die festgesetzte, auf den Erwerber entfallende, gezahlte und keinem Ermäßigungsanspruch unterliegende Steuer insoweit auf die deutsche Erbschaftsteuer anzurechnen, als das Auslandsvermögen auch der deutschen Erbschaftsteuer unterliegt. Sofern der Erwerb nur z.T. aus Auslandsvermögen besteht, ist der hierauf entfallende Teilbetrag der deutschen Erbschaftsteuer in der Weise zu ermitteln, dass die für das steuerpflichtige Gesamtvermögen einschließlich des steuerpflichtigen Auslandsvermögens sich ergebende Erbschaftsteuer im Verhältnis des steuerpflichtigen Auslandsvermögens zum inländischen Gesamtvermögen aufgeteilt wird. Bei in mehreren Staaten belegenen Vermögensgegenständen des Auslandsvermögens ist der Teil für jeden einzelnen ausländischen Staat gesondert zu berechnen. Weitere Voraussetzung ist, dass die deutsche Erbschaftsteuer für das Auslandsvermögen innerhalb von 5 Jahren seit dem Zeitpunkt der Entstehung der ausländischen Erbschaftsteuer entstanden ist.[150] Die anzurechnende ausländische Erbschaftsteuer ist mit dem am Stichtag des Erwerbes ermittelten amtlichen Kurs in Euro umzu- 187

146 MünchKomm/*Grunsky* § 2126 Rn. 5; a.A. Soergel/*M. Schmidt* § 2126 Rn. 1.

147 Ausführliche Darstellung bei Ebeling/Geck/*Klose*, Hdb. der Erbengemeinschaft und Erbauseinandersetzung, Teil II Rn. 266 ff.

148 BFH v. 12.08.1964, BStBl. III 1964, 647.

149 BFH v. 21.04.1982, DB 1982, 2118; BFH v. 26.04.1995, DB 1995, 1946; ausführlich zu § 21 ErbStG *Jülicher* ZEV 1996, 295.

150 Zur 5-Jahresfrist vgl. auch BFH v. 21.09.2010, BStBl. II 2011, 247.

rechnen. Die Anrechnung setzt ferner voraus, dass der Anrechnungsberechtigte der unbeschränkten Steuerpflicht unterliegt. Mit dem Erfordernis der gezahlten und keinem Ermäßigungsanspruch unterliegenden ausländischen Steuer soll Missbräuchen vorgebeugt werden, indem effektiv nicht zu entrichtende ausländische Steuern von der deutschen Erbschaftsteuer abgezogen werden. Setzt sich das Vermögen z.T. aus Inlands-, z.T. aus Auslandsvermögen zusammen, wird der Höchstbetrag der anzurechnenden ausländischen Erbschaftsteuer in der Weise ermittelt, dass die deutsche Erbschaftsteuer mit dem steuerpflichtigen Auslandserwerb multipliziert und durch den gesamten steuerpflichtigen Erbanfall dividiert wird. Der hieraus resultierende Betrag ist der Höchstbetrag, der anzurechnen ist. Dies soll an folgendem Beispiel dokumentiert werden:

▶ **Beispiel:**

In dem gesamten steuerpflichtigen Erbanfall von 1.500.000,00 € ist ein steuerpflichtiger Auslandserwerb von 500.000,00 € enthalten. Auf der Grundlage der vorstehenden Formel ergibt sich, dass die ausländische Steuer nur bis zur Höhe von 1/3 der deutschen Erbschaftsteuer, mithin 33.333,33 € angerechnet werden kann.

Nach § 21 Abs. 3 ErbStG hat der Erwerber den Nachweis über die Höhe des Auslandsvermögens und über die Festsetzung und Zahlung der ausländischen Steuer die Vorlage entsprechender Urkunden zu führen.

Sofern ausländische Steuern i.S.d. § 21 Abs. 1 Satz 1 ErbStG nicht anrechenbar sind, etwa weil sie den Charakter einer Ertragsteuer haben, können sie zumindest als Nachlassverbindlichkeiten i.S.d. § 10 Abs. 5 Nr. 1 ErbStG abzugsfähig sein, wobei auch in diesem Fall der Umrechnungskurs am Todesstichtag maßgebend ist. Da die ausländische Erbschaftsteuer oft höher ist als die deutsche, führt es dazu, dass die ausländische Erbschaftsteuer definitiv bleibt. Dies ist nach Auffassung des BFH nicht gemeinschaftsrechtswidrig.[151]

c) Besteuerung von Renten, Nutzungen und Leistungen (§ 23 ErbStG)

188 Beim Empfänger eines Anspruchs auf Leistung von Renten, Erbringung von Nutzungen oder sonstigen Leistungen ist der Anspruch mit dem kapitalisierten Wert nach den Vorschriften der §§ 13, 14 BewG anzusetzen. Es liegt auf der Hand, dass es für den Empfänger eine wirtschaftliche Härte ist, diesen Anspruch zunächst in voller Höhe der Erbschaftsteuer zu unterwerfen, während der Anspruch durch den Verpflichteten verteilt über einen längeren Zeitraum – in aller Regel auf das Leben des Empfängers begrenzt – erfüllt wird. Um diese Härten abzumildern, können nach § 23 ErbStG die Steuern, die vom Kapitalwert von Renten oder anderen wiederkehrenden Nutzungen oder Leistungen zu entrichten sind, nach Wahl des Erwerbers anstelle vom Kapitalwert jährlich im Voraus vom Jahreswert des Renten-, Nutzungs- oder Leistungsrechtes entrichtet werden. Diese Entrichtung ändert nichts daran, dass die Steuer auch in diesem Fall nach dem Steuersatz erhoben wird, der sich aus dem Gesamterwerb einschließlich des Kapitalwertes ergibt. Es handelt sich der Sache nach nur um eine Stundungsregelung.

189 Wichtigster Fall in der Praxis ist der lebenslängliche Nießbrauch sowie das Rentenvermächtnis. Verfahrensrechtlich wird in dem Erbschaftsteuerbescheid die Erbschaftsteuer festgesetzt und sodann die Fälligkeit der Besteuerung der Renten, Nutzungen und Leistungen in der Weise aufgeschoben, dass ein Jahresbetrag festzusetzen ist, der im Voraus, d.h. im Januar eines jeden Jahres, zu entrichten ist. Selbst wenn die Steuer am Jahrestag der Entstehung im Voraus entrichtet worden ist, bleibt sie in voller Höhe zu entrichten, wenn der Berechtigte innerhalb des Jahres verstirbt. Eine quotale Aufteilung erfolgt nicht. Abweichend von der jährlichen Besteuerung nach dem Jahreswert ist der Erwerber berechtigt, die Jahressteuer zum jeweils nächsten Fälligkeitstermin mit ihrem Kapitalwert abzulösen. Dies gilt selbstverständlich auch bereits für die erstmalige Festsetzung der Erbschaftsteuer. Zu beachten ist, dass nach § 23 Abs. 2 ErbStG der Antrag auf Ablösung der Jahressteuer

151 BFH v. 05.05.2004 – II R 33/02, ZEV 2004, 382.

spätestens bis zum Beginn des Monats zu stellen ist, der dem Monat vorausgeht, in dem die nächste Jahressteuer fällig wird, mithin bis zum 1.12. des Vorjahres. § 23 ErbStG gilt nicht für den von Todes wegen erworbenen Erbbauzinsanspruch.[152]

Die Besteuerung nach dem Jahreswert erfolgt nur auf einen entsprechenden Antrag des Erwerbers. **190** Wird der Antrag gestellt, ist der Fiskus verpflichtet, die Steuer nach dem Jahreswert festzusetzen. Der Antrag kann bis zur Rechtskraft des Erbschaftsteuerbescheides gestellt werden.[153] Der Jahreswert wird nach den Vorschriften der §§ 13 ff. BewG ermittelt. Somit finden die §§ 13, 14 BewG Anwendung, soweit es sich um Geldleistungen handelt. Handelt es sich um Leistungen, die nicht in feststehenden Geldleistungen bestehen, ist der Jahreswert nach den §§ 15, 16 BewG zu ermitteln. In allen Fällen sind die Wertverhältnisse am Stichtag der Entstehung der Steuer, mithin in aller Regel der Todestag des Erblassers maßgebend.[154] Auch bei obligatorischen Nutzungsrechten, die nicht auf eine Geldleistung gerichtet sind, ist der Jahreswert gem. § 16 BewG auf 1/18,6 des steuerlichen Wertes des genutzten Wirtschaftsgutes zu begrenzen. Dies gilt allerdings nur, wenn ein darüber hinausgehender Anspruch gegen den Nutzungsverpflichteten ausgeschlossen ist. Anderenfalls greift die den Jahreswert begrenzende Norm des § 16 BewG nicht ein.

Abgeleitet aus dem Jahreswert wird die Jahressteuer aus demselben Hundertsatz ermittelt, der sich **191** für den Ansatz des gesamten Kapitalbetrages ergeben hat. Hat der Empfänger auch andere Werte erworben, ist bei der Berechnung der Jahressteuer dieser Wert insoweit hinzuzurechnen, als sich der Prozentsatz aus dem kumulativen Wertansatz ergibt, da anderenfalls die Gesamtbereicherung des Erwerbers nicht berücksichtigt würde. Beträgt somit der Steuersatz z.B. 11 %, ist auch die Erbschaftsteuer als Jahressteuer i.H.v. 11 % aus dem Jahreswert festzusetzen. Der allgemeine Freibetrag des § 16 ErbStG mindert zunächst den Erwerb der Wirtschaftsgüter, die in die Bemessungsgrundlage einfließen und deren Erwerb nicht zu einer Stundung der Steuer nach § 23 ErbStG führt. Sind solche Wirtschaftsgüter nicht vorhanden, mindert der Freibetrag zunächst den Jahreswert, sodass erst nach Verbrauch des Freibetrages die Erbschaftsteuer in Form der Jahressteuer zu erheben ist.

Entfällt die Nutzung oder Leistung aufgrund des Todes des Empfängers, ist eine Berichtigung nur **192** beim Belasteten, nicht jedoch beim Berechtigten durchzuführen.[155] Endet der Anspruch durch Verzicht des Berechtigten zu Lebzeiten, ist die Erbschaftsteuerveranlagung nicht zu ändern. Die Jahressteuer entfällt mit Wirkung für die Zukunft.[156] Es muss in Kauf genommen werden, dass der Berechtigte, der das Wahlrecht nach § 23 ErbStG ausübt, in diesen Fällen günstiger behandelt wird als derjenige, der sich zur Besteuerung nach dem Kapitalwert entschlossen hat. Allerdings kann im Einzelfall in dem Verzicht auf den Anspruch eine unentgeltliche und damit schenkungsteuerpflichtige Zuwendung gegenüber dem Verpflichteten liegen.

Bei Ablösung der Jahressteuer ist der kapitalisierte Wert anzusetzen, den die Leistungen, auf die **193** der Berechtigte Anspruch hat, im Zeitpunkt des Antrags auf Ablösung haben. Insoweit können sich erhebliche Abweichungen zum Wert bei Entstehung der Erbschaftsteuer ergeben. Bei der Entscheidung, den Jahreswert abzulösen, sollte nicht unberücksichtigt bleiben, dass der Jahreswert als Sonderausgabe bei der Einkommensteuer abzugsfähig ist, während die Erbschaftsteuer, die in einem Einmalbetrag entrichtet wird, diese Vergünstigung nicht genießt.

d) Vergünstigungen bei mehrfachem Erwerb desselben Vermögens

Die Erbschaftsteuer kann fast konfiskatorischen Charakter bekommen, wenn mehrere kurz hinter- **194** einander anfallende Vermögenserwerbe Erbschaftsteuer auslösen. Zur Abmilderung dieser Mehrfachbelastung regelt § 27 ErbStG, dass sich bei Erwerb von Vermögen durch Personen der Steuer-

152 BFH v. 29.08.2003 – II B 70/03, BStBl. II 2004, 944.
153 Ebeling/Geck/*Klose*, Hdb. der Erbengemeinschaft und Erbauseinandersetzung, Teil II Rn. 1281.
154 BFH v. 06.06.1951 – III 140/50S, BStBl. III 1951, 142.
155 *Moench/Weinmann*, ErbStG, § 23 Rn. 3 m.w.N.
156 BFH v. 28.06.1989, DB 1989, 2313; FG Nürnberg v. 24.06.1971, EFG 1971, 490.

klasse I innerhalb eines Zeitraums von 10 Jahren die für den Letzterwerb anfallende Steuer um bis zu 50 % ermäßigt, wenn für den Ersterwerb eine Steuer zu erheben war. Der Umfang der Ermäßigung ergibt sich aus der Aufstellung in § 27 Abs. 1 ErbStG, auf die verwiesen sei. Eine ausländische Erbschaftsteuer wird nicht berücksichtigt. Der EuGH[157] sieht hierin keinen Verstoß gegen den EU-rechtlichen Grundsatz des freien Kapitalverkehrs. Zwar werde in den Fällen, in denen durch unterschiedliche Anknüpfungspunkte bei beschränkter und unbeschränkter Steuerpflicht der doppelte Erwerb in unterschiedlichen Ländern besteuert werde, u.U. eine höhere Steuer festgesetzt, als wenn es sich ausnahmslos um Fälle der unbeschränkten Steuerpflicht handeln würde. Jedoch sei Deutschland nicht verpflichtet, die im EU-Ausland gezahlte Steuer zum Gegenstand einer eigenen Tarifermäßigung gem. § 27 ErbStG zu machen.

Die Vorschrift ist beschränkt auf die Fälle, in denen der zweite und damit begünstigte Erwerb ein Erwerb von Todes ist. Eine Anwendung der Vorschrift auf freigebige Zuwendungen ist ausgeschlossen. Für die Berechnung des 10-Jahres-Zeitraumes sind die jeweiligen Zeitpunkte der Entstehung der Steuern maßgebend. Besteht das im Wege des Zweiterwerbes von Todes wegen erworbene Vermögen nicht nur aus begünstigtem Vermögen, ist zum Zwecke der Ermittlung des Ermäßigungsbetrages der Gesamterwerb vor Abzug des Freibetrages in begünstigtes und nichtbegünstigtes Vermögen aufzuteilen. Hierbei ist der Wert des begünstigten Vermögens um den für den Ersterwerb gewährten Freibetrag zu kürzen. Ferner darf die Ermäßigung den Betrag nicht überschreiten, der sich bei Anwendung der in § 27 Abs. 1 ErbStG genannten Höchstsätze auf die Steuer ergibt, die der Vorerwerber für den Erwerb desselben Vermögens entrichtet hat.

e) Stundung der Steuer bei Erwerb von Betriebsvermögen

195 Nach § 28 Abs. 1 Satz 1 ErbStG hat der Erwerber einen Rechtsanspruch auf Stundung für die Dauer von bis zu sieben Jahren. Voraussetzung ist neben dem erforderlichen Antrag, dass sich der Erwerb auf begünstigtes Vermögen i.S.d. § 13b Abs. 2 ErbStG bezieht; vgl. hierzu vorstehend Rdn. 138. Nicht begünstigtes Betriebsvermögen, insbesondere also schädliches Verwaltungsvermögen, wird von § 28 ErbStG nicht erfasst. Die Stundung ist dabei nicht auf eine bestimmte Höhe des zu stundenden Steuerbetrages begrenzt. Allerdings ist nach § 28 Abs. 1 Satz 2 ErbStG der erste Jahresbetrag, also ein Siebtel des gestundeten Betrages ein Jahr nach Festsetzung der Steuer fällig und bis dahin zinslos zu stunden. Mithin erlischt die Stundung nach Ablauf des ersten Jahres und der Folgejahre um jeweils ein Siebtel. Ab dem Jahr 02 bis zum Jahr 07 sind ratierliche Tilgungsbeträge zu je ein Sechstel des Stundungsbetrages zu leisten, und zwar zzgl. 6 % Zinsen p. a. Dem Steuerpflichtigen steht die vorzeitige Tilgung, etwa zur Vermeidung von Stundungszinsen, offen. Die Stundungszinsen können einkommensteuerlich nicht geltend gemacht werden.

Die Stundung erlischt, soweit der Erwerber einen Nachsteuertatbestand, insbesondere nach § 13a Abs. 6 ErbStG erfüllt oder die Voraussetzungen für den Teilerlass der Steuer nach § 28a Abs. 1 ErbStG nachträglich wegfallen. Gleiches gilt, sobald der Erwerber den Betrieb oder den Anteil daran überträgt oder aufgibt.

f) Stundung der Steuer bei zu Wohnzwecken vermieteten Grundbesitz

196 Gehört zum Erwerb begünstigtes Vermögen i.S.d. § 13d Abs. 3 ErbStG, dies sind zu privaten Wohnzwecken vermietete Grundstücke, ist dem Erwerber die darauf entfallende Erbschaftsteuer auf Antrag bis zu zehn Jahre zu stunden. Somit wird der Erwerber dieser Vermögensart zunächst durch den Verschonungsabschlag von 10 % nach § 13d Abs. 1 EStG entlastet. Die danach verbleibende Steuer kann gestundet werden, jedoch nur dann, wenn der Erwerber die Steuer nur durch Veräußerung dieses Vermögens aufbringen kann. Ist er aus eigenem Vermögen oder aus dem weiteren unentgeltlichen Erwerb heraus in der Lage, die Steuer aufzubringen, besteht kein Rechts-

157 EuGH v. 30.06.2016 – Rs. C-123/15, IStR 2016, 631.

anspruch auf Stundung. Die Möglichkeit der Stundung gilt entsprechend, wenn zum Erwerb ein Ein- oder Zweifamilienhaus oder Wohneigentum zählt, welches der Erwerber unverzüglich zu eigenen Wohnzwecken nutzt. Damit ist der Fall gemeint, in welchem dem der Erwerber ein Familienheim erwirbt, welches nicht nach § 13 Abs. 1 Nr. 4b, c ErbStG steuerfrei ist und er dieses unverzüglich bezieht. Der in der Praxis häufigste Fall dürfte der Erwerb von Wohneigentum des Erblassers durch Neffen oder Nichten sein, die diesen Grundbesitz unverzüglich zu eigenen Wohnzwecken nutzen.

g) Verschonungsbedarfsprüfung

Soweit der Erwerb begünstigten Vermögens die Schwelle von 26 Mio. € überschreitet, wird der Verschonungsabschlag von 85 % bzw. 100 % gem. § 13a Abs. 1, 10 ErbStG nicht in vollem Umfang gewährt. Vielmehr schmilzt er gem. § 13c ErbStG für je 750.000,00 € des den Schwellenwert von 26 Mio. € überschreitenden Vermögens um 1 % ab, so dass ab der Größenordnung von 90 Mio. € keine Verschonung mehr gewährt wird. Somit wird nicht nur das nicht begünstigte Vermögen (Verwaltungsvermögen), sondern auch das begünstigte Vermögen mit Erbschaftsteuer belastet. Jedoch steht dem Steuerpflichtigen offen, gem. § 28a Abs. 1 Satz 1 ErbStG einen Antrag auf Erlass der Steuer auf das begünstigte Vermögen zu stellen. Voraussetzung ist, dass er persönlich nicht in der Lage ist, die Steuer aus seinem verfügbaren Vermögen zu begleichen. 197

Zum verfügbaren Vermögen gehören 50 % der gemeinen Werte auf den Erwerber zugleich übergegangenen Vermögens, welches nicht begünstigtes Vermögen i.S.d. § 13b Abs. 2 ErbStG ist, mithin im Zusammenhang mit dem gleichen Erwerb erworbenes Privatvermögen, aber auch nichtbegünstigtes Betriebsvermögen (Verwaltungsvermögen) sowie auch das Eigenvermögen des Erwerbers, soweit dieses nicht begünstigtes Vermögen i.S.d. § 13b Abs. 2 ErbStG ist. Darüber hinaus hat der Erwerber auch solches Vermögen zur Steuertilgung einzusetzen, welches er innerhalb von zehn Jahren nach dem Zeitpunkt der Entstehung der Steuer durch Schenkung oder Erwerb von Todes wegen – von wem auch immer – unentgeltlich erhält, soweit in diesem Vermögen kein begünstigtes Vermögen i.S.d. § 13b ErbStG enthalten ist. 198

Umstritten ist, ob das verfügbare Vermögen um die auf eine mögliche Veräußerung entfallende Einkommensteuer zu kürzen ist.

▶ **Beispiel:**

A hat im Wege des Großerwerbes 100 Mio. € begünstigtes Vermögen erworben. Er verfügt aus eigenem Vermögen über eine Beteiligung an einer mittelständischen GmbH. Diese hat einen Wert von 20 Mio. €. A möchte den Antrag nach § 28a ErbStG stellen und ist auch bereit, die Beteiligung zu veräußern. Er fragt, wie hoch der Teil ist, welchen er zur Tilgung der Erbschaftsteuer auf den Großerwerb einsetzen muss. Nach dem Wortlaut des Gesetzes ist verfügbares Vermögen die Beteiligung an der GmbH, so dass 10 Mio. € zur Tilgung der Steuerschuld einzusetzen sind. Dies hat die unangenehme Folge, dass nach Abzug der auf die Veräußerung entstehenden Einkommensteuer (hier geschätzt mit 4 Mio. €) A nur noch 6 Mio. € verbleiben. Käme es auf die Nettobetrachtung, also auf das Vermögen nach Verkauf, an, würden im vorgenannten Beispiel nur 8 Mio. € eingesetzt werden müssen, um den Erlass in Anspruch nehmen zu können (20 Mio. € abzgl. Einkommensteuer 4 Mio. € = 16 Mio. €./. 2 = 8 Mio. €).

Die Voraussetzungen für den Erlass stehen unter der auflösenden Bedingung, dass der Erwerber nicht gegen die diversen Behaltensvorschriften des Systems der Betriebsvermögensverschonung verstößt.

h) Erlöschen der Steuer

Die Tatbestände des § 29 Abs. 1 bis 3 ErbStG, die das Erlöschen der Steuer mit Wirkung für die Vergangenheit anordnen, spielen für die Erbschaftsteuer keine Rolle. Die Tatbestände des § 29 Abs. 1 Nr. 4 ErbStG sind auf Erwerbe von Todes wegen zugeschnitten. Sie betreffen jedoch die Aus- 199 nahmefälle, in denen Vermögensgegenstände, die von Todes wegen erworben worden sind, binnen einer Frist von 24 Monaten nach dem Zeitpunkt der Entstehung der Steuer einer Körperschaft öffentlichen Rechts oder einer gemeinnützigen Stiftung zugewandt werden. In diesen Fällen ist ein etwaig ergangener Steuerbescheid aufzuheben oder nach § 175 Abs. 1 Nr. 2 AO zu berichtigen. Gem. § 29 Abs. 2 ErbStG ist der Erwerber für den Zeitraum, in dem ihm die Nutzungen des zugewendeten Vermögens zugestanden haben, wie ein Nießbraucher zu behandeln.

Für die kautelarjuristische Praxis ist hingegen von Bedeutung, dass infolge der engen Rechtsprechung des BFH[158] zum Befreiungstatbestand des § 13 Abs. 1 Nr. 10 ErbStG (Steuerrückfall von geschenktem Vermögen) durch Begrenzung des Tatbestandes auf das übertragene Vermögen Schenkungstatbestände mit Widerrufsvorbehalten versehen werden sollten, auch soweit es sich um erbrechtliche Tatbestände handelt. So kann vereinbart werden, dass die Schenkung unter Widerrufsvorbehalt erfolgt, wenn der Beschenkte vor dem Erblasser verstirbt. Tritt dieser Fall ein, kann die ursprüngliche Schenkungsteuerfestsetzung gem. § 29 Abs. 1 Nr. 1 ErbStG korrigiert werden.

i) Anzeigepflicht und Steuererklärung

200 Der Erwerber hat den der Erbschaftsteuer unterliegenden Erwerb innerhalb einer Frist von 3 Monaten nach erlangter Kenntnis von dem Anfall dem für die Verwaltung der Erbschaftsteuer zuständigen Finanzamt anzuzeigen (§ 30 Abs. 1 ErbStG). Eine Anzeige ist nicht erforderlich, wenn der Erwerb auf einer von einem deutschen Gericht, einem deutschen Notar oder einem deutschen Konsul eröffneten Verfügung von Todes wegen beruht und sich aus der Verfügung das Verhältnis des Erwerbers zum Erblasser unzweifelhaft ergibt. Sofern das Finanzamt auf andere Weise – etwa durch Mitteilung des Standesamtes – von dem Verwandtschaftsverhältnis des Erwerbers zum Erblasser Kenntnis erlangt hat, bedarf es einer Anzeige nicht.[159]

Die Anzeigepflicht besteht auch dann, wenn voraussichtlich keine Erbschaftsteuer festzusetzen ist, da die ggf. komplizierten Fragen der Bewertung von Erwerben und Verbindlichkeiten der Beurteilung des Finanzamtes obliegen muss.[160] Der Steuerpflichtige kann seine eigene Beurteilung nicht an die Stelle des Finanzamtes setzen. Im Übrigen empfiehlt sich auch deshalb, den Erwerb anzuzeigen, weil hiermit die Anlaufhemmung des § 170 Abs. 2 Nr. 1 AO beseitigt wird.[161] Die Anzeigepflicht kann auch deshalb von Relevanz sein, weil zwar vielleicht der Erwerb von Todes wegen unter dem Freibetrag liegt, jedoch im Zuge der Anwendung des § 14 ErbStG (Berücksichtigung früherer Erwerbe) eine Erbschaftsteuer anfällt.

Nach § 30 Abs. 4 Nr. 1–5 ErbStG hat die Anzeige auch Angaben über Vorschenkungen des Erblassers einschließlich Art, Wert und Zeitpunkt der Einzelzuwendung zu enthalten.

§ 33 ErbStG erweitert die Anzeigepflicht auf Vermögensverwahrer, Vermögensverwalter und Versicherungsunternehmen, um eine lückenlose Erfassung des Nachlasses sicherzustellen. Wichtigster Fall des Vermögensverwahrers sind die Kreditinstitute. Die Anzeigepflicht erstreckt sich auf Guthaben am Todestag. Zur Mitteilung von Kontobewegungen vor dem Todestag sind die Kreditinstitute nicht verpflichtet. Die Anzeige gem. § 33 ErbStG kann unterbleiben, wenn das von dem Kreditinstitut für den Erblasser verwahrte Vermögen insgesamt 5.000,00 € nicht übersteigt. Gleiches gilt für Versicherungsunternehmen bei Auszahlung von Kapitalversicherungen.[162]

201 Sämtliche Anzeigen der Vermögensverwahrer sind innerhalb eines Monats nach Kenntnisnahme vom Todesfall zu erstatten. Für die Praxis ist zu beachten, dass das für die Erbschaft zuständige Finanzamt dem für die Einkommensteuer des Erblassers zuständigen Finanzamt den ermittelten

158 BFH v. 22.06.1994, DB 1994, 2066 (II R 13/90) und DB 1994, 1603 (II R 1/92), dazu lesenswert *Felix* BB 1994, 1694.
159 BFH v. 16.10.1996, DB 1997, 140.
160 BFH v. 30.01.2002 – II R 52/99, BFH/NV 2002, 917.
161 BFH v. 30.10.1996, DB 1997, 141.
162 Vgl. §§ 2, 3 ErbStDV.

Nachlass mitteilt, sofern der Reinwert (Besitzposten abzüglich Verbindlichkeiten) 125.000,00 € übersteigt oder das zum Nachlass gehörende Kapitalvermögen höher als 50.000,00 € ist. Auf diese Art und Weise wird überprüft, ob der Erblasser in der Vergangenheit zutreffende Einkommensteuererklärungen abgegeben hat.

Der Sicherung des Steueraufkommens dient auch die Anzeigepflicht der Gerichte, Behörden, 202 Beamten und Notare gem. § 34 Abs. 1 ErbStG. Danach haben diese dem für die Verwaltung der Erbschaftsteuer zuständigen Finanzamt Anzeige zu erstatten über diejenigen Beurkundungen etc., die für die Festsetzung einer Erbschaftsteuer von Bedeutung sein **können**. Auf diese Art und Weise sind insbesondere Notare verpflichtet, Erbauseinandersetzungsverträge dem für die Verwaltung der Erbschaftsteuer zuständigen Finanzamt einzureichen.[163]

Der Steuerpflichtige ist nicht verpflichtet, unaufgefordert eine Erbschaftsteuererklärung abzugeben. 203 Es fehlt hier an einer gesetzlichen Grundlage. Gleichwohl ist der Steuerpflichtige nach § 31 Abs. 1 ErbStG verpflichtet, auf Anforderung des Finanzamtes innerhalb einer Monatsfrist eine Steuererklärung abzugeben, wobei das Finanzamt den Eingang der Anzeige gem. § 30 ErbStG nicht abwarten muss. Es kann vielmehr von sich aus den Steuerpflichtigen zur Abgabe der Steuererklärung auffordern, wenn es von anderer Seite Kenntnis von dem erbschaftsteuerpflichtigen Erwerb erlangt hat. Die Abgabe der Steuererklärung kann durch Zwangsgeldfestsetzung gem. § 328 AO erzwungen werden.

In der Praxis ist die Frist von einem Monat verlängerbar. Die Finanzämter gewähren im Allgemeinen Fristen von 3 Monaten, insbesondere wenn die Ermittlung des Nachlasses mit zeitaufwendigem Nachfragen verbunden ist und unter Umständen auch mehrere Personen am Nachlass beteiligt sind, die sich ggf. auch noch über ihre Beteiligung am Nachlass streiten.

Zu einer gemeinsamen Steuererklärung sind die Miterben nicht verpflichtet. § 31 Abs. 4 ErbStG gestattet es jedoch, dass eine gemeinsame Steuererklärung von allen am Nachlass Beteiligten abgegeben wird. Jeder Erbe ist jedoch berechtigt, eine Einzelerklärung abzugeben.

Der Erbschaftsteuerbescheid kann nicht einheitlich mit Wirkung gegen alle Beteiligten ergehen. Er ist vielmehr gegen jeden einzelnen Beteiligten zu richten. In ihm ist nur die gegen den einzelnen Beteiligten festgesetzte Steuer auszuweisen.

Unterliegt der Nachlass der Testamentsvollstreckung, ist der Testamentsvollstrecker berechtigt und 204 verpflichtet, für die Erben die Erbschaftsteuererklärung abzugeben (§ 31 Abs. 5 Satz 1 ErbStG). Er haftet auch für die Entrichtung der Erbschaftsteuer, sodass es sich dringend empfiehlt, den Nachlass nur unter Einbehalt der zu entrichtenden Erbschaftsteuer an die Erben auszukehren. Die Steuererklärung erstreckt sich nur auf die Verhältnisse der Erben, nicht aber auf sonstige Berechtigte, die nicht zugleich Erben sind, wie Pflichtteilsberechtigte und Vermächtnisnehmer.

In der Praxis wird die Steuererklärung auf Anforderung des Finanzamtes auf dem amtlichen Vordruck abgegeben, wobei das Finanzamt gem. § 31 Abs. 7 ErbStG fordern kann, dass der Steuerschuldner die Steuer selbst berechnet und sie innerhalb eines Monats nach Abgabe der Steuererklärung entrichtet.

Der Steuerbescheid ist dem Steuerpflichtigen bekannt zu geben. Hat die Steuererklärung ein Testa- 205 mentsvollstrecker oder ein Nachlassverwalter abgegeben, ist diesem der Steuerbescheid bekannt zu geben (§ 32 Abs. 1 Satz 1 ErbStG). Es ist im Steuerbescheid eindeutig auszuführen, ob die Steuerschuld des Erblassers gegenüber dem Testamentsvollstrecker geltend gemacht wird oder Steuerschuldner die Erben, vertreten durch den Testamentsvollstrecker, sein sollen, wobei der Bescheid dann lediglich dem Testamentsvollstrecker als Zustellungsbevollmächtigtem der Erben bekannt gegeben wird.

163 Vgl. § 7 Abs. 1 Satz 1 Nr. 6 ErbStDV.

206 Mit der Bekanntgabe an den Testamentsvollstrecker entfaltet der Erbschaftsteuerbescheid seine Wirksamkeit.[164] Rechtsmittelbefugt sind die Erben, nicht der Testamentsvollstrecker, es sei denn, der Testamentsvollstrecker ist selbst in Anspruch genommen worden.[165]

II. Einkommensteuerrechtliche Bezüge des Erbrechts

1. Erbfall und Erbauseinandersetzung im Überblick

207 Die persönliche Einkommensteuerpflicht endet mit dem Tode des Steuerpflichtigen (§ 1 Abs. 1 EStG). Der oder die Rechtsnachfolger treten nach § 45 AO in die Rechtsposition des Erblassers ein. Damit stellt sich zunächst die Frage, ob und in welcher Weise noch eine letzte Veranlagung des Erblassers durchzuführen ist, ob steuerliche Verhältnisse des Erblassers auch noch Auswirkungen auf die Veranlagung der Erben haben (z.B. Verlustvorträge), wie Erbfallkosten behandelt werden, aber auch die Prüfung der Zurechnung von Einkünften an die ungeteilte Erbengemeinschaft sowie die einkommensteuerliche Behandlung der Erbauseinandersetzung. Schon an dieser Stelle sei darauf hingewiesen, dass der BFH in ständiger Rechtsprechung[166] Erbfall und Erbauseinandersetzung – insoweit dem Zivilrecht folgend – als zwei getrennte Vorgänge behandelt.

Ferner ist noch die einkommensteuerliche Behandlung von Vermächtnis- und Pflichtteilsansprüchen sowohl aufseiten des Berechtigten als auch aufseiten der Verpflichteten zu erörtern.

2. Rechtsnachfolge in die Person des Erblassers

a) Letzte Einkommensteuerveranlagung und Haftung der Erben

208 Im Regelfall ist Veranlagungszeitraum, für den die Einkommensteuer erhoben wird, das Kalenderjahr (§ 25 Abs. 1 EStG). Da die Einkommensteuerpflicht des Erblassers mit seinem Tode endet, ist insoweit Veranlagungszeitraum der Zeitraum vom Beginn des Jahres bis zum Todestag. Der Einkommensteuer wird das während der Dauer der Steuerpflicht bezogene Einkommen ohne Umrechnung auf ein etwaiges Jahreseinkommen zugrunde gelegt. Die Einkommensteuererklärung kann somit sofort abgegeben werden, und zwar auch vor Ablauf des Kalenderjahres, in dem der Erblasser verstorben ist. Wird er für das Todesjahr mit seinem überlebenden Ehegatten zusammen veranlagt, entsteht die Einkommensteuerpflicht erst mit Ablauf des regulären Veranlagungszeitraums (Kalenderjahr).

Für die Einkommensteuerveranlagung bestehen im Übrigen keine Besonderheiten.

209 Werden Ehegatten getrennt veranlagt, ist der verstorbene Ehegatte mit seinen bis zum Todestag bezogenen Einkünften, der überlebende Ehegatte mit seinen während des gesamten Kalenderjahres bezogenen Einkünften getrennt zu veranlagen.

Sofern Zusammenveranlagung gewählt wird, was in aller Regel wegen des damit verbundenen Splitting-Tarifes sinnvoll ist, ist Voraussetzung, dass es sich jeweils um unbeschränkt steuerpflichtige und nicht dauernd getrennt lebende Ehegatten handelt. Probleme können sich hinsichtlich der Ausübung des Wahlrechtes ergeben, da die Zusammenveranlagung nur auf Antrag der Steuerpflichtigen erfolgt. Der verstorbene Ehegatte wird insoweit durch die Erben vertreten. Diese üben das Wahlrecht aus. Ist der überlebende Ehegatte Alleinerbe, ergeben sich keine Komplikationen. Er wird im Interesse der Anwendung des Splitting-Tarifes auch von dem Wahlrecht gem. § 32a Abs. 6 Nr. 1 EStG Gebrauch machen, das die Zusammenveranlagung auch noch auf das auf das Todesjahr folgende Jahr erstreckt. Dies hat in aller Regel infolge des Splitting-Tarifes eine Progressionsmilderung zur Folge, sodass quasi »blind« empfohlen werden kann, die Zusammenveranlagung zu wählen.

---

164 BFH v. 14.11.1990, DB 1991, 847.

165 BFH v. 04.11.1981, DB 1982, 1187.

166 Grundlegend BFH v. 05.07.1990 – GrS 2/89, BStBl. II 1990, 837; *Schmidt/Wacker*, EStG, § 16 Rn. 605 ff. mit ausführlicher Darstellung der Rechtslage.

Ist der überlebende Ehegatte nicht Erbe oder zumindest nicht Alleinerbe, kann er die Zusammenveranlagung nicht erzwingen. Es ist eine freie Entscheidung der Erben, der Zusammenveranlagung zuzustimmen oder nicht. Ist der überlebende Ehegatte zumindest Miterbe, kann sich im Einzelfall aus den Regelungen über die Nachlassverwaltung ergeben, dass ein Anspruch auf Zustimmung zur Zusammenveranlagung besteht, zumindest wenn die mit dieser Art der Veranlagung verbundene Steuerbegünstigung anteilig auch dem Nachlass zugutekommt.

Das Finanzamt wird die Zusammenveranlagung nur durchführen, wenn ein entsprechender Antrag vorliegt. Bei Streitigkeiten kann das Finanzamt die Erben auf den Zivilrechtsweg verweisen.

Die Einkommensteuererklärung ist von allen Erben zu unterzeichnen. Der Einkommensteuerbescheid ist den Erben bekannt zu geben, wobei das Finanzamt nach den Regelungen der Abgabenordnung (§§ 179 ff. AO) verlangen kann, dass die Erben einen Empfangsbevollmächtigten bestellen. Bis zur Klärung der erbrechtlichen Lage kann das Finanzamt keine Einkommensteuerveranlagung durchführen. 210

Führt die Einkommensteuerfestsetzung zu einem Steueranspruch des Fiskus, haften für diesen die Erben nach § 45 AO als Gesamtschuldner. Sie sind allerdings berechtigt, die Haftung auf den Nachlass zu begrenzen. Erstattungsansprüche stehen den Erben in ungeteilter Erbengemeinschaft zu. Das Finanzamt ist nur berechtigt, den Erstattungsbetrag auf ein von den Erben gemeinsam bekannt zu gebendes Konto zu zahlen mit schuldbefreiender Wirkung.

b) Werbungskosten, Betriebsausgaben, Sonderausgabenabzug, außergewöhnliche Belastungen aus Anlass des Erbfalls

aa) Werbungskosten und Betriebsausgaben

Die Erbschaftsteuer ist weder als Werbungskosten noch Betriebsausgaben beim Erben abzugsfähig. 211 Denn es handelt sich nicht um eine Aufwendung, die im Zusammenhang mit der Erzielung steuerpflichtiger Einnahmen steht, sodass die Voraussetzungen für den Werbungskosten- bzw. Betriebsausgabenbegriff (§§ 9 Abs. 1, 4 Abs. 4 EStG) nicht erfüllt sind. Die Erbschaftsteuer ist vielmehr eine steuerlich irrelevante Privatschuld. Auch die Pflichtteils- und Vermächtnisschulden sind Verbindlichkeiten, die aufgrund des Erbfalls entstanden sind. Es handelt sich um Privatschulden, die nicht ertragsteuermindernd geltend gemacht werden können. Dieses rechtliche Schicksal teilen auch die Aufwendungen, die erforderlich sind, um die Erfüllung der vorgenannten Verbindlichkeiten des Erben zu ermöglichen, insbesondere Schuldzinsen auf die Aufnahme von Fremdverbindlichkeiten zur Erfüllung der vorgenannten Verbindlichkeiten.[167] Selbst die Verzugszinsen, die der Erbe an den Pflichtteilsberechtigten wegen verspäteter Erfüllung dessen Anspruchs zahlt, sind nicht als Werbungskosten oder Betriebsausgaben einzuordnen.[168]

Lediglich mit der Erbauseinandersetzung verbundene Aufwendungen können ggf. als Werbungskosten oder Betriebsausgaben abgezogen werden, soweit sie Vermögen verbinden, welches der Einkunftserzielung dient.

Die Gebühren des Testamentsvollstreckers, die mit der Abwicklung und Auseinandersetzung des Nachlasses entstehen, sind dem Bereich zuzuordnen, der nicht mit Einkunftserzielung im Zusammenhang steht. Sie sind damit als Werbungskosten oder Betriebsausgaben nicht abzugsfähig. Hingegen können die Testamentsvollstreckergebühren, die durch eine auf längere Dauer angeordnete Nachlassverwaltung ausgelöst werden, wenn die Tätigkeit des Testamentsvollstreckers nicht im Zusammenhang mit dem Erbfall gesehen werden muss, sondern einer langfristigen Nachlassver-

---

167 BFH v. 02.03.1993, DB 1993, 1398; BFH v. 25.11.1993, DB 1994, 1759, s. auch BMF v. 14.03.2006, BStBl. I 2006, 253 Tz. 18 für die Übernahme von Verbindlichkeiten über die Erbquote hinaus.

168 BFH v. 14.04.1992, DB 1993, 565.

waltung zuzuordnen sind,[169] u.U. der Einkunftsebene zugeordnet werden und damit Werbungskosten oder Betriebsausgaben sein.

bb) Sonderausgaben

212 Sonderausgaben sind Aufwendungen, die zwar weder Betriebsausgaben noch Werbungskosten sind, aber aus verschiedenen Erwägungen – meist sozialpolitischer Natur – als steuermindernde Positionen abgezogen werden können.

Von Bedeutung ist, ob der Gesamtrechtsnachfolger des Erblassers die Sonderausgaben, die er für den Erblasser leistet, als Sonderausgabe vom Gesamtbetrag seiner eigenen Einkünfte abziehen kann. Der Große Senat des BFH[170] vertritt die Auffassung, der Erbe eines Erblassers könne den nicht ausgenutzten Verlustabzug nach § 10d EStG nicht bei seiner eigenen Einkommensteuererklärung geltend machen. Dies solle sich daraus ergeben, dass Erblasser und Erbe verschiedene Steuerrechtssubjekte seien. Die steuerlichen Verhältnisse des Erblassers, insbesondere der nicht verbrauchte Verlustabzug, könne vom Erben nicht genutzt werden. Anderes soll allerdings dann gelten, wenn es sich um objektbezogene Verluste handelt, wie dies etwa bei § 15a ErbStG bei verrechenbaren Verlusten der Fall ist. Hieraus folgt, dass außerhalb des § 10d EStG der Rechtsnachfolger Aufwendungen, die beim Erblasser Sonderausgaben gewesen wären, nicht als eigene Sonderausgaben abziehen kann. Bei Verlusten geht es daher darum, diese Verlustausgleichsbeträge in der Person des Erblassers möglichst zu vermeiden.

Eine Ausnahme gilt bei der Kirchensteuer. Soweit im Zeitpunkt des Todes des Erblassers noch Rückstände an Kirchensteuern bestanden, die vom Erben bezahlt werden, können die Zahlungen beim Erben aufgrund des Gesetzeswortlauts des § 10 Abs. 1 Nr. 4 EStG als Sonderausgaben abgezogen werden.[171]

cc) Außergewöhnliche Belastungen

213 Ausgaben eines Steuerpflichtigen für die Beerdigung eines nahen Angehörigen mindern als außergewöhnliche Belastungen gem. § 33 EStG das zu versteuernde Einkommen, sofern die zumutbare Belastung i.S.d. § 33 Abs. 3 EStG überschritten ist und die Aufwendungen nicht aus dem Nachlassvermögen bestritten werden können, da es anderenfalls an einer Belastung des Steuerpflichtigen fehlt. Abzugsfähig sind nur solche Kosten, die mit der Bestattung selbst zusammenhängen, wie die Kosten der standesgemäßen Beerdigung, die der Erbe zu tragen hat, Erwerb der Grabstelle nebst Grabstein, Trauerkleidung, jedoch nur soweit diese Aufwendungen zwangsläufig, d.h. den üblichen Rahmen nicht übersteigen. Reisekosten für die Teilnahme an der Beerdigung sind hingegen keine außergewöhnlichen Belastungen i.S.d. § 33 EStG.[172] Da in aller Regel die Kosten aus dem Nachlass gedeckt werden können und die zumutbare Belastung des Erben nicht überschritten werden darf, spielt die Einordnung von Aufwendungen aus Anlass des Todesfalles als außergewöhnliche Belastung in der Praxis keine große Rolle.

3. Einkommensteuerrechtliche Behandlung der Erbengemeinschaft bis zur Auseinandersetzung[173]

a) Grundsätzliches

214 Die Erbengemeinschaft tritt mit dem Tode des Erblassers dessen Rechtsnachfolge an. Soweit der Erblasser Einkünfte erzielt hat, werden diese nunmehr von der Erbengemeinschaft insgesamt

169 BFH v. 01.06.1978, DB 1978, 1816.

170 BFH v. 17.12.2007 – GrS 2/04, BStBl. II 2008, 608.

171 BFH v. 21.07.2016 – X R 43/13, BStBl. II 2017, 256 = ZEV 2016, 717.

172 BFH v. 11.05.1979, DB 1979, 1826.

173 Für die Praxis sind die Ausführungen des BMF im Schrb. v. 14.03.2006, BStBl. I 2006, 253, ein zuverlässiger Leitfaden durch das Dickicht der Erbauseinandersetzung aus ertragsteuerlicher Sicht.

erzielt, sofern das zur Einkunftserzielung genutzte Vermögen auf den oder die Erben übergeht und von diesen weiterhin zur Einkunftserzielung genutzt wird. Dies hat insbesondere zur Folge, dass bei Übergang eines gewerblichen Unternehmens keinesfalls eine Betriebsaufgabe in der Person des Erblassers vorliegt, sondern das Unternehmen durch die Erben fortgeführt wird. Wird es eingestellt, liegt eine Betriebsaufgabe in der Person der Erben, nicht in der des Erblassers vor.[174] Die Einkünfte der Erbengemeinschaft werden nach den §§ 179 ff. AO einheitlich und gesondert festgestellt, da die Erben insgesamt Inhaber der Einkunftsquelle sind und somit die Einkünfte erzielen. Sie werden behandelt wie die Gesellschafter einer Gesellschaft bürgerlichen Rechts oder einer Personenhandelsgesellschaft. Der in dem Bescheid über die einheitliche und gesonderte Feststellung von Einkünften auf den einzelnen Miterben entfallende Anteil an den Einkünften wird seiner persönlichen Einkommensteuerfestsetzung zugrunde gelegt. Einwendungen gegen die Ermittlung der Einkünfte sind daher gegen den Grundlagenbescheid zu führen, nicht erst gegen den Folgebescheid.

Im Einzelnen ist zwischen der Erzielung von Einkünften aus Wirtschaftsgütern des steuerlichen Privatvermögens und denen des Betriebsvermögens zu unterscheiden.

b) Einkommensteuerliche Behandlung von Einkünften aus Wirtschaftsgütern des Privatvermögens

Angesprochen sind insbesondere Einkünfte der Erbengemeinschaft, die diese aus Vermietung und Verpachtung sowie Kapitalvermögen erzielt. 215

Die Einkünfte werden als Überschuss der Einnahmen über die Werbungskosten ermittelt (§ 2 Abs. 2 Nr. 2 EStG).

Bei den Einkünften aus Vermietung und Verpachtung sind die Einkünfte den Miterben entsprechend den Erbquoten zuzuweisen. Abweichende Vereinbarungen sind steuerlich unbeachtet, es sei denn, sie haben ihre Grundlage in der letztwilligen Verfügung des Erblassers. Die spätere Erbauseinandersetzung kann nicht dazu führen, dass bereits vom Erbanfall an die Einkünfte dem zugewiesen werden, der im Zuge der Erbauseinandersetzung das entsprechende Wirtschaftsgut übernommen hat.[175]

Hinsichtlich der AfA tritt der Erbe bzw. die Erbengemeinschaft in die Rechtsposition des Rechtsvorgängers (Erblassers) gem. § 11d EStDV ein. Eine Neubewertung des Objektes zum Zwecke der Ermittlung der Bemessungsgrundlage für die AfA ist somit mit steuerlicher Wirkung nicht zulässig. Auch die AfA-Methode kann nicht verändert werden. Nur soweit der Erblasser zu einer anderen Methode hätte wechseln können, steht diese Möglichkeit auch den Erben offen. So kann bspw. nicht von der linearen AfA zur degressiven AfA gewechselt werden.

Bei den Einkünften aus Kapitalvermögen als zweitem Hauptfall der Einkünfte aus Wirtschaftsgütern des Privatvermögens, die die Erbengemeinschaft erzielt, haben die Anschaffungskosten in aller Regel keine Bedeutung. Denn bei Kapitalvermögen handelt es sich um ein nicht abnutzbares Wirtschaftsgut, auf das Abschreibungen nicht zulässig sind. Wertverluste vollziehen sich im steuerlich irrelevanten Privatvermögen, können also steuerlich nicht berücksichtigt werden. Wertsteigerungen und -verluste sind mit Ausnahme der Spekulationsgeschäfte nicht steuerbar. 216

Die Einkünfte der Erbengemeinschaft aus Kapitalvermögen sind ebenfalls durch Ermittlung des Überschusses der Einnahmen über die Werbungskosten zu ermitteln. Im Einzelfall kann es zu Abgrenzungsproblemen zur Sphäre des Erblassers kommen. Soweit Zinsen wirtschaftlich auf die Lebensdauer des Erblassers entfallen, jedoch erst nach seinem Tode ausgezahlt werden, sind sie den Erben zuzurechnen, da bei Überschusseinkunftsarten das Zuflussprinzip des § 11 EStG zur Anwendung kommt. Gleiches gilt für Stückzinsen auf Wertpapiere, die dem Erblasser zustehen,

---

174 BFH v. 29.04.1993, DB 1993, 1857.

175 Einen Ausnahmefall betrifft das Urt. des Nds FG v. 20.10.1993, EFG 1994, 504, das eine Rückbeziehung von 44 Monaten zugelassen hat.

aber erst nach seinem Tode ausgezahlt worden sind. Eine Aufteilung der Zinsen ist daher nicht vorzunehmen.

Die Anrechnungsbeträge an Kapitalertragsteuer und Körperschaftsteuer sind den Erben entsprechend den Erbquoten zuzuweisen.

c) Einkommensteuerliche Behandlung von Einkünften aus Gewinneinkunftsarten

217 Erfasst sind Einkünfte aus Gewerbebetrieb, Land- und Forstwirtschaft und selbständiger Tätigkeit. Die Einkünfte aus Land- und Forstwirtschaft sollen an dieser Stelle ausgeklammert werden.

Führt die Erbengemeinschaft ein freiberufliches Unternehmen fort, entfällt die Gewerbesteuerfreiheit, wenn nicht sämtliche Erben die Qualifikation eines selbständig Tätigen i.S.d. § 18 EStG erfüllen. Dies gilt allerdings nicht, wenn binnen 6 Monaten ab Erbfall die nicht berufsqualifizierten Erben aus der Erbengemeinschaft ausscheiden. In diesem Fall können die Einkünfte als freiberuflich rückwirkend den Erben zugerechnet werden, die die freiberufliche Tätigkeit weiterführen und in ihrer Person die Voraussetzungen des § 18 EStG erfüllen.[176]

218 Befindet sich im Nachlass ein gewerbliches Unternehmen, sind die Rechtsnachfolger Unternehmer oder Mitunternehmer i.S.d. § 15 Abs. 1 Nr. 1, 2 EStG und erzielen somit gewerbliche Einkünfte. In diesem Zusammenhang ist es unerheblich, ob die Fortführung durch die Erbengemeinschaft auf Dauer oder nur vorübergehend erfolgt.

Wie schon bei den Wirtschaftsgütern des Privatvermögens löst der Erbfall als solcher keine zusätzlichen Anschaffungs- oder Herstellungskosten aus. Die Erben treten gem. § 6 Abs. 3 EStG in die Rechtsposition des Rechtsvorgängers ein.[177]

Die Miterben erzielen somit Einkünfte aus Gewerbebetrieb, die ihnen entsprechend ihren Erbquoten zuzurechnen sind.

219 War der Erblasser an einer Personengesellschaft beteiligt, ist nach der gesellschaftsvertraglichen Regelung zu unterscheiden. Ist die Gesellschaft durch den Tod des Erblassers aufgelöst – dies ist in der Praxis nur sehr selten der Fall –, sind die Erben entsprechend der Erbquoten an der Abwicklungsgesellschaft beteiligt. Sie erwerben insoweit Anteile an einer Mitunternehmerschaft in Form der Abwicklungsgesellschaft.

220 Scheidet der Erblasser mit seinem Tode aus, wird die Gesellschaft jedoch unter den verbleibenden Gesellschaftern aufgrund einer Fortsetzungsklausel fortgesetzt, liegt in der Person des Erblassers noch eine Betriebsaufgabe in Form der Veräußerung des Mitunternehmeranteils vor.

221 Wird die Gesellschaft mit den Erben fortgesetzt aufgrund einer einfachen Nachfolgeklausel, treten diese entsprechend der Erbquoten in die Gesellschaftsbeteiligung ein. Bei einer qualifizierten Fortsetzungsklausel wird die Gesellschaft nur mit dem im Gesellschaftsvertrag und in der letztwilligen Verfügung benannten Erben fortgesetzt. Die Wertausgleichsschuld gegenüber den nicht qualifizierten Miterben ist im Rahmen der Erbauseinandersetzung zu berücksichtigen.

222 Bei der Fortsetzungsklausel ist der Aufgabegewinn des Erblassers nicht der Gewerbesteuer unterworfen. Er ist ferner in den Grenzen des § 16 Abs. 4 EStG steuerbefreit und unter den weiteren Voraussetzungen der Vorschrift der Tarifermäßigung nach § 34 EStG unterworfen, wobei der Aufgabegewinn noch in der Person des Erblassers entsteht und daher die einmalige Inanspruchnahme der Tarifermäßigung des § 34 Abs. 3 EStG auf seiner Ebene zu klären ist.

223 Bei der Beteiligung an einer Mitunternehmerschaft ist die steuerliche Behandlung des Sonderbetriebsvermögens im Erbfall zu beachten. Dies sind Wirtschaftsgüter, die zivilrechtlich im Eigentum des Mitunternehmers (Erblassers) stehen und die dieser der Gesellschaft zur Nutzung über-

176 BMF v. 14.03.2006, BStBl. I 2006, 253 Tz. 7, 8.
177 BFH GrS v. 05.07.1990, BStBl. II 1990, 837.

lassen hat. Wird bei einer qualifizierten Nachfolgeklausel das Sonderbetriebsvermögen nicht durch letztwillige Verfügung zugleich dem qualifizierten Nachfolger zugewiesen, kann dies zur fatalen Konsequenz haben, dass eine anteilige Entnahme des Sonderbetriebsvermögens ins Privatvermögen stattfindet. Dies ist dann der Fall, wenn das Wirtschaftsgut den Erben entsprechend der Erbquoten anfällt oder gar aufgrund eines Vermächtnisses auf eine Person zu übertragen ist, die nicht an der Mitunternehmerschaft beteiligt ist. In letzterem Fall findet eine Totalentnahme dieses Wirtschaftsgutes statt, wobei dieser Entnahmegewinn nach der Rspr[178] nicht der Gewerbesteuer unterliegt. Es ist deshalb auf einen Gleichklang zwischen Gesellschaftsbeteiligung und Sonderbetriebsvermögen unbedingt zu achten.

d) Sonderfall und zugleich Gefahrenquelle: Beteiligung an einer Kapitalgesellschaft

Der Erwerb einer Beteiligung an einer Kapitalgesellschaft durch Erwerb von Todes wegen kann 224 unterschiedliche Auswirkungen haben. War der Erwerber bislang an dieser Kapitalgesellschaft nicht beteiligt, verändert die Beteiligung ihren steuerrechtlichen Charakter nur dann, wenn sie nunmehr nicht in einem Betriebsvermögen des Erblassers gehalten, sondern in das Privatvermögen des Erwerbers überführt wird. Dies ist nur dann der Fall, wenn der Erwerber nicht den gesamten Nachlass und damit das Betriebsvermögen, in dem sich der Anteil befand, erworben hat, sondern etwa im Wege eines Vermächtnisses nur das einzelne Wirtschaftsgut »Beteiligung«.

Ist der Erwerber schon bislang an der Kapitalgesellschaft beteiligt gewesen, jedoch mit einer Quote von weniger als 1 % und ist er nunmehr in Verbindung mit der hinzuerworbenen Beteiligung mit mind. 1 % beteiligt, ist der spätere Veräußerungsgewinn nach § 17 EStG steuerbar und unterliegt dem sog. Teileinkünfteverfahren. Danach sind 60 % des Veräußerungserlöses steuerbar, und um 60 % der Anschaffungskosten zu mindern (§ 3 Nr. 40 Buchst. c) i.V.m. § 3c Abs. 2 EStG). Da es sich um gewerbliche Einkünfte handelt, ist § 20 Abs. 2 Nr. 1 EStG subsidiär. Die Rechtsfolge besteht darin, dass bei der (nicht gegebenen) Steuerpflicht gem. § 20 Abs. 2 Nr. 1 EStG der Abgeltungsteuersatz des § 32d EStG zur Anwendung kommt; vgl. im Einzelnen § 20 Abs. 8 EStG.

Die Folge der Einordnung in die Einkünfte des § 17 EStG ist auch, dass Veräußerungsverluste steuerlich geltend gemacht werden können, wenn auch begrenzt auf das Ergebnis des Teileinkünfteverfahrens, mithin 60 % des eingetretenen Verlustes. Bei einer Erfassung der Einkünfte in den Katalog des § 20 Abs. 2 Nr. 1 EStG wäre ein Verlust, der über den Sparerpauschbetrag von 801,00 € hinausgeht, hingegen ausgeschlossen; § 20 Abs. 9 Satz 1 EStG. Daher besteht in Verlustfällen ein Interesse daran, mindestens 1 % des Nennkapitals im Portfolio zu halten, während in den Gewinnfällen die Abgeltungsteuer u.U. günstiger ist. Liegt nämlich der Abgeltungsteuersatz von 25 % unter der effektiven Steuer, die auf den Veräußerungsgewinn aus dem Teileinkünfteverfahren entsteht (etwa 42 % auf 60 % des Gewinnes), wäre die Einordnung in den Bereich des § 20 Abs. 2 Nr. 1 EStG günstiger. Jedoch fallen im mittelständischen Bereich die meisten Fälle unter § 17 EStG, da Beteiligungen von weniger als 1 % die Ausnahme sind.

4. Einkommensteuerrechtliche Behandlung der Erbauseinandersetzung

a) Grundsätzliches

Erbfall und Erbauseinandersetzung sind aufgrund der Trennungstheorie des Großen Senates des 225 BFH[179] selbständige Rechtsvorgänge. Sie bilden untereinander keine rechtliche Einheit. Die Erbauseinandersetzung ist im Gegensatz zum Erbfall ein entgeltliches Geschäft. Hierbei wird typischerweise unterschieden zwischen der Auseinandersetzung des aus Privat- oder Betriebsvermögen bestehenden Nachlasses oder eines sog. Mischnachlasses und zwischen einer Gesamt- und einer Teilauseinandersetzung. Ferner ist zu differenzieren zwischen einer Realteilung des Nachlasses unter den Erben mit oder ohne Spitzenausgleichszahlung sowie der Übernahme des Nachlasses durch

178 BFH v. 15.03.2000, BStBl. II 2000, 316.

179 BFH GrS v. 05.07.1990, DB 1990, 2144; zustimmend BdF v. 14.03.2006, BStBl. I 2006, 253 passim.

einen Erben gegen Barabfindung. Die vom Zivilrecht her bekannten Institute wie Erbteilsübertragung und Erbteilskauf haben steuerlich keine eigenständige Bedeutung. Sie sind in die vorstehenden Konstellationen einzubeziehen. So hat etwa die Erbauseinandersetzung über einen Mitunternehmeranteil in der Weise, dass ein Erbe seinen Mitunternehmeranteil an den anderen Erben überträgt, zur Folge, dass es sich um einen Veräußerungstatbestand i.S.d. § 16 Abs. 1 Nr. 2 EStG (Veräußerung eines Mitunternehmeranteils) handelt.

Einschränkend zu den vorgenannten Äußerungen ist allerdings darauf hinzuweisen, dass ein entgeltlicher Erwerb nur insoweit vorliegt, als der Wert der erlangten Wirtschaftsgüter den Wert des Erbanteils übersteigt und hierfür ein Ausgleich gezahlt wird. Somit ist die reine Realteilung ein unentgeltlicher Vorgang,[180] kann aber nach § 16 Abs. 3 Satz 2 EStG u.U. zu einer Entnahme führen. Werden allerdings Wirtschaftsgüter im Rahmen der Realteilung als Sachwertabfindungen in ein Betriebsvermögen des Erben übernommen, ist er verpflichtet, die Buchwerte der Erbengemeinschaft fortzuführen, was regelmäßig auch angestrebt wird.[181]

b) Erbauseinandersetzung über Privatvermögen

226 Bei Realteilung ohne Ausgleich erwirbt jeder Erbe unentgeltlich i.S.d. § 11d Abs. 1 EStDV. Veräußerungsgewinne bzw. Anschaffungskosten entstehen aufgrund dieses Vorgangs nicht, sodass sich die Frage ihrer steuerlichen Berücksichtigung nicht stellt.

Wird durch einen Miterben ein Ausgleich dafür geleistet, dass er mehr aus dem Nachlass erwirbt, als dies seiner Erbquote entspricht (Realteilung mit Ausgleich), handelt es sich insoweit um eine entgeltliche Veräußerung aus Sicht der die Ausgleichszahlung empfangenden Miterben und einen Anschaffungsvorgang aus Sicht des zahlenden Erben. Im Übrigen – d.h. in dem Umfang, in dem der Wert des Empfangenen dem Anteil am Nachlass entspricht – erwirbt der ausgleichspflichtige Erbe unentgeltlich. Insoweit entstehen ihm keine Anschaffungskosten, die über die fortgeführten Anschaffungskosten des Erblassers hinausgehen. Aus Sicht der Empfänger der Ausgleichszahlung ist zu prüfen, ob es sich bei der Veräußerung um einen steuerpflichtigen Vorgang handelt. Dies ist in den Fällen der Veräußerung einer Beteiligung i.S.d. § 17 EStG, bei Geschäften der Fall, die den Tatbestand des privaten Veräußerungsgeschäftes oder der Veräußerung des Gesellschaftsanteils nach § 20 Abs. 2 Nr. 1 EStG erfüllen, wobei die Besitzdauer des Erblassers den Erben zugerechnet wird. Die Erbauseinandersetzung über Privatvermögen ist damit in aller Regel steuerlich insoweit günstig, als durch Ausgleichszahlungen Anschaffungskosten geschaffen werden, während der Veräußerungsgewinn in aller Regel nicht steuerpflichtig ist. Die mit den Anschaffungskosten im Zusammenhang stehenden Schuldzinsen können als Werbungskosten abgezogen werden, soweit das Wirtschaftsgut der Einkunftserzielung dient. Im Rahmen einer Beteiligung i.S.d. § 17 EStG ist nur ein Schuldzinsenabzug von 60 % möglich (§ 3c Abs. 2 Satz 1 EStG), da auch die Veräußerungsgewinne nur zu 60 % zu erfassen sind.

Eine Auseinandersetzung des Nachlasses in der Weise, dass liquide Mittel einem Erben, die Sachwerte anderen Erben ohne weitere Ausgleichszahlungen zugewiesen werden, ist eine erfolgsneutrale Realteilung. Bei ihr liegen Anschaffungskosten nur vor, soweit der erwerbende Erbe aus seinem Eigenvermögen noch Mittel aufwenden muss. Auch in der Übernahme von Nachlassverbindlichkeiten über die Erbquote hinaus durch einen Miterben hinaus ist insoweit kein Entgelt zu sehen.

227 Die vorstehenden Ausführungen gelten auch für eine Teilerbauseinandersetzung, bei der einzelne Miterben gegen Abfindung ausscheiden, die Erbengemeinschaft aber unter den verbleibenden Miterben fortbesteht. Bei einer gegenständlichen Teilauseinandersetzung, bei der die Erbauseinandersetzung in mehreren Schritten vollzogen wird, ist für die Frage des entgeltlichen oder unentgeltlichen Vorgangs nicht auf das Ergebnis der Gesamtauseinandersetzung abzustellen. Vielmehr sind die einzelnen Schritte der Teilauseinandersetzung zu sezieren. Ergibt dies, dass ein Erbe für den Erwerb

180 BFH v. 29.04.1992, DB 1992, 1605.

181 BMF v. 27.12.2018, BStBl. I 2019, 11 = DB 2019, 99.

eines Gegenstandes eine Zahlung leistet, liegt aus seiner Sicht insoweit ein Anschaffungsvorgang, aus Sicht der übrigen Miterben ein Veräußerungsgeschäft vor, selbst wenn bei einem zweiten Akt der Erbauseinandersetzung die Rollen insoweit vertauscht werden.[182]

c) Erbauseinandersetzung über einen aus Betriebsvermögen bestehenden Nachlass

Wird der Nachlass real geteilt, ohne dass ein Wertausgleich aus dem Vermögen des Erwerbers geleis- 228
tet wird, erwirbt jeder der Miterben unentgeltlich. Die Buchwerte der erworbenen Wirtschaftsgüter sind gem. § 6 Abs. 3 EStG fortzuführen. Bleiben die übernommenen Wirtschaftsgüter beim Erwerber nicht Betriebsvermögen, findet nunmehr eine Entnahme der Erben ins Privatvermögen mit der Folge statt, dass die stillen Reserven aufzulösen und zu versteuern sind, wobei der Aufgabegewinn nicht gewerbesteuerbar, aber im Rahmen des § 34 EStG tarifbegünstigt sein kann.

Wird im Rahmen einer Realteilung eine Ausgleichszahlung erbracht, hat der Zahlende insoweit Anschaffungskosten, der Veräußernde einen Veräußerungsgewinn, der nach § 16 Abs. 1 Nr. 2 ErbStG der tarifermäßigten Einkommensteuer unterliegt (§ 34 EStG), nicht jedoch gewerbesteuerpflichtig ist. Der erwerbende Miterbe kann Schuldzinsen als Betriebsausgaben geltend machen, soweit das Betriebsvermögen der Einkunftserzielung dient.[183] Auch die Übertragung von Vermögensgegenständen des Betriebsvermögens im Wege einer Realteilung ist zum Buchwert möglich, wenn und soweit der Erwerber Haltefristen beachtet, die 3 Jahre nach Abgabe der Steuererklärung der Mitunternehmerschaft (Erbengemeinschaft) für den Veranlagungszeitraum der Realteilung betragen. Besonderheiten gelten nur, soweit Erwerber im Rahmen der Erbauseinandersetzung eine Kapitalgesellschaft ist. Da Kapitalgesellschaften typischerweise nicht Erben werden, ist dies ein eher seltener Fall. Aus Praktikersicht ist zu beachten, dass die Missachtung der Haltefrist zu einem Aufgabegewinn im Rahmen der Erbengemeinschaft führt, welcher den Erben entsprechend der Erbquoten zuzurechnen ist. Aus diesem Grunde ist im Zuge der Erbauseinandersetzung eine Verpflichtung der jeweiligen Erwerbe aufzunehmen, die Wirtschaftsgüter, deren Veräußerung oder Entnahme innerhalb der Sperrfrist zu einer Besteuerung führt, für die Dauer der Sperrfrist im Betriebsvermögen des Erwerbers verbleiben. Durch harte Vertragsstrafen ist diese Verpflichtung auch zivilrechtlich in geeigneter Weise abzusichern oder die Steuerbelastung dem Entnehmenden zuzuweisen.[184]

Besonderheiten sind beim Tod eines Erblassers zu beachten, der Mitunternehmer einer Personenge- 229
sellschaft i.S.d. § 15 Abs. 1 Nr. 2 EStG war. Wird im Wege der qualifizierten Nachfolgeklausel nur ein Erbe Nachfolger in den Gesellschaftsanteil, erwirbt er insoweit den gesamten Gesellschaftsanteil unentgeltlich und hat die Buchwerte gem. § 6 Abs. 3 EStG seines Rechtsvorgängers fortzuführen. Der Vorgang ist insoweit unentgeltlich. Allerdings ist zu beachten, dass erbrechtlich eine Wertausgleichsschuld des Nachfolger-Miterben gegenüber den Miterben besteht, die nicht Gesellschafter geworden sind. Deckt sich der Wert des Gesellschaftsanteils mit der Erbquote des Gesellschafter-Nachfolgers, ergeben sich keine Probleme. Es handelt sich um eine erfolgsneutrale Realteilung. Muss der Nachfolger-Miterbe jedoch aus seinem Vermögen die Wertausgleichsschuld finanzieren, ist streitig, ob es sich insoweit um Anschaffungskosten und korrespondierend um Veräußerungsgewinn der übrigen Miterben oder des Erblassers handelt. Die Wertausgleichsschuld führt nicht zu Anschaffungskosten und Veräußerungsgewinnen, da sie insoweit einer Vermächtnisschuld näher als einer Abfindung bei Erbauseinandersetzung steht. Hierfür spricht, dass es konstruiert wirkt, den Nicht-Gesellschaftern einen Veräußerungsgewinn aus der Veräußerung des Mitunternehmeranteils zuzuweisen. Die herrschende Meinung hat aber zur Folge, dass die für die Refinanzierung anfallenden Zinsaufwendungen nicht Betriebsausgaben sind, da es sich bei der Wertausgleichsschuld um eine Privatschuld handelt.

182 BMF v. 14.03.2006, BStBl. I 2006, 253 Tz. 59.
183 Einzelheiten bei *Märkle*, FS L. Schmidt, 1993, 809.
184 BMF v. 26.02.2006, BStBl. I 2006, 228, Abschnitt IX.

d) Mischnachlässe

230 Bei Mischnachlässen sind die Grundsätze über die Erbauseinandersetzung über Privat- und Betriebsvermögen miteinander zu kombinieren. Spitzenausgleichszahlungen sind auf die einzelnen Wirtschaftsgüter aufzuteilen. Es ist nicht zulässig, aus Sicht des veräußernden Miterben Ausgleichszahlungen allein dem Privatvermögen zuzuordnen und damit nicht steuerbare Veräußerungsgewinne zu erzielen. Vielmehr ist eine Aufteilung nach Verkehrswerten vorzunehmen.

5. Erwerbe aufgrund eines Vermächtnisses oder eines Pflichtteilsanspruchs

a) Vermächtnis

231 Der Vermächtnisnehmer erwirbt nicht vom Erben, sondern unentgeltlich vom Erblasser. Ist Gegenstand des Vermächtnisses ein Betriebsvermögen, hat der Vermächtnisnehmer die Buchwerte gem. § 6 Abs. 3 EStG fortzuführen. Der Vorgang ist insgesamt erfolgsneutral, da auch in der Person des Erben keine Entnahme vorliegt. Sind die vermächtnisweise zugewandten Wirtschaftsgüter kein Betrieb, kein Teilbetrieb und auch kein Mitunternehmeranteil, entnimmt der Erbe diese Wirtschaftsgüter aus dem Betriebsvermögen. Der Entnahmegewinn ist dem Erben zuzurechnen und von ihm zu versteuern. Er unterliegt auch der Gewerbesteuer. Der Vermächtnisnehmer schafft diese Wirtschaftsgüter gem. § 6 Abs. 1 Nr. 4 EStG zum Teilwert an, sodass er erhöhte Anschaffungskosten abschreiben kann. Diese unterschiedlichen Konsequenzen sind bei Abfassung letztwilliger Verfügung sorgfältig zu beachten.

Erwirbt der Vermächtnisnehmer Privatvermögen, ist er gem. § 11d EStDV an den Wertansatz des Erblassers für die Berechnung der AfA gebunden.

b) Pflichtteil

232 Der Pflichtteilsanspruch hat aus Sicht des Pflichtteilsberechtigten keine einkommensteuerrechtliche Relevanz. Aus Sicht der Erben ist er eine Privatschuld, sodass Finanzierungskosten einkommensteuerlich nicht berücksichtigt werden können. Wird der Pflichtteilsanspruch aufgrund einer Vereinbarung unter den Beteiligten durch nicht in Geld bestehende Wirtschaftsgüter getilgt, ist fraglich, ob es sich insoweit um eine unentgeltliche oder entgeltliche Übertragung handelt. Die Übertragung ist als entgeltlich einzuordnen, da der Pflichtteilsberechtigte infolge der Vereinbarung unter den Beteiligten eine andere Leistung erhält, als ihm erbrechtlich zusteht. Es dürfte sich daher um eine Betriebsveräußerung handeln mit der Folge, dass der Erbe die Differenz zwischen Buchwert und Wert des Pflichtteilsanspruchs, von dessen Erfüllung er sich durch Hingabe des Betriebes befreit, zu versteuern hat, während der Pflichtteilsberechtigte insoweit Anschaffungskosten hat.[185]

Übertragen auf Wirtschaftsgüter des Privatvermögens, die als Leistungen an Erfüllungs Statt dem Pflichtteilsberechtigten übertragen werden, hat dies zur Folge, dass eine Steuerpflicht des veräußernden Erben nur dann in Betracht kommt, wenn ausnahmsweise die Voraussetzungen der §§ 17, 23 EStG erfüllt sind.

185 *Schmidt/Wacker*, EStG, § 16 Rn. 29 m.w.N.

Teil 2 Formularteil

A. Checklisten

Übersicht

I. Einseitiges Testament

► Checkliste: Einseitiges Testament

1. **Wahl der Verfügungsform:** einseitiges Testament oder gemeinschaftliches Testament (eigenhändig oder notariell) oder Erbvertrag 1

2. **Sachverhaltsermittlung:**

a) **Personalien des Erblassers**
- Name
- Vornamen (alle)
- ggf. Geburtsname
- Geburtsdatum
- Geburtsort
- Geburtenregisternummer
- Anschrift (Ort, Straße)
- Familienstand, Güterstand
- Staatsangehörigkeit und gewöhnlicher Aufenthalt, evtl. Rechtswahl
- Name, Geburtsdatum des jetzigen Ehegatten
- früherer Ehegatte: Name, Ehe durch Scheidung oder Tod aufgelöst?
- Kinder eheliche
  - Name
  - Geburtsdaten, Anschriften
  - besondere persönliche Verhältnisse
- Nichteheliche
  - Namen
  - Geburtsdaten, Anschriften
- adoptierte Kinder
- vorverstorbene Kinder und ggf. deren Abkömmlinge
- Behinderungen des Erblassers, die sich auf das Beurkundungsverfahren auswirken, Zweifel an der Testierfähigkeit?
- Bindung durch frühere Erbverträge, gemeinschaftliche Testamente? ggf. Auskunft aus dem Zentralen Testamentsregister
- wenn ja: Möglichkeit zu deren Durchbrechung: Änderungsvorbehalte, Freistellungsklausel, Anfechtung, Ausschlagung?

b) **Vermögen des Erblassers**
- Grundbesitz, Eigentumswohnungen
- genaue Bezeichnung, FlstNr., Grundbuchstand, Einheitswert, Brandversicherungswert

- Sparguthaben, Versicherungen:
  - Bezeichnung, Ansparsumme
  - Besonders: Bestehen Drittbegünstigungen?
- Aktienvermögen
- Unternehmensbezug
  - Art des Unternehmens
  - Betriebsvermögen
  - Betriebsaufspaltung
  - Sonderbetriebsvermögen
  - bei Gesellschaftsbeteiligungen: Gesellschaftsvertrag prüfen, ob Nachfolgeklausel dort mit Verfügung von Todes wegen übereinstimmt
- Eingreifen der Höfeordnung oder anderer anerbenrechtlicher Bestimmungen
- ausländisches Vermögen
- sonstiges erhebliches Vermögen
  - Antiquitäten
  - Sammlungen (Münzen, Briefmarken)
- Verbindlichkeiten
  - Art (betriebliche, rein private)
  - werden solche durch Lebensversicherung u.ä. im Erbfall getilgt?
  - besondere Bestimmungen über Schuldentragung
- Möglichkeit der Veränderung des Vermögens bis zum Erbfall

c) **Persönliche Besonderheiten beim Erblasser oder den möglichen Erben**
- Unternehmensnachfolge
- Testament des Landwirts? (Ertragswertanordnung, Übernahmerecht nach § 2049 BGB)
- Behindertes Kind
- »überschuldeter Erbe«
- »Geschiedenen-Testament«
- Eheprobleme der Erben
- »labiler Erbe«
- Nichteheliche Partnerschaft
- besonderes Stör- und Streitpotenzial? Etwa aufgrund eines Stiefeltern-/Stiefkindverhältnisses, Gefahr von Pflichtteilsgeltendmachung?
- Vorempfänge nach §§ 2050 ff., 2315 BGB
  - Empfänger
  - Wert der Zuwendung, Beweis hierfür

d) **Regelungsziele**
- Absicherung des überlebenden Ehegatten
- Sicherung der Unternehmensnachfolge
- Sicherung der Abkömmlinge
  - gegen Wiederverheiratung
  - gegen lebzeitige Verfügungen des längerlebenden Ehegatten
- Familienbindung des Vermögens über mehrere Generationen hinaus (Modell »Erbhof«)
- Steuerliche Einsparungen
  - Erbschaftsteuer
  - Einkommensteuer

3. **Widerruf** von früheren Verfügungen von Todes wegen, u.U. Rücknahme früherer Testamente sowie Erbverträge unter der Voraussetzung des § 2300 Abs. 2 BGB aus amtlicher Verwahrung
4. Eigentliche, **sachliche Regelung**: s. gesonderte Checklisten für Erbeinsetzung, Vermächtnis, Auflage, Testamentsvollstreckung u.a.
5. Besondere **Verwahrung** des Erbvertrags
6. Begleitende Maßnahmen:

- Familienrechtliche Anordnungen, etwa nach § 1638 BGB
- Altersvorsorgevollmachten, evtl. auch postmortale Vollmachten (etwa zur Vermächtniserfüllung)
- Eheverträge zur Pflichtteilsreduzierung
- Pflichtteilsverzichte
- Vermögensumgestaltungen (insbesondere bei Betriebsvermögen)
- Verträge zugunsten Dritter auf den Todesfall
- lebzeitige Übertragungen (insbesondere zur Pflichtteilsreduzierung)

II. Gemeinschaftliches Testament

▶ Checkliste: Gemeinschaftliches Testament

1. **Wahl der Verfügungsform:** gemeinschaftliches Testament oder Erbvertrag? 2
   Nur zwischen Ehegatten bzw. eingetragenen Lebenspartnern möglich; bei Verlobten oder nichtehelichen Partnerschaften mit gewollter erbrechtlicher Bindung: Erbvertrag
   eigenhändiges oder notarielles Testament
2. **Sachverhaltsermittlung:** s. Checkliste einseitiges Testament, allerdings sind diese Daten für beide Ehegatten bzw. eingetragenen Lebenspartner zu erheben.
3. **Erbrechtliche Bindungen:** frühere Erbverträge und gemeinschaftliche Testamente mit Dritten? ggf. Auskunft aus dem Zentralen Testamentsregister
4. Soweit keine Bindung besteht: **Widerruf** aller oder aber auch nur spezieller Verfügung von Todes wegen
5. **Trennbarkeit der Verfügungen** wegen isolierter Verkündigung der Verfügung des erstversterbenden und des längerlebenden Ehegatten (§ 349 Abs. 1 FamFG)
6. **Regelungsziele** der Ehegatten:
   - Rechtsstellung des überlebenden Ehegatten:
   - Alleinerbe?
     - mit Vollerbschaft des längerlebenden Ehegatten und erst Schlusserbeneinsetzung der Abkömmlinge nach beider Tod (Einheitslösung)
     - oder nur Vorerbschaft des Längerlebenden (Trennungsprinzip)
     - hier u.U. Zuteilung bestimmter Vermögenswerte zum uneingeschränkten Eigentum des Längerlebenden, so durch Hausratsvermächtnis
   - nur in Erbengemeinschaft? Lediglich Modifizierung des gesetzlichen Teilungsprinzips
   - nur Zuwendung von einzelnen Vermögensvorteilen, etwa Nießbrauchseinräumung, evtl. mit Testamentsvollstreckung für überlebenden Ehegatten, oder nur Zuwendung anderer Vermächtnisse (Geld- oder Sachvermächtnisse)
   - Erbenstellung der Abkömmlinge: korrespondiert mit der Rechtsstellung des längerlebenden Ehegatten:
     - erst Schlusserben nach Tod beider Eltern (Einheitslösung)
     - bereits Nacherben nach dem Tod des Erstversterbenden (Trennungslösung)
     - sofortige Vollerbeinsetzung nach dem Tod des ersten Ehegatten
7. Eigentliche **sachliche Regelung**: Erbeinsetzung, Vermächtnisse, Teilungsanordnungen, Testamentsvollstreckung (s. dazu gesonderte Checklisten)
8. Störfallvorsorge:
   - Fortbestand oder Wegfall im **Scheidungsfall**
   - Regelung für gemeinsamen **Unfalltod** oder unmittelbar nacheinander erfolgenden Tod
   - Pflichtteilsklauseln:
     - einfache Anrechnungsklausel
     - automatische Ausschlussklausel
     - fakultative Ausschlussklausel
     - Jastrow'sche Klausel
   - Wiederverheiratungsklausel
     - Verschärfung der Beschränkungen des Vorerben oder sofortiger Eintritt des Nacherbfalls beim Trennungsprinzip
     - bedingte Vor- und Nacherbfolge oder Herausgabevermächtnis beim Einheitsprinzip
     - evtl. auch Erstreckung auf das dem Längerlebenden schon immer gehörende eigene Vermögen (über Verschaffungsvermächtnis oder Übergabeverpflichtung unter Lebenden)
   - Ausdrückliche Ersatzerbenbestimmung hinsichtlich der Erbeinsetzung des längerlebenden Ehegatten, wenn dieser ausschlägt oder anficht, um Testierfreiheit wieder zu erlangen; zumindest aber bedingte Enterbung bezüglich des gesetzlichen Erbteils für diesen Fall
9. Bindungswirkung, Durchbrechung derselben
   - Genaue Festlegung, welche Verfügungen und in welchem Verhältnis diese zueinander **wechselbezüglich** sind (Testamentsvollstreckung und Teilungsanordnung können dies auf keinen Fall sein)

- Verzicht des überlebenden Ehegatten auf ein Anfechtungsrecht wegen Übergehung eines Pflichtteilsberechtigten, insbesondere bei einer späteren Wiederverheiratung (§§ 2281 analog, 2079 BGB)
- Freistellungsklauseln:
  - zeitlich begrenzte Bindungswirkung: evtl. hierzu Erbvertrag erwägen
  - Änderungsvoraussetzungen sind tatbestandsmäßig eingeschränkt
  - Änderungsmöglichkeiten sind hinsichtlich der Rechtsfolgen beschränkt
  - Kombination dieser Möglichkeiten

10. **»Flankierende Maßnahmen«** (s. auch die Checkliste »Einseitiges Testament«, Form. Rdn. 1 ff.)
    - familienrechtliche Anordnungen, etwa nach § 1638 BGB
    - Sicherungsvereinbarungen zugunsten des Bedachten, etwa Verfügungsunterlassungsvertrag mit bedingter Übereignungsverpflichtung bei Verstoß
    - bei »Zurücksetzung« des anderen Ehegatten gegenüber der gesetzlichen Erbfolge: u.U. gegenseitiger Pflichtteilsverzicht und Verzicht auf güterrechtlichen Zugewinnausgleich im Todesfall
    - Vollmachten auf den Todesfall oder über den Tod hinaus (etwa zur Vermächtniserfüllung, Nachlassregulierung im Ausland)

III. Erbvertrag

▶ Checkliste: Erbvertrag

3

1. **Wahl der Verfügungsform:** Erbvertrag oder gemeinschaftliches Testament? Erbvertrag nicht nur zwischen Ehegatten oder eingetragenen Lebenspartnern möglich – auch nichteheliche Partnerschaften und auch völlig beliebige Personen
2. **Sachverhaltsermittlung:** s. Checkliste »Einseitiges Testament«, jedoch sind die Daten für alle Vertragsteile zu erheben, die eine Verfügung von Todes wegen treffen
3. **Erbrechtliche Bindungen:** bestehen frühere Erbverträge und gemeinschaftliche Testamente mit Dritten? ggf. Auskunft aus dem Zentralen Testamentsregister
4. Soweit keine Bindung besteht: **Widerruf** aller oder aber auch nur spezieller Verfügungen von Todes wegen
5. **Trennbarkeit der Verfügungen** wegen isolierter Verkündigung der Verfügung des erstversterbenden und des längerlebenden Ehegatten (§ 349 Abs. 1 FamFG)
6. **Verwahrung der Urkunde:** in der Urkundensammlung des Notars oder bei Gericht
7. Regelungsziele:
   - beim Ehegattenerbvertrag: s. die Checkliste »Gemeinschaftliches Testament«
   - bei nichtehelichen Partnerschaften: u.U. andere Interessenlage, oft gegenseitige Absicherung der Partner im Vordergrund
8. Störfallvorsorge:
   - im Ehegattenerbvertrag: s. Checkliste »Gemeinschaftliches Testament«, Form. Rdn. 2 ff.
9. Bindungswirkung, Durchbrechung derselben
   - Genaue Festlegung, welche Verfügungen vertragsmäßig getroffen werden (Testamentsvollstreckung und Teilungsanordnung können dies auf keinen Fall sein)
   - Verzicht des testierenden Teils auf ein Anfechtungsrecht wegen Übergehung eines Pflichtteilsberechtigten, insbesondere bei einer späteren Wiederverheiratung (§§ 2281 analog, 2079 BGB)
   - Änderungsvorbehalt:
     - zeitlich begrenzte Bindungswirkung
     - Änderungsvoraussetzungen sind tatbestandsmäßig eingeschränkt
     - Änderungsmöglichkeiten sind hinsichtlich der Rechtsfolgen beschränkt
     - Kombination dieser Möglichkeiten
   - **Rücktrittsvorbehalte:** freie oder solche, die an bestimmte Bedingungen (Tatbestandsvoraussetzungen) geknüpft sind
10. **»Flankierende Maßnahmen«** (s. auch die Checkliste »Einseitiges Testament«)
    - Testamentsvollstreckung (s. gesonderte Checkliste)
    - familienrechtliche Anordnungen, etwa nach § 1638 BGB
    - Sicherungsvereinbarungen zugunsten des Bedachten, besonders beim entgeltlichen Erbvertrag (etwa Verfügungsunterlassungsvertrag, bei Verstoß Übereignungsverpflichtung an Vertragserben)

- bei Ehegatten bei »Zurücksetzung« des anderen gegenüber der gesetzlichen Erbfolge: u.U. gegenseitiger Pflichtteilsverzicht und Verzichte auf güterrechtlichen Zugewinnausgleich im Todesfall
- Vollmachten auf den Todesfall oder über den Tod hinaus (etwa zur Vermächtniserfüllung, Nachlassregulierung im Ausland)

11. **Kostentragung**, insbesondere auch für Rücktrittserklärung

IV. Erbeinsetzung

▶ Checkliste: Erbeinsetzung

1. **Form**: 4
   - Anordnung durch **einseitiges Testament**, gemeinschaftliches Testament zwischen Ehegatten oder Erbvertrag?
   - eigenhändiges Testament oder öffentliches (notarielles) Testament?
2. **Erbeinsetzung** oder Vermächtniszuwendung?
3. Einsetzung zum Vollerben oder Nacherben (wenn letzteres, gesonderte Checkliste beachten)
4. Erbeinsetzung unter einer (aufschiebenden oder auflösenden) **Bedingung** oder Befristung (z.B. Wiederverheiratung)
5. Genaue **Bestimmung** des Erben durch den Erblasser selbst (§ 2065 Abs. 2 BGB). Auch wenn eine sog. Bezeichnung des Erben durch Dritte anhand objektiver Kriterien für zulässig gehalten wird, so sollte in der Praxis diese Möglichkeit wegen damit verbundener Unsicherheiten gemieden werden.
6. Einsetzung von **mehreren Erben**? Wenn ja, Bruchteile oder Prozentsätze zur Bestimmung der Erbquoten angeben (sonst § 2091 BGB). Erbeinsetzung nach Vermögensgruppen ist zu vermeiden.
7. Einsetzung mehrerer auf einen **gemeinschaftlichen Erbteil** (§ 2093 BGB). Empfehlenswert, wenn man die Erbschaft auf verschiedene Stämme (Eltern Ehefrau, Eltern Ehemann) aufteilen will.
8. **Ersatzerbenbestimmung**: Immer angezeigt!
   Daneben Regelung, dass
   - die gewillkürte Ersatzerbenregelung anders lautenden gesetzlichen Vermutungs-, Ergänzungs- und Auslegungsregeln vorgeht
   - bei einem Zuwendungsverzicht die ausdrücklichen oder vermuteten Ersatzberufungen wegfallen
   - bei Eingreifen einer Pflichtteilsklausel: Erstreckung der enterbenden Wirkung auf die ersatzweise berufenen Abkömmlinge des Kindes, das den Pflichtteil geltend macht
   - die Ersatzberufung nur für einzelne Wegfallensgründe gelten soll, also etwa nur für den Fall des Vorversterbens des zunächst zum Erben Berufenen oder für den Fall, dass dieser ausschlägt
   - bestimmte Anordnungen, insbesondere Vermächtnisse, nur für den Ersatzerben gelten sollen
   - weitere Ersatzerben bestimmt werden (meist sinnvoll)
9. Bei mehreren Erben: Klarstellung, ob **Anwachsung** (§§ 2094, 2099 BGB) oder Ersatzerbfolge eintreten soll
10. **Enterbung** bestimmter Personen oder Stämme. Ohne positive Erbeinsetzung tritt gesetzliche Erbfolge im Übrigen ein. Enterbung allein daher meist nicht empfehlenswert!

V. Anordnung einer Vor- und Nacherbschaft

▶ Checkliste: Anordnung einer Vor- und Nacherbschaft

1. **Regelungsziele** der Anordnung: Muss nicht in die Verfügung von Todes wegen ausdrücklich aufgenommen werden. Aber entsprechende gedankliche Vorarbeit erforderlich, da nur so die richtige Ausgestaltung getroffen werden kann. 5
2. **Person des Vor- und Nacherben.** Beim Nacherben genügt Bestimmbarkeit im Zeitpunkt des Eintritts des Nacherbfalls; aber sog. **»unbekannte Nacherben«** vermeiden, da dies zu erheblichen Abwicklungsproblemen führt. Bei mehreren Personen: Bestimmung der Erbquoten.
3. Soll die Anordnung der Vor- und Nacherbschaft unter einer **aufschiebenden oder auflösenden Bedingung oder Befristung** erfolgen (besonders bei Wiederverheiratungsklauseln oder

bei Möglichkeit zur Beseitigung durch Vorerben bei Vorliegen bestimmter Voraussetzungen, z.B. beim sog. Geschiedenentestament)?

4. **Festlegung des Nacherbfalls.** Ohne Regelung ist der Nacherbfall der Tod des Vorerben (§ 2106 Abs. 1 BGB)
5. **Befreiung des Vorerben** von gesetzlichen Beschränkungen nach § 2136 BGB? Ob und in welchem Umfang sie erfolgt, ist am Zweck der Anordnung auszurichten. Über den in § 2136 BGB festgelegten Rahmen hinaus kann dinglich wirksam nicht befreit werden.
   Befreiung möglich
   - von Verfügungsbeschränkungen über Grundbesitz oder Rechten hieran (aber keine unentgeltliche Verfügung möglich)
   - von Kontroll- und Sicherungsrechten
   - vom Gebot ordnungsgemäßer Verwaltung
   - von Rechnungslegungspflicht
   - vom Ersatz für Übermaßfrüchte.

   Darüber hinausgehende Befreiungen (etwa vom Schenkungsverbot) nur über (Voraus-)Vermächtnis möglich: Zugewandt wird ein Anspruch für Vorerben gegen Nacherben auf Zustimmung zu anderen Regelungen, Verfügungen oder Erlass von Forderungen.
6. **Anordnung von Ersatzerben:**
   Für den **Vorerben** (sonst ist nach der Auslegungsregel des § 2102 Abs. 1 BGB der Nacherbe Ersatzerbe des Vorerben – aber eben nur Auslegungsregel, daher ausdrücklich regeln).
   Für den **Nacherben** selbst ist ebenfalls ein Ersatznacherbe zu bestimmen, da sonst bei Wegfall des zunächst gedachten Nacherben die mit der Anordnung verbundenen Zwecke nicht mehr erfüllt werden können. Bei mehreren Erben u.U. Anordnung der Anwachsung an die verbleibenden.
7. Regelung zur Nacherbenanwartschaft:
   - **Vererblichkeit** sollte i.d.R. immer ausgeschlossen werden, wenn Nachlass im Familienbesitz erhalten werden soll. Regelungsbedarf auch dann, wenn Ersatznacherbenbestimmung getroffen!
   - **Veräußerlichkeit** kann ausgeschlossen oder eingeschränkt werden. Übertragbarkeit an Vorerben sollte möglich sein, damit sich der Vorerbe dann bei Zustimmung des Nacherben durch Übertragung der Nacherbenanwartschaft von den Belastungen der Nacherbschaft befreien kann. Aber Achtung: Dies ist nur dann möglich, wenn etwaige Ersatznacherbeneinsetzungen auflösend bedingt durch die Übertragung der Nacherbenanwartschaft an den Vorerben sind, also in einem solchen Fall wegfallen.
8. **Umfang der Anordnung**: nur bezüglich des Erbteils eines Miterben oder aller, oder gar nur bezüglich eines Bruchteils eines Erbanteils?
9. Sollen dem Vorerben **einzelne Vermögenswerte zur freien Verfügung** übertragen werden (Wohnungseinrichtung, Sparguthaben, bestimmte Grundstücke)? Wenn ja: Anordnung eines Vorausvermächtnisses, das nicht der Nacherbschaft unterliegt. Aber Achtung: damit gehört es nun zum Eigenvermögen des Vorerben, wodurch die Ziele der Nacherbschaft insoweit nicht verwirklicht werden!
10. Anordnung **mehrfacher** (gestufter) **Nacherbfolge** gewollt? Zweck der Nacherbfolge hierfür heranziehen (Verhinderung der Abwanderung von Vermögenswerten: »Modell Erbhof«).
11. Anordnung einer **Testamentsvollstreckung**? Genaue Festlegung, wer (Vorerbe oder Nacherbe) damit wie lange betroffen ist. Daher prüfen:
    - zur Verwaltung der Vorerbschaft: Verwaltungsvollstreckung (§ 2209 BGB) erforderlich? So beim überschuldeten Erben und Behindertentestament ein »Muss« (für Pfändungsschutz)
    - Anordnung einer Nacherbentestamentsvollstreckung nach § 2222 BGB zur Sicherung der Rechte des Nacherben? Ein »Muss« bei noch »unbekannten Nacherben« bzw. bei Minderjährigen, um familien- oder vormundschaftsgerichtliche Genehmigung bzw. Pflegerbestellung für noch unbekannte Nacherben zu vermeiden. Achtung: Alleiniger Vorerbe kann nicht zugleich zum alleinigen Nacherbentestamentsvollstrecker berufen werden (Interessenkollision!)
    - Zur Verwaltung der Nacherbschaft, etwa bis Nacherben bestimmtes Alter erreicht haben
    - für gesamte Dauer von Vor- und Nacherbschaft?

VI. Erblasseranordnungen über die Erbauseinandersetzung

▶ Checkliste: Erblasseranordnungen über die Erbauseinandersetzung

1. Klare und **rechtlich eindeutige Formulierungen**: Verwendung der entsprechenden Gesetzesbegriffe. Insbesondere klare Regelung, ob die Zuweisung der Nachlassgegenstände an Miterben geschieht 6
   - durch **Vorausvermächtnis** ohne Anrechnung auf den Erbteil und ohne Ausgleichungsverpflichtung aus dem Privatvermögen des Erben oder
   - durch nicht wertverschiebende **Teilungsanordnung** (steuerliche Unterschiede zwischen Teilungsanordnung und Vermächtnis beachten) oder
   - durch gemischte Zuwendung: etwa gegenständliche Zuweisung grundsätzlich durch Teilungsanordnung, der »Spitzenausgleich« eines etwaigen Mehrwerts aber durch Vorausvermächtnis (führt im Hinblick auf Bindungsfragen zu unlösbaren Abgrenzungsproblemen)
2. Festlegung, wie ein vom Erblasser gewünschter **Wertausgleich** geschehen soll, etwa durch Ausgleichszahlungen aus dem »Privatvermögen« des Zuwendungsempfängers. Zahlung der Wertausgleichung kann zur Bedingung für die durchzuführende Erbauseinandersetzung gemacht werden.
3. **Sicherstellung** der vom Erblasser gewünschten Erbauseinandersetzung/Vermächtniserfüllung durch
   - Anordnung von Testamentsvollstreckung
   - Strafvermächtnis
   - bedingte Erbeinsetzung
   - Vollmachten zur Vermächtniserfüllung
4. Besondere Sorgfalt bei **Sondersituationen**:
   - **Vor- und Nacherbschaft:** Festzulegen ist, ob bereits der Vorerbe oder erst der Nacherbe die Erbauseinandersetzung/Vermächtniserfüllung vornehmen muss
   - Sicherung einer **erbrechtlichen Bindung**: nur bei Vermächtnis/Auflage im Erbvertrag oder gemeinschaftlichen Testament gewährleistet. Bei Teilungsanordnung kann dies nur durch Anordnung eines ausdrücklichen Bedingungszusammenhangs mit gegenläufigen Verfügungen geschehen (etwa, dass die Erbeinsetzung des längerlebenden Ehegatten durch den Erstversterbenden bei Aufhebung der Teilungsanordnung entfällt)
   - Bei Übernahmerechten ist deren Rechtsnatur (Vermächtnis, Teilungsanordnung) festzulegen, sowie deren Modalitäten, insbesondere ob eine Übernahmepflicht entsteht und der Übernahmepreis (Anrechnungswert, Wertermittlung).
5. Bei **Teilungsverboten** und -beschränkungen ist
   - deren Rechtsnatur (unverbindliche Bitte, Vermächtnis, Auflage, bedingte Erbeinsetzung) zu bestimmen
   - deren Einhaltung (durch Testamentsvollstreckung, bedingte Erbeinsetzung, Strafvermächtnis) zu sichern.
   - Bei zeitlichem Teilungsausschluss ist zu regeln, ob er entgegen der Auslegungsregel der §§ 2044 Abs. 1 Satz 2, 750 BGB auch noch nach dem Tod eines Miterben wirksam bleiben soll.
6. **Begleitende Anordnungen,** wie Bestimmung eines Schiedsgerichts für Auslegungsfragen, Schiedsgutachteranordnung für Wertermittlungen

VII. Vermächtnis

1. Allgemeines

▶ Checkliste: Vermächtnis allgemein

1. **Abgrenzung** Erbeinsetzung oder Vermächtnis 7
2. Berechtigter (Vermächtnisnehmer): Name, Geburtsdatum, Anschrift
   - Bei mehreren: Gemeinschaftsverhältnis (§ 2157 BGB)
   - Ersatzvermächtnisnehmer (§ 2190 BGB)? Wichtig wegen § 2160 BGB!
   - Anwachsung bei mehreren Vermächtnisnehmern (§ 2158 BGB)
   - bei Miterben: klare Abgrenzung Teilungsanordnung/Vorausvermächtnis

3. **Beschwerter** des Vermächtnisses:
   - Der **Erbe**?
     - Bei Miterben: alle von ihnen zu gleichen oder unterschiedlichen Teilen?
     - Nur einzelne oder gar nur einer?
   - Der Vermächtnisnehmer bei Untervermächtnis oder Nachvermächtnis
   - Auch der **Ersatzerbe** bzw. Ersatzvermächtnisnehmer? (§ 2161 BGB)
4. **Anfall** des Vermächtnisses, **Fälligkeit** (§§ 2176 ff., 2181, 2186 BGB), nur wenn beides mit dem Erbfall eintreten soll, Regelung entbehrlich
5. bei aufschiebend **bedingten** oder **befristeten Vermächtnissen** besondere Regelung der »Interimszeit«:
   - Bestimmung des Zeitpunkts oder des Ereignisses hierfür
   - Regelung der Vererblichkeit und der Übertragbarkeit des Anwartschaftsrechts zwischen Erbfall und Vermächtnisanfall
   - Regelung hinsichtlich der Nutzungen und gemachten Aufwendungen zwischen Erbfall und Vermächtnisanfall
   - Regelung, wie der Erbe mit dem Vermächtnisobjekt so lange verfahren soll (besondere Substanzerhaltungspflicht?)
   - Werden besondere Sicherungsmittel für die Zwischenzeit vermacht oder ausgeschlossen?
6. **Vermächtnisobjekt:** genaue Bezeichnung. Bei Stückvermächtnis: entfällt das Vermächtnis, wenn der Gegenstand nicht zum Nachlass gehört oder wird Verschaffungsvermächtnis angeordnet (§§ 2169 Abs. 1, 2170 BGB)
7. **Kosten** der Vermächtniserfüllung, Tragung der **Erbschaftsteuer**? Fehlt eine Anordnung trägt die Erfüllungs- einschließlich Vollzugskosten regelmäßig der Beschwerte, da die Erfüllung zum Vermächtnisanspruch dazugehört. Steuerschuldner für die Erbschaftsteuer ist gem. § 20 Abs. 1 ErbStG der Vermächtnisnehmer.
8. Regelung zur **Sicherung der Vermächtniserfüllung**: Anordnung einer Testamentsvollstreckung oder Erteilung einer Vollmacht (unter Befreiung von § 181 BGB) hierfür
9. Mitvermachung von **Sicherungsrechten**:
   - Eigentumsvormerkung, Verpfändung von Rechten zur Sicherung ab Eintritt des Erbfalls
   - Auskunfts- und Rechnungslegungsrechten (etwa bei Vermächtnis an Unternehmensbeteiligung)?
   - Sicherung ab Errichtung der Verfügung von Todes wegen durch Vereinbarung eines Verfügungsunterlassungsvertrages, evtl. bedingte Übereignungsverpflichtung des Erblassers gegenüber Vermächtnisnehmer bei Verstoß hiergegen (bei Grundstücken durch Eigentumsvormerkung sicherbar)
10. Anpassung an künftige Veränderungen?
    - Wertsicherung bei Geldvermächtnis
    - Kürzungsrechte, wenn Nachlass von anderer Werthaltigkeit
    - Bei Renten: Ausgestaltung als dauernde Last mit Anpassungsmöglichkeit gem. § 323a ZPO
11. Regelung zur Tragung der **Pflichtteilslast** (§§ 2324, 2318 BGB)
12. **Anordnung eines Vorrangs** vor den übrigen Beschwerungen (§ 2189 BGB)
13. Wegfall des Vermächtnisses bei lebzeitiger Erfüllung

2. Grundstücksvermächtnis

▶ Checkliste: Grundstücksvermächtnis

8

1. Genaue **Bezeichnung** des betroffenen Grundstücks/Wohnungs- oder Teileigentums: Gemarkung, Flur, Flurnummer, evtl. Grundbuchstelle, bei Wohnungs- und Teileigentum Bezeichnung nach Aufteilungsplan
2. Erstreckt sich das Vermächtnis noch auf anderes:
   - Kfz-Stellplätze, Miteigentumsanteile an Wegzufahrten etc.
   - Mobiliar und Inventar im Haus/in der Wohnung (§ 2164 BGB: Zubehör ist im Zweifel mitvermacht)
3. Übernahme von Belastungen
   - In Abteilung II des Grundbuchs?
   - In Abteilung III des Grundbuchs (Grundpfandrechte)?
     - Nur dingliche Übernahme oder auch Übernahme der dadurch gesicherten persönlichen Schuld, u.U. im Wege der befreienden Schuldübernahme anstelle des Erben

  - Evtl. Regelung bei bestehender Mitbelastung über Grundpfandrechtsverteilung
  - Evtl. Regelung über Eigentümerrechte/Rückgewähransprüche an Grundpfandrechten
4. Übergang von Besitz, Nutzen, Lasten
5. Regelung über **Miet- und Pachtverhältnisse**, insbesondere über Verteilung des Miet- und Pachtzinses
6. Bestellung von **dinglichen Rechten** hieran aufgrund Untervermächtnis, etwa Vorkaufsrechte (subjektiv-dingliche oder subjektiv-persönliche), Nießbrauch, Belastung mit Nachabfindungsvereinbarung bei gewinnbringendem Verkauf innerhalb bestimmter Fristen
7. Bei **Betriebsvermögen**: Wer trägt für etwaige Entnahme die Einkommensteuerbelastung

3. Wohnungsrechtsvermächtnis

▶ Checkliste: Wohnungsrechtsvermächtnis

1. **Beginn**: mit dem Erbfall, evtl. erst mit Schlusserbfall oder Nacherbfall 9
2. **Ende**: Tod des Berechtigten, bestimmte Zeit, bis Eintritt eines bestimmten Ereignisses (auf die Dauer des ledigen Standes; Bezugsfertigkeit eines Hauses)
3. **Gegenstand**: Flurnummer, Gemarkung, Haus, evtl. Wohnungseigentum
4. Alleinige Benutzung bestimmter Räume (genaue Bezeichnung nach Stockwerk, Lage)
5. Mitbenutzung: im Haus (Keller, Küche, Wohnzimmer) und im Freien (Hof und Garten)
6. Kostentragung: für Schönheitsreparaturen/für Erhaltung und gewöhnliche und außergewöhnliche Instandsetzung (ausdrücklich zu regeln!)
7. Tragung öffentlicher und privater Lasten
8. Kostentragung der Betriebskosten (Heizung, Strom, Wasser etc.), u.U. Mitregelung des Umlegungsschlüssels
9. Benutzung durch Dritte
   - Einschränkende Regelung zu § 1093 Abs. 2 BGB
   - Kann Ausübung Dritten (auch gegen Entgelt) überlassen werden (§ 1092 Abs. 1 Satz 2 BGB)?
10. Zu bezahlendes Entgelt? Kann nicht selbst unmittelbarer dinglicher Inhalt sein, aber Verknüpfung durch Bedingung oder Ausübungsbeschränkung
11. Ergänzende Regelungen:
    - Wiederaufbauverpflichtung bei Zerstörung; evtl. gesichert durch Wohnungsgewährungsreallast
    - Rangrücktrittsverpflichtung bei anstehenden Investitionen (Umbau und anderes)
    - Regelung eines Entschädigungsbetrags für Fall der Aufgabe des Wohnungsrechts (nach landesrechtlichen Leibgedingsvorschriften, Art. 18–20 BayAGBGB) oder Wegzugsklausel mit entschädigungsfreiem Wegfall des Wohnungsrechts bei dauerhaftem, vom Eigentümer nicht verschuldeten Wegzug.
12. Absicherung im Grundbuch:
    - Für Wohnungsrecht beschränkte persönliche Dienstbarkeit (§ 1093 BGB)
    - Für Nebenleistungen (Betriebskosten, Instandsetzung) entweder über diese Dienstbarkeit oder über eigene Reallast
    - Evtl. zusammenfassende Eintragung als Leibgeding (zur Sicherung des Vollstreckungsprivilegs, § 9 EGZVG)
    - Möglichst gute Rangstelle zur Verhinderung des Erlöschens des Rechts in der Zwangsversteigerung

4. Nießbrauchsvermächtnis

▶ Checkliste: Nießbrauchsvermächtnis

1. **Gegenstand**: 10
   - An Grundstücken (§§ 1030 ff. BGB)
     - Bezeichnung von Flurstücknummer, Gemarkung oder Wohnungs- oder Teileigentum; auch Belastung an einem Miteigentumsanteil möglich
     - Regelung der Lastentragung, oft aus steuerlichen Gründen abweichende Vereinbarung vom gesetzlichen Inhalt erforderlich (§§ 1041, 1047 BGB): Bruttonießbrauch oder Nettonießbrauch

  - Regelung der Instandhaltungspflicht: kann nur über selbständige Reallast dinglich gesichert werden
  - Ausschluss der Ausübungsüberlassung nach § 1059 Satz 2 BGB? Ausschluss des Rechts zur Vermietung oder Verpachtung? (gesondert zu regeln)
  - Bei Wohnungs-/Teileigentum: Regelung der Verpflichtung zur Tragung des Hausgelds (einschließlich Zuführung zur Instandhaltungsrücklage) und zur Stimmrechtsausübung in der Eigentümerversammlung
  - Auch hier Rangstelle wichtig in der Zwangsversteigerung
  - Rangrücktrittsverpflichtung (durch Auflage oder Untervermächtnis an den Vermächtnisnehmer) bei Modernisierungs- oder Erhaltungsmaßnahmen daher problematisch
  - Soweit der Nießbraucher derartige Lasten tragen muss, kann Verpflichtung des Eigentümers zur Bestellung von Grundpfandrechten für diesen Zweck mitvermacht werden
- An beweglichen Sachen
- Am Nachlass (§§ 1089, 1085 ff. BGB): Alternative zur Vor- und Nacherbschaft, besonders bei Ehegatten
- An einem einzelnen Erbteil (Rechtsnießbrauch, § 1068 BGB)
- Unternehmensnießbrauch: an der Sachgesamtheit des Betriebsvermögens; Achtung: Nießbrauch lediglich an einzelnen Teilen des Betriebsvermögens stellt (Nutzungs-)Entnahme dar, die zu Einkommensteuerproblemen führt.

2. **Umfang des Nießbrauchs**
   - Quotennießbrauch: Bestellung an einem gesamten Recht oder Gegenstand, aber berechtigt nur zu einer anteiligen Nutzung
   - Bruchteilsnießbrauch: Bestellung an einem ideellen Bruchteil
   - Ausschluss einzelner Nutzungen, § 1030 Abs. 2 BGB
3. **Rentenwahlrecht**, wonach der Nießbraucher anstelle des dinglichen Nutzungsrechts, das ja auch mit Belastungen verbunden ist, die Einräumung einer Rentenzahlung/dauernden Last verlangen kann

5. Vermächtnis über Renten oder dauernde Lasten

▶ Checkliste: Vermächtnis über Renten, wiederkehrende Leistungen

11 1. **Art der Zahlungsverpflichtung**:
   - Zeitrente/Leibrente auf Lebenszeit oder mit Mindest- oder Höchstlaufzeit
2. **Zahlungsweise**: wöchentlich/monatlich/jährlich im Voraus oder nachschüssig
3. **Dynamik**:
   - Wertsicherungsklausel: i.d.R. immer angebracht und zwar in zweifacher Weise:
     - Anpassung gegenüber Geldwertveränderungen zwischen der Errichtung der Verfügung von Todes wegen und Anfall des Vermächtnisses
     - Anpassung für danach während der Laufzeit der Zahlungsverpflichtung
     - Dabei die Vorgaben des Preisklauselgesetzes (Verbot mit Legalausnahmen) zu beachten; die früher bestehende Genehmigungspflicht ist entfallen; werden die Bestimmungen aber nicht beachtet, so droht Unwirksamkeit ex tunc
   - Abhängigkeit oder Unabhängigkeit vom Bedarf des Berechtigten und/oder der Leistungsfähigkeit des Verpflichteten (Spätere Anpassung der Zahlungspflicht an die veränderten Umstände gem. § 323a ZPO oder bei Unterhaltsverpflichtung nach § 239 FamFG).
4. Verpflichtung zur **Zwangsvollstreckungsunterwerfung**: Ausreichende Bestimmtheit
5. **Grundbuchsicherung**:
   - An welchem Objekt (genaue Bezeichnung)
   - Rangstelle für Vermeidung Rechtsverlust bei Zwangsversteigerung entscheidend
   - Reallast mit ausreichender Bestimmbarkeit; Problem: dingliche Absicherung des sich ggf. aus der Anwendung von § 323a ZPO ergebenden Erhöhungsbetrags
   - Eintragung einer Löschungserleichterung bei Tod des Berechtigten oder Fristablauf
6. **Kapitalwahlrecht/Ablöserecht** bei längerem Zahlungsrückstand, um dem Berechtigten die mühsame Einzelvollstreckung zu ersparen.

6. Pflegevermächtnis zur Sicherung der Altersbetreuung eines nahestehenden Angehörigen

▶ Checkliste: Pflegevermächtnis

1. **Pflegeverpflichteter**: persönlich durch den Erben oder durch Dritte 12
2. **Pflegeanlass** (Alter, Krankheit, Gebrechlichkeit, evtl. erst ab entsprechender ärztlicher Feststellung)
3. **Pflegeort**: meist nur im häuslichen Bereich, aber evtl. beschränkt nur auf das vererbte Anwesen oder nur auf die (jeweilige oder bestimmte) Wohnung des Erben
4. **Umfang der Pflegeleistung**
   - Der Art nach: Körperpflege, Ernährung, Mobilität, hauswirtschaftliche Versorgung (vgl. § 14 Abs. 2 SGB XI)
   - Zeitliche Beschränkung (etwa max. 1 1/2 Stunden täglich)
   - Beschränkt nur bis zu einem gewissen Gesundheits-/Pflegezustand des Vermächtnisnehmers (etwa, nur soweit keine höhere Pflegebedürftigkeit als Pflegegrad 2)
   - Beschränkung durch Zumutbarkeit für Erben (Vereinbarkeit mit beruflicher oder familiärer Belastung)
5. Wer erhält das **Pflegegeld** von der Pflegeversicherung? Verpflichtung zur Antragstellung
6. Regelung der **Rechtsfolgen**, wenn Pflegeleistungen nicht mehr erbracht werden
   - Freistellungsverpflichtung für Pflichtteilsberechtigte von Pflegeheimkosten
   - Eigener Anspruch auf Leistungserbringung für weichende Erben
   - Erwerbsrechte bei nicht ordnungsgemäßer Erbringung von Pflegeleistungen für andere Pflichtteilsberechtigte/Dritte oder Vertragsstrafe
7. **Absicherung** der Pflegeverpflichtung
   - Im Grundbuch durch Reallast, Rangstelle entscheidend (blockiert aber wiederum den Eigentümer bei Beleihung), Löschungserleichterung

7. Pflegevergütungsvermächtnis: »Wer mich pflegt, der erbt!«

▶ Checkliste: Pflegevergütungsvermächtnis

1. Wegen mangelnder Bestimmtheit bei Errichtung der Verfügung von Todes wegen, wer tatsächlich später bis zum Tod die Pflege erbringt: Drittbestimmung des Zuwendungsempfängers durch ***Testamentsvollstrecker*** erforderlich, aber wegen erheblicher praktischer Schwierigkeiten im Ergebnis ebenfalls nicht empfehlenswert 13
   - Wegen § 2065 BGB also keine Erbeinsetzung möglich: Erbeinsetzung Dritter erforderlich
   - Vermächtniszuwendung nach § 2151 BGB
   - Zweckauflage nach § 2193 BGB (nicht empfehlenswert)
2. Genaue Vorgaben zur Bestimmung des Zuwendungsempfängers in der Verfügung von Todes wegen: Dauer und Intensität der Pflegeerbringung, anteilige Aufteilung auf mehrere Pflegepersonen

8. Quotenvermächtnis

▶ Checkliste: Quotenvermächtnis

1. Welche **Quote**? Ein Achtel, ein Viertel? 14
2. **Woraus**? Aus dem gesamten Reinnachlass, aus den vorhandenen Spar- und Bankguthaben, aus dem Nettowert eines Nachlassgrundstücks?
3. Welche **Abzüge** sind vorher vorzunehmen? Erblasserschulden, Erbfallschulden, Nachlassverbindlichkeiten? Nach Abzug von Erbschaftsteuer, evtl. latenter Einkommensteuerbelastung, Pflichtteilsansprüchen?
4. Welche **Art von Zuwendung**? Quotenvermächtnis ist in Geld auszuzahlen oder gegenständliche Beteiligung.
5. **Wann** fällig?

VIII. Auflage

▶ Checkliste: Auflage

15 1. **Klare Bezeichnung,** dass es sich um die Anordnung einer Auflage handelt (Abgrenzung zu Vermächtnis, Ratschlägen, Wünschen).
2. Genauer **Inhalt der Auflage**:
   - Leistung (muss nicht in einem Vermögenswert bestehen) oder Unterlassung.
   - Begünstigter:
     - muss keine rechtsfähige Person sein (sog. Zamperltestament; unselbständige Stiftung)
     - dessen Bestimmung kann auch dem Beschwerten oder einem Dritten überlassen werden (§ 2193 BGB)
     - aber: Bei einer zulässigen Drittbestimmung des Begünstigten oder des Leistungsgegenstandes muss der Erblasser den Zweck der Auflage persönlich festlegen (§§ 2192, 2193, 2156 BGB).
3. Bezeichnung des mit der Auflage **Beschwerten** (Erbe, Vermächtnisnehmer; bei mehreren zu welchen Teilen, beim Vor- und Nacherbe Klarstellung, ob beide, wenn auch Nacherbe erst ab Eintritt des Nacherbfalls).
4. Bestimmung eines **Vollziehungsberechtigten** oder Ausschluss einzelner der nach § 2194 BGB kraft Gesetzes Vollzugsberechtigten.
5. **Sicherung** des **Auflagevollzugs** durch Anordnung von Testamentsvollstreckung, Erteilung von Vollmachten oder Verbindung der letztwilligen Zuwendung mit einer entsprechenden aufschiebenden oder auflösenden Bedingung. **Beachte:** Bei der Auflage hat der Begünstigte gerade keinen eigenen Erfüllungsanspruch. Dies schafft Gestaltungsmöglichkeiten, wenn etwa Pfändung durch Gläubiger des Begünstigten verhindert werden soll.
6. Regelung eines **Bedingungszusammenhangs** von Auflage und letztwilliger Zuwendung (§ 2195 BGB ist nur Auslegungsregel)

IX. Testamentsvollstreckung

▶ Checkliste: Testamentsvollstreckung

16 1. Gedankliche Vorarbeit: **Regelungsziele** der Testamentsvollstreckung. Im Hinblick auf Feststellbarkeit der Aufgabenerfüllung sollten diese in die Verfügung von Todes wegen aufgenommen werden.
2. Ausdrückliche **Anordnung der Testamentsvollstreckung**, und zwar des Amtes als solches und zunächst unabhängig von der zur Ausführung berufenen Person (»ich ordne Testamentsvollstreckung an«).
3. **Ernennung der Person** des Testamentsvollstreckers
   - selbst durch den Erblasser; Ersatzvollstrecker vorsehen (§ 2197 BGB)
   - einer oder mehrere? Bei mehreren Testamentsvollstreckern: Abweichende Anordnung über die Aufgabenverteilung auch für Außenverhältnis
   - aufgrund Ermächtigung durch einen Dritten (§ 2198 BGB)
   - durch das Nachlassgericht aufgrund entsprechenden Ersuchens im Testament (§ 2200 BGB)
   - Ernennung eines Mitvollstreckers oder Nachfolgers durch den dazu ausdrücklich ermächtigten Testamentsvollstrecker (§ 2199 BGB).
4. Festlegung des **Aufgabenkreises** des Testamentsvollstreckers (wichtig; danach bestimmen sich auch die Befugnisse!)
   - Abwicklungsvollstreckung (§§ 2203, 2204 BGB): evtl. nur hierauf beschränkt, also für Vermächtniserfüllung, Bewirkung der Erbauseinandersetzung
   - Dauervollstreckung (§ 2209 Satz 1, Halbs. 2 BGB): zeitliche Festlegung
   - **Verwaltungsvollstreckung** (§ 2209 Satz 1, Halbs. 1 BGB): zeitliche Festlegung; bei Dauer- und Verwaltungsvollstreckung genaue Aufgabenfestlegung, etwa dass Erbe nur mit Zustimmung des Testamentsvollstreckers über Grundbesitz verfügen kann
   - Klare Aufgabenzuweisung besonders bei Anordnung der Vor- und Nacherbschaft (bereits Vorerbe belastet? nur Nacherbentestamentsvollstreckung nach § 2222 BGB?)
   - Vermächtnisvollstreckung (§ 2223 BGB)

5. **Dauer** der Testamentsvollstreckung (Zwecke derselben und § 2210 BGB max. 30 Jahre beachten)
6. Gegenständlicher (sachlicher) **Umfang der Testamentsvollstreckung**: etwa nur einzelne Nachlassgegenstände (§ 2208 Abs. 1 Satz 2 BGB) oder nur Erbanteile von bestimmten Miterben
7. **Personelle Aufgabenverteilung** bei mehreren Testamentsvollstreckern (sonst Grundsatz der Gesamtvollstreckung, § 2224 BGB)
8. Besondere **Verwaltungsanordnungen** (§ 2216 Abs. 2 Satz 1 BGB), wichtig besonders beim Behindertentestament und beim Testament des verschuldeten Erben.
9. **Einschränkung** der **gesetzlichen Befugnisse** des Testamentsvollstreckers (§ 2208 BGB) mit ausdrücklicher Klarstellung, ob dies dinglich oder nur mit schuldrechtlicher Wirkung geschieht.
10. **Erweiterung der Befugnisse** des Testamentsvollstreckers im gesetzlichen Rahmen, insbesondere Erweiterung der Verpflichtungsbefugnis (§ 2207 Satz 1 BGB, nicht möglich für Schenkungsversprechen, § 2220 BGB); Befreiung von § 181 BGB.
11. Einräumung von **Sonderaufgaben**: Einsetzung als Schiedsrichter, postmortale (Spezial- oder General–)Vollmachten. Insbesondere bei Nachlass im Ausland erforderlich.
12. Bei einzelkaufmännischem **Unternehmen** oder Beteiligung an Personengesellschaft ist für die hier nicht mögliche direkte Testamentsvollstreckung eine Ersatzlösung vorzusehen:
    - Vollmachtslösung
    - Treuhandlösung
    - Mitbestimmung nur im Innenverhältnis
    - beaufsichtigende Funktion an der »Außenseite« des Unternehmens
    - Umstrukturierung des Unternehmens mit anschließender Verwaltungsvollstreckung (etwa OHG in GmbH).
13. Regelung der **Vergütung** (vgl. nachfolgende eigene Checkliste Rdn. 17) und Auslagenersatz
14. **Beendigung** der Testamentsvollstreckung: Regelung der damit verbundenen Probleme (Befreiung des Testamentsvollstreckers von persönlich eingegangenen Verbindlichkeiten bei der Unternehmensnachfolge etc.).

X. Vergütung des Testamentsvollstreckers

▶ Checkliste: Vergütung des Testamentsvollstreckers

1. Wenn **keine Vergütung** zu bezahlen ist, ist dies vom Erblasser immer zu regeln. 17
2. Wenn eine **Vergütung zu bezahlen** ist, so sollte der Erblasser die näheren Einzelheiten der Vergütung genau regeln.
   Hierzu gehören:
   - Genaue Regelung der Tätigkeitsbereiche des Testamentsvollstreckers, da die Vergütung funktionsbezogen erfolgt.
   - Genaue Bestimmung, ob außer der Regelvergütung noch sog. Sondergebühren (Konstituierungsgebühren, periodische Verwaltungsgebühren, Auseinandersetzungsgebühren) zu bezahlen sind.
   - Festlegung eines genauen Bezugswerts zumindest bei problematischen Nachlassobjekten wie Betriebsvermögen (etwa Bewertung nach dem Ertragswert des Unternehmens und Verfahren hierzu; bei Abstellen auf den Bilanzwert, ob dieser handelsrechtlich oder steuerlich zu verstehen ist) oder bei Liebhaberobjekten.

   Genaue Bestimmung der Vergütungskriterien.
   - Außerhalb der reinen Verwaltungsvollstreckung stehen hier verschiedene »Tabellenwerte« zur Disposition, die alle Vor- und Nachteile haben:
     - »Rheinische Tabelle«
     - »Möhring´sche Tabelle«
     - Tabelle von »Tschischgale«
     - »Eckelskemper´sche Tabelle«
     - Vergütungsempfehlungen des Deutschen Notarvereins abrufbar unter www.dnotv.de
   - Bei Verwaltungsvollstreckung ist eine periodische Zahlung üblich, entweder einkünfteunabhängig von 1/3 bist 1/2 % des Nachlassbruttowerts oder einkünfteabhängig von 2 bis 4 % der Jahreseinkünfte, bei Immobilienverwaltung aber entsprechend den für Hausverwaltung geltenden Grundsätzen von 3 bis 8 % der Nettojahresmieten. Bei Unternehmenstestaments-

vollstreckung ist die Vergütungsfestlegung äußerst schwierig. Entweder einkünfteunabhängig orientiert an den Gehältern vergleichbarer Geschäftsführer/Vorstandsmitglieder oder prozentuale Beteiligung am Reingewinn, wobei im letzten Fall eine feste Sockelvergütung als Minimum vereinbart werden sollte.

3. Regelung der **Fälligkeit** der Testamentsvollstreckervergütung: gerade bei längerfristiger Verwaltungsvollstreckung periodische Zahlung (jeweils am Ende des Kalenderjahres im Nachhinein) nötig, um den Testamentsvollstrecker nicht »auszuhungern«; ggf. monatliche Abschlagszahlungen vorsehen.
4. Bei genauer Regelung der Höhe der Vergütung: Klarstellung, ob in der Testamentsvollstreckervergütung die **USt** enthalten ist oder nicht.
5. Soweit **gewisse Tätigkeiten entgeltlich** und andere unentgeltlich zu leisten sind (etwa bei familienangehörigen Testamentsvollstreckern), sollten diese aus steuerlichen Gründen genau unterschieden werden.
6. **Berufsmäßige Dienste** (als Rechtsanwalt, Steuerberater) miterfasst oder gesondert zu vergüten?
7. Mehrere Testamentsvollstrecker
   Genaue Regelung der Vergütung: Erhöhung der normalen Sätze oder Beibehaltung unter entsprechender Aufteilung auf die einzelnen Personen.

XI. Pflichtteilsklauseln

▶ Checkliste: Pflichtteilsklauseln

18 1. Notwendigkeit
   a) **Trennungslösung:** nur einfache Pflichtteilsklauseln erforderlich
   b) Einheitslösung:
      - Ausreichender Änderungsvorbehalt vorhanden: damit u.U. Pflichtteilsklausel entbehrlich
      - Erheblicher Vermögensunterschied bei den Ehegatten: Sog. »Jastrowsche« Klausel kann angezeigt sein
2. Arten der Pflichtteilsklauseln
   a) **Einfache** Pflichtteilsklausel:
      - **Automatisch** wirkende Ausschlussklausel, immer bei Pflichtteilsverlangen
      - Regelung des Tatbestandes des Pflichtteilsverlangens:
        - **wer** muss Pflichtteil geltend machen (kann auch durch Dritte infolge Erbfall sein)
        - **wann** ist das der Fall? Nur wenn gegen Willen des längerlebenden Ehegatten; evtl. subjektive Tatbestandsmerkmale regeln
      - Rechtsfolge:
        - Eintritt von **Anwachsung** oder **Ersatzberufung** bezüglich des frei werdenden Erbteils
        - **Änderungsvorbehalt** nicht vergessen
        - **Fakultative** Ausschlussklausel, gibt nur die Möglichkeit zur Änderung; bei ausreichendem Änderungsvorbehalt entbehrlich; Inhalt sonst wie vor
        - **Anrechnungsklausel** (weniger zu empfehlen, da Zweck selten erreicht)
   b) »Jastrow´sche Klausel«
      Regelungsbedürftig:
      - **Tatbestand:** Pflichtteilsverlangen (s einfache Pflichtteilsklausel)
      - Rechtsfolge:
        - **Anfall** des Vermächtnisses: beim 1. oder erst aufschiebend befristet auf den 2. Todesfall
        - Bei **Anfall** schon nach 1. Erbfall: Stundung mit oder ohne Zins bis zum Tod des Längerlebenden; steuerliche Auswirkungen beachten!
        - **Höhe** des Vermächtnisses: gesetzlicher Erb- o. Pflichtteil der loyalen Kinder im 1. Erbfall oder 2. Todesfall; evtl. nur Anordnung auf den dann bestehenden **»Überrest«** (Letzteres problematisch)
        - **Regelung Vererblichkeit** und Übertragbarkeit des Vermächtnisses/Anwartschaft hierauf bis zum 2. Erbfall
        - **Enterbung des ganzen Stamms** des pflichtteilverlangenden Abkömmlings
        - **Anwachsung oder Ersatzberufung** bezüglich des so frei werdenden Nachlasses; **Änderungsvorbehalt** hierfür vereinbaren.

XII. Zuwendungsverzicht

▶ Checkliste: Zuwendungsverzicht

1. **Der Zuwendungsverzicht ist zweckmäßig, wenn** 19
   - Erblasser ganz oder teilweise geschäftsunfähig;
   - Bindung des Erblassers durch bindende Verfügung von Todes wegen (Erbvertrag, gemeinschaftliches Testament);
   - zur Beseitigung einer zwar anfechtbaren wechselbezüglichen Verfügung, wenn die dazu korrespondierende Verfügung entgegen §§ 2270 Abs. 1, 2298 Abs. 2 BGB aufrechterhalten werden soll;
   - beim mehrseitigen Erbvertrag, wenn dessen Aufhebung wegen des Todes eines anderen Vertragsteils oder aus einem anderen Grund seine erforderliche Mitwirkung nicht möglich ist. Beim zweiseitigen Erbvertrag soll der Zuwendungsverzicht nach h.M. nicht anwendbar sein, was aber möglicherweise gegen negative Erbfreiheit verstößt.
2. **Formelle Voraussetzungen:**
   - Notarielle Beurkundung erforderlich (§ 2348 BGB). Gilt nach h.M. auch für das Kausalgeschäft (Abfindungsvereinbarung)
   - Sukzessivbeurkundung durch Angebot und Annahme möglich.
   - Für den **Erblasser**: grundsätzlich höchstpersönliche Willenserklärung; Ausnahme: Geschäftsunfähiger kann vertreten werden, gerichtliche Genehmigung erforderlich; beschränkt Geschäftsfähiger bedarf nicht der Zustimmung des gesetzlichen Vertreters.
   - Für den **Verzichtenden**: formlose Vertretung möglich. Beschränkt Geschäftsfähiger: Zustimmung des gesetzlichen Vertreters und gerichtliche Genehmigung erforderlich; Geschäftsunfähiger wird nach den allgemeinen Regeln vertreten und gerichtliche Genehmigung erforderlich.
   - Verzicht muss **bei Eintritt des Erbfalls wirksam** geworden sein, also erforderliche Genehmigungen erteilt, Angebot angenommen, Handlung des vollmachtlosen Vertreters genehmigt sein. Str., ob aufschiebende Bedingungen oder Befristungen erst später eintreten können.
3. **Inhalt des Verzichts:**
   - Objekt: Erbeinsetzung und/oder Vermächtnisse. Nicht: begünstigende Auflage, gesetzliche Vermächtnisse (Voraus, Dreißigster) und künftige Zuwendungen (strenge Objektbezogenheit!)
   - **Beschränkung:**
     - auf **eine** von mehreren **Zuwendungen** (z.B. nur Erbeinsetzung, nicht Vorausvermächtnis)
     - auf **Teile einer Zuwendung** nur, wenn mit den Grundsätzen der erbrechtlichen Berufung vereinbar, so bei Erbeinsetzung nur auf Bruchteil, bei Vermächtnis auch auf einzelne Vermächtnisgegenstände
     - Zulassung von **Beschränkungen** der bereits getroffenen Zuwendung, etwa durch Auflagen, Ausgleichspflichten, Testamentsvollstreckung, Vor- und Nacherbschaft
     - Einräumung des Rechts zur folgenlosen Vornahme einer beeinträchtigenden Schenkung (§ 2287 BGB)
   - Vereinbarung von **Bedingungen**:
     - etwa Verknüpfung mit Erbringung von **Gegenleistungen** (entgeltlicher Zuwendungsverzicht)
     - **relativ** wirkender Zuwendungsverzicht, der nur wirkt, wenn bestimmte andere Bedachte dadurch zum Zuge kommen (Auslegungsregel des vermuteten relativen Verzichts nach § 2350 Abs. 2 BGB soll nach h.M. nicht gelten) **Erstreckung** auf das gesetzliche Erb- und Pflichtteilsrecht.
4. **Wirkungen des Verzichts**
   - Grundsätzlich nach **neuem Recht Erstreckung** auf **ersatzberufene Abkömmlinge möglich**, jedoch nur, wenn Verzichtender Abkömmling oder Seitenverwandter des Erblassers ist; im Übrigen bleiben nach wie vor auflösend bedingte Ersatzerbeinsetzungen erforderlich;
   - **Keine übertragende** Wirkung, sondern er macht nur den Weg für neue Verfügungen frei
   - **Aufhebung** nach § 2351 BGB (umstr.).

B. Formulare

Vorbemerkung

Die nachfolgenden Formulare sollen eine kleine Hilfe und zugleich Anregung insbesondere für den Notar und Rechtsanwalt in der täglichen Praxis sein. Das Erbrecht bietet eine Fülle von Gestaltungsmöglichkeiten bei Verfügungen von Todes wegen. Wegen dieser Variationsbreite muss jeder Versuch, hier Vollständigkeit zu bieten, von vorneherein scheitern. Dennoch entspricht es einem Bedürfnis der Praxis, typische Fälle aufzuzeigen und Formulierungsvorschläge zu unterbreiten. In keinem Falle kann ein Formular eigene Überlegungen ersetzen. 20

I. Formeller Aufbau

1. Einzeltestament

a) Testament durch Erklärung

▶ **Muster: Testament durch Erklärung**

21 **Testament**

Heute, den. . . . .

erschien vor mir, dem unterzeichneten Notar

. . . . .

in. . . . ., in den Amtsräumen in. . . . .:

Herr. . . . .,

geboren am. . . . . in. . . . . (GebRegNr.. . . . .),

wohnhaft in. . . . .,

nach Angabe. . . . ..

Der Erschienene wies sich aus durch Vorlage seines amtlichen Lichtbildausweises.

Der Erschienene ersuchte um die Beurkundung eines Testaments. Er ist nach meiner Überzeugung, die ich in einem mit ihm geführten Gespräch gewonnen habe, testierfähig. Auf die Beiziehung von Zeugen, die gesetzlich nicht veranlasst war, wurde verzichtet.

Sodann erklärte der Erschienene mir, dem Notar, gegenüber mündlich zur Niederschrift seinen letzten Willen wie folgt:

I.

Ich bin ausschließlich deutscher Staatsangehöriger und habe meinen gewöhnlichen Aufenthalt in der Bundesrepublik Deutschland. Vermögen im Ausland habe ich nicht. Der Notar hat darauf hingewiesen, dass sich das anwendbare Erbrecht im Falle einer Verlegung des gewöhnlichen Aufenthalts ändern kann. Eine Rechtswahl wurde bislang nicht getroffen und wird ausdrücklich nicht gewünscht.

Ich bin. . . . . und habe. . . . . Kinder.

Weitere Kinder, insbesondere nichteheliche oder Adoptivkinder, habe und hatte ich nicht.

Der Notar hat mich auf die mögliche Bindung durch frühere Erbverträge oder gemeinschaftliche Testamente hingewiesen. Eine solche besteht bei mir nicht.

II.

1. **Vorsorglich widerrufe ich hiermit frühere Verfügungen von Todes wegen vollinhaltlich.**
2. **(Verfügungen von Todes wegen)**

III.

Weitere Verfügungen will ich nicht treffen.

Der Erschienene wurde vom Notar über die rechtliche Tragweite seiner Erklärungen belehrt, insbesondere über
- **das Pflichtteils- und Pflichtteilsergänzungsrecht;**
- **die gesetzlichen Bestimmungen der §§ 2050 ff. und 2315 f. BGB über die Ausgleichung und Anrechnung,**
- **den Grundsatz des freien lebzeitigen Verfügungsrechts, seine Einschränkungen und deren Auswirkungen.**

Der Notar hat ferner darauf hingewiesen, dass
- **Zahlungen aus Verträgen zugunsten Dritter auf den Todesfall (z.B. Lebensversicherungen oder Sparkonten) unmittelbar dem eingesetzten Bezugsberechtigten zustehen und deshalb nicht in den Nachlass fallen;**
- **für Anteile an Personengesellschaften der Gesellschaftsvertrag eine Sondererbfolge vorsehen kann;**
- **die Vererblichkeit von Urheberrechten oder anderen höchstpersönlichen, nicht frei übertragbaren Rechten, beschränkt ist.**

IV.

Dieses Testament wird beim Amtsgericht Bamberg amtlich verwahrt.

Mir und dem Notar (offene Aufbewahrung) sind beglaubigte Abschriften zu erteilen.

b) Testament durch Übergabe einer Schrift (§ 2232 BGB, § 30 BeurkG)

aa) Übergabe einer offenen Schrift

▶ Muster: Übergabe einer offenen Schrift

I. 22

Der Erschienene will ein Testament durch Übergabe einer offenen Schrift errichten. Er ist nach meiner Überzeugung voll testierfähig. Sodann beurkunde ich auf Ersuchen des Erschienenen in dessen Anwesenheit was folgt:

Der Erschienene übergibt eine offene Schrift, die. . . . . Seiten umfasst und mit den Worten. . . . . beginnt und mit den Worten. . . . . endet. Sie ist dieser Urkunde als Anlage beigefügt. Von ihrem Inhalt habe ich, Notar, Kenntnis genommen.

II.

Der Erschienene erklärte sodann vor mir:

»Die von mir übergebene Schrift enthält meinen letzten Willen. Ihr Inhalt ist mir bekannt. Ich bin in der Lage, die übergebene Schrift zu lesen.«

Die Niederschrift wurde vom Notar dem Erschienenen vorgelesen, von diesem genehmigt und eigenhändig unterschrieben.

bb) Übergabe einer verschlossenen Schrift

▶ Muster: Übergabe einer verschlossenen Schrift

Muster wie bei Übergabe einer offenen Schrift, jedoch mit dem Hinweis, dass die Schrift verschlossen übergeben wurde (§ 30 Satz 3 BeurkG). Es empfiehlt sich, den verschlossenen Umschlag eindeutig zu kennzeichnen: 23

Der Erschienene übergab mir eine verschlossene Schrift. Den Umschlag habe ich sodann mit folgender Aufschrift gekennzeichnet: »Der Umschlag enthält das Testament von ..., geboren am ..., wohnhaft in ...«. Er ist dieser Niederschrift beigefügt.

c) Nottestament vor drei Zeugen nach § 2250 Abs. 1 BGB bei Absperrung

▶ Muster: Nottestament vor drei Zeugen nach § 2250 Abs. 1 BGB bei Absperrung

Herr. . . . . will ein Testament errichten und ersuchte aus diesem Grunde uns, 24
a) . . . . . , wohnhaft. . . . .
b) . . . . . , wohnhaft. . . . .
c) . . . . . , wohnhaft. . . . .
sein Testament aufzunehmen.

Vorab wird festgestellt, dass unser Ort. . . . . infolge eines Bergrutsches dergestalt von der Umwelt abgeschlossen ist, dass die Errichtung eines Testaments vor einem Notar nach unser aller Überzeugung nicht möglich ist.

Aus diesem Grund begaben wir uns in das Anwesen. . . . . wo wir den vorgenannten Herrn. . . . . schwer krank zu Bett liegend antrafen. Herr. . . . . ist uns allen persönlich bekannt, mit keinem von uns verwandt oder verschwägert. An seiner vollen Geschäfts- und Testierfähigkeit bestand für uns alle kein Zweifel. Herr. . . . . erklärte sodann seinen letzten Willen mündlich wie folgt:

Zu meinem alleinigen Erben berufe ich meine Schwester, Frau. . . . .

Weiter will ich nichts bestimmen.

Diese Niederschrift wurde dem Erblasser vorgelesen, von ihm genehmigt und eigenhändig unterschrieben.

(Unterschrift des Erblassers, Unterschrift der drei Zeugen)

d) Nottestament vor drei Zeugen bei naher Todesgefahr

▶ **Muster: Nottestament vor drei Zeugen bei naher Todesgefahr**

25 *Wie vor, jedoch:*

Herr. . . . . liegt so schwer krank darnieder, dass nach unserer Ansicht und nach seiner eigenen Überzeugung mit dem alsbaldigen Ableben zu rechnen ist, sodass die Errichtung eines Testaments vor einem Notar oder einem Bürgermeister nicht mehr rechtzeitig möglich erscheint.

Herr. . . . . ist bereits so geschwächt, dass er selbst nicht mehr unterschreiben kann.

dann wie Muster Rdn. 24, jedoch am Ende:

Das Protokoll wurde von dem Zeugen. . . . . niedergeschrieben, dem Erblasser laut und deutlich vorgelesen, sodann von ihm genehmigt und von den Zeugen unterschrieben.

e) Sonderfälle

aa) Der Erblasser vermag seinen Namen nicht zu schreiben (§ 25 BeurkG)

▶ **Muster: Der Erblasser vermag seinen Namen nicht zu schreiben (§ 25 BeurkG)**

26 *Eingangsformel:*

Der Erschienene erklärte, dass er seinen Namen nicht schreiben könne. Aus diesem Grund wurde als Schreibzeuge beigezogen:. . . . .

Zeugenausschließungsgründe waren nicht erkennbar.

Hinweis: Bei Schreibunfähigkeit ist die Zuziehung eines Zeugen oder zweiten Notars nicht verzichtbar.

Schlussformel

Vorstehende Niederschrift wurde in Gegenwart des Schreibzeugen von dem Notar dem Beteiligten vorgelesen, von diesem genehmigt und von dem Schreibzeugen eigenhändig unterschrieben.

. . . . .

bb) Der Erblasser ist sehbehindert oder sonst unfähig, Geschriebenes zu lesen (§ 2233 BGB, 22 BeurkG)

▶ **Muster: Der Erblasser ist sehbehindert oder sonst unfähig, Geschriebenes zu lesen (§ 2233 BGB, § 22 BeurkG)**

Eingangsformel: 27

Der Erschienene ist nach seinen Angaben (und/oder: zu meiner, des Notars, Überzeugung) sehbehindert (oder: nicht fähig, Geschriebenes zu lesen). Dem zufolge wurde als Zeugen nach § 22 BeurkG beigezogen:. . . . .

Zeugenausschließungsgründe sind nicht erkennbar.

(*oder:* **Auf Beiziehung eines Zeugen nach § 22 BeurkG wurde vom Erblasser ausdrücklich verzichtet.)**

Schlussformel

Vorgelesen vom Notar, vom Beteiligten genehmigt, von diesem und vom Zeugen eigenhändig unterschrieben:. . . . .

Kann der Sehbehinderte nicht unterschreiben: dann Vermerk nach Muster Form. Rdn. 26 aufnehmen. Zu beachten ist jedoch, dass bei Sehbehinderung **und** Schreibunfähigkeit in jedem Fall ein Zeuge oder zweiter Notar gezogen werden muss (§ 25 BeurkG).

cc) Der Erblasser ist hörbehindert (§ 22 BeurkG)

(1) Schriftliche Verständigung ist möglich

▶ **Muster: Der Erblasser ist hörbehindert (§ 22 BeurkG)**

Eingangsformel: 28

Der Erschienene ist nach seinen Angaben (und/oder: zu meiner, des Notars, Überzeugung) hörbehindert, kann aber lesen und seinen Namen schreiben.

An seiner Testierfähigkeit bestand kein Zweifel. Diese Überzeugung habe ich, der Notar, durch schriftliches Befragen gewonnen.

Als Zeuge/zweiter Notar wurde beigezogen:. . . . .

Auf Verlangen des Erschienenen wurde als Gebärdensprachdolmetscher hinzugezogen:. . . . .

Ausschließungsgründe bestanden in der Person des Zeugen/zweiten Notars/Gebärdensprachdolmetschers nicht.

oder:

Der Erschienene verzichtete auf Beiziehung eines Zeugen, zweiten Notars und auch eines Gebärdensprachdolmetschers.

Der Erschienene erklärte dann mit dem Ersuchen um Beurkundung was folgt:

. . . . .

Schlussformel

Die Niederschrift wurde dem Erschienenen zur Durchsicht vorgelegt, von ihm genehmigt und von ihm und dem Zeugen eigenhändig unterschrieben.

Die Unterschrift des Gebärdensprachdolmetschers ist nicht erforderlich. Die Vorlage zur Durchsicht ist hingegen unverzichtbar und soll in der Niederschrift festgestellt werden.

(2) Schriftliche Verständigung ist nicht möglich (§ 24 BeurkG)

▶ **Muster: Der Erblasser ist hörbehindert (§ 24 BeurkG)**

Eingangsformel: 29

Der Beteiligte ist nach seinen Angaben (und/oder nach meiner, des Notars, Überzeugung) hörbehindert. . . . . *(dann wie Rdn. 26).*

Da nach Angabe des Beteiligten (und/oder nach meiner, des Notars, Überzeugung) eine schriftliche Verständigung mit ihm nicht möglich ist, habe ich als Verständigungshelfer gem § 24 BeurkG zugezogen:. . . . .

Schlussformel

Die Niederschrift wurde vom Notar dem Erblasser vorgelesen, von ihm nach Übermittlung des Inhalts dieser Urkunde durch den Verständigungshelfer genehmigt und von ihm, dem Zeugen und dem Verständigungshelfer eigenhändig unterschrieben.

dd) Der Erblasser vermag nicht zu sprechen (§ 30 BeurkG)

▶ Muster: Der Erblasser vermag nicht zu sprechen (§ 30 BeurkG)

30 *Eingangsformel:*

Der Erschienene ist nach seinen Angaben und zu meiner, des Notars, Überzeugung sprachbehindert, kann jedoch lesen und schreiben.

Er will durch Übergabe einer offenen (oder: verschlossenen) Schrift ein Testament errichten.

Durch schriftliche Verständigung gewann ich, der Notar, die Überzeugung, dass der Erschienene voll testierfähig ist.

Als Zeuge wurde beigezogen:. . . . .

Als Gebärdensprachdolmetscher wurde auf Verlangen des Erschienenen hinzugezogen:. . . . .

Der Erschienene übergab sodann eine offene (oder: verschlossene) Schrift, die. . . . . Seiten umfasst und mit den Worten:. . . . . beginnt und mit den Worten:. . . . . endet.

In die Niederschrift (bzw. auf das beigefügte besondere Blatt) setzte der Erschienene eigenhändig folgenden Satz:

»Diese von mir übergebene offene (oder: verschlossene) Schrift enthält meinen letzten Willen.«

Die übergebene Schrift wurde sodann dieser Niederschrift beigefügt; die Niederschrift wurde dem Erschienenen vom Notar vorgelesen, vom Erblasser genehmigt und von diesem sowie vom Zeugen eigenhändig unterschrieben:

ee) Der Erblasser ist hör- und sprachbehindert (§§ 22, 30 BeurkG)

▶ Muster: Der Erblasser ist hör- und sprachbehindert (§§ 22, 30 BeurkG)

31 **Der Erschienene ist zu meiner, des Notars, Überzeugung hör- und sprachbehindert. An der Testierfähigkeit bestanden jedoch keine Zweifel.**

Als Zeuge wurde beigezogen:. . . . .

Als Gebärdensprachdolmetscher wurde auf Verlangen des Erschienenen hinzugezogen:. . . . .

Schriftliche Verständigung mit dem Erschienenen ist möglich. Auf diesem Wege erklärte der Erschienene, dass er ein Testament durch Übergabe einer offenen (oder: verschlossenen) Schrift errichten wolle. Er kann Geschriebenes lesen und schreiben.

Er übergab sodann eine offene Schrift, die. . . . . Seiten umfasst und mit den Worten:. . . . . beginnt und mit den Worten:. . . . . endet.

In die Niederschrift setzte der Erschienene eigenhändig folgenden Satz:

»Diese von mir übergebene offene Schrift enthält meinen letzten Willen.«

Die übergebene Schrift wurde der Niederschrift beigefügt. Die Niederschrift wurde alsdann beim Erschienenen anstelle des Vorlesens zur Durchsicht vorgelegt, genehmigt und von ihm und dem Zeugen eigenhändig unterschrieben:

ff) Der Erblasser ist sprachunkundig (§§ 32, 16 BeurkG)

(1) Zuziehung eines allgemein vereidigten Dolmetschers

▶ Muster: Der Erblasser ist sprachunkundig (§§ 32, 16 BeurkG)

Der Erschienene gab dem Notar zu erkennen, dass er die deutsche Sprache nicht hinreichend verstehe, jedoch ein Testament durch Erklärung errichten wolle. Aus diesem Grund wurde der beeidigte Dolmetscher:. . . . . beigezogen. 32

Der Erschienene verständigte sich sodann mit dem Dolmetscher. Dieser gab die Erklärungen des Erschienenen wieder wie folgt:

. . . . .

Die Niederschrift wurde nunmehr vom Dolmetscher schriftlich in die Sprache des Erschienenen übersetzt, vom Dolmetscher unterschrieben, dem Erschienenen zur Durchsicht und Genehmigung vorgelegt und dann als Anlage zu dieser Urkunde genommen.

Die vorstehende Niederschrift in deutscher Sprache wurde vom Notar vorgelesen, vom Erblasser genehmigt und eigenhändig von dem Erblasser und dem Dolmetscher unterschrieben:

(2) Zuziehung eines noch zu vereidigenden Dolmetschers

▶ Muster: Der Erblasser ist sprachunkundig (§§ 32, 16 BeurkG)

Wird ein nicht allgemein vereidigter Dolmetscher beigezogen, dann ist dieser durch den Notar gem. §§ 16, 32, 38 BeurkG zu vereidigen: 33

Als Dolmetscher wurde zugezogen:

. . . . .

Dieser erklärte, die italienische Sprache zu beherrschen. Über die Bedeutung eines Eides und auf die strafrechtlichen Folgen eines falschen Eides belehrt, leistete Herr. . . . . den Eid, indem er dem Notar die Worte nachsprach:

»Ich schwöre, dass ich treu und gewissenhaft übertragen werde.«

2. Erbvertrag

▶ Muster: Erbvertrag

Erbvertrag 34

Heute, den. . . . .

erschienen vor mir, dem unterzeichneten Notar. . . . .

in. . . . ., in den Amtsräumen in. . . . .:

Herr. . . . .,

geboren am. . . . . in. . . . . (GebRegNr.. . . . .),

und dessen Ehefrau,

Frau. . . . ., geborene. . . . .,

geboren am. . . . . in. . . . . (GebRegNr.. . . . .),

beide wohnhaft in. . . . .,

nach Angabe. . . . ..

Die Erschienenen wiesen sich aus durch Vorlage ihrer amtlichen Lichtbildausweise.

Sie erklären, einen Erbvertrag errichten zu wollen und ersuchen mich um dessen Beurkundung.

Nach meiner Überzeugung, die ich in einem mit den Beteiligten geführten Gespräch gewonnen habe, sind diese voll geschäfts- und testierfähig. Die Zuziehung von Zeugen zu dieser Beurkundung ist nicht erforderlich; sie wird auch von den Beteiligten nicht gewünscht.

Hinweis: Gem. § 2275 BGB muss nur der Erblasser, nicht hingegen der Vertragspartner, voll geschäftsfähig sein.

Sie erklären bei ständiger gleichzeitiger Anwesenheit mündlich zu meiner Niederschrift, was folgt:

I. Vorbemerkung

Wir sind beide ausschließlich deutsche Staatsangehörige und haben unseren gewöhnlichen Aufenthalt in der Bundesrepublik Deutschland. Vermögen im Ausland haben wir nicht. Der Notar hat darauf hingewiesen, dass sich das anwendbare Erbrecht im Falle einer Verlegung des gewöhnlichen Aufenthalts ändern kann. Eine Rechtswahl wurde bislang nicht getroffen und wird ausdrücklich nicht gewünscht.

Wir haben am. . . . . in. . . . . in beiderseits erster Ehe geheiratet.

Aus unserer Ehe sind. . . . . Kinder hervorgegangen, nämlich:. . . . .

Weitere Kinder, insbesondere nichteheliche oder Adoptivkinder, waren und sind nicht vorhanden.

Der Notar hat uns auf die mögliche Bindung durch frühere Erbverträge oder gemeinschaftliche Testamente hingewiesen. Eine solche besteht bei keinem von uns.

Vorsorglich widerrufen wir hiermit frühere Verfügungen von Todes wegen vollinhaltlich.

II. Vertragsmäßige Verfügungen von Todes wegen

In vertragsmäßiger, also einseitig nicht widerruflicher Weise, vereinbaren die Beteiligten was folgt:

1.

Erbfolge nach dem Erstversterbenden

2.
Erbfolge nach dem Längerlebenden

3. Abänderungsrecht

Abweichend von der gesetzlichen erbvertraglichen Bindungswirkung vereinbaren wir folgenden Abänderungsvorbehalt:

Der Längerlebende ist befugt, die nach ihm geltende Erbfolge einseitig beliebig abzuändern oder zu ergänzen.

4. Rücktrittsrecht

Ein Rücktrittsrecht vom Erbvertrag soll nicht vorbehalten werden.

III. Schlussbestimmungen

Die Bestimmungen dieses Erbvertrages sollen gelten, ganz gleich, ob und welche pflichtteilsberechtigten Personen bei unserem Tod vorhanden sind. Insoweit wird auf das gesetzliche Anfechtungsrecht verzichtet.

Alle in dieser Urkunde getroffenen letztwilligen Verfügungen sollen ohne weitere Voraussetzung mit Rechtshängigkeit der Ehescheidung unwirksam sein, so dass jeder von uns wieder völlig frei über seinen Nachlass verfügen kann.

IV. Hinweise

Die Vertragsteile wurden vom Notar über die rechtliche Tragweite ihrer Erklärungen belehrt, insbesondere über
- **das Pflichtteils- und Pflichtteilsergänzungsrecht,**
- **die gesetzlichen Bestimmungen der §§ 2050 ff. und 2315 f. BGB über die Ausgleichung und Anrechnung,**
- **die Einschränkung der Testierfreiheit durch die vertragsmäßigen Verfügungen,**
- **den Grundsatz des freien lebzeitigen Verfügungsrechts, seine Einschränkungen und deren Auswirkungen,**

- das durch diese Urkunde eingeschränkte Anfechtungsrecht gemäß den §§ 2078, 2079 BGB.

Der Notar hat ferner darauf hingewiesen, dass
- Zahlungen aus Verträgen zugunsten Dritter auf den Todesfall (z.B. Lebensversicherungen oder Sparkonten) unmittelbar dem eingesetzten Bezugsberechtigten zustehen und deshalb nicht in den Nachlass fallen;
- für Anteile an Personengesellschaften der Gesellschaftsvertrag eine Sondererbfolge vorsehen kann;
- die Verfügungen des Längerlebenden beim ersten Erbfall nur dann nicht verkündet werden, wenn sie von denen des zuerst Verstorbenen sprachlich getrennt sind;
- die Vererblichkeit von Urheberrechten oder anderen höchstpersönlichen, nicht frei übertragbaren Rechten, beschränkt ist.

V. Abschriften

Dieser Erbvertrag wird beim Amtsgericht Bamberg amtlich verwahrt. Für uns und den beurkundenden Notar (offene Aufbewahrung) sind beglaubigte Abschriften zu fertigen.

3. Gemeinschaftliches Testament

▶ Muster: Gemeinschaftliches Testament

Heute, den. 35

erschienen vor mir, dem unterzeichneten Notar. . . . .

in. . . . ., in den Amtsräumen in. . . . .:

Herr. . . . .,

geboren am. . . . . in. . . . . (GebRegNr.. . . . .),

und dessen Ehefrau,

Frau. . . . ., geborene. . . . .,

geboren am. . . . . in. . . . . (GebRegNr.. . . . .),

beide wohnhaft in. . . . .,

nach Angabe. . . . ..

Die Erschienenen wiesen sich aus durch Vorlage ihrer amtlichen Lichtbildausweise.

Die Erschienenen erklärten, ein gemeinschaftliches Testament errichten zu wollen.

Nach meiner Überzeugung, die ich in einem mit den Beteiligten geführten Gespräch gewonnen habe, sind diese voll geschäfts- und testierfähig. Die Zuziehung von Zeugen zu dieser Beurkundung ist nicht erforderlich; sie wird auch von den Beteiligten nicht gewünscht.

Sie erklären bei ständiger gleichzeitiger Anwesenheit mündlich zu meiner Niederschrift, was folgt:

I. Vorbemerkung

1. Wir sind beide ausschließlich deutsche Staatsangehörige und haben unseren gewöhnlichen Aufenthalt in der Bundesrepublik Deutschland. Vermögen im Ausland haben wir nicht. Der Notar hat darauf hingewiesen, dass sich das anwendbare Erbrecht im Falle einer Verlegung des gewöhnlichen Aufenthalts ändern kann. Eine Rechtswahl wurde bislang nicht getroffen und wird ausdrücklich nicht gewünscht.

2. Wir haben am. . . . . in. . . . . in beiderseits erster Ehe geheiratet.

Aus unserer Ehe sind. . . . . Kinder hervorgegangen, nämlich:. . . . .

Weitere Kinder, insbesondere nichteheliche oder Adoptivkinder, waren und sind nicht vorhanden.

3. In der Verfügung über unser Vermögen sind wir in keiner Weise beschränkt, insbesondere nicht durch Erbverträge oder gemeinschaftliche Testamente.

Vorsorglich widerrufen wir hiermit frühere Verfügungen von Todes wegen vollinhaltlich.

II. Wechselbezügliche Verfügungen

Sämtliche in diesem Abschnitt II. getroffenen Verfügungen sind wechselbezüglich. Sie können daher nicht einseitig, sondern nur gemeinschaftlich oder zu Lebzeiten beider Ehegatten durch Widerruf, geändert werden, soweit nachstehend nicht ausdrücklich ein Änderungsrecht für den Längerlebenden vorbehalten wurde. Über die für die Ausübung des Widerrufs einzuhaltenden Vorschriften wurde vom beurkundenden Notar belehrt.

1.

Erbfolge nach dem Erstversterbenden

2.

Erbfolge nach dem Längerlebenden

3.

Abänderungsvorbehalt

Abweichend von der gesetzlichen Bindungswirkung für wechselbezügliche Verfügungen vereinbaren wir folgenden Abänderungsvorbehalt:

Der Längerlebende ist befugt, die nach ihm geltende Erbfolge einseitig beliebig abzuändern oder zu ergänzen. Er darf hierzu auch Beschwerungen und Beschränkungen i.S.v. § 2306 Abs. 1 BGB anordnen oder aufheben.

III. Schlussbestimmungen

Die Bestimmungen dieses Testaments sollen gelten, ganz gleich, ob und welche pflichtteilsberechtigten Personen bei unserem Tod vorhanden sind. Insoweit wird auf das gesetzliche Anfechtungsrecht verzichtet.

Sämtliche Verfügungen dieses Testaments sollen ohne weitere Voraussetzungen mit Rechtshängigkeit der Ehescheidung ihrem gesamten Inhalt nach unwirksam sein, so dass jeder von uns wieder völlig frei über seinen Nachlass verfügen kann.

IV. Hinweise

Die Erschienenen wurden vom Notar über die rechtliche Tragweite ihrer Erklärungen belehrt, insbesondere über
- das Pflichtteils- und Pflichtteilsergänzungsrecht,
- die gesetzlichen Bestimmungen der §§ 2050 ff. und 2315 f. BGB über die Ausgleichung und Anrechnung,
- die Einschränkung der Testierfreiheit durch die wechselbezüglichen Verfügungen,
- den Grundsatz des freien lebzeitigen Verfügungsrechts, seine Einschränkungen und deren Auswirkungen,
- das durch diese Urkunde eingeschränkte Anfechtungsrecht gemäß den §§ 2078, 2079 BGB.

Der Notar hat ferner darauf hingewiesen, dass
- Zahlungen aus Verträgen zugunsten Dritter auf den Todesfall (z.B. Lebensversicherungen oder Sparkonten) unmittelbar dem eingesetzten Bezugsberechtigten zustehen und deshalb nicht in den Nachlass fallen;
- für Anteile an Personengesellschaften der Gesellschaftsvertrag eine Sondererbfolge vorsehen kann;
- die Vererblichkeit von Urheberrechten oder anderen höchstpersönlichen, nicht frei übertragbaren Rechten, beschränkt ist.

V. Abschriften

Dieses Testament ist in die besondere amtliche Verwahrung des Gerichts zu geben. Uns ist bekannt, dass dieses Testament seine Gültigkeit verliert, wenn es aus der amtlichen Verwahrung wieder zurückgenommen wird.

Wir tragen die Kosten dieser Urkunde und ersuchen um Erteilung je einer beglaubigten Abschrift für uns gemeinsam und für den Notar zur Urkundensammlung (offene Aufbewahrung).

II. Auflösende Bedingung, Rücktrittsrecht, Änderungsvorbehalt

▶ Muster: Auflösende Bedingung, Rücktrittsrecht, Änderungsvorbehalt

Scheidungsvorbehalt: 36

Auflösende Bedingungen aller in dieser Urkunde enthaltenen erbrechtlichen Anordnungen ist die Auflösung unserer Ehe durch Scheidung. Der Auflösung der Ehe durch Scheidung steht es gleich, wenn beim Ableben des Erstversterbenden von uns ein Scheidungsantrag rechtshängig war.

Rücktrittsvorbehalt:

Jeder von uns behält sich den jederzeit ohne Angabe von Gründen möglichen Rücktritt vom Erbvertrag vor. Der Notar hat darauf hingewiesen, dass der Rücktritt nur persönlich erfolgen kann und nur durch notariell beurkundete Erklärung gegenüber dem anderen Vertragsschließenden.

Änderungsvorbehalt:

Der Längerlebende ist befugt, die nach ihm geltende Erbfolge einseitig beliebig abzuändern oder zu ergänzen.

Alternative:

Dem Überlebenden von uns wird jedoch das Recht vorbehalten, über seine Beerbung neue Bestimmungen zu treffen; er darf dabei aber letztwillig immer nur solche Personen bedenken, die zum Kreis unserer gemeinschaftlichen Abkömmlinge gehören. Er ist berechtigt, für seinen Nachlass Testamentsvollstreckung anzuordnen.

Weitere Alternative:

Dem Längstlebenden von uns bleibt es jedoch vorbehalten, unter Abänderung der vorstehenden Schlusserbeneinsetzung noch einseitig durch Verfügung von Todeswegen zu bestimmen, welcher unserer gemeinschaftlichen Abkömmlinge den z.Z. des Ablebens des Erstversterbenden vorhandenen im gemeinschaftlichen Eigentum oder im Alleineigentum eines Ehegatten stehenden Grundbesitz samt Inventar erhalten soll und zu welchen Bestimmungen; er ist berechtigt, für seinen Nachlass Testamentsvollstreckung anzuordnen. Der überlebende Ehegatte ist berechtigt, einseitig durch Verfügung von Todeswegen frei zu verfügen, soweit sein sonstiger Nachlass betroffen ist.

III. Rechtswahl

▶ Muster: Rechtswahl

a) Ich,. . . . ., besitze ausschließlich die deutsche Staatsangehörigkeit, habe aber meinen gewöhnlichen Aufenthalt nicht in Deutschland, sondern in Österreich. Diesen will ich dort auch dauerhaft behalten. 37
b) Jedoch wähle ich für die Rechtsnachfolge von Todes wegen sowie für die Fragen der Rechtswirksamkeit dieses Testaments die

Anwendung des deutschen Rechts.

Diese Rechtswahl treffe ich auf alle Fälle nach Art. 22 und 24 EuErbVO, aber auch sonst insoweit, als eine solche Rechtswahl zulässig ist.

c) Der Notar hat mich darüber belehrt, dass sich die Rechtswahl auf das deutsche Erbrecht als Ganzes bezieht, insbesondere demnach auch auf die Bestimmungen des Pflichtteilsrechts. Ich bin auch darüber belehrt worden, dass das deutsche Erbrecht damit auch für die Nachlassgegenstände maßgeblich ist, die sich im Staat meines gewöhnlichen Aufenthalts befinden.

Der Notar hat mich weiter darüber belehrt, dass das Erbrecht des Staates meines gewöhnlichen Aufenthalts im Erbfall dann maßgeblich ist, wenn ich die Wahl des deutschen Erbrechts später widerrufe oder die vorstehende Rechtswahl nicht wirksam ist.

Der Notar hat mich in diesem Zusammenhang darauf hingewiesen, dass er das dann maßgebliche ausländische Recht nicht kennt und auch nicht kennen muss und auch nicht verpflichtet ist, darüber zu belehren. Er hat mich über fremdes Recht nicht beraten oder belehrt.

IV. Widerruf, Rücktritt

1. Widerruf eines gemeinschaftlichen Testamentes nach §§ 2271, 2296 Abs. 2 BGB

▶ Muster: Widerruf eines gemeinschaftlichen Testamentes nach §§ 2271, 2296 Abs. 2 BGB

38 a) Gemeinsam mit meinem Ehemann. . . . . habe ich am. . . . . zu Urkunde des Notars. . . . . , ein gemeinschaftliches Testament errichtet.

b) Ich widerrufe hiermit die von mir in diesem Testament getroffenen Verfügungen in vollem Umfange.

c) Ich ersuche um Erteilung zweier Ausfertigungen. Eine Ausfertigung dieser Urkunde soll über den Notar durch Vermittlung des Gerichtsvollziehers gem § 132 Abs. 1 BGB meinem Ehemann unter folgender Adresse zugestellt werden:. . . . . . Der Notar wird beauftragt, die Mitteilung des Widerrufs zu überwachen.

2. Rücktritt vom Erbvertrag

▶ Muster: Rücktritt vom Erbvertrag

39 a) Am. . . . . habe ich zu Urkunde des Notars. . . . . , URNr.. . . . . , mit. . . . . einen Erbvertrag errichtet. In Abschnitt. . . . . dieser Urkunde habe ich mir gem § 2293 BGB den (unbeschränkten) Rücktritt von den vertragsmäßigen Verfügungen vorbehalten.

b) Von dem vorbehaltenen Recht mache ich nunmehr Gebrauch und erkläre gegenüber meinem Vertragspartner,. . . . . , den Rücktritt.

c) Der Rücktritt bedarf zu seiner Wirksamkeit des Zugangs beim Vertragspartner. Ich ersuche deshalb um Erteilung zweier Ausfertigungen. Eine Ausfertigung dieser Urkunde soll über den Notar durch Vermittlung des Gerichtsvollziehers gem § 132 Abs. 1 BGB Herrn. . . . . unter folgender Adresse zugestellt werden:. . . . . . Der Notar wird beauftragt, die Mitteilung des Rücktritts zu übersenden.

V. Vorschläge zur materiellen Gestaltung

1. Einzeltestament

a) Einfache Erbeinsetzung

▶ Muster: Einfache Erbeinsetzung

40 Zu meinen alleinigen Erben berufe ich meine beiden Kinder. . . . . , geb. am. . . . . , wohnhaft in. . . . . und. . . . . , geb. am. . . . . , wohnhaft in. . . . .

zu unter sich gleichen Teilen, also zu je $^1/_2$. Ersatzerben sind jeweils die Abkömmlinge eines Kindes zu unter sich gleichen Stammteilen. Sind solche nicht vorhanden, tritt Anwachsung an das andere Kind bzw. an dessen Stamm gem § 2094 BGB ein.

Gesetzliche Ausgleichungspflichten meiner Kinder wegen lebzeitiger Vorabzuwendungen bleiben unberührt/werden im Wege des Vorausvermächtnisses erlassen.

b) Einfaches Grundstücksvermächtnis mit Testamentsvollstreckung

▶ Muster: Einfaches Grundstücksvermächtnis mit Testamentsvollstreckung

Durch Vermächtnis beschwere ich meinen Erben wie folgt: 41

Meine Ehefrau erhält das Wohnhausgrundstück Flst. Nr. 346 der Gemarkung A-Dorf zum Alleineigentum.

Sie hat dabei lediglich die folgenden Rechte in Abteilung II des Grundbuchs zu übernehmen:

. . . . .

Das Vermächtnisobjekt ist gegenwärtig vorgetragen im Grundbuch des Amtsgerichtes Großstadt für

A-Dorf Band 13 Blatt 770.

Zugleich ordne ich Testamentsvollstreckung an und bestimme zum Testamentsvollstrecker die Vermächtnisnehmerin mit der einzigen Aufgabe, das Vermächtnis zu ihren eigenen Gunsten zu erfüllen. Einen Vergütungsanspruch für die Übernahme der Testamentsvollstreckertätigkeit schließe ich aus.

Ersatzvermächtnisnehmer will ich nicht bestimmen. Kann oder will der Vermächtnisnehmer das Vermächtnis nicht annehmen, entfällt dieses mithin ersatzlos. Die Kosten der Vermächtniserfüllung trägt der Vermächtnisnehmer. Der Anspruch aus diesem Vermächtnis Verjährt erst in 30 Jahren ab Verjährungsbeginn.

c) Nießbrauchsvermächtnis an einer Eigentumswohnung

▶ Muster: Nießbrauchsvermächtnis an einer Eigentumswohnung

Mein Erbe hat meiner Schwester 42

Frau. . . . . geboren am. . . . . , wohnhaft. . . . .

vermächtnisweise das unentgeltliche und unbeschränkte lebenslange Nießbrauchsrecht

an der mir gehörigen Eigentumswohnung,. . . . . (grundbuchmäßiger Beschrieb) einzuräumen und dinglich zu sichern.

Für den Nießbrauch gelten die gesetzlichen Bestimmungen der §§ 1030 ff. BGB. Hiernach ist der Berechtigte befugt, den vorgenannten Grundbesitz voll zu nutzen. Er hat andererseits alle wiederkehrenden und in Abänderung der gesetzlichen Bestimmungen auch die dem Eigentümer obliegenden außergewöhnlichen privaten und öffentlichen Lasten und Abgaben sowie die außergewöhnlichen Ausbesserungen und Erneuerungen zu bezahlen.

Er ist im Verhältnis zum Eigentümer auf die Dauer des Nießbrauchs verpflichtet, auch die anfallenden Tilgungen aller beim Erbfall in Abteilung III des Grundbuches eingetragenen Belastungen zu leisten und den Eigentümer hiervon freizustellen, soweit deren Valuta auf den Vermächtnisgegenstand verwendet wurde. Der Nießbrauchsberechtigte trägt auch das Hausgeld und die Zuführung zur Instandhaltungsrücklage.

Ersatzvermächtnisnehmer will ich nicht bestimmen. Kann oder will der Vermächtnisnehmer das Vermächtnis nicht annehmen, entfällt dieses mithin ersatzlos. Die Kosten der Vermächtniserfüllung trägt der Vermächtnisnehmer. Der Anspruch aus diesem Vermächtnis Verjährt erst in 30 Jahren ab Verjährungsbeginn.

d) Geldbetragsvermächtnis mit Wertsicherung bis zum Erbfall

▶ Muster: Geldbetragsvermächtnis mit Wertsicherung bis zum Erbfall

Durch Vermächtnis beschwere ich meine Erben wie folgt: 43

Meine Tochter erhält einen Geldbetrag von

€ 100.000,00.

Vermächtnisnehmerin und Erbe sind berechtigt zu verlangen, dass der genannte Geldbetrag an die Geldwertveränderungen angepasst wird. Die Anpassung hat auf der Grundlage des vom Statistischen Bundesamt herausgegebenen Verbraucherpreisindex für Deutschland (VPI) zu erfolgen, und zwar in der Weise, dass der Monatsindex für den Monat der Testamentserrichtung verglichen wird mit dem Index, der zum Zeitpunkt meines Ablebens gilt.

Es handelt sich um ein Verschaffungsvermächtnis, das also auch dann zu erfüllen ist, wenn der Nachlass dafür nicht ausreicht.

Ersatzvermächtnisnehmer sind die Abkömmlinge des Vermächtnisnehmers zu unter sich gleichen Stammanteilen nach den Regeln der gesetzlichen Erbfolge. Im Übrigen entfällt das Vermächtnis ersatzlos.

Die Kosten der Vermächtniserfüllung trägt der jeweilige Vermächtnisnehmer. Die Vermächtnisse sind innerhalb von sechs Monaten nach meinem Ableben zu erfüllen und bis dahin unverzinslich. Sicherung kann bis dahin nicht verlangt werden. Der Anspruch aus diesen Vermächtnissen verjährt erst in 30 Jahren ab dem gesetzlichen Verjährungsbeginn.

e) Wertgesichertes Geldrentenvermächtnis (abänderbar)

▶ Muster: Wertgesichertes Geldrentenvermächtnis (Leibrente)

44 **Meine Ehefrau erhält vermächtnisweise auf Lebenszeit folgende Leibrente:**

Der Erbe hat an den Vermächtnisnehmer auf dessen Lebensdauer jeweils im Voraus am Monatsersten, erstmals zu dem auf mein Ableben folgenden Monatsersten, einen Betrag von monatlich. . . . . Euro als Leibrente zu zahlen.

Die monatliche Zahlung erhöht oder vermindert sich im gleichen prozentualen Verhältnis wie sich der Verbraucherpreisindex für Deutschland gegenüber seinem Stand im Monat der Errichtung dieser Urkunde erhöht oder vermindert. Die Anpassung erfolgt alle zwei Jahre jeweils mit Wirkung ab dem 01.01. eines Jahres, erstmals zum Beginn der Leibrentenzahlung, dann zum übernächsten 01.01. nach meinem Ableben und sodann turnusgemäß, und jeweils berechnet auf der Grundlage des Preisindexes des dem Anpassungsmonat vorangegangenen Oktobers.

Die Leibrente ist auf Verlangen des Vermächtnisnehmers durch Eintragung einer entsprechenden Reallast an. . . . . dinglich zu sichern.

Das Vermächtnis ist unverzüglich nach meinem Ableben zu erfüllen. Die Kosten der Vermächtniserfüllung hat der Berechtigte zu tragen. Der Anspruch aus diesem Vermächtnis verjährt erst in 30 Jahren ab dem gesetzlichen Verjährungsbeginn.

Kann oder will der Vermächtnisnehmer das Vermächtnis nicht annehmen, so entfällt dieses ersatzlos.

f) Taschengeldvermächtnis mit Wertsicherungsklausel

▶ Muster: Geldvermächtnis Anteil an Ersparnissen

45 **Meinen Erben beschwere ich mit folgendem Vermächtnis:**

Von meinem gesamten hinterlassenen Kapitalvermögen – d.h. Bargeld, Guthaben bei Kreditinstituten, Wertpapiere und Versicherungssummen, soweit diese in den Nachlass fallen – erhalten nach Begleichung aller Nachlassverbindlichkeiten einschließlich der Beerdigungskosten. . . . . und. . . . . je einen Anteil von. . . . .. Der Rest verbleibt meinem Erben.

Ersatzvermächtnisnehmer sind die Abkömmlinge des jeweiligen Vermächtnisnehmers zu unter sich gleichen Stammanteilen nach den Regeln der gesetzlichen Erbfolge. Im Übrigen entfällt das Vermächtnis ersatzlos.

Die Kosten der Vermächtniserfüllung trägt der jeweilige Vermächtnisnehmer. Die Vermächtnisse sind innerhalb von sechs Monaten nach meinem Ableben zu erfüllen und bis dahin unverzinslich. Sicherung kann bis dahin nicht verlangt werden. Der Anspruch aus diesen Vermächtnissen verjährt erst in 30 Jahren ab dem gesetzlichen Verjährungsbeginn.

g) (Einfache) Vor- und Nacherbeinsetzung

▶ Muster: (Einfache) Vor- und Nacherbeinsetzung

1. Ich berufe Herrn. . . . . zu meinem alleinigen Erben. Dieser wird jedoch nur Vorerbe. Er wird von den Beschränkungen der §§ 2113 ff. BGB ausdrücklich (nicht) befreit. 46
2. Nacherben werden die Kinder des Vorerben zu unter sich gleichen Teilen. Ersatzweise sind Nacherben die Abkömmlinge des jeweiligen Nacherben nach Stammanteilen, ersatzweise erfolgt Anwachsung unter den verbleibenden Nacherben (Ersatznacherben).
3. Der Nacherbfall tritt ein mit dem Ableben des Vorerben. Die Nacherben sind gleichzeitig Ersatzerben.
4. Die Nacherbenanwartschaft ist zwischen Eintritt des Erbfalls und des Nacherbfalls nicht übertragbar, nicht verpfändbar und nicht vererblich. Die Übertragung auf den Vorerben jedoch ist zulässig.

h) Vorerbschaft »auf einen einzigen Nachlassgegenstand«

▶ Muster: Vorerbschaft »auf einen einzigen Nachlassgegenstand«

1. Zu meinem alleinigen Erben berufe ich meinen Ehemann, Herrn. 47
Dieser wird jedoch nur Vorerbe. Von den Beschränkungen der §§ 2113 ff. BGB ist er im gesetzlich zulässigen Rahmen gem § 2136 BGB befreit.
2. Im Wege des Vorausvermächtnisses erhält mein Ehemann alle beweglichen und unbeweglichen Gegenstände, Forderungen, Rechte und Beteiligungen, mithin alles, mit Ausnahme meines Hausanwesens in der Gemarkung A-Stadt, FlNr.. . . . . Im wirtschaftlichen Ergebnis erstreckt sich mithin die Vorerbschaft und damit das Recht des Nacherben lediglich auf dieses Hausanwesen.
3. Nacherben werden. . . . .

(wie bei Muster Form. Rdn. 46).

i) Vor- und Nachvermächtnis

▶ Muster: Vor- und Nachvermächtnis

1. Für den Fall meines Todes wende ich meinen Eltern, den Ehegatten. . . . . und. . . . . , zu unter sich gleichen Teilen, beziehungsweise dem überlebenden Ehegatten allein, als Vermächtnis 48
mein Grundstück FlNr.. . . . . Gemarkung. . . . . zu.
2. Sollte ich im Zeitpunkt meines Todes verheiratet sein oder bzw. und eheliche Kinder haben, so gilt:
   a) Meine Eltern werden nur Vorvermächtnisnehmer. Nachvermächtnisnehmer sind zu unter sich gleichen Teilen meine Kinder, ersatzweise meine Ehefrau.
   Der Nachvermächtnisanfall tritt ein bei Ableben des Längstlebenden meiner Eltern.
   Der Nachvermächtnisnehmer kann Sicherung seines Anwartschaftsrechtes vor Anfall des Nachvermächtnisses nicht verlangen.
   b) Die Vorvermächtnisnehmer – und sofern Nachvermächtnisnehmer meine Kinder werden, auch diese – werden mit dem Untervermächtnis belastet, meiner Witwe in der gesamten Obergeschoßwohnung im Anwesen. . . . . , wenn Abkömmlinge vorhanden sind auf Lebenszeit, sonst bis zur Wiederverheiratung, das unentgeltliche Wohnungsrecht einzuräumen.
   Die Kosten für Wasser-, Strom, Heizung und Schönheitsreparaturen haben die Wohnungsberechtigten zu tragen.
   An sonstigen Umlagen sind sie nicht beteiligt. Dingliche Sicherstellung des Wohnungsrechts kann jederzeit verlangt werden. Die Kosten der dinglichen Sicherung trägt meine Witwe.
3. Die vorstehenden Bestimmungen gelten nur für den Fall, dass meine Eltern oder ein Elternteil mich überlebt.

j) (Einfaches) Vorausvermächtnis

▶ Muster: (Einfaches) Vorausvermächtnis

49 **1. Zu meinen Erben berufe ich zu unter sich gleichen Teilen meine Kinder A und B.**
2. Mein Kind A erhält zusätzlich zu seinem Erbteil, also nicht auf diesen anzurechnen, im Wege des Vorausvermächtnisses einen baren Geldbetrag von € .....
Ersatzvermächtnisnehmer sind. ....
oder
Sofern mein Kind A nicht Erbe wird, gleich ob es die Erbschaft nicht annimmt oder vorverstirbt, also wenn Ersatzerbfolge eintritt, entfällt das Vorausvermächtnis.

k) Teilungsanordnung

▶ Muster: Teilungsanordnung

50 **1. Ich berufe meine beiden Töchter A und B zu gleichen Teilen zu meinen alleinigen und ausschließlichen Erben.**
Ersatzerbfolge. ....
2. Betreffend die Art und Weise der Auseinandersetzung ordne ich folgendes an:
a) Meine Tochter erhält zum Alleineigentum mein Hausanwesen in. ....
Evtl in Abt. II des Grundbuchs eingetragene Belastungen hat sie zu übernehmen.
Regelung betreffend evtl. Grundpfandrechte:
.....
b) Meine Tochter B erhält meine sämtlichen Sparguthaben, Wertpapiere sowie meinen Geschäftsanteil an der. .... GmbH zur Alleinberechtigung.
c) Die vorstehenden Teilungsanordnungen gelten auch bei Eintritt der Ersatzerbfolge.
d) Für die Auseinandersetzung und Zuweisung der von mir nicht vorstehend durch Teilungsanordnung betroffenen Gegenstände gelten die gesetzlichen Regelungen. Klargestellt wird, dass, soweit ein Erbe durch Erfüllung vorstehender Anordnungen mehr erhält, als seinem Erbteil entspricht, ein Ausgleich zu erfolgen hat.

Alternative:

Sollte ein Erbe durch Erfüllung vorstehender Anordnungen mehr erhalten, als seinem Erbteil entspricht, so ist ihm der übersteigende Teil als Vorausvermächtnis zugewendet.

l) Teilungsausschluss

▶ Muster: Teilungsausschluss

51 **1. Ich schließe die Auseinandersetzung meines Nachlasses auf die Dauer von 10 Jahren, gerechnet nach meinem Sterbetag, aus.**
Mit diesem Teilungsverbot will ich verhindern, dass einzelne Miterben gegen den Willen der anderen die Auseinandersetzung gem § 2042 BGB herbeiführen. Im Übrigen können sich die Miterben einvernehmlich jederzeit über den Nachlass auseinandersetzen.
Bei Erbvertrag oder gemeinschaftlichem Testament:
2. Vorstehendes Teilungsverbot ist von jedem von uns einseitig verfügt, weder eine Auflage noch ein Vermächtnis.

m) Treuhänderische Stiftung als Ersatzerbe

▶ Muster: Treuhänderische Stiftung als Ersatzerbe

52 **Sollten im Zeitpunkt des Erbfalles keine gemeinsamen Abkömmlinge der Ehegatten. .... am Leben sein, so gilt:**

Das gesamte Vermögen wird der Stadt. .... als Treuhänderin zweckbestimmt zugewendet mit der Auflage, es getrennt vom sonstigen Vermögen der Stadt. .... als unselbstständige, treuhänderische ». ....-Stiftung« zu verwalten. Die Stiftung hat den Charakter einer nichtrechtsfähigen öffentlichen Stiftung des privaten Rechts ohne selbstständige Verwaltungseinrichtung. Meine hier getroffenen Anordnungen sind Grundlage für den vom

Testamentsvollstrecker mit der Stadt. . . . . abzuschließenden Stiftungsvertrag, der die Einzelheiten nach Maßgabe der hier getroffenen Anordnungen zu regeln hat.

Meine Stiftung dient ausschließlich und unmittelbar gemeinnützigen Zwecken im Sinne des Abgabenrechts. Die Stiftung ist selbstlos tätig; sie verfolgt nicht in erster Linie eigenwirtschaftliche Zwecke. Mittel der Stiftung dürfen nur für die satzungsmäßigen Zwecke verwendet werden. Es darf keine Person durch Ausgaben, die dem Zweck der Stiftung fremd sind, oder durch unverhältnismäßig hohe Vergütungen begünstigt werden. Auch im Falle einer eventuellen Auflösung durch nicht gewollten Anlass hat das Stiftungsvermögen ausschließlich und unmittelbar gemeinnützigen Zwecken zu dienen.

Zweck der Stiftung ist. . . . . (z.B. die Förderung von Wissenschaft und Forschung, Jugend- und Altenhilfe, Erziehung, Volks- und Berufsbildung, Kunst und Kultur, Landschaftspflege, Umweltschutz, des öffentlichen Gesundheitswesens, des Sports, Unterstützung hilfsbedürftiger Personen). Der Satzungszweck wird verwirklicht insbesondere durch. . . . . (z.B. Durchführung wissenschaftlicher Veranstaltungen und Forschungsvorhaben, Vergabe von Forschungsaufträgen, Unterhaltung einer Schule, einer Erziehungsberatungsstelle, Pflege von Kunstsammlungen, Pflege des Liedgutes und des Chorgesanges, Errichtung von Naturschutzgebieten, Unterhaltung eines Kindergartens, Kinder-, Jugendheimes, Unterhaltung eines Altenheimes, eines Erholungsheimes, Bekämpfung des Drogenmissbrauchs, des Lärms, Förderung sportlicher Übungen und Leistungen).

Die Erträge des Stiftungsvermögens sollen ertragbringend angelegt werden. Alljährlich sollen 8/10 der erzielten Erträge als ». . . . .-Preis« an einen oder mehrere. . . . . vergeben werden. 2/10 sollen zum Grundstockvermögen hinzugenommen werden, um es zu vergrößern.

Der. . . . .preis (Förderungspreis) kann demselben Empfänger nur zwei Mal verliehen werden. Der Kunstpreis ist im Übrigen in jährlich wechselnder Reihenfolge den einzelnen Kunstgattungen zuzuordnen (zum Beispiel beginnend mit Literatur, gefolgt von Malerei, Bildhauerei, Graphik, Musik, Tanz, Schauspiel und so weiter). Der Preis ist nicht von Alter, Geschlecht, Herkunft, Religion oder Nation abhängig. Allein das erkennbare Talent ist maßgebend.

Der Zeitpunkt der jährlichen Verleihung: Pfingsten.

Bewerber sind durch öffentliche Ausschreibung (nicht nur – aber auch im Amtsblatt –) zu ermitteln. Die Preise sind in öffentlichen Stadtratssitzungen zu verleihen.

Über die Zuteilung entscheidet der Stadtrat. . . . . als Plenum. Er kann auch weitere Richtlinien zur Verteilung des Preises beschließen.

Ich ordne Testamentsvollstreckung für den Fall an, dass vorstehende Ersatzerbeinsetzung zum Tragen kommt. Aufgabe des Testamentsvollstreckers ist es, den gesamten Nachlass in Besitz zu nehmen, nach Begleichung aller Verbindlichkeiten die Erfüllung bzw. Einhaltung der vorstehend angeordneten Auflagen zu veranlassen. Hinsichtlich der Errichtung der unselbständigen, treuhänderischen Stiftung hat der Testamentsvollstrecker die Aufgabe, der Stadt. . . . . die dieser zufallenden Vermögenswerte mit der entsprechenden Zweckbindung zuzuwenden und einen entsprechenden Vertrag zur Errichtung der unselbständigen, treuhänderischen Stiftung nach Maßgabe der von mir angeordneten Auflage abzuschließen. Soweit meine hier gemachte Auflage Lücken oder Unklarheiten enthält, ist der Testamentsvollstrecker berechtigt und verpflichtet, diese nach seinem Ermessen zu schließen bzw. zu klären. Dabei ist stets der Stiftungszweck als Maßstab zu beachten. Die Testamentsvollstreckung endet, wenn die Stiftung wirksam errichtet ist.

n) Erbeinsetzung einer zu errichtenden Stiftung

▶ **Muster: Erbeinsetzung einer zu errichtenden Stiftung**

Zu meinem Alleinerben bestimme ich die 53

Stiftung Museum Klassische Kunst

mit dem Sitz in A-Stadt

die ich hiermit errichte.

Ergänzend ordne ich an:

1. **Die Stiftung soll die in der Anlage niedergelegte Satzung haben; die Satzung bildet einen wesentlichen Bestandteil dieser Urkunde, auf sie wird verwiesen. Sie wurde vorgelesen.**
2. **Ich ordne Testamentsvollstreckung an. Aufgabe des Testamentsvollstreckers ist es, das Anerkennungsverfahren nach §§ 83, 84 BGB zu betreiben. Er ist berechtigt und verpflichtet, die Satzung entsprechend zu ergänzen ggf auch zu ändern, wenn sonst eine Genehmigung oder eine steuerliche Vergünstigung nicht zu erreichen ist. Sollte dies nur durch ein neues Stiftungsgeschäft ermöglicht werden, so ist der Testamentsvollstrecker berechtigt und verpflichtet, das vorstehende Stiftungsgeschäft zu widerrufen und eine neue Stiftung zu errichten.**
3. **Für den Fall, dass diese Stiftung nicht innerhalb eines Jahres nach meinem Tode anerkannt sein sollte, setze ich die Gemeinde O-Stadt zu meinem alleinigen Erben ein mit der Auflage, meinen Nachlass für den in der Stiftungssatzung genannten Zweck zu verwenden.**

o) Geschiedenen-Testament

▶ **Muster: Geschiedenen-Testament**

54 1. **Ich setze zu meinen Erben nach Stammanteilen gemäß den Regeln der gesetzlichen Erbfolge meine Kinder. . . . . ein.**
Meine Kinder sind jedoch nur Vorerben. Von den gesetzlichen Beschränkungen sind sie, soweit zulässig, befreit.
Die Nacherbfolgeanordnung gilt nur für den Fall, dass Gegenstände aus meinem unbeweglichen Nachlass im Wege der Erbfolge oder der Vermächtniserfüllung oder durch Verfügung unter Lebenden auf meinen geschiedenen Ehegatten, dessen Abkömmlinge, soweit sie nicht mit mir gemeinschaftlich sind, oder seine Verwandten aufsteigender Linie übergehen oder Grundlage einer Pflichtteilsberechnung meines geschiedenen Ehegatten sind. Die Nacherbfolgeanordnung ist also aufschiebend bedingt. Die Nacherbfolgeanordnung entfällt nach dem Ableben meines geschiedenen Ehegatten, sofern Abkömmlinge, die von ihm abstammen, soweit sie nicht mit mir gemeinschaftlich sind, und seine Verwandten aufsteigender Linie nicht oder nicht mehr leben; ferner wenn eine Erbberechtigung des ausgeschlossenen Personenkreises auf Grund eines Erbverzichts nicht gegeben ist. Die Nacherbfolgeanordnung ist also insoweit auflösend bedingt angeordnet.
2. **Zu Nacherben berufe ich die Abkömmlinge der jeweiligen Vorerben zu unter sich gleichen Teilen nach Stämmen gemäß den Regeln der 1. Erbfolgeordnung. Falls solche nicht vorhanden sind, meine übrigen Abkömmlinge ebenfalls nach den Regeln der 1. Erbfolgeordnung, falls auch solche fehlen: diejenigen Personen, die meine gesetzlichen Erben wären, wenn ich im Zeitpunkt des Eintritts des Nacherbefalles ohne Hinterlassung von Abkömmlingen gestorben wäre, gemäß den gesetzlichen Regeln. Die Nacherben sind auch Ersatzerben.**
3. **Die Nacherbfolge tritt ein mit dem Ableben des Vorerben. Das Nacherbenanwartschaftsrecht ist zwischen Erbfall und Nacherbfall nicht vererblich und auch nicht übertragbar.**
Wenn einer meiner Abkömmlinge, der mit meinem geschiedenen Ehegatten in gerader Linie verwandt ist oder wäre, Nacherbe werden sollte, unterliegt die Erbschaft bei ihm auch wieder der oben angeordneten Nacherbfolge.
4. **Mein geschiedener Ehegatte, dessen Abkömmlinge aus anderen Verbindungen als mit mir und seine Verwandten aufsteigender Linie sind als Nacherben ausgeschlossen.**
5. **Soweit ein Vorerbe zum Zeitpunkt des Erbfalls noch minderjährig ist, entziehe ich meinem geschiedenen Ehegatten gemäß § 1638 BGB das Recht, den Erwerb von Todes wegen zu verwalten. Als Ergänzungspfleger benenne ich insoweit gem. §§ 1909 Abs. 1, 1917 BGB. . . . . und erteile ihm umfassende Befreiung gem. §§ 1852 bis 1854 BGB.**

p) Geschiedenen-Testament mit Vermächtnislösung

▶ **Muster: Geschiedenen-Testament mit Vermächtnislösung**

55 1. **Ich setze zu meinem Erben meinen Sohn A ein.**
2. **Für den Fall, dass Gegenstände aus meinem unbeweglichen Nachlass im Wege der Erbfolge oder der Vermächtniserfüllung oder durch Verfügung unter Lebenden auf meinen**

geschiedenen Ehegatten, dessen Abkömmlinge, soweit sie nicht mit mir gemeinschaftlich sind, oder seine Verwandten aufsteigender Linie übergehen oder Grundlage einer Pflichtteilsberechnung meines geschiedenen Ehegatten sein sollten, wende ich hiermit – aufschiebend bedingt – durch Vermächtnis alles, was aus meinem unbeweglichen Nachlass (samt Surrogaten) stammt, in folgender Rang- und Reihenfolge zu:

a) den Abkömmlingen meines Erben entsprechend den Regeln der ersten Erbfolgeordnung,

b) meinen übrigen Abkömmlingen, ebenfalls nach den Regeln der ersten Erbfolgeordnung,

c) denjenigen Personen, die meine gesetzlichen Erben wären, wenn ich zum Zeitpunkt des Ablebens des Erben ohne Hinterlassung von Abkömmlingen verstorben wäre (unter sich nach der gesetzlichen Erbregel).

Wenn einer meiner Abkömmlinge, der mit meinem geschiedenen Ehegatten in gerader Linie verwandt ist oder wäre, Vermächtnisnehmer werden sollte, so unterliegt das Vermächtnis bei ihm auch wieder der oben angeordneten Beschränkung als Nachvermächtnis.

Die Vermächtnisanordnung entfällt nach dem Ableben meines geschiedenen Ehegatten, sofern er Abkömmlinge, die mit mir nicht gemeinschaftlich sind, und Verwandte aufsteigender Linie nicht hinterlässt; Gleiches gilt, wenn eine Erbberechtigung des ausgeschlossenen Personenkreises aufgrund Erbverzichts nicht gegeben ist.

Als Nachlassgegenstand gilt auch, was als Ersatz oder Erlös für nicht mehr vorhandene Nachlassgegenstände erlangt wird.

Das Vermächtnis fällt dem Berechtigten mit dem Tod des Beschwerten an und wird zugleich fällig. Die Vererblichkeit und Übertragbarkeit des Vermächtnisanwartschaftsrechtes für die Zeit zwischen dem Erbfall und dem Vermächtnisanfall ist ausgeschlossen.

3. *Ggf.:* **Zur Erfüllung des oben angeordneten Vermächtnisses wird Testamentsvollstreckung angeordnet. Als Testamentsvollstrecker setze ich ein. . . . . , ersatzweise. . . . .**

4. **Soweit der Erbe zum Zeitpunkt des Erbfalls noch minderjährig ist, entziehe ich meinem geschiedenen Ehegatten gemäß § 1638 BGB das Recht, den Erwerb von Todes wegen zu verwalten. Stattdessen soll. . . . . mit der Vermögenssorge betraut werden.**

q) Anordnung der Ausgleichungspflicht durch Verfügung von Todes wegen

▶ Muster: Anordnung der Ausgleichungspflicht durch Verfügung von Todes wegen

Mit Urkunde vom. 56

wurde das Grundstück FlStNr.. . . . .

an meinen Sohn. . . . . überlassen; eine Ausgleichungspflicht wurde seinerzeit nicht angeordnet.. . . . . und seine Geschwister sollen jedoch wirtschaftlich so gestellt werden, wie wenn Ausgleichungspflicht bestünde. Daher wende ich meinen beiden weiteren Kindern. . . . . und. . . . . je ein Vorausvermächtnis in Geld in der Höhe zu, wie wenn sie einen Anspruch gem §§ 2050 ff. wegen der Überlassung des Grundstücks FlNr.. . . . . an meinen Sohn. . . . . hätten.

Mit dem Vermächtnis wird alleine mein Sohn. . . . . beschwert.

r) Beseitigung einer bereits bestehenden Ausgleichungsverpflichtung nach §§ 2050 ff. durch Verfügung von Todes wegen

▶ Muster: Beseitigung einer bereits bestehenden Ausgleichungsverpflichtung nach §§ 2050 ff. durch Verfügung von Todes wegen

Zugunsten meines Sohnes A belaste ich meine anderen Miterben mit der Vorausvermächtnis- 57
anordnung, dass das ihm seinerzeit mit einer Ausgleichungsverpflichtung geschenkte Grundstück FlNr. xx Gemarkung yy abweichend hiervon in keiner Weise bei einer Ausgleichung zwischen meinen Erben nach den §§ 2050 ff. BGB berücksichtigt werden darf, es also in keiner Weise als Rechnungsposten im Rahmen der Erbauseinandersetzung einzubeziehen ist und den Auseinandersetzungsanspruch (Teilungsquote) nicht beeinflussen darf. Mein Sohn A ist vielmehr zu stellen, wie wenn diesbezüglich niemals eine Ausgleichungspflicht bestanden hätte. Diese Anordnung soll ihre Grenze nur in den zwingenden Bestimmungen des Pflichtteilsrechts finden.

Oder allgemein:

Gesetzliche Ausgleichungspflichten der Abkömmlinge wegen lebzeitiger Vorabzuwendungen werden den Abkömmlingen im Wege des Vorausvermächtnisses erlassen. Bei Auseinandersetzung der Erbengemeinschaft sind derartige Zuwendungen somit nicht nach den Ausgleichungsvorschriften der §§ 2050 ff. BGB zu berücksichtigen und dürfen das Auseinandersetzungsguthaben des Bedachten nicht mindern. Die Bestimmungen des Pflichtteilsrechts bleiben unberührt.

s) Anordnung der Testamentsvollstreckung

aa) Testamentsvollstreckung mit bestimmten Personen

▶ Muster: Testamentsvollstreckung mit bestimmten Personen

58 **Ich ordne für meinen Nachlass Testamentsvollstreckung an.**

Zum Testamentsvollstrecker ernenne ich. . . . . , ersatzweise. . . . .

Der Testamentsvollstrecker hat das Recht, einen Nachfolger zu ernennen. Sollte er das Amt nicht annehmen können oder wollen, steht ihm als Dritten das Bestimmungsrecht gem § 2198 BGB zu.

Soweit eine Nachfolgebestimmung nicht erfolgt, wird das Nachlassgericht ersucht, einen Testamentsvollstrecker zu bestimmen.

bb) Aufgaben des Testamentsvollstreckers

▶ Muster: Aufgaben des Testamentsvollstreckers

59 **aa) Der Testamentsvollstrecker hat den Nachlass in Besitz zu nehmen und zu verwalten. Das Besitz- und Verwaltungsrecht des Testamentsvollstreckers endet mit Ablauf von 10 Jahren nach dem Erbfall, nicht aber vor Abschluss der erbschaftsteuerlichen Veranlagung und Bezahlung der Steuern.**
bb) Der Testamentsvollstrecker hat die vom Erblasser angeordneten Vermächtnisse und Auflagen zu erfüllen.
cc) Der Testamentsvollstrecker hat die Auseinandersetzung unter den Miterben entsprechend den gesetzlichen Bestimmungen herbeizuführen. Dabei ist er insbesondere berechtigt, die Auseinandersetzung des Nachlasses nach billigem Ermessen (§§ 2204 Abs. 1, 2048 S. 2 BGB) vorzunehmen.
dd) . . . . .

cc) Erweiterung des Aufgabenbereiches bei Unternehmensnachfolge

▶ Muster: Erweiterung des Aufgabenbereiches bei Unternehmensnachfolge

60 **Im Rahmen der vorzunehmenden Auseinandersetzung ist der Testamentsvollstrecker auch berechtigt, das in meinen Nachlass fallende Unternehmen nach billigem Ermessen umzustrukturieren, also in eine Gesellschaft oder mehrere Gesellschaften, auch im Rahmen einer Betriebsspaltung, umzuwandeln; dabei ist der Testamentsvollstrecker berechtigt, die Beteiligungsverhältnisse auch abweichend von der Erbquote festzulegen.**

Bei der Umstrukturierung des in den Nachlass fallenden Unternehmens hat der Testamentsvollstrecker bei der Auseinandersetzung jedoch folgende Richtlinien zu beachten:. . . . .

dd) Testamentsvollstrecker als Schiedsrichter

▶ Muster: Testamentsvollstrecker als Schiedsrichter

61 **Der Testamentsvollstrecker wird zugleich zum Schiedsrichter ernannt:**

Streitigkeiten der Erben und sonstigen Nachlassbeteiligten, die durch die Verfügung von Todes wegen bedingt sind, sind unter Ausschluss der ordentlichen Gerichte durch den Tes-

tamentsvollstrecker als Schiedsrichter zu entscheiden. Der Schiedsrichter entscheidet dabei nach billigem Ermessen, soweit nicht dringende Prozess- und materiell-rechtliche Bestimmungen entgegenstehen, ersatzweise – falls er von seinem Ermessen keinen Gebrauch macht – gelten die Bestimmungen der ZPO und des GVG entsprechend, jedoch mit der Maßgabe, dass im nicht öffentlichen Verfahren verhandelt wird. Nicht der Entscheidung des Testamentsvollstreckers als Schiedsrichter unterliegen Fragen der Erbeinsetzung oder der Bestimmung des Erben, der Wirksamkeit dieser letztwilligen Verfügung, Fragen, die einer vergleichsweisen Regelung nicht zugänglich sind, und solche Fragen, die die Interessen des Testamentsvollstreckers selbst berühren.

Der Testamentsvollstrecker erhält zugleich die Funktion, sich auch in Bewertungsfragen gutachtlich verbindlich für alle Nachlassbeteiligten zu äußern und sonstige Bestimmungsrecht auszuüben. Vorstehende Rechte stehen ihm auf die Dauer des Testamentsvollstreckeramtes zu.

ee) Verstärkung der Position des Testamentsvollstreckers

▶ Muster: Verstärkung der Position des Testamentsvollstreckers

Zur Verstärkung der Position des Testamentsvollstreckers wird diesem hiermit zugleich eine Vollmacht erteilt, die ihn vom Zeitpunkt meines Ablebens an ermächtigt, in meinem Namen mit Wirkung für und gegen meine Erben, soweit sie meine Rechtsnachfolger geworden sind, zu handeln. Die Vollmacht wird zu separater Urkunde erteilt. Der Notar bzw. dessen Amtsnachfolger wird angewiesen, Ausfertigung der Vollmacht dem Testamentsvollstrecker gegen Vorlage des Testamentsvollstreckerzeugnisses (bzw. durch Vorlage einer beglaubigten Abschrift des Testaments und der Eröffnungsniederschrift) dem Testamentsvollstrecker auszuhändigen. Durch Auflage verpflichte ich die Erben, die vorstehend bezeichnete Vollmacht zu dulden und nicht zu widerrufen, solange das Testamentsvollstreckeramt besteht. 62

ff) Vergütung des Testamentsvollstreckers

▶ Muster: Vergütung des Testamentsvollstreckers

Alt. 1: 63

Der Testamentsvollstrecker kann für seine Tätigkeit eine angemessene Vergütung und Ersatz seiner Auslagen verlangen.

Alt. 2:

Der Testamentsvollstrecker erhält für seine Mühewaltung eine feste Vergütung in Höhe von € . . . . . Zusätzlich kann er Ersatz seiner Auslagen verlangen.

Alt. 3:

Der Testamentsvollstrecker kann für seine Tätigkeit eine Vergütung in Höhe von. . . . . % des Nachlasswertes i.S.v. § 23111 BGB verlangen.

Alt. 4:

Das Honorar des Testamentsvollstreckers orientiert sich an den von der rheinischen Notarkammer entwickelten Grundsätzen.

Alt. 5:

Die Vergütung orientiert sich an *Eckelskemper* in: *Bengel/Reimann*, Handbuch der Testamentsvollstreckung 6. Aufl.

Alt. 6:

Die Vergütung orientiert sich an den Empfehlungen des Deutschen Notarvereins (ZEV 2000, 181 = www.dnotv.de).

2. Erbvertrag, gemeinschaftliches Testament

a) Ehegatten-Erbvertrag (ähnlich dem »Berliner Testament«)

▶ Muster: Ehegatten-Erbvertrag (ähnlich dem »Berliner Testament«)

Eingang s. Form. *Rdn. 34*

64 **In vertragsmäßiger, also einseitig nicht widerruflicher Weise, vereinbaren die Beteiligten Folgendes:**

1. Erbfolge nach dem Erstversterbenden

Der längerlebende Ehegatte wird alleiniger Vollerbe des zuerstversterbenden.

Ersatzerben für den Wegfall des Überlebenden, gleich aus welchem Grunde (z.B. bei Ausschlagung oder Anfechtung) sind die nachstehend benannten Schlusserben gemäß den dort getroffenen Verteilungsgrundsätzen.

2. Erbfolge nach dem Längerlebenden

a) Schlusserben, also Erben des Letztversterbenden und Erben eines jeden Ehegatten im Fall eines durch dasselbe Ereignis bedingten (annähernd) gleichzeitigen Versterbens, sind die gemeinsamen Kinder. . . . . zu gleichen Teilen. Gesetzliche Ausgleichungspflichten der Abkömmlinge wegen lebzeitiger Vorabzuwendung bleiben unberührt.
Oder: **Gesetzliche Ausgleichungspflichten der Abkömmlinge wegen lebzeitiger Vorabzuwendungen werden den Abkömmlingen im Wege des Vorausvermächtnisses erlassen. Bei Auseinandersetzung der Erbengemeinschaft sind derartige Zuwendungen somit nicht nach den Ausgleichungsvorschriften der §§ 2050 ff. BGB zu berücksichtigen und dürfen das Auseinandersetzungsguthaben des Bedachten nicht mindern. Die Bestimmungen des Pflichtteilsrechts bleiben unberührt.**

b) Ersatzschlusserben sind jeweils die Abkömmlinge der Schlusserben zu unter sich gleichen Stammanteilen gemäß den Regeln gesetzlicher Erbfolge. Sind solche nicht vorhanden, tritt bei den übrigen Schlusserben Anwachsung gemäß § 2094 BGB ein.

c) *Nur, falls nicht ohnehin ein Abänderungsrecht besteht und die Schlusserben nicht in gerader Linie mit dem Erblasser verwandt sind:* **Jede einzelne der vorstehenden Ersatzschlusserbeneinsetzungen ist für sich auflösend bedingtfür den Fall, dass der betreffende Schlusserbe mit dem Längerlebenden einen Zuwendungsverzichtsvertrag abschließt, auch wenn dies ohne gleichwertige Gegenleistung geschieht. Die Auslegungsregel des § 2069 BGB soll ausdrücklich nicht gelten.**

3. Abänderungsvorbehalt

Abweichend von der gesetzlichen erbvertraglichen Bindungswirkung vereinbaren wir folgenden

Abänderungsvorbehalt:

Der Längerlebende ist befugt, die nach ihm geltende Erbfolge innerhalb der gemeinsamen Abkömmlinge einseitig beliebig abzuändern oder zu ergänzen. Er darf hierzu auch Beschwerungen und Beschränkungen i.S.v. § 2306 Abs. 1 BGB anordnen oder aufheben. Von dem Abänderungsrecht kann bereits vor dem Tod des Erstversterbenden Gebrauch gemacht werden.

Anderen Personen darf der Längerlebende von Todes wegen durch Vermächtnis nur Vermögenswerte zuwenden, die er nach dem Ableben des Erstversterbenden hinzuerworben hat, soweit sie nicht wirtschaftlich Ersatz oder Ertrag des beim ersten Erbfall vorhandenen Vermögens sind. Wurden durch solche hinzuerworbenen Vermögenswerte Verbindlichkeiten getilgt, die bereits beim Tod des Erstversterbenden vorhanden waren, dürfen auch Vermächtnisse in Höhe dieser Beträge ausgesetzt werden.

Auf Verlangen eines Schluss- oder Ersatzschlusserben ist beim Tod des Erstversterbenden ein Vermögensverzeichnis zu erstellen.

4. Nicht bedachte Pflichtteilsberechtigte

Vorstehende Verfügungen sind – unbeschadet des vereinbarten Abänderungsvorbehaltes – vertragsmäßig vereinbart.

Sie sollen ausdrücklich auch dann Bestand behalten, wenn beim Tod eines der Ehegatten nicht bedachte Pflichtteilsberechtigte, insbesondere aus einer Wiederverheiratung des Längerlebenden, vorhanden sein sollten.

Das gesetzliche Anfechtungsrecht ist insoweit ausgeschlossen.

III. Einseitige Verfügungen und Bestimmungen

Benennung eines Vormundes

Sollte beim Ableben des Längerlebenden eines der gemeinsamen Kinder noch minderjährig sein, benennt der Längerlebende hiermit gemäß § 1777 Abs. 3 BGB als Vormund. . . . .

IV. Belehrungen, Schlussbestimmungen

(s. Form. Rdn. 34)

b) »Abänderungsvorbehalt« durch Rücktrittsrecht

Musielak (MünchKomm-BGB/*Musielak* § 2278 BGB Rdn. 13 ff.) hält den Abänderungsvorbehalt für unzulässig. Die hM und wohl auch die Rspr folgt ihm nicht. Will man ganz sicher gehen, empfiehlt sich anstelle des Abänderungsvorbehaltes folgende Formulierung: 65

▶ Muster: »Abänderungsvorbehalt« durch Rücktrittsrecht

Dem Überlebenden steht das Recht zum Rücktritt von der (Schluss-)Erbeneinsetzung unter folgenden Voraussetzungen zu:

1. **Er errichtet nach dem Ableben des Erstversterbenden eine neue Verfügung von Todes wegen, in welcher ein oder mehrere gemeinschaftliche Abkömmlinge zu Erben berufen werden. Die Anordnung von Vor- und Nacherbschaft, Testamentsvollstreckung und Auflagen ist zulässig.**
2. **Vermächtnisse zugunsten Dritter können jedoch nur bezüglich derjenigen Gegenstände ausgesetzt werden, die nach dem Ableben des Erstverstorbenen hinzuerworben wurden. Wurden durch solche hinzuerworbenen Vermögenswerte Verbindlichkeiten getilgt, die bereits beim Tod des Erstversterbenden vorhanden waren, dürfen auch Vermächtnisse in Höhe dieser Beträge ausgesetzt werden.**
3. **Die neue Verfügung von Todes wegen muss wirksam werden.**
   Der Rücktritt erfolgt durch Testament (§ 2297 BGB). Der Rücktritt hat nicht die Unwirksamkeit der sonstigen Verfügung zur Folge.«

c) Vermächtnis beim 1. Sterbefall; Nießbrauch (ErbStG)

▶ Muster: Vermächtnis beim 1. Sterbefall; Nießbrauch (ErbStG)

Der Längerlebende als Alleinerbe des erstversterbenden Ehegatten wird mit folgendem 66

Vermächtnis

zugunsten der gemeinsamen Kinder. . . . . beschwert:

a) Vermächtnisgegenstand

Ein jedes der gemeinsamen Kinder erhält ein Vermächtnis im Werte seines zum Zeitpunkt des Erbfalls bestehenden schenkungsteuerlichen Freibetrags (bzw. bei Vorabschenkungen des noch schenkungsteuerfreien Restbetrages) am Nachlass des zuerstversterbenden Elternteils, höchstens jedoch im Wert von. . . . . Euro. Der Beschwerte ist berechtigt, das Vermächtnis durch Übereignung beliebiger Vermögensgegenstände aus dem Nachlass oder mit Nachlassmitteln gegebenenfalls noch zu erwerbender Sachen oder Rechte zu erfüllen. Den Wert der Einzelgegenstände bestimmt der Beschwerte nach billigem Ermessen auf der Basis des Verkehrswertes.

b) Anfall, Fälligkeit, Sicherung

Die Vermächtnisse fallen jeweils mit dem Tod des Zuerstversterbenden an. Die Vermächtnisse sind fünf Jahre nach ihrem Anfall fällig. Bis dahin sind sie mit zwei Prozent pro Jahr zu verzinsen. Vor Fälligkeit kann Sicherung, gleich welcher Art, nicht verlangt werden.

c) Ersatzvermächtnisnehmer

Ersatzvermächtnisnehmer sind jeweils die Abkömmlinge der Vermächtnisnehmer zu unter sich gleichen Stammanteilen. Entfällt ein Vermächtnisnehmer vor dem Anfall des Vermächtnisses ohne Hinterlassung von Abkömmlingen, entfällt auch das zu seinen Gunsten angeordnete Vermächtnis.

d) Nießbrauch

Der Beschwerte (Erbe) kann sich an den Vermächtnisgegenständen – auch an einzelnen sowie quotal – den befristeten oder lebenslangen unentgeltlichen Nießbrauch vorbehalten. Der Wert der Nießbrauchslast ist bei Berechnung des Vermächtniswertes nicht in Abzug zu bringen.

d) Schlusserbeneinsetzung bei Kindern aus verschiedenen Ehen

▶ Muster: Schlusserbeneinsetzung bei Kindern aus verschiedenen Ehen

67 **Schlusserben beim Tod des Überlebenden von uns und Erben von uns beiden im Falle unseres gleichzeitigen Versterbens sind unsere gemeinschaftlichen Abkömmlinge nach gleichen Stammanteilen gemäß den Regeln der gesetzlichen Erbfolge und der vorgenannte Sohn des Ehemannes aus erster Ehe mit derselben vorgenannten Erbquote wie ein ehelicher Abkömmling.**

Der überlebende Ehegatte von uns ist jedoch berechtigt, die Schlusserbeneinsetzung innerhalb der Abkömmlinge – wobei der Sohn des Ehemannes aus erster Ehe wie ein ehelicher Sohn aus dieser Ehe und dessen Abkömmlinge wie Abkömmlinge unserer gemeinsamen Kinder behandelt werden sollen – einseitig abzuändern und zu ergänzen.

Er kann mit anderen Worten die Erbquoten unter den Abkömmlingen ändern, gemeinschaftlichen Abkömmlingen Vermächtnisse zuwenden, andere auf den Pflichtteil setzen oder – falls die Voraussetzungen vorliegen – den Pflichtteil entziehen. Er kann jedoch keine anderen als die vorgenannten Personen von Todes wegen bedenken.

Da wir wollen, dass der vorgenannte Sohn des Ehemannes aus erster Ehe die Rechte wie ein gemeinschaftliches Kind haben soll, wird das vorstehende Abänderungsrecht weiter eingeschränkt:

Im Falle des Ablebens der Ehefrau als Letztversterbende von uns beiden müssen in jedem Falle der vorgenannte Sohn oder dessen Abkömmlinge mindestens mit dem Wert Vermächtnisnehmer oder mit der Quote Miterbe werden, in dessen Höhe ihm ein Pflichtteilsrecht zustünde, wenn er ein gemeinsames Kind von uns wäre.

Die Vermächtnisanordnung erfolgt in erbvertraglicher Weise.

e) Pflichtteilsklauseln

aa) Automatisch wirkende Ausschlussklausel in einem gemeinschaftlichen Testament oder Ehegattenerbvertrag

▶ Muster: Automatisch wirkende Ausschlussklausel in einem gemeinschaftlichen Testament oder Ehegattenerbvertrag

68 **Sollte nach dem Tode des Erstversterbenden von uns gegen den Willen des Längerlebenden der Pflichtteil, durch wen auch immer, verlangt werden, so erhält der entsprechende Pflichtteilsberechtigte einschließlich seiner Abkömmlinge auch beim Tod des zweitversterbenden Elternteils nur seinen gesetzlichen Pflichtteil, soweit er gesetzlich hierauf einen Anspruch hat. Alle in dieser Urkunde diesbezüglich enthaltenen Zuwendungen und vereinbarten Bin-**

dungen entfallen dann ersatzlos. Ein Pflichtteilsverlangen in diesem Sinne setzt dabei in subjektiver Hinsicht nur Kenntnis dieser Bestimmung, aber kein weiteres vorwerfbares Verhalten voraus (es folgt evtl. noch Änderungsvorbehalt).

bb) Verbesserte Jastrow'sche Klausel

▶ Muster: Verbesserte Jastrow'sche Klausel

In einem gemeinschaftlichen Testament oder einem Ehegattenerbvertrag nach dem Grundmuster eines Berliner Testaments: 69

Verlangt nach dem Tod des Erstversterbenden von uns einer unserer Abkömmlinge gegen den Willen des Längerlebenden von uns seinen Pflichtteil, so sind er und seine Abkömmlinge von der Erbfolge nach dem Tod des Längerlebenden von uns ausgeschlossen. Unsere den Pflichtteil im ersten Todesfall nicht fordernden Abkömmlinge erhalten dann ein bereits mit dem ersten Todesfall anfallendes, bis zum Tod des Längerlebenden von uns gestundetes Geldvermächtnis in Höhe des Wertes, der ihrem gesetzlichen Erbteil nach dem Tod des Erstversterbenden entspricht. Diese Vermächtnisforderung ist nur an die (ehelichen) Abkömmlinge (evtl. auch Ehegatten) des Vermächtnisnehmers vererblich und übertragbar; sie ist ab dem Tod des Erstversterbenden von uns mit 3,5 % jährlich zu verzinsen, wobei die Zinsen jeweils am 31.12. eines jeden Jahres zu bezahlen sind. Dingliche Sicherung des Vermächtnisses kann nicht verlangt werden. Machen alle unsere Abkömmlinge nach dem Tod des Erstversterbenden ihren Pflichtteil geltend, so erhält dann stattdessen ein Vermächtnis in Höhe von. . . . . Herr. . . . . , wobei hierfür die vorstehenden Bestimmungen entsprechend gelten.

(es folgt Änderungsvorbehalt; evtl. nähere Festlegung, was unter »Pflichtteilsverlangen« zu verstehen ist, s. Syst. A Rdn. 696.)

f) Auflösend bedingte Vor- und Nacherbschaft mit lebzeitiger Übergabebefugnis des Vorerben

▶ Muster: Auflösend bedingte Vor- und Nacherbschaft mit lebzeitiger Übergabebefugnis des Vorerben

In einem gemeinschaftlichen Testament oder Ehegattenerbvertrag im Anschluss an die allgemeine Anordnung einer Vor- und Nacherbschaft: 70

Dem Vorerben wird jedoch gestattet, die Nacherbfolge dadurch zu beseitigen, dass er über seinen Nachlass – und damit auch über den Nachlass des Zuerstversterbenden von uns beiden – abweichend von der nachfolgend getroffenen Schlusserbeneinsetzung innerhalb unserer gemeinschaftlichen Abkömmlinge durch notariell beurkundete Verfügung von Todes wegen anderweitige Bestimmungen trifft, wobei es ihm freisteht, die Erbquoten der Abkömmlinge anders als nach der gesetzlichen Regelung zu bestimmen, einzelnen Abkömmlingen Vermächtnisse zuzuwenden oder sie auf den Pflichtteil zu setzen; überhaupt darf er dann innerhalb dieses Personenkreises alle zulässigen Anordnungen treffen. Der Überlebende von uns beiden kann jedoch keine anderen Personen als gemeinschaftliche Abkömmlinge bedenken. Dabei muss er ausdrücklich von dieser Änderungsbefugnis Gebrauch machen. Die Anordnung der Vor- und Nacherbfolge ist an die vorstehende auflösende, inhaltlich eingeschränkte Bedingung geknüpft. Die Bedingungsvoraussetzungen müssen, wenn die Nacherbfolge endgültig entfallen soll, noch im Zeitpunkt des Ablebens des Vorerben vorliegen. Mit anderen Worten: Die vorbezeichnete abweichende Verfügung des Vorerben muss wirksam werden.

Der Vorerbe ist weiter berechtigt, vor Eintritt des Nacherbfalls den zur Vorerbschaft gehörenden Grundbesitz oder entsprechende Miteigentumsanteile hieran samt dazu gehörendem Inventar an einen oder mehrere der vorstehend genannten Nacherben oder Ersatznacherben durch Rechtsgeschäft unter Lebenden zu Eigentum zu übertragen, und zwar unter Bedingungen, die er nach seinem freien Ermessen ausüben darf (Übergabebefugnis). Er kann sich dabei insbesondere ein Wohnungsrecht, eine Pflegeverpflichtung für das Alter, die Zahlung von laufenden Geldleistungen (Leibrente, dauernde Lasten) vorbehalten, aber auch die Zahlung von Gleichstellungsgeldern für andere Abkömmlinge. Macht der Vorerbe von dieser Befugnis

Gebrauch, so gilt ihm der überlassene Grundbesitz samt Inventar durch Vorausvermächtnis auf Ableben des Erblassers zugewandt und unterliegt dann nicht mehr der Nacherbfolge.

Der amtierende Notar hat darauf hingewiesen, dass dann, wenn der Vorerbe von der Übergabebefugnis oder dem Recht zur Änderung der Erbeinsetzung Gebrauch macht, insoweit die Anordnung der Vor- und Nacherbschaft entfällt und damit auch die Vorteile beseitigt werden, um derentwillen diese eigentlich angeordnet wurde.

g) Gegenseitige Einsetzung der Eltern als (befreite) Vorerben; Nacherbenberufung der gemeinschaftlichen Kinder

▶ **Muster: Gegenseitige Einsetzung der Eltern als (befreite) Vorerben; Nacherbenberufung der gemeinschaftlichen Kinder**

71 **Wir berufen uns gegenseitig zu Vorerben.**

Der Vorerbe ist von den gesetzlichen Beschränkungen der §§ 2113 ff. BGB (nicht) befreit. Nacherben werden zu unter sich gleichen Teilen unsere Kinder.

Gleichzeitig beruft jeder von uns für den Fall, dass er der Zuletztversterbende sein wird, zu seinen Erben unsere gemeinschaftlichen Kinder zu unter sich gleichen Teilen.

Bei Wegfall eines Kindes treten an dessen Stelle seine Abkömmlinge zu unter sich gleichen Teilen nach Stämmen (Ersatznacherben). Der Nacherbfall tritt ein mit Ableben des Vorerben.

Gesetzliche Auslegungs-, Vermutungs- und Ergänzungsregelungen sind im Hinblick auf vorstehende Ersatznacherbenbestimmung nicht heranzuziehen.

h) Erbeinsetzung eines Ehegatten zum Vorerben (bei Vorhandensein erstehelicher Kinder)

▶ **Muster: Erbeinsetzung eines Ehegatten zum Vorerben (bei Vorhandensein erstehelicher Kinder)**

72 **1. Ich, der Ehemann, bin in zweiter Ehe verheiratet.**

Meine erste Ehe wurde rechtskräftig geschieden.

Aus meiner ersten Ehe ist das Kind. . . . . hervorgegangen.

Ich, die Ehefrau, bin in erster Ehe verheiratet.

Aus unserer Ehe sind die Kinder. . . . . und. . . . . hervorgegangen.

2. In erbvertraglicher, also einseitig nicht widerruflicher Weise vereinbaren wir was folgt:

Wir setzen uns hiermit gegenseitig zum

alleinigen Erben

ein.

Für den Fall, dass ich, die Ehefrau, die Zuerstversterbende von uns sein sollte, soll mein Ehemann jedoch nur

Vorerbe

sein.

Der Vorerbe wird von den Beschränkungen der §§ 2113 ff. BGB ausdrücklich (nicht) befreit.

Nacherben werden unsere gemeinschaftlichen Kinder zu unter sich gleichen Teilen.

Ersatznacherben:

Für den Fall, dass einzelne als Nacherben berufene Kinder nicht Nacherbe werden wollen oder können, also beispielsweise ausschlagen oder vorversterben, treten an deren Stelle als Ersatznacherben jeweils ihre Abkömmlinge zu unter sich gleichen Stammanteilen gemäß den Regeln der gesetzlichen Erbfolge.

Die Ersatznacherbeneinsetzung ist jedoch auflösend bedingt für den Fall, dass der Nacherbe sein Anwartschaftsrecht auf den Vorerben überträgt, sodass also in diesem Fall die Ersatznacherbfolge erlischt.

Sollten wegfallende Kinder keine Abkömmlinge hinterlassen, so wächst deren Anteil gemäß § 2094 BGB den übrigen Miterben nach dem Verhältnis ihrer Erbteile an.

Der Nacherbfall tritt mit dem Ableben des Vorerben ein.

3.

Ich, der Ehemann, verzichte hiermit gegenüber meiner Ehefrau auf mein gesetzliches Pflichtteilsrecht.

Ich, die Ehefrau, nehme diesen Verzicht hiermit an.

4.

In ehevertraglicher Weise vereinbaren wir, dass bei Auflösung unserer Ehe durch den Tod der Ehefrau ein Zugewinnausgleich ausgeschlossen ist.

i) Gegenseitige Erbeinsetzung, Vor- und Nachvermächtnis, Untervermächtnis (Wohnungsrecht)

▶ Muster: Gegenseitige Erbeinsetzung, Vor- und Nachvermächtnis, Untervermächtnis (Wohnungsrecht)

Wir setzen uns gegenseitig zum alleinigen Erben ein. 73

Für den Fall des Vorversterbens der Ehefrau setzen wir folgende Vermächtnisse aus:

1. Herr. . . . . , Sohn der Vorversterbenden aus erster Ehe, erhält als

Vorvermächtnis

das im Alleineigentum der Erblasserin stehende Wohnungseigentum nebst den dazu gehörigen Miteigentumsanteilen am Grundstück FlSt Nr.. . . . . , vorgetragen im Grundbuch des Amtsgerichts. . . . . für. . . . .

Das Wohnungseigentum besteht aus einem 250/1000 Miteigentumsanteil verbunden mit dem Sondereigentum an der Wohnung im Erdgeschoss rechts (Nr. 1 des Aufteilungsplanes) und einem Miteigentumsanteil zu 250/1000 verbunden mit dem Sondereigentum an der Wohnung im ersten Geschoss rechts (Nr. 4 des Aufteilungsplanes) am vorbezeichneten Grundstück.

Nachvermächtnisnehmer sind die ehelichen Abkömmlinge des Vorvermächtnisnehmers.

Ersatznachvermächtnisnehmer ist die Schwester des Vermächtnisnehmers, Frau. . . . . Der Nachvermächtnisfall tritt ein mit dem Ableben des Vorvermächtnisnehmers.

Dingliche Sicherung des Nachvermächtnisnehmerrechts kann vor dem Nachvermächtnisanfall (Tod des Vorvermächtnisnehmers) nicht verlangt werden.

2. Die Vermächtnisnehmer sind verpflichtet, dem überlebenden Ehemann der Vorversterbenden, Herrn. . . . . , ein

dingliches Wohnungsrecht

am vorbezeichneten Anwesen. . . . . einzuräumen.

Das Wohnungsrecht wird in der Wohnung im Erdgeschoss rechts (Nr. 1 des Aufteilungsplanes) ausgeübt.

Das Wohnungsrecht ist gegen eine monatlich zahlbare Nutzungsentschädigung, deren Höhe mit einer kostendeckenden Miete übereinstimmt, einzuräumen. Die Nutzungsentschädigung ist monatlich im Voraus zu erbringen.

Das Wohnungsrecht erlischt mit dem Tod oder der Wiederverehelichung des Berechtigten.

3. Die Vermächtnisnehmer werden mit einem

Untervermächtnis

zugunsten von Fräulein. . . . . , Tochter der Vorversterbenden aus erster Ehe, belastet.

Dieses Untervermächtnis besteht in der unentgeltlichen Einräumung eines

dinglichen Wohnungsrechtes

am vorbezeichneten Grundstück.

Das Wohnungsrecht ist auszuüben in der gesamten Wohnung im ersten Geschoss rechts (Nr. 4 des Aufteilungsplanes).

Das Wohnungsrecht ist unentgeltlich und auf Lebenszeit der Berechtigten einzuräumen.

4. Der Vorvermächtnisnehmer wird weiterhin mit nachfolgenden Untervermächtnissen belastet:
a) an Frau. . . . . , Tochter der Vorversterbenden aus erster Ehe, ist ein Betrag von. . . . . € hinauszubezahlen,
b) an Fräulein. . . . . , Tochter der Vorversterbenden aus erster Ehe, ist ein Betrag von. . . . . € hinauszubezahlen.

3. Wiederverheiratungsklauseln

74 Bei allen Wiederverheiratungsklauseln ist zu prüfen, ob zur Sicherung der erbrechtlichen Verfügungen, insbesondere zum Schutz vor Ausschlagung und Verlangen des kleinen Pflichtteils gem. §§ 1931 Abs. 1, 1371 Abs. 2 sowie des Zugewinnausgleichs, ein Pflichtteilsverzicht und ein Ausschluss des Zugewinnausgleichs im Erbfall gewollt ist.

a) Bedingte Vor- und Nacherbschaft

▶ Muster: Bedingte Vor- und Nacherbschaft

75 **Wir berufen uns gegenseitig zum alleinigen Erben. Die Vollerbschaft des überlebenden Ehegatten ist jedoch an die auflösende Bedingung seiner Wiederverehelichung geknüpft. Verehelicht sich der überlebende Ehegatte von uns beiden wieder, so wird er nur Vorerbe. Von den Beschränkungen der §§ 2113 ff. BGB wird er, soweit gem § 2136 zulässig, befreit.**

Nacherben werden zu unter sich gleichen Teilen unsere gemeinsamen Kinder, ersatzweise die Abkömmlinge unserer Kinder zu unter sich gleichen Teilen nach Stämmen. Die Ersatznacherbfolge erlischt, wenn der Nacherbe sein Anwartschaftsrecht auf den Vorerben überträgt. Insoweit ist die Ersatznacherbfolge auflösend bedingt.

Der Nacherbfall tritt ein beim Ableben des Überlebenden von uns.

Der Längerlebende von uns erhält bei Herausgabe des Nachlasses an den (die) Nacherben als Vermächtnis den lebenslangen und unentgeltlichen Nießbrauch an dem Hausgrundstück FlNr.. . . . . , die gesamte Wohnungseinrichtung zu Eigentum und das Wertpapierdepot bei der Y-Bank.

b) Bedingte Vor- und Nacherbschaft für einen Teil des Nachlasses

▶ Muster: Bedingte Vor- und Nacherbschaft für einen Teil des Nachlasses

76 **Wir berufen uns gegenseitig zum alleinigen Erben. Verheiratet sich der überlebende Ehegatte wieder, so wird für die Hälfte des Nachlasses Nacherbfolge angeordnet. Der überlebende Ehegatte wird sonach nur zur Hälfte unbeschränkter Erbe, zur anderen Hälfte Vorerbe. Von den Beschränkungen der §§ 2113 ff. BGB wird er (nicht) befreit.**

Nacherben werden zu unter sich gleichen Teilen unsere gemeinsamen Kinder.

c) Vermächtniszuwendung (aufschiebend bedingt)

▶ Muster: Vermächtniszuwendung (aufschiebend bedingt)

Wir setzen uns gegenseitig zu alleinigen Erben ein. 77

Für den Fall der Wiederverehelichung des Überlebenden von uns beiden setzen wir folgende Vermächtnisse aus:

Der Überlebende von uns hat an die gemeinschaftlichen Kinder einen Betrag von je € . . . . . hinauszuzahlen.

d) Quotenvermächtnis (einfach)

▶ Muster: Quotenvermächtnis (einfach)

Im Falle der Wiederverehelichung hat der Überlebende von uns beiden unseren gemeinschaftlichen Kindern einen ihrem gesetzlichen Erbteil entsprechenden Bruchteil des Nachlasses des Zuerstversterbenden als Quotenvermächtnis in Geld hinauszubezahlen. 78

e) Quotenvermächtnis mit Ersetzungsbefugnis

▶ Muster: Quotenvermächtnis mit Ersetzungsbefugnis

Im Falle der Wiederverehelichung hat der Überlebende von uns beiden unseren gemeinschaftlichen Abkömmlingen einen ihrem gesetzlichen Erbteil entsprechenden Bruchteil des Nachlasses des Zuerstversterbenden als 79

Quotenvermächtnis

in Geld auszuzahlen.

Dasjenige, was ein Abkömmling nach dem Ableben des Erstversterbenden als Pflichtteil erhalten hat, ist auf seine Vermächtnisforderung oder die Vermächtnisforderung seiner Abkömmlinge, die an seine Stelle getreten sind, voll anzurechnen.

Dem Überlebenden von uns wird das beliebige Wahlrecht eingeräumt, anstelle der Vermächtniserfüllung in Geld auch Grundbesitz, Wertpapiere oder sonstige Vermögensgegenstände im Verkehrswerte des Quotenvermächtnisses an einzelne oder alle gemeinschaftlichen Abkömmlinge zu übertragen.

Die Kosten dieser Vermächtniserfüllung trägt der jeweilige Berechtigte.

Der Überlebende von uns kann sich bei Vermächtniserfüllung auf seine Lebenszeit den unentgeltlichen Nießbrauch an den zu übertragenden Vermögenswerten vorbehalten. Bei der Berechnung des Wertes der zu übertragenden Vermögenswerte bleibt der Wert des Nießbrauchs außer Betracht. Für das Nießbrauchsrecht gelten die gesetzlichen Bestimmungen mit der Ausnahme, dass der Nießbraucher auch die außerordentlichen Erhaltungsaufwendungen zu tragen hat.

f) Bedingtes Vermächtnis hinsichtlich Grundbesitz des Vorversterbenden mit Sicherung durch Auflassungsvormerkung

▶ Muster: Bedingtes Vermächtnis hinsichtlich Grundbesitz des Vorversterbenden mit Sicherung durch Auflassungsvormerkung

1. Wir berufen uns gegenseitig zu alleinigen und ausschließlichen Erben. 80

2. Schlusserben werden zu unter sich gleichen Teilen unsere gemeinschaftlichen Kinder. Ersatzschlusserben sind zu unter sich gleichen Teilen nach Stämmen die Abkömmlinge des vorversterbenden gemeinschaftlichen Kindes.

3. Für den Fall der Wiederverehelichung des überlebenden Ehegatten gilt die voraufgeführte Schlusserbfolge nicht.

Der überlebende Ehegatte von uns wird stattdessen mit folgendem bedingten Vermächtnis belastet:

Der überlebende Ehegatte hat im Falle seiner Wiederverehelichung den durch die Erbfolge nach dem vorverstorbenen Ehegatten erlangten Hälftemiteigentumsanteil am Anwesen. . . . . an die gemeinsamen Kinder zu unter sich gleichen Anteilen gegen Einräumung des unentgeltlichen und lebenslangen Nießbrauches zu übertragen. Jedoch wird die Teilungsversteigerung zu Lebzeiten des überlebenden Ehegatten ausgeschlossen.

Ersatzvermächtnisnehmer sind die Abkömmlinge der vorversterbenden gemeinschaftlichen Kinder zu unter sich gleichen Teilen nach Stämmen. Soweit zulässig, ist auf Verlangen der Vermächtnisnehmer der bedingte Anspruch auf Übertragung des Hälftemiteigentums nach dem Tod des Erstversterbenden von uns durch Auflassungsvormerkung im Grundbuch zu sichern.

Die Vermächtniseinsetzung ist weiterhin dadurch bedingt, dass von dem einzelnen Vermächtnisnehmer nicht bereits beim Ableben des Erstversterbenden der gesetzliche Pflichtteilsanspruch geltend gemacht wird. Im Übrigen werden in diesem Falle das den Pflichtteil geltend machende Kind beziehungsweise dessen Abkömmlinge auch im Falle der Schlusserbfolge auf den Pflichtteil gesetzt.

4. Auf das Anfechtungsrecht nach § 2079 BGB wird beiderseits verzichtet.

4. Verfügungen von Todes wegen bei landwirtschaftlichen Anwesen

a) Vermächtnisweise Einräumung eines Übernahmerechts nach § 2049 BGB für einen der gemeinschaftlichen Abkömmlinge bei einem Landgut

▶ Muster: Vermächtnisweise Einräumung eines Übernahmerechts nach § 2049 BGB für einen der gemeinschaftlichen Abkömmlinge bei einem Landgut

81 **Demjenigen unserer gemeinschaftlichen Abkömmlinge, den der Testamentsvollstrecker nach seinem freien, gerichtlich nicht nachprüfbaren Ermessen als zur Fortführung und Bewirtschaftung unseres landwirtschaftlichen Anwesens nach unser beider Tod am geeignetsten hält, räumen wir im Wege des Vorausvermächtnisses das Recht ein, das nach unser beider Tod vorhandene landwirtschaftliche Anwesen im Ganzen mit allen Aktiven und Passiven zum Ertragswert (§ 2049 BGB) als Alleineigentümer zu übernehmen. Maßgebend wann, für wen und unter welchen Bedingungen das Übernahmerecht entsteht, ist die Bestimmung durch den Testamentsvollstrecker. Die anderen, weichenden Geschwister erhalten für die Hofübernahme eine Geldabfindung in Höhe des Wertes ihres Erbteils an dem übernommenen landwirtschaftlichen Anwesen im Zeitpunkt der Übernahme. Dabei wird jedoch diese Anwesen mit dem Ertragswert bewertet, wenn dieser niedriger als der Verkehrswert ist (§ 2049 BGB).**

Im Falle der Uneinigkeit ist mit allseits verbindlicher Wirkung dieser Ertragswert von einem geeigneten Sachverständigen zu bestimmen, den die zuständige Industrie- und Handelskammer benennt und dessen Kosten nach dem Obsiegen verteilt werden.

Die Geldabfindung ist spätestens ein Jahr nach Beurkundung des Übernahmevertrags ohne Zulage von Zinsen zur Zahlung fällig. Eine für die Hofübernahme und die Abfindung der Geschwister anfallende Einkommensteuer hat der Übernehmer zu tragen. Dingliche Absicherung der Abfindungsforderung im Grundbuch kann verlangt werden. Bei der Übernahme noch ledige, im Vertragsanwesen wohnende Geschwister, die dann das (Zahl). Lebensjahr noch nicht vollendet haben, erhalten auf ihr Verlangen zusätzlich hierzu auf die Dauer des ledigen Standes, längstens bis zur Vollendung des genannten Lebensalters, das dinglich auf Kosten des Nachlasses im Grundbuch zu sichernde Wohnungsrecht, bestehend in der alleinigen Benutzung ihres bei Eintritt des Schlusserbfalles von ihnen allein bewohnten Zimmers und bestehend in dem Recht der Mitbenutzung aller zum gemeinschaftlichen Gebrauch der Hausbewohner bestimmten Anlagen und Einrichtungen, insbesondere von Küche, Bad, WC und Wohnzimmer. Für die Einräumung und Ausübung des Wohnungsrechts ist vom jeweiligen Berechtigten kein Entgelt zu bezahlen. Die Kosten für die Beheizung, Strom, Wasser und sonstige Betriebskosten für die dem Wohnungsrecht unterliegenden Räume hat allein der Hofübernehmer zu tragen.

Im Rahmen der Anordnung einer Testamentsvollstreckung:

Spätestens wenn der Älteste der Schlusserben das (Alter einsetzen) vollendet hat, hat der Testamentsvollstrecker den nach den obigen Bestimmungen dieser Urkunde zur Übernahme des landwirtschaftlichen Anwesens Berechtigten aus dem Kreis unserer gemeinschaftlichen Abkömmlinge zu bestimmen, die Einzelheiten der Hofübernahme festzulegen und alles zur Durchführung der Übernahme Erforderliche und Zweckmäßige vorzunehmen, insbesondere die hierfür erforderlichen Notarverträge abzuschließen.

b) Ertragswertanordnung bei einem landwirtschaftlichen Anwesen

▶ Muster: Ertragswertanordnung bei einem landwirtschaftlichen Anwesen

Soweit zu meinem Nachlass ein Landgut (land- oder forstwirtschaftliches Anwesen) gehört, wird gemäß § 2312 BGB bestimmt, dass der Berechnung des Pflichtteils und der Pflichtteilsergänzungsansprüche der Ertragswert zugrunde zu legen ist, soweit dieser niedriger als der Verkehrswert ist. 82

5. Erbvertrag in Verbindung mit Vertrag unter Lebenden

a) Erbvertrag und Übergabeverpflichtungsvertrag

▶ Muster: Erbvertrag und Übergabeverpflichtungsvertrag

Wir vereinbaren zu Gunsten unserer gemeinschaftlichen Kinder durch Vertrag unter Lebenden: 83

1. Jeder von uns verpflichtet sich für den Fall, dass er den anderen Ehegatten überlebt, den gesamten beim Tod des Erstversterbenden vorhandenen, zum Gesamtgut gehörenden Haus- und Grundbesitz samt lebendem und totem Inventar zu angemessenen und ortsüblichen Bedingungen an eines unserer gemeinschaftlichen Kinder zu übergeben.
Der Übergeber kann vom Übernehmer verlangen:

a) Übernahme der im Zeitpunkt der Übergabe bestehenden dinglichen Belastungen des Vertragsgrundbesitzes samt der zugrunde liegenden persönlichen Verbindlichkeiten sowie aller sonst mit dem Vertragsanwesen zusammenhängenden Schulden und Lasten durch den Übernehmer,
b) angemessene Versorgung des Übergebers und seines evtl. weiteren Ehegatten durch Einräumung eines im Grundbuch einzutragenden Leibgedings und Zahlung eines angemessenen Übergabepreises, nach ortsüblichen Grundsätzen.
c) angemessene Abfindung der übrigen Abkömmlinge des Übergebers. Mangels Einigung soll der genaue Inhalt und Umfang der Leibgedingsleistungen, die Höhe des Übergabepreises und die Höhe der an die Abkömmlinge des Übergebers zu zahlende Abfindung vom Vorstand des für das Objekt zuständigen Amtsgerichtes als Schiedsgutachter im Sinne der §§ 317 ff. des Bürgerlichen Gesetzbuchs nach dessen billigem Ermessen bestimmt werden, ersatzweise durch den Geschäftsführer der für das Objekt zuständigen Geschäftsstelle des Bayerischen Bauernverbandes.

Die Übergabe hat zu erfolgen, wenn der überlebende Ehegatte 60 Jahre alt geworden ist. Sollte der überlebende Ehegatte beim Tod des Erstversterbenden dieses Alter bereits erreicht oder überschritten haben, so muss die Übergabe unverzüglich erfolgen.

Die Auswahl des Übernehmers erfolgt durch den Überlebenden von uns unter den gemeinschaftlichen Kindern. Der Anspruch auf Übergabe ist nicht übertragbar und nicht vererblich, steht unseren gemeinschaftlichen Kindern als Gesamtberechtigten zu und erlischt für diejenigen, die nicht als Übernehmer bestimmt werden, mit der Auswahl des Übernehmers. Ein unabänderliches Recht auf Übergabe und den Anspruch auf Sicherung dieses Rechts durch die Eintragung einer Vormerkung im Grundbuch erhalten die Kinder erst mit dem Tod des Erstversterbenden von uns.

2. Sollten wir beide sterben, ohne dass die Auswahl des Übernehmers vorgenommen wurde, so geht die Übergabeverpflichtung auf die Erben des Zuletztversterbenden von uns über, welche die Übergabe des Vertragsanwesens an eines unserer Kinder in dem Zeitpunkt, in

dem es der Überlebende von uns hätte übergeben müssen, und zu den entsprechenden Bedingungen vorzunehmen haben.

Können sich die Erben – falls mehrere gemeinschaftliche Kinder vorhanden sind – über die Person des Übernehmers nicht einigen, so wird dieser durch den Vorstand des für das Objekt zuständigen Amtsgerichtes, ersatzweise durch. . . . . gemäß §§ 317 ff. des Bürgerlichen Gesetzbuchs nach dessen billigem Ermessen bestimmt, wobei das zur Führung des Anwesens am besten geeignete Kind ausgewählt werden soll.

Dieser entscheidet nach seinem billigen Ermessen gemäß §§ 317 ff. des Bürgerlichen Gesetzbuchs auch über Inhalt und Umfang der vom Übernehmer zu erbringenden Gegenleistungen, falls hierüber zwischen den Erben des Überlebenden von uns und dem Übernehmer keine Einigung zustande kommt.

3. Sollte der überlebende Ehegatte die Erbschaft ausschlagen oder sonst nicht Erbe des Erstversterbenden werden, so bezieht sich die vorstehende Übergabeverpflichtung auf das, was dem Überlebenden bei der Auseinandersetzung des Vertragsanwesens zukommt.

b) Erbvertrag mit Pflegevertrag

▶ Muster: Erbvertrag mit Pflegevertrag

84

I. Grundlagen

1. Der Beteiligte zu 1. ist verwitwet.

Er kann über seinen Nachlass frei verfügen. Vorsorglich widerruft er alle bisher von ihm getroffenen Verfügungen von Todes wegen, soweit sie den nachfolgenden Bestimmungen widersprechen.

2. Der Beteiligte zu 1. ist Alleineigentümer des in der Anlage näher bezeichneten Grundbesitzes.

II. Erbvertrag

Im Wege des

Erbvertrages

wird bestimmt:

Der Beteiligte zu 1. setzt hiermit zu seinem alleinigen Erben den Beteiligten zu 2. ein. Ersatzerben sind dessen Abkömmlinge nach Stammanteilen gemäß den Regeln der gesetzlichen Erbfolge.

Der Beteiligte zu 2. nimmt die vorstehende Verfügung an.

Dem Erblasser steht das Recht zu, die Ersatzerbfolge ohne Mitwirkung seines Vertragspartners neu zu regeln; er ist jedoch dabei auf den Kreis der Abkömmlinge des Beteiligten zu 2. beschränkt, soweit der in Ziffer I. 2. dieser Urkunde genannte Grundbesitz betroffen ist.

III. Pflegevertrag

Mit dem vorstehenden Erbvertrag verbinden die Vertragsteile folgende Vereinbarung:

1. Der Beteiligte zu 2. verpflichtet sich hiermit, gegenüber dem Erblasser (dem Beteiligten zu 1.) auf dessen Lebenszeit bei Krankheit, Gebrechlichkeit oder Altersschwäche zur Wart und Pflege.

Hierzu gehört

a) die hauswirtschaftliche Versorgung,

insbesondere die Verrichtung der anfallenden häuslichen Arbeiten wie Reinigung der Austragsräume, der Kleidung, der Wäsche und des Schuhwerks und die Besorgung der erforderlich werdenden Gänge und Fahrten zum Einkaufen, zu Arzt, Apotheke, Krankenhaus und Kirche und

b) die häusliche Grundpflege

der Übergeber selbst, insbesondere die Hilfe bei Aufstehen und Zubettgehen, An- und Auskleiden, Nahrungsaufnahme, Körperpflege und Pflege im hygienischen Bereich, Verabreichung von Medikamenten, Umschlägen, Einreibungen und Ähnliches.

Diese Verpflichtungen bestehen jedoch nur, wenn diese vom Übernehmer ohne besondere Ausbildung, gegebenenfalls unter Zuziehung seines Ehegatten oder der örtlich vorhandenen ambulanten Pflegedienste (Sozialstation oder ähnliches) in einer dem Alters- und Gesundheitszustand des Übergebers angemessenen Weise zu Hause erbracht werden können und diese den Übernehmer nach Zeitaufwand und Intensität jeweils nicht stärker belasten als die Verrichtungen, die für die Einordnung in die Pflegestufe I des Pflegeversicherungsgesetzes vom 26.05.1994 (§ 15 SGB XI) in der heute geltenden Fassung kennzeichnend sind.

Diese Verpflichtungen ruhen auf alle Fälle ersatzlos hinsichtlich desjenigen Übergebers, der in einem Krankenhaus, einem Pflegeheim oder einer ähnlichen Heileinrichtung untergebracht ist, weil nach fachärztlicher Feststellung aus medizinischen oder pflegerischen Gründen ein Verbleiben auf dem Vertragsanwesen nicht mehr zumutbar ist.

Ein etwaiges Pflegegeld gebührt dem Beteiligten zu 1) (also dem Erblasser).

2. Der Beteiligte zu 2. hat dem Erblasser täglich die standesgemäße, seinem Alter und Gesundheitszustand entsprechende Kost und Verpflegung, einschließlich der Getränke zu den üblichen Haupt- und Zwischenmahlzeiten zu gewähren. Die Kost ist ihm am Tisch des Beteiligten zu 2. zu verabreichen oder auf Verlangen auch in die Wohnung des Erblassers zu bringen, sofern sich diese in dem in Ziffer I. 2. dieser Urkunde genannten Objekt befindet.

Diese Bestimmung gilt jedoch nur, wenn sich der Erblasser wegen Alter oder Krankheit nicht mehr selbst verpflegen kann.

Für den Fall, dass der Veräußerer die Verpflegung durch den Erblasser, den Beteiligten zu 2., in Anspruch nimmt, ist er zur Zahlung eines angemessenen Kostgeldes verpflichtet.

3. Der Beteiligte zu 2. verpflichtet sich, an den Erblasser monatlich einen Betrag von. . . . . €
i.W. Euro. . . . .

zu zahlen, und zwar jeweils am Monatsersten im Voraus, erstmals am. . . . .

Tritt eine Änderung in der Höhe des Lebensbedarfs infolge der allgemeinen wirtschaftlichen Verhältnisse ein, so ist der genannte Betrag entsprechend zu ändern. Er soll sich dabei im gleichen Prozentverhältnis erhöhen oder vermindern, in dem sich der vom Statistischen Bundesamt festgestellte durchschnittliche jährliche Verbraucherpreisindex für Deutschland (VPI) – berechnet auf der Basis 2010 = 100 – im Vergleich zu demselben Index für das Jahr des Vertragsabschlusses erhöht oder vermindert. Die Neufestsetzung findet jeweils im April eines Kalenderjahres statt, wobei dann jeweils der Index für das vergangene Kalenderjahr mit dem Index für das Jahr des Vertragsabschlusses verglichen wird.

Die Beträge gelten in ihrer veränderten Höhe jeweils vom ersten Januar an als geschuldet, der dem Monat der planmäßigen Neufeststellung vorangegangen ist. Bei einer Umstellung auf eine neue Indexbasis gilt die neue Indexreihe von ihrer amtlichen Veröffentlichung an.

Sofern durch eine darüber hinausgehende Änderung der wirtschaftlichen Verhältnisse der standesgemäße Unterhalt des Zahlungsverpflichteten oder des Berechtigten nicht mehr gewährleistet ist und/oder bei jeder anderen Änderung der Geschäftsgrundlage kann jeder Beteiligte Abänderungen in entsprechender Anwendung des § 323 ZPO oder § 239 FamFG verlangen, ausgenommen den Fall, dass der Anspruchsberechtigte – weshalb auch immer – das in Ziffer I. 2. genannte Anwesen auf Dauer verlässt.

IV. Rücktrittsrechte

1. Sollte der Beteiligte zu 2. die unter Abschnitt III. dieser Urkunde übernommenen Verpflichtungen objektiv nicht ordnungsgemäß erfüllen, dann ist der Erblasser nach erfolgloser schriftlicher Abmahnung zum Rücktritt vom Erbvertrag berechtigt. Im Falle des Rücktritts durch ihn braucht er die an ihn von seinem Vertragspartner erbrachten Leistungen nicht zu erstatten.

2. Sollte der Erblasser das in Ziffer I. 2. genannte Objekt veräußern, ohne die vorherige schriftliche Einwilligung seines Vertragspartners eingeholt zu haben, so ist dieser zum Rücktritt von diesem Vertrag unter Ziffer III. dieser Urkunde berechtigt. In einem derartigen Fall kann er verlangen, dass ihm die von ihm erbrachten Leistungen finanziell vergütet werden; auf die Einrede der Verjährung wird verzichtet.

3. Der Notar hat darauf hingewiesen, dass der Rücktritt von diesem Erbvertrag zu Lebzeiten des anderen Vertragspartners nur durch eine notariell beurkundete Erklärung erfolgen kann, die dem anderen Vertragsteil in Ausfertigung nach den Vorschriften der Zivilprozessordnung zuzustellen ist, und zwar unter Ausschluss einer Ersatzzustellung.

V. Verfügungsbeschränkung

Der Erblasser verpflichtet sich, über das in Ziffer I. 2. genannte Objekt durch Vertrag unter Lebenden nicht ohne die vorherige schriftliche Einwilligung seines Vertragspartners zu verfügen.

Für den Fall eines Verstoßes gegen diese Verpflichtung ist der Vertragspartner berechtigt, die sofortige unentgeltliche Übereignung des genannten Objektes auf sich zu verlangen, wobei er jedoch Zug um Zug gegen Erklärung der Auflassung folgende Rechte an dem genannten Objekt zu bestellen und in das Grundbuch auf eigene Kosten eintragen zu lassen hat:
1. Die in Ziffer III. genannten Leistungen, abzusichern durch eine Reallast,
2. ohnungsrecht als beschränkte persönliche Dienstbarkeit gem § 1093 BGB.

Das Wohnungsrecht besteht in dem Recht der ausschließlichen Benützung der

. . . . .

im Vertragsobjekt sowie dem Recht der Mitbenutzung aller dem gemeinschaftlichen Gebrauch der Hausbewohner dienenden Räume, Anlagen und Einrichtungen. Der Erblasser hat das Recht auf freien Zugang und Umgang im gesamten Vertragsobjekt, insbesondere im Garten. Besuch kann er in den seiner Benutzung und Mitbenutzung unterliegenden Räumen jederzeit erhalten.

Die Nebenkosten für Licht, Strom, Wasser, Heizung und Müllabfuhr gehen zu Lasten des jeweiligen Eigentümers.

Zur Sicherung dieses bedingten Erwerbsrechtes wird die Eintragung einer

Auflassungsvormerkung

zu Gunsten des Beteiligten zu 2. im Grundbuch

bewilligt und beantragt,

und zwar an nächstoffener Rangstelle.

Das Erwerbsrecht geht entsprechend der Ersatzerbfolgeregelung in Ziffer II. dieser Urkunde auf die Abkömmlinge des Berechtigten über.

6. Verfügungen von Todes wegen des Unternehmers

a) Die Bezeichnung des Erben steht noch aus

▶ **Muster: Die Bezeichnung des Erben steht noch aus**

85 Zu meinem Erben setze ich hiermit dasjenige meiner Kinder ein, das für die Führung meines Betriebes. . . . . am geeignetsten ist. Ich gehe davon aus, dass dasjenige meiner Kinder am geeignetsten zur Fortführung meines Betriebes ist, das als erstes seine Qualifikation als Diplomingenieur im Fachbereich Maschinenbau an einer Universität (nicht an einer Fachhochschule) erlangt.

Die Bezeichnung des Erben obliegt, ohne dass insoweit ein Ermessen eingeräumt wäre,. . . . . (meiner Ehefrau, dem von mir eingesetzten Testamentsvollstrecker o.ä.).

b) Die Bestimmung des Unternehmensnachfolgers durch Vermächtnis

▶ Muster: Die Bestimmung des Unternehmensnachfolgers durch Vermächtnis

Ich setze hiermit meine Kinder. . . . . zur einen Hälfte und meinen Ehegatten zur anderen Hälfte ein. 86

Die Erbeinsetzung meines Ehegatten gilt nur für den Fall, dass die Ehe zum Zeitpunkt meines Todes noch besteht und keiner von uns eine Klage auf Scheidung erhoben hat.

Meinen einzelkaufmännischen Betrieb in. . . . . vermache ich hiermit mit allen Aktiven und Passiven, auch mit dem nur zur Nutzung in das Unternehmen eingebrachten Anlagevermögen mit dem Stand, den es zum Zeitpunkt meines Ablebens ausweist, meinen Kindern in der Weise, dass. . . . . (meine Ehefrau, der von mir eingesetzte Testamentsvollstrecker o.ä.), nach freiem Ermessen, also ohne gerichtliche Nachprüfbarkeit, bestimmen soll, wer von meinen Kindern als für die Unternehmensführung am geeignetsten das Vermächtnis erhalten und damit Unternehmensnachfolger werden soll. Die Vermächtnisbestimmung hat frühestens. . . . ., jedoch spätestens. . . . . zu erfolgen. Das Vermächtnis ist ein Vorausvermächtnis, eine Ausgleichungspflicht tritt daher – abgesehen von Pflichtteilsansprüchen – nicht ein.

Auf die Gefahr der Erbausschlagung durch einen oder mehrere Erben und nachfolgende Geltendmachung des Pflichtteils durch diese wurde hingewiesen.

c) Nacherbfolge

▶ Muster: Nacherbfolge

Ich setze hiermit meine Ehefrau zu meiner Erbin ein. Ersatzerben sind meine Kinder. . . . . nach gleichen Erbanteilen. 87

Die Erbeinsetzung meiner Ehefrau gilt nur für den Fall, dass die Ehe im Zeitpunkt meines Todes noch besteht und keiner von uns eine Klage auf Scheidung erhoben hat.

Meine Ehefrau ist jedoch nur Vorerbin. Nacherben sind meine Kinder. . . . . nach gleichen Erbanteilen, ersatzweise deren Abkömmlinge nach Stammanteilen gemäß den Regeln der gesetzlichen Erbfolge, ersatzweise sind die Nacherben untereinander zur Ersatznacherbfolge berechtigt. Die Nacherbfolge ist unter der auflösenden Bedingung angeordnet, dass die Vorerbin berechtigt ist, durch Verfügung von Todes wegen einen der Nacherben (Ersatznacherben) zu bestimmen, der dann unter Ausschluss der anderen alleiniger Nacherbe wird. Sie soll dabei den nach ihrem freien Ermessen für die Fortführung meines Betriebes in. . . . . Geeignetsten auswählen.

Die Vorerbin wird durch Auflage wie folgt verpflichtet:

Sie hat mein einzelkaufmännisches Unternehmen in. . . . . bis zu ihrem Tod oder durch Übergabe an einen der Nacherben fortzuführen.

Die Nutzungen der Vorerbin aus dem Unternehmensgewinn werden auf die sich nach der Steuerbilanz ergebenden Gewinne beschränkt.

Zur Absicherung dieser Auflagen ordne ich Testamentsvollstreckung an und bestimme zum Testamentsvollstrecker. . . . .

Sollte die Vorerbin den Betrieb einstellen, was ihr nach Beratung der damit zusammenhängenden haftungsrechtlichen Fragen mit dem Testamentsvollstrecker gestattet sein soll, tritt mit der entsprechenden Betriebsaufgabeerklärung gegenüber dem Finanzamt Nacherbfolge ein.

d) Nießbrauchvermächtnis am einzelkaufmännischen Unternehmen

▶ Muster: Nießbrauchvermächtnis am einzelkaufmännischen Unternehmen

Meiner Ehefrau vermache ich auf Lebenszeit den Nießbrauch an meinem Unternehmen in. 88

Der Nießbrauch endet, sobald sich meine Ehefrau wieder verehelicht. Für den Nießbrauch gilt:

a) Es handelt sich um einen vollen dinglichen Nießbrauch am Unternehmen bei Unternehmerstellung des Nießbrauchers, also nicht nur um einen Ertragsnießbrauch. Der Nießbraucher wird somit der handelsrechtliche Alleininhaber meines Unternehmens, er ist in das Handelsregister einzutragen.

b) Der Nießbrauch ist an allen Gegenständen des Anlagevermögens laut Bilanz zum Zeitpunkt meines Ablebens einzuräumen.
Die Gegenstände des Umlaufvermögens laut Bilanz zum Zeitpunkt meines Ablebens gehen dabei auf die Dauer des Nießbrauchs in das Eigentum des Nießbrauchers über. Der Nießbraucher ist verpflichtet, sie nach Beendigung des Nießbrauchs entsprechend zurückzuübereignen.
Alle betrieblichen Forderungen sind an den Nießbraucher abzutreten.
Der Nießbraucher ist verpflichtet, alle zu meinem Tode bestehenden bilanzierten Verbindlichkeiten zu übernehmen, ersatzweise die Erben von jeglicher Inanspruchnahme heraus freizustellen.
Der Nießbraucher ist berechtigt, im Rahmen einer ordnungsgemäßen Wirtschaft und mit der Verpflichtung zur Ersatzbeschaffung über Gegenstände des Anlagevermögens zu verfügen.

c) Die Erben sind berechtigt, diejenigen Steuern, die sie als Vermögensträger zu tragen haben, aus dem jährlichen Gewinn des Unternehmens zu entnehmen. Der hiernach verbleibende, in der Bilanz ausgewiesene Reingewinn steht dem Nießbraucher allein zu (steht dem Nießbraucher zu. . . . . % und den Erben zu. . . . . % zu).

e) Nießbrauchvermächtnis am Gesellschaftsanteil an einer Personenhandelsgesellschaft

▶ Muster: Nießbrauchvermächtnis am Gesellschaftsanteil an einer Personenhandelsgesellschaft

89 **Meiner Ehefrau vermache ich den lebenslangen Nießbrauch an meinem Geschäftsanteil an der. . . . . KG.**

Der Nießbrauch endet bei Wiederverheiratung meiner Ehefrau.

Für den Nießbrauch gilt im Einzelnen:

a) Der Nießbrauch wird als Vollnießbrauch zugewandt. Demnach wird der Nießbraucher für die Dauer des Nießbrauchs in vollem Umfang Gesellschafter der KG, was im Gesellschaftsvertrag ausdrücklich zugelassen ist. Der Nießbraucher ist auf die Dauer des Nießbrauchs als Gesellschafter in das Handelsregister einzutragen.

b) Der Nießbrauch erstreckt sich auf sämtliche Kapitalkonten (Kapitalkonto I und II), aber auch auf diejenigen Gegenstände, die ich als mein Sonderbetriebsvermögen zur Nutzung (nicht zu Eigentum) in die Gesellschaft eingebracht habe. Soweit es sich dabei um Grundbesitz handelt, ist der Nießbrauch durch Eintragung im Grundbuch auf Kosten des Nießbrauchers zu sichern.

c) Der Nießbraucher hat bei der Ausübung seiner Gesellschaftsrechte darauf zu achten, dass das Stammrecht am Gesellschaftsanteil nicht durch ihn ohne Zustimmung der Erben beeinträchtigt wird. Durch Auflage wird der Nießbraucher insbesondere verpflichtet, folgende Maßnahmen nicht ohne schriftliche Einwilligung der Erben vorzunehmen:
1. **Veräußerung und Belastung des Gesellschaftsanteils,**
2. **Veränderung der Beteiligungsverhältnisse und der Gewinnverteilung,**
3. **Erhöhung der Einlagen,**
4. **Abänderung des Gesellschaftsvertrages, insbesondere Einschränkung oder Ausschließung der Vererblichkeit des Geschäftsanteils,**
5. **Auflösung oder Umwandlung der Gesellschaft.**

Für den Fall, dass der Nießbraucher gegen diese Auflagen verstößt, sind die Erben berechtigt, die sofortige Beendigung des Nießbrauchs zu verlangen. Etwaige Zwischenbilanzkosten gegen dann zu Lasten des Nießbrauchers.

d) Der Gewinnanteil, wie er in der Jahresbilanz der KG ausgewiesen wird, steht mit Ausnahme der auf die Erben entfallenden Steuern, die durch das Stammrecht an der KG bedingt sind, dem Nießbraucher zu. Für die Entnahmeberechtigung gilt der Gesellschaftsvertrag.

f) Nießbrauchvermächtnis am Geschäftsanteil einer GmbH

▶ Muster: Nießbrauchvermächtnis am Geschäftsanteil einer GmbH

Meiner Ehefrau vermache ich den lebenslangen Nießbrauch an sämtlichen von mir gehaltenen Geschäftsanteilen an der. . . . . GmbH mit dem Sitz in. . . . . Die Geschäftsanteile belaufen sich auf insgesamt. . . . . €. Der Nießbrauch erlischt bei Wiederverehelichung meiner Ehefrau. 90

Die Nießbrauchbestellung ist im Gesellschaftsvertrag zugelassen, sofern der Nießbrauchsberechtigte zum Kreis der Gesellschafter, der Ehegatten oder der ehelichen Abkömmlinge eines Gesellschafters gehört. Meine Geschäftsanteile sind voll eingezahlt, auch das gesamte übrige Stammkapital ist eingezahlt.

Für den Nießbrauch gilt im Einzelnen:

a) Für den Nießbrauch gelten die gesetzlichen Bestimmungen der §§ 1068 ff. BGB, soweit nicht nachfolgend etwas anderes bestimmt ist.
b) Dem Nießbraucher stehen für die Dauer des Nießbrauchs nur die Vermögensrechte zu, während die Herrschafts- und Mitverwaltungsrechte beim Erben verbleiben. Die Erben haben als Gesellschafter bei der Ausübung ihrer Herrschafts- und Mitverwaltungsrechte die Interessen des Nießbrauchers zu berücksichtigen. Schuldrechtlich werden die Erben als Gesellschafter im Innenverhältnis (nicht im Außenverhältnis gegenüber der GmbH und ihren Gesellschaftern) hinsichtlich des Stimmrechtes an die Zustimmung des Nießbrauchers gebunden. Die Erben und die Nießbraucher haben sich wechselseitig alle Auskünfte zu erteilen, die den Geschäftsanteil betreffen, ebenso Einsichten in alle Bücher und Papiere zu gewähren.
c) Auf die Dauer des Nießbrauchs kann der Nießbraucher den auf den Geschäftsanteil entfallenden Jahresreingewinn (§ 29 GmbHG) beziehen, sobald die GmbH die Gewinnverteilung beschlossen hat. Anspruchsberechtigt ist der Nießbraucher jedoch nur bezüglich des zur Auszahlung gelangenden Gewinns. Der Erbe als Inhaber des Gesellschaftsstammrechtes bevollmächtigt den Nießbraucher, ihn bei den Beschlüssen über die Ausschüttung zu vertreten.
d) Bei Kapitalerhöhungen oder Ausgabe neuer Geschäftsanteile kann der Nießbraucher vom Erben (Anteilseigner) verlangen, dass der Nießbrauch auf die neuen Geschäftsanteile ausgedehnt wird, jedoch nur, wenn die Kapitalerhöhung aus Gesellschaftsmitteln erfolgt. Der Erbe ist im Verhältnis zum Nießbraucher nicht verpflichtet, sich an Kapitalerhöhungen zu beteiligen. Die Stimmrechtsbindung, die schuldrechtlich zwischen Erben und Nießbraucher aufgrund der Anordnungen oben b) besteht, gilt nicht für Beschlüsse über eine Kapitalerhöhung.
e) Der Nießbrauch erstreckt sich nicht auf die Liquidationsquoten nach § 72 GmbHG bzw. das Abfindungsguthaben und das Einziehungsentgelt nach § 34 GmbHG, auf zurückgezahlte Nachschüsse nach § 30 Abs. 2 GmbHG und Teilrückzahlungen der Stammeinlage nach § 58 Abs. 2 GmbHG.
f) Der Nießbrauch ist von Erben und Nießbraucher bei der GmbH anzumelden.

g) Abfindung weichender Erben durch stille Beteiligung

▶ Muster: Abfindung weichender Erben durch stille Beteiligung

Meinen Kindern, die nicht als Erben bzw. als Unternehmensnachfolger zum Zuge kommen, vermache ich an meinem Unternehmen in. . . . . stille Beteiligungen. Die Höhe der ihnen vermachten Einlagen errechnen sich dabei nach den ihren Erbquoten entsprechenden Teilen des bilanzierten Eigenkapitals zum Zeitpunkt der Unternehmensübernahme durch den von mir bzw. aufgrund meiner Verfügung bestimmten Unternehmensnachfolger. Sie sollen dabei nicht nur am Gewinn und Verlust, sondern im Innenverhältnis auch am Gesellschaftsvermögen in gleicher Weise wie ein Kommanditist beteiligt sein. Die Vermächtnisse fallen zum Zeitpunkt der Unternehmensübernahme durch Unternehmensnachfolge an und sind sofort fällig. Es sind jeweils Vorausvermächtnisse. 91

Es wird Testamentsvollstreckung angeordnet. Der Testamentsvollstrecker wird vom jeweiligen Hauptgeschäftsführer der zuständigen Industrie- und Handelskammer ernannt. Der Testamentsvollstrecker hat die Aufgabe, für die Erfüllung des vorgenannten Vermächtnisses

zu sorgen. Dabei ist er berechtigt, die Modalitäten der stillen Beteiligung festzulegen, insbesondere ihre Laufzeit und die Beteiligung der stillen Gesellschafter am Gewinn und Verlust, ihre Mitwirkungsrechte bei der Unternehmensführung und die Kündigungsmöglichkeiten.

h) Umwandlungsanordnung

▶ Muster: Umwandlungsanordnung

92 **Ich verpflichte meine Erben durch Auflage, mein einzelkaufmännisches Unternehmen in eine KG umzuwandeln, und zwar in der Weise, dass eine neu zu gründende GmbH die alleinige persönliche Haftung zu übernehmen hat (GmbH & Co). Die Beteiligungsverhältnisse der Erben an KG und GmbH haben dabei der Beteiligung am Nachlass zu entsprechen.**

Im Übrigen wird wegen der Ausgestaltung der Gesellschaftsverträge auf die Anlagen I und II zu diesem Testament Bezug genommen; diese Anlagen stellen einen wesentlichen Bestandteil der Verfügung dar. Abweichungen von den Vorgaben, die in den Anlagen enthalten sind, sind nur zulässig, wenn eine Gesetzesänderung sie zwingend erfordert. Dabei ist jedoch auf eine möglichst identische Beteiligung der Erben (Unternehmensnachfolger) Wert zu legen.

i) Umwandlungsanordnung mit Vorrang eines Miterben

▶ Muster: Umwandlungsanordnung mit Vorrang eines Miterben

93 **Durch Auflage ordne ich an, dass mein Unternehmen in eine Kommanditgesellschaft umgewandelt wird. . . . .** *(wie oben).*

Meine Erben sind dabei an der Kommanditgesellschaft entsprechend ihrer Beteiligung am Nachlass zu beteiligen.

Die GmbH, welche die persönliche Haftung in der KG zu übernehmen hat, soll jedoch lediglich von meinem Sohn. . . . . gegründet und gehalten werden. Damit will ich sicherstellen, dass mein Sohn. . . . . , der über die längste geschäftliche Erfahrung verfügt, die unternehmerischen Entscheidungen der KG nachhaltig beeinflussen kann.

Für die Gesellschaftsverhältnisse gelten im Übrigen die Festlegungen in den Anlagen I und II zu dieser Urkunde *(wie oben).*

j) Umwandlungsanordnung unter Einsatz der Möglichkeiten des Umwandlungsgesetzes

▶ Muster: Umwandlungsanordnung unter Einsatz der Möglichkeiten des Umwandlungsgesetzes

94 **Durch Auflage verpflichte ich meine Erben, mein Unternehmen, das bislang in der Rechtsform der GmbH & Co. KG betrieben wird – ich halte sämtliche Anteile sowohl an der GmbH wie an der KG –, in eine Kapitalgesellschaft (AG oder GmbH) nach Maßgabe des Umwandlungsgesetzes und des Umwandlungssteuergesetzes umzuwandeln.**

Meine Erben sind an der neuzugründenden Kapitalgesellschaft entsprechend ihrer quotenmäßigen Beteiligung am Nachlass zu beteiligen.

Ich ordne Testamentsvollstreckung an und bestimme zum Testamentsvollstrecker. . . . . Der Testamentsvollstrecker hat die Aufgabe, den Nachlass in Besitz zu nehmen, in Sonderheit alle Gegenstände, die in der Bilanz meines Unternehmens erfasst sind, und die Umwandlung in eine Kapitalgesellschaft durchzuführen. Meine Erben verpflichte ich durch Auflage, bei der Ausübung gesetzlich etwa vorbehaltener höchstpersönlicher Mitwirkungsrechte der Umwandlung nicht zu widersprechen.

Der Testamentsvollstrecker hat auch nach durchgeführter Umwandlung die Aufgabe, den Nachlass, soweit er in Beteiligungen an der neugegründeten Kapitalgesellschaft besteht, in Besitz zu nehmen und zu verwalten, also auch das Stimmrecht in der Gesellschaft für meine Erben auszuüben. Diese Testamentsvollstreckung erlischt zwei Jahre nach durchgeführter Umwandlung.

k) Duldung von Bestimmungsrechten Dritter

▶ Muster: Duldung von Bestimmungsrechten Dritter

Durch Auflage verpflichte ich die Erben, die Ausübung von Bestimmungsrechten jedweder Art durch. . . . . zu dulden, sofern eine Entscheidung nach den gesetzlichen Bestimmungen durch einen Dritten nach dessen billigem Ermessen getroffen werden kann. 95

l) Schiedsgutachter- und Schiedsgerichtsklausel

▶ Muster: Schiedsgutachter- und Schiedsgerichtsklausel

Streitigkeiten der Erben und sonstiger Nachlassbeteiligter aufgrund der getroffenen Verfügung von Todes wegen sind unter Ausschluss der ordentlichen Gerichte durch einen Schiedsrichter als Einzelrichter zu entscheiden. Der Schiedsrichter hat dabei zugleich die Funktion, sich auch in Bewertungsfragen gutachtlich verbindlich zu äußern und sonstige Bestimmungsrechte nach billigem Ermessen auszuüben. 96

Der Schiedsrichter entscheidet, sofern keine zwingenden gesetzlichen Bestimmungen entgegenstehen, prozess- und materiellrechtlich in freiem Ermessen, im Übrigen – falls vom Ermessen kein Gebrauch gemacht wird – nach den einschlägigen Bestimmungen der Zivilprozessordnung und des Gerichtsverfassungsgesetzes, jedoch mit der Maßgabe, dass die Verhandlung nicht öffentlich ist und Anwaltszwang nicht besteht.

Zum Schiedsrichter (mit den oben zugewiesenen weiteren Funktionen) wird bestimmt:

m) Duldung von Vollmachten

▶ Muster: Duldung von Vollmachten

Die Erben haben die Vollmacht, die ich zu notarieller Urkunde erteilt habe, entsprechend den Festlegungen in der Vollmacht und der dort genannten Laufzeit zu dulden. Sie haben sich dabei ihres Rechtes, selbst tätig zu werden, zu enthalten, soweit und solange der Bevollmächtigte von der Vollmacht Gebrauch macht. Sie werden durch Auflage verpflichtet, die Vollmacht nicht zu widerrufen, solange die Maßnahmen des Bevollmächtigten sich nur auf das ererbte Vermögen (den Nachlass) auswirken und das sonstige Vermögen der Erben nicht tangieren. 97

n) Testamentsvollstrecker als Treuhänder

▶ Muster: Testamentsvollstrecker als Treuhänder

Dem Testamentsvollstrecker wird die Sonderfunktion zugewiesen, als Treuhänder der Erben, also im Namen, jedoch für Rechnung der Erben, Unternehmen und Unternehmerrechte, die in meinen Nachlass fallen, zu verwalten. 98

Die Erben werden durch Auflage verpflichtet, die Treuhandfunktion des Testamentsvollstreckers zu dulden und alle Vollmachten zu erteilen, die der Testamentsvollstrecker zur Wahrnehmung seiner Treuhandtätigkeit im Interesse des Nachlasses benötigt.

o) Erweiterte Verwaltungsvollstreckung

▶ Muster: Erweiterte Verwaltungsvollstreckung

Der Testamentsvollstrecker hat den Nachlass in Besitz zu nehmen und zu verwalten. Die Verwaltung des Nachlasses bezieht sich auch auf die in meinen Nachlass fallenden Geschäftsbeteiligungen an Unternehmen. 99

Dabei kann der Testamentsvollstrecker wählen, ob er
a) als Treuhänder handelt, also im eigenen Namen auftritt, jedoch für Rechnung der Erben handelt,
b) als Bevollmächtigter, also im Namen und für Rechnung der Erben handelt,

c) die Erben nach außen als Unternehmer auftreten lässt, sich jedoch die Entscheidungsbefugnis im Innenverhältnis vorbehält.

Die Erben haben nach Ausübung des Wahlrechtes durch den Testamentsvollstrecker diesem alle Vollmachten zu erteilen, die erforderlich sind, damit er die Verwaltung des Nachlasses in der gebotenen Effektivität wahrnehmen kann. Die Verpflichtung erfolgt durch Auflage. Die Erfüllung der Auflage kann vom Testamentsvollstrecker selbst vorgenommen werden.

Der Testamentsvollstrecker ist bei Gesellschaftsbeteiligung zu folgenden Maßnahmen nur mit schriftlicher Einwilligung der Erben berechtigt:
aa) Veräußerung und Belastung der Gesellschaftsbeteiligung (ganz oder teilweise),
bb) Veränderung der Beteiligungsverhältnisse und der Gewinnverteilung,
cc) Erhöhung der Einlage,
dd) Abänderung des Gesellschaftsvertrages, insbesondere Einschränkung oder Ausschluss der Vererblichkeit des Gesellschaftsanteils,
ee) Auflösung und Umwandlung der Gesellschaft.

Der Testamentsvollstrecker kann sich für einzelne Angelegenheiten einer fachkundigen Beratung bedienen. Die Kosten gehen insoweit zu Lasten des Nachlasses.

7. Behindertenerbvertrag

▶ **Muster: Behindertenerbvertrag**

100 **I. Vorbemerkung**

. . . . .

II. Vertragsmäßige Verfügungen von Todes wegen

In vertragsmäßiger, also einseitig nicht widerruflicher Weise, vereinbaren die Beteiligten was folgt:

1. Erbfolge nach dem Erstversterbenden

a) Erbquoten

(1) Erben des zuerstversterbenden Ehegatten werden der Längerlebende zu. . . . . und das gemeinsame Kind *(behindertes Kind)* zu. . . . .

Sollte *(das gesunde Kind)* ohne Hinterlassung von Abkömmlingen vorverstorben sein, ändern sich die Erbquoten wie folgt: der längerlebende Ehegatte erhält in diesem Fall. . . . . , *(behindertes Kind)*. . . . .

Im Hinblick auf § 2306 BGB sollte die Quote über dem Pflichtteil liegen.

(2) Ersatzerbe von *(behindertes Kind)* ist der längerlebende Ehegatte.

(3) Ersatzerben des längerlebenden Ehegatten sind die übrigen nachstehend unter Ziffer 3. a) benannten Schlusserben gemäß den dort getroffenen Verteilungsgrundsätzen.

b) Nacherbfolge

(1) *(behindertes Kind)* ist jedoch nur Vorerbe.

(2) Der Vorerbe ist von den Beschränkungen des § 2119 BGB (Anlegung von Geld) befreit. Im Übrigen ist der Vorerbe von den gesetzlichen Beschränkungen der §§ 2113 ff. BGB ausdrücklich nicht befreit.

(3) Der Nacherbfall tritt mit dem Tod des Vorerben ein.

(4) Nacherbe ist der längerlebende Ehegatte.

Ersatznacherben sind die Abkömmlinge des Vorerben zu unter sich gleichen Stammanteilen, wiederum ersatzweise die übrigen nachstehend unter Ziffer 3. a) benannten Schlusserben gemäß den dort getroffenen Verteilungsgrundsätzen.

(5) Das Nacherbenanwartschaftsrecht ist nicht vererblich und nur an den Vorerben oder an Mitnacherben übertragbar. Im Falle einer solchen Übertragung entfällt die jeweilige Ersatznacherbfolge.

2. Pflichtteilslast

Für den Fall, dass beim Ableben des Erstversterbenden ein pflichtteilsberechtigter Abkömmling sein gesetzliches Pflichtteilsrecht geltend machen sollte, hat die Pflichtteilslast alleine der längerlebende Ehegatte zu tragen.

3. Erbfolge nach dem Längerlebenden

a) Erbquoten

(1) Schlusserben, also Erben des Letztversterbenden und Erben eines jeden Ehegatten im Fall eines durch dasselbe Ereignis bedingten (annähernd) gleichzeitigen Versterbens, sind *(gesunde Kinder)* zu je. . . . . und *(behindertes Kind)* zu. . . . .

(2) Ersatzschlusserben sind jeweils die Abkömmlinge der Schlusserben zu unter sich gleichen Stammanteilen gemäß den Regeln gesetzlicher Erbfolge. Sind solche nicht vorhanden, tritt bei den übrigen Schlusserben Anwachsung gemäß § 2094 BGB ein.

b) Nacherbfolge

(1) *(behindertes Kind)* ist jedoch auch beim Schlusserbfall nur Vorerbe.

(2) Der Vorerbe ist von den Beschränkungen des § 2119 BGB (Anlegung von Geld) befreit. Im Übrigen ist der Vorerbe von den gesetzlichen Beschränkungen der §§ 2113 ff. BGB ausdrücklich nicht befreit.

(3) Der Nacherbfall tritt mit dem Tod des Vorerben ein.

(4) Nacherben sind die Abkömmlinge des Vorerben zu unter sich gleichen Stammanteilen. Ersatznacherben sind die übrigen vorstehend unter Ziffer 3. a) benannten Schlusserben gemäß den dort getroffenen Verteilungsgrundsätzen.

(5) Das Nacherbenanwartschaftsrecht ist nicht vererblich und nur an den Vorerben oder an Mitnacherben übertragbar. Im Falle einer solchen Übertragung entfällt die jeweilige Ersatznacherbfolge.

4. Abänderungsvorbehalt

Abweichend von der gesetzlichen erbvertraglichen Bindungswirkung vereinbaren wir folgenden Abänderungsvorbehalt:

Der Längerlebende ist befugt, die nach ihm geltende Erbfolge innerhalb der gemeinsamen Abkömmlinge einseitig beliebig abzuändern oder zu ergänzen. Er darf hierzu auch Beschwerungen und Beschränkungen i.S.v. § 2306 Abs. 1 BGB anordnen oder aufheben. Anderen Personen darf der Längerlebende von Todes wegen durch Vermächtnisse nur Vermögenswerte zuwenden, die er nach dem Ableben des Erstversterbenden hinzuerworben hat, soweit sie nicht wirtschaftlich Ersatz oder Ertrag des beim ersten Erbfall vorhandenen Vermögens sind. Wurden durch solche hinzuerworbenen Vermögenswerte Verbindlichkeiten getilgt, die bereits beim Tod des Erstversterbenden vorhanden waren, dürfen auch Vermächtnisse in Höhe dieser Beträge ausgesetzt werden.

Auf Verlangen eines Schluss- oder Ersatzschlusserben ist beim Tod des Erstversterbenden ein Vermögensverzeichnis zu erstellen.

Sollte nur noch *(behindertes Kind)* als einzig lebender gemeinsamer Abkömmling vorhanden sein, ist der Längerlebende berechtigt, die nach ihm geltende Erbfolge völlig frei abzuändern.

5. Nicht bedachte Pflichtteilsberechtigte

Die Bestimmungen dieses Erbvertrages sollen gelten, ganz gleich, ob und welche pflichtteilsberechtigten Personen bei unserem Tod vorhanden sind. Insoweit wird auf das gesetzliche Anfechtungsrecht verzichtet.

6. Rücktrittsrecht

Jeder von uns behält sich den jederzeit ohne Angabe von Gründen möglichen Rücktritt von diesem Erbvertrag vor.

Über die für die Ausübung des Rücktrittsrechts einzuhaltenden Vorschriften wurde vom beurkundenden Notar belehrt.

III. Einseitige Verfügungen

1. Testamentsvollstreckung

a) Testamentsvollstreckung in beiden Erbfällen

Das gemeinsame Kind *(behindertes Kind)* **ist wegen seiner Behinderung nicht in der Lage, seine Angelegenheiten selbst zu besorgen. Es wird daher die ihm beim jeweiligen Erbfall zugewendeten Erbteile nicht selbst verwalten können.**

Sowohl der erstversterbende als auch der längerlebende Ehegatte ordnen deshalb hinsichtlich des *(behindertes Kind)* **jeweils zufallenden Erbteils Testamentsvollstreckung in Form einer Dauertestamentsvollstreckung gemäß § 2209 BGB an.**

b) Person des Testamentsvollstreckers

(1) Zum Testamentsvollstrecker wird ernannt:
- beim Tod des Erstversterbenden der längerlebende Ehegatte,
- beim Schlusserbfall. . . . .

(2) Der jeweilige Testamentsvollstrecker wird ermächtigt, jederzeit einen Nachfolger zu benennen. Das gleiche gilt, wenn der Testamentsvollstrecker sein Amt nicht antreten kann oder will. Kann oder will er dies nicht, soll der Nachfolger gemäß § 2200 BGB durch das Nachlassgericht ernannt werden.

(3) Das Amt des für den ersten Sterbefall eingesetzten Testamentsvollstreckers endet mit dem Schlusserbfall. An seine Stelle tritt der für den Schlusserbfall eingesetzte Testamentsvollstrecker, der dann die Miterbenanteile von *(behindertes Kind)* am Nachlass beider Elternteile verwaltet.

c) Aufgaben und Befugnisse des Testamentsvollstreckers

(1) Solange die jeweilige Erbengemeinschaft besteht, nimmt der Testamentsvollstrecker die *(behindertes Kind)* zustehenden Rechte als Miterbe wahr und verwaltet den Nachlass gemeinsam mit den weiteren Miterben. Er ist von den Beschränkungen des § 181 BGB ausdrücklich befreit.

(2) Der Testamentsvollstrecker darf nicht über den Erbteil als solchen verfügen, jedoch bei einer Auseinandersetzung der Erbengemeinschaft mitwirken.

(3) Nach erfolgter Erbauseinandersetzung setzt sich die Testamentsvollstreckung an den Vermögenswerten fort, die *(behindertes Kind)* bei der Nachlassteilung zugefallen sind.

(4) Gemäß § 2216 Abs. 2 BGB wird der jeweilige Testamentsvollstrecker verbindlich angewiesen, die *(behindertes Kind)* gebührenden jährlichen Reinerträgnisse des Nachlasses ausschließlich so zuzuwenden, dass hierdurch keine Kürzung von etwaigen durch *(behindertes Kind)* bezogenen staatlichen Leistungen eintreten kann. Mit dieser Weisung soll erreicht werden, dass die wirtschaftliche Stellung von *(behindertes Kind)* verbessert wird. Die jährlichen Reinerträge des Nachlasses sind *(behindertes Kind)* insbesondere in folgender Form zuzuwenden:
- Geschenke zum Geburtstag und Namenstag von *(behindertes Kind)*, zu Weihnachten, Ostern und Pfingsten;
- Zuwendungen zur Befriedigung von individuellen Bedürfnissen geistiger und künstlerischer Art sowie in Bezug auf die Freizeitgestaltung, insbesondere Hobbies;
- Finanzierung von Freizeiten und Urlaubsaufenthalten, einschließlich der dafür notwendigen Materialien und Ausstattungsgegenstände, und ggf. Bezahlung einer erforderlichen, geeigneten Begleitperson;
- Aufwendungen für Besuche bei Verwandten und Freunden;

- Aufwendungen für ärztliche Behandlungen, Heilbehandlungen, Therapien und Medikamente, die von der Krankenkasse oder Versicherungen nicht (vollständig) gezahlt werden, z.B. Brille, Zahnersatz usw.;
- Anschaffung von Hilfsmitteln und Ausstattungsgegenständen, die von der Krankenkasse oder Versicherungen nicht (vollständig) bezahlt werden; dabei sollen die Hilfsmittel von der Qualität so bemessen und ausgewählt werden, dass sie *(behindertes Kind)* optimal dienlich sind;
- Aufwendungen für zusätzliche Betreuung, z.B. bei Spaziergängen, Theater- und Konzertbesuchen, Einkäufen und ähnlichem, entsprechend den Wünschen von *(behindertes Kind)*;
- Aufwendungen für Güter des persönlichen Bedarfs des Kindes, z.B. (modische) Kleidung oder Einrichtung seines Zimmers;
- Geldzuwendungen, die jedoch, wenn *(behindertes Kind)* erstattungspflichtige Sozialleistungen in Anspruch nimmt, den Rahmen dessen nicht übersteigen dürfen, was *(behindertes Kind)* nach den einschlägigen Bestimmungen maximal zur freien Verfügung haben darf.

Der Testamentsvollstrecker wird ausdrücklich angewiesen, auf die Bedürfnisse und – soweit möglich – auf die Wünsche von *(behindertes Kind)* einzugehen.

(5) Der Testamentsvollstrecker entscheidet nach billigem Ermessen, welche Teile des jährlichen Reinertrages er für die einzelnen oben genannten Leistungen verwendet.

Soweit die jährlichen Reinerträge nicht in voller Höhe in der oben bezeichneten Weise verwendet worden sind, hat sie der Testamentsvollstrecker gewinnbringend anzulegen.

Für nach obigen Grundsätzen geplante größere Anschaffungen oder Reisen sind vorab Rücklagen zu bilden.

(6) Im Übrigen gelten für die Testamentsvollstreckung die gesetzlichen Vorschriften.

(7) Der Testamentsvollstrecker hat gleichzeitig die Aufgabe, die Rechte, Pflichten und Befugnisse der Nacherben gegenüber dem Vorerben bis zum Nacherbfall wahrzunehmen. Insoweit wird für beide Erbfälle auch über die Nacherbschaft Testamentsvollstreckung angeordnet.

(8) Für den Fall, dass sich nach Überzeugung des Testamentsvollstreckers und nach übereinstimmender Meinung des gesetzlichen Vertreters des Vorerben herausstellen sollte, dass Leistungen für den Vorerben in dem im vorstehenden Absatz (4) genannten Sinne notwendig oder zumindest sinnvoll sind, die trotz der Möglichkeit zur Bildung von Rücklagen und zur Auswahl der Mittelverwendung aus den dem Vorerben zustehenden Reinerträgnissen des Nachlasses sowie dessen sonstigem Vermögen und Einkommen nicht finanzierbar sind, gilt ausnahmsweise folgendes: Nur in diesem Fall besteht ein hiermit vorausvermächtnisweise zugewendeter Anspruch des Vorerben gegenüber dem oder den Nacherben auf Zustimmung dazu, dass vom Testamentsvollstrecker auch auf die Substanz des dem Vorerben zugewendeten Nachlasses zugegriffen werden darf. Diese Zustimmung kann vom Testamentsvollstrecker erteilt werden. Bei einer Entscheidung im vorgenannten Sinne soll der Testamentsvollstrecker auch berücksichtigen, dass die dem Vorerben zugewendete Nachlassbeteiligung diesem möglichst auf Lebenszeit Ertrag bringen soll und ein Zugriff auf die Substanz regelmäßig diese Ertragskraft nachhaltig schwächt. Es wird klargestellt und angeordnet, dass dieser Anspruch und damit die Möglichkeit, auf die Substanz des Nachlasses zuzugreifen, nur dann besteht, wenn die vorgenannten Voraussetzungen vorliegen und insbesondere sichergestellt ist, dass die Mittel nur in Form solcher Leistungen zugewendet werden, die zur Verbesserung der Lebensqualität und ggf. Lebensstellung des Vorerben beitragen, aber nach dem jeweils geltenden Sozialhilfe- oder sonstigen Fürsorgerecht nicht dem Zugriff des jeweiligen Hilfeträgers unterliegen und auch nicht auf Leistungen von dritter Seite anspruchsmindernd angerechnet werden. Ist dies nicht sichergestellt, besteht im Interesse der Nacherben ausdrücklich kein Anspruch auf Zustimmung und damit kein Anspruch auf Zugriff auf die Nachlasssubstanz durch den Testamentsvollstrecker oder den Vorerben.

d) Vergütung

Einem durch das Nachlassgericht ausgewählten Testamentsvollstrecker, der nicht zum Kreis der vorbezeichneten Erben oder Ersatzerben gehört, ist für seine Tätigkeit neben dem Ersatz seiner Auslagen eine angemessene Vergütung zu gewähren, die sich an den Empfehlungen des Deutschen Notarvereins (sog. »Neue Rheinische Tabelle«, vgl. www.dnotv.de) einschließlich ihren künftigen Fortschreibungen orientieren soll. Andere Personen haben nur Anspruch auf Aufwendungsersatz gemäß § 2218 BGB, wobei jedoch Tätigkeiten im jeweiligen Beruf oder Gewerbe des Testamentsvollstreckers gesondert zu vergüten sind.

2. Vorschlag für einen Betreuer

Die Ehegatten regen an, nach dem Ableben des Längerlebenden. . . . . zum Betreuer von *(behindertes Kind)* zu bestellen.

evtl.

3. Benennung eines Vormundes

Sollte beim Ableben des Längerlebenden eines der gemeinsamen Kinder noch minderjährig sein, benennt der Längerlebende hiermit gemäß § 1777 Abs. 3 BGB. . . . . als Vormund.

IV. Hinweise

Der Notar hat unter anderem belehrt über
- die höchstrichterliche Rechtsprechung zum sog. »Behindertentestament«, den sog. Nachranggrundsatz im Sozialleistungsrecht und die Möglichkeit einer Änderung der Rechtslage, welche dazu führen kann, dass die heute getroffenen Regelungen unwirksam oder unanwendbar werden können;
- § 14 HeimG und dessen landesrechtliche Nachfolgevorschriften;

. . . . .

8. Verfügungsunterlassungsvertrag in Verbindung mit Erbvertrag

▶ Muster: Verfügungsunterlassungsvertrag in Verbindung mit Erbvertrag

101 In Verbindung mit dem vorstehenden Erbvertrag schließen wir, die Ehegatten einerseits. . . . . und Frl. . . . . andererseits, folgenden schuldrechtlichen

Verfügungsunterlassungsvertrag

gemäß § 137 Satz 2 BGB:

Wir, die Ehegatten. . . . . verpflichten uns gegenüber unserer Tochter. . . . . zu unseren Lebzeiten bzw. zu Lebzeiten des Längstlebenden von uns nicht über den im vorstehend niedergelegten Erbvertrag genannten Grundbesitz oder über Teile hiervon zu verfügen.

Unter den Begriff »Verfügen« fällt auch eine Belastung des Grundbesitzes in den Abteilungen II und III des Grundbuches, es sei denn, es handelt sich um Dienstbarkeiten oder Reallasten für öffentliche Versorgungsträger oder um solche Rechte aus baurechtlicher oder nachbarrechtlichen Gründen.

Eine Ausnahme, also das Recht, gleichwohl zu verfügen, wird dem jeweiligen Verpflichteten gestattet, ohne dass eine Zustimmung der Begünstigten erforderlich wäre:

a) bei Vorliegen einer objektiven Notlage beim Verpflichteten oder seinem Ehegatten oder beim Vorliegen einer Notlage bei Abkömmlingen des Verpflichteten, bei letzteren, also bei Abkömmlingen, jedoch nur, wenn die Erlöse oder Valuten ausschließlich zur Beseitigung der Notlage verwendet werden, wobei eine Notlage beim Verpflichteten zumindest dann vorliegt, wenn seine Nettoeinkünfte (alle Einkunftsarten) nicht mindestens monatlich dem jeweiligen Grundgehaltssatz eines Bundesbeamten der Besoldungsgruppe A. . . . . , 1. Dienstaltersstufe, ohne Zuschläge, entsprechen;

b) wenn das Surrogat oder der Erlös bzw. die Valuten ausschließlich für substanzerhaltende oder wertverbessernde Maßnahmen verwendet werden oder aus sinnvollen wirtschaftlichen Erwägungen, insbesondere im Hinblick auf nachhaltige Rentabilität und nachhaltiger Ertragskraft ohne Umschichtung des Vermögens oder von Teilen des Vermögens, angezeigt ist.

Den Beteiligten ist bekannt, dass ein Verstoß gegen den vorstehenden Verfügungsunterlassungsvertrag, also eine unberechtigte Verfügung des Verpflichteten, einen schuldrechtlichen

Anspruch der Begünstigten gegen den jeweiligen Verpflichteten auf Wiederherstellung des vertragsmäßigen Zustandes, also beispielsweise auf Rückholung des Eigentums am Grundbesitz, auslöst, und zwar nicht nur als Schadensersatzanspruch bei Verschulden, sondern ohne Verschuldensvoraussetzung als Erfüllungsanspruch.

9. Gegenständlich beschränkter Pflichtteilsverzicht

▶ Muster: Gegenständlich beschränkter Pflichtteilsverzicht

Die heute miterschienene Tochter der Übergeber, Frau. . . . . , hat bereits anlässlich ihrer Verehelichung nach und nach insgesamt den Betrag von ca. 10.000,00 € erhalten. 102

Da sich der Übernehmer mit dieser Urkunde verpflichtet hat, an seine beiden anderen Geschwister. . . . . und. . . . . je den Betrag von 100.000,00 € hinauszuzahlen, sollen mit der heutigen Urkunde sämtliche Kinder der Ehegatten. . . . . und. . . . . hinsichtlich von Vorempfängen gleichgestellt sein und im Falle gesetzlicher Erbfolge zu keinerlei Ausgleich verpflichtet werden.

Herr. . . . . , Frau. . . . . und. . . . . erklären sich mit der heute erfolgten Übergabe an. . . . . ausdrücklich einverstanden.

Sie verzichten hiermit – aber nur soweit das unter Abschnitt I aufgeführte Grundstück in Frage steht –

a) auf das Pflichtteilsrecht und/oder Pflichtteilsergänzungsansprüche gegen den Nachlass ihrer Eltern,

b) und auf die Geltendmachung von Pflichtteilsergänzungsansprüchen gegen ihren Bruder. . . . . (§ 311b Abs 5 BGB). Die Wirkung des Verzichtes erstreckt sich auch auf die Abkömmlinge der Verzichtenden. Die Eltern, Herr. . . . . und Frau. . . . . , sowie der Übernehmer, Herr. . . . . , nehmen vorstehende Verzichtserklärungen an.

Für das ihren Eltern verbleibende Vermögen behalten sich die Verpflichtenden alle ihre gesetzlichen Ansprüche vor.

10. Pflichtteilsverzicht der Kinder für den 1. Sterbefall bei Ehegatten

▶ Muster: Pflichtteilsverzicht der Kinder für den 1. Sterbefall bei Ehegatten

Dem Pflichtteilsverzicht beim 1. Sterbefall kommt große Bedeutung vor allem dann zu, wenn die Schlusserbfolge für den Überlebenden bindend wird oder beim 1. Sterbefall Vor- und Nacherbfolge angeordnet wird. Denn das Pflichtteilsverlangen eines beim 1. Sterbefall übergangenen Kundes führt dann zur Bevorzugung dessen Stammes (weil die Abkömmlinge entweder zufolge ausdrücklicher Ersatzberufung oder über die Vermutung des § 2069 BGB nachrücken). Alternativ, also wenn kein Pflichtteilsverzicht erreichbar ist, ist bei Vor- und Nacherbfolge mit Bedingungen zu arbeiten. 103

I. Pflichtteilsverzicht

. . . . . und. . . . . erklären:

Wir verzichten hiermit für uns und unsere Abkömmlinge auf unser gesetzliches Pflichtteilsrecht am Nachlass des erstversterbenden Elternteils.

Dieser Verzicht erfolgt unter der Bedingung, dass die Ehe der Eltern nicht geschieden wird bzw. dass im Zeitpunkt des 1. Sterbefalls nicht die Voraussetzungen des § 1933 BGB vorliegen und unsere Eltern sich gegenseitig allein beerben.

Ohne diese Bedingung würde bei Ehescheidung der Erstversterbende über § 2077 BGB bei Erbverträgen wieder frei verfügungsbefugt mit der Konsequenz, dass der Verzichtende erhebliche, nicht gewollte Vermögenseinbußen erleiden kann. Gleiches gilt beim gemeinschaftlichen Testament wegen der Widerrufsmöglichkeit (§ 2271 BGB).

Unser gesetzliches Erbrecht ist durch den vorstehenden Verzicht nicht berührt.

Die Ehegatten. . . . . erklären:

Wir nehmen die vorstehenden Verzichte hiermit an.

II. Gegenleistungen

Für die vorstehenden Verzichte wird keine Gegenleistung vereinbart.

III. Belehrungen

Wir wurden darauf hingewiesen, dass aufgrund des vorstehenden Verzichts der jeweils Verzichtende und seine Abkömmlinge zwar ein gesetzliches Erbrecht, aber kein Pflichtteilsrecht am Nachlass des erstversterbenden Elternteils haben.

▶ Muster: Pflichtteilsverzicht mit Vermächtnis

104 **I. Pflichtteilsverzicht mit Vermächtnis:**

Herr. . . . . verzichtet hiermit gegenüber seinen Eltern auf seinen gesetzlichen Pflichtteil, der ihm nach dem Tod des erstversterbenden Elternteils zusteht. Der Verzicht wirkt auf die Abkömmlinge des Verzichtenden.

Der Verzicht wird in Kenntnis seiner Wirkung angenommen.

II. Erbvertrag

Im Wege des

Erbvertrages

zwischen
a) Herrn. . . . . und Frau. . . . . einerseits und
b) Herrn. . . . . andererseits

vereinbaren wir, was folgt:

Der erstversterbende Teil der Ehegatten. . . . . und. . . . . wendet hiermit dem gemeinsamen Sohn. . . . . ein Vermächtnis in Höhe seines Pflichtteils zu, das diesem nach dem Tod des ersterversterbenden Teils zusteht.

Das Vermächtnis ist fällig und zu erfüllen binnen zehn Jahren nach dem Tod des erstversterbenden Elternteils, spätestens jedoch nach dem Ableben des zweitversterbenden Elternteils. Es kann vom längerlebenden Teil auch in Sachwerten erfüllt werden. Der Nachweis der Werthaltigkeit obliegt demjenigen Teil, der das Vermächtnis zu erfüllen hat. Im Streitfall bestimmt die Werthaltigkeit ein vereidigter Sachverständiger, der auf Antrag einer Partei vom jeweiligen Hauptgeschäftsführer der Industrie- und Handelskammer für Niederbayern bestimmt wird. Eine Verzinsung der Forderung findet bis zur Fälligkeit nicht statt.

Ersatzvermächtnisnehmer für das Vermächtnis sind die Abkömmlinge von Herrn. . . . . nach Stammanteilen gemäß den Regeln der gesetzlichen Erbfolge. Herr. . . . . und Frau. . . . . bzw. der längerlebende Teil von ihnen sind aber berechtigt, den Vermächtnisgegenstand im Kreis der Abkömmlinge von Herrn. . . . . anders zu verteilen, wenn Herr. . . . . das Vermächtnis nicht antritt.

11. Vertrag unter künftigen Erben, Verzicht auf Geltendmachung des Pflichtteils

▶ Muster: Vertrag unter künftigen Erben, Verzicht auf Geltendmachung des Pflichtteils

105 **I. Mit Urkunde des amtierenden Notars vom heutigen Tage, Urk. Rolle Nr.. . . . . haben Herr. . . . . und Frau. . . . . ihr gesamtes landwirtschaftliches Anwesen. . . . . vorgetragen im Grundbuch des Amtsgerichts. . . . . an ihre Tochter. . . . . zu Eigentum übergeben. Hiervon nehmen die übrigen anwesenden Kinder Kenntnis.**

. . . . .

III. Die anwesenden Geschwister der Erwerberin. . . . . , erklären folgendes:

Als künftige Pflichtteilsberechtigte an den dereinstigen Nachlässen unseres Vaters. . . . . und unserer Mutter. . . . . verpflichteten wir uns hiermit heute schon gegenüber unserer Schwester, der Erwerberin und bei deren Vorableben ihren Kindern gegenüber als künftige gesetzliche Erben nach unseren Eltern unsere Pflichtteilsansprüche an den beiden elterlichen Nachlässen gegenüber der Erwerberin dereinst nicht geltend zu machen. (Alternative): Sollten wir Miterben oder Erben unserer oben genannten Eltern werden, verpflichten wir uns, unseren Erbteil an den Nachlässen unseres Vaters. . . . . und. . . . . auf unsere genannte Schwester. . . . . bzw. bei deren Vorableben auf deren Kinder zu gleichen Stammanteilen mit sofortiger dinglicher Wirkung zu übertragen.

Die Erwerberin im eigenen Namen und sie und ihr Ehemann. . . . . nehmen die vorstehenden Erklärungen hiermit an. Sie verzichten auf jegliche Gewährschaft.

12. Zuwendungsverzicht

▶ Muster: Zuwendungsverzicht

Zuwendungsverzicht, hilfsweiser Vertrag unter künftigen Erben (Urkundeneingang, Protokollform) 106

Es erscheinen

Frau Maria M

ihr Sohn Herbert M.,

ihre Tochter Tatjana T., die durch die nachstehende Regelung begünstigt werden soll.

1. **Die Ehegatten Franz und Maria M. haben zu Erbvertragsurkunde des Notars. . . . . vom. . . . . URNr.. . . . . sich gegenseitig zu Erben eingesetzt und als Schlusserben ihre gemeinsamen Kinder, nämlich ihren Sohn Herbert M. und die Tochter Tatjana T. je zur Hälfte durch erbvertragsmäßige Verfügung berufen. Als Ersatzschlusserben für den Sohn Herbert M. wurden dessen Abkömmlinge bestimmt. Dies sind zurzeit nur dessen Kinder A und B. Ein Änderungsvorbehalt wurde nicht vereinbart. Herr Franz M. ist verstorben. Die Ehegatten Franz und Maria M. haben nur diese beiden Kinder Herbert M. und Tatjana T.**
2. **Herr Herbert M. verzichtet hiermit für sich und seine Abkömmlinge gegenüber seiner Mutter Maria M. im Wege eines Zuwendungsverzichts auf das ihm und seinen Abkömmlingen in dem genannten Erbvertrag zugewandte Erbrecht.**
3. **Vorstehender Verzicht beziehen sich ausschließlich auf die genannten, erbvertraglichen Zuwendungen. Er erstreckt sich ausdrücklich nicht auf das gesetzliche Erb- und Pflichtteilsrecht des Verzichtenden und seiner Abkömmlinge gegenüber.**
4. **Der Verzichtende erklärt seinen Verzicht jedoch unter der aufschiebenden Bedingung, dass er erst wirksam wird, wenn die nach Ziff. 6 an ihn zu erbringende Gegenleistung vollständig erbracht ist.**
5. **Frau Maria M. nimmt diese Verzichte hiermit an.**
6. ***(Vereinbarung über eine Gegenleistung).***

13. Erbschaftsvertrag unter künftigen Erben

▶ Muster: Erbschaftsvertrag unter künftigen Erben

(Notarielle Beurkundung erforderlich) 107

1. Vorbemerkung

Die Eltern Rudi und Esmeralda Rüstig haben mit gemeinschaftlichem Testament vom. . . . . ihre drei Kinder Armin, Bertha und Cäsar je zu einem Drittel als Schlusserben eingesetzt. Rudi Rüstig ist bereits verstorben. Esmeralda Rüstig ist nicht mehr testierfähig. Armin will seinen künftigen Erbanteil an seinen Bruder Cäsar übertragen gegen Zahlung eines Abfindungsbetrags von 100.000,00 €.

2. Verpflichtung zur Erbanteilsübertragung

Armin Rüstig und Cäsar Rüstig gehen davon aus, dass sie aufgrund des oben genannten Testaments zu den dort genannten Erbquoten Erben ihrer Mutter werden. Im Hinblick darauf wird Folgendes vereinbart.

Herr Armin Rüstig verpflichtet sich, an seinen Bruder Cäsar Rüstig seinen Erbanteil von ein Drittel am dereinstigen Nachlass seiner Mutter Esmeralda Rüstig frei von Rechten Dritter nach § 2033 BGB zu übertragen. Zug um Zug mit dinglicher Übertragung des Erbanteils erhält er hierfür vom Erwerber eine Gegenleistung von 100.000,00 €. Dieser Betrag ist vom heutigen Tage bis zur Leistungserbringung mit 4 % jährlich zu verzinsen. Die Zinsen sind mit der Hauptsache zur Zahlung fällig. Im Übrigen gelten für die Erbanteilsübertragung folgende Bedingungen. . . . .

3. Sonstiges

Die Vertragsteile verpflichten sich, jeweils unverzüglich nach dem Erbfall alle erforderlichen Erklärungen und Anträge abzugeben, die zum Eintritt der vereinbarten Rechtswirkungen erforderlich sind, insbesondere die Erbanteilsabtretung beurkunden zu lassen (gegebenenfalls unwiderrufliche Vollmachten zur Durchführung dieser Vereinbarung).

Die Kosten der heutigen Urkunde und der späteren Erbanteilsabtretung einschließlich des Vollzugs trägt. . . . .

Der amtierende Notar hat auf die begrenzten Regelungsmöglichkeiten einer Vereinbarung nach § 311b Abs. 5 BGB hingewiesen, und zwar sowohl hinsichtlich des Tatbestandes wie der Rechtsfolgen. Den Vertragsteilen ist insbesondere bekannt, dass eine solche Vereinbarung nur schuldrechtliche, also nicht unmittelbar übertragende Wirkung hat und damit dann nicht erfüllbar ist, wenn Armin Rüstig nicht Erbe wird.

14. Nachlassvertrag

▶ Muster: Nachlassvertrag

108 **Für den Fall, dass unsere Ehe geschieden wird und wir bei einem Ableben von gemeinsamen Abkömmlingen wechselseitig am Vermögen des anderen Teils aufgrund Erbrechtes oder Pflichtteilsrechtes nach den gemeinsamen Abkömmlingen teilhaben, verpflichten wir uns gegenseitig durch Nachlassvertrag gemäß § 311b) Abs. 4 und 5 BGB, alles, was wir aus dem Nachlass des anderen Eheteils erlangen, an ihn oder die von ihm testamentarisch bestimmten, ersatzweise an seine gesetzlichen Erben, herauszugeben.**

15. Erbverzichtsangebot gegenüber Kindern

▶ Muster: Erbverzichtsangebot gegenüber Kindern

109 **Der künftige Ehemann/die künftige Ehefrau bietet hiermit in unwiderruflicher Weise den (künftigen) gemeinschaftlichen Abkömmlingen der Vertragsteile den Abschluss folgenden Vertrages an:**

Er/Sie verzichtet auf sein/ihr gesetzliches Erbrecht nach seinen/ihren Abkömmlingen, die von den Vertragsteilen gemeinsam abstammen.

Das Angebot kann unbefristet zur Urkunde eines deutschen Notars angenommen werden.

Teil 3 Kommentarteil

A. Errichtung und Aufhebung eines Testaments, §§ 2229–2263 BGB

Vorbemerkung zu §§ 2229 ff.

Literatur

Aden, Das todesnahe Testament, ZRP 2011, 83; *Assmann,* Erbrechtliche Prozesse zu Lebzeiten, ZZP 111 (1998), 357; *Baldus,* Die alternative Erbenberufung, JR 1969, 179; *Bartsch,* Die postmortale Schweigepflicht des Arztes beim Streit um die Testierfähigkeit des Patienten, NJW 2001, 861; *Baumann,* Anforderungen an Namensunterschriften unter beurkundeten Verfügungen von Todes wegen, RNotZ 2010, 310; *Baumgärtel/Laumen/Prütting,* Handbuch der Beweislast, Band 2, 4. Aufl., 2019 (zit: *Baumgärtel/Laumen/Prütting/Bearbeiter*); *Baumgärtel/Laumen/Prütting,* Handbuch der Beweislast im Privatrecht, Band 3, 4. Aufl, 2019 (zit: *Baumgärtel/Laumen/Prütting/Bearbeiter*); *von der Beck,* Norminhalt und Formstrenge im Recht der Nottestamente, 1995; *Blumenwitz,* Zum Kollisionsrecht der notariellen Urkunde, DNotZ 1968, 712; *Bonefeld,* Nachlassverteilung durch Los, ZErb 2018, 3; *Bormann,* Das Zentrale Testamentsregister in der notariellen Praxis, ZEV 2011, 628; *Boschan,* Konnte der in Grimma verschüttete Brunnenbauer Thiele während seines Notstandes ein Testament errichten?, DJZ 1901, 476; *Brehmer,* Die Annahme nach § 151 BGB, JuS 1994, 386; *Brox,* Die Bestimmung des Nacherben oder des Gegenstandes der Zuwendung durch den Vorerben, in: Festschrift für Bartholomeyczik, 1973, S. 41; *Bühler,* Anmerkung zu LG Stuttgart, Beschl v 22.12.1988, 2 T 157/88, BWNotZ 1989, 82; *Bühler,* Das Geheimhaltungsinteresse des Überlebenden bei der erstmaligen Eröffnung gemeinschaftlicher Verfügungen von Todes wegen, ZRP 1988, 59; *Burkart,* Anmerkung zu OLG Hamm, Beschl v 09.11.1988, 15 W 198/87, DNotZ 1989, 587; *Burkart,* Das eigenhändige Testament nach § 2247 BGB – Seine Problematik und seine Zukunft, in: Festschrift für v Lübtow, 1991, S. 253; *Canaris,* Verstöße gegen das verfassungsrechtliche Übermaßverbot im Recht der Geschäftsfähigkeit und im Schadensersatzrecht, JZ 1987, 993; *Canaris,* Zur Problematik von Privatrecht und verfassungsrechtlichem Übermaßverbot, JZ 1988, 494; *Cording,* Beweismittel zur Klärung der Testier(un)fähigkeit, ZEV 2010, 23; *Cording,* Kriterien zur Feststellung der Testier(un)fähigkeit, ZEV 2010, 115; *De Leve,* Deutsch-deutsches Erbrecht nach dem Einigungsvertrag, 1995; *De Leve,* Sonderregelung für Verfügungen von Todes wegen in Art. 235 § 2 EGBGB, Rpfleger 1996, 141; *von Dickhuth-Harrach,* Zum Wegfall des Mündlichkeitserfordernisses bei der Beurkundung von Testamenten und Erbverträgen, FamRZ 2003, 493; *Diehn*Das Zentrale Testamentsregister, NJW 2011, 481, DNotZ 2011, 676; *Dörner,* Interlokales Erb- und Erbscheinsrecht nach dem Einigungsvertrag, IPRax 1991, 392; *Dümig,* Anmerkung zu LG Freiburg, Beschluss v 19.03.2003, ZEV 2003, 372; *Dumoulin,* Besprechung von Keidel/Winkler, FGG, 10. Aufl, 1972, DNotZ 1973, 53; *Edenfeld,* Die anwaltliche und notarielle Schweigepflicht nach dem Tod des Erblassers, ZEV 1997, 391; *Eickmann,* Das rechtliche Gehör in Verfahren vor dem Rechtspfleger, Rpfleger 1982, 449; *Firsching,* Fragen des Testamentsrechts, DNotZ 1955, 283; *Floeth,* Anmerkung zu OLG München, Beschluss vom 25.09.2008, 31 Wx 42/08, FamRZ 2009, 372; *Frey,* Flexibilisierung der Nachlaßgeltung im Lichte von § 2065 BGB, Diss München, 1998; *Gaberdiel,* Anmerkung zu OLG Oldenburg, Beschl v 30.03.1965, 5 Wx 19/65, Rpfleger 1966, 265; *Gehse,* Die Bestimmung des Hofnacherben durch den Hofvorerben, RNotZ 2008, 339; *Geimer,* Anmerkung zu KG, Beschl v 14.10.1969, 1 AR 72/69, DNotZ 1970, 679; *Geimer,* Konsularisches Notariat, DNotZ 1978, 3; *Gillmeister,* Das Nottestament vor drei Zeugen gem. § 2250 BGB – Voraussetzungen, Haftungsrisiken für die Beteiligten und Minimierungsmöglichkeiten dieser Risiken, ZMGR 2015, 91 ff.; *Goebel,* Testierfähigkeit als Persönlichkeitsrecht, 2004; *Grossfeld,* Höchstpersönlichkeit der Erbenbestimmung und Auswahlbefugnis Dritter, JZ 1968, 113; *Grunmann,* Zu Formfreiheit und Formzwang bei privatschriftlichen Testamenten, AcP 187 (1987) 429; *Habscheid,* Anmerkung zu OLG Neustadt, Beschl v 23.03.1961, 3 W 24/61, JZ 1962, 418; *Haegele,* Möglichkeiten und Grenzen der Bestimmung von Erben und Vermächtnisnehmern durch einen Dritten, Rpfleger 1965, 355 *Haegele,* Das eigenhändige Testament in Rechtsprechung, Schrifttum und Praxis, JurBüro 1968, 343; *Haegele,* Einzelfragen zur Testaments-Eröffnung, Rpfleger 1968, 137; *Hahn,* Die Auswirkungen des Betreuungsrechts auf das Erbrecht, FamRZ 1991, 27; *Happe,* Schiedsgerichtsklauseln im Testament, in: Schiedsgerichtsbarkeit in gesellschaftsrechtlichen und erbrechtlichen Angelegenheiten, 1996, S. 85; *Hardt,* Amtsermittlung, Parteiverhalten und Feststellungslast im Erbscheinsverfahren, 1999; *Haußleiter,* FamFG- Kommentar Gesetz über das Verfahren in Familiensachen und in den Angelegenheiten der freiwilligen Gerichtsbarkeit, 2011; *Heinrich,* Die Beweislast bei Rechtsgeschäften, 1996; *Heinze,* Auslegung eines gemeinschaftlichen Testaments bei Anordnung einer Vor- und Nacherbschaft, ZEV 2010, 95; *Hellfeier,* Die Neuerrichtung eines durch schlüssige Handlung nach § 2255 Satz 1 BGB widerrufenen Testaments, ZEV 2003, 1; *Helms,* Erbrechtliches Drittbestimmungsverbot und kautelarjuristische Praxis, ZEV 2007, 1; *Hergenröder*, Testieren 2.0: Errichtung eines digitalen eigenhändigen Testaments mittels Touch- oder Smartpen?, ZEV 2018, 7; *Hermann*, Hoferbenbestimmungsrecht nach § 14 III HöfeO und Erbenbenennung nach § 2065 II BGB, FamRZ 1995, 1396; *Herrmann, B.*, Die Anerkennung formungültiger letztwilliger Verfügungen, 1969; *Herrmann, S.*, Erbrecht und Nachlaßverfahren in der DDR, 1989; *Hess*, Intertemporales Privatrecht, Tübingen 1998; *Höfer*, Das Beurkundungsgesetz in der Praxis, JurA 1970, 740; *Hölder*, Das eigenhändige Testament, JherJb 41 [1900], 303; *Hölscher*, Das aufschiebend bedingte Universalherausgabevermächtnis, ZEV 2009, 213; *Horn*, Die heutige Auslegung des DDR-Rechts und die Anwendung des § 242 BGB auf DDR-Altverträge, DWiR 1992, 45; *Horn/Kroiß/Seitz*, »Testamentsfälschung«: Das Schriftgutachten im Erbscheinsverfahren, ZEV 2013, 24; *Höver*, Ablieferung und Eröffnung von letztwilligen Verfügungen, DFG 1937, 133; *Hohloch*, Anmerkung zu OLG Hamm, Beschl v 08.10.1993, 15 W 74/93, JuS 1994, 710; *Hohloch*, Anmerkung zu BayObLG, Beschl v 28.01.1998, 1 Z BR 162 und 176/97, JuS 1998, 1163; *Hohmann*, Anmerkung zu BayObLG, Beschl v 21.02.1996, 1 Z BR 35/96, ZEV 1996, 271; *Hosemann*, Von den Bedenken gegen das Testieren »im stillen Kämmerlein« – Die Geschichte des eigenhändigen Testaments in Deutschland, dargestellt aus Anlass des 200. Geburtstages Badischen Landrechts, RNotZ 2010, 520; *Hülsmann/Baldamus*, Ärztliche Schweigepflicht versus Informationsinteresse der Erben, ZEV 1999, 91; *Ivo*, Nochmals: Abschied von »Dieterle«?, DNotZ 2002, 260; *Jansen/Längrich*, Leitfaden des Erbrechts der DDR, 1959; *Jansen*, Anmerkung zu BayObLG, Beschl v 09.07.1965, 1 b Z 3/65, NJW 1966, 663; *Jerschke*, Anmerkung zu BayObLG, Beschl v 11.04.1961, 1 Z BR 163/95, ZEV1996, 390; *Jerschke*, Anmerkung zu BayObLG, Beschl v 28.12.1993, 1 Z BR 85/93, ZEV 1994, 303; *Johannsen*, Die Rechtsprechung des Bundesgerichtshofes auf dem Gebiete des Erbrechts – 7. Teil: Das Testament, WM 1971, 402; *Kanzleiter*, Anmerkung zu OLG Frankfurt/M, Beschl v 10.12.1999 – 20 W 224/97, DNotZ 2001, 149; *Kanzleiter*, Widerruf eines (privatschriftlichen) Testaments nach § 2255 BGB durch Veränderungen an einer Kopie des Orginaltestaments?, ErbR 2014, 268; *Kappesser*, Die Nottestamente des BGB, 1995; *Karczewski*, Erbrecht und älter werdende Gesellschaft: Probleme des § 2065 BGB, ZEV 2018, 192; *Kasper*, Anmerkung zu BayObLG, Beschl v 18.12.2003, ZEV 2004, 201; *Kegel*, Die lachenden Doppelerben: Erbfolge beim Versagen von Urkundspersonen, in: Festschrift für Flume I, 1978, S. 545; *Keidel*, Anmerkung zu BGH, Urt v 19.05.1958, III ZR 21/57, MDR 1958, 837; *Keim*, Die höchstpersönliche Struktur der Verfügung von Todes wegen, Diss iur Berlin, 1990; *Keim*, Die Aufhebung von Erbverträgen durch Rücknahme aus amtlicher oder notarieller Verwahrung, ZEV 2003, 55; *Keim*, Das Gebot der höchstpersönlichen Erbenbestimmung bei der Testamentsgestaltung, FamRZ 2003, 137; *Keim*, Der Erbnachweis gegenüber Banken nach dem BGH-Urteil v. 08.10.2013, ZEV 2014, 277 ff.; *Kipp/Coing*, Erbrecht, 14. Aufl, 1990; *Klingelhöffer*, Testierfähigkeit und ihre Geltendmachung im Nachlaßverfahren, ZEV 1997, 92; *Klinger, B./Seibt, A.*, Altersbestimmung von Testamenten, NJW-Spezial 2011, 167; *Klunzinger*, Die erbrechtliche Ermächtigung zur Auswahl des Betriebsnachfolgers durch Dritte, BB 1970, 1197; *Knodel/Krone*, Grundsatzbestimmungen und Verfahrensregelungen für das Staatliche Notariat, NJ 1976, 165; *Korintenberg/Lappe/Bengel/Reimann*, Kostenordnung, 19. Aufl., 2009; *Krampe*, Die Konversion des Rechtsgeschäfts, 1980; *Krispenz*, Der Schutz dementer Erblasser nach § 2229 Abs. 4 BGB – Vorschlag zur Neuregelung, ErbR 2015, 525; *Kroiß/Horn*, Erbenlegitimation ohne Erbschein, NJW 2013, 516; *Kroppenberg*, Anmerkung zu BayObLG, Beschl v 04.02.2000 – 1 Z BR 16/99, ZEV 2000, 365; *Kroppenberg*, Die Testierfähigkeit betagter Erblasser de lege lata und de lege lata und lege ferenda, in: Festschrift für Bengel/Reimann, 2012; *Kroppenberg*, Privatautonomie von Todes wegen, 2008; *Krug*, Anmerkung zu OLG Hamm, Beschl v 15.05.2000, 15 W 476/99, FGPrax 2000, 153; *Krug*, Die Auswirkungen der ZPO-Reform 2002 auf den Erbprozess, ZEV 2002, 58; *Krug*, Notarielle Urkunden als Ersatz für einen Erbschein, in: Festschrift für Spiegelberger, 2009; *Kruse*, Zur Feststellung der Testierfähigkeit durch den Notar, NotBZ 2001, 405, 448; *Kubuschok/Weissstein*, Rückerstattungsrecht der Britischen und Amerikanischen Zone, 1950; *Kummer*, Klage des Pflichtteilsberechtigten auf Feststellung der Unwirksamkeit des Pflichtteilsentzugs, ZEV 2004, 274; *Lange*, Das Gesetz über die Errichtung von Testamenten und Erbverträgen, ZAkDR 1938, 577; *Lange, K. W.*, Erbrecht, 2011 (zit: K.W. Lange); *Lange, J.*, Anmerkung zu OLG Karlsruhe, Beschl v 08.02.2011, 14Wx 52/10, jurisPR-FamR 13/2011 Anm 7; *Lange, W.*, Dürfen Grundbuchamt und/oder Handelsregister trotz Vorliegens einer notariellen Verfügung von Todes wegen einen Erbschein verlangen?, ZEV 2009, 371; *Langenfeld*, In der Testamentsgestaltung lebt das Erbrecht, ZEV 2007, 453; *Lappe*, Die Entwicklung des Gerichts- und Notarkostenrechts im Jahr 1988, NJW 1989, 3254; *Larenz*, Methodenlehre der Rechtswissenschaft, 6. Aufl, 1991; *Laschner*, Die Auskunftspflicht des Arztes beim Erbprätendentenstreit über die Testierfähigkeit des Erblassers, 2004; *Lauck/Goratsch*, Vorgehen des Prozessvertreters zur gerichtlichen Klärung der Testierfähigkeit, ZEV 2019, 192; *Lehmann/Schulz*, Anmerkung zu OLG Karlsruhe, Urt v 07.12.2010, 12 U 102/10, ZEV 2011, 362; *Leipold*, Rechtsprechungsbericht Erbrecht 1995, JZ 1996, 287; *Leipold*, Zur Frage der Auswirkungen der Formnichtigkeit einer Wiederverheiratungsklausel auf die verfügte Erbeinsetzung, FamRZ 2004, 1143; *Leipold*, Anmerkung zu BGH, Beschl v 02.12.1998, IV Z.B. 19/97, LM § 138 (Cd) Nr. 30; *Lettmann*, Anmerkung zu OLG Hamm, Beschl v 15.05.2000, 15 W 476/99, MittRhNotK 2000, 345; *Löhnig*, Zur Testierfähigkeit Minderjähriger, Festschrift für Manfred Bengel und Wolfgang Reimann, 2012; *Lösler,* Zur Testiermöglichkeit schreib- und sprechunfähiger Stummer, NotBZ 1999, 185; *Lösler,* Anmerkung zu OLG Hamm, Beschl v 15.05.2000, 15 W 476/99, NotBZ 2000, 270; *Loritz,* Anmerkung zu OLG Hamm, Beschl v 24.08.1999, 15 W 218/99, ZEV 2000, 199; *von Lübtow,* Zur Lehre vom Widerruf des Testaments, NJW 1968, 1849; *Lutter,* Anmerkung zu OLG Neustadt/W, Beschl v 23.03.1961, 3 W 24/61, FamRZ 1961, 543; *Mayer, J.*, Anmerkung zu BayObLG, Beschl v 29.11.2000, 1 Z BR 125/00, ZEV 2001, 400; *Mayer, J.*, Der superbefreite Vorerbe? – Möglichkeiten und Grenzen der Befreiung des Vorerben, ZEV 2000, 1; *Mayer, J.*, Zur wirksamen Errichtung eines Nottestaments, ZEV 2002, 140; *Mayer, J.*, Offene Fragen des Erbrechts an die Verfassung – (noch) ungelöste Fälle aus der Praxis, Teil 1, ErbR 2010, 34; *Mayer, J.*, Offene Fragen des Erbrechts an die Verfassung – (noch) ungelöste Fälle aus der Praxis, Teil 2, ErbR 2010, 70; *Mayer, N.*, Die Bestimmung des Erben durch Dritte, ZEV 1995, 247; *Meyer-Stolte,* Anmerkung zu HansOLG, Beschl v 20.02.1985, 2 W 5/85, Rpfleger 1985, 195; *Meyer-Stolte,* Anmerkung zu OLG Köln, Beschl v 23.03.1992, 2 Wx 8/92, Rpfleger 1992, 395; *Metzmacher,* Haftungsrisiken für den Krankenhausträger im Zusammenhang mit der Testamentserrichtung, JR 2012, 359; *Michel,* Zulässige und unzulässige Schreibhilfe bei der Errichtung eigenhändiger Testamente, ArchKrim 162 (1978), 1; *Müller,* Erwiderung zum Beitrag von *Stoppe/Lichtenwimmer,* Die Feststellung der Geschäfts- und Testierfähigkeit beim alten Menschen durch den Notar – ein interdisziplinärer Vorschlag, DNotZ 2005, 806 ff., DNotZ 2006, 325; *Müller-Freienfels,* Bürgerliches Recht: Der vergeßliche Rechtsanwalt, JuS 1967, 124; *Muscheler,* Erbrecht, Band I, 2010; *Muscheler,* Die Form des eigenhändigen Testaments in der deutschen und schweizerischen Rechtsprechung, ErbR 2015, 3 ff.; *Muscheler,* Anmerkung zu BGH, Beschl v 03.02.1967, III ZB 14/66, NJW 2017, 3078; *Musielak,* Anmerkung zu OLG Hamm, Beschl v 27.06.1991, 15 W 116/91, FamRZ 1992, 358; *Neuffer,* Die Anfechtung der Willenserklärung wegen Rechtsfolgeirrtums, 1991; *Nieder,* Testamentserrichtung äußerungsbehinderter Erblasser, ZNotP 2001, 335; *Oetker,* Rechtsvorschriften der ehem DDR als Problem methodengerechter Gesetzesanwendung, JZ 1992, 608; *Otte,* Anmerkung zu BayObLG, Beschl v 22.02.1999, 1 Z BR 105/98, ZEV 1999, 314; *Otte,* Anmerkung zu OLG Frankfurt/M, Beschl v 10.12.1999, 20 W 224/97, ZEV 2001, 318; *Otte,* Die Bedeutung der »Hohenzollern«-Entscheidung des Bundesverfassungsgerichts für die Testierfreiheit ZEV 2004, 393; *Paal,* Sittenwidrigkeit im Erbrecht, JZ 2005, 436; *Peissinger,* Das gemeinschaftliche Testament, Rpfleger 1995, 325; *Peters,* Unterschrift auf dem Umschlag als Testamentsunterschrift?, Festschrift für Zöllner, 1999, S. 1217; *Pfister,* In welchem Zeitpunkt muß der die Verfügung eines Nichtberechtigten Genehmigende Verfügungsmacht haben?, JZ 1969, 623; *Pinckernelle/Spreen,* Das Internationale Nachlaßverfahrensrecht, DNotZ 1967, 195; *Ramm,* Drittwirkung und Übermaßverbot, JZ 1988, 489; *Rasch/Bayerl,* Der Mythos vom luziden Intervall, Lebensversicherungsmedizin 1985, 2; *Rehm,* Anmerkung zu BayObLG, Beschl v 03.08.1993, 1 Z BR 58/93, MittBayNot 1994, 275; *Reimann,* Anmerkung zu BGH, Beschl v 18.12.1996, IV Z.B. 9/96, DNotZ 1997, 469; *Reimann,* Die Änderungen des Erbrechts durch das OLG-Vertretungsänderungsgesetz, FamRZ 2002, 1383; *Reimann,* Hohenzollern und kein Ende: Wie das ehemalige Kaiserhaus zur Rechtsfortbildung in Deutschland beiträgt, Festschrift für Spiegelberger 2009; *Reithmann,* Zur Formulierung der notariellen Urkunde, DNotZ 1973, 152; *Reithmann,* Anmerkung zu OLG Hamm, Beschl v 13.07.2000, 15 W 107/00, DNotZ 2001, 131; *Röthel,* Testierfähigkeit und Testiermacht, AcP 210, 32-66; *Rohlfing/Mittenzwei,* Die verfassungsrechtliche Beurteilung des Ausschlusses von Mehrfachbehinderten von der Testierfähigkeit, FamRZ 2000, 654; *Rossak,* Kann ein schreibunfähiger Stummer ein Testament errichten?, MittBayNot 1991, 193; *Rossak,* Die Testierfähigkeit bzw. Testiermöglichkeit Mehrfachbehinderter, ZEV 1995, 236; *Rossak,* Folgen des verfassungswidrigen Ausschlusses Mehrfachbehinderter von jeglicher Testiermöglichkeit für die notarielle Praxis, ZEV 1999, 254; *Rossak,* Anmerkung zu BVerfG, Beschl v 19.01.1999, 1 BvR 2162/94, DNotZ 1999, 417; *Rossak,* Neue Vorschriften zum materiellen Recht der Testamentserrichtung und zum Beurkundungsrecht bei Beteiligung von behinderten Erblassern, ZEV 2002, 435; *Roth,* Das Datum der Testamentserrichtung – Ein Beitrag zur Feststellungslast bei möglicher Testierunfähigkeit, ZEV 1997, 94; *Rüssmann,* Anmerkung zu BayObLG, Beschl v 13.02.1990, 1 a Z 61/89, FamRZ 1990, 803; *Sailer,* Die Stellung der Ordensangehörigen im staatlichen Sozialversicherungs- und Vermögensrecht, 1996; *Sandweg,* Die von Amts wegen vorzunehmenden Tätigkeiten des Nachlaßgerichts gemäß § 41 LFGG, BWNotZ 1979, 25; *Sandweg,* Nachlaßsicherung und Erbenermittlung nach dem baden-württembergischen LFGG, BWNotZ 1986, 5; *Scherer/Lehmann,* ZEV-Report Zivilrecht, ZEV 2005, 453; *Schiffer,* Erbrechtliche Gestaltung: Möglichkeiten der Schiedsgerichtsbarkeit, in: Schiedsgerichtsbarkeit in gesellschaftsrechtlichen und erbrechtlichen Angelegenheiten, 1996, S. 65; *Schippel,* Das deutsche Notariat als Gegenstand europäischer Rechtssetzung, in: Festschrift für Lerche, 1993, S. 499; *Schlind,* Die Testamentserrichtung im Krankenhaus, ArztR 1979, 206; *Schmidt, R.*, Der Widerruf des Testaments durch Vernichtung oder Veränderung der Testamentsurkunde, MDR 1951, 321; *Schmoeckel,* Anmerkung zu BGH, Beschl v 02.12.1998, IV Z.B. 19/97, JZ 1999, 517; *Schmoeckel,* Die Geschäfts- und Testierfähigkeit von Demenzerkrankten, NJW 2016, 433; *Scholz,* Digitales Testieren, AcP 219, 100; *Schneider, E.*, Problemfälle aus der Prozeßpraxis – Zwei Testamente, MDR 1990, 1086; *Schneider, J.*, Darf zu Lebzeiten des Erblassers Klage erhoben werden auf Feststellung, ob eine Verfügung von Todes wegen bestimmte Folgen hat?, ZEV 1996, 56; *Schoetensack,* Der Notar und das internationale Urkundsverfahrensrecht, DNotZ 1952, 265; *Schröder/Meyer,* Eröffnetes notarielles Testament versus Erbschein, NJW 2006, 3252; *Schubert, W,* Anmerkung zu BGH, Urt v 29.05.1980, IVa ZR 26/80, JR 1981, 24; *Schultheis,* Die Gültigkeitsdauer der gemeinschaftlichen Dorftestamente, Z.B.lFG 1917, 174; *Schultze,* Über die Verwendung der Blindenschrift bei der Errichtung letztwilliger Verfügungen, DNotZ 1955, 629; *Schulze, J.-C.,* Letztwillig eingesetzte Schiedsgerichte, MDR 2000, 314; *Schurig,* Ein Kollisionsrecht für das Kollisionsrecht im vereinigten Deutschland, in: Festschrift für Lorenz, 1991, S. 513; *Schwarz,* Herausgabevermächtnis und Drittbestimmungsverbot: Lösung über kumulative Zweckauflage?, ZEV 2011, 292; *Seibt, A.,* Forensische Schriftgutachten, Einführung in Methoden und Praxis der forensischen Handschriftenuntersuchung, 1999; *Sens,* Die Erbenbestimmung durch Dritte, Diss iur Marburg 1990; *Seybold,* Anmerkung zu BGH, Urt v 21.01.1951, IV ZR 11/50, DNotZ 1952, 77; *Seybold,* Welche Anforderungen sind an die Überzeugung des Notars über die Blindheit eines Beteiligten zu stellen?, DNotZ 1967, 543; *Solomon,* Das Vermögensgesetz und § 25 Abs. 2 Rechtsanwendungsgesetz der DDR – abgeschlossene Vorgänge und offene Fragen, IPRax 1997, 24; *Sonntag,* Auslegungskriterien bei sich widersprechenden Testamenten vom selben Tag, ZEV 1996, 1; *Spanke,* Rechtsprobleme alternativer Erbeinsetzung, NJW 2005, 2947; *Stagl,* Der Wortlaut als Grenze der Auslegung von Testamenten, Die Andeutungstheorie im Testamentsrecht Deutschlands, Österreichs und der Schweiz, Diss Freiburg, 2000; *Starke,* Erbnachweis durch notarielles Testament, NJW 2005, 3184; *Staudinger, A.,* Anmerkung zu BVerfG, Beschl v 22.03.2004, FamRZ 2004, 768; *Stellwaag,* Nochmals: Zwei Testamente oder: Wenn drei sich streiten, MDR 1991, 501; *Stoppe/Lichtenwimmer,* Die Feststellung der Geschäfts- und Testierfähigkeit beim alten Menschen durch den Notar – ein interdisziplinärer Vorschlag, DNotZ 2005, 806; *Stumpf,* Postscripta im eigenhändigen Testament, FamRZ 1992, 1131; *Thie/Glas,* Erbrechtliche Überlassung der Entscheidung zur Auswahl eines Betriebsnachfolgers, AUR 2014, 121; *Trilsch-Eckardt,* Das »Wechselrahmentestament«, ZEV 1996, 299; *Vogels,* Anmerkung zu RG, Urt v 06.02.1939, IV 188/38, DR 1939, 310; *Vollkommer,* Anmerkung zu BVerfG, Beschl v 19.01.1999 – 1 BvR 2161/94, ZEV 1999, 268; *Wachter,* Anmerkung zu OLG Stuttgart, Beschl v 10.06.2009, 8 W 501/08, ZEV 2010, 200; *Wacke,* Mentalreservation und Simulation als antizipierte Konträrakte bei formbedürftigen Geschäften, Festschrift für Dieter Medicus, 1999, S. 651 ff.; *Wagner,* Der Grundsatz der Selbstentscheidung bei Errichtung letztwilliger Verfügungen, 1996; *Wagner,* Erbeinsetzung unter einer Potestativbedingung und § 2065 BGB, ZEV 1998, 255; *Weirich/Armin,* Das Rücknahmeverbot beim Erbvertrag – eine Fehlkonstruktion des Gesetzes, DNotZ 1997, 7; *Wellenhofer,* Anmerkung zu LG Nürnberg-Fürth, Beschl v 12.08.2008, JuS 2009, 867; *Westermann,* Die Auswahl des Nachfolgers im frühzeitigen Unternehmertestament, in: Festschrift für Möhring, 1965, 183; *Westphal,* Nochmals: Die beglaubigte Testamentskopie als Erbausweis im Rechtsverkehr – Schlußwort, Rpfleger 1980, 460; *Wetterling, T./Neubauer, H./Neubauer, W.,* Psychiatrische Gesichtspunkte zur Beurteilung der Testierfähigkeit, ZEV 1995, 46; *Weyl,* Testament eines Verschütteten, DJZ 1901, 501; *Wieser,* Verstößt § 105 BGB gegen das verfassungsrechtliche Übermaßverbot?, JZ 1988, 493; *Will,* Zweimalige Testamentseröffnung, DNotZ 1974, 273; *Winkler, K.,* Urkunden in Vermerkform nach dem Beurkundungsgesetz, DNotZ 1971, 140; *Winkler, K.,* Anmerkung zu OLG Celle, Beschl v 09.11.2007 Not 16/0, MittBayNot 2008, 492; *Wübben,* Anmerkung zu OLG Düsseldorf, Beschl v 14.06.1999, 3 Wx 104/99, ZEV 2000, 30; *Zawar,* Anmerkung zu KG, Beschl v 05.02.1998, 1 W 6796/95, DNotZ 1999, 685; *Zimmer,* Anmerkung zu OLG Hamm, Beschluss v. 01.08.2014, 15 W 427/13, ZflR 2015, 217 ff.; *Zimmermann, H.,* Zweifelsfragen zum Beurkundungsgesetz, Rpfleger 1970, 189; *Zimmermann, R.,* Lachende Doppelerben? – Erbfolge und Schadensersatz bei Anwaltsverschulden, FamRZ 1980, 99; *Zimmermann, T.,* Juristische und psychiatrische Aspekte der Geschäfts- und Testierfähigkeit, BWNotZ 2000, 97; ZGB-Kommentar, Kommentar zum ZGB der DDR vom 19. Juni 1975, Berlin (Ost) 1983.

Übersicht Rdn.

I. Regelungsgegenstand der §§ 2229 bis 2263 BGB und Gesetzgebungsgeschichte

1. Regelungsgegenstand

Die Vorschriften des siebenten Titels stehen unter der Überschrift »Errichtung und Aufhebung eines Testaments«. Sie tragen mit ihren Anforderungen dem Gedanken Rechnung, dass die Auswirkungen einer solchen letztwilligen Verfügung erst nach dem Tode des Verfügenden und damit in einem Zeitpunkt eintreten, in welchem eine Erklärung des Verfügenden darüber ausscheidet, ob seine Erklärung Geltung erlangen soll und welchen Inhalt sie hat. 1

Die Regelungen über die Errichtung eines Testaments haben insofern weniger Warnfunktion – der Verfügende wird von den Folgen seiner Erklärung nicht mehr betroffen – als **Nachweisfunktion**. Sie sollen nach Möglichkeit die Selbständigkeit des Willens verbürgen und die Echtheit der Erklärung sicherstellen.[1] Als Reflex stehen die Formvorschriften aber auch übereilten und unbedachten Verfügungen von Todes wegen – insbesondere der Aufhebung von Verfügungen durch neue – spontan mündlich getätigte – Verfügungen – entgegen.[2] Bei der Auslegung der Bestimmungen ist weiterhin zu berücksichtigen, dass der Verfügende durch das Testament auf die Rechtsverhältnisse nach seinem Tode Einfluss nimmt und so von seiner als Grundrecht verbürgten Befugnis aus **Art. 14 Abs. 1 Satz 1 GG** Gebrauch macht. Die zu strenge Handhabung der Vorschriften über die Testamentserrichtung, aber auch der über die Testamentsaufhebung, berührt deshalb grundgesetzlich geschützte Positionen. Dabei steht die Testierfreiheit nicht im Dienste der bestmöglichen Regelung eines Erbfalls,[3] sondern umfasst – wie die Privatautonomie auch – stets die Freiheit zur Willkür[4] und – in Grenzen – zur Ungerechtigkeit. Versteht man dagegen die Testierfreiheit in der genannten instrumentalisierten Weise, so wird man ihrem Charakter als Teil der Menschenwürde und als Teil der Entfaltung der Persönlichkeit und damit nicht als Mittel, sondern als Zweck nicht gerecht. Eine mittelbare Beeinflussung der Testamentsgestaltung kann vom Erbschaftssteuerrecht ausgehen, das für unterschiedliche Personengruppen unterschiedliche Belastungen vorsieht. Diese mittelbare Reflexwirkung zugunsten naher Angehöriger wird aber zu Recht nicht als Beschränkung der Testierfreiheit eingestuft.[5]

2. Entwicklung der gesetzlichen Bestimmungen

Vor dem Hintergrund dieser Spannung zwischen der Durchsetzung der privatautonomen Gestaltung der Erbfolge einerseits und der Notwendigkeit, trotz des Todes des Erblassers Gewissheit über die 2

1 BGH NJW 1981, 1900, 1901; weitergehend – Übereilungsschutz – Staudinger/*Baumann* § 2231 Rn. 19.
2 Soergel/*Mayer* Rn. 2.
3 So aber *Lange/Kuchinke* § 16 I.
4 Vgl. BGH NJW 1999, 566, 569 = FGPrax 1999, 29, 31 (Erbunfähigkeit bei nicht ebenbürtiger Abstammung oder Ehe); zustimmend *Schmoeckel* JZ 1999, 517; *Leipold* LM § 138 (Cd) Nr. 30; ausführlich dazu *Kroppenberg*, Privatautonomie von Todes wegen, S. 143 f., dort auch sehr kritisch zur verfassungsrechtlichen Usurpation und den damit verbundenen Einschränkungen bei Ebenbürtigkeitsklauseln, S. 38–56; ebenso BVerfG FamRZ 2000, 945, 946 (kein Zwang zur Gleichbehandlung der Abkömmlinge); BVerfG NJW 2000, 2495 (Heiratsklausel); so im Ausgangspunkt auch BVerfG NJW 2004, 2008, 2010 (Ebenbürtigkeitsklauseln) = FamRZ 2004, 765, 767 m. Anm. *Staudinger*; zustimmend *Horsch* Rpfleger 2005, 285, 289; Soergel/*Mayer* Rn. 1.
5 BVerfG NJW 2011, 366 = ZEV 2011, 46; *K.W. Lange* § 11 Rn. 8 ff.

Geltung und den Inhalt seines Willens zu erlangen, ist auch die **Entwicklung der gesetzlichen Regelungen** zu sehen. Im BGB wurde – entgegen den Entwürfen zu dieser Regelung[6] – das eigenhändige Privattestament zugelassen, jedoch unter strenge, von vielen später als zu streng empfundene Formvorschriften gestellt. Gleiches galt für die Nottestamente. Erklärtes Ziel des am 04.08.1938 in Kraft getretenen Testamentsgesetzes[7] war es deshalb, unnötige Formstrenge zu vermeiden, sofern nur eine zuverlässige Wiedergabe des Willens des Erblassers sichergestellt ist.[8] Gesetzestechnisch geschah dies durch Kodifikation in einem eigenen Regelungswerk, durch welches unter anderem die Bestimmungen der §§ 2229 bis 2267 BGB aufgehoben wurden (§ 50 Abs. 3 Nr. 1 TestG). Dabei entsprachen die Bestimmungen des TestG – bis auf die erwähnten Formerleichterungen – weitgehend den Regelungen des BGB. Das Gesetz zur Wiederherstellung der Gesetzeseinheit auf dem Gebiet des Bürgerlichen Rechts vom 05.03.1953 (GesEinhG, BGBl. I 33, 35 ff.) reinkorporierte das Recht der Testamentserrichtung in das BGB, wo diese Regelungen mit Ausnahme der Verfahrensbestimmungen in Bezug auf die gerichtliche und notarielle Beurkundung eines Testaments ihren Platz behalten haben. Letztere wurden durch das Beurkundungsgesetz (BeurkG) vom 28.08.1969 (in Kraft seit dem 01.01.1970) geregelt, wobei die entsprechenden Bestimmungen des BGB und auch die des Zehnten Abschnitts des FGG aufgehoben wurden; auf die Kommentierung des BeurkG (Kommentarteil D) kann hier verwiesen werden. Durch das OLGVertrÄndG (BGBl. 2002 I 2850) vom 23.07.2002 wurde bei notariellen Testamenten auf die Mündlichkeit der Erklärung verzichtet, um so auch bei Mehrfachbehinderungen die Testamentserrichtung zu ermöglichen. Eine Änderung der Regelungen über die Verwahrung von Testamenten und ihre Eröffnung trat mit dem FGG-Reformgesetz vom 17.12.2008 mit Wirkung zum 01.09.2009 in Kraft. Durch dieses Gesetz wurden die entsprechenden Bestimmungen vom BGB in das BeurkG verlagert. Zugleich wurden auch Regelungen des BeurkG geändert.

3. Übergangsregelungen und Zeittafel

3 Die nachfolgende Übersicht orientiert sich an dem dem heutigen Juristen vertrauten geltenden Recht.

BGB in der aktuellen Fassung (Juli 2019)	BGB i.d.F. des FGG-RG v. 17.12.2008	BGB i.d.F. des PStRG v. 19.02.2007	BGB i.d.F. des BeurkG vom 28.08.1969	BGB i.d.F. des GesEinhG vom 05.03.1953	TestG vom 31.07.1938	BGB i.d.F. vom 01.01.1900
§ 2064	§ 2064	§ 2064	§ 2064	§ 2064	§ 1 Abs. 1	§ 2064
§ 2229 Abs. 1, 2	§ 2229 Abs. 1, 2	§ 2229 Abs. 1, 2	§ 2229 Abs. 1, 2	§ 2229 Abs. 1, 2	§ 1 Abs. 2, 3	§ 2229 Abs. 1, 2
–	–	–	§ 2229 Abs. 3	§ 2229 Abs. 3	§ 2 Abs. 1	§ 2229 Abs. 3
§ 2229 Abs. 4	§ 2229 Abs. 4	§ 2229 Abs. 4	§ 2229 Abs. 4	§ 2229 Abs. 4	§ 2 Abs. 2	–
–	–	–	§ 2230	§ 2230	§ 3	§ 2230
§ 2231	§ 2231	§ 2231	§ 2231	§ 2231	§ 4	§ 2231
§ 2232[9]	§ 2232[9]	§ 2232[9]	§ 2232	§ 2238 Abs. 1, 2	§ 11 Abs. 1, 2	§ 2238 Abs. 1
§ 2233[10]	§ 2233[10]	§ 2233[10]	§ 2233	§ 2238 Abs. 3, 4; § 2243 Abs. 1	§ 11 Abs. 3, 4; § 17 Abs. 1 Satz 1	§ 2238 Abs. 2; § 2243 Abs. 1

6 Motive Bd. 5 S. 257, 258; Denkschrift, S. 294; Protokolle Bd. 5 S. 328 ff.; vgl. dazu *Hölder* JherJb 41 (1900), 303, 323.
7 TestG, RGBl. I S. 973; Abdruck der Begründung in DJ 1938, 1254 ff.
8 So der Vorspruch des TestG, DJ 1938, 1254.
9 Geändert durch das OLGVertrÄndG v 23.07.2002 BGBl I 2850.
10 Geändert durch das OLGVertrÄndG v 23.07.2002 BGBl I 2850.

BGB in der aktuellen Fassung (Juli 2019)	BGB i.d.F. des FGG-RG v. 17.12.2008	BGB i.d.F. des PStRG v. 19.02.2007	BGB i.d.F. des BeurkG vom 28.08.1969	BGB i.d.F. des GesEinhG vom 05.03.1953	TestG vom 31.07.1938	BGB i.d.F. vom 01.01.1900
§ 2247	§ 2247	§ 2247	§ 2247	§ 2247	§ 21	§§ 2247, 2231 Nr. 2
§ 2248	§ 2248	§ 2248	§ 2248	§ 2248	§ 22	§ 2248
§ 2249 Abs. 1, 2	§ 2249 Abs. 1, 2	§ 2249 Abs. 1, 2	§ 2249 Abs. 1, 2	§ 2249 Abs. 1, 2	§ 23 Abs. 1, 2	§ 2249
–	–	–	§ 2249 Abs. 4	§ 2249 Abs. 4	§ 23 Abs. 4	§ 2249
§ 2249 Abs. 3, 5, 6	§ 2249 Abs. 3, 5, 6	§ 2249 Abs. 3, 5, 6	§ 2249 Abs. 3, 5, 6	§ 2249 Abs. 3, 5, 6	§ 23 Abs. 3, 5, 6	–
§ 2250 Abs. 1, 3	§ 2250 Abs. 1, 3	§ 2250 Abs. 1, 3	§ 2250 Abs. 1, 3	§ 2250 Abs. 1, 3	§ 24 Abs. 1, 3	§ 2250
§ 2250 Abs. 2	§ 2250 Abs. 2	§ 2250 Abs. 2	§ 2250 Abs. 2	§ 2250 Abs. 2	§ 24 Abs. 2	–
§ 2251	§ 2251	§ 2251	§ 2251	§ 2251	§ 25	§ 2251
§ 2252	§ 2252	§ 2252	§ 2252	§ 2252	§ 26	§ 2252
§ 2253	§ 2253	§ 2253	§ 2253 Abs. 1	§ 2253 Abs. 1	§ 32 Abs. 1	§ 2253 Abs. 1
–	–	–	§ 2253 Abs. 2	§ 2253 Abs. 2	§ 32 Abs. 2	§ 2253 Abs. 2
§ 2254	§ 2254	§ 2254	§ 2254	§ 2254	§ 33 Abs. 1	§ 2254
§ 2255	§ 2255	§ 2255	§ 2255	§ 2255	§ 33 Abs. 2	§ 2255
§ 2256 Abs. 1 Satz 1, Abs. 2, 3	§ 2256 Abs. 1 Satz 1, Abs. 2, 3	§ 2256 Abs. 1 Satz 1, Abs. 2, 3	§ 2256 Abs. 1 Satz 1, Abs. 2, 3	§ 2256 Abs. 1 Satz 1, Abs. 2, 3	§ 34 Abs. 1 Satz 1, Abs. 2, 3	§ 2256
§ 2256 Abs. 1 Satz 2	§ 2256 Abs. 1 Satz 2	§ 2256 Abs. 1 Satz 2	§ 2256 Abs. 1 Satz 2	§ 2256 Abs. 1 Satz 2	§ 34 Abs. 1 Satz 2	–
§ 2257	§ 2257	§ 2257	§ 2257	§ 2257	§ 35	§ 2257
§ 2258	§ 2258	§ 2258	§ 2258	§ 2258	§ 36	§ 2258
(§§ 344, 346 FamG)	(§§ 344, 346 FamG)	(§§ 73a, 82 FGG)	§ 2258a	§ 2258a Abs. 1, 2 Nr. 2–4, Abs. 3	§ 37 Abs. 1, 2 Nr. 2–4, Abs. 3	–
–	–	–	–	§ 2258a Abs. 2 Nr. 1, Abs. 4	§ 37 Abs. 2 Nr. 1, Abs. 4	–
(§§ 344, 346 FamG)	(§§ 344, 346 FamG)	(§§ 73a, 82 FGG)	§ 2258b	§ 2258b	§ 38	–
§ 2259	§ 2259	§ 2259	§ 2259	§ 2259	§ 39	§ 2259
(§§ 348, 350 FamFG)	(§§ 348, 350 FamFG)	§ 2260	§ 2260	§ 2260	§ 40	§ 2260
(§§ 348, 350 FamFG)	(§§ 348, 350 FamFG)	§ 2261	§ 2261	§ 2261	§ 41	§ 2261
(§§ 348, 350 FamFG)	(§§ 348, 350 FamFG)	§ 2262	§ 2262	§ 2262	§ 42	§ 2262
§ 2263	§ 2263	§ 2263	§ 2263	§ 2263	§ 43	§ 2263
(§ 351 FamFG)	(§ 357 FamFG)	§ 2263a	§ 2263a	§ 2263a	§ 46	–
(§ 357 FamFG)	(§ 357 FamFG)	§ 2264	§ 2264	§ 2264	§ 47	§ 2264

BeurkG in der aktuellen Fassung (Juli 2019)[11]	BeurkG i.d.F. vom 28.08.1969	BGB i.d.F. des GesEinhG vom 05.03.1953	TestG vom 31.07.1938	BGB i.d.F. vom 01.01.1900
§ 3 Abs. 1 Satz 1 Nr. 2, 3	§ 3 Abs. 1 Nr. 2, 3	§ 2234	§ 7	§ 2234
§ 5 Abs. 1	§ 5 Abs. 1	§ 2240	§ 13 Abs. 1	§ 2240
§ 5 Abs. 2	§ 5 Abs. 2	§ 2245	§ 19	§ 2245
§ 6 Abs. 1 Nr. 2, 3	§ 6 Abs. 1 Nr. 2, 3	§ 2234	§ 7	§ 2234
§§ 7, 27	§§ 7, 27	§ 2235	§ 8	§ 2235
§ 8	§ 8	§ 2240	§ 13 Abs. 1	§ 2240
§ 9	§ 9	§ 2241	§ 13 Abs. 2 bis 5	§ 2241
§ 10 Abs. 2	§ 10 Abs. 2	§ 2241a Abs. 1, 2	§ 14 Abs. 1, 2	–
§ 11	§ 11	§ 2241a Abs. 3	§ 14 Abs. 3	–
§ 13 Abs. 1	§ 13 Abs. 1	§ 2239	§ 12	§ 2239
§ 13 Abs. 1	§ 13 Abs. 1	§ 2242 Abs. 1	§ 16 Abs. 1	§ 2242 Abs. 1
§ 13 Abs. 3	§ 13 Abs. 3	§ 2242 Abs. 4	§ 16 Abs. 4	§ 2242 Abs. 3
§ 13 Abs. 3, § 35	§ 13 Abs. 3, § 35	§ 2242 Abs. 4	§ 16 Abs. 4	§ 2242 Abs. 3
§§ 16, 27	§§ 16, 27	§ 2244	§ 18	§ 2244
§ 17 Abs. 1, 2, 3	§ 17	§ 2241b	§ 15	–
§ 22 Abs. 2	§ 22 Abs. 2	§ 2242 Abs. 4	§ 16 Abs. 4	§ 2242 Abs. 3
§§ 23, 24	§§ 23, 24	§ 2242 Abs. 2	§ 16 Abs. 2	–
§ 24 Abs. 1 Satz 3	§ 24 Abs. 1 Satz 3	§ 2242 Abs. 4	§ 16 Abs. 4	§ 2242 Abs. 3
§ 25	§ 25	§ 2242 Abs. 3	§ 16 Abs. 3	§ 2242 Abs. 2
§ 26	§ 26	§ 2237	§ 10	§ 2237
§§ 26, 27	§§ 26, 27	§ 2235	§ 8	§ 2235
§§ 26, 27	§§ 26, 27	§ 2236	§ 9	§ 2236
§ 28	§ 28	§ 2241a Abs. 3	§ 14 Abs. 3	–
§ 29 Satz 2	§ 29 Satz 2	§ 2242 Abs. 4	§ 16 Abs. 4	§ 2242 Abs. 3
§ 30	§ 30	§ 2241 Abs. 1 Nr. 3 Fall 2	§ 13 Abs. 2 Nr. 3 Fall 2	§ 2241 Nr. 3 Fall 2
§ 30 Satz 4, § 17 Abs. 1, 2, 3	§ 30 Satz 4, § 17	§ 2241b	§ 15	–
(§ 31)[12]	§ 31	§ 2243 Abs. 1 Satz 2, Abs. 2	§ 17 Abs. 1 Satz 2, Abs. 2	§ 2243 Abs. 1 Satz 2, Abs. 2
§ 32	§ 32	§ 2244 Abs. 1	§ 18 Abs. 1	§ 2244 Abs. 1
§ 34 Abs. 1, 2	§ 34	§ 2246	§ 20	§ 2246

4 Ist der Erblasser **vor dem 01.01.1900** verstorben, so bestimmt sich das Übergangsrecht nach Art. 213 EGBGB. Dieser lautet: Für die erbrechtlichen Verhältnisse bleiben, wenn der Erblasser vor dem Inkrafttreten des Bürgerlichen Gesetzbuchs gestorben ist, die bisherigen Gesetze maßgebend. Das gilt insbesondere auch von den Vorschriften über das erbschaftliche Liquidationsverfahren. Diese Regelung bezieht sich sowohl auf die formelle als auch auf die materielle Rechtslage.[13] Sie umfasst die gesamten erbrechtlichen Verhältnisse hinsichtlich der Form, des Inhalts und der

11 Letzte Änderung durch Art. 10 des Gesetzes zur Umsetzung des Gesetzes zur Einführung des Rechts auf Eheschließung für Personen gleichen Geschlechts vom18.12.2018.

12 Aufgehoben durch das OLGVertrÄndG v 23.07.2002 BGBl I 2850.

13 KG JFG 1, 362, 364; für eine weite Auslegung des Begriffs »erbrechtliche Verhältnisse« auch RGZ 46, 70, 73; 50, 181, 186; zu Einzelheiten vgl. *Lange/Kuchinke* § 3 I 2.

Würdigung. Das gilt auch für Dauerrechtsverhältnisse oder für Regelungen, die erst nach dem Stichtag Wirkung entfalten.[14]

Ist der Erblasser am oder **nach dem 01.01.1900** verstorben, so trifft Art. 214 EGBGB folgende Übergangsregelung: (1) Die vor dem Inkrafttreten des Bürgerlichen Gesetzbuchs erfolgte Errichtung oder Aufhebung einer Verfügung von Todes wegen wird nach den bisherigen Gesetzen beurteilt, auch wenn der Erblasser nach dem Inkrafttreten des Bürgerlichen Gesetzbuchs stirbt. (2) Das gleiche gilt für die Bindung des Erblassers bei einem Erbvertrag oder einem gemeinschaftlichen Testament, sofern der Erbvertrag oder das Testament vor dem Inkrafttreten des Bürgerlichen Gesetzbuchs errichtet worden ist. Diese Bestimmung bezieht sich auf die **Errichtung** und die **Aufhebung von Testamenten**, nicht jedoch auf die Auslegung,[15] die Verwahrung und die Eröffnung des Testaments. Die Frage der **Testierfähigkeit** richtet sich ebenfalls nach Art. 214 EGBGB. Um zu verhindern, dass die Verfügung von Todes wegen nach Art. 214 Abs. 1 EGBGB wirksam ist, der Verfügende sie aber nach dem Inkrafttreten des BGB mangels Testierfähigkeit nicht wieder aufheben oder ändern kann, trifft Art. 215 EGBGB eine Sonderregelung: (1) Wer vor dem Inkrafttreten des Bürgerlichen Gesetzbuchs die Fähigkeit zur Errichtung einer Verfügung von Todes wegen erlangt und eine solche Verfügung errichtet hat, behält die Fähigkeit, auch wenn er das nach dem Bürgerlichen Gesetzbuch erforderliche Alter noch nicht erreicht hat. (2) Die Vorschriften des § 2230 des Bürgerlichen Gesetzbuchs finden auf ein Testament Anwendung, das ein nach dem Inkrafttreten des Bürgerlichen Gesetzbuchs gestorbener Erblasser vor diesem Zeitpunkt errichtet hat. Nach dieser Regelung ist die privilegierende Regelung des § 2230 BGB auch für Fälle anwendbar, in denen das Testament vor dem Inkrafttreten des BGB errichtet wurde. Die Aufhebung des § 2230 BGB durch das Betreuungsgesetz[16] berührt die hier allein interessierenden Fälle der Testamentserrichtung vor dem 01.01.1900 nicht. 5

Ist der Erblasser **vor dem 04.08.1938** gestorben, so findet das TestG in sachlicher wie in formeller Hinsicht keine Anwendung, wie sich aus § 51 Abs. 1 TestG (diese Bestimmung wurde nicht aufgehoben, Zweiter Teil Art. 1 Nr. 6 GesEinhG) ergibt: *(1) Das Gesetz gilt nicht für Erbfälle, die sich vor seinem Inkrafttreten ereignet haben.* Diese Regelung gilt auch dann, wenn die Anwendung der weniger strengen Anforderungen des TestG zur Wirksamkeit einer nach bisherigem Recht unwirksamen Verfügung von Todes wegen führen würde.[17] 6

Ist der Erblasser **nach dem Inkrafttreten des TestG** am 04.08.1938 verstorben, so findet auf die Errichtung und die Aufhebung eines Testaments oder eines Erbvertrages vor dem Inkrafttreten des TestG das bis dahin geltende Recht des BGB Anwendung,[18] sofern dessen Anforderungen an die Gültigkeit des Testaments oder Erbvertrages nicht strenger sind als die des TestG.[19] Das ergibt sich aus den Abs. 2 und 3 des § 51 TestG: *(2) Die vor dem Inkrafttreten des Gesetzes erfolgte Errichtung oder Aufhebung eines Testaments oder Erbvertrags wird nach den bisherigen Vorschriften beurteilt, auch wenn der Erblasser nach dem Inkrafttreten des Gesetzes stirbt. (3) Bei Erbfällen, die sich nach dem Inkrafttreten des Gesetzes ereignen, sind an die Gültigkeit eines Testaments keine höheren Anforderungen zu stellen, als nach diesem Gesetz für ein Testament der betreffenden Art zulässig ist, auch wenn das Testament vor dem Inkrafttreten dieses Gesetzes errichtet ist. Dies gilt entsprechend für Erbverträge.* 7

14 Vgl. zum Erbscheinsantrag BayObLG FamRZ 1990, 101, 102; zur Anwendung des heutigen Verfahrensrechts, soweit die Regelungen nicht mit den Besonderheiten der Bestimmungen des alten Rechts zusammenhängen, vgl. *Lange/Kuchinke* § 3 I 2 Fn. 1.

15 Vgl. RGZ 79, 32, 33.

16 Betreuungsgesetz (BtG) vom 12.09.1990, BGBl. I 2002.

17 KG JW 1938, 3168, 3169 f.; so auch die amtl. Begr. DJ 1938, 1254, 1259.

18 Vgl. RG DR 1939, 311; auch in Bezug auf die Testierfähigkeit, vgl. Staudinger/*Baumann* Vorbem. zu §§ 2229 ff. Rn. 25.

19 Zur Auslegung des Testaments auf dem Hintergrund der früheren Rechtslage vgl. Staudinger/*Baumann* Rn. 26; vgl. auch KGJ 22 (1901), A 52, 55.

8 Bei Erbfällen, die am **05.11.1946 nicht geregelt** waren, ist die Aufhebung des Nichtigkeitsgrundes des § 48 Abs. 2 TestG durch Art. I Buchst a, Art. II KRG 37 zu beachten.[20] Geregelt in diesem Sinne war ein Erbfall nur dann, wenn durch rechtskräftiges Urteil oder durch Einigung die erbrechtlichen Verhältnisse und die Ansprüche der Beteiligten am Nachlass festgestellt waren. Eine Verfügung von Todes wegen, die »in einer gesundem Volksempfinden gröblich widersprechenden Weise gegen die Rücksichten verstößt, die ein verantwortungsbewusster Erblasser gegen Familie und Volksgemeinschaft zu nehmen hat«,[21] ist deshalb nur dann nichtig, wenn der Erbfall bereits vor dem 05.11.1946 in dem genannten Sinn geregelt war. In allen anderen Fällen tritt Heilung kraft Gesetzes ein.[22]

9 Das Inkrafttreten des GesEinhG am **01.04.1953** markiert in der Sache keinen Einschnitt, da es sich lediglich um eine rechtstechnische Rückführung der Regelungen des TestG in das BGB handelt. Auf eine Überleitungsvorschrift wurde verzichtet. Dabei wurde jedoch übersehen, dass die Bestimmung des § 48 Abs. 3 TestG ersatzlos gestrichen wurde, derzufolge eine Verfügung von Todes wegen nichtig ist, »soweit ein anderer den Erblasser durch Ausnutzung seiner Todesnot zu ihrer Errichtung bestimmt hat«. Sofern der Erblasser vor dem 01.04.1953 verstorben ist, ist § 48 Abs. 3 TestG anzuwenden.[23] Verstirbt der Erblasser erst nach dem 31.03.1953, so ist der Gedanke des Art. 214 Abs. 1 EGBGB entsprechend heranzuziehen,[24] was sich daraus rechtfertigt, dass das Anstößige der Ausnutzung der Todesnot sich auf die Art und Weise des Zustandekommens der Verfügung und damit auf eine Modalität der Errichtung im Sinne dieser Vorschrift bezieht. Es bleibt damit – trotz der Aufhebung der Bestimmung – bei der Nichtigkeit einer unter Verstoß gegen § 48 Abs. 3 TestG errichteten Verfügung von Todes wegen.

10 Mit Wirkung vom **01.01.1970** sind die Regelungen des BGB, die das Verfahren der Testamentserrichtung vor dem Notar betreffen, durch das BeurkG aus dem BGB ausgegliedert worden. Im Einzelnen wird dazu auf die Kommentierung des BeurkG verwiesen. Da das BeurkG keine Übergangsregelung enthält, ist nach dem allgemeinen Rechtsgedanken des Art. 214 Abs. 1 EGBGB für die Fragen der Testamentserrichtung und -aufhebung und damit auch für die diese Punkte betreffenden Regelungen des Beurkundungsverfahrens das bis zum 31.12.1969 geltende Recht des BGB anzuwenden, wenn das Testament vor dem 01.01.1970 errichtet oder aufgehoben wurde, auch wenn sich der Erbfall erst nach dem Inkrafttreten des BeurkG ereignet.[25] Soweit das BeurkG die Formanforderungen reduziert hat, kann der Fall eintreten, dass die Errichtung des Testaments oder seine Aufhebung nach den Regeln des BGB (i.d.F. bis zum 31.12.1969) unwirksam ist, während sie nach dem BeurkG wirksam wäre. Vielfach will man dann die Regelung des § 51 Abs. 3 TestG entsprechend heranziehen.[26] Danach ist in Verwirklichung des Grundsatzes »in dubio mitius« eine derartige Errichtung oder Aufhebung vor dem 01.01.1970 wirksam, wenn sie der weniger strengen Form des BeurkG genügt und der Erbfall nach dem Inkrafttreten des BeurkG eintritt. Für die Gegenauffassung, derzufolge allein der Zeitpunkt der Errichtung bzw. der Aufhebung entscheidend ist, ohne dass es auf den Zeitpunkt des Versterbens ankommt,[27] spricht jedoch der Gedanke, dass der Testator – in sicherlich seltenen Einzelfällen – von dem Formmangel der Errichtung nach dem

---

20 AmtsblKR Nr. 11, S. 220.

21 So der Inhalt des § 48 Abs. 2 TestG.

22 Vgl. BayObLG FGPrax 1999, 111, 112 = FamRZ 1999, 1236 = ZEV 1999, 314 m. zust. Anm. *Otte*.

23 BGH NJW 1956, 988 (LS) = LM TestG § 48 Nr. 1.

24 RGRK/*Kregel* Vorbem. 12 vor § 2229 BGB; wohl auch Staudinger/*Baumann* Vorbem. zu §§ 2229 ff. Rn. 27; so i.E. auch – Anwendung des § 48 Abs. 3 TestG – *Lange/Kuchinke* § 3 I 5 Fn. 24; zum Beurteilungsmaßstab vgl. dort § 17 III 3.

25 BayObLG FGPrax 2003, 130, 131 = FamRZ 2004, 313, 314 = ZEV 2003, 369, 370; OLG Frankfurt DNotZ 1971, 498; Bamberger/Roth/Hau/Poseck/*Litzenburger* § 2232 Rn. 1; Soergel/*Mayer* Rn. 15; Palandt/*Weidlich* § 2232 Rn. 1.

26 Soergel/*Mayer* Rn. 15; *Johannsen* WM 1971, 402, 405; *Dumoulin* DNotZ 1973, 53, 56.

27 Staudinger/*Baumann* Vorbem. zu §§ 2229 ff. Rn. 35; Palandt/*Weidlich* § 2232 Rn. 1, vor 2229 Rn. 2; so zur Parallelfrage bei § 2232 auch MünchKomm/*Hagena* § 2232 Rn. 12.

früheren Recht wusste und es bewusst unterlassen hat, ein formwirksames Testament zu errichten. Gerade der rechtskundige Erblasser würde deshalb benachteiligt, wenn man den Grundsatz in dubio mitius anwendet.

Mit dem Wirksamwerden des **Beitritts der Länder der ehemaligen DDR am 03.10.1990** gelten 11
auch in deren Gebiet grundsätzlich die Regelungen des BGB. Das Recht der ehemaligen DDR ist nur noch über die intertemporale Regelung des Art. 235 EGBGB anzuwenden. Diese unterscheidet zwischen den Fällen, in denen der Erblasser vor dem Wirksamwerden des Beitritts gestorben ist, und solchen, in welchen der Erbfall nach diesem Zeitpunkt eingetreten ist. Die Regelungen lauteten: Art. 235 § 1 EGBGB *Erbrechtliche Verhältnisse: (1) Für die erbrechtlichen Verhältnisse bleibt das bisherige Recht maßgebend, wenn der Erblasser vor dem Wirksamwerden des Beitritts gestorben ist. (2) Anstelle der §§ 1934a bis 1934e und 2338a des Bürgerlichen Gesetzbuchs gelten auch sonst, wenn das nichteheliche Kind vor dem Wirksamwerden des Beitritts geboren ist, die Vorschriften über das Erbrecht des ehelichen Kindes.* Durch Art. 2 ErbGleichG v 16.12.1997 (BGBl. I 2968) wurde Art. 235 § 1 Abs. 2 EGBGB durch folgende Regelung ersetzt: *(2) Ist der Erblasser nach dem Wirksamwerden des Beitritts gestorben, so gelten in Ansehung eines nichtehelichen Kindes, das vor dem Beitritt geboren ist, die für die erbrechtlichen Verhältnisse eines ehelichen Kindes geltenden Vorschriften. Art. 235 § 2 EGBGB Verfügungen von Todes wegen: Die Errichtung oder Aufhebung einer Verfügung von Todes wegen vor dem Wirksamwerden des Beitritts wird nach dem bisherigen Recht beurteilt, auch wenn der Erblasser nach dem Wirksamwerden des Beitritts stirbt. Dies gilt auch für die Bindung des Erblassers bei einem gemeinschaftlichen Testament, sofern das Testament vor dem Wirksamwerden des Beitritts errichtet worden ist.*

Das bisherige Recht kommt also nur dann zur Anwendung, wenn der **Erbfall vor dem 03.10.1990** eingetreten ist (§ 1) oder zumindest die **Verfügung von Todes wegen vor diesem Zeitpunkt errichtet** wurde (§ 2). Soweit in diesen Bestimmungen die Fortgeltung des bisherigen Rechts angeordnet wird, muss beachtet werden, dass Art. 235 EGBGB lediglich die Frage der Fortgeltung des ehemaligen DDR-Rechts betrifft, jedoch keine Aussage über Fälle trifft, die ohnehin nicht nach dem Recht der ehemaligen DDR zu behandeln wären. Die Frage, welches der beiden deutschen Rechte zur Anwendung kommt, bestimmt sich nach den für die Zeit vor dem Beitritt entwickelten Regeln des – bundesdeutschen – interlokalen Kollisionsrechts.[28] Die Gegenansicht, die bei Entscheidungen durch Gerichte im Gebiet der ehemaligen DDR die kollisionsrechtliche Frage der Anwendbarkeit des Rechts der DDR aus Sicht des DDR-Rechts beantworten wollte,[29] hat sich angesichts der mit ihr verbundenen Rechtsungleichheit nicht durchgesetzt.[30] Die genannten, in Anlehnung an Art. 25 Abs. 1 EGBGB entwickelten interlokalen Grundsätze besagen, dass sich im Verhältnis der beiden deutschen Staaten das anwendbare Recht regelmäßig nach dem **gewöhnlichen Aufenthaltsort des Erblassers im Zeitpunkt des Erbfalls** bestimmt,[31] wobei im Einzelfall die besonders enge Verbindung des Erblassers zu der anderen deutschen Rechtsordnung eine Abweichung von dieser Regel rechtfertigen kann.[32] Hatte der Erblasser seinen gewöhnlichen Aufenthalt in keinem der beiden deutschen Staaten, so ist dasjenige der beiden deutschen Rechte anzuwenden, zu dem der Erblasser unter Berücksichtigung aller Umstände die engeren Beziehungen hatte.[33] Neben diesen allgemeinen Regeln zur Bestimmung des interlokal anwendbaren Rechts ist bezüglich der **Testamentsform** (ohne Einschluss der Testierfähigkeit) eine alternative Anknüpfung in Anlehnung an die Regeln

28 BGHZ 124, 270, 273 = NJW 1994, 582; KG FGPrax 1997, 232, 233; Soergel/*Schurig* Art. 25 EGBGB Rn. 117 i.V.m. Rn. 113.

29 Vgl. *Dörner* IPRax 1991, 392, 394; 1995, 89; *De Leve* Rpfleger 1996, 141, 142; *ders.*, Deutsch-deutsches Erbrecht nach dem Einigungsvertrag, S. 65 ff., 87 ff.

30 Vgl. nur *Solomon* IPRax 1997, 24 f.

31 BGHZ 124, 270, 272 = NJW 1994, 582.

32 Staudinger/*Rauscher* Art. 235 EGBGB § 1 Rn. 9; *Lange/Kuchinke* § 3 v. 4; vgl. auch (auf Schutz der Interessen der Bewohner der früheren DDR sei Rücksicht zu nehmen) Soergel/*Schurig* Art. 25 EGBGB Rn. 117 m. umfangr. Nachw.; vgl. auch *Schurig*, FS Lorenz S. 512, 522.

33 Staudinger/*Rauscher* Art. 235 EGBGB § 1 Rn. 9.

des Art. 26 EGBGB anerkannt.[34] Unter Berücksichtigung der interlokalen Besonderheiten kann sich aus dieser Regelung die Formgültigkeit einer Verfügung von Todes wegen aus dem Recht der ehemaligen DDR ergeben, wenn der Erblasser entweder im Gebiet der ehemaligen DDR letztwillig verfügt hat, wenn der Erblasser zum Zeitpunkt seiner Verfügung oder zum Zeitpunkt seines Todes seinen Wohnsitz oder seinen gewöhnlichen Aufenthalt im Gebiet der ehemaligen DDR hatte oder wenn sich beim Erbfall unbewegliches Vermögen des Erblassers im Gebiet der ehemaligen DDR befindet, dann jedoch beschränkt auf dieses unbewegliche Vermögen.[35] Hinsichtlich der Frage der **Testierfähigkeit** bleibt es bei der oben erwähnten Anknüpfung in Anlehnung an Art. 25 EGBGB, wobei das Fortbestehen der Testierfähigkeit in entsprechender Anwendung des Art. 26 Abs. 5 Satz 2 EGBGB zu beachten ist.[36]

12 Gilt nach diesen Grundsätzen für **Erbfälle vor dem 03.10.1990** das Recht der ehemaligen DDR fort, so richten sich die Fragen der Testamentserrichtung, der Bestimmung des Inhalts des Testaments, der Auslegung und der materiellen Wirksamkeit nach dem Recht der ehemaligen DDR.[37] Zu beachten ist dabei, dass zu dem fortgeltenden Recht der ehemaligen DDR auch das Kollisionsrecht der ehemaligen DDR mit Ausnahme des Rechts im Verhältnis zur Bundesrepublik gehört. Soweit der Sachverhalt neben dem interlokalen auch einen internationalen Bezug aufweist, muss deshalb bei Anwendbarkeit des Rechts der ehemaligen DDR auch deren Kollisionsrecht angewendet werden. Hinsichtlich der Errichtung eines Testaments sind dabei §§ 16, 26 RAnwG und das Haager Testamentsformabkommen[38] maßgebend.[39] Dabei ist zu beachten, dass das Testamentsformabkommen hinsichtlich der Testierfähigkeit keine Regelung enthält; insoweit bleibt es bei § 26 RAnwG.[40]

Ist der Erblasser **nach dem Wirksamwerden des Beitritts am 03.10.1990 verstorben**, hat er aber eine Verfügung von Todes wegen vor diesem Zeitpunkt errichtet und wäre nach den Grundsätzen des interlokalen Rechts (vgl. Rdn. 11) bei einem fiktiven Erbfall im Zeitpunkt des Wirksamwerdens des Beitritts das Recht der ehemaligen DDR anzuwenden, so gilt dieses nach Maßgabe des Art. 235 § 2 EGBGB fort. Diese Regelung bezieht sich allein auf die Errichtung und die Aufhebung einer Verfügung von Todes wegen einschließlich der Testierfähigkeit.[41] Die Auslegung einer solchen Verfügung von Todes wegen und ihre Wirkung richten sich nach dem BGB, sofern der Erbfall nach dem Beginn des 03.10.1990 eingetreten ist, und zwar unabhängig davon, wann die Verfügung von Todes wegen errichtet wurde.[42]

13 Soweit das **Recht der ehemaligen DDR** zur Anwendung kommt, ist es nach den vor dem Beitritt geltenden Regeln und Wertanschauungen **auszulegen**. Begrenzt wird dies durch die Regeln des ordre public[43] bzw. durch einen diesen Regeln entsprechenden Grundsatz des intertemporalen Kollisionsrechts.[44] Für die Frage der Testamentserrichtung ist diese Grenze nur in seltenen Fällen von Interesse. Zu denken ist allenfalls daran, dass ein Notariat der ehemaligen DDR unter Verstoß gegen § 18 Abs. 3 NotG ein Testament beurkundet hat, obwohl mit diesem »den Grundsätzen der sozialistischen Moral widersprechende Ziele« verfolgt wurden. Da aber bereits nach den Regeln des ZGB ein solcher Verstoß bei der Beurkundung nicht zur Formnichtigkeit des Testaments nach

34 KG FGPrax 1997, 232, 233; Soergel/*Schurig* Art. 26 EGBGB Rn. 63; *De Leve* Rpfleger 1996, 141, 144.
35 Vgl. MünchKomm/*Leipold* ErgBand zur 2. Aufl. Einigungsvertrag Rn. 706.
36 *De Leve* Rpfleger 1996, 141, 144.
37 Vgl. OLG Brandenburg FamRZ 2004, 981, 982; Staudinger/*Rauscher* Art. 235 EGBGB § 1 Rn. 31, § 2 Rn. 14.
38 Ab 21.09.1974, GBl-DDR 1975 II Nr. 2 S. 40; zur Rechtslage vor diesem Zeitpunkt vgl. *De Leve*, S. 12 f.
39 Staudinger/*Dörner* Art. 236 EGBGB Rn. 59; vgl. auch *De Leve* Rpfleger 1996, 141, 143.
40 Vgl. *S. Herrmann*, S. 61 f.
41 *De Leve* Rpfleger 1996, 141, 142; Soergel/*Mayer* Rn. 16; Staudinger/*Baumann* Vorbem. zu §§ 2229 ff. Rn. 66.
42 OLG Celle ZEV 2007, 432, 433; AG Leipzig Rpfleger 1995, 22; Staudinger/*Rauscher* Art. 235 EGBGB § 2 Rn. 14; zur Ausnahme betreffend die Gleichstellung nichtehelicher Kinder vgl. Art. 235 § 1 Abs. 2.
43 Vgl. Staudinger/*Rauscher* Art. 232 § 1 Rn. 57 unter Berufung auf Art. 6 Abs. 1 EGBGB.
44 BGHZ 127, 195, 204 f.; ausführlich zu dieser Problematik *Hess* S. 402 ff.

§ 23 NotG führte, stellt sich die Frage, ob die Formnichtigkeit gegen den ordre public verstoßen würde, nicht. Sollte im umgekehrten Fall ein Notar die Beurkundung eines solchen Testaments wegen § 18 Abs. 3 NotG abgelehnt haben, so stand dem Testator die Möglichkeit eines privatschriftlichen Testaments offen, sodass auch insoweit eine Korrektur nicht erforderlich ist. Weiterhin kommt ein ordre-public-Verstoß bei Anwendung der die inhaltliche Wirksamkeit, nicht die Formwirksamkeit betreffenden Vorschrift des § 373 Abs. 1 ZGB in Betracht, der die Nichtigkeit einer Verfügung von Todes wegen anordnet, wenn diese inhaltlich mit den Grundsätzen sozialistischer Moral unvereinbar ist. Bei Fällen, in denen der Erblasser nach dem 03.10.1990 verstorben ist, ist diese Regelung ohnehin nicht anwendbar, da Art. 235 § 2 EGBGB die Fortgeltung nur hinsichtlich der Testamentserrichtung anordnet (vgl. Rdn. 12). Bei Altfällen kann daran gedacht werden, von der Nichtigkeitsfolge dieser Bestimmung mit Rücksicht auf den ordre public abzusehen, wenn die Verfügung zwar mit den »Grundsätzen der sozialistischen Moral« unvereinbar, mit denen der guten Sitten aber vereinbar ist.[45]

Mit Wirkung vom **01.01.1992** ist das BtG (BGBl. 1990 I 2002) in Kraft getreten, durch welches 14
die Vormundschaft und die Pflegschaft über Volljährige durch die Betreuung ersetzt wurden. Dabei wurden § 2229 BGB geändert und §§ 2230, 2253 Abs. 2 BGB aufgehoben.

Durch die Entscheidung vom **19.01.1999** hat das BVerfG die Bestimmungen der §§ 2232, 2233 BGB i.V.m. § 31 BeurkG für mit dem Grundgesetz unvereinbar erklärt, soweit sie testierfähigen Personen, die weder schreiben noch sprechen können, die Möglichkeit der Testamentserrichtung verwehren.[46] Das **Schuldrechtsmodernisierungsgesetz** (BGBl. 2001 I 3138) hat für die Fragen der Testamentserrichtung lediglich redaktionelle Änderungen mit sich gebracht.

Durch das **OLGVertrÄndG** (BGBl. 2002 I 2850) hat der Gesetzgeber mit Wirkung vom **01.08.2002** bei einem notariellen Testament und beim Bürgermeistertestament auf die Mündlichkeit der Erklärung verzichtet und so allen Testierfähigen auch die Möglichkeit des Testierens eingeräumt, sofern sie nur ihren Willen verständlich äußern können. Zugleich wurde § 31 BeurkG aufgehoben und § 24 BeurkG geändert. Zur Frage, ob damit auch vor diesem Zeitpunkt mündlich errichtete notarielle Testamente als formwirksam anzusehen sind, vgl. § 2232 BGB Rdn. 7.

Durch das **PStRG** vom 09.02.2007 (BGBl. 2007 I 122) wurden die Regelungen über die besondere amtliche Verwahrung mit Wirkung zum **01.01.2009** zunächst in §§ 73, 82a FGG übernommen, von wo aus sie dann durch das **FGG-RG** vom 17.12.2008 (BGBl. 2008 I 2586) mit Wirkung zum **01.08.2009** in die §§ 344, 346 FamFG gelangten. Ebenfalls durch dieses Gesetz wurden die Regelungen in §§ 2260 ff. BGB über das Verfahren zur Eröffnung des Testaments in die §§ 348 ff. FamFG übernommen.

4. Zeittafel des Rechts der ehemaligen DDR

Soweit das Recht der ehemaligen DDR zur Anwendung kommt, ist bei Testamenten, die vor dem 15
01.01.1976 errichtet wurden, die Übergangsregelung in § 8 EGZGB zu beachten: *(1) Die Regelung erbrechtlicher Verhältnisse bestimmt sich nach dem vor Inkrafttreten des Zivilgesetzbuches geltenden Recht, wenn der Erbfall vor diesem Zeitpunkt eingetreten ist. (2) Die Wirksamkeit eines Testaments bestimmt sich nach dem vor Inkrafttreten des Zivilgesetzbuches geltenden Recht, wenn es vor diesem Zeitpunkt errichtet wurde. Das gleiche gilt für eine im Testament angeordnete Vor- und Nacherbfolge; die sich daraus für den Erben ergebenden Beschränkungen der Verfügungsbefugnis bestehen nicht, wenn der Erbfall nach dem Inkrafttreten des Zivilgesetzbuches eintritt.* Das in diesen Vorschriften erwähnte, vor dem Inkrafttreten des ZGB geltende Recht war grundsätzlich das des BGB, wobei zu beachten ist, dass die Regelungen des TestG im Gebiet der ehemaligen DDR nicht wieder in das BGB reinkorporiert wurden, sondern dass dort das TestG fortbestand.[47] Hinsichtlich der Auslegung eines vor dem

---

45 Für Nichtanwendung des § 373 ZGB auch *De Leve* Rpfleger 1996, 141, 145; *Oetker* JZ 1992, 608, 613; *Horn* DWiR 1992, 45, 46 f.

46 BVerfG NJW 1999, 1853 = ZEV 1999, 147.

47 *De Leve* Rpfleger 1996, 141, 144 f.; OLG Frankfurt FamRZ 1993, 858, 860; vgl. auch *Jansen/Längrich*, Leitfaden des Erbrechts der DDR, 1959.

01.01.1976 errichteten Testaments ist zu beachten, dass § 8 EGZGB insoweit keine Fortgeltung des alten Rechts bestimmt, sofern der Erbfall nach dem Inkrafttreten des ZGB eingetreten ist. Es sind deshalb die Regeln des ZGB anzuwenden,[48] wobei die Vorstellungen des Erblassers auf dem Hintergrund des früheren Rechts interpretiert werden müssen (vgl. Rdn. 7).

5. Übersicht über die den §§ 2229 bis 2263 BGB entsprechenden Regelungen des ZGB

16 Die Regelungen des ZGB (zur Fortgeltung vgl. Rdn. 11 ff.) werden im Folgenden nur in einem Überblick dargestellt. Die Klammerzusätze weisen auf eine Kommentierung im Rahmen der entsprechenden Bestimmungen des BGB hin. An den dort erwähnten Stellen sind auch die ergänzenden Bestimmungen des Notariatsgesetzes angeführt.

§ 370 ZGB Errichtung des Testaments: (1) Der Erblasser kann über sein Eigentum durch Testament verfügen. Er muss volljährig und handlungsfähig sein. (2) Ein Testament kann nur vom Erblasser persönlich errichtet werden. (3) Verfügt der Erblasser nicht durch Testament über sein Eigentum, tritt die gesetzliche Erbfolge ein. (zu Abs. 1 Satz 2 vgl. § 2229 BGB Rdn. 2 f., § 2233 BGB Rdn. 4)

§ 373 ZGB Nichtigkeit testamentarischer Verfügungen: (1) Eine testamentarische Verfügung ist nichtig, soweit sie gegen ein in Rechtsvorschriften enthaltenes Verbot verstößt oder mit den Grundsätzen der sozialistischen Moral unvereinbar ist. (2) Ein Testament ist nichtig, wenn es gegen die Formvorschriften der §§ 383 bis 386 verstößt. (zu Abs. 1 vgl. Rdn. 13)

§ 383 ZGB Arten des Testaments: (1) Ein Testament kann durch notarielle Beurkundung oder durch eigenhändige schriftliche Erklärung errichtet werden. (2) Ist in besonderen Notfällen die Errichtung eines notariellen oder eigenhändigen Testaments nicht möglich, kann das Testament durch mündliche Erklärung gegenüber 2 Zeugen errichtet werden (Nottestament). (zu Abs. 1 vgl. § 2231 BGB Rdn. 2; zu Abs. 2 vgl. § 2250 BGB Rdn. 2)

§ 384 ZGB Notarielles Testament: Das notarielle Testament wird dadurch errichtet, dass der Erblasser dem Notar seinen letzten Willen mündlich oder schriftlich erklärt. Hierüber ist eine Niederschrift anzufertigen. Das Testament muss vom Staatlichen Notariat in Verwahrung genommen werden. (zu S. 1 vgl. § 2232 BGB Rdn. 2; zu S. 2 vgl. 4. Aufl. § 2258a Rn. 2, § 2258b Rn. 2)

§ 385 ZGB Eigenhändiges Testament: Das eigenhändige Testament muss vom Erblasser handschriftlich geschrieben und unterschrieben sein; es soll Ort und Datum der Errichtung enthalten. Es kann dem Staatlichen Notariat in Verwahrung gegeben werden. (zu S. 1 vgl. § 2247 BGB Rdn. 2; zu S. 2 vgl. § 2248 BGB Rdn. 2)

§ 386 ZGB Nottestament: (1) Nach Errichtung eines Nottestaments (§ 383 Abs. 2) ist der Inhalt der Erklärung des letzten Willens des Erblassers unverzüglich niederzuschreiben. Die Niederschrift muss Ort und Datum der Errichtung und die Unterschriften der beiden Zeugen enthalten. In der Niederschrift sollen die näheren Umstände der Errichtung des Nottestaments dargelegt werden. Sie soll dem Erblasser vorgelesen und von ihm genehmigt werden. (2) Das Nottestament soll unverzüglich dem Staatlichen Notariat in Verwahrung gegeben werden. (3) Eine Verfügung im Nottestament ist nichtig, insoweit ein Zeuge, dessen Ehegatte oder ein in gerader Linie Verwandter eines Zeugen bedacht worden ist. (4) Das Nottestament wird gegenstandslos, wenn seit seiner Errichtung 3 Monate vergangen sind und der Erblasser noch lebt. Die Frist ist gehemmt, solange der Erblasser keine Möglichkeit hat, ein notarielles oder eigenhändiges Testament zu errichten. (vgl. § 2250 BGB Rdn. 2)

§ 387 ZGB Widerruf des Testaments: (1) Der Erblasser kann das Testament oder einzelne testamentarische Verfügungen jederzeit widerrufen. (2) Der Widerruf erfolgt durch 1. Errichtung eines Testaments, das ein früheres aufhebt oder früheren Verfügungen widerspricht; 2. Rücknahme des notariellen Testaments oder des Nottestaments aus der Verwahrung. (3) Vernichtet oder verändert

48 Vgl. (Wirkungen des Testaments) Thüringer OLG OLG-NL 1995, 8; a.A. LG Neubrandenburg MDR 1995, 1238.

der Erblasser ein eigenhändiges Testament, wird vermutet, dass das in Widerrufsabsicht erfolgt. (zu Abs. 1 vgl. § 2253 BGB Rdn. 2; zu Abs. 2 vgl. § 2254 BGB Rdn. 2, § 2258 BGB Rdn. 2; zu Abs. 3 vgl. § 2255 BGB Rdn. 2)

§ 394 ZGB Ablieferungspflicht: Ein Bürger, der ein Testament aufbewahrt oder auffindet, ist verpflichtet, es unverzüglich nach Kenntnis vom Erbfall beim Staatlichen Notariat abzuliefern. (vgl. Vorauflage § 2259 Rn. 2)

§ 395 ZGB Testamentseröffnung: Ein beim Staatlichen Notariat verwahrtes oder abgeliefertes Testament wird nach Kenntnis vom Erbfall unverzüglich durch das Staatliche Notariat eröffnet. (vgl. 4. Aufl. § 2060 Rn. 2)

II. Höchstpersönlichkeit der Testamentserrichtung

1. Stellvertretung und Botenschaft

Der Erblasser kann nach § 2064 BGB ein Testament nur **persönlich** errichten.[49] Damit ist eine 17
Vertretung sowohl durch gesetzliche Vertreter als auch durch Bevollmächtigte ausgeschlossen (zu der Beteiligung Dritter bei Errichtung eines notariellen Testaments durch Übergabe einer Schrift vgl. § 2232 BGB Rdn. 20). Unproblematisch ist es, wenn ein wirksam errichtetes Testament durch Boten übermittelt oder in amtliche Verwahrung gegeben wird.[50] Zu der Mitwirkung eines Dritten an dem Widerruf durch Vernichtung oder Veränderung eines Testaments vgl. § 2255 BGB Rdn. 10.

2. Eigenbestimmtheit des selbst geäußerten Willens

a) Grundsatz

Weder § 2064 BGB noch § 2065 BGB schließen es aus, dass Dritte an der **Bildung des letzten** 18
Willens mitwirken (zur Beratungspflicht des Notars §§ 17, 30 Satz 4 BeurkG), wobei aber der Mitwirkung durch § 138 und durch § 2229 Abs. 4 BGB Grenzen gesetzt werden (vgl. § 2229 BGB Rdn. 17); u.U. kann auch die Anfechtung des Testaments wegen Irrtums oder Drohung nach § 2078 BGB in Betracht kommen. Nach § 2065 BGB ist die Verfügung von Todes wegen unwirksam, wenn der Erblasser sich nicht selbst abschließend entscheidet, sondern die Entscheidung dem Dritten überlässt, ob eine letztwillige Verfügung gelten oder welchen Inhalt sie haben soll (näher Rdn. 20 ff., 25 ff.).[51]

b) Anwendungsbereich des Grundsatzes der Eigenbestimmtheit

Die Regelung des § 2065 BGB betrifft die Erbeinsetzung,[52] das Vermächtnis, ein Schenkungs- 19
versprechen auf den Todesfall (§ 2301 BGB) und die Auflage (§ 2192 BGB). Bei Vermächtnis und Auflage sind jedoch weitreichende **Ausnahmen** zu beachten:[53] Nach §§ 2151, 2152 BGB kann der Erblasser mehrere Personen mit einem Vermächtnis in der Weise bedenken, dass der Beschwerte oder ein Dritter bestimmen soll, wer von ihnen die Zuwendung erhalten soll. Bei einem Vermächtnis kann nach § 2153 BGB die Bestimmung der Anteile, die an die Begünstigten fallen sollen, dem Beschwerten oder einem Dritten überlassen werden. Auch Wahlvermächtnisse (§ 2154 BGB)

49 Zu den Hintergründen und zu Rechtfertigungsansätzen *Helms* ZEV 2007, 1 ff.

50 KGJ 20 (1900), A 259, 260 f.; Soergel/*Loritz* § 2064 Rn. 6; nur scheinbar strenger MünchKomm/*Leipold* § 2064 Rn. 4 (genereller Ausschluss der Botenschaft; unter Berücksichtigung der Ausnahmen letztlich wie hier).

51 Umfassend *Wagner*, Der Grundsatz der Selbstentscheidung bei Errichtung letztwilliger Verfügungen – eine gesetzgeberische Unentschlossenheit?, 1996.

52 Einschließlich der Nach- und Ersatzerbenbestimmung, vgl. OLG Frankfurt DNotZ 2001, 143, 144 = FamRZ 2000, 1607 = ZEV 2001, 316 (dazu bei Rdn. 25); KG OLGZ 42, 127, 128

53 Für eine großzügige Handhabung, da der Sinn des § 2065 zweifelhaft sei, *Helms* ZEV 2007, 1, 5; vgl. auch *K. W. Lange* Kap. 6 Rn. 11 (Sinn des § 2065 BGB sei lediglich die Vermeidung langer Nachforschungen).

oder Wahlauflagen (§§ 2192, 2154 BGB) sind zulässig.[54] Der Erblasser kann sich auch darauf beschränken, lediglich den Zweck des Vermächtnisses (§ 2156 BGB) oder der Auflage (§§ 2192, 2156 BGB) festzulegen und die Bestimmung der Leistung dem billigen Ermessen des Beschwerten oder eines Dritten zu überlassen. Bei einer Auflage kann in diesen Fällen auch die Person, an welche zu leisten ist, vom Beschwerten oder vom Dritten bestimmt werden (§ 2193 BGB). Soweit die HöfeO anwendbar ist, kann der **Hofeigentümer** nach § 14 Abs. 3 HöfeO seinem Ehegatten durch Verfügung von Todes wegen die Befugnis einräumen, den Hoferben unter den Abkömmlingen des Hofeigentümers zu bestimmen.[55] Diese Ausnahme vom Grundsatz der Eigenbestimmtheit gilt jedoch dann nicht, wenn der Ehegatte selbst Hofvorerbe geworden ist. Die Bestimmung des Nacherben kann ihm dann nur innerhalb der Grenzen des § 2065 BGB überlassen werden.[56]

c) Einzelheiten in Bezug auf die Entscheidung über die Geltung

aa) Unmittelbare Geltungsentscheidung durch Dritte

20 § 2065 Abs. 1 BGB schließt es aus, die Entscheidung über die Geltung einer letztwilligen Verfügung einem Dritten zu überlassen. Es ist deshalb aus Sicht des staatlichen Rechts ohne Bedeutung, wenn Ordensregeln bei Ordensangehörigen die Zustimmung einer zuständigen Stelle innerhalb des Ordens verlangen (vgl. auch § 2229 BGB Rdn. 4).[57] Angesichts der Regelung in § 2065 Abs. 1 BGB kann es auch nicht wirksam sein, wenn unter Ehegatten der eine dem anderen in einem **gemeinschaftlichen Testament** das Recht einräumt, für den Fall seines Vorversterbens auch die letztwilligen Anordnungen des Vorverstorbenen zu ändern oder aufzuheben (zur Nacherbeneinsetzung der vom Längerlebenden eingesetzten Erben vgl. Rdn. 25).[58] Unzulässig ist auch die Bestimmung, der **Dritte** dürfe **zwischen zwei Testamenten unterschiedlichen Inhalts auswählen**.[59] Ist diese Bestimmung zugleich mit der Errichtung der beiden Testamente getroffen worden, so sind beide Testamente als unwirksam anzusehen, da ihnen der unbedingte Geltungswille des Erblassers fehlt. Aber auch dann, wenn zunächst ein Testament wirksam errichtet und dem Dritten später die Möglichkeit eingeräumt wird, sich zwischen diesem und einem zweiten, erst jetzt errichteten Testament zu entscheiden, wird man beide Verfügungen von Todes wegen als unwirksam ansehen müssen, denn das zuerst errichtete Testament ist in seiner unbedingten Geltung widerrufen worden.

bb) Entscheidung durch Schiedsrichter und Schiedsgutachter

21 Unbedenklich, weil in § 1066 ZPO gesetzlich ausdrücklich vorgesehen, ist es, einen Dritten durch letztwillige Verfügung als **Schiedsrichter** einzusetzen (vgl. Rdn. 33 f).[60] Dabei ist der Schiedsrichter mit einer im Vordringen befindlichen Ansicht befugt, zwischen den Parteien nicht nur über die Auslegung, sondern auch über die **Formwirksamkeit** und damit über die Gültigkeit einer letztwilligen Verfügung zu entscheiden, sofern diese nicht zugleich seine Einsetzung als Schiedsrichter betrifft.[61] Aus dem zuletzt genannten Grund ist es unzulässig, den Testamentsvollstrecker als Schiedsrichter hinsichtlich der Auslegung[62] des Testaments einzusetzen, sofern er damit zugleich über seine eigene

---

54 Gestaltungsempfehlungen dazu bei *Mayer* ZEV 1995, 247, 248 f.; vgl. auch *Schwarz* ZEV 2011, 292 ff. (zu Herausgabevermächtnissen mit Zweckauflage); *Hölscher* ZEV 2009, 213, 216 (unter Angabe eines Personenkreises, aus dem der Vermächtnisnehmer ausgewählt werden soll).

55 *Tiel/Glas* AUR 2014, 121.

56 *Gehse* RNotZ 2008, 339, 340.

57 Vgl. *Sailer* S. 73 f.

58 RGZ 79, 32, 33 f.; Soergel/*Loritz* § 2065 Rn. 8; zu den Besonderheiten der HöfeO vgl. Rdn. 19.

59 LG Leipzig JW 1922, 629 f. (Auswahl durch Testamentsvollstrecker); zum Testamentsvollstrecker als zur Auslegung berufenen Drittem vgl. auch BGHZ 41, 23, 25; dazu bei Rdn. 21.

60 Vgl. *Schiffer* S. 65 ff.; *Schulze* MDR 2000, 314 ff.

61 Musielak/Voit/*Voit* § 1066 ZPO Rn. 4.

62 Zur Abgrenzung zur unzulässigen Ergänzung des Testaments im Wege der »authentischen« Interpretation durch einen Dritten vgl. RGZ 66, 103, 105 f.; KG Recht 1918 Nr. 1016.

Rechtsstellung entscheidet.[63] Der beurkundende Notar ist in entsprechender Anwendung der §§ 7, 27 BeurkG vom Schiedsrichteramt ausgeschlossen.[64] Die Einsetzung eines Sozius verstößt dagegen nicht gegen §§ 7, 27 BeurkG.[65] Wirksam ist die Einsetzung eines Dritten als **Schiedsgutachter**, und zwar auch in der Weise, dass es ihm obliegt festzustellen, ob eine Bedingung, die der Erblasser angeordnet hat, erfüllt ist.[66]

cc) Bedingungen

Die Anordnung von Bedingungen stellt in der Regel die Selbstbestimmtheit des Willens des Erblassers nicht infrage. Anders verhält es sich, wenn die Bedingung durch ihren Charakter als **Potestativbedingung** darauf angelegt ist, dem Dritten die Möglichkeit einzuräumen, nach seinem Willen über die Geltung der letztwilligen Verfügung zu entscheiden.[67] Räumt der Erblasser dem Dritten die Möglichkeit ein, mittelbar über die Geltung der Verfügung zu bestimmen (»A wird Alleinerbin, wenn B veranlasst, dass am 30. Tag nach dem Tod eine Seelenmesse gefeiert wird«), so überlässt der Erblasser die Entscheidung diesem Dritten, sodass § 2065 Abs. 1 BGB zur Nichtigkeit der Verfügung führt. Anders verhält es sich, wenn die vom Dritten nach seinem Gutdünken herbeizuführende Bedingung einen anderen Sinn als den hat, dem Dritten die Entscheidung zu überlassen.[68] Dabei ist die Sicht des Erblassers maßgebend, auch wenn ihre Sinnhaftigkeit dem Beurteilenden nicht einleuchtet.[69] Die Auffassung, maßgebend sei ein Interesse des Erblassers an dem Eintritt der Bedingung,[70] berücksichtigt nicht ausreichend, dass die Testierfreiheit auch zu Unvernünftigem berechtigt. Der Ansicht, der Erblasser müsse es rechtfertigen, warum die Erbeinsetzung von einer Potestativbedingung abhängig sei, um so sicherzustellen, dass er sich dadurch nicht nur der eigenen Entscheidung entziehe,[71] ist dann zuzustimmen, wenn man den Begriff der Rechtfertigung nicht im Sinne einer durch Dritte nachvollziehbaren oder gar wertungsmäßig für richtig gehaltenen Begründung versteht, sondern wenn man ihn aus der Sicht des Erblassers bestimmt, der bis zur Grenze der Sittenwidrigkeit seine letztwillige Verfügung von jedem beliebigen Ereignis abhängig machen darf, solange dies nur Ausdruck seiner Selbstbestimmung ist. Letzteres setzt weder voraus, dass der Erblasser die Bedingung ausdrücklich rechtfertigt, noch dass seine Motive einem Dritten einleuchten.[72] Diese Auffassung entspricht auch der Rechtsprechung des BVerfG zu Klauseln, die die Erbeinsetzung von einer ebenbürtigen Heirat abhängig machen. Bedenken gegen die Wirksamkeit ist danach nicht bei der Selbstbestimmtheit der letztwilligen Verfügung, sondern bei der Auslegung des Begriffs der Sittenwidrigkeit Rechnung zu tragen, sofern durch die Klauseln der 22

63 BGHZ 41, 23, 25 f.; Musielak/Voit/*Voit* § 1066 ZPO Rn. 3.

64 *Winkler* § 7 BeurkG Rn. 7; *Happe* S. 85, 91; vgl. aber auch den Diskussionsbericht, a.a.O., S. 113 f.

65 Vgl. (Testamentsvollstrecker) BGH ZEV 1997, 113, 114 = DNotZ 1997, 466 m. zust. Anm. *Reimann*.

66 BGH WM 1970, 930, 931; OLG Stuttgart FamRZ 1998, 260, 262 = FGPrax 1997, 230, 232 f.; KG OLGE 43, 394; vgl. auch Rdn. 34.

67 BGHZ 15, 199, 201 = NJW 1955, 100, 101; MünchKomm/*Leipold* § 2065 Rn. 12; offengelassen in BayObLGZ 1996, 204, 229 = ZEV 1997, 119, 122; vgl. auch OLG Köln OLGZ 1984, 299, 301 = Rpfleger 1984, 236, 237; vgl. auch (Zulässigkeit der Bedingung, dass der Bedachte den Erblasser bei Krankheit aufnimmt und pflegt) BayObLG FamRZ 1997, 1242, 1243 = Rpfleger 1997, 436, 437; wesentlich großzügiger *Frey* s. 124, 126 f. (alle Formen der Potestativbedingung zulässig); ähnlich großzügig *Helms* ZEV 2007, 1, 5.

68 »Wenn A mich im Alter pflegt, soll ihr Kind K mein Alleinerbe sein«; vgl. auch BayObLGZ 1996, 204, 228 = ZEV 1997, 119, 121 (Abkömmling erbt, wenn die Ehe, aus welcher er stammt, dem Hausgesetz entspricht); OLG Stuttgart FGPrax 2005, 221, 222; Bamberger/Roth/Hau/Poseck/*Litzenburger* § 2065 Rn. 11; vgl. auch MünchKomm/*Leipold* § 2065 Rn. 13.

69 Vgl. BGH NJW 1999, 566, 569 = FGPrax 1999, 29, 31 (Testierfreiheit rechtfertigt in den Grenzen der guten Sitten auch Willkür des Erblassers; Erbunfähigkeitsklauseln; vgl. aber auch OLG Braunschweig NJW-RR 2019, 583 (wer auf mich aufpasst und mich nicht ins Heim steckt; Formulierung »aufpasst« zu unbestimmt).

70 Staudinger/*Otte,* § 2065 Rn. 62.

71 Vgl. *Wagner* S. 130.

72 Wohl enger *Wagner* S. 131 f.

Bedachte in seiner Eheschließungsfreiheit in unzumutbarer Weise mittelbar beeinträchtigt wird.[73] Grund der Beschränkung ist damit nicht eine Begrenzung der Unvernunft, sondern die Kollision mit Rechtsgütern anderer, die durch derartige Auflagen »gelenkt« werden sollen. Zur Frage, inwieweit die Person des Dritten bei zulässiger Potestativbedingung durch den Erblasser bestimmt sein muss, vgl. Rdn. 26.

23 Legt man diese Kriterien zugrunde, so ist die Anordnung einer **Losentscheidung** über die Erbenstellung wirksam, denn damit unterwirft sich der Erblasser zwar dem Zufall, nicht aber dem Willen eines Dritten.[74] Ebenfalls unbedenklich sind **Rechtsbedingungen**, insbesondere die Bestimmung eines Ersatzerben, falls der Bedachte die Erbschaft ausschlägt, oder die Bedingung, dass der Bedachte nicht in einer bestimmten Frist ein Vermächtnis geltend macht.[75] Die Einsetzung »Meine Frau soll die Wahl haben, ob sie Alleinerbin sein oder zusammen mit meiner Nichte zur Hälfte Erbin sein will« ist unter dem Blickwinkel der Potestativbedingung unbedenklich,[76] da es sich der Sache nach um nichts anderes handelt als um eine Ersatzerbeneinsetzung hinsichtlich der Hälfte der Erbschaft. In Betracht kommt aber eine Umgehung des § 1951 Abs. 2 BGB.

24 Für zulässig gehalten wird es auch, dass der Erblasser dem Bedachten **Modalitäten der Erbschaftsannahme** und auch eine **Frist zur Annahme** vorgibt und die Erbeinsetzung entsprechend bedingt.[77] Dagegen bestehen jedenfalls dann Bedenken, wenn die Frist zur Annahme kürzer ist als die vom Gesetz vorgesehene Ausschlagungsfrist.[78] Denn mit der Frist zur Ausschlagung räumt das Gesetz dem Erben eine gewisse Überlegungsfrist ein, die seinem Schutz dient und die der Erblasser nicht einseitig verkürzen kann. Im Übrigen ist zu bedenken, dass derartige Klauseln nicht unerhebliche praktische Schwierigkeiten bereiten und steuerliche Nachteile nach sich ziehen können. Denn bei der aufschiebenden Bedingung der fristgerechten Annahme fällt das Zugewendete dem Bedachten erst mit Eintritt der Bedingung an, sodass nach § 2105 BGB die gesetzlichen Erben als Vorerben anzusehen sind.[79] Als zulässig wird auch die Einsetzung eines Nacherben unter der (aufschiebenden oder auflösenden) **Bedingung** angesehen, dass der **Vorerbe nicht** selbst letztwillig über den Nachlass **verfügt**.[80] Diese Auffassung lässt sich mit der Regelung des § 2065 Abs. 2 BGB durch die Annahme vereinbaren, der Vorerbe sei für den Fall einer eigenen letztwilligen Verfügung zum Vollerben eingesetzt.[81] Der damit zum Vollerben avancierte Vorerbe verfügt somit über eigenes Vermögen. Da er

73 BVerfG NJW 2004, 2008, 2010; OLG Stuttgart FGPrax 2005, 221, 222 f.; insoweit zustimmend auch *Otte* ZEV 2004, 393; *Paal* JZ 2005, 436, 441; in diesem Sinne auch Bamberger/Roth/Hau/Poseck/*Litzenburger* § 2065 Rn. 11; *Langenfeld* ZEV 2007, 453, 455; zu den Konsequenzen für Wiederverheiratungsklauseln vgl. *Mayer* ErbR 2010, 70 ff.; *Reimann* in FS Spiegelberger, S. 1095, 1098 ff.; ausführlich zum Konzept des Schutzes vor Testiermacht *Röthel* AcP 201 (2010), S. 32 ff.; kritisch im Hinblick auf die verfassungsrechtliche Überlagerung der privatautonomen Gestaltungsmacht *Kroppenberg*, S. 38–56.

74 RG SeuffArch 91 Nr. 106 = DNotZ 1937, 509 (LS); *Lange/Kuchinke* § 27 I 6 d; *Wagner* S. 90 f.; a.A. *Muscheler* Erbrecht Rn. 1697; Soergel/*Loritz* § 2065 Rn. 15; MünchKomm/*Leipold* § 2065 Rn. 27; Staudinger/*Otte* § 2065 Rn. 7; *Bonefeld* ZErb 3, 4 (zulässig aber in Form eines bedingten Vermächtnisses).

75 BGH NJW 1979, 917 (obiter dictum).

76 So auch *Lange/Kuchinke* § 27 I 6 Fn. 20.

77 OLG Stuttgart OLGZ 1974, 67, 68 f.; Soergel/*Loritz* § 2065 Rn. 17; Staudinger/*Otte* § 2065 Rn. 54.

78 Anders – da eine Kollision nicht droht – bei der Annahmefrist hinsichtlich eines Vermächtnisses vgl. BGH NJW 1979, 917.

79 Staudinger/*Otte* § 2065 Rn. 54.

80 RGZ 95, 278, 279; BGHZ 2, 35, 36 f.; KG DNotZ 1956, 195, 199; BayObLGZ 1965, 457, 463; *Haegele* Rpfleger 1965, 355, 357; Bamberger/Roth/Hau/Poseck/*Litzenburger* § 2065 Rn. 12; MünchKomm/*Leipold* § 2065 Rn. 18; *Frey* S. 185; ausführlich dazu *Wagner* S. 111 ff.; *Keim* FamRZ 2003, 137, 140; vgl. auch (für den Fall einer lebzeitigen Verfügung des Vorerben) OLG Hamm FamRZ 2000, 446 = NJW-RR 2000, 78 = ZEV 2000, 197 m. zust. Anm. *Loritz*; kritisch *Muscheler* Erbrecht Rn. 1694.

81 Vgl. *Lange/Kuchinke* § 27 I 7 b; Staudinger/*Otte* § 2065 Rn. 49 ff.; Soergel/*Loritz* § 2065 Rn. 18, 20; a.A. Erman/*M. Schmidt* § 2065 Rn. 5; einschränkend (Potestativbedingung nur bei entsprechender Rechtfertigung durch den Erblasser mit § 2065 vereinbar) *Wagner* S. 127 ff., insb. S. 132; vgl. zum Ganzen auch Syst. A Rdn. 649.

damit seine eigene Rechtsnachfolge und nicht die nach dem Erblasser regelt, scheidet ein Verstoß gegen Abs. 2 aus. Die weitere Frage, ob der Erblasser durch diese bedingte Verfügung es ohne Verstoß gegen § 2065 Abs. 1 BGB dem Vorerben überlassen darf, sich selbst durch eine letztwillige Verfügung vom Vorerben zum Vollerben aufzuschwingen, beantwortet sich nach den in Rdn. 22 dargelegten Grundsätzen über die Zulässigkeit von Potestativbedingungen. Sie sind wirksam, wenn der Erblasser aus seiner Sicht mit der Bedingung anderes verband als nur das Verlagern der Entscheidung über die Gültigkeit seiner Verfügung auf einen Dritten. Da der Bedingungseintritt angesichts der Widerruflichkeit einer letztwilligen Verfügung bis zum Versterben des Vorerben ungewiss ist, kann ein entsprechender Nacherbenvermerk im Grundbuch erst dann gelöscht werden. Lässt sich die testamentarische Verfügung nicht in der dargelegten Weise als bedingte Vollerbeneinsetzung verstehen, sondern soll dem Vorerben die Möglichkeit eingeräumt werden, die Nacherben des Erblassers zu bestimmen, so ist dies an der Regelung des § 2065 Abs. 2 BGB zu messen, denn der Vorerbe entscheidet dann nicht über das Wirksamwerden der bedingten Einsetzung als Vollerbe, sondern greift durch seine Auswahlentscheidung selbst gestaltend in die Rechtsnachfolge nach dem Erblasser ein. Nur unter den in Rdn. 25 ff. ausgeführten engeren Voraussetzungen ist deshalb eine derartige Klausel wirksam. Damit ist die Bestimmung des Erblassers, für den Fall einer letztwilligen Verfügung des Vorerben seien **Nacherben** diejenigen, die der **Vorerbe zu seinen Erben** einsetze, nach Abs. 2 unwirksam,[82] soweit nicht die Auslegung der Klausel zu einer bedingten Vollerbeneinsetzung des Vorerben führt (dazu bereits oben in dieser Randnummer).[83] Aus demselben Grunde unwirksam ist es, wenn der Erblasser dem Vorerben die Bestimmung des Nacherben überlässt.[84] Die gegenteilige Ansicht lässt sich auch nicht mit der Überlegung rechtfertigen, der Erblasser könne denjenigen als Erben einsetzen, der von einem Dritten als Erbe eingesetzt werde, und deshalb müsse auch eine entsprechende Bestimmung für die Nacherbschaft wirksam sein.[85] Diese Begründung verfängt nicht, weil richtiger Ansicht nach eine derartige Verfügung gerade nicht wirksam ist. Denn mit ihr überlässt der Erblasser die Regelung seiner Rechtsnachfolge der Auswahlentscheidung des Dritten, was mit § 2065 Abs. 2 BGB nicht zu vereinbaren ist (vgl. auch hier Rdn. 28),[86] sofern nicht der Vorerbe anhand der vom Erblasser vorgegebenen Kriterien den Nacherben lediglich bezeichnet und deshalb ein Verstoß gegen § 2065 Abs. 2 BGB ausscheidet (näher dazu in Rdn. 25 ff.). Gestattet der Testator dem Vorerben die lebzeitige Verfügung über einzelne Vermögensgegenstände unter Aufhebung der Nacherbschaft, so ist dies als Vorausvermächtnis an den Vorerben unter der Bedingung einer Verfügung über den entsprechenden Gegenstand zu verstehen. Diese Regelung verstößt deshalb nicht gegen § 2065 BGB.[87]

---

82 OLG Frankfurt FamRZ 2000, 1607, 1608 = ZEV 2001, 316 = DNotZ 2001, 143, 144; Soergel/*Loritz* § 2065 Rn. 14; *Lamberz* Rpfleger 2019, 457 f.; für die Wirksamkeit einer solchen Klausel, da sich die Entscheidung des Vorerben nicht unmittelbar auf die Verfügung des Erblassers bezieht *Otte* ZEV 2001, 318, 319; Staudinger/*Otte* § 2065 Rn. 47; *Ivo* DNotZ 2002, 260, 264; MünchKomm/*Leipold* § 2065 Rn. 23; mit Einschränkungen auch Bamberger/Roth/Hau/Poseck/*Litzenburger* § 2065 Rn. 19 (nur wenn Vorerbe aus einem bestimmten Personenkreis auswählen dürfe; sofern damit die Kriterien des § 2065 BGB gemeint sind, wäre dem zuzustimmen); vgl. auch hier Rdn. 28 und Syst. A Rdn. 649.

83 Vgl. zu dieser Auslegung auch Staudinger/*Otte* § 2065 Rn. 51; Bamberger/Roth/Hau/Posek/*Litzenburger* § 2065 Rn. 19; vgl auch OLG Hamm ZEV 2014, 507 Tz. 10 (insoweit dort nicht abgedruckt).

84 OLG Düsseldorf ZEV 2014, 218 Tz. 19 (insoweit dort nicht abgedruckt).

85 Für die Wirksamkeit einer solchen Klausel OLG Hamm ZEV 2019, 276 (für Ersatzerbenbestimmung) m. zust. Anm. *Reimann. Gaberdiel* Rpfleger 1966, 265 (lediglich referierend); Staudinger/*Otte* § 2065 Rn. 47.

86 Soergel/*Loritz* § 2065 Rn. 14.

87 Vgl. *Wübben* ZEV 2000, 30, 31; *Mayer* ZEV 2000, 1, 4 f.; a.A. (bedingtes Vorausvermächtnis nur hinsichtlich der gesamten Vorerbschaft, nicht hinsichtlich einzelner Vermögensgegenstände) OLG Hamm NJW-RR 2000, 78, 79.

d) Bestimmtheit hinsichtlich des Bedachten

aa) Grundsätze

25 Die **Person des Bedachten** muss vom Erblasser in der letztwilligen Verfügung bestimmt sein, aus § 2065 Abs. 2 BGB folgt aber nicht, dass der Bedachte in der Verfügung namentlich bezeichnet sein muss. Es reicht vielmehr aus, dass die Bestimmung der Person des Bedachten oder des Gegenstandes der Zuwendung nach dem Inhalt der Verfügung unter Berücksichtigung auch außerhalb der Testamentsurkunde liegender Umstände erfolgen kann.[88] So verstößt eine letztwillige Verfügung nicht gegen § 2065 Abs. 2 BGB, in der die künftigen Adoptivkinder des überlebenden Ehegatten bedacht werden, auch wenn diese jetzt noch nicht benannt werden können.[89] Dass damit letztlich der überlebende Ehegatte die Person des Bedachten bestimmt, da er in der Auswahl der zu Adoptierenden frei ist, hindert die Wirksamkeit nicht, da die Verlagerung der Entscheidung auf den Dritten regelmäßig nicht Zweck der genannten Bedingung ist (vgl. Rdn. 22). Auch die Bestimmung, erben solle, wer den Erblasser die letzten 15 Jahre gewaschen und für ihn gesorgt habe, reicht zur Konkretisierung des Erben durch den Erblasser aus.[90] Demgegenüber hat das OLG München[91] die Formulierung »wer sich bis zu meinem Tode um mich kümmert« als unwirksam angesehen, weil der Begriff des »Kümmerns« im Gegensatz zu der Formulierung der »körperlichen Pflege« zu unbestimmt sei. Dies wird mit Recht in der Literatur kritisiert.[92] Die Wendung »wer mir in den letzten Stunden beisteht, übergebe ich Alles« wird vom OLG Köln[93] als zu unbestimmt angesehen, weil unklar ist, welcher Zeitraum ausreicht und welche Anforderungen an das Beistehen zu stellen sind. Ähnlich streng ist eine Entscheidung, in der die Wendung »wer den zuletzt verstorbenen Ehegatten begleitet und gepflegt hat« als zu unbestimmt angesehen wird.[94] Wenn man diese strenge Position einnimmt, dann ist das Testament auch dann unwirksam, wenn sich dieselbe Person lange Zeit bis zum Lebensende intensiv um den Erblasser gesorgt hat. Vor diesem Hintergrund sollte die Klausel als wirksam angesehen werden. Ist der Zeitraum der Sorge sehr gering und beschränkt sich das Beistehen auf das Sitzen am Bett, so sollte man dies durch Auslegung der Klausel als nicht ausreichend einordnen. Es besteht aber kein Anlass, die Klausel insgesamt als unwirksam anzusehen. Unzulässig ist es, die eigene Erbeinsetzung von der Einsetzung des Erben eines Dritten abhängig zu machen, indem man als Nacherben einsetzt, wen der Vorerbe als Erben bestimmt.[95] Der Vergleich mit der Erbeinsetzung eines Nacherben unter der Bedingung, dass der Vorerbe nicht anderweit verfügt (dazu hier Rdn. 24),[96] überzeugt nicht, weil in diesem Parallelfall der Vorerbe über eigenen Nachlass verfügt, während er hier den Nacherben nach dem Erblasser bestimmt und deshalb dieser die Regelung der Nacherbfolge unzulässigerweise der freien Entscheidung eines Dritten überlässt. Unzulässig ist es auch, dem Vorerben die Auswahl des Nacherben zu überlassen.[97] Bei einer nicht hinreichend bestimmten Bezeichnung (Einsetzung von zehn Waisenkindern nach der Wahl

---

88 BGHZ 15, 199, 201; BayObLGZ 1998, 167, 169; BayObLG NJW-RR 2000, 1174 = ZEV 2001, 22, 23 (Heim für körperbehinderte Kinder in München); FamRZ 2002, 200, 201 = NJW-FER 2001, 211 (Diakonissen in S); zustimmend *Muscheler* Erbrecht Rn. 1706.

89 BayObLGZ 1965, 457 = NJW 1966, 662; BayObLGZ 1996, 204, 228 (obiter dictum); OLG Hamm NJW-RR 2002, 1372, 1373 f. (Einsetzung des Trägers des Heims, das der überlebende Ehegatte künftig auswählt); *Immel* NJW 1966, 1222, 1223; MünchKomm/*Leipold* § 2065 Rn. 28.

90 LG Mühlhausen 17.08.2009 2 T 64/09.

91 OLG München MDR 2013, 796.

92 *Keim* ZEV 2014, 72 ff.; *Horn/Kroiß* NJW 2013, 2978; *Otte* ZEV 2013, 619.

93 OLG Köln NJW-RR 2015, 7, 8.

94 OLG Köln FamRZ 2017, 928; *Karczewski* ZEV 2018, 192, 193f; ähnlich OLG Braunschweig NJW-RR 2019, 583, 584 f. (»wer auf mich aufpasst und mich nicht ins Heim steckt« zu unbestimmt).

95 OLG Frankfurt DNotZ 2001, 143, 144 = FamRZ 2000, 1607 = ZEV 2001, 316; kritisch *Otte* ZEV 2001, 318, 319; zu den praktischen Konsequenzen und den Möglichkeiten einer Umdeutung vgl. *Kanzleiter* DNotZ 2001, 149 ff.; *Keim* FamRZ 2003, 137, 140; von der Klausel deshalb abratend *Hölscher* ZEV 2009, 214, 218.

96 So *Otte* ZEV 2001, 318, 319.

97 OLG Oldenburg ZEV 2010, 635, 636.

des Leiters des Waisenhauses, denen jeweils 10.000 DM zugewandt werden sollten) kommt eine Auslegung als Verschaffungsvermächtnis in Betracht.[98] Der Erblasser kann sich aber nicht darauf beschränken, einen Zweck anzugeben und die Person des Bedachten offenzulassen (Hilfe für Israel, möglichst Holocaustgeschädigte oder Sozialschwache, die nach Israel heimkehren).[99] Anders verhält es sich, wenn sich durch Auslegung ein Begünstigter ermitteln lässt (Kinderkrebshilfe als Stiftung Deutsche Krebshilfe, die in Kampagnen als Kinderkrebshilfe aufgetreten ist).[100] Dagegen wird die Formulierung »einer Stiftung für einen guten Zweck zugute kommen« zu Recht als zu unbestimmt angesehen.[101] Wenn die Zahl der in Betracht kommenden Stellen überschaubar ist, kann bei fehlender Auslegungsmöglichkeit eine analoge Anwendung des § 2073 BGB helfen (näher Rdn. 35).

bb) Bezeichnung des Bedachten durch Dritten

Zweifelhaft ist, in welchem Maße der Erblasser die Benennung des Bedachten einem **Dritten** überlassen kann.[102] Derartige Klauseln sind unbedenklich, wenn der Dritte nur den vom Testator gebildeten Willen auf eine bestimmte Person konkretisiert, während die Klauseln unwirksam sind, wenn der Dritte seinen eigenen Willen an die Stelle des Willens des Erblassers setzt. Bei dieser Abgrenzung kommt zunächst der **Größe des Personenkreises** besondere Bedeutung zu. So wurde eine entsprechende Klausel, die dem Dritten die Auswahl eines Hoferben aus 19 Nachkommen und Halbgeschwistern eröffnete, für unzulässig gehalten, weil angesichts dieser Vielzahl die Gefahr naheliege, dass der Dritte nach Ermessen zwischen Personen entscheiden müsse, die die Kriterien in gleicher Weise erfüllen.[103] Dieses Kriterium, das bei einer wertungsbedürftigen Auswahlentscheidung des Dritten durchaus berechtigt ist, um eine hinreichend konkrete Bestimmung durch den Erblasser sicherzustellen, verdient aber nicht in jedem Fall Zustimmung. Sind die Kriterien so gefasst, dass der Erbe auch aus einem nicht näher bestimmten Personenkreis heraus eindeutig zu bestimmen ist, so ist der Einsetzung nicht wegen § 2065 Abs. 2 BGB die Wirksamkeit zu versagen.[104] 26

Um dem Grundsatz der Selbstbestimmtheit zu genügen, muss die letztwillige Verfügung die **Kriterien** angeben, anhand derer der Dritte den Bedachten benennen soll. Ansonsten ist die Klausel auch bei einem kleinen Personenkreis unwirksam.[105] Richtschnur für die erforderliche Angabe von Kriterien ist die Frage, ob es jeder mit der genügenden Sachkunde ausgestatteten Person möglich ist, aufgrund dieser Angaben den Bedachten zu bezeichnen, ohne dass ihr eigenes Ermessen dabei bestimmend oder mitbestimmend ist.[106] So ist die Anordnung zulässig, ein Dritter solle zwischen den Mitgliedern eines über- 27

98 BayObLG FamRZ 1998, 860, 862 = ZEV 1998, 385, 386; vgl. aber auch BayObLG FamRZ 2000, 1392, 1393 = NJW-RR 2000, 1174 f. = ZEV 2001, 22, 23 f. (analoge Anwendung des § 2072 BGB).

99 OLG Celle 22.11.2007 6 U 79/07 (auch keine Zweckauflage zugunsten des Staates Israel).

100 AG Dillenburg 08.05.2009 VI 57/07.

101 OLG Frankfurt FamRZ 2018, 537, 539 f.

102 Vgl. dazu auch Syst. A Rdn. 641 ff. (Geschiedenentestament), Syst. A Rdn. 719, 754 (Unternehmertestament).

103 OLG Hamm RdL 1961, 45; Soergel/*Loritz* Rn. 31; Staudinger/*Otte* § 2065 Rn. 32; vgl. auch BayObLG FamRZ 2000, 1392, 1393 = NJW-RR 2000, 1174 f. = ZEV 2001, 22, 23.

104 *Wagner* ZEV 1998, 255, 256; für eine großzügige Handhabung auch *K.W. Lange* § 27 Rn. 19; a.A. KG ZEV 1998, 260, 261 = NJW-RR 1999, 157, 158 f. (Potestativbedingung, deren Erfüllung durch jeden beliebigen Dritten diesen zum Erben werden lässt, scheitere an der mangelnden Bestimmtheit des Personenkreises; richtigerweise ging es in dem Fall nicht um die Bestimmtheit des Personenkreises, sondern darum, ob die angeordnete Bedingung – Herausschneiden tätowierter Hautpartien aus dem Leichnam etc. – mit der Rechts- und Werteordnung vereinbar ist; so auch *Keim* FamRZ 2003, 137, 139); LG Magdeburg NJW-FER 2000, 63 = Rpfleger 1999, 493 (»Erbe soll sein, wer mich würdig neben meinen Mann und Mutter legen lässt«); vgl. auch Rdn. 22 und 28.

105 OLG Hamm MDR 2007, 663, 664.

106 BGHZ 15, 199, 202 f.; KG ZEV 1998, 182, 183 = Rpfleger 1998, 288, 290 = FamRZ 1998, 1202, 1204 = DNotZ 1999, 679 m. zust. Anm. Zawar; ZEV 1998, 260, 261; BayObLG NJW-RR 2000, 1174 = ZEV 2001, 22, 23; *Keim* S. 108; vgl. RGZ 159, 296, 299; vgl. auch (Verstoß gegen § 2065 Abs. 2 BGB bei freiem Auswahlermessen innerhalb eines bezeichneten Personenkreises) OLG Hamm NJW-RR

schaubaren Personenkreises den für den Betrieb eines Unternehmens oder eines landwirtschaftlichen Anwesens **am besten Geeigneten** auswählen.[107] Als unzulässig hat der BGH[108] dagegen eine Anordnung angesehen, derzufolge der Testamentsvollstrecker Vereinbarungen mit den Nacherben über den Zeitpunkt der Nacherbfolge treffen sollte, wenn die Bestimmungen des Testaments über die Nacherbschaft durch die Entwicklung der Verhältnisse unzweckmäßig und dem Grundgedanken des Testaments hinderlich geworden sind. Diese Entscheidung wird vielfach als zu streng angesehen.[109] Der ihr zugrunde liegende Gedanke ist jedoch sachgerecht, wenn man ihn nur eng genug fasst. Denn die Entscheidung betrifft nur Fälle, in denen der Dritte nicht nur vorgegebene Kriterien durch seine Beurteilung ausfüllt, sondern in denen die Kriterien selbst von dem Dritten aus einer ihrerseits ausfüllungsbedürftigen Wertungsgrundlage entwickelt werden müssen. Indem der Verfügende auf die Zweckmäßigkeit und die Eignung seiner Verfügung verweist und deren Beurteilung dem Dritten überlässt, stellt er diese letztlich zu dessen Disposition, und gerade das ist durch § 2065 BGB ausgeschlossen. Gibt der letztwillig Verfügende die Kriterien dagegen vor, so steht die genannte Entscheidung des BGH auch einem Kriterium nicht entgegen, das zur Ausfüllung einer wertenden Entscheidung des Dritten bedarf.[110] Deshalb wird es auch zutreffend bei einer Zweckauflage als unwirksam angesehen, wenn der Testamentsvollstrecker eine unselbständige Stiftung zu einem näher bestimmten Zweck errichten soll, es aber ihm obliegt, den Rechtsträger auszuwählen und die Satzung zu formulieren.[111]

28 Grenzfälle sind solche, in denen die **Kriterien**, die eine das Ermessen ausschließende Entscheidung ermöglichen, zwar **nicht ausdrücklich** genannt werden, sich aber aus der Zielsetzung des Testaments ergeben. So wurde bei einem Testament, das offenkundig die Aufrechterhaltung eines landwirtschaftlichen Anwesens bezweckte, angenommen, dass der Hoferbe nach den Kriterien zu bestimmen ist, die ein Bauer bei der Auswahl des Hoferben unter seinen Kindern anzuwenden pflegt.[112] Auf der anderen Seite kann es nicht zulässig sein, ein Testament, welches dem Dritten die Entscheidung über den Bedachten überlässt, durch Kriterien anzureichern, die zwar der Lebenserfahrung entsprechen, die aber gerade nicht vom Erblasser vorgegeben wurden. So kann nicht ohne Weiteres davon ausgegangen werden, der Erblasser erwarte von dem Dritten, der zwischen zwei Personen auswählen soll, dass er die Auswahl nach Eignung und Würdigkeit trifft,[113] denn in Betracht kommt ebenso eine Auswahlentscheidung nach dem Kriterium der Bedürftigkeit oder danach, wer sich intensiver um die Person des Erblassers gekümmert hat. Wird dagegen in der letztwilligen Verfügung über die Hofnachfolge angeordnet, die Person des Bedachten sei nach der

---

1995, 1477, 1478; weitergehend (billiges Ermessen des Dritten) *Rötelmann* NJW 1958, 953; wesentlich großzügiger *Frey* S. 124, 128 f. (Bestimmung eines Dritten ohne Einschränkung zulässig, dieser kann auch weiterdelegieren); modifizierend (großzügige Zulassung, wenn Erblasser wegen der Unsicherheit der künftigen Entwicklung eine eigene Entscheidung noch nicht verantworten konnte) *Westermann*, FS Möhring S. 183, 195 f.; *Grossfeld* JZ 1968, 113, 120 f.; *Brox*, FS Bartholomeyczik S. 41, 54 f.; für eine analoge Anwendung des § 2151 BGB *Sens* S. 97 ff.; vgl. auch BVerfG NJW 2004, 2008, 2010 (Heiratsklauseln, die Erbeinsetzung bei Heirat von der Zustimmung des Chefs des Hauses abhängig machen, die dieser zu erteilen hat, wenn die Ehe dem Ansehen, der Ehre und der Wohlfahrt des fürstlichen Hauses entspricht, obiter dictum); zustimmend *Paal* JZ 2005, 436, 441; weitergehend *Keim* FamRZ 2003, 137, 138 (Wertungsspielraum für Dritten zulässig).

107 RGZ 159, 296, 299; BGH LM BGB § 2065 Nr. 2; OLG Hamm DNotZ 1951, 369, 370; OLG Oldenburg RdL 1951, 183; *Vogels* DR 1939, 310; Staudinger/*Otte* § 2065 Rn. 31; MünchKomm/*Leipold* § 2065 Rn. 37.

108 BGHZ 15, 199, 203.

109 Soergel/*Loritz* § 2065 Rn. 30; Staudinger/*Otte* § 2065 Rn. 31; *Keim* FamRZ 2003, 137, 138; dem BGH folgend *Wagner* S. 73 ff.

110 Zutreffend deshalb KG ZEV 1998, 182, 183 = DNotZ 1999, 679 m. zust. Anm. *Zawar* (Aufhebung der Nacherbfolge durch Testamentsvollstrecker, wenn Vorerbe nachweist, dass er in gesicherten wirtschaftlichen Verhältnissen lebt).

111 OLG München NJW 2014, 2448, 2449 f.

112 OLG Celle RdL 1953, 211, 212.

113 So OLG Hamm DNotZ 1951, 369, 370; wie hier Soergel/*Loritz* § 2065 Rn. 31; Staudinger/*Otte* § 2065 Rn. 32.

Eignung in Bezug auf Neigung, allgemeine Fähigkeiten und Charaktereigenschaften zu bezeichnen, so ist dies als zulässig anzusehen, denn diese Kriterien sind zwar als solche wenig bestimmt, sie sind aber doch im Hinblick auf die Zielrichtung der Hoferhaltung präzisierbar, ohne dass das Ermessen des Dritten an die Stelle der Entscheidung des Erblassers tritt.[114] Aus diesem Grund sollte – auch außerhalb des Rechts der Hofnachfolge – die Anordnung, der Dritte (oder das Nachlassgericht) solle denjenigen als Erben bestimmen, der den Erblasser im Alter unterstützt und gepflegt hat, als wirksam angesehen werden.[115] Dafür spricht auch die Überlegung, dass der Erblasser auf diese Weise die Pflege und Zuwendung in einer Altersphase, in der er selbst möglicherweise nicht mehr testierfähig ist, honorieren kann. Der Gedanke, dass es damit der Pflegende ist, der in Kenntnis der Verfügung sich selbst zu dem macht, der als Erbe eingesetzt ist, steht der Wirksamkeit nicht entgegen,[116] denn es ist immer noch der Erblasser, der die Kriterien selbstbestimmt vorgegeben hat. In einem solchen Fall, in welchem ein anerkennenswertes Interesse des Testators daran besteht, lediglich die Kriterien für die Bezeichnung des Dritten vorzugeben, darf der Bestimmung auch nicht mangels Abgrenzung des Personenkreises die Wirksamkeit versagt werden (vgl. Rdn. 26).[117]

Wendet man diese Grundsätze an, so ist die Klausel, dass die von **einem anderen eingesetzten Erben** begünstigt sein sollen, entgegen der h.M. mit § 2065 Abs. 2 BGB nicht vereinbar (vgl. Rdn. 24).[118] Es mag zwar regelmäßig zutreffen, dass diese Klausel aus sachlichen Gründen und nicht aus Unentschlossenheit gewählt wird,[119] dies ändert aber nichts daran, dass der Erblasser die Auswahl seiner Rechtsnachfolger dem Belieben des Dritten überlässt, der damit nicht nur – wie bei seiner Potestativbedingung – über die Geltung des vom Erblasser bereits gebildeten Willens entscheidet, sondern selbst für den Erblasser die Erben bestimmt.

Die **Person des benennungsberechtigten Dritten** muss vom Erblasser selbst benannt werden.[120] Der 29
mit der Benennung beauftragte Dritte muss diese **selbst** vornehmen.[121] Eine Übertragung auf eine andere Person wird man allenfalls bei einer ausdrücklichen Ermächtigung im Testament als wirksam ansehen können. Der Wirksamkeit der Benennung durch den Dritten steht es nicht entgegen, wenn die Beurteilung des Auswahlkriteriums **Sachkunde des Dritten** erfordert, über die er nicht verfügt.[122]

cc) Form der Bezeichnung

Die Entscheidung des Dritten muss regelmäßig in **öffentlich beglaubigter Form gegenüber dem** 30
Nachlassgericht bekannt gegeben werden. Das wird aus einer entsprechenden Anwendung des § 2198 Abs. 1 BGB abgeleitet.[123] Für dieses Ergebnis spricht die Rechtssicherheit, denn damit ist

---

114 OLG Celle NJW 1958, 953; OLG Köln FamRZ 1995, 57, 58; *Hermann* FamRZ 1995, 1396, 1398 f.; a.A. OLG Celle RdL 1955, 137, 138.

115 OLG Frankfurt DNotZ 1996, 56, 58 = NJW-RR 1995, 711, zustimmend *Leipold* JZ 1996, 287, 290; *Haegele* Rpfleger 1965, 355, 357; *Keim* FamRZ 2003, 137, 139; a.A. OLG Dresden NJW 1949, 346; zurückhaltend auch BayObLG FamRZ 1991, 610 (»Person, die mir beisteht«); FamRZ 1992, 987 (wer die Beerdigung organisiert etc.); anders auch (da Personenkreis nicht abgegrenzt) KG ZEV 1998, 260, 261.

116 So aber *Lange/Kuchinke* § 27 I 6 b.

117 *Wagner* ZEV 1998, 255, 256.

118 So auch OLG Frankfurt DNotZ 2001, 143, 144 = FamRZ 2000, 1607, 1608 = ZEV 2001, 316; Soergel/*Loritz* § 2065 Rn. 14; *Lamberz* Rpfleger 2019, 457 f.

119 *Gaberdiel* Rpfleger 1966, 265; Staudinger/*Otte* § 2065 Rn. 47; *Ivo* DNotZ 2002, 260, 264 f.; für die Wirksamkeit auch Nieder/Kössinger/*Nieder* § 3 Rn. 44; OLG Hamm ZEV 2019, 276 (für Ersatzerbenbestimmung) m. zust. Anm. *Reimann*; einschränkend MünchKomm/*Leipold* § 2065 Rn. 33 (Personenkreis müsse abgegrenzt sein, Rn. 35).

120 BGH NJW 1965, 2201; *Grossfeld* JZ 1968, 113, 120; Soergel/*Loritz* § 2065 Rn. 32.

121 Vgl. § 664 Abs. 1 Satz 1; vgl. auch (höchstpersönliches Recht) Staudinger/*Otte* (Bearbeitung 2003) § 2065 Rn. 42.

122 Soergel/*Loritz* § 2065 Rn. 32; Staudinger/*Otte* § 2065 Rn. 32; a.A. OLG Celle NJW 1958, 953, 954; OLG Köln FamRZ 1995, 57, 58.

123 KG ZEV 1998, 182, 184 = Rpfleger 1998, 288, 290 = FamRZ 1998, 1202, 1204; Soergel/*Loritz* § 2065 Rn. 34; MünchKomm/*Leipold* § 2065 Rn. 38; Staudinger/*Otte* § 2065 Rn. 33; a.A. OLG Celle NJW

die Entscheidung gegenüber allen Beteiligten wirksam geworden, wenn sie dem Nachlassgericht mitgeteilt wurde. Der Erblasser muss aber als befugt angesehen werden, anderes zu bestimmen, und zwar nicht nur hinsichtlich der Form der Erklärung, sondern auch in Bezug auf ihren Adressaten.[124] Die gegenteilige Ansicht hätte zur Folge, dass trotz einer Mitteilung der Entscheidung an die im Testament bezeichnete Person keine Bindung an die getroffene Entscheidung einträte. Das wäre bedenklich, weil regelmäßig alle Beteiligten von der Wirksamkeit der Bezeichnung ausgehen, wenn diese nur den Vorgaben der letztwilligen Verfügung entspricht. Besonders misslich wird diese Situation, wenn man mit *Sens*[125] der Auffassung ist, dass in dem **Zeitraum bis zum Wirksamwerden** der Bezeichnung die gesetzlichen Erben als Vorerben anzusehen sind. Diese Auffassung, die erhebliche – nicht zuletzt steuerliche – Probleme aufwirft, hat sich zu Recht nicht durchsetzen können: Wie oben dargelegt, ist es der Erblasser, der durch die Vorgabe der Kriterien den Bedachten bestimmt, während der Dritte lediglich den Bedachten in Anwendung dieser Kriterien benennt. Damit ist aber – entgegen Sens – Erbe sogleich der vom Erblasser Bestimmte geworden, auch wenn seine Person noch nicht namentlich bekannt ist.[126]

dd) Frist

31 Der Erblasser kann dem Dritten zur Ausübung des Bezeichnungsrechts eine Frist setzen; fehlt es daran, so wird in entsprechender Anwendung des § 2198 Abs. 2 BGB das Nachlassgericht zur Fristsetzung auf Antrag eines Beteiligten für befugt gehalten.[127] Mit **Ablauf der Frist** endet das Bezeichnungsrecht des Dritten. Hat er es nicht ausgeübt, so entfällt nicht etwa das Erbrecht des zu Bezeichnenden. Es endet vielmehr lediglich die Entscheidungsprärogative des Dritten, sodass nun ein anderer Weg zur Erkenntnis der Person, die schon durch den Erblasser bestimmt ist, gefunden werden muss. Damit scheidet die Lösung aus, alle Personen des Kreises, aus denen der Dritte auswählen sollte, als Miterben anzusehen.[128] Es muss vielmehr zwischen diesen Personen entschieden werden, wer der vom Erblasser Bestimmte ist. Dazu wird in entsprechender Anwendung des § 319 Abs. 1 Satz 2 BGB eine Klage desjenigen, der diese Stellung beansprucht, gegen alle anderen Prätendenten des Inhalts vorgeschlagen, das Gericht möge den Kläger zum Erben bestimmen.[129] Im Unterschied zu § 319 Abs. 1 Satz 2 BGB handelt es sich aber hier nicht um einen Fall der Rechtsgestaltung, sodass es konsequenter ist, eine auf Feststellung des Erbrechts gerichtete Klage anzunehmen.[130] Diese Lösung hat allerdings den Nachteil, dass die Mitprätendenten bei der Feststellungsklage nicht notwendige Streitgenossen sind, sodass unterschiedliche Entscheidungen ergehen könnten. Dieses Problem ist jedoch ein allgemeines, dem in der Regel durch die Verbindung der Verfahren begegnet werden kann.

ee) Widerruf und Anfechtung

32 Die Entscheidung des Dritten kann von diesem nicht widerrufen oder angefochten werden.[131] Soweit eine Irrtumsanfechtung der Auswahlentscheidung in Betracht kommt,[132] steht das Anfech-

---

1958, 953, 955 (Erklärung ggü. dem Nachlassgericht und den Beteiligten, auch den nicht zum Erben bestimmten, mit der Folge, dass bei der Auswahl zwischen minderjährigen Geschwistern durch den überlebenden Elternteil eine Pflegschaft erforderlich werden kann); a.A. *Lange/Kuchinke* § 27 I 5 (Adressat sind die anderen Beteiligten, nicht das Nachlassgericht).

124 MünchKomm/*Leipold* § 2065 Rn. 38; a.A. (Adressat stets das Nachlassgericht) Soergel/*Loritz* § 2065 Rn. 34; wohl auch KG ZEV 1998, 182, 184 = Rpfleger 1998, 288, 290 = FamRZ 1998, 1202, 1204.

125 *Sens*, Die Erbenbestimmung durch Dritte, S. 62 ff., 107.

126 So i.E. auch MünchKomm/*Leipold* § 2065 Rn. 33; Staudinger/*Otte* § 2065 Rn. 34.

127 Soergel/*Loritz* § 2065 Rn. 35; MünchKomm/*Leipold* § 2065 Rn. 38; a.A. *Grossfeld* JZ 1968, 113, 121 Fn. 103a (analoge Anwendung des § 355).

128 So *Klunzinger* BB 1970, 1197, 1200 f.; wie hier Soergel/*Loritz* § 2065 Rn. 36.

129 MünchKomm/*Leipold* § 2065 Rn. 39.

130 Soergel/*Loritz* § 2065 Rn. 36.

131 Rechtsgedanke des § 318 Abs. 2, vgl. Soergel/*Loritz* § 2065 Rn. 37; a.A. *Klunzinger* BB 1970, 1197, 1201; Palandt/*Weidlich* § 2065 Rn. 9.

132 Nicht im Fall des § 119 Abs. 2, vgl. Staudinger/*Otte* § 2065 Rn. 37f.

tungsrecht den übergangenen Beteiligten,[133] lässt sich auf diese Weise ein Anfechtungsberechtigter nicht bestimmen, einem zu bestellenden Nachlasspfleger zu.[134] Macht der Dritte von dem Bezeichnungsrecht in einer gegen die guten Sitten verstoßenden Weise Gebrauch, so bietet die analoge Anwendung des § 319 Abs. 1 BGB die sachgerechte Lösung,[135] erscheint zweifelhaft. Jedenfalls ist eine Anwendung des § 138 BGB dergestalt, dass nun der Dritte wiederum zur Bestimmung befugt ist, bedenklich, da das Gesetz durch § 319 Abs. 1 Satz 2 BGB mit der Bestimmung durch das Gericht einen anderen, der Rechtssicherheit zuträglicheren Weg zur Verfügung stellt.

ff) Gerichtliche Nachprüfung

Grundsätzlich ist die Entscheidung des Dritten gerichtlich **überprüfbar** (vgl. Rdn. 32),[136] und zwar rich- 33
tigerweise nicht nur auf die Einhaltung billigen Ermessens – das dem Dritten gerade nicht zusteht (vgl. Rdn. 27) –, sondern darüber hinaus auf die korrekte Anwendung der von dem Erblasser vorgegebenen Kriterien.[137] Ein Ausschluss der gerichtlichen Überprüfung lässt sich nur dann begründen, wenn die Position des Dritten als die eines **Schiedsrichters** i.S.d. §§ 1025 ff., 1066 ZPO ausgestaltet ist, der bei einem Streit zwischen den Erbprätendenten entscheiden soll, welcher von ihnen der durch die Kriterien Bestimmte ist.[138] In diesem Fall steht sein Spruch einem rechtskräftigen Urteil gleich (§ 1055 ZPO). Eine solche Einordnung wird jedoch regelmäßig daran scheitern, dass der Dritte – unabhängig von einem Streit zwischen den Erbprätendenten – von sich aus tätig werden soll. In diesem Fall kann er aber nicht zugleich als Schiedsrichter über die Richtigkeit seiner Entscheidung befinden. Wird angeordnet, dass ein Schiedsgericht über die von einem Dritten getroffene Bezeichnung entscheiden soll, so ist bei der Auswahl des Schiedsrichters den Grundsätzen der überparteilichen Rechtspflege Rechnung zu tragen (zu bedenken, den beurkundenden Notar als Schiedsrichter einzusetzen, vgl. Rdn. 21). Andernfalls kann der Dritte als Schiedsrichter abgelehnt werden (§ 1036 Abs. 2 ZPO); ein etwa ergehender Schiedsspruch kann aufgehoben werden (§ 1059 Abs. 2 Nr. 1d und Nr. 2b ZPO).

Der Dritte kann auch als **Schiedsgutachter** eingesetzt werden, indem er feststellen soll, welche der 34
Personen die Kriterien des Erblassers für den Bedachten erfüllt.[139] Eine solche schiedsgutachterliche Entscheidung kann auch Bindungswirkung für ein späteres Verfahren entfalten.[140] Sie ist dann nur hinsichtlich ihrer offenbaren Unbilligkeit durch ein gerichtliches Verfahren überprüfbar.[141] Nach einer im Vordringen befindlichen und auch zutreffenden Auffassung sind aber bei Schiedsgutachten, die auch wertende Fragen zum Gegenstand haben, die Regelungen der §§ 1025 ff. ZPO zumindest partiell entsprechend anwendbar.[142] Das gilt insbesondere für die Bestimmungen über die Ablehnung des Schiedsrichters. Damit werden Personen, die einem der Erbprätendenten nahestehen, regelmäßig als Schiedsgutachter ausscheiden.[143] Hält man eine solche Analogie für nicht gerechtfertigt, so muss das Schiedsgutachten eines nicht neutralen Dritten zumindest in Anlehnung an den strengeren Maßstab des § 315 Abs. 3 BGB auf seine inhaltliche Billigkeit hin überprüfbar sein.[144]

---

133 Soergel/*Loritz* § 2065 Rn. 37.

134 Staudinger/*Otte* § 2065 Rn. 37.

135 Staudinger/*Otte* § 2065 Rn. 39; *Lange/Kuchinke* § 27 I 5; a.A. (allein Aufhebung, keine Bezeichnung durch das Gericht) *Grossfeld* JZ 1968, 113, 121).

136 OLG Stuttgart FamRZ 1998, 260, 262 = FGPrax 1997, 230, 232; *Lange/Kuchinke* § 27 I 5.

137 Großzügiger (grobe Unbilligkeit) MünchKomm/*Leipold* § 2065 Rn. 39.

138 Vgl. dazu *Schiffer* S. 78 f.; *Schulze* MDR 2000, 314, 316; zur Übertragung eines Leistungsbestimmungsrechts nach § 317 auf ein Schiedsgericht vgl. auch BGH NJW 1998, 1388, 1389.

139 Vgl. *Schiffer* S. 79, 82 f.; vgl. auch *Wagner* ZEV 1998, 184, 185.

140 Musielak/Voit/*Voit* § 1029 ZPO Rn. 17 f.

141 Vgl. OLG Stuttgart FamRZ 1998, 260, 262 = FGPrax 1997, 230, 232 (zu § 319 Abs. 1).

142 Musielak/Voit/*Voit* § 1029 ZPO Rn. 18.

143 Zur Geltendmachung in entsprechender Anwendung der Regelungen des Schiedsverfahrensrechts vgl. MünchKomm/*Gottwald*, 4. Aufl., § 317 Rn. 43.

144 MünchKomm/*Gottwald*, 4. Aufl., § 319 Rn. 19.

gg) Alternative Erbeinsetzung

35 Die dargelegten Grundsätze gelten entsprechend, wenn der Erblasser mehrere Personen alternativ bedacht und die Entscheidung, wer von ihnen bedacht sein soll, einem Dritten oder dem Gericht überlassen hat. Eine solche Erbeinsetzung verstößt nicht gegen § 2065 BGB, wenn der Erblasser dabei das Kriterium, auf dessen Grundlage die Entscheidung zwischen diesen Personen getroffen werden soll, angibt. Es ist dann durch Auslegung zu ermitteln, welche Person bedacht ist.[145] Ist eine Auslegung nicht möglich, so will ein Teil der Literatur § 2073 BGB entsprechend anwenden mit der Folge, dass die Bedachten Miterben zu gleichen Teilen werden.[146] Das erscheint nicht unproblematisch: Während bei § 2073 BGB der Erblasser zwar einen hinreichend bestimmten Willen gebildet hat, dieser jedoch – da die Bezeichnung auf mehrere Personen passt und weitere Aufklärung nicht möglich ist – nicht ausschließlich auf eine einzige Person bezogen werden kann, findet eine solche Willensbildung bei der alternativen Erbeinsetzung regelmäßig nicht statt, wenn der Erblasser die Kriterien für die Entscheidung nicht selbst festlegt. Durch die alternative Erbeinsetzung, deren Entscheidungskriterium auch durch Auslegung nicht festzustellen ist, überlässt der Erblasser die Auswahl zwischen den alternativ Bedachten dem Dritten oder dem Gericht und verstößt – sofern eine Auslegung als Nach- oder Ersatzerbeneinsetzung ausscheidet – gegen § 2065 BGB, sodass die Erbeinsetzung unwirksam ist.[147] Die alternative Erbeinsetzung ohne Festlegung der Entscheidungskriterien ist deshalb nichtig, sofern sich nicht ein vom Erblasser gebildeter und hinreichend bestimmter Wille feststellen lässt. Hat der Erblasser dagegen einen Willen gebildet, der aber auf verschiedene Bedachte verweist (z.B. »Altenheim in Zürich«), so ist § 2073 BGB unmittelbar anwendbar.[148]

e) Bestimmtheit in Bezug auf den zugewendeten Gegenstand

36 Hinsichtlich der Bestimmtheit in Bezug auf den zugewendeten Gegenstand gelten die dargestellten Grundsätze entsprechend,[149] wobei die Ausnahmen bei Vermächtnis und Auflage (vgl. Rdn. 19) vor allem in diesem Bereich Bedeutung erlangen werden. Außerhalb dieser Ausnahmen muss der Gegenstand anhand der vom Erblasser vorgegebenen Kriterien ermittelt werden können, ohne dass ein Ermessensspielraum verbleibt. So kann es dem Vorerben nicht überlassen werden, die Höhe des Erbteils, den der Erblasser dem Nacherben zugedacht hat, zu verändern.[150] Eine solche Bestimmung kann aber möglicherweise als eine Nacherbeneinsetzung verstanden werden, die unter der Bedingung steht, dass der Vorerbe nicht anderweit letztwillig verfügt.[151] Auch die Bestimmung des Zeitpunkts, an welchem die Nacherbfolge eintreten soll, kann nicht dem Belieben eines Dritten überlassen bleiben.[152]

---

145 Vgl. Protokolle Bd. 5, S. 24; vgl. BayObLGZ 1998, 167, 169 = FamRZ 1999, 331 f. = NJW 1999, 1118, 1119 (Auslegung unter Berücksichtigung der Reihenfolge der Bezeichnung und des Satzes der Lebenserfahrung, dass die ältere Generation vor der jüngeren erben soll); BayObLGZ 1998, 160, 166 = FamRZ 1999, 119, 121 = NJW 1999, 1119, 1120 (Einsetzung der Kirche oder der Stadtverwaltung; Reihenfolge der Bezeichnung als Auslegungskriterium); zustimmend *Spanke* NJW 2005, 2947, 2948.

146 *Baldus* JR 1969, 179, 180; *Krampe* S. 165; Palandt/*Weidlich* § 2073 Rn. 2, § 2065 Rn. 13; Staudinger/*Otte* § 2073 Rn. 8.

147 MünchKomm/*Leipold* § 2073 Rn. 10; Soergel/*Loritz* § 2073 Rn. 9 f.; *Kipp/Coing* § 18 III 2; *Spanke* NJW 2005, 2947, 2948 f. (Beispiel 1); offenlassend BayObLG FamRZ 1999, 119, 121 (jedenfalls dann unwirksam, wenn alternativ Eingesetzter nicht hinreichend genau bestimmt).

148 Im Ergebnis ähnlich, aber eine Umdeutung annehmend *Spanke* NJW 2005, 2947, 2949 f. (Beispiel 2).

149 Sehr weitgehend (»einen großen Teil soll erhalten«, »ein großer Teil«, »ein Teil«) für die Möglichkeit einer ergänzenden Auslegung OLG Karlsruhe 08.02.2011 14 Wx 52/10 m. zurückhaltender Anm. *Lange*.

150 OLG Hamm DNotZ 1967, 315.

151 Vgl. KG DNotZ 1956, 195, 199 f.; zur Zulässigkeit einer solchen Bedingung vgl. Rdn. 24.

152 BGHZ 15, 199 = NJW 1955, 100 = DNotZ 1955, 402.

§ 2229 Testierfähigkeit Minderjähriger, Testierunfähigkeit

(1) Ein Minderjähriger kann ein Testament erst errichten, wenn er das 16. Lebensjahr vollendet hat.

(2) Der Minderjährige bedarf zur Errichtung eines Testaments nicht der Zustimmung seines gesetzlichen Vertreters.

(3) *(weggefallen)*

(4) Wer wegen krankhafter Störung der Geistestätigkeit, wegen Geistesschwäche oder wegen Bewusstseinsstörung nicht in der Lage ist, die Bedeutung einer von ihm abgegebenen Willenserklärung einzusehen und nach dieser Einsicht zu handeln, kann ein Testament nicht errichten.

Übersicht

I. Zeittafel

Die Regelung in **Abs. 1** ist seit dem Inkrafttreten des BGB wortgleich geblieben; sie fand sich ursprünglich in § 2229 Abs. 2 BGB und zwischenzeitlich in § 1 Abs. 2 TestG. **Abs. 2** – dessen inhaltlich im Wesentlichen übereinstimmender Vorläufer sich in § 2229 Abs. 1 BGB der ursprünglichen Fassung befand – lautete in der Fassung des § 1 Abs. 3 TestG: *Der Minderjährige oder ein unter vorläufige Vormundschaft gestellter Volljähriger bedarf zur Errichtung eines Testaments nicht der Zustimmung seines gesetzlichen Vertreters.* Die die vorläufige Vormundschaft betreffende Passage wurde durch das BtG mit Wirkung vom 01.01.1992 aufgehoben. Der durch dieses Gesetz ebenfalls aufgehobene **Abs. 3** lautete in der ursprünglichen Fassung: *Wer wegen Geistesschwäche, Verschwendung oder Trunksucht entmündigt ist, kann ein Testament nicht errichten. Die Unfähigkeit tritt schon mit der Stellung des Antrags ein, auf Grund dessen die Entmündigung erfolgt.* § 2 Abs. 1 TestG lautete dann: *Wer entmündigt ist, kann ein Testament nicht errichten. Die Unfähigkeit tritt schon mit der Stellung des Antrags ein, auf Grund dessen die Entmündigung ausgesprochen wird.* Diese Regelung wurde wortgleich in § 2229 Abs. 3 BGB a.F. übernommen. Der heutige **Abs. 4** findet in der ursprünglichen Fassung des BGB keine Entsprechung. Er entstammt § 2 Abs. 2 TestG: *Wer wegen krankhafter Störung der Geistestätigkeit, wegen Geistesschwäche oder wegen Bewußtseinsstörung (zum Beispiel wegen Trunkenheit) nicht in der Lage ist, die Bedeutung einer von ihm abgegebenen Willenserklärung einzusehen und nach dieser Einsicht zu handeln, kann ein Testament nicht errichten.* Im Zuge der Reinkorporation in das BGB wurde der Klammerzusatz gestrichen; im Übrigen wurde der Gesetzeswortlaut beibehalten. 1

II. Recht der ehemaligen DDR

2 Die entsprechende Regelung des Rechts der ehemaligen DDR (zum heutigen Anwendungsbereich vgl. Vorbem. zu §§ 2229–2264 BGB Rdn. 11 ff.) enthielt § 370 Abs. 1 ZGB. Er lautet: *Der Erblasser kann über sein Eigentum durch Testament verfügen. Er muß volljährig und handlungsfähig sein.* Die Testierfähigkeit setzt danach Volljährigkeit und Handlungsfähigkeit voraus. Dazu bestimmt § 49 ZGB: *Ein Bürger, der das 18. Lebensjahr vollendet hat, ist volljährig. Er kann durch eigenes Handeln Rechte und Pflichten des Zivilrechts begründen, insbesondere Verträge abschließen und andere Rechtsgeschäfte vornehmen (Handlungsfähigkeit).* Die **Volljährigkeit** tritt seit dem 22.05.1950 mit Vollendung des 18. Lebensjahres ein (für Berlin/Ost mit Wirkung vom 14.06.1950, vgl. VOBl [Ost] I 149; zu kollisionsrechtlichen Problemen wegen der Testierfähigkeit Minderjähriger nach § 2229 Abs. 1 vgl. Rdn. 7). Die Handlungsunfähigkeit Volljähriger richtet sich – soweit hier von Interesse – nach § 52 Abs. 2 und 3 ZGB: *(2) Handlungsunfähig sind auch entmündigte Bürger. (3) Die von Handlungsunfähigen vorgenommenen Rechtsgeschäfte sind nichtig. Nichtig sind auch Rechtsgeschäfte, die von einem Bürger in einem seine Entscheidungsfähigkeit ausschließenden Zustand vorgenommen wurden …*

3 Da das Testament eines **Entmündigten** nach dieser Regelung ohne Rücksicht darauf nichtig ist, ob er in der konkreten Situation in der Lage war, die Rechtsfolgen seiner Erklärung zu überblicken (§ 52 Abs. 2, Abs. 3 Satz 1 ZGB), stellt sich die für das bundesdeutsche Recht diskutierte Frage, ob ein genereller Ausschluss der Entmündigten von der Möglichkeit der Testamentserrichtung mit der grundgesetzlich garantierten Freiheit der Bestimmung der Erbfolge zu vereinbaren ist (vgl. Rdn. 26), hier ebenfalls. Die Frage muss für das Recht der ehemaligen DDR in gleicher Weise beantwortet werden, denn die legislative Entscheidung, es solle bezüglich der vor dem Beitritt errichteten Testamente bei dem früheren Recht bleiben (vgl. Vorbem. zu §§ 2229–2264 BGB Rdn. 12), könnte eine aus Sicht des Grundgesetzes verfassungswidrige Regelung kaum legalisieren, zumindest dann, wenn jetzt bundesdeutsche Gerichte die Regelungen des ZGB anzuwenden haben.[1] Personen, die nach § 99 FGB unter **vorläufige Vormundschaft** gestellt waren, wurden ebenfalls als nicht testierfähig angesehen;[2] auch hier stellt sich die genannte Problematik. Dagegen hatte die Anordnung einer **Pflegschaft** nach § 105 FGB keinen Einfluss auf die Testierfähigkeit, da die Regelung des § 105 Abs. 3 Satz 1 FGB sich auf den Wirkungskreis des Pflegers beschränkt und die Errichtung eines Testaments dazu nicht gehören kann.[3]

III. Überblick über die Systematik der Testierfähigkeit

4 Die Testierfähigkeit ist die Fähigkeit, ein **Testament** rechtswirksam zu **errichten**, zu **ändern** und **aufzuheben**; sie ist damit ein Sonderfall der Geschäftsfähigkeit (zu Fällen mit Auslandsberührung vgl. Syst. B Rdn. 68, 81 ff.). Mit der Testierfähigkeit legt der Gesetzgeber eine der Anforderungen fest, die an eine selbstbestimmte und damit auch in ihrer möglichen Willkür selbstverantwortete Gestaltung im Erbrecht zu stellen sind.[4] Dabei hat er den Besonderheiten des Erbrechts Rechnung zu tragen: Während bei den Regeln der Geschäftsfähigkeit die Wirksamkeit der Willenserklärung eines beschränkt Geschäftsfähigen regelmäßig an die Zustimmung seines gesetzlichen Vertreters geknüpft wird, scheidet diese Lösung im Testamentsrecht schon wegen der Höchstpersönlichkeit der Testamentserrichtung aus. Im Übrigen wäre eine dem § 107 BGB entsprechende Regelung angesichts der Interessenlage – die Eltern sind gesetzliche Erben, § 1925 Abs. 1, § 1930 BGB – kaum sachgerecht. Im Gegensatz zu den drei Stufen Geschäftsunfähigkeit – beschränkte Geschäftsfähigkeit – unbeschränkte Geschäftsfähigkeit kennt das Testamentsrecht deshalb nur die beiden Stufen Testierunfähigkeit und Testierfähigkeit. Rechtstechnisch wird dieses Modell umgesetzt, indem § 2229 BGB allein die Besonderheiten der Testierfähigkeit des Minderjährigen bezeichnet.

---

1 Vgl. auch BGHZ 127, 195, 204.
2 *S. Herrmann*, S. 32.
3 *S. Herrmann*, S. 32.
4 Vgl. BVerfG NJW 1999, 1853 = ZEV 1999, 147, 148.

Für den Volljährigen ergibt sich die Testierfähigkeit aus seiner unbeschränkten Geschäftsfähigkeit (zu den Einschränkungen vgl. Rdn. 8 ff.). Soweit die §§ 11, 28 BeurkG den Begriff »erforderliche Geschäftsfähigkeit« verwenden, wird damit in Bezug auf die Errichtung, Änderung oder Aufhebung eines Testaments auf den Maßstab des § 2229 BGB, bei dem Abschluss eines Erbvertrages auf den des § 2275 BGB verwiesen. Personen, die einem **geistlichen Orden** angehören, der die Testierfähigkeit einschränkt, sind aus Sicht des staatlichen Rechts uneingeschränkt testierfähig.[5] Soweit die Ordensregeln die Änderung eines Testaments allein mit Zustimmung einer anderen Person (z.B. der zuständigen Oberen) zulassen, ist dies für das staatliche Recht ohne Bedeutung.[6] Der durch Art. 140 GG i.V.m. Art. 137 Abs. 3 WRV gewährte Sonderstatus wird durch die für alle geltenden Gesetze beschränkt und diese lassen einen solchen Verzicht auf die Testierfreiheit nicht zu.

Aus diesem System folgt, dass eine **positive Umschreibung** der Testierfähigkeit **entbehrlich** ist. Das BGB grenzt allein den Personenkreis der Nichttestierfähigen ab. Ob die Testierfähigkeit voraussetzt, dass der Erblasser eine konkrete Vorstellung über die Bedeutung seines letzten Willens hat und sich über die Tragweite seiner Anordnungen und ihre Auswirkungen auf die persönlichen und wirtschaftlichen Verhältnisse der Betroffenen ein klares Urteil zu bilden imstande ist, ist deshalb nicht für die positive Feststellung der Testierfähigkeit, sondern allein umgekehrt für die Frage des Ausschlusses von Interesse. An diesem Regel-Ausnahme-Verhältnis ändern die Bestimmungen des BeurkG über die Prüfung der erforderlichen Geschäftsfähigkeit nichts. 5

IV. Testierunfähigkeit nach Abs. 1

Der Gesetzgeber legt in Abs. 1 die Altersgrenze auf **16 Jahre** fest und harmonisiert so die Testier- mit der Ehefähigkeit.[7] Bei der Berechnung zählt der Tag der Geburt nach § 187 Abs. 2 Satz 2 BGB mit. Ein Testament, das eine Person in einem Zeitpunkt errichtet hat, an dem sie diese Altersgrenze **nicht überschritten** hat, ist nichtig, auch wenn der Erbfall erst nach dem Erreichen der Grenze eintritt,[8] denn die Möglichkeit einer (formlos wirksamen, § 182 Abs. 2 BGB) Genehmigung sieht das Gesetz nicht vor, und die Entscheidung, das Testament nicht zu vernichten, genügt ihrerseits den Anforderungen an die Errichtung eines Testaments nicht. Auch die Zustimmung der gesetzlichen Vertreter ändert an der Nichtigkeit nichts. Eine Genehmigung des derart unwirksamen Testaments durch den Testator ist nach Erreichen der Altersgrenze aber in der Weise möglich, dass dieser ein formwirksames Testament errichtet und auf das früher errichtete, jedoch wegen Testierunfähigkeit nichtige Testament verweist. Das ist auch in der Weise möglich, dass das Testament lediglich ein zweites Mal unterschrieben wird (vgl. auch § 2247 BGB Rdn. 8, 12).[9] 6

Im **ZGB** bestimmte sich die Testierfähigkeit nach dem Eintritt der Volljährigkeit (vgl. Rdn. 2). Testamente, die Minderjährige zwischen Vollendung des 16. und der des 18. Lebensjahres vor dem Wirksamwerden des Beitritts errichtet haben, sind wegen der Übergangsregelung des Art. 235 § 2 EGBGB nach dem bisherigen Recht zu beurteilen und deshalb – soweit das ZGB anzuwenden ist (vgl. Vorbem. zu §§ 2229–2264 BGB Rdn. 11 ff.) – mangels Testierfähigkeit unwirksam. In **Fällen mit Auslandsberührung** ist zu beachten, dass die alternativen Anknüpfungen des Art. 26 Abs. 1 EGBGB und des Haager Testamentsformabkommens sich auf die Form beziehen und deshalb auf die Beurteilung der Testierfähigkeit nicht anzuwenden sind.[10] Für das Kollisionsrecht der ehema- 7

5 MünchKomm/*Hagena* Rn. 1.

6 *Sailer* S. 73 f.; zweifelnd Soergel/*Mayer* vor § 2229 Rn. 6.

7 Krit. zu dieser legislativen Entscheidung MünchKomm/*Hagena* Rn. 8, ausführlich MünchKomm/*Burkart* 3. Aufl., 1997, Rn. 5; *Lange/Kuchinke* § 18 II 2; zu Vorschlägen de lege ferenda vgl. *Löhnig* in FS für Bengel/Reimann S. 231, 238 f.

8 Kroiß/Ann/Mayer/*Kroiß* § 2229 Rn. 7, Staudinger/*Baumann* Rn. 52; vgl. auch *Pfister* JZ 1969, 623, 624.

9 Staudinger/*Baumann* Rn. 53; Bamberger/Roth/Hau/Poseck/*Litzenburger* § 2247 Rn. 1.

10 Palandt/*Thorn* Art. 26 EGBGB Rn. 6; Staudinger/*Dörner* Vorbem. zu Art. 25 f. EGBGB Rn. 90; Soergel/*Schurig* Art. 26 EGBGB Rn. 19; Staudinger/*Baumann* (Bearbeitung 2012) Rn. 91.

ligen DDR ist § 26 RAnwG zu beachten (vgl. Vorbem. zu §§ 2229–2264 BGB Rdn. 12).[11] Die am **16.08.2012** in Kraft getretene und insoweit ab dem 17.08.2015 geltende europäische **Erbrechtsverordnung** regelt nun in Art. 24 Abs. 1 VO (EU) 650/2012, dass die Zulässigkeit und materielle Wirksamkeit einer Verfügung von Todes wegen in Form eines Testaments dem Recht unterliegt, das nach der Verordnung auf die Rechtsnachfolge anzuwenden wäre, wenn die Person, die die Verfügung errichtet hat, zu diesem Zeitpunkt verstorben wäre. Unbenommen bleibt dem Erblasser nach Art. 22 VO (EU) 650/2012 die Wahl des Rechts für die Zulässigkeit und materielle Wirksamkeit des Testaments nach Maßgabe des Art. 24 Abs. 2 VO (EU) 650/2012. Diese Regelungen finden nach Art. 83 Abs. 2, 3 VO (EU) 650/2012 auch dann Anwendung, wenn die Verfügung von Todes wegen vor dem 17.08.2015 errichtet wurde, der Erbfall aber erst am 17.08.2015 oder später eintritt. Zur materiellen Wirksamkeit der Verfügung von Todes wegen gehört nach Art. 26 VO (EU) 650/2012 die Testierfähigkeit des Erblassers nach Maßgabe des jeweils anzuwendbaren Rechts.

Hat der Minderjährige das **sechzehnte Lebensjahr vollendet**, so ist er grundsätzlich testierfähig, d.h. ohne Zustimmung seiner gesetzlichen Vertreter dazu imstande, ein Testament zu errichten – wenn auch nicht in jeder Testamentsform (vgl. § 2233 Abs. 1, § 2247 Abs. 4 BGB). Ob der Testator im Einzelfall die nötige Einsichtsfähigkeit besitzt, beurteilt sich nach dem Maßstab des § 2229 Abs. 4 BGB. Unterschiedliche Maßstäbe zwischen der Testierfähigkeit des Minderjährigen nach § 2229 Abs. 1 BGB und des unbeschränkt Geschäftsfähigen bestehen nicht.

V. Testierunfähigkeit nach Abs. 4

1. Übersicht

8 Abs. 4 regelt Fälle, in denen einem testiermündigen Testator mit Rücksicht auf seine konkrete Befindlichkeit die Fähigkeit versagt wird, ein Testament zu errichten. Seit der Aufhebung des Abs. 3 durch das BtG (zum Übergangsrecht vgl. Rdn. 25) bestimmt sich die Frage der Testierfähigkeit von Personen, die das sechzehnte Lebensjahr vollendet haben, ausschließlich nach Abs. 4. Die Anordnung einer **Betreuung** ist als solche ohne Bedeutung.[12] Der Betreute kann sich aller Testamentsformen bedienen; das Vormundschaftsgericht kann auch nicht anordnen, dass der Betreute sein Testament allein in einer bestimmten Form errichten kann.[13] Die Errichtung des Testaments kann – ebenso wie die Veränderung oder der Widerruf – nicht von einem Einwilligungsvorbehalt abhängig gemacht werden.[14] Der Betreuer kann auch keine Abschrift des vom Betreuten beim Notar errichteten Testaments verlangen, auch wenn sein Aufgabenbereich »Testamentsangelegenheiten« umfasst. Anders verhält es sich bei Zustimmung des Betreuten, sofern dieser über die erforderliche Einsichtsfähigkeit verfügt.[15] Dabei ist es nicht ohne Bedeutung, wie das Vormundschaftsgericht die geistige Befindlichkeit des Testators beurteilt, denn wenn es später auf die Frage der Testierfähigkeit ankommt, können die Akten des Betreuungsverfahrens zur Klärung herangezogen werden.[16] Eine Bindung an die Beurteilung seitens des Vormundschaftsgerichts besteht nicht.

9 Die Testierunfähigkeit nach Abs. 4 knüpft an **drei Voraussetzungen** an, die **kumulativ** erfüllt sein müssen. Der Testator muss erstens einer krankhaften Störung der Geistestätigkeit unterliegen oder

11 Vgl. Grünbuch Erb- und Testamentsrecht der Europäischen Kommission KOM (2005) 65 (endgültig), Frage 2, ZEV 2005, 138, 139.

12 OLG Hamm FamRZ 2004, 659, 660 (auch bei Überführung einer Entmündigung in eine Betreuung mit dem Aufgabenkreis Vermögenssorge kann Testierfähigkeit gegeben sein); Bamberger/Roth/Hau/Poseck/*Litzenburger* § 2229 Rn. 2; vgl. auch *Hahn* FamRZ 1991, 27 ff.; zur Diskussion um eine Änderung der Regelung der Testierfähigkeit vgl. *Kroppenberg*, in: FS. Bengel/Reimann, S. 199 ff. (keine Änderung für erforderlich haltend).

13 BT-Drucks. 11/4528, S. 66; Staudinger/*Baumann* Rn. 51.

14 Vgl. OLG Frankfurt FamRZ 1996, 635.

15 Vgl. DNotI-Report 2004, 112, 113.

16 *Hahn* FamRZ 1991, 27; Staudinger/*Baumann* Rn. 50.

geistesschwach oder in seinem Bewusstsein gestört sein; er muss zweitens unfähig sein, die Bedeutung der von ihm abgegebenen Willenserklärung einzusehen und nach dieser Einsicht zu handeln, und dies muss drittens im konkreten Fall auf der Störung der Geistestätigkeit, der Geistesschwäche oder der Bewusstseinsstörung beruhen.

2. Geistige Insuffizienz

a) Grundlagen

Die Begriffe krankhafte Störung der Geistestätigkeit und Geistesschwäche unterscheiden sich nach h.A. nur **graduell**; die Geistesschwäche wird als mindere Form der Geistesstörung ohne substanziellen Unterschied zu ihr angesehen.[17] Geht man vom Wortsinn aus, so ist dem nur mit Einschränkungen zuzustimmen. Während die Geistesschwäche eine andauernde geistige Insuffizienz bezeichnet, die unabhängig davon ist, ob sie auf einem krankhaften Zustand beruht, setzt die Störung der Geistestätigkeit eine im Grundsatz funktionierende Geistestätigkeit voraus, die in einer als krankhaft zu bezeichnenden Weise eingeschränkt ist. Gleichgestellt ist die Störung des Bewusstseins, also eine – nicht notwendigerweise krankhafte – erhebliche Trübung der Geistestätigkeit insbesondere bei Rauschzuständen, hochgradigem Fieber oder Hypnose.[18] 10

b) Maß der Beeinträchtigung

Um die Frage zu beantworten, welchen Maßstab Abs. 4 an die Geistesstörung oder die Geistesschwäche anlegt, ist darauf abzustellen, ob die Möglichkeit einer selbstbestimmten und – auch im Hinblick auf ihre mögliche Willkür – selbstverantworteten Regelung der Rechtsnachfolge besteht. Entscheidend ist dabei, ob der Testator in der Lage war, die Tragweite der Anordnungen auch im Hinblick auf die Auswirkungen auf die persönlichen und wirtschaftlichen Verhältnisse der Betroffenen zu überblicken und seinen Willen frei zu bilden (dazu und zur Frage der relativen Testierfähigkeit im Hinblick auf die Komplexität des Testaments vgl. Rdn. 12). Dabei handelt es sich um eine Frage der rechtlichen Beurteilung, für die die Erkenntnisse der Medizin zwar von großer Bedeutung, jedoch nicht letztlich ausschlaggebend sind. Eine Bindung an die Einschätzung des Sachverständigen (zu der Notwendigkeit von Sachverständigengutachten vgl. Rdn. 24) besteht nicht.[19] Als **geistig gestört** wird derjenige angesehen, »dessen Erwägungen und Willensentschlüsse nicht mehr auf einer der allgemeinen Verkehrsauffassung entsprechenden Würdigung der Außendinge und Lebensverhältnisse beruhen, sondern durch krankhaftes Empfinden, krankhafte Vorstellungen und Gedanken oder durch Einflüsse dritter Personen dauernd derart beeinflusst werden, dass sie tatsächlich nicht mehr frei sind, vielmehr sich den genannten regelwidrigen Einwirkungen schranken- und hemmungslos hingeben und von ihnen widerstandslos beherrscht werden.«[20] Gegebenenfalls muss zur Beurteilung der Testierfähigkeit auch geklärt werden, in welchem Maß sich der Testator vom Einfluss Dritter freimachen konnte.[21] 11

Zweifelhaft ist dabei, ob der Grad der Beeinträchtigung in **Relation zur Komplexität der zu regelnden Rechtsnachfolge** zu setzen ist. Die überwiegende Ansicht verneint eine solche 12

17 RG JW 1908, 323, 324 Nr. 3; RGZ 130, 69, 71 (zu § 104 a.F.); 162, 223, 228 (zu § 104 a.F.); *T. Zimmermann* BWNotZ 2000, 97, 98; MünchKomm/*Hagena* Rn. 13; Staudinger/*Baumann* Rn. 28.

18 Vgl. MünchKomm/*Hagena* Rn. 20.

19 Vgl. RGZ 162, 223, 228; BGH NJW 1961, 2061; BayObLG FamRZ 1985, 742, 743 = Rpfleger 1985, 239; NotBZ 2001, 423 f.; Soergel/*Mayer* Rn. 6; zu den Kriterien aus medizinischer Sicht vgl. *Cording* ZEV 2010, 115; zu den Beweismitteln *Cording* ZEV 2010, 23 ff.

20 RGZ 162, 223, 228 (zu § 104).

21 OLG Celle ZEV 2007, 127, 128.

relative Bestimmung der Testierfähigkeit,[22] während andere sie bejahen.[23] Der Wortlaut des Abs. 4 stellt darauf ab, ob der Testator in der Lage ist, die Bedeutung *einer* von ihm abgegebenen *Willenserklärung* einzusehen. Eine allein am Wortlaut orientierte Auslegung dürfte also nicht berücksichtigen, welchen Inhalt diese Erklärung hat. Damit wäre die Frage der relativen Testierfähigkeit im Sinne der h.L. zu beantworten. An diesem Konzept hält aber die h.L. selbst nicht fest, denn auch sie stellt mit Recht darauf ab, ob der Testator die Folgen seiner konkreten Erklärung im Hinblick auf die Konsequenzen für die Betroffenen zu überblicken in der Lage ist. Auch nach h.L. reicht es nicht aus, wenn er nur über allgemeine Vorstellungen hinsichtlich der Errichtung eines Testaments verfügt (vgl. Rdn. 15).[24] Wenn aber in dieser Frage entgegen dem Wortlaut der Regelung die Folgen im Einzelfall in den Blick genommen werden, dann ist nicht einzusehen, warum in diese Bewertung nicht auch die Komplexität des Regelungsbedarfs einzubeziehen ist. Dafür spricht auch das Ergebnis, denn es ist kaum nachzuvollziehen, warum derjenige, der die Folgen eines einfachen Testaments überblicken kann, hinsichtlich eines Testaments, dessen Folgen er nicht überblickt, testierfähig sein sollte. Weiterhin ist in der konkreten Situation, in der ein komplexer Sachverhalt zur Regelung ansteht, kaum festzustellen, ob der Testator einen einfacheren Sachverhalt überschauen würde. Schließlich sind die Konsequenzen für die Urkundsperson zu bedenken: Der Notar dürfte die Beurkundung des Testaments einer Person nicht ablehnen, obwohl diese nicht in der Lage ist, die Folgen ihrer Erklärung zu überblicken, nur weil sie in der Lage wäre, die Folgen einer einfacheren Erklärung, die es aber nicht zu beurkunden gilt, zu erfassen. Bei der Beantwortung dieser Frage ist weiter zu bedenken, dass sich die Leitentscheidung des BGH[25] unter anderem auf die Überlegung stützt, dass der Schutz der Geistesschwachen durch die Entmündigung gewährleistet werde, dass aber dieser Gesichtspunkt durch das BtG entfallen ist. Schließlich muss berücksichtigt werden, dass diese zu § 104 Nr. 2 BGB ergangene Entscheidung den Gesichtspunkt der Rechtssicherheit betont[26] und dieser bei Willenserklärungen, die Geschäfte unter Lebenden betreffen, in stärkerem Maße Beachtung verdient als bei der Frage der Testierfähigkeit. Es ist deshalb an der Auffassung festzuhalten, dass die Testierfähigkeit im Hinblick auf die Komplexität des Regelungsbedarfs zu bestimmen ist. Dabei ist zu beachten, dass die Testierfähigkeit es nicht erfordert, dass der Erblasser die wirtschaftlichen Zusammenhänge im Einzelnen nachzuvollziehen imstande ist (vgl. auch Rdn. 15).

c) Einzelfälle

13 Die **Voraussetzung** der geistigen Insuffizienz i.S.d. Abs. 4 ist regelmäßig (zum maßgebenden Zeitpunkt und der Möglichkeit lichter Augenblicke vgl. Rdn. 14) **gegeben** in Fällen der altersbedingten

---

22 BGH NJW 1953, 1342 (zu § 104; Beschränkung auf besonders schwierige Geschäfte sei grds. nicht anzuerkennen; insoweit nicht abgedruckt in BGHZ 10, 266); BGHZ 30, 112, 117 f. (partielle Prozessunfähigkeit, obiter dictum); NJW 1970, 1680, 1681 (grds. nicht anzuerkennen); FamRZ 1970, 641;OLG München NJW-RR 2015, 1034, 1035; OLG München FamRZ 2007, 2009, 2011 = NJW-RR 2008, 164, 166 = Rpfleger 2007, 662; =ZEV 2008, 37, 38 f.; OLG Hamburg MDR 1950, 731 f.; Bamberger/Roth/Hau/Poseck/*Litzenburger* Rn. 4; MünchKomm/*Burkart* 3. Aufl., 1997, Rn. 12; *Muscheler* Erbrecht Rn. 1671; *Scherer/Lehmann* ZEV 2005, 453, 455 (arg. Rechtssicherheit); unter Zurückstellung von Bedenken auch Soergel/*Mayer* Rn. 9; vgl. auch BGH NJW 1961, 261 (zu § 105; verlangsamte Erfassung eines Sachverhalts steht Geschäftsfähigkeit nicht entgegen).

23 So insb. *Reimann* in der 2. Aufl. dieses Werks in Rn. 40; *Flume* §§ 13, 5; OLG Köln NJW 1960, 1389 Staudinger/*Baumann* Rn. 19 ff.; MünchKomm/*Hagena* Rn. 15.

24 MünchKomm/*Hagena* Rn. 15; BGH MDR 1958, 316 f. = FamRZ 1958, 127, 128; OLG Köln NJW-RR 1994, 396; OLG Hamm FGPrax 1997, 68 = FamRZ 1997, 1026, 1027 = ZEV 1997, 75, 76.

25 BGH NJW 1953, 1342 (insoweit nicht abgedruckt in BGHZ 10, 266).

26 BGH NJW 1953, 1342; ebenso BGH NJW 1970, 1680, 1681.

Arteriosklerose,[27] degenerativer Demenz,[28] mittelschwerer Demenz vom Alzheimertypus;[29] der Demenz aufgrund eines Parkinson-Syndroms,[30] paranoider Wahnvorstellungen,[31] bei alkoholbedingtem deliranten Syndrom mit erheblicher Reduzierung der geistigen Leistungskraft und erheblich ausgeprägter Persönlichkeitsstörung;[32] bei monothematischen Wahnvorstellungen[33] sowie bei Depressionen mit manischen, die eigene Willensbestimmung ausschließenden Vorstellungen.[34] Bewusstseinsstörungen i.S.d. Abs. 4 sind anzunehmen bei Rauschzuständen, gravierenden Beeinträchtigungen des Bewusstseins infolge Entzugserscheinungen,[35] Hypnose oder Suggestion. **Nicht** ohne Weiteres zur **Testierunfähigkeit** führen: Intelligenzmängel,[36] Psychopathie,[37] Verwahrlosungstendenzen,[38] vaskuläre Demenz mit nicht hochgradigen Merkfähigkeitsstörungen und wechselhaftem Geisteszustand,[39] Alkohol- oder Rauschgiftabhängigkeit[40] oder querulatorische Veranlagung und abnormes Persönlichkeitsbild.[41] Soweit infolge derartiger Zustände – insbesondere Psychosen –, die die Testierfähigkeit nicht ausschließen, Fehlvorstellungen bei dem Testator bestehen, können diese nach § 2078 BGB zur Anfechtung berechtigen.[42]

---

27 Cerebralsklerose; vgl. BGH NJW 1951, 481, 482; BayObLG FamRZ 1985, 314, 315; NJW-RR 1991, 1098, 1100; FamRZ 1996, 969, 970.

28 Alzheimer: vgl. Staudinger/*Baumann* Rn. 39; OLG Düsseldorf FamRZ 1998, 1064 f. (zu den Formen einer Demenz und zu den Anforderungen an ihre Feststellung); BayObLG FamRZ 1997, 1511, 1512; OLG Frankfurt FGPrax 1998, 62, 63 = FamRZ 1998, 1061, 1063 = NJW-RR 1998, 870, 871; OLG Düsseldorf (nicht bei beginnender Demenz) FamRZ 2016, 1206, 1208 f.; *Kruse* NotBZ 2001, 448, 449 (ausführlich zu den Anforderungen); *T. Zimmermann* BWNotZ 2000, 97, 104; *Busch* ErbR 2014, 90 ff.; *Schmoeckel* NJW 2016, 433, 434ff. (ausführlich zu den Kritierien).

29 OLG München 17.07.2013 3 U 4789/09 Tz. 85 ff.

30 *Wetterling/Neubauer/Neubauer* ZEV 1995, 46, 47.

31 OLG Frankfurt FamRZ 2018, 468, 470; BayObLG FamRZ 2005, 658, 659; BayObLG NJW-RR 2000, 6, 8 = FamRZ 2000, 701, 702; BayObLGZ 1999, 205, 211; *T. Zimmermann* BWNotZ 2000, 97, 105; vgl. aber auch BayObLGZ 2001, 289, 295 = FamRZ 2002, 497, 498 = NJW-RR 2002, 1088, 1089 = Rpfleger 2002, 206, 207 (zur Abgrenzung zwischen paranoiden Wahnvorstellungen und »verbohrten« Meinungen); zu Psychosen vgl. auch *Kruse* NotBZ 2001, 448, 451 f.

32 BayObLG FamRZ 2004, 1821, 1822 f.

33 OLG Celle NJW-RR 2003, 1093, 1094 = FamRZ 2003, 1700, 1701 f.

34 RG WarnR 1928 Nr. 167.

35 BayObLGZ 1956, 377, 382; vgl. auch BayObLG NJW 1992, 248, 249; Bamberger/Roth/Hau/Poseck/*Litzenburger* Rn. 10.

36 MünchKomm/*Burkart* 3. Aufl., 1997, Rn. 9; Bamberger/Roth/Hau/Poseck/*Litzenburger* Rn. 10; vgl. auch MünchKomm/*Hagena* Rn. 25 (der unklug oder kurzsichtig Handelnde sei nicht testierunfähig, wohl aber der Schwachsinnige, auch wenn die Verstandestätigkeit nicht völlig aufgehoben sei).

37 BayObLGZ 1956, 377, 382 (Ausschluss nur bei besonders hohem Grad); 1991, 59, 64 f. (auch bei besonders hohem Grad nur in Ausnahmefällen) = NJW 1992, 248, 249; FamRZ 1996, 1109, 1110; RG JW 1925, 937; *Kruse* NotBZ 2001, 448, 452.

38 BayObLG ZEV 2002, 234, 236.

39 BayObLG FamRZ 2005, 840, 841 = Rpfleger 2005, 25, 26; BayObLG FamRZ 2005, 555, 556 (Beurteilung der Testierfähigkeit bei Schwankungen des Krankheitsverlaufs); OLG Düsseldorf ErbR 2015 451, 454f.; anders, wenn die Demenz fortgeschritten ist und Anzeichen für luzide Intervalle fehlen, BayObLG NJW-RR 2005, 1025, 1027 = ZEV 2005, 348; OLG Bamberg FamRZ 2016, 83, 84 f.; OLG FamRZ Hamm 2018, 1032, 1034.

40 BayObLG FamRZ 2003, 713, 714 = FGPrax 2003, 34, 36 = Rpfleger 2003, 130 f. (Alkoholerkrankung, Schreibfehler im Testament); BayObLGZ 1956, 377, 382; OLG Brandenburg ErbR 2014, 393; Bamberger/Roth/Hau/Poseck/*Litzenburger* Rn. 9; anders im Zustand des Rausches oder von Entzugserscheinungen, dazu soeben.

41 BayObLG FamRZ 1992, 724; Bamberger/Roth/Hau/Poseck/*Litzenburger* Rn. 9.

42 BayObLG NJW 1992, 248, 249.

3. Einfluss der Insuffizienz auf die konkrete Selbstbestimmung

a) Bedeutung des Kriteriums

14 Die Testierunfähigkeit nach Abs. 4 setzt neben einer krankhaften Störung der Geistestätigkeit, einer Geistesschwäche oder einer Bewusstseinsstörung voraus, dass der Testator nicht in der Lage ist, die Bedeutung einer von ihm abgegebenen Willenserklärung einzusehen und nach dieser Einsicht zu handeln. Auch wenn diese Kriterien in engem Bezug zu denen stehen, nach denen sich die Anforderungen an die geistige Insuffizienz bestimmen, kommt ihnen doch eine eigene Bedeutung zu. Denn sie verlangen, dass der Testator in der konkreten Situation nicht in der Lage ist, ein selbstbestimmtes Testament zu errichten. Eine geistige Erkrankung ist deshalb unerheblich, wenn sie mit der letztwilligen Verfügung nicht in Verbindung steht und sie daher nicht beeinflusst.[43] Weiterhin muss die geistige Insuffizienz im Augenblick der Testamentserrichtung gegeben sein. Auch der grundsätzlich Testierunfähige kann deshalb in einem Zeitpunkt, in welchem er in der Lage ist, die Folgen seiner Erklärung abzuschätzen und entsprechend zu handeln, ein wirksames Testament errichten. Damit sind Testamente, die in sog. **lichten Augenblicken** errichtet sind, wirksam.[44] Das ist im Grundsatz unumstritten, Probleme bereitet nur die Frage, in welchen Fällen ein solcher lichter Augenblick in Betracht kommt, sodass sich die Beweislast bzw. die Feststellungslast auf denjenigen verschiebt, der aus der Unwirksamkeit des Testaments Rechtsfolgen ableiten will (dazu Rdn. 22).

b) Voraussetzungen

15 Abs. 4 unterscheidet zwischen der Einsichtsfähigkeit und der Möglichkeit, sich entsprechend der Einsicht zu verhalten. Ob der Testator die notwendige **Einsichtsfähigkeit** hat, bemisst sich danach, ob er die Tragweite seiner letztwilligen Verfügung erkennt; dabei wird eine genaue Kenntnis der Einzelheiten der rechtlichen und wirtschaftlichen Zusammenhänge nicht gefordert werden können. Es wird aber verlangt, dass sich der Testator auch in Bezug auf die Auswirkungen für die Betroffenen und über die Gründe, die für oder gegen die sittliche Berechtigung seiner Entscheidung sprechen, ein klares Bild machen kann.[45] Daran ist zutreffend, dass es für die Annahme der Einsichtsfähigkeit nicht ausreicht, wenn der Betroffene die angeordnete Vermögenszuordnung als solche versteht, sondern er muss auch in der Lage sein zu erkennen, inwieweit er sich durch den Inhalt seiner Verfügung über die – möglicherweise berechtigten – Erwartungen anderer hinwegsetzt. Die Testierfreiheit, die es dem Erblasser ermöglicht, ohne Begründung und nach seinem Gutdünken diese Erwartungen zu enttäuschen, muss dem Testator in ihrer möglichen Willkür und Ungerechtigkeit bewusst sein. Er muss sich darüber klar sein, dass sich seine Entscheidung nicht von selbst versteht, sondern von ihm unter Zurückstellung der Wünsche, der Bedürfnisse und der Erwartungen anderer Personen getroffen wird.[46] Ist jedoch dieses Verständnis gegeben, so darf der Inhalt der Verfügung – auch ein anstößiger Inhalt – nicht dazu führen, dem Testator die Einsichtsfähigkeit abzusprechen und seinem Testament die Wirksamkeit zu versagen.[47] Erst wenn die für alle letztwilligen Verfügungen von Todes wegen geltende Grenze des § 138 BGB überschritten ist, führt die Unvereinbarkeit der Verfügung mit dem, was als unseren Wertvorstellungen entsprechend angesehen wird,

---

43 BayObLG NotBZ 2001, 423 f. = ZEV 2002, 234, 235 = FamRZ 2002, 1066, 1067; *Kruse* NotBZ 2001, 405, 408.

44 BGHZ 30, 294; OLG Karlsruhe Justiz 1982, 130; nur die Beweisbarkeit infrage stellend *Wetterling/Neubauer/Neubauer* ZEV 1995, 46, 48 f.; *Rasch/Bayerl* Lebensversicherungsmedizin 1985, 2.

45 BGH MDR 1958, 316 = FamRZ 1958, 127, 128; OLG Hamm MDR 1967, 496; FamRZ 1989, 437, 439; FGPrax 1997, 68 = FamRZ 1997, 1026, 1027 = ZEV 1997, 75, 76; BayObLG NJW 1992, 248, 249; NJW-FER 1999, 125; OLG Köln NJW-RR 1994, 396; OLG Düsseldorf FamRZ 1998, 1064, 1065.

46 Vgl. BayObLGZ 1962, 219, 223 f.; MünchKomm/*Hagena* Rn. 22.

47 MünchKomm/*Hagena* Rn. 22; Soergel/*Mayer* Rn. 11; so auch Staudinger/*Baumann* Rn. 31a, der aber bei Unfähigkeit, in sittlichen Kategorien zu denken, Testierunfähigkeit annimmt; vgl. OLG Frankfurt FamRZ 1996, 635, 636 (Rechtfertigung einer Verfügung durch von Dritten nachvollziehbare Gründe ist nicht erforderlich).

zur Unwirksamkeit der Verfügung (vgl. auch Vorbem. zu §§ 2229–2264 BGB Rdn. 24; näher zur Sittenwidrigkeit Syst. A Rdn. 76 ff.).

c) **Partielle Insuffizienz**

Wie die Fälle zu behandeln sind, in denen der Testator nur in bestimmten Lebensbereichen (zur 16
Frage der Testierunfähigkeit in Abhängigkeit zur Komplexität des zu regelnden Sachverhalts vgl. Rdn. 12) nicht in der Lage ist, einen selbstbestimmten Willen zu bilden, wird unterschiedlich beurteilt. Die überwiegende Auffassung verneint die Möglichkeit einer partiellen Testierfähigkeit und betont die Unteilbarkeit der Testierfähigkeit.[48] Bei der Behandlung dieser Frage ist zunächst zu bedenken, dass eine partielle geistige Insuffizienz nur dann zur Testierunfähigkeit führen kann, wenn diese den von der Verfügung betroffenen Lebenskreis berührt. Das wird auch von denjenigen bestätigt, die sich für die Unteilbarkeit der Testierfähigkeit aussprechen.[49] Soweit dieser Lebensbereich durch die Verfügung betroffen ist, schließt die Testierunfähigkeit – auch die partielle – nach allen Auffassungen eine wirksame Verfügung von Todes wegen aus. Zweifelhaft ist deshalb allein die Frage, ob andere Teile einer Verfügung wirksam sein können, wenn sie einen anderen Lebensbereich betreffen, oder ob dann Testierunfähigkeit hinsichtlich der gesamten Verfügung anzunehmen ist. Die Rechtsprechung tendierte früher dazu, den Willen des Testators außerhalb des betroffenen Bereichs als wirksam anzusehen, während sie jetzt dazu neigt, das Testament insgesamt entweder für wirksam (vorbehaltlich einer Anfechtung nach § 2078 Abs. 2 BGB) oder für unwirksam anzusehen.[50] Beispiel: Der Testator hat in einem Testament unter anderem verfügt, dass seine Schwester enterbt wird, weil diese an seinem frühen Unglückstod Schuld habe. Der Testator stirbt an einem Verkehrsunfall ohne Beteiligung der Schwester. Der Sachverständige stellt schwere Psychosen aus dem Bereich der Schizophrenie in Bezug auf das Verhältnis zur Schwester fest. Die in ihrer Beantwortung umstrittene Frage beschränkt sich allein darauf, ob das Testament insgesamt, also auch hinsichtlich der Erbeinsetzungen der Personen, die von der Schizophrenie nicht betroffen waren, für unwirksam zu erklären ist.[51]

Richtigerweise wird man differenzieren müssen: Steht der von der partiellen Testierunfähigkeit betroffene Teil in unmittelbarer Wechselwirkung mit anderen Verfügungen, so werden diese auch als unwirksam anzusehen sein, da sich insoweit der ungenügend gebildete Wille nicht separieren lässt. Der Wille, in dem genannten Beispiel die Schwester zugunsten anderer Personen von der Erbfolge auszuschließen, lässt sich von der Frage, wie die Erbfolge zu regeln sei, wenn die Schwester nicht ausgeschlossen wurde, nicht trennen. Es muss deshalb von einer Unteilbarkeit der Testierfähigkeit ausgegangen werden. Anders dürfte es sich aber verhalten, wenn einzelne Elemente abgetrennt werden können. Wenn etwa der Testator zwei seiner Kinder enterbt, jedoch nur hinsichtlich eines der Kinder unter Zwangsvorstellungen leidet, die seine Testierfähigkeit ausschließen, so ist nicht einzusehen, warum damit auch die Enterbung des anderen Kindes hinfällig sein sollte.[52] Entsprechendes wird bei Vermächtnissen anzunehmen sein, wenn die partielle Testierunfähigkeit die Regelung der Erbfolge betrifft und das Vermächtnis in seinem Bestand von der Erbfolge unabhängig sein sollte.

48 BayObLGZ 1991, 59, 62 = NJW 1992, 248; Staudinger/*Baumann* Rn. 13, 33; Soergel/*Mayer* Rn. 12; *Kruse* NotBZ 2001, 405, 408; *Scherer/Lehmann* ZEV 2005, 453, 455 (arg Rechtssicherheit); *Weser* MittBayNot 1992, 161, 169; *Zimmermann T.* BWNotZ 2000, 97, 98; Bamberger/Roth/Hau/Poseck/*Litzenburger* Rn. 5; a.A. BayObLG FamRZ 1985, 539, 541 (krankhafte Eifersucht führt zur Testierunfähigkeit in Bezug auf die Enterbung des Ehegattens); wie hier auch MünchKomm/*Hagena* Rn. 16.

49 Vgl. BayObLGZ 1991, 59, 62 = NJW 1992, 248, 249; Soergel/*Mayer* Rn. 12; MünchKomm/*Burkart* 3. Aufl., 1997, Rn. 12 (in Sonderfällen).

50 BayObLGZ 1991, 59, 62 = NJW 1992, 248, 249 unter Aufgabe der gegenteiligen Rechtsprechung in FamRZ 1985, 539.

51 Fall nach BayObLGZ 1991, 59 = NJW 1992, 248; im konkreten Fall hielt das Gericht die Testierunfähigkeit für nicht erwiesen.

52 Vgl. auch *Muscheler* Erbrecht Rn. 1669.

d) **Fähigkeit, entsprechend der Einsicht zu handeln**

17 Soweit der Testator trotz geistiger Insuffizienz die konkrete Einsichtsfähigkeit besitzt, muss er nach Abs. 4 auch in der Lage sein, seiner Einsicht entsprechend zu handeln, um testierfähig zu sein. Er muss sich also von Einflüssen freimachen können, die ihn daran hindern, seiner Einsicht entsprechend zu testieren.[53] Diese Einflüsse können aus der Person des Testators selbst stammen – bspw. Sucht –, sie können aber auch von Dritten ausgehen. Bei **Beteiligung Dritter** ist entscheidend, ob sich der Testator von deren Einfluss lösen kann, ob er also einen selbstbestimmten Willen – wenn auch möglicherweise in den Worten des Dritten – äußern kann. Auch wenn sich der Testator ganz den Vorschlägen eines Dritten anvertraut, ohne diese in ihrer Berechtigung nachzuprüfen, ist er doch testierfähig, solange er sich bewusst und kraft eigenen Entschlusses für die Umsetzung dieser Vorschläge als eigene Verfügung von Todes wegen entscheidet.[54] Dafür spricht auch ein Vergleich mit der Regelung des § 2232 Satz 2 Halbs. 2 BGB, denn dort lässt es das Gesetz ausreichen, wenn der Erblasser eine von einem Dritten verfasste Schrift übergibt und sich auf die Erklärung gegenüber dem Notar beschränkt, diese Schrift enthalte seinen letzten Willen.

Erst wenn sich der Testator den Vorschlägen des Dritten nicht widersetzen kann – sei es wegen körperlichen Zwangs, sei es wegen geistigen Unvermögens[55] –, wenn er die Vorschläge also nur mechanisch umsetzt, fehlt es an der Fähigkeit, eigener Einsicht entsprechend zu handeln. Stellt sich die Hilfe des Dritten deshalb als Missbrauch des durch geistige Insuffizienz geprägten Testators dar, so fehlt es an der Testierfähigkeit; dient die Hilfe des Dritten dagegen dazu, dem Testator eine selbst gewollte letztwillige Verfügung zu ermöglichen, so schließt diese Hilfe die Testierfähigkeit nicht aus, auch wenn der Dritte auf diese Weise maßgebenden Einfluss auf den Inhalt der Verfügung gewinnt. Der Testator darf die Vorschläge in seinen Willen aufnehmen, darf sie aber nicht schlicht vollziehen. Aus der Sicht des Notars empfiehlt es sich in Zweifelsfällen, den Testierwilligen auch in Abwesenheit des Dritten zu befragen.[56] Gegebenenfalls sollte auch der Vermerk über die Testierfähigkeit nach § 28 BeurkG ausführlicher gefasst werden. Nicht von Abs. 4 erfasst werden Fälle, in denen Personen, die an sich testierfähig sind, durch **Gewalt oder Drohung** zu einer letztwilligen Verfügung gezwungen werden. Bei vis absoluta fehlt es bereits an einer zurechenbaren Willenserklärung,[57] bei vis compulsiva ist das Testament anfechtbar nach § 2078 Abs. 2 BGB.

4. **Maßgebender Zeitpunkt**

a) **Eigenhändig errichtete Testamente**

18 Der Testator muss im Zeitpunkt der Testamentserrichtung testierfähig sein; Testierunfähigkeit in einem späteren oder früheren Zeitpunkt ist ohne Bedeutung.[58] Maßgebend für die Bestimmung des Errichtungszeitpunkts ist bei einem eigenhändigen Testament **die Unterzeichnung** als der der Verfügung Geltung verschaffende Akt. Fehlt es in diesem Zeitpunkt an der Testierfähigkeit, so sind auch früher in testierfähigem Zustand geschriebene, jedoch erst jetzt unterschriebene Verfügungen unwirksam.[59] Umgekehrt sind bei Testierfähigkeit im Zeitpunkt der Unterschrift auch solche Ver-

---

53 Vgl. BayObLG FamRZ 1986, 728, 730.

54 BayObLG NJW-RR 1990, 202, 203 = FamRZ 1990, 318, 320; Bamberger/Roth/Hau/Poseck/*Litzenburger* Rn. 3; Soergel/*Mayer* Rn. 14; MünchKomm/*Hagena* Rn. 24, 29; Staudinger/*Baumann* Rn. 48.

55 Vgl. zu derartiger geistiger Stumpfheit RG DJZ 1921, 73; OGHZ 2, 45, 53; *Kipp/Coing* § 17 I 1; vgl. auch RG JW 1936, 1205 (zur Willensschwäche).

56 Zur Frage von Test- und Screeningverfahren zur Feststellung der Testierfähigkeit vgl. *Stoppe/Lichtenwimmer* DNotZ 2005, 806 ff.; mit guten Gründen zweifelnd *Müller* DNotZ 2006, 325 326; *Winkler* MittBayNot 2008, 492, 495; ebenso *Cording* ZEV 2010, 23, 27; Ermittlungspflicht besteht nur anlassbezogen, Notar muss aber prüfen, ob ein Anlass besteht, vgl. OLG Celle MittBayNot 2008, 492.

57 Vgl. nur MünchKomm/*Hagena* Rn. 28; MünchKomm/*Kramer*, 4. Aufl., § 123 Rn. 44; Soergel/*Mayer* Rn. 14.

58 MünchKomm/*Hagena* Rn. 27.

59 Staudinger/*Baumann* Rn. 52.

fügungen wirksam, die in testierunfähigem Zustand niedergeschrieben wurden.[60] Problematisch sind Fälle, in denen die **Unterschrift nicht den letzten Akt** der Testamentserrichtung bildet, weil Verfügungen nachträglich über die Unterschrift gesetzt werden (zur Wirksamkeit vgl. § 2247 BGB Rdn. 8, 25). Ist der Testator erst im Zeitpunkt der Hinzufügung testierfähig, so kann er durch die Hinzufügung das Testament in seiner Gesamtheit billigen. Sofern ein entsprechender Wille und die Testierfähigkeit im Zeitpunkt der Hinzufügung feststehen, ist eine erneute Unterschrift nicht immer erforderlich.[61] Dies zeigt ein Vergleich mit den Fällen, in denen über eine bereits vorhandene Unterschrift, die ohne Testierwillen geleistet wurde, später der Testamentstext gesetzt wird. Wenn dies als wirksam angesehen wird (vgl. § 2247 BGB Rdn. 8), so ist nicht einzusehen, warum diese nicht von einem Testierwillen getragene Unterschrift nur dann als wirksam angesehen werden sollte, wenn sie im testierfähigen Zustand geleistet wurde. Maßgebend ist vielmehr, ob im Zeitpunkt der Vervollständigung des Testaments Testierwille und Testierfähigkeit vorhanden war. Steht also fest, dass der Testator in einem lichten Augenblick den Text über eine bereits vorhandene Unterschrift gesetzt hat und damit sein Testament errichten wollte so bedarf es keines Beweises mehr, dass er auch im Zeitpunkt der Unterschriftsleistung testierfähig war. War der Testator im Zeitpunkt der Unterschrift testierfähig, ändert er aber das Testament später in testierunfähigem Zustand, so sind diese Änderungen unbeachtlich[62] (zur Testierfähigkeit als Wirksamkeitsvoraussetzung eines Widerrufs vgl. § 2253 BGB Rdn. 5).

b) Öffentliche Testamente

Bei öffentlichen Testamenten ist die Testierfähigkeit im Zeitpunkt des **Verlesens und der Genehmigung** seitens des Testators entscheidend. Die Unterschrift des Testators hat hier nicht die Funktion des Abschlusses und des Ingeltungsetzens, sodass die Testierfähigkeit in diesem Zeitpunkt entbehrlich ist.[63] Ebenfalls ist die Testierunfähigkeit im Zeitpunkt der Unterzeichnung durch den Notar unschädlich.[64] Sonderfragen stellen sich, wenn der Testator seine Verfügungen dem Notar im **Stadium der Testierfähigkeit bekannt gegeben hat**, jedoch vor dem Verlesen und der Genehmigung in seiner freien Selbstbestimmung beeinträchtigt wird. In derartigen Fällen reicht es aus, wenn der Testator im Zeitpunkt der Genehmigung die Fähigkeit besitzt, über die Geltung oder die Nichtgeltung der Erklärung mit dem gegebenen Inhalt zu entscheiden, auch wenn er nicht mehr dazu in der Lage wäre, diese jetzt noch zu formulieren oder umzuformulieren.[65] Das ergibt sich daraus, dass die Genehmigung nach Verlesen nur eine bestätigende Funktion hat. Diese Grundsätze beanspruchen aber nur dann Geltung, wenn die Willensbildung des Testators bereits im testierfähigen Zustand abgeschlossen war. Weiterhin wird man regelmäßig einen engen zeitlichen Zusammenhang zwischen der Formulierung des letzten Willens und seiner Ingeltungsetzung verlangen, da andernfalls der Gedanke nicht fernliegt, der Erblasser habe sich zwischenzeitlich umentschieden und könne dies nur nicht mehr zum Ausdruck bringen oder bemerke die Abweichung zwischen dem nunmehr Gewollten und dem damals dem Notar Erklärten nicht.[66] Sollte der Notar auf der Grundlage nur unvollständig geäußerter Vorstellungen einen Testamentsentwurf fertigen, so muss sich die Testierfähigkeit auf die inhaltliche Übernahme der vorgeschlagenen Verfügungen beziehen und kann nicht in der aufgezeigten Weise auf die bloße Billigung reduziert werden. 19

60 RGZ 111, 247, 252 (in Bezug auf einen Teil eines Testaments); Soergel/*Mayer* Rn. 17; Staudinger/*Baumann* Rn. 52; a.A. (Testierfähigkeit während des gesamten Vorgangs erforderlich) Bamberger/Roth/Hau/Poseck/*Litzenburger* Rn. 1; MünchKomm/*Hagena* Rn. 3.

61 So aber Staudinger/*Baumann* Rn. 53; Soergel/*Mayer* Rn. 17.

62 Staudinger/*Baumann* Rn. 54.

63 Soergel/*Mayer* Rn. 18; a.A. *Lange/Kuchinke* § 18 II 1.

64 So auch *Lange/Kuchinke* § 19 V 1 b.

65 BGHZ 30, 294 = NJW 1959, 1822; krit. *Lange/Kuchinke* § 18 II 1 Fn. 10.

66 Soergel/*Mayer* Rn. 18.

VI. Verfahrensfragen

1. Streitige Gerichtsbarkeit

a) Feststellungsklage

20 Eine Feststellungsklage über die **Gültigkeit eines Testaments** eines noch lebenden Dritten ist nach h.L. unzulässig, auch wenn die Testierfähigkeit des Dritten in Rede steht, denn auch bei ihrem Vorhandensein gewährt das Testament nicht mehr als eine Erbaussicht, die als solche einer gerichtlichen Feststellung nicht zugänglich ist.[67] Auch die Durchführung eines selbständigen Beweisverfahrens zu der Frage der Testierfähigkeit des noch lebenden Erblassers ist ausgeschlossen.[68] Ebenso wird es sich verhalten, wenn der Testator selbst Gewissheit über die Gültigkeit einer letztwilligen Verfügung erhalten will. Zwar wird eine Klage des Testierenden auf Feststellung der Wirksamkeit einer Pflichtteilsentziehung für zulässig gehalten,[69] es besteht aber ein maßgebender Unterschied zwischen beiden Situationen: An der Klärung der Frage, ob eine Pflichtteilsentziehung wirksam ist, hat der Testator ein besonderes Interesse, da er von ihrer Beantwortung die weitere Gestaltung der Erbfolge abhängig machen kann. Dagegen wird ein solches Interesse bei der Frage der Testierfähigkeit meist ausscheiden, denn soweit der Testator jetzt testierfähig ist, kann er seine Verfügung noch einmal bestätigen und ist auf eine Klärung der Wirksamkeit der früheren Verfügung nicht angewiesen. Dennoch sind Fallgestaltungen denkbar, in denen ein **Feststellungsinteresse zu bejahen** ist: So kann ein nunmehr nicht mehr Testierfähiger ein Interesse an der Feststellung haben, dass ein Testament wegen seiner Errichtung im Zustand der Testierunfähigkeit nichtig ist, da er dieses Testament auf andere Weise nicht beseitigen kann.[70] Denkbar ist es auch, dass bei einem gemeinschaftlichen Testament der überlebende Ehegatte ein Interesse an der Feststellung der Nichtigkeit seiner Verfügung wegen Errichtung im Zustand der Testierunfähigkeit hat, weil dann angesichts der Testierunfähigkeit keine Bindungswirkung wechselbezüglicher Verfügungen eintritt und der Ehegatte in der Neugestaltung seines Testaments Gewissheit über die Frage des Gebundenseins haben muss.[71]

b) Beweislast

21 Zweifelhaft ist die Beweislastverteilung bei der Frage, ob der Testator im Zeitpunkt der Testamentserrichtung **testiermündig** (vgl. Rdn. 6) war. Wer den Wortlaut der gesetzlichen Regelung in den Vordergrund stellt, wird denjenigen für beweisbelastet halten, der sich auf die Testierfähigkeit beruft, denn Abs. 1 formuliert eine Voraussetzung für die Wirksamkeit der Testamentserrichtung. Andererseits ist die Testierfähigkeit als besonders ausgeprägte Form der Geschäftsfähigkeit anzu-

---

67 OLG Köln JW 1930, 2064; a.A. *Assmann* ZZP 111 (1998), 357, 359, die aber bei Klagen, die von anderen Personen als dem Erblasser erhoben werden, das Feststellungsinteresse verneint oder aber das Schutzinteresse des Erblassers höher bewertet, vgl. a.a.O. S. 368 ff.

68 Vgl. OLG Frankfurt MDR 1997, 481 f. = NJW-RR 1997, 581, 582 = FamRZ 1997, 1021, 1022 f. (zu einem Verfahren der freiwilligen Gerichtsbarkeit und zu Art. 41 Hess FGG); LG Frankfurt am Main (Vorinstanz) Rpfleger 1997, 165 f.

69 Vgl. BGH NJW 1974, 1084, 1085; OLG Saarbrücken NJW 1986, 1182; vgl. auch BGH NJW-RR 1993, 391; auch die Klage des Pflichtteilsberechtigten auf Unwirksamkeit der Pflichtteilsentziehung wird zugelassen, BGHZ 158, 226 = FamRZ 2004, 944, 945 = ZEV 2004, 243 f. vgl. dazu *Kummer* ZEV 2004, 274 ff.

70 Insoweit a.A. Soergel/*Mayer* Rn. 41 (kein Feststellungsinteresse, wenn der Erblasser das Testament ohnehin nicht mehr ändern könne; aber das Feststellungsinteresse fordert ein rechtliches Interesse an der Feststellung des Rechtsverhältnisses und nicht die Möglichkeit seiner Veränderung. Es besteht auch durchaus ein praktisches Interesse des Erblassers, denn er kann – ggf. unter Zuhilfenahme seines Betreuers – die letztwillig nicht mehr zu beeinflussende Vermögensnachfolge durch Vermögensverschiebungen zu Lebzeiten noch wirtschaftlich entwerten).

71 Soergel/*Mayer* Rn. 41; MünchKomm/*Hagena* Rn. 51; vgl. BayObLG FamRZ 1996, 1036, 1037 (Prüfung der Testierfähigkeit des Vorverstorbenen bei anderweitigem Testieren des Überlebenden); vgl. auch *J Schneider* ZEV 1996, 56, 57; BayObLGZ 1995, 383, 387 = NJW-RR 1996, 457, 458 = FamRZ 1996, 566, 567 (Erbscheinsverfahren; Feststellung der Testierfähigkeit einer noch lebenden Person im Hinblick auf die Frage, ob ein Erbvertrag durch gemeinschaftliches Testament aufgehoben wurde).

sehen (vgl. Rdn. 4), sodass – trotz der gesetzestechnisch anderen Umsetzung im Vergleich zu §§ 104 ff. BGB – eine einheitliche Beurteilung der Beweislastverteilung vorzunehmen ist. Wie bei der Frage der Geschäftsfähigkeit auch,[72] sollte deshalb als Regelfall die Testiermündigkeit, als Ausnahme die Testierunmündigkeit angesehen werden.[73] In der Praxis wird sich die Frage kaum stellen, da das Geburtsdatum und das Datum der Testamentserrichtung regelmäßig bekannt sind. Ergeben sich die Zweifel an der Testiermündigkeit daraus, dass es bei dem eigenhändigen Testament an der **Angabe des Errichtungsdatums fehlt**, so ist die Sonderregelung des § 2247 Abs. 5 BGB zu beachten: Die Beweislast dafür, dass es erst zu einem Zeitpunkt errichtet wurde, an welchem der Testator bereits testiermündig war, trifft dann denjenigen, der sich auf die Wirksamkeit des Testaments beruft (näher zum Zeitpunkt der Errichtung § 2247 BGB Rdn. 8 f.).[74]

Bei Testamenten eines **Testiermündigen** geht das Gesetz von der **Testierfähigkeit** aus.[75] Die Folgen der Nichterweislichkeit der Testierunfähigkeit hat derjenige zu tragen, der Rechtsfolgen aus der Unwirksamkeit des Testaments ableitet (zu Verfahren der freiwilligen Gerichtsbarkeit vgl. Rdn. 23).[76]

c) Beweisanforderungen

Für die Annahme der **Testierunfähigkeit** ist es erforderlich, dass diese zur **vollen Überzeugung** des Gerichts feststeht.[77] Wie in anderen Beweisfragen auch, reicht es aus, dass **vernünftige Zweifel ausgeschlossen** sind, ohne dass eine vollständige, jede andere Möglichkeit ausschließende Gewissheit verlangt werden kann.[78] Die Überzeugung muss sich auf die Testierunfähigkeit **im maßgebenden Zeitpunkt** beziehen (vgl. Rdn. 18 f.); es reicht nicht aus, dass sich der Testator »um den fraglichen Zeitpunkt herum« in einem die Testierfähigkeit ausschließenden Zustand befunden hat. Dies kann zwar den Schluss zulassen, dass es auch im maßgebenden Zeitpunkt an der Testierfähigkeit fehlte, dieser Schluss ist aber nur auf der Grundlage eines entsprechenden, einen **Anscheinsbeweis** rechtfertigenden Erfahrungssatzes möglich und führt nicht zur Umkehr der Beweislast. Dieser Ausgangspunkt wird insbesondere bei der Frage relevant, ob das Testament (möglicherweise) in einem **»lichten Augenblick«** errichtet wurde. Zum Teil wird dabei formuliert, derjenige sei beweisbelastet, der diesen lichten Augenblick für sich in Anspruch nehme, um aus der Wirksamkeit des Testaments für sich günstige Folgen abzuleiten.[79] Richtigerweise wird man aber in der Behauptung, es komme die Errichtung des Testaments in einem lichten Augenblick in Betracht, den Versuch sehen müssen, den Erfahrungssatz zu erschüttern, dass ein Testator, der in der Zeit vor der Testamentserrichtung und nach der Testamentserrichtung nicht testierfähig war, dies auch im Zeitpunkt der Errichtung selbst gewesen ist.[80] Dieser Erfahrungssatz ist bereits dann erschüttert, wenn aus Umständen des 22

---

72 MünchKomm/*Gitter*, 4. Aufl., § 104 Rn. 20; *Baumgärtel/Laumen/Prütting/Kessen* § 104 Rn. 1 f.; vgl. dazu *Heinrich* S. 110 ff.

73 *Baumgärtel/Laumen/Prütting/Schmitz* Rn. 1; *Hardt* S. 169 ff. (bezogen auf § 2247 Abs. 4 Fall 1).

74 *Baumgärtel/Laumen/Prütting/Schmitz* Rn. 2; Soergel/*Mayer* Rn. 23.

75 Kritisch zu dieser Entscheidung des Gesetzgebers *Krispenz* ErbR 2015, 525 (Schutz des Erblassers verlange eine Vermutung der Testierunfähigkeit im Falle der Demenz).

76 Ständige Rechtsprechung, vgl. BGH FamRZ 1958, 127; BayObLG FamRZ 1986, 728, 730; OLG Düsseldorf FamRZ 1998, 1064, 1065; OLG Oldenburg FamRZ 2000, 834, 835; KG FamRZ 2000, 912; *Hardt* S. 163 ff.; *Baumgärtel/Laumen/Prütting/Schmitz* Rn. 1.

77 Ständige Rechtsprechung, vgl. BayObLG FamRZ 1985, 314, 315; 1987, 1199, 1200; NJW/FER 1999, 125, 126 = FamRZ 1999, 819; BayObLG ZEV 2005, 345, 348 (Anscheinsbeweis, falls Testierunfähigkeit vor und nach diesem Zeitpunkt feststeht und der Zustand nicht schwankend war); OLG Frankfurt FGPrax 1998, 62, 63 = FamRZ 1998, 1061, 1062 = NJW-RR 1998, 870; zum praktischen Vorgehen des Prozessvertreters zur Klärung der Testierfähigkeit vgl. *Lauck/Goratsch* ZEV 2019, 192 ff.

78 OLG Celle NJW-RR 2003, 1093, 1095 = FamRZ 2003, 1700; Soergel/*Mayer* Rn. 39.

79 BayObLG FamRZ 1990, 801, 803 m.w.N. (zur Feststellungslast) mit krit. Anm. *Rüssmann*; *Klingelhöffer* ZEV 1997, 92, 93; Palandt/*Weidlich* Rn. 11.

80 OLG Frankfurt FGPrax 1998, 62, 63 = FamRZ 1998, 1061, 1062 = NJW-RR 1998, 870; *Rüssmann* FamRZ 1990, 803, 804; MünchKomm/*Hagena* Rn. 62; vgl. OLG Karlsruhe OLGZ 1982, 280, 281 (mit

Einzelfalls heraus im konkreten Fall ein lichter Augenblick im Zeitpunkt der Testamentserrichtung ernsthaft in Betracht kommt; der (Gegen-)Beweis, dass das Testament in einem solchen Augenblick errichtet wurde, ist nicht zu fordern, sondern es bleibt bei der Regel, dass derjenige die Beweislast trägt, der aus der Testierunfähigkeit Folgen ableiten will.[81] Bei der Frage, **ob ein lichter Augenblick in Betracht kommt**, sind wiederum Erfahrungssätze heranzuziehen.[82] Danach ist insbesondere im fortgeschrittenen Stadium der Demenz das Auftreten derartiger lucida intervalla regelmäßig auszuschließen.[83] Auch insoweit handelt es sich aber nur um einen Erfahrungssatz, der seinerseits erschüttert werden kann – bspw. durch den Nachweis, dass der Erblasser trotz des fortgeschrittenen Stadiums der Demenz lichte Augenblicke hatte. Die Beweislast dafür, dass das Testament nicht in einem solchen Augenblick, sondern im Stadium der Testierunfähigkeit errichtet wurde, trägt dann derjenige, der aus der Unwirksamkeit des Testaments Rechtsfolgen für sich ableitet. Steht für einen bestimmten Zeitraum die Testierunfähigkeit fest, während für einen anderen Zeitraum von der Testierfähigkeit auszugehen ist, und kann das eigenhändige Testament **mangels Datierung** nicht dem einen oder dem anderen Zeitraum zugeordnet werden, so trifft in entsprechender Anwendung des § 2247 Abs. 5 BGB denjenigen die Beweislast, der die Wirksamkeit des Testaments für sich in Anspruch nimmt.[84] Die Beweislast kehrt sich aber nur hinsichtlich der Frage um, ob das Testament in einem Zeitpunkt errichtet wurde, in welchem die Testierfähigkeit gegeben ist; hinsichtlich der Testierfähigkeit selbst bleibt es bei den dargestellten Grundsätzen. Steht dagegen der Errichtungszeitraum trotz des Fehlens des Datums fest und bleibt zweifelhaft, ob innerhalb dieses Zeitraums zu einem Zeitpunkt Testierunfähigkeit gegeben war, so ist – da sich die Ungewissheit des Errichtungsdatums nicht auswirkt – von der Wirksamkeit des Testaments auszugehen.[85] Zu der Frage der Beweiserhebung vgl. Rdn. 24.

2. Freiwillige Gerichtsbarkeit

23 Nicht grundsätzlich anders verhält es sich im Verfahren der freiwilligen Gerichtsbarkeit zur Ermittlung der Erben oder der Erteilung eines Erbscheins. Innerhalb der hier stattfindenden Prüfung von Amts wegen (§ 26 FamFG) ist auch der Frage der Testierfähigkeit nachzugehen.[86] Die Klärung der Testierfähigkeit kann im Einzelfall erhebliche Schwierigkeiten bereiten,so dass die Beiordnung eines Rechtsanwalts geboten sein kann.[87] Auch hier ist der Erblasser so lange als testierfähig anzusehen, wie seine Testierunfähigkeit nicht zur Überzeugung des Gerichts feststeht. Soweit sich **Zweifel** ergeben, müssen alle in Betracht kommenden Erkenntnisquellen ausgeschöpft werden. Dabei werden als **Indizien**, die Anlass für eine nähere Prüfung der Testier-

---

missverständlichen Ausführungen zur Feststellungslast); BayObLGZ 1979, 256, 266; NJW/FER 1999, 125, 126; *Baumgärtel/Laumen/Prütting/Schmitz* Rn. 14; *Hardt* S. 178 ff.; nur insoweit trägt derjenige die Feststellungslast, der den Erfahrungssatz erschüttern will, vgl. BayObLG ZEV 1994, 303; vgl. auch BGH NJW 1988, 3011 (Nachweis der Möglichkeit eines luziden Intervalls).

81 OLG Frankfurt FGPrax 1998, 62 = FamRZ 1998, 1061, 1062 = NJW-RR 1998, 870; OLG Köln FamRZ 1992, 729, 731; OLG Karlsruhe OLGZ 1982, 280, 281; *Rüssmann* FamRZ 1990, 803, 804; *Jerschke* ZEV 1994, 304, 305; *Heinrich*, S. 114 ff.; MünchKomm/*Hagena* Rn. 62; *Baumgärtel/Laumen/Prütting/Schmitz* Rn. 9; Bamberger/Roth/Hau/Poseck/*Litzenburger* Rn. 16; *Hardt* S. 178 ff.; Staudinger/*Baumann* Rn. 41a, 76.

82 Zu den Anforderungen an die Aufklärung einer solchen Möglichkeit vgl. OLG Hamm MDR 1967, 496; BayObLGZ 1979, 256, 261 ff.

83 OLG München ZEV 2013, 504, 506 Tz. 19 f.; OLG Celle NdsRPfl. 1962, 201, 202 = DNotZ 1962, 657 (LS) (letztes Stadium der Cerebralsklerose); zur Beweisfrage vgl. BayObLGZ 1979, 256, 261 f.

84 BayObLG FamRZ 1994, 593 (zur Feststellungslast); OLG Jena NJW-RR 2005, 1247, 1249 f. = ZEV 2005, 343, 345.

85 BayObLG NJW-RR 1996, 1160, 1161 = ZEV 1996, 390, 391 f. = FamRZ 1996, 1438; *Roth* ZEV 1997, 94; vgl. auch BayObLG FamRZ 1995, 898, 899; vgl. auch § 2247 BGB Rdn. 35.

86 OLG Karlsruhe FamRZ 2015, 1926 (Befragung des Notars, medizinische Unterlagen); zur Unzulässigkeit eines selbständigen Beweisverfahrens über die Frage der Testierfähigkeit eines noch lebenden Erblassers vgl. OLG Frankfurt MDR 1997, 481 f. = NJW-RR 1997, 581, 582 = FamRZ 1997, 1021, 1022 f.

87 OLG Sachsen-Anhalt Rpfleger 2019, 603 ff.

unfähigkeit durch das Nachlassgericht erforderlich machen: Vortrag konkreter Umstände, die im Falle ihres Zutreffens einen sicheren Schluss auf die fehlende Testierfähigkeit zulassen,[88] ärztliche Zeugnisse,[89] Betreuungsverfahren wegen fortgeschrittenen dementen Syndroms.[90] **Keine hinreichenden Indizien** sind dagegen: bloße Behauptungen eines Beteiligten,[91] Anordnung einer Gebrechlichkeitspflegschaft,[92] Selbsttötung,[93] fortgeschrittene Krebserkrankung,[94] regelmäßige Einnahme starker Medikamente,[95] Schmerztherapie in einer Klinik,[96] Schlaganfall.[97] Bei Alkoholismus kommt es auf die Umstände des Einzelfalls an, ob die behaupteten Indizien – ihr Zutreffen unterstellt – die Testierfähigkeit infrage stellen.[98] Der Vortrag vermuteter Krankheitsbilder mit einer gewissen Wahrscheinlichkeit der Testierunfähigkeit ohne die Darlegung eines konkreten auffälligen Verhaltens löst noch keine Pflicht zur Einholung eines Gutachtens aus.[99] Zur Klärung der Zweifel ist in allen genannten Fällen eine Beweiserhebung regelmäßig im Wege des **Strengbeweisverfahrens** nach § 30 FamFG durchzuführen.[100] Dafür spricht nicht nur, dass mit der Testierfähigkeit eine isolierbare Einzeltatsache in Rede steht, sondern auch, dass diese nach der Art des Verfahrens für die Beteiligten von hoher Bedeutung ist und eine sachgerechte Wahrung der Rechte der Beteiligten nur in einem Strengbeweisverfahren sichergestellt ist. Grundsätzlich wird zur Klärung der Frage ein Sachverständigengutachten einzuholen sein (vgl. Rdn. 24), wobei die Beurteilung der Testierfähigkeit trotz des faktisch maßgebenden Einflusses des Gutachters bei dem Gericht liegt.[101] Erst wenn weitere Ermittlungen ein die Entscheidung beeinflussendes Ergebnis nicht mehr erwarten lassen, darf die Amtsermittlung abgeschlossen werden.[102] Obwohl diese Verfahren also eine (subjektive) Beweisführungslast nicht kennen, verteilt sich die (objektive) Feststellungslast nach den o.g. Kriterien. Danach trägt hinsichtlich der Testierunfähigkeit eines Testiermündigen derjenige die Feststellungslast, der aus der Unwirksamkeit des Testaments Folgen für sich ableiten will.[103]

---

88 OLG Hamm OLGZ 1989, 271, 274.

89 BayObLGZ 1953, 195, 198 (Vernehmung des Arztes erforderlich).

90 BayObLG Rpfleger 2003, 190, 193 = FamRZ 2003, 1590, 1591 = NJW-RR 2003, 297.

91 BayObLG MDR 1997, 650 = FamRZ 1997, 1029; Rpfleger 1996, 455 = FamRZ 1997, 126 f.; vgl. auch OLG Düsseldorf NJW-RR 2014, 262, 263 Tz. 28.

92 BayObLG FamRZ 1988, 1099, 1100.

93 BayObLG Rpfleger 1984, 317, 318.

94 OLG Bamberg NJW-RR 2012, 1289.

95 Vgl. OLG Hamm FGPrax 1997, 68, 69 = FamRZ 1997, 1026, 1027 = ZEV 1997, 75, 76.

96 OLG Brandenburg MDR 2014, 905 f.

97 OLG Düsseldorf ErbR 2014, 122 Tz. 31.

98 Vgl. LG Stuttgart BWNotZ 1986, 13, 14 f.; BayObLG FamRZ 2003, 711, 712 = Rpfleger 2003, 30 = ZEV 2003, 27 (Intoxikation durch Alkohol oder Medikamente im Zeitpunkt der Testamentserrichtung); Soergel/*Mayer* Rn. 27.

99 OLG Düsseldorf 01.06.2012 3 Wx 273/11; OLG Bamberg 18.06.2012 6 W 20/12 m. zust. Anm. *Lange* JurisPR-FamR 19/2012 Anm. 2.

100 Vgl. OLG Frankfurt FamRZ 1997, 1306, 1308 = DNotZ 1998, 216, 218; Keidel/*Sternal*, § 30 Rn. 7; a.A. BayObLG FamRZ 2004, 1821, 1822 (förmliche Beweisaufnahme ist nur erforderlich, wenn eine hinreichend sichere Aufklärung durch sonstige Ermittlungen nicht zu erreichen ist); Soergel/*Mayer* Rn. 29.

101 BGHZ 18, 311, 318; 61, 165, 169; BayObLG Rpfleger 1985, 239.

102 BayObLGZ 1979, 256, 261 f.; FamRZ 1988, 422 f.; 1996, 1109, 1110; NJW-FER 1999, 125, 126; BayObLG FamRZ 2005, 555; BayObLG FamRZ 2003, 711, 713 = Rpfleger 2003, 30 = ZEV 2003, 27 (Einlieferung des alkoholabhängigen Erblassers 2 Tage nach dem Errichtungszeitpunkt; Aufklärung des Einlieferungsgrundes wegen möglicher Alkohol- oder Tablettenvergiftung erforderlich); OLG Köln NJW-RR 1991, 1285, 1286; OLG Karlsruhe NJW-Spezial 2015, 391 f. (Nachfrage beim Notar und beim Dolmetscher); vgl. dazu auch Rdn. 24.

103 BayObLGZ 1962, 299, 303; 1979, 256, 261; 1982, 309, 312; BayObLG FamRZ 1987, 1199, 1200 f.; FamRZ 2005, 840, 841 = Rpfleger 2005, 25; OLG Jena NJW-RR 2005, 1247, 1249 = ZEV 2005, 343, 345; OLG Hamm FamRZ 1997, 1026, 1028; OLG Frankfurt FGPrax 1998, 62 f. = FamRZ 1998, 1061, 1062 = NJW-RR 1998, 870; KG NJW 2001, 903 f.

3. Fragen der Beweiserhebung und der Beweiswürdigung

24 Ausgangspunkt ist die Erkenntnis, dass in allen **zweifelhaften Fällen** die Frage der Testierunfähigkeit regelmäßig nur durch das **Gutachten eines Neurologen** zu klären ist.[104] Dies sollte in aller Regel im Wege einer förmlichen Beweisaufnahme nach § 30 FamFG erhoben werden (str., vgl. Rdn. 23). Dabei müssen die Tatsachen, die der Gutachter zugrunde legen soll, feststehen oder vom Gericht aufgeklärt sein.[105] Widersprechende Gutachten sind vom Gericht zu würdigen; sie zwingen weder zu einer Gegenüberstellung der Gutachter,[106] noch ist stets ein Obergutachten erforderlich.[107] Für letzteres besteht nur bei besonders schwierig zu beurteilenden Fragen oder bei gravierenden Mängeln des vorgelegten Gutachtens sowie bei überlegenen Forschungsmitteln des Obergutachters Anlass.[108] Kommen zwei Sachverständige übereinstimmend zu dem Ergebnis, dass ausreichende Anhaltspunkte für die Annahme einer Testierunfähigkeit nicht gegeben sind, ist das Gericht auch dann nicht gehalten, weitere Gutachten einzuholen, wenn andere Fachleute zu einem anderen Ergebnis kommen.[109] Da Personen aus dem Umfeld des Testators in der Regel nicht dazu in der Lage oder nicht Willens sein werden, geistige Defizite zutreffend zu beschreiben, ist das Gericht regelmäßig nicht verpflichtet, Zeugen anzuhören, die nur einfachen sozialen Kontakt mit dem Testator hatten.[110] Ihre Vernehmung kann aber zur Klärung der Frage sinnvoll sein, ob ein Sachverständigengutachten erforderlich ist, um Zweifeln an der Testierfähigkeit nachzugehen.[111] Wurde ein Sachverständigengutachten auf der Grundlage der Krankenakte erstattet, so ist es nicht ohne Weiteres erforderlich, zusätzlich die behandelnden Ärzte oder den Klinikdirektor zu ihrem Eindruck zu vernehmen.[112] Bei der Entscheidung, von einem Sachverständigengutachten abzusehen, ist zu bedenken, dass ein altersbedingter Abbau der geistigen Fähigkeiten gerade Personen, die dem Testator nahestehen, häufig als nicht so gravierend erscheinen wird.[113] Weiterhin ist zu bedenken, dass altersbedingte Abbauerscheinungen von den Betroffenen überspielt werden können. Der Eindruck von Personen, die einen nur eingeschränkten Kontakt mit dem Erblasser hatten, kann deshalb trügen.[114] Von einem Gutachten kann aber abgesehen werden, wenn das Gericht der Auffassung ist, dass auch ein die Testierfähigkeit verneinendes Ergebnis nicht ausreichen würde, um das Gericht von der Testierunfähigkeit zu überzeugen.[115] Die positive Feststellung der Testierunfä-

---

104 Vgl. BayObLG NJW-RR 1990, 1419, 1420; FamRZ 1992, 724; FamRZ 1994, 1137, 1138 = ZEV 1994, 303, 304 m. Anm. *Jerschke*; FamRZ 1997, 1511, 1512; ZEV 1998, 230 = FamRZ 1998, 515, 516; OLG Hamm MDR 1967, 496; KG FamRZ 2001, 55, 56; *Bartsch* NJW 2001, 861; *T. Zimmermann* BWNotZ 2000, 97, 101; vgl. auch BayObLG FamRZ 2000, 120, 122 = Rpfleger 1999, 447, 448 (kein Sachverständigengutachten erforderlich, wenn nach den Ermittlungen des Gerichts keine Zweifel mehr an der Testierfähigkeit bestehen); in diesem Sinne auch KG NJW 2001, 903, 904 = FamRZ 2000, 912, 193; zu Sonderfragen der posthumen Begutachtung vgl. *Wetterling/Neubauer/Neubauer* ZEV 1995, 46, 48; zur Verwertbarkeit eines Privatgutachtens im Wege des Freibeweises BayObLG NJW-RR 1990, 202, 203.

105 Soergel/*Mayer* Rn. 31.

106 BayObLG (28.12.1979) BReg 1 Z 75/79; vgl. BGHZ 35, 370, 374.

107 KG OLGZ 1967, 87; BayObLG Rpfleger 1980, 189, 190; Staudinger/*Baumann* Rn. 71.

108 BayObLGZ 1971, 147; 1974, 137, 142; NJW/FER 1999, 125, 127; BGHZ 53, 254, 258 f.; Soergel/*Mayer* Rn. 33.

109 BayObLG ZEV 1997, 510, 511.

110 OLG Köln FamRZ 1992, 729, 731 = NJW-RR 1991, 1412 (Verfahren der freiwilligen Gerichtsbarkeit); Staudinger/*Baumann* Rn. 70a.

111 Vgl. OLG Köln NJW-RR 1994, 396, 397 = FamRZ 1994, 1135, 1136 f. (erneute Vernehmung der Zeugen in Anwesenheit des Sachverständigen nicht erforderlich, wenn sich dieser davon keine weitere Aufklärung verspricht).

112 BayObLG ZEV 2005, 345, 347.

113 Vgl. OLG Celle NdsRpfl 1962, 201, 202; BayObLG FamRZ 1985, 314, 315.

114 BayObLG FamRZ 1997, 1511, 1512 (Testierunfähigkeit trotz »normalen« Arzt-Patienten-Kontakts mit dem Hausarzt); vgl. auch OLG Frankfurt FGPrax 1998, 62, 63 = FamRZ 1998, 1061, 1063 = NJW-RR 1998, 870, 871; OLG Düsseldorf FamRZ 1998, 1064, 1065 f.

115 BayObLG NJW-RR 1990, 1419, 1420; FamRZ 2000, 120, 122 = Rpfleger 1999, 447, 448; KG FamRZ 2000, 912, 913 = NJW 2001, 903, 904; vgl. auch BayObLG FamRZ 1998, 515, 516 = ZEV 1998, 230, 231

higkeit wird selten ohne ein solches Gutachten möglich sein.[116] Soweit die Frage der Testierfähigkeit durch die **Vernehmung des Arztes** oder **des Notars** aufgeklärt werden soll (eine Vernehmung des Hausarztes ist nicht zwingend erforderlich[117]), können sich diese nur dann auf ein Zeugnisverweigerungsrecht berufen, wenn die Entbindung von der Schweigepflicht nicht dem tatsächlichen oder mutmaßlichen Willen des Erblassers entspricht. Dabei ist regelmäßig davon auszugehen, dass der Verstorbene ein Interesse an der Klärung der Frage der Testierfähigkeit hat.[118] Bestätigt wird dies durch den geplanten § 630g Abs. 3 BGB, der in diesen Fällen in der Regel auch ein Einsichtsrecht in die Krankenakte gewährt. Nach § 18 Abs. 2 BNotO kann die Aufsichtsbehörde den Urkundsnotar von der Verschwiegenheit entbinden.[119] Ein solches Tätigwerden der Aufsichtsbehörde ist jedoch nur dann erforderlich, wenn nicht bereits der Erblasser eine entsprechende Erklärung ausdrücklich oder konkludent abgegeben hat.[120] Wird zur Beurteilung der Testierfähigkeit der Inhalt von Patientenakten verwertet,[121] so darf den am Verfahren Beteiligten die Einsicht in diese Akten nicht verwehrt werden.[122] Die Frage der Testierfähigkeit ist in wesentlichen Teilen eine der Tatsachenfeststellung und der Beweiswürdigung, die damit der Rechtsbeschwerde bzw. der Revision entzogen ist.[123]

VII. Übergangsrecht infolge des BtG

Nach geltendem Recht richtet sich die Testierfähigkeit eines Betreuten nach Abs. 4 (vgl. oben Rdn. 8). Für Testamente, die **bis zum 31.12.1991 errichtet** wurden, gilt das frühere Recht fort, auch wenn die vor dem 01.01.1992 bestandskräftig gewordene (zu Fällen, in denen lediglich der Entmündigungsantrag gestellt war, sogleich) Entmündigung kraft Gesetzes (Art. 9 § 1 BtG) in eine Betreuung umgewandelt wurde. Daraus schließt die h.L.,[124] dass Testamente, die vor dem Inkrafttreten des BtG von einem Entmündigten errichtet wurden, unwirksam sind, auch wenn der Erbfall erst nach dem Inkrafttreten des BtG eintritt. Die Gegenauffassung,[125] die eine Validation annimmt, 25

(Feststellung einer senilen Demenz reicht als Anzeichen nicht aus, wenn diese auf den nach der Errichtung des Testaments eingetretenen Tod des Ehemanns zurückzuführen sein kann und ein Arzt – kein Neurologe – zeitnah zur Testamentserrichtung den Eindruck bestehender Testierfähigkeit gewonnen hat).

116 BayObLG NJW-RR 1990, 1419, 1420; anders kann es sich verhalten, wenn es mangels Datierung nur darauf ankommt, ob innerhalb eines Zeitraums irgendwann einmal Testierunfähigkeit gegeben war und zeitweilige erhebliche Wahnvorstellungen des Testators feststehen, OLG Jena NJW-RR 2005, 1247, 1248 = ZEV 2005, 343, 344; kritisch *Scherer/Lehmann* ZEV 2005, 453, 454 f.

117 OLG Bamberg FamR 2016, 83, 85 (nur bei Zweifeln erforderlich).

118 BGHZ 91, 392, 400 = NJW 1984, 2893, 1895; KG DJZ 1915, 1135; *Hülsmann/Baldamus* ZEV 1999, 91, 94; *Bartsch* NJW 2001, 861, 862 f.; zur Zeugnispflicht des Arztes: BayObLG NJW 1987, 1492; NJW-RR 1991, 1287 f.; zur Zeugnispflicht des Notars/Rechtsanwalts: OLG Frankfurt FamRZ 1997, 1306, 1308 = DNotZ 1998, 216, 218 (dort auch zur Notwendigkeit, die Beweisaufnahme in der Form des § 15 Abs. 1 FGG durchzuführen); OLG Köln OLGZ 1982, 1, 4; Rpfleger 1985, 494; *Lange/Kuchinke* § 18 IV; Musielak/Voit/*Huber* § 383 ZPO Rn. 4; ausführlich dazu *Edenfeld* ZEV 1997, 391 ff. (der die Entscheidung darüber, was dem mutmaßlichen Willen des Erblassers entspricht, weniger dem Notar als dem Gericht überlassen möchte, während die h.L. den Schweigepflichtigen lediglich dazu anhält, nachvollziehbar darzulegen, warum er meint, der Erblasser habe ihn nicht von der Schweigepflicht entbinden wollen; vgl. dazu *Hülsmann/Baldamus* ZEVB 1999, 91, 94); a.A. *Laschner*, S. 44 ff. (konkrete Anhaltspunkte für eine mutmaßliche Entbindung von der Schweigepflicht erforderlich).

119 Weitergehend Soergel/*Mayer* Rn. 34, der die Entscheidung über eine mutmaßliche Einwilligung der Aufsichtsbehörde überlassen will.

120 MünchKomm/*Hagena* Rn. 49.

121 Zur Anordnung der Vorlage nach § 142 ZPO vgl. *Krug* ZEV 2002, 58.

122 OLG Düsseldorf ZEV 2000, 363 (LS).

123 Zum Verstoß gegen Beweisregeln, Denkgesetze und Erfahrungssätze vgl. BayObLG FamRZ 1985, 314, 315; 739, 741; 1988, 422 f.; 1990, 1281, 1282; 2005, 658, 660.

124 *Hahn* FamRZ 1991, 27, 29; Soergel/*Mayer* Rn. 20; Staudinger/*Baumann* (Bearbeitung 2003) Rn. 41; Bamberger/Roth/Hau/Poseck/*Litzenburger* Rn. 2.

125 *Hess* S. 234 f.

führt zu einer erheblichen Rechtsunsicherheit, wie sich daran zeigt, dass entgegen dem auf Rechtssicherheit bedachten staatlichen Ausspruch über die Entmündigung nun doch der Nachweis der Testierunfähigkeit im Zeitpunkt der Testamentserrichtung geführt werden müsste. Eine so weitgehende Modifikation des bis zum 01.01.1992 geltenden Rechts hätte einer näheren Übergangsregelung im BtG bedurft, die durch Art. 9 § 1 BtG aber gerade nicht getroffen wurde. Der h.L. ist deshalb zu folgen. Auf der Grundlage des damit maßgebenden alten Rechts ist zu unterscheiden zwischen Personen, die unter Gebrechlichkeitspflegschaft standen, und denen, die entmündigt oder unter vorläufige Vormundschaft gestellt waren. Die Anordnung einer **Gebrechlichkeitspflegschaft** beeinträchtigt die Testierfähigkeit als solche nicht und kann auch nicht als Indiz für die Testierunfähigkeit herangezogen werden. Wenn allerdings die konkrete Ausgestaltung der Gebrechlichkeitspflegschaft ernstliche Zweifel an der Testierfähigkeit weckt, muss das Nachlassgericht in Verfahren der freiwilligen Gerichtsbarkeit von Amts wegen aufklären.[126] **Entmündigte** konnten nach dem früheren Recht kein Testament errichten. Bei Entmündigung wegen Geisteskrankheit ergab sich das aus der Geschäftsunfähigkeit nach § 104 Nr. 3 BGB a.F.; bei Entmündigung wegen Geistesschwäche, Verschwendung, Trunksucht oder Rauschgiftsucht ergab es sich aus § 2229 Abs. 3 Satz 1 BGB a.F. (zur Wirksamkeit des Testamentswiderrufs vgl. § 2253 Abs. 2 BGB a.F.). In allen Fällen trat die Testierunfähigkeit bereits mit der **Stellung des Antrags** auf Entmündigung ein, soweit aufgrund dieses Antrags die Entmündigung erfolgte (§ 2229 Abs. 3 Satz 2 BGB a.F.). Soweit der Antrag zwar vor dem Inkrafttreten des BtG gestellt wurde, es dann aber wegen dieses Gesetzes nicht zur Entmündigung, sondern zur Anordnung der Betreuung kam, beurteilt sich die Testierfähigkeit nach dem neuen Recht,[127] da es an einer Entmündigung i.S.d. § 2229 Abs. 3 Satz 2 BGB fehlt. Zur Aufhebung der Entmündigung vgl. § 2230 Abs. 2 BGB a.F. Wurde ein Volljähriger unter **vorläufige Vormundschaft** gestellt, so berührte dies seine Testierfähigkeit nicht (§ 2229 Abs. 2 BGB a.F.). Sofern der Antrag auf Entmündigung im Zeitpunkt der Testamentserrichtung bereits gestellt war, ist aber § 2229 Abs. 3 Satz 2 BGB a.F. zu beachten.

26 Nach dem früher geltenden und für früher errichtete Testamente jetzt noch fortgeltenden Recht (zu nach dem 31.12.1991 errichteten Testamenten vgl. Rdn. 8) war das Testament eines Entmündigten auch dann mangels Testierfähigkeit unwirksam, wenn der Entmündigte **in der konkreten Situation an sich geschäftsfähig** war. Dieser Ausschluss eines in der konkreten Situation an sich Testierfähigen ist nicht unbedenklich, da das grundgesetzlich geschützte Recht auf Bestimmung der Erbfolge tangiert wird.[128] Canaris hat deshalb vorgeschlagen, in Analogie zu §§ 2233, 2275 Abs. 2 i.V.m. § 2276 Abs. 2, § 1410 BGB bei Zustimmung des gesetzlichen Vertreters und bei Mitwirkung des Notars eine eingeschränkte Testierfähigkeit derjenigen anzuerkennen, die lediglich wegen Geistesschwäche, wegen Trunksucht, Rauschgiftsucht oder Verschwendungssucht entmündigt waren und im Zeitpunkt der Testamentserrichtung nach dem Maßstab des Abs. 4 testierfähig waren. Dieser Auffassung, gegen die wegen der systemfremden Koppelung der Testierfähigkeit an die Zustimmung eines Dritten erhebliche Bedenken bestehen, braucht hier nicht weiter nachgegangen zu werden, da die genannten Voraussetzungen wohl kaum jemals erfüllt sein dürften – allein schon deshalb, weil der Notar seine Mitwirkung an einem derartigen Testament versagt haben wird. In Fortführung der These der Verfassungswidrigkeit des § 2229 Abs. 3 BGB a.F. wird aber nunmehr auch die Auffassung vertreten, dass trotz der Fortgeltung des früheren Rechts Testamente Entmündigter nur dann am Fehlen der Testierfähigkeit scheitern, wenn diese testierunfähig i.S.d. § 2229 Abs. 4 BGB sind.[129] Dieser Vorschlag hat gravierende Folgen für die Verteilung der Beweislast, denn konsequenterweise müssten dann trotz der Entmündigung die Voraussetzungen der Testierunfähigkeit im Einzelnen nachgewiesen werden, wobei die ernsthafte Möglichkeit der Errichtung in einem

126 BayObLG FamRZ 1994, 593, 594.

127 Staudinger/*Baumann* (Bearbeitung 2003) Rn. 41.

128 *Canaris* JZ 1987, 993, 999 f. (beschränkt auf Entmündigung wegen Geistesschwäche, Rauschgiftsucht, Trunksucht und Verschwendungssucht); Sympathie bei Soergel/*Harder* 12. Aufl., Rn. 4; krit. *Ramm* JZ 1988, 489; *Wieser* JZ 1988, 493; Entgegnung *Canaris* JZ 1988, 494.

129 Staudinger/*Baumann* (Bearbeitung 1994) Rn. 43.

lichten Augenblick ausreichen müsste, um von der Testierfähigkeit auszugehen (vgl. Rdn. 22). Soweit man dem verfassungsrechtlichen Gesichtspunkt Rechnung tragen will, erscheint es deshalb richtiger, nicht die Regelung des § 2229 Abs. 3 BGB a.F. als solche für verfassungswidrig zu halten, sondern lediglich das Fehlen einer Ausnahme, die (allen) Entmündigten die Testierfähigkeit dann zuspricht, wenn sie nachgewiesenermaßen im Zeitpunkt der Errichtung des Testaments nach dem Maßstab des Abs. 4 testierfähig waren (zu der Möglichkeit, die Verfassungswidrigkeit auf das Fehlen einer Ausnahme zu beschränken, vgl. BVerfGE 71, 1, 10 ff.). Die Beweislast trüge dann derjenige, der sich auf die Wirksamkeit des Testaments eines Entmündigten beruft, und zwar auch dafür, dass dieses im Stadium der Testierfähigkeit errichtet wurde. Entscheidet man anders, dann ruft dies nicht nur erhebliche Rechtsunsicherheit hervor, sondern es wird auch der Wille des Gesetzgebers des BtG unterlaufen, der sich hinsichtlich der Testamente Entmündigter für eine generelle Unwirksamkeit und gegen eine Beurteilung der Testierfähigkeit auf der Grundlage des neuen Rechts ausgesprochen hat.

VIII. Testierunmöglichkeit

Vom Fehlen der Testierfähigkeit zu unterscheiden sind Fälle, in denen ein an sich Testierfähiger 27 **gehindert ist**, ein Testament zu errichten, weil er sich **nicht** in den vom Gesetz vorgesehenen Formen **ausdrücken kann**. Dies betraf vor der Änderung der §§ 2232, 2233 BGB durch das OLG-VertrÄndG Personen, die sich weder mündlich noch schriftlich verständigen konnten.[130] Dem genannten Personenkreis hat die früher h.L. die Möglichkeit des Testierens versagt.[131] Betroffen von dieser sog. Testierunmöglichkeit waren Stumme, soweit sie nicht sowohl lesen als auch schreiben können (vgl. § 2247 Abs. 1 und 4 BGB a.F.; § 2233 Abs. 2 BGB a.F.; § 31 Satz 1 BeurkG a.F.) und zwar auch dann, wenn es sich um einen vorübergehenden Zustand handelt (z.B. bei Verletzung des Kiefers und beider Arme). Die Testierunmöglichkeit betraf weiterhin Analphabeten, die taub sind und mit denen man sich nicht verständigen kann, sodass auch nach § 24 BeurkG a.F. eine Beurkundung ausschied, sowie testierfähige Minderjährige, die nicht schreiben konnten und stumm waren (§ 2233 Abs. 1 BGB a.F., § 31 Satz 1 BeurkG a.F.).[132] Eine Ausnahme von der Testierunmöglichkeit bestand nach der h.L. nur dann, wenn ein Erbvertrag mit einem Ehevertrag verbunden wird, denn nach § 2276 Abs. 2 BGB genügt die Beachtung der Vorschriften des Ehevertrages. In derartigen Fällen ist nach § 22 Abs. 1 BeurkG ein Zeuge oder ein zweiter Notar und gem. § 24 BeurkG eine Verständigungsperson zuzuziehen, wenn nach der im Protokoll zu vermerkenden Überzeugung des Notars der Beteiligte nicht hinreichend sprechen oder hören kann und eine schriftliche Verständigung mit ihm nicht möglich ist.[133] Das BVerfG hat jedoch mit Recht den Ausschluss solcher testierfähigen Personen, die weder sprechen noch schreiben können, von der Möglichkeit der Testamentserrichtung unter Berufung auf Art. 14 Abs. 1, Art. 3 Abs. 1 und Art. 3 Abs. 3 Satz 2 GG für verfassungswidrig erklärt.[134] Der Gesetzgeber hat dem Rechnung getragen, indem in §§ 2232, 2233 BGB auf die Voraussetzung der **Mündlichkeit der Erklärung verzichtet** wird und § 31 BeurkG gestrichen wurde (OLG VertrÄndG v 23.07.2002, BGBl. I 2850). Damit ist es jedem Testierfähigen möglich, ein Testament zu errichten, sofern er sich nur hinreichend klar erklären kann, unabhängig davon, in welcher Form dies geschieht. Nach der Neufassung des § 24 Abs. 1 Satz 2 BeurkG ist gegebenenfalls ein Gebärdendolmetscher beizuziehen. Näher zu diesen Fragen § 2232 BGB Rdn. 6 f.

130 Vgl. dazu *Rossak* ZEV 1995, 236 ff.

131 Vgl. OLG Hamm NJW-RR 1994, 593; LG Bochum NJW-RR 1993, 969, bestätigt durch OLG Hamm NJW-RR 1995, 192.

132 *Lange/Kuchinke* § 18 VI.

133 *Höfer* JurA 1970, 740, 751.

134 BVerfG NJW 1999, 1853 = ZEV 1999, 147 = DNotZ 1999, 409 ff. m. Anm. *Rossak*; vgl. dazu auch *Rohlfing/Mittenzwei* FamRZ 2000, 654 ff.; *Lösler* NotBZ 1999, 185.

§ 2230 *(weggefallen)*

1 Die Regelung wurde durch das Gesetz zur Reform des Rechts der Vormundschaft und Pflegschaft (BtG) vom 12.09.1990 mit Wirkung vom 01.01.1992 aufgehoben (vgl. die Erläuterung in der Vorauflage).

§ 2231 Ordentliche Testamente

Ein Testament kann in ordentlicher Form errichtet werden
1. zur Niederschrift eines Notars,
2. durch eine vom Erblasser nach § 2247 abgegebene Erklärung.

Übersicht Rdn.

I. Zeittafel

1 In dem Zeitraum von 1900 bis 1938 (Inkrafttreten des TestG, vgl. Vorbem. zu §§ 2229–2264 BGB Rdn. 2 ff.) konnte ein Testament nach § 2231 BGB a.F. vor einem Richter oder einem Notar oder durch eine von dem Erblasser unter Angabe des Ortes und Tages eigenhändig geschriebene und unterschriebene Erklärung errichtet werden (zu der – überzogenen – Formstrenge vgl. KG DJ 1938, 428 [Nichtigkeit, weil sich bei eigenhändigem Testament der Ort der Errichtung nur aus Vordruck ergab]). § 4 TestG übernahm die Regelung hinsichtlich des öffentlichen Testaments; hinsichtlich des eigenhändigen Testaments wurden die Anforderungen gemildert (zu den Einzelheiten und zum Wortlaut des § 21 TestG vgl. § 2247 BGB Rdn. 1). Nach der Wiederaufnahme der Regeln in das BGB (vgl. Vorbem. zu §§ 2229–2264 BGB Rdn. 9) wurde hinsichtlich des öffentlichen Testaments die ursprüngliche Regelung beibehalten; bei dem eigenhändigen Testament wurde lediglich auf § 2247 BGB verwiesen. Da infolge der Änderung des Beurkundungsrechts nach Inkrafttreten des BeurkG zum 01.01.1970 (vgl. Vorbem. zu §§ 2229–2264 BGB Rdn. 10) ausschließlich Notare zur Beurkundung öffentlicher Testamente zuständig sind, wurde auch § 2231 Nr. 1 BGB entsprechend geändert.

II. Recht der ehemaligen DDR

2 Im **ZGB** (zur Fortgeltung vgl. Vorbem. zu §§ 2229–2264 BGB Rdn. 11 ff.) sind neben dem Nottestament (vgl. dazu § 2250 BGB Rdn. 2) das notariell beurkundete und das eigenhändige schriftliche Testament zugelassen (§ 383 Abs. 1 ZGB). Zu den Anforderungen des ZGB an das notariell beurkundete Testament vgl. § 2232 BGB Rdn. 2 f., zu denen an das eigenhändige Testament vgl. § 2247 BGB Rdn. 2. Nicht den Anforderungen entsprechende Testamente sind nach § 373 Abs. 2 ZGB nichtig.

III. Einzelerläuterungen

1. Übersicht über die ordentlichen Testamentsformen

3 Zu unterscheiden ist zwischen den ordentlichen Testamentsformen i.S.d. § 2231 BGB und den in Rdn. 7 ff. dargestellten außerordentlichen Testamentsformen. Als ordentliche Testamentsfor-

men kennt das BGB das öffentliche und das eigenhändige Testament. Erleichterte Formen für Verfügungen minderer Bedeutung (familienrechtliche Anordnungen, kleinere Vermächtnisse oder Nachtragserklärungen) sind im BGB nicht vorgesehen.

2. Gleichwertigkeit der Testamentsformen in ihrer erbrechtsgestaltenden Funktion

Die beiden ordentlichen Testamentsformen sind in Bezug auf ihre erbrechtsgestaltende Funktion gleichwertig.[1] Ein öffentliches Testament kann durch ein privatschriftliches Testament aufgehoben, geändert oder ergänzt werden. Auch hinsichtlich dessen, was einer testamentarischen Regelung zugänglich ist, unterscheiden sich beide Testamentsformen nicht (zu Einschränkungen der Testamentsformwahl insb. bei Minderjährigen vgl. § 2233 BGB Rdn. 3 f., § 2247 BGB Rdn. 37 f.). 4

3. Unterschiedlichkeit der Testamentsformen in ihrer erbrechtsbezeugenden Funktion

a) Vorteile in der Beweisführung

Das öffentliche Testament ist eine **öffentliche Urkunde** i.S.d. §§ 415, 418 ZPO. Ist die Urkunde ordnungsgemäß erstellt, so erbringt sie (vorbehaltlich des Gegenbeweises, § 415 Abs. 2 ZPO) den Beweis hinsichtlich des Ortes, der Zeit, der Abgabe der Erklärung mit dem wiedergegebenen Inhalt (nicht der inhaltlichen Richtigkeit) und der Identität der erklärenden Person.[2] Weitere Vorteile des öffentlichen Testaments ergeben sich aus **§ 35 GBO**, weil der Nachweis der Erbfolge dieser Regelung zufolge nicht nur durch Erbschein, sondern auch dergestalt geführt werden kann, dass eine öffentliche Urkunde, in der die letztwillige Verfügung enthalten ist, zusammen mit der Niederschrift über die Eröffnung der Verfügung vorgelegt wird.[3] Nur wenn das Grundbuchamt trotz dieser Urkunde die Erbfolge für nicht ausreichend nachgewiesen erachtet, ist ein Erbschein erforderlich (§ 35 Abs. 1 Satz 2 Halbs. 2 GBO). Dies kann aber nur dann angenommen werden, wenn sich bei der Prüfung des öffentlichen Testaments wirkliche Zweifel ergeben, die nur durch weitere Ermittlungen über den Willen des Erblassers oder über die tatsächlichen Verhältnisse zu klären sind.[4] Auslegungsfragen hat dabei das Grundbuchamt selbst zu beurteilen.[5] Entfernte abstrakte Möglichkeiten, aus denen die Anfechtbarkeit oder die Nichtigkeit des Testaments folgen 5

1 Bamberger/Roth/Hau/Poseck/*Litzenburger* § 2231 Rn. 2; Soergel/*Mayer* Rn. 3; Staudinger/*Baumann* Rn. 10.

2 BayObLG NJW-RR 2000, 456, 458 = ZEV 2000, 66, 68 (auch hinsichtlich der Sprechfähigkeit des Erblassers); *Nieder* ZNotP 2001, 335, 337; Soergel/*Mayer* Rn. 4; Stein/Jonas/*Berger* § 415 ZPO Rn. 23; Zöller/*Geimer* § 415 ZPO Rn. 5; hinsichtlich des Beweises der Identität a.A. MünchKomm-ZPO/*Schreiber* § 415 Rn. 27, wie hier dagegen LG Berlin DNotZ 1963, 250; *Reithmann* DNotZ 1973, 154 ff.

3 BGH NJW 2005, 2779, 2780; zur Ausweitung der Anerkennung in ganz Europa vgl. Grünbuch Erb- und Testamentsrecht der Europäischen Kommission KOM (2005) 65 (endg.), Frage 27, ZEV 2005, 138, 139; kritisch *Schröder/Meyer* NJW 2006, 3252, 3254.

4 BGH NJW 2005, 2779, 2780 (in unklaren Fällen); OLG München FamRZ 2016, 1405, 1406; OLG München FamRZ 2015, 698 (kein Erbschein trotz Zweifeln; nicht aufklärbare Testierunfähigkeit); OLG München FamRZ 2017, 574 (Erbschein bei Auslegungszweifeln hinsichtlich späteren Testaments); OLG Celle ZEV 2010, 95 (im konkreten Fall zu Unrecht Schwierigkeit angenommen; zu Recht kritisch deshalb *Heinze* ZEV 2010, 95 f.); OLG Hamm Rpfleger 2011, 494 (nicht namentlich genannte Erben; mit kritischer Anm. Jurksch Rpfleger 2011, 665, 666); OLG Frankfurt NJW-RR 2005, 380 (zum Erbvertrag; spätere letztwillige Verfügung, die nicht offenbar unwirksam, widerrufen oder unerheblich ist); OLG Hamm MDR 1968, 1012; NJW 1969, 798; OLG Stuttgart Rpfleger 1975, 135; Rpfleger 1992, 154; OLG Frankfurt Rpfleger 1978, 412, 413; BayObLG Rpfleger 1995, 249 (Beurteilung schwieriger Rechtsfragen rechtfertigt nicht Vorlageverlangen); *Demharter* § 35 GBO Rn. 39; *Lange* ZEV 2009, 371 ff. (nur bei konkretem Zweifel; nicht bei abstrakten Möglichkeiten).

5 BayObLG Rpfleger 1995, 249 (Beurteilung schwieriger Rechtsfragen rechtfertigt nicht Vorlageverlangen); *Demharter* § 35 GBO Rn. 39; *Lange* ZEV 2009, 371 ff. (nur bei konkretem Zweifel; nicht bei abstrakten Möglichkeiten); *Krug*, in: FS Spiegelberger, S. 1025, 1026; vgl. auch OLG München FamRZ 2012, 1092 f. (Nachweis beim Erbvertrag erforderlich, dass kein Rücktritt erklärt wurde), insoweit kritisch (Vorteile des notariellen Testaments würden entwertet) *Tönnies* RNotZ 2012, 326; *Braun* MittBayNot 2012, 294 ff.

könnten, genügen nicht.[6] Hat das Grundbuchamt begründete **Zweifel an der Testierfähigkeit**, so kann es ebenfalls nach § 35 Abs. 1 S. 2 Hs. 2 GBO die Vorlage eines Erbscheins verlangen.[7] Sind die Erkenntnisquellen jedoch bereits ausgeschöpft und verbleiben letzte, nicht mehr aufklärbare Zweifel, so ist nach allgemeinen Regeln von der Testierfähigkeit auszugehen; es ist in einem solchen Fall nicht zulässig, einen Erbschein zu verlangen.[8] Steht wegen eines rechtskräftigen Anerkenntnisurteils zwischen den einzig in Betracht kommenden Erbprätendenten die Erbfolge fest, so ist dies vom Grundbuchamt auch dann zu berücksichtigen, wenn es Zweifel an der Testierfähigkeit des Erblassers hat.[9] Ergibt sich aus dem Inhalt des Testaments – gegebenenfalls in Verbindung mit aktenkundigen Vorgängen – seine Anfechtbarkeit, so kann die Vorlage eines Erbscheins verlangt werden. Die tatsächliche Anfechtung reicht zur Rechtfertigung eines solchen Begehrens nicht aus; anders verhält es sich, wenn bereits eine erstinstanzliche Entscheidung von der Nichtigkeit des Testaments ausgeht.[10] § 35 GBO verlangt weiter die Niederschrift über die Eröffnung der Verfügung (§ Abs. § 348 FamFG), wobei in dem Protokoll auch die Annahme der Erbschaft (§ 1943) vermerkt sein muss. Eine dem § 35 GBO entsprechende Regelung trifft § 41 SchiffsRegO (19.12.1940 i.d.F. vom 26.05.1994, BGBl. I 1133). Auch im Bereich des **§ 12 Abs. 2 Satz 2 HGB** (Nachweis der Rechtsnachfolge) hat das öffentliche Testament als öffentliche Urkunde gegenüber einem privatschriftlichen Testament Vorteile.[11] Soweit es um den **Nachweis des Erbrechts in Bezug auf einen Hof** geht, reicht ein öffentliches Testament nicht aus, wenn nicht ausgeschlossen werden kann, dass der Erblasser eine lebzeitige formlose Hoferbenbestimmung (§ 6 Abs. 1 Satz 1 Nr. 1 und 2, § 7 Abs. 2 HöfeO) vorgenommen hat.[12] Bezüglich der Verfügung über **Sparkassenguthaben** bestehen zwischen einem öffentlichen und einem privatschriftlichen Testament keine Unterschiede. In den Allgemeinen Geschäftsbedingungen Banken[13] hieß es dazu in den früher geltenden Grundregeln für die Beziehung zwischen Kunde und Bank unter 5. Verfügungsberechtigung nach dem Tod des Kunden: *(1) Nach dem Tod des Kunden kann die Bank zur Klärung der Verfügungsberechtigung die Vorlegung eines Erbscheins, eines Testamentsvollstreckerzeugnisses oder weiterer hierfür notwendiger Unterlagen verlangen; fremdsprachige Urkunden sind auf Verlangen der Bank in deutscher Übersetzung vorzulegen. (2) Die Bank kann auf die Vorlage eines Erbscheins oder eines Testamentsvollstreckerzeugnisses verzichten, wenn ihr eine Ausfertigung oder eine beglaubigte Abschrift der letztwilligen Verfügung (Testament, Erbvertrag) nebst zugehöriger Eröffnungsniederschrift vorgelegt wird. (3) Die Bank darf denjenigen, der darin als Erbe oder Testamentsvollstrecker bezeichnet ist, als Berechtigten ansehen, ihn verfügen lassen und insbesondere mit befreiender Wirkung an ihn leisten. (4) Dies gilt nicht, wenn der Bank bekannt ist, dass der dort Genannte (zum Beispiel nach Anfechtung oder wegen Nichtigkeit des Testaments) nicht verfügungsberechtigt ist, oder wenn ihr dies infolge Fahrlässigkeit nicht bekannt geworden ist.*[14] Die Klausel berechtigt die Bank dazu, die Leistung von der Vorlage eines Erbscheins oder eines Testamentsvollstreckerzeugnisses abhängig zu machen. Besteht die Bank auf die Einhaltung der Vereinbarung, obwohl ein öffentliches Testament samt Eröffnungsprotokoll vorgelegt wird, so

---

6 OLG München JFG 1922, 184, 186; OLG Hamm JMBl NRW 1963, 180, 181; OLG Stuttgart Rpfleger 1992, 154; *Demharter* § 35 GBO Rn. 39 ff. (dort auch zur Erforderlichkeit eines Erbscheins, wenn das Erbrecht des Bedachten von einer Verwirkungsklausel abhängt); *Starke* NJW 2005, 3184, 3186.

7 OLG Hamm FGPrax 2015, 53 f. (begründete Zweifel bereits bei der Betreuung des Erblassers); insoweit kritisch *Zimmer* ZflR 2015, 217 ff.); zum Ganzen vgl. BeckOK/*Wilsch* § 35 GBO Rn. 125.

8 OLG München NJW-RR 2015, 138, 139; *Zimmer* ZflR 2015, 217 ff.

9 KG NJW-RR 2015, 456, 457.

10 OLG Celle NJW 1961, 562.

11 OLG Stuttgart ZEV 2012, 338; KG ZEV 2007, 497.

12 OLG Oldenburg Rpfleger 1984, 13, 14 = FamRZ 1984, 1270 (LS); Rpfleger 1989, 95; Soergel/*Mayer* Rn. 5; *Demharter* § 35 GBO Rn. 44.

13 Abgedruckt bei Bunte, AGB-Banken und Sonderbedingungen, 3. Aufl., 2011.

14 Zur Wirksamkeit der vorhergehenden Klausel Nr. 5 der Allgemeinen Geschäftsbedingungen der privaten Banken und der Genossenschaftsbanken (gültig bis 30.04.2012) und zu der in S. 4 genannten Einschränkung bei Fahrlässigkeit vgl. OLG Celle NJW 1998, 82, 84 (keine Fahrlässigkeit bei notariellem Testament, welches vor weniger als einem Jahr errichtet wurde); für eine Unwirksamkeit der Klausel unter Heranziehung des Gedankens aus § 309 Nr. 13 Starke NJW 2005, 3184, 3186.

ist dies regelmäßig nicht als rechtsmissbräuchlich einzustufen,[15] denn die (fortbestehende) Wirksamkeit des Testaments ist von der Bank nicht zu prüfen und ergibt sich auch nicht aus der Niederschrift der Eröffnungsverhandlung. Dies gilt schon wegen der Möglichkeit eines später errichteten Testaments und des gilt für eigenhändige sowie für öffentliche Testamente in gleicher Weise.[16] Dennoch hat der BGH die Klausel für unwirksam erklärt, weil sie es der Bank ermöglicht, auch dann auf die Vorlage eines Erbscheins zu bestehen, wenn die Erbfolge unschwer festzustellen und nicht zweifelhaft ist. Eine Beschränkung dieses Rechts durch den Rechtsgedanken des § 315 BGB sei nicht möglich, so dass die Klausel bei der gebotenen kundenfeindlichsten Auslegung zu einer unangemessenen Benachteiligung führe.[17] Auch bei einem eigenhändigen Testament reichen abstrakte Zweifel der Bank nicht aus, um einen Erbschein verlangen zu können. Bestehen konkrete Zweifel, so muss die Rechtsnachfolge nachgewiesen werden; das eigenhändig errichtete Testament begründet keine Vermutung.[18] In dieser Hinsicht bleibt das öffentlich errichtete Testament vorteilhaft, weil es – wie bei § 35 GBO – als Nachweis zunächst ausreicht. Ab Juli 2014 lauten die Bedingungen unter 5. Verfügungsberechtigung nach dem Tode des Kunden: »Nach dem Tod des Kunden hat derjenige, der sich gegenüber der Bank auf die Rechtsnachfolge des Kunden beruft, der Bank seine erbrechtliche Berechtigung in geeigneter Weise nachzuweisen. Wird der Bank eine Ausfertigung oder eine beglaubigte Abschrift der letztwilligen Verfügung (Testament, Erbvertrag) nebst zugehöriger Eröffnungsniederschrift vorgelegt, darf die Bank denjenigen, der darin als Erbe oder Testamentsvollstrecker bezeichnet ist, als Berechtigten ansehen, ihn verfügen lassen und insbesondere mit befreiender Wirkung an ihn leisten. Dies gilt nicht, wenn der Bank bekannt ist, dass der dort Genannte (z.B. nach Anfechtung oder wegen Nichtigkeit des Testaments) nicht verfügungsberechtigt ist oder wenn ihr dies infolge Fahrlässigkeit nicht bekannt geworden ist.«[19]

b) Weitere Vor- und Nachteile des öffentlichen Testaments

Das öffentliche Testament ist als die sicherere Form der Testamentserrichtung anzusehen. Zum einen **berät und belehrt** der Notar den Testator, sodass dieser vor übereilten und von interessierter Seite beeinflussten Entscheidungen gewarnt wird. Zum anderen werden **Formfehler** bei einem öffentlichen Testament weitgehend **vermieden** werden können. Schließlich ist von Vorteil, dass das öffentliche Testament stets unverzüglich in besondere amtliche **Verwahrung** gebracht werden soll (§ 34 Abs. 1 Satz 4 BeurkG, § 346 FamFG). Zugleich werden die Verwahrangaben i.S.d. § 78b Abs. 2 BNotO nach § 34a Abs. 1 BeurkG an die das Zentrale Testamentsregister führende Registerbehörde mitgeteilt (§ 347 FamFG bei besonderer amtlicher Verwahrung privatschriftlicher Testamente)[20] sodass das Auffinden des Testaments im Todesfall sichergestellt ist. Auf der anderen Seite setzt das öffentliche Testament – sieht man von der Möglichkeit der Übergabe einer verschlossenen Schrift (§ 2232 Satz 2 Fall 1 BGB) ab – zwangsläufig voraus, dass der Testator seinen letzten Willen einem Dritten – dem Notar – **offenbart**. Damit wird auch das Gefühl einer gewissen Endgültigkeit der Entscheidung einhergehen, auch wenn das öffentliche Testament selbstverständlich frei widerruflich ist. Auf der anderen Seite wird gerade bei privatschriftlichen Testamenten durch Zusätze, Streichungen und Nachträge oft Widersprüchliches, Missverständliches und möglicherweise in seinem Zusammenwirken auch gar nicht Gewolltes erklärt. Insofern bietet das öffentliche Testament letztlich eher Vorteile, vor allem auch deshalb, weil Zweifel am Testierwillen vermieden 6

---

15 Eher zum Rechtsmissbrauch neigend DNotI Report 2005, 83 f.; weitergehend LG Berlin 13.11.2008 37 S 5/08 Ersatz der Erbscheinskosten, wenn Bank ohne Anlass auf Erbschein besteht); jedenfalls keine Pflichtverletzung, wenn lediglich ein privatschriftliches Testament vorgelegt wird, AG Mannheim FamRZ 2008, 727 f.

16 A.A. Soergel/*Mayer* Rn. 6.

17 BGH JZ 2014, 149 m. zust. Anm. *Fest*; *Kroiß/Horn* NJW 2013, 516; BGH NJW 2016, 2409 (Schadensersatzanspruch gegen die Bank hinsichtlich der nicht erforderlichen Kosten des Erbscheins).

18 BGH NJW 2016, 2409, 2410 f.

19 Abrufbar unter https://bankenverband.de/media/file/AGB-Banken_40.000_Fassung_07_14.pdf; vgl. dazu *Keim* ZEV 2014, 277 ff.

20 Ausführlich dazu *Diehn*, Das Zentrale Testamentsregister, NJW 2011, 481 ff.

werden. Als Nachteil des öffentlichen Testaments wird vielfach die **Kostenbelastung** empfunden. Dabei ist zum einen zu bedenken, dass diese Kosten zu den Nachteilen, die bei Fehlschlagen eines selbstformulierten privatschriftlichen Testaments oder bei missverständlichen Formulierungen drohen, nicht außer Verhältnis stehen, zumal bei Zweifeln an der Echtheit eines Testaments, die sich bei öffentlichen Testamenten in aller Regel vermeiden lassen, oft erhebliche Sachverständigenkosten anfallen. Zum anderen ist bei der Frage der Kostenbelastung zu berücksichtigen, dass bei Errichtung eines öffentlichen Testaments ein Erbschein häufig nicht erforderlich sein wird (vgl. Rdn. 5), sodass auf diese Weise Kosten wieder eingespart werden[21] – allerdings letztlich zugunsten der Erben, nicht des Testators.[22] Eine Hinweispflicht auf die Kosten und die Möglichkeit der Einsparung durch eigenhändige Errichtung des Testaments trifft den Notar bei der Vorbereitung eines öffentlichen Testaments im Grundsatz nicht. Anders kann es sich verhalten, wenn der Notar aktiv auf Mandanten zugeht, ihnen zu einer testamentarischen Regelung rät und dabei erkennt, dass der Mandant die Möglichkeit eines eigenhändigen Testaments nicht kennt.[23]

IV. Anhang: Außerordentliche Testamentsformen

1. Übersicht über die außerordentlichen Testamentsformen

7 Außerordentliche Formen der Testamentserrichtung kennt zum einen das BGB für bestimmte **Notsituationen** (§§ 2249 bis 2251 BGB; zu dem Nottestament des ZGB vgl. § 2250 BGB Rdn. 2) mit der Folge, dass derart errichtete Testamente eine gewisse Zeit nach Beendigung der Notsituation ihre Wirksamkeit verlieren (dazu näher bei § 2252 BGB). Zum anderen sehen Gesetze außerhalb des BGB die Möglichkeit vor, **in besonderen Fällen**, in denen ein ordentliches öffentliches Testament kaum zu errichten ist, ein Testament in außerordentlicher Form zu errichten. An außerordentlichen Testamentsformen **außerhalb des BGB** sind das Verfolgtentestament, das Militärtestament und das Konsulartestament zu nennen. Weitere Formerleichterungen sah § 13 Erbhofrechtsverordnung[24] für die Bestimmung des Anerben vor.

2. Erläuterungen zu den außerhalb des BGB geregelten außerordentlichen Testamentsformen

a) Verfolgtentestament

8 Die Rückerstattungsgesetze[25] verzichten für die Wirksamkeit des Testaments auf die Niederlegung des letzten Willens in schriftlicher Form. Sie erklären eine in der Zeit vom 30.01.1933 bis zum 08.05.1945 formlos errichtete letztwillige Verfügung für gültig, wenn der Erblasser zu ihr durch eine wirkliche oder vermeintliche unmittelbare Todesgefahr veranlasst wurde, die aus Gründen der Rasse, Religion, Nationalität, Weltanschauung oder aus politischer Gegnerschaft gegen den Nationalsozialismus[26] erwachsen war, und wenn es ihm nach den Umständen unmöglich oder unzumutbar war, die gesetzlichen Formen einzuhalten. Auch auf eine nachträgliche förmliche Niederlegung des letzten Willens wurde verzichtet. War der Erblasser jedoch nach dem 30.09.1945 in der Lage,

21 Kritisch zum Argument der Kostenbelastung durch das öffentliche Testament auch Bamberger/Roth/Hau/Poseck/*Litzenburger* Rn. 4.

22 Kosten des Erblassers: Beurkundung, GNotKG Anlage 1 Nr. 21200 (1,0); Aufbewahrung, GNotKG Anlage 1 Nr. 12100; Kosten der Erben: Erbscheinsantrag GNotKG Anlage 1 Nr. 23300 (1,0); Erteilung GNotKG Anlage 1 Nr Erbschein 12210 (1,0); Staudinger/*Baumann* Rn. 16.

23 OLG Naumburg FamRZ 2012, 1251 f. m. krit. Anm. (Ersparnis im Vergleich zum Erbschein) *Klein* RNotZ 2012, 295.

24 EHRV, 21.12.1936, RGBl. I S. 1069; aufgehoben durch Art. I KRG Nr. 45 vom 20.02.1947; Einzelheiten bei Staudinger/*Baumann* Vorbem. zu §§ 2229 ff. Rn. 47 mit Verweis auf Bearbeitung 2003.

25 Vgl. Art. 69 Abs. 1 REAO Berlin vom 26.07.1949, VOBl I S. 221, vgl. auch Art. 80 REG AmZ, Art. 67 BrZ, § 73 EntschädG Rhld-Pf und Württ-Hohenzollern, § 68 EntschädG Baden; näher dazu Staudinger/*Firsching*, 11. Aufl., 1960, Vorbem. 74 zu §§ 2229 ff.; vgl. auch *Kubuschok/Weissstein*, Art. 67 BrZ.

26 Vgl. z.B. Art. 69 Abs. 1 i.V.m. Art. 1 REAO Berlin.

eine formgerechte letztwillige Verfügung zu errichten, so war die Bestimmung über die Formerleichterung nicht anwendbar.[27]

b) Militärtestament

Für die deutsche Bundeswehr gelten keine Besonderheiten; Angehörige der Deutschen Marine können auch im Wege des Nottestaments nach § 2251 BGB testieren. Für Wehrmachtsangehörige sah das WehrmFGG die Möglichkeiten vor, ein ordentliches Militärtestament – auch als öffentliches Testament – zu errichten, dessen Wirksamkeit regelmäßig ein Jahr nach dem Ausscheiden des Testators aus dem mobilen Verhältnis (Art. 1 § 3 Abs. 5 WehrmFGG) oder nach Wegfall der Voraussetzungen des Art. 2 WehrmFGG endete; weitere Formerleichterungen brachte die 5. DVO WehrmFGG vom 06.09.1943.[28] Daneben standen diesem Personenkreis auch die Testamentsformen des BGB zur Verfügung, wobei an die Stelle des Urkundsbeamten des Gerichts der Urkundsbeamte des Militärgerichts trat (Art. 1 § 2 Abs. 3 WehrmFGG). Derartige Testamente unterliegen der zeitlichen Begrenzung des Art. 1 § 3 Abs. 5 WehrmFGG nicht. 9

c) Konsulartestament

Das Konsulartestament ermöglicht es deutschen Staatsangehörigen, die im Ausland leben, eine Verfügung von Todes wegen vor einer deutschen Stelle nach deutschem Recht zu errichten.[29] Diese Testamentsform wurde bis zum Inkrafttreten des neuen Konsulargesetzes am 15.12.1974[30] durch das Konsulargesetz vom 08.11.1867[31] geregelt, dessen Bestimmungen in entsprechender Anwendung des § 51 Abs. 3 TestG (vgl. Vorbem. zu §§ 2229–2264 BGB Rdn. 7) fortgelten, auch wenn der Testator das Testament vor dem 14.12.1974 errichtet hat, aber erst nach dem Inkrafttreten des neuen Konsulargesetzes verstorben ist.[32] Nach dem neuen Konsulargesetz, das auf der Grundlage des Wiener Übereinkommens vom 24.04.1963[33] ergangen ist, gilt Folgendes: 10

§ 10 Beurkundungen im Allgemeinen

(1) Die Konsularbeamten sind befugt, über Tatsachen und Vorgänge, die sie in Ausübung ihres Amts wahrgenommen haben, Niederschriften oder Vermerke aufzunehmen, insbesondere 1. vor ihnen abgegebene Willenserklärungen und Versicherungen an Eides Statt zu beurkunden, 2. … (2) Die von einem Konsularbeamten aufgenommenen Urkunden stehen den von einem inländischen Notar aufgenommenen gleich. (3) Für das Verfahren bei der Beurkundung gelten die Vorschriften des Beurkundungsgesetzes vom 28.08.1969 (Bundesgesetzbl I S. 1513) mit folgenden Abweichungen: 1. Urkunden können auf Verlangen auch in einer anderen als der deutschen Sprache errichtet werden. 2. Dolmetscher brauchen nicht vereidigt zu werden. 3. … 4. … 5. …

§ 11 Besonderheiten für Verfügungen von Todes wegen

(1) Testamente und Erbverträge sollen die Konsularbeamten nur beurkunden, wenn die Erblasser Deutsche sind. Die §§ 2232, 2233 und 2276 des Bürgerlichen Gesetzbuchs sind entsprechend anzuwenden.

---

27 Vgl. Art. 69 Abs. 2 REAO Berlin.

28 RGBl. I S. 537; zu den Einzelheiten vgl. Staudinger/*Firsching*, 11. Aufl., 1960, Vorbem. 71 zu §§ 2229 ff.; *Lange/Kuchinke* § 22.

29 Gem. § 10 Abs. 2 KonsularG tritt der Konsularbeamte an die Stelle des inländischen Notars. Aufgrund dieser Regelung wird das Konsulartestament z.T. als ordentliches Testament verstanden; vgl. Bamberger/Roth/Hau/Poseck/*Litzenburger* Rn. 2.

30 BGBl. I 2317; Begründung RegE BT-Drucks. 7/2006.

31 Bundes-Gesetzblatt des Norddeutschen Bundes S. 137.

32 MünchKomm/*Hagena* Rn. 33.

33 BGBl. 1969 II 1585; die Regelung in § 10 wurde durch das Gesetz 19.02.2007 geändert; § 11 wurde durch das FGG-ReformG angepasst.

(2) Für die besondere amtliche Verwahrung (§§ 34, 34a des Beurkundungsgesetzes, § 342 Abs. 1 Nr. 1 des Gesetzes über das Verfahren in Familiensachen und in den Angelegenheiten der freiwilligen Gerichtsbarkeit) ist das Amtsgericht Schöneberg in Berlin zuständig. Der Erblasser kann jederzeit die Verwahrung bei einem anderen Amtsgericht verlangen.

(3) Stirbt der Erblasser, bevor das Testament oder der Erbvertrag an das Amtsgericht abgesandt ist, oder wird eine solche Verfügung nach dem Tode des Erblassers beim Konsularbeamten abgeliefert, so kann dieser die Eröffnung vornehmen. § 348 Abs. 1 und 2 sowie die §§ 349 und 350 des Gesetzes über das Verfahren in Familiensachen und in den Angelegenheiten der freiwilligen Gerichtsbarkeit sind entsprechend anzuwenden.

11 Soweit in dieser Regelung **Konsularbeamte** als zuständig bezeichnet werden, ist zu beachten, dass Konsularbeamte, die nicht die Befähigung zum Richteramt haben, nur nach besonderer Ermächtigung (§§ 19, 20 KonsularG) Beurkundungen vornehmen sollen. Die Nichtbeachtung dieser Regelung führt nicht zur Nichtigkeit der Beurkundung.[34] Nach dem Konsulargesetz von 1867 waren **Honorarkonsularbeamte** auch dann nicht zur Beurkundung zuständig, wenn sie die Befähigung zum Richteramt hatten. Der Begriff Deutsche in § 11 Abs. 1 KonsularG bestimmt sich nach Art. 116 GG; bei einem Erbvertrag kann der nicht testierende Teil auch ein Ausländer sein. Nichtbeachtung führt nicht zur Nichtigkeit der Beurkundung.

§ 2232 Öffentliches Testament

Zur Niederschrift eines Notars wird ein Testament errichtet, indem der Erblasser dem Notar seinen letzten Willen erklärt oder ihm eine Schrift mit der Erklärung übergibt, dass die Schrift seinen letzten Willen enthalte. Der Erblasser kann die Schrift offen oder verschlossen übergeben; sie braucht nicht von ihm geschrieben zu sein.

Übersicht

I. Zeittafel

1 Nach der ursprünglichen Fassung des § 2232 konnten Testamente vor einem Richter oder einem Notar errichtet werden, wobei sich die Einzelheiten nach den §§ 2233 bis 2246 BGB a.F. bestimmten (zur Fortgeltung vgl. Vorbem. zu §§ 2229–2264 BGB Rdn. 7 f.). Die Regelung wurde dann wortgleich in § 5 TestG übernommen; sie kehrte durch das GesEinhG vom 05.03.1953 in das BGB

34 Krit. zu dieser legislativen Entscheidung Staudinger/*Baumann* Vorbem. zu §§ 2229 ff. Rn. 59.

zurück, wobei die in Bezug genommenen Regeln der §§ 2233 bis 2246 BGB um die §§ 2241a und b BGB ergänzt wurden (zur Fortgeltung der Bestimmungen des TestG vgl. Vorbem. zu §§ 2229–2264 BGB Rdn. 9). Mit Wirkung vom 01.01.1970 wurden die Bestimmungen der §§ 2233 bis 2246 BGB durch das Beurkundungsgesetz abgelöst (zur Fortgeltung vgl. Vorbem. zu §§ 2229–2264 BGB Rdn. 10); zugleich erhielt § 2232 BGB eine n.F., wobei auch die Möglichkeit der Testamentserrichtung vor einem Richter beseitigt und die Verweisung auf die Regelungen der §§ 2233 bis 2246 BGB gestrichen wurde. Der Inhalt des heutigen § 2232 BGB ergab sich in der ursprünglichen Fassung des BGB aus § 2238 BGB; dazu und zu den Änderungen vgl. bei § 2238 BGB. Durch Beschl. v. 19.01.1999 hat das BVerfG die Regelungen der §§ 2232, 2233 BGB i.V.m. § 31 BeurkG insoweit für mit der Verfassung unvereinbar erklärt, als sie testierfähige Personen, die aber schreibunfähig und stumm sind, generell von jeder Testiermöglichkeit ausschließen (vgl. Rdn. 7).[1] Der Gesetzgeber hat dem im OLGVertrÄndG[2] Rechnung getragen, indem auf die Voraussetzung der Mündlichkeit der Erklärung verzichtet wird.

II. Recht der ehemaligen DDR

§ 384 ZGB lautet: Das notarielle Testament wird dadurch errichtet, dass der Erblasser dem Notar 2
seinen letzten Willen mündlich oder schriftlich erklärt. Hierüber ist eine Niederschrift anzufertigen. Das Testament muss vom Staatlichen Notariat in Verwahrung genommen werden. Das Beurkundungsverfahren richtet sich nach dem am 15.02.1976 in Kraft getretenen Notariatsgesetz (NotG).[3] Dazu heißt es in § 19 NotG: (1) Die Beurkundung erfolgt in Form einer Niederschrift. (2) Werden Erklärungen beurkundet, hat die Niederschrift zu enthalten: 1. die Bezeichnung des Staatlichen Notariats und den Namen des Notars, 2. die Angabe des Ortes und des Datums der Beurkundung, 3. die Namen der Beteiligten, 4. die Erklärungen der Beteiligten. Die Niederschrift ist in Gegenwart des Notars den Beteiligten vorzulesen oder zur Durchsicht vorzulegen und von ihnen zu genehmigen. Sie ist von den Beteiligten und vom Notar zu unterschreiben. Im Falle der Beurkundung eines Testaments gilt die Niederschrift auch dann als vom Notar unterschrieben, wenn der Testamentsumschlag, in dem das Testament zu verwahren ist, von ihm unterschrieben wurde. (3) … (4) … Hinsichtlich der Fehlerfolgen bestimmt § 23 NotG: Beurkundungen und Beglaubigungen sind nichtig, wenn 1. der Notar, ein Urkundszeuge oder ein Dolmetscher von der Mitwirkung ausgeschlossen war, 2. gegen zwingende Formvorschriften dieses Gesetzes verstoßen wurde. Liegt ausschließlich ein Verstoß gegen § 15 Abs. 1 Nr. 5 vor, ist die Beurkundung oder die Beglaubigung nur insoweit nichtig.

Die in § 384 ZGB erwähnte **mündliche Erklärung** setzt eine sprachliche Artikulation des letzten 3
Willens voraus; eine Erklärung durch Zeichen oder Körpersprache reicht nicht aus (vgl. zum bundesdeutschen Recht Rdn. 6). Hinsichtlich der **schriftlichen Erklärung** des Testators gibt es keine besonderen Regelungen, sodass diese hand- oder maschinenschriftlich sein kann; sie kann auch von Dritten verfasst sein. Die Angabe von Ort und Datum ist entbehrlich, auch eine Unterschrift des Testators ist nicht erforderlich.[4] Der Testierwille ergibt sich bei der Testamentserrichtung in schriftlicher Form daraus, dass der Testator das Testament dem Notar übergibt und die darüber angefertigte Niederschrift unterschreibt. Die Übergabe kann sowohl offen als auch in verschlossenem Umschlag erfolgen. Das Erfordernis einer **Niederschrift** (§ 384 Satz 2 ZGB) bezieht sich sowohl auf die mündliche als auch auf die schriftliche Erklärung des letzten Willens. Bei der Übergabe eines verschlossenen Umschlags wird allein dieser Akt und die Erklärung des Testators, der Umschlag enthalte den letzten Willen, festgehalten. Es gehörte zu den Pflichten des Staatlichen Notariats, für die Einhaltung der Formvorschriften bei der Errichtung eines öffentlichen Testaments Sorge zu

1 BVerfG NJW 1999, 1853 = ZEV 1999, 147.
2 Gesetz vom 23.07.2002 BGBl. I 2850.
3 Zu den vor diesem Zeitpunkt geltenden Regelungen vgl. Staudinger/*Baumann* Vorbem. zu §§ 2229 ff. Rn. 65–69.
4 Vgl. *S. Herrmann*, S. 33.

tragen.[5] Die in § 384 Satz 3 ZGB vorgesehene **Verwahrung** ist als zwingende Voraussetzung ausgestaltet, deren Missachtung zur Nichtigkeit des Testaments nach § 373 Abs. 2 ZGB führt.[6] Die vom Staatlichen Notariat verwahrten Testamente wurden an die örtlich zuständigen Kreisgerichte übergeben; von diesen ist die Zuständigkeit für die Verwahrung auf die Amtsgerichte übergegangen (vgl. § 2258a BGB a.F. und § 346 FamFG).

III. Allgemeine Grundsätze des öffentlichen Testaments

1. Verfahrensabschnitte

4 Die Errichtung eines öffentlichen Testaments ist durch § 2232 BGB nicht vollständig beschrieben. Sie setzt sich zusammen aus der Verhandlung, der Niederschrift über das Ergebnis der Verhandlung (vgl. §§ 9, 30 BeurkG), aus dem Verlesen, Genehmigen und Unterschreiben (vgl. § 13 Abs. 1 Satz 1 BeurkG) und dem Abschluss durch die Unterschrift des Notars (§ 13 Abs. 3 BeurkG; § 35 BeurkG) sowie der sonstigen Mitwirkenden (Zeugen, zweiter Notar, Verständigungsperson; § 22 Abs. 2, § 24 Abs. 1 Satz 4, § 25 Satz 3, § 29 Satz 2 BeurkG). Die (zwingend erforderliche) Unterschrift des Notars kann richtiger Ansicht nach auch dann noch geleistet werden, wenn der Erblasser während der Verhandlung verstirbt.[7] Weiterhin steht es nach § 35 BeurkG der Wirksamkeit der letztwilligen Verfügung nicht entgegen, wenn der Notar nicht die Niederschrift, sondern lediglich die Aufschrift auf dem verschlossenen Umschlag unterschreibt.

2. Zuständigkeit

5 Das öffentliche Testament kann seit dem Inkrafttreten des BeurkG nur noch **vor einem Notar** errichtet werden, sieht man von den Besonderheiten des Konsulartestaments (dazu vgl. § 2231 BGB Rdn. 10) und des Nottestaments nach § 2249 BGB ab. Der Notar darf nur im Inland tätig werden; Beurkundungen außerhalb der Bundesrepublik Deutschland sind nichtig.[8] Beurkundungen, die ein Notar außerhalb seines Amtsbereichs (§ 10a Abs. 1 BNotO) oder seines Amtsbezirks (§ 11 Abs. 1 BNotO) vornimmt, sind wirksam, § 2 BeurkG, § 11 Abs. 3 BNotO. Zur Ausschließung des Notars vgl. §§ 6, 7 BeurkG. Befindet sich in einem übergebenen Umschlag neben dem Testament auch die privatschriftliche Einsetzung des beurkundenden Notars als Testamentvollstrecker, so ist der Inhalt dieser Erklärung nicht Teil der Beurkundung, so dass das Verbot des § 7 BeurkG nicht greift und sowohl das Testament als auch die Bestimmung des Testamentvollstreckers wirksam sind.[9] Dies gilt auch dann, wenn der Notar beurkundet hat, dass im Umschlag eine derartige privatschriftliche Erklärung enthalten ist, in welcher der Testator den Testamentvollstrecker bestimmt. Ein öffentliches Testament kann – da einem Vergleich nicht zugänglich – nicht im Wege des Prozessvergleichs vor einem Gericht errichtet werden.[10] Anderes gilt für den Erbvertrag, vgl. § 2276 BGB Rdn. 5. Vor einem Ortsvorsteher kann kein öffentliches Testament errichtet werden (zu den Amtspflichten, wenn dieser ein eigenhändig errichtetes Testament prüft, vgl. § 2247 BGB Rdn. 11).

---

5 *Knodel/Krone* NJ 1976, 165.

6 OLG Jena FamRZ 1994, 786, 788.

7 *Winkler* § 13 BeurkG Rn. 91; Bamberger/Roth/Hau/Poseck/*Litzenburger* Rn. 8.

8 Vgl. BGHZ 138, 359 = VersR 1998, 1426 (Beurkundung einer Vollstreckungsunterwerfung im Ausland); zu Sonderfragen – auch im Hinblick auf Luftfahrzeuge und Schiffe – vgl. *Schoetensack* DNotZ 1952, 265, 270; *Blumenwitz* DNotZ 1968, 712, 716; *Winkler* DNotZ 1971, 140, 146; *Winkler,* Einl. BeurkG Rn. 40 ff.; zur Möglichkeit der Unterstützung bei grenzüberschreitenden Geschäften vgl. § 11a BNotO und (damals noch de lege ferenda) *Schippel,* FS Lerche S. 499, 509 ff.; *ders.* DNotZ 1995, 334, 340 f.

9 OLG Bremen ZEV 2016, 273, 274f. (unter Aufgabe der Rechtsprechung ZEV 2014, 507); zur gesonderten privatschriftlichen Erklärung Köln ZEV 2018, 271, 272 (keine Umgehung).

10 BGH FamRZ 1960, 28, 30; MünchKomm/*Hagena* Rn. 3, § 2231 Rn. 14.

IV. Errichtung durch Erklärung zur Niederschrift

1. Erklärung

a) Ausgangspunkt

§ 2232 Satz 1 BGB ermöglicht die Errichtung eines öffentlichen Testaments entweder durch Erklärung zur Niederschrift gegenüber dem Notar oder durch Übergabe einer offenen oder verschlossenen Schrift mit der Erklärung, diese enthalte seinen letzten Willen. Beide Formen unterscheiden sich hinsichtlich ihres Erklärungsinhalts. Bei der Errichtung durch **Übergabe einer Schrift** wird nur die **Erklärung**, die **Schrift enthalte den letzten Willen**, gegenüber dem Notar abgegeben und dann von diesem **beurkundet**. Das Testament selbst wird dagegen nicht Gegenstand der Beurkundung (näher Rdn. 12, 21).[11] Dagegen wird bei der **Errichtung zur Niederschrift** die **Verfügung selbst beurkundet**. Damit erstrecken sich im zweiten Fall die Belehrungs- und Beratungspflichten auf die gesamte Erklärung, während dies bei der Testamentserrichtung durch Übergabe einer Schrift nicht ohne Weiteres der Fall ist (näher Rdn. 24). Es ist deshalb **vom Notar** unter Hinweis auf diesen Unterschied **zu klären**, ob der eine schriftliche Erklärung vorlegende Erblasser diese als Vorlage für die Errichtung einer Niederschrift verwendet sehen will, oder ob er lediglich seine Erklärung, die übergebene Schrift enthalte seinen letzten Willen, beurkundet haben möchte. Dabei ist der Wille des Erblassers entscheidend, nicht die Frage, ob das übergebene Schriftstück bereits vollständig ausformuliert ist oder nicht.[12] Nach der Beurkundung entfällt die Notwendigkeit einer Abgrenzung, weil sich aus der vom Erblasser genehmigten und unterschriebenen Urkunde ergibt, ob der letzte Wille zur Niederschrift oder durch Übergabe einer Schrift erklärt wurde. Soll der Notar auf **Grundlage der schriftlichen Erklärung eine Niederschrift erstellen**, so handelt es sich bei der Vorlage regelmäßig um einen **Testamentsentwurf**, der selbst nicht mit Testierwillen geschrieben ist. Auch wenn er eigenhändig verfasst und unterschrieben wurde, wird es sich regelmäßig nicht um ein Testament i.S.d. § 2247 BGB handeln. Zu beachten ist in diesem Zusammenhang aber, dass auch bei einem Testamentsentwurf der Testierwille vorhanden sein kann, wenn der Testator den Entwurf bis zur wirksamen Errichtung des öffentlichen Testaments als sein Testament errichten wollte (vgl. Rdn. 23). Hat der Testator einen Text eigenhändig geschrieben und mit den Worten eingeleitet, dies solle vom Notar als Grundlage eines Testaments verwendet werden, so wird es sich um einen Entwurf handeln, der erst mit der Unterschrift auf der notariellen Urkunde wirksam wird (zum Aufrechterhalten bei Unwirksamkeit des notariellen Testaments vgl. Rdn. 23). Fehlt ein solcher Einleitungssatz und hat der Testator den Text unterschrieben, so wird man einen Testierwillen auch dann annehmen können, wenn der Testator vorhat, auf der Grundlage dieses Textes ein öffentliches Testament errichten zu lassen. Aus denselben Gründen ist es auch wirksam, wenn der Testator nach Rücknahme des öffentlichen Testaments aus der amtlichen Verwahrung den eigenhändig geschriebenen Testamentsentwurf erneut unterschreibt und so privatschriftlich verfügt (vgl. § 2247 BGB Rdn. 12, § 2256 BGB Rdn. 11). 6

An die Erklärung gegenüber dem Notar stellt das Gesetz seit dem 01.08.2002[13] **keine besonderen Anforderungen** mehr (zur Errichtung fremdsprachiger Urkunden vgl. § 5 Abs. 2 BeurkG, zu Übersetzungen und zur Zuziehung von Dolmetschern vgl. §§ 16, 32 BeurkG; zum Testierwillen und zu Fällen des fehlenden Erklärungsbewusstseins oder des geheimen Vorbehalts vgl. § 2247 BGB Rdn. 5).[14] Diese Entscheidung, die der Gesetzgeber in den 30 Jahren des 20. Jahrhunderts noch

11 Vgl. Soergel/*Mayer* Rn. 27.

12 Für eine solche Abgrenzung Bamberger/Roth/Hau/Poseck/*Litzenburger* Rn. 4.

13 OLGVertrÄndG vom 23.07.2002, BGBl. I 2850.

14 Vgl. *Rossak* ZEV 2002, 435; *Reimann* FamRZ 2002, 1383 f.; früher wurde eine entsprechende Regelung vom Erbrechtsausschuss der Akademie für deutsches Recht zwar vorgeschlagen, aber vom Gesetzgeber bewusst nicht übernommen, vgl. *Lange* ZAkDR 1938, 577, 579 Ziff. III 4; BGHZ 2, 172, 174; zur Errichtung fremdsprachiger Urkunden vgl. § 5 Abs. 2 BeurkG, zu Übersetzungen und zur Zuziehung von Dolmetschern vgl. §§ 16, 32 BeurkG; zum Testierwillen und zu Fällen des fehlenden Erklärungsbewusstseins oder des geheimen Vorbehalts vgl. § 2247 BGB Rdn. 5.

bewusst gegenteilig getroffen hatte, wurde erforderlich, um auch Personen die Errichtung einer letztwilligen Verfügung zu ermöglichen, die sich zwar durch Gebärden klar äußern können, die aber weder zu sprechen noch zu schreiben vermögen.[15] Dabei hat der Gesetzgeber über den Auftrag des Bundesverfassungsgerichts[16] hinaus nicht nur diesem Personenkreis die Errichtung eines Testaments durch Gebärden und Gesten ermöglicht, sondern hat das **Mündlichkeitserfordernis ganz beseitigt**. Damit kann sich auch derjenige, der durchaus zum Sprechen in der Lage ist, auf Gebärden oder auf schriftliche Erklärungen beschränken.[17] Es gibt also keinen Vorrang der Mündlichkeit und der Notar kann die Beurkundung eines solchen »Trappisten-Testament« – der Erblasser schweigt, obwohl er sprechen kann – nicht verhindern.[18] In diesem Fall ist auch die Hinzuziehung einer Verständigungsperson nach dem BeurkG nicht erforderlich. Die Erklärung kann **in jeder Weise** abgegeben werden, die eine **sichere Klärung des Testamentsinhalts** und des **Willens des Erblassers** erlaubt. So ist es möglich, dass der Erblasser seinen letzten Willen mithilfe der Tastatur eines Computers formuliert und die Zustimmung durch Kopfnicken oder durch andere vereinbarte Zeichen kundtut (z.B. einmal Drücken der Hand des Notars nein, zweimal Drücken ja). Wirksam ist es auch, wenn der Notar aufgrund älterer Testamente, Unterlagen des Testators, von ihm verfasster Briefe oder aufgrund schon zurückliegender Besprechungen mit dem Notar oder einem Dritten einen Testamentsentwurf fertigt und der Erblasser durch Gebärden sich diese Erklärung zu eigen macht. Dabei sind an die Feststellung des Inhalts der entsprechenden Erklärung des Erblassers hohe Anforderungen zu stellen. Dem Testator darf nicht nur die Freiheit bleiben, das Testament in der vorformulierten Form anzunehmen oder auf seine Errichtung zu verzichten, sondern er muss die **Möglichkeit einer eigenen Bestimmung seines letzten Willens** haben. Dies kann durchaus auch allein durch Gebärden geschehen. So kann ein erfahrener Notar die Fragen so formulieren, dass der Erblasser durch Zustimmung und Ablehnung seinen Willen vollständig selbstbestimmt erklären kann. Hatte der Erblasser diese Möglichkeit, so dürfen umgekehrt die Anforderungen an den Erklärungsinhalt nicht überzogen werden, denn das Gesetz wollte gerade auch Sprech- und Schreibunfähigen die Testamentserrichtung ermöglichen und hat dazu den Notar und damit eine öffentlich bestellte neutrale Person als erforderliche, aber auch als – in den Grenzen des Beurkundungsrechts – ausreichende Sicherung vorgesehen, obwohl sich vielleicht die letzten Verästelungen des Willens nicht in gleicher Weise ermitteln lassen, wie dies bei einem Sprech- oder Schreibfähigen der Fall ist. Hat etwa der Erblasser die Frage, ob er seinem Neffen mehr als die Hälfte des Vermögens zuwenden möchte, durch Kopfschütteln verneint, so braucht nicht mehr geklärt zu werden, ob er vielleicht bei einer gezielten Frage nach 51 % anders entschieden hätte. Auch wird es der Wirksamkeit des Testaments nicht entgegenstehen, wenn der Erblasser durch Fragen des Notars und Gesten seine Erben bestimmt hat, aber der Notar nicht mehr die Frage nach möglichen Nacherben gestellt hat. Anders kann es sich verhalten, wenn sich aus Unterlagen oder aus den familiären Umständen für den Notar ein Anlass für diese Frage ergab. Aber selbst wenn ein solcher Anlass besteht, wird eher an Haftungsansprüche gegenüber dem Notar zu denken sein, und weniger die Wirksamkeit des Testaments infrage stehen. Dies ist nur dann der Fall, wenn der Testator in einem solchen Maße eingeengt wurde, dass von einer selbstbestimmten letztwilligen Verfügung keine Rede mehr sein kann. Gerade in den Fällen, in denen der Erblasser mit dem Notar seinen letzten Willen bereits besprochen hatte und erst dann die Sprechfähigkeit endet, bedarf es zwar einer eindeutigen Erklärung, dass dieser Inhalt noch immer dem Willen des Testators entspricht, detaillierte Fragen zu alternativen Gestaltungsmöglichkeiten werden dann aber nicht mehr erforderlich sein.

15 BVerfGE 99, 341 = NJW 1999, 1853 = ZEV 1999, 147.

16 BVerfGE 99, 341 = BVerfG NJW 1999, 1853 = ZEV 1999, 147.

17 Zur rechtspolitischen Kritik, weil der Gesetzgeber auch bei Nichtbehinderten das Mündlichkeitserfordernis aufgegeben hat, vgl. *v. Dickhuth-Harrach* FamRZ 2003, 493, 497; zur Entwicklung im Gesetzgebungsverfahren vgl. Soergel/*Mayer* Rn. 9.

18 Soergel/*Mayer* Rn. 12; *Mayer* ErbR 2010, 34, 36.

Personen, die sich auch mittels Gebärden oder Gesten **nicht nach außen verständlich** machen können, sind heute noch von der **Testamentserrichtung ausgeschlossen.**[19] Dies ist verfassungsrechtlich nicht zu beanstanden, denn es besteht keine Möglichkeit, den beim Erblasser vorhandenen Willen zu ermitteln. Die Testiermöglichkeit wird ihm dann durch seine Behinderung, nicht aber vom Recht genommen. Sollte der medizinische Fortschritt ein zuverlässiges »Gedankenlesen« ohne Äußerungsmöglichkeit ermöglichen, so steht § 2232 BGB der Testamentserrichtung nicht im Wege.

Auch wenn § 2232 BGB im Interesse der Testiermöglichkeit auch mehrfach Behinderte jede Form der Erklärung zur Niederschrift des Notares ausreichen lässt, so sind nach **§§ 22 ff. Beurkundungsgesetz** einige **Besonderheiten** zu beachten.[20] Wegen der Einzelheiten kann dabei auf die Kommentierung dieser Bestimmungen verwiesen werden;[21] die Grundzüge dieser Regelungen und ihr Zusammenwirken mit § 2232 BGB sollen aber kurz erläutert werden. Nach § 22 Abs. 1 BeurkG soll der Notar einen **Zeugen oder einen zweiten Notar** beiziehen, wenn die Erklärung eines Beteiligten zu beurkunden ist, der nach eigenen Angaben oder nach der Überzeugung des Notars **nicht hinreichend zu hören, zu sprechen oder zu sehen** vermag. Neben einem Zeugen soll der Notar bei hör- oder sprechbehinderten Beteiligten auch einen **Gebärdendolmetscher** beizuziehen, wenn der Beteiligte dies verlangt.

Bei der Beantwortung der Frage, ob die **Sprechfähigkeit** des Erblassers für die Errichtung des Testaments **hinreicht**, wurde bei der alten Fassung des § 2232 BGB sehr großzügig vorgegangen. So konnte es selbst bei komplexen Testamenten ausreichen, wenn der Testator die Einzelheiten durch Gebärden festlegte und lediglich am Ende die Zustimmung zum Gesamttext durch ein »Ja« erklärte. Dabei wurde bis zur Grenze der Unverständlichkeit der Artikulation jede verbale Äußerung anerkannt, soweit nur der Wille feststand (näher Rdn. 7). Diese sehr großzügige Auslegung war dem Rechtszustand bis zum 01.08.2002 geschuldet, um auch sehr schwer erkrankten Erblassern die Errichtung eines ordentlichen Testaments zu ermöglichen. Seit der Änderung des § 2232 BGB steht aber allen Beteiligten, auch mehrfach Behinderten, die Möglichkeit offen, durch Gebärden ein Testament zu errichten. Wenn der Gesetzgeber in einem solchen Fall besondere Sicherungen verlangt, um das zutreffende Verständnis dieser Gebärden sicherzustellen, so darf dies nicht durch eine allzu großzügige Auslegung des Begriffs der hinreichenden Sprechfähigkeit unterlaufen werden. Dies spricht dafür, die **Anforderungen** an die hinreichende Sprechfähigkeit **wieder dem Begriff »hinreichend« anzunähern** und die Sprechfähigkeit erst dann zu bejahen, wenn der **Testator in der Lage** ist, auch **inhaltlich den Willen mündlich zu artikulieren**. Ist der Testator dagegen nur noch zur Artikulation eines noch verständlichen »Ja« imstande, so müsste nach § 22 BeurkG verfahren werden. Eine solche Verschärfung der Anforderungen, die aus Sicht des § 2232 BGB und den Regeln des Beurkundungsrechts durchaus sachgerecht ist, könnte allerdings beim Nottestament in der Form des Dreizeugentestaments zu einer übermäßigen Einschränkung der Testiermöglichkeit führen, indem Personen mit stark eingeschränkter Sprechfähigkeit ihren Willen nicht mehr in diesem Sinne wirksam erklären können. Dies wird man jedoch bei der Auslegung der Bestimmungen über das Nottestament berücksichtigen müssen, indem dort eine mündliche Erklärung wie bisher auch bei stark eingeschränkter Sprechfähigkeit zugelassen wird. Da ohnehin die Mitwirkung von drei Zeugen erforderlich ist, ist eine zusätzliche Sicherung dort nicht notwendig.

Da es sich bei Abs. 1 und Abs. 2 des § 22 BeurkG um Sollvorschriften handelt, steht es der **Wirksamkeit** des Testaments **nicht entgegen**, wenn die Beiziehung eines Zeugen, Notars oder Gebärdendolmetschers nicht erfolgte. Auch die Unterschrift ist keine Wirksamkeitsvoraussetzung, § 22 Abs. 2 BeurkG. Der Testator kann auf die Zuziehung verzichten, § 22 Abs. 1 Satz 1 Halbs. 2 BeurkG.

---

19 Soergel/*Mayer* Rn. 14.
20 Soergel/*Mayer* Rn. 10.
21 Zu den allgemeinen Anforderungen des BeurkG an die Niederschrift vgl. auch die Zusammenfassung bei Bamberger/Roth/Hau/Poseck/*Litzenburger* Rn. 7.

Ist mit dem **nicht hinreichend sprechfähigen** oder nicht **hörfähigen** Erblasser auch eine **schriftliche Verständigung nicht möglich**, so gelten beurkundungsrechtlich die **strengeren Anforderungen** des § 24 BeurkG. Bei der Beurteilung der Möglichkeit einer schriftlichen Verständigung ist zu berücksichtigen, dass diese nicht notwendig eigenhändig zu sein braucht. Sie kann also auch mittels einer Tastatur erfolgen. Möglich ist auch eine Verständigung in Blindenschrift, sofern der Notar diese lesen kann. Die schriftliche Verständigung kann auch in einer anderen Sprache erfolgen. Maßgebend ist allein, dass der Erblasser durch die Verschriftlichung in gleicher Weise wie durch die mündliche Formulierung seinen letzten Willen zum Ausdruck bringen kann. Dies setzt keine vollständige schriftliche Formulierung voraus. So kann es ausreichen, wenn der Notar einen Text entwirft und der Testator durch Streichungen und Zusätze seinen Willen bekundet. Ausreichend ist es auch, wenn der Erblasser einen Lückentext vervollständigt und dieser dann zur Niederschrift des Notars erklärt wird.

Fehlt es bei einem Testator an der hinreichenden Sprechfähigkeit und ist mit ihm eine schriftliche Verständigung nicht möglich und stellt der Notar dies in der **Niederschrift fest**, so muss eine **Verständigungsperson hinzugezogen** werden. Fehlt es daran, so ist das Testament nicht wirksam.[22] Fehlt es dagegen an einer entsprechenden Feststellung, so hat der Notar seine Amtspflicht verletzt, ohne dass dies zur Unwirksamkeit der Beurkundung führt. Auch eine Fehleinschätzung des Notars hinsichtlich der Sprech- oder Schreibfähigkeit steht der Wirksamkeit des Testaments nicht entgegen. Die Verständigungsperson soll die Niederschrift unterschreiben, ohne dass damit aber eine Wirksamkeitsvoraussetzung verbunden ist, § 24 Abs. 1 Satz 4 BeurkG. **Zuwendungen an die Verständigungsperson** sind **unwirksam**, ohne dass damit die Formwirksamkeit der Verfügung im Übrigen infrage gestellt wird, § 24 Abs. 2 BeurkG. Zusätzlich zur Verständigungsperson soll auch ein **Zeuge oder zweiter Notar** beigezogen werden, wenn der Erblasser nicht hinreichend hören, sprechen oder sehen kann, § 24 Abs. 3 i.V.m. § 22 Abs. 1 BeurkG. Auf diese Beiziehung kann der Erblasser verzichten, § 22 Abs. 1 Satz 1 BeurkG. Ein Verstoß führt nicht zur Unwirksamkeit des Testaments.[23] Die Beiziehung eines **Gebärdendolmetschers** ist trotz der Verweisung in § 24 Abs. 3 BeurkG auf § 22 Abs. 1 BeurkG nicht erforderlich, da über die Verständigungsperson sichergestellt ist, dass der Testator seinen Willen in einer für den Notar verständlichen Weise erklärt. Die Verweisung auf § 22 Abs. 1 Satz 2 BeurkG sollte deshalb in diesem Punkt einschränkend ausgelegt werden. Eine solche Einschränkung der Verweisungsnorm ist gegenüber einer Reduktion des § 24 BeurkG[24] vorzuziehen, weil § 24 BeurkG als zwingende Vorschrift den Schutz des Testators in höherem Maß verwirklicht. Damit ist ohne Weiteres auch die Unwirksamkeitsfolge des § 24 Abs. 2 BeurkG anwendbar, wenn der Verständigungsperson etwas zugewendet wird.

Die Beiziehung einer Verständigungsperson ist nach dem Wortlaut der Bestimmung **auch dann erforderlich**, wenn Testator zwar nicht sprechen oder nicht hören kann und auch eine schriftliche Verständigung mit ihm nicht möglich ist, wenn aber die **Verständigung** mit dem Notar auf andere Weise **an sich unproblematisch** ist. Zu denken ist z.B. an Fälle, in denen der Testator sprechen und lesen, nicht aber schreiben und hören kann. Da die Beiziehung einer Verständigungsperson in einem solchen Fall jedoch nicht zur sicheren Feststellung des Inhalts des letzten Willens beitragen kann, sollte man an eine **teleologische Reduktion** der Bestimmung denken. Relevant wird diese Frage nicht nur dann, wenn eine Verständigungsperson wegen der knappen Zeit oder aus anderen Gründen nicht beigezogen wurde, sondern auch dann, wenn eine beigezogene Verständigungsperson in der Verfügung bedacht wurde. Die partielle Unwirksamkeit der Verfügung nach § 24 Abs. 2 BeurkG ist dann kaum sachgerecht.

---

22 BeckOK BGB/*Litzenburger* BeurkG § 24 Rn. 8; Grziwotz/Heinemann/*Heinemann*, BeurkG, § 24 Rn. 29.
23 DNotI-Gutachten 12117, Stand 07.02.2005 (Sollvorschrift).
24 Soergel/*Mayer* § 24 BeurkG Rn. 9.

b) Mündliche Erklärung bei Testamentserrichtung vor dem 01.08.2002

Nach dem bis zum 31.07.2002 geltenden Recht kann das öffentliche Testament nach dem ersten 7
Fall des § 2232 Satz 1 BGB a.F. nur errichtet werden, indem der Erblasser dem Notar seinen letzten Willen **mündlich erklärt**. Ob diese Regelung für Testamente, die vor dem 01.08.2002 errichtet wurden, **fortgilt**, ist nicht ganz unzweifelhaft. Das Gesetz regelt diese Frage nicht. Da die Bestimmung nicht die Testierfähigkeit, sondern die Form der Testamentserrichtung betrifft, bietet sich ein Vergleich mit der Beurteilung der Rechtslage bei Inkrafttreten des BeurkG an. Die überwiegende Auffassung hat bei Testamenten, die früher als dieser Zeitpunkt errichtet wurden, das alte Recht angewendet, sodass ein nach den Regeln des BGB in seiner Fassung vor dem Inkrafttreten des BeurkG formunwirksames Testament nicht wirksam wurde, wenn es die Voraussetzungen der Testamentserrichtung nach dem weniger strengen BeurkG erfüllte (vgl. Vorbem. zu §§ 2229–2264 BGB Rdn. 10). Für die Rechtsänderung infolge des OLGVertrÄndG sollte ebenso entschieden werden, da andernfalls erhebliche Rechtsunsicherheit einträte. Der Besonderheit, dass die bisherige Regelung in bestimmten Konstellationen zum Ausschluss Testierfähiger von der Möglichkeit des Testierens führte, ist nach den vom BVerfG entwickelten Übergangsregelungen Rechnung zu tragen (vgl. Rdn. 8). Es besteht aber kein Anlass dafür, rückwirkend auf die Voraussetzung der Mündlichkeit insgesamt zu verzichten. Für die **bis zum 31.07.2002 errichteten Testamente** ist deshalb weiterhin eine **mündliche Erklärung** gegenüber dem Notar erforderlich.[25]

Sofern es deshalb auf die **Mündlichkeit der Erklärung** ankommt, ist diese nicht nur gegen die Schriftlichkeit abzugrenzen, sondern nach heute auch gegen andere Arten der Kommunikation, insbesondere durch Gesten oder Gebärden.[26] Dies folgt aus dem Wortsinn und wird durch die Neuregelung und ihren oben geschilderten verfassungsrechtlichen Hintergrund bestätigt. Eine mündliche Erklärung ist deshalb nur eine solche, die im Medium der Sprache abgegeben wird. Erforderlich und genügend ist die lautliche Bildung von Worten, die ein anderer verstehen kann; dazu reicht bloßes Lallen nicht aus (zur Zeichensprache vgl. § 2233 BGB Rdn. 13).[27] Die Überzeugung des Notars von der Sprechfähigkeit des Testators reicht nicht aus.[28] Auf der anderen Seite erfordert die Mündlichkeit der Erklärung **nicht**, dass die **gesamte Erklärung** gesprochen wird.[29] Auch Rede und Gegenrede, Frage und Antwort oder auch das Ersetzen einzelner Begriffe durch Zeichen oder geschriebene Worte ist zulässig.[30] Ein bereits fertiger Entwurf, der vom Testator, vom Urkundsbeamten oder auch von einem Dritten stammt, kann dabei als Grundlage dienen.[31] Nach allgemeinen Grundsätzen der Auslegung kann sich auch aus einzelnen Worten oder aus **einem einzigen Wort** eine komplexe Erklärung ableiten lassen. Es genügt deshalb, wenn der Testator eine Erklärung, die er selbst nicht mündlich artikuliert hat, sich durch mündliche Zustimmung zu eigen macht und sie so als seinen letzten Willen in Geltung setzt. Zulässig ist es damit auch, wenn der Testator seine **Zustimmung bei den Einzelpunkten durch Gebärden** zum Ausdruck bringt und erst die

25 MünchKomm/*Hagena* Rn. 12; a.A. Soergel/*Mayer* Rn. 13 (im Interesse der Wirksamkeit des Testaments sei bei einem Erbfall nach dem 01.08.2002 das mildere neue Recht anzuwenden); Bamberger/Roth/Hau/Poseck/*Litzenburger* Rn. 4.

26 BGHZ 2, 172, 175; BayObLGZ 1968, 268, 272 f.; OLG Hamm NJW-RR 1994, 593, 594; MünchKomm/*Hagena* Rn. 7; anderes hatte das RG in RGZ 161, 378, 382 erwogen, dazu näher im folgenden Text.

27 RGZ 108, 397, 400; BGHZ 2, 172, 173; BayObLG DNotZ 1969, 301, 303; Bamberger/Roth/Hau/Poseck/*Litzenburger* Rn. 4; vgl. aber auch BayObLG FamRZ 2000, 1051, 1052 = NJW-RR 2000, 456, 458 (mündliche Erklärung bei krächzendem Laut, der für den Notar aufgrund seiner Erfahrung aus einem früheren Beurkundungsversuch noch als Bejahung verständlich war).

28 OLG Köln FGPrax 1995, 69, OLG Hamm Rpfleger 2002, 448, 449 = NJW 2002, 3410, 3411 f. = ZEV 2002, 458 = FamRZ 2002, 1740, 1742; vgl. aber auch § 2233 BGB Rdn. 14.

29 RGZ 161, 378, 380; BGHZ 2, 172, 175; 37, 79, 84; BayObLGZ 1968, 272 f.; BayObLG FamRZ 2000, 1051, 1052 = NJW-RR 2000, 456, 458; KG DNotZ 1960, 485, 487.

30 Vgl. BGHZ 2, 172; OLG Köln MDR 1957, 740; MünchKomm/*Hagena* Rn. 7.

31 RGZ 63, 86 f.; OGHZ 2, 45, 50 = NJW 1949, 544; BGHZ 2, 172, 173; 37, 79, 85; KG DNotZ 1960, 485, 487.

abschließende Frage, ob dies nun insgesamt seinem Willen entspreche, **mündlich** beantwortet.[32] Ob eine Zustimmung bei komplexeren Testamenten hinsichtlich **jedes Einzelpunkts** zumindest durch Gebärden **erforderlich** ist,[33] hängt davon ab, ob nur auf diese Weise der Testierwille hinsichtlich jedes einzelnen Gestaltungselements hinreichend sicher festgestellt werden kann, denn jedes dieser Elemente muss vom Testierwillen getragen sein. Daraus ergibt sich: Steht der Inhalt der Verfügung bereits sicher fest, so wird man sich auch bei umfangreicheren Testamenten regelmäßig mit einer globalen Zustimmung begnügen können. Bestehen dagegen Zweifel daran, ob einzelne Verfügungen dem Willen des Testators entsprechen, so wird man ihn bei jeder dieser Einzelverfügung vor die Wahl stellen müssen, diese zu billigen oder ihr zu widersprechen. Wird der Erblasser mit einem umfangreichen Testament in der Weise konfrontiert, dass er dies nur ganz oder gar nicht zu billigen vermag, so ist dies ein Verstoß gegen die Amtspflichten des Notars. Akzeptiert der Testator – wenn auch nolens volens – das Testament, so ist der erforderliche Testierwille gebildet; es kann jedoch eine Testamentsanfechtung in Betracht kommen. Dazu wird es indes regelmäßig nicht ausreichen, wenn der Testator der Fehlvorstellung unterlag, er werde seinen wahren Willen vor seinem Versterben nicht mehr formgerecht erklären können, und deshalb den Vorschlag des Notars als seinen eigenen letzten Willen übernommen hat. Denn damit hat der Testator für den Fall, dass es ihm nicht gelingt, einen abweichenden Willen formgerecht zu äußern, gerade das im Testament Erklärte als seinen letzten Willen gewollt.

c) Möglichkeit des Testierens der allein zu Gebärden Fähigen bei Testamentserrichtung vor dem 01.08.2002

8 Aus den in Rdn. 6 genannten Gründen konnte für Testamente, die vor dem 01.08.2002 errichtet wurden, für die Mündlichkeit der Erklärung ein noch verständliches »Ja« ausreichen,[34] während eine Gebärde – etwa das Nicken mit dem Kopf – nicht mehr als mündliche Erklärung angesehen werden konnte.[35] Obwohl an der sachlichen Berechtigung dieser Unterscheidung durchaus Zweifel bestehen, ist jedoch für die vor dem 01.08.2002 errichteten Testamente daran festzuhalten, dass **Gebärden nicht ausreichen**. Dies hat das BVerfG in seiner Entscheidung zur Frage der Testierunmöglichkeit bestätigt.[36] Das Kriterium der Mündlichkeit ist bis zu der am 01.08.2002 in Kraft getretenen Neuregelung vom Gesetz vorgesehen, und der mögliche Wortsinn bildet regelmäßig die letzte nicht übersteigbare Grenze der Auslegung.[37]

Soweit allerdings die Bestimmungen der §§ 2232 BGB a.F., 2233 BGB a.F. i.V.m. § 31 a.F. BeurkG dazu führten, dass Personen, die einer selbstbestimmten Regelung ihrer Rechtsnachfolge von Todes wegen fähig sind, diese Möglichkeit genommen wird, weil sie **keine der Testamentsformen erfüllen** können, berühren diese Formanforderungen die Erbrechtsgarantie des Art. 14 Abs. 1 GG und das Verbot einer sachlich nicht berechtigten Ungleichbehandlung Behinderter. Mit Recht hat das

---

32 RGZ 161, 378, 383; BayObLGZ 1968, 268, 272; BayObLG FamRZ 2000, 1051, 1052 = NJW-RR 2000, 456, 458.

33 So BGHZ 37, 79, 84; *Firsching* DNotZ 1955, 283, 288; großzügiger KG DNotZ 1960, 485, 488 = MDR 1960, 843.

34 Im Grundsatz auch, jedoch bei einem fast taubstummen Erblasser, dem der Entwurf anstelle des Vorlesens zur Durchsicht gegeben wurde, einschränkend OLG Hamm OLGZ 1989, 20, 23 m insoweit zu Recht krit. Anm. *Burkart* DNotZ 1989, 587 ff.; krit. auch Staudinger/*Baumann* Rn. 21c; *Lange/Kuchinke* § 19 III 3 a; der Entscheidung zustimmend Palandt/*Weidlich* Rn. 2.

35 Dazu näher in der 3. Aufl., a.A. *Lange/Kuchinke* § 19 III 3 a.

36 BVerfGE 99, 341 = BVerfG NJW 1999, 1853 = ZEV 1999, 147; der Entscheidung im Ergebnis zustimmend *Rohlfing/Mittenzwei* FamRZ 2000, 654, 659; *Rossak* DNotZ 1999, 417; *Vollkommer* ZEV 1999, 268; a.A. *Lange/Kuchinke* § 19 III 3 a.

37 BVerfGE 99, 341 = BVerfG NJW 1999, 1853 = ZEV 1999, 147, 150; vgl. auch BGHZ 2, 172, 173 f. (dem Wortlaut werde Gewalt angetan, wenn man Gebärdensprache für ausreichend erachte) mit ausführlicher Begründung auch aus der Entstehungsgeschichte, während deren die Frage einer anderen als einer mündlichen Erklärung ausführlich diskutiert wurde; *Hohloch* JuS 1994, 710; zur Wortlautgrenze vgl. BVerfG 54, 277, 299; *Larenz* S. 343.

BVerfG deshalb die Regelungen der §§ 2232 BGB a.F., 2233 BGB a.F. i.V.m. § 31 a.F. BeurkG insoweit für mit der Verfassung unvereinbar erklärt, als sie dazu führen, dass testierfähige Personen wegen Sprech- und Schreibunfähigkeit von der Möglichkeit des Testierens ausgeschlossen werden. Nach dieser Entscheidung ist die Testiermöglichkeit bei einer **Testamentserrichtung nach dem 19.01.1999** und **vor dem 01.08.2002** dadurch zu gewähren, dass neben den §§ 27 bis 29, 34, 35 BeurkG die Regelungen des BeurkG über Rechtsgeschäfte unter Lebenden (§§ 22 bis 26 BeurkG) entsprechend herangezogen werden.[38] Die gegenteilige Regelung in § 31 a.F. BeurkG hat das BVerfG insoweit für verfassungswidrig erklärt, als ihre Anwendung bei schreibunfähigen Stummen zur Testierunmöglichkeit führt. Wurde das **Testament vor dem 19.01.1999 errichtet**, so sind nach der Entscheidung des BVerfG jedenfalls solche Verfügungen schreibunfähiger Stummer aus verfassungsrechtlichen Gründen als formwirksam anzusehen, die den Anforderungen der §§ 22 bis 26 BeurkG genügen. Dies gilt uneingeschränkt, wenn der Erbfall nach dem 19.01.1999 eingetreten ist. Soweit der **Erbfall vor der Entscheidung des BVerfG** bereits eingetreten ist, verlangt das BVerfG, die Gedanken der Rechtsicherheit und des Vertrauensschutzes zu berücksichtigen. Rechtskräftig abgeschlossene Verfahren bleiben nach Maßgabe des § 95 Abs. 3 Satz 3 i.V.m. § 79 BVerfGG unberührt. Weiterhin überwiegt nach der insoweit nicht verbindlichen Auffassung des BVerfG regelmäßig der Schutz desjenigen, der auf die Formunwirksamkeit einer solchen Verfügung vertraut hat, sofern der **Erbfall vor dem Jahr 1991** eingetreten ist, da erst seit diesem Zeitpunkt die Verfassungsmäßigkeit der Regelung in Zweifel gezogen wurde. Damit soll derjenige, der durch eine letztwillige Verfügung bedacht wurde, die auf der Grundlage der nunmehr als verfassungswidrig erkannten Regelung formunwirksam war, gehindert sein, sich auf die Verfassungswidrigkeit der Bestimmungen zu berufen. Die dazu vom BVerfG angeführte Begründung, der **Schutz des Vertrauens** desjenigen, der infolge der (vermeintlichen) Formunwirksamkeit Erbe geworden sei, sei vorrangig, erscheint allerdings **zweifelhaft**.[39] Zum einen wird diesem Vertrauen bereits dadurch ausreichend Rechnung getragen, dass sich der gutgläubige Erbschaftsbesitzer auf den Wegfall der Bereicherung berufen kann, vgl. § 2021 BGB, zum anderen ist es im Erbrecht nicht ungewöhnlich, dass sich im Nachhinein – bspw. durch Auffinden eines später errichteten Testaments – die Erbenstellung als nur vermeintliche erweist.

Ungelöst bleiben durch die Entscheidung des BVerfG Fälle, in denen der Erbfall zwischen den Jahren 1991 und 1999 eingetreten ist, das Testament aber nicht den Anforderungen der §§ 22 bis 26 BeurkG genügt, etwa deshalb, weil entgegen § 24 BeurkG eine Vertrauensperson nicht zugezogen wurde. Für diese Fälle hat das BVerfG es den Fachgerichten überlassen, Kriterien dafür zu entwickeln, ob die Verfügung als formwirksam anzusehen ist. Das OLG Hamm hat dazu unter Zustimmung der Literatur die Auffassung vertreten, dass diese Testamente nur dann wirksam sind, wenn sie den Bestimmungen der §§ 22 bis 26 BeurkG genügen.[40] Richtigerweise sollte man jedoch noch einen Schritt weiter gehen und im Wege einer teleologischen Reduktion des § 2233 Abs. 3 BGB a.F. zumindest dann zur Formwirksamkeit des Testaments kommen, wenn der Erblasser seinen letzten Willen zwar nicht mehr mündlich erklären konnte, der Notar aber aus einer früheren mündlichen Erklärung – etwa aus einer Vorbesprechung – vom Inhalt der Verfügung sichere Kenntnis hat.[41] Die teleologische Reduktion des § 2233 Abs. 3 BGB a.F. rechtfertigt sich daraus, dass diese Norm einen Fall erfasst, der von ihrem gesetzgeberischen Zweck nicht gedeckt ist. Der Zweck des § 2233 Abs. 3 BGB a.F. i.V.m. § 31 a.F. BeurkG liegt darin, Zweifel daran auszuschließen, dass der Erb-

38 Vgl. dazu *Nieder* ZNotP 2001, 335, 337 f.; *Rossak* ZEV 1999, 254, 255.

39 *Vollkommer* ZEV 1999, 268 (für einen verfahrensrechtlichen Vertrauensschutz im Erscheinsverfahren, entsprechende Anwendung des § 79 Abs. 2 BVerfGG auf erteilte Erbscheine).

40 OLG Hamm NJW 2000, 3362, 3363 = ZEV 2000, 363, 364 = FGPrax 2000, 151, 152 f. m. zust. Anm. *Krug*, zustimmend auch *Lettmann* MittRhNotK 2000, 345, 346; vgl. auch *Lösler* NotBZ 2000, 271 f. (die Frage der Qualifizierung eines Schreibzeugen als Vertrauensperson zutreffend verneinend).

41 In diese Richtung letztlich auch BayObLG FamRZ 2000, 1051, 1052 = NJW-RR 2000, 456, 458, das bei der Beurteilung der Mündlichkeit berücksichtigt, dass der beurkundende Notar den Willen der Erblasserin aus einer Vorbesprechung kennt und deshalb einen krächzenden Laut als Zustimmung versteht.

lasser durch die Übergabe mit dem in der Schrift niedergelegten Willen testieren will. Diese Zweifel mögen berechtigt sein, wenn der Erblasser sich nicht mündlich erklären kann. In Fällen aber, in denen der Notar den Inhalt des letzten Willens aus Vorbesprechungen, in denen der Testator noch dazu in der Lage war, sich mündlich zu erklären, kennt, verliert diese Verschärfung der Formanforderungen ihren Sinn. Bejaht man deshalb eine Reduktion des § 2233 Abs. 3 BGB a.F. in diesen Fällen, so wird auch § 31 a.F. BeurkG unanwendbar, denn diese Norm knüpft an § 2233 Abs. 3 BGB a.F. an. Damit richtet sich die Errichtung eines öffentlichen Testaments durch Übergabe einer Schrift nach § 2232 Satz 1 Fall 2 BGB a.F. und diese Bestimmung lässt es richtiger Ansicht nach zu, durch Gebärden zu erklären, dass die Schrift den letzten Willen enthält (zur gegenteiligen, jedoch mit dem Wortlaut des § 2232 BGB a.F. unvereinbaren h.L. vgl. Rdn. 21). Damit ist es in diesen Fällen möglich, dass der Notar auf der Grundlage der Vorbesprechung eine Schrift aufsetzt, die der Testator ihm übergibt und dabei lediglich durch Gebärden erklärt, diese Schrift enthalte seinen letzten Willen. Für diese Lösung spricht nicht zuletzt die Parallele zu den Fällen einer **Bewusstseinstrübung nach Formulierung des letzten Willens**: Ebenso, wie dort der Maßstab für die Beurteilung der Testierfähigkeit mit Rücksicht auf den bereits geäußerten, wenn auch nicht abschließend in Geltung gesetzten Willen auf ein Maß reduziert wird, der den Anforderungen ohne die vorherige Willensäußerung nicht genügt, kann hier (trotz § 2233 Abs. 3 BGB a.F. i.V.m. § 31 a.F. BeurkG; § 2232 BGB a.F. steht ohnehin nicht entgegen) die Zustimmung durch Gebärden für ausreichend gehalten werden, da der Inhalt der Erklärung bereits abschließend besprochen ist und an dem Willen, dass dieser gelten soll, angesichts der Gebärden kein Zweifel besteht. Gerade der der Leitentscheidung des BGH[42] zu der Frage der Testierunfähigkeit zugrunde liegende Sachverhalt zeigt, dass es keinen Unterschied machen darf, ob der – im Fall in seinem Bewusstsein bereits erheblich getrübte – Testator das Wort »Ja« noch formulieren kann oder durch unmissverständliche Gebärden (Nicken, Versuch der Unterschriftsleistung) zustimmt. Dabei zeigt die Entscheidung auch, dass dies auch dann gilt, wenn der Wille nicht in der Verhandlung vor dem Notar geäußert, sondern die Testamentsgestaltung in einer Vorbesprechung mit dem Notar bereits abschließend besprochen wurde und nur das zwischenzeitlich Niedergelegte beurkundet werden soll, soweit keine Anzeichen dafür bestehen, dass sich der Wille des Testators geändert hat, und dieser nach Verlesen des Niedergelegten seine Zustimmung durch Gebärden unmissverständlich zum Ausdruck bringt. Diese Reduktion des § 2233 Abs. 3 BGB a.F. betrifft zum einen Testamente, die **vor der Entscheidung des BVerfG vom 19.01.1999** errichtet wurden. Sie ist aber auch für Testamente, die **nach diesem Zeitpunkt**, jedoch **vor dem 01.08.2002** errichtet wurden, sachgerecht. Relevant wird sie, wenn die Anforderungen der §§ 22 ff. BeurkG nicht eingehalten wurden und deshalb nicht bereits die Entscheidung des BVerfG zur Formwirksamkeit des Testaments führt. Falls der Erblasser zur Unterschriftsleistung nicht in der Lage ist, muss allerdings auch nach dieser Lösung § 25 BeurkG beachtet werden. Noch weitergehend will *Mayer* in entsprechender Heranziehung des Rechtsgedankens des § 2249 Abs. 6 BGB ein Testament, das der Notar in einer Notsituation beurkundet hat, als wirksam ansehen, wenn nur der Wille des Erblassers zuverlässig feststeht.[43] Diese Auffassung ermöglicht zwar, in Altfällen ganz weitgehend das Testament als wirksam anzusehen, sie schlägt aber auch eine breite Bresche in die Anforderungen der Testamentserrichtung und des Beurkundungsrechts. So läge dann die Argumentation nahe, auch nach neuem Recht dürfe in Notsituationen die Verletzung von beurkundungsrechtlich zwingenden Vorschriften der Wirksamkeit nicht entgegenstehen. Der Sinn des § 2249 Abs. 6 BGB liegt aber weniger darin, in Notsituationen die Anforderungen an die Beurkundung abzusenken, sondern der Gesetzgeber nimmt hier Rücksicht auf die Unerfahrenheit desjenigen, der nur in Ausnahmesituationen und nicht täglich mit Beurkundungen befasst wird.

42 BGHZ 30, 294: Gehirnschlag mit erheblicher Bewusstseinstrübung nach ausführlicher Besprechung des Testamentsinhalts am Vortag; die Erblasserin konnte aber immerhin noch »Ja« artikulieren.

43 Soergel/*Mayer* § 2233 Rn. 12.

2. Erklärungsempfänger

9 Auch das in öffentlicher Form errichtete Testament ist eine einseitige, nicht im eigentlichen Sinne empfangsbedürftige Willenserklärung, denn die Urkundsperson ist nicht Erklärungsgegner, sondern »Erklärungsverwirklicher«.[44] Das öffentliche Testament kann nach § 2232 BGB errichtet werden, indem der Erblasser **dem Notar** seinen letzten Willen zur Niederschrift erklärt. Damit ist die Erklärung an den Notar zu richten, sonstige anwesende Personen sind nicht Adressaten der Erklärung, und zwar auch dann nicht, wenn sie als Zeugen zugezogen wurden, denn sie sind nicht Beteiligte der Beurkundung, vgl. § 6 Abs. 2 BeurkG.[45] Entscheidend ist damit, ob der **Notar die Erklärung vernimmt**, unabhängig davon, ob andere Anwesende sie wahrnehmen. Die Wirksamkeit tritt auch unabhängig davon ein, ob der Notar sich der Tragweite der beurkundeten Erklärung bewusst ist.[46]

3. Unmittelbarkeit

10 Der Testator muss seinen Willen **unmittelbar und persönlich** dem Notar erklären.[47] Dies folgt aus dem Erfordernis einer Verhandlung (vgl. § 8 BeurkG) und dem Grundsatz der persönlichen Errichtung eines Testaments nach § 2064 BGB. Eine **telefonische Erklärung** genügt dazu nicht, sie kann aber als Grundlage für die später stattfindende Beurkundung dienen, indem der Notar den telefonisch erklärten Willen in Anwesenheit des Testators wiederholt und der Testator sich diesen Inhalt zu eigen macht und ihn damit in Geltung setzt (vgl. Rdn. 6).[48] Ebenso ist es zulässig, dass die Erklärung von einem **Tonband**, das auch von einem Dritten besprochen worden sein kann, in Anwesenheit des Testators abgespielt wird und der Testator lediglich dem Notar gegenüber zum Ausdruck bringt, dass dies sein letzter Wille ist. Letzteres muss aber unmittelbar und persönlich geschehen. Unzureichend dafür sind Erklärungen durch ein Bildtelefon oder durch einen übersandten **Film**, denn derartige Formen der Kommunikation führen, insbesondere durch die Wahl des Bildausschnitts, zu einer Verengung der Wahrnehmung, die keine sichere Grundlage für die Beurteilung des Testierwillens und der Testierfähigkeit des Erblassers bietet. Anderes gilt, wenn der Notar zwar durch eine **Scheibe** von dem Testator **getrennt** ist (z.B. wegen ansteckender Krankheiten), aber selbst den Radius seiner Wahrnehmung bestimmen kann. Wird in derartigen Fällen die Stimme des Testators nur mittels einer Sprechanlage für den Notar hörbar, so muss eine Beeinflussung durch Dritte – etwa durch Manipulation der Leitungen – ausgeschlossen sein.[49]

4. Verlesen, Genehmigen, Unterschrift

11 Nach § 13 Abs. 1 Satz 1 BeurkG muss die Niederschrift verlesen und genehmigt sowie von den Beteiligten – und damit auch vom Testator – unterschrieben werden (zur Unterschrift des Notars und anderer Mitwirkender vgl. Rdn. 4). Der Testator braucht dabei seinen letzten Willen jedoch nur einmal zu erklären. Das **Verlesen** kann deshalb mit der **Erklärung** des letzten Willens dergestalt **verbunden** werden, dass ein vorbereitetes Schriftstück verlesen wird und der Erblasser durch seine Zustimmung den Inhalt als seinen letzten Willen erklärt und zugleich das Vorgelesene genehmigt.[50] Dagegen kann das Verlesen nicht durch lautes Diktat seitens des Testators ersetzt werden, da auf diese Weise die Übereinstimmung zwischen dem Diktierten und dem Niedergelegten nicht über-

44 *Lange/Kuchinke* § 16 V 1 a.

45 *Burkart* DNotZ 1989, 587, 588; Bamberger/Roth/Hau/Poseck/*Litzenburger* Rn. 4; MünchKomm/*Hagena* Rn. 16.

46 RG JW 1910, 61.

47 Soergel/*Mayer* Rn. 15.

48 Vgl. Staudinger/*Baumann* Rn. 31.

49 Bamberger/Roth/Hau/Poseck/*Litzenburger* Rn. 4; MünchKomm/*Hagena* Rn. 4; Staudinger/*Baumann* Rn. 34.

50 RGZ 161, 378, 380; BayObLG FamRZ 2000, 1051, 1052 = NJW-RR 2000, 456, 457; MünchKomm/*Hagena* Rn. 10; Staudinger/*Baumann* Rn. 37; anders noch RGZ 85, 120, 126 f.; 86, 380, 391.

prüft werden kann.[51] Die **Genehmigung** braucht nicht notwendigerweise mündlich zu geschehen, sie kann auch durch **Gebärden** erteilt werden,[52] wobei die Genehmigung durch Gebärden auch mit der Erklärung des letzten Willens auf der Grundlage eines vom Notar verlesenen Testamentsentwurfs zusammenfallen kann.[53] Das Fehlen der **Unterschrift des Testators** führt zur Nichtigkeit des Testaments nach § 125 Satz 1 BGB;[54] sofern der Erblasser zum Schreiben nicht in der Lage ist, ist § 25 BeurkG zu beachten. Die Unterschrift des Testators muss weder lesbar sein, noch muss sie seiner üblichen Unterschrift entsprechen.[55] Handelt es sich bei der Unterschrift allerdings um eine (wirre) Buchstabenfolge, die weder auf den Namen des Testators hindeutet, noch üblicherweise von ihm verwendet wird, so bestehen Zweifel an dem Testierwillen, auch wenn die Identität des Testators mit dem die Unterschrift Leistenden feststeht.[56] Dagegen wird es als unschädlich angesehen, wenn der Erblasser mit einem falschen Vornamen unterschreibt.[57] Hilfestellungen bei der Unterschriftsleistung seitens des Notars oder Dritter sind zulässig, solange der Testator den Schreibvorgang selbst bestimmt.[58] Unterschreibt der Testator auf einem gesonderten Blatt, das erst nachträglich mit der Niederschrift verbunden wird und ersichtlich nicht geeignet ist, den mündlich erklärten Willen des Testators in der vom Notar niedergelegten Form zu billigen, so ist das Testament nicht wirksam errichtet.[59] Wird dagegen die Niederschrift vom Notar zunächst handschriftlich gefertigt und dann vom Testator auf einem gesonderten, der handschriftlichen Niederschrift beigefügten Blatt unterschrieben, so sind die Voraussetzungen für die Errichtung des Testaments erfüllt. Das gilt auch dann, wenn der Notar später das Blatt mit der Unterschrift von der handschriftlichen Niederschrift trennt und es an eine Reinschrift anheftet.[60]

5. Weitere Einzelfragen

12 Das durch Erklärung gegenüber dem Notar errichtete öffentliche Testament kann auch in einer **anderen** als der deutschen **Sprache** errichtet werden; zum Beurkundungsverfahren vgl. §§ 5, 16, 32 BeurkG. In der Erklärung kann auf **Schriftstücke** entweder im Wege einer Protokollanlage[61] oder in der Weise Bezug genommen werden, dass durch Verweisung auf eine Schrift zugleich ein öffentliches Testament i.S.d. § 2232 Satz 1 Fall 2 BGB errichtet werden soll (dazu sogleich). Dies ist auch dann möglich, wenn der Erblasser sein Testament zur Niederschrift des Notars erklärt, indem er ihm eine entsprechende schriftliche Erklärung überreicht, die Grundlage der Niederschrift werden soll (zur Abgrenzung zur Übergabe einer Schrift vgl. Rdn. 6). Die **Anlage zum Protokoll** braucht nicht in die Niederschrift selbst übertragen zu werden[62] sie wird aber Teil der Testamentsniederschrift. Die in der Anlage niedergelegten Erklärungen gelten als in dem Protokoll selbst enthalten; auch auf Karten, Zeichnungen und Abbildungen kann in dieser Weise Bezug genommen werden (§ 9 Abs. 1 Satz 3 BeurkG). Die Anlagen müssen mit verlesen, Karten etc. zur Durchsicht vorgelegt werden (§§ 13, 9 Abs. 1 Satz 2 BeurkG; Verzichtsmöglichkeit bei notariellen Urkunden, § 13a

---

51 Vgl. (zu § 2250) BayObLGZ 1979, 232, 236.

52 *Seybold* DNotZ 1952, 77; vgl. auch OLG München DNotZ 1998, 214, 215 (Genehmigung der mündlichen Erklärung in irgendeiner Form); MünchKomm/*Hagena* Rn. 10; Staudinger/*Baumann* Rn. 32; *Winkler* § 13 BeurkG Rn. 41.

53 OLG Hamm RNotZ 2013, 253, 255 Tz. 17 m.w.N.

54 Vgl. BGH NJW 1981, 1900, 1901 (zum Erbvertrag).

55 BayObLG FamRZ 1985, 1286.

56 KG NJW-RR 1996, 1414 = FamRZ 1996, 1242 = Rpfleger 1996, 349; für eine sehr großzügige Handhabung (da Urheberschaft und Ernsthaftigkeit durch Notar gesichert) *Baumann* RNotZ 2010, 310, 314 ff.

57 OLG Köln FamRZ 2010, 679 = Rpfleger 2010, 268, 269.

58 BayObLG FamRZ 1985, 1286; Grziwotz/Heinemann/*Heinemann*, BeurkG § 13 Rn. 24; zur nachträglichen Feststellung durch Schriftsachverständige vgl. *Michel*, ArchKrim 162 (1978), 1 ff.

59 OLG Hamm FGPrax 2000, 242 = ZEV 2001, 21, 22.

60 Vgl. *Reithmann* DNotZ 2001, 131, 133.

61 Zum altem Recht (§§ 2232 ff., § 2276 BGB a.F. als leges speciales zu § 176 Abs. 2 FGG a.F.) vgl. *Firsching* DNotZ 1955, 283, 292.

62 Grziwotz/Heinemann/*Heinemann*, BeurkG, § 9 Rn. 34.

BeurkG). Nach § 44 BeurkG sollen Niederschrift und Anlagen durch Schnur und Prägesiegel verbunden werden. Von der Anlage zum Protokoll, bei der das Testament durch Erklärung, wenn auch unter Bezugnahme auf die Anlage, errichtet wird, ist die **zusätzliche Übergabe einer Schrift i.S.d. § 2232 Satz 1 Fall 2 BGB** zu unterscheiden. Der Unterschied liegt darin, dass der Inhalt dieser Schrift nicht Gegenstand der Beurkundung wird (vgl. oben Rdn. 6). Beurkundet wird damit nur die Tatsache des Überreichens der Schrift und die nach § 2232 Satz 1 Fall 2 BGB erforderliche Erklärung des Testators, dass die Schrift seinen letzten Willen enthalte. Diese kann zugleich im Genehmigen der Niederschrift des durch Erklärung gegenüber dem Notar errichteten Testaments liegen.[63] Eine Verbindung mit der Niederschrift nach § 44 BeurkG findet nicht statt. Nach § 28 BeurkG soll der Notar seine Wahrnehmungen zur Geschäftsfähigkeit vermerken. Damit gehen die Pflichten über die bei einer Beurkundung in sonstigen Fällen hinaus. Auf der anderen Seite verpflichtet § 28 BeurkG nicht zu einer umfassenden und vom Anlass unabhängigen Prüfung der Geschäfts- und damit der Testierfähigkeit. Deshalb muss der Notar sich zwar einen Eindruck zur Geschäftsfähigkeit verschaffen,[64] muss aber der Frage nicht nachgehen, wenn er keine Zweifel an der Testierfähigkeit hegt (vgl. auch § 2229 BGB Rdn. 17).[65] Anlass zu einer vertieften Prüfung kann bei schwerer Erkrankung bestehen, dabei kann der Notar der Prüfungspflicht nicht dadurch entgehen, dass er nicht prüft, ob eine Erkrankung schwer ist.[66]

6. Folgen eines Formverstoßes

Ein Testament, das unter Missachtung der genannten Voraussetzungen errichtet wird, ist nach 13 § 125 BGB nichtig (zur Möglichkeit der Aufrechterhaltung einer eigenhändigen Unterlage als privatschriftliches Testament vgl. Rdn. 12). Das betraf nach der früher ganz überwiegend vertretenen Auffassung auch Fälle, in denen der Testator nur durch Gebärden seine Zustimmung zum Testament zum Ausdruck bringen konnte, und zwar auch dann, wenn dem schreibunfähigen Testator auf diese Weise ganz die Möglichkeit genommen wird, ein Testament zu errichten. Zur neuen Rechtslage vgl. Rdn. 6 (dort auch zu Verstößen gegen § 24 BeurkG). Bei der für Altfälle weiterhin relevanten Frage, ob die Erklärung vom Testator mündlich abgegeben wurde, stellt das Gesetz auf die tatsächliche Sprechfähigkeit, nicht auf die Überzeugung des Notars ab (vgl. Rdn. 7).[67] Dabei ist zu beachten, dass die Niederschrift als öffentliche Urkunde die Vermutung der Richtigkeit begründet, wenn dort eine Erklärung als mündlich abgegeben bezeichnet wird.[68] Die Formnichtigkeit tritt auch dann ein, wenn die Form wegen eines Versehens des Notars oder des den Testator beratenden Rechtsanwalts nicht eingehalten wurde.[69]

7. Einige Hinweise für die Praxis

Nach dem seit 2002 geltenden Recht ist die Fähigkeit, sich mündlich zu erklären, nur noch mittel- 14 bar für die Testamentserrichtung von Bedeutung (vgl. Rdn. 6). Dennoch sollte sich der **Notar** der **hinreichenden Sprechfähigkeit versichern**, um die Frage der Hinzuziehung von Vertrauenspersonen nach § 24 Abs. 1 Satz 1 BeurkG beurteilen zu können. Diese Hinzuziehung ist erforderlich, wenn der Testator nicht sprechen und hören kann und auch eine schriftliche Verständigung nicht möglich ist. Dabei setzt der Begriff der schriftlichen Verständigung nicht die Fähigkeit voraus, eigenhändig schreiben oder unterschreiben zu können (vgl. Rdn. 6). Bei **Schreibunfähigkeit** sind

---

63 RGZ 92, 27, 32.

64 Ein kurzes Gespräch soll nicht ausreichen, OLG Oldenburg DNotZ 1974, 19; Burandt/Rojahn/*Lauck* Rn. 24; ausführlich zu den Prüfungspflichten *Grziwotz* MDR 2016, 737 ff.; zur Bedeutung des Vermerks OLG Düsseldorf FGPrax 2018, 252 ff. (erhebliches Indiz; keine Bindungswirkung).

65 Vgl. auch MünchKomm/*Hagena* § 28 BeurkG Rn. 17.

66 OLG Celle MittBayNot 2008, 492.

67 OLG Köln FGPrax 1995, 69.

68 Vgl. BayObLG FamRZ 2000, 1051, 1052 = NJW-RR 2000, 456 = ZEV 2000, 66, 68.

69 BGH NJW 1981, 1900, 1901; a.A. *Kegel*, FS *Flume* S. 545 ff.; dazu (ablehnend) *Zimmermann* FamRZ 1980, 99, 101.

die §§ 13, 25 BeurkG zu beachten; ist der Testator darüber hinaus nicht ausreichend sprechfähig, sehfähig oder hörfähig, so sind § 24 Abs. 3 i.V.m. § 22 BeurkG zu beachten. Kann sich der Testator nicht oder nur sehr eingeschränkt mündlich artikulieren, so sollte bei **komplexeren Testamenten** hinsichtlich der Einzelpunkte jeweils die Zustimmung gesondert eingeholt werden. Immer wenn dem Testament **Schriftstücke beigefügt** werden, sollte klargestellt werden, ob diese als Anlage oder als selbständige Schrift übergeben wurden (zur unterschiedlichen Behandlung vgl. Rdn. 12). Bei **gemeinschaftlichen Testamenten** ist darauf zu achten, dass beide Ehegatten sich erklären.

V. Errichtung durch Übergabe einer Schrift

15 Das Testament kann nach § 2232 BGB auch in der Weise errichtet werden, dass der Testator dem Notar eine Schrift übergibt mit der Erklärung, diese enthalte seinen letzten Willen (zum Testierwillen und zu Fällen des fehlenden Erklärungsbewusstseins oder des geheimen Vorbehalts vgl. § 2247 BGB Rdn. 5). Die Möglichkeit, in dieser Form ein Testament zu errichten, wird durch § 2233 Abs. 1 BGB für **Minderjährige** auf die Übergabe einer **offenen Schrift** beschränkt und durch § 2233 Abs. 2 BGB für Personen, die Geschriebenes **nicht** zu **lesen** vermögen (vgl. § 2233 BGB Rdn. 5 ff.), **ausgeschlossen**. Der letzte Wille muss in der Schrift **selbst enthalten** sein; verweist die Schrift lediglich auf andere Erklärungen oder Urkunden, die selbst nicht beigefügt sind, so ist das Testament nur wirksam, wenn diese wiederum der Testamentsform genügen.

1. Anforderungen an das Schriftstück

a) Material

16 Das übergebene **Schriftstück** kann aus beliebigem **Material** (z.B. Papier, Holz, Metall) bestehen. Auch hinsichtlich des Mittels der Niederschrift gibt es keine Vorgaben. Selbst wenig haltbare Stoffe kommen in Betracht; so hat das RG[70] bei einem (privatschriftlich errichteten) Testament das Schreiben mit einem Griffel auf einer Schiefertafel nicht beanstandet. Dabei hat es allerdings mit Recht darauf hingewiesen, dass bei einer solchen Art der Materialwahl Zweifel an der Ernsthaftigkeit der Erklärung aufkommen können. Der Notar wird in solchen Fällen eine dauerhafte Form der Niederlegung nahelegen, darf aber eine Beurkundung nicht ablehnen, wenn der Testator auf Beibehaltung der flüchtigen Form besteht. Selbst dann, wenn der Testator einen verschlossenen leeren Umschlag übergibt und erklärt, dieser enthalte seinen letzten Willen, muss die Beurkundung stattfinden – immerhin kann ein Testator, der von interessierter Seite zum Notar geschickt wurde, ein Interesse daran haben, zwar die Niederschrift über die Testamentserrichtung vorweisen zu können, aber dennoch ein im wahrsten Sinne des Wortes inhaltsleeres Testament errichtet zu haben.

b) Sprache

17 Die Frage, ob die Schrift in einer **fremden Sprache** oder in einer chiffrierten Form oder auch in Blindenschrift verfasst sein kann, lässt sich nur unter Einbeziehung des § 2233 Abs. 2 BGB beantworten. Diese Regelung schließt die Testamentserrichtung durch Übergabe einer Schrift aus, wenn der Testator Geschriebenes nicht zu lesen vermag. Diese Bestimmung dient dem Schutz des Testators davor, dass der Inhalt der Schrift ein anderer als der von ihm beabsichtigte ist, etwa deshalb, weil ein Dritter die Urkunden ausgetauscht hat, oder weil eine Schreibhilfe etwas anderes geschrieben hat, als der Testator ihr zu Schreiben aufgegeben hat. Aus dieser Schutzrichtung folgt aber zugleich, dass der Testator nicht nur abstrakt dazu in der Lage sein muss, Geschriebenes zu lesen, sondern dass er auch das zu lesen imstande sein muss, was Inhalt der von ihm übergebenen Schrift ist.[71] Dabei reicht die Möglichkeit der Kenntnisnahme aus; der Testator braucht sie nicht zu ergreifen. Daraus folgt: Die Schrift kann in einer Sprache – auch in einer solchen, die der Notar

70 JW 1910, 291.
71 Vgl. auch § 2233 BGB Rdn. 6; a.A. *Lange/Kuchinke* § 19 III 3 a Fn. 44.

nicht beherrscht (vgl. § 30 Satz 4 BeurkG)[72] – verfasst sein, solange der **Testator** sie (wenn auch mit Mühe und Zeitaufwand und unter Zuhilfenahme eines Wörterbuchs etc.) **lesen** (nicht notwendigerweise schreiben) **kann**;[73] der Testator braucht den Inhalt jedoch nicht zu kennen. Eine **Chiffrierung** ist möglich, wenn der Testator sie entschlüsseln kann, wovon nach der Lebenserfahrung auszugehen ist. Erwogen wird, ob bei chiffriertem Inhalt der Dechiffrierschlüssel angegeben werden muss, da die Dechiffrierung andernfalls auf Schwierigkeiten stoßen könne und trotz Heranziehung von Experten Zweifel über den Inhalt der Schrift bleiben könnten.[74] Auf der anderen Seite wird aber die Möglichkeit der Chiffrierung weitgehend entwertet, wenn man zugleich die Preisgabe des Dechiffrierschlüssels verlangt. Die Bedenken hinsichtlich der Entschlüsselung sind sicher gewichtig, sollten aber der Wirksamkeit der Testamentserrichtung nicht entgegenstehen, denn die zweifelsfreie Entschlüsselung ist immerhin möglich. Weitere **formelle Anforderungen** sind an die Schrift nicht zu stellen. Sie braucht weder vom Testator selbst geschrieben zu sein (vgl. § 2232 Satz 2 Halbs. 2 BGB), noch ist Datum, Ort oder Unterschrift erforderlich.

2. Kenntnis vom Inhalt

Die Errichtung eines Testaments durch Übergabe einer Schrift setzt **nicht** voraus, dass der Testator 18
den **Inhalt** der Schrift **kennt** (zu Leseunkundigen vgl. Rdn. 16).[75] Das ergibt sich zunächst daraus, dass das Gesetz weder in § 2232 BGB noch in § 2233 Abs. 2 BGB eine entsprechende Voraussetzung aufstellt. Es entspricht aber auch einem praktischen Bedürfnis. Relevant wird diese Frage wohl selten in Fällen, in denen sich der Testator ohne jede Prüfung dem von einem Dritten geschriebenen Testament unterordnet und dies »blind« als seinen letzten Willen übergibt. Zu denken ist vielmehr an Fälle, in denen der Testator die Schrift vor einiger Zeit geschrieben hat oder hat fertigen lassen, zwischenzeitlich aber den Inhalt nicht mehr präsent hat. Auch in Fällen starker Vergesslichkeit kann die genannte Situation auftreten. Verlangt man nun Kenntnis des Testators vom Inhalt der Schrift, so nimmt man ihm letztlich die Möglichkeit, das Testament durch eine verschlossene Schrift zu errichten, oder aber man öffnet der Testamentsanfechtung Tür und Tor. Wenn der Testator erklärt, er erinnere sich an den Inhalt der Schrift nicht mehr, so steht das der Wirksamkeit des Testaments deshalb nicht entgegen.

3. Sonderfragen bei mehreren Schriftstücken

Übergibt der Testator **mehrere Schriftstücke** oder enthält der übergebene Umschlag mehrere 19
Schriften und enthalten diese Schriften sich widersprechende Verfügungen, so heben sich diese wechselseitig auf.[76] Das gilt regelmäßig auch dann, wenn die Schriften unterschiedlich datiert sind, denn erst mit der Übergabe werden die Verfügungen in Geltung gesetzt, sodass es ohne Bedeutung ist, wann die einzelnen Schriftstücke, die mit der Übergabe gleichzeitig als letztwillige Verfügung in Geltung gesetzt werden, verfasst wurden. Zweifelhaft ist dies jedoch in Fällen, in denen die Schriftstücke der **Form eines eigenhändigen Testaments** genügen. Hat der Testator mehrere Testamente errichtet, die als eigenhändige wirksam sind, und legt er diese zusammen in einen Umschlag, den er dem Notar mit der Erklärung übergibt, dieser enthalte seinen letzten Willen, so gibt es keinen Grund, von der Regel abzuweichen, dass das zeitlich spätere Testament die frühere Verfügung aufhebt, § 2258 BGB. Regelmäßig wird man der Erklärung, die Schrift enthalte den letzten Willen, entnehmen können, dass dieser mit dem Inhalt wirksam werden sollte, den das Gesetz ihm im Übergabezeitpunkt zumisst. Danach aber gilt die ältere Verfügung von Todes wegen durch die

72 § 5 Abs. 2 Satz 2 BeurkG ist auf diesen Fall nicht anwendbar, da der Inhalt des Testaments nicht Gegenstand der Beurkundung ist, missverständlich Soergel/*Mayer* Rn. 28.

73 Vgl. MünchKomm/*Hagena* Rn. 18.

74 Bamberger/Roth/Hau/Poseck/*Litzenburger* Rn. 12.

75 RGZ 76, 94, 95; Soergel/*Mayer* Rn. 17; Bamberger/Roth/Hau/Poseck/*Litzenburger* Rn. 12; a.A. Palandt/*Weidlich* Rn. 3; Kroiß/Ann/Mayer/*Kroiß* Rn. 22; *Muscheler* Erbrecht Rn. 1756; MünchKomm/*Hagena* Rn. 30; RGRK/*Kregel* Rn. 6.

76 MünchKomm/*Hagena* Rn. 20; Bamberger/Roth/Hau/Poseck/*Litzenburger* Rn. 15.

neuere als aufgehoben, soweit sich beide widersprechen.[77] Das gilt sowohl bei eigenhändigen Testamenten, die in einer verschlossenen Schrift übergeben werden, als auch bei solchen in offener Schrift. Bei letzteren wird der Notar zwar regelmäßig den Widerspruch aufklären, die genannte Regel bleibt jedoch anwendbar, wenn dies versäumt wird.

4. Übergabe

20 Die Errichtung eines öffentlichen Testaments in der Form des § 2232 Satz 1 Fall 2 BGB setzt weiter die **Übergabe** des Schriftstücks voraus. Dieser Begriff ist wegen seiner abweichenden Aufgabe **anders als der der Übergabe i.S.d. § 929 Satz 1** BGB zu verstehen. Der Übergabe i.S.d. § 2232 BGB kommt keine Publizitätsfunktion zu, sondern sie dient einerseits dazu, dem Notar die Schrift zu verschaffen, die den letzten Willen enthält, zum anderen soll eine gewisse Entäußerung seitens des Testators stattfinden. Schließlich soll durch die Übergabe seitens des Testators sichergestellt werden, dass kein Zweifel darüber aufkommt, auf welche Schrift der Testator seine Erklärung, diese enthalte seinen letzten Willen, bezieht. Entscheidend ist damit, dass die **eindeutig bezeichnete Schrift mit Willen des Testators in den Verfügungsbereich des Notars** gelangt. Dazu reicht es ohne Weiteres aus, wenn der Testator erklärt, der Notar solle die Schrift, die vor ihm liege, an sich nehmen. Als ausreichend wird auch die Erklärung angesehen, die Schrift solle als übergeben gelten.[78] Dem ist zuzustimmen, wenn der Notar die tatsächliche, unmittelbare und ungehinderte Zugriffsmöglichkeit auf die Schrift hat und kein Zweifel an der Identität der Schrift besteht. Nicht ausreichend ist es, wenn der Testator dem Notar einen Ort nennt, an welchem die Schrift liegt.[79] Die Erklärung, der Notar solle sich die Schrift **von einem Dritten aushändigen** lassen, reicht nur dann aus, wenn die Aushändigung in Anwesenheit des Testators geschieht. Hat der Notar selbst die Schrift verfasst oder hat er die von einem Dritten verfasste Schrift mitgebracht, so reicht es für die »Übergabe« aus, wenn der Notar dem Erblasser die Urkunde zeigt und dieser die Frage, ob die Urkunde als übergeben gelte, bejaht.[80] Problematisch sind Fälle, in denen die Schrift **nicht unmittelbar vorliegt**. Die h.L. lehnt dann die Möglichkeit einer Übergabe ab und verlangt, dass die Schrift zur Stelle sein muss.[81] Dem ist in aller Regel zuzustimmen, denn bei einem solchen Verfahren besteht die Gefahr, dass Missverständnisse darüber entstehen, auf welche Schrift sich der Testator bezogen hat. Auch die Gefahr einer Manipulation – etwa durch Austauschen der Schrift seitens interessierter Dritter – ist nicht zu unterschätzen, zumal das Schriftstück nicht vom Testator geschrieben und auch nicht unterschrieben zu sein braucht. Dafür spricht weiterhin die Regelung des § 30 BeurkG, die mit der in Satz 2 angeordneten Kennzeichnungspflicht voraussetzt, dass das übergebene Schriftstück zur Stelle ist. Ob dieser Grundsatz allerdings auch dann gilt, wenn sich das vom Testator unmissverständlich bezeichnete Schriftstück an einem Ort befindet, der jede Einflussnahme ausschließt (Bankfach, dessen einziger Schlüssel vom Erblasser dem Notar übergeben wird, welcher mit dem Schriftstück anschließend nach § 30 Satz 2 bis 4 BeurkG verfährt), ist nicht unzweifelhaft.

Liegt das Schriftstück nicht vor, weil der **Notar** es gefertigt, aber (versehentlich) **nicht mitgebracht** hat, so wird man die Erklärung, die Schrift gelte als übergeben, allenfalls dann als Übergabe i.S.d. § 2232 Satz 1 Fall 2 BGB ansehen können, wenn dem Testator angeboten wurde, die Schrift zu holen und er darauf ausdrücklich verzichtet hat. Für die Zulassung eines solchen Vorgehens spricht, dass die oben aufgezeigten Funktionen der Übergabe in diesem Fall durch die bloße Erklärung, die Schrift gelte als übergeben, erfüllt werden. Es sollte deshalb – ähnlich wie bei § 929 Satz 2 BGB – auf eine körperliche Übergabe verzichtet werden können, wenn der Notar bereits die alleinige Zugriffsmöglichkeit auf die Urkunde hat. Angesichts der strengen h.L. ist aber dringend zu emp-

77 So auch Staudinger/*Baumann* Rn. 46.
78 Bamberger/Roth/Hau/Poseck/*Litzenburger* Rn. 13.
79 MünchKomm/*Hagena* Rn. 26.
80 Vgl. RGZ 150, 189, 191 f.; MünchKomm/*Hagena* Rn. 26; Soergel/*Mayer* Rn. 19; a.A. *Kipp/Coing* § 27 IV 2 Fn. 15.
81 RGZ 81, 34, 36; 150, 189, 191 f.; MünchKomm/*Hagena* Rn. 26; Soergel/*Mayer* Rn. 19.

fehlen, dem Testator die tatsächliche Inbesitznahme zu ermöglichen. Bei einem lediglich im Computer geschriebenen, jedoch noch nicht ausgedruckten Text kann eine Übergabe nicht stattfinden.

5. Erklärung

Die Errichtung des öffentlichen Testaments durch Übergabe einer Schrift setzt weiter voraus, dass 21
der Testator **erklärt**, diese Schrift **enthalte seinen letzten Willen**. Die Wirksamkeit der Erklärung erfordert keine mündliche Abgabe.[82] Dies gilt auch bei Testamenten, die vor dem 01.08.2002 errichtet wurden, denn auch vor der Neuregelung verlangte § 2232 Satz 1 Fall 2 BGB a.F. nicht die Mündlichkeit der Erklärung. Soweit nach der h.L. für Altfälle die Mündlichkeit der Erklärung gefordert wird[83] – was sich allenfalls aus dem Kontext mit § 31 BeurkG a.F. ableiten ließe[84] –, kann die Erklärung auch durch einfaches »Ja« auf entsprechende Frage abgegeben werden.[85] Sie kann auch darin liegen, dass der Testator die eine entsprechende Erklärung enthaltende Niederschrift genehmigt. Auch nach h.L. ist das Fehlen eines Vermerks in der Niederschrift darüber, dass die Erklärung mündlich abgegeben wurde, unschädlich.[86] Die Erklärung, die Schrift enthalte den letzten Willen, kann mit einer **Ergänzung** oder einer **Änderung des Inhalts der Schrift** verbunden werden. Es handelt sich dann um eine Kombination der Testamentserrichtung durch Übergabe einer Schrift und einer durch Erklärung gegenüber dem Notar nach § 2232 Satz 1 Fall 1 BGB. Eine derartige Kombination steht der Wirksamkeit des Testaments nicht entgegen, sofern die Formerfordernisse jeweils gewahrt sind;[87] es sind dann hinsichtlich der Erklärung die in den Rdn. 6 ff. genannten Grundsätze zu beachten.

6. Weitere Behandlung des Schriftstücks

Ist die Niederschrift über die Testamentserrichtung abgeschlossen, so ist das übergebene Schrift- 22
stück selbst **Bestandteil der Urkunde**[88] und nimmt insoweit an der Beweiskraft des öffentlichen Testaments als öffentlicher Urkunde teil.[89] Die Schrift ist jedoch nicht Teil der Niederschrift.[90] Sie braucht nicht verlesen zu werden (§ 30 Satz 5 Halbs. 2 BeurkG) und wird nicht notwendigerweise nach § 44 BeurkG mit der Niederschrift durch Schnur und Siegel verbunden. Anders verhält es sich bei der Errichtung eines öffentlichen Testaments durch mündliche Erklärung unter Bezugnahme auf eine Anlage i.S.d. § 9 Abs. 1 Satz 2 BeurkG (vgl. Rdn. 12).

7. Formverstöße

Fehlt es an der Übergabe oder an der Erklärung, dass die Schrift den letzten Willen enthalte, so ist 23
das Testament nach § 125 BGB **nichtig**. Nichtigkeit tritt auch ein, wenn die Niederschrift entgegen § 30 Satz 1 BeurkG nicht die Feststellung enthält, dass die Schrift übergeben wurde. Soweit das öffentliche Testament formnichtig ist, das übergebene Schriftstück jedoch der Form eines privatschriftlichen Testaments genügt, kommt eine **Umdeutung** in Betracht.[91] Selbst wenn der Testator das Schriftstück **bis zur Übergabe an den Notar nur als Entwurf** behandelt wissen wollte, steht dies der Umdeutung nicht notwendigerweise entgegen, denn mit der Übergabe ist die Endgültigkeit aus Sicht des Testators eingetreten und nach außen kundgemacht (vgl. § 2247 BGB Rdn. 8),

---

82 Soergel/*Mayer* Rn. 18.

83 *Lange/Kuchinke* § 19 III 3 a (anders jedoch in Fn. 41); *Rossak* ZEV 1995, 236, 238; anders – ohne der Frage nachzugehen – die bislang h.L., vgl. Soergel/*Harder* 12. Aufl., Rn. 5; MünchKomm/*Hagena* Rn. 21.

84 Soergel/*Mayer* Rn. 18.

85 RGZ 108, 397, 400.

86 RGZ 92, 27, 32.

87 RGZ 82, 149, 154 f.; Staudinger/*Baumann* Rn. 53.

88 RGZ 84, 163, 165 f.; Staudinger/*Baumann* Rn. 48.

89 Staudinger/*Baumann* Rn. 48.

90 RGZ 84, 163, 165.

91 Vgl. BGH BWNotZ 1965, 128 (LS); RG WarnR 1931, Nr. 50; vgl. auch (Wirksamkeit nach § 2247 BGB) Umdeutung Soergel/*Mayer* Rn. 24; Bamberger/Roth/Hau/Poseck/*Litzenburger* Rn. 11.

auch wenn die Errichtung eines öffentlichen Testaments nicht wirksam ist.[92] Anderes gilt, wenn der Testator für den Fall der Unwirksamkeit der öffentlichen Errichtung des Testaments dieses nicht als privatschriftliches aufrechterhalten wollte.[93] Sieht der Testator das privatschriftliche Testament **bereits als endgültig** an, will er dies aber bei der Errichtung des öffentlichen Testaments ergänzen, so spricht die Auslegungsregel des § 2086 BGB bei Nichtigkeit des öffentlichen Testaments für die Aufrechterhaltung des privatschriftlichen Testaments.[94] In der Literatur wird dabei differenziert: Habe der Erblasser eine verschlossene Schrift übergeben, dann sei der Testierwille regelmäßig bereits vorhanden, es gehe ihm nur noch um die Sicherung. Habe er dagegen eine offene Schrift übergeben, dann sei im Hinblick auf die noch ausstehende Beratung durch den Notar regelmäßig noch kein Testierwille gebildet.[95] Diese Unterscheidung mag einen Anhaltspunkt geben, entbindet aber nicht von der Feststellung des Testierwillens im Einzelfall. Dabei ist zu berücksichtigen, dass es auf den Testierwillen im Zeitpunkt des Abschlusses der Verfügung ankommt. Ob der Erblasser in diesem Zeitpunkt bereits wusste, ob er die Schrift später einmal offen oder verschlossen übergeben wird, ist aber in der Regel nicht feststellbar. Weiterhin ist zu bedenken, dass ein Testierwille auch dann anzunehmen ist, wenn der Testator die offene Schrift dem Notar zur Kenntnis gibt und für Änderungsvorschläge des Notars offen ist, er aber bis zum Zeitpunkt der Änderung das Testament aufrechterhalten will. Zur Aufrechterhaltung eines aus besonderer amtlicher Verwahrung zurückgenommenen öffentlichen Testaments vgl. § 2256 BGB Rdn. 10.

8. Einige Hinweise für die Praxis

24 Bei der Testamentserrichtung durch **Übergabe** einer Schrift muss diese **vorliegen** (zu denkbaren Ausnahmen vgl. Rdn. 20). Die **Niederschrift** muss die Übergabe der Schrift festhalten (§ 30 Abs. 1 Satz 1 BeurkG). Der Notar sollte sich in Zweifelsfällen vergewissern, ob der Testator den Inhalt der Schrift **lesen kann**. Fehlt es daran mit Gewissheit, so muss der Testator auf die drohende Unwirksamkeit der Testamentserrichtung aufmerksam gemacht werden. Besteht er auf Beurkundung, so sollte mit Rücksicht auf die in der Literatur vertretene – hier abgelehnte – Auffassung (vgl. Rdn. 6), die eine generelle Lesefähigkeit ausreichen lässt, auch wenn der Inhalt der übergebenen Schrift vom Testator nicht gelesen werden kann, die Beurkundung nicht abgelehnt werden; die Bedenken und die Belehrung sind in einem entsprechenden Vermerk festzuhalten. Bleiben Zweifel an der Lesefähigkeit, so sind diese zu vermerken (§ 17 Abs. 2 BeurkG). Ist der Notar überzeugt, dass der Testator Geschriebenes nicht lesen und deshalb wegen § 2233 Abs. 2 BGB nicht durch Übergabe einer Schrift testieren kann, so ist die Beurkundung abzulehnen (vgl. § 2233 BGB Rdn. 9) und der Testator auf die Möglichkeit der Testamentserrichtung durch Erklärung nach § 2232 Satz 1 Fall 1 BGB hinzuweisen. Ob der Testator den Inhalt der verschlossen übergebenen Schrift kennt, ist ohne Bedeutung (vgl. Rdn. 18); dennoch sollte in Zweifelsfällen angesichts der stark vertretenen Gegenauffassung eine entsprechende Frage gestellt werden. Eine nähere Prüfung, ob der Inhalt bekannt ist, scheidet ohnehin aus, da damit das vom Gesetzgeber in den Vordergrund gestellte Geheimhaltungsinteresse bei Übergabe einer verschlossenen Schrift verletzt würde. Bei Übergabe einer offenen Schrift beziehen sich die **Beratungspflichten** des Notars auch auf den Inhalt der Schrift (vgl. § 30 Satz 4 i.V.m. § 17 BeurkG). Hat der Testator in der in dem verschlossenen Umschlag enthaltenen Verfügung den beurkundenden Notar als Testamentsvollstrecker eingesetzt, so ist die Verfügung nach § 27 i.V.m. § 7 Nr. 1 BeurkG insoweit unwirksam.[96]

---

92 A.A. RGRK/*Kregel* Rn. 5.

93 Soergel/*Mayer* Rn. 24.

94 Vgl. MünchKomm/*Hagena* Rn. 34.

95 Staudinger/*Baumann* § 2231 Rn. 30.

96 OLG Bremen FamRZ 2015, 533, 534 f.

§ 2233 Sonderfälle

(1) Ist der Erblasser minderjährig, so kann er das Testament nur durch eine Erklärung gegenüber dem Notar oder durch Übergabe einer offenen Schrift errichten.

(2) Ist der Erblasser nach seinen Angaben oder nach der Überzeugung des Notars nicht im Stande, Geschriebenes zu lesen, so kann er das Testament nur durch eine Erklärung gegenüber dem Notar errichten.

Übersicht

I. Zeittafel

1 Nach der ursprünglichen Fassung des § 2233 BGB waren zur Errichtung des öffentlichen Testaments stets Personen hinzuziehen. Der Richter musste einen Gerichtsschreiber oder zwei Zeugen zuziehen, der Notar einen zweiten Notar oder zwei Zeugen. Diese Regelung wurde durch das TestG eingeschränkt. § 6 TestG hatte folgenden, durch das GesEinhG in § 2233 BGB übernommenen Wortlaut: *(1) Ist der Erblasser nach der Überzeugung des Richters oder Notars taub, blind, stumm oder sonst am Sprechen verhindert, so muß der Richter einen Urkundsbeamten der Geschäftsstelle oder zwei Zeugen, der Notar einen zweiten Notar oder zwei Zeugen zuziehen. (2) In anderen Fällen steht es dem Richter oder Notar frei, die im Abs. 1 bezeichneten Personen zuzuziehen. Von dieser Befugnis soll er Gebrauch machen, wenn der Erblasser es verlangt. Die Zuziehung soll unterbleiben, wenn der Erblasser ihr widerspricht.* Diese Regelungen (zur Fortgeltung vgl. Vorbem. zu §§ 2229–2264 BGB Rdn. 10) wurden dann durch das BeurkG geändert; die Formvorschriften wurden in dieses Gesetz übernommen. Der heutige Gesetzeswortlaut des § 2233 BGB ist in Kraft seit dem 01.01.1970; sein Inhalt fand sich früher in den §§ 2238, 2243 BGB a.F. Durch Beschl. v. 19.01.1999 hat das BVerfG die Regelungen der §§ 2232, 2233 BGB i.V.m. § 31 BeurkG insoweit für mit der Verfassung unvereinbar erklärt, als sie testierfähige Personen, die aber schreibunfähig und stumm sind, generell von jeder Testiermöglichkeit ausschließen (vgl. dazu Rdn. 16).[1] Der Gesetzgeber hat dem mit Wirkung vom 01.08.2002 durch eine Änderung des § 2233 BGB Rechnung getragen und zur Beseitigung des Verfassungsverstoßes das bislang geltende Mündlichkeitserfordernis in § 2232 BGB beseitigt (näher § 2232 BGB Rdn. 6). Damit war in § 2233 Abs. 1 und 2 BGB eine Anpassung an die veränderten Voraussetzungen des § 2232 BGB erforderlich; zugleich wurde § 2233 Abs. 3 BGB gestrichen, weil nunmehr eine Errichtung des Testaments durch Erklärung auch dann möglich ist, wenn sich der Testator nicht mündlich erklären kann. Der bis zum 01.08.2002 geltende Abs. 3 lautete: *Vermag der Erblasser nach seinen Angaben oder nach der Überzeugung des Notars nicht hinreichend zu sprechen, so kann er das Testament nur durch Übergabe einer Schrift errichten.*

II. Recht der ehemaligen DDR

2 Nach § 370 Abs. 1 Satz 2 ZGB konnte nur der Volljährige ein Testament errichten (vgl. § 2229 BGB Rdn. 2), sodass für eine Beschränkung des testierfähigen Minderjährigen auf bestimmte Formen der Testamentserrichtung kein Bedarf bestand. Hinsichtlich Blinder, Stummer, Tauber und

1 BVerfG NJW 1999, 1853 = ZEV 1999, 147.

Schreibunfähiger enthielt § 20 NotG (in Kraft ab dem 15.02.1976) folgende Regelung: *(1) Kann ein Beteiligter nach der Überzeugung des Notars nicht schreiben, nicht sehen oder nicht sprechen oder ist er gehörlos, hat der Notar einen Zeugen für die Beurkundung hinzuzuziehen. (2) Der Zeuge hat die Niederschrift mit zu unterschreiben. Kann der Beteiligte nicht schreiben, ist seine Unterschrift durch die Unterschrift des Zeugen zu ersetzen.* Ein Verstoß führt nach § 23 Abs. 1 Nr. 2 NotG (vgl. § 2232 BGB Rdn. 2) zur Nichtigkeit der Beurkundung.

III. Testament Minderjähriger (Abs. 1)

1. Beschränkung der Form der Testamentserrichtung

3 Minderjährige, die das sechzehnte Lebensjahr vollendet haben, können nach § 2229 Abs. 1 und 2 BGB zwar ein Testament ohne Zustimmung ihres gesetzlichen Vertreters errichten, sie können sich aber weder der privatschriftlichen Form (§ 2247 Abs. 4 BGB) bedienen, noch können sie ein öffentliches Testament durch Übergabe einer verschlossenen Schrift (§ 2232 Satz 2 Halbs. 1 Fall 2 BGB) errichten. Diese Beschränkung der Testamentsform für eine bestimmte Personengruppe ist verfassungsrechtlich nicht zu beanstanden (zu Fällen der Testierunmöglichkeit vgl. Rdn. 16).[2] Die Regelung ist bei der Errichtung eines Nottestaments in der Form des Bürgermeistertestaments entsprechend heranzuziehen.[3] Durch die Einschränkung in der Wahl der Testamentsform soll die **Beratung** des minderjährigen Testators durch einen Notar (vgl. §§ 17, 30 Satz 4 BeurkG) sichergestellt werden. Aus dieser Zielsetzung ist über den Gesetzeswortlaut hinaus abzuleiten, dass der Minderjährige auch bei Errichtung des Testaments durch Übergabe einer offenen Schrift nur wirksam testieren kann, wenn der Notar die Sprache beherrscht und die Schriftzeichen lesen kann.[4] Ein unter **Verstoß gegen Abs. 1** errichtetes Testament wird durch den Eintritt der Volljährigkeit **nicht wirksam** (vgl. auch § 2247 BGB Rdn. 38).

2. Minderjährigkeit

4 Betroffen von der Regelung des Abs. 1 sind Minderjährige, also Personen, die das **achtzehnte Lebensjahr** noch **nicht vollendet** haben (§ 2 BGB). Diese Altersgrenze gilt seit dem 01.01.1975. Für Testamente, die **vor dem 01.01.1975 errichtet** wurden, bleibt es bei der früheren Regelung, derzufolge die Minderjährigkeit erst mit Vollendung des einundzwanzigsten Lebensjahres endete, soweit der Minderjährige nicht für volljährig erklärt worden war (§§ 3 bis 5 BGB). Bei der **Berechnung des Lebensalters** wird der Tag der Geburt mitgerechnet (§ 187 Abs. 2 Satz 2 BGB); bei der Volljährigkeitserklärung entscheidet die Rechtskraft (§ 56 Abs. 2 FGG a.F.). Bei Fällen mit **Auslandsberührung** ist zu beachten, dass die Einschränkung der Wahl der Testamentsform nach Art. 26 Abs. 3 Satz 1 EGBGB und Art. 5 Haager Testamentsformabkommen[5] als zur Form gehörig anzusehen ist, sodass hinsichtlich testierfähiger Minderjähriger die alternative Anknüpfung nach Art. 26 EGBGB zur Anwendung kommt. Testamente, die unter Verstoß gegen § 2233 Abs. 1 oder § 2247 Abs. 4 BGB **vor dem 01.01.1975 von Personen** errichtet wurden, die wegen der bereits seit dem 22.05.1950 bzw. dem 14.06.1950 **niedrigeren Altersgrenze des ZGB** (vgl. § 2229 BGB Rdn. 2) volljährig waren, während sie nach bundesdeutschem Recht noch minderjährig waren, sind **nicht** wegen des genannten Verstoßes **unwirksam**: Wenn auf das Testament das Recht der ehemaligen DDR anzuwenden ist (Art. 235 EGBGB; vgl. Vorbem. zu §§ 2229–2264 BGB Rdn. 11 ff.), gilt die Einschränkung des BGB ohnehin nicht. Soweit der nach dem ZGB volljährige Testator in das **Bundesgebiet übergesiedelt** ist, behält er hier ohne Rücksicht auf die bis zum 01.01.1975 höhere Altersgrenze des BGB seine Volljährigkeit, sodass er nicht den Beschränkungen des § 2233 Abs. 1, § 2247 Abs. 4 BGB unterliegt.[6]

2 Vgl. BVerfG NJW 1999, 1853 = ZEV 1999, 147, 148.

3 § 2249 Abs. 1 Satz 4 BGB; § 2250 Abs. 1 BGB; anders im Fall des Dreizeugentestaments nach § 2250 Abs. 2 BGB.

4 Staudinger/*Baumann* Rn. 10.

5 Zum Verhältnis der Bestimmungen vgl. Staudinger/*Dörner* Art. 26 EGBGB Rn. 12 ff.

6 MünchKomm/*Burkart* 3. Aufl., 1997, § 2229 Rn. 29.

IV. Testamente leseunkundiger Personen (Abs. 2)

Bei Personen, die Geschriebenes nicht lesen können, besteht die Gefahr, dass sie **Schriftstücke verwechseln** oder dass Dritte Schriftstücke unbemerkt vertauschen. Deshalb können Personen, die sich des Inhalts der Schrift nicht vergewissern können, weder in öffentlicher Form durch eine offene oder verschlossene Schrift noch in privatschriftlicher Form testieren. Sie sind auf die Errichtung durch Erklärung gegenüber dem Notar beschränkt. Dabei braucht diese Erklärung nicht mehr in mündlicher Form abgegeben zu werden (vgl. § 2232 BGB Rdn. 6, zu Altfällen vgl. § 2232 BGB Rdn. 7 f). Diese Regelung gilt auch für das Nottestament in der Form des Bürgermeistertestaments (§ 2249 Abs. 1 Satz 4, § 2250 Abs. 1 BGB). 5

1. Anforderungen an die Lesefähigkeit

Aus der genannten Zielsetzung ergeben sich die Anforderungen, die an die Lesefähigkeit zu stellen sind: Der Testator muss **in der Lage sein**, sich von dem Inhalt der Schrift **Kenntnis zu verschaffen**. Wenn die Schrift in einer fremden Sprache oder mit **fremden Zeichen** verfasst ist, so muss der Testator diese lesen und verstehen können (vgl. auch § 2232 BGB Rdn. 16).[7] Deshalb können Blinde, die die **Blindenschrift** lesen können, **in dieser Form** durch Übergabe einer Schrift testieren.[8] Ob dem Testator die Kenntnisnahme des Geschriebenen Mühe bereitet und ob sie für ihn mit besonderem Zeitaufwand verbunden ist, ist ohne Bedeutung. Dagegen reicht es nicht aus, wenn der Testator zwar grundsätzlich lesen kann, jedoch nicht die Zeichen oder die Sprache versteht, in der die Schrift verfasst ist,[9] denn dann kann er gerade keine Kenntnis von dem Inhalt nehmen. Aus dem genannten Zweck der Vorschrift folgt weiter, dass die **Schreibfähigkeit ohne Bedeutung** ist. Fehlt es an der Schreibfähigkeit, so ist die **Zuziehung eines Zeugen** oder zweiten Notars nach § 25 BeurkG erforderlich. Kann sich der Testator nicht schriftlich verständigen und fehlt es ihm darüber hinaus an der hinreichenden **Sprech- oder Hörfähigkeit**, so ist nach § 24 Abs. 1 BeurkG die Beiziehung einer **Verständigungsperson** erforderlich (vgl. auch § 2232 BGB Rdn. 6). 6

Aus welchem **Grund der Testator** Geschriebenes nicht lesen kann, ob dies wegen Blindheit[10] oder hochgradiger Schwachsichtigkeit,[11] wegen einer vorübergehenden Beeinträchtigung der Sehkraft oder wegen Analphabetismus der Fall ist, ist ohne Bedeutung. Zur Leseunfähigkeit führt auch eine Erkrankung, die zwar die optischen Fähigkeiten nicht beeinträchtigt, aber die Umsetzung des optischen Eindrucks im Gehirn verhindert.[12] Nicht erfasst werden Fälle, in denen äußere Umstände, die nicht in der Person des Testators liegen, die Lesefähigkeit beeinträchtigen, so bei unaufhellbarer Dunkelheit.[13] 7

Entscheidend ist allein die Fähigkeit des Testators, das Geschriebene zu lesen. Ob **der Notar** die gebrauchten Schriftzeichen oder die verwendete Sprache lesen bzw. verstehen kann, ist ohne Bedeutung. Wie § 30 Satz 4 BeurkG zeigt, ist die Möglichkeit der Kenntnisnahme seitens des Notars nicht Voraussetzung der Beurkundung. 8

Für die **Beurteilung** der Frage, ob der Testator über die erforderliche Lesefähigkeit verfügt, stellt das Gesetz alternativ auf die Selbsteinschätzung des Testators und auf den Eindruck des Notars ab. Verneint der Testator für sich diese Fähigkeit, so muss der Notar dies hinnehmen. Meint der Testator, seine Lesefähigkeit reiche aus, so muss der Notar die Beurkundung dennoch ablehnen, wenn er 9

7 RGZ 38, 242, 244; 76, 94, 95; Bamberger/Roth/Hau/Poseck/*Litzenburger* Rn. 4.
8 *Schulze* DNotZ 1955, 629; MünchKomm/*Hagena* Rn. 10; Soergel/*Mayer* Rn. 3; Staudinger/*Baumann* Rn. 19; unklar RGZ 86, 385; a.A. OLG Koblenz NJW 1958, 1784.
9 So aber *Lange/Kuchinke* § 19 III 3 a.
10 BayObLG FamRZ 2000, 322, 323 = NJW-FER 1999, 189 (zu § 2247 Abs. 4 BGB).
11 RG JW 1903, 130; SchlHOLG SchlHAnz 1970, 138.
12 Sog. Rindenblindheit, vgl. BayObLG NJW-RR 1997, 1438 (zu § 2247 Abs. 4 BGB).
13 *Weyl* DJZ 1901, 501; a.A. *Boschan* DJZ 1901, 476.

davon überzeugt ist, dass eine ausreichende Lesefähigkeit nicht gegeben ist.[14] In Fällen der Sehunfähigkeit ist bei der dann erforderlichen Errichtung des Testaments nach § 2232 Satz 1 Fall 1 BGB die Regelung des § 22 BeurkG zu beachten.

2. Folgen bei Verstoß

10 Ein **Verstoß** gegen § 2233 Abs. 2 BGB führt zur Nichtigkeit des Testaments (§ 125 BGB), wenn der Testator sich entweder **selbst** als nicht lesefähig **einschätzt** und dies erklärt oder wenn das Fehlen der Lesefähigkeit zur **Überzeugung des Notars feststeht. Fehleinschätzungen** des Notars führen nicht zur Nichtigkeit, auch wenn sie auf grober Fahrlässigkeit beruhen.[15] Die **tatsächliche Leseunfähigkeit** ist ohne Bedeutung. Damit stellt sich die Frage der Beweislast nur hinsichtlich der Einschätzung des Notars, nicht hinsichtlich der Leseunfähigkeit des Testators.[16] Aus Gründen der Rechtssicherheit und zum Schutz der berechtigten Erwartungen des Erblassers hinsichtlich der Wirksamkeit seiner Verfügung muss es für die Anwendbarkeit des § 2233 Abs. 2 BGB ohne Bedeutung sein, wenn der Notar die Lesefähigkeit deshalb nicht verneint, weil er die Anforderungen an diese Eigenschaft unrichtig bestimmt. Er ist dann nicht zu der Überzeugung gelangt, dass es an der Lesefähigkeit fehlt.[17] Hat sich der Notar über die Frage der Leseunfähigkeit keine Gedanken gemacht, so ist das Testament nicht unwirksam, denn der Notar ist dann ebenfalls nicht von der Leseunfähigkeit überzeugt.

V. Vor dem 01.08.2002 errichtete Testamente nicht hinreichend sprechfähiger Personen

11 Nach dem bis zum 01.08.2002 geltenden Recht beschränkte § 2233 Abs. 3 BGB a.F. die Möglichkeiten der Testamentserrichtung in öffentlicher Form auf die Errichtung durch Übergabe einer (offenen oder verschlossenen) Schrift, wenn der Testator nicht hinreichend zu sprechen vermag. Diese Regelung gilt für Testamente, die vor diesem Zeitpunkt errichtet wurden, fort (str., vgl. § 2232 BGB Rdn. 7). Zur Reduktion der Vorschrift in Fällen, in denen die Sprechfähigkeit erst endet, nachdem der Inhalt des Testaments mit dem Notar bereits endgültig abgestimmt ist, vgl. § 2232 BGB Rdn. 8.

1. Anforderungen an die Sprechfähigkeit

12 Abs. 3 a.F. verlangte eine *hinreichende* Sprechfähigkeit. Diese Voraussetzung ist angesichts der genannten Zielsetzung der Bestimmung darauf zu beziehen, ob es dem Testator gelingt, sich gegenüber dem Notar (vgl. § 2232 BGB Rdn. 9) in mündlicher Form dergestalt zu erklären, dass **Zweifel am Inhalt der Erklärung ausscheiden**. Dabei braucht der Testator seinen Willen **nicht in fortlaufender Rede** erklären zu können. Frage und Antwort, Rede und Gegenrede sind möglich. Unschädlich ist es auch, wenn der Testator in **einzelnen Punkten** auf **Zeichen oder Gebärden** zurückgreifen muss.[18] Es reicht auch aus, wenn sich der Testator durch ein schlichtes »**Ja**« die ihm vorgelesene **Erklärung zu eigen machen kann**, soweit es ihm zugleich möglich ist, auch seine Ablehnung zum Ausdruck zu bringen.[19] Hinsichtlich der Ablehnungsmöglichkeit reichen Gebärden aus.

13 Der **Grund der Sprechverhinderung** ist ohne Bedeutung (Stummheit, Schlaganfall); auch eine vorübergehende Verhinderung (z.B. Intubation) führt zur Anwendung des Abs. 3. Die **Zeichensprache** ist keine Sprache, da sie nicht mündlich gebildet wird (zu Lösungsmöglichkeiten, wenn

---

14 Zur Nichtigkeit eines dennoch errichteten Testaments vgl. MünchKomm/*Hagena* Rn. 13.

15 Soergel/*Mayer* Rn. 5; Staudinger/*Baumann* Rn. 21.

16 Vgl. OLG Köln FGPrax 1995, 69 (zur Sprechfähigkeit; bei der Mündlichkeit der Erklärung nach § 2232 BGB a.F. entschied nach altem Recht jedoch die tatsächliche Sprechfähigkeit, vgl. § 2232 BGB Rdn. 7); missverständlich Staudinger/*Baumann* Rn. 21.

17 Vgl. *Seybold* DNotZ 1967, 543 ff.; a.A. OLG Hamm OLGZ 1967, 65, 68; OLG Oldenburg MDR 1949, 178, 179.

18 OLG Köln MDR 1957, 740 (insoweit in NJW 1957, 1929 und in DNotZ 1958, 94 nicht abgedruckt).

19 BayObLG DNotZ 1969, 301, 302; vgl. § 2232 BGB Rdn. 7.

wegen gleichzeitiger Schreibunfähigkeit die Testamentserrichtung durch Übergabe einer Schrift ausgeschlossen ist, vgl. Rdn. 16).[20]

Bei der **Beurteilung**, ob der Testator hinreichend zu sprechen vermag, ist alternativ seine Selbsteinschätzung und die Überzeugung des Notars vom Mangel dieser Fähigkeit maßgebend (vgl. Rdn. 10; zur Rechtslage vor Inkrafttreten des BeurkG vgl. Rdn. 1 und § 2243 BGB a.F.). Danach ist die hinreichende Sprechfähigkeit zu **verneinen**, wenn der Testator zu erkennen gibt, dass er selbst seine Fähigkeiten für nicht ausreichend hält; sie ist aber auch dann zu verneinen, wenn der Testator meint, über hinreichende Sprechfähigkeit zu verfügen, während der Notar zu der Überzeugung gelangt, es fehle hieran. An die Verneinung der Sprechfähigkeit seitens des Testators ist der Notar gebunden, auch wenn er meint, die Fähigkeit reiche aus. Es ist aber nicht ausgeschlossen, dass ein Testator sich umentscheidet, nachdem über die Anforderungen, die an die hinreichende Sprechfähigkeit zu stellen sind, belehrt wurde, und nunmehr meint, seine Sprechfähigkeit reiche aus. Ein solches Umentscheiden ist aber auch erforderlich, denn § 2233 Abs. 3 BGB a.F. knüpfte nicht an die tatsächliche Sprechfähigkeit an, sondern an die Selbsteinschätzung des Erblassers oder an die Überzeugung des Notars. Nichtig ist deshalb auch ein unter Verstoß gegen Abs. 3 a.F. errichtetes Testament in dem sicherlich seltenen Fall, dass ein Testator sprechfähig ist, jedoch sich selbst für sprechunfähig erklärt. Heißt es in einem notariellen Testament eingangs, der Testator sei nach der Überzeugung des Notars nicht hinreichend sprechfähig, während es dann weiter heißt, der Testator habe Folgendes mündlich erklärt, so muss zur Beantwortung der Frage der Sprechfähigkeit auf andere Beweismittel als die Urkunde zurückgegriffen werden; die Nichterweislichkeit geht zulasten desjenigen, der für sich günstige Rechtsfolgen aus dem Testament abzuleiten sucht.[21] Enthält die Niederschrift die Angabe, der Testator halte sich selbst für nicht hinreichend sprechfähig, so schließt dies die wirksame Errichtung eines notariellen Testaments durch Erklärung gegenüber dem Notar aus.[22] 14

2. Fragen des Beurkundungsrechts

Bei der **Beurkundung** des Testaments sind bei Testamentserrichtung vor dem 01.08.2002 die §§ 22 und 31 a.F. BeurkG zu beachten. Die Zuziehung von Zeugen, § 22 Abs. 1 Satz 1 BeurkG, ist als Sollbestimmung ausgestaltet, sodass ihre Verletzung nicht zur Nichtigkeit der Beurkundung führt; dagegen forderte § 31 Satz 1 a.F. BeurkG zwingend, dass der Testator schriftlich erklärt, die Schrift enthalte seinen letzten Willen. Ein Verstoß führt zur Nichtigkeit nach § 125 BGB (zur Reduktion des § 2233 BGB, an den die Regelung des § 31 a.F. BeurkG anknüpfte, vgl. § 2232 BGB Rdn. 8). Ein Verstoß gegen § 31 Satz 2 a.F. BeurkG (Feststellung des eigenhändigen Niederschreibens der vorgenannten Erklärung) ist unschädlich. 15

VI. Zusammentreffen von Sprechunfähigkeit mit Lese- oder Schreibunfähigkeit

Nach der ab dem 01.08.2002 geltenden Neuregelung der §§ 2232, 2233 BGB steht auch Personen die Möglichkeit des Testierens offen, die weder sprechen noch sich schriftlich verständigen können, sofern sie nur ihren Willen in anderer Form erklären können (vgl. § 2232 BGB Rdn. 6; dort auch zu den beurkundungsrechtlichen Anforderungen). Vor dem Inkrafttreten der Neuregelung konnten Sprechunfähige, die durch § 2233 Abs. 3 BGB a.F. auf die Errichtung eines Testaments in privatschriftlicher Form oder durch Übergabe einer Schrift verwiesen wurden, **gänzlich von der Möglichkeit des Testierens ausgeschlossen** sein, wenn sie auch in dieser Form ein Testament nicht zu errichten vermochten. Das war zum einen dann der Fall, wenn sie die nach § 31 Satz 1 BeurkG erforderliche Erklärung nicht in eigenhändig geschriebener Form abgeben können; zum anderen dann, wenn sie Geschriebenes nicht zu lesen vermögen (§ 2233 Abs. 2, § 2247 Abs. 4 BGB). Mit Recht hat das BVerfG es jedoch für unvereinbar mit Art. 14 Abs. 1, Art. 3 Abs. 1 und Art. 3 Abs. 3 Satz 2 GG gehalten, Personen, die testierfähig i.S.d. § 2229 BGB sind, die aber infolge 16

20 RGZ 85, 120, 125 f.
21 OLG Köln MDR 1994, 806 = ZEV 1994, 372.
22 OLG Hamm FamRZ 2000, 703, 704 = NJW-FER2000, 13.

einer Sprech- und Schreibunfähigkeit ihren Willen allein durch Gebärden (z.B. durch Zeichensprache oder durch Tippen auf die Tastatur eines Computers) zum Ausdruck bringen können, die Gestaltung der Rechtsnachfolge durch letztwillige Verfügung zu versagen. Ihnen ist vielmehr für die Zeit vor dem 01.08.2002 durch analoge Anwendung der Vorschriften der §§ 22 ff. a.F. BeurkG die Testamentserrichtung zu ermöglichen (dazu näher § 2232 BGB Rdn. 8). Dies gilt auch für testierfähige Minderjährige, die andernfalls wegen Sprech- und Schreibunfähigkeit testierunfähig gewesen wären.

§ 2234–2246 *(weggefallen)*

Die Vorschriften sind durch § 57 Abs. 3 Nr. 8 BeurkG ab 01.01.1970 aufgehoben.

§ 2247 Eigenhändiges Testament

(1) Der Erblasser kann ein Testament durch eine eigenhändig geschriebene und unterschriebene Erklärung errichten.

(2) Der Erblasser soll in der Erklärung angeben, zu welcher Zeit (Tag, Monat und Jahr) und an welchem Ort er sie niedergeschrieben hat.

(3) Die Unterschrift soll den Vornamen und den Familiennamen des Erblassers enthalten. Unterschreibt der Erblasser in anderer Weise und reicht diese Unterzeichnung zur Feststellung der Urheberschaft des Erblassers und der Ernstlichkeit seiner Erklärung aus, so steht eine solche Unterzeichnung der Gültigkeit des Testaments nicht entgegen.

(4) Wer minderjährig ist oder Geschriebenes nicht zu lesen vermag, kann ein Testament nicht nach obigen Vorschriften errichten.

(5) Enthält ein nach Absatz 1 errichtetes Testament keine Angabe über die Zeit der Errichtung und ergeben sich hieraus Zweifel über seine Gültigkeit, so ist das Testament nur dann als gültig anzusehen, wenn sich die notwendigen Feststellungen über die Zeit der Errichtung anderweit treffen lassen. Dasselbe gilt entsprechend für ein Testament, das keine Angabe über den Ort der Errichtung enthält.

Übersicht

I. Zeittafel

Das privatschriftliche Testament ist nach langem Ringen in das BGB aufgenommen worden.[1] Die 1
Entwürfe lehnten eine solche Art der Testamentserrichtung ab, erst in der Reichstagskommission und im Reichstag wendete sich auf Drängen der Juristen aus den französischen und badischen Gebieten, in denen diese Form des Testierens verbreitet war, das Blatt. Die **ursprüngliche Fassung** des BGB (§ 2231 BGB i.d.F. von 1900) lautete: *Ein Testament kann in ordentlicher Form errichtet werden: 1. vor einem Richter oder vor einem Notar; 2. durch eine von dem Erblasser unter Angabe des Ortes und Tages eigenhändig geschriebene und unterschriebene Erklärung.* Die Regelung wurde durch das TestG grundsätzlich übernommen, jedoch in den Anforderungen deutlich entschärft (zu den Gründen vgl. Vorbem. zu §§ 2229–2264 BGB Rdn. 2; zur Fortgeltung der ursprünglichen Regelungen vgl. Vorbem. zu §§ 2229–2264 BGB Rdn. 6 f.). **§ 21 TestG** lautete: *(1) Der Erblasser kann ein Testament in ordentlicher Form durch eine eigenhändig geschriebene und unterschriebene Erklärung errichten. (2) Es ist nicht notwendig, aber rätlich, daß der Erblasser in der Erklärung angibt, zu welcher Zeit (Tag, Monat und Jahr) und an welchem Orte er sie niedergeschrieben hat. (3) Die Unterschrift soll den Vornamen und den Familiennamen des Erblassers enthalten. Unterschreibt der Erblasser in anderer Weise, etwa lediglich mit dem Vornamen oder durch Angabe der Familienstellung, und reicht diese Unterzeichnung zur Feststellung der Urheberschaft des Erblassers und der Ernstlichkeit seiner Erklärung aus, so steht eine solche Unterzeichnung der Gültigkeit des Testaments nicht entgegen. (4) Wer minderjährig ist oder Geschriebenes nicht zu lesen vermag, kann ein Testament nicht nach obigen Vorschriften errichten. (5) Enthält ein nach Abs. 1 errichtetes Testament keine Angaben über die Zeit der Errichtung und ergeben sich hieraus Zweifel über seine Gültigkeit (etwa weil der Erblasser während einer gewissen Zeit wegen Entmündigung testierunfähig war oder weil er mehrere einander widersprechende Testamente hinterlassen hat), so ist das Testament nur dann als gültig anzusehen, wenn sich die notwendigen Feststellungen über die Zeit der Errichtung anderweit treffen lassen. Dasselbe gilt entsprechend für ein Testament, das keine Angabe über den Ort der Errichtung enthält.* Durch das GesEinhG wurde der heutige Wortlaut Gesetz; lediglich die Worte des Eingangssatzes »in ordentlicher Form« wurden erst durch § 57 Abs. 3 Nr. 9 BeurkG als überflüssig gestrichen.

II. Recht der ehemaligen DDR

§ 385 ZGB lautet: Das eigenhändige Testament muss vom Erblasser handschriftlich geschrieben 2
und unterschrieben sein; es soll Ort und Datum der Errichtung enthalten. Es kann dem Staatlichen Notariat in Verwahrung gegeben werden. Nach dieser Regelung muss das privatschriftliche Testament – auch in Zusätzen und Ergänzungen – **handschriftlich** vom Erblasser geschrieben sein. Auch bei Anwendung des Rechts der DDR können nicht eigenhändig geschriebene Texte zur Auslegung des Testaments herangezogen werden.[2] Ein Formverstoß – z.B. durch die Verwendung von Maschinenschrift – führt zur Nichtigkeit, § 373 Abs. 2 ZGB. Als **Unterschrift**, deren Fehlen ebenfalls zur Nichtigkeit führt, kann auch eine lediglich auf den Testator hindeu-

1 Ausführlich zur Geschichte des eigenhändigen Testaments *Hosemann* RNotZ 2010, 520 ff.
2 Vgl. (im Ergebnis zu weitgehend) OLG Brandenburg FamRZ 2004, 981, 982 (zu § 21 TestG/DDR).

tende Formulierung (vgl. Rdn. 21) gewählt werden.[3] Namenskürzel reichen als Unterschrift aus, wenn die Identität des Erblassers feststeht.[4] Die Unterschrift muss zwar grundsätzlich den Text abschließen,[5] diese Voraussetzung wird aber nicht streng ausgelegt, sodass auch Unterschriften am Rand des Testaments oder auch am Bogenkopf im Einzelfall als ausreichend angesehen werden können.[6] Auch ein Brief kann nach dem ZGB ein Testament enthalten.[7] Das Fehlen von Orts- und Datumsangabe berührt die Wirksamkeit nicht;[8] die Verwahrung durch das Staatliche Notariat war fakultativ. Zur Anwendbarkeit der Regelungen des ZGB vgl. Vorbem. zu §§ 2229–2264 BGB Rdn. 11 ff.

III. Grundfragen des privatschriftlichen Testaments

3 Das privatschriftliche Testament dient – wegen der Möglichkeit seiner Errichtung allein durch die Erklärung des Testators sogar in besonderem Maße – der Verwirklichung der verfassungsrechtlich geschützten Testierfreiheit. Seine besondere Problematik liegt darin, dass einerseits dem Willen des Testators Rechnung getragen werden soll, dass andererseits aber die Einhaltung der Form, in der dieser Wille geäußert sein muss, um von der Rechtsordnung als wirksam angesehen zu werden, gerade bei privatschriftlichen Testamenten dem Testator Schwierigkeiten bereitet. Anders als bei dem öffentlichen Testament ist der Testator hier nicht notwendigerweise von einer Person beraten, die die Formanforderung kennt und deren Einhaltung überwacht. Das Bestreben, einerseits die Formvoraussetzungen des BGB nicht aufzuweichen, andererseits aber dem Willen desjenigen, der in Verkennung dieser Anforderungen seine Angelegenheiten regeln wollte und wegen seines Versterbens nun auch nicht mehr in der Lage dazu ist, eine seinem Willen entsprechende formgültige Regelung jetzt noch zu treffen, prägt die Diskussion um die Voraussetzungen des § 2247 BGB. Wer die Person des Testators und seine Gestaltung der Nachfolge in sein Vermögen in den Vordergrund stellt, wird in der Rechtsprechung Tendenzen entdecken, die eine zielbezogene, dem Willen des Testators zur Durchsetzung verhelfende Auslegung der Formvorschriften zulassen.[9] Wer hingegen die Beratung des Testators durch den Notar und die Klarheit eines öffentlich errichteten Testaments schätzt und deshalb Rechtssicherheit und Rechtsfrieden in den Vordergrund stellt, der wird diese Entscheidungen als Ausnahmen in besonders gelagerten Fällen sehen, die ein im Grundsatz strenges Festhalten an den Formvorschriften nicht infrage stellen.[10] Vor diesem Hintergrund ist auch der Vorschlag zu verstehen, im Stadium der Todesnähe das privatschriftliche Testament zum Schutz vor einer beeinflussten Verfügung de lege ferenda auszuschließen und den Erblasser auf das notarielle Testament zu verweisen.[11] Wie die Regelungen zu den Nottestamenten zeigen, wertet der Gesetzgeber gerade anders und erleichtert dem Testator in dieser Situation die Errichtung eines Testaments, sodass dieser Vorschlag nicht weiter verfolgt werden sollte. Die Frage, inwieweit es innerhalb der vorgegebenen Regelungen über die Formbedürftigkeit möglich ist, dem Willen des Erblassers Rechnung zu tragen, wird bei dem jeweils problematischen Tatbestandsmerkmal behandelt.

---

3 *S. Herrmann*, S. 33.

4 OLG Celle ZEV 1996, 193, 194.

5 OLG Celle ZEV 2007, 432, 433.

6 Vgl. *S. Herrmann*, S. 33.

7 *S. Herrmann*, S. 33.

8 *S. Herrmann*, S. 33 (zum Fehlen der Datumsangabe).

9 *Grundmann* AcP 187 (1987), 429, 433 ff.; *Stumpf* FamRZ 1992, 1131, 1136 f.; *Muscheler* ErbR 2015, 3, 9 ff. (für eine Betonung der Individualität des Erblassers auch bei Formfragen de lege ferenda); vgl. ausführlich (auch rechtsvergleichend mit Österreich und Schweiz) *Stagl*, S. 163 ff., der aber – zu eng – den Sinn der Andeutungstheorie in erster Linie im Schutz der gesetzlichen Erben sieht.

10 Staudinger/*Baumann* Rn. 13, 14; *Lange/Kuchinke* § 16 IV 4 und 6; vgl. auch OLG Düsseldorf FamRZ 1997, 518 (kein Abweichen von Formvorschriften aus Billigkeitsgründen).

11 *Aden* ZRP 2011, 83 ff.

IV. Voraussetzungen des Abs. 1

1. Erklärung des Testierwillens

a) Äußerung des Willens

§ 2247 BGB enthält Regelungen darüber, in welcher privatschriftlichen Form der Testierwille niedergelegt werden kann. Es handelt sich dabei um die Abgabe einer einseitigen, nicht empfangsbedürftigen Erklärung des Willens, letztwillige Verfügungen zu treffen. In welcher **Sprache** oder mit welchen Zeichen die Erklärung verfasst ist, ist ohne Bedeutung, solange der Erblasser die Sprache oder Schriftzeichen selbst hinreichend versteht und beherrscht.[12] 4

b) Anforderungen an den Willen

Die Feststellung des **Willens zu testieren**, der sich bei einem in öffentlicher Form errichteten Testament in aller Regel zweifelsfrei ergeben wird, kann bei privatschriftlichen Testamenten Schwierigkeiten bereiten. Bei Beantwortung der Frage, welche Anforderungen an den Testierwillen zu stellen sind, muss berücksichtigt werden, dass es sich bei dem Testament um eine nicht empfangsbedürftige Willenserklärung handelt, sodass bei der Feststellung des Testierwillens weniger auf das Vertrauen desjenigen abzustellen ist, der die Erklärung zur Kenntnis nimmt, als auf den **tatsächlichen Willen** des Testators. Dabei kommt der Form und dem Inhalt der Erklärung eine wichtige, aber keine alleinentscheidende Bedeutung zu. Der Testierwille selbst kann auch durch außerhalb der Erklärung liegende Umstände festgestellt werden. Dabei wird – soweit noch feststellbar – den äußeren Gegebenheiten bei dem Verfassen der Erklärung besondere Bedeutung zukommen. 5

Der Testator muss **rechtsverbindliche Anordnungen** für den Fall seines Todes **treffen wollen**; dabei muss außer Zweifel stehen, dass der Testator die Urkunde als rechtsverbindliche Verfügung von Todes wegen betrachtet hat, zumindest im Sinne des Bewusstseins, das Schriftstück werde von anderen als eine derartige verbindliche Erklärung angesehen werden.[13] Nicht ausreichend ist es, wenn der Testator lediglich mitteilt, er habe (mündlich und deshalb formunwirksam) bestimmte Anordnungen getroffen.[14] Die Regeln, die im allgemeinen Teil des BGB im Interesse des Verkehrsschutzes für die Wirksamkeit einer Willenserklärung trotz **Fehlens des Erklärungsbewusstseins** aufgestellt wurden, lassen sich auf die nicht empfangsbedürftige Willenserklärung der Testamentserrichtung nicht übertragen.[15] Deshalb ist ein Testament unwirksam, das der Testator ohne das genannte Bewusstsein errichtet hat, auch wenn er angesichts des äußeren Anscheins der Erklärung damit hätte rechnen müssen, dass andere es als Testament verstehen konnten. Behält sich dagegen der Testator **insgeheim vor**, die letztwillige Verfügung **nicht zu wollen**, so ist dieser Vorbehalt nach **§ 116 Satz 1 BGB** unbeachtlich. Diese Bestimmung gilt auch für das Testament, denn sie ist Ausdruck des allgemeinen Grundsatzes der Unbeachtlichkeit der protestatio facto contraria,[16] sodass sie Anwendung findet, obwohl ein zu schützender Erklärungsempfänger nicht vorhanden ist.[17] Nichtigkeit nach **§ 116 Satz 2 BGB** oder nach **§ 117 BGB** kommt bei einem Testament nicht in Betracht, weil es an einem Erklärungsempfänger fehlt, der den Vorbehalt kennt oder der mit dem Abgeben zum Schein einverstanden ist,[18] und es deshalb an der in diesen Normen vorausgesetzten

---

12 Bamberger/Roth/Hau/Poseck/*Litzenburger* Rn. 6; Staudinger/*Baumann* Rn. 28, 31.

13 BayObLGZ 1970, 173, 178; Rpfleger 1999, 184 = NJW-RR 1999, 88 = FamRZ 1999, 534; vgl. auch KG DFG 1943, 43; KG HRR 1941 Nr. 323; in der Formulierung zu weitgehend BayObLG FamRZ 2005, 656, 657 (Testator müsse die Folgen des Todes »ernsthaft und umfassend« regeln wollen).

14 OLG Köln Rpfleger 1995, 504, 505.

15 So für den Fall der empfangs-, aber nicht zugangsbedürftigen Willenserklärung nach § 151 auch BGH NJW-RR 1986, 415; NJW 1990, 1655, 1656; a.A. *Brehmer* JuS 1994, 386, 389 f.

16 *Flume* §§ 20, 1.

17 *Wacke* FS Medicus S. 651, 653 ff.; i.E. auch – aber ausgehend von Verkehrsschutzgesichtspunkten – RGZ 104, 320, 322; 148, 218, 222 (obiter dictum).

18 OLG Frankfurt FamRZ 1993, 858, 860; *Wacke* FS Medicus S. 651, 654; MünchKomm/*Hagena* Rn. 5; Staudinger/*Baumann* Rn. 23, 24; a.A. *Lange/Kuchinke* § 35 I 1 b m.w.N.

Übereinstimmung zwischen Erklärendem und Erklärungsadressat fehlt. Nach **§ 118 BGB** ist ein Testament nichtig, wenn es in der Erwartung errichtet wurde, der Mangel der Ernstlichkeit werde nicht verkannt werden.[19] Der Testierwille kann auch unter eine **Bedingung** gestellt werden, sodass das Testament nur bei Eintritt der aufschiebenden oder Nichteintritt der auflösenden Bedingung Geltung haben soll.[20] Diese Frage stellt sich in erster Linie bei gemeinschaftlichen Testamenten, weil bei gleichzeitigem Versterben das Bedürfnis nach einer Versorgung des überlebenden Ehegatten entfällt und deshalb andere letztwillige Verfügungen getroffen werden sollen. Hinzu kommt, dass dem längerlebenden Ehegatten die uneingeschränkte Möglichkeit des Testierens erhalten werden soll, sodass die gemeinschaftliche Verfügung nur für den Fall des gleichzeitigen Versterbens Geltung verlangt.[21] Es kann aber auch Fälle geben, in denen derartige Formulierungen auf eine besondere Situation hindeuten – etwa wegen einer anstehenden Reise oder Operation –, aus der heraus ein Testament errichtet wurde.[22] In diesen Fällen ist eine Abgrenzung zwischen einer bedingten Verfügung und einem bloßen Motiv oder Anlass der Testamentserrichtung erforderlich. Während bei Nichteintritt der aufschiebenden Bedingung das Testament keine Wirkung entfaltet, auch keine aufhebende nach § 2258 BGB,[23] ist im anderen Fall das Testament wirksam, auch wenn der Anlass seiner Errichtung vorüber ist. Ergibt die Auslegung. dass das Testament unter einer auflösenden Bedinung steht, die eingetreten ist, so ist der später gebildete Wille, es auch weiterhin gelten zu lassen, nur beachtlich, wenn er seinerseits in Testamentsform geäußert wurde.[24] Weiterhin sind Fälle denkbar, in denen angesichts des Inhalts des Testaments und der äußeren Umstände die Wirksamkeit der Erklärung gar nicht vom gleichzeitigen Ableben abhängen sollte.[25]

c) Feststellung des Testierwillens

6 Der Testierwille muss **feststehen**; andernfalls ist das Schriftstück zwar zu eröffnen, denn es muss auch dann eröffnet werden, wenn es sich bei einer Schrift nur möglicherweise um ein Testament handelt,[26] das Testament ist dann aber mangels Testierwillens unwirksam. Der Testierwille kann nicht in entsprechender Anwendung des § 2084 BGB zugunsten der Wirksamkeit des Testaments als im Zweifel vorhanden unterstellt, sondern er muss nach den allgemeinen Regeln des § 133 BGB ermittelt werden.[27] Bei der **Feststellung des Testierwillens** hilft ein **Satz der Lebenserfahrung**, der besagt, dass ein formgerecht und inhaltlich vollständiges Testament regelmäßig nur von demjenigen errichtet wird, der testieren will.[28] Die Erfahrung, die diesem Satz zugrunde liegt, kann aber **erschüttert** werden, wenn das Testament in einer Form oder unter Umständen errichtet wurde, die üblicherweise nicht dazu angetan sind, seinen letzten Willen zu äußern. Dabei ist auch die **Überschrift** des Schriftstücks einzubeziehen; so kann ein als »Vollmacht« bezeichnetes Schriftstück zwar

19 Soergel/*Mayer* Rn. 9.

20 BayObLG Rpfleger 2003, 296, 297 = NJW-RR 2003, 659 = FamRZ 2004, 224, 226 (… falls ich auf der Reise sterbe,; für den Fall des gleichzeitigen Todes …); vgl. auch BayObLG FamRZ 2004, 1235, 1236 = ZEV 2004, 200.

21 *Kasper* ZEV 2004, 201, 202.

22 OLG Schleswig FamRZ 2016, 664 f.

23 So i.E. auch BayObLG Rpfleger 2003, 296, 298 = NJW-RR 2003, 659 = FamRZ 2004, 224, 226 (begründet über fehlende Unvereinbarkeit der Verfügungen, da für einen anderen als den genannten Fall des gleichzeitigen Versterbens keine Regelung getroffen wurde).

24 OLG Schleswig FamRZ 2016, 664, 665.

25 OLG München Rpfleger 2009, 26, 27 (»sollte es Gotte dem Allmächtigen gefallen, dass wir beide Ehegatten miteinander durch irgendein Ereignis sterben« nur als Ausdruck des Glaubens zu verstehen).

26 Vgl. Keidel/*Zimmermann*, FamFG, § 348 Rn. 12.

27 OLG Düsseldorf FamRZ 2015, 700, 701; OLG Frankfurt OLGZ 1971, 205, 207; BayObLGZ 1963, 58, 61 = MDR 1963, 503; KG NJW 1959, 1441.

28 Vgl. BayObLG FamRZ 1992, 226, 227; KG FamRZ 1991, 486, 488; zur Einordnung als Satz der Lebenserfahrung vgl. *Hardt* S. 150 ff.

als Testament zu verstehen sein, aber der Testierwille ist dann sorgfältig zu prüfen.[29] Die auf einen Notizblock geschriebene und unterschriebene Erklärung, beiliegende Unterlagen solle man dem Notar geben, damit der Erbschein ausgestellt werden kann, wurde nicht als ausreichend angesehen, weil sie eher eine Handlungsanweisung als eine Erbeinsetzung ist (vgl. zur parallelen Problematik bei Erklärungen auf dem Umschlag des Schriftstücks Rdn. 23).[30] Dagegen kann auch ein einziger in ein Notizbuch geschriebener Satz als Testament ausgelegt werden, wenn sich daraus der Testierwille klar genug ergibt.[31] Weiterhin kann bspw. die Tatsache, dass sich die Erklärung auf der Rückseite eines anderweitig bereits verwendeten Briefumschlags oder auf einem Rechnungsblock mit Werbeaufdruck[32] befindet, dazu geeignet sein, den genannten Erfahrungssatz zu erschüttern, denn bei einer derartigen Form liegt der Gedanke, dass es sich um einen Entwurf handelt, kaum ferner als der, dass ein formgerecht errichtetes Testament auch vom Testierwillen getragen ist.[33] Zweifel am Testierwillen bestehen auch bei einer Karte, auf der sich ein Aufkleber mit der Aufschrift »Mein Erbe soll X sein« und ein zweiter Aufkleber mit Ort und Unterschrift befinden.[34] In diesem Zusammenhang wird auch der **Art der Unterzeichnung** (z.B. voller Name oder nur Initialen) Bedeutung zukommen. Weicht das formwirksam errichtete Testament von einem früheren Testament in Form und Inhalt stark ab, so begründet dies noch keinen Zweifel am Testierwillen.[35] Es ist auch nicht erforderlich, dass die Annahme des Testierwillens in dem Sinne zwingend ist, dass eine andere Auslegung von vornherein nicht in Betracht kommt.[36] Diese Zweifel müssen aber aus Sicht des Gerichts überwunden sein, sodass der Testierwille zu seiner Überzeugung feststeht.

Auf der anderen Seite gibt es Umstände, welche die **Erschütterung des Erfahrungssatzes** wiederum **entfallen lassen**. So wird man dem Umstand, dass der letzte Wille auf einem gebrauchten Briefumschlag niedergelegt wurde, keine Bedeutung zumessen, wenn feststeht, dass der Erblasser entweder in dem Zeitpunkt kein anderes, üblicheres Material zur Hand hatte, oder wenn sich herausstellt, dass der Erblasser üblicherweise auf derart ungewöhnlichem Material auch aus seiner Sicht wichtige Erklärungen verfasste. Von solchen Fällen, in denen ein Umstand die Erschütterung des Satzes der Lebenserfahrung entfallen lässt, sodass auf den Satz, das vollständig und formgerecht errichtete Testament indiziere den Testierwillen, zurückgegriffen werden kann, sind Fälle zu **unterscheiden**, in denen andere **Umstände für die Annahme des Testierwillens** sprechen, ohne aber die Anwendung des genannten Erfahrungssatzes zu rechtfertigen. Wenn der Testator, der seine Erklärung in der erwähnten Weise niedergelegt hat, **später äußert**, sein letzter Wille liege an einem bestimmten Ort und wenn dort der beschriebene Briefumschlag liegt, so kann das dafür sprechen, dass der Umschlag mit Testierwillen beschrieben wurde (vgl. aber auch Rdn. 7). Das Gericht kann auf dieser Grundlage auch zu der Überzeugung gelangen, dass der Testierwille vorhanden war; es kann dabei aber nicht auf die Anwendung des Satzes der Lebenserfahrung rekurrieren, dass ein vollständig und formgerecht errichtetes Testament auch vom Testierwillen getragen war, denn

29 Vgl. OLG Hamm FamRZ 2018, 862, 863; BayObLGZ 1982, 59, 64 f.; BayObLG Rpfleger 1999, 184 f. = NJW-RR 1999, 88 = FamRZ 1999, 534; FamRZ 2000, 1539, 1540 = NJW-FER2000, 316 (Auslegung einer Bankvollmacht als Erbeinsetzung; i.E. Testierwillen verneint); Staudinger/*Baumann* Rn. 50; vgl. aber auch BayObLG NJW-RR 2001, 297, 298 (Auslegung einer Vollmacht als Testament verneint).

30 OLG München FamRZ 2009, 372, 373 m. zust. Anm. *Floeth* = NJW-RR 2009, 16, 17 f. = ZEV 200, 596.

31 OLG Köln 22.2.2016 2 Wx 12/16 juris; ebenso OLG Braunschweig 20.3.2019 1 W 42/17 juris (strenge Anforderungen an den Testierwillen).

32 LG München II 22.01.2008 8 T 3036/07; vgl. auch OLG HammFamRZ 2016, 1500, 1501 (ungewöhnlich ausgeschnittenes Papier).

33 Soergel/*Mayer* Rn. 48; vgl. auch KG FamRZ 1991, 486, 488 (keine Anwendung des Erfahrungssatzes bei Testament, das äußerlich noch Lücken aufweist); vgl. auch RG JW 1910, 291 (Erklärung auf einer Schiefertafel); so auch zur Errichtung eines Testaments in Kurzschrift Staudinger/*Baumann* Rn. 30.

34 OLG Hamburg FamRZ 2014, 2029.

35 BayObLG FamRZ 2005, 656, 658.

36 BayObLG FamRZ 2005, 308, 309 f. (Testament auf der Rückseite eines beschriebenen Zettels; Formulierung undeutlich – »ich habe erbberechtigte Verwandte«, Aufbewahrung in einem Umschlag mit der nicht unterschriebenen Aufschrift »Erbwünsche von mir«).

dieser Satz bezieht sich nicht auf Testamente, die ohne Not auf einem solchen Material errichtet werden, und daran vermag die anschließende mündliche Erklärung, das Testament liege an diesem oder jenem Ort, nichts zu ändern. Anders verhält es sich, wenn sich aus den späteren Äußerungen ergibt, dass der Testator dem Material, auf dem die Erklärung niedergelegt ist, schon damals keine Bedeutung beigemessen hat; dann kann der Erfahrungssatz, dass eine vollständige, formgerechte und insbesondere auch unterschriebene Erklärung auch willensgetragen ist, angewendet werden.[37] Der Wille zur Testamentserrichtung kann auch bei einem als »**Entwurf**« überschriebenen Schriftstück angenommen werden, wenn feststeht, dass der Testator dieses bis zur Errichtung eines »endgültigen« Testaments als gültig ansehen wollte.[38] So wurde mit Recht ein Testament als wirksam angesehen, dem ein ununterschriebener Zettel beigeheftet war mit der Aufschrift »Muss noch überarbeitet werden, gilt aber im Falle meines plötzlichen Ablebens als vollwertiges Testament«.[39] Ein privatschriftliches Testament kann auch errichtet werden, indem der eigenhändige Entwurf eines notariellen Testaments vom Testator so verändert wird, dass dieser an die Stelle des notariellen Testaments tritt.[40] Diese Grundsätze gelten auch bei der Ergänzung eines Testaments etwa durch die nachträgliche Anordnung einer Testamentsvollstreckung auf dem Umschlag eines Testaments.[41]

d) Testierwille bei Äußerung in einem Brief

7 Besondere Zurückhaltung bei der Annahme des Testierwillens ist geboten, wenn sich der Testator lediglich in einem eigenhändig geschriebenen und unterschriebenen **Brief** äußert. In dieser Form werden regelmäßig nur Ankündigungen oder Absichtserklärungen abgegeben, nicht aber verbindlich gemeinte Verfügungen getroffen. Der Testierwille ist deshalb zweifelhaft und muss sich aus den Umständen des Einzelfalls klar ergeben.[42] Für die Annahme eines solchen Willens kann unter anderem sprechen, wenn der Testator ein besonderes Interesse daran hatte, sich gerade die Übersendung an den Empfänger zunutze zu machen, um seinem letzten Willen zur Durchsetzung zu verhelfen. Wer etwa vermutet, dass sein letzter Wille von interessierter Seite unterdrückt wird, der wird eher dazu neigen, sich eines – auch äußerlich unverfänglichen – Briefes zu bedienen, um die vom Testierwillen getragenen letztwilligen Verfügungen zu treffen.

e) Maßgebender Zeitpunkt

8 Festgestellt werden muss der Testierwille **im Zeitpunkt der Errichtung** des Testaments, also in dem Zeitpunkt, in dem das Testament **abgeschlossen** wird. Letzter Akt der Testamentserrichtung wird meist die Unterschrift sein, zwingend ist das aber nicht. Das Verfassen eines Testaments kann sich

---

37 Ohne diese Differenzierung die Begründung des BayObLG in FamRZ 1992, 226, 227.

38 BayObLGZ 1970, 173, 178; Soergel/*Mayer* Rn. 8; vgl. auch (Testament im Notizbuch) BayObLG FamRZ 2000, 1251, 1252 = NJW-FER 2000, 126 = ZEV 2000, 365 m. insoweit zust. Anm. *Kroppenberg*; BayObLG NJW-RR 2005, 525 = FamRZ 2005, 1779, 1780 = FGPrax 2005, 26, 27 (Auslegung des lückenhaft formgerecht errichteten Testaments auf der Grundlage des durchgestrichenen Testaments); so im Grundsatz auch OLG Frankfurt v. 30.08.2019 10 W 38/19 (im Ergebnis Entwurf angenommen).

39 LG Saarbrücken MDR 1983, 404.

40 OLG Hamm FGPrax 2000, 31 f.

41 OLG Karlsruhe FamZ 2011, 500, 501.

42 OLG München ZEV 2016, 323 (mitteilender Charkter der Äußerung reicht nicht); OLG Schleswig FamRZ 2010, 65, 67 = ZV 2010, 46 (letztlich recht großzügig); BayObLGZ 1963, 58, 60 ff.; BayObLG MDR 1980, 403 = Rpfleger 1980, 189; FamRZ 1990, 672, 673; NJW-RR 1991, 1222; FamRZ 2001, 944, 945 = NJW-FER 2001, 20, 21 = Rpfleger 2000, 134, 135; FamRZ 2003, 1786, 1787; OLG Brandenburg FamRZ 1998, 985, 986; vgl. auch (an Gericht gerichteter Schriftsatz) OLG Köln Rpfleger 1995, 504; vgl. auch (Testament im Notizbuch) BayObLG FamRZ 2000, 1251, 1252 = NJW-FER 2000, 126 = ZEV 2000, 365 m insoweit zust Anm. *Kroppenberg*; vgl. auch OLG Naumburg FamRZ 2003, 407, 408 (Vermächtnis neben notariellem Testament durch eigenhändigen Vermerk auf einem Grundbuchauszug); für eine besonders strenge Prüfung des Testierwillens auch Bamberger/Roth/Hau/Poseck/*Litzenburger* Rn. 8; Staudinger/*Baumann* Rn. 83.

über einen **längeren Zeitraum**[43] und auch über mehrere Orte erstrecken. Da es auf den Testierwillen bei Abschluss der Errichtung ankommt, ist das Testament auch wirksam, wenn sich der Testator erst nach dem Niederschreiben dazu entschließt, diesen Text als seinen letzten Willen anzusehen und ihn in dieser Absicht unterschreibt.[44] Ebenfalls wirksam ist es, den Text über die bereits vorhandene Unterschrift zu setzen.[45] Der Testator kann auch eine Schrift, die zunächst **als Entwurf niedergeschrieben** war, später zu seinem Testament machen.[46] Dazu reicht allerdings nicht der innere Wille aus, sondern dieser muss in Testamentsform nach außen kundgemacht werden. Dabei kann es ausreichen, wenn der Erblasser mit Testierwillen die Überschrift »Entwurf« über dem bereits früher unterschriebenen Schriftstück streicht,[47] denn die Unterschrift unter dem als Entwurf gedachten Text kann auch diese Veränderung decken (vgl. Rdn. 25), sodass damit ein mit Testierwillen errichtetes formwirksames Testament gegeben ist. Ausreichend ist es auch, in einem eigenhändigen und unterschriebenen **Vermerk** auf diesen (eigenhändig geschriebenen) Entwurf Bezug zu nehmen und diesen so zur Anlage des damit errichteten Testaments zu erklären (zu dieser Möglichkeit vgl. Rdn. 12). Dagegen wird es nicht ausreichen, wenn der Testator lediglich mündlich oder maschinenschriftlich erklärt, er wolle den damals als Entwurf niedergeschriebenen Text als sein Testament verstanden wissen, denn diese Erklärung genügt der Testamentsform nicht und der frühere Text wurde ohne Testierwillen niedergelegt. Anders wird man entscheiden können, wenn der Testator ein eigenhändig geschriebenes und unterschriebenes, jedoch als Entwurf gekennzeichnetes Schriftstück dem Notar in der Absicht übergibt, ein öffentliches Testament zu errichten, dieses jedoch nichtig ist, denn dann ist der Testierwille hinsichtlich des übergebenen Schriftstücks nicht zweifelhaft (vgl. § 2232 BGB Rdn. 23). Wirksam ist es auch, wenn der Testator ein zunächst **wirksam errichtetes Testament** in Widerrufsabsicht **zerreißt**, es später aber zusammenklebt und dieses mit Testierwillen erneut unterschreibt.[48]

f) Testierwille bei nachträglichen Änderungen und Ergänzungen; lückenhafte Testamente

Bei späteren **Änderungen und Ergänzungen** reicht es aus, wenn der zunächst fehlende Testier- 9
wille im Zeitpunkt der Änderung oder Ergänzung vorhanden ist, sofern er in diesem Zeitpunkt den gesamten Testamentsinhalt umfasst und sich nicht nur auf die Änderung oder Ergänzung beschränkt. Angesichts der Möglichkeit, ein Testament auch über einen längeren Zeitraum hinweg zu verändern und zu vervollständigen, kann der Fall auftreten, dass der Text des Testaments noch **Lücken** enthält. Maßgebend ist auch hier, ob der eigenhändig geschriebene und unterschriebene Text trotz der Lückenhaftigkeit vom Testierwillen getragen ist, oder ob es sich um einen Entwurf handelt. Ist lediglich Raum zwischen einzelnen Abschnitten gelassen, der spätere Einschübe ermöglicht, so wird das den Testierwillen nicht infrage stellen. Ist eine Verfügung selbst lückenhaft, etwa weil der Name des Begünstigten noch offengelassen ist, so berührt dies regelmäßig nicht den Testierwillen hinsichtlich der anderen Teile des Testaments, soweit nicht anzunehmen ist, dass die anderen Teile in ihrer Wirksamkeit von dem Ausfüllen dieser, nur einen Teilaspekt betreffenden, Lücke abhängen.[49] Ob die lückenhafte Verfügung selbst wirksam ist, hängt davon ab, ob auch insoweit trotz der Lücke – die den Stempel der Unvollständigkeit und damit des Entwurfscharakters

---

43 Vgl. nur BayObLGZ 1984, 194 = MDR 1984, 1024; BayObLG FamRZ 1999, 1392, 1393; OLG Celle NJW 1996, 2938.

44 RGZ 111, 247, 252; 115, 111, 114.

45 Vgl. BayObLGZ 1984, 194 = MDR 1984, 1024; OLG Zweibrücken FGPrax 1998, 26, 27 = FamRZ 1998, 581 f.; Staudinger/*Baumann* Rn. 118.

46 Vgl. OLG Hamm FGPrax 2000, 31 f.

47 Staudinger/*Baumann* Rn. 86, vgl. auch (Vervollständigung eines bereits unterschriebenen Testamentsentwurfs durch Angabe des Datums mit der Folge, dass sich die Wirksamkeit des Testaments nach den Regeln des Militärtestaments bestimmte) KG OLGE 32, 321, 322.

48 Vgl. OLG Düsseldorf JZ 1951, 309 (LS) – wobei sich im Fall die Unterschrift auf dem Umschlag des Testaments befand; dazu Rdn. 23; vgl. auch § 2257 BGB Rdn. 4.

49 Staudinger/*Baumann* Rn. 58; Staudinger/*Otte* § 2086 Rn. 2; vgl. auch KG OLGE 9, 394 f.

trägt – der Testierwille festgestellt werden kann. Das ist vom RG[50] zu Recht angenommen worden, wenn die Summe eines Kapitals, dessen Zinsen dem Bedachten ein bescheidenes, aber sorgenfreies Leben ermöglichen sollte, offengelassen wurde.

g) Berücksichtigung nach dem maßgebenden Zeitpunkt liegender Umstände

10 Verhalten oder mündliche Erklärungen des Testators nach Abschluss der letztwilligen Verfügung sind nur insofern von Bedeutung, als sie Aufschluss über den bereits früher vorhandenen Testierwillen geben. So kann bei einem auf einem gebrauchten Briefumschlag niedergelegten Testament der Umstand, dass der Testator Dritten den Ort, an dem sein Testament liegt, bezeichnet und dort dieser Briefumschlag liegt, nur mittelbar von Bedeutung sein, denn auf ihn kommt es nur an, sofern sich daraus schließen lässt, dass der Testator diesen Umschlag im Zeitpunkt des Verfassens der Erklärung bereits als Niederlegung seines letzten Willens ansah (vgl. Rdn. 6). Entschließt sich der Testator später, eine Schrift, die ohne Testierwillen verfasst wurde, als sein Testament anzusehen, so kann damit der im Zeitpunkt der Errichtung fehlende Testierwille nicht nachgeholt werden; möglich ist es aber, durch eine (weitere) Unterschrift oder einen Zusatz den Entwurf zum Testament zu erklären (vgl. Rdn. 8). Bei der Entscheidung, ob der Testierwille bereits im Zeitpunkt der Testamentserrichtung vorhanden war, kann berücksichtigt werden, dass Entwürfe regelmäßig nicht unterschrieben werden, sodass bei einer die Unterschrift tragenden vollständigen Erklärung vom Testierwillen im Zeitpunkt des Unterschreibens ausgegangen werden kann.

2. Eigenhändigkeit der Erklärung

a) Umfang

11 Nach § 2247 Abs. 1 BGB muss die Erklärung vom Erblasser eigenhändig geschrieben sein (zur Ausnahme bei gemeinschaftlichen Testamenten vgl. § 2267 Rdn. 1). Damit bezieht sich das Formerfordernis grundsätzlich auf die **gesamte** Erklärung. Unschädlich ist es, wenn Ort oder Datum nicht handschriftlich eingesetzt werden, da Abs. 2 lediglich eine Sollbestimmung hinsichtlich dieser Angabe enthält.[51] Sind Teile des Testaments **nicht mit der Hand** geschrieben, so sind diese **unwirksam**, auch wenn sie nachweislich vom Erblasser mit Testierwillen eingefügt wurden. Der verbleibende Teil des Testaments ist nach § 2085 BGB wirksam, sofern nicht anzunehmen ist, dass der Erblasser die verbleibenden Verfügungen nicht ohne die unwirksame Verfügung getroffen haben würde.[52] Bei der Entscheidung dieser Frage kann der Inhalt der unwirksam getroffenen Verfügungen berücksichtigt werden. Die handschriftlichen Einfügungen in einem Formblatt für eine Generalvollmacht können in der Regel nicht als eigenhändiges Testament verstanden werden.[53] Fügt der begünstigte Dritte dem eigenhändigen Testament seine Unterschrift hinzu, so steht das der Wirksamkeit des eigenhändigen Testaments nicht entgegen; eine solche Erklärung ist nicht als (formunwirksamer) Erbvertrag auszulegen (vgl. auch Rdn. 29).[54] Zu Streichungen im Text vgl. § 2255 BGB Rdn. 10. Hat ein Beamter im staatshaftungsrechtlichen Sinne den Eindruck erweckt, er habe ein Testament geprüft und es sei wirksam errichtet, obwohl es nicht eigenhändig vom Erblasser geschrieben wurde, so können Amtshaftungsansprüche wegen der Unwirksamkeit des Testaments bestehen.[55]

---

50 JW 1912, 39, 40.

51 OLG Köln ZEV 1998, 435; Bamberger/Roth/Hau/Poseck/*Litzenburger* Rn. 10.

52 OLG Köln ZEV 1998, 435 f.; vgl. auch RG Recht 1921 Nr. 582; BayObLG FamRZ 1986, 726, 727; BayObLG NJW-RR 2005, 1025, 1026 (maschinenschriftliche Überschrift); OLG Zweibrücken FGPrax 2003, 183 = NJW-RR 2003, 872 = ZEV 2003, 367 (maschinenschriftliche Zusätze mit selbständigen Verfügungen).

53 OLG Stuttgart FamRZ 2015, 1056 f.; a.A. *Baumann* ZEV 2015,221 f.

54 BayObLGZ 1993, 248, 249 = DNotZ 1994, 388, 389; vgl. auch (Aufrechterhaltung einer »Vereinbarung« in Zusammenhang mit Pflegeleistungen als privatschriftliches Testament) BayObLG 1998, 22, 24 f. = FamRZ 1998, 1141, 1142 = NJW-RR 1998, 729, 730; zustimmend *Hohloch* JuS 1998, 1163 f.

55 OLG Karlsruhe FamRZ 2011, 844 = MDR 2011, 483 (Ortsvorsteher) m. Anm. *Lehmann* ZEV 2011, 362.

Nimmt der Text **Bezug auf Anlagen**, so ist zu unterscheiden: Dienen die Anlagen lediglich der **Erläuterung** des im Text eigenhändig Verfügten (z.B. Katasterplan), so ist die Bezugnahme unproblematisch; der Plan braucht nicht etwa eigenhändig vom Testator gemalt zu sein.[56] Dasselbe gilt für eine maschinenschriftliche Konkretisierung der im eigenhändig geschriebenen Testament bereits erwähnten Vermögensgegenstände[57] oder eine maschinenschriftlich erstellte Liste, wenn das Testament die Verfügung enthält, die noch lebenden erbberechtigten Verwandten dieser Liste seien als Erben eingesetzt.[58] Auch zur Auslegung der eigenhändigen Erklärung kann die in Bezug genommenen maschinenschriftliche Erlärung herangezogen werden.[59] Enthält dagegen die Anlage nicht nur Erläuterungen, sondern sollen darin Verfügungen getroffen werden, die – auch unter Berücksichtigung der Andeutungstheorie – im Testament selbst nicht bereits enthalten sind (im Testament heißt es: »Meine Nichte soll alles erhalten, was in der Anlage aufgezählt ist« und in der Anlage heißt es nach einer Aufzählung verschiedener Gegenstände: »… und mein Neffe erhält …«), so ist dies nur wirksam, wenn diese Anlagen ihrerseits der Testamentsform genügen, also im Fall des § 2247 BGB eigenhändig geschrieben und unterschrieben sind.[60] In einem solchen Fall ist es auch unschädlich, wenn das verweisende Testament aus sich heraus nicht verständlich ist, solange die Gesamtbetrachtung beider Urkunden ein Verständnis ermöglicht.[61] Ebenfalls wirksam ist die Bezugnahme auf ein formwirksam errichtetes gemeinschaftliches Testament, auch wenn dieses von dem anderen Ehegatten geschrieben wurde (zu der Möglichkeit, dass die Unterschrift auf einem Blatt auch den Text auf einem anderen Blatt deckt, vgl. Rdn. 22).[62] Wird in dem Testament auf ein **öffentliches Testament verwiesen**, das seinerseits nicht auf der Grundlage eines vom Erblasser eigenhändig geschriebenen Schriftstücks errichtet wurde, so muss dieses öffentliche Testament wirksam sein. Deshalb kann auf ein öffentliches Testament, das nach § 2256 Abs. 1 BGB als widerrufen gilt, weil es aus der besonderen amtlichen **Verwahrung zurückgegeben** wurde, regelmäßig **nicht verwiesen** werden.[63] Befindet sich dagegen das öffentliche Testament noch **in Verwahrung**, wurde es aber widerrufen, so soll ein privatschriftliches Testament als wirksam angesehen werden, das auf den Inhalt des widerrufenen Testaments Bezug nimmt.[64] Die Frage wird sich kaum stellen, denn in der Regel wird sich das Testament als Widerruf des Widerrufs des öffentlichen Testaments verstehen lassen, sodass dieses – unabhängig von der Bezugnahme – als nicht widerrufen gilt (§ 2257 BGB; anders bei späterer Rücknahme aus amtlicher Verwahrung, da § 2257 BGB auf diesen Fall nicht anwendbar ist, vgl. § 2257 BGB Rdn. 4). Wird auf den Inhalt eines **Nottestaments** Bezug genommen, so soll dies nach Ablauf der beschränkten Geltungsdauer des Nottestaments nach § 2252 BGB unwirksam sein bzw. werden.[65] Gegen diese Auffassung spricht aber, dass der Gesetzgeber das Nottestament in seiner Wirksamkeit zugelassen hat, um einerseits der Notsituation des Testators Rechnung zu tragen und ihm das Testieren zu ermöglichen, es andererseits aber in seiner 12

56 Staudinger/*Baumann* Rn. 79.

57 OLG Zweibrücken NJW-RR 1989, 1413 = FamRZ 1989, 900; vgl. auch BGH DNotZ 1980, 761, 762 f. = Rpfleger 1980, 337 f.; enger Staudinger/*Baumann* Rn. 78.

58 BayObLG FamRZ 2003, 1325 = NJW 2003, 2391 = Rpfleger 2003, 88, 89.

59 OLG Hamburg FamRZ 2016, 665, 666; KG FamRZ 2018, 1698.

60 BGH DNotZ 1980, 761, 762 f. = Rpfleger 1980, 337 (dort auch zur Anwendung der Andeutungstheorie bei einem diesen Anforderungen nicht genügenden Schriftstück); OLG Köln MDR 2015, 39, 40; OLG München FamRZ 2011, 502, 503 = NJW-RR 2011, 156 = ZEV 2011, 80; streng, aber zutreffend OLG Hamm FamRZ 200, 1484 f.; vgl. auch BayObLG NJW-RR 1990, 1481, 1482; BayObLGZ 1973, 35, 38.

61 BGH ZEV 2010, 364, 365.

62 OLG Frankfurt NJW-RR 2002, 7 = FGPrax 2001, 244; zur unwirksamen Vervollständigung eines lückenhaften gemeinschaftlichen, aber vom anderen Ehegatten niedergeschriebenen Testamentsentwurfs OLG Hamm NJW-RR 1991, 1352 = FamRZ 1992, 356, 358 m. Anm. *Musielak*.

63 Vgl. (Gültigkeitsvermerk) BayObLGZ 1973, 35, 38; BGH DNotZ 1980, 761, 763 = Rpfleger 1980, 337; *Schubert* JR 1981, 24, 25 (unter Hinweis auf die Fälschungsgefahr); Staudinger/*Baumann* Rn. 72; großzügiger *Lange/Kuchinke* § 20 IV 1 c Fn. 44; noch großzügiger *Burkart*, FS v. Lübtow S. 253, 261.

64 *Grundmann* AcP 187 (1987), 429, 438; *Schubert* JR 1981, 24, 25.

65 Staudinger/*Baumann* Rn. 73.

Wirksamkeit zeitlich beschränkt hat, um zu verhindern, dass nur unzureichend bedachte Verfügungen, die aus einer Notsituation heraus getroffen wurden, unbedacht perpetuiert werden. Dieser letzte Gedanke trifft aber auf Fälle nicht zu, in denen der Testator später in ordentlicher Form ein Testament errichtet und dabei inhaltlich auf den in dem Nottestament geäußerten Willen verweist. Von der unbedachten Aufrechterhaltung einer in einer Notlage getroffenen Verfügung kann dann keine Rede sein. Man sollte deshalb dieses neuerliche Testament mit der in Bezug genommenen Verfügung als wirksam ansehen.[66] Der Einwand, die zeitliche Beschränkung des Nottestaments diene auch Nachweiszwecken und deshalb sei eine mittelbare Verlängerung der Frist des § 2252 Abs. 1 BGB ausgeschlossen, greift, wie sich an § 2252 Abs. 2 und Abs. 3 BGB zeigt, nicht durch.

Soll durch das Testament eine **Stiftung errichtet** werden, so muss die nach § 83 erforderliche Angabe des Stiftungszweckes in dem eigenhändig geschriebenen Testament enthalten sein; die Bezugnahme auf eine maschinenschriftliche Anlage reicht nicht aus.[67] Nicht erforderlich ist es aber, den Text der Stiftungssatzung eigenhändig zu schreiben.[68] Enthalten **Bestattungsvorsorgeverträge** einen eigenhändigen Zusatz, durch den der gesamte Vertragsinhalt als letztwillige Verfügung angesehen werden soll, so mag dies eine wirksame Bezugnahme sein, es gestaltet aber nicht den Inhalt dieser gegenseitigen Vereinbarung als letztwillige Verfügung um.[69]

b) Begriff der Eigenhändigkeit

aa) Sinn des Kriteriums

13 Die Voraussetzung der Eigenhändigkeit der gesamten Erklärung dient dem Zweck, dass sich der Testator zumindest während des Niederschreibens über den gesamten Inhalt seiner Erklärung klar wird; zugleich wird das Ziel verfolgt, die Authentizität der Erklärung in allen ihren Bestandteilen in möglichst hohem Maße sicherzustellen, um so ein Unterschieben falscher Erklärungen oder Verfälschen und Unterdrücken echter Testamente zu verhindern.[70] Bestehen Zweifel darüber, ob ein handgeschriebener Text aus der Hand des Testators stammt, so ist von der Unwirksamkeit des Testaments auszugehen.[71] Eine absolute Gewissheit braucht nach allgemeinen Regeln richterlicher Überzeugungsbildung nicht zu bestehen, solange nur ein Grad erreicht ist, der vernünftige Zweifel schweigen lässt.[72] Dabei darf sich das Gericht mit der Vorlegung einer Kopie als Beurteilungsgrundlage nur dann begnügen, wenn das Originaltestament unauffindbar ist (zum Nachweis durch Kopien vgl. auch § 2255 BGB Rdn. 18).[73] Die Echtheit der Unterschrift indiziert nicht die Eigenhändigkeit der Erklärung; §§ 416, 440 Abs. 2 ZPO sind bzgl. der Eigenhändigkeit der Erklärung nicht anwendbar.[74] Wird in einem Verfahren nach dem FamFG die Unechtheit einer Unterschrift

66 Soergel/*Mayer* Rn. 33.

67 LG Berlin NJW-FER 2000, 293.

68 OLG Stuttgart ZEV 2010, 200, 201 m. krit. Anm. *Wachters*. (im konkreten Fall sei der Zweck nicht hinreichend im Testament bestimmt).

69 LG Hamburg FamRZ 2001, 126; a.A. *Widmann* FamRZ 2001, 74, 75 f.

70 Vgl. BGHZ 47, 68, 70; NJW 1981, 1737, 1738; BayObLGZ 2004 Nr. 19 = FamRZ 2005, 138, 139.

71 BayObLG FamRZ 2005, 1015, 1017 (widersprechende Gutachten); OLG Düsseldorf FamRZ 1997, 518; zur Aufklärung nach § 12 FGG im Erbscheinsverfahren vgl. BayObLG FamRZ 1985, 837, 838; Rpfleger 1988, 67; vgl. auch BayObLG FamRZ 1995, 1523 und FamRZ 1998, 644 = Rpfleger 1998, 161 (wenn das Gericht aufgrund von Zeugenaussagen bzw. eines Vergleichs mit Schriftproben von der Eigenhändigkeit überzeugt ist, braucht ein Sachverständigengutachten nicht eingeholt zu werden) FamRZ 1999, 332, 333 f. (Würdigung obliegt dem Gericht; bei mehreren Gutachten keine Bindung an die Mehrheit der Gutachter); NJW-FER 2001, 298, 299 = FamRZ 2002, 704, 705 = ZEV 2002, 154 f. (regelmäßig kein zweites Schriftgutachten erforderlich).

72 BayObLG FamRZ 2005, 1014, 1015.

73 BayObLG NJW-RR 2002, 726, 727; OLG Koblenz FamRZ 2016, 1487, 1488; OLG Köln 26.2.2018 2 Wx 115/18, WKRS 2018, 42605; OLG Düsseldorf FamRZ 2017, 1162, 1163 (ohne Weiteres zulassend).

74 OLG Hamm OLGZ 1993, 141, 145; *Hardt* S. 160; *Baumgärtel/Laumen/Prütting/Schmitz* Rn. 5; *Lange/Kuchinke* § 20 IV 5; Soergel/*Mayer* Rn. 47.

behauptet und erweist sich die Unterschrift in einem Sachverständigengutachten[75] als echt, so können dem Behauptenden nach § 81 FamFG die **Kosten des Gutachtens auferlegt** werden.[76]

bb) Individualisierbarkeit als Maßstab; Einzelfälle

Die genannten Ziele, um derentwillen das Gesetz die Eigenhändigkeit verlangt, werden nur dann erreicht, wenn die **Individualisierung der Schrift**, also die Zuordnung der Zeichen zu ihrem Verfasser, möglich ist. Daraus folgt zunächst, dass jedenfalls jede Form der mechanischen Schrift (Schreibmaschine, Drucker etc.) ausscheidet, soweit sie aus immer gleichen, von der Individualität des Schriftzuges des Schreibenden unabhängigen Zeichen besteht. Problematisch ist die Behandlung einer Schrift auf dem **Digitalisiertablett** eines Computers.[77] Bei dieser Technik wird mittels eines speziellen Stiftes auf eine Platte »geschrieben« mit der Folge, dass der virtuelle Schriftzug auf dem Bildschirm eines Computers erscheint. Der individuelle Schriftzug des Schreibenden wird dabei festgehalten und kann ausgedruckt werden. Dass bei dieser Technik Daten, die für die grafologische Untersuchung erforderlich sein können (Aufdruckstärke), nicht erfasst werden, hindert die Behandlung als eigenhändig nicht (zu der Nachbearbeitungsmöglichkeit sogleich). Ebenso wie bei einer Erklärung, die mittels eines **Kohlepapiers** durchgepaust wird, muss entscheidend sein, dass die Individualität des Schriftzuges durch eine solche Abstraktion vom eigentlichen Schreibvorgang nicht beeinträchtigt wird.[78] Zu Recht wird es deshalb umgekehrt **nicht für ausreichend** erachtet, wenn der Testator den in einer **fremden Handschrift** geschriebenen Text **nachzieht** und mittels einer Blaupause auf ein Papier »schreibt«, denn mit diesem Vorgang ordnet er die Individualität seiner Handschrift der einer fremden Handschrift unter.[79] Wird ein Testament errichtet, indem eigenhändig Namen und Gegenstände mit Pfeilen verbunden werden, so ist dies als eigenhändig geschrieben und damit formwirksam anzusehen,[80] denn die eigenhändig geschriebenen Teile erlauben die Individualisierbarkeit, und auch die Zuordnung durch die Pfeile erfolgt eigenhändig. Schreibt ein Rechtshänder die Erklärung mit seiner linken Hand, so dass typische Züge in der Handschrift fehlen, stellt dies die Eigenhändigkeit nicht in Frage.[81] 14

Obwohl bei einer auf dem **Computer** hergestellten Erklärung – sei es durch Schreiben auf ein Digitalisiertablett, sei es dadurch, dass eine handgeschriebene Erklärung mittels eines Scanners digitalisiert wird – auf dem späteren Ausdruck die Individualität des Schriftzuges nicht verloren geht (dazu bereits oben in dieser Rdn.), bestehen gegen die Anerkennung einer solchen Erklärung als handschriftlicher **Bedenken**: Der Computer erlaubt es, derart als handschriftlich erfasste Schriftzüge nachzubearbeiten und zwar in einer Weise, die ihrerseits dem Handschriftlichkeitserfordernis nicht genügt. So ist das Löschen einzelner Worte oder auch das Verschieben von Worten innerhalb des Textes durch Tastendruck möglich, ohne dass insoweit von Handschriftlichkeit gesprochen werden kann. Diese technische Möglichkeit eröffnet nicht nur Verfälschungen weiten Raum, sondern sie beeinträchtigt auch bei einer vom Testator selbst geschriebenen und nachbearbeiteten Erklärung den Zweck des Handschriftlichkeitserfordernisses, denn es ist nicht mehr sichergestellt, dass der Testator den durch Wortverschiebungen nachbearbeiteten Text in seinem Zusammenhang ebenso erfasst, wie dies bei dem eigenhändig geschriebenen Text der Fall ist. Derartig erstellte Erklärungen sind deshalb **nicht als handschriftlich** anzuerkennen, auch wenn sie den individuellen Schriftzug des Testators unzweifelhaft erkennen lassen. Auch der Schreibvorgang auf dem **Digitalisiertablett**

75 Ausführlich zum Schriftgutachten im Erbscheinsverfahren *Horn/Kroiß/Seitz* ZEV 2013, 24 ff.

76 OLG München 30.04.2012 31 Wx 68/12.

77 Vgl. *Hergenröder* ZEV 2018, 7 ff; gegen die Wirksamkeit (erfüllt Schriftform nicht) *Scholz*, AcP 219, 100, 110.

78 So für das Blaupausentestament BGHZ 47, 68, 71 f.; BayObLG FamRZ 1986, 1043, 1044; Rpfleger 1993, 405; a.A. *Jansen* NJW 1966, 663, 664.

79 Vgl. OLG München JW 1937, 44 Nr. 29; BGHZ 47, 68, 71; *Muscheler* NJW 2017 3078 f.

80 AA OLG Franfurt/M. ZEV 2013, 334 Tz. 18.

81 OLG Köln 03.08.2017 2 Wx 149/17 juris.

als solcher kann nicht als handschriftliches Testament angesehen werden:[82] Der Schriftzug bleibt zwar für eine gewisse Zeit auf dem Tablett zu sehen, er verschwindet aber durch Überschreiben, sodass nicht gewährleistet ist, dass der Testator am Ende seiner Erklärung sich über den Inhalt des bereits Geschriebenen eine Übersicht über den gesamten Text in dem beschriebenen Medium verschaffen kann. Hinzu kommt, dass sich der Testator bei der Wahl des Mediums der Digitalisierung über die Möglichkeit der Nachbearbeitung im Klaren sein und deshalb seine Erklärung in der Regel nur als vorläufige, durch Nachbearbeitung noch zu verändernde auffassen wird. In derartigen Fällen fehlt es an dem erforderlichen Testierwillen im Augenblick des Niederschreibens; es handelt sich um den Entwurf eines Testaments, welches erst auf dem Computer und damit formungültig errichtet werden soll.

Hat der Erblasser von einem eigenhändig geschriebenen Text **Fotokopien** erstellt und diese eigenhändig unterschrieben, so lässt der auf diesem Wege erstellte Text zwar die Schriftzüge unverfälscht erkennen, ist aber dennoch **nicht eigenhändig.**[83] Darin liegt der Unterschied zur Blaupause oder Kohlepapier, bei der die eigene Hand den entscheidenden Vorgang auf dem Durchschlag auslöst. Liegen zugleich die Originale der Kopien vor, so kann aber nach den Grundsätzen eines aus mehreren unverbundenen Blättern bestehenden Testaments, das nur auf der letzten Seite unterschrieben ist, ein wirksames Testament angenommen werden. Dies rechtfertigt sich aus der Überlegung, dass der Erblasser durch die Unterschrift auf der Kopie (sowie deren inhaltliche Veränderung) ersichtlich auf die Originalschriftstücke Bezug nehmen will.[84] Dasselbe muss dann aber auch gelten, wenn die Originalschriftstücke nicht vorgelegt werden können, aber kein Zweifel an deren Existenz besteht. Wenn es möglich ist, den Inhalt eines nicht mehr auffindbaren Testaments durch eine Kopie nachzuweisen (vgl. § 2255 BGB Rdn. 18), kann es sich hier nicht anders verhalten.

cc) Unlesbare Erklärungen

15 Die Eigenhändigkeit wird nicht dadurch infrage gestellt, dass die Handschrift **schwer lesbar** ist. Auch Handschriften, die nicht entziffert werden konnten, genügen der Anforderung an ein eigenhändiges Testament. Die h.L. verweist darauf, dass ein unlesbares Testament keine Verkörperung einer Gedankenerklärung sei. Deshalb sei ein **unlesbares Testament** nichtig, sofern sich die Unlesbarkeit nicht lediglich auf die Unterschrift beziehe.[85] Das ist nicht richtig, wie sich an dem Vergleich zu einem chiffrierten Testament zeigt, bei welchem der Dechiffrierschlüssel unbekannt ist.[86] Derartige Testamente sind nicht unwirksam, denn damit wäre es ausgeschlossen, dass sie bei späterer Entzifferung (z.B. wegen Auffindens weiterer Vergleichstexte) oder Dechiffrierung (z.B. wegen Auffindens des Codes) als wirksam angesehen werden. Da es aber keinen Grund dafür gibt, ein Testament, das entziffert ist, deswegen für unwirksam zu halten, weil es in einem früheren Zeitpunkt für nicht entzifferbar gehalten wurde, muss auch das unleserliche Testament wirksam sein. Ein solches Testament zieht aber keine Rechtsfolgen nach sich, da sich sein Inhalt derzeit nicht feststellen lässt. Lässt sich der **Inhalt auf anderem Wege** – etwa durch Befragung von Zeugen oder durch andere Schriftstücke, die ihrerseits aber nicht der Testamentsform entsprechen – feststellen, so reicht dies allein **nicht aus**, denn der Inhalt muss sich aus der schriftlichen Erklärung ergeben.

82 Kroiß/Ann/Mayer/*Kroiß* Rn. 20; Soergel/*Mayer* Rn. 18.

83 BGHZ 47, 68, 72; OLG München NJW-RR 2006, 11, 12; OLG München NJW-RR 2011, 1644, 1645 (im Fall mangels Unterschrift unter dem Zusatz verneint); OLG Karlsruhe NJW-RR 2003, 653, 654 = FamRZ 2003, 1507, 1508 = ZEV 2003, 204.

84 OLG Karlsruhe NJW-RR 2003, 653, 654 = FamRZ 2003, 1507, 1508 = ZEV 2003, 204; OLG München NjW-RR 2006, 11, 12.

85 OLG Schleswig FamRZ 2016, 583, 584 OLG Hamm FamRZ 1992, 356, 357; KG FGPrax 1998, 111 = FamRZ 1998, 1396, 1397 = ZEV 1998, 387 f. = NJW-RR 1998, 1298, 1299; Kroiß/Ann/Mayer/*Kroiß* Rn. 28; Soergel/*Mayer* Rn. 19; Staudinger/*Baumann* Rn. 49; Palandt/*Weidlich* Rn. 9; vgl. auch BayObLG Rpfleger 2001, 181, 182 (obiter dictum).

86 Zu dieser Parallele vgl. *Musielak* FamRZ 1992, 358, 359; vgl. auch *Muscheler* Erbrecht Rn. 1731 (Testament könne auch mit Hilfe von Sachverständigen entziffert werden).

Bei der Entzifferung der Schrift ist es aber zulässig, anderweitig erhaltene Kenntnis von dem, was der Testator niederlegen wollte, zu verwerten, solange dies dazu führt, den Inhalt nunmehr auch in den Schriftzeichen zu erkennen.[87] Dies kann bspw. dann der Fall sein, wenn der Testator eine maschinenschriftliche Vorlage benutzt hat, die er mit seiner aus sich heraus nicht lesbaren Schrift abgeschrieben hat, sofern man auf der Grundlage der Vorlage nunmehr die Schrift entziffern kann. Gerade in Fällen, in denen die Vorlage zusammen mit dem Text in einem verschlossenen und vom Testator unterschriebenen Umschlag verwahrt wird, gibt es keinen Grund, die Verfügung als unwirksam anzusehen. Von den hier behandelten Fällen der Unlesbarkeit des Testaments zu unterscheiden sind Fälle, in denen das Testament **früher lesbar** war – der Erklärungsinhalt also schriftlich zum Ausdruck gebracht war –, später aber unleserlich wird. Kann in einem solchen Fall der Inhalt des Testaments auf anderem Wege (insb. Zeugenvernehmung) festgestellt werden, so ist das Testament auch dann nicht unwirksam, wenn der anderweitig ermittelte Inhalt sich mit dem jetzt unleserlichen Testament nicht mehr in Verbindung bringen lässt.[88]

dd) Schriftabweichungen, Behinderungen

Wenn die **Schrift** des Testators in der Erklärung von der vom Testator sonst verwendeten **abweicht**, 16
etwa deshalb, weil er wegen einer Verletzung mit der anderen Hand schreibt, so steht dies der Einordnung der Erklärung als eigenhändiger nicht entgegen.[89] Aus der Zielsetzung des Kriteriums der Eigenhändigkeit (Individualisierung und Vergegenwärtigen des gesamten Textes) lässt sich ableiten, dass es nicht entscheidend ist, ob der Text mit der Hand geschrieben ist. Bei **Behinderungen** ist deshalb die Schrift mittels des Mundes oder des Fußes als eigenhändig i.S.d. Abs. 1 anzusehen. Bei **Blinden** ist die Errichtung eines privatschriftlichen Testaments in Blindenschrift nicht möglich, weil die im Wege der Durchlöcherung erstellten Schriftzeichen eine Individualisierung nicht ermöglichen. Das gilt nicht nur bei Schriftzeichen, die mit einer Blindenschreibmaschine erstellt wurden, sondern auch bei einer vom Testator selbst in Blindenschrift erstellten Erklärung (zu den Möglichkeiten, durch Übergabe eines in Blindenschrift verfassten Schreibens ein öffentliches Testament zu errichten, vgl. § 2233 BGB Rdn. 6).[90] Mangels Individualisierbarkeit der Schrift ist auch ein Testament nicht als handschriftlich anzusehen, das vom Testator mittels einer Schreibschablone erstellt wurde.

ee) Mitwirkung Dritter

Bei dem Schreibvorgang können **Dritte** behilflich sein, bspw. indem sie die Hand stützen. Dabei 17
muss aber der Schreibvorgang vom Willen des Schreibenden beherrscht sein. Formt der Dritte die Schriftzüge, so fehlt es an der Eigenhändigkeit.[91] Geht die Mitwirkung über Stützungshandlungen hinaus, so fehlt es an der Eigenhändigkeit.[92] Dafür, dass sich die Mitwirkung auf eine Stütze beschränkte, ist derjenige beweisbelastet, der Rechte aus dem (formwirksamen) Testament ableiten will.[93]

87 Vgl. *Musielak* FamRZ 1992, 358; a.A. OLG Hamm FamRZ 1992, 356, 357; KG FGPrax 1998, 111 = FamRZ 1998, 1396, 1397 = ZEV 1998, 387 f. = NJW-RR 1998, 1298, 1299; Staudinger/*Baumann* Rn. 49.

88 KG JW 1938, 1601; Soergel/*Mayer* Rn. 20; Staudinger/*Baumann* Rn. 49.

89 BayObLG Rpfleger 1985, 493.

90 LG Hannover NJW 1972, 1204, 1205; *Schultze* DNotZ 1955, 629; Bamberger/Roth/Hau/Poseck/*Litzenburger* Rn. 12; Palandt/*Weidlich* Rn. 7; Soergel/*Mayer* Rn. 17; Staudinger/*Baumann* Rn. 32; *Brox/Walker* § 11 Rn. 3; vgl. auch *Lange/Kuchinke* § 20 IV 1 c Fn. 42 m.w.N. aus dem älteren Schrifttum.

91 BGHZ 47, 68, 71 (obiter dictum); BGH NJW 1981, 1900, 1901; BayObLG DNotZ 1952, 78; FamRZ 1985, 1286 (unterstützte Unterschrift eines notariellen Testaments); 1986, 726, 727; OLG Hamm FamRZ 2002, 769 = NJW-RR 2002, 222 = ZEV 2002, 108; OLG Hamm 02.12.2012 I 15 W 231/12; vgl. auch *Keidel* MDR 1958, 837; zur Abgrenzung aus der Sicht des Schriftsachverständigen vgl. *Michel* ArchKrim 162 (1978), 1 ff.; vgl. auch *Seibt*, Forensische Schriftgutachten, 1999.

92 OLG Hamm ZEV 2013, 42 Tz. 5.

93 OLG Hamm ZEV 2013, 42 Tz. 10.

c) Material

18 Die Erklärung kann auf einem beliebigen Material erfolgen, solange dies nur zulässt, die individuellen Züge der Handschrift zu erkennen. Es kann deshalb auf Holz, Schiefer oder Papier, auf Briefumschläge oder auf Bierdeckel, auf Tischdecken oder Wände geschrieben werden.[94] Ohne Bedeutung ist auch das Schreibwerkzeug (Tinte, Kohle, Kreide). Die Wahl einer rasch vergänglichen Verkörperung steht der Wirksamkeit des Testaments nicht entgegen, wohl aber kann sie Anlass dazugeben, der Frage des Testierwillens näher nachzugehen (vgl. Rdn. 6).[95] So fehlt es bei einem in den Sand geschriebenen Testament zwar nicht an der Schriftform, wohl aber meist am Testierwillen, wobei es für den Nachweis dieses Willens von Bedeutung ist, wenn dem Testator eine andere, beständigere Möglichkeit der Testamentserrichtung nicht zur Verfügung stand.

3. Unterschrift

a) Sinn der Voraussetzung

19 Die eigenhändige Erklärung muss eigenhändig unterschrieben werden; ein Faksimile oder ein Stempel genügen dem nicht. Durch die Unterschrift wird zum einen ausgedrückt, dass das Testament abgeschlossen ist (vgl. aber auch Rdn. 25) – insoweit ist die Unterschrift zugleich Indiz für das Vorhandensein des Testierwillens –, zum anderen wird noch einmal die Authentizität des Testaments bekräftigt. Daneben kommt der Unterschrift die Aufgabe zu, den Text gegen weitere Zusätze zu schützen.[96] Die Unterschrift ist wegen der Vielschichtigkeit ihrer Funktion auch dann nicht entbehrlich, wenn Testierwille und Authentizität der Erklärung auf andere Weise sichergestellt sind.[97] Hinsichtlich der **Echtheit** der Unterschrift trägt derjenige die Beweis- bzw. Feststellungslast, der sich auf die Wirksamkeit des Testaments beruft.[98] Die Würdigung der Beweise obliegt allein dem Gericht; dies gilt auch für den Inhalt von Gutachten eines Schriftsachverständigen.[99] Mehrere widersprechende Schriftsachverständigengutachten zwingen das Gericht nicht, sich der Mehrheitsmeinung anzuschließen.[100]

b) Form der Unterschrift

20 Im Gegensatz zu den allgemeinen Regeln der Anforderungen an eine Unterschrift[101] kann nach Abs. 3 Satz 2 auch durch **Abkürzungen** unterschrieben werden,[102] wobei zu bedenken ist, dass gerade ein geschäftserfahrener Testator eine **Paraphe** häufig nur für einen Abdruck oder eine Kopie verwenden wird, sodass es bei der Erklärung am Testierwillen fehlen kann;[103] dies stellt aber die

94 Vgl. auch OLG Naumburg FamRZ 2003, 407, 408 (Testament auf Grundbuchauszug); OLG Braunschweig NJW-RR 2019, 583 (undatierter Notizzettel, aber strenge Anforderungen an die Feststellung des Testierwillens).

95 OLG Hamburg FamRZ 2014, 2029; Bamberger/Roth/Hau/Poseck/*Litzenburger* Rn. 5; Soergel/*Mayer* Rn. 12; Staudinger/*Baumann* Rn. 21.

96 Vgl. für den Fall einer »Unterschrift« am oberen Blattrand eines Überweisungsträgers BGHZ 113, 48, 51; BayObLG Rpfleger 2004, 701 = FamRZ 2005, 1012; BayObLG FamRZ 2004, 1141 = FGPrax 2004, 38, 40 = NJW-RR 2004, 939.

97 BayObLG NJW-RR 1991, 1222; Staudinger/*Baumann* Rn. 89.

98 BayObLG FamRZ 1999, 331, 332 = NJW 1999, 1118, 1119; *Hardt* S. 142 ff.

99 BayObLG FamRZ 1999, 332, 333.

100 BayObLG FamRZ 1999, 332, 334.

101 Vgl. BGH MDR 1997, 1052.

102 OLG Celle NJW 1977, 1690; OLG Stuttgart Justiz 1977, 378; MünchKomm/*Hagena* Rn. 26; Palandt/*Weidlich* Rn. 10; Soergel/*Mayer* Rn. 22 (so*lange* die Art der Unterzeichnung zur Feststellung der Identität des Erblassers und Ernstlichkeit der Erklärung genügt); vgl. auch (zu § 385 ZGB) OLG Celle ZEV 1996, 193, 194; a.A. (bei Beschränkung auf Anfangsbuchstaben) Staudinger/*Baumann* Rn. 113; amtl. Begr. zum TestG DJ 1938, 1254, 1257.

103 Zu Zweifeln am Testierwillen bei ungewöhnlicher Errichtungsform (Brieftestament) BayObLGZ 1963, 58 = MDR 1963, 503.

grundsätzliche Wirksamkeit einer solchen Unterschrift nicht infrage.[104] Die Unterschrift braucht **nicht leserlich** zu sein.[105] Es muss sich aber bei der Unterschrift um **Schriftzeichen** handeln. Drei Kreuze, eine Linie oder ein Kreis sind keine Unterschrift.[106] Ebenso fehlt es bei einem Fingerabdruck an der Verkörperung in schriftlicher Form.

c) Bezeichnung in der Unterschrift

In welcher Weise sich der Testator **bezeichnet**, ist – wie Abs. 3 zeigt – unerheblich. Es kann des- 21
halb auch mit der Familienbezeichnung (»Euer Vater«) oder mit Künstler- oder Kosenamen unterschrieben werden.[107] Eine solche Form der Bezeichnung kann im Einzelfall für den Charakter des Schreibens als bloße Mitteilung des Testaments und damit gegen die Annahme eines Testierwillens sprechen;[108] entscheidende Bedeutung ist dem aber nicht beizumessen. Unterschreibt der Erblasser mit einer wirren Buchstabenfolge, die keine Beziehung zu seinem Namen aufweist und die er auch nicht üblicherweise verwendet, so bestehen – auch wenn die Identität des Testierenden feststeht – Zweifel am erforderlichen Testierwillen.[109] Die **Selbstbenennung im Text** der Erklärung (»Ich, N N, bestimme, dass …«) reicht nicht nur wegen ihrer räumlichen Anordnung als Unterschrift nicht aus, sondern auch deshalb, weil die besondere Funktion der Unterschrift als Abschluss und als Kennzeichen des Geltungswillens durch diese Bezeichnung nicht erfüllt wird.[110] Das gilt auch dann, wenn der nachfolgende Text mit einer Schlussformel endet, die das Ende des Textes verdeutlicht.[111] Als wirksam wird dagegen angesehen, wenn die Selbstbezeichnung am Ende des Textes in eine solche Schlussformel integriert wird (»Dies ist der letzte Wille von NN, so soll es geschehen«).[112] Dem ist zuzustimmen, denn bei dieser Gestaltung wird häufig der Testator eine weitere Unterschrift für entbehrlich halten. Wird ein Zusatz lediglich mit einer Bezugnahme beendet (»die Obengenannte«), so ist das keine Unterschrift.[113] Die Wirksamkeit des Zusatzes bestimmt sich dann nach den in Rdn. 26 genannten Grundsätzen.

d) Position der Unterschrift

Die Unterschrift soll den Abschluss des Testaments kennzeichnen. Um verfälschende Zusätze zu 22
verhindern, muss sie deshalb grundsätzlich **unter dem Text** stehen. Dieser Grundsatz gilt aber nicht ohne **Ausnahmen**. So kann es ausreichen, wenn auf einem vollgeschriebenen Blatt die Unterschrift

104 OLG Celle NJW 1977, 1690; MünchKomm/*Hagena* Rn. 29; Soergel/*Mayer* Rn. 22; a.A. Staudinger/*Baumann* Rn. 92.

105 BayObLGZ 1907, 400, 403; MünchKomm/*Hagena* Rn. 27; Soergel/*Mayer* Rn. 22; Staudinger/*Baumann* Rn. 93; vgl. auch (zu den Anforderungen an eine Unterschrift außerhalb des Testamentsrechts) BGH MDR 1997, 1052.

106 Vgl. MünchKomm/*Hagena* Rn. 27; Bamberger/Roth/Hau/Poseck/*Litzenburger* Rn. 23.

107 BayObLG MDR 1979, 1024; 1980, 403; BayObLG FamRZ 2003, 1779 (»Eure Mutter«); Bamberger/Roth/Hau/Poseck/*Litzenburger* Rn. 23; Palandt/*Weidlich* Rn. 10; Soergel/*Mayer* Rn. 23; einschränkend *Muscheler* Erbrecht Rn. 1735 (Ernsthaftigkeit der Erklärung müsse dann gesondert geprüft werden).

108 Staudinger/*Baumann* Rn. 92, 112 f.

109 Vgl. (zu einem notariellen Testament) KG NJW-RR 1996, 1414 = FamRZ 1996, 1242 = Rpfleger 1996, 349.

110 OLG Köln OLGZ 1967, 69, 70; BayObLG NJW-RR 1986, 494, 495; FamRZ 1988, 1211, 1212; 1998, 258, 259 = NJW-RR 1997, 1302; FGPrax 1997, 190; ZEV 1994, 40; OLG Hamm OLGZ 1986, 292 f.; OLG Neustadt MDR 1962, 133; LG Augsburg FamRZ 1999, 1534, 1535; *Stumpf* FamRZ 1992, 1131, 1138; Bamberger/Roth/Hau/Poseck/*Litzenburger* Rn. 24; Soergel/*Mayer* Rn. 24; a.A. *Grundmann* AcP 187 (1987), 429, 458.

111 BayObLGZ 1979, 203, 204; MünchKomm/*Burkart* 3. Aufl., 1997, Rn. 28; a.A. *Lange/Kuchinke* § 20 IV 3 b Fn. 70.

112 OLG Düsseldorf JMBl NRW 1954, 116 f.; *Haegele* JurBüro 1968, 343 f.; Palandt/*Weidlich* Rn. 15; Soergel/*Mayer* Rn. 24; Staudinger/*Baumann* Rn. 99; offenlassend BayObLGZ 1968, 311, 314.

113 OLG Celle ZEV 2012, 47.

quer über den Text[114] oder auch quer auf den Blattrand gesetzt wird.[115] In diesen Fällen ist aber stets zu prüfen, ob mit dieser Art der Unterschrift auch die Verbindlichkeit der Erklärung zum Ausdruck gebracht werden sollte.[116] Steht dies fest, so kann auch eine Unterschrift oberhalb des Textes ausreichen, wenn sowohl der untere Rand als auch die seitlichen Ränder vollständig beschrieben sind.[117] Wird ein maschinenschriftliches und damit formunwirksames Testament unterschrieben und dieses dann einem nicht unterschriebenen eigenhändigen Testament angeheftet, so fehlt es an einem wirksamen Testament, weil die Unterschrift das (unwirksame) Testament abschließen und nicht dem ununterschriebenen eigenhändigen Testament Gültigkeit verschaffen sollte.[118] Bei einem **mehrseitigen Text** reicht es aus, wenn das letzte Blatt unterschrieben ist, sofern es sich um eine zusammengehörende Niederschrift handelt, die einen einheitlichen Willen des Erblassers enthält und damit inhaltlich eine untrennbare Urkunde darstellt.[119] Eine mechanische Verbindung der Blätter ist dann nicht erforderlich.[120] Der Zusammenhang kann sich aus dem Inhalt, dem Schreibzeug oder auch aus der Identität des beschriebenen Materials ergeben. Nicht erforderlich ist es, dass die Blätter in zeitlichem Zusammenhang geschrieben wurden, solange sie nur inhaltlich ein Ganzes bilden.[121] Ist das der Fall, so stehen Widersprüchlichkeiten im Regelungsgehalt der Wirksamkeit eines nur auf einem von mehreren Blättern unterschriebenen Testaments nicht entgegen.[122] Weisen die mehreren Blätter keinen inneren Zusammenhang auf, sondern enthalten gesonderte Verfügungen, die nicht aufeinander Bezug nehmen, so ist eine stabile Verbindung erforderlich,[123] wobei auch feststehen muss, dass diese vom Testator herrührt oder von ihm als bereits vorhanden konsentiert wurde. Allein die körperliche Verbindung der Blätter ohne inhaltlichen Zusammenhang reicht nicht aus.[124] Wird in der Erbeinsetzung auf eine Namensliste verwiesen und befindet sich eine solche eigenhändig geschriebene Liste unterhalb der Unterschrift auf derselben Urkunde, dann ist das Testament nicht formwirksam, weil die Unterschrift die Namen der Eingesetzten nicht deckt.[125] Die Liste konkretisiert nicht das Testament, sondern die unterschriebene Erklärung ist als solche noch gar nicht bestimmt und erhält ihren Sinn erst durch den nicht unterschriebenen Zusatz. Aus demselben Grund ist es keine wirksame Unterschrift, wenn der Erblasser auf einem Fotoumschlag zwei Aufkleber anbringt, auf denen einmal steht »*Vorname* ist meine Haupterbin«, während sich auf dem zweiten Aufkleber die Unterschrift befindet.[126] Ein durch ein späteres Testament widerrufenes

114 OLG Celle ZEV 2012, 61.

115 BayObLGZ 1981, 79, 85; FamRZ 1986, 728, 730; OLG Hamm FamRZ 1986, 728; Rpfleger 2001, 550, 551 = ZEV 2002, 152, 153; OLG Köln NJW-FER 2000, 211, 212 = MDR 2000, 523; LG Konstanz NJW/FER 2001, 180 f. (Unterschrift auf der Rückseite); RG LZ 1920 Sp 161; vgl. auch BGH NJW 1992, 829, 830; OLG Köln Rpfleger 1968, 25; großzügiger (Überschrift reicht aus) *Lange/Kuchinke* § 20 IV 3 b, dazu bereits oben Rdn. 21.

116 OLG Köln Rpfleger 1968, 25.

117 OLG Celle ZEV 2012, 61; OLG Celle ZEV 2012, 41; OLG Celle NJW 1996, 2938; a.A. LG München I FamRZ 1998, 1623, 1624.

118 OLG Köln NJW-RR 2014, 1035 Tz. 41.

119 OLG Hamm DNotZ 2011, 702, 703; BayObLG Rpfleger 1975, 243; OLG Neustadt Rpfleger 1962, 446, 447; Staudinger/*Baumann* Rn. 105; MünchKomm/*Hagena* Rn. 34; vgl. LG München FamRZ 2004, 1905 (Unterschrift mit Zusatz »für alles« reicht nicht aus, wenn weder ein äußerer noch ein innerer Zusammenhang vorhanden ist); vgl. auch BayObLG FamRZ 1994, 193, 194 (Unterschrift eines Ehegatten bei gemeinschaftlichem Testament auf einem gesonderten, aber im selben verschlossenen Umschlag befindlichen Papier; insoweit a.A. MünchKomm/*Musielak* § 2267 Rn. 11).

120 KG FamRZ 2017, 2072; OLG Hamm DNotZ 2011, 702, 703; BayObLG FamRZ 1991, 370, 371; vgl. auch (zu §§ 566, 126) BGH NJW 1998, 58, 60 = JZ 1998, 520, 522; Soergel/*Mayer* Rn. 37.

121 BayObLGZ 1970, 173, 178.

122 Staudinger/*Baumann* Rn. 54.

123 Bamberger/Roth/Hau/Poseck/*Litzenburger* Rn. 25.

124 OLG Köln NJW-RR 2014, 1035 Tz. 39 f.

125 OLG München FamRZ 2011, 502, 503 = NJW-RR 2011, 156 = ZEV 201, 80.

126 OLG Hamburg FamRZ 2014, 2029.

Testament kann auch in der Weise wieder in Geltung gesetzt werden, dass es lediglich neu datiert und die Datumsangabe, nicht aber das Testament insgesamt erneut unterschrieben wird.[127]

e) **Besonderheiten der Unterschrift auf dem Umschlag des Testaments**

Als ausreichend wird es angesehen, wenn sich die Unterschrift nicht auf dem den Text enthaltenden Blatt befindet, sondern auf dem **Umschlag** steht, in dem sich die eigenhändig geschriebenen, jedoch ihrerseits nicht unterschriebenen Textblätter befinden. Dabei muss sich aber die Unterschrift eindeutig auf den Inhalt des Umschlags beziehen. Dieser Zusammenhang wird mit der Formulierung umschrieben, es müsse sich um eine **äußere Fortsetzung der innenliegenden Erklärung** handeln.[128] Dazu ist es **nicht erforderlich**, dass der **Umschlag verschlossen** ist.[129] Dafür spricht neben dem Vergleich mit der Behandlung eines mehrseitigen Testaments, bei dem die Seiten nicht mechanisch verbunden zu sein brauchen (dazu soeben), dass das Verschließen des Umschlags auch nachträglich (auch von dritter Seite) erfolgt sein kann, sodass ihm keine Bedeutung für die Wirksamkeit der Testamentserrichtung zukommen sollte. Die Gefahr, dass der Inhalt des Umschlages ausgetauscht wurde, besteht zwar, sie betrifft aber eine Beweisfrage, nicht die Frage der Wirksamkeit der Testamentserrichtung. Der notwendige **Zusammenhang** zwischen der Unterschrift auf dem Umschlag und dessen Inhalt wurde **bejaht** bei einem eigenhändigen und unterschriebenen Vermerk »Mein letzter Wille« auf einem verschlossenen Briefumschlag.[130] Hat die Namensbezeichnung auf dem Briefumschlag lediglich die Funktion, den **Absender** zu bezeichnen, dann kann der nicht unterschriebene Inhalt des Umschlags auch dann nicht als unterschrieben angesehen werden, wenn der Testator den Brief zur Post gegeben hat und der Empfänger ihn als Testament ansah.[131] Der notwendige Zusammenhang von der Unterschrift auf dem Umschlag und dem ununterschriebenen Inhalt desselben wird auch dann **verneint**, wenn sich auf dem Umschlag andere Erklärungen oder Anweisungen des Erblassers befinden. Denn die Unterschrift auf dem Umschlag ersetzt dann nicht mehr allein die Unterschrift auf dem Text, sondern sie kann sich auch lediglich auf diese Anweisungen beziehen, sodass der ununterschriebene Text formunwirksam ist. Deshalb wird die Wirksamkeit verneint, wenn sich auf dem Umschlag die unterschriebene Erklärung befindet »Nach meinem Tod zu öffnen«[132] oder »Hier befindet sich mein Testament«[133] oder »Testament«.[134] In diesen Fällen deckt die Unterschrift die Anweisung, wie mit dem Umschlag zu verfahren ist, stellt sich aber nicht als Abschluss der in dem Umschlag enthaltenen Erklärung dar.[135] Diese Abgrenzung erscheint nicht unproblematisch, da eine Wortwahl entscheidet, der der Testator nur geringe Bedeutung zumessen wird. So unterscheiden sich die Worte: »Mein letzter Wille« einerseits und »Hier befindet sich mein Testament« andererseits aus der Sicht des nicht mit dieser Frage Befassten kaum. Die Unterscheidung lässt sich aber rechtfertigen, wenn man bedenkt, dass es bei dem Unterschrift- 23

127 OLG Dresden NJW-FER 1998, 61.

128 OLG Rostock FamRZ 2015, 170, 171 f.; OLG Braunschweig ZEV 2012, 40, 41; OLG Frankfurt NJW 1971, 1811, 1812; BayObLG NJW-RR 1986, 494, 495; 1989, 9; ZEV 1994, 40; OLG Celle NJW 1996, 2938; OLG Hamm FamRZ 2002, 642, 643 = Rpfleger 2001, 550, 551 = ZEV 2002, 152, 153; vgl. auch (innerer Zusammenhang und Fortsetzung) OLG Neustadt MDR 1962, 133, 134; a.A. (Unterschrift auf dem Umschlag erfülle die Funktion einer Unterschrift nicht) *Peters* FS Zöllner S. 1217, 1222, 1225.

129 BayObLG NJW-RR 1989, 9; Staudinger/*Baumann* Rn. 108; a.A. OLG Hamm NJW-RR 1986, 873, 874 = OLGZ 1986, 292, 293 = FamRZ 1986, 728; Bamberger/Roth/Hau/Poseck/*Litzenburger* Rn. 26; Soergel/*Mayer* Rn. 26 (i.d.R. nicht bei unverschlossenem Umschlag).

130 OLG Frankfurt NJW 1971, 1811, 1812; BayObLG NJW-RR 1986, 494, 495; OLG Celle NJW 1996, 2938.

131 BayObLG ZEV 1994, 37, 40; Staudinger/*Baumann* Rn. 109; Bamberger/Roth/Hau/Poseck/*Litzenburger* Rn. 26; a.A. KG JFG 21, 36, 37.

132 OLG Neustadt MDR 1962, 133, 134; OLG Düsseldorf NJW 1972, 260 f.; RGZ 61, 7, 9.

133 RGZ 110, 166, 168 f.

134 BayObLG FamRZ 2003, 966, 967 = NJW-RR 2002, 1520 = Rpfleger 2002, 626, 627 = ZEV 2003, 26 f. (auf dem nicht unterschriebenen Testament selbst war genug Platz für eine Unterschrift).

135 Vgl. auch BayObLG MDR 1982, 581.

erfordernis um mehr geht als um den Nachweis der Urheberschaft. So ist ein ununterschriebenes Testament unwirksam, auch wenn die Identität des Testators und sein Testierwille feststehen. Die Unterschrift auf dem Umschlag kann deshalb nur dann als ausreichend angesehen werden, wenn sie nicht nur Urheberschaft und Testierwille außer Zweifel stellt, sondern wenn sie selbst an die Stelle einer Unterschrift unter dem Testament tritt. Erst dann ist das Testament nicht nur echt, sondern auch unterschrieben. Daran fehlt es aber, wenn sich die Unterschrift auf dem Umschlag auch auf andere Aussagen und nicht nur auf das Ingeltungsetzen der innenliegenden Urkunde beziehen kann.

f) Unterschrift auf Anschreiben

24 Entsprechendes gilt, wenn der ununterschriebene Text zusammen mit einem unterschriebenen **Anschreiben** versendet wird. Die Unterschrift auf dem Anschreiben kann in aller Regel die unter dem Text nicht ersetzen, denn die Unterschrift auf dem Anschreiben hat die Funktion, den Begleittext zu autorisieren, sie dient aber nicht zum Abschluss des Testaments.[136] Ob sich aus dem Anschreiben der Testierwille ergibt, ist ohne Bedeutung; es ist dies nicht anders zu behandeln als die Aussage eines Zeugen, der bei dem Schreibvorgang zugegen war und den vom Testator mündlich erklärten Testierwillen bei Niederschrift des ununterschriebenen Testaments bestätigt. Dafür, dass die Unterschrift auf dem Anschreiben die unter dem Testament regelmäßig nicht ersetzt, spricht auch, dass ein Anschreiben häufig gesondert unterschrieben wird und der Unterschrift auf dem Anschreiben eine weniger große Bedeutung zugemessen wird als der auf der Urkunde selbst. Im Übrigen ist es nicht unüblich, Anschreiben zu fertigen, obwohl die Urkunde selbst bewusst noch nicht unterschrieben wurde, sodass auch aus diesem Grund die Unterschrift auf dem Anschreiben die auf der Urkunde nicht ersetzen kann.

g) Veränderungen nach dem Unterschreiben

25 Da das Testament nicht in einem einheitlichen Zeitpunkt errichtet werden muss (vgl. Rdn. 8), sind **nachträgliche Veränderungen** möglich.[137] Das gilt zunächst für Berichtigungen innerhalb des **von der Unterschrift gedeckten** Textes. Sie sind ohne neue Unterschrift wirksam,[138] sofern sie vom Testator eigenhändig geschrieben wurden. Im Unterschied zu einem ununterschriebenen Nachtrag (vgl. Rdn. 26) autorisiert hier die Unterschrift auch den geänderten Text, sodass eine zweite Unterschrift nicht erforderlich ist. Die Funktion der Unterschrift als Abschluss der letztwilligen Verfügung und als Sicherung ihrer Authentizität ist bei derartigen Veränderungen im Text der bereits unterschriebenen Testamentsurkunde gewahrt. Das gilt über reine Richtigstellungen hinaus auch dann, wenn die Veränderung zu einer nachträglichen sachlichen Änderung der letztwilligen Verfügung führt, etwa indem die Person eines Bedachten geändert[139] oder indem über der Unterschrift ein Vermächtnis eingefügt wird,[140] denn auch dann kann der mit Testierwillen die Ver-

136 Großzügiger, aber im Ergebnis ebenfalls verneinend BayObLG NJW-RR 1991, 1222; ebenfalls großzügiger (für eine Wirksamkeit, wenn zwischen dem Testament und dem Begleitschreiben ein innerer Zusammenhang besteht, sodass Letzteres als Abschluss der Niederschrift angesehen werden kann) Staudinger/*Baumann* Rn. 106; ähnlich Soergel/*Mayer* Rn. 26.

137 RGZ 115, 111, 114; KG HRR 1934 Nr. 1514.

138 OLG Jena OLGE 24, 95, 96 (Datumsänderung); RG JW 1917, 924, 925 (Erläuterung); OLG Zweibrücken FGPrax 1998, 26, 27 = FamRZ 1998, 581 f.; enger Staudinger/*Baumann* Rn. 57.

139 Vgl. BayObLG Rpfleger 2003, 190, 192 = FamRZ 2003, 1590, 1591 = NJW-RR 2003, 297 (Ändern des Namens der begünstigten Person); *Muscheler* Erbrecht Rn. 1743; Soergel/*Mayer* Rn. 29.

140 Vgl. BGH NJW 1974, 1083, 1084; BayObLGZ 1965, 258, 262; 1984, 194, 196 = FamRZ 1984, 1268, 1269 (Neuverfassen des gesamten Textes über der früheren Unterschrift); NJW-RR 1995, 1096 = FamRZ 1995, 246, 247; OLG Zweibrücken FGPrax 1998, 26, 27 = FamRZ 1998, 581 f. (Ersetzung der ersten beiden Seiten durch nicht eigens unterschriebene Neufassung, wobei alle Seiten neu paginiert wurden); enger (Ungültigkeit einer nicht unterschriebenen Erbeinsetzung über einer vorher unterschriebenen Enterbung) BayObLGZ 1974, 440, 443 = NJW 1975, 314, 315; zur Rechtsprechung vgl. auch *Stumpf* FamRZ 1992, 1131, 1132 f.

änderung vornehmende Erblasser davon ausgehen, dass seine bereits vorhandene Unterschrift den nunmehr geänderten Text autorisiert und deshalb eine zweite Unterschrift für entbehrlich halten. Zu der Frage, ob eine bereits vorhandene Unterschrift Veränderungen im Testamentstext decken kann, wenn das Testament widerrufen ist und durch einen seinerseits nicht erneut unterschriebenen Zusatz in Geltung gesetzt werden soll, vgl. Rdn. 28 und § 2257 BGB Rdn. 4.

h) Berücksichtigung nicht von der Unterschrift gedeckter Nachträge

Berichtigungen, die **nicht von der Unterschrift gedeckt** sind, weil sie unterhalb derselben stehen oder weil sie an den Blattrand gesetzt sind, müssen grundsätzlich der Form des § 2247 BGB genügen.[141] Soweit das nicht der Fall ist, können sie jedenfalls – wie andere, sich nicht aus dem Testament ergebende Umstände auch – zur **Auslegung** dessen verwendet werden, was im Testament selbst niedergelegt ist.[142] Das gilt unabhängig davon, ob es sich um eigenhändig geschriebene Zusätze handelt oder nicht. Entsprechend verhält es sich, wenn der Erblasser sein Testament durchgestrichen hat und später ein formwirksames, aber bewusst lückenhaftes Testament errichtet hat. Zur Ausfüllung dieser Lücke kann auf das durchgestrichene und damit widerrufene Testament zurückgegriffen werden, wenn der Testator im späteren Testament eine noch ausstehende Ergänzung ankündigt und das diese Lücke ausfüllende, aber widerrufene Testament gemeinsam mit dem später errichteten in einem Umschlag aufbewahrt wird.[143] 26

Vom Erblasser eigenhändig geschriebene **Zusätze** werden auch dann als inhaltlich **wirksam** angesehen, wenn sie zwar **unter die Unterschrift** gesetzt wurden, der Bezug zum über der Unterschrift stehenden Text aber so eng ist, dass dieser erst mit dem Zusatz sinnvoll wird. Das ist in einem Fall angenommen worden, in dem der im Testament genannte Name eines Begünstigten gestrichen wurde und mittels einer Verweisung auf den unter der Unterschrift stehenden Vermerk klargestellt wurde, dass dort der nunmehr Begünstigte bezeichnet wird. Obwohl dieser Zusatz nicht unterschrieben war, erstreckt sich die »Unter«-schrift dann auch auf den Zusatz.[144] Entsprechend wurde entschieden, wenn eine Passage im Testament gestrichen und durch eine Randbemerkung auf einen nicht von der Unterschrift gedeckten Text auf der Rückseite des Blattes verwiesen wird.[145] In diesen Fällen muss nicht nur der Testierwille hinsichtlich des Zusatzes feststehen, sondern der Zusatz muss aufgrund des Zusammenhangs mit dem bereits Geschriebenen trotz der räumlichen Anordnung als von der Unterschrift gedeckt anzusehen sein. Es muss unter Berücksichtigung der Umstände des Einzelfalls feststehen, dass sich die Unterschrift – nicht nur der Testierwille – auch auf den nicht unterschriebenen Zusatz erstreckt (vgl. auch Rdn. 22).[146] Das wird bei neuen Verfügungen, die keinen Bezug zu dem bereits Geschriebenen aufweisen, regelmäßig nicht der Fall sein,[147] sodass sie unwirksam sind, wenn sie nicht eigens unterschrieben wurden.[148]

Noch etwas weitergehend ist ein **unterhalb der Unterschrift** angebrachter, nicht unterschriebener Nachtrag als formwirksam anzusehen, wenn er einen inhaltlichen Zusammenhang zu dem obenstehenden Text aufweist, dieser **Text** aber **auch ohne den Nachtrag** einen **Sinn ergibt**. Dies wurde mit Recht in einem Fall angenommen, in dem der Nachtrag eine ergänzende Regelung enthält und

141 BGH NJW 1974, 1083, 1084; BayObLG NJW-RR 1992, 1225, 1226; OLG Köln NJW-RR 1994, 74, 75 = FamRZ 1994, 330; OLG Frankfurt DNotZ 1996, 56, 57 = NJW-RR 1995, 711.

142 RGZ 71, 293, 303; BGH NJW 1966, 201, 202; vgl. auch Rpfleger 1980, 337, 338 = DNotZ 1980, 761, 763 widerrufenes notarielles Testament als Auslegungshilfe); Staudinger/*Baumann* Rn. 70.

143 BayObLG NJW-RR 2005, 525, 526 = FamRZ 2005, 1779, 1780 = FGPrax 2005, 26, 28.

144 BayObLG FamRZ 1986, 835, 836; sehr weitgehend OLG Frankfurt DNotZ 1996, 56 = NJW-RR 1995, 711; krit. dazu *Leipold* JZ 1996, 287, 289; vgl. auch BGH NJW 1974, 1083, 1084.

145 OLG Karlsruhe FamRZ 2012, 400, 401.

146 BayObLG Rpfleger 2004, 701 = FamRZ 2005, 1012; BayObLG FGPrax 2004, 38, 39 = NJW-RR 2004, 939; vgl. auch Bamberger/Roth/Hau/Poseck/*Litzenburger* Rn. 28.

147 OLG Köln FamRZ 1994, 330 = NJW-RR 1994, 74.

148 BGH NJW 1974, 1083, 1084; BayObLGZ 1974, 440, 442; vgl. auch BayObLG NJW-RR 1992, 1225, 1226; a.A. *Grundmann* AcP 187 (1987), 429, 456 f.; *Stumpf* FamRZ 1992, 1131, 1138.

der Ort der Einfügung in dem über der Unterschrift stehenden Text durch ein Kreuz kenntlich gemacht wurde.[149] Fehlt es an der Formwirksamkeit eines nicht unterschriebenen Zusatzes, so kann er – wie andere, nicht in Testamentsform gefertigte Schriftstücke auch – dennoch zur Auslegung des Testaments herangezogen werden (dazu bereits oben in dieser Rdn.). Dies kann soweit gehen, dass sich aus dem **formunwirksamen Zusatz** das **Fehlen eines Testierwillens** hinsichtlich des **formwirksamen Teils** ergibt. Hat der Erblasser unter einem formwirksamen Testament einen eigenhändigen, aber nicht unterschriebenen Zusatz angebracht, der in klarem Widerspruch zum formwirksam Verfügten steht, so kann die Auslegung ergeben, dass es am Testierwillen für das Verfügte fehlt, weil der Erblasser eine solche isolierte Wirksamkeit gerade nicht wollte.[150] Diesem Ergebnis ist – obwohl der Zusatz nicht formwirksam und sein Inhalt auch nicht in Andeutungen im formwirksamen Teil des Testaments enthalten ist – zuzustimmen. Zunächst ist zu bedenken, dass der formunwirksame Nachsatz auf einen fehlenden Testierwillen hinsichtlich der uneingeschränkten Verfügung hindeutet, sofern er bei der Testamentserrichtung vergessen wurde und sich der Wille des Testators nicht im Nachhinein geändert hat. Auch wenn der Zusatz den Formanforderungen nicht genügt, so kann er doch als Indiz berücksichtigt werden. Gerade bei einem sehr engen zeitlichen Zusammenhang oder bei entsprechender Formulierung des Zusatzes kann diesem eine bedeutsame Rolle zukommen. Weiterhin ist zu bedenken, dass nach § 2255 BGB eine Aufhebung des Testaments auch dann wirksam ist, wenn sie nicht den Anforderungen des § 2247 BGB entspricht (vgl. Rdn. 28 und § 2255 BGB Rdn. 9). Ein rein einschränkender Zusatz kann deshalb auch maschinenschriftlich wirksam sein. Ebenso wie eine bloße Streichung einer letztwilligen Verfügung beachtlich ist, kann es auch ein entsprechender Zusatz sein, der lediglich eine bereits vorgenommene Verfügung aufhebt oder einschränkt. Dagegen spricht auch nicht der Gedanke des Schutzes vor Zusätzen oder Veränderungen des Testaments durch Dritte.[151] Wenn man den nicht unterschriebenen Zusatz »überholt« als wirksamen Widerruf ansieht, spricht nichts dagegen, auch den Zusatz »gilt nur, wenn …« als wirksam anzusehen.

i) Veränderungen auf einer Anlage

27 Wenn nach der Testamentserrichtung eine **Anlage**, auf die verwiesen wird, vom Erblasser mit anderem Inhalt niedergeschrieben und ausgetauscht wird,[152] so ist das wie ein Nachtrag zu behandeln. Soweit die Anlage lediglich Erläuterungen zum Inhalt hat, ist sie nicht formbedürftig; andernfalls muss sie eigenhändig geschrieben und unterschrieben sein, wenn nicht die bereits vorhandene Unterschrift die Anlage deckt (vgl. Rdn. 22).[153]

j) Formunwirksame Nachträge als Widerruf

28 Widerspricht die **formunwirksame Hinzufügung** einer in dem formgültigen Testament niedergelegten Verfügung, so kann in dieser Hinzufügung zugleich der **Widerruf** des bis dahin wirksamen Testaments liegen (vgl. auch Rdn. 26. Zu solchen – der Testamentsform nicht genügenden – Ungültigkeitsvermerken vgl. § 2255 BGB Rdn. 9; zur Neuerrichtung durch Bezugnahme auf den früheren Text vgl. § 2257 BGB Rdn. 4). Dabei kann auch der Fall eintreten, dass das bisher wirksame Testament zusammen mit der ununterschriebenen Hinzufügung den **Entwurf einer neuen Verfügung von Todes wegen** bildet, der erst mit der Unterschrift der Hinzufügung formwirksam

149 BayObLG Rpfleger 2004, 701, 702 = FamRZ 2005, 1012.

150 BayObLG FGPrax 2004, 38, 40 = NJW-RR 2004, 939, 940 (formunwirksame Wiederverheiratungsklausel); a.A. (wegen der Formunwirksamkeit könne der Zusatz nur in Fall der Andeutung im Testament berücksichtigt werden) *Leipold* FamRZ 2004, 1143 f.

151 So aber OLG München FamRZ 2012, 333, 334 (nachträglich Aufnahme einer Bedingung und nachfolgende Feststellung, dass diese noch nicht eingetreten ist).

152 Zum sog. Wechselrahmentestament vgl. *Trilsch/Eckardt* ZEV 1996, 299 f.

153 Soergel/*Mayer* Rn. 33.

wird.[154] Problematisch erscheint, ob auch ein **ununterschriebener Zusatz** im Einzelfall ausreichen kann, um ein derart widerrufenes Testament wiederum in Geltung zu setzen. Nach h.L. ist das nicht möglich.[155] Dem ist im Grundsatz zuzustimmen. So kann ein durch Testament widerrufenes Testament nicht dadurch wieder in Geltung gesetzt werden, dass später die Orts- und Datumsangaben ergänzt werden.[156] Auch wenn dies mit Testierwillen geschehen sein sollte, fehlt es doch an der Unterschrift, die diesen Willen bekräftigt und sicherstellt, dass diese – gerade bei Datumsangaben leicht auch von fremder Hand zu schaffende – Ergänzung vom Testator stammt. Es verbietet sich aber eine schematische Anwendung dieses Grundsatzes. Wenn auf ein formwirksames privatschriftliches Testament, in welchem A als Alleinerbe eingesetzt wird, der eigenhändige, aber nicht unterschriebene Nachsatz gesetzt wird: »Nein, gilt nicht, Alleinerbe soll ... sein«, dann ist dies als Ungültigkeitsvermerk und zugleich als der Entwurf einer neuen Verfügung von Todes wegen anzusehen. Wird dieser Entwurf später durch den Namen des nunmehr Bedachten vervollständigt, so sollte die Verfügung als formwirksam angesehen werden, auch wenn die Vervollständigung nicht erneut unterschrieben wird.[157] Es handelt sich dann schon rein äußerlich um den (Ausnahme-)Fall, in welchem die bereits vorhandene Unterschrift den räumlich nicht gedeckten Zusatz wegen des engen Bezuges zum über der Unterschrift stehenden Text deckt (vgl. Rdn. 25, vgl. auch Rdn. 8). Die Besonderheit, dass der Zusatz erst später vervollständigt wurde, rechtfertigt keine unterschiedliche Behandlung (vgl. auch § 2257 BGB Rdn. 4).[158]

Einfügungen durch Dritte erfüllen nicht die Form des § 2247 Abs. 1 BGB und sind deshalb unwirksam. Ihre Hinzufügung berührt aber die Wirksamkeit des Testaments im Übrigen regelmäßig nicht (vgl. auch Rdn. 11),[159] es sei denn, der Zusatz ist vom Dritten auf Veranlassung des Testators mit dem Ziel verfasst worden, das bestehende Testament zu widerrufen.[160] Die (zusätzliche) Unterschrift des Bedachten lässt das im Übrigen formwirksam errichtete Testament nicht zu einem (formungültigen) Erbvertrag werden (vgl. Rdn. 11) und berührt auch im Übrigen die Wirksamkeit nicht.[161] 29

V. Angabe von Ort und Zeit

1. Bedeutung der Angaben

Nach Abs. 2 soll der Erblasser in seiner Erklärung angeben, zu welcher Zeit und an welchem Ort er sie niedergeschrieben hat. Im Gegensatz zur Rechtslage vor dem Inkrafttreten des TestG am 04.08.1938 sind diese Angaben nicht Voraussetzung für die Wirksamkeit des Testaments (zu den Auswirkungen hinsichtlich der Eigenhändigkeit vgl. Rdn. 11).[162] Die eigentliche Bedeutung der Orts- und Datumsangaben liegt – wie Abs. 5 zeigt – in den **Beweisfragen**. Enthält das Testament entsprechende, vom Testator eigenhändig geschriebene Angaben, so ist bis zum Beweis des 30

154 Staudinger/*Baumann* Rn. 60; vgl. auch KG OLGE 18, 346, 347 (Datumserfordernis, zum früheren Recht).

155 Vgl. BayObLGZ 1992, 181, 182 = NJW-RR 1992, 1225, 1226; NJW-RR 1995, 1096 = FamRZ 1995, 246, 247; BayObLGZ 1998, 314, 319 = Rpfleger 1999, 182, 183 = NJW-RR 1999, 446, 447; *Lange/Kuchinke* § 23 III 1 a.

156 Derartige Fälle betrafen die genannten Entscheidungen des BayObLG; anders, wenn die neue Datierung, nicht aber das gesamte Testament erneut unterzeichnet wird, OLG Dresden NJW-FER 1998, 61.

157 Vgl. BayObLG Rpfleger 2003, 190, 192 = FamRZ 2003, 1590, 1591 = NJW-RR 2003, 297; BayObLG NJW-RR 2005, 525, 526 = FamRZ 2005, 1779, 1780 = FGPrax 2005, 26, 28.

158 A.A. (für den Vermerk »wieder gültig«) *Lange/Kuchinke* § 23 III 1 a Fn. 68.

159 KG OLGE 35, 364; RGZ 63, 23, 29; vgl. (auch zur Ausnahme, dass Verfügungen des Erblassers nur im Zusammenhang mit den nicht eigenhändig geschriebenen Passagen Gültigkeit haben sollen) BayObLG FamRZ 1986, 726, 727.

160 Staudinger/*Baumann* Rn. 68; vgl. § 2255 Rn. 10.

161 BayObLG MDR 1997, 650 = FamRZ 1997, 1029.

162 BayObLG FamRZ 2005, 308, 310; FamRZ 2005, 656, 657.

Gegenteils von deren Richtigkeit auszugehen.[163] Das gilt auch, wenn das Testament Angaben zum Errichtungszeitpunkt enthält, die jedoch nicht denen des Abs. 2 entsprechen (z.B. »an meinem 50. Geburtstag« anstelle des Datums).

2. Einzelfälle

a) Unrichtige Angaben

31 Enthält das Testament unrichtige Angaben, so ist zu unterscheiden: Handelt es sich um schlichte Schreibfehler (z.B. 04.05.1998 statt 04.05.1989), so hat diese Unrichtigkeit auf die Anwendung der Beweisregeln des Abs. 5 keinen Einfluss. Wurde dagegen das Testament nicht nur versehentlich unrichtig datiert, so ist es wie ein undatiertes zu behandeln.[164] Dabei ist zu bedenken, dass die Wahl eines unrichtigen Datums auch Anlass geben kann, am Testierwillen zu zweifeln. So kann es im Einzelfall bei einer Rückdatierung in Betracht kommen, dass der Testator ein zwischenzeitlich errichtetes und wegen der Umdatierung scheinbar später errichtetes Testament durch das zurückdatierte Testament gerade nicht aufheben wollte, auch wenn das in Wirklichkeit später errichtete Testament dem früheren widerspricht.

b) Unlesbare Angaben

32 Unlesbarkeit der Datumsangabe steht ihrem Fehlen gleich; soweit sich die Angabe eines ursprünglich lesbaren, aber unlesbar gewordenen Datums beweisen lässt, gilt auch für dieses die Vermutung, dass es den Tag der Testamentserrichtung zutreffend wiedergibt.[165]

c) Mehrere Angaben

33 Enthält das Testament mehrere Datumsangaben, so ist regelmäßig die bei der Unterschrift stehende maßgebend, weil in der Regel die Unterschrift die Testamentserrichtung vollendet. Bei datierten und unterschriebenen Zusätzen ist zu bedenken, dass sich je nach Lage des Einzelfalls der Testierwille auf den gesamten Testamentsinhalt erstrecken kann (vgl. Rdn. 9), sodass dann der Zeitpunkt des Zusatzes maßgebend ist. Lässt sich wegen mehrerer Zeitangaben das Datum der Testamentserrichtung nicht mehr feststellen, so ist Abs. 5 entsprechend heranzuziehen.[166]

3. Bedeutung des Zeitpunkts der Testamentserrichtung

a) Mehrere Testamente

34 Auf die Frage des **Zeitpunkts der Testamentserrichtung** kommt es an, wenn mehrere Testamente errichtet wurden und unklar ist, welche Verfügung später getroffen wurde, sodass sie nach § 2258 als (auf einen Teil beschränkter) Widerruf der früheren Verfügung anzusehen ist. Nach allgemeinen Grundsätzen des Beweisrechts (entsprechendes gilt für die Feststellungslast in FamFG-Verfahren) trifft denjenigen die Beweisführungslast und der Nachteil der Nichterweislichkeit, der sich auf eine ihm günstige Rechtsfolge beruft. Derjenige, der aus einem Testament Folgen für sich ableitet, muss deshalb die Wirksamkeit des Testaments beweisen. Für den Fall, dass **mehrere sich widersprechende Testamente** vorhanden sind, ergibt sich daraus: Enthalten **beide Testamente** eigenhändige **Zeitangaben**, so gilt bis zum Beweis des Gegenteils das Testament mit der späteren Angabe auch als später errichtet (vgl. Rdn. 30); bei widersprechenden Verfügungen hebt die in diesem Testament enthaltene Verfügung die in dem früher errichteten nach § 2258 Abs. 1 BGB auf. Enthalten **beide Testamente dasselbe Datum** und gelingt es nicht, eine zeitliche Reihenfolge nachzuweisen, so gel-

---

163 OLG München FamRZ 2010, 67, 68 = ZEV 2010, 50 f.; BayObLG FamRZ 1991, 237; vgl. auch BayObLG FamRZ 1994, 593, 594.

164 (Ohne die Differenzierung) Bamberger/Roth/Hau/Poseck/*Litzenburger* Rn. 29; Staudinger/*Baumann* Rn. 132; *Roth* ZEV 1997, 94, 95; *Hardt* S. 204.

165 Bamberger/Roth/Hau/Poseck/*Litzenburger* Rn. 29; Staudinger/*Baumann* Rn. 134; *Hardt* S. 205 f.

166 Staudinger/*Baumann* Rn. 129.

ten beide Testamente als gleichzeitig errichtet mit der Folge, dass sie sich wechselseitig aufheben, soweit sie sich widersprechen.[167] Es tritt gegebenenfalls gesetzliche Erbfolge ein (str., vgl. § 2258 BGB Rdn. 10). Enthält **eines der Testamente** ein Datum, während das andere undatiert ist, so ist für den Fall, dass sich eine zeitliche Reihenfolge nicht beweisen lässt, nach Abs. 5 von der Ungültigkeit des undatierten Testaments auszugehen, sodass dieses – selbst wenn es später errichtet sein sollte – das datierte Testament nicht widerrufen hat.[168] Dessen Verfügungen gelten also. Enthält **keines der Testamente eine Zeitangabe** und gelingt es nicht, die zeitliche Abfolge zu beweisen, so sind nach der Regelung in Abs. 5 **beide Testamente** als **unwirksam** anzusehen. Dabei sollte die Rechtsfolge des Abs. 5 auf die Teile beschränkt werden, in denen sich die Testamente widersprechen, denn soweit sie sich decken, begründet das Fehlen der Datumsangabe keine Zweifel an der Gültigkeit, da ein Widerruf des früheren durch das spätere Testament nicht in Betracht kommt.

b) Zeitweilige Testierunfähigkeit

Der Zeitpunkt der Testamentserrichtung ist auch dann von Bedeutung, wenn der Testator **zeitweilig testierunfähig** war und es darauf ankommt, ob das Testament in dieser Zeit errichtet wurde. 35
Auch insoweit ist davon auszugehen, dass ein eigenhändig angegebenes Datum den Zeitpunkt der Errichtung zutreffend bezeichnet; eine entsprechende Anwendung des § 2247 Abs. 5 BGB auf Fälle, in denen der Testator an dem angegebenen Datum testierunfähig war, trotz der Datumsangabe der Errichtungszeitpunkt aber zweifelhaft bleibt, ist nicht gerechtfertigt. Es bleibt vielmehr bei der Vermutung, dass das Testament am angegebenen Datum verfasst wurde, sodass die Testierunfähigkeit zu diesem Zeitpunkt maßgebend ist.[169] Steht fest, dass der Testator in dem Zeitpunkt, den das Testament als Errichtungszeitpunkt angibt, nicht testierfähig war, so ist der Gegenbeweis, dass das Testament zu einem anderen Zeitpunkt errichtet wurde, möglich.[170] Enthält das Testament **keine Angaben** über den Zeitpunkt der Errichtung und lässt sich dieser auch nicht beweisen, so ist das Testament wegen der Regelung des Abs. 5 als unwirksam anzusehen, wenn eine Errichtung zu einem Zeitpunkt feststehender (vgl. § 2229 BGB Rdn. 22) fehlender Testierfähigkeit in Betracht kommt.[171] Wurde das datierte Testament später vervollständigt, ohne dass das Datum dieser Änderung angegeben ist, so ist § 2247 Abs. 5 BGB anzuwenden, wenn die Ergänzung innerhalb eines Zeitraums in Betracht kommt, in welchem der Testator testierunfähig war.[172] Steht trotz des Fehlens des Datums ein Zeitraum, innerhalb dessen das Testament errichtet wurde, fest und bleibt zweifelhaft, ob innerhalb dieses Zeitraums zu irgendeinem Zeitpunkt Testierunfähigkeit gegeben war, so ist – da sich die Ungewissheit des genauen Errichtungsdatums nicht auswirkt – von der Wirksamkeit des Testaments auszugehen.[173] Zweifelhaft sind die Fälle, in denen innerhalb des möglichen Errichtungszeitraums für bestimmte Zeitpunkte die Testierunfähigkeit feststeht, während sie sich für andere Zeitpunkte innerhalb des fraglichen Zeitraums nicht nachweisen lässt. Da sich in diesen Fällen die Unsicherheit des Errichtungszeitpunkts auswirkt, ist § 2247 Abs. 5 BGB anzuwenden, sofern nicht feststeht, dass das Testament jedenfalls zu dem Zeitpunkt, für den die Testierunfähigkeit festgestellt ist, nicht errichtet wurde.[174]

---

167 BayObLG FamRZ 1991, 237, 238, dazu näher bei § 2258 BGB Rdn. 10 ff.

168 OLG Schleswig FamRZ 2016, 585, 586 (unklare Jahresangabe); Soergel/*Mayer* Rn. 39; zur Einordnung als Beweislastregel und nicht als materiell-rechtliche Gültigkeitsvoraussetzung vgl. *Hardt* S. 196 ff.

169 *Hardt* S. 207 f.; *Lange/Kuchinke* § 20 IV 2 Fn. 58; Staudinger/*Baumann* Rn. 132; Soergel/*Mayer* § 2229 Rn. 36; a.A. LG Koblenz DNotZ 1970, 426.

170 BayObLG FamRZ 2001, 1329 = NJW-FER 2001, 101 = ZEV 2001, 399 m. zust. Anm. *Mayer*; vgl. Staudinger/*Baumann* Rn. 149.

171 OLG Jena FamRZ 2005, 2021 f.

172 BayObLG ZEV 1996, 390, 391 = NJW-RR 1996, 1160, 1161 = FamRZ 1996, 1438, 1439; FamRZ 2005, 308, 310.

173 BayObLG ZEV 1996, 390, 391 = NJW-RR 1996, 1160, 1161 = FamRZ 1996, 1438; *Roth* ZEV 1997, 94; vgl. auch BayObLG FamRZ 1995, 898.

174 BayObLG FamRZ 2005, 308, 310; Rpfleger 2003, 190, 193; *Roth* ZEV 1997, 94, 95; *Hardt* S. 201 ff.; *Mayer* ZEV 2001, 400, 401; a.A. *Jerschke* ZEV 1996, 392 f.

4. Bedeutung des Ortes der Errichtung

36 Der **Ort** der Errichtung hat auf die Beurteilung der Gültigkeit des Testaments nur selten Einfluss. In Betracht kommen insbesondere Fälle, in denen ein Testament im Ausland nach der dort zugelassenen, nach unserem Recht jedoch nicht ausreichenden Form errichtet wurde (vgl. Syst. B Rdn. 11 ff.).

VI. Ausschluss nach Abs. 4

1. Sinn der Regelung

37 Abs. 4 verschließt **Minderjährigen** und **Personen, die Geschriebenes nicht zu lesen vermögen**, ohne Rücksicht auf ihre Testierfähigkeit die Möglichkeit, ein privatschriftliches Testament zu errichten. Damit wird dieser Personenkreis auf das öffentliche Testament mit den damit verbundenen Beratungs- und Belehrungspflichten der Urkundsperson verwiesen (vgl. dazu auch § 2233 BGB Rdn. 3; dort auch zu Fällen mit Auslandsberührung und zu Fragen des Verhältnisses zur ehemaligen DDR).

2. Privatschriftliche Testamente Minderjähriger

38 Das eigenhändige Testament eines **Minderjährigen** ist unwirksam; es wird durch **Eintritt der Volljährigkeit nicht wirksam.** Die Neuerrichtung muss die Anforderungen des § 2247 Abs. 1 BGB erfüllen; dabei sollte es genügen, wenn auf das bisher wegen Abs. 4 unwirksam errichtete Testament in der eigenhändig geschriebenen und unterschriebenen Erklärung Bezug genommen wird, indem dort erklärt wird, jenes enthalte den letzten Willen (vgl. Rdn. 12, dort auch zu der Auffassung, dass nur auf wirksam errichtete Testamente Bezug genommen werden kann). Lässt sich mangels Datumsangabe **nicht feststellen**, ob das Testament von dem mittlerweile Volljährigen im Zeitpunkt der Minderjährigkeit errichtet wurde, so ist nach Abs. 5 von der Ungültigkeit des Testaments auszugehen (vgl. auch § 2229 BGB Rdn. 21). Diese Regelung greift aber erst dann ein, wenn sich wirklich Zweifel ergeben, ob eine Errichtung im Zeitpunkt der Minderjährigkeit in Betracht kommt.

3. Privatschriftliche Testamente nicht lesefähiger Personen

39 Bei der Frage, ob der Testator **Geschriebenes zu lesen** vermag, kommt es auf die Lesefähigkeit im Zeitpunkt der Testamentserrichtung an. Der Grund der Beeinträchtigung ist ohne Bedeutung, auch eine vorübergehende Sehstörung führt zur Beschränkung in der Wahl der Testamentsform.[175] Wer mit einer Lupe eine entsprechend große und dicke Schrift noch lesen kann, ist nicht leseunfähig.[176] Über die Möglichkeit, optisch Eindrücke aufzunehmen, hinaus setzt die Lesefähigkeit voraus, dass sich der Testator auf diesem Weg Kenntnis von dem Inhalt verschaffen kann, woran es fehlt, wenn er den Sinn des optisch Aufgenommenen nicht erfassen kann.[177] Bei einem eigenhändig geschriebenen und unterschriebenen Testament ist von der Lesefähigkeit auszugehen, solange nicht das Gegenteil zur Überzeugung des Gerichts feststeht.[178] Rechtfertigen der Akteninhalt und das Schriftbild des Testaments Zweifel an der Lesefähigkeit, so ist das Gericht im Verfahren der freiwilligen Gerichtsbarkeit zur Amtsermittlung verpflichtet.[179] Im streitigen Verfahren trägt die Partei die Beweislast, die sich auf die Unwirksamkeit beruft.[180] Steht die fehlende Lesefähigkeit bis in ein höheres Alter fest, so hat derjenige den Erwerb der Lesefähigkeit zu beweisen, der die Wirksamkeit der Verfügung behauptet.[181]

175 Zur Erblindung als Fall des Abs. 4 vgl. BayObLG FamRZ 2000, 322, 323 = NJW-FER 1999, 189.
176 AG Neuss FamRZ 2018, 390.
177 BayObLG NJW-RR 1997, 1438 (Rindenblindheit).
178 OLG Neustadt FamRZ 1961, 541, 542; BayObLG Rpfleger 1985, 239; FamRZ 1987, 1199, 1200; OLG Düsseldorf ZEV 2000, 316 (LS); *Habscheid* JZ 1962, 418; *Lutter* FamRZ 1961, 543.
179 Vgl. BayObLG FamRZ 1997, 1028 f. = ZEV 1997, 125.
180 OLG Hamburg FamRZ 2016, 2036.
181 OLG Dresden 12.1.2015 17 W 1341/14 juris.

Fehlt es an der **Schreibfähigkeit**, wird sich die Frage der Wirksamkeit eines eigenhändigen Testaments nur selten stellen; zieht der Testator die ihm vorgeschriebenen Schriftzüge lediglich nach, ohne den Sinn zu verstehen, so ist das Testament unwirksam.[182] Unschädlich ist es, wenn einem Testator Geschriebenes vorgelegt wird, damit er sich an einzelne Schriftzüge und Schreibweisen erinnert, solange damit nur momentane Erinnerungslücken geschlossen werden.[183]

VII. Schuldrechtliche Anerkennung formunwirksam errichteter Testamente

Die Nichtigkeit der formungültigen letztwilligen Verfügung führt häufig dazu, dass der wirkliche Wille des Erblassers nicht erfüllt wird und der Nachlass an Personen fällt, die möglicherweise vom Erblasser gerade nicht bedacht werden sollten.[184] Die Formungültigkeit lässt sich auch durch eine Übereinkunft der nunmehr berufenen Erben nicht beseitigen. Möglich ist es aber, dass diese sich schuldrechtlich verpflichten, die in dem nichtigen Testament Bedachten so zu stellen, wie wenn das Testament wirksam wäre. Auf einen solchen Vertrag sind die Regeln der §§ 516 ff. BGB und §§ 2371 ff. BGB anzuwenden.[185] 40

§ 2248 Verwahrung des eigenhändigen Testaments

Ein nach § 2247 errichtetes Testament ist auf Verlangen des Erblassers in besondere amtliche Verwahrung zu nehmen.

Übersicht

I. Zeittafel

Die Bestimmung stimmt inhaltlich mit der der ursprünglichen Fassung des BGB überein; sie befand sich zwischenzeitlich in § 22 TestG und wurde von dort wieder in das BGB übernommen. Die Verweisung auf § 2258a und b BGB wurde zunächst durch Art. 2 Abs. 16 Nr. 11 PStRG vom 19.02.2007 BGBl. I S. 122 mit Wirkung zum 01.01.2009 auf eine Verweisung auf §§ 73, 82a FGG geändert. Mit Wirkung zum 01.09.2009 wurde die Regelungen dann durch Art. 50 Nr. 61 FGG-RG vom 17.12.2008 BGBl. I S. 2586 auf die Bestimmungen des FamFG umgestellt. 1

II. Recht der ehemaligen DDR

Nach § 385 Satz 2 ZGB[1] bestand die Möglichkeit, privatschriftliche Testamente in die Verwahrung des Staatlichen Notariats zu geben. Soweit ein Testament vom Staatlichen Notariat in Verwahrung genommen wurde, sollte das Notariat dem Erblasser die Verwahrung bestätigen (§ 24 Abs. 2 Satz 1 NotG). 2

III. Einzelerläuterungen

1. Sinn der Regelung

Die Regelung stellt es dem Testator frei, sein privatschriftliches Testament in besondere amtliche Verwahrung zu geben und so die **Gefahr** einer Unterdrückung oder einer Vernichtung, einer Beschädigung oder einer Verfälschung auf ein Minimum **zu reduzieren**. Zugleich wird damit 3

182 Staudinger/*Baumann* Rn. 141; zum Schreiben mit einer Schreibschablone vgl. Rdn. 14.
183 Zur Abgrenzung OLG München DNotZ 1937, 68 f.
184 Vgl. nur OLG Düsseldorf FamRZ 1997, 518.
185 Vgl. *B. Herrmann*, S. 62 f.; Soergel/*Mayer* Rn. 42; BayObLGZ 1954, 27, 33 f.
1 Abgedruckt bei § 2247 BGB Rdn. 2.

erreicht, dass das Testament im Erbfall auch aufgefunden wird.[2] Die Inverwahrungnahme hat auf den Charakter des Testaments als privatschriftliches und auf seine Wirksamkeit keinen Einfluss. Das privatschriftliche Testament wird durch die amtliche Verwahrung auch **nicht zu einer öffentlichen Urkunde**. Die Regelung ist auch auf das Dreizeugentestament, § 2250 BGB, anwendbar.[3]

2. Zuständigkeit und Verfahren

4 Die Zuständigkeit für die Verwahrung ergibt sich aus § 344 Abs. 1 Satz 1 Nr. 3 FamFG. Danach ist bei privatschriftlichen Testamenten jedes Amtsgericht für die Verwahrung zuständig. Die funktionelle Zuständigkeit regelt sich nach § 3 Abs. 1 Nr. 2c, § 36b Abs. 1 Nr. 1 RPflG. In Baden-Württemberg sind nach § 1 Abs. 1, 2; §§ 38, 46 Abs. 3 LFGG die Notariate zuständig; vgl. §§ 11 bis 19 der 1. VerwVorschrift zur Ausführung des LFGG vom 05.05.1975.[4] Das AG Berlin-Schöneberg ist nach § 11 Abs. 2 Satz 1 KonsularG für die Verwahrung von Konsulartestamenten (vgl. § 2231 BGB Rdn. 10) zuständig.

5 Das **Verfahren** bestimmt sich nach § 346 FamFG. Ein förmlicher **Antrag** ist nach diesen Regelungen nicht erforderlich, sodass auch in der schlichten Übersendung des Testaments ein Verwahrantrag gesehen werden kann. Auch eine Beglaubigung der Unterschrift des Antragstellers ist nicht erforderlich.[5] Das Verlangen der Verwahrung kann auch von einem Vorsorgebevollmächtigten geäußert werden.[6] Die **Kosten** der besonderen amtlichen Verwahrung bestimmen sich nach GNotKG Anlage 1 Nr. 12100. Die Einsichtnahme in das amtlich verwahrte Testament ist auch ohne Rücknahme aus der Verwahrung möglich.[7]

6 Eine **Belehrungspflicht** sehen die genannten Verfahrensregelungen nicht vor.[8] Dennoch ist zum einen daran zu denken, dass **unrichtige Auskünfte** auch dann eine Amtspflichtverletzung darstellen, wenn eine Pflicht zur Auskunftserteilung nicht bestand.[9] Zum anderen ist daran zu erinnern, dass es als nobile officium staatlicher Stellen gilt, auch ohne besondere Belehrungspflichten auf offenbare Formfehler aufmerksam zu machen.[10] Deshalb ist ein Testator, der ein Testament in amtliche Verwahrung gibt, bspw. auf die Erforderlichkeit der Unterschrift hinzuweisen, wenn der annehmende Beamte ihr Fehlen bemerkt.

7 Dem Testator soll nach § 346 Abs. 3 Satz 1 FamFG ein **Hinterlegungsschein** erteilt werden. Dieser Schein hat allein die Funktion eines Belegs. Zur Rücknahme aus der amtlichen Verwahrung (die keine Widerrufswirkungen hat) vgl. § 2256 Abs. 3 BGB. Nach § 347 Abs. 1 FamFG benachrichtigt das Gericht die das zentrale Testamentsregister führende Behörde.

§ 2249 Nottestament vor dem Bürgermeister

(1) Ist zu besorgen, dass der Erblasser früher sterben werde, als die Errichtung eines Testaments vor einem Notar möglich ist, so kann er das Testament zur Niederschrift des Bürgermeisters der Gemeinde, in der er sich aufhält, errichten. Der Bürgermeister muss zu der Beurkundung zwei Zeugen zuziehen. Als Zeuge kann nicht zugezogen werden, wer in dem zu beurkundenden Testament bedacht oder zum Testamentsvollstrecker ernannt wird; die Vorschriften der §§ 7, 27 des Beurkundungsgesetzes gelten entsprechend. Für die Errichtung gelten die Vorschriften der §§ 2232, 2233 sowie die Vorschriften der §§ 2, 4, 5 Abs. 1, §§ 6 bis 10, 11 Abs. 1 Satz 2, Abs. 2, § 13 Abs. 1,

---

2 S. hierzu § 344 FamFG.
3 MünchKomm/*Hagena* Rn. 3; Soergel/*Mayer* Rn. 2.
4 Die Justiz 1975, 201, 20 ff.
5 KG RJA 1, 146; Staudinger/*Baumann* Rn. 13.
6 OLG München NJW-RR 2012, 1288 f. = ZEV 2012, 482.
7 Haußleiter/*Schemmann* FamFG, § 346 Rn. 8; MünchKomm-FamFG/*Muscheler*, § 346 Rn. 11.
8 MünchKomm/*Hagena* Rn. 12.
9 BGH NJW 1993, 3204, 3205; Palandt/*Sprau* § 839 Rn. 41.
10 Vgl. Kroiß/Ann/Mayer/*Kroiß* Rn. 4; MünchKomm/*Hagena* Rn. 12; Soergel/*Mayer* Rn. 3.

3, §§ 16, 17, 23, 24, 26 Abs. 1 Nr. 3, 4, Abs. 2, §§ 27, 28, 30, 32, 34, 35 des Beurkundungsgesetzes; der Bürgermeister tritt an die Stelle des Notars. Die Niederschrift muss auch von den Zeugen unterschrieben werden. Vermag der Erblasser nach seinen Angaben oder nach der Überzeugung des Bürgermeisters seinen Namen nicht zu schreiben, so wird die Unterschrift des Erblassers durch die Feststellung dieser Angabe oder Überzeugung in der Niederschrift ersetzt.

(2) Die Besorgnis, dass die Errichtung eines Testaments vor einem Notar nicht mehr möglich sein werde, soll in der Niederschrift festgestellt werden. Der Gültigkeit des Testaments steht nicht entgegen, dass die Besorgnis nicht begründet war.

(3) Der Bürgermeister soll den Erblasser darauf hinweisen, dass das Testament seine Gültigkeit verliert, wenn der Erblasser den Ablauf der in § 2252 Abs. 1, 2 vorgesehenen Frist überlebt. Er soll in der Niederschrift feststellen, dass dieser Hinweis gegeben ist.

(4) *(weggefallen)*

(5) Das Testament kann auch vor demjenigen errichtet werden, der nach den gesetzlichen Vorschriften zur Vertretung des Bürgermeisters befugt ist. Der Vertreter soll in der Niederschrift angeben, worauf sich seine Vertretungsbefugnis stützt.

(6) Sind bei der Abfassung der Niederschrift über die Errichtung des in den vorstehenden Absätzen vorgesehenen Testaments Formfehler unterlaufen, ist aber dennoch mit Sicherheit anzunehmen, dass das Testament eine zuverlässige Wiedergabe der Erklärung des Erblassers enthält, so steht der Formverstoß der Wirksamkeit der Beurkundung nicht entgegen.

Übersicht

I. Zeittafel

Die **ursprüngliche Fassung des BGB** sah zwar die Möglichkeit eines Nottestaments vor dem Bürgermeister vor, behandelte dabei aber den Bürgermeister wie einen Notar, sodass Formfehler – auch hinsichtlich der Feststellung nach Abs. 2 a.F. – in weitem Umfang zur Unwirksamkeit des Testaments führten. Es heißt in § 2249 BGB a.F.: *(1) Ist zu besorgen, daß der Erblasser früher sterben werde, als die Errichtung eines Testaments vor einem Richter oder vor einem Notar möglich ist, so kann er das Testament vor dem Vorsteher der Gemeinde, in der er sich aufhält, oder, falls er sich in dem Bereich eines durch Landesgesetz einer Gemeinde gleichgestellten Verbandes oder Gutsbezirkes aufhält, vor dem Vorsteher dieses Verbandes oder Bezirkes errichten. Der Vorsteher muß zwei Zeugen zuziehen. Die Vorschriften der §§ 2234 bis 2246 finden Anwendung; der Vorsteher tritt an die Stelle des Richters oder Notars. (2) Die Besorgnis, daß die Errichtung eines Testaments vor einem Richter oder vor einem Notar nicht mehr möglich sein werde, muß im Protokolle festgestellt werden. Der Gültigkeit des Testaments steht es nicht entgegen, daß die Besorgnis nicht begründet war.* Das TestG entschärfte auch insoweit die Formerfordernisse. § 23 TestG entsprach dabei inhaltlich im Wesentlichen bereits dem heute geltenden Recht. Die Verweisungen im heutigen Abs. 1 auf das BeurkG sind durch die Streichung der §§ 2234 bis 2246 notwendig geworden. Durch das OLGVertrÄndG v 23.07.2002 BGBl. 2850 wurde die Verweisung auf § 31 BeurkG gestrichen. Zusammen mit der Neuregelung der §§ 2232, 2233 BGB ist so auch die Errichtung eines Bürgermeistertestaments durch andere als mündliche Erklärungen möglich. Durch Art. 2 Abs. 16 Nr. 12 PStRG vom 19.02.2007 BGBl. I S. 122 wurde 1

Abs. 4 der Regelung mit Wirkung zum 01.01.2009 aufgehoben und in Abs. 5 die Gleichstellung des Gutvorstehers mit dem Bürgermeister beseitigt.

II. Recht der ehemaligen DDR

2 Das **ZGB** kennt zwar ein Nottestament, jedoch nur in der Form eines **Zweizeugentestaments** (vgl. § 2250 BGB Rdn. 2). Dabei ist zu beachten, dass – im Gegensatz zum Bundesrecht – diese Form der Testamentserrichtung nur offensteht, wenn der Testator weder ein notarielles noch ein eigenhändiges Testament errichten kann.[1] Obwohl das ZGB keine ausdrückliche Regelung darüber enthält, ob die Errichtung in einer vermeintlichen Notlage wirksam ist, muss eine solche vermeintlich bestehende Situation als ausreichend angesehen werden.[2] Zur zeitlichen Begrenzung der Wirksamkeit des Nottestaments nach dem ZGB vgl. § 2252 BGB Rdn. 2.

III. Sinn der Regelung

3 Im Gegensatz zu anderen Rechtsordnungen – auch der der ehemaligen DDR – ist die Errichtung eines Testaments in der Form des § 2249 BGB auch dann möglich, wenn der Testator ein privatschriftliches Testament durchaus errichten könnte, ihm aber die Möglichkeit versperrt ist, in ordentlicher öffentlicher Form zu testieren. Damit trägt der Gesetzgeber den Strukturunterschieden zwischen dem öffentlichen und dem privatschriftlichen Testament Rechnung. Die Form des § 2249 dient deshalb nicht etwa nur dazu, dem Testator das Testieren zu ermöglichen, sondern sie gibt ihm die Möglichkeit, gerade ein **öffentliches Testament** zu errichten. Der Urkundsperson kommen deshalb auch im Hinblick auf die **Beratungs- und Belehrungspflichten** die Aufgaben eines Notars zu. Auch im Hinblick auf die **Beweiskraft** nach § 35 GBO, § 415 ZPO (vgl. § 2231 BGB Rdn. 5) steht das nach § 2249 BGB ordnungsgemäß errichtete Testament dem öffentlichen Testament nach § 2232 BGB gleich. Die örtliche Zuständigkeit für die besondere **Verwahrung** des nach § 2249 BGB errichteten Testaments (zur Notwendigkeit § 2249 Abs. 1 Satz 4 BGB i.V.m. § 34 Abs. 1 Satz 4 BeurkG) richtet sich nach § 344 Abs. 1 FamFG. Die Regelung des § 2249 BGB ist nach § 2266 BGB auf **gemeinschaftliche Testamente** bereits dann anzuwenden, wenn sich nur einer der Ehegatten in einer die Voraussetzungen des § 2249 BGB erfüllenden Situation befindet. Ein Erbvertrag kann nach diesen Regeln nicht beurkundet werden.[3]

IV. Besorgnis des Ablebens

4 Es muss die Besorgnis bestehen, dass der Testator früher stirbt, als ihm die Errichtung eines Testaments vor einem Notar möglich ist. Die bloße Unerreichbarkeit eines Notars oder seine zeitweilige Verhinderung reichen allein nicht aus, solange nicht die Gefahr besteht, dass der Testator verstirbt, bevor er das Testament vor dem Notar errichten kann. Da die Regelung dem Testator ermöglichen soll, ein Testament in öffentlicher Form zu errichten, muss sie im Wege der Analogie auch dann angewendet werden, wenn die Gefahr besteht, dass der Testator die **Testierfähigkeit verliert**, bevor er ein öffentliches Testament vor dem Notar errichten kann.[4] Dabei schließt die Möglichkeit, dass die Testierunfähigkeit später einmal von kürzeren Phasen der Testierfähigkeit unterbrochen sein kann, angesichts der Unsicherheit, ob eine solche Phase tatsächlich eintritt und ob es dem Testator in dieser Phase möglich sein wird, ein öffentliches Testament zu errichten, die entsprechende Anwendung des § 2249 nicht aus.[5] Nicht erforderlich ist es, dass der Umstand, der den baldigen

1 § 383 Abs. 2 ZGB.

2 ZGB-Kommentar § 383 Anm. 2.1; s. *Herrmann*, S. 34.

3 Soergel/*Mayer* Rn. 3.

4 BGHZ 3, 372, 377; MünchKomm/*Hagena* Rn. 3; Staudinger/*Baumann* Rn. 23; *von der Beck* S. 79 (alle für eine extensive Auslegung; damit wird jedoch die Wortlautgrenze überstiegen, sodass eine Analogiebildung vorzuziehen ist) Soergel/*Mayer* Rn. 4; *Muscheler* Erbrecht Rn. 1770; vgl. auch Bamberger/Roth/Hau/Poseck/*Litzenburger* Rn. 3 (Gleichstellung).

5 Vgl. BGHZ 3, 372, 377.

Eintritt der Testierunfähigkeit erwarten lässt, zugleich das Leben des Testators bedroht. Die gegenteilige Auffassung[6] wird dem Schutzzweck der Regelung des § 2249 BGB nicht gerecht.

Nach der Regelung des Abs. 1 ist das **objektive Bestehen** der die Besorgnis rechtfertigenden Gefahr 5
maßgebend. Dies wird ergänzt durch die Bestimmung des Abs. 2 Satz 2, der die Gültigkeit eines Nottestaments anordnet, wenn sich die Besorgnis der Gefahr als unbegründet erweist. Diese Regelung knüpft an die Feststellung in der Niederschrift und damit an die **Einschätzung der Urkundsperson** an. Aus dem Zusammenspiel von Abs. 1 und Abs. 2 ergibt sich, dass ein Nottestament voraussetzt, dass die Besorgnis **entweder objektiv**[7] **oder** aber aus der **Sicht des Beurkundenden** bestehen muss.[8] Die Einschätzung des Testators oder der Zeugen ist nach der Regelung der Abs. 1 und 2 nicht maßgebend.[9] Wenn in der Niederschrift die Feststellung der genannten Besorgnis enthalten ist, so kann die Möglichkeit der Errichtung eines Nottestaments nur mit der Behauptung infrage gestellt werden, der Beurkundende habe die Feststellung pflichtwidrig vermerkt, obwohl er selbst nicht zu dieser Überzeugung gekommen sei; unzulässig, weil materiellrechtlich nach Abs. 2 Satz 2 unbedeutend, ist der Gegenbeweis, die vorhandene Überzeugung der Besorgnis sei unbegründet gewesen.[10] Gelingt der eingangs genannte Beweis, ist das Testament nichtig, soweit nicht § 2250 Abs. 1 BGB diese Form des Bürgermeistertestaments zulässt. Ein Irrtum über die Berechtigung der Besorgnis ist nach Abs. 2 Satz 2 ohne Einfluss auf die Gültigkeit. Die Feststellung kann auch noch nachträglich in die Niederschrift aufgenommen werden;[11] zum Fehlen der Feststellung in der Niederschrift vgl. Rdn. 11.

V. Verfahrensfragen

1. Zuständigkeit

Das Nottestament kann vor dem Bürgermeister (Abs. 1) oder seinem durch gesetzliche Vorschriften 6
befugten Vertreter (Abs. 5) errichtet werden. Als Hilfestellung haben die Länder Anordnungen erlassen, in denen Anweisungen für die Aufnahme eines Nottestaments enthalten sind.[12] **Zuständig** ist der **Bürgermeister** der Gemeinde, nicht der Vorsteher eines Gemeindeteils.[13] **Örtlich** bestimmt sich die Zuständigkeit nach dem Aufenthalt unabhängig von dessen Dauer; der Wohnsitz des Erblassers ist ohne Bedeutung. Eine **Verletzung der örtlichen Zuständigkeit** durch Überschreiten des Amtsbezirks hat seit der Neuregelung durch das BeurkG auf die Wirksamkeit der Testamentserrichtung keinen Einfluss (§ 2249 Abs. 1 Satz 4 BGB, § 2 BeurkG). Auf der Grundlage des bis zum 31.12.1969 geltenden Rechts war eine Umdeutung des vor einem örtlich unzuständigen Bürgermeister oder seinem Vertreter nach § 2249 errichteten Testaments in ein Dreizeugentestament i.S.d. § 2250 BGB zu erwägen.[14] Welche Amtsträger als **Vertreter** des Bürgermeisters (vgl. Abs. 4; Nachweis der Verhinderung des Bürgermeisters ist nicht erforderlich) zur Errichtung von Nottestamenten berufen sind, ergibt sich aus dem Landesrecht. Die Regelung über die Zuständigkeit des **Vorstehers eines Gutsbezirks** ist heute weitgehend obsolet, da es nur wenige gemeindefreie Gebiete gibt. Maßgebend sind die landesrechtlichen Regelungen der jeweiligen Gemeindeordnung.[15] § 2249 Abs. 4 wurde deshalb mit Wirkung zum 01.01.2009 aufgehoben, zur früheren Rechtslage und zum Übergangsrecht vgl. Soergel/*Harder* 12. Aufl., Rn. 4. Das Fehlen der gesetzlich begründeten Vertretungsbefugnis führt zur Nichtigkeit des Testaments, wobei an eine Aufrechterhaltung in der

6 *Brox/Walker* §12 Rn. 2; *Kappesser* S. 26; MünchKomm/*Burkart* 3. Aufl., 1997, Rn. 3.
7 RGZ 171, 27, 28; BGHZ 3, 372, 380 (Fall des Abs. 1).
8 RGZ 109, 368, 372; BGHZ 3, 372, 378 (Fall des Abs. 2 Satz 2).
9 Vgl. KG OLGE 9, 413, 414; Staudinger/*Baumann* Rn. 18; Bamberger/Roth/Hau/Poseck/*Litzenburger* Rn. 2; Soergel/*Mayer* Rn. 4; *von der Beck* S. 74 ff., 78.
10 Staudinger/*Baumann* Rn. 20.
11 MünchKomm/*Hagena* Rn. 3.
12 Vgl. z.B. Entschließung des BayStMdI v. 24.08.1970, MABl S. 657 ff.
13 KG HEZ 1, 233, 235.
14 KG HEZ 1, 233, 235 f.; vgl. aber auch BGH RdL 1952, 300, 301 f.
15 Zur Rechtslage in *Hess*en vgl. § 153 Abs. 1 Buchst c HGO i.V.m. VO über gemeindefreie Grundstücke und Gutsbezirke vom 15.11.1938, RGBl. I S. 1631.

Form eines Dreizeugentestaments zu denken ist.[16] Vor einem **Ortsvorsteher** kann auch kein öffentliches Testament errichtet werden (zu den Amtspflichten, wenn dieser ein eigenhändig errichtetes Testament prüft vgl. § 2247 BGB Rdn. 11).

2. Pflichten der Urkundsperson

a) Bedeutung der Regelung des Abs. 6

7 Das Gesetz stellt die Urkundsperson dem Notar gleich und erklärt die Regelungen des BeurkG in weiten Teilen für entsprechend anwendbar. Den Bürgermeister oder seinen Vertreter treffen deshalb im Grundsatz dieselben Pflichten, die auch den Notar treffen (vgl. dazu die Kommentierung zu den in Bezug genommenen Bestimmungen des BeurkG). In Anbetracht der besonderen Situation, in der sich die Urkundsperson befindet, werden aber **Fehler**, die bei einer Testamentserrichtung vor dem Notar zur Unwirksamkeit des Testaments führen können, **durch Abs. 6 für unbeachtlich erklärt**, sofern mit Sicherheit anzunehmen ist, dass das Testament die zuverlässige Wiedergabe der Erklärung des Erblassers enthält. Diese Regelung bezieht sich nur auf einen Formverstoß bei der Abfassung der Niederschrift – also auf beurkundungsrechtliche Fragen –, nicht auf einen Verstoß gegen die Voraussetzungen, die die Regelung des § 2249 BGB als solche für die Wirksamkeit des Errichtungsaktes aufstellt. Das Kriterium, es müsse mit *Sicherheit* eine *zuverlässige* Wiedergabe der Erklärung[17] gewährleistet sein, gibt kein über das gewöhnliche Beweismaß hinausgehendes Maß vor. Bei der Beurteilung der Frage, ob der Testator eine entsprechende Erklärung abgegeben hat, ist § 416 ZPO zu beachten, der auch bei einer unter Verstoß gegen zwingende Formvorschriften errichteten notariellen Urkunde anzuwenden ist.[18]

b) Erklärung des Testators

8 Auf dieser Grundlage sind folgende Voraussetzungen zu beachten: Nach § 2249 i.V.m. § 2232 BGB muss der Testator seinen letzten Willen dem Bürgermeister **erklären** oder eine offene oder verschlossene **Schrift mit der Erklärung übergeben**, diese enthalte seinen letzten Willen (bei minderjährigem Testator nur durch offene Schrift, vgl. § 2233 Abs. 1 BGB; ein leseunfähiger Testator kann nur durch Erklärung gegenüber dem Notar nach § 2232 Satz 1 Fall 1 BGB testieren, vgl. § 2233 Abs. 2 BGB; zu Schriften in fremder Sprache vgl. § 2232 BGB Rdn. 16).[19] Die Errichtung durch Erklärung ist wegen der am 01.08.2002 in Kraft getretenen Änderung der §§ 2232, 2233 BGB auch in **anderer als mündlicher Form** möglich. Vor diesem Zeitpunkt durch Erklärung errichtete Testamente müssen dagegen mündlich errichtet worden sein, wie sich aus der Verweisung auf §§ 2232 BGB a.F., 2233 BGB a.F. ergibt.[20] Hinsichtlich der Anforderungen an die Mündlichkeit der Erklärung gelten dann die bei § 2232 BGB Rdn. 7 f., § 2233 BGB Rdn. 11 ff. ausgeführten Grundsätze. Hat der Erblasser seinen letzten Willen dem Notar erklärt und übergibt er zugleich ein Schriftstück, das diesen Willen noch einmal wiedergibt, so handelt es sich um ein durch Erklärung errichtetes Testament;[21] das übergebene Schriftstück kann Grundlage der Niederschrift sein (vgl. Rdn. 11). Bei **fremdsprachigem Testator** ist zu beachten, dass die Urkunde allein in deutscher Sprache errichtet werden kann,[22] da § 2249 Abs. 1 Satz 4 BGB nur auf § 5 Abs. 1 BeurkG, nicht auf dessen Abs. 2 verweist. Dabei dürfte es sich aber nur um eine Formvorschrift i.S.d. § 2249 Abs. 6 BGB handeln, deren Verletzung die Wirksamkeit des Testaments nicht berührt.[23] Weiterhin

16 KG NJW 1947/1948, 189; Bamberger/Roth/Hau/Poseck/*Litzenburger* Rn. 14.
17 Nicht notwendigerweise des Willens, BGHZ 37, 79, 92.
18 Vgl. BGHZ 37, 79, 91 ff. = NJW 1962, 1149, 1152; MünchKomm-ZPO/*Schreiber* § 416 Rr. 2; Musielak/Voit/*Huber* § 416 ZPO Rn. 3.
19 Vgl. BGHZ 37, 79, 84 = NJW 1962, 1149, 1150.
20 Zweifelnd Soergel/*Mayer* Rn. 11 (wegen der Verweisung auf § 24 BeurkG).
21 BayObLG NJW-RR 1996, 711 = FamRZ 1996, 763 = Rpfleger 1996, 248, 249.
22 Zur Zuziehung eines Dolmetschers vgl. § 16 Abs. 3 BeurkG.
23 A.A. MünchKomm/*Hagena* Rn. 24.

sind bei fremdsprachigen Testatoren die §§ 16, 32 BeurkG zu beachten, auf welche § 2249 Abs. 1 Satz 4 BGB verweist.

c) Verhandlung

Über den Willen zur Testamentserrichtung muss **vor der Urkundsperson** verhandelt werden. Diese muss während der ganzen Verhandlung zugegen sein und selbst mit dem Testator verhandeln.[24] Wenn die **Urkundsperson** nach § 6 BeurkG **ausgeschlossen** ist, so ist das Testament unwirksam; in den Fällen der §§ 7, 27 BeurkG tritt partielle Unwirksamkeit ein.[25] Die Erklärung muss gegenüber der Urkundsperson abgegeben werden, bloße Anwesenheit reicht nicht aus, wenn sich die Erklärung an eine andere Person richtet.[26] 9

d) Zuziehung von Zeugen

Es müssen **zwei Zeugen** zugezogen werden, die während der gesamten Verhandlung gleichzeitig anwesend sind.[27] Eine getrennte Beurkundung mit jeweils einem Zeugen ist unwirksam.[28] Nach Abs. 1 Satz 3 kann als Zeuge nicht hinzugezogen werden, wer in dem zu beurkundenden Testament bedacht oder zum Testamentsvollstrecker ernannt wird. Ein Verstoß gegen dieses Zuziehungsverbot führt nach wohl allgA nicht zur Unwirksamkeit der Verfügung insgesamt, sondern nur zur Unwirksamkeit der Zuwendung an den Zeugen bzw. seiner Einsetzung als Testamentsvollstrecker,[29] was der Verweisung in Abs. 1 Satz 3 Halbs. 2 auf die §§ 7, 27 BeurkG entnommen wird. Dieser Auffassung ist zuzustimmen, denn es wäre wenig konsequent, wenn §§ 7, 27 BeurkG in Fällen, in denen die Urkundsperson ausgeschlossen ist, nur die partielle Unwirksamkeit vorsehen, während die Zuziehung eines ausgeschlossenen Zeugen die Wirksamkeit der Verfügung von Todes wegen insgesamt infrage stellte. Ob man der genannten Verweisung auf §§ 7, 27 BeurkG darüber hinaus entnehmen sollte, dass auch der durch § 7 BeurkG erweiterte Personenkreis zur Vermeidung einer partiellen Unwirksamkeit nicht als Zeuge zugezogen werden darf,[30] erscheint zweifelhaft. Angesichts der klaren Aussage in Abs. 1 Satz 3 Halbs. 1 darüber, welche Personen dem Mitwirkungsverbot unterliegen, ist eine Erweiterung des Personenkreises im Wege der Verweisung auf §§ 7, 27 BeurkG nicht sachgerecht.[31] Die Anwesenheit einer nach Abs. 1 Satz 3 als Zeuge ausgeschlossenen Person bei der Errichtung des Testaments und ihre Unterschrift auf der Niederschrift stellen die Wirksamkeit des Testaments auch hinsichtlich der Einsetzung des Ausgeschlossenen nicht infrage, sofern die notwendige Zahl der Zeugen ohne diese Person erreicht ist.[32] Durch die Zuziehung von Personen, die nach § 2249 Abs. 1 Satz 4 i.V.m. § 26 Abs. 1 Nr. 3, 4, Abs. 2 BeurkG **nicht als Zeugen hinzugezogen werden sollen**, werden die Amtspflichten verletzt; dies bleibt aber ohne Einfluss auf die Wirksamkeit des Testaments.[33] In der Verweisung in § 2249 Abs. 1 Satz 4 BGB ist § 26 Abs. 1 Nr. 3a BeurkG nicht genannt. Dennoch wird man diesen Fall in gleicher Weise behandeln müssen. Kann der Testator nicht hören oder sich nicht mündlich erklären und ist auch eine schriftliche Verständigung mit ihm nicht möglich, so ist die Zuziehung einer **Verständigungsperson** nach § 24 Abs. 1 Satz 2 BeurkG erforderlich, § 2249 Abs. 1 Satz 4. BGB. Diese Verständigungsperson kann **nicht** zugleich die Funktion des **Zeugen** wahrnehmen, wie § 24 Abs. 3 BeurkG zeigt. 10

24 BGHZ 54, 89, 93 f.; Soergel/*Mayer* Rn. 9; Staudinger/*Baumann* Rn. 44.
25 Vgl. MünchKomm/*Burkart* 3. Aufl., 1997, Rn. 12.
26 BayObLGZ 1917, 82, 84 (Erklärung ggü. dem Pfarrer in Anwesenheit des Bürgermeisters).
27 Vgl. BGHZ 37, 79, 87, 88 f.; BayObLG Rpfleger 1977, 439 (LS).
28 Staudinger/*Baumann* Rn. 45; a.A. KG NJW 1957, 953, 954.
29 MünchKomm/*Hagena* Rn. 22; Soergel/*Harder* 12. Aufl., Rn. 8.
30 So *von der Beck* S. 89; BayStMdI MABl 1970, S. 657, 658.
31 Soergel/*Mayer* Rn. 10; MünchKomm/*Hagena* Rn. 22 (hinsichtlich Ehegatten und Lebenspartnern des Zeugen nur Sollvorschrift).
32 Soergel/*Mayer* Rn. 10; vgl. auch (zu § 2250) BGHZ 115, 169, 176 f.
33 MünchKomm/*Hagena* Rn. 22.

e) **Niederschrift**

11 Über die Errichtung des Testaments muss eine Niederschrift in deutscher Sprache[34] gefertigt werden, in welcher die Erklärung von der Urkundsperson niedergelegt oder die Übergabe einer Schrift mit einer den Anforderungen des § 2232 BGB entsprechenden Erklärung festgestellt wird. **Fehlt** es im Zeitpunkt des Todes des Erblassers an einer **Niederschrift**, so ist das Testament trotz der Regelung in Abs. 6 **unwirksam**,[35] denn insoweit handelt es sich nicht um eine Formvorschrift, sondern um einen Teil des in Abs. 1 Satz 1 selbst geregelten Errichtungsakts. Die **Anforderungen an die Niederschrift** werden durch die Verweisungen in Abs. 1 Satz 4 auf das BeurkG zwar detailliert geregelt, soweit es aber um die Wirksamkeit der Testamentserrichtung geht, werden diese weitgehend reduziert. Es steht deshalb der **Wirksamkeit** des Testaments **unter den Voraussetzungen des Abs. 6 nicht entgegen**, wenn die Niederschrift den Errichtungsvorgang nicht als solchen bekundet, sondern den letzten Willen in »Ich-Form« wiedergibt.[36] Das Fehlen eines Vermerks in der Niederschrift über die Besorgnis i.S.d. Abs. 1 ist nach Abs. 2 Satz 1 unschädlich, ausschlaggebend ist allein, dass die Besorgnis objektiv berechtigt ist oder zumindest bei der Urkundsperson bestand.[37] Das Fehlen der Bezeichnung der Urkundsperson und der Zeugen in der Niederschrift steht nach Abs. 6 der Wirksamkeit des Testaments nicht entgegen;[38] unrichtige Funktionsbezeichnungen sind ebenfalls unschädlich.[39] Soweit ein Vertreter als Urkundsperson fungiert, ist die Angabe der Grundlage der Vertretungsbefugnis nicht Wirksamkeitsvoraussetzung, vgl. Abs. 5 Satz 2.

f) **Verlesung und Genehmigung**

12 Die Niederschrift muss verlesen und genehmigt werden (Abs. 1 Satz 4 i.V.m. § 13 Abs. 1 BeurkG),[40] wobei in Fällen, in denen sich die Erklärung des Testators auf die Billigung eines von der Urkundsperson vorgelesenen Testamentsentwurfs beschränkt, die in § 2232 BGB Rdn. 11 genannten Grundsätze anwendbar sind. Wenn der Erblasser taub ist, muss die Urkunde wegen der Verweisung in Abs. 1 Satz 4 auf § 23 BeurkG zur Durchsicht vorgelegt werden. Wird die Urkunde unter Verstoß gegen diese Bestimmung nicht zur Durchsicht vorgelegt, so ist das Testament nichtig; dagegen beeinträchtigt das Fehlen des Vermerks nach § 23 BeurkG die Wirksamkeit nicht. Ist mit dem nach eigenen Angaben oder nach der Überzeugung der Urkundsperson tauben oder stummen Testator eine schriftliche Verständigung nicht möglich und enthält die Niederschrift eine entsprechende Feststellung, so ist nach § 24 Abs. 1 BeurkG eine Verständigungsperson beizuziehen. Zu den Besonderheiten bei sprachunkundigem Testator vgl. § 16 BeurkG.

g) **Unterschrift**

13 Weiterhin setzt Abs. 1 Satz 4 i.V.m. § 13 Abs. 3 Satz 1 BeurkG voraus, dass die Niederschrift von der **Urkundsperson unterschrieben** wird; die Unterschrift kann richtiger Ansicht nach auch noch

---

34 § 2249 Abs. 1 Satz 4 nimmt § 5 Abs. 2 BeurkG aus; zur Fehlerfolge vgl. Rdn. 8.

35 BayObLG NJW-RR 1996, 711, 712 f. = FamRZ 1996, 763, 764 = Rpfleger 1996, 248, 249 f. (Tonbandprotokoll nicht ausreichend); KG JFG 21, 38, 40; DJ 1940, 1015; OLG Gera NJW 1947/1948, 159 (LS); vgl. auch KG NJW 1947/1948, 188.

36 Vgl. BGHZ 37, 79, 86, 90 f.; *von der Beck* S. 108 ff.; vgl. auch BayObLG Rpfleger 1996, 248, 250 (von der Erblasserin verfasster und übergebener Entwurf des mündlich errichteten Testaments als Grundlage der Niederschrift).

37 BayObLGZ 1979, 232, 238; BayObLG Rpfleger 1996, 248, 250; OLG Zweibrücken NJW-RR 1987, 135, 136; vgl. auch Rdn. 5.

38 BayObLG Rpfleger 1996, 248, 250; OLG München MDR 2015, 775, 776 f.; *Kappesser* S. 168; offenlassend, aber zur Anwendung des Abs. 6 neigend BGHZ 37, 79, 87, 90.

39 KGJ 32 (1906), A 94, 96.

40 BGHZ 115, 169, 174 (Unterschreiben eines anderen als des verlesenen Schriftstücks reicht nicht aus, insoweit krit. MünchKomm/*Hagena* Rn. 26); KG DNotZ 1943, 177, 178; *von der Beck* S. 117 f.; zur Erforderlichkeit der Genehmigung BayObLG NJW 1966, 56.

nach dem Versterben des Erblassers nachgeholt werden.[41] Jedenfalls dann, wenn die Unterschrift in engem zeitlichem Zusammenhang mit der Testamentserrichtung geleistet wird, darf der mehr oder weniger zufällige Umstand, ob der Testator in dem Augenblick der Unterzeichnung seitens der Urkundsperson noch lebt, nicht entscheiden.[42] Testierfähigkeit des Erblassers ist im Augenblick der Unterschrift der Urkundsperson ohnehin nicht erforderlich (vgl. § 2229 BGB Rdn. 19). Die **Unterschrift** des **Testators** ist zwingend erforderlich.[43] Wenn der Testator nach seiner Angabe oder nach der Überzeugung der Urkundsperson **nicht in der Lage ist zu unterschreiben**, so wird die Unterschrift durch die entsprechende Feststellung in der Niederschrift ersetzt (Abs. 1 Satz 6). Diese Feststellung in der Niederschrift wird als Formerfordernis i.S.d. Abs. 6 angesehen, sodass es der Wirksamkeit des Testaments nicht entgegensteht, wenn der Testator entsprechende Angaben gemacht hat oder sich die Urkundsperson eine entsprechende Überzeugung gebildet hat, dies aber nicht in die Niederschrift aufgenommen wurde.[44] Die **Unterschrift** der beigezogenen **Zeugen** wird ebenfalls als formelles Erfordernis angesehen, sodass ihr Fehlen der Wirksamkeit unter den Voraussetzungen des Abs. 6 nicht entgegensteht.[45] Sie kann deshalb auch nachgeholt werden, auch noch nach dem Tod des Erblassers. Entgegen der ganz herrschenden Lehre[46] kann es deshalb auch wirksame Nottestamente geben, die im Zeitpunkt des Todes des Erblassers noch keine Unterschrift tragen (vgl. dazu auch § 2250 BGB Rdn. 15). Das Testament soll nach § 2249 Abs. 1 Satz 4 BGB i.V.m. § 34 Abs. 1 Satz 4 BeurkG unverzüglich in die **besondere amtliche Verwahrung** gegeben werden, zuständig ist nach § 344 Abs. 1 Satz 1 Nr. 2 FamFG das Amtsgericht, zu dessen Bezirk die Gemeinde gehört.

3. Haftungsfragen

Die Beurkundung darf nur unter den Voraussetzungen des § 4 BeurkG abgelehnt werden, nicht 14
dagegen bei Zweifeln an der Testierfähigkeit, denn § 2249 Abs. 1 Satz 4 BGB verweist auf § 4 BeurkG, nicht aber § 11 Abs. 1 Satz 1 BeurkG. Die Urkundsperson trifft die Pflicht, für die **wirksame Errichtung** des Testaments Sorge zu tragen (zu den Amtspflichten, wenn ein Ortsvorsteher ein eigenhändig errichtetes Testament prüft, vgl. § 2247 BGB Rdn. 11). Scheitert das Testament an Formfehlern, so verletzt die Urkundsperson ihre Amtspflicht, sodass Schadensersatzansprüche nach § 839, Art. 34 GG in Betracht kommen.[47] Das gilt insbesondere auch in Fällen, in denen die Urkundsperson entgegen Abs. 3 nicht auf die zeitlich begrenzte Wirksamkeit des Testaments hingewiesen hat. Der Einwand des Mitverschuldens seitens des Testators wurde auf der Grundlage

---

41 Vgl. KG OLGZ 1966, 462, 467 = NJW 1966, 1661, 1662 f. (Fehlen der Unterschrift als die Wirksamkeit nicht betreffender Mangel bei der Abfassung); vgl. auch (Fehlen aller Zeugenunterschriften im Fall des § 2250) OLG Köln MDR 1994, 71 f.; a.A. – Unterschrift muss zu Lebzeiten des Testators geleistet sein – Bamberger/Roth/Hau/Poseck/*Litzenburger* Rn. 16; Kroiß/Ann/Mayer/*Kroiß* Rn. 16; *Muscheler* Erbrecht Rn. 1782; MünchKomm/*Hagena* Rn. 33; Staudinger/*Baumann* Rn. 52; offengelassen in BayObLG Rpfleger 1996, 248, 250 = FamRZ 1996, 763 = NJW-RR 1996, 711.

42 *Lange/Kuchinke* § 21 IV 4 bei Fn. 71; vgl. auch (beschränkt auf den Fall des Versterbens während der Verhandlung) Soergel/*Mayer* Rn. 13; *Winkler*, § 13 BeurkG Rn. 91; *von der Beck* S. 135 f.

43 BGHZ 115, 169, 175; einschränkend (entbehrlich, wenn das Unterlassen der Unterschrift kein Vorbehalt gegen die endgültige Genehmigung war; richtigerweise ist dies auf Fälle der Schreibverhinderung zu beschränken) *von der Beck* S. 128 f.

44 BGHZ 115, 169, 175; BayObLGZ 1979, 232, 238; OLG Zweibrücken NJW-RR 1987, 135, 136; OLG Hamm Rpfleger 1991, 369, 370; *Kappesser* S. 168; vgl. auch (nur auf die tatsächliche Schreibunfähigkeit abstellend) Staudinger/*Baumann* Rn. 51.

45 RG DRW 1944, 841; Soergel/*Mayer* Rn. 16; Staudinger/*Baumann* Rn. 46; *Kappesser* S. 180 f. (anders im Fall des § 2250; vgl. dazu § 2250 BGB Rdn. 15).

46 Vgl. BayObLGZ 1979, 232, 240 (zu § 2250); *Lange/Kuchinke* § 21 IV 1 b m.w.N. in Fn. 35.

47 Vgl. OLG Nürnberg OLGZ 1965, 157 – Unwirksamkeit wegen Zuziehung ausgeschlossener Zeugen; OLG Karlsruhe MDR 2011, 483 f. (Amtspflichtverletzung: Erwecken des Anscheins der Errichtung eines rechtswirksamen Testaments durch einen Ortsvorsteher).

der bisherigen Rechtsprechung regelmäßig nicht zugelassen.[48] Das Krankenhaus hat dafür Sorge zu tragen, dass die Patienten ein Nottestament errichten können.[49]

Beruht die unwirksame Errichtung des Nottestaments auf Fehlern in der Nottestamentsmappe, so kommen Rückgriffsansprüche in Betracht.[50]

§ 2250 Nottestament vor drei Zeugen

(1) Wer sich an einem Ort aufhält, der infolge außerordentlicher Umstände dergestalt abgesperrt ist, dass die Errichtung eines Testaments vor einem Notar nicht möglich oder erheblich erschwert ist, kann das Testament in der durch § 2249 bestimmten Form oder durch mündliche Erklärung vor drei Zeugen errichten.

(2) Wer sich in so naher Todesgefahr befindet, dass voraussichtlich auch die Errichtung eines Testaments nach § 2249 nicht mehr möglich ist, kann das Testament durch mündliche Erklärung vor drei Zeugen errichten.

(3) Wird das Testament durch mündliche Erklärung vor drei Zeugen errichtet, so muss hierüber eine Niederschrift aufgenommen werden. Auf die Zeugen sind die Vorschriften der § 6 Abs. 1 Nr. 1 bis 3, §§ 7, 26 Abs. 2 Nr. 2 bis 5, § 27 des Beurkundungsgesetzes; auf die Niederschrift sind die Vorschriften der §§ 8 bis 10, 11 Abs. 1 Satz 2, Abs. 2, § 13 Abs. 1, 3 Satz 1, §§ 23, 28 des Beurkundungsgesetzes sowie die Vorschriften des § 2249 Abs. 1 Satz 5, 6, Abs. 2, 6 entsprechend anzuwenden. Die Niederschrift kann außer in der deutschen auch in einer anderen Sprache aufgenommen werden. Der E rblasser und die Zeugen müssen der Sprache der Niederschrift hinreichend kundig sein; dies soll in der Niederschrift festgestellt werden, wenn sie in einer anderen als der deutschen Sprache aufgenommen wird.

Übersicht

I. Zeittafel

1 Nach der **ursprünglichen Fassung** des BGB setzte das Nottestament in der Form des Dreizeugentestaments stets die **tatsächlich vorhandene Absperrung** des Erblassers voraus. Die Bestimmung lautete: *(1) Wer sich an einem Orte aufhält, der infolge des Ausbruchs einer Krankheit oder infolge sonstiger außerordentlicher Umstände dergestalt abgesperrt ist, daß die Errichtung eines Testaments vor einem Richter oder einem Notar nicht möglich oder erheblich erschwert ist, kann das Testament in der durch den*

48 BGH NJW 1956, 260; Staudinger/*Baumann* Rn. 55; durch die Entscheidung BGH NJW 1997, 2329 = ZEV 1997, 302 deutet sich hier aber eine Änderung der Rechtsprechung an; vgl. auch Soergel/*Mayer* Rn. 18.

49 Vgl. OLG München MedR 2011, 812 ff. (Schadensersatz, weil trotz Mitwirkung Unwirksamkeit des Testaments nicht vermieden wurde); BGH NJW 1989, 2945; vgl. auch den Überblick von *Schlund* ArztR 1979, 206; *Bever*, Das Krankenhaus, 1990, 231, 233 sowie *Metzmacher* JR 2012, 359 ff.; dazu *Gillmeister* ZMGR 2015, 91, 93 f. (mit dem nicht unproblematischen Rat, dem Personal die Mitwirkung an Dreizeugentestamenten zu untersagen).

50 Vgl. BGH NJW 1973, 843.

§ 2249 Absatz 1 bestimmten Form oder durch mündliche Erklärung vor drei Zeugen errichten. (2) Wird die mündliche Erklärung vor drei Zeugen gewählt, so muß über die Errichtung des Testaments ein Protokoll aufgenommen werden. Auf die Zeugen finden die Vorschriften der §§ 2234, 2235 und des § 2237 Nr. 1 bis 3, auf das Protokoll finden die Vorschriften der §§ 2240 bis 2242, 2245 Anwendung. Unter Zuziehung eines Dolmetschers kann ein Testament in dieser Form nicht errichtet werden. Die Möglichkeit, ein Dreizeugentestament zu errichten, wenn ein Nottestament nach § 2249 voraussichtlich nicht mehr errichtet werden kann, wurde durch das **TestG** eröffnet. Das **GesEinhG** und das Beurkundungsgesetz brachten – abgesehen von der Beseitigung der Zuständigkeit des Richters – im Vergleich zu dem heutigen Abs. 1 und 2 nur redaktionelle Änderungen. Abs. 3 lautete: *Wird das Testament durch mündliche Erklärung vor drei Zeugen errichtet, so muß hierüber eine Niederschrift aufgenommen werden. Auf die Zeugen sind die Vorschriften der §§ 2234, 2235 und des § 2237 Nr. 1 bis 5, auf die Niederschrift die Vorschriften der §§ 2240, 2241, 2241a, 2242, 2245, § 2249 Abs. 6 entsprechend anzuwenden; ferner ist § 2249 Abs. 2 sinngemäß anzuwenden. Unter Zuziehung eines Dolmetschers kann ein Testament in dieser Form nicht errichtet werden.* Zu den Besonderheiten des **Verfolgtentestaments**, das während der Zeit vom 30.01.1933 bis zum 08.05.1945 errichtet werden konnte, vgl. § 2231 BGB Rdn. 8.

II. Recht der ehemaligen DDR

Das ZGB lässt die Errichtung eines Nottestaments in einer objektiven oder subjektiven Notlage[1] 2
nur zu, wenn der Testator weder in öffentlicher noch in privatschriftlicher Form testieren kann (vgl. § 2249 BGB Rdn. 2). In einem solchen Fall kann nach § 383 Abs. 2 ZGB ein Testament vor zwei Zeugen errichtet werden. Die Zeugen müssen handlungsfähig i.S.d. § 49 ZGB und während der gesamten Testamentserklärung zugegen sein.[2] **§ 383 Abs. 2 ZGB** bestimmt: *Ist in besonderen Notfällen die Errichtung eines notariellen oder eigenhändigen Testaments nicht möglich, kann das Testament durch mündliche Erklärung gegenüber 2 Zeugen errichtet werden (Nottestament).* Die weiteren Anforderungen regelt **§ 386 ZGB**: *(1) Nach Errichtung eines Nottestaments (§ 383 Abs. 2) ist der Inhalt der Erklärung des letzten Willens des Erblassers unverzüglich niederzuschreiben. Die Niederschrift muß Ort und Datum der Errichtung und die Unterschriften der beiden Zeugen enthalten. In der Niederschrift sollen die näheren Umstände der Errichtung des Nottestaments dargelegt werden. Sie soll dem Erblasser vorgelesen und von ihm genehmigt werden. (2) Das Nottestament soll unverzüglich dem Staatlichen Notariat in Verwahrung gegeben werden. (3) Eine Verfügung im Nottestament ist nichtig, soweit ein Zeuge, dessen Ehegatte oder ein in gerader Linie Verwandter eines Zeugen bedacht worden ist.* Abs. 4 betrifft das Entfallen der Wirksamkeit; er ist in § 2252 BGB Rdn. 2 abgedruckt. Die Konzeption des Nottestaments des ZGB ist eine grundsätzlich andere als die des BGB. Während auf der Grundlage des ZGB das Nottestament durch die Erklärung gegenüber den Zeugen errichtet wird und diese das bereits errichtete Testament nur noch niederlegen (vgl. § 386 Abs. 1 ZGB), wirken nach der Regelung des BGB die Zeugen an der Errichtung des Testaments mit, indem sie den letzten Willen des Erblassers niederlegen, ihn verlesen und der Testator dann das Niedergelegte als sein Testament genehmigt (vgl. dazu Rdn. 5).

Die **Niederschrift** muss nach dem ZGB keine wörtliche sein und sie muss auch nicht aus der Hand der Zeugen selbst stammen. Die Gültigkeit des Nottestaments hängt – anders als nach bundesdeutschem Recht – weder vom Verlesen und Genehmigen noch von der Unterschrift des Testators ab (Abs. 1 Satz 3). Zwingend erforderlich sind dagegen die Angabe des Orts und der Zeit sowie die Unterschrift der Zeugen (Abs. 1 Satz 2; s. *Herrmann*, S. 34). Die **Verwahrung** seitens des Staatlichen Notariats, für die jedes Staatliche Notariat zuständig war,[3] hat keinen Einfluss auf die Wirksamkeit. Die Nichtigkeit nach Abs. 3 beschränkt sich auf die jeweils begünstigende Verfügung. Es tritt dann – sofern aus dem Testament nicht etwas anderes hervorgeht – insoweit gesetzliche Erbfolge ein (§ 375 Abs. 3 ZGB).

1 Vgl. ZGB-Kommentar § 383 Anm. 2.1.
2 ZGB-Kommentar § 383 Anm. 2.2.
3 ZGB-Kommentar § 386 Anm. 2.

III. Voraussetzungen des Absperrungstestaments nach Abs. 1

3 Abs. 1 knüpft die Möglichkeit der Errichtung eines Nottestaments in der Form des Bürgermeistertestaments nach § 2249 BGB oder in der eines Dreizeugentestaments an die **räumliche Absperrung** des Testators an. Die Gründe für diese Absperrung sind ohne Bedeutung. Sie können sich zum einen aus der **Örtlichkeit selbst** ergeben (Berghütte, Gletscherspalte, Insel), zum anderen können sie auch darauf beruhen, dass der **Verkehr** zu einem an sich leicht erreichbaren Ort **abgeschnitten** ist (Hochwasser, Lawinen, militärische oder behördliche Absperrungen). Dabei steht es nach h.M. in entsprechender Anwendung des § 2249 Abs. 2 BGB der tatsächlichen Absperrung gleich, wenn die **drei Zeugen übereinstimmend davon ausgehen**, dass der Ort derart abgesperrt ist;[4] die Auffassung des Testators ist nicht maßgebend. Zweifelhaft ist die Frage, ob die Absperrung von einer **gewissen Dauer** sein muss. Das Gesetz schweigt insoweit. Auf der einen Seite erfordert es die Testierfreiheit, dass der Testator auch den Zeitpunkt der Testamentserrichtung selbst bestimmen kann. Auf der anderen Seite kann eine nur kurze und vorübergehende Absperrung es nicht rechtfertigen, von den strengen Formen, die der Gesetzgeber bei der ordentlichen Testamentserrichtung für erforderlich hält, abzusehen. Man wird deshalb bei einer kurzfristigen Absperrung (Übernachtung auf einer einsamen Berghütte; Ausflugsfahrt auf einem Schiff; Reise im Flugzeug) verlangen müssen, dass es zumindest aus Sicht der Beteiligten veranlasst ist, gerade in der Situation der Absperrung zu testieren.[5] Umstände, die in der **Person des Erblassers** begründet sind, ohne dass die Voraussetzungen der Absperrung erfüllt sind,[6] reichen zur Anwendung des Abs. 1 nicht aus.

IV. Voraussetzungen des Notlagentestaments nach Abs. 2

4 Abs. 2 setzt eine **nahe Todesgefahr** voraus. Der Gefahr des Todes steht die des Eintritts der **Testierunfähigkeit** gleich (vgl. § 2249 BGB Rdn. 4). Die Gefahr muss derart drohen, dass dem Testator weder die Errichtung eines ordentlichen öffentlichen Testaments noch die eines Nottestaments in der Form des Bürgermeistertestaments nach § 2249 BGB möglich ist. Dass er privatschriftlich testieren könnte, hindert die Errichtung eines Nottestaments nach § 2250 BGB nicht. Hinsichtlich der Feststellung der Gefahr wird alternativ auf das **objektive Vorliegen** der Gefahr oder auf die **übereinstimmende Überzeugung** aller drei Zeugen abgestellt.[7] In der Regel wird ein Notar – jedenfalls in Großstädten – innerhalb eines Tages zur Verfügung stehen.[8] Dass die Beteiligten noch keinen Kontakt zu einem Notar hatten, ist dabei irrelevant. Es ist auch kein Versuch erforderlich, einen Notar zu erreichen.[9]Rein subjektive, nicht durch Tatsachen gestützte Annahmen der Zeugen reichen nicht aus, um die Voraussetzungen eines Nottestaments zu begründen.[10] Die Einschätzung des Testators ist unerheblich; ebenso irrelevant ist die Unkenntnis des Testators von der Notlage, in der er sich befindet.[11] **Unerheblich** ist auch, aus welchem **Grund** der Testator in die Notlage geraten ist und ob er hätte vorhersehen können, dass er in diese Situation geraten wird. Deshalb kann auch bei einer langandauernden Krankheit ein Stadium erreicht werden, in welchem die Vorausset-

4 BGHZ 3, 372, 377; Soergel/*Mayer* Rn. 6.

5 Soergel/*Mayer* Rn. 4.

6 Furcht eines Schwerkranken vor Strafverfolgung, KG Rpfleger 1968, 391 = MDR 1969, 146.

7 BGHZ 3, 372, 379 f.; OLG München NJW-RR 2015, 1034, 1035; OLG Düsseldorf FamRZ 2017, 1783, 1784 (Bewusstsein, dass der Testator nicht mehr lange leben will, reicht nicht aus); OLG München NJW 2010, 684, 685 f. = Rpfleger 2009, 620, 621= ZEV 2009, 468; OLG München MDR 2015, 775, 776; LG München I FamRZ 2000, 855, 856 (zum erstgenannten Fall); LG Freiburg Rpfleger 2003, 507 = ZEV 2003, 370, 371 m. zust. Anm. *Dümig* S. 372 (objektives Bestehen der nahen Todesgefahr); OLG Hamm Rpfleger 1991, 369, 370 (zum zweitgenannten Fall); zur Nichtigkeit, wenn es an beidem fehlt, vgl. § 2249 BGB Rdn. 5.

8 OLG München NJW 2010, 684, 685 f. = Rpfleger 2009, 620, 621= ZEV 2009, 468; OLG Hamm FamRZ 2017, 1782 (Erreichbarkeit am Samstagvormittag gegeben); strenger OLG Bremen FamRZ 2016, 1968 (halber Tag).

9 OLG München NJW-RR 2015, 1034, 1035.

10 OLG München NJW 2010, 684, 686 = Rpfleger 2009, 620, 621 = ZEV 2009, 468.

11 BGHZ 3, 372, 378.

zungen des Abs. 2 erfüllt sind.[12] Ohne Bedeutung ist es auch, wenn der Erblasser das Verfahren zur Errichtung des Nottestaments in einem Zeitpunkt einleitete, in welchem die Errichtung vor einem Notar noch möglich war, sofern nur im Zeitpunkt des Testierens die nahe Todesgefahr bestand.[13]

V. Errichtung des Dreizeugentestaments

1. Funktion der drei Zeugen

In den genannten Ausnahmesituationen kann das Testament durch **mündliche** Erklärung gegen- 5
über drei Zeugen errichtet werden.[14] Dabei liegt das Testament nicht bereits in der mündlichen Erklärung, sondern erst in der von den Zeugen gefertigten, verlesenen, genehmigten und vom Testator grundsätzlich selbst unterschriebenen Niederschrift.[15] Die drei Zeugen **bezeugen nicht die mündliche Erklärung** des mit dieser Erklärung wirksamen Testaments, sondern sie haben – wie ein Notar – die Funktion, das mündlich Erklärte **niederzulegen** und auf der **Grundlage der Niederschrift dem Testator das Testieren zu ermöglichen.** Dass dies in Fällen, in denen Schreibzeug nicht zur Verfügung steht (Bergunfall), zur faktischen Unmöglichkeit der Testamentserrichtung führen kann, ist als legislative Entscheidung hinzunehmen.[16] Zur Errichtung eines gemeinschaftlichen Testaments in der Form des § 2250 BGB vgl. § 2266 BGB.

Das Dreizeugentestament ist nach h.L.[17] **nicht** als **öffentliche Urkunde** anzusehen. Die h.L. stützt sich 6
darauf, dass die Zeugen zwar an die Stelle des Notars treten, jedoch die Funktion eines Notars, dem Prüfungs- und Belehrungspflichten obliegen, nicht erfüllen können; auch sei die **amtliche Verwahrung** des Nottestaments nach § 2250 BGB **nicht** zwingend vorgeschrieben, was gegen die Qualifikation als öffentliche Urkunde spreche. Zur **zeitlich begrenzten** Wirksamkeit vgl. § 2252 BGB Rdn. 4.

2. Einzelheiten der Errichtung

a) Mündliche Erklärung

Der Testator muss seinen letzten Willen den Zeugen mündlich erklären. Obwohl das OLGVer- 7
trÄndG das Erfordernis einer mündlichen Erklärung bei der Errichtung eines Testaments gegenüber dem Notar und bei der Errichtung eines Nottestaments nach § 2249 BGB mit Wirkung vom 01.08.2002 beseitigt hat (vgl. § 2232 BGB Rdn. 6, § 2249 BGB Rdn. 8), hat der Gesetzgeber es bei dem Nottestament in der Form des Dreizeugentestaments bei der Mündlichkeit der Erklärung belassen, sodass Gebärden nicht ausreichen. Dies wird aus verfassungsrechtlichen Gründen mit Recht kritisiert.[18] Am deutlichsten wird die Beeinträchtigung der verfassungsrechtlich garantierten Testierfreiheit, wenn der Testator seinen letzten Willen bereits schriftlich niedergelegt, aber noch nicht unterschrieben hat, und nun durch Gebärden gegenüber den drei Zeugen klar seinen Testierwillen zum Ausdruck bringt. Aber auch in anderen Fällen – etwa bei Vorhandensein eines Gebärdendolmetschers neben den drei Zeugen – kann es durchaus möglich sein, dass der Testator auf andere Weise als durch mündliche Erklärung seinen letzten Willen eindeutig kundtun kann. Die derzeitige Regelung dürfte deshalb einer verfassungsrechtlichen Kontrolle kaum standhalten.

Sie sieht weiterhin vor, dass auch durch **Übergabe einer** (der Testamentsform des § 2247 BGB nicht entsprechenden) **Schrift** mit der Erklärung, diese enthalte den letzten Willen, **nicht testiert werden** kann.[19] Für die Frage der **Mündlichkeit** gelten die in § 2232 BGB Rdn. 6 dargelegten

12 BayObLGZ 1990, 294, 297; Staudinger/*Baumann* Rn. 21.
13 LG Freiburg Rpfleger 2003, 507 = ZEV 2003, 370, 371.
14 *Gillmeister* ZGMR 2015, 91 f.
15 BGHZ 54, 89, 94.
16 BGHZ 54, 89, 97.
17 BGH LM ZPO § 416 Nr. 1; MünchKomm/*Hagena* Rn. 1; Staudinger/*Baumann* Rn. 40; offenlassend BayObLGZ 1979, 232, 237.
18 Bamberger/Roth/Hau/Poseck/*Litzenburger* Rn. 7; Soergel/*Mayer* Rn. 9.
19 OLG Frankfurt HEZ 1, 236; Bamberger/Roth/Hau/Poseck/*Litzenburger* Rn. 6; Staudinger/*Baumann* Rn. 26; krit. (de lege ferenda) *Kappesser* S. 139 ff.

Grundsätze, wobei die Verschärfung der Anforderungen an die Mündlichkeit bei der Anwendung beurkundungsrechtlicher Vorschriften im Rahmen des § 2232 BGB nicht auf das Dreizeugentestament übertragen werden sollte (vgl. § 2232 BGB Rdn. 6). Es reicht deshalb aus, wenn die Zeugen einen **Entwurf** des letzten Willens **verlesen** und der Testator sich auf eine mündliche Zustimmung beschränkt.[20] Zulässig ist es auch, dass die **Zeugen den letzten Willen** auf der Grundlage früherer Äußerungen des Testators **formulieren** und der Testator zustimmt. Dabei ist es unschädlich, wenn der Entwurf von einem der Zeugen aufgrund von Äußerungen gefertigt wurde, die der Testator nur ihm gegenüber gemacht hat, soweit sich der Testator die Erklärung des letzten Willens nur jetzt, in Anwesenheit der Zeugen, unzweifelhaft mündlich zu eigen macht.[21]

b) Besonderheiten bei Erklärung in fremder Sprache

8 Wenn der Testator seinen letzten Willen in einer fremden Sprache erklärt, so ist zu unterscheiden: Wenn er und die drei Zeugen der fremden Sprache hinreichend mächtig sind, so kann die **Niederschrift in der fremden Sprache** verfasst werden (Abs. 3 Satz 3 und 4 Halbs. 1).[22] Wenn die Zeugen (ggf. mittels eines Dolmetschers) eine **Übersetzung** des letzten Willens niederlegen, so ist dies nach § 2250 Abs. 3 Satz 4 BGB nicht wirksam, wenn der Testator der deutschen Sprache nicht hinreichend kundig ist.[23] Möglich ist es aber, dass diese Übersetzung als Entwurf eines Nottestaments verlesen wird, der Testator sich diesen in deutscher Sprache verfassten Entwurf zu eigen macht und die Niederschrift genehmigt. Das setzt aber wegen Abs. 3 Satz 4 voraus, dass der Testator selbst der deutschen Sprache soweit mächtig ist, dass er den Entwurf versteht. Ein Dolmetscher kann insoweit nicht eingesetzt werden. Erklärt umgekehrt der Erblasser seinen letzten Willen auf Deutsch, so kann eine Person, die dieser Sprache nicht mächtig ist, kein Zeuge sein.[24]

c) Anwesenheit der Zeugen

9 Alle **drei Zeugen** müssen während der **gesamten Verhandlung** anwesend sein, da nur alle drei gemeinsam dazu berechtigt sind, dem in der Form des § 2250 BGB erklärten letzten Willen zur Wirksamkeit zu verhelfen. Das gilt **auch für das Verlesen und Genehmigen der Niederschrift** des Testaments, denn die gegenseitige Kontrolle, um derentwillen der Gesetzgeber drei Zeugen für erforderlich hält, bezieht sich nicht nur auf das Vernehmen der Erklärung des Testators, sondern auch auf die abschließende (nicht notwendigerweise mündliche) Erklärung, dass das Niedergelegte der letzte Wille sei.[25] Ob die Zeugen noch bei der **Unterschrift** des Testators zugegen sein müssen, erscheint in Anbetracht der Tatsache, dass der Inhalt des Testaments bereits fixiert ist und dass die Endgültigkeit des Testierwillens angesichts der später in Abwesenheit der Zeugen erfolgten Unterschrift des Erblassers feststeht, trotz der Verweisung in Abs. 3 Satz 2 auf § 13 Abs. 1 BeurkG zweifelhaft.[26]

---

20 Vgl. OLG Zweibrücken NJW-RR 1987, 135, 136 m.w.N.; OLG Düsseldorf FamRZ 2001, 1253 f. = ZEV 2001, 319, 320; *Mayer* ZEV 2002, 140, 141 f.; zur (unzulässigen) Ersetzung des Verlesens durch ein lautes Diktat vgl. § 2232 BGB Rdn. 10.

21 BayObLGZ 1990, 294, 297 f.

22 Sprechen die Zeugen und der Erblasser keine gemeinsame Sprache, will Bamberger/Roth/Hau/Posek/*Litzenburger* Rn. 8 eine Testamentserrichtung durch Schriftübergabe zulassen. Dies ist problematisch, weil sich auch die Erklärung, diese Schrift enthalte den letzten Willen, bei unüberbrückbaren Sprachschwierigkeiten kaum verlässlich feststellen lässt; zuglassen werden sollte aber die Möglichkeit der Erklärung durch Gebärden vgl. Rdn. 7.

23 Staudinger/*Baumann* Rn. 38.

24 OLG Köln FamRZ 2018, 393, 394 f.; OLG Frankfurt v. 12.12.2013 – 20 W281/12 Tz. 21.

25 BGHZ 54, 89, 96 ff.; OLG Zweibrücken NJW-RR 1987, 135, 136; zum Zusammenfallen von mündlicher Erklärung und Verlesen vgl. § 2232 BGB Rdn. 10.

26 Diese Notwendigkeit verneinend (zum früheren Recht) KG NJW 1957, 953; bejahend die ganz h.L., vgl. nur Soergel/*Mayer* Rn. 13; MünchKomm/*Hagena* Rn. 16; zur Auffassung, die Unterschrift sei insgesamt entbehrlich, vgl. Rdn. 15.

d) Bewusstsein der Zeugeneigenschaft

Da der Gesetzgeber nur drei Zeugen gemeinsam diese beurkundende Funktion anvertraut, reicht die bloße Anwesenheit im Raum nicht aus, sondern die Zeugen müssen sich ihrer Aufgabe bewusst sein und deren Erfüllung gemeinsam übernehmen.[27] Problematisch ist diese Frage, wenn einer der Personen zwar bewusst ist, dass der Erblasser ein Testament formuliert, dieses niedergeschrieben und verlesen wird, diese Person sich aber nicht über die eigene Rolle als Zeuge und damit letztlich als Urkundsperson im Klaren ist. Diese Fälle unterscheiden sich von einem bloßen Mithören durch eine zufällig im Raum anwesende Person, denn aus Sicht aller Beteiligten, auch des Erblassers, wird das Testament auch vor dieser Person erklärt. Mehr verlangt der Gesetzeswortlaut nicht, denn die Regelung spricht nicht von einer Erklärung gegenüber den drei Zeugen, sondern vor drei Zeugen. Deshalb fordert auch der BGH nicht eine ausdrückliche Zuziehung »als Zeuge«.[28] Deshalb reicht es entgegen der Auffassung des KG aus, wenn eine Person bei der Errichtung zugegen war, aber glaubte, das Testament könne auch vor zwei Zeugen wirksam errichtet werden und deshalb die Erklärung erst später unterzeichnete.[29] Wenn die Person mit dem Bemerken, es sei was Dringendes, in das Sterbezimmer gerufen wird und dort auch für sie ersichtlich das Testament errichtet, niedergeschrieben und verlesen wird, so reicht dies aus, auch wenn die Person erst außerhalb des Sterbezimmers zur Unterschrift aufgefordert wird und ihr erst dann ihre Zeugenrolle in vollem Umfang bewusst wird.[30] Da die Aufgabe des Zeugen darin besteht, die Übereinstimmung der Niederschrift mit dem mündlich Erklärten zu bekunden, muss entscheidend sein, ob die betreffende Person die **Bedeutung der Erklärung als Testament** erfasst hat. Ob er von seiner beurkundenden Funktion weiß, ist dagegen ohne Bedeutung. Dies wird an dem Beispiel deutlich, dass einer der drei Anwesenden der irrigen Auffassung ist, zwei Zeugen seien ausreichend, er aber nach entsprechender Aufklärung mit unterschreibt. Deshalb ist die Wahrnehmung einer Erklärung als Zeuge nicht ausgeschlossen, wenn die betroffene Person dem Testator Schreibhilfe leistet, weil er selbst nicht mehr flüssig schreiben kann.[31] 10

e) Ausschließung als Zeuge

Als Zeuge sind die durch die Verweisung in § 2250 Abs. 3 Satz 2 BGB bezeichneten Personen **ausgeschlossen.** Das gilt uneingeschränkt für den in § 6 Abs. 1 Nr. 1 bis 3 BeurkG genannten Personenkreis; die Mitwirkung der in §§ 7, 27 BeurkG genannten Personen führt zur partiellen Unwirksamkeit (vgl. auch Rdn. 12).[32] Bei Testamenten, die **vor dem** Inkrafttreten des BeurkG am **01.01.1970** errichtet wurden, ist zu beachten, dass durch § 2234 Abs. 1 Nr. 2 BGB a.F. ein im Vergleich zu § 6 Abs. 1 Nr. 3 BeurkG weiterer Personenkreis mit der Folge der Unwirksamkeit des Testaments insgesamt ausgeschlossen war, während gleichzeitig die Regelung des § 2250 BGB a.F. i.V.m. § 2234 BGB a.F. im Vergleich zu § 7 BeurkG einen weniger großen Personenkreis betraf. 11

Bei dem ebenfalls in § 2250 Abs. 3 Satz 2 BGB in Bezug genommenen **Mitwirkungsverbot** nach § 26 Abs. 2 Nr. 2 bis 5 BeurkG handelt es sich in seinem eigentlichen Anwendungsbereich um eine Sollbestimmung, deren Verletzung bei notarieller Beurkundung nicht zur Unwirksamkeit des Testaments führt. Ob dies auch bei einem Nottestament gilt, ist zweifelhaft. Da die Zeugen bei der Errichtung eines Nottestaments eine weitergehende Funktion erfüllen als die Überwachungszeugen bei einer notariellen Beurkundung (vgl. Rdn. 5 und BGHZ 54, 89 ff.), spricht viel dafür, bei der Errichtung des Nottestaments diesen Personenkreis als ausgeschlossen anzusehen.[33] Als aus-

27 BGH DNotZ 1971, 489; OLG Celle OLGZ 1968, 487, 488.
28 BGH NJW 1972, 202.
29 A.A. KG FamRZ 2016, 1966, 1967..
30 A.A. OLG Stuttgart FamRZ 2004, 1605; Kroiß/Ann/Mayer/*Kroiß* Rn. 6.
31 A.A. OLG Düsseldorf FamRZ 2016, 166, 168.
32 BayObLG NJW-RR 1996, 9 = FamRZ 1995, 1524, 1525 = ZEV 1995, 341 f.
33 Bamberger/Roth/Hau/Poseck/*Litzenburger* Rn. 5; MünchKomm/*Hagena* Rn. 12; Staudinger/*Baumann* Rn. 35; Soergel/*Mayer* Rn. 8; a.A. OLG Hamm Rpfleger 1991, 369, 371 = OLGZ 1992, 29, 34 (geistesschwacher Zeuge); MünchKomm/*Burkart* 3. Aufl., 1997, Rn. 12; Soergel/*Harder* 12. Aufl., Rn. 6; *von der Beck* S. 153 f.

geschlossen anzusehen sind richtiger Ansicht nach die Geisteskranken, da diese auch als Notar eine wirksame Beurkundung nicht vornehmen könnten.[34] Hinsichtlich der anderen Personen wird man darauf abstellen müssen, ob sie ihre Funktion als Zeuge wahrnehmen konnten.

12 Ausgeschlossene Personen sind bei der notwendigen Zahl von drei Zeugen nicht mitzurechnen. Ist damit diese Zahl nicht eingehalten, so ist bei einem Ausschluss nach § 2250 Abs. 3 Satz 2 BGB i.V.m. § 6 Nr. 1–3 BeurkG das Testament insgesamt unwirksam, während der Ausschluss auf der Grundlage des § 2250 Abs. 3 Satz 2 BGB i.V.m. §§ 7, 27 BeurkG nur zu einer partiellen Unwirksamkeit führt.[35] Die **Anwesenheit** ausgeschlossener Personen bei der Testamentserrichtung ist **unschädlich** (vgl. auch § 2249 BGB Rdn. 10);[36] auch ihre Unterschrift auf der Niederschrift stellt die Wirksamkeit eines Nottestaments, das unter Beachtung der Form des § 2250 BGB errichtet ist, nicht infrage.

f) Niederschrift

13 Im Zeitpunkt des Todes des Erblassers muss eine Niederschrift vorhanden sein (vgl. § 2249 BGB Rdn. 11).[37] Die Niederschrift, die auch von einer anderen Person gefertigt sein kann, muss wegen der Verweisung in Abs. 3 Satz 2 auf die entsprechenden Bestimmungen des BeurkG Angaben zur Person des Testators und der Zeugen, zum Tag und Ort der Beurkundung enthalten. Weiter sollen Feststellungen zur Frage der Testierfähigkeit, über die Rechtfertigung des Nottestaments (Grund der Absperrung, Schwere der Erkrankung) und eine eventuelle Schreibunfähigkeit getroffen werden. Das Fehlen dieser Angaben steht der Wirksamkeit des Testaments unter den Voraussetzungen des § 2249 Abs. 6 BGB (vgl. § 2249 BGB Rdn. 11) nicht entgegen, da § 2250 Abs. 3 Satz 2 BGB auch auf diese Bestimmung verweist.[38] Nicht ausreichend ist aber ein allein in einer Videoübertragung vor drei Zeuge errichtetes Testament.[39]

g) Verlesung und Genehmigung

14 Die Niederschrift **muss** in Anwesenheit der Zeugen (vgl. Rdn. 9) **verlesen** werden.[40] Dies kann auch durch eine andere Person als die Zeugen geschehen.[41] Auch das Verlesen durch einen im Testament Bedachten ist unschädlich.[42] Dass der Testator die Niederschrift **zur Durchsicht** erhält, wird **nicht als ausreichend** angesehen, da bei diesem Verfahren nicht sichergestellt ist, dass der Testator den Inhalt tatsächlich wahrnimmt.[43] Anders verhält es sich, wenn der Testator taub ist, denn dann muss ihm die Niederschrift nach § 2250 Abs. 3 Satz 2 BGB i.V.m. § 23 BeurkG zur Durchsicht vorgelegt werden. Ebenfalls nicht ausreichend ist es, den Inhalt des Nottestaments nur sinngemäß wiederzugeben, ohne es vorzulesen.[44]

---

34 MünchKomm/*Burkart* 3. Aufl., 1997, § 2231 Rn. 8; *Winkler,* § 6 BeurkG Rn. 26 m Nachw. auch zur Gegenauffassung; vgl. auch *Lange/Kuchinke* § 19 II 2 (Unwirksamkeit bei Beurkundung im Zustand des § 104 Nr. 2).

35 Vgl. (Einsetzung des Sohnes eines der Zeugen) BayObLG NJW-RR 1996, 9 = FamRZ 1995, 1524, 1525 = ZEV 1995, 341 f.; zur Möglichkeit der Erstreckung auf die gesamte Verfügung von Todes wegen vgl. § 2085 BGB.

36 BGHZ 115, 169, 176 f.; OLG München MDR 2015, 775, 776; a.A. OLG Frankfurt MDR 1981, 673.

37 A.A. *von der Beck* S. 178 ff.

38 OLG München NJW-RR 2015, 1034, 1036.

39 Eine Zulassung fordernd *Scholz* AcP 219, 100, 131 f.

40 Zur Zusammenfassung mit der mündlichen Erklärung und der Genehmigung vgl. OLG Zweibrücken NJW-RR 1987, 135, 136; BayObLG NJW 1991, 928, 929; OLG Düsseldorf FamRZ 2001, 1253 f. = ZEV 2001, 319, 320; *Mayer* ZEV 2002, 140, 142; dazu auch oben Rdn. 7; für die Verzichtbarkeit dieser Voraussetzung *von der Beck* S. 162 ff.

41 Staudinger/*Baumann* Rn. 28.

42 Soergel/*Mayer* Rn. 11; insoweit a.A. KG DNotZ 1942, 338, 339.

43 OLG Frankfurt Rpfleger 1979, 206 f.; Staudinger/*Baumann* Rn. 28.

44 LG Nürnberg-Fürth JuS 2009, 867 m. Anm. *Wellenhofer.*

h) Unterschrift

Die Niederschrift muss grundsätzlich vom **Testator unterschrieben** werden (vgl. § 2249 BGB Rdn. 13).[45] Soweit ihm eine Unterschrift nach seinen Angaben oder nach der übereinstimmenden Überzeugung der drei Zeugen oder tatsächlich nicht möglich ist, ersetzt die entsprechende Feststellung in der Niederschrift die Unterschrift des Testators (§ 2250 Abs. 3 Satz 2 BGB i.V.m. § 2249 Abs. 1 Satz 6). Das Fehlen des Vermerks in der Niederschrift steht der Wirksamkeit unter der Voraussetzung des § 2249 Abs. 6 BGB nicht entgegen, vgl. § 2249 BGB Rdn. 13. Weiterhin ist die Niederschrift grundsätzlich von den **Zeugen** zu **unterschreiben**. Dabei steht es der Wirksamkeit nicht entgegen, wenn nur ein oder zwei Zeugen die Unterschrift geleistet haben, sofern die Voraussetzungen des § 2250 Abs. 3 Satz 2 BGB i.V.m. § 2249 Abs. 6 BGB erfüllt sind.[46] Das sollte auch dann gelten, wenn allein der Erblasser, jedoch kein Zeuge die Unterschrift geleistet hat.[47] Fehlt im **Zeitpunkt des Versterbens jede Unterschrift**, so verneint die h.L. das Vorliegen einer Niederschrift, sodass ein Testament nicht wirksam ist.[48] Das erscheint nicht unproblematisch, wie sich zunächst an den Fällen zeigt, in denen der Erblasser schreibunfähig war und dies in der Niederschrift bereits festgestellt ist (auch Letzteres ist entbehrlich, vgl. § 2249 BGB Rdn. 13). Die fehlenden Unterschriften der Zeugen sind Fehler bei der Errichtung der Niederschrift, die unter den Voraussetzungen des § 2249 Abs. 6 BGB der Wirksamkeit nicht entgegenstehen, sodass das Testament als wirksam anzusehen ist. Nicht anders können aber Fälle behandelt werden, in denen der noch schreibfähige Erblasser den niedergeschriebenen und verlesenen Willen genehmigt, jedoch vor der eigenen Unterschriftsleistung und der der Zeugen verstirbt, ohne dass zwischenzeitlich ein Stadium der Schreibunfähigkeit eingetreten ist. In beiden Fällen kann der Zufall, dass es einem der Zeugen noch gelingt, seine Unterschrift auf die Niederschrift zu setzen, nicht entscheidend sein. Das Argument der h.L., es handele sich bei Fehlen jeglicher Unterschrift lediglich um einen Entwurf, überzeugt kaum, wenn dem Testator die Niederschrift verlesen wurde, er sie genehmigte, aber verstirbt, bevor er oder der erste der Zeugen die Unterschrift leisten kann. 15

An welcher Stelle die Unterschrift auf der Niederschrift positioniert ist, ist ohne Bedeutung.[49] Die strengeren Regeln des privatschriftlichen Testaments (§ 2247 BGB Rdn. 22 ff.) finden keine Anwendung, da ihre Funktion (Schutz vor Verfälschung, Abschirmung gegen Zusätze) insoweit durch die Mitwirkung der drei Zeugen übernommen wird. Deshalb ist auch die Unterschrift auf einem gesonderten Blatt ausreichend, wenn dieses mit dem Nottestament eine einheitliche Urkunde bildet.[50] 16

§ 2251 Nottestament auf See

Wer sich während einer Seereise an Bord eines deutschen Schiffes außerhalb eines inländischen Hafens befindet, kann ein Testament durch mündliche Erklärung vor drei Zeugen nach § 2250 Abs. 3 errichten.

45 *Kappesser* S. 175 ff.; a.A. *von der Beck* S. 167 ff.

46 BGHZ 115, 169, 173; OLG München MDR 2015, 775, 776; a.A. Soergel/*Harder* 12. Aufl., Rn. 13; *Kappesser* S. 173 f. *Muscheler* Erbrecht Rn. 1787.

47 KG NJW 1966, 1661; BayObLGZ 1990, 294, 298 f. = NJW 1991, 928, 929 (obiter dictum); OLG Köln NJW-RR 1994, 777, 778; Soergel/*Mayer* Rn. 16; Staudinger/*Baumann* Rn. 37; offengelassen in BGHZ 115, 169, 173 und in BayObLG ZEV 1995, 341, 342 = FamRZ 1995, 1524, 1525.

48 Staudinger/*Baumann* Rn. 37; Soergel/*Mayer* Rn. 16; OLG Köln NJW-RR 1994, 777, 778 (obiter dictum); BayObLG MDR 1980, 56 f.; a.A. *von der Beck* S. 175 f.

49 BayObLGZ 1990, 294, 298 f. = NJW 1991, 928, 929; Soergel/*Mayer* Rn. 14; a.A. *Kappesser* S. 174 f.

50 OLG München NJW-RR 2015, 1034, 1036.

I. Zeittafel

1 Die Regelung fand sich bereits in der ursprünglichen Fassung des BGB, wobei sie beschränkt war auf Fahrzeuge, die nicht zur Kaiserlichen Marine, bzw. – i.d.F. des TestG – nicht zur Kriegsmarine gehörten; zu den Militärtestamenten vgl. § 2231 BGB Rdn. 9. Durch das GesEinhG wurde die Regelung in das BGB zurückgeführt, wobei der Begriff »Fahrzeug« durch den des »Schiffes« ersetzt wurde. Zu dem Nottestament auf der Grundlage des **ZGB** vgl. § 2250 BGB Rdn. 2.

II. Sinn der Regelung

2 § 2251 BGB ähnelt der Bestimmung des § 2250 Abs. 1 BGB, denn auf einem Schiff wird häufig eine Lage eintreten, die zur Absperrung des Testierwilligen führt. § 2251 BGB wird deshalb mit Recht als **weitgehend obsolet** angesehen.[1] Einen selbständigen Anwendungsbereich hat die Regelung vor allem in den Fällen, in denen sie ein Nottestament ermöglicht, obwohl ein Notar an Bord des Schiffes ist.[2] Gerade dann ist die Regelung aber verfehlt. Eine **analoge Anwendung auf Luftfahrzeuge** ist auf der Grundlage der Neufassung durch das GesEinhG (vgl. Rdn. 1) **abzulehnen**;[3] zur Anwendung des § 2250 Abs. 1 BGB bei einer Flugreise vgl. § 2250 BGB Rdn. 3.

III. Einzelerläuterungen

3 Der Testator muss sich auf einer **Seereise** außerhalb eines inländischen Hafens befinden. Unter einer Seereise sind alle Fahrten innerhalb der Küstengewässer und auf offener See zu verstehen, sofern es sich nicht nur um eine kurze Vergnügungs- oder Angelfahrt handelt, es sei denn, es ergäbe sich gerade auf dieser kurzen Fahrt ein besonderer Anlass zur Testamentserrichtung.[4] Die Regelung gilt ohne Rücksicht auf die Staatsangehörigkeit des Testators. Ein deutsches Schiff bleibt deutsches Hoheitsgebiet auch dann, wenn es in einem fremden Hafen liegt; auf dem Schiff kann deshalb nicht in der Ortsform des fremden Staates testiert werden.[5] Die Regelung bezieht sich nur auf deutsche Schiffe; diese Eigenschaft bestimmt sich nach dem FlaggenrechtsG vom 08.02.1951 (BGBl. I 79). Auf ausländischen Schiffen kann nach Art. 26 EGBGB ein Nottestament auf der Grundlage des Rechts der Flagge errichtet werden.[6] Das Seetestament kann nur durch mündliche Erklärung errichtet werden. Dies ist in der Regel verfassungsrechtlich unbedenklich, weil die Regelung eine Notstandsituation nicht voraussetzt und deshalb die Möglichkeit besteht, seinen letzten Willen in der Form eines privatschriftlichen Testaments zu bestimmen. In Notsituationen wird regelmäßig eine Testamentserrichtung nach § 2250 BGB in Betracht kommen (zur verfassungsrechtlich gebotenen Korrektur des Mündlichkeitserfordernisses vgl. § 2250 BGB Rdn. 7). Es bleibt aber auch im Anwendungsbereich des § 2251 BGB **verfassungsrechtlicher Korrekturbedarf**, denn die in ihrer Sprechfähigkeit Behinderten haben keine Möglichkeit, auf hoher See unabhängig von einem konkreten Notzustand ein Testament durch Gebärden zu errichten. Damit tritt eine Ungleichbehandlung ein, denn der Gesetzgeber geht bei § 2251 BGB von einer abstrakten Gefährlichkeit der Seefahrt aus, die es erforderlich macht, auch ohne konkrete Anzeichen eine letztwillige Verfügung unter erleichterten Formvoraussetzungen treffen zu können.

---

1 Staudinger/*Baumann* Rn. 3.

2 Staudinger/*Baumann* Rn. 4; zur Beurkundungsbefugnis des Notars auf einem deutschen Schiff Soergel/*Harder* 12. Aufl., Rn. 6; *Firsching* DNotZ 1955, 283, 284.

3 Soergel/*Mayer* Rn. 3; Staudinger/*Baumann* Rn. 1.

4 Soergel/*Mayer* Rn. 2; vgl. zur parallelen Problematik § 2250 BGB Rdn. 3.

5 Staudinger/*Baumann* Rn. 10.

6 Vgl. Soergel/*Mayer* Rn. 6 (ausreichend auch Ortsrecht).

Das Seetestament wird von der h.L. – wie das Dreizeugentestament auch – **nicht** als **öffentliches Testament** angesehen (zu den Vorteilen des öffentlichen Testaments vgl. § 2231 BGB Rdn. 5 f).[7] Die amtliche Verwahrung ist nicht vorgeschrieben, jedoch möglich. Zur zeitlich beschränkten Geltung vgl. § 2252 BGB. 4

§ 2252 Gültigkeitsdauer der Nottestamente

(1) Ein nach § 2249, § 2250 oder § 2251 errichtetes Testament gilt als nicht errichtet, wenn seit der Errichtung drei Monate verstrichen sind und der Erblasser noch lebt.

(2) Beginn und Lauf der Frist sind gehemmt, solange der Erblasser außerstande ist, ein Testament vor einem Notar zu errichten.

(3) Tritt im Falle des § 2251 der Erblasser vor dem Ablauf der Frist eine neue Seereise an, so wird die Frist mit der Wirkung unterbrochen, dass nach Beendigung der neuen Reise die volle Frist von neuem zu laufen beginnt.

(4) Wird der Erblasser nach dem Ablauf der Frist für tot erklärt oder wird seine Todeszeit nach den Vorschriften des Verschollenheitsgesetzes festgestellt, so behält das Testament seine Kraft, wenn die Frist zu der Zeit, zu welcher der Erblasser nach den vorhandenen Nachrichten noch gelebt hat, noch nicht verstrichen war.

Übersicht

I. Zeittafel

Die Regelung fand sich bereits in der ursprünglichen Fassung des BGB, wurde dann in § 26 TestG übernommen und durch das GesEinhG wieder in das BGB zurückgeführt. Änderungen ergaben sich durch die Anpassung an das Verschollenheitsgesetz vom 15.01.1951. Infolge des BeurkG wurden die Worte »Richter oder« in Abs. 2 gestrichen. 1

II. Recht der ehemaligen DDR

Eine dem § 2252 BGB entsprechende Regelung enthält **§ 386 Abs. 4 ZGB**. Es heißt dort: Das Nottestament wird gegenstandslos, wenn seit seiner Errichtung 3 Monate vergangen sind und der Erblasser noch lebt. Die Frist ist gehemmt, solange der Erblasser keine Möglichkeit hat, ein notarielles oder eigenhändiges Testament zu errichten. Im Unterschied zu der Regelung des BGB eröffnet das ZGB erst dann die Möglichkeit eines Nottestaments, wenn der Testator auch ein privatschriftliches Testament nicht errichten kann (vgl. § 383 Abs. 2 ZGB, dazu bei § 2250 BGB Rdn. 2). Entsprechend eng ist die Ausnahme in § 386 Abs. 4 Satz 2 ZGB gefasst: Die Frist ist nur für den Zeitraum gehemmt, in welchem der Erblasser weder ein notarielles noch ein eigenhändiges Testament errichten konnte. Die Fristhemmung betrifft damit insbesondere Fälle, in denen der Testator nicht handlungsfähig (vgl. § 370 Abs. 1 Satz 2 ZGB; dazu § 2229 BGB Rdn. 2) gewesen ist. Soweit das Recht der ehemaligen DDR anzuwenden ist (vgl. Vorbem. zu §§ 2229–2264 BGB Rdn. 11 ff.), bestimmen sich nach diesem Recht auch die Folgen einer Todeserklärung. Eine entsprechende Anwendung des § 2252 Abs. 4 BGB lässt sich kaum rechtfertigen. 2

7 Staudinger/*Baumann* Rn. 11; Soergel/*Mayer* Rn. 7; zu den Vorteilen des öffentlichen Testaments vgl. § 2231 BGB Rdn. 5 f.

III. Sinn der Regelung

3 Die Errichtung eines Testaments in den Formen der §§ 2249 bis 2251 BGB birgt Unsicherheiten in sich, die der Gesetzgeber zwar hinnimmt, um dem Testator in einer außergewöhnlichen Situation das Testieren zu ermöglichen. Endet aber diese Notwendigkeit, so muss der Erblasser sich der ordentlichen Testamentsformen bedienen, denn nur diese sind nach Auffassung des Gesetzgebers an sich geeignet, den letzten Willen des Testators verbindlich werden zu lassen. § 2252 BGB enthält die Bestimmungen über die Fristen, innerhalb derer dies geschehen muss, und die Fiktion der Nichterrichtung des Nottestaments.

IV. Fiktion der Nichterrichtung durch Abs. 1

4 3 Monate nach ihrer Errichtung gelten die nach §§ 2249 bis 2251 BGB errichteten Testamente grundsätzlich als nicht errichtet, sofern der Erblasser noch lebt. Durch diese Fiktion wird eine **Rückwirkung** angeordnet, sodass auch der **Widerruf eines früheren Testaments**, der in einem derart errichteten Testament enthalten ist, **als nicht erklärt** gilt. Das frühere Testament wird deshalb durch ein widersprechendes Nottestament nicht aufgehoben, soweit dieses nach § 2252 BGB als nicht errichtet gilt.[1] Die Fiktion des § 2252 BGB tritt auch dann ein, wenn der Testator davon ausgeht, dass das derart errichtete Testament dauerhaft wirksam bleibt. Wurde der in § 2249 Abs. 3 BGB vorgesehene Hinweis nicht gegeben, so kommen Schadensersatzansprüche in Betracht (vgl. § 2249 BGB Rdn. 14).

5 Die Regelung bezieht sich allein auf Testamente, die nach **§§ 2249 bis 2251 BGB** errichtet wurden. Entspricht ein nach § 2249 BGB durch Übergabe einer Schrift errichtetes Nottestament **zugleich der Form des § 2247 BGB**, so behält dieses nach den allgemeinen Regeln formwirksam errichtete Testament unabhängig von der Regelung des § 2252 BGB seine Gültigkeit. Anderes ist nur anzunehmen, wenn der Testator angesichts der Notlage auch hinsichtlich des privatschriftlich errichteten Testaments nur einen zeitlich befristeten Testierwillen gebildet hat (vgl. § 2253 BGB Rdn. 6).[2] Entsprechendes gilt, wenn der Testator bei der Errichtung eines privatschriftlichen Testaments der Fehlvorstellung unterlag, es handele sich dabei um ein Nottestament: Maßgebend ist jeweils, ob sich ein zeitlich befristeter Testierwille nachweisen lässt; § 2252 BGB ist nicht entsprechend anwendbar. **Gemeinschaftliche Testamente**, die in der Form der §§ 2266, 2249, 2250 BGB errichtet wurden, bleiben wirksam, wenn derjenige Ehegatte innerhalb der Frist des Abs. 1 verstorben ist, der sich bei der Errichtung in der außergewöhnlichen Situation befand.[3] Lebt er im Zeitpunkt des Fristablaufs, ist jedoch der andere Ehegatte zwischenzeitlich verstorben, wird das Testament insgesamt als wirksam angesehen, um auf diese Weise der Bindungswirkung wechselbezüglicher Verfügungen Rechnung zu tragen (vgl. § 2266 BGB Rdn. 5).[4]

V. Fristberechnung

6 Die Frist wird nach den Regeln der §§ 186 bis 188 BGB bestimmt. Der Lauf der Frist beginnt am Tag nach der Errichtung, also dem letzten Akt, der zum Wirksamwerden des Testaments erforderlich ist, § 187 Abs. 1 BGB. Der Zeitpunkt des Fristablaufs ergibt sich aus § 188 Abs. 2 BGB; § 193 BGB ist nicht anzuwenden.[5]

---

1 KG RJA 15, 280, 281; Staudinger/*Baumann* Rn. 10.

2 Soergel/*Mayer* Rn. 3.

3 KG OLGE 40, 140; Soergel/*Mayer* Rn. 3.

4 *Schultheis* ZBlFG 1917, 174, 176; Soergel/*Mayer* Rn. 3; Staudinger/*Baumann* Rn. 11.

5 Soergel/*Mayer* Rn. 4; zur Unanwendbarkeit des § 193 auf den Eintritt einer Bedingung vgl. Staudinger/*Repgen* § 193 Rn. 14.

Die Frist ist nach **Abs. 2 gehemmt**, solange der Erblasser außerstande ist, ein Testament **vor dem Notar** zu errichten. Die Möglichkeit des Testierens in privatschriftlicher Form ist ohne Bedeutung (anders nach dem ZGB, vgl. Rdn. 2). Der Testator muss die Möglichkeit haben, vor einem deutschen Notar ein ordentliches öffentliches Testament nach deutschem Recht zu errichten. Die Möglichkeit eines Konsulartestaments (vgl. § 2231 BGB Rdn. 10) dürfte nicht ausreichen.[6] Der Grund, der den Testator **außerstande** setzt, ein Testament vor dem Notar zu errichten, ist ohne Bedeutung. Es können subjektive Gründe (schwere Krankheit, Testierunfähigkeit) oder auch objektive Gründe (z.B. Absperrung) sein. Eine wesentliche Erschwerung des Testierens in ordentlicher öffentlicher Form reicht nicht aus; auf der anderen Seite ist der Begriff »außerstande« weniger streng zu verstehen als der der Unmöglichkeit des Testierens. Die **Auswirkungen der Hemmung** bestimmen sich nach § 209 BGB. 7

Bei **Seetestamenten** enthält § 2252 Abs. 3 BGB eine Sonderregelung. Für den Fall, dass sich weitere Seereisen innerhalb der Frist anschließen, läuft nach Beendigung der letzten Reise die volle Frist. Dadurch kann – insbesondere bei Schiffspersonal – auch eine sehr lange Zeit überbrückt werden. Bei der Fortsetzung der Seereise, auf der das Testament errichtet wurde, gilt § 2252 Abs. 2 BGB, nicht Abs. 3. Die Abgrenzung ist Frage des Einzelfalls. 8

VI. Besonderheiten bei Todeserklärung oder Todesfeststellung

§ 9 Abs. 1 und § 44 Abs. 2 VerschG führen dazu, dass als Todeszeitpunkt der im Beschluss angegebene Zeitpunkt gilt. Wenn dieser Zeitpunkt nach Ablauf der Dreimonatsfrist liegt, kann der Fall eintreten, dass die Fiktion des § 2252 Abs. 1 BGB eingreift, obwohl der Testator bereits tatsächlich verstorben war. Abs. 4 korrigiert dies, indem darauf abgestellt wird, ob der Testator nach den **vorhandenen Nachrichten** im Zeitpunkt des Fristablaufs **noch gelebt hat**. Nur wenn diese Nachrichten ergeben, dass der Testator den nach Abs. 1 bis 3 zu bestimmenden Fristablauf erlebt hat, greift die Fiktion des Abs. 1. 9

VII. Beweisfragen

Bleiben Zweifel daran, ob der Testator im Zeitpunkt des Fristablaufs noch **lebte**, so trifft die Beweislast bzw. die Feststellungslast denjenigen, der aus der Fiktion der Nichterrichtung für sich günstige Rechtsfolgen ableiten will. Die **Hemmung des Fristlaufs** durch Abs. 2 und Abs. 3 ist als Ausnahme ausgestaltet, sodass insoweit die Beweislast bzw. die Feststellungslast denjenigen trifft, der aus dem späteren Ablauf der Frist Rechtsfolgen ableitet. Steht ein **Grund für die Anwendung des Abs. 2 oder des Abs. 3 fest**, so bleibt es hinsichtlich der Beweislastverteilung dafür, dass der Erblasser erst nach Ablauf der Frist verstorben ist, bei der eingangs erwähnten Regel: Die Beweislast trifft den, der aus der Fiktion des Nichterrichtens Rechtsfolgen ableiten will. Entsprechendes gilt bei der Anwendung des **Abs. 4**, auch wenn damit denjenigen, der sich auf die Gültigkeit des Testaments beruft, letztlich die Beweislast bzw. Feststellungslast für etwas Negatives (keine Nachrichten vorhanden, aus denen sich ergibt, dass der Erblasser nach dem maßgebenden Zeitpunkt noch lebte) trifft.[7] 10

§ 2253 Widerruf eines Testaments

Der Erblasser kann ein Testament sowie eine einzelne in einem Testament enthaltene Verfügung jederzeit widerrufen.

---

6 So auch Bamberger/Roth/Hau/Posek/*Litzenburger* Rn. 2; MünchKomm/*Hagena* Rn. 4; a.A. Kroiß/Ann/Mayer/*Kroiß* Rn. 3.

7 *Baumgärtel/Laumen/Prütting/Schmitz* Rn. 3.

Übersicht

I. Zeittafel

1 Der Grundsatz der freien Widerruflichkeit des Testaments und der einzelnen in ihm enthaltenen Verfügungen fand sich bereits in der ursprünglichen Fassung des BGB. Er wurde im Hinblick auf die fehlende Testierfähigkeit der Entmündigten (vgl. § 2229 BGB Rdn. 1) ergänzt durch folgende Regelung, die sich in § 2253 Abs. 2 BGB befand: *Die Entmündigung des Erblassers wegen Geistesschwäche, Verschwendung oder Trunksucht steht dem Widerruf eines vor der Entmündigung errichteten Testaments nicht entgegen.* Mit diesem Inhalt wurde die Norm in § 32 TestG übernommen und gelangte durch Art. 1 Nr. 2k GesEinhG wieder zurück in das BGB. Durch das AdoptionsG vom 02.07.1976 (BGBl. I 1749) wurde Abs. 2 um den Fall der Entmündigung wegen Rauschgiftsucht ergänzt. Abs. 2 wurde durch das BtG zum 31.12.1991 – zusammen mit dem Recht der Entmündigung – aufgehoben. Soweit nach damaligem Recht Entmündigte vor dem 01.01.1992 ein Testament widerrufen haben, bleibt die Norm des Abs. 2 anwendbar (vgl. Rdn. 10).

II. Recht der ehemaligen DDR

2 § 387 Abs. 1 ZGB enthält eine entsprechende Regelung: *Der Erblasser kann das Testament oder einzelne testamentarische Verfügungen jederzeit widerrufen.* Der Widerruf (auch in der Form der Vernichtung oder Veränderung, vgl. § 2255 BGB Rdn. 2) setzt Handlungsfähigkeit des Erblassers voraus.[1] An dieser fehlt es insbesondere entmündigten oder unter vorläufige Vormundschaft gestellten Personen (vgl. dazu und zu verfassungsrechtlichen Bedenken § 2229 BGB Rdn. 3, 26).[2] Die Möglichkeit des Widerrufs eines vor der Entmündigung errichteten Testaments durch den Entmündigten sieht das ZGB nicht vor, sodass ein solcher Widerruf ein wirksam errichtetes Testament oder eine in diesem enthaltene Verfügung nicht aufhebt. Hinsichtlich **gemeinschaftlicher Testamente** ist § 392 ZGB zu beachten.

III. Sinn der Regelung

3 Die **Testierfreiheit** ist in vollem Umfang nur dann gewahrt, wenn der Testator sich auch nach der Errichtung eines Testaments umentscheiden und mit anderem Inhalt testieren kann. Die vielfältigen Probleme, die insbesondere durch widersprüchliches Testieren ohne ausdrückliche Aufhebung vorhergehender Verfügungen entstehen können, nimmt der Gesetzgeber zur Wahrung der Testierfreiheit hin (zu den Besonderheiten des gemeinschaftlichen Testaments vgl. §§ 2271, 2272 BGB). Bei einer erbvertraglichen Gestaltung der Verhältnisse nach dem Tode des Erblassers ist die Widerrufsmöglichkeit erheblich eingeschränkt (vgl. §§ 2290 ff. BGB, vgl. aber auch § 2299 Abs. 2 BGB).

---

1 ZGB-Kommentar § 387 Anm. 3.

2 § 52 Abs. 2 ZGB, §§ 99, 100 FGB.

IV. Einzelerläuterungen

1. Letztwillige Verfügung

Gegenstand des Widerrufs ist ein Testament oder eine in einem Testament enthaltene letztwillige Verfügung. In Betracht kommt dabei **jede Form eines Testaments**, also auch die eines öffentlich errichteten Testaments oder eines Nottestaments. Wechselbezügliche Verfügungen in gemeinschaftlichen Testamenten sind nur in der in §§ 2271, 2296 BGB geregelten Weise widerruflich, es sei denn, beide Ehegatten widerrufen gemeinschaftlich (vgl. § 2271 BGB Rdn. 7); zu der Beseitigung einer in einem Erbvertrag enthaltenen Verfügung vgl. §§ 2290 ff. BGB; § 2299 Abs. 2, § 2300 Abs. 2 Satz 3 BGB. 4

2. Erklärung des Widerrufs

a) Testierfähigkeit

Durch den Widerruf einer letztwilligen Verfügung gestaltet der Erblasser die Rechtslage nach seinem Ableben, sodass auch der Widerruf selbst eine **letztwillige Verfügung** ist.[3] Der Widerruf setzt deshalb die **Testierfähigkeit** voraus (dazu § 2229 BGB Rdn. 4 ff.).[4] 5

b) Numerus clausus der Widerrufsformen

Der Widerruf kann nur in einer der vom BGB abschließend[5] aufgezählten Weise erklärt werden. Es sind dies: Widerruf durch (aufhebendes) Testament (§ 2254 BGB), durch Vernichtung oder Veränderung der Testamentsurkunde (§ 2255 BGB), durch Rücknahme des in öffentlicher Form errichteten Testaments aus der besonderen amtlichen Verwahrung (§ 2256 BGB) oder durch ein widersprechendes, später errichtetes Testament (§ 2258 BGB); zum Rücktritt vom Erbvertrag vgl. § 2293 BGB, zur Rücknahme des Erbvertrages aus der amtlichen Verwahrung vgl. § 2300 Abs. 2 BGB. Zulässig ist es auch, eine letztwillige Verfügung bereits **bei ihrer Erklärung in der Wirksamkeit auflösend zu bedingen** und so einen späteren Widerruf der Verfügung entbehrlich werden zu lassen. Als Bedingung in derartigen **Verwirkungsklauseln** kommt unter anderem in Betracht, dass der Bedachte das Testament nicht anficht und auch nicht anderweit die Gültigkeit bestreitet, dass er sich einem Willen des Erblassers nicht widersetzt oder sich in einer bestimmten Weise verhält. **Andere** als solche **Erklärungen**, die der eingangs erwähnten Form entsprechen, bspw. solche in einem schuldrechtlichen Vertrag, der nicht der Form einer letztwilligen Verfügung genügt, sind **nicht geeignet, eine letztwillige Verfügung zu widerrufen** (zur Aufhebung einseitiger Verfügungen in einem Erbvertrag vgl. § 2299 Abs. 2 BGB).[6] Auch wenn feststeht, dass der Testator von der gesetzlichen Erbfolge ausging und sich mit dem Gedanken trug, ein Testament mit einem bestimmten Inhalt zu errichten, wird dadurch ein in seiner Existenz dem Testator nicht mehr gegenwärtiges Testament mit anderem Inhalt nicht widerrufen.[7] Ebenfalls nicht ausreichend ist es, wenn die Testamentsurkunde ohne Widerrufsabsicht zerstört wird und der Testator dies später ausdrücklich billigt, sich dabei jedoch nicht der Formen der §§ 2254 ff. BGB bedient (näher dazu in § 2255 BGB Rdn. 15).[8] 6

3. Widerrufsverzicht

Der Testator kann **nicht** wirksam auf die Widerrufsmöglichkeit **verzichten**, denn ein entsprechender Verzichtsvertrag wäre nach § 2302 BGB nichtig. Ein in der letztwilligen Verfügung selbst ent- 7

3 Staudinger/*Baumann* Rn. 6; vgl. auch (anders für den Fall des Widerrufs durch Rücknahme aus besonderer amtlicher Verwahrung) Soergel/*Mayer* Rn. 4.
4 MünchKomm/*Hagena* Rn. 7.
5 Vgl. RGZ 104, 320, 323.
6 RGZ 104, 320, 323.
7 Vgl. OLG Köln Rpfleger 1986, 224, 225.
8 Soergel/*Mayer* Rn. 5.

haltener Widerrufsverzicht ist angesichts der Aufhebbarkeit eben dieser Verfügung ebenfalls ohne Bedeutung. Gleiches gilt für die Selbstentmündigung durch eine testamentarische Erklärung, die den Testator auf eine **bestimmte Form** des Widerrufs **beschränkt.**[9] Zur Bindung bei wechselbezüglichen Verfügungen im gemeinschaftlichen Testament vgl. § 2271 BGB Rdn. 7 ff., zur Bindungswirkung beim Erbvertrag vgl. § 2289 BGB Rdn. 22 ff.

4. Folgen des Widerrufs

8 Der Widerruf beseitigt die widerrufene Verfügung, die durch das (wirksame) Testieren in dem früheren Testament rechtsgeschäftlich abgeschlossen ist, auch wenn die durch das Testament beabsichtigten Rechtsfolgen erst später, nach dem Ableben, eintreten. Aus letzterem Grund erklärt sich, dass der Widerruf des durch Testament erfolgten Widerrufs möglich ist (dazu bei § 2257 BGB).

5. Anfechtung des Widerrufs

9 Als letztwillige Verfügung ist der Widerruf nach § 2078 BGB anfechtbar. Das gilt nach überwiegender Auffassung auch dann, wenn das Testament durch Vernichtung oder Veränderung (§ 2255) oder durch Rücknahme aus der amtlichen Verwahrung (§§ 2256, 2272 BGB, vgl. § 2256 BGB Rdn. 9) widerrufen wurde.[10] Zum Widerruf des Widerrufs vgl. § 2257 BGB.

V. Besonderheiten bei dem Widerruf eines Testaments durch einen Entmündigten (Abs. 2 a.F.)

1. Sinn der Regelung

10 Als letztwillige Verfügung setzt der Widerruf grundsätzlich die **Testierfähigkeit** voraus (vgl. Rdn. 5). In Ausnahme dazu ermöglichte es Abs. 2 in der bis zum 31.12.1991 geltenden Fassung dem Entmündigten, sein Testament zu widerrufen, obwohl er nach § 2229 Abs. 3 BGB a.F. nicht testierfähig war. Diese Regelung findet auch heute noch Anwendung, soweit der Widerruf vor dem Inkrafttreten des BtG erfolgte.

2. Voraussetzungen des Widerrufs

a) Negative Testierfähigkeit und Testierunfähigkeit nach § 2229 Abs. 4 BGB

11 Die sogenannte negative Testierfähigkeit beseitigt nur das formale Hindernis der Entmündigung. Auch auf der Grundlage des § 2253 Abs. 2 BGB a.F. kann **nur widerrufen**, wer nach dem Kriterium des **§ 2229 Abs. 4 BGB in der Lage ist, die Bedeutung des Widerrufs einzusehen.**[11] Der wegen Geistesschwäche Entmündigte kann nur in einem lichten Augenblick seine letztwillige Verfügung widerrufen. Hinsichtlich der wegen Geisteskrankheit Entmündigten sah das alte Recht keine Möglichkeit des Widerrufs vor; sie konnten also auch in einem Augenblick der Testierfähigkeit ein Testament nicht widerrufen. Zu der Frage der Verfassungsmäßigkeit vgl. § 2229 BGB Rdn. 26.

b) Widerrufsformen

12 Der Widerruf kann von dem negativ Testierfähigen in jeder der vom BGB zugelassenen Widerrufsformen (vgl. Rdn. 6) erklärt werden. **Unschädlich** ist es, wenn der nur negativ Testierfähige mit dem Widerruf **neue** (und mangels positiver Testierfähigkeit unwirksame) **letztwillige Verfügungen verbindet**. Deshalb muss das mangels positiver Testierfähigkeit unwirksame Testament eines negativ Testierfähigen stets daraufhin untersucht werden, ob durch die Erklärung zumindest frühere Verfügungen widerrufen werden sollten.[12]

---

9 Staudinger/*Baumann* Rn. 8.
10 BayObLGZ 1960, 490, 494.
11 BayObLGZ 1975, 212, 213.
12 BayObLGZ 1956, 377, 385; OLG Hamm MDR 1971, 137; vgl. auch von *Lübtow* NJW 1968, 1849, 1850.

c) Widerruf des Widerrufs

Der negativ Testierfähige kann durch den Widerruf einer letztwilligen Verfügung auch eine **frühere Verfügung wieder in Geltung setzen.**[13] **Ausgeschlossen** ist es aber, einen **nach Entmündigung erklärten Widerruf** wiederum **zu widerrufen**, denn § 2253 Abs. 2 BGB a.F. beschränkt sich auf letztwillige Verfügungen, die vor der Entmündigung errichtet wurden (zu Bedenken vgl. vor § 2229 BGB Rdn. 26).[14] 13

§ 2254 Widerruf durch Testament

Der Widerruf erfolgt durch Testament.

Übersicht Rdn.

I. Zeittafel

Die Regelung wurde seit der ursprünglichen Fassung des BGB wörtlich beibehalten; zwischenzeitlich befand sie sich in § 33 Abs. 1 TestG. 1

II. Recht der ehemaligen DDR

Das ZGB enthält eine entsprechende Bestimmung in § 387 Abs. 2 Nr. 1. Diese lautet: *(2) Der Widerruf erfolgt durch 1. Errichtung eines Testaments, das ein früheres aufhebt.* Zur erforderlichen Handlungsfähigkeit vgl. § 2253 BGB Rdn. 2. 2

III. Sinn der Regelung

Um die Testierfreiheit in vollem Umfang zu verwirklichen, ist die Möglichkeit des Widerrufs eines Testaments grundsätzlich geboten (vgl. § 2253 BGB Rdn. 3). Als Regelfall sieht § 2254 BGB den Widerruf durch Testament vor, um so einerseits dem actus-contrarius-Gedanken Rechnung zu tragen und andererseits den Erblasser von einem übereilten Widerruf – etwa durch mündliche Erklärung – abzuhalten. 3

IV. Einzelerläuterungen

1. Anforderungen an die Erklärung des Widerrufs

Die Form des Widerrufs braucht der Form des Testaments, das widerrufen werden soll, **nicht zu entsprechen.** Der Widerruf kann deshalb in privatschriftlicher oder öffentlicher Testamentsform oder auch in einer außerordentlichen Form erfolgen, **unabhängig davon, in welcher Weise testiert wurde.**[1] Der Testator kann sein Testament oder eine einseitige Verfügung in einem gemeinschaftlichen Testament oder einem Erbvertrag (§ 2299 Abs. 2 BGB) auch durch ein **gemeinschaftliches Testament** widerrufen und zwar auch in der Weise, dass der andere Ehegatte dieses niederschreibt und jener es lediglich mitunterschreibt.[2] Zu beachten ist, dass ein Widerruf im Wege eines **außerordentlichen Testaments** nach §§ 2249 bis 2251 BGB unter der zeitlichen Grenze des § 2252 BGB 4

---

13 OLG Köln NJW 1955, 466 m.w.N.; Soergel/*Mayer* Rn. 7.
14 BayObLGZ 1975, 212, 214.
1 OLG Köln OLGZ 1968, 324, 325.
2 BayObLG FamRZ 1992, 607.

steht, sodass die widerrufene Verfügung wieder wirksam werden kann.[3] Zu Fällen, in denen der Testator ein früheres Testament vergessen hat und deshalb irrtümlich von der gesetzlichen Erbfolge ausgeht, vgl. § 2253 BGB Rdn. 6, zu denen des Widerrufs eines verlorenen und ohne Widerrufsabsicht vernichteten Testaments vgl. § 2255 BGB Rdn. 15. Wird der Widerruf beurkundet, so wird dies dem zentralen Testamentsregister gemeldet.[4]

5 Das Widerrufstestament setzt neben der **Testierfähigkeit** (vgl. § 2253 BGB Rdn. 5; zur negativen Testierfähigkeit nach altem Recht vgl. § 2253 BGB Rdn. 11) die Einhaltung der **Voraussetzungen der gewählten Testamentsform** voraus. Auch ein eigenhändig geschriebener und unterschriebener Brief kann bei entsprechendem Testierwillen einen Widerruf enthalten (näher zum Brieftestament in § 2247 BGB Rdn. 7).[5] Wirksam ist auch ein Widerruf, der durch einen **eigenhändig geschriebenen und unterschriebenen Vermerk** (z.B. »ungültig«, »aufgehoben«) auf das Testament gesetzt wird;[6] entspricht ein solcher auf der Testamentsurkunde befindlicher **Vermerk nicht der Form des § 2247**, so ist an einen Widerruf nach § 2255 BGB zu denken (vgl. § 2255 BGB Rdn. 9). Findet sich ein eigenhändiger geschriebener und unterschriebener **Vermerk** lediglich **auf einer Abschrift** des Testaments, so ist dies formwirksam.[7] Dabei ist der Frage des Testierwillens genau nachzugehen. Je nach Formulierung kann auch in Betracht kommen, dass der Testator lediglich zum Ausdruck bringen wollte, dass es sich bei dieser Abschrift nicht um das Original handelt. Findet sich der Vermerk lediglich auf dem **Umschlag** des Testaments, so muss er grundsätzlich eigenhändig geschrieben und unterschrieben sein. Die Unterschrift auf dem in dem Umschlag befindlichen Testament deckt die neue Verfügung regelmäßig nicht.[8] Das gilt auch dann, wenn hinsichtlich des Widerrufs der Testierwille feststeht, denn dieser ist nicht durch die Unterschrift verfestigt (vgl. § 2247 BGB Rdn. 26). Anders wird es sich verhalten, wenn der Umschlag selbst die Unterschrift trägt (dazu vgl. § 2247 BGB Rdn. 23) und der erst später geschriebene Widerruf von dieser Unterschrift gedeckt ist.[9] Ein nicht ordnungsgemäß unterschriebener Widerruf auf dem Hinterlegungsschein eines in besondere amtliche Verwahrung gegebenen Testaments erfüllt nicht die Voraussetzungen des § 2254 BGB.[10] Ein **Prozessvergleich** erfüllt die Formvoraussetzungen eines Testaments nicht;[11] anders verhält es sich für die Formvoraussetzungen des Erbvertrags (vgl. § 2276 BGB Rdn. 5).

2. Inhalt des Widerrufs

6 Mit welchen Worten der Widerruf erklärt wird, ist ohne Bedeutung. Entscheidend ist allein, dass eine einmal getroffene letztwillige Verfügung keine Wirkung entfalten soll, und dass dies in Testamentsform und mit Testierwillen nach entsprechender Auslegung hinreichend deutlich erklärt wird.[12] Dies kann auch in der Weise geschehen, dass das Testament noch einmal, diesmal aber unter Weglassen einer bestimmten Verfügung, errichtet wird.[13] Für die Annahme eines Versehens durch die Lücke im zweiten Testament sind besondere Anhaltspunkte erforderlich.[14] Eine konkrete Bezeichnung der widerrufenen Verfügung ist nicht erforderlich. Der Inhalt des Widerrufs kann

---

3 Staudinger/*Baumann* Rn. 6a.
4 *Bormannn* ZEV 2011, 628; *Diehn* DNotZ 2011, 676.
5 RG JW 1910, 22.
6 Vgl. BGH NJW 1966, 201; OLG Köln OLGZ 1968, 324; Soergel/*Mayer* Rn. 4.
7 OLG Hamm FamRZ 2000, 985, 987 = NJW-RR 2000, 742, 743 (Widerruf auf dem Entwurf eines notariellen Testaments).
8 Staudinger/*Baumann* Rn. 9; vgl. auch (insb. zu § 2255) BayObLG NJW 1963, 1622 (LS) = BayObLGZ 1963, 31, 33 f.
9 Soergel/*Mayer* Rn. 3.
10 LG München I FamRZ 1998, 1623, 1624 (Oberschrift).
11 BGH FamRZ 1960, 28, 30.
12 BayObLGZ 1956, 377, 385; OLG Hamm MDR 1971, 137 = DNotZ 1972, 101, 104; vgl. auch BGH JZ 1951, 591, 592.
13 OLG Düsseldorf FamRZ 2014, 1230 Tz. 27.
14 OLG Düsseldorf FamRZ 2014, 1230 Tz. 28.

sich auch erst durch Auslegung ergeben. So kann sich die nachträglich auf die Rückseite eines Testaments geschriebene und unterschriebene Erklärung »Ich hebe hiermit alle früheren letztwilligen Verfügungen auf« entgegen dem Wortlaut auch nur auf solche Verfügungen beziehen, die früher errichtet wurden als diejenigen, die auf der Vorderseite dieser Urkunde getroffen wurden.[15]

Das (neu errichtete) Testament kann sich auf die **Erklärung des Widerrufs beschränken**. Dabei können auch nur **Teile** eines früher errichteten Testaments – auch z.B. nur Vermächtnisse[16] – widerrufen werden; die Auswirkungen auf die nicht widerrufenen Verfügungen bestimmen sich nach § 2085 BGB. Der Widerruf kann auch **bedingt** erklärt werden (zur Bedingung der letztwilligen Verfügung durch Verwirkungsklauseln vgl. § 2253 BGB Rdn. 6). Mit dem Widerruf des früheren Testaments durch Testament können zugleich **andere Verfügungen von Todes wegen verbunden** werden. Lässt sich bei einem formwirksamen Widerrufstestament zwar der Widerruf, nicht aber der Inhalt der weiteren Verfügungen feststellen, so ist der Widerruf im Zweifel wirksam, sodass gesetzliche Erbfolge eintritt.[17] Ebenso wenig führt die Unwirksamkeit einer weiteren Verfügung zur Unwirksamkeit des Widerrufs, sofern kein Abhängigkeitsverhältnis zwischen beiden besteht.[18] 7

V. Eröffnung des Widerrufstestaments und Kosten

Das Widerrufstestament ist vom Nachlassgericht wie jedes andere Testament zu eröffnen § 348 Abs. 1 FamFG. Die Kosten der Beurkundung des Widerrufstestaments richten sich nach GNotKG Anlage 1 Nr. 21201. Auch das widerrufene Testament ist zu eröffnen.[19] 8

§ 2255 Widerruf durch Vernichtung oder Veränderungen

Ein Testament kann auch dadurch widerrufen werden, dass der Erblasser in der Absicht, es aufzuheben, die Testamentsurkunde vernichtet oder an ihr Veränderungen vornimmt, durch die der Wille, eine schriftliche Willenserklärung aufzuheben, ausgedrückt zu werden pflegt. Hat der Erblasser die Testamentsurkunde vernichtet oder in der bezeichneten Weise verändert, so wird vermutet, dass er die Aufhebung des Testaments beabsichtigt habe.

Übersicht Rdn.

I. Zeittafel

Die Bestimmung entspricht wörtlich der ursprünglichen Fassung des BGB; zwischenzeitlich fand sie sich in § 33 Abs. 2 TestG. 1

15 BayObLG FamRZ 1990, 318, 319.
16 Vgl. zur Notwendigkeit der Testamentsform des Widerrufs RGZ 104, 320, 323.
17 KG JW 1935, 3122 = DNotZ 1935, 824.
18 OLG Hamm FamRZ 2000, 985, 987 = NJW-RR 2000, 742, 743.
19 Staudinger/*Baumann* Rn. 20.

II. Recht der ehemaligen DDR

2 Das ZGB enthält in § 387 Abs. 2 und 3 eine entsprechende Bestimmung. Dort heißt es: (2) Der Widerruf erfolgt durch 1. Errichtung eines Testaments, das ein früheres aufhebt oder früheren Verfügungen widerspricht; 2. Rücknahme des notariellen Testaments oder des Nottestaments aus der Verwahrung. (3) Vernichtet oder verändert der Erblasser ein eigenhändiges Testament, wird vermutet, dass das in Widerrufsabsicht erfolgt. Die Regelung ist ihrem Wortlaut nach unstimmig, da die Vernichtung und Veränderung des Testaments nur hinsichtlich der Vermutung der Widerrufsabsicht genannt wird, die Vernichtung oder Veränderung selbst jedoch nicht als Widerrufsmöglichkeit genannt wird. Auch auf der Grundlage des ZGB ist davon auszugehen, dass das Vernichten oder das Verändern als Widerruf und damit **als letztwillige Verfügung** anzusehen ist, die Testierfähigkeit und damit Handlungsfähigkeit des Erblassers voraussetzt.[1] Diese Form des Widerrufs ist auf den Widerruf **eigenhändiger Testamente** beschränkt. Die Vernichtung eines Testaments berührt dessen Wirksamkeit nicht, wenn der Testator nicht die Absicht hatte, auf diese Weise die Wirksamkeit des Testaments zu beseitigen. Gleiches gilt für den Verlust des Testaments.

III. Sinn der Regelung

3 Häufig wird der Testator der Auffassung sein, dass durch die Beseitigung der Testamentsurkunde oder durch einen Ungültigkeitsvermerk das von ihm Verfügte ungeschehen gemacht werden kann. § 2255 BGB trägt dem Rechnung. Um auf der anderen Seite zu verhindern, dass versehentliche Beschädigungen oder Veränderungen die Gültigkeit einer letztwilligen Verfügung beeinträchtigen, knüpft das Gesetz **nicht an den Realakt der Vernichtung** oder der Veränderung an, sondern wertet diese als **Formen des Widerrufs**. Damit werden die Voraussetzungen für die Wirksamkeit einer letztwilligen Verfügung in Bezug genommen (zum Widerruf als letztwilliger Verfügung vgl. § 2253 BGB Rdn. 5). Die häufig nur schwer zu beweisende Widerrufsabsicht wird nach S. 2 vermutet. Zur Neuerrichtung nach einem Widerruf nach § 2255 BGB vgl. § 2257 BGB Rdn. 4 und hier Rdn. 9.

IV. Einzelerläuterungen zur Frage des Widerrufs

1. Anwendungsbereich

4 Die Widerrufsmöglichkeit in der Form des § 2255 BGB besteht bei **allen Testamentsformen**,[2] wobei sich die Frage bei in **öffentlicher Form** errichteten Testamenten angesichts deren besonderer amtlicher Verwahrung und der Widerrufsfiktion bei Rücknahme aus derselben (§ 2256 Abs. 1 Satz 1 BGB) selten stellen wird. In Betracht kommen Fälle, in denen das öffentliche Testament bereits errichtet und damit wirksam, jedoch noch nicht in Verwahrung gegeben ist. In diesen Fällen ist § 2255 BGB grundsätzlich anwendbar; öffnet jedoch der Testator lediglich den Umschlag eines solchen Testaments, so reicht das für die Annahme einer Veränderung i.S.d. § 2255 BGB nicht aus.[3] In dem bloßen Behalten des Testaments liegt ebenfalls kein Widerruf nach § 2255 BGB, auch wenn der Testator weiß, dass das Testament in amtliche Verwahrung gegeben werden müsste.[4] Weiterhin ist § 2255 BGB bei öffentlichen Testamenten anwendbar, wenn diese unter Verstoß gegen § 2256 BGB einem Dritten ausgehändigt wurden und der Erblasser sie durch Vernichtung oder Veränderung widerruft.[5]

5 Ein **gemeinschaftliches Testament** können die Ehegatten gemeinsam in der Form des § 2255 BGB widerrufen.[6] **Einseitige Verfügungen** von Todes wegen können durch den jeweils verfügenden Ehegatten auch in der Form des § 2255 BGB widerrufen werden; die Zustimmung des anderen

1 So auch ZGB-Kommentar § 387 Anm. 3.
2 BGH NJW 1959, 2113; anders auf der Grundlage des ZGB, vgl. Rdn. 2.
3 BGH NJW 1959, 2113, 2114.
4 BGH NJW 1959, 2113, 2114.
5 OLG Saarbrücken NJW-RR 1992, 586, 587.
6 BayObLG MDR 1981, 933; FamRZ 1997, 1244, 1245 = Rpfleger 1997, 310, 311.

Ehegatten ist nicht erforderlich (vgl. auch § 2271 BGB Rdn. 4). Ein solcher Widerruf kann auch noch nach dem Tod des Vorverstorbenen erfolgen.[7] Soweit ein Ehegatte einseitige Verfügungen des anderen Ehegatten in der Form des § 2255 BGB widerruft, kommen die in Rdn. 10 dargelegten Grundsätze zur Anwendung. Danach reicht die nachträgliche Billigung einer solchen durch Dritte vorgenommenen Veränderung der Testamentsurkunde grundsätzlich nicht aus. Anders kann es sich verhalten, wenn der Erblasser auf der Grundlage der vom anderen Ehegatten eigenmächtig geänderten Fassung erneut wirksam testiert, bspw. dadurch, dass er mit Testierwillen hinsichtlich des gesamten Testaments Zusätze oder Nachträge hinzufügt (vgl. § 2247 BGB Rdn. 9). Zu dem Widerruf einer **wechselbezüglichen Verfügung** vgl. § 2271 BGB Rdn. 7 ff. (zur Ausübung eines durch Änderungsvorbehalt eingeräumten Rechts durch Vernichtung vgl. § 2271 BGB Rdn. 84).

Der Widerruf in der Form des § 2255 BGB kann sich auch auf ein **Widerrufstestament** beziehen 6
(vgl. § 2257 BGB), während umgekehrt ein nach § 2255 BGB widerrufenes Testament nicht durch einen Widerruf erneut Gültigkeit erlangen kann (näher § 2257 BGB Rdn. 4).[8]

2. Vernichtung oder Veränderung der Testamentsurkunde

a) Grundsätze

Unter der **Vernichtung** der Testamentsurkunde ist die Zerstörung des materiellen Bestandes der 7
Urkunde durch Zerreißen, Verbrennen, Zerschneiden oder Ähnliches zu verstehen. Während die Vernichtung stets als Kundbarmachung des Widerrufs ausreicht, kann dies bei Veränderungen der Testamentsurkunde zweifelhaft sein. Denn § 2255 BGB setzt eine Art der **Veränderung** voraus, die üblich ist, um den Willen zur Aufhebung einer schriftlichen Willenserklärung zum Ausdruck zu bringen. Damit stellt das Gesetz einen **objektivierten**, von der Person des Testators gelösten **Maßstab** auf.[9] Bei seiner Anwendung darf aber der Sinn der Objektivierung des Maßstabs nicht aus dem Blick geraten. Wenn z.B. der Erblasser die Gewohnheit hatte, seine Ablehnung durch einen roten Strich unter der geschriebenen Textpassage zum Ausdruck zu bringen, so wird man das bei der Beurteilung, ob durch einen solchen Strich der Widerruf nach außen deutlich wurde, nicht außer Betracht lassen dürfen.[10] Entscheidend wird damit sein, dass auf der Urkunde oder mit der Urkunde Veränderungen geschehen,[11] die ein **Dritter unter Berücksichtigung der Gewohnheiten des Erblassers als Aufhebung** der schriftlichen Erklärung **versteht.**

b) Beispiele

Als derartige Veränderungen kommen in Betracht: Durchstreichen,[12] Unleserlichmachen, Abschnei- 8
den oder Wegreißen eines Teils der Urkunde, Einreißen der Urkunde[13] und Zerknüllen.[14] Dabei verbietet sich eine schematische Anwendung. Wenn bspw. das Datum durchgestrichen ist, so wird das nicht als Aufhebung des Testaments zu verstehen sein.[15] Beim Einklammern von Textpassagen kann der Widerrufswille zweifelhaft sein. Die Einklammerung erläuternder Zusätze lässt sich nicht als Widerruf verstehen, während das Einklammern einer selbständigen Verfügung eher ein solches Verständnis zulässt.[16] Dabei ist auch zu berücksichtigen, dass der auf die Erhaltung eines guten optischen Eindrucks bedachte Erblasser möglicherweise ein Einklammern dem Durchstreichen einzelner Passagen vorzieht. Wenn der Testator die Testamentsurkunde in Widerrufsabsicht, aber

---

7 Vgl. OLG Hamm NJW-RR 1996, 1095 = FGPrax 1996, 28, 29.
8 Vgl. BayObLG ZEV 1996, 271 m. Anm. *Hohmann.*
9 RG JW 1913, 41, 42; *Lange/Kuchinke* § 23 II 2 b.
10 Zur Berücksichtigung individueller Gewohnheiten vgl. RGZ 111, 261, 265.
11 Zu diesem Erfordernis vgl. BayObLG FamRZ 1990, 1281, 1283.
12 BayObLG NJW-RR 2005, 525 = FamRZ 2005, 1779, 1780 = FGPrax 2005, 26, 27.
13 RGZ 69, 413, 415; BayObLGZ 1983, 204, 206 f.; BayObLG FamRZ 1996, 1110, 1111.
14 BayObLGZ 1980, 95, 97 = Rpfleger 1980, 283.
15 RG JW 1913, 41, 42 (zum alten Recht, nach welchem die Datumsangabe Formerfordernis war).
16 I.d.R. die Eignung als Widerruf verneinend Bamberger/Roth/Hau/Posek/*Litzenburger* Rn. 4.

äußerlich unversehrt **wegwirft**, so ist das zunächst weder eine Vernichtung noch eine Veränderung der Urkunde. Dazu wird ein solches Vorgehen nur dann, wenn sich der Testator auf diese Weise der Entsorgungsbetriebe zur Vernichtung der Urkunde bedient (vgl. Rdn. 10). Liegt dagegen das unversehrte (und unzerknüllte) Testament noch zwischen weggeworfenen Papieren, aus denen es jederzeit wieder entnommen werden kann, wird es an der notwendigen Irreversibilität fehlen, die das Gesetz mit der Voraussetzung der Vernichtung oder der Veränderung *der Urkunde* fordert.[17] Zum Öffnen des Umschlags eines öffentlichen, nicht in besonderer amtlicher Verwahrung befindlichen Testaments vgl. Rdn. 4.

9 Auch ein **Ungültigkeitsvermerk** ist als Veränderung der Urkunde i.S.d. § 2255 BGB anzusehen (zum Ungültigkeitsvermerk bei gemeinschaftlichem Testament vgl. § 2271 BGB Rdn. 4, 7 sowie zu den Besonderheiten bei Aufhebungs- oder Änderungsvorbehalt § 2271 BGB Rdn. 84).[18] Der Vermerk braucht nicht quer über den Text geschrieben zu sein, sondern kann sich auch am Rand der Urkunde befinden, solange er nur deutlich erkennbar ist.[19] Zweifelhaft ist die Behandlung des Ungültigkeitsvermerks als Widerruf durch Veränderung allein wegen der Konkurrenz zu § 2254 BGB, der bei einem Widerrufstestament die Beachtung der Testamentsform und damit regelmäßig nach § 2247 BGB einen eigenhändig geschriebenen und unterschriebenen Vermerk verlangt. Auf der anderen Seite ist aber zu bedenken, dass das BGB die Regelungen des § 2254 BGB und des § 2255 BGB gleichrangig nebeneinanderstellt, sodass es widersprüchlich wäre, zwar das Zerreißen des Papiers als Widerruf anzuerkennen, während die – mindestens ebenso eindeutige – ununterschriebene Erklärung »Widerruf« nicht ausreichen soll.[20] Befindet sich der Ungültigkeitsvermerk nicht auf der Testamentsurkunde, sondern auf dem Umschlag des Testaments, so kann er nur als Widerruf nach § 2254 BGB angesehen werden, sodass er eigenhändig geschrieben und unterschrieben sein muss, sofern nicht ausnahmsweise Umschlag und Testament eine Einheit bilden.[21] Letzteres ist insbesondere dann der Fall, wenn die Unterschrift auf dem Umschlag die Unterschrift unter dem Testament ersetzt (dazu § 2247 BGB Rdn. 23). Deutet ein **Vermerk** auf der Urkunde darauf hin, dass der **Testator plant**, ein Testament mit anderem Inhalt zu errichten, so braucht dies der Wirksamkeit des veränderten Testaments bis zum Zeitpunkt der noch ausstehenden Errichtung eines anderen Testaments nicht entgegenzustehen (vgl. auch Rdn. 14, § 2247 BGB Rdn. 6).[22]

Dieser Weg scheidet jedoch aus, wenn der Testator das Testament bereits widerrufen hat – etwa indem er mit Widerrufswillen das Testament durchgestrichen hat. Errichtet er später eine formwirksame Verfügung von Todes wegen, die lückenhaft ist und nach dem formwirksam erklärten Willen noch vervollständigt werden soll, so kann das **widerrufene Testament** bei der **Ausfüllung dieser Lücke** herangezogen werden, wenn anzunehmen ist, dass der Testator bis zur Ausfüllung der Lücke diese Verfügung in seinen Testierwillen aufnehmen wollte.[23]

---

17 So i.E. auch Staudinger/*Baumann* Rn. 15; *Brox/Walker* § 13 Rn. 3 (das Werfen der Testamentsurkunde in den Papierkorb als Erklärung des Aufgabewillens, es erfüllt aber nicht den Tatbestand der Veränderungen an der Urkunde); gegen die Anerkennung als Widerrufshandlung *Lange/Kuchinke* § 23 II 2 b; Bamberger/Roth/Hau/Posek/*Litzenburger* Rn. 4; Soergel/*Mayer* Rn. 4; für eine solche Anerkennung Erman/*S. und T. Kappler* Rn. 3.

18 RG JW 1911, 545; KG NJW 1957, 1364 = DNotZ 1957, 560, 561; Staudinger/*Baumann* Rn. 19 m.w.N.

19 KG NJW 1957, 1364 f. = DNotZ 1957, 560, 563; a.A. (nur wenn der Vermerk quer über den Text geschrieben ist, nicht bei Vermerken über oder unter dem Text oder an seinem Rand) *R. Schmidt* MDR 1951, 321, 324 *Muscheler* Erbrecht Rn. 1810.

20 So auch (Unterschrift des Widerrufsvermerks nicht erforderlich) Staudinger/*Baumann* Rn. 19; Soergel/*Mayer* Rn. 8.

21 BayObLGZ 1963, 31, 33; *Lange/Kuchinke* § 23 II 2 b; zu Ausnahmen vgl. § 2247 BGB Rdn. 23; Staudinger/*Baumann* Rn. 20; Soergel/*Mayer* Rn. 8.

22 Vgl. OLG Düsseldorf FamRZ 2018, 712, 713 f.; RGZ 71, 293, 300; 111, 261, 265; Soergel/*Mayer* Rn. 7, 12.

23 BayObLG NJW-RR 2005, 525, 526 = FamRZ 2005, 1779, 1780 = FGPrax 2005, 26, 28.

c) Zurechnung der Veränderung

Die Veränderung oder die Vernichtung muss **vom Erblasser** vorgenommen werden. Das ergibt sich einerseits aus dem Wortlaut des § 2255 BGB, andererseits daraus, dass der Erblasser es nach § 2065 Abs. 1 BGB nicht einem Dritten überlassen darf, über die Gültigkeit der Verfügung zu entscheiden. Aus diesem Grund ist es ausgeschlossen, den Dritten darüber entscheiden zu lassen, ob oder wann er das Testament vernichtet oder verändert. Angesichts der genannten Zielsetzung nicht ausgeschlossen ist es dagegen, dass sich der Erblasser eines **Dritten zur Verwirklichung** des von ihm selbst gefassten Widerrufswillens **bedient**, indem dieser das Testament vernichtet oder verändert (zum gemeinschaftlichen Testament vgl. § 2271 BGB Rdn. 2). Dass der Dritte dies in Anwesenheit oder unter »Tatherrschaft« des Erblassers ausführt, ist richtiger Ansicht nach nicht erforderlich, solange nur dem Dritten kein Entscheidungsspielraum verbleibt.[24] Entschiede man anderes, so müsste ein Widerruf sogar dann als unwirksam angesehen werden, wenn sich der Erblasser von dem zur Vernichtung der Urkunde Angewiesenen die Reste des zerrissenen Testaments später zeigen ließe, um sich von der Ausführung seiner Anweisung zu überzeugen. Das wäre aber kaum sachgerecht. Weiterhin wird es als erforderlich angesehen, dass die **Vernichtung noch zu Lebzeiten des Testators** stattfindet.[25] Diese Einschränkung ist angesichts drohender Zufälligkeiten zweifelhaft. Für ihre Anerkennung spricht, dass das Widerrufsrecht allein dem Erblasser zusteht und in dem Zeitpunkt seines Versterbens von dem Widerrufsrecht mangels Vernichtung der Testamentsurkunde noch kein Gebrauch gemacht wurde. Auf der anderen Seite ist es dem Gesetz nicht fremd, dass rechtliche Folgen auch nach dem Tode eintreten, wenn der Verstorbene bereits alles getan hat, was aus seiner Sicht erforderlich ist, um die Rechtsfolgen zu setzen. So hat es nach § 130 Abs. 2 BGB auf die Wirksamkeit einer Willenserklärung keinen Einfluss, wenn der Erklärende vor ihrem Zugang verstirbt. Dass sich diese Regelung auf empfangsbedürftige Willenserklärungen bezieht, darf dabei nicht irritieren: Stünde bei § 130 Abs. 2 BGB der Schutz des Erklärungsempfängers im Vordergrund, so dürfte die Vorschrift bei Kenntnis des Erklärungsempfängers vom Tod des Erklärenden nicht anwendbar sein. Soweit also der Erblasser mit dem Willen der Aufhebung des Testaments einen Dritten mit der Vernichtung beauftragt und damit alles tat, was aus seiner Sicht erforderlich war, sollte man der Zufälligkeit, ob es dem Dritten gelingt, der Bitte noch zu Lebzeiten des Testators nachzukommen, oder ob er die Urkunde erst kurze Zeit nach dem Tod vernichtet oder verändert, entgegen der wohl allgemeinen Auffassung keine entscheidende Bedeutung beimessen. Die physisch unbeeinträchtigte Existenz der Urkunde im Zeitpunkt des Todes steht dem ebenfalls nicht entgegen: Wenn der Erblasser das äußerlich unversehrte Testament mit Widerrufsabsicht in einen Altpapiercontainer wirft, so wird man es – zumindest nach der Leerung des Containers – ebenfalls nicht als entscheidend ansehen können, ob das Papier noch unversehrt vorhanden oder bereits der Wiederverwertung zugeführt ist. 10

Nicht ausreichend ist es, wenn der Dritte eigenmächtig das Testament vernichtet oder verändert und der **Erblasser** sich **nachträglich** mit diesem Vorgehen **einverstanden erklärt**, denn die Voraussetzung, dass die Urkunde in der Absicht, das Testament aufzuheben, vernichtet oder verändert wird, dient auch dem Schutz des Erblassers: Während die Widerrufsabsicht rasch gefasst ist, manifestiert sich die notwendige Endgültigkeit des Widerrufs erst darin, dass das Testament in dieser Absicht vernichtet wird.[26] **Spiegelt der Dritte** lediglich **vor**, den Wünschen des Erblassers nach

24 OLG München NJW-RR 2011, 945; OLG Hamm NJW-RR 2002, 222, 223 = ZEV 2002, 108 f.; vgl. BayObLG FamRZ 1992, 1350, 1351; *Lange* jurisPR-FamR 15/2011 Anm. 5; Soergel/*Mayer* Rn. 11; OLG Düsseldorf FGPrax 2014, 163, 164 f. (offenlassend); a.A. Staudinger/*Baumann* Rn. 22; gegen jede Einschaltung eines Dritten *Muscheler* Erbrecht Rn. 1812.

25 OLG München NJW-RR 2011, 945; BayObLG FamRZ 1992, 1350, 1351; RG Recht 1913 Nr. 2590; KG JW 1937, 476, 477; *Müller/Freienfels* JuS 1967, 124, 125; Soergel/*Mayer* Rn. 11; *Lange/Kuchinke* § 23 II 2 c.

26 So im Erg auch Soergel/*Mayer* Rn. 11 (§ 185 BGB finde auf tatsächliche Handlungen keine Anwendung); vgl. auch (zum Fall der Billigung nach zufälligem Verlust, dazu näher Rdn. 15) BGH JZ 1951, 591, 592 = NJW 1951, 559; Staudinger/*Baumann* Rn. 24; a.A. *R. Schmidt* MDR 1951, 321, 323.

Vernichtung des Testaments nachgekommen zu sein, so ist der Widerruf nicht wirksam geworden;[27] soweit der Dritte durch das auf diese Weise wirksam gebliebene Testament bedacht ist, kommt aber Erbunwürdigkeit in Betracht.[28]

d) Gegenstand der Veränderung

11 Die Veränderung muss grundsätzlich **an der Urkunde selbst** stattfinden. Existieren von der Urkunde **mehrere Urschriften**, so wird die Vernichtung oder Veränderung einer Urschrift für ausreichend gehalten, sofern sich der Widerrufswille unzweifelhaft ergibt;[29] dabei ist die Regelung des § 2255 Satz 2 BGB, derzufolge bei Vernichtung der Testamentsurkunde durch den Testator die Aufhebungsabsicht vermutet wird, nicht heranzuziehen,[30] denn der Testator kann das Ziel verfolgt haben, lediglich die Duplikate zur Vermeidung von Missverständnissen zu beseitigen. Ob es ausreicht, wenn eine **Abschrift** der Urkunde entsprechend vernichtet oder verändert wird, ist zweifelhaft.[31] Zumindest dann, wenn dem Erblasser die Urschrift zur Verfügung stand, wird man es nicht ausreichen lassen, wenn er nicht diese, sondern eine Abschrift mit einem entsprechenden Vermerk versieht oder sie vernichtet.[32] Zum Ungültigkeitsvermerk auf dem Testamentsumschlag vgl. Rdn. 9.

12 Besondere Schwierigkeiten treten auf, wenn der Erblasser nicht ein Testament in mehreren Urschriften, sondern **mehrere Testamente** errichtet hat und von diesen ein Testament durch Vernichtung oder Veränderungen widerruft. In diesen Fällen können grundsätzlich **frühere Testamente**, die durch das nunmehr widerrufene Testament aufgehoben oder geändert wurden, wiederum **wirksam werden** (§§ 2257, 2258 Abs. 2 BGB). **Decken** sich jedoch die Testamente **inhaltlich**, sodass es sich der Sache nach um nichts anderes handelt als um ein Testament, das in mehreren, zeitlich nacheinander errichteten Urschriften existiert, so kann sich die Vernichtung einer Testamentsurkunde auch als **Widerruf aller Testamente** darstellen.[33] Dass dabei Testamentsurkunden ohne äußere Veränderungen bestehen bleiben, obwohl sie keine Gültigkeit besitzen sollen, steht nicht entgegen, denn nicht anders verhält es sich bei einem Widerruf, der in einem gesonderten Testament erklärt wird (§ 2254 BGB). Welchen Erklärungswert der Widerruf in diesen Fällen hat, ist eine Frage des Einzelfalls.[34]

e) Beschränkung der Veränderung

13 Ohne weiteres möglich ist es, die **Veränderung auf einzelne Teile zu beschränken**,[35] etwa indem einzelne Verfügungen gestrichen werden; die Form des § 2247 BGB braucht dabei nicht eingehalten zu werden.[36] Das gilt auch dann, wenn die Streichung dazu führt, dass sich der Inhalt der anderen Verfügungen verändert, etwa indem von zwei Bedachten, die als Miterben eingesetzt waren, ein Name gestrichen wird. Dass dem anderen Bedachten damit die Erbschaft als Alleinerben anfällt, ist nicht die Folge einer über den Widerruf hinausgehenden positiven Verfügung, sondern die der

27 KG JW 1937, 476, 477.
28 Vgl. BGH NJW-RR 1990, 515 f.
29 RGZ 14, 183, 184; OLG Stuttgart ErbR 2018, 393, 394; KG ZEV 1995, 107 = NJW-RR 1995, 1099.
30 BayObLG FamRZ 1990, 1281, 1284 = NJW-RR 1990, 1480, 1481 (wobei die Urschriften geringfügig voneinander abwichen).
31 Bejahend *Kanzleiter* ErbR 2014, 268, 269 f. (für Kopie; anders bei Abschrift); nur für den Fall, dass der Vermerk der Form des § 2254 entspricht, bejahend OLG Frankfurt NJW 1950, 607.
32 Vgl. KG ZEV 1995, 107 f. = NJW-RR 1995, 1099; a.A. *Kanzleiter* ErbR 2014, 268, 269 f. (komme nicht darauf an, ob Original verfügbar; dies wird aber zumindest bei der Prüfung der Widerrufsabsicht zu berücksichtigen sein).
33 BayObLG FamRZ 1990, 1281, 1284 = NJW-RR 1990, 1480, 1481.
34 Vgl. BayObLG FamRZ 1990, 1281, 1283 f.; *Kanzleitner* ErbR 2014, 268.
35 RGZ 71, 293, 300; BayObLG FamRZ 1995, 246, 247.
36 BayObLG FamRZ 2003, 1590, 1591 = NJW-RR 2003, 297 = Rpfleger 2003, 190, 191; BayObLG FamRZ 2003, 1506, 1507; vgl. MünchKomm/*Hagena* Rn. 8; Staudinger/*Baumann* Rn. 16.

gesetzlichen Regelung in §§ 2088, 2089 BGB.[37] Anders verhält es sich, wenn einzelne Verfügungen nicht nur gestrichen, sondern durch **andere positive Verfügungen** ersetzt werden. Wenn der Name eines Bedachten gestrichen und durch einen anderen Namen ersetzt wird, so ist hinsichtlich des Streichens der Widerruf unabhängig von der Form des § 2247 BGB wirksam, während die Verfügung durch Einsetzen eines anderen Namens der Form des § 2247 BGB bedarf (vgl. auch § 2247 BGB Rdn. 25).[38] Nichts anderes kann gelten, wenn der Testator den Namen des bisher Bedachten so verändert, dass nun eine andere Person bedacht ist. Ob im Falle der Formunwirksamkeit der positiven Verfügung Unwirksamkeit des Widerrufs durch das Streichen oder Überschreiben anzunehmen ist, weil es für diesen Fall an der Widerrufsabsicht gefehlt hat, ist eine Frage der Auslegung; im Zweifel wird man nicht von einem solchen Zusammenhang ausgehen können.[39]

3. Widerrufsabsicht

Der Testator muss die Vernichtung oder Veränderung der Testamentsurkunde **in Widerrufsabsicht** 14
vorgenommen haben. Dazu ist neben der Testierfähigkeit[40] (vgl. § 2229 BGB Rdn. 4 ff., zu den Besonderheiten der negativen Testierfähigkeit auf der Grundlage des Rechts bis zum 31.12.1991 vgl. § 2253 BGB Rdn. 11) erforderlich, dass der Erblasser durch die Aufhebung der Verfügung die Rechtsverhältnisse nach seinem Tode gestalten wollte. Dient die Vernichtung oder Veränderung lediglich **der Vorbereitung einer neuen Verfügung von Todes wegen**, so kann es an dem notwendigen Testierwillen ebenso fehlen, wie dies bei dem Entwurf eines Testaments der Fall ist.[41] Geht der Erblasser davon aus, dass die **Urkunde, die er vernichtet, ohnehin unwirksam** ist, so kann es am Testierwillen hinsichtlich des Widerrufs fehlen. Das wird anzunehmen sein, wenn der Erblasser den Inhalt des Testaments gelten lassen will, jedoch der Auffassung ist, dieser Inhalt sei in der Testamentsurkunde ohnehin nicht wirksam niedergelegt. Der Testator will dann nur ein Papier, nicht sein Testament zerreißen. Wollte der Erblasser dagegen bei der Vernichtung oder Veränderung des vermeintlich unwirksamen Testaments zum Ausdruck bringen, dass dieser Inhalt nicht gelten soll, und wollte er durch die Veränderung jeden Anschein eines wirksamen Testaments zerstören, so hat er mit Testierwillen gehandelt.[42] Unterliegt der Testator der Fehlvorstellung, das jetzt vernichtete Testament sei durch ein weiteres Testament bereits aufgehoben, obwohl dieses seinerseits formunwirksam ist, so ist es eine Frage des Einzelfalls, ob die Vernichtung oder Veränderung mit Testierwillen geschehen ist. Zu vermuten ist ein solcher Wille nicht. Bei seiner Feststellung wird es auch darauf ankommen, welchen Inhalt das formunwirksam neu errichtete Testament hat und inwieweit es deshalb den Schluss darauf zulässt, dass der Testator das zerrissene Testament nicht zur Vermeidung von Unklarheiten vernichtet hat, sondern in der Absicht, jeden Anschein einer Verfügung mit diesem Inhalt aus der Welt zu schaffen.[43]

An einem Widerruf in Widerrufsabsicht fehlt es, wenn das Testament **versehentlich vernichtet,** 15
verändert oder seine Existenz **vergessen** wurde.[44] Das Fehlen der Widerrufsabsicht kann auch

37 Bamberger/Roth/Hau/Posek/*Litzenburger* Rn. 10; Soergel/*Mayer* Rn. 9; Staudinger/*Baumann* Rn. 18.
38 RGZ 71, 293, 302 f.; MünchKomm/*Hagena* Rn. 8.
39 So auch Staudinger/*Baumann* Rn. 17; Soergel/*Mayer* Rn. 9.
40 Soergel/*Mayer* Rn. 2.
41 Vgl. (Durchstreichen und Errichten einer inhaltsgleichen, jedoch formunwirksamen Verfügung) BayObLG FGPrax 1997, 190 f. = ZEV 1997, 453, 454 = FamRZ 1998, 258, 259 = NJW-RR 1997, 1302, 1303; RGZ 71, 293, 301; 111, 261, 265; vgl. auch BayObLG NJW-RR 2005, 525 = FamRZ 2005, 1779, 1780 = FGPrax 2005, 26, 27 (Auslegung des bewusst lückenhaften wirksamen Testaments auf der Grundlage des durchgestrichenen Testaments).
42 OLG Hamm NJW-RR 2002, 222, 223 = ZEV 2002, 108, 109; Soergel/*Mayer* Rn. 13.
43 OLG Hamm NJW-RR 2002, 222, 223 = ZEV 2002, 108, 109; vgl. auch (im Zweifel kein Testierwille) OLG Freiburg Rpfleger 1952, 340, 341; Staudinger/*Baumann* Rn. 27; a.A. (im Zweifel mit Testierwillen; ggf. Anfechtung des Widerrufs) RGRK/*Kregel* § 2255 Rn. 5.
44 Vgl. BayObLG FamRZ 1990, 1162, 1163; NJW-RR 1992, 653, 654; BGH NJW 1951, 559; OLG Köln Rpfleger 1986, 224, 225; Staudinger/*Baumann* Rn. 28.

nicht dadurch ersetzt werden, dass der Erblasser die versehentliche Vernichtung oder Veränderung anschließend billigt.[45] Unterliegt der Erblasser der unrichtigen Vorstellung, eine solche nachträgliche Billigung reiche als Widerruf aus, so wird in der Literatur erwogen, eine Anfechtung des vermeintlich widerrufenen Testaments in entsprechender Anwendung des § 2078 BGB zuzulassen.[46] Für eine solche Analogie – eine unmittelbare Anwendung scheidet aus, da der Erblasser im Zeitpunkt der Testamentserrichtung keiner Fehlvorstellung unterlag – wird es indes an einer Lücke im Gesetz fehlen.

V. Beweisfragen

1. Inhalt und Grenzen der Regelung des S. 2

16 Nach S. 2 wird vermutet, dass der Erblasser **die Aufhebung** des Testaments **beabsichtigt hat**, wenn er die Testamentsurkunde vernichtet oder in der durch S. 1 bezeichneten Weise (vgl. Rdn. 7 ff.) verändert hat. Mit dieser Regelung trägt das Gesetz dem Umstand Rechnung, dass die Nichterweislichkeit der Voraussetzungen des Widerrufs eines Testaments zulasten desjenigen geht, der aus diesem Widerruf Rechtsfolgen ableiten möchte;[47] sei es, dass bei Wirksamkeit des Widerrufs die gesetzliche Erbfolge eintritt, sei es, dass ein früher errichtetes Testament wieder wirksam wird, indem der Widerruf einen Widerruf dieses Testaments oder eine abweichende Verfügung von Todes wegen betrifft. Zu den Voraussetzungen der Wirksamkeit des Widerrufs gehört auch die Widerrufsabsicht (vgl. Rdn. 14), sodass die genannte Verteilung der Beweislast bzw. Feststellungslast grundsätzlich auch die Frage betrifft, ob bspw. eine Testamentsurkunde versehentlich zerrissen wurde oder ob dies in Widerrufsabsicht geschah. Hinsichtlich dieser Frage enthält S. 2 eine **Tatsachenvermutung**, die nach § 292 Satz 1 ZPO nur durch den **Beweis des Gegenteils zu widerlegen** ist.[48]

17 Die gesetzliche Vermutung beschränkt sich auf die Tatsache, dass der Erblasser in Widerrufsabsicht gehandelt hat. Es wird dabei insbesondere **nicht vermutet**, dass die Zerstörung oder Veränderung der Testamentsurkunde auf eine Handlung des Erblassers zurückzuführen ist. Die Folgen der Nichterweislichkeit dieser Frage treffen vielmehr denjenigen, der aus dem Widerruf Folgen ableitet.[49] Neben der Tatsache der Vernichtung oder Veränderung der Urkunde[50] muss deshalb feststehen – nicht nur wahrscheinlich sein –, dass dies durch den Erblasser geschehen ist.[51] Für das Eingreifen der Vermutung reicht es aus, wenn feststeht, dass die Vernichtung oder Veränderung auf den Erblasser zurückzuführen ist; er braucht nicht eigenhändig gehandelt zu haben, sofern nur die in Rdn. 10 genannten Voraussetzungen erfüllt sind (dort auch zu der wesentlich restriktiveren h.L.). Wurde von **mehreren Urschriften** eines privatschriftlichen Testaments nur eine vernichtet oder verändert, so greift die Vermutung des S. 2 nicht ein (vgl. auch Rdn. 11).[52] Auch wenn aus den genannten

45 BGH NJW 1951, 559, offengelassen in BGH NJW-RR 1990, 515, 516.

46 Bamberger/Roth/Hau/Posek/*Litzenburger* Rn. 8; Staudinger/*Baumann* (Bearbeitung 2003) Rn. 29.

47 LG Duisburg NJW-RR 2005, 884, 885.

48 Vgl. BayObLG FamRZ 1990, 1281, 1283 = NJW-RR 1990, 1480, 1481; Soergel/*Mayer* Rn. 14.

49 OLG Köln NJW-RR 2004, 1015, 1016 (für Streichungen *nach dem Unterschreiben* des Testaments; bei Streichungen *vor der Unterschriftsleistung* trifft die Beweislast denjenigen, der trotz der Streichung Rechte aus dem Testament ableiten will; dies gilt auch, wenn sich der Zeitpunkt der Streichung nicht aufklären lässt).

50 OLG Celle MDR 1962, 410.

51 OLG Düsseldorf FamRZ 2018, 712, 714; OLG Hamm DNotZ 1950, 43; OLG Frankfurt Rpfleger 1978, 310, 312; BayObLG FamRZ 1992, 1350, 1351; 1998, 1469; OLG Düsseldorf NJW-RR 1994, 142; OLG Zweibrücken NJW-FER 2001, 154, 155 = Rpfleger 2001, 350, 351 f.; LG Duisburg NJW-RR 2005, 884, 885.

52 KG FamRZ 1995, 897 = FGPrax 1995, 73 = NJW-RR 1995, 1099, zustimmend *Leipold* JZ 1996, 287, 290; BayObLG FamRZ 1990, 1281, 1284 = NJW-RR 1990, 1480, 1481; KG JFG 14, 280, 283; *Baumgärtel/Laumen/Prütting/Schmitz* Rn. 7.

Gründen die Vermutung des S. 2 sich nicht darauf bezieht, dass die Veränderung oder die Vernichtung durch den Erblasser geschehen ist, so kann es doch im Einzelfall möglich sein, einen **Satz der Lebenserfahrung** heranzuziehen, der besagt, dass eine Urkunde, die sich **im Einflussbereich des Erblassers befand** und dort verändert und vernichtet wurde, **vom Erblasser verändert oder vernichtet wurde.**[53] Allein die **Unauffindbarkeit** der Urkunde rechtfertigt die Anwendung eines solchen Satzes **nicht.**[54] Der genannte Satz der Lebenserfahrung kann aber erschüttert werden, ohne dass das Gegenteil als erwiesen angesehen werden muss. Dazu kann es ausreichen, wenn dargelegt wird, dass Personen, die an der Unterdrückung des Testaments möglicherweise Interesse hatten, auf die Testamentsurkunde zugreifen konnten.

2. Feststellung des Inhalts des nicht wirksam widerrufenen Testaments

Lässt sich nicht feststellen, dass das Testament verändert oder vernichtet wurde, dass die Vernich- 18
tung oder Veränderung durch den Erblasser vorgenommen wurde, oder ist die Vermutung des § 2255 Satz 2 BGB widerlegt, so ist das Testament **nicht wirksam widerrufen**, sondern **bleibt, soweit es wirksam errichtet ist, gültig**, auch wenn die Testamentsurkunde selbst nicht mehr oder nur in veränderter Form zur Verfügung steht.[55] Die Formgültigkeit der Errichtung und der Inhalt des Testaments kann mit allen zulässigen Beweismitteln[56] ermittelt werden. Die Anforderungen an den Nachweis sind hoch; so reicht es nicht aus, wenn Zeugen die Erklärung des Erblassers bestätigen, X und Y sollten seine Erben sein, denn damit ist noch nicht belegt, dass der Erblasser auch ein entsprechendes Testament formwirksam errichtet hat.[57] Zweifelhaft ist, ob die Aussage von Zeugen ausreicht, der Erblasser habe mehrfach gesagt, er habe ein Testament bestimmten Inhalts errichtet und bewahre es zu Hause auf.[58] Dies wurde mit der Begründung verneint, damit sei nur die Aussage des Erblassers, nicht aber die Errichtung bewiesen. Dies erscheint zu streng; zumindest kann das Gericht die Errichtung als erwiesen ansehen, wenn es nicht nur der Aussagen der Zeugen, sondern auch der des Erblassers glaubt. Es ist nicht erforderlich, dass der genaue Wortlaut festgestellt wird, solange nur der Regelungsgehalt zur Gewissheit des Gerichts feststeht.[59] Der Nachweis setzt im FamFG-Verfahren regelmäßig eine förmliche Beweisaufnahme nach § 30 FamFG voraus.[60] **Nichterweislichkeit** dieser Fragen geht grundsätzlich zulasten dessen, der aus dem Testament Rechte

53 Vgl. BayObLGZ 1983, 204, 208; NJW-RR 1996, 1094 = ZEV 1996, 271 m. zust. Anm. *Hohmann*; BayObLG FamRZ 1996, 1110, 1111; vgl. auch BayObLG FamRZ 1998, 1469.

54 OLG Köln NJW-RR 2019, 71; OLG Köln FamRZ 2017, 1164, 1165; KG FGPrax 2018, 274, 275; OLG Naumburg MDR 2012, 856; OLG Schleswig FamRZ 2012, 903, 904; BayObLG FamRZ 2005, 1866; FamRZ 2003, 1595, 1600; BayObLG NJW-RR 1992, 1358 = FamRZ 1993, 117; OLG Düsseldorf FamRZ 1994, 1283; OLG Zweibrücken NJW-FER 2001, 154, 155 = Rpfleger 2001, 350, 352; LG Duisburg NJW-RR 2005, 884, 885.

55 KG FamRZ 2019, 1099 (keine Vermutung des Widerrufs bei Unauffindbarkeit).

56 OLG Düsseldorf FamRZ 2019, 1100 (Kopie); OLG Hamburg v. 25.01.2019 2 W 45/18 (Kopie); OLG Naumburg MDR 2012, 856 (Kopie); KG FamRZ 2007, 1197 (beglaubigte Kopie); OLG Schleswig FamRZ 2012, 903, 904 (Vernehmung von Zeugen – hier Notar); OLG Zweibrücken NJW-FER 2001, 154, 155 = Rpfleger 2001, 350, 351; z.B. Abschriften, OLG Saarbrücken DNotZ 1950, 68; Kopien, BayObLG NJW-RR 1992, 1358; FamRZ 2001, 1327, 1328 = NJW-FER 2001, 128; FamRZ 2001, 945 = NJW-FER 2001, 22; FamRZ 2001, 771 = Rpfleger 2001, 181; BayObLGZ 2001, 347, 350 f. = NJW-RR 2002, 726 f.; Rpfleger 2002, 267; Reste der zerstörten Urkunde; Sachverständigengutachten; Zeugenvernehmung, OLG Zweibrücken NJW-RR 1987, 1158; BayObLG FamRZ 2003, 1786, 1787; BayObLGZ 2004 Nr. 19 = FamRZ 2005, 138, 139 (maschinenschriftlicher Entwurf mit dem Vermerk, das Testament müsse handschriftlich errichtet werden, reicht nicht aus, sofern die Umsetzung dieses Hinweises nicht nachgewiesen ist).

57 OLG München FamRZ 2011, 1097 =ZEV 2010, 572, 573; vgl. auch OLG Frankfurt ZEV 2019, 306 (LS); OLG Düsseldorf Rpfleger 2019, 275, 276 (Nachweis durch Kopie); KG FGPrax 2018, 274 (Kopie).

58 OLG Düsseldorf NJW-RR 2013, 1420 Tz. 18 f.

59 Vgl. BayObLGZ 1967, 197, 206.

60 OLG Frankfurt ZErb 2002, 49, 50.

ableitet.[61] Ist die Nichterweislichkeit infolge der Vernichtung der Urkunde einem Erbprätendenten zuzurechnen, so kann dies nach h.M. dazu führen, dass nicht aufklärbare Zweifel zu seinen Lasten gehen.[62] Lässt sich nur ein **Teil des Testamentsinhalts** ermitteln, so reicht dies regelmäßig nicht aus, denn der Inhalt einer letztwilligen Verfügung erschließt sich erst durch ihre Gesamtheit. So kann eine Einsetzung als Alleinerbe durch die Anordnung eines Vermächtnisses weitgehend entwertet werden. Erforderlich ist deshalb grundsätzlich die Feststellung des Gesamtwillens, wobei die Feststellung seiner Formulierung im Einzelnen nicht erforderlich ist.[63] Anderes gilt, wenn sich aus dem festgestellten Teil des Testaments ein Gesamtwille ergibt, aus dem sich die Aufrechterhaltung dieses Teils unabhängig von der Feststellbarkeit der übrigen Teile ableiten lässt. Wird ein Testament vorgelegt, bei dem ein Teil herausgeschnitten wurde, so kann der Inhalt dieses Teils dahinstehen, wenn feststeht, dass der Erblasser diesen Teil in Widerrufsabsicht zerstört hat. Andernfalls trägt der die Darlegungslast, der sein Erbrecht auf das Testament stützt.[64]

19 Wurde ein **öffentliches Testament** ohne Widerrufswillen des Testators zerstört oder ist es abhandengekommen, so kann es unter den Voraussetzungen des **§ 46 BeurkG ersetzt** werden. Die Regelung ist auf privatschriftliche Testamente nicht anzuwenden, auch wenn sie sich in amtlicher Verwahrung befanden.[65]

§ 2256 Widerruf durch Rücknahme des Testaments aus der amtlichen Verwahrung

(1) Ein vor einem Notar oder nach § 2249 errichtetes Testament gilt als widerrufen, wenn die in amtliche Verwahrung genommene Urkunde dem Erblasser zurückgegeben wird. Die zurückgebende Stelle soll den Erblasser über die in Satz 1 vorgesehene Folge der Rückgabe belehren, dies auf der Urkunde vermerken und aktenkundig machen, dass beides geschehen ist.

(2) Der Erblasser kann die Rückgabe jederzeit verlangen. Das Testament darf nur an den Erblasser persönlich zurückgegeben werden.

(3) Die Vorschriften des Absatzes 2 gelten auch für ein nach § 2248 hinterlegtes Testament; die Rückgabe ist auf die Wirksamkeit des Testaments ohne Einfluss.

Übersicht

I. Zeittafel

1 Die ursprüngliche Fassung des BGB sah zwar eine entsprechende Widerrufsregelung vor, enthielt aber noch keine Verpflichtung zur Belehrung über diese Folge der Rücknahme. Diese Belehrungspflicht ist durch § 34 TestG Gesetz geworden; die Regelung wurde dann durch das GesEinhG in

61 OLG Hamm NJW 1974, 1827; BayObLGZ 1977, 59, 62; Rpfleger 1980, 60; OLG Düsseldorf NJW-RR 1994, 142; BayObLGZ 2004 Nr. 19 = FamRZ 2005, 138, 139.
62 Vgl. OLG Hamm NJW-RR 1996, 1095 = FGPrax 1996, 28, 30 = ZEV 1996, 272.
63 OLG Schleswig FamRZ 2012, 903, 904.
64 OLG Hamm FamRZ 2008, 925, 927 = FGPrax 2008, 32, 34 = NJW-RR 2008, 21, 23 = Rpfleger 2008, 29, 31.
65 Soergel/*Mayer* Rn. 18; Staudinger/*Baumann* Rn. 44.

das BGB reinkorporiert. Im Zuge der Beseitigung der richterlichen Zuständigkeit für die Errichtung öffentlicher Testamente durch das BeurkG wurden in Abs. 1 Satz 1 die Worte »vor einem Richter oder« gestrichen. Für die **vor dem Inkrafttreten des BeurkG** vor einem Richter errichteten Testamente erklärt § 68 Abs. 3 BeurkG (i.d.F. durch das Gesetz vom 27.06.1970, BGBl. I 911, 916) die Regelung des § 2256 Abs. 1 und 2 BGB für anwendbar.[1]

II. Recht der ehemaligen DDR

§ 387 Abs. 2 ZGB enthält eine entsprechende Regelung: *(2) Der Widerruf erfolgt durch … 2. Rücknahme des notariellen Testaments oder des Nottestaments aus der Verwahrung.* Diese Regelung bezieht sich – anders als die des BGB (vgl. Rdn. 4) – auch auf das Nottestament in der Form des Zweizeugentestaments. Privatschriftliche Testamente werden nicht erfasst, auch wenn sie in die Verwahrung des Staatlichen Notariats gegeben wurden.[2] Ergänzt wird die Regelung durch § 24 Abs. 3 NotG: *(3) Ein Testament kann nur persönlich vom Erblasser zurückgenommen werden. Die Rücknahme ist zu beurkunden.* Für die Rücknahme war die Handlungsfähigkeit des Erblassers (vgl. § 2229 BGB Rdn. 2) erforderlich.[3] 2

III. Sinn der Regelung

Die Errichtung des Testaments vor einem Notar soll für den Testator auch gewährleisten, dass sein letzter Wille im Falle des Versterbens bekannt wird. Das Risiko der Unterdrückung und der Verfälschung des Testaments – Letzteres ist deswegen besonders hoch, weil das öffentliche Testament nicht vom Erblasser eigenhändig geschrieben zu sein braucht – soll dadurch ausgeschaltet werden. Diese Sicherheit des vor einem Notar errichteten Testaments wird nicht erreicht, wenn das Testament aus der besonderen amtlichen Verwahrung zurückgenommen wird. Angesichts der besonderen Beweiswirkung des vor einem Notar errichteten Testaments wiegen auch die Gefahren, wenn ein öffentliches Testament verfälscht wird, schwer. Der Gesetzgeber zieht daraus die sehr weitgehende Konsequenz, dass das öffentliche Testament im Falle der Rücknahme aus der amtlichen Verwahrung als widerrufen gilt. Da die besondere Beweiskraft nur dem vor einem Notar oder einem nach § 2249 BGB errichteten Testament zukommt, beschränkt sich die Widerrufsfiktion auch auf die Rücknahme eines derartigen Testaments, während die Rücknahme eines privatschriftlichen Testaments aus amtlicher Verwahrung nach Abs. 3 keinen Einfluss auf seine Wirksamkeit hat. Darüber hinaus hat der Testator durch die Rücknahme des Testaments aus der amtlichen Verwahrung die Möglichkeit, es wieder in den privaten Bereich zurückzuführen und es durch Zerstörung auch der späteren Kenntnisnahme durch Dritte zu entziehen.[4] Dies allein kann allerdings die Widerrufsfiktion nicht rechtfertigen, denn der Gesetzgeber beschränkt die Widerrufsfiktion auf öffentliche Testamente und knüpft sie dort an die Rücknahme, ohne die Zerstörung des öffentlichen Testaments vorauszusetzen. 3

IV. Voraussetzungen der Widerrufsfiktion

1. Gegenstand der Rücknahme

Abs. 1 beschränkt sich auf die Rücknahme eines Testaments, das **vor einem Notar oder nach § 2249 BGB** errichtet wurde. Die Regelung bezieht sich damit weder auf das privatschriftliche Testament noch auf die Fälle des Nottestaments nach § 2250 BGB. Soweit jedoch § 2250 Abs. 1 BGB die Möglichkeit der Testamentserrichtung nach den Regeln des § 2249 eröffnet, ist § 2256 BGB auf ein 4

1 Vgl. dazu *Zimmermann* Rpfleger 1970, 189, 193.
2 ZGB-Kommentar § 387 Anm. 2.2.
3 ZGB-Kommentar § 387 Anm. 2.2.
4 Soergel/*Mayer* Rn. 2 (diesen Gesichtspunkt als entscheidend ansehend).

auf dieser Grundlage errichtetes Testament anzuwenden. Hinsichtlich **gemeinschaftlicher Testamente** enthält § 2272 eine Sonderregelung. Zu Testamenten, die vor dem Inkrafttreten des BeurkG vor einem Richter errichtet wurden, vgl. Rdn. 1. Für das **Konsulartestament** (vgl. § 2231 BGB Rdn. 10) fehlt eine entsprechende Bestimmung. Das Konsulartestament dient aber dazu, gerade das Fehlen der Möglichkeit einer Beurkundung durch einen deutschen Notar zu kompensieren (vgl. § 2231 BGB Rdn. 10). Da die Konsulartestamente auch in besondere amtliche Verwahrung zu nehmen sind, bestehen gegen die entsprechende Anwendung des § 2256 keine Bedenken.[5] Für **Erbverträge** wird die Regelung des § 2256 Abs. 1 BGB durch § 2300 Abs. 2 BGB für entsprechend anwendbar erklärt.[6]

2. Besondere amtliche Verwahrung

5 Das Testament muss sich in **besonderer amtlicher Verwahrung** befinden. Der Notar ist nach § 34 BeurkG, verpflichtet, ein vor ihm errichtetes öffentliches Testament unverzüglich in die besondere amtliche Verwahrung (vgl. § 346 FamFG) zu geben; Entsprechendes gilt im Fall des § 2249 durch die in dieser Bestimmung enthaltene Verweisung auf § 34 BeurkG für die Urkundsperson. Erst wenn die Urkunde in besondere amtliche Verwahrung genommen wurde, kann die Rücknahme die Fiktion des Abs. 1 auslösen;[7] vor diesem Zeitpunkt ist der Widerruf nur auf der Grundlage der §§ 2254, 2255 BGB möglich.

3. Rückgabeverlangen

6 Das Gesetz knüpft dem Wortlaut nach in Abs. 1 die Widerrufsfiktion an den Realakt der Rückgabe; dabei wird aber – wie Abs. 2 Satz 1 und Abs. 1 Satz 2 zeigen – vorausgesetzt, dass die Rückgabe auf ein entsprechendes **Verlangen des Erblassers** hin erfolgte.[8] Das Rückgabeverlangen kann in beliebiger **Form** gestellt werden. Bei diesem Verlangen ist die **Stellvertretung** zulässig, denn die Regelung der Höchstpersönlichkeit in Abs. 2 bezieht sich allein auf die tatsächliche Aushändigung,[9] was sich daraus rechtfertigt, dass nur durch diesen Akt die Wirkung des Abs. 1 Satz 1 eintritt, und nur wegen dieser Wirkung ist die Rückgabe an den Erblasser persönlich erforderlich.[10] **Inhalt** des Rückgabeverlangens ist allein das Begehren, die Urkunde ausgehändigt zu bekommen. Die Fiktion des Widerrufs tritt **unabhängig von dem Willen** des Erblassers und auch unabhängig davon ein, ob er von dieser Folge weiß.[11] Nach ganz überwiegender Auffassung ist für das Rückgabeverlangen die Testierfähigkeit (nach früherem Recht zumindest negative Testierfreiheit, vgl. § 2253 BGB Rdn. 11 f.) erforderlich.[12] Demgegenüber wird man es für ausreichend halten können, wenn der Testator **im Augenblick der tatsächlichen Aushändigung testierfähig** ist[13] und die Rücknahme in

---

5 Vgl. Soergel/*Mayer* Rn. 3; Staudinger/*Baumann* Rn. 8.

6 Vgl. dazu *Keim* ZEV 2003, 55 ff.; zur Rechtslage vor dem 01.08.2002 vgl. OLG Köln NJW-RR 1989, 452; krit. (damals noch de lege ferenda) *Weirich* DNotZ 1997, 7, 9 f.

7 BGH NJW 1959, 2113.

8 AllgA; vgl. nur OLG Saarbrücken NJW-RR 1992, 586; gegen eine eigenständige Bedeutung des Rückgabeverlangens *Muscheler* Erbrecht Rn. 1818.

9 MünchKomm/*Hagena* Rn. 6; a.A. LG Augsburg Rpfleger 1998, 344, 345; *Lange/Kuchinke* § 23 II Fn. 58; Soergel/*Mayer* Rn. 5; Staudinger/*Baumann* Rn. 11 (unter Hinweis darauf, dass bei der Rückgabe das Rückgabeverlangen vom Erblasser persönlich gestellt werden müsse).

10 Zum Normzweck vgl. OLG Saarbrücken NJW-RR 1992, 586 f.

11 BayObLG FGPrax 2005, 72 = FamRZ 2005, 841, 842; BayObLGZ 1960, 490, 494; 1973, 35, 36.

12 BayObLG NJW-RR 2005, 957 = Rpfleger 2005, 541 = ZEV 2005, 480, 481; OLG Köln NJW-RR 2013, 1421 Tz. 5 m.w.N. (auch, wenn Erblasser bereits bei Errichtung des Testaments testierunfähig war); vgl. auch OLG Hamm MDR 2012, 1349 f.; a.A. Soergel/*Mayer* Rn. 7 (Rücknahme keine Verfügung von Todes wegen).

13 Vgl. auch BGHZ 23, 207, 211, wo auf den Zeitpunkt der Rücknahme abgestellt wird; Soergel/*Mayer* Rn. 5.

diesem Augenblick auch noch will. Für das Abstellen auf diesen Zeitpunkt spricht, dass erst die tatsächliche Rücknahme, nicht bereits das Rückgabeverlangen im Wege der Widerrufsfiktion die Wirkung einer letztwilligen Verfügung auslöst. Praktische Bedeutung kommt dieser Frage kaum zu, denn die h.L. verlangt die Aufrechterhaltung des Rückgabebegehrens[14] und damit Testierfähigkeit auch im Zeitpunkt der tatsächlichen Aushändigung. Unterschiede ergeben sich damit nur dann, wenn der Erblasser bei der Äußerung des Rückgabeverlangens nicht testierfähig war, bei der Rückgabe des Testaments aber über diese Fähigkeit verfügt.[15] In derartigen Fällen wird man auf der Grundlage der h.L. in der Entgegennahme zugleich ein stillschweigend gestelltes erneutes Rückgabeverlangen sehen, das angesichts der dann gegebenen Testierfähigkeit wirksam ist.[16] Für einen Verzicht auf die Testierfähigkeit lässt sich anführen, § 2256 BGB enthalte eine vom Willen gerade unabhängige Widerrufsfiktion, sodass kein entsprechender Wille zur Aufhebung erforderlich sei.[17] Auf der anderen Seite verlangt aber das Gesetz ein Rückgabeverlangen und damit eine Erklärung des Testators, die sich allerdings nicht auf die Aufhebung der letztwilligen Verfügung, sondern auf die Rückgabe des Testaments bezieht. Wenn der Gesetzgeber an dieses Verlangen und die Aushändigung die Widerrufsfiktion knüpft, so geschieht dies, um Zweifel an der fortdauernden Wirksamkeit zu vermeiden. Dagegen kann man dieser Konstruktion nicht den Verzicht auf die Voraussetzung der Testierfähigkeit entnehmen, denn der nicht mehr testierfähige Testator soll gerade nicht in der Lage sein, den im Zustand der Testierfähigkeit festgelegten letzten Willen wieder zu beseitigen.

4. Rückgabe

Die Fiktion wird erst durch die **tatsächliche Rückgabe** ausgelöst.[18] Diese muss an den (testierfähigen) Erblasser **selbst**, **nicht** an einen **Bevollmächtigten** erfolgen; der Erblasser muss die Urkunde **unmittelbar vom Gericht** (Rechtspfleger; zur Möglichkeit der Übertragung auf den Urkundsbeamten, vgl. § 36 Abs. 1 Nr. 1 RpflG) unter Beachtung des Vieraugenprinzips nach § 346 Abs. 2 FamFG erhalten. Die Übersendung mittels Boten oder Post führt – ebenso wie die Aushändigung an einen Bevollmächtigten[19] – nicht zur Fiktion des Widerrufs.[20] Das vermeintlich auf diese Weise unwirksam gewordene Testament kann nicht durch Anfechtung beseitigt werden, denn der Testator unterlag bei der *Errichtung* des Testaments keiner Fehlvorstellung.[21] Kann der Testator aus gesundheitlichen Gründen die Urkunde nicht bei Gericht entgegennehmen, so muss der zuständige Rechtspfleger ihn aufsuchen und die Urkunde aushändigen. Wenn der Testator vom Verwahrungsgericht räumlich weit entfernt wohnt, so kann die Rückgabe im Wege der Rechtshilfe durchgeführt werden.[22] Wohnt der Testator im Ausland, so erfolgt die Rückgabe durch Vermittlung des Konsuls.[23] Der Umschlag des Testaments (§ 34 BeurkG) darf vom Rechtspfleger bei der Rückgabe nur 7

---

14 Vgl. LG Augsburg Rpfleger 1998, 344, 345.

15 So wohl auch BayObLG NJW-RR 2005, 957 = Rpfleger 2005, 541; vgl. auch § 2300 Abs. 2 Satz 1 i.V.m. § 2290 Abs. 2 Satz 2, der auf die Rückgabe, nicht auf ein Rückgabeverlangen abstellt, vgl. zu dieser Unterscheidung *Keim* ZEV 2003, 55, 56.

16 So i.E. auch Staudinger/*Baumann* Rn. 13c.

17 In diese Richtung Soergel/*Mayer* Rn. 7, der aber in Rn. 3 ebenfalls auf die Testierfähigkeit abstellt.

18 BGH NJW 1959, 2113.

19 OLG Saarbrücken NJW-RR 1992, 586 f.

20 KG JW 1935, 3559, 3560 = DNotZ 1935, 828, 829; Staudinger/*Baumann* Rn. 15; Soergel/*Mayer* Rn. 6 (Zusenden per Post mit schriftlichem Empfangsbekenntnis reicht ebenfalls nicht aus); vgl. auch DNotI-Report 2002, 17 ff.

21 OLG Saarbrücken NJW-RR 1992, 586, 587;Staudinger/*Baumann*Rn. 24 (Anfechtung nach § 2078, nicht wegen Motivirrtums hinsichtlich der Folgen der Rücknahme, sondern nur wegen Irrtums hinsichtlich der Rücknahmeerklärung selbst); weitergehend OLG München ZEV 2005, 482 ff.

22 Keidel/*Zimmermann* § 346 FamFG Rn. 16a.

23 Vgl. KG OLGE 30, 215.

geöffnet werden, wenn der Erblasser dem zustimmt.[24] Die Gewährung der **Einsichtnahme** steht der Rückgabe nicht gleich[25] und zwar auch dann nicht, wenn anlässlich der Einsichtnahme das Testament versehentlich zurückgegeben wird.[26] In Fällen, in denen der Testator bei der Einsichtnahme das Testament heimlich an sich nimmt, wird dagegen eine analoge Anwendung der Widerrufsfiktion des § 2256 Abs. 1 BGB befürwortet.[27] Diese Unterscheidung ist sachgerecht: Während bei der versehentlichen Rückgabe der Schutz des Testators auf die fortdauernde Wirksamkeit seiner Verfügung von Todes wegen im Vordergrund steht, entfällt dieser Gesichtspunkt bei heimlichem Ansichnehmen seitens des Erblassers.

5. Belehrungspflicht

8 Nach Abs. 1 Satz 2 soll der Testator bei der Rückgabe über die Widerrufsfiktion belehrt werden.[28] Weder die Belehrung selbst noch die erforderlichen Vermerke sind für den Eintritt der Widerrufsfiktion von Bedeutung (zur Möglichkeit der Anfechtung vgl. Rdn. 9). In Betracht kommen aber Schadensersatzansprüche wegen Amtspflichtverletzung.

V. Beseitigung der Widerrufsfiktion

1. Anfechtung

9 Die Widerrufsfiktion des § 2256 BGB kann **nicht durch einen Widerruf** beseitigt werden.[29] Das ergibt sich bereits aus dem Wortlaut des § 2257 BGB, der sich auf den durch Testament erfolgten Widerruf beschränkt; es folgt aber auch aus dem Sinn der Widerrufsfiktion (vgl. Rdn. 3). Auch das Zurückbringen in besondere amtliche Verwahrung ändert an der Unwirksamkeit des nach § 2256 BGB widerrufenen Testaments nichts.[30] Die Rücknahme kann aber in entsprechender Anwendung des § 2078 BGB **angefochten** werden, wenn dessen Voraussetzungen hinsichtlich des Widerrufs durch Rücknahme erfüllt sind.[31] Zur Anfechtung berechtigt sind nur **die in § 2080 BGB Genannten;** auch die Bestimmungen der §§ 2081 f. BGB über Form und Frist der Anfechtung müssen beachtet werden.[32] Dem **Erblasser** wird grundsätzlich eine Anfechtung zu versagen sein, da die Neuerrichtung des Testaments möglich ist; eine Ausnahme gilt, wenn ein gemeinschaftliches Testament nach §§ 2272, 2256 BGB widerrufen wird.[33] Ein **Anfechtungsgrund** ist im Grundsatz gegeben, wenn dem Erblasser die rechtliche Bedeutung der Rücknahme als Widerruf unbekannt war,[34] was jedoch angesichts der Belehrung durch den Rechtspfleger

---

24 Palandt/*Weidlich* § 2258b Rn. 4 (66. Aufl. 2007); a.A. *Fischer* Rpfleger 1958, 177, 178.
25 DNotI-Report 2010, 212 zu: kein Widerruf durch bloße Einsichtnahme in ein beim Nachlassgericht hinterlegtes öffentliches Testament; Abgrenzung Einsichtnahme – Rücknahme – BGB § 2256.
26 Staudinger/*Baumann* Rn. 16; zur Anwendbarkeit des § 2255 bei Vernichtung oder Veränderung des Testaments vgl. dort Rn. 4.
27 Staudinger/*Baumann* Rn. 17; a.A. *Muscheler* Erbrecht Rn. 1816 f.
28 Zum Verfahren § 27 Abs. 9 und § 14 AktO.
29 BayObLG NJW-RR 1990, 1481, 1482; DNotZ 1973, 630, 631.
30 MünchKomm/*Hagena* Rn. 9.
31 OLG Düsseldorf FamRZ 2016, 1014, 1015; BayObLG NJW-RR 2005, 957 = ZEV 2005, 480, 481; BayObLGZ 1960, 490, 494; OLG München Rpfleger 2005, 606 = ZEV 2005, 482; MünchKomm/*Hagena* Rn. 11; *Neuffer* S. 96 f.; Bamberger/Roth/Hau/Posek/*Litzenburger* Rn. 4; Soergel/*Mayer* Rn. 10 (Zulassung der Anfechtung, obwohl die Rücknahme als gesetzliche Fiktion verstanden wird. Allerdings mit der Einschränkung, dass sich der Irrtum auf die Rücknahme des Testaments beziehen muss. Keine Anfechtungsmöglichkeit bei bloßer Unkenntnis.); a.A. *von Lübtow* NJW 1968, 1849, 1851; *Kipp/Coing* § 31 II 3; zweifelnd Staudinger/*Baumann* Rn. 24; offenlassend BayObLG NJW-RR 1990, 1481, 1482.
32 OLG München Rpfleger 2005, 606 = ZEV 2005, 482; MünchKomm/*Hagena* Rn. 12.
33 MünchKomm/*Hagena* Rn. 12.
34 KG JFG 21, 323, 325.

oder den Urkundsbeamten (Rdn. 8) regelmäßig ausscheidet,[35] oder der Erblasser durch Drohung zur Rücknahme bestimmt worden ist.[36] Eine Anfechtung wird auch dann bejaht, wenn der Testator bei der Rücknahme davon ausging, er könne die Widerrufswirkung durch eine gegenteilige testamentarische Verfügung wieder beseitigen und so dem Testament wiederum Gültigkeit verschaffen.[37] Dies setzt aber voraus, dass die entsprechende Fehlvorstellung im Zeitpunkt der Testamentsrücknahme feststeht. Nicht ausreichend ist es, wenn der Testator nach der Rücknahme anlässlich einer neuen letztwilligen Verfügung einem Irrtum über die Wirkungen der Rücknahme unterliegt.[38]

2. Aufrechterhaltung als privatschriftliches Testament

Wenn ein öffentliches Testament durch Übergabe einer Schrift errichtet wurde, so kann der Fall 10 auftreten, dass diese Schrift ihrerseits der Testamentsform des § 2247 BGB entspricht. Wird ein solches Testament aus der besonderen amtlichen Verwahrung zurückgegeben, so ist es **auch als privatschriftliches widerrufen** und ungültig.[39] Gegen eine Aufrechterhaltung als privatschriftliches Testament spricht nicht zuletzt, dass der Testator bei der Rücknahme gerade auf die Widerrufswirkung hingewiesen wird. Deshalb reicht es nicht aus, das Testament aus dem Umschlag zu entfernen, um es in Geltung zu setzen, denn dies ist keine hinreichende Basis für die Feststellung des neuerlichen Testierwillens (vgl. aber Rdn. 11). Das muss auch dann gelten, wenn das öffentliche Testament an Formfehlern litt und deshalb unwirksam war. Auch dann muss das Vertrauen des Erblassers darauf geschützt werden, dass die Widerrufswirkung, auf die er bei der Rücknahme eigens hingewiesen wird, auch eintritt.

VI. Bezugnahme in später errichtetem Testament

Wird in einem später errichteten privatschriftlichen Testament auf ein Testament, das sich in 11 besonderer amtlicher Verwahrung befindet, verwiesen, so ist zu **unterscheiden**: Sofern das verwahrte Testament wirksam ist, liegt in der Verweisung eine zulässige Bezugnahme (vgl. § 2247 BGB Rdn. 12). Wenn das in Bezug genommene Testament bereits aus der amtlichen Verwahrung **zurückgegeben** wurde, so ist es unwirksam, sodass **eine Verweisung nicht wirksam** ist. Soweit das zunächst verwahrte Testament **eigenhändig** geschrieben ist, kann es aber als Grundlage eines neu errichteten Testaments verwendet werden, indem es mit Testierwillen nunmehr neu unterschrieben wird oder als Anlage einem neu errichteten Testament beigefügt wird (vgl. § 2247 BGB Rdn. 12, vgl. auch BayObLG NJW-RR 1990, 1481, 1482). Wird das Testament aus der amtlichen Verwahrung **zurückgegeben, nachdem** das verweisende Testament errichtet wurde, so wird mit der Unwirksamkeit des öffentlichen Testaments auch die Bezugnahme in dem privatschriftlichen Testament **unwirksam** (vgl. auch § 2247 BGB Rdn. 12).[40] Soweit dies dem Testator unbekannt war, wird man eine Anfechtung der Rücknahme des Testaments aus der Verwahrung für begründet halten.[41] Zu dem Fall, dass sich das in Bezug genommene notarielle Testament noch in besonderer amtlicher Verwahrung befindet, jedoch durch Testament widerrufen wurde, vgl. § 2247 BGB Rdn. 12.

35 Vgl. BayObLG NJW-RR 1990, 1481, 1482.
36 BayObLGZ 1960, 490, 494.
37 KG NJW 1970, 612, 613 = OLGZ 1970, 242, 246 ff.
38 BayObLG NJW-RR 1990, 1481, 1482.
39 Palandt/*Weidlich* Rn. 2; Erman/*S. und T. Kappler* Rn. 5; Soergel/*Mayer* Rn. 9; differenzierend (bei Entnahme aus dem mit dem Ungültigkeitsvermerk versehenen Umschlag wirksam, sonst unwirksam) Staudinger/*Baumann* Rn. 22b m.w.N. in Rn. 18; MünchKomm/*Hagena* Rn. 4; ähnlich auch *Lange/Kuchinke* § 23 III 2 b.
40 *Schubert* JR 1981, 24, 25; Bamberger/Roth/Hau/Posek/*Litzenburger* Rn. 4; Staudinger/*Baumann* § 2247 Rn. 69.
41 Staudinger/*Baumann* Rn. 5.

§ 2257 Widerruf des Widerrufs

Wird der durch Testament erfolgte Widerruf einer letztwilligen Verfügung widerrufen, so ist im Zweifel die Verfügung wirksam, wie wenn sie nicht widerrufen worden wäre.

Übersicht

I. Zeittafel

1 Die ursprüngliche Fassung des BGB kannte den Widerruf des Widerrufs, sah aber vor, dass dieser stets die Wirksamkeit der widerrufenen Verfügung nach sich zieht. § 35 TestG übernahm die Regelung, fügte aber die Worte »im Zweifel« ein, sodass die zwingende Regelung zu einer Auslegungsregel wurde.[1] Bei der Rückführung in das BGB durch das GesEinhG wurde der Wortlaut des § 35 TestG beibehalten.

II. Recht der ehemaligen DDR

2 Das ZGB enthält keine entsprechende Regelung, sodass ein durch Widerruf unwirksam gewordenes Testament nur in den Formen der Testamentserrichtung wieder wirksam werden kann. Hinsichtlich der Anwendbarkeit des Rechts der ehemaligen DDR (vgl. Vorbem. zu §§ 2229–2264 BGB Rdn. 11 ff.) ist zu beachten, dass § 2257 BGB eine Regelung ist, die an die Aufhebung einer Verfügung von Todes wegen durch einen Widerruf anknüpft. Nur wenn dieser Widerruf vor dem Wirksamwerden des Beitritts erfolgte, kommt deshalb eine Fortgeltung des Rechts der ehemaligen DDR nach Art. 235 § 2 Satz 1 EGBGB in Betracht. Damit ist § 2258 Abs. 2 BGB anwendbar, wenn der Widerruf nach dem Wirksamwerden des Beitritts erklärt wurde, auch wenn damit ein Testament wirksam wird, das nach den Regeln des ZGB unwiderruflich unwirksam gewesen wäre. Diesem Umstand wird bei der Frage Rechnung zu tragen sein, ob ein solches Wirksamwerden vom Erblasser gewollt war.

III. Sinn der Regelung

3 Der Widerruf eines Testaments durch ein Testament zielt – wie das Testament selbst – auf die Gestaltung der Rechtslage nach Eintritt des Erbfalls ab. Auch wenn der Widerruf bereits jetzt Rechtsfolgen nach sich zieht, indem er schon zu Lebzeiten des Erblassers zur Unwirksamkeit des Testaments führt, so reichen doch die Wirkungen dieser Unwirksamkeit erst mit dem Erbfall über den Rechtskreis des Erblassers hinaus. Daraus erklärt sich die Möglichkeit, einen Widerruf wiederum zu widerrufen.

IV. Einzelerläuterungen

1. Anwendungsbereich

4 § 2257 BGB beschränkt die Widerrufsmöglichkeit auf den Widerruf eines **durch** (privatschriftliches oder öffentliches) **Testament erklärten Widerrufs**, denn im Gegensatz zum Widerruf durch Veränderung oder Vernichtung bleibt bei dieser Form die ursprüngliche Testamentsurkunde erhalten. Der Widerruf durch **Rücknahme** eines öffentlichen Testaments aus der **besonderen amtlichen Ver-**

---

1 Vgl. dazu BayObLG FamRZ 1996, 1112.

wahrung (§ 2256 Abs. 1 BGB) kann nicht nach § 2257 BGB widerrufen werden,[2] da andernfalls der Verfälschungsschutz, den die besondere amtliche Verwahrung sicherstellen soll, unterlaufen werden könnte.[3] Wurde das Testament durch **Vernichtung**, **Veränderung** oder **Rücknahme** aus der besonderen amtlichen Verwahrung widerrufen, so kann es nur durch Neuerrichtung wirksam werden. Das gilt auch für den Widerruf durch einen **Ungültigkeitsvermerk** oder für Streichungen in der Testamentsurkunde.[4] In diesen Fällen reicht es nicht aus, den Ungültigkeitsvermerk zu beseitigen, die Streichung auszuradieren, das zerrissene Testament wieder zusammenzukleben[5] oder den Text zu unterpunkten, sondern die letztwillige Verfügung muss (insoweit) neu errichtet werden. Dabei ist aber an die Möglichkeit der **Neuerrichtung durch Bezugnahme** zu denken: Wenn der Erblasser aus seinem formwirksamen privatschriftlichen Testament eine Verfügung streicht, später aber neben dem gestrichenen Absatz den eigenhändig geschriebenen und unterschriebenen Vermerk »gilt doch« anfügt, so kann in diesem Vermerk ein Testament in der Form des § 2247 BGB gesehen werden: Zwar enthält der Zusatz »gilt doch« keine letztwillige Verfügung, aus dem engen räumlichen Zusammenhang ergibt sich jedoch, dass die durch die Streichung außer Kraft gesetzte Verfügung nun wieder in Geltung gesetzt werden soll. Da die neue Verfügung und auch die in Bezug genommene Verfügung eigenhändig geschrieben sind, bestehen gegen die Form eines solchen Testaments keine Bedenken.[6] Die Möglichkeit der Neuerrichtung durch erneute Unterschrift mit Testierwillen besteht auch bei eigenhändig geschriebenen Testamenten, die durch Zerreißen **vernichtet** und dann wieder zusammengeklebt wurden. In einem solchen Fall kann die Unterschrift nach den bei § 2247 BGB Rdn. 23 dargelegten Grundsätzen auch auf einem **Umschlag** stehen, in den das zusammengeklebte Testament hineingelegt wird.[7] Dabei ist zu beachten, dass die Unterschrift nicht nur den Testierwillen belegen, sondern an die Stelle der Unterschrift auf der Testamentsurkunde treten muss (vgl. § 2247 BGB Rdn. 23). Diese Voraussetzung wurde als erfüllt angesehen, wenn der verschlossene Umschlag mit einem eigenhändig geschriebenen und unterschriebenen Vermerk »Mein Testament« versehen war.[8] Denkbar ist es auch, dass ein eigenhändiger, jedoch **nicht unterschriebener Vermerk** die Form des § 2247 BGB erfüllt, wenn die bereits vorhandene Unterschrift diesen Vermerk deckt (vgl. § 2247 BGB Rdn. 25 f); anders soll es sich jedoch h.L. zufolge[9] in Fällen verhalten, in denen das Testament insgesamt widerrufen wurde, da dann die Unterschrift die neuerliche Verfügung nicht decke, vgl. dazu § 2247 BGB Rdn. 28. Ob dem zu folgen ist, erscheint zweifelhaft. Steht fest, dass der Erblasser mit Testierwillen diesen Zusatz hinzugefügt hat, und ergibt sich aus der räumlichen Anordnung, dass er davon ausgehen durfte, dass die bisherige Unterschrift diesen Vermerk deckt (Beispiel: über der Unterschrift wird eigenhändig eingefügt: »Entgegen meinem Widerrufstestament vom … soll Vorstehendes doch gelten«), so sollte das Testament entgegen der h.L. als formwirksam angesehen werden. Dafür spricht auch die Überlegung, dass durch den Widerruf des Testaments zwar dieses in seiner Gültigkeit aufgehoben wird, dass es aber keinen Grund dafür gibt, die auf diesem Testament befindliche Unterschrift anders zu behandeln als eine Unterschrift, die von Anfang an ohne Testierwillen geleistet wurde (vgl. dazu § 2247 BGB Rdn. 8). Auch der Vergleich mit einem Fall, in welchem der gesamte Testamentstext

---

2 BayObLG NJW-RR 1990, 1481, 1482; Bamberger/Roth/Hau/Posek/*Litzenburger* Rn. 1; Staudinger/*Baumann* Rn. 5.

3 BayObLGZ 1973, 35, 36 f.

4 MünchKomm/*Hagena* Rn. 3 m.w.N.; Soergel/*Mayer* Rn. 3; zweifelnd *Lange/Kuchinke* § 23 III 1 a.

5 BayObLG FamRZ 1996, 1113 = NJW-RR 1996, 1094 = ZEV 1996, 271 m. Anm. *Hohmann* (der in dem Zusammenkleben ein – für sich allein nicht ausreichendes – Indiz für eine Anfechtung des Widerrufs durch das Zerreißen sehen will).

6 Vgl. KG JFG 5, 157, 162; DNotZ 1943, 39; RGZ 111, 247, 251 f.; 115, 111, 114; *Hellfeier* ZEV 2003, 1, 4; Soergel/*Mayer* Rn. 3.

7 OLG Düsseldorf JZ 1951, 309; Soergel/*Mayer* Rn. 3; *Hohmann* ZEV 1996, 271, 272; *Hellfeier* ZEV 2003, 1, 4; Bamberger/Roth/Hau/Posek/*Litzenburger* Rn. 1; Staudinger/*Baumann* Rn. 8 und § 2247 Rn. 47; Erman/*S. und T. Kappler* Rn. 1.

8 OLG Düsseldorf JZ 1951, 309; vgl. auch KG NJW 1970, 612, 613.

9 Vgl. BayObLG FamRZ 1992, 1353, 1354; *Lange/Kuchinke* § 23 III 1 a.

über der Unterschrift gestrichen und durch einen anderen Text ersetzt wird (vgl. § 2247 BGB Rdn. 25), zeigt, dass es inkonsequent ist, einem ununterschriebenen, aber von der vorhandenen Unterschrift gedeckten Gültigkeitsvermerk die Wirksamkeit zu versagen (zur Frage der Ingeltungsetzung durch nicht unterschriebene Neudatierung vgl. § 2247 BGB Rdn. 28). Eng verwandt sind Fälle, in denen ein durchgestrichenes und damit widerrufenes Testament in einem später errichteten Testament in Bezug genommen werden. Wird in dem später errichteten, lückenhaften Testament noch eine Ergänzung angekündigt, so kann das widerrufene Testament bei Feststellung eines entsprechenden Testierwillens bei der Errichtung des wirksamen Testaments zu dessen Auslegung herangezogen werden (vgl. § 2255 BGB Rdn. 9).[10]

Die Möglichkeit der Testamentserrichtung durch Bezugnahme des Gültigkeitsvermerks auf den Text des widerrufenen Testaments setzt in aller Regel (zur Ausnahme bei einem widerrufenen, aber noch in amtlicher Verwahrung befindlichen Testament vgl. § 2247 BGB Rdn. 12) voraus, dass der **in Bezug genommene Text** seinerseits eigenhändig geschrieben ist (zur Anwendung der Andeutungstheorie bei Bezugnahme auf Erklärungen, die diesen Anforderungen nicht genügen, vgl. § 2247 BGB Rdn. 12). Deshalb scheidet ein Gültigkeitsvermerk in Fällen aus, in denen der Testator sein Testament zur Niederschrift eines Notars erklärt und es später durch Rücknahme aus der besonderen amtlichen Verwahrung widerrufen hat.[11] Anders verhält es sich, wenn das öffentliche Testament durch Übergabe einer Schrift errichtet wurde, die ihrerseits eigenhändig geschrieben war (vgl. § 2247 BGB Rdn. 12).

5 Wurde ein Testament zunächst in **Testamentsform widerrufen** und wurde später die ursprüngliche Testamentsurkunde **vernichtet oder verändert**, dann ist bei wortgetreuer Anwendung des § 2257 BGB ein Widerruf des durch Testament erklärten Widerrufs möglich. Die Vernichtung oder Veränderung der Urkunde steht dem nicht entgegen, denn vernichtet oder verändert wurde nicht ein Testament, sondern nur ein Papier, das ein bereits widerrufenes Testament enthielt. In der Literatur wird aber erwogen, den Anwendungsbereich des § 2257 BGB zu reduzieren, indem der Widerruf des Widerrufs ausgeschlossen ist, wenn der Erblasser das widerrufene Testament gleichzeitig mit dem Widerruf oder später verändert oder vernichtet.[12] Dieser Auffassung ist zuzugeben, dass bei dem Widerruf eines Widerrufstestaments, bei dem das widerrufene Testament vom Testator in seiner Existenz vernichtet wurde, das Wiederaufleben der zerstörten Verfügung regelmäßig nicht dem Willen des Testators entsprechen wird.[13] Andererseits wäre es nicht einsichtig, einem Testator, der nach Widerruf des Testaments auf der Urkunde einen verdeutlichenden Hinweis auf den Widerruf anbringt (»Ungültig wegen des Testaments vom …«) oder den widerrufenen Text durchstreicht, den Widerruf des Widerrufs entgegen dem Wortlaut des § 2257 BGB ohne Einschränkung zu versagen. Es erscheint deshalb sachgerecht, die Widerruflichkeit des Widerrufstestaments in diesen Fällen nicht generell auszuschließen, sondern bei der Frage des Wirksamwerdens der durch das Widerrufstestament widerrufenen Verfügung zu berücksichtigen, dass diese nach dem Widerruf verändert oder vernichtet wurde. Zur Beseitigung der Widerrufsfiktion bei Rücknahme aus amtlicher Verwahrung vgl. § 2256 BGB Rdn. 9.

2. Anforderungen an den Widerruf des Widerrufs

6 Der Widerruf des Widerrufstestaments kann in **jeder der drei Formen** der §§ 2254, 2255, 2256 BGB erfolgen (zu den Widerrufsformen § 2253 BGB Rdn. 6; zum Widerruf des Widerrufstestaments durch Rücknahme aus besonderer amtlicher Verwahrung vgl. BayObLG Rpfleger 1996, 409 = ZEV 1996, 275); er kann auch beschränkt sein oder bedingt erklärt werden.[14] Wie jeder Widerruf setzt er **Testierfähigkeit** voraus (vgl. § 2253 BGB Rdn. 5, zur Rechtslage bei Widerruf

10 BayObLG NJW-RR 2005, 525, 526 = FamRZ 2005, 1779, 1780 = FGPrax 2005, 26, 28.
11 BayObLGZ 1973, 35, 38 f.; zweifelnd KG NJW 1970, 612, 613.
12 Staudinger/*Baumann* Rn. 3.
13 Soergel/*Mayer* Rn. 4.
14 Soergel/*Mayer* Rn. 5.

vor dem Inkrafttreten des BtG vgl. § 2253 BGB Rdn. 10 ff.). Ein widerrufenes eigenhändiges Testament kann auch in der Weise wieder gültig werden, dass der Testator das Testament **erneut** mit Testierwillen **unterschreibt.**[15] Bei Zusätzen oder Nachträgen ist darauf zu achten, dass der Testierwille das gesamte Testament, nicht nur den Zusatz umfasst (vgl. § 2247 BGB Rdn. 9). Ein ununterschriebener Zusatz verhilft dem widerrufenen Testament nach nicht unzweifelhafter h.L. regelmäßig nicht zur Wirksamkeit, denn die Grundsätze darüber, dass ein Testament auch über einer bereits vorhandenen Unterschrift errichtet werden kann, sollen dann nicht gelten, wenn sich die Unterschrift auf ein widerrufenes Testament bezieht (vgl. aber Rdn. 4 und § 2247 BGB Rdn. 28).[16]

3. Folgen des Widerrufs des widerrufenden Testaments

Wird das Testament, das ein früher errichtetes Testament widerrufen hat, seinerseits widerrufen, so 7
wird das früher errichtete Testament nicht in jedem Fall, sondern nur »im Zweifel« wieder wirksam. Lässt sich dagegen feststellen, dass der Erblasser durch seinen Widerruf das frühere Testament nicht wieder in Geltung setzen wollte, so bleibt dieses unwirksam;[17] gegebenenfalls tritt gesetzliche Erbfolge ein.[18]

4. Beseitigung des Widerrufs des Widerrufstestaments

Der in Testamentsform verfügte Widerruf des Widerrufs kann seinerseits **widerrufen** werden 8
(vgl. auch § 2258 Abs. 2 BGB).[19] Die **Anfechtung** des Widerrufs ist nach allgemeinen Regeln der Anfechtung einer letztwilligen Verfügung möglich (vgl. auch § 2256 BGB Rdn. 9).

§ 2258 Widerruf durch ein späteres Testament

(1) Durch die Errichtung eines Testaments wird ein früheres Testament insoweit aufgehoben, als das spätere Testament mit dem früheren in Widerspruch steht.

(2) Wird das spätere Testament widerrufen, so ist im Zweifel das frühere Testament in gleicher Weise wirksam, wie wenn es nicht aufgehoben worden wäre.

Übersicht

I. Zeittafel

Ebenso wie bei § 2257 BGB bestimmte die ursprüngliche Fassung des § 2258 Abs. 2 BGB zwin- 1
gend, dass das frühere Testament wirksam ist, wenn das spätere, widersprechende Testament widerrufen wird. Auch insoweit wurden bei Schaffung des TestG die Worte »im Zweifel« eingefügt, sodass eine Auslegungsregel entstand. § 36 TestG wurde dann wortgleich in den heutigen § 2258 BGB übernommen.

15 BayObLG NJW-RR 1992, 1225, 1226; Staudinger/*Baumann* Rn. 7.
16 BayObLG NJW-RR 1992, 1225, 1226.
17 BayObLG FamRZ 2005, 558, 559; OLG Köln, FamRZ 2006, 731 f.
18 BayObLG Rpfleger 1996, 409 = ZEV 1996, 275 = FamRZ 1996, 1112.
19 Staudinger/*Baumann* Rn. 13.

II. Recht der ehemaligen DDR

2 Das ZGB enthält in § 387 Abs. 2 Nr. 1 eine § 2258 Abs. 1 BGB entsprechende Regelung: (2) Der Widerruf erfolgt durch 1. Errichtung eines Testaments, das ein früheres aufhebt oder früheren Verfügungen widerspricht; … Das ZGB sieht aber – anders als § 2258 Abs. 2 BGB – **nicht** vor, dass bei Widerruf eines später errichteten widersprechenden Testaments das **ursprüngliche Testament wieder gültig** wird (vgl. § 2257 BGB Rdn. 2). Man wird das Wiederaufleben der früheren Verfügung auch nicht als allgemeinen Rechtsgedanken auffassen können, der ohne besondere Anordnung auch im ZGB Anwendung findet. Soweit die Regeln des ZGB anzuwenden sind (vgl. Vorbem. zu §§ 2229–2264 BGB Rdn. 11 ff. und § 2257 BGB Rdn. 2), ist deshalb das durch ein späteres Testament widerrufene Testament als unwirksam anzusehen, auch wenn das spätere Testament seinerseits widerrufen wird, es sei denn, in dem den Widerruf widerrufenden Testament kann eine zulässige Bezugnahme auf das ursprüngliche Testament gesehen werden (vgl. § 2257 BGB Rdn. 4 und § 2247 BGB Rdn. 12). Für dieses Ergebnis spricht, dass der Gesetzgeber des ZGB die auch in dem Gebiet der ehemaligen DDR zunächst fortgeltende Regelung des § 2258 Abs. 2 BGB kannte und dennoch eine entsprechende Regelung in das ZGB nicht aufgenommen hat. Weiterhin zeigt die Tatsache, dass das ZGB den Widerruf des Widerrufstestaments nicht zulässt (vgl. § 2257 BGB Rdn. 2), dass im Anwendungsbereich des ZGB das Wiederingeltungsetzen einer widerrufenen Verfügung gerade ausgeschlossen sein sollte.

III. Sinn der Regelung

3 § 2258 BGB betrifft den – praktisch nicht seltenen – Fall, dass der Testator mehrere Testamente errichtet, die sich **widersprechen, ohne** dass das eine Testament einen ausdrücklichen oder durch Auslegung festzustellenden **Widerruf** des anderen Testaments enthält. § 2258 BGB bestimmt damit iE die Fiktion eines Aufhebungswillens, indem er das früher errichtete Testament – soweit das später errichtete ihm widerspricht – für wirkungslos erklärt, unabhängig davon, ob der Testator an dessen Existenz gedacht oder den Widerspruch zwischen beiden Testamenten bemerkt hat.[1]

IV. Einzelerläuterungen

1. Abgrenzung zum Widerrufstestament

4 § 2258 Abs. 1 BGB grenzt sich von der Norm des § 2254 BGB dadurch ab, dass § 2254 BGB Fälle regelt, in denen das spätere Testament den Widerruf des früheren verfügt, während sich § 2258 BGB auf Fälle bezieht, in denen das spätere Testament eine solche Regelung nicht enthält.[2] Der Sache nach unterscheiden sich die beiden Regelungen dadurch, dass im Fall des § 2254 BGB (vorbehaltlich einer Beschränkung) der Widerruf die Aufhebung des gesamten früheren Testaments zur Folge hat, während § 2258 Abs. 1 BGB die Prüfung verlangt, inwieweit sich die Testamente im Einzelnen widersprechen.

2. Späteres Testament

a) Zeitliche Reihenfolge

5 Es muss feststehen, dass ein Testament **später** als das andere errichtet wurde. Lässt sich die zeitliche Reihenfolge nicht feststellen (zur Bedeutung der Datierung und ihres Fehlens vgl. § 2247 BGB Rdn. 30 ff.),[3] so ist von einer gleichzeitigen Errichtung auszugehen (dazu Rdn. 10 ff.). In welcher **Form** die Testamente errichtet wurden, ist ohne Bedeutung. Ein öffentlich errichtetes Testament kann auch durch ein privatschriftliches Testament aufgehoben werden. Die Regelung findet auch

1 Vgl. BGH NJW 1981, 2745; 1987, 901, 902; kritisch zur Verwendung des Begriffs »Widerruf« in der amtlichen Überschrift Staudinger/*Baumann* Rn. 4.
2 BayObLG FamRZ 1993, 605, 606; BGH NJW 1981, 2745; vgl. auch BayObLG FamRZ 1990, 1281, 1283.
3 Zu den technischen Möglichkeiten der Altersbestimmung vgl. *Klinger/Seibt* NJW-Spezial 2011, 167.

auf gemeinschaftliche Testamente (zur Bindung vgl. § 2271 Abs. 2 BGB)[4] und Erbverträge[5] (§ 2289 Abs. 1 Satz 1 BGB) Anwendung.

b) Wirksamkeit des später errichteten Testaments

Das später errichtete Testament muss **wirksam** sein, um nach Abs. 1 das frühere Testament (teilweise) aufzuheben (zu Fragen des bedingten Aufhebungswillens vgl. § 2247 BGB Rdn. 5).[6] Dies kann auch in der Weise geschehen, dass das widerrufene Testament neu datiert und lediglich die Datumsangabe unterzeichnet wird, ohne dass das Testament insgesamt neu unterschrieben wird.[7] An der Wirksamkeit fehlt es, wenn die Bestimmungen über die Testamentserrichtung nicht eingehalten wurden oder wenn das spätere gemeinschaftliche Testament vom Testator angefochten wurde.[8] Das Testament kann auch nach einem anderen als dem deutschen Recht errichtet werden, solange es nach dem anwendbaren fremden Recht formwirksam ist.[9] Ein von nur einem Ehegatten unterschriebenes gemeinschaftliches Testament kann bei Feststellung eines entsprechenden Willens als späteres, aufhebendes Testament aufrechterhalten werden.[10] 6

Neben der Einhaltung zwingender Formvorschriften ist dabei auch die **Fiktion der Nichterrichtung** (§ 2252 Abs. 1 BGB) eines nach §§ 2249, 2250 oder 2251 BGB errichteten Testaments zu berücksichtigen. Hinsichtlich der **Testierfähigkeit** ist bei einem vor dem Inkrafttreten des BtG errichteten Testament zu beachten, dass das Testament eines nur negativ Testierfähigen als Widerruf eines früher errichteten Testaments zu verstehen sein kann (vgl. § 2253 BGB Rdn. 12).

Wenn die Verfügungen des später errichteten Testaments sich letztlich **nicht auswirken**, weil der Bedachte vorverstorben ist, ausschlägt oder für erbunwürdig erklärt wird, so bleibt es bei der Aufhebung der früheren Verfügung nach Abs. 1, sofern nicht das später errichtete Testament eine entsprechende Bedingung hinsichtlich der Aufhebung der früheren Verfügung enthält.[11]

Wird das später errichtete Testament unwirksam, weil es **widerrufen** wird (vgl. §§ 2253 bis 2256 BGB), so enthält **Abs. 2** eine Sonderregelung: Trotz der Unwirksamkeit des späteren Testaments wird das früher errichtete Testament **nur im Zweifel wirksam**;[12] dagegen bleibt es unwirksam, wenn anzunehmen ist, dass der Testator trotz des Widerrufs der späteren Verfügung diese frühere Verfügung ungültig wissen wollte. Entscheidend dafür ist der Wille des Testators im Zeitpunkt des Widerrufs des später errichteten Testaments. Wenn sich **beide Testamente decken**, so soll nach einer auch in der 2. Aufl. (Rn. 10) vertretenen Ansicht stets davon auszugehen sein, dass bei Widerruf des später errichteten Testaments das früher errichtete Testament nicht als wirksam anzusehen ist. Dem ist zuzustimmen, wenn sich die Testamente in vollem Umfang decken, denn dann wird sich der Widerrufswille – unabhängig von der allein sich widersprechende Testamente betreffenden Regelung des § 2258 BGB – auch auf den Widerruf des früher errichteten inhaltsgleichen Testaments erstrecken (vgl. auch § 2255 BGB Rdn. 12). Weichen die Testamente dagegen nicht nur unwesentlich voneinander ab, so ist der Gedanke nicht fernliegend, dass der Testator durch den Widerruf des späteren Testaments nur die Abweichung des späteren Testaments von dem früher errichteten beseitigen wollte, sodass das frühere Testament in vollem Umfang wirksam sein kann. Bleiben insoweit Zweifel, so ist nach Abs. 2 von der Wirksamkeit des früheren Testaments auszugehen. Steht fest, dass der Erblasser die **Existenz des früher errichteten Testaments vergessen** hatte, so spricht 7

4 BayObLG NJW-RR 1991, 645; FamRZ 1997, 1244, 1245 = Rpfleger 1997, 310, 311.
5 BayObLG FamRZ 1994, 190, 191.
6 Vgl. KG DNotZ 1956, 562, 564.
7 OLG Dresden NJW-FER 1998, 61.
8 BayObLG FamRZ 2000, 970 = NJW-FER 1999, 273, 274 = ZEV 1999, 397.
9 BayObLG FamRZ 2005, 311, 312.
10 BayObLG Rpfleger 2003, 296, 297.
11 BayObLG DNotZ 1996, 319, 321 = NJW-RR 1996, 967 = FamRZ 1996, 826, 827; Soergel/*Mayer* Rn. 4; vgl. auch Staudinger/*Baumann* Rn. 10.
12 Vgl. OLG Köln FamRZ 2006, 731 f.

zwar viel dafür, dass er bei Widerruf des später errichteten Testaments nicht das früher errichtete in Geltung setzen wollte,[13] wenn aber Zweifel verbleiben, so ist nach der legislativen Entscheidung in Abs. 2 von der Wirksamkeit der widerrufenen Verfügung auszugehen.[14] Hat der Erblasser das früher errichtete Testament nach Errichtung des späteren Testaments, aber vor dessen Widerruf in der Absicht, dieses endgültig aus der Welt zu schaffen (vgl. § 2257 BGB Rdn. 5), vernichtet oder aus besonderer amtlicher Verwahrung genommen, so werden regelmäßig Zweifel daran, dass diese Verfügung ungültig sein soll, ausscheiden.

3. Widerspruch zwischen den Testamenten

8 Die Aufhebung des früher errichteten Testaments reicht nur soweit, wie das später errichtete Testament diesem widerspricht. Diese Frage ist durch Auslegung zu beantworten.[15] Soweit die Testamente ihrem **Inhalt nach unvereinbar** sind, ist nur das später errichtete maßgebend. Ob dem Testator die frühere letztwillige Verfügung in Erinnerung war und ob er den Widerspruch bemerkt hat, ist dabei ohne Bedeutung.[16] Soweit sich beide Testamente nicht widersprechen, gelten sie grundsätzlich nebeneinander weiter.[17] Soweit sie inhaltlich identisch sind, beruht das Erbrecht dann regelmäßig auf beiden Testamenten.[18] Der Wille des Testators kann aber auch dahin gehen, dass sich die Rechtsverhältnisse nach seinem Tode **trotz der inhaltlichen Vereinbarkeit der Testamente allein nach dem später errichteten Testament** richten sollen, sodass das ältere Testament als widerrufen anzusehen ist. Das ist anzunehmen, wenn der Erblasser mit der späteren Verfügung von Todes wegen eine abschließende oder zumindest hinsichtlich eines Teilbereichs abschließende Regelung treffen wollte.[19]

9 Lässt sich der Inhalt des **späteren Testaments nicht mehr feststellen**, steht aber fest, dass es jedenfalls dem früher errichteten Testament widersprach, so ist das früher errichtete Testament im Zweifel insoweit aufgehoben, als der Widerspruch feststeht, auch wenn das nunmehr Verfügte mangels Feststellbarkeit des Inhalts nicht wirksam werden kann; anders ist zu entscheiden, wenn anzunehmen ist, dass der Erblasser das früher errichtete Testament für den Fall des Nichtwirksamwerdens des später errichteten Testaments aufrechterhalten wollte.[20]

V. Anhang: Gleichzeitig errichtete widersprechende Testamente

10 Von § 2258 BGB nicht erfasst sind Fälle, in denen Testamente **gleichzeitig errichtet wurden** oder als **gleichzeitig errichtet gelten**. Letzteres ist anzunehmen, wenn beide Testamente undatiert oder unrichtig datiert sind (vgl. § 2247 BGB Rdn. 34, dort auch zur Konkurrenz zwischen einem datierten und einem undatierten Testament) und auch durch Auslegung sich eine zeitliche Abfolge der Testamente nicht bestimmen lässt (z.B. bei Bezugnahme des einen auf das andere Testament).

---

13 Vgl. BayObLGZ 1965, 86, 91 f. (zu § 2257).

14 OLG Hamm Rpfleger 1983, 401 f.; Staudinger/*Baumann* Rn. 27.

15 Vgl. BayObLG FamRZ 1994, 190, 191; DNotZ 1996, 319, 323 = NJW-RR 1996, 967, 968 = FamRZ 1996, 826, 828; FamRZ 1997, 247, 248; OLG Hamm Rpfleger 1997, 529, 530; zur Revisibilität vgl. BGH NJW-RR 1992, 775.

16 BayObLGZ 1965, 86, 91; DNotZ 1989, 583; NJW-RR 1990, 202, 203.

17 BayObLG FamRZ 1989, 441, 442; Rpfleger 1987, 59, 60; FamRZ 1997, 247, 248; vgl. auch OLG München FamRZ 2011, 403 ff. (Anordnung eines Vermächtnisses mit dem Zusatz »eine Erbeinsetzung möchte ich heute nicht treffen« kann früheres Testament bestehen lassen.

18 BayObLG FamRZ 1989, 441, 442.

19 BGH NJW 1981, 2745, 2746; 1985, 969; BayObLG DNotZ 1989, 583 f.; FamRZ 1990, 1281, 1283; 1992, 607; 1997, 247, 248; BayObLG FamRZ 2003, 1779, 1780 (abschließende Regelung auch bei Nichtaufführen von Schwarzgeldkonten in der Schweiz durch wegen Steuerhinterziehung strafrechtlich vorbelastete Erblasserin); vgl. auch BayObLG FamRZ 1997, 1244, 1245 = Rpfleger 1997, 310, 311 (Wiederholung der wechselseitigen Erbeinsetzung der Ehegatten unter Fortlassen der im früheren gemeinschaftlichen Testament angeordneten Schlusserbenbestimmung hebt diese nicht notwendigerweise auf).

20 KG JW 1935, 3122 = DNotZ 1935, 824.

Die Behandlung dieser Fälle muss davon ausgehen, dass das Risiko der Nichterweislichkeit der Gültigkeit eines Testaments zulasten dessen geht, der Rechtsfolgen aus diesem Testament ableiten möchte. Deshalb ist davon auszugehen, dass **jeweils das andere Testament das später errichtete** ist. Daraus ergibt sich: Soweit die Testamente sich **decken**, sind sie wirksam, denn eine Aufhebung des einen durch das andere Testament scheidet insoweit aus (vgl. Rdn. 8). Das Erbrecht beruht dann auf beiden Testamenten.[21] Soweit sich die Testamente gegenseitig **ausschließen** (z.B. andere Person des Alleinerben), sind sie beide als ungültig anzusehen.[22] Die von *E. Schneider*[23] vorgeschlagene anteilmäßige Aufteilung auf die in den Testamenten Bedachten scheint zwar die salomonische Lösung, eine solche Erbeinsetzung hat der Erblasser aber nicht gewollt und nicht verfügt. Auch die von *Sonntag*[24] favorisierte Lösung ist zu verwerfen: Die fiktive Zusammenfassung beider Testamente zu einer Urkunde und die Beseitigung der Widersprüche durch Auslegung wird dem Willen des Erblassers nicht gerecht, denn trotz der Unklarheit hinsichtlich der Reihenfolge der Testamentserrichtung steht doch zumindest fest, dass der Erblasser eine Urkunde, die beide Testamente vereint, gerade nicht errichten wollte. Auch wenn die Testamente sich ausschließen, sind sie doch nicht in jedem Fall bedeutungslos: Steht trotz des Widerspruchs beider Testamente fest, dass der Erblasser jedenfalls bestimmte Personen von der gesetzlichen Erbfolge ausschließen wollte, so kann darin eine Enterbung nach § 1938 BGB liegen.[25] Wenn bspw. ein Erblasser mit drei Kindern in einem Testament sein Kind A als Alleinerben einsetzt und in einem zweiten, zeitgleich errichteten sein Kind B als Alleinerben bestimmt, so kann darin eine Enterbung des Kindes C angeordnet sein. Soweit die Unwirksamkeit der widersprechenden Verfügungen aus einer entsprechenden Anwendung des § 2247 Abs. 5 BGB abgeleitet wird,[26] kann dies nur eingeschränkt gelten, denn die Testamente können nur hinsichtlich des widersprechenden Teils als nicht wirksam angesehen werden.

Wenn sich die Testamente **nicht decken, aber auch nicht ausschließen**, wird vorgeschlagen, 11 sie so zu behandeln, als wenn sie in einer Testamentsurkunde zusammengefasst wären.[27] Bei einer solchen Betrachtungsweise ist zu beachten, dass es zu einer Benachteiligung der als Erben Bedachten kommen kann, wenn nur in einem der Testamente bspw. ein Vermächtnis angeordnet ist. Um eine solche Benachteiligung zu vermeiden, erscheint es sachgerechter, auch hier zu sehen, wie die Testamente bei zeitlich nacheinander gestaffelter Errichtung zu behandeln wären. Wenn also nur eines der Testamente ein Vermächtnis enthält, während das andere Testament dieses Vermächtnis nicht enthält, so ist das Vermächtnis nur dann wirksam, wenn dieses auch gültig wäre, falls das andere Testament später errichtet wurde. Es kommt deshalb darauf an, ob das andere Testament durch Auslegung nach § 2258 Abs. 1 BGB zur Aufhebung des Vermächtnisses führte, wenn es später errichtet worden wäre. Das wird regelmäßig dann anzunehmen sein, wenn das andere Testament eine **umfassende Regelung zumindest eines Teilbereichs**

21 BayObLG FamRZ 2000, 1538 = Rpfleger 2000, 334.

22 BayObLGZ FamRZ 2005, 482, 483; FamRZ 2003, 711, 713 = Rpfleger 2003, 30, 31 = ZEV 2003, 27; Rpfleger 1979, 123; FamRZ 2000, 1538 = Rpfleger 2000, 334; KG OLGZ 91, 144, 146 f. = NJW-RR 1991, 392 (Miterbeneinsetzung nur in einem der beiden Testamente); Bamberger/Roth/Hau/Posek/*Litzenburger* Rn. 4; Soergel/*Mayer* Rn. 12; a.A. (beide Testamente gültig; Anwendung von § 2090) Notariat Gernsbach BWNotZ 1993, 61; noch anders (beide Testamente gültig; Differenzen durch Auslegung zu beseitigen) *Sonntag* ZEV 1996, 1, 3 f.

23 MDR 1990, 1086 f.

24 ZEV 1996, 1, 3 f.

25 Vgl. auch *Stellwaag* MDR 1991, 501.

26 Staudinger/*Baumann* Rn. 24e.

27 Staudinger/*Baumann* Rn. 24d; vgl. auch (bei zwei Testamenten, die sich wechselseitig ergänzen; Hitlers politisches Testament und sein Privattestament) LG Düsseldorf NJW 1953, 508, 509.

anstrebt.[28] Dagegen wird das Vermächtnis wirksam sein, wenn das andere Testament sich auf einzelne Elemente des Regelungsbedarfs beschränkt.[29]

12 Dieselben Grundsätze müssen gelten, wenn die Testamente **Erbeinsetzungen** enthalten, die sich in der **Höhe des jeweils zugewendeten Erbteils unterscheiden**. Wurden im Testament 1 A und B als Erben eingesetzt, während in dem Testament 2 A, B und C als Miterben bedacht sind, so ist C im Zweifel nicht bedacht, wenn das Testament 1 – unterstellt es wäre später errichtet – die Aufhebung der Verfügung in Testament 2 enthält (§ 2258 Abs. 1 BGB). A und B sind aber nicht Miterben je zur Hälfte, sondern je zu einem Drittel geworden, denn ihre Erbeinsetzung durch Testament 1 ist durch Testament 2 – diesmal unterstellt, das Testament 2 sei das später Errichtete – aufgehoben und durch eine Einsetzung auf ein Drittel ersetzt worden.

§ 2258a *(aufgehoben)*

1 Aufgehoben mit Wirkung vom 01.01.2009 durch das PStRG (BGBl I 122). Sie wurde sachlich durch § 82a FGG ersetzt. Durch das FGG- Reformgesetz vom 17.12.2008 (BGB I. 2586) wurde § 82a FGG mit Wirkung seit 01.09.2009 ersetzt durch § 346 FamFG.

§ 2258b *(aufgehoben)*

§ 2259 Ablieferungspflicht

(1) Wer ein Testament, das nicht in besondere amtliche Verwahrung gebracht ist, im Besitz hat, ist verpflichtet, es unverzüglich, nachdem er von dem Tode des Erblassers Kenntnis erlangt hat, an das Nachlassgericht abzuliefern.

(2) Befindet sich ein Testament bei einer anderen Behörde als einem Gericht in amtlicher Verwahrung, so ist es nach dem Tode des Erblassers an das Nachlassgericht abzuliefern. Das Nachlassgericht hat, wenn es von dem Testament Kenntnis erlangt, die Ablieferung zu veranlassen.

Übersicht

I. Zeittafel

1 Die ursprüngliche Fassung des BGB enthielt keine Regelungen über die besondere amtliche Verwahrung, weshalb Abs. 1 lediglich an die amtliche, nicht an die besondere amtliche Verwahrung anknüpfte. In Abs. 2 war die Ablieferungspflicht der Notare eigens hervorgehoben. Die heutige Fassung beruht auf einer Änderung des § 39 TestG, von dort wurde die Regelung wortgleich in das BGB übernommen.

II. Recht der ehemaligen DDR

2 Die Ablieferungspflicht ergibt sich aus § 394 ZGB. Dieser lautet: Ein Bürger, der ein Testament aufbewahrt oder auffindet, ist verpflichtet, es unverzüglich nach Kenntnis vom Erbfall beim Staatlichen Notariat abzuliefern. Die Regelung verpflichtete jeden Bürger, nicht nur Angehörige des Erblassers. Sie betraf alle Testamente, unabhängig von der Form ihrer Errichtung, und umfasste auch Schriftstücke, die letztwillige Verfügungen enthalten, an deren Wirksamkeit Zweifel beste-

28 Vgl. BGH NJW 1981, 2745, 2746; 1985, 969; dazu bei Rdn. 8.

29 Soergel/*Mayer* Rn. 12, 13; vgl. auch BayObLG NJW-RR 1996, 967, 968: Änderung der Erbeinsetzung hebt ausdrückliche Enterbung in früherem Testament nicht auf; vgl. auch RG WarnR 1936 Nr. 41.

hen. Ein entgegenstehender Wille des Erblassers war unbeachtlich.[1] Die Ablieferung sollte an das nach § 10 Abs. 1 Nr. 1 NotG zuständige Notariat erfolgen, es war aber auch die Ablieferung bei einem anderen Notariat zulässig, welches das Testament dann weiterleitete.[2] Verfälschen, Zurückhalten oder Beiseiteschaffen eines Testaments konnte nach §§ 330 ff. ZGB Schadensersatzansprüche begründen.[3] Das Staatliche Notariat konnte den Besitzer eines Testaments zur Ablieferung auffordern (§ 25 NotG) und ihn zur Erfüllung dieser Pflicht mittels Zwangsgeld anhalten (§ 43 NotG).

III. Sinn der Regelung

Die Verpflichtung zur Ablieferung dient dazu, die Unterdrückung von Testamenten zu verhindern. 3
Zugleich ermöglicht sie die Eröffnung des Testaments und die Erfüllung der Aufgaben des Nachlassgerichts (Benachrichtigung der Erben, Gewährung der Einsicht, Erteilung von Abschriften, Ausstellen eines Erbscheins). Die Verpflichtung besteht deshalb **auch im öffentlichen Interesse,**[4] sodass gegenteilige **Weisungen** des Erblassers[5] oder **Absprachen** zwischen den Beteiligten[6] von ihrer Erfüllung **nicht entbinden.**

IV. Einzelerläuterungen

1. Gegenstand der Ablieferungspflicht

Ein **Testament** i.S.d. Abs. 1 und damit Gegenstand der Ablieferungspflicht ist jede Urkunde, die 4
sich nach Form oder Inhalt als eine Verfügung von Todes wegen darstellt.[7] Auch im Ausland errichtete Testamente oder von Ausländern errichtete Testamente sind abzuliefern (vgl. Rdn. 9, dort auch zur internationalen Zuständigkeit). Neben den Testamenten (auch den gemeinschaftlich errichteten)[8] erstreckt sich die Verpflichtung auch auf **Erbverträge,**[9] nicht aber auf Erbverzichtsverträge (§ 2346 BGB)[10] und auf Aufhebungsverträge nach § 2290 BGB.[11] Anordnungen, die die Art und Weise der Beerdigung des Erblassers regeln, sind regelmäßig abzuliefern, soweit darin **auf eine Erbeinsetzung oder ein Vermächtnis Bezug** genommen wird, da in dieser Bezugnahme möglicherweise eine Verfügung von Todes wegen (z.B. eine Auflage) enthalten ist.[12] **Briefe** sind abzuliefern, soweit sie Anordnungen enthalten, die möglicherweise als erbrechtliche Anordnungen zu verstehen sind.[13] Eine Ablieferungspflicht für ein Behältnis mit einer Vielzahl von Schriftstücken, die möglicherweise auch letztwillige Verfügungen enthalten könnten, besteht nicht.[14]

Die **Wirksamkeit** des Testaments ist für die Frage der Ablieferungspflicht **ohne Bedeutung.**[15] Auch 5
ein offensichtlich formunwirksames Testament ist abzuliefern, denn es kann für die Auslegung oder die Anfechtung eines zweiten Testaments von Bedeutung sein. Deshalb sind auch **widerrufene und beschädigte Testamente** abzuliefern.[16] Gleiches gilt für **Nottestamente**, die durch Zeitablauf als

1 ZGB-Kommentar § 394 Anm. 2.
2 S. *Herrmann*, S. 69.
3 ZGB-Kommentar § 394 Anm. 4.
4 Vgl. Soergel/*Mayer* Rn. 1.
5 Vgl. BayObLG FamRZ 1988, 658, 660.
6 Vgl. Staudinger/*Baumann* Rn. 20.
7 BayObLG FamRZ 1988, 658, 659.
8 OLG Hamm NJW-RR 1987, 835.
9 Vgl. dazu auch § 34 Abs. 3 Satz 2 BeurkG.
10 Vgl. BayObLGZ 1983, 149.
11 MünchKomm/*Hagena* Rn. 4.
12 Enger (keine Ablieferungspflicht von Entwürfen eines Testaments oder Anordnungen über die Art der Bestattung) Soergel/*Mayer* Rn. 2.
13 BayObLG Rpfleger 1984, 18, 19 = MDR 1984, 233.
14 BayObLG FamRZ 1988, 658, 659.
15 KG DJ 1936, 1619, 1620; BayObLG MDR 1984, 233; FamRZ 1988, 658, 659.
16 KG JW 1937, 1734 = DNotZ 1938, 312, 313.

nicht errichtet gelten (§ 2252 BGB), und für einen **aufgehobenen Erbvertrag** (vgl. auch § 2300 BGB Rdn. 5).[17]

6 Grundsätzlich ist die **Urschrift** der Urkunde abzuliefern; bei mehreren Urschriften umfasst die Verpflichtung alle Urkunden. Die Urkunde ist **vollständig** abzuliefern, auch wenn Teile des Textes keinen erbrechtlichen Bezug aufweisen.[18] **Abschriften und Ausfertigungen** sind zumindest dann abzuliefern, wenn die Urschrift nicht ausgehändigt werden kann.[19] Zweifelhaft erscheint, ob auch **unbeglaubigte Abschriften** der Ablieferungspflicht unterfallen. Das wird verneint,[20] da eine solche unbeglaubigte Abschrift ein Testament nicht ersetzt und sie auch nicht zu eröffnen ist. Auf der anderen Seite muss aber berücksichtigt werden, dass die Abschrift zumindest in den Fällen von Bedeutung sein kann, in denen der Inhalt des wirksamen, aber urschriftlich nicht auffindbaren Testaments zu ermitteln ist, sodass eine erweiternde Auslegung des Begriffs Testaments in § 2259 BGB in den Fällen erwogen werden sollte, in denen lediglich eine Abschrift, nicht aber die Urschrift des Testaments vorhanden ist.[21] Für diese Auslegung spricht, dass § 2259 BGB zwar auch dazu dient, die Eröffnung eines Testaments zu ermöglichen, dass die Bestimmung aber auch den Zweck verfolgt, die Feststellung des letzten Willens zu ermöglichen.

2. Adressat der Verpflichtung

7 Nach **Abs. 1** ist – ohne Rücksicht auf das Eigentum an der Urkunde – der **Besitzer** eines Testaments zur Ablieferung verpflichtet.[22] Bezeichnet sind damit der unmittelbare Besitzer und der Mitbesitzer. Entscheidend für die Ablieferungspflicht ist die Möglichkeit der **tatsächlichen Einflussnahme**. Dabei üben nach § 855 BGB Besitzdiener keinen Besitz aus. Die Auffassung,[23] die auch den Besitzdiener als ablieferungspflichtig ansieht, lässt sich mit dem Wortlaut des § 2259 BGB i.V.m. § 855 BGB nicht vereinbaren und zwingt den Besitzdiener zu Eigenmächtigkeiten gegenüber dem Besitzherrn.[24] Soweit im Zusammenhang mit der Ablieferungspflicht auf § 857 BGB verwiesen wird,[25] ist dem nur mit Einschränkungen zuzustimmen. Im Einzelnen gilt Folgendes: Hatte das Testament bereits **vor dem Tode** des Erblassers ein **Dritter in Besitz**, so ist dieser abgabepflichtig; § 857 BGB begründet dann zwar mittelbaren Besitz der Erben, dieser verpflichtet aber den Erben nicht zur Ablieferung. Befand sich das Testament im **unmittelbaren Besitz des Erblassers**, so geht dieser Besitz nach § 857 BGB auf die Erben über, sodass diese grundsätzlich ablieferungspflichtig sind, jedoch nur, soweit sich das Testament noch im Erbenbesitz befindet. Wenn es anderweitig in Besitz genommen wird – auch durch verbotene Eigenmacht –, ist allein der jetzige Besitzer zur Ablieferung verpflichtet.

8 Die Ablieferungspflicht nach **Abs. 2** ist eine öffentlichrechtliche.[26] Sie trifft alle **Behörden** mit Ausnahme der Gerichte (dazu näher sogleich). Erfasst werden damit die **Urkundspersonen**,[27] soweit sie ihrer Verpflichtung aus § 34 Abs. 1 Satz 4 BeurkG nicht nachgekommen sind oder eine solche

17 KG JW 1938, 1455; MünchKomm/*Hagena* Rn. 8; MünchKomm/*Musielak* § 2300 Rn. 2; Soergel/*Mayer* Rn. 3.

18 BayObLG MDR 1984, 233.

19 Vgl. LG Berlin DFG 1942, 88.

20 Staudinger/*Baumann* Rn. 10.

21 Kroiß/Ann/Mayer/*Kroiß* Rn. 7; MünchKomm/*Hagena* Rn. 13; Soergel/*Mayer* Rn. 6.

22 Die Einordnung der Pflicht als öffentlich-rechtliche (Soergel/*Mayer* Rn. 7) oder als zivilrechtliche (Staudinger/*Baumann* Rn. 18) ist streitig, ohne dass diese Frage aber relevant wird. Soweit eine Amtspflichtverletzung in Betracht kommt, ergibt sich eine entsprechende öffentlich-rechtliche Pflicht aus Abs 2.

23 Soergel/*Harder* 12. Aufl., Rn. 2; *Lange/Kuchinke* § 38 III 2 b Fn. 35.

24 Soergel/*Mayer* Rn. 7.

25 BayObLG FamRZ 1988, 658, 659; Staudinger/*Baumann* Rn. 16.

26 Soergel/*Mayer* Rn. 8.

27 Bürgermeister, Konsularbeamter; auch der Notar im Fall einer gegenteiligen Weisung, vgl. BayObLG FamRZ 1988, 658, 660.

Pflicht erst nach dem Tode des Erblassers entsteht (§ 34a Abs. 3 BeurkG);[28] ein Zurückbehaltungsrecht des Notars wegen der Kosten der Ablieferung besteht nicht.[29] Adressaten des Abs. 2 sind auch **Polizeibehörden, Verwaltungsbehörden** und die **Staatsanwaltschaft**. Die Ausnahme hinsichtlich der **Gerichte** ist zu beschränken auf die zur Eröffnung des Testaments zuständigen Verwahrungsgerichte (§ 348 FamFG). Deshalb ist ein Gericht, das bspw. in einer Strafsache das Testament in Verwahrung genommen hat, zur Ablieferung verpflichtet.

3. Erfüllung und Folgen der Nichterfüllung

Die Pflicht wird erfüllt, indem dem Nachlassgericht unmittelbarer Besitz an der Urkunde verschafft wird. 9 Das kann in beliebiger Form geschehen, sei es durch persönliche Überbringung, sei es durch Zusendung per Boten oder Post. **Sachlich zuständig** für die Entgegennahme ist das Amtsgericht als Nachlassgericht (§ 23a Abs. 1 Nr. 2, Abs. 2 Nr. 2 GVG; zu den Besonderheiten des Notariats in Baden-Württemberg vgl. § 1 Abs. 1, §§ 36, 38 ff. LFGG). **Örtlich** zuständig ist das Amtsgericht am Wohnsitz des Erblassers (§ 343 FamFG);[30] fehlt es an einem inländischen Wohnsitz, so bestimmt sich die örtliche Zuständigkeit nach dem (inländischen) Ort des Aufenthalts des Erblassers § 343 Abs. 1 FamFG). Dazu reicht der tatsächliche Aufenthalt aus, auch wenn es sich nicht um einen ständigen oder längeren Aufenthalt handelt.[31] Fehlt es auch daran, ist bei Erblassern mit (auch) deutscher Staatsangehörigkeit das Amtsgericht Berlin-Schöneberg zuständig (§ 343 Abs. 2 FamFG); bei Ausländern ohne Wohnsitz und Aufenthalt im Inland ist jedes Gericht, in dessen Bezirk sich Nachlassgegenstände befinden, hinsichtlich aller im Inland befindlichen Nachlassgegenstände örtlich zuständig (§ 343 Abs. 3 FamFG). Besteht auch danach keine örtliche Zuständigkeit, so wird eine **internationale Zuständigkeit** deutscher Gerichte aus dem Gesichtspunkt der **vorläufigen Sicherung** heraus bejaht, sodass auch bei solchen Testamenten eine Pflicht zur Ablieferung besteht.[32] Örtlich zuständig ist dann das Gericht, in dessen Bezirk das Sicherungsbedürfnis aufgetreten ist. Die Pflicht aus § 2259 wird auch erfüllt, wenn das Testament bei einem **örtlich unzuständigen Gericht** abgeliefert wird.[33] Gebühren werden für die Aufbewahrung durch das Gericht nicht erhoben; auf Verlangen wird dem Abliefernden eine Empfangsbestätigung (kein Hinterlegungsschein) erteilt. Soweit dem Abliefernden Kosten entstehen, zählen diese zu den Nachlassverbindlichkeiten gem. § 1967 BGB.[34]

Die Ablieferungspflicht wird – wie sich aus § 2263 BGB schließen lässt – durch eine **gegenteilige** 10 **Anordnung** des Erblassers nicht aufgehoben. Wird die Pflicht zur unverzüglichen Ablieferung **nicht erfüllt**, so kann jeder, der ein rechtliches Interesse an der Einsicht in das eröffnete Testament hat, gegen den Besitzer auf Ablieferung an das Nachlassgericht **Klage erheben**.[35] Regelmäßig wird es sich aber – schon aus Kostengründen – eher empfehlen, ein Tätigwerden des Nachlassgerichts anzuregen. Die schuldhafte Nichterfüllung kann neben strafrechtlichen Konsequenzen (§ 274 Abs. 1 Nr. 1 StGB [Urkundenunterdrückung]) auch **Schadensersatzansprüche** (gem. § 823 Abs. 2 BGB i.V.m. § 274 Abs. 1 Nr. 1 StGB)[36] und die Erbunwürdigkeit nach § 2339 Abs. 1 Nr. 4 BGB nach sich ziehen. Das Nachlassgericht kann die Kosten eines Erbscheinverfahrens, das infolge der Nichtablieferung sinnloserweise durchgeführt wurde, nach § 13a FamFG dem

---

28 Vgl. § 34 Abs. 3 BeurkG: Erbverträge, soweit besondere amtliche Verwahrung ausgeschlossen wurde.

29 MünchKomm/*Hagena* Rn. 23.

30 Zu den Anforderungen vgl. BayObLGZ 1994, 346, 348 f. = Rpfleger 1995, 254; OLG Düsseldorf FGPrax 2002, 75 (Hospiz als letzter Wohnsitz).

31 BayObLG NJW 2003, 596.

32 Keidel/Zimmermann, FamFG, 2012, § 343 Rn. 60; MünchKomm/*Hagena* Rn. 45; Soergel/*Schurig* Art. 25 EGBGB Rn. 55 f. (dort auch zu der Zuständigkeit aus Fürsorgegesichtspunkten).

33 BayObLG FamRZ 1991, 1222.

34 Vgl. KGJ 25 (1903), B 31, 33.

35 RG WarnR 1913 Nr. 246; Bamberger/Roth/Hau/Posek/*Litzenburger* Rn. 5; Staudinger/*Baumann* Rn. 18; Soergel/*Mayer* Rn. 14.

36 OLG Brandenburg ZEV 2008, 287 f.

Ablieferungspflichtigen auferlegen.[37] Das **Nachlassgericht**[38] kann in den Fällen des **§ 2259 Abs. 1 BGB** durch Beschluss zur Ablieferung des Testaments verpflichten. Dieser Beschluss kann nach Maßgabe des § 35 FamFG durchgesetzt werden. Dies kann durch **Zwangsgeld**, ersatzweise durch Zwangshaft geschehen. Da § 35 FamFG auf § 883 ZPO verweist, kann auch die Herausgabevollstreckung betrieben werden. Wird das Testament nicht vorgefunden, so kann nach § 883 Abs. 2 ZPO zur Abgabe einer eidesstattlichen Versicherung über den Verbleib des Testaments herangezogen werden.

In den Fällen der Ablieferungspflicht nach **Abs. 2** kann kein Beschluss nach § 358 FamFG ergehen. Es bleibt für das Nachlassgericht der Weg der Dienstaufsichtsbeschwerde.[39]

§ 2260 *(aufgehoben)*

§ 2261 *(aufgehoben)*

1 Aufgehoben durch Art. 50 Nr. 62 FGG-Reformgesetz vom 17.12.2008 (BGBl. I S. 2586) mit Wirkung vom 01.09.2009. Die Vorschrift wurde sachlich durch §§ 344 Abs. 6, 350 FamFG ersetzt.

§ 2262 *(aufgehoben)*

1 Aufgehoben durch Art. 50 Nr. 62 FGG-Reformgesetz vom 17.12.2008 (BGBl. I S. 2586) mit Wirkung vom 01.09.2009. Die Vorschrift wurde sachlich durch § 348 Abs. 3 FamFG ersetzt.

§ 2263 Nichtigkeit eines Eröffnungsverbots

Eine Anordnung des Erblassers, durch die er verbietet, das Testament alsbald nach seinem Tode zu eröffnen, ist nichtig.

Übersicht

I. Zeittafel

1 Die Regelung fand sich wortgleich in der ursprünglichen Fassung und später in § 43 TestG.

II. Recht der ehemaligen DDR

2 Obwohl das Recht der ehemaligen DDR (zur Fortgeltung vgl. Vorbem. zu §§ 2229–2264 BGB Rdn. 11 ff.) eine ausdrückliche Regelung über ein Eröffnungsverbot nicht enthält, wird man **auch für das Recht der ehemaligen DDR ein Eröffnungsverbot für unwirksam** halten müssen. Denn das nach § 395 ZGB, § 26 NotG durchzuführende Eröffnungsverfahren diente auch nach der Rechtsordnung der ehemaligen DDR unter anderem öffentlichen Interessen, so dass es nicht zur Disposition des Erblassers stand.[1]

---

37 LG Duisburg FamRZ 2008, 2136.

38 Rechtspfleger, § 3 Nr. 2c RPflG; in Baden-Württemberg der Notar, § 1 Abs. 2, § 38 LFGG.

39 Keidel/*Zimmermann*, § 358 FamFG Rn. 7.

1 Vgl. auch ZGB-Kommentar § 394 Anm. 2, wo die Anordnung, dass das Testament nicht an das Staatliche Notariat abzuliefern, sondern einer anderen Person zu übergeben sei, für unbeachtlich gehalten wird.

III. Einzelerläuterungen

Da an der Eröffnung eines Testaments ein öffentliches Interesse besteht, erklärt § 2263 BGB eine Anordnung des Erblassers für nichtig, die eine alsbaldige Eröffnung verbietet. Die Regelung betrifft auch das gemeinschaftliche Testament[2] und Erbverträge, § 2300 BGB. Der Begriff der Eröffnung ist nicht allein auf die Öffnung eines verschlossenen Testaments zu beziehen, sondern auf das **Eröffnungsverfahren insgesamt**. Deshalb sind auch Anweisungen nichtig, die das Öffnen zulassen, jedoch das Verlesen oder die Benachrichtigung bestimmter Personen untersagen[3] oder das Einsichtnahmerecht nach § 357 FamFG beschränken.[4] Unwirksam ist auch eine Anordnung, die Eröffnung solle durch eine andere Person – etwa den Testamentsvollstrecker – erfolgen.[5] Ein Verbot der Ablieferung oder des Öffnens bestimmter Behältnisse ist ebenfalls unwirksam. Wenn der Erblasser anordnet, dass die Eröffnung erst eine **bestimmte Zeit später** erfolgen solle (z.B. 2 Wochen nach seiner Beerdigung), so ist diese Verfügung nach § 2263 BGB unwirksam.[6] Das Nachlassgericht wird durch eine solche Anordnung nicht von seiner Pflicht aus § 348 FamFG Abs. 1 S. 1 entbunden und kann ihr deshalb allenfalls in sehr eingeschränktem Maße Folge leisten. 3

Die Nichtigkeit des Eröffnungsverbots lässt die **Wirksamkeit des Testaments** im Übrigen **regelmäßig unberührt**.[7] Wird allerdings die Eröffnung für immer untersagt, so kann dies Zweifel an dem erforderlichen Testierwillen wecken[8] oder – wenn das Verbot später hinzugefügt wird – als Widerruf durch einen Ungültigkeitsvermerk verstanden werden.[9] Beides ist eine Frage des Einzelfalls,[10] bei deren Beantwortung auch die Möglichkeit in Betracht zu ziehen ist, dass der Erblasser das Testament durchaus als verbindliche Regelung errichten bzw. nicht widerrufen wollte und durch das Verbot lediglich zu verhindern suchte, dass übergangene Personen von seinem letzten Willen – und den darin ggf. geäußerten Motiven – jemals Kenntnis erlangen. In einem solchen Fall ist das Eröffnungsverbot unwirksam, ohne dass das Untersagen der Eröffnung für alle Zeit Zweifel an der Wirksamkeit des Testaments begründet. 4

§ 2263a *(aufgehoben)*

Aufgehoben durch Art. 50 Nr. 62 FGG-Reformgesetz vom 17.12.2008 (BGBl. I S. 2586) mit Wirkung vom 01.09.2009. Die Vorschrift wurde sachlich durch § 351 FamFG ersetzt. 1

§ 2264 *(aufgehoben)*

Aufgehoben durch Art. 50 Nr. 62 FGG-Reformgesetz vom 17.12.2008 (BGBl. I S. 2586) mit Wirkung vom 01.09.2009. Die Vorschrift wurde sachlich durch § 357 FamFG ersetzt. 1

---

2 KG DNotZ 1979, 556 f. = Rpfleger 1979, 137, 138.
3 Vgl. (Wille des Erblassers, Schlusszuwendung bei gemeinsamem Testament erst nach Tod des Letztversterbenden bekannt zu geben, unbeachtlich) KG DNotZ 1979, 556 = Rpfleger 1979, 137, 138.
4 Vgl. OLG Düsseldorf OLGZ 1966, 64, 67.
5 KG zitiert in OLGE 40, 141 Fn. 1c; MünchKomm/*Hagena* Rn. 5.
6 Bamberger/Roth/Hau/Posek/*Litzenburger* Rn. 1; einschränkend (das Nachlassgericht könne eine solche Anordnung befolgen) Soergel/*Mayer* Rn. 3.
7 Staudinger/*Baumann* Rn. 5; Soergel/*Mayer* Rn. 3.
8 MünchKomm/*Hagena* Rn. 10; weitergehend (Anwendung des § 118 mit der Folge der Nichtigkeit) Staudinger/*Baumann* Rn. 5; Soergel/*Mayer* Rn. 3.
9 Bamberger/Roth/Hau/Posek/*Litzenburger* Rn. 2; Staudinger/*Baumann* Rn. 5.
10 Soergel/*Mayer* Rn. 3; a.A. – regelmäßig für Unwirksamkeit bzw. Widerruf – Bamberger/Roth/Hau/Posek/*Litzenburger* Rn. 2.

B. Gemeinschaftliches Testament, §§ 2265–2273 BGB

Vorbemerkung zu §§ 2265 ff.

Literatur

1. **Allgemeines:** *Basty*, Bindungswirkung bei Erbvertrag und gemeinschaftlichem Testament, MittBayNot 2000, 73; *Bartsch*, Die Bindung beim gemeinschaftlichen Testament, ZFE 2007, 5; *Battes*, Gemeinschaftliches Testament und Ehegattenerbvertrag als Gestaltungsmittel für die Vermögensordnung der Familie (1974); *ders.*, Zur Wirksamkeit von Testamenten und Erbverträgen nach der Ehescheidung, JZ 1978, 733; *W. Baumann*, Zur Bindungswirkung wechselbezüglicher Verfügungen bei gem. § 2069 BGB ermittelten Ersatzerben – Zugleich eine Besprechung des BayObLG-Beschlusses v. 12.08.1994, ZEV 1994, 351; *Beisenherz*, Die erbrechtlichen Folgen von Scheidung und Ehekrise (2008); *Bengel*, Zum Begriff »Nahestehende Person« in § 2270 Abs. 2 BGB, DNotZ 1977, 5; *ders.*, Zum Verzicht des Erblassers auf Anfechtung bei Verfügung von Todes wegen, DNotZ 1984, 132; *Brambring*, Bindung beim Ehegattentestament und -erbvertrag, ZAP 1993 619; *Britz*, Ersatzerbeneinsetzung statt Schlusserbeneinsetzung im Berliner Testament, RNotZ 2001, 389; *Buchholz*, Berliner Testament (§ 2269 BGB) und Pflichtteilsrecht der Abkömmlinge – Überlegungen zum Ehegattenerbrecht, FamRZ 1985, 872; *ders.*, Einseitige Korrespektivität – Entwicklung und Dogmatik eines Modells zu §§ 2270, 2271 BGB, Rpfleger 1990, 45; *Bühler*, Zur Wechselbezüglichkeit und Bindung beim gemeinschaftlichen Testament und Erbvertrag, DNotZ 1962, 359; *ders.*, Zur Eröffnung eines gemeinschaftlichen Testaments, BWNotZ 1980, 34; *Dohr*, Überwindung der aufgrund gemeinschaftlichen Testaments oder Erbvertrages entstandenen erbrechtlichen Bindungswirkung, MittRhNotK 1998, 381; *Färber*, Das gemeinschaftliche Testament in der höchstrichterlichen Rechtsprechung zum Preußischen Allgemeinen Landrecht und zum BGB (Diss. Kiel 1997); *H.-J. Fischer*, Die Pflichtteilsklausel beim gemeinschaftlichen Testament bei Fehlen einer ausdrücklichen Schlusserbeneinsetzung der gemeinschaftlichen Kinder, ZEV 2005, 189; *Flik*, Gemeinschaftliches Testament bei überschuldetem Ehegatten, BWNotZ 1979, 53; *Frieser*, »Familienbande«: Persönliche und rechtliche Bindungen im Erb- und Familienrecht, FF 2000, 147; *Frohn*, Ausschlagung schon vor der Erbschaft? Einige Bemerkungen zur Erbausschlagung und Bedeutung von Pflichtteilsklauseln, Rpfleger 1997, 340; *Gärtner*, Die (ökonomische) Notwendigkeit notarieller Mitwirkung im Rahmen letztwilliger Verfügungen von Todes wegen, AcP (2017) 217, 805; *Gehse*, Die Eröffnung von gemeinschaftlichen Testamenten und Erbverträgen nach dem Tod des Erstversterbenden, RNotZ 2006, 270; *Gockel*, Das gemeinschaftliche Testament und die Grenzen der Bindung, ZErb 2012, 72; *Habermann*, Stillschweigender Erb- und Pflichtteilsverzicht im notariellen gemeinschaftlichen Testament (zu BGH NJW 1977, 1728), JuS 1979, 169; *Haegele*, Das Ehegattentestament (6. Aufl. 1977); *ders.*, Einzelfragen zur Testaments-Eröffnung, Rpfleger 1968, 137; *Häussermann*, Korrespektivität von Testamenten, BWNotZ 1960, 256; *Haussmann*, Gedanken zur Ausgestaltung von Ehegattenerbverträgen, BWNotZ 1972, 93; *Heinze*, Auslegung eines gemeinschaftlichen Testaments bei Anordnung einer Vor- und Nacherbschaft, ZEV 2010, 95; *Horn*, Zehn Optimierungsmöglichkeiten für das Berliner Testament, NJW 2013, 2166; *Jakobs*, Gemeinschaftliches Testament und Wechselbezüglichkeit letztwilliger Verfügungen, FS Bosch (1976) 447; *Johannsen*, Die Rechtsprechung des Bundesgerichtshofs auf dem Gebiete des Erbrechts, Das Recht des gemeinschaftlichen Testaments, WM 1969, 1314 mit Ergänzungen WM 1973, 534; *ders.*, Zur Auslegung von Testamenten, WM 1972, 61; *Kanzleiter*, Die Aufrechterhaltung der Bestimmungen in unwirksamen gemeinschaftlichen Testamenten als einseitige letztwillige Verfügungen, DNotZ 1973, 133; *ders.*, Gemeinschaftliche Testamente bitte nicht auch für Verlobte!, FamRZ 2001, 1198; *ders.*, Die entsprechende Anwendung von Vorschriften über den Erbvertrag auf das gemeinschaftliche Testament, FS Otte (2005) 157; *M. Klein*, Das gemeinschaftliche Testament: Form und Bindung (2015); *ders.*, Empfiehlt es sich, das privatschriftliche gemeinschaftliche Testament abzuschaffen?, ZEV 2011, 1; *Keim*, Regelungen für den »gemeinsamen« und gleichzeitigen Tod im Ehegattentestament, ZEV 2005, 10; *ders.*, Aktuelle Entwicklungen zum gemeinschaftlichen Testament und zum Erbvertrag, ZFE 2009, 134; *Keller*, Überlegungen zum Ehegattentestament, BWNotZ 1970, 49; *Klinger/Scheuber*, Bindungswirkung erbrechtlicher Verfügungen, NJW-Spezial 2006, 157; *Klüsener/Walter*, Vorteile, Tragweite und Gefahren bei der Errichtung eines gemeinschaftlichen Testaments, ZFE 2002, 282; *Kricke*, Die Beschränkung der Verfügungsfreiheit beim gemeinschaftlichen Testament (1995, zuvor bereits Diss. Hamburg 1991); *Kollmeyer*, Umdeutung unwirksamer Verfügungen in gemeinschaftlichen Testamenten, NJW 2018, 662; *Lange*, Bindung des Erblassers an seine Verfügungen, NJW 1963, 1571; *Langenfeld*, Freiheit oder Bindung beim gemeinschaftlichen Testament oder Erbvertrag von Ehegatten, NJW 1987, 1577; *Lübbert*, Verwirkung der Schlusserbfolge durch Geltendmachung des Pflichtteils, NJW 1988, 2706; *Lutter*, Zur Umdeutung nichtiger gemeinschaftlicher Testamente von Nicht-Ehegatten, FamRZ 1959, 273; *J. Mayer*, Zur Wechselbezüglichkeit bei gemeinschaftlichen Testamenten – Teil 1: ErbR 2007, 38,

Teil 2: ErbR 2007, 81; *ders.*, Gemeinsame erbrechtliche Gestaltungen, FPR 2013, 317; *Muscheler*, Der Einfluss der Eheauflösung auf das gemeinschaftliche Testament, DNotZ 1994, 733; *Musielak*, Zum Begriff und Wesen des gemeinschaftlichen Testaments, Gedenkschrift für Johann Riederer (1981) 181; *Nehlsen/v. Stryk*, Zur Anwendbarkeit von § 2102 Abs. 1 BGB bei der Auslegung gemeinschaftlicher Testamente, DNotZ 1988, 147; *Nieder*, Die Feststellung der Wechselbezüglichkeit beim gemeinschaftlichen Testament, ZErb 2001, 120; *Peissinger*, Das gemeinschaftliche Testament, zur Problematik der Erforschung des Erblasserwillens für Beteiligte und Gericht, Rpfleger 1995, 325; *ders.*, Zur Eintragung von Erben im Grundbuch und zur Auslegung eines gemeinschaftlichen Testaments, Rpfleger 2007, 195; *Pfeiffer*, Das gemeinschaftliche Ehegattentestament – Konzept, Bindungsgrund und Bindungswirkung, FamRZ 1993, 1266; *Priester*, Vertragsgestaltung: Das private Ehegattentestament JuS 1987, 394; *Ritter*, Der Konflikt zwischen einer erbrechtlichen Bindung aus erster Ehe und einer Verfügung des überlebenden Ehegatten zugunsten eines neuen Lebenspartners (1999); *Rötelmann*, Erfordernisse des eigenhändigen gemeinschaftlichen Testaments, Rpfleger 1958, 146; *Rott/Jansen*, Rechts- und Praxisprobleme beim gemeinschaftlichen Testament, NWB-EV 2009, 319; *Sachs*, Ehegattentestament und Pflichtteilsrecht, JuS 2001, 292; *Rudy*, Zur nachträglichen Ergänzung in einem Ehegattentestament, ErbR 2010, 58; *Schaumann*, Zur Bindungswirkung des gemeinschaftlichen Testaments (Diss. Marburg 2002); *Schiweck*, Zur Schlusserbeneinsetzung in gemeinschaftlichen Testamenten, SchlHA 2006, 157; *Schmidt-Kessel*, Erbrecht in der Rechtsprechung des Bundesgerichtshofs 1985–1987, WM 1988, Sonderbeilage Nr. 8; *Schmitz*, Tücken eigenhändig errichteter gemeinschaftlicher Testamente, ErbR 2011, 135; *Schmucker*, Die Wechselbezüglichkeit von Verfügungen in gemeinschaftlichen Testamenten in der Rechtsprechung des BayObLG, MittBayNot 2011, 526; *dies.*, Die Bindung beim gemeinschaftlichen Testament und Erbvertrag, ZNotP 2006, 414; *Schneider*, Zur Verfügungsfreiheit des überlebenden Ehegatten beim gemeinschaftlichen Testament, JurBüro 1965, 201; *J. Schneider*, Darf zu Lebzeiten des Erblassers Klage erhoben werden auf Feststellung, ob eine Verfügung von Todes wegen bestimmte Folgen hat?, ZEV 1996, 56; *Schulz/Zabel*, Das Verhältnis des Erbvertrags zum gemeinschaftlichen Testament (Diss. Köln 1969); *Schweizer*, Errichtung von gemeinschaftlichen Testamenten NJ 1987, 289; *ders.*, Einsetzung von Schlußerben bei der Errichtung von gemeinschaftlichen Testamenten, NJ 1988, 505; *Speth*, Schutz des überlebenden Ehegatten bei gemeinschaftlichem Testament, NJW 1985, 463; *Stefan*, Eröffnung von Ehegattentestamenten, RdL 1980, 4; *Tiedtke*, Die Umdeutung eines Vermächtnisses in ein Rechtsgeschäft unter Lebenden, NJW 1978, 2572; *van Rens/Wolffskeel v. Reichenberg*, Der Begriff des »gleichzeitigen Versterbens« – Reichweite und Folgen, ZErb 2015, 116; *von Proff*, Das gemeinschaftliche Testament von Nichtehegatten, ZErb 2008, 254; *Wacke*, Gemeinschaftliche Testamente von Verlobten, FamRZ 2001, 457; *Wenhardt*, Berliner Testament, BBEV 2007, 292; *M. Wolf*, Freiheit und Bindung beim gemeinschaftlichen Testament und Erbvertrag, FS Musielak (2004), 693; *Zacher-Röder/Eichner*, Wirksamkeit eines Nachtrags bei einem gemeinschaftlichen Testament nach § 2267 BGB, ZEV 2010, 63; *Zimmer*, Erbrecht – Wechselbezügliche Verfügungen beim Gemeinschaftlichen Testament, NJW 2009, 2364.

2. Beeinträchtigung des bindend Bedachten und seine Sicherung: *Aunert-Micus*, Der Begriff der Beeinträchtigungsabsicht in § 2287 BGB beim Erbvertrag und beim gemeinschaftlichen Testament (1991); *Beckmann*, Die Aushöhlung von Erbverträgen und gemeinschaftlichen Testamenten durch Rechtsgeschäft unter Lebenden, MittRhNotK 1977, 25; *Benkö*, Zur Aushöhlung bindender Verfügungen von Todes wegen (Diss. Köln 1974); *Brüggemann*, Beeinträchtigung von Erbanwartschaften durch den Erblasser, JA 1978, 209; *Degert*, Die Rechtsstellung des Schlusserben im gemeinschaftlichen Testament (Diss. Marburg 2000); *v. Dickhuth-Harrach*, Die analoge Anwendung der §§ 2287, 2288 BGB auf gemeinschaftliche Testamente schon vor Eintritt der Bindungswirkung, FamRZ 2005, 322; *Dilcher*, Die Grenzen erbrechtlicher Bindung zwischen Verfügungsfreiheit und Aushöhlungsnichtigkeit, Jura 1988, 72; *Dittmann*, Aushöhlung des gemeinschaftlichen Testaments, DNotZ 1958, 619; *Draschka*, Unbenannte Zuwendungen und erbrechtlicher Schutz, DNotZ 1993, 100; *Fleischmann*, Lebzeitige Verfügungsfreiheit bei erbrechtlicher Bindung und Pflichtteilsberechtigung nach den Vorschriften des BGB (Diss. Bayreuth 1989); *Johannsen*, Der Schutz der durch gemeinschaftliches Testament oder Erbvertrag berufenen Erben, Sonderheft 75 Jahre DNotZ 1977, 69; *Kuchinke*, Beeinträchtigende Anordnung des an seine Verfügungen gebundenen Erblassers, FS v. Lübtow (1990) 283; *ders.*, Zur Sicherung des erbvertraglich oder letztwillig bindend Bedachten durch Feststellungsurteil, Vormerkung und Gewährung einstweiligen Rechtsschutzes, FS Henckel (1995) 473; *S. Loritz*, Freiheit des gebundenen Erblassers und Schutz des Vertrags- und Schlußerben vor Zweitverfügungen (Diss. Gießen 1992); *Remmele*, »Lebzeitiges Eigeninteresse« bei Schenkungen zugunsten des zweiten Ehegatten?, NJW 1981, 2290; *Schermann*, Der Schutz des Vermächtnisnehmers im gemeinschaftlichen Testament und Ehegattenerbvertrag (2006); *Schoeck*, Die entsprechende Anwendung der Vorschriften aus dem Erbvertragsrecht auf das gemeinschaftliche Testament (Diss. Tübingen 1966); *Speckmann*, Die Aushöhlung gemeinschaftlicher Testamente durch Rechtsgeschäfte unter Lebenden, NJW 1968, 222; *ders.*, Aushöhlung von Erbverträgen und gemeinschaftlichen Testamenten, NJW 1971, 176; *Spellenberg*, Die so genannte Testamentsaushöhlung und die §§ 2287, 2288 BGB, FamRZ 1972, 349; *ders.*, Verbotene Schenkungen gebundener Erblasser in der Rechtsprechung, NJW 1986, 2531;

Sticherling, Schenkungen in fraudem testamenti (2005); *Strunz*, Der Anspruch des Vertrags- oder Schlußerben wegen beeinträchtigender Schenkungen – § 2287 BGB (Diss. München 1988); *Teichmann*, »Aushöhlung« erbrechtlicher Bindungen als methodisches Problem, MDR 1972, 1.

3. **Gestaltung gemeinschaftlicher Testamente:** *Borgfeld*, Zweckmäßige Verfügungen in einem Ehegattentestament nach § 2269 BGB (Diss. Münster 1992); *Buchholz*, Gestaltungsprobleme des Ehegattenerbrechts. Teilungsprinzip oder Nutzungsprinzip, MDR 1990, 375; *Jastrow*, Wie können sich Eheleute bei einem Testament nach § 2269 BGB gegen die Vereitelung ihrer Absichten durch Pflichtteilsansprüche der Kinder sichern?, DNotV 1904, 424; *Keim*, Zum Vorliegen eines Pflichtteilsverlangens im Fall einer Pflichtteilsstrafklausel, MittBayNot 2008, 395; *J. Mayer*, Ja zu Jastrow? – Pflichtteilsklausel auf dem Prüfstand, ZEV 1995, 136; *v. Olshausen*, Die Sicherung gleichmäßiger Vermögensteilhabe bei Berliner Testamenten mit nicht-gemeinsamen Kindern als Schlußerben, DNotZ 1979, 707; *Purucker*, Zur Frage des Bestehens eines wirksamen Pflichtteilsverlangens trotz vorherigen Erlasses des Pflichtteilanspruchs, ZEV 2008, 343; *Radke*, Das Berliner Testament und die gegenseitige gemeinschaftliche Einsetzung eines Ehegatten zu Vorerben in Formularsammlungen (1999); *Raitz von Frentz*, Gestaltungsformen zur Abgrenzung der Rechte von überlebenden Ehegatten und Kindern in gemeinschaftlichen Testamenten und Erbverträgen, DNotZ 1962, 635; *Rausch*, Verfügungen von Todes wegen unter Ehegatten, FPR 2006, 141; *Ripfel*, Das Testament für den Fall des gemeinschaftlichen Unfalltodes von Ehegatten, BB 1961, 583; *Ruhe*, Möglichkeiten und Grenzen rechtsgeschäftlicher Vorsorgemaßnahmen für den Todesfall durch den aufgrund eines gemeinschaftlichen Testaments gebundenen Ehegatten (Diss. Bielefeld 1978); *Selbherr*, Zur Frage, bis wann bei einem Berliner Testament mit Verwirkungsklausel die auflösende Bedingung eintreten kann, MittBayNot 2007, 224; *Strobel*, Nochmals: Pflichtteilsstrafklausel im Ehegattentestament, MDR 1980, 363; *Weiss*, Pflichtteilsstrafklausel im Ehegattentestament, MDR 1979, 812; *Wacke*, Rechtsfolgen testamentarischer Verwirkungsklauseln, DNotZ 1990, 403.

4. **Widerruf, Anfechtung, Beseitigung der Bindung, Freistellungsbefugnisse:** *Dilcher*, Der Widerruf wechselbezüglicher Verfügungen im gemeinschaftlichen Testament, JuS 1961, 20; *Dohr*, Überwindung der aufgrund gemeinschaftlichen Testaments oder Erbvertrages entstandenen erbrechtlichen Bindungswirkung, MittRhNotK 1998, 381; *Helfrich*, Die Grenzen der Bindungswirkung des § 2271 Abs. 2 Satz 1, Halbs. 1 (Diss. Köln 1972); *M. Huber*, Freistellungsklauseln in gemeinschaftlichen Testamenten. Zum Vorbehalt des Widerrufs wechselbezüglicher Verfügungen, Rpfleger 1981, 41; *Iversen*, Die Selbstanfechtung beim gemeinschaftlichen Testament, ZEV 2004, 55; *Kanzleiter*, Der Irrtum über die Bindungswirkung als Grundlage der Selbstanfechtung von wechselbezüglichen Verfügungen in einem gemeinschaftlichen Testament durch den Erblasser, MittBayNot 2012, 264; *Keim*, Der Wegfall des vertragsmäßig eingesetzten Erben und seine Auswirkungen auf beeinträchtigende Verfügungen von Todes wegen des Erblassers, ZEV 1999, 413; *ders.*, Widerruf wechselbezüglicher Verfügungen eines gemeinschaftlichen Testaments auch gegenüber dem Bevollmächtigten des anderen Ehegatten?, ZEV 2010, 358; *G. Müller*, Abänderung bindender Verfügungen bei schweren Verfehlungen des Bedachten, ZEV 2011, 240; *Musielak*, Die Aufhebung bindend gewordener Verfügungen in gemeinschaftlichen Testamenten, FS Kegel (1987), 433; *ders.*, Die Bindung an wechselbezügliche Verfügungen im gemeinschaftlichen Testament, ZErb 2008, 189; *Peter*, Anfechtung oder Zuwendungsverzicht? Überwindung der Bindung an gemeinschaftliche, wechselbezügliche Verfügungen, BWNotZ 1977, 113; *Radke*, Überlegungen zur Gestaltung der Wechselbezüglichkeit im gemeinschaftlichen Testament, NotBZ 2001, 15; *M. Rudolf*, Handbuch der Testamentsauslegung und -anfechtung (2000); *Sammet/Wolffskeel v. Reichenberg*, Wechselbezügliche Verfügungen Minderjähriger und das Gesetz zur Bekämpfung von Kinderehen, ZEV 2019, 510; *Schmucker*, Die Wechselbezüglichkeit von Verfügungen in gemeinschaftlichen Testamenten in der Rechtsprechung des BayObLG, MittBayNot 2001, 526; *dies.*, Die Bindung beim gemeinschaftlichen Testament und Erbvertrag, ZNotP 2006, 414; *J. Schneider*, Wie ist der Rücktritt vom Erbvertrag, wie der Widerruf eines gemeinschaftlichen Testaments zu erklären?, ZEV 1996, 220; *Sticherling*, Zur Frage des Vorliegens eines gemeinschaftlichen Widerrufstestaments bei getrennten Urkunden, ZEV 2007, 179; *Tiedtke*, Zur Bindung des überlebenden Ehegatten an das gemeinschaftliche Testament bei Ausschlagung der Erbschaft als eingesetzter, aber Annahme als gesetzlicher Erbe, FamRZ 1991, 1259; *Vollmer*, Gemeinschaftliches Testament und Erbvertrag bei nachträglicher Geschäftsunfähigkeit – Lösungswege bei bindenden Verfügungen, ZErb 2007, 235; *Zimmer/Jodexnus-Dixen*, Die Beseitigung wechselbezüglicher Verfügungen, ErbR 2007, 105.

5. **Wiederverheiratungsklauseln:** *Asbeck*, Testamentseröffnung und Erbscheinserteilung beim »Berliner Testament« mit »Wiederverheiratungsklausel«, MDR 1959, 987; *ders.*, Das eigenhändige Ehegattentestament, DB 1961, 869; *Buchholz*, Erbfolge und Wiederverheiratung (1986); *Dippel*, Zur Auslegung von Wiederverheiratungsklauseln in gemeinschaftlichen Testamenten und Erbverträgen, AcP 177, 349; *Forster*, Die Wiederverheiratungsklausel in Verfügungen von Todes wegen (Diss. Passau 1987); *Haegele*, Testamentarische Wiederverheiratungsklauseln, JurBüro 1968, 87; *ders.*, Wiederverheiratungsklauseln, Rpfleger 1976, 73; *Huken*, Bleibt in einem gemeinschaftlichen Testament mit Wiederverheiratungsklausel die letztwillige Verfügung des überlebenden Ehegatten nach seiner Wiederverheiratung im Zweifel bestehen?, DNotZ 1965, 729; *Hurst*, Wieder-

verheiratungsklauseln in letztwilligen Verfügungen, MittRhNotK 1962, 435; *Jünemann*, Rechtsstellung und Bindung des überlebenden Ehegatten bei vereinbarter Wiederverheiratungsklausel im gemeinschaftlichen Testament, ZEV 2000, 81; *Leipold*, Die Wirkungen testamentarischer Wiederverheiratungsklauseln – Dogmatik oder Erblasserwille?, FamRZ 1988, 352; *Meier-Kraut*, Zur Wiederverheiratungsklausel in gemeinschaftlichen Testamenten mit Einheitslösung, NJW 1992, 143; *Otte*, Erbfolge und Wiederverheiratung, AcP 187, 603; *Ripfel*, Die Nacherbschaft bei Wiederverheiratung des überlebenden Ehegatten, Rpfleger 1951, 577; *Simshäuser*, Auslegungsfragen bei Wiederverheiratungsklauseln in gemeinschaftlichen Testamenten und Erbverträgen, FamRZ 1972, 273; *Stopfer*, Erbrechtliche Wiederverheiratungsklauseln und nichteheliche Lebensgemeinschaft des Erben (Diss. Regensburg 1988); *Strecker*, Pflichtteilsansprüche bei Wiederverheiratungsvermächtnissen im Berliner Testament, ZEV 1996, 450; *Strötz*, Die Wiederverheiratungsklausel (1981); *Völzmann*, Wiederverheiratungsklauseln, RNotZ 2012, 1; *J. Wilhelm*, Wiederverheiratungsklausel, bedingte Erbeinsetzung und Vor- und Nacherbschaft, NJW 1990, 2857; *Zawar*, Der auflösend bedingte Vollerbe, NJW 1988, 16; *ders.*, »Zur Wiederverheiratungsklausel«, in FS Schippel (1996) 327.

6. Gemeinschaftliches Testament nach dem Recht der DDR: *Leitz*, Die Bindungswirkung von in der DDR errichteten gemeinschaftlichen Testamenten unter Berücksichtigung von Art. 235 EGBGB (Diss. Freiburg 1999/2000); *Limmer*, Die Bindungswirkung von in der DDR errichteten gemeinschaftlichen Testamenten, ZEV 1994, 290; *Trilsch/Eckhardt*, Sonderfall zur Bindungswirkung von in der DDR errichteten gemeinschaftlichen Testamenten, ZEV 1995, 217; *Voltz*, Aufhebung der bindend gewordenen Verfügungen eines gemeinschaftlichen Testaments durch den überlebenden Ehegatten gem. § 393 ZGB (DDR) – Unbekanntes oder unpraktikables Instrument des fortgeltenden DDR-Erbrechts?, in: Zehn Jahre Deutsches Notarinstitut, 2003, S. 193.

7. Steuerliche Fragen: *Bühler*, Erbschaftsteuerreform: Übersicht und Vorschläge zur Verminderung der Steuernachteile beim Berliner Testament, BB 1997, 551; *Crezelius*, Das gemeinschaftliche Testament – zivilrechtlich – erbschaftssteuerrechtlich, NWB 1982, 447; *ders.*, Pflichtteilsabfindung und Erbschaftsteuer, BB 2000, 2333; *Ebeling*, Korrekturmöglichkeiten im Berliner Testament und deren erbschaftsteuerliche Folgen, ZEV 2000, 87; *Felix*, Testament und Erbvertrag – Steuerinstrumente mit hohem Beratungsrisiko, 10. Dt. StBerT 1987/88, 109; *Hülsmann*, Berliner Testament – Steuerreduzierung beim Schlusserben, NWB Fach 10, 1585; *Kapp*, Das gemeinschaftliche Testament in zivilrechtlicher und erbschaftsteuerlicher Sicht, BB 1980, 689; *Langenfeld*, Testamentsgestaltung und Steuerrecht: Das Berliner Testament mit Supervermächtnis, JuS 2002, 351; *J. Mayer*, Berliner Testament ade? – Ein Auslaufmodell wegen zu hoher Erbschaftsteuerbelastung?, ZEV 1998, 50; *N. Mayer*, Neues zum Berliner Testament aufgrund der Erbschaftsteuerreform? ZEV 1997, 325; *Meincke*, Vorteile und Nachteile von Ehegatten-Testamenten und Erbverträgen, DStR 1981, 523; *Muscheler*, Kindespflichtteil und Erbschaftsteuer beim Berliner Testament, ZEV 2001, 377; *S. Schmidt*, Ehegattentestament und Neues Erbschaftssteuerrecht, BWNotZ 1998, 97; *H. Schuhmann*, Ist das sog. Berliner Testament wirklich »out«?, ErbR 2010, 4; *Wälzholz*, Schenkungsangebot an die Kinder auf den Tod des längerlebenden Ehegatten – ein erbschaftsteuerliches Gestaltungsmittel?, NotBZ 2010, 252.

8. Rechtsvergleichung, internationales Privatrecht, Auslandsberührung: *Bachmayer*, Erbrechtliche Gestaltungsmöglichkeiten bei gemischt-nationalen Ehen unter besonderer Berücksichtigung Gemeinschaftlicher Testamente und Erbverträge, Teil I: BWNotZ 2009, 28, Teil II: BWNotZ 2009, 51; *Claudi*, Die Erbfolge nach englischem und internationalem Privatrecht, MittRhNotK 1981, 79; *Döbereiner*, (Bindende ?) Rechtswahlen nach der EU-Erbrechtsverordnung, DNotZ 2014, 323; *Doepffel*, Deutsch-Englische gemeinschaftliche Testamente, DNotZ 1976, 335; *Fetsch*, Auslandsvermögen im Internationalen Erbrecht – Testamente und Erbverträge, Erbschein und Ausschlagung bei Auslandsvermögen –, RNotZ 2006, 1; *Grundmann*, Zur Errichtung eines gemeinschaftlichen Testaments durch italienische Ehegatten in Deutschland, IPrax 1986, 94; *Haas*, Nachlaßgestaltung durch Ehe- und Erbvertrag im Schweizer Recht, ZEV 1994, 83; *Iglesias*, Das gemeinschaftliche Testament in der spanischen Rechtsordnung seit dem Gesetz vom 24. Dezember 1984, Revista de Derecho privado 1983, 1091; *Jayme*, Zur Errichtung eines gemeinschaftlichen Testaments durch portugiesische Eheleute im Ausland, IPrax 1982, 210; *Kanzleiter*, Das gemeinschaftliche Testament nach österreichischem und deutschem Recht, FS Rolf Birk (2008) 315; *Kegel*, Zur Bindung an das gemeinschaftliche Testament im deutschen internationalen Privatrecht, FS Jahrreis (1964) 143; *Kropholler*, Gemeinschaftliche Testamente von Schweizern in Deutschland, DNotZ 1967, 734; *D. Lehmann*, Die Zukunft des deutschen gemeinschaftlichen Testaments in Europa, ZEV 2007, 193; *Rau*, Letztwillige Verfügungen portugiesischer Staatsangehöriger in Deutschland, ZVglRW 80 (1981) 241; *Riering*, Das gemeinschaftliche Testament deutsch-französischer Ehegatten, ZEV 1994, 225; *ders.*, Das gemeinschaftliche Testament deutsch-niederländischer Ehegatten unter besonderer Berücksichtigung des Haager Erbrechtsübereinkommens vom 01.08.1989, ZEV 1995, 90; *ders./Bachler*, Erbvertrag und gemeinschaftliches Testament im deutsch-österreichischen Rechtsverkehr, DNotZ 1995, 580; *Steinmetz/Löber/Garcia*, Sind gemeinschaftliche Testamente und Erbverträge für in Spanien belegenes Vermögen zulässig und zweckmäßig?, ZEV 2011, 454; *Sturm*, Kollisionsrecht, Eine terra incognita für den deutschen Notar, FS Ferid (1978) 417; *Süß*, Das Verbot gemeinschaftlicher Testamente im Internationalen Erbrecht, IPrax 2002, 22; *Umstätter*, Gemeinschaftliche Testamente mit Auslandsberührung, DNotZ 1984, 532; *Werkmüller*, Die Auswirkung des französischen Pflichtteilsrechts auf die Gestaltung des deutschen Ehegattentestaments bei deutsch-französischem Nachlass, ZEV 1999, 474.

Übersicht Rdn.

I. Das gemeinschaftliche Testament als Instrument der familiären Nachlassplanung

1. Erleichterung der Nachlassplanung

1 Im Interesse der Ehegatten an einer erleichterten gemeinschaftlichen Nachlass- und Vermögensplanung sieht das Gesetz spezielle Bestimmungen für die Errichtung eines gemeinschaftlichen Testaments durch Ehegatten vor.[1] Diese gelten aber nicht für sämtliche Arten von gemeinschaftlichen Testamenten; z.T. hängt ihre Anwendbarkeit davon ab, dass ein Wille zur gemeinschaftlichen Testamentserrichtung vorliegt:[2]

1 BVerfG NJW 1989, 1986.
2 *Schlüter/Röthel* § 22 Rn. 8.

a) Für alle Arten von gemeinschaftlichen Testamenten sieht das Gesetz **Formerleichterungen** vor (§§ 2266, 2267 BGB; sog. **formelles Privileg**). So muss insbesondere nicht jeder Ehegatte seinen letzten Willen bei einem eigenhändigen Testament getrennt von dem des anderen in der Form des § 2247 BGB niederlegen, sondern es genügt, wenn einer unter Wahrung dieser Form das Testament niederschreibt und der andere die gemeinschaftliche Erklärung mitunterschreibt (§ 2267 Satz 1 BGB); 2

b) bei allen gemeinschaftlichen Testamenten ist nur eine **gemeinschaftliche Rücknahme** durch die Ehegatten aus der amtlichen Verwahrung möglich (§ 2272 BGB); 3

c) für die **Eröffnung** aller gemeinschaftlichen Testamente gelten ergänzend zu den allgemeinen Bestimmungen der §§ 2260 bis 2263 BGB die des § 349 FamFG; 4

d) für diejenigen gemeinschaftlichen Testamente, in denen sich Ehegatten zunächst gegenseitig als Erben einsetzen, stellt § 2269 BGB eine **Auslegungsregel** auf (sog. Berliner Testament); 5

e) hinsichtlich der sog. **wechselbezüglichen Verfügungen** gelten besondere Regelungen (sog. **materielles Privileg**). Hier bewirkt die Nichtigkeit oder der Widerruf der Verfügung des einen die Unwirksamkeit der des anderen (§ 2270 Abs. 1 BGB).[3] Ihr Widerruf ist gegenüber den §§ 2253 ff. BGB zu Lebzeiten des anderen Ehegatten erschwert und nach Annahme der Erbschaft nach dessen Tod ganz ausgeschlossen (§ 2271 BGB). Wegen der ab dann eintretenden erbrechtlichen Bindung, die der beim Erbvertrag ähnelt, gelten die §§ 2287 f. BGB entsprechend. 6

2. Rechtsgeschäftliche Grundlagen und Bestimmungszweck

Das Gesetz bietet mit dem gemeinschaftlichen Testament eine besondere Form der Nachlassplanung mit formellen und materiellen Privilegien, zu der sich erst die II. Kommission mit Rücksicht auf die »Gewohnheit in weiten Kreisen« entschlossen hatte.[4] Zentrales Element zur Durchsetzung der gemeinschaftlich intendierten Ordnung und Planung des gemeinschaftlichen Vermögens über den Tod hinaus sind dabei die sog. »wechselbezüglichen Verfügungen« i.S. von § 2270 BGB. Die genaue rechtliche Einordnung derselben bereitete schon bei der Gesetzgebung Schwierigkeiten. Der sie kennzeichnende Wirkungszusammenhang wurde mit der Formel des »**Zusammenhangs im Motiv**« beschrieben.[5] Wegen der mit dem gemeinschaftlichen Testament verbundenen Bindungswirkung konnte man sich andererseits aber von der Vertragsvorstellung nicht ganz lösen, weshalb man von »Vertragselementen in dem gemeinschaftlichen Testament« sprach;[6] dies wurde auch vom Reichsgericht betont.[7] Auch später versuchte man nach den Kategorien des Austauschvertrags die Besonderheiten der wechselbezüglichen Verfügungen zu erklären: Jeder Ehegatte verspräche für den Fall seines Todes eine Zuwendung an den anderen oder einen Dritten; § 2270 Abs. 1 BGB sichere die synallagmatische Verknüpfung; es bestehe ein Verhältnis von »do ut des«.[8] Der Bindungsgrund soll in diesem Gegenseitigkeitsverhältnis liegen. Dieses Verständnis wird aber den üblicherweise beim gemeinschaftlichen Testament zwischen Ehegatten bestehenden besonderen, von der ehelichen Lebens- und Interessengemeinschaft geprägten persönlichen Verhältnissen nicht gerecht, auch wenn es heute noch nachwirkt.[9] Denn hier stehen sich nicht zwei fremde Personen gegenüber, die beide auf jeweils einseitige Interessenverfolgung zur Sicherung einer möglichst großen »Gewinnmaximierung« mittels eines »good deals« aus sind. 7

---

3 Zum Begriff § 2270 BGB Rdn. 1, 10 ff.

4 Mugdan Protokolle 426.

5 *Mugdan* Protokolle V 447.

6 *Mugdan* Protokolle V 725, 726; *Proske*, Die Unterschiede zwischen einem gemeinschaftlichen Testament und einem Erbvertrag (1905) § 19 sieht auch im gemeinschaftlichen wechselbezüglichen Testament einen gegenseitigen Vertrag, der dem Erbvertrag gleichkomme; vgl. auch *Battes*, Gemeinschaftliches Testament und Ehegattenerbvertrag, S. 58 f.; *Buchholz* Rpfleger 1990, 45, 48 f.

7 RGZ 6, 174; 25, 138.

8 *Jakobs*, FS Bosch (1976) S. 447, 455; ebenso BayObLG NJW-RR 1999, 878 = ZEV 1999, 227.

9 § 2270 BGB Rdn. 4 ff., 10.

8 Auch wenn sicherlich solche **Teilhabe- oder Äquivalenzgedanken**, dass jeder Leistung eine Gegenleistung entsprechen und gemeinsames Vermögen leistungsgerecht aufgeteilt werden soll, der Errichtung eines gemeinschaftlichen Testaments zugrunde liegen können, so ist dies üblicherweise nicht alles. Ausgangssituation ist vielmehr eine »apriorische Willensübereinstimmung«,[10] die auf eine gemeinsame familiäre Vermögensplanung gerichtet ist, und daher zu einem Nebeneinander von vertragsähnlichen und außervertraglichen Bindungsgründen führt, die *Battes* mit den untereinander konkurrierenden Aspekten des »**Äquivalenzprinzips**« und »**Solidaritätsprinzips**« umreißt.[11] Aus soziologischer Sicht lässt sich feststellen, dass zwischen Ehegatten nach Fortgang des jüngsten Kindes aus der häuslichen Gemeinschaft eine gewisse »Alterssolidarisierung« entsteht und verwirklicht wird.[12] Aber auch sonst werden die Beziehungen der Ehegatten zueinander wie auch zu ihren Verwandten nicht allein vom Gesichtspunkt des »Gebens und Nehmens« bestimmt, sondern gerade unter den Aspekten der notwendigen Versorgung und Sicherung des Altersunterhalts, aber auch des persönlichen »Miteinanderauskommens«, des Mögens oder nicht Leidenkönnens und anderen Motiven.[13] Aus dieser Motivationslage – und insoweit hat die II. Kommission dies richtig erkannt – fließt die gemeinsame Vermögensplanung, deren Sicherung gerade die Bindung durch wechselbezügliche Verfügungen erfordert. **Bindungsgrund** ist daher nach zutreffender Ansicht der zur Durchsetzung dieser Ziele notwendige **Vertrauensschutz**, dass der eine Ehegatte zu Lebzeiten des anderen seine letztwillige Vermögensdisposition nicht heimlich widerruft und nach dem Tod des anderen grundsätzlich daran gebunden ist.[14]

9 Wird die wechselbezügliche Verfügung, die zu der in § 2271 BGB näher umschriebenen Bindung führt, aber allein durch diesen »Zusammenhang im Motiv« gekennzeichnet, ergibt sich daraus die weitreichende Schlussfolgerung, dass – anders als bei den Verträgen, sogar anders als beim Erbvertrag – sich diese **Bindung nicht** auf einer entsprechenden **vertraglichen Einigung** gründet, sondern bereits auf diesem gemeinschaftlichen Motiv.[15] Dies entspricht auch den tatsächlichen Verhältnissen und darin liegt sowohl die eigentliche Rechtfertigung wie aber auch die **Gefahr** des eigenhändigen gemeinschaftlichen Testaments (dazu Rdn. 47 f.).

II. Rechtsentwicklung

10 Eingehend hierzu Rn. 1 ff. der 2. Aufl. und etwa Staudinger/*Kanzleiter* Vorbem zu §§ 2265 ff. Rn. 1 ff.

III. Abgrenzungsfragen: Wesen des gemeinschaftlichen Testaments; Theorienstreit

1. Regelungsdefizit

11 Die Frage nach dem Wesen des gemeinschaftlichen Testaments hat erhebliche praktische Bedeutung, weil das BGB die Form des gemeinschaftlichen Testaments in § 2267 BGB nur unvollkommen geregelt hat, nämlich nur für das eigenhändige gemeinschaftliche Testament und nur durch Zulassung einer erleichterten Form. Demgegenüber weist das gemeinschaftliche Testament im Vergleich zum einfachen Testament wesentliche Besonderheiten auf.[16] Nicht hilfreich für die Beantwortung der Frage, was ein gemeinschaftliches Testament ausmacht, ist Art. 3 Abs. 1 Buchst. c) EuErbVO, der unter einem gemeinschaftlichen Testament ein von zwei oder mehr Personen in einer einzigen Urkunde errichtetes Testament versteht. Die Definition dient zum einen nur für Zwecke der Ver-

10 *Pfeiffer* FamRZ 1993, 1266, 1267 f.

11 Gemeinschaftliches Testament und Ehegattenerbvertrag, S. 25, 220 ff., 242 ff.

12 *Buchholz*, Erbfolge und Wiederverheiratung (1986) S. 33; *Langenfeld* NJW 1996, 2604.

13 Vgl. etwa *Buchholz* Rpfleger 1990, 49.

14 So bereits KG JFG 10, 70; 17, 47; *Buchholz* Rpfleger 1990, 49; *Pfeiffer* FamRZ 1993, 1266, 1267 f.; eingehend § 2270 BGB Rdn. 4 ff.

15 *Pfeiffer* FamRZ 1993, 1266, 1274; vgl. auch die Fälle von OLG München NJW-RR 2011, 227 = FamRZ 2011, 679 (Rn. 11); OLG München NJW-RR 2011, 1020, 1022 = FamRZ 2011, 1817 (Rn. 19).

16 S. Rdn. 1 ff.

ordnung (Art. 3 Abs. 1 Eingangssatz EuErbVO), zum anderen regelt die EuErbVO das materielle Recht nicht selbst.[17] Ausgangspunkt ist daher, dass beim gemeinschaftlichen Testament immer zwei Verfügungen von Todes wegen vorliegen; die Ehegatten verfügen zwar gemeinschaftlich, aber jeder für sich. Es stellt sich daher die Frage, was die »Klammer« i.S. einer Gemeinschaftlichkeit zwischen den zunächst selbständigen Verfügungen bildet, die es rechtfertigt, die besonderen Bestimmungen des gemeinschaftlichen Testaments anzuwenden.[18] Ein Rückgriff auf den **allgemeinen Sprachgebrauch** hilft für die Problemlösung nicht weiter. Denn danach wird darunter nur eine letztwillige Verfügung verstanden, die mehrere Personen gemeinschaftlich treffen. Dabei bleibt aber offen, ob es ausreicht, dass bloß der Wille zum gemeinschaftlichen Testieren vorhanden ist, oder ob die Gemeinschaftlichkeit der letztwilligen Verfügungen sich auch äußerlich in einer einheitlichen Urkunde manifestieren muss.[19] Allerdings sind damit die Eckpfeiler des Theorienstreits bereits im Wesentlichen festgelegt. Die Normalform des eigenhändigen gemeinschaftlichen Testaments und die des öffentlichen gemeinschaftlichen Testaments müssen aus dem Wesen des gemeinschaftlichen Testaments unter Heranziehung des § 2267 BGB erschlossen werden.

2. Theorien

Einigkeit besteht insoweit, als anerkannt ist, dass kennzeichnend für die Gemeinschaftlichkeit 12
der Verfügungen der Testierenden ein sog. **Errichtungszusammenhang** ist. Streit herrscht jedoch darüber, wie dieser zum Ausdruck gebracht sein muss. Hierzu haben sich im Laufe der Jahre verschiedene Grundanschauungen herausgebildet:[20]

a) Ältere objektive Theorie (früher h.M.)

Entscheidend sei die Errichtung in einer Urkunde (Grundsatz der Urkundeneinheit), wobei auch 13
mehrere Blätter oder Papierbögen als eine »einheitliche Urkunde« angesehen werden.[21] Diese Auffassung ist besonders vom RG vertreten worden, z.B. RGZ 72, 204: »Das Wesen des gemeinschaftlichen Testaments besteht darin, dass die letztwilligen Verfügungen mehrerer Personen in einer einzigen Urkunde errichtet werden (…) Es kommt dabei nicht wesentlich auf den Inhalt der Verfügungen, auf die Einheitlichkeit oder Gemeinschaftlichkeit des Errichtungsaktes oder auf die Absicht der Verfügenden an«. Gemeinschaftlichkeit wird nur als »formelles Kriterium« verstanden. Die Ansicht des RG wurde bekämpft vom KG,[22] ferner durch *v. Hippel*[23] und *Coing*[24] und wird heute ganz überwiegend als zu formalistisch abgelehnt.[25] Dagegen hielten das OLG Koblenz[26] und bis zu einem gewissen Grad auch *Gossrau*[27] an der Rechtsprechung des RG fest. Keinen neuen Auftrieb hat die klassische objektive Theorie zu Recht durch die Definition des Art. 3 Abs. 1 Buchst. c) EuErbVO erhalten. Die Definition gilt ausweislich des Eingangssatzes nur für Zwecke der Verordnung. Die Bestimmungen des BGB über das gemeinschaftliche Testament sind zudem über einhundert Jahre älter als die EuErbVO und es ist auch nicht das Anliegen der Verordnung, das nationale materielle Recht zu regeln.[28]

---

17 Ausf. Rdn. 13; BeckOGK/*Braun,* Stand 01.03.2019, § 2265 Rn. 8.1.

18 *Ebenroth* Rn. 214 ff.

19 MünchKomm/*Musielak* Vor § 2265 Rn. 4.

20 Zum Streitstand und zum folgenden *Pfeiffer* FamRZ 1993, 1266, 1269 f.; *M. Klein,* Das gemeinschaftliche Testament, S. 148 ff.

21 Treffend *Lange/Kuchinke* § 24 III 1: »Einheit der Papierunterlage«.

22 JFG 5, 157 = HRR 1928 Nr. 718; vgl. bereits KGJ 35 A 93, 97 (Betonung der Gemeinschaftlichkeit des Errichtungsakts).

23 Formalismus und Rechtsdogmatik (1935) S. 131 ff.

24 JZ 1952, 611; *Kipp/Coing* § 33 II 2.

25 BayObLG FamRZ 1991, 1485; BayObLG NJW-RR 1992, 1356; BeckOGK/*Braun,* Stand 01.03.2019, § 2265 Rn. 8; MünchKomm/*Musielak* Vor § 2265 Rn. 5, 12; Palandt/*Weidlich* Einf. v. § 2265 Rn. 2.

26 NJW 1954, 1648.

27 NJW 1948, 365.

28 BeckOGK/*Braun,* Stand 01.03.2019, § 2265 Rn. 8.1.

b) Neuere objektive Theorie

14 Die Anhänger der neueren objektiven Theorie fordern ebenfalls die grundsätzlich äußerliche Erkennbarkeit der Gemeinschaftlichkeit der Verfügungen.[29] Die Gemeinschaftlichkeit drücke sich im Willen zur Verbindung der Verfügungen beider Ehegatten aus, was voraussetze, dass jeder die Verfügung des anderen zumindest kennt. Ein Wille zu einer inhaltlichen Übereinstimmung wird nicht gefordert. Die Gemeinschaftlichkeit ist somit auf etwas »Formales« gerichtet, nämlich auf die gemeinschaftliche Erklärung eines von jedem Ehegatten grundsätzlich selbst gebildeten Willens. Dieser Errichtungszusammenhang stelle **keine rechtsgeschäftliche Erklärung** dar, sondern nur einen äußeren Tatbestand, an den das Gesetz bestimmte Rechtsfolgen knüpft.[30] Das Vorliegen desselben sei aber nicht wie der Erblasserwille mit den allgemeinen Methoden der Testamentsauslegung zu ermitteln. Vielmehr gehe es bei der Prüfung des Errichtungszusammenhangs um eine Frage der Erklärungsform, weshalb der Wille des gemeinschaftlichen Testierens auch äußerlich als solcher erkennbar geworden sein muss. Immer aber sei zu verlangen, dass dem Testament selbst deutliche Hinweise auf den Errichtungszusammenhang zu entnehmen sein müssen. Die Einheit der Urkunde wird aber – anders als bei der früheren objektiven Theorie – nur als eine von mehreren Möglichkeiten zur Begründung der Gemeinschaftlichkeit angesehen. Andere Anzeichen, die sich aus der Formulierung des Textes ergeben (»Wir-Form«,[31] inhaltliche Bezugnahmen, Mitunterzeichnung durch den anderen Ehegatten), können genauso den erforderlichen Errichtungszusammenhang begründen. Bleiben Zweifel an der Gemeinschaftlichkeit, können diese auch mittels außerhalb der Urkunde liegender Tatsachen (Aufbewahrungsort etc.) geklärt werden, können aber den erforderlichen Hinweis auf den Errichtungszusammenhang im Testament selbst nicht ersetzen.

c) Streng subjektive Theorie

15 Sie hält allein den Willen der Ehegatten zur gemeinschaftlichen Testamentserrichtung für maßgeblich, wobei es für sie gleichgültig ist, wo und wie dieser seinen Ausdruck findet.[32] Insbesondere wird keine Andeutung des Willens zur gemeinschaftlichen Testamentserrichtung in der Testamentsurkunde gefordert. Inhaltliche Bezugnahme, räumlicher, zeitlicher, örtlicher und inhaltlicher Zusammenhang der Erklärungen in Verbindung mit der Lebenserfahrung können als Indizien[33] oder gar als widerlegliche Vermutungen hierfür dienen.[34] Kenntnis der Verfügung des Anderen ist aber auch hier erforderlich, z.T. wird auch eine Billigung derselben verlangt.[35] Die von der h.M. geforderte Andeutung des Willens zum gemeinschaftlichen Testieren wird teilweise selbst aus Gründen der Rechtssicherheit für nicht erforderlich gehalten, weil der Gefahr, dass dies einfach unterstellt werden könnte, im Rahmen der Beweiswürdigung genügt werden kann. Vielmehr führe die h.M. zu einer Verlagerung der prozessrechtlichen Beweisfragen auf die materiell-rechtliche Ebene.[36]

d) Vermittelnde Auffassungen

16 Daneben lassen sich mehrere vermittelnde Auffassungen unterscheiden:[37]

29 So MünchKomm/*Musielak* Vor § 2265 Rn. 7, 11.

30 *Muscheler* I Rn. 2069; MünchKomm/*Musielak* Vor § 2265 Rn. 8; so jetzt auch NK-BGB/*Gierl* § 2265 Rn. 7 ff.

31 OLG München ZFE 2009, 280 = ErbR 2009, 259 (Rn. 99).

32 Gegenwärtige Vertreter *Battes,* Gemeinschaftliches Testament und Ehegattenerbvertrag, S. 286; Staudinger/*Kanzleiter* Vorbem zu §§ 2265 ff Rn. 18 f., mit ausführlichem Beispielskatalog in Rn. 22; *Lange/Kuchinke* § 24 III 2 c; NK-BGB/*Radlmayr* 4. Aufl. 2014 § 2265 Rn. 7 ff.

33 *Battes,* Gemeinschaftliches Testament und Ehegattenerbvertrag, S. 286.

34 OGH BrZ NJW 1949, 304 = OGHZ 1, 333 im Anschluss an OLG Freiburg NJW 1949, 80.

35 Staudinger/*Kanzleiter* Vorbem zu § 2265 ff Rn. 18; *Lange/Kuchinke* § 24 III 2 c im Anschluss an KGJ 29 A 57; 35 A 100.

36 NK-BGB/*Radlmayr* 4. Aufl. 2014 § 2265 Rn. 9.

37 Differenzierung nach *Pfeiffer* FamRZ 1993, 1266, 1270.

aa) Vereinigungstheorie

Sowohl subjektive wie auch objektive Elemente können die Gemeinschaftlichkeit des Errichtungsakts begründen: *entweder* ist eine gemeinschaftliche Urkunde erforderlich oder *bei getrennten Urkunden* ein in beiden Urkunden äußerlich erkennbarer *Wille* zur Gemeinschaftlichkeit.[38] 17

bb) Subjektive Theorie mit objektivem Korrektiv

Entscheidend sei zwar der Wille zur Gemeinschaftlichkeit; dieser müsse aber in den Urkunden äußerlich erkennbar sein.[39] Mögliche Hinweise hierfür seien eine einheitliche Urkunde oder eine »Wir-Form«.[40] § 2267 BGB wird lediglich als Formerleichterung verstanden.[41] Eine Abwandlung dieser Auffassung verlangt aber, dass der Wille zur gemeinschaftlichen Errichtung in der Testamentsurkunde entsprechend den Grundsätzen der sog. *Andeutungstheorie*[42] einen hinreichenden Ausdruck gefunden hat (sog. **gemäßigt subjektive Theorie**)[43] mag sich der volle Beweis auch erst durch Umstände außerhalb der Urkunde ergeben.[44] 18

cc) Spaltungstheorie

Sie versteht den Begriff des gemeinschaftlichen Testaments i.S. von § 2267 BGB zunächst objektiv, verfolgt dann aber eine subjektive Auslegung im Rahmen der §§ 2270 f. BGB und nimmt ein gemeinschaftliches wechselbezügliches Testament nur bei Vorliegen einer gemeinschaftlichen Willensrichtung an.[45] 19

e) Bewertung der Theorien

Einigkeit besteht zunächst hinsichtlich aller heute noch vertretenen Auffassungen darin, dass einerseits die bloße Urkundeneinheit für ein gemeinschaftliches Testament nicht genügt. Andererseits muss keine Gemeinschaftlichkeit des sachlichen Inhalts i.S. einer inhaltlichen Abstimmung der zu beurteilenden letztwilligen Verfügungen vorliegen, um zur Annahme eines gemeinschaftlichen Testaments zu kommen, mag eine solche Willensübereinstimmung auch die Regel sein.[46] Entscheidend ist vielmehr der Wille zur gemeinschaftlichen Testamentserrichtung, der gleichsam die Klammer um die beiden, u.U. auch räumlich getrennten Verfügungen der Ehegatten bildet. Hierfür muss aber jeder Ehegatte die Verfügung des anderen nur kennen, um sich darauf einstellen zu können. 20

Daher ist im Ansatz zunächst der **subjektiven Theorie** zu folgen. Wie immer bei der Feststellung subjektiver, innerer Tatsachen taucht jedoch das Problem auf, wie dieser Wille in zuverlässiger, objektivierbarer Weise spätestens in einem Prozess- oder Erbscheinerteilungsverfahren festzustellen ist. Wer aber – wie die mehr objektiv ausgerichteten Theorien – von vornherein allein auf das 21

38 RGRK-BGB/*Johannsen* § 2265 Rn. 7; BGHZ 9, 113 = NJW 1953, 698 hat den Streit zwischen objektiver und subjektiver Theorie ausdrücklich offen gelassen, kann aber wohl in dieser vermittelnden Richtung verstanden werden.

39 So 2. Aufl. Rn. 7; *Ebenroth* Rn. 216; *Kipp/Coing* § 33 II 2; wohl auch Erman/*M. Schmidt* Vorbem. vor § 2265 Rn. 1.

40 So bei BayObLG FamRZ 1993, 240 = NJW-RR 1992, 1356.

41 BayObLG FamRZ 1991, 1485, 1486; *Pfeiffer* FamRZ 1993, 1266, 1270.

42 *Foerste* DNotZ 1993, 84; MünchKomm/*Leipold* § 2084 Rn. 14; Palandt/*Weidlich* § 2084 Rn. 4.

43 Vertreten von *M. Klein*, Das gemeinschaftliche Testament, S. 152 ff.; Damrau/Tanck/*Klessinger*, Erbrecht, Rn. 11; BeckOK/*Litzenburger* § 2265 Rn. 5; *Muscheler* I Rn. 2069; *Schlüter/Röthel* § 22 Rn. 9; Palandt/*Weidlich* Einf. v. § 2265 Rn. 2; Soergel/*M. Wolf* Rn. 7; wohl auch *Lange*, Erbrecht, § 16 Rn. 71 ff.; LG Kiel SchlHA 2002, 118; wohl auch BGH NJW 1977, 1728 = FamRZ 1977, 390; OLG Braunschweig ZEV 2007, 178 m. Anm. *Sticherling*; vgl. auch nachstehend Rdn. 21.

44 OLG Frankfurt OLGZ 1978, 267; OLG Hamm OLGZ 1979, 266.

45 *Jakobs*, FS Bosch (1976) S. 447.

46 MünchKomm/*Musielak* Vor § 2265 Rn. 9.

Vorliegen objektiver Indizien für diesen Willenszusammenhang abstellt, überträgt diese zunächst prozessrechtliche Problematik auf die materiell-rechtliche Ebene und verengt dadurch zu sehr die Fragestellung, was bereits aus konzeptionellen Gründen abzulehnen ist.[47] Es stellt sich sodann die Frage, ob der **Wille** für den gemeinschaftlichen Errichtungsakt in der **Testamentsform** erklärt werden muss, was dann letztlich vom Standpunkt der h.M. zur Testamentsauslegung zur Anwendung der **Kriterien der Andeutungstheorie** führt. Ist dieser Wille kein rechtsgeschäftlicher, sondern ein rein tatsächlicher,[48] so kann die Einhaltung der rechtsgeschäftlichen Form für die Testamentserrichtung nicht verlangt werden.[49] Der gemeinschaftliche Wille, der sich zunächst nur auf die Gemeinschaftlichkeit des Errichtungsakts bezieht, ist aber zugleich eine notwendige, wenn auch nicht hinreichende Voraussetzung für den Willen zur Wechselbezüglichkeit der Verfügungen i.S. von § 2270 BGB. Nur ein rechtsgeschäftlicher Wille vermag die Rechtsfolgen zu rechtfertigen, die das Gesetz an das gemeinschaftliche Testament bzw. die damit oft einhergehende Bindungswirkung knüpft.[50] Dies spricht für die **rechtsgeschäftliche Qualität**.[51] Dass der Erklärende sich im Einzelfall nicht über die Tragweite der Willenserklärung und den objektiv geäußerten Rechtsbindungswillen im Klaren war, ist für die Annahme einer rechtsgeschäftlichen Erklärung zunächst unbeachtlich und vermag allenfalls eine Anfechtung nach § 2078 BGB zu begründen.[52] Dass an sich parteiautonome Regelungen, die auf rechtsgeschäftlichem Willen beruhen, durch ergänzende Rechtssätze oder Auslegungsgrundsätze, also heteronome Wertungen, vervollkommnet werden, entspricht auch sonst unserer Rechtsordnung.[53] Dies führt nicht zu einer Umqualifizierung des ganzen Erklärungstatbestands weg von einer rechtsgeschäftlichen Erklärung,[54] sondern nur zur Frage, ob hinsichtlich solcher gesetzlich angeordneter zusätzlicher Rechtsfolgen eine Irrtumsanfechtung möglich ist.[55] Dabei muss der (irrtumsbehaftete) Wille zum gemeinschaftlichen Testieren, der die Grundlage für das Eintreten der erbrechtlichen Bindung ist, für sich gesehen anfechtbar sein, da eine wesentliche Rechtsfolge der Erklärung verkannt wird.[56]

22 Wer aber im Errichtungszusammenhang einen rein äußeren Tatbestand ohne eigene rechtsgeschäftliche Erklärung sieht, an den das Gesetz vielmehr allein bestimmte rechtliche Folgen knüpft,[57] atomisiert den einheitlichen **Geschäftswillen** der Testierenden in eine rechtsgeschäftliche Willenserklärung, die die eigentlich sachliche Verfügung von Todes wegen enthält, und einen damit verbundenen Willen zum gemeinschaftlichen Testieren, der keine rechtsgeschäftliche Qualität haben soll. Dies überzeugt nicht, weil gerade der Wille zum gemeinschaftlichen Testieren Voraussetzung für die Wechselbezüglichkeit und die daraus resultierende Bindungswirkung des gemeinschaftlichen Testaments ist. Dieser Wille zur gemeinschaftlichen Errichtung unterscheidet das gemeinschaftliche Testament vom einfachen, und das Gesetz stellt die beiden Testiermöglichkeiten für eine Nachlassplanung den Beteiligten zur freien Entscheidung zur Verfügung. Welche sie wählen, beruht auf ihrem ureigensten Entschluss. Sie entscheiden, welche Form der letztwilligen Verfügung sie

---

47 *Pfeiffer* FamRZ 1993, 1266, 1270.

48 So die überwiegende Meinung, BayObLGZ 2002, 128, 134; OLG München NJW-RR 2011, 227 = FamRZ 2011, 679 (Rn. 11); NJW-RR 2011, 1020, 1022 = FamRZ 2011, 1817 (Rn. 19); PWW/*Avenarius* § 2265 Rn. 3; *Battes,* Gemeinschaftliches Testament und Ehegattenerbvertrag, S. 287, auch aus rechtsvergleichender Sicht; NK-BGB/*Gierl* § 2265 Rn. 9; *M. Klein,* Das gemeinschaftliche Testament, S. 154; *Lange*, Erbrecht, § 16 Rn. 74; *Muscheler* I Rn. 2069; MünchKomm/*Musielak* Vor § 2265 Rn. 8; von rechtsgeschäftsähnlicher Willensäußerung spricht Staudinger/*Kanzleiter* Vorbem zu §§ 2265 ff Rn. 18.

49 BeckOGK/*Braun,* Stand 01.03.2019, § 2265 Rn. 10.2; *Pfeiffer* FamRZ 1993, 1266, 1270.

50 BeckOGK/*Braun,* Stand 01.03.2019, § 2265 Rn. 11, 17; s. auch Rdn. 22.

51 Firsching/Graf/*Krätzschel*, Nachlassrecht, § 11 Rn. 3; zust. jetzt Palandt/*Weidlich* Einf v § 2265 Rn. 2.

52 Zust. Damrau/Tanck/*Klessinger*, Erbrecht, Rn. 11.

53 Wie auch *Battes,* Gemeinschaftliches Testament und Ehegattenerbvertrag, S. 248 ff. einräumt.

54 So aber Staudinger/*Kanzleiter* Vorbem zu §§ 2265 ff Rn. 18.

55 Hierzu *J. Mayer*, Der Rechtsirrtum und seine Folgen im bürgerlichen Recht (1989) S. 168 ff.

56 Für Anfechtungsmöglichkeit analog § 2078 immerhin Staudinger/*Kanzleiter* Vorbem zu §§ 2265 BGB Rn. 21; zu Unrecht zweifelnd BayObLGZ 2002, 128, 135.

57 So etwa MünchKomm/*Musielak* Vor § 2265 Rn. 8.

wollen und führen dadurch die gewollte Rechtsfolge herbei, was für das privatautonom gestaltete Rechtsgeschäft kennzeichnend ist. Die rechtsgeschäftliche Qualität des Willens wird auch in den Fällen mit **Auslandsberührung** deutlich:[58] Da viele ausländische Rechtsordnungen das gemeinschaftliche Testament nicht kennen, müssen die Ehegatten die Möglichkeit haben, sich dann gegen das gemeinschaftliche Testament zu entscheiden, um ihrem letzten Willen auch unter der Geltung des bindungsfeindlichen ausländischen Erbrechts Wirksamkeit zu verschaffen. Wer aber allein auf das Vorliegen eines tatsächlichen Willens zum gemeinschaftlichen Testieren abstellt, nimmt den Ehegatten die Möglichkeit der bewussten rechtsgeschäftlichen »Abwahl« des gemeinschaftlichen Testaments und gelangt allein aufgrund des unreflektierten »tatsächlichen Testierwillens« zum gemeinschaftlichen Testament und damit zu einer u.U. unwirksamen Verfügung. Die gleichen Überlegungen sprechen gegen die streng subjektive Theorie, die die Notwendigkeit eines rechtsgeschäftlichen Willens deswegen leugnet, weil es dabei allein um die Frage des »Obs« der gemeinschaftlichen Errichtung gehe.[59] Auch führt das bloße Abstellen auf eine objektive Erklärungsform oder einen rein (natürlichen?) subjektiven Willen zum gemeinschaftlichen Testieren zu einer Trennung zwischen der Formfrage und der nach dem Vorliegen einer wechselbezüglichen Verfügung.[60] Diese Unterscheidung ist gekünstelt und hat Probleme, die nur als rechtsgeschäftliche Erklärung deutbare »Abwahl« einer wechselbezugsfähigen Verfügung einzuordnen.

Mit den typischen **geschäftsähnlichen Handlungen**, wie Mahnungen und Fristsetzungen, bei 23
denen die Rechtsfolgen kraft Gesetzes eintreten,[61] ist der Wille zum gemeinschaftlichen Testieren nicht zu vergleichen.[62] Der Wille zur gemeinschaftlichen Testamentserrichtung ist als untrennbarer Teil des Willens zur Verfügung von Todes wegen als **rechtsgeschäftlicher** zu qualifizieren und muss entsprechend den Regeln der Andeutungstheorie festgestellt werden können. Dies führt auch zu der erforderlichen **Rechtssicherheit,**[63] die über allem Theorienstreit nicht vergessen werden sollte. Daher ist der **gemäßigt subjektiven Theorie zu folgen**. Irrtümer über den eintretenden Bindungswillen berechtigen daher nur zur Anfechtung.[64]

Dementsprechend muss der Wille der Ehegatten zur Errichtung eines gemeinschaftlichen Testa- 24
ments dem Testament wenigstens iS der **Andeutungstheorie** zu entnehmen sein, um berücksichtigt werden zu können. Allein außerhalb der Urkunde liegende Umstände, wie der äußere Errichtungszusammenhang oder die Verwahrung der Urkunden, genügen nicht.[65] Ist dagegen der Wille zum gemeinschaftlichen Testieren andeutungsweise der Urkunde zu entnehmen, so können auch Umstände außerhalb der Urkunde zur Auslegung herangezogen werden.[66] Auch *Nichtehegatten* können in Unkenntnis der Rechtslage einen solchen Willen haben, jedoch sind an den Nachweis des Willens zur Errichtung eines gemeinschaftlichen Testaments dann höhere Anforderungen zu stellen.[67]

---

58 Instruktiv dazu KG FamRZ 2001, 794, 795 = ZEV 2000, 512; vgl. Rdn. 26.

59 So NK-BGB/*Radlmayr* 4. Aufl. 2014 § 2265 Rn. 8.

60 So offenbar *Jakobs,* FS Bosch (1976) S. 447, 453 ff.; zurückhaltender *Lange/Kuchinke* § 24 III 2 c.

61 Vgl. etwa Palandt/*Ellenberger* Überbl. vor § 104 Rn. 6.

62 A.M. Staudinger/*Kanzleiter* Vorbem zu §§ 2265 ff Rn. 18; wie hier BeckOGK/*Braun,* Stand 01.03.2019, § 2265 Rn. 17.

63 Ebenfalls betont etwa von OLG Hamm OLGZ 1979, 262; Groll/Steiner/*Edenfeld*, Praxis-Handbuch Erbrechtsberatung Rn. 11.12; *Pfeiffer* 1271; Palandt/*Weidlich* Einf. vor § 2265 Rn. 2; Soergel/*M. Wolf* Rn. 7.

64 Vgl. BGH FamRZ 1991, 52, 54 bei der Lockerung der Bindung; zweifelnd BayObLGZ 2002, 128, 135.

65 H.M., etwa BayObLG FamRZ 2001, 1563, 1564; KG FamRZ 2001, 794, 795 = ZEV 2000, 512; OLG München FamRZ 2008, 2234 = ZEV 2008, 485; PWW/*Avenarius* § 2265 Rn. 3; Burandt/Rojahn/*Braun* BGB § 2265 Rn. 10; MünchKomm/*Musielak* Vor § 2265 Rn. 11; DNotI-Report 2014, 41, 42 f.; a.M. etwa Staudinger/*Kanzleiter* Vorbem zu §§ 2265 ff Rn. 19.

66 Palandt/*Weidlich* Einf. vor § 2265 Rn. 2.

67 BayObLG FamRZ 2001, 1563, 1564; Staudinger/*Kanzleiter* Vorbem zu §§ 2265 ff Rn. 23 aE.

3. Sukzessive Errichtung eines gemeinschaftlichen Testaments

25 Fordert man in Übereinstimmung mit der vorstehend vertretenen Auffassung, dass ein gemeinschaftlicher Wille zur Testamentserrichtung vorliegen muss, so ist eine sukzessive Testamentserrichtung möglich, indem ein Ehegatte zunächst nur allein ein Testament errichtet, aber die *Möglichkeit* eines *späteren Beitritts* des anderen *in Betracht* zieht und daher in seinen Geschäftswillen *einbezieht* und dieser Wille im Zeitpunkt des Beitritts des anderen Ehegatten noch fortbesteht.[68] Die gleichzeitige Errichtung ist nicht notwendig, ein zeitlicher Abstand zwischen den beiden Verfügungen ist für sich genommen nicht schädlich.[69] Freilich darf der nachträgliche Beitritt nicht Jahre oder Jahrzehnte später erfolgen.[70] Je größer der Abstand ist, desto geringer ist die Wahrscheinlichkeit, dass der Errichtung die erforderliche gemeinschaftliche Abstimmung zugrunde lag,[71] und desto mehr bedarf die Annahme einer Wechselbezüglichkeit einer besonderen Begründung.[72] Nach dem Tod des einen Ehegatten kann der nachträgliche Beitritt nicht mehr erfolgen, da bereits mit dem ersten Erbfall die erbrechtlichen Verhältnisse festliegen müssen.[73] Kein gemeinschaftliches Testament kann auch mehr entstehen, wenn zunächst der eine Ehegatte allein ohne einen solchen Willen zur gemeinschaftlichen Testamentserrichtung testiert, und sich erst später der andere Ehegatte diesem Testament aufgrund eines später gefassten Entschlusses anschließt (sog. »nachträgliche Vergemeinschaftung«).[74] Denn dann läge anfänglich ein einseitiges Testament vor, das sich nicht nachträglich ohne jede *Textänderung* in ein gemeinschaftliches mit der damit verbundenen Bindungswirkung verwandeln kann, wenn sich nicht ein solcher Wille von Anfang an zumindest im Wege der Auslegung unter Beachtung der *Andeutungstheorie* ermitteln lässt. Da der Wille zur Gemeinschaftlichkeit rechtsgeschäftliche Qualität hat (s. Rdn. 21), ist dies die notwendige Konsequenz.[75] Zum fehlgeschlagenen Beitritt s. § 2265 BGB Rdn. 17.

4. Rechtsprechung zum Vorliegen eines gemeinschaftlichen Testaments

26 Das BayObLG hat in mehreren Entscheidungen betont, dass der Wille zur gemeinschaftlichen Testamentserrichtung im Inhalt der Urkunde und damit formgerecht zum Ausdruck kommen müsse.[76] Es folgt damit der gemäßigt subjektiven Theorie, die verlangt, dass der Wille zur Gemeinschaftlichkeit der Urkunde i.S. der **Andeutungstheorie** entnommen werden muss, und die auch hier vertreten wird. Mit dieser Begründung wurde das Vorliegen eines gemeinschaftlichen Testa-

68 OLG München ZEV 2012, 153 = MittBayNot 2012, 300 m. Anm. *S. Braun*; dazu auch *Spanke* jurisPR-FamR 5/2012 Anm. 3; BeckOGK/*Braun*, Stand 01.03.2019, § 2265 Rn. 27 ff.; *Wellenhofer* JuS 2012, 649; s. auch § 2267 Rdn. 23.

69 OLG Zweibrücken ZEV 2002, 414; *Pfeiffer* FamRZ 1993, 1266, 1271; MünchKomm/*Musielak* Vor § 2265 Rn. 12; zu einem Testament mit »Eventualbeitritt« s. auch BayObLG FamRZ 1992, 353 m. Anm. *Gottwald*.

70 So aber bei KG RJA 16, 224 = KGJ 51, 82, 86, wo die Beitrittserklärung von der Ehefrau erst nach 7 Jahren abgegeben wurde; kritisch dagegen *Coing* JZ 1952, 611; *Kipp/Coing* § 33 II 2; *Lange/Kuchinke* § 24 III 2 c bei Fn. 83.

71 *Battes*, Gemeinschaftliches Testament und Ehegattenerbvertrag, S. 291.

72 *Lange/Kuchinke* § 24 III 2 f.; s. ähnlich *M. Klein*, Das gemeinschaftliche Testament ..., S. 178; § 2270 Rn. 7.

73 KGJ 35 A 100, 102.

74 BeckOGK/*Braun*, Stand 01.03.2019, § 2265 Rn. 28; *Pfeiffer* FamRZ 1993, 1266, 1271; Soergel/*M. Wolf* Rn. 6.

75 I.E. ebenso, wenn auch von anderem Ansatz aus *Battes*, Gemeinschaftliches Testament und Ehegattenerbvertrag, S. 292; Soergel/*M. Wolf* Rn. 6; MünchKomm/*Musielak* Vor § 2265 Rn. 10, der dies aus der Notwendigkeit der Erkennbarkeit des Errichtungszusammenhangs ableitet; a.M. *Lange/Kuchinke* § 24 III 2 d, weil der Wille im tatsächlichen Bereich liegt und somit jede Art der Willensäußerung genügt, ohne dass diese sich im Text manifestiert.

76 Ebenso im Ansatz bei einem gemeinschaftlichen Widerrufstestament das OLG Braunschweig ZEV 2007, 178 m. Anm. *Sticherling*.

ments zumindest aus der Sicht des nur begrenzt prüfenden Revisionsgerichts[77] in einem Fall abgelehnt, in dem sich Ehegatten auf gesonderten Blättern der gleichen Papiersorte, zeit- und wortgleich aber in der »Ich-Form« gegenseitig zu Erben einsetzten. Die dabei jeweils benutzte Wendung, dass über »unser gesamtes Hab und Gut« verfügt werde, soll nach Auffassung des Gerichts ebenso wenig zwingend für ein gemeinschaftliches Testament sprechen, wie die gemeinschaftliche Verwahrung. Demgegenüber kommt der Wille zum gemeinschaftlichen Testieren mE durch den Bezug auf das gemeinschaftliche Vermögen als Objekt der Testamentsverfügung in der Urkunde entsprechend den Anforderungen der Andeutungstheorie klar zum Ausdruck.[78] Vertretbar ist aber zumindest aus der Sicht der eingeschränkten Überprüfbarkeit durch das Rechtsbeschwerdegericht die Entscheidung, die die Annahme eines gemeinschaftlichen Testaments ablehnt, wenn zwar zeit- und wortgleich auf getrennten Urkunden eine gegenseitige Erbeinsetzung vorgenommen wurde, die auch sonst offenbar abgesprochen war, aber weder die Pluralform noch die Wendung »gemeinsam« verwendet wurde.[79] Zutreffend entschieden ist daher der Fall des Kammergerichts[80] in dem die Verhältnisse ähnlich lagen und jede Bezugnahme auf Verfügungen des jeweils anderen fehlte; zugleich zeigt dieser Fall mit **Auslandsberührung** (Testament Deutscher vor niederländischem Notar mit dem Verbot gemeinschaftlicher Testamente nach Art. 977, 1000 niederländisches BW), dass allein der Wille der Testierenden darüber entscheiden muss, ob ein gemeinschaftliches Testament vorliegt: Verbietet das zur Anwendung berufene ausländische Recht auch inhaltlich die Errichtung eines gemeinschaftlichen Testaments, muss es den Ehegatten möglich sein, ihre Verfügungen »abzukoppeln« und trotz äußerer Umstände und gemeinschaftlicher Motive der Vermögensplanung zu einseitigen Testamenten und damit wirksam zu machen.

Wenn dagegen in zwei zwar getrennten, aber gleichlautenden Erklärungen vom gleichen Tag unter 27
Benutzung der Formulierungen »wir« und »uns« Verfügungen von Todes wegen getroffen werden, die eine gegenseitige Erbeinsetzung sowie eine Schlusserbeneinsetzung über den »beiderseitigen Nachlass« enthalten, kann ein gemeinschaftliches Testament angenommen werden.[81] Ebenso, wenn die Ehegatten sich in getrennten Urkunden jeweils zu Alleinerben einsetzen und in gemeinschaftlich abgefassten, mit »**Zusatz** zum Testament« und »**Nachtrag** zum Testament« bezeichneten Urkunden weitere Verfügungen treffen.[82] Zu weitreichend aber das BayObLG,[83] wo ohne nähere Begründung in einer auf einem gesonderten Blatt unterschriebenen Beitrittserklärung i.S. von § 2267 BGB mit dem Inhalt: »Ich … schließe mich dem Testament meines Ehemannes … voll und ganz an« sogar eine eigene letztwillige Verfügung des Beitretenden gesehen wurde. Dagegen hat das OLG Zweibrücken ein gemeinschaftliches Testament in einem Fall abgelehnt, in dem zwar am selben Ort, jedoch in einem zeitlichen Abstand von fast 8 Wochen zwei getrennte Urkunden errichtet wurden, in denen die Formulierungen »ich« und »mein gesamtes Vermögen« verwendet wurden, die Testamente aber ansonsten nach Inhalt und Fassung im Wesentlichen die gleichen Verfügungen enthielten.[84]

Relativ unproblematisch ist dagegen die Annahme eines gemeinschaftlichen Testaments, wenn sich 28
Ehegatten in zwar **räumlich getrennten**, aber **auf einem Papierbogen** enthaltenen Verfügungen gegenseitig zu Erben einsetzen. Der beiderseitige Wille zur gemeinschaftlichen Testamentserrich-

77 BayObLG FamRZ 1991, 1485, 1486 = MDR 1991, 645.

78 Kritisch gegen die Entscheidung auch Staudinger/*Kanzleiter* Vorbem zu §§ 2265 Rn. 23; *Pfeiffer* FamRZ 1266, 1271 f.; Soergel/*M. Wolf* § 2265 Rn. 3.

79 BayObLG FamRZ 1993, 240 = NJW-RR 1992, 1356; ähnlich OLG Zweibrücken ZEV 2002, 414.

80 KG ZEV 2000, 512.

81 BayObLG FamRZ 1995, 1447, 1448 = BayObLGR 1995, 34; ähnlich LG Mainz MittRhNotK 2000, 347 bei inhaltlicher Abstimmung.

82 OLG München FamRZ 2008, 2234 = ZEV 2008, 485; dazu auch *Scharnberg* jurisPR-FamR 19/2008 Anm. 1 – im entschiedenen Fall m.E. zu weitgehend, da auch die »Nachträge« jeweils aus gesonderten Erklärungen beider Ehegatten bestanden.

83 NJW-RR 1993, 1157 = FamRZ 1994, 193.

84 ZEV 2002, 414.

tung manifestiert sich hier in der räumlichen und zeitlichen Zusammenfassung sowie darin, dass die Urkunde bereits 2 Tage später durch eine Schlusserbeneinsetzung ergänzt wurde.[85] Der Wille, mehrere für sich betrachtet bereits gemeinschaftliche Testamente zu einer einheitlichen Gesamtregelung zu verbinden, ist allerdings keine Frage des § 2265 BGB, sondern primär eine von § 2270 BGB.[86] Ein gemeinschaftliches Testament kann nicht nur in der Form des § 2267 BGB errichtet werden,[87] so dass beide Ehegatten ihre jeweiligen letztwilligen Verfügungen auch jeweils eigenhändig in derselben Urkunde niederlegen können.[88]

IV. Arten des gemeinschaftlichen Testaments

29 Man unterscheidet nach einer überlieferten, auf das Gemeine Recht zurückgehenden Einteilung:[89]

30 a) Das **gleichzeitige** oder **äußerliche gemeinschaftliche Testament** (testamentum mere simultaneum), d.h. Testamente, die nur äußerlich zu einem Testament zusammengefasst sind, inhaltlich aber nicht zusammenhängen, z.B. jeder Ehegatte setzt Kinder aus einer früheren Ehe zu Erben ein. Hier hat die gemeinschaftliche Errichtung nur insofern praktische Bedeutung, als die Ehegatten von den Formerleichterungen Gebrauch machen können, die das Gesetz für das gemeinschaftliche Testament gewährt.[90] Es ist in der Praxis selten;

31 b) das **gegenseitige** (reziproke) **Testament** (testamentum reciprocum oder mutuum): ein Testament, in dem sich die Erblasser gegenseitig zu Erben einsetzen oder sonst bedenken, vgl. § 2270 Abs. 2 BGB;[91]

32 c) das **wechselbezügliche** (oder gegenseitig abhängige) **Testament** (testamentum correspectivum):[92] ein Testament, bei dem alle oder einzelne Verfügungen des einen Erblassers im engen Zusammenhang mit Verfügungen des anderen getroffen sind und daher mit diesen stehen und fallen (§§ 2270, 2271 BGB).[93]

33 Ein gegenseitiges Testament wird in der Regel auch korrespektiv sein, zwingend ist dies aber nicht (s. § 2270 Abs. 2 BGB), wie es auch umgekehrt wechselbezügliche Verfügungen gibt, die nicht gegenseitig sind. Wenn nur die Verfügung des einen Erblassers von der des anderen abhängig ist, nicht aber umgekehrt, liegt einseitige Abhängigkeit vor.[94] Wechselbezügliche Verfügungen können auch in zwei getrennten Testamentsurkunden niedergelegt sein, vorausgesetzt, die Anforderungen an ein gemeinschaftliches Testament werden erfüllt.[95]

34 Zu wechselbezüglichen und einseitigen Verfügungen in einem gemeinschaftlichen Testament von Nichtehegatten s. § 2265 BGB Rdn. 7 ff.

V. Gemeinschaftliches Testament und Erbvertrag

1. Ähnlichkeiten

35 Gemeinschaftliches Testament und Erbvertrag weisen eine gewisse Ähnlichkeit auf. Bei beiden sind mehrere Urheber beteiligt: beim gemeinschaftlichen Testament die beiden Erblasser, beim Erb-

85 BayObLG DNotZ 1994, 791, 792 = FamRZ 1994, 191.
86 So der Fall OLG Saarbrücken FamRZ 1990, 1285, 1286.
87 S. § 2267 BGB Rdn. 1.
88 OLG Zweibrücken FamRZ 2001, 518 = Rpfleger 2000, 551; OLG Nürnberg FamRZ 2010, 1765 = ZEV 2010, 411 (Rn. 33 f.); eingehend hierzu § 2267 BGB Rdn. 29 ff.
89 BayObLGZ 1957, 376, 380; Staudinger/*Kanzleiter* Vorbem zu §§ 2265 ff Rn. 36 ff.; *v. Lübtow* I 480 ff.; *Muscheler* I Rn. 2076 ff.; MünchKomm/*Musielak* Vor § 2265 Rn. 13–16.
90 Vgl. *Kipp/Coing* § 32 III 2; eingehend zur geschichtlichen Entwicklung *Sticherling*, Schenkungen in fraudem testamenti, S. 72 ff.; *Muscheler* I Rn. 2077 spricht von einer »reinen Testiergemeinschaft«.
91 Zur geschichtlichen Entwicklung *Sticherling*, Schenkungen in fraudem testamenti, S. 76 f.
92 Zur geschichtlichen Entwicklung *Sticherling*, Schenkungen in fraudem testamenti, S. 77 ff.
93 RGZ 116, 148, 149; *Muscheler* I Rn. 2081.
94 Näheres s. § 2270 BGB Rdn. 17 ff.
95 Vgl. etwa BayObLG FamRZ 1995, 1447; a.M. 2. Aufl. Rn. 12.

vertrag zumindest ein Erblasser und ein »anderer Vertragschließender«, also der Vertragsgegner.[96] Ferner vermögen sowohl das gemeinschaftliche Testament als auch der Erbvertrag eine gewisse Bindung des oder der Erblasser an ihre Verfügungen zu erzeugen: das gemeinschaftliche Testament an die wechselbezüglichen Verfügungen, der Erbvertrag an die vertragsmäßigen Verfügungen (§§ 2271 Abs. 2, 2289 BGB). Wegen dieser Verwandtschaft der beiden Rechtsformen wendet die Rechtsprechung die beim Erbvertrag geltenden Vorschriften über die **Anfechtung** und über **Verfügungen unter Lebenden** (§§ 2281 ff., 2286 ff. BGB) auf unwiderruflich gewordene wechselbezügliche Verfügungen in gemeinschaftlichen Testamenten entsprechend an.[97]

2. Umdeutung, Grenzfälle

Wegen der Ähnlichkeiten kann eine gemeinschaftliche Verfügung von Ehegatten, die als **Erbvertrag** 36 **unwirksam** wäre, u.U. in ein gemeinschaftliches Testament umgedeutet werden und umgekehrt.[98] Allerdings ist zu berücksichtigen, dass beim gemeinschaftlichen Testament die Bindung erst mit dem Tod des erstversterbenden Ehegatten eintritt. Ist eine *frühere Bindung* nicht gewollt, scheidet die Umdeutung des Erbvertrags in ein gemeinschaftliches Testament aus; es kommen aber u.U. zwei Einzeltestamente in Betracht, verbunden durch einen **Wirksamkeitszusammenhang.**[99] Treffen beide Erblasser ausschließlich *einseitige Verfügungen* von Todes wegen (§ 2299 BGB), so liegt kein Erbvertrag vor (§§ 1941, 2278 BGB), aber tatsächlich zwei einseitige, nur äußerlich verbundene Testamente, so dass eine Umdeutung nach § 140 BGB nicht erforderlich ist.[100]

3. Gestaltungsempfehlungen

a) Unterschiede

Zwischen gemeinschaftlichem Testament und Erbvertrag bestehen aber auch einige Unterschiede. 37 Hierbei ergibt sich folgendes Bild:[101]

aa) Vorteile des Erbvertrags

Hierfür lassen sich aufzählen: 38

- In **persönlicher Hinsicht** sind **erbvertragsfähig** nicht nur Ehegatten oder gleichgeschlechtliche Lebenspartner i.S. von § 1 LPartG, wie beim gemeinschaftlichen Testament, sondern alle natürlichen Personen. Insbesondere bei Verlobten und Partnern einer nichtehelichen Lebensgemeinschaft besteht wegen der oft bereits gemeinsam geschaffenen Vermögenswerte die Notwendigkeit bindender Verfügungen von Todes wegen;
- **ein Testator** genügt: nur einer der Beteiligten muss Verfügungen von Todes wegen treffen, beim gemeinschaftlichen Testament aber beide Ehegatten oder Lebenspartner;
- **sofortige Bindung:** grundsätzlich ist der Erblasser schon zu Lebzeiten seines Vertragspartners gebunden und kann sich hiervon nur bei Vorliegen besonderer Voraussetzung (Anfechtung, vorbehaltenes oder vertragliches Rücktrittsrecht, Gegenstandsloswerden der Verfügung) wieder

96 Zur Terminologie s. Vor §§ 2274 ff. Rdn. 37.

97 Vgl. § 2271 BGB Rdn. 93 ff.; BeckOGK/*Braun,* Stand 01.03.2019, § 2265 Rn. 3.

98 Staudinger/*Kanzleiter* Vorbem zu §§ 2265 ff Rn. 35; MünchKomm/*Musielak* Vor § 2274 Rn. 17.

99 OLGR Frankfurt 2000, 217; zum Wirksamkeitszusammenhang (Bedingung, Anfechtbarkeit) s. § 2265 BGB Rdn. 11, § 2270 BGB Rdn. 6; § 2275 BGB Rdn. 5.

100 Zutreffend Staudinger/*Kanzleiter* Vorbem zu § 2274 Rn. 12; a.M. KGJ 28, A 16, 18 (ausdrücklich für § 140 BGB).

101 Vgl. *Basty* MittBayNot 2000, 73 ff.; Beck´sches Notarhandbuch/*Bengel/Dietz* C Rn. 204 ff.; *v. Dickhuth-Harrach,* FS Otte (2005) S. 55 ff.; Staudinger/*Kanzleiter* Vorbem zu §§ 2265 ff Rn. 25 ff.; Nieder/Kössinger/*R. Kössinger,* Handbuch der Testamentsgestaltung, § 14 Rn. 19 ff.; NK-BGB/*Kornexl* Vorbem. zu §§ 2274 ff. Rn. 3 ff.; *Langenfeld* NJW 1987, 1577, 1581, der im Wege des »Understatements« nur von »geringen« Unterschieden spricht; MünchKomm/*Musielak* Vor § 2265 Rn. 17 f.; jurisPK/*Reymann* § 2269 Rn. 10; *Schmucker* ZNotP 2006, 414, 415.

befreien. Demgegenüber besteht beim gemeinschaftlichen Testament die jederzeitige Widerrufsmöglichkeit des § 2271 Abs. 1 Satz 1 BGB, auf die nicht verzichtet werden kann, und nach dem Tod des erstversterbenden Ehegatten kann der Längerlebende seine Verfügungsfreiheit durch Ausschlagung des Zugewandten wiedererlangen, § 2271 Abs. 2 Satz 1 BGB. Der Erbvertrag eignet sich daher besser zur Regelung *»entgeltlicher Vertragsverhältnisse«*, etwa im Rahmen von »Verpfründungsverträgen«;[102]

- **sofortiger Schutz** des Vertragserben und Vertragsvermächtnisnehmers nach den §§ 2287 f. BGB ab Vertragsschluss;[103]
- **keine Lösung von der Bindung durch Ausschlagung** beim Erbvertrag, wenn nicht ausdrücklich ein Rücktrittsrecht vorbehalten ist (sonst § 2298 Abs. 2 Satz 3 BGB), während dies beim gemeinschaftlichen Testament möglich ist;
- eine **erbvertragliche Bindungswirkung** ist auch ohne wechselbezügliche Verfügung des anderen Vertragspartners möglich, etwa beim einseitigen Erbvertrag, während beim gemeinschaftlichen Testament die Wechselbezüglichkeit mehrerer Verfügungen notwendige Voraussetzung für die Bindung ist. Überhaupt kann beim Erbvertrag die eintretende Bindung wesentlich einfacher und präziser angeordnet werden. Demgegenüber erfordert die zur Bindung beim gemeinschaftlichen Testament führende Wechselbezüglichkeit (§ 2270 Abs. 1 BGB) eine »Paarbildung«, wobei ein und dieselbe »tragende« Verfügung in Wechselbezüglichkeit zu mehreren abhängigen Verfügungen stehen kann. Daraus kann eine »Über-Kreuz-Verschränkung« der Verfügungen eintreten, was zu Streitigkeiten über das Bestehen und den Umfang der Wechselbezüglichkeit führen kann;[104]
- überhaupt ermöglicht der Erbvertrag eine **größere gegenseitige Abhängigkeit** der beiderseitigen Verfügungen:[105] auch bei von Anfang an unwirksamen, weil gegenstandslosen Verfügungen ergibt sich über § 2085 BGB eine Wirkungsabhängigkeit, während beim gemeinschaftlichen Testament im Verhältnis der Verfügungen der beiden Ehegatten zueinander nicht § 2085 BGB, sondern der wesentlich eingeschränktere § 2270 Abs. 1 BGB gilt, der die Fälle der Gegenstandslosigkeit gerade nicht erfasst;[106]
- die beim Erbvertrag zwingend erforderliche notarielle Beurkundung sichert **sachgerechte Belehrung** (§ 17 BeurkG) und klare Formulierung: so ist die nach dem Tod des erstversterbenden Ehegatten beim gemeinschaftlichen Testament für den Längerlebenden eintretende Bindungswirkung weithin unbekannt, sie wird oftmals gleichsam zur Falle.[107] Die Frage der Wechselbezüglichkeit der Verfügungen führt trotz oder vielleicht wegen der Auslegungsregel des § 2270 Abs. 2 BGB nicht selten zu Streit,[108] der durch die notarielle Beratung i.d.R. vermieden wird;
- Soweit die **EuErbVO** Anwendung findet, ermöglicht deren Art. 25 Abs. 3 eine **Rechtswahl** für die Zulässigkeit, die materielle Wirksamkeit und die Bindungswirkung des Erbvertrags. Dies ist insb. bei Auslandsbezug zu Ländern aus dem *romanischen Rechtskreis* wichtig, die eine so weitreichende Bindung wie das deutsche Recht nicht kennen. Für das **gemeinschaftliche Testament** enthält die EuErbVO **keine** ausdrückliche Regelung; ob der genannte Art. 25 auch hierfür gilt, ist umstritten;[109]
- der Erbvertrag muss **nicht zwingend** in die besondere **amtliche Verwahrung** gebracht werden, wenn die Beteiligten dies ausschließen (§ 34 BeurkG; ob der Notar die damit verbundene Verantwortung übernehmen will, ist eine andere Frage). Dadurch entfällt dann die besondere

---

102 Nieder/Kössinger/*R. Kössinger*, Handbuch der Testamentsgestaltung, § 21 Rn. 187 f.; *Meincke* DStR 1981, 523, 528; s. Erl. zu § 2295.

103 Vgl. etwa BGHZ 87, 19, 23 f. = NJW 1983, 1487, während dies beim gemeinschaftlichen Testament nach h.M. nicht der Fall ist, vgl. § 2287 BGB Rdn. 15.

104 Treffend NK-BGB/*Kornexl* Vorbem. zu §§ 2274 ff. Rn. 4.

105 § 2298 BGB Rdn. 2, 13.

106 § 2270 BGB Rdn. 79 ff.

107 Nieder/Kössinger/*R. Kössinger*, Handbuch der Testamentsgestaltung, § 14 Rn. 27.

108 *Bengel* DNotZ 1977, 5.

109 Vgl. Rdn. 54.

Hinterlegungsgebühr nach Nr. 12100 KV GNotKG von 75,00 €. Das gemeinschaftliche Testament ist demgegenüber immer in die besondere amtliche Verwahrung zu bringen, was wegen der damit verbundenen Sicherheit die Kosten rechtfertigt. Daher kann der Erbvertrag **kostengünstiger** als ein notariell beurkundetes gemeinschaftliches Testament sein, wenngleich dieser Gesichtspunkt sicherlich nicht der ausschlaggebende ist;[110]
- der Erbvertrag muss zwar beurkundet werden, was entsprechende Notargebühren auslöst. Er ersetzt aber bei Vorhandensein von Grundbesitz zusammen mit der Eröffnungsniederschrift des Nachlassgerichts den **Erbschein** (§ 35 Abs. 1 Satz 2 GBO) und spart hier wiederum ganz erhebliche Kosten. Führen Teilungsanordnungen oder Vermächtnisse dazu, dass nach dem Erbfall Grundbesitz zu übereignen ist, ergibt sich beim Erbvertrag wiederum ein ganz erheblicher **Kostenvorteil**, da wegen der bereits vorliegenden beurkundeten Erklärung für die nur noch erforderliche Auflassung nur die **1,0** Gebühr nach Nr. 21102 KV GNotKG anfällt, anstelle der sonst bei einem eigenhändigen Testament entstehenden 2,0 Gebühr nach Nr. 21100 KV GNotKG.[111]

bb) Nachteile des Erbvertrags

An Nachteilen lassen sich aufführen: 39
- die **gesetzlichen Rücktrittsrechte** des Erbvertrags nach §§ 2294, 2295 BGB können nicht abbedungen werden;[112]
- die Notwendigkeit wenigstens **einer vertragsmäßigen**, bindenden **Verfügung** beim Erbvertrag, die die h.M. annimmt[113] setzt der Vertragsgestaltung u.U. Grenzen (Verbot des Totalvorbehalts). Demgegenüber braucht das gemeinschaftliche Testament keine einzige wechselbezügliche Verfügung zu enthalten (s.o. Rdn. 30);
- der Erbvertrag bedarf stets der notariellen Beurkundung, während das gemeinschaftliche Testament kostengünstiger auch **privatschriftlich** errichtet werden kann;
- die **Form eines Nottestaments** (§§ 2249 ff. BGB) besteht beim Erbvertrag nicht, beim gemeinschaftlichen Testament ist ein solches sogar in erleichterter Form möglich (§ 2266 BGB);
- **gleichzeitige Anwesenheit** beider Vertragsteile ist beim Erbvertrag erforderlich (§ 2276 Abs. 1 Satz 1 BGB), wobei sich der Vertragsteil, der nur die Verfügungen des anderen annimmt und nicht selbst testiert, vertreten lassen kann.[114] Beim gemeinschaftlichen Testament kann dagegen in zwei getrennten Erklärungen, die auch zu verschiedener Zeit errichtet werden können, testiert werden, wenn nur der Wille zur gemeinschaftlichen Testamentserrichtung beiderseits vorliegt.[115]

Seit dem 01.08.2002 ist einer der wesentlichen Nachteile des Erbvertrages weggefallen: Durfte früher ein Erbvertrag den Vertragsteilen nicht zurückgegeben werden und war selbst dann zu eröffnen, wenn er formgerecht aufgehoben war, so können nunmehr Erbverträge aus der amtlichen oder notariellen Verwahrung zurückgenommen werden und sind damit unwirksam, wenn sie lediglich Verfügungen von Todes wegen enthalten (§ 2300 Abs. 2 BGB).[116]

Der an dieser Stelle in den Vorauflagen herausgestellte Vorteil des Erbvertrags, dass für dessen Abschluss für den verheirateten oder verlobten Erblasser allein beschränkte Geschäftsfähigkeit erforderlich ist, ist wegen der ersatzlosen Aufhebung von § 2275 Abs. 2 und 3 BGB a.F. durch das Gesetz zur Bekämpfung von Kinderehen[117] entfallen. Für den Abschluss eines Erbvertrags ist, jedenfalls auf Seiten des Erblassers, Geschäftsfähigkeit erforderlich. Ein gemeinschaftliches Testa- 40

110 Staudinger/*Kanzleiter* Vorbem zu §§ 2265 ff Rn. 33.
111 Dazu Fackelmann/Heinemann/*Fackelmann*, GNotKG, 2013, KV Nr. 21100–21102 Rn. 99.
112 Burandt/Rojahn/*Burandt* BGB § 2294 Rn. 4.
113 Vgl. § 2278 BGB Rdn. 2.
114 § 2274 BGB Rdn. 6.
115 S.o. Rdn. 20 ff.
116 Eingehend dazu § 2300 BGB Rdn. 9 ff.
117 Vom 17.07.2017, BGBl. I 2429; dazu *Sammet/Wolffskeel v. Reichenberg* ZEV 2019, 510.

ment hingegen kann auch von Ehegatten errichtet werden, die lediglich testierfähig sind, also das 16. Lebensjahr vollendet haben (§ 2229 BGB), wenn die Ehe wirksam geschlossen wurde.[118]

Erbverträge, die vor der Aufhebung des § 2275 Abs. 2 und 3 BGB a.F. wirksam errichtet wurden, bleiben wirksam.[119]

b) Wahl zwischen Erbvertrag und gemeinschaftlichem Testament

41 Die Frage, welcher Form der Verfügung von Todes wegen der Vorzug zu geben ist, führt im Allgemeinen zu keinem eindeutigen Ergebnis.[120] Vielmehr sind die Besonderheiten des Einzelfalls letztlich ausschlaggebend. In der notariellen Praxis wird allerdings weitgehend dem Erbvertrag der Vorzug gegeben,[121] wenngleich gerade im städtischen Bereich (freie) Rücktrittsrechte gewünscht werden, womit der Erbvertrag dem gemeinschaftlichen Testament angenähert wird. Zwischen gleichgeschlechtlichen Lebenspartnern (§ 1 LPartG) wird demgegenüber dem Erbvertrag i.d.R. der Vorzug zu geben sein.[122]

aa) Rechtstatsächliches

42 Die in den 1970er Jahren aufgestellte These, der Erbvertrag finde in der Praxis kaum mehr Verwendung und es bestünde daher kein Bedürfnis für seine Beibehaltung,[123] wird durch rechtstatsächliche Untersuchungen eindeutig widerlegt. So stellte *Schultes* fest, dass unter den von ihm untersuchten Verfügungen von Todes wegen aus den Amtsgerichten Köln, Brühl und Grevenbroich sich 41,6 % Erbverträge und 7,1 % Ehe- und Erbverträge befanden.[124] *Rotering* fand unter 2.502 in den Jahren 1979 und 1980 im westlichen Münsterland eröffneten Verfügungen von Todes wegen 213 Erbverträge und 364 Ehe- und Erbverträge.[125] Ähnliches ergibt sich aus der von *Leipold*[126] vorgelegten, allerdings nicht quantifizierten Untersuchung.

bb) Abwägungsgesichtspunkte

43 Ein entscheidendes Kriterium für den Erbvertrag liegt in der erheblich stärkeren Bindung bei vertragsmäßigen Verfügungen.[127] Gerade wenn größeres gemeinschaftliches Vermögen der Ehegatten vorhanden ist (Familienwohnheim), spricht dies dafür, die gemeinschaftliche lebzeitige Vermögensplanung auch durch eine möglichst weitreichend bindende erbrechtliche zu ergänzen. Ob hier wirklich immer eine einseitige Lösungsmöglichkeit zu Lebzeiten des anderen Ehegatten von den Beteiligten im Wege eines »Notausstiegs« gewünscht wird[128] und daher generell das gemeinschaftliche Testament favorisiert werden sollte, muss bezweifelt werden. Auch beim Erbvertrag ließe sich dies weitgehend durch die Vereinbarung von Rücktrittsrechten erreichen – stets mit dem Vorteil, dass

---

118 Dies kann bei Eingehung einer Ehe durch ausländische Minderjährige der Fall sein. Sollte ein Verlobter bei Eheschließung das 16. Lebensjahr noch nicht vollendet haben, ist die Ehe nach derzeitigem Recht unwirksam (Art. 13 Abs. 3 Nr. 1 EGBGB). Der BGH hält die Vorschrift zu Recht für verfassungswidrig, vgl. BGH NZFam 2019, 65 m. zust. Anm. *Löhnig* = ZNotP 2019, 126; ausführlich *Sammet/Wolffskeel v. Reichenberg* ZEV 2019, 510.

119 BeckOK/*Litzenburger* § 2275 Rn. 3.

120 Vgl. auch NK-BGB/*Gierl* § 2265 Rn. 23; Staudinger/*Kanzleiter* Vorbem zu §§ 2265 Rn. 34; *Schmucker* ZNotP 2006, 414.

121 Vgl. hierzu *Basty* MittBayNot 2000, 73, 77; *Battes,* Gemeinschaftliches Testament und Ehegattenerbvertrag, S. 283; *v. Dickhuth-Harrach,* FS Otte (2005) S. 55 ff.; *Flatten* DNotZ 1941, 47.

122 *V. Dickhuth-Harrach* FamRZ 2001, 1660, 1668; dazu Rdn. 71 f..

123 *Johannsen* Sonderheft DNotZ 1977, 69, 98; ähnlich *Lange/Kuchinke* 3 § 16 V 2 a, aber in der 5. Aufl. nicht mehr.

124 Art und Inhalt eröffneter Verfügungen von Todes wegen (1982).

125 Rechtstatsächliche Untersuchungen zum Inhalt eröffneter Verfügungen von Todes wegen (1986).

126 AcP 180 (1980), 160, 200 f.

127 Ebenso Staudinger/*Kanzleiter* Vorbem zu §§ 2265 ff Rn. 34.

128 So aber *Priester* JuS 1987, 394, 395.

der Notar über die Bindungswirkung belehrt hätte. Dies gilt auch bezüglich des Arguments, dass im Scheidungsfall beim gemeinschaftlichen Testament eine leichtere Lösung von der gemeinschaftlichen Erbregelung möglich sei, während die früher bestehende Möglichkeit zum Rücktritt vom Erbvertrag bei Verfehlung des anderen Ehegatten (§ 2294 BGB i.V.m. § 2335 BGB i.d.F. vor dem 01.07.1977) weggefallen ist. Hier spricht vieles dafür, dass im Rahmen einer umfassenden Scheidungsvereinbarung (früher etwa nach § 630 ZPO a.F.) auch eine »Feinabstimmung« der Nachlassplanung der Ehegatten erfolgen soll, die sich nicht in einem unreflektierten Widerruf der gemeinschaftlichen Verfügungen erschöpfen darf, sondern mitunter auch eine Neuregelung, etwa zugunsten der gemeinschaftlichen Abkömmlinge, erfordert. Der oft gemachte Hinweis, dass der Erbvertrag im Vergleich zum gemeinschaftlichen Testament zu höheren Kosten führt,[129] ist nur dann ehrlich, wenn man zumindest auch die Rechtsberatungskosten, die bei der Erstellung eines gemeinschaftlichen Testaments anfallen, in die Kostenabwägung einbezieht, denn beim Erbvertrag ist in der Beurkundungsgebühr die qualifizierte rechtliche Beratung durch den **Notar** bereits enthalten.[130] Gegenüber dem eigenhändigen Testament fällt zudem ganz erheblich kostenreduzierend ins Gewicht, dass die notarielle Verfügung von Todes wegen i.d.R. den Erbschein für die Grundbuchberichtigung entbehrlich macht (§ 35 Abs. 1 Satz 2 GBO), aber auch im Allgemeinen von den Banken und Sparkassen anerkannt wird (Nr. 5 S. 2 AGB-Banken),[131] und auch bei der Erbauseinandersetzung bzw. Vermächtniserfüllung bei Vorhandensein von Grundbesitz regelmäßig ganz **erhebliche Kosten gespart** werden, weil nur die **1,0** Gebühr nach Nr. 21102 KV GNotKG anfällt, anstelle der sonst bei einem eigenhändigen Testament entstehenden 2,0 Gebühr nach Nr. 21100 KV GNotKG.

Soweit dagegen die Ehegatten aufgrund einer bewussten Entscheidung über ihre Vermögensverhältnisse weitgehend **getrenntes Vermögen** besitzen, wird auch eine getrennte Nachlassplanung angezeigt sein, die durch einseitige Testamente oder allenfalls durch das leichter widerrufliche gemeinschaftliche Testament umgesetzt werden sollte. Auch im Bereich der **Unternehmensnachfolge** wird im Allgemeinen für eine möglichst geringe Bindung und damit für ein einseitiges Testament plädiert.[132] 44

Die Ansicht von *Johannsen*,[133] dass ein Bedürfnis für die Beibehaltung des Erbvertrags heute nicht mehr zu erkennen sei, wird durch die Praxis eindeutig widerlegt. Vielmehr erlebt der Erbvertrag gerade durch die Vielzahl von **nichtehelichen Partnerschaften**, bei denen oft erhebliche gemeinschaftliche Vermögenswerte gebildet werden und eine gemeinsame Nachlassplanung mit entsprechender Bindung gewünscht wird, eine regelrechte Renaissance.[134] 45

VI. Inhalt des gemeinschaftlichen Testaments

1. Regelungsmöglichkeiten

Ein gemeinschaftliches Testament muss stets letztwillige Verfügungen beider Ehegatten enthalten, seien es wechselbezügliche (§ 2270 BGB) oder einseitige. Es muss aber weder eine wechselbezügliche Verfügung noch eine gegenseitige Zuwendung enthalten, kann vielmehr ausschließlich aus 46

129 So etwa NK-BGB/*Gierl* § 2265 Rn. 23; ein falsches Bild zeichnend *Lange*l NJW 2017, 3617.

130 Ausführlich *Sikora* NJW 2018, 1572; *Gärtner* AcP 217 (2017), 805 zeigt in einer ökonomischen Analyse des Vergleichs zwischen notarieller und privatschriftlicher letztwilliger Verfügung, dass sowohl hinsichtlich der Kosten wie auch der Dauer des Nachlassverfahrens die notarielle Form günstiger ist.

131 Vgl. nur MünchKomm/*Grziwotz* § 2353 Rn. 185 ff. m.w.N.; zur entsprechenden AGB-Kontrolle einer Sparkasse s. auch BGHZ 198, 250 = NJW 2013, 3716, wonach es unzulässig ist, generell einen Erbschein als Erbnachweis zu verlangen.

132 *Langenfeld* Das Ehegattentestament (1994) Rn. 388.

133 Sonderheft DNotZ 1977, 98.

134 Dazu etwa *Grziwotz* ZEV 1994, 267, 271; zur sachgerechten Ausgestaltung von Rücktrittsrechten beim Erbvertrag in diesem Kontext *J. Mayer* ZEV 1997, 280, 283.

einseitigen Verfügungen bestehen.[135] In einem gemeinschaftlichen Testament kann jeder Ehegatte jede Verfügung treffen, die er auch durch Einzeltestament treffen könnte.[136] Die Ehegatten können in dem gemeinschaftlichen Testament beide Erbfälle regeln, also die Beerbung des erstverstorbenen Ehegatten und die des Zweitversterbenden (vgl. § 2269 BGB), sie können sich aber auch mit der Regelung des ersten Erbfalles begnügen, z.B. mit einer gegenseitigen Erbeinsetzung.[137] In einem gemeinschaftlichen Testament können die Eheleute einen von ihnen geschlossenen Erbvertrag aufheben (§ 2292 BGB). Ein gemeinschaftliches Testament kann durch einen Erbvertrag oder ein späteres weiteres gemeinschaftliches Testament zwischen den gleichen Eheleuten zu einer **erbrechtlichen Gesamtregelung** ergänzt werden.[138]

Die Gültigkeit eines gemeinschaftlichen Testaments wird nicht dadurch berührt, dass in die Urkunde Erklärungen Dritter aufgenommen sind,[139] etwa die oftmals gebotene Mitbeurkundung von Erb- und Pflichtteilsverzichten.[140] Ein solches Verfahren ist aber i.d.R. nicht zweckmäßig, da das gemeinschaftliche Testament unverzüglich in die amtliche Verwahrung zu bringen ist (§ 34 Abs. 1 BeurkG).[141]

2. Gefahren des gemeinschaftlichen Testaments

a) Verkannte Bindungswirkung

47 Nach dem Tod des anderen Ehegatten tritt nach § 2271 Abs. 2 BGB eine weitreichende erbrechtliche Bindungswirkung für den Längerlebenden an die wechselbezüglichen Verfügungen ein. Wie die Erfahrungen der Praxis zeigen, sind die hieraus sich ergebenden Gefahren den meisten Verfassern von privatschriftlichen gemeinschaftlichen Testamenten nicht bewusst;[142] auch die entsprechenden Anleitungsbücher für den »Hausgebrauch« weisen hier ein Darstellungs- und Regelungsdefizit auf. Insoweit haben sich die Befürchtungen des Gesetzgebers des BGB bewahrheitet, der zunächst dem gemeinschaftlichen Testament ablehnend gegenüberstand und nur den Erbvertrag zulassen wollte, bei dem durch die Notwendigkeit der notariellen Beurkundung die Belehrung über die Gefahren der Bindung gesichert ist.[143] *De lege ferenda* wäre es daher richtig, die Bindungswirkung beim gemeinschaftlichen Testament abzuschaffen.[144] Zu Recht hat sich der **68. Deutsche Juristentag** dafür ausgesprochen, dass wechselbezügliche Verfügungen in einem gemeinschaftlichen Testament künftig der notariellen Beurkundung vorbehalten bleiben sollten.[145] Auch die Feststellung der Wechselbezüglichkeit i.S. von § 2270 BGB ist schwierig und mit Unsicherheiten verbunden.[146]

b) Gefahr der »Übervorteilung«

48 Daneben wird auch die Gefahr genannt, dass der »zielbewusste«, vielleicht aber auch durchsetzungsfähigere oder intellektuell überlegenere Ehegatte dem anderen seine Vorstellungen aufnötigt

135 NK-BGB/*Gierl* § 2265 Rn. 13; Palandt/*Weidlich* Einf v § 2265 Rn. 8; vgl. auch den Fall von OLG München ZEV 2008, 485, bei dem die Schlusserbeneinsetzung frei widerruflich war.

136 Burandt/Rojahn/*Braun*, § 2265 Rn. 16; Palandt/*Weidlich* Einf. v § 2265 Rn. 8.

137 Prot V 426; RGZ 72, 206.

138 BGH NJW 1987, 901; BayObLG Rpfleger 1980, 283; vgl. dazu § 2292 BGB Rdn. 7.

139 KGJ 31 A 112, 115; vgl. auch KGJ 28 A 16.

140 S. § 2269 BGB Rdn. 124 f.

141 Dazu DNotI-Report 2001, 70, 71.

142 Richtig *Battes*, Gemeinschaftliches Testament und Ehegattenerbvertrag, S. 260; ebenso *Lange*, Erbrecht, § 16 Rn. 136; anschaulich mit praktischen Problembeispielen *Schmitz* ErbR 2011, 135.

143 Vgl. etwa Mot V 253; eingehend zur Entstehungsgeschichte unter diesem Gesichtspunkt *Buchholz* FamRZ 1985, 782.

144 *Kanzleiter* DNotZ 1993, 70.

145 Dazu Verh. 68. DJT, Bd. II/2 L 299, Beschluss Nr. I. 4.

146 Zutreffend *Bengel*, 2. Aufl., Vorbem. 15 zu §§ 2265 ff.: die »Fallstricke der Wechselbezüglichkeit«; dazu auch Palandt/*Weidlich* § 2270 Rn. 4.

und dessen schwache Seiten einseitig ausnutzt.[147] Dies kann man als die Kehrseite des oben dargestellten Solidaritätsaspekts verstehen. Hiergegen bietet die Formvorschrift der öffentlichen Beurkundung beim Erbvertrag einen gewissen Schutz, der dem eigenhändigen gemeinschaftlichen Testament abgeht. Aus ähnlichen Erwägungen heraus will *Battes*[148] sogar noch die Bindung an die Verfügungen des gemeinschaftlichen Testaments verstärken und denen des Erbvertrags angleichen, um die einseitige Lösung durch den »psychologisch stärkeren« Ehegatten, der sich einer verbindlichen Festlegung durch Erbvertrag entziehen konnte, zu Lebzeiten des anderen zu verhindern. Demgegenüber erscheint mir in Fortführung der Rspr. des Bundesverfassungsgerichts[149] und des BGH[150] zur gerichtlichen Kontrolle von Eheverträgen und Verfügungen von Todes wegen[151] der bessere Weg, bei besonders krassen Fällen der strukturellen Unterlegenheit des einen Ehegatten oder Lebenspartners auch hier eine **Inhaltskontrolle** vorzunehmen. Dies dürfte insbesondere bei sehr weitreichenden und einschneidenden **Wiederverheiratungsklauseln** geboten sein und hat gegenüber dem Ansatz von *Battes* den Vorteil, nicht nur das Problem übermäßiger Bindung zu lösen, sondern generell das der Angemessenheit der getroffenen Anordnung in die Beurteilung einzubeziehen. Dabei bedarf es aber einer kritischen Analyse, inwieweit die für lebzeitige Verträge entwickelte Inhaltskontrolle von Eheverträgen auf die ganz anders strukturierten Verfügungen von Todes wegen zu übernehmen ist.[152] Zudem ist zu beachten, dass die vom **BGH** in der praktischen Umsetzung der Entscheidungen des Bundesverfassungsgerichts entwickelte **Rechtsprechung** zur **Inhaltskontrolle von Eheverträgen** letztlich einen völlig anderen Weg ging und sich von den Vorgaben des Bundesverfassungsgerichts gelöst hat. Nach der Rechtsprechung des Bundesverfassungsgerichts ging es gerade nicht darum, dem materiell richtigen Ehevertrag zum Durchbruch zu verhelfen, sondern um die Korrektur einer gestörten Vertragsparität. Demgegenüber verfolgen die neuere Rechtsprechung des BGH zur Inhaltskontrolle von Eheverträgen und seine *»Kernbereichslehre der Scheidungsfolgen«* ein davon völlig abweichendes **Kontrollsystem einer materiellen Richtigkeitsgewähr.**[153] Im Vordergrund steht dort der objektive Vertragsinhalt. Eine Überprüfung anhand der vom Bundesverfassungsgericht vorgegebenen Maßstäbe zur **strukturellen Unterlegenheit** einer Verhandlungsposition kommt demgegenüber im Erbrecht allenfalls dann in Betracht, wenn bei der Abfassung entsprechender Verfügungen von Todes wegen ein derartiger Vorgang auch tatsächlich zu beobachten ist.

c) »Berliner Testament« als Risikofaktor

Das in der Praxis relativ weitverbreitete »Berliner Testament« (§ 2269 BGB) hat zwar den Vorteil, 49
dass nach dem Tod des erstversterbenden Ehegatten das von den Ehegatten i.d.R. bereits bisher als Einheit empfundene Vermögen tatsächlich rechtlich und wirtschaftlich in einer Hand vereinigt wird (daher »Einheitslösung«) und darüber einheitlich verfügt werden kann. Die meist nur schwer durchführbare Teilung des beiderseitigen Vermögens wird vermieden und es besteht eine ein-

---

147 *Lange/Kuchinke* § 24 I 1 b; *J. Mayer* Verh. 68. DJT, Bd. II/1, L 91, 103 ff.; eingehend zur Beeinflussung der Testierfreiheit des Erblassers durch Dritte *Röthel* AcP 210 (2010), 32.

148 Gemeinschaftliches Testament und Ehegattenerbvertrag, S. 260 ff.

149 Zum Ehevertrag BVerfGE 103, 89 = NJW 2001, 957 = FamRZ 2001, 343 m. Anm. *Schwab* = DNotZ 2001, 222; BVerfG NJW 2001, 2248 = DNotZ 2001, 708.

150 BGHZ 158, 81 = NJW 2004, 930; *Borth* FamRZ 2004, 609; *Gageik* RNotZ 2004, 295, 318; *Grziwotz* FamRB 2004, 105; *Langenfeld* ZEV 2004, 311; *J. Mayer* ZEV 2004, 168, 172 (erste Einschätzung); zust. insb. *Münch* ZNotP 2004, 122; *Rauscher* DNotZ, 2004, 524; *Wachter* ZFE 2004, 132; distanzierter *Rakete-Dombek* NJW 2004, 1273; kritischer: *Brandt* MittBayNot 2004, 278, 281 f.; *Grziwotz* FamRB 2004, 199, 239 (mit pointierten Beispielen); *Koch* NotBZ 2004, 147; *J. Mayer* FPR 2004, 361; ausführlich BeckOK/*Siede* § 1408 Rn. 13 ff.

151 BVerfG NJW 2004, 2008 = FamRZ 2004, 765 – sog. »Hohenzollern-Entscheidung«; dazu etwa *Gaier* ZEV 2006, 2.

152 Dazu *J. Mayer* 68. DJT, L 91, 103 ff. in Auseinandersetzung mit *Röthel* AcP 210 (2010), 32; für eigenständigen Prüfungsmaßstab bei den Verfügungen von Todes wegen ggü. Lebzeitigen Rechtsgeschäften s. etwa auch *Kroppenberg* DNotZ 2006, 86.

153 Bayer/Koch/*Koch*, Schranken der Vertragsfreiheit (2007) S. 79, 84 ff.; *J. Mayer* FPR 2004, 363, 368.

heitliche Rechtsstellung des längerlebenden Ehegatten oder gleichgeschlechtlichen Lebenspartners hinsichtlich des Gesamtvermögens. Zudem kann gerade bei noch kleinen Kindern Zeit gewonnen und die endgültige Entscheidung über die Vermögensnachfolge hinausgeschoben werden, bis sich deren Eignung besser einschätzen lässt. Doch die Vereinigung des gesamten Vermögens in einer Hand kann auch erhebliche Nachteile haben.[154]

aa) Erhöhte Erbschaftsteuerbelastung

50 Hier ergeben sich beim Berliner Testament erhebliche Probleme, die bereits früher bestanden, aber durch die seit dem 01.01.1996 immer wieder erfolgten Neuregelungen des ErbStG, insbesondere durch die Erhöhung der Eingangssteuersätze und die geänderte Bewertung des Grundbesitzes (§§ 138 ff. BewG), noch verschärft wurden. Daran hat sich auch durch die Erbschaftsteuerreform 2009, insb. durch die Änderung des § 25 Abs. 3 ErbStG[155], nichts geändert, wenngleich durch die Einführung von Steuerbefreiungen für den Erwerb eines Familienheims von Todes wegen (§ 13 Abs. 1 Nr. 4b und 4c ErbStG) in manchen Fällen die Schwelle für den Eintritt der Nachteile angehoben wurde.

Die häufigsten Probleme sind:[156]

- Der ausschließliche Vermögensübergang auf den Ehegatten beim ersten Erbfall führt zu einem »Verschenken« der Steuerfreibeträge der Kinder für diesen Erbfall;
- Es wird dadurch außerdem die steuerliche Bemessungsgrundlage mit der damit u.U. verbundenen Steuerprogression verbreitert;
- Das einmal bereits versteuerte Vermögen wird im zweiten Erbfall nochmals der Erbschaftsteuer unterworfen (Doppelbesteuerung) mit abermaliger Verbreiterung der Bemessungsgrundlage und damit korrelierender Erhöhung der Steuerprogression, wobei § 27 ErbStG dies nur teilweise mildern kann;
- Sind die Schlusserben nicht im gleichen Verhältnis mit beiden Erblassern verwandt, so ergeben sich durch Vereinbarung und Ausnutzung der zivilrechtlich sinnvollen Freistellungsbefugnis (Änderungsvorbehalt) über § 15 Abs. 3 ErbStG u.U. Zurechnungen in eine ungünstigere Steuerklasse.

51 Eingehend hierzu und zu Abhilfemöglichkeiten *Bühler* BB 1997, 551 ff.; *Daragan* DStR 1999, 393; *v. Dickhuth-Harrach,* Handbuch der Erbfolge-Gestaltung, § 11 Rn. 2 ff.; *Ebeling* ZEV 2000, 87; *J. Mayer* DStR 2004, 1371, 1409; ZEV 1998, 50 ff. insbesondere zur Gestaltung mittels verschiedenster Vermächtnisarten; *S. Schmidt* BWNotZ 1998, 97; *C. Steiner* ZErb 2015, 165; *Langenfeld* JuS 2002, 351 (zum sog. »Supervermächtnis«); hierzu auch *Kanzleiter,* FS Brambring (2011) S. 225; jurisPK/*Hamdan*/*Quernheim* Steuerl. Hinw. – § 2265 Rn. 17 ff.; zur Steuerentlastung durch den Kindespflichtteil beim Berliner Testament s. auch *Muscheler* ZEV 2001, 377; *Wälzholz* NotBZ 2010, 252; zu Reparaturmöglichkeiten nach Eintritt des Erbfalls *J. Mayer* DStR 2004, 1541.

bb) Erhöhung des Pflichtteils enterbter Kinder

52 Nach dem gleichen Prinzip wie im Erbschaftsteuerrecht führt das Berliner Testament dazu, dass das gleiche Vermögen zweifach zur Bemessungsgrundlage von Pflichtteilsansprüchen gemacht wird. Eine gewisse Entlastung bringt hier – wie im Erbschaftsteuerrecht (§ 5 ErbStG) – die Zugewinngemeinschaft; die Gütertrennung ist hingegen besonders nachteilig, weil bei ihr der Ehegattenerbteil um ein Viertel niedriger und damit der Erbteil der Kinder entsprechend höher ist.[157]

---

154 Vgl. etwa *Ebenroth* Rn. 241 ff.; *Lange*, Erbrecht, § 16 Rn. 137 ff.; *J. Mayer* FPR 2013, 317, 319 f.; zur Verbesserung *Kanzleiter* ZEV 2014, 225; zehn Optimierungsvorschläge unterbreitet *Horn* NJW 2013, 2166, wobei er zur Pflichtteilsreduzierung das Berliner Testament in Form der Einheitslösung verlässt und stattdessen die Trennungslösung empfiehlt, ohne deren Nachteile zu thematisieren.

155 Dazu *Schumann* ErbR 2010, 4.

156 Anschaulich etwa *v. Dickhuth-Harrach* § 41 Rn. 30 ff.; zu kurz die Hinweise bei *Scherer* NJW 2012, 204.

157 Zu den Möglichkeiten und Grenzen von Pflichtteilsklauseln s. § 2269 BGB Rdn. 104 ff.

cc) Ersatzlösungen

Lösungen im Hinblick auf das Pflichtteilsproblem sind die Anordnung von Vor- und Nacherbschaft (für die Erbschaftsteuer wieder ungünstig, § 6 ErbStG), Vermögensabfluss nach dem ersten Erbfall durch Vermächtnisse oder die sofortige Erbeinsetzung eines oder mehrerer Kinder mit (Nachlass) Nießbrauch und Testamentsvollstreckung für den Ehegatten, wenngleich auch diese Lösung mit Gefahren verbunden ist. Ein Testamentsvollstrecker kann etwa vom Nachlassgericht entlassen werden (§ 2227 BGB).[158] 53

dd) Schwächen bei IPR-Bezug

Das gemeinschaftliche Testament mit seinem **Formprivileg** nach § 2267 BGB und der **Bindungswirkung** der wechselbezüglichen Verfügungen nach den §§ 2270, 2271 BGB ist vielen anderen Rechtsordnungen unbekannt. Insbesondere lehnen solche des *romanischen Rechtskreises* die Bindung als inhaltlich unzulässig ab,[159] was zur Unwirksamkeit der Verfügungen führen kann. Richtet sich etwa die Erbfolge nach *italienischem Recht*, so ist die Errichtung eines gemeinschaftlichen Testaments auch in Deutschland nach Ansicht des OLG Koblenz nicht möglich; ein solches Testament ist nichtig.[160] Zumindest die sich aus der **Bindungswirkung** ergebenden Probleme werden auch durch die **EuErbVO** nicht beseitigt. Dort wird die Bindungswirkung gemeinschaftlicher Testamente nicht angesprochen. Eine spezielle Regelung mit einer »Sonderanknüpfung« für den **Erbvertrag** und seine Bindungswirkung enthält nur Art. 25 EuErbVO; ob diese Regelung mit der dort in Abs. 3 eröffneten **Rechtswahlmöglichkeit** auch für das gemeinschaftliche Testament gilt, ist umstritten.[161] Jedenfalls für ein gemeinschaftliches Testament mit wechselbezüglichen Verfügungen wäre die Rechtswahlmöglichkeit überzeugend, [162] weil dieses ebenfalls unter die Definition des »Erbvertrags« i.S.d. Art. 3 Abs. 1 lit b) EuErbVO subsumiert werden kann.[163] Dem Gebot des sichersten Weges folgend wird auch unter der Geltung der EuErbVO in allen Fällen, in den eine **Auslandsberührung** bereits bei der Errichtung vorliegt oder vorhersehbar später **gegeben sein kann**, generell von der **Errichtung** eines **gemeinschaftlichen Testaments abzuraten sein**, bis die Streitfrage gerichtlich geklärt ist.[164] Es sollte bei jeder nur denkbaren Auslandsberührung das gemeinschaftliche Testament vermieden werden.[165] 54

3. Höferecht

Durch gemeinschaftliches Testament kann auch der Hoferbe für einen dem Höferecht der ehemals britischen Zone unterliegenden Hof bestimmt oder die Erbfolge kraft Höferechts beschränkt werden (§§ 4, 5, 7, 16 HöfeO). 55

VII. Form des gemeinschaftlichen Testaments

S. § 2267 BGB u. Erl. hierzu. 56

---

158 Zu den Gefahren *J. Mayer* ZEV 1998, 59 f.

159 Dazu Syst. B Rdn. 49; *Edenfeld* ZEV 2001, 457, 461; zum Verhältnis Deutschland-Italien *Beyer* ZErb 2015, 170.

160 NJW-RR 2013, 965; zu diesen Fragen auch *Lehmann* ZEV 2007, 191, 195.

161 Verneinend *Nordmeier* ZEV 2012, 513, 514; *Simon/Buschmann* NJW 2012, 2393, 2396; bejahend MünchKomm/*Dutta* Art. 25 EuErbVO Rn. 2; *Herzog* ErbR 2013, 2, 8; *Lechner* NJW 2013, 26, 27; differenzierend *Döbereiner* DNotZ 2014, 323, 336 ff.

162 *Döbereiner* DNotZ 2014, 323, 336 ff.

163 *Bonomi/Öztürk* in: Dutta/Herrler, Die Europäische Erbrechtsverordnung (2014) S. 67 Rn. 68 f.; MünchKomm/*Dutta* Art. 3 EuErbVO Rn. 11.

164 *Nordmeier* ZEV 2012, 513, 516; *Odersky* notar 2013, 3, 8.

165 S. Rdn. 69.

VIII. Wirksamkeit des gemeinschaftlichen Testaments

1. Allgemeine Nichtigkeitsgründe

57 Wie jedes Rechtsgeschäft kann auch ein gemeinschaftliches Testament wegen Mangels der erforderlichen Form, wegen Verstoßes gegen ein gesetzliches Verbot oder gegen die guten Sitten nichtig sein (§§ 125, 134, 138; 2306 Abs. 1 Satz 2 BGB). Sind nur die Verfügungen des einen Ehegatten mangelhaft, so ist für die Frage, inwieweit auch die des anderen nichtig sind, allein § 2270 Abs. 1 BGB maßgeblich, da es sich letztlich um zwei nur durch den gemeinschaftlichen Testierwillen verbundene Testamente handelt. § 2085 BGB ist insoweit nicht anwendbar.[166]

2. Gemeinschaftliches Testament von Nichtehegatten, Mängel der Testierfähigkeit

58 Ein gemeinschaftliches Testament kann nichtig sein, weil es nicht von Ehegatten oder gleichgeschlechtlichen Lebenspartnern errichtet ist (§ 2265 BGB)[167] oder weil einem der Erblasser die Testierfähigkeit oder die Testierbefugnis fehlt (vgl. § 2229 BGB).[168] Die Frage kann dann nur noch sein, ob und inwieweit die Verfügungen als Einzeltestamente aufrechterhalten werden können.[169]

3. Anfechtung

59 Auch ein an sich wirksames gemeinschaftliches Testament kann durch Anfechtung nach den §§ 2078 ff. BGB oder durch Selbstanfechtung des Erblassers entsprechend §§ 2281 f. BGB ganz oder teilweise rückwirkend vernichtet werden.[170]

4. Widerruf eines gemeinschaftlichen Testaments

60 Ein wirksames gemeinschaftliches Testament kann grundsätzlich in ähnlicher Weise wie ein einseitiges Testament widerrufen werden, soweit nicht erbrechtliche Bindungen entgegenstehen.[171]

5. Nachträgliche Unwirksamkeit

61 Eine nachträgliche Unwirksamkeit kann sich etwa bei Scheidung der Ehe ergeben, s. Erl. zu § 2268 BGB.

IX. Auslegung gemeinschaftlicher Testamente

62 Soweit im gemeinschaftlichen Testament **einseitige Verfügungen** von Todes wegen enthalten sind, gelten die allgemeinen Regeln für die Auslegung letztwilliger Verfügungen, die primär vom Willensdogma bestimmt sind.[172] Dies gilt auch für einseitige Verfügungen, die in der »Wir-Form« verfasst sind.[173]

Die **wechselbezüglichen Verfügungen** besitzen zwar keinen Vertragscharakter und bestehen nicht aus gegenseitigen, sondern parallelen Erklärungen, so dass § 157 BGB nicht direkt anwendbar

---

166 *Bühler* DNotZ 1962, 364; MünchKomm/*Leipold* § 2085 Rn. 13; Staudinger/*Otte* § 2085 Rn. 16; Nieder/Kössinger/*Kössinger*, Handbuch der Testamentsgestaltung, § 11 Rn. 30.

167 Eingehend dazu *v. Proff* ZErb 2008, 254.

168 Dazu § 2229 BGB Rdn. 4.

169 Vgl. § 2265 BGB Rdn. 7 ff.

170 Vgl. § 2271 BGB Rdn. 89 ff.

171 Vgl. hierzu § 2271 BGB Rdn. 2 ff.

172 BeckOGK/*Braun,* Stand 01.03.2019, § 2265 Rn. 81; Damrau/Tanck/*Klessinger*, Erbrecht, Rn. 20; Firsching/Graf/*Krätzschel* § 9 Rn. 10 ff.; Staudinger/*Kanzleiter* Vorbem zu §§ 2265 ff Rn. 47; MünchKomm/*Leipold* § 2084 Rn. 58; a.M. *Lange/Kuchinke* § 34 III 8 b; zu verallgemeinernd NK-BGB/*Gierl* § 2269 Rn. 39, der die nachstehend genannte Rspr., die sich auf wechselbezügliche Verfügungen bezieht, auch auf einseitige anwendet.

173 BeckOGK/*Braun,* Stand 01.03.2019, § 2265 Rn. 81; Staudinger/*Kanzleiter* Vorbem zu §§ 2265 ff Rn. 47.

ist. Da sie jedoch gerade durch den Zusammenhang des Motivs gekennzeichnet werden[174] und für den Längerlebenden ab dem ersten Erbfall eine dem Erbvertrag ähnliche Bindung entsteht, muss sich die Auslegung auch an der Schutzbedürftigkeit des anderen Ehegatten und dem diesen erkennbaren Erklärungssinn orientieren.[175] § 157 BGB ist daher zumindest entsprechend heranzuziehen. Es gelten die für die Auslegung vertragsmäßiger Verfügungen eines Erbvertrags entwickelten Grundsätze.[176] Daher ist bei gemeinschaftlichen Verfügungen stets für jede zu prüfen, ob ein nach dem Verhalten des einen Ehegatten mögliches Auslegungsergebnis *auch dem Willen des anderen entsprochen* hat.[177] Das ist nötig, weil die beiderseitigen Verfügungen in gemeinschaftlichen Testamenten nicht nur aufeinander abgestimmt werden (§ 2270 BGB), sondern erfahrungsgemäß nicht selten auch inhaltlich abgesprochen und insofern Ergebnis und Ausdruck eines gemeinsam gefassten Entschlusses beider Teile sind.[178] Dabei kommt es auf den übereinstimmenden, subjektiven Willen beider Ehegatten *im Zeitpunkt der Testamentserrichtung* an, und zwar gleichgültig, ob es um die Ermittlung des realen, des mutmaßlichen oder gar hypothetischen Willens bei der ergänzenden Auslegung geht.[179] Die sich danach ergebende Auslegung muss nicht der objektiven Erklärungsbedeutung entsprechen, wie sie sich für einen verständigen Dritten darstellt, sondern nur dem Verständnis des anderen Ehegatten bei der Abfassung des konkreten gemeinschaftlichen Testaments.[180] Lässt sich *keine Übereinstimmung* der beiderseitigen Vorstellungen und Absichten feststellen, ist auf den Willen des Erblassers abzustellen, dessen Verfügung zu beurteilen ist, mit der Besonderheit, dass hier nach § 157 BGB eine Beurteilung aus der Sicht des anderen Ehegatten stattfindet (Empfängerhorizont). Dieser muss nämlich die Möglichkeit haben, sich für seine Verfügungen auf die des anderen und deren Erklärungswert einzustellen.[181] Für die Annahme eines unterschiedlichen Testierwillens der Ehegatten je nach der Reihenfolge des Todes bedarf es konkreter Anhaltspunkte.[182]

Bei der Auslegung einzelner Bestimmungen ist auch der Gesamtzusammenhang zu berücksichtigen. 63
Bei Niederlegung des letzten Willens in mehreren wirksamen und sich nicht widersprechenden Testamenten lässt sich daher nur aufgrund einer **Gesamtschau** des Inhalts sämtlicher Testamente bestimmen, ob und welche Rechte am Nachlass den bedachten Personen zustehen.[183] Auch für die Ermittlung des mutmaßlichen oder hypothetischen Erblasserwillens im Rahmen einer **ergänzenden Auslegung** ist die Willensrichtung beider Ehegatten maßgebend,[184] wobei hierfür Anhaltspunkte

---

174 Rdn. 7.

175 Palandt/*Weidlich* Einf. v § 2265 Rn. 9.

176 NK-BGB/*Gierl* § 2269 Rn. 38; MünchKomm/*Leipold* § 2084 Rn. 58; Soergel/*Loritz* § 2084 Rn. 51; *Nieder* ZNotP 1999, 104, 106; *M. Rudolf* § 1 Rn. 56; *Lange/Kuchinke* § 34 III 8 b nehmen entgegen der h.M. dies auch für einseitige Verfügungen an, die nicht ohne jede Bedeutung für den anderen Ehepartner sind.

177 BGH ZEV 2015, 343, 344; BGHZ 112, 229, 233 = NJW 1991, 169; BayObLGZ 1981, 79, 82; BayObLG FamRZ 1996, 1037; OLG Oldenburg FamRZ 1998, 1390 (unterschiedlicher Testierwille nach der Reihenfolge des Todes); Damrau/Tanck/*Klessinger*, Erbrecht, Rn. 20.

178 BGH ZEV 2015, 343, 344; BGH NJW 1993, 256.

179 BGHZ 112, 229, 233; BGH LM § 242 (A) Nr. 7; BayObLGZ 1986, 426, 429 f. = FamRZ 1987, 208, 209; BayObLG ZEV 1995, 71; BeckOGK/*Braun*, Stand 01.03.2019, § 2265 Rn. 83; Staudinger/*Kanzleiter* Vorbem zu §§ 2265 ff Rn. 47; Palandt/*Weidlich* Einf. v § 2265 Rn. 9; a.A. MünchKomm/*Musielak* § 2269 Rn. 17 für zwischen den Ehegatten »nicht abgestimmte Verfügungen«, die vom anderen nur zur Kenntnis genommen werden, jedoch wird es sich hier i.d.R. nicht um wechselbezügliche Verfügungen i.S.v. § 2270 BGB handeln.

180 BayObLG FamRZ 1999, 470, 471; OLG Oldenburg FamRZ 1998, 1390; BeckOGK/*Braun*, Stand 01.03.2019, § 2265 Rn. 84 f.; Nieder/Kössinger/*W. Kössinger*, Handbuch der Testamentsgestaltung, § 23 Rn. 12.

181 BGH NJW 1993, 256 = DNotZ 1993, 124, 125; NK-BGB/*Gierl* § 2269 Rn. 40; Palandt/*Weidlich* Einf. v § 2265 Rn. 9.

182 OLG Oldenburg FamRZ 1998, 1390.

183 BayObLG NJW-RR 1997, 836; BayObLG ZEV 1996, 432; vgl. auch § 2269 BGB Rdn. 21.

184 KG OLGZ 1966, 503, 506; BayObLGZ 1962, 137, 142; BeckOGK/*Braun*, Stand 01.03.2019, § 2265 Rn. 89; Palandt/*Weidlich* Einf. v § 2265 Rn. 9;

in der Urkunde vorhanden sein müssen.[185] Zu typischen Auslegungsproblemen s. Erl. zu § 2269 BGB.

X. Eröffnung des gemeinschaftlichen Testaments

64 Die Eröffnung und gegebenenfalls Weiterverwahrung eines gemeinschaftlichen Testaments bestimmt sich nach den §§ 348, 349 FamFG.[186]

XI. Recht der DDR

65 Zur Fortgeltung des Erbrechts der früheren DDR s. Art. 235 EGBGB, wobei zu beachten ist, dass die Errichtung oder Aufhebung einer Verfügung von Todes wegen vor dem Wirksamwerden des Beitritts aus Vertrauensschutzgesichtspunkten nach dem alten Recht beurteilt wird, auch wenn der Erblasser erst nach dem Wirksamwerden des Beitritts (also nach dem 02.10.1992) verstirbt. Dies gilt auch für die **Bindung** an das gemeinschaftliche Testament, sofern es vorher errichtet wurde (Art. 235 § 2 EGBGB).

66 Auch das ZGB der DDR kannte das gemeinschaftliche Testament (§§ 388 bis 393 ZGB). Es konnte ebenfalls nur von Ehegatten errichtet werden und zwar in der Form eines notariellen oder eigenhändigen Testaments (§ 391 Abs. 2 Satz 1 ZGB). Als möglicher Inhalt wurde von § 389 ZGB genannt: die gegenseitige Erbeinsetzung der Ehegatten, die Schlusserbeneinsetzung von Abkömmlingen oder von Dritten. Daneben war die Aufnahme von Vermächtnissen, Auflagen, Teilungsanordnungen, Ersatzerbenberufungen und die Anordnung von Testamentsvollstreckung möglich, wobei die Vermächtnisse wie bei § 2269 Abs. 2 BGB im Zweifel erst nach dem Tod des zuletztversterbenden Ehegatten dem Bedachten anfallen sollten. Die Vor- und Nacherbschaft war nach dem ZGB nicht zulässig.

67 Nach § 390 ZGB besteht die **Wirkung** eines gemeinschaftlichen Testaments darin, dass jeder Ehegatte an die letztwillige Verfügung gebunden ist, solange sie nicht widerrufen oder aufgehoben wurde. Die Ehegatten können sich jedoch gegenseitig zu abweichenden Verfügungen ermächtigen. Ist dies nicht der Fall, sind abweichende Verfügungen des Längerlebenden, die dem gemeinschaftlichen Testament widersprechen, nichtig (§ 390 Abs. 2 Satz 2 ZGB).

68 Das gemeinschaftliche Testament wird unwirksam, wenn es **widerrufen** oder die Ehe geschieden oder für nichtig erklärt wird (§ 392 Abs. 3 ZGB). Für den Widerruf differenziert das ZGB danach, ob dieser vor oder nach dem Tod des Ehegatten erfolgt. Auch hier gab es die Möglichkeit, seine eigenen Verfügungen nach dem Tod des Ehegatten zu widerrufen, wenn man die Erbschaft ausschlug (§§ 392 Abs. 4, 402 ZGB). Daneben bestand die gegenüber dem BGB günstigere Möglichkeit, auch nach Annahme der Erbschaft seine in dem gemeinschaftlichen Testament erklärten Verfügungen durch Erklärung gegenüber dem staatlichen Notariat aufzuheben, wenn man das aus dem Nachlass des erstverstorbenen Ehegatten Erlangte, soweit es den eigenen Erbteil überstieg, an die im Testament genannten Erben oder deren Rechtsnachfolger herausgab; mit dieser Aufhebung entfiel die Bindung; seinen Erbteil konnte der längerlebende Ehegatte behalten (§ 393 ZGB).[187]

XII. Ausländisches Recht

69 Vielen ausländischen Rechtsordnungen ist das gemeinschaftliche Testament fremd, dessen Errichtung u.U. sogar völlig verboten.[188] Bei Fällen mit Auslandsberührung ist daher immer sorgfältig zu prüfen,

---

185 OLG Köln FamRZ 1990, 438; BayObLG FamRZ 1991, 234, 235 = NJW-RR 1991, 8.
186 S. dazu auch § 2267 BGB Rdn. 47 ff.
187 Vgl. *Sandweg* NJW 1992, 45, 48; Zu den Einzelheiten s. etwa *Limmer* ZEV 1994, 290; *Trilsch/Eckhardt* ZEV 1995, 217; *Voltz* in: Zehn Jahre Deutsches Notarinstitut (2003) S. 193 ff. = NotBZ 2004, 135.
188 *Edenfeld* ZEV 2001, 457, 461; *Lange/Kuchinke* § 24 I 2; s. bereits Rdn. 54.

ob das gemeinschaftliche Testament im Ausland anerkannt wird.[189] Mitunter kann mit der Annahme einer konkludenten Wahl des deutschen Rechts das gemeinschaftliche Testament gerettet werden.[190]

XIII. Gestaltungshinweise

Zur Pflichtteilsreduzierung durch entsprechende Pflichtteilsklauseln s. Syst. A Rdn. 680 ff. 70

XIV. Gleichgeschlechtliche Lebenspartnerschaft und gleichgeschlechtliche Ehe

Nach § 10 Abs. 4 Satz 1 LPartG[191] können seit dem 01.08.2001 auch Lebenspartner i.S.d. § 1 LPartG ein gemeinschaftliches Testament errichten. Das BVerfG hat die Verfassungsmäßigkeit des LPartG bejaht.[192] Das gemeinschaftliche Testament ist daher nicht nur Ehegatten vorbehalten. Die für ein gemeinschaftliches Testament von Ehegatten geltenden Vorschriften der §§ 2266 bis 2273 BGB wurden für entsprechend anwendbar erklärt (§ 10 Abs. 4 Satz 2 LPartG).[193] Damit gelten 71

- die **Formerleichterung** des § 2267 BGB,
- **§ 2268 BGB**, so dass die Auflösung der Partnerschaft durch gerichtliches Urteil (§ 15 Abs. 1 LPartG) gem. §§ 2268, 2077 BGB grundsätzlich zur Unwirksamkeit des ganzen gemeinschaftlichen Testaments führt, sofern nicht für diesen Fall ein Aufrechterhaltungswille anzunehmen ist,
- die Auslegungsregel des **§ 2269 BGB**,
- die Vorschriften über die **wechselbezüglichen Verfügungen** (§§ 2270 f. BGB). Dies wird teilweise als verfehlt angesehen, weil diese »stark auf das Verhältnis von Ehegatten und gemeinsamen Kindern zugeschnitten« seien,[194] jedoch finden sich die Bindungsgründe für das gemeinschaftliche Testament[195] auch bei einer auf Dauer angelegten gleichgeschlechtlichen Lebenspartnerschaft,
- die Bestimmungen über die Rücknahme aus der amtlichen Verwahrung und die Eröffnung des gemeinschaftlichen Testaments (§§ 2272 BGB, 349 FamFG).

Durch das Gesetz zur Einführung eines Rechts auf Eheschließung für Personen gleichen Geschlechts[196] wurde § 1353 Abs. 1 Satz 1 BGB geändert, der nun vorsieht, dass eine Ehe »von zwei Personen verschiedenen oder gleichen Geschlechts« geschlossen werden kann. Auch gleichgeschlechtlichen Partnern steht damit die Eingehung der Ehe und die Errichtung eines gemeinschaftlichen Testaments offen (ohne, dass es für diese auf die Verweisungsnorm des § 10 Abs. 4 Satz 1 LPartG ankäme). Nach Art. 3 Abs. 3 des Gesetzes zur Einführung eines Rechts auf Eheschließung für Personen gleichen Geschlechts können Lebenspartnerschaften ab dem Zeitpunkt des Inkrafttretens des Gesetzes (01.10.2017) nicht mehr begründet werden. Bestehende Lebenspartnerschaften können gem. § 17a LPartG in eine Ehe umgewandelt werden. Dies hat auf ein durch eingetragene Lebenspartner errichtetes gemeinschaftliches Testament keinen Einfluss. 72

189 S. Syst. B Rdn. 49 ff.; NK-BGB/*Gierl* § 2265 Rn. 15; *Süß* IPRax 2002, 22; alphabetische Übersicht verschiedener Länder bei jurisPK/*Reymann* § 2265 Rn. 11 und *Hertel* in: Limmer/Hertel/Frenz/Mayer, Würzburger Notarhandbuch, Teil 7, Kapitel 3 Rn. 176 ff.

190 So bei in Deutschland lebenden kroatischen Ehegatten OLG Zweibrücken ZEV 2003, 162 m. krit. Anm. *Süß* = MittBayNot 2003, 146 m. Anm. *Riering*, wo aber übersehen wurde, dass die Nichtigkeit der Verfügung der Ehefrau, die keine Rechtwahl treffen konnte, zur Gesamtnichtigkeit nach § 2270 Abs. 1 geführt hätte; dazu und zu Lösungsmöglichkeiten nach dem kroatischen Recht *Süß* a.a.O.

191 Vom 16.02.2001, BGBl. I 266.

192 BVerfGE 105, 313 = NJW 2002, 2543 = FPR 2002, 576 m. Anm. *Kemper*.

193 Dazu etwa *Leipold* ZEV 2001, 218, 221; *N. Mayer* ZEV 2001, 169, 172; *Grziwotz* DNotZ 2001, 280, 298; *v. Dickhuth-Harrach* FamRZ 2001, 1660; *Lange/Kuchinke* § 12 VIII 4.

194 *Leipold* ZEV 2001, 218, 221; ebenso MünchKomm/*Wacke* § 10 LPartG Rn. 5.

195 S.o. Rdn. 7 ff.

196 Vom 20.07.2017, BGBl. I 2787.

Die Verfassungsgemäßheit der Öffnung der Ehe für gleichgeschlechtliche Ehegatten ist umstritten.[197] Eine Überprüfung des Gesetzes durch das BVerfG ist derzeit nicht absehbar. Nicht erörtert wurde bisher die Frage, welche Rechtswirkungen ein gemeinschaftliches Testament gleichgeschlechtlicher Ehegatten zeitigen würde, wenn das BVerfG § 1353 BGB n.F. für unvereinbar mit dem GG hielte, insbesondere bei nach dem 01.10.2017 geschlossenen gleichgeschlechtlichen Ehen. Zum Schutz der Testierenden wären die Verfügungen – die einseitigen ohnehin, aber auch die wechselbezüglichen samt Bindungswirkung – aufrecht zu erhalten. Dem Gebot des sichersten Weges folgend sollte in der Beratung aber ein Erbvertrag empfohlen werden.

73 Die **Ausgestaltung** in der Form des *Berliner Testaments* (§§ 2280, 2269 BGB) hat unter Lebenspartnern bzw. gleichgeschlechtlichen Ehegatten eine weitaus geringere Bedeutung als unter verschiedengeschlechtlichen Ehegatten, da erstere keine gemeinschaftlichen leiblichen Kinder haben. Allerdings ist es möglich, dass der eine Lebenspartner das Kind des anderen im Wege der Stiefkind-Adoption annimmt (§ 9 Abs. 7 LPartG bzw. §§ 1741 Abs. 2 Satz 3, 1754 Abs. 1 BGB) und auch ein gleichgeschlechtliches Ehepaar kann nach den §§ 1741 Abs. 2 Satz 2, 1754 Abs. 1 BGB Kinder adoptieren.[198] Auf alle Fälle sollte die *Schlusserbfolge* auch bei gemeinschaftlichen Testamenten zwischen Lebenspartnern nicht offen gelassen werden, weil sonst die gesetzlichen Erben des überlebenden Partners erben, und zwar – wegen der Einheitslösung – auch das dann noch vorhandene Vermögen des Erstversterbenden. Dies kann zu einem »erbrechtlichen Desaster« führen,[199] wenn diese Erbfolge nicht ausnahmsweise so gewollt ist.[200]

74 Früher verschärften sich die beim gemeinschaftlichen Testament ohnehin auftretenden **erbschaftsteuerlichen Probleme**[201] noch dadurch, dass die gleichgeschlechtlichen Lebenspartner erbschaftsteuerlich nicht den Ehegatten gleichgestellt waren, sondern der ungünstigen Steuerklasse III angehörten.[202] Die verschiedene steuerliche Behandlung wurde aber im Jahr 2011 beseitigt;[203] seitdem gehören die eingetragenen Lebenspartner uneingeschränkt zur Steuerklasse I.

§ 2265 Errichtung durch Ehegatten

Ein gemeinschaftliches Testament kann nur von Ehegatten errichtet werden.

Übersicht

197 Für Verfassungswidrigkeit des Gesetzes, weil es einer Änderung des GG bedurft hätte, etwa Maunz/Dürig/*Badura* 85. EL. Art. 6 GG Rn. 58; *Ipsen* NVwZ 2017, 1096; *Schmidt* NJW 2017, 2225; ausführlich BeckOK-GG/*Uhle* 40. Edition Art. 6 GG Rn. 4 ff.; Für Verfassungsgemäßheit *Brosius-Gersdorf* NJW 2015, 3557; *Hecker* NVwZ 2018, 621.

198 Ausführlich dazu *Löhnig* NZFam 2017, 879.

199 *Grziwotz* DNotZ 2001, 280, 300; plastisches Beispiel bei *Grziwotz* NWB 2012, 2008, 2011 f.

200 *V. Dickhuth-Harrach* FamRZ 2001, 1669.

201 S. Rdn. 50.

202 Dazu mit Gestaltungsüberlegungen *Grziwotz* DNotZ 2001, 299 f.; *v. Dickhuth-Harrach* FamRZ 2001, 1668.

203 Jahressteuergesetz 2010 vom 08.12.2010, BGBl. I 1768.

I. Normzweck

Das gemeinschaftliche Testament dient der gemeinschaftlichen Nachlassplanung, die angesichts der engen Lebens- und Vermögensgemeinschaft von Ehegatten erforderlich ist.[1] Die damit verbundene Formerleichterung und die Möglichkeit, durch die Schaffung einer Wechselbezüglichkeit die Verfügungen der Ehegatten einer besonderen Abhängigkeit zu unterwerfen, sah der Gesetzgeber aber grundsätzlich nur für Ehegatten als gerechtfertigt an. § 2265 BGB enthält daher eine Beschränkung des gemeinschaftlichen Testaments in persönlicher Hinsicht auf Ehegatten. Die Ehe steht mittlerweile auch gleichgeschlechtlichen Paaren offen.[2] § 10 Abs. 4 Satz 1 LPartG ermöglicht auch gleichgeschlechtlichen **Lebenspartnern** i.S.d. § 1 LPartG ein gemeinschaftliches Testament zu errichten.[3] Für diese gelten die nachstehenden Ausführungen sinngemäß. 1

Die persönliche Beschränkung auf Ehegatten und gleichgeschlechtliche Lebenspartner ist Ausdruck der kritischen Haltung des Gesetzgebers gegenüber dieser Testamentsform,[4] denn nur, weil das gemeinschaftliche Testament in vielen Teilen Deutschlands weit verbreitet war, wurde es neben dem Erbvertrag als gemeinschaftliche Testierform zugelassen.[5] Die Beschränkung auf Ehegatten ist verfassungsrechtlich unbedenklich und verstößt insbesondere nicht gegen Art. 3 Abs. 1 GG, zumal dadurch der Gesetzgeber der über Art. 6 Abs. 1 GG besonders geschützten ehelichen Lebensgemeinschaft Rechnung getragen hat. Die Besonderheiten des ehelichen Güterrechts legen es nahe, Ehegatten die Regelung erbrechtlicher Verhältnisse zu erleichtern.[6] 2

II. Errichtung durch Ehegatten oder eingetragene Lebenspartner

1. Wirksame Ehe oder eingetragene Lebenspartnerschaft

Nur Ehegatten (seien sie verschieden- oder gleichgeschlechtlich) und eingetragene Lebenspartner können ein gemeinschaftliches Testament errichten, nicht aber andere unverheiratete Personen, wie Verwandte[7] oder Partner einer nichtehelichen Lebensgemeinschaft.[8] Ihnen bleibt die Form des Erbvertrages. Auch ein von **Verlobten** errichtetes gemeinschaftliches Testament ist nichtig und wird nach ganz h.M. auch dann nicht wirksam, wenn die Verlobten einander heiraten.[9] Schon der eindeutige Wortlaut des § 2265 BGB, der die Grenze für die Auslegung darstellt, spricht dagegen, dass ein gemeinschaftliches Testament von Verlobten mit der Eheschließung wirksam wird. Formvorschriften sind aus Gründen der Rechtssicherheit restriktiv auszulegen. Auch das verfassungsrechtliche Argument überzeugt nicht,[10] da Verlobten der Erbvertrag als Mittel des gemeinschaftlichen Testierens zur Verfügung steht und zudem durch die Beurkundungsform eine rechtliche Belehrung sicherstellt, die angesichts des bei Verlobten oftmals noch nicht so engen Vertrauensverhältnisses geboten sein kann.[11] 3

1 S. Vorbem. zu §§ 2265 ff. Rdn. 7.
2 S. Vorbem. zu §§ 2265 ff. Rdn. 72.
3 Dazu Vorbem. zu §§ 2265 ff. Rdn. 71.
4 MünchKomm/*Musielak* Rn. 1.
5 Prot V 426; *v. Lübtow* I 480.
6 BVerfG NJW 1989, 1986.
7 BayObLG FamRZ 1993, 1370; KG NJW 1972, 2133 (je Schwestern); OLG Zweibrücken FamRZ 1989, 790; *v. Dickhuth-Harrach* § 37 Rn. 1; NK-BGB/*Gierl* Rn. 17; jurisPK/*Reymann* Rn. 5.
8 OLG Hamm NJW-RR 1996, 1290; OLG Frankfurt BeckRS 1989, 07779.
9 OLG Düsseldorf FamRZ 1997, 518; LG Neustadt NJW 1958, 1785; *Lange/Kuchinke* § 24 I 4 a; Staudinger/*Kanzleiter* Rn. 1 m.w.N.; Hausmann/Hohloch/*Litzenburger*, Handbuch des Erbrechts (2010) Kapitel 7 Rn. 18; jurisPK/*Reymann* Rn. 9.
10 Vgl. bereits BVerfG NJW 1989, 1986 und oben Rdn. 1; a.A. MünchKomm/*Wacke* § 10 LPartG Rn. 5; *ders.* FamRZ 2001, 457, 461 f.
11 I.E. ebenso BeckOGK/*Braun*, Stand 01.03.2019, Rn. 116 f., 119; MünchKomm/*Musielak* Rn. 2; *Kanzleiter* FamRZ 2001, 1198, 1200 f., der zutreffend darauf hinweist, dass bis zur Konvaleszenz durch die Heirat ein unerfreulicher Schwebezustand einträte.

Auch eine **analoge Anwendung** der §§ 2265 ff. BGB auf Verlobte ist angesichts der Formenstrenge des Erbrechts nicht möglich,[12] auch nicht aus Billigkeitsgründen, selbst wenn der eine Verlobte vor der Eheschließung überraschend verstirbt.[13] Wollen nicht verheiratete Testierende nach ihrer Verheiratung das zunächst formunwirksam errichtete gemeinschaftliche Testament bestätigen (vgl. § 141 BGB), so sind die für das gemeinschaftliche Testament geltenden Formvorschriften zu beachten und zwar auch dann, wenn ursprünglich von dem Formprivileg des § 2267 BGB Gebrauch gemacht wurde.[14]

Maßgeblicher Zeitpunkt ist der Zeitpunkt der Testamentserrichtung. Zu diesem muss eine wirksame Ehe bestehen, so dass die Nichtigkeit nicht durch die nachträgliche Eheschließung der Testierenden geheilt wird, sondern formgerechte Neuvornahme erforderlich ist.[15] Die Eheschließung muss aber nicht durch öffentliche Urkunde nachgewiesen werden, sondern dies kann durch alle sonst zulässigen Beweismittel geschehen, da § 352 FamFG nur für das gesetzliche Erbrecht der Ehegatten gilt.[16] Die wirksame Begründung einer **Lebenspartnerschaft** bestimmt sich nach § 1 LPartG.

4 Lag von vornherein eine **Nichtehe** vor und tritt auch keine Heilung nach § 1310 Abs. 3 BGB ein,[17] so fehlt ebenfalls die Voraussetzung für die Errichtung eines gemeinschaftlichen Testaments.[18] Die Regelungen über die Nichtigkeit einer Ehe nach den §§ 16 ff. EheG wurden durch das Eheschließungsrechtsgesetz[19] mit Wirkung zum 01.07.1998 aufgehoben. Anstelle dieser Vorschriften trat die Aufhebbarkeit der Ehe nach den §§ 1313 ff. BGB n.F., wobei die Aufhebung aber – anders als die frühere Nichtigerklärung – grundsätzlich nur ex nunc wirkt.[20] Auch bei einem Verstoß gegen das Verbot der Doppelehe (§ 1306 BGB) ist bis zur Rechtskraft eines entsprechenden Aufhebungsurteils die Doppelehe als gültig anzusehen.[21] Kommt es jedoch zu einem solchen Aufhebungsurteil, so beurteilt sich dessen erbrechtliche Wirkung allein nach § 2268 BGB.

2. Wirkung der Auflösung der Ehe

5 Die Wirkung der Auflösung der Ehe vor dem ersten Erbfall, etwa durch Scheidung oder Aufhebungsklage, ist in § 2268 BGB geregelt.

3. Nur äußerlich verbundene Einzeltestamente

6 Nur äußerlich verbundene Einzeltestamente von Nichtehegatten, bei denen sie ihre letztwilligen Verfügungen nur auf demselben Blatt Papier niederschreiben, ohne dass sie damit ihren Willen bekunden, gemeinsam über ihr Vermögen letztwillig zu verfügen, fallen nicht unter § 2265 BGB.[22]

III. Gemeinschaftliches Testament von Nichtehegatten

1. Rechtsfolge des Verstoßes gegen § 2265 BGB

7 Das Bestehen einer gültigen Ehe wird allgemein als Gültigkeitsvoraussetzung für die Wirksamkeit der in dem gemeinschaftlichen Testament enthaltenen Verfügungen angesehen mit der Folge,

---

12 Burandt/Rojahn/*Braun* Rn. 41; NK-BGB/*Gierl* Rn. 17.
13 OLG Düsseldorf FamRZ 1997, 518.
14 Damrau/Tanck/*Klessinger*, Erbrecht, Rn. 3; HK-BGB/*Hoeren* Rn. 8.
15 Burandt/Rojahn/*Braun* Rn. 41; Staudinger/*Kanzleiter* Rn. 1, 3.
16 BayObLG FamRZ 1990, 1284.
17 Damrau/Tanck/*Klessinger*, Erbrecht, Rn. 3; zu diesen Fragen *Hepting* FamRZ 1998, 713, 725.
18 *Lange/Kuchinke* § 24 I 5.
19 EheschlRG vom 04.05.1998, BGBl. I 833.
20 § 1313 Satz 2; *Hepting* FamRZ 1998, 713, 727.
21 OLG Zweibrücken ZEV 2003, 162, 164 m. Anm. *Süß* = MittBayNot 2003, 146 m. Anm. *Riering*.
22 LG Braunschweig DNotZ 1966, 378; Staudinger/*Kanzleiter* Rn. 2; zum Vorliegen eines gemeinschaftlichen Testaments s. ausführlich Vorbem. zu §§ 2265 ff. Rdn. 13.

dass ein von Nichtehegatten errichtetes gemeinschaftliches Testament nichtig ist.[23] Allerdings sind bei Unverheirateten an den Nachweis des Willens zur Errichtung eines gemeinschaftlichen Testaments höhere Anforderungen zu stellen. Bei entsprechender *Rechtsunkenntnis* ist dieser Wille im Einzelfall nicht ausgeschlossen.[24] Selbst wenn er zu bejahen ist, ist weiter zu prüfen, ob die in dem gemeinschaftlichen Testament enthaltenen einzelnen Verfügungen nicht im Wege der **Umdeutung** (§ 140 BGB) als Einzeltestamente aufrechterhalten werden können oder ob dies ausgeschlossen ist. Hier hat sich ein grundlegender Meinungswandel vollzogen.[25] Ursprünglich wurde in § 2265 BGB ein Verbot für Nichtehegatten erblickt, gemeinschaftlich ein Testament zu errichten,[26] so dass aus diesem Grunde auch eine Umdeutung abgelehnt wurde.

2. Einseitige Verfügungen

8 Seit der Entscheidung des KG[27] setzte sich die Ansicht durch, dass **einseitige Verfügungen**, die nicht wechselbezüglich sind, aber für sich allein betrachtet der Form des § 2247 BGB entsprechen, als Einzeltestamente im Wege der **Umdeutung** aufrechterhalten werden können,[28] ungeachtet dessen, ob sie privatschriftlich oder in einer öffentlichen Urkunde niedergelegt sind. Dem BGB kann kein Umdeutungsverbot für derartige Fälle entnommen werden.[29] Die gleichen Grundsätze gelten für den **Entwurf** eines gemeinschaftlichen Testaments, der nur von einem Ehegatten unterschrieben ist, sofern nur dessen Wille angenommen werden kann, dass die von ihm getroffene Erbeinsetzung unabhängig von der Wirksamkeit der geplanten gegenläufigen seines Ehepartners sein soll.[30] Zum Teil wird sogar vertreten, dass einseitige Verfügungen, die der Testamentsform entsprechen, von vornherein gültig bleiben und eine Umdeutung gar nicht erforderlich ist.[31] Auf alle Fälle ist aber erforderlich – und das sei nochmals betont –, dass die betroffene einseitige Verfügung für sich allein betrachtet formwirksam errichtet ist, was bei einem vor einem Notar errichteten gemeinschaftlichen Testament der Fall ist, nicht aber ohne Weiteres bei einem eigenhändigen, bei dem vom Formprivileg des § 2267 BGB Gebrauch gemacht wurde.[32] Weiter ist erforderlich, dass die Umdeutung dem mutmaßlichen Willen des Testators entspricht,[33] was zwar bei einseitigen Verfügungen regelmäßig der Fall sein wird. Zwingend ist dies aber nicht, etwa in Fallkonstellationen, bei denen trotz fehlender Wechselbezüglichkeit im eigentlichen Sinn ein Bedingungszusammenhang der Verfügungen besteht.[34]

3. Wechselbezügliche Verfügungen

9 Im Vordringen begriffen, aber noch strittig, ist eine Auffassung, dass auch bei wechselbezüglichen Verfügungen grundsätzlich die **Umdeutung** in Einzeltestamente möglich sei.[35] Die früher herr-

23 BeckOGK/*Braun,* Stand 01.03.2019, Rn. 116; Burandt/Rojahn/*Braun* Rn. 40; MünchKomm/*Musielak* Rn. 1; jurisPK/*Reymann* Rn. 9 f.

24 BayObLG FamRZ 2001, 1563, 1564 (verneint); Staudinger/*Kanzleiter* Vorbem zu §§ 2265 ff Rn. 23.

25 Vgl. die Rechtsprechungsübersicht bei jurisPK/*Reymann* Rn. 13 f.

26 Insb. RGZ 87, 33, 34; KGJ 35 A 93, 97 f.; OLG Neustadt NJW 1958, 1785.

27 DNotZ 1943, 137.

28 H.M.: BayObLG FamRZ 1993, 1370; OLG Zweibrücken FamRZ 1989, 790; OLG Frankfurt FamRZ 1979, 347; OLG Frankfurt MDR 1976, 667; KG DNotZ 1943, 137; KG NJW 1972, 2133; KG OLGZ 1969, 252; OLG Koblenz NJW 1948, 384; PWW/*Avenarius* § 2265 Rn. 4; BeckOGK/*Braun,* Stand 01.03.2019, Rn. 59, 68; NK-BGB/*Gierl* Rn. 18 ff.; Staudinger/*Kanzleiter* Rn. 6; Damrau/Tanck/*Klessinger*, Erbrecht, Rn. 6; Palandt/*Weidlich* Rn. 3.

29 LG Bonn NJW-RR 2004, 10; *Lutter* FamRZ 1959, 274; MünchKomm/*Musielak* Rn. 5.

30 BGH NJW-RR 1987, 1410 = DNotZ 1988, 178, 179; OLG Frankfurt NJWE-FER 1998, 182.

31 *Lange/Kuchinke* § 24 I 4 b; offen gelassen von BayObLG FamRZ 1993, 1370.

32 Vgl. etwa Damrau/Tanck/*Klessinger*, Erbrecht, Rn. 6; *Lange*, Erbrecht, § 16 Rn. 88; BeckOK/*Litzenburger* Rn. 21; MünchKomm/*Musielak* Rn. 6.

33 NK-BGB/*Gierl* Rn. 20.

34 BeckOK/*Litzenburger* Rn. 23; s. auch Rdn. 11.

35 Grds. dafür OLG Düsseldorf FGPrax 2016, 176; OLG München MittBayNot 2015, 239 m. Anm. *Litzenburger* in MittBayNot 2015, 243; OLG München NJW-RR 2010, 1382 = ZEV 2010, 471 m. krit.

schende Gegenauffassung lehnt die Aufrechterhaltung als Einzeltestamente generell ab, weil die wechselbezüglichen Verfügungen gerade dadurch gekennzeichnet seien, dass sie miteinander stehen und fallen sollen, also nicht isoliert gelten können.[36] Manche Entscheidungen gehen der Beantwortung der Streitfrage dadurch aus dem Weg, dass sie die fraglichen Verfügungen als nicht wechselbezüglich qualifizieren,[37] weshalb der BGH auch unter der Geltung der Divergenzvorlage nach § 28 FGG a.F. (jetzt § 70 FamFG) noch keine Gelegenheit hatte, die Streitfrage zu klären.

10 An einem **generellen Ausschluss der Umdeutung** wechselbezüglicher Verfügungen kann nicht festgehalten werden, da gerade im Erbrecht der Wille des Erblassers in der weitest möglichen Form aufrechterhalten werden soll (§§ 2084, 2085 BGB). Vergegenwärtigt man sich, dass sich das gemeinschaftliche Testament durch die Formerleichterung und die Möglichkeit der Wechselbezüglichkeit im Sinne einer Bestandsabhängigkeit von einem normalen Testament unterscheidet,[38] so sind damit zugleich aber auch die Grenzen für die Umdeutung festgelegt:

11 Zum einen ist erforderlich, dass die umzudeutende einzelne Verfügung die **Formerfordernisse** des einseitigen Testaments erfüllt.[39] Zum anderen ist in subjektiver Hinsicht erforderlich, dass die Umdeutung dem **mutmaßlichen Willen** des Erblassers entspricht. Die Umdeutung findet daher ihre Grenze in dem aus der Erklärung ersichtlichen Willen der Testierenden.[40] Da der Unterschied zum gemeinschaftlichen Testament gerade in der dort erzielbaren Wechselbezüglichkeit über § 2270 BGB besteht, ist es grundsätzlich erforderlich, dass an deren Stelle eine andere, gegenseitige Wirksamkeitsabhängigkeit der von den Nichtehegatten jeweils getroffenen Verfügungen tritt. Eine derartige Verknüpfung kann sich durch einen (u.U. im Wege der Auslegung festzustellenden) **Bedingungszusammenhang** oder durch Annahme einer **Wirksamkeitserwartung** ergeben, die im Falle des Fehlschlagens zur Anfechtung wegen eines Grundlagenirrtums nach § 2078 Abs. 2 BGB berechtigt. In solchen Fällen wird auch von einer »unechten Wechselbezüglichkeit« gesprochen.[41] Demnach ergibt sich:

a) Beide Verfügungen entsprechen den Formerfordernissen

12 Entsprechen die Verfügungen beider Ehegatten den Formerfordernissen eines einseitigen Testaments, kann unter der Voraussetzung der Wahrung des Bedingungszusammenhangs eine Umdeutung vorgenommen werden.[42] Aber auch wenn kein Bedingungszusammenhang angenommen werden kann, steht dies der Umdeutung nicht entgegen, wenn der Bestand der einen Verfügung nicht von dem der anderen abhängig sein sollte oder § 2078 Abs. 2 BGB zur Interessenwahrung genügt.[43]

Anm. *Zimmer* (Rn. 15 ff.); OLG Braunschweig NJW-RR 2005, 1027; OLG Frankfurt MDR 1976, 667; KG OLGZ 1973, 88 = NJW 1972, 2133; PWW/*Avenarius* § 2265 Rn. 4; BeckOGK/*Braun*, Stand 01.03.2019, Rn. 69 f.; *Kanzleiter* DNotZ 1973, 133, 145 ff.; wohl auch NK-BGB/*Gierl* Rn. 22; *Lange*, Erbrecht, § 16 Rn. 89; jurisPK/*Reymann* Rn. 7; Staudinger/*Roth* § 140 Rn. 49; Palandt/*Weidlich* Rn. 3; differenziert und bejahend für den Fall, dass sich die Testierenden gegenseitig bedenken Damrau/Tanck/*Klessinger*, Erbrecht, Rn. 7; ähnlich Burandt/Rojahn/*Braun* Rn. 48 ff.

36 RGZ 87, 33, 34 f.; KG Rpfleger 1969, 93; Staudinger/*Dittmann* (11. Aufl.) Rn. 6; *Lutter* FamRZ 1959, 273; neuerdings wieder OLG Hamm ZEV 1996, 304 m. krit. Anm. *Kanzleiter; Gockel* ZErb 2012, 72, 73; MünchKomm/*Musielak* Rn. 8: Lebenserfahrung spreche i.d.R. dagegen; beim fehlenden Beitritt lehnt OLG Düsseldorf FamRZ 1997, 771 eine Umdeutung ebenfalls ab, wenn es sich um eine wechselbezügliche Verfügung handelt.

37 LG Bonn NJW-RR 2004, 10 f. = FamRZ 2004, 405; BayObLG FamRZ 1993, 1370; OLG Zweibrücken FamRZ 1989, 790.

38 Vorbem. zu §§ 2265 ff. Rdn. 2 ff.

39 Allgem. Meinung, vgl. BeckOGK/*Braun*, Stand 01.03.2019, Rn. 67; MünchKomm/*Musielak* Rn. 6.

40 OLG Düsseldorf FamRZ 1997, 518.

41 Burandt/Rojahn/*Braun* Rn. 50; *Kanzleiter* DNotZ 1973, 133, 146; Nieder/Kössinger/*R. Kössinger*, Handbuch der Testamentsgestaltung, § 11 Rn. 26.

42 OLGR Frankfurt 2000, 217; NK-BGB/*Gierl* Rn. 22; *Kanzleiter* DNotZ 1973, 140; Staudinger/*Kanzleiter* Rn. 12; MünchKomm/*Musielak* Rn. 8; jurisPK/*Reymann* Rn. 21.

43 S. Rdn. 13 f.

b) Nur eine Verfügung ist formgültig

13 Problematischer sind die Fälle, wenn die Testierenden von der Möglichkeit der **Formerleichterung** des § 2267 BGB Gebrauch gemacht haben und daher nur eine Verfügung formwirksam ist. Denn die Verfügung desjenigen, der lediglich den Text unterschrieben hat, erfüllt nicht die Anforderungen des § 2247 BGB an ein Einzeltestament und ist daher nichtig.[44] Hier kommt es für die Möglichkeit der Umdeutung der Verfügung des Testators, der die Form gewahrt hat, darauf an, ob er auch bei Kenntnis der Unwirksamkeit der gegenläufigen Erklärung des anderen eine entsprechende einseitige Verfügung getroffen hätte,[45] also die Verfügung auch ohne eine wechselbezügliche Abhängigkeit errichtet worden wäre.[46] Dazu gehört bei einer verfügten gegenseitigen Erbeinsetzung das Bewusstsein, dass er selbst niemals damit rechnen konnte, den anderen zu beerben.[47] Maßgeblich ist hierfür zunächst der wirkliche Wille zum Zeitpunkt der Testamentserrichtung, soweit er ermittelt werden kann, notfalls der mutmaßliche Wille.[48] Es ist durchaus möglich, dass es dem einen alleine darum ging, den anderen für den Fall seines Todes abzusichern, und die Möglichkeit, dass auch er bindend zum Erben eingesetzt ist, gar nicht im Vordergrund stand.[49] In solchen Fällen verhilft der Solidaritätsgedanke[50] dem Testament zur Wirksamkeit. Entgegen der Auffassung von *Kanzleiter*[51] kann aber weder der bloße Versuch des gemeinschaftlichen Testaments noch die bloße Verlautbarung der (unwirksamen) Verfügung des anderen für die einseitige Aufrechterhaltung maßgeblich sein. Der einseitige Testierwille kann gegebenenfalls auch auf die einfache Überlegung zurückgeführt werden, die das OLG Frankfurt ausspricht: Eine nicht bindende, einseitige Verfügung ist dem Erblasser immer noch lieber, als »dass der Fiskus erben sollte«.[52]

14 Anders mag es liegen, wenn eine gemeinschaftliche Vermögensplanung mit einer bindend gewollten **Schlusserbeneinsetzung Dritter** vorliegt, weil hier der Austauschgesichtspunkt für eine Wechselbezüglichkeit spricht.[53] Der Versorgungsgesichtspunkt spielt nicht dieselbe Rolle wie bei einer reinen gegenseitigen Erbeinsetzung. Aber auch hier ist eine Umdeutung in ein einseitiges Testament unter Beifügung einer Bedingung möglich, die die Verfügung davon abhängig macht, dass der **letztbegünstigte Dritte** das ihm Zugewendete erhält,[54] also die Umdeutung in eine Vor- und Nacherbschaft.[55] Gerechtfertigt sein kann auch die Annahme, dass dem zunächst verfolgten Motiv der Wechselbezüglichkeit durch ein Anfechtungsrecht nach § 2078 Abs. 2 BGB genügt wird; dann bleibt die formwirksame Verfügung aber zunächst bis zur Erklärung der Anfechtung wirksam.[56] **Verallgemeinerungen**, dass bei wechselbezüglichen Verfügungen ein entsprechender Aufrechterhal-

---

44 OLG Frankfurt vom 07.03.1989 – 20 W 393/88.

45 BGH NJW 2011, 1353, 1354; OLG München MittBayNot 2015, 243 m. Anm. *Litzenburger*; OLG Frankfurt FamRZ 1998, 1394, 1395; NK-BGB/*Gierl* Rn. 22; Staudinger/*Kanzleiter* Rn. 14; BeckOK/*Litzenburger* Rn. 24; Palandt/*Weidlich* Rn. 3.

46 OLG Frankfurt FamRZ 1998, 1394, 1395; ähnlich BayObLG FamRZ 1993, 1370; OLG Düsseldorf FGPrax 2016, 176 zu einem mangels Testierfähigkeit unwirksamen Beitritt zu einem gemeinschaftlichen Testament; *Kollmeyer* NJW 2018, 662, 663.

47 LG Karlsruhe BWNotZ 1989, 62; BeckOK/*Litzenburger* Rn. 24 (unter unzutr. Bezug auf BayObLG Rpfleger 2001, 425, wo das Vorliegen eines gemeinschaftlichen Testaments gerade verneint wurde); a.M. OLG Frankfurt FamRZ 1998, 1394.

48 *Kanzleiter* ZEV 1996, 307; *Lange/Kuchinke* § 24 I 4 b.

49 Burandt/Rojahn/*Braun* Rn. 49; *Kanzleiter* ZEV 1996, 307.

50 Vorbem. zu §§ 2265 ff. Rdn. 8; auf den Versorgungsgedanken stellt auch OLG München MittBayNot 2015, 243 ab.

51 Staudinger/*Kanzleiter* Rn. 12.

52 FamRZ 1989, 347; dieser Gedanke lässt sich oftmals auf Verwandte ausdehnen.

53 OLG München MittBayNot 2015, 243 m. Anm. *Litzenburger*; Burandt/Rojahn/*Braun* Rn. 50; BeckOGK/*Braun*, Stand 01.03.2019, Rn. 69; Damrau/Tanck/*Klessinger*, Erbrecht, Rn. 7 BeckOK/*Litzenburger* Rn. 24.

54 *Kanzleiter* DNotZ 1973, 149; Staudinger/*Kanzleiter* Rn. 13; Palandt/*Weidlich* Rn. 3;

55 Offen gelassen von BayObLGZ 2000, 194, 196 f. = NJW-RR 2000, 1534.

56 Burandt/Rojahn/*Braun* Rn. 50; Soergel/*M. Wolf* Rn. 5.

tungswille niemals, bei einseitigen aber stets anzunehmen sei, sind jedoch angesichts der vielfältigen Lebenssachverhalte nicht zulässig.[57]

15 Eine derartige **Umdeutungsmöglichkeit** widerspricht nicht dem Wesen der – zunächst u.U. gewollten – Wechselbezüglichkeit der Verfügungen des fehlgeschlagenen Testaments. Denn die Wechselbezüglichkeit ist keine starre, statische Größe.[58] Allein der Wille der Erblasser entscheidet über den Grad der Wirksamkeitsabhängigkeit der getroffenen Verfügungen; so können die Beteiligten diese auch nur auf einzelne Fälle der Nichtigkeit beschränken.[59] Problematisch ist daher die Behauptung, dass es i.d.R. der Lebenserfahrung widerspreche, dass die Verfügungen des einen Erblassers isoliert gelten sollen.[60] Diese Überlegungen hätten auch Rückwirkungen auf die **Beweis- und Feststellungslast.**[61] Der Sache nach handelt es sich vielmehr bei den vorstehend aufgeworfenen Fragen um Probleme der »einseitigen Wechselbezüglichkeit« und der Wirkungsbeschränkung der Wechselbezüglichkeit.[62]

c) Andere Lösungswege

16 Die Streitfrage um die Umdeutungsfähigkeit wechselbezüglicher Verfügungen würde sich erledigen, wenn man die Ehe der Testierenden nicht als Wirksamkeitsvoraussetzung, sondern als begriffliches Erfordernis ansehen und daher der Weg zur Ermittlung des Erblasserwillens durch entsprechende Auslegung frei würde.[63] Nicht angängig ist jedoch, das gemeinschaftliche Testament nur als eine Art »äußere Hülle« anzusehen, durch die die rechtlich selbständigen Verfügungen nur zusammengefasst werden, so dass das Fehlschlagen dieser äußeren Verbindung nicht auch zur inhaltlichen Unwirksamkeit führt.[64] Das ist mit dem modernen Verständnis des gemeinschaftlichen Testaments, das gerade auf den Willen zur gemeinschaftlichen Verfügung abstellt, nicht vereinbar.[65]

IV. Sonstige Umdeutungsfälle

17 Die vorstehend entwickelten Umdeutungsgrundsätze kommen nicht nur dann in Betracht, wenn Nichtehegatten ein gemeinschaftliches Testament verfassen, sondern auch im Fall des fehlenden Beitritts des anderen Ehegatten oder der Unwirksamkeit von dessen Erklärung wegen Testierunfähigkeit.[66]

§ 2266 Gemeinschaftliches Nottestament

Ein gemeinschaftliches Testament kann nach den §§ 2249, 2250 BGB auch dann errichtet werden, wenn die dort vorgesehenen Voraussetzungen nur bei einem der Ehegatten vorliegen.

---

57 Burandt/Rojahn/*Braun* Rn. 51; MünchKomm/*Musielak* Rn. 7 gegen LG Freiburg BWNotZ 1986, 150 bei teilwirksamem Testament; für Annahme einer allgemeinen Lebenserfahrung dieser Art aber auch BayObLGZ 2000, 194, 196 f. = NJW-RR 2000, 1534, beim Entwurf eines gemeinschaftlichen Testaments.

58 So aber OLG Hamm ZEV 1996, 304, 305 (bei gemeinschaftlichem Testament von Nichtehegatten), wonach eine Umdeutung einer als wechselbezüglich gewollten Verfügungen in eine wirksame Einzelverfügung mit Begriff und Wesen der Wechselbezüglichkeit nicht vereinbar sei.

59 *Kanzleiter* ZEV 1996, 307; *Kipp/Coing* § 35 III 1.

60 So *Baumgärtel/Schmitz* § 2270 Rn. 8; MünchKomm/*Musielak* Rn. 8, anders aber selbst in Rn. 7; krit. auch Staudinger/*Kanzleiter* Rn. 12; gegen diesen Erfahrungssatz auch Burandt/Rojahn/*Braun* Rn. 51.

61 *Baumgärtel/Schmitz* § 2270 Rn. 8; da es diesen Erfahrungssatz aber nicht gibt, zu Recht ablehnend Burandt/Rojahn/*Braun* Rn. 51.

62 § 2270 BGB Rdn. 17 ff., 20 ff.

63 *Lange/Kuchinke* § 24 I 4 b.

64 KG OLGZ 1973, 88 = NJW 1972, 2133; zustimmend OLG Frankfurt MDR 1976, 667.

65 OLG Hamm ZEV 1996, 304, 305.

66 BayObLG FamRZ 1996, 1036; OLG München ZEV 2010, 471 m. krit. Anm. *Zimmer*, dazu auch *J. Lange* jurisPR-FamR 16/2010 Anm. 2; OLG München FamRZ 2015, 535 (Umdeutung bejaht); *Kollmeyer* NJW 2018, 662; Palandt/*Weidlich* Rn. 3.

Übersicht

I. Allgemeines

1 Die Vorschrift erleichtert die Errichtung eines gemeinschaftlichen Testaments, indem die Nottestamente nach den §§ 2249 bis 2251 BGB als Sondervorschriften der Testamentserrichtung bereits dann zugelassen sind, wenn die Voraussetzungen hierfür nur bei einem Ehegatten vorliegen. Sind die Voraussetzungen für beide erfüllt, braucht es die Verweisung in § 2266 BGB nicht. Das Seetestament (§ 2251 BGB) wird in § 2266 BGB nicht erwähnt, weil sich die Ehegatten ohnehin auf demselben Schiff befinden müssen, wenn sie gemeinsam testieren wollen.[1] Demgegenüber kann die Abgeschlossenheit i.S. des Absperrungstestaments nach § 2250 Abs. 1 BGB durchaus einmal eine einseitige sein, etwa wenn bei Isolierung eines Kranken die unmittelbare Verständigung möglich ist.[2]

2 Da der Normzweck eine Errichtungserleichterung ist, sind **Mischformen** möglich. Weitgehend anerkannt ist, dass der Ehegatte, bei dem die Voraussetzungen für ein Nottestament vorliegen, sich der Notform bedienen und der andere in ordentlicher Form testieren kann.[3] *Musielak* führt dagegen an, dass bei solchen Kombinationen nach Ablauf der befristeten Gültigkeitsdauer des Nottestaments der in der Notform errichtete Teil unwirksam würde, der andere nicht, und dies dem Wesen des gemeinschaftlichen Testaments widerspreche.[4] Dabei wird aber verkannt, dass das Ungültigwerden des in der Notform eines Testaments errichteten Teils grundsätzlich auch zum Wegfall der wechselbezüglichen Verfügungen des anderen Teils führt.[5] Zwar ist einzuräumen, dass bei der gemeinsamen Verwendung der Form des Nottestaments beide Ehegatten wegen des Hinweises auf § 2249 Abs. 3 BGB i.d.R. über die befristete Geltung des gemeinschaftlichen Testaments belehrt werden,[6] doch besteht gerade aufgrund des Wesens der korrespektiven Verfügungen bei diesen auch sonst die Gefahr der für den anderen Ehegatten nicht erkennbaren Unwirksamkeit, etwa bei einem einseitigen Verstoß gegen § 14 HeimG oder entsprechende landesrechtliche Regelungen. Dies rechtfertigt daher nicht, den Ehegatten die freie Wahl der Testamentsform zu nehmen.[7] Bezüglich der **einseitigen Verfügungen** ist zudem nicht einzusehen, wieso deren Wirksamkeit davon abhängen soll, ob eine einheitliche oder unterschiedliche Testamentserrichtungsform gewählt wird.[8]

Aus dem Wortlaut des § 2266 BGB und dem Zweck der Errichtungserleichterung folgt außerdem, dass die Errichtung eines gemeinschaftlichen Testaments auch dann möglich ist, wenn sich der nicht gefährdete Ehegatte der Form des Nottestaments, der gefährdete Ehegatte der ordentlichen Form bedient. Eine Einschränkung, dass nur der gefährdete Ehegatte sich der Form des Nottestaments bedienen darf, enthält § 2266 BGB nicht.[9]

---

1 *Lange/Kuchinke* § 24 II 1 d Fn. 57; BeckOK/*Litzenburger* Rn. 1; für analoge Anwendung mit Beispielen BeckOGK/*Braun*, Stand 01.03.2019, Rn. 3.

2 *Lange/Kuchinke* § 24 II 1 d Fn. 56; Staudinger/*Kanzleiter* Rn. 2.

3 BeckOGK/*Braun*, Stand 01.03.2019, Rn. 4; NK-BGB/*Gierl* Rn. 2; Staudinger/*Kanzleiter* Rn. 2; Damrau/Tanck/*Klessinger*, Erbrecht, Rn. 2 f.; *Lange/Kuchinke* § 24 II 1 d; BeckOK/*Litzenburger* Rn. 2; *Muscheler* I Rn. 2073; jurisPK/*Reymann* Rn. 2, 6; Palandt/*Weidlich* Rn. 1; a.M. MünchKomm/*Musielak* Rn. 2.

4 MünchKomm/*Musielak* Rn. 2.

5 § 2270 Abs. 1; NK-BGB/*Gierl* Rn. 2; *Lange/Kuchinke* § 24 II 1 d Fn. 59.

6 MünchKomm/*Musielak* Rn. 2.

7 BeckOK/*Litzenburger* Rn. 2.

8 Damrau/Tanck/*Klessinger*, Erbrecht, Rn. 3.

9 Ausführlich BeckOGK/*Braun* Rn. 8 f.; a.M. Soergel/*M. Wolf* Rn. 2; Große-Wilde/Ouart/*Zecher*, Deutscher Erbrechtskommentar (2010) § 2266 Rn. 1.

II. Gültigkeitsdauer

1. Befristete Geltung

3 Ein Nottestament gilt als nicht errichtet, wenn seit der Errichtung drei Monate verstrichen sind und der Erblasser noch lebt (§ 2252 Abs. 1 BGB). Für den Fristbeginn ist auf die Errichtung des jeweiligen Nottestaments abzustellen. Testiert nur ein Teil in der Form eines Nottestaments, beginnt die Frist mit der Unterzeichnung von dessen letztwilliger Verfügung. Errichten die Testierenden ein einheitliches Nottestament, kommt es auf die Unterschrift beider Erblasser an.[10]

4 Im Übrigen sind bei der Handhabung verschiedene Konstellationen zu unterscheiden. Unproblematisch sind folgende Fälle:
- **beide Eheleute leben** nach Ablauf der Dreimonatsfrist noch: dann verliert das gemeinschaftliche Nottestament seine Wirkung.[11]
- **beide** Eheleute **versterben** innerhalb der Frist, dann bleibt das gemeinschaftliche Testament wirksam.

2. Vorzeitiger Tod eines Ehegatten

5 Stirbt nur ein Ehegatte innerhalb der Frist, so müssen seine Verfügungen wirksam bleiben, weil sonst § 2266 BGB seine praktische Bedeutung zu einem erheblichen Teil einbüßen würde. Das muss auch dann gelten, wenn nicht der Ehegatte, bei dem die Voraussetzungen für das Nottestament vorlagen, sondern der andere stirbt; denn § 2266 BGB unterscheidet in der Wirkung nicht zwischen dem gefährdeten und dem anderen Ehegatten.[12] Vielmehr gebietet der Normzweck der eingetretenen Bindung nach den §§ 2270, 2271 BGB, dass auch die **wechselbezüglichen Verfügungen** des längerlebenden, gefährdeten Ehegatten wirksam bleiben.[13]

6 Daraus wird teilweise im Umkehrschluss gefolgert, dass **einseitige Verfügungen** des Längerlebenden ihre Wirkungen verlieren, wenn nur der andere Ehegatte innerhalb der Gültigkeitsfrist verstirbt.[14] Dann würde aber der Überlebende gezwungen, entgegen der durch § 2266 BGB gerade eröffneten Möglichkeit des gemeinschaftlichen Testierens seine einseitigen Verfügungen in ein Einzeltestament aufzunehmen oder sie nach dem Tod des anderen nochmals zu wiederholen.[15] Weiter spricht dagegen, dass § 2252 BGB auf die Wirksamkeit des gesamten Testaments abstellt, nicht auf die einzelner Verfügungen, die dann – entgegen dem Testierwillen der Beteiligten – getrennt zu beurteilen wären.[16] Auch einseitige Verfügungen des Längerlebenden bleiben daher wirksam.[17]

3. Fristhemmung

7 Die Hemmung der Frist des § 2252 Abs. 1 BGB dauert nach § 2252 Abs. 2 BGB so lange, wie einer der Ehegatten – sei es der gefährdete oder der andere – außerstande ist, bei der Errichtung

10 BeckOGK/*Braun,* Stand 01.03.2019, Rn. 26 ff.

11 MünchKomm/*Musielak* Rn. 3; jurisPK/*Reymann* Rn. 7; Palandt/*Weidlich* Rn. 2.

12 Burandt/Rojahn/*Braun* Rn. 7; BeckOGK/*Braun,* Stand 01.03.2019, Rn. 19; jurisPK/*Reymann* Rn. 7.

13 PWW/*Avenarius* Rn. 2; BeckOGK/*Braun,* Stand 01.03.2019, Rn. 20, 21; NK-BGB/*Gierl* Rn. 4; Palandt/*Weidlich* Rn. 2; Soergel/*M. Wolf* Rn. 3.

14 *Kipp/Coing* § 33 IV; Staudinger/*Kanzleiter* Rn. 3.

15 Burandt/Rojahn/*Braun* Rn. 7; MünchKomm/*Musielak* Rn. 4.

16 Staudinger/*Baumann* § 2252 Rn. 11.

17 PWW/*Avenarius* Rn. 2; BeckOGK/*Braun,* Stand 01.03.2019, Rn. 22; NK-BGB/*Gierl* Rn. 4; Erman/*Kappler/Kappler* Rn. 3; Damrau/Tanck/*Klessinger*, Erbrecht, Rn. 5; *Lange/Kuchinke* § 24 II Fn. 58; BeckOK/*Litzenburger* Rn. 6; MünchKomm/*Musielak* Rn. 4; Palandt/*Weidlich* Rn. 2; a.M. Staudinger/*Kanzleiter* Rn. 3.

eines notariellen gemeinschaftlichen Testaments mitzuwirken.[18] Auch § 2252 Abs. 3 und 4 BGB finden bereits dann Anwendung, wenn die Voraussetzungen nur bei einem Ehegatten vorliegen.[19]

§ 2267 Gemeinschaftliches eigenhändiges Testament

Zur Errichtung eines gemeinschaftlichen Testaments nach § 2247 genügt es, wenn einer der Ehegatten das Testament in der dort vorgeschriebenen Form errichtet und der andere Ehegatte die gemeinschaftliche Erklärung eigenhändig mitunterzeichnet. Der mitunterzeichnende Ehegatte soll hierbei angeben, zu welcher Zeit (Tag, Monat und Jahr) und an welchem Orte er seine Unterschrift beigefügt hat.

Übersicht **Rdn.**

I. Bedeutung des § 2267 BGB

1. Formerleichterung

§ 2267 BGB befasst sich mit der Form des gemeinschaftlichen Testaments, aber nur mit der des gemeinschaftlichen eigenhändigen Testaments (§§ 2231 Nr. 2, 2247 BGB). Und er regelt auch diese Form nicht abschließend und ausschließlich,[1] sondern stellt nur **Mindesterfordernisse** auf (»genügt«). Das Gesetz will nur die Einhaltung der an sich vorgeschriebenen Form **erleichtern** und zwar dadurch, dass der Inhalt der beiderseitigen Verfügungen nur von einem der beiden Ehegat- 1

18 NK-BGB/*Gierl* Rn. 3; Damrau/Tanck/*Klessinger*, Erbrecht, Rn. 6; BeckOK/*Litzenburger* Rn. 4; MünchKomm/*Musielak* Rn. 5; jurisPK/*Reymann* Rn. 7; Palandt/*Weidlich* Rn. 2; jetzt auch Staudinger/*Kanzleiter* Rn. 3.

19 Burandt/Rojahn/*Braun* Rn. 8; Damrau/Tanck/*Klessinger*, Erbrecht, Rn. 6; nur für § 2252 Abs. 4: MünchKomm/*Musielak* Rn. 5.

1 OLG Zweibrücken FamRZ 2001, 518; LG Mainz MittRhNotK 2000, 347.

ten niedergeschrieben zu werden braucht.[2] Es gilt dann aufgrund des **Formprivilegs** des § 2267 BGB für die darin verkörperten Verfügungen beider Ehegatten die Testamentsform als gewahrt.[3] Zugleich folgt daraus, dass sich die Anforderungen an ein gemeinschaftliches Testament in erster Linie aus anderen Vorschriften ergeben müssen; dies können nur die allgemeinen über die Errichtung von Testamenten sein (§§ 2231 ff. BGB). Weiter ist zu berücksichtigen, dass – insbesondere in subjektiver Hinsicht – auch die Anforderungen erfüllt sein müssen, die erst das Wesen des gemeinschaftlichen Testaments ausmachen.[4]

Entsprechend anzuwenden ist § 2267 BGB auf gemeinschaftliche Testamente von **eingetragenen Lebenspartnern** (§ 10 Abs. 4 Satz 2 LPartG), für gleichgeschlechtliche Ehen gilt er ohnehin.

2. Mischformen: Errichtung in verschiedenen Testamentsformen

2 Grundsätzlich können **Ehegatten** oder eingetragene Lebenspartner gemeinschaftliche Testamente in folgender **Form** errichten:
- beide testieren in einem **öffentlichen Testament** mit notarieller Beurkundung
- beide testieren in einem **eigenhändigen Testament** oder
- als **Mischform** der beiden vorstehend genannten Formen, also der eine testiert notariell, der andere eigenhändig.

Die früher h.M. sah die Gemeinschaftlichkeit beim öffentlichen Testament nur in der Einheit der Verhandlung und des Protokolls gewahrt; demzufolge sollte es unzulässig sein, dass der eine Ehegatte öffentlich (also vor dem Notar) testiert und der andere privat, also durch eigenhändige Erklärung.[5] Das Prinzip der strengen Urkundeneinheit wurde indes beim eigenhändigen gemeinschaftlichen Testament aufgegeben.[6] Demzufolge ist das Erfordernis eines einheitlichen Errichtungsaktes durch beide Erblasser auch beim gemeinschaftlichen öffentlichen Testament nicht mehr zu rechtfertigen; *Mischformen* sind zulässig, wonach ein Ehegatte ein **öffentliches**, der andere aber ein **privates Testament** errichtet.[7] Erforderlich ist nur, dass der übereinstimmende Wille der Ehegatten, ein gemeinschaftliches Testament errichten zu wollen, feststellbar und die Kenntniserlangung der Verfügungen des einen durch den anderen Ehegatten gewährleistet ist.[8]

II. Die Form des gemeinschaftlichen öffentlichen Testaments

3 Für die Form des gemeinschaftlichen öffentlichen Testaments sind die allgemeinen Vorschriften der §§ 2231 Nr. 1, 2232 f. BGB, §§ 1 bis 13, 16 f., 22 bis 32, 34 f. BeurkG maßgebend. Bei der Anwendung dieser Bestimmungen ist zu beachten, dass zwei Erblasser vorhanden sind und dass diese eine gemeinschaftliche Erklärung abgeben müssen.

---

2 Offen gelassen noch von RGZ 72, 204, 205, heute allgM, vgl. BeckOGK/*Braun,* Stand 01.03.2019, Rn. 2; NK-BGB/*Gierl* Rn. 1; RGRK-BGB/*Johannsen* Rn. 7; *Kipp/Coing* § 33 II 2; Damrau/Tanck/*Klessinger*, Erbrecht, Rn. 1; MünchKomm/*Musielak* Rn. 2.

3 Sehr weitgehend OLGR Frankfurt 2001, 274 = ZEV 2002, 70, 71, wonach der längerlebende Ehegatte sogar auf das vom Erstverstorbenen so Niedergeschriebene Bezug nehmen kann; a.M. Staudinger/*Baumann* § 2247 Rn. 69.

4 Vgl. Vorbem. zu §§ 2265 ff. Rdn. 11 ff.

5 So 2. Aufl. Rn. 2; *Kipp/Coing* § 33 I 1; *Planck/Greiff* § 2265 Anm. 3 a.

6 S. Vorbem. zu §§ 2265 ff. Rdn. 14 ff.

7 Wobei es aber nicht ausreicht, wenn der eine Ehegatte das notarielle Testament des anderen nur mitunterzeichnet, weil es hierfür an einem Formprivileg fehlt, vgl. BeckOGK/*Braun,* Stand 01.03.2019, Rn. 58.

8 RGRK-BGB/*Johannsen* § 2265 Rn. 12; Staudinger/*Kanzleiter* Rn. 3 f.; Damrau/Tanck/*Klessinger*, Erbrecht, Rn. 26; *Lange/Kuchinke* § 24 II 1 a (Möglichkeit der Kenntniserlangung genügt); BeckOK/*Litzenburger* Rn. 3; NK-BGB/*Gierl* Rn. 2; Palandt/*Weidlich* Einf. vor § 2265 Rn. 4; a.M. MünchKomm/*Musielak* Rn. 3 in Konsequenz seiner mehr objektivierenden Auffassung vom Errichtungszusammenhang; zu Einzelheiten s. Rdn. 3 ff.

1. Die verschiedenen Errichtungsarten

Bei der Errichtung eines gemeinschaftlichen öffentlichen Testaments stehen den Ehegatten die verschiedenen Arten des öffentlichen Testaments (§ 2232 BGB) zur Verfügung. Sie können also ihren letzten Willen mündlich oder durch Übergabe einer (offenen oder verschlossenen) Schrift erklären. Da die verschiedenen Errichtungsarten gleichwertig sind, können sie grundsätzlich auch nebeneinander verwendet werden. So kann etwa ein Ehegatte mündlich, der andere durch Übergabe einer Schrift testieren, es kann auch jeder von beiden eine gesonderte Schrift übergeben.[9] Da bei einem gemeinschaftlichen Testament jeder Ehegatte wenigstens den Inhalt der Verfügungen des anderen kennen und billigen muss,[10] widerspricht das **Überreichen von Einzelschriften** ohne Kenntnis des anderen dem Wesen des gemeinschaftlichen Testaments, selbst wenn an sich der Wille zum gemeinschaftlichen Testieren vorhanden ist. Diese Testierform ist daher nur zulässig, wenn zusätzlich die Kenntnis des anderen Ehegatten gesichert ist.[11] Dafür kann aber noch nicht allein der formelle Akt genügen, dass der Notar nur eine entsprechende Erklärung der Beteiligten in die Niederschrift aufnimmt, dass jeder die Verfügung des anderen kennt.[12] Materiellrechtlich ist vielmehr erforderlich, dass jeder Ehegatte tatsächlich auch Kenntnis vom Inhalt der Verfügung des anderen hat.[13] Darauf sollte der Notar in einem solchen Fall drängen, erzwingen kann er es nicht. Daraus folgt aber umgekehrt, dass die Übergabe einer gemeinsamen Schrift in einem einzigen Umschlag genügt. 4

Da das Erfordernis der Einheitlichkeit des Errichtungsaktes aufgegeben ist, ist es nach h.M. auch zulässig, dass ein gemeinschaftliches Testament in **getrennten Beurkundungsverhandlungen** (anders als beim Erbvertrag ist gleichzeitige Anwesenheit nicht erforderlich), sogar vor verschiedenen Notaren errichtet wird, wenn nur die Gemeinschaftlichkeit der Verfügungen zum Ausdruck kommt und jedem Ehegatten die Verfügung des anderen bekannt ist und er diese billigt.[14] Dabei wird man aus den genannten Gründen auch hier verfahrensrechtlich sich nicht mit einer rein formalen Kenntniserklärung des Testierenden zufriedengeben können.[15] Weil eine dem § 2267 BGB entsprechende Vorschrift fehlt, muss jeder Ehegatte auch bei getrennter Testierform seine Verfügungen in seiner Testamentsurkunde vollständig niederlegen. Eine Bezugnahme nach § 13a BeurkG ist zulässig.[16] 5

2. Der Grundsatz der »ärgeren Hand«

Wird ein **einheitlicher Beurkundungsvorgang** zur Errichtung des gemeinschaftlichen Testaments gewählt, führt dies dazu, dass besondere Form- und Verfahrensvorschriften, die auch nur in der Person des einen Ehegatten begründet sind, grundsätzlich auch bezüglich des anderen Ehegatten und der Beurkundung seiner Erklärung zu beachten sind.[17] 6

Wird jedoch auf die Einheit des Errichtungsaktes verzichtet und die Beurkundung in **zwei getrennten Verfahren** durchgeführt, so kommen grundsätzlich die besonderen gesetzlichen Anforderungen nur hinsichtlich des Verfahrens des betreffenden Ehegatten zur Anwendung, bei dem ein Sondertat- 7

9 §§ 9, 13, 30 BeurkG; OLG Dresden JFG 6, 154; NK-BGB/*Gierl* Rn. 2; Staudinger/*Kanzleiter* Rn. 5; Erman/*Kappler/Kappler* Rn. 2a; Damrau/Tanck/*Klessinger*, Erbrecht, Rn. 18; BeckOK/*Litzenburger* Rn. 2; MünchKomm/*Musielak* Rn. 4; Palandt/*Weidlich* Einf. vor §§ 2265 Rn. 4.

10 Vorbem. zu §§ 2265 ff. Rdn. 20 ff.

11 *Lange/Kuchinke* § 24 II 1 c; MünchKomm/*Musielak* Rn. 4; Palandt/*Weidlich* Einf. vor § 2265 Rn. 4.

12 So MünchKomm/*Musielak* Rn. 4; Soergel/*M. Wolf* § 2265 Rn. 12.

13 NK-BGB/*Gierl* Rn. 2; Damrau/Tanck/*Klessinger*, Erbrecht, Rn. 18; *Lange/Kuchinke* § 24 II 1 c Fn. 47; allerdings hat die Feststellung des Notars auf der Beweislastebene erhebliche Bedeutung.

14 RGRK-BGB/*Johannsen* § 2265 Rn. 10; NK-BGB/*Gierl* Rn. 2; jurisPK/*Reymann* Rn. 7; Palandt/*Weidlich* Einf. vor § 2265 Rn. 4; Soergel/*M. Wolf* § 2265 Rn. 12.

15 So aber MünchKomm/*Musielak* Rn. 5.

16 Staudinger/*Kanzleiter* Rn. 9.

17 Sog. Grundsatz der »ärgeren Hand«; BeckOGK/*Braun*, Stand 01.03.2019, Rn. 49; Staudinger/*Kanzleiter* Rn. 10; jurisPK/*Reymann* Rn. 14; Palandt/*Weidlich* Einf. vor § 2265 Rn. 5; dazu Rdn. 8 ff.

bestand vorliegt.[18] Dies gilt jedoch nur mit der Einschränkung, dass trotz der unterschiedlichen Verfahrenshandhabung für beide Ehegatten die Möglichkeit der Kenntnisnahme und Billigung der Verfügung des jeweils anderen Ehegatten gewährleistet sein muss, also etwa der blinde Ehegatte die des anderen entsprechend vermittelt bekommt.[19] Da jedoch beide Ehegatten testieren, muss die Testierfähigkeit (§ 2229 BGB) bei beiden gegeben sein, sie müssen bis zum Abschluss der letzten Unterschrift beide leben und noch miteinander verheiratet sein.[20]

3. Minderjährige, Seh- und Sprachbehinderte

8 Ein **minderjähriger Ehegatte** oder eingetragener Lebenspartner kann nach § 2233 Abs. 1 BGB ein Testament nur durch Erklärung gegenüber dem Notar oder durch Übergabe einer offenen Schrift errichten, nicht durch Übergabe einer verschlossenen Schrift. Dann kann aber auch der andere Ehegatte nur in dieser Weise testieren, da sonst die Pflicht des Notars zur Belehrung der Beteiligten eingeschränkt und auch tatsächlich erschwert ist.[21] Daher ist erforderlich, dass die korrespondierende Verfügung des anderen in der Form des § 2333 Abs. 1 BGB bereits vorliegt oder gleichzeitig vor demselben Notar getroffen wird.[22]

9 Ist ein Ehegatte **nicht** imstande, Geschriebenes **zu lesen**, so kann er ein Testament nur durch Erklärung gegenüber dem Notar errichten (§§ 2233 Abs. 2, 2247 Abs. 4 BGB). Er kann also auch bei der Errichtung eines gemeinschaftlichen Testaments nur durch Erklärung vor dem Notar mitwirken. Das muss aber dann auch für die Erklärung des anderen Ehegatten gelten, weil der Leseunfähige von einer schriftlichen Erklärung nicht Kenntnis nehmen kann.[23]

10 Ist ein Ehegatte **sprachbehindert**, d.h. vermag er nach seiner Angabe oder nach der Überzeugung des Notars nicht hinreichend zu sprechen (§ 22 Abs. 1 BeurkG), konnte er früher bei der Errichtung eines gemeinschaftlichen notariellen Testaments nur durch Übergabe einer Schrift mitwirken (§ 2233 Abs. 3 BGB a.F.). Nach h.M. kann dabei die Schrift jedoch offen oder verschlossen sein.[24] Bei Übergabe einer verschlossenen Schrift muss allerdings der andere Ehegatte den Inhalt kennen und dies ausdrücklich erklären.[25] Der Ehegatte des Sprachbehinderten kann mündlich oder durch Übergabe einer Schrift testieren.[26] Daneben kann nunmehr generell die Erklärung des letzten Willens in jeder beurkundungsrechtlich zulässigen Form abgegeben werden und zwar auch durch Gebärden oder mittels eines Gebärdensprachdolmetschers (§ 22 Abs. 1 Satz 2 BeurkG).[27] Die einschränkende Vorschrift des § 2233 Abs. 3 BGB und die des § 31 BeurkG sind mit Wirkung zum 01.08.2002 entfallen. Für die Erklärung gegenüber dem Notar bestehen zwischen lebzeitigen Ver-

---

18 BeckOGK/*Braun,* Stand 01.03.2019, Rn. 50 f.; Staudinger/*Kanzleiter* Rn. 6.

19 Kritisch BeckOGK/*Braun,* Stand 01.03.2019, Rn. 50.3, der es als ausreichend erachtet, dass jeder der Testierenden davon ausgeht, »dass sein Ehegatte bestimmte Verfügungen trifft und er seine Verfügungen mit diesen von ihm angenommenen Verfügungen des anderen zu einem gemeinschaftlichen Testament verbinden will«.

20 Damrau/Tanck/*Klessinger*, Erbrecht, Rn. 25; Soergel/*M. Wolf* § 2265 Rn. 9.

21 Vgl. §§ 17, 30 Satz 4 BeurkG; NK-BGB/*Gierl* Rn. 3; *Kipp/Coing* § 33 I 3; Damrau/Tanck/*Klessinger*, Erbrecht, Rn. 22; *Lange/Kuchinke* § 24 II 1 d; jurisPK/*Reymann* Rn. 14; Palandt/*Weidlich* Einf. vor § 2265 Rn. 5; Soergel/*M. Wolf* § 2265 Rn. 10.

22 Damrau/Tanck/*Klessinger*, Erbrecht, Rn. 23; Staudinger/*Kanzleiter* Rn. 8; a.A. BeckOGK/*Braun,* Stand 01.03.2019, Rn. 50.2.

23 NK-BGB/*Gierl* Rn. 3; *Kipp/Coing* § 33 I 3; jurisPK/*Reymann* Rn. 14; Palandt/*Weidlich* Einf. vor § 2265 Rn. 5; a.M. RGRK-BGB/*Johannsen* § 2265 Rn. 12; *Lange/Kuchinke* § 24 II 1 d; MünchKomm/*Musielak* Rn. 7: Bekanntgabe des Inhalts an ihn und Aufklärung durch den Notar ausreichend.

24 MünchKomm/*Musielak* Rn. 8; a.M. *Lange/Kuchinke* § 24 II 1 d.

25 Damrau/Tanck/*Klessinger*, Erbrecht, Rn. 24; MünchKomm/*Musielak* Rn. 8.

26 MünchKomm/*Musielak* Rn. 8; Staudinger/*Kanzleiter* Rn. 7; a.M. *Planck/Greiff* Anm. 3a vor § 2265.

27 Gute Übersicht über die Sondervorschriften, die bei der Beurkundung von Verfügungen von Todes wegen bei behinderten Personen zu beachten sind bei Nieder/Kössinger/*W. Kössinger*, Handbuch der Testamentsgestaltung, § 17 Rn. 41.

fügungen und solchen von Todes wegen keine Unterschiede mehr, wenn nicht die Übergabe einer Schrift gewählt wird.[28]

4. Testierfähigkeit

Sie ist bei beiden Ehegatten erforderlich (§§ 2229 f. BGB; anders beim Ehevertrag). 11

5. Zuziehung von Zeugen

Die Zuziehung von Personen oder Zeugen (§§ 22, 24 f., 29 BeurkG) ist schon dann angezeigt, wenn nur einer der Ehegatten an einer der fraglichen Behinderungen leidet oder wenn nur einer von ihnen die Zuziehung von Zeugen oder von einem zweiten Notar verlangt.[29] Die einschlägigen Vorschriften sind aber seit ihrer Neufassung durch das BeurkG nur mehr Sollvorschriften, von deren Einhaltung die Wirksamkeit der Beurkundung nicht mehr abhängt (**Ausnahme:** Schreibunfähigkeit, § 25 BeurkG); die Beteiligten können im Übrigen auf die Zuziehung verzichten. 12

6. Ausschließungsgründe

Soweit die – durch das BeurkG erheblich eingeschränkten – Ausschließungsfälle (§§ 3, 6, 7, 26, 27 BeurkG) ihren Grund in der Beziehung des Notars oder des Zeugen zu einem Beteiligten oder Begünstigten haben (§§ 6 Abs. 2, 27 BeurkG, begünstigt sind Erben, Vermächtnisnehmer, Testamentsvollstrecker), genügt die Beziehung zu einem der beiden Erblasser, um die Ausschließung des Notars oder des Zeugen zu begründen.[30] Dies kann aber nur gelten, wenn die Testamentserrichtung vor demselben Notar erfolgt, nicht aber, wenn dies – was zulässig ist – vor einem anderen Notar oder durch eigenhändiges Testament geschieht.[31] Zu beachten ist zudem, dass die genannten Bestimmungen z.T. nur Sollvorschriften sind. 13

7. Beurkundungsvorgang

Erfolgt die Beurkundung in einer Verhandlung, so müssen beide Eheleute bei der Beurkundung des gemeinschaftlichen Testaments bis zu ihrer Unterschrift (nicht auch bis zur Unterschrift des Notars und der sonstigen mitwirkenden Personen) zugegen sein; sie müssen also bis dahin leben (§ 13 Abs. 1 Satz 1 BeurkG). Beide müssen die Niederschrift über die Verhandlung genehmigen und eigenhändig unterschreiben (§§ 8, 13 Abs. 1 Satz 1 BeurkG). 14

8. Zuziehung eines Dolmetschers

Die Zuziehung eines Dolmetschers ist immer dann erforderlich, wenn auch nur ein Ehegatte nach seiner Angabe oder nach der Überzeugung des Notars der deutschen Sprache (oder der Verhandlungssprache) nicht hinreichend kundig ist,[32] es sei denn, dass der Notar die erforderlichen Sprachkenntnisse besitzt und daher selbst übersetzt (§ 16 Abs. 3 BeurkG; s. auch § 32 BeurkG). 15

9. Behandlung der Niederschrift

Nach § 34 BeurkG soll der Notar die Niederschrift über die Errichtung eines Testaments in einen Umschlag nehmen, auf dem die Person des Erblassers näher bezeichnet ist, diese Aufschrift unterschreiben und den Umschlag mit dem Prägesiegel verschließen. Das Testament ist dann umgehend 16

---

28 Eingehend dazu § 2232 BGB Rdn. 6.

29 MünchKomm/*Musielak* Rn. 9.

30 BeckOGK/*Braun,* Stand 01.03.2019, Rn. 54; Palandt/*Weidlich* Einf. vor § 2265 Rn. 6.

31 Hinsichtlich der Ausschließungsgründe nach § 3 BeurkG und den weiteren differenzierend BeckOGK/*Braun,* Stand 01.03.2019, Rn. 56 f., meist wird aber ein Ausschließungsgrund nach § 3 auch einen nach § 6 oder § 7 BeurkG bedeuten.

32 MünchKomm/*Musielak* Rn. 9.

in die amtliche Verwahrung zu geben. Erbfolgerelevante Urkunden sind vom Notar außerdem im Zentralen Testamentsregister zu registrieren (§ 34a BeurkG, § 78d BNotO).

III. Die Form des gemeinschaftlichen eigenhändigen Testaments

1. Rechtsentwicklung

17 § 2267 BGB lautete ursprünglich:

> *»Zur Errichtung eines gemeinschaftlichen Testaments nach § 2231 Nr. 2 BGB genügt es, wenn einer der Ehegatten das Testament in der dort vorgeschriebenen Form errichtet und der andere Ehegatte die Erklärung beifügt, dass das Testament auch als sein Testament gelten solle. Die Erklärung muss unter Angabe des Ortes und Tages eigenhändig geschrieben und unterschrieben werden.«*

Diese Bestimmung sollte die Errichtung gemeinschaftlicher eigenhändiger Testamente erleichtern, sie wirkte aber fast als Falle und führte zur Nichtigkeit zahlreicher Testamente, weil nach dem Wortlaut des Gesetzes (»muss … des Ortes und Tages«) die Beitrittserklärung des zweiten Ehegatten unentbehrlich war und sie unbedingt den wirklichen[33] Ort und Tag der Erklärung enthalten musste.[34] Dieser Zustand wurde im Schrifttum lebhaft beklagt.[35] Daher vereinfachte das TestG in § 28 Abs. 2 die Formvorschrift[36] und in der neuen Fassung wurde sie vom GesEinhG in das BGB übernommen; dabei wurde auf eine ausdrückliche Beitrittserklärung verzichtet.

2. Ausschluss des eigenhändigen gemeinsamen Testaments

18 Ein gemeinschaftliches Testament kann nach § 2247 Abs. 4 BGB nicht als eigenhändiges Testament errichtet werden, wenn auch nur ein Ehegatte minderjährig ist oder wenn einer der Ehegatten nicht lesen kann.[37] Hier bleibt nur die Möglichkeit eines öffentlichen Testaments.[38] Ansonsten haben die Ehegatten die Wahlmöglichkeit,[39] ob sie

- das gemeinschaftliche Testament durch zwei Testamente je in der Form des § 2247 BGB errichten, wobei jedoch die Ehegatten ihren Willen zum gemeinschaftlichen Testieren zum Ausdruck bringen müssen,[40] oder
- die Formerleichterung des § 2267 BGB benutzen.

3. Die Form des § 2267 BGB

19 Nach § 2267 i.V.m. § 2247 BGB genügt es zur Errichtung eines eigenhändigen gemeinschaftlichen Testaments, dass einer der Ehegatten das Testament durch eine eigenhändig geschriebene und unterschriebene Erklärung errichtet und der andere Ehegatte die gemeinschaftliche Erklärung eigenhändig mitunterzeichnet. Eine ausdrückliche Beitrittserklärung ist also nicht mehr erforderlich.[41] Die Formerleichterung des § 2267 BGB gilt dabei sowohl für wechselbezügliche wie auch einseitige Verfügungen der Ehegatten.[42] Enthält das Testament jedoch nur Verfügungen des einen

33 RGZ 147, 193.
34 Vgl. Staudinger § 2265 a.F. Rn. 2.
35 Vgl. *Hippel*, Formalismus und Rechtsdogmatik, S. 121 ff.
36 OLGR Rostock 1999, 196.
37 NK-BGB/*Gierl* Rn. 5; jurisPK/*Reymann* Rn. 16; Palandt/*Weidlich* Einf. vor § 2265 Rn. 7; a.A. *Lange/Kuchinke* § 24 II 2 a, wenn die Verfügungen in verschiedenen Urkunden getroffen werden.
38 Damrau/Tanck/*Klessinger*, Erbrecht, Rn. 22 f.; zu den dort zulässigen Formen Rn. 4 ff.
39 Vgl. etwa BeckOGK/*Braun*, Stand 01.03.2019, Rn. 39; BeckOK/*Litzenburger* Rn. 1 ff.; jurisPK/*Reymann* Rn. 16.
40 Zu den Möglichkeiten s. BeckOK/*Litzenburger* Rn. 8; jurisPK/*Reymann* Rn. 17; sowie oben Vorbem. zu §§ 2265 ff. Rdn. 12 ff.
41 Allgemeine Meinung, s. OLG Schleswig ZEV 2016, 502.
42 BeckOK/*Litzenburger* Rn. 7.

Ehegatten, so handelt es sich nicht um ein gemeinschaftliches Testament i.S. von § 2265 BGB. Denn dieses setzt notwendigerweise immer Verfügungen beider Ehegatten voraus.[43]

a) Die Haupterklärung

Die Haupterklärung muss letztwillige Anordnungen für den **Nachlass beider Ehegatten** enthalten.[44] Sie muss den Formanforderungen des § 2247 BGB genügen.[45] Auch hier ist selbstverständlich erforderlich, dass das eigenhändige Testament objektiv lesbar ist.[46] Ein gemeinschaftliches eigenhändiges Testament kann in der erleichterten Form des § 2267 BGB nur so errichtet werden, dass einer der Ehegatten das Testament eigenhändig schreibt und beide Ehegatten die gemeinschaftliche Erklärung eigenhändig so unterschreiben, dass ihre Unterschriften die Verfügungen beider decken.[47] Auch wenn der Wortlaut des § 2267 BGB auf »das Testament« abstellt, reicht es aus, wenn die Testierenden den Text abwechselnd schreiben. Selbst wenn dadurch keiner der Testierenden eigenhändig ein vollständiges Testament errichtet hat, spricht nichts dafür, dem Testament die Wirksamkeit zu versagen.[48] Auch eine in der »Ich-Form« formulierte Erklärung soll nach h.M. durch die Mitunterzeichnung oder bloße Beitrittserklärung des anderen Ehegatten zu einem gemeinschaftlichen Testament mit gleichlautenden Verfügungen beider werden, weil im Regelfall davon auszugehen sei, dass die Anordnung in gleicher Weise auch für den Nachlass des anderen gelten solle.[49] Dies ist nicht unbedenklich, weil aus der bloßen Tatsache der Gemeinschaftlichkeit des Errichtungszusammenhanges auf eine bestimmte letztwillige Verfügung geschlossen wird. Vielmehr ist in den Fällen, in denen der eine Ehegatte das Testament ohne ausdrückliche eigene Verfügung nur mitunterzeichnet, eine besonders sorgfältige Auslegung und Willensermittlung notwendig, ob die Mitunterzeichnung zugleich auch die Erklärung enthält, dass die ausdrücklichen Anordnungen des einen Ehegatten entsprechend auch für den Nachlass des anderen gelten sollen.[50] Ebenso ist zu klären, ob der Ehegatte, der die Verfügung selbst geschrieben hat, überhaupt den Willen hatte, ein gemeinschaftliches Testament zu errichten. Fehlt es daran, macht auch die Mitunterzeichnung des anderen Ehegatten das Testament nicht zu einem gemeinschaftlichen Testament.[51] Zu Abgrenzungsfragen und Mischfällen s. Rdn. 29 ff. 20

43 BeckOGK/*Braun,* Stand 01.03.2019, Rn. 11; BeckOK/*Litzenburger* Rn. 7.
44 Vorbem. zu §§ 2265 ff. Rdn. 46 ff.
45 MünchKomm/*Musielak* Rn. 10; jurisPK/*Reymann* Rn. 21; s. dazu Erl. bei § 2247 BGB.
46 Dazu OLG Hamm NJW-RR 1991, 1352 = FamRZ 1992, 356 m. Anm. *Musielak.*
47 BGHZ 9, 113; OLG Hamm NJW 1972, 770 = DNotZ 1972, 99; NK-BGB/*Gierl* Rn. 12; Palandt/*Weidlich* Rn. 1; Soergel/*Wolf* Rn. 2; praktische Hinw. bei jurisPK/*Reymann* Rn. 23 f.
48 Vgl. Rdn. 34; LG München I FamRZ 1998, 1391; BeckOGK/*Braun,* Stand 01.03.2019, Rn. 9; a.A. MünchKomm/*Musielak* Rn. 22, der jeweils nur die Teile des Textes für denjenigen als maßgeblich erachtet, der sie selbst verfasst hat, soweit sie dann überhaupt noch einen Sinn ergeben.
49 *Battes,* Gemeinschaftliches Testament und Ehegattenerbvertrag, S. 297 f.; *Kipp/Coing* § 33 II 2; MünchKomm/*Musielak* Rn. 10; Beispiele hierfür aus der Rspr.: BayObLGZ 1959, 199, 199, 207 = NJW 1959, 1969; BayObLGZ 1993, 240; OLGR Rostock 1999, 196; KGJ 42, 116, 118 (»Vorstehendes soll auch als mein Testament gelten«).
50 In diese Richtung BeckOGK/*Braun,* Stand 01.03.2019, Rn. 11.2, der darauf abstellt, ob eine spiegelbildliche Übertragung der Verfügung des Schreibenden auf den anderen Ehegatten überhaupt sinnvoll erfolgen kann; NK-BGB/*Gierl* Rn. 9 m.w.N.; Staudinger/*Kanzleiter* Rn. 13; für besonders sorgfältige Auslegung und Berücksichtigung der Einzelfallumstände abweichend vom sonstigen »Regel-Ausnahme-Verhältnis« auch BayObLGR 2004, 189 = FamRZ 2004, 1237, wenn die letztwillige Verfügung des einen Ehegatten besonders auf seine Vermögenssituation zugeschnitten ist und diese deutlich von der Situation abweicht, in der sich der andere Ehegatte hinsichtlich seiner Möglichkeiten zu testieren befindet.
51 OLG Düsseldorf BeckRS 2016, 114439; allg. Staudinger/*Kanzleiter* Rn. 17.

b) Die Mitunterzeichnung mit Verfügungswillen

21 Hinsichtlich der Mitunterzeichnung müssen in räumlicher[52] und zeitlicher Hinsicht[53] bestimmte Voraussetzungen eingehalten werden. Des Weiteren muss der mitunterzeichnende Ehegatte einen auf die Errichtung eines gemeinschaftlichen Testaments gerichteten **Testierwillen** haben.[54] Kein gemeinschaftliches Testament liegt daher vor, wenn die Unterschrift des anderen Ehegatten ohne eigenen Testierwillen nur als »Zeuge« oder zum Zeichen der Kenntnisnahme oder Billigung erfolgt.[55] Da dies in der Praxis jedoch die Ausnahme ist, spricht die Erfahrung bei Vorliegen beider Unterschriften dafür, dass diese jeweils mit dem Willen zur gemeinschaftlichen Testamentserrichtung geleistet wurden.[56]

aa) Die Unterschrift, räumliche Anordnung

22 Für die Mitunterzeichnung gilt § 2247 Abs. 3 BGB über Vorname und Familienname entsprechend.[57] Die Unterschrift **bezweckt** auch hier[58] die Feststellung der Person des Testierenden (Identitätsfunktion), die Echtheitskontrolle aufgrund der individuellen Schriftzüge des Erblassers (Beweisfunktion), einen Übereilungsschutz, das Bekenntnis zur schriftlich niedergelegten Erklärung (Erklärungsfunktion, auch Authentizitätsfunktion) und ein untrügliches Anzeichen für die Vollständigkeit und den Abschluss der Erklärung (Abschlussfunktion). Die **Unterschrift** des beitretenden Ehegatten kann **räumlich** auch vor oder über der Unterschrift des anderen Ehegatten stehen, wenn sie nur dessen Erklärung **deckt**, sich also auf die gesamte Haupterklärung bezieht und diese räumlich **abschließt**.[59] Daran kann es bei »quer geschriebenen Unterschriften« am linken abgeschnittenen Rand fehlen.[60] Eine Unterschrift auf der **Rückseite** oder am Rand der Haupterklärung wird man dann für § 2267 BGB als genügend ansehen können, wenn sich aus der räumlichen Anordnung zweifelsfrei ergibt, dass damit der gemeinschaftliche Text unterschrieben werden sollte, etwa wenn auf der Vorderseite hierfür kein Platz mehr vorhanden war.[61] Soweit die Mitunterzeichnung auf einem gesonderten Blatt oder gar einem Briefumschlag erfolgt, ist entscheidend, dass sich die Unterschrift als Fortsetzung der Haupterklärung zweifelsfrei darstellt, die Beziehung hierzu also feststeht.[62] Wenn ein formwirksames gemeinschaftliches Testament i.S. von § 2267 BGB deshalb nicht zustande kommt, weil es an der **Unterschrift des beitretenden Ehegatten fehlt**, so liegt nur der **Entwurf** eines gemeinschaftlichen Testaments vor.[63]

---

52 S. Rdn. 22.

53 S. Rdn. 23 f.

54 BayObLG ZEV 1997, 259, 260 = FamRZ 1997, 1246; jurisPK/*Reymann* Rn. 28.

55 KGJ 42 A 116; OLG Schleswig SchlHA 1955, 21; BayObLGZ 1959, 199, 207; PWW/*Avenarius* Rn. 5; BeckOGK/*Braun,* Stand 01.03.2019, Rn. 31, 36.2; NK-BGB/*Gierl* Rn. 11; jurisPK/*Reymann* Rn. 28; *Schlüter/Röthel* § 22 Rn. 11; Palandt/*Weidlich* Rn. 2.

56 *Battes,* Gemeinschaftliches Testament und Ehegattenerbvertrag, S. 297 f.; NK-BGB/*Gierl* Rn. 11; ähnlich MünchKomm/*Musielak* Rn. 14; BeckOK/*Litzenburger* Rn. 6.

57 Vgl. hierzu § 2247 BGB Rdn. 19 ff.; zur sog. »Selbstbezeichnung« dort § 2247 BGB Rdn. 21.

58 Zum einseitigen Testament s. § 2247 BGB Rdn. 19 ff.

59 OLG Frankfurt NJW 1953, 1554; BayObLGZ 1981, 79, 85; BeckOGK/*Braun,* Stand 01.03.2019, Rn. 18; NK-BGB/*Gierl* Rn. 12; jurisPK/*Reymann* Rn. 25; s. auch Rdn. 20, zu Grenz- und Mischfällen s. Rdn. 29 ff.

60 BayObLG ZEV 1997, 259 = FamRZ 1997, 1246.

61 MünchKomm/*Musielak* Rn. 11; zum »einseitigen Testament«: OLG Köln Rpfleger 2000, 163 = ZEV 2000, 282; Staudinger/*W. Baumann* § 2247 Rn. 93.

62 Instruktiv KG BeckRS 2017, 111486; allgemein zum eigenhändigen Testament BayObLGZ 1993, 240, 244 = NJW-RR 1993, 1157 zu einer »Beitrittserklärung«; jurisPK/*Reymann* Rn. 25; Staudinger/*Kanzleiter* Rn. 14; s. auch Rdn. 27.

63 S. Rdn. 39.

bb) Sukzessive Errichtung, Reihenfolge der Unterschriften

Der beitretende Ehegatte wird die gemeinschaftliche Erklärung meistens unmittelbar nach dem anderen Ehegatten unterschreiben. Er kann seine Unterschrift auch später beifügen,[64] aber nur, wenn ein gemeinschaftlicher Entschluss zum Testieren vorliegt, und sei es auch nur, dass der zuerst Unterzeichnende die Möglichkeit eines späteren Beitritts seines Ehegatten in Betracht zieht und dieser Wille im Zeitpunkt des Beitritts des anderen noch fortbesteht.[65] Die Zustimmung des zuerst testierenden Ehegatten wird sich vielfach schon aus der Haupterklärung ergeben;[66] aber diese Einwilligung kann stillschweigend erlöschen, wenn der andere Ehegatte so lange zögert, dass der errichtende Ehegatte nicht mehr mit seinem Beitritt zu rechnen braucht. In einem solchen Fall kann das Testament u.U. als einseitiges Testament aufrechterhalten werden.[67] *J. Mayer* vertrat hier in der Vorauflage die Ansicht, dass für das Bestehen und die Fortdauer des Einverständnisses des errichtenden Ehegatten eine tatsächliche Vermutung spreche.[68] Je länger jedoch der Zeitraum zwischen der Errichtung des Testaments durch den einen Ehegatten und der Billigung durch den anderen sei, desto strengere Anforderungen seien dann an den Nachweis der Gemeinschaftlichkeit des Errichtungsentschlusses zu stellen.[69] Dem vermag ich mich nicht vollständig anzuschließen. Das Gesetz selbst kennt »tatsächliche Vermutungen« nicht, der BGH behandelt sie als einen Unterfall des Anscheinsbeweises.[70] Das ist auch die richtige Kategorie, denn es geht an dieser Stelle darum, ob die Typizität eines bestimmten Geschehensablaufs es rechtfertigt, daraus eine Regel für die Beweis- bzw. materielle Feststellungslast abzuleiten. Dies ist insoweit vertretbar, als auf den Willen zur Errichtung eines gemeinschaftlichen Testaments im Moment der Errichtung geschlossen wird, wenn der das Testament schreibende Teil von »Wir« oder »Unserem Testament« spricht. Nichts gesagt ist damit aber über das zeitliche Moment, also die Frage, wie lange dieser Wille andauert. Es gibt auch keinen Erfahrungssatz, dass ein solcher Wille fortdauert, bis der das Testament Schreibende dieses aktiv widerruft oder abändert. Notwendig ist, bezogen auf das zeitliche Moment, stets eine Prüfung im Einzelfall, bei der die Dauer des Zeitraums zwischen Errichtung und Mitunterzeichnung ein wichtiges Indiz darstellt.[71] Besondere Grundsätze bei der Beweisführung greifen indes nicht. 23

Nach dem Tod des errichtenden Ehegatten ist die Mitunterzeichnung durch den anderen nicht mehr möglich, da spätestens mit Eintritt des Erbfalls erbrechtliche Klarheit herrschen muss und ein Einverständnis des errichtenden Ehegatten nicht mehr vorliegen kann.[72] Eine **nachträgliche Vergemeinschaftung** des Testaments dergestalt, dass der eine Ehegatte zunächst allein und ohne

64 RGZ 72, 204; OLG München ZEV 2012, 153 = MittBayNot 2012, 300 m. Anm. *S. Braun;* BeckOGK/*Braun,* Stand 01.03.2019, § 2265 Rn. 27.

65 OLG Düsseldorf FGPrax 2017, 128; OLG München ZEV 2012, 153 = MittBayNot 2012, 300 m. Anm. *S. Braun*; dazu auch *Spanke* jurisPR-FamR 5/2012 Anm. 3; NK-BGB/*Gierl* Rn. 14; RGRK-BGB/*Johannsen* Rn. 9; Palandt/*Weidlich* Rn. 2; *Wellenhofer* JuS 2012, 649; eingehender Vorbem. zu §§ 2265 ff. Rdn. 25; a.M. KG J 51 A 82.

66 »Wir«, Jauernig/*Stürner* Rn. 3; Palandt/*Weidlich* Einf. vor § 2265 Rn. 7; BayObLG FamRZ 1995, 1447 (zur Errichtung eines gemeinschaftlichen Testaments in zwei Urkunden); zurückhaltender OLG München ZEV 2012, 153, wo vor allem auf die Erklärung des Überlebenden im Rahmen des Erbscheinsverfahrens abgehoben wurde, nicht auf die Überschrift »Gemeinschaftliches Testament« oder die einleitenden Worte »Wir, die Eheleute … bestimmen … was folgt«.

67 § 140, s. Rdn. 39.

68 Ebenso BeckOGK/*Braun,* Stand 01.03.2019, Rn. 17.1; Staudinger/*Kanzleiter* Rn. 17; NK-BGB/*Radlmayr* 4. Aufl. 2014 Rn. 14.

69 Ohne von einer tatsächlichen Vermutung auszugehen: Burandt/Rojahn/*Braun* Rn. 24; *Lange/Kuchinke* § 24 III 2 b; BeckOK/*Litzenburger* Rn. 6; jurisPK/*Reymann* Rn. 24.

70 BGH NJW 1993, 3259.

71 Insoweit völlig richtig OLG München ZEV 2012, 153 = MittBayNot 2012, 300 m. Anm. *S. Braun*, wo mit keinem Wort auf eine Vermutung eingegangen wird; für Einzelfallprüfung auch NK-BGB/*Gierl* Rn. 14.

72 KG J 35 A 100, 102; 51 A 82; Damrau/Tanck/*Klessinger*, Erbrecht, Rn. 8; MünchKomm/*Musielak* Rn. 15; jurisPK/*Reymann* Rn. 24; Palandt/*Weidlich* Rn. 2.

einen Willen zur gemeinschaftlichen Testamentserrichtung testiert, der andere sich erst später dem anschließt, ist nicht möglich, da sie dem Wesen des gemeinschaftlichen Testaments widerspricht. Denn der Wille zum gemeinschaftlichen Testieren muss bereits bei der Testamentserrichtung vorliegen.[73]

24 Hinsichtlich der **zeitlichen Abfolge** gilt, dass die Unterschrift des mitunterzeichnenden Ehegatten zeitlich nach der Niederschrift der Haupterklärung des anderen Ehegatten erfolgen muss.[74] Die Unterschrift des beitretenden Ehegatten darf nicht vorweg »**blanko**« geleistet werden, weil sonst die Aufgaben der Formvorschrift, insbesondere auch der Beweiszweck und das Erfordernis der Abgrenzung von Entwürfen (Verbindlichkeitszweck) nicht erfüllt werden können.[75] Eine zwingende zeitliche *Reihenfolge der Unterschriften* ergibt sich daraus nicht.[76] Ob der Mitunterzeichner deshalb vor, mit oder nach dem Hauptverfasser unterschreibt, ist unerheblich.[77] Diese großzügige Handhabung ergibt sich zum einen daraus, dass das Gesetz die Unterschrift beider Ehegatten als gleichwertig ansieht. Zum anderen entspricht es Sinn und Zweck des § 2267 BGB, die Testamentserrichtung möglichst zu vereinfachen.[78] Entspricht die Testamentsurkunde dem äußeren Bild nach einem formgerechten gemeinschaftlichen Testament, so gelten die Grundsätze des Anscheinsbeweises, d.h. es kann zunächst davon ausgegangen werden, dass die Unterschriften nach der Niederschrift der Haupterklärung und nicht blanko geleistet wurden.[79] Jedoch kann der Anscheinsbeweis dadurch entkräftet werden, dass aufgrund der durchgeführten Ermittlungen Tatsachen festgestellt werden, aufgrund derer bei einer Gesamtwürdigung aller Umstände ein anderer Geschehensablauf ernsthaft in Betracht zu ziehen ist.[80]

cc) **Bekräftigende Zusätze**

25 Bekräftigende Zusätze des beitretenden Ehegatten, die dieser seiner Unterschrift beifügt – wie »einverstanden, genehmigt« – sind nicht erforderlich, schaden aber im Allgemeinen auch nicht und zwar auch dann nicht, wenn sie formungültig sind, etwa weil sie vom anderen Ehegatten hinzugefügt wurden.[81] Dies gilt auch für den Zusatz, dass Änderungen »jederzeit in gemeinsamer Absprache« möglich sind, denn dies entspricht der Rechtslage beim gemeinschaftlichen Testament.[82] Hiervon zu unterscheiden sind einseitige Zusätze des zweiten Ehegatten, die **inhaltlich von der Haupterklärung** des anderen abweichen.[83]

---

73 BeckOGK/*Braun*, Stand 01.03.2019, § 2265 Rn. 28 f.; Burandt/Rojahn/*Braun* Rn. 24; Damrau/Tanck/*Klessinger*, Erbrecht, Rn. 9; *Pfeiffer* FamRZ 1993, 1266, 1271; NK-BGB/*Gierl* Rn. 14; Palandt/*Weidlich* Rn. 2; Vorbem. zu §§ 2265 ff. Rdn. 25; a.M. *Lange/Kuchinke* § 24 III 2 d; *M. Klein*, Das gemeinschaftliche Testament …, S. 180 f.; jurisPK/*Reymann* Rn. 24, die eine nachträgliche formlose Willensverbindung zulassen.

74 NK-BGB/*Gierl* Rn. 13; Staudinger/*Kanzleiter* Rn. 15; jurisPK/*Reymann* Rn. 24.

75 OLG Hamm OLGZ 1993, 141 = NJW-RR 1993, 269, 270; PWW/*Avenarius* Rn. 3; BeckOGK/*Braun*, Stand 01.03.2019, Rn. 20; NK-BGB/*Gierl* Rn. 13; Damrau/Tanck/*Klessinger*, Erbrecht, Rn. 5; BeckOK/*Litzenburger* Rn. 6; jurisPK/*Reymann* Rn. 24.

76 OLG Frankfurt NJW 1953, 1554; Staudinger/*Kanzleiter* Rn. 15; Damrau/Tanck/*Klessinger*, Erbrecht, Rn. 5.

77 OLG Hamm OLGZ 1993, 141; NK-BGB/*Gierl* Rn. 13; Damrau/Tanck/*Klessinger*, Erbrecht, Rn. 8; jurisPK/*Reymann* Rn. 24.

78 Staudinger/*Kanzleiter* Rn. 15; Damrau/Tanck/*Klessinger*, Erbrecht, Rn. 5.

79 Ähnlich OLG Hamm OLGZ 1993, 141; Palandt/*Weidlich* Rn. 5.

80 BGH NJW 1993, 3259; OLG Hamm OLGZ 1993, 141.

81 BayObLG NJW-RR 1993, 1157, 1158; LG Tübingen BWNotZ 1986, 17; NK-BGB/*Gierl* Rn. 16; Staudinger/*Kanzleiter* Rn. 16; Damrau/Tanck/*Klessinger*, Erbrecht, Rn. 11; MünchKomm/*Musielak* Rn. 12.

82 BayObLGZ 2002, 128, 131 = NotBZ 2002, 338 m. Anm. *Caspary*.

83 Eingehend dazu Rdn. 36.

c) Das Datum

26 Der errichtende Ehegatte soll in der Haupterklärung angeben, zu welcher Zeit und an welchem Ort er sie niedergeschrieben hat (§ 2247 Abs. 2 BGB). Der beitretende Ehegatte soll angeben, wann und wo er seine Unterschrift beigefügt hat (§ 2267 Satz 2 BGB). Diese Angaben, die früher Wirksamkeitsvoraussetzungen für die Erklärungen waren, werden jetzt nur mehr empfohlen.[84] Fehlt Zeit oder Ort der Mitunterzeichnung, gilt § 2247 Abs. 5 BGB entsprechend.[85] Sind die Angaben hierzu falsch, berührt dies die Wirksamkeit des Testaments nicht.[86] Das Datum braucht, soweit es überhaupt noch erforderlich ist, nicht unbedingt über der Unterschrift zu stehen, es kann auch neben oder unter ihr stehen, wenn nur die Angabe von Zeit und Ort zu der Unterschrift (oder zu der Beitrittserklärung) in einer solchen räumlichen Beziehung steht, dass sie Zeit und Ort der Mitunterzeichnung (oder der Beitrittserklärung) bezeichnet.[87]

4. Die Form des § 2267 BGB a.F.

27 § 2267 BGB in seiner jetzigen Fassung schließt nicht aus, dass Eheleute auch weiterhin nach § 2267 BGB a.F. verfahren, dass also ein Ehegatte das Testament errichtet und der andere eine eigenhändig geschriebene und unterschriebene Beitrittserklärung beifügt. Denn durch die Neufassung sollten keine zusätzlichen Formanforderungen aufgestellt, sondern das Testieren erleichtert werden.[88] Die Beitrittserklärung muss der Haupterklärung nicht unbedingt räumlich folgen, sie kann auch in einen frei gebliebenen Raum zwischen dem Text und dem Datum der Haupterklärung gesetzt werden.[89] Die Beitrittserklärung kann auch auf der Rückseite der Haupterklärung stehen oder auf einem besonderen Blatt, wenn nur ihre Beziehung zur Haupterklärung feststeht.[90] Die Namensunterschrift zur Beitrittserklärung muss nicht unterhalb, sondern kann auch neben derselben stehen.[91]

28 Die sogenannte **Selbstbezeichnung** des Erblassers in der von ihm geschriebenen Beitrittserklärung – z.B. »ich, Klara Schlosser, schließe mich … an« – kann seine Unterschrift ersetzen, wenn er mit diesem Vermerk die Urkunde abschließen und unterfertigen wollte.[92]

5. Andere Formen der Errichtung des gemeinschaftlichen eigenhändigen Testaments

29 § 2267 BGB enthält eine **Formerleichterung** für die Errichtung eines gemeinschaftlichen Testaments. Die Ehegatten müssen hiervon nicht Gebrauch machen, wenn sie gemeinschaftlich testieren wollen. Soweit sie jedoch ein **eigenhändiges Testament** verfassen wollen, müssen sie dann beide, und zwar jeder für seine Verfügungen, zwingend die Form des § 2247 BGB einhalten, soweit nicht in Ausnahmefällen ein Nottestament nach § 2266 i.V.m. §§ 2249 ff. BGB möglich ist. Eine andere Möglichkeit gibt es nicht.[93] Der bloße Wille zur gemeinschaftlichen Testamentserrichtung genügt für sich allein nicht, um ein formgültiges gemeinschaftliches Testament zu errichten, wenn

84 OLG Düsseldorf NJW-Spezial 2017, 168; Palandt/*Weidlich* Rn. 1; vgl. § 2247 BGB Rdn. 30 ff.
85 Staudinger/*Kanzleiter* Rn. 15.
86 OLG Düsseldorf NJW-Spezial 2017, 168; NK-BGB/*Gierl* Rn. 17; Erman/*Kappler/Kappler* Rn. 3; MünchKomm/*Musielak* Rn. 16.
87 RGZ 52, 282; KG JFG 5, 171.
88 S. Rdn. 17.
89 BayObLG JFG 8, 123; RGRK-BGB/*Johannsen* Rn. 9.
90 BayObLGZ 5, 272, 276; 1993, 240, 244 = NJW-RR 1993, 1156; KG KGJ 52 A 82 = OLGE 42, 142; RGRK-BGB/*Johannsen* Rn. 8; *Leipold* Rn. 459 Fn. 7; a.M. unter Überbetonung des »Mitunterzeichnens der Erklärung« MünchKomm/*Musielak* Rn. 11.
91 Staudinger/*W. Baumann* § 2247 Rn. 93 gegen KG OLGE 7, 363.
92 OLG Düsseldorf DNotZ 1954, 487; Burandt/Rojahn/*Braun* Rn. 20; NK-BGB/*Gierl* Rn. 16; Damrau/Tanck/*Klessinger*, Erbrecht, Rn. 5; § 2247 BGB Rdn. 21 a.E.
93 Damrau/Tanck/*Klessinger*, Erbrecht, Rn. 7; MünchKomm/*Musielak* Rn. 17; jurisPK/*Reymann* Rn. 16; vgl. auch BeckOK/*Litzenburger* Rn. 8.

er auch notwendige Voraussetzung hierfür ist. Vielmehr muss er auch formgerecht zum Ausdruck kommen.[94]

30 Danach sind die folgenden, in der Praxis vorkommenden Fälle der eigenhändigen Errichtung eines gemeinschaftlichen Testaments zu beurteilen:

31 (a) Wenn **jeder Ehegatte** den **ganzen Inhalt** des gemeinschaftlichen Testaments in übereinstimmender Weise, also sämtliche beiderseitige Verfügungen auf dem nämlichen Blatt, **niederschreibt** und **unterschreibt**, so kommt es auf die Art der Unterschriftsleistung an:

(aa) **Unterschreibt** jeder Ehegatte **nur seine Verfügung** allein, genügt dies jeweils der Form des § 2247 BGB; ob ein gemeinschaftliches Testament vorliegt, hängt vom gemeinschaftlichen Willen hierzu ab,[95] der aber i.d.R. hier zweifellos besteht (auch nach der objektiven Theorie über die Urkundeneinheit).

(bb) Hat auch noch jeder Ehegatte **jeweils** die Verfügung des **anderen mitunterzeichnet**, handelt es sich um ein gemeinschaftliches Testament i.S. von § 2267 BGB »in doppelter Ausfertigung«, das zulässig ist.[96]

32 (b) Schreibt **jeder Ehegatte nur** die seinen **Nachlass betreffenden Verfügungen** selbst nieder und jeder unterschreibt dann am Schluss der beiden Niederschriften, so ist die Form des § 2247 BGB gewahrt und es liegt wegen des hier sicherlich immer gegebenen Errichtungszusammenhangs ein gemeinschaftliches Testament vor.[97]

33 (c) Ein Ehegatte schreibt sowohl die seinen Nachlass betreffende Verfügung wie auch die des anderen Ehegatten nieder, jedoch **unterschreibt jeder** Ehegatte **nur seine Verfügung**: Hier ist die erleichterte Form des § 2267 BGB nicht gewahrt, weil diese voraussetzt, dass die gesamte gemeinschaftliche Erklärung von beiden Ehegatten unterschrieben wird.[98] Auf das Vorliegen eines etwa deutlich geäußerten Errichtungszusammenhangs kommt es insoweit nicht an, da dieser die fehlende Form nicht überwinden kann[99] Die Form des § 2247 BGB ist nur hinsichtlich der Teile der Verfügung gewahrt, die der schreibende Ehegatte als seine eigene selbst niedergelegt hat.[100] Da das restliche gemeinschaftliche Testament nicht vom verfügenden Ehegatten eigenhändig geschrieben wurde, ist dieser Teil nichtig, was über § 2270 Abs. 1 BGB auch zur Unwirksamkeit der an sich formwirksamen Verfügungen des anderen führen kann.[101]

34 (d) **Schreiben beide Ehegatten abwechselnd** einen Teil des Texts einer als gemeinschaftlich gewollten Verfügung nieder und **unterschreiben beide**, so ist die Fallbeurteilung umstritten. Nur wenn man am Wortlaut des § 2267 Satz 1 BGB haften bleibt, bestehen hier Formbedenken, weil das Testament nicht nur von »einem«, sondern von beiden abwechselnd geschrieben ist. Ausgehend vom Normzweck der Formerleichterung, eine Nichtigkeit wegen eines Formmangels bei gemeinschaftlichen Testamenten möglichst zu vermeiden, wird man sich darüber hin-

---

94 BayObLG FamRZ 1991, 1485; Vorbem. zu §§ 2265 ff. Rdn. 21 ff.; MünchKomm/*Musielak* Rn. 17 (aus seiner Sicht nicht konsequent, da er sich mit einem rein tatsächlichen Errichtungszusammenhang begnügt, für den die rechtsgeschäftliche Form wohl nicht gelten kann).

95 *Musielak* FamRZ 1992, 358, 359; vgl. auch den Fall von OLG Nürnberg ZEV 2010, 411.

96 BeckOGK/*Braun,* Stand 01.03.2019, Rn. 41; NK-BGB/*Gierl* Rn. 15; MünchKomm/*Musielak* Rn. 19.

97 KG KGJ 29 A 57 = OLG 11, 250; KG JFG 5, 164 = DNotZ 1928, 310; KG OLG 18, 362; BeckOGK/*Braun,* Stand 01.03.2019, Rn. 42; MünchKomm/*Musielak* Rn. 20; vgl. auch *Rötelmann* Rpfleger 1958, 146 in Beispielen.

98 Im Ergebnis ebenso BGH NJW 1958, 547; OLG Hamm NJW 1972, 770 = DNotZ 1972, 99; NK-BGB/*Gierl* Rn. 15; Groll/Steiner/*Edenfeld*, Praxis-Handbuch Erbrechtsberatung Rn. 11.13 (mit Beispiel); Damrau/Tanck/*Klessinger*, Erbrecht, Rn. 7; MünchKomm/*Musielak* Rn. 21; Soergel/*M. Wolf* Rn. 2; a.A. OLG Celle NJW 1957, 876, 877 m. abl. Anm. *Rötelmann*; BeckOK/*Litzenburger* Rn. 4 (unter unzutr. Bezug auf OLG Hamm NJW-RR 1991, 1352, 1353 und die hiesige Kommentierung).

99 S. Rdn. 29; a.M. 2. Aufl. Rn. 25 f.; *Battes*, Gemeinschaftliches Testament und Ehegattenerbvertrag, S. 298; BeckOK/*Litzenburger* Rn. 4 (unter unzutreffendem Bezug auf die hiesige Ansicht).

100 Damrau/Tanck/*Klessinger*, Erbrecht, Rn. 7; MünchKomm/*Musielak* Rn. 21.

101 Zur Möglichkeit der Umdeutung s. Rdn. 38 f.

wegsetzen können,[102] wenn nur der Wille zur Errichtung eines gemeinschaftlichen Testaments vorhanden ist, denn insoweit unterscheidet sich dieser Sachverhalt vom unzulässigen Testieren durch bloßes Lückenausfüllen durch einen von dritter Hand vorgegebenen Entwurf.[103] Andernfalls müsste man sonst die als Einheit gewollte Erklärung der Ehegatten »zerstückeln« und dann nur als letztwillige Verfügung des jeweils schreibenden Ehegatten gelten lassen, wenn der jeweilige Torso überhaupt noch einen Sinn ergibt.[104]

(e) Die Wahrung des Grundsatzes der **Urkundeneinheit** ist nur erforderlich, wenn in der erleichterten Form des § 2267 BGB testiert werden soll.[105] In allen anderen Fällen der Errichtung eines gemeinschaftlichen eigenhändigen Testaments ist die Verkörperung in einer Urkunde nur ein – wenn auch gewichtiges Indiz – für das Vorliegen des erforderlichen gemeinschaftlichen Testierwillens, wie umgekehrt derselbe auch ohne eine solche Zusammenfassung der Verfügungen in einer Urkunde möglich ist.[106] 35

IV. Änderungen und Zusätze

Wollen **beide Ehegatten** das gemeinschaftliche Testament ändern oder ergänzen, muss die Änderung oder Ergänzung ebenfalls von ihrem gemeinschaftlichen Willen getragen werden, weil eine Änderung nur mit Billigung beider Ehegatten möglich ist. Sie können ihr bisheriges Testament durch ein neues ersetzen (§ 2258 BGB). Sie können aber auch nur einzelne **Abänderungen** vornehmen und sich dabei der **Formerleichterung** des **§ 2267 BGB** bedienen, so dass ein Ehegatte handschriftlich die Änderung oder Ergänzung vornimmt und beide diese unterschreiben. Sie können sich aber auch der normalen Form des **§ 2247 BGB bedienen**, indem beide die Änderung ausdrücklich niederschreiben und beide die Änderung unterschreiben. Geschieht dies in der Form eines Zusatzes nach dem früheren Testament, so entsteht dadurch ein **einheitliches neues gemeinschaftliches Testament.**[107] Nach h.M. können sie aber auch so verfahren, dass der eine Ehegatte mit vorherigem **Einverständnis** des anderen das ursprüngliche Testament ändert oder ergänzt, wenn nur die Änderung oder Ergänzung durch die ursprünglichen Unterschriften gedeckt wird.[108] Dies steht allerdings im Widerspruch dazu, dass Blankoerklärungen unzulässig sind.[109] Zudem können hier später Beweisprobleme auftreten, ob das gegenseitige Einverständnis zur Änderung wirklich vorlag, weshalb dieses Verfahren nach Möglichkeit zu vermeiden ist.[110] Das OLG München hat allerdings entschieden, dass bei Unaufklärbarkeit der Frage, ob die Hinzufügung von Erbquoten mit einem anderen Stift in dem Text des Testaments überhaupt eine nachträgliche Änderung darstellte, oder ob nur beim Verfassen des Testaments zwei verschiedene Stifte verwendet wurden, derjenige die 36

---

102 Ebenso LG München I FamRZ 1998, 1391, 1392 unter Bezug auf den Normzweck der Formerleichterung; KG HRR 1928, 718; BeckOGK/*Braun,* Stand 01.03.2019, Rn. 9; NK-BGB/*Gierl* Rn. 15; Staudinger/*Kanzleiter* Rn. 15; Damrau/Tanck/*Klessinger*, Erbrecht, Rn. 7; vgl. auch den Fall von BayObLG FamRZ 2001, 1734.

103 OLG Hamm NJW-RR 1991, 1352, 1353 = FamRZ 1992, 356 m. Anm. *Musielak.*

104 So aber MünchKomm/*Musielak* Rn. 22; *ders.* FamRZ 1992, 358, 359 zu OLG Hamm NJW-RR 1991, 1352, 1353.

105 MünchKomm/*Musielak* Rn. 23.

106 Zu Einzelheiten Vorbem. zu §§ 2265 ff. Rdn. 20 ff.

107 BayObLG Rpfleger 1980, 283; FamRZ 1986, 392, 393; BayObLG FamRZ 1994, 191, 192 = DNotZ 1994, 791, 792 m. Anm. *Musielak.*

108 OLG München ErbR 2018, 456; OLG München ErbR 2010, 56 m. zust. Anm. *Rudy*; OLG Karlsruhe FamRZ 2012, 400 (nicht unterschriebener Zusatz auf Rückseite ausreichend, wenn durch späteren Zusatz im Haupttestament darauf verwiesen); NK-BGB/*Gierl* Rn. 18; RGRK-BGB/*Johannsen* Rn. 14; Staudinger/*Kanzleiter* Rn. 18 (Billigung); BeckOK/*Litzenburger* Rn. 9; zweifelnd MünchKomm/*Musielak* Rn. 24 (»bedenklich«); jurisPK/*Reymann* Rn. 42 f.; zweifelnd Palandt/*Weidlich* Rn. 3; a.M. *v. Lübtow* I 489; *Planck/Greiff* Anm. 8; sowie ausf. *Zacher-Röder/Eichner* ZEV 2010, 63, 69: gesonderte Unterschrift unter den Nachtrag erforderlich, weil die h.M. mit der Formenstrenge des Erbrechts nicht vereinbar.

109 Palandt/*Weidlich* Rn. 3; *Zacher-Röder/Eichner* ZEV 2010, 63.

110 NK-BGB/*Gierl* Rn. 18; MünchKomm/*Musielak* Rn. 24.

Feststellungslast trägt, der sich darauf beruft, dass es sich um eine nachträgliche Änderung handelt, bei der es an einem gemeinschaftlichen Willen fehlte.[111] Es empfiehlt sich, einen solchen Zusatz zu datieren (§ 2247 Abs. 5 BGB), was insbesondere bei wiederholten Änderungen wichtig ist.[112]

37 Werden **Zusätze** oder Änderungen **nicht** von den **Unterschriften beider Ehegatten gedeckt**, so ist infolge der Abschlussfunktion der Unterschrift zu beachten, dass es sich dann nur noch um eine einseitige, neue Verfügung handeln kann.[113] Es ist daher zunächst zu prüfen, ob die von einem allein verfasste Verfügung von Todes wegen überhaupt **formwirksam** ist, also i.d.R. der Form des § 2247 BGB entspricht. Dann ist inhaltlich zu prüfen, ob dadurch nur eine einseitige Verfügung von Todes wegen des gemeinschaftlichen Testaments geändert oder aufgehoben wird, was einseitig auch durch einen Ehegatten allein möglich ist.[114] Sollen dagegen **wechselbezügliche Verfügungen** des gemeinschaftlichen Testaments abgeändert oder aufgehoben werden, so ist die Vorschrift des § 2271 BGB zu beachten. Es ist daher regelmäßig für eine einseitige, abweichende Verfügung der vorherige Widerruf der abweichenden wechselbezüglichen Verfügungen nach §§ 2271 Abs. 1 Satz 1, 2296 BGB erforderlich.[115] Ansonsten ist die abweichende einseitige Verfügung unwirksam (§ 2271 Abs. 1 Satz 2 BGB). Soweit solche Zusätze aus Formgründen oder wegen Verstoßes gegen § 2271 Abs. 1 Satz 2 BGB unwirksam sind, können sie aber nicht die Unwirksamkeit des zunächst gemeinsam wirksam errichteten gemeinschaftlichen Testaments bewirken.[116] Werden jedoch zeitnah solche abweichenden Zusätze zur Haupturkunde errichtet, so können diese Anhaltspunkte für einen bereits bei der Errichtung des gemeinschaftlichen Testaments entsprechenden abweichenden Willen des einen Ehegatten sein, dem allenfalls durch Anfechtung nach § 2078 BGB Rechnung getragen werden kann, während es für seine entsprechende Berücksichtigung durch eine Auslegung meist an einem ausreichenden Anhaltspunkt in dem gemeinschaftlichen Testament fehlen wird.[117]

V. Formmängel, Umdeutung

1. Gemeinschaftliches Testament nach § 2267 BGB

38 Soweit das gemeinschaftliche Testament an einem Formmangel leidet, ist es grundsätzlich nichtig. U.U. kommt aber nach § 140 BGB eine Umdeutung in ein einseitiges Testament in Betracht, wenn wenigstens die Verfügungen des einen Ehegatten formwirksam errichtet wurden.[118]

39 Kein gemeinschaftliches Testament, sondern nur der **Entwurf** eines gemeinschaftlichen Testaments liegt vor, wenn dieses zwar wie geplant von einem Ehegatten eigenhändig niedergeschrieben und unterschrieben ist, die beabsichtigte Unterschrift des anderen aber unterblieb.[119] Hier ist zwar die Form des § 2247 BGB hinsichtlich der Verfügungen des schreibenden Ehegatten gewahrt. Die Zulässigkeit der **Umdeutung** (§ 140 BGB) in ein Einzeltestament hängt aber davon ab, ob er seine Erklärung nach seinem – notfalls durch Auslegung zu ermittelnden – Willen unabhängig davon gelten lassen will, ob die gegenläufige Erklärung des anderen wirksam ist.[120] Bei an sich

111 OLG München ErbR 2018, 456.
112 MünchKomm/*Musielak* Rn. 24.
113 S. Rdn. 22.
114 Damrau/Tanck/*Klessinger*, Erbrecht Rn. 11; MünchKomm/*Musielak* Rn. 24.
115 RG DNotZ 1933, 67; Damrau/Tanck/*Klessinger*, Erbrecht, Rn. 11 f.; MünchKomm/*Musielak* Rn. 24.
116 Ebenso NK-BGB/*Fleindl* § 2085 Rn. 6; *Leipold* FamRZ 2004, 1143; anders, aber nicht zutreffend, weil die Abschlussfunktion der gemeinschaftlichen Unterschriften übersehen wird, BayObLGZ 2003, 352, 357 = FamRZ 2004, 1141 m. abl. Anm. *Leipold.*
117 *Leipold* a.a.O.
118 NK-BGB/*Gierl* Rn. 19; BeckOK/*Litzenburger* Rn. 10 f.; ausf. hierzu jurisPK/*Reymann* Rn. 33 ff.; vgl. auch oben § 2265 BGB Rdn. 7 ff.
119 BayObLGZ 2000, 194 = NJW-RR 2000, 1534; Damrau/Tanck/*Klessinger*, Erbrecht, Rn. 15; *Leipold* Rn. 459.
120 BGH NJW-RR 1987, 1410 = DNotZ 1988, 178; BayObLG FamRZ 1993, 1370; OLG Frankfurt FamRZ 1998, 1395; vgl. bereits RGZ 116, 148, 149 f.; ausführlich *Kollmeyer* NJW 2018, 662.

als wechselbezüglich geplanten Verfügungen ist dies abzulehnen, wenn sich nicht durch Auslegung eine Beschränkung der Wechselbezüglichkeit deshalb ergibt, weil der Erblasser auch in Kenntnis der unwirksamen oder fehlenden entsprechenden Verfügung des anderen Ehegatten seine eigene Verfügung zu dessen Gunsten treffen wollte.[121] Denn im Allgemeinen spricht schon die Lebenserfahrung gegen die isolierte Geltung als Einzelverfügung; bei Ehegattenverfügungen i.S. von § 2269 BGB steht der Aufrechterhaltung als Einzelverfügung zudem entgegen, dass eine testamentarische »Schlusserbfolge« überhaupt nur durch gemeinschaftliche Verfügung der Ehegatten getroffen werden kann.[122] Die Auslegungsregel des § 2084 BGB ist für die Beantwortung der Frage, ob ein Entwurf oder ein wirksames einseitiges Testament vorliegt, jedenfalls nicht anwendbar.[123]

Wenn ein gemeinschaftliches Testament aus einer Haupterklärung des einen Ehegatten und aus der Beitrittserklärung oder bloßen Unterschrift des anderen besteht,[124] führt ein wesentlicher **Formfehler der Haupterklärung** zu ihrer Nichtigkeit (§ 125 BGB) und da die Beitrittserklärung oder Mitunterzeichnung keine selbständige Bedeutung haben kann, ist das ganze gemeinschaftliche Testament nichtig.[125] Die eigenhändig geschriebene und unterschriebene Beitrittserklärung »Dies ist auch mein Testament und Wille« kann daher nicht in ein gültiges Einzeltestament umgedeutet werden,[126] ihr fehlt das »rechtliche Fundament«.[127] Liegt hingegen der **Formfehler** allein bei der **Beitrittserklärung** oder Mitunterzeichnung, so ist zunächst nur die letztwillige Verfügung des beitretenden Ehegatten nichtig; inwieweit dadurch auch die letztwillige Verfügung des errichtenden Ehegatten nichtig wird, richtet sich nach den gleichen Kriterien wie bei dem lediglich von einem Ehegatten unterschriebenen gemeinschaftlichen Testament.[128] Soweit die Haupterklärung nicht von der Nichtigkeit erfasst wird (keine Fehleridentität) und sie den Anforderungen des § 2247 BGB entspricht, kann sie nach § 140 BGB als einseitiges Testament aufrechterhalten werden.[129] 40

Zur einzuhaltenden **Reihenfolge** zwischen Abfassung der Haupterklärung und der Unterschrift des beitretenden Ehegatten (keine »Blankounterschrift«) s. Rdn. 24. Zur möglichen Kombination der Errichtungsformen des gemeinschaftlichen eigenhändigen Testaments s. Rdn. 29 ff. 41

2. Zwei Haupterklärungen

Besteht ein gemeinschaftliches Testament aus zwei Haupterklärungen und leidet eine von ihnen an einem wesentlichen Formfehler, ist zunächst nur die mangelhafte Haupterklärung nichtig; ob auch die andere Haupterklärung nichtig ist oder ob sie in ein einseitiges Testament umgedeutet werden kann, ist wiederum nach § 2270 BGB oder §§ 2085, 140 BGB zu beurteilen.[130] 42

121 Staudinger/*Kanzleiter* § 2265 Rn. 14; MünchKomm/*Musielak* § 2265 Rn. 4, 8; bei Testierunfähigkeit des einen Erblassers ebenso OLG München NJW-RR 2010, 1382, 1383 = ZEV 2010, 471 m. krit. Anm. *Zimmer*, dazu auch *J. Lange* jurisPR-FamR 16/2010 Anm. 2; BayObLG NJW-RR 2003, 659, 660; NJW-RR 2000, 1534; OLG Hamm ZEV 1996, 304; OLG Düsseldorf FamRZ 1997, 771, 772 (Rn. 16) lässt eine Umdeutung nur zu, wenn die betreffende Verfügung nicht wechselbezüglich sein sollte. Eingehend dazu § 2265 BGB Rdn. 13 f. zur vergleichbaren Problematik bei Unwirksamkeit eines gemeinschaftlichen Testaments von Nichtehegatten.

122 BayObLGZ 2000, 194, 196 = NJW-RR 2000, 1534.

123 BayObLGZ 2000, 194, 196 = NJW-RR 2000, 1534; BayObLG NJW-RR 1992, 332, 333 = FamRZ 1992, 353, wo zudem zwei gleich datierte unterschiedliche Entwürfe vorlagen; Palandt/*Weidlich* Rn. 4.

124 Rdn. 19.

125 MünchKomm/*Musielak* Rn. 25; Palandt/*Weidlich* Rn. 4.

126 BayObLGZ 1968, 311; Palandt/*Weidlich* Rn. 4.

127 *V. Lübtow* I 489.

128 Rdn. 38.

129 RGZ 116, 148, 149 f.

130 Vgl. KG DFG 1943, 53; *v. Lübtow* I 489 f.; *Voegels/Seybold* § 28 TestG Rn. 12.

3. Fehlender Errichtungszusammenhang

43 Wenn die letztwilligen Verfügungen zweier Eheleute nur deswegen nicht als gemeinschaftliches Testament anerkannt werden können, weil es an der erforderlichen Gemeinschaftlichkeit der Erklärung oder des Willens fehlt,[131] können sie doch, wenn sie den Vorschriften des § 2247 BGB entsprechen, zwei selbständige Einzeltestamente darstellen.[132]

VI. Vernichtung eines gemeinschaftlichen Testaments

44 Zur rechtlichen Bedeutung der Vernichtung eines gemeinschaftlichen Testaments durch den Erblasser oder einen Dritten s. § 2255 BGB und § 2271 BGB Rdn. 2, 28.

VII. Feststellungslast

45 Derjenige, der Rechte aus einem Testament herleiten will, trägt die materielle Feststellungs- und Beweislast dafür, dass die betreffende **Verfügung wirksam** ist, insbesondere der erforderliche Testierwille vorhanden war, die Unterschrift wirklich von dem betreffenden Erblasser herrührt[133] und die von § 2267 BGB vorausgesetzte Reihenfolge eingehalten wurde.[134] Dies ist unter Heranziehung aller erheblichen Beweismittel zu beurteilen.[135] Dem Darlegungspflichtigen helfen jedoch die Grundsätze des Anscheinsbeweises insoweit, als davon ausgegangen werden kann, dass die Unterschriften unter einem Testament, das seinem äußerem Erscheinungsbild nach den Formerfordernissen des § 2267 Satz 1 BGB entspricht, in der gesetzlich vorgeschriebenen Reihenfolge geleistet wurden.[136] Die materielle Beweislast für den **wirksamen Widerruf** eines gemeinschaftlichen Testaments trifft denjenigen, der sich auf die einvernehmliche Vernichtung der nicht mehr vorhandenen Urkunde durch die Ehegatten beruft, jedoch dürfen die Anforderungen hieran nicht überspannt werden.

VIII. Verwahrung

46 Zur Verwahrung eines **eigenhändigen Testaments** s. § 2248 BGB mit Erl. dazu, zum öffentlichen Testament s. Syst. A Rdn. 302 ff. Hinsichtlich der Weiterverwahrung des nach dem Erbfall aus der besonderen amtlichen Verwahrung entnommenen gemeinschaftlichen Testaments s. Rdn. 49 f.

IX. Eröffnung

1. Grundsätzliches

47 Wie jede Verfügung von Todes wegen ist auch das gemeinschaftliche Testament nach dem Tod des Erblassers vom Nachlassgericht zu eröffnen (§ 348 Abs. 1 FamFG). Enthält es sowohl Verfügungen des **Erstversterbenden** wie des überlebenden Ehegatten oder Lebenspartners, werden nach dem ersten Erbfall grundsätzlich nur die Verfügungen von Todes wegen eröffnet, die der **Erstversterbende** getroffen hat; dies umfasst allerdings auch solche Verfügungen, die für den Fall seines Überlebens getroffenen wurden.[137] Dass diese mittlerweile **gegenstandslos** wurden, spielt insoweit keine Rolle. Soweit sich die Verfügungen des Erstversterbenden von denen des Längerlebenden **trennen** lassen (§ 349 Abs. 1 FamFG), sind die Verfügungen des Längerlebenden bei und nach der Eröffnung grundsätzlich geheim zu halten und nicht bekannt zu geben. Fehlt es an einer solchen **Trennbarkeit**, sind seine Verfügung bei Bekanntgabe der eröffneten Verfügung von Todes wegen des Erstversterbendenden zwangsläufig ebenfalls bekannt zu machen.

---

131 Vorbem. zu §§ 2265 ff. Rdn. 20 ff.
132 OLG München JFG 18, 8.
133 BayObLG ZEV 1997, 259, 260; NK-BGB/*Gierl* Rn. 23; Damrau/Tanck/*Klessinger*, Erbrecht, Rn. 27.
134 OLG Hamm OLGZ 1993, 141 = NJW-RR 1993, 269.
135 BayObLG ZEV 1997, 259, 260 = BayObLG FamRZ 1997, 1246.
136 Ähnlich OLG Hamm OLGZ 1993, 141 = NJW-RR 1993, 269; BeckOGK/*Braun,* Stand 01.03.2019, Rn. 74; Palandt/*Weidlich* Rn. 5.
137 OLG Köln ZEV 2011, 313.

2. Trennbarkeit

Eine **Trennbarkeit** der Verfügungen des Überlebenden i.S.d. § 349 Abs. 1 FamFG liegt nur vor, wenn diese sprachlich in selbstständigen Sätzen so abgefasst sind, dass sie auch ohne die Verfügungen des anderen Teils verständlich bleiben. Demgegenüber besteht keine Trennbarkeit, wenn sie in der »Wir«-Form in einem Satz zusammengefasst sind oder sie auf Verfügungen des anderen Ehegatten verweisen.[138] Personen, die nach dem Letztversterbenden erben oder sonst Zuwendungen erhalten und nach dem Erstversterbenden weder erb- noch pflichtteilsberechtigt sind, sind aber nicht am Verfahren zu beteiligen.[139] 48

3. Weiterverwahrung

Enthält das gemeinschaftliche Testament auch **Verfügungen** des **Längerlebenden** für den Fall seines Todes und wurde es der besonderen amtlichen Verwahrung entnommen, wird nach erfolgter Eröffnung von den eröffneten Verfügungen des Erstverstorbenen eine beglaubigte Abschrift gefertigt, die im Rechtsverkehr an die Stelle der Urschrift tritt. Danach wird die Verfügung von Todes wegen verschlossen und bei dem nach § 344 Abs. 2 FamG zuständigen Gericht wieder in die amtliche Verwahrung zurückgegeben (§ 349 Abs. 2 FamFG). Dies gilt jedoch nicht, wenn das Testament nur Anordnungen enthält, die sich auf den Erbfall des erstversterbenden Ehegatten oder Lebenspartners beziehen, insbesondere wenn das Testament sich auf die Erklärung beschränkt, dass die Ehegatten oder Lebenspartner sich gegenseitig zu Erben einsetzen (§ 349 Abs. 3 FamFG). Dann erfolgt keine weitere besondere amtliche Verwahrung, sondern die Verfügung von Todes wegen verbleibt im Nachlassakt des Erstverstorbenen (§ 349 Abs. 3 FamFG). Sie wird also nicht an den längerlebenden Ehegatten zurückgegeben. 49

Für die **weitere Verwahrung** ist das für den Nachlass des erstversterbenden Ehegatten oder Lebenspartners zuständige Amtsgericht zuständig (§ 344 Abs. 2, 1. Halbs. FamFG). Allerdings kann der Überlebende die Verwahrung bei einem anderen Nachlassgericht verlangen (§ 344 Abs. 2, 2. Halbs. FamFG).[140] 50

§ 2268 Wirkung der Ehenichtigkeit oder -auflösung

(1) Ein gemeinschaftliches Testament ist in den Fällen des § 2077 seinem ganzen Inhalt nach unwirksam.

(2) Wird die Ehe vor dem Tode eines der Ehegatten aufgelöst oder liegen die Voraussetzungen des § 2077 Abs. 1 Satz 2 oder 3 vor, so bleiben die Verfügungen insoweit wirksam, als anzunehmen ist, dass sie auch für diesen Fall getroffen sein würden.

Übersicht

---

138 OLG Schleswig NJW-RR 2013, 583; OLG Zweibrücken FamRZ 2004, 315; BayObLG Rpfleger 1990, 22; OLG Hamm FGPrax 2012, 166; Bumiller/Harders/Schwamb/*Bumiller/Harders* FamFG § 349 Rn. 4; MünchKommFamFG/*Muscheler* § 349 Rn. 2 ff.; zu Gestaltungsüberlegungen *v. Dickhuth-Harrach*, Handbuch der Erbfolge-Gestaltung, § 41 Rn. 75 ff.; *Uricher* Erbrecht (2017) § 7 Rn. 261 f.

139 OLG Zweibrücken FamRZ 2011, 236; Keidel/*Zimmermann* FamFG § 349 Rn. 13; Palandt/*Weidlich* Rn. 8.

140 Zu Mitteilungspflichten s. § 34a BeurkG sowie Palandt/*Weidlich* § 2248 Rn. 4.

I. Allgemeines

1. Die Bedeutung der Ehe und Lebenspartnerschaft für die Testamentserrichtung

1 Der Bestand der Ehe ist bei der Errichtung eines gemeinschaftlichen Testaments Verfügungsgrund für die darin getroffenen Regelungen. Insoweit enthält § 2268 BGB eine **Irrtumsregelung** für den Fall, dass dabei zu Unrecht vom Bestand oder Fortbestand der Ehe ausgegangen wurde (subjektive Bestandsabhängigkeit). In einem solchen Fall wäre zwar i.d.R. auch eine Anfechtung wegen Motivirrtums nach § 2078 Abs. 2 BGB möglich, das Gesetz erspart aber dem Erblasser bzw. dem Nächstberufenen die förmliche Anfechtung und den Nachweis der Kausalität des Irrtums, da beides in solchen Fällen evident ist oder zumindest der allgemeinen Lebenserfahrung entspricht.[1] Zum anderen ist das Bestehen der Ehe überhaupt erst der Grund für die Zulassung des gemeinschaftlichen Testaments mit den damit verbundenen »Privilegien« der Formerleichterung und der Schaffung der Wechselbezüglichkeit der Verfügungen.[2]

§ 2268 BGB gilt für die eingetragene Lebenspartnerschaft bei Aufhebung der Lebenspartnerschaft (§ 15 LPartG) entsprechend (§ 10 Abs. 4 Satz 2 LPartG), ebenso § 2077 Abs. 1 und 3 BGB.[3]

2. Verhältnis zu § 2077 BGB

2 § 2077 BGB bestimmt, dass der Irrtum über den Bestand der Ehe grundsätzlich zur Unwirksamkeit der zugunsten des anderen Ehegatten getroffenen Verfügungen von Todes führt. § 2268 BGB knüpft an die dort genannten **Beseitigungsfälle** an, geht aber hinsichtlich seiner **Rechtsfolge** insoweit darüber hinaus, als er die dort angeordneten Wirkungen auf alle in einem gemeinschaftlichen Testament getroffenen Verfügungen erstreckt, also auch auf solche, mit denen **Dritte bedacht** werden.[4] § 2268 BGB ist aber auch hinsichtlich der **Tatbestandsvoraussetzungen** weiter: seinem Normzweck und seiner Entstehungsgeschichte nach greift er auch dann ein, wenn in dem gemeinschaftlichen Testament **nur Dritte** bedacht wurden, auch wenn dies bei rein wörtlicher Auslegung zweifelhaft sein könnte, da § 2077 BGB voraussetzt, dass wenigstens einem Ehegatten vom anderen etwas zugewendet wird. Vielmehr sind mit der Wendung des § 2268 BGB »den Fällen des § 2077« nur die dort genannten Ehebeseitigungsfälle gemeint.[5] § 2268 Abs. 1 BGB ist gegenüber § 2077 BGB bezüglich des gesamten Inhalts des gemeinschaftlichen Testaments »lex specialis« und gilt nicht etwa nur bezüglich der nicht wechselbezüglichen Verfügungen, während die wechselbezüglichen nach §§ 2077, 2270 Abs. 1 BGB zu beurteilen wären.[6]

---

1 *Kuchinke* DNotZ 1996, 308; vgl. auch OLG Hamm OLGZ 1992, 272, 273.

2 Strukturelle Bestandsabhängigkeit; Prot V 447; dazu Vorbem. zu §§ 2265 ff. Rdn. 1 ff.

3 § 10 Abs. 5 LPartG, s. dazu auch § 2279 BGB Rdn. 13 f.

4 Damrau/Tanck/*Klessinger*, Erbrecht, Rn. 2; MünchKomm/*Musielak* Rn. 1; Staudinger/*Otte* § 2077 Rn. 27; *Wirtz*, Die erbrechtliche Position des Ehegatten im Scheidungsverfahren (2003) S. 95 ff.; übersehen von OLG Hamm OLGZ 1994, 326 = ZEV 1994, 367 m. krit. Anm. *J. Mayer* für die Parallelvorschrift des § 2279 Abs. 2 beim Erbvertrag.

5 BayObLGZ 1993, 240 = FamRZ 1994, 193; BeckOGK/*Braun*, Stand 01.03.2019, Rn. 16; *Muscheler* DNotZ 1994, 733, 734 f.; MünchKomm/*Musielak* Rn. 4; Palandt/*Weidlich* Rn. 1.

6 So richtig *Muscheler* DNotZ 1994, 733, 735 f.; anders offenbar OLG Hamm OLGZ 1992, 272, 278.

3. Rechtsnatur

Bei § 2268 Abs. 1 BGB handelt es sich nicht um eine gesetzliche Auslegungsregel,[7] da es nicht um die Klarstellung einer mehrdeutigen Erklärung geht, sondern um einen **dispositiven Rechtssatz.**[8] Hierfür spricht, dass die Unwirksamkeit der Verfügung von Todes wegen nicht nur auf dem typischerweise anzunehmenden Erblasserwillen beruht (subjektiver Grund für die Bestandsabhängigkeit),[9] sondern auch auf dem »strukturellen« Umstand, dass mit Wegfall der Ehe oder Lebenspartnerschaft auch die Gründe für die Zulassung des gemeinschaftlichen Testaments entfallen.[10] Dadurch wird auch das vom Gesetzgeber intendierte **Regel-/Ausnahmeverhältnis** deutlicher: Die Bestandsabhängigkeit von Ehe und Verfügung von Todes wegen ist die Regel, die Aufrechterhaltung der letztwilligen Verfügung nach § 2268 Abs. 2 BGB über die Ehe hinaus die Ausnahme.[11] 3

II. Aufhebung und Auflösung der Ehe, Scheidungsantrag

1. Aufhebung der Ehe (§§ 1313 ff. BGB), Nichtehe

Bis zum 01.07.1998 konnte eine Ehe durch gerichtliches Urteil für nichtig erklärt (§§ 16 ff. EheG) oder aufgehoben werden (§§ 28 ff. EheG). Durch das Eheschließungsrechtsgesetz vom 04.05.1998[12] wurde das EheG aufgehoben. Es gibt jetzt nur noch die Aufhebung der Ehe nach den §§ 1313 ff. BGB. § 2077 BGB wurde dabei redaktionell neu gefasst (Art. 1 Nr. 14 EheschlRG), nicht aber § 2268 BGB, so dass sich keine sachliche Änderung ergab. Mit der Aufhebung der Ehe durch gerichtliches Urteil wird diese aufgelöst (§ 1313 Satz 2 BGB). Die Verfügungen von Todes wegen bleiben jedoch wirksam, wenn ein entsprechender Aufrechterhaltungswille vorliegt (§ 2268 Abs. 2 BGB). Die nach altem Recht erforderliche Unterscheidung, ob die Ehe für nichtig erklärt wurde (hier galt § 2268 Abs. 2 BGB nicht) oder aufgehoben wurde (hier konnte Abs. 2 eingreifen), entfällt. Die Eheaufhebung nach neuem Recht wirkt zudem ex nunc,[13] so dass sich auch aus § 2265 BGB nichts anderes ergibt. 4

Wenn Personen, die eine sog. **Nichtehe** geschlossen haben, also etwa nicht vor einem Standesbeamten heiraten, ein gemeinschaftliches Testament errichten,[14] ist dieses schon nach § 2265 BGB grundsätzlich nichtig, weil es hier nicht darauf ankommt, ob die Ehe vom Gericht förmlich aufgehoben worden ist.[15] § 2268 BGB ist daher auf die sog. Nichtehe nicht anwendbar.[16] 5

Ist das gemeinschaftliche Testament als solches unwirksam, stellt sich die Frage, ob etwa die Verfügungen des einen oder anderen Ehegatten als einseitiges Testament aufrechterhalten werden können. Dies ist ähnlich wie beim gemeinschaftlichen Testament von Nichtehegatten zu beantworten, so dass man die diesbezüglich entwickelten Grundzüge[17] entsprechend anwenden kann. Daraus 6

7 So aber die wohl h.M., vgl. BGHZ 160, 33 = NJW 2004, 3113, 3114; OLG Frankfurt ErbR 2015, 634; BayObLGZ 1993, 240, 246 = FamRZ 1994, 193; BayObLG NJW-RR 1993, 12; BayObLG NJW 1996, 133; OLG Hamm OLGZ 1992, 272, 274; *Beisenherz,* Die erbrechtlichen Folgen von Scheidung und Ehekrise, S. 167 ff.; Staudinger/*Kanzleiter* (2014) Rn. 1 (nun der hier vertretenen Auffassung folgend in MittBayNot 2016, 43, 46 (Fn. 1) und Staudinger Rn. 1); MünchKomm/*Musielak* Rn. 3; jurisPK/*Reymann* Rn. 3; Palandt/*Weidlich* Rn. 1; zu § 2077 BGH FamRZ 1960, 28, 29.

8 BeckOGK/*Braun,* Stand 01.03.2019, Rn. 6.1; *Foer* AcP 153 (1954), 492, 512; nun auch *Kanzleiter* MittBayNot 2016, 43, 46 (Fn. 1); *Kipp/Coing* § 23 V; *Muscheler* DNotZ 1994, 733, 736; zu § 2077: *v. Lübtow* I 293; unentschieden NK-BGB/*Gierl* Rn. 1.

9 So aber MünchKomm/*Musielak* Rn. 3.

10 *Muscheler* DNotZ 1994, 733, 735 f.

11 *Muscheler* DNotZ 1994, 733, 735 f.

12 BGBl I 833.

13 *Hepting* FamRZ 1998, 713, 727.

14 Vgl. dazu § 1310 mit Heilungsmöglichkeit nach Abs. 3.

15 Palandt/*Brudermüller* Einf. v § 1313 Rn. 4; s. auch § 2265 BGB Rdn. 4.

16 NK-BGB/*Gierl* Rn. 3; MünchKomm/*Musielak* Rn. 5.

17 §§ 2265 BGB Rdn. 7 ff.

ergibt sich, dass eine **Umdeutung** nach § 140 BGB bei einseitigen Verfügungen in Betracht kommt, aber auch bei wechselbezüglichen Verfügungen möglich sein kann,[18] zumal ein Umdeutungsverbot § 2268 Abs. 1 BGB nicht entnommen werden darf.[19] Teilweise wird die Umdeutung nur hinsichtlich der Verfügungen zugelassen, die einen **Dritten begünstigen** und mit der Ehe nichts zu tun haben.[20] Eine solch generelle Einschränkung ist abzulehnen, jedoch ist bei der nach § 140 BGB erforderlichen Prüfung, ob die Umdeutung dem (mutmaßlichen) Willen des Erblassers entspricht, auf diesen Gesichtspunkt besonders Wert zu legen. Es entspricht der Lebenserfahrung, dass bei wechselbezüglichen Verfügungen und Verfügungen, die den anderen Ehegatten begünstigen, ein solcher Aufrechterhaltungswille im Regelfall nicht besteht. Dieser Grundsatz der Lebenserfahrung ist aber im Einzelfall widerlegbar.[21] Zu beachten ist weiter, dass bei der Umdeutung die betroffene Verfügung den Formerfordernissen des Einzeltestaments genügen muss,[22] weshalb eine Umdeutung hinsichtlich des Ehegatten nicht möglich ist, der in einem eigenhändigen Testament aufgrund der Formerleichterung des § 2267 nur eine Beitrittserklärung abgegeben hat.

2. Auflösung der Ehe und Aufhebung der Lebenspartnerschaft

7 Die Scheidung (§ 1564 Satz 2 BGB) oder Aufhebung der Ehe (nach den §§ 1313 ff. BGB) der beiden Testierenden bewirkt in der Regel die Unwirksamkeit des gemeinschaftlichen Testaments (§§ 2268 Abs. 1, 2077 BGB). Der Scheidung der Ehe steht es gleich, wenn ein Ehegatte, nachdem der andere für tot erklärt worden ist, eine neue Ehe eingeht und zumindest einer der Ehegatten der neuen Ehe gutgläubig ist (§ 1319 Abs. 2 BGB). Der Ehescheidung entspricht bei der eingetragenen Lebenspartnerschaft deren Aufhebung durch gerichtliches Urteil (§ 15 LPartG[23]).

3. Aufrechterhaltungswille

8 Aber hier gilt – ebenso wie bei Tod eines Ehegatten während des Scheidungsverfahrens (§ 2077 Abs. 1 Satz 2, 3 BGB) – die Ausnahme des § 2268 Abs. 2 BGB: Die Verfügungen im gemeinschaftlichen Testament bleiben insoweit wirksam, als anzunehmen ist, dass sie auch für den Fall der Scheidung, der Aufhebung der Ehe oder der gleichgestellten Fälle getroffen worden wären, also ein sog. **Aufrechterhaltungswille** vorliegt. Abs. 2 hat eine doppelte Bedeutung:[24] Diese Vorschrift erlaubt ausdrücklich von der (insoweit dispositiven) Vorschrift des Abs. 1 abzuweichen und erklärt sogar die ergänzende Testamentsauslegung für die Ermittlung des Aufrechterhaltungswillens für anwendbar.

a) Voraussetzung

9 Maßgebend für das Vorliegen eines Fortgeltungswillens über den Bestand der Ehe hinaus ist der **tatsächliche** oder, falls ein solcher nicht festgestellt werden kann, der hypothetische **Wille im Zeitpunkt der Testamentserrichtung.**[25] Die Maßgeblichkeit des Errichtungsakts auch für die Berücksichtigung des hypothetischen Erblasserwillens rechtfertigt sich schon aus Gründen der Rechts-

---

18 Vgl. bei § 2265 BGB Rdn. 9 ff. m.w.N.

19 NK-BGB/*Gierl* Rn. 3; *Kanzleiter* DNotZ 1973, 141; Staudinger/*Kanzleiter* Rn. 5; *Lange/Kuchinke* § 24 I 5; a.M. *Grossrau* NJW 1947/48, 365, 366; *Lutter* FamRZ 1969, 273, 274 f.

20 OLG Frankfurt DNotZ 1988, 181, 182.

21 MünchKomm/*Musielak* Rn. 15; s. auch § 2265 Rn. 14; anders wohl Palandt/*Weidlich* Rn. 1, wonach Umdeutung nur bei Verfügungen zugunsten Dritter möglich ist.

22 *Muscheler* DNotZ 1994, 741.

23 Zu den Rechtsfragen der sog. Entpartnerung *Kaiser* FamRZ 2002, 866.

24 *Muscheler* DNotZ 1994, 733, 737.

25 BGH FamRZ 1970, 28; BayObLGZ 1993, 240, 246; OLG Hamm MittBayNot 2016, 43 m. Anm. *Kanzleiter*; OLG Frankfurt ErbR 2015, 634; *Abele/Klinger* FPR 2006, 138, 140; BeckOGK/*Braun*, Stand 01.03.2019, Rn. 29; MünchKomm/*Musielak* Rn. 7; eingehende Übersicht zu dieser Problematik bei Horn/Kroiß/*Horn* Testamentsauslegung § 19 Rn. 15 ff.; vgl. auch OLG München ZEV 2008, 390 m. Anm. *Purrucker* zur Parallelproblematik beim Ehegattenerbvertrag.

sicherheit und weil die förmlich errichtete Verfügung von Todes wegen die Grundlage für die Willensauslegung ist.[26] Ein später geäußerter realer Wille kann demnach nur als ein Anhaltspunkt für den bereits bei der Testamentserrichtung vorhanden gewesenen angesehen werden,[27] wenngleich diesem gewichtige Bedeutung zukommt.[28] Liegen der Verfügung mehrere Überlegungen zugrunde (**Motivbündel**), so muss ausgeschlossen sein, dass die Erwartung über den Fortbestand der Ehe neben den anderen Beweggründen sich zumindest wesentlich mitbestimmend auf die getroffene Verfügung ausgewirkt hat.[29]

Bei der **Feststellung** des Aufrechterhaltungswillens ist zu unterscheiden: Bei einseitigen, **nicht wechselbezüglichen Verfügungen** kommt es für die Frage des Wirksambleibens allein auf den wirklichen oder notfalls hypothetischen Willen des jeweils verfügenden Ehegatten an. Es kann daher die Verfügung des einen Ehegatten wirksam, die des anderen unwirksam werden.[30] Da das gemeinschaftliche Testament, soweit der Fortgeltungswille reicht, wirksam bleibt, ist es – anders als bei der Umdeutung[31] – unerheblich, ob der aufrechterhaltungswillige Ehegatte für seine Verfügung die Formerfordernisse des gemeinschaftlichen Testaments eingehalten oder aber in Ausübung der Formerleichterung des § 2267 Satz 1 BGB die Erklärung des anderen nur mitunterzeichnet hat.[32] 10

Bei **wechselbezüglichen Verfügungen** kommt es nicht nur auf den Willen des Ehegatten an, dessen Verfügung zu beurteilen ist. Vielmehr ist zu prüfen, ob das durch die Willensauslegung des betreffenden Ehegatten gewonnene Ergebnis auch dem Willen des anderen Ehegatten entsprochen hat.[33] Die wechselbezüglichen Verfügungen bleiben demnach wirksam, wenn beide Ehegatten sie auch für den Fall der Eheauflösung aufrechterhalten wollten. Widersprechen sich jedoch die Absichten der Ehegatten, wird grundsätzlich die Verfügung des aufrechterhaltungswilligen Ehegatten nach § 2270 Abs. 1 BGB unwirksam, denn die Ehegatten wollten gerade die Wirksamkeitsabhängigkeit ihrer beiderseitigen Verfügungen.[34] Anders liegt es, wenn der aufrechterhaltungswillige Ehegatte seine Verfügung ohne Rücksicht auf den anderslautenden Willen seines Ehepartners wirksam wissen, also die Wechselbezüglichkeit partiell, d.h. für diese Fallkonstellation, einschränken will,[35] wogegen keine grundsätzlichen Bedenken bestehen.[36] Der Umweg über eine Umdeutung in ein einseitiges Testament ist dann nicht erforderlich.[37] Dies hat in den Fällen des § 2267 BGB große praktische Bedeutung, wenn der aufrechterhaltungswillige Ehegatte die Formerfordernisse des einseitigen Testaments nicht erfüllt. Abgesehen von diesen Sonderfällen der **»partiell einseitigen Wechselbezüglichkeit«**,[38] wird die Wechselbezüglichkeit der Verfügungen als ein Indiz gegen einen Aufrechterhaltungswillen anzusehen sein.[39] Denn es entspricht der Lebenserfahrung, dass Ehegatten den Fortbestand ihrer Verfügungen an das Weiterbestehen der Ehe geknüpft haben. Etwas anderes kann 11

26 *Kuchinke* DNotZ 1996, 307.

27 OLG Frankfurt ErbR 2015, 634; BayObLG NJW 1996, 133, 134 = ZEV 1995, 331; BayObLG FamRZ 1993, 362, 363; BGH FamRZ 1961, 364, 366 zu § 2077.

28 *Kuchinke* DNotZ 1996, 307.

29 OLG Hamm OLGZ 1992, 272, 277.

30 BeckOGK/*Braun*, Stand 01.03.2019, Rn. 27; *Muscheler* DNotZ 1994, 733, 740; Soergel/*M. Wolf* Rn. 3; die Fälle von BayObLGZ 1993, 240, 246; BayObLG NJW 1996, 133 betrafen wechselbezügliche Verfügungen, so dass hieraus nichts Gegenteiliges abgeleitet werden kann.

31 S. § 2267 Rdn. 39.

32 *Kanzleiter* DNotZ 1973, 133, 141 f.; *Muscheler* DNotZ 1994, 733, 740; Soergel/*M. Wolf* Rn. 3.

33 BayObLGZ 1993, 240, 246; BayObLG NJW 1996, 133 je unter Bezug auf die allgemein zur Auslegung ergangene Entscheidung BGH NJW 1993, 256; Palandt/*Weidlich* Rn. 2.

34 BeckOGK/*Braun*, Stand 01.03.2019, Rn. 28.

35 *Muscheler* DNotZ 1994, 733, 741.

36 Zur Möglichkeit der Wirkungsbeschränkung und einseitiger Abhängigkeit s. § 2270 BGB Rdn. 17 ff.

37 Dafür aber MünchKomm/*Musielak* Rn. 7.

38 *Muscheler* DNotZ 1994, 733, 741.

39 OLG Schleswig BeckRS 2012, 23530; OLG Hamm OLGZ 1992, 272, 276; BayObLGZ 1993, 240, 246; OLG Frankfurt Rpfleger 1978, 412; RGRK-BGB/*Johannsen* Rn. 2 (regelmäßig ausgeschlossen); Staudinger/*Kanzleiter* Rn. 10; Palandt/*Weidlich* Rn. 3.

sich aber aus der Person des Bedachten ergeben, insbesondere wenn es sich um gemeinschaftliche Kinder handelt; hier ist ein Fortgeltungswille eher anzunehmen.[40] Dabei können für die Auslegung auch Umstände herangezogen werden, die außerhalb des Testaments liegen.[41]

b) Einzelfälle

12 In der Rechtsprechung scheint sich die Tendenz durchzusetzen, dass von einem **Aufrechterhaltungswillen** dann auszugehen ist, wenn zu dem als Erben bedachten Dritten eine besondere Beziehung besteht, insbesondere wenn eine sofortige (wenigstens teilweise) Erbeinsetzung der **Kinder** angeordnet ist.[42] Das OLG Stuttgart bejahte den Aufrechterhaltungswillen in einem Fall,[43] in dem durch Ehegattenerbvertrag entsprechend der gesetzlichen Erbfolge sogleich beim Tod des Erstversterbenden die gemeinschaftlichen Abkömmlinge zu Erben berufen waren. Dies erscheint insofern problematisch, als die getroffene Erbeinsetzung auch nur als unabhängige, nicht selbständige Verweisung auf die gesetzliche Erbfolge verstanden werden könnte. Im Fall des BayObLG[44] waren im gemeinschaftlichen Testament von jedem Ehegatten für den Fall seines Todes sofort die Kinder zu Erben berufen worden. Obgleich hier eine Wechselbezüglichkeit der Verfügungen bejaht wurde, wurde der Wille der Ehegatten angenommen, dass die getroffenen Verfügungen über das Scheitern der Ehe hinaus Bestand haben sollten, da es die Absicht beider Ehepartner gewesen sei, das gemeinschaftlich erworbene Vermögen allein ihren Kindern zukommen zu lassen. In einer Entscheidung des OLG Brandenburg[45] wurde die besondere Absicherungsabsicht zugunsten der gemeinsamen Kinder, die auch für den Aufrechterhaltungswillen spricht, darin deutlich, dass diese bereits nach dem Tod des erstversterbenden Ehegatten als **Nacherben** eingesetzt wurden, der Vorerbe zudem von keinerlei Beschränkungen befreit war. In einem Fall des BayObLG lag demgegenüber sogar nur eine Schlusserbeneinsetzung einer vorehelichen **Tochter der Ehefrau** vor, deren Fortgeltung aber über die Scheidung hinaus wegen der späteren Wiederverehelichung der Ehegatten im Wege der ergänzenden Auslegung bejaht wurde.[46] Vorsichtiger urteilte das OLG Hamm[47] bei vorrangiger gegenseitiger Erbeinsetzung der Ehegatten im Erbvertrag und Schlusserbeneinsetzung der gemeinsamen Tochter: Hier betonte das OLG, dass der Tochter lediglich eine vom Längerlebenden abhängige Rechtsposition eingeräumt wurde, konnte sich aber doch nicht dazu durchringen, dass diese mit der Scheidung automatisch wegfalle. Vielmehr entfalle mit der Scheidung nur »der Wille zur vertraglichen Bindung«. Demgegenüber konnte dasselbe Gericht im Falle einer Schlusserbeneinsetzung eines Verwandten der erstverstorbenen Ehefrau keinen über die Scheidung hinaus fortdauernden Aufrechterhaltungswillen feststellen.[48] Bereits die **formale Ausgestaltung** der Verfügung von Todes wegen kann auf ihre Bestandsabhängigkeit zur Ehe hindeuten, etwa wenn es heißt, dass der »überlebende Ehegatte« Erbe des Erstversterbenden sein soll.[49] Ein Fortgeltungswille kommt in Betracht, wenn die Verfügung zur Ehe keinen Bezug hat. Bei gegenseitigen Verfügungen und solchen zugunsten **einseitiger Verwandter** wird er eher ausgeschlossen sein.[50] Strenger aber

40 BayObLGZ 1993, 240; BeckOGK/*Braun,* Stand 01.03.2019, Rn. 33 f.; *Dieterle* BWNotZ 1970, 170, 171; *Lange/Kuchinke* § 24 I 6 Fn. 24; MünchKomm/*Musielak* Rn. 7; offen gelassen von LG München ZEV 2008, 537.

41 *Planck/Greiff* Abs. 3; Staudinger/*Kanzleiter* Rn. 10.

42 Horn/Kroiß/*Horn* Testamentsauslegung § 19 Rn. 20; BeckOK/*Litzenburger* Rn. 6; Palandt/*Weidlich* Rn. 3; vgl. auch DNotI-Report 1997, 184; eingehend zu dieser Rspr. *J. Mayer* ZEV 1997, 280 f.

43 OLGZ 1976, 17.

44 BayObLGZ 1993, 240.

45 OLG-Rp Brandenburg 1995, 138.

46 NJW 1996, 133; s. dazu Rdn. 18.

47 ZEV 1994, 367; im Ergebnis ähnlich verneint auch LG München ZEV 2008, 537 die Wechselbezüglichkeit bezüglich der Schlusserbeneinsetzung der Kinder.

48 OLGZ 1992, 272.

49 BayObLG NJW-RR 1997, 7, 9 = FamRZ 1997, 123 zu einem Ehegattenerbvertrag, was aber zu weit geht.

50 Staudinger/*Kanzleiter* Rn. 10.

OLG Zweibrücken:[51] Für einen Aufrechterhaltungswillen bedürfe es des Vorliegens besonderer Umstände. Solche können nach dem OLG Frankfurt jedenfalls dann angenommen werden, wenn sich Ehegatten im Rahmen der Scheidungsverhandlungen auf einen »Vergleich« einigen und darin die Fortgeltung eines Jahre zuvor errichteten gemeinschaftlichen Testaments anordnen, auch wenn diese Vereinbarung ihrerseits nicht den an die Errichtung einer letztwilligen Verfügung gerichteten Formvorschriften genügt.[52]

c) **Rechtsfolgen**

Mit der Feststellung, dass die zunächst wechselbezüglichen Verfügungen nach Abs. 2 auch nach der Eheauflösung wirksam bleiben, ist an sich noch nichts darüber gesagt, ob diese auch danach wechselbezüglich i.S. von §§ 2270, 2271 BGB bleiben[53] oder nur als einseitige, und damit frei widerrufliche weitergelten. In der 4. Aufl. wurde hierzu vertreten, dass das Gesetz diese Frage nicht regelt, denn in § 2268 Abs. 2 BGB ginge es allein um die weitere Wirksamkeit der getroffenen Verfügungen.[54] Im Anschluss an *Muscheler* wurde deshalb dort in Übereinstimmung mit fast allen neueren Stellungnahmen in der Literatur[55] angenommen, dass mit der Eheauflösung zwingend **jede Wechselbezüglichkeit entfällt** und die Verfügungen insbesondere frei widerruflich sind.[56] Denn wenn der Bestand der Ehe der Grund für die Zulassung des gemeinschaftlichen Testaments ist, so ist es zwar aus Gründen der Rechtssicherheit geboten, das damit verbundene Formprivileg für das bereits vorher errichtete gemeinschaftliche Testament auch nach der Ehescheidung fortgelten zu lassen. Für die Weitergeltung des anderen damit eingeräumten Privilegs, das der Wechselbezüglichkeit und der daraus resultierenden Bindung, besteht aber kein zwingender Grund, zumal für eine so weit reichende Bindungswirkung an sich das Rechtsinstitut des Erbvertrags zur Verfügung steht. Gewährt das Gesetz diese besondere Verknüpfungsform nur mit Rücksicht auf die eheliche Lebensgemeinschaft, so können die Ehegatten diese aber auch nicht über deren Zeit hinaus aufrechterhalten. 13

Jedoch ist der **BGH** dem nunmehr ganz entschieden entgegengetreten:[57] **Soweit** wechselbezügliche Verfügungen aufgrund eines entsprechenden Fortgeltungswillens nach § 2268 Abs. 2 BGB **aufrechtzuerhalten** sind, **behalten** sie auch nach Scheidung der Ehe ihre **Wechselbezüglichkeit** und können nicht gem. § 2271 Abs. 1 Satz 2 BGB durch einseitige Verfügung von Todes wegen aufgehoben werden. Der BGH begründet dies damit, dass jede Beschränkung der Wechselbezüglichkeit einer besonderen gesetzlichen Regelung bedurft hätte. An einer solchen würde es aber fehlen. Im Gegenteil lasse sich aus § 2268 Abs. 2 BGB, der die umfassende Fortgeltung sämtlicher Verfügungen des gemeinschaftlichen Testaments bei entsprechendem Willen der Testierenden vorsieht, das Gegenteil entnehmen. Denn dafür, dass trotz des Fortgeltens der Verfügungen die Bindungswirkung nach § 2271 Abs. 1 BGB entfallen soll, ergebe sich weder aus dem Gesetz noch seiner Entstehungsgeschichte ein Anhaltspunkt. Im Gegenteil eröffnet sich dadurch für die Ehegatten die Möglichkeit, über die Dauer der Ehe hinaus mit entsprechender Bindung zu testieren. 14

Die Auffassung des **BGH** ist **überwiegend auf Zustimmung** gestoßen.[58] Sie führt zu dem Grundsatz: **Einmal wechselbezüglich, immer wechselbezüglich**. Im Rahmen der Auslegung des Willens der testierenden Ehegatten, ob sie über die Ehescheidung hinaus den Willen zur Aufrechterhaltung 15

51 NJW-RR 1998, 941, 942; ebenso OLG Frankfurt ErbR 2015, 634.

52 ErbR 2015, 634.

53 Wovon BayObLGZ 1993, 240; BayObLG NJW 1996, 133 stillschweigend ausgehen.

54 So auch *Kuchinke* DNotZ 1996, 310.

55 Staudinger/*Kanzleiter* Rn. 11; *ders.* ZEV 2005, 181; *Lange/Kuchinke* § 24 I 6; *Leipold* Rn. 458 Fn. 5; ebenso KG FamRB 2004, 16 m. Anm. *Rohlfing* als Vorinstanz zu BGHZ 160, 33.

56 *Muscheler* DNotZ 1994, 733, 742 f. unter Hinw. auf die Entstehungsgeschichte; Staudinger/*Kanzleiter* Rn. 11; *Kuchinke* DNotZ 1996, 310 f.

57 BGHZ 160, 33 = NJW 2004, 3113 = ZEV 2004, 423 m. Anm. *Keim*; *Musielak* LMK 2004, 208.

58 *Schlitt* ZEV 2005, 96, 98; *Ivo* ZFE 2004, 292 (mit Hinw. zur praktischen Gestaltung); *Keim* ZEV 2004, 425; *Musielak* LMK 2004, 208; *Rohlfing* FamRB 2004, 363.

ihrer Verfügungen haben, muss sich diese weitreichende Rechtsfolge aber zulasten der Annahme eines Aufrechterhaltungswillens auswirken. Denn häufig wird der wirkliche oder hypothetische Wille der Ehegatten dahin gehen, eine Verfügung nach der Scheidung ihrer Ehe dann überhaupt nicht mehr aufrechtzuerhalten, wenn als Alternative nur die Weitergeltung samt Bindungswirkung in Betracht kommt.[59] Der BGH lässt sich bei seiner Begründung von der Überlegung leiten, dass, wenn § 2268 Abs. 2 BGB von einer Aufrechterhaltung einer Verfügung spreche, damit deren Fortgeltung nicht nur mit dem Inhalt, sondern auch mit ihrem rechtlichen Charakter und ihren Rechtsfolgen gemeint sei, also als wechselbezüglich. Der **Auffassung des BGH kann aber nicht gefolgt werden.**[60] Entgegen seiner eigenen Aussage ergibt sich die Richtigkeit dieser Auffassung nicht aus der **Entstehungsgeschichte** der Vorschrift. Denn bei deren Schaffung ging der Gesetzgeber ursprünglich nicht von wechselbezüglichen Verfügungen aus, sondern bezog diese nur deshalb in § 2268 BGB ein, um zum einen Abgrenzungsschwierigkeiten zwischen einseitigen und wechselbezüglichen Verfügungen zu vermeiden, und zum anderen erstere nicht generell der Unwirksamkeit auszusetzen. Denn entsprechend der Regelung des preußischen ALR (§ 489 II Buch, 1. Titel) ging man zwar im Grundsatz davon aus, dass wechselseitige Testamente mit der Eheauflösung ihre Gültigkeit verlieren, kam aber dann zu der Erkenntnis, dass es auch wechselbezügliche Verfügungen geben kann, die in keinerlei Zusammenhang mit der Ehe des Erblassers stehen und daher nach dem Willen der Ehegatten auch über die Auflösung in der Ehe hinaus weitergelten sollen.[61]

16 Auch der **Wortlaut** des Gesetzes spricht eher gegen die Auffassung des BGH: Die eigentliche Bindungswirkung wechselbezüglicher Verfügungen ergibt sich aus § 2271 BGB. Wenn es dort in Abs. 2 Satz 1 heißt, dass das Recht zum Widerruf mit dem Tode »des anderen Ehegatten« erlischt, so kann man hierunter bei ganz wörtlicher Betrachtung auch nur solche Ehegatten verstehen, die im Zeitpunkt des Todes noch miteinander verheiratet sind.[62] Auch die **systematische Interpretation** spricht gegen den BGH: Mit der Wechselbezüglichkeit und der daraus resultierenden Bindung befassen sich erst die §§ 2270, 2271 BGB als in sich abschließende Regelung.[63] Entscheidend ist aber die Rückbesinnung darauf, weshalb wechselbezügliche Verfügungen mit einer Bindungswirkung ausgestattet werden. **Bindungsgrund** ist bei den wechselbezüglichen Verfügungen die gegenseitige innere Abhängigkeit der von beiden Ehegatten getroffenen Verfügungen aus einem Zusammenhang des Motivs heraus.[64] Dieses Motiv besteht in der gemeinschaftlichen Planung und Ordnung des beiderseitigen Vermögens über den Tod hinaus. Die wechselbezüglichen Verfügungen werden von dem gemeinschaftlichen Willen beider Ehegatten getragen, die Rechtslage über ihren Tod hinaus aufeinander abzustimmen und entsprechend zu regeln. Diese Willensverbundenheit resultiert aus der ehelichen Lebens- und Interessengemeinschaft. Nur diese rechtfertigt letztlich die weitreichende Bindung, die nach überwiegender Ansicht nicht einmal auf einem rechtsgeschäftlichen Willen beruht.[65] Hieraus ergibt sich die Notwendigkeit, jeden Ehegatten in seinem **Vertrauen** darauf zu schützen, dass die gemeinschaftlich getroffene Nachlassplanung weder heimlich von einem Ehegatten zu beider Lebzeiten abgeändert werden kann noch vom Überlebenden nach Eintritt des ersten Erbfalls, wenn er das ihm vom Erstversterbenden Zugewandte angenommen hat.[66] Mit dem Scheitern der Ehe entfällt jedoch die Rechtfertigung für diesen umfassenden Vertrauensschutz und die daraus resultierende Bindungswirkung.[67] Die *»apriorische Willensübereinstimmung«*, die der Errichtung des gemeinschaftlichen Testaments zugrunde lag,[68] besteht nicht mehr. Weder

59 Zutreffend *Kanzleiter* ZEV 2005, 181, 182.
60 Ausführlich zur Kritik hieran *Kanzleiter* ZEV 2005, 181.
61 Vgl. hierzu Prot V 446 ff.; *Kanzleiter* ZEV 2005, 181, 182; *Muscheler* DNotZ 1994, 733, 738 f.
62 Darauf weist bereits *Keim* ZEV 2004, 425 hin; ebenso *Kanzleiter* ZEV 2005, 181, 182; zurückhaltend zu diesem Argument BeckOGK/*Braun*, Stand 01.03.2019, Rn. 44.
63 *Kanzleiter* ZEV 2005, 181, 182; jurisPK/*Reymann* Rn. 16.
64 NK-BGB/*Müßig* § 2270 Rn. 6 f.; s. § 2270 BGB Rdn. 5 f.
65 Dazu oben Vorbem. zu §§ 2265 ff. Rdn. 20 f.
66 *Buchholz* Rpfleger 1990, 45, 49; NK-BGB/*Müßig* Rn. 6; unten § 2270 BGB Rdn. 5 m.w.N.
67 *Kanzleiter* ZEV 2005, 181, 183.
68 *Pfeiffer* FamRZ 1993, 1266, 1267 f.

Aspekte des Äquivalenzprinzips noch des Solidaritätsprinzips[69] bilden noch eine Rechtfertigung für die Fortdauer des Vertrauensschutzes und der sich hieraus ergebenden Bindungswirkung. Die §§ 2270, 2271 BGB stellen sich daher bei richtiger Betrachtung als spezialgesetzlich geregelte Fälle der allgemeinen Lehre zur subjektiven Geschäftsgrundlage dar.[70] Diese **teleologische Betrachtung** zeigt, dass mit der Eheauflösung auch der Grund für die Wechselbezüglichkeit entfällt. Nur diese Auffassung vermeidet auch **Wertungswidersprüche**, die sich aus einem Vergleich mit dem Erbvertragsrecht mit der dort wesentlich stärkeren Bindungswirkung ergeben. Denn beim Erbvertrag überwiegt die Auffassung, dass Verfügungen, die trotz der Eheauflösung noch Bestand haben, dann nicht mehr vertragsmäßig bindende sind, sondern einseitige, jederzeit frei widerrufliche.[71] Letztlich hat der BGH auch seine Auffassung nicht in den praktischen Konsequenzen **zu Ende gedacht**. Denn es ist sicherlich i.d.R. davon auszugehen, dass mit der Scheidung die gegenseitige Erbeinsetzung der Ehegatten unwirksam wird (§§ 2268 Abs. 1, 2077 Abs. 1 BGB). Dies führt aber nach § 2270 Abs. 1 BGB im Zweifelsfall auch dazu, dass die damit korrespondierenden anderen Verfügungen unwirksam werden, also gerade die Erbeinsetzung der Kinder.[72]

Aber auch wenn man dem BGH im Ansatz folgt, geht es auf **zu weit**, dass die nach § 2268 Abs. 2 BGB aufrechtzuerhaltenden wechselbezüglichen Verfügungen unabhängig von einem etwa abweichenden wirklichen oder hypothetischen Willen des Erblassers **immer** und zwingend **wechselbezüglich** sind.[73] Allerdings machte der BGH weder in seinem Leitsatz noch in den Gründen der Entscheidung eine dahin gehende Andeutung, dass auch ein (ausdrücklicher oder hypothetischer) abweichender Wille der Testierenden zu berücksichtigen ist, die fortbestehende Verfügung im Falle der Auflösung der Ehe **nur noch als einseitige** anzusehen. Aber wenn die im Rahmen von § 2268 BGB vorzunehmende Auslegung schon zur Nichtigkeit der gesamten Verfügung führen kann, muss erst recht auch eine solche **Beschränkung der Wechselbezüglichkeit** berücksichtigt werden können.[74] Nach der allgemeinen Lebenserfahrung ist sogar zu **vermuten**, dass zunächst wechselbezügliche Verfügungen, die ausnahmsweise über die Scheidung hinaus wirksam bleiben, ab dann wenigstens ihre **Wechselbezüglichkeit verlieren** und als einseitige von jedem Ehegatten nunmehr auch allein wieder geändert werden können. 17

d) Wiederverheiratung

Ein gemeinschaftliches Testament, das durch die rechtskräftige Scheidung der Ehe unwirksam geworden ist, lebt nicht automatisch wieder auf, wenn die Erblasser einander erneut heiraten.[75] 18

69 Dazu *Battes*, Gemeinschaftliches Testament und Ehegattenerbvertrag, S. 25, 220; ausführlich dazu oben Vorbem. zu §§ 2265 ff. Rdn. 7 f.

70 *Pfeiffer* FamRZ 1993, 1266, 1268 ff.

71 Vgl. etwa OLG Hamm OLGZ 1994, 326 = ZEV 1994, 367 m. Anm. *J. Mayer* (diese Entscheidung wird vom BGH sogar in anderem Zusammenhang zustimmend zitiert); BayObLG ZEV 2001, 190, 193 = FamRZ 2001, 941; s. dazu unten § 2279 BGB Rdn. 20.

72 Vgl. dazu *Kanzleiter* ZEV 2005, 181, 184, der allerdings nur annimmt, dass es nach dem Wegfall der gegenseitigen Erbeinsetzungen keine Anordnungen mehr gebe, zu der die Einsetzung der Kinder wechselbezüglich sein könnte.

73 So auch *Beisenherz*, Die erbrechtlichen Folgen von Scheidung und Ehekrise, S. 172 f.; BeckOGK/*Braun*, Stand 01.03.2019, Rn. 44; Palandt/*Weidlich* Rn. 4.

74 Dem zuneigend OLG Frankfurt ErbR 2015, 634; *Beisenherz*, Die erbrechtlichen Folgen von Scheidung und Ehekrise, S. 173; BeckOGK/*Braun*, Stand 01.03.2019, Rn. 45 ff.; NK-BGB/*Gierl* Rn. 10a; *Kanzleiter* ZEV 2005, 181, 182; *Keim* ZEV 2004, 425; jurisPK/*Reymann* Rn. 17; Palandt/*Weidlich* Rn. 4.

75 OLG Düsseldorf ZErb 2017, 172 = BeckRS 2017, 108468; BayObLG NJW 1996, 133 = ZEV 1995, 331 = DNotZ 1996, 302 m. krit. Anm. *Kuchinke*; KG FamRZ 1968, 217, 218; OLG Hamm ZEV 2011, 265, dazu *Funk* jurisPR-FamR 10/2011 Anm. 2; BeckOGK/*Braun*, Stand 01.03.2019, Rn. 38; NK-BGB/*Gierl* Rn. 12; RGRK-BGB/*Johannsen* Rn. 2; Staudinger/*Kanzleiter* Rn. 7; Damrau/Tanck/*Klessinger*, Erbrecht, Rn. 4; BeckOK/*Litzenburger* Rn. 10; MünchKomm/*Musielak* Rn. 13; jurisPK/*Reymann* Rn. 26; Palandt/*Weidlich* Rn. 5; Soergel/*M. Wolf* Rn. 5; a.M. *Froer* AcP 153 (1954), 492, 510; Jauernig/*Stürner* Rn. 1; *Keuk*, Der Erblasserwille post testamentum und die Auslegung des Testaments, S. 53 f.

Denn auch bereits vor dem Eintritt des ersten Erbfalls entfaltet es durch die Beschränkung der Testierfreiheit Wirkungen (§ 2271 Abs. 1 Satz 2 BGB) und durch die Wiederheirat wird nicht die alte Ehe wieder hergestellt, sondern eine neue geschlossen. Die Fortgeltung der letztwilligen Verfügungen über die Scheidung hinaus kann jedoch im Einzelfall dem durch Auslegung zu ermittelnden wirklichen oder hypothetischen Willen der Ehegatten im Zeitpunkt der Testamentserrichtung entsprochen haben.[76] Neben der individuellen Auslegung ergibt sich dies schon aus folgender Überlegung: Die Kriterien, die für die grundsätzliche Bestandsabhängigkeit des gemeinschaftlichen Testaments von der Ehe sprechen,[77] gebieten im Falle der Wiederverheiratung die Fortgeltung des gemeinschaftlichen Testaments. Beim Tod des ersten Ehegatten besteht eine Ehe, so dass die strukturellen Voraussetzungen für das gemeinschaftliche Testament erfüllt sind; auch liegt deswegen kein Irrtum i.S. einer irrigen Annahme des Fortbestehens der Ehe vor. Die Beteiligten werden ihre erste und zweite Ehe immer als »ihre Ehe« ganzheitlich betrachten. *Kuchinke*[78] kritisiert an der Entscheidung des BayObLG[79], dass bei der Prüfung des Fortgeltungswillens nach dem mutmaßlichen Willen der Ehegatten nicht nur auf den Umstand der Wiederverheiratung hätte abgestellt werden dürfen. Auch *andere Ereignisse* im zeitlichen Ablauf der Erblasserentscheidung hätten diesen beeinflussen können und wären damit zu berücksichtigen gewesen, insbesondere das später eingetretene Zerwürfnis mit den Schlusserben. Dies sind allerdings keine Fragen des § 2268 BGB, der nur die Irrtumsproblematik betrifft, dass die Beteiligten bei Testamentserrichtung vom Fortbestand der Ehe ausgingen. Die von *Kuchinke* angesprochenen anderen Umstände sind solche, die über eine Anfechtung nach § 2078 Abs. 2 BGB zur Geltung gebracht werden müssen.

III. Tod eines Ehegatten während des Ehescheidungs- oder Aufhebungsverfahrens

19 Durch die Verweisung des § 2268 Abs. 1 BGB auf § 2077 Abs. 1 Satz 2 und 3 BGB tritt die Unwirksamkeit des gemeinschaftlichen Testaments im Zweifelsfall auch ein, wenn im Erbfall die Voraussetzungen für die **Scheidung** oder **Aufhebung** der Ehe gegeben wären[80] und der **Erblasser**

- die Scheidung beantragt hatte oder
- ihr zumindest zustimmte.

Daran ändert sich auch nichts, wenn die Ehegatten während des Scheidungsverfahrens eine Versöhnung versuchen oder ein Mediationsverfahren durchführen, wenn der Erblasser wenigstens im Verfahren der Scheidung zugestimmt hatte.[81]

Die Unwirksamkeit des Testaments tritt nach dem Gesetzeswortlaut jedoch nicht ein, wenn der **andere Ehegatte**, gegen den der Aufhebungs- oder Scheidungsantrag gestellt ist, der Eheaufhebung- oder Ehescheidung nicht zugestimmt hat und dieser zuerst verstirbt. Für diesen Fall sind die §§ 2077, 2268 Abs. 1 BGB nicht anwendbar.[82] Das Gesetz enthält hier eine Regelungslücke, die nicht nur »schwer verständlich« ist,[83] sondern auch eine **Ungleichbehandlung** darstellt:[84] Die den überlebenden Ehegatten begünstigende Zuwendung wird nicht unwirksam, so dass der Scheidungsantragssteller etwas erhält, obgleich er u.U. gegen den erklärten Willen des Verstorbenen

---

76 OLG Düsseldorf ZErb 2017, 172 = BeckRS 2017, 108468; BayObLG NJW 1996, 133 = ZEV 1995, 331 = DNotZ 1996, 302 m. krit. Anm. *Kuchinke*; OLG Hamm ZEV 2011, 265; NK-BGB/*Gierl* Rn. 12; Palandt/*Weidlich* Rn. 5.

77 Rdn. 1.

78 DNotZ 1996, 306, 308.

79 BayObLG NJW 1996, 133 = ZEV 1995, 331 = DNotZ 1996, 302.

80 Dazu etwa Palandt/*Weidlich* § 1933 Rn. 6.

81 OLG Oldenburg NZFam 2019, 95 m. Anm. *Hachenberg*.

82 BayObLG FamRZ 1990, 322; *Lange/Kuchinke* § 24 I 6; Staudinger/*Kanzleiter* Rn. 8; Palandt/*Weidlich* Rn. 5.

83 *Bengel* ZEV 1994, 360; dies wird allgemein kritisiert, vgl. etwa NK-BGB/*Gierl* Rn. 6; Damrau/Tanck/*Klessinger*, Erbrecht, Rn. 5.

84 BeckOGK/*Braun*, Stand 01.03.2019, Rn. 22; Damrau/Tanck/*Klessinger*, Erbrecht, Rn. 7; *Beisenherz*, Die erbrechtlichen Folgen von Scheidung und Ehekrise, S. 226 ff. hält die Norm daher für verfassungswidrig.

die Eheaufhebung oder Scheidung betreiben wollte. Daher mehren sich die Stimmen für eine **analoge Anwendung** des **§ 2077 BGB**, da die Eheauflösung nur durch den von niemand zu beeinflussenden plötzlichen Tod verhindert wurde.[85] Jedoch ist eine Analogie abzulehnen, da es an einer planwidrigen Regelungslücke fehlt.[86] Dies ergibt sich zum einen daraus, dass der Gesetzgeber trotz Kenntnis dieser Problematik § 2268 BGB mehrmals unverändert ließ.[87] Zum anderen lässt sich argumentieren, dass das Gesetz vom Erblasser aus Gründen der Rechtssicherheit eine förmliche Manifestation seines Aufhebungswillens fordert, um die Wirkungen des § 2268 Abs. 1 BGB eintreten zu lassen. Und eine solche ist nur in der Stellung des Scheidungsantrags oder der entsprechenden förmlichen Zustimmung zu sehen.[88] Schließlich bedarf es auch nicht der entsprechenden Anwendung, um zu sachgerechten Ergebnissen zu kommen. Denn auch die Auslegung oder Anfechtung (§ 2078 BGB) kann zur ganzen oder teilweisen Unwirksamkeit des gesamten gemeinschaftlichen Testaments in solchen Fällen führen.[89] In der Regel wird hier § 2078 Abs. 2 BGB einschlägig sein.[90] Die Anfechtung nach § 2078 BGB kann bereits begründet sein, wenn die Ehegatten in zerrütteter Ehe getrennt leben, jedoch der Scheidungsantrag noch nicht gestellt worden ist.[91] Allerdings ist zu beachten, dass die Anfechtung form- und fristgebunden und zudem die Darlegungs- und Beweislastverteilung insofern anders ist, als sie beim Anfechtenden liegt, während sie bei § 2077 BGB denjenigen trifft, der sich auf die Wirksamkeit des gemeinschaftlichen Testaments beruft.[92]

IV. Prozessuales, Feststellungslast

Die Frage, ob die Voraussetzungen für die Unwirksamkeit des gemeinschaftlichen Testaments erfüllt sind, ist als Vorfrage in einem Rechtsstreit über das Erbrecht vom Prozessgericht oder vom Nachlassgericht im Erbscheinsverfahren zu entscheiden.[93] Auch eine Klage auf Feststellung der Wirksamkeit oder Unwirksamkeit des gemeinschaftlichen Testaments ist zulässig.[94] Kann vom Richter nicht festgestellt werden, welchen (tatsächlichen oder mutmaßlichen) Willen der (oder die) Erblasser bei der Testamentserrichtung gehabt haben, dann ist nach dem in § 2268 BGB vorgegebenen Regel-/Ausnahmeverhältnis die Unwirksamkeit der letztwilligen Verfügung anzunehmen;[95] die *materielle Feststellungslast* trägt somit die Partei, die sich auf die Gültigkeit des Testaments und damit auf den Aufrechterhaltungswillen beruft.[96] 20

85 MünchKomm/*Musielak* Rn. 12 (mit ausf. Begr.); Staudinger/*Otte* § 2077 Rn. 15; Erman/*M. Schmidt* Rn. 4; verfassungsrechtliche Bedenken bei *Zopfs* ZEV 1995, 309; für den einseitigen Erbrechtsausschluss offen gelassen von BVerfG ZEV 1995, 183.

86 BeckOGK/*Braun,* Stand 01.03.2019, Rn. 22 f.; NK-BGB/*Gierl* Rn. 6; BeckOK/*Litzenburger* Rn. 4; Staudinger/*Kanzleiter* Rn. 8; jurisPK/*Reymann* Rn. 8.

87 Staudinger/*Kanzleiter* Rn. 8; Erman/*Kappler/Kappler* Rn. 2; dagegen wegen der zunehmend schlechter werdenden Qualität der Gesetze Damrau/Tanck/*Klessinger*, Erbrecht, Rn. 7.

88 BeckOGK/*Braun,* Stand 01.03.2019, Rn. 22.2; BeckOK/*Litzenburger* Rn. 4.

89 NK-BGB/*Gierl* Rn. 6; BeckOK/*Litzenburger* Rn. 4; *Muscheler* DNotZ 1994, 735 Fn. 4; Palandt/*Weidlich* Rn. 5.

90 Irrige Erwartung des Fortbestandes der Ehe; Zuwendung unter der Voraussetzung, dass die Ehe nicht zerrüttet wird; vgl. Rdn. 1 und *Battes* FamRZ 1977, 433; *ders.* JZ 1978, 733.

91 Damrau/Tanck/*Klessinger*, Erbrecht, Rn. 8.

92 Zutr. Hinw. von Damrau/Tanck/*Klessinger*, Erbrecht, Rn. 9.

93 BayObLG JFG 6, 169; MünchKomm/*Musielak* Rn. 15; Staudinger/*Kanzleiter* Rn. 9.

94 BGH NJW 1962, 1913; MünchKomm/*Musielak* Rn. 15.

95 OLG Schleswig BeckRS 2012, 23530; Damrau/Tanck/*Klessinger*, Erbrecht Rn. 25.

96 OLG Schleswig BeckRS 2012, 23530; OLG Hamm OLGZ 1992, 272, 278 m.w.N.; BeckOGK/*Braun,* Stand 01.03.2019, Rn. 53; RGRK-BGB/*Johannsen* Rn. 3; Damrau/Tanck/*Klessinger*, Erbrecht, Rn. 25; MünchKomm/*Musielak* Rn. 8.

V. Gestaltungshinweise

21 § 2268 Abs. 1 BGB ist nur ein dispositiver Rechtssatz bzw. nach h.M. eine Auslegungsregel,[97] die nur zur Anwendung kommt, wenn kein anderer (wirklicher oder wenigstens mutmaßlicher) Erblasserwille festgestellt werden kann. Infolge des Vorrangs der individuellen Auslegung darf bei der Abfassung eines gemeinschaftlichen Testaments nicht darauf vertraut werden, dass die Unwirksamkeitsfolge des §§ 2268, 2077 Abs. 1 BGB bei jeder vorzeitigen Eheauflösung tatsächlich auch eingreift; die Tendenz der Rechtsprechung geht zumindest für Verfügungen von Todes wegen, die eine sofortige Erbeinsetzung der gemeinschaftlichen Kinder enthalten, in eine andere Richtung.[98] Daraus ergibt sich Regelungsbedarf: Die Bestandsabhängigkeit oder Unabhängigkeit der getroffenen Verfügungen von Todes wegen sollte vorsorglich ausdrücklich geregelt werden.[99] Dies ist keine leichte Aufgabe, da sich vorausschauend der mutmaßliche Wille der Ehegatten, wie sie im Scheidungsfall den Fortbestand ihrer Verfügungen wollen, kaum vorhersehen lässt.[100] Aus Gründen der Rechtssicherheit wird man aber tendenziell die Empfehlung geben können, »in dubio« für den Scheidungsfall die Unwirksamkeit anzuordnen.[101] Wer sich aber für den Fortbestand über die nicht todesbedingte Eheauflösung hinaus entscheidet, sollte hinsichtlich der Rechtsfolgen vorsorglich regeln, dass die Verfügungen dann nur noch als einseitige, nicht bindende fortbestehen, da i.d.R. nur dies dem Willen der Beteiligten entspricht.[102]

§ 2269 Gegenseitige Erbeinsetzung

(1) Haben die Ehegatten in einem gemeinschaftlichen Testament, durch das sie sich gegenseitig als Erben einsetzen, bestimmt, dass nach dem Tode des Überlebenden der beiderseitige Nachlass an einen Dritten fallen soll, so ist im Zweifel anzunehmen, dass der Dritte für den gesamten Nachlass als Erbe des zuletzt versterbenden Ehegatten eingesetzt ist.

(2) Haben die Ehegatten in einem solchen Testament ein Vermächtnis angeordnet, das nach dem Tode des Überlebenden erfüllt werden soll, so ist im Zweifel anzunehmen, dass das Vermächtnis dem Bedachten erst mit dem Tode des Überlebenden anfallen soll.

Übersicht

97 S. Rdn. 3.

98 S. Rdn. 12.

99 *Basty* MittBayNot 2000, 73, 79; *Ivo* ZFE 2004, 292; Damrau/Tanck/*Klessinger*, Erbrecht, Rn. 10 f; *Lehmann* NotBZ 2004, 480; jurisPK/*Reymann* Rn. 4.

100 *Klumpp* ZEV 1995, 150.

101 Zu Formulierungsvorschlägen und Fallgruppenbildung *J. Mayer* ZEV 1997, 280; vgl. auch *Frenz* ZNotP 2000, 104 f.; Nieder/Kössinger/*R. Kössinger*, Handbuch der Testamentsgestaltung, § 14 Rn. 105 ff.; Horn/Kroiß/*Horn* Testamentsauslegung § 19 Rn. 12 ff.; oben Syst. A Rdn. 586 f.

102 Rdn. 13.

I. Allgemeines

§ 2269 BGB behandelt das nach gängigem Sprachgebrauch sog. »**Berliner Testament**«. Die Herkunft des Ausdrucks ist nicht sicher feststellbar. Er hatte sich schon in der Zeit vor 1900 in den Gebieten des gemeinen Rechts und des preußischen Rechts eingebürgert. Allerdings wurden solche Testamente gerade nach preußischem Recht anders ausgelegt, als nach der Regel des § 2269 BGB, nämlich im Sinne der **Trennungstheorie**,[1] also als Vorerbeneinsetzung des überlebenden Ehegatten und Berufung eines Dritten zum Nacherben.[2] Demgegenüber geht die **Einheitslösung**[3] wohl auf die gemeinrechtliche Lösung zurück, dass der überlebende Ehegatte zwar als Fiduziar Alleinerbe wird, auf Grund Universalfideikommiss aber sowohl die Erbschaft als auch sein eigenes Vermögen 1

1 Dazu Rdn. 59 ff.

2 *Buchholz* FamRZ 1985, 873; Staudinger/*Kanzleiter* Rn. 3; *Kipp/Coing* § 79 V Fn. 27; *Lange/Kuchinke* § 24 IV 1 Fn. 91.

3 S. Rdn. 47 ff.

bei seinem Tod einem Dritten (Fideikommissar) zufällt.[4] Daher sollte die Bezeichnung »Berliner Testament« als Überbegriff sowohl für Verfügungen von Todes wegen nach der Einheits- wie nach der Trennungslösung verwendet werden.[5]

II. Sinn und Bedeutung der Vorschrift

1. Gestaltungsmöglichkeiten

2 Im Rahmen eines gemeinschaftlichen Testaments verfolgen die Ehegatten regelmäßig zwei Ziele:[6] Zum einen soll der Überlebende von ihnen ausreichend abgesichert und insbesondere seine Versorgung geregelt werden. Dem Überlebenden soll außerdem erspart bleiben, mit den Kindern oder Dritten eine Erbengemeinschaft zu bilden. Zum anderen wollen sie eine Regelung treffen, wie nach ihrer beider Tod das gemeinsame Vermögen weitervererbt wird. Hierfür bieten sich drei grundsätzliche erbrechtliche Gestaltungen an:[7]

- Es kann angeordnet werden, dass der Längerlebende nur Vorerbe, Nacherben aber dritte Personen, i.d.R. die Kinder sind; es handelt sich dabei um die sog. **Trennungslösung** (s. Rdn. 3, 59 ff.), die vielfach als Ausnahmefall angesehen wird,[8]
- Die Ehegatten setzen sich gegenseitig zu Vollerben und einen Dritten, i.d.R. die (einseitigen oder gemeinschaftlichen) Kinder als Schlusserben nach beider Tod ein (sog. **Einheitslösung**, vgl. Rdn. 4, 47 ff.). Sieht man in der Versorgung des überlebenden Ehegatten das Primärziel, so ist dies der »Standardtyp«,[9]
- Ein Dritter wird zum Vollerben eingesetzt und dem Längerlebenden ein Nießbrauch zugewendet (sog. **Nießbrauchsvermächtnislösung** oder **Württemberger Modell**, s. Rdn. 45 ff.). Dies kommt in der Praxis selten vor.[10]

§ 2269 BGB beschäftigt sich mit den beiden ersten Gestaltungsvarianten. Bei einer Regelung mit einer gegenseitigen Erbeinsetzung und der Zuwendung des beiderseitigen Nachlasses an einen Dritten beim zweiten Erbfall kann das Testament grundsätzlich nach der Trennungs- oder der Einheitslösung ausgelegt werden:

a) Trennungslösung

3 Das Testament lässt sich dahin auslegen, dass jeder Ehegatte in erster Linie den anderen zu seinem Erben und einen Dritten zu seinem Nacherben, für den Fall aber, dass der andere Ehegatte zuerst sterben sollte, den Dritten zum Ersatzerben beruft (vgl. §§ 2096, 2102 Abs. 1 BGB).[11] Dann erhält der Dritte den beiderseitigen Nachlass aus **verschiedenen Berufungsgründen**: **(1)** Den Nachlass des erstversterbenden Ehegatten als dessen Nacherbe, **(2)** den des überlebenden als dessen »Vollerbe«, wenn auch eigentlich als Ersatzerbe für den erstverstorbenen Ehegatten. Man bezeichnet diese Lösung als Trennungslösung. Wegen der verschiedenen Berufungsgründe ist auch eine getrennte Ausschlagung möglich, wobei die Nacherbschaft bereits nach dem Tod des Erstversterbenden ausgeschlagen werden kann.[12] Demgegenüber kann der Schlusserbe erst nach dem zweiten Erbfall

---

4 Eingehend zur Entstehungsgeschichte *Sticherling*, Schenkungen in fraudem testamenti, S. 111 ff.; *ders.* JuS 2002, 1248; dazu auch *Röthel* Gutachten 68. DJT (2010) A 1, S. 74 f.

5 Ebenso Palandt/*Weidlich* Rn. 1.

6 Dazu etwa NK-BGB/*Gierl* Rn. 1; Staudinger/*Kanzleiter* Rn. 1.

7 Vgl. etwa NK-BGB/*Gierl* Rn. 2; Damrau/Tanck/*Klessinger*, Erbrecht, Rn. 6 ff.; jurisPK/*Reymann* Rn. 3 ff.

8 *Langenfeld/Fröhler*, Testamentsgestaltung, 5. Kapitel Rn. 69: Trennungslösung bedarf der »Rechtfertigung«, mit Darstellung, wann diese Gestaltung angezeigt ist; Gestaltungshinweise etwa bei BeckOF-Vertrag/*Egerland*, Muster 5.1.2.

9 Gestaltungshinweise bei BeckOF-Vertrag/*Egerland*, Muster 5.1.1.

10 Gestaltungshinweise mit Muster bei BeckOF-Vertrag/*Sammet*, Muster 5.1.4.3.

11 Zum Folgenden etwa *Muscheler* I Rn. 2085 ff.

12 OLG Jena FamRZ 1994, 1208; MünchKomm/*Grunsky* § 2142 Rn. 1.

ausschlagen.[13] Hinsichtlich des Nachlasses des Längerlebenden wird mitunter eine ausdrückliche Erbeinsetzung vergessen. Jedoch zeigt sich die Rspr. hier großzügig.[14]

b) Einheitslösung

Man kann aber ein solches Testament auch so auffassen, dass jeder Ehegatte den anderen zu seinem Erben und für den Fall, dass dieser vor ihm sterben sollte, einen Dritten zum Ersatzerben ernennt. Der Dritte erlangt den beiderseitigen Nachlass dann aus **einem Berufungsgrund**, nämlich als Erbe (Vollerbe) des überlebenden Ehegatten (»Einheitslösung«). Von dieser Auffassung ist das RG in Fällen des gemeinen Rechts zuletzt ausgegangen.[15] 4

2. Auslegungsregel

§ 2269 BGB enthält eine **Auslegungsregel**, nach der im Zweifel von den Testierenden die Einheitslösung gewählt wurde. Die Vorschrift enthält keine gesetzliche Vermutung, dass von einem bestimmten Willen ohne jeden Beweis auszugehen ist.[16] Der Gesetzgeber hat vielmehr erwogen, dass Ehegatten, die ein *»Berliner Testament«* errichten, vermutlich ihr Vermögen als eine Einheit ansehen und daher regelmäßig sowohl eine verschiedenartige Rechtslage der beiden Vermögen während der Lebensdauer des überlebenden Ehegatten als auch die Möglichkeit einer Trennung der beiden Vermögensmassen bei seinem Tode ausschließen wollen.[17] Ferner befürchtete der Gesetzgeber, dass bei der Trennungslösung die Interessen der Gläubiger unbillig beeinträchtigt würden.[18] 5

3. Bedeutung der Auslegungsregel

Die Auslegungsregel des § 2269 BGB entbindet wegen des **Vorrangs der individuellen Auslegung** den Richter nicht von der Pflicht, zunächst den Sinn des gemeinschaftlichen Testaments und den wirklichen Willen der Ehegatten nach den allgemeinen Auslegungsgrundsätzen (§§ 133, 2084 BGB) zu erforschen, nötigenfalls – wenn auch unter Berücksichtigung der Grundsätze der Andeutungstheorie – unter Heranziehung von Umständen, die außerhalb des Testaments liegen.[19] Nur wenn sich aus dem Testament unter Berücksichtigung aller Umstände und nach Ausschöpfung aller Beweismittel kein entgegenstehender Wille des Erblassers ergibt oder wenn der Erblasserwille offen und unbestimmt bleibt, ist § 2269 BGB anzuwenden.[20] Zum Verhältnis zwischen gesetzlicher Auslegungsregel und individueller Auslegung im **Grundbucheintragungsverfahren** s. § 2270 BGB Rdn. 85. Dem durch die konkrete und individuelle Auslegung gefundenen Auslegungsergebnis steht daher nicht entgegen, dass in dem gemeinschaftlichen Testament der überlebende Ehegatte als Vorerbe bezeichnet wird.[21] 6

§ 2269 BGB bürdet jedoch der Partei, die eine von der gesetzlichen Regel abweichende Auslegung des gemeinschaftlichen Testaments vertritt, die **Beweisführungslast** (subjektive Beweislast) für die 7

13 BGH ZEV 1998, 22.
14 S. Rdn. 41.
15 RGZ 27, 150; 38, 217.
16 BGH WM 1973, 1973, 41; BayObLG NJW-RR 1992, 200, 201; NK-BGB/*Gierl* Rn. 3; Staudinger/*Kanzleiter* Rn. 5; Damrau/Tanck/*Klessinger*, Erbrecht, Rn. 1; *Muscheler* I Rn. 2087; MünchKomm/*Musielak* Rn. 5, 6; Palandt/*Weidlich* Rn. 5; Soergel/*M. Wolf* Rn. 9.
17 RGZ 113, 240; vgl. Mot V 338; zur Entstehungsgeschichte und Reformvorschlägen, insb. zur Vermeidung der Pflichtteilsbelastung *Buchholz* FamRZ 1985, 872 und *Röthel* Gutachten 68. DJT (2010) A 1, S. 74 ff.
18 Prot V 406.
19 Zu den Grundsätzen der Auslegung des gemeinschaftlichen Testaments s. Vorbem. zu §§ 2265 ff. Rdn. 62 f.
20 BGHZ 22, 364, 366; RGZ 113, 240; BayObLGZ 1959, 199, 204; 1966, 417; BayObLG FamRZ 2004, 1996 = ZEV 2004, 466; OLG Hamm OLGZ 1968, 486; BeckOGK/*Braun*, Stand 01.03.2019, Rn. 15 f.; NK-BGB/*Gierl* Rn. 5; BeckOK/*Litzenburger* Rn. 5 ff.; jurisPK/*Reymann* Rn. 123 ff.; Palandt/*Weidlich* Rn. 5; Soergel/*M. Wolf* Rn. 9, 15.
21 BayObLG MDR 1990, 1118.

Umstände auf, die eine solche Auslegung rechtfertigen sollen.[22] Ergibt sich aus dem Testament, dass der überlebende Ehegatte nur (befreiter) Vorerbe und die Kinder Nacherben des erstversterbenden Ehegatten sein sollen, greift § 2269 BGB nicht ein.[23]

III. Voraussetzungen

1. Wirksames gemeinschaftliches Testament

8 § 2269 BGB erfordert zunächst ein (wirksames) gemeinschaftliches Testament, also in **persönlicher Hinsicht** ein von Ehegatten (§ 2265 BGB) oder eingetragenen Lebenspartnern (§ 10 Abs. 4 LPartG) errichtetes Testament. Auf ein einseitiges Testament oder auf den Fall, dass in einem gemeinschaftlichen Testament nur die Verfügungen des einen Ehegatten wirksam sind, kann § 2269 BGB nicht entsprechend angewendet werden.[24] Zu beachten ist allerdings, dass ein gemeinschaftliches Testament auch in körperlich getrennten Urkunden errichtet werden kann.[25] Zur **entsprechenden Anwendung** auf inhaltlich dem § 2269 BGB entsprechende Verfügungen von **Nichtehegatten** im Erbvertrag s. die Kommentierung zu § 2280 BGB.

2. Gegenseitige Erbeinsetzung

9 Weiter setzt § 2269 BGB voraus, dass in dem gemeinschaftlichen Testament sich die Eheleute gegenseitig zu Erben, und zwar zum alleinigen Erben, eingesetzt haben.[26] Dies ist gegebenenfalls durch Auslegung der Verfügung von Todes wegen zu ermitteln.[27] Die Einsetzung als Miterbe genügt nicht,[28] weil die Ehegatten entgegen der Grundvorstellung des § 2269 BGB damit zu erkennen geben, dass sie ihr Vermögen gerade nicht als eine Einheit ansehen.[29] Weiter muss die gegenseitige Erbeinsetzung für den Fall des Todes des anderen Ehegatten verfügt worden sein, so dass das **gesamte Vermögen** der Erstversterbenden auf den **Überlebenden übergeht** und damit die für die Einheitslösung charakteristische Verschmelzung der Vermögensmassen eintritt.[30] Hieran fehlt es, wenn der Nachlass für die Fälle des **»gleichzeitigen Todes«** oder des »gemeinschaftlichen Ablebens« gleich auf einen Dritten übergeht.[31]

3. Einheitliche Weitervererbung an einen Schlusserben

10 Endlich müssen die Eheleute in dem gemeinschaftlichen Testament bestimmt haben, dass nach dem Tod des Überlebenden der beiderseitige Nachlass an einen **Dritten** fallen soll. Jedoch muss

---

22 RGZ 60, 117; NK-BGB/*Gierl* Rn. 148; Damrau/Tanck/*Klessinger*, Erbrecht, Rn. 17; jurisPK/*Reymann* Rn. 233; vgl. auch Rdn. 131.

23 RGZ 59, 84; KG OLG 21, 337.

24 OLG Düsseldorf JW 1925, 2148 m. Anm. *Kipp*; KG DNotZ 1943, 137; NK-BGB/*Gierl* Rn. 6; Staudinger/*Kanzleiter* Rn. 23; einschränkend BeckOGK/*Braun,* Stand 01.03.2019, Rn. 19, der die Vorschrift ggf. auch dann eingreifen lassen will, wenn nur die relevante Verfügung eines Ehegatten wirksam ist.

25 NK-BGB/*Gierl* Rn. 7; eingehend dazu § 2267 Rdn 29 f.

26 RG BayZ 1907, 64; BayObLG FamRZ 1984, 211, 212; BeckOGK/*Braun,* Stand 01.03.2019, Rn. 21; Burandt/Rojahn/*Braun* Rn. 22; NK-BGB/*Gierl* Rn. 8; Palandt/*Weidlich* Rn. 1.

27 So hätte im Fall von OLG München NJW-RR 2013, 329 = FamRZ 2013, 1064 (dazu auch *Odersky* notar 2013, 134) aufgrund der Wendung, dass »unseren Hausrat«, »unser Auto« die gemeinsame Tochter erhalten sollte, auch die Annahme einer (konkludenten) gegenseitigen Erbeinsetzung nahegelegen, so zu Recht *Lehmann/Hahn* ZEV 2013, 192, während das OLG diese Annahme weit von sich wies, mit der fatalen Folge, dass der nichteheliche Sohn des Mannes, der nach dem Recht im Zeitpunkt der Testamentserrichtung noch gar nicht erbberechtigt war, Miterbe wurde.

28 Burandt/Rojahn/*Braun* Rn. 22; NK-BGB/*Gierl* Rn. 8; MünchKomm/*Musielak* Rn. 12; Erman/*Kappler/Kappler* Rn. 7; Palandt/*Weidlich* Rn. 1; Soergel/*M. Wolf* Rn. 10; a.M. Staudinger/*Kanzleiter* Rn. 23: entsprechende Anwendung.

29 NK-BGB/*Gierl* Rn. 8; MünchKomm/*Musielak* Rn. 12.

30 NK-BGB/*Gierl* Rn. 9.

31 Zur Auslegung dieser Klauseln s. Rdn. 22 ff.

wirklich eine Erbeinsetzung für den Fall des Todes des Längerlebenden vorliegen. Dabei ist zu beachten, dass u.U. auch nur **reine Teilungsanordnungen** Gegenstand einer letztwilligen Verfügung sein können.[32] Mitunter kommt es zu Abgrenzungsproblemen zwischen Erbeinsetzung und Vermächtniszuweisung.[33]

a) Stillschweigende Schlusserbenbestimmung

Die Schlusserbeneinsetzung braucht nicht ausdrücklich geschehen zu sein; vielmehr können auch in Fällen, in denen der zweite Erbfall nicht explizit geregelt ist, allgemeine Auslegungsgrundsätze zu der Feststellung führen, dass die Eheleute ihr beiderseitiges Vermögen vom Tode des Überlebenden an gewissen Verwandten, insbesondere ihren gemeinschaftlichen Kindern, zuwenden wollten und auch zugewendet haben. Dabei ist aber zu berücksichtigen, dass in der Praxis die Fälle nicht selten sind, dass die Ehegatten nur die Erbfolge nach dem Tod des Erstversterbenden regeln wollten und es dem Längstlebenden freigestellt sein soll, über seinen Nachlass letztwillig zu verfügen oder aber mangels einer solchen Regelung die gesetzliche Erbfolge eintreten zu lassen.[34] Mit der Annahme einer stillschweigenden Schlusserbeneinsetzung ist Zurückhaltung geboten. 11

Teilweise wird bei Fehlen einer ausdrücklichen Schlusserbeneinsetzung allein wegen einer **reinen Pflichtteilsausschlussklausel**[35] im Wege der Auslegung angenommen, dass die Kinder, die ihren Pflichtteilsanspruch beim ersten Erbfall nicht geltend machen, zu Erben des überlebenden Ehegatten eingesetzt sein sollen.[36] Erst recht soll dies dann gelten, wenn eine solche Pflichtteilsklausel mit einer Wiederverheiratungsklausel kombiniert wird.[37] Der 5. Senat des OLG Saarbrücken hat demgegenüber eingeräumt, dass diese Annahme nicht zwingend ist. Jedoch könne beides in einem Erbvertrag **Anhaltspunkt** dafür sein, dass eine Schlusserbeneinsetzung der gemeinsamen Kinder im Wege der Auslegung ermittelt werde, wenn ein diesbezüglich übereinstimmender Wille der Vertragsteile bei Erbvertragsabschluss feststellbar sei.[38] Zumindest in einer **notariell beurkundeten** Verfügung von Todes wegen ist wegen der Aufklärungspflicht des Notars (§ 17 BeurkG) eine solche Auslegung aber abzulehnen, weil anzunehmen ist, dass der Notar eine klare Formulierung der Schlusserbeneinsetzung vorgenommen hätte, wenn diese wirklich gewollt gewesen wäre.[39] 12

---

32 BayObLG FamRZ 1988, 660.

33 Dazu BayObLG ZEV 1997, 162.

34 LG Bremen, Beschl. v. 23.03.1993 – 1 W 31/93.

35 Rdn. 106 ff.

36 OLG Frankfurt ZEV 2002, 109, 110 = FamRZ 2002, 352; OLG Köln NJW-RR 1994, 397; OLG München ZEV 2006, 411 = MittBayNot 2007, 62 (krit. dazu *J. Mayer* MittBayNot 2007, 19); OLG Oldenburg FamRZ 1999, 1537 (allerdings auch mit Analogie zu § 2102); OLG Saarbrücken NJW-RR 1994, 844; vgl. auch BayObLGZ 1959, 199, 206; 1960, 218 (in Verbindung mit besonderen Umständen, die auch außerhalb der Urkunde liegen können); RGRK-BGB/*Johannsen* Rn. 5; BeckOK/*Litzenburger* Rn. 23 (bei besonderen Umständen); MünchKomm/*Musielak* Rn. 14; a.M. OLGR Celle 2003, 123 = MDR 2003, 813; OLG Hamm DNotZ 1951, 41 m. abl. Anm. *Rohs*; OLG Hamm NJW-RR 2004, 1520 (für eigenhändiges Testament); OLG Düsseldorf NJW-RR 2014, 837 (im Zweifel keine Schlusserbeneinsetzung); Staudinger/*Kanzleiter* Rn. 24; *Lange*/*Kuchinke* § 24 IV 1 c; s. auch *Haegele* Die Justiz 1958, 345; eingehend zu den Auslegungsproblemen *Fischer* ZEV 2005, 189 und vor allem Horn/Kroiß/*Horn*, Testamentsauslegung, § 21 Rn. 38 ff.

37 OLG München NJW-RR 2013, 202.

38 OLG Saarbrücken NJW-RR 1994, 844.

39 So richtig die von den Verhältnissen der Praxis ausgehende Entscheidung des OLG Saarbrücken NJW-RR 1992, 841 bei einem Erbvertrag, zustimmend DNotI-Report 2000, 149, 150 und *Fischer* ZEV 2005, 189, 191; Horn/Kroiß/*Horn*, Testamentsauslegung, § 21 Rn. 51; OLG München NJW-RR 2013, 202 lehnt diese Überlegung (zu Recht) zumindest dann ab, wenn das notarielle Testament erhebliche handwerkliche Mängel hat; a.M. OLG Frankfurt ZEV 2002, 109, 110; konkrete Anhaltspunkte für einen vom notariellen Wortlaut abweichenden Erblasserwillen fordert auch OLG Hamm FamRZ 2002, 201, 202 in etwas anderem Zusammenhang.

13 Aber auch sonst kann in der Anordnung einer einfachen Pflichtteilsklausel allein nicht zugleich eine Schlusserbenberufung gesehen werden; die Gegenauffassung verkennt Wesen und Wirkung derselben. Es handelt sich bei den in den entschiedenen Fällen verwendeten Formulierungen um eine reine **Pflichtteilsausschlussklausel**,[40] die allein enterbend wirkt. Sie schließt allein die sonst kraft gesetzlicher Erbfolge nach dem Tod beider Ehegatten berufenen Erben, die ihren Pflichtteil nach dem Tod des Erstversterbenden verlangen, aus, und ergibt im Hinblick darauf bereits einen Sinn, ohne eine gewillkürte Schlusserbenbestimmung annehmen zu müssen, weil sie primär den Überlebenden vor der Pflichtteilsbelastung schützen will.[41] Sie will gerade nicht den Nachlass für die Schlusserben sichern und kann auch keine gleichmäßige Verteilung zwischen ihnen gewährleisten.[42] Die Klausel ist also grundsätzlich das »Gegenteil einer Erbeinsetzung«.[43] Jedenfalls **besteht kein Erfahrungssatz**, dass eine solche Regelung allein auf einen übereinstimmenden Willen der Ehegatten schließen lässt, die Kinder als Adressaten der Strafklausel zu Schlusserben nach dem Tode des Letztversterbenden zu berufen.[44]

14 Auch aus der **Wiederverheiratungsklausel**, gerade in der Form eines aufschiebend bedingten Auszahlungsvermächtnisses,[45] wie sie in den vom OLG Saarbrücken[46] entschiedenen Fällen verwendet wurde, lässt sich nichts Gegenteiliges entnehmen: sie enthält überhaupt keinen Bezug zu einer Schlusserbeneinsetzung, sondern will gerade bereits nach dem ersten Erbfall lediglich eine wertmäßige Beteiligung im Wiederverheiratungsfall für die erstehelichen Kinder sichern und oftmals gerade die Schlusserbfolge offen lassen. Allenfalls können solche Anordnungen in privatschriftlichen Verfügungen ein *Anhaltspunkt* für eine Schlusserbeneinsetzung der Abkömmlinge sein, deren Annahme aber einer positiven Feststellung aufgrund weiterer Umstände bedarf; andernfalls genügt dies allein nicht.[47] Die Gegenansicht der Obergerichte verkennt, dass sie den längerlebenden der Ehegatten in eine erbrechtliche Bindung an die gesetzliche Erbfolge zwingt, die er nicht vorhergesehen hat, während es gerade der Zweck der Pflichtteilsklausel war, ihm möglichst große Dispositionsfreiheit zu ermöglichen.

15 Eine Schlusserbeneinsetzung kann sich aber mittelbar aus der Anordnung eines beschränkten **Änderungsvorbehalts** ergeben, etwa dass »der Überlebende verpflichtet ist, als Rechtsnachfolger … nach seinem Tode nur eines oder beide Kinder aus unserer jetzigen Ehe zu bestimmen«,[48] denn das von den Ehegatten erstrebte Ergebnis einer Bindungswirkung kann nur durch eine entsprechende Schlusserbeneinsetzung herbeigeführt werden.[49]

---

40 Zur Terminologie unten Rdn. 107 ff.

41 OLG Karlsruhe ZEV 2006, 409; DNotI-Report 2000, 149, 151; NK-BGB/*Kornexl* § 2280 Rn. 14; so im Ansatz auch *Fischer* ZEV 2005, 189, 191, der aber Indizien aufstellt, wann ausnahmsweise doch von einer stillschweigenden Schlusserbeneinsetzung auszugehen ist; dies überhaupt nicht in Betracht ziehend Große-Wilde/Ouart/*Zecher*, Deutscher Erbrechtskommentar (2010) § 2269 Rn. 36.

42 *J. Mayer* MittBayNot 1999, 265.

43 *Lübbert* NJW 1988, 2708.

44 OLG Karlsruhe ZEV 2006, 409; OLG Hamm NJW-RR 2004, 1520 mit zutr. Hinw., dass es auch der Wille der Ehegatten sein kann, sich gerade auch ggü. den anderen, den Pflichtteil nicht verlangenden Kindern *nicht* zu binden; i.E. auch Palandt/*Weidlich* Rn. 8, weil auch bei der Trennungslösung ein Pflichtteil des Nacherben bestehe, jedoch ist dieses Argument nicht schlüssig, denn dort bedarf es keiner Pflichtteilsklausel, weil der Nacherbe kraft Gesetzes den Pflichtteil nur verlangen kann, wenn er die Erbschaft ausschlägt, § 2306 Abs. 2 BGB.

45 S. Rdn. 97 ff.

46 NJW-RR 1992, 841; NJW-RR 1994, 844.

47 Staudinger/*Kanzleiter* Rn. 24; gegen die Annahme einer zwingenden Schlussfolgerung in diesen Fällen auch OLG Karlsruhe BWNotZ 1995, 168; 169; OLG Bremen ZEV 1994, 365 (jedoch beim Erbvertrag); *Lange/Kuchinke* § 24 IV 1 c; für umfassende Auslegung bei einer Wiederverheiratungsklausel auch OLG Schleswig FamRZ 2014, 696, 697.

48 OLG Hamm FamRZ 2011, 1172.

49 OLG Hamm FamRZ 2011, 1333 = ZErb 2011, 111.

b) Weitere Einzelfälle

Ist der als Schlusserbe eingesetzte Dritte vor Eintritt des zweiten Erbfalls weggefallen, so kann sich eine **Ersatzschlusserbeneinsetzung** auch durch die Auslegungsregel des § 2069 BGB ergeben;[50] diese Vorschrift ist auch dann anwendbar, wenn der weggefallene Bedachte allein ein Abkömmling des erstversterbenden Ehegatten ist, also Stiefkind des Längerlebenden. An die Stelle des Weggefallenen treten seine Abkömmlinge hier aber nur dann, wenn sie gesetzliche Erben des Erblassers und nicht nur des Weggefallenen wären.[51] Der Schlusserbe selbst kann seinerseits mit einer Nacherbfolge belastet sein, was insb. dann anzunehmen ist, wenn das Vermögen im Familienbesitz auf Dauer erhalten werden soll.[52] 16

Der Auslegungsregel des § 2269 BGB liegt die Vorstellung zugrunde, dass die Ehegatten i.d.R. ihr **Gesamtvermögen als Einheit** betrachten und daher auch für die Zeit nach ihrem Tod ein einheitliches Schicksal dieses Gesamtvermögens wünschen.[53] Daher verlangt § 2269 BGB eine einheitliche Verfügung der Ehegatten über ihren beiderseitigen Nachlass für die Zeit nach ihrer beider Tod. Die Auslegungsregel ist also **unanwendbar**, wenn das Gesamtvermögen der Ehegatten beim Tod des Überlebenden in seine ursprünglichen Bestandteile auseinanderfallen soll (gegenständliche Aufteilung), weil etwa der Nachlass des Mannes seinen Verwandten, der der Frau ihren Verwandten zufallen soll.[54] In solchen Fällen liegt Vor- und Nacherbfolge vor. 17

Die Forderung der einheitlichen Vererbung des Gesamtvermögens schließt aber nicht aus, dass die Ehegatten ihr Gesamtvermögen für den **zweiten Erbfall mehreren Personen** oder Personengruppen **zuwenden**, insbesondere bei ideeller Aufteilung oder durch Vermächtniszuweisung.[55] So ist § 2269 BGB anwendbar, wenn die Erblasser bestimmt haben, dass nach ihrer beider Tod die Verwandten des Mannes und die der Frau je die Hälfte des noch vorhandenen Gesamtvermögens erhalten sollen.[56] 18

c) Unvollständige Schlusserbeneinsetzung

Mitunter ist die **Schlusserbenbestimmung nicht vollständig.** Oftmals ist beispielsweise die Größe der Erbteile der Schlusserben nicht ausdrücklich bestimmt.[57] Haben Ehegatten ohne nähere Bezeichnung einfach nur »ihre Kinder« eingesetzt und verwenden sie eine Pflichtteilssanktionsklausel, kann die Auslegung ergeben, dass nur diejenigen Kinder Schlusserben sind, denen in Bezug auf beide Ehegatten ein Pflichtteil zusteht.[58] Werden für den Schlusserbfall nur ganz allgemein die **»Angehörigen«** eingesetzt oder »soll nach der gesetzlichen Erbfolge geteilt werden«, so sind im Zweifelsfall die Verwandten beider Ehegatten berufen, die zur Zeit des zweiten Erbfalls die gesetzlichen Erben wären. Dabei ist es regelmäßig naheliegend, dass eine **hälftige Aufteilung** des Gesamtvermögens unter den Verwandten des jeweiligen Ehegatten entsprechend ihren gesetzlichen 19

---

50 OLG Frankfurt FamRZ 1998, 772, 773.

51 BayObLG NJW-RR 1991, 8, 9 = FamRZ 1991, 234.

52 BayObLG FamRZ 1983, 839; FamRZ 1986, 610, 611; zu den insoweit oft typischen Adligen-Testamenten OLG Karlsruhe NJW-RR 1999, 806; zur Abgrenzung von der Ersatzschlusserbenbestimmung BayObLG FamRZ 1998, 324 f.

53 Hierfür spricht die in einem Testament verwendete Wendung, dass die Ehegatten über ihr »gemeinsam erarbeitetes Vermögen« verfügen wollen, vgl. OLG Karlsruhe ZErb 2007, 189.

54 RGZ 79, 277; KG OLGE 40, 123; a.A. Staudinger/*Kanzleiter* Rn. 25 (Vollerbeneinsetzung gewollt, um Längerlebenden die lebzeitige freie Verfügungsmöglichkeit zu erhalten); KG JW 1934, 1423 m. Anm. *Zilkens*: Verteilung auf die beiderseitigen Verwandten nach dem Verhältnis der Werte der beiden Nachlässe zur Zeit des zweiten Erbfalls; s. auch Rdn. 30 ff.

55 Staudinger/*Kanzleiter* Rn. 25.

56 RGZ 79, 277; KG OLGE 44, 102; vgl. OLG Köln HEZ 3, 36; BayObLG FamRZ 1994, 1422 (Erbeinsetzung der Schwestern beider Ehegatten je zur Hälfte); Palandt/*Weidlich* Rn. 3.

57 BayObLG NJW-RR 1991, 968; FamRZ 1999, 470, 471 (bei Übernahmerecht des einen für elterlichen Betrieb).

58 BayObLG NJW-RR 1988, 968.

Erbteilen erfolgen soll.[59] Eine Schlusserbeneinsetzung kann sich auch aus der Verteilung von Vermögensgegenständen ergeben, selbst wenn bezüglich einzelner Gegenstände offenblieb, wer diese erhalten soll, wenn nur abweichend von § 2087 Abs. 2 BGB hierin eine **Erbeinsetzung nach Vermögensgruppen** zu sehen ist.[60]

20 Möglich ist aber auch, dass die Ehegatten nach ihrer beider Tod die beiden gemeinsamen Kinder nur je zu einem Viertel zu Schlusserben berufen; die gewählte Einheitslösung spricht dann gerade dagegen, dass jedes Kind je zu einem Viertel des väterlichen und weiter je zu einem Viertel des mütterlichen Nachlasses berufen werden sollte.[61]

d) Mehrere Urkunden

21 Die in einem früheren Testament enthaltene Schlusserbeneinsetzung wird nicht allein dadurch aufgehoben, dass die Ehegatten in einem späteren Testament nur die gegenseitige Erbeinsetzung wiederholen, sonst aber keine Verfügungen treffen. Der Wille zur Erbregelung ohne Schlusserbeneinsetzung ist dann nur im Wege der Auslegung ermittelbar.[62] Ist der letzte Wille in mehreren Testamenten enthalten, die sich nach dem Erblasserwillen ergänzen sollen, so bilden diese, soweit sie sich nicht widersprechen, in ihrer Gesamtheit die Erklärung des Erblasserwillens, so dass sich die Frage, ob und welche Rechte bestimmten Personen am Nachlass zustehen sollen, nur aufgrund des Inhalts sämtlicher Testamente beurteilen lässt.[63]

4. »Gleichzeitiges Versterben«, beiderseitiges Ableben und ähnliche Formulierungen

a) Gleichzeitiges Versterben

22 Regelungen zum »gleichzeitigen Versterben« finden sich häufig in gemeinschaftlichen Testamenten.[64] Hierzu ist zunächst festzustellen, dass derjenige, der vor oder gleichzeitig mit dem Erblasser verstirbt, weder Erbe noch Vermächtnisnehmer des Verstorbenen sein kann.[65] Die Auslegungsregel des § 2269 BGB ist dann nicht anwendbar.[66] Denn es geht in einem solchen Fall nicht der gesamte Nachlass auf den überlebenden Ehegatten über, sondern der Nachlass eines jeden Ehegatten getrennt auf einen von diesem bestimmten Ersatzerben, andernfalls auf dessen gesetzliche Erben. Allerdings sind die Fälle des gleichzeitigen Versterbens selten. Ein **gleichzeitiger Tod** wird allerdings nach § 11 VerschG vermutet, wenn nicht bewiesen werden kann, dass von mehreren verstorbenen (oder für tot erklärten) Menschen der eine den anderen überlebt hat.[67] Im Übrigen tritt der gleichzeitige Tod im eigentlichen **medizinischen Sinne** selbst bei einem Unfall kaum einmal ein.[68] Daher wird unter diesem Begriff auch die Fallkonstellation verstanden, dass die Ehegatten »kurz nacheinander versterben«, ohne dass der Längerlebende von ihnen die Möglichkeit hatte, nochmals eine Verfügung von Todes wegen zu errichten.[69] Der Sache nach wird diesem Begriff also auch die **Funktion einer**

---

59 OLG München ZEV 2012, 367; OLG Karlsruhe FGPrax 2007, 87 = ZErb 2007, 189; Palandt/*Weidlich* Rn. 3.

60 BayObLGZ 1998, 76 = FamRZ 1998, 1334 mit Abgrenzung zur Vermächtnisanordnung.

61 BayObLG FamRZ 1994, 1206.

62 BayObLGZ 1991, 10 = NJW-RR 1991, 645; BayObLG Rpfleger 1997, 310.

63 BayObLG Rpfleger 1980, 471, 472; DNotZ 1994, 791; ZEV 1996, 432; OLG Saarbrücken FamRZ 1990, 1285; zur Beurteilung der Wechselbezüglichkeit in solchen Fällen s. § 2270 BGB Rdn. 8.

64 Vgl. die ausf. Darstellung bei Horn/Kroiß/*Horn* Testamentsauslegung § 23 Rn. 1 ff.; *Bestelmeyer* ZEV 2006, 146; praxisbezogen auch Burandt/Rojahn/*Braun* Rn. 26 ff.; NK-BGB/*Gierl* Rn. 57; *Keim* ZEV 2005, 10 (mit Gestaltungsempfehlungen auf S. 13 f.); jurisPK/*Reymann* Rn. 191 ff., der meint, die obergerichtliche Rspr. sei kasuistisch und lasse keine allgemeinen Aussagen zu.

65 Palandt/*Weidlich* § 1923 Rn. 2.

66 NK-BGB/*Gierl* Rn. 57; MünchKomm/*Musielak* Rn. 25; Jauernig/*Stürner* Rn. 4.

67 Dazu bereits *Völker* NJW 1947/48, 375.

68 BayObLGZ 1981, 79, 87; 1996, 426, 431; BayObLG BeckRS 1997, 31022789; KG ZEV 1997, 247; OLG Koblenz BeckRS 2011, 29478; NK-BGB/*Gierl* Rn. 57; *Keim* ZEV 2005, 10; Palandt/*Weidlich* Rn. 9.

69 Etwa OLG Düsseldorf MittBayNot 2016, 333 m. Anm. *Sammet*.

Schlusserbeneinsetzung beigelegt. Die entscheidende Frage ist nur, innerhalb **welches Zeitraums** es sinnvoll ist, das Vorliegen einer Schlusserbeneinsetzung anzunehmen,[70] die immerhin für den überlebenden Ehegatten eine erhebliche Bindungswirkung haben kann. Entsprechend der allgemeinen Lebenserfahrung wird zunächst davon ausgegangen, dass die Ehegatten die Formulierung nicht nur in diesem engen Sinn verwendet haben, und nur den sehr selten auftretenden Fall des gleichzeitigen Versterbens regeln wollten. Vielmehr ist diese Regelung dahingehend zu verstehen, dass die Ehegatten kurz nacheinander versterben.[71] Dabei ging die Rechtsprechung zunächst davon aus, dass der Begriff des »gleichzeitigen Versterbens« oder der des »gleichzeitigen Todes« so eindeutig ist, dass er der Auslegung nicht fähig und eine Ausdehnung auf den Fall des Versterbens aufgrund verschiedener Ursachen, wenn auch in kurzem zeitlichen Abstand, nicht möglich ist,[72] es sei denn, dass besondere Umstände des Einzelfalls vorliegen.[73]

Demgegenüber hält im Anschluss an das OLG Stuttgart[74] die neuere Rspr. diese Formulierung 23
generell für **auslegungsfähig**. Insoweit kommt es auf den gemeinschaftlichen Willen der Ehegatten an.[75] Dabei kann sich ergeben, dass die Wendung auch für den Fall gelten soll, dass beide Ehegatten »**kurz nacheinander**« und auch eines natürlichen Todes sterben. Denn entscheidend sei nicht die objektive Eindeutigkeit des Begriffs, sondern das **subjektive Verständnis** der Testierenden von dessen Bedeutung. Im Hinblick auf das gewandelte Auslegungsverständnis des BGH[76] wird man dem beipflichten müssen.[77] Allerdings ist für eine so weit gehende Auslegung erforderlich, dass ein entsprechender Wille wenigstens **andeutungsweise** geäußert wurde.[78] Es ist daher immer zu prüfen, ob die Ehegatten durch diese Formulierung die Geltung ihrer Verfügung nur auf den der eigentlichen Wortbedeutung entsprechenden, aber nur selten eintretenden Fall beschränken oder aber auch für andere Fallgestaltungen verwenden wollten, wobei bei Versterben im kurzen zeitlichen Abstand durchaus auch verschiedene Todesursachen in Betracht kommen können.[79] Denn über die gegenseitige Erbeinsetzung hinaus besteht ein Regelungsbedarf aus der Sicht der Ehegatten nicht nur für den Fall des in engerem, eigentlichen Sinn gleichzeitigen Todes, sondern auch in Fällen, in denen die Ehegatten innerhalb eines kürzeren Zeitraums nacheinander

70 Vgl. dazu die Rspr.-Auswertung bei Horn/Kroiß/*Horn* Testamentsauslegung § 23 Rn. 14, wobei die Zeitabstände, innerhalb derer das Eingreifen der Klausel noch bejaht wird, von 30 Minuten (BayObLG NJW-RR 1997, 329, 330) bis zu 4 Tagen (BayObLG NJWE-FER 2001, 181) reichen, von *Horn* sogar noch ein Zeitraum von ein bis 3 Monaten für möglich gehalten wird (ebenso OLG Nürnberg BeckRS 2015, 06427), aber jedenfalls ein Zeitraum von 1 1/2 Jahren nach dem allgemeinen Sprachgebrauch nicht mehr unter dem Begriff des »gleichzeitigen Versterbens« fallen soll (MünchKomm/*Leipold* § 2084 Rn. 45), nach dem OLG Karlsruhe (MDR 2004, 336) nach dem Tod nach 5 Monaten nicht mehr, auch nicht mehr nach 16 Monaten (OLG Frankfurt ErbR 2019, 183), erst recht nicht mehr nach 4 Jahren (BayObLG ZEV 2004, 200, 201 m. Anm. *Kasper*), »nach mehreren Jahren« (OLG Koblenz BeckRS 2011, 29478) oder gar nach 15 Jahren (OLG Schleswig NJW-RR 2004, 368, 369).

71 BayObLGZ 1981, 79; 1986, 426; OLG Stuttgart OLGZ 1982, 311.

72 BayObLGZ 1981, 79, 86; KG FamRZ 1968, 217; FamRZ 1970, 148; vgl. dazu auch *Keim* ZEV 2005, 10, 11.

73 BayObLGZ 1979, 427, 432.

74 OLGZ 1994, 330 = FamRZ 1994, 852; OLG Düsseldorf MittBayNot 2016, 333; zur Auslegungsfähigkeit der Formulierung s. auch NK-BGB/*Gierl* Rn. 57 m.w.N.

75 Zu den auch hier zu beachtenden Auslegungsgrundsätzen s. Vorbem. zu §§ 2265 ff. Rdn. 62 ff.

76 BGHZ 86, 246; ebenso NK-BGB/*Gierl* Rn. 57.

77 So auch BayObLGZ 1996, 243 = FamRZ 1997, 249, 250, bei gemeinschaftlicher Selbsttötung der Ehegatten mit Eintritt des Todes innerhalb von 30 Minuten.

78 So ausdrücklich BayObLG FamRZ 2004, 1235, 1236 = ZEV 2004, 200 m. Anm. *Kasper*; BGH NJW 2019, 2319 m. Anm. *Wolffskeel v. Reichenberg*; Horn/Kroiß/*Horn* Testamentsauslegung § 23 Rn. 13; eingehend dazu *Keim* ZEV 2005, 10, 11 f.; im Fall von OLG Hamm ZEV 2011, 427 (m. krit. Anm. *Herrler*) fehlte es an sich an einer solchen Andeutung, zutr. *Herrler*, a.a.O., 430.

79 OLG Düsseldorf MittBayNot 2016, 333 m. Anm. *Sammet*; BayObLGZ 1996, 243, 247 = ZEV 1996, 470; ZEV 1996, 472; OLG Frankfurt ZEV 1999, 66, wobei das OLG in der angeordneten Freistellungsklausel ein besonderes Anzeichen für eine Schlusserbenbestimmung sah, während das OLG Düsseldorf ZErb 2004, 227, 228 dies genau anders bewertete.

sterben, sei es aufgrund ein und derselben Ursache, z.B. eines Unfalls, sei es aufgrund verschiedener Ursachen,[80] wenn der Überlebende nach dem Tod des Erstversterbenden **praktisch keine Möglichkeit mehr hat, ein Testament zu errichten.**[81] Dann würde zwar die gegenseitige Erbeinsetzung eingreifen, doch hinge es vom Zufall der Reihenfolge des Versterbens ab, ob – wenn keine entsprechende letztwillige Verfügung getroffen wurde – den gesetzlichen Erben des Ehemannes oder den gesetzlichen Erben der Ehefrau das gesamte Vermögen beider Eheleute zufällt. Es ist daher sinnvoll und naheliegend, wenn die Ehegatten die gegenseitige Beerbung anordnen und im Übrigen dem Überlebenden freie Hand lassen wollen, eine zusätzliche Regelung jedenfalls für den Fall zu treffen, dass keiner den anderen überlebt oder der Überlebende wegen zeitnahen Nachversterbens zu einer letztwilligen Verfügung nicht mehr in der Lage ist. Dies zeigt auch, dass es den Ehegatten – auch wenn sie eine Formulierung wie »aufgrund derselben Ursache« oder »durch einen Unfall zu gleicher Zeit«[82] – verwenden, so gut wie nie darauf ankommen wird, dass ein gemeinsames schicksalhaftes Ereignis eintritt. Vermieden werden soll einzig das zufällige Ergebnis im Rahmen der Schlusserbfolge. Auf welcher Ursache dieses beruht, spielt keine Rolle.[83] Auf die Fallgestaltung eines zeitnah eintretenden Todes des Längerlebenden wollen Ehegatten mit der Verwendung von Formulierungen wie »bei gleichzeitigem Ableben« die (Schluss-)Erbeneinsetzung **regelmäßig beschränken** und so dem Überlebenden von ihnen die Bestimmung überlassen, wer ihn beerben soll.[84] Noch großzügiger ist das OLG Frankfurt,[85] wonach im Wege der (ergänzenden) Auslegung der für den Fall des gleichzeitigen Versterbens eingesetzte Erbe auch dann berufen sein soll, wenn die zunächst eingesetzte Ehefrau infolge Scheidung als Erbin wegfällt, der Erblasser aber infolge Verlusts der Testierfähigkeit nicht mehr verfügen kann.

24 Der Begriff des **»gleichzeitigen Ablebens«** in gemeinschaftlichen Testamenten wurde demnach in der neueren Rechtsprechung **relativ extensiv ausgelegt**, zumindest wenn besondere Umstände hinzukamen.[86] In Abgrenzung hierzu hat das OLG München nunmehr aber zu Recht klargestellt, dass eine für den Fall des »gleichzeitigen Versterbens« getroffene Erbeinsetzung **grundsätzlich** nicht für **den Fall gilt**, dass die Eheleute nacheinander – **im erheblichen zeitlichen Abstand** – versterben. Eine **Ausnahme** hiervon könne **nur** angenommen werden, wenn aufgrund besonderer Umstände des Einzelfalls festgestellt werden kann, dass die Testierenden den Begriff des »gleichzeitigen Versterbens« bzw. »gleichzeitigen Ablebens« entgegen dem Wortsinn dahin verstanden haben, dass er auch das Versterben in erheblichem zeitlichen Abstand umfassen sollte, und wenn sich dafür eine Grundlage in der Verfügung von Todes wegen findet.[87] Dem hat sich das OLG Hamm in einem Beschl. v. 06.01.2011 ausdrücklich angeschlossen.[88] Die Verwendung des Begriffs »Schlusserbe«

---

80 Vgl. BayObLGZ 1996, 243, 247 (Selbsttötung beider Ehegatten und Eintritt des Todes im Abstand von 30 Minuten); OLG Stuttgart OLGZ 1994, 330.

81 OLG Frankfurt ErbR 2019, 183; BayObLG, FamRZ 2001, 1563, 1564; ZEV 2004, 200 m. Anm. *Kasper*; OLG Nürnberg BeckRS 2015, 06427; *van Rens/Wolffskeel v. Reichenberg* ZErb 2015, 116, 117.

82 OLG Düsseldorf MittBayNot 2016, 333.

83 *Sammet* MittBayNot 2016, 336, 337; zustimmend *Wolffskeel v. Reichenberg* Anm. zu BGH NJW 2019 2317.

84 OLG München NJW-RR 2011, 444 = ZEV 2011, 31 m. Anm. *Lehmann*; FamRZ 2014, 1065, 1066 (je unter Bezug auf die hiesige Kommentierung); vgl. auch BayObLG FGPrax 2004, 80, 81.

85 DNotZ 1988, 181.

86 OLG München NJW-RR 2008, 1327: Gegen die Beschränkung auf den seltenen Fall des »echten gleichzeitigen Versterbens« spreche, dass zum einen keine weitere Reise oder besonders gefährliche Umstände bei Abfassung des Testaments erkennbar waren und zum anderen aus ganz bestimmten Gründen die Enterbung der Tochter unbedingt gewollt war; für weitreichende Auslegung wohl auch Burandt/Rojahn/*Braun* Rn. 28.

87 OLG München NJW-RR 2011, 444 = ZEV 2011, 31 m. Anm. *Lehmann*.

88 ZEV 2011, 536 m. Anm. *Böttcher*; dazu auch *Jahreis* jurisPR-FamR 21/2011 Anm. 7; anders noch OLG Hamm ZEV 2011, 427 m. abl. Anm. *Herrler* = RNotZ 2011, 431 m. abl. Anm. *Böttcher*, wo trotz der Verwendung des Begriffs des »gleichzeitigen Versterbens« eine Schlusserbeneinsetzung für den Fall angenommen wurde, dass der zweite Erbfall mehrere Jahre nach dem Tod des erstversterbenden Ehegatten eintrat.

mit der Einräumung einer Abänderungsbefugnis für den Längerlebenden spricht aber dafür, dass die Ehegatten auch den Fall des zeitlich mit erheblichen Abstand erfolgenden Versterbens regeln wollten.[89]

b) Ähnliche Klauseln[90]

Weniger eng gefasst und daher noch **auslegungsfähiger und -bedürftiger**[91] sind Wendungen wie **»im Falle unseres beiderseitigen Ablebens«**,[92] »bei unserem gemeinsamen Tod«,[93] »wenn beiden Ehegatten etwas gemeinsam zustößt und kein Überlebender mehr vorhanden ist«,[94] »sollte uns beiden ein Unglück zustoßen«,[95] »dass wir beide Ehegatten miteinander durch irgendein Ereignis sterben«[96] sowie für die Fälle, dass **»uns beiden etwas zustößt«**, »sollte mir und meiner Ehefrau gemeinsam was passieren«, des »gemeinsamen Todes«, »sollten wir einer gemeinsamen Gefahr erliegen« oder »sollten wir gleichzeitig tot sein«. Aus ihnen kann nicht klar und eindeutig entnommen werden, ob die letztwillige Verfügung nur für den Ausnahmefall des gleichzeitigen (zeitgleichen) Versterbens[97] oder auch für den Fall gelten soll, dass die Eheleute nacheinander versterben.[98] Ein einheitlicher Sprachgebrauch besteht nicht.[99] Solche Formulierungen sind **oftmals** keine Bedingungen der Erbeinsetzung, sondern ein **Hinweis auf das Motiv** für die Regelung für den zweiten Erbfall.[100] Allerdings liegt auch hier zunächst die Auslegung **nahe**, dass sie nur für den Fall des gleichzeitigen Versterbens[101] oder für den Fall des **Versterbens kurz nacheinander** getroffen wurden, insbesondere für den Fall, dass der Längerlebende nicht mehr in der Lage ist, für sein Ableben letztwillig zu verfügen.[102] Insbesondere vermeidet eine nicht zu weit ausufernde Auslegung eine sonst u.U. eintretende Bindungswirkung (§ 2271 BGB) für den Längerlebenden.[103] 25

89 OLG München FamRZ 2014, 1064, 1066.

90 Vgl. dazu auch die Übersicht bei Horn/Kroiß/*Horn* Testamentsauslegung § 23 Rn. 19 ff.

91 Zust. Burandt/Rojahn/*Braun* Rn. 29; ebenso Horn/Kroiß/*Horn* Testamentsauslegung § 23 Rn. 20.

92 BayObLG FamRZ 1990, 563 = MittRhNotK 1990, 110.

93 BayObLG FamRZ 1988, 879; FamRZ 2000, 1186, 1187; OLG Düsseldorf FamRZ 1999, 1544; KG Rpfleger 2006, 127; OLG Schleswig NJW-RR 2004, 368.

94 OLG Frankfurt Rpfleger 1988, 483.

95 BayObLG FamRZ 2001, 1563, 1564 (bei Tod binnen 4 Tagen).

96 OLG München Rpfleger 2009, 26 = FamRZ 2008, 2312; BGH NJW 2019, 2317 m. Anm. *Wolffskeel v. Reichenberg*.

97 So angenommen von OLG Düsseldorf FamRZ 1999, 1544; ebenso OLG Düsseldorf ZErb 2004, 227, 228 bei der engeren Formulierung des »plötzlichen gemeinschaftlichen Todes«; OLG Schleswig ZFE 2004, 223, 224 hinsichtlich der Formulierung »bei einem gemeinschaftlichen Tod«, was enger als »nach« dem gemeinschaftlichen Tod sei.

98 BayObLGZ 1981, 79; BayObLGZ 1996, 244, 247 = ZEV 1996, 470 (Selbsttötung beider Ehegatten und Todeseintritt im Abstand von 30 Minuten); BayObLG FamRZ 1997, 389, 390; ZEV 1997, 418, 419; BayObLG FamRZ 2000, 1186, 1187; FamRZ 2001, 1563, 1564; KG ZEV 1997, 247; *Lange/Kuchinke* § 4 III 2 a Fn. 21.

99 BayObLG ZEV 1996, 472 = FamRZ 1997, 389, 390; NK-BGB/*Gierl* Rn. 59; vgl. dazu die Rechtsprechungsauswertung bei *Keim* ZEV 2005, 10, 12.

100 OLG Hamm ZEV 1996, 468; BayObLG ZEV 1996, 472 = NJW-RR 1997, 327; NK-BGB/*Gierl* Rn. 59; Palandt/*Weidlich* Rn. 9a; für die Annahme einer Bedingung spricht aber, wenn der Erblasser die Absicht äußerte, das Testament später wieder vernichten zu wollen, vgl. BayObLG FamRZ 1994, 1358, 1359.

101 BGH NJW 2019, 2317 m. Anm. *Wolffskeel v. Reichenberg*; OLG Düsseldorf FamRZ 1999, 1544; OLG Schleswig NJW-RR 2004, 368, 369 wenn ersichtlich einseitige Abkömmlinge eines Ehegatten bei plötzlichem Tod ausgeschlossen sein sollen.

102 BayObLGZ 1986, 426, 431 (bei gegenseitiger Erbeinsetzung in getrennten Testamenten); 1996, 426, 432; FamRZ 2001, 1563, 1564 (Versterben beider innerhalb von 4 Tagen); OLG Karlsruhe OLGZ 1988, 24; OLG Stuttgart OLGZ 1982, 311; OLG Hamm ZEV 1996, 468; weitergehend, aber zu unreflektiert, BeckOK/*Litzenburger* Rn. 26, wonach bei solchen »Katastrophenklauseln« i.d.R. auch eine Schlusserbeneinsetzung anzunehmen sei, auch wenn zwischen beiden Erbfällen »Monate oder Jahre liegen«.

103 Vgl. KG Rpfleger 2006, 127; zu diesem Problemkreis *Keim* ZEV 2005, 10, 13.

26 Bei Vorliegen besonderer **Anhaltspunkte** ist aber auch eine andere Auslegung möglich, etwa dass damit eine Schlusserbeneinsetzung der Kinder nach dem Tod beider Eltern gemeint ist,[104] besonders wenn Anordnungen für den Fall getroffen werden, »dass beide Ehegatten sterben«,[105] oder wenn verfügt wird, »sollte es Gott dem Allmächtigen gefallen, dass wir beide Ehegatten miteinander durch irgendein Ereignis sterben« und zwischen beiden Ehegatten ein großer Altersunterschied besteht und zudem der ältere Ehemann bei der Testamentserrichtung an Krebs erkrankt war.[106] Solche Indizien können auch in der Wendung »und kein Überlebender mehr von uns beiden vorhanden ist« liegen.[107] Die nach der *Andeutungstheorie* geforderten Anhaltspunkte in der Verfügung werden bei diesen weitgefassten Klauseln regelmäßig zu ermitteln sein.[108] »Gemeinsam« wird daher hier **nicht rein zeitlich** verstanden, sondern **sachlich zur Vermeidung einer Regelungslücke** im Berliner Testament für den Fall, dass beide verstorben sind. **Entscheidend** ist daher der Wille der Ehegatten, ob sie die Absicht hatten, eine vollständige und abschließende Regelung der Vermögensnachfolge zu treffen (dann auch Schlusserbeneinsetzung, gegebenenfalls mit weitreichender Bindungswirkung für den Längerlebenden nach § 2271 BGB) oder nur eine (provisorische) Vorsorge für eine besondere Situation,[109] die richtigerweise aber im zeitnahen Versterben des Längerlebenden, nicht in einem besonderen Ereignis zu sehen ist. Die Erbeinsetzung »im Falle des Ablebens von uns beiden« gibt nach Ansicht des OLG Köln[110] auch bei einem reiselustigen, kinderlosen Ehepaar ihrem Wortlaut nach keinen Hinweis darauf, dass sie nur für den Fall des zeitlich gleichzeitigen Versterbens gelten soll. Das KG ging der Frage nach dem weitestmöglichen zeitlichen Abstand der Todesfälle aus dem Weg, indem es die Wendung »Sollten wir beide zur gleichen Zeit sterben, so erbt…« auf eine einfache Schlusserbeneinsetzung reduzierte.[111] Nach Erforschung des wahren Willens der Verstorbenen kam das Gericht zu dem Ergebnis, dass die Erbeinsetzung der Vertrauten stets gewollt war, und es sich bei dem Zusatz »Sollten wir beide zur gleichen Zeit sterben« um eine überschießende Regelung handele, die wegzudenken sei. Die notwendige Andeutung der Schlusserbenberufung sah das Gericht in der Erbeinsetzung für den Fall des gleichzeitigen Versterbens. Diese Entscheidung verdient Zustimmung, weil im konkreten Fall keine anderen Personen sinnvollerweise als Erben gewollt gewesen sein können. Es gab nur die Bedachte, sie war die einzige Vertrauensperson der Erblasser. Aufgrund dieser Umstände ist die Entscheidung aber sicher nicht verallgemeinerungsfähig. Letztlich werden beide Fallgruppen[112] ähnlich ausgelegt,[113] bei der ersten allerdings ein stärkerer Anhaltspunkt in der Verfügung von Todes wegen gefordert. Diese Auslegungsfrage ist nach den allgemeinen Grundsätzen im **Rechtsbeschwerdeverfahren** nur eingeschränkt überprüfbar,[114] was die teilweise divergierenden obergerichtlichen Entscheidungen erklärt.[115]

c) Wechselbezüglichkeit derartiger Klauseln

27 Ergibt die Auslegung, dass in den vorstehend dargestellten Fällen die Anordnungen die Funktion einer Schlusserbeneinsetzung haben sollen, ist in einem **zweiten Schritt** zu prüfen, ob sie

104 BayObLG FamRZ 1988, 879; 1990, 563; KG ZEV 1997, 248; LG München I FamRZ 1999, 61, 62 zur Schlusserbeneinsetzung einer Bekannten.

105 OLG Köln FamRZ 1996, 310, 311.

106 OLG München JuS 2009, 380.

107 OLG Frankfurt Rpfleger 1988, 483, 484; großzügiger KG Rpfleger 2006, 127.

108 Burandt/Rojahn/*Braun* Rn. 29 unter Bezug auf die hiesige Auffassung; ebenso Horn/Kroiß/*Horn,* Testamentsauslegung § 23 Rn. 21.

109 BayObLG ZEV 1997, 418, 420; OLG Düsseldorf FamRZ 1999, 1544, 1545 = FGPrax 1999, 183; OLG Schleswig NJW-RR 2004, 368, 370.

110 NJW-RR 1996, 394 = FamRZ 1996, 569.

111 KG ErbR 2019, 179 m. zust. Anm. *Wendt.*

112 Rdn. 22–24 und 25 f.

113 Ähnlich die Einschätzung von *Rudolf* § 2 Rn. 106.

114 BGH NJW 2019, 2317 m. Anm. *Wolffskeel v. Reichenberg*; OLG Düsseldorf FamRZ 1999, 1544; OLG Schleswig NJW-RR 2004, 368, 369.

115 Ebenso das Ergebnis der Rechtsprechungsauswertung bei *Keim* ZEV 2005, 10, 12.

wechselbezüglich (§ 2270 BGB) und damit bindend sind.[116] Dies ist noch kritischer zu hinterfragen, als in den anderen Fällen, in denen diese Frage nicht ausdrücklich geregelt und daher durch die vorrangige individuelle Auslegung zu ermitteln ist, bevor auf die Auslegungsregel des § 2270 Abs. 2 BGB zurückgegriffen werden kann. Denn derartige Verfügungen werden regelmäßig **sehr situationsbezogen**, etwa vor einer Flugreise oder einer schweren Erkrankung errichtet, um eine »Vorsorge« zu treffen, beruhen aber, wie gerade schon die Flüchtigkeit der Wortwahl belegt, nicht auf einer bedachten Nachlassplanung, die eine weitreichende Bindungswirkung rechtfertigen kann. Daher wird insbesondere in den Fällen, dass die Bestimmung nicht nur für den Fall des nahezu gleichzeitigen Versterbens gelten soll und daher der längerlebende Ehegatte eine faktische Möglichkeit zum abweichenden Testieren hat, davon auszugehen sein, dass **keine Bindungswirkung** gewollt ist. Zur Sicherung der **Testierfreiheit** des Längerlebenden ist im Zweifelsfall von einer fehlenden Wechselbezüglichkeit auszugehen.[117]

d) Erbeinsetzung bei fast gleichzeitigem Versterben – Erbschaftsteuerliche Folgen

Wenn Ehegatten kurz hintereinander versterben, hat die gegenseitige Erbeinsetzung bei größeren 28
Nachlässen, bei denen die jeweiligen Erbschaftsteuerfreibeträge überschritten werden, unliebsame Folgen und bewirkt eine unnötige **Erbschaftsteuerbelastung.** Ein Erlass der Erbschaftsteuer aus Billigkeitsgesichtspunkten, weil bei einem anderen Zeitablauf keine Steuer entstanden wäre, kommt nicht in Betracht.[118] Dies lässt sich auch nicht dadurch vermeiden, dass die gemeinsamen Kinder als Ersatzerben des überlebenden Ehegatten eingesetzt werden. Denn die Ersatzerbfolge greift nicht ein, wenn der überlebende Ehegatte auch nur für eine Sekunde der Erbe des Erstversterbenden wird.[119] Auch die Einsetzung des überlebenden Ehegatten zum Vorerben und der gemeinsamen Kinder auf dessen Tod als Nacherben löst die erbschaftsteuerlichen Probleme nicht, da nach § 6 Abs. 2 ErbStG erbschaftsteuerlich von zwei Erbfällen ausgegangen wird.[120] Zumindest dann, wenn das Testament keine Pflichtteilsstrafklausel enthält, kann in diesen Fällen aber die Ausschlagung der Erbschaft und Geltendmachung des Pflichtteils nach dem erstversterbenden Ehegatten eine Minderung der Steuerbelastung bewirken.

5. Schlusserbeneinsetzung zugleich als Ersatzerbenbestimmung?

Eine ausdrückliche gesetzliche Bestimmung, dass beim gemeinschaftlichen Testament, in dem 29
Ehegatten sich gegenseitig zum Erben einsetzen und bestimmen, die »Schlusserben« gleichzeitig Ersatzerben nach dem Erstversterbenden sind, gibt es nicht. Die Frage wird bedeutsam, wenn der längerlebende Ehegatte die Erbschaft ausschlägt oder seine Erbeinsetzung wegen Anfechtung, Zuwendungsverzicht oder Erbunwürdigkeit wegfällt. § 2097 BGB ist hier nicht unmittelbar anwendbar, auch § 2102 Abs. 1 BGB nicht.[121] Allerdings dürfte die (ergänzende) Auslegung im Regelfall dazu führen, dass mit der Schlusserbeneinsetzung gleichzeitig die Ersatzerbenberufung gewollt war, denn dem mutmaßlichen oder zumindest hypothetischen Willen der Ehegatten entspricht es i.d.R., dass nach der von ihnen gewollten und dem gemeinschaftlichen Testament zugrunde gelegten Nachlassplanung das Vermögen des Erstversterbenden an die Schlusserben fällt

---

116 Burandt/Rojahn/*Braun* Rn. 29; Horn/Kroiß/*Horn*, Testamentsauslegung § 23 Rn. 25; Staudinger/*Kanzleiter* Rn. 31.

117 BayObLGZ 1981, 79, 86; KG FamRZ 2006, 511 = Rpfleger 2006, 127; hierfür auch Burandt/Rojahn/*Braun* Rn. 29; wohl auch NK-BGB/*Gierl* Rn. 61.

118 FG München EFG 1995, 170.

119 Zu diesen Fragen *Bestelmayer* ZEV 2006, 146; *Daragan* ZErb 2006, 119; *Feick* ZEV 2006, 16; *Keim* ZEV 2005, 10.

120 Demgegenüber will *Daragan* ZErb 2006, 119 mit einer abweichenden Auslegung helfen: Die gemeinsamen Kinder seien gleich Vorerben, Nacherbe der überlebende Ehegatte, der zudem mit einem bedingten Universalvermächtnis bedacht werde.

121 NK-BGB/*Gierl* Rn. 73; *Lange/Kuchinke* § 24 IV 1 g.

und nicht an mögliche andere gesetzliche Erben des Erstversterbenden.[122] Man kann wohl von einem dahingehenden *Erfahrungssatz* sprechen, denn der Anfall an den Schlusserben wird nur zeitlich vorverlagert. Jedoch ist sorgfältig zu prüfen, ob die so gewonnene Ersatzerbenberufung nicht auf bestimmte Wegfallgründe beschränkt ist. Dies erscheint in dem vom OLG Frankfurt entschiedenen Fall[123] zweifelhaft: Wenn der zunächst als Erbe berufene Ehemann seine Ehefrau umbringt und deswegen für erbunwürdig erklärt wird, bedarf es wohl ganz besonderer Umstände, um anzunehmen, die Ermordete wäre damit einverstanden, dessen Tochter aus erster Ehe werde ihre alleinige Erbin. Zudem lässt sich mit guten Gründen vertreten, dass beim Berliner Testament der Schlusserbe ohnehin Ersatzerbe für den anderen, nicht zur Erbfolge gelangenden Ehegatten ist.[124] Auf alle Fälle ist eine ausdrückliche Ersatzerbenberufung empfehlenswert, wenn dem Längerlebenden eine Befreiung von der bindenden Schlusserbeneinsetzung erschwert werden soll.[125] Erfolgt die Ausschlagung *zur Befreiung von der wechselbezüglichen Bindung* (§ 2271 Abs. 2 Satz 1, Halbs. 2 BGB), würde dies nach § 2270 Abs. 1 BGB an sich zur Unwirksamkeit der wechselbezüglichen Ersatzerbfolge führen. Die gleichen Gründe, die aber für diese Ersatzerbfolge und gegen den Eintritt der gesetzlichen Erbfolge sprechen, gebieten hier regelmäßig die Annahme einer Beschränkung der Wechselbezüglichkeit,[126] so dass aufgrund ergänzender Auslegung meist vom Fortbestand der Ersatzerbenregelung auszugehen ist.[127]

IV. Auslegungsgrundsätze

1. Gesichtspunkt der einheitlichen Vererbung

30 Für die Frage, ob ein gemeinschaftliches Testament nach der Regel des § 2269 BGB auszulegen ist, ist entscheidend, ob die Gesamtheit der letztwilligen Verfügungen der Erblasser, gegebenenfalls im Zusammenhang mit sonstigen Umständen, darauf schließen lässt, dass die Ehegatten ihr beiderseitiges Vermögen als Einheit angesehen haben und ob sie daher eine **verschiedenartige Rechtsstellung** des **überlebenden Ehegatten** zu den beiden Bestandteilen dieses Vermögens wie auch eine erneute Trennung der beiden ursprünglichen Vermögensmassen beim zweiten Erbfall ausschließen wollten.[128] Dies setzt ein volles beiderseitiges Vertrauen voraus, das sich die Ehegatten bei dieser Gestaltungsart gegenseitig schenken müssen, und das in Konsequenz dazu führt, das Schicksal des gesamten Vermögens »in die Hand des Längerlebenden zu legen«.[129] Hieran wird es mitunter bereits beim Vorhandensein von einseitigen Abkömmlingen fehlen.

31 Für die Trennungslösung spricht dagegen der Wille, das Vermögen über die Lebenszeit des Längerlebenden hinaus **bestimmten Personen**, etwa den (eigenen, einseitigen) Abkömmlingen **zu erhalten**.[130] Hierfür mögen Gesichtspunkte wie die Sicherung der Unternehmensnachfolge spre-

---

122 OLG Frankfurt ZEV 1995, 457, 458 m. krit. Anm. *Skibbe* = NJW-RR 1996, 261 (unter Anwendung des Rechtsgedankens des § 2069); OLG Stuttgart BWNotZ 1979, 11, das § 2097 anwendet; *Britz* RNotZ 2001, 389; NK-BGB/*Gierl* Rn. 73; *Lange/Kuchinke* § 24 IV 1 g; *J. Mayer* ZEV 1998, 50, 60; *M. Rudolf* § 2 Rn. 153 (der auf § 2069 BGB abstellt, was oftmals nicht möglich ist); zurückhaltender mit entsprechender Auslegung MünchKomm/*Musielak* Rn. 15; a.A. OLG Hamm NJW-RR 2014, 781, wobei Schlusserben keine gemeinschaftlichen Abkömmlinge waren.

123 OLG Frankfurt ZEV 1995, 457, 458 m. krit. Anm. *Skibbe* = NJW-RR 1996, 261.

124 *Radke*, Das Berliner Testament ..., S. 31; ähnlich wohl *Britz* RNotZ 2001, 389, 390, der von vorneherein die Verwendung des Begriffs Ersatzerbe statt Schlusserbe empfiehlt.

125 *Radke*, Das Berliner Testament ..., S. 30 f., der aber zu Recht betont, dass die Interessenlage im Einzelfall unterschiedlich sein kann; *Soutier* MittBayNot 2014, 511, 512.

126 Dazu § 2270 BGB Rdn. 21.

127 *Lange/Kuchinke* § 24 IV 1 Fn. 101a; s. auch § 2271 BGB Rdn. 58.

128 RGZ 113, 240; BayObLGZ 1951, 469; 1966, 61, 417; Rpfleger 1992, 200 = FamRZ 1992, 724; KG DNotZ 1956, 406, 410; Horn/Kroiß/*Horn*, Testamentsauslegung § 20 Rn. 15 ff.; *Muscheler* I Rn. 2094 ff.

129 *Lange/Kuchinke* § 24 IV 1 d.

130 BeckOGK/*Braun*, Stand 01.03.2019, Rn. 45; *Lange/Kuchinke* § 24 IV 1 d.

chen (wenngleich hier die Vorerbschaft mit die denkbar schlechteste Lösung ist), wie aber auch der Wunsch nach einer getrennten Vererbung des von beiden Ehegatten in die Ehe von vornherein eingebrachten Vermögens nach beiderseitigem Tod, weil nur einseitige oder gar keine Kinder vorhanden sind. Dabei soll es vor allem auf den – auch dem anderen – erkennbaren Willen des Ehegatten ankommen, der das Hauptvermögen besitzt.[131]

2. Maßgeblichkeit des Willens der Ehegatten

Bei der Auslegung der **wechselbezüglichen Verfügungen** eines gemeinschaftlichen Testaments, auch bei der ergänzenden, ist stets die **übereinstimmende Willensrichtung** beider Erblasser maßgebend.[132] Es ist zu prüfen, ob eine nach den Umständen mögliche Auslegung der Erklärung des einen Erblassers auch dem Willen des anderen entsprochen hat;[133] dabei kommt es auf den übereinstimmenden Willen zum Zeitpunkt der Testamentserrichtung an.[134] Lässt sich eine solche **Willensübereinstimmung nicht feststellen**, muss auf den Willen des Erblassers abgestellt werden, um dessen Verfügung es geht, jedoch mit der Besonderheit, dass gem. § 157 BGB eine Beurteilung aus der Sicht des anderen Ehegatten (Empfängersituation) stattfindet, da dieser sich auf den Erklärungswert der Erklärung einstellen können musste.[135] Oftmals wird dies dazu führen, dass die Auslegung nach dem reinen Wortlaut vorgenommen werden muss.[136] 32

Auch eine **ergänzende Auslegung** ist nach diesen Grundsätzen vorzunehmen; sie kann sich auch auf eine Ersatzschlusserbenbestimmung beziehen.[137] Nur wenn Zweifel bestehen bleiben, die auch nach Ermittlung aller in Betracht kommender Umstände nicht zu beseitigen sind, kann auf die Auslegungsregel des § 2269 BGB zurückgegriffen werden.[138] 33

3. Verhältnis zu § 2084 BGB

Die Auslegungsregel des § 2269 BGB tritt hinter die des § 2084 BGB zurück, wenn die letztwillige Verfügung des einen Ehegatten, etwa wegen Formmangels, nichtig ist und die des anderen bei Auslegung i.S.d. § 2269 BGB wegen ihrer Wechselbezüglichkeit nach § 2270 BGB gleichfalls unwirksam wäre, während sie bei einer anderen, ebenfalls möglichen Auslegung Erfolg haben könnte.[139] Jedoch stellt sich die Frage nach dem Konkurrenzverhältnis dieser Normen nur selten, denn § 2269 BGB findet nur dann Anwendung, wenn zumindest beide Ehegatten zugunsten des Dritten wirksam verfügt haben.[140] Wegen § 2270 Abs. 1 BGB führt aber im Zweifelsfall bereits die Nichtigkeit der einen Verfügung auch zur Unwirksamkeit der anderen. 34

4. Zu den Begriffen Vorerbe und Schlusserbe

Die Anordnung einer **Vor- und Nacherbschaft** ist anzunehmen, wenn die Ehegatten das **Auseinanderfallen** des zunächst nach dem Tode des einen von ihnen u.U. vereinigten Vermögens nach 35

---

131 KG DNotZ 1955, 408, 412; BayObLG NJW 1966, 1223.

132 BGH DNotZ 1953, 100 = LM Nr. 7 zu § 242; Palandt/*Weidlich* Rn. 5; s. Vorbem. zu §§ 2265 ff. Rdn. 62 f.

133 BGHZ 112, 229, 233 = NJW 1991, 169; NJW 1993, 256; BayObLGZ 1981, 79; 1993, 240, 246; NK-BGB/*Gierl* Rn. 37 f.

134 BGHZ 112, 229, 233.

135 BGH NJW 1993, 256; a.A. MünchKomm/*Musielak* Rn. 17 für zwischen den Ehegatten »nicht abgestimmte Verfügungen«, die vom anderen nur zur Kenntnis genommen werden.

136 BGH NJW 1951, 959 = LM Nr. 1 zu § 2084 BGB.

137 BayObLG NJW-RR 1991, 8 = FamRZ 1991, 234.

138 BGHZ 22, 366; WM 1973, 4; NK-BGB/*Gierl* Rn. 37; Palandt/*Weidlich* Rn. 5; s. auch Rdn. 6.

139 KG JW 1937, 1410; OLG München JFG 18, 8; NK-BGB/*Gierl* Rn. 41; Staudinger/*Kanzleiter* Rn. 7; MünchKomm/*Musielak* Rn. 24.

140 KG DNotZ 1943, 137, 139; NK-BGB/*Gierl* Rn. 41; MünchKomm/*Musielak* Rn. 24; a.M. KG JW 1937, 1410.

beider Tod in seine ursprünglichen Bestandteile wollen, etwa wenn die Verwandten des Mannes die Erben seines Nachlasses werden sollen und die der Frau des Vermögens der Frau.[141] Auch wenn der eine Ehegatte ein aus seinem Familienbesitz stammendes Grundstück, das im Wesentlichen seinen Nachlass ausmacht, zuerst seinem Ehepartner, wenn auch unter Verfügungsbeschränkung, zuwendet und außerdem verfügt, dass es nach dessen Tod einer bestimmten Person aus seinem Familienstamm »ohne weiteres zufallen« soll, kann darin die Anordnung einer Nacherbfolge gesehen werden.[142] Wenn in einem gemeinschaftlichen Testament von Ehegatten, die in Gütergemeinschaft leben, bestimmte Grundstücke aus dem Gesamtgut nach dem Tod des Überlebenden bestimmten Abkömmlingen zugedacht werden, kann dies eine Nacherbeneinsetzung sein.[143]

36 Für die Anordnung einer Vor- und Nacherbfolge spricht auch, wenn den Kindern besondere **Kontrollrechte** eingeräumt sein sollen.[144] Der ausdrückliche Gebrauch der Worte »Vorerbe« und »Nacherbe« in einem gemeinschaftlichen Testament ist nicht unbedingt entscheidend, weil nicht feststeht, dass Ehegatten diese Begriffe rechtlich zutreffend erfasst und gebraucht haben.[145] Entscheidend ist vielmehr, welche Vorstellungen die Ehegatten von der Vererbung ihres Vermögens hatten, insb. ob dem Längerlebenden die freie Verfügung belassen werden sollte.[146] Das gilt besonders bei **privaten Testamenten von Laien**, denen die einschlägigen Rechtsbegriffe nicht ausreichend geläufig sind.[147] Die Erfahrung zeigt, dass die Bezeichnung der Kinder als »Nacherben« nach dem Tod des Letztversterbenden häufig nicht im gesetzestechnischen Sinn als Vor- und Nacherbfolge gemeint ist, sondern lediglich von der zeitlich geprägten Vorstellung herrührt, dass die Kinder erst nach dem Tod des letztversterbenden Elternteils als Erben des beiderseitigen Vermögens bedacht sind.[148]

37 Enthält das Testament eine sog. **Pflichtteilsklausel**, wonach die beim Tod des erstversterbenden Ehegatten den Pflichtteil verlangenden Abkömmlinge auch beim Tod des länger lebenden Ehegatten lediglich den Pflichtteil verlangen können, so soll dies eine typische Sanktion des Berliner Testaments und daher ein gewichtiges Indiz für das Vorliegen eines solchen sein.[149] Dem kann so nicht zugestimmt werden, denn entgegen dem OLG Düsseldorf ergibt eine solche Klausel nicht nur beim Berliner Testament »Sinn«,[150] denn auch bei der Trennungslösung kann bereits nach dem ersten Erbfall der Nacherbe seine Erbschaft ausschlagen (§ 2142 Abs. 1 BGB), womit grundsätzlich die gleiche Situation wie beim Berliner Testament eintritt, der Abkömmling nunmehr den Pflichtteil verlangen (§ 2306 Abs. 2 BGB) und dann ohne die enterbende Funktion der Pflichtteilsklausel u.U. dennoch Erbe des Nachlasses des Längerlebenden werden.

38 Bedeutsamer ist die Verwendung der Ausdrücke Vor- und Nacherbschaft in einem **notariellen Testament**, insbesondere bei Errichtung eines solchen durch Erklärung zur Niederschrift eines

---

141 RGZ 79, 277; 113, 234; BayObLG NJW 1966, 1223; OLG Hamm FamRZ 2003, 1503; Palandt/*Weidlich* Rn. 7; vgl. auch MünchKomm/*Musielak* Rn. 13.

142 BayObLG FamRZ 1996, 1502.

143 BayObLG FamRZ 1988, 542.

144 RGZ 60, 118; BeckOGK/*Braun*, Stand 01.03.2019, Rn. 49.1; BeckOK/*Litzenburger* Rn. 15.

145 BGH NJW 1983, 277; Burandt/Rojahn/*Braun* Rn. 15; BeckOK/*Litzenburger* Rn. 14; MünchKomm/*Musielak* Rn. 19 m.w.N.

146 RG LZ 1919, 1187; KG DNotZ 1955, 408; 1956, 406, 410; OLGZ 1987, 1 = NJW-RR 1987, 451; BayObLGZ 1966, 419; BayObLG MDR 1990, 1118; FamRZ 1992, 1476 = NJW-RR 1992, 200; FamRZ 1999, 814, 815 = ZEV 1999, 311 (LS); OLG Hamm FamRZ 1996, 312; OLG Hamm FamRZ 2003, 1503 = Rpfleger 2003, 505; OLG Karlsruhe OLGZ 1969, 495; NK-BGB/*Gierl* Rn. 48; MünchKomm/*Musielak* Rn. 19.

147 OLG München JFG 15, 246; BayObLGZ 1966, 419; BGH NJW 1983, 277; BayObLG FamRZ 1999, 814, 815; OLG Düsseldorf ZEV 1996, 310 m. Anm. *Edenfeld* = FamRZ 1996, 1567 m. Anm. *Leipold*.

148 OLG Hamm FamRZ 1996, 312, 314 f.; Burandt/Rojahn/*Braun* Rn. 15; *Lange/Kuchinke* § 24 IV 1 b.

149 OLG Düsseldorf ZEV 1996, 310 m. Anm. *Edenfeld* = FamRZ 1996, 1567 m. Anm. *Leipold*; zu den diesbezüglichen Auslegungsfragen auch Horn/Kroiß/*Horn*, Testamentsauslegung § 21 Rn. 31.

150 Ebenso *Frohn* Rpfleger 1997, 340.

Notars.[151] Dann darf in der Regel davon ausgegangen werden, dass der Notar die verwendeten Rechtsbegriffe den Beteiligten, soweit nötig, erläutert, ihren wahren Willen erforscht und sich bemüht hat, diesen Willen klar wiederzugeben (§ 17 BeurkG). Diese Annahme kann freilich ausnahmsweise nicht gerechtfertigt sein, wenn der sonstige Inhalt des Testaments nicht dem Sinn der verwendeten Rechtsbegriffe entspricht.[152] Denn selbst in einem notariellen Testament kann der Erblasserwille unpräzise oder unrichtig erfasst sein.[153] Für die Auslegung kommt es dabei nicht darauf an, welchen Sinn der Notar mit den in der Urkunde verwendeten Begriffen verbunden hat, sondern darauf, wie die Erblasser sie aufgefasst haben.[154]

Die Bezeichnung des Dritten als **Nacherben** des zuletzt versterbenden Ehegatten steht der Auslegung des Testaments i.S.d. § 2269 BGB schon deswegen **nicht entgegen**, weil sie, wörtlich genommen, rechtlich unmöglich ist, denn der Dritte ist als Nacherbe bereits Erbe des Erstversterbenden der Ehegatten.[155] Zur Abgrenzung Vorerbschaft/Nießbrauchsvermächtnis s. Rdn. 45. 39

Der »**Alleinerbe**« (Gegensatz: Miterbe) ist nicht dasselbe wie der »**Vollerbe**« (Gegensatz: Vorerbe). Die Berufung des überlebenden Ehegatten zum »Alleinerben« schließt die Annahme von Vor- und Nacherbfolge nicht aus; denn auch der alleinige Vorerbe ist Alleinerbe.[156] Freilich ist der Ausdruck »Vollerbe« bei Laien nicht sehr gebräuchlich, und es kann sein, dass die Bezeichnung »Alleinerbe« oder »ausschließlicher Erbe« (was eindeutiger ist) gewählt wird, um den Gedanken an eine bloße Vorerbschaft auszuschließen, weil sie dem Bedachten die Stellung eines Vollerben einräumen wollen.[157] Unter »**Schlusserben**« sind regelmäßig die Erben des Letztversterbenden der beiden Ehegatten bei der Einheitslösung zu verstehen; jedoch ist auch bei diesem Begriff eine Auslegung möglich. Diese kann dazu führen, dass eine gegenseitige Vollerbeneinsetzung der Ehegatten nur deshalb unterblieb und daher im Wege der Auslegung anzunehmen ist, weil sie infolge der vorgenommenen »Schlusserben«-Einsetzung als selbstverständlich vorausgesetzt worden ist.[158] Der Begriff des **Universalerben** ist auslegungsfähig; darunter wird zwar regelmäßig als quantitativer Unterschied zum Miterben ein Alleinerbe verstanden,[159] dies kann aber auch nur ein Vorerbe sein.[160] 40

Gerade bei der Anordnung von Vor- und Nacherbfolge in gemeinschaftlichen Testamenten werden oftmals **konstruktive Fehler** gemacht, die zu einem erheblichen Regelungsdefizit führen:[161] Wird von jedem Ehegatten hinsichtlich seines Nachlasses nur angeordnet, dass der länger lebende Ehepartner Vorerbe ist, ein Dritter aber Nacherbe, **so fehlt** es hinsichtlich des Nachlasses **des Längerlebenden** an einer ausreichenden **Erbeinsetzung**. Denn beim Tod des Erstversterbenden wird dessen Vorerbeneinsetzung durch den Überlebenden unwirksam (§ 1923 Abs. 1 BGB), was auch zum Wegfall der Nacherbeneinsetzung des Dritten führt. Hier hilft die Rspr. mit der großzügigen Auslegung, dass der Dritte, der zunächst nur als Nacherbe des Nachlasses des Erstversterbenden berufen ist, über die Auslegungsregel des § 2102 Abs. 1 BGB zugleich Ersatzerbe und damit auch 41

151 § 2232; RGZ 160, 109; OLG Bremen ZEV 1994, 365: »Da das gemeinschaftliche Testament notariell beurkundet worden ist, bestehen an der zutreffenden Niederlegung des insoweit Gewollten keinerlei erkennbare Anhaltspunkte für begründete Zweifel«; NK-BGB/*Gierl* Rn. 49; Palandt/*Weidlich* Rn. 6.

152 Vgl. RG DRW 1944, 493; BGH BeckRS 1951, 31397621; Damrau/Tanck/*Klessinger*, Erbrecht, Rn. 2; Palandt/*Weidlich* Rn. 6.

153 KG Rpfleger 1987, 110 = NJW-RR 1987, 451; Beispiel hierfür OLG Hamm JZ 1994, 628.

154 OLG München JFG 15, 246; KG DR 1943, 1108; BGH LM Nr. 1 § 2100 BGB; NK-BGB/*Gierl* Rn. 49; RGRK-BGB/*Johannsen* Rn. 8; Staudinger/*Kanzleiter* Rn. 27; MünchKomm/*Musielak* Rn. 18; Palandt/*Weidlich* Rn. 6.

155 RG JR 1925 Nr. 1016; OLG Frankfurt OLGZ 1972, 122; NK-BGB/*Gierl* Rn. 48; RGRK-BGB/*Johannsen* Rn. 8; MünchKomm/*Musielak* Rn. 19.

156 OLG Köln HEZ 3, 36; NK-BGB/*Gierl* Rn. 50; MünchKomm/*Musielak* Rn. 20.

157 NK-BGB/*Gierl* Rn. 50; Staudinger/*Kanzleiter* Rn. 29; *Schiedermair* DR 1939, 937.

158 BayObLG NJW 1967, 1136; Staudinger/*Kanzleiter* Rn. 30.

159 NK-BGB/*Gierl* Rn. 50; Damrau/Tanck/*Klessinger*, Erbrecht, Rn. 3.

160 BayObLGZ 1997, 59, 65 f.

161 Vgl. *Lange/Kuchinke* § 24 IV 1 f.

als Schlusserbe des Nachlasses des Längerlebenden anzusehen ist. Denn die Einsetzung zum Nacherben ist stets an die Bedingung geknüpft, dass der als Vorerbe Bedachte den Erblasser überlebt.[162] Wegen dieser Rspr. ist auch eine solche »verunglückte« Verfügung gerade kein Indiz dafür, dass von den Ehegatten eigentlich die Einheitslösung gewollt war. Vorrangig bleibt aber auch in diesen Fällen die individuelle Auslegung.[163] War die durch das Vorversterben entfallene Nacherbenbestimmung wechselbezüglich (§ 2270 BGB) zu der wirksam gewordenen Nacherbeneinsetzung, ist i.d.R. davon auszugehen, dass auch die nach den vorstehenden Grundsätzen angenommene Schlusserbeneinsetzung wechselbezüglich ist.[164] Dagegen enthält im Anschluss an eine Einsetzung des anderen Ehegatten zum Vorerben die Wendung, »zum Ersatzerben, also insbesondere auch zum Erben in dem Fall, dass ich nach meinem Ehemann versterbe, ernenne ich …« auch eine Schlusserbenbestimmung.[165]

5. Vermögenslosigkeit eines Ehegatten

42 Der Umstand, dass ein Ehegatte vermögenslos ist oder doch ein erheblich geringeres Vermögen besitzt als der andere, wurde in der älteren Rechtsprechung öfters zugunsten der Annahme von Vor- und Nacherbfolge verwertet, weil in solchen Fällen der reichere Ehegatte u.U. Wert darauf lege, dass die Substanz seines Vermögens unvermindert auf den Dritten übergehe.[166] In neuerer Zeit wird diesem Umstand geringere Bedeutung beigemessen. So erklärte bereits 1966 das BayObLG,[167] die Vermögenslosigkeit des überlebenden Ehegatten allein zwinge nicht zur Annahme von Vor- und Nacherbschaft, könne allenfalls als ein Hinweis auf eine solche Anordnung aufgefasst werden.[168] Vielmehr besteht auch bei unterschiedlich großem Vermögen der Ehegatten die Möglichkeit, dass diese das Vermögen wirtschaftlich als einheitliches sehen und damit auch eine erbrechtlich einheitliche Behandlung im Sinne der Einheitslösung wollen, so dass die unterschiedliche Vermögensverteilung kein bestimmendes Auslegungskriterium ist.[169] Entscheidend sind daher letztlich immer die Umstände des Einzelfalls; lässt sich im Wege der individuellen Auslegung kein Erblasserwille eindeutig ermitteln, dann ist nach der Auslegungsregel des § 2269 BGB die Einheitslösung anzuwenden.[170] Dieser liegt auch der richtige Gedanke zugrunde, dem Überlebenden eine freiere Stellung einzuräumen, was i.d.R. dem Willen der Ehegatten entspricht.[171]

6. Verweisung auf die gesetzliche Erbfolge

43 Die in einem gemeinschaftlichen Testament enthaltene Anordnung »bezüglich unseres übrigen Nachlasses verbleibt es bei den gesetzlichen Bestimmungen« ist auslegungsfähig; sie kann eine testamentarische Einsetzung der gesetzlichen Erben enthalten, aber auch nur einen Hinweis, dass

---

162 BGH FamRZ 1987, 475, 476; NJWE-FER 1999, 37, 38 = ZEV 1999, 26 (unter Verwechslung, wer eigentlich wen zum Ersatzerben beruft); KG OLGZ 1987, 1, 5 = NJW-RR 1987, 451, zustimmend *Nehlsen/v. Stryk* DNotZ 1988, 147; OLG Hamburg FGPrax 1999, 225; OLG Hamm NJW-RR 1993, 1225 = JZ 1994, 628 m. Anm. *Muscheler*; OLG Köln ZEV 2000, 232, 233 = MittBayNot 2000, 238; OLG Jena FamRZ 1994, 1208; OLG Oldenburg FamRZ 1999, 1537 = MDR 1999, 232; OLG Hamm FamRZ 2002, 201, 202; OLG Hamm Rpfleger 2005, 262; OLG Karlsruhe NJW-RR 2003, 582; OLG Schleswig FamRZ 2014, 695, 697 f.; OLG Hamm FamRZ 2014, 341, 342 f.; MünchKomm/*Grunsky* § 2102 Rn. 4; *Lange/Kuchinke* § 24 IV 1 f. m.w.N.; *M. Rudolf* § 2 Rn. 149 ff.; a.M. OLG Karlsruhe FamRZ 1970, 255; OLG München JFG 15, 246.

163 BayObLG FamRZ 1992, 476, 477.

164 *Lange/Kuchinke* § 24 IV 1 f.

165 Vgl. LG München I FamRZ 1999, 533, 534.

166 RGZ 79, 278; KG DNotZ 1955, 408; 1956, 406, 410; a.M. *Freilich* RG Recht 1914 Nr. 944.

167 BayObLGZ 1966, 49 = NJW 1966, 1223; ähnlich BayObLG FamRZ 1984, 211.

168 OLG München ZEV 2012, 367; Burandt/Rojahn/*Braun* Rn. 17; Palandt/*Weidlich* Rn. 7.

169 OLG München ZEV 2012, 367; NK-BGB/*Gierl* Rn. 52; RGRK-BGB/*Johannsen* Rn. 7; Erman/*Kappler/Kappler* Rn. 9; BeckOK/*Litzenburger* Rn. 18; MünchKomm/*Musielak* Rn. 22; Soergel/*M. Wolf* Rn. 17.

170 NK-BGB/*Gierl* Rn. 52; MünchKomm/*Musielak* Rn. 22.

171 Staudinger/*Kanzleiter* Rn. 32.

die Ehegatten gerade keine testamentarische Verfügung treffen wollten.[172] Welche Auslegung die richtige ist, bestimmt sich nach den Umständen des Einzelfalls.[173] Ordnen die Ehegatten an, dass ihr (beiderseitiges) Vermögen nach dem Tode des Letztversterbenden an ihre (beiderseitigen) Verwandten oder ihre (beiderseitigen) gesetzlichen Erben fallen solle, ist nach § 2269 BGB im Zweifel anzunehmen, dass die Bedachten das beiderseitige Vermögen, soweit es beim zweiten Erbfall noch vorhanden ist, als Erben des letztversterbenden Ehegatten (somit als Schlusserben) einheitlich, also ohne Rücksicht auf seine Herkunft von dem Mann oder von der Frau, erhalten sollen.[174] Durch Auslegung ist in Zweifelsfällen dann weiter festzustellen, ob die Bedachten

- nach **Kopfteilen** berufen sind (vgl. § 2091 BGB) oder
- das restliche Gesamtvermögen auf die **beiden Gruppen der Verwandten je zur Hälfte** fällt, was wohl vorzuziehen sein dürfte.[175] Im Zweifelsfall sind dann die Erbquoten innerhalb dieser Gruppen entsprechend der Auslegungsregel des § 2067 BGB im Verhältnis der jeweiligen gesetzlichen Erbteile zu bestimmen[176] oder
- nach dem **Verhältnis der Werte das beiderseitige Vermögen** zu verteilen ist.[177] Maßgebend sind im Zweifel die Werte zur Zeit des zweiten Erbfalls.[178]

Die Bestimmung der einzelnen bedachten Personen (innerhalb der Gruppen der Verwandten oder der gesetzlichen Erben) und die Festsetzung ihrer Erbteile kann in solchen Fällen aber auch dem überlebenden Ehegatten überlassen werden.[179] Dies verstößt nicht gegen § 2065 Abs. 2 BGB, weil der überlebende Ehegatte bei der Einheitslösung Vollerbe des erstversterbenden Ehegatten ist, so dass er bei der Bestimmung der einzelnen Erben oder ihrer Erbteile über seinen eigenen Nachlass verfügt.[180] Vielmehr handelt es sich um eine (spezifizierte) **Freistellungsbefugnis**.

Im Zweifelsfall kommen als Schlusserben oder Nacherben die Verwandten oder gesetzlichen Erben 44
des erstverstorbenen Ehegatten in Betracht, die zur Zeit des **zweiten Erbfalls** seine gesetzlichen Erben wären, nicht nur die, die ihn bereits im ersten Erbfall beerbt hätten, denn es ist i.d.R. anzunehmen, dass es nicht auf die Erbeinsetzung bestimmter Personen ankommt, sondern auf die Weitervererbung im Stamm.[181]

7. Zuweisung von Verwaltungs- und Besitzrechten, reine Ertragsbeteiligung

Eine weitere Gestaltungsmöglichkeit unter Ehegatten ist, bereits im ersten Erbfall einen Dritten, 45
i.d.R. eines der Kinder, zum Erben zu berufen, und dem überlebenden Ehegatten ein Nießbrauchsvermächtnis zuzuwenden.[182] Gegenstand des Nießbrauchs kann dabei der gesamte Nachlass, ein bestimmter Erbteil oder auch nur ein (besonders wertvoller) Nachlassgegenstand, etwa eine Immo-

172 BayObLGZ 1965, 53 = NJW 1965, 916; NK-BGB/*Gierl* Rn. 71; MünchKomm/*Musielak* Rn. 23.

173 Damrau/Tanck/*Klessinger*, Erbrecht, Rn. 26; MünchKomm/*Musielak* Rn. 23.

174 NK-BGB/*Gierl* Rn. 69; Staudinger/*Kanzleiter* Rn. 35; MünchKomm/*Musielak* Rn. 41; *Planck/Greiff* Abs. 2 Satz 2d.

175 OLG München ZEV 2012, 367.

176 MünchKomm/*Musielak* Rn. 41.

177 Vgl. §§ 2066, 2067 BGB; BGH LM Nr. 2 zu § 2270 BGB; BayObLGZ vom 22.01.1952 II 216/51; RGZ 79, 278; Staudinger/*Kanzleiter* Rn. 35; vgl. oben Rdn. 18.

178 KG JW 1934, 1423; *Kipp/Coing* § 79 Fn. 13; Staudinger/*Kanzleiter* Rn. 35; a.A. MünchKomm/*Musielak* Rn. 41, weil im zweiten Erbfall nicht mehr feststellbar wäre, welches Vermögen von wem stammt. Jedoch sind meist schon die Werte im Zeitpunkt des ersten Erbfalls nicht mehr ermittelbar.

179 OLG Oldenburg OLGZ 6, 178; BayObLGZ vom 22.01.1952 II 216/51; Staudinger/*Kanzleiter* Rn. 36.

180 RGRK-BGB/*Johannsen* Rn. 30; Staudinger/*Kanzleiter* Rn. 36; MünchKomm/*Musielak* Rn. 42.

181 §§ 2066, 2067, 2104 BGB; vgl. Mot V 338; OLG München JFG 14, 471; Staudinger/*Kanzleiter* Rn. 37; MünchKomm/*Musielak* Rn. 42.

182 Vgl. etwa auch Damrau/Tanck/*Klessinger*, Erbrecht, Rn. 15 f.; BeckOK/*Litzenburger* Rn. 30; zu den Vor- und Nachteilen der Nießbrauchslösung s. jurisPK/*Reymann* Rn. 17; zur Gestaltung s. etwa BeckOF-Vertrag/*Sammet* Muster 5.1.4.3.

bilie sein.[183] Damit hat der überlebende Ehegatte keine Verfügungsmöglichkeit über den Nachlass mehr, sondern nur die Nutzung an den dem Nießbrauch unterliegenden Vermögenswerten. Die Stellung des Nießbrauchers kann dadurch verstärkt werden, dass er zugleich zum Testamentsvollstrecker nach § 2209 BGB ernannt wird.[184] Damit wird eine Art Dispositionsnießbrauch erzielt. Derartige Gestaltungen finden sich im Rahmen des sog. »württembergischen Modells«.[185]

Wenn die Anordnungen nicht klar formuliert werden, entstehen **Abgrenzungsprobleme**, insbesondere in eigenhändigen Testamenten. Bestimmen etwa die Ehegatten, der Überlebende von ihnen solle bis an sein Lebensende den vollen Besitz und Genuss oder die Verwaltung und den Genuss des gemeinschaftlichen Vermögens behalten und zur freien Verfügung unter Lebenden befugt sein, bei seinem Tode soll dann der noch vorhandene beiderseitige Nachlass an die Kinder fallen, so ist der überlebende Ehegatte **Vollerbe**, nicht nur befreiter Vorerbe und auch nicht nur Nießbrauchsvermächtnisnehmer.[186] Wenn jedoch die Eheleute sich nur das Recht der Verwaltung und die Nutzziehung am Nachlass des erstversterbenden Ehegatten zuwenden, dann ist entweder Vor- und Nacherbfolge oder **Testamentsvollstreckung** nebst **Nießbrauchsvermächtnis** anzunehmen.[187] Für die Auslegung ist dabei nicht der buchstäbliche Wortlaut, sondern der eigentliche Wille des Testierenden maßgeblich.[188] Daher kann trotz der Verwendung der Begriffe Vor- und Nacherbschaft ein Nießbrauchsvermächtnis gewollt sein (§§ 1089, 2147 ff. BGB). Bei einer **Vor- und Nacherbschaft** muss beabsichtigt sein, dass dem längerlebenden Ehegatten das Eigentum am Nachlass, wenn auch nur auf Zeit und mit den kennzeichnenden Verfügungs- und Verwaltungsbeschränkungen, zufallen soll. Für eine Vor- und Nacherbschaft spricht daher, wenn der Überlebende unmittelbar als Rechtsnachfolger in die Stellung des Erstversterbenden eintreten soll[189] oder es heißt, dass der überlebende Ehegatte nur gemeinschaftlich mit dem als Erben eingesetzten Dritten den Nachlass verwalten darf oder wenn den Kindern der Erblasser ein Überwachungsrecht eingeräumt ist.[190] Soll der Dritte nicht am Nachlass beteiligt sein, so kommt nur die Annahme einer Testamentsvollstreckung in Frage. Lässt sich nach dem wahren Willen des Testierenden nicht ermitteln, ob Vorerbschaft oder Nießbrauchsvermächtnis gewollt war, kann für die ergänzende Auslegung auch herangezogen werden, welche Alternative erbschaftsteuerlich günstiger wäre, wobei dies i.d.R. für die Nießbrauchsvariante spricht.[191] Rein im Begrifflichen bleibt jedoch die Abgrenzungsempfehlung, dass es darauf ankomme, ob nach dem Erblasserwillen dem Überlebenden lediglich ein schuldrechtlicher Anspruch auf eine Nutzungsberechtigung eingeräumt werde.[192]

46 Die **Trennungslösung** (Vor- und Nacherbfolge) wird im Allgemeinen anzunehmen sein, wenn der überlebende Ehegatte nur über den Ertrag des Nachlasses des Erstversterbenden verfügen können soll, die Substanz also nicht antasten darf.[193] Verbleiben immer noch Auslegungszweifel, ob die Einheits- oder die Trennungslösung vorliegt, ist auch insoweit die Auslegungsregel des § 2269 BGB anwendbar.[194]

---

183 Zu den Ausgestaltungsmöglichkeiten s. Nieder/Kössinger/*R. Kössinger*, Handbuch der Testamentsgestaltung, § 10 Rn. 167 ff.

184 Nieder/Kössinger/*R. Kössinger*, Handbuch der Testamentsgestaltung, § 10 Rn. 170; *Rohlff* DNotZ 1971, 518, 519.

185 *Bühler* BB 1997, 557 (auch zu steuerlichen Überlegungen); *Keller* BWNotZ 1970, 49, 53; ausf. zur steuerlichen Seite, aber auch den zivilrechtlichen Risiken *J. Mayer* DStR 2004, 1409 ff.

186 RGZ 113, 234, 240; KGJ 20, 288; KG DNotZ 1942, 223; Damrau/Tanck/*Klessinger*, Erbrecht, Rn. 16; a.M. MünchKomm/*Musielak* Rn. 21: Auslegung in beiden Richtungen offen.

187 RG OLGZ 21, 337; OLG Darmstadt OLGZ 34, 291; NK-BGB/*Gierl* Rn. 54; Staudinger/*Kanzleiter* Rn. 33; anders KG OLGZ 32, 70; 43, 397.

188 Staudinger/*Behrens* § 2100 Rn. 15 ff.; *Schlieper* MittRhNotK 1997, 249, 251.

189 NK-BGB/*Gierl* Rn. 54.

190 RGZ 60, 115; NK-BGB/*Gierl* Rn. 54; MünchKomm/*Musielak* Rn. 21; Soergel/*M. Wolf* Rn. 17.

191 BayObLG NJW 1960, 1765, 1766 (allerdings noch zum alten ErbStG); Rpfleger 1981, 64.

192 So NK-BGB/*Gierl* Rn. 54.

193 KG DFG 1936, 34; KG ErbR 2019, 186; BeckOK/*Litzenburger* Rn. 15; MünchKomm/*Musielak* Rn. 21.

194 *Lange*/*Kuchinke* § 24 IV 1 b; Damrau/Tanck/*Klessinger*, Erbrecht, Rn. 16; MünchKomm/*Musielak* Rn. 21.

V. Die Einheitslösung

1. Rechtslage zu Lebzeiten beider Ehegatten

Zu Lebzeiten beider Ehegatten sind sie durch das gemeinschaftliche Testament in der Verfügung über ihr Vermögen unter Lebenden in keiner Weise beschränkt.[195] Findet ein Ehegatte, dass eine solche Verfügung mit den Beweggründen oder Zielen des gemeinschaftlichen Testamentes nicht vereinbar sei, so kann er seine in dem gemeinschaftlichen Testament enthaltenen letztwilligen Verfügungen jederzeit widerrufen.[196] In der Verfügung von Todes wegen ist zu Lebzeiten beider Ehegatten jeder von ihnen grundsätzlich frei, jedoch ist der einseitige Widerruf einer **wechselbezüglichen Verfügung** an eine besondere Form gebunden (§ 2271 Abs. 2 BGB) und außerdem muss der widerrufende Ehegatte in Kauf nehmen, dass dann auch die wechselbezüglichen Verfügungen des anderen Ehegatten, insbesondere auch die ihn begünstigenden, außer Kraft treten (§ 2270 Abs. 1 BGB).[197] 47

2. Rechtslage nach dem 1. Erbfall

Nach dem ersten Erbfall (Tod des erstversterbenden Ehegatten) gestaltet sich die Rechtslage folgendermaßen: 48

a) Die Rechtsstellung des überlebenden Ehegatten

Bei der Einheitslösung wird der überlebende Ehegatte Vollerbe, nicht bloß Vorerbe des Erstversterbenden.[198] Über das geerbte Vermögen kann er grundsätzlich ebenso frei verfügen wie über sein eigenes.[199] Das vom verstorbenen Ehegatten stammende Vermögen vereinigt sich mit dem des überlebenden Ehegatten zu einem einheitlichen Vermögen, das bei dessen Tod – soweit noch vorhanden – geschlossen auf den »Dritten« als Erben (Vollerben) des überlebenden Ehegatten (nicht Nacherben des erstverstorbenen Ehegatten) übergeht; man bezeichnet den oder die Dritten auch als »Schlusserben«.[200] 49

aa) Nachlass des Erstversterbenden

Als Vollerbe kann der überlebende Ehegatte unter Lebenden grundsätzlich frei über den Nachlass des verstorbenen Ehegatten verfügen.[201] § 2286 BGB ist entsprechend anzuwenden.[202] Die Beschränkungen der Verfügungsbefugnis des Vorerben (§§ 2113 ff. BGB) gelten nicht.[203] Als Vollerbe ist der überlebende Ehegatte auch freier gestellt als der befreite Vorerbe, denn im Gegensatz zu diesem (§§ 2136, 2137, 2113 Abs. 2 BGB) darf er grundsätzlich auch Gegenstände aus dem Nachlass des anderen Ehegatten verschenken. Wenn freilich seine Berufung zum Erben des erstversterbenden Ehegatten wechselbezüglich ist zu seinen eigenen letztwilligen Anordnungen (§ 2270 BGB), darf der überlebende Ehegatte keine beeinträchtigenden Schenkungen i.S.d. **§§ 2287, 2288 BGB** vornehmen (sei es aus dem Nachlass des erstverstorbenen Ehegatten, sei es aus seinem sonstigen Vermögen). Denn die §§ 2287, 2288 BGB sind auf unwiderruflich gewordene, wechselbezügliche Verfügungen des gemeinschaftlichen Testaments **entsprechend** anzuwenden.[204] Eine Ausnahme von diesem Grundsatz ist aber angezeigt, wenn dem überlebenden Ehegatten in 50

195 RG LZ 1920, 698; NK-BGB/*Gierl* Rn. 19; Staudinger/*Kanzleiter* Rn. 12.

196 *Planck/Greiff* VII zu § 2271; § 2271 Abs. 1 Satz 1 BGB.

197 Einen Überblick über die Vor- und Nachteile der Einheitslösung aus der Sicht der Kautelarpraxis gibt Groll/Steiner/*Edenfeld*, Praxis-Handbuch Erbrechtsberatung Rn. 11.35.

198 RGZ 79, 277; 160, 109; *Schiedermair* DRW 1939, 937; zu den Begriffen s. Rdn. 40.

199 S. aber Rdn. 50; BeckOGK/*Braun*, Stand 01.03.2019, Rn. 68.

200 RGZ 58, 64; KG KGJ 26, A 51.

201 KG OLGZ 36, 237; OGHZ 2, 160.

202 BGH DNotZ 1965, 357; § 2286 BGB Rdn. 6.

203 RGZ 56, 64.

204 BGHZ 31, 13, 16; 82, 274; Palandt/*Weidlich* Rn. 10.

dem gemeinschaftlichen Testament völlige Verfügungsfreiheit, insbesondere auch die Freiheit zur Errichtung abweichender letztwilliger Verfügungen, eingeräumt ist.[205] Sind mehrere Schlusserben berufen, so steht der Anspruch gegen den Beschenkten nach § 2287 BGB nicht allen Miterben zur gesamten Hand zu, vielmehr kann jeder Schlusserbe die Herausgabe eines seinem Erbteil entsprechenden Teils des Geschenks fordern.[206] Der Anspruch ist nicht dadurch ausgeschlossen, dass der Schlusserbe nur auf das nach dem zweiten Erbfall noch vorhandene Vermögen eingesetzt war; denn diese Beschränkung ist bei der Einheitslösung gegenstandslos, weil der Schlusserbe begrifflich nur das erwirbt, was beim zweiten Erbfall vom Vermögen des Letztversterbenden noch vorhanden ist.[207]

bb) Eigenes Vermögen des Längerlebenden

51 Über sein »eigenes« Vermögen, also über alles, was er nicht von dem erstverstorbenen Ehegatten erlangt hat, kann der überlebende Ehegatte **unter Lebenden grundsätzlich frei verfügen**. Diese Verfügungsbefugnis kann auch nicht in dem gemeinschaftlichen Testament beschränkt werden.[208] Schranken ergeben sich nur in Ausnahmefällen aus den allgemeinen Vorschriften der §§ 134, 138, 826 BGB,[209] sowie mittelbar durch die entsprechende Anwendung der §§ 2287, 2288 BGB.[210]

52 **Erbrechtlich** ist der überlebende Ehegatte an seine wechselbezüglichen Verfügungen gebunden, d.h. er kann sie nur ausnahmsweise durch eine neue Verfügung von Todes wegen widerrufen, aufheben oder zuungunsten des Bedachten ändern bei

(1) Ausschlagung des ihm Zugewendeten (§ 2271 Abs. 2 Satz 1, Halbs. 2 BGB);
(2) Verfehlungen des Bedachten (§§ 2271 Abs. 2 Satz 2, 2294, 2333 ff. BGB);
(3) vorzeitigem Tod des Bedachten (§§ 1923, 2160, 2069 BGB);
(4) Ausschlagung seitens des Bedachten (§§ 1953, 2180 Abs. 3 BGB);
(5) Zuwendungsverzicht des Bedachten (§ 2352 BGB);
(6) Erbunwürdigkeit des Bedachten (§ 2344 BGB);
(7) erfolgreicher Anfechtung der wechselbezüglichen Verfügungen durch den überlebenden Ehegatten selbst (§§ 2078, 2281 BGB entsprechend);
(8) erfolgreicher Anfechtung der wechselbezüglichen Verfügungen des verstorbenen Ehegatten durch ihn selbst, durch den überlebenden Ehegatten oder durch Dritte;
(9) Änderungsvorbehalten (Freistellungsklauseln).[211]

53 Zu beachten ist, dass in den Fällen (3) bis (6) der Erblasser nur dann seine Testierfreiheit wiedergewonnen hat, wenn **kein Ersatzberufener** infolge Auslegung oder gesetzlicher Auslegungsregel an seine Stelle tritt. In den Fällen von (1), (7) und (8) kommt es grundsätzlich wegen § 2270 Abs. 1 BGB auch zum Wegfall der anderen, wechselbezüglichen Verfügung, mag diese für den Längerlebenden auch zunächst günstig gewesen sein.

b) Rechtsstellung des Dritten

aa) Anwartschaft oder tatsächliche Aussicht vor dem Erbfall

54 Anders als beim Erbvertrag, der ein echter Vertrag ist, gründet sich die Rechtsstellung des bedachten Dritten nicht auf eine vertragliche Grundlage. Die wechselbezügliche Einsetzung des Dritten zum Erben ist kein Vertrag zugunsten Dritter (§ 328 BGB). Auch wenn nach dem Tod des ersten Ehegatten hinsichtlich der **wechselbezüglichen Verfügungen** eine Bindungswirkung eintritt, besteht

---

205 BGH vom 08.10.1953, IV ZR 20, 53; eingehend zum Änderungsvorbehalt § 2271 BGB Rdn. 67 ff.
206 RGZ 77, 7; BGH FamRZ 1961, 78; Palandt/*Weidlich* § 2287 Rn. 11; ausf. dazu unten § 2287 BGB Rdn. 109.
207 RG Recht 1926 Nr. 2147.
208 § 137 BGB; BGHZ 12, 115, 123; *Planck/Greiff* VII zu § 2271.
209 Zu § 826 BGB s. § 2286 BGB Rdn. 13.
210 S. § 2271 BGB Rdn. 118.
211 vgl. § 2271 BGB Rdn. 67 ff.

diese nicht aufgrund eines Rechtsverhältnisses mit dem Dritten selbst, sondern beruht allein auf der Beziehung mit dem Erstverstorbenen. Die sich aus der Bindung ergebenden Wirkungen sind für den Dritten vielmehr nur ein Reflex.[212] Trotzdem wird diese Rechtsstellung des bedachten Dritten (Schlusserbe, Schlussvermächtnisnehmer) vor dem zweiten Erbfall auch bei der Einheitslösung vielfach als Anwartschaft bezeichnet.[213] Ein echtes **Anwartschaftsrecht**, als Vorstufe zum Erwerb eines Rechts, hat der Begünstige nicht.[214] Kennzeichen eines Anwartschaftsrechts ist die selbständige Übertragbarkeit und die ausreichende Sicherung der Rechtsposition,[215] wenngleich das Anwartschaftsrecht sicherlich nicht als fest umrissener Rechtsbegriff zu verstehen ist, sondern im Wege einer typologischen Betrachtung bestimmt werden muss.[216] Hier fehlt es aber an beidem. Gerade ein Vergleich mit der Rechtsstellung des Nacherben bei der Trennungslösung des gemeinschaftlichen Testaments, dem ein Anwartschaftsrecht zugebilligt wird,[217] macht deutlich, dass die Rechtsposition des Dritten bei der Einheitslösung sehr viel schwächer ist: Auch nach Eintritt des ersten Erbfalls kann der bedachte Dritte bei der Einheitslösung seine Rechtsstellung nicht übertragen.[218] Etwas anderes ergibt sich auch nicht aus der Rspr. des BGH, wonach nunmehr Erbschaftsverträge nach § 311b Abs. 5 BGB auch über gewillkürte Erbteile bis zur Höhe des gesetzlichen Erbteils zulässig sind.[219] Denn nach immer noch h.M. wirken solche Vereinbarungen nur schuldrechtlich und dingliche Verträge über den Nachlass eines Dritten sind zu dessen Lebzeiten nicht möglich.[220] Die Position des Schlusserben ist daher auch weder pfändbar (§ 851 ZPO) noch verpfändbar, sie fällt im Falle des Vorversterbens des Bedachten weg und bezieht sich grundsätzlich nur auf das Vermögen, das im Schlusserbfall noch übrig ist, soweit nicht in Ausnahmefällen Ansprüche nach §§ 2287 f. BGB eingreifen. Im Übrigen ist der Längerlebende in der Verfügung über das Vermögen frei. Daneben besteht eine weitreichende Selbstanfechtungsmöglichkeit des länger lebenden Ehegatten (§ 2078 Abs. 2 BGB), die die Bindung an die wechselbezügliche Verfügung beseitigen kann und dann die freie Verfügung über den ganzen Nachlass, einschließlich des Vermögens des Erstversterbenden, ermöglicht. Man wird daher besser – wie bei der Rechtsstellung des Vertragserben vor Eintritt des Erbfalls[221] – von einer rechtlich begründeten, **tatsächlichen Erwerbsaussicht** sprechen, die aber nicht verwertbar ist.[222] Mit der Verwendung des schillernden Begriffs der Anwartschaft

212 *Lange/Kuchinke* § 24 VI 7 a; jurisPK/*Reymann* Rn. 155.

213 OLG Karlsruhe FamRZ 1989, 1351; OLG Düsseldorf NJW 1957, 226; ZEV 1996, 310, 312 f.; dem zuneigend, aber letztlich offen gelassen von BGHZ 37, 319, 323 (zu einer Feststellungsklage); ebenso BGH ZEV 1998, 22; Jauernig/*Stürner* Rn. 6; Palandt/*Weidlich* Rn. 10.

214 Ebenso Erman/*Kappler/Kappler* Rn. 2; Staudinger/*Kanzleiter* Rn. 14; BeckOK/*Litzenburger* Rn. 28; *v. Lübtow* II 625; *Wübben*, Anwartschaftsrechte im Erbrecht, S. 344 f. (wegen fehlendem Verkehrsbedürfnis für Übertragbarkeit); a.M. Staudinger/*Schumacher* (2011) § 311b Abs. 4 und 5 BGB Rn. 35, wenn keine Änderungs- und Rücktrittsvorbehalte mehr bestehen.

215 Staudinger/*Bork* (2003) Vorbem. zu §§ 158 ff. BGB Rn. 68; *Forkel*, Grundfragen der Lehre vom privatrechtlichen Anwartschaftsrecht, S. 104 ff., 116 ff.; auf die bloße selbständige Verfügbarkeit stellt *Wübben*, Anwartschaftsrechte im Erbrecht, S. 54 ff. mit ausführlicher Darstellung des Streitstands ab; s. auch § 2286 BGB Rdn. 7 zur gängigen Definition des Anwartschaftsrechts sowie den Überblick zu den verschiedenen Definitionsversuchen Staudinger/*Beckmann* (2004) § 449 Rn. 61.

216 *Wübben*, Anwartschaftsrechte im Erbrecht, S. 59 f.

217 Rdn. 62.

218 § 311b Abs. 4 BGB; BGHZ 37, 319, 324; BGH NJW 1974, 43, 44; BGHZ 104, 279; OLG Düsseldorf NJW 1957, 226; Jauernig/*Stürner* Rn. 6.

219 Vgl. dazu BGHZ 104, 279 = NJW 1988, 2726.

220 BGHZ 37, 319; 104, 279, 280; Palandt/*Grüneberg* § 311b Rn. 69 f.; MünchKomm/*Ruhwinkel* § 311b BGB Rn. 126 f.; Staudinger/*Werner* (2010) § 2033 Rn. 5; a.M. Staudinger/*Schumacher* (2011) § 311b Abs. 4 und 5 Rn. 31 ff.; offen lassend, aber der Übertragbarkeit zuneigend *Limmer* DNotZ 1999, 927, 932.

221 § 2286 BGB Rdn. 10.

222 NK-BGB/*Gierl* Rn. 29; Staudinger/*Kanzleiter* Rn. 14; *H. Lange* NJW 1963, 1571, 1573; MünchKomm/*Musielak* Rn. 34; jurisPK/*Reymann* Rn. 155; so offenbar auch Soergel/*M. Wolf* Rn. 23 (der eine Anwartschaft bejaht, aber ein Anwartschaftsrecht verneint); zur ähnlichen Lage beim Erbvertrag s. auch *Hohmann*, Rechtsfolgen von Störungen ..., S. 39 ff. m.w.N.

ist an Rechtsklarheit nichts gewonnen, so dass er vermieden werden sollte.[223] Da über die Einzelheiten der Rechtsposition des Schlusserben vor dem zweiten Erbfall im Wesentlichen in Rechtsprechung und Literatur Übereinstimmung besteht, handelt es sich nur um einen terminologischen Streit,[224] der darin wurzelt, dass die Begriffe Anwartschaft/Anwartschaftsrecht z.T. unterschiedlich verstanden werden.

bb) Feststellungsklage vor dem Schlusserbfall

55 Eine **positive Feststellungsklage** des Schlusserben gegen den überlebenden Ehegatten zur Klärung der Gültigkeit seiner Erbeinsetzung hält die h.M. für zulässig.[225] Der Annahme einer Anwartschaft bedarf es hierfür nicht. Denn durch den ersten Todesfall und die damit entstandene Bindung bezüglich der wechselbezüglichen Verfügungen ist ein feststellungsfähiges Rechtsverhältnis i.S. von § 256 ZPO entstanden.[226] Der Klageantrag ist aber nicht auf die künftige Erbenstellung, sondern auf die Feststellung der erbrechtlichen Bindung zu richten.[227] Voraussetzung ist allerdings das Vorliegen eines **schutzwürdigen Interesses**, etwa bei Anfechtung oder Widerruf.[228]

Eine **negative Feststellungsklage** des *länger lebenden Ehegatten* gegen den, der sich künftiger Erbrechte aus dem gemeinschaftlichen Testament berühmt, etwa auf Feststellung, dass das gemeinschaftliche Testament keine Bindung entfalte oder wirksam widerrufen oder angefochten worden sei, wird allgemein für zulässig erachtet, zumal hier gerade kein Grund für die Schutzbedürftigkeit des Längerlebenden gegen die Überziehung mit Prozessen besteht.[229] Die Wirksamkeit einer Anfechtung selbst ist lediglich eine Vorfrage, die gesondert nicht feststellungsfähig ist.

Unzulässig ist vor Eintritt des Erbfalls eine Feststellungsklage zwischen verschiedenen erbrechtlich Bedachten, etwa wenn es darum geht, ob eine Beeinträchtigung von Rechten aus einer bindenden Verfügung von Todes wegen vorliegt. Denn hier besteht **kein Rechtsverhältnis** zwischen den **Erbprätendenten**, da – wie gezeigt – kein Anwartschaftsrecht vorliegt. Auch ein Feststellungsinteresse ist zu verneinen. Zudem soll der länger lebende Ehegatte zu seinen Lebzeiten nicht gegen seinen Willen in einen derartigen Rechtsstreit verwickelt werden dürfen.[230]

---

223 Zustimmend *Wübben*, Anwartschaftsrechte im Erbrecht, S. 339 Fn. 32; ebenso Staudinger/*Kanzleiter* Rn. 14.

224 MünchKomm/*Musielak* Rn. 34.

225 RG HRR 1928 Nr. 843; BGHZ 37, 331, 333 = NJW 1962, 1910; OLGR Celle 2003, 123 = MDR 2003, 813 (obiter dictum); *Assmann* ZZP 111 (1998) 357, 370 Fn. 54; Musielak/Voit/*Foerste*, § 256 ZPO Rn. 21; NK-BGB/*Gierl* Rn. 140; Zöller/*Greger*, ZPO § 256 Rn. 4; *Hohmann* ZEV 1994, 133 f.; RGRK-BGB/*Johannsen* Rn. 23; MünchKomm/*Musielak* Rn. 39; jurisPK/*Reymann* Rn. 231; *Stein/Jonas/Schumann*, ZPO § 256 Rn. 23; Palandt/*Weidlich* Rn. 10; die oft zitierte Entscheidung RGZ 169, 98, 99 (mit nationalsozialistischen Begründungen) betraf das gesetzliche Erbrecht.

226 A.M. Staudinger/*Kanzleiter* Rn. 15a; *Wübben*, Anwartschaftsrechte im Erbrecht, S. 340; und besonders *Lange/Kuchinke* § 24 VI 7 b; *Kuchinke*, FS Henckel (1995) S. 477, 479 mit beachtlichen Gründen, weil aus der Bindungswirkung sich nur reflexartig rechtliche Beziehungen zum Bedachten ergeben; auch sei der Erblasser dagegen zu schützen, dass zu seinen Lebzeiten Prozesse über seinen Nachlass geführt werden; dazu bereits *Lange* NJW 1963, 1572, 1573.

227 NK-BGB/*Gierl* Rn. 141; jurisPK/*Reymann* Rn. 231.

228 Verschiedene Beispiele bei jurisPK/*Reymann* Rn. 231.

229 OLG Oldenburg FamRZ 1999, 1537, 1538; *Assmann* ZZP 111 (1998) 357, 372; *Lange/Kuchinke* § 24 VI 7b; jurisPK/*Reymann* § 2271 Rn. 114.

230 OLG Karlsruhe FamRZ 1989, 1351, 1353; OLG Celle MDR 1954, 547; NK-BGB/*Gierl* Rn. 145 mit eingehender Begr., der zutr. darauf hinweist, dass die zwischen ihnen eintretenden Rechtswirkungen, soweit man davon überhaupt sprechen kann, nur eine »Reflexwirkung« der sich aus der Wechselbezüglichkeit ergebenden Bindungswirkung sind; *Lange/Kuchinke* § 24 VI 7 c (mit Bezug auf § 311b Abs. 4 BGB); *Kuchinke*, FS Henckel (1995) S. 485 ff.; Staudinger/*Kanzleiter* Rn. 15a; jurisPK/*Reymann* Rn. 232; a.A. RG HRR 1928 Nr. 843; OLG Düsseldorf NJW 1957, 266; RGRK-BGB/*Johannsen* Rn. 23; Soergel/*M. Wolf* Rn. 23.

cc) Weitergehender Schutz des Schlusserben?

Der Schlusserbe hat auch zu Lebzeiten des überlebenden Ehegatten kein Recht **auf gerichtlichen Schutz** seines Erbanspruchs gegen den **überlebenden Ehegatten**, etwa durch einstweilige Verfügung oder Arrest (§§ 916 Abs. 2, 936 ZPO), da es sich nur um eine tatsächliche Erwerbsaussicht handelt, deren Entstehen vor dem Erbfall noch ungewiss ist.[231] Nach h.M. gilt Gleiches für die Sicherung des **Anspruchs nach §§ 2287, 2288 BGB gegen den Beschenkten** auch *nach Vornahme* einer beeinträchtigenden Schenkung.[232] Da jedoch die Grenzen zwischen bedingtem und damit verfügungsfähigem Anspruch und einem künftigen fließend sind, sollte dem Absicherungsinteresse des bindend bedachten Schlusserben der Vorzug gegeben werden, wenn nach der allgemeinen Lebenserfahrung und dem gewöhnlichen Lauf der Dinge mit der Entstehung des Anspruchs gerechnet werden muss. Einstweilige Verfügung und Arrest (§§ 916, 935 ZPO) sind daher zur Sicherung des Anspruchs unter diesen Voraussetzungen zulässig.[233] Unter diesen Voraussetzungen ist auch eine **Feststellungsklage** des bindend bedachten Schlusserben **gegen den Beschenkten** auf Klärung des Anspruchs nach §§ 2287, 2288 BGB möglich.[234] 56

dd) Nach dem zweiten Erbfall

Mit dem Tod des überlebenden Ehegatten erwirbt der Schlusserbe das Vermögen des überlebenden Ehegatten, zu dem auch das Vermögen des Erstverstorbenen gehört, soweit es beim zweiten Erbfall noch vorhanden ist, einschließlich des Vermögens, das der überlebende Ehegatte nach dem ersten Erbfall hinzu erworben hat.[235] Der Dritte kann bei der Einheitslösung nur dann Erbe werden, wenn er den Tod des zuletzt versterbenden Ehegatten erlebt (§ 1923 BGB). Stirbt er vorher, ist seine Berufung zum Schlusserben gegenstandslos. Es kann dann § 2069 BGB einschlägig sein; bei einseitigen Abkömmlingen des zuerst versterbenden Ehegatten greift § 2069 BGB seinem Wortlaut nach aber nicht. Doch wird diese Bestimmung in der Regel entsprechend anzuwenden sein, da nicht anzunehmen ist, dass die Erblasser die Wirksamkeit der Berufung des Dritten zum Schlusserben davon abhängig machen wollten, wer von ihnen zuerst sterben würde.[236] 57

Schlägt der überlebende Ehegatte die Erbschaft des Vorversterbenden aus, so kann im Allgemeinen angenommen werden, dass der Dritte auch für diesen Fall als Ersatzerbe eingesetzt ist.[237] Das gilt besonders, wenn die Ehegatten als Schlusserben ihre gemeinsamen Kinder berufen haben (§ 2069 BGB). Zur Ausschlagung des gesetzlichen Erbteils des Ehegatten zur Erlangung der Testierfreiheit s. § 2271 BGB Rdn. 50. 58

231 OLGR Celle 2003, 123 = MDR 2003, 813; NK-BGB/*Gierl* Rn. 143; *Hohmann* ZEV 1994, 135 zur vergleichbaren Lage beim Erbvertrag; Staudinger/*Kanzleiter* Rn. 15a; MünchKomm/*Musielak* Rn. 38; *Wübben,* Anwartschaftsrechte im Erbrecht, S. 341.

232 KG OLG 21, 363; OLG Koblenz MDR 1987, 935, 936; OLGR Celle 2003, 123 = MDR 2003, 813; Staudinger/*Kanzleiter* Rn. 15a; MünchKomm/*Musielak* Rn. 38; *Wübben,* Anwartschaftsrechte im Erbrecht, S. 341 f.; a.M. etwa *Hohmann* ZEV 1994, 133, 136 für Vertragserben; *Kuchinke,* FS Henckel (1995) S. 492 f.; *v. Lübtow* II 437.

233 NK-BGB/*Gierl* Rn. 147; vgl. eingehend § 2287 BGB Rdn. 126 f.

234 OLG Koblenz MDR 1987, 935; NK-BGB/*Gierl* Rn. 147; *Hohmann* ZEV 1994, 133, 135 f.; *Kuchinke,* FS Henckel (1995) S. 487 ff.; *Lange/Kuchinke* § 24 VI 7 d; *v. Lübtow* II 623; nur im Ausnahmefall für zulässig hält dies OLG München NJW-RR 1996, 328 je zum Erbvertrag; eingehend § 2287 BGB Rdn. 128.

235 KGJ 26 A 51; OLG Rostock OLGE 30, 222; anders bei der Trennungslösung nach §§ 2130, 2136 ff. BGB.

236 BayObLGZ 4, 755 = OLG 9, 391; KG KGJ 51, 101, 103; BayObLG NJW-RR 1991, 8, 9 mit Einschränkung s. Rdn. 16.

237 § 2097 BGB; *Kipp/Coing* § 79 III 3 d; s. Rdn. 29.

VI. Die Trennungslösung

1. Rechtslage zu Lebzeiten beider Ehegatten

59 Zu Lebzeiten beider Ehegatten kann die Berufung des Dritten zum Erben (Nacherben) von jedem Ehegatten einseitig widerrufen werden, gegebenenfalls mit der Folge, dass auch die Einsetzung durch den anderen Ehegatten unwirksam wird (§§ 2271 Abs. 1, 2270 Abs. 1 BGB). Der Dritte hat weder ein Recht noch eine Anwartschaft auf das Vermögen der Eheleute.[238]

2. Rechtslage nach dem ersten Erbfall

a) Rechtsstellung des überlebenden Ehegatten

60 Bei der Trennungslösung ist der überlebende Ehegatte nur Vorerbe des erstversterbenden. Er kann daher nur in beschränktem Umfang **unter Lebenden** über die zum Nachlass des verstorbenen Ehegatten gehörigen Gegenstände verfügen, sofern nicht dieser ihn durch Verfügung von Todes wegen von den gesetzlichen Beschränkungen des Vorerben befreit hat (§§ 2112 ff., 2136 ff. BGB).

61 Bei **Verfügungen von Todes wegen** ist der überlebende Ehegatte hinsichtlich seines eigenen Vermögens ebenso an seine wechselbezüglichen Verfügungen in dem gemeinschaftlichen Testament gebunden wie bei der Einheitslösung, wenn keine entsprechenden Freistellungsbefugnisse eingeräumt wurden.[239] Über den Nachlass des verstorbenen Ehegatten kann er durch Verfügung von Todes wegen grundsätzlich nicht verfügen, weil dies einen Verstoß gegen § 2065 BGB darstellen würde.[240] Jedoch kann nach ganz h.M. dem überlebenden Ehegatten in dem gemeinschaftlichen Testament die Möglichkeit gegeben werden, auch die **Einsetzung des Dritten** zum Erben (Nacherben) zu beseitigen und damit in Verbindung mit einer entsprechenden Freistellungsbefugnis über den beiderseitigen Nachlass anderweitig zu verfügen, insbesondere durch Berufung anderer Personen zu Erben des beiderseitigen Vermögens.[241] In einem solchen Fall wird angenommen, dass die Anordnung der Vor- und Nacherbfolge und damit die Berufung des Dritten an die **auflösende Bedingung** geknüpft ist, dass der überlebende Ehegatte nicht anders von Todes wegen verfügt (§ 158 Abs. 1 BGB). Trifft er aber eine solche abweichende Verfügung, setzt er also andere Personen zu Erben des beiderseitigen Vermögens ein, so fällt die von dem verstorbenen Ehegatten angeordnete Vor- und Nacherbfolge weg, der überlebende Ehegatte ist Vollerbe des Nachlasses des erstversterbenden und damit befugt, auch über das von dem verstorbenen Ehegatten stammende Vermögen von Todes wegen zu verfügen, ohne damit gegen § 2065 BGB zu verstoßen.[242]

b) Rechtsstellung des Dritten

62 Mit dem Tod des erstversterbenden Ehegatten erlangt der Dritte als Nacherbe ein veräußerliches und vererbliches Anwartschaftsrecht auf dessen Nachlass.[243] Er kann dieses **Anwartschaftsrecht** entsprechend § 2033 BGB auf einen anderen übertragen; er kann auch von Todes wegen darüber

---

238 Einen Überblick über die Vor- und Nachteile der Trennungslösung aus der Sicht der Kautelarpraxis gibt Groll/Steiner/*Edenfeld*, Praxis-Handbuch Erbrechtsberatung, Rn. 11.38 f.

239 § 2271 BGB, oben Rdn. 52 f.; zu den Freistellungsbefugnissen s. § 2271 BGB Rdn. 67 ff.

240 BGH ZEV 1999, 26.

241 BGHZ 59, 220, 222 f. = NJW 1972, 1987; BGHZ 2, 35 = NJW 1951, 959; BGHZ 15, 199, 204; BayObLG FamRZ 1991, 1488 = DNotZ 1992, 520, 522; OLG Frankfurt Rpfleger 1997, 262; RGZ 95, 278 = JW 1920, 286 m. zust. Anm. *Kipp*; KG DRW 1939, 1443 m. Anm. *Voegels*; allgem. hierzu *Frank* MittBayNot 1987, 231; *Lange/Kuchinke* § 27 I 7 b m.w.N.; *J. Mayer* ZEV 2000, 1, 6 f.; Palandt/*Weidlich* § 2065 Rn. 6; a.M. Erman/*M. Schmidt* § 2065 Rn. 5; eingehend zum Streitstand *Wübben*, Anwartschaftsrechte im Erbrecht, S. 198 ff., der Zulässigkeit aufgrund Rechtsfortbildung annimmt.

242 Vgl. hierzu auch § 2271 BGB Rdn. 80; ausführliche Analyse der in den Formularbüchern hierfür angebotenen Klauseln bei *Radke*, Das Berliner Testament ..., S. 202 ff.

243 BGHZ 87, 367; 37, 325; OLG Düsseldorf MDR 1981, 149; BeckOK/*Litzenburger* Rn. 29; Palandt/*Weidlich* § 2100 Rn. 12.

verfügen, sofern nicht ein anderer Wille des erstversterbenden Ehegatten anzunehmen ist (§ 2108 Abs. 2 Satz 1 BGB). Stirbt der Dritte zwischen dem ersten und zweiten Erbfall, so geht sein Anwartschaftsrecht, sofern nicht ein anderer Wille des erstversterbenden Ehegatten anzunehmen ist, auf den (gewillkürten oder gesetzlichen) Erben des Dritten über.[244]

Das Anwartschaftsrecht des Nacherben erstreckt sich aber nur auf den Nachlass des erstversterbenden Ehegatten. Hinsichtlich des **Nachlasses des überlebenden Ehegatten** hat er bei der Trennungslösung keine andere Stellung als bei der Einheitslösung, d.h. er hat nur eine tatsächliche Erwerbsaussicht.[245] Mit dem Tod des überlebenden Ehegatten erwirbt der Dritte, soweit Schlusserbe und Nacherbe identisch sind, dessen Vermögen als Vollerbe, das des erstversterbenden Ehegatten als Nacherbe. Die beiden Vermögensmassen vereinigen sich nun in seiner Hand. Für eine etwaige Minderung des Vermögens des erstverstorbenen Ehegatten kann er Ersatz verlangen, wenn nicht der zuletzt verstorbene Ehegatte befreiter Vorerbe war (§§ 2130, 2136 ff. BGB). 63

Schlägt der überlebende Ehegatte die Erbschaft des Erstversterbenden aus, tritt der zum Nacherben berufene Dritte kraft Gesetzes an seine Stelle.[246] 64

VII. Die Wiederverheiratungsklausel

1. Begriff und Zweck

Von einer Wiederverheiratungsklausel spricht man, wenn bestimmt wird, dass im Fall einer erneuten Eheschließung des Längerlebenden der Nachlass des Erstversterbenden ganz oder teilweise den gemeinsamen Kindern, denen des Erstversterbenden oder sonstigen bestimmten Personen zufallen oder der überlebende Ehegatte sich mit diesen Personen »auseinander setzen« soll.[247] **Zweck** der Wiederverheiratungsklauseln ist neben dieser Sicherstellung des Nachlasses für die gemeinsamen Kinder (Zuteilungsfunktion) vor allem, die Abwanderung des Vermögens des Erstversterbenden an einen fremden Stamm (durch ungewollte Weitervererbung, aber auch bei Pflichtteilsgeltendmachung) zu verhindern, die sog. **Ausschlussfunktion.**[248] Dieser Zweck kann durch Vereinbarung von **Verfügungsbeschränkungen** zulasten des Längerlebenden hinsichtlich des Nachlasses des Erstversterbenden gesichert werden. Daneben spielt die Überlegung eine Rolle, inwieweit durch die Wiederverheiratung der Längerlebende der Ehegatten nach der entsprechenden »Abfindung« der gemeinschaftlichen Kinder für sein Vermögen seine **Testierfreiheit** wiedererlangen soll.[249] Es handelt sich um eine der unübersichtlichsten Materien des Erbrechts.[250] 65

Die gleichen Gefahren konnten durch die Begründung einer eingetragenen gleichgeschlechtlichen Lebenspartnerschaft entstehen.[251] Problematisch erscheint, ob bereits vorher verfasste Wiederverheiratungsklauseln im Wege einer *ergänzenden Auslegung* auch den Fall der Begründung einer eingetragenen Lebenspartnerschaft erfassen konnten; im Hinblick auf die mit einer Wiederverhei-

244 Zum Ausschluss der Vererblichkeit des Nacherbenrechts BayObLGZ 1993, 335; *J. Mayer* MittBayNot 1994, 111; Palandt/*Weidlich* § 2108 Rn. 4 f.

245 Rdn. 54.

246 § 2102 Abs. 1 BGB; *Kipp/Coing* § 79 III 3 d; MünchKomm/*Musielak* Rn. 44.

247 *Schlüter/Röthel* § 22 Rn. 46 ff.; Palandt/*Weidlich* Rn. 16.

248 Burandt/Rojahn/*Braun* Rn. 49; NK-BGB/*Gierl* Rn. 115; Damrau/Tanck/*Klessinger*, Erbrecht, Rn. 45; *Lange*, Erbrecht, § 16 Rn. 112; BeckOK/*Litzenburger* Rn. 31; *Muscheler* I Rn. 2100; MünchKomm/*Musielak* Rn. 47; *Völzmann* RNotZ 2012, 1 f.; *Zawar*, FS Schippel (1996) S. 327, 337; eine rechtspolitische Einschätzung findet sich bei *Röthel* Gutachten 68. DJT (2010), A 1 S. 75 ff.

249 *Langenfeld/Fröhler*, Testamentsgestaltung, 5. Kapitel Rn. 149 f.; *Lange* ZErb 2010, 316.

250 *Röthel* Gutachten 68. DJT (2010), A 1 S. 76; *Völzmann* RNotZ 2012, 1, 3; vgl. dazu bereits *Otte* AcP 187 (1987), 603.

251 Zur alten Rechtslage zustimmend Burandt/Rojahn/*Braun* Rn. 49; jurisPK/*Reymann* Rn. 92; seit In-Kraft-Treten des Gesetzes zur Einführung eines Rechts auf Eheschließung für Personen gleichen Geschlechts spielt diese Differenzierung für die Zukunft keine Rolle mehr.

ratungsklausel vom Erblasser angestrebten Ziele, die durch die Begründung einer eingetragenen Lebenspartnerschaft genauso gefährdet werden, ist dies aber letztlich zu bejahen.[252]

Folgende Grundmuster lassen sich hinsichtlich der gewollten Rechtsfolgen unterscheiden:[253]
- Mit der Wiedervereheliching verliert der überlebende Ehegatte sein **Erbrecht vollständig** und der Nachlass des Erstversterbenden fällt im Wege der Erbfolge an die gemeinsamen Kinder oder die sonst bestimmten Personen.
- Nach der erneuten Eheschließung verliert der überlebende Ehegatten nicht seine gesamte Nachlassbeteiligung, sondern es tritt eine Regelung ein, die etwa der **gesetzlichen Erbfolge** entspricht.
- Für den Fall der Wiederheirat wird den Kindern ein (aufschiebend bedingtes) Vermächtnis ausgesetzt, etwa gerichtet auf Geldzahlung im Wert der Höhe ihres gesetzlichen Erbteils (sog. **Vermächtnislösung**).
- Hinsichtlich des dem Längerlebenden gehörenden **Eigenvermögens** wird dieser mit der Verpflichtung belastet, dieses – wie es ihm zum Zeitpunkt der Wiederverheiratung gehört – an die Kinder aus der ersten Ehe herauszugeben. Dies kann durch Anordnung eines **Verschaffungsvermächtnisses** geschehen (was mit der Gefahr der Erhebung der Einrede nach § 1992 BGB und der Geltendmachung von Pflichtteilsansprüchen behaftet ist) oder durch eine Übergabeverpflichtung unter Lebenden zugunsten dieser Kinder (§§ 328 ff. BGB), die bei Grundbesitz allerdings der Form des § 311b Abs. 1 BGB bedarf.

Insbesondere bei eigenhändigen Testamenten treten mitunter **Abgrenzungsfragen** auf, ob die Vermächtnis- oder die Erbschaftslösung gewollt ist. Dies ist durch **Auslegung** der Verfügung von Todes wegen zu klären. Ging es darum, die Kinder möglichst umfassend, u.U. auch gegen lebzeitige Verfügungen des längerlebenden Ehegatten abzusichern, zu spricht dies für die Anordnung einer Vor- und Nacherbschaft.[254]

2. Zulässigkeit

66 Angesichts der Reichweite von Wiederverheiratungsklauseln stellt sich die Frage, ob dadurch nicht ein unzulässiger Druck auf die Entschließungsfreiheit und sogar die grundgesetzlich über Art. 6 Abs. 1 GG geschützte Eheschließungsfreiheit des Überlebenden ausgeübt wird, der zur **Sittenwidrigkeit** (§ 138 BGB) der Anordnung führt.

(1) Von der immer noch überwiegenden Literaturmeinung werden Wiederverheiratungsklauseln als **zulässig** angesehen.[255] Als Begründung wird angeführt, dass der überlebende Ehegatte den mög-

252 S. DNotI-Report 2002, 33.

253 Vgl. etwa *Dippel* AcP 177 (1977) 349, 352; NK-BGB/*Gierl* Rn. 116; Damrau/Tanck/*Klessinger*, Erbrecht, Rn. 46; *Lange*, Erbrecht, § 16 Rn. 113; MünchKomm/*Musielak* Rn. 48 ff.; sehr ausf. jurisPK/*Reymann* Rn. 91 ff.; *Zawar*, FS Schippel (1996) S. 328 ff., mit Abwägungskriterien 337 ff.; *Völzmann* RNotZ 2012, 1, 4 ff.; etwas populärwissenschaftlich *Jünemann* ZEV 2000, 81 f.

254 Burandt/Rojahn/*Braun* Rn. 51; BeckOK/*Litzenburger* Rn. 32; ausf. mit verschiedenen Auslegungskriterien Horn/Kroiß/*Horn*, Testamentsauslegung § 25 Rn. 29 f.

255 Für die Zulässigkeit *Baumann*, Erbrechtliche Verwirkungsklauseln, S. 93 ff.; *Buchholz*, Erbfolge und Wiederverheiratung, S. 62 f.; NK-BGB/*Gierl* Rn. 119; *Keuk* FamRZ 1972, 9, 13 f.; *Kipp/Coing* § 79 IV 1; Firsching/Graf/*Krätzschel* § 11 Rn. 63; *Lange*, Erbrecht, § 16 Rn. 115; MünchKomm/*Leipold* § 2074 Rn. 25; *Meier-Kraut* NJW 1992, 143 ff.; *Muscheler* I Rn. 2100; MünchKomm/*Musielak* Rn. 47; Palandt/*Weidlich* Rn. 16; *Wilhelm* NJW 1990, 2857 ff.; *Zawar* NJW 1988, 16, 17; *ders.*, NJW 2007, 2353 ff.; grds. auch Burandt/Rojahn/*Braun* Rn. 52; *Weiler* MittBayNot 2006, 296, 303; *Lange/Kuchinke* § 24 IV 3 b (mit Einschränkung, dass im Einzelfall § 138 BGB eingreifen könne); Soergel/*Stein* § 1937 Rn. 27; Staudinger/*Kanzleiter* Rn. 39 ff.; ausführlich *Völzmann* RNotZ 2012, 1; widersprüchlich Horn/Kroiß/*Horn*, Testamentsauslegung § 25 Rn. 7, wonach diese grds. zulässig sind und in der Rspr. die Sittenwidrigkeit weder »angedacht, geschweige denn diskutiert« werde, dann aber drei Sätze später die Entscheidung des OLG Zweibrücken (ZEV 2011, 661) erwähnt und dann empfohlen wird, dass dem längerlebenden Ehegatten bei der Wiederheirat sein »Pflichtteil, ggf. zudem der konkrete Zugewinnausgleich verbleibt«; »ethisch unverdächtig« sind Wiederverheiratungsklauseln nach Ansicht von *Westermann* ZfPW 2016, 85, 90.

licher Weise bestehenden Druck, nicht wieder heiraten zu dürfen, in Kauf nehmen müsse, da der Vorverstorbene ein legitimes Interesse daran habe, sein Vermögen seinen Kindern oder Verwandten zu erhalten. Demgegenüber ist es für den überlebenden Ehegatten grundsätzlich zumutbar, dieses Interesse zu respektieren. Zum anderen wurde die Zulässigkeit dieser Klauseln mit dem Hinweis darauf gerechtfertigt, dass sie durch die Ehegatten gemeinsam und aufgrund ihres eigenen unabhängigen Entschlusses getroffen wurden.[256]

(2) Jedoch mehren sich in der **Literatur** zunehmend die Bedenken **gegen** eine **uneingeschränkte Gültigkeit** dieser Gestaltungen.[257] Eine im Vordringen begriffene Auffassung nimmt etwa dann die Unwirksamkeit wegen eines Verstoßes gegen § 138 BGB an, wenn die Wiederverheiratungsklausel bewirkt, dass der überlebende Ehegatte bei erfolgter Wiederverheiratung ohne ausreichende anderweitige Kompensation, wenigstens in Höhe seines Pflichtteils, **alles verliert**[258] oder bei der Einsetzung des Längerlebenden zum Vorerben der Nacherbfall bereits mit dessen Wiederverheiratung eintreten soll.[259] Problematisch ist hierbei, dass der Überlebende nach Annahme der Erbschaft nicht mehr ausschlagen und daher auch nicht nachträglich den Pflichtteil verlangen kann. Auch wenn er aufgrund einer entsprechenden Wiederverheiratungsklausel bei einer Heirat sein Erbrecht verliert, kann er nicht nachträglich wieder seinen Pflichtteil geltend machen. Denn seinen Pflichtteil hätte er nur behalten, wenn er fristgemäß ausgeschlagen hätte (§ 2306 Abs. 1 BGB).[260] Die von ihm nach dem Tod des Erstversterbenden ausdrücklich oder konkludent erklärte Erbschaftsannahme kann er aber im Fall der Wiederverheiratung nicht mehr nach §§ 1954, 119 BGB anfechten, weil er sich gerade im Hinblick auf die Wiederheirat, wie die ausdrücklich verfügte Wiederverheiratungsklausel zeigt, nicht in einem Irrtum befunden haben kann. Gleiches gilt, wenn er bei der Vermächtnislösung mit einem so hohen Vermächtnis belastet ist, dass dadurch in seinen Pflichtteil erheblich eingegriffen wird. Wenn *Lange/Kuchinke*[261] auch im Fall des Pflichtteilsverzichts eine Unwirksamkeit wegen der notariellen Belehrungspflicht (§ 17 BeurkG) verneinen, ist zu bedenken, dass es auch hier – wie vom Bundesverfassungsgericht für Eheverträge entschieden[262] – Fälle gibt, bei denen es wegen einer besonders **einseitigen Aufbürdung von vertraglichen Lasten** und einer **erheblich ungleichen Verhandlungsposition der Vertragspartner** zur Wahrung der Grundrechtsposition beider Vertragsteile nach Art. 2 Abs. 1 GG Aufgabe der Gerichte ist, durch **vertragliche Inhaltskontrolle** und gegebenenfalls durch Korrektur mithilfe der zivilrechtlichen Generalklauseln zu verhindern, dass sich für einen Vertragsteil die Selbstbestimmung in eine Fremdbestimmung verkehrt. Insoweit liegt die Situation bei der gemeinsamen Festlegung der Verfügungen von Todes wegen in einem gemeinschaftlichen Testament, etwa gar flankiert mit einem Pflichtteilsverzicht, anders als bei einer einseitig verfügten Wiederverheiratungsklausel. 67

(3) Die teilweise ebenfalls in der Literatur vertretene Ansicht, nach den Motiven und der **Zielsetzung** des Erblassers zu unterscheiden, ob es ihm darum gehe, unzulässigen Druck auf die Entschließungsfreiheit des Ehegatten auszuüben und ihn länger an sich »zu binden« oder gleichsam zu 68

256 *Otte* AcP 187 (1987), 603, 605; *Völzmann* RNotZ 2012, 1, 2.

257 So etwa bei *Adams* MDR 2007, 68, 69; *Caspar*, Die rechtliche Stellung des auflösend befristeten und bedingten Erben, S. 49, wenn dem Ehegatten das gesamte enterbte Vermögen entzogen wird; bes. auch Staudinger/*Otte* § 2074 Rn. 58 ff.; ausf. problematisierend *J. Mayer* ErbR 2010, 70 ff.; jurisPK/*Reymann* Rn. 98 ff.; Palandt/*Weidlich* Rn. 16 f.; im Ansatz auch *Völzmann* RNotZ 2012, 1, 3 f.; zur Vorsicht ratend auch NK-BGB/*Gierl* Rn. 120, ebenso Horn/Kroiß/*Horn*, Testamentsauslegung § 25 Rn. 7 f.; *Weiler* MittBayNot 2006, 296, 303.

258 Burandt/Rojahn/*Braun* Rn. 52; MünchKomm/*Leipold* § 2074 Rn. 25; BeckOK/*Litzenburger* Rn. 31; jurisPK/*Reymann* Rn. 98; *Scheuren-Brandes* ZEV 2005, 185, 188; *Völzmann* RNotZ 2012, 1, 3; gegen solch weitreichende Klauseln ausdrücklich *Karczewski*, Hereditare Bd. 3 (2013) S. 19, 29: solche Anordnungen seien nur zulässig, wenn dem überlebenden Ehegatten wenigstens der Pflichtteil verbleibt.

259 OLG Zweibrücken ZEV 2011, 661 = FamRZ 2011, 1902; BeckOK/*Litzenburger* Rn. 33; Staudinger/*Otte* § 2074 Rn. 60; vgl. dazu auch *Scheuren-Brandes* ZEV 2005, 185 f.

260 Vgl. etwa jurisPK/*Reymann* Rn. 98.

261 § 24 IV 3 b.

262 BVerfG NJW 2001, 957 = FamRZ 2001, 343 m. Anm. *Schwab*; FamRZ 2001, 985.

bestrafen[263] oder aber in zulässiger Weise allein um die Nachlasssicherung in der Familie,[264] führt zu praktisch nicht lösbaren Abgrenzungs- und Beweisschwierigkeiten, weil meist beide Absichten vorhanden und miteinander verwoben sind.[265]

69 (4) In der **zivilrechtlichen Rspr.** wird die Zulässigkeit der Wiederverheiratungsklausel noch kaum problematisiert.[266] Dies ändert sich nun: Das OLG Zweibrücken[267] war in einer Grundbuchsache wegen der Löschung eines Nacherbenvermerks unter Bezug auf die *Hohenzollern-Entscheidung* des BVerfG mit einer Wiederverheiratungsklausel befasst; ebenso das OLG Saarbrücken bei einer Wiederverheiratungsklausel, die den überlebenden Ehegatten mit einem Vermächtnis für die Abkömmlinge in Höhe des Nachlasses des Erstversterbenden belastet.[268]

70 (5) Bereits in der 4. Aufl.[269] wurde angedeutet, dass auch die **verfassungsgerichtliche Rechtsprechung zur Inhaltskontrolle** von Vereinbarungen hier zu berücksichtigen ist. Mittlerweile liegt mit der Hohenzollern-Entscheidung vom 22.03.2004[270] auch die erste Entscheidung des Bundesverfassungsgerichts zur Inhaltskontrolle bei Verfügungen von Todes wegen vor, deren Auswirkungen auf die Wiederverheiratungsklausel allerdings bislang kaum diskutiert wurden. Das BVerfG warf dem BGH vor, dass er nicht geprüft habe, ob die umstrittene Ebenbürtigkeitsklausel, wonach Nacherbe nicht werden konnte, wer nicht in einer der alten Hausverfassung des brandenburgisch-preußischen Hauses gemäßen Ehe verheiratet ist, geeignet war, auf den Beschwerdeführer einen für diesen unzumutbaren Druck bei der Eingehung einer Ehe zu erzeugen. Es sei eine umfassende Abwägung zwischen dem Grundrecht des Erblassers auf Testierfreiheit nach Art. 14 Abs. 1 GG und dem Grundrecht des betroffenen möglichen Nacherben auf Eheschließungsfreiheit aus Art. 6 Abs. 1 GG erforderlich. Insbesondere könnte der Wert des hier zu vererbenden Nachlasses geeignet sein, unter Berücksichtigung der Lebensführung und der sonstigen Vermögensverhältnisse des Beschwerdeführers dessen grundgesetzlich geschützte Entschließungsfreiheit bei Eingehung der Ehe nachhaltig zu beeinflussen. Die Notwendigkeit der Berücksichtigung der Grundrechte im Erbrecht ergibt sich aufgrund der Drittwirkung der Grundrechte, die das Bundesverfassungsgericht seit dem *Lüth-Urteil*[271] immer wieder angewendet hat. Danach bilden die Grundrechte nicht nur subjektive Abwehrrechte gegenüber dem Staat, sondern verkörpern eine Wertordnung, die über die Generalklauseln des BGB, insbesondere die §§ 134, 138 BGB in das Zivilrecht einwirken.

71 Auf Grund der *Hohenzollern-Entscheidung* muss die **mittelbare Drittwirkung der Grundrechte** auch bei Wiederverheiratungsklauseln berücksichtigt werden.[272] Dies ist mittlerweile fast unbestritten, auch wenn man diese Entwicklung nicht begrüßen muss.[273] Zu prüfen ist in jedem Einzel-

---

263 *Gaier* ZEV 2006, 2, 5; *Lange*, Erbrecht, § 16 Rn. 115.

264 So etwa *Kellenter*, Bedingte Verfügungen von Todes wegen, insb. ein Beitrag zur Sittenwidrigkeit der Potestativbedingungen, S. 118; Nieder/Kössinger/*Nieder/W. Kössinger*, Handbuch der Testamentsgestaltung § 3 Rn. 25; *v. Lübtow* I 350 (mit schönem Beispiel zu den dann zu beachtenden Formulierungsnuancen); MünchKomm/*Musielak* Rn. 47; *Thielmann*, Sittenwidrige Verfügung von Todes wegen, S. 257 ff.; *Völzmann* RNotZ 2012, 1, 3.

265 Staudinger/*Otte* § 2074 Rn. 43; vgl. auch *Ebenroth* Rn. 237.

266 BGHZ 96, 198 = FamRZ 1986, 155; OLG Hamm ZEV 1994, 365 = MittBayNot 1994, 546 (je ohne jede Äußerung); BGH FamRZ 1965, 600 f. begnügte sich mit der Feststellung, dass ihre Zulässigkeit (damals noch!) von niemandem in Zweifel gezogen worden ist.

267 OLG Zweibrücken ZEV 2011, 661 = FamRZ 2011, 1902.

268 OLG Saarbrücken DNotZ 2015, 691 m. Anm. *Weber* (Vermächtnis zu Gunsten der Abkömmlinge in Höhe des Nachlasses ist nichtig).

269 Dort Rn. 59, 1. Abs.

270 NJW 2004, 2008 = ZEV 2004, 241; dazu *Otte* ZEV 2004, 393; *A. Staudinger* FamRZ 2005, 768; *Gutmann* NJW 2004, 2347; *Isensee* DNotZ 2004, 754.

271 BVerfGE 7, 199, 207; dazu jetzt auch *Gaier* ZEV 2006, 2.

272 OLG Saarbrücken DNotZ 2015, 691 m. Anm. *Weber*.

273 Vgl. jurisPK/*Reymann* Rn. 97: im Anschluss an die Hohenzollern Entscheidung wurde »die berechtigte Frage aufgeworfen«; auch *Geier* ZEV 2006, 2, 5; *Langenfeld* ZEV 2007, 453, 455 f.; i.E. auch für strenge Inhaltskontrolle Staudinger/*Otte* § 2074 Rn. 59 ff.; die Problematik völlig unterschätzend

fall, welche wirtschaftlichen Auswirkungen die Wiederverheiratungsklausel auf die Lebensführung des überlebenden Ehegatten hat.[274] Da es hier aber jeweils um die **Abwägung** der **widerstreitenden Grundrechtspositionen** und die Herstellung einer praktischen Konkordanz zwischen denselben geht, ist m.E. erforderlich, auf den mit der Wiederverheiratungsklausel typischerweise verfolgten **Zweck** und die Beachtung des **Verhältnismäßigkeitsgrundsatzes** im weiteren Sinne abzustellen: Die *Ausschlussfunktion*[275] dient zur Sicherung des nicht gewollten Abwanderns des Vermögens des Erstversterbenden und damit der Abwehr der Störung der von den Ehegatten gemeinsam vorgenommenen Nachlassplanung.[276] Betont man den Gedanken der *Altersolidarisierung*, der der Erbeinsetzung der Ehegatten im gemeinschaftlichen Testament als Verfügungsgrund i.d.R. zugrunde liegt, so ist es legitim und verständlich, dass für den Fall, dass der längerlebende Ehegatte sich wieder verehelicht, gleichsam die Geschäftsgrundlage der Zuwendung wegfällt und im Interesse der Störungsabwehr gegen fremde Erb- und Pflichtteilsrechte Vorsorge getroffen wird. Hinzu kommt, dass sich der Längerlebende durch einen eigenen, freien Entschluss aus dieser solidarischen Vermögensgemeinschaft »ausklinkt«. Dahinter muss der Äquivalenzgedanke, dass die Erbeinsetzung auch der Verteilung des bislang angesparten Vermögens an den Längerlebenden dient, zunächst zurücktreten.[277] Unter dieser Zielsetzung sind die Wiederverheiratungsklauseln grundsätzlich gerechtfertigt, da es sich keineswegs um *reine »Zölibatsklauseln«* handelt.[278] Zugleich begrenzt dieser Zweck die Zulässigkeit der inhaltlichen Ausgestaltung der Klauseln: Rechtens sind sie nur insoweit, als sie *zur Abwehr der fremden Erb- und Pflichtteilsrechte* unbedingt **erforderlich** sind. Eine solche Erforderlichkeit ist bei einer Beschränkung des Ehegatten auf eine bis zu seinem Tod dauernde Vorerbenstellung gegeben;[279] unzulässig aber ist, wenn bereits mit der Wiederverheiratung der Nacherbfall eintritt oder der Ehegatte bei der Vermächtnislösung bereits zu diesem Zeitpunkt mit der sofortigen Auszahlung beschwert wird.[280] Allerdings hat der sofortige Vermögensabfluss bei Wiederverehelichung den Vorteil, dass damit auch alle *Zugewinnausgleichsansprüche* des neuen Ehegatten ausgeschlossen sind; da der Nachlass des Erstversterbenden aber ohnehin zum Anfangsvermögen gehört und die Vorerbschaft beim Zugewinnausgleich nur mit dem Nutzungswert anzusetzen ist,[281] ist die Problematik nicht so groß. Außerdem kann der Längerlebende sich auch dagegen noch durch die Vereinbarung einer modifizierten Zugewinngemeinschaft oder Gütertrennung schützen, was als einschränkende Bedingung in der Klausel zu bestimmen möglich ist.[282]

Einschneidendere Sanktionen erscheinen als zu belastend und daher grundsätzlich **nicht** zulässig, es sei denn, sie wirken sich im konkreten Fall wegen des geringen Wertes des Nachlasses oder des großen Eigenvermögens des Längerlebenden nicht nachteilig auf seine Entschließungsfreiheit aus.[283] Das 72

---

aber *Muscheler* I Rn. 2100 Fn. 105: »merkwürdige, vollkommen haltlose, zu Unrecht auf die Hohenzollern-Entscheidung des BVerfG bezogene Sittenwidrigkeitsverdikte für absolut harmlose und übliche Sachverhaltskombinationen«.

274 So *Scheuren-Brandes* ZEV 2005, 185 mit Beispielen, wobei die Unterscheidung zwischen objektiver Beeinflussung und subjektiver Prüfung eher irreführend ist. Mit subjektiver Prüfung ist offensichtlich die Berücksichtigung der jeweiligen, konkreten und individuellen Verhältnisse gemeint.

275 S. Rdn. 65, Abs. 1.

276 Dazu etwa *Buchholz*, Erbfolge und Wiederverheiratung, S. 10; *Lange/Kuchinke* § 24 IV 3b.

277 Zum Solidaritäts- und Äquivalenzprinzip als bestimmende Determinanten der Nachlassplanung beim gemeinschaftlichen Testament s. Vorbem. zu §§ 2265 ff., Rdn. 7 f.

278 Zutreffend *Lange/Kuchinke* § 24 IV 3 b.

279 Ebenso etwa Burandt/Rojahn/*Braun* Rn. 52; dies rät auch NK-BGB/*Gierl* Rn. 120; jurisPK/*Reymann* Rn. 106.

280 Staudinger/*Otte* § 2074 Rn. 60; Erman/*M. Schmidt* § 2074 Rn. 6; wohl auch BeckOK/*Litzenburger* Rn. 31 i.V.m. Rn. 43; *Völzmann* RNotZ 2012, 1, 3 f. mit alternativen Gestaltungsüberlegungen; für möglich hält dies *Scheuren-Brandes* ZEV 2005, 185, 186; großzügiger MünchKomm/*Leipold* § 2074 Rn. 25 und OLG Saarbrücken DNotZ 2015, 691, das es für zulässig hält, dass bei der Vermächtnislösung das Vermächtnis bereits mit der Wiederheirat und nicht erst mit dem Tod fällig wird.

281 Vgl. AG Landshut FamRZ 1998, 1233; *Schwab*, Handbuch des Scheidungsrechts, 6. Aufl., 2010, VII Rn. 43.

282 Für die Zulässigkeit etwa MünchKomm/*Leipold* § 2074 Rn. 22.

283 Staudinger/*Otte* § 2074 Rn. 44.

Gleiche gilt für zu **umfangreiche Belastungen**, wenn der längerlebende Ehegatte mehr verliert, als ihm nach dem Gesetz als Erbteil einschließlich des Zugewinns zusteht;[284] insoweit setzt der *Äquivalenzgedanke* der Wiederverheiratungsklausel Grenzen. Wird der überlebende Ehegatte jedoch auf Lebenszeit wenigstens in Höhe seines gesetzlichen Erbteils Vorerbe, so bestehen aus diesem Gesichtspunkt keine Bedenken; denn seine Entschließungsfreiheit ist hier grundsätzlich durch die Ausschlagsmöglichkeit zur Pflichtteilserlangung (§§ 2306 f., 1371 Abs. 3 BGB) geschützt.[285] Problematisch sind dagegen die Fälle, in denen auf den Pflichtteil und erbrechtlichen Zugewinnausgleich verzichtet wurde.

3. Konstruktives

73 Im Übrigen ist bei der rechtlichen Würdigung der an die Erbeinsetzung anknüpfenden Wiederverheiratungsklauseln zu unterscheiden zwischen gemeinschaftlichen Testamenten, die nach der Trennungslösung zu beurteilen sind, und solchen nach der Einheitslösung.

a) Bei der Trennungslösung

74 In einem gemeinschaftlichen Testament mit Trennungslösung bietet die Wiederverheiratungsklausel keine besonderen konstruktiven Schwierigkeiten. Denn in diesem Fall liegt ohnehin eine Nacherbfolge vor, und es wird lediglich ein weiterer Fall für den Eintritt der Nacherbfolge hinzugefügt: Die Nacherbfolge soll nicht nur beim Tod des überlebenden Ehegatten eintreten (vgl. § 2139 BGB), sondern gegebenenfalls schon vorher mit der Wiederverheiratung des überlebenden Ehegatten. Die Wiederverheiratungsklausel führt hier nur zu einer weiteren Bedingung mit einer **Vorverlegung des Eintritts des Nacherbfalls**,[286] wenn auch sein Eintritt eben unsicher ist. Hier ist die **Nacherbfolge selbst** insgesamt **unbedingt**;[287] bedingt ist nur, wie bei jeder Nacherbfolge, die Erbeinsetzung der Nacherben (Kinder) und der Eintritt des Nacherbfalls (vgl. §§ 2100, 2104, 2105, 2139 BGB). Daher ist der – vielleicht etwas unglücklich gefasste – § 2108 Abs. 2 Satz 2 BGB nicht anwendbar. Das bedeutet, dass das Anwartschaftsrecht der Nacherben (Kinder), die etwa während des Schwebezustandes sterben, im Zweifel vererblich ist und auf ihre Erben übergeht.[288] Etwas anderes kann sich aufgrund der Verfügung von Todes wegen ergeben, wenn auch vielleicht erst aufgrund einer Auslegung. Wurde verfügt, dass ein bestimmter Teil der Erbschaft bei der Wiederverheiratung an die »Nachkommen« fallen soll, spricht dies gegen eine Vererblichkeit des Anwartschaftsrechts.[289]

75 Auch bei Eintritt des Wiederverheiratungsfalls umfasst die **Nacherbfolge** an sich den **gesamten Nachlass** des erstverstorbenen Ehegatten; soll der Längerlebende seinen gesetzlichen Erbteil behalten, bedarf es hierfür einer ausdrücklichen Anordnung, wie etwa, dass er sich mit den Kindern nach den Regeln der gesetzlichen Erbfolge auseinandersetzen soll.[290] Solche bruchteilsmäßigen Beschrän-

284 So richtig Staudinger/*Otte* § 2074 Rn. 42, 44; ebenso jetzt OLG Saarbrücken DNotZ 2015, 691 m. Anm. *Weber*.

285 Anders offenbar *Scheuren-Brandes* ZEV 2005, 185, 186, 188, der darauf hinweist, dass das Versorgungsinteresse des überlebenden Ehegatten desto größer ist, je früher der Erbfall eintritt. Er will deshalb eine entsprechende Aufstockung ggü. dem Erbteil vornehmen, den er zunächst nach dem großen Pflichtteil bemisst. Jedoch hat der überlebende Ehegatte in keinem Fall einen höheren geschützten Anspruch, als seinem Pflichtteil und dem rechnerischen Zugewinnausgleich nach § 1371 Abs. 2 BGB entspricht.

286 Burandt/Rojahn/*Braun* Rn. 54; NK-BGB/*Gierl* Rn. 135; *Muscheler* I Rn. 2102; *Völzmann* RNotZ 2012, 1, 6; Palandt/*Weidlich* Rn. 21; *Zawar* DNotZ 1986, 515; *ders.* NJW 1988, 16, 17.

287 KG DFG 42, 149; Burandt/Rojahn/*Braun* Rn. 54; NK-BGB/*Gierl* Rn. 135; Palandt/*Weidlich* Rn. 21.

288 § 2108 Abs. 2 Satz 1; Burandt/Rojahn/*Braun* Rn. 54; NK-BGB/*Gierl* Rn. 135; Nieder/Kössinger/*R. Kössinger*, Handbuch der Testamentsgestaltung, § 14 Rn. 115; *Lange/Kuchinke* § 24 IV 3 c bei Fn. 105b; MünchKomm/*Musielak* Rn. 49; Palandt/*Weidlich* Rn. 21.

289 RGZ 106, 355, 358 f.

290 NK-BGB/*Gierl* Rn. 136; Nieder/Kössinger/*R. Kössinger*, Handbuch der Testamentsgestaltung, § 14 Rn. 117; *Völzmann* RNotZ 2012, 1, 6; Palandt/*Weidlich* Rn. 21; a.M. MünchKomm/*Musielak* Rn. 49: automatischer Eintritt der Vollerbschaft in Höhe seines gesetzlichen Erbteils; so wohl auch Damrau/Tanck/*Klessinger*, Erbrecht, Rn. 51.

kungen der Nacherbfolge sind grundsätzlich möglich.[291] Allerdings stellt sich auch hier die Frage, ob der zunächst dem überlebenden Ehegatten verbleibende Erbteil nicht weiterhin der Vor- und Nacherbschaft unterliegt und zwar in der Weise, dass nach seinem Tod dieser Erbteil auf die Nacherben übergeht, oder dieser Restbruchteil mit der Wiederverheiratung von der Nacherbschaft frei wird. Nach der überwiegend vertretenen Auffassung soll bei einem Fehlen einer ausdrücklichen Regelung hierzu von einem Fortgelten der Nacherbfolge auch bezüglich des Resterbteils auszugehen sein.[292] Nach der hier vertretenen Auffassung ist eine solch weitreichende Wirkung der Wiederverheiratungsklausel aber sehr problematisch, zumindest wenn der Resterbteil nicht ausreichend dotiert ist.[293]

Daneben kann eine Verschärfung der den Vorerben treffenden **Verfügungsbeschränkungen** ange- 76
ordnet werden, etwa dass ab der Wiederverheiratung/Begründung der Lebenspartnerschaft alle gesetzlichen Beschränkungen gelten, von denen er vorher befreit war.[294] Nach h.M. kann dem Längerlebenden auch ein Nießbrauch an den Erbteilen zugewendet werden, die bei Wiederverheiratung an die Abkömmlinge des Erstversterbenden fallen.[295]

b) Bei der Einheitslösung

Wäre das gemeinschaftliche Testament, wenn man von der Wiederverheiratungsklausel absieht, 77
nach der Einheitslösung zu beurteilen, so läge an sich keine Nacherbfolge vor; der überlebende Ehegatte wäre Vollerbe des Erstversterbenden. Die Annahme einer Vor- und Nacherbschaft ist aber unverzichtbar, um zum einen hinsichtlich der Erbenstellung die Ausschlussfunktion[296] und zum anderen die bestehende Verfügungsbeschränkung zu begründen. Die h.M. geht deshalb von einer **Kombination** einer durch die Wiederverheiratung **auflösend bedingten Vollerbschaft** und einer daneben bestehenden, durch die neue Heirat **aufschiebend bedingten Vor- und Nacherbschaft** aus: Infolge der Wiederverheiratungsklausel bleibt der überlebende Ehegatte zwar primär Vollerbe und wird nur dann, wenn die Bedingung (Wiederverheiratung) eintritt, Vorerbe. Tritt das Ereignis nicht ein, verbleibt es bei der primär angeordneten Vollerbschaft und das Nacherbrecht kommt nicht zur Entstehung. Eine solche Kombination ist nach h.M. rechtlich möglich und wirtschaftlich zur Verfolgung des gewünschten Zwecks sinnvoll, ja unerlässlich.[297] Dies wirkt schon auf den ersten Blick widersprüchlich, da Freiheit und Bindung sich prima facie gegenseitig

---

291 Vgl. den Fall von RGZ 106, 355, 358; BayObLGZ 1958, 109, 122 = NJW 1958, 1683; BayObLG NJW-RR 2002, 366; Formulierungsvorschlag etwa bei Nieder/Kössinger/*R. Kössinger*, Handbuch der Testamentsgestaltung, § 14 Rn. 117.

292 Burandt/Rojahn/*Braun* Rn. 54; Nieder/Kössinger/*R. Kössinger*, Handbuch der Testamentsgestaltung, § 14 Rn. 117; *Völzmann* RNotZ 2012, 1, 6; a.A. BeckOK/*Litzenburger* Rn. 33; MünchKomm/*Musielak* Rn. 49.

293 Rdn. 71.

294 Burandt/Rojahn/*Braun* Rn. 54; Nieder/Kössinger/*R. Kössinger*, Handbuch der Testamentsgestaltung, § 14 Rn. 114; nicht zutr. ist, wenn teilweise behauptet wird, dass damit der für die Nacherben angedachte Schutz kaum erreicht werden könne (Burandt/Rojahn/*Braun* Rn. 54; BeckOK/*Litzenburger* Rn. 33), denn die nicht befreite Vorerbschaft ist vom Gesetzgeber gerade als besonderes Sicherungsmittel geschaffen worden.

295 *Lange/Kuchinke* § 24 IV 3 c.

296 Rdn. 65.

297 RGZ 156, 172, 180 f.; KG DNotZ 1935, 827; 1943, 137; BGHZ 96, 198, 203 = NJW 1988, 59 = DNotZ 1986, 541 m. Anm. *Zawar*; OLG München JFG 15, 39; BayObLGZ 1966, 227; OLG Neustadt MDR 1961, 602; im Grundsatz auch OLG Celle ZEV 2013, 40 m. abl. Anm. *Weidlich*; *Haegele* Rpfleger 1976, 75; *Hilgers* MittRhNotK 1962, 388; *Hurst* MittRhNotK 1962, 439; Staudinger/*Kanzleiter* Rn. 42; BeckOK/*Litzenburger* Rn. 36 f.; *Simshäuser* FamRZ 1972, 274; Palandt/*Weidlich* Rn. 17; Soergel/*M. Wolf* Rn. 26; offen lassend, aber wohl der h.M. zuneigend *Lange*, Erbrecht, § 16 Rn. 118; a.A. etwa *Asbeck* MDR 1959, 897; abweichend *Buchholz*, Erbfolge und Wiederverheiratung, S. 55; zum Streitstand *Meier-Kraut* NJW 1992, 143 und sehr prägnant *Zawar*, FS Schippel (1996) S. 332 ff.

auszuschließen scheinen.[298] Eine Wiederverheiratungsklausel in dieser Form **verwandelt** daher die **Einheitslösung** in die **Trennungslösung** und beseitigt damit gerade die Vorteile der ersteren. Teilweise wird sie daher im Rahmen eines Berliner Testaments als »Gestaltungsfehler« angesehen.[299] Es ergeben sich zudem konstruktive Probleme mit der Wirksamkeit der Verfügungsbeschränkungen der §§ 2113 ff. BGB. Denn der Bedingungseintritt wirkt nicht zurück.[300] Demnach können bereits vorher getätigte beeinträchtigende Verfügungen nicht nachträglich unwirksam werden.[301] Denn § 161 Abs. 1 BGB, der entsprechende Vorwirkungen mit dinglicher Wirkung vorsieht, ist nur auf Einzelverfügungen hinsichtlich eines bestimmten Rechts anwendbar. Er soll seinem Schutzzweck nach nur die Durchführung eines bestimmten Rechtsgeschäfts, dessen Verwirklichung beide Vertragsteile von Anfang an beabsichtigt haben, gegen beeinträchtigende Zwischenverfügungen des immer noch formal Berechtigten sichern. Demgegenüber ist der Eintritt der Nacherbfolge gerade nicht der Zweck einer Wiederverheiratungsklausel bei der Einheitslösung.[302] Hält man die Doppelkonstruktion eines Nebeneinanders der Vollerbeneinsetzung und der Bestimmung zum Vor- und Nacherben für möglich[303] entspricht die Annahme einer auflösend bedingten Vollerbeneinsetzung nur dann dem Willen der Testierenden, wenn in der Zeit zwischen dem Erbfall und der Wiederverheiratung der überlebende Ehegatte zu einer ganz freien und umfassenden Verfügung berechtigt sein soll.[304]

78 Die logisch allein richtige Deutung ist dies allerdings nicht; fast scheint es, dass *Jherings* juristischer Begriffshimmel fröhliche »Urständ« feiert.[305] Es werden noch andere Konstruktionen vertreten: Zum einen wird der Bedingungszusammenhang einfach vertauscht: So soll eine **auflösend** bedingte **Vorerbschaft** und zugleich aufschiebend bedingte Vollerbschaft vorliegen. Die Bedingung besteht dann darin, dass der Längerlebende nicht wieder heiratet: Ist das bis zum Tod des überlebenden Ehegatten nicht der Fall, tritt mit diesem Zeitpunkt die Bedingung für die Vollerbschaft ein und löst die Vorerbschaft ab.[306] Entgegen *Musielak* wird bei dieser Konstruktion allerdings gerade nicht von der Einheitslösung ausgegangen, denn das Regel-/Ausnahmeverhältnis wird dabei anders gefasst: Die Ehegatten gingen bei dieser Konstruktion von der überwiegenden Wahrscheinlichkeit der Wiederverheiratung aus; in der Wirklichkeit sehen die Ehegatten dies aber gerade andersherum und gehen von der grundsätzlichen Einsetzung des überlebenden Ehegatten als (unbeschränkten) Vollerben aus.[307] Aber auch eine aufschiebend bedingte Vor- und Nacherbschaft wird vertreten, um die Vollerbschaft und damit die volle Verfügungsbefugnis für die Zeit bis zur Wiederverheiratung zu erhalten.[308]

79 Daneben wird von einer im Vordringen begriffenen Meinung die **Doppelkonstruktion** der h.M. abgelehnt und angenommen, dass die Wiederverheiratungsklausel die Einheitslösung immer in

---

298 *V. Lübtow* II 918; *Rohde* LZ 1924, 716.

299 *Langenfeld/Fröhler*, Testamentsgestaltung, 5. Kapitel Rn. 154; zur Kritik auch *Völzmann* RNotZ 2012, 1, 9.

300 Allgemein zum Bedingungseintritt Palandt/*Ellenberger* § 158 Rn. 2.

301 *Leipold* FamRZ 1988, 352, 353; MünchKomm/*Musielak* Rn. 55 f.; Staudinger/*Otte* § 2074 Rn. 21 ff.; eingehend dazu *Buchholz* S. 45 ff.

302 *Buchholz* S. 46; zur Nichtanwendbarkeit von § 161 BGB s. auch Staudinger/*Otte* § 2074 Rn. 21.

303 Zu den Gegenstimmen s. Rdn. 79.

304 Das Anliegen von MünchKomm/*Musielak* Rn. 60, die Palette der testamentarischen Regelungsmöglichkeiten zu vergrößern, hätte sich daher zwanglos und systemkonform durch die Annahme einer solch auflösend bedingten Vollerbeneinsetzung begründen lassen.

305 Auch *Röthel* Gutachten 68. DJT (2010), A 1 S. 76 betont zu Recht die hier vorliegenden »konstruktiven Zweifelsfragen«.

306 *Harder/Kroppenberg* Rn. 187 ff.; *Heldrich/Eidenmüller* S. 104; *Leipold* Rn. 480; MünchKomm/*Musielak* Rn. 58 ff.; Staudinger/*Kanzleiter* Rn. 43 hält unter Betonung des Erblasserwillens beide Konstruktionen für möglich.

307 Ebenso NK-BGB/*Gierl* Rn. 122; Staudinger/*Kanzleiter* Rn. 43 unter Betonung des Willens des Erblassers.

308 *Meier-Kraut* NJW 1992, 143, 145; teilweise ähnlich MünchKomm/*Musielak* Rn. 58 ff.; zur ex nunc-Wirkung der aufschiebenden Bedingung s.o. Rdn. 77.

eine ab dem ersten Erbfall sofort wirksame **Vorerbenlösung verwandelt.**[309] Die Anordnung einer Vor- und Nacherbschaft wird als einzige dogmatische Möglichkeit einer bedingten oder befristeten Erbzuwendung angesehen.[310] Die Annahme einer Vorerbschaft ist unverzichtbar, um durch deren Instrumentarium die Zwecke der Wiederverheiratungsklausel zu erreichen,[311] insbesondere um den Nachlass gegen einen Verbrauch durch den Längerlebenden zu schützen und die Surrogation nach § 2111 BGB zu ermöglichen,[312] nicht aber die Annahme einer bedingten Vollerbschaft.[313] Sieht man zwischen Vollerbschaft und Vor- und Nacherbschaft nicht ein *»aliud«-Verhältnis,* sondern erkennt man zutreffenderweise, dass die uneingeschränkte Vollerbschaft durch die Anordnungen einer Nacherbschaft lediglich beschränkt ist, also die Vorerbschaft nur ein »minus« zur Vollerbschaft ist, so muss man dieser Auffassung zustimmen.[314] Hierfür lässt sich auch die Auslegungsregel des § 2103 BGB anführen, die zwar primär der Abgrenzung zum Vermächtnis dient, aber zugleich klarstellt, dass es bei einer befristeten oder bedingten Erbeinsetzung zur Vor- und Nacherbschaft keine andere gesetzliche Alternative gibt.[315] Hinzu kommt, dass die mit der Wiederverheiratungsklausel bezweckte **Ausschlusswirkung** erfordert, dass für den Fall der neuen Verehelichung zwingend Personen bestimmt sein müssen, an die die Erbschaft nach dem Tod des länger lebenden Ehegatten fällt. Dies führt aber notwendigerweise zu einer **konstruktiven Nacherbfolge.**[316] Daran vermag nichts zu ändern, dass hier der überlebende Ehegatte nicht nur als »Durchlaufposten« angesehen werden kann, sondern eigentlich im Vordergrund der Gestaltung steht.[317] Der länger lebende Ehegatte ist daher ab dem Tod des Erstversterbenden Vorerbe, **Nacherbfall** ist allein der **Wiederverheiratungsfall** (oder der nach der Wiederverehelichung eintretende Tod des Längerlebenden bei der weniger einschneidenden Ausgestaltung), Nacherben sind die eigentlich sonst als Schlusserben berufenen Personen. **Verheiratet** sich der Ehegatte bis zu seinem Tod **nicht mehr**, fällt die **Bedingung** für den Eintritt des Nacherbfalls **aus** und der Nachlass des Erstversterbenden verbleibt insoweit dem Längerlebenden.[318] Die Beschränkungen der §§ 2113 ff. BGB entfallen dann ebenso wie die die Nacherbschaft kennzeichnende Sondererbfolge. Kein gangbarer Weg ist m.E., die Lösung allein über die Auslegung des Erblasserwillens zu suchen.[319] Dieser kann nur für das zu gewinnende Ergebnis maßgeblich sein, nicht aber, auf welchem rechtlichen Weg man hierzu gelangt; hierüber hat sich der Erblasser regelmäßig keine Vorstellungen gemacht, und das kann man von ihm auch nicht verlangen. Kommt man zur Erbschaftslösung und tritt der Fall der Wiederverheiratung ein, kann über die dinglich wirkenden Grenzen des § 2136 BGB hinaus keine Befreiung erteilt werden.[320]

---

309 *Caspar,* Die rechtliche Stellung des auflösend befristeten und bedingten Erben, S. 86 f.; *Lange/Kuchinke* § 24 IV 3 d; *Muscheler* I Rn. 2105; Staudinger/*Otte* § 2074 Rn. 21 ff.; *Radke,* Das Berliner Testament …, S. 69; wohl auch *Schlüter/Röthel* § 22 Rn. 48; *Völzmann* RNotZ 2012, 1, 10; *Weidlich* ZErb 2014, 325, 329; *Wilhelm* NJW 1990, 2857, 2862; *Zawar* NJW 1988, 16; *ders.,* FS Schippel (1996) S. 335 f. und bereits *v. Lübtow* II 918 f.

310 *Muscheler* I Rn. 2105; eingehend auch unter Bezug auf die Entstehungsgeschichte des BGB *Wilhelm* NJW 1990, 2857, 2860 ff.; ebenso die Analyse der Entstehungsgeschichte bei *Buchholz* S. 50 ff., wenn auch mit anderer Schlussfolgerung.

311 S. Rdn. 65.

312 Eingehend *Jünemann* ZEV 2000, 81, 82 ff.

313 *Lange/Kuchinke* § 24 IV 3 d.

314 Ausf. *Nolting,* Die Befreiung des Vorerben über die Grenzen des § 2136 hinaus S. 42 ff.; ähnlich wohl bereits *v. Lübtow* II 919.

315 *Lange/Kuchinke* § 24 IV 3 d; *Völzmann* RNotZ 2012, 1, 9; dagegen *Jünemann* ZEV 2000, 81, 83; dazu noch unten Rdn. 82.

316 Zum Begriff erstmals Prot V 92; eingehend dazu *Buchholz* S. 51 ff.

317 Letztlich sehr emotionale Argumente bei MünchKomm/*Musielak* Rn. 58.

318 *Caspar,* Die rechtliche Stellung des auflösend befristeten und bedingten Erben S. 109 ff.; *Wilhelm* NJW 1990, 2857, 2863 unter Bezug auf § 2142 Abs. 2 BGB, der einen vergleichbaren Fall regelt; allg. hierzu Staudinger/*Otte* § 2074 Rn. 23.

319 So aber BeckOK/*Litzenburger* Rn. 36; Burandt/Rojahn/*Braun* Rn. 60.

320 Zutr. *Muscheler* I Rn. 2105.

80 Nach all diesen Meinungen stellt sich aber erst mit dem Tod des längerlebenden Ehegatten heraus, ob er über den Nachlass des Erstversterbenden uneingeschränkt verfügen konnte.[321] Die entsprechenden Verfügungsbeschränkungen sind daher als solche im **Grundbuch zu verlautbaren** und im **Erbschein**[322] **aufzuführen.**[323] Sie stellen in der Praxis einen erheblichen Eingriff in die Rechtsstellung des Längerlebenden dar, der oftmals so nicht gewollt war, zumal der Vorerbe nicht von allen Beschränkungen befreit werden kann, insbesondere nicht vom Schenkungsverbot (§ 2113 Abs. 2 BGB).

4. Befreiung des überlebenden Ehegatten

81 Da die Schutzvorschriften der §§ 2113 ff. BGB auch für den bedingt eingesetzten Nacherben gelten, unterliegt der überlebende Ehegatte bei Verfügungen unter Lebenden, solange der Schwebezustand anhält und damit die aufschiebende Bedingung der Wiederverheiratung noch nicht ausgefallen ist, den Beschränkungen der §§ 2113 ff. BGB.[324] Ob mangels einer ausdrücklichen Regelung der Erblasser den Überlebenden zum befreiten Vorerben einsetzen wollte, ist nicht allgemein, sondern im Wege der **Auslegung** zu ermitteln.[325] Beim Fehlen entgegenstehender Umstände ist nach der h.M. **Befreiung** anzunehmen.[326] Da es den Ehegatten bei Anordnung der Wiederverheiratungsklausel i.d.R. nur auf die »Ausschlusswirkung« ankommt, um die Vererbung oder Pflichtteilsgeltendmachung durch den neuen Ehegatten des Längerlebenden und dessen Familie bezüglich des Nachlasses des Erstversterbenden zu verhindern,[327] ist es mit der h.M. grundsätzlich gerechtfertigt, mangels eines abweichenden anderen Willens eine Befreiung von den gesetzlichen Beschränkungen anzunehmen.[328] Und wegen dieser Zwecksetzung wird entgegen *Kanzleiter*[329] mangels einer anderweitigen Anordnung die Befreiung auch hinsichtlich der disponiblen Vorschriften der §§ 2133, 2134 BGB über die Substanzerhaltung anzunehmen sein. Im Einzelfall kann nach dem Willen der Ehegatten allerdings eine »Komplementierung« der Ausschlusswirkung durch entsprechende Verfügungsbeschränkungen gewollt sein, etwa wenn der Längerlebende ohnehin sehr »labil« war, weshalb dann der Vorerbe allen gesetzlichen Beschränkungen unterworfen ist. Für die Annahme eines solchen Willens wird man aber besondere Anhaltspunkte fordern müssen. Wegen der möglichen unterschiedlichen Interessenlage ist aber eine **»tatsächliche Vermutung«** für die Befreiung nicht gerechtfertigt, d.h., es gibt keinen entsprechenden Erfahrungssatz.[330]

---

321 NK-BGB/*Gierl* Rn. 124; Staudinger/*Kanzleiter* Rn. 43.

322 Dazu Rdn. 96.

323 *Völzmann* RNotZ 2012, 1, 3; Palandt/*Weidlich* Rn. 17; *ders.* ZErb 2014, 325, 329.

324 BGHZ 96, 198; RGZ 156, 181; NK-BGB/*Gierl* Rn. 124; MünchKomm/*Grunsky* § 2113 Rn. 16 f.; Erman/*Kappler/Kappler* Rn. 14; Staudinger/*Kanzleiter* Rn. 43; Palandt/*Weidlich* Rn. 18; OLG Celle ZEV 2013, 40 will dies dem Willen des Erblassers überlassen.

325 BGH NJW 1951, 354; BayObLG NJW 1958, 1683; NK-BGB/*Gierl* Rn. 125; *Lange/Kuchinke* § 24 IV 3 c Fn. 112; dazu Horn/Kroiß/*Horn*, Testamentsauslegung § 25 Rn. 23 f.

326 BGH FamRZ 1961, 275; OLG Düsseldorf FamRZ 2017, 1428; BayObLGZ 1961, 200, 204; 1966, 227; OLG Hamm DNotZ 1972, 96; *Haegele* Rpfleger 1976, 75; Horn/Kroiß/*Horn*, Testamentsauslegung § 25 Rn. 23; *Hurst* MittRhNotK 1962, 444; KG JFG 13, 155; *Lange/Kuchinke* § 24 IV 3 d Fn. 112, § 28 VI Fn. 232 m.w.N.; BeckOK/*Litzenburger* Rn. 37; *v. Lübtow* II 920; *Simshäuser* FamRZ 1972, 274; *Völzmann* RNotZ 2012, 1, 9; Palandt/*Weidlich* Rn. 18; *Zawar* NJW 1988, 16, 18; differenzierend hinsichtlich der Substanzerhaltungsvorschriften der §§ 2133 f. aus Vertrauensgesichtspunkten Staudinger/*Kanzleiter* Rn. 44.

327 Rdn. 65.

328 Generell gegen eine Befreiung OLG Stuttgart JFG 6, 162 ff.; LG Mannheim MDR 1960, 597.

329 Staudinger/*Kanzleiter* Rn. 44; wie hier Palandt/*Weidlich* Rn. 18.

330 *Lange/Kuchinke* § 28 VI Fn. 232; a.M. BayObLGZ 1966, 277; OLG Hamm DNotZ 1972, 96; Nieder/Kössinger/*R. Kössinger*, Handbuch der Testamentsgestaltung, § 14 Rn. 119; Baumgärtel/Laumen/Prütting/*Schmitz* Rn. 5.

Wegen der trotz der Befreiung i.S. von § 2136 BGB immer noch verbleibenden Beschränkungen[331] werden Versuche gemacht, dem Längerlebenden die **Stellung des Vollerben** so lange zu belassen, **bis** er tatsächlich **geheiratet** hat. Die Verfügungsfreiheit soll für diesen Zeitabschnitt gerade auch bei Wiederverheiratung bestehen bleiben, weil der Bedingungseintritt nicht zurückwirke.[332] Auch wenn dadurch die Praxistauglichkeit dieser Klauseln erhöht würde, kann der sicherlich wünschenswerte Zweck die von der Mindermeinung vorgeschlagenen gesetzesfernen Mittel nicht »heiligen«. Diese Auffassung ist nämlich mit der bislang einhellig vertretenen Meinung nicht vereinbar, dass es bei einer befristeten oder bedingten Erbenstellung zur **Vor- und Nacherbschaft** – und sei es nur eine sog. **konstruktive** – keine Alternative im Gesetz gibt;[333] auf die Parteivorstellungen[334] kommt es dabei angesichts der Typenstrenge des Erbrechts nicht an.[335] Die im Einzelnen nur schwer nachvollziehbare Auffassung *Musielaks*[336] kann einen gegenteiligen Nachweis nicht erbringen.[337] Sie beruht auf der Annahme zweier verschiedener Bedingungen: Zum einen einer auflösenden Bedingung der Vollerbschaft mit der Rechtsfolge, dass mit der Wiederverheiratung die Stellung des Vollerben ende und fortan – ex nunc – Vor- und Nacherbschaft gelte; zum anderen einer weiteren Bedingung, die den Eintritt des Nacherbfalls (§ 2139 BGB) regelt, etwa der Tod des Vorerben.[338] Aber diese Auffassung der erst »ex nunc« mit der Wiederverheiratung einsetzenden Vor- und Nacherbschaft verkennt, dass es dann eigentlich keinen Nachlass des Erstversterbenden i.S. eines Sondervermögens mehr gibt, auf den sich diese Anordnung bezieht, insb. wenn die Wiederverheiratung erst nach Jahrzehnten erfolgt und der eigentliche Nachlass aufgezehrt ist.[339] Aber auch aus der Sicht des Nacherben wird die Situation nicht zutreffend beschrieben. Denn unbestritten ist, dass der Nacherbe bereits vom Erbfall an zur – wenn auch nur aufschiebend bedingten – Nacherbfolge berufen ist. Dann muss es aber auch einen Vorerben geben.[340] All dies zeigt, dass die hier vertretene Lösung, der Längerlebende werde sofort unbedingter Vorerbe und die Nacherbschaft falle lediglich bei fehlender Wiederverheiratung aus,[341] die richtige ist. Eine negative Auswirkung des Theorienstreits ist, dass sich durch die daraus ergebende Rechtsunsicherheit unter dem Grundsatz des »sichersten Wegs« für die Kautelarpraxis die Frage stellt, ob sie solche Klauseln überhaupt noch verwenden kann, bis deren Rechtsfolgen durch die Rspr. hinreichend geklärt sind.[342] 82

331 »Dispositionshemmende Vorwirkungen«, *Buchholz* S. 37.

332 *Meier-Kraut* NJW 1992, 143, 145 f.; MünchKomm/*Musielak* Rn. 58 ff.; im Ergebnis ebenso *Buchholz* S. 45 ff.; dagegen eher ablehnend *Leipold* FamRZ 1988, 352, 353; zu diesen Überlegungen auch *Otte* AcP 187 (1987) 603, 605.

333 So etwa *Lange/Kuchinke* § 24 IV 3 d; zur Entstehungsgeschichte des BGB mit der konstruktiven Nacherbschaft *Buchholz* S. 51 ff.

334 So aber *Buchholz* S. 47 ff.

335 Ebenso *Muscheler* I Rn. 2105; *Radke*, Das Berliner Testament ..., S. 69; darin sieht MünchKomm/*Musielak* Rn. 58 zwar einen »Widerspruch zum Grundsatz der Testierfreiheit und damit zum Prinzip der Privatautonomie«, aber begründet dies nicht näher; zudem würde dieser Vorwurf für das ganze gegenwärtige Erbrecht gelten, das von einer *Typenbindung* geprägt ist. Die entscheidende Frage, die *Musielak* aber – wohl bewusst – nicht stellt, ist, ob hier ein unzulässiger Eingriff in die Testierfreiheit vorliegt.

336 Bezeichnenderweise verzichtet er ab der 4. Aufl. auf eine ausführliche Wiedergabe seiner Argumente.

337 Ebenso ablehnend Erman/*Kappler/Kappler* Rn. 14; Staudinger/*Kanzleiter* Rn. 43.

338 *Buchholz* S. 48 spricht von einer »Kettenreaktion von Bedingungsfolgen«; zur Bedingungskombination auch MünchKomm/*Musielak* Rn. 58.

339 Zutreffend *Jünemann* ZEV 2000, 81, 83 f.

340 Staudinger/*Otte* § 2074 Rn. 22.

341 S. Rdn. 79.

342 Dazu *Radke*, Das Berliner Testament ..., S. 64 ff. mit eigenem, aber nicht überzeugenden Formulierungsvorschlag.

5. Wirkung der Wiederverheiratungsklausel

a) Keine Wiederverheiratung

83 Wenn der überlebende Ehegatte nicht mehr heiratet (was naturgemäß erst bei seinem Tode festgestellt werden kann), lässt sich bei der von der h.M. nur aufschiebend bedingt angenommenen Vor- und Nacherbschaft nachträglich feststellen, dass er von Anfang an Vollerbe war. Alle von ihm zu seinen Lebzeiten vorgenommenen Verfügungen sind damit wirksam, auch wenn sie es bei einem Vorerben nach den §§ 2113 ff. BGB nicht wären.[343] Der Schlusserbe hat nur Anspruch auf das, was beim zweiten Erbfall vom beiderseitigen Nachlass übrig ist.[344]

b) Wiederverheiratung

84 Hinsichtlich der dadurch eingetretenen Rechtsfolgen ist zwischen den verschiedenen Nachlassmassen, die durch die bedingte Nacherbfolge entstehen, zu unterscheiden:

aa) Nachlass des Erstverstorbenen

85 Heiratet der überlebende Ehegatte wieder, steht damit bei der von der h.M. befürworteten aufschiebend bedingten Anordnung der Vor- und Nacherbschaft fest, dass die Bedingung hierfür eingetreten ist.[345] Zugleich tritt damit im Regelfall der Nacherbfall ein, falls dieser nicht bis zum Tod des Längerlebenden hinausgeschoben ist, was nach der hier vertretenen Auffassung die einzig zulässige Lösung ist.[346] Mit Eintritt des Nacherbfalls hört der überlebende Ehegatte auf, Erbe zu sein, die Erbschaft des vorverstorbenen Ehegatten fällt den Nacherben zu (§ 2139 BGB). Diese können vom überlebenden Ehegatten die Herausgabe der Erbschaft des verstorbenen Ehegatten verlangen. Bei der befreiten Vorerbschaft sind lediglich die noch vorhandenen Erbschaftsgegenstände einschließlich der Surrogate herauszugeben (§§ 2137, 2138 BGB); bei der nicht befreiten Vorerbschaft ist maßgebend der Zustand, der sich bei einer bis zur Herausgabe fortgesetzten ordnungsmäßigen Verwaltung ergibt (§ 2130 BGB). Der überlebende Ehegatte kann auch keinen Pflichtteil mehr verlangen, selbst wenn er den ganzen Nachlass herausgeben musste. Denn dazu hätte er sich von der Beschwerung durch die Nacherbfolge bereits nach dem ersten Todesfall durch fristgerechte Ausschlagung befreien müssen.[347] Auch eine Anfechtung wegen des Irrtums über den Verlust des Pflichtteilsrechts durch Annahme der belasteten Erbschaft scheidet aus, da es sich um einen unbeachtlichen Rechtsirrtum handelt.[348]

bb) Bindung an frühere Verfügungen hinsichtlich des Eigennachlasses?

86 Fehlt eine ausdrückliche Regelung in der Verfügung von Todes wegen, soll es nach ganz h.M. im Allgemeinen dem wirklichen oder zumindest mutmaßlichen Willen der Erblasser entsprechen, dass der überlebende Ehegatte, der durch seine Wiederverheiratung seine Rechte am Nachlass des verstorbenen Ehegatten zugunsten der Kinder einbüßt, **nicht** an seine letztwilligen Verfügungen über seinen eigenen Nachlass zugunsten der Kinder **festgehalten wird**, dass vielmehr die durch § 2271 BGB verordnete Bindung des Längerlebenden an seine wechselbezüglichen Verfügungen entfällt und er dann abweichende Anordnungen, etwa zugunsten seiner neuen Familie, treffen kann.[349]

---

343 BayObLGZ 1961, 206; NK-BGB/*Gierl* Rn. 126; die praktischen Ergebnisse der theoretischen Konstruktionen sind gleich, vgl. Rdn. 79 f.

344 RGZ 156, 181.

345 NK-BGB/*Gierl* Rn. 127; Palandt/*Weidlich* Rn. 19.

346 S. Rdn. 71 f.

347 § 2306 Abs. 1 BGB; NK-BGB/*Gierl* Rn. 128; *Lange/Kuchinke* § 24 IV 3 e; MünchKomm/*Musielak* Rn. 61.

348 NK-BGB/*Gierl* Rn. 128; *Lange/Kuchinke* § 24 IV 3 e.

349 BayObLG FamRZ 2002, 640, 641 = ZErb 2002, 131, 133 m. abl. Anm. *Hausmann*; KG NJW 1957, 1073 = DNotZ 1957, 557; FamRZ 1968, 331 = DNotZ 1968, 666; BayObLGZ 1962, 137; OLG Köln FamRZ 1976, 552; OLG Hamm JR 1987, 376; NJW-RR 1993, 1225, 1226 = FamRZ 1994, 188; NJW-

Diese Überlegungen wurden auch auf den **Erbvertrag** übertragen, so dass dort mit der Wiederverheiratung der vertragsmäßige Charakter der Verfügung entfällt und der länger lebende Ehegatte seine Verfügungsfreiheit wiedererlangt.[350] Ob die Trennungs- oder Einheitslösung gewählt wurde, soll dabei nicht erheblich sein.[351] Die Befreiung von der Bindung wird als Inhalt der Wiederverheiratungsklausel begriffen.[352] Etwas **anderes** soll nur gelten, sofern der wirkliche oder mutmaßliche **Wille** des Überlebenden darauf gerichtet war, dass in jedem Fall die getroffene **letztwillige Zuwendung aufrechterhalten** bleiben soll.[353]

Ein **Wegfall der Bindung** soll nach h.M. insbesondere **dann anzunehmen** sein, wenn die Erblasser 87
in dem gemeinschaftlichen Testament bestimmt haben, der überlebende Ehegatte habe sich im Falle seiner Wiederverheiratung nach den Regeln der gesetzlichen Erbfolge über den Nachlass des erstversterbenden Ehegatten mit den Kindern auseinanderzusetzen oder den Kindern Vermächtnisse in Höhe ihrer gesetzlichen Erbteile auszuzahlen.[354] Für die Beantwortung der Frage über die Fortdauer der erbrechtlichen Bindung im Falle der Wiederverheiratung stellt die h.M. dabei primär auf eine Art »erbrechtliche Gewinn- und Verlustrechnung« ab: »wer sein Erbe verliert, soll auch nichts vererben müssen«.[355] Kein Wegfall der erbrechtlichen Bindung soll dagegen bei Begründung einer nichtehelichen Lebensgemeinschaft eintreten. Eine Wiederverheiratungsklausel gilt hier nicht entsprechend.[356]

Die **Gegenansicht** betont demgegenüber, dass es um einen **angemessenen Ausgleich** der Interessen 88
des erstversterbenden Ehegatten an der Erhaltung des Familienvermögens und denen des Längerlebenden an einem Wegfall der Bindung gehe, um seinen neuen Ehepartner, u.U. auch weitere Kinder, an dem Vermögen zu beteiligen. Das Verfügungsinteresse des Längerlebenden ist dabei sicherlich umso stärker, je größer das ihm schon immer gehörende Vermögen war oder je mehr Vermögen von ihm erst nach dem Tod des Erstversterbenden neu erworben wurde. Es fehlt daher nicht an Versuchen, das starre Gegeneinander von Bindungswirkung und Bindungsfortfall zu beseitigen und zu differenzierenden Lösungen zu kommen.[357]

Dabei wird überwiegend mit der Annahme von **Teilbindungen** gearbeitet: (1) So nimmt etwa *Dippel*[358] mit der Wiederverheiratung einen Teilwegfall der ursprünglichen Schlusserbeneinsetzung an, 89
jedoch bleibt der Längerlebende insoweit gebunden, als er den erstehelichen Kindern mindestens die gesetzlichen Erbteile zuwenden muss. (2) Ähnlich hält *Simshäuser*[359] die Verfügung des Überlebenden i.H.d. gesetzlichen Erbquote weiterhin für bindend. (3) Teilweise wird die Bindung des

---

RR 1994, 1355 = ZEV 1994, 365; OLG Zweibrücken OLGZ 1973, 217; OLG Köln FamRZ 1976, 552; LG Stuttgart BWNotZ 1978, 164; *Caspar*, Die rechtliche Stellung des auflösend befristeten und bedingten Erben, S. 55; NK-BGB/*Gierl* Rn. 131; Horn/Kroiß/*Horn*, Testamentsauslegung § 25 Rn. 31 ff.; Damrau/Tanck/*Klessinger*, Erbrecht, Rn. 57; Nieder/Kössinger/*R. Kössinger*, Handbuch der Testamentsgestaltung, § 14 Rn. 121; BeckOK/*Litzenburger* Rn. 41; *Mohr* BWNotZ 1997, 169, 176; NK-BGB/*Müßig* § 2271 Rn. 42; MünchKomm/*Musielak* Rn. 62; Palandt/*Weidlich* Rn. 20; wohl auch *Völzmann* RNotZ 2012, 1, 15 und *Lange*, Erbrecht, § 16 Rn. 120; zurückhaltender *Lange/Kuchinke* § 24 IV 3 e (erster Anschein spreche gegen Wegfall der Bindung); v. *Lübtow* II 920; strikt hiergegen *Domke* JW 1937, 2520.

350 OLG Karlsruhe NJW 1961, 1410; OLG Zweibrücken OLGZ 1973, 217.

351 BeckOK/*Litzenburger* Rn. 40 f; Palandt/*Weidlich* Rn. 20.

352 MünchKomm/*Musielak* Rn. 62; a.M. *Muscheler* JZ 1994, 630, 632; unzutr. jedoch die Argumentation, der Wechselbezüglichkeit sei ihre Basis entzogen, weil die korrespondierende Verfügung des erstversterbenden Ehegatten »ihre Wirkung verliere«, denn diese wirkt gerade weiter und bewirkt den Eintritt des Nacherbfalls.

353 RGRK-BGB/*Johannsen* Rn. 33; Damrau/Tanck/*Klessinger*, Erbrecht, Rn. 57.

354 NK-BGB/*Gierl* Rn. 131.

355 So plastisch *Buchholz*, Erbfolge und Wiederverheiratung, S. 110, in seiner Analyse der Rspr. des KG.

356 OLG Düsseldorf NJW-RR 2013, 1353 = NotBZ 2013, 391.

357 S. die Nachw. bei *Buchholz*, Erbfolge und Wiederverheiratung, S. 82 ff.; dagegen Damrau/Tanck/*Klessinger* Erbrecht, Rn. 58, weil dies die Rechtssicherheit beeinträchtigt.

358 AcP 177 (1977) 349, 362 ff.

359 FamRZ 1972, 273, 278.

Längerlebenden an die Erbeinsetzung der Kinder in dem Umfang bejaht, in dem er Vermögen aus dem Nachlass des Erstversterbenden erhält.[360] (4) *Kanzleiter*[361] differenziert und will die Bindung nur dann ganz entfallen lassen, wenn dem Längerlebenden bei Wiederverheiratung die Vorteile, die ihm beim Tod des Erstversterbenden zugefallen sind, vollständig oder nahezu vollständig entzogen werden. Ansonsten gelangt er zu einem teilweisen Fortbestand der Bindung in Höhe des gesetzlichen Erbteils der Kinder aus erster Ehe (berechnet nach dem dort geltenden Güterstand unter Berücksichtigung der Kinder aus der neuen Ehe) aufgrund differenzierter Interessenbewertung, die denen von *Battes*[362] weitgehend entsprechen. (5) *Muscheler* will zur Berücksichtigung des Äquivalenzprinzips zwischen den Verfügungen der Ehegatten die restliche Lebensdauer des Längerlebenden nach der *allgemeinen Sterbetafel* ermitteln. Wenn im Zeitpunkt der Wiederheirat der Längerlebende den Nachlass bereits 10 Jahre als Erbe nutzen durfte und nach der Sterbetafel seine durchschnittliche Lebenserwartung noch 5 Jahre wäre, so dürfe er über einen Drittel des Nachlasses frei verfügen.[363] (6) *Buchholz*[364] geht von einem anderen, aber zunächst zutreffenden Ansatz aus: Die Ehegatten haben durch die Wahl einer – wenn auch unvollkommenen – Wiederverheiratungsklausel zu erkennen geben, dass sie den Störfall Wiederverheiratung selbständig im Testament regeln wollten. Grundlage der Problemlösung ist daher für die – oftmals nur erläuternde – Auslegung die von ihnen getroffene Wiederverheiratungsklausel selbst. Deren Inhalt über die Erbfolge nach dem Erstverstorbenen bildet auch den Maßstab für die Erbfolge der gemeinsamen Kinder nach dem Längerlebenden. So ergeben sich differenzierte Lösungen in Abhängigkeit zur gewählten Wiederverheiratungsklausel.[365]

90 All dies kann für den Regelfall **nicht überzeugen**. Denn dann würde – insbesondere wenn der länger lebende Ehegatte schon immer der wohlhabendere war – der Wiederverheiratungsfall für ihn auch zum *erbrechtlichen Glücksfall*, durch den er sich entgegen der gemeinsam mit dem ersten Ehegatten getroffenen Nachlassplanung einfach von der sonst *weitreichenden erbrechtlichen Bindung befreien* kann. Insoweit ist an den anderen Bindungsgrund des gemeinschaftlichen Testaments zu erinnern, den **Grundsatz der Solidarität**,[366] der es auch gebietet, einen entsprechenden Vertrauensschutz zu gewähren und die Bindung an die Verfügung fortbestehen zu lassen, die in gemeinsamer Abstimmung der Ehegatten getroffen wurde.[367] Insoweit ist dem Ausgangspunkt von *Buchholz* zuzustimmen, dass die Problemlösung in der Verfügung von Todes wegen enthalten ist, aber doch in viel einfacherer Weise, als er dies annimmt. Es entspricht der *nächstliegenden Auslegung* des gemeinschaftlichen Testaments, dass die **erbrechtliche Bindung**, die hinsichtlich der Erbfolge nach dem länger lebenden Ehegatten getroffen wurde, auch **im Falle Wiederverheiratung fortgelten soll**. Zutreffend geht daher *Jünemann* davon aus, dass sich der Fortbestand der Bindung aus dem im Testament gemeinschaftlich geäußerten Sicherungsinteresse zugunsten der Abkömmlinge ergibt.[368] Dies kann auch nicht durch das Argument von *Buchholz* widerlegt werden, das Prinzip der Wechselbezüglichkeit gebiete es für den Fall, dass der Längerlebende aufgrund der Wiederverheiratungsklausel weniger erbt, ihn auch weniger erbrechtlich zu binden. Ob und inwieweit Wechselbezüglichkeit besteht, bestimmen allein die Ehegatten.[369] Und hier haben sie sich gerade für

---

360 Soergel/*M. Wolf* Rn. 30 m.w.N.

361 Staudinger/*Kanzleiter* Rn. 48 f.; zust. NK-BGB/*Gierl* Rn. 132.

362 S. 343 ff.: Halbteilungsprinzip.

363 *Muscheler* I Rn. 2102.

364 Erbfolge und Wiederverheiratung, S. 96 ff.

365 S. 106 ff.

366 S. Vorbem. zu §§ 2265 ff. Rdn. 7 f.

367 Zust. jetzt auch Burandt/Rojahn/*Braun* Rn. 64; dies im Ansatz zu Recht betonend *Buchholz*, Erbfolge und Wiederverheiratung, S. 89; ausdrücklich hiergegen aber Horn/Kroiß/*Horn*, Testamentsauslegung, § 25 Rn. 34, der aber offenbar das Problem gar nicht erkannt hat, dass dann der längerlebende Ehegatte über seinen eigenen Nachlass gerade frei verfügen kann, was der zunächst abgestimmten Nachlassplanung in diesen Fällen widerspricht.

368 ZEV 2000, 81, 85 f.

369 § 2270 BGB Rdn. 20 f.

eine derartige Entkoppelung des Zuwendungsverhältnisses und damit gegen einen gleichwertigen Zuwendungsaustausch entschieden. Probleme bereitet es, wenn die Wiederverheiratungsklausel inhaltlich dahingehend eingeschränkt ist, dass nur ein **Teil des Nachlasses** des Erstversterbenden im Fall der Wiederverheiratung **an die Abkömmlinge** fallen soll, ein Teil aber dem länger lebenden Ehegatten verbleibt. Wie wirkt sich dies auf die Bindung des Längerlebenden hinsichtlich seines eigenen Nachlasses aus? Lässt sich kein abweichender Wille feststellen, wird man hier das »argumentum a maiore ad minus« anwenden können: Wenn der Erstversterbende schon keine umfassende Sicherstellung seines Nachlasses für den Fall der Wiederverheiratung will, so kann von einer entsprechenden quotalen Freistellungsbefugnis des Längerlebenden zur Verfügung über seinen Eigennachlass ausgegangen werden.[370]

Auf alle Fälle ist es **dringend zu empfehlen**, eine klarstellende Klausel über den Fortbestand der Bindungswirkung in die Wiederverheiratungsklausel aufzunehmen.[371] Hinter der h.M. und dem Wunsch nach dem Entfallen der erbrechtlichen Bindung steht offenbar das Gefühl, dass es einer gewissen Korrektur der doch sehr weitreichenden Wirkung der Wiederverheiratungsklauseln bedarf, deren Zulässigkeit zu Recht zunehmend problematisiert wird. 91

Aber selbst wenn man der h.M. folgt, wonach mit der Wiederverheiratung für den überlebenden Ehegatten die **Bindung** an seine hinsichtlich seines eigenen Nachlasses getroffenen Verfügungen **entfällt**, so treten die früheren Verfügungen, wenn sich kein anderer Wille des Erblassers feststellen lässt, **nicht von selbst** mit der Wiederverheiratung **außer Kraft** (keine stillschweigend vereinbarte auflösende Bedingung). Vielmehr verlieren sie i.d.R. nur dann ihre Wirkung, wenn und soweit der überlebende Ehegatte sie durch eine neue formgerechte Verfügung von Todes wegen aufhebt oder ändert.[372] Auch über § 2270 Abs. 1 BGB lässt sich keine Nichtigkeit der eigenen Verfügungen des Längerlebenden begründen, denn die dazu wechselbezüglichen des Erstversterbenden werden in Folge der Wiederverheiratungsklausel nicht unwirksam, sondern lösen nur andere, eben die einvernehmlich festgelegten anderen Rechtsfolgen aus.[373] 92

Die Gegenmeinung, insb. die Rspr., nimmt dagegen ein **automatisches Gegenstandsloswerden** der Verfügungen des Längerlebenden an, das sich aus einer ergänzenden Auslegung ergibt, wenn wegen besonderer Umstände kein anderer Wille anzunehmen sei.[374] In der Tat kann sich durch eine Auslegung, u.U. auch ergänzender Art, im Einzelfall ergeben, dass die Verfügung von selbst wegfallen soll.[375] Gegen die automatische Wirkungslosigkeit der letztwilligen Verfügung des überlebenden Ehegatten allein durch die Wiederverheiratung spricht im Regelfall primär die **Möglichkeit einer Aufrechterhaltung des Erblasserwillens**: Nur bei **Aufrechterhaltung** der Verfügung des 93

---

370 Zu Details *Jünemann* ZEV 2000, 81, 86; Staudinger/*Kanzleiter* Rn. 49.

371 *Radke* NotBZ 2001, 15, 16 f.; *ders.*, Das Berliner Testament ..., S. 85 f.

372 Stillschweigender Änderungsvorbehalt, str.; wie hier NK-BGB/*Gierl* Rn. 134; *Huber* Rpfleger 1981, 41, 44; *Huken* DNotZ 1965, 729; *Jünemann* ZEV 2000, 81, 84 f.; Erman/*Kappler/Kappler* Rn. 16; Staudinger/*Kanzleiter* Rn. 50; Nieder/Kössinger/*R. Kössinger*, Handbuch der Testamentsgestaltung, § 14 Rn. 121; Firsching/Graf/*Krätzschel*, Nachlassrecht, § 11 Rn. 65; BeckOK/*Litzenburger* Rn. 42; *v. Lübtow* II 921; MünchKomm/*Musielak* Rn. 62; Palandt/*Weidlich* Rn. 20.

373 *Jünemann* ZEV 2000, 81, 84 f.

374 KG NJW 1957, 1053; FamRZ 1968, 331 (wenn auch *in concreto* anders entschieden); OLG Hamm ZEV 1994, 365 = MittBayNot 1994, 546 m. Anm. *Hohmann* (im Fall, dass der Ehegatte bei Wiederheirat infolge des Eintritts des Nacherbfalls jegliche Beteiligung am Nachlass des Erstversterbenden verlieren soll); *Haegele* JurBüro 1968, 90; NK-BGB/*Müßig* § 2271 Rn. 44 (wegen »Störung des Gegenseitigkeitsverhältnisses«, weil der Längerlebende durch die Wiederheirat seinen Erbteil verliert); *Muscheler* I Rn. 2102, 2107; *Simshäuser* FamRZ 1972, 273; eine tatsächliche Vermutung für die Gegenstandslosigkeit nimmt Soergel/*M. Wolf* Rn. 31 m.w.N. an; wohl auch *Lange*, Erbrecht, § 16 Rn. 120; offen gelassen von BGH WM 1985, 1178, 1179 = FamRZ 1985, 1123, 1124; a.A. etwa OLG Hamm JR 1987, 376; Horn/Kroiß/*Horn*, Testamentsauslegung § 25 Rn. 39; NK-BGB/*Gierl* Rn. 134.

375 OLG Hamm NJW-RR 1993, 1225 = JZ 1994, 628 m. Anm. *Muscheler; Lange/Kuchinke* § 24 IV 3 e; BeckOK/*Litzenburger* Rn. 42; MünchKomm/*Musielak* Rn. 62; Palandt/*Weidlich* Rn. 20.

überlebenden Ehegatten kann sein wirklicher Wille noch realisiert werden: Nahm er nämlich irrtümlich an, dass seine ursprünglichen Verfügungen automatisch unwirksam geworden wären, kann dem durch eine Anfechtung nach § 2078 Abs. 2 BGB Rechnung getragen werden. Demgegenüber wäre bei automatischem Wegfall der ursprünglichen Verfügungen und irrtümlicher Annahme ihrer Fortgeltung keine Irrtumskorrektur durch eine Anfechtung möglich.[376] Für die **Praxis** ist angesichts der umstrittenen Rechtslage auf alle Fälle dringend anzuraten, dass der länger lebende Ehegatte ausdrücklich den Widerruf erklärt.[377]

94 Der überlebende Ehegatte verliert die mit der Wiederverheiratung zunächst gewonnene Freiheit in der Verfügung von Todes wegen über sein Vermögen auch dann nicht, wenn er **wieder geschieden** wird.[378]

95 Ergibt jedoch die Auslegung, dass die früheren wechselbezüglichen Verfügungen des überlebenden Ehegatten ausnahmsweise ihre bindende Wirkung behalten, hat er i.d.R. **kein** Recht zur **Selbstanfechtung** dieser Verfügungen entsprechend §§ 2281, 2078, 2079 BGB, denn die Anordnung der Wiederverheiratungsklausel ist ein erhebliches Indiz dafür, dass dieser Fall bei der Testamentserrichtung gerade bedacht und daher eine Anfechtung ausgeschlossen sein sollte,[379] jedoch kann die Auslegung im Einzelfall anderes ergeben.[380]

6. Erbschein

96 Soweit die Wiederverheiratungsklausel in der Anordnung einer (sei es auch nur bedingten) Vor- und Nacherbschaft besteht, ist sie im Erbschein zu vermerken.[381] Die zu wählende Fassung richtet sich nach der jeweiligen rechtlichen Ausgestaltung der Klausel.[382]

7. Wiederverheiratungsklausel mit Vermächtnisanordnung

97 Zu überlegen ist auch, ob der Erblasser **seinen Kindern** oder sonstigen Verwandten für den Fall der Wiederverheiratung des überlebenden Ehegatten nur ein **aufschiebend bedingtes Vermächtnis** zuwendet. In diesem Fall ist der überlebende Ehegatte von Anfang an Vollerbe, i.d.R. fällt mit seiner Heirat den Vermächtnisnehmern, meist Kindern aus der ersten Ehe, das Vermächtnis an, das sich auf einen bestimmten Geldbetrag, bestimmte Gegenstände oder eine bestimmte Quote des Nachlasses beziehen kann, wobei hier eine Vielzahl von Gestaltungsmöglichkeiten eröffnet wird.[383] Die gewünschte Ausschlussfunktion, ein Abwandern des Vermögens an einen fremden Stamm zu verhindern, wird dabei voll erfüllt.[384] Allerdings richtet sich die Rechtsstellung des Vermächtnisnehmers nach dem Tod des erstversterbenden Ehegatten gem. § 2179 BGB nach den §§ 158,

---

376 NK-BGB/*Gierl* Rn. 134; Staudinger/*Kanzleiter* Rn. 50; *Lange/Kuchinke* § 24 IV 3 e; ebenso *Völzmann* RNotZ 2012, 1, 16.

377 *Rudolf* § 2 Rn. 92.

378 RG DJZ 1934, 281;, Rn. 57; BeckOK/*Litzenburger* Rn. 41.

379 Burandt/Rojahn/*Braun* Rn. 65; *Buchholz*, Erbfolge und Wiederverheiratung, S. 66; Damrau/Tanck/*Klessinger*, Erbrecht, Rn. 57; für den Regelfall ebenso Staudinger/*Kanzleiter* Rn. 45; a.M. BeckOK/*Litzenburger* Rn. 41 (unter unzutr. Bezug auf Staudinger/*Kanzleiter*).

380 Staudinger/*Kanzleiter* Rn. 45 m.w.N.

381 S. nur *Völzmann* RNotZ 2012, 1, 3.

382 NK-BGB/Gierl Rn. 149; Soergel/*M. Wolf* Rn. 32; abweichend *Buchholz* S. 56: Erbschein habe in erster Linie das Voll- und Alleinerbenrecht des überlebenden Ehegatten auszuweisen. Zur Fassung des Erbscheins bei gemeinschaftlichen Testamenten mit Wiederverheiratungsklausel s. *Asbeck* MDR 1959, 897; *Haegele* Rpfleger 1975, 78; *Hilgers* MittRhNotK 1962, 381, 388; *Hurst* MittRhNotK 1962, 439; Firsching/Graf/*Krätzschel* § 38 Rn. 136 ff. (mit Mustern); *Ripfel* Rpfleger 1951, 578.

383 BayObLGZ 1962, 137; OLG Karlsruhe NJW 1961, 1410; NK-BGB/*Gierl* Rn. 138; *Hurst* MittRhNotK 1962, 448 ff.; Nieder/Kössinger/*R. Kössinger*, Handbuch der Testamentsgestaltung, § 9 Rn. 122; *Lange/Kuchinke* § 24 IV 3 f.; *Radke*, Das Berliner Testament ..., S. 69 ff.; *Völzmann* RNotZ 2012, 1, 11 f.; Palandt/*Weidlich* Rn. 22.

384 *Zawar*, FS Schippel (1996) S. 337.

159, 160, 162 BGB, nicht aber nach § 161 BGB.[385] Die Rechtsstellung des Vermächtnisnehmers ist also wesentlich schwächer als bei der Vor- und Nacherbschaftslösung, weil sie keinen dinglich wirkenden Schutz gegen beeinträchtigende Verfügungen des Beschwerten oder seiner Gläubiger bietet, sondern nur Schadensersatzansprüche.[386]

Umgekehrt bietet diese Gestaltung die Möglichkeit, dem Längerlebenden eine weitgehend **freie** 98
Verfügungsmöglichkeit zumindest nach außen zu erhalten, indem der Forderungsumfang entsprechend begrenzt wird, etwa auf das im Schlusserbfall noch vorhandene Vermögen des Erstversterbenden.[387] Dies ist bei der Lösung über eine Vor- und Nacherbschaft jenseits der Optionen des § 2136 BGB nach h.M. gerade nicht möglich.[388]

Nach dem Lösungsansatz der **Mindermeinung**[389] ist dies zwar auch im Rahmen der Vor- und 99
Nacherbschaft zu verwirklichen, jedoch hat der Rechtsberater den sichersten Weg zu gehen und wird diese Gestaltung daher bis zum Vorliegen entsprechender zustimmender Rspr. vermeiden. Wer jedoch demgegenüber die Rechte der Vermächtnisnehmer stärken will, kann ihnen besondere Sicherungsrechte vermachen, etwa bei Ansprüchen auf Grundstücksübereignungen das Recht zur Eintragung einer Eigentumsvormerkung.[390]

Aber auch die **Nachteile** der Vermächtnislösung dürfen nicht verkannt werden:[391] Diese liegen 100
im Konkurrenzverhältnis zwischen Pflichtteil der Schlusserben und der aufschiebend bedingten Vermächtniszuweisung, das durch § 2307 BGB nicht befriedigend gelöst ist: Macht der Pflichtteilsberechtigte seinen Pflichtteil **nicht** binnen der hier geltenden kurzen dreijährigen Verjährungsfrist **geltend**, muss er damit rechnen, dass er auch über das Vermächtnis nichts erhält, wenn der längerlebende Ehegatte nicht wieder heiratet. Anders wäre es bei der Annahme, dass der Pflichtteilsanspruch erst mit dem Vermächtnis zusammen verjährt, was sich nach dem früheren Recht für die Erbfälle, die bis zum 31.12.2009 eintraten, durch Bejahung eines Pflichtteilsvermächtnisses aufgrund einer entsprechenden Auslegung begründen ließ.[392] Mit dem Inkrafttreten der Erbrechtsreform verjährt nunmehr aber auch ein auf Geldzahlung gerichtetes Vermächtnis in der kurzen Regelverjährung des § 195 BGB, so dass auch die Annahme eines solchen Pflichtteilsvermächtnisses keine sachgerechte Lösungsmöglichkeit mehr bietet. Daher ist nun eine Vereinbarung über die **Verlängerung der Verjährungsfrist** nach § 202 Abs. 2 BGB dringend anzuraten, was auch durch eine Verfügung von Todes wegen angeordnet werden kann.[393]

Wird der **Pflichtteil verlangt**, so wird allerdings nach § 2307 Abs. 1 Satz 2 Halbs. 1. BGB der 101
Pflichtteil um den Wert des Vermächtnisses gekürzt. Diese Kürzung soll nach h.M. auch bei einem aufschiebend bedingten Vermächtnis erfolgen.[394] Demnach erhält er keinen Pflichtteil, wenn der Wert des Vermächtnisses diesen aufzehrt. Bleibt aber auch die Wiederverheiratung aus, erhält er auch kein Vermächtnis. Dies kann nicht sein, da man den Vermächtnisnehmer sonst immer auf die Ausschlagung des Vermächtnisses innerhalb der Verjährungsfrist für den Pflichtteil verweisen

385 So die h.M. nach Palandt/*Weidlich* Rn. 22; *Bungenroth* NJW 1967, 1357 gegen *Gudian* NJW 1967, 431; eingehend dazu NK-BGB/*Horn*/*J. Mayer* § 2179 Rn. 4 ff.

386 Burandt/Rojahn/*Braun* Rn. 61 f.; *Zawar*, FS Schippel (1996) S. 329 f.

387 Dazu mit entsprechenden Vorschlägen *Radke*, Das Berliner Testament …, S. 73 ff.

388 *Haegele* Rpfleger 1976, 73, 77; *Wilhelm* NJW 1990, 2857, 2864; *Zawar* NJW 1988, 16, 19 f.; *ders.*, FS Schippel (1996) S. 337 ff.; für eine Auslegung als Vermächtnis aus diesem Grunde: LG Köln MittRhNotK 1974, 27.

389 Stichwort »superbefreiter Vorerbe«, s. Rdn. 82.

390 Vgl. zu Einzelheiten *Zawar* DNotZ 1986, 515.

391 Bei *Völzmann* RNotZ 2012, 1, 11 f., kommen diese etwas zu kurz.

392 Dazu *Strecker* ZEV 1996, 327, 329; abl. dagegen zu Recht *Radke*, Das Berliner Testament …, S. 78.

393 Einzelheiten bei Mayer/Süß/*J. Mayer*, Handbuch Pflichtteilsrecht, 3. Aufl. 2013, § 12 Rn. 75 ff.

394 BGH NJW 2001, 520; Burandt/Rojahn/*Horn* § 2307 BGB Rn. 9; Damrau/Tanck/*Riedel*, Erbrecht, § 2307 BGB Rn. 5.

müsste.[395] Der Pflichtteilsberechtigte muss sich daher erst im Fall der Wiederverheiratung den Wert des bedingten Vermächtnisses anrechnen lassen.[396] Da dies nicht der h.M. entspricht, muss der Pflichtteilsberechtigte sich überlegen, ob er nicht innerhalb der Verjährungsfrist des §§ 195, 199 Abs. 3a BGB das Vermächtnis ausschlägt, um sich den vollen Pflichtteilsanspruch zu sichern.[397]

102 Alternativ besteht auch die Möglichkeit, dem überlebenden Ehegatten eine **Vermächtnisbefugnis einzuräumen**, dass er bei einer Wiederheirat zugunsten seines neuen Ehegatten ein Wohnungsrecht oder einen Nießbrauch oder andere Rechte einräumen darf, während im Übrigen die Bindung für die als Schlusserben eingesetzten Abkömmlinge bestehen bleibt.[398]

103 Möglich ist auch eine sog. **umgekehrte Vermächtnislösung**, wonach sogleich die gemeinschaftlichen Abkömmlinge nach dem Tode des erstversterbenden Elternteils als Erben eingesetzt werden. Dem überlebenden Ehegatten werden dann bestimmte Vermächtnisse zugewandt, wie etwa ein Nießbrauch am Nachlass, gegebenenfalls wiederum auflösend bedingt durch die Wiederverheiratung.[399] Damit ist seine Stellung natürlich wesentlich schwächer ausgestaltet als bei der Vor- und Nacherbschaft. Zudem begegnet die Anordnung einer solchen auflösenden Bedingung aufgrund der *»Hohenzollern-Entscheidung«* des BVerfG erheblichen Bedenken, ist sie zur Wahrung der Ausschlussfunktion gerade bei einem Nießbrauch nicht erforderlich, da dieser nicht vererblich und grds. auch nicht übertragbar ist (§ 1059 BGB). Die Stellung des Längerlebenden kann demgegenüber dadurch verbessert werden, dass dieser bis zur Wiederverehelichung als *Testamentsvollstrecker* mit einer Verwaltungsvollstreckung (§ 2209 BGB) eingesetzt wird. Dies führt zu einer Gestaltung, die allgemein als *»Württemberger Modell«* bezeichnet wird.[400]

VIII. Pflichtteilsrecht

1. Bei der Trennungslösung

104 Bei der Vor- und Nacherbschaft hinsichtlich des Nachlasses des erstversterbenden Elternteils sind die Dritten (meist die Kinder des Erblassers) Nacherben des erstversterbenden Ehegatten. Sie können daher gem. § 2306 Abs. 2 BGB beim ersten Erbfall den Pflichtteil nur verlangen, wenn sie die Nacherbfolge ausschlagen,[401] wobei hierfür die Ausschlagungsfrist erst mit Eintritt des Nacherbfalls beginnt (§ 2142 BGB).[402] Zu beachten ist allerdings, dass die Verjährung des Pflichtteils nach dem Erstversterbenden bereits mit dem Ende des Jahres beginnt, in dem die Kenntnis vom Eintritt des Erbfalls und der beeinträchtigenden Verfügung erlangt wird (§§ 195, 199 BGB).[403] Beim zweiten Erbfall (Tod des überlebenden Ehegatten) können sie den Pflichtteil nur dann fordern, wenn sie von der Erbfolge in das Vermögen des überlebenden Ehegatten ausgeschlossen sind, und zwar infolge des Trennungsprinzips nur aus dem Vermögen des überlebenden Ehegatten.

2. Bei der Einheitslösung

a) Störfaktor Pflichtteil

105 Bei der Vollerbschaft des überlebenden Ehegatten können die Schlusserben beim ersten Erbfall, soweit sie überhaupt pflichtteilsberechtigt sind, den Pflichtteil aus dem Nachlass des erstversterbenden Ehegatten verlangen, ohne ausschlagen zu müssen; denn sie sind i.S. von § 2303 BGB von

---

395 So aber OLG Oldenburg NJW 1991, 988, 989.

396 MünchKomm/*Lange* § 2307 Rn. 9; *Strecker* ZEV 1996, 327, 330.

397 Nieder/Kössinger/*R. Kössinger*, Handbuch der Testamentsgestaltung, § 14 Rn. 126.

398 Dazu etwa Nieder/Kössinger/*R. Kössinger*, Handbuch der Testamentsgestaltung, § 14 Rn. 123.

399 *Völzmann* RNotZ 2012, 1, 12; *Zawar*, FS Schippel (1996) S. 327, 338.

400 Dazu etwa eingehend mit den Vor- und Nachteilen, *Kornexl* Nachlassplanung bei Problemkindern (2006) Rn. 182 ff.; *J. Mayer* DStR 2004, 1409, 1410; zur Gestaltung BeckOF-Vertrag/*Sammet*, Muster 5.1.4.3.

401 Damrau/Tanck/*Klessinger*, Erbrecht, Rn. 33; MünchKomm/*Musielak* Rn. 63.

402 Palandt/*Weidlich* § 2142 Rn. 1.

403 Zutr. Hinweis von Damrau/Tanck/*Klessinger*, Erbrecht, Rn. 33; Palandt/*Weidlich* § 2142 Rn. 2.

der Erbfolge nach dem Erstversterbenden ausgeschlossen worden.[404] In der Geltendmachung des Pflichtteils nach dem erstversterbenden Elternteil liegt schon aus Formgründen auch kein Verzicht auf die Schlusserbeneinsetzung.[405] Sie erhalten also grundsätzlich den Pflichtteil nach dem Erstversterbenden und bleiben nach dem Tode des länger lebenden Elternteils weiterhin Schlusserbe.[406] Dies ist insbesondere dann unbefriedigend, wenn nur ein Kind den Pflichtteil nach dem erstversterbenden Elternteil verlangt, das andere aber nicht. Zulasten des loyalen Abkömmlings bereichert sich derjenige, der sofort seinen Pflichtteil verlangt, da er neben dem Pflichtteil noch die ungekürzte Schlusserbquote erhält.[407] Man hat versucht, diesem Schlusserben das Pflichtteilsrecht hinsichtlich des Nachlasses des erstversterbenden Ehegatten oder aber das Erbrecht am Nachlass des überlebenden Ehegatten abzusprechen[408] oder den Schlusserben durch entsprechende Anwendung des § 2306 BGB zur Wahl zwischen Pflichtteil und Erbteil zu zwingen. Diese Versuche finden aber im Gesetz keine Grundlage.[409] Bei **gemeinschaftlichen Abkömmlingen** ist auch eine **Anrechnung** des im ersten Erbfall geltend gemachten Pflichtteilsanspruchs auf den im zweiten entstehenden wegen der zwingenden Natur des Pflichtteilsrechts nicht möglich, denn jeder Pflichtteilsanspruch ist rechtlich getrennt zu behandeln.[410] Zur Rechtslage bei Fehlen von Pflichtteilsklauseln s. Rdn. 121.

b) Pflichtteilsklauseln

aa) Zweck

Da der Pflichtteil grundsätzlich einseitig nicht ausgeschlossen werden kann, kann man nur durch entsprechende Ausgestaltung der Verfügung von Todes wegen versuchen, seine Geltendmachung wirtschaftlich uninteressant zu machen.[411] **Zweck** der Pflichtteilsklauseln ist die **Entlastung** des länger lebenden Ehegatten von der Pflichtteilsauszahlung und den damit verbundenen persönlichen und finanziellen Schwierigkeiten (selbst bei Zugewinngemeinschaft beträgt der Gesamtpflichtteil im 1. Todesfall immerhin noch ein Viertel des Nachlasswerts), die Vermeidung einer Bevorzugung des Kindes, das seinen Pflichtteil vorzeitig verlangt, und die Belohnung der loyalen Kinder, die den letzten Willen respektieren, durch Sicherung einer angemessenen Nachlassbeteiligung im zweiten Erbfall.[412] Entsprechend ihren **Wirkungsmechanismen** lassen sich dabei unterscheiden:[413] 106

bb) Ausschlussklauseln

Verlangt ein Schlusserbe den Pflichtteil nach dem ersten Todesfall, entfällt seine Einsetzung als Schlusserbe, und zwar regelmäßig mit Wirkung auch für seine Abkömmlinge.[414] Eine solche Klausel setzt auf Abschreckung. Die Schlusserbeneinsetzung ist auflösend bedingt durch das Pflichtteilsverlangen nach dem ersten Erbfall.[415] Bis die Bedingung ausgefallen ist, handelt es sich dabei um eine auf- 107

---

404 BayObLG OLGZ 44, 106; *Kipp/Coing* § 79 IV 2; *Kochendörfer* JA 1998, 713; Palandt/*Weidlich* Rn. 11.
405 NK-BGB/*Gierl* Rn. 88; MünchKomm/*Musielak* Rn. 64; Palandt/*Weidlich* Rn. 11.
406 MünchKomm/*Musielak* Rn. 64; *v. Lübtow* I 915.
407 MünchKomm/*Musielak* Rn. 64; Berechnungsbeispiele s. Syst A Rn. 680, 708.
408 *Goldmann* GruchBeitr 48, 54, 81; *Kanoldt* ArchBürgR 40, 262.
409 Staudinger/*Kanzleiter* Rn. 55; zu Reformüberlegungen *Buchholz* FamRZ 1985, 872.
410 S. Rdn. 119.
411 Überblick hierzu *Borgfeld*, Zweckmäßige Verfügungen in einem Ehegattentestament nach § 2269 BGB, S. 38 ff.; NK-BGB/*Gierl* Rn. 89 ff.; Horn/Kroiß/*Horn*, Testamentsauslegung § 24 Rn. 1 f.; MünchKomm/*Leipold* § 2074 Rn. 45 ff.; *Muscheler* I Rn. 2108 ff.; *Worm* RNotZ 2003, 535, 549 ff.; eingehend oben Syst A Rn. 483 ff.; zur geschichtlichen Entwicklung *Buchholz* FamRZ 1985, 872 ff.
412 NK-BGB/*Gierl* Rn. 88; *Lübbert* NJW 1988, 2706, 2708 f.; *J. Mayer* MittBayNot 1996, 80; jurisPK/*Reymann* Rn. 79.
413 Vgl. eingehend Syst. A Rdn. 684 ff.; *Radke*, Das Berliner Testament …, S. 93 ff.; Palandt/*Weidlich* Rn. 12 ff.; *Worm* RNotZ 2003, 535, 549 ff.
414 Syst A Rdn. 693 ff.; BayObLGZ FamRZ 1996, 440, 441; BayObLGZ 2004, 5, 8; NK-BGB/*Gierl* Rn. 93 f.; MünchKomm/*Musielak* Rn. 65; *Wacke* DNotZ 1990, 403, 410.
415 BayObLG NJW-RR 1988, 968; NK-BGB/*Gierl* Rn. 95; MünchKomm/*Musielak* Rn. 65.

lösend bedingte, konstruktive Vorerbschaft.[416] Nacherben sind die übrigen Schlusserben. Es könnte auch an eine durch das Unterlassung der Geltendmachung aufschiebend bedingte Schlusserbeneinsetzung gedacht werden.[417] Je nachdem, ob die Wirkung sofort oder erst aufgrund einer entsprechenden Verfügung des länger lebenden Ehegatten eintreten soll, spricht man von **automatischen** oder **fakultativen Ausschlussklauseln**,[418] wobei es sich im letztgenannten Fall um eine besondere Form eines **spezifizierten Änderungsvorbehalts** handelt.[419] Ihre *Abschreckungswirkung* ist insgesamt begrenzt, weil auch dem illoyalen, aber gemeinsamen Kind immer ein zweimaliger Pflichtteil (nach Vater und Mutter) verbleibt, es erhält sogar den Pflichtteil aus dem Vermögen des erstverstorbenen Ehegatten, soweit dieses beim zweiten Erbfall noch vorhanden ist, wirtschaftlich erneut.[420]

108 Gegen die **grundsätzliche Zulässigkeit** solcher Pflichtteilsklauseln bestehen nach fast einhelliger Meinung keine Bedenken, auch nicht unter dem Gesichtspunkt des § 138 BGB.[421] Zwar hat die *Hohenzollern-Entscheidung* des Bundesverfassungsgerichts[422] mit der Betonung der Drittwirkung der Grundrechte auch für die Gestaltungen von Verfügungen von Todes wegen zu einer umfassenden Diskussion zur **Inhaltskontrolle** von Verfügungen von Todes wegen geführt.[423] Dies betrifft insbesondere die Wirksamkeit von Verwirkungsklauseln im Allgemeinen. Im Zusammenhang mit dem Pflichtteilsrecht kommt noch hinzu, dass das BVerfG den Pflichtteil der Abkömmlinge als durch Art. 14 Abs. 1 GG geschützt ansieht.[424] All dies hat aber noch zu keiner grundsätzlich anderen Bewertung der Pflichtteilsklauseln geführt.[425] An der Wirksamkeit derselben wird auch dann nicht gezweifelt, wenn das Hauptvermögen der Ehegatten vom Erstversterbenden stammt und dessen einseitige Kinder zur Sicherung ihrer Nachlassbeteiligung u.U. zur sofortigen Geltendmachung des Pflichtteil gehalten sind und daher im zweiten Erbfall wegen der Strafklausel als **Stiefkinder** leer ausgehen. Auch in einem solchen Fall soll keine unangemessene Benachteiligung vorliegen.[426] Jedoch ist in *»handwerklicher Hinsicht«* sowohl bezüglich der Formulierung wie aber auch der Auslegung derartiger Klauseln besondere Sorgfalt geboten. So hat etwa das OLG Celle in einem derartigen Fall eine Pflichtteilsklausel dahingehend ausgelegt, dass die Kinder, die nach dem Erstversterbenden den Pflichtteil verlangen, nach dem überlebenden Stiefelternteil zwar nicht mehr Erbe werden, aber immer noch mit einem Geldvermächtnis i.H.d. fiktiven Pflichtteils nach dem Stiefelternteil bedacht sind.[427] Auch der BGH hat in einem ähnlichen Fall die Pflichtteilsklausel in diesem Sinne ausgelegt und nur deshalb an die Vorinstanz zur näheren Aufklärung zurückverwiesen, weil unklar war, ob sich das Vermächtnis nach dem gesetzlichen Pflichtteil nach dem leiblichen

---

416 OLG Stuttgart OLGZ 1979, 52, 54; OLG Zweibrücken ZEV 1999, 108, 109; Nieder/Kössinger/*R. Kössinger*, Handbuch der Testamentsgestaltung, § 14 Rn. 80 ff.; *Lange/Kuchinke* § 24 IV 6 a; *Lübbert* NJW 1988, 2708.

417 *Lange/Kuchinke* § 24 IV 46b.

418 JurisPK/*Reymann* Rn. 79; *Zimmer* NotBZ 2007, 10.

419 *Langenfeld* NJW 1987, 1577, 1581; MünchKomm/*Musielak* Rn. 65; jurisPK/*Reymann* Rn. 79; s. § 2271 BGB Rdn. 75.

420 BayObLGZ 1966, 55; anders liegt es natürlich bei einseitigen Kindern des Erstverstorbenen, s. BayObLGZ 1994, 164, 167 f. = ZEV 1995, 191.

421 Vgl. nur BayObLG NJW-RR 1990, 969; OLG München ZEV 2008, 341 = NJW-RR 2008, 1034; OLG Düsseldorf FGPrax 2011, 300; BeckOGK/*Braun*, Stand 01.03.2019, Rn. 59.3; Horn/Kroiß/*Horn*, Testamentsauslegung § 24 Rn. 3; MünchKomm/*Leipold* § 2074 Rn. 45; Palandt/*Weidlich* Rn. 13.

422 NJW 2004, 2088 = ZEV 2004, 241.

423 *Kroppenberg*, Privatautonomie von Todes wegen (2008) S. 39 ff.; *dies.*, DNotZ 2006, 86 ff.; *J. Mayer* ErbR 2010, 70; *ders.*, Verhandlungen 68. DJT (2010) II/1 L 91, 97 ff.; *Röthel* AcP 210 (2010), 33; *Wendt* ErbR 2010, 142.

424 BVerfGE 112, 332 = NJW 2005, 156.

425 Eingehend *Karczewski* Hereditare 3 (2013), 19, 24, 31.

426 BayObLGZ 1994, 164, 167 f. = ZEV 1995, 191 m. Anm. *Hofstetter*; BeckOGK/*Braun*, Stand 01.03.2019, Rn. 59.3; MünchKomm/*Leipold* § 2074 Rn. 46; Staudinger/*Otte* § 2074 Rn. 64.

427 OLG Celle FamRZ 2010, 1012 = ZErb 2010, 86; ebenso OLG Schleswig DNotZ 2013, 461 m. Anm. *Reymann*; dazu auch *Hausmann* DNotZ 2011, 602, 614 f.; zur Formulierung von Pflichtteilsklauseln bei der Patchworkfamilie *Breidenstein* ZFE 2010, 262, 266 f.

Elternteil im ersten Erbfall oder nach einem aus dem gesamten Nachlass des nachverstorbenen Stiefelternteils zu errechnenden fiktiven Pflichtteil bestimmt.[428]

Für das Eingreifen von Pflichtteilsklauseln verlangt die h.M. das Vorliegen eines **subjektiven Tatbestandsmerkmals**, was nur aus der geschichtlichen Entwicklung heraus als ursprüngliche Verwirkungs- und Strafklauseln zu verstehen ist.[429] Erforderlich sei, dass der den Pflichtteil fordernde Erbe sich in vorwerfbarer Weise »gegen den Willen des Erblassers aufgelehnt haben muss«.[430] Dies führt nicht nur zu vordergründigen **Zurechnungsproblemen**, wenn der Pflichtteil ohne oder gar gegen den Willen des von der Enterbungssanktion Betroffenen geltend gemacht wird. So war dies in dem Fall, in dem der Pflichtteil durch den Pfleger geltend gemacht wurde, die Vorwerfbarkeit aber verneint und dann das offensichtlich als unbillig gefundene Ergebnis durch ein Anrechnungsgebot auf die Schlusserbenstellung nach Treu und Glauben korrigiert wurde.[431] Verkannt wird dadurch vor allem die Funktion dieser Klauseln, die auf die Entlastung des länger lebenden Ehegatten und die Sicherung der gerechten Nachlassverteilung gegen den Störfaktor Pflichtteil gerichtet ist. Zu Recht betont daher die Rspr., insbesondere des BayObLG, diesen Zweck und lässt für das Eingreifen dieser Klauseln bereits einen **bewussten Verstoß** genügen, wozu allein die Kenntnis der Pflichtteilsklausel erforderlich ist; ein böswilliges oder pietätloses Handeln ist nicht erforderlich.[432] Richtigerweise sollte immer dann, wenn die Pflichtteilsklausel keine besondere Anforderung stellt, **jede Subjektivierung der Voraussetzungen unterlassen** werden, damit der von den Erblassern intendierte Zweck der gerechten Vermögensverteilung auch erreicht werden kann, zumal die Fälle der Unkenntnis der Verwirkungsbestimmung wegen der umfassenden Verkündung des Testaments selten sind.[433] 109

Welches **Verhalten** die **Pflichtteilssanktion auslöst**, hängt natürlich von der Art der jeweils verwendeten Klausel und dem vom Erblasser verfolgten Zweck ab, der gegebenenfalls durch **Auslegung** zu ermitteln ist.[434] Ist die Zahlung eines Geldbetrags durch den überlebenden Elternteil an eines von mehreren Kindern mit der **notariell beurkundeten Regelung** verbunden, wonach die Zahlung »als Ausgleich für die Pflichtteilsansprüche« erfolge, hat das OLG Hamm keine Bedenken daran gehabt, dass dadurch die Sanktionswirkung der Pflichtteilsklausel ausgelöst wird.[435] Das Verhalten seines **gesetzlichen Vertreters**, wie etwa eines Betreuers, muss sich der Pflichtteilsberechtigte zurechnen lassen.[436] Ein die Ausschlusswirkung auslösendes **Pflichtteilsverlangen** kann grundsätzlich auch 110

428 BGH NJW-RR 1991, 706 f. = FamRZ 1991, 796.

429 Dazu Syst A Rdn. 689; *Buchholz* FamRZ 1985, 872.

430 *Lange/Kuchinke* § 24 IV 6 a; MünchKomm/*Musielak* Rn. 65 spricht vom »bewussten Ungehorsam«; noch stärker etwa RGRK-BGB/*Johannsen* Rn. 34; OLG Stuttgart OLGZ 1968, 246 ff.: »böswillige Auflehnung«.

431 OLG Braunschweig OLGZ 1977, 185.

432 BayObLGZ 1990, 58, 62 = NJW-RR 1990, 969; BayObLG NJW-RR 1995, 262, 263 = MittBayNot 1996, 110 m. Anm. *J. Mayer*; FamRZ 1996, 1447, 1448; BayObLGZ 2004, 5, 9 = ZEV 2004, 202 m. Anm. *Ivo*; OLG München ZEV 2008, 341 m. Anm. *Purucker* = MittBayNot 2008, 393 m. Anm. *Keim*; KG FamRZ 1998, 124, 127; OLG Köln BeckRS 2018, 25213; NK-BGB/*Gierl* Rn. 103; *Lange/Kuchinke* § 24 IV 6 b; Palandt/*Weidlich* Rn. 14; abschwächend nun auch MünchKomm/*Musielak* Rn. 65, wo zunächst zwar »bewusster Ungehorsam« gefordert, dann aber als ausreichend angesehen wird, wenn der Berechtigte den Pflichtteilsanspruch in Kenntnis der Klausel ausdrücklich und ernsthaft geltend macht.

433 Syst A Rdn. 689; Damrau/Tanck/*Klessinger*, Erbrecht, Rn. 39; so wohl auch Staudinger/*Otte* § 2074 Rn. 64; Soergel/*Loritz* § 2075 Rn. 10; a.M. etwa BeckOGK/*Braun*, Stand 01.03.2019, Rn. 59.6; Staudinger/*Kanzleiter* Rn. 58 (im Zweifel subjektives Element erforderlich); Soergel/*M. Wolf* Rn. 36; auch *Lübbert* NJW 1988, 2713 erkennt an, dass die Schutzzwecke hier eigentlich das Eingreifen erfordern würden, verneint dies jedoch aus Billigkeitsgründen.

434 OLG München ZEV 2008, 341 m. Anm. *Purucker* = MittBayNot 2008, 393 m. Anm. *Keim*; Palandt/*Weidlich* Rn. 14; Überblick über die verschiedenen Möglichkeiten bei NK-BGB/*Gierl* Rn. 98; jurisPK/*Reymann* Rn. 83.

435 OLG Hamm ZErb 2013, 181 = ZEV 2013, 397 m. Anm. *Horn/Kroiß*.

436 BayObLGZ 1990, 59, 61 = NJW-RR 1990, 969; OLG Braunschweig OLGZ 1977, 185; NK-BGB/*Gierl* Rn. 101; Palandt/*Weidlich* Rn. 14.

dann vorliegen, wenn ein Dritter, der den Pflichtteilsanspruch geerbt hat, diesen geltend macht. Jedoch ist dann im Wege der ergänzenden Auslegung sorgfältig zu prüfen, ob dies auch gegen die als Ersatzerben berufenen Abkömmlinge des Pflichtteilsberechtigten wirkt, die das Pflichtteilsverlangen im ersten Erbfall nicht hindern können; u.U. ist dies zu verneinen, aber der geltend gemachte Pflichtteil auf die Schlusserbenquote anzurechnen.[437] Bei einer **Überleitung** und Geltendmachung des Pflichtteilsanspruchs durch einen **Sozialhilfeträger** im Rahmen eines sog. Behindertentestaments[438] hat der BGH zu Recht das Eingreifen einer Pflichtteilsklausel verneint. Denn andernfalls würden die von den Erblassern mit dieser Gestaltung im Schlusserbfall für den Behinderten bezweckten Vorteile vereitelt, diesem einen dem Zugriff des Sozialhilfeträgers entzogenen Erbteil zur Verbesserung seines Lebensstandards zuzuwenden. Und entgegen der Absicht der testierenden Eltern erhielte der Sozialhilfeträger sonst im Schlusserbfall sogar noch den ungehinderten Zugriff auf den Pflichtteil des Behinderten.[439]

111 Überhaupt ist immer erst durch **Auslegung** nach den allgemeinen Grundsätzen, insbesondere aus dem Gesamtzusammenhang der Verfügung, zu ermitteln, wann ein Pflichtteilsverlangen vorliegt, das die Klausel auslöst.[440] So kann diese ergeben, dass bereits die Behauptung der Unwirksamkeit der Verfügung von Todes wegen und die Geltendmachung des Erbteils ausreicht[441] oder eine Vereinbarung, dass der Pflichtteilsanspruch verzinslich gestundet und durch eine Grundschuld gesichert wird.[442] Andererseits kann die einverständliche vorweggenommene Erfüllung des erst für den Schlusserbfall angeordneten Vermächtnisses bereits nach dem ersten Todesfall noch nicht die Sanktion auslösen.[443] Ist die Pflichtteilsklausel dahingehend formuliert, dass es genügt, dass der Pflichtteilsanspruch **»verlangt«, »gefordert« oder »geltend gemacht«** wurde,[444] so ist für ihr Eingreifen gerade nach ihrem klaren Wortlaut nicht erforderlich, dass er tatsächlich auch ausgezahlt wurde. Es genügt vielmehr bereits der entsprechende Versuch, jedoch muss dieser ausdrücklich und ernsthaft erfolgen, wobei es keine Rolle spielt, ob gerichtlich oder außergerichtlich.[445] Demnach kann die Pflichtteilsklausel in einem solchen Fall auch dann eingreifen, wenn der Pflichtteilsanspruch infolge eines zuvor bereits erfolgten Erlasses objektiv gar nicht mehr bestand[446] oder seine Geltendmachung bei der Trennungslösung eine noch nicht erfolgte Ausschlagung der Nacherbschaft voraussetzt.[447]

---

437 BayObLG NJW-RR 1996, 262 = MittBayNot 1996, 110 m. zust. Anm. *J. Mayer*; NK-BGB/*Gierl* Rn. 101.

438 Dazu Syst. A Rdn. 808 ff.

439 BGH NJW-RR 2005, 369 = ZEV 2005, 117 m. krit. Anm. *Muscheler*; BGH ZErb 2006, 53; dazu jurisPK/*Reymann* Rn. 89 f.; in einem von ihm entschiedenen, ähnlichen Fall sieht das OLG Hamm (NJW-RR 2013, 779 = RNotZ 2013, 307; dazu *Schumacher* RdLH 2013, 101) dies anders, weil im Gegensatz zu den vom BGH entschiedenen Fällen die Schlusserbeneinsetzung des behinderten Kindes dort nicht mit den für ein Behindertentestament typischen, schützenden Anordnungen (Testamentsvollstreckung, Vor- und Nacherbschaft) versehen war; dabei verkennt das OLG aber, dass es mit seiner rigorosen Auslegung, die zum Eintritt einer Bindungswirkung führte, den längerlebenden Ehegatten daran gehindert hat, ein solches Behindertentestament noch »nachzuholen«.

440 Ausführlich Syst A Rdn. 687; BayObLGZ 1990, 58, 61; KG FamRZ 1998, 124, 127; Übersicht zu den verschiedenen Anordnungsmöglichkeiten bei *Kornexl*, Nachlassplanung bei Problemkindern, Rn. 898.

441 OLG München NJW-RR 2011, 1164 = FamRZ 2011, 1691, wobei die Klausel (allerdings wohl unbedacht) ausdrücklich von der Geltendmachung des Erbteils sprach; anders OLG München ZEV 2019, 34 bei behaupteter Testierunfähigkeit des Erstverstorbenen.

442 OLG München FamRZ 2008, 721 = ZEV 2006, 411, krit. dazu *J. Mayer* MittBayNot 2007, 19.

443 BayObLG FamRZ 1995, 1019, 1020.

444 Empfohlen von *Radke* ZEV 2001, 136; *ders.*, Das Berliner Testament ...,S. 100; vgl. etwa OLG Köln BeckRS 2018, 25213; nicht empfehlenswert die Formulierung von *Giesen* ErbR 2018, 13, 15, der die auslegungsbedürftigen Begriffe kombiniert.

445 Syst A Rdn. 687; OLG München ZEV 2008, 341 m. Anm. *Purucker* = MittBayNot 2008, 393 m. Anm. *Keim*; OLG Köln BeckRS 2018, 25213 = JuS 2019, 260 m. Anm. *Wellenhofer*; Soergel/*M. Wolf* Rn. 36.

446 OLG Düsseldorf NJW-RR 2011, 1515; OLG München ZEV 2008, 341 m. Anm. *Purucker* = MittBayNot 2008, 393 m. Anm. *Keim*; Palandt/*Weidlich* Rn. 14.

447 OLG Düsseldorf NJW-RR 2011, 1515, dazu auch *J. Lange* jurisPR-FamR 4/2012 Anm. 7.

Ein Verlangen des Pflichtteils, das zum Eingreifen der Pflichtteilsklausel führt, kann auch dann angenommen werden, wenn der Pflichtteilsanspruch bereits **verjährt** ist. Dies kann dann nach Auffassung des BGH dazu führen, dass selbst nach der Annahme der Erbschaft im Schlusserbfall die Schlusserbenstellung entfällt und der Schlusserbe, der versäumt hat seinen Pflichtteil gegen eine übermäßige Vermächtnisanordnung durch rechtzeitige Ausschlagung zu verteidigen (§ 2306 Abs. 1 BGB), doch noch seinen Pflichtteilsanspruch wenigstens für den zweiten Erbfall erhält.[448] Damit wird aber die Pflichtteilsklausel zur Verfolgung ganz anderer Zwecke instrumentalisiert, als für die, welche die Erblasser damit eigentlich verfolgten. Daher ist in diesem Fall im Wege einer restriktiven Auslegung das Eingreifen der Verwirkungsklausel zu verneinen.[449] 112

Der Eintritt in **Verhandlungen** über die Absicherung des künftigen, im Schlusserbfall anfallenden Erbteils ist für sich allein noch kein Pflichtteilsverlangen, mag im Hintergrund auch eine Drohung mit einer künftigen Pflichtteilsgeltendmachung stehen.[450] Ein späteres **Abstandnehmen** von der bereits erfolgten Pflichtteilsdurchsetzung lässt jedoch i.d.R. die Sanktionswirkungen nicht wieder entfallen, da mit Erfüllen des Tatbestandes der Pflichtteilsklausel automatisch die auflösende Bedingung für das Entfallen der Schlusserbeneinsetzung und u.U. zugleich eine Bindung zugunsten anderer Schlusserben eintritt.[451] Nicht sanktioniert werden soll jedoch, wenn der Pflichtteilsberechtigte aus Bedürftigkeit unter Hinweis auf das Pflichtteilsrecht vom länger lebenden Ehegatten freiwillig einen entsprechenden Betrag erlangt.[452] Wird das **Erhalten des Pflichtteils** ausdrücklich zur Bedingung für das Eingreifen der Pflichtteilsklausel gemacht, greift diese auch erst ein, wenn dieser ausgezahlt wurde; gegebenenfalls ist durch Auslegung zu klären, ob die Verwirkung auch dann noch eintreten kann, wenn die Auszahlung erst nach dem Tod der Längerlebenden erfolgt.[453] 113

Wird zur Ausnutzung **erbschaftsteuerlicher Vorteile** zwischen dem Längerlebenden und einem Pflichtteilsberechtigten eine **Pflichtteilsvereinbarung** über die Auszahlung oder Geltendmachung (§ 9 Abs. 1 Nr. 1b ErbStG) und anschließende Stundung getroffen, erscheint trotz der »freiwilligen Mitwirkung« des länger lebenden Ehegatten fraglich, ob nicht doch die Pflichtteilsklausel eingreift.[454] Denn ihr Zweck ist eben gerade nicht nur der Schutz vor Liquiditätsverlust, sondern die von den Eltern als gerecht angestrebte Nachlassverteilung, die zumindest beim Pflichtteilsverlangen einzelner Kinder gestört wird.[455] Im Wege einer ergänzenden Auslegung kann sich im Einzelfall auch die Zulässigkeit solcher Vereinbarungen ergeben, wenn nach dem Willen der Ehegatten der Gesichtspunkt der Steuerersparnis den der Erhaltung der durch die Schlusserbeneinsetzung festgelegten Nachlassaufteilung überwiegt oder letzterer trotzdem gewahrt bleibt.[456] Auf alle Fälle ist insoweit in Zukunft vorsichtiger zu formulieren. In der bloßen gerichtlichen Geltendmachung des reinen **Auskunftsanspruchs** über den Nachlassumfang ist aber im Regelfall noch keine Pflichtteilsforderung in diesem Sinn zu sehen;[457] anderes gilt, wenn damit zugleich im gestuften Verfahren 114

448 BGH NJW 2006, 3064 = ZEV 2006, 501 m. Anm. *Fischer* = MittBayNot 2007, 223 m. Anm. *Selbherr*; a.A. *Knauss* FamRZ 2007, 435; krit. *Keim* NJW 2007, 974.

449 Zutr. *Keim* NJW 2007, 974, 977; Palandt/*Weidlich* Rn. 14.

450 OLG Schleswig-Holstein ZEV 1997, 331, 333 m. Anm. *Lübbert*; *Kanzleiter* DNotZ 2011, 552, 557.

451 BayObLGZ 2004, 5, 9 f. = ZEV 2004, 202; eingehend zu Einzelfragen *Lübbert* NJW 1988, 2710 ff. sowie unten Rdn. 116.

452 BayObLG FamRZ 1964, 472.

453 OLG Zweibrücken ZEV 1999, 108 m. Anm. *Loritz* ZEV 1999, 187; dazu eingehend *J. Mayer* MittBayNot 1999, 265.

454 Dies bejahte das OLG Frankfurt MittBayNot 2011, 409 m. Anm. *Reymann* = DNotZ 2011, 552 m. krit. Anm. *Kanzleiter*, obgleich es den erbschaftsteuerlichen Hintergrund für dieses Verlangen erkannte; daher zu Recht zweifelnd MünchKomm/*Musielak* Rn. 65 und Palandt/*Weidlich* Rn. 14.

455 *J. Mayer* ZEV 1998, 50, 54; übersehen von *Dressler* NJW 1997, 2848, 2850; zu neuen Gestaltungsüberlegungen, um diese Problematik zu vermeiden *Schellenberger* ErbR 2012, 230.

456 So auch BeckOGK/*Braun*, Stand 01.03.2019, Rn. 59.6.

457 BayObLG NJW-RR 1991, 394, 395 = FamRZ 1994, 494; MünchKomm/*Musielak* Rn. 65; *Sarres* ZEV 2004, 407.

der Zahlungsanspruch geltend gemacht wird oder aber die Pflichtteilsklausel ihrem ausdrücklichen Wortlaut nach bereits das Auskunftsverlangen erfasst.[458]

115 Bezüglich der **Rechtsfolgen** der enterbenden Pflichtteilsklausel ist ausdrücklich zu regeln, ob **Anwachsung** des frei werdenden Schlusserbteils an die anderen Schlusserben oder Anfall an die Ersatzberufenen eintritt. Fehlt eine Regelung oder ist die Situation des Pflichtteilsverlangens außergewöhnlich, so hat dies durch ergänzende Auslegung zu geschehen.[459] Zu berücksichtigen ist dabei, dass ein Anfall an die Ersatzerben (meist die Kinder desjenigen, der den Pflichtteil geltend macht) zu einer nicht gewollten Bevorzugung des Stamms desjenigen führen kann, der den Pflichtteil fordert. Liegt wegen Immobilienvermögens in der ehemaligen DDR eine **Nachlassspaltung** vor, kann die Wirkung einer Pflichtteilsklausel durchaus auch soweit gehen, dass sie zum Verlust des Erbrechts in den abgespaltenen Nachlassteil führt, auch wenn nach dem ZGB der DDR an sich hieran keine Pflichtteilsansprüche bestehen, da dadurch die Abschreckungswirkung vergrößert wird.[460]

116 Liegt eine reine enterbende Pflichtteilsklausel ohne eine Schlusserbeneinsetzung vor, kann sie wegen ihres rein enterbenden Charakters für sich gesehen **nicht wechselbezüglich** und damit bindend sein, denn die Enterbung ist nicht wechselbezugsfähig.[461] Ist sie jedoch mit einer Schlusserbeneinsetzung verbunden,[462] so korrespondiert sie insoweit mit dieser, als das, was infolge des Eingreifens der Verwirkungsklausel wegfällt, anderen aufgrund *Anwachsung* (§ 2094 f. BGB) oder *Ersatzberufung* (§ 2096 BGB) zufällt. Wegen dieser »Reflexwirkung« kann eine Bindung bzw. Wechselbezüglichkeit vorliegen,[463] was jedoch jeweils im **Einzelfall zu prüfen** ist, insbesondere bei einer Ersatzerbenberufung nach § 2069 BGB.[464] Allein aus dem Umstand, dass es sich bei der enterbenden Pflichtteilsklausel um eine auflösend bedingte Erbeinsetzung handelt, kann dies aber nicht hergeleitet werden.[465] Das OLG Hamm geht in zwei Entscheidungen von dem grds. Eintritt der Bindungswirkung hinsichtlich des anwachsenden Erbteils aus und verlangt für die Annahme eines gegenteiligen Willens der Ehegatten einen Anhalt in dem gemeinschaftlichen Testament.[466] Nur wenn aufgrund einer solchen Prüfung zu bejahen ist, dass sich die Wechselbezüglichkeit solchermaßen fortsetzt, kann von einer »**Wechselbezüglichkeit der Pflichtteilsklausel**« gesprochen werden. Dann kann auch durch die Rückzahlung des bereits ausgezahlten Pflichtteils nicht rückwirkend wieder die alte Schlusserbenstellung des Pflichtteilsberechtigten hergestellt werden.[467] Vielmehr ist ein entsprechender Änderungsvorbehalt erforderlich, um die Testierfreiheit wiederzugewinnen. Dieser

458 *Lübbert* NJW 1988, 2711.

459 BayObLG NJW-RR 1996, 262 = FamRZ 1996, 440; a.A. OLG Frankfurt MittBayNot 2011, 409 m. Anm. *Reymann.*

460 KG ZEV 1997, 504, 507 f. = FamRZ 1998, 124, 127 f.

461 §§ 2278 Abs. 2, 2270 Abs. 3 BGB; *Lübbert* NJW 1988, 2706, 2708.

462 S. Rdn. 107.

463 NK-BGB/*Gierl* Rn. 106 (wenn auch nicht mit ausreichender Begründung); *Lange/Kuchinke* § 24 IV 6 b; *Lübbert* NJW 1988, 2709; *J. Mayer* MittBayNot 2005, 53; *Radke* NotBZ 2001, 15, 18; *Strobel* MDR 1980, 3463, 364; der Sache nach, ohne das Problem zu erörtern, auch BayObLGZ 2004, 5, 8 f. = ZEV 2004, 202; zumindest missverständlich die Empfehlung von *Langenfeld/Fröhler*, Testamentsgestaltung, 5. Kapitel Rn. 130 f.; unrichtig, wenn uneingeschränkt davon ausgegangen wird, dass eine Bindung hinsichtlich des Schlusserbteils des Anspruchstellers nicht eintreten kann, etwa Damrau/Tanck/*Klessinger*, Erbrecht, Rn. 42; BeckOK/*Litzenburger* Rn. 52.

464 S. § 2270 BGB Rdn. 41.

465 *Radke* NotBZ 2001, 15, 18; unzutreffend daher Nieder/Kössinger/*R. Kössinger*, Handbuch der Testamentsgestaltung, § 14 Rn. 81; Soergel/*M. Wolf* Rn. 35.

466 Vgl. Syst A Rdn. 706; OLG Hamm MittBayNot 2013, 313 m. Anm. *Chr. Braun*: dass die Schlusserben die erstehelichen Kinder des erstversterbenden Ehegatten sind, genügt nicht; noch problematischer der Fall von OLG Hamm NJW-RR 2013, 779 = RNotZ 2013, 307 (dazu *Schumacher* RdLH 2013, 101): hier scheiterte die Errichtung eines Behindertentestaments daran, dass die Anwachsung bindende Wirkung hatte.

467 BayObLGZ 2004, 5, 9 f. = ZEV 2004, 202.

kann im Einzelfall auch aufgrund einer Auslegung angenommen werden.[468] Mitunter kann die Situation auch durch Abschluss eines **Zuwendungsverzichts** (§ 2352 BGB) bereinigt werden.[469]

Problematisch kann bezüglich der **Rechtsfolgen** auch sein, ob durch die Pflichtteilsklausel nur die den Pflichtteil geltend machenden Kinder von der Schlusserbfolge ausgeschlossen sind, oder auch deren Abkömmlinge, wenn die Klausel nur die Kinder hinsichtlich der Ausschlusswirkung benennt.[470] Käme man zu dem Ergebnis, dass nur das Kind und nicht dessen Stamm ausgeschlossen würde, so wären diejenigen Kinder benachteiligt, die keine Kinder haben.[471] 117

Fatale Folgen kann die einfache Pflichtteilsstrafklausel in einem Berliner Testament für den Fall haben, dass **einseitige Kinder** vorhanden sind.[472] Machen nämlich die Stiefkinder des länger lebenden Ehegatten zur Wahrung ihrer Rechte bereits nach dem ersten Todesfall ihren Pflichtteil geltend, kann die Wendung, dass sie auch im Schlusserbfall »nur den Pflichtteil erhalten sollen« als **Vermächtnisanordnung** zu ihren Gunsten ausgelegt werden; dass sie eigentlich dann nichts mehr erhalten sollen, ist damit nicht gesagt.[473] Nur etwas besser war im Fall von BayObLGZ 1994, 164 die Formulierung, dass auch beim Tode des Längerlebenden die illoyalen Kinder »nur ihren gesetzlichen Pflichtteil bzw. nichts mehr erhalten«, jedoch war das Gericht auch hier großzügig. 118

cc) Anrechnungsklauseln

Durch sie wird bestimmt, dass der nach dem ersten Erbfall geltend gemachte Pflichtteil später auf die Schlusserbquote angerechnet wird. Auch diese Klausel hält nicht das, was sie verspricht.[474] Eine Anordnung der Erblasser, dass der Pflichtteilsberechtigte sich den Pflichtteil, den er beim ersten Erbfall erhält, auf den Pflichtteil aus dem Nachlass des letztversterbenden Ehegatten anrechnen lassen müsse, ist unwirksam, weil dadurch der Pflichtteil nach dem länger lebenden Elternteil verkürzt würde und dies wegen des zwingenden Charakters des Pflichtteils durch einseitige Anordnungen des Erblassers nicht möglich ist.[475] Möglich ist allein die Anrechnung auf den »Erbteil«, soweit er den Pflichtteil übersteigt. Konstruktiv stellt dies ein Vorausvermächtnis zu Gunsten der Miterben dar. 119

dd) Die sog. »Jastrow'sche Klausel«

Sie verbindet die enterbende Komponente mit einer zuteilenden, um im zweiten Erbfall die Bemessungsgrundlage für das illoyale Kind zu senken. Die Erblasser bestimmen hier für den Fall des Pflichtteilsverlangens durch ein Kind nach dem ersten Erbfall, dass dann die anderen Kinder aus dem Nachlass des erstversterbenden Ehegatten als Vermächtnis Geldbeträge i.H.d. Wertes ihres gesetzlichen Erbteils (oder mehr) erhalten. Diese Vermächtnisse sollen aber erst beim zweiten Erb- 120

468 BayObLGZ 1990, 58, 60; für die Annahme eines stillschweigenden Änderungsvorbehalts auch *Ivo* ZEV 2004, 205; Staudinger/*Kanzleiter* Rn. 63; dies hätte im Fall von BayObLGZ 2004, 5 im Hinblick auf die mit einer Pflichtteilsklausel verfolgten Zwecke nahe gelegen, s. *Ivo* ZEV 2004, 205; *J. Mayer* MittBayNot 2005, 53, 54; ebenso für diese Fälle NK-BGB/*Gierl* Rn. 107.

469 Dies wäre im Fall von OLG Hamm NJW-RR 2013, 779 der richtige und sicherlich mögliche Weg gewesen.

470 So OLG Frankfurt DNotZ 2011, 552 m. krit. Anm. *Kanzleiter* = MittBayNot 2011, 409 m. krit. Anm. *Reymann*.

471 Zutr. Palandt/*Weidlich* Rn. 15.

472 JurisPK/*Reymann* Rn. 87.

473 BGH NJW-RR 1991, 706 = FamRZ 1991, 796 auch zur problematischen Bemessung des Anspruchs; ähnlicher Fall BayObLG FamRZ 1994, 1206; OLG Schleswig DNotZ 2013, 461 m. krit. Anm. *Reymann* = ZEV 2013, 501.

474 Syst. A Rdn. 692; Burandt/Rojahn/*Braun* Rn. 75; BeckOK/*Litzenburger* Rn. 50.

475 So bereits OLG Stettin LZ 1927, 547 f.; BayObLGZ 1966, 49, 55; Burandt/Rojahn/*Braun* Rn. 76; MünchKomm/*Musielak* Rn. 65; Palandt/*Weidlich* Rn. 15; zur getrennten Behandlung der Pflichtteilsansprüche s. auch OLG Koblenz ZEV 2010, 473 m. Anm. *Keim*; *Kipp/Coing* § 79 IV 2.

fall fällig werden.[476] Dieser Weg ist gewiss gangbar, aber nicht gerade einfach. Er führt auch zu einer unerfreulichen Beeinträchtigung der Rechtsstellung des überlebenden Ehegatten, der doch gerade bei der Einheitslösung möglichst freigestellt sein soll.[477]

c) **Fehlen einer Pflichtteilsklausel**

121 Fehlen sowohl Pflichtteilsklauseln wie aber auch ein ausreichender Änderungsvorbehalt, kann dies für den länger lebenden Ehegatten zu einer unangenehmen Situation führen, weil er den Pflichtteilsanspruch nach dem ersten Todesfall erfüllen muss, aber nicht weiß, ob er darauf durch eine entsprechende Enterbung reagieren kann. Die h.M. räumt dem Längerlebenden wenig Reaktionsmöglichkeiten ein. Nur unter besonderen Umständen könne angenommen werden, dass die Pflichtteilsberechtigten nur unter der **stillschweigenden Bedingung** zu Schlusserben eingesetzt seien, dass sie ihr Pflichtteilsrecht nicht geltend machen.[478] Allerdings könne dies im Einzelfall durch Auslegung zu ermitteln sein, es soll aber dafür keinen entsprechenden Erfahrungssatz geben.[479] Teilweise wird immerhin von einer *stillschweigenden Anrechnungsanordnung* ausgegangen, dass der Pflichtteil, den ein Schlusserbe beim ersten Erbfall empfängt, auf seinen Erbteil am Nachlass des zuletzt versterbenden Ehegatten angerechnet werden solle.[480] Wiederum einschränkend wird dies aber nur bejaht, wenn das gemeinschaftliche Testament oder sonstige Umstände Anhaltspunkte für eine solche Annahme bieten.[481]

122 Mittlerweile will man dem Längerlebenden aber immerhin ein **Anfechtungsrecht** wegen Motivirrtums (§ 2078 Abs. 2 BGB) geben. Die Anfechtung der Schlusserbeneinsetzung soll dabei ausnahmsweise entgegen § 2270 Abs. 1 BGB nicht automatisch zum Wegfall der korrespektiven Erbeinsetzung des länger lebenden Ehegatten durch den Erstversterbenden führen, da im Wege der hypothetischen Auslegung von einer »Beschränkung der Wechselbezüglichkeit« auszugehen sei.[482] Aber auch diese Meinung belastet den Längerlebenden immerhin mit der Notwendigkeit, die Anfechtung form- und fristgerecht zu erklären. Insbesondere das Fristproblem darf nicht unterschätzt werden.

123 Bei der Lösung dieses Problems muss man dabei ansetzen, dass es hier um die Frage der **Durchbrechung der erbrechtlichen Bindung** und um die Prüfung der Reichweite derselben geht. Die Bindungswirkung beim gemeinschaftlichen Testament beruht hier im Wesentlichen auf dem »Solidaritätsgedanken« und zwar insbesondere auf dem Wunsch, den länger lebenden Ehegatten durch die Alleinerbeneinsetzung abzusichern.[483] Diese gemeinschaftliche Vorstellung von der Nachlassplanung, die gleichsam die Geschäftsgrundlage bildet, wird aber durch die Pflichtteilsgeltendmachung im ersten Erbfall erheblich gefährdet. Da diese Erwägungen typischerweise immer dem gemeinschaftlichen Testament zugrunde liegen, ergibt sich aus dieser Einschränkung des Bindungsgrunds aus dem Zusammenhang des Motivs systemimmanent entgegen der h.M. nach der

476 So die Urfassung von *Jastrow* DNotV 1904, 424; vgl. auch den Formulierungsvorschlag bei BeckOF-Vertrag/*Kühne* Muster 5.2.4.2.

477 BeckOGK/*Braun,* Stand 01.03.2019, Rn. 59.16; NK-BGB/*Gierl* Rn. 113; eingehend zu dieser Klausel und ihrer Wirkung *Seubert* Die Jastrowsche Klausel (1999); *J. Mayer* ZEV 1995, 136; und oben Syst. A Rdn. 699 ff., dort auch zur Kritik der Arbeit von *Seubert*; zur Auslegung einer ähnlichen Klausel, bei der aber das loyale Kind im Schlusserbfall nur zu einem Viertel bindend berufen sein sollte s. BayObLG FamRZ 1994, 1206.

478 BeckOK/*Litzenburger* Rn. 49; MünchKomm/*Musielak* Rn. 67; *Planck/Greiff* Anm. II 2 e.

479 MünchKomm/*Musielak* Rn. 67; keine Auslegung möglich: BeckOK/*Litzenburger* Rn. 49.

480 RGRK-BGB/*Johannsen* Rn. 34; Soergel/*M. Wolf* Rn. 38 unter Bezug auf den nicht einschlägigen § 2052.

481 2. Aufl. Rn. 51.

482 OLG Hamm NJW 1972, 1089; *Peter* BWNotZ 1977, 114; Nieder/Kössinger/*R. Kössinger*, Handbuch der Testamentsgestaltung, § 14 Rn. 83; ohne Stellungnahme zu den Rechtsfolgen BeckOK/*Litzenburger* Rn. 49.

483 Allgemein zum Bindungsgrund beim gemeinschaftlichen Testament Vorbem. zu §§ 2265 ff. Rdn. 7 f.; zur Alterssolidarität *Buchholz*, Erbfolge und Wiederverheiratung, S. 33.

allgemeinen Lebenserfahrung ein **Änderungsvorbehalt im Wege der ergänzenden Auslegung.**[484] Zumindest aber ist der nach dem ersten Erbfall erhaltene Pflichtteil auf die Schlusserbquote anzurechnen.[485] Gleiches gilt für den **Ehegattenerbvertrag.** Zwar beruht hier der Bindungsgrund auch auf der ausdrücklich erklärten vertraglichen Einigung, die sich ihrerseits aber wiederum auf den Solidaritätsgedanken stützt.[486]

d) Stillschweigender Pflichtteilsverzicht

Wenn Ehegatten in einem Erbvertrag sich gegenseitig zu Alleinerben und die am Erbvertrag beteiligten Kinder zu Schlusserben einsetzen, den anderen Kindern aber Vermächtnisse zuwenden für den Fall, dass sie keine Pflichtteilsansprüche geltend machen, so kann nach der Rspr. des BGH in einem solchen Vertrag u.U. ein Verzicht der beteiligten Schlusserben auf ihr Pflichtteilsrecht und die Annahme dieses Verzichtes durch die Erblasser gefunden werden.[487] 124

Im Fall von BGH NJW 1977, 1728 hatten die Ehegatten im gemeinschaftlichen notariellen Testament gleich ihre Kinder zu Erben eingesetzt. Hier wurde angenommen, dass eine stillschweigende Erklärung eines Erb- und Pflichtteilsverzichts beider Ehegatten vorliege.[488] Betont man die von den Ehegatten eigentlich gewollte Nachlassverteilung, ist die Annahme des stillschweigenden Pflichtteilsverzichts zu deren Durchführung zwingend geboten. Bedenken ergeben sich jedoch aus dem Formgebot: Nach der auch vom BGH angewendeten **Andeutungstheorie**[489] ist wenigstens ein entsprechender Anhalt in der Urkunde erforderlich; dann ist auch die Form gewahrt.[490] In der Praxis ist eine klare Vereinbarung des Pflichtteilsverzichts dringend angezeigt, dies gilt insbesondere vor dem Hintergrund des § 17 Abs. 1 Satz 1 BeurkG. 125

Zu Sonderfragen des Pflichtteils bei der Zugewinngemeinschaft s. Syst. A Rdn. 139 ff. 126

IX. Vermächtnis im Berliner Testament (Abs. 2)

1. Zweck der Regelung

Wenn in einem Berliner Testament ein Vermächtnis zugunsten eines Dritten angeordnet wird, kann es zweifelhaft sein, ob es sich um ein Vermächtnis des erstversterbenden oder um ein solches des überlebenden Ehegatten handelt und wann es anfällt (§ 2176 BGB). § 2269 Abs. 2 BGB enthält die Auslegungsregel, dass es sich um ein Vermächtnis des Längerlebenden handelt, so dass es nicht schon mit dem Tod des zuerst Versterbenden anfällt. Auch ein Anfall mit dem Tod des Erstversterbenden ist aber möglich, wenn die Auslegungsregel des § 2269 Abs. 2 BGB widerlegt wird, so etwa, wenn ein dem erstversterbenden Ehegatten gehörender Gegenstand vermacht ist, der nach dem Willen der Erblasser in der Familie bleiben soll.[491] Die Erblasser können aber auch bestimmen, dass es sich zwar um ein Vermächtnis des Erstversterbenden handelt, das aber erst mit dem Tod des Längerlebenden von ihnen fällig wird.[492] Ansonsten geht das BGB aufgrund des Gedankens der einheitlichen Vererbung des Ehegattenvermögens davon aus, dass beim Berliner Testament Zuwendungen an Dritte im Zweifel als Anordnung des überlebenden Ehegatten gelten 127

484 Zum Zusammenhang von erbrechtlicher Bindungswirkung und Geschäftsgrundlage *J. Mayer* DNotZ 1990, 755; *Pfeiffer* FamRZ 1993, 1266, 1268 ff.

485 Zustimmend *Lange/Kuchinke* § 24 IV Fn. 130; Palandt/*Weidlich* Rn. 12 m.w.N.; Soergel/*M. Wolf* Rn. 38, der auch auf die Ausgleichung nach § 2052 BGB hinweist, jedoch setzt dies i.d.R. eine entsprechende Ausgleichungsanordnung (§ 2050 BGB) voraus.

486 Vorbem. zu §§ 2274 ff. Rdn. 2.

487 §§ 2346, 2348 BGB; BGHZ 22, 364 = JR 1957, 339 m. Anm. *v. Lübtow.*

488 Ebenso OLG Düsseldorf MittBayNot 1999, 574.

489 BGHZ 80, 242.

490 *Lange/Kuchinke* § 7 I 5d; eingehend hierzu *Keim* ZEV 2001, 1, 4.

491 RGZ 95, 14; Staudinger/*Kanzleiter* Rn. 66; Damrau/Tanck/*Klessinger*, Erbrecht, Rn. 67.

492 BeckOGK/*Braun*, Stand 01.03.2019, Rn. 89; MünchKomm/*Musielak* Rn. 68; *Schermann*, Der Schutz des Vermächtnisnehmers im gemeinschaftlichen Testament und Ehegattenerbvertrag, S. 67 ff.

sollen.[493] Abs. 2 stellt daher eine entsprechende **Auslegungsregel** auf, die dann eingreift, wenn sich nicht klären lässt, ob das angeordnete Vermächtnis dem Bedachten bereits mit dem Tod des Erstversterbenden oder erst mit dem Tod des längerlebenden Ehegatten anfallen soll.[494] Diese bestimmt, dass ein Vermächtnis, das nach dem Tod des überlebenden Ehegatten erfüllt werden soll, im Zweifel dem Bedachten erst mit dem Tod des Überlebenden anfällt. Daher gilt ein solches Vermächtnis im Zweifel als Zuwendung des überlebenden Ehegatten, der Längerlebende selbst ist zu seinen Lebzeiten also noch nicht beschwert.[495] Weiter folgt daraus, dass das Vermächtnis nur wirksam ist, wenn der Bedachte den zweiten Erbfall erlebt,[496] im Falle des Vorversterbens kommt jedoch, wenn er ein Abkömmling des überlebenden Ehegatten ist, eine stillschweigende Ersatzberufung seiner eigenen Abkömmlinge in Betracht (durch Auslegung oder infolge der Auslegungsregel des § 2069 BGB). Bei einseitigen Kindern kann die Auslegung ergeben, dass ein auf den Tod des längerlebenden Ehegatten ausgesetztes Vermächtnis um den im ersten Erbfall erhaltenen Pflichtteil zu kürzen ist.[497] Die § 2269 Abs. 2 BGB zugrunde liegende Lebenserfahrung trifft auch zu, wenn Eheleute sich zunächst durch zwei Einzeltestamente gegenseitig zu Erben einsetzen und dann durch gemeinschaftliches Testament oder Erbvertrag einem Dritten ein Vermächtnis zuwenden, das beim Tode des Überlebenden erfüllt werden soll.[498] Erlebt der **Vermächtnisnehmer nur** den **ersten**, nicht aber auch den zweiten Erbfall und verlangen seine Erben die Erfüllung des Vermächtnisses, so ergibt sich aus Abs. 2, dass sie die Beweislast dafür tragen, dass das Vermächtnis dem Bedachten bereits mit dem Tode des Erstversterbenden angefallen ist und daher nicht nach § 2160 BGB unwirksam wurde.[499]

2. Erbrechtliche Bindung, lebzeitige Verfügungsbefugnis

128 Der überlebende Ehegatte ist zwar an seine Vermächtnisanordnung, soweit sie zu einer Verfügung des verstorbenen Ehegatten wechselbezüglich ist, erbrechtlich gebunden (§ 2270 Abs. 2 BGB). Trotzdem hat der Bedachte zu Lebzeiten des überlebenden Ehegatten noch kein Recht und keine Anwartschaft, die er übertragen oder vererben könnte.[500] Die §§ 2177, 2179, 2074 BGB sind hier nicht anwendbar.[501] Der überlebende Ehegatte ist durch seine Vermächtnisanordnung nicht gehindert, über den Gegenstand des Vermächtnisses unter Lebenden zu verfügen und so die Vermächtnisanordnung u.U. gegenstandslos zu machen (§ 2286 analog, 2169 BGB). Hiergegen kann eine Vereinbarung eines Verfügungsunterlassungsvertrages mit bedingter Übereignungsverpflichtung im Zuwiderhandlungsfall schützen.[502] Im Einzelfall kann auch ein Anspruch in entsprechender Anwendung des § 2288 Abs. 2 BGB bestehen.[503]

493 Vgl. RGZ 27, 150; HK-BGB/*Hoeren* Rn. 17; Staudinger/*Kanzleiter* Rn. 66; MünchKomm/*Musielak* Rn. 68.

494 BeckOGK/*Braun*, Stand 01.03.2019, Rn. 91 f.; MünchKomm/*Musielak* Rn. 68.

495 BGH NJW 1983, 277, 278; MünchKomm/*Musielak* Rn. 68.

496 § 2160; BGH LM Nr. 6 zu § 2271 m. Anm. *Johannsen*; BeckOGK/*Braun*, Stand 01.03.2019, Rn. 94; Palandt/*Weidlich* Rn. 23.

497 BGH NJW-RR 2002, 292.

498 BGH LM 5 zu § 2269 = FamRZ 1960, 432.

499 Burandt/Rojahn/*Braun*, Stand 01.03.2019, Rn. 110.

500 *Johannsen* WM 1969, 1318; Staudinger/*Kanzleiter* Rn. 67; Damrau/Tanck/*Klessinger*, Erbrecht, Rn. 63.

501 Burandt/Rojahn/*Braun* Rn. 47; Palandt/*Weidlich* Rn. 23.

502 BGHZ 31, 18 f. = NJW 1959, 2252; BeckOGK/*Braun*, Stand 01.03.2019, Rn. 102; MünchKomm/*Musielak* Rn. 71; näher zu diesen Gestaltungsmöglichkeiten § 2286 BGB Rdn. 24 ff.

503 BGHZ 31, 18 f. = NJW 1959, 2252; MünchKomm/*Musielak* Rn. 71; *Schermann*, Der Schutz des Vermächtnisnehmers im gemeinschaftlichen Testament und Ehegattenerbvertrag, S. 110; ausf. s. Erl. zu § 2288.

3. Abfindungsvermächtnisse

Setzen Ehegatten im Schlusserbfall zur Abfindung ihrer nicht zu Erben berufenen anderen Kinder Vermächtnisse aus, ist ein Vertrag, durch den die Kinder zu Lebzeiten des überlebenden Ehegatten die Abfindung anderweitig regeln, nichtig.[504] Soll der überlebende Ehegatte die Höhe dieser Abfindung erst bestimmen können, so sind ihm dabei Grenzen gesetzt, wobei die Feststellung des verbleibenden Spielraums Auslegungsfrage ist.[505] 129

4. Abgrenzung Schlusserbeneinsetzung, Vermächtnis

Auch hier kann wie bei jeder letztwilligen Zuwendung dieses Abgrenzungsproblem auftauchen. Die Zuwendung einzelner Nachlassgegenstände an das einzige Kind der Eheleute kann zum einen entgegen § 2087 Abs. 2 BGB als eine Erbeinsetzung nach Vermögensgruppen, zum anderen aber auch als eine Vermächtniszuwendung, beim Eintritt der gesetzlichen Erbfolge als Vorausvermächtnis, ausgelegt werden.[506] 130

X. Beweislastfragen

In **beiden Absätzen** enthält § 2269 BGB **Auslegungsregeln**, die erst zum Zuge kommen, wenn nach Anwendung aller allgemeinen Auslegungsgrundsätze der wirkliche oder wenigstens der mutmaßliche Wille des betreffenden Erblassers nicht feststellbar ist.[507] Es gilt auch hier der Vorrang der individuellen Auslegung. Daraus ergibt sich aber zugleich, dass diejenige Partei, die in einem Rechtsstreit einen von der Auslegungsregel des § 2269 BGB abweichenden Erblasserwillen behauptet, auch die entsprechenden Tatsachen vorzutragen und zu beweisen hat.[508] Dabei handelt es sich streng genommen um die sog. **Beweisführungslast.**[509] Verbleibt es bei Zweifeln über den maßgeblichen Willen des Erblassers, greift die Auslegungsregel ein; ein »non liquet« und damit das Erfordernis, nach Regeln über die Beweislastentscheidung (Beweislastverteilung im objektiven Sinn) zu entscheiden, gibt es hier deshalb nicht.[510] Dementsprechend dürfte das Gericht in diesen Fällen auch ohne Hinweise der Verfahrensbeteiligten nicht zu weiteren Nachforschungen verpflichtet sein.[511] 131

Hat der überlebende Ehegatte das gemeinschaftliche **Testament vernichtet**, muss der hierdurch Begünstigte nachweisen, dass das Testament durch die Vernichtung wegen Formmangels, etwa nach § 2255 BGB, unwirksam geworden ist.[512] Ist bei einer **Wiederverheiratungsklausel** strittig, ob die Erblasser dem Längerlebenden von ihnen im Falle der Wiederverehelichung von den in **§ 2136 BGB** genannten **Beschränkungen** und Verpflichtungen befreien wollten, trägt die Beweislast derjenige, der Verfügungen des Längerlebenden nicht gegen sich gelten lassen will. Dabei kann sich sein Gegner darauf berufen, dass die Lebenserfahrung für eine entsprechende Befreiung spricht.[513] 132

---

504 § 311b Abs. 4 BGB; BGH NJW 1956, 1151; MünchKomm/*Ruhwinkel* § 311b BGB Rn. 126 f.; Palandt/*Weidlich* Rn. 23.

505 BGH NJW 1983, 277, 278 = JZ 1983, 147; *Johannsen* WM 1985, Sonderbeilage Nr. 1, 24; Palandt/*Weidlich* Rn. 23.

506 BayObLG FamRZ 1995, 835 = ZEV 1995, 71 m. Anm. *Hohmann*.

507 Staudinger/*Kanzleiter* Rn. 6; MünchKomm/*Musielak* Rn. 73; jurisPK/*Reymann* Rn. 247.

508 BeckOGK/*Braun*, Stand 01.03.2019, Rn. 110; NK-BGB/*Gierl* Rn. 148; jurisPK/*Reymann* Rn. 247; s. Rdn. 7.

509 Subjektive Beweislast; MünchKomm/*Musielak* Rn. 73.

510 BeckOGK/*Braun*, Stand 01.03.2019, Rn. 110; MünchKomm/*Musielak* Rn. 73.

511 BeckOGK/*Braun*, Stand 01.03.2019, Rn. 110.

512 OGHZ 1, 268; RGRK-BGB/*Johannsen* § 2271 Rn. 1.

513 BGH FamRZ 1961, 275; BayObLGZ 1966, 277; Staudinger/*Kanzleiter* Rn. 44 m.w.N.; a.A. *Lange/Kuchinke* § 24 Fn. 112.

XI. Risiken und Nebenwirkungen des Berliner Testaments

133 Die bei der »Einheitslösung« charakteristische Vereinigung des gesamten Vermögens beider Ehegatten in einer Hand hat natürlich auch Nachteile: Dadurch tritt eine »Verbreiterung der Bemessungsgrundlage« für Steuern und erbrechtliche Ansprüche (Pflichtteil) beim zweiten Erbfall ein.

1. Erbschaftsteuer

134 Erbschaftsteuerlich ist das Berliner Testament keine günstige Gestaltung. So wird von der »denkbar steuerintensivsten Lösung« gesprochen.[514] Grund dafür ist, dass die Freibeträge der Kinder beim ersten Erbfall nicht ausgeschöpft werden. Vgl. im Übrigen hierzu Vorbem. zu §§ 2265 ff. BGB Rdn. 50.

2. Erhöhung des Pflichtteils enterbter Kinder

135 Die Verbreiterung der Bemessungsgrundlage wirkt sich auch auf die Höhe von Pflichtteilsansprüchen im zweiten Erbfall nachteilig aus, insbesondere wenn es sich um einseitige Kinder des Längerlebenden handelt, das Vermögen des Erstversterbenden aber nicht unerheblich ist. Hier sollte die **Trennungslösung** bevorzugt werden.[515]

§ 2270 Wechselbezügliche Verfügungen

(1) Haben die Ehegatten in einem gemeinschaftlichen Testament Verfügungen getroffen, von denen anzunehmen ist, dass die Verfügung des einen nicht ohne die Verfügung des anderen getroffen sein würde, so hat die Nichtigkeit oder der Widerruf der einen Verfügung die Unwirksamkeit der anderen zur Folge.

(2) Ein solches Verhältnis der Verfügungen zueinander ist im Zweifel anzunehmen, wenn sich die Ehegatten gegenseitig bedenken oder wenn dem einen Ehegatten von dem anderen eine Zuwendung gemacht und für den Fall des Überlebens des Bedachten eine Verfügung zugunsten einer Person getroffen wird, die mit dem anderen Ehegatten verwandt ist oder ihm sonst nahe steht.

(3) Auf andere Verfügungen als Erbeinsetzungen, Vermächtnisse oder Auflagen findet die Vorschrift des Absatzes 1 keine Anwendung.

Übersicht

514 *Wachenhausen* Das neue Erbschaft- und Schenkungsteuerrecht (1997) § 7 Rn. 9.

515 BeckOGK/*Braun*, Stand 01.03.2019, Rn. 73 f.; *v. Dickhuth-Harrach*, FS Rheinisches Notariat (1998) S. 185, 207; vgl. hierzu Vorbem. zu §§ 2265 ff. BGB Rdn. 52 und Syst. A Rdn. 640.

I. Die wechselbezügliche (korrespektive) Verfügung

1. Grundsätzliches

a) Begriff

Korrespektiv (wechselbezüglich) sind nach der Begriffsbestimmung des Gesetzes (§ 2270 Abs. 1 BGB) und der von der Rechtsprechung im Anschluss an die **Protokolle** entwickelten **Formel** *Verfügungen von Todes wegen, die von zwei Erblassern getroffen sind und die durch den gemeinschaftlichen Willen der Ehegatten so eng miteinander zusammenhängen, dass die eine nicht ohne die andere getroffen worden wäre und die nach dem Willen der Erblasser miteinander stehen und fallen.*[1] Bei voller Wechselbezüglichkeit ist also kennzeichnend die gegenseitige innere Abhängigkeit der beiderseitigen Verfügungen aus dem »Zusammenhang des Motivs«,[2] auch charakterisiert als »Kausalität des korrespektiven Motivs«.[3] Von zentraler Bedeutung für das Verständnis der Wechselbezüglichkeit ist, dass diese allein an den Umstand anknüpft, dass die eine Verfügung nicht ohne die – rein tatsächliche – Errichtung der des anderen Ehegatten getroffen worden wäre.[4] Ob die gegenläufige Verfügung wirksam ist oder nicht, ist zunächst für das **tatbestandsmäßige Vorliegen** der Wechselbezüglichkeit selbst bedeutungslos, sondern nur eine Frage der **Rechtsfolge**.[5] Sonst würde gerade der für die Wechselbezüglichkeit erforderliche Bedingungszusammenhang diese von vornherein ausschließen. Die innere Abhängigkeit der Verfügungen wird hier vom Gesetz nicht so stark betont wie beim zweiseitigen Erbvertrag, weil in § 2270 Abs. 1 BGB das Gesetz von vornherein auf den entsprechenden Willen der Ehegatten abstellt.[6] 1

Da die beiderseits getroffenen Verfügungen in ihrer Entstehung voneinander abhängig sind, könnte man auch von einem **genetischen Synallagma** sprechen.[7] Dabei darf allerdings nicht verkannt werden, dass sich das gemeinschaftliche Testament von einem synallagmatischen Austauschvertrag 2

1 So die Prot V 451; aus der diesbezüglich ständigen Rechtsprechung BayObLGZ 1991, 173, 176 = NJW-RR 1991, 1288; BayObLG FamRZ 2005, 1931; OLG Hamm ZEV 2004, 68 (Rn. 19); OLG München ZFE 2009, 280 (Rn. 93); NJW-RR 2011, 227 = FamRZ 2011, 679 (Rn. 6); NJW-RR 2011, 1020, 1022 = FamRZ 2011, 1817 (Rn. 17); BGH DNotZ 2002, 662, 664 f. m. Anm. *Schmucker*; *Gockel* ZErb 2012, 72, 74; *Lange*, Erbrecht, § 16 Rn. 121.

2 Prot V 447; KG NJW 1972, 3134; FamRZ 1977, 485; OLG Stuttgart FamRZ 1977, 274; BayObLGZ 1987, 23, 27; NK-BGB/*Müßig* Rn. 1, 4; Palandt/*Weidlich* Rn. 1; eingehend dazu unten Rdn. 5 und 10; zur Entstehungsgeschichte des BGB und der Formel vom »Zusammenhang des Motivs« ausführlich *Sticherling*, Schenkungen in fraudem testamenti, S. 141 f.

3 *Pfeiffer* FamRZ 1993, 1266, 1272.

4 BayObLGZ 2002, 128, 134 = FamRZ 2003, 259; NK-BGB/*Müßig* Rn. 4.

5 So deutlich Staudinger/*Kanzleiter* Rn. 4; BeckOK/*Litzenburger* Rn. 2; NK-BGB/*Müßig* Rn. 4; dagegen *Schmucker* MittBayNot 2001, 526, 528, die aber die eigentliche Bedeutung der Wechselbezüglichkeit verkennt.

6 In § 2298 BGB geschieht dies abweichend von dem in Abs. 1 dort aufgestellten Grundsatz erst in Abs. 3, *Lange/Kuchinke* § 24 V 2.

7 Von einem Synallagma spricht ausdrücklich OLG München ZFE 2009, 280 = ErbR 2009, 259 (Rn. 93).

unterscheidet, und zwar dadurch, dass i.d.R. eine *»apriorische Willensübereinstimmung«* vorliegt,[8] die auf eine gemeinsame familiäre Vermögensplanung gerichtet ist und daher zu einem Nebeneinander von vertragsähnlichen und außervertraglicher Bindungsgründen führt. *Battes* hat dies mit den untereinander konkurrierenden Aspekten des **»Äquivalenzprinzips«** und des **»Solidaritätsprinzip«** umrissen.[9] Dabei ist es ein seit längerem zu beobachtendes Phänomen, dass zwischen Ehegatten nach Auszug des jüngsten Kindes aus der häuslichen Gemeinschaft eine *»gewisse Alterssolidarisierung«* entsteht und verwirklicht wird.[10] Wird die wechselbezügliche Verfügung, die zu der in § 2271 BGB näher umschriebenen Bindung führt, aber allein durch diesen »Zusammenhang im Motiv« gekennzeichnet, ergibt sich daraus die weitreichende Schlussfolgerung, dass – anders als bei den Verträgen, sogar anders als beim Erbvertrag – sich diese **Bindung nicht** auf der entsprechenden vertraglichen Einigung gründet, sondern auf diesem gemeinschaftlichen Motiv.[11] Dies entspricht auch den tatsächlichen Verhältnissen, in denen solche gemeinschaftlichen Testamente regelmäßig entstehen. Denn das entsprechende *Szenario* betrifft das junge Ehepaar, das frisch verliebt auf einer Parkbank sitzt und sich verspricht: »Alles was wir einmal haben, sollen unsere lieben Kinder erben.«[12]

3 Die an diese Motivation anknüpfenden Regelungen der §§ 2270, 2271 BGB über Wirksamkeit und Widerruf der wechselbezüglichen Verfügungen stellen sich zugleich als spezialgesetzlich geregelte Fälle der allgemeinen **Lehre über die subjektive Geschäftsgrundlage** und deren Wegfall dar,[13] wenngleich der praktische Erkenntniswert dieser Feststellung gering ist.[14]

b) Die spezifischen Rechtsfolgen der wechselbezüglichen Verfügungen

4 Das Spezifische der wechselbezüglichen Verfügungen besteht zum einen im Eintritt einer besonderen **erbrechtlichen Bindung**. Zu Lebzeiten beider Ehegatten äußert sich diese darin, dass ein einseitiger Widerruf nicht durch einfaches Testament, sondern nur durch formbedürftige Erklärung gegenüber dem anderen erfolgen kann (§ 2271 Abs. 1 BGB; sog. Wahrung des Offenkundigkeitsprinzips). Mit dem Tod des anderen Ehegatten und Annahme des ihm vom Erstverstorbenen Zugewandten tritt eine noch weiter gehende erbrechtliche Bindung des Längerlebenden an seine wechselbezügliche Verfügung ein, die ihn daran hindert, diese zu widerrufen oder abweichend zu verfügen (§ 2271 Abs. 2 BGB). Daneben besteht von Anfang an bei wechselbezüglichen Verfügungen ein **Wirksamkeitszusammenhang**, wonach bei Widerruf oder Nichtigkeit der einen Verfügung auch die davon abhängige (korrespektive) Verfügung grundsätzlich unwirksam wird.

c) Bindungsgrund, Grund der Wirksamkeitsabhängigkeit

5 Der Grund für die an die wechselbezügliche Verfügung geknüpfte Bindung ist der Schutz jedes Ehegatten in seinem **Vertrauen**, dass die gemeinschaftlich niedergelegte Nachlassplanung zu beider Lebzeiten nicht heimlich und nach Tod des einen vom Längerlebenden nach Annahme des ihm Zugewandten gar nicht mehr geändert werden kann.[15] Nicht präzise aber *Pfeiffer*:[16] Geschützt

8 *Pfeiffer* FamRZ 1993, 1266, 1267 f.; die gemeinsame Willensentscheidung betonen ebenfalls NK-BGB/*Müßig* Rn. 4 Fn. 16 und Staudinger/*Kanzleiter* Rn. 4.

9 *Battes*, Gemeinschaftliches Testament und Ehegattenerbvertrag, S. 25, 220 ff.; eingehend dazu Vorbem. zu §§ 2265 ff. BGB Rdn. 7 f.

10 *Buchholz*, Erbfolge und Wiederverheiratung, S. 33; *Langenfeld* NJW 1996, 2604.

11 *Pfeiffer* FamRZ 1993, 1266, 1274; NK-BGB/*Müßig* Rn. 6; aus der Rspr. OLG München NJW-RR 2011, 227 = FamRZ 2011, 679 (Rn. 11); NJW-RR 2011, 1020, 1022 = FamRZ 2011, 1817 (Rn. 19); s. ausf. unten Rdn. 10.

12 Dazu *J. Mayer*, Verhandlungen des 68. DJT, Bd. II/2, L, S. 181.

13 *Pfeiffer* FamRZ 1993, 1266, 1268 ff.

14 A.A. *Pfeiffer* FamRZ 1993, 1266, 1268 ff.

15 Zust. NK-BGB/*Müßig* Rn. 6; in diesem Sinn bereits BGHZ 9, 233, 236; 30, 261, 265; *Kuchinke*, FS v. Lübtow (1991) S. 283, 287; krit. dazu *Pfeiffer* FamRZ 1993, 1266, 1275 Fn. 114.

16 FamRZ 1993, 1266, 1267.

werde das Vertrauen des Erstversterbenden, »dass der andere Ehegatte seinerseits bestimmte testamentarische Verfügungen vornimmt.« Die entsprechenden Verfügungen wurden i.d.R. bereits im gemeinschaftlichen Testament errichtet; *Pfeiffers* Formulierung ist nur beim eingeschränkten Änderungsvorbehalt richtig.

Wechselbezügliche Verfügungen sind auch außerhalb **gemeinschaftlicher Testamente** grundsätzlich möglich.[17] Das BGB behandelt allerdings nur einen Teil der wechselbezüglichen Verfügungen. Und zwar in § 2270 BGB solche, die in einem gemeinschaftlichen Testament, also von Ehegatten (§ 2265 BGB) oder eingetragenen Lebenspartnern getroffen worden sind (§ 10 Abs. 4 LPartG), wobei nach der Aufgabe des Erfordernisses der Urkundeneinheit beide Ehegatten oder Lebenspartner durchaus in getrennten Urkunden testieren können,[18] und in § 2298 BGB solche, die in einem Erbvertrag von beiden Teilen vertragsmäßig getroffen sind. Wenn zwei Erblasser in **anderer Weise** getrennt testieren, mögen sie miteinander verheiratet sein oder nicht, kann § 2270 Abs. 1 BGB nicht angewendet werden. Der beim gemeinschaftlichen Testament oder Erbvertrag i.d.R. vorhandene Zusammenhang des Motivs, der im Interesse der Rechtssicherheit die von § 2270 Abs. 1 BGB vorgenommene Typisierung der Rechtsfolgen rechtfertigt, kann dann nicht mit hinreichender Sicherheit unterstellt werden.[19] Vielmehr kommt außerhalb des gemeinschaftlichen Testaments und des Erbvertrags, wenn eine Verfügung nichtig ist oder widerrufen wird, in Betracht, dass die andere unter der **(auflösenden) Bedingung** der Wirksamkeit der ersten getroffen ist. Zum anderen kommt die **Anfechtung** der zweiten Verfügung wegen Irrtums im Beweggrund in Frage, wenn ein entsprechender Zusammenhang des Motivs vorliegt.[20] Man spricht hier von sog. **»unechter Wechselbezüglichkeit«**.[21] Der Rechtsgedanke des § 2270 Abs. 2 BGB kann auch hier angewendet werden, weil eine vergleichbare Willensübereinstimmung vorliegt, was dem Anfechtenden den bei § 2078 BGB erforderlichen Kausalitätsnachweis erleichtert.[22] Der Unterschied der durch Bedingungszusammenhang hergestellten Wechselbezüglichkeit ist der, dass die Bedingung nicht zurückwirken kann (§ 158 Abs. 2 BGB) und daher für die Zwischenzeit sog. konstruktive Nacherbschaft (§§ 2104, 2105 BGB) oder ein Nachvermächtnis (§ 2191 BGB) besteht, während bei der echten Wechselbezüglichkeit nach § 2270 Abs. 1 BGB die Unwirksamkeit von Anfang an besteht und daher im entsprechenden Fall eine Ersatzerbschaft oder ein Ersatzvermächtnis eintritt.[23] 6

2. Wechselbezüglichkeit und selbständige Verfügung

Wechselbezüglich ist immer nur die einzelne Verfügung, nicht aber das gemeinschaftliche Testament als solches.[24] Auch wenn alle in einem gemeinschaftlichen Testament enthaltenen Verfügungen wechselbezüglich sind, so liegen doch zwei letztwillige Verfügungen vor,[25] mag man auch von einer rechtlichen Einheit der beiderseitigen Verfügungen sprechen.[26] Jedenfalls muss die Frage der Wechselbezüglichkeit für jede einzelne Verfügung gesondert geprüft werden.[27] Dabei kann es hilf- 7

17 *Planck/Greiff* Anm. 5.

18 S. Vorbem. zu §§ 2265 ff. Rdn. 20 ff.; BeckOGK/*Braun*, Stand 01.03.2019, Rn. 8 ff.

19 *Pfeiffer* FamRZ 1993, 1266, 1273.

20 §§ 2078 Abs. 2, 2281 BGB; Mot V 254, KG OLGE 42, 142.

21 *Bühler* DNotZ 1962, 364; Nieder/Kössinger/*R. Kössinger*, Handbuch der Testamentsgestaltung, § 11 Rn. 26; NK-BGB/*Müßig* Rn. 47.

22 NK-BGB/*Müßig* Rn. 47; *Pfeiffer* FamRZ 1993, 1273; a.M. *Planck/Greiff* Anm. 5.

23 Nieder/Kössinger/*R. Kössinger*, Handbuch der Testamentsgestaltung, § 11 Rn. 26; NK-BGB/*Müßig* Rn. 48; Soergel/*M. Wolf* Vor § 2265 Rn. 12.

24 Etwa BGH DNotZ 2002, 662, 664 f. m. Anm. *Schmucker*; OLG München ZEV 2011, 315; OLG Hamm FamRZ 2001, 1647, 1648; RGZ 116, 148, 149; BeckOGK/*Braun*, Stand 01.03.2019, Rn. 12; Staudinger/*Kanzleiter* Rn. 2; NK-BGB/*Müßig* Rn. 5; Palandt/*Weidlich* Rn. 1.

25 RGZ 50, 308.

26 RGZ 170, 172.

27 BGHZ 36, 201 = NJW 1962, 736; BGH FamRZ 1957, 129; BayObLGZ 1965, 92; 1983, 213; OLG Düsseldorf NJW-RR 2008, 236 = FamRZ 2008, 307; Staudinger/*Kanzleiter* Rn. 2.

reich sein, zwischen einer »**tragenden**« und einer »**abhängigen**« **Verfügung** zu unterscheiden.[28] Die Feststellung der Wechselbezüglichkeit ist aber nicht möglich, ohne konkret zu bestimmen, welche Verfügung des einen Ehegatten mit welcher Verfügung des anderen korrespondiert.[29] U.U. ist auch nur ein Teil einer Verfügung wechselbezüglich.[30] Ein Ehegatte kann neben wechselbezüglichen Verfügungen auch solche treffen, die von denen des anderen Ehegatten unabhängig sind.[31] Für solche **selbständigen Verfügungen** gilt § 2270 BGB nicht. Aber auch § 2085 BGB greift nicht ein, da dieser ein Einzeltestament voraussetzt.[32] Die Nichtigkeit oder der Widerruf der Verfügungen des anderen Ehegatten kann aber u.U. die Anfechtbarkeit der selbständigen Verfügung nach §§ 2078 Abs. 2, 2281 BGB begründen.[33]

8 Auch eine **nachträgliche Herbeiführung** der Wechselbezüglichkeit ist möglich.[34] Die in zwei getrennten Urkunden niedergelegten letztwilligen Verfügungen können wechselbezüglich sein. Dabei kann sogar ein Erbvertrag durch ein gemeinschaftliches Testament zu einer erbrechtlichen Gesamtregelung so ergänzt werden, dass die vertragsmäßigen Verfügungen mit den testamentarischen wechselbezüglich werden, etwa die gegenseitige Erbeinsetzung im Ehegattenerbvertrag und die Schlusserbeneinsetzung ihres Enkels im ergänzenden gemeinschaftlichen Testament.[35] Jedoch setzt die Annahme der Wechselbezüglichkeit bei zeitlich **getrennt errichteten Verfügungen** voraus, dass diese durch den Willen der gemeinschaftlich Testierenden nachträglich zu einer Einheit (sog. »Gesamtregelung«) verbunden werden. Entscheidend ist, dass die zunächst ohne Rücksicht auf eine Verfügung des anderen Ehegatten getroffene Verfügung durch das spätere Testament in der Weise modifiziert wird, dass sie nunmehr nur noch mit Rücksicht auf die Verfügung des anderen Ehegatten im späteren Testament gelten soll, dass ihr also ausdrücklich oder stillschweigend nachträglich eine **Bedingung im Sinne der Wechselbezüglichkeit** beigefügt wurde.[36] Bei Unklarheiten kann dabei die Auslegungsregel des § 2270 Abs. 2 BGB nicht herangezogen werden;[37] denn für deren Anwendung ist das Ergebnis dieser Auslegung vorgreiflich. Bleiben Zweifel an der Wechselbezüglichkeit der Verfügung, geht dies zulasten desjenigen, der sein Erbrecht auf die Wechselbezüglichkeit stützt. Dieser trägt die Feststellungslast.[38] Auch eine sachliche Ergänzung der Verfügungen des früheren und derjenigen des späteren Testaments genügt nicht, denn ansonsten könnten sie nach § 2258 Abs. 1 BGB ohnehin nicht nebeneinander Bestand haben. Es muss vielmehr dem späteren gemeinschaftlichen Testament ein Hinweis auf den Willen der Eheleute entnommen werden können, das frühere gemeinsame Testament im Sinne einer Wechselbezüglichkeit der seinerzeit angeordneten Verfügungen (meist gegenseitigen Erbeinsetzung der Eheleute) mit der neu getroffenen (meist Einsetzung von Schlusserben) zu ergänzen.[39]

---

28 *Kegel*, FS Jahrreiß (1974) S. 143.

29 OLG München ZFE 2009, 280; Palandt/*Weidlich* Rn. 1.

30 NK-BGB/*Müßig* Rn. 8; MünchKomm/*Musielak* Rn. 4.

31 Vgl. RGZ 116, 148, 149 f.

32 Nieder/Kössinger/*R. Kössinger*, Handbuch der Testamentsgestaltung, § 11 Rn. 30.

33 *Bühler* DNotZ 1962, 359; Nieder/Kössinger/*R. Kössinger*, Handbuch der Testamentsgestaltung, § 11 Rn. 30; zur ähnlichen Problematik s. Rdn. 6.

34 NK-BGB/*Müßig* Rn. 9; Palandt/*Weidlich* Rn. 3.

35 BGH NJW 1987, 901 = DNotZ 1987, 430 m. Anm. *Kanzleiter*; BayObLGZ 1956, 205; BayObLGZ 1987, 23, 26 f. = FamRZ 1987, 638, 639; FamRZ 2001, 1327, 1328; MünchKomm/*Musielak* Rn. 14; vgl. eingehend § 2292 BGB Rdn. 6 f.

36 BayObLGZ 1956, 205, 206 f.; BayObLG FamRZ 1986, 392, 394; FamRZ 1993, 1126, 1127 f.; ZEV 1999, 227, 228; OLG Schleswig BeckRS 2016, 3777; *Schmucker* MittBayNot 2001, 526, 529; Soergel/*M. Wolf* Rn. 6.

37 OLG Schleswig BeckRS 2016, 3777; BayObLG FamRZ 1986, 392, 393; NJW-RR 1999, 878; anders BayObLG DNotZ 1994, 791, 794.

38 OLG Schleswig BeckRS 2016, 3777.

39 BayObLG FamRZ 1986, 392, 394; NJW-RR 1999, 878 = ZEV 1999, 227; vgl. auch DNotI-Report 1998, 133, 134.

Indizien hierfür können sein, wenn die Verfügungen von Todes wegen in einem engen zeitlichen Zusammenhang errichtet werden, zumal, wenn das spätere Testament auch inhaltlich Bezug nimmt auf das frühere[40] und die beiden Testamente zusammen verwahrt werden.[41] Je größer der zeitliche Abstand zwischen den beiden Testamentserrichtungen ist, desto eher spricht dies nach der Rspr. gegen eine nachträgliche wechselbezügliche Verknüpfung.[42] Entsprechendes gilt bei einer räumlichen Trennung bei der Errichtung beider Verfügungen am gleichen Tag.[43] Überhaupt sind an die Annahme einer solchen regelmäßig strenge Anforderungen zu stellen.[44] 9

3. Einzelheiten zur Wechselbezüglichkeit

a) Der Inhalt des wechselbezüglichen Motivs

Worin der wechselbezügliche Zusammenhang der Verfügungen bestehen soll, ist keineswegs befriedigend geklärt.[45] Die ältere Auffassung, wonach »Begriff und Wirkung der Wechselbezüglichkeit im Gesetz einen klaren Ausdruck gefunden hätte«,[46] wird durch die Schwierigkeiten in der Diskussionen über die Behandlung der einseitigen Wechselbezüglichkeit und die Herausarbeitung von Bindungsgrund und Bindungswirkung des gemeinschaftlichen Testaments widerlegt. Das **Wesen** der Wechselbezüglichkeit besteht darin, dass die wechselbezüglichen Verfügungen auf Grund der »Willensverbundenheit aus der ehelichen Lebens- und Interessengemeinschaft« getroffen werden.[47] Dabei wird zwar immer wieder betont, es liege ein enger Zusammenhang zwischen den Beweggründen der wechselbezüglichen Anordnungen vor, nicht aber das Verhältnis von Leistung und Gegenleistung wie beim gegenseitigen Vertrag.[48] Gerade aber bei der Anwendung der Auslegungsregel des Abs. 2, 2. Alt. findet sich dennoch der Hinweis, dass eine Art Gegenleistungsverhältnis vorliege.[49] Auch die Protokolle sprechen von »Vertragselementen in dem gemeinschaftlichen Testament«.[50] Offensichtlich geprägt von »Nachwirkungen« der Diskussion im Rahmen der Entstehungsgeschichte des BGB,[51] die im Übrigen alles andere als aussagekräftig ist,[52] und diesen Sonderfällen im Rahmen von § 2270 Abs. 2, 2. Alt. BGB wird von der herrschenden Auffassung das Vorliegen einer Wechselbezüglichkeit durchweg allein unter dem Blickwinkel des »Abhängigmachens von einer Gegenverfügung« bestimmt,[53] und quasi zur alleinigen Testfrage erhoben, was passiert, wenn die eine Verfügung nichtig ist. Damit orientiert man sich aber primär an der einen der o.g. Komponenten der Wechselbezüglichkeit, nämlich der des Wirksamkeitszusammenhangs.[54] 10

40 Vgl. BayObLG FamRZ 1994, 191, 192.
41 Vgl. OLG Saarbrücken FamRZ 1990, 1285, 1286.
42 BayObLG NJW-RR 1999, 878 = ZEV 1999, 227 (2 Jahre Abstand); LG München I FamRZ 2000, 705 (20 Jahre Abstand).
43 OLG Nürnberg ZEV 2010, 411 = FamRZ 2010, 1765; OLG Schleswig BeckRS 2016, 3777.
44 *Schmucker* MittBayNot 2001, 526, 529 sowie der Tendenz nach BayObLG NJW-RR 1999, 878.
45 So richtig *Pfeiffer* FamRZ 1993, 1266, 1272.
46 So *Planck/Greiff* Anm. 2.
47 NK-BGB/*Müßig* Rn. 1; ausf. *J. Mayer* FPR 2013, 317.
48 Prot V 450; RGZ 116, 148, 149.
49 Für § 2270 Abs. 2, 2. Alt. BGB: KG OLGZ 1993, 398, 404; DNotZ 1932, 122, 123; allgemein hierfür *Battes*, Gemeinschaftliches Testament und Ehegattenerbvertrag, S. 58 ff., bes. S. 60; prinzipiell für eine »do ut des« Konzeption *Jakobs*, FS Bosch (1976) S. 447, 455 und LG Bonn NJW-RR 2004, 10 = FamRZ 2004, 405, was immerhin ehrlicher wäre.
50 Prot V 725, 726; dies besonders betonend *Sticherling*, Schenkungen in fraudem testamenti (2005) S. 154 ff., der immer wieder auf die Ähnlichkeit von Erbvertrag und gemeinschaftlichem Testament hinweist und für letzteres immer wieder die »Vertragsähnlichkeit« betont.
51 NK-BGB/*Müßig* Rn. 1 Fn. 3.
52 Wie selbst *Sticherling*, Schenkungen in fraudem testamenti, S. 153 am Ende seiner zu rechtshistorisch geprägten Untersuchung zur Bindungswirkung im Hinblick auf die lebzeitige Verfügungsbefugnis einräumt.
53 Kritisch hierzu *Buchholz* Rpfleger 1990, 45, 50.
54 Rdn. 4.

11 Dieses Konzept befriedigt aber dann nicht, wenn sich die Ehegatten weder gegenseitig zu Erben einsetzen noch sonst bedenken, sondern **nur zugunsten Dritter** verfügen. Nach allgemeiner Meinung kann auch hier Wechselbezüglichkeit vorliegen, nur greift nicht die Auslegungsregel des Abs. 2 ein.[55] Die Überlegung der h.M. führt hier aber leicht zu nicht sachgerechten Ergebnissen, wie sich am Fall von BayObLG ZEV 1996, 188 zeigt: Hier hatten die Ehegatten je gleich das einzige gemeinsame Kind zum Erben eingesetzt, wohl in der gewissen Erwartung, das beiderseitige Vermögen diesem so am besten zu sichern. Das Gericht verneinte jedoch die Wechselbezüglichkeit gerade mit dem Argument, dass die an die Wechselbezüglichkeit geknüpfte Wirksamkeitsabhängigkeit letztlich diesen Zielvorstellungen des erstversterbenden Ehegatten völlig zuwiderlaufen würde. Denn wenn der Längerlebende bei einer Wiederverheiratung seine eigene Verfügung nach § 2079 BGB anficht, hätte sogar nicht einmal die Alleinerbeneinsetzung des Kindes bezüglich des Vermögens des Erstversterbenden Bestand. Hier wird zum einen Tatbestand und Rechtsfolge der Wechselbezüglichkeit verkannt:[56] Für das Vorliegen der Wechselbezüglichkeit genügt allein der Befund, dass der eine Ehegatte seine Verfügung im Hinblick auch auf die vom anderen getroffene machte (die sich daraus ergebende Rechtsfolge des § 2270 Abs. 1 BGB ist dafür zunächst unerheblich). Aber dies allein wäre auch noch zu kurz gegriffen: Das maßgebliche Motiv ist nicht das formale Argument, dass auch der andere eine gleichlautende Verfügung traf. Entscheidend ist vielmehr, dass für die Annahme der Wechselbezüglichkeit auch auf die zweite mit der Wechselbezüglichkeit verbundene Komponente abgestellt werden muss, die des Vertrauensschutzes in den Fortbestand der gemeinsam getroffenen Vermögensplanung kraft Bindung.[57] Deswegen errichten die Ehegatten aufeinander abgestimmte Verfügungen von Todes wegen, die auf der Willensübereinstimmung beruhen, die aus der ehelichen Lebens- und Interessengemeinschaft resultieren. Und die **beabsichtigte gegenseitige Bindungswirkung** spricht hier eindeutig für eine Wechselbezüglichkeit.[58]

12 Erst eine Frage der Rechtsfolgenseite ist dann, ob trotz einer möglichen Anfechtung der Verfügung des anderen Ehegatten die eigene abweichend von § 2270 Abs. 1 BGB bestehen bleibt, was i.d.R. wohl zu bejahen ist. Man mag dies als einen Fall der »**einseitigen Wechselbezüglichkeit**« bezeichnen (eingehender Rdn. 17 ff.),[59] was die Durchbrechung des uneingeschränkten gegenseitigen Wirkungszusammenhangs für bestimmte Fälle der Unwirksamkeit (hier Anfechtung) deutlich macht.[60] In anderen Fällen der Unwirksamkeit kann wegen des Grundsatzes der privatautonomen Gestaltung der Wechselbezüglichkeit[61] durchaus wieder eine Bestandsabhängigkeit der Verfügungen beider Ehegatten vorliegen. Eine ähnliche Entkoppelung des Wirksamkeitszusammenhangs kann man auch bei wechselbezüglichen Verfügungen in einem gemeinschaftlichen Testament im Falle der Scheidung beobachten, weshalb sich bei solchen Sonderfällen wohl besser von einer »**partiell einseitigen Wechselbezüglichkeit**« sprechen lässt.[62]

b) Die Kausalität des wechselbezüglichen Motivs

13 Für die Bejahung der Wechselbezüglichkeit kommt es weiter auf die **Kausalität des korrespektiven Motivs** für den Erblasserwillen an. Da bei letztwilligen Verfügungen aber i.d.R. immer ein Motiv-

---

55 BayObLGZ 19, A 143; BayObLGZ 1990, 173, 176; OLG Hamm FamRZ 1994, 1210; Staudinger/*Kanzleiter* Rn. 4.

56 S. Rdn. 1.

57 Vgl. Rdn. 4.

58 BayObLG ZEV 1999, 226, 228; so auch *Buchholz* Rpfleger 1990, 45, 50; NK-BGB/*Müßig* Rn. 6; kritisch hiergegen *Pfeiffer* FamRZ 1993, 1266, 1275 Fn. 114, wo aber verkannt wird, dass sich die notwendige Konkretisierung des schutzwürdigen Vertrauens aus der gemeinsamen Vermögensplanung ergibt.

59 So BeckOGK/*Braun*, Stand 01.03.2019, Rn. 16; *Buchholz* Rpfleger 1990, 45, 50; MünchKomm/*Musielak* Rn. 3 und Palandt/*Weidlich* Rn. 2 sprechen von »einseitiger Abhängigkeit«.

60 Zustimmend *Lange/Kuchinke* § 24 V 2b, der darauf hinweist, dass die Wechselbezüglichkeit hier durch den Tod des Erstversterbenden auflösend bedingt sein kann.

61 S. Rdn. 20.

62 *Muscheler* DNotZ 1994, 733, 741; vgl. § 2268 BGB Rdn. 11.

bündel vorliegt, genügt es, wenn dieses zumindest wesentlich mitbestimmend ist.[63] Die Absicht, den Neffen der Ehefrau zum Unternehmensnachfolger zu berufen, hindert daher die Annahme einer Wechselbezüglichkeit nicht, wenn nur das Motiv der Wechselbezüglichkeit *auch* vorhanden ist.[64]

Auch ist nicht erforderlich, dass die gegenseitige Abhängigkeit der Verfügungen voneinander in dem Testament ausdrücklich festgelegt wird, wie sich gerade aus der Existenz der Auslegungsregel des Abs. 2 ergibt. Als bloße innere Tatsache ist ihre Beweisbarkeit allerdings mitunter mit erheblichen Schwierigkeiten verbunden. Daher sollte sie zur Streitvermeidung ausdrücklich festgelegt werden.[65] Damit nähert sich allerdings die zunächst aus dem Zusammenhang des Motivs ergebende Wechselbezüglichkeit mehr der vertraglich ausdrücklich festgelegten Bindung.[66] 14

c) Der maßgebliche Wille

Die Wechselbezüglichkeit richtet sich nach dem Willen des Ehegatten, der die Verfügung als abhängige getroffen, sich also gleichsam dem Willen des andern insoweit unterordnet, und diesen Willen dem anderen Ehegatten erkennbar gemacht hat.[67] Dies wird in der Rspr. nicht immer so deutlich gesehen.[68] 15

4. Wechselbezugsfähigkeit

An sich könnten letztwillige Anordnungen aller Art wechselbezüglich sein. Das Gesetz beschränkt aber in Abs. 3 die Anwendung des Abs. 1 und damit auch die des § 2271 BGB ausdrücklich auf Erbeinsetzungen, einschließlich der Nacherbeneinsetzung,[69] Vermächtnisse und Auflagen.[70] Aufgrund der Änderung des Abs. 3 durch Art. 16 des Gesetzes zum internationalen Erbrecht und der Änderung von Vorschriften zum Erbschein sowie zur Änderung sonstiger Vorschriften vom 29.06.2015[71] kann nunmehr auch die **Wahl des anzuwendenden Rechts** eine wechselbezugsfähige Verfügung sein. Nach dem bisherigen Kollisionsrecht war streitig, ob eine Rechtswahl nach Art. 25 Abs. 2 EGBGB auch erbrechtlich bindend erfolgen kann.[72] Da auch die EuErbVO hierzu keine Regelung enthält, sah sich der deutsche Gesetzgeber zu einer Klarstellung veranlasst. Denn die Bedeutung dieser Rechtsfrage wird unter der Geltung der EuErbVO zunehmen. Dies beruht darauf, dass die Rechtswahl nach Art. 22 EuErbVO nunmehr nicht nur – wie früher – für das im Inland belegene Immobilienvermögen zulässig ist, sondern im Gegenteil nur für den gesamten Nachlass.[73] Durch die gesetzliche Neuregelung wird Rechtssicherheit für die Beteiligten geschaffen und verhindert, dass einer wechselbezüglich getroffenen Regelung durch einseitigen Widerruf der Rechtswahl die Grundlage entzogen wird.[74] **Nicht wechselbezüglich** kann also sein: Die Enterbung,[75] die Entziehung des Pflichtteils,[76] eine echte (also nicht wertverschiebende) Teilungsanordnung,[77] die 16

63 *Pfeiffer* FamRZ 1993, 1272; NK-BGB/*Müßig* Rn. 7; OLG Hamm NJW-RR 1992, 330, 331 im ähnlichen Fall des § 2268.
64 *Pfeiffer* FamRZ 1993, 1272.
65 NK-BGB/*Müßig* Rn. 7.
66 S. Rdn. 2.
67 *Lange/Kuchinke* § 24 V 2 a.
68 Vgl. etwa BayObLG FamRZ 1993, 360, wo offenbleibt, von welchem Willen letztlich ausgegangen werden soll.
69 OLG Karlsruhe NJW-RR 2003, 582, 584.
70 Vgl. für den Erbvertrag § 2278 Abs. 2 BGB.
71 BGBl. I 1042.
72 Vgl. etwa *Döbereiner* DNotZ 2014, 323, 332 zum Erbvertrag.
73 Burandt/Rojahn/*Burandt/Schmuck* Art. 22 EuErbVO Rn. 4.
74 BT-Drucks. 18/4201, 67.
75 § 1938, BayObLG NJW-RR 1992, 1356 = DNotZ 1993, 450.
76 §§ 2333 ff. BGB; vgl. *Mattern* BWNotZ 1965, 5.
77 § 2048 BGB; BGHZ 82, 277; BayObLG FamRZ 1988, 660; a.M. in Verkennung des Wesens der Teilungsanordnung *Lehmann* MittBayNot 1988, 157; vgl. dazu § 2289 BGB Rdn. 45.

Ernennung eines Testamentsvollstreckers,[78] Ausschluss der Auseinandersetzung (§ 2044 BGB), die Errichtung einer Stiftung (§ 83 BGB)[79] sowie familienrechtliche Anordnungen (§§ 1638, 1639, 1777 Abs. 3, 1803 BGB), die Benennung eines Vormunds oder Pflegers (§§ 1777 Abs. 3, 1803 BGB) und ein Erb- und Pflichtteilsverzicht.[80] *Manfred Wolf*[81] spricht sich dafür aus, den **Kreis der wechselbezugsfähigen Verfügungen** wesentlich zu erweitern, und zwar auf die Beschränkung des Pflichtteils, die Anordnung einer Testamentsvollstreckung, die Teilungsanordnung und Enterbung, die in einem wirtschaftlichen Zusammenhang mit den wechselbezüglichen Anordnungen i.S.v. § 2270 Abs. 2 BGB stehen. Denn bei einem gemeinschaftlichen Testament und einem gegenseitigen Erbvertrag sei zu berücksichtigen, dass sich die Ehegatten bzw. Vertragspartner auf eine bestimmte Nachlassplanung geeinigt haben. Zur Durchführung derselben sei aber oftmals erforderlich, dass auch andere Verfügungen bindende Wirkung erlangen, damit das Vertrauen des zuwendenden Ehegatten in den Bestand der gemeinsam getroffenen Nachlassplanung geschützt werde. Diese Auffassung geht jedoch über die Wortbedeutung und damit über die Grenzen einer Auslegung hinaus. Gerade dem Gesetzgeber des BGB kann man nicht vorhalten, dass er die von ihm gewählten Begriffe nicht in dem von ihm geprägten klassischen Rechtssystem verwenden wollte, sondern damit letztlich unklare wirtschaftliche Konturen meinte. Daher wäre die Auffassung *Wolfs* nur als **Analogie** zulässig. Hiergegen spricht aber die weiterreichende praktische Wirkung einer solchen Ausdehnung der Bindungsmöglichkeiten. Zudem besteht auch kein praktisches Bedürfnis für eine solche Analogie, denn durch die Vereinbarung eines **Bedingungszusammenhangs** lässt sich eine »unechte Wechselbezüglichkeit« herstellen,[82] so dass auch nicht wechselbezugsfähige Anordnungen mit den wechselbezüglichen Verfügungen in ihrer Wirksamkeit »verkoppelt« werden können.

5. Einseitige Abhängigkeit

17 Einseitige Wechselbezüglichkeit (oder besser einseitige Abhängigkeit) liegt vor, wenn **nur die Verfügung** des **einen** Ehegatten im Hinblick **auf die des anderen** getroffen wird, **nicht** aber **umgekehrt.**[83] **Grundlegend** hierfür wurde eine Entscheidung des Kammergerichts:[84] Ehegatten hatten ein Berliner Testament mit Schlusserbeneinsetzung der gemeinsamen Kinder errichtet. Die überlebende Ehefrau wollte sich von der hieran eintretenden Bindung mit dem Argument befreien, sie hätte zugunsten der gemeinsamen Kinder ohne Rücksicht darauf verfügt, ob der Ehemann auch ihr etwas zugewandt hätte. Dies hätte aber nur bedeutet, dass ihre Verfügung zugunsten der Kinder von den Verfügungen ihres Ehemannes nicht abhängig sei. Deswegen konnte aber umgekehrt immer noch die vom Ehemann getroffene Erbeinsetzung seiner Frau von ihrer Einsetzung der Kinder als Schlusserben abhängig sein, was das Gericht auch bejahte. Von der Schlusserbeneinsetzung hätte sich die Ehefrau daher nur durch Ausschlagung befreien können.

18 In solchen Fällen wendet die h.M. die §§ 2270, 2271 BGB entsprechend an, da der Normzweck dieser Bestimmungen auch insoweit einschlägig ist.[85] Dies führt dann zur automatischen Unwirksamkeit der abhängigen Verfügung, wenn die andere widerrufen wird oder nichtig ist. Da der

78 § 2197 BGB; KGJ 48, 99, 103; KG FamRZ 1977, 485; Staudinger/*Kanzleiter* § 2271 BGB Rn. 16.
79 Differenzierend m.w.N. BeckOGK/*Braun*, Stand 01.03.2019, Rn. 11.8.
80 § 2346 BGB; BGHZ 30, 261, 265.
81 FS Musielak (2004) S. 693.
82 Dazu bereits oben Rdn. 6.
83 Vgl. Vorbem. zu §§ 2265 ff. Rdn. 33; BeckOGK/*Braun*, Stand 01.03.2019, Rn. 16; eingehend *Buchholz* Rpfleger 1990, 45, dessen Ausführungen, insb. zur Darstellung der Abhängigkeitsverhältnisse, aber nicht immer gefolgt werden kann; *Lange/Kuchinke* § 24 V Fn. 136; MünchKomm/*Musielak* Rn. 3; *Pfeiffer* FamRZ 1993, 1266, 1273 ff.; Palandt/*Weidlich* Rn. 2.
84 KG JFG 10, 67.
85 KG JFG 10, 67; 17, 46; RGRK-BGB/*Johannsen* Rn. 5; BeckOK/*Litzenburger* Rn. 9; NK-BGB/*Müßig* Rn. 10; MünchKomm/*Musielak* Rn. 3; *Planck/Greiff* Anm. 2; Palandt/*Weidlich* Rn. 3; a.M. KG KGJ 42, 119, 122; *v. Lübtow* I 491: nur Anfechtungszusammenhang i.S. von § 2078 Abs. 2 BGB; zu den sachlichen Unterschieden *Pfeiffer* 1273 Fn. 96.

Wortlaut einer Vorschrift die Grenze zwischen Auslegung und Analogie bildet,[86] können diese Vorschriften *direkt angewendet* werden.[87] Denn der Wortlaut des § 2270 Abs. 1 BGB geht bei genauer Betrachtung selbst nicht von einer strengen i.S. einer gegenseitigen Wechselbezüglichkeit aus. Der dritte Satzteil fordert nur, dass die Verfügung des einen nicht ohne die des anderen Ehegatten getroffen wurde, trifft aber keine Aussage dazu, ob auch die des anderen im Hinblick auf die des ersten getroffen wurde, was sich erst durch die im vierten Satzteil angeordnete Rechtsfolge ergibt.[88] Weiter darf nicht verkannt werden, dass das Besondere der einseitigen Abhängigkeit gerade in einer **Beschränkung der Wechselbezüglichkeit in persönlicher Hinsicht** besteht. Diese kann dabei bereits von Anfang an gewollt sein, sich aber auch erst nachträglich ergeben.[89]

Die einseitige Wechselbezüglichkeit kann auch nur für bestimmte Fälle gewollt sein (sog. **partiell einseitige Wechselbezüglichkeit**). Jedoch kann nicht gesagt werden, dass die einseitige Wechselbezüglichkeit die Regel ist.[90] Denn durchweg wollen Ehegatten eine umfassende Nachlassregelung treffen und dann, wenn nicht besondere Situationen vorliegen, doch beide sich gleichermaßen binden. Richtig ist jedoch, dass für die Feststellung der einseitigen Wechselbezüglichkeit genau darauf zu achten ist, in welcher **Richtung eine Bindungswirkung** angestrebt wird.[91] 19

6. Beschränkung der Wechselbezüglichkeit

Es steht den Verfassern eines gemeinschaftlichen Testaments aufgrund der *Privatautonomie* frei zu bestimmen, ob und inwieweit ihre letztwilligen Anordnungen wechselbezüglich sein sollen, oder besser (da die Wechselbezüglichkeit eigentlich eine Tatsache ist): es steht ihnen frei, die rechtlichen Wirkungen, die das Gesetz an die Wechselbezüglichkeit knüpft, auszuschließen oder zu beschränken.[92] Neben der gerade erörterten einseitigen Abhängigkeit, die eine Beschränkung der Wechselbezüglichkeit in persönlicher Hinsicht darstellt,[93] kann sich die Wechselbezüglichkeit auch **nur auf Teile der Verfügung beschränken**, etwa bei der Schlusserbeneinsetzung nur auf die Erbeinsetzung der Verwandten des Erstversterbenden, während diejenige der Angehörigen des Längerlebenden gerade nicht wechselbezüglich sein soll. Auch in **zeitlicher Hinsicht** ist eine Beschränkung möglich, etwa dass die gegenseitige Abhängigkeit ab dem Tod des Erstversterbenden oder aber ab dessen Wiederverheiratung ausgeschlossen ist.[94] 20

Die Beteiligten können aber auch die Bestandsabhängigkeit der Verfügungen nur auf **einzelne Fälle** der **Nichtigkeit** beschränken,[95] oder umgekehrt und den tatsächlichen Vorstellungen eher entsprechend: In bestimmten Fällen soll die an sich wechselbezüglich gedachte eigene Verfügung auch dann noch weiter gelten, wenn die gegenläufige des anderen Ehegatten unwirksam ist. Die Fälle dieser einseitigen Entkoppelung sind nicht so selten. Ein Beispiel hierfür bildet sicherlich die 21

86 *Larenz*, Methodenlehre, 5. Aufl. (1991) 343, 366.
87 BeckOGK/*Braun*, Stand 01.03.2019, Rn. 16; *Buchholz* Rpfleger 1990, 45; *Pfeiffer* FamRZ 1993, 1266, 1273 ff.; inzident wohl auch OLG Zweibrücken NJW-RR 1992, 587, 588; für Analogie Groll/Steiner/*Edenfeld*, Praxis-Handbuch Erbrechtsberatung, Rn. 11.101.
88 BeckOGK/*Braun*, Stand 01.03.2019, Rn. 16; *Pfeiffer* FamRZ 1993, 1274; zustimmend *Schmucker* MittBayNot 2001, 526, 528 Fn. 40.
89 S. Rdn. 23 f.; BeckOGK/*Braun*, Stand 01.03.2019, Rn. 17.
90 So *Schmucker* MittBayNot 2001, 526, 528 unter unzutreffendem Bezug auf BayObLG FamRZ 1999, 1388, 1390, denn dort ging es nicht um eine einseitige Wechselbezüglichkeit, sondern darum, ob diese persönlich dahingehend beschränkt war, dass sie nicht die Ersatzschlusserben erfasst.
91 *Schmucker* MittBayNot 2001, 526, 529.
92 BGHZ 2, 35, 37 = NJW 1951, 959; 30, 261, 265; NJW 1964, 2056; Staudinger/*Kanzleiter* Rn. 6 ff., 14; *Kipp/Coing* § 35 II 2, III 4 d; MünchKomm/*Musielak* Rn. 4; Palandt/*Weidlich* Rn. 3.
93 Rdn. 17 ff.
94 Staudinger/*Kanzleiter* Rn. 8 ff. mit weiteren Beispielen.
95 *Kanzleiter* ZEV 1996, 307; *Kipp/Coing* § 35 III 1; *Muscheler* DNotZ 1994, 733, 741 für den Fall der Fortgeltung bei Ehescheidung.

in Rdn. 11 bereits genannte Entscheidung des BayObLG:[96] auch wenn der andere Ehegatte über eine Anfechtung nach § 2079 BGB sich von seiner Verfügung lösen kann, soll wenigstens die Erbeinsetzung des einzigen Kindes Bestand haben. Und besonders plastisch der vom OLG Frankfurt[97] so entschiedene Fall: auch wenn ich nichts erbe und insoweit keine Bindung besteht, soll meine Verfügung zugunsten des anderen wirksam sein, da mir das immer noch lieber ist, »als wenn der Fiskus erbt«. Man mag solche Einschränkungen der Bestandsabhängigkeit als **»partielle einseitige Wechselbezüglichkeit«** bezeichnen.[98] Und da das Spezifische der wechselbezüglichen Verfügung sowohl im Eintritt der erbrechtlichen Bindung als aber auch im gegenseitigen Wirksamkeitszusammenhang besteht,[99] wird man auch eine Entkoppelung dergestalt zulassen können, dass zwar eine Bindung eintritt, trotzdem die Nichtigkeit der einen Verfügung nicht zur Unwirksamkeit der anderen führt.

22 Soweit **Änderungsvorbehalte** (Freistellungsklauseln) in gemeinschaftlichen Testamenten vereinbart werden, schließt dies nach der neueren und zutreffenden Rspr. des BGH die Wechselbezüglichkeit nicht aus, besonders wenn es sich um sog. **spezifizierte Änderungsvorbehalte** handelt, die erst bei Vorliegen bestimmter Voraussetzungen ausgeübt werden dürfen.[100] Damit ist aber noch nicht gesagt, dass für den Fall, dass von der Änderungsmöglichkeit dann zulässig Gebrauch gemacht wird, dies auch über § 2270 Abs. 1 BGB zum Wegfall der wechselbezüglichen Verfügung des anderen Ehegatten führt. Insbesondere für den Fall, dass der Längerlebende zu Änderungen ermächtigt wird, ist von einer Wirkungsbeschränkung dahingehend auszugehen, dass auch die wechselbezügliche Verfügung des anderen Ehegatten (i.d.R. Erbeinsetzung des Längerlebenden) fortbesteht.[101]

7. Aufhebung der Wechselbezüglichkeit

23 Die Ehegatten können die gegenseitige Abhängigkeit ihrer wechselbezüglichen Verfügungen durch ein neues gemeinschaftliches Testament (oder durch einen Erbvertrag) wieder aufheben. Die Verfügungen können dann als einseitige weiter fortgelten.[102] Es kann aber auch ein Ehegatte allein in einem **einseitigen** Testament eine **nachträgliche Befreiung** des anderen Ehegatten von der Bindung an dessen ursprünglich wechselbezügliche Verfügung aussprechen ohne gegen § 2271 BGB zu verstoßen; denn der Ehegatte, der die Abhängigkeit seiner wechselbezüglichen Verfügungen von denen des Partners aufhebt (der sog. »Befreiende«), bleibt doch im Rahmen des § 2271 BGB an seine eigenen wechselbezüglichen Verfügungen gebunden; nur der andere Ehegatte wird frei. Dieser wird also nicht nur durch die Änderung besser gestellt, sondern es entfällt auch insoweit der Grund der Bindung,[103] nämlich der Vertrauensschutz, weil der eine Ehegatte hierauf ausdrücklich verzichtet.[104] Da der Bindungsgrund allein aus dem Zusammenhang des Motivs entsteht, kann dieser auch durch einseitige letztwillige Erklärung wieder beseitigt werden, während beim Erbvertrag, bei dem die Bindung auf der ausdrücklichen vertraglichen Einigung beruht, dies grundsätzlich nur durch einen formgerecht erklärten Aufhebungsvertrag als actus contrarius (oder durch diesem gesetzlich gleichgestellte Ersatzformen) möglich ist.[105]

24 Es handelt sich also um einen Fall des nachträglichen Entstehens einer einseitigen Abhängigkeit. Der Ehegatte, der die Abhängigkeit seiner wechselbezüglichen Verfügungen aufheben will, hat aber

---

96 ZEV 1996, 188.

97 FamRZ 1989, 347.

98 *Muscheler* DNotZ 1994, 733, 741; s. auch § 2265 BGB Rdn. 15, § 2268 BGB Rdn. 11.

99 S. Rdn. 3.

100 Zu Einzelheiten Rdn. 59.

101 Ausführlich hierzu § 2271 BGB Rdn. 86.

102 MünchKomm/*Musielak* Rn. 5.

103 S. Rdn. 5.

104 BayObLGZ 1966, 242, 245; RGRK-BGB/*Johannsen* Rn. 13; NK-BGB/*Müßig* Rn. 11; MünchKomm/*Musielak* Rn. 5; *Kuchinke,* FS v. Lübtow (1991) S. 283, 286.

105 Gegen die Übertragung dieser Grundsätze der Besserstellung auf den Erbvertrag zu Recht BayObLGZ 1961, 207; übersehen aber von BayObLGZ 1999, 46, 50 f.

noch einen anderen Weg: Er kann seine letztwilligen Anordnungen in einem neuen einseitigen Testament wiederholen, so dass ihre Geltung nun nicht mehr von der Wirksamkeit der wechselbezüglichen Verfügung des anderen Ehegatten abhängt[106] und der andere Ehegatte, nicht aber der befreiende, seine Testierfreiheit ebenfalls wiedererlangt. Eine solche Aufhebung der Wechselbezüglichkeit kann auch durch Testamentsauslegung ermittelt werden.[107]

Davon zu unterscheiden ist der Fall, dass ohne förmlichen Widerruf durch späteres einseitiges Testament des einen Ehegatten die aufgehobene Verfügung durch eine für den anderen Ehegatten **rechtlich vorteilhaftere** ersetzt wird; wegen der Besserstellung soll § 2271 BGB dem nicht entgegenstehen.[108] 25

II. Die Feststellung der Wechselbezüglichkeit

1. Vorrang der individuellen Auslegung

Enthält ein gemeinsames Testament **keine** klare und eindeutige **Anordnung** zur Wechselbezüglichkeit i.S. der Rechtsprechungsformel (s. Rdn. 1), muss die Wechselbezüglichkeit nach den **allgemeinen Auslegungsgrundsätzen** (§§ 133, 2084 BGB)[109] und für jede Verfügung gesondert ermittelt werden.[110] Da der Wille der Ehegatten darüber entscheidet, ob und in welchem Umfang Verfügungen wechselbezüglich sind, hat die **individuelle Auslegung Vorrang** vor der Anwendung der Auslegungsregel des Abs. 2.[111] 26

a) Auslegungsgrundsätze

Bei der Auslegung ist – wie immer bei der Auslegung eines gemeinschaftlichen Testaments – zu prüfen, ob eine nach dem Verhalten des einen Ehegatten mögliche Auslegung auch dem Willen des anderen entsprochen hat,[112] wobei es auf den übereinstimmenden Willen beider Eheleute **zur Zeit der Errichtung**[113] des gemeinschaftlichen Testaments ankommt.[114] **Spätere Willensänderungen** können nicht berücksichtigt werden, insbesondere nicht die nachträgliche Errichtung eines einseitigen, den wechselbezüglichen Verfügungen widersprechenden Testaments.[115] 27

Allein aus der Tatsache, dass die Verfügungen in einem **gemeinschaftlichen Testament** enthalten sind, kann noch nicht auf die Wechselbezüglichkeit geschlossen werden.[116] Umgekehrt erfordert der Begriff der Wechselbezüglichkeit **nicht**, dass sich die Ehegatten **gegenseitig zu Erben** einsetzen oder sonst bedenken, dies ist nur für die Anwendbarkeit der Auslegungsregel 28

---

106 KG JFG 17, 44 = DNotZ 1938, 179; KG JFG 20, 143; *Kipp/Coing* § 35 II 2 a, III 4 a.

107 BayObLGZ 1966, 42 = DNotZ 1967, 436.

108 BGHZ 30, 261, 265 = NJW 1959, 1730; KG DNotZ 1943, 276; eingehend und kritisch hierzu § 2271 BGB Rdn. 27.

109 BayObLGZ 1983, 213; FamRZ 1985, 1287 = Rpfleger 1985, 445; FamRZ 1999, 1388, 1389; OLG Frankfurt ZEV 1997, 420, 421.

110 Vgl. nur BGH NJW-RR 1987, 1410; OLG Düsseldorf FamRZ 2008, 307 (Rn. 32); BayObLG FamRZ 2005, 1931; OLG München FamRZ 2008, 728.

111 Vgl. nur BayObLGZ 1982, 474 (Rn. 37); BayObLG FamRZ 1985, 1287 = Rpfleger 1985, 445 (Rn. 53); OLG Düsseldorf FamRZ 2008, 307 (Rn. 32); OLG Hamm FamRZ 2001, 1647 (Rn. 46); OLG München FamRZ 2010, 1846 (Rn. 32); OLG Schleswig FamRZ 2012, 402 (Rn. 16); dazu Rdn. 60.

112 BayObLGZ 1981, 79, 81; BeckOGK/*Braun*, Stand 01.03.2019, Rn. 22; *Lange*, Erbrecht, § 16 Rn. 123.

113 Anschaulich OLG München NJW-RR 2011, 1020, 1022 = FamRZ 2011, 1817 (Rn. 20 f.) bei erheblichen Vermögenszuwachs nach der Errichtung des gemeinschaftlichen Testaments; NJW-RR 2014, 71.

114 BGHZ 112, 229, 233; BayObLG FamRZ 1993, 360.

115 BeckOGK/*Braun*, Stand 01.03.2019, Rn. 49; *Lange*, Erbrecht, § 16 Rn. 123, 125; MünchKomm/*Musielak* Rn. 7 m.w.N.

116 BayObLG NJW-RR 1987, 1410; *Bengel* DNotZ 1977, 5, 7; Palandt/*Weidlich* Rn. 5.

des Abs. 2 bedeutsam.[117] Für die Auslegung ist zunächst der Inhalt der Verfügungen zu ermitteln.[118] Sodann ist zu prüfen, ob die Verfügungen nach dem Willen der Erblasser voneinander abhängig sein sollten.[119] Dabei ist die Wechselbezüglichkeit für jede **einzelne Verfügung gesondert festzustellen.**[120] Kann nicht geklärt werden, welche Verfügung von welchem Ehegatten stammt, darf ohne weitere Anhaltspunkte nicht von einer Wechselbezüglichkeit ausgegangen werden.[121] Dies gilt auch dann, wenn es sich um ein sog. *Berliner Testament* handelt.[122] Auch wenn die Ehegatten mehrfach die Wörter **»wir«** und *»unser«* verwenden, kann dies für sich allein die Wechselbezüglichkeit nicht begründen; dies mag zwar für die Annahme eines gemeinschaftlichen Testaments genügen, nicht aber für die Annahme einer Wechselbezüglichkeit.[123] Auch können nur Teile einer Verfügung wechselbezüglich sein. Möglich ist auch nur eine **einseitige Bindung** des einen Ehegatten;[124] hier ist dann besondere Sorgfalt darauf zu verwenden, in welche Richtung dies zu ermitteln ist.[125] Es gibt auch **keine feststehenden Regeln**, die Schlüsse auf eine bestimmte Willensrichtung und Interessenlage zwingend zuließen,[126] etwa für das Verhältnis der Erbeinsetzung des überlebenden Ehegatten zum Alleinerben gegenüber der Schlusserbeneinsetzung[127] oder das Verhältnis zwischen Schlusserbeneinsetzung und Ersatzschlusserbeneinsetzung.[128] In einem notariellen Testament spricht aber der dort verwendete Begriff der Wechselbezüglichkeit und der diesbezüglich regelmäßig verwendete Belehrungsvermerk über die Bedeutung des Rechtsbegriffs dafür, dass es sich tatsächlich um eine wechselbezügliche Verfügung handelt.[129]

29 Das Nachlassgericht oder – im Streitfall – das Prozessgericht muss also das **Für und Wider für die Wechselbezüglichkeit** prüfen und abwägen, indem es den Inhalt der Erklärung als Ganzes einschließlich des Gesamtzusammenhangs des Testaments, dessen Wortlaut, Systematik und, bezüglich der Schlusserbeneinsetzung, die guten Beziehungen des erstverstorbenen der Ehegatten zu diesem[130] und alle Nebenumstände würdigt.[131] Dabei kann auch die allgemeine Lebenserfahrung berücksichtigt werden.[132] Im Rahmen der **Amtsermittlungspflicht** (§ 26 FamFG) muss aber nicht allen denkbaren Möglichkeiten zur Sachverhaltserforschung von Amts wegen nachgegangen werden; eine Aufklärungspflicht besteht vielmehr nur, soweit das Vorbringen der Beteiligten oder der festgestellte Sachverhalt bei sorgfältiger Überlegung dazu Anlass geben.[133] Insoweit obliegt es im Antragsverfahren den Beteiligten, durch eingehende Tatsachendarstellung an der Sachverhaltsauf-

---

117 BayObLGZ 1991, 173, 176 = NJW-RR 1991, 1288; BayObLG NJW-RR 1987, 1410; ZEV 1996, 188, 189 m. Anm. *B. Kössinger*.

118 BGH LM Nr. 2 zu § 2270 = DNotZ 1957, 553.

119 RGZ 170, 163, 172; BayObLGZ 1982, 474; 1983, 213, 217.

120 BayObLGZ 1964, 94, 97; BayObLG Rpfleger 1985, 240 = FamRZ 1984, 1154; FamRZ 1988, 879; BayObLGZ 1983, 213, 217; 1991, 173, 176; OLG Frankfurt ZEV 1997, 420; NJWE-FER 2000, 37.

121 OLG München ZFE 2009, 280 = ErbR 2009, 259 (Rn. 104 ff.).

122 BayObLGZ 1983, 213, 217 = Rpfleger 1983, 482; FamRZ 1991, 1232 (Rn. 27).

123 OLG München ZFE 2009, 280 = ErbR 2009, 259 (Rn. 96); BayObLG NJW-RR 1999, 878; BeckOGK/*Braun*, Stand 01.03.2019, Rn. 32; Horn/Kroiß/*Horn*, Testamentsauslegung, § 20 Rn. 43.

124 BayObLG FamRZ 1984, 1154; s. Rdn. 17 ff.

125 S. Rdn. 18.

126 BayObLG FamRZ 2001, 1734; FamRZ 1994, 1422; OLG Hamm FamRZ 2007, 678 Rn. 32; Palandt/*Weidlich* Rn. 4.

127 BayObLG FamRZ 1985, 1287, 1289; BayObLG NJW-RR 1992, 1223, 1224; Palandt/*Weidlich* Rn. 5.

128 OLG Schleswig FamRZ 2012, 402.

129 OLG Frankfurt FamRZ 2010, 677 = ZEV 2009, 516 (Rn. 26); BeckOGK/*Braun*, Stand 01.03.2019, Rn. 23.1.

130 OLG Schleswig FamRZ 2012, 402; MünchKomm/*Musielak* Rn. 6.

131 BayObLGZ 1981, 79, 82; BayObLG ZEV 1994, 362 = FamRZ 1995, 251.

132 Palandt/*Weidlich* Rn. 4.

133 BayObLGZ 1991, 323, 329; FamRZ 1993, 366 = DNotZ 1993, 127; Bumiller/Harders/Schwamb/*Bumiller* § 26 FamFG Rn. 6; Haußleiter/*Gomille* § 26 FamFG Rn. 6.

klärung mitzuwirken.[134] Bei der Auslegung können auch **Umstände** herangezogen werden, die **außerhalb** der Testamentsurkunde liegen.[135]

Auch die in **zwei getrennten Urkunden** und mit zeitlichem Abstand errichteten Verfügungen von Todes wegen können wechselbezüglich sein, wenngleich hier strenge Anforderungen zu stellen sind.[136] 30

b) Ergänzende Auslegung

Ob die gegenseitige Abhängigkeit dem Willen der Erblasser entspricht, kann auch im Wege der **ergänzenden Auslegung** ermittelt werden, wobei zu prüfen ist, welchen Willen die Ehegatten bezüglich der Wechselbezüglichkeit nach ihren persönlichen Einstellungen und Lebenserfahrungen voraussichtlich gehabt hätten, wenn sie zurzeit der Testamentserrichtung die spätere Entwicklung gekannt hätten.[137] Die Frage wird zu verneinen sein, wenn nach der Errichtung des Testaments unvorhergesehene Umstände eingetreten sind und die Erblasser, falls sie diese Umstände bei der Errichtung vorausschauend bedacht hätten, für diesen Fall die Wechselbezüglichkeit ausgeschlossen hätten.[138] Jedoch ist hierbei **Zurückhaltung** geboten[139] und es sind die Grundsätze der **Andeutungstheorie** zu beachten.[140] Bei der Ermittlung des hierfür maßgeblichen mutmaßlichen oder hypothetischen Willens ist die Willensrichtung beider Ehegatten maßgeblich.[141] 31

2. ABC der Anzeichen der Wechselbezüglichkeit

Im Folgenden sollen die wichtigsten Indizien, die für oder gegen eine Wechselbezüglichkeit sprechen, in alphabetischer Reihenfolge dargestellt werden.[142] Da jedoch für jede Verfügung die Wechselbezüglichkeit gesondert zu prüfen ist, kann dies nur im Sinne eine *»Nachschlagehilfe«* zur Auffindung einschlägiger Entscheidungen oder Literatur sein. Weiter ist zu beachten, dass das Vorliegen eines Anzeichens allein noch nicht streitentscheidend ist. **Maßgeblich** ist immer die **Gesamtbeurteilung** der Einzelumstände des Falles, wobei u.U. auch verschiedene Anhaltspunkte gegeneinander abgewogen werden müssen (**ja** = kann Wechselbezüglichkeit begründen; **nein** = spricht nicht dafür). 32

---

134 BayObLG FamRZ 1993, 366; OLG Frankfurt FGPrax 2012, 89.

135 RGZ 116, 148, 150; KG KGJ 42, 119; BayObLG ZEV 1994, 362; Groll/Steiner/*Edenfeld*, Praxis-Handbuch Erbrechtsberatung, Rn. 11.104; MünchKomm/*Musielak* Rn. 7 m.w.N.; Palandt/*Weidlich* Rn. 4.

136 Ablehnend etwa OLG Nürnberg ZEV 2010, 411 = FamRZ 2010, 1765 bei zudem räumlich getrennten Verfügungen; vom BGH (IV ZR 215/09) wurde die Nichtzulassungsbeschwerde zurückgewiesen; ebenfalls ablehnend OLG München ZFE 2009, 280 = ErbR 2009, 259 (Rn. 104 ff.); OLG Schleswig BeckRS 2018, 16426.

137 BayObLG ZEV 1994, 362, 364; FamRZ 2005, 1931; OLG Düsseldorf NJW-RR 2012, 391, 392 (Rn. 45 – Erbvertrag); Groll/Steiner/*Edenfeld*, Praxis-Handbuch Erbrechtsberatung, Rn. 11.104; MünchKomm/*Musielak* Rn. 8; Palandt/*Weidlich* Rn. 4; zur Parallelproblematik zum Ehegattenerbvertrag OLG München NJW-RR 2006, 82, 83 = DNotZ 2006, 132, vgl. dazu *Rohlfing* FamRB 2006, 83.

138 OLG München HRR 1942 Nr. 839 und DNotZ 1944, 11; KG NJW 1963, 766; Staudinger/*Kanzleiter* Rn. 22b; Palandt/*Weidlich* Rn. 5.

139 KG NJW 1963, 766, 768; OLG München ZFE 2009, 280 = ErbR 2009, 259 (Rn. 94); RGRK-BGB/*Johannsen* Rn. 11. Zu restriktiv *Litzenburger* FD-ErbR 2008, 250072, wonach eine Lückenausfüllung im Wege der ergänzenden Auslegung nur möglich sei, wenn die getroffene Verfügung ohne die ergänzende Interpretation überhaupt keinen Sinn ergibt. Dies widerspricht den im Erbrecht geltenden Auslegungsgrundsätzen, vgl. dazu bezüglich der ergänzenden Auslegung etwa Staudinger/*Otte* Vorbem. zu §§ 2064–2086 Rn. 77 ff.

140 OLG München ZFE 2009, 280 = ErbR 2009, 259 (Rn. 94), die dort angezogene Entscheidung OLG Hamm FamRZ 1998, 121 betrifft jedoch ein einseitiges Testament.

141 BayObLG FamRZ 1993, 360; Palandt/*Weidlich* Rn. 2.

142 Vgl. auch *Schmucker* MittBayNot 2001, 526, 530, wo die Frage aber unzulässigerweise nur auf den Bindungswillen reduziert wird.

33 **Absicherung gemeinsamer Kinder**: spricht für Wechselbezüglichkeit.[143]

34 **Alter der Testatoren**: Es kann nicht angenommen werden, dass Ehegatten, die sich gegenseitig zu Erben und ihren gemeinsamen Sohn als Schlusserben eingesetzt haben, den Längerlebenden hinsichtlich der Schlusserbeneinsetzung nicht binden wollten, weil sie im Zeitpunkt der Testamentserrichtung noch relativ jung (jeweils 40 Jahre) waren, die weitere Entwicklung nicht absehbar und der gemeinsame Sohn erst 10 Jahre alt gewesen ist. Denn nach der Lebenserfahrung kann nicht ohne Weiteres vorausgesetzt werden, dass der Erstversterbende auf die Absicherung des minderjährigen Kindes durch eine bindende Schlusserbeneinsetzung verzichten will.[144] Erhebliche Unterschiede in der Lebenserwartung sprechen u.U. auch gegen die Wechselbezüglichkeit.[145]

35 **Auflage**: Dass der überlebende Ehegatte das hinterlassene Haus nicht verschenken und nur bei einer finanziellen Notlage verkaufen darf, muss nicht zur Wechselbezüglichkeit führen, da die Anordnung auch bezwecken kann, dem Überlebenden den Nutzungswert zu sichern.[146]

Auslegung: Die erst durch ergänzende Auslegung gewonnene Schlusserbeneinsetzung: **nein**;[147] nicht, soweit erst über § 2069 BGB.[148]

36 **Berliner Testament (§ 2269 BGB)**: Hier ist eine Wechselbezüglichkeit möglich im Verhältnis der gegenseitigen Erbeinsetzungen der Ehegatten untereinander, im Verhältnis der Schlusserbeneinsetzung durch den Längerlebenden zu dessen eigener Erbeinsetzung durch den erstversterbenden Ehegatten[149] und im Verhältnis der **Schlusserbeneinsetzung** des Überlebenden zur Schlusserbeneinsetzung des erstversterbenden Ehegatten.[150] Hierzu hatte die Rspr. der Instanzgerichte den Grundsatz aufgestellt, dass es der **Lebenserfahrung** widerspreche, dass Eltern, zumindest wenn nur ein gemeinsames Kind vorhanden ist, dieses nur mit Rücksicht auf die Verfügungen des anderen einsetzten; vielmehr erfolge die **Einsetzung allein** deshalb, weil es **ihre Kinder** sind.[151] Der **BGH** hat dies zutreffenderweise dahin gehend **präzisiert**, dass dies nur das Verhältnis der Schlusserbeinsetzung des einen Ehegatten zur Schlusserbeinsetzung des anderen betrifft.[152] Anders kann es im Verhältnis zwischen dieser Schlusserbeinsetzungen einerseits und der Einsetzung des jeweils anderen Ehegatten als einzigem Erben unter Ausschluss des gemeinsamen Kindes beim Tod des zuerst versterbenden Ehegatten andererseits liegen.[153]

Insbesondere kann eine Wechselbezüglichkeit anzunehmen sein, wenn zum Zeitpunkt der Testamentserrichtung die **Kinder minderjährig** waren und das Vorversterben des Ehemanns wegen einer schweren Erkrankung vorhersehbar war. Hier liegt es nahe, dass der Ehemann die Erbeinsetzung

143 BayObLG DNotZ 1993, 127, 128; *Battes*, Gemeinschaftliches Testament und Ehegattenerbvertrag, S. 273; Horn/Kroiß/*Horn*, Testamentsauslegung, § 20 Rn. 44.

144 BayObLG DNotZ 1993, 127, 128 = ZAP Fach 12, 21 m. Anm. *Brambring*; *Battes*, Gemeinschaftliches Testament und Ehegattenerbvertrag, S. 273; BeckOGK/*Braun*, Stand 01.03.2019, Rn. 45.1; zurückhaltender noch BayObLG FamRZ 1995, 251, 253.

145 *Ebenroth* Rn. 224; zurückhaltend BeckOGK/*Braun*, Stand 01.03.2019, Rn. 45.

146 BayObLG FamRZ 1991, 1232 m. Anm. *Hohloch* JuS 1992, 77.

147 BayObLG FamRZ 1998, 388; LG Köln MittRhNotK 191, 23.

148 Str., eingehend s. Rdn. 41.

149 OLG München MittBayNot 2011, 156 m. Anm. *Musielak*; dazu auch *Adolf-Kapgenoß* jurisPR-FamR 26/2010 Anm. 2.

150 OLG Düsseldorf FamRZ 2008, 307 (Rn. 45), im konkreten Fall offengelassen, wobei die gegenseitige Erbeinsetzung der Ehegatten als maßgeblicher Beurteilungsansatz hier offenbar deswegen keine solche Rolle spielte, weil diese bereits isoliert in einem früheren Erbvertrag erfolgte.

151 BayObLG ZEV 1996, 188, 189 m. Anm. *B. Kössinger*; OLG Köln NJW-RR 1994, 397; LG München I ZEV 2008, 537 (Rn. 57); eingehender unten Rdn. 50.

152 BGHZ 149, 363, 368 ff. = NJW 2002, 1126 (Rn. 8); ebenso OLG München NJW-RR 2011, 227 = FamRZ 2011, 679 (Rn. 8).

153 BGHZ 149, 363, 368 ff. = ZEV 2002, 150 m. Anm. *Otte* = DNotZ 2002, 661 m. Anm. *Schmucker* (Rn. 8); KG ErbR 2017, 512.

der Ehefrau und die damit einhergehende Enterbung seiner Kinder in einer Wechselwirkung dazu sieht, dass nicht nur er selbst, sondern auch der andere Ehegatte im Gegenzug dafür als Schlusserben des beiderseitigen Vermögens die Kinder einsetzt.[154]

Eingehend zu den verschiedenen beim *Berliner Testament* vorkommenden Verfügungen und ihren Verknüpfungen s. Rdn. 61 f.

Beweggrund, Motive: Gleichheit des Zweckes der Verfügungen kann für ihre Wechselbezüglichkeit sprechen, ist aber weder erforderlich noch genügend;[155] für Wechselbezüglichkeit spricht aber, wenn die Erbeinsetzung wegen langjähriger erbrachter Dienstleistungen des Schlusserben und zu deren **Belohnung** erfolgte;[156] eine Testamentserrichtung vor einer langen Auslandsreise als »provisorische« Regelung kann gegen Wechselbezüglichkeit sprechen.[157] 37

Caritative oder gemeinnützige Organisationen: als Schlusserbe: grundsätzlich **nein**,[158] insbesondere wenn sich ein Motiv für die Erbeinsetzung nicht ermitteln lässt.[159] Anders liegt es bei einer von den Ehegatten errichteten Stiftung, wenn mit der Erbeinsetzung der Stiftung der Zweck verfolgt wird, ihr gemeinsames Lebenswerk in Form einer bedeutenden Kunstsammlung für die Nachwelt zu erhalten, und die Stiftung ohne verbindliche Erbeinsetzung und daher ohne Vermögen und nicht in der Lage wäre, den Stiftungszweck, d.h. das Hauptanliegen der Ehegatten zu erfüllen.[160] 38

Ehevertrag: soweit als Ergänzung hierzu gedacht, **ja**.[161] 39

Eigene Verwandte des Längerlebenden als Schlusserben: **nein**.[162] Wechselbezüglich sind die gegenseitige Erbeinsetzung zur Schlusserbeneinsetzung der Verwandten des Erstversterbenden, mögen diese auch nur teilweise berufen sein. 40

Enkel als Ersatzerben; Ersatzerbberufung kraft Gesetzes; Anwachsung: Fällt das als Schlusserbe eingesetzte Kind der Ehegatten nach dem Tod des erstversterbenden Elternteils weg, so kann sich aus § 2069 BGB eine Ersatzerbenberufung der Enkelkinder ergeben. Würde man jedoch auch auf diese § 2270 Abs. 2 BGB anwenden, käme es zu einer »*Kumulation der Auslegungsregeln*«, die zu einer Bindung der Testierenden an ihnen u.U. völlig unbekannte nichteheliche oder missratene Enkel führen würde. Auf entsprechenden Vorlagebeschluss des BayObLG[163] und Kritik des Schrifttums[164] hat der BGH entschieden, dass bei Wegfall des im gemeinschaftlichen Testament eingesetzten Schlusserben vor Eintritt des Schlusserbfalls § 2270 Abs. 2 BGB auf einen Ersatzschlusserben nur dann anwendbar ist, wenn sich Anhaltspunkte für einen auf dessen Einsetzung gerichteten Willen der testierenden Ehegatten feststellen lassen, die Ersatzerbenberufung also 41

154 OLG München NJW-RR 2011, 227 = MittBayNot 2011, 156 m. Anm. *Musielak*; dazu auch *Adolf-Kapgenoß* jurisPR-FamR 26/2010 Anm. 2; KG ErbR 2017, 512; jurisPK-BGB/*Reymann* Rn. 28.

155 RG Recht 1921 Nr. 1633.

156 BayObLG FamRZ 2001, 1327, 1328 = NJWE-FER 2001, 128; MünchKomm/*Musielak* Rn. 7; a.A. BeckOGK/*Braun*, Stand 01.03.2019, Rn. 47.

157 Wäre die zutreffende Begründung für den Fall von LG München I FamRZ 2000, 705, die dort gewählte ist unzutreffend; BeckOGK/*Braun*, Stand 01.03.2019, Rn. 46.

158 BayObLG FamRZ 1986, 604; OLG München ErbR 2018, 206 m. Anm. *Wendt*; Palandt/*Weidlich* Rn. 6.

159 OLG Düsseldorf BeckRS 2000, 30126572.

160 OLG München NJW-RR 2000, 526 = ZEV 2000, 104.

161 BayObLGZ 1956, 205.

162 BayObLG DNotZ 1994, 791, 794; OLG Hamm FamRZ 2010, 1201 = ZErb 2010, 97, dazu *J. Lange* jurisPR-FamR 8/2010 Anm. 3 (Rn. 32); OLG Köln FamRZ 1996, 310; BGH LM Nr. 2 = FamRZ 1957, 130; OLG Frankfurt FamRZ 1997, 1572 = ZEV 1997, 420; NJWE-FER 2000, 37; zum Erbvertrag: BGH NJW 1961, 120; OLG Hamm Rpfleger 1978, 179 = FamRZ 1980, 505; vgl. auch BayObLG FamRZ 1994, 1422, 1423, sowie OLG Brandenburg FamRZ 1999, 1541, 1543 zum einseitigen Pflegesohn; zu Verwandten des Erstversterbenden s. Rdn. 56.

163 FGPrax 2001, 248 = MittBayNot 2002, 119.

164 *W. Baumann* ZEV 1994, 351, 352; 3. Aufl. Rn. 36; Staudinger/*Kanzleiter* Rn. 31; *Lange/Kuchinke* § 24 V 2 c.

nicht allein auf § 2069 BGB beruht.[165] Dieser Entscheidung ist trotz der dagegen im Schrifttum vorgebrachten Kritik[166] zuzustimmen, verhindert sie doch eine aus praktischen wie rechtspolitischen Gründen nicht wünschenswerte Ausweitung der sich aus der Wechselbezüglichkeit ergebenden weitreichenden Bindung.[167] Die anderslautende Rechtsprechung der Obergerichte[168] ist damit zumindest für die Praxis obsolet. Allerdings ist zu beachten, dass nach dieser Rspr. § 2270 Abs. 2 BGB nur dann nicht gilt, wenn die Ersatzberufung auf der Auslegungsregel des § 2069 BGB beruht. Demnach ist auch hier die (zumindest ergänzende) individuelle Auslegung vorrangig. Zu weit geht es jedoch, wenn das OLG Hamm meint, dass im Rahmen bestehender guter familiärer Bindungen zwischen testierenden Großeltern einerseits und ihren Kindern und Enkelkindern andererseits nach der Lebenserfahrung davon ausgegangen werden kann, dass die Enkel anstelle eines vorverstorbenen Kindes als Ersatzerben berufen sein sollen.[169] Dies reicht für die erforderliche individuelle Auslegung nicht aus.[170] Vielmehr ist für die von § 2270 Abs. 2 BGB tatbestandsmäßig vorausgesetzte »getroffene Verfügung« erforderlich, dass sich für eine solche ein konkreter Anhalt für den Erblasserwillen finden lässt.[171] Trotz der vom BGH abgelehnten Kumulation der beiden Auslegungsregeln der §§ 2069, 2270 Abs. 2 BGB kann es aber auch bei einer **nicht ausdrücklichen Ersatzberufung** der Abkömmlinge zu einer **wechselbezüglichen Ersatzberufung** derselben kommen,[172] wenn die **individuelle Auslegung**

- entweder ohne Rückgriff auf § 2069 BGB eine Ersatzberufung ergibt[173] und die Wechselbezüglichkeit aus der Auslegungsregel des § 2270 Abs. 2 BGB resultiert. Jedoch führt der Umstand, dass es sich um ein notarielles Testament handelt, das unter der **früheren anderslautenden Rspr.** errichtet wurde, nicht dazu, im Wege einer individuellen Auslegung einen wirklichen oder auch nur mutmaßlichen **Willen der Testierenden zur Ersatz**erbenberufung anzunehmen,[174]
- oder umgekehrt zwar die Ersatzberufung sich aus der Auslegungsregel des § 2069 BGB ergibt, die **Wechselbezüglichkeit** aber aus einer individuellen Auslegung.[175] Dass die weggefallene Schlusserbeneinsetzung als solche wechselbezüglich war, ist allerdings kein ausreichendes und zwingendes Indiz hierfür.[176]

---

165 BGHZ 149, 363, 368 ff. = NJW 2002, 1126 = ZEV 2002, 150 m. Anm. *Otte* = DNotZ 2002, 661 m. Anm. *Schmucker* (Rn. 13 ff.); ebenso BayObLG ZEV 2004, 244 m. Anm. *Keim*; OLG München FamRZ 2010, 1846; OLG Schleswig FamRZ 2011, 66 = ZErb 2010, 264; OLG Schleswig FamRZ 2014, 695, 699; zust. etwa BeckOGK/*Braun*, Stand 01.03.2019, Rn. 48; *Keim* ZEV 2004, 245 f.; jurisPK/*Reymann* Rn. 52 ff.; *Schubert* JR 2002, 509 f.; abl. aber Staudinger/*Otte* § 2069 Rn. 24; MünchKomm/*Leipold* § 2069 Rn. 25; zu oberflächlich OLG München ZEV 2017, 409 m. krit. Anm. *Kollmeyer*.

166 Sehr ausführlich NK-BGB/*Müßig* Rn. 37 ff.; *Keim* ZEV 2002, 437; *Leipold* JZ 2002, 895; *Otte* ZEV 2002, 151 f.; *Schubert* JR 2002, 508; *Wolf* Anm. zu LM § 2270 Nr. 4; z.T. auch *Schmucker* DNotZ 2002, 665.

167 I.E. ebenso *Schmucker* DNotZ 2002, 665, 666 f.

168 BayObLG FamRZ 1982, 1138; ZEV 1994, 362, 364 (abschwächend jedoch BayObLG FamRZ 1998, 388: beschränkter Änderungsvorbehalt bezüglich der stillschweigend berufenen Ersatzerben sowie BayObLG FamRZ 1999, 1388, 1390 = ZEV 1999, 391: Ausschluss der Wechselbezüglichkeit bei kleinem Nachlass); OLG Frankfurt FamRZ 1998, 772, 774 = NJWE-FER 1998, 87, 88.

169 FamRZ 2004, 662; ähnlich OLG München ZEV 2017, 409 m. krit. Anm. *Kollmeyer;* offenlassend OLG Schleswig FamRZ 2011, 66 (Rn. 12 f., dazu *J. Lange* jurisPR-FamR 21/2010 Anm. 6), weil im zu entschiedenen Fall bereits zu dem Schlusserben ein sehr distanziertes Verhältnis bestanden habe.

170 Zutr. *Keim* ZEV 2004, 246 und OLG Schleswig FamRZ 2014, 695, 698.

171 BayObLG ZEV 2004, 244 m. Anm. *Keim* = FamRZ 2004, 1671.

172 *Keim* ZEV 2004, 246.

173 Vgl. den Fall von OLG München NJW-RR 2011, 1020, 1022 = MittBayNot 2011, 505 m. Anm. *Kanzleiter*.

174 OLG Schleswig FamRZ 2011, 66 = ZErb 2010, 264 (Rn. 11), dazu auch *J. Lange* jurisPR-FamR 21/2010 Anm. 6; Palandt/*Weidlich* Rn. 10; vgl. dazu auch *Frenz* ZNotP 2006, 329, 330.

175 Palandt/*Weidlich* Rn. 10.

176 OLG München FamRZ 2010, 1846 = ZErb 2010, 157 (Rn. 31 ff.); OLG Schleswig NJW-RR 2013, 1164; dazu auch *Adolf-Kapgenoß* jurisPR-FamR 15/2010 Anm. 4.

Eine ausdrücklich im Testament angeordnete Anwachsung (»weiter ersatzweise tritt Anwachsung ein«) kann wechselbezüglich sein. Maßgeblich für die Feststellung der Wechselbezüglichkeit sind die vorstehend dargestellten Grundsätze. Anders zu beurteilen ist aber regelmäßig der Fall, dass die Anwachsung aufgrund Gesetzes (§ 2094 BGB) eintritt.[177] § 2270 BGB liegt der Gedanke zu Grunde, dass die Wechselbezüglichkeit daran anknüpft, dass konkret bestimmte Personen in einem gemeinschaftlichen Testament bedacht werden. Jeder Fall der aufgrund Gesetzes eintretenden Anwachsung zeichnet sich aber dadurch aus, dass die konkret bestimmte Person gerade nur zu einem Teil bedacht wurde und nicht auch hinsichtlich des Teils, der ihr anwächst. Genauso wie bei der kumulativen Anwendung der Auslegungsregeln der §§ 2069, 2270 Abs. 2 BGB tritt aufgrund dispositiver gesetzlicher Vorschriften (auch wenn es sich bei § 2094 BGB nicht um eine Auslegungsregel handelt) eine Rechtsfolge ein, die in dem Testament gerade nicht ausdrücklich angeordnet worden war, und strukturell handelt es sich bei beiden Normen um solche, die einen Ersatzerbfall regeln.[178] *Braun* weist zu Recht darauf hin, dass es sonst auch zu Wertungswidersprüchen kommen könnte.[179] Sind als Schlusserben Kinder des Erstverstorbenen eingesetzt, die mit dem Längerlebenden nicht verwandt sind, hat eines dieser Kinder selbst Abkömmlinge, das andere aber nicht, und stirbt eines der Kinder vor dem Längerlebenden, würde man nach Ansicht des OLG Nürnberg zu unterschiedlichen Lösungen des Falles kommen müssen: Bei Vorversterben des Kindes mit Abkömmlingen wäre die Ersatzerbenberufung der Enkel nach den Grundsätzen des BGH nur dann wechselbezüglich, wenn sich dafür Anhaltspunkte in der letztwilligen Verfügung fänden. Bei Vorversterben des Kindes ohne Abkömmlinge würde hingegen die eintretende Anwachsung nach Ansicht des OLG Nürnberg als bindend anzusehen sein, ohne dass dafür Anhaltspunkte in der letztwilligen Verfügung vorhanden sein müssten. Dieses Ergebnis überzeugt nicht.[180]

Form: Die bloße Wahrung der Form des gemeinschaftlichen Testaments ist kein Indiz für die Wechselbezüglichkeit.[181] Umgekehrt kann eine Schlusserbenbestimmung in einem gemeinschaftlichen Testament wechselbezüglich zu einer gegenseitigen Erbeinsetzung in einem **Erbvertrag** sein;[182] jedoch wird man einen gewissen Bezug der Urkunden aufeinander fordern müssen.[183] 42

Gesetzliche Erben als Schlusserben: soweit überhaupt eine Erbeinsetzung vorliegt: i.d.R. nur bezüglich der Verwandten des Erstversterbenden.[184] Sind nach dem Tod des **Längerlebenden** für den beiderseitigen Nachlass **dessen gesetzlichen Erben** eingesetzt, betont das OLG Frankfurt[185] zu Recht, dass bei einem kinderlosen Ehepaar diese Schlusserbeneinsetzung regelmäßig als nicht wechselbezüglich zur gegenseitigen Erbeinsetzung der Ehegatten anzusehen ist, so dass eine Änderungsmöglichkeit besteht. 43

177 A.A. OLG Nürnberg DNotZ 2018, 148 mit abl. Anm. *Braun*.

178 *Everts* MittBayNot 2018, 162.

179 *Braun* Anm. zu OLG Nürnberg DNotZ 2018, 148.

180 Ausführlich *Braun* DNotZ 2018, 151 f.; *Everts* MittBayNot 2018, 162; Palandt/*Weidlich* Rn. 10; nicht überzeugend *Litzenburger* in seiner Anmerkung zu der Entscheidung des OLG Nürnberg (ZEV 2017, 644), wenn er ausführt, dass § 2094 BGB eine »Ergänzungsregel« sei und diese Ergänzungsregel eine Bezeichnung der Zuwendungsempfänger enthalte, womit eine Verfügung vorläge, an die die Vermutung des § 2270 Abs. 2 BGB anknüpfen könne.

181 BayObLG NJW-RR 1987, 1410; ZEV 1994, 362; Palandt/*Weidlich* Rn. 5.

182 BayObLG NJWE-FER 2001, 128.

183 S. Rdn. 8.

184 S. Rdn. 56.

185 ZEV 1997, 420, 421 = FamRZ 1997, 1572.

44 **Innere Verbundenheit**: Eine besondere innere Verbundenheit kann ebenso ein Anhaltspunkt für die Wechselbezüglichkeit sein[186] wie der Gesichtspunkt, das gesamte gemeinsame Vermögen dem Schlusserben zur *Sicherstellung seiner Versorgung* zukommen zu lassen.[187]

45 **Lebzeitige Verfügungsbefugnis**: Wird eine solche ausdrücklich erwähnt, kann sich hieraus im Wege des Umkehrschlusses ergeben, dass eine freie Verfügung von Todes wegen durch den Längerlebenden gerade ausgeschlossen sein soll.[188] Hierbei ist aber stets zu bedenken, dass Ehegatten die aus der Wechselbezüglichkeit folgende Beschränkung der Verfügungsbefugnis von Todes wegen oftmals nicht bekannt ist.

46 **Meinungsänderungen**: Auch aus Meinungsäußerungen und Verhalten eines Ehegatten nach der Testamentserrichtung können Schlussfolgerungen für den Willen zur Wechselbezüglichkeit bei Testamentserrichtung gezogen werden.[189] Daher kann die Festhaltung einer entsprechenden Äußerung im Nachlassverfahren nach dem Tod des Erstversterbenden zweckmäßig sein.[190] Zu beachten ist dabei jedoch, dass maßgeblicher Zeitpunkt für die Beurteilung des Willens zur Wechselbezüglichkeit der der Testamentserrichtung ist.[191] Daher sind spätere Meinungsänderungen oder ein Sinneswandel, etwa nach dem Tod des einen Ehegatten, ebenso unbeachtlich[192] wie die spätere Errichtung eines widersprechenden Testaments,[193] so dass mit dem Argument einer »authentischen Interpretation« Vorsicht geboten ist.[194]

47 **Nichtverwandte** oder Nichtverschwägerte als Schlusserben: Es entspricht nach gefestigter Rspr. der allgemeinen Lebenserfahrung, dass beim **Fehlen verwandtschaftlicher Beziehungen** zwischen den testierenden Ehegatten und dem eingesetzten Schlusserben der eine Ehegatte dem anderen das Recht belassen will, die **Schlusserbeneinsetzung** nach dem Tod des Erstversterbenden **jederzeit zu ändern** und ihn nicht an der Einsetzung der von ihm ausgewählten Schlusserben festhalten will, insbesondere im Hinblick auf die Möglichkeit einer Verschlechterung der Beziehungen zu dem Bedachten.[195] Dies gilt auch bei einer Patenschaft und der **Pflege normaler familiärer Beziehungen**[196] oder bei Zuwendung von kinderlosen Ehegatten an eine gemeinsame Bekannte oder Freundin.[197] Hier ist aber immer zu prüfen, ob sich die Wechselbezüglichkeit nicht aufgrund der Auslegungsregel des Abs. 2 ergibt, da es sich um nahestehende Personen (Abs. 2, 2. Alt.) handelt.

48 **Pflichtteilsklauseln** sagen für sich nichts über die Wechselbezüglichkeit der Schlusserbeneinsetzung aus, es ist vielmehr der Einzelfall zu prüfen.[198] Oftmals wollen sich Ehegatten nur die enterbende

186 OLG Schleswig FamRZ 2012, 402 (Rn. 20): einseitiges Kind eines Ehegatten, das im Testament sogar als »unsere Tochter« bezeichnet wurde; jedoch ist die Rspr. bezüglich der Stiefkinder uneinheitlich, vgl. Rdn. 52.

187 BayObLG DNotZ 1994, 791, 793 f. = FamRZ 1994, 191.

188 BayObLG FamRZ 1994, 1422.

189 RGZ 116, 148, 150; BayObLG Rpfleger 1982, 286.

190 *Peissinger* Rpfleger 1995, 325, 328.

191 BGH NJW 1991, 169, 170; OLG Frankfurt BeckRS 2016, 2603; OLG Hamm FamRZ 1991, 1482; *Bengel* DNotZ 1977, 5, 6; NK-BGB/*Müßig* Rn. 18; MünchKomm/*Musielak* Rn. 7.

192 OLG Hamm NJW-RR 1993, 1225, 1226; BayObLG FamRZ 1995, 251 = ZEV 1994, 362; BeckOGK/*Braun*, Stand 01.03.2019, Rn. 49; MünchKomm/*Musielak* Rn. 7.

193 BayObLGZ 19 A 143, 145; BayObLG ZEV 1994, 362; *Bengel* DNotZ 1977, 5, 6 (Fn. 182).

194 BayObLGZ 1991, 173, 177; BayObLG DNotZ 1994, 791, 794 = FamRZ 1994, 191.

195 OLG München MittBayNot 2008, 229; BayObLGZ 1982, 474 (Rn. 40, jedoch in Anwendung von § 2270 Abs. 2 BGB); BayObLG FamRZ 1991, 1232 m. Anm. *Hohloch* JuS 1992, 77 (Rn. 34); OLG Hamm FamRZ 2001, 1647 (Rn. 49).

196 OLG Hamm FamRZ 2010, 1201 = ZErb 2010, 97, dazu *J. Lange* jurisPR-FamR 8/2010 Anm. 3 (Rn. 32).

197 OLG München NJW-RR 2008, 387 = FamRZ 2007, 2111 (Rn. 21); LG Bonn NJW-RR 2004, 10 (Rn. 24), betreffend ein gemeinschaftliches Testament von Nichtehegatten mit Aufrechterhaltung der Schlusserbeneinsetzung.

198 Vgl § 2269 Rdn. 116; OLG Karlsruhe ZEV 2006, 409; BeckOGK/*Braun*, Stand 01.03.2019, Rn. 33.

Funktion der Pflichtteilsklausel zu Nutze machen, um den Überlebenden abzusichern. Die Rechtsprechung hat in Pflichtteilsklauseln allerdings schon mehrfach stillschweigende Schlusserbeneinsetzungen erkannt[199] und wendet auch – oft vorschnell – die Auslegungsregel des § 2270 Abs. 2 BGB an.[200] Richtigerweise ist davon auszugehen, dass Pflichtteilsklauseln für sich kein Indiz für die Wechselbezüglichkeit der Schlusserbeneinsetzung sind.[201]

Sicherstellung des Schlusserben: **ja**; besonders bei den eigenen, minderjährigen Kindern[202] aber auch sonst.[203] Anders bei erheblicher Vermögensdiskrepanz, da es dem »Reicheren« i.d.R. nur um die Absicherung seiner Ehefrau ging, er sich selbst aber als Längerlebender nicht binden will.[204] Freilich ist hier der Einzelfall zu prüfen.[205] 49

Sofortige Alleinerbeneinsetzung des **einzigen** gemeinsamen Sohnes durch jeden Ehegatten: **nein,** da die Annahme nahe liegt, dass dies jeder Elternteil auf jeden Fall und unabhängig von der Verfügung des anderen will und nicht davon auszugehen ist, dass dies allein geschieht, weil dies auch der andere will.[206] Werden gleich **zwei** oder mehr **Kinder** zu gleichen Teilen als Erben eingesetzt, ist **Wechselbezüglichkeit** anzunehmen, weil das Vertrauen des Erstversterbenden auf die gleichmäßige Nachlassverteilung zu schützen ist;[207] diese Differenzierung ist nicht widerspruchsfrei.[208] 50

Sprachliche Fassung: Wechselbezügliche Verfügungen können auch in einer einzigen Verfügung beider Ehegatten zusammenfasst werden, sei es in einer gegenseitigen Zuwendung oder in einer gemeinsamen Verfügung zugunsten des nämlichen Dritten.[209] Für Wechselbezüglichkeit spricht z.B.: »Wir setzen uns gegenseitig zu Erben ein« oder »Wir berufen unseren einzigen Sohn zum Erben des Überlebenden von uns«[210] oder »Dies ist unser gemeinsamer Wille!«[211] Gleichlautende Verfügungen werden meist auch wechselbezüglich sein.[212] 51

Aus dem **Fehlen** einer Aussage über die Wechselbezüglichkeit kann auch bei einem notariellen Testament nicht der Schluss gezogen werden, eine solche sei nicht gewollt.[213] Umgekehrt spricht natürlich in einem notariellen Testament die ausdrückliche Bezeichnung als »wechselbezüglich« schon im Hinblick auf die Belehrungspflicht des Notars nach § 17 BeurkG für den Willen zur Wechselbezüglichkeit.[214]

---

199 OLG München ZEV 2006, 411; OLG Frankfurt ZEV 2002, 109; OLG Köln NJW-RR 1994, 397; undifferenziert auch Große-Wilde/Ouart/*Zecher* Deutscher Erbrechtskommentar (2010) § 2269 Rn. 36.

200 Jüngst OLG Düsseldorf ErbR 2019, 52; OLG Frankfurt ZEV 2002, 109.

201 Unentschieden Horn/Kroiß/*Horn* § 24 Rn. 59 f. und § 20 Rn. 44; jurisPK/*Reymann* Rn. 63.

202 BayObLG FamRZ 1993, 360 = DNotZ 1993, 127, 128; *Battes,* Gemeinschaftliches Testament und Ehegattenerbvertrag, S. 273.

203 BayObLG FamRZ 1994, 191.

204 So bereits KG JW 1935, 1442 Nr. 9; s. auch Rdn. 54.

205 BGH NJW-RR 2012, 207; jurisPK/*Reymann* Rn. 35.1.

206 BayObLG ZEV 1996, 188, 189 m. Anm. *B. Kössinger* = FamRZ 1996, 1040; OLG Köln NJW-RR 1994, 397 = FamRZ 1993, 1371; BeckOGK/*Braun*, Stand 01.03.2019, Rn. 41.

207 BayObLGZ 1991, 173, 176 ff.; *Pfeiffer* FamRZ 1993, 1266, 1272 f.; *Battes*, Gemeinschaftliches Testament und Ehegattenerbvertrag, S. 114; a.A. offenbar Horn/Kroiß/*Horn*, Testamentsauslegung, § 20 Rn. 45 mit Bezug auf BayObLG ZEV 1996, 188, wobei dort nur das einzige Kind engesetzt worden war.

208 S. Rdn. 11, 21.

209 RGZ 88, 330, 331 f.; OLG Hamm FamRZ 1994, 1210, 1211; BayObLGZ 1994, 95, 100; BayObLG FamRZ 1995, 1447, 1448; ZEV 1996, 188, 189 = MittBayNot 1996, 216; *Schmucker* MittBayNot 2001, 526, 530 meint hier zu Unrecht, dass sich das BayObLG bei der Anwendung dieses Indizes »eher bedeckt« halte.

210 Ähnlich BayObLG FamRZ 1994, 1422.

211 BayObLG ZEV 1999, 227, 229.

212 BayObLGZ 1964, 95, 100; OLG Hamm FamRZ 1994, 1210, 1211; RGRK-BGB/*Johannsen* Rn. 3; Staudinger/*Kanzleiter* Rn. 4.

213 BayObLG FamRZ 1993, 360.

214 OLG Hamm FamRZ 2004, 1239.

52 **Stiefkinder:** Hier kommt es auf die Umstände des Einzelfalls ein. Die Schlusserbeneinsetzung der erstehelichen Tochter der Ehefrau zu der Einsetzung des Stiefvaters zum Erben der vorverstorbenen Mutter soll ohne Vorliegen besonderer Umstände **nicht wechselbezüglich** sein, wobei auch ein gutes Einvernehmen zu diesem Stiefvater (Briefe und Kartengrüße) nicht ausreicht;[215] gleiches gilt für einseitige *Pflegekinder.*[216] Wechselbezüglichkeit besteht aber dann, wenn auch das Stiefkind voll in die **Familie integriert** ist[217] oder es den Ehegatten ersichtlich darauf ankam, den Nachlass nach dem Tod beider Ehegatten der **Familie des Stiefkindes** des Längerlebenden von ihnen zu **erhalten.**[218] Andererseits spricht umgekehrt kein Erfahrungssatz dafür, dass die Frau den Mann in einem gemeinschaftlichen Testament nur deswegen zu ihrem Erben eingesetzt hat, weil der Mann in dem Testament zugunsten seiner erstehelichen, mit der zweiten Frau nicht verwandten Kinder Verfügungen getroffen hat.[219]

53 **Vermögensherkunft:** Zuwendung eines Gegenstandes, der beiden Ehegatten gehörte, nach beider Tod an einen Dritten führt nicht zwingend zur Wechselbezüglichkeit der Ehegattenverfügungen.[220] Die Wechselbezüglichkeit der Einsetzung der Kinder des vorverstorbenen Ehegatten aus dessen erster Ehe als Schlusserben entfällt nicht allein deswegen, weil der **überlebende Ehegatte erhebliches Vermögen** von seiner **Verwandtschaftsseite** nach dem Tod des vorverstorbenen Ehegatten erhalten hat. In einem solchen Fall kann sich aufgrund einer ergänzenden Auslegung allerdings eine Abänderungsbefugnis ergeben. Hierbei ist jedoch sowohl hinsichtlich der Annahme als auch des Umfangs der Abänderungsbefugnis ein strenger Maßstab anzulegen.[221]

54 **Vermögensverhältnisse:** Für die Frage der Wechselbezüglichkeit kann auch das Verhältnis der beiderseitigen Vermögen und das Verhältnis der beiderseitigen Zuwendungen von Bedeutung sein.[222] Eine erhebliche **Vermögensdiskrepanz** gibt besonderen Anlass zu der Prüfung, ob derjenige Ehegatte, der nach der testamentarischen Regelung erheblich weniger an Zuwendungen oder aber gar keine zu erwarten hat, daran interessiert ist, seine eigene Verfügung in ein Abhängigkeitsverhältnis zu der des anderen Ehegatten zu stellen und damit für sich eine Bindungswirkung einzugehen.[223] Meist wird es ihm nur um die Sicherstellung seines Ehepartners gehen. Die Unterschiedlichkeit der Vermögensverhältnisse muss aber nicht zwingend und in jedem Fall zum Ausschluss der Wechselbezüglichkeit führen,[224] insbesondere wenn der Gedanke an einen künftigen Vermögenserwerb nicht fern liegt,[225] oder nach langer Ehe und bei Mitarbeit des Ehegatten der formalen Vermögenszuordnung geringere Bedeutung beigemessen wird.[226] Diese Tendenz setzt sich in der neueren Rspr. zunehmend durch.[227] Der Gesichtspunkt einer einheitlichen Vermögensplanung legt in solchen

---

215 BayObLG FamRZ 1984, 1154; 1985, 1287 (Rn. 52); 1986, 392; anders aber BayObLG NJW-RR 1992, 1223.

216 OLG Brandenburg FamRZ 1999, 1541, 1542 f.

217 Vgl. OLG Schleswig FamRZ 2012, 402 (Rn. 20), wo die Stieftochter als »unser Kind« im Testament bezeichnet wurde.

218 BayObLG FamRZ 2004, 144 (Rn. 33).

219 KG DNotZ 1932, 122; BeckOGK/*Braun*, Stand 01.03.2019, Rn. 42.

220 RGZ 170, 172; RGRK-BGB/*Johannsen* 10.

221 OLG München NJW-RR 2011, 1020, 1022 = FamRZ 2011, 1817 (Rn. 24 ff.).

222 BGH NJW-RR 2012, 207; BeckOGK/*Braun*, Stand 01.03.2019, Rn. 44; Staudinger/*Kanzleiter* Rn. 29; *U. Mayer* ZEV 2016, 420, 421.

223 BGH NJW-RR 2012, 207; OLG Frankfurt FamRZ 2010, 677 = ZEV 2009, 516 m. Anm. *S. Lorenz* (Rn. 26); OLG Hamm NJW-RR 1995, 777 = FamRZ 1995, 1022; OLG Saarbrücken FamRZ 1990, 1285, 1286; BayObLG Rpfleger 1981, 282; 1985, 240 = FamRZ 1984, 1154; RGZ 116, 148, 150; KG JW 1935, 1442 Nr. 9; BayObLG FamRZ 1993, 1370 (zu einem gemeinschaftlichen Testament von Nichtehegatten); OLG Brandenburg FamRZ 1999, 1541, 1542 f.

224 BGH NJW-RR 2012, 207; BeckOGK/*Braun*, Stand 01.03.2019, Rn. 44.

225 RG DNotZ 1940, 152 = DR 1940, 723, 724 f. m. Anm. *Voegels*; BayObLG FamRZ 1995, 251, 253.

226 OLG Hamm NJW-RR 1995, 777; Staudinger/*Kanzleiter* Rn. 29.

227 OLG Stuttgart FGPrax 2019, 40; OLG Saarbrücken FamRZ 1990, 1285, 1286; OLG Hamm NJW-RR 1995, 777 = FamRZ 1995, 1022; BayObLG FamRZ 1994, 191 = DNotZ 1994, 791; ZEV 1994, 362 =

Fällen auch die Möglichkeit einer nur »**einseitigen Wechselbezüglichkeit**« nahe, dass nur die vom weniger vermögenden Ehegatten getroffene Schlusserbeneinsetzung zu seiner Berufung zum Erben des erstversterbenden, vermögenderen Ehegatten wechselbezüglich sein soll,[228] sich der vermögendere Ehegatte aber für den Fall, dass er länger leben wird, nicht binden will.[229]

Vermögensverlust: Vollständiger nach dem ersten Erbfall: **nein**, auch wenn der Überlebende später neues Vermögen erwirbt.[230]

Versorgung: Die Sicherstellung der Versorgung des Schlusserben (jüngere Geschwister) **ja**,[231] während die ausdrückliche Anordnung, dass der **überlebende Ehegatte** das vorhandene Vermögen für seine Versorgung und Pflege im Alter verwenden darf und die Kinder nur erben, »wenn was nachbleibt«, gegen die Wechselbezüglichkeit spricht.[232]

Verwandtschaftsgrad; Fehlen verwandtschaftlicher Beziehung: Allein der Grad der Verwandtschaft oder Schwägerschaft spricht weder für noch gegen die Wechselbezüglichkeit der Verfügungen,[233] bei nur weitläufiger spricht dies nach der Lebenserfahrung eher dagegen.[234] Bei Fehlen jeglicher Verwandtschaftsbeziehung ist im Zweifel davon auszugehen, dass keine Wechselbezüglichkeit besteht, so dass insbesondere bei einer Verschlechterung der persönlichen Beziehungen zu den Bedachten der Längerlebende zu einer Abänderung berechtigt ist.[235] 55

Verwandte des Erstversterbenden als Schlusserben: grundsätzlich **ja**. Setzen sich etwa kinderlose Ehegatten gegenseitig zu Erben ein sowie jeweils eigene Geschwister und solche des anderen Ehegatten als Schlusserben zu gleichen Teilen, kann insbesondere die Einsetzung der Verwandten des Ehemannes durch die Ehefrau im Verhältnis der Wechselbezüglichkeit zu deren Erbeinsetzung durch den Ehemann stehen;[236] bei einem weitläufigen Verwandten spricht aber die Lebenserfahrung gegen die Wechselbezüglichkeit, zumal wenn hinsichtlich des Nachlasses des Erstversterbenden bereits Nacherbfolge angeordnet ist.[237] 56

Wiederverheiratungsklausel: hier ist nach der h.M. regelmäßig vom Wegfall der Wechselbezüglichkeit im Fall der neuen Heirat auszugehen.[238] Die **Aufnahme** einer Wiederverheiratungsklausel spricht umgekehrt, soweit es nicht zur Wiederverheiratung kommt, für die Wechselbezüglichkeit der Schlusserbeneinsetzung zur gegenseitigen Erbeinsetzung.[239] Fehlt eine solche Klausel, spricht dies nicht für die Testierfreiheit, da eine solche Klausel im Rahmen einer Verfügung nach § 2269 BGB nicht standardmäßig verwendet wird.[240] 57

FamRZ 1995, 252, wo die Ehegatten Miteigentümer je zur Hälfte waren, der diesbezügliche Erwerb der Ehefrau aber mit Mitteln des Mannes finanziert wurde und gerade deswegen die Bindung wohl gewollt war.

228 OLG Hamm NJW-RR 1995, 777 = FamRZ 1995, 1022; *U. Mayer* ZEV 2016, 420, 421.

229 So im Fall von OLG Brandenburg (FamRZ 1999, 1541, 1542) nahe liegend; ablehnend noch KGJ 42, 119, 122 vor Anerkennung der einseitigen Wechselbezüglichkeit.

230 OLG Kiel HEZ 2, 329.

231 BayObLG DNotZ 1994, 791, 793 f. = FamRZ 1994, 191.

232 OLG Hamm FamRZ 2007, 678, dazu *Rohlfing* FamRB 2006, 337.

233 BayObLG NJW-RR 1992, 1223 = FamRZ 1992, 1102; ZEV 1994, 362; NJWE-FER 2001, 213, 214; Palandt/*Weidlich* Rn. 5.

234 Palandt/*Weidlich* Rn. 5, unter unzutr. Bezug auf OLG München NJW-RR 2011, 444 = ZEV 2011, 33 m. Anm. *D. Lehmann* (Rn. 31), wo diese Frage gerade offengelassen wurde.

235 BayObLG FamRZ 1991, 1232, 1234.

236 BayObLG FamRZ 1994, 1422; OLG Stuttgart FGPrax 2019, 40; zu eigenen Verwandten des Längerlebenden vgl. Rdn. 40.

237 OLG Hamm FamRZ 2002, 201, 202.

238 *Kipp/Coing* § 35 II 2 c; s. eingehend und zur Kritik § 2269 BGB Rdn. 86 f.

239 BGHZ 149, 363 = NJW 2002, 1126 (Rn. 8); zurückhaltend BeckOGK/*Braun*, Stand 01.03.2019, Rn. 33.

240 BayObLG FamRZ 1995, 251, 253; BeckOGK/*Braun*, Stand 01.03.2019, Rn. 33.

58 **Zuwendungshöhe:** wendet der Mann der Frau oder deren Kinder sein gesamtes Vermögen zu, während ihn die Frau mit weniger als dem Pflichtteil bedenkt: **nein.**[241]

3. Durchbrechung der strengen Wechselbezüglichkeit mittels ausdrücklichen oder stillschweigenden Änderungsvorbehalts

59 Zum Teil wird auch eine nur auf die allgemeine Lebenserfahrung gegründete (tatbestandsmäßig) beschränkte **Änderungsbefugnis** angenommen, wenn sich die ursprünglich bei Testamentserrichtung vorhandenen Verhältnisse wesentlich verändert haben, so bei Verschlechterung der persönlichen Beziehungen zu dem Schlusserben, der ein Verwandter der längerlebenden Ehefrau ist[242] oder wenn die Ehegatten ihre persönliche Versorgung durch den Schlusserben gewährleisten wollten, der Längerlebende aber diese als gefährdet ansehen muss.[243] Zu einem solchen »stillschweigenden Änderungsvorbehalt« vgl. eingehend § 2271 BGB Rdn. 70. Dabei spricht eine Freistellungsklausel noch nicht gegen die Wechselbezüglichkeit. Dies ist besonders dann wichtig, wenn die Änderungsbefugnis nur unter bestimmten Bedingungen zulässig sein soll.[244] Wenn allerdings bestimmt ist, der Überlebende dürfe über seinen Nachlass »frei verfügen«, kann dies mangels inhaltlicher Einschränkung der Testierfreiheit dahingehend ausgelegt werden, dass die Schlusserbeneinsetzung nicht wechselbezüglich und damit nicht bindend sein soll.[245] Wenn ausdrücklich verfügt ist, dass der Längerlebende hinsichtlich der Verfügungen unter Lebenden keinerlei Beschränkungen unterworfen sein soll, kann daraus zumindest bei Geschäftsleuten noch nichts gegen eine Wechselbezüglichkeit hergeleitet werden, da hier zu Lebzeiten umfangreiche wirtschaftliche Dispositionen häufig angezeigt sind.[246]

III. Die Auslegungsregel des Abs. 2

1. Allgemeines

60 Erst wenn die individuelle, notfalls auch ergänzende Auslegung scheitert, ist auf die Auslegungsregel zurückzugreifen. Nach Abs. 2 ist Wechselbezüglichkeit der Verfügungen im Zweifel anzunehmen,
- wenn sich die Ehegatten gegenseitig bedenken, also zu Erben einsetzen oder mit einem Vermächtnis bedenken;
- wenn dem einen Ehegatten (A) von dem anderen (B) eine Zuwendung (Erbeinsetzung oder Vermächtnis) gemacht und für den Fall des Überlebens des Bedachten A – also für den Fall der Wirksamkeit der Zuwendung an A – (von diesem!) eine Verfügung zugunsten einer Person (C) getroffen wird, die mit dem anderen Ehegatten (B) verwandt ist oder ihm sonst nahe steht. Die Verfügung »für den Fall des Überlebens des Bedachten« (A) kann nur von diesem selbst getroffen sein, da sie sonst nicht wechselbezüglich mit Verfügungen des »anderen Ehegatten« (B) sein könnte.[247]

---

241 KG JFG 22, 106; vgl. jedoch Rdn. 54.

242 BayObLG FamRZ 1985, 1285, 1287; KG OLGZ 1993, 398.

243 OLG Hamm FamRZ 1995, 1022 = ZEV 1995, 146 m. Anm. *Kössinger.*

244 S. § 2271 BGB Rdn. 72.

245 BayObLGZ 1987, 23, 28 = FamRZ 1987, 638; s. auch OLG Hamm FamRZ 2007, 678, dazu *Rohlfing* FamRB 2006, 337 bei Klausel, wonach der überlebende Ehegatte das vorhandene Vermögen für seine Versorgung und Pflege im Alter verwenden darf; sehr weitgehend OLG Düsseldorf MittBayNot 2019, 59, das verlangt, dass »deutlich feststellbar« sein müsse, dass es sich bei der Wendung, der Überlebende dürfe »in jeder Weise frei verfügen« nicht nur um eine Klarstellung zur Verfügungsbefugnis zu Lebzeiten handele, sondern auch um eine Befugnis zu abweichenden Verfügungen von Todes wegen (hier verneint).

246 BayObLG FamRZ 1993, 360.

247 RG JW 1909, 52; RGRK-BGB/*Johannsen* Rn. 16.

2. Gegenseitige Zuwendungen der Ehegatten (Abs. 2, 1. Alt.)

Zuwendungen sind Erbeinsetzung, und zwar auch Einsetzung zum Vorerben oder Nacherben,[248] und Vermächtnis;[249] dem wird man eine Auflage trotz des fehlenden Forderungsrechts des Auflagebegünstigten dann gleichstellen können, wenn sie zu einer vermögenswerten Leistung an den Ehegatten führt.[250] Es genügt, dass ein Ehegatte den anderen zum Erben einsetzt und dieser ihn mit einem Vermächtnis bedenkt oder sich beide Ehegatten Vermächtnisse zuwenden.[251] Der Erbeinsetzung steht es gleich, wenn die Eheleute in dem Testament der gegenseitigen gesetzlichen Erbfolge (§§ 1931, 1371 BGB) bewusst, wenn auch nur stillschweigend, freien Lauf lassen.[252] 61

3. Die zweite Alternative der Auslegungsregel des Abs. 2

a) Grundsätzliches, systematische Überlegungen

Die zweite Alternative des Abs. 2 behandelt Zuwendungen des einen Ehegatten (A) an den anderen (B) im Zusammenhang mit Verfügungen dieses Erblassers (B) zugunsten von Verwandten des erstgenannten Ehegatten (A) oder ihm sonst nahestehenden Personen. Die Annahme einer Wechselbezüglichkeit in diesen Fällen gründet sich auf den Umstand, dass der Ehegatte in der Verfügung, die zugunsten einer ihm nahestehenden Person von dem anderen Ehegatten gemacht wird, er eine Art Gegenleistung dafür sieht, dass er seinerseits seinem Ehepartner eine Zuwendung macht.[253] Die beiden in Abs. 2 genannten Fallgruppen können auch miteinander kombiniert werden, was in der Praxis häufig vorkommt (z.B. beim Berliner Testament).[254] 62

Wenn die Auslegungsregel des Abs. 2, 1. Alt. Anwendung findet, **bedeutet** das noch **nicht**, dass **alle Verfügungen** des einen Ehegatten zu allen Verfügungen des anderen **wechselbezüglich** sind. Wenn die Eheleute die Form des **Berliner Testaments** wählen und sich gegenseitig zu Erben einsetzen und ihre gemeinschaftlichen Kinder C zu Erben des Überlebenden (Schlusserben) berufen (§ 2269 BGB), dann sind nach Abs. 2 als wechselbezüglich anzusehen: 63

(1) die Erbeinsetzung des Mannes A zugunsten der Frau B:
 (a) mit der Erbeinsetzung der Frau zugunsten des Mannes
 (b) mit der Erbeinsetzung der Frau zugunsten der Kinder C
(2) die Erbeinsetzung der Frau B zugunsten des Mannes A:
 (a) mit der Erbeinsetzung des Mannes zugunsten der Ehefrau
 (b) mit der Erbeinsetzung des Mannes zugunsten der Kinder C

oder

A → B weil B → A

Im Fall des Vorversterbens B → C

B → A weil A → B

Im Fall des Vorversterbens A → C.[255]

---

248 OLG Karlsruhe NJW-RR 2003, 582, 584, wobei im konkreten Fall die sich aus der Nacherbeneinsetzung ergebende Ersatzerbeneinsetzung entscheidungserheblich war; BeckOGK/*Braun*, Stand 01.03.2019, Rn. 52.

249 § 1939 BGB, OLG Hamm FamRZ 1994, 1210.

250 BeckOGK/*Braun*, Stand 01.03.2019, Rn. 52; Staudinger/*Kanzleiter* Rn. 27; BeckOK/*Litzenburger* Rn. 17; NK-BGB/*Müßig* Rn. 23; MünchKomm/*Musielak* Rn. 10; a.M. RGRK-BGB/*Johannsen* Rn. 14; Soergel/*M. Wolf* Rn. 7; 3. Aufl. Rn. 18.

251 OLG Hamm FamRZ 1994, 1210, 1212; BeckOK/*Litzenburger* Rn. 17; NK-BGB/*Müßig* Rn. 23; MünchKomm/*Musielak* Rn. 10.

252 BayObLGZ 1964, 94, 97 f.; RGRK-BGB/*Johannsen* Rn. 14; NK-BGB/*Müßig* Rn. 23; MünchKomm/*Musielak* Rn. 10; a.A. *Häußermann* BWNotZ 1960, 256, 258.

253 KG OLGZ 1993, 398; DNotZ 1932, 122.

254 NK-BGB/*Müßig* Rn. 29; MünchKomm/*Musielak* Rn. 12.

255 Vgl. OLG München NJW-RR 2011, 227 = FamRZ 2011, 679 (Rn. 7); *Kipp/Coing* § 35 II 1; s. auch OLG Köln NJW-RR 1994, 397, 398.

Die Berufung der Kinder durch den Ehemann A soll demgegenüber mit ihrer Berufung durch die Ehefrau B nicht wechselbezüglich sein, denn es sei nicht anzunehmen, dass jeder Elternteil seine Kinder nur deshalb zu Erben eingesetzt hat, weil auch der andere dies tat.[256] Dem kann im Regelfall zumindest bei der sofortigen Erbeinsetzung der Kinder nicht gefolgt werden, denn der von den Ehegatten hier verfolgte Bindungszweck, dass etwa der Längerlebende sein Vermögen nicht beliebig anderweitig vererben kann, gebietet hier gerade die entsprechende Annahme wenigstens einer einseitigen Wechselbezüglichkeit.[257]

64 Die These der h.M., **Kinder** würden um ihrer selbst willen eingesetzt, müsste im Übrigen zu wesentlich weitreichenderen Konsequenzen führen, worauf *Pfeiffer*[258] zu Recht aufmerksam gemacht hat: Widerruft A zu Lebzeiten wirksam die Einsetzung seiner Ehefrau B, so wäre nach der h.M. gem. § 2270 Abs. 1 BGB auch die Schlusserbeneinsetzung von C durch B automatisch unwirksam, weil sie von der widerrufenen Verfügung abhängig ist. Dies würde zu nicht gewollten Konsequenzen führen, wenn die Schlusserbeneinsetzung von C gegenüber der gesetzlichen Erbfolge aufgrund einer bewussten Entscheidung abweicht und insoweit an sich trotz des Widerrufs des anderen Ehegatten kein Sinneswandel bei der verfügenden B eingetreten ist und daher sonst ohne Wechselbezüglichkeit in der Einsetzung der C eine Ersatzerbenberufung gesehen werden könnte.[259] Die Berufung der Kinder C als Erben des Längstlebenden ist daher zwar i.d.R. tragend dafür, dass der eine Ehegatte den anderen zu seinem Erben einsetzt, da nach beider Tod den Kindern das Vermögen beider zustehen soll. Umgekehrt ist aber der Wirksamkeitszusammenhang »entkoppelt«, d.h., dass die Berufung der C gerade nicht vom Bestand der gegenseitigen Erbeinsetzung abhängig sein soll, weil anders die von beiden Ehegatten angestrebte Bindung zur Nachlasssicherung nicht zu verwirklichen ist. Insoweit hat die sog. »einseitige Abhängigkeit« wechselbezüglicher Verfügungen ihre Berechtigung.[260]

65 Wenn **kinderlose Ehegatten** einander zu Erben einsetzen und bestimmen, dass nach dem Tode des Überlebenden der beiderseitige Nachlass teils an **Verwandte** des Mannes, teils an solche der Frau fallen solle, so ist die Erbeinsetzung des A durch B wechselbezüglich mit der Einsetzung der B und ihrer Verwandten durch A, nicht ohne Weiteres aber mit der Schlusserbenberufung der eigenen Verwandten des A durch diesen selbst. Noch weniger ist wechselbezüglich die Berufung der Verwandten des A durch ihn selbst mit der Berufung der Verwandten der B durch diese (**teilweise Wechselbezüglichkeit**).[261] Stirbt der Mann zuerst, so bleibt die Frau an die Berufung der Verwandten des Mannes gebunden; dagegen kann sie die Berufung ihrer eigenen Verwandten aufheben. So hat dies auch der BGH entschieden:[262] Wenn sich Eheleute in einem gemeinschaftlichen Testament gegenseitig zu Erben einsetzen und bestimmen, dass nach dem Tod des Überlebenden der beiderseitige Nachlass an ihre gesetzlichen Erben fallen solle, kann das Testament dahin ausgelegt werden, dass als Erben des überlebenden Ehegatten die gesetzlichen Erben beider Eheleute nach Kopfteilen oder, was vielleicht noch näher liegt, je zur Hälfte eingesetzt sein sollen. Dann ist zwar die von der Frau ausgesprochene Einsetzung der gesetzlichen Erben

---

256 MünchKomm/*Musielak* Rn. 12; BGHZ 149, 363, 365 = BGH NJW 2002, 1126 (obiter dictum); BayObLG FamRZ 1985, 1287, 1289 = Rpfleger 1985, 445; FamRZ 1986, 392, 394; ZEV 1996, 188, 189 m. Anm. *B. Kössinger* = FamRZ 1996, 1040 für den Fall der sofortigen Berufung der Kinder zum jeweiligen Erben; ausdrücklich offen gelassen von OLG Köln NJW-RR 1994, 397, 398.

257 Zust. NK-BGB/*Müßig* Rn. 32; ebenso *Buchholz* Rpfleger 1990, 45, 50; *Röthel* Gutachten 68. DJT (2010) A 1 S. 74; eingehend hierzu Rdn. 11.

258 FamRZ 1993, 1266, 1274 f.

259 *Pfeiffer* verwechselt allerdings, wer widerruft, worunter die Klarheit der Ausführungen leidet.

260 S. Rdn. 17; zu diesem Ergebnis gelangt auch *Pfeiffer*, der dies aber mehr an Hand konstruktiver Überlegungen im Fall einer gegenseitigen Vorerbeneinsetzung der Ehegatten und der Nacherbeneinsetzung eines Kindes entwickeln will, dabei aber zu wenig deutlich macht, dass dies zur vollständigen Nachlassregelung nicht ausreicht, sondern auch hier bezüglich des Längerlebenden eine einfache Erbeinsetzung notwendig ist.

261 RGRK-BGB/*Johannsen* Rn. 15; vgl. auch OLG Köln FamRZ 1996, 310 und Rn. 35.

262 LM Nr. 2 zu § 2270 = DNotZ 1957, 553.

des Mannes wechselbezüglich zu den Verfügungen des Mannes zugunsten der Frau und ihren Verwandten, nicht notwendig aber auch die von der Frau ausgesprochene Berufung ihrer eigenen gesetzlichen Erben.[263] Anders ist dies, wenn die Eheleute bestimmt haben, dass jeder von ihnen sofort nach den gesetzlichen Vorschriften beerbt werden soll: Wenn diese Anordnung überhaupt als Erbeinsetzung anzusehen ist, dann zerfällt sie bei jedem Ehegatten in zwei Teile, nämlich in die Berufung der gesetzlichen Erben des erstversterbenden Ehegatten (also vor allem auch des überlebenden Ehegatten!) für den ersten Erbfall und in die Berufung der gesetzlichen Erben des überlebenden Ehegatten für den zweiten Erbfall; letztere Anordnung des überlebenden Ehegatten ist wechselbezüglich zu den Verfügungen des erstversterbenden Ehegatten.[264] Werden bei einem kinderlosen Ehepaar allein die gesetzlichen Erben des Längerlebenden zu Erben berufen, so ist eine Wechselbezüglichkeit zur Einsetzung des Längerlebenden zum Erben des Erstversterbenden regelmäßig auszuschließen, zumal die Verwandten des Längerlebenden mit dem erstversterbenden Ehegatten nicht verwandt, sondern nur verschwägert sind, und Abs. 2, 2. Alt. nur restriktiv auszulegen ist.[265]

Die **beiderseitige Einsetzung** der **eigenen Verwandten** zu Erben wird im Allgemeinen nicht wech- 66
selbezüglich sein.[266] Doch sind Ausnahmen möglich, etwa, wenn sich die Ehegatten über die Auswahl der zu berufenden beiderseitigen Verwandten verständigt haben.[267] Auch sonst ist es denkbar, dass die beiderseitige Berufung der eigenen Verwandten zu Erben wechselbezüglich ist, weil diese Regelung dem anderen Ehegatten immerhin willkommener ist als die Zuwendung des Vermögens an einen Fremden.[268]

b) Verwandtschaft

Der Begriff »**Verwandtschaft**« bestimmt sich nach der gesetzlichen Regelung des **§ 1589 BGB**.[269] 67
Das Verwandtschaftsverhältnis muss nicht zu beiden Ehegatten/Lebenspartnern bestehen; vielmehr genügt es, wenn es zwischen dem **bedachten Dritten** und dem Ehegatten begründet ist, der die gegenläufige, wechselbezügliche Verfügung getroffen hat.[270] **Kollisionsrechtlich** maßgebend für das Verwandtschaftsverhältnis ist das Recht des Wohnsitzes der testierenden Eheleute;[271] es kann sich auch auf die im Zeitpunkt der Testamentserrichtung noch nicht geborenen Personen erstrecken,[272] aber nicht auf ein nach früherem Recht mit dem Erblasser nicht verwandtes Adoptivkind trotz der zwischenzeitlichen Rechtsänderung.[273] Ergibt sich eine Ersatzerbenberufung erst aufgrund der **Auslegungsregel des § 2069 BGB**, kann eine Wechselbezüglichkeit nur dann vorliegen, wenn sich diese nicht nur aufgrund der Auslegungsregel des § 2270 Abs. 2 BGB ergibt, sondern durch individuelle Auslegung, da es **nicht zu einer unzulässigen Kumulation** der Auslegungsregeln kommen darf.[274] Die **Wechselbezüglichkeit** der Einsetzung des später weg-

---

263 Vgl. *Johannsen* WM 1969, 1315; BayObLG Rpfleger 1981, 282.
264 BayObLGZ 1964, 94; FamRZ 1974, 395.
265 OLG Frankfurt ZEV 1997, 420, 421.
266 BayObLG FamRZ 1985, 1287; FamRZ 1994, 191; KG OLGZ 1993, 398; Palandt/*Weidlich* Rn. 11.
267 RG SchlHA 1920, 33; OLG Dresden JFG 2, 162.
268 RGRK-BGB/*Johannsen* Rn. 15; s. aber auch RG JW 1909, 52.
269 NK-BGB/*Müßig* Rn. 25; Palandt/*Weidlich* Rn. 8; für Beschränkung auf »nahe stehende Verwandte« aber *Ritter*, Der Konflikt zwischen einer erbrechtlichen Bindung aus erster Ehe und einer Verfügung des überlebenden Ehegatten zugunsten eines neuen Lebenspartners (1999) S. 103 f.
270 NK-BGB/*Müßig* Rn. 25; MünchKomm/*Musielak* Rn. 11.
271 KG FamRZ 1983, 98; Palandt/*Weidlich* Rn. 8.
272 KG FamRZ 1983, 98; Palandt/*Weidlich* Rn. 8.
273 KG FamRZ 1983, 98.
274 BGHZ 149, 363, 368 = ZEV 2002, 150 m. Anm. *Otte* = DNotZ 2002, 661 m. Anm. *Schmucker*, eingehend dazu Rdn. 41.

gefallenen Schlusserben erstreckt sich nicht »per se« auf den Ersatzschlusserben und ist hierfür kein ausreichendes Indiz.[275]

Verwandt sind selbstverständlich die gemeinsamen Kinder,[276] aber auch der **Stiefsohn** des einen Ehegatten, wobei für die Wechselbezüglichkeit der Schlusserbeneinsetzung des Stiefsohnes gerade bei einem Berliner Testament spricht, dass er wegen der gegenseitigen Erbeinsetzung der Ehegatten nach dem Tod seiner vorversterbenden Mutter durch gesetzliche Erbfolge nicht Erbe werden konnte.[277]

c) »**Sonst nahestehende Personen**«

68 Wer hierzu gehört, ist durch eine **individuelle Beurteilung** des Einzelfalls unter Berücksichtigung aller Umstände zu ermitteln.[278] Dabei ist ein **strenger Maßstab** anzulegen. Dies wird teilweise formal damit begründet, dass sonst die Vermutung zur gesetzlichen Regel werde.[279] Richtiger ist es darauf abzustellen, dass es der Normzweck des Abs. 2 erfordert, Ehegatten nur unter besonderen Umständen an ihre Verfügungen zu binden.[280] Ein bloßes verträgliches Miteinanderauskommen genügt keinesfalls.[281] Es muss sich um Personen handeln, bei denen ausdrücklich festgestellt werden kann, dass der betreffende Ehegatte ihnen gegenüber konkrete, deutlich über das normale Maß hinausgehende, mindestens dem üblichen Verhältnis zu Verwandten entsprechende besonders gute, enge persönliche und innere Beziehungen und Bindungen hatte.[282] In aller Regel werden die testierenden Ehegatten nur solche Personen bedenken, zu denen sie ein spannungsfreies und ungetrübtes Verhältnis haben. Demzufolge fallen hierunter – anders als bei der Berufung von Verwandten – nicht Personen, die im Zeitpunkt der Testamentserrichtung noch nicht geboren waren oder dem Erblasser aus anderen Gründen unbekannt sind.[283]

69 Unter diesen einschränkenden Voraussetzungen kommen als »nahestehende Personen« in Betracht: Pflege- und **Stiefkinder**,[284] enge Freunde, evtl. bewährte Hausgenossen, langjährige Angestellte.[285] Adoptivkinder sind gem. § 1754 BGB Verwandte. Ob **Verschwägerte** darunter fallen, kann ebenfalls nicht generell, sondern nur entsprechend den Verhältnissen des Einzelfalls beurteilt werden,[286] besonders wenn die Schwägerschaft gerade durch den mittestierenden Ehegatten vermittelt wird.[287] Jedoch spricht längeres Zusammenleben mit den Ehegatten mit gemeinsamer beruflicher Tätigkeit und herzlicher Beziehung, dokumentiert durch wiederholte Besuche und langjährigen Briefwechsel,

275 OLG München FamRZ 2010, 1846 = ZErb 2010, 157; dazu *Adolf-Kapgenoß* jurisPR-FamR 15/2010 Anm. 4.

276 RGZ 116, 150; OLG Köln FamRZ 1993, 1371 = NJW-RR 1993, 1371.

277 BayObLG NJW-RR 1992, 1223 = FamRZ 1992, 1102.

278 KG OLGZ 1993, 398, 402 = DNotZ 1993, 825; Erman/*Kappler/Kappler* Rn. 7; NK-BGB/*Müßig* Rn. 26; MünchKomm/*Musielak* Rn. 13; eingehend DNotI-Report 1998, 133, 135; dazu auch *Radke*, Das Berliner Testament …, S. 151 ff.

279 BayObLG FamRZ 1991, 1232, 1234; 1994, 191; OLG Hamm FamRZ 2001, 1647, 1649; BeckOK/*Litzenburger* Rn. 23; Palandt/*Weidlich* Rn. 9.

280 KG OLGZ 1993, 398, 403 = DNotZ 1993, 825.

281 KG OLGZ 1993, 398, 402; BayObLG FamRZ 1991, 1232; NK-BGB/*Müßig* Rn. 26.

282 BayObLGZ 1982, 474; KG OLGZ 1993, 398, 403; OLG Hamm FamRZ 2001, 1647, 1649; BeckOGK/*Braun*, Stand 01.03.2019, Rn. 60; Burandt/Rojahn/*Braun* Rn. 34; NK-BGB/*Müßig* Rn. 27; *Musielak* DNotZ 1994, 795.

283 KG FamRZ 1983, 98; *Bengel* DNotZ 1977, 8; BeckOGK/*Braun*, Stand 01.03.2019, Rn. 61.

284 BayObLG FamRZ 1985, 1287, 1289.

285 BayObLGZ 1982, 474.

286 KG OLGZ 1993, 398, 402 f.; BayObLG Rpfleger 1980, 259, 283; FamRZ 1994, 191, 193 = DNotZ 1994, 791; *Bengel* DNotZ 1977, 5; Staudinger/*Kanzleiter* Rn. 31a; Palandt/*Weidlich* Rn. 9; großzügiger RGRK-BGB/*Johannsen* Rn. 18, der eine Einzelfallprüfung nur im Falle der »Schwippschwägerschaft« für erforderlich hält.

287 KG DNotZ 1932, 122, 123; OLGZ 1993, 398.

für die Wechselbezüglichkeit.[288] Zu beachten ist, dass durch die Annahme eines Näheverhältnisses nicht der Grundsatz unterlaufen werden darf,[289] dass Verfügungen zugunsten eigener Verwandter, die mit dem anderen Ehegatten nur verschwägert sind, i.d.R. gerade nicht wechselbezüglich sind.[290]

Auch **gute nachbarliche Beziehungen** reichen für sich allein nicht aus.[291] Ob **juristische Personen** 70 nahestehende Personen sein können, ist umstritten.[292] Bei Beachtung der strengen Voraussetzungen für das »Nahestehen« gerade bei kinderlosen Ehegatten kann das nicht generell abgelehnt werden (etwa bei einem Tierschutzverein bei besonderer persönlicher Verbundenheit) und muss auch bei einer Stiftung bejaht werden, die dem Willen und Zweck des Stifters dienen und damit das Lebenswerk und die geistige Ausstrahlung des Stifters weiterführen soll.[293] Für die Wechselbezüglichkeit spricht auch, wenn unter Aufhebung einer bislang bestehenden Freistellungsbefugnis eine juristische Person als Schlusserbe berufen wird.[294] § 2270 Abs. 2 BGB ist letztlich einschränkend dahingehend auszulegen, dass davon nicht solche Personen erfasst werden, die dem längerlebenden Ehegatten näher stehen als dem erstversterbenden.[295]

d) Rechtspolitische Kritik

Wegen der vor allem bei eigenhändigen gemeinschaftlichen Testamenten vielfach verkannten 71 Bindungswirkung ist namentlich *Kanzleiter* mehrfach dafür eingetreten, die Auslegungsregel des Abs. 2, 2. Alt. de lege ferenda aufzuheben.[296] Dies deckt sich mit den rechtspolitischen Forderungen des *68. Deutschen Juristentags*,[297] diese Gefahren dadurch zu vermeiden, dass für bindende gemeinschaftliche Testamente zwingend das Beurkundungserfordernis eingeführt wird, um diesen Risiken durch die notarielle Belehrung (§ 17 BeurkG) zu begegnen.[298] Keine Lösung dieses zu Recht thematisierten Problems ist es, auf den Vorrang der individuellen Auslegung hinzuweisen.[299] Denn es geht gerade um die Probleme der »unbewussten Bindungen«.

IV. Wirkung der Wechselbezüglichkeit

1. Nichtigkeit oder Widerruf der Verfügung

Wenn eine wechselbezügliche Verfügung in einem gemeinschaftlichen Testament sich als nichtig 72 erweist oder wenn sie wirksam widerrufen wird (§ 2271 BGB), so sind auch die von dieser Verfügung abhängigen (wechselbezüglichen) Anordnungen des anderen Ehegatten unwirksam (Abs. 1, 3) und zwar kraft Gesetzes, also unabhängig vom Willen des anderen Ehegatten und ohne ausdrücklichen Widerruf.

---

288 BayObLG FamRZ 1994, 191.

289 Dazu Rdn. 40.

290 *Bengel* DNotZ 1977, 10; *Schmucker* MittBayNot 2001, 526, 531 Fn. 102.

291 BayObLG FamRZ 1991, 1232.

292 Bejahend *Frisch* BWNotZ 2000, 63; *Lange/Kuchinke* § 24 V 2 Fn. 139; *Wendt* ErbR 2018, 194, 199; *ders.* ErbR 2017, 700 mit Vergleich zum Insolvenzrecht; a.A. Staudinger/*Kanzleiter* Rn. 31a; Nieder/Kössinger/*R. Kössinger*, Handbuch der Testamentsgestaltung, § 11 Rn. 44 (»regelmäßig nicht der Fall«); offen gelassen von BayObLG FamRZ 1986, 604 (»Aktion Sorgenkind«) m. Anm. *Bosch*.

293 OLG München NJW-RR 2000, 526 = ZEV 2000, 104, 105; OLG München 07.12.2017 – 31 Wx 337/17 geht davon aus, ohne dass § 2270 Abs. 2 BGB in dem Fall aber einschlägig gewesen wäre; BeckOGK/*Braun*, Stand 01.03.2019, Rn. 62; NK-BGB/*Müßig* Rn. 27; jetzt auch Palandt/*Weidlich* Rn. 9.

294 LG Stuttgart ZEV 1999, 441 m. Anm. *Frisch*.

295 Staudinger/*Kanzleiter* Rn. 31a unter Bezug auf KG OLGZ 1993, 398.

296 *Kanzleiter*, FS Birk (2008) S. 315, 324 ff.; *ders.*, FS Werner (2009) S. 508, 514; *ders.* DNotZ 2009, 806, 814; ebenso *M. Klein*, Das gemeinschaftliche Testament …, S. 322 f.

297 *Röthel* Gutachten 68. DJT (2010) A 1 S. 73 f.

298 So auch BeckOGK/*Braun*, Stand 01.03.2019, Rn. 50.1.

299 JurisPK/*Reymann* Rn. 38.

a) Nichtigkeit

73 Gleichgültig ist, ob die erste Verfügung wegen formeller oder sachlicher Mängel nichtig ist[300] und ob sie von vornherein nichtig ist oder erst infolge einer erfolgreichen Anfechtung.[301] Sollte von Ehegatten im Wege eines gemeinschaftlichen Testaments testiert werden, fehlt aber zur Wirksamkeit die Unterschrift des einen Ehegatten, sind auch die Verfügungen des anderen Ehegatten unwirksam. Anderes gilt nur, wenn bei dem Ehegatten, der formwirksam testiert und unterschrieben hat, der Wille angenommen werden kann, die von ihm getroffenen Verfügungen unabhängig von der Wirksamkeit der geplanten gegenläufigen seines Ehepartners gelten zu lassen; dann ist eine **Umdeutung** in ein einseitiges Testament möglich;[302] hinsichtlich einer als Schlusserbeneinsetzung gedachten Verfügung ist dies aber regelmäßig nicht der Fall.[303] Die Auslegungsregel des § 2084 BGB ist hier nicht anwendbar.[304]

74 Wenn die Nichtigkeit einer Verfügung des einen Ehegatten dem **anderen** schon bei der Errichtung des Testaments **bekannt** war oder wenn sie ihm zwar unbekannt war, wenn er aber seine Anordnungen auch bei Kenntnis der Nichtigkeit jener Verfügung getroffen hätte, wird in der Regel anzunehmen sein, dass die Verfügungen nicht wechselbezüglich waren.[305] Dagegen ist es bedeutungslos, wenn ein Ehegatte nach der Errichtung des Testaments erfährt, dass die wechselbezüglichen Verfügungen des anderen Ehegatten nichtig sind, weil es auf den Willen zum Zeitpunkt der Testamentserrichtung ankommt.[306]

b) Widerruf

75 Der Widerruf einer wechselbezüglichen Verfügung hat in der Form des **§ 2271 Abs. 1** i.V.m. § 2296 BGB zu Lebzeiten des anderen Ehegatten/Lebenspartners zu erfolgen. Er führt die Unwirksamkeit der korrespondierenden Verfügungen des anderen Ehegatten im Zeitpunkt des Zugangs der Widerrufserklärung herbei.[307] Ob der andere Ehegatte von dem Widerruf erfährt und ob er ihm zustimmt, spielt keine Rolle. In der Regel wird er wegen der in § 2271 Abs. 1 Satz 1 BGB vorgeschriebenen Form von dem Widerruf Kenntnis erhalten; er kann sich dann darüber schlüssig werden, welche Maßnahmen er ergreifen will.[308] Wenn er mit dem Widerruf und der durch ihn herbeigeführten Unwirksamkeit seiner korrespondierenden eigenen Verfügung einverstanden ist, braucht er nichts zu unternehmen. Er kann aber vorsorglich seine eigenen korrespondierenden Verfügungen durch einseitiges Testament aufheben, § 2271 Abs. 1 Satz 2 BGB gilt hier nicht mehr. Gegen den Widerruf selbst kann der Ehegatte des Widerrufenden nicht unmittelbar vorgehen. Wenn er seine eigenen Verfügungen aufrecht erhalten will, genügt es nicht, dass er sie formlos ausdrücklich oder stillschweigend bestätigt, vielmehr kann er sie nur durch ein neues einseitiges Testament wieder in Kraft setzen (vgl. § 141 BGB).

76 Der Widerruf bewirkt, dass ein **einseitiges Testament**, das ein Ehegatte nach dem gemeinschaftlichen Testament errichtet hatte und das wegen Widerspruchs zu diesem nach § 2271 Abs. 1 Satz 2

---

300 KG KGJ 42 A 119; BeckOK/*Litzenburger* Rn. 24; NK-BGB/*Müßig* Rn. 43; MünchKomm/*Musielak* Rn. 15; Palandt/*Weidlich* Rn. 12; a.M. für den Fall des Formmangels *Battes,* Gemeinschaftliches Testament und Ehegattenerbvertrag, S. 115 ff., S. 264.

301 Etwa nach §§ 2078 f., 142 BGB; *v. Lübtow* I 493; NK-BGB/*Müßig* Rn. 43; vgl. §§ 2271 Rn. 89 ff. BGB.

302 BGH NJW-RR 1987, 1410 = DNotZ 1988, 178, 179; BayObLG NJW-RR 1992, 332 zum Entwurf eines Testaments, das nur von einem unterschrieben wurde; KG DNotZ 1943, 204; *Kipp/Coing* § 35 II 2 a, III 1.

303 BayObLGZ 2000, 194 = NJW-RR 2000, 1534; s. auch § 2265 BGB Rdn. 14.

304 BayObLG NJW-RR 1992, 332, 333.

305 KG DNotZ 1943, 204; OLG Karlsruhe JFG 9, 85; NK-BGB/*Müßig* Rn. 43.

306 Staudinger/*Kanzleiter* Rn. 33; NK-BGB/*Müßig* Rn. 43.

307 NK-BGB/*Müßig* Rn. 44; MünchKomm/*Musielak* Rn. 16.

308 Staudinger/*Kanzleiter* Rn. 34.

BGB zunächst unwirksam war, nunmehr wirksam wird, weil gewissermaßen die Sperrwirkung des gemeinschaftlichen Testaments durch den Widerruf weggefallen ist.[309]

Die Zulässigkeit des **teilweisen Widerrufs** ist im BGB im Gegensatz zum §§ 487 f. ALR II 1 nicht eingeschränkt.[310] Widerruft ein Ehegatte eine wechselbezügliche Verfügung nur teilweise, kommt es für die Wirksamkeit der wechselbezüglichen Verfügung des anderen Ehegatten darauf an, ob anzunehmen ist, dass dieser seine wechselbezüglichen Verfügungen auch dann getroffen hätte, wenn die teilweise widerrufene Verfügung von Anfang an so gelautet hätte, wie nach dem Widerruf.[311] Führt der Widerruf nur zur teilweisen Unwirksamkeit, kann eine Anwachsung nach § 2094 eintreten, sofern diese nicht nach dem Willen des Erblassers ausgeschlossen sein sollte.[312] 77

2. Einseitige Verfügungen

Die Unwirksamkeit nach § 2270 Abs. 1 BGB ergreift zunächst immer nur die Verfügungen eines Ehegatten, die zu der nichtigen oder widerrufenen Verfügung des anderen Ehegatten wechselbezüglich sind.[313] Inwieweit sich die Unwirksamkeit auf andere **einseitige Verfügungen**, die Erbeinsetzung, Vermächtnis oder Auflage darstellen, erstreckt, richtet sich nach § 2085.[314] Verfügungen, die generell nicht wechselbezüglich sein können, wie die Anordnung der Testamentsvollstreckung, Pflichtteilsentziehung u.a.,[315] bleiben grundsätzlich gültig, es sei denn, eine Bestandsabhängigkeit kann aus einem (auch stillschweigend möglichen) Bedingungszusammenhang hergeleitet werden, weshalb dann auch von einer **unechten Wechselbezüglichkeit** gesprochen wird.[316] Es ist jedoch ein einseitiger Widerruf durch den Erblasser selbst möglich (§ 2253 BGB) und u.U. nach seinem Tod auch die Anfechtung durch einen Anfechtungsberechtigten wegen eines Motivzusammenhangs.[317] 78

3. Gegenstandslose Verfügungen

Die automatisch eintretende Nichtigkeitswirkung des Abs. 1 ist nur den nichtigen wechselbezüglichen Verfügungen beigelegt, nicht auch solchen Verfügungen, die bloß gegenstandslos sind,[318] etwa infolge vorzeitigen Todes des Bedachten, Erbunwürdigkeit,[319] Zuwendungsverzicht oder Ausschlagung des bedachten Dritten oder wegen Ausfalls der hinzugefügten Bedingung.[320] Dies führt aber nur dann zur Testierfreiheit, wenn weder eine wechselbezügliche Ersatzberufung[321] noch eine wechselbezügliche Anwachsung (§ 2094 BGB) an die Stelle der gegenstandslosen Verfügung tritt. Dabei ist zu beachten, dass der Zuwendungsverzicht nicht immer gegen die Ersatzerben wirkt[322] und sich eine Ersatzberufung bereits nach § 2069 BGB ergeben kann, diese jedoch nicht an der Wechselbezüglichkeit nach § 2270 Abs. 2 BGB teilnimmt.[323] 79

309 RGZ 65, 270, 275; NK-BGB/*Müßig* Rn. 44.
310 Vgl. auch § 2271 BGB Rdn. 22 f.
311 NK-BGB/*Müßig* Rn. 44; *Planck/Greiff* Anm. 3c.
312 BayObLG FamRZ 1993, 736 = DNotZ 1993, 130.
313 RGZ 116, 148 = JW 1927, 1205 m. Anm. *Titze*; KG OLGZ 44, 100, 102.
314 RGZ 116, 149; OLG Hamburg MDR 1955, 168; Burandt/Rojahn/*Braun* Rn. 42; *Bühler* DNotZ 1962, 366; NK-BGB/*Müßig* Rn. 46.
315 Vgl. Rdn. 16.
316 Ausf. dazu s. Rdn. 6.
317 §§ 2078 Abs. 2, 2080; MünchKomm/*Musielak* Rn. 15.
318 BeckOGK/*Braun*, Stand 01.03.2019, Rn. 70; NK-BGB/*Müßig* Rn. 45; MünchKomm/*Musielak* Rn. 17.
319 BayObLGZ 32, 411, 420.
320 BayObLGZ 19 A 143, 145; OLGE 44, 104; zum Zuwendungsverzicht BayObLG FamRZ 2001, 319, 320 = ZEV 2001, 16; MünchKomm/*Musielak* Rn. 17.
321 S. etwa BayObLG FamRZ 1995, 251 = ZEV 1994, 362; eingehend hierzu Rdn. 41.
322 Eingehend Syst. A Rdn. 454 ff.
323 Eingehend oben Rdn. 41.

80 Tritt eine solche Gegenstandslosigkeit ohne wechselbezügliche Ersatzberufung oder Anwachsung ein, wird eine zu einer wechselbezüglichen Verfügung ursprünglich im Widerspruch stehende neue Verfügung auch dann wirksam, wenn sie der eine Ehegatte **noch zu Lebzeiten** des anderen trifft.[324]

81 Da Abs. 1 insoweit nicht gilt, bleibt die zur *gegenstandslosen Verfügung* korrespondierende *des anderen Ehegatten* grundsätzlich wirksam, allerdings entfällt die Bindung an diese Verfügung, wenn keine ihrerseits wechselbezügliche Ersatzberufung oder Anwachsung eintritt.[325] Die Erblasser können aber ein anderes bestimmen, also einen Bedingungszusammenhang dergestalt anordnen, dass die wechselbezügliche Verfügung des einen Ehegatten auch schon bei bloßer Gegenstandslosigkeit der entsprechenden Verfügung des anderen kraftlos werden solle; ein derartiger Wille kann dem Testament auch im Wege der Auslegung entnommen werden.[326]

V. Prozessuales, Grundbuchrecht

1. Feststellung der Wechselbezüglichkeit

82 Die Frage der Wechselbezüglichkeit liegt im Wesentlichen auf tatsächlichem Gebiet, so dass die diesbezüglichen Feststellungen primär dem Tatrichter vorbehalten sind.[327] Das Ergebnis der richterlichen Tatsachenwürdigung kann im **Rechtsbeschwerdeverfahren** oder in der **Revision** nur daraufhin überprüft werden, ob es nach den Denkgesetzen und der Erfahrung möglich ist, den gesetzlichen Auslegungsregeln und dem klaren Wortlaut und Sinn der letztwilligen Verfügung nicht widerspricht sowie alle wesentlichen Tatsachen berücksichtigt sind.[328] Die Schlussfolgerungen des Tatrichters müssen hierbei nicht zwingend sein; es genügt, wenn sie möglich sind, mag ein anderer Schluss näher oder zumindest ebenso naheliegend sein.[329] Ob die Voraussetzungen für ein »Nahestehen« i.S.d. Abs. 2, 2. Alt. vorliegen, ist nach den Umständen des Einzelfalls zu entscheiden und liegt daher im Wesentlichen auf tatsächlichem Gebiet, weshalb die entsprechenden Feststellungen ebenfalls von der Tatsacheninstanz zu treffen sind.[330]

2. Beweislast

83 Die Beweislast im Prozess bzw. die **materielle Feststellungslast** im Erbscheinsverfahren trifft grundsätzlich den, der sein Erbrecht auf die Wechselbezüglichkeit stützt[331] und damit darauf, dass eine ihn beeinträchtigende oder ausschließende Verfügung wegen ihrer Wechselbezüglichkeit nach **Abs. 1 nichtig** ist.[332] Insoweit noch verbleibende Zweifel gehen daher zu seinen Lasten.[333] Dies gilt **jedoch nicht**, soweit die Auslegungsregel des **§ 2270 Abs. 2, 1. Alt.** BGB anwendbar ist: In ihrem Anwendungsbereich greift sie gerade in den nicht aufklärbaren Zweifelsfällen ein, so dass es insoweit ein »*non liquet*« nicht gibt und daher auch keine Beweislastentscheidung und auch

324 OLG Frankfurt NJW-RR 1994, 236 = FamRZ 1995, 1026.

325 Vgl. MünchKomm/*Musielak* Rn. 18.

326 Erman/*Kappler/Kappler* Rn. 8; *v. Lübtow* I 494; Palandt/*Weidlich* Rn. 2 und wohl auch NK-BGB/*Müßig* Rn. 45 stellen auf den zu erforschenden Erblasserwillen ab.

327 BayObLG FamRZ 1980, 505; Rpfleger 1985, 445; OLG Frankfurt am Main NJWE-FER 2001, 293, 294 = FamRZ 2002, 352; jurisPK/*Reymann* Rn. 74.

328 OLG Karlsruhe BWNotZ 1999, 150; OLG Frankfurt ZEV 1999, 66.

329 OLG München BeckRS 2010, 11135; OLG Frankfurt NJW-RR 1996, 261 = ZEV 1995, 457; ZEV 1997, 420, 421; OLG Frankfurt NJWE-FER 2001, 293, 294 = FamRZ 2002, 352; KG OLGZ 1993, 398, 400 f. = FamRZ 1993, 1251; BayObLGZ 1991, 173, 176; NK-BGB/*Müßig* Rn. 51; MünchKomm/*Musielak* Rn. 6.

330 BayObLG FamRZ 1991, 1232 = JuS 1992, 77.

331 BayObLGZ 1970, 173, 181; FamRZ 1985, 1287, 1289; 1986, 392, 395; 1993, 1126, 1128; BeckOGK/*Braun*, Stand 01.03.2019, Rn. 75; jurisPK/*Reymann* Rn. 73; *Zimmer* NJW 2009, 2364, 2365.

332 *Baumgärtel/Schmitz* Rn. 1.

333 BayObLG FamRZ 1986, 392, 395.

keine Entscheidung nach der materiellen Feststellungslast.[334] Die Norm ist daher zugleich auch eine **Regelung der Beweisführungslast** (subjektive Beweislast), so dass derjenige, der abweichend hiervon eine Wechselbezüglichkeit verneint, den anderen Erblasserwillen behaupten, die entsprechenden Tatsachen vortragen und im Streitfall beweisen muss.[335] Dies gilt nicht, soweit es um die Frage geht, ob eine Zuwendung an eine *nahestehende Person* vorliegt **(Abs. 2, 2. Alt., 2. Unterfall)**, denn hier trägt die Feststellungslast wiederum der, der sein Erbrecht auf die Wechselbezüglichkeit stützt,[336] wobei jedoch bei Zweifeln davon auszugehen ist, dass nach der Lebenserfahrung beim Fehlen einer verwandtschaftlichen Beziehung der Ehegatten zum Schlusserben keine Wechselbezüglichkeit vorliegt.[337]

3. Grundbuchrecht

Beruht die in das Grundbuch einzutragende Rechtsfolge auf einem notariellen Testament und hat der Erblasser vor diesem Testament zusammen mit seinem vorverstorbenen Ehegatten ein gemeinschaftliches eigenhändiges Testament errichtet, obliegt dem Grundbuchamt auch die Auslegung dieses Testaments zu der Frage, ob die Wirksamkeit der späteren Erbeinsetzung von der Bindungswirkung des gemeinschaftlichen Testaments berührt wird. Nur wenn die Klärung dieser Frage weitere **tatsächliche Ermittlungen** über den Willen des Erblassers und seines Ehegatten erforderlich macht, ist das Grundbuchamt berechtigt und verpflichtet, zum Nachweis der Erbfolge einen Erbschein zu verlangen.[338] Auch die Formwirksamkeit eines **Aufhebungsvertrags** hat das Grundbuchamt selbstständig zu prüfen und kann deswegen nicht einfach einen Erbschein verlangen.[339] 84

Würde man den »**Vorrang der individuellen Auslegung**«[340] in allen Fällen uneingeschränkt annehmen, bei denen die Frage der Wechselbezüglichkeit in der Urkunde nicht ausdrücklich geregelt ist, könnte von der kostensparenden Möglichkeit des § 35 Abs. 1 Satz 2 GBO bei derartigen öffentlichen gemeinschaftlichen Testamenten nicht Gebrauch gemacht werden: Vielmehr müsste das Grundbuchamt für die Berichtigung aufgrund Erbfolge in solchen Zweifelsfällen die Vorlage eines Erbscheins verlangen. Denn dem Grundbuchamt obliegt zwar insoweit eine Pflicht zur selbständigen rechtlichen Würdigung der Verfügung, die jedoch u.U. mit dem im Eintragungsverfahren geltenden »Ermittlungsverbot« kollidiert, weil zur Auslegung und Ermittlung der Wechselbezüglichkeit auch außerhalb der Urkunde liegende Tatsachen herangezogen werden können und müssen.[341] Dies würde dazu führen, dass letztlich die Grundbuchämter im Rahmen ihrer Prüfung nach § 35 Abs. 1 Satz 2 GBO auf die gesetzlichen Auslegungsregeln nicht mehr zurückgreifen könnten und immer dann, wenn eine nicht eindeutige Verfügung zu beurteilen ist, die Vorlage eines Erbscheins verlangen müssten.[342] Das OLG Stuttgart hat demgegenüber die Beachtung der gesetzlichen Auslegungsregeln durch das Grundbuchamt bereits dann ermöglicht, wenn nur zu erwarten ist, dass durch die Ermittlung des Nachlassgerichts keine zusätzlichen Erkenntnisse zu erhalten sind.[343] Die Anwendungsmöglichkeit des § 35 Abs. 1 Satz 2 GBO wird daher von einer **negativen Prognose** über die Erkenntnismöglichkeit des Nachlassgerichts abhängig gemacht. Anders soll es nur liegen, 85

334 BayObLG NJW-RR 1992, 1223, 1224; vgl. auch FamRZ 1997, 1241, 1242; NK-BGB/*Müßig* Rn. 52; *Zimmer* NJW 2009, 2364, 2365.
335 BeckOGK/*Braun*, Stand 01.03.2019, Rn. 75; NK-BGB/*Müßig* Rn. 53; vgl. zur ähnlichen Problematik bei § 2269 MünchKomm/*Musielak* § 2269 Rn. 73.
336 KG OLGZ 1993, 398, 402; Damrau/Tanck/*Klessinger*, Erbrecht, Rn. 35; NK-BGB/*Müßig* Rn. 53.
337 BayObLG FamRZ 1991, 1232 = JuS 1992, 77.
338 BayObLG ZEV 2000, 233 = FamRZ 2001, 42; jurisPK/*Reymann* § 2271 Rn. 115 f.
339 OLG Frankfurt FamRZ 1998, 1470 = Rpfleger 1998, 513.
340 S. Rdn. 26.
341 S. Rdn. 27 ff.
342 So *Peissinger* Rpfleger 1992, 427 f.; ähnlich weitreichend Burandt/Rojahn/*Egerland* § 35 GBO Rn. 15.
343 OLGZ 1992, 147 = NJW-RR 1992, 516; ebenso OLG Schleswig RNotZ 2007, 37 = Rpfleger 2006, 643 m. abl. Anm. *Preisinger* (mit Warnung einer Testamentsauslegung »zweiter Klasse« durch das Grundbuchamt); KG DNotV 1930, 479; jurisPK/*Reymann* § 2271 Rn. 115.

wenn konkrete Umstände bekannt sind, die weitergehende Ermittlungen sinnvoll erscheinen lassen, etwa durch die Anhörung des noch lebenden Ehegatten oder des Notars, falls nicht zu lange Zeit verstrichen ist.[344] Damit wird zwar eine gewisse Unsicherheit in Kauf genommen, dies ist aber auch in anderen Bereichen des formalisierten Grundbuchverfahrens aus Gründen der Verfahrensökonomie der Fall, man denke an den tragenden Grundsatz des formellen Konsensprinzips des § 19 GBO. Aus praktischen Überlegungen heraus wird man dem OLG Stuttgart letztlich folgen.[345]

86 Umgekehrt kann das Grundbuchamt die **Vorlage eines Erbscheins** auch dann verlangen, wenn die Auslegungsregel des § 2270 Abs. 2 BGB nicht eingreift, jedoch Anhaltspunkte dafür bestehen, dass die individuelle Auslegung des Testaments auf der Grundlage weiterer **tatsächlicher Ermittlungen** zur Annahme der Wechselbezüglichkeit der Verfügungen führen kann.[346]

VI. Gestaltungshinweise

87 Die Klärung der Wechselbezüglichkeit der Verfügungen und die genaue Festlegung dieser Eigenschaft in der Urkunde ist nach all dem Gesagten **unerlässlich**, um Streit und damit verbundene Kosten zu vermeiden; auf das Eingreifen der Auslegungsregel des § 2270 Abs. 2 BGB darf es der Rechtsberater und Notar nicht ankommen lassen.[347] Soweit es zur Anwendung ausländischen Erbrechts kommt und dieses gemeinschaftliche Testamente anerkennt, stellt sich die Frage, ob das ausländische Erbstatut eine der deutschen Wechselbezüglichkeit vergleichbare Bindungswirkung kennt.[348]

§ 2271 Widerruf wechselbezüglicher Verfügungen

(1) Der Widerruf einer Verfügung, die mit einer Verfügung des anderen Ehegatten in dem im § 2270 BGB bezeichneten Verhältnis steht, erfolgt bei Lebzeiten der Ehegatten nach der für den Rücktritt von einem Erbvertrag geltenden Vorschrift des § 2296 BGB. Durch eine neue Verfügung von Todes wegen kann ein Ehegatte bei Lebzeiten des anderen seine Verfügung nicht einseitig aufheben.

(2) Das Recht zum Widerruf erlischt mit dem Tode des anderen Ehegatten; der Überlebende kann jedoch seine Verfügung aufheben, wenn er das ihm Zugewendete ausschlägt. Auch nach der Annahme der Zuwendung ist der Überlebende zur Aufhebung nach Maßgabe des § 2294 BGB und des § 2336 BGB berechtigt.

(3) Ist ein pflichtteilsberechtigter Abkömmling der Ehegatten oder eines der Ehegatten bedacht, so findet die Vorschrift des § 2289 Abs. 2 BGB entsprechende Anwendung.

Übersicht

344 Dies war möglich im Fall OLG Hamm OLGZ 1968, 485 = MDR 1968, 1012 zu § 2269.

345 A.M. *Schmucker* MittBayNot 2001, 526, 531 Fn. 91.

346 OLG Hamm Rpfleger 2001, 71 = MittBayNot 2001, 75 (sofortige Erbeinsetzung der Kinder bei gleichzeitigem gegenseitigen Erb- und Pflichtteilsverzicht der Eltern).

347 Ebenso Groll/Steiner/*Edenfeld*, Praxis-Handbuch Erbrechtsberatung, Rn. 11.111; *Radke* NotBZ 2001, 15 f. mit Beispielen; *Schmucker* MittBayNot 2001, 526, 534.

348 Vgl. dazu die Hinweise bei jurisPK/*Reymann* § 2265 Rn. 29 ff.

I. Allgemeines

1 Das Wesen der wechselbezüglichen Verfügungen besteht in der Einheit ihres Beweggrundes. Jede Verfügung wird mit Rücksicht auf die andere getroffen.[1] Aus dieser Einheit des Beweggrundes folgert das Gesetz eine weitgehende Einheit ihres rechtlichen Schicksals. § 2270 BGB sieht deshalb vor, dass die Nichtigkeit oder der Widerruf einer solchen Verfügung eines Ehegatten auch die wechselbezüglichen Verfügungen des anderen Ehegatten zu Fall bringt. Eine weitere Folgerung zieht das Gesetz in § 2271 BGB, indem es die einseitige Aufhebung einer wechselbezüglichen Verfügung für die Zeit, da beide Ehegatten am Leben sind, erschwert, und für die Zeit nach dem ersten Erbfall grundsätzlich verbietet. Hierin zeigt sich die **eigentümliche erbrechtliche Bindung** des korrespektiven gemeinschaftlichen Testaments, durch die es einem zweiseitigen Erbvertrag mit vorbehaltenem Rücktritt ähnlich wird.[2] **Normzweck** des § 2271 BGB ist der Schutz jedes Ehegatten in seinem Ver-

1 Vgl. § 2270 BGB Rdn. 1.

2 Vgl. einerseits §§ 2270, 2271 i.V.m. §§ 2296, 2294, 2336, 2289 Abs. 2 BGB; andererseits §§ 2278, 2298, 2293 ff., 2296, 2289 Abs. 1 Satz 2, Abs. 2 BGB; RGZ 77, 168; *Buchholz* Rpfleger 1990, 52; NK-BGB/*Müßig* Rn. 1; MünchKomm/*Musielak* Rn. 1.

trauen, dass die gemeinschaftlich niedergelegte Nachlassplanung zu beider Lebzeiten nicht heimlich und nach dem Tod des einen vom Längerlebenden nach Annahme des ihm Zugewandten gar nicht mehr geändert werden kann.[3]

Die Vorschrift gilt auch für **eingetragene Lebenspartner** i.S.d. § 1 LPartG (§ 10 Abs. 4 Satz 2 LPartG).

II. Widerruf des ganzen gemeinschaftlichen Testaments

2 § 2271 regelt nur den Widerruf wechselbezüglicher Verfügungen, nicht aber des ganzen Testaments.[4] Das gemeinschaftliche Testament kann im Ganzen nur durch eine gemeinschaftliche Handlung beider Ehegatten widerrufen werden:[5]

(1) durch ein neues gemeinschaftliches Testament, in dem
 (a) das frühere gemeinschaftliche Testament ausdrücklich widerrufen wird (§ 2254 BGB) oder
 (b) das frühere gemeinschaftliche Testament durch widersprechende Verfügungen praktisch aufgehoben wird (§ 2258 BGB);
(2) durch einen **Erbvertrag** der Ehegatten (§ 2289 Abs. 1 Satz 1 BGB, vgl. § 2292 BGB);
(3) durch die **gemeinschaftliche Vernichtung** der Testamentsurkunde;[6] es genügt Handeln eines Ehegatten im Einverständnis, also mit vorheriger Zustimmung, des anderen,[7] nicht aber nachträgliche Zustimmung;[8]
(4) durch **gemeinschaftliche Rücknahme** aus der amtlichen Verwahrung, wenn es sich um ein öffentliches Testament handelt (§§ 2256, 2272 BGB);
(5) wenn das gemeinschaftliche Testament nur **Vermächtnisse** und Auflagen enthält: durch einseitiges Testament des Erblassers mit öffentlich beurkundeter **Zustimmung des anderen Ehegatten.**[9]
(6) bei dahingehendem Willen der Beteiligten durch **Prozessvergleich** zwischen den Ehegatten.[10]

III. Widerruf einseitiger Verfügungen

1. Widerruf durch Testament oder Erbvertrag

3 **Einseitige**, also nicht wechselbezügliche Verfügungen kann jeder Ehegatte grundsätzlich jederzeit – auch noch nach dem Tod des anderen Ehegatten – in gleicher Weise wie ein einseitiges Testament einseitig, d.h. ohne Zustimmung des anderen Ehegatten, widerrufen,[11] insbesondere durch öffentliches oder privates Widerrufstestament (§ 2254 BGB), durch widersprechendes Testament (§ 2258 BGB) oder durch einen Erbvertrag (§ 2289 Abs. 1 BGB), sei es mit dem anderen Ehegatten oder einem Dritten. Das gilt insbesondere für alle Verfügungen, die keine Erbeinsetzungen, Vermächtnisse oder Auflagen darstellen, die also generell nicht wechselbezüglich sein können (§ 2270 Abs. 3 BGB), z.B. die Entziehung eines Pflichtteils oder die Anordnung von Testamentsvollstreckung.

---

3 BGHZ 9, 233, 236; 30, 261, 265; BeckOGK/*Braun*, Stand 01.03.2019, Rn. 2; *Kuchinke*, FS v. Lübtow (1991) S. 283, 287; *Lange*, Erbrecht, § 16 Rn. 135; NK-BGB/*Müßig* Rn. 2; MünchKomm/*Musielak* Rn. 1; *Muscheler* I Rn. 2134; *Schaumann*, Zur Bindungswirkung des gemeinschaftlichen Testaments …, S. 81 ff.
4 BeckOGK/*Braun*, Stand 01.03.2019, Rn. 5; MünchKomm/*Musielak* Rn. 3.
5 JurisPK/*Reymann* Rn. 6 ff.
6 § 2255 BGB; jurisPK/*Reymann* Rn. 8; Palandt/*Weidlich* Rn. 2.
7 BayObLG MDR 1981, 933; Staudinger/*Kanzleiter* Rn. 20; *Lange/Kuchinke* § 24 VI 2 Fn. 151; NK-BGB/*Müßig* Rn. 5; MünchKomm/*Musielak* Rn. 3; Palandt/*Weidlich* § 2255 Rn. 16.
8 BayObLG MDR 1981, 933; NK-BGB/*Müßig* Rn. 5; MünchKomm/*Musielak* Rn. 13; jurisPK/*Reymann* Rn. 8; s. auch Rdn. 25.
9 Entsprechend § 2291 BGB, vgl. Rdn. 7; *Kipp/Coing* § 35 Fn. 22.
10 OLG Köln OLGZ 1970, 114; OLG Bremen MittBayNot 2013, 55 m. Anm. *Soutier*; BeckOK/*Litzenburger* Rn. 3; jurisPK/*Reymann* Rn. 7; zu den nötigen Mitwirkungshandlungen *Damrau* ZEV 2007, 96.
11 *Lange/Kuchinke* § 24 VII 1; NK-BGB/*Müßig* Rn. 6; jurisPK/*Reymann* Rn. 10.

2. Widerruf durch Streichung einer Verfügung oder teilweise Vernichtung des Testaments

Wenn sich das gemeinschaftliche Testament nicht in amtlicher Verwahrung befindet (§ 34 BeurkG, §§ 2248, 2259 BGB, §§ 344, 346, 347 FamFG), kann jeder Ehegatte seine **einseitigen Verfügungen**, soweit sie sich von denen des anderen Ehegatten **sondern** lassen, auch dadurch widerrufen, dass er sie durchstreicht oder den sie enthaltenden Teil der Testamentsurkunde vernichtet (§ 2255 BGB). Er bedarf hierzu nicht der Zustimmung des anderen Ehegatten.[12] Der überlebende Ehegatte kann seine einseitigen Verfügungen auch noch nach dem ersten Erbfall in der angegebenen Weise widerrufen, wenn sich das Testament nicht in besonderer amtlicher Verwahrung befindet und es auch noch nicht an das Nachlassgericht abgeliefert ist; dann freilich nicht mehr, weil er das Testament nicht zurückerhält.[13] Die Pflicht zur Ablieferung des Testaments (§ 2259 BGB) erstreckt sich nicht auf die Teile der Testamentsurkunde, die ausschließlich einseitige Verfügungen des überlebenden Ehegatten enthalten.[14] 4

Solange beide Ehegatten leben, kann jeder von ihnen auch einseitige Verfügungen des anderen durch Streichung oder teilweise Vernichtung widerrufen, wenn er hierzu von dem anderen **vorher ermächtigt** wurde.[15] Dagegen genügt die nachträgliche formlose Billigung durch den anderen Ehegatten nicht, um die Streichung oder teilweise Vernichtung zu einem wirksamen Widerruf zu machen.[16] 5

3. Widerruf durch Rücknahme

Durch Rücknahme des gemeinschaftlichen Testaments aus der amtlichen Verwahrung (§ 2256 BGB) kann ein Ehegatte seine einseitigen Verfügungen nicht einseitig widerrufen, weil nach § 2272 BGB ein gemeinschaftliches Testament nur von beiden Ehegatten gemeinsam aus der amtlichen Verwahrung zurückgenommen werden kann.[17] 6

IV. Widerruf wechselbezüglicher Verfügungen zu Lebzeiten beider Ehegatten

1. Gemeinsamer Widerruf

Wechselbezügliche Verfügungen können die Eheleute, wenn sie einig sind und gemeinsam handeln, in den gleichen Formen widerrufen wie das ganze gemeinschaftliche Testament.[18] Die Streichung und Eintragung eines Ungültigkeitsvermerks in ein früheres Testament nur durch einen Ehegatten lässt jedoch einen gleichlautenden Willen des anderen nicht erkennen.[19] Auch genügt es nicht, dass nur ein Ehegatte das Widerrufstestament verfasst und der andere später genehmigt,[20] oder dass zwei widerrufende Einzeltestamente errichtet werden, denen der Wille zum gemeinsamen Testieren nicht zumindest andeutungsweise zu entnehmen ist[21] oder nur der eine Ehegatte ein neues einseitiges Testament errichtet und der andere ihm formlos zustimmt.[22] Eine Ausnahme ist zu machen, wenn nur Vermächtnisse oder Auflagen aufgehoben werden sollen; hierfür ist es in entsprechender 7

12 Burandt/Rojahn/*Braun* Rn. 3; Staudinger/*Kanzleiter* Rn. 4; a.M. *Planck/Greiff* § 2272 Anm. 3; *Strohal* § 43a Anm. 7.
13 §§ 2259, 2272 BGB; HK-BGB/*Hoeren* § 2272 BGB Rn. 2; MünchKomm/*Musielak* § 2272 BGB Rn. 3.
14 Staudinger/*Kanzleiter* Rn. 4.
15 § 2255 BGB; Burandt/Rojahn/*Braun* Rn. 3; NK-BGB/*Müßig* Rn. 6; *Schmidt* MDR 1951, 321, 325.
16 RGRK-BGB/*Johannsen* § 2255 Anm. 3; NK-BGB/*Müßig* Rn. 6; Palandt/*Weidlich* § 2255 Rn. 13; s.o. § 2255 Rn. 10; a.M. *Schmidt* MDR 1951, 321, 325.
17 JurisPK/*Reymann* Rn. 14.
18 Rdn. 2.
19 BayObLG Rpfleger 1997, 310, 311 = FamRZ 1997, 1244; NK-BGB/*Müßig* Rn. 7.
20 Staudinger/*Kanzleiter* Rn. 20; NK-BGB/*Müßig* Rn. 7.
21 DNotI-Report 2014, 41, 42 f.
22 KG DNotZ 1935, 400; KG JFG 14, 280, 285; Palandt/*Weidlich* § 2255 Rn. 13.

Anwendung des § 2291 BGB zulässig, dass der Erblasser seine Anordnung durch einseitiges Testament widerruft und der andere Ehegatte in einer notariell beurkundeten Erklärung zustimmt.[23]

2. Einseitiger Widerruf

8 Ein Ehegatte, der eine wechselbezügliche Verfügung einseitig, d.h. ohne Mitwirkung des anderen Ehegatten zu dessen Lebzeiten widerrufen will, kann dies grundsätzlich nur in der **Form** tun, die das Gesetz für den Rücktritt von einem Erbvertrag vorsieht, also durch eine persönliche, notariell beurkundete Erklärung gegenüber dem anderen Ehegatten (Abs. 1 Satz 1, § 2296 BGB, bes. Abs. 2). Es handelt sich dabei um **kein Widerrufstestament** i.S. von § 2254 BGB, sondern um eine eigenständige Widerrufsform.[24]

a) Höchstpersönlichkeit

9 Der Widerruf ist seiner Rechtsnatur nach eine **Verfügung von Todes wegen.**[25] Er kann daher nicht von einem Vertreter des widerrufenden Ehegatten erklärt werden, auch nicht von seinem gesetzlichen Vertreter.[26] Dies lässt sich für den gesetzlichen Vertreter auch nicht durch eine entsprechende Anwendung des § 2282 Abs. 2 BGB begründen,[27] denn es geht hier allein um die Wiederherstellung der Testierfreiheit, bei der eine Stellvertretung nicht zulässig ist, während sich die Vertretungsmacht des gesetzlichen Vertreters bei der Anfechtung damit rechtfertigen lässt, dass es um die Beseitigung eines Willensmangels (also eine Korrektur) geht.[28] Jedoch kann die Erklärung durch einen Boten dem anderen Ehegatten übermittelt werden.

b) Testierfähigkeit

10 Da der Widerruf der wechselbezüglichen Verfügung sachlich eine Verfügung von Todes wegen darstellt, ist für ihn nicht Geschäftsfähigkeit, sondern **Testierfähigkeit** erforderlich und genügend.[29] Nicht widerrufen können also insbesondere Geisteskranke und Geistesschwache, die testierunfähig i.S.d. § 2229 Abs. 4 BGB sind. Auch eine Anfechtung analog § 2282 BGB scheidet aus, weil diese nur gerechtfertigt ist, um einen Willensmangel zu korrigieren, während der Widerruf nicht von einem bestimmten Grund abhängt.[30] Ein Betreuter, selbst wenn für ihn ein Einwilligungsvorbehalt angeordnet ist, kann sein Testament widerrufen, wenn er nur testierfähig ist.[31] Ein Minderjähriger über 16 Jahre kann zwar ein Testament nur durch mündliche Erklärung vor dem Notar oder durch Übergabe einer offenen Schrift an den Notar errichten (§§ 2229 Abs. 1, 2233 Abs. 1, 2247 Abs. 4 BGB); trotzdem kann ein **minderjähriger Ehegatte** eine wechselbezügliche Verfügung in der Form des Rücktritts vom Erbvertrag widerrufen, weil diese Form jenen Formen gleichwertig ist.

---

23 RGRK-BGB/*Johannsen* Rn. 8; *Kipp/Coing* § 35 III Fn. 25; MünchKomm/*Musielak* Rn. 3, 5; Palandt/*Weidlich* Rn. 2; a.M. *Planck/Greiff* Anm. II 2 b.

24 Dies hat insb. Auswirkungen bezüglich der Anknüpfungen nach dem IPR, übersehen bei OLG Frankfurt FamRZ 2010, 677 = ZEV 2009, 516, worauf *S. Lorenz* ZEV 2009, 518 zu Recht hinweist.

25 Vgl. § 2253 BGB Rdn. 5; OLG München DNotZ 1944, 114, 116; Burandt/Rojahn/*Braun* Rn. 8; Staudinger/*Kanzleiter* Rn. 9; NK-BGB/*Müßig* Rn. 8.

26 BeckOGK/*Braun*, Stand 01.03.2019, Rn. 32; Palandt/*Weidlich* Rn. 4.

27 So aber *Helms* DNotZ 2003, 104, 111; wie hier BeckOGK/*Braun*, Stand 01.03.2019, Rn. 32; Staudinger/*Kanzleiter* Rn. 9; Damrau/Tanck/*Klessinger*, Erbrecht, Rn. 7.

28 Ebenso Staudinger/*Kanzleiter* Rn. 9; NK-BGB/*Müßig* Rn. 8; MünchKomm/*Musielak* Rn. 6.

29 BeckOGK/*Braun*, Stand 01.03.2019, Rn. 31; *Helms* DNotZ 2003, 104, 110; Staudinger/*Kanzleiter* Rn. 9; BeckOK/*Litzenburger* Rn. 8; NK-BGB/*Müßig* Rn. 9; MünchKomm/*Musielak* Rn. 6; s.o. § 2253 BGB Rdn. 5; vgl. § 2229 BGB; Mot V 297; zur Testierfähigkeit s. ausf. oben § 2229 BGB Rdn. 4 ff.

30 BeckOK/*Litzenburger* Rn. 8; MünchKomm/*Musielak* Rn. 6; wohl auch Staudinger/*Kanzleiter* Rn. 9 f.; für analoge Anwendung des § 2282 auf den Testierunfähigen zur Lösung von der erbrechtlichen Bindung *Helms* DNotZ 2003, 104, 109 f., wobei aber das Vorliegen eines Anfechtungsgrundes nach §§ 2078 f. BGB gefordert wird; dem zust. jurisPK/*Reymann* Rn. 21.

31 § 1903 Abs. 2 BGB; vgl. MünchKomm/*Musielak* Rn. 6; § 2229 Rdn. 8.

§ 2296 Abs. 1 Satz 2 BGB, der bestimmte, dass der in seiner Geschäftsfähigkeit beschränkte Erblasser zur Erklärung des Rücktritts vom Erbvertrag nicht der Zustimmung seines gesetzlichen Vertreters bedurfte (gem. § 2271 Abs. 1 Satz 1 auf den Widerruf entsprechend anwendbar), wurde durch das Gesetz zur Bekämpfung von Kinderehen[32] aufgehoben. Daraus wird zum Teil gefolgert, dass dem Minderjährigen ein Rücktritt bzw. Widerruf verwehrt ist.[33] Dem ist nicht zu folgen. Ausweislich der Begründung des Gesetzesentwurfs wurde § 2296 Abs. 1 Satz 2 BGB als bloße Sonderregelung angesehen, die in Anbetracht der nun nicht mehr möglichen Eheschließung Minderjähriger entbehrlich und daher aufzuheben sei.[34] Da Ehen Minderjähriger aber nach ausländischem Recht wirksam geschlossen sein können[35] und ihnen in Deutschland auch nicht in jedem Fall die Anerkennung versagt wird,[36] bleibt ein praktisches Bedürfnis (freilich in wenigen Einzelfällen) für eine Widerrufsmöglichkeit bestehen. Es ist nicht davon auszugehen, dass der Gesetzgeber, der gerade die mit der Ehe verbundenen Rechtsfolgen für Minderjährige als tendenziell unerwünscht betrachtet, eine erbrechtliche Bindung bestehen lassen wollte.[37] Da der Gesetzgeber die Auswirkung der Streichung des § 2296 Abs. 1 Satz 2 BGB schlicht übersehen hat, sollte auch in Zukunft der Widerruf für den beschränkt Geschäftsfähigen ohne Zustimmung des gesetzlichen Vertreters möglich sein; nur dies wird der Höchstpersönlichkeit des Rechts gerecht (vgl. § 2229 Abs. 2 BGB). Dies gilt auch dann, wenn der Widerruf nicht nur rechtlich vorteilhaft ist. Jedenfalls muss aber ein Widerruf mit Zustimmung des gesetzlichen Vertreters wirksam sein.[38] 11

c) Empfangsbedürftige Willenserklärung

Der Widerruf ist eine einseitige empfangsbedürftige Willenserklärung;[39] er geschieht durch Erklärung gegenüber dem anderen Ehegatten (§ 2296 Abs. 2 Satz 1 BGB). Die Erklärung muss an den anderen Ehegatten gerichtet (»adressiert«) werden. Die spätere Errichtung einer abweichenden **Verfügung von Todes** wegen ist daher auch bei Wahrung der für den Rücktritt vorgeschriebenen Form und selbst bei späterem Zugang an den anderen Ehegatten schon deshalb keine wirksame Rücktrittserklärung.[40] Neben dem Widerrufswillen ist daher für eine Widerrufserklärung notwendig, dass diese eindeutig an den anderen Ehegatten gerichtet ist und die Widerrufserklärung in Ausfertigung zugeht.[41] Nur unter dieser Voraussetzung wird man eine Kombination eines Widerrufs mit einer neuen Verfügung von Todes wegen für zulässig halten können.[42] 12

32 Vom 17.07.2017, BGBl. I 2429; ausführlich zu den erbrechtlichen Auswirkungen des Gesetzes *Sammet/Wolffskeel v. Reichenberg* ZEV 2019, 510.

33 BeckOK/*Litzenburger* § 2296 BGB Rn. 3; wohl auch HK-BGB/*Hoeren* § 2296 Rn. 3.

34 BT-Drucks. 18/12086 S. 21.

35 Vgl. die Länderberichte bei *Süß/Ring*, Eherecht in Europa (2017): ab Vollendung des 16. Lebensjahres in Schottland, mit Zustimmung des Sorgeberechtigten in England, Wales, Portugal, Spanien, Türkei, mit gerichtlicher Genehmigung in Griechenland, Italien, Kroatien, Österreich, mit Zustimmung des Staatsanwalts in Frankreich und mit Zustimmung des Vorsitzenden des Gemeinderats und der Eltern in Dänemark.

36 Vgl. BGH NZFam 2019, 65 m. zust. Anm. *Löhnig*.

37 Ähnlich Palandt/*Weidlich* § 2296 BGB Rn. 1 für Altfälle.

38 Ausführlich *Sammet/Wolffskeel v. Reichenberg* ZEV 2019, 510.

39 BGHZ 106, 359, 361; NK-BGB/*Müßig* Rn. 12; dass der Widerruf kein Testament ist, verkennt OLG Frankfurt FamRZ 2010, 677 = ZEV 2009, 516 m. Anm. S. *Lorenz* (Rn. 22) und kommt damit zu einer falschen IPR-Qualifikation, zutr. daher die Kritik von *S. Lorenz* aaO.

40 Soergel/*M. Wolf* Rn. 6; a.A. Staudinger/*Kanzleiter* Rn. 11; NK-BGB/*Müßig* Rn. 12; s. auch § 2296 BGB Rdn. 10.

41 Zur Problematik des vorzeitigen Todes des Widerrufenden s. Rdn. 16.

42 Auch BGHZ 106, 359, 362 = DNotZ 1990, 50 betont, dass die Erklärung ggü. dem anderen »erfolgen« müsse; vgl. auch KG JFG 14, 280 = JW 1937, 476; *Kipp/Coing* § 35 Fn. 20; teilweise großzügiger 2. Aufl. Rn. 11; Staudinger/*Kanzleiter* Rn. 11; generell gegen Widerruf durch Verfügung von Todes wegen *Rappenglitz* Rpfleger 2001, 531, 533.

d) Beurkundung des Widerrufs

13 Der Widerruf bedarf der notariellen Beurkundung (Abs. 1 Satz 1 mit § 2296 Abs. 2 Satz 2 BGB). Das gilt auch, wenn eine wechselbezügliche Verfügung widerrufen werden soll, die in einem privaten gemeinschaftlichen Testament getroffen ist, mag dieses auch, wie es trotz § 2248 BGB meist geschieht, von den Eheleuten selbst verwahrt werden. Auch in einem solchen Fall genügt es nicht, wenn ein Ehegatte seine wechselbezüglichen Verfügungen mit formloser Zustimmung des anderen in einem neuen einseitigen Testament widerruft oder einen solchen Widerruf dem anderen Ehegatten alsbald mündlich mitteilt.[43]

e) Die Übermittlung des Widerrufs

aa) Gegenstand der Übermittlung

14 Die notariell beurkundete Widerrufserklärung muss dem anderen Ehegatten nach ganz h.M. in Urschrift oder **Ausfertigung** zugehen (§ 130 BGB); die Übermittlung einer beglaubigten oder gar einfachen Abschrift genügt nicht.[44] Die beurkundete Urschrift, die in der Verwahrung des Notars bleibt (§ 45 Abs. 1 BeurkG), wird für den Rechtsverkehr ersetzt durch eine Ausfertigung, die denselben öffentlichen Glauben trägt wie die Urschrift, während eine beglaubigte Abschrift nicht mehr als die Übereinstimmung der Abschrift mit einer Urkunde beweist.[45] § 170 Abs. 1, Halbs. 2 ZPO gilt hier nicht. Noch weniger kann die mündliche Mitteilung des beurkundeten Widerrufs genügen.[46] Die von BGHZ 130, 71[47] im Allgemeinen für möglich gehaltene Vereinbarung über Zugangserleichterungen wird für diese Fälle keine praktische Bedeutung erlangen, da sie im Einzelfall für das konkrete Zustellungsverfahren vereinbart werden müsste. Die Beurkundung der Widerrufserklärung durch einen ausländischen Notar genügt, wenn die Beurkundung derjenigen im Inland im Wesentlichen äquivalent ist.[48]

bb) Art der Übermittlung

15 Im Übrigen gelten für die Übermittlung des Widerrufs und für den Zeitpunkt seiner Wirksamkeit die §§ 130 bis 132 BGB.[49] Die Übermittlung des Widerrufs bedarf also – im Gegensatz zu der Erklärung selbst – keiner besonderen Form.[50] Der Widerruf wird wirksam, sobald die Widerrufserklärung dem anderen Ehegatten zugeht. Ob und wann dieser tatsächlich von dem Widerruf Kenntnis erlangt, ist belanglos. Wenn der widerrufende Ehegatte den **Beweis** der Übermittlung des Widerrufs sichern will oder der andere Ehegatte die Annahme der Widerrufserklärung verweigert, empfiehlt es sich für den Widerrufenden, die Widerrufserklärung dem anderen Ehegatten durch Vermittlung des **Gerichtsvollziehers** zustellen zu lassen (§§ 132 Abs. 1 BGB, 192 ff. ZPO).[51] **Verweigert** der andere Ehegatte die Annahme der Widerrufserklärung, so kam es bis zum Inkrafttreten des Zustellungsreformgesetzes am 01.07.2002 nach § 186 ZPO a.F. darauf an, ob der Gerichtsvollzieher das zu übergebende Schriftstück am Ort der Zustellung zurückgelassen hat. Denn nur

43 Vgl. Abs. 1 Satz 2 und oben Rdn. 7, 12.

44 BGHZ 31, 5, 12 = NJW 1960, 33; *Weidlich* MittBayNot 2018, 425.

45 St. Rspr. BGHZ 31, 5, 12 = NJW 1960, 33; BGHZ 36, 201, 203 = NJW 1962, 736; BGHZ 48, 374, 377 = NJW 1968, 496; BGHZ 130, 71, 73 = NJW 1995, 2217 (zum GmbH-Recht); OLG Hamm NJW-RR 1991, 1480 = DNotZ 1992, 261; OLG Zweibrücken ZErb 2005, 252, 253; *Lange/Kuchinke* § 24 VI 2 b Fn. 153; NK-BGB/*Müßig* Rn. 16; MünchKomm/*Musielak* Rn. 8; Palandt/*Weidlich* Rn. 5; a.M. KG NJW 1961, 1424; *Dilcher* JZ 1968, 188; *Hieber* DNotZ 1960, 240; *Jansen* NJW 1960, 475; *Kanzleiter* DNotZ 1996, 931; *Röll* DNotZ 1961, 312.

46 A.M. *Heiseke* MDR 1968, 899.

47 NJW 1995, 2217 = DNotZ 1996, 967.

48 BeckOGK/*Braun*, Stand 01.03.2019, Rn. 35.

49 RGZ 65, 272; BGHZ 9, 233.

50 AllgM, NK-BGB/*Müßig* Rn. 17; MünchKomm/*Musielak* Rn. 8.

51 OLG Zweibrücken ZEV 2005, 483 = ZErb 2005, 252 Rn. 14; OLG Koblenz ZEV 2017, 713 m. Anm. *Weidlich*; NK-BGB/*Müßig* Rn. 17.

dann war die Zustellung trotz der Annahmeverweigerung als bewirkt anzusehen.[52] Nunmehr ist die Zustellung bei verweigerter Annahme in § 179 ZPO geregelt. Die Annahmeverweigerung ist dabei in die Zustellungsurkunde aufzunehmen (§ 182 Abs. 2 Nr. 5 ZPO). Ist der Aufenthalt des anderen Ehegatten unbekannt, kann die Widerrufserklärung öffentlich zugestellt werden (§§ 132 Abs. 2 BGB, 185 ff. ZPO).[53] Die **öffentliche Zustellung** des Widerrufs ist selbst dann zunächst wirksam, wenn sie erschlichen wurde, weil dem Widerrufenden der Aufenthaltsort des anderen Ehegatten bekannt war.[54] Jedoch steht dem überlebenden Ehegatten der Einwand der unzulässigen Rechtsausübung gegen den zu, der Rechte aus dem Widerruf geltend macht, etwa wegen einer neuen, dem früheren Testament widersprechenden Verfügung von Todes wegen.[55]

cc) Vorzeitiger Tod des Widerrufenden

Der Widerruf wird i.d.R. auch dann wirksam, wenn er dem anderen Ehegatten erst **nach dem** 16
Tod des Widerrufenden zugeht, sofern nur letzterer alles getan hat, was von seiner Seite geschehen muss, damit dies (alsbald) geschieht, und der Zugang auch tatsächlich alsbald erfolgt. Die Willenserklärung muss sich daher beim Tod des Erklärenden »auf dem Weg« zum Adressaten befinden.[56] Jedoch ist § 130 Abs. 2 BGB zum Schutz des Erklärungsempfängers hier einschränkend auszulegen, da grundsätzlich bei Eintritt des Erbfalls die Testamentsgültigkeit feststehen sollte.[57] Kein wirksamer Zugang liegt daher vor, wenn der widerrufende Ehegatte bewusst und geplant den Zugang bis zu seinem Tod hinauszögert, etwa ausdrücklich die **Anweisung** gibt, die Widerrufserklärung erst nach seinem Tode dem anderen Teil zu übermitteln, wenn er also hinter dem Rücken des anderen Ehegatten widerruft und die Übermittlung bewusst verzögert.[58] Der BGH hält es für ein Gebot der Loyalität, dass die Ehegatten es einander offen und ehrlich mitteilen sollen, wenn einer von ihnen eine gemeinschaftlich getroffene Verfügung nicht mehr aufrechterhalten will, damit der andere der veränderten Sachlage durch neue Verfügungen Rechnung tragen kann.[59] »Alsbald« geht die Erklärung jedenfalls zu, wenn die Zustellung innerhalb der Ausschlagungsfrist für den Widerrufsgegner geschieht,[60] nicht aber nach viereinhalb Monaten.[61]

---

52 OLG Zweibrücken ZEV 2005, 483 = ZErb 2005, 252, 253.

53 KG NJW-RR 2006, 1380 = DNotZ 2006, 931 Rn. 9 (für Rücktritt vom Erbvertrag); MünchKomm/*Musielak* Rn. 8.

54 BGHZ 64, 5, 8 f. = LM Nr. 19 zu § 2271 m. Anm. *Johannsen*; KG NJW-RR 2006, 1380 = DNotZ 2006, 931 Rn. 11 ff. (für Rücktritt vom Erbvertrag); NK-BGB/*Müßig* Rn. 17; MünchKomm/*Musielak* Rn. 8.

55 BGHZ 64, 5, 8 f.

56 § 130 Abs. 2 BGB; BGHZ 48, 374, 380; RGZ 65, 270, 272; OLG Oldenburg MittBayNot 2018, 471; Burandt/Rojahn/*Braun* Rn. 15; NK-BGB/*Müßig* Rn. 13; MünchKomm/*Musielak* Rn. 9; *Natter* JZ 1954, 381; *Roth* NJW 1992, 791, 792; ausführlich *Weidlich* MittBayNot 2018, 425; OLG Hamm NJW-RR 1991, 1480, 1481 = FamRZ 1991, 1486: zweifelnd im Hinblick auf den Normzweck des § 2271 Abs. 1 BGB, da der andere Ehegatte dann nicht mehr durch entsprechende anderweitige Dispositionen reagieren könne; a.A. BeckOGK/*Braun*, Stand 01.03.2019, Rn. 61; *Rappenglitz* Rpfleger 2001, 531, 533: subjektive Motivation sei unerheblich, vielmehr könne es nach dem Tod einen Ehegatten keinen Zeitpunkt mehr geben, in dem der andere noch mit einem Widerruf rechnen müsse.

57 Palandt/*Weidlich* Rn. 7.

58 Prot V 454; BGHZ 9, 233 = NJW 1953, 938 = JZ 1953, 602 m. Anm. *Schmidt*; *Johannsen* WM, 1969, 1315; Staudinger/*Kanzleiter* § 2296 BGB Rn. 10; *Lange/Kuchinke* § 24 VI Fn. 154; NK-BGB/*Müßig* Rn. 14; MünchKomm/*Musielak* Rn. 9; *Roth* NJW 1992, 791; *Schaumann*, Zur Bindungswirkung des gemeinschaftlichen Testaments (2001) S. 83 ff.; *Schlüter/Röthel* § 22 Rn. 29; eingehend dazu *Janko* Die bewusste Zugangsverzögerung auf den Todesfall … (1999); anders *Rappenglitz* Rpfleger 2001, 531, wenn der andere Ehegatte Kenntnis vom Widerruf hatte.

59 BGHZ 9, 233 = NJW 1953, 938 = JZ 1953, 602 m. Anm. *Schmidt*; *Dilcher* JuS 1961, 20.

60 BGH NJW 1968, 496; OLG Koblenz ZEV 2017, 713 m. zust. Anm. *Weidlich* = MittBayNot 2018, 366 m. Anm. *Aumann*; innerhalb von zwölf Tagen nach dem Tod OLG Oldenburg MittBayNot 2018, 471 m. Anm. *Weidlich*.

61 OLG Karlsruhe BeckRS 2012, 212933.

17 Umstritten ist, ob der Widerruf auch dann unwirksam ist, wenn die notariell beurkundete Widerrufserklärung zu Lebzeiten des widerrufenden Ehegatten dem anderen nur in **beglaubigter Abschrift** zugegangen ist und ihm erst nach dem Tod des Widerrufenden eine Ausfertigung zugestellt wird, um dem erst in diesem Zeitpunkt erkannten **Zustellungsmangel abzuhelfen.**[62] Neuere Entscheidungen stellen richtigerweise darauf ab, ob das Zustellungsverfahren aus Sicht des Widerrufenden durch die Übermittlung einer beglaubigten Abschrift beendet wurde oder nicht. Wird der Mangel erkannt und weiter an der Zustellung einer Ausfertigung gearbeitet, so ändert auch der zwischenzeitliche Tod des Widerrufenden nichts daran, dass er zu seinen Lebzeiten alles getan hat, was von seiner Seite aus geschehen muss.[63] Anders verhält es sich, wenn aus Sicht des Widerrufenden mit der Übermittlung der beglaubigten Abschrift das Zustellungsverfahren beendet ist.[64] Wenn hiernach der Widerruf u.U. auch noch nach dem Tode des Widerrufenden dem anderen Ehegatten zugehen kann, so muss er doch einem **Lebenden zugehen;**[65] denn mit dem Tode des anderen Ehegatten erlischt das Recht zum Widerruf (§ 2271 Abs. 2 Satz 1 BGB).

dd) Zugangsprobleme: Geschäftsunfähigkeit beim widerrufenden Ehegatten oder beim Widerrufsadressaten

18 Der Widerruf ist auch dann wirksam, wenn der **widerrufende Ehegatte** nach der Abgabe der Erklärung geschäftsunfähig wird (§ 130 Abs. 2 BGB). Ist der **andere Ehegatte geschäftsunfähig** oder *in der Geschäftsfähigkeit beschränkt*, ist ein Widerruf dennoch möglich, wenn dieser nur nach den Bestimmungen der allgemeinen Rechtsgeschäftslehre seinem gesetzlichen Vertreter zugeht (§ 131 BGB). Denn die Entgegennahme der Widerrufserklärung ist kein höchstpersönlicher Akt.[66] Der Widerruf hat im Falle der **Volljährigkeit** des anderen Ehegatten also an seinen Betreuer (§§ 1896 ff., 1902 BGB) zu erfolgen. Dabei muss die Entgegennahme der Willenserklärung vom **Aufgabenkreis** des Betreuers umfasst sein, wofür die Bestellung für Vermögensangelegenheiten genügt.[67]

19 Ist der **Widerrufende** allerdings **selbst** der **Betreuer** für seinen Ehegatten, ist er wegen §§ 1908i Abs. 1 Satz 1 i.V.m. 1795 Abs. 2, 181 BGB an der Entgegennahme des Widerrufs gehindert, so dass ein Ergänzungsbetreuer (§ 1899 Abs. 4 BGB) zu bestellen ist.[68] Z.T. wird unter Hinweis darauf, dass die vom Betreuer wahrzunehmenden Aufgaben dem Wohle des Betreuten dienen müssen, die Bestellung eines Ergänzungsbetreuers nur dann für zulässig gehalten, wenn der Widerrufsadressat der Aufhebung der Bindung und der für diesen Fall beabsichtigen Berufung der gemeinsamen Kinder als Erben zustimmen würde.[69] Demgegenüber sollen *Abkömmlinge* des widerrufenden Ehegatten von der Betreuerfunktion nicht ausgeschlossen sein, weil § 1795 Abs. 1 Nr. 1 BGB nur *durch* den Vormund (bzw. im Fall des § 1908i Abs. 1 Satz 1 BGB durch den Betreuer) erklärte einseitige Rechtsgeschäfte erfasse, nicht jedoch solche, welche *gegenüber* dem Mündel (bzw. dem

---

62 Für Unwirksamkeit etwa 6. Aufl.; OLG Hamm NJW-RR 1991, 1480 = DNotZ 1992, 261; BeckOGK/*Braun*, Stand 01.03.2019, Rn. 61.

63 OLG Koblenz ZEV 2017, 713 m. zust. Anm. *Weidlich* = MittBayNot 2018, 366 m. Anm. *Aumann*; OLG Oldenburg MittBayNot 2018, 471 dazu *Weidlich* MittBayNot 2018, 425.

64 OLG Hamm NJW-RR 1991, 1480 = DNotZ 1992, 261.

65 RGZ 65, 270; Palandt/*Weidlich* Rn. 7.

66 Dazu *Keim* ZEV 2010, 358 f.; s. ausf. dazu Rdn. 20.

67 OLG Nürnberg ZEV 2013, 450 m. Anm. *Keim*; LG Hamburg DNotI-Report 2000, 86; *Hausmann* notar 2014, 58, 60; *Helms* DNotZ 2003, 104, 108, der jedoch als sichersten Weg empfiehlt, eigens einen Betreuer für den Zugang des Widerrufs zu bestellen; Palandt/*Weidlich* Rn. 6; *Zimmer* NJW 2007, 1713, 1715;

68 OLG Nürnberg ZEV 2013, 450 m. Anm. *Keim*; LG München NJW 2011, 618 = ZEV 2011, 81 (Rn. 3); DNotI-Report 1999, 173, 174 f. (mit zahlreichen Details); DNotI-Report 2005, 197, 199; Burandt/Rojahn/*Braun* Rn. 17a; *Helms* DNotZ 2003, 104, 108; BeckOK/*Litzenburger* Rn. 16; MünchKomm/*Musielak* Rn. 8; jurisPK/*Reymann* Rn. 24; a.M. LG Hamburg DNotI-Report 2000, 86: § 181 nicht anwendbar.

69 LG München NJW 2011, 618 = ZEV 2011, 81 (Rn. 11).

Betreuten) vorgenommen werden. Insofern liege kein Rechtsgeschäft *zwischen* den Beteiligten vor.[70] Der Widerruf ist ausdrücklich gegenüber dem Betreuer zu erklären. Ist die Geschäftsfähigkeit des Ehegatten, demgegenüber der Widerruf zu erklären ist, unsicher oder schwankend, so sollte vorsorglich auch dem Betreuer eine Ausfertigung der Widerrufserklärung zugestellt werden.[71]

Umstritten ist, ob der Widerruf auch gegenüber einem **Bevollmächtigten** erklärt werden kann, 20 wenn dessen Bevollmächtigung auf einer **Vorsorgevollmacht** beruht. Da die Entgegennahme der Widerrufserklärung aber kein höchstpersönlicher Akt ist, ist dies zu bejahen.[72] Bei Vorliegen einer ausreichenden Vollmacht hierfür scheitert auch die Bestellung eines Betreuers für die Entgegennahme der Widerrufserklärung an der **Subsidiarität der Betreuung** nach § 1896 Abs. 2 BGB. Grundsätzlich möglich ist auch die Entgegennahme der Widerrufserklärung durch den von der Beschränkung des § 181 1. Alt. BGB befreiten (Vorsorge-)Bevollmächtigten, der selbst der Widerrufende ist. In diesen Fällen ist aber sehr genau zu prüfen, ob der Widerrufende sich nicht treuwidrig verhält, was insbesondere dann der Fall ist, wenn der andere Ehegatte noch testierfähig ist und ihm die Möglichkeit genommen werden soll, auf den Widerruf zu reagieren.[73]

Ist der **Widerrufsgegner testierunfähig**, könnte man allerdings die Auffassung vertreten, dass **nach** 21 **Sinn und Zweck des Widerrufsrechts** in diesen Fällen ein **Widerruf ausgeschlossen** ist.[74] Denn durch den Widerruf wird hier der Testierunfähige – anders als im gesetzlichen Regelfall – nicht in die Lage versetzt, eine neue Verfügung von Todes wegen zu errichten. Sieht man jedoch die Funktion des Widerrufsrechts zutreffenderweise in der Lösung von einer sonst drohenden erbrechtlichen Bindung aus der Sicht des Widerrufenden, so muss man mit der ganz h.M. auch gegenüber dem Testierunfähigen einen Widerruf zulassen, wenn er nur gegenüber seinem gesetzlichen Vertreter oder einem entsprechenden Bevollmächtigten (dazu Rdn. 20) erklärt wird.[75] Dafür spricht auch, dass ansonsten die Bindungswirkung des gemeinschaftlichen Testaments entgegen § 2271 Abs. 2 BGB faktisch bereits mit der Geschäftsunfähigkeit des Erklärungsgegners einträte.[76] Letztlich zeigt sich an diesem Problem an der Schnittstelle von Testierfähigkeit und Tod nur die **ganze Schwäche der Konzeption** des **BGB**, indem hier durch das Erlöschen des Widerrufsrechts im Todesfall das

70 OLG Nürnberg ZEV 2013, 450 m. Anm. *Keim*; BayObLG FamRZ 1977, 141/143; Soergel/*Zimmermann* § 1795 Rn. 26 (»Der Vormund kann nicht«); an der Richtigkeit dieser Differenzierung aber zu Recht zweifelnd *Hausmann* notar 2014, 58, 60 f.; *Helms* DNotZ 2003, 104, 108 f.; jurisPK/*Reymann* Rn. 25.

71 MünchKomm/*Musielak* Rn. 8; missverständlich Palandt/*Weidlich* Rn. 6, wo es heißt, dass auch dem anderen Ehegatten eine Ausfertigung zugestellt werden sollte.

72 LG Leipzig FamRZ 2010, 403 = ZErb 2009, 360 für Vorsorgevollmacht (zu dieser Entscheidung auch *J. Lange* jurisPR-FamR 12/2010 Anm. 2; *Odersky* notar 2010, 282, 285; *Roth* NJW-Spezial 2010, 71); *Keim* ZEV 2010, 358, 360; Nieder/Kössinger/*R. Kössinger*, Handbuch der Testamentsgestaltung, § 11 Rn. 34a; Müller/Renner/*G. Müller*, Betreuungsrecht und Vorsorgeverfügungen in der Praxis, Kapitel 1 Rn. 190; MünchKomm/*Musielak* Rn. 8; *Hausmann* notar 2014, 58, 61 f.; a.A. aber *Lange* ZEV 2008, 313, 319; *Zimmer* ZEV 2007, 159, 162; *ders.* NJW 2007, 1713, 1715; *ders.* ZEV 2013, 307, 310 (je wegen der Missbrauchsgefahren).

73 BeckOGK/*Braun*, Stand 01.03.2019, Rn. 51; DNotI-Report 2015, 105.

74 So *Damrau/Bittler* ZErb 2004, 77 und *Grunsky* ErbR 2013, 98, 100 ff.

75 So OLG Nürnberg ZEV 2013, 450 m. Anm. *Keim*; LG Hamburg Beschl. v. 17.03.2000 – 301 T 264/99 = DNotI-Report 2000, 86; DNotI-Report 1999, 173 ff.; DNotI-Report 2005, 197, 199; Burandt/Rojahn/*Braun* Rn. 19; *Helms* DNotZ 2003, 104, 105 f.; Staudinger/*Kanzleiter* Rn. 14; *Keim* ZEV 2010, 358; Nieder/Kössinger/*R. Kössinger*, Handbuch der Testamentsgestaltung, § 11 Rn. 34b; BeckOK/*Litzenburger* Rn. 17 f. (unter Betonung, dass sonst die Testierfreiheit des gesunden Ehegatten unzulässig eingeschränkt wäre); MünchKomm/*Musielak* Rn. 8; jurisPK/*Reymann* Rn. 22; *Zimmer* ZEV 2007, 159 f.; inzident auch BayObLG FamRZ 1993, 736 = DNotZ 1993, 130 (bei Erklärung ggü. einem Gebrechlichkeitspfleger); ähnlich wohl BayObLG NJW-RR 2000, 1029.

76 OLG Nürnberg ZEV 2013, 450 m. Anm. *Keim*; *Keim* ZEV 2010, 358, 359; demgegenüber will *Grunsky* ErbR 2013, 98, 100 ff. diese Vorschrift nunmehr für diesen Fall analog anwenden und den Fall des Todes dem der Testierunfähigkeit gleichstellen.

gemeinschaftliche Testament, das seiner grundsätzlichen Struktur nach eine **letztwillige**, und damit **jederzeit frei widerrufliche Verfügung** ist, in einen bindenden **Erbvertrag** übergeleitet wird.[77]

f) Teilweiser Widerruf

22 Auch wenn Teile einer **wechselbezüglichen Verfügung** widerrufen werden, gilt § 2271 BGB.[78]

23 Dem teilweisen Widerruf steht es gleich, wenn ein Ehegatte den in einer wechselbezüglichen Verfügung Bedachten durch eine **neue Anordnung zurücksetzen**, beschränken oder beschweren will.[79] Dies kann sich durch die Einsetzung eines Nacherben, Vermächtnisanordnung oder Auflage,[80] aber auch durch eine andere als die in § 2270 Abs. 3 BGB genannten Verfügungen ergeben, wie etwa die Anordnung einer Testamentsvollstreckung.[81] Unerheblich ist dabei, dass sich eine solche Anordnung oftmals nur als **Ergänzung** und nicht direkt begrifflich als Widerspruch zur früheren Verfügung i.S. von § 2258 BGB darstellt. Vielmehr folgt die Unzulässigkeit aus dem Schutzzweck des § 2271 BGB, aber auch aus Abs. 3; denn aus dieser Bestimmung ergibt sich, dass das Gesetz Beschränkungen oder Beschwerungen der bezeichneten Art als teilweise Aufhebung der Zuwendung betrachtet. Hinsichtlich der Grenze zwischen einer einseitig ohne einen förmlichen Widerruf zulässigen Anordnung und einer solchen, die nur in der Form eines Widerrufs möglich ist, wird man sich an den Regeln orientieren können, die zur Zulässigkeit einer nachträglichen einseitigen Anordnung nach dem Tod des anderen Ehegatten entwickelt wurden, denn in beiden Fälle geht es darum, die Grenze der Testierfreiheit und der bindenden erbrechtlichen Stellung zu ermitteln.[82]

g) Verhältnis zu anderen Widerrufsformen

24 § 2271 Abs. 1 Satz 1 BGB schreibt für den Widerruf **wechselbezüglicher Verfügungen** zu Lebzeiten beider Ehegatten eine besondere Form vor und schließt aufgrund seines **abschließenden Charakters** hinsichtlich solcher Verfügungen die Anwendung der allgemeinen Vorschriften über den Widerruf durch eine neue Verfügung von Todes wegen, durch Vernichtung oder Veränderung der Testamentsurkunde, durch einseitige Rücknahme aus der amtlichen Verwahrung (entgegen § 2272 BGB) aus.[83] Der Ehegatte, der eine wechselbezügliche Verfügung zu Lebzeiten des anderen Ehegatten widerrufen will, kann dies also nicht einseitig durch eine neue Verfügung von Todes wegen tun. Abs. 1 Satz 2 spricht dies ausdrücklich aus. Damit ist zugleich klargestellt, dass beide Ehegatten gemeinsam wechselbezügliche Verfügungen durch ein neues gemeinschaftliches Testament oder einen Erbvertrag aufheben können.[84] Es genügt, wenn in dem neuen gemeinschaftlichen Testament der eine Ehegatte seine wechselbezügliche Verfügung widerruft, der andere aber nur seine Zustimmung erklärt.[85] Dagegen kann ein Ehegatte seine wechselbezügliche Verfügung nicht dadurch widerrufen, dass er ein Widerrufstestament (§ 2254 BGB) oder ein widersprechendes Testament (§ 2258 BGB) errichtet und dies dem anderen Ehegatten mündlich mitteilt.[86] Auch die

---

77 Zutr. und anschaulich *Muscheler* I Rn. 2142 ff.

78 RG WarnR 1920 Nr. 18; Burandt/Rojahn/*Braun* Rn. 22; NK-BGB/*Müßig* Rn. 18; MünchKomm/*Musielak* Rn. 10.

79 Burandt/Rojahn/*Braun* Rn. 22; Erman/*Kappler/Kappler* Rn. 3; *Kuchinke,* FS v. Lübtow (1991) S. 285; NK-BGB/*Müßig* Rn. 18; MünchKomm/*Musielak* Rn. 10.

80 KG OLG 12, 386 ff.

81 Vgl. §§ 2112 ff., 2211 ff., 2271 Abs. 3 BGB; 2289 Abs. 2, 2338 BGB; RG Recht 1919 Nr. 2139; BGH FamRZ 1964, 501, 502; KG KGJ 42, 123, 125 m.w.N.; BayObLGZ 19 A 171 = OLG 40, 129; BayObLG FamRZ 1991, 111, 113 (nachträgliche Anordnung der Testamentsvollstreckung); KG DNotZ 1967, 438 = BWNotZ 1967, 257.

82 Rdn. 37 ff.

83 Vgl. §§ 2254 bis 2258, 2299, 2289 Abs. 1 Satz 1 BGB; RGRK-BGB/*Johannsen* 2271 Rn. 7; MünchKomm/*Musielak* Rn. 12 f.

84 §§ 2253 ff., 2289, 2292 BGB; vgl. Rdn. 2.

85 KG DNotZ 1935, 400.

86 Vgl. RG DR 1940, 154.

Aufhebung einer wechselbezüglichen Verfügung durch einen Erbvertrag mit einem Dritten wäre unzulässig und wirkungslos.[87] Zur Kombination Widerruf mit neuem Testament s. Rdn. 12.

Durch eine neue einseitige Verfügung von Todes wegen kann ein Ehegatte seine wechselbezügliche Verfügung zu Lebzeiten beider Ehegatten auch dann nicht aufheben, wenn der andere Teil **formlos zustimmt** (§ 2271 Abs. 1 Satz 2 BGB).[88] Zulässig ist nur die gemeinsame Vernichtung des Testaments oder gemeinsame Veränderung einer einzelnen Verfügung. Handelt ein Ehegatte mit dem Einverständnis des anderen, ist der Widerruf wirksam.[89] **Nachträgliche Zustimmung** soll aber nicht genügen.[90] 25

h) Keine Nichtigkeit abweichender Verfügungen zu Lebzeiten des anderen Ehegatten

§ 2271 Abs. 1 Satz 2 BGB schließt neue einseitige Verfügungen von Todes wegen nicht generell aus. Nach der gesetzlichen Regelung können sie nur eine andere wechselbezügliche Verfügung nicht aufheben, es tritt daher allein ein **Ausschluss der Aufhebungswirkung** ein. Sie sind damit aber nicht nichtig, sondern es ist allein ihre Wirksamkeit so lange ausgeschlossen, als die dazu im Widerspruch stehende wechselbezügliche Verfügung Wirkungen entfaltet.[91] Die einseitigen Verfügungen werden wirksam, wenn die entgegenstehende **wechselbezügliche Verfügung** später unwirksam, widerrufen oder – etwa durch Vorversterben des Bedachten – gegenstandslos wird.[92] § 2271 BGB hindert auch nicht neutrale Verfügungen[93] und dass ein Ehegatte seine wechselbezüglichen Anordnungen in einem einseitigen Testament **wiederholt**, sei es, um ihre Wirkung von wechselbezüglichen Verfügungen des anderen Ehegatten unabhängig zu machen, sei es, um beim Erbfall die Berichtigung des Grundbuchs zu erleichtern.[94] Die Rspr. lässt auch eine nachträgliche Befreiung des anderen Ehegatten von der Bindung an die wechselbezügliche Verfügung zu, weil darin eine **Besserstellung** des überlebenden Ehegatten liege.[95] Die Befreiung führt auch ohne Beteiligung des anderen Ehegatten zu einer einseitigen Wechselbezüglichkeit nur noch zulasten des Befreienden; der nachträglich befreiende Ehegatte bleibt aber im Überlebensfall an seine Verfügung gebunden.[96] Solche Besserstellungen liegen *außerhalb des Schutzzwecks des § 2271 Abs. 1 BGB* und sind daher zulässig,[97] weil sie den Grund für die Wechselbezüglichkeit, nämlich den Vertrauensschutz in den Fortbestand der Verfügung, entfallen lassen.[98] 26

87 OLG Dresden JW 1919, 516 = OLGE 40, 145.

88 RG DR 1945, 76; KG DNotZ 1933, 578; 1940, 152; OLG Schleswig SchlHA 1957, 181; NK-BGB/*Müßig* Rn. 23; MünchKomm/*Musielak* Rn. 13; a.A. *Schmidt* MDR 1951, 321, 325.

89 Staudinger/*Kanzleiter* Rn. 2.

90 BayObLG Rpfleger 1981, 282; MünchKomm/*Musielak* Rn. 13; Palandt/*Weidlich* § 2255 BGB Rn. 13; a.M. *R. Schmidt* MDR 1951, 321, 353; s. auch Rdn. 2.

91 MünchKomm/*Musielak* Rn. 12.

92 BGHZ 30, 261 = DNotZ 1959, 591 = NJW 1959, 1730; NJW 1960, 142 m. Anm. *Bärmann* = Rpfleger 1959, 376 m. Anm. *Haegele* gegen OLG Neustadt NJW 1959, 792 (Vorlagebeschluss); RGZ 149, 200 = DNotZ 1936, 372; BayObLGZ 1966, 242, 245; BayObLG FamRZ 2001, 319 (Gegenstandslosigkeit infolge Zuwendungsverzichts); OLG Bremen FamRZ 2013, 661 = MittBayNot 2013, 55 m. Anm. *Soutier*; OLG Frankfurt NJW-RR 1995, 265, 266 = FamRZ 1995, 1026; OLGR Karlsruhe 1999, 26 = NJWE-FER 1999, 14, 15; *Keim* ZEV 1999, 413, 415; *v. Lübtow* I 499; NK-BGB/*Müßig* Rn. 22; MünchKomm/*Musielak* Rn. 16; Palandt/*Weidlich* Rn. 15.

93 NK-BGB/*Müßig* Rn. 22.

94 Vgl. § 35 GBO; KG JFG 17, 44; 18, 332 = JW 1939, 353 m. Anm. *Voegels*; BayObLGZ 1961, 12; OLG Hamm OLGZ 1967, 74, 77; NK-BGB/*Müßig* Rn. 23.

95 BayObLGZ 1966, 242, 245; OLGR Celle 2002, 262; zustimmend *Kuchinke*, FS v. Lübtow (1991) S. 286 f.; RGRK-BGB/*Johannsen* § 2270 Rn. 12; Staudinger/*Kanzleiter* § 2270 BGB Rn. 16; NK-BGB/*Müßig* Rn. 22, 48; MünchKomm/*Musielak* Rn. 12; Palandt/*Weidlich* Rn. 13.

96 S. § 2270 BGB Rdn. 23, 17 ff.; dazu auch *Buchholz* Rpfleger 1990, 45, 48.

97 Staudinger/*Kanzleiter* § 2270 BGB Rn. 16; *Lange/Kuchinke* § 24 VI 2 c.

98 NK-BGB/*Müßig* Rn. 48.

27 Einen nicht förmlichen Widerruf i.S. von § 2271 Abs. 1 Satz 1 BGB zu Lebzeiten des anderen lässt die Rspr. auch dann zu, wenn die aufgehobene Verfügung durch eine für den anderen Ehegatten **vorteilhaftere ersetzt** wird.[99] Doch erscheint dies nicht unproblematisch, weil dadurch einseitig in die gemeinsam getroffene, durch schwierige wechselbezügliche Verfügungen gesteuerte Nachlassplanung eingegriffen wird.

Dies zeigt sich an dem vom BGH entschiedenen Fall:[100] Die Ehegatten hatten in dem gemeinschaftlichen Testament je sofort ihre Kinder als Erben eingesetzt und sich gegenseitig nur den Nießbrauch am Nachlass des Erstversterbenden vermacht. Ehegatte A will stattdessen nun einseitig den Ehegatten B zu seinem Alleinerben berufen. Dies soll ohne förmliche Widerrufserklärung nach § 2271 Abs. 1 Satz 1 BGB möglich sein, obwohl damit sowohl das Nießbrauchsvermächtnis als auch die Erbeinsetzung der Kinder beseitigt werden und beide Verfügungen wechselbezüglich sind.[101] Der BGH begründet dies damit, dass die Auslegung ergebe, die **Besserstellung** des Ehegatten entspreche **dem mutmaßlichen Willen beider Eheleute** und die in der Erschwerung des Widerrufs liegende Bindung bestehe nur dem anderen Ehegatten gegenüber.[102] Dies ist zu vordergründig und berücksichtigt nur die Interessen des Ehegatten, dessen Erbenstellung einseitig verbessert wird, gefährdet aber die gesamte Nachlassplanung, worauf *Kuchinke*[103] zu Recht aufmerksam macht: Wenn A der Längerlebende ist, ist die von ihm nachträglich verfügte Einsetzung des Ehegatten B durch dessen Vorversterben gegenstandslos; nimmt man an, dass diese gegenstandslos gewordene Verfügung dennoch die ursprünglich in dem gemeinschaftlichen Testament getroffene Erbeinsetzung der Kinder beseitigt hat und auch ein Wiederaufleben ausgeschlossen ist,[104] kann der Längerlebende über sein Vermögen frei verfügen, ohne dass der andere Ehegatte jemals von diesen Änderungsvorstellungen erfahren hat. Dies widerspricht klar dem Normzweck des § 2271 BGB. Etwas anderes ergibt sich nur, wenn man für diese Fallkonstellation im Wege der erläuternden Auslegung die ursprüngliche Berufung der Kinder zumindest als Ersatzerbenlösung bestehen lässt.[105]

3. Vernichtung der Testamentsurkunde

28 Wurde die Testamentsurkunde vernichtet, kann es zu Beweisschwierigkeiten kommen, wobei zu unterscheiden ist: Hat bei einem gemeinschaftlichen Testament, in dem ein Abkömmling der Ehegatten zum alleinigen Erben des Letztversterbenden bestimmt wurde, der längerlebende Ehegatte die Testamentsurkunde vernichtet, so muss derjenige, der durch die Vernichtung begünstigt wurde, nachweisen, dass das gemeinschaftliche Testament (z.B. wegen Formmangels) nichtig ist.[106] Erfolgt die Vernichtung in der Absicht, die Schlusserbeneinsetzung zu widerrufen, trifft die Feststellungslast die gesetzlichen Erben des Längerlebenden, wenn deutliche Anhaltspunkte für eine Wechselbezüglichkeit bestehen und diesbezüglich lediglich letzte Zweifel wegen der Vernichtung der Testamentsurkunde nicht ausgeräumt werden können.[107]

---

99 KG JW 1938, 680; KG DNotZ 1943, 276; BGHZ 30, 261, 265 ff. = NJW 1959, 1730 m. Anm. *Bärmann* (NJW 1960, 142); zust. etwa Staudinger/*Kanzleiter* Rn. 21; NK-BGB/*Müßig* Rn. 22; *Mohr* BWNotZ 1997, 169, 171; Soergel/*M. Wolf* Rn. 12.

100 BGHZ 30, 261, 265 ff. = NJW 1959, 1730 m. Anm. *Bärmann* (NJW 1960, 142).

101 § 2270 Abs. 2, 2. Alt. BGB; ausführlich zu den Wechselbezüglichkeitsbeziehungen dieses Falls *Buchholz* Rpfleger 1990, 45, 47.

102 BGHZ 30, 261, 267 = NJW 1959, 1730.

103 FS v. Lübtow (1991) S. 286.

104 So *Kuchinke*, FS v. Lübtow (1991) S. 286.

105 So *Buchholz* Rpfleger 1990, 48, 51.

106 OGH BrZ 1, 268, 270 = NJW 1949, 146; Baumgärtel/*Schmitz* Rn. 10; Palandt/*Weidlich* § 2255 Rn. 11; vgl. bei § 2255 BGB Rdn. 18; vgl. auch OLG Hamm OLGZ 1967, 74.

107 OLG Hamm ZEV 1996, 272, 275 = NJW-RR 1996, 1094.

4. Beschränkungen des Bedachten bei Verschwendung oder Überschuldung

Die Anordnungen nach den §§ 2271 Abs. 3, 2289 Abs. 2, 2338 gegen **pflichtteilsberechtigte Abkömmlinge** können auch schon vor dem ersten Erbfall getroffen werden, und zwar auch in einem einseitigen Testament, ohne dass vorher der Weg des Widerrufs zu beschreiten ist.[108] Das Vertrauen des anderen Ehegatten, das Grund für die erbrechtliche Bindung ist, wird durch die einseitig angeordnete Beschränkung des Bedachten gerade nicht enttäuscht, da die Beschränkung der von den Ehegatten avisierten Vermögensverteilung Rechnung trägt. Auch noch nach Annahme der Zuwendung kann dies durch den Längerlebenden ohne besonderen Änderungsvorbehalt geschehen.[109] 29

5. Wirkung des Widerrufs, Beseitigung des Widerrufs

Der wirksame Widerruf einer wechselbezüglichen Verfügung führt zu ihrer Unwirksamkeit und bewirkt nach § 2270 Abs. 1 BGB grundsätzlich, dass auch die entsprechenden wechselbezüglichen Verfügungen des anderen Ehegatten unwirksam werden.[110] Ein Testament, das der widerrufende Ehegatte vor dem Widerruf im Widerspruch mit der widerrufenen wechselbezüglichen Verfügung errichtet hat, wird nunmehr wirksam.[111] Ein **Widerruf des Widerrufs** ist **unzulässig** und unwirksam; § 2257 BGB ist hier nicht anwendbar.[112] Demgegenüber behandelt die h.M. den Widerruf hinsichtlich seiner **Anfechtbarkeit** wie eine letztwillige Verfügung und lässt eine Anfechtung nach § 2078 Abs. 2 BGB zu.[113] 30

Die Unwirksamkeit nach § 2270 Abs. 1 BGB tritt jedoch nicht ein, wenn im konkreten Fall eine **Beschränkung der Wechselbezüglichkeit** und damit zumindest ausnahmsweise eine Entkoppelung des Wirksamkeitszusammenhangs gewollt ist.[114] Denn den Ehegatten steht es frei, die Wechselbezüglichkeit freier oder strenger zu gestalten.[115] 31

Wenn ein Ehegatte *sowohl wechselbezügliche* als *auch einseitige Verfügungen* zu Lebzeiten des anderen Ehegatten einseitig widerrufen will, so muss er sowohl die Form des § 2296 BGB als auch eine der Formen der §§ 2254 bis 2258 BGB einhalten. 32

V. Aufhebung wechselbezüglicher Verfügungen nach dem ersten Erbfall

1. Bindung des überlebenden Ehegatten

Mit dem Tod des erstversterbenden Ehegatten wird der überlebende Ehegatte an seine wechselbezüglichen Verfügungen gebunden (ähnlich, wie der Erblasser beim Erbvertrag grundsätzlich von vornherein an vertragsmäßige Verfügungen gebunden ist, §§ 2278, 2289 Abs. 1 Satz 2, 2298 Abs. 2 Satz 2 BGB). Das Recht zum Widerruf wechselbezüglicher Verfügungen erlischt nach Abs. 2 Satz 1 (grundsätzlich) mit dem Tode des anderen Ehegatten. Diese Bindung tritt kraft Gesetzes **mit dem Tode** des erstversterbenden Ehegatten ein, nicht erst (wie nach gemeinem Recht und PrALR) mit der Annahme der Zuwendungen des Verstorbenen durch den Überlebenden.[116] Der überlebende 33

108 Burandt/Rojahn/*Braun* Rn. 60; BeckOK/*Litzenburger* Rn. 40; MünchKomm/*Musielak* Rn. 30; a.A. BeckOGK/*Braun*, Stand 01.03.2019, Rn. 116 mit gewichtigen Argumenten.

109 BeckOK/*Litzenburger* Rn. 40; NK-BGB/*Müßig* Rn. 73; MünchKomm/*Musielak* Rn. 30; *Lange/Kuchinke* § 24 VI Fn. 162; zu Einzelheiten s. Rdn. 59 ff.

110 MünchKomm/*Musielak* Rn. 14.

111 RGZ 65, 275.

112 Staudinger/*Kanzleiter* Rn. 26; *Lange/Kuchinke* § 24 VI Fn. 160; *v. Lübtow* I 500; MünchKomm/*Musielak* Rn. 11.

113 BeckOK/*Litzenburger* Rn. 22; MünchKomm/*Musielak* Rn. 11.

114 Vgl. dazu eingehend § 2270 BGB Rdn. 20 f. und unten Rdn. 58.

115 *Lange/Kuchinke* § 24 VI 2 c.

116 Prot V 454 ff.; RGZ 41, 168; BayObLGZ 7, 458; BeckOGK/*Braun*, Stand 01.03.2019, Rn. 66; *Muscheler* I Rn. 2145.

Ehegatte kann allerdings durch Ausschlagung des ihm Zugewendeten seine Verfügungsfreiheit zurückgewinnen (Abs. 2 Satz 1 Halbs. 2). Die Bindung des überlebenden Ehegatten ist also auflösend bedingt durch die Ausschlagung, während sie nach früherem Recht aufschiebend bedingt war durch den Erwerb des Zugewendeten. Daraus ergibt sich, dass die Bindung des überlebenden Ehegatten auch dann besteht, wenn er stirbt, ohne das ihm Zugewendete angenommen oder ausgeschlagen zu haben.[117] Bedeutsam ist dies, wenn dem überlebenden Ehegatten nur ein Vermächtnis zugewendet ist, weil es hier an einer Frist für die Ausschlagung fehlt (§ 2180 BGB).

34 Die Bindung des überlebenden Ehegatten tritt auch dann ein, wenn der **verstorbene Ehegatte** den Überlebenden **gar nicht bedacht** hat oder wenn der Bedachte wegen Vermögenslosigkeit des verstorbenen Ehegatten von diesem nichts erbt. Sie erstreckt sich nicht nur auf den Nachlass des verstorbenen Ehegatten, sondern **auch auf das eigene Vermögen** des Überlebenden und sogar auf die Vermögenswerte, die er erst nach dem Tod des anderen Teils unter Lebenden oder von Todes wegen erwirbt.[118] Ein **Notar**, der das Testament einer verheirateten Person beurkundet, kann seine Amtspflicht verletzen, wenn er sich nicht durch Befragen vergewissert, ob nicht ein früheres gemeinschaftliches Testament (oder ein Erbvertrag) der Ehegatten dem neuen Testament entgegensteht.[119]

35 Worin liegt aber der **Grund**, dass mit dem Tode des anderen Ehegatten das Recht des Längerlebenden zum Widerruf erlischt? Teilweise wird dieser in einer Art »**Vertrauensschutz**« gesehen, dass die Verfügung des Längerlebenden dem vorversterbenden Ehegatten Anlass zu seiner Verfügung gegeben hatte, für den dabei das Vertrauen auf die Rechtsbeständigkeit jener Verfügung maßgeblich gewesen sei. Darin würde er aber getäuscht, wenn sie nach seinem Tod ohne Weiteres widerrufen werden könnte.[120] Dies überzeugt schon deswegen nicht, weil der Längerlebende seine Verfügungen auch nach dem Tod des Erstversterbenden aufheben kann, wenn er das ihm Zugewendete ausschlägt (§ 2271 Abs. 2 Satz 1, Halbs. 1 BGB). Auch der **Äquivalenzgedanke** vermag die eintretende Bindung nicht zu rechtfertigen. Denn die Bindung tritt auch dann ein, wenn der längerlebende Ehegatte vom anderen gar nichts geerbt hat. Nicht zu Unrecht ist der rechtspolitische Grund dieser Norm **in Zweifel** gezogen worden, der den wesentlichen Unterschied zwischen dem Erbvertrag mit seiner umfassenden Bindung und dem Testament ohne zwingenden Grund aufgibt.[121]

36 Die Vorschriften über den Widerruf wechselbezüglicher Verfügungen sind grundsätzlich **zwingend**; Billigkeitserwägungen rechtfertigen keine Abweichung.[122] Das Widerrufsverbot darf nicht umgangen werden.[123] Jedoch wird die Regel der Unwiderruflichkeit durch eine Reihe von **Ausnahmen** durchbrochen.[124] Da die Bindung des überlebenden Ehegatten gegenüber dem erstverstorbenen Ehegatten besteht, genügt auch die **formlose Zustimmung** des in einer wechselbezüglichen Verfügung Bedachten im Allgemeinen nicht, um einer dieser Verfügung widersprechenden Anordnung des Überlebenden von Todes wegen Wirksamkeit zu verleihen.[125] Im Einzelfall kann aber die Arg-

117 RGZ 95, 218; *Kipp/Coing* § 35 Fn. 27.

118 RG JW 1915, 1121; *Muscheler* I Rn. 2148; MünchKomm/*Musielak* Rn. 15.

119 BGH DNotZ 1960, 157; VersR 1958, 782; RG DRW 1940, 723 m. Anm. *Vogels* = DNotZ 1940, 151; KG DNotZ 1957, 535; Soergel/*J. Mayer* § 17 BeurkG Rn. 12.

120 BayObLG FamRZ 1999, 1538; jurisPK-BGB/*Reymann* Rn. 38; Palandt/*Weidlich* Rn. 9.

121 *Muscheler* I Rn. 2143 ff.

122 OLG München DNotZ 1944; *Muscheler* I Rn. 2148; Soergel/*M. Wolf* Rn. 2.

123 OGHZ 2, 160 = NJW 1949, 581; zur sog. Aushöhlung eines gemeinschaftlichen Testaments s. Rdn. 122.

124 Rdn. 47 ff.

125 BGH LM Nr. 7 zu § 2271 = FamRZ 1958, 275; 1969, 207; BeckOGK/*Braun*, Stand 01.03.2019, Rn. 70.3; Staudinger/*Kanzleiter* Rn. 31; *Kipp/Coing* 38 III 6; NK-BGB/*Müßig* Rn. 75; MünchKomm/*Musielak* Rn. 16; Palandt/*Weidlich* Rn. 15; a.A. RGZ 134, 325, 327 (beim Erbvertrag unter Bezug auf § 182 Abs. 2 BGB).

listeinrede gegeben sein, wenn sich der Zustimmende auf die Formunwirksamkeit beruft.[126] Möglich ist aber ein Zuwendungsverzicht nach § 2352 BGB.[127]

2. Inhalt der Bindung

a) Grundsätzliches, Abgrenzung zur Aufhebungswirkung

37 Da nach § 2271 Abs. 2 Satz 1 das Recht zum einseitigen Widerruf wechselbezüglicher Verfügungen mit dem Tod des anderen Ehegatten erlischt, tritt damit eine Bindung für den überlebenden Ehegatten ein. Umfang und Wirkung derselben sind jedoch im Gesetz nicht eigenständig geregelt. Nach der Rechtsprechung des BGH ist Folge der Bindung beim gemeinschaftlichen Testament, dass eine spätere Verfügung von Todes wegen die früheren bindenden Verfügungen insoweit nicht beseitigen kann, als ein Widerspruch i.S.d. § 2258 BGB vorliegt.[128] Da diese Bindung mit derjenigen vergleichbar ist, die für einen Erblasser an seine vertragsmäßigen Verfügungen in einem Erbvertrag entsteht, ist richtigerweise der weiter gehende **§ 2289 Abs. 1 Satz 2 BGB** mit der hierzu ergangenen Rechtsprechung **entsprechend** anzuwenden. Es kommt also darauf an, ob der durch die wechselbezügliche Verfügung Bedachte durch die neue Verfügung **beeinträchtigt** wird.[129] Zum Verhältnis der Begriffe Widerspruch i.S. von § 2258 BGB (sachliche Unvereinbarkeit) und dem weiter reichenden Schutz der wechselbezüglichen Verfügung durch den umfassenderen Begriff der Beeinträchtigung i.S. von § 2289 BGB s. eingehend § 2289 BGB Rdn. 16 ff. Unwirksam sind somit die von einem Ehegatten einseitig getroffenen Verfügungen von Todes wegen nur insoweit, als sie die Rechte des wechselbezüglich Bedachten beeinträchtigen.[130] Zulässig sind aber *neutrale* oder *rechtlich vorteilhafte* Verfügungen.[131]

Während sich die Frage, ob spätere Verfügungen unwirksam sind, nach § 2289 Abs. 1 Satz 2 BGB analog bestimmt, ist die **Aufhebungswirkung** der wechselbezüglichen Verfügung **gegenüber früheren** einseitigen oder von den Ehegatten gemeinsam getroffenen Verfügungen nach **§ 2258 BGB** zu bestimmen.[132]

b) Einzelfälle

38 Der überlebende Ehegatte darf also im Allgemeinen den Erben, den er durch seine wechselbezügliche Verfügung eingesetzt hat, nicht mit einem **Vermächtnis** beschweren[133] oder ihn durch die Anordnung einer Nacherbfolge oder durch die Einsetzung eines **Testamentsvollstreckers** beschränken.[134]

39 Die nachträgliche einseitige **Ernennung** eines **Testamentsvollstreckers** ist eine unzulässige Beeinträchtigung i.S. von § 2289 Abs. 1 Satz 2 BGB, weil dadurch in die Rechte des Erben, insbesondere

126 BGH FamRZ 1958, 275; BGHZ 108, 252 = DNotZ 1990, 803; RGRK-BGB/*Johannsen* Rn. 21; MünchKomm/*Musielak* Rn. 16.

127 S. dazu Rdn. 45.

128 BGH Rpfleger 1987, 201.

129 OLG Frankfurt NJW-RR 1995, 265, 266; KG ZEV 2011, 266; OLG Zweibrücken Rpfleger 1992, 109, 110; RGZ 130, 213 = JW 1931, 1793 m. Anm. *Kipp*; BayObLGZ 22 A 121 = OLGZ 44, 104; BayObLG FamRZ 2001, 319 = MittBayNot 2000, 446; BeckOGK/*Braun*, Stand 01.03.2019, Rn. 70; *Gerken* Rpfleger 1992, 252; *Keim* ZEV 1999, 413, 416; *Lange/Kuchinke* § 24 VI 4; NK-BGB/*Müßig* Rn. 132; MünchKomm/*Musielak* Rn. 17; jurisPK-BGB/*Reymann* Rn. 49 f.; Palandt/*Weidlich* Rn. 14; zur Entwicklung der Rspr. *Kuchinke*, FS v. Lübtow (1991) S. 285.

130 Vgl. § 2289 Abs. 1 Satz 2 BGB; Palandt/*Weidlich* Rn. 14.

131 *Lange/Kuchinke* § 24 VI 4; NK-BGB/*Müßig* Rn. 26.

132 BayObLGZ 1991, 10, 13 = FamRZ 1991, 866; BayObLG FamRZ 1997, 1244, 1245 = Rpfleger 1997, 310; Soergel/*J. Mayer* § 2258 Rn. 16.

133 BGH FamRZ 1969, 607; NJW 1978, 423; KG OLGZ 1977, 457 = DNotZ 1977, 749; BayObLG FamRZ 1989, 1234.

134 Vgl. § 2306 BGB; BGH FamRZ 1964, 502; 1969, 207; OLG Schleswig FamRZ 2014, 1062, 1064.

i.d.R. in seine Verfügungsbefugnis (§ 2211 BGB) eingegriffen wird.[135] Sie ist auch nicht deswegen zulässig, weil sie nach § 2270 Abs. 3 BGB nicht wechselbezüglich sein kann. Gleiches gilt für die Erweiterung der Befugnisse eines Testamentsvollstreckers.[136] Die Befugnis für solche Anordnungen kann sich jedoch aufgrund eines entsprechenden *Änderungsvorbehalts* ergeben, der auch im Wege der ergänzenden Auslegung ermittelt werden kann.[137] Zulässig ist aber die bloße *Auswechslung* der Person des Testamentsvollstreckers, soweit dadurch nicht ausnahmsweise eine messbare Beeinträchtigung des Erben erfolgt,[138] was dann der Fall sein kann, wenn es nach dem Willen der Beteiligten gerade auf die Person des Testamentsvollstreckers ankommt.[139] Der überlebende Ehegatte kann jedoch die **von ihm selbst** verfügte Ernennung eines Testamentsvollstreckers einseitig widerrufen, da deren Anordnung nach § 2270 Abs. 3 BGB gerade nicht wechselbezüglich und damit bindend sein kann,[140] nicht aber die von dem vorverstorbenen Ehegatten angeordnete, es sei denn, dass dieser ihm das Recht dazu eingeräumt hatte.[141] Vgl. auch ausf. zur **Parallelproblematik** beim **Erbvertrag** § 2289 BGB Rdn. 38 ff.

Die nachträgliche Anordnung einer echten, also **nicht wertverschiebenden Teilungsanordnung** stellt keine Beeinträchtigung der Rechte des durch das gemeinschaftliche Testament Begünstigten dar, da der Erbe keinen Erbanspruch auf bestimmte Gegenstände hat.[142] Gleiches gilt bei einer wertverschiebenden Teilungsanordnung, wenn dem Begünstigten die Pflicht auferlegt wird, den Wertunterschied auszugleichen.[143]

40 Die in der 1. Aufl. vertretene Ansicht, dass solche nachträglichen Belastungen zulässig seien, mit denen eine aus der Familienzugehörigkeit fließende oder sonstige **sittliche Pflicht** in angemessenem Rahmen erfüllt werden solle, bspw. die Pflicht zur Unterstützung hilfsbedürftiger Familienangehöriger oder die Pflicht zur Belohnung langjähriger oder besonders aufopfernder Dienstleistungen,[144] überzeugt nicht. Es ist kein zwingendes Bedürfnis für die Durchbrechung der Bindungswirkung erkennbar.[145] Mithin sind auch in diesen Fällen letztwillige Verfügungen nur dann zulässig, wenn

135 OLG Schleswig NJW-RR 2013, 906; OLG Frankfurt WM 1993, 803; OLG Köln NJW-RR 1991, 525 = FamRZ 1990, 1402; BayObLG FamRZ 1991, 111, 113 bezüglich der gegenseitigen Erbeinsetzung; KGJ 42, 123, 126; Staudinger/*Kanzleiter* Rn. 33; MünchKomm/*Musielak* Rn. 17; jurisPK-BGB/*Reymann* Rn. 52; Palandt/*Weidlich* Rn. 14; eingehend *Kuchinke,* FS v. Lübtow (1991) S. 283, 285 ff. und § 2289 BGB Rdn. 38 ff.; unrichtig LG Lübeck SchlHA 1994, 148.

136 *Lange/Kuchinke* § 24 IV 4.

137 OLG Schleswig NJW-RR 2013, 906; OLG Hamm FamRZ 1996, 637 = MittBayNot 1996, 44 m. Anm. *Reimann* zum Erbvertrag; OLG Köln FamRZ 2014, 1061; MünchKomm/*Musielak* Rn. 17; für den Erbvertrag etwa OLG München FamRZ 2009, 460 = ZEV 2008, 340 (Rn. 17); zur ergänzenden Auslegung in diesem Zusammenhang s. auch KG DNotZ 1967, 438; KGJ 42, 123, 127.

138 KG OLGZ 1977, 390, 393 = FamRZ 1977, 485; OLG Hamm FamRZ 2001, 1176, 1178 = ZEV 2001, 271, 272 m. Anm. *Reimann*; *Lange/Kuchinke* § 24 VI 4 Fn. 168; anders für den Erbvertrag u.U. die neue BGH-Rspr. vgl. § 2289 BGB Rdn. 40 ff.; für uneingeschränkte Zulässigkeit der Auswechslung jurisPK-BGB/*Reymann* Rn. 52.

139 OLG Stuttgart OLGZ 1979, 49, 52; zustimmend *Meyding* ZEV 1994, 98, 100; a.M. *Schmucker* MittBayNot 2001, 526, 527 Fn. 27.

140 Vgl. nur Palandt/*Weidlich* § 2270 Rn. 1.

141 OLG Hamburg Recht 1920 Nr. 1914, 2460.

142 OLG Hamm BeckRS 2016, 1471; OLG Braunschweig ZEV 1996, 69, 70; DNotl-Report 1999, 133, 134; *Kuchinke,* FS v. Lübtow (1991) S. 283, 287 f.; MünchKomm/*Musielak* Rn. 17; jurisPK-BGB/*Reymann* Rn. 53; Palandt/*Weidlich* Rn. 14; eingehend hierzu § 2289 BGB Rdn. 45; a.M. *Lehmann* MittBayNot 1988, 158.

143 Eingehend hierzu § 2289 BGB Rdn. 45; a.A. MünchKomm/*Musielak* Rn. 17.

144 OLG Braunschweig JFG 5, 313; jurisPK/*Reymann* Rn. 51 für geringfügige Zuwendungen; das Gesetz macht allerdings hinsichtlich des Wertes der Zuwendung keinen Unterschied, weshalb diese Auffassung abzulehnen ist.

145 BGH NJW 1978, 423 = DNotZ 1978, 298 = JR 1978, 289 m. Anm. *Schubert*; MünchKomm/*Musielak* Rn. 18.

ein entsprechender Vorbehalt sie gestattet,[146] der sich allerdings auch im Wege einer ergänzenden Auslegung ergeben kann. Insoweit ist aber größte Zurückhaltung geboten.[147]

Allerdings darf der überlebende Ehegatte, der in einer wechselbezüglichen Verfügung ein Kind oder Enkelkind zum Erben eingesetzt hat, die Rechte des Ehegatten oder der Eltern des Bedachten, ausschließen, etwa durch **Entzug des Verwaltungsrechts** der Eltern des Bedachten nach § 1638 BGB[148] oder indem er bestimmt, dass die Zuwendung bei bestehender Gütergemeinschaft zum **Vorbehaltsgut** erklärt wird (vgl. § 1418 Abs. 2 Nr. 2 BGB); denn hierdurch werden die Rechte des Bedachten nicht beeinträchtigt, sondern im Gegenteil verstärkt.[149] 41

Trotz der Bindung an seine wechselbezüglichen Verfügungen kann der überlebende Ehegatte, der wieder heiratet, mit seinem neuen Ehegatten **Gütergemeinschaft** vereinbaren, da es den Ehegatten freisteht, ihre güterrechtlichen Verhältnisse für die Zukunft zu verändern, was auch Pflichtteilsberechtigte hinnehmen müssen.[150] Etwaige Pflichtteilsansprüche oder Ansprüche auf Ausgleich des Zugewinns, die durch die Wiederverheiratung des überlebenden Ehegatten bei seinem Tod entstehen, hat der Schlusserbe zu erfüllen.[151] 42

Eine **einseitige Verfügung** von Todes wegen, die der *überlebende Ehegatte* nach dem ersten Erbfall im Widerspruch zu einer wechselbezüglichen Verfügung trifft, ist oder wird wirksam, wenn ohne Eintritt einer Ersatzberufung oder Anwachsung eine **Gegenstandslosigkeit** der wechselbezüglichen Verfügung eintritt.[152] Dies kann etwa infolge einer erfolgreichen Anfechtung nach §§ 2078 ff. BGB oder entsprechend §§ 2281 ff. BGB,[153] durch Widerruf einer korrespektiven Verfügung des anderen Teils (§ 2271 Abs. 1 BGB) oder durch vorzeitigen Tod des Bedachten, durch Ausschlagung, Erb- bzw. Zuwendungsverzicht geschehen.[154] 43

▶ **Beispiel:**

Der überlebende Ehegatte heiratet wieder, setzt seinen zweiten Ehegatten zum Erben ein und ficht das gemeinschaftliche Testament mit Erfolg nach § 2079 BGB an: Hier ist das gemeinschaftliche Testament nichtig und daher das zweite Testament wirksam.[155] Jedoch ist die Folge des § 2270 Abs. 1 BGB zu beachten, wonach die zugunsten des anfechtenden Ehegatten getroffene Verfügung des Erstversterbenden unwirksam wird. Selbst die zu Lebzeiten des anderen Ehegatten errichtete, einer wechselbezüglichen Verfügung widersprechende neue letztwillige Anordnung kann (ex tunc) wirksam werden, wenn die vorrangige wechselbezügliche infolge des Vorversterbens des Bedachten gegenstandslos wird.[156] Die Vorschrift des § 2271 Abs. 1 Satz 2 BGB enthält weder eine Einschränkung der Testierfreiheit, noch hat sie die formelle Nichtigkeit späterer einseitiger Verfügungen zur Folge. Sie will vielmehr nur die Wirksamkeit einseitiger Verfügungen der Ehegatten ausschließen, die mit früheren wechselbezüglichen Verfügungen im Widerspruch stehen.[157] Gleiches muss daher gelten, wenn die wechselbezügliche Verfügung

---

146 Staudinger/*Kanzleiter* Rn. 33; für »stillschweigende« Ermächtigung *Kormann* JW 1912, 721.

147 So richtig aus Gründen der Rechtssicherheit: Erman/*Kappler/Kappler* Rn. 7; BeckOK/*Litzenburger* Rn. 23; NK-BGB/*Müßig* Rn. 38; MünchKomm/*Musielak* Rn. 18.

148 MünchKomm/*Musielak* Rn. 19; Palandt/*Weidlich* Rn. 14; dazu allgemein *Damrau* ZEV 2001, 176, 177.

149 OLG Düsseldorf JZ 1951, 24; Staudinger/*Kanzleiter* Rn. 34.

150 BGHZ 116, 178, 181.

151 BGH FamRZ 1969, 207; MünchKomm/*Musielak* Rn. 19; Palandt/*Weidlich* Rn. 11.

152 *Keim* ZEV 1999, 413, 415; MünchKomm/*Musielak* Rn. 16, 20 m.w.N.

153 Rdn. 94 ff.

154 Vgl. §§ 1923, 2160; 1953, 2180 Abs. 3, 2346 ff., 2344 BGB; RGZ 130, 213 = JW 1931, 1793 m. Anm. *Kipp*; RGZ 149, 200, 201; BayObLGZ 22, 120; 32, 411; OLG Hamm FamRZ 1982, 203; NJW-RR 1991, 1349, 1351; MünchKomm/*Musielak* Rn. 16; eingehend *Keim* ZEV 1999, 413, 415.

155 RGZ 130, 213.

156 RGZ 149, 200, 201; BayObLGZ 22, 120, 122; OLG Frankfurt NJW-RR 1995, 265 = FamRZ 1995, 1026.

157 RGZ 149, 200, 201.

des Erstverstorbenen infolge einer **Ausschlagung** der längerlebenden Ehegatten (§ 2271 Abs. 2 Satz 1, Halbs. 2 BGB) gegenstandslos wird, zumal es widersprüchlich wäre, den Längerlebenden damit hinsichtlich seines Vermögens die volle Testierfreiheit erlangen zu lassen, den Erstversterbenden aber an eine an sich gegenstandslose Verfügung zu binden.[158]

44 Zu beachten ist aber, dass die **wechselbezügliche Verfügung** nicht gegenstandslos ist, wenn an die Stelle des zunächst Bedachten ein gesetzlicher oder gewillkürter **Ersatzerbe** oder Ersatzberufener tritt und sich auch die Wechselbezüglichkeit hierauf erstreckt, was aber gesondert festzustellen ist.[159] Keine Gegenstandslosigkeit liegt auch vor, wenn der zugewendete Anteil an der Erbschaft oder am Vermächtnisgegenstand beim Wegfall des Bedachten den übrigen Erben oder Bedachten **anwächst.**[160] Gleichgültig ist, ob der Bedachte vor oder nach der Errichtung des einseitigen Testaments wegfällt.

45 Der überlebende Ehegatte kann sich durch Abschluss eines **Zuwendungsverzichts** (§ 2352 BGB) mit dem Bedachten von der Bindung an die wechselbezügliche Verfügung befreien, weil durch den Verzicht auf die Zuwendung diese gegenstandslos wird.[161] Voraussetzung ist, dass die Bedachten freiwillig verzichten, sei es auch nur gegen Abfindung.[162] Dies kann auch im Wege eines »Teilzuwendungsverzichts« in der Form geschehen, dass die Bedachten dem Erblasser gestatten, den künftigen Erben Beschränkungen in Form von Vermächtnissen aufzuerlegen.[163] Hinsichtlich der Rechtsstellung etwaiger Ersatzerben ist zu beachten, dass sich der Zuwendungsverzicht bei den **nach dem 01.01.2010** eintretenden Erbfällen aufgrund der Neufassung des § 2352 Satz 3 BGB auch auf die Abkömmlinge des Verzichtenden erstreckt. Bei den **davor** eingetretenen Erbfällen wirkte der Zuwendungsverzicht nach h.M. ohne eine vollständige Abfindung des Verzichtenden nicht gegen die Abkömmlinge, weil § 2349 BGB hier mangels einer ausdrücklichen Verweisung nicht galt.[164] Die Rspr. des BGH, wonach sich die Wechselbezüglichkeit nach § 2270 Abs. 2 BGB ohne besondere Anhaltspunkte nicht auf eine Ersatzberufung nach § 2069 BGB erstreckt, gilt auch für Altfälle.[165] Auch wenn der Zuwendungsverzicht die betreffende Verfügung gegenstandslos macht, ist zu beachten, dass bei einem Bedingungszusammenhang auch die dazu wechselbezügliche gegenläufige Verfügung unwirksam werden kann.[166]

46 Die Bindung des überlebenden Ehegatten kann auch dadurch wegfallen, dass eine Pflichtteilsklausel in Kraft tritt und der wechselbezüglichen Verfügung die Wirksamkeit nimmt.[167] Dagegen wird das gemeinschaftliche Testament nicht dadurch gegenstandslos, dass der zuerst versterbende Ehegatte nichts hinterlässt.[168]

---

158 Anders zu Unrecht und nicht überzeugend OLGR Karlsruhe 1999, 26 = NJWE-FER 1999, 14; dagegen zu Recht *Keim* ZEV 1999, 413 (Fn. 140) und auch OLG Bremen FamRZ 2013, 661 = MittBayNot 2013, 55 m. Anm. *Soutier.*

159 §§ 2096, 2069, 2102, 2190 BGB; OLG Hamm FamRZ 1982, 203; BayObLG ZEV 1994, 362, 364; OLG Frankfurt NJWE-FER 1998, 87; MünchKomm/*Musielak* Rn. 20; zur Erstreckung der Wechselbezüglichkeit eingehend § 2270 BGB Rdn. 41; zur Berufung von Ersatzbedachten eingehend *Nieder* ZEV 1996, 241.

160 §§ 2094, 2158 BGB; BayObLG DNotZ 1935, BayBeil 129; gegen die bindende Wirkung bei einer Anwachsung aber *Keller* ZEV 2002, 439; eingehend zu diesem Problem § 2270 BGB Rdn. 41.

161 Vgl. etwa BayObLG FamRZ 2001, 319 = MittBayNot 2000, 446; s. auch DNotI-Report 2001, 70; NK-BGB/*Müßig* Rn. 77.

162 Vgl. RG WarnR 1918 Nr. 124; BGH DNotZ 1958, 495 = FamRZ 1958, 275 m. Anm. *Bosch*; FamRZ 1969, 207.

163 OLG Köln FamRZ 1983, 837 m. Anm. *Brehms*; s. § 2289 BGB Rdn. 59.

164 OLG Hamm FamRZ 1982, 203; OLG Frankfurt ZEV 1997, 454 m. krit. Anm. *J. Mayer* (großzügiger BayObLG ZEV 1997, 377 = NJW-RR 1997, 1027 (bei vollständiger Abfindung); *Kanzleiter* ZEV 1997, 261, 263; NK-BGB/*Müßig*, 3. Aufl. 2010, Rn. 76; zum Streitstand und den auch von der h.M. gemachten Ausnahmen *J. Mayer* ZEV 1996, 130 f.; a.A. *Schotten* ZEV 1997, 1: analoge Anwendung von § 2349 BGB.

165 S. § 2270 BGB Rdn. 41.

166 NK-BGB/*Müßig* Rn. 77.

167 OLG Dresden OLGZ 40, 143; MünchKomm/*Musielak* Rn. 20.

168 OLG Kiel HEZ 2, 239; Staudinger/*Kanzleiter* Rn. 39; Damrau/Tanck/*Klessinger*, Erbrecht, Rn. 63.

3. Ausnahmen von der Bindung des überlebenden Ehegatten

Die Bindung entfällt 47
(a) wenn der überlebende Ehegatte die Zuwendungen ausschlägt, die ihm der verstorbene Ehegatte in seiner wechselbezüglichen Verfügung gemacht hat, Abs. 2 Satz 1 Halbs. 2 BGB;[169]
(b) bei Verfehlungen des Bedachten, ferner kann der überlebende Ehegatte gewisse beschränkende Anordnungen treffen bei Verschwendung oder Überschuldung eines Bedachten, der als Abkömmling pflichtteilsberechtigt ist;[170]
(c) wenn und soweit der überlebende Ehegatte in dem gemeinschaftlichen Testament aufgrund einer Freistellungsbefugnis zum Widerruf ermächtigt ist.[171]

4. Befreiung durch Ausschlagung

a) Allgemeines

Nach Abs. 2 Satz 1 Halbs. 2 kann der überlebende Ehegatte seine (wechselbezügliche) Verfügung aufheben und damit seine Testierfreiheit wiedererlangen, wenn er das ihm (von dem verstorbenen Ehegatten) **Zugewandte** ausschlägt (§§ 1942 ff., 1953, 2176, 2180 BGB). Dieses Recht ist – anders als beim Erbvertrag – nicht abdingbar.[172] Der Begriff der Zuwendung ist im Gesetz nicht definiert, kann aber sowohl in einer Erbschaft, einem Erbteil oder einem **Vermächtnis**[173] bestehen, aber auch in vermögenswerten Leistungen, die aufgrund einer **Auflage** (§§ 1940, 2192 ff. BGB) erbracht werden, auch wenn der daraus Begünstigte keinen eigenen Anspruch auf Leistung hat.[174] Eine rein wirtschaftliche Betrachtung ist hier im Übrigen aber nicht angebracht.[175] Immer dann, wenn eine Rechtsposition zugewendet wird, ist die Ausschlagung zur Wiedererlangung der Testierfreiheit erforderlich. Daher muss auch bei einer Zuwendung, die wirtschaftlich wertlos ist (Überschuldung), der Überlebende ausschlagen können, um sich aus der Bindung zu befreien.[176] 48

Wenn der verstorbene Ehegatte dem **Überlebenden nichts zugewandt** hat, kann dieser nichts ausschlagen, um seine Testierfreiheit zurückzugewinnen. Dies wird teilweise für unbefriedigend gehalten, weshalb es eine Meinung für genügend hält, wenn ein dem **Überlebenden nahe stehender** und **bedachter Dritter** (§ 2270 Abs. 2 BGB) auf Veranlassung des Überlebenden ausschlägt.[177] Jedoch ist dies mit dem Wortlaut der Vorschrift nicht vereinbar. Einer Analogie steht der Normzweck entgegen:[178] Diese will ein widersprüchliches Verhalten des überlebenden Ehegatten dadurch verhindern, dass dieser entsprechend der gemeinsamen Vermögensplanung das vom Erstversterbenden Zugewandte einerseits zwar annimmt, durch Aufhebung seiner früheren, mit dem Erstversterbenden abgestimmten Verfügung von Todes wegen aber seine Testierfreiheit wiedergewinnt. 49

---

169 Vgl. § 2298 Abs. 2 Satz 3 BGB; s. Rdn. 48 ff.
170 Abs. 2 Satz 2, Abs. 3; s. Rdn. 59 ff.
171 S. Rdn. 67 ff.
172 BGH NJW 2011, 1353, 1354 = ZEV 2011, 251 (Rn. 11); Firsching/Graf/*Krätzschel* § 11 Rn. 30; *Langenfeld* NJW 1987, 1577, 1581.
173 BGH NJW 2011, 1353, 1354 = ZEV 2011, 251 (Rn. 10), wobei hier keine Ausschlagungsfrist besteht; BeckOGK/*Braun*, Stand 01.03.2019, Rn. 73; BeckOK/*Litzenburger* Rn. 32.
174 *Dohr* MittRhNotK 1998, 398, 401; BeckOK/*Litzenburger* Rn. 32; NK-BGB/*Müßig* Rn. 50; MünchKomm/*Musielak* Rn. 21.
175 Zust. NK-BGB/*Müßig* Rn. 51.
176 OLG Kiel HEZ 2, 333; BGH MDR 1961, 402; BeckOGK/*Braun*, Stand 01.03.2019, Rn. 75; Firsching/Graf/*Krätzschel* § 11 Rn. 30; NK-BGB/*Müßig* Rn. 51; Palandt/*Weidlich* Rn. 19.
177 *Battes*, Gemeinschaftliches Testament und Ehegattenerbvertrag, S. 138 f.; *Ebenroth* Rn. 227; *Hellwig*, Vertrag auf Leistung an Dritte, S. 648 f.; *Kipp/Coing* § 35 III 3 b; *Pfeiffer* FamRZ 19993, 1266, 1280; *Schaumann* S. 103; ohne Beschränkung auf nahe stehende Personen Soergel/*M. Wolf* Rn. 20.
178 RGRK-BGB/*Johannsen* Rn. 26; *Lange*, Erbrecht, § 33 Rn. 51; Staudinger/*Kanzleiter* Rn. 40 f.; *Lange/Kuchinke* § 24 VI 3 c Fn. 163; BeckOK/*Litzenburger* Rn. 33; *v. Lübtow* I 506; *Mohr* ZEV 1999, 169, 172; NK-BGB/*Müßig* Rn. 53; *Muscheler* I Rn. 2154; MünchKomm/*Musielak* Rn. 23; *ders.*, FS Kegel (1986) S. 456 f.; Palandt/*Weidlich* Rn. 19.

Der bedachte Dritte kann sich aber nicht in dieser Weise widersprüchlich verhalten, da er an dieser Vermögensplanung nicht beteiligt war. Seine Ausschlagung ist mit derjenigen des überlebenden Ehegatten, für die die Ausschlagung zur Wiedererlangung der Testierfreiheit geschaffen wurde, nicht gleichwertig.[179] Daher besteht in diesen Fällen nicht die Möglichkeit der Aufhebung nach § 2271 Abs. 2 Satz 1, Halbs. 2. BGB, sondern nur nach § 2271 Abs. 2 Satz 2, Abs. 3 BGB oder die Anfechtung.[180] Sind **kumulativ** sowohl der **überlebende Ehegatte** als auch ein **nahestehender Dritter bedacht**, genügt andererseits auch nur die Ausschlagung durch den Ehegatten. Denn auch insoweit gilt die Überlegung, dass es für die Anwendbarkeit des § 2271 Abs. 2 Satz 1, Halbs. 2. BGB nicht auf das Verhalten eines begünstigten Dritten ankommen kann.[181] Steht aber die Zuwendung des Verstorbenen an den Dritten zu der Verfügung des Überlebenden im Verhältnis der Wechselbezüglichkeit, so wird diejenige zugunsten des Dritten gem. § 2270 Abs. 1 BGB unwirksam, wenn der Längerlebende seine Verfügung aufhebt.[182]

b) Ausschlagung des gesetzlichen Erbteils

50 Trotz der Ausschlagung kann der **überlebende Ehegatte** immer noch **gesetzlicher Erbe** werden. Dies setzt zum einen eine entsprechende Beschränkung in der Ausschlagungserklärung voraus (§ 1948 BGB), zum anderen, dass die Ehegatten sich gegenseitig zu alleinigen Erben eingesetzt haben, damit durch die Ausschlagung keine Anwachsung (§ 2094 BGB) eintritt, und die Schlusserbeneinsetzung Dritter nicht als Ersatzschlusserbenbestimmung (§ 2096 BGB) anzusehen ist.[183] Nach dem reinen **Wortlaut** des § 2271 Abs. 2 Satz 1 BGB ist dann die Ausschlagung des gesetzlichen Erbteils zur Wiedererlangung der Testierfreiheit **nicht** erforderlich, da dieser eben gerade **nicht durch** das gemeinschaftliche **Testament zugewandt** ist. Daher und wegen der Entstehungsgeschichte wird es zur Wiedererlangung der Testierfreiheit als ausreichend angesehen, wenn nur das testamentarisch Zugewandte ausgeschlagen wird. Das Gesetz wolle nur verhindern, dass der überlebende Ehegatte die nachteiligen Folgen des gemeinschaftlichen Testaments aufhebt, aber dessen Vorteile erhält.[184]

51 Der **überwiegenden Meinung** erscheint dieses Ergebnis aber je nach Höhe des gesetzlichen Erbteils **unbillig**, weil es für den überlebenden Ehegatten kein zu großes Opfer sei, wenn er zur Wiedererlangung seiner Testierfreiheit nur die gewillkürte Erbfolge ausschlagen müsste. Das Vertrauen des Erstversterbenden in die Verbindlichkeit der gemeinsamen Disposition könnte damit entgegen dem Schutzzweck dieser Norm durch die Beschränkung der Ausschlagungswirkung unterlaufen werden. Zudem war den Ehegatten diese Möglichkeit, die Bindungswirkung des gemeinschaftlichen Testaments zu unterlaufen, bei der Abfassung des gemeinschaftlichen Testaments i.d.R. nicht bewusst.[185] Zur Lösung der Problematik werden verschiedene Ansätze vertreten:[186]

52 (1) Nach der sog. **Opfer- oder Drucktheorie** führt die Ausschlagung des testamentarisch Zugewendeten nur dann zur Wiederherstellung der Testierfreiheit, wenn der gesetzliche Erbteil erheblich hinter dem zugewandten gewillkürten Erbteil zurückbleibt,[187] wobei für die erfor-

---

179 Burandt/Rojahn/*Braun* Rn. 51; MünchKomm/*Musielak* Rn. 23.

180 NK-BGB/*Müßig* Rn. 53; MünchKomm/*Musielak* Rn. 23; Palandt/*Weidlich* Rn. 19.

181 Burandt/Rojahn/*Braun* Rn. 52; Staudinger/*Kanzleiter* Rn. 41; BeckOK/*Litzenburger* Rn. 34; NK-BGB/*Müßig* Rn. 54; MünchKomm/*Musielak* Rn. 24; Palandt/*Weidlich* Rn. 19; von der Gegenansicht ausgehend fordern konsequent die Ausschlagung beider: *Mohr* BWNotZ 1997, 169, 172; *Pfeiffer* FamRZ 1993, 1280; Soergel/*M. Wolf* Rn. 20.

182 NK-BGB/*Müßig* Rn. 54; MünchKomm/*Musielak* Rn. 24; *ders.* ZErb 2008, 189, 191; jurisPK/*Reymann* Rn. 64.

183 Dazu *Lange/Kuchinke* § 24 VI 3 c; MünchKomm/*Musielak* Rn. 25; vgl. § 2269 BGB Rdn. 29.

184 BeckOK/*Litzenburger* Rn. 35; *Muscheler* I Rn. 2156; *Tiedtke* FamRZ 1991, 1259, 1264.

185 *Tiedtke* FamRZ 1991, 1259, 1264; ebenso *Muscheler* I Rn. 2156.

186 Vgl. den Überblick bei *Muscheler* I Rn. 2155 ff.; *Pfeiffer* FamRZ 1993, 1266, 1278 f.; jurisPK/*Reymann* Rn. 65.

187 KG OLGZ 1991, 6, 10 = NJW-RR 1991, 330 (1/4 nicht ausreichend); *Kipp/Coing* § 35 III 3 b Fn. 26; *Lange*, Erbrecht, § 33 Rn. 51; BeckOK/*Litzenburger* Rn. 35; *v. Lübtow* I 506; für eine Ausschlagung auch

derliche Vergleichsberechnung die Erhöhung des gesetzlichen Erbteils aufgrund des § 1371 Abs. 1 BGB mit zu berücksichtigen ist.[188] Damit wird aber der Gedanke einer Art vertraglicher Sanktion (Vertragsstrafe) in das gemeinschaftliche Testament hineingetragen, das gerade – anders als der Erbvertrag – nicht durch eine so starke rechtsgeschäftliche Bindung gekennzeichnet ist, und bei dem auch die bei Verträgen zwischen Fremden typische »Missbrauchssituation«, die für die Vereinbarung einer Vertragsstrafe Anlass ist, nicht besteht.[189] Zudem lässt sich diese Auffassung weder mit dem Wortlaut der Norm noch der Entstehungsgeschichte begründen.[190]

(2) Daher wird weiter argumentiert, dass der Ehegatte, der den gesetzlichen Erbteil annehme, 53
jedoch abweichend von dem gemeinschaftlichen Nachlassplan auch über das so vom anderen erlangte Vermögen testieren wolle, sich **widersprüchlich** verhalte.[191] Dagegen spricht, dass durch § 1948 BGB ausdrücklich die Möglichkeit eröffnet und bezweckt wird, sich durch Ausschlagung des testamentarischen Erbteils den damit verbundenen Beschränkungen zu entziehen und stattdessen den gesetzlichen Erbteil zu wählen.[192] Dies mag rechtspolitisch zu bedauern sein, die zweckentsprechende Ausnutzung dieser gesetzlichen Möglichkeit kann für sich gesehen aber keine unzulässige Rechtsausübung sein.[193]

(3) Eine dritte Meinung versucht die Problemlösung direkt über § 2271 Abs. 2 Satz 1 BGB und 54
versteht im Wege einer **extensiven Auslegung** unter dem Zugewandten auch den gesetzlichen Erbteil, denn zugewandt sei auch, was nicht durch Enterbung vorenthalten werde; anderenfalls könne der Längerlebende durch sein Zuwarten das Risiko umgehen, dass er beim Widerruf zu Lebzeiten des anderen Ehegatten eingehen würde, nämlich dass er dann vom anderen enterbt würde.[194] Dies überzeugt schon begrifflich nicht.[195]

(4) Im Vordringen ist die Meinung, dass regelmäßig[196] oder zumindest im Einzelfall[197] im Falle 55
einer solchen Ausschlagung eine bedingte Enterbung hinsichtlich des gesetzlichen Erbteils anzunehmen sei, was allerdings im Wege der konkreten (erläuternden, wohl aber meist ergänzenden) Auslegung zu ermitteln ist (sog. **Bedingungstheorie**). Dabei darf die Annahme einer solchen bedingten Enterbung allerdings nicht zur unzulässigen Fiktion werden, denn dass der erstverstorbene Ehegatte von der Ausschlagung durch seinen Partner so enttäuscht ist, dass er ihm auch den gesetzlichen Erbteil nehmen wollte, kann nicht ohne Weiteres angenommen werden.[198] Es ist daher an dem Erfordernis der konkreten Auslegung festzuhalten.[199] Als **Indiz** für die bedingte Enterbung wird zum einen angesehen, wenn der Wert des testamentarischen Erbteils in etwa dem gesetzlichen entspricht; die auflösende Bedingung tritt ein, wenn der

---

des gesetzlichen Erbteils bereits OLG München DNotZ 1937, 338, 340; offen gelassen von BayObLG FamRZ 1991, 1232, 1233 und BGH NJW 2011, 1353, 1354 (Rn. 13 f.).

188 KG OLGZ 1991, 6, 10 = NJW-RR 1991, 330.

189 NK-BGB/*Müßig* Rn. 57; *Pfeiffer* FamRZ 1993, 1280; Vorbem. zu §§ 2265 ff. Rdn. 7 f.

190 BeckOGK/*Braun*, Stand 01.03.2019, Rn. 81 f.; NK-BGB/*Müßig* Rn. 57; *Tiedtke* FamRZ 1991, 1259, 1260; Palandt/*Weidlich* Rn. 18.

191 »*Venire contra factum proprium*«; so etwa *Musielak*, FS Kegel (1986) S. 433, 446 ff.

192 BeckOGK/*Braun*, Stand 01.03.2019, Rn. 82.

193 *Pfeiffer* FamRZ 1993, 1280.

194 Staudinger/*Otte* § 1948 Rn. 11 f.; krit. hierzu *Pfeiffer* FamRZ 1993, 1279.

195 Zust. NK-BGB/*Müßig* Rn. 58.

196 MünchKomm/*Musielak* Rn. 25; *ders.*, FS Kegel (1986) S. 433, 446 ff.; *ders.* ZErb 2008, 189, 191 ff.

197 Staudinger/*Kanzleiter* Rn. 43; *Lange/Kuchinke* § 24 VI 3 c; *Tiedtke* FamRZ 1991, 1259, 1264; Palandt/*Weidlich* Rn. 18; differenzierend nach der Höhe des zugewandten Erbteils NK-BGB/*Müßig* Rn. 60; zurückhaltend BeckOGK/*Braun*, Stand 01.03.2019, Rn. 82.1.

198 *Tiedtke* FamRZ 1991, 1264, der zu Recht darauf hinweist, dass bei der Zugewinngemeinschaft auch die Enterbung den Ehegatten wegen § 1371 u.U. nicht wirtschaftlich schlechterstellt.

199 BeckOGK/*Braun*, Stand 01.03.2019, Rn. 82.1; *Lange/Kuchinke* § 24 VI 3 c; *Pfeiffer* FamRZ 1993, 1279; *Tiedtke* FamRZ 1991, 1264; Palandt/*Weidlich* Rn. 18.

Überlebende seine Verfügung aufhebt.[200] Aber auch wenn der testamentarische **Erbteil geringer** als der gesetzliche ist, wird ein solcher Bedingungszusammenhang vermutet. Dann sei in der gewillkürten Erbeinsetzung zugleich eine **teilweise Enterbung** zu sehen und der Ausschlagende kann nur gesetzlicher Erbe i.H.d. im Testament bestimmten Erbquote werden.[201] Wenn jedoch der Wert des testamentarischen Erbteils **wesentlich größer** als der des gesetzlichen ist, kann auch nach der Bedingungstheorie nicht davon ausgegangen werden, dass der Erblasser für den Fall der Aufhebung der wechselbezüglichen Verfügung durch den Längerlebenden dessen völlige Enterbung wollte. Es kann dann gerade nicht ausgeschlossen werden, dass dem überlebenden Ehegatten der geringere gesetzliche Erbteil belassen werden sollte. Es bedarf in diesem Fall eines eindeutigen Hinweises auf eine Enterbungsabsicht, damit der Ausschlagende auch seinen gesetzlichen Erbteil verliert.[202] Auch wenn die Bedingungstheorie in ihrem Grundansatz überzeugend klingt, vermögen die genannten Differenzierungen, die teilweise gekünstelt wirken und sich auf keinerlei Erfahrungssätze stützen lassen, nicht zu überzeugen, so dass sich eine **individuelle Auslegung** nicht vermeiden lässt.

c) Tod des überlebenden Ehegatten während der Ausschlagungsfrist

56 Der Ausschlagung steht es nicht gleich, wenn der überlebende Ehegatte nach Errichtung der aufhebenden letztwilligen Verfügungen stirbt, ohne die Zuwendung des verstorbenen Ehegatten angenommen oder ausgeschlagen zu haben, mag auch die Ausschlagungsfrist bei seinem Tod noch nicht abgelaufen sein.[203] Allerdings geht das Ausschlagungsrecht des überlebenden Ehegatten, wenn es bei seinem Tod noch besteht, auf seine Erben über (§§ 1952, 2180 Abs. 3 BGB). Die **Möglichkeit**, durch Ausschlagung die **Testierfreiheit wiederzuerlangen, steht aber nur** dem **überlebenden Ehegatten** allein zu. Denn sonst könnte ein Dritter über die Wirksamkeit der von den Ehegatten getroffenen Verfügungen entscheiden.[204] Jedenfalls ist es nicht möglich, dass der durch eine abweichend von der Schlusserbfolge des gemeinschaftlichen Testaments vom längerlebenden Ehegatten berufene Erbe an dessen Stelle die Erbschaft nach dem Erstversterbenden ausschlägt und dadurch die ihn einseitig begünstigende Verfügung wirksam werden lässt. Denn er ist bis zum Wegfall der Bindungswirkung des gemeinschaftlichen Testaments gerade noch nicht wirksamer Erbe des Längerlebenden geworden.[205] Erfolgt nach dem Tode des längerlebenden Ehegatten die Ausschlagung durch dessen Bevollmächtigten, dem über den Tod hinaus eine Vorsorgevollmacht erteilt wurde, so verneint das OLG Zweibrücken die Wirksamkeit der Ausschlagung mit der Begründung, dass das Ausschlagungsrecht an die Erbenstellung gebunden ist und daher nicht rechtsgeschäftlich übertragen werden könne.[206] Diese Begründung ist falsch, weil die Erteilung einer Vollmacht keine

---

200 NK-BGB/*Müßig* Rn. 60; MünchKomm/*Musielak* Rn. 25; *Holzhauer*, Erbrechtliche Untersuchungen, S. 136 ff.

201 BeckOGK/*Braun*, Stand 01.03.2019, Rn. 82.1; *Holzhauer*, Erbrechtliche Untersuchungen, S. 101, 140; Staudinger/*Kanzleiter* Rn. 43; NK-BGB/*Müßig* Rn. 60; *Musielak*, FS Kegel (1986) S. 448.

202 NK-BGB/*Müßig* Rn. 60; MünchKomm/*Musielak* Rn. 25.

203 RGZ 95, 214, 218; NK-BGB/*Müßig* Rn. 52; *Planck/Greiff* IV 1 a.

204 Arg. § 2065 BGB; BeckOGK/*Braun*, Stand 01.03.2019, Rn. 92; Staudinger/*Kanzleiter* Rn. 44; *v. Lübtow* I 508; *G. Müller* DNotZ 2008, 385 f.; NK-BGB/*Müßig* Rn. 52; Palandt/*Weidlich* Rn. 17; im Ergebnis ebenso *Planck/Greiff* IV 1 a; a.M. *Musielak*, FS Kegel (1986) S. 433, 452 f., 456 f.; RGZ 95, 214, 218; Soergel/*M. Wolf* Rn. 19, wonach nur die durch die das gemeinschaftliche Testament berufenen Erben des überlebenden Ehegatten ausschlagen dürfen; offen gelassen von OLG Zweibrücken NJW-RR 2005, 8 = FamRZ 2005, 556 und NJW-RR 2008, 239, 240 = ZEV 2008, 194 m. Anm. *Zimmer*; ausf. zu der Problematik auch *Keim* ZErb 2008, 260.

205 OLG Zweibrücken NJW-RR 2005, 8 = FamRZ 2005, 556; RGRK-BGB/*Johannsen* Rn. 27; *v. Lübtow* I 508; NK-BGB/*Müßig* Rn. 52; Palandt/*Weidlich* Rn. 17; anders offenbar *Musielak*, FS Kegel (1986) S. 454, wonach auch der »vorläufige Erbe« wirksam ausschlagen könne, was aber ein unzulässiger Zirkelschluss wäre.

206 NJW-RR 2008, 239, 240 = ZEV 2008, 194 m. Anm. *Zimmer* = DNotZ 2008, 384 m. abl. Anm. *G. Müller*; zust. MünchKomm/*Musielak* Rn. 22.

Übertragung eines Rechts oder einer Rechtsstellung ist, sondern der Bevollmächtigte gerade aufgrund der Vollmacht die Rechte des Vollmachtgebers ausübt.[207] Richtigerweise scheitert in einem solchen Fall die Ausschlagung daran, dass ein Dritter nicht über die Gültigkeit der Verfügungen der Ehegatten entscheiden kann. Im konkreten Fall war die Ausschlagung im Übrigen bereits deswegen unwirksam, weil nicht die Form des § 1945 Abs. 3 BGB gewahrt war.

d) Widerrufserfordernis

Nie jedoch genügt die Ausschlagung allein, um den wechselbezüglichen Verfügungen der Ehegatten ihre Wirkung zu nehmen, vielmehr muss der Widerruf des überlebenden Ehegatten hinzukommen.[208] Praktisch kann der überlebende Ehegatte seine wechselbezügliche Verfügung nur durch **Widerrufstestament** (§ 2254 BGB), durch widersprechendes Testament (§ 2258 BGB) oder durch Erbvertrag (§ 2289 BGB) aufheben. Dies kann auch durch eine vor der Ausschlagung errichtete Verfügung von Todes wegen geschehen, da die Ausschlagung in ihren Wirkungen zurückwirkt (§ 1953 BGB).[209] Dagegen ist ein Widerruf durch Vernichtung der Testamentsurkunde (§ 2255 BGB) oder durch Rücknahme aus der amtlichen Verwahrung (§ 2256 BGB) nicht möglich, weil dies einseitig nicht mehr geschehen kann.[210] 57

e) Wirkung des Widerrufs

Der überlebende Ehegatte kann immer nur seine eigenen Verfügungen widerrufen, nicht auch die des verstorbenen Ehegatten. Bei der Aufhebung nach Abs. 2 Satz 1 Halbs. 2 handelt es sich zugleich um den **Widerruf** im Sinne von § 2270 Abs. 1 BGB. Dies hat **grundsätzlich** zur Folge, dass auch die wechselbezüglichen Verfügungen des erstverstorbenen Ehegatten unwirksam werden (§ 2270 Abs. 1 BGB).[211] Da dann aber bezüglich des Erstverstorbenen die gesetzliche Erbfolge einträte und damit u.U. die Ersatz- und Schlusserben, entgegen der intendierten Nachlassplanung, nichts oder weniger erhalten würden, ist regelmäßig die Annahme einer **Beschränkung der Wechselbezüglichkeit**[212] geboten, so dass aufgrund ergänzender Auslegung meist vom Fortbestand einer Ersatzerbregelung auszugehen ist.[213] Auch kann die **Auslegung** des Testaments ergeben, dass der Erblasser seine Verfügung auch dann getroffen hätte, wenn ihm die Unwirksamkeit der Verfügung des anderen Ehegatten bekannt gewesen wäre. Die Verfügung bleibt dann als **einseitige** aufrechterhalten.[214] Wurde jedoch die Verfügung des verstorbenen Ehegatten nach § 2270 Abs. 1 BGB unwirksam, kann dies nach h.M. aus Gründen der Rechtssicherheit **nicht** dadurch wieder beseitigt werden, dass der überlebende Ehegatte die Aufhebung seiner Verfügung wiederum rückgängig macht. Denn sonst könnte über längere Zeit, unter Umständen noch nach Jahrzehnten, die Erbfolge **nach dem erstversterbenden Ehegattenunklar bleiben.**[215] 58

---

207 BeckOGK/*Braun*, Stand 01.03.2019, Rn. 90; *Keim* ZErb 2008, 260.

208 BGH NJW 2011, 1353, 1354 = ZEV 2011, 251 (Rn. 11); KG KGJ 48, A 99, 101 f; NK-BGB/*Müßig* Rn. 62 f.

209 RGZ 65, 270, 275; BayObLGZ 22 A 120; MünchKomm/*Musielak* Rn. 22 m.w.N.

210 Staudinger/*Kanzleiter* Rn. 45; NK-BGB/*Müßig* Rn. 63; *Planck/Greiff* Anm. IV 1 c.

211 BGH NJW 2011, 1353, 1354 = ZEV 2011, 251 (Rn. 11); *Lustig* ZEV 2009, 140; *Rudy* ErbR 2009, 158; Hinweis bereits zur Nichtzulassungsbeschwerde bei BGH ErbR 2009, 157; Palandt/*Weidlich* Rn. 17; anders OLG Celle ZEV 2009, 138.

212 Dazu § 2270 BGB Rdn. 21.

213 *Lange/Kuchinke* § 24 IV 1 Fn. 101a; Palandt/*Weidlich* Rn. 17; übersehen bei Staudinger/*Kanzleiter* Rn. 41; inwieweit Schlusserben als Ersatzerben auf den ersten Todesfall berufen sind s. § 2269 BGB Rdn. 29.

214 BGH NJW 2011, 1353, 1354 = ZEV 2011, 251 (Rn. 16), jedoch in concreto verneint; Palandt/*Weidlich* Rn. 17; Soergel/*M. Wolf* § 2270 Rn. 18.

215 BGH NJW 2011, 1353, 1354 = ZEV 2011, 251 (Rn. 17 f.); NK-BGB/*Müßig* Rn. 64; *Planck/Greiff*, Anm. IV 1 b; Palandt/*Weidlich* Rn. 17; a.A. *Lustig* ZEV 2009, 140, 141; *Strohal*, Das deutsche Erbrecht, Bd. 1, 3. Aufl., S. 342 Fn. 34.

5. Anordnungen bei Verfehlungen, Verschwendung oder Überschuldung des Bedachten

a) Aufhebung bei Verfehlung des Bedachten

59 Nach § 2271 Abs. 2 Satz 2 i.V.m. § 2294 und §§ 2333 ff. BGB ist der überlebende Ehegatte auch nach der Annahme der Zuwendung des verstorbenen Ehegatten berechtigt, seine wechselbezügliche Verfügung aufzuheben, wenn sich der in ihr Bedachte einer Verfehlung schuldig macht, die ihn zur Entziehung des Pflichtteils berechtigt oder, falls der Bedachte nicht zu den Pflichtteilsberechtigten gehört, ihn zu der Entziehung berechtigen würde, wenn der Bedachte ein Abkömmling von ihm wäre.[216] Die Aufhebungsgründe sind dabei für die ab dem 01.01.2010 eintretenden Erbfälle sowohl für Ehegatten, Eltern und Abkömmlinge sowie für Nichtpflichtteilsberechtigte einheitlich in § 2333 BGB n.F. geregelt.[217] Eine vereinzelte – wenn auch grobe – Beleidigung ist regelmäßig nicht geeignet, den Widerruf zu rechtfertigen.[218] Die Voraussetzungen des § 2333 BGB liegen auch nicht vor, wenn der Bedachte eine letztwillige Verfügung in Gegenwart des Erblassers aus dem Behältnis entnimmt, sie liest, später ohne Kenntnis des Erblassers Ablichtungen anfertigt und diese den übrigen Betroffenen übermittelt.[219] Dagegen kommen auch Verfehlungen gegenüber dem verstorbenen Ehegatten hier in Betracht.[220]

Demgegenüber kommt die Aufhebung wechselbezüglicher Verfügungen wegen einer Verfehlung des Ehegatten nur infrage, wenn der überlebende Ehegatte nach dem Tode des Erstversterbenden den Bedachten heiratet. Die Aufhebung kann immer nur auf Verfehlungen gestützt werden, die **nach dem Tod des erstversterbenden Ehegatten begangen** worden sind oder die nach der Errichtung des gemeinschaftlichen Testaments begangen, aber erst nach dem Tod des erstverstorbenen Ehegatten bekannt geworden sind.[221] Verfehlungen, die bei der Errichtung des gemeinschaftlichen Testaments schon begangen und schon bekannt waren, scheiden nach dem Sinn des § 2271 Abs. 2 Satz 2 BGB und der Fassung des § 2294 BGB aus.[222] Waren sie zunächst unbekannt, sind sie aber noch vor dem Tod des erstversterbenden Ehegatten bekannt geworden, können sie den anderen Ehegatten zum Widerruf wechselbezüglicher Verfügungen nach §§ 2271 Abs. 1 Satz 2, 2296 BGB veranlassen. Sind sie erst nach dem Tod des erstversterbenden Ehegatten bekannt geworden, so können die Verfehlungen u.U. die **Selbstanfechtung** entsprechend §§ 2078 Abs. 2, 2281 ff. BGB, rechtfertigen.[223] Bei Tatbeständen mit Dauerwirkung wird man es aber für eine Aufhebung nach Abs. 2 Satz 2 für ausreichend ansehen können, wenn diese auch noch zu Lebzeiten des Längerlebenden fortbestehen, mögen diese auch schon bei Errichtung des gemeinschaftlichen Testaments gegeben, aber den Ehegatten unbekannt gewesen sein.[224]

60 Die Aufhebung bewirkt nicht die **Unwirksamkeit** der Verfügung des anderen Ehegatten nach § 2270 Abs. 1 BGB, da von einer Beschränkung der Wechselbezüglichkeit auszugehen ist.[225] Zumindest wird man von einer stillschweigenden Ermächtigung ausgehen können, dass der überlebende Ehegatte frei verfügen kann.[226]

---

216 Vgl. RGZ 63, 120.

217 Dazu etwa *G. Müller* ZEV 2011, 240 mit weiteren Einzelheiten zur Übergangsproblematik.

218 OLG Celle Rpfleger 1992, 523 – nur LS; Vorinstanz LG Hannover Rpfleger 1992, 253.

219 LG München I FamRZ 2000, 853, 854.

220 *Planck/Greiff* Anm. IV 2.

221 BeckOK/*Litzenburger* Rn. 37; NK-BGB/*Müßig* Rn. 67; MünchKomm/*Musielak* Rn. 27.

222 Staudinger/*Kanzleiter* Rn. 49; NK-BGB/*Müßig* Rn. 67.

223 *Dohr* MittRhNotK 1998, 381, 409; Staudinger/*Kanzleiter* Rn. 49; NK-BGB/*Müßig* Rn. 67; MünchKomm/*Musielak* Rn. 27.

224 Burandt/Rojahn/*Braun* Rn. 57; Staudinger/*Kanzleiter* Rn. 49; NK-BGB/*Müßig* Rn. 67; in diese Richtung BayObLGZ 1963, 271, 277; ohne Abstellen auf die Unkenntnis der Eltern bei der Testamentserrichtung *Dohr* MittRhNotK 1998, 381, 410; Soergel/*M. Wolf* Rn. 30.

225 Burandt/Rojahn/*Braun* Rn. 59; BeckOGK/*Braun*, Stand 01.03.2019, Rn. 106; Staudinger/*Kanzleiter* Rn. 50; *G. Müller* ZEV 2011, 240, 243.

226 MünchKomm/*Musielak* Rn. 28; a.M. *Dohr* MittRhNotK 1998, 381, 410.

Der überlebende Ehegatte kann an sich nur seine eigene Verfügung aufheben, nicht die des Verstorbenen. Wenn aber ein sog. Berliner Testament[227] vorliegt, der Nachlass des überlebenden Ehegatten also auch den des Verstorbenen umfasst, kann der überlebende Ehegatte, indem er die Berufung des Schlusserben aufhebt, diesen praktisch auch von der Erbfolge in das Vermögen des verstorbenen Ehegatten ausschließen. 61

Für die **Form der Aufhebung** gilt § 2336 BGB: Der überlebende Ehegatte kann seine wechselbezügliche Verfügung aufheben durch eine letztwillige Verfügung, in der der Grund der Aufhebung angegeben ist.[228] Wegen des hier für anwendbar erklärten § 2336 Abs. 2 und 3 BGB muss der Grund der Aufhebung zur Zeit der Errichtung der letztwilligen Verfügung bestehen und im Streitfall von dem **bewiesen** werden, der sich auf die Aufhebung beruft.[229] 62

Die **nachträgliche Verzeihung** durch den Längerlebenden steht einer Aufhebung nicht entgegen, da auf die entsprechende Vorschrift des § 2337 Satz 2 BGB weder in § 2271 BGB noch in § 2294 BGB Bezug genommen wird.[230] Erfolgte die Verzeihung durch den Längerlebenden aber vor der Aufhebung der Verfügung, dann entfällt mit der Verzeihung das Recht zur Aufhebung, denn das Recht zur Entziehung des Pflichtteils erlischt nach § 2337 Satz 1 BGB durch die Verzeihung endgültig und durch die Verweisung auf § 2294 BGB wird dieses Pflichtteilsentziehungsrecht auch zur Voraussetzung des Aufhebungsrechts bei Abs. 2 Satz 2 gemacht.[231] 63

Infolge der Aufhebung erlangt der überlebende Ehegatte hinsichtlich des Umfangs der Zuwendung an den ursprünglich Bedachten, bei dem die Entziehungsvoraussetzungen vorliegen, grundsätzlich seine **Testierfreiheit** wieder, so dass er beliebig neu zu testieren vermag.[232] Sie führt nicht zum Wegfall i.S.d. § 2069 BGB desjenigen, der sich der Verfehlung schuldig gemacht hat, und damit nicht zum Eintritt der Ersatzberufung.[233] Anders liegt es, wenn nach dem (zumindest mutmaßlichen) Willen des Ehegatten die Bindung an die Ersatzregelung fortbestehen soll.[234] 64

b) Beschränkung in guter Absicht

Wenn ein Ehegatte einen eigenen pflichtteilsberechtigten Abkömmling oder einen solchen des anderen Ehegatten in dem gemeinschaftlichen Testament bedacht hat und der Bedachte durch Verschwendung oder Überschuldung seinen späteren Erwerb erheblich gefährdet, kann der Erblasser die Zuwendung vor oder nach dem Tod des anderen Ehegatten auf verschiedene Weise beschränken (sog. Beschränkung in guter Absicht; Abs. 3, §§ 2289 Abs. 2, 2338, 2336 BGB). Er kann anordnen, dass der Bedachte nur Vorerbe oder Vorvermächtnisnehmer sein soll und dass nach seinem Tod seine gesetzlichen Erben das ihm Hinterlassene oder den ihm gebührenden Pflichtteil (vgl. § 2303 BGB) als Nacherben oder Nachvermächtnisnehmer nach dem Verhältnis ihrer gesetzlichen Erbteile erhalten sollen (§§ 2100, 2191 BGB). Der Erblasser kann auch die Verwaltung des Zugewandten für die Lebenszeit des Abkömmlings einem Testamentsvollstrecker übertragen; in diesem Fall hat aber der Abkömmling Anspruch auf den jährlichen Reinertrag. Die Anordnungen sind unwirksam, wenn sich der bedachte Abkömmling zur Zeit des Erbfalls dauernd von dem verschwenderischen 65

---

227 Einheitslösung, s. Erl. zu § 2269 Rdn. 4, 47 ff.

228 KG OLGZ 21, 340; *Dohr* MittRhNotK 1998, 381, 410; NK-BGB/*Müßig* Rn. 69; zahlreiche praktische Hinweise bei *G. Müller* ZEV 2011, 240.

229 BeckOGK/*Braun*, Stand 01.03.2019, Rn. 107; *Dohr* MittRhNotK 1998, 381, 410; MünchKomm/*Musielak* Rn. 29.

230 KG ZEV 2011, 266 = FamRZ 2011, 681 (Rn. 3); BeckOGK/*Braun*, Stand 01.03.2019, Rn. 101; NK-BGB/*Müßig* Rn. 70; MünchKomm/*Musielak* Rn. 29.

231 BeckOGK/*Braun*, Stand 01.03.2019, Rn. 101; *v. Lübtow* I 510; MünchKomm/*Musielak* Rn. 29.

232 BayObLGZ 1963, 271; BeckOGK/*Braun*, Stand 01.03.2019, Rn. 105; *Dohr* MittRhNotK 1998, 381, 410.

233 Staudinger/*Kanzleiter* Rn. 53; Soergel/*M. Wolf* Rn. 30; a.A. BeckOGK/*Braun*, Stand 01.03.2019, Rn. 105.

234 *Dohr* MittRhNotK 1998, 381, 410; Staudinger/*Kanzleiter* Rn. 53; NK-BGB/*Müßig* Rn. 71.

Leben abgewandt hat oder wenn er zu dieser Zeit nicht mehr überschuldet ist (§ 2338 Abs. 2 Satz 2 BGB).[235]

66 Die beschränkende Anordnung kann nur durch **letztwillige Verfügung** getroffen werden (§ 2336 BGB). Der Grund der Beschränkung muss bei der Errichtung des Testaments bestehen und in ihm angegeben werden.[236] Die Angabe eines im Gesetz nicht genannten Grundes, etwa ernstlich drohende Überschuldung oder Unvermögen, sinnvoll mit Geld umzugehen, reicht für solche Anordnungen nicht aus.[237] Jeder der Erblasser kann die Beschränkung *zu Lebzeiten beider* Ehegatten[238] oder auch, wenn er den anderen Ehegatten überlebt, *nach dessen Tod* anordnen.[239] Im ersten Fall stellt Abs. 3 eine Ausnahme von der Formvorschrift des Abs. 1 Satz 1 dar, im anderen Fall eine Ausnahme von der Bindung des überlebenden Ehegatten nach Abs. 2.[240] Sie ist daher in beiden Fällen durch einseitige letztwillige Verfügung zu treffen.[241] Jeder Ehegatte kann auch Zuwendungen an einseitige Abkömmlinge des anderen Ehegatten beschränken,[242] aber immer nur eigene Zuwendungen, nicht auch solche des anderen Ehegatten. Wie sich aus der Stellung des Abs. 3 ergibt, betrachtet das Gesetz die dort zugelassenen Beschränkungen nicht als Widerruf i.S.d. Abs. 1, also auch nicht i.S.d. § 2270 Abs. 1 BGB. Daher berühren beschränkende Anordnungen eines Ehegatten nach Abs. 3 nicht die wechselbezüglichen Verfügungen des anderen Ehegatten.[243]

6. Freistellungsklauseln, Änderungsvorbehalte

67 Oftmals wünschen die Ehegatten sich hinsichtlich der im gemeinschaftlichen Testament getroffenen wechselbezüglichen Verfügungen die einseitige Abänderung oder Aufhebung auch nach dem Tod des anderen vorzubehalten, um die Bindungswirkung zu beseitigen und die Testierfreiheit wiederzuerlangen.[244] Die Terminologie ist nicht immer einheitlich. Gelegentlich wird auch von einem »postmortalen Widerrufsrecht« gesprochen.[245] Teilweise wird auch zwischen Freistellungsklauseln und Änderungsvorbehalten unterschieden: Der Änderungsvorbehalt soll dadurch gekennzeichnet sein, dass damit der eine Ehegatte sich das Recht ausbedingt, selbst abweichend testieren zu dürfen. Demgegenüber soll die Freistellungsklausel den jeweils anderen Ehegatten von der Bindung an eine wechselbezügliche Verfügung befreien.[246] Jedoch werden beide Begriffe oftmals synonym verstanden, was die pragmatischere Lösung ist.

a) Zulässigkeit

68 Anders als beim Erbvertrag, bei dem wegen der vertragsmäßigen Bindung die Zulässigkeit von Änderungsvorbehalten zumindest in der Lit. umstritten ist,[247] ist die Zulässigkeit derartiger Freistellungsklauseln (auch hier z.T. Änderungsvorbehalte genannt) bei gemeinschaftlichen Testamenten allgemein anerkannt. Den Ehegatten steht es frei zu bestimmen, ob und inwieweit ihre letztwil-

235 Eingehend zu den Möglichkeiten der Pflichtteilsbeschränkung *Baumann* ZEV 1996, 121.
236 OLG Köln MDR 1983, 318.
237 OLG Köln FamRZ 1984, 1274 = Rpfleger 1983, 113; BeckOGK/*Braun*, Stand 01.03.2019, Rn. 110; NK-BGB/*Müßig* Rn. 73.
238 A.A. BeckOGK/*Braun*, Stand 01.03.2019, Rn. 116.
239 BeckOK/*Litzenburger* Rn. 40; MünchKomm/*Musielak* Rn. 30.
240 BeckOGK/*Braun*, Stand 01.03.2019, Rn. 109; *Planck/Greiff* Anm. V; s.o. Rdn. 29.
241 MünchKomm/*Musielak* Rn. 30; *v. Lübtow* I 511.
242 PWW/*Avenarius* Rn. 10; *Dohr* MittRhNotK 1998, 381, 410; BeckOK/*Litzenburger* Rn. 40; MünchKomm/*Musielak* Rn. 30.
243 NK-BGB/*Müßig* Rn. 74; *Planck/Greiff* Anm. V.
244 Eingehend zu den in der Kautelarpraxis verwendeten Freistellungsklauseln mit Prüfung ihrer praktischen Tauglichkeit *Radke*, Das Berliner Testament …, S. 127 ff.; Überblick auch bei *Lange*, Erbrecht, § 33 Rn. 45 ff.; anschauliche Beispiele bei *Muscheler* I Rn. 2161 ff.
245 So Damrau/Tanck/*Klessinger*, Erbrecht, Rn. 35.
246 JurisPK/*Reymann* § 2269 Rn. 62.
247 § 2278 BGB Rdn. 14 ff.

ligen Anordnungen überhaupt wechselbezüglich sein sollen, so dass sie die Widerruflichkeit über § 2271 Abs. 2 BGB hinaus erweitern und die sich aus der Wechselbezüglichkeit ergebende Bindung durchbrechen können.[248]

b) Anordnung

Die Ermächtigung zur einseitigen Aufhebung oder Abänderung der wechselbezüglichen Verfügungen kann nur durch Verfügung von Todes wegen erfolgen.[249] Die Befugnis hierzu kann einem Ehegatten auch nachträglich durch einseitige letztwillige Verfügung des anderen eingeräumt werden, weil die Bindung, auf die verzichtet wird, in diesem Fall nur der Schutz des Verzichtenden diente.[250] Sie kann sich auch aus der **Gesamtschau mehrerer Verfügungen** der Ehegatten zueinander ergeben, wenn diese eine »Gesamtregelung« bilden.[251] Dies kann der Fall sein, wenn ein Erbvertrag vorliegt, der nur eine gegenseitige Erbeinsetzung der Eheleute und eine Freistellungsklausel enthält, die zunächst inhaltsleer ist, da es an einer Schlusserbenbestimmung fehlt, und die Regelung später durch ein gemeinschaftliches Testament mit Schlusserbenbestimmung ergänzt wird. Der BGH[252] nahm hier an, dass sich der Änderungsvorbehalt auch auf das gemeinschaftliche Testament bezieht.[253] Gleiches hat das BayObLG bei der bloßen späteren Bezugnahme auf ein früheres gemeinschaftliches Testament der gleichen Eheleute angenommen, das neben einer gegenseitigen Erbeinsetzung die Bestimmung enthielt, der Längerlebende solle über das eigene wie das ererbte Vermögen frei verfügen können.[254] 69

Ein Änderungsvorbehalt braucht nicht ausdrücklich erklärt werden, er kann sich hinsichtlich Bestand und Umfang auch im Wege der **Auslegung** ergeben,[255] wobei allerdings aufgrund der grundsätzlich bindenden Wirkung wechselbezüglicher Verfügungen **Zurückhaltung** mit einer solchen Annahme **geboten** ist.[256] Zulässig ist aber eine ergänzende Auslegung, bei der auf den hypothetischen Erblasserwillen beider Eheleute zum Zeitpunkt der Testamentserrichtung abzustellen und zu ermitteln ist, was verfügt worden wäre, wenn bei der Testamentserrichtung vorausschauend die später eingetretenen Umstände bedacht worden wären.[257] Daher kann die **Bindung** hinsicht- 70

---

248 BGHZ 2, 35 = NJW 1951, 959, BGH FamRZ 1956, 83; BGHZ 30, 261, 266; NJW 1964, 2056; FamRZ 1973, 189; BGH NJW 1982, 441; NJW 1987, 901; RG DNotZ 1932, 348; KG OLGZ 1977, 457 = DNotZ 1977, 749; OLG Stuttgart NJW-RR 1986, 632 = DNotZ 1986, 553; BayObLGZ 1987; 23, 28 = FamRZ 1987, 638; BayObLG NJW-RR 1989, 587 = FamRZ 1989, 787; FamRZ 1993, 736; OLG Hamm ZEV 1994, 146, 148 m. Anm. *Kössinger*; BeckOGK/*Braun*, Stand 01.03.2019, Rn. 148; BeckOK/*Litzenburger* Rn. 25; NK-BGB/*Müßig* Rn. 32; MünchKomm/*Musielak* Rn. 31; Palandt/*Weidlich* Rn. 20; eingehend *Huber* Rpfleger 1981, 41, 42; für die Entbehrlichkeit auch beim gemeinschaftlichen Testament *Lehmann* NotBZ 2004, 210, 212.

249 Allgem. Meinung, vgl. BeckOK/*Litzenburger* Rn. 26; NK-BGB/*Müßig* Rn. 36; MünchKomm/*Musielak* Rn. 31; Palandt/*Weidlich* Rn. 21.

250 BGHZ 30, 261; KG DNotZ 1938, 180; BayObLGZ 1966, 242, 245; BeckOGK/*Braun*, Stand 01.03.2019, Rn. 151; NK-BGB/*Müßig* Rn. 36; MünchKomm/*Musielak* Rn. 31.

251 Vgl. etwa BayObLG FamRZ 1993, 1126; ZEV 1996, 432 = FamRZ 1997, 251; NK-BGB/*Müßig* Rn. 37.

252 NJW 1987, 901 = DNotZ 1987, 430; ebenso BayObLGZ 1987, 23.

253 Kritisch zu Unrecht *Kanzleiter* DNotZ 1987, 433; vgl. auch § 2292 BGB Rdn. 7.

254 FamRZ 1993, 1126; ähnlich FamRZ 1999, 814, 815 f. bei bloßem »Nachtrag«; ebenso LG Kiel SchlHA 2002, 260.

255 *Huber* Rpfleger 1981, 42; *v. Lübtow* I S. 501; MünchKomm/*Musielak* Rn. 31.

256 BayObLG FamRZ 1991, 1488 = DNotZ 1992, 520 zur Freistellungsklausel bei Trennungslösung; OLG München NJW-RR 2011, 1020, 1022 = MittBayNot 2011, 505 m. Anm. *Kanzleiter* (Rn. 23 ff.); NK-BGB/*Müßig* Rn. 36; nach *Schmucker* MittBayNot 2001, 526, 532 ist dies allgemein die Tendenz des BayObLG; bei einem Erbvertrag wird man noch strengere Anforderungen an die Annahme eines durch ergänzende Auslegung zu ermittelnden Änderungsvorbehalts stellen müssen, da der Notar nach § 17 BeurkG auf die Bindungswirkung des Erbvertrags ausdrücklich hinweisen muss, vgl. etwa zu Recht verneinend OLG Düsseldorf NJW-RR 2012, 391 = MittBayNot 2012, 397 m. Anm. *Keim* bei einer geistigen Behinderung des Schlusserben.

257 KG DNotZ 1977, 749; *Huber* Rpfleger 1981, 42; *v. Lübtow* I 505.

lich des späteren Vermögenserwerbs des längerlebenden Ehegatten **entfallen**, wenn der überlebende Ehegatte erhebliches Vermögen von seiner Verwandtschaftsseite nach dem Tod des vorverstorbenen Ehegatten erhalten hat oder[258] wenn die vorhersehbare wirtschaftliche Situation dadurch grundsätzlich umgestaltet wird.[259] Eine Änderungsbefugnis kann sich auch daraus ergeben, dass durch den Schlusserben die persönliche Versorgung, insbesondere des längerlebenden Ehegatten, gewährleistet werden sollte und der Längerlebende dies nunmehr gefährdet sehen muss,[260] oder die Ehegatten die Zielsetzung ihres gemeinschaftlichen Testaments, nämlich die Fortführung des landwirtschaftlichen Anwesens durch den einzigen männlichen Abkömmling, bereits durch Rechtsgeschäft unter Lebenden erreichten.[261] Das gemeinschaftliche Testament muss für die durch ergänzende Auslegung gewonnene Änderungsbefugnis aber einen – wenn auch nur andeutungsweisen – Anhalt bieten,[262] was im Fall des OLG Zweibrücken versäumt wurde zu prüfen, in dem des OLG Hamm aber deutlich zum Ausdruck kam (»unser Sohn hat volle Versorgung im Krankheitsfall zu übernehmen …«).

71 **Einzelfälle:** Die Bestimmung eines gemeinschaftlichen Testaments, der überlebende Ehegatte solle zur freien Verfügung über sein Vermögen berechtigt sein, enthält mangels anderer Anhaltspunkte nur die Ermächtigung zur Verfügung unter Lebenden, nicht aber die zur freien Verfügung von Todes wegen.[263] Gleiches gilt im Zweifel für die Bestimmungen, der Längerlebende »soll über sein Vermögen frei verfügen können«,[264] »jeder der beiden Ehegatten ist von etwaigen Verfügungsbeschränkungen befreit«,[265] für die Anordnung einer befreiten Vorerbschaft[266] und erst recht für die an sich eindeutige Formulierung, dass der Längerlebende »unter Lebenden« frei über das Vermögen verfügen kann[267] oder wenn die Ehegatten lediglich die gesetzlich ohnehin bestehende Möglichkeit zur freien Verfügung unter Lebenden unterstreichen wollten.[268] Wenn sich keine konkreten anderen Anhaltspunkte in der Verfügung von Todes wegen ergeben, ist **im Zweifel** davon auszugehen, dass nur Verfügungen unter Lebenden von der Freistellungsklausel erfasst sein sollen.[269]

72 Demgegenüber ist die Verfügung »der Überlebende soll aber verpflichtet sein, als Rechtsnachfolger in unser Vermögen nach seinem Tode nur *eines oder beide Kinder aus unserer jetzigen Ehe* zu bestimmen« als Schlusserbeinsetzung der Kinder mit **beschränktem Änderungsvorbehalt** für den überlebenden Ehegatten auszulegen, der es jedoch nicht erlaubt, auch ein Enkelkind als Schlusserben einzusetzen.[270] Der Zusatz »Abänderungen bleiben beiden Eltern vorbehalten« kann gerade bei juristischen Laien dahingehend ausgelegt werden, dass diese Befugnis nur beiden Elternteilen

258 Vgl. den Fall von OLG München NJW-RR 2011, 1020, 1022 (Rn. 23 ff.), wo das Ergebnis letztlich aber offen gelassen wurde.

259 OLG Zweibrücken FamRZ 1992, 608 = Rpfleger 1992, 109 m. Anm. *Gerken* Rpfleger 1992, 252.

260 OLG Hamm NJW-RR 1995, 777, 779 = ZEV 1995, 146 m. Anm. *Kössinger*.

261 BayObLG FamRZ 2004, 1233 = ZEV 2004, 282.

262 *Huber* Rpfleger 1981, 42; zu Recht deswegen ablehnend bei einem Erbvertrag OLG Düsseldorf NJW-RR 2012, 391 = MittBayNot 2012, 397 m. Anm. *Keim* (Rn. 45).

263 KG FamRZ 1998, 124 = Rpfleger 1998, 23; BayObLG FamRZ 1985, 209, 210; BayObLG Rpfleger 2002, 446, 447; OLG München NJW-RR 2012, 338 (Rn. 31); OLG Hamm DAVorm 1988, 632; FamRZ 2002, 777, 778; OLG Schleswig NJW-RR 2014, 965; OLG Hamburg ErbR 2019, 48 = ZEV 2018, 750 (Ls.); jurisPK-BGB-*Reymann* Rn. 57 f.; s. auch BGH NJW 1958, 547.

264 KG FamRZ 1998, 124, 126; OLG Düsseldorf DNotZ 2019, 211.

265 OLG Hamm BeckRS 2011, 18455, dazu *Mleczko* jurisPR-FamR 19/2011 Anm. 9; OLG Düsseldorf DNotZ 2019, 211.

266 KG OLGZ 1977, 457, 462; vgl. auch OLG München NJW-RR 2012, 338 (Rn. 31), wo jedoch das OLG trotz des Gebrauchs des Wortes »Vorerbe« eine Vollerbeneinsetzung annahm.

267 BayObLG FamRZ 1994, 1442.

268 OLG Hamm DAVorm 1988, 632.

269 BayObLG FamRZ 1985, 209; OLG Hamm FamRZ 2007, 678 (Kinder sollen nur erben, »wenn was nachbleibt«); KG FamRZ 1998, 126.

270 OLG Hamm FamRZ 2011, 1172 (Rn. 27).

zu Lebzeiten gemeinsam zusteht.[271] Die Formulierung »als weitere Erben *können* nur unsere derzeitigen Kinder I und E eingesetzt werden« ist zunächst eine Schlusserbeneinsetzung; ob damit ein *Änderungsvorbehalt* verbunden ist, ist durch Auslegung zu ermitteln. Wenn der Ehemann bei der Errichtung des gemeinschaftlichen Testaments schwer krank und der eine Schlusserbe sein einziges Kind ist, spricht dies gegen einen solchen.[272] Die Bestimmung, eine **Pflegeperson** könne ohne Rücksicht auf ein bestehendes Erbrecht vorab abgefunden werden, kann dem überlebenden Ehegatten das Recht zur Zuwendung eines Vermächtnisses vorbehalten und spricht im Übrigen gegen einen Änderungsvorbehalt.[273] Die Klausel, wonach der längstlebende Ehegatte berechtigt ist, über den Nachlass von Todes wegen neu zu verfügen, wenn er von einem der als gemeinsame Schlusserben eingesetzten Kinder gepflegt wird, ist nicht als alleinige Schlusserbeneinsetzung des die Pflegeleistung erbringenden Kindes auszulegen, sondern lediglich als Änderungsvorbehalt und eröffnet damit dem Längerlebenden die Möglichkeit, im Fall der Pflegebedürftigkeit abweichend von der schon getroffenen Schlusserbeneinsetzung erneut zu testieren. Denn die Möglichkeit der Testamentsänderung soll ein belohnenswerter Anreiz sein, die persönliche Pflege und Versorgung zu übernehmen.[274] Eine *stillschweigend eingeräumte Änderungsbefugnis* ist auch nicht allein deshalb anzunehmen, weil der erstverstorbene Ehegatte vermögenslos war[275] oder es nach dem ersten Erbfall zu einem Vermögenszuwachs kam.[276] Zu stillschweigender Änderungsbefugnis bei Auswanderung und Verschollenheit s. OLG München DNotZ 1944, 11.

Durch **ergänzende Auslegung** kann sich auch ergeben, dass der überlebende Ehegatte im Falle 73
des § 2269 den Schlusserben durch die Ernennung eines *Testamentsvollstreckers* beschränken darf, wenn der verstorbene Ehegatte bei Testamentserrichtung in Vorausschau der dafür sprechenden Gründe diese Maßnahmen gebilligt hätte.[277] Es genügt aber nicht, dass der überlebende Ehegatte annimmt, dass die Anordnung der Testamentsvollstreckung von dem erstverstorbenen Ehegatten gebilligt worden wäre, vielmehr ist nötig, dass diese Voraussetzung objektiv feststellbar ist.[278] Es gibt keinen Erfahrungssatz dahin, dass in den Fällen, in denen Eltern ihre gemeinschaftlichen Kinder zu Schlusserben bestimmen, es ihrem gemeinschaftlichen Willen entspricht, dass der überlebende Elternteil zu einer Änderung des Testaments berechtigt sein sollte, wenn es nach dem Tod des zuerst versterbenden Ehegatten zu einem Vermögenszuwachs oder zu Familienstreitigkeiten kommt.[279]

Umstritten ist, inwieweit sich im Wege der ergänzenden Auslegung eine Befugnis des Längerle- 74
benden entnehmen lässt, **Vermächtnisse** anzuordnen, um damit im angemessenen Rahmen eine aus der Familienzugehörigkeit sich ergebende oder sonstige **moralische Verpflichtung** zu erfüllen, wie etwa zur Unterstützung von bedürftigen Familienangehörigen oder Belohnung langjähriger Dienste.[280] Das OLG Köln[281] bejahte diese Möglichkeit insbesondere für verhältnismäßig geringfügige Zuwendungen für persönliche Dienste des Bedachten in der Zeit nach dem Tod des Erstversterbenden.[282] Regelmäßig wird indes für eine solche ergänzende Auslegung kein Raum sein, da es für solche Dankesschulden ein Rechtsgeschäft unter Lebenden, die Schenkung, gibt,[283] die

271 BayObLG FamRZ 1989, 787 = NJW-RR 1989, 587.
272 OLG Hamm FamRZ 2011, 1333 = FPR 2011, 284.
273 BayObLG ZEV 1996, 432, 434 = FamRZ 1997, 251.
274 OLGR Koblenz 2000, 363; NK-BGB/*Müßig* Rn. 37.
275 OLG München DNotZ 1973, 704.
276 OLG Hamm FamRZ 2002, 777, 778.
277 KGJ 42, 123, 127; KG DNotZ 1967, 438; OLG Köln NJW-RR 1991, 525; abgelehnt von OLG Schleswig FamRZ 2014, 1062, 1064 wo der Längerlebende ein Behindertentestament errichten wollte; s. auch Rdn. 39.
278 KG DNotZ 1942, 101 = JFG 23, 45.
279 OLG Hamm FamRZ 2002, 777, 778.
280 Gedanke der Pflicht- und Anstandsschenkung, § 2330 BGB.
281 Recht 1928 Nr. 2111 = LZ 1928, 1710.
282 OLG Köln NJW-RR 1991, 525.
283 BGH NJW 1978, 423 = JR 1978, 287 m. Anm. *Schubert*; Staudinger/*Kanzleiter* Rn. 60.

allerdings im Hinblick auf §§ 2287, 2288 BGB ebenso problematisch sein kann.[284] Im Einzelfall ist immer zu prüfen, ob anstelle einer belohnenden Schenkung nicht in Wahrheit eine Vergütung für bereits ausgeführte Dienste erbracht werden sollte und daher ein entgeltliches Rechtsgeschäft vorliegt, das auch gegen §§ 2287, 2288 BGB Bestand hat.

75 Eine **Pflichtteilsstrafklausel** in einem Berliner Testament kann beinhalten, dass der überlebende Ehegatte **nicht mehr** an die vorgenommene **Schlusserbeneinsetzung gebunden** ist, wenn das Kind seinen Pflichtteil beim ersten Erbfall fordert.[285]

76 Bei einer **Wiederverheiratungsklausel** in einem gemeinschaftlichen Testament wird i.d.R. dem längerlebenden Ehegatten bei Wiederverheiratung das Recht eingeräumt, seine wechselbezüglichen Verfügungen zu ändern;[286] inwieweit dies auch ohne ausdrückliche Regelung anzunehmen ist s. § 2269 BGB Rdn. 86 ff.

c) Inhalt, Umfang

77 Hinsichtlich des Inhalts des Änderungsvorbehalts sind folgende Regelungen denkbar:[287]

- **keinerlei Bindungswirkung**, also die Befugnis, sowohl vor als auch nach dem Tod des anderen Ehegatten beliebig verfügen zu können,
- **zeitlich begrenzte Bindungswirkung**, so dass zu Lebzeiten des anderen Ehegatten ein Widerruf nur nach der gesetzlichen Form des § 2271 Abs. 1 BGB möglich ist – um den anderen informieren zu müssen und damit ihm seinerseits Gelegenheit zur Änderung zu geben (Offenlegungsbedürfnis) – nach dem Tod des Erstversterbenden aber freie Befugnis zur Abänderung oder Aufhebung,
- beschränkte Bindungswirkung (**spezifizierter Änderungsvorbehalt**), wobei sich die Bindung dadurch äußert, dass
  - die Änderungsvoraussetzungen auf der *Tatbestandsseite* festgelegt sind, etwa, dass eine Änderung nur bei Vorliegen bestimmter Bedingungen zulässig ist[288] oder nach Ablauf einer Frist,
  - die Änderungsmöglichkeit hinsichtlich bestimmter *Rechtsfolgen* begrenzt ist, also eine bestimmte erbrechtliche Mindestposition erhalten bleiben muss,[289] der Erblasser hinsichtlich des zulässigen Adressatenkreises für die Zuwendung in der Testierfreiheit begrenzt ist[290] oder nur bestimmte Vermögenswerte frei verteilen kann, etwa durch Anordnung von Vermächtnissen,[291] zum Beispiel bezüglich dessen, was ihm schon immer gehörte[292] oder was nach dem Tod des Erstversterbenden neu erworben wurde,
  - dass der Längerlebende zur **Schenkung unter Lebenden** berechtigt sein soll,[293] die erbrechtliche Bindung aber uneingeschränkt besteht.[294]

---

284 Eingehend Rdn. 40.

285 BayObLGZ 1990, 58, 60 = FamRZ 1990, 1158; OLG Dresden OLGZ 40, 143; Damrau/Tanck/*Klessinger*, Erbrecht, Rn. 40; NK-BGB/*Müßig* Rn. 47.

286 MünchKomm/*Musielak* Rn. 32; Palandt/*Weidlich* § 2269 Rn. 20.

287 *Huber* Rpfleger 1981, 41, 42; Nieder/Kössinger/*R. Kössinger*, Handbuch der Testamentsgestaltung, § 11 Rn. 87; NK-BGB/*Müßig* Rn. 33 ff.; jurisPK/*Reymann* § 2269 Rn. 64 ff.

288 Z.B. bei Fehlverhalten der Schlusserben, Pflichtteilsverlangen nach dem ersten Erbfall (BayObLGZ 1990, 58), bei Gefährdung der Pflege im Alter (OLG Hamm NJW-RR 1995, 777) oder bei Wiederverheiratung (s. Rdn. 76).

289 Bspw. Schlusserbeneinsetzung zu 1/3.

290 Nur an gemeinsame Abkömmlinge oder bestimmte Verwandte (BGHZ 2, 35).

291 BGH WM 1973, 205; FamRZ 1973, 189; LG München ZEV 1995, 373 m. Anm. *Skibbe*.

292 BGH WM 1973, 205.

293 Also §§ 2287 f. BGB nicht gilt.

294 OLG Frankfurt OLG-Rp 1995, 31: ist eine solche lebzeitige Verfügungsbefugnis eingeräumt, wird sie auch nicht durch die im Ehegattentestament für den Schlusserbfall getroffene Teilungsanordnung eingeschränkt.

Einzelfragen: Wenn die Änderungsbefugnis des überlebenden Ehegatten vom Vorliegen bestimmter Tatbestandsvoraussetzungen abhängig ist, unterliegt dies grundsätzlich der vollen gerichtlichen Nachprüfung;[295] jedoch kann dies durch ausdrückliche testamentarische Anordnung ausgeschlossen werden.[296] Umstritten ist, ob als eine solche Voraussetzung für die Wirksamkeit der Ausübung eines Änderungsvorbehalts vorgesehen werden kann, dass sie der Zustimmung eines Dritten, bspw. der des Testamentsvollstreckers bedarf. Einen solchen Fall hatte das OLG Bremen[297] zu entscheiden und kam zu dem Schluss, dass die Gestaltung nicht gegen den Grundsatz der Höchstpersönlichkeit (§ 2065 Abs. 1 BGB) verstößt. Dagegen lässt sich anführen, dass damit dem Dritten »Macht ohne Verantwortung« übertragen werde, was § 2065 Abs. 1 BGB gerade verhindern wolle.[298] Dem lässt sich entgegen halten, dass die Ehegatten für die Erbfolge selbst die Verantwortung übernommen haben; sei es, dass die ursprünglich vorgesehene Schlusserbeneinsetzung Bestand hat, weil der Dritte nicht zustimmt, sei es, dass die abändernde Verfügung Wirkung entfaltet, weil der Dritte zustimmt.[299] Maßgeblich ist meines Erachtens, dass der Umfang der Bindungswirkung einzig auf dem Willen der Testierenden beruht. Das Gesetz sieht bei wechselbezüglichen Verfügungen grundsätzlich eine umfassende Bindungswirkung vor, die durch den Änderungsvorbehalt, auch wenn er unter der Voraussetzung der Zustimmung eines Dritten steht, eingeschränkt wird.[300] *Braun* weist zudem darauf hin, dass der Änderungsvorbehalt selbst keine Verfügung im Sinne des § 2065 Abs. 1 BGB sein dürfte, mithin auch nicht an diesem gemessen werden kann.[301] Geht man davon aus, dass eine solche Gestaltung gegen § 2065 Abs. 1 BGB verstößt, ist durch Auslegung nach dem Willen beider Testierender zu ermitteln, ob und in welchem Umfang ein Änderungsvorbehalt besteht; möglich ist, dass ein freies Abänderungsrecht gewollt gewesen wäre. Möglich ist aber auch das gegenteilige Ergebnis, dass nämlich insbesondere aus Sicht des erstversterbenden Ehegatten im Zweifel kein Änderungsrecht bestehen soll. In jedem Fall sollte in der Gestaltungspraxis von einem derartig ausgestalteten Änderungsvorbehalt abgeraten werden. 78

Der Wunsch nach einer **gegenständlichen Freistellung** wird häufig geäußert und bezieht sich oft auf das Vermögen, das der Längerlebende erst nach dem Tod seines Ehegatten erwirbt. Angesichts der geänderten demografischen und wirtschaftlichen Verhältnisse[302] ist daher ein entsprechender Änderungsvorbehalt bei Errichtung gemeinschaftlicher Testamente jüngerer Eheleute unbedingt angezeigt. Problematisch ist hier allerdings die Abgrenzung der verschiedenen Vermögensmassen, die dem Längerlebenden zwar allein gehören, hinsichtlich derer aber unterschiedliche Möglichkeiten für eine Änderung durch Verfügungen von Todes wegen gelten. Damit werden letztlich die Vorteile der Einheitslösung des gemeinschaftlichen Testaments wieder beseitigt. Der Ratschlag, ein notarielles Vermögensverzeichnis zur Erfassung des vom Erstversterbenden stammenden Nachlasses zu errichten, wird oftmals von den Beteiligten nicht beherzigt.[303] 79

Der überlebende Ehegatte kann immer nur ermächtigt werden, seine eigenen Verfügungen aufzuheben oder zu ändern. § 2065 BGB verbietet einen entsprechenden Änderungsvorbehalt für Verfügungen des erstversterbenden Ehegatten.[304] Die Anwendung dieses Grundsatzes bereitet bei

295 BGH bei *Johannsen* WM 1977, 278; Soergel/*M. Wolf* Rn. 26.

296 BGH NJW 1951, 959, 960.

297 OLG Bremen ZEV 2018, 90 m. abl. Anm. *Wolffskeel v. Reichenberg*; dazu auch *C. Braun* MittBayNot 2018, 259; BeckOGK/*Braun* Rn. 152.1.

298 *Wolffskeel v. Reichenberg* ZEV 2018, 92, 93.

299 A.A. NK-BGB/*Selbherr* § 2065 BGB Rn. 6; *Wolffskeel v. Reichenberg* ZEV 2018, 92, 93; im Ergebnis wie hier auch Staudinger/*Kanzleiter* Rn. 56.

300 OLG Bremen ZEV 2018, 90.

301 *C. Braun* MittBayNot 2018, 259, 261.

302 Vgl. hierzu *Gerken* ZRP 1991, 426 ff.

303 Formulierungsvorschläge zu solchen Klauseln etwa bei Nieder/Kössinger/*R. Kössinger*, Handbuch der Testamentsgestaltung, § 11 Rn. 87; MünchVertrHdb/*Otto*, Bd. VI/2 Form XII 25.

304 RGZ 79, 32; RG DNotZ 1932, 348; BeckOGK/*Braun*, Stand 01.03.2019, Rn. 157; Staudinger/*Kanzleiter* Rn. 62; BeckOK/*Litzenburger* Rn. 27; MünchKomm/*Musielak* Rn. 32; vgl. Vorbem. zu §§ 2229 ff. Rdn. 18 ff.

einem **Berliner Testament** keine Schwierigkeiten, sofern die Einheitslösung vorliegt. Denn wenn der Längerlebende dann aufgrund des Vorbehalts verfügt, tut er dies immer nur über seinen Nachlass im Rechtssinne, mag darin auch – wirtschaftlich gesehen – der des erstverstorbenen Ehegatten enthalten sein.[305]

80 Bei der **Trennungslösung**, also wenn der Längerlebende nur Vorerbe, der Dritte Nacherbe ist, liegen dagegen zwei getrennte Vermögensmassen vor (ererbter Nachlass mit Nacherbe und schon immer eigenes Vermögen). Es besteht daher wegen § 2065 BGB keine direkte Möglichkeit des Längerlebenden, über den der Nacherbschaft unterliegenden Nachlass zu verfügen. Die h.M. und Rechtsprechung hält aber auch hier die Einräumung einer Änderungsbefugnis für den Längerlebenden für zulässig; dies geschieht konstruktiv dadurch, dass die Anordnung der Vor- und Nacherbfolge unter die **auflösende Bedingung** gestellt wird, dass der Vorerbe über sein eigenes Vermögen anderweitig verfügt;[306] tut er dies, so wird er durch den Wegfall der angeordneten Nacherbfolge uneingeschränkter Eigentümer auch des Nachlasses des Erstversterbenden, so dass die aus § 2065 BGB ergebende Problematik sich nicht mehr stellt.[307] Eine solche Änderungsbefugnis kann zwar auch stillschweigend eingeräumt werden, jedoch ist hinsichtlich deren Annahme Zurückhaltung geboten.[308]

81 Diese Lösung versagt allerdings, wenn der Längerlebende durch eine frühere, bindende Verfügung von Todes wegen daran gehindert ist, abweichend zu testieren;[309] jedoch lässt sich die Problematik dadurch beheben, dass hinsichtlich einzelner bedeutender Nachlassgegenstände dem Längerlebenden dadurch die Testierfreiheit ermöglicht wird, dass diese einem – u.U. bedingten, hier ausnahmsweise dinglich wirkenden – Vorausvermächtnis zugunsten des überlebenden Ehegatten unterworfen werden, wodurch sich die Nacherbschaft dann nicht mehr auf diese Gegenstände bezieht.[310]

82 Auch hat die Rechtsprechung anerkannt, dass dem überlebenden Ehegatten das Recht zum Widerruf von Vermächtnisanordnungen des erstversterbenden Ehegatten dadurch eingeräumt werden kann, dass die Vermächtnisse nur unter der Bedingung angeordnet werden, dass der Überlebende sie nicht widerruft.[311]

83 **Umfang** und Reichweite des eingeräumten **Änderungsvorbehalts** sind in Zweifelsfällen durch **Auslegung**, ggf. auch durch ergänzende Auslegung, zu ermitteln.[312] Bei der Prüfung der Frage, ob dem überlebenden Ehegatten so weitgehende Befugnisse zustehen, ist aber Vorsicht geboten. Wenn z.B. in einem gemeinschaftlichen Testament die Erblasser sich das Recht vorbehalten haben, das Testament durch Zusätze, insbesondere durch weitere Vermächtnisanordnungen, zu ergänzen, kann

---

305 BayObLGZ 1987, 23, 28 = FamRZ 1987, 638, 639.

306 Über den Nachlass des Erstversterbenden kann der längerlebende Ehegatte wegen § 2065 BGB nicht direkt verfügen, vielmehr verfügt er über seinen eigenen Nachlass und dies löst die auflösende Bedingung aus, welche die Nacherbschaft entfallen lässt, *Frank* MittBayNot 1987, 234 f.; *Keim* FamRZ 2003, 140; Staudinger/*Otte* § 2065 Rn. 49.

307 BGHZ 2, 35; 59, 220, 222; BGH LM Nr. 2 zu § 2065; BayObLG FamRZ 1991, 1488 = DNotZ 1992, 520; OLG Frankfurt Rpfleger 1997, 262; OLG Oldenburg FamRZ 1991, 862; *Frank* MittBayNot 1987, 231, 233 ff.; Staudinger/*Kanzleiter* Rn. 62 m.w.N; *Kipp/Coing* § 35 III 4 d; *Lange/Kuchinke* § 24 VI Fn. 174; MünchKomm/*Musielak* Rn. 32; jurisPK/*Reymann* Rn. 59; a.A. *v. Lübtow* I S. 140 f.; *Stiegler* BWNotZ 1986, 26; krit. auch *Schmucker* MittBayNot 2001, 526, 533; eingehend dazu § 2269 BGB Rdn. 61.

308 BayObLG FamRZ 1991, 1488 f. = MittBayNot 1991, 262, 264; krit. dagegen *Schmucker* MittBayNot 2001, 526, 533, die aber übersieht, dass es dort um den Nachlass des Erstverstorbenen ging.

309 KG JFG 20, 139; DRW 1939, 1143.

310 Nieder/Kössinger/*R. Kössinger*, Handbuch der Testamentsgestaltung, § 11 Rn. 89; Formulierungsvorschlag MünchVertrHdb/*Otto*, Bd. VI/2 Form XII.12, dort § 3 und BeckOF-Vertrag/*Sammet*, Muster 5.1.7.1, dort Anm. 4.

311 RG WarnR 1921 Nr. 75; RG Recht 1924 Nr. 1526.

312 NK-BGB/*Müßig* Rn. 36; MünchKomm/*Musielak* Rn. 32.

dies dahin auszulegen sein, dass damit dem überlebenden Ehegatten nicht das Recht verliehen wird, einem Bedachten eine Zuwendung zu entziehen.[313] Wenn dem überlebenden Ehegatten nur Anordnungen über die Art der Verteilung unter den Kindern vorbehalten sind, kann er nicht die Erbteile der Kinder ändern, also keine Wertverschiebung vornehmen.[314] Der überlebende Ehegatte, dem in einem gemeinschaftlichen Testament die Bestimmung der Anteile der Verwandten an einer vermachten Geldsumme anheimgestellt ist, darf an der Person der Vermächtnisnehmer nichts ändern.[315] Hat der längerlebende Ehegatte kein nennenswertes Vermögen und wird ihm gestattet, über sein Vermögen anders zu verfügen und auch Vermächtnisse aus dem Nachlass des Erstversterbenden anzuordnen, kann dies eine Begrenzung für diese Vermächtnisanordnungen bedeuten, wenn die Eheleute davon ausgingen, dass das Vermögen im Wesentlichen ihren Kindern als Schlusserben zufallen soll.[316]

d) Ausübung der Änderungsbefugnis

Die Ausübung des Änderungsvorbehalts bedarf nach dem Tod des anderen Ehegatten auch bei wechselseitigen Verfügungen nicht der notariellen Form des § 2271 Abs. 1 Satz 1 BGB, wohl aber der einer Verfügung von Todes wegen.[317] Es reicht daher nach der Rspr. die bloße Vernichtung der Urkunde i.S.v. § 2255 BGB ebenso wenig[318] wie ein auf das gemeinschaftliche Testament gesetzter, nicht unterschriebener Ungültigkeitsvermerk.[319] Der Widerruf einer Ersatzerbenbestimmung kann sich aber aus einer späteren Wiederholung der Erbeinsetzung unter Weglassung des zunächst berufenen Ersatzerben ergeben.[320] Die Angabe des Widerrufsgrundes entsprechend § 2336 Abs. 2 BGB ist nicht erforderlich,[321] insbesondere dann nicht, wenn in dem gemeinschaftlichen Testament nur ein Widerrufsgrund genannt ist,[322] kann aber streitvermeidend sein. 84

e) Wirkung der Änderung

Bestünde trotz der Freistellungsbefugnis die Wechselbezüglichkeit fort, könnte dies dazu führen, dass die Ausübung des Widerrufs (der Änderungsbefugnis) nach § 2270 Abs. 1 BGB zum Wegfall der dazu korrespondierenden Verfügungen des Erstverstorbenen führt, wenn kein anderer Wille der Beteiligten feststellbar ist.[323] Dieses Problem entsteht nicht, wenn im Testament nicht nur von der Bindung, sondern auch von der Wechselbezüglichkeit befreit wurde. Ist das nicht der Fall, trennt der BGH[324] zwischen der Frage der Bindungsfreistellung (Änderungsvorbehalt) und der Wechselbezüglichkeit, so dass die Freistellungsklausel die Wechselbezüglichkeit nicht ausschließt.[325] Deutlich wird die praktische Bedeutung des Unterschieds etwa an dem Beispiel einer 85

313 RG LZ 1920, 705 = Recht 1920 Nr. 423.
314 BayObLG BayZ 1919, 105.
315 RG Recht 1914 Nr. 945.
316 BGH FamRZ 1973, 189; *Johannsen* WM 1973, 534; Palandt/*Weidlich* Rn. 22.
317 Analog § 2297 wegen der dem Erbvertrag ähnlichen Bindung, vgl. § 2297; OLG Stuttgart OLGZ 1986, 261, 264 = NJW-RR 1986, 632; OLG Hamm ZEV 1996, 272, 274 = NJW-RR 1996, 1095; BeckOK/*Litzenburger* Rn. 30; NK-BGB/*Müßig* Rn. 39; MünchKomm/*Musielak* Rn. 33; Palandt/*Weidlich* Rn. 23.
318 OLG Hamm NJW-RR 1996, 1095; Burandt/Rojahn/*Braun* Rn. 32; MünchKomm/*Musielak* Rn. 33; jurisPK/*Reymann* Rn. 59; Palandt/*Weidlich* Rn. 23.
319 OLG Stuttgart OLGZ 1986, 261, 264 = NJW-RR 1986, 632.
320 OLG Köln OLGZ 1993, 275, 277 = NJW-RR 1993, 1418.
321 OLG Köln OLGZ 1993, 275, 277 = NJW-RR 1993, 1418.
322 OLG Düsseldorf JMBl NRW 1963, 272.
323 Palandt/*Weidlich* Rn. 24.
324 Anders noch FamRZ 1956, 83.
325 BGH NJW 1964, 2056; BGH NJW 1987, 901 = DNotZ 1987, 430, 431; ebenso BayObLG FamRZ 1989, 1353; ZEV 1996, 432, 434 = FamRZ 1997, 251; BayObLG FamRZ 1991, 1488; OLG Stuttgart OLGZ 1986, 261, 263; BeckOGK/*Braun*, Stand 01.03.2019, Rn. 154; NK-BGB/*Müßig* Rn. 30; Palandt/*Weidlich* Rn. 24; *Wendt* ErbR 2019, 26, 29; a.M. Soergel/*M. Wolf* § 2270 Rn. 11: Freistellung

zeitlich begrenzten Wechselbezüglichkeit zur Sicherung des Informationsbedürfnisses des anderen Ehegatten, wenn etwa vereinbart wird, dass nach dem ersten Todesfall der Längerlebende frei verfügen darf, bei Lebzeiten aber ein förmlicher Widerruf erfolgen muss.[326] Aber auch die sonstigen spezifizierten Änderungsvorbehalte,[327] bei denen die Änderungsbefugnis von der Erfüllung bestimmter Bedingungen hinsichtlich Tatbestand oder Rechtsfolge abhängt, können ihre Funktion nur erfüllen, wenn zunächst – bis zur zulässigen Ausübung der Änderungsbefugnis – eine Bindung eintritt. Es entspricht gerade dem Willen der Ehegatten, dass in solchen Fällen eben keine generelle Abänderungsbefugnis besteht, sondern nur in den genau festgelegten Fällen. Da aber die hier gewollte, wenn auch bei Vorliegen bestimmter Umstände beseitigbare, Bindungswirkung beim gemeinschaftlichen Testament nur durch die Rechtsfigur der Wechselbezüglichkeit erfüllt werden kann, schließen sich Änderungsvorbehalt und Wechselbezüglichkeit nicht gegenseitig aus, sondern bedingen sich je nach Reichweite der Freistellungsklausel. Im Verhältnis der Exklusivität stehen beide Begriffe nur bei solchen Vorbehalten, bei denen keinerlei Bindungswirkung gewollt ist.[328] Wie beim Erbvertrag zwischen der Feststellung der Vertragsmäßigkeit der Verfügung und dem Änderungsvorbehalt zu unterscheiden ist,[329] ist auch hier zwischen Wechselbezüglichkeit der Verfügung und der Freistellungsbefugnis zu differenzieren.

86 Mit der Bejahung der Wechselbezüglichkeit ist aber noch nicht gesagt, dass bei Ausübung der Freistellungsbefugnis hinsichtlich der dazu korrespondierenden Verfügung die **Nichtigkeitsfolge** des § 2270 Abs. 1 BGB zwingend eintritt. Zwar ist der Wirksamkeitszusammenhang eine unmittelbare Wirkung der Wechselbezüglichkeit der Verfügungen.[330] Zu Unrecht setzt aber eine wohl h.M. die Ausübung eines vorbehaltenen Widerrufs- oder Änderungsrechts aufgrund einer Freistellungsklausel mit der Ausübung des gesetzlichen Widerrufsrechts nach § 2271 Abs. 1 u 2 BGB gleich,[331] es sei denn, dass durch Auslegung ein abweichender, zumindest mutmaßlicher Wille der Eheleute ermittelt werden kann.[332] Hinsichtlich der Folgen der Wechselbezüglichkeit gilt vielmehr der Grundsatz der **Wirkungsbeschränkung**, d.h., den Ehegatten steht es frei, die gesetzlichen Rechtsfolgen solcher Verfügungen einzuschränken oder auszuschließen.[333]

87 Wenn aber Ehegatten gerade im Rahmen einer typischen Freistellungsklausel verfügen, dass der Längerlebende zu einer Umverteilung des gesamten beiderseitigen Vermögens (Einheitslösung) berechtigt sein soll, dann kann diese gewollte Änderungsbefugnis ihrer intendierten Aufgabe nicht gerecht werden, wenn mit der Ausübung des Umverteilungsrechts die zur Schlusserbeneinsetzung korrespondierende Erbeinsetzung des Längerlebenden wegen § 2271 Abs. 1 BGB wegfällt. Aufgrund der funktionsbezogenen Auslegung dieses Änderungsvorbehalts muss vielmehr angenommen werden, dass seine **Ausübung im Regelfall gerade nicht zum Wegfall der wechselbezüglichen Verfügungen** des **anderen Ehegatten** führt. Vielmehr ist dies die Ausnahme, so dass ein vom Regelfall abweichender diesbezüglicher Wille gesondert zu beweisen

---

spreche im Allgemeinen gegen Wechselbezüglichkeit, wenn sich aus dem Willen der Beteiligten nichts anderes ergibt (ähnlich wohl BayObLG FamRZ 1993, 736 = DNotZ 1993, 130; BayObLGZ 1987, 23); für generelles Abstellen auf den Parteiwillen *Huber* Rpfleger 1981, 42.

326 So Rdn. 77, 2. Fallgruppe; vgl. hierzu BGH NJW 1964, 2056; Nieder/Kössinger/*R. Kössinger*, Handbuch der Testamentsgestaltung, § 11 Rn. 87; bedenklich daher, wenn BayObLGZ 1987, 23 = FamRZ 1987, 638 in einem solchen Fall die Wechselbezüglichkeit ganz verneint.

327 S. Rdn. 77, 3. Fallgruppe.

328 S.o. Rdn. 77, 1. Fallgruppe.

329 S. § 2278 BGB Rdn. 14; Palandt/*Weidlich* § 2278 Rn. 1.

330 § 2270 BGB Rdn. 1, 3; Palandt/*Weidlich* § 2270 Rn. 2.

331 OLG München JFG 15, 262; RGRK-BGB/*Johannsen* Rn. 31; Palandt/*Weidlich* Rn. 24; Soergel/*M. Wolf* Rn. 27; zum Streitstand etwa Nieder/Kössinger/*R. Kössinger*, Handbuch der Testamentsgestaltung, § 11 Rn. 90.

332 BayObLGZ 1987, 23, 28.

333 Staudinger/*Kanzleiter* § 2270 BGB Rn. 6; Palandt/*Weidlich* § 2270 Rn. 2.

ist.[334] Dogmatisch-konstruktiv lässt sich dies damit rechtfertigen, dass eine solche Änderung aufgrund der Freistellungsbefugnis gerade kein Widerruf i.S. von § 2271 BGB ist, weil erstere auf der Testierfreiheit, letzterer auf der gesetzlichen Regelung beruht.[335] Soweit eine Verfügung nicht ersatzlos beseitigt wird, kann man konstruktiv dies auch damit begründen, dass durch die Ausübung der Änderungsbefugnis die alte Verfügung nicht nichtig, sondern nur inhaltlich entsprechend den Vorgaben der gemeinsamen Vermögensplanung beider Ehegatten verändert wird, so dass schon deswegen für § 2271 Abs. 1 BGB kein Raum bleibt.[336]

In der **Praxis** empfiehlt sich auf alle Fälle eine klarstellende Regelung, dass die Ausübung des Änderungsvorbehalts die Wirksamkeit aller übrigen Verfügungen unberührt lässt.[337] Die Alternative, dass statt eines Änderungsvorbehalts die Regelung im Wege einer einseitigen Verfügung getroffen wird, entspricht oftmals gerade bei den Fällen der spezifizierten Änderungsvorbehalte nicht dem Parteiwillen, da dann auch zu Lebzeiten jederzeit eine einseitige, versteckte Aufhebung möglich ist. Demgegenüber tendiert die **Rspr. teilweise** dazu, bereits die Wechselbezüglichkeit zu verneinen, so dass sich dieses Problem nicht stellt.[338] 88

VI. Anfechtung des gemeinschaftlichen Testaments

1. Zu Lebzeiten beider Ehegatten

Zu Lebzeiten beider Ehegatten kann keiner von ihnen das gemeinschaftliche Testament anfechten, weil aufgrund der Widerrufsmöglichkeit kein Anfechtungsbedürfnis besteht.[339] Eine Anfechtung durch Dritte scheidet ebenfalls aus, da noch kein Erbfall eingetreten ist.[340] 89

2. Nach dem Tod des Erstversterbenden

Nach dem Tod des erstversterbenden Ehegatten bestehen folgende Anfechtungsmöglichkeiten: 90

a) Anfechtung durch Dritte

Dritte können **Verfügungen des erstverstorbenen Ehegatten** in dem gemeinschaftlichen Testament nach den allgemeinen Vorschriften der §§ 2078 ff. BGB anfechten.[341] Insbesondere können **Pflichtteilsberechtigte**, die zwischen der Errichtung des gemeinschaftlichen Testaments und dem ersten Erbfall geboren oder pflichtteilsberechtigt geworden sind (z.B. ein nach der Errichtung des gemeinschaftlichen Testaments geborenes Kind des Erblassers), die Verfügungen des verstorbenen 91

334 *Dohr* MittRhNotK 1998, 381, 392; Nieder/Kössinger/*R. Kössinger*, Handbuch der Testamentsgestaltung, § 11 Rn. 90; NK-BGB/*Müßig* Rn. 40; jurisPK-BGB/*Reymann* Rn. 59; Palandt/*Weidlich* Rn. 24; im Ergebnis ebenso Staudinger/*Kanzleiter* Rn. 64; *Mohr* BWNotZ 1997, 169, 175; *Radke,* Das Berliner Testament …, S. 131 f.

335 NK-BGB/*Müßig* Rn. 40; *Radke*, Das Berliner Testament …, S. 131 f; und ähnlich *Lange/Kuchinke* § 24 VI 5 c.

336 Nieder/Kössinger/*R. Kössinger*, Handbuch der Testamentsgestaltung, § 11 Rn. 90, spricht davon, dass hier durch die Änderung nur Gegenstandslosigkeit eintritt.

337 Nieder/Kössinger/*R. Kössinger*, Handbuch der Testamentsgestaltung, § 11 Rn. 90 f.; jurisPK/*Reymann* Rn. 60 f. mit Formulierungsvorschlag.

338 *Schmucker* MittBayNot 2001, 526, 533 unter zutreffendem Bezug auf BayObLG FamRZ 1985, 1287, 1289 = Rpfleger 1985, 445.

339 Abs. 1; RGZ 87, 95, 97; 132, 1; BayObLGZ 2003, 210, 213 = FamRZ 2004, 1068; BeckOGK/*Braun*, Stand 01.03.2019, Rn. 124; NK-BGB/*Müßig* Rn. 78; MünchKomm/*Musielak* Rn. 34.

340 Staudinger/*Kanzleiter* Rn. 65; BeckOK/*Litzenburger* Rn. 42; *v. Lübtow* I 512; NK-BGB/*Müßig* Rn. 79; Palandt/*Weidlich* Rn. 27.

341 Zu § 2078 Abs. 2 BGB s. BayObLGZ 2003, 210, 213 = FamRZ 2004, 1068; BayObLG ZEV 2004, 466, 467 = FamRZ 2004, 1996; OLG Köln OLGZ 1970, 114; *Dohr* MittRhNotK 1998, 381, 411; Staudinger/*Kanzleiter* Rn. 66; BeckOK/*Litzenburger* Rn. 47; NK-BGB/*Müßig* Rn. 98 f; MünchKomm/*Musielak* Rn. 42; *Schubert/Czub* FamRZ 1980, 257 ff., 334, 339; Palandt/*Weidlich* Rn. 31.

Ehegatten anfechten.[342] Verfügungen des überlebenden Ehegatten können Dritte aber erst nach dessen Tod anfechten, da das Anfechtungsrecht erst mit dem Eintritt des entsprechenden Erbfalls entsteht.[343] Ein unwirksam erklärter Widerruf des Erstverstorbenen schließt jedoch die Anfechtung nicht aus, ist er doch das beste Indiz dafür, dass der Irrtum für die Verfügung ursächlich war. Anders liegt es nur, wenn der Erblasser deutlich zu erkennen gegeben hat, dass er an seiner Verfügung festhalten will.[344]

92 Auf die Anfechtung von (wechselbezüglichen) **Verfügungen des erstverstorbenen Ehegatten** – sei es vor oder nach dem Tod des überlebenden Ehegatten – durch **Dritte** kann der **Anfechtungsausschluss** nach **§ 2285 BGB nicht** entsprechend angewendet werden.[345] Denn § 2285 BGB schließt die Anfechtung durch Dritte nur für solche (vertragsmäßigen) Verfügungen aus, die vom Erblasser selbst nach §§ 2281 ff. BGB angefochten werden konnten. Eine entsprechende Anwendung dieser Vorschrift auf das gemeinschaftliche Testament kommt daher nur bei solchen Verfügungen in Betracht, die ein Ehegatte nach § 2271 Abs. 2 BGB grundsätzlich nicht mehr widerrufen kann und für die ihm die Rechtsprechung das Recht der Selbstanfechtung entsprechend §§ 2281 ff. BGB zugebilligt hat, also nur bei Verfügungen des überlebenden Ehegatten.[346] **Dogmatisch** lässt sich die **analoge Anwendung des § 2285 BGB** damit rechtfertigen, dass das Recht zum Widerruf nicht aus Gründen erlöschen kann, die ein Anfechtungsrecht ausschließen würden.[347] Auch unter Wertungsgesichtspunkten sprechen weder das Verstreichenlassen der Anfechtungsfrist noch die Tatsache, dass dem Erstverstorbenen die Umstände bekannt waren, auf die der Dritte später sein Anfechtungsrecht stützt, für die entsprechende Anwendung des § 2285 BGB.[348] Denn das bewusste Unterlassen des Widerrufs der Verfügungen ist ein Indiz dafür, dass der erstverstorbene Ehegatte auch bei Kenntnis der die Anfechtbarkeit begründenden Tatsachen die entsprechende Verfügung getroffen hätte, weshalb bereits aus diesem sachlichen Grund dann die Anfechtung des Dritten ausgeschlossen ist.[349] Gegen die Anwendung des Anfechtungsausschlusses sprechen hier auch praktische Gesichtspunkte, etwa wenn der Erstversterbende infolge der Drohung des anderen Ehegatten sich nicht traute, seine wechselbezügliche Verfügung anzufechten. Demgegenüber würde bei einem Erbvertrag § 2285 BGB kaum zu Härten führen, weil das Selbstanfechtungsrecht des Erblassers erst mit Beendigung der Zwangslage beginnt.[350] Andererseits verlangt das Publizitätserfordernis des Widerrufs, dass durch diesen der andere Ehegatte wieder in die Lage versetzt wird, seinerseits neu zu testieren, nicht, dass § 2285 BGB hier entsprechend angewendet wird. Denn da die Anfechtungserklärung des Dritten analog § 2281 Abs. 2 Satz 1 BGB gegenüber dem Nachlassgericht abzugeben ist, wird dieses umgehend den überlebenden Ehegatten informieren, so dass dieser dann neu testieren kann,

---

342 §§ 2079, 2080 Abs. 3 BGB; BGH FamRZ 1970, 79; *Dohr* MittRhNotK 1998, 381, 411; Palandt/*Weidlich* Rn. 31.

343 KG FamRZ 1968, 219; MünchKomm/*Musielak* Rn. 42; Palandt/*Weidlich* Rn. 32; eingehend dazu unten Rdn. 107.

344 Gedanke der Bestätigung, die hier formlos möglich ist; *Lange/Kuchinke* § 24 VI 7 e; a.M. zum unwirksamen Widerruf LG Karlsruhe NJW 1958, 714.

345 BGH NJW 2016, 2566 = MittBayNot 2016, 524; Staudinger/*Kanzleiter* Rn. 67; *Lange/Kuchinke* § 24 VI Fn. 202; BeckOK/*Litzenburger* Rn. 48; *v. Lübtow* I 516; NK-BGB/*Müßig* Rn. 101; MünchKomm/*Musielak* Rn. 43; Palandt/*Weidlich* Rn. 31; *ders.* ZEV 2015, 480; a.M. LG Karlsruhe NJW 1958, 714; *Schubert/Czub* FamRZ 1980, 257 ff., 334 ff., 339, jedoch ohne hinsichtlich des Anfechtungsobjekts zwischen den Verfügungen nach dem ersten und zweiten Erbfall zu unterscheiden; an der h.M. zweifelnd BayObLGZ 2003, 210, 213 = FamRZ 2004, 1068.

346 S. Rdn. 107.

347 MünchKomm/*Musielak* Rn. 43.

348 NK-BGB/*Müßig* Rn. 99; MünchKomm/*Musielak* Rn. 43.

349 § 2078 Abs. 1, Halbs. 2 BGB; NK-BGB/*Müßig* Rn. 101; MünchKomm/*Musielak* Rn. 43, der zu Recht darauf hinweist, dass damit die Rechtslage derjenigen bei der Anfechtung einseitiger Verfügungen ähnelt, bei der auch hinsichtlich der Verfügungen des Längerlebenden § 2285 nicht anwendbar ist.

350 Ausführlich Staudinger/*Kanzleiter* Rn. 67; NK-BGB/*Müßig* Rn. 101.

weil wegen § 2270 Abs. 1 BGB die Anfechtung der einen wechselbezüglichen Verfügung auch die Nichtigkeit seiner anderen zur Folge hat.[351]

b) Anfechtung durch den überlebenden Ehegatten

aa) Verfügungen des Verstorbenen

Der überlebende Ehegatte kann die Verfügungen des verstorbenen Ehegatten nach § 2078 BGB anfechten, nicht aber nach § 2079 BGB, da entweder der Längerlebende vom Erstversterbenden bedacht oder aber zumindest bewusst übergangen wird, und in beiden Fällen die Anfechtung nach § 2079 BGB ausgeschlossen ist.[352] 93

bb) Anfechtung eigener Verfügungen

Die **Selbstanfechtung** seiner eigenen **wechselbezüglichen Verfügungen** durch den längerlebenden Ehegatten **nach dem Tod** des anderen ist unter denselben Voraussetzungen und in gleicher Weise möglich wie die der vertragsmäßigen Verfügungen in einem **Erbvertrag.**[353] Die entsprechende Anwendung dieser Vorschriften des Erbvertragsrechts ist gerechtfertigt, weil für den überlebenden Ehegatten hinsichtlich seiner wechselbezüglichen Verfügungen eine ähnliche Bindung entstanden ist, wie beim Erbvertrag an die vertragsmäßigen, und die Gleichheit der Interessenlage die Schließung der Regelungslücke durch diese Vorschriften gebietet. Ansonsten würde das gemeinschaftliche Testament eine stärkere Bindung als der Erbvertrag entfalten.[354] **Voraussetzung** für diese Anfechtungsmöglichkeit ist jedoch, dass der überlebende Ehegatte an seine wechselbezüglichen Verfügungen **gebunden** ist, also keine Ausschlagung nach § 2271 Abs. 2 Satz 1 BGB erfolgte, und auch keine Aufhebung nach § 2271 Abs. 2 Satz 2, 2294, 2336 BGB möglich ist.[355] 94

In Betracht kommt vor allem eine Anfechtung wegen **Übergehung eines Pflichtteilsberechtigten**, § 2079 BGB,[356] insbesondere bei einer Wiederverheiratung.[357] Zu beachten ist jedoch, dass ein durch das 2. Erbrechtsgleichstellungsgesetz erst entstehendes Erb- und Pflichtteilsrecht sog. **»alter nichtehelicher Kinder«**, die vor dem 01.07.1949 geboren wurden, nach Art. 12 § 10 Abs. 3 NEhelG in der Fassung des 2. Erbrechtsgleichstellungsgesetzes **nicht** zur Anfechtung nach § 2079 BGB berechtigt.[358] Dies gilt nach dem Sinn und Zweck dieser Bestimmung aber **nicht** für das 95

351 Dies wird bei BayObLGZ 2003, 210, 213 f. = FamRZ 2004, 1068 übersehen.

352 RGRK-BGB/*Johannsen* Rn. 42; *v. Lübtow* I 513; Erman/*Kappler/Kappler* Rn. 22; NK-BGB/*Müßig* Rn. 80; MünchKomm/*Musielak* Rn. 41 m.w.N.; Palandt/*Weidlich* Rn. 28; a.M. Erman/*M. Schmidt* Rn. 15, wobei § 2079 BGB ohnehin nur in Betracht käme, wenn dem Verstorbenen die Pflichtteilsberechtigung des anderen nicht bekannt war und er diesen nicht bedacht und auch nicht bewusst übergangen hat, zutreffend *M. Rudolf* § 5 Rn. 151.

353 §§ 2281 ff., 2078 ff. BGB; RGZ 87, 98; 132, 1, 4; BGHZ 37, 331, 333 = NJW 1962, 1913; BGH FamRZ 1970, 79; OLG Düsseldorf DNotZ 1972, 42; BayObLG FamRZ 2000, 1331; OLG Oldenburg FamRZ 1999, 1537 = MDR 1999, 232; LG Berlin FamRZ 1976, 293; *Bengel* DNotZ 1984, 139; *Dohr* MittRhNotK 1998, 381, 411; RGRK-BGB/*Johannsen* Rn. 44; *Kanzleiter* notar 2011, 351 f.; Staudinger/*Kanzleiter* Rn. 69; *Kipp/Coing* § 35 III 4 b; *Lange/Kuchinke* § 24 VI 8 a; BeckOK/*Litzenburger* Rn. 43 f.; *v. Lübtow* I 513 f; NK-BGB/*Müßig* Rn. 82 f.; MünchKomm/*Musielak* Rn. 36; *Pfeiffer* FamRZ 1993, 1266, 1271; jurisPK-BGB/*Reymann* Rn. 72; *Schubert/Czub* FamRZ 1980, 257 ff., 334 ff., 338; für direkte Anwendung der §§ 2281 ff. *Kricke*, Die Beschränkung der Verfügungsfreiheit ..., S. 33 ff.; zu ablehnenden Stimmen des älteren Schrifttums s. MünchKomm/*Musielak* Rn. 36 Fn. 130.

354 So die h.M., vgl. etwa NK-BGB/*Müßig* Rn. 82; MünchKomm/*Musielak* Rn. 36; gegen die These von der Gleichheit der Interessenlage *Karpf*, Das Selbstanfechtungsrecht des Erblassers beim Erbvertrag, S. 186; krit. gegen die Analogie jetzt auch unter Berücksichtigung historischer Argumente *Iversen* ZEV 2004, 55 f.; jedoch lassen sich gerade aus der Entstehungsgeschichte des BGB gegen die Analogie keine Einwände herleiten, wie *Kanzleiter*, FS Otte (2005) S. 157, 160 f. (bes. Fn. 26) gezeigt hat.

355 NK-BGB/*Müßig* Rn. 82; *Schubert/Czub* FamRZ 1980, 257 ff.

356 MünchKomm/*Musielak* Rn. 36.

357 Eingehend Rdn. 101.

358 Palandt/*Weidlich* Art. 227 EGBGB Rn. 5; MünchKomm/*Leipold* § 2079 Rn. 16.

Selbstanfechtungsrecht des Vaters. Insofern ist die Interessenlage anders als bei der Anfechtung des nichtehelichen Kindes nach § 2079 BGB. Denn der Gesetzgeber hat das Anfechtungsrecht des nichtehelichen Kindes erkennbar im Hinblick darauf ausgeschlossen, dass es dem Vater überlassen bleiben muss, auf die neue, durch den Gesetzgeber geschaffene Situation durch eine neue Verfügung von Todes wegen zu reagieren. Würde man dem Vater aber das Selbstanfechtungsrecht nehmen, hätte er gerade die Wahlmöglichkeit wegen seiner durch die Wechselbezüglichkeit verlorenen Testierfreiheit nicht mehr, so dass die gesetzgeberische Absicht vereitelt würde.[359]

Aber auch die Anfechtung nach § 2078 BGB mit seinen weitreichenden Möglichkeiten kann bedeutsam werden. Anfechtungsvoraussetzung ist auch hier, dass der Überlebende bei Kenntnis der Sachlage seine Verfügung nicht so getroffen hätte (§§ 2078 Abs. 1 und 2, 2079 Satz 2 BGB). Dabei ist streitig, ob auch auf den **Willen des Verstorbenen** abzustellen ist.[360] Da es sich aber auch bei wechselbezüglichen Verfügungen um eigenständige handelt, muss für die Bewertung allein auf den Willen desjenigen Ehegatten abgestellt werden, dessen Verfügung angefochten wird; das Interesse des anderen Ehegatten am rechtlichen Schicksal der eigenen Verfügung wird durch § 2270 Abs. 1 BGB gewahrt.[361]

96 Inwieweit der Irrtum über die **Bindungswirkung eines gemeinschaftlichen Testaments** zur Anfechtung berechtigt, wird zunehmend kontrovers diskutiert, wenngleich nach der Rspr. hieran schon immer strenge Anforderungen gestellt werden. In der Literatur wird teilweise befürwortet, die Rspr., die beim Erbvertrag dem Grundsatz nach eine solche Anfechtung zulässt,[362] auf wechselbezügliche Verfügungen eines gemeinschaftlichen Testaments zu übertragen, was das formale Argument für sich hat, dass die Anfechtung von wechselbezüglichen Verfügungen im Gesetz nicht geregelt ist und sich nur aus einer Analogie zu den Erbvertragsbestimmungen ergibt.[363]

97 Dagegen wird in der **neueren Rspr.** eingewandt, dass beim Erbvertrag die Bindung der Eheleute an vertragsmäßige Verfügungen aus der Vertragsnatur des Erbvertrags folgt. Demgegenüber beruht die Bindung an wechselbezügliche Verfügungen auf dem korrespektiven Motiv des Errichtungsaktes, nämlich dass die eine Verfügung nicht ohne die – rein tatsächliche – Errichtung der gegenläufigen Verfügung getroffen worden wäre. Die **Wechselbezüglichkeit** sei daher gerade **nicht Erklärungsinhalt** und trete nicht deswegen ein, weil die Erblasser entsprechende Willenserklärungen abgeben. Ein rechtsgeschäftlicher Bindungswille der Ehegatten sei hierfür gerade nicht Voraussetzung; vielmehr knüpfe das Gesetz die Bindungswirkung allein an die von den Eheleuten gewollte gegenseitige Abhängigkeit der einen Verfügung von der anderen. Beruhe aber die Wechselbezüglichkeit allein auf der tatsächlichen Voraussetzung eines korrespektiven Errichtungsaktes und folgt die sich daraus ergebende Rechtswirkung der **Bindung aus der gesetzlichen Regelung des § 2271 BGB**, stelle sich ein Irrtum, der sich allein auf die eintretende Bindungswirkung der Verfügung, nicht aber auf deren tatsächliche Abgabe und ihren korrespektiven Charakter bezieht, als **unbeachtlicher Rechtsfolgenirrtum** dar.[364]

---

359 *Reimann* FamRZ 2012, 604, 606; a.A. *Bestelmeyer* Rpfleger 2012, 361; *Krug* ZEV 2011, 397, 400; MünchKomm/*Leipold* § 2079 Rn. 16.

360 So OLG Hamm OLGZ 1972, 389 = NJW 1972, 1088; *Battes*, Gemeinschaftliches Testament und Ehegattenerbvertrag, S. 312 unter Bezug auf die gegenseitige Bindung; offen gelassen von BayObLG FamRZ 2000, 1331, 1332 = ZEV 2000, 395 (LS).

361 NK-BGB/*Müßig* Rn. 85; MünchKomm/*Musielak* Rn. 38; *Ritter*, Der Konflikt bei einer erbrechtlichen Bindung …, S. 122; bei Anfechtung nach § 2079 BayObLGZ 2000, 364, 369 = FamRZ 2001, 1250, 1252 und ebenso jetzt Palandt/*Weidlich* Rn. 28; diff. *Pfeiffer* FamRZ 1993, 1266, 1281, wonach der Wille des anderen nur insoweit zu berücksichtigen ist, als er dies auch bei der Auslegung wäre.

362 Dazu § 2283 BGB Rdn. 8 ff.

363 *Kanzleiter* MittBayNot 2012, 264; MünchKomm/*Leipold* § 2078 Rn. 21 f.; NK-BGB/*Müßig* Rn. 86; jurisPK/*Reymann* Rn. 73 f.

364 OLG Bamberg ZEV 2016, 397, 401; OLG München NJW-RR 2011, 1020 = MittBayNot 2011, 505 m. zust. Anm. *Kanzleiter*; dem Grundsatz nach bereits BayObLGZ 2002, 128, 134 f. = FamRZ 2003, 259; OLG Hamm BeckRS 2011, 18455; BeckOGK/*Braun*, Stand 01.03.2019, Rn. 131 ff.; MünchKomm/

Die Rspr. erkennt zwar zutreffenderweise die gerade in diesem Kommentar vertretene Auffassung über die **Entstehung** des Bindungsgrunds des gemeinschaftlichen Testaments an.[365] Für die Anfechtung zieht sie hieraus aber die falschen Schlüsse. Denn Anfechtungsgrund ist nach § 2078 Abs. 1 BGB auch und gerade nicht ein solcher Motivirrtum, sondern vor allem auch ein Inhaltsirrtum.[366] Damit ist man aber bei der allgemeinen Problematik, inwieweit ein Irrtum über die sich aus dem Rechtsgeschäft ergebenden **Rechtsfolgen** als **Inhaltsirrtum** zu einer Anfechtung berechtigt.[367] Und dies kann bei einem **Erbvertrag** im Ansatz nicht anders als bei einem gemeinschaftlichen Testament beurteilt werden, wenn dessen Bindungswirkung nach dem Tod des erstversterbenden Ehegatten eingetreten ist (§ 2271 Abs. 2 Satz 1 BGB). Würde man dem längerlebenden Ehegatten hier die Anfechtungsmöglichkeit versagen, stellte er sich bei einem eigenhändigen gemeinschaftlichen Testament faktisch schlechter als bei einem Erbvertrag. Immer zu prüfen ist aber, ob **überhaupt** ein **Irrtum** vorlag, der für die Errichtung der Verfügung auch kausal war. Bei der Errichtung eines privatschriftlichen gemeinschaftlichen Testaments werden sich die Ehegatten aber über eine eventuelle Bindung des überlebenden Ehegatten gar keine Gedanken gemacht (und die Testierfreiheit des überlebenden Ehegatten auch für selbstverständlich gehalten) haben. Dann **scheitert** hieran die Anfechtung.[368] 98

Auch der bloße Umstand, dass einer der Ehegatten noch zu Lebzeiten des anderen seine Änderungsabsicht immer wieder zum Ausdruck brachte und auch ein einseitiges, gegen die wechselbezüglichen Verfügungen verstoßendes Testament errichtet hat, reicht als Nachweis für eine wirksame Anfechtung nicht aus. Vielmehr liegt darin ein unbeachtlicher Irrtum über die Notwendigkeit und Formbedürftigkeit des Widerrufs nach §§ 2271 Abs. 1 Satz 1, 2296 BGB.[369] 99

Eigene **einseitige Verfügungen** kann der überlebende Ehegatte ebenso wenig anfechten wie der Erblasser, der in einem Erbvertrag eine einseitige Verfügung getroffen hat; denn es fehlt am **Anfechtungsbedürfnis**, da er diese Verfügung widerrufen kann.[370] Er braucht sie nicht zu widerrufen, wenn der Widerruf seiner eigenen wechselbezüglichen Verfügungen deren Unwirksamkeit nach § 2085 BGB nach sich zieht. Da aber in der Praxis oftmals streitig sein kann, ob eine wechselbezügliche oder eine einseitige Verfügung vorliegt, empfiehlt sich in solchen **Zweifelsfällen** eine vorsorgliche Selbstanfechtung.[371] 100

Die Selbstanfechtung wegen **Übergehens eines Pflichtteilsberechtigten** nach §§ 2079, 2281 ff. BGB kommt vor allem dann infrage, wenn der überlebende Ehegatte wieder heiratet, wenn aus der neuen Ehe Kinder hervorgehen oder wenn er nach dem ersten Erbfall ein Kind adoptiert.[372] Voraussetzung für den Erfolg der Anfechtung ist, dass der übergangene Pflichtteilsberechtigte im Zeitpunkt der Anfechtung noch lebt.[373] Um die Schwierigkeiten zu vermeiden, die bei Wiederverheiratung des überlebenden Ehegatten dadurch entstehen können, dass dieser selbst oder sein neuer Ehegatte oder ein Kind aus der neuen Ehe das gemeinschaftliche Testament anficht, wird empfohlen, in das gemeinschaftliche Testament eine Klausel aufzunehmen, wonach für den Fall der Wiederverheiratung eine Nacherbfolge – etwa der gemeinsamen Kinder in den Überrest – angeordnet wird, während der überlebende Ehegatte in diesem Fall nur eine Quote des Überrestes erhalten soll, andererseits aber von der Bindung an das gemeinschaftliche Testament befreit wird.[374] Wer 101

Leipold, § 2078 Rn. 22; MünchKomm/*Musielak* Rn. 37; *ders.* ZEV 2016, 353, 358; Palandt/*Weidlich* § 2078 Rn. 3; bei OLG München NJW-RR 2012, 338 wird dieser Gesichtspunkt nicht aufgegriffen.

365 S. § 2270 BGB Rdn. 5 ff.

366 A.A. MünchKomm/*Leipold* § 2078 Rn. 21; Staudinger/*Otte* § 2078 Rn. 11.

367 Dazu etwa Palandt/*Ellenberger* § 119 Rn. 15 f.

368 Zutr. *Kanzleiter* MittBayNot 2012, 264, 267.

369 BayObLG ZEV 2004, 466, 468 = FamRZ 2004, 1996; jurisPK/*Reymann* Rn. 74.

370 §§ 2253 ff., 2299 BGB; OLG Braunschweig OLGZ 30, 169; RGRK-BGB/*Johannsen* Rn. 48; NK-BGB/*Müßig* Rn. 81; MünchKomm/*Musielak* Rn. 35.

371 *M. Rudolf* § 5 Rn. 161.

372 Etwa OLG Oldenburg NJWE-FER 1999, 64; *Kipp/Coing* § 35 III 4 b.

373 BeckOGK/*Braun*, Stand 01.03.2019, Rn. 126; MünchKomm/*Musielak* Rn. 36.

374 Staudinger/*Kanzleiter* Rn. 73; *Planck/Greiff* Anm. 8.

aber die Vorteile der Einheitslösung nutzen und eine zu frühe Vermögensteilung verhindern will,[375] wird eher einen **Verzicht auf das Anfechtungsrecht** in die letztwillige Verfügung aufnehmen, der aufgrund des § 2079 Satz 2 BGB die Anfechtung nach Satz 1 ausschließt.[376] Ein solcher Verzicht kann auch durch Auslegung ermittelt werden. Soll der Überlebende im Falle der Wiederverheiratung an die getroffene Schlusserbeneinsetzung »in jedem Fall gebunden« sein, kann darin ein Verzicht auf das Anfechtungsrecht liegen.[377]

102 Unzulässig ist die Selbstanfechtung, wenn der überlebende Ehegatte die Voraussetzungen der Anfechtung nach § 2078 Abs. 2 BGB selbst durch ein sittenwidriges oder durch ein gegen **Treu und Glauben** verstoßendes Verhalten herbeigeführt hat,[378] was aber nur in Ausnahmefällen anzunehmen ist.[379]

c) **Form und Frist der Anfechtung**

103 Hinsichtlich der Form und der Frist der Anfechtung gelten die §§ 2282, 2283 BGB entsprechend. Daher bedarf die Selbstanfechtung durch den Erblasser der **notariellen Beurkundung** (§ 2282 Abs. 3 BGB).[380] Der minderjährige verwitwete Ehegatte bedarf zur Anfechtung seiner Verfügung der Zustimmung seines gesetzlichen Vertreters.[381]

104 Für die **Frist** gilt § 2283 BGB: die Anfechtung muss binnen Jahresfrist erklärt werden.[382] Die Anfechtungsfrist beginnt **frühestens** mit dem Tod des erstversterbenden Ehegatten, da erst dann die Anfechtungs- anstelle der Widerrufsmöglichkeit entsteht.[383] Im Übrigen beginnt die Frist bei der Anfechtung wegen Drohung mit der Beendigung der Zwangslage, bei der Anfechtung wegen Irrtums, sobald der Erblasser von dem Anfechtungsgrund Kenntnis erlangt, d.h. von den Tatsachen, die die Anfechtbarkeit der letztwilligen Verfügung begründen.[384] Die Frist läuft nicht an, wenn der Erblasser das gemeinschaftliche Testament vergisst oder zeitweise nicht daran denkt oder, wie das BayObLG es ausdrückte, »das Testament so weit aus der Erinnerung des Überlebenden entschwunden ist, dass es selbst bei Befassung mit Fragen der Nachlassregelung nicht in dessen Bewusstsein zurückgerufen worden ist«.[385] Die Frist kann gehemmt sein, wenn das Nachlassgericht einen unrichtigen Erbschein erteilt hat.[386] Wegen weiterer Einzelheiten zur Anfechtung, insbesondere zum Rechtsirrtum, s. § 2283 BGB Rdn. 8 ff.; zur Beweislastverteilung s. § 2281 BGB Rdn. 56.

---

375 NK-BGB/*Müßig* Rn. 88.

376 *Bengel* DNotZ 1984, 132 ff.; BeckOGK/*Braun*, Stand 01.03.2019, Rn. 127; Staudinger/*Kanzleiter* Rn. 73; NK-BGB/*Müßig* Rn. 88; MünchKomm/*Musielak* Rn. 39; zur Rechtsnatur eines solchen »Verzichts« als Offenlegung des Motivs eingehend unten § 2281 BGB Rdn. 26.

377 OLG Hamm ZErb 2011, 279 = BeckRS 2011, 20458.

378 BGHZ 4, 91; BGH FamRZ 1962, 428; 1970, 79, 82; BeckOGK/*Braun*, Stand 01.03.2019, Rn. 128; NK-BGB/*Müßig* Rn. 90; Palandt/*Weidlich* Rn. 30.

379 BayObLG FamRZ 2000, 1053, 1055; eingehend zu dieser Problematik, insbesondere zum Verhältnis von Adoption und Anfechtungsmöglichkeit vgl. § 2281 BGB Rdn. 21; zur Bestätigung s. Rdn. 106.

380 RGZ 87, 95, 98; OLG Düsseldorf DNotZ 1972, 42, 43; *Kipp/Coing* § 24 V 2; *Lange/Kuchinke* § 24 VI 7 d; NK-BGB/*Müßig* Rn. 92; MünchKomm/*Musielak* Rn. 40; Palandt/*Weidlich* Rn. 28 f.; a.M. KG OLGZ 32, 76.

381 *Sammet/Wolffskeel v. Reichenberg* ZEV 2019, 510, 515.

382 BeckOGK/*Braun*, Stand 01.03.2019, Rn. 135; *Lange/Kuchinke* § 24 VI 8 d; NK-BGB/*Müßig* Rn. 93.

383 Erman/*Kappler/Kappler* Rn. 21 f.; NK-BGB/*Müßig* Rn. 93; MünchKomm/*Musielak* Rn. 40; Soergel/*M. Wolf* Rn. 35.

384 BayObLG NJW 1964, 205; BGH FamRZ 1973, 539; BeckOGK/*Braun*, Stand 01.03.2019, Rn. 135.

385 BayObLG MittBayNot 1995, 145, 146; BayObLG NJW-RR 1997, 1027, 1030 = MittBayNot 1998, 110; OLG Düsseldorf NJW-RR 2007, 947; OLG Kiel HEZ 2, 334; BeckOGK/*Braun*, Stand 01.03.2019, Rn. 135; jurisPK/*Reymann* Rn. 77.

386 BayObLGZ 1989, 117 = NJW-RR 1989, 1090.

Die **30-jährige Frist** des § 2082 Abs. 3 BGB gilt hier nicht, da das Recht zur Selbstanfechtung nach dem Tod des anderen Ehegatten an die Stelle des uneingeschränkten Widerrufsrechts tritt.[387] Der Erblasser kann also auch nach Ablauf von 30 Jahren – etwa bei Wiederverheiratung – noch die Anfechtung erklären und damit die Verfügungen des Erstverstorbenen unwirksam machen, und zwar auch dann, wenn eine Rückabwicklung infolge des Verbrauchs der Nachlassgegenstände nicht mehr möglich ist.[388] 105

Soweit der Erblasser das gemeinschaftliche Testament anfechten kann, kann er es auch **bestätigen** und zwar durch einseitige formlose Erklärung.[389] 106

3. Anfechtung nach dem Tod des zuletzt versterbenden Ehegatten

Nach dem **zweiten Erbfall** können Personen, denen die Aufhebung des gemeinschaftlichen Testaments oder einzelner in ihm enthaltener Verfügungen unmittelbar zustattenkommen würde, die Verfügungen des **längerlebenden Ehegatten** anfechten. Hierfür gelten die allgemeinen Bestimmungen der §§ 2078 ff. BGB, so dass die Erklärung gegenüber dem Nachlassgericht (§ 2081 BGB) abzugeben ist.[390] Die Erklärung muss **nicht beurkundet** werden, § 2282 BGB ist nicht anwendbar.[391] Auch Pflichtteilsberechtigte, die zwischen der Errichtung des gemeinschaftlichen Testaments und dem zweiten Erbfall hinzugekommen sind, können die Verfügungen des überlebenden Ehegatten anfechten.[392] So kann z.B. der neue Ehegatte des zuletzt verstorbenen Erblassers dessen Verfügungen in dem gemeinschaftlichen Testament u.U. nach § 2079 BGB anfechten mit der Folge, dass ihm der gesetzliche Erbteil zufällt.[393] Das Recht Dritter zur Anfechtung wechselbezüglicher **Verfügungen** des **zuletzt verstorbenen Ehegatten** – nicht des Erstverstorbenen[394] – ist aber beschränkt durch die entsprechend anzuwendende Bestimmung des **§ 2285 BGB**: Wenn der zuletzt verstorbene Ehegatte bei seinem Tod das Recht zur Selbstanfechtung eigener wechselbezüglicher Verfügungen durch Fristablauf oder Bestätigung (§§ 2283, 2284 BGB) **verloren hatte**, können auch Dritte diese Verfügungen nicht mehr anfechten.[395] Diese Einschränkung gilt aber nur für **wechselbezügliche Verfügungen**; denn nur bei diesen sind die Vorschriften über die Selbstanfechtung beim Erbvertrag[396] entsprechend anwendbar.[397] Hieraus folgt: Hat der überlebende Ehegatte in dem gemeinschaftlichen Testament neben wechselbezüglichen Verfügungen auch einseitige getroffen und werden diese nach seinem Tod von Dritten nach §§ 2078 ff. BGB mit Erfolg angefochten, kann die Unwirksamkeit der einseitigen Verfügungen nach § 2085 BGB als weitere Folgewirkung die Unwirksamkeit der wechselbezüglichen Verfügungen des zuletzt verstorbenen Ehegatten nach sich ziehen und deren Unwirksamkeit wegen § 2270 Abs. 1 BGB die Unwirksamkeit der wechselbezüglichen Verfügungen des erstverstorbenen Ehegatten.[398] 107

---

387 RGRK-BGB/*Johannsen* Rn. 45; Staudinger/*Kanzleiter* Rn. 80; NK-BGB/*Müßig* Rn. 97.

388 *Lange/Kuchinke* § 24 VI 8 a.

389 §§ 144, 2284; BayObLGZ 1954, 71, 77; Staudinger/*Kanzleiter* Rn. 81; *Lange/Kuchinke* § 24 VI 8 d; *v. Lübtow* I 514; NK-BGB/*Müßig* Rn. 89; MünchKomm/*Musielak* Rn. 39; anders beim Erbvertrag, s. *Bengel* DNotZ 1984, 132 und unten § 2284 BGB Rdn. 8 f.

390 Staudinger/*Kanzleiter* Rn. 82; NK-BGB/*Müßig* Rn. 102; Palandt/*Weidlich* Rn. 32.

391 BayObLGZ 1989, 117 = NJW-RR 1989, 1090; BeckOGK/*Braun*, Stand 01.03.2019, Rn. 147; NK-BGB/*Müßig* Rn. 103; MünchKomm/*Musielak* Rn. 44.

392 § 2079 BGB; BeckOK/*Litzenburger* Rn. 48; MünchKomm/*Musielak* Rn. 42; *Scholten* NJW 1958, 935.

393 RGZ 132, 1, 4; BayObLGZ 1989, 117 = NJW-RR 1989, 1090; KG FamRZ 1968, 219; NK-BGB/*Müßig* Rn. 104; MünchKomm/*Musielak* Rn. 42; Palandt/*Weidlich* Rn. 32.

394 Rdn. 92

395 RGZ 77, 165; BayObLG FamRZ 1989, 787; NJW-RR 1992, 1223, 1224 = 1992, 1102; BayObLGZ 2002, 128, 133 = FamRZ 2003, 259; KG FamRZ 1968, 219; OLG Düsseldorf DNotZ 1972, 42 und NJW-RR 2007, 947, 948 = FamRZ 2007, 1272; LG Berlin FamRZ 1976, 293; LG Stuttgart ZEV 1999, 441 m. Anm. *Frisch*; Staudinger/*Kanzleiter* Rn. 82; BeckOK/*Litzenburger* Rn. 48; *v. Lübtow* I S. 517; NK-BGB/*Müßig* Rn. 105; *Mohr* BWNotZ 1997, 169, 174; Palandt/*Weidlich* Rn. 32.

396 §§ 2281 ff. BGB; s. Rdn. 94.

397 BeckOK/*Litzenburger* Rn. 48; NK-BGB/*Müßig* Rn. 105; MünchKomm/*Musielak* Rn. 43.

398 RGRK-BGB/*Johannsen* Rn. 56; Staudinger/*Kanzleiter* Rn. 82; NK-BGB/*Müßig* Rn. 106.

108 Die **Anfechtungsfrist** für den Dritten (§ 2082 BGB) beginnt **nicht vor dem Tod** des längerlebenden Ehegatten, unabhängig davon, wann der anfechtungsberechtigte Dritte Kenntnis vom Anfechtungsgrund erlangt hat. Denn die Verfügungen von Todes wegen des Längerlebenden können nicht vor seinem Tod angefochten werden, so dass auch die Anfechtungsfrist vorher nicht zu laufen beginnen kann, will man den Dritten nicht in seinem Anfechtungsrecht zu sehr beschneiden.[399] Das Anfechtungsrecht des Dritten kann aber aufgrund des analog geltenden § 2285 BGB ausgeschlossen sein, wenn beim längerlebenden Ehegatten bereits die Anfechtungsfrist abgelaufen war.[400] Allerdings ist die Rspr. teilweise sehr großzügig: So setzt § 2283 Abs. 2 Satz 1 BGB für den Beginn der Anfechtungsfrist die Kenntnis vom Vorhandensein des gemeinschaftlichen Testaments voraus. Dies erfordert nach Ansicht des OLG Düsseldorf, dass der Überlebende ohne weitere Gedächtnishilfe bei seiner Befassung mit Fragen der Nachlassregelung daran denkt. Die Kenntnis fehle aber, wenn das Testament so weit aus der Erinnerung des Überlebenden »entschwunden« sei, dass es selbst im Zeitpunkt der Nachlassregelung nicht in sein Bewusstsein zurückgerufen wird.[401]

4. Wirkung der Anfechtung

109 Durch die Anfechtung wird die angefochtene Verfügung **von Anfang an nichtig** (§ 142 BGB).[402] Dies gilt grundsätzlich für ihren **ganzen Umfang**, soweit nicht die Anfechtung zulässigerweise auf einen **Teil** beschränkt wird oder nur Teile der Verfügung durch Irrtum oder Drohung beeinflusst wurden.[403] Hinsichtlich der sich daraus ergebenden Auswirkungen auf die anderen im gemeinschaftlichen Testament enthaltenen Verfügungen ist zu **unterscheiden**: Bezüglich der **anderen nicht angefochtenen Verfügungen** desselben Ehegatten ist diese Frage nach **§ 2085 BGB** zu beantworten, so dass die Unwirksamkeit nur dann eintritt, wenn anzunehmen ist, dass der Erblasser die andere Verfügung nicht ohne die angefochtene gelten lassen wollte.[404]

110 **Wechselbezügliche Verfügungen** des **anderen Ehegatten** sind nach § 2270 Abs. 1 BGB zu beurteilen, so dass grundsätzlich die Anfechtung deren Nichtigkeit bewirkt, insbesondere auch die Unwirksamkeit der Verfügungen des Erstverstorbenen *zugunsten des Längerlebenden*.[405] Über diese weitreichende Wirkung hat der die Anfechtungserklärung beurkundende **Notar** zu belehren.[406] Die Nichtigkeit der korrespektiven Verfügung bedeutet, dass grundsätzlich die **gesetzliche Erbfolge nach dem Erstverstorbenen** eintritt,[407] wenn nicht eine zunächst infolge der wechselbezüglichen Verfügung unwirksame Verfügung von Todes wegen dadurch wieder ihre Wirksamkeit erlangt[408] oder eine wirksame Ersatzberufung zum Zuge kommt.[409] **Ausnahmsweise** ist die wechselbezügliche Verfügung des anderen Ehegatten dann nicht unwirksam, wenn zumindest im Wege der Auslegung anzunehmen ist, dass der andere Ehegatte seine Verfügung auch in Kenntnis der Rechtsfolgen getroffen hätte, die sich

---

399 NK-BGB/*Müßig* Rn. 107; MünchKomm/*Musielak* Rn. 44; a.M. OLG Frankfurt MDR 1959, 393, wo nicht klar zwischen der Anfechtung der Verfügungen des Erst- und des Zweitversterbenden unterschieden wird.

400 NK-BGB/*Müßig* Rn. 107.

401 NJW-RR 2007, 947, 948 = FamRZ 2007, 1272.

402 BeckOK/*Litzenburger* Rn. 49; NK-BGB/*Müßig* Rn. 108.

403 S. Rdn. 111.

404 NK-BGB/*Müßig* Rn. 109; MünchKomm/*Musielak* Rn. 45; *Schlitt* ZErb 2006, 371, 372; Soergel/*M. Wolf* Rn. 39.

405 OLG München MittBayNot 2018, 262, dazu *Keim* MittBayNot 2018, 211; BayObLG FamRZ 2000, 1331; Staudinger/*Kanzleiter* Rn. 71; NK-BGB/*Müßig* Rn. 110.

406 NK-BGB/*Müßig* Rn. 110; *Schmucker* MittBayNot 2001, 526, 533.

407 *Keim* MittBayNot 2018, 211; NK-BGB/*Müßig* Rn. 111; MünchKomm/*Musielak* Rn. 45; *Peter* BWNotZ 1977, 113, 114.

408 RGZ 65, 275; 130, 213; 214; OLG Naumburg OLGZ 24, 73; RGRK-BGB/*Johannsen* Rn. 52; NK-BGB/*Müßig* Rn. 111; MünchKomm/*Musielak* Rn. 45.

409 NK-BGB/*Müßig* Rn. 111; s. § 2269 BGB Rdn. 22.

aus der wirksamen Anfechtung der korrespektiven anderen Verfügungen ergeben, weil zumindest in diesem Fall eine **Beschränkung der Wechselbezüglichkeit** anzunehmen ist.[410]

Ob eine **Anfechtung die Unwirksamkeit** der gesamten angefochtenen Verfügung bewirkt oder Teile hiervon bestehen bleiben, bestimmt sich zunächst danach, wieweit die **Ursächlichkeit** des Irrtums oder der Drohung reicht.[411] Demnach kommt eine Beschränkung der Anfechtungswirkung bei einer Anfechtung nach **§ 2078 BGB** eher in Betracht, setzt aber voraus, dass zumindest nach dem hypothetischen Erblasserwillen der nicht von der Anfechtung erfasste Teil der Verfügung nach § 2085 BGB wirksam bleiben soll.[412] Auch der Umstand, dass eine wechselbezügliche Verfügung angefochten wird, steht einer Beschränkung der Anfechtungswirkungen nicht entgegen.[413] Dagegen ergreift die Anfechtung durch den Erblasser nach **§ 2079 BGB** grundsätzlich seine **sämtlichen** in dem gemeinschaftlichen Testament enthaltenen Verfügungen, soweit nicht anzunehmen ist, dass der Erblasser sie auch bei Kenntnis der Sachlage getroffen haben würde.[414] Soweit die Wirkungen der Anfechtung nach dem Vorstehenden beschränkt sind, kann auch die Anfechtung selbst ausdrücklich nur für einen Teil der Verfügung erklärt werden.[415] 111

Bei einer **teilweisen Anfechtung** richtet sich die Auswirkung auf die restlichen Verfügungen des Anfechtenden wiederum nach § 2085 BGB.[416] Bei der Prüfung der Auswirkungen der Teilanfechtung auf die wechselbezüglichen Verfügungen des anderen Ehegatten ist zu beachten, dass nur ein Teil der Verfügung nichtig ist. Lässt sich daher feststellen, dass der andere Ehegatte seine Verfügung auch bei Kenntnis der daraus resultierenden teilweisen Unwirksamkeit des anderen getroffen hätte, ist abweichend von § 2270 Abs. 1 BGB der gesamte Fortbestand der anderen Verfügung anzunehmen; man kann hier von beschränkter Wechselbezüglichkeit sprechen.[417] 112

Zur Frage, ob bei einer Anfechtung eine **Schadensersatzpflicht** nach § 122 BGB entsteht, s. § 2281 BGB Rdn. 52 f.

5. Prozessuales

Ob und in welchem Umfang eine Anfechtungserklärung wirksam war, kann durch eine **Feststellungsklage** (§ 256 ZPO) geklärt werden, die darauf abzielt, die Wirksamkeit des gemeinschaftlichen Testaments zu klären.[418] So kann, wenn der überlebende Ehegatte eine Vermächtnisanordnung in dem gemeinschaftlichen Testament anficht, der Vermächtnisnehmer auf Feststellung klagen, dass die Vermächtnisanordnung durch die Anfechtung nicht unwirksam geworden sei.[419] Wurde die Unwirksamkeit der vom überlebenden Ehegatten erklärten Selbstanfechtung festgestellt, können 113

---

410 OLG München MittBayNot 2016, 433 m. Anm. *Braun* = ZEV 2015, 474; OLG Hamm OLGZ 1972, 387, 389 = NJW 1972, 1089; *Lange/Kuchinke* § 24 VI 8 b; NK-BGB/*Müßig* Rn. 110; MünchKomm/*Musielak* Rn. 46; Palandt/*Weidlich* Rn. 33; zur Beschränkung der Wechselbezüglichkeit eingehend § 2270 BGB Rdn. 9, 17.

411 NK-BGB/*Müßig* Rn. 116; MünchKomm/*Musielak* Rn. 46.

412 BeckOK/*Litzenburger* Rn. 49.

413 NK-BGB/*Müßig* Rn. 117.

414 Beschränkung auf den Teil der Verfügungen, die durch den Irrtum des Erblassers über das Pflichtteilsrecht verursacht sind; vgl. § 2281 BGB Rdn. 47 ff. mit Differenzierungen bei Anfechtung durch den Pflichtteilsberechtigten; OLG Köln NJW 1956, 1522; OLG Hamm Rpfleger 1978, 179; Staudinger/*Kanzleiter* Rn. 72; NK-BGB/*Müßig* Rn. 116.

415 NK-BGB/*Müßig* Rn. 115 f.

416 S. Rdn. 109.

417 RGRK-BGB/*Johannsen* Rn. 50; MünchKomm/*Musielak* Rn. 46 m.w.N.; *Schlitt* ZErb 2006, 371, 372; Palandt/*Weidlich* Rn. 33.

418 OLGR Celle 2003, 123 = MDR 2003, 813 (obiter dictum); NK-BGB/*Müßig* Rn. 120; MünchKomm/*Musielak* Rn. 40; a.A. BeckOGK/*Braun*, Stand 01.03.2019, Rn. 142;

419 BGHZ 37, 331 = NJW 1962, 1913; a.A. Staudinger/*Kanzleiter* Rn. 74; *Lange* NJW 1963, 1571, 1573 f., die die Feststellungsklage des letztwillig Bedachten zum Schutz des Ehegatten ausschließen; eingehender zu diesen Fragen s. § 2269 BGB Rdn. 55.

die in § 2080 BGB genannten **Dritten** nach einer verbreiteten Meinung nicht nochmals aus den gleichen Gründen anfechten, weil sie sich die **Rechtskraft** des gegen den Überlebenden ergangenen Urteils entgegen halten lassen müssen.[420] Das ist nicht zutreffend. Denn nach der herrschenden prozessualen Rechtskrafttheorie wird durch das frühere Urteil nicht ein in Wirklichkeit bestehendes Anfechtungsrecht beseitigt; des weiteren scheidet eine Rechtskrafterstreckung nach § 325 ZPO aus, weil die Anfechtungsberechtigten ihr eigenes Anfechtungsrecht wahrnehmen und keine Rechtsnachfolger des überlebenden Ehegatten in diesem Sinn sind. Auch ein Erlöschen ihres eigenen Anfechtungsrechts in analoger Anwendung des **§ 2285 BGB** ist abzulehnen.[421]

Zur Darlegungs- und **Beweislast** im Rahmen der Anfechtung s. ausführlich § 2281 BGB Rdn. 56 ff.

VII. Pflichtteilsrechte

114 Die in § 2271 BGB angeordnete erbrechtliche Bindung des überlebenden Ehegatten ist ohne Einfluss auf die Pflichtteilsrechte der ihm nahestehenden Personen. Sie verhindert auch nicht, dass Pflichtteilsrechte nach dem Tod des erstversterbenden Ehegatten neu begründet werden, etwa durch Wiederverheiratung des überlebenden Ehegatten oder durch die Geburt von Kindern aus der neuen Ehe. Denn die Bindung nach § 2271 BGB schließt nur die willkürliche Aufhebung oder Änderung einer wechselbezüglichen Verfügung des überlebenden Ehegatten aus, nicht aber die Einwirkung späterer Ereignisse, die nach dem Gesetz ohne neue Willenserklärung des Erblassers eine letztwillige Verfügung ganz oder teilweise entkräften.[422] Insbesondere können, wenn der überlebende Ehegatte wieder heiratet, nach seinem Tode der neue Ehegatte und die Kinder aus der neuen Ehe von den im gemeinschaftlichen Testament eingesetzten Erben den Pflichtteil verlangen, unbeschadet ihrer Befugnis zur Anfechtung des gemeinschaftlichen Testaments nach § 2079 BGB.[423]

VIII. Verfügungen unter Lebenden

1. Zu Lebzeiten beider Ehegatten

115 Zu Lebzeiten beider Ehegatten wird ihre Befugnis, über ihr beiderseitiges Vermögen unter Lebenden zu verfügen, durch das gemeinschaftliche Testament nicht beschränkt.[424] Die §§ 2287, 2288 BGB sind erst auf beeinträchtigende lebzeitige Verfügungen **nach** dem Tod des Erstversterbenden anwendbar (anders beim Erbvertrag, s. § 2287 BGB Rdn. 36).

2. Nach dem Tod des erstversterbenden Ehegatten

116 Nach dem Tod des erstversterbenden Ehegatten kommt es darauf an, welche Rechtsstellung der überlebende Ehegatte in Bezug auf den Nachlass des Verstorbenen hat:

a) Bei Vorerbschaft des Längerlebenden

117 Ist der überlebende Ehegatte nur **Vorerbe**, unterliegt seine Befugnis, über das Vermögen des Verstorbenen unter Lebenden zu verfügen, den Beschränkungen, die das Gesetz in Verbindung mit etwaigen letztwilligen Anordnungen des Erblassers dem Vorerben auferlegt (§§ 2112 ff. BGB).[425] Er darf also, auch wenn er befreiter Vorerbe ist, Gegenstände, die er von dem verstorbenen Ehegatten geerbt hat, nicht verschenken; nur Anstandsschenkungen sind zulässig (§§ 2113 Abs. 2, 2136,

---

420 *Johannsen* DNotZ 1977, Sonderheft S. 74; NK-BGB/*Müßig* Rn. 121; Erman/*M. Schmidt* Rn. 17; Soergel/*M. Wolf* Rn. 40.

421 Eingehend zu dieser Frage § 2285 BGB Rdn. 7.

422 RGZ 22, 276, 277.

423 Zur (zulässigen) Einwirkung auf das Pflichtteilsrecht durch ehevertragliche Vereinbarungen der Ehegatten s. *Brambring* ZEV 1996, 248, 252; *Wegmann* ZEV 1996, 201.

424 Vgl. RG LZ 1920, 698; BeckOGK/*Braun*, Stand 01.03.2019, Rn. 121.1; *Planck/Greiff* Anm. VII.

425 MünchKomm/*Musielak* Rn. 47; eingehend dazu oben § 2269 BGB Rdn. 60 f.

2137 BGB). Dagegen ist er in der Verfügung über sein **Eigenvermögen**, also über Vermögenswerte, die ihm schon zu Lebzeiten des anderen Ehegatten gehört haben, **frei.**[426]

b) Bei Vollerbschaft

118 Ist der überlebende Ehegatte Vollerbe des Erstverstorbenen, ist er zwar bei Verfügungen von Todes wegen **grundsätzlich an seine wechselbezüglichen Verfügungen gebunden** (§ 2271 Abs. 2 BGB). Bei Verfügungen unter Lebenden ist er aber nach dem entsprechend anwendbaren § 2286 BGB frei.[427] Verfügungen **unter Lebenden** über bestimmte Gegenstände sind also rechtswirksam, selbst wenn diese im gemeinschaftlichen Testament einem Dritten vermacht wurden,[428] und zwar auch dann, wenn kein Verschaffungsvermächtnis vorliegt (§§ 2169 Abs. 1, 2170 BGB) und das Vermächtnis unwirksam werden sollte.[429] Jedoch sind die erbvertraglichen Regeln über den Schutz des Bedachten (§§ 2287, 2288 BGB) wegen der Ähnlichkeit der Interessen- und Rechtslage nach h.M. auf die **bindend** gewordenen wechselbezüglichen Verfügungen des überlebenden Ehegatten entsprechend anzuwenden.[430] Dies betrifft nur die **nach** dem **Tod des Erstversterbenden getroffenen lebzeitigen Verfügungen**. Auch wenn das Gesetz nicht ausdrücklich die Anwendbarkeit der §§ 2287 f. BGB geregelt hat, führte doch bereits das RG aus, dass kein Grund ersichtlich sei, hinsichtlich der lebzeitigen Verfügungsmöglichkeit des durch gemeinschaftliches Testament gebundenen Ehegatten einen Unterschied zu machen. Denn entweder beruht die fehlende gesetzliche Regelung auf einem bloßen Versehen oder aber es muss angenommen werden, dass bereits der allgemeine Grundsatz von Treu und Glauben zu dem gleichen Ergebnis führt.[431]

119 Nach h.M. besteht kein Anspruch des Bedachten, wenn der **Ehegatte des Schenkers im Zeitpunkt der Schenkung noch lebt**, weil dann die wechselbezügliche Verfügung – anders als beim Erbvertrag – noch nicht bindend geworden ist. Demnach können die §§ 2287 f. BGB zugunsten des in einem gemeinschaftlichen Testament bedachten überlebenden Ehegatten nie angewendet

426 OLG Braunschweig JFG 5, 315.

427 BGH DNotZ 1951, 344; *Kipp/Coing* § 35 III 4 e; *Lange/Kuchinke* § 24 VI 6; MünchKomm/*Musielak* Rn. 47; Soergel/*M. Wolf* Rn. 42.

428 BGHZ 26, 274 = NJW 1958, 547.

429 Palandt/*Weidlich* Rn. 10.

430 Vgl. Prot V 452 ff.; RGZ 132, 1; BGH DNotZ 1951, 344; BGH DNotZ 1955, 85; BGHZ 26, 274, 279 = NJW 1958, 547; BGHZ 82, 274, 278 = NJW 1982, 43 = JR 1982, 153 m. Anm. *Schubert*, vgl. dazu auch die Besprechungen von *Lehmann* MittBayNot 1988, 157 und *Reinicke* JA 1982, 205; OGHZ 1, 161 = MDR 1949, 287 m. Anm. *Boehmer*; OGHZ 2, 160 = NJW 1949, 581; OLGR Frankfurt 2001, 37; OLG München NJW-RR 2000, 526 = ZEV 2000, 104; *v. Dickhuth-Harrach* FamRZ 2005, 322, 323 ff.; jurisPK/*Geiger* § 2287 Rn. 10; Staudinger/*Kanzleiter* Rn. 86; *Kanzleiter*, FS Otte (2005) S. 157, 161 f. (mit Ausführungen zur Entstehungsgeschichte); Erman/*Kappler/Kappler* Rn. 25; *Lange/Kuchinke* § 24 VI 6; BeckOK/*Litzenburger* Rn. 24; NK-BGB/*Müßig* Rn. 132; MünchKomm/*Musielak* Rn. 47; Palandt/*Weidlich* Rn. 10; Soergel/*M. Wolf* Rn. 41, 46; dagegen aber *Kricke*, Die Beschränkung der Verfügungsfreiheit beim gemeinschaftlichen Testament, S. 77 ff. zum einen im Hinblick auf die besonderen Gefahren, die die §§ 2287 f. BGB bewirken, und welche bei verfassungskonformer Betrachtung dazu führen, dass die Formerleichterung des § 2267 BGB nur bei uneingeschränkter Verfügungsfreiheit unter Lebenden gelten könnte; zum andern stehe der Analogie das unterschiedliche Wesen von Testament und Vertrag entgegen; eingehend dagegen aus der Sicht der Entstehungsgeschichte *Sticherling*, Schenkungen in fraudem testamenti, S. 162 ff., der die daraus deutlich werdende Ähnlichkeit von gemeinschaftlichem Testament und Ehegattenerbvertrag unter freiem Rücktrittsvorbehalt betont. Vermittelnd *Fleischmann*, Lebzeitige Verfügungsfreiheit bei erbrechtlicher Bindung und Pflichtteilsberechtigung nach den Vorschriften des BGB, S. 15 ff., wonach die §§ 2287, 2288 BGB beim gemeinschaftlichen Testament nur dann anwendbar sind, wenn ihre Anwendung dem durch Auslegung zu ermittelnden Willen der Ehegatten entspreche; dies führt jedoch zu großen Abgrenzungsschwierigkeiten und setzt zudem voraus, dass der Gesetzgeber sich bewusst für die Nichtgeltung der §§ 2287 f. BGB entschieden habe. Dies ist aber der Entstehungsgeschichte des BGB nicht zu entnehmen.

431 RG Urt. v. 25.04.1904 – IV 396/03, auszugsweise veröffentlicht in RGZ 58, 64; dazu *Sticherling*, Schenkungen in fraudem testamenti, S. 17 f.

werden.[432] Dieser kann nur in der Weise auf beeinträchtigenden Verfügungen reagieren, dass er seinerseits das gemeinschaftliche Testament nach § 2271 BGB widerruft, um seine Testierfreiheit wiederzugewinnen. Die Widerrufsmöglichkeit versagt allerdings dann, wenn der länger lebende Ehegatte erst **nach dem Tode des anderen** von der beeinträchtigenden Verfügung **erfährt**. Teilweise wird daher in einem solchen Fall eine analoge Anwendung der §§ 2287, 2288 BGB aus Gründen eines effektiven Erbenschutzes bejaht,[433] zumindest sei dies bei solchen lebzeitigen **Vergabeformen** gerechtfertigt, bei denen die **Wirkungen erst beim Tod des Erstversterbenden eintreten,**[434] insbesondere wenn durch Verträge zugunsten Dritter auf den Todesfall verfügt wird, da der andere Ehegatte hiervon – anders als bei sonstigen Vermögensbewegungen – oftmals keine Kenntnis erlangen wird.[435] Eine neuere Meinung geht nun unter Bezug auf die Ähnlichkeit des gemeinschaftlichen Testaments zum Ehegattenerbvertrag mit voraussetzungslosem Rücktrittsrecht noch weiter und will statt der Bindung die **bloße Wirksamkeit** des gemeinschaftlichen Testaments für die Anwendbarkeit der **§§ 2287, 2288 BGB genügen lassen.**[436]

120 Die **bloße Wirksamkeit** der durch die Schenkung u.U. beeinträchtigten Verfügung von Todes wegen kann aber **nicht ausreichend** für die Anwendung der §§ 2287, 2288 BGB sein. Deren Anwendbarkeit beruht auf der erbrechtlichen Bindung. Die von den Vertretern dieser weitreichenden Ansicht gezogene Parallele überzeugt nicht, weil äußerst fraglich ist, ob bei einem unter einem **voraussetzungslosen Rücktrittsrecht** abgeschlossenen Erbvertrag die **§§ 2287 f. BGB** überhaupt **Anwendung** finden können. Nach zutr. Ansicht ist diese vielmehr auch dann zu verneinen, wenn der Rücktritt bei Vornahme der Schenkung noch nicht ausgeübt wurde.[437] Dies zeigt, dass eine solche Analogie schon deshalb versagt, weil es an der Voraussetzung hierfür, nämlich der gleichen Bindungsgrundlage wie beim Erbvertrag, fehlt.[438] Zudem kann über eine Anfechtung nach § 2078 Abs. 2 BGB der länger lebende Ehegatte wenigstens seine Testierfreiheit wiedererlangen.[439]

121 Die Anwendung auf gemeinschaftliche Testamente, die nach dem **ZGB der DDR** errichtet wurden, scheidet ebenfalls aus, da dort der Längerlebende wesentlich freier gestellt war.[440]

---

432 BGHZ 87, 19, 23 = NJW 1983, 1487; Burandt/Rojahn/*Braun* Rn. 62; NK-BGB/*Horn* § 2287 Rn. 4; Erman/*Kappler/Kappler* Rn. 25; *Kricke*, Die Beschränkung der Verfügungsfreiheit beim gemeinschaftlichen Testament, S. 58 ff.; *Lange/Kuchinke* § 24 Fn. 183; *Kuchinke* FamRZ 1984, 109; a.A. *v. Dickhuth-Harrach* FamRZ 2005, 322, 324 ff.

433 *Aunert-Micus*, Der Begriff der Beeinträchtigungsabsicht in § 2287 BGB beim Erbvertrag und beim gemeinschaftlichen Testament, S. 111 ff.; NK-BGB/*Müßig* § 2271 Rn. 135; MünchKomm/*Musielak* Rn. 47.

434 Staudinger/*Kanzleiter* § 2287 Rn. 2.

435 *Speth* NJW 1985, 463.

436 *v. Dickhuth-Harrach* FamRZ 2005, 322, 325; bereits i.E. früher schon *Liessem* MittRhNotK 1988, 29, 38; ebenso *Sticherling*, Schenkungen in fraudem testamenti, 2005, S. 170 ff. vor allem aus rechtsgeschichtlicher Sicht, der sich darauf beruft, dass während der Beratungen der ersten Kommission ausdrücklich abgelehnt wurde, den Erbvertrag mit Rücktrittsvorbehalt für die Zeit des nicht erklärten Rücktritts vom Schutzbereich der Vorschrift des § 211 TE-ErbR auszunehmen (Mot V 338; *Sticherling* S. 126 Fn. 477), um einen teilweisen Rücktritt ohne Erklärung ggü. dem Vertragserben zu verhindern. Diese Vorschrift sah bei entgeltlichen Veräußerungen ein Anfechtungsrecht vor, wenn der Erblasser in einer dem Erwerber bekannten Benachteiligungsabsicht gehandelt hat; bei unentgeltlichen Veräußerungen sollte bei Bereicherung des Erwerbers in jedem Fall eine Anfechtung möglich sein, weil ein entsprechender »dolus« zu unterstellen wäre. Jedoch ist die Konzeption des § 2287 BGB heute eine andere, insb. hat sich durch die neuere Interpretation des BGH zur Beeinträchtigungsabsicht (§ 2287 BGB Rdn. 4 ff.) der Anwendungsbereich des § 2287 BGB völlig geändert, was *Sticherling* selbst an anderer Stelle (S. 157 f.) beklagt. Dies ist dann aber bei der Frage der Auslegung des § 2287 und des damit intendierten Bindungsschutzes zu berücksichtigen, weil es nun um die Frage geht, ob der Erblasser seine grds. bestehende lebzeitige Verfügungsbefugnis (§ 2286 BGB) im Hinblick auf eine erbrechtliche Bindung missbraucht.

437 Dazu § 2287 BGB Rdn. 59 m.w.N.

438 BeckOGK/*Braun*, Stand 01.03.2019, Rn. 121.1.

439 Hierauf weist auch Soergel/*M. Wolf* § 2271 Rn. 42 hin; dazu auch *Kanzleiter*, FS Otte (2005) S. 160 f.

440 BGHZ 128, 302, 306 f. = NJW 1995, 1087 = ZEV 1995, 221 m. Anm. *Leipold*; OLG Dresden NJ 1994, 577; ausf. BeckOGK/*Braun*, Stand 01.03.2019, Rn. 175 ff.; NK-BGB/*Müßig* Rn. 140 ff., die jedoch bei besonders eklatanten Missbrauchsfällen Sittenwidrigkeit wegen Rechtsmissbrauchs annehmen will.

Die §§ 2287 f. BGB führen nach dem Tode des Schenkers zudem allenfalls zu **Herausgabeansprüchen oder Wertersatz** nach Bereicherungsrecht. Rechtsgeschäfte unter Lebenden sind daher grundsätzlich wirksam, selbst wenn sie den Nachlass erheblich schmälern und in entsprechender Beeinträchtigungsabsicht vorgenommen werden.[441] Allenfalls kann bei Vorliegen besonderer Umstände eine Nichtigkeit nach § 138 BGB eingreifen[442] oder ein Anspruch nach **§ 826 BGB** unter besonderen Voraussetzungen gegeben sein.[443] Jedoch ist es zulässig und steht den Beteiligten frei, durch rechtsgeschäftliche Vereinbarung die Stellung des **Schlusserben zu verstärken** und diesen durch Verfügungsunterlassungsvereinbarungen gegen beeinträchtigende Verfügungen unter Lebenden abzusichern.[444] 122

3. Höferecht

Ausnahmen vom grundsätzlich freien Verfügungsrecht ergeben sich nur im Bereich des Höferechts der ehemals Britischen Zone. Die Eigenart des Höferechts, die sich auch in der Genehmigungspflicht für den Hofübergabevertrag zeigt, rechtfertigt ausnahmsweise die **Gleichstellung des Übergabevertrags** mit einer **Verfügung von Todes wegen**. Wenn Ehegatten in einem gemeinschaftlichen Testament durch wechselbezügliche Verfügung eine Person gem. § 17 HöfeO zum Hoferben bestimmt haben, kann der überlebende Ehegatte, der die Erbschaft des erstverstorbenen Ehegatten angenommen hat und somit an die wechselbezüglichen Verfügungen gebunden ist, den Hof nicht durch Übergabevertrag an eine andere Person übergeben.[445] 123

IX. Umdeutung in Rechtsgeschäfte unter Lebenden

Nach dem BGH[446] soll die Umdeutung einer wegen Verstoßes gegen die Bindungswirkung nichtigen Verfügung von Todes wegen in ein Rechtsgeschäft unter Lebenden möglich sein (z.B. ein Vermächtnis in eine Schenkung unter Lebenden auf den Todesfall). Zwar enthält § 2271 BGB kein Umdeutungsverbot, schließt also grundsätzlich die Anwendung des § 140 BGB nicht aus;[447] aber die Umdeutung ist nur zulässig, wenn das umgedeutete Rechtsgeschäft objektiv nicht über die ursprünglich gewollte Verfügung von Todes wegen hinausgeht. Hieran wird regelmäßig die Umdeutung scheitern, weil ein Rechtsgeschäft, das sich darin erschöpft, eine Verpflichtung lediglich zu begründen (Vermächtnis), nicht die Bestandteile der Erfüllung dieser Verpflichtung (vollzogene Schenkung) enthält.[448] 124

X. ZGB der DDR

Nach Art. 235 § 2 Satz 2 EGBGB gilt für die Bindung des Erblassers bei einem gemeinschaftlichen Testament das »bisherige Recht« fort, sofern das Testament vor dem Wirksamwerden des Beitritts errichtet wurde; es sind also die § 390 (Wirkung), § 392 (Widerruf) und § 393 (Aufhebung) ZGB-DDR zu beachten.[449] Die §§ 2287 f. BGB gelten hier nicht.[450] Die Bindungswirkung eines 125

441 Zur von der früheren Rspr. angenommenen, mittlerweile aber aufgegebenen **Aushöhlungsnichtigkeit** s. § 2287 BGB Rdn. 4.

442 BGHZ 59, 343, 348 = NJW 1973, 240.

443 S. Erl. zu § 2286 BGB Rdn. 13 f.

444 S. § 2286 BGB Rdn. 24 ff.

445 OLG Celle RdL 1968, 72; BGH DNotZ 1958, 654.

446 NJW 1978, 423 = JR 1978, 287 m. Anm. *Schubert*.

447 Staudinger/*Kanzleiter* Rn. 88; a.M. *Tiedtke* NJW 1978, 2572.

448 *Tiedtke* NJW 1978, 2572.

449 Vgl. dazu MünchKomm/*Musielak*, 3. Aufl., Rn. 48; DNotI-Report 1994, 1 und *Voltz*, Aufhebung der bindend gewordenen Verfügungen eines gemeinschaftlichen Testaments durch den überlebenden Ehegatten gem. § 393 ZGB (DDR) – Unbekanntes oder unpraktikables Instrument des fortgeltenden DDR-Erbrechts?, in Zehn Jahre Deutsches Notarinstitut (2003) S. 193.

450 S. Rdn. 121.

gemeinschaftlichen Testaments, das **vor dem In-Kraft-Treten des DDR-ZGB** (01.01.1976) errichtet wurde, richtet sich jedoch nach dem zum Zeitpunkt der Errichtung geltenden Recht, also nach den §§ 2270 ff. BGB.[451]

§ 2272 Rücknahme aus amtlicher Verwahrung

Ein gemeinschaftliches Testament kann nach § 2256 BGB nur von beiden Ehegatten zurückgenommen werden.

Übersicht

I. Normzweck

1 Das gemeinschaftliche Testament ist von der Gemeinschaftlichkeit des Errichtungsaktes gekennzeichnet; § 2272 BGB trägt diesem Gesichtspunkt auch bei der Rücknahme Rechnung.[1] Soweit durch die Rücknahme aus der amtlichen Verwahrung der Widerruf der letztwilligen Verfügung eintritt (vgl. § 2256 BGB: beim notariellen Testament oder Nottestament vor einem Bürgermeister) ist zwingend erforderlich, dass die Rücknahme nur an beide Ehegatten erfolgen kann, da ansonsten entgegen der allgemeinen Regelungen ein Ehegatte ohne Wissen des anderen die Wirksamkeit des gemeinschaftlichen Testaments beseitigen könnte.[2] § 2272 BGB dient insoweit **auch dem Schutz des Vertrauens der Testierenden** an den Fortbestand ihrer letztwilligen Verfügungen.[3] Aber auch bei privatschriftlichen gemeinschaftlichen Testamenten würde durch eine einseitige Rücknahme die sonst gewährleistete Verwahrungssicherheit beseitigt, auf die sich jeder Ehegatte genauso verlassen können muss.

II. Aufhebung eines gemeinschaftlichen Testaments im Allgemeinen

2 Für die Aufhebung eines gemeinschaftlichen Testaments gelten im Allgemeinen die Regeln der §§ 2253 ff. BGB.[4] Für wechselbezügliche Verfügungen trifft § 2271 BGB Sonderbestimmungen.[5] § 2272 BGB **modifiziert** für das gemeinschaftliche Testament die Vorschrift des **§ 2256 BGB** über die Rücknahme eines Testaments aus der amtlichen Verwahrung im Hinblick auf die Besonderheiten des gemeinschaftlichen Testaments.[6]

III. Anwendungsbereich

3 § 2272 BGB gilt sowohl für das **eigenhändige** als auch für das **öffentliche** (§§ 2231 Nr. 1, 2232 BGB) gemeinschaftliche Testament,[7] was allein schon durch den Gesichtspunkt der Fortdauer der Verwahrungssicherheit, auf den sich jeder Ehegatte verlassen können muss, gerechtfertigt ist.[8] Unerheblich ist daher, ob die Rücknahme zugleich den Widerruf der letztwilligen Verfügung zur Folge hat (§ 2256 Abs. 1 Satz 1, Abs. 3, Halbs. 2 BGB) oder nicht.[9] § 2272 BGB setzt das Vorliegen

451 LG Leipzig NJW 2000, 438 = ZEV 2000, 507.
1 JurisPK/*Reymann* Rn. 1; Palandt/*Weidlich* Rn. 1.
2 Damrau/Tanck/*Klessinger*, Erbrecht, Rn. 1; jurisPK/*Reymann* Rn. 3.
3 NK-BGB/*Horn* Rn. 1; MünchKomm/*Musielak* Rn. 1.
4 Vgl. § 2271 BGB Rdn. 2 ff.
5 Vgl. § 2271 BGB Rdn. 7 ff.
6 S. Rdn. 1.
7 NK-BGB/*Horn* Rn. 2; *Lange/Kuchinke* § 26 II 4 Fn. 15; BeckOK/*Litzenburger* Rn. 2; MünchKomm/*Musielak* Rn. 2.
8 MünchKomm/*Musielak* Rn. 2; zu diesem Normzweck bereits oben, Rdn. 1.
9 NK-BGB/*Horn* Rn. 2; *Lange/Kuchinke* § 26 II 4 Fn. 15; MünchKomm/*Musielak* Rn. 2; jurisPK/*Reymann* Rn. 4.

einer **besonderen amtlichen Verwahrung** (§ 2248) voraus und greift daher bei einer einfachen Verwahrung nicht ein. Auch während der Dauer der besonderen amtlichen Verwahrung kann jeder Teil für sich allein **Einsicht** in das gemeinschaftliche Testament verlangen; dies stellt keine Herausgabe mit der Widerrufswirkung des § 2256 BGB dar.[10]

Während nach § 2256 Abs. 2 Satz 1, Abs. 3 BGB der Erblasser jederzeit verlangen kann, dass ihm die nach § 34 Abs. 1 Satz 4 BeurkG (öffentliches Testament) oder § 2248 BGB (eigenhändiges Testament) in besondere amtliche Verwahrung genommene Testamentsurkunde zurückgegeben wird, bestimmt § 2272 BGB abweichend davon, dass ein gemeinschaftliches Testament nur **von beiden Ehegatten** nach § 2256 BGB zurückgenommen werden kann. Es müssen also beide Ehegatten die Rücknahme verlangen und zur Rücknahme **persönlich** und gleichzeitig erscheinen, eine Vertretung ist ausgeschlossen (§ 2256 Abs. 2 Satz 2 BGB).[11] Wird das Testament entgegen § 2272 BGB allein an einen Ehegatten zurückgegeben, hat die Rückgabe auch bei einem öffentlichen Testament **nicht die Wirkung des Widerrufs**, da sonst ein einseitiger Widerruf wechselbezüglicher Verfügung unter Umgehung der besonderen Vorschrift des § 2271 Abs. 1 Satz 1 BGB möglich wäre.[12] Das muss auch für einseitige Verfügungen des Zurücknehmenden gelten, da § 2272 BGB zwischen wechselbezüglichen und einseitigen Verfügungen keinen Unterschied macht und die Unterscheidung zwischen beiden Verfügungsarten oft nur schwierig zu treffen ist.[13] 4

Vorstehendes gilt auch, wenn die **Ehe der Testatoren** durch Scheidung oder Aufhebung **aufgelöst** wird.[14] Allerdings wird in diesem Fall das gemeinschaftliche Testament meist unwirksam sein (§§ 2077, 2268 BGB). Jedoch kann sich auch hier bei einem entsprechenden Aufrechterhaltungswillen nach § 2268 Abs. 2 etwas anderes ergeben. Daher kann es nicht zulässig sein, dass über eine einseitige Rücknahme fortbestehende wechselbezügliche Verfügungen widerrufen werden könnten.[15] § 2272 BGB gilt auch **nach dem Tod des erstversterbenden Ehegatten**, so dass ein amtlich verwahrtes gemeinschaftliches Testament nach dem Tod eines Ehegatten überhaupt nicht mehr zurückgegeben werden kann.[16] Deshalb ist dann auch ein Widerruf durch Vernichtung der Urkunde ausgeschlossen. Eine Ausnahme ist auch dann nicht gerechtfertigt, wenn der Überlebende das ihm Zugewandte ausschlägt, so dass er an seine Verfügung nicht mehr gebunden ist (§ 2271 Abs. 2 BGB), während die Verfügungen des Verstorbenen vielleicht bereits durch teilweise Eröffnung des gemeinschaftlichen Testaments bekannt geworden sind (§ 2273 BGB). Denn auch in einem solchen Fall ist es mit dem Wesen des gemeinschaftlichen Testaments und mit § 2272 BGB, insbesondere dem Gesichtspunkt der Verwahrungssicherheit, nicht vereinbar, dass der eine Erblasser das Testament des anderen, das dieser der amtlichen Verwahrung anvertraut hat, aus dieser zurücknimmt.[17] 5

IV. Einzelheiten zur Rücknahme

Die Rückgabe darf nur an **beide Ehegatten** gemeinschaftlich und persönlich erfolgen und ist auch Wirksamkeitsvoraussetzung für die Widerrufswirkung des § 2256 Abs. 1 Satz 1 BGB (vgl. § 2256 Abs. 2 u. 3 BGB). Eine Stellvertretung ist dabei ausgeschlossen,[18] was sich nach h.M. bereits aus der 6

10 Firsching/Graf/*Krätzschel*, Nachlassrecht, § 11 Rn. 69; MünchKomm/*Musielak* Rn. 4; vgl. auch LG Halberstadt JW 1922, 522.

11 Eingehender Rdn. 6.

12 NK-BGB/*Horn* Rn. 5.

13 Str, so NK-BGB/*Horn* Rn. 5; RGRK-BGB/*Johannsen* Rn. 1; *Planck/Greiff* Anm. 1; Soergel/*M. Wolf* Rn. 2; a.A. Staudinger/*Kanzleiter* Rn. 3.

14 KG KGJ 48 A 103 = RJA 14, 266; BeckOGK/*Braun*, Stand 01.03.2019, Rn. 9; NK-BGB/*Horn* Rn. 6; MünchKomm/*Musielak* Rn. 3; jurisPK/*Reymann* Rn. 7.

15 Zustimmend DNotI-Report 2012, 165, 166.

16 BeckOGK/*Braun*, Stand 01.03.2019, Rn. 11 f.; Staudinger/*Kanzleiter* Rn. 4; MünchKomm/*Musielak* Rn. 3.

17 Staudinger/*Kanzleiter* Rn. 4; MünchKomm/*Musielak* Rn. 3.

18 § 2256 Abs. 2 Satz 2 BGB; zu Einzelheiten s. § 2256 BGB Rdn. 6; LG Augsburg Rpfleger 1998, 344 f.; BeckOGK/*Braun*, Stand 01.03.2019, Rn. 8; NK-BGB/*Horn* Rn. 3; MünchKomm/*Musielak* Rn. 4.

Rechtsnatur der Rückgabe als Verfügung von Todes wegen ergibt.[19] Das Rückgabeverlangen muss allerdings nicht gleichzeitig gestellt werden.[20]

Können die Ehegatten nicht mehr persönlich das Testament bei Gericht in Empfang nehmen, muss es ihnen durch die verwahrende Stelle selbst überbracht werden. Eine Zusendung durch die Post oder mittels Empfangsbekenntnis genügt nicht, da sonst nicht gewährleistet ist, dass die Rücknahme mit all ihren Folgen auch zum Zeitpunkt der Durchführung noch gewollt ist.[21] Wenn nur der eine Ehegatte das gemeinschaftliche Testament zurücknehmen will, der andere aber seine Zustimmung verweigert, kann keine Rückgabe erfolgen. Es steht jedoch jedem Ehegatten frei, seine Verfügungen in einer anderen gesetzlich zugelassenen Form (§ 2271 Abs. 1 Satz 1, im Einzelfall §§ 2254, 2255, 2258 BGB) zu widerrufen oder aufzuheben, soweit ihn nicht das wechselbezügliche Verhältnis seiner Verfügungen zu denen des anderen Ehegatten daran hindert (§ 2271 Abs. 2 BGB). Die **Amtspflicht** zur Belehrung über die Rechtsfolgen der Rücknahme nach § 2256 Abs. 1 Satz 2 BGB besteht gegenüber beiden Ehegatten.

7 Die Rücknahme hat nach h.M. eine **Doppelnatur**: Sie ist zum einen ein Rechtsgeschäft unter Lebenden; da sie aber – wenigstens beim öffentlichen Testament – in ihrer Wirkung einem Widerruf gleich steht (§ 2256 BGB), soll sie zugleich eine **Verfügung von Todes wegen** sein.[22] Sie würde dann erfordern, dass beide Ehegatten die entsprechende **Testierfähigkeit** besitzen,[23] und zwar zur Zeit der Durchführung der Rückgabe, nicht auch zum Zeitpunkt der Antragstellung auf Rückgabe.[24] *Mayer* wollte dem in den Vorauflagen nicht folgen. Er begründete seine Ansicht damit, dass das Gesetz in § 2256 BGB eine Fiktion enthalte, so dass es auf den Willen des rückfordernden Erblassers gerade nicht ankomme. Deshalb sei die Rücknahme des Testaments keine Verfügung von Todes wegen und auch kein sonstiges Rechtsgeschäft, da es gerade an dem hierfür erforderlichem Tatbestandselement des Geschäftswillens (Testierwillens) fehlen könne.[25] Richtigerweise sei das Rücknahmebegehren eine reine Verfahrenserklärung, die Rückgabe selbst ein reiner Realakt. Dieser Ansicht wäre nur dann zu folgen, wenn die Fiktion des § 2256 BGB an den Realakt der Rückgabe selbst anknüpfen würde. Dies ist meines Erachtens nicht der Fall. Das Gesetz knüpft die Fiktion an die willentlich vorgenommene Rücknahme aus der amtlichen Verwahrung und fingiert nur den Widerrufswillen, mit der Folge, dass das aus der amtlichen Verwahrung zurückgenommene öffentliche Testament als widerrufen gilt. Unabhängig davon, ob die Rücknahme selbst nun Verfügung von Todes wegen und deshalb immer Testierfähigkeit zu fordern ist, kann die Widerrufsfiktion jedenfalls nur an die von einem Testierfähigen vorgenommene Handlung anknüpfen, weil sie dieselbe Folge wie ein Widerrufstestament zeitigt. Es ist nicht einzusehen, weshalb die Fiktion des § 2256 BGB auch dann greifen sollte, wenn ein ausdrücklich erklärter Widerruf wegen mangelnder Testierfähigkeit unwirksam wäre.[26] Auch die Belehrung gem. § 2256 Abs. 1 Satz 2 BGB ergibt nur einen Sinn, wenn der Betroffene über die geistigen Fähigkeiten verfügt, sie zu verstehen. Er muss insbesondere verstehen, dass seine Handlung eine rechtliche Folge auslöst.

---

19 S. Rdn. 7.

20 BeckOK/*Litzenburger* Rn. 3; jurisPK/*Reymann* Rn. 6.

21 Staudinger/*W. Baumann* § 2256 Rn. 14; NK-BGB/*Horn* Rn. 3; Soergel/*J. Mayer* Rn. 46 je zu § 2256 BGB zum einseitigen Testament.

22 BGHZ 23, 207, 211 = NJW 1957, 906; BayObLGZ 1960, 490, 494 = MDR 1961, 505; BayObLGZ 1973, 35, 36 = DNotZ 1973, 630; BayObLG NJW-RR 2005, 957; Damrau/Tanck/*Klessinger*, Erbrecht, Rn. 4; MünchKomm/*Hagena* § 2256 Rn. 6; Staudinger/*Kanzleiter* Rn. 6; RGRK-BGB/*Kregel* § 2256 Rn. 3; *Lange/Kuchinke* § 23 II 3 a; MünchKomm/*Musielak* Rn. 4; Palandt/*Weidlich* § 2256 Rn. 1.

23 BayObLG ZEV 2005, 480, 481 = NJW-RR 2005, 957; BeckOGK/*Braun*, Stand 01.03.2019, Rn. 13 f.; Damrau/Tanck/*Klessinger*, Erbrecht, Rn. 4; MünchKomm/*Musielak* Rn. 4; jurisPK/*Reymann* Rn. 6.

24 § 2256 BGB Rdn. 6; Staudinger/*W. Baumann* § 2256 Rn. 12.

25 Soergel/*J. Mayer* § 2256 Rn. 7; i.E. ebenso KG JFG 21, 323, 324 = DR 1940, 1684 m. Anm. *Voegels*; *Kipp/Coing* § 31 II 3; *v. Lübtow* I 244; *ders.* NJW 1968, 1849; *Merle* AcP 171 (1971), 486, 497; auch NK-BGB/*Seiler* 3. Aufl. 2010 Rn. 3 räumt ein, dass für diese Ansicht der Wortlaut des § 2256 BGB spreche.

26 BeckOGK/*Braun*, Stand 01.03.2019, Rn. 13.1.

Unabhängig von der Einordnung der Rücknahme als Verfügung von Todes wegen ist eine Anfechtung der Widerrufswirkung möglich, weil eine Fiktion nicht weitergehende Wirkung haben kann, als ein tatsächlich erklärter Widerruf.[27] Die praktische Bedeutung dürfte aber gering sein, da zu Lebzeiten beider Ehegatten ein Anfechtungsrecht nicht besteht, weil jeder durch erneute Vornahme der Verfügung von Todes wegen seine Verfügungen wiederherstellen kann.[28] Ist der andere Ehegatte nicht bereit mitzuwirken, kommt allerdings nur eine Neuvornahme durch Einzeltestament, also ohne die ursprünglich ggf. bestehende Bindungswirkung in Betracht. Eine Selbstanfechtung nach dem Tod des Erstversterbenden ist grundsätzlich möglich, ergibt aber in aller Regel nur dann Sinn, wenn zugleich die Rücknahme durch den Verstorbenen angefochten wird, um eine Unwirksamkeit der wechselbezüglichen Verfügungen zu vermeiden.[29]

Das Erfordernis der **Testierfähigkeit** gilt nach h.M. auch für das **eigenhändige** gemeinschaftliche Testament,[30] obwohl hier die Rückgabe gerade keine Widerrufswirkung hat. Da beim eigenhändigen gemeinschaftlichen Testament aber nur der Gesichtspunkt der Verwahrungssicherheit das Erfordernis der gemeinschaftlichen Rückgabe rechtfertigt, muss m.E. eine natürliche Einsichtsfähigkeit in die Bedeutung dieser Rückgabe für ausreichend angesehen werden, die hinter der Testierfähigkeit zurückbleiben kann.

Fehlt bei einem Ehegatten die **Testierfähigkeit** in dem bezeichneten Sinn, muss nach h.M. der verfahrende Beamte die Rückgabe ablehnen und eine trotzdem geschehene Rückgabe eines öffentlichen Testaments hätte nicht die Wirkung des Widerrufs.[31] 8

Einsicht in ein amtlich verwahrtes gemeinschaftliches Testament kann auch ein Ehegatte allein verlangen.[32] Sie hat keine Widerrufswirkung.[33] 9

Über die erfolgte Rückgabe ist das **Zentrale Testamentsregister** zu benachrichtigen (§ 347 Abs. 3 FamFG). 10

V. ZGB der DDR

Soweit für ein gemeinschaftliches Testament noch das ZGB Anwendung findet,[34] ist auch hier zu beachten, dass die Rücknahme eines notariellen Testaments Widerrufswirkung hat (§§ 392 Abs. 1 Satz 2, 387 Abs. 2 Nr. 2 ZGB). Letztlich wird man auch hier davon ausgehen müssen, dass entsprechend der Regelung des § 2272 BGB nur eine gemeinsame Rücknahme zulässig ist.[35] 11

§ 2273 *(aufgehoben)*

Die Vorschrift enthielt Bestimmungen zur Eröffnung des gemeinschaftlichen Testaments und zur Weiterverwahrung der Verfügungen der überlebenden Ehegatten. Sie wurden durch das FGG-ReformG mit Wirkung zum 01.01.2009 in das FamFG übernommen. S. dazu jetzt §§ 348, 349 und 344 Abs. 2 FamFG. 1

---

27 BeckOGK/*Braun*, Stand 01.03.2019, Rn. 33.

28 HK-BGB/*Hoeren* Rn. 4; Firsching/Graf/*Krätzschel*, Nachlassrecht, § 36 Rn. 22.

29 BeckOGK/*Braun*, Stand 01.03.2019, Rn. 35.

30 BayObLG ZEV 2005, 480, 481 = NJW-RR 2005, 957; OLG Hamm FamRZ 2013, 582 (wo fälschlicherweise Geschäftsfähigkeit gefordert wird); BeckOGK/*Braun*, Stand 01.03.2019, Rn. 14; *Planck/Greiff* Anm. 1; Staudinger/*Kanzleiter* Rn. 6; MünchKomm/*Musielak* Rn. 4.

31 BGHZ 23, 207, 211; NK-BGB/*Horn* Rn. 3.

32 KG JFG 4, 159; Staudinger/*Kanzleiter* Rn. 7; BeckOK/*Litzenburger* Rn. 5; jurisPK/*Reymann* Rn. 8.

33 Soergel/*J. Mayer* § 2256 Rn. 8 m.w.N.; jurisPK/*Reymann* Rn. 8.

34 Vorbem. zu §§ 2265 ff. Rdn. 65; MünchKomm/*Musielak*, 3. Aufl., Rn. 5.

35 MünchKomm/*Musielak* 3. Aufl., Rn. 5.

C. Erbvertrag, §§ 2274–2302 BGB

Vorbemerkung zu §§ 2274 ff.

Literatur

1. Allgemeine Fragen: *Battes*, Gemeinschaftliches Testament und Ehegattenerbvertrag als Gestaltungsmittel für die Vermögensordnung der Familie (1974); *ders.*, Der erbrechtliche Verpflichtungsvertrag im System des Deutschen Zivilrechts – Ziele, Dogmatik und praktische Auswirkungen des § 2302 BGB, AcP 178 (1978) 337; *ders.*, Zur Wirksamkeit von Testamenten und Erbverträgen nach der Ehescheidung, JZ 1978, 733; *Boehmer*, Entgeltliche Erbverträge, FS Lehmann I (1956); *Commichau*, Erbvertrag: Amtliche Verwahrung des Aufhebungsvertrags? MittBayNot 1998, 235; *von Dickhuth-Harrach*, Die Rückgabe eines Erbvertrages aus der notariellen Verwahrung, RNotZ 2002, 384; *Ebenroth/Fuhrmann*, Konkurrenzen zwischen Vermächtnis- und Pflichtteilsansprüchen bei erbvertraglicher Unternehmensnachfolge, BB 1989, 2049; *Giencke*, Ergänzende Auslegung von Erbverträgen gemäß § 2066 BGB unter Berücksichtigung nichtehelicher Kinder des Erblassers als gesetzlicher Vertreter, FamRZ 1974, 241; *Göller*, Anwartschaften im Erbrecht (Diss. Tübingen 1964); *L. Häsemeyer*, Die Abhängigkeit erbrechtlicher Verträge von Verkehrsgeschäften (Diss. Göttingen 1966); *Haussmann*, Gedanken zur Ausgestaltung von Ehegattenerbverträgen, BWNotZ 1972, 93; *Hohmann*, Rechtsfolgen von Störungen im Rahmen eines entgeltlichen Erbvertrags und Sicherung der Rechte der Vertragsparteien (Diss. Würzburg 1993); *Hornung*, Die geschäftliche Behandlung der Verfügungen von Todes wegen im Hinblick auf das Verfahren zur Eröffnung von Testamenten und Erbverträgen, JVBl 1964, 225; *Hülsmeier*, Die Abwertung der Rechtsstellung des Vertragserben, NJW 1981, 2043; *Jestaedt*, Die Auswirkungen der Geschäftsunfähigkeit auf die Lösungsmöglichkeiten vom gemeinschaftlichen Testament und vom Erbvertrag (Diss. Mainz 2014); *Knieper*, Die Verbindung des Erbvertrages mit anderen Verträgen, DNotZ 1968, 331; *Kornexl*, Gibt es einen Nachtrag zum Erbvertrag?, ZEV 2003, 62; *ders.*, Nochmals: Gibt es einen Nachtrag zum Erbvertrag? – Replik zu Lehmann, ZEV 2003, 234 in ZEV 2003, 235; *H. Lange*, Gegenseitiger Erbvertrag und Scheidungsrechtsstreit, JuS 1965, 347; *Lehmann*, Nochmals: Gibt es einen Nachtrag zum Erbvertrag? – Anm. zu *Kornexl*, ZEV 2003, 234; *Lüke*, Vertragliche Störungen beim »entgeltlichen« Erbvertrag (1990); *Lüdtke/Handjery*, Beteiligung der Miterben beim Übergabe- und Erbvertrag, AgrarR 1982, 7; *ders.*, Hofübergabe und erbrechtliche Nachfolge, DNotZ 1985, 332; *Meincke*, Vorteile und Nachteile von Ehegatten-Testamenten und Erbverträgen, DStR 1981, 523; *Muscheler*, Erbrecht (2010); *Claus Nolting*, Inhalt, Ermittlung und Grenzen der Bindung beim Erbvertrag (Diss. Bonn 1984); *Dietmar Nolting*, Der Erbvertrag, JA 1993, 129; *ders.*, Der Änderungsvorbehalt beim Erbvertrag (Diss. Passau 1993/1994); *Poser*, Der entgeltliche Erbvertrag im Zivil- und Steuerrecht (Diss. Freiburg 1999/2000); *Raitz von Frentz*, Gestaltungsformen zur Abgrenzung der Rechte von überlebenden Ehegatten und Kindern in gemeinschaftlichen Testamenten und Erbverträgen, DNotZ 1962, 635; *Reithmann*, Erbverträge zwischen mehr als zwei Beteiligten, DNotZ 1957, 527; *Safferling*, Vererbungsabreden und Grundbuch – Vormerkung für Eigentumsverschaffungsansprüche an der Nahtstelle zwischen Erbrecht und Schuldrecht –, Rpfleger 1973, 413; *Schermann*, Der Schutz des Vermächtnisnehmers im gemeinschaftlichen Testament und Ehegattenerbvertrag (Diss. Leipzig 2006); *G. Schumann*, Erbvertragsrecht, 2002; *Teichmann*, »Aushöhlung« erbrechtlicher Bindungen als methodisches Problem, MDR 1972, 1; *Tiedtke*, Die Umdeutung eines Vermächtnisses in ein Rechtsgeschäft unter Lebenden, NJW 1978, 2572; *ders.*, Die Umdeutung eines nach §§ 1365, 1366 BGB nichtigen Rechtsgeschäftes in einen Erbvertrag, FamRZ 1981, 1; *van Venrooy*, § 2293 BGB und die Theorie des Erbvertrages, JZ 1987, 10; *Vollmar*, Der entgeltliche Erbvertrag (Diss. 2002); *dies.*, Der entgeltliche Erbvertrag – Behandlung von Leistungsstörungen, ZErb 2003, 274.

2. Bindung des Erblassers, Schutz vor beeinträchtigenden Verfügungen nach § 2287 BGB: *Aunert-Micus*, Der Begriff der Beeinträchtigungsabsicht in § 2287 BGB beim Erbvertrag und gemeinschaftlichen Testament (Diss. Münster 1991); *Basty*, Bindungswirkung bei Erbvertrag und gemeinschaftlichem Testament, MittBayNot 2000, 73; *Benkö*, Zur Aushöhlung bindender Verfügungen von Todes wegen (Diss. Köln 1974); *Boehmer*, Sittenwidrige Beeinträchtigung des Vertragserben durch lebzeitige Zuwendung des Erblassers?, FamRZ 1961, 253; *Brambring*, Bindung beim Ehegattentestament und Erbvertrag, ZAP 1993, 619; *Buchholz*, Zur bindenden Wirkung des Erbvertrages, FamRZ 1987, 440; *ders.*, Einseitige Korrespektivität – Entwicklung und Dogmatik eines Modells zu §§ 2270, 2271 BGB, Rpfleger 1990, 45; *Bühler*, Zur Wechselbezüglichkeit und Bindungen beim gemeinschaftlichen Testament und Erbvertrag, DNotZ 1962, 359; *Butz/Petzoldt*, Grundstücksübertragungen in vorweggenommener Erbfolge und die Beeinträchtigung der Rechte erbrechtlich geschützter Dritter. Möglichkeiten und Grenzen der Vertragsgestaltung (1999); *Coing*, Wie ist die bindende Wirkung von Erbverträgen zu ermitteln?, NJW 1958, 689; *Damrau*, Wann muss bei beeinträchtigenden

Schenkungen (§§ 2288, 2287 BGB) der Miterbe, wann der Beschenkte in Anspruch genommen werden?, ZEV 2016, 413; *Draschka*, Unbenannte Zuwendungen und der erbrechtliche Schutz gegen unentgeltliche Vermögensverfügungen, DNotZ 1993, 100; *Eckebrecht*, Die Rechtsstellung des erbrechtlichen Anwärters vor und nach dem Erbfall (Diss. Berlin 1992); *Finger*, Ende der Aushöhlungs-Nichtigkeit, FamRZ 1975, 251; *Fleischmann*, Lebzeitige Verfügungsfreiheit bei erbrechtlicher Bindung und Pflichtteilsberechtigung nach den Vorschriften des BGB (Diss. Bayreuth 1988); *Gerken*, Die Entstehung der Bindungswirkung beim Erbvertrag, BWNotZ 1992, 93; *Hayler*, Die Drittwirkung ehebedingter Zuwendungen im Rahmen der §§ 2287, 2288 II 2, 2325, 2329 BGB, FuR 2000, 1; *Hülsmeier*, Die bindende Wirkung des Erbvertrages (1984); *Kanzleiter*, Bedarf die Zustimmung des bindend bedachten Vertragserben zu einer ihn beeinträchtigenden Schenkung der notariellen Beurkundung?, DNotZ 1990, 776; *ders.*, »Umverteilung« des Nachlasses mit Zustimmung des Vertragserben und Eintritt der Ersatzerbfolge, ZEV 1997, 261; *ders.*, Die Beeinträchtigung des durch Erbvertrag bindend eingesetzten Erben durch die einvernehmliche Aufhebung eines Pflichtteilsverzichts, DNotZ 2009, 86; *Keim*, Der Wegfall des vertragsmäßig eingesetzten Erben und seine Auswirkungen auf beeinträchtigende Verfügungen von Todes wegen, ZEV 1999, 413; *ders.*, § 2287 BGB und die Beeinträchtigung eines Vertragserben durch lebzeitige Zuwendungen an den anderen, ZEV 2002, 93; *Krebber*, Die Sicherung erbrechtlicher Erwerbsaussichten im Lichte erbrechtlicher Prinzipien, AcP 204 (2004) 149; *Kohler*, Die schuldrechtlichen Ersatzansprüche wegen der Aushöhlung eines Nachlasses, NJW 1964, 1393; *ders.*, Erblasserfreiheit oder Vertragserbenschutz und § 826 BGB, FamRZ 1990, 464; *Kuchinke*, Enttäuschte Erberwartungen eines Schlußerben, JuS 1988, 853; *ders.*, Beeinträchtigende Anordnungen des an seine Verfügungen gebundenen Erblassers, FS v. Lübtow (1991) 283; *ders.*, Zur Sicherung des erbvertraglich oder letztwillig bindend Bedachten durch Feststellungsurteil, Vormerkung und Gewährung einstweiligen Rechtsschutzes, FS Henckel (1995) 475; *H. Lange*, Bindung des Erblassers an seine Verfügungen NJW 1963, 1571; *Ludewig*, Pflichtteilskürzung durch Schenkung an den Pflichtteilsberechtigen beim Erbvertrag?, MDR 1985, 372; *Lehmann*, Ist eine Teilungsanordnung eine beeinträchtigende Verfügung?, MittBayNot 1988, 157; *Loritz*, Freiheit des gebundenen Erblassers und Schutz des Vertrags- und Schlusserben vor Zweitverfügungen (1992); *Mattern*, Die Aushöhlung von Testamenten und Erbverträgen, MDR 1960, 1; *ders.*, Nochmals: Sittenwidrige Beeinträchtigung des Vertragserben?, FamRZ 1961, 418; *ders.*, Zur Rechtsstellung des von Todes wegen bindend Bedachten, BWNotZ 1962, 229; *ders.*, Die Rechtsprechung des Bundesgerichtshofs zur Testamentsaushöhlung, DNotZ 1964, 196; *ders.*, Die Testamentsaushöhlung, BWNotZ 1966, 1; *Meyding*, Erbvertrag und nachträgliche Auswechslung des Testamentsvollstreckers, ZEV 1994, 98; *Claus Nolting*, Inhalt, Ermittlung und Grenzen der Bindung beim Erbvertrag (1985); *Recker*, Schutz des von Todes wegen Bedachten, MittRhNotK 1978, 125; *Reimann*, Erbvertrag und einseitige Anordnungen des Erblassers – Bindung und Gestaltungsfreiheit, FS Kanzleiter (2010), 319; *Reubold*, Die Aushöhlung des Erbvertrages und des bindend gewordenen gemeinschaftlichen Testaments (Diss. Frankfurt 1970); *Sarres*, Kann der potenzielle Erbe lebzeitige Verfügungen des Erblassers verhindern?, ZEV 2003, 232; *Schindler*, Irrtum über die rechtliche Bindung und die Beeinträchtigungsabsicht nach § 2287 BGB, ZEV 2005, 334; *ders.*, Schenkung unter Auflage, gemischte Schenkung und Herausgabe der Bereicherung nach § 2287 BGB, ZErb 2006, 16; *Siebert*, Die Bindungswirkung des Erbvertrages, FS Hedemann (1958) 237; *Speckmann*, Aushöhlungsnichtigkeit und § 2287 BGB bei Erbverträgen und gemeinschaftlichen Testamenten, NJW 1974, 341; *ders.*, Zur Frage der Beeinträchtigungsabsicht in § 2287 BGB, JZ 1974, 543; *Spellenberg*, Die sog. Testamentsaushöhlung und die §§ 2287, 2288 BGB, FamRZ 1972, 349; *ders.*, Schenkungen und unentgeltliche Verfügungen zum Nachteil des Erben oder Pflichtteilsberechtigten, FamRZ 1974, 350; *ders.*, Verbotene Schenkungen gebundener Erblasser, NJW 1986, 2531; *Strunz*, Der Anspruch des Vertrags- oder Schlußerben wegen beeinträchtigender Schenkung – § 2287 BGB (1988); *Stumpf*, Wirksamkeit und Formbedürftigkeit der Einwilligung des bedachten Erbvertragspartners in eine ihn beeinträchtigende letztwillige Verfügung, FamRZ 1990, 1057; *Tanck*, Die Durchsetzung der Ansprüche bei vertragsmäßigem oder bindendem gewordenem Vermächtnis, ZErb 2003, 198.

3. Durchbrechung der Bindung, Änderungsvorbehalt, Rücktritt, Anfechtung, Aufhebung: *Dohr*, Überwindung der aufgrund gemeinschaftlichen Testaments oder Erbvertrages entstandenen erbrechtlichen Bindungswirkung, MittRhNotK 1998, 381; *ders.*, Erbrechtliche Gestaltungsmöglichkeiten für die Beschränkung des erbvertraglich zu bindenden überlebenden Ehegatten auf die Einsetzung gemeinschaftlicher Abkömmlinge, 2002; *Haegele*, Anfechtung einer Verfügung von Todes wegen, insb ihre Wirkung, INF 1975, 567, 571 ff.; *Heinz*, Die Anfechtung gemäß § 2078 Abs. 2 BGB wegen nicht bedachter Umstände (Diss. Mannheim 1985); *Herlitz*, Abänderungs- und Rücktrittsvorbehalt beim Erbvertrag, MittRhNotK 1996, 153; *Hieber*, Zustellung einer Ausfertigung oder einer beglaubigten Abschrift?, DNotZ 1960, 240; *Höfer*, Der Rücktritt vom Erbvertrag, BWNotZ 1984, 113; *Hülsmeier*, Der Vorbehalt abweichender Verfügungen von Todes wegen beim Erbvertrag, NJW 1986, 3115; *Ivo*, Die Zustimmung zur erbvertragswidrigen Verfügung von Todes wegen, ZEV 2003, 58; *ders.*, Die Zustimmung zur erbvertragswidrigen lebzeitigen Verfügung, ZEV 2003, 101; *Karpf*, Das Selbstanfechtungsrecht des Erblassers beim Erbvertrag (Diss. Bayreuth 1993); *Keim*, Die Aufhebung von Erbverträgen durch Rücknahme aus amtlicher oder notarieller Verwahrung, ZEV 2003, 55; *Keller*, Aufhebung, Änderung und Ergänzung eines Erbvertrags durch die Vertragspartner, ZEV 2004, 93; *Keymer*, Die Anfechtung nach § 2078 Abs. 2 BGB und die Lehre von der Geschäftsgrundlage (1984); *Küster*, Grenzen des Rücktrittsvorbehalts im Erbvertrag?, JZ 1958, 394; *Lehmann*, Der Änderungsvorbehalt beim Erbvertrag – ein abwegiges Gestaltungsmittel?, BWNotZ 1999, 1; *ders.*, Der Vorbehalt der Beschränkung und Beschwerung eines vertragsmäßig Bedachten, BWNotZ 2000, 129; *ders.*, Der Rücktrittsvorbehalt beim Erbvertrag – ein wenig genutztes Gestaltungsmittel, NotBZ 2000, 85; *ders.*, Zur Entbehrlichkeit des »Änderungsvorbehalts«, NotBZ 2004, 210; *Leipold*, Der vergessliche Erblasser und die Anfechtung, ZEV 1995, 99; *J. Mayer*, Der Änderungsvorbehalt beim Erbvertrag – erbrechtliche Gestaltung zwischen Bindung und Dynamik, DNotZ 1990, 755; *Müller/Rottach*, Der Rücktritt vom Erbvertrag, BWNotZ 1987, 42; *Dieter Nolting*, Der Änderungsvorbehalt beim Erbvertrag (1994); *Rohlfing/Mittenzwei*, Der Erklärungsgegner bei der Anfechtung eines Erbvertrags oder gemeinschaftlichen Testaments, ZEV 2003, 41; *Röll*, Die Zustellung einer Ausfertigung beim Rücktritt vom Erbvertrag und beim Widerruf wechselbezüglicher Verfügungen in gemeinschaftlichen Testamenten, DNotZ 1961, 312; *J. Schneider*, Wie ist der Rücktritt vom Erbvertrag, wie der Widerruf eines gemeinschaftlichen Testaments zu erklären? ZEV 1996, 220; *Schubert/Czub*, Die Anfechtung letztwilliger Verfügungen, JA 1980, 334; *Stürzebecher*, Rücktritt vom entgeltlichen Erbvertrag (1987); *Veit*, Die Anfechtung von Erbverträgen (Diss. München 1991); *ders.*, Die Anfechtung von Erbverträgen durch den Erblasser, NJW 1993, 1553; *F. Weiler*, Änderungsvorbehalt und Vertragsmäßigkeit der erbvertraglichen Verfügung, DNotZ 1994, 427; *Wintermantel*, Die Folgen der Anfechtung gem. § 2079 BGB und der Ausschlagung des überlebenden Ehegatten beim gegenseitigen gemeinschaftlichen Testament oder Ehegatten-Erbvertrag mit bindender Schlußerbeneinsetzung, BWNotZ 1993, 120.

Übersicht Rdn.

I. Grundsätzliches

1. Zweck des Erbvertrags

Mit dem Erbvertrag stellt das BGB ein Instrument für eine **bindende Nachlassplanung** für jedermann zur Verfügung. Dabei unterscheidet er sich vom gemeinschaftlichen Testament schon in **persönlicher Hinsicht**, weil Letzteres nur Ehegatten und eingetragenen Lebenspartnern vorbehalten ist, während bei der Schaffung des BGB ausdrücklich das Bedürfnis anerkannt wurde, dass auch anderen Personen eine bindende Erbregelung möglich sein muss, die die getroffene Verfügung von Todes wegen vor dem jederzeitigen Sinneswandel des Erblassers bewahrt. Genannt wurden hierfür etwa die bäuerlichen Verhältnisse und die Verpfründungsverträge, § 2295 BGB.[1] Entsprechend der deutschrechtlichen Tradition und entgegen der ablehnenden Haltung des römischen Rechts, die sich auch heute noch in den Ländern des romanischen Rechtskreises fortsetzt, hat daher das BGB das Institut des Erbvertrags übernommen, das seinen Ursprung in Rechtsgeschäften unter Lebenden auf den Todesfall nach deutschem Recht findet.[2] In **sachlicher Hinsicht** liegt ein wesentlicher Unterschied zum gemeinschaftlichen Testament darin, dass beim Erbvertrag die Bindung **bereits mit Abschluss des Vertrags eintritt**, beim gemeinschaftlichen Testament aber zumindest noch zu Lebzeiten des anderen Ehegatten ein Widerruf möglich ist.[3] 1

Der Wunsch nach der erbvertraglichen Bindung kann auf verschiedenen **Motiven** beruhen: dies können rein altruistische Gründe sein, wie z.B. das Familienvermögen den gemeinsamen Abkömmlingen zu sichern. Daneben finden sich aber mitunter auch Erbverträge aus rein wirtschaftlichen Überlegungen, wie sie bei reinen Austauschverträgen typisch sind, etwa beim sog. Verpfründungsvertrag, bei dem die Pflege im Alter gegen Erbeinsetzung versprochen wird. Man hat diese verschiedenen Bindungsgründe versucht, mit Schlagworten zu umschreiben: »**Solidaritätsprinzip**« als Nachlassplanung allein wegen der familiären Solidarität, typisch für den Ehegattenerbvertrag, und »**Äquivalenzprinzip**« mit Bindung aufgrund eines Gegenseitigkeitsverhältnisses, charakteristisch für den »entgeltlichen Erbvertrag«.[4] Diese Unterschiede im Bindungsgrund werfen die Frage auf, ob die erbvertragliche Bindung immer in allen Fällen gleich ist. Möglicherweise ist **Bindung** eben **nicht gleich Bindung**. Vor diesem Hintergrund ist die Frage nach einer Restriktion der Anfechtung wegen Motivirrtums beim entgeltlichen Erbvertrag[5] oder die des Vertragserbenschutzes im Rahmen von § 2287 BGB zu stellen.[6] 2

2. Rechtstatsächliches

Vor nicht zu langer Zeit wurde noch die These vertreten, der Erbvertrag finde heute in der Praxis kaum noch Verwendung und für seine Beibehaltung bestehe daher kein Bedürfnis mehr.[7] Dies wurde mittlerweile durch verschiedene rechtstatsächliche Untersuchung widerlegt[8] und ist auch aus theoretischen Gründen nicht gerechtfertigt.[9] Vielmehr hat sich die Erkenntnis durchgesetzt, dass der Erbvertrag zum »unentbehrlichen Instrumentarium der erbrechtlichen Gestaltung« gehört.[10] Auch die umfangreiche und sorgfältige Untersuchung von *Röthel* anlässlich des *68. Deutschen Juristen-* 3

1 Mot. V 311.
2 Zur Geschichte *Kipp/Coing* § 36 I 1; sehr eingehend und übersichtlich *Sticherling*, Schenkungen in fraudem testamenti, 2006, 58 ff.; grundlegend *Beseler*, Die Lehre von den Erbverträgen, Zweiter Teil, Bd. 1 (1837) S. 102 ff., 148 ff.
3 Zu weiteren Unterschieden s. Vorbem. zu §§ 2265 ff. Rdn. 33 ff.
4 *Battes*, Gemeinschaftliches Testament und Ehegattenerbvertrag, 25, 114, 220 ff.
5 § 2281 BGB Rdn. 23 f.
6 So *S. Loritz*, Freiheit des gebundenen Erblassers … 96 ff., 142 ff., 170 f.; *Aunert-Micus*, Der Begriff der Beeinträchtigungsabsicht …, 74 ff.; dazu § 2287 BGB Rdn. 73 ff.
7 So *Johannsen* DNotZ Sonderheft 1977, 69, 98; ähnlich noch *Lange/Kuchinke*, 3. Aufl. § 16 V 2 a, zuletzt in der 5. Aufl. jedoch nicht mehr.
8 S. eingehend Vorbem. zu §§ 2265 ff. Rdn. 38.
9 Staudinger/*Kanzleiter* [2013] Einl § 2274 Rn. 39.
10 *Reimann*, FS Kanzleiter (2010), 319.

tags[11] über die Zeitgemäßheit des deutschen Erbrechts konnte für den Erbvertrag keinen größeren Reformbedarf feststellen. Im Gegenteil wird konstatiert, dass er gegenüber dem gemeinschaftlichen Testament das »gestaltungsoffenere und leistungsfähigere Instrument« sei.[12] Es verwundert daher nicht, dass selbst bei Verfügungen von Ehegatten, bei denen in Gestalt des gemeinschaftlichen Testaments eine andere Handlungsform mit – wenn auch abgeschwächter – Bindung gegeben ist, jedenfalls in der notariellen Praxis der Erbvertrag überwiegt. Dies lässt sich auch nicht mit dem Trend zum Ehe- und Erbvertrag erklären, denn dieser ist zumindest in der früher landläufigen Form der Vereinbarung von Gütergemeinschaft gestoppt und bietet seit Inkrafttreten des GNotKG auch keinen kostenrechtlichen Anreiz mehr. Im Gegenteil kann seither ein Trend zur Trennung ehevertraglicher und erbvertraglicher Regelungen beobachtet werden. Zu »pro und contra« zwischen Erbvertrag und gemeinschaftlichem Testament eingehend Vorbem. zu §§ 2265 ff. BGB Rdn. 33 ff.

II. Begriff und Wesen des Erbvertrags

4 Der Erbvertrag ist ein **einheitliches, abstraktes, unentgeltliches Rechtsgeschäft von Todes wegen** und ein echter Vertrag, der eine besondere erbrechtliche Bindung des Erblassers an vertragsmäßige Verfügungen von Todes wegen begründet. Er ist auch ein kausaler Vertrag, weil er keine außerhalb liegende causa haben kann; sein Zweck wird in ihm selbst schon ein für alle Mal festgelegt.[13]

1. Doppelnatur

5 Der Erbvertrag ist nach heute h.M. ein **einheitliches Rechtsgeschäft**, dem aber eine Doppelnatur zukommt.[14] Er ist kein Doppelgeschäft, bestehend aus einer einseitigen Verfügung von Todes wegen und einem vertraglichen Verzicht auf den Widerruf. So aber die frühere **Testamentstheorie**,[15] die aber nicht nur den Gesetzeswortlaut gegen sich hat,[16] sondern nicht erklären kann, wie ein nur obligatorisch wirkender Widerrufsverzicht mit der von § 2289 Abs. 1 BGB angeordneten, gegen alle wirkende Unwirksamkeit beeinträchtigender Verfügungen vereinbar ist.[17] Der Erbvertrag ist zum einen **echter Vertrag**,[18] der eine sofortige, wenn auch spezifische Bindung des Erblassers an seine vertragsmäßig getroffenen Verfügungen von Todes wegen bewirkt. Es handelt sich dabei aber um einen **abstrakten**, nicht schuldrechtlichen oder gar gegenseitigen Vertrag.[19] Zugleich wird dadurch unmittelbar der erbrechtliche Berufungsgrund[20] geschaffen, weshalb er zugleich **Verfügung von Todes wegen** ist.[21] Diese Doppelnatur macht eine Abgrenzung nach zwei Seiten hin erforderlich: gegenüber dem einseitigen Testament[22] und dem Rechtsgeschäft unter Lebenden.[23]

11 *Röthel*, 68. DJT (2010), A 1, 67 ff.

12 *Röthel*, 68. DJT (2010), A 1, 70 unter Bezug auf v. *Dickhuth-Harrach*, FS Otte (2005), 73, 94 ff., 99 ff.; *Battes*, Gemeinschaftliches Testament und Ehegattenerbvertrag, 283.

13 *V. Lübtow* I 399; teilweise unklar *Vollmar* ZErb 2003, 274, 278.

14 Ausf. *Muscheler* I Rn. 2187 f.; NK-BGB/*Kornexl* Vor § 2274 Rn. 18; AK-BGB/*Finger* § 2274 Rn. 8; *Brox/Walker* Rn. 144; *Damrau/Tanck/Krüger*, Erbrecht, Rn. 2 und § 2286 BGB Rdn. 1; *Ebenroth* Rn. 248; MünchKommBGB/*Musielak* Vor § 2274 Rn. 2; *Schumann*, Erbvertragsrecht, § 1941 Rn. 40; Staudinger/*Kanzleiter* [2013] Einl § 2274 Rn. 4.

15 Etwa *Hellwig*, Die Verträge auf Leistung an Dritte, 1899, S. 597 ff.; *Werneburg* DNotZ 1916, 209 m.w.N.; zur Testamentstheorie s. eingehend *Muscheler* I Rn. 2186; zur Dogmengeschichte des Erbvertrags s. auch *Sticherling* (Fn. 2), S. 67 ff.

16 Vgl. § 1941: »durch Vertrag«.

17 So bereits Mot. V 164.

18 BGHZ 26, 204, 207 = NJW 1958, 498; *Muscheler* I Rn. 2187.

19 BayObLGZ 1998, 22, 25; *Muscheler* I Rn. 2187; s. Rdn. 44.

20 Erbeinsetzung, Vermächtnis; dazu *Muscheler* I Rn. 2187.

21 So die heute ganz herrschende Vertragstheorie, MünchKommBGB/*Musielak* Rn. 2; Staudinger/*Kanzleiter* [2013] Einl § 2274 Rn. 4; *AK/Finger* § 2274 Rn. 8; *Ebenroth* Rn. 248.

22 Rdn. 7 ff.

23 Rdn. 13 ff.

Zuletzt hat *Stöcker*[24] eine abgewandelte Form der Testamentstheorie vertreten. Er meint, dass der Erbvertrag aus zwei verschiedenen Rechtsinstituten besteht: den als solchen einseitig getroffenen Verfügungen von Todes wegen und einem schuldrechtlichen Vertrag, wobei das **obligatorische Grundgeschäft** aber nicht in einem Widerrufsverzichtsvertrag i.S. der klassischen Testamentstheorie besteht, sondern darin, dass der Erblasser die Errichtung einer bestimmten Verfügung von Todes wegen verspricht. Den Einwand, dass § 2302 BGB ein solches Verpflichtungsgeschäft gerade für unzulässig erklärt, glaubt er damit entkräften zu können, dass diese Verpflichtung ja durch die gleichzeitig getroffene Verfügung von Todes wegen erfüllt würde und dass § 2302 BGB nur die Fälle eines isolierten Verpflichtungsgeschäfts erfasse. Vielmehr begründet er seine Auffassung mit dem Wortlaut des § 2278 BGB, und versteht »vertragsmäßig« i.S. von »dem Vertrag gemäß«, also entsprechend dem schuldrechtlichen Verpflichtungsgeschäft. Zum anderen glaubt er nur aus dem schuldrechtlichen Grundgeschäft eine »Loyalitätspflicht« des Erblassers gegenüber seinem Vertragsgegner herleiten zu können, die die Einschränkung der Testierfreiheit und den Schutz über §§ 2287 f. BGB begründe, während eine reine Verfügung von Todes wegen, die erst mit dem Tode Rechtswirkungen entfalte, dies nicht könne. Jedoch lässt sich das letztgenannte Argument mit dem rein positivistischen Verweis auf die gesetzliche Regelung entkräften. Auch ist nicht einzusehen, wieso das Trennungsprinzip des BGB, das zwar grundsätzlich das Verhältnis von schuldrechtlichem Grundgeschäft und dinglichem Erfüllungsgeschäft kennzeichnet, auch auf das Erbrecht übertragen werden muss, zumal es vielen Rechtsordnungen, etwa der französischen, vollkommen fremd ist. Vielmehr sollte man entsprechend dem pragmatischen Ansatz der »Väter des BGB«[25] die praktische Problemlösung nicht von der Klärung rein dogmatischer Streitfragen abhängig machen.[26] 6

Eine etwas modifizierte Auffassung greift die Gedanken *Stöckers* für die Lösung konstruktiver Fragen beim entgeltlichen Erbvertrag auf und versucht mit einem derartigen **schuldrechtlichen Grundgeschäft** ein synallagmatisches Verhältnis von erbvertragsmäßiger Zuwendung und Versorgungszusage herzustellen.[27]

2. Bindung des Erblassers als Unterschied zum Testament

Das Eigentümliche am Erbvertrag ist die Bindung des Erblassers an seine vertragsmäßigen Verfügungen. Sie ist eine vertragliche, die aus der Vertragsnatur des Erbvertrags folgt.[28] Der BGH formuliert dies dahingehend, dass der Erbvertrag wenigstens eine vertragsmäßige Verfügung enthalten muss, ein Vorbehalt der Änderung aller Verfügungen durch einseitiges Testament würde ihn seines Charakters entkleiden.[29] Auch wenn damit die schwierige Frage des Wesens des Erbvertrags gestellt ist,[30] scheint hier zunächst begriffliche Klarheit zu herrschen. Wie sich zeigen wird, trügt der Schein, weshalb die Feststellung von *Buchholz* richtig ist, dass der Erbvertrag »seit jeher ein **dogmatischer Problemfall**« ist.[31] Dies hat seinen Grund darin, dass der Gesetzgeber die dogmatische Einordnung ausdrücklich offen gelassen hat.[32] 7

Üblicherweise wird der Inhalt der erbvertraglichen Bindung in dem **Verlust an Testierfreiheit** gesehen.[33] Jedoch kann man diese Ausgangsprämisse durchaus verschieden sehen. So versteht eine Mei- 8

---

24 WM 1980, 482, 486 f.

25 Rdn. 7.

26 Ablehnend aus anderen Gründen auch *Muscheler* I Rn. 2186; *D. Nolting*, Der Änderungsvorbehalt beim Erbvertrag, 95.

27 So etwa *Stürzebecher*, Rücktritt vom entgeltlichen Erbvertrag, 1988, 69 ff.; *ders.*, NJW 1988, 2717; dazu eingehend Rdn. 45.

28 BayObLGZ 2002, 128, 134; *Gerken* BWNotZ 1992, 93; *Leipold* Rn. 491.

29 BGHZ 26, 204, 208 f.; *Leipold* Rn. 504.

30 *J. Mayer* DNotZ 1990, 755, 761.

31 Rpfleger 1990, 45, 52 Fn. 72.

32 Mot. V 164; eingehend hierzu *van Venrooy* JZ 1987, 10 ff.

33 MünchKommBGB/*Musielak* Vor § 2274 Rn. 3; *Harder/Kroppenberg* Rn. 170; *D. Nolting* Der Änderungsvorbehalt beim Erbvertrag, 66, letzterer spricht auch wiederholt vom »Rechtsmachtverlust« (etwa 73) ohne dies näher zu definieren.

nung diese **Bindung rein funktional** bezogen als **Mittel zur Sicherung eines Rechts des Bedachten** i.S. von § 2289 BGB, also mehr aus der **Sicht dieses Bedachten.**[34] Demgegenüber sieht die *neuere*, im Vordringen befindliche *Meinung* die **erbvertragliche Bindung mehr aus der Perspektive des Erblassers**, der vor der Notwendigkeit der Errichtung einer abweichenden Verfügung von Todes wegen steht: Es genügt für eine erbvertragliche Bindung eine »Beschneidung der prinzipiell gegebenen Gestaltungsfreiheit«;[35] »Bindung setzt nicht voraus, dass der Erblasser keine Verfügung mehr treffen kann, sondern lediglich, dass er nicht jede beliebige Verfügung vornehmen kann«.[36] Nach der erstgenannten Auffassung ist die erbvertragliche Bindung funktionales Mittel zur Sicherung des »Rechts des Bedachten«, hat also eine »Rechtsschutzfunktion«. Nach der anderen, neueren Ansicht geht es um die Einschränkung der Testierfreiheit, um die »Rechtseinschränkung«. In dem einen Fall sieht man auf das schon Existierende und seinen Schutz, im anderen Fall auf das Geplante, das aber u.U. wegen § 2289 Abs. 1 Satz 2 BGB nicht mehr zu realisieren ist.[37] Man hat versucht, dieses moderne Verständnis des Erbvertrags unter dem Stichwort des **»Willkürverbots«** einzuordnen;[38] jedoch ist dieser Begriff bereits »per se« so negativ belegt, dass die Gefahr besteht, dass sich dies auch auf die mit einem Änderungsvorbehalt verfolgten legitimen Zwecke überträgt und zur Restriktion desselben führt.[39]

9 Mit gewissen Abwandlungen folgt das neuere Schrifttum – mit Ausnahme von *Musielak* und seinen Schülern – dieser neueren Betrachtungsweise und leitet daraus die Zulässigkeit sog. »spezifizierter Änderungsvorbehalte« ab.[40] Die theoretische Streitfrage und die skizzierte unterschiedliche Sichtweise hat für die Grenzen von sog. **»Änderungsvorbehalten«** große praktische Bedeutung.[41] Die Auffassung von *Musielak* hält diese nur dann für zulässig, wenn trotz des Vorbehalts immer noch ein »erbvertraglicher Rest«, ein Kernbereich bestehen bleibt,[42] während nach der Gegenmeinung bereits genügt, wenn eben nur eine gewisse Beschränkung der Gestaltungsmöglichkeit vorliegt.[43]

10 Wer das **Wesen der erbvertraglichen Bindung allein** aus dem **Recht des Bedachten i.S. von § 2289 Abs. 1 BGB** bestimmen will, **verkennt**, dass bereits dann ein Erbvertrag vorliegt, wenn sich der Erblasser ein freies Rücktrittsrecht nach § 2293 BGB vorbehalten hat; hier kann allenfalls von einer gewissen **»Bindung durch Formalien«** gesprochen werden, die sich darin äußert, dass eben zur Lösung von der getroffenen erbvertraglichen Verfügung die Zugangs- und Formerfordernisse eingehalten werden müssen.[44] Daraus allein kann jedoch noch keine gesicherte Rechtsposition hergeleitet werden. Auch lässt sich aus § 2289 Abs. 1 BGB schon deshalb nicht das Wesen der vertraglichen Bindung bestimmen, weil nach § 2278 Abs. 2 BGB auch **Auflagen** vertragsmäßig getroffen werden können, § 2289 Abs. 1 BGB aber von einer »Beeinträchtigung des Rechts des vertragsmäßig Bedachten« spricht. Selbst wenn man hierunter nicht nur ein subjektives Recht versteht,[45] so muss man doch anerkennen, dass selbst *Musielak* die Anwendbarkeit dieser Norm auf

---

34 So etwa *Siebert*, FS für Hedemann, 246; *Bund* JuS 1968, 268, 269; *C. Nolting* Inhalt, Ermittlung und Grenzen der Bindung beim Erbvertrag, 1 f.; und jetzt besonders *D. Nolting* Der Änderungsvorbehalt beim Erbvertrag, 71 ff.

35 *J. Mayer* DNotZ 1990, 767.

36 *Hülsmeier*, Diss. 94.

37 Zutr. die Charakterisierung bei *Muscheler* I Rn. 2222.

38 *D. Nolting* Der Änderungsvorbehalt beim Erbvertrag, 68 f.

39 So deutlich bei *D. Nolting* a.a.O.

40 NK-BGB/*Kornexl* Vor § 2274 Rn. 36, 39; Palandt/*Weidlich* § 2289 Rn. 8 ff.; *Buchholz* Rpfleger 1990, 45, 52; Erman/*S. Kappler*/*T. Kappler* § 2278 Rn. 4; *Herlitz* MittRhNotK 1996, 153, 158; *Lange*/*Kuchinke* § 25 VI 4; *Weiler* DNotZ 1994, 427, 437 ff. mit der Maßgabe, dass die Einschränkung der Testierfreiheit »objektiv feststellbar« sein müsse.

41 *Muscheler* I Rn. 2222; s. dazu auch § 2278 BGB Rdn. 15 ff.

42 Rechtsfolgenorientierte Betrachtung, wonach etwa eine Erbeinsetzung zu einem Drittel unantastbar bleibt, vgl. etwa MünchKommBGB/*Musielak* § 2278 Rn. 21 ff.

43 Etwa abweichende Verfügungen nur zugunsten eines der gemeinsamen Kinder zulässig.

44 Vgl. BGHZ 30, 261, 267 zum gemeinschaftlichen Testament: in der Widerrufserschwerung zu Lebzeiten des anderen Ehegatten nach § 2271 Abs. 1 liege die Bindung.

45 S. § 2289 BGB Rdn. 13 f.

den durch eine Auflage Begünstigten allein mit der »erbvertraglichen Bindung« rechtfertigt,[46] was aber ein unzulässiger Zirkelschluss ist, wenn er diese Bindung wiederum allein aus § 2289 BGB bestimmen will. Vielmehr ergibt sich die erbvertragliche Bindung allein bereits aus der Vertragsnatur des Rechtsgeschäfts,[47] für die § 2293 BGB gerade die Bestätigung ist, weil dadurch die Zweifel beseitigt werden, ob die mit dem Abschluss des Erbvertrags eintretende »Vorwirkung« i.S. einer Bestandssicherung der Verfügung von Todes wegen bereits vor Eintritt des Erbfalls wieder beseitigt werden kann.[48]

Und wenn der Erblasser bei einer Änderung des Erbvertrags die Voraussetzungen eines »**spezifizierten Änderungsvorbehalts**«[49] nicht einhält, so verletzt er damit ein Recht des vertragsmäßig Bedachten i.S. von § 2289 Abs. 1 BGB.[50] Auch *D. Nolting*[51] muss daher einräumen, dass sich die Bindungswirkung aus dem vertraglichen Charakter und aus § 2289 Abs. 1 BGB ergibt. § 2289 Abs. 1 BGB ist aber nur die Rechtsfolge, die die Reichweite derselben beschreibt, und nicht die Ursache der Bindung![52] Wer die Bindung des Erbvertrags allein aus der Sicht des Bedachten begründet, übersieht zudem, dass die Sanktionswirkung des § 2289 Abs. 1 BGB erst im Erbfall wirkt und bis dahin die Vertragspartner die vertragsmäßige Zuwendung ohne seine Zustimmung wieder nach den §§ 2290 bis 2292 BGB aufheben können, wenn der Bedachte nicht selbst auch Vertragsteil ist. Daraus ergibt sich, dass die mit Vertragsschluss eintretende Bindung aus der Perspektive des Erblassers zu begründen ist. Denn sie besteht gerade gegenüber dem Vertragspartner und kann daher nur mit dessen Zustimmung aufgehoben werden.[53] Und diese Zustimmung zur Änderung kann bereits von Anfang an unter bestimmten Voraussetzungen dort festgelegt werden. Auch wenn die Ausgangsprämisse, ein Erbvertrag müsse wenigstens eine vertragsmäßige Verfügung enthalten,[54] unstreitig ist, so ergibt sich aus dem zuvor Gesagten, dass ein spezifizierter Änderungsvorbehalt auch die einzige Verfügung erfassen kann, weil bereits dadurch eine Beschränkung des Erblassers in seiner Gestaltungsfreiheit eintritt, die den Vertragscharakter wahrt und gegenüber dem Testament eine spezifische Bindungswirkung äußert.[55] 11

Eingeschränkt wird die Bindungswirkung bei den vertragsmäßigen Verfügungen des Erbvertrags jedoch in ganz erheblicher Weise dadurch, dass nach der ausdrücklichen Bestimmung des § 2281 BGB sich die **Anfechtung** nach dem **Testamentsrecht** richtet, insbesondere sogar wegen eines Motivirrtums nach § 2078 Abs. 2 BGB möglich ist.[56] Und dies, obgleich die bei der Testamentsanfechtung für die großzügige Anfechtungsmöglichkeit sprechenden Gründe, dass kein schutzwürdiges Vertrauen eines anderen auf die Gültigkeit der Verfügung von Todes wegen vorliegt, hier gerade nicht eingreifen.[57] Besonders beim mehrseitigen Erbvertrag und beim entgeltlichen Erbvertrag ist gerade das Vertrauen auf die Bestandskraft der Verfügung typisch und Grund dafür, dass diese Form der Errichtung einer Verfügung von Todes wegen gewählt wird. Dogmatisch ließe sich in der gesetzlichen Regelung eine **Absage an das Vertragskonzept** des Erbvertrags sehen, die aber in sich deswegen wiederum nicht stimmig ist, weil andererseits das Gesetz dem erbvertraglich 12

46 MünchKommBGB/*Musielak* § 2289 Rn. 9.
47 So BGHZ 26, 204, 207 f.; ausdrücklich und deutlich auch *Muscheler* I Rn. 2222.
48 Dazu *van Venrooy* JZ 1987, 10, 15.
49 Terminologie nach *Buchholz* FamRZ 1987, 445.
50 So deutlich *Herlitz* MittRhNotK 1996, 153, 158.
51 Der Änderungsvorbehalt beim Erbvertrag, 73.
52 Ebenso BGHZ 26, 204, 208; *AK/Finger* § 2274 Rn. 9.
53 NK-BGB/*Kornexl* Vor § 2274 Rn. 39.
54 BGHZ 26, 204, 208 f.
55 Eingehend § 2278 BGB Rdn. 14 ff.
56 Dies wird immer wieder als überraschend bezeichnet, vgl. etwa *Battes*, Gemeinschaftliches Testament und Ehegattenerbvertrag … S. 47.
57 MünchKommBGB/*Leipold* § 2078 Rn. 9; *Krebber* DNotZ 2003, 20, 31, 37; *Lange/Kuchinke* § 25 IX 1 a; *Muscheler* I Rn. 2285; *C. Nolting*, Inhalt, Ermittlung und Grenzen der Bindung beim Erbvertrag, S. 93 meint sogar, von einer wirklichen Bindung des Erblassers könne erst gesprochen werden, wenn dieser auf eine Anfechtung wirksam verzichtet hat.

Bedachten gegenüber dem Testamentsrecht einen erhöhten Schutz gegen lebzeitige Verfügungen durch die §§ 2287 f. BGB gewährt und der Erbverzicht, der dem Erbvertrag ähnelt, nicht wegen Motivirrtums anfechtbar ist. Hinzukommt das systematische Argument, dass die §§ 2294 f. BGB, die letztlich nur explizit geregelte Fälle des Motivirrtums enthalten,[58] an sich überflüssig sind.[59] Der Entstehungsgeschichte des BGB lässt sich nicht entnehmen, wieso letztlich die Anfechtbarkeit des Erbvertrags wegen eines Motivirrtums ermöglicht wurde. U.U. liegt eine unbesehene Gleichbehandlung des Erbvertrags mit dem einseitigen Testament vor.[60] In sich stimmig wird das Bild dann, wenn man darin eine besondere Ausprägung der besonderen Natur des Erbvertrags erkennt. Die weitreichende Anfechtbarkeit des Erbvertrags resultiert demnach aus einer **bewussten Abschwächung** der **bindenden Wirkung**. Diese findet ihre Rechtfertigung im Schutz der Testierfreiheit und einer kritischen Haltung des Gesetzgebers des BGB, die dieser – offenbar noch in seiner römischrechtlichen Tradition – gegenüber einer zu weitreichenden Bindungswirkung des Erblassers walten ließ.[61] Dieser Befund hindert jedoch nicht daran, systemwidrige Widersprüche, insbesondere beim entgeltlichen Erbvertrag, durch eine sachgerechte, teleologische Auslegung zu beseitigen.[62]

3. Abgrenzung

a) Rechtsgeschäfte unter Lebenden

aa) Grundsätzliches

13 Mitunter entstehen Abgrenzungsprobleme. **Abgrenzungskriterium** ist dabei nicht der Zeitpunkt des Eintritts der Bindung, das kann bei Erbvertrag und Rechtsgeschäft unter Lebenden bereits der Abschluss des Vertrags sein, sondern die **Art der angestrebten Bindung.**[63] Der Erbvertrag ist – wie das Testament – eine Verfügung von Todes wegen, d.h. eine Anordnung, die mit dem Tod des Erblassers wirksam wird und, wenn sie nicht familienrechtlichen Inhalt hat, die Rechtsverhältnisse hinsichtlich des Nachlasses beeinflussen soll. Charakteristisch für ihn ist, dass durch den Erbvertrag eine **erbrechtliche Bindung** hinsichtlich der vertragsmäßig getroffenen Verfügung eintritt, die den Erblasser grundsätzlich daran hindert, einseitig und ohne Mitwirkung des Vertragspartners die dadurch getroffene Nachlassverteilung zu ändern. Dementsprechend sind beeinträchtigende Verfügungen von Todes wegen nach § 2289 Abs. 1 BGB unwirksam. Allerdings ermöglichen ein Rücktrittsrecht oder ein Änderungsvorbehalt ausnahmsweise eine einseitige Änderung. Entscheidend für die Annahme eines Erbvertrags ist daher, dass **zu Lebzeiten des künftigen Erblassers keine Bindung** jenseits des von §§ 2289, 2287, 2288 BGB gezogenen Rahmens gewollt ist.[64]

Die Verfügungen von Todes wegen begründen – im Gegensatz zu den Rechtsgeschäften unter Lebenden – **zu Lebzeiten des Verfügenden keine Rechte oder Pflichten** unter den Beteiligten,[65] und zwar auch keine schuldrechtliche Verpflichtung, dem Begünstigten das Zugewandte zu verschaffen oder zu erhalten.[66] Durch eine Verfügung von Todes wegen werden, auch wenn sie vertragsmäßig getroffen ist, niemals Ansprüche gegen den Erblasser geschaffen,[67] insbesondere **keine**

---

58 *Stürzebecher* NJW 1988, 2717, 2718.

59 Eingehend dazu *Krebber* DNotZ 2003, 20, 30 ff.

60 So *Krebber* DNotZ 2003, 20, 29 mit ausf. Darstellung der Entstehungsgeschichte; zu dieser auch *Battes*, Gemeinschaftliches Testament und Ehegattenerbvertrag… S. 45 ff.

61 MünchKommBGB/*Leipold* § 2078 Rn. 9; *Krebber* DNotZ 2003, 20, 32.

62 So jüngst *Krebber* DNotZ 2003, 20, 32 f., der die Anfechtungsmöglichkeit auf die Fälle positiver unrichtiger Fehlvorstellungen des Erblassers beschränken will; eingehend dazu auch unten § 2281 BGB Rdn. 23 ff.

63 NK-BGB/*Kornexl* Vor § 2274 Rn. 19.

64 BGHZ 31, 13, 20; RG HRR 1930, 1464.

65 BGHZ 8, 23, 30; MünchKommBGB/*Musielak* Vor § 2274 Rn. 7.

66 OLG München ZEV 1998, 69, 71; für eine Schutz- und Loyalitätspflicht aus dem Erbvertrag aber *Aunert-Micus* 35 ff., 41; auch *Stöcker* (Rn. 6).

67 BGHZ 12, 115, 118 = NJW 1954, 633 = JZ 1954, 436 m. Anm. *Coing* = DNotZ 1954, 264 m. Anm. *Hieber*.

leistungsbezogenen Pflichten i.S. von § 241 BGB.[68] Rechte der erbrechtlich Bedachten entstehen erst mit dem Erbfall, und zwar, soweit sie schuldrechtlicher Art sind, nicht gegen den Erblasser, sondern gegen den Erben oder Dritte, etwa Erbschaftsbesitzer (§ 2018 BGB). Der Vertragserbe und der vertragsmäßig bedachte Vermächtnisnehmer haben vor dem Erbfall **nicht** einmal ein rechtlich gesichertes **Anwartschaftsrecht** auf das Vermögen des Erblassers oder auf den vermachten Gegenstand, sondern nur eine **tatsächliche Aussicht.**[69] Eingehend zur Frage des Anwartschaftsrechts s. § 2286 BGB Rdn. 7 ff.

Ein **Rechtsgeschäft unter Lebenden** liegt dagegen dann vor, wenn die Vertragsteile mit dem Rechtsgeschäft schon zu Lebzeiten Rechte und Pflichten begründen wollten, auch wenn **deren Erfüllung** oder volle Wirksamkeit – etwa bei bedingten Rechten – erst beim Tod eines Beteiligten eintreten soll.[70] Dabei spricht die Vereinbarung eines Verfügungsunterlassungsvertrages gerade dafür, dass im Übrigen ein Erbvertrag gewollt ist, da sonst der Bedachte wegen § 2286 BGB gegen Verfügungen weitgehend schutzlos ist, während bei einem lebzeitigen Rechtsgeschäft aus dessen Rechtsnatur sich bei Verletzung der Erfüllungspflichten per se bereits wenigstens Schadensersatzpflichten ergeben.[71] Die Entgeltlichkeit der Zuwendung kann dabei für die Annahme eines Rechtsgeschäfts unter Lebenden sprechen.[72] Für die zur Abgrenzung erforderliche Auslegung, die Inhalt und Umstände des jeweiligen Einzelfalls berücksichtigen muss,[73] ist § 2084 BGB[74] anwendbar.[75] 14

Einzelfälle: Wenn die Parteien den Fortbestand eines Grundstücksvertrages vom Überleben des Käufers abhängig machen und die Erfüllung, also Auflassung, Umschreibung und Übergabe einerseits, Zahlung des Kaufpreises andererseits, bis zum Tod des Verkäufers hinausschieben, so ist der Vertrag kein Erbvertrag und bedarf nicht der Form des § 2276 BGB.[76] Auch ein Übergabevertrag, bei dem Auflassung und Übertragung des Vermögens erst nach dem Tod der Übergeber geschehen soll, muss kein verschleierter Erbvertrag sein.[77] Derartige Abgrenzungsfragen treten vor allem bei der vorweggenommenen Erbfolge auf.[78] Die **Bezeichnung** eines Leibrentenvertrags als entgeltlicher Vertrag unter Lebenden schließt nicht aus, diesen als Erbvertrag zu qualifizieren, wenn er der Sache nach dies ist.[79] Größere Bedeutung misst demgegenüber das OLG Koblenz[80] zu Recht der Bezeichnung im Notarvertrag zu,[81] hält aber letztlich das Motiv für ausschlaggebend, dass der Erblasser das Schicksal seines Privatvermögens erst für die Zeit nach seinem Tod festlegen wollte. Der **Erbschaftsvertrag** (§ 311b Abs. 4 BGB) unterscheidet sich vom Erbvertrag bereits dadurch, dass an ihm der Erblasser gar nicht beteiligt ist. Zudem kommt ihm nur schuldrechtliche Wirkung zu. Die darin enthaltenen Vereinbarungen müssen, selbst wenn sie im Hinblick auf seine Grenzen (§ 311b Abs. 5 BGB) zulässig sind, nach Eintritt des Erbfalls erst noch vollzogen werden. Der **Vertrag zugunsten Dritter auf den Todesfall** (§§ 328, 331 BGB) ist ein Rechtsgeschäft unter Lebenden, das einen Erwerb am Nachlass vorbei ermöglicht. Im Zuwendungsverhältnis zwischen dem Begünstigten und 15

---

68 NK-BGB/*Kornexl* Vor § 2274 Rn. 20.

69 Mot. V 348; BGHZ 12, 115, 118; BayObLGZ 1952, 289; Staudinger/*Kanzleiter* [2013] Einl § 2274 Rn. 5, 10; *Wübben*, Anwartschaftsrechte im Erbrecht, 2001, 337 ff.; anders *Mattern* BWNotZ 1962, 235.

70 BGHZ 8, 23, 30 ff. = NJW 1953, 182; BGHZ 31, 13, 20 = NJW 1959, 2252; BGH NJW 1984, 46, 47; NJW 1998, 2136, 2138; MünchKommBGB/*Musielak* Vor § 2274 Rn. 7; vgl. §§ 158 ff., 331, 2301 Abs. 2.

71 Daher im Ergebnis richtig OLG Koblenz ZEV 1997, 255 m. Anm. *Notthoff*, jedoch aufgehoben von BGH NJW 1998, 2136, 2137 aus Gründen eines fast übersteigerten Schutzes der Vorkaufsberechtigten gegen Umgehungsgeschäfte; dem BGH aber zust. MünchKommBGB/*Musielak* Vor § 2274 Rn. 8.

72 OLG Hamburg MDR 1950, 615.

73 MünchKommBGB/*Musielak* Vor § 2274 Rn. 8.

74 Grundsatz der wohlwollenden Auslegung (*benigna interpretatio*).

75 BGH NJW 1984, 46.

76 RG SeuffArch 79 Nr. 13; *Rehbein* DNotZ 1927, 1910.

77 BGHZ 8, 23, 33.

78 S. Rdn. 17.

79 FG Hamburg EFG 1987, 625.

80 ZEV 1997, 255.

81 Zurückhaltender aber BGH NJW 1998, 2136, 2137 in der Revisionsentscheidung.

dem Versprechensempfänger kann eine Schenkung vorliegen, die den Rechtsgrund dafür darstellt, dass der Erwerb des Drittbegünstigten gegenüber einem Kondiktionsanspruch der Erben des Erblassers bestandsfest ist.

16 Eine andere Frage ist es, ob bei Rechtsgeschäften unter Lebenden die **bedingte Verfügung** oder Verpflichtung **rechtswirksam ist** oder ob ihr etwa wegen Verstoßes gegen § 925 Abs. 2 BGB oder wegen Mangels der nach § 2301 Abs. 1 BGB erforderlichen Form[82] die Rechtswirksamkeit abgesprochen werden muss. Dabei ist aber zu beachten, dass Verpflichtungsgeschäfte regelmäßig bedingt vorgenommen werden können, da § 2301 BGB nicht für entgeltliche Verträge gilt, dass die bedingte Übertragung des zugewendeten Gegenstandes als Vollzug i.S.d. § 2301 BGB anerkannt ist (§ 2301 BGB Rdn. 42) und dass für das Bestreben, durch Vertrag unter Lebenden Zwecke zu erreichen, welche die Zuwendung von Todes wegen verfolgt, ein gewisses, letztlich anzuerkennendes Bedürfnis besteht.[83]

bb) Vorweggenommene Erbfolge

17 Dieser im Gesetz nicht geregelte Vertragstypus wird gerade auch von dem Wunsch nach erbrechtlicher Klarheit bestimmt,[84] weshalb diese Zielsetzung der einer Verfügung von Todes wegen entspricht. Aber auch die **Versorgungssicherheit** für den Übergeber wie die Schaffung einer Existenzhilfe für den Übernehmer, etwa im landwirtschaftlichen oder betrieblichen Bereich, sind zentrale Motive, die eine andere Ausgestaltung des Vertrages bedingen und oftmals den unmittelbaren Vollzug mit der sofortigen Begründung von Rechten und Pflichten erfordern.[85] Schwieriger ist die Abgrenzung, wenn die **Vollziehung** des Vertrags **bis zum Tod des Übergebers** ausgesetzt wird und dieser sich auf sein wesentliches Vermögen bezieht. Soll sich die Verpflichtung auch auf das *künftige Vermögen* des Übergebers erstrecken, wird die Auslegung i.d.R. ergeben, dass eine erbrechtliche Regelung gewollt ist, da ein Vertrag unter Lebenden nach § 311b Abs. 2 BGB n.F. (früher § 310) nichtig wäre.[86] Ansonsten wird man für die Unterscheidung darauf abstellen, ob bereits zu Lebzeiten des Erblassers Rechte und Pflichten begründet werden und damit eine lebzeitige Bindung eintreten soll.[87] Entscheidend ist dabei der im Einzelfall zu ermittelnde Wille der Vertragsteile.[88]

18 Die unter einer Überlebensbedingung vorgenommenen Schenkungen auf den Todesfall unterfallen dem § 2301 BGB. Soweit sie noch nicht vollzogen i.S. von § 2301 Abs. 2 BGB sind,[89] werden sie als Verfügungen von Todes wegen behandelt (§ 2301 Abs. 1 BGB). Ist daher eine erbrechtliche Bindung gewollt, bedarf es eines Erbvertrags. Allerdings sind echte Verträge auf den Todesfall zumindest im Bereich der Immobilien äußerst selten; meist handelt es sich nur um **betagte Zuwendungen**, bei denen nicht das Bestehen des Übereignungsanspruchs, sondern nur die Fälligkeit desselben den Tod des Übergebers voraussetzt, sodass es sich um Rechtsgeschäfte unter Lebenden handelt.[90] *Olzen* will auch auf solche Fälle § 2301 BGB entsprechend anwenden, um die Interessen der Nachlassgläubiger und der anderen Erbbeteiligten zu wahren;[91] damit wird allerdings die vom Gesetz gezogene Abgrenzung völlig verwischt.[92] Wegen der bei lebzeitigen Zuwendungen i.d.R. anders gelagerten Motivation und der dadurch veranlassten abweichenden Vertragsgestaltung kann *Olzen*

82 Nämlich der des Erbvertrags, § 2276.
83 RGZ 80, 175, 177; BGHZ 8, 23, 32; BayObLGZ 1953, 226 = DNotZ 1953, 599.
84 Zu den Motiven kurz und prägnant *Krauß*, in Beck´sches Notarhandbuch, 6. Aufl. (2015) A V Rn. 3 ff.; eingehend *Spiegelberger*, Zur Dogmatik der vorweggenommenen Erbfolge, FS 50 Jahre Deutsches Anwaltsinstitut eV (2003), 413 ff.; s. auch unten § 2287 BGB Rdn. 28; zur inhaltlichen Ausgestaltung etwa *Lange/Kuchinke* § 25 XI 1.
85 MünchKommBGB/*Musielak* Vor § 2274 Rn. 9.
86 BGHZ 8, 23, 33; NK-BGB/*Kornexl* Vor § 2274 Rn. 28; *Lange/Kuchinke* § 25 XI 1 c.
87 S. Rdn. 14; NK-BGB/*Kornexl* Vor § 2274 Rn. 28; *Lange/Kuchinke* § 25 XI 1 c.
88 Staudinger/*Kanzleiter* [2013] Einl § 2274 Rn. 18.
89 Dazu § 2301 BGB Rdn. 31 ff.
90 *Lange/Kuchinke* § 25 XI 1 c.
91 Die vorweggenommene Erbfolge (1984) 50 ff., 99 ff.; zust. *Otte* AcP 186 (1986) 314 f.
92 Dazu BGHZ 8, 23, 30 ff.

auch nicht gefolgt werden, wenn er auf die spezialgesetzlich nicht geregelte vorweggenommene Erbfolge verschiedene gesetzliche Bestimmungen des Erbvertrags anwenden will, etwa die Anfechtung nach §§ 2285, 2281, 2082 Abs. 2, 2078 ff. BGB durch die gesetzlichen Erben nach dem Tod des Übergebers.[93] Wer gerade beim entgeltlichen Erbvertrag für eine Restriktion der Irrtumsanfechtung eintritt,[94] muss dies erst recht bei bereits wirksamen, aber noch nicht fälligen Zuwendungen, bei denen der Empfänger seinerseits oftmals bereits Gegenleistungen erbracht hat.

cc) Hofübergabe nach der HöfeO

Im Bereich der ehemals britischen Zone hat ein Übergabevertrag nach §§ 7 Abs. 1, 17 HöfeO 19 auch die Wirkungen einer **Verfügung von Todes wegen**. Denn nach § 17 Abs. 2 HöfeO gilt mit der Übergabe des landwirtschaftlichen Hofes an den hoferbenberechtigten Abkömmling zugunsten der anderen Abkömmlinge hinsichtlich des Hofes der Erbfall als eingetreten. Man spricht daher hier auch von einer **Doppelnatur des Hofübergabevertrags**.[95] Ein solcher Hofübergabevertrag, der im Widerspruch zu einem früheren Erbvertrag einem anderen den Hof zuwendet, ist daher nach **§ 2289 Abs. 1 Satz 2 BGB** unwirksam.[96] Außerhalb der HöfeO und des anderen landwirtschaftlichen Sondererbrechts, das ähnliche Bestimmungen enthält,[97] sind die Übergabeverträge als Rechtsgeschäfte unter Lebenden zu behandeln.[98] Dort gewähren nur die §§ 2287 f. BGB einen bei weitem nicht so starken Schutz.[99]

b) Erbvertrag und Testament

aa) Grundsätzliches, Unterschiede

Erbvertrag und Testament sind beides Verfügungen von Todes wegen (vgl. §§ 1937, 1941 BGB). 20 Beide Rechtsgeschäfte kann der Erblasser nur persönlich vornehmen (§§ 2274, 2064 BGB). Beim Erbvertrag findet vielfach Testamentsrecht Anwendung (§§ 2279 Abs. 1, 2299 BGB). Der **wesentliche Unterschied** zwischen Erbvertrag und Testament liegt darin, dass das **Testament grundsätzlich widerruflich** ist (§§ 2253 ff. BGB), der Erbvertrag hingegen – wenigstens hinsichtlich vertragsmäßiger Verfügungen – grundsätzlich unwiderruflich (§§ 2253 ff., 2289 Abs. 1 Satz 2 BGB). Zum Wesen der erbvertraglichen **Bindungswirkung** s. Rdn. 8 ff. Zur **Abgrenzung** eines entgeltlichen Erbvertrags mit der Gegenleistung Pflegeverpflichtung zu einer testamentarischen Erbeinsetzung unter der auflösenden Bedingung des Wegfalls der versprochenen Versorgungsleistungen s. den instruktiven Fall, den das BayObLG mit Beschl. v. 28.01.1998 entschieden hat,[100] wo betont wird, dass zur Ermittlung des erbvertraglichen Bindungswillens nach § 133 BGB der wirkliche Wille des Erblassers zu erforschen und nicht allein am Wortlaut der Erklärung haften geblieben werden darf. § 157 BGB soll offenbar nicht angewandt werden, obgleich dies u.U. das Schutzinteresse des Vertragspartners gebietet, wenngleich im konkreten Fall wegen der Nichtwahrung der Erbvertragsform dies dem Bedachten wohl günstiger war.

Weitere Unterschiede zwischen Testament und Erbvertrag finden sich bei der Regelung der 21 Geschäftsfähigkeit, bei den Formvorschriften und bei der Anfechtung, die bei einem Erbvertrag

93 So *Olzen* 213 f.
94 Hierzu § 2281 BGB Rdn. 23 f.
95 BGH RdL 1952, 132; 1953, 53; MünchKommBGB/*Musielak* Vor § 2274 Rn. 10; krit. dazu im Hinblick auf die Änderungen durch das 2. ÄGHöfeO *Wöhrmann*, Das Landwirtschaftserbrecht, 9. Aufl. (2008) § 17 HöfeO Rn. 9 m.w.N.
96 BGH NJW 1976, 1635; vgl. auch BGHZ 73, 324; s. § 2289 BGB Rdn. 27, 69.
97 Zu den anderen landwirtschaftlichen Anerbenrechten Staudinger/*J. Mayer* [2012] Art. 64 EGBGB Rn. 103 ff.
98 BGH LM LVO § 23 Nr. 5; LM HöfeO § 12 Nr. 3; NK-BGB/*Kornexl* Vor § 2274 Rn. 29; MünchKommBGB/*Musielak* Vor § 2274 Rn. 10.
99 Soergel/*M. Wolf* Rn. 8.
100 BayObLGZ 1998, 22, 24 ff. = NJW-RR 1998, 729; dazu *Rossak* MittBayNot 1998, 407; *Hohloch* JuS 1998, 1163.

auch dem Erblasser in gewissen Grenzen offensteht (§§ 2275, 2276, 2281 ff. BGB). Das **wechselbezügliche gemeinschaftliche Testament** ähnelt nach der Annahme der Erbschaft durch den Längerlebenden nach dem Tod des Erstversterbenden (§ 2271 Abs. 2 Satz 1 BGB) dem Erbvertrag, weil dann bezüglich der wechselbezüglichen Verfügungen eine ähnliche Bindungswirkung eintritt.[101] Es unterscheidet sich von ihm aber u.a. dadurch, dass es nur von Ehegatten und eingetragenen Lebenspartnern i.S.d. LPartG errichtet werden kann;[102] eingehend hierzu Vorbem. zu §§ 2265 ff. BGB Rdn. 33 ff.

bb) Umdeutung

22 Die grundsätzlichen Unterschiede zwischen Erbvertrag und Testament müssen auch bei der Prüfung der Umdeutung nach § 140 BGB beachtet werden,[103] auch wenn dem BGB insoweit kein Umdeutungsverbot entnommen werden kann. **Erbverträge**, die als solche unwirksam sind, sei es wegen Mangels der vorgeschriebenen **Form** (§ 2276 BGB) oder wegen der fehlenden vollen **Geschäftsfähigkeit des Erblassers** (§ 2275 BGB), trotzdem aber bestehender Testierfähigkeit (§ 2229 BGB), oder aber, weil sie keine einzige vertragsmäßige Verfügung enthalten,[104] können u.U. nach § 140 BGB im Wege der **Umdeutung** als gemeinschaftliches Testament oder, wenn sie nicht von Ehegatten und eingetragenen Lebenspartnern errichtet sind, als einseitiges Testament aufrechterhalten werden.[105] Insbesondere können auch dann, wenn der Erbvertrag als solcher unwirksam ist, die in ihm enthaltenen einseitigen Verfügungen von Todes wegen (§ 2299 BGB) wirksam sein, wenn sie von dem Grund der Unwirksamkeit nicht betroffen sind, wenn sie den Anforderungen genügen, die das Gesetz in Bezug auf die Testierfähigkeit des Erblassers, Form und Inhalt an letztwillige Verfügungen stellt und wenn die Aufrechterhaltung dem Willen des Erblassers entspricht.[106] Ferner können vertragsmäßige Verfügungen, die als solche nicht zulässig sind (§ 2278 Abs. 2 BGB), als einseitige Verfügungen aufrechterhalten werden.[107] Andererseits kann in einen Erbvertrag umgedeutet werden: ein notariell beurkundetes **gemeinschaftliches Testament**, das von Personen errichtet wurde, die weder Ehegatten noch eingetragene Lebenspartner i.S.d. LPartG sind,[108] eine wegen **§ 2302 BGB** nichtige Verpflichtung zur Errichtung eines Testaments[109] oder die aus dem gleichen Grunde nichtige Verpflichtung in einem Scheidungsvergleich, ein Testament nicht zu ändern.[110]

4. Inhalt des Erbvertrags

a) Einseitige und vertragsmäßige Verfügungen

23 Der Erbvertrag kann sowohl vertragsmäßige als auch einseitige Verfügungen von Todes wegen enthalten (§§ 2278, 2299 BGB). Vertragsmäßig können nur Erbeinsetzungen, Vermächtnisse oder Auflagen angeordnet werden (§ 2278 Abs. 2 BGB). Der Erbvertrag braucht keine Erbeinsetzung zu enthalten. Man spricht dann zur Veranschaulichung mitunter auch von Vermächtnis- oder Auflagevertrag.[111] Demgegenüber ist die Bezeichnung als Erbeinsetzungsvertrag für Erbverträge, die nur vertragsmäßige Erbbestimmungen enthalten,[112] in der Praxis kaum üblich.[113] Einseitig kann in dem

101 *Coing* NJW 1958, 689.
102 § 2265; Mot. V 314.
103 MünchKommBGB/*Musielak* Vor § 2274 Rn. 17; eingehend zu dieser Problematik *Schumann*, Erbvertragsrecht, § 1941 Rn. 228 ff.
104 Bamberger/Roth/*Litzenburger* § 2278 Rn. 1; s.u. § 2278 BGB Rdn. 19 ff.
105 Vgl. §§ 2084, 2085, 2279 Abs. 1; Mot. V 317; KGJ 28 A 16, 18 (nur einseitige Verfügungen); 31 A 112, 114 (Formmangel); OGH BrZ JR 1950, 536; MünchKommBGB/*Musielak* Vor § 2274 Rn. 17.
106 § 2299 BGB Rdn. 2.
107 KG KGJ 28 A 16 = OLG 10, 313; RG LZ 1923; 321.
108 BayObLGZ 19 A 313; Staudinger/*Kanzleiter* [2013] Einl § 2274 Rn. 12.
109 OLG Hamm FamRZ 1997, 581 = MittBayNot 1997, 300.
110 Stuttgart OLGZ 1989, 415, 416 = NJW 1989, 2700.
111 Ausf *Schumann*, Erbvertragsrecht, § 1941 Rn. 103 ff.
112 Dazu etwa *Schumann*, Erbvertragsrecht, § 1941 Rn. 89 ff.
113 NK-BGB/*Kornexl* Vor § 2274 Rn. 9.

Erbvertrag jede Verfügung getroffen werden, die auch durch Testament getroffen werden könnte (§ 2299 Abs. 1 BGB). Solche einseitigen Verfügungen stehen mit den vertragsmäßigen grundsätzlich nur in einem äußerlichen Zusammenhang, jedoch kann sich auch ein innerer Zusammenhang durch eine Bedingungsverknüpfung ergeben.

b) Auslegung des Erbvertrags

aa) Vertragsmäßige Verfügungen

Für die Auslegung **vertragsmäßiger, also bindender Verfügungen** gelten grundsätzlich die allgemeinen Regeln über die Auslegung von Verträgen, sodass wie bei jedem Vertrag der erklärte übereinstimmende Wille der Vertragsteile bei der Errichtung desselben zu ermitteln ist, §§ 133, 157 BGB.[114] Maßgebend ist daher, was die Vertragsteile erklärt und wie das Erklärte aus der Sicht des anderen Vertragsteils zu verstehen war (Empfängerhorizont), nicht aber, was der Erblasser einseitig gewollt, aber nicht geäußert hat.[115] Daher ist es für die Ermittlung des Vertragsinhalts in aller Regel von Bedeutung, welche Vorstellungen der andere Vertragspartner des Erblassers mit den vertraglich getroffenen Verfügungen verbunden hat.[116] Dabei ist es zunächst unerheblich, ob es sich um einen einseitigen oder zweiseitigen Erbvertrag handelt, da das Vertrauen des anderen Vertragsteils nicht dadurch enttäuscht werden darf, dass im Wege der Auslegung der Verfügung des Erblassers eine ganz andere Bedeutung beigemessen wird. Dies führt tendenziell zu einer objektivierenderen Auslegung als bei einem einseitigen Testament. Wenn man aber der Erklärung des Willens auch bei einseitigen letztwilligen Verfügungen besonderes Gewicht beilegt und keine reine Willenserforschung betreibt, so ist der Unterschied mehr gradueller als prinzipieller Natur.[117] Je größer das Interesse des Vertragsgegners an der Verfügung ist, desto eher erfordern Gründe des Vertrauensschutzes aber, auf den objektiven Sinngehalt abzustellen, der die Auslegung nach § 157 BGB gebietet. Man denke etwa an einen entgeltlichen Erbvertrag, der sicherlich wegen der Dispositionen des Vertragspartners eine stärkere Einschränkung des Willensdogmas gebietet als ein lediglich einseitiger.[118] Dabei muss man sich allerdings vergegenwärtigen, dass eine derartige Abstufung zwar aus den verschiedenen Motiven für den Bindungsgrund des Erbvertrags konsequent,[119] in der praktischen Umsetzung wegen der Beweisschwierigkeiten aber nicht unproblematisch ist. Zudem darf nicht verkannt werden, dass auch die am Schutz des Vertragspartners orientierte objektivierende Auslegung eine andere konzeptionelle Schwäche dieses Schutzes des Vertragspartners nicht überwinden kann, nämlich die Durchsetzung des verborgen gebliebenen Willens des Erblassers mittels der auch beim Erbvertrag zulässigen und auch nicht durch § 122 BGB erschwerten Anfechtung wegen Motivirrtums (§ 2078 Abs. 2 BGB).[120] Die weitere Folgerung daraus muss daher eine Einschränkung der Irrtumsanfechtung sein.[121] 24

---

114 BGHZ 106, 359, 361 = NJW 1989, 2885; BayObLGZ 1994, 313, 319; 1995, 120, 123; BayObLG NJW-RR 1997, 7, 8 f., 835 f.; FamRZ 1997, 911; OLG Zweibrücken FamRZ 1998, 1540, 1542 = NJW-RR 1998, 941; NK-BGB/*Kornexl* Vor § 2274 Rn. 41; *Giencke* FamRZ 1974, 241; MünchKommBGB/*Musielak* Vor § 2274 Rn. 31; Palandt/*Weidlich* § 1941 Rn. 8; *Schumann*, Erbvertragsrecht, § 1941 Rn. 120; Staudinger/*Kanzleiter* [2013] Einl § 2274 Rn. 30.

115 BGHZ 106, 359, 361 = NJW 1989, 2885 = DNotZ 1990, 50; Soergel/*Loritz* § 2084 Rn. 50; a.A. *Brox/Walker* Rn. 222 ff.: Erblasserwille maßgebend, wenn nicht der andere Vertragsteil Verpflichtungen übernommen hat.

116 BayObLG NJW-RR 1997, 7 = FamRZ 1997, 123.

117 MünchKommBGB/*Leipold* § 2084 Rn. 57.

118 NK-BGB/*Kornexl* Vor § 2274 Rn. 42; *Lange/Kuchinke* § 34 III 8 c, die sich zugleich dadurch von noch weiter gehenden Versuchen zur Einschränkung der Anwendbarkeit des § 157 abgrenzen wollen, so etwa bei *Brox*, Irrtumsanfechtung (1960) Rn. 160 ff., der § 157 nur beim entgeltlichen Erbvertrag zulässt.

119 Dazu oben Rdn. 2.

120 Zu diesen Ungereimtheiten etwa *Battes*, Gemeinschaftliches Testament und Ehegattenerbvertrag… 45 ff.; NK-BGB/*Kornexl* Vor § 2274 Rn. 42.

121 S. § 2281 Rn. 21 ff., 43.

25 **Maßgeblich** für die Auslegung ist aber immer – darüber darf die Wendung vom Empfängerhorizont nicht hinwegtäuschen – der **übereinstimmend erklärte Wille der Vertragsteile**[122] und zwar so, wie sie den Vertrag gegenseitig verstanden haben, weil dies jeder Interpretation vorgeht.[123] Dies kann etwa bedeutsam sein, wenn die Vertragsteile einen vom allgemeinen abweichenden Sprachgebrauch haben, der sich hier selbst gegen die objektive Verkehrsauffassung oder auch die Vorstellung des erbvertraglich Bedachten Dritten durchsetzt.[124] Für die Frage, ob überhaupt ein Erbvertrag vorliegt, wendet BayObLGZ 1998, 22, 26 allein § 133 BGB an.

26 Die Auslegung vom **Empfängerhorizont** aus führt dazu, dass nur **Umstände** berücksichtigt werden können, die dem Empfänger bekannt oder zumindest für ihn erkennbar waren.[125] Für die Auslegung sind alle zugänglichen Erkenntnismittel auszuschöpfen, auch soweit es sich um Umstände außerhalb der Urkunde handelt, allerdings muss der durch die Auslegung gewonnene Wille wenigstens einen versteckten oder auch nur unvollkommenen Ausdruck gefunden haben (sog. **Andeutungstheorie**).[126] Auch ist der Gesamtzusammenhang mit anderen Vertragsklauseln zu berücksichtigen, etwa mit **güterrechtlichen Vereinbarungen** eines mit dem Erbvertrag verbundenen Ehevertrags.[127]

27 Das **Grundbuchamt** hat auch bei rechtlich schwierigen Fragen einen Erbvertrag selbständig auszulegen (§ 35 Abs. 1 Satz 2 GBO); einen Erbschein darf es nur dann verlangen, wenn eine Auslegung ohne weitere Ermittlung nicht möglich ist.[128]

bb) Einseitige Verfügung

28 Für die Auslegung **einseitiger Verfügungen** (§ 2299 BGB) gelten hingegen die Vorschriften über die Auslegung letztwilliger Verfügungen, da bei diesen wegen der freien Widerruflichkeit insoweit keine Rechtfertigung für einen gesteigerten Vertrauensschutz besteht, §§ 133, 2084 BGB.[129] Es kommt also hier nicht darauf an, wie ein anderer die Erklärung des Erblassers verstehen konnte.[130] Allerdings kann dem Umstand, dass die einseitige Verfügung in einem Erbvertrag enthalten ist, Bedeutung für die Auslegung zukommen.[131]

cc) Weitere Auslegungsgesichtspunkte

29 Die Tatsache, dass der Erbvertrag notariell beurkundet ist, steht der Auslegungsfähigkeit nicht entgegen.[132] Auf den Willen des beurkundenden **Notars** kommt es dabei zunächst nicht an, da maßgeblich für die Auslegung ist, was die Beteiligten selbst unter dieser Formulierung verstanden und gewollt haben.[133] Jedoch kommt dem Notar gerade bei komplizierten Rechtsausdrücken die Funktion eines Dolmetschers zu.[134] Daher ist das Verständnis des Notars doch von indizieller

122 BGH NJW FamRZ 1983, 380.
123 BGH NJW 1984, 721; Palandt/*Weidlich* § 1941 Rn. 8.
124 Soergel/*Loritz* § 2084 Rn. 51; NK-BGB/*Kornexl* Vor § 2274 Rn. 41; nicht so weitgehend wohl *Lange/Kuchinke* § 34 III 8 c.
125 Soergel/*Loritz* a.a.O.; MünchKommBGB/*Leipold* § 2084 Rn. 57.
126 Vgl. etwa MünchKommBGB/*Musielak* Vor § 2274 Rn. 31; allgemein zur erbrechtlichen Auslegung MünchKommBGB/*Leipold* § 2084 Rn. 6 ff.
127 BayObLGZ 1986, 242, 247 = FamRZ 1986, 1151, 1153.
128 BayObLG ZEV 1995, 229, 230 = FamRZ 1995, 58 = DNotZ 1995, 306; ZEV 2000, 233, 234.
129 § 2299 Abs. 2, §§ 2066 ff., 2087 ff. BGB; BayObLGZ 1994, 313, 319; BayObLG NJW-RR 2003, 293 = FamRZ 2004, 59; NK-BGB/*Kornexl* Vor § 2274 Rn. 43; MünchKommBGB/*Musielak* Vor § 2274 Rn. 31; *Schumann*, Erbvertragsrecht, § 1941 Rn. 121; Staudinger/*Kanzleiter* [2013] Einl § 2274 Rn. 30.
130 MünchKommBGB/*Musielak* Vor § 2274 Rn. 31.
131 BayObLGZ 1994, 313, 319; Staudinger/*Kanzleiter* [2013] Einl § 2274 Rn. 30.
132 OLG Saarbrücken NJW-RR 1994, 844.
133 BayObLG FamRZ 1997, 911 = ZEV 1997, 160; OLG Hamm FamRZ 1994, 188.
134 *Jerschke* DNotZ 1989, 21, 26 ff.

Bedeutung.[135] Lässt sich eine sprachlich mehrdeutige Erbeinsetzung nicht aufklären, so hat sich das Gericht mit dem Sinn zu begnügen, der dem Erblasserwillen mutmaßlich am ehesten entspricht.[136]

Führt die Auslegung zu der Feststellung, dass ein Vertrag – etwa wegen Mangels der Einigung (Dissens) – nicht zustande gekommen ist, so ist es gleichwohl möglich, dass die Verfügung des Erblassers als einseitige Verfügung von Todes wegen aufrechterhalten werden kann. Eine Fülle von Hinweisen und Auslegungsproblemen beim Erbvertrag findet sich bei *Schumann*, Erbvertragsrecht, § 1941 Rn. 118 ff. 30

5. Terminologie

Die Personen, die den Erbvertrag schließen, werden vom Gesetz als die »Vertragschließenden« oder als die »Parteien« bezeichnet. Der Beteiligte, der im Erbvertrag eine oder mehrere Verfügungen von Todes wegen trifft, ist der »Erblasser«, der ihm gegenüberstehende Beteiligte »der andere Vertragschließende«. Bisweilen wird auch der unschöne Begriff »Vertragsgegner« verwendet. Der vertragsmäßig berufene Erbe heißt »Vertragserbe«. »Rücktritt« ist die einseitige Aufhebung des Erbvertrags; von »Aufhebung« spricht das Gesetz bei der Beseitigung des Erbvertrags oder einer vertragsmäßigen Verfügung im beiderseitigen Einverständnis (§§ 2290 bis 2292 BGB). 31

6. Verwandte Verträge

a) Verträge nach § 311b Abs. 2 und 4 BGB

Der Vertrag über den Nachlass eines noch lebenden Dritten, der nach § 311b Abs. 4 BGB in der Regel nichtig ist, unterscheidet sich vom Erbvertrag dadurch, dass der Erblasser an ihm nicht beteiligt ist und er nur schuldrechtliche, nicht erbrechtliche Bedeutung hat.[137] Das schließt aber nicht aus, dass ein Vertrag zwischen künftigen Erben nach § 311b Abs. 5 BGB mit einem Erbvertrag verbunden wird.[138] Ein Erbvertrag, der wegen Mangels der erforderlichen Form als solcher nichtig ist, kann u.U. in einen Vertrag nach § 311b Abs. 5 BGB umgedeutet werden (§ 140 BGB).[139] Andererseits kann ein Vertrag, der die Übertragung eines künftigen Vermögens zum Gegenstand hat und der daher nach § 311b Abs. 2 BGB an sich nichtig ist, u.U. in einen Erbvertrag **umgedeutet** werden.[140] 32

b) Verträge zugunsten Dritter auf den Todesfall

Verträge zugunsten Dritter sind in der Regel auch dann Rechtsgeschäfte unter Lebenden und daher nicht den Formvorschriften für den Erbvertrag unterworfen, wenn der eine Teil die Leistung an den Dritten für den Fall des Todes des anderen Teils verspricht (vgl. § 331 BGB). Dies gilt auch dann, wenn es sich im Verhältnis von Versprechensempfänger zum Bedachten (sog. Valutaverhältnis) um eine unentgeltliche Zuwendung handelt. Im Einzelnen hierzu bei § 2301 Rn. 59 f. Eine ausnahmsweise nach § 311b Abs. 5 BGB zulässige Vereinbarung zwischen den künftigen gesetzlichen Erben kann aber nicht als echter Vertrag zugunsten eines Dritten ausgestaltet werden, da im Valutaverhältnis zum Drittbegünstigten gerade dann eine unzulässige Vereinbarung i.S. von § 311b Abs. 4 BGB vorliegt.[141] 33

135 BayObLG NJW-RR 1997, 835; NK-BGB/*Kornexl* Vor § 2274 Rn. 41.
136 BGH NJW 1993, 256; BayObLGZ 1997, 59.
137 RGZ 169, 99; zu den Gestaltungsmöglichkeiten eingehend *Kaufhold* ZEV 1996, 454; *Limmer* DNotZ 1998, 927.
138 OGH BrZ 2, 175 = NJW 1949, 666.
139 RG JR 1927 Nr. 1403; MünchKommBGB/*Musielak* Vor § 2274 Rn. 11; Staudinger/*Kanzleiter* [2013] Einl. § 2274 Rn. 13.
140 BGHZ 8, 23, 34; RG JW 1910, 467.
141 *Kaufhold* ZEV 1996, 454, 457.

c) Schenkung von Todes wegen

34 Große Ähnlichkeit mit dem Erbvertrag weist ein Schenkungsversprechen auf, das für den Fall des Todes des Schenkers unter der Voraussetzung des Überlebens des Beschenkten erteilt wird (vgl. §§ 1923, 2160 BGB) und das auch erst nach dem Tode des Schenkers vollzogen werden soll. Ein solches Schenkungsversprechen wird in § 2301 Abs. 1 BGB dem Erbvertrag gleichgestellt (sog. Schenkung von Todes wegen). Dagegen gelten die Vorschriften für die Schenkung unter Lebenden, wenn das Schenkungsversprechen noch zu Lebzeiten des Schenkers vollzogen wird,[142] was Abgrenzungsfragen aufwirft (§ 2301 Abs. 2 BGB). Vgl. hierzu § 2301 BGB Rdn. 30 ff. und oben Rdn. 13 ff.

d) Verpflichtung zur Errichtung einer letztwilligen Verfügung

35 Der Erbvertrag ermöglicht eine erbrechtliche Bindung des Erblassers an eine bestimmte Verfügung von Todes wegen (§ 2289 Abs. 1 BGB). Dagegen ist ein schuldrechtlicher Vertrag, in dem sich jemand verpflichtet, eine Verfügung von Todes wegen zu errichten oder nicht zu errichten, aufzuheben oder nicht aufzuheben, nichtig, weil er die Testierfreiheit des Erblassers übermäßig einengen würde (§ 2302 BGB). Zur Umdeutung s. Rdn. 22.

e) Erbverzicht

36 Das Gegenstück zum Erbvertrag bildet der Erbverzicht im weiteren Sinne, ein Vertrag mit dem Erblasser, in dem jemand (beim Erbverzicht im engeren Sinne) gem. § 2346 Abs. 1 BGB auf sein gesetzliches Erbrecht oder gem. § 2346 Abs. 2 BGB im Wege des Pflichtteilsverzichts beschränkt auf sein gesetzliches Erbrecht verzichtet oder Im Wege des Zuwendungsverzichts gem. § 2352 BGB auf ein testamentarisches Erbrecht oder auf ein testamentarisches Vermächtnis oder eine Zuwendung, die in einem Erbvertrag einem Dritten gemacht ist, verzichtet. Der Erbverzicht ist ein Vertrag unter Lebenden.[143]

III. Arten des Erbvertrags

1. Einseitige und zweiseitige Erbverträge

37 Von einem **zweiseitigen Erbvertrag** spricht man, wenn in dem Vertrag beide Vertragsteile vertragsmäßige Verfügungen treffen (§§ 2278, 2298 BGB). Das Gesetz unterstellt eine gegenseitige Abhängigkeit der beiderseitigen vertragsmäßigen Verfügungen (§ 2298 Abs. 1, 3 BGB). Bedenken sich die Erblasser gegenseitig, so spricht man vom **gegenseitigen (reziproken) Erbvertrag.**[144] Allerdings ist die Bezeichnung als gegenseitiger Vertrag insoweit irreführend, als die erbvertragsmäßigen Verfügungen nicht im Verhältnis einer schuldrechtlichen Gegenseitigkeit i.S.v. §§ 320 ff. BGB stehen.[145] Auch der **einseitige Erbvertrag** muss wenigstens eine (rechtswirksame) vertragsmäßige Verfügung enthalten, wenn er überhaupt als Erbvertrag anerkannt werden soll. Unschädlich ist jedoch, wenn sich der Erblasser hinsichtlich der einzigen bindenden Verfügung den Rücktritt nach § 2293 BGB vorbehalten hat.[146] Auch wenn der Vertragspartner daneben noch einseitige Verfügungen trifft (§ 2299 BGB), verbleibt es bei einem einseitigen Erbvertrag.[147] Ein Erbvertrag ohne eine vertragsmäßige Verfügung kann u.U. in ein Testament umgedeutet werden.[148]

---

142 Wenig hilfreich ist es aber, wenn *Schumann*, Erbvertragsrecht, § 1941 Rn. 34, auf das Entstehen einer »Anwartschaft« abstellt, denn dieser schillernde Begriff wird sehr unterschiedlich aufgefasst, s. dazu § 2286 Rn. 7 ff.

143 BayObLGZ 1981, 30, 34 = Rpfleger 1981, 305; Rn.Schumann, Erbvertragsrecht, Rn. 34; Staudinger/*Schotten* [2016] Einl. zu §§ 2346 ff. Rn. 21 m.w.N.

144 *Lange*, Erbrecht, § 17 Rn. 151.

145 *Muscheler* I Rn. 2213.

146 NK-BGB/*Kornexl* Vor § 2274 Rn. 5.

147 NK-BGB/*Kornexl* Vor § 2274 Rn. 5; Staudinger/*Kanzleiter* [2013] Einl. § 2274 Rn. 20.

148 KG KGJ 28 A 16; Bamberger/Roth/*Litzenburger* § 2278 Rn. 1; MünchKommBGB/*Musielak* Vor § 2274 Rn. 5.

2. Mehrseitige Erbverträge

Ein Erbvertrag kann auch zwischen drei und mehr Personen geschlossen werden, und zwar auch so, dass alle Beteiligten vertragsmäßige Verfügungen von Todes wegen treffen.[149] Dabei wird man von folgenden Grundsätzen ausgehen müssen:[150] 38

Im Zweifel ist anzunehmen, dass jeder vertragsmäßig Verfügende sich allen andern gegenüber binden will, sodass der Erbvertrag nur von allen Beteiligten zusammen nach § 2290 BGB aufgehoben werden kann.[151] Ist einer von ihnen gestorben, so kann der Erbvertrag überhaupt nicht mehr durch Vertrag aufgehoben werden. Insbesondere kann der Erblasser nicht mit den Erben des verstorbenen Mitkontrahenten einen Vertrag zur Aufhebung des Erbvertrags schließen.[152] Soweit kein Rücktrittsrecht vorbehalten wurde, verbleibt nur der **Zuwendungsverzicht** (§ 2352 BGB) zur Beseitigung der vertragsmäßigen Verfügung, wobei allerdings umstritten ist, ob dieser bei dieser Fallkonstellation zulässig ist.[153] 39

Der **Rücktritt** (§§ 2293 ff. BGB) muss allen Vertragspartnern gegenüber erklärt werden (§ 2296 Abs. 2 BGB). Ist ein Vertragspartner gestorben, so ist die Erklärung an die noch lebenden Partner genügend; ein zusätzliches Aufhebungstestament (§ 2297 BGB) ist nicht erforderlich.[154] Inwieweit die vertragsmäßigen Verfügungen mehrerer Erblasser zueinander **wechselbezüglich** sind (§ 2298 BGB), ist für jede einzelne Verfügung gesondert zu prüfen, weil die Auslegungsregel des § 2298 Abs. 1 BGB nur für den zweiseitigen Erbvertrag gilt.[155] 40

3. Erbverträge zugunsten Dritter

Der Erblasser kann in dem Erbvertrag zugunsten anderer Vertragspartner, aber auch zugunsten Dritter von Todes wegen verfügen (§ 1941 Abs. 2 BGB). Man kann von Erbverträgen zugunsten Dritter sprechen, muss sich aber vor Augen halten, dass die Vorschriften der §§ 328 ff. BGB auf einen solchen Vertrag nicht anwendbar sind, da kein schuldrechtliches Leistungsversprechen zwischen den Vertragsteilen und auch kein Forderungsrecht für den Bedachten begründet wird.[156] Daher kann ein solcher Erbvertrag zugunsten Dritter auch ohne Zustimmung des Bedachten wieder aufgehoben werden.[157] 41

4. Verbindung mit anderen Verträgen

Auch ein Erbvertrag kann mit anderen Verträgen verbunden sein (arg § 34 Abs. 2, Halbs. 2 BeurkG). In Betracht kommen hier insbesondere 42
- ein **Ehevertrag**, was in § 2276 Abs. 2 BGB ausdrücklich angesprochen ist,
- ein **Verfügungsunterlassungsvertrag**, durch den sich der Erblasser gegenüber dem Bedachten verpflichtet, nicht über sein Vermögen zu verfügen und diesem daher ein zusätzlicher Schutz eingeräumt wird, was wegen § 137 BGB aber grundsätzlich nur schuldrechtlich wirken kann,[158]

---

149 RGZ 67, 65; *Kipp/Coing* § 36 III.

150 Vgl. etwa *Reithmann* DNotZ 1957, 527; NK-BGB/*Kornexl* Vor § 2274 Rn. 7; Staudinger/*Kanzleiter* [2013] Einl. § 2274 Rn. 21.

151 *Kipp/Coing* § 36 III.

152 *Reithmann* 529; *Kipp/Coing* § 39 I 4; Staudinger/*Kanzleiter* [2013] Einl. § 2274 Rn. 21.

153 MünchKommBGB/*Wegerhoff* § 2352 Rn. 8; § 2290 BGB Rdn. 9 ff.; mit guten Gründen noch weitergehend Staudinger/*Schotten* [2016] § 2352 Rn. 25, der den Zuwendungsverzicht auch beim zweiseitigen Erbvertrag zulassen will, wenn den Vertragsparteien eine vertragliche Aufhebung nicht mehr möglich ist.

154 NK-BGB/*Kornexl* Vor § 2274 Rn. 7; Staudinger/*Kanzleiter* [2013] Einl. § 2274 Rn. 21.

155 BGH DNotZ 1957, 553; NK-BGB/*Kornexl* Vor § 2274 Rn. 8; *Reithmann* 531; Staudinger/*Kanzleiter* [2013] Einl. § 2274 Rn. 21.

156 RG WarnRspr. 1917 Nr. 91; MünchKommBGB/*Musielak* Vor § 2274 Rn. 6; *Muscheler* I Rn. 2217.

157 BGHZ 12, 115, 119; MünchKommBGB/*Musielak* Vor § 2274 Rn. 6; *Stürzebecher* S. 95.

158 BGHZ 31, 13, 18 f.; NK-BGB/*Kornexl* Vor § 2274 Rn. 14; eingehend s. § 2286 BGB Rdn. 24 ff.

- ein **Erb- und/oder Pflichtteilsverzichtsvertrag** (§§ 2346 ff. BGB), der als flankierende Maßnahme oftmals unerlässlich ist, um den »Störfall« der Geltendmachung des Pflichtteils auszuschließen,[159]
- ein entgeltlicher Erbvertrag (§ 2295 BGB).[160]

a) **Grundsätzliche Behandlung**

43 Inwieweit so verbundene Verträge eine **rechtliche Einheit** bilden, richtet sich nach dem Willen der Vertragsteile.[161] Danach beurteilt die h.M. auch die Frage, ob der mit dem Erbvertrag zusammenhängende Vertrag der Form des Erbvertrags (§ 2276 BGB) bedarf.[162] Dies wird aber den mit dem Formgebot verfolgten Zwecken nicht gerecht, weshalb grundsätzlich bei solch verbundenen Rechtsgeschäften die Beurkundungsform des Erbvertrags einzuhalten ist.[163] Inwieweit bei einem solchermaßen einheitlichen Rechtsgeschäft die Nichtigkeit des einen Vertrages auch die Unwirksamkeit des anderen zur Folge hat, beurteilt sich grundsätzlich nach **§ 139 BGB**. Jedoch ist immer im Einzelfall sorgfältig zu prüfen, inwieweit nach dem Willen der Vertragsteile die Unwirksamkeit einer Bestimmung zur Gesamtnichtigkeit führt.[164] Insbesondere werden regelmäßig für den **Ehevertrag** Ausnahmen zu machen sein, weil dessen Fortbestand im Allgemeinen von der getroffenen Nachlassplanung unabhängig ist.[165]

b) **Entgeltlicher Erbvertrag**

44 Hierunter versteht man heute ein einheitliches, zusammengesetztes Rechtsgeschäft, bestehend aus einem Erbvertrag mit einer vertragsmäßigen Zuwendung einerseits und einem Verkehrsgeschäft (auch Verpflichtungsgeschäft), in dem sich der Vertragspartner im Hinblick auf die erbvertraglichen Verfügungen zur Erbringung von Leistungen an den Erblasser verpflichtet, meist zur Betreuung im Alters- und Krankheitsfall.[166] Diese Bezeichnung darf nicht darüber hinwegtäuschen, dass hier **kein** einheitlicher, **gegenseitig verpflichtender Vertrag** vorliegt, auf den die §§ 320 ff. BGB direkt anwendbar wären, weil der Erbvertrag als abstraktes Rechtsgeschäft aus sich heraus die erbrechtliche Zuwendung ohne eine Leistungspflicht begründet.[167] Scheidet somit eine synallagmatische Verknüpfung der erbrechtlichen Zuwendung mit der schuldrechtlichen Leistungsverpflichtung des Vertragsgegners aus, so kann sich die Annahme eines **entgeltlichen Rechtsgeschäfts** aber immer

---

159 Vgl. NK-BGB/*Kornexl* Vor § 2274 Rn. 15 mit Praxishinweisen.

160 Auch Verpfründungsvertrag genannt, vgl. auch nachstehend Rdn. 43.

161 NK-BGB/*Kornexl* Vor § 2274 Rn. 16; MünchKommBGB/*Musielak* Vor § 2274 Rn. 18.

162 BGHZ 36, 65, 71 = LM Nr. 4 zu § 2276 m. Anm. *Piepenbrock* = NJW 1962, 249 = DNotZ 1962, 319; MünchKommBGB/*Musielak* Vor § 2274 Rn. 18; noch zurückhaltender für die Formanforderungen *Kanzleiter* DNotZ 1994, 275, 280: Beurkundungspflicht nur, soweit Bestandteil des Erbvertrags – etwa über Rücktrittsvorbehalt (ähnlich *ders.*, NJW 1997, 217, 219 f.).

163 Eingehend § 2276 BGB Rdn. 41 f.

164 Zutr. NK-BGB/*Kornexl* Vor § 2274 Rn. 17.

165 S. eingehend § 2276 BGB Rdn. 30 f.

166 Vgl. etwa *Hohmann*, Rechtsfolgen von Störungen, 1993, 232; *Harder/Kroppenberg* Rn. 162; *Harryers*, RNotZ 2013, 1; *Leipold* Rn. 496; *Lüke*, Vertragliche Störungen beim »entgeltlichen Erbvertrag«, 1990, 5 ff., 29; *Muscheler* I Rn. 2218; NK-BGB/*Kornexl* Vor § 2274 Rn. 10; *Brox/Walker* Rn. 155; *Lange/Kuchinke* § 25 X 1; MünchKommBGB/*Musielak* Vor § 2274 Rn. 18; *Vollmar* ZErb 2003, 274, 280; *Poser*, Der entgeltliche Erbvertrag im Zivil- und Steuerrecht (Diss. Freiburg 1999), 11 ff.; *Vollmar*, Der entgeltliche Erbvertrag (Diss. Mainz 2002), 1, 73 ff.

167 Vgl. BGH NJW 2011, 224 = ZEV 2011, 254 m. Anm. *Kanzleiter* = MittBayNot 2011, 318 m. Anm. *Kornexl, der zu Recht darauf hinweist, dass der sog. Verpfründungsvertrag ein durch Vertragsgestaltung »kaum beherrschbares Risiko« darstellt*; BayObLGZ 1998, 22, 25 = NJW-RR 1998, 729; NK-BGB/*Kornexl* Vor § 2274 Rn. 11; *Harder/Kroppenberg* Rn. 162; *Häsemeyer*, Die Abhängigkeit erbrechtlicher Verträge von Verkehrsgeschäften (1966), S. 50 ff.; *Krebber* DNotZ 2003, 20, 33; *Leipold* Rn. 496; *v. Lübtow* I 404; *Lange/Kuchinke* § 25 X 1; *Lüke* Vertragliche Störungen beim »entgeltlichen Erbvertrag«, 1990, S. 11; *Michalski* Rn. 331 b; MünchKommBGB/*Musielak* Vor § 2274 Rn. 19; *Muscheler* I Rn. 2219; Staudinger/*Kanzleiter* [2013] Einl. § 2274 Rn. 7; zur Gegenmeinung s. Rdn. 45.

noch aus einer **kausalen** oder **konditionalen Verknüpfung** ergeben.[168] Dies wird regelmäßig der Fall sein.[169] Zu Recht legt daher die überwiegende Meinung dann solchen Vereinbarungen den Charakter eines entgeltlichen Rechtsgeschäfts im technischen Sinne bei.[170]

Soweit in neuerer Zeit Versuche unternommen wurden, dem entgeltlichen Erbvertrag ein schuldrechtliches Kausalgeschäft zu unterlegen,[171] kann dem im Hinblick auf § 2302 BGB nicht zugestimmt werden, da dieses Grundgeschäft gerade die Verpflichtung des Erblassers zur Errichtung der Verfügung von Todes wegen enthalten müsste, was aber § 2302 BGB für unwirksam erklärt.[172] 45

Möglich ist jedoch eine **kausale oder konditionale Verknüpfung** der beiderseitigen Zuwendungen.[173] Deshalb kann der Erblasser, wenn die Verpflichtung des Bedachten entgegen seiner Erwartung nicht wirksam entstanden oder später wieder weggefallen ist und die Voraussetzungen für den Rücktritt nach § 2295 BGB nicht gegeben sind, nicht nur seine vertragsmäßige Verfügung nach §§ 2078 Abs. 2, 2281 BGB anfechten, sondern auch mit der **condictio causa data causa non secuta** (§ 812 Abs. 1 Satz 2, 2. Alt BGB) von dem Vertragsgegner die Einwilligung in die Aufhebung des Erbvertrags oder doch der vertragsmäßigen Verfügung fordern.[174] Nur wenn der Erblasser neben dem Erbvertrag weitere vertragliche Verpflichtungen (z.B. Verfügungsunterlassungsvertrag) übernommen hat, kommen weitergehend nach Fristsetzung und vergeblicher Aufforderung zur Leistung ein Rücktritt vom schuldrechtlichen Teil des Vertrags gem. §§ 323, 324 BGB und gem. § 2295 BGB ein Recht zum Rücktritt vom Erbvertrag in Betracht.[175] 46

Besonders eingehend hat sich mit dieser Problematik nun *Vollmar* auseinandergesetzt.[176] Aufgrund der weitreichenden Möglichkeit zur Zweckverbindung von Zuwendungen, wobei sie lebzeitige Zuwendungen mit erbrechtlichen gleichstellt,[177] geht sie davon aus, dass es sich beim entgeltlichen Erbvertrag nicht um zwei getrennte Verträge handelt, nämlich um den eigentlichen Erbvertrag und einen obligatorischen Vertrag unter Lebenden,[178] die zueinander nur im Verhältnis eines Bestimmungsgrundes stehen.[179] Vielmehr handelt es sich nach ihrer Ansicht um einen, wenn auch kombinierten Austauschvertrag, bei dem die erbrechtliche Zuwendung, die als nicht geschuldete freiwillige Leistung Gegenstand eines Austauschvertrags sein kann, im Wege der Vereinbarung einer »Austauschcausa« mit der Verpflichtung des Bedachten zu einer Gegenleistung verknüpft worden ist. Dadurch gelange man zu einer einheitlichen Gesamtcausa.[180] Der Zweck des entgeltlichen Erb- 47

168 Allgemein hierzu MünchKommBGB/*Koch* § 516 Rn. 27 f.; speziell zum Erbvertrag NK-BGB/*Kornexl* Vor § 2274 Rn. 12 ff. und sehr ausf. *Schumann*, Erbvertragsrecht, § 1941 Rn. 241 ff. sowie jetzt *Vollmar* ZErb 2003, 274, 277 ff.

169 *V. Lübtow* I 405 ff.; eingehend dazu § 2295 BGB Rdn. 7 f.

170 BGHZ 36, 65, 70; *v. Lübtow* I 404; *Lange/Kuchinke* § 25 X 1; *Oertmann*, Entgeltliche Rechtsgeschäfte, 1912, 108 ff.; einschränkend *Kipp/Coing* § 36 IV Fn. 15 (zwar entgeltlich, Zuwendungen erfolgten aber immer »mortis causa«); **a.M.** BayObLG HRR 1929 Nr. 390; *Windel*, Über die Modi der Nachfolge in das Vermögen einer natürlichen Person (Habil. Heidelberg 1997), 393 (Verfügungen von Todes wegen zeichnen sich durch eine besondere Causa aus, die sich einer Qualifikation als entgeltlich oder unentgeltlich entziehen); *Strohal* § 47 Fn. 1; *Planck/Greiff* § 2295 Anm. 1; Staudinger/*Kanzleiter* [2013] Einl. § 2274 Rn. 7; hier bis zur 3. Aufl. Rn. 40.

171 *Stürzebecher*, Rücktritt vom entgeltlichen Erbvertrag, 1987, 69 ff.; *ders* NJW 1988, 2717; ähnlich, wenn auch mit anderem Ansatz *Stöcker* WM 1980, 482 (dazu bereits oben Rdn. 6).

172 NK-BGB/*Kornexl* Vor § 2274 Rn. 11; *Krebber* DNotZ 2003, 20, 33; *Oertmann* S. 109 f.; *Lüke* a.a.O. S. 13; *Hohmann*, Rechtsfolgen von Störungen (Diss. Würzburg 1993) 98; *Lange/Kuchinke* § 25 X 2 b; s. auch § 2295 BGB Rdn. 6.

173 S. Rdn. 44.

174 NK-BGB/*Kornexl* Vor § 2274 Rn. 13; *Planck/Greiff* § 2295 Anm. 4; *Staudinger/Kanzleiter* [2013] Einl. § 2274 Rn. 7; a.M. *Kipp/Coing* § 36 IV 1.

175 BGH NJW 2011, 224; Palandt/*Weidlich* § 2295 Rn. 1.

176 *Vollmar* ZErb 2003, 274; *dies.*, Der entgeltliche Erbvertrag (Diss. Mainz 2002), 248 ff.

177 A.A. *Häsemeyer*, Die Abhängigkeit erbrechtlicher Verträge von Verkehrsgeschäften (1966) 126 f.

178 So aber etwa *Krebber* DNotZ 2003, 20, 30 f.; Soergel/*M. Wolf* Rn. 4.

179 So *Planck/Greiff* Anm. 2.

180 *Vollmar* ZErb 2003, 274, 278.

vertrags ist erreicht, wenn der Erblasser die Leistung des Bedachten und der Bedachte die erbrechtliche Zuwendung tatsächlich erlangt haben. Tritt eine Zweckverfehlung durch Störungen vonseiten des Bedachten ein, so kommen nach den »allgemeinen causa-Grundsätzen« neben den vorrangigen und spezielleren Vorschriften des Unmöglichkeitsrechts, des Verzugsrechts und der Rechte bei Mängeln auch Ansprüche nach § 812 Abs. 1 Satz 2, 2. Alt BGB in Betracht.[181]

48 Die Beteiligten können aber die Leistung oder Verpflichtung des Bedachten auch zur **ausdrücklichen Bedingung** der vertragsmäßigen Zuwendung machen;[182] dann fällt mit jener auch diese weg (§ 158 BGB). Eingehend zur Behandlung der Leistungsstörung s. § 2295 Rn. 14 ff.

IV. Gefahren des Erbvertrags

1. Problematische Bindungswirkung

49 Ähnlich wie beim gemeinschaftlichen Testament birgt auch beim Erbvertrag die Verkennung der Bindungswirkung erhebliche Gefahren für die Vertragsteile:[183] Das gilt zunächst für den Vertragspartner eines »entgeltlichen Erbvertrags«, der sich zu u.U. erheblichen Gegenleistungen für die erbvertragliche Zuwendung verpflichtet hat und sich dabei ein *»Mehr an Bindung«* wünscht als das Gesetz an sich bietet, weil die lebzeitige Verfügungsfreiheit des Erblassers fortbesteht (§ 2286 BGB) und die relativ leichte Anfechtung wegen Motivirrtums (§ 2078 Abs. 2 BGB) den Vertragszweck gefährdet. Aber auch für den Erblasser selbst ist die mit dem Erbvertrag verbundene Bindung oft zu weitreichend, was in der Praxis immer wieder bei Änderungswünschen im Falle von Wiederverheiratung oder neuer Lebensgemeinschaft festzustellen ist. Auch ergibt sich aus anderen Wechselfällen des Lebens immer wieder ein zunächst nicht vorhersehbarer Änderungsbedarf. Die beim Erbvertrag gesetzlich vorgeschriebene notarielle Belehrung (§ 17 BeurkG) und die dadurch zu gewährleistende sachkundige Beratung besteht daher zu Recht. Den von den Beteiligten gewünschten Änderungsnotwendigkeiten wird die notarielle Vertragsgestaltung aber nur dann gerecht werden können, wenn entsprechende Änderungsvorbehalte auch die rechtliche Anerkennung erhalten.[184]

2. Erbvertrag in der Art eines Berliner Testaments als Risikofaktor

50 Wird ein Ehegattenerbvertrag in der Art eines Berliner Testaments ausgestaltet (§§ 2280, 2269 BGB), so drohen auch hier die beim gemeinschaftlichen Testament bereits aufgezeigten Gefahren:[185] Vergrößerung des Pflichtteilsanspruchs und erhöhte Erbschaftsteuerbelastung, insbesondere durch »Verschenken von Freibeträgen« beim ersten Erbfall und Erhöhung der Bemessungsgrundlage[186] sowie die Erhöhung des Pflichtteils enterbter Kinder.

V. Gesetzesüberblick

51 Die Vorschriften über den Erbvertrag sind im vierten Abschnitt des 5. Buchs des BGB geregelt (§§ 2274 bis 2302 BGB), und zwar zunächst in den §§ 2274 bis 2276 BGB die besonderen Voraussetzungen über den wirksamen Abschluss (besonders über die Höchstpersönlichkeit und die Form), in § 2300 BGB über die (besondere) amtliche Verwahrung und die Ablieferungspflicht. Weiter enthält das Gesetz die Regelungen über die vertragsmäßigen Verfügungen (§§ 2278, 2279 BGB mit der Verweisung auf allgemeine Vorschriften) und die einseitigen Verfügungen (§ 2299 BGB), die Aus-

---

181 *Vollmar* ZErb 2003, 274, 278 ff.; *dies.*, Der entgeltliche Erbvertrag, S. 83 ff., 302 ff.

182 BayObLG Rpfleger 1976, 290; NK-BGB/*Kornexl* Vor § 2274 Rn. 12; *Krebber* DNotZ 2003, 20, 34 f.; *v. Lübtow* I 407; *Lüke* a.a.O. S. 26; Palandt/*Weidlich* § 2295 Rn. 1.

183 S. Staudinger/*Kanzleiter* [2013] Einl. § 2274 Rn. 39.

184 Das praktische Bedürfnis wird richtig erkannt von *Buchholz* FamRZ 1987, 445; eingehend hierzu § 2278 BGB Rdn. 14 ff.

185 Vorbem. zu §§ 2265 ff. Rdn. 46 ff.

186 Dazu *Bühler* BB 1997, 551; *J. Mayer* ZEV 1998, 50 ff. zu Gestaltungsvarianten mittels Vermächtnisanordnungen; zur Erbschaftsteuerreduzierung durch Auflagenanordnung: *Daragan* DStR 1999, 393; *ders.*, ZErb 1999, 2; vgl. auch die Schrifttumsnachweise bei Vorbem. zu §§ 2265 ff. Rdn. 46 ff.

legungsregel des § 2280 BGB i.S.d. Berliner Testaments, die Bestimmungen über die Anfechtung (§§ 2281 bis 2285 BGB), diejenigen über das Verhältnis zu lebzeitigen Zweitgeschäften (§§ 2286 bis 2288 BGB) und der Wirkung gegenüber früheren und späteren Verfügungen von Todes wegen (§ 2289 BGB), sowie die Vorschriften über die Beseitigung des Erbvertrags durch einverständliche Aufhebung der Vertragspartner (§§ 2290 bis 2292 BGB) oder einseitigen Rücktritt (§§ 2293 bis 2297 BGB), den Fortbestand der übrigen vertragsmäßigen Verfügungen eines mehrseitigen Erbvertrags bei Wegfall von einzelnen Anordnungen (§ 2298 BGB), über das Schenkungsversprechen auf den Todesfall (§ 2301 BGB) und die Unbeschränkbarkeit der Testierfreiheit (§ 2302 BGB).

VI. Wirksamkeit des Erbvertrags

1. Geltung der allgemeinen Vorschriften

Auch für den Erbvertrag gelten die allgemeinen Vorschriften über die Wirksamkeit von Rechts- 52
geschäften, etwa die §§ 125, 134, 138 BGB. So hat der BGH einen Erbvertrag aufgrund von § 138 Abs. 1 BGB für nichtig erklärt, zu dessen Errichtung die Schwester des geistig beschränkten Erblassers diesen unter Ausnützung ihrer Stellung als Schwester und Pflegerin bestimmte.[187] § 14 HeimG bzw. dessen landesrechtliche Nachfolgevorschriften, deren jeweiliger Anwendungsbereich gesondert überprüft werden muss,[188] ist aber auch bei einer vertragsmäßigen Zuwendung auf das Verhältnis zwischen Betreuer und Betreutem **nicht** analog anwendbar.[189] Zur Anwendung des § 138 Abs. 2 BGB genügt es nicht, dass der wirtschaftliche Vorteil, den der Vertragserbe durch die Erbeinsetzung erlangt, erheblich größer ist als seine »Gegenleistungen«; denn der Erbvertrag ist auch in einem solchen Fall kein gegenseitiger Vertrag.[190] Nach wie vor umstritten ist, auf welchen **Beurteilungszeitpunkt** bei einem **Verstoß gegen die guten Sitten** (§ 138 BGB) abzustellen ist.[191] ZT wird hierzu vertreten, dass es auf die Wertmaßstäbe und Umstände zur Zeit der Errichtung der Verfügung von Todes wegen ankomme,[192] während die Gegenfassung, nicht zuletzt unter Berufung auf die Wertung des § 2171 BGB, auf den Erbfall abstellen will.[193] Vorzugswürdig erscheint eine stärkere Differenzierung:[194] Haben sich nach der Vornahme des Rechtsgeschäfts die sittlichen Maßstäbe gelockert, so muss sich dies auch positiv auf die Beurteilung der Verfügung von Todes wegen auswirken. Eine zwischenzeitlich überholte Wertanschauung kann nicht zur Unwirksamkeit dessen führen, was der Erblasser nach seinem ausdrücklichen Willen als wirksam wollte.[195] In den seltenen

187 BGH LM Nr. 1 zu § 138 B c.

188 Vgl. die weitgehend dem bisherigen § 14 HeimG nachgebildeten, jedoch in Details leicht unterschiedlichen landesrechtlichen Regelungen, zB § 9 LHeimG BW, Art. 8 BayPfleWoqG, § 10 WTG NRW, § 11 LWTG RhPf, § 6 HGBP; s.a. den Überblick bei *Spall* MittBayNot 2010, 9 und *Keim* notar 2017, 119.

189 BayObLGZ 1997, 374, 376 ff. = NJW 1998, 2369.

190 Rdn. 44; BGH vom 30.09.1954 IV ZR 68/54.

191 Überblick etwa Staudinger/*Otte* [2012] Vorbem. zu §§ 2064 bis 2086 ff. Rn. 174 ff.; *J. Mayer*, 68. Verh DJT, 2010, II/1 L 91, 92 ff.

192 BGHZ 20, 71, 73 = NJW 1956, 865; BayObLGZ 1996, 204, 224 f. = FamRZ 1997, 705; OLG Stuttgart FamRZ 1998, 260 = ZEV 1998, 185 m. Anm. *Otte*; Palandt/*Weidlich* § 2171 Rn. 4 i.V.m. § 138 Rn. 9; offengelassen in BGHZ 140, 118, 120 = NJW 1999, 566.

193 OLG Hamm OLGZ 1979, 425, 427 f.; *Gernhuber* FamRZ 1960, 326, 334; *Kipp/Coing* § 16 III 1a; Soergel/*Wolf* § 2171 Rn. 8 (in Analogie zu § 2171); Soergel/*Stein* § 1937 Rn. 24; *Wolf/Neuner* AT § 46 Rn. 28; Staudinger/*Sack/Fischinger* § 138 Rn. 105 m.w.N. (jetzt unter Aufgabe der Bedingungsargumentation, dafür mit dem Einwand, dass die Berufung auf die anfängliche, bis zum Erbfall weggefallene Sittenwidrigkeit gegen § 242 verstieße, was aber daran scheitert, dass es im Erbrecht um feste dingliche Zuordnungen geht, § 242 BGB demgegenüber als Verhaltensnorm nur Ansprüche und Einwendungen beeinflussen kann, zutr. Staudinger/*Otte* [2012] Vorbem. zu §§ 2064 bis 2068 ff. Rn. 182); Staudinger/*Otte* [2012] Vorbem. zu §§ 2064 bis 2068 ff. Rn. 180 ff., der jetzt darauf abstellt, ob die Verfügung von Todes wegen im Zeitpunkt des Erbfalls mit den guten Sitten vereinbar ist und der Erblasser dies vorhersehen konnte. Gegen die Argumentation mit § 2171 ausf. *Schmoeckel* AcP 197 (1997), 1, 69.

194 So MünchKommBGB/*Armbrüster*, § 138 Rn. 135 ff. m.w.N.

195 MünchKommBGB/*Armbrüster* § 138 Rn. 137; Bamberger/Roth/*Wendtland* § 138 Rn. 28; *Mayer-Maly* JZ 1981, 801, 804 f.

Fällen der **Verschärfung der Wertmaßstäbe** kann dies nur dann berücksichtigt werden, wenn die Verfügung von Todes wegen den gegenwärtigen Wertungen im Erbfall **grundlegend** widerspräche.[196] Zur Nichtigkeit genügt das sittenwidrige Verhalten des einen Vertragsteils, wenn das Anstößige gerade im Verhalten dieses Partners gegen den anderen besteht.[197] Auch in einem Erbvertrag können die Verfügungen getroffen werden, wie sie für ein sog. **Behindertentestament** empfohlen werden; zur Zulässigkeit dieser Gestaltung s. BGHZ 111, 36 = NJW 1990, 2055; 123, 368, 378 = NJW 1994, 248 und eingehend Syst. A Rdn. 808.

2. Geschäftsfähigkeit

53 Die Geschäftsfähigkeit ist beim Erbvertrag besonders geregelt, s. § 2275 BGB.

3. Vorschriften für letztwillige Zuwendungen

a) Vorschriften des gemeinschaftlichen Testaments

54 Nach § 2279 Abs. 1 BGB finden auf vertragsmäßige Zuwendungen und Auflagen die für letztwillige Zuwendungen und Auflagen geltenden Vorschriften, also das Testamentsrecht, entsprechende Anwendung. Näheres s. § 2279 Rdn. 1 ff. Nicht anwendbar sind im Allgemeinen die Vorschriften über das gemeinschaftliche Testament (§§ 2265 bis 2273 BGB). Die **Beschränkung auf Ehegatten (§ 2265 BGB) besteht beim Erbvertrag nicht**; aus § 2279 Abs. 1 BGB darf nicht etwa geschlossen werden, dass die Zulässigkeit gegenseitiger vertragsmäßiger Zuwendungen entsprechend § 2265 BGB auf Ehegatten beschränkt sei.[198] § 2266 BGB kommt nicht in Betracht, weil es beim Erbvertrag keine Erleichterung der Form für Notfälle gibt (§ 2276 Abs. 1 Satz 2 BGB erwähnt die §§ 2249 ff. BGB nicht). Anstelle von § 2267 BGB gelten beim Erbvertrag für die Form die §§ 2274, 2276 BGB i.V.m. §§ 2231 Nr. 1, 2232, 2233 BGB und die Vorschriften des Beurkundungsgesetzes. § 2268 BGB (Wirksamkeit bei Nichtigkeit oder Auflösung der Ehe) ist hier ersetzt durch § 2279 Abs. 2 BGB, § 2269 BGB (Berliner Testament) durch § 2280 BGB. Den Bestimmungen über wechselbezügliche Verfügungen in gemeinschaftlichen Testamenten (§§ 2270, 2271 BGB) entsprechen beim Erbvertrag die über vertragsmäßige Verfügungen (§§ 2278, 2289 BGB) sowie über den zweiseitigen Erbvertrag (§ 2298 BGB). Die Rücknahme aus der notariellen oder amtlichen Verwahrung ist auch beim Erbvertrag möglich und hat in entsprechender Anwendung des § 2256 Abs. 1 BGB die Wirkung des Widerrufs hat, § 2300 Abs. 2 BGB.

b) Formvorschriften über letztwillige Verfügungen

55 Die Vorschriften über die Form der letztwilligen Verfügung (§§ 2231 ff. BGB) sind beim Erbvertrag nur teilweise anwendbar (§ 2276 Abs. 1 BGB). Vor allem ist die Errichtung durch private Erklärung ohne Zuziehung des Notars (§ 2247 BGB) beim Erbvertrag ausgeschlossen.

4. Willensmängel

56 Die Bedeutung von Willensmängeln richtet sich grundsätzlich nach den allgemeinen Vorschriften der §§ 116 ff. BGB. Insbesondere sind auf vertragsmäßige Verfügungen auch § 116 Satz 2 BGB (geheimer Vorbehalt mit Wissen des Gegners) und § 117 BGB (Scheingeschäft) anwendbar, da vertragsmäßige Verfügungen im Gegensatz zum Testament empfangsbedürftige Willenserklärungen

---

196 Generell für das Abstellen auf den Zeitpunkt der gerichtlichen Entscheidung, wenn sich die sittlichen Maßstäbe »maßgeblich« verändert haben, jurisPK-BGB/*Reymann* § 2171 Rn. 9; für die Maßgeblichkeit des gleichen Zeitpunkts, wenn sich Änderungen verfassungsrechtlicher Art ergeben, BVerfG NJW 2004, 2088 = FamRZ 2004, 765 m. instruktiver Anm. *A. Staudinger* (»Hohenzollern-Entscheidung«); entgegen Staudinger/*Otte* [2012] Vorbem. zu §§ 2064 bis 2068 ff. Rn. 180, sind diese Ausführungen für die Entscheidung des BVerfG durchaus tragend, denn sonst hätte es zu keiner Beanstandung der Entscheidung der Vorinstanz kommen können.

197 BGHZ 50, 63, 70; Zu § 138 BGB s. auch Syst. A Rdn. 76; *Johannsen* WM 1971; 918 ff.

198 RGZ 67, 65, 66.

darstellen.[199] Die Anfechtung ist beim Erbvertrag in weiterem Umfang zugelassen als beim Testament: Hier ist auch dem Erblasser selbst die Anfechtung gestattet (§ 2281 BGB). Die Anfechtung durch Dritte ist erschwert (§ 2285 BGB). Die sachlichen Voraussetzungen der Anfechtung sind beim Erbvertrag dieselben wie beim Testament (§§ 2078 f., 2279 Abs. 1, 2281 Abs. 1 BGB); auch der Irrtum im Beweggrund berechtigt zur Anfechtung. Die Vorschriften der §§ 2281 bis 2285 BGB enthalten keine selbständige Regelung der Anfechtung des Erbvertrags; sie bauen auf den Bestimmungen über die Anfechtung des Testaments auf (§§ 2281 Abs. 1, 2285 BGB). Daher gilt § 2078 Abs. 3 BGB auch hier. Allerdings hat der Vertragsgegner bei der Anfechtung durch Dritte wegen Irrtums des Erblassers keinen Schadensersatzanspruch[200] (§ 2281 BGB Rdn. 51). Der Vertragsgegner kann den Erbvertrag nur nach den allgemeinen Bestimmungen der §§ 119 ff. BGB anfechten.

5. Nachträgliche Unwirksamkeit eines Erbvertrags

Ein zunächst wirksamer Erbvertrag kann unwirksam werden 57
- durch Anfechtung (Rdn. 56);
- durch Aufhebung seitens der Vertragspartner (§§ 2290 bis 2292 BGB);
- durch einseitigen Rücktritt des Erblassers (§§ 2293 bis 2297 BGB) oder des Vertragsgegners (§ 2298 Abs. 2 BGB).

VII. Ausländisches Recht; internationales Privatrecht

Die ausländischen Rechtsordnungen lassen erbvertragliche Verfügungen oftmals überhaupt nicht, 58 teilweise nur eingeschränkt zu; zu Einzelheiten s. Syst. B Rdn. 50 ff. sowie *Edenfeld* ZEV 2001, 457; praktische Hinweise auch bei NK-BGB/*Kornexl* Vor § 2274 Rn. 47 f.

VIII. Zweckmäßige Erbverträge

Vgl Syst. A Rdn. 631 ff. 59

IX. Erbvertrag und Steuerrecht

Der Erwerb aufgrund eines Erbvertrags ist erbschaftsteuerpflichtig nach § 3 Abs. 1 Nr. 1 ErbStG. **60** Beim entgeltlichen Erbvertrag sind Aufwendungen, die dem Vertragspartner durch seinen Erwerb entstanden, nach § 10 Abs. 5 Nr. 3 ErbStG als Nachlassverbindlichkeiten abzugsfähig. Hierunter fallen aber nicht die Vorleistungen des Vertragserben in Gestalt von Pflege- oder Unterhaltsleistungen, weil es sich nicht um Kosten handelt, die unmittelbar im Zusammenhang mit der Erlangung des Erwerbs entstanden sind.[201] Ergibt sich aber, dass die Dienstleistung nicht unentgeltlich erfolgen sollte, hat der Dienstverpflichtete nach § 612 Abs. 1 i.V.m. Abs. 2 BGB Anspruch auf die übliche Vergütung.[202] S. im Übrigen auch Rdn. 50 zu den Nachteilen des Erbvertrags in der Art eines Berliner Testaments.

X. Zivilgesetzbuch der DDR

Das ab dem 01.01.1976 geltende Zivilgesetzbuch der DDR (ZBG) kannte, anders als das bis dahin **61** auch dort noch fortgeltende BGB, das Rechtsinstitut des Erbvertrags **nicht mehr**. Auch wenn von Notaren in der DDR unter der Geltung des ZGB keine Erbverträge mehr beurkundet wurden, können sich doch folgende Probleme ergeben, zumal nach Art. 235 § 1 EGBGB für erbrechtliche Verhältnisse das bisherige Recht anwendbar ist, wenn der Erblasser vor dem 03.10.1990 verstarb.[203]

199 RGZ 134, 325, 327.
200 Prot. V 385; *Kipp/Coing* § 24 VI; anderes soll nach wohl noch h.M. bei der Selbstanfechtung durch den Erblasser gelten, jedoch ist auch dies abzulehnen.
201 BFH BStBl II 1995, 62 = FamRZ 1995, 481; krit. *Meincke* § 10 ErbStG Rn. 62.
202 BFH a.a.O.
203 Allgemein zu diesen Fragen s. 5. Aufl. System. Teil A Rn. 545 ff.

Für Erbfälle danach gilt allerdings noch, dass die im örtlichen und zeitlichen Geltungsbereich der DDR errichteten Verfügungen von Todes wegen hinsichtlich Form und der Fähigkeit ihrer Errichtung und Aufhebung weiterhin nach dem Erbrecht der DDR zu beurteilen sind (Art. 235 § 2 EGBGB). Im Einzelnen ist im Übrigen zu unterscheiden:

1. Fortgeltung von alten Erbverträgen

62 Nach der einschlägigen Überleitungsbestimmung blieben die **vor** dem 01.01.1976 errichteten Erbverträge als letztwillige Verfügungen gültig, wenn sie nach dem zuvor geltenden Recht wirksam errichtet wurden (§ 8 Abs. 2 Satz 1 EGZGB). Das Formerfordernis richtete sich nach § 30 TestG.[204] Erbverträge wurden wie Testamente behandelt, bei Ehegattenerbverträgen wie ein gemeinschaftliches Testament.[205]

2. Nachlassspaltung

63 Soweit Erblasser, die in der Zeit zwischen dem 01.01.1976[206] und dem 02.10.1990[207] verstarben, mit dem letzten **Wohnsitz in der Bundesrepublik Deutschland** einen Erbvertrag errichteten, ist zunächst zu beachten, dass hinsichtlich des im Gebiet der ehemaligen DDR belegenen Grundbesitzes wegen § 25 Abs. 2 RAnwG DDR zwar eine Nachlassspaltung eintrat und hinsichtlich dieses Vermögens das Recht der DDR zur Anwendung kam. Nach § 26 RAnwG DDR bestimmen sich jedoch die zulässigen Arten der testamentarischen Verfügungen, deren Anfechtung und Rechtsfolgen von Erklärungsmängeln bei ihrer Errichtung nach dem Recht des Staates, in dem der Erblasser im Zeitpunkt der Errichtung des Testaments seinen Wohnsitz hat. Es gilt insoweit das Ortsrecht. In der ehemaligen DDR wurden Verfügungen von Todes wegen, die ein Erblasser mit Wohnsitz in der BRD in einem formgerecht beurkundeten Erbvertrag getroffen hatte, aber als testamentarische Verfügungen in diesem Sinne angesehen, wenn und soweit sie im Übrigen mit dem ZGB vereinbar waren. Dies galt auch für Vermögen, für das eine Nachlassspaltung in diesem Sinne eingetreten war, sodass die Aufnahme einer solchen Verfügung in einem Erbvertrag insoweit die Wirksamkeit nicht berührt.[208]

3. Errichtung eines Erbvertrags durch DDR-Bürger

64 Aber auch soweit ein Bürger der ehemaligen DDR vor einem bundesdeutschen Notar einen Erbvertrag errichtete, führte dies nicht zur Unwirksamkeit der Verfügung, selbst wenn auf das Erbrecht des Erblassers das Recht der ehemaligen DDR Anwendung findet (Art. 235 § 1 EGBGB): Denn dann ist eine **Umdeutung** des Erbvertrags in ein öffentliches Testament möglich, da dem ZGB der DDR kein allgemeines Verbot von Erbverträgen zu entnehmen war.[209]

XI. Lebenspartnerschaftsgesetz

65 Da der Erbvertrag grundsätzlich jedermann als erbrechtliche Gestaltungsform zur Verfügung steht, bedurfte es keiner größeren Anpassungen durch das zum 01.08.2001 in Kraft getretene Lebenspartnerschaftsgesetz.[210] Eine **Änderung** war nur dort erforderlich, wo in den §§ 2274 ff. BGB ausdrücklich die Ehegatten genannt waren und die Lebenspartner diesen gleichgestellt werden

---

204 OLG Frankfurt OLGZ 1993, 461, 465.

205 OLG Jena FamRZ 1994, 786, 787; NK-BGB/*Kornexl* Vor § 2274 Rn. 45.

206 Inkrafttreten des ZGB der DDR.

207 Wieder-Inkrafttreten des BGB im Gebiet der ehemaligen DDR.

208 BayObLGZ 1995, 79, 88 = ZEV 1995, 256; BayObLG FamRZ 1996, 765 = DtZ 1996, 214; OLG Hamm FamRZ 1995, 758, 761 (auch zur Auslegungsfrage, ob sich die Erbeinsetzung auf das DDR-Vermögen bezog); *Schotten/Johnen* DtZ 1991, 225, 228.

209 OLG Jena FamRZ 1994, 786, 787; NK-BGB/*Kornexl* Vor § 2274 Rn. 46; MünchKommBGB/*Musielak*, 3. Aufl., Vor § 2274 Rn. 35.

210 BGBl. 2001 I 266.

sollten.[211] Dementsprechend wurden die §§ 2279 Abs. 2, 2280 und 2292 BGB geändert (s. Erl. dort). Die Formerleichterung des § 2276 Abs. 2 BGB wurde den Lebenspartnern nicht gewährt, obgleich der Lebenspartnerschaftsvertrag in der Form des Ehevertrags beurkundet werden muss (§ 7 Abs. 1 Satz 2 u. 3 LPartG). Jedoch hat die Formerleichterung des Ehevertrags geringe praktische Bedeutung.[212] Der kostenrechtliche Vorteil nach § 44 Abs. 3 KostO ist mit dem GNotKG zum 01.08.2013 ohnehin entfallen.[213] Nunmehr gelten Eheverträge (und Lebenspartnerschaftsverträge) stets als besonderer Beurkundungsgegenstand (§ 111 Nr. 2 GNotKG), sodass die Geschäftswerte von Ehe- und Erbverträgen gesondert zum Ansatz zu bringen sind.[214]

Seit 01.10.2017 können Lebenspartnerschaften nicht mehr begründet werden: Durch das Gesetz 66
zur Einführung des Rechts auf Eheschließung für Personen gleichen Geschlechts zum 20.07.2017[215] steht die Ehe auch gleichgeschlechtlichen Paaren offen. Bestehende Lebenspartnerschaften können gemäß § 20a LPartG in eine Ehe umgewandelt werden.

Auch bei Lebenspartnern sollte die Schlusserbfolge nicht offen gelassen werden, weil sonst die 67
gesetzlichen Erben des überlebenden Partners erben, und zwar – wegen der Einheitslösung – auch das dann noch vorhandene Vermögen des Erstversterbenden, was i.d.R. zu einem »erbrechtlichen Desaster« führt,[216] wenn eine solche Erbfolge nicht ausnahmsweise so gewollt ist.[217] Dagegen haben sich die **erbschaftsteuerlichen Nachteile**, die das Berliner Testament strukturell hat,[218] dadurch entspannt, dass die eingetragenen Lebenspartner durch die Erbschaftsteuerreform 2009 den Ehegatten vollständig gleichgestellt wurden: Durch das ErbStRG 2009 wurde zum 01.01.2009 dem Lebenspartner zunächst der gleiche Steuerfreibetrag wie einem Ehegatten und schließlich zum 14.12.2010 auch die Steuerklasse I eingeräumt. Gestaltungsvorschläge mit Mustern für eingetragene Lebenspartner bei Grziwotz ZEV 2002, 55.

§ 2274 Persönlicher Abschluss

Der Erblasser kann einen Erbvertrag nur persönlich schließen.

Übersicht

I. Allgemeines

§ 2274 bestimmt für den Erbvertrag das gleiche wie § 2064 BGB für das Testament. Demnach 1
müssen Verfügungen von Todes wegen vom Erblasser persönlich getroffen werden. Dem liegt die Auffassung des Gesetzgebers zugrunde, dem Erblasser die sittliche Verantwortung für die Ausgestaltung der gewillkürten Erbfolge selbst aufzuerlegen. Dadurch soll auch die Gefahr vermieden werden, dass ein Vertreter den Willen des Erblassers verfälscht.[1]

211 Krug/Zwißler/*Krug*, Familienrecht und Erbrecht, 2002, 3. Kap. Rn. 37.
212 S. § 2276 BGB Rdn. 27.
213 S. Rdn. 66.
214 BT-Drucks. 17/11471, S. 190; hierzu und zu anderen Auswirkungen der Kostenrechtsmodernisierung auf die Notarkosten im Erbrecht *Bormann* ZEV 2013, 425 ff.
215 BGBl. 2017 I 2787; Ch. Schmidt NJW 2017, 2225.
216 *Grziwotz* DNotZ 2001, 280, 300.
217 *Von Dickhuth-Harrach* FamRZ 2001, 1669.
218 Vgl. Vorbem. zu §§ 2265 ff. Rdn. 50 ff.
1 Prot. V 16; BGHZ 15, 199, 200 f. = NJW 1955, 100 (zu §§ 2064, 2065); MünchKommBGB/*Musielak* § 2274 Rn. 1.

2 Das Gesetz verlangt, dass der **Erblasser** den Erbvertrag **persönlich** schließt. Erblasser ist dabei, wer vertragsmäßige Verfügungen von Todes wegen trifft.[2] Werden einseitige Verfügungen von Todes wegen getroffen (§ 2299 BGB), so ist eine Vertretung bereits nach der allgemeinen Norm des § 2064 BGB ausgeschlossen. § 2274 BGB verbietet sowohl die Stellvertretung bei der Willensbildung als auch bei der Erklärung des Willens.[3] Der Erblasser kann sich also beim Abschluss des Erbvertrages weder durch einen gesetzlichen Vertreter noch durch einen Bevollmächtigten vertreten lassen. Für ihn kann daher weder ein Bevollmächtigter noch ein Vertreter ohne Vertretungsmacht handeln.[4] In einem gerichtlichen Vergleich mit Anwaltszwang müssen der Prozessbevollmächtigte und der Erblasser gemeinsam die erforderlichen Erklärungen abgeben, da der gerichtliche Vergleich gem. § 127a BGB nur das Erfordernis der notariellen Beurkundung, jedoch nicht die übrigen Anforderungen, insbesondere die persönliche Mitwirkung, ersetzt.[5]

3 Steht der Erblasser unter einer **Betreuung** (§ 1896 BGB), so kann ein Einwilligungsvorbehalt nicht auf den Erbvertrag erstreckt werden (§ 1903 Abs. 2 BGB).[6] Umgekehrt nimmt ein angeordneter Einwilligungsvorbehalt – etwa bei Vermögensangelegenheiten – für sich gesehen dem Betroffenen die Geschäftsfähigkeit nicht, da eine solche Anordnung (anders als die Vormundschaft nach früherem Recht) nicht die Geschäftsfähigkeit per se beendet.[7] Maßgeblich ist insoweit nur, ob Geschäftsfähigkeit i.S. von § 2275 i.V.m. § 104 Nr. 2 BGB tatsächlich vorliegt oder nicht. Für die Praxis wird es sich bei bestehender Betreuung aber empfehlen, die aktuelle Geschäftsfähigkeit des Erblassers durch ein fachärztliches Gutachten aufklären zu lassen.

4 Ein **Geschäftsunfähiger** kann überhaupt keinen Erbvertrag als Erblasser schließen, da die Geschäftsfähigkeit hierfür Wirksamkeitsvoraussetzung ist und eine Vertretung auch hier ausgeschlossen ist. § 2275 BGB spricht dies ausdrücklich aus.

5 Ein Verstoß gegen § 2274 BGB führt zur unheilbaren Nichtigkeit des Rechtsgeschäfts.[8] Eine **Umdeutung** in ein Testament ist ebenfalls wegen des auch dort geltenden Grundsatzes der Höchstpersönlichkeit ausgeschlossen. Eine Umdeutung in ein **Rechtsgeschäft unter Lebenden** dürfte im Allgemeinen daran scheitern, dass bei einem solchen bereits vor dem Erbfall Rechte und Pflichten entstehen, was bei einer letztwilligen Verfügung gerade nicht beabsichtigt ist.[9]

II. Persönlicher Geltungsbereich

6 § 2274 BGB gilt **nur** für den Erblasser,[10] nicht aber für den Vertragspartner. Letzterer kann sich, wenn er nicht auch seinerseits in dem Vertrag (vertragsmäßige oder einseitige) Verfügungen von Todes wegen trifft, also gleichfalls Erblasser i.S.v. § 2274 BGB ist, nach den allgemeinen Regeln durch einen gesetzlichen Vertreter oder Bevollmächtigten vertreten lassen.[11] Dies gilt sowohl dann, wenn sich seine Erklärungen in einer bloßen Annahme des Erbvertrags erschöpfen, aber auch, wenn mit dem Erbvertrag ein anderer Vertrag verbunden wird, in dem sich der Vertragspartner etwa zur Erbringung von Pflegeleistungen verpflichtet, oder wenn ein Ehevertrag abgeschlossen wird, bei dem eine grundsätzlich Stellvertretung zulässig ist (§ 1410 BGB). Ob der Vertragspartner in dem Erbvertrag bedacht ist oder nicht, ist insoweit unerheblich.

---

2 Bamberger/Roth/*Litzenburger* § 2274 Rn. 6; MünchKommBGB/*Musielak* § 2274 Rn. 5.
3 NK-BGB/*Kornexl* § 2274 Rn. 1, 4.
4 NK-BGB/*Kornexl* § 2274 Rn. 4; Bamberger/Roth/*Litzenburger* § 2274 Rn. 6.
5 BGHZ 77, 264, 272 f. = NJW 1980, 2307; OLG Stuttgart OLGZ 1989, 415, 417; OLG Bremen FamRZ 2013, 661 = MittBayNot 2013, 55 m. Anm. *Soutier*; s. § 2276 BGB Rdn. 5.
6 NK-BGB/*Kornexl* § 2274 Rn. 8.
7 Vgl. MünchKommBGB/*Schwab* § 1902 Rn. 7; Palandt/*Götz* § 1902 Rn. 2, 5.
8 NK-BGB/*Kornexl* § 2274 Rn. 9; Bamberger/Roth/*Litzenburger* § 2274 Rn. 8; MünchKommBGB/*Musielak* § 2274 Rn. 6.
9 NK-BGB/*Kornexl* § 2274 Rn. 10; MünchKommBGB/*Musielak* § 2274 Rn. 6.
10 MünchKommBGB/*Musielak* § 2274 Rn. 2.
11 NK-BGB/*Kornexl* § 2274 Rn. 3; Bamberger/Roth/*Litzenburger* § 2274 Rn. 7; MünchKommBGB/*Musielak* § 2274 Rn. 2.

Jeder Beteiligte kann zugleich Erblasser und Vertragspartner sein (**zweiseitiger Erbvertrag**, vgl. §§ 2278, 2298 BGB).[12] Auf jeder Seite des Vertrags können mehrere Personen beteiligt sein (**mehrseitiger Erbvertrag**).[13] Dabei kann es sich um eine bloß äußerliche Zusammenfassung mehrerer Erbverträge handeln, es kann aber auch sein, dass jeder Beteiligte nicht nur die ihm selbst gemachte Zuwendung, sondern auch die dem Dritten oder Vierten gemachten Zuwendungen annimmt; Letzteres ist im Zweifel anzunehmen. 7

III. Sachlicher Geltungsbereich

Über den Begriff des Erbvertrags s. § 1941 BGB sowie Vorbem. zu §§ 2274 ff. Rdn. 4 ff. § 2274 BGB schreibt für den Abschluss des Erbvertrags **persönliches Handeln** des Erblassers vor. Dasselbe bestimmt § 2284 BGB für die Bestätigung eines anfechtbaren Erbvertrages, § 2290 Abs. 2 BGB für die Aufhebung, § 2296 Abs. 1 BGB für den Rücktritt, § 2347 Abs. 2 Satz 1 BGB für den Erbverzicht (mit Ausnahmen bei beschränkter oder völliger Geschäftsunfähigkeit), § 2282 Abs. 1 BGB für die »Selbstanfechtung« des Erbvertrags. 8

§ 2275 Voraussetzungen

Einen Erbvertrag kann als Erblasser nur schließen, wer unbeschränkt geschäftsfähig ist.

Übersicht

I. Grundsatz der unbeschränkten Geschäftsfähigkeit des Erblassers

1. Geschäftsfähigkeit als Wirksamkeitsvoraussetzung

Während das Gesetz beim Testament einen besonderen Begriff der Testierfähigkeit geschaffen hat (§§ 2229, 2233 Abs. 1, 2247 Abs. 4 BGB), verwendet es beim Erbvertrag den allgemeinen Begriff der Geschäftsfähigkeit.[1] Dabei stellt die Testierfähigkeit eine besondere Ausprägung der Geschäftsfähigkeit dar.[2] Sowohl die Geschäftsunfähigkeit wie auch die Testierunfähigkeit **volljähriger Personen** setzen allerdings eine Störung der Geistestätigkeit im Zeitpunkt der Abgabe der Willenserklärung voraus, die ein Handeln in freier Willensbestimmung ausschließt. Insoweit führt die irrtümliche Prüfung der Testierfähigkeit der Tatsacheninstanz i.d.R. zum gleichen Ergebnis,[3] da die Testierfähigkeit sich nach der h.A. mit der Geschäftsfähigkeit insoweit deckt, als jeder voll Geschäftsfähige auch testierfähig ist.[4] Unterschiede ergeben sich nur bei der beschränkten Geschäftsfähigkeit (§ 106 BGB), da ein beschränkt geschäftsfähiger 16-Jähriger gem. § 2229 BGB testierfähig sein kann. **Weder ein Geschäftsunfähiger** (§§ 104 f. BGB) **noch** ein **in der Geschäftsfähigkeit Beschränkter** (§ 106 BGB) kann einen **Erbvertrag als Erblasser** schließen, also vertragsmäßige Verfügungen treffen, auch nicht durch einen gesetzlichen Vertreter.[5] Erforderlich ist also grundsätzlich unbeschränkte Geschäftsfähigkeit.[6] Zu beachten ist aber, dass Geistesschwäche keine Beschränkung 1

12 Vgl. auch *Reithmann* DNotZ 1957, 527.
13 Vorbem. zu §§ 2274 ff. Rdn. 37 f.
1 §§ 104 ff.; § 2229 BGB Rdn. 4; Palandt/*Weidlich* § 2275 Rn. 1.
2 Staudinger/*Baumann* [2011] § 2229 Rn. 12.
3 BayObLG NJW-RR 1996, 1289 = FamRZ 1996, 971.
4 Staudinger/*Baumann* [2011] § 2229 Rn. 12; vgl. jedoch Rdn. 2.
5 § 2274; Mot. V 249.
6 KG KG-Rspr. 1995, 142.

der Geschäftsfähigkeit bewirkt, solange sie nicht nach § 104 Nr. 2 BGB volle Geschäftsunfähigkeit bedingt und dann zur Nichtigkeit führt, § 105 BGB.[7]

Geschäfts- und nicht Testierfähigkeit ist auch für den Vertragsteil zu fordern, der nicht vertragsmäßig, sondern lediglich **einseitig testamentarisch** i.S. von § 2299 BGB verfügt.[8]

2 **Geschäftsunfähig** ist zum einen, wer nicht das **siebente Lebensjahr** vollendet hat (§ 104 Nr. 1 BGB). Eine Beurkundung eines Erbvertrags mit einem solchen Erblasser wird in der Praxis allerdings kaum vorkommen.[9] Die Geschäftsunfähigkeit kann sich aber auch aus **§ 104 Nr. 2 BGB** ergeben. Eine solche »**natürliche Geschäftsunfähigkeit**« liegt vor, wenn einem Erblasser aufgrund krankhafter Erscheinungen die Einsichts- und Handlungsfähigkeit fehlt, er mithin nicht (mehr) in der Lage ist, die Bedeutung einer von ihm abgegebenen Willenserklärung zu erkennen und nach dieser Einsicht zu handeln.[10] Erforderlich sind somit **Einsichts-** und dementsprechende **Handlungsfähigkeit**.[11] Dabei genügt eine **allgemeine Vorstellung** von der Tatsache der Errichtung eines Erbvertrages **nicht**. Der Erblasser muss vielmehr in der Lage sein, sich über die rechtliche Tragweite der getroffenen Anordnungen und ihrer Auswirkungen auf die persönlichen und wirtschaftlichen Verhältnisse der Betroffenen sowie über Gründe, die für und gegen ihre sittliche Berechtigung sprechen, ein klares Urteil zu bilden und danach frei von Einflüssen Dritter zu handeln.[12] Jedoch ist nicht erforderlich, dass der Erblasser die wirtschaftlichen Zusammenhänge im Einzelnen nachvollziehen kann.[13] Nach h.A. gibt es allerdings keine nach der Schwierigkeit des betreffenden Rechtsgeschäfts abgestufte, **relative Geschäftsunfähigkeit**,[14] was in sich nicht widerspruchsfrei ist, da eben die allgemeinen Vorstellungen von der Errichtung einer Verfügung von Todes wegen auch nach der h.M. nicht ausreichend sind und sich damit die Prüfung der Geschäftsfähigkeit wenigstens teilweise auch an der Schwierigkeit des betreffenden Geschäfts orientiert (**geschäftstypische Einsichtsfähigkeit**) und sichtlich vom Wunsch nach Verkehrsschutz durch Rechtssicherheit mittels eines einheitlichen Begriffs der Geschäftsfähigkeit getragen wird.[15] Wer insbesondere unter Berufung auf das letztgenannte Argument entgegen der h.M. die Testierfähigkeit in Abhängigkeit zur Komplexität der zu regelnden Rechtsfolgen bestimmt, weil bei Verfügungen von Todes wegen der Verkehrsschutz keine solche Bedeutung hat, muss in Kauf nehmen, dass sich die Begriffe der Geschäftsfähigkeit und Testierfähigkeit auch insoweit nicht mehr decken. Bei notariell beurkundeten Verfügungen von Todes wegen werden die sich für den Testierenden ergebenden Schwierigkeiten zur Erfassung komplexer Zusammenhänge durch die Amtspflichten des Notars nach § 17 BeurkG teilweise abgeschwächt, weil der Notar verpflichtet ist, den wahren Willen zu erforschen und über die rechtliche Tragweite der Erklärung zu belehren.[16]

3 Steht der Erblasser unter **Betreuung**, so führt dies nicht zum Verlust der natürlichen Geschäftsfähigkeit; dies gilt selbst dann, wenn ein Einwilligungsvorbehalt für andere Lebensbereiche angeordnet wurde (für den Erbvertrag nicht möglich, § 1903 Abs. 2 BGB), der dem Erblasser nicht die

---

7 Zum graduellen Unterschied zwischen Geistesschwäche und krankhafter Störung der Geistestätigkeit s. § 2229 BGB Rdn. 10.

8 Str., eingehend dazu § 2299 BGB Rdn. 10 f.

9 NK-BGB/*Kornexl* § 2275 Rn. 2.

10 Vgl. etwa OLG Hamm ZEV 1997, 75, 76 = FamRZ 1997, 1026.

11 NK-BGB/*Kornexl* § 2275 Rn. 2.

12 OLG Hamm ZEV 1997, 75, 76 = FamRZ 1997, 1026; OLG Düsseldorf FamRZ 1998, 1064, 1065; zu Einzelheiten s. zur insoweit ähnlichen Lage bei der Testierfähigkeit i.S. von § 2229 Abs. 4: § 2229 BGB Rdn. 12 ff.; zu den medizinischen Fragen etwa *Wetterling/Neubauer/Neubauer* ZEV 1995, 45; von *Braunbehrens/Dose* ErbBstg 2001, 23; *Lichtenwimmer* MittBayNot 2002, 240; *Th. Zimmermann* BWNotZ 2000, 97.

13 § 2229 BGB Rdn. 15.

14 Palandt/*Ellenberger* § 104 Rn. 6; BGHZ 30, 112, 117; BGH NJW 1953, 1342; 1970, 1680, 1681; zur Testierfähigkeit ebenso: Palandt/*Weidlich* § 2229 Rn. 1; Staudinger/*Baumann* § 2229 Rn. 12 bis zur Bearbeitung 2003; a.M. *Flume* AT II § 13, 5; *Voit* § 2229 Rn. 12.

15 Auch Staudinger/*Baumann* [2011] § 2229 Rn. 19 neigt nun (entgegen seiner Auffassung in den Vorauflagen) zur Anerkennung einer abgestuften Testierfähigkeit, die den Schwierigkeitsgrad der jeweiligen letztwilligen Verfügung berücksichtigt; S. ebenfalls kritisch § 2229 BGB Rdn. 12.

16 NK-BGB/*Kornexl* § 2275 Rn. 4.

Fähigkeit zur Errichtung eines Erbvertrages nimmt.[17] Jedoch ist gerade bei Vorliegen eines Einwilligungsvorbehalts hinsichtlich der Vermögenssorge vom Notar eingehend zu prüfen und gem. § 28 BeurkG in der Urkunde zu dokumentieren, ob der Erblasser die erforderliche Geschäftsfähigkeit i.S. von § 104 Nr. 2 BGB besitzt, wenngleich die Anordnung eines **Einwilligungsvorbehalts** nicht die Geschäftsunfähigkeit voraussetzt.[18] Leider werden Feststellungen hierzu im Beschluss über die Anordnung der Bestellung nicht mehr getroffen, jedoch können sich solche aus dem nach § 280 FamFG einzuholenden Sachverständigengutachten ergeben.[19] Zu weitreichend aber *Weser,*[20] der fordert, dass hier eine **besondere Einsichtsfähigkeit** in die mit dem Erbvertrag eingegangene Bindung erforderlich sei: dies liefe auf die Einführung einer relativen Geschäftsunfähigkeit hinaus, die von der h.M. zu Recht abgelehnt wird.[21]

2. Rechtsfolgen

Ein Erbvertrag, den ein Geschäftsunfähiger (§ 104 BGB) als Erblasser abschließt, ist unheilbar **nichtig (§ 105 Abs. 1 BGB)**.[22] Gleiches gilt, wenn dies ein in der Geschäftsfähigkeit Beschränkter (§ 106 BGB) tut. Das Fehlen der unbeschränkten Geschäftsfähigkeit muss aber zur vollen Überzeugung des Nachlassgerichts feststehen.[23] Daran ändert (wegen des Grundsatzes der persönlichen Errichtung gem. § 2274 BGB) auch die Mitwirkung oder Zustimmung des gesetzlichen Vertreters daran nichts.[24] Der Mangel wird hier auch nicht geheilt, wenn der Erblasser unbeschränkt geschäftsfähig wird, selbst wenn er dann den Erbvertrag genehmigen sollte.[25] Möglich ist aber ein **Neuabschluss** des Erbvertrags durch die Vertragsteile nach Eintritt der Geschäftsfähigkeit. Dabei kann formell auch eine Bezugnahme nach § 13a BeurkG auf den wegen Geschäftsunfähigkeit nichtigen alten Erbvertrag erfolgen, denn die materiell rechtliche Wirksamkeit der in Bezug genommenen Urkunde ist nicht Voraussetzung für die Wirksamkeit der Bezugnahme.[26] Möglich ist auch eine Bestätigung des nichtigen Erbvertrags, die nach § 141 Abs. 1 BGB als Neuvornahme zu beurteilen ist.[27] 4

Der nichtige Erbvertrag kann u.U. nach § 140 BGB als Testament aufrechterhalten werden, wenn die allgemeinen Voraussetzungen für eine **Umdeutung** vorliegen, der nur beschränkt geschäftsfähige Erblasser trotzdem testierfähig ist (§ 2229 BGB) und dies insbesondere dem mutmaßlichen Willen des Erblassers entspricht.[28] Dies kommt etwa in Betracht, wenn der Minderjährige bei Errichtung das sechzehnte Lebensjahr vollendet hat und damit ein Testament durch mündliche Erklärung oder Übergabe einer offenen Schrift vor einem Notar errichten kann (§§ 2229 Abs. 1, 2233 Abs. 1 BGB).[29] Das Gesetz stellt aber keine Vermutung für eine solche Umdeutung auf.[30] 5

---

17 NK-BGB/*Kornexl* § 2275 Rn. 6 f.; *Lange/Kuchinke* § 25 II 1 a; eingehend *G. Müller*, Betreuung und Geschäftsfähigkeit, 1998, 49 ff., 108 ff., die zu Recht betont, dass § 2275 Abs. 2 a.F. hier auch nicht analog anzuwenden war; z.T. anders *Weser* MittBayNot 1992, 161, 169 f.

18 Str., zum Streitstand *G. Müller*, a.a.O., 198 ff.

19 MünchKommBGB/*Schwab* § 1896 Rn. 179; MünchKommBGB/*Musielak* § 2275 Rn. 3; eingehend zum Inhalt des Gutachtens MünchKommFamFG/*Schmidt-Recla* § 280 Rn. 19 ff.

20 *Weser*, MittBayNot 1992, 161, 169 f.

21 Vgl. etwa Palandt/*Ellenberger* § 104 Rn. 7.

22 NK-BGB/*Kornexl* § 2275 Rn. 8; MünchKommBGB/*Musielak* § 2275 Rn. 3.

23 BayObLG FamRZ 1982, 1138 = Rpfleger 1982, 286.

24 *Lange/Kuchinke* § 25 II Fn. 12; Palandt/*Weidlich* § 2275 Rn. 1.

25 Mot. V 346; NK-BGB/*Kornexl* § 2275 Rn. 8; Bamberger/Roth/*Litzenburger* § 2275 Rn. 5; MünchKommBGB/*Musielak* § 2275 Rn. 3; Planck/*Greiff* Anm. 1; Staudinger/*Kanzleiter* [2013] § 2275 Rn. 3.

26 So nun auch OLG Braunschweig WKRS 2019, 27370; NK-BGB/*Kornexl* § 2275 Rn. 12 mit Details wegen der Gefahren einer späteren Rückgabe nach § 2300 Abs. 2; allgem. dazu *Winkler* § 13a BeurkG Rn. 31.

27 BGHZ 1, 116 (118); MünchKommBGB/*Busche* § 141 Rn. 2; Bamberger/Roth/*Wendtland* § 141 Rn. 2.

28 Mot. V 317; RGZ 28, 217, 219 f.; NK-BGB/*Kornexl* § 2275 Rn. 9; MünchKommBGB/*Musielak* § 2275 Rn. 4; Staudinger/*Kanzleiter* [2013] § 2275 Rn. 3; BayObLG ZEV 1995, 413, 414 = FamRZ 1995, 1449: bei Nichtigkeit der Verfügungen des einen Ehegatten.

29 Dazu Staudinger/*Roth* [2010] § 140 Rn. 49; MünchKommBGB/*Busche* § 140 Rn. 24.

30 MünchKommBGB/*Musielak* § 2275 Rn. 4; Staudinger/*Kanzleiter* [2013] § 2275 Rn. 3; *Strohal* § 45 bei Fn. 66.

Beim **zwei- oder mehrseitigen Erbvertrag** ist zu beachten, dass die eine Verfügung oft nur um der anderen willen getroffen wurde, insbesondere wenn sich die Vertragspartner gegenseitig bedenken.[31] Hier kann die Verfügung des einen Vertragsteils nur im Wege der Umdeutung aufrechterhalten werden, wenn eine solche **Bestandsabhängigkeit ausgeschlossen** werden kann, es also dem einen Ehegatten gar nicht darauf ankam, dass er auch eine Zuwendung von dem Geschäftsunfähigen erhält, weil es ihm etwa nur um die Absicherung des anderen ging.[32] Dies hat mit § 2298 BGB primär nichts zu tun, sondern setzt bereits bei der vorgelagerten Prüfung des § 140 BGB an.[33]

II. Keine beschränkte Erbvertragsfähigkeit

6 Bis zum Ablauf des 21.07.2017 konnte nach **Abs. 2 und 3 a.F.** ein Ehegatte oder Verlobter, der in der **Geschäftsfähigkeit beschränkt** war (nicht ein Geschäftsunfähiger), als Erblasser mit seinem Ehegatten oder Verlobten einen Erbvertrag schließen, freilich nur mit Zustimmung seines gesetzlichen Vertreters.[34] Diese **Privilegierung** ist mit dem Inkrafttreten des Gesetzes zur Bekämpfung von Kinderehen zum 22.07.2017[35] für die Zukunft **entfallen**, da nunmehr eine Ehe mit einem Minderjährigen gem. § 1303 BGB n.F. grundsätzlich nicht mehr geschlossen werden darf. Für die eher theoretisch denkbar geschlossene Ehe eines Volljährigen mit einem mindestens 16-jährigen Ehegatten, die dann lediglich aufhebbar und nicht nichtig ist, besteht demnach kein Privileg mehr, einen Erbvertrag wirksam abschließen zu können. Dies ist vor dem Hintergrund der Missbilligung der Minderjährigenehe durch den Gesetzgeber nur konsequent. Für **eingetragene Lebenspartner** i.S.d. LPartG hatte die Ausnahme nach Abs. 2 ohnehin keinen Anwendungsbereich, da eine eingetragene Lebenspartnerschaft nur zwischen Volljährigen begründet werden kann (§ 1 Abs. 3 Nr. 1, 1. Alt LPartG).[36]

Auch bei einem **Betreuten** war eine analoge Anwendung nicht möglich, was sich nicht zuletzt aus der gesetzlichen Wertung des § 1903 Abs. 2 BGB ergab, wonach ein Einwilligungsvorbehalt bei Verfügungen von Todes wegen nicht möglich ist.[37] Entweder ist der Betroffene geschäftsfähig, so kann nur er als Erblasser einen Erbvertrag errichten; ist er es nicht, so kann wegen der Höchstpersönlichkeit dieses Rechtsgeschäfts auch sein Betreuer nicht handeln.[38]

7 Nach der bisherigen Rechtslage mit einem minderjährigen Ehegatten wirksam abgeschlossene Erbverträge behalten auch weiter ihre Wirksamkeit.[39] Dies ergibt sich letztlich aus der Übergangsregelung in Art. 229 § 44 EGBGB, wonach solche vor dem 22.07.2017 geschlossene Ehen wirksam bleiben, und aus Vertrauensschutzgesichtspunkten. Eine ausdrückliche Übergangsregelung hat der Gesetzgeber indes nicht erlassen.

III. Geschäftsfähigkeit des Vertragsgegners

8 Wenn der andere Vertragsteil im Rahmen eines zwei- oder mehrseitigen Erbvertrags **selbst Verfügungen von Todes** wegen trifft, so müssen die Anforderungen erfüllt werden, die an einen Erblasser gestellt werden.[40] Demgegenüber gelten für die Geschäftsfähigkeit des Vertragsgegners, der **nicht selbst** seinerseits als Erblasser **verfügt**, die allgemeinen Vorschriften über Verträge (§§ 104,

31 NK-BGB/*Kornexl* § 2275 Rn. 10.

32 Vgl. etwa zur ähnlichen Problematik i.R.d. Umdeutung nach § 2265: dort Rdn. 13 f.; zu Lösungsversuchen über die Annahme eines Bedingungszusammenhangs nach § 158, wenn auch letztlich ablehnend, für die abhängigen Verfügungen s. NK-BGB/*Kornexl* § 2275 Rn. 11.

33 Verkannt von BayObLG ZEV 1995, 413, 414.

34 Vgl. zur alten Rechtslage: NK-BGB/*Kornexl* § 2275 Rn. 14 ff.; s.a. 6. Aufl. § 2275 Rn. 6 ff.

35 BGBl. 2017 I 2429.

36 *Von Dickhuth-Harrach*, Handbuch der Erbfolge-Gestaltung, § 16 Rn. 17.

37 NK-BGB/*Kornexl* § 2275 Rn. 30; MünchKommBGB/*Musielak* § 2275 Rn. 11; *Weser* MittBayNot 1992, 161, 170.

38 *Cypionka* DNotZ 1991, 583; *G. Müller*, Betreuung und Geschäftsfähigkeit, 1998, 109 f.

39 Bamberger/Roth/*Litzenburger* § 2275 Rn. 3; NK-BGB/*Kornexl* § 2275 Rn. 15; vorsichtig in diese Richtung auch Palandt/*Weidlich* § 2275 Rn. 3.

40 NK-BGB/*Kornexl* § 2275 Rn. 32.

106 ff. BGB).[41] Ist er **geschäftsunfähig**, so gilt für ihn § 2274 BGB nicht, so dass sein gesetzlicher Vertreter für ihn abschließen kann.[42] Geschieht dies nicht, so ist der Erbvertrag unwirksam, kann aber i.d.R. in eine einseitige letztwillige Verfügung umgedeutet werden.[43]

Ist er **beschränkt geschäftsfähig**, so bedarf er zur bloßen Annahme der vertragsmäßigen Verfügungen des Erblassers nicht der Zustimmung seines gesetzlichen Vertreters.[44] Richtigerweise wird man dies aber nicht damit begründen können, dass er dadurch einen rechtlichen Vorteil i.S. von § 107 BGB erlangt.[45] Denn die Vertragsstellung im Erbvertrag allein bringt dem Minderjährigen nicht unmittelbar einen rechtlichen Vorteil, auch führt die Annahme der Verfügung von Todes wegen noch nicht zu einem Vermögensanfall, was erst durch den Erbfall selbst geschieht. Die Annahme der erbvertraglichen Verfügung bewirkt vielmehr nur die erbvertragliche Bindung, weshalb ein **rechtlich neutrales Rechtsgeschäft** vorliegt,[46] das nach h.M. einem rechtlich vorteilhaften i.S. von § 107 BGB gleichsteht, weil insoweit der beschränkt Geschäftsfähige nicht schutzbedürftig ist.[47] Auf den Inhalt der erbvertraglichen Verfügung kommt es daher nicht an,[48] sodass es gleichgültig ist, ob der Vertragspartner seinerseits mit Vermächtnissen oder Auflagen wiederum beschwert ist, wenn er nur selbst keine eigenständige Verpflichtung übernimmt oder eine nachteilige Verfügung (etwa Erbverzicht) abgibt, zumal er nach Eintritt des Erbfalls immer noch ausschlagen kann.[49] 9

Soweit der keine Verfügung von Todes wegen erklärende Vertragspartner unter **Betreuung mit angeordnetem Einwilligungsvorbehalt** steht, ist gem. § 1903 Abs. 3 Satz 1 BGB für Willenserklärungen, die ihm lediglich einen rechtlichen Vorteil bringen, die Einwilligung des Betreuers nicht erforderlich. Dies gilt allerdings nur für den geschäftsfähigen Betreuten, dann aber auch, wenn es sich um ein rechtlich neutrales Geschäft handelt,[50] sodass es auf die rechtliche Einordnung der bloßen Annahme der vertragsmäßigen Verfügung auch hier nicht ankommt. 10

Wird der einseitige Erbvertrag aber mit einem **anderen Vertrag verbunden**, durch den der beschränkt Geschäftsfähige seinerseits Pflichten übernimmt (etwa solche zur Pflege des Erblassers nach § 2295 BGB oder andere entgeltliche Erbverträge) oder nachteilige Verfügungen vornimmt (etwa Erbteilsübertragungen oder Erb- und Pflichtteilsverzichte), so bedarf dieses »Drittgeschäft« nach § 108 BGB der Zustimmung des gesetzlichen Vertreters. Die h.M. erstreckt darüber hinaus aber diese Zustimmungspflicht auch auf den Erbvertrag.[51] Jedoch ist zu differenzieren: Wenn diese zusätzliche Vereinbarung eine rechtliche Einheit mit dem Erbvertrag bildet, führt dies zwar zu einem Bedingungszusammenhang mit dem Erbvertrag, aber nicht dazu, dass der Erbvertrag als solcher genehmigungsbedürftig wird. Daran ändert nichts, dass der Erbvertrag in seiner Wirksamkeit mittelbar von der erforderlichen Genehmigung des anderen Vertrags abhängig ist.[52] Fehlt dagegen ein solcher Bedingungszusammenhang, so ist der Erbvertrag auch dann wirksam, wenn die für den anderen Vertrag erforderliche Zustimmung nicht erteilt wird. Die Unwirksamkeit des 11

41 NK-BGB/*Kornexl* § 2275 Rn. 32; MünchKommBGB/*Musielak* § 2275 Rn. 6; Palandt/*Weidlich* § 2275 Rn. 2; *Kipp/Coing* § 17 III 3.

42 NK-BGB/*Kornexl* § 2275 Rn. 33; Staudinger/*Kanzleiter* § 2275 Rn. 11.

43 BayObLG ZEV 1995, 413, 414 li. Sp = FamRZ 1995, 1449; NK-BGB/*Kornexl* § 2275 Rn. 33.

44 MünchKommBGB/*Musielak* § 2275 Rn. 6; *Kipp/Coing* § 17 III 3; *Lange/Kuchinke* § 25 II 1 a.

45 So aber die h.M., vgl. etwa Bamberger/Roth/*Litzenburger* § 2275 Rn. 7; Palandt/*Weidlich* § 2275 Rn. 2; Staudinger/*Kanzleiter* § 2275 Rn. 11.

46 Ebenso MünchKommBGB/*Musielak* § 2275 Rn. 6; für unerheblich hält die Streitfrage, ob neutrales oder vorteilhaftes Rechtsgeschäft NK-BGB/*Kornexl* § 2275 Rn. 34.

47 Palandt/*Ellenberger* § 107 Rn. 7; MünchKommBGB/*Spickhoff* § 107 Rn. 54.

48 NK-BGB/*Kornexl* § 2275 Rn. 34; MünchKommBGB/*Musielak* § 2275 Rn. 6.

49 Bamberger/Roth/*Litzenburger* Rn. 7; MünchKommBGB/*Musielak* Rn. 6; NK-BGB/*Kornexl* Rn. 34.

50 NK-BGB/*Kornexl* § 2275 Rn. 35; allgemein hierzu Bamberger/Roth/*Müller-Engels* § 1903 Rn. 16, 19.

51 *Lange/Kuchinke* § 25 II 2; *Kipp/Coing* § 17 III 3; *Ebenroth* Rn. 250.

52 NK-BGB/*Kornexl* § 2275 Rn. 36; *Lange/Kuchinke* § 25 II 2; a.A. AK/*Finger* Rn. 5; Soergel/*M. Wolf* Rn. 4 und die h.M., die eine noch weitreichendere Zustimmungspflicht annimmt; anders MünchKommBGB/*Musielak* § 2275 Rn. 7: Genehmigungsbedürftigkeit des Erbvertrags, wenn dieser mit dem anderen Vertrag eine rechtliche Einheit bildet.

den beschränkt Geschäftsfähigen verpflichtenden Vertrags kann den Erblasser aber zur Anfechtung seiner Verfügung von Todes wegen berechtigen.[53]

12 Die Zustimmung muss aber noch vor dem Eintritt des Erbfalls nach dem Erblasser wirksam werden, da im Interesse der Rechtssicherheit die Erbrechtsverhältnisse dann feststehen müssen.[54] Dass in Folge einer Ausschlagung (§§ 1944 ff. BGB, beim Vermächtnis sogar unbefristet, § 2180 BGB), einer Anfechtung (§ 2082 BGB) oder einer Erbunwürdigkeit (§ 2340 Abs. 3 BGB) ausnahmsweise nachträglich eine Änderung der Erbfolge eintreten kann, beruht auf dem Ausnahmecharakter dieser ausdrücklich in Durchbrechung dieses Grundsatzes geschaffenen Vorschriften und ist nicht mit dem hier vorliegenden Fall vergleichbar, bei dem es im Erbfall bereits an der Wirksamkeit der erbrechtlichen Verfügung in formeller Hinsicht fehlt.[55]

IV. Verfahrensfragen, Prozessuales

1. Beurkundungsverfahren

13 Nach § 28 BeurkG soll der Notar seine Wahrnehmungen über die erforderliche Geschäftsfähigkeit des Erblassers in der Niederschrift vermerken. Es handelt sich dabei – wie sich bereits aus dem Wortlaut (»soll«) ergibt – um eine Ordnungsvorschrift, deren Nichtbeachtung nicht zur Unwirksamkeit der Beurkundung führt, aber u.U. eine Amtspflichtverletzung mit darauf gegründeter Amtshaftung darstellt, da dadurch ein wichtiges Beweismittel zur Vermeidung von Streitigkeiten über die Geschäftsfähigkeit verloren geht.[56] Sie ergänzt insoweit die allgemeine Vorschrift des § 11 BeurkG. Die dort getroffenen Feststellungen stellen natürlich keine abschließende Entscheidung über die erforderliche Geschäftsfähigkeit dar,[57] die dem Gericht obliegt. Dennoch empfiehlt es sich, die eigenen Wahrnehmungen des Urkundsnotars über die Geschäftsfähigkeit detaillierter in der Niederschrift zu dokumentieren.[58] Zu Einzelheiten s. Erl. zu § 28 BeurkG.

2. Feststellungs- und Beweislastfragen

14 Im Streitfall muss derjenige die Geschäftsunfähigkeit des Erblassers bei Abschluss des Erbvertrags beweisen, der sie behauptet, da dies ein Ausnahmetatbestand ist.[59] Er trägt hierfür auch die Feststellungslast in einem Erbscheinsverfahren.[60] Für die Beweislastverteilung gelten die zu §§ 104 ff. BGB entwickelten Grundsätze.[61] Ergeben sich jedoch Anhaltspunkte für eine fehlende Geschäftsfähigkeit, so hat das Gericht ein beantragtes Gutachten eines Sachverständigen (Psychiaters oder Neurologen, nicht eines Allgemeinarztes oder anderen Facharztes) einzuholen.[62] Soweit die Testier- oder Geschäftsfähigkeit einer noch lebenden Person zu beurteilen ist, setzt dies grundsätzlich voraus, dass diese selbst untersucht wird, jedoch sind Ausnahmen möglich.[63] Bei der Prüfung der Geschäfts- bzw. Testierfähigkeit bedarf es zwar sorgfältiger Ermittlungen. Das bedeutet aber nicht, dass allen Beweisanträgen stattzugeben und allen denkbaren Möglichkeiten zur Erforschung des

---

53 NK-BGB/*Kornexl* § 2275 Rn. 36; MünchKommBGB/*Musielak* § 2275 Rn. 7.

54 KG KGJ 47 A 100; BGH NJW 1978, 1159 = DNotZ 1978, 300; Staudinger/*Kanzleiter* § 2275 Rn. 9; MünchKommBGB/*Musielak* § 2275 Rn. 8, 12; Palandt/*Weidlich* Rn. 2; *Schlüter* Rn. 252; *Lange/Kuchinke* § 25 II Fn. 17; nun wohl auch NK-BGB/*Kornexl* § 2275 Rn. 27; a. M. BayObLGZ 1959, 370 = NJW 1960, 578.

55 Vgl. dazu NK-BGB/*Kornexl* § 2275 Rn. 27 ff. (bis zur 4. Aufl.).

56 MünchKommBGB/*Hagena* § 28 BeurkG Rn. 24.

57 *Th. Zimmermann* BWNotZ 2000, 97, 100; *Nieder* ZNotP 2001, 335, 336.

58 NK-BGB/*Kornexl* § 2275 Rn. 39.

59 BGH FamRZ 1984, 1003; BayObLG Rpfleger 1982, 286 f.; FamRZ 2002, 63, 64; RG WarnRspr. 1915 Nr. 71; NK-BGB/*Kornexl* § 2275 Rn. 37; Bamberger/Roth/*Litzenburger* § 2275 Rn. 9; MünchKommBGB/*Musielak* § 2275 Rn. 13; *Baumgärtel/Schmitz* § 2275 Rn. 1.

60 OLG Hamm MittBayNot 1997, 180; BayObLG FamRZ 2002, 62.

61 Baumgärtel/*Schmitz* Rn. 1; dazu Baumgärtel/*Laumen* § 104 Rn. 1 ff.

62 BGH FamRZ 1984, 1003 = WM 1984, 1063, 1064; BayObLG ZEV 1994, 303. Zu den Anforderungen an einen solchen Gutachter KG KG-Rp 1995, 142; OLG Frankfurt FamRZ 1998, 1061..

63 BayObLGZ 1995, 383, 389 f. = FamRZ 1996, 566 = NJW-RR 1996, 457.

Sachverhalts nachzugehen wäre. Auch im Erbscheinsverfahren besteht eine Aufklärungspflicht nur, wenn das Vorbringen der Beteiligten und der festgestellte Sachverhalt hierzu bei sorgfältiger Überlegung Anlass geben.[64]

§ 2276 Form

(1) Ein Erbvertrag kann nur zur Niederschrift eines Notars bei gleichzeitiger Anwesenheit beider Teile geschlossen werden. Die Vorschriften des § 2231 Nr. 1 und der §§ 2232, 2233 sind anzuwenden; was nach diesen Vorschriften für den Erblasser gilt, gilt für jeden der Vertragschließenden.

(2) Für einen Erbvertrag zwischen Ehegatten oder zwischen Verlobten, der mit einem Ehevertrag in derselben Urkunde verbunden wird, genügt die für den Ehevertrag vorgeschriebene Form.

Übersicht

I. Zweck

Das Beurkundungserfordernis des § 2276 BGB ist Ausdruck des das ganze deutsche Erbrecht 1 beherrschenden Grundsatzes der Formstrenge. Die Mitwirkung des Notars erscheint schon wegen der mit dem Erbvertrag verbundenen weitreichenden Bindungswirkung erforderlich, die eine Art Vorleistung des Erblassers darstellt.[1] Zweck des **Formgebots** ist daher neben der Beweisfunktion das Interesse an Vollständigkeit und Authentizität der erbrechtlichen Erklärungen, der Schutz vor Übereilung, aber auch die Sicherung einer fachkundigen rechtlichen Beratung (nicht

64 BayObLGZ 1995, 383, 388 f.; BayObLG MittBayNot 1995, 56, 57; OLG Hamm ZEV 1997, 75: pauschale Behauptungen genügen nicht.

1 *Lange/Kuchinke* § 25 III 1; *Olzen*, Die vorweggenommene Erbfolge, 1984, 225; MünchKommBGB/*Musielak* § 2276 Rn. 1.

zuletzt im Hinblick auf die Bindungswirkung des Erbvertrags), was zu einer größeren Richtigkeitsgewähr führt.[2]

II. Form des Erbvertrags im Allgemeinen

1. Öffentliche Beurkundung

2 Die Errichtung eines Erbvertrags erfordert öffentliche Beurkundung. Eine private Abfassung, wie sie beim Testament nach § 2231 Nr. 2 BGB zulässig ist, ist ausgeschlossen. Die private Willenserklärung kann nur insofern indirekt Grundlage eines Erbvertrags sein, als der Erblasser eine Schrift, sei es eine von ihm selbst geschriebene oder eine von einem Dritten verfasste, dem Notar offen oder verschlossen übergeben kann mit der Erklärung, dass die Schrift seinen letzten Willen enthalte (§§ 2276, 2232 BGB).

2. Zuständigkeit zur Beurkundung

3 Für die Beurkundung eines Erbvertrags sind in der Regel nur mehr die Notare zuständig; die allgemeine Zuständigkeit der Gerichte ist seit dem 01.01.1970 mit dem Inkrafttreten des BeurkG beseitigt (§ 2276 Abs. 1 Satz 1 BGB in der neuen Fassung); zum gerichtlichen Vergleich s. Rdn. 5. Da es beim Erbvertrag keine besondere Form für Notfälle gibt (wie beim Testament das sog. Nottestament), entfällt auch eine Zuständigkeit der Bürgermeister sowie das Dreizeugentestament. **Außer den Notaren** können nur mehr im Ausland die besonders ermächtigten deutschen Berufskonsuln und **Konsulatsbeamten** einen Erbvertrag beurkunden, und zwar nur für deutsche Staatsangehörige vgl. §§ 1, 2, 10, 11 Abs. 1, 18–21, 24 KonsG.[3]

3. Gleichzeitige Anwesenheit beider Teile

4 Das Erfordernis der gleichzeitigen Anwesenheit beider Teile schließt die Beurkundung eines bindenden Vertragsangebots (§ 128 BGB) aus.[4] Persönlich braucht nur der Erblasser anwesend zu sein (§ 2274 BGB), nicht auch der Vertragsgegner, der keine Verfügung von Todes wegen trifft; dieser kann sich vertreten lassen.[5] Immerhin muss wenigstens ein Vertreter des Vertragsgegners beim Abschluss des Erbvertrags zugegen sein; denn beurkundet wird der Austausch der beiderseitigen Erklärungen und die Annahme der vertragsmäßig bindenden Verfügung.[6] Ein Vertreter ohne Vertretungsmacht genügt, wenn der Vertragsgegner seine Erklärungen nachträglich genehmigt (§ 177 BGB). Der Vertreter kann nur die Erklärungen des Erblassers annehmen, er kann aber weder vertragsmäßige Verfügungen von Todes wegen (§ 2278 BGB) noch einseitige treffen (§ 2299 Abs. 2 Satz 1, § 2064 BGB). Der gesetzliche Vertreter, der den Erbvertrag nicht abschließen kann,[7] braucht bei der Beurkundung nicht anwesend zu sein, da er auch nachträglich formlos zustimmen kann (§ 182 Abs. 2 BGB).[8] Alle Beteiligte müssen beim Vorlesen der Niederschrift und deren Genehmigung anwesend oder – wenn sie nicht testieren – zumindest wirksam vertreten sein, brauchen aber nach der h.M. der **Unterzeichnung** durch die anderen **nicht** mehr beizuwohnen.[9]

---

2 NK-BGB/*Kornexl* § 2276 Rn. 1; MünchKommBGB/*Musielak* § 2276 Rn. 1; Staudinger/*Hertel* [2012] Vorbem. zu 68 §§ 127a, 128 ff.

3 NK-BGB/*Kornexl* § 2276 Rn. 2; Bamberger/Roth/*Litzenburger* § 2276 Rn. 1; MünchKommBGB/*Musielak* § 2276 Rn. 1.

4 Mot. V 320; NK-BGB/*Kornexl* § 2276 Rn. 3; Bamberger/Roth/*Litzenburger* § 2276 Rn. 6; MünchKommBGB/*Musielak* § 2276 Rn. 6; *Planck/Greiff* Vorbem. 2 Abs. 2 vor § 2274.

5 § 2274 BGB Rdn. 6.

6 RG JW 1901, 474.

7 § 2275 BGB Rdn. 128 ff.

8 Palandt/*Weidlich* § 2276 Rn. 1.

9 NK-BGB/*Kornexl* § 2276 Rn. 3; *Winkler* § 13 Rn. 46; warum sich das Erfordernis der gleichzeitigen Anwesenheit nicht auf die Unterzeichnung beziehen soll, bleibt allerdings unklar; a.A. Soergel/*M. Wolf* § 2276 Rn. 5; neuerdings auch Bremkamp/Kindler/Winnen/*Bremkamp* § 13 BeurkG Rn. 8.

4. Prozessvergleich

Ein Erbvertrag kann – im Gegensatz zu einem Testament[10] – auch in einem seitens des Erblassers persönlich geschlossenen (§ 2274 BGB) Prozessvergleich oder in einem Vergleich eines Verfahrens der freiwilligen Gerichtsbarkeit (z.B. im Zuweisungsverfahren nach dem LwVG) beurkundet werden.[11] *Lange/Kuchinke*[12] weisen zwar darauf hin, dass die öffentliche Verhandlung an sich dafür nicht die geeignete Gelegenheit ist, aber wegen eines Sachzusammenhangs zur raschen Prozessbeendigung kann dies u.U. dennoch im Einzelfall sachgerecht sein. Die Form des § 2276 BGB wird durch die Aufnahme der Erklärungen in ein nach den Vorschriften der ZPO errichtetes Protokoll ersetzt (§ 127a BGB). Zweckmäßig ist dabei, dass darin insbesondere die Tatsache der persönlichen Erklärung der Verfügung von Todes wegen durch den Erblasser festgestellt wird (§§ 159, 160 Abs. 3 Nr. 1, 4 ZPO), jedoch wird man dies nicht als zwingend erforderlich ansehen müssen, wenn nur anderweitig der Nachweis der höchstpersönlichen Erklärungsabgabe möglich ist.[13] Besteht im Verfahren **Anwaltszwang**, so sind die Erklärungen des Erblassers persönlich (§ 2274 BGB) und gemeinsam mit seinem Anwalt (Anwaltszwang) abzugeben, andernfalls sind die Erklärungen nichtig.[14] Umstritten ist, ob auch einseitige Verfügungen von Todes wegen, wie ein Widerruf letztwilliger Verfügungen, im Prozessvergleich erklärt werden können. Entgegen RGZ 48, 182, 187 und BGH DB 1959, 790 wird man dies aber zur Wahrung des Sachzusammenhangs für zulässig halten müssen.[15] 5

5. Anforderungen an die Person des Vertragsgegners

Nach Abs. 1 Satz 2 Halbs. 2 ist das, was in § 2231 Nr. 1 BGB, §§ 2232, 2233 BGB für den Erblasser bestimmt ist, auf jeden der Vertragschließenden, also auch auf den nicht verfügenden Vertragsgegner anzuwenden. Das bedeutet nicht, dass eine Vorschrift, deren Voraussetzung (z.B. Minderjährigkeit, Leseunfähigkeit, Stummheit) nur in der Person des Erblassers erfüllt ist, auch auf den bloßen Vertragsgegner, der seinerseits keine vertragsmäßige Verfügung von Todes wegen trifft, anzuwenden wäre. Vielmehr gelten jene Vorschriften für den bloßen Vertragsgegner i.d.R. nur dann, wenn ihre Voraussetzungen (auch) bei ihm vorliegen.[16] Nur ausnahmsweise können es Grund und Zweck der bezeichneten Vorschriften nötig machen, die Erklärungen beider Teile einer besonderen Form zu unterwerfen, obwohl die Voraussetzung der Vorschrift nur bei einem Vertragsteil vorliegt.[17] Ist der nicht verfügende Vertragspartner vertreten, so ist für die Anwendung des § 2233 BGB die Person des Vertreters maßgebend.[18] 6

6. Anwendung der Verfahrensvorschriften auf den Vertragsgegner

§ 2276 Abs. 1 Satz 2 Halbs. 2 BGB wird für das Beurkundungsverfahren ergänzt durch § 33 BeurkG. Nach dieser Vorschrift gelten die §§ 30 und 32 BeurkG, die sich mit der Errichtung 7

---

10 Da sowohl die Erklärungen des Erblassers beim Testament (§ 2064 BGB) als auch beim Erbvertrag (§ 2274) persönlich abzugeben sind, überzeugt diese Differenzierung der st. Rspr. nicht, vgl. MünchKommBGB/*Einsele* § 127a Rn. 2.

11 BGHZ 14, 381 = DNotZ 1955, 190 m. zust. Anm. *Keidel* = LM Nr. 11 zu § 794 Abs. 1 Nr. 1 ZPO m. Anm. *Johannsen*; BGH FamRZ 1960, 28; BayObLGZ 1965, 86 = NJW 1965, 1276; OLG Köln OLGZ 1970, 115; OLG Stuttgart NJW 1989, 2700; NK-BGB/*Kornexl* § 2276 Rn. 2; MünchKommBGB/*Musielak* § 2276 Rn. 8; Palandt/*Weidlich* § 2276 Rn. 1; Staudinger/*Kanzleiter* § 2276 Rn. 4.

12 § 25 III 1.

13 OLG Stuttgart OLGZ 1989, 415, 417; Palandt/*Weidlich* § 2276 Rn. 1; Staudinger/*Kanzleiter* [2013] § 2276 Rn. 4; a.M. MünchKommBGB/*Musielak* § 2276 Rn. 8, Erman/*S. Kappler*/*T. Kappler* § 2274 Rn. 2.

14 BGHZ 77, 264, 272 f. = NJW 1980, 2307; OLG Stuttgart OLGZ 1989, 415, 417; OLG Bremen FamRZ 2013, 661 = MittBayNot 2013, 55 m. Anm. *Soutier*; *Appell* FamRZ 1970, 523.

15 *Lange/Kuchinke* § 25 III 1 Fn. 34.

16 MünchKommBGB/*Musielak* § 2276 Rn. 5; Staudinger/*Kanzleiter* [2013] § 2276 Rn. 6; Palandt/*Weidlich* § 2276 Rn. 2.

17 Z.B. bei Blindheit eines Vertragsteiles, Rdn. 12.

18 Staudinger/*Kanzleiter* [2013] § 2276 Rn. 6; *Winkler* § 33 BeurkG Rn. 4.

einer Verfügung von Todes wegen durch Übergabe einer Schrift sowie mit Personen, die stumm oder der Verhandlungssprache nicht hinreichend kundig sind, befassen, beim Erbvertrag auch für die Erklärungen des Vertragsgegners – also für seine Annahmeerklärung und gegebenenfalls für seine einseitigen Verfügungen von Todes wegen, § 2299 BGB – entsprechend. Für den oder (beim zweiseitigen Erbvertrag) für die Erblasser gelten sie unmittelbar; denn die §§ 30 und 32 BeurkG beziehen sich auf alle Verfügungen von Todes wegen, also auch auf Erbverträge. Soweit das Gesetz auf persönliche Eigenschaften und Verhältnisse des Erblassers abstellt (z.B. auf die Verwandtschaft mit dem Notar), kommt es hier auf die Eigenschaften und Verhältnisse des Vertragsgegners an, nicht auf die eines etwaigen Vertreters, es sei denn das Gesetz hat offensichtlich die Eigenschaften und Verhältnisse des Erklärenden im Auge (z.B. in § 6 Abs. 2 BeurkG).

III. Materielle Formvorschriften

1. Anwendung des § 2231 Nr. 1

8 Nach § 2276 Abs. 1 Satz 2 BGB i.V.m. § 2231 Nr. 1 BGB kann ein Erbvertrag (nur) zur Niederschrift eines Notars errichtet werden. Das Gesetz sagt damit nichts anderes als was schon in § 2276 Abs. 1 Satz 1 BGB zum Ausdruck gebracht ist, weshalb diese Bestimmung keine eigenständige Bedeutung hat.[19]

2. Anwendung des § 2232 BGB

9 Nach § 2276 Abs. 1 Satz 2 BGB i.V.m. § 2232 BGB wird ein Erbvertrag errichtet, indem der Erblasser dem Notar seinen letzten Willen erklärt oder ihm eine offene oder verschlossene Schrift übergibt mit der Erklärung, dass die Schrift, die nicht von ihm selbst geschrieben zu sein braucht, seinen letzten Willen enthalte; der Vertragsgegner muss die Erklärung des Erblassers annehmen. Es ist zulässig, dass die Vertragsteile die nach materiellem Recht **zulässigen Errichtungsformen kombinieren.**[20] Demnach besteht die Kombinationsmöglichkeit, dass der eine Teil seine Erklärung mündlich, der andere durch Übergabe einer Schrift abgibt; sie können ihre Erklärungen auch in einer gemeinsamen Schrift niederlegen.[21] Ebenso kann der Erblasser seinen letzten Willen in einer verschlossenen Schrift überreichen, der Vertragsgegner in einer offenen Schrift oder umgekehrt. Denkbar ist auch ein Erbvertrag, der aus zwei verschlossenen Schriften besteht.[22] **Erforderlich** ist aber, dass **jeder Vertragsteil Kenntnis** vom Inhalt der Verfügungen des anderen hat.[23] Denn den Erbvertrag kennzeichnet die Bindung an die vertragsmäßigen **Verfügungen eines anderen**, und dies ist immer inhaltsbezogen, und nicht rein formell möglich. Allerdings ist zu beachten, dass der Notar bei der Gestaltung des Beurkundungsverfahrens den **sichersten Weg** zu gehen hat. Daher bestehen praktische Bedenken gegen eine Verfahrensweise, wonach die Vertragsteile jeweils getrennt verschlossene Schriften übergeben. Der bloße Vermerk in der Urkunde, wonach jeder Vertragsteil die Verfügungen des anderen kennt und annehme,[24] vermag zwar den Notar zu exkulpieren, hindert aber die Nichtigkeit des Erbvertrags nicht, wenn diese Angabe unrichtig ist.[25]

10 Über die mündliche Erklärung des Erblassers s. § 2232 BGB Rdn. 6 ff. Über die Übergabe einer Schrift s. § 2232 BGB Rdn. 14 ff.

---

19 NK-BGB/*Kornexl* § 2276 Rn. 6; Staudinger/*Kanzleiter* [2013] § 2276 Rn. 5.

20 Bamberger/Roth/*Litzenburger* § 2276 Rn. 4; MünchKommBGB/*Musielak* § 2276 Rn. 4; Palandt/*Weidlich* § 2276 Rn. 3; Staudinger/*Kanzleiter* [2013] § 2276 Rn. 6; Bedenken aus praktischen Gesichtspunkten bei NK-BGB/*Kornexl* § 2276 Rn. 10 f.

21 *Winkler* § 33 BeurkG Rn. 3; RGZ 82, 149, 154.

22 Staudinger/*Kanzleiter* [2013] § 2276 Rn. 6.

23 NK-BGB/*Kornexl* § 2276 Rn. 10; Bamberger/Roth/*Litzenburger* § 2276 Rn. 4; MünchKommBGB/*Musielak* § 2276 Rn. 4; nun auch Staudinger/*Kanzleiter* [2013] § 2276 Rn. 6, anders noch die Vorauflage; vgl. auch Rdn. 12.

24 So der Vorschlag von MünchKommBGB/*Musielak* § 2276 Rn. 4.

25 NK-BGB/*Kornexl* § 2276 Rn. 11, der dem Notar empfiehlt, eine andere Errichtungsart den Beteiligten vorzuschlagen.

3. Die Sonderfälle des § 2233 BGB

§ 2276 Abs. 1 Satz 2 BGB i.V.m. § 2233 BGB ergibt:[26] **Minderjährige** können einen Erbvertrag als Erblasser nur durch Erklärung gegenüber dem Notar oder durch Übergabe einer offenen Schrift errichten, Leseunfähige nur durch Erklärung (§ 2233 Abs. 2 BGB). **Blinde** können als Erblasser entweder durch Übergabe einer Blindenschrift mitwirken (§ 2233 Abs. 2 BGB) oder durch Erklärung gegenüber dem Notar;[27] Hörbehinderte können in jeder der drei vom Gesetz vorgesehenen Arten verfügen.[28] Wer aber weder sprechen noch schreiben kann, vermochte nach dem reinen Wortlaut des Gesetzes, der bis zum Inkrafttreten des OLG-Vertretungsänderungsgesetzes[29] am 01.08.2002 galt, auch keinen Erbvertrag mehr zu errichten, denn da er die nach § 31 Satz 1 BeurkG erforderliche Erklärung nicht selbst niederschreiben konnte, lag ein Fall der **faktischen Testierunfähigkeit** vor. Dieser generelle Ausschluss schreib- und sprechunfähiger Personen von der Testiermöglichkeit verstieß jedoch gegen Art. 14 Abs. 1 GG und Art. 3 Abs. 1 und Abs. 3 Satz 2 GG.[30] Der Gesetzgeber hat mit dem OLG-VertrÄndG die verfassungsgerichtlichen Vorgaben umgesetzt und die §§ 2232, 2233 BGB geändert (s. Erl. dort) und den zu weitgehenden § 31 BeurkG aufgehoben. Demnach muss die Erklärung des Erblassers gegenüber dem Notar nicht mehr mündlich erfolgen, sondern kann auch schriftlich oder durch Gesten oder Zeichen, also auch »nonverbal« geschehen, auch durch einen »Wimpernschlag«,[31] ja selbst durch konkludentes Verhalten.[32] Daher ist ein *»Trappisten-Testament«* durch Erklärung gegenüber dem Notar möglich. Für die Praxis ergibt sich daraus allerdings das Problem, dass insbesondere bei komplexeren Vorgängen der eigentliche Erklärungsinhalt für den Notar kaum feststellbar ist.[33] Bei lesefähigen Erblassern ist aber sicherlich die Übergabe einer (offenen oder verschlossenen) Schrift der sachgerechtere Weg. 11

All dies gilt auch für den bloßen Vertragsgegner oder einen (gesetzlichen oder gewillkürten) Vertreter.

Kann der **Vertragsgegner** oder sein Vertreter **nicht lesen**, so kann er seine Erklärungen, wenn er die Blindenschrift nicht beherrscht, nur gegenüber dem Notar abgeben (§ 2233 Abs. 2 BGB). In diesem Fall wird man allerdings fordern müssen, dass auch der Erblasser seine Verfügungen gegenüber dem Notar erklärt, damit gewährleistet ist, dass auch der annehmende Teil oder sein Vertreter vor dem Abschluss des Erbvertrags die Verfügungen des Erblassers zur Kenntnis genommen haben.[34] 12

IV. Das Beurkundungsverfahren

Maßgebend sind die §§ 1 bis 26 BeurkG sowie vor allem die Sonderbestimmungen in §§ 27 bis 35 BeurkG über Verfügungen von Todes wegen. Für die Beurkundung der Erklärungen des Erblassers gelten diese Vorschriften unmittelbar; insoweit kann auf die Erläuterungen zu den im Folgenden 13

26 Vgl. § 2233 BGB Rdn. 4.

27 NK-BGB/*Kornexl* § 2276 Rn. 9.

28 Vgl. allgemein die Übersicht über die Sondervorschriften für Verfügungen von behinderten Personen mit den verschiedenen Möglichkeiten bei Mehrfachbehinderung bei Beck NotHB/*Dietz* § 17 Rn. 53 ff. mit Formulierungsvorschlägen; Nieder/Kössinger/*W. Kössinger*, Handbuch der Testamentsgestaltung, § 7 Rn. 16 ff.;

29 BGBl. I 2002, 2850.

30 BVerfGE 99, 341= NJW 1999, 1853 mit ausführlicher Anleitung zur Verfahrenshandhabung bis zur gesetzlichen Neuregelung; eingehend dazu *Nieder* ZNotP 2001, 335; s. auch oben § 2232 BGB Rdn. 7; *Winkler* Vorbem. 14 ff. zu §§ 27 ff. BeurkG.

31 Plastisch *von Dickhuth-Harrach* FamRZ 2003, 493, 495 f.

32 BT-Drucks. 14/9266, S. 51 f.; NK-BGB/*Kornexl* § 2276 Rn. 8; a.A. *Reimann* FamRZ 2002, 1383, 1384 ohne aber auf die amtliche Gesetzesbegründung einzugehen; strenger auch noch Beck NotHB/*Dietz* § 17 Rn. 65, diese Auffassung wird jedoch aufgegeben.

33 NK-BGB/*Kornexl* § 2276 Rn. 8 spricht davon, dass sich diese Errichtungsformen nicht »einbürgern« würden, aber eine Wahlmöglichkeit hat der Urkundsnotar nicht.

34 Palandt/*Weidlich* § 2276 Rn. 4; MünchKommBGB/*Musielak* § 2276 Rn. 6; nun auch Staudinger/*Kanzleiter* [2013] § 2276 Rn. 6, anders noch die Vorauflage.

angeführten Bestimmungen des BeurkG verwiesen werden. Für die Beurkundung der Erklärungen des Vertragsgegners gelten die Vorschriften des BeurkG teils unmittelbar, teils entsprechend (§ 33 BeurkG), teils gar nicht. Im Folgenden wird die Anwendung des BeurkG beim **Vertragsgegner** oder seinem Vertreter näher erörtert, die beim Erblasser nur gestreift.

1. Ausschließungsgründe

14 a) Bei der Anwendung des Mitwirkungsverbots § 3 BeurkG (nur Sollvorschrift!) wird der Erbvertrag auch als eine Angelegenheit des (bloßen) Vertragsgegners anzusehen sein, und zwar auch dann, wenn er nicht selbst bedacht ist, so dass die Vorschrift auch für die Beurkundung der Erklärungen des Vertragsgegeners anzuwenden ist.[35]

15 b) Bei den Ausschließungsgründen des § 6 BeurkG (Verstoß führt zur Unwirksamkeit der Urkunde!) kommt es, wie Abs. 2 zeigt, auf eine etwaige Beziehung des Notars zu dem selbst erschienenen Vertragsgegner bzw. dessen handelndem Vertreter an.[36]

16 c) Bei den Ausschließungsgründen des § 7 BeurkG (Verstoß führt zur Unwirksamkeit der Urkunde!) dagegen ist eine etwaige Verwandtschaft oder Schwägerschaft des Notars zu dem Vertreter des Vertragsgegners bedeutungslos. Wohl aber ist eine solche Beziehung zu dem in dem Erbvertrag Bedachten bedeutsam.[37]

2. Prüfung der Geschäftsfähigkeit

17 § 33 BeurkG verweist nicht auf § 28 BeurkG, so dass dieser für den Vertragsgegner nicht gilt, wenn er in dem Erbvertrag nicht testieren will und es für den Notar bei den allgemeinen Anforderungen des § 11 BeurkG verbleibt.[38]

3. Niederschrift

18 Nach § 8 BeurkG muss über die Errichtung des Erbvertrags eine Niederschrift aufgenommen werden. Diese muss nach §§ 9, 10 BeurkG auch den **Namen des Vertragsgegners** und seines Vertreters enthalten. Die Verfügungen von Todes wegen können ganz oder teilweise auch in einer **Anlage** enthalten sein, die aber dann im Rahmen der Beurkundung mit verlesen werden muss und auf die förmlich zu verweisen und der Niederschrift beizufügen ist (§ 9 Abs. 1 Satz 2 BeurkG). Ist dies geschehen, so steht der Wirksamkeit der Beurkundung nicht entgegen, dass die nach § 44 Satz 2 BeurkG weiter vorgeschriebene Verbindung mit der Niederschrift durch Schnur und Siegel entweder von Anfang an unterblieb oder aber später gelöst wurde. Denn hierbei handelt es sich nur um eine Sollvorschrift. Allerdings ist dann die Beweiskraft der Urkunde ganz erheblich geschmälert.[39] Wenn der Vertragsgegner oder sein Vertreter eine Schrift übergibt, muss dies in der Niederschrift festgestellt werden (§§ 30, 33 BeurkG). Nach § 13 BeurkG muss die Niederschrift in Gegenwart des Notars den Beteiligten vorgelesen, von ihnen genehmigt und eigenhändig unterschrieben werden, also auch von dem Vertragsgegner oder seinem Vertreter. Einem hörbehinderten Vertragsgegner (oder Vertreter) muss die Niederschrift anstelle des Vorlesens zur Durchsicht vorgelegt werden (Wirksamkeitsvoraussetzung, § 23 BeurkG!). Es soll in der Niederschrift festgestellt werden, dass dies geschehen ist. Kann der Vertragsgegner oder sein Vertreter seinen Namen nicht schreiben, so muss beim Vorlesen und bei der Genehmigung ein Zeuge oder ein zweiter Notar zugezogen werden (Wirksamkeitsvoraussetzung, § 25 BeurkG).[40] Vorstehendes gilt auch für den Erblasser.

---

35 Vgl. Syst. A Rdn. 203.
36 Vgl. Syst. A Rdn. 219.
37 § 27; Syst. A Rdn. 223.
38 Vgl. *Winkler* § 33 BeurkG Rn. 8; Burandt/Rojahn/*Egerland* § 33 BeurkG Rn. 4.
39 Zu »Reparaturmöglichkeiten« aufgrund einer neuen Beurkundung s. Gutachten DNotI-Report 2006, 167.
40 Beck NotHB/*Dietz* § 17 Rn. 53 ff. mit Formulierungsvorschlägen.

4. Körperliche Behinderung des Erblassers, des Vertragsgegners oder seines Vertreters

Ist der Erblasser, der Vertragsgegner oder sein Vertreter hör-, sprach- oder sehbehindert, so soll zu der Beurkundung ein Zeuge oder ein zweiter Notar zugezogen werden, sofern nicht alle Beteiligten darauf verzichten (§ 22 BeurkG). Auf Verlangen eines hör- oder sprachbehinderten Beteiligten soll ein Gebärdensprachdolmetscher hinzugezogen werden (§ 22 Abs. 1 Satz 2 BeurkG). Bei Hör- oder Sprachbehinderten, die sich auch nicht schriftlich verständigen können, muss außerdem ein sog. »Verständigungshelfer« hinzugezogen werden, also eine Person, die sich mit dem Behinderten zu verständigen vermag (Wirksamkeitsvoraussetzung, § 24 BeurkG).[41] Neben diesen allgemeinen Grundsätzen sind jedoch hinsichtlich des Erblassers die besonderen Vorschriften der §§ 2232, 2233 BGB und der §§ 30 und 32 BeurkG zu beachten. 19

5. Sprachunkundigkeit des Vertragsgegners oder seines Vertreters

Ist der Vertragsgegner oder sein Vertreter der deutschen Sprache oder der Verhandlungssprache nicht hinreichend kundig, so muss ihm die Niederschrift in seine Sprache übersetzt und, wenn er es verlangt, die Übersetzung außerdem schriftlich angefertigt und ihm zur Durchsicht vorgelegt werden. Falls der Notar nicht selbst übersetzt, muss ein Dolmetscher zugezogen werden (§ 16 Abs. 3 BeurkG). Wenn der Vertragsgegner oder sein Vertreter die Annahmeerklärung und – wenn ihr einseitige Verfügungen von Todes wegen (§ 2299 BGB) beigefügt sind – den letzten Willen des Vertragsgegners mündlich erklärt, gelten die strengen Vorschriften der §§ 32, 33 BeurkG: Es muss eine schriftliche Übersetzung angefertigt werden, sofern nicht der Vertragsgegner oder sein Vertreter darauf verzichtet. Das Gesagte gilt entsprechend bei Sprachunkundigkeit des Erblassers. 20

6. Zuziehung von Überwachungspersonen

Da der Vertragsgegner oder sein Vertreter zu den Beteiligten gehören, können sie verlangen, dass bei der Beurkundung ein oder zwei Zeugen oder ein zweiter Notar zugezogen wird (§ 29 BeurkG). 21

7. Übergabe einer Schrift

Die Verfügung von Todes wegen durch Übergabe einer Schrift wird in § 30 BeurkG näher geregelt. Diese Bestimmung gilt auch für den Vertragsgegner oder seinen Vertreter, die ihre Erklärung durch Übergabe einer Schrift abgeben.[42] 22

8. Verschließung und Verwahrung des Erbvertrags

Nach § 34 Abs. 2 BeurkG gelten die Vorschriften über die Verschließung und Verwahrung eines Testaments (§ 34 Abs. 1 BeurkG) auch für den Erbvertrag. Der Notar soll also die Niederschrift über die Errichtung eines Erbvertrags in einen Umschlag mit näheren Angaben über den Inhalt nehmen und diesen mit dem Prägesiegel verschließen. Hierzu kann der Notar auf den von der Registerbehörde zur Verfügung gestellten Vordruck zurückgreifen, der bereits alle Pflichtangaben[43] enthält: Geburtsnamen, (alle) Vornamen, Familiennamen, Tag und Ort der Geburt, zusätzlich Postleitzahl des Geburtsortes, Gemeinde und Kreis, Geburtsstandesamt und Geburtenregisternummer, Art der Verfügung von Todes wegen, Datum der Urkunde, Urkundenrollennummer, Name und Amtssitz des Notars, verwahrendes Nachlassgericht sowie ZTR-Verwahrnummer. Der Notar hat diese Aufschrift auf dem Umschlag gem. § 34 Abs. 1 Satz 3 Hs. 2 BeurkG zu unterschreiben. Er soll weiter veranlassen, dass der Erbvertrag unverzüglich in besondere **amtliche Verwahrung** des Nachlassgerichts gebracht wird, sofern nicht die Vertragschließenden die besondere amtliche Verwahrung ausschließen (§ 34 Abs. 3 BeurkG; vgl. § 2277 BGB samt Erl), und zwar beim Amtsgericht seines Amtssitzes (§ 344 Abs. 1 Satz 1 Nr. 1 FamFG), auf formlosen Wunsch des Erblassers auch bei jedem anderen Amtsgericht (§ 344 Abs. 1 Satz 2 FamFG). Der Notar nimmt dann zu 23

41 Beck NotHB/*Dietz* § 17 Rn. 53 ff. mit Formulierungsvorschlägen.

42 *Winkler* § 30 BeurkG Rn. 2, § 33 BeurkG Rn. 6.

43 Bay. Benachrichtigung in Nachlasssachen v. 29.02.2012, BayJMBl. 2012, 42.

seiner Urkundensammlung eine beglaubigte Abschrift und ein Vermerkblatt gem. § 20 DONot, das ebenfalls von der Registerbehörde zur Verfügung gestellt wird. Die beglaubigte Abschrift für die Urkundensammlung ist zu verschließen, wenn nicht von den Beteiligten schriftlich darauf verzichtet wird, § 18 Abs. 4 DONot; dies kann direkt in der Urkunde festgehalten werden. Vor allem für spätere Rückfragen und Änderungswünsche der Beteiligten ist die offene Verwahrung ratsam.

Auch für den Erbvertrag ist die besondere amtliche Verwahrung der gesetzliche Regelfall (§ 34 Abs. 2 BeurkG). Davon abweichend können die Vertragsteile die besondere amtliche Verwahrung ausschließen. Dann verbleibt der Erbvertrag bis zur Ablieferung zur Eröffnung in der Verwahrung des Notars und zwar nach dem Ermessen des Notars wahlweise in der »normalen« Urkundensammlung (§ 18 Abs. 1 Satz 1 DONot) oder in einer gesonderten Erbvertragssammlung (§ 18 Abs. 4 DONot); dann ist für die Urkundensammlung eine beglaubigte Abschrift oder ein Vermerkblatt zu fertigen. Weil die normale amtliche Verwahrung beim Notar keine gesonderten Kosten auslöst, wird oftmals diese Form der Verwahrung gewählt. Gemäß Nr. 12100 KV GNotKG ist die besondere amtliche Verwahrung nunmehr einheitlich mit 75 € je in Verwahrung genommener Urkunde zu bewerten, so dass eine konsequente Ablieferung der Erbverträge – nicht zuletzt im Hinblick auf die mit der Verwahrung verbundenen Haftungsrisiken des Notars und den zusätzlichen Aufwand durch das Erbvertragsverzeichnis gem. § 9 DONot[44] – ratsam ist. Der Ausschluss der besonderen amtlichen Verwahrung ist im Zweifel anzunehmen, wenn der Erbvertrag mit einem anderen Vertrag in derselben Urkunde verbunden wird. Auch wenn Vertragsparteien die besondere amtliche Verwahrung des Erbvertrages zunächst ausgeschlossen haben, können sie später beantragen, dass der Vertrag nachträglich in die besondere amtliche Verwahrung gebracht wird. Enthält die den Erbvertrag enthaltende Urkunde auch eine notarielle Zwangsvollstreckungsunterwerfung (§ 794 Abs. 1 Nr. 5 ZPO), so ist für die spätere Erteilung einer vollstreckbaren Ausfertigung nach § 797 Abs. 2 Satz 1 ZPO das verwahrende Amtsgericht zuständig. Für eine eventuelle Weiterverwahrung nach dem Tod des einen Erblassers wegen der Verfügungen des anderen Vertragsteils gelten die Bestimmungen für gemeinschaftliche Testamente entsprechend (§ 349 Abs. 4 FamFG).

24 Das für die **Verwahrung beim Notar** zu beachtende Verfahren ist in § 34a BeurkG geregelt sowie in § 20 DONot (dort ausführliche Anweisungen). Danach hat der Notar über die von ihm verwahrten Erbverträge ein besonderes Verzeichnis zu führen (**Erbvertragsverzeichnis**, § 9 DONot). Befindet sich ein Erbvertrag seit mehr als 30 Jahren in amtlicher Verwahrung, so besteht eine Ermittlungspflicht des Notars darüber nachzuforschen, ob der Erblasser noch lebt (§ 351 FamFG). Das Einsichtsrecht und das Recht auf Erteilung von Abschriften hinsichtlich der vom Notar verwahrten, noch nicht eröffneten Urkunden bestimmt sich nach § 51 BeurkG. Danach können jeder Vertragsteil und deren Rechtsnachfolger jederzeit Einsicht, aber auch die Erteilung einer Abschrift verlangen. Diese Verpflichtung geht der Verschwiegenheitspflicht des Notars (§ 18 BNotO) vor. Dem Notar steht insoweit kein Ermessen zu.[45]

9. Registrierung im Zentralen Testamentsregister

25 Nach der Beurkundung des Erbvertrags, der eine erbfolgerelevante Urkunde i.S.v. § 78d Abs. 2 Satz 1 BNotO ist, hat der Notar gemäß § 78d Abs. 1 Satz 1 BNotO, § 34a Abs. 1 BeurkG iVm §§ 1, 2 ZTRV die erforderlichen Verwahrangaben unverzüglich an das Zentrale Testamentsregister zu übermitteln: Familienname, Geburtsname, (alle) Vornamen und Geschlecht, Tag und Ort der Geburt, Geburtsstandesamt und Geburtenregisternummer bei Geburten im Inland, Staat der Geburt, wenn der Erblasser im Ausland geboren wurde. Dadurch soll insbesondere bei den Erbverträgen, die in der Urkundensammlung des Notars verbleiben (§ 34 Abs. 2 BeurkG), sichergestellt werden, dass der Notar beim Eintritt des Erbfalls durch das Zentrale Testamentsregister hiervon informiert wird (§ 7 Abs. 1 Satz 1 ZTRV) und die Urkunde unverzüglich an das Nachlassgericht abliefert (§ 34a Abs. 3 BeurkG; Einzelheiten hierzu in § 20 Abs. 4 DONot). Über die

44 Einzelheiten hierzu: Beck NotHB/*Dietz* § 17 Rn. 95.
45 OLG Karlsruhe FamRZ 2007, 2012 = ZEV 2007, 590 m. Anm. *Keim*.

entsprechende Registrierung erhält der Notar eine Bestätigung der Registerbehörde; diese hat er entweder bei dem entsprechenden Vermerkblatt, das er nach der Errichtung der Verfügung von Todes wegen zu fertigen hat (§ 18 Abs. 4 Satz 2 i.V.m. § 20 Abs. 1 DONot) oder bei der beglaubigten Abschrift derselben, die in der Urkundensammlung des Notars verbleibt, aufzubewahren (§ 20 Abs. 2 DONot) und ein Exemplar dem Erblasser zur Verfügung zu stellen.[46]

10. Fehlende Unterschrift des Notars

Die Vorschrift des § 35 BeurkG über die Ersetzung der Unterschrift des Notars unter der Niederschrift durch die Unterschrift auf dem Umschlag gilt an sich für alle Verfügungen von Todes wegen, also auch für Erbverträge. Bei diesen kann sie aber nur dann angewandt werden, wenn die Niederschrift über den Erbvertrag gem. § 34 Abs. 1 BeurkG vom Notar in einen Umschlag genommen und mit dem Prägesiegel verschlossen wird, nicht aber, wenn sie offen in dessen Urkundensammlung verwahrt wird.[47] Ist aber der verschlossene Umschlag vorschriftswidrig nicht in die amtliche Verwahrung gebracht worden, so bleibt § 35 BeurkG wiederum anwendbar, da die Einheit von Urkunde und Umschlag gewahrt ist.[48] 26

V. Erleichterte Form für den Ehe- und Erbvertrag

1. Bedeutung der Formerleichterung – historische Entwicklung

Nach Abs. 2 genügt für einen Erbvertrag zwischen Ehegatten oder Verlobten, der mit einem Ehevertrag (§ 1408 BGB) in derselben Urkunde verbunden wird, die für den Ehevertrag vorgeschriebene Form, also die Einhaltung des § 1410 BGB und der einschlägigen Vorschriften des BeurkG (§ 1 bis 26). Diese Erleichterung hatte **vor dem TestG** vom 31.07.1938[49] erhebliche Bedeutung, weil der damalige § 2233 BGB a.F. für das öffentliche Testament und auch für den Erbvertrag die Zuziehung von Überwachungspersonen schlechthin forderte, während beim Ehevertrag nach dem damals maßgebenden § 169 FGG nur in Ausnahmefällen Überwachungspersonen zugezogen zu werden brauchten. Nunmehr ist der **verbliebene Unterschied**[50] zwischen der Beurkundung eines Ehevertrags (§§ 1 bis 26 BeurkG) und der eines Erbvertrags (**außer §§ 1 bis 26 die §§ 27 bis 35 BeurkG**) so gering, dass die Form des Ehevertrags kaum noch eine Erleichterung bedeutet.[51] 27

2. Übergabe einer Schrift – Zulässigkeit beim Ehe- und Erbvertrag?

Teilweise wird angenommen, § 2276 Abs. 2 BGB führe gar zu einer Verschärfung der Formvorschriften für den Erbvertrag, da die Formerfordernisse des Ehevertrags gem. § 1410 BGB keine Errichtung durch Übergabe einer Schrift zuließen.[52] Dies ist unzutreffend: Diese Errichtungsform ist für den ehevertraglichen Teil eines Ehe- und Erbvertrags zweifelsohne nicht zulässig. § 2276 Abs. 2 BGB verbietet allerdings nicht die Errichtung des erbvertraglichen Teils des Ehe- und Erbvertrags in der Form des § 2276 Abs. 1 BGB (und damit auch durch Übergabe einer Schrift).[53] § 2276 Abs. 2 BGB ermöglicht den Vertragsteilen nur die Wahl hin zur Form des Ehevertrags unter Beachtung der dann hierfür geltenden Formvorschriften. Dagegen besteht kein umgekehrtes Wahlrecht beim Ehevertrag, dass dieser nach den weitergehenden Formvorschriften über die Errichtung 28

---

46 S. auch die Erläuterungen zu § 2248 BGB; Siehe auch Beck NotHB/*Dietz* § 17 Rn. 96 ff.

47 BayObLGZ 1976, 275 = DNotZ 1977, 432.

48 *Winkler* § 35 BeurkG Rn. 4; Bremkamp/Kindler/Winnen/*Seebach* § 35 BeurkG Rn. 29.

49 RGBl I 973.

50 NK-BGB/*Kornexl* § 2276 Rn. 20; Bamberger/Roth/*Litzenburger* § 2276 Rn. 9.

51 Zu den Unterschieden Staudinger/*Kanzleiter* [2013] § 2276 Rn. 12; Staudinger/*Hertel* [2012] Vorbem. zu 186 §§ 127a, 128 ff.

52 Bamberger/Roth/*Litzenburger*, § 2276 Rn. 9; in diese Richtung auch Bremkamp/Kindler/Winnen/*Seebach* § 33 BeurkG Rn. 7.1; anders aber *ders.*, § 35 BeurkG Rn. 34.3.

53 Ganz hM: MünchKommBGB/*Musielak* § 2276 Rn. 9; Staudinger/*Kanzleiter* [2013] § 2276 Rn. 12; NK-BGB/*Kornexl* § 2276 Rn. 23 f.

eines Erbvertrags abgeschlossen werden kann.[54] Daher können die Vorschriften des Beurkundungsgesetzes, welche die Errichtung einer Verfügung von Todes wegen durch **Übergabe einer Schrift** vorsehen (§ 30 BeurkG) für den ehevertraglichen Teil nicht angewendet werden, denn der Ehevertrag ist nach § 13 Abs. 1 Satz 1 BeurkG seinem ganzen Umfang nach zu verlesen.[55] Dies gilt auch für eine dem Notar von den Beteiligten übergebene Schrift, die ihre ehevertraglichen Vereinbarungen enthält. Es handelt sich hier bei richtiger Beurteilung um keine Übergabe der Schrift i.S.d. § 2232 BGB und §§ 30, 33 BeurkG. Die in der Anlage enthaltenen Erklärungen werden erst durch eine förmliche Verweisung nach § 9 Abs. 1 Satz 2 BeurkG zum Inhalt des Ehe- und Erbvertrags. Damit sind sie aber Bestandteil der gesamten Niederschrift und daher nach § 13 Abs. 1 Satz 1 BeurkG zwingend zu verlesen.[56] Soweit hier von Beurkundung durch Übergabe einer Schrift gesprochen wird,[57] hat dies nur bildliche Funktion und bedeutet kein abweichendes Beurkundungsverfahren durch Einschränkung des allgemein geltenden Gebots der Verlesung der Urkunde. Für den erbvertraglichen Teil bleibt es aber bei den allgemeinen Vorschriften.

3. Grund der Vorschrift

29 Der Grund für die Formerleichterung war die Erwägung, dass bei der Verbindung eines Erbvertrags mit einem Ehevertrag regelmäßig beide Verträge ein untrennbares Ganzes bilden.[58] Aus dem Wort »genügt« muss geschlossen werden, dass es den Parteien freisteht, ob sie sich hinsichtlich des Erbvertrags an die für den Ehevertrag gegebenen Formvorschriften halten wollen oder an die für den Erbvertrag geltenden.[59] Die Parteien können sich aber innerhalb des Erbvertrags **nicht** in **einigen Punkten** für die Anwendung der **Formvorschriften des Erbvertrags**, für andere Passagen der des Ehevertrags entscheiden, weil die Wahl immer nur für den **gesamten Erbvertrag einheitlich** getroffen werden kann, da für eine nur »punktuelle Wahl« kein anerkennenswertes Interesse besteht.[60] Jedoch kann für den Erbvertrag Erbvertragsform (etwa durch Übergabe einer Schrift), für den gleichzeitig erklärten Ehevertrag dessen Form, aber auch nur diese (mündliche Erklärung), gewählt werden, sodass beurkundungsrechtlich unterschiedliche Vorgaben in den miteinander verbundenen Verträgen zu beachten sind.[61] So ist dann etwa für den Ehevertrag bei einem sprachunkundigen Vertragsteil eine schriftliche Übersetzung nur auf entsprechendes Verlangen zu fertigen (§ 16 BeurkG), während dies für den Erbvertrag erforderlich ist (§ 32 BeurkG), wenn der Erblasser hierauf nicht verzichtet; dieser Verzicht ist dann in der Urkunde festzuhalten.

4. Unwirksamkeit eines Vertrages

30 Ist bei einem Ehe- und Erbvertrag eine für den Ehevertrag wesentliche Formvorschrift nicht beachtet, so ist der Ehevertrag nichtig (§ 125 BGB); denn für dessen Form ist keine Erleichterung gegeben. Für ihn reicht also die Form des Erbvertrages nicht.[62] Ob sich die Nichtigkeit auf den Erbvertrag erstreckt, richtet sich nach § 139 BGB.[63] Ob eine wirksame Anfechtung oder eine Nichtigkeit des Erbvertrags aus anderem Grunde auch die Nichtigkeit des Ehevertrags herbeiführt und umgekehrt, ist eine Auslegungsfrage, im Zweifel aber wohl zu verneinen, da die Verträge nicht not-

---

54 NK-BGB/*Kornexl* § 2276 Rn. 21; im Ansatz ebenso zutr. MünchKommBGB/*Musielak* § 2276 Rn. 10.

55 NK-BGB/*Kornexl* § 2276 Rn. 22.

56 So richtig NK-BGB/*Kornexl* § 2276 Rn. 22; Staudinger/*Kanzleiter* [2013] § 2276 Rn. 12.

57 So *Lange/Kuchinke* § 25 III 2; MünchKommBGB/*Musielak* § 2276 Rn. 10.

58 Prot. V 380.

59 NK-BGB/*Kornexl* § 2276 Rn. 23.

60 Ebenso NK-BGB/*Kornexl* § 2276 Rn. 23; Palandt/*Weidlich* § 2276 Rn. 6.

61 NK-BGB/*Kornexl* § 2276 Rn. 24; Staudinger/*Kanzleiter* [2013] § 2276 Rn. 7; a.A. Bamberger/Roth/*Litzenburger* Rn. 9, der bei Verbindung mit einem Ehevertrag den Abschluss des Erbvertrags durch Übergabe einer Schrift für nicht möglich hält.

62 Palandt/*Weidlich* § 2276 Rn. 6; Staudinger/*Kanzleiter* [2013] § 2276 Rn. 7.

63 BGHZ 50, 63, 72; *Veit*, Die Anfechtung von Erbverträgen (Diss. München 1991), 162 f.; NK-BGB/*Kornexl* § 2276 Rn. 28 f.; zweifelnd ob diese Vorschrift hier überhaupt gilt: BGHZ 29, 129, 131.

wendig eine rechtliche Einheit i.S. von § 139 BGB darstellen.[64] Dieses Regel-/Ausnahmeverhältnis ist auch bei der **Beweislastverteilung** zu berücksichtigen, sodass diese derjenige trägt, der sich auf die Gesamtnichtigkeit beruft.[65] Ausnahmsweise kann sich die von Anfang an bestehende Nichtigkeit des Erbvertrages nach § 139 BGB auch auf den in der gleichen Urkunde vereinbarten Ehevertrag erstrecken, wenn nach dem Willen der Vertragsteile beide Verträge eine rechtliche Einheit darstellen. Jedoch besteht nicht schon aufgrund der Aufnahme beider Geschäfte in einer Urkunde eine tatsächliche Vermutung dafür, dass die Parteien das Rechtsgeschäft als Einheitliches gewollt haben.[66] Die Annahme eines solchen **Verknüpfungswillens** im Zeitpunkt des Vertragsabschlusses ist vielmehr aus materiellen Kriterien, also aus dem Inhalt und dem Zustandekommen des Vertrages unter Berücksichtigung der Interessen der Beteiligten zu ermitteln. Dabei ist aber zu berücksichtigen, dass der Ehevertrag und der Erbvertrag unterschiedliche Zwecke verfolgen: Der Ehevertrag enthält primär Regelungen für den Fall des Scheiterns der Ehe oder über die güterrechtlichen Verhältnisse während der Ehe, der Erbvertrag regelt die Nachlassplanung im Falle des Todes, beim Ehegattenerbvertrag gerade typischerweise ausgehend von der Erwartung, dass die Ehe bis zum Erbfall Bestand hat. Anders liegt es, wenn die ehevertraglichen Vereinbarungen eine flankierende Maßnahme zur Sicherung der Nachlassplanung darstellt, etwa die Gefahren durch die güterrechtliche Lösung nach § 1371 Abs. 3 BGB ausschließen will.[67]

Beim wirksamen **Rücktritt** vom Erbvertrag ist die Anwendung des § 139 BGB durch die Sonder- 31
vorschriften des Rücktritts auf alle Fälle ausgeschlossen, denn wenn der Rücktritt von dem Erbvertrag ausdrücklich vorbehalten wird, so kommt darin der Wille der Vertragsparteien zum Ausdruck, dass der Rücktritt von diesem »Teil« des Gesamtvertrags offen bleiben soll, ohne dadurch auch den damit verbundenen Ehevertrag zur (rückwirkenden?) Aufhebung zu bringen.[68] Zur Auflösung des Verlöbnisses s. Rdn. 33.

5. Voraussetzungen der Formerleichterung

a) Abschluss eines Ehevertrags (§ 1408 BGB)

Als Ehevertrag i.S. von § 2276 Abs. 2 BGB soll nach h.M. auch die mit einem Erbvertrag verbun- 32
dene **bestätigende Vereinbarung** Verlobter oder von Ehegatten genügen, in ihrer Ehe soll das gesetzliche Güterrecht gelten.[69] Dem kann nicht zugestimmt werden, weil hier das Wesen des Ehevertrags fehlt: Die Eheleute haben weder den gesetzlichen Güterstand aufgehoben oder geändert noch sonst wie ihre güterrechtlichen Verhältnisse durch Vertrag geregelt, sodass hier nur eine deklaratorische Klarstellung ohne eigenen Regelungsgehalt vorliegt.[70] Wollen Ehegatten den gesetzlichen Güterstand beibehalten, aber doch einen Ehevertrag schließen, so müssen sie mindestens eine von der gesetzlichen Regelung abweichende Vereinbarung treffen (etwa eine sog. **modifizierte Zugewinngemeinschaft** vereinbaren). Auch das Reichsgericht hat diese Frage nur für den Fall eines Ehevertrags zwischen Verlobten entschieden, dabei aber darauf abgestellt, dass das Besondere der Vereinbarung darin liege, dass der gesetzliche Güterstand damit nicht kraft Gesetzes, sondern aufgrund

---

64 Palandt/*Weidlich* § 2276 Rn. 10; BGHZ 29, 129; MünchKommBGB/*Musielak* § 2276 Rn. 12 und *Veit*, Die Anfechtung von Erbverträgen (Diss. München 1991) 162 f.: der Wille der Beteiligten entscheidet; Bamberger/Roth/*Litzenburger* § 2276 Rn. 9; generell gegen § 139 beim Erbvertrag *Häsemeyer* FamRZ 1967, 30 f.

65 NK-BGB/*Kornexl* § 2276 Rn. 29; Staudinger/*Kanzleiter* [2013] § 2276 Rn. 7; a.A. Bamberger/Roth/*Litzenburger* § 2276 Rn. 11: »im Zweifel« für Gesamtnichtigkeit aufgrund einer Geschäftseinheit.

66 So aber OLG Stuttgart FamRZ 1987, 1034; dagegen zu Recht NK-BGB/*Kornexl* § 2276 Rn. 28.

67 Zutr. NK-BGB/*Kornexl* § 2276 Rn. 28, der allerdings zu Recht darauf hinweist, dass wegen der geringen praktischen Bedeutung der Formerleichterung diese Frage eher akademischer Natur ist; zur erforderlichen Konkordanz von Ehe- und Erbvertrag ausf. *Reimann*, FS Schippel (1996) 301 ff.

68 BGHZ 29, 129, 132 = NJW 1959, 625; Palandt/*Weidlich* § 2276 Rn. 10.

69 RGZ 133, 20, 22; Staudinger/*Kanzleiter* § 2276 Rn. 9; ebenso wenn dadurch Zweifel über die Geltung des Güterstand behoben werden sollen, KG OLGE 38, 246.

70 IE ebenso Prot. IV 216; NK-BGB/*Kornexl* § 2276 Rn. 25.

des Ehevertrages gelte, und dieser im konkreten Fall zudem die Besonderheit aufwies, dass die Verlobten damit in umfassender Weise ihre güter- und erbrechtlichen Verhältnisse regeln wollten.[71]

33 Die Formerleichterung des Abs. 2 besteht für den bereits abgeschlossenen Erbvertrag auch dann fort, wenn das **Verlöbnis anders als durch den Tod eines der Verlobten aufgelöst** und damit der **Ehevertrag gar nicht wirksam wird.**[72] Allerdings wird in diesen Fällen nach den §§ 2077 Abs. 2, 3, 2279 Abs. 2 BGB i.d.R. auch der Erbvertrag unwirksam. Doch kann der Vertrag etwas anderes bestimmen oder sich solches durch Auslegung infolge eines sog. Aufrechterhaltungswillens ergeben, was aber zu einer Umkehr der Beweis- und Feststellungslast führt.[73] Bei Auflösung durch Tod eines der Verlobten bleibt der Erbvertrag wirksam, es sei denn, dass sich ein anderer Wille der Vertragsteile ermitteln lässt.[74] Etwas anderes gilt nur, wenn der Erbvertrag nach dem Willen der Vertragsteile erst mit der Eheschließung wirksam werden soll.[75]

34 Dagegen wurde die Formerleichterung des § 2276 Abs. 2 BGB den **Lebenspartnern** nicht gewährt, obgleich auch der Lebenspartnerschaftsvertrag in der Form des Ehevertrags beurkundet werden muss (§ 7 Abs. 1 Satz 2 u. 3 LPartG). Jedoch hat die Formerleichterung des Ehevertrags ohnehin geringe praktische Bedeutung (s. Rdn. 27).

b) Verbindung in derselben Urkunde

35 Sie liegt vor, wenn die Verträge in ein und derselben Niederschrift beurkundet sind. Die lediglich äußere Verbindung zweier Niederschriften durch Zusammenheften genügt nicht.[76]

6. Auswirkung der Erleichterung

36 Es ist zu unterscheiden zwischen materiellen oder sachlich-rechtlichen Vorschriften (manche sprechen auch von materiellen Formvorschriften) und reinen Formvorschriften oder Verfahrensvorschriften.

a) Materielle Formvorschriften

37 § 2274 BGB bestimmt, dass der Erblasser einen Erbvertrag nur persönlich schließen kann. Hieran kann § 2276 Abs. 2 BGB nichts ändern; denn § 2274 BGB ist keine Formvorschrift, sondern eine sachlich-rechtliche Bestimmung.[77] Auch die Vorschriften über die erforderliche Geschäftsfähigkeit des Erblassers (§ 2275 BGB) werden durch § 2276 Abs. 2 BGB nicht berührt.

38 § 2276 Abs. 1 Satz 1 BGB bestimmt, dass der Erbvertrag nur zur Niederschrift eines Notars bei gleichzeitiger Anwesenheit beider Teile geschlossen werden kann. Diese Bestimmung stimmt mit der in § 1410 BGB überein. § 2276 Abs. 1 Satz 2 BGB verweist auf § 2231 Nr. 1, 2232, 2233 BGB. Bei diesen Vorschriften handelt es sich durchweg um Bestimmungen des materiellen Rechts. Sie müssen daher auch im Falle des § 2276 Abs. 2 BGB eingehalten werden.[78]

39 Nach § 7 BeurkG ist die Beurkundung von Willenserklärungen insoweit unwirksam, als diese darauf gerichtet sind, dem Notar oder bestimmten nahen Angehörigen von ihm einen **rechtlichen Vorteil** zu verschaffen. **§ 27 BeurkG** dehnt diese Vorschrift auf Personen aus, die in einer Verfügung von Todes wegen bedacht oder zum Testamentsvollstrecker ernannt sind. § 7 BeurkG hat materiell-

71 RGZ 133, 20, 22.

72 *Planck/Greiff* § 2276 Anm. 4; Staudinger/*Kanzleiter* R§ 2276 n. 10.

73 NK-BGB/*Kornexl* § 2276 Rn. 30; MünchKommBGB/*Musielak* § 2276 Rn. 11.

74 KG KGJ 37 A 115, 117 f.; NK-BGB/*Kornexl* § 2276 Rn. 30; MünchKommBGB/*Musielak* § 2276 Rn. 11; Umkehrschluss aus § 2077 Abs. 2.

75 Staudinger/*Kanzleiter* § 2276 Rn. 10; NK-BGB/*Kornexl* § 2276 Rn. 30 mit weiteren Beispielen.

76 Zust. NK-BGB/*Kornexl* § 2276 Rn. 26.

77 NK-BGB/*Kornexl* § 2276 Rn. 19.

78 H.M., Palandt/*Weidlich* § 2276 Rn. 6; a.A. Staudinger/*Kanzleiter* [2013] § 2287 Rn. 12, wonach die Formerleichterung auch die materiellen Vorschriften erfassen soll.

rechtliche Bedeutung, also auch die ergänzende Vorschrift des § 27 BeurkG. Diese Bestimmung wird daher durch § 2276 Abs. 2 BGB nicht berührt.[79]

b) Verfahrensvorschriften

Das BeurkG enthält in den §§ 27 bis 35 besondere Vorschriften für die Beurkundung von Verfügungen von Todes wegen. § 27 BeurkG stellt keine Verfahrensvorschrift dar.[80] § 35 BeurkG bedeutet eine Vergünstigung und ist daher auch hier umfassend anwendbar.[81] Es bleiben die §§ 28 bis 34 BeurkG, die durchweg Erschwerungen der allgemeinen Vorschriften enthalten. § 2276 Abs. 2 BGB gestattet, bei der Verbindung des Erbvertrags unter Ehegatten oder Verlobten mit einem Ehevertrag, von der Beachtung der bezeichneten Verfahrensvorschriften abzusehen. Ist ein Beteiligter der Sprache, in der die Niederschrift aufgenommen wird, nicht hinreichend kundig, so kann nach § 16 BeurkG anstelle des § 32 BeurkG verfahren werden, sodass eine schriftliche Übersetzung der Niederschrift nicht zwingend erforderlich, aber zweckmäßig ist. Daneben ist der Vermerk über das Vorliegen der Testierfähigkeit (§ 28 BeurkG) bei der Beurkundung in der Form des § 2276 Abs. 2 BGB entbehrlich, jedoch ist dies ohnehin nur eine Sollvorschrift.[82] Sonstige besondere Vorteile dürften mit der Anwendung der Form des Ehevertrages im Allgemeinen nicht verbunden sein. 40

VI. Andere verbundene Verträge

1. Formerfordernis

Nicht der Form des Erbvertrages bedürfen nach h.M. i.d.R. andere Verträge und Vereinbarungen, die von den Beteiligten im Zusammenhang mit dem Erbvertrag abgeschlossen werden, etwa der Verpflichtungsvertrag im Rahmen eines sog. entgeltlichen Erbvertrags. Vielmehr richtet sich grundsätzlich jeder Vertrag nach seinen eigenen Formvorschriften.[83] Dies wird zunächst mit einem grammatikalischen Argument gerechtfertigt, dass nach § 2276 BGB eben nur der »Erbvertrag« der Beurkundung bedürfe und darunter nur die Verfügungen von Todes wegen zu verstehen seien. Auch diene das Formerfordernis hier nur Beweis- und Aufklärungszwecken, die die Erstreckung der Beurkundungspflicht auf die anderen Vereinbarungen nicht erfordern. Als weiteres Argument gegen die umfassende Beurkundungspflicht wird das der Rechtssicherheit und der mangelnden Heilungsmöglichkeit angeführt.[84] Auch solle die Reichweite der Formgebote – anders als bei § 311b Abs. 1 BGB– hier keine Beurkundung aller Zusatzvereinbarungen gebieten.[85] Nur dann, wenn diese vertraglichen Vereinbarungen mit dem Erbvertrag eine **rechtliche Einheit** bilden, also miteinander »stehen und fallen« sollen, ist nach der überwiegenden Meinung ausnahmsweise die Form des § 2276 BGB für alle vertraglichen Vereinbarungen erforderlich.[86] Dabei wird eine solche 41

---

79 NK-BGB/*Kornexl* § 2276 Rn. 19; Palandt/*Weidlich* § 2276 Rn. 6; Staudinger/*Kanzleiter* [2013] § 2287 Rn. 11.

80 Rdn. 39.

81 Zust. für den erbvertraglichen Teil Palandt/*Weidlich* § 2276 Rn. 6; wohl auch *Winkler* § 35 BeurkG Rn. 6; Armbrüster/Preuß/Renner/*Seger* § 35 BeurkG Rn. 8; MünchKommBGB/*Hagena* § 35 BeurkG Rn. 19; Bamberger/Roth/*Litzenburger* § 35 BeurkG Rn. 3; zustimmend auch für den ehevertraglichen Teil: Bremkamp/Kindler/Winnen/*Seebach* § 35 BeurkG Rn. 34.3; insgesamt ablehnend Soergel/*M. Wolf* Rn. 13.

82 Staudinger/*Hertel* [2012] Vorbem. zu 186 §§ 127a, 128 ff.

83 BGHZ 36, 65, 70; Bamberger/Roth/*Litzenburger* § 2276 Rn. 2; *Knieper* DNotZ 1968, 332; Palandt/*Weidlich* § 2276 Rn. 9; *Kanzleiter* NJW 1997, 217 ff.; *Krebber* DNotZ 2003, 20, 30 (mit dem formalen Argument, dass Erbvertrag und ein damit zusammenhängendes Verkehrsgeschäft nur in einer Zweckverbindung stehen).

84 So vor allem *Staudinger/Hertel* [2012] Vorbem. 176 §§ 127a, 128 ff. zum Parallelproblem beim Ehevertrag.

85 *Kanzleiter* NJW 1997, 217, 219 f.; *ders.*, DNotZ 1994, 275, 278 ff.; Staudinger/*Kanzleiter* [2013] § 2276 Rn. 17.

86 BGHZ 36, 65, 70; BGH FamRZ 1967, 470; *Boehmer*, FS Lehmann (1956) 461, 467; *Fleischmann*, Lebzeitige Verfügungsfreiheit (1998), 284; Palandt/*Weidlich* § 2276 Rn. 9; generell ablehnend *Stürzebecher*, Rücktritt vom Erbvertrag, 27; *Lüke*, Vertragliche Störungen beim »entgeltlichen Erbvertrag«, 24 f.; Staudinger/*Kanzleiter* [2013] § 2276 Rn. 17; wohl auch *Kanzleiter* NJW 1997, 217 ff.

Verbindung aber selbst dann abgelehnt, wenn die Leistung des Begünstigten als Entgelt für die erbvertragliche Zuwendung gewollt ist.[87]

42 Demgegenüber hat *Hohmann*[88] die Form des § 2276 BGB beim entgeltlichen Erbvertrag auch für die anderen Vertragsvereinbarungen gefordert, da es sich i.d.R. um **zusammengesetzte Rechtsgeschäfte** handelt. Eine sachgerechte Gestaltung des Erbvertrags sei in solchen Fällen der gegenseitigen Abhängigkeit nur bei Beurkundung des einheitlichen Vertragswerks möglich.[89] Dieser Auffassung ist zuzustimmen. Die abstrakte Natur des Erbvertrags, die auch beim entgeltlichen Erbvertrag die Annahme eines synallagmatischen Austauschverhältnisses verhindert[90] erleichtert zwar die formale Argumentation, es bestehe eine lediglich isolierte Beurkundungspflicht. Entscheidend ist jedoch der auch von § 2276 BGB verfolgte **Schutzzweck**, den auch *Kanzleiter* anerkennt. Er sieht das Schutzbedürfnis in den mit dem Erbvertrag verbundenen wichtigen und »langfristigen Folgen«, glaubt dem aber durch die bloße Beurkundung des Erbvertrags genügen zu können.[91] Dabei wird aber zu wenig berücksichtigt, dass i.d.R. der Vertragspartner sich bereits ab Vertragsabschluss zu wirtschaftlich nicht unerheblichen, meist ebenfalls langfristig zu erbringenden Gegenleistungen verpflichtet. Nicht nur der Gedanke der u.U. nicht gesicherten Vorleistung lässt deutlich werden, dass bei typologischer Betrachtung die Vertragsteile etwa beim Verpfründungsvertrag oftmals ebenso der sachkundigen Belehrung und Beratung über die Vertragsausgestaltung bedürfen wie bei einem gewöhnlichen Immobilienerwerb.[92] Eine isolierte Beurkundung wäre daher ein Torso und liefe dem auch von § 2276 BGB verfolgten Formzweck der rechtlich einwandfreien Gestaltung[93] zuwider. Die Gegenauffassung führt auch zu erheblichen Abgrenzungsschwierigkeiten, da eine einheitliche Beurkundungspflicht bejaht wird, wenn Erbvertrag und weitere Vereinbarung miteinander »stehen und fallen« sollen; wann dies der Fall ist, ist schwer abzusehen. Es ist daher sachgerecht, die zu **§ 311b Abs. 1 BGB entwickelten Grundsätze** über die Beurkundungspflicht auch auf die im Zusammenhang mit einem Erbvertrag getroffenen weiteren Vereinbarungen zu übertragen.[94] Die von *Kanzleiter* und *Hertel* ebenfalls als Argument für die Formfreiheit angeführte Gefahr der unheilbaren Nichtigkeit ist zwar nicht von der Hand zu weisen, jedoch unserer Rechtsordnung keineswegs fremd, da es viele Formvorschriften ohne Heilungsmöglichkeit gibt. Mit dieser formenstrengen Auffassung würden auch viele unnütze Streitigkeiten über angeblich getroffene Abreden vermieden.[95]

43 Jedoch wird man auf der **Beweislastebene** davon ausgehen müssen, dass die fehlende Mitbeurkundung angeblicher Zusatzvereinbarungen dagegen spricht, dass solche überhaupt getroffen wurden, da die notarielle Urkunde insoweit die Vermutung der Vollständigkeit für sich hat. Daraus ergibt sich für den Erblasser eine Beweisnot, wenn tatsächlich die erbvertragliche Zuwendung an die Erbringung der nicht beurkundeten Gegenleistung geknüpft war. Auch dies spricht daher für die umfassende Beurkundungspflicht.[96]

44 Der Erbvertrag kann auch in einer Urkunde mit dem anderen Vertrag verbunden sein (arg § 34 Abs. 2 BeurkG), er kann dabei auch ohne besondere Kenntlichmachung in dessen Text enthalten sein, wobei die Aufnahme einer letztwilligen Verfügung in den Vertrag schon dafür spricht, dass

87 BGHZ 36, 65, 70 f.; *Boehmer* (Fn. 85) spricht von einer »formellen Selbständigkeit« des Verpfründungsvertrags; zu sehr relativierend daher NK-BGB/*Kornexl* § 2276 Rn. 32, wonach die praktische Bedeutung der Streitfrage dadurch verringert werde, dass die zusätzlichen Vereinbarungen regelmäßig nach dem Willen der Vertragsteile so eng verbunden seien, dass sie »miteinander stehen und fallen«, und sich bereits deshalb i.d.R. die umfassende Beurkundungspflicht ergibt.

88 *Hohmann*, Rechtsfolgen von Störungen im Rahmen eines entgeltlichen Erbvertrags, 13 ff.; ders., ZEV 1996, 24; zust. NK-BGB/*Kornexl* § 2276 Rn. 33.

89 Ebenso *Lange/Kuchinke* § 25 I 1 Fn. 8.

90 S. § 2295 BGB Rdn. 6.

91 NJW 1997, 217, 220.

92 Zu den zu lösenden schwierigen Gestaltungsproblemen s. § 2295 BGB Rdn. 30 ff.

93 Dazu Staudinger/*Kanzleiter* [2013] § 2276 Rn. 17; sowie oben Rdn. 1 m.w.N.

94 Zust. NK-BGB/*Kornexl* § 2276 Rn. 33.

95 Etwa OLG Köln NJW-RR 1996, 327 zum angeblich getroffenen Verfügungsunterlassungsvertrag.

96 NK-BGB/*Kornexl* § 2276 Rn. 34.

es sich um eine erbvertragsmäßige Verfügung und um keine einseitige handelt.[97] Fehlt es an einer klaren Selbstbezeichnung in der Urkunde, ist jedoch genau zu prüfen, ob es sich nicht um ein Rechtsgeschäft unter Lebenden handelt, etwa um ein solches auf den Todesfall.[98]

2. Auswirkungen von Formfehlern

Bilden die Verträge eine rechtliche Einheit i.S. von § 139 BGB, so führt die Nichtigkeit des einen auch zur Nichtigkeit des anderen. Mit der h.M. ist dabei davon auszugehen, dass diese Bestimmung auch auf die in einer Urkunde verbundenen Ehe- und Erbverträge anwendbar ist.[99] Bei Formfehlern spielt dies besonders wegen der unterschiedlichen Heilungsmöglichkeit eine Rolle. Zur Unwirksamkeit bei einem Ehe- und Erbvertrag s. ausführlich Rdn. 30 f. 45

Die Formnichtigkeit einer Erbeinsetzung nach § 2276 BGB steht der Wirksamkeit eines Übergabevertrags im Wege der vorweggenommenen Erbfolge nach § 139 BGB nicht entgegen, wenn der Wille der Vertragsteile dahin geht, die lebzeitige Zuwendung auch bei Kenntnis der Nichtigkeit der Erbeinsetzung vorzunehmen; dabei ist unerheblich, wenn der Formmangel der Übergabe erst aufgrund des § 311b Abs. 1 Satz 2 BGB geheilt wurde.[100] 46

VII. Umdeutung

Ein ohne Einhaltung der Formerfordernisse des § 2276 BGB geschlossener Erbvertrag ist nichtig (§ 125 BGB). Es gibt keine gesetzliche Heilungsmöglichkeit. Ein wegen Formmangels nichtiger Erbvertrag kann aber nach § 140 BGB in einen anderen Vertrag oder ein **Testament** umgedeutet werden, wenn dies dem Willen der Vertragschließenden entspricht und die nötige Form, insbesondere bei der Testamentserrichtung, eingehalten ist.[101] 47

Auch die Umdeutung von Rechtsgeschäften unter Lebenden in einen Erbvertrag ist grundsätzlich möglich, so bei einem wegen § 1365 BGB unwirksamen Grundstückskaufvertrag[102] oder bei der Verpflichtung zu einer bestimmten Erbeinsetzung in einem Scheidungsvergleich, die wegen Verstoß gegen § 2302 BGB nichtig ist.[103] Allerdings ist zu beachten, dass Rechtsgeschäfte unter Lebenden bereits vor Eintritt des Erbfalls Rechte und Pflichten begründen und dies einer Umdeutung oftmals entgegensteht.[104] 48

VIII. Formlose Erbverträge

1. Die Rechtsprechung

Nach § 7 Abs. 1 HöfeO[105] kann der Hofeigentümer den Hoferben durch Verfügung von Todes wegen, also durch Testament oder Erbvertrag, frei bestimmen. Er kann ihm auch den Hof im Wege der vorweggenommenen Erbfolge übergeben.[106] Wenn der BGH[107] einen solchen Übergabevertrag wegen seiner erbrechtlichen Wirkung einem Erbvertrag gleichstellt, so kann ihm hierin zugestimmt werden.[108] Der BGH ist aber noch einen Schritt weiter gegangen und hat zur früheren HöfeO vor der Neufassung im Jahre 1976 entschieden, dass in besonderen Fällen auch einer formlosen Ver- 49

97 BGH NJW 1984, 46.
98 § 2301 BGB; BGH NJW 1984, 46.
99 BGH LM § 139 Nr. 34; BGHZ 50, 63, 72; *v. Lübtow* I 408 f.; Palandt/*Weidlich* § 2276 Rn. 10; offen gelassen von BGHZ 29, 129, 131 beim Ehevertrag; gegen die Anwendung auf Erbverträge *Häsemeyer* FamRZ 1967, 30 f.
100 OLG Hamm DNotZ 1996, 671, 673 = MDR 1996, 391.
101 MünchKommBGB/*Musielak* § 2276 Rn. 12; Vor §§ 2274 ff. Rn. 22.
102 BGH WM 1980, 895.
103 OLG Stuttgart OLGZ 1989, 415.
104 MünchKommBGB/*Musielak* § 2276 Rn. 13.
105 Vom 26.07.1976, BGBl. 1976 I 1933.
106 Hofübergabevertrag, § 17 Abs. 1 HöfeO.
107 LM Nr. 3 zu § 12 HöfeO; NJW 1962, 447.
108 § 2271 BGB Rdn. 123.

einbarung des Eigentümers mit einem Abkömmling bindende Kraft zukommen könne:[109] Hat der Hofeigentümer durch Art, Umfang und Dauer der Beschäftigung eines Abkömmlings auf dem Hof zu erkennen gegeben, dass dieser den Hof übernehmen solle, und hat der Abkömmling sich darauf eingestellt, so kann darin eine Vereinbarung über die künftige Hoffolge dieses Abkömmlings und zugleich seine Bestimmung zum Hoferben liegen; an eine solche – regelmäßig wegen Formmangels nichtige – Vereinbarung kann der Hofeigentümer nach Treu und Glauben gebunden sein. An dieser Auffassung hat der BGH auch in späteren Entscheidungen festgehalten.[110]

50 In einem weiteren Beschluss[111] hat der BGH seine Rechtsprechung wie folgt ergänzt: Der Grundsatz, dass in einer formlosen Vereinbarung über die Hoferbfolge unter Umständen eine bindende Bestimmung des Hoferben liegen könne, gelte nicht nur für einen Übergabevertrag (oder für einen Vorvertrag zu einem solchen), sondern auch für einen **Erbvertrag**. Dem Übernehmer stehe nicht nur eine Einrede oder ein Einwand zu, sondern beim formlosen Übergabevertrag ein Erfüllungsanspruch, beim formlosen Erbvertrag die Rechtsstellung eines durch Erbvertrag bestimmten Hoferben.

51 Die neuere Rechtsprechung des BGH zeigt eine etwas einschränkende Tendenz. Der BGH hat klargestellt, dass die Grundsätze über den sog. formlosen Hofübergabevertrag (und wohl auch die über den formlosen Erbvertrag) **außerhalb des Höferechts** nicht gelten.[112] Für den Bereich des Höferechts hält der BGH allerdings an seiner Rechtsprechung fest;[113] doch wird betont, dass an eine Wirksamkeit einer formlosen Vereinbarung über die Hoferbfolge strenge Anforderungen zu stellen sind.[114]

2. Neuregelung der HöfeO

52 Die praktische Bedeutung dieser Rechtsprechung zur formlosen Hoferbenbestimmung ist durch das zum 01.01.1976 in Kraft getretene 2. Gesetz zur Änderung der HöfeO stark zurückgegangen, da damit in § 7 Abs. 2 HöfeO eine ausdrückliche gesetzliche Regelung hierfür geschaffen und damit das durch Richterrecht entwickelte Rechtsinstitut auf eine klare gesetzliche Grundlage gestellt wurde.[115] Jedoch hat der BGH deutlich gemacht, dass dort, wo der Schutz des § 7 Abs. 2 HöfeO n.F. nicht ausreicht, immer noch ein Rückgriff auf die Grundsätze der Rechtsprechung zur bindenden Hoferbenbestimmung aus der Zeit vor der Neufassung dieser Vorschrift nicht ausgeschlossen ist.[116]

3. Geltung außerhalb der HöfeO?

53 Der Rspr. des BGH zur formlosen Hoferbenbestimmung haben sich verschiedene Oberlandesgerichte angeschlossen.[117] Im Schrifttum überwiegen die ablehnenden Äußerungen.[118] Angesichts der Formenstrenge des Erbrechts und zur Wahrung der Rechtssicherheit ist diese Rechtsprechung abzulehnen. Sie ist letztlich nur aus einer Sondersituation der HöfeO heraus entwickelt worden und als solche zu begreifen.[119] Einer Übertragung dieser Grundsätze auf **andere Fälle außerhalb der HöfeO** widerspricht dem Grundsatz der erbrechtlichen Formenstrenge und ist daher aus Gründen der Rechtssicherheit abzulehnen.[120]

---

109 BGHZ 12, 286 = NJW 1954, 1644 = DNotZ 1954, 357 = RdL 1954, 153.

110 DNotZ 1956, 134; DNotZ 1956, 138; BGHZ 47, 184.

111 BGHZ 23, 249, 254 ff. = LM Nr. 1 zu § 2276 = NJW 1957, 787 = RdL 1957, 96.

112 Vgl. BGHZ 47, 184 = LM Nr. 28 zu § 7 HöfeO m. Anm. *Rothe*; BGHZ 119, 387, 389; *Johannsen* WM 1969, 1222; demgegenüber fanden sich Andeutungen für eine Ausdehnung in andere, ja sogar gewerbliche Bereiche bei BGH LM § 242 (Ca) Nr. 13.

113 Beschl. v. 28.10.1965, LM Nr. 27 zu § 7 HöfeO; BGHZ 119, 387, 389.

114 LM Nr. 16a zu § 242 D.

115 MünchKommBGB/*Musielak* § 2276 Rn. 14.

116 BGHZ 73, 324, 329 = DNotZ 1979, 564; BGHZ 87, 273 = DNotZ 1984, 54; BGHZ 119, 387, 389 = NJW 1993, 267; OLG Hamm AgrarR 1986, 56; eingehend hierzu *Wöhrmann*, Landwirtschaftserbrecht, 11. Aufl. 2019, § 7 HöfeO Rn. 41.

117 OLG Hamm NJW 1955, 1065; RdL 1959, 325; OLG Celle NdsRpfl 1959, 221; 1961, 195; 1964, 131.

118 S. die Nachw. in Rn. 31 der 2. Aufl.

119 Zur Kritik im Einzelnen s. Rn. 32 der 2. Aufl.

120 NK-BGB/*Kornexl* § 2276 Rn. 38; Staudinger/*Kanzleiter* [2013] § 2276 Rn. 16.

§ 2277 *(aufgehoben)*

Die Vorschrift ist durch das PStRG seit dem 01.01.2009 aufgehoben. Sie betraf die besondere amtliche Verwahrung von Erbverträgen, die nunmehr in den §§ 346, 347 Abs. 3, 344 Abs. 3 FamFG geregelt ist. 1

§ 2278 Zulässige vertragsmäßige Verfügungen

(1) In einem Erbvertrag kann jeder der Vertragschließenden vertragsmäßige Verfügungen von Todes wegen treffen.

(2) Andere Verfügungen als Erbeinsetzungen, Vermächtnisse, Auflagen und die Wahl des anzuwendenden Erbrechts können vertragsmäßig nicht getroffen werden.

Übersicht Rdn.

I. Allgemeines

§ 2278 BGB bringt eine Ergänzung der grundlegenden Bestimmung des § 1941 BGB in zweifacher Weise: **Abs. 1** stellt in **persönlicher Hinsicht** erweiternd klar, dass in einem Erbvertrag nicht nur ein Vertragsteil als Erblasser auftreten, also vertragsmäßige Verfügungen von Todes wegen (§ 1941 Abs. 1 BGB) treffen kann, sondern dass dies vielmehr **jedem Vertragspartner** gestattet ist, also auch dem, der die vertragsmäßige Verfügung des anderen annimmt, mag er selbst bedacht sein oder nicht (§ 1941 Abs. 2 BGB). Andererseits schränkt **Abs. 2** den **Inhalt der vertragsmäßigen Verfügung** ein: Nur diejenigen Verfügungen von Todes wegen können vertragsmäßig getroffen werden, die in § 1941 Abs. 1 BGB angeführt sind, also Erbeinsetzungen, Vermächtnisse, Auflagen und nunmehr auch eine Rechtswahl (sog. erbvertragsfähige Verfügungen). Erbrechtliche Verfügungen anderer Art, z.B. Enterbung (§ 1938 BGB), Teilungsanordnung (§ 2048 BGB) oder Anordnung von Testamentsvollstreckung (§ 2197 BGB)[1] können in einem Erbvertrag nur einseitig getroffen werden (§ 2299 BGB; vgl. die ähnliche Regelung für das wechselbezügliche gemeinschaftliche Testament in § 2270 Abs. 3 BGB; eingehend dazu unten Rdn. 44 ff.). Aber auch Erbeinsetzungen, Vermächtnisse, Auflagen und Rechtswahlen in einem Erbvertrag brauchen nicht unbedingt vertrags- 1

1 § 2197; vgl. OLG Düsseldorf ZEV 1994, 302.

mäßige Verfügungen zu sein; sie können stets auch einseitig getroffen werden (§ 2299 BGB). Der Unterschied liegt darin, dass diese jederzeit wieder nach den Vorschriften über Testamente einseitig widerrufen werden können (§ 2299 Abs. 2 BGB).

II. Inhalt des Erbvertrags

1. Notwendigkeit mindestens einer vertragsmäßigen Verfügung

2 Den Kern des Erbvertrags bilden immer die vertragsmäßigen Verfügungen (über deren Wesen s. Vorbem. zu §§ 2274 ff. Rdn. 8 ff.). Wenn der Vertrag **nicht mindestens** eine (wirksame) **vertragsmäßige Verfügung** enthält, so ist er kein Erbvertrag.[2] Dies wurde neuerdings auch bei einem »Nachtrag zum Erbvertrag« bezüglich der formell eigenständigen »**Nachtragsurkunde**« gefordert, in dem ein früherer Erbvertrag abgeändert, ergänzt oder aufgehoben wird. Der »Nachtrag« müsse seinerseits mindestens eine vertragsmäßige Verfügung besitzen, damit er selbst als Erbvertrag qualifiziert werden könne. Ansonsten könne es sich je nach dem Inhalt allenfalls um einen den früheren Erbvertrag ändernden Aufhebungsvertrag (§ 2290 BGB), ein gemeinschaftliches Testament, mehrere in einer Urkunde verbundene Einzeltestamente oder eine Kombination dieser Möglichkeiten handeln.[3] Dem kann nicht gefolgt werden: Da die Erbvertragspartner ihren ursprünglich abgeschlossenen Erbvertrag sogar durch ein späteres gemeinschaftliches Testament nach § 2292 BGB zu einer erbrechtlichen Gesamtregelung ergänzen können,[4] genügt für die Qualifikation im Wege einer Gesamtbetrachtung, dass insgesamt auch nach der Änderung oder Ergänzung wenigstens eine erbvertragsmäßige Verfügung fortbesteht. Denn sachlich stellen die Vertragsteile gerade bewusst einen inhaltlichen Bezug her,[5] der nicht dadurch verloren geht, dass es sich nach dem formellen Beurkundungsrecht um selbstständige Urkunden handelt. Eingehend zum **Nachtrag zum Erbvertrag** s. auch § 2290 BGB Rdn. 27 ff.

3 Da die Bindung beim Erbvertrag anders als beim gemeinschaftlichen Testament[6] auf einer ausdrücklichen Einigung der Vertragsteile beruht, **muss der Vertragsgegner** die vertragsmäßigen Verfügungen des Erblassers (seien es Verfügungen zu seinen Gunsten oder zugunsten Dritter) **annehmen**, was aber nicht ausdrücklich geschehen muss, sondern auch stillschweigend geschehen kann.[7] Stillschweigende Annahme ist regelmäßig anzunehmen bei gegenseitiger Erbeinsetzung. Soweit keine vertragsmäßige Verfügung vorliegt, handelt es sich um ein (unrichtig bezeichnetes) Testament, insofern die Vorschriften für ein öffentliches Testament eingehalten sind.[8]

2. Zweiseitiger Erbvertrag

4 Wenn zwei Personen einen Erbvertrag miteinander schließen und beide in diesem vertragsmäßige Verfügungen von Todes wegen treffen, so spricht man von einem zweiseitigen Erbvertrag (Vorbem. zu §§ 2274 ff. Rdn. 35 ff.). Dieser ist kein gegenseitiger Vertrag i.S.d. §§ 320 ff. BGB, da er keine Verpflichtung zwischen den Vertragsteilen begründet, sondern verfügende Wirkung hat. Doch vermutet das Gesetz, dass die vertragsmäßigen Verfügungen voneinander abhängig sind (§ 2298 BGB). Einen Fall der Abhängigkeit einer vertragsmäßigen Verfügung von einem Rechtsgeschäft unter Lebenden (Unterhaltsvertrag) behandelt § 2295 BGB.

---

2 H.M.; BGHZ 26, 204, 208 f. = NJW 1958, 498; NK-BGB/*Kornexl* § 2278 Rn. 3; Bamberger/Roth/*Litzenburger* § 2278 Rn. 1; MünchKommBGB/*Musielak* § 2278 Rn. 2; Staudinger/*Kanzleiter* [2013] § 2278 Rn. 3; *Kipp/Coing* § 42 I Fn. 1; *Lange/Kuchinke* § 25 IV 2.

3 NK-BGB/*Kornexl* § 2278 Rn. 4; *ders.*, ZEV 2003, 62, 63; a.M. aber *Lehmann* ZEV 2003, 234; *H. Keller* ZEV 2004, 93, 94 ff.

4 So zuletzt erst BayObLG NJW-RR 2003, 658, 659; s. dazu eingehend § 2292 BGB Rdn. 6 f.; so auch NK-BGB/*Kornexl* § 2278 Rn. 9 f.

5 So selbst *Kornexl* ZEV 2003, 62.

6 § 2270 BGB Rdn. 2.

7 OLG Hamm NJW 1974, 1774; ausdrückliche Annahme verlangt OLG Oldenburg DNotZ 1966, 249 für den Vertragsgegner, der nicht selbst vertragsmäßig verfügt.

8 *Lange/Kuchinke* § 25 IV 2; Staudinger/*Kanzleiter* [2013] § 2278 Rn. 3.

3. Zuwendung an Dritte

Der Erblasser kann im Erbvertrag den Vertragsgegner oder einen Dritten bedenken.[9] Der Erbver- 5
trag kann auch ausschließlich eine Zuwendung an einen Dritten enthalten.[10] Er ist aber auch dann kein Vertrag zugunsten Dritter i.S. von § 328 BGB.[11]

4. Abgrenzung zu Verträgen unter Lebenden

Die Abgrenzung des Erbvertrags von den Verträgen unter Lebenden bereitet mitunter Schwierig- 6
keiten, wenn diese bedingt geschlossen sind oder wenn die Leistung erst beim Tode des Schuldners fällig ist. Entscheidend ist in Zweifelsfällen, ob durch das Rechtsgeschäft schon zu Lebzeiten Rechte und Pflichten begründet werden sollen, mag es auch – z.B. bei bedingten Rechten – erst beim Tod voll wirksam werden, oder ob eine solche Wirkung erst später eintreten soll.[12] Vgl. hierzu ausführlich Vorbem. zu §§ 2274 ff. BGB Rdn. 11 ff.

III. Vertragsmäßige und einseitige Verfügungen

Da nach § 2299 BGB in einem Erbvertrag auch einseitige Verfügungen getroffen werden können, 7
ist nicht ohne Weiteres gesagt, dass die in einem Erbvertrag erhaltene Erbeinsetzung, Vermächtnisanordnung oder Auflageanordnung vertragsmäßig getroffen ist und somit den Erblasser grundsätzlich bindet.[13] Es besteht, anders als durch § 2270 Abs. 2 BGB für das gemeinschaftliche Testament, keine diesbezügliche Auslegungsregel oder gar Vermutung,[14] auch wenn es rechtspolitisch wünschenswert erscheint, eine gesetzliche Klarstellung vorzunehmen, dass nur solche Verfügungen bindend sein sollen, die ausdrücklich so bezeichnet sind.[15] Soweit jedoch **nicht ausdrücklich vertragsmäßig**[16] oder einseitig verfügt wurde,[17] ist durch **Auslegung** für jede einzelne Verfügung gesondert zu ermitteln, inwieweit bei den einzelnen Verfügungen Bindung oder freie Widerruflichkeit gewollt war.[18] Soweit jedoch Ehegatten ausdrücklich *»im Wege des Erbvertrages«* verfügen, ergibt sich angesichts der Klarheit und Eindeutigkeit als nächstliegende Bedeutung, dass vertragsmäßig i.S.d. § 2278 BGB verfügt wird.[19] Für die Auslegung folgt im Übrigen aus der Vertragsnatur, dass andere Grundsätze gelten als bei einseitigen letztwilligen Verfügungen. Weil bei testamentarischen Bestimmungen Rücksicht auf Dritte nicht infrage kommt, ist dort auch § 157 BGB nicht anwendbar. Demgegenüber darf bei der Auslegung von Erbverträgen dem Willensdogma nicht in derselben Weise Rechnung getragen werden, sodass § 157 BGB zu beachten ist, und zwar auch

9 § 1941 Abs. 2; RGZ 67, 65, 67.

10 BGHZ 12, 115 = NJW 1954, 633 = JZ 1954, 436 m. zust. Anm. *Coing* = DNotZ 1954, 264 m. zust. Anm. *Hieber*.

11 BGH ebenda; RG WarnRspr. 1917 Nr. 91.

12 BGH NJW 1984, 46, 47; BGHZ 8, 23, 30 ff.; 31, 13, 20.

13 BayObLG FamRZ 1997, 911 = ZEV 1997, 160; NK-BGB/*Kornexl* § 2278 Rn. 11; Bamberger/Roth/*Litzenburger* § 2278 Rn. 2; MünchKommBGB/*Musielak* § 2278 Rn. 3.

14 Vgl. nur Vgl. Mot. V 336; Prot. V 402; *Muscheler* I Rn. 2207; *Lange*, Erbrecht, § 17 Rn. 168; *Schlüter* Rn. 258.

15 So der Vorschlag von *Röthel* in ihrem Gutachten, 68. DJT (2010), A 1, 73; dafür bereits *C. Nolting*, Inhalt, Ermittlung und Grenzen der Bindung beim Erbvertrag (1985) 132.

16 Vgl. BayObLGZ 1961, 210; OLG Stuttgart ZEV 2003, 79, 80 = FamRZ 2004, 407; *Lange*, Erbrecht, § 17 Rn. 168.

17 BayObLG ZErb 2001, 32; so auch im Fall von BayObLG FamRZ 1998, 1262 = NJWE-FER 1998, 158, in dem das Gericht allerdings eher einen Änderungsvorbehalt annahm.

18 RGZ 116, 321; BGHZ 26, 204, 208 = NJW 1958, 498; BayObLGZ 1961, 206; BayObLG FamRZ 1994, 196 = MittBayNot 1995, 58 m. Anm. *Hohmann*; OLG München ZEV 2008, 340; OLG München NJW-RR 2012, 9 = FamRZ 2012, 398; NK-BGB/*Kornexl* § 2278 Rn. 11; Bamberger/Roth/*Litzenburger* § 2278 Rn. 2; *Lange*, Erbrecht, § 17 Rn. 168; *Muscheler* I Rn. 2207; MünchKommBGB/*Musielak* § 2278 Rn. 3; Palandt/*Weidlich* § 2278 Rn. 2; Staudinger/*Kanzleiter* [2013] § 2278 Rn. 8.

19 BayObLGZ 1995, 383, 386 = NJW-RR 1996, 457 = FamRZ 1996, 566; BayObLG FamRZ 1994, 196; OLG Stuttgart ZEV 2003, 79, 80 = FamRZ 2004, 407.

beim einseitigen Erbvertrag. Es ist daher auf die **Interessenlage aller Vertragsteile** abzustellen.[20] Auch bei frei widerruflichen Verfügungen im Erbvertrag ist § 157 BGB insoweit zu beachten, als diese Verfügungen das Recht des vertragsmäßig Bedachten einschränken. Für die Schaffung einer ausdrücklichen gesetzlichen Auslegungsregel auch wenn ein Änderungsvorbehalt vereinbart ist,[21] empfiehlt *Coing*[22] eine »zweistufige Prüfung«: zunächst ist die Vertragsmäßigkeit der Verfügung nach den allgemeinen Auslegungsgrundsätzen zu prüfen. Erst anschließend sei zu ermitteln, ob die grundsätzlich vorliegende Bindung durch den Vorbehalt gelockert sei.[23]

8 Die h.M. sieht als wesentliches Indiz für eine erbvertragsmäßige Verfügung das **Interesse der Vertragsparteien an der Bindung** an.[24] Im Einzelnen gilt:

9 Soweit in einem Erbvertrag eine **Zuwendung** an den **Vertragspartner** erfolgt, ist in aller Regel davon auszugehen, dass die Zuwendung **vertragsmäßig** getroffen ist.[25] So etwa
- bei einer gegenseitigen Erbeinsetzung,[26]
- bei einem Vermächtnis eines Übernahmerechts an den Miterben, wenn dies nicht ausdrücklich als einseitig bezeichnet wird,[27]
- wenn der Vertragserbe sich im Zusammenhang mit dem Abschluss des Erbvertrags zu Leistungen an den Erblasser verpflichtet, die als Entgelt für die Erbeinsetzung angesehen werden können,[28]
- bei einer Vermächtniszuwendung, die mit einem Erbverzicht verbunden ist, spricht der kausale Zusammenhang für die Vertragsmäßigkeit.[29]

10 Soweit in einem Erbvertrag Verfügungen von Todes wegen **zugunsten Dritter** getroffen sind, kommt es, entsprechend der Rechtsprechung des RG, darauf an, ob der Vertragsgegner des Erblassers ein diesem bekanntes **Interesse an dessen Bindung gehabt** hat oder haben konnte.[30] Auch ein moralisches Interesse genügt.[31] Für dieses Bindungsinteresse ist zum einen maßgeblich, in welchem Verhältnis der Dritte zu den Erbvertragspartnern steht. Dies kann je nach dem Verhältnis des Bedachten zu dem Vertragspartner des verfügenden Erblassers sehr unterschiedlich sein.[32] Entscheidend ist aber auch, welches erkennbare Ziel der Nachlassplanung durch die Zuwendung

---

20 *Muscheler* I Rn. 2207; NK-BGB/*Kornexl* § 2278 Rn. 12; MünchKommBGB/*Musielak* § 2278 Rn. 3; Vorbem. zu §§ 2274 BGB Rdn. 24 ff.

21 S. Rdn. 14 ff.

22 NJW 1958, 689, 691.

23 Ebenso BGH NJW 1982, 441 im LS, im Text anders; krit. hiergegen *D. Nolting*, Der Änderungsvorbehalt beim Erbvertrag, 110 ff.

24 *Lange*, Erbrecht, § 17 Rn. 168; *Muscheler* I Rn. 2207; NK-BGB/*Kornexl* § 2278 Rn. 12; MünchKommBGB/*Musielak* § 2278 Rn. 3; kritisch dagegen *D. Nolting* Der Änderungsvorbehalt beim Erbvertrag, 23 ff., jedoch guter Rechtsprechungsüberblick ab S. 7 ff.; gegen *Nolting* zutreffend *Gerken* BWNotZ 1992, 92, 94 f.

25 BGHZ 26, 204, 208; 36, 116, 120; 106, 359 = NJW 1989, 2885; BayObLG NJW-RR 1990, 200, 201; BayObLG ZEV 1997, 160 = FamRZ 1997, 911, 912; NJW-RR 2003, 293, 294 = FamRZ 2004, 59; OLG Hamm NJW-RR 2005, 450, 451; OLG München ZEV 2008, 340, 341 = FamRZ 2009, 460; NK-BGB/*Kornexl* § 2278 Rn. 13; Bamberger/Roth/*Litzenburger* § 2278 Rn. 4; *Lange*, Erbrecht, § 17 Rn. 169; v. *Lübtow* I 401; *Muscheler* I Rn. 2207; MünchKommBGB/*Musielak* § 2278 Rn. 4; *Schlüter* Rn. 258.

26 OLG Hamm NJW 1974, 1774).

27 BGHZ 36, 116.

28 BGHZ 36, 115, 120.

29 BGHZ 106, 359.

30 RG JW 1927, 2573 m. Anm. Titze; BGH NJW 1961, 120; BayObLG FamRZ 1989, 1353, 1354; NJW-RR 2003, 293, 294 = FamRZ 2004, 59; NK-BGB/*Kornexl* § 2278 Rn. 14; *Kipp/Coing* § 42 IV; *Coing* NJW 1958, 690; *Giencke* FamRZ 1974, 241; *Gerken* BWNotZ 1992, 93; *Muscheler* I Rn. 2207 mit Beispielen; Palandt/*Weidlich* § 2278 Rn. 3; Staudinger/*Kanzleiter* [2013] § 2278 Rn. 10.

31 RGZ 116, 321.

32 Bamberger/Roth/*Litzenburger* § 2278 Rn. 4; MünchKommBGB/*Musielak* § 2278 Rn. 5, wo allerdings zu vereinfachend nur auf den Verwandtschaftsgrad oder darauf abgestellt wird, ob eine Freundschaft besteht; krit. dagegen auch NK-BGB/*Kornexl* § 2278 Rn. 14.

verfolgt wird, sodass auch Art und Wert derselben eine Rolle spielen, wie aber auch der Gedanke der Familienbindung oder der Errungenschaftsgedanke des betroffenen Vermögens. Das **Bindungsinteresse** ist dabei aus der Sicht des Vertragspartners des verfügenden Erblassers zu bestimmen.

Eine vertragsmäßige Verfügung ist i.d.R. anzunehmen, wenn 11
- gemeinsame Kinder der Vertragschließenden als Erben eingesetzt werden;[33] zur einschränkenden Auslegung bezüglich der Ersatzerbfolge BayObLG DNotZ 1990, 53, 54 f. = FamRZ 1989, 666 und jetzt BGHZ 149, 363, dazu Rdn. 13.
- ein Rücktrittsrecht ausdrücklich vorbehalten wurde[34] oder ein Änderungsvorbehalt.[35]

Keine vertragsmäßige Verfügung ist i.d.R. anzunehmen, wenn 12
- der zum Erben eingesetzte oder mit einem Vermächtnis bedachte Vertragsgegner mit einem Vermächtnis zugunsten eines Dritten beschwert ist,[36]
- eigene Verwandte des Längerlebenden zu seinen Erben eingesetzt werden, weil es nahe liege, anzunehmen, dass der Erstversterbende kein Interesse an einer solchen Bindung hat.[37] Dies gilt auch bei einem Ehegattenerbvertrag in der Form des Berliner Testaments von **kinderlosen Ehegatten** hinsichtlich der Schlusserbeneinsetzung der Verwandten des Längerlebenden, während die Schlusserbeneinsetzung der Verwandten des Erstversterbenden vertragsmäßig sein kann,[38]
- Bei einem Erbvertrag, an dem die gemeinsamen Kinder an der notariellen Urkunde mitwirken und die ein Kind begünstigende Verfügung dem Ausgleich einer lebzeitigen Zuwendung an ein anderes Kind dienen soll,[39]
- als Nacherben des Erstversterbenden der Ehegatten dessen gesetzliche Erben berufen werden.[40]

Diese Grundsätze gelten auch für die vorgelagerte Frage, ob Ehegatten die Verfügung im Wege eines gemeinschaftlichen Testaments oder durch einen Erbvertrag treffen wollten.[41] In Zweifelsfällen kann die **Auslegungsregelung** des **§ 2270 Abs. 2 BGB** herangezogen werden.[42] Hierbei ist jedoch die neuere, einschränkende Rspr. des BGH zu berücksichtigen, wonach § 2270 Abs. 2 BGB mit der daraus resultierenden Bindung auf Ersatzerben nur anwendbar ist, wenn sich Anhaltspunkte für einen auf deren Einsetzung gerichteten Willen der testierenden Eheleute feststellen lassen, die Ersatzerbeinsetzung also nicht allein auf § 2069 BGB beruht.[43] 13

IV. Änderungsvorbehalt des Erblassers

Von der Frage der Bindung ist scharf zu unterscheiden, ob die an sich gegebene Bindung etwa durch einen Vorbehalt anderweitiger Verfügung eingeschränkt oder gelockert worden ist. Die Frage der 14

33 BGH WM 1970, 482, 483 (entspreche der »allgemeinen Lebenserfahrung«); BayObLG FamRZ 1989, 1353 = DNotZ 1990, 812; OLG Frankfurt am Main Rpfleger 1997, 309 = ZEV 1997, 454 m. Anm. *J. Mayer*; OLG München ZEV 2008, 340, 341 = FamRZ 2009, 460; OLG Saarbrücken NJW-RR 1994, 844; OLG Hamm FamRZ 1996, 637, 638 (bezüglich noch nicht geborener Kinder); Palandt/*Weidlich* § 2278 Rn. 4.

34 BayObLG FamRZ 1994, 196.

35 BayObLG MittBayNot 1995, 112, 113; NJW-RR 1997, 7, 8 = FamRZ 1997, 123.

36 RG WarnRspr. 1917 Nr. 91 = LZ 1916 Sp 1032, wenngleich im konkreten Fall wegen eines besonderen moralischen Interesses eine Bindung bejaht wurde.

37 RGZ 116, 321.

38 BGH NJW 1961, 120; BayObLGZ 1999, 46, 52 = NJW-RR 1999, 1167= ZEV 1999, 314 m. Anm. *Otte*; OLG Hamm FamRZ 1980, 505 = Rpfleger 1978, 179; OLG Zweibrücken FamRZ 1995, 1021; vgl. auch Prot. V 402 und für die ähnliche Frage bei der Wechselbezüglichkeit § 2270 BGB Rdn. 40.

39 OLG Hamm NJW-RR 2005, 450, 451.

40 OLGR Stuttgart 2001, 433.

41 OLG Hamm NJW-RR 2005, 450, 451 = FamRZ 2005, 2100.

42 BGH NJW 1961, 120 = DNotZ 1961, 417; WM 1970, 482, 483 = DNotZ 1970, 356; OLG Zweibrücken FamRZ 1995, 1021; OLG Frankfurt ZEV 1997, 454, 455; NK-BGB/*Kornexl* § 2278 Rn. 17; Palandt/*Weidlich* § 2278 Rn. 3; Staudinger/*Kanzleiter* [2013] § 2278 Rn. 10.

43 BGHZ 149, 363 = NJW 2002, 1126 = ZEV 2002, 150 m. Anm. *Otte* = dazu auch *Schmucker* DNotZ 2002, 665; eingehender dazu § 2270 BGB Rdn. 41.

Zulässigkeit derartiger Vorbehalte ist in den letzten Jahren Gegenstand zahlreicher Erörterungen in der Lit. gewesen.[44] Dabei leiden die Erörterungen teilweise darunter, dass die verschiedenen praktischen Ausgestaltungen des Änderungsvorbehalts nicht hinreichend bei der theoretischen Diskussion berücksichtigt werden.[45] Die praktische Relevanz solcher Änderungsvorbehalte ist erheblich,[46] insbesondere bei den weitverbreiteten Ehegattenerbverträgen in der Form des Berliner Testaments (§ 2280 BGB). Sehr oft wird dabei dem längerlebenden Ehegatten die Befugnis eingeräumt, vollkommen frei oder zumindest zwischen den gemeinschaftlichen Abkömmlingen noch eine Umverteilung des Vermögens beider Ehegatten vorzunehmen.[47] Die praktische Bedeutung spiegelt sich auch in der Häufigkeit der Darstellung solcher Klauseln in den Formularbüchern wieder.[48] Mit der zunehmenden Lebenserwartung der künftigen Erblasser und den immer häufigeren Veränderungen unserer schnelllebigen Zeit wird der Regelungsbedarf zunehmen. Erbvertragliche Gestaltungen ohne sachgerechte Änderungsmöglichkeit werden in zunehmendem Maß den Anforderungen der Beteiligten nicht mehr gerecht werden.[49]

1. Grundsätzliche Zulässigkeit

15 Die prinzipielle Zulässigkeit eines Änderungsvorbehalts wird heute kaum noch infrage gestellt.[50] Bereits in den Motiven wird er anerkannt, wobei betont wird, dass der Gesetzgeber keine Veranlassung sehe, ihm Schranken zu ziehen.[51] In gefestigter Rspr. und von der ganz h.M. der Lit. wird daher grundsätzlich diese Gestaltungsmöglichkeit bejaht.[52] Die Zulässigkeit des Änderungsvorbehalts wird überwiegend mit dem Grundsatz der Vertragsfreiheit begründet,[53] aber auch mit einem »*argumentum a maiore ad minus*«, dass die weitreichende Vereinbarung eines Rücktrittsvorbehalts gesetzlich möglich ist und daher auch erst Recht der Änderungsvorbehalt als mildere Form

44 *C. Nolting*, Inhalt, Ermittlung und Grenzen der Bindung beim Erbvertrag (1985); *D. Nolting*, Der Änderungsvorbehalt beim Erbvertrag; *Hülsmeier*, Die bindende Wirkung des Erbvertrags (1985); *ders.*, NJW 1986, 3115; *J. Mayer*, DNotZ 1990, 755; *Weiler*, DNotZ 1994, 427; *Herlitz*, MittRhNotK 1996, 153, 155 ff.; *Lehmann*, BWNotZ 1999, 1.

45 Zur Typisierung aus der Sicht der praktischen Gestaltung *J. Mayer* DNotZ 1990, 755, 762 ff.; weitgehend übernommen von *D. Nolting*, Der Änderungsvorbehalt beim Erbvertrag, 33 f.

46 NK-BGB/*Kornexl* § 2278 Rn. 18 f.; *Röthel*, Gutachten, 68. DJT (2010), A 1, 73.

47 Vgl. die rechtstatsächliche Untersuchung von *Schulte*, Art und Inhalt eröffneter Verfügungen von Todes wegen (Diss. Münster 1982) 146 f.

48 S die Auswertungen bei *D. Nolting*, Der Änderungsvorbehalt beim Erbvertrag, S. 38 Fn. 92; *J. Mayer* 762 f.

49 *J. Mayer* 775 f.

50 Aktuell nur noch *Lehmann* BWNotZ 1999, 1 und BWNotZ 2000, 129; NotBZ 2000, 85 und NotBZ 2004, 210.

51 Mot. V 332.

52 BGHZ 26, 204, 208 = NJW 1958, 498; DNotZ 1970, 356, 358; NJW 1982, 441, 442; MittBayNot 1986, 265 = WM 1986, 1221; BayObLGZ 1961, 206, 210; BayObLG FamRZ 1989, 666 = DNotZ 1990, 54, 55; FamRZ 1992, 724; FamRZ 1996, 898 = DNotZ 1996, 316; FamRZ 1998, 644; FamRZ 1998, 1262 (wo eigentlich eine einseitige Verfügung vorlag); OLG Düsseldorf OLGZ 1966, 68, 69 f.; OLG Koblenz DNotZ 1998, 218, 219 = FamRZ 1997, 1247; OLG Köln RNotZ 2001, 397 = FamRZ 2002, 1516 m. abl. Anm. *Lehmann*; OLG München ZEV 2007, 33 = FamRZ 2008, 547 (Rn. 40); OLG München FamRZ 2009, 547 = DNotZ 2009, 138 = MittBayNot 2009, 237 m. zust. Anm. *Kornexl*; OLG Stuttgart OLGZ 1979, 49, 51; OLGZ 1985, 434 = DNotZ 1986, 551; NK-BGB/*Kornexl* § 2278 Rn. 21; Bamberger/Roth/*Litzenburger* § 2278 Rn. 11; Burandt/Rojahn/*Burandt* § 2278 Rn. 17; *Damrau/Tanck/Krüger*, Erbrecht, Rn. 6; *Lange*, Erbrecht, § 17 Rn. 170; *Muscheler* I Rn. 2236 ff.; MünchKommBGB/*Musielak* § 2278 Rn. 14; Palandt/*Weidlich* § 2289 Rn. 8; Staudinger/*Kanzleiter* § 2278 Rn. 12; *Keim* ZEV 2005, 365; *ders.*, NJW 2009, 818; *Musielak* ZEV 2007, 245; zur weiteren Lit. s. die Nachw. bei NK-BGB/*Kornexl* a.a.O.; *Herlitz* MittRhNotK 1996, 155 Fn. 16.

53 Vgl. nur *Lange*, Erbrecht, § 17 Rn. 171; *Muscheler* I Rn. 2236; *Musielak* ZEV 2007, 245; *Dohr*, Erbrechtliche Gestaltungsmöglichkeiten für die Beschränkung des erbvertraglich zu bindenden überlebenden Ehegatten auf die Einsetzung der gemeinschaftlichen Abkömmlinge (2002), 92 ff.; abl. dazu aber *D. Nolting*, Der Änderungsvorbehalt beim Erbvertrag, 55 ff.

der erbvertraglichen Bindung.[54] Den Änderungsvorbehalt ablehnende Stimmen sind vereinzelt geblieben.[55]

2. Praktische Bedeutung, Unterschied zum Rücktrittsvorbehalt

Für den weitverbreiteten Änderungsvorbehalt, dem angesichts der gestiegenen Lebenserwartung ein **weiterer Bedeutungszuwachs** prognostiziert wird,[56] besteht ein erhebliches praktisches Bedürfnis: Während der Rücktritt in der Form des § 2296 Abs. 2 BGB zu erklären ist und dadurch praktische Zugangsprobleme und Kosten schafft,[57] ist dies beim Änderungsvorbehalt nicht zwingend so.[58] Oft ist gerade – etwa bei teilweiser Neuverfügung – eine Information des anderen Vertragspartners über die Änderung nicht gewollt (er muss daher durch eine ausreichende Bestimmtheit des Änderungsvorbehalts in der Lage sein, die Grenzen der Änderung abschätzen zu können). Auch wenn man den Teilrücktritt zulässt, gibt es Änderungsregelungen, die sich an sich nicht als Rücktritt verstehen lassen, man denke an die Einschränkung der Erbeinsetzung durch nachträgliche Anordnung eines Vermächtnisses oder einer Testamentsvollstreckung.[59] Die gegenteilige Auffassung macht aus einem Rücktrittsvorbehalt einen »Beschränkungs- und Beschwerungsvorbehalt«,[60] ohne sich die Gesetzesferne ihrer Lösung noch bewusst zu machen. Der Rücktrittsvorbehalt bietet also nur beschränkte Möglichkeiten, den nicht voraussehbaren Entwicklungen durch Anpassung der Vermögensplanung Rechnung zu tragen.[61] 16

Der Änderungsvorbehalt, der im Gesetz zwar nicht ausdrücklich geregelt, von dessen Zulässigkeit bei der Schaffung des BGB aber ausgegangen wurde,[62] hat auch eine eigenständige Bedeutung. Als Typus einer Vertragsklausel hat er zwar eine dem Rücktrittsvorbehalt ähnelnde, **negative Komponente**, die in der Möglichkeit einer Durchbrechung der erbvertraglichen Bindung durch Aufhebung oder inhaltliche Änderung der bestehenden Verfügung liegt. Darin aber erschöpft er sich nicht. Ohne damit zu den verschiedenen Abgrenzungsversuchen zwischen Änderungsvorbehalt und Rücktrittsvorbehalt erschöpfend Stellung nehmen zu wollen,[63] muss man sich vor Augen halten, dass sich beide durch ihre **Zwecksetzung** deutlich unterscheiden: Der Rücktrittsvorbehalt ist primär auf die Beseitigung der Verfügung von Todes wegen angelegt; die dem Erblasser dadurch ermöglichte Gestaltungsfreiheit beschränkt sich auf eine »Ja/Nein«-Entscheidung,[64] der Änderungsvorbehalt ermöglicht dagegen eine **inhaltliche Umgestaltung**, insbesondere zur Anpassung an geänderte Verhältnisse.[65] Kurz gesagt: der **Rücktrittsvorbehalt kassiert**, der **Änderungsvorbehalt** 17

54 *J. Mayer* DNotZ 1990, 755, 758 Fn. 15; *D. Nolting*, Der Änderungsvorbehalt beim Erbvertrag, 64; dagegen krit. *Keim* ZEV 2005, 365, 367 f.

55 Zutr. *Musielak* ZEV 2007, 245; generell ablehnend nur *Harrer* LZ 1924, 11; *ders.*, 1926, 220; *Wein* BayZ 1916, 123, 124 und dem folgend *Lehmann* BWNotZ 1999, 1, 5, NotBZ 2000, 85 ff., BWNotZ 2000, 129, NotBZ 2004, 210: aus § 2293 ergebe sich abschließende Regelung.

56 *Röthel*, Gutachten, 68. DJT (2010), A 1, 73.

57 Dazu *Herlitz* MittRhNotK 1996, 153, 158.

58 S. Rdn. 41.

59 *Lange/Kuchinke* § 25 VI 5 b; anders *Wein* BayZ 1916, 123 und *Lehmann* BWNotZ 1999, 1, 2 f., und öfters (s. die Nachw. Fn. 55), die jedes Abweichen von der früheren Vereinbarung als Rücktritt begreifen und sich zu Unrecht auf die Rechtslage beim gemeinschaftlichen Testament berufen, wo solche Einschränkungen als »Teilwiderruf« begriffen werden: Zwischen einem Widerruf eines Testaments nach den §§ 2254 ff. und einem Rücktritt von einer vertragsmäßigen Verfügung eines Erbvertrags ist nicht nur terminologisch ein Unterschied, sondern wegen des unterschiedlichen Bindungsgrunds (Vorbem. zu §§ 2274 ff. Rdn. 8 ff.) auch ein sachlicher.

60 So ausdrücklich *Lehmann* BWNotZ 2000, 129, 130.

61 *Lange/Kuchinke* § 25 VI 5 b.

62 Mot. V 332.

63 Vgl. die gute Übersicht bei *D. Nolting*, Der Änderungsvorbehalt beim Erbvertrag, 38 ff.

64 NK-BGB/*Kornexl* § 2278 Rn. 19.

65 So *C. Nolting* Inhalt, Ermittlung und Grenzen der Bindung beim Erbvertrag, 96 f.; zustimmend *D. Nolting*, Der Änderungsvorbehalt beim Erbvertrag, 45; diese Unterschiede verkennt *Lehmann* (Fn. 55), der mit einem bedingten Rücktrittsvorbehalt anstelle des Änderungsvorbehalts arbeitet.

reformiert.[66] Und während die Ausübung des Rücktrittsvorbehalts (abgesehen vom Fall des § 2297 BGB) durch Rechtsgeschäft unter Lebenden erfolgt, geschieht dies beim Änderungsvorbehalt durch eine Verfügung von Todes wegen, welche selbst die neue sachliche Regelung enthält.[67] Ein doppelgleisiges Vorgehen: erst Rücktritt, dann neue Verfügung, ist in iesem Fall nicht erforderlich, denn auch bei Ausübung des Änderungsvorbehalts zu Lebzeiten des Vertragspartners ist nicht die Form des § 2296 BGB zu beachten.[68] Dieser bedarf es aber, wenn man – wie *Lehmann*[69] – anstelle des Änderungsvorbehalts mit einem bedingten Rücktrittsvorbehalt arbeiten will, wonach die Wirksamkeit des Rücktritts davon abhängt, dass der Zurücktretende von seiner damit wieder gewonnenen Testierfreiheit nur in einer Art und Weise Gebrauch macht, wie im Rücktrittsvorbehalt festgelegt, also dass z.B. neue Verfügungen von Todes wegen nur zugunsten der gemeinsamen Abkömmlinge getroffen werden dürfen. Dies führt nicht nur zu einer Vorgehensweise, die »in der Praxis oft zu überkonstruierten Lösungen führt«,[70] sondern wirft dann die Frage auf, in welchem sachlichen und zeitlichen Verhältnis der Rücktritt und die neue Verfügung stehen müssen, was *Lehmann* selbst erkennt,[71] und worüber man im Detail mangels Rechtsprechung und Literatur endlos streiten kann. Inhaltlich besteht der entscheidende **Unterschied** darin, dass insbesondere der spezifizierte Änderungsvorbehalt[72] durch seine Ausübung nicht die im Erbvertrag eingegangene Bindung an die vertragsmäßige Verfügung völlig durchbrechen kann. Diese Bindung an den dort festgelegten Rahmen einer Änderung des Verteilungsplans bleibt bestehen. Zutreffend spricht *Kornexl* von einem »**Bindungsrahmen**«.[73]

18 Der Änderungsvorbehalt besitzt demnach gegenüber dem Rücktrittsvorbehalt entgegen *Lehmann* durchaus eine **praktisch bedeutsame Funktion** und auch eine gesetzliche Legitimation[74] durch die Vertragsfreiheit, sodass nicht davon gesprochen werden kann, er sei die »gesetzesfernere Lösung«.[75] Ja, die von *Lehmann* befürworteten »spezifizierten Rücktrittsvorbehalte« lösen die praktische Problemstellung nicht. Denn damit kann zwar erklärt werden, dass nur unter bestimmten Voraussetzungen ein Abgehen von der zunächst erbvertraglich festgelegten Nachlassverteilung möglich ist, etwa dass dies nur gestattet wird, wenn durch die neue Verfügung wiederum nur gemeinschaftliche Abkömmlinge bedacht werden. Mit einer dann getroffenen neuen einseitigen Verfügung von Todes wegen ist aber die erbvertragliche **Bindung durchbrochen** und es wird der Raum frei, diese wiederum aufzuheben und völlig abweichend vom ursprünglichen Verteilungsplan zu verfügen, etwa nun zugunsten eines neuen Ehegatten. Um dies zu verhindern, kann man den Bestand der Rücktrittserklärung auch nicht an den Fortbestand der innerhalb des bedingten Rahmens zulässiger Weise zunächst getroffenen Verfügung von Todes wegen koppeln. Denn dies verstößt gegen die Bedingungsfeindlichkeit von Gestaltungserklärungen.[76] Demgegenüber schafft der Änderungsvorbehalt einen »**Bindungsrahmen**«,[77] der auch bei immer wieder neuen Änderungen bestehen bleibt und nicht überschritten werden darf.

---

66 Zust. dazu NK-BGB/*Kornexl* § 2278 Rn. 25; *H. Keller* ZEV 2004, 93, 96 f.; dagegen ohne sachlichen Einwand *Lehmann* BWNotZ 2000, 129, 130 f.; *ders.*, NotBZ 2000, 85, 87; dem »gesetzlichen Programm« entsprechend ist der Rücktritt aber zunächst eine bloße Beseitigung der Verfügung von Todes wegen.

67 NK-BGB/*Kornexl* § 2278 Rn. 24.

68 S. Rdn. 41 f. m.w.N.

69 Vgl. Fn. 55.

70 *Basty* MittBayNot 2000, 73, 77 Fn. 24.

71 NotBZ 2000, 86 f.

72 Dazu Rn. 26.

73 NK-BGB/*Kornexl* § 2278 Rn. 20, 25.

74 Der hiesigen Auffassung ausdrücklich und entgegen *Lehmann* zustimmend *Musielak* ZEV 2007, 245, 246; *Keim* ZEV 2005, 365, 367.

75 Der hiesigen Auffassung zust. MünchKommBGB/*Musielak* § 2278 Rn. 17 Fn. 48.

76 *Keim* ZEV 2005, 365, 367; *Dohr*, Erbrechtliche Gestaltungsmöglichkeiten für die Beschränkung des erbvertraglich zu bindenden überlebenden Ehegatten auf die Einsetzung der gemeinschaftlichen Abkömmlinge (2002), 72 ff.

77 Zutr. NK-BGB/*Kornexl* § 2078 Rn. 20, 23.

Daneben bestehen noch weitere Unterschiede zwischen Rücktritts- und Änderungsvorbehalt, s. § 2293 BGB Rdn. 6.

3. Die Grenzen des Änderungsvorbehalts

Problematisiert werden demgegenüber in der Lit. mit steigender Tendenz die Grenzen des Änderungsvorbehalts. **Aufgabe** des Änderungsvorbehalts ist es dabei, den Rahmen dafür zu geben, innerhalb dessen der Erblasser die Verfügungen des früheren Erbvertrags abändern oder aufheben darf, ohne dass dies wegen der Nichtigkeitssanktion des § 2289 Abs. 1 Satz 2 BGB unwirksam ist.[78] Üblicherweise wird in der Problemdiskussion unterschieden, ob sich der Erblasser vorbehalten darf, sämtliche vertragsmäßigen Verfügungen zu beseitigen (sog. *Totalvorbehalt*) oder aber nur einzelne Verfügungen unter Aufrechterhaltung einer anderen oder bestimmter Teile derselben. 19

a) Totalvorbehalt

Soweit man darunter eine Gestaltung versteht, die es dem Erblasser ermöglichen soll, alle Verfügungen oder die einzige des Erbvertrags ohne jede Einschränkung aufzuheben, so muss sie als unzulässig angesehen werden. Denn ein Erbvertrag ohne jede Bindung unterscheidet sich letztlich nicht mehr von einem Testament.[79] Eine Bindung lässt sich hier weder aus einer inhaltlichen Beschränkung des Gestaltungsrechts (anders bei den sog. spezifizierten Änderungsvorbehalten[80] ableiten, noch aus der Bindung durch Einhaltung von Formalien, durch die sich begründen lässt, dass auch eine unter Rücktrittsvorbehalt erklärte Verfügung Vertragscharakter haben kann.[81] Daher lehnt die Rspr. einen Totalvorbehalt ab.[82] Gleiches gilt für weite Teile der Literatur.[83] Der Vorbehalt dürfe nicht so weit gehen, dass damit der Erbvertrag »seines eigentlichen Wesens entkleidet wird«,[84] er dürfe nicht mangels Bindung »inhaltslos« werden.[85] Er sei nur zulässig, wenn im Erbvertrag wenigstens eine weitere vertragsmäßige Verfügung vorhanden sei.[86] 20

Nur von einem Teil der Lit. wird die Zulässigkeit desselben bejaht, ohne dass dadurch die Rechtsnatur des Erbvertrags beeinträchtigt würde. Dies wird zum einen mit dem Argument begründet, der Erblasser könne sich ja nach § 2293 BGB mit der gleichen Wirkung den Rücktritt vorbehalten. Hier wird das Kriterium der Bindung durch Form übersehen, wenn die Erklärung über die Ausübung des Vorbehalts formlos zulässig sein soll.[87] Spricht man sich aber für die Formfreiheit aus, so stellt sich in aller Schärfe die Frage, ob der Änderungsvorbehalt nicht eine unzulässige Umgehung der Formvorschriften des § 2296 BGB ist.[88] Wendet man diese Vorschrift dann analog an, so fragt sich, ob dann für seine Anwendung überhaupt ein sinnvoller Anwendungsbereich bleibt.[89] 21

78 NK-BGB/*Kornexl* § 2078 Rn. 26.
79 Palandt/*Weidlich* § 2289 Rn. 9.
80 S. Rn. 26.
81 Dazu Vorbem. zu §§ 2274 ff. Rdn. 11.
82 BGHZ 26, 204, 208 f.; BGH WM 1970, 482; BGH NJW 1982, 441; OLG Köln NJW-RR 1994, 651, 652; OLG Düsseldorf OLGZ 1968, 69.
83 NK-BGB/*Kornexl* § 2278 Rn. 28; Bamberger/Roth/*Litzenburger* § 2278 Rn. 12; Groll/*Esser* B II Rn. 618; Palandt/*Weidlich* § 2289 Rn. 9; *Ebenroth* Rn. 258; *D. Nolting*, Der Änderungsvorbehalt beim Erbvertrag, 166 ff.; *J. Mayer* DNotZ 1990, 755, 775; *Herlitz* MittRhNotK 1996, 153, 155 f.; *Schlüter* Rn. 276; Staudinger/*Kanzleiter* [2013] § 2278 Rn. 12; *Weiler* DNotZ 1994, 427, 436; einschränkend MünchKommBGB/*Musielak* § 2278 Rn. 16: Vorbehalt muss dem Erbvertrag einen nicht abänderbaren Teil belassen; ebenso *Lange*, Erbrecht, § 17 Rn. 172.
84 BGHZ 26, 204, 208.
85 S. die Nachw. bei *D. Nolting*, Der Änderungsvorbehalt beim Erbvertrag, 164 Fn. 42.
86 BGHZ 26, 204, 208 f.
87 *Herlitz* MittRhNotK 1996, 153, 155 f.; dazu Rdn. 41 f.
88 So bereits BGHZ 26, 204, 209.
89 *Herlitz* MittRhNotK 1996, 156.

22 Weiter wird **für** den **Totalvorbehalt** angeführt, solange der Erblasser von dem Vorbehalt keinen Gebrauch mache, sei er gebunden.[90] Diese Argumentation wird aber überwiegend zu Recht als zu formal abgelehnt. Denn sonst wäre ja auch jedes einseitige Testament bis zu seinem Widerruf in diesem Sinne bindend.[91] Aufgrund der Vertragsfreiheit halten andere[92] dies für zulässig. Auch wenn ein solcher Vorbehalt ein Indiz für den fehlenden Bindungswillen sei, sei er doch noch als Erbvertrag zu bezeichnen.[93] Dies führt zu einem »Erbvertrag ohne Bindung« (ein solcher besteht weder inhaltlich noch aus Gründen der formalen Rechtsausübung), weshalb die Rechtfertigung in einer »psychischen Hemmschwelle« gegen eine leichtfertige Änderung gesehen wird, die zumindest zu einem inneren Rechtfertigungszwang des Erblassers führe.[94] Auch spricht für die Zulassung eines solchen Totalvorbehalts kein praktisches Bedürfnis, denn entweder kann die Verfügung einseitig oder unter Vorbehalt eines Rücktrittsrechts ausgestaltet werden.[95]

23 In der **Lit.** wird es demgegenüber in **teilweiser Modifikation** dieser Rspr. bereits als zulässig erachtet, dass auch die einzige erbvertragliche Verfügung unter einen Vorbehalt gestellt werde, wenn er nur nicht soweit gehe, dass er zur völligen Inhaltsänderung berechtige. Es müsse wenigstens ein »**Kernbereich**« einer Verfügung vorliegen, die nicht änderbar sei (etwa eine Erbquote zur Hälfte), während in einem »Randbereich« der Änderungsvorbehalt wirken könne.[96] Teilweise wird es auch für ausreichend angesehen, wenn die Änderungsbefugnis tatbestandsmäßig an das Vorliegen bestimmter Bedingungen geknüpft werde.[97]

b) Die Zulässigkeit anderer Änderungsvorbehalte

24 Ist man sich im Wesentlichen darüber einig, dass ein Totalvorbehalt nicht zulässig ist, so herrscht über die Grenzen des Änderungsvorbehalts im Übrigen z.T. Uneinigkeit. Es lassen sich im Wesentlichen vier verschiedene Ansätze unterscheiden.[98]

aa) Ganzheitliche Betrachtung: eine erbvertragliche Verfügung genügt

25 Der BGH[99] hatte als Grenze für den Änderungsvorbehalt angeführt, dass dieser nicht so weit gehen dürfe, dass dadurch der Erbvertrag seines eigentlichen Wesens »entkleidet« werde. Es müsse im Erbvertrag wenigstens eine vertragsmäßige und damit bindende Verfügung i.S. von § 2278 Abs. 2 BGB enthalten sein. Zulässig sei allerdings, dass der Erblasser, der vertraglich eine bestimmte Person als Erben einsetzt, sich vorbehält, über einzelne Gegenstände anderweitig durch Anordnung von Vermächtnissen zu verfügen oder eine Testamentsvollstreckung zu bestimmen. Diese Auffassung wird in zahlreichen Folgeentscheidungen immer wieder bekräftigt.[100] Der größte Teil des zumeist etwas älteren Schrifttums hat diese Rechtsprechungsformel immer wieder aufgegriffen.[101] Es erfolgt nach

90 *V. Lübtow* I 426 f.; *Lange/Kuchinke* § 25 VI 4.

91 Abl. etwa *Weiler* DNotZ 1994, 427, 431; *D. Nolting*, Der Änderungsvorbehalt beim Erbvertrag, 105.

92 *Küster* JZ 1958, 394, 395; *C. Nolting* Inhalt, Ermittlung und Grenzen der Bindung beim Erbvertrag, 117, 119.

93 So *C. Nolting* Inhalt, Ermittlung und Grenzen der Bindung beim Erbvertrag, 117 ff.; S. 127.

94 *C. Nolting* Inhalt, Ermittlung und Grenzen der Bindung beim Erbvertrag, 118 f.

95 NK-BGB/*Kornexl* § 2278 Rn. 28.

96 So plastisch *D. Nolting*, Der Änderungsvorbehalt beim Erbvertrag, 119; für diese Auffassung etwa MünchKommBGB/*Musielak* § 2278 Rn. 16; *Gerken* BWNotZ 1992, 93, 95; *Michalski* Rn. 298; eingehend Rdn. 27.

97 S. Rdn. 30.

98 Vgl. *Herlitz* MittRhNotK 1996, 153, 156; NK-BGB/*Kornexl* § 2278 Rn. 29 ff.

99 BGHZ 26, 204, 208.

100 BGH WM 1970, 482, 483; in der Sache ähnlich BGH WM 1986, 1221 f. = MittBayNot 1986, 265; von den Instanzgerichten etwa: OLG Köln NJW-RR 1994, 651, 652; OLG Düsseldorf OLGZ 1966, 68, 69 f.; OLG Stuttgart OLGZ 1985, 434 = NJW-RR 1986, 165 = DNotZ 1986, 551; BWNotZ 2000, 19; offenlassend BayObLG NJW-RR 1991, 586.

101 *Leipold* Erbrecht Rn. 375; *Ebenroth* Rn. 258; *Brox/Walker* Rn. 160; Staudinger/*Kanzleiter* [2013] § 2278 Rn. 12; hier 2. Aufl. Rn. 12; *Schmidt/Kessel* DNotZ Sonderheft 1989, 157 f.

dieser Meinung also eine Gesamtbetrachtung des Erbvertrages.[102] Für die Frage, ob ein Erbvertrag vorliegt, genügt es daher bereits, dass nur eine Verfügung ohne einen Änderungsvorbehalt besteht. Dies ist typischerweise bei einem Ehegattenerbvertrag in der Form eines Berliner Testaments (§ 2280 BGB) bereits dann der Fall, wenn die gegenseitige Erbeinsetzung der Ehegatten unbedingt ist.[103] Der **nur auf die Schlusserbeneinsetzung bezogene Änderungsvorbehalt** nimmt daher nach Ansicht des BGH[104] dem gesamten Erbvertrag nicht seinen vertragsmäßigen Charakter. Daraus kann man aber nicht schließen, dass durch einen bedingten Änderungsvorbehalt, der rechtsfolgenmäßig zur völligen Aufhebung der ursprünglich getroffenen Verfügung berechtigt, die Vertragsmäßigkeit derselben und damit die Bindung ganz entfällt und es sich letztlich nur um eine einseitige Verfügung handelt.[105] Dies ergibt sich klar aus der Entscheidung BGH vom 11.06.1986,[106] die einen Änderungsvorbehalt mit Umverteilungsrecht zwischen den gemeinschaftlichen Abkömmlingen betraf:[107] In Auseinandersetzung mit der Grundsatzentscheidung BGHZ 26, 204 wird dort vom BGH die Zulässigkeit dieser Klausel ausschließlich im Kontext mit dem Bindungsargument diskutiert.

Da es aber in der Regel um die Beurteilung konkreter Rechte und der richtigen Ausnutzung des Vorbehalts geht, ist dessen Zulässigkeit an sich immer getrennt und für jede davon betroffene Verfügung im Einzelnen zu prüfen.[108] 26

bb) Die Lehre vom sog. erbvertraglichen Rest

Eine **Mindermeinung** hält einen Vorbehalt nur dann für zulässig, wenn der vom Vorbehalt nicht erfasste und deshalb bindende Kernbereich (der sog. erbvertragliche Rest) zum Inhalt einer eigenen vertragsmäßigen Verfügung i.S.v. § 2278 Abs. 2 BGB gemacht werden kann, es sich also um eine Erbeinsetzung (mit entsprechender Quote), Vermächtnis oder Auflage handelt. Es muss daher eine »unantastbare« Mindestposition erhalten bleiben, etwa eine Erbeinsetzung zur Hälfte.[109] Die Frage der **Bindung** wird dabei **rein auf das Objekt der Zuwendung bezogen** und an der Frage festgemacht, ob dem Bedachten ein Recht i.S. von § 2289 Abs. 1 Satz 1 BGB eingeräumt wird.[110] Damit aber wird der Änderungsvorbehalt auf das gesetzliche Modell des österreichischen Erbvertrags reduziert, wonach zwingend nur über drei Viertel des Nachlasses verfügt werden kann, über ein Viertel also quasi kraft Gesetzes ein Änderungsvorbehalt besteht.[111] Von dieser Auffassung wird auch betont, dass ein zu weit gehender Änderungsvorbehalt ein **Verstoß gegen § 2302 BGB** sei.[112] 27

102 So zutreffend OLG Stuttgart OLGZ 1985, 434 = NJW-RR 1986, 165 = DNotZ 1986, 551.

103 Vgl. hierzu etwa den Fall von BGH WM 1986, 1221 f. = MittBayNot 1986, 265.

104 MittBayNot 1986, 265; ebenso ausdrücklich BayObLG FamRZ 2000, 1252, 1253 = ZEV 2000, 32 (LS); OLG Köln RNotZ 2001, 397 = FamRZ 2002, 1516 m. abl. Anm. *Lehmann*; OLG Stuttgart BWNotZ 2000, 19.

105 So aber *D. Nolting*, Der Änderungsvorbehalt beim Erbvertrag, 184 f.; so auch MünchKommBGB/*Musielak* § 2278 Rn. 16.

106 MittBayNot 1986, 265, 266 = WM 1986, 1221.

107 Dies räumt auch MünchKommBGB/*Musielak* § 2278 Rn. 18 Fn. 47 ein.

108 Vgl. etwa OLG Köln RNotZ 2001, 397 = FamRZ 2002, 1516 m. abl. Anm. *Lehmann* wo es um die Zulässigkeit eines Vorausvermächtnisses ging; im Anlassfall BGHZ 26, 204 bestand dafür kein Bedürfnis, da es nur um einen einseitigen Erbvertrag ging, bei BGH WM 1970, 472 lag schon kein Änderungsvorbehalt vor.

109 MünchKommBGB/*Musielak* § 2278 Rn. 18 ff.; *D. Nolting*, Der Änderungsvorbehalt beim Erbvertrag, 185 ff.; 195 ff., großzügiger aber zum Totalvorbehalt: 167 ff.; wohl auch *Krug* in: *Krug/Rudolf/Kroiß*, Erbrecht, § 4 Rn. 104.

110 So etwa deutlich bei *D. Nolting*, Der Änderungsvorbehalt beim Erbvertrag, 83 »Gegenstand des Erbvertrags (ist), dass dem vertragsmäßig Bedachten bindend ein Recht zugewandt wird«; vgl. auch S. 185 ff.; zu diesem Ansatzpunkt für die Beurteilung des Änderungsvorbehalts auch *Muscheler* I Rn. 2222.

111 § 1253 AGBGB, wobei diese Regelung tatsächlich bei der Schaffung des BGB Beachtung fand, vgl. Redaktor *V. Schmitt*, Entwürfe eines Rechts der Erbfolge ..., Teil I (1879) 498.

112 *D. Nolting*, Der Änderungsvorbehalt beim Erbvertrag, 194 ff.; MünchKommBGB/*Musielak* § 2278 Rn. 18 f.

Unzulässig sei daher der Vorbehalt, dass der längerlebende Ehegatte die Schlusserbeneinsetzung innerhalb der gemeinsamen Abkömmlinge beliebig ändern dürfe, ihm jedoch Zuwendungen an andere Personen verwehrt sind. Denn dieser **Vorbehalt beinhalte** das **Verbot**, andere Erben als die Schlusserben einzusetzen; ein solches Verbot sei aber in § 2278 Abs. 2 BGB nicht als erbvertragsfähig genannt und stelle zudem einen Verstoß gegen § 2302 BGB dar.[113] Die maßgebliche **Testfrage** sei daher: »Wäre es zulässig, durch vertragsmäßige Verfügung von vornherein anzuordnen, was sich nach Ausübung des Vorbehalts ergibt?« Nur wenn dies zu bejahen ist, liege ein zulässiger Vorbehalt vor. Dies sei etwa der Fall, wenn neben einer bisher zum Alleinerben bestimmten Person noch eine andere, zu der im Vorbehalt festgelegten Quote als Miterbe eingesetzt werden könne.[114]

28 Dem ist Folgendes entgegen zu halten: Bereits die **Testfrage** überzeugt nicht:[115] Selbst bei dem von *Musielak* abgelehnten Änderungsvorbehalt, wonach der längerlebende Ehegatte befugt ist, die Schlusserbeneinsetzung abzuändern und beliebig zwischen den gemeinsamen Abkömmlingen zu verteilen, versagt doch der »Test«: wenn statt A, B und C je zu 1/3 nun noch A und B je zu 1/2 die Erben werden, so wäre diese hälftige Nachlassverteilung auch von Anfang an erbvertragsmäßig möglich gewesen.[116] Vielmehr liegt gerade kein Verstoß gegen § 2278 Abs. 2 BGB vor: Diese Auffassung vom erbvertraglichen Rest geht davon aus, der Änderungsvorbehalt spalte die einzelne Verfügung in einen vertragsmäßigen, und damit unveränderlichen Teil, und einen einseitigen Teil. Dann verbliebe vertragsmäßig nur eine unvollständige, weil ohne eine bestimmte Quote vorgenommene Erbfolge. Diese könne aber nicht Inhalt einer erbvertragsmäßigen Verfügung sein. Aber die Dinge liegen anders: Zunächst besteht eine vollständige Erbeinsetzung mit den entsprechenden Erbquoten oder ein ausreichend bestimmtes Vermächtnis. Dies ist aber gerade auch nach dieser Auffassung nicht teilbar in eine Rahmenbestimmung und eine Bestimmung der Erbquoten oder der sonst erbrechtlich für eine Zuwendung erforderlichen Anordnungen. Demnach zeigt sich aber, dass bei Ausnutzung des Änderungsvorbehalts all dies nicht völlig außer Kraft gesetzt wird. Vielmehr ergibt sich die Erbfolge aus einer Gesamtschau von erbvertraglichem Bindungsrahmen und den neuen Verfügungen von Todes wegen, die sich innerhalb dieses Bindungsrahmens halten. Der Änderungsvorbehalt gibt daher **nur den zulässigen Rahmen** der **neuen Verfügungen** vor, die sich als solches hinsichtlich der wertmäßigen Aufteilung des Nachlasses immer innerhalb der Anordnungen i.S. von § 2278 Abs. 2 BGB halten müssen, und dies nach der Lehre vom spezifizierten Änderungsvorbehalt auch tun.[117] Die Auffassung vom erforderlichen erbvertraglichen Rest kann nur auf einem **Missverständnis** beruhen: Der Änderungsvorbehalt selbst ist keine vertragsmäßige Verfügung, etwa eine Erbeinsetzung, für die § 2278 Abs. 2 BGB gilt. Er ist nur die Festlegung einer Tatbestandsvoraussetzung und damit des **Bindungsrahmens**, dessen Beachtung zur Änderung und damit neuen wirksamen, weil nicht gegen § 2289 Abs. 1 Satz 1 BGB verstoßenden Erbeinsetzung oder Vermächtnisanordnung berechtigt.[118]

29 Dies verstößt auch **nicht** gegen **§ 2302 BGB**. Diese Vorschrift sichert die unbeschränkte Testierfreiheit. Der Erbvertrag und die danach möglichen Bindungen stellen systematisch gesehen hierzu eine Ausnahme dar. Durch einen Änderungsvorbehalt – mag er auch noch so eingeschränkt sein – wird aber nur der Weg zu dieser Testierfreiheit wieder freigemacht.[119] Auch liegt **kein** Verstoß gegen den Grundsatz der **materiellen Höchstpersönlichkeit** von Verfügungen von Todes wegen (§ 2065

---

113 MünchKommBGB/*Musielak* § 2278 Rn. 19; *D. Nolting*, Der Änderungsvorbehalt beim Erbvertrag, 195 f.

114 So im Anschluss an den Fall von BGHZ 26, 204, 209: MünchKommBGB/*Musielak* 3. Aufl., § 2278 Rn. 20; ebenso *Damrau/Tanck/Krüger*, Erbrecht, Rn. 6 (wenn auch nicht zu den dort gemachten, übrigen Ausführungen passend).

115 Daher von MünchKommBGB/*Musielak* § 2278 Rn. 20 seit vier Auflagen nicht mehr aufgenommen.

116 Zust. NK-BGB/*Kornexl* § 2278 Rn. 34; ähnlich *Herlitz* MittRhNotK 1996, 153, 157; *Keim* ZEV 2005, 365, 368.

117 Der Sache nach ähnlich *Keim* ZEV 2005, 365, 368.

118 Gegen die hiesige Kritik MünchKommBGB/*Musielak* § 2278 Rn. 20.

119 I.E. ebenso *Keim* ZEV 2005, 365, 368; *Dohr* Erbrechtliche Gestaltungsmöglichkeiten für die Beschränkung des erbvertraglich zu bindenden überlebenden Ehegatten auf die Einsetzung der gemeinschaftlichen Abkömmlinge (2002), 138 f.

Abs. 2 BGB) und das sich hieraus ergebende **Drittbestimmungsverbot** vor. Denn die hier dargestellten Änderungsvorbehalte betreffen immer nur die Änderungsmöglichkeiten bezüglich des Nachlasses des Verfügenden, insbesondere beim mehrseitigen Erbvertrag und dort vor allem beim Ehegattenerbvertrag, bei dem es um die Änderung der Verfügungen des Längerlebenden geht. Daran ändert sich nichts dadurch, dass sich in diesem Vermögen des längerlebenden Ehegatten aufgrund der **Einheitslösung** (§ 2280 BGB) auch der Nachlass des Erstversterbenden befindet.[120] Anders verhält es sich bei der sog. **Trennungslösung**, die zu einer Vor- und Nacherbschaft führt und bei der bezüglich der Änderung der Nacherbeneinsetzung § 2065 Abs. 2 BGB gilt (§ 2269 BGB Rdn. 61).

cc) Die Lehre vom spezifizierten Änderungsvorbehalt

Diese neuere Auffassung ist in der **Literatur** stark im Vordringen,[121] auch *Musielak* bezeichnet diese 30
als die h.M.[122] Demnach ist ein Vorbehalt bereits immer dann zulässig und verstößt nicht gegen das bindende Wesen des Erbvertrags, wenn die Ausübung nur unter bestimmten, genau festgelegten Voraussetzungen (Bedingungen) möglich ist.[123] Diese Ausübungsvoraussetzungen sollen gewährleisten, dass der Erblasser die Änderungen nicht willkürlich vornehmen kann.[124] Dabei können sich die Vorgaben für die Änderungsbefugnis sowohl auf die **Tatbestandsseite** (Bedingung oder Befristung)[125] wie aber auch auf die **Rechtsfolgenseite** (z.B. Änderungen nur innerhalb eines bestimmten Personenkreises oder bezüglich bestimmter Vermögensobjekte) beziehen.[126] Die Frage der Bindung wird dabei **nicht** unter dem Aspekt beurteilt, ob dadurch dem zunächst Bedachten ein Recht i.S.d. § 2289 Abs. 1 BGB genommen, sondern allein danach, ob die **Testierfreiheit** i.S.d. Entscheidungsbefugnis des Erblassers aus dessen »Blickwinkel« heraus durch die Voraussetzungen des Änderungsvorbehalts eingeschränkt wird.[127] Wenn das erfüllt ist, kann sich sogar der Vorbehalt auf den gesamten Erbvertrag oder auf die einzige dort enthaltene vertragsmäßige Verfügung beziehen. Mit dieser Auffassung deckt sich, dass **Bindung** i.S.d. intertemporalen Rechts des Art. 214 Abs. 2 EGBGB als Rechtslage verstanden wird, aufgrund derer der Erblasser eine bereits gültig errichtete letztwillige Verfügung nicht mehr frei widerrufen und keine neue widersprechende treffen darf.[128]

Bereits in der **Rspr. des BayObLG** war klar die Tendenz zu erkennen, dieser Auffassung zu folgen. 31
Insbesondere wird der von *Musielak* für unzulässig gehaltene Änderungsvorbehalt mit einer Umverteilungsbefugnis innerhalb des Kreises der gemeinsamen Abkömmlinge als Schlusserben ohne wei-

---

120 Letztlich auch so *Keim* ZEV 2005, 365, 368 f.

121 NK-BGB/*Kornexl* § 2278 Rn. 37; *Basty* MittBayNot 2000, 73, 77; *Bengel* DNotZ Sonderheft 1989, 156 ff.; *Buchholz* FamRZ 1987, 440, 445; *ders.*, Rpfleger 1990, 45, 52; *Hülsmeier* NJW 1986, 3115, 3117 f.; *ders.*, S. 109 ff.; *J. Mayer* DNotZ 1990, 775, 774; *Weiler*, DNotZ 1994, 427, 436; Palandt/*Weidlich* § 2289 Rn. 9; *Lange/Kuchinke* § 25 IV Fn. 59, VI 4; Staudinger/*Kanzleiter* [2013] § 2278 Rn. 13; *Basty* MittBayNot 2000, 73, 77; Erman/*S. Kappler/T. Kappler* § 2278 Rn. 4; Beck NotHB/*Dietz* § 17 Rn. 47; *Keim* ZEV 2005, 365, 367 f.; *ders.* NJW 2009, 818, 819; Nieder/Kössinger/*R. Kössinger*, Handbuch der Testamentsgestaltung, § 11 Rn. 84 f.; *Weirich*, Erben und Vererben, 4. Aufl. (1998) Rn. 464; Bamberger/Roth/*Litzenburger* § 2278 Rn. 12; der Sache nach auch *Lange*, Erbrecht, § 17 Rn. 172; sehr weitgehend *Gerken* BWNotZ 1992, 93, 95; *Herlitz* MittRhNotK 1996, 153, 157 (die dort geäußerten Bedenken ändern an der generellen Zulässigkeit dieses Änderungsvorbehalts nichts, Staudinger/*Kanzleiter* [2013] § 2278 Rn. 13); der Sache nach auch Burandt/Rojahn/*Burandt* § 2278 Rn. 20; noch weitergehend *Muscheler* I Rn. 2235 ff., dazu gleich oben im Text.

122 MünchKommBGB/*Musielak* § 2278 Rn. 19.

123 Grundlegend *Hülsmeier*, Diss. 109 ff.; *ders* NJW 1986, 3118.

124 Z.T. wird auch vertreten, dass die Änderungsvoraussetzungen so definiert sein müssen, dass diese objektiv feststellbar sind, so *Weiler* DNotZ 1994, 437.

125 Dies erklärt nunmehr auch *Musielak* ZEV 2007, 245, 248 (anlässlich des Falls OLG München ZEV 2007, 33) unter Bezug auf die hiesige Auffassung als uneingeschränkt zulässig.

126 Zust. Palandt/*Weidlich* § 2289 Rn. 11; NK-BGB/*Kornexl* § 2278 Rn. 36; *Keim* ZEV 2005, 365, 368.

127 NK-BGB/*Kornexl* § 2278 Rn. 37; *Lange/Kuchinke* § 25 VI Fn. 220; s. eingehend zum Wesen der erbvertraglichen Bindung oben, Vorbem. zu §§ 2274 ff. Rdn. 9 ff.

128 RGZ 77, 172; Staudinger/*K. Winkler*, 12. Bearb, Art. 214 EGBGB Rn. 26.

tere Problematisierung anerkannt.[129] Die neuere Rspr. des **OLG München** ist dem gefolgt,[130] sodass für die Praxis von einer gesicherten Rechtslage gesprochen werden kann.[131]

32 Nimmt man die Prämisse des BGH wieder auf, dass der Änderungsvorbehalt nicht so weit gehen darf, »dass damit der Erbvertrag seines eigentlichen Wesens entkleidet wird«[132], so ist die Lehre vom **»spezifizierten Änderungsvorbehalt«** durchaus damit vereinbar. Denn das Eigentümliche des Erbvertrags ist dessen Bindung, die ihrerseits wieder durch einen Verlust an Testierfreiheit gekennzeichnet wird.[133] Und hierfür genügt eine »Beschneidung der prinzipiell gegebenen Gestaltungsfreiheit«.[134] Dafür reichen die auch sonst im Vertragsrecht zur Sicherung der Rechte und Pflichten gewählten Bedingungen, die nur hinreichend bestimmt sein müssen.[135] Zu Recht betont *Johannsen*[136] diese allgemeinen vertragsrechtlichen Überlegungen bei der Beurteilung der Grenzen des Änderungsvorbehalts. Ohne diese Änderungsvoraussetzungen wäre der Erblasser tatsächlich in der Beseitigung der erbvertraglichen Bindung völlig frei; aber da er dann die Möglichkeit zur beliebigen Lösung vom Vertrag hätte, wäre dies keine Potestativ- oder Willensbedingung,[137] sondern bei richtiger Betrachtung ein Rücktrittsvorbehalt.[138]

33 Die hier gewählte Betrachtungsweise über die erforderliche Beschneidung der Testierfreiheit rückt die **Perspektive des Erblassers** in den Vordergrund, der die Möglichkeit einer neuen abweichenden Entscheidung zu prüfen hat und damit die Bindung zunächst auf unmittelbarste Weise spürt. Zutreffend betont *Lange/Kuchinke*, dass die Bindung nicht allein aus der Sicht des Bedachten bestimmt werden darf.[139] Sie ermöglicht entsprechend den Bedürfnissen der Praxis gerade beim Ehegattenerbvertrag durch die Festlegung eines Bindungsrahmens, dass etwa der überlebende Ehegatte nach dem Tod des anderen auf unvorhergesehene Entwicklungen reagieren kann, aber den Nachlass nur an einen der gemeinsamen Abkömmlinge vererben darf, wodurch die Familienbindung des Vermögens gesichert werden kann.[140] Ob diese Auffassung wirklich so neu ist und einen Bruch zur Ansicht des BGH[141] darstellt, wie dies behauptet wird,[142] mag bezweifelt werden, lassen sich die vom BGH entschiedenen Fälle auch mit dieser Sichtweise so begründen. Auch gilt es zu bedenken, dass der BGH bisher kaum gefordert war, zu den dogmatischen Hintergründen des Änderungsvorbehalts und seiner Grenzen konkretere Überlegungen anzustellen. Wer etwa aus den kargen Ausführungen von BGHZ 26, 204 umfangreiche Analysen mit weitreichenden Einschränkungen der erbvertraglichen Gestaltungsmöglichkeiten herleiten will, verkennt die Entscheidungssituation dieser Erkenntnis. Verblüffend einfach ist daher die Beantwortung der meisten anderen Rechtsstreitigkeiten über den problematisierten Änderungsvorbehalt mittels der ganzheitlichen Argumentation, es genüge ja,

---

129 BayObLG DNotZ 1990, 53, 55 (einfach »sind zulässig«); FamRZ 1992, 724 = Rpfleger 1992, 200 (ohne überhaupt ein Wort zur Zulässigkeit zu verlieren); DNotZ 1996, 316 = FamRZ 1996, 898 = MittBayNot 1996, 112; ebenso auch OLG Koblenz DNotZ 1998, 218, 219 = FamRZ 1997, 1247.

130 OLG München ZEV 2007, 33 = FamRZ 2008, 547 (dort Rn. 40), unter ausdrücklichem Bezug auf die hier vertretene Auffassung; OLG München FamRZ 2009, 547 = DNotZ 2009, 138 = MittBayNot 2009, 237 m. zust. Anm. *Kornexl* (Rn. 30), ebenfalls wieder unter ausdrücklichem Bezug auf die hier vertretene Auffassung; als nunmehr h.M. erkennt dies jetzt auch *Musielak* ZEV 2007, 245, 249 an.

131 Bereits vorher *Keim* ZEV 2005, 365.

132 BGHZ 26, 204, 208.

133 So sogar die Gegner dieser Auffassung, s. MünchKommBGB/*Musielak* Vor § 2274 Rn. 4 und *D. Nolting*, Der Änderungsvorbehalt beim Erbvertrag, 66, der wiederholt von »Rechtsmachtverlust« (73) spricht.

134 *J. Mayer* DNotZ 1990, 768, 774; *Bengel* DNotZ 1989, 156 f.; zustimmend NK-BGB/*Kornexl* § 2278 Rn. 37: »aus systematischen Gründen vorzugswürdig«; *Lange/Kuchinke* § 25 IV Fn. 59, VI 4; eingehend hierzu Vorbem. zu §§ 2274 ff. Rdn. 8 ff.

135 *Lange/Kuchinke* § 25 IV Fn. 59, VI 4 lässt sogar Bestimmbarkeit genügen.

136 LM Nr. 3 zu § 2289.

137 Dies nimmt dann *D. Nolting*, Der Änderungsvorbehalt beim Erbvertrag, etwa S. 50 an.

138 Zur Unterscheidung allgemein MünchKommBGB/*H. P. Westermann* § 158 Rn. 22.

139 § 25 VI 4 Fn. 220; der Sache auch *Muscheler* I Rn. 2236 f.

140 NK-BGB/*Kornexl* § 2278 Rn. 37.

141 BGHZ 26, 204, 208.

142 *D. Nolting*, Der Änderungsvorbehalt beim Erbvertrag, 175 ff.; *Keim* ZEV 2005, 365, 368.

wenn wenigstens eine vertragsmäßige Verfügung (im Ehegattenerbvertrag die gegenseitige Erbeinsetzung) vorhanden ist.[143] Insbesondere der von *Kornexl* geprägte Begriff der **Rahmenbindung**[144] veranschaulicht, dass auch hier eine u.U. sehr einschneidende Bindung vorliegt, die deutlich macht, dass auch durch diese Vorgabe der Erbvertrag keineswegs seines eigentlichen Wesens entkleidet wird und eine deutliche Abgrenzung zum unzulässigen Totalvorbehalt[145] ermöglicht.

Die Auffassung vom spezifizierten Änderungsvorbehalt **koppelt** auch **nicht in unzulässiger Weise** die Frage der **Bindung** der erbvertraglichen Verfügung von der des Bestehens eines **Rechts** des erbvertraglich Bedachten i.S. von § 2289 Abs. 1 BGB **ab**: Werden die Änderungsvoraussetzungen nicht eingehalten, so wird dadurch dieses Recht verletzt und die neue, beeinträchtigende Verfügung ist unwirksam.[146] Wer demgegenüber die Bindung aus § 2289 BGB bestimmen will,[147] zäumt das Pferd von hinten auf: § 2289 Abs. 1 BGB bestimmt nur die Rechtsfolge, nicht aber die Ursache der Bindung.[148] Soweit die Änderungsvoraussetzungen ausdrücklich so gefasst werden, dass bestimmte Zuwendungen an bestimmte Personen oder über bestimmte Sachen nicht zulässig sind, ist dies auch kein Verstoß gegen § 2302 BGB,[149] denn dies ist nur eine Lockerung der Bindung[150] und macht nur den Weg etwas mehr in die Richtung frei, die § 2302 BGB gewährleisten will und zu dem der Erbvertrag eine Ausnahme ist: zur Testierfreiheit. Dass der Änderungsvorbehalt zur Gewährleistung der Testierfreiheit dient, wird in der Rspr. immer wieder zu Recht betont.[151] 34

Entgegen *Dohr*[152] kann auch aus **2279 Abs. 1 BGB** kein Gebot hergeleitet werden, dass beim Erbvertrag wegen des Grundsatzes der **materiellen Höchstpersönlichkeit** (§ 2065 BGB) beide Vertragspartner ihren Willen abschließend bilden müssen und demnach Quotenänderungsvorbehalte für den überlebenden Ehegatten als Verstoß gegen dieses Prinzip nichtig wären. Nach Auffassung von Dohr könnten diese allerdings in einen entsprechenden Vermächtnisvorbehalt umgedeutet werden. Dabei wird jedoch verkannt, dass der überlebende Ehegatte bei der **Einheitslösung**[153] ausschließlich über seinen eigenen Nachlass verfügt. Dass er sich dabei an die durch den Änderungsvorbehalt vorgegebene Rahmenbindung halten muss, ändert nichts daran, dass es sich immer noch originär um seine eigene, höchstpersönliche Entscheidung handelt.[154] 35

dd) Die Lehre von der rein »formalen Bindung«: nur ausdrücklicher Aufhebungswille erforderlich

Eine neue Auffassung[155] hält in einem noch viel weitergehenden Umfang einen Änderungsvorbehalt für zulässig. Erforderlich sei nur, dass in Kenntnis des Erbvertrags aufgrund eines »**Änderungswillens**« eine Änderung erfolge, der Widerruf der früheren Verfügung demnach nicht durch einen bloßen Widerspruch der beiden Verfügungen i.S.d. § 2258 BGB erfolge, sondern durch eine bewusste Änderung, also nach dem Modell des § 2254 BGB. Insoweit existiere dann »ein letzter unaufhebbarer Rest von (formaler) Bindung«, was für die Abgrenzung zwischen einseitiger und erb- 36

143 Dazu Rdn. 25; BGH WM 1986, 1221; Bundesrichter *Schmidt-Kessel* DNotZ 1989, 160.
144 NK-BGB/*Kornexl* § 2278 Rn. 20, 36 und öfter; dem folgend etwa *Keim* ZEV 2005, 365, 368.
145 S. Rdn. 20.
146 So richtig bereits *Bengel* DNotZ Sonderheft 1989, 156; *Herlitz* MittRhNotK 1996, 158.
147 So besonders *D. Nolting*, Der Änderungsvorbehalt beim Erbvertrag, 71 ff.; wohl auch MünchKommBGB/*Musielak* § 2278 Rn. 18, der jedoch mehr auf § 2278 Abs. 2 abhebt.
148 So richtig BGHZ 26, 204, 208; *Muscheler* I Rn. 2222.
149 Darauf stellen aber *D. Nolting*, Der Änderungsvorbehalt beim Erbvertrag, 194 ff.; MünchKommBGB/*Musielak* § 2278 Rn. 18 f. ab.
150 *Hohmann* MittBayNot 1995, 442; *Weiler* DNotZ 1994, 436.
151 BayObLG FamRZ 1989, 1353, 1354; NJW-RR 1991, 586; anders aber ohne überzeugendes Argument MünchKommBGB/*Musielak* § 2278 Rn. 19 aE.
152 Erbrechtliche Gestaltungsmöglichkeiten für die Beschränkung des erbvertraglich zu bindenden überlebenden Ehegatten auf die Einsetzung gemeinschaftlicher Abkömmlinge, 2002.
153 S. § 2269 Rn. 4, 40 ff.
154 Zur Kritik an *Dohr* s. auch *Weiler* DNotZ 2003, 958; *Lehmann* NotBZ 2004, 210, 211; *Keim* ZEV 2005, 365, 368; dazu auch bereits oben Rdn. 29.
155 *Muscheler* I Rn. 2236 f.

vertragsmäßiger Verfügung genüge.[156] Zulässig und dem Charakter der erbvertraglichen Verfügung nicht abträglich sei daher der Änderungsvorbehalt, dass jederzeit durch Errichtung einer Verfügung von Todes wegen eine Änderung oder Aufhebung erfolgen könne. Unzulässig sei nur, wenn bereits jeder (formaler) Widerspruch i.S.d.§ 2258 BGB zu einer Beseitigung der erbvertraglichen Verfügung führen würde. Diese Auffassung erscheint jedoch zu weitgehend, sie wird sich wohl kaum durchsetzen. Sie zeigt aber, wie weit man unter formalen Argumenten den Begriff einer Bindung noch verstehen kann.

ee) Einzelfälle von Änderungsvorbehalten, Auslegungsfragen

37 Demnach ist davon auszugehen, dass folgende **Änderungsvorbehalte zulässig** sind:[157]

- Der Längerlebende der Ehegatten ist befugt, hinsichtlich der **Schlusserbeneinsetzung** eine **Umverteilung des Vermögens** zwischen den gemeinsamen Kindern vorzunehmen, einschließlich der beliebigen Änderung der Erbquoten, Ausweisung von Vermächtnissen, ja sogar völliger Enterbung einzelner.[158] Es kann jedoch auch bestimmt werden, dass das Hausanwesen nur einem von ihnen zugewandt werden darf, die übrigen »im Rahmen ortsüblicher Übergabebedingungen« (zu vage) abzufinden sind.[159] Nach Ansicht des OLG München[160] berechtigt die Ermächtigung an den Längerlebenden, »die Schlusserbeneinsetzung innerhalb der gemeinsamen Abkömmlinge einseitig abzuändern oder zuergänzen« nicht zur Anordnung einer Testamentsvollstreckung, was sicherlich eine zu enge Auslegung ist.
- Der Erblasser setzt eine Person ein, behält sich aber ausdrücklich vor, über einzelne Gegenstände durch Anordnung von **Vermächtnissen** zu verfügen oder Testamentsvollstreckung anzuordnen; möglich auch, dass zu einer festgelegten Quote noch ein weiterer Miterbe berufen wird.[161] Der Vorbehalt, den Erblasser »mit Auflagen und *Vermächtnissen« jeder Art und Höhe zu* beschweren, dürfte angesichts der Möglichkeit der Ausweisung von Universalvermächtnissen nicht zulässig sein, jedoch nimmt das OLG Düsseldorf[162] eine Art »geltungserhaltende Reduktion« vor. Ähnlich legt OLG Stuttgart einen Änderungsvorbehalt, wonach der Überlebende lediglich den Nachlass unter den als Schlusserben eingesetzten Kindern durch »Vorausvermächtnisse und Teilungsanordnungen« verteilen darf, einschränkend dahingehend aus, dieser sei **nicht** berechtigt, durch ein **»Universal-Vorausvermächtnis«** einem der beiden Schlusserben nahezu den gesamten Nachlass zuzuwenden.[163]
- Bei Eintritt bestimmter **sachlicher Voraussetzungen**[164] oder eines bestimmten Zeitpunktes (nach dem Tod des anderen Ehegatten) entsteht ein Abänderungsrecht. Nach Auffassung des BayObLG[165] enthält die Formulierung, »*der Längerlebende* … ist befugt …« keine Eingrenzung des Zeitpunkts, ob das Änderungsrecht bereits zu Lebzeiten des anderen Erbvertragspart-

156 *Muscheler* I Rn. 2236, S. 1130 unten.

157 *Herlitz* MittRhNotK 1996, 153, 159; Reithmann/Albrecht/*Riegel*, Handbuch der notariellen Vertragsgestaltung, 8. Aufl., 2001, Rn. 1128 ff.; *Basty* MittBayNot 2000, 73, 77 f.; *J. Mayer* DNotZ 1990, 774 f.; s. auch NK-BGB/*Kornexl* § 2278 Rn. 45; Bamberger/Roth/*Litzenburger* § 2278 Rn. 12; *Muscheler* I Rn. 2237.

158 Zulässig nach BayObLG DNotZ 1990, 53, 55 = FamRZ 1989, 666; DNotZ 1996, 316 = FamRZ 1996, 898 = MittBayNot 1996, 112 m. Anm. *Mikisch*; NK-BGB/*Kornexl* § 2278 Rn. 45; keine Bedenken äußert auch BGH WM 1986, 1222, wenngleich es nach der Ansicht des Gerichts wegen der ganzheitlichen Betrachtung hierauf nicht ankam; *Weirich* Erben und Vererben, 6. Aufl. Rn. 1441.

159 BayObLG FamRZ 1992, 724 = Rpfleger 1992, 200.

160 ZEV 2008, 340 = FamRZ 2009, 460, wobei jedoch noch Auslegungsbedarf durch das Nachlassgericht gesehen wurde.

161 Zulässig nach BGHZ 26, 204, 209; zustimmend MünchKommBGB/*Musielak* § 2278 Rn. 20.

162 OLGZ 1966, 68, 70.

163 ZEV 2003, 79 = FamRZ 2004, 407.

164 Etwa Vermögensverfall eines Kindes oder wenn »triftige Gründe hierfür vorliegen« (so im Fall von OLG Koblenz DNotZ 1998, 218, 219 = FamRZ 1997, 1247 – wobei gerichtlich nachprüfbare vernünftige und gerechte Gründe gefordert wurden).

165 DNotZ 1996, 316.

ners oder erst nach dessen Tod ausgeübt werden kann; es war daher Auslegung geboten. Solch unnötigen Streitigkeiten sollte durch eine klare Formulierung vorgebeugt werden.[166] Jedoch ist darauf zu achten, dass die Tatbestandsvoraussetzungen für den Änderungsvorbehalt klar gefasst und damit justiziabel sind.[167]

- Bei kinderlosen Ehegatten erhält der Längerlebende das Recht, die Erbeinsetzung **innerhalb seiner eigenen Verwandtschaft** beliebig abzuändern, wobei die Erbeinsetzung der Verwandten des Erstverstorbenen mit einer zuvor festgelegten Quote unabänderlich ist.[168]
- Die Ehegatten behalten dem Längerlebenden das Recht vor, den bindend eingesetzten Schlusserben mit einem **Wohnungs- oder Nießbrauchsvermächtnis** zugunsten eines neuen Ehegatten zu belasten.[169]
- Der überlebende Ehegatte ist berechtigt, eine neue Schlusserbeneinsetzung zu treffen, er darf **jedoch bestimmte Personen** oder Personengruppen **nicht bedenken** (*negative Abänderungsbefugnis*; etwa beim »Geschiedenen-Testament«).
- Dem überlebenden Ehegatten werden Änderungsrechte bezüglich desjenigen Vermögens, das er **nach dem Tod des Erstversterbenden hinzuerwirbt**, gestattet, und zwar durch den Vorbehalt entsprechender **Vermächtnisanordnungen**; hier können Beweisprobleme auftreten. Zu regeln ist insbesondere aber auch was mit Surrogaten, zwischenzeitlichen Aufwendungen, Verbindlichkeiten und Erträgen geschieht.[170]
- Es wird ein **gegenständlich beschränkter Abänderungsvorbehalt** vereinbart: z.B. darf der Längerlebende nach dem Tod des Erstversterbenden über den zu diesem Zeitpunkt vorhandenen Haus- und Grundbesitz durch Verfügung von Todes wegen nur zugunsten der gemeinschaftlichen Abkömmlinge verfügen, hinsichtlich des übrigen Nachlasses soll er frei sein.[171]
- Dem Längerlebenden bleibt es vorbehalten, nach dem Ableben des Erstversterbenden von Todes wegen noch anders zu verfügen, soweit »**besondere Verhältnisse** (Ausbildung unserer Kinder oder Kindeskinder, Vermögenszuwendungen oder ähnliche Umstände) oder deren Verhalten ihm nach **seinem Ermessen** Veranlassung hierzu geben;« er darf jedoch bei einer Änderung nur die gemeinschaftlichen Kinder bedenken. Dieser Änderungsvorbehalt ist zulässig, wobei der überlebende Ehegatte nicht nur bei einem negativen Verhalten eines Kindes zu einer Abänderung im Wege einer »Sanktion« berechtigt ist, sondern nach der Lebenserfahrung auch dann, wenn ein Kind allein Betreuung und Pflege des überlebenden Ehegatten übernimmt.[172]
- Sehr eng, wenn auch zulässig: »Der Überlebende kann den Sohn ‹Er.› von jeglicher Erbfolge ganz oder teilweise ausschließen und über den freiwerdenden Anteil zugunsten eines oder mehrerer der gemeinschaftlichen ehelichen Abkömmlinge von Vater und Mutter anderweitig verfügen, wenn Tatsachen **ernste Zweifel an der Eignung des Sohnes** *‹Er.›* für die ordnungsgemäße Fortführung des Betriebes rechtfertigen. Zur Änderung berechtigt insbesondere alles, was zur Erbunwürdigkeit oder zum Pflichtteilsentzug führen kann, ferner verschwenderische Lebensführung, Arbeitsscheue, Interesselosigkeit am Betriebsgeschehen, Unterlassung einer dem Lebensalter angemessenen, der Unternehmensfortführung dienlichen Berufsausbildung, grobe

---

166 NK-BGB/*Kornexl* § 2278 Rn. 47, der darauf hinweist, dass eine Änderungsbefugnis bereits zu Lebzeiten des anderen dann sinnvoll sein kann, wenn dieser geschäftsunfähig wurde.

167 So ist wohl auch der Hinw. von FA K-ErbR/*Zimmer* Rn. 9 zu verstehen, mit insoweit unzutr. Verweis auf *Musielak* ZEV 2007, 245, denn in dem von diesem besprochenen Fall des OLG München (ZEV 2007, 33 = DNotZ 2007, 53) lag sowohl nach Auffassung des OLG wie von *Musielak* ein ausreichender Änderungsvorbehalt vor, weil dieser an den Eintritt von Tatsachen geknüpft war, die »ernste Zweifel an der Eignung zur Führung des Familienbetriebs begründen«.

168 OLG Stuttgart NJW-RR 1986, 165.

169 Häufig übersehenes Gestaltungserfordernis in der Praxis; vgl. dazu *Basty* MittBayNot 2000, 73, 78.

170 NK-BGB/*Kornexl* § 2278 Rn. 46 mit gutem Formulierungsvorschlag in Rn. 48.

171 Fall von BayObLG NJW-RR 1991, 586 = FamRZ 1991, 1359; dort aber Zulässigkeit ausdrücklich offen gelassen.

172 OLG München FamRZ 2009, 547 = DNotZ 2009, 138 = MittBayNot 2009, 237 m. zust. Anm. *Kornexl*.

Straftaten, schwere körperliche Mängel, geistige Erkrankung, grober Leichtsinn in geschäftlichen Angelegenheiten, außerbetriebliche Verschuldung, Trunk- oder Rauschgiftsucht.«[173]
- *Zu eng* aber die Auslegung des OLG Düsseldorf in folgendem Fall: Der überlebende Ehegatte ist befugt, die für den Schlusserbfall getroffene »Anordnung – insbesondere durch eine anderweitige Festlegung der Erbquoten – zu ändern«. Dies enthalte aber – ohne besondere Anhaltspunkte im Willen des Erblassers – nicht die Ermächtigung des letztversterbenden Ehegatten, *die »Erbquote« eines der beiden Kinder auf null* zu setzen.[174]

38 Wie die vorstehende Darstellung zeigt, neigt die **Rspr.** im Zweifelsfall dazu, **Änderungsvorbehalte eher eng auszulegen.**[175] Jedoch ist zu beachten, dass es immer auf die Auslegung des Einzelfalls ankommt[176] und in den genannten Entscheidungen oftmals zur entsprechenden weiteren Aufklärung an die Vorinstanz zurück verwiesen wurde.

Was das **Verhältnis** zwischen **Änderungsvorbehalt zur** erbvertraglichen **Bindung** betrifft, ist festzustellen:
- Der Änderungsvorbehalt i.S.d. *»Österreichischen Modells«*[177] hebt, soweit er reicht, die Bindung auf.
- Andere spezifizierte Änderungsvorbehalte setzen die bindende vertragliche Verfügung gerade voraus, da eben bestimmte Bedingungen normiert werden, bei deren Vorliegen erst die Durchbrechung dieser Bindung möglich ist,[178] sonst ist die Verfügung unwirksam.[179]

Auch die **Gegenansicht** lässt im Ergebnis zu, dass ein Änderungsvorbehalt mit einer Bedingung verbunden wird, und dann sogar zur völligen Beseitigung der davon erfassten Verfügung berechtigt und gibt daher ihren Ansatz vom »bindenden Rest« auf.[180] Damit sind aber offensichtlich nur solche Bedingungen die gemeint, die das »ob« der Änderungsbefugnis betreffen (nach der Wiederverheiratung, bei Vermögensverfall des Erben), nicht aber die über das »wie« der Änderungsmöglichkeit, also zu welcher Art von neuer Rechtssetzung ermächtigt wird. Wenn daher die völlig neue Erbregelung für den neuen Ehegatten nach dem Tode des Erstversterbenden möglich sein soll,[181] wieso soll dann eine für diesen Fall getroffene weitere Einschränkung, es dürften nur gemeinsame Abkömmlinge bedacht werden, unzulässig sein?

c) Der fehlerhafte Änderungsvorbehalt

39 Bei unzulässigem Totalvorbehalt[182] stellt die letztwillige Verfügung nach mittlerweile h.M. eine einseitige Verfügung i.S. von § 2299 BGB dar, wobei überwiegend von einer unschädlichen Falschbezeichnung ausgegangen wird. Der Erblasser habe lediglich eine einseitige Verfügung von Todes wegen vorgenommen, sodass tatsächlich nur ein Testament vorliegt.[183] Nach der Gegenansicht liegt

173 OLG München ZEV 2007, 33 = FamRZ 2008, 547.

174 OLG Düsseldorf ZEV 2007, 275 = DNotZ 2007, 774, jedoch wurde zur weiteren Sachverhaltsaufklärung zurück verwiesen; dagegen zu Recht ablehnend *Schmucker* DNotZ 2007, 777; *Münch* FamRZ 2007, 1145; NK-BGB/*Kornexl* § 2278 Rn. 45; Staudinger/*Kanzleiter* [2013] § 2278 Rn. 15 aE; *Keim* NJW 2009, 818, 819.

175 OLG Düsseldorf ZEV 2007, 275 = DNotZ 2007, 774; OLG München ZEV 2008, 340 = FamRZ 2009, 460; OLG Stuttgart ZEV 2003, 79 = FamRZ 2004, 407.

176 Staudinger/*Kanzleiter* [2013] § 2278 Rn. 15 aE.

177 Rdn. 27.

178 *Lange/Kuchinke* § 25 VI 4 aE.

179 Palandt/*Weidlich* § 2289 Rn. 8 f.

180 MünchKommBGB/*Musielak* § 2278 Rn. 22; *D. Nolting*, Der Änderungsvorbehalt beim Erbvertrag, 153 ff., Letzterer mit der Einschränkung, die auch *Musielak* machen müsste, dass es sich um keine Potestativbedingung handeln darf.

181 Insoweit pflichtet *Musielak* der Entscheidung BayObLG FamRZ 1996, 898 ausdrücklich bei.

182 Rdn. 20.

183 *Hülsmeier* NJW 1986, 3115, 3116 (allerdings von einem anderen gedanklichen Ansatz aus); *Weiler* DNotZ 1994, 427, 433; *Herlitz* MittRhNotK 1996, 153, 156; *Keim* ZEV 2005, 365, 370 (mit eingehender Begr. gegen Umdeutung in Rücktrittsvorbehalt).

ein zunächst bindender Erbvertrag vor, jedoch sei der unzulässige Änderungsvorbehalt in einen Rücktrittsvorbehalt umzudeuten.[184] Für die Entscheidung dieser Streitfrage ist im jeweiligen Einzelfall eine **Auslegung** vorzunehmen, die sich an der **Interessenlage** der Vertragsteile orientiert.[185] Aus der Verwendung des Totalvorbehalts wird sich dabei regelmäßig ergeben, dass der andere Vertragsteil mit einer jederzeitigen formlosen Änderung der Verfügungen von Todes wegen einverstanden ist, also von einem einseitigen Testament ausgegangen werden kann. Es kann aber gerade auch beim Ehegattenerbvertrag von den Vertragsteilen gewollt gewesen sein, dass entsprechend dem gesetzlichen Modell des gemeinschaftlichen Testaments (§ 2271 Abs. 1 BGB) zu Lebzeiten des anderen Vertragsteils zwar eine jederzeitige Befreiung von der zunächst eingetretenen Bindung möglich sein soll, der andere Vertragsteil aber hiervon zu unterrichten ist, damit er seinerseits seine Konsequenzen für die Nachlassplanung treffen kann. Dann ist eine Umdeutung in einen Rücktrittsvorbehalt (§ 2293 BGB) zutreffend, der in den gesetzlichen Formen zu erklären ist (§ 2296 BGB).

Soweit ein nicht ausreichend **bestimmter sonstiger Änderungsvorbehalt** vorliegt, so ist trotz Nichtig- 40
keit des Vorbehalts grundsätzlich ebenfalls nach § 2085 BGB eine wirksame, aber einseitige Verfügung anzunehmen.[186] Allerdings ist sorgfältig zu prüfen, ob der Erblasser diese ohne Vorbehalt getroffen hätte, andernfalls ist das Vorliegen einer einseitigen Verfügung abzulehnen,[187] jedoch wird dies in den meisten Fällen kaum anzunehmen sein.[188] Mitunter kann sich aber auch hier ergeben, dass in Wirklichkeit ein **(spezifizierter) Rücktrittsvorbehalt** gewollt war, um eine Lösung von der zunächst gewollten Bindung, aber erst nach der Information des anderen, zu ermöglichen und gegebenenfalls auch sicherzustellen, dass eine Änderung nur dann erfolgen kann, wenn die hierfür gemachten Vorgaben (etwa nur Bedenken der gemeinschaftlichen Abkömmlinge) beachtet werden.[189]

d) Die Form der Ausübungserklärung

Die Ausübung des Änderungsvorbehalts – auch zu Lebzeiten des Vertragspartners – ist zugleich die 41
neue Abgabe einer Verfügung von Todes wegen, mit der sie untrennbar verbunden ist; sie bedarf daher nicht der Form des § 2296 Abs. 2 BGB.[190] Dies lässt sich schon damit begründen, dass demgegenüber die Ausübung des Rücktrittsvorbehalts – vom Sonderfall des § 2297 BGB abgesehen – ein Rechtsgeschäft unter Lebenden ist und zwischen beiden Rechtsinstituten sachliche Unterschiede bestehen.[191] Jedoch wollen *Küster*[192] und *C. Nolting*[193] § 2296 Abs. 2 BGB analog anwenden, letzterer jedoch nur beim Totalvorbehalt. Auch *D. Nolting*[194] spricht sich für die generelle Geltung des § 2296 Abs. 2 BGB aus und begründet dies mit dem systematischen Zusammenhang zu den anderen Möglichkeiten der Durchbrechung der erbvertraglichen Bindung nach §§ 2290 ff. BGB, die alle formgebunden sind.[195] Die Auffassung von der Formbedürftigkeit der Ausübungserklärung bedeutet für die Betroffenen praktische Probleme für den Zugang der Ausübungserklärung und

184 Ebenso *Damrau/Tanck/Krüger*, Erbrecht, Rn. 6; *J. Mayer* DNotZ 1990, 775; *Lange/Kuchinke* § 25 VI 4; Staudinger/*Kanzleiter* [2013] § 2278 Rn. 12; beide Möglichkeiten hält *Lange*, Erbrecht, § 17 Rn. 172 für zulässig.

185 Zutr. NK-BGB/*Kornexl* § 2278 Rn. 41.

186 BayObLG NJW-RR 1991, 586; *Muscheler* I Rn. 2237 aE.

187 So richtig *Lange/Kuchinke* § 25 VI 4.

188 NK-BGB/*Kornexl* § 2278 Rn. 42.

189 BayObLG FamRZ 1989, 1353, 1354; zutr. *Keim* ZEV 2005, 365, 370.

190 BayObLG DNotZ 1996, 316 – wo das Formproblem gar nicht erörtert wurde; Bamberger/Roth/*Litzenburger* § 2278 Rn. 17; *v. Lübtow* I 427; Staudinger/*Kanzleiter* [2013] § 2293 Rn. 4; *Hülsmeier* NJW 1986, 3116; *J. Mayer* DNotZ 1990, 771.

191 S. Rdn. 17; dies verkennt *Lehmann* BWNotZ 1999, 1, 4; BWNotZ 2000, 129, 131, der den zwingenden Charakter von § 2296 Abs. 2 betont.

192 JZ 1958, 394, 395 wegen des Informationsinteresses des anderen Vertragspartners.

193 119, 122.

194 214 ff.

195 Zustimmend *Hohmann* MittBayNot 1995, 442, *Mikisch* MittBayNot 1996, 115.

einen gewissen Kostenaufwand.[196] Dies wäre geeignet, dem Änderungsvorbehalt seine praktische Brauchbarkeit zu nehmen.[197] Aber selbst wenn man auf einen spezifizierten Änderungsvorbehalt die Rücktrittsvorschriften direkt oder analog anwendet, besteht immer noch die Möglichkeit, eine unzulässige Rücktrittsform als Verfügung von Todes wegen unter der auflösenden Bedingung des Eintritts der vereinbarten Rücktrittsvoraussetzung wirksam werden zu lassen.[198] Und welchen Sinn hätte das »Umgehungsargument«,[199] der Änderungsvorbehalt dürfe nicht dazu führen, dem Erblasser den Rücktritt vom Erbvertrag unter Vermeidung der §§ 2293 ff. BGB zu nehmen, wenn auf die Ausübungserklärung des Änderungsvorbehalts dann doch wieder diese Bestimmungen anzuwenden sind – denn dort sind letztlich nur Formvorschriften enthalten. Dann würde sogar die Diskussion um die inhaltlichen Anforderungen an den Änderungsvorbehalt entfallen, da der Rücktrittsvorbehalt ohne solche jederzeit vereinbart werden kann.

42 Nach dem **Tod des Vertragspartners** besteht dieses Problem wegen § 2297 BGB ohnehin nicht mehr.

4. Form des Vorbehalts

43 Der Vorbehalt ist Teil des Erbvertrags, da er das Recht des vertragsmäßig Bedachten abgrenzt. Er bedarf daher der **Form des Erbvertrags**,[200] was aber auch in einer Ergänzungsurkunde zum ursprünglichen Erbvertrag geschehen kann.[201] Es ist aber nicht erforderlich, dass er im Erbvertrag ausdrücklich vereinbart wird. Vielmehr genügt es, dass er in irgendeiner Bestimmung des Erbvertrags soweit zum Ausdruck kommt, dass er dieser Bestimmung im Wege der **Auslegung** entnommen werden kann.[202] In diesem Fall kann man von einem stillschweigenden Vorbehalt sprechen.[203] Bei der Auslegung können entsprechend den Grundsätzen der **ergänzenden Auslegung** auch Umstände außerhalb der Urkunde herangezogen werden.[204] *Coing* fordert zutreffend für die Annahme eines stillschweigenden Vorbehalts, dass entweder durch **Umstände** außerhalb der Urkunde ein **tatsächlicher Parteiwille** festgestellt werden kann, der auf einen bestimmten Vorbehalt gerichtet war und dieser irgendwie im Text der Urkunde zum Ausdruck kommt. Möglich ist aber auch, dass nach den Umständen ein bestimmter Parteiwille vermutet werden kann und für diesen auch im Text der Urkunde ein **Anhaltspunkt** zu finden ist, oder dass die Voraussetzungen der ergänzenden Vertragsauslegung gegeben sind, dass also nach dem Vertragsschluss eine wesentliche Änderung der maßgeblichen Umstände eingetreten ist und dass die ergänzende Auslegung dazu führt, dass ein im Vertrag klar bezeichneter Zweck der Parteien trotz der Änderung der Umstände erreicht wird. Aber auch dann ist für einen dementsprechenden Willen des Erblassers ein entsprechender, und sei es auch unvollkommener Anhalt in der Urkunde erforderlich.[205] Angesichts des zunächst erklärten

196 Verkannt von *Lehmann* BWNotZ 1999, 1, 4.

197 S. dazu *Herlitz* MittRhNotK 1996, 158; *Nieder* BWNotZ 1996, 20.

198 Staudinger/*Kanzleiter* [2013] § 2296 Rn. 13; Erl. zu § 2296 BGB Rdn. 17.

199 S. BGHZ 26, 204, 209.

200 BGHZ 26, 204 = LM Nr. 3 zu § 2289 m. Anm. *Johannsen* = NJW 1958, 498; BGHZ 108, 252, 253 (obiter dictum); BayObLGZ 1961, 206, 210; OLG Köln NJW-RR 1994, 651, 653; OLG Hamm FamRZ 1996, 637 = MittBayNot 1996, 44 m. Anm. *Reimann*; NK-BGB/*Kornexl* Rn. 38; Bamberger/Roth/*Litzenburger* § 2289 Rn. 10; jurisPK/*B. Hamdan*/*M. Hamdan* Rn. 10; MünchKommBGB/*Musielak* Rn. 25; Palandt/*Weidlich* § 2289 Rn. 3; Staudinger/*Kanzleiter* Rn. 14; Soergel/*M. Wolf* Rn. 7; *D. Nolting*, Der Änderungsvorbehalt beim Erbvertrag, 200 f.; a.M. *Küster* JZ 1958, 394.

201 Bamberger/Roth/*Litzenburger* § 2289 Rn. 10.

202 BGHZ 26, 204, 210; BayObLGZ 1961, 206, 210; BayObLG FamRZ 1995, 899, 900 = DNotZ 1995, 306 (einschränkende Auslegung eines zu weitreichend formulierten Änderungsvorbehalts); BayObLGZ 1999, 46, 52 f. = NJW-RR 1999, 1167; NK-BGB/*Kornexl* Rn. 39; *Lange*/*Kuchinke* § 25 VI Fn. 214; MünchKommBGB/*Musielak* Rn. 25; einschränkend Bamberger/Roth/*Litzenburger* § 2289 Rn. 10: nur bei ergänzender Auslegung möglich; für großzügiger Feststellung des Änderungsrechts aber *Brox*/*Walker* Rn. 161; *Küster* JZ 1958, 395.

203 Vgl. KG JW 1938, 2746; NK-BGB/*Kornexl* Rn. 39; MünchKommBGB/*Musielak* Rn. 26.

204 *Coing* NJW 1958, 691.

205 OLG Hamm FamRZ 1996, 637 = MittBayNot 1996, 44 m. Anm. *Reimann*.

Bindungswillens und der Formenstrenge des Erbrechts ist aber mit der Annahme eines stillschweigenden Änderungsvorbehalts äußerste Zurückhaltung geboten.[206] Hinzukommt, dass der Notar bei der Beurkundung auf die Bindungswirkung hinzuweisen hat (§ 17 BeurkG). Daher wird für die Annahme eines »stillschweigenden Änderungsvorbehalts« i.d.R. nur in besonderen Fällen der ergänzenden Auslegung Raum sein.[207]

V. Mögliche vertragsmäßige Verfügungen

1. Grundsatz

Gegenstand einer vertragsmäßigen Verfügung können nach **Abs. 2** nur **Erbeinsetzungen** sein, diese aber einschließlich der zum Vor- und Nacherben oder zum Ersatzerben,[208] **Vermächtnisse** (§§ 1939, 2147 ff. BGB), einschließlich des Voraus-, Vor- und Nachvermächtnisses und unabhängig davon, ob damit ein gesetzlicher oder gewillkürter Erbe, Vor- oder Nacherbe oder ein Ersatzerbe für den Fall, dass er Erbe wird, oder ein Vermächtnisnehmer beschwert ist,[209] **Auflagen** (§§ 1940, 2192 ff. BGB), wenngleich der Vollziehungsanspruch nur den nach § 2194 BGB Vollziehungsberechtigten und nicht generell dem Vertragspartner zusteht,[210] oder neuerdings die Wahl des anzuwendenden Erbrechts. Die abschließende Aufzählung des Abs. 2 ist nicht **analogiefähig**,[211] auch wenn es rechtspolitisch wünschenswert erscheinen mag, den Kreis der vertragsfähigen Anordnungen zu erweitern.[212] Andere Verfügungen von Todes wegen können vertragsmäßig nicht getroffen werden. Das gilt besonders für die Anordnung einer **Testamentsvollstreckung**[213] sowie für familienrechtliche Anordnungen. Der Erblasser muss bei der persönlichen Natur der hier in Betracht kommenden Fragen die Freiheit der Entschließung gegenüber einer etwaigen Änderung der Verhältnisse behalten. Daher sind auch Versuche abzulehnen, nicht erbvertragsfähige Verfügungen dadurch bindend auszugestalten, dass man ihnen die Rechtsnatur einer erbrechtlichen Auflage unterlegt.[214] Es handelt sich dabei nicht um eine Auflage im erbrechtlichen Sinne, die einen Vollziehungsanspruch voraussetzt (§ 2194 BGB). 44

Auch eine **Rechtswahl** nach Art. 25 Abs. 2 EGBGB konnte bislang nicht vertragsmäßig getroffen werden[215] und war daher an sich jederzeit frei widerruflich. Jedoch berührte ein späterer Widerruf nicht eine nach dem früher gewählten Recht bereits eingetretene Bindung (Art. 26 Abs. 5 Satz 1 EGBGB).[216] Entsprechendes gilt für die Rechtswahlmöglichkeiten nach der **EU-Erbrechtsverordnung** (EuErbVO); nach dieser kann etwa bei einem mehrseitigen Erbvertrag für die Zulässigkeit, 45

---

206 *J. Mayer* DNotZ 1990, 773; zust. NK-BGB/*Kornexl* Rn. 39; *D. Nolting*, Der Änderungsvorbehalt beim Erbvertrag, 212 meint, dass i.d.R. beim stillschweigenden Änderungsvorbehalt das »Bestimmtheitsgebot« nicht erfüllt sein dürfte; richtigerweise meint er damit aber wohl das Nachweisproblem bzw. die Andeutungstheorie. So nun auch OLG Düsseldorf MittBayNot 2012, 397 m. krit. Anm. *Keim*, der zutreffend darauf hinweist, dass bei einer ergänzenden Vertragsauslegung die Andeutungstheorie nur mit abgesenkter Anforderung eingesetzt werden kann. Siehe auch OLG Hamm MittBayNot 1996, 44 m. Anm. *Reimann*.

207 Bamberger/Roth/*Litzenburger* § 2289 Rn. 16.

208 MünchKommBGB/*Musielak* § 2278 Rn. 6; Staudinger/*Kanzleiter* [2013] § 2278 Rn. 19.

209 MünchKommBGB/*Musielak* § 2278 Rn. 8.

210 Burandt/Rojahn/*Burandt* § 2278 Rn. 9; MünchKommBGB/*Musielak* § 2278 Rn. 9.

211 *Reimann* FS Kanzleiter (2010), 319, 321; zu Versuchen i.R.d. § 2270 s. dort Rdn. 16.

212 Dies zeigen etwa die Ausführungen von *Reimann* FS Kanzleiter (2010), 319 ff. für das Rechtsinstitut der Testamentsvollstreckung.

213 Mot. V 335; Prot. V 405; RGZ 116, 321; Staudinger/*Kanzleiter* [2013] § 2278 Rn. 17; eingehend dazu *Reimann* FS Kanzleiter (2010), 319, 321 ff.

214 So aber *Schumann*, Erbvertragsrecht, Rn. 548, 599; dagegen zu Recht NK-BGB/*Kornexl* § 2278 Rn. 5.

215 *Dörner* DNotZ 1988, 67, 91; Staudinger/*Dörner* Art. 25 EGBGB Rn. 548; Bamberger/Roth/*Lorenz* Art. 25 EGBGB Rn. 22; Palandt/*Thorn* Art. 25 Rn. 8; a.M. *Lichtenberger* DNotZ 1986, 664, 665; *Siehr* IPrax 1987, 7; Krzywon BWNotZ 1987, 6 f.; MünchKommBGB/*Dutta*, 6. Aufl. 2015, Art. 25 EGBGB Rn. 38 i.V.m. Rn. 58 f.; nun MünchKommBGB/*Dutta* Art. 25 EGBGB Rn. 33.

216 *Dörner* DNotZ 1988, 67, 91 Fn. 79; Staudinger/*Dörner* Art. 25 EGBGB Rn. 548; Bamberger/Roth/*Lorenz* Art. 25 EGBGB Rn. 22; *Kühne* IPrax 1987, 47; *Süß* in Bonefeld/Daragan/Wachter, Der Fachanwalt Erbrecht, 2006, S. 1429; die Rechtslage ist mit der bei einem Statutenwechsel vergleichbar, s. dazu MünchKommBGB/*Dutta* Art. 25 EGBGB Rn. 108 f.; zum Streitstand *Döbereiner* DNotZ 2014, 323 (332 f.).

die materielle Wirksamkeit und die Bindungswirkung eines Erbvertrags das Recht des Heimatstaats eines der beteiligten Erblasser gewählt werden (Art. 25 Abs. 3 EuErbVO).[217] Der Gesetzgeber hat auf die Probleme, die sich aus der vorstehend dargestellten bisherigen Rechtslage ergeben, nunmehr reagiert, zumal die Rechtswahl nach der EuErbVO erheblich an Bedeutung gewinnen wird. Aufgrund der Änderung des Abs. 2 durch Art. 16 des Gesetzes zum internationalen Erbrecht und zur Änderung von Vorschriften zum Erbschein sowie zur Änderung sonstiger Vorschriften vom 29.06.2015[218] kann nunmehr auch die **Wahl des anzuwendenden Rechts** Gegenstand einer **erbvertragsmäßigen Verfügung** sein. Durch die gesetzliche Neuregelung wird Rechtssicherheit für die Beteiligten geschaffen und verhindert, dass einer erbvertragsmäßig bindend getroffenen Regelung durch einseitigen Widerruf der Rechtswahl die Grundlage entzogen wird.[219]

46 Wird **Abs. 2 nicht beachtet**, so sind die Anordnungen als vertragsmäßige Verfügungen unwirksam, jedoch werden sie in der Regel im Wege der **Umdeutung** nach § 140 BGB als einseitige letztwillige Verfügung aufrechtzuerhalten sein.[220] Möglich ist aber, dass zwischen verschiedenen im Erbvertrag enthaltenen Verfügungen ein **Bedingungszusammenhang** (§ 158 BGB) besteht.[221] Dadurch wird zwar keine Bindung im vertragsmäßigen Sinne geschaffen, aber eine dem § 2298 BGB ähnliche Beziehung. Dabei besteht nicht nur die Möglichkeit, eine Abhängigkeit der einseitigen Verfügungen (§ 2299) von vertragsmäßigen zu schaffen,[222] sondern auch umgekehrt der vertragsmäßigen von den einseitigen. Der Nachteil dieser Verknüpfung ist allerdings, dass bei einem Verstoß zwar die Zuwendung an den anderen entfällt, aber die Erbfolge nach dessen Tod nicht dem entspricht, was die Beteiligten sich bei der Errichtung des Erbvertrags vorgestellt hatten, weil insoweit die nicht bindungsfähige Anordnung widerrufen werden kann.[223] Zudem darf ein entsprechender Bedingungszusammenhang noch nicht deshalb vermutet werden, wenn eine nur einseitig mögliche Anordnung (§ 2299 BGB) als vertragsmäßige bezeichnet wird.[224] Vielmehr bedarf es einer **individuellen Auslegung** unter Berücksichtigung aller in dem Erbvertrag enthaltenen Willenserklärungen.[225] Die **Beweislast** für das Vorliegen eines solchen Bedingungszusammenhangs trägt derjenige, der sich hierauf beruft.[226] Im Einzelfall kann auch eine **Anfechtung** in Betracht kommen,[227] die aber ebenfalls nur zur Vernichtung der einen Verfügung von Todes wegen führt.

2. Einzelheiten

47 Nur einseitig angeordnet werden können **Enterbung** (§ 1938 BGB), **Teilungsanordnung** (§ 2048 BGB),[228] sofern sie nicht im Einzelfall als mittelbare Bestimmung der Erbteile oder als Vorausvermächtnis[229] oder als Auflage aufzufassen sind,[230] die Entziehung des Pflichtteils,[231] die Pflichtteils-

217 Dazu etwa *Müller-Lukoschek,* Die neue EU-Erbrechtsverordnung (2013), § 2 Rn. 171 ff.; § 4 Rn. 54 f. mit Formulierungsvorschlag.

218 BGBl. 2015 I 1042.

219 BT-Drucks. 18/4201, 67.

220 Vgl. § 2299; KG KGJ 28, 16; NK-BGB/*Kornexl* § 2278 Rn. 5; Bamberger/Roth/*Litzenburger* § 2278 Rn. 1; v. *Lübtow* I 400; MünchKommBGB/*Musielak* § 2278 Rn. 12.

221 *Reimann* FS Kanzleiter (2010), 319, 329; *Lange* NJW 1963, 1571, 1577.

222 Staudinger/*Kanzleiter* [2013] § 2278 Rn. 17.

223 Bamberger/Roth/*Litzenburger* § 2270 Rn. 6; *Reimann* FS Kanzleiter (2010), 319, 329.

224 NK-BGB/*Kornexl* § 2278 Rn. 7.

225 *Reimann* FS Kanzleiter (2010), 319, 329.

226 NK-BGB/*Kornexl* § 2278 Rn. 7.

227 *Bühler* DNotZ 1962, 359; *Lange* NJW 1963, 1571, 1578.

228 Ganz h.M., vgl. nur *Muscheler* I Rn. 2204 i.V.m. Fn. 30; NK-BGB/*Kornexl* § 2278 Rn. 9; *Lange,* Erbrecht, § 17 Rn. 165; Staudinger/*Kanzleiter* [2013] § 2278 Rn. 17; a.M. aber M. *Wolf,* FS Musielak (2004), 693, 708; dem folgend Bamberger/Roth/*Litzenburger* § 2278 Rn. 1 i.V.m. § 2270 Rn. 4; dagegen bereits oben § 2270 BGB Rdn. 16.

229 Hier ergeben sich große Abgrenzungsprobleme, vgl. auch BGH NJW 1982, 441 und ausführlich NK-BGB/*Horn/J. Mayer* § 2150 Rn. 10 ff.

230 Staudinger/*Kanzleiter* [2013)] § 2278 Rn. 17; *Reimann* FS Kanzleiter (2010), 319, 321.

231 §§ 2333 ff.; BGH FamRZ 1961, 437.

beschränkung in guter Absicht (§ 2338 BGB), eine Auflassungsvollmacht für den Todesfall[232] oder Anordnungen mit familienrechtlichem Bezug[233] wie die Benennung eines Vormunds (§ 1777 Abs. 3 BGB) und der Ausschluss eines Elternteils des Bedachten von der Vermögenssorge (§ 1638 BGB). Die **Anwachsung** nach § 2094 BGB bei Wegfall des zunächst Bedachten kann der Erblasser nur ausschließen (§ 2094 Abs. 3 BGB), nicht aber durch Verfügung von Todes wegen positiv anordnen; sie tritt vielmehr kraft Gesetzes ein. Daraus wird gefolgert, dass hinsichtlich des angewachsenen Erbteils keine vertragsmäßige Bindung eintreten könne, denn für eine solche bedarf es einer ausdrücklichen Anordnung. Daher wird als Ersatzlösung vorgeschlagen, hinsichtlich eines etwa freiwerdenden Erbteils besser immer eine Ersatzerbenbestimmung anzuordnen.[234] Dabei wird aber übersehen, dass damit hinsichtlich des durch die Anwachsung vergrößerten **Erbteils unterschiedliche Bindungswirkungen** einträten. Die Vorschrift des § 2095 BGB, wonach der durch die Anwachsung einem Erben zufallende Erbteil in Ansehung von Vermächtnissen, Auflagen und der Ausgleichungspflicht als besonderer Erbteil anzusehen ist, ist demgegenüber eine Ausnahmevorschrift, die dem Schutz des Anwachsungsberechtigten dient, und zudem durch Anordnung des Erblassers ausgeschlossen werden kann.[235] Besteht aber hinsichtlich des dem Anwachsungsberechtigten bereits zustehenden Erbteils eine Bindungswirkung, so wird es i.d.R. dem Willen des Erblassers entsprechen, dass sich diese auch auf den anwachsenden Erbteil erstreckt. – Auch wenn die Anordnung einer **Testamentsvollstreckung** nicht vertragsmäßig erfolgen kann,[236] so kann sich doch aus der »Auswechslung« der Person des Testamentsvollstreckers u.U. eine Beeinträchtigung i.S. von § 2289 Abs. 1 BGB ergeben.[237]

Vertragsmäßig mit einer Erbeinsetzung oder einem Vermächtnis bedacht werden kann auch eine **rechtsfähige Stiftung**. Ist diese noch nicht rechtswirksam errichtet, so kann das nach § 83 Satz 1 BGB erforderliche **Stiftungsgeschäft** auch in dem Erbvertrag enthalten sein. Dieses muss die Satzung der Stiftung festlegen.[238] Es bildet dann mit der vertragsmäßigen Zuwendung an die Stiftung nach der h.M. ein einheitliches Rechtsgeschäft[239] und nimmt damit an der Bindungswirkung des Erbvertrags teil.[240] Die Anerkennung der Stiftung hat der Erbe oder Testamentsvollstrecker, notfalls das Nachlassgericht zu beantragen. 48

Zu weiteren Fragen im Zusammenhang mit sog. Erbeinsetzungsverträgen, Vermächtnisverträgen und Auflageverträgen s. 2. Aufl. Rn. 15 ff.; Staudinger/*Kanzleiter* [2013] § 2278 Rn. 19 ff.

VI. Verbindung des Erbvertrags mit anderen Verträgen

Der Erbvertrag kann mit anderen Verträgen verbunden werden. So kann im Erbvertrag z.B. ein Erbverzicht erklärt werden.[241] Dadurch wird aber, da der Verzichtende diese Verfügung nicht als Erblasser trifft, der Erbvertrag nicht zu einem zweiseitigen.[242] Ferner kann mit dem Erbvertrag (durch Niederlegung in derselben Urkunde) auch ein Vertrag unter Lebenden verbunden werden, etwa ein Vertrag, durch den sich der eine Teil verpflichtet, den anderen lebenslänglich zu unterhalten, oder ein Übergabevertrag.[243] Zur dabei zu beachtenden Form und anderen Fragen s. § 2276 BGB Rdn. 41 ff. 49

232 OLG Köln DNotZ 1951, 36.
233 NK-BGB/*Kornexl* § 2278 Rn. 2.
234 NK-BGB/*Kornexl* § 2278 Rn. 10; *H. Keller* ZEV 2002, 439.
235 Palandt/*Weidlich* § 2095 Rn. 2.
236 Zu zahlreichen sich hieraus für die Kautelarpraxis ergebenden Problemen *Reimann* FS Kanzleiter (2010), 319, 324 ff.
237 Eingehender § 2289 BGB Rdn. 40 ff.
238 *Schmidt* ZEV 2000, 219; Palandt/*Ellenberger* § 83 Rn. 1 i.V.m. § 85 Rn. 2.
239 BGHZ 70, 313, 321; NK-BGB/*Kornexl* § 2278 Rn. 6; Palandt/*Ellenberger* § 83 Rn. 1 Staudinger/*Kanzleiter* [2013] § 2278 Rn. 18; ausf. zum Streitstand *Muscheler* ZEV 2003, 41.
240 *Lange*, Erbrecht, § 17 Rn. 165; NK-BGB/*Kornexl* § 2278 Rn. 6; *Muscheler* ZEV 2003, 41, 44; Staudinger/*Kanzleiter* [2013] § 2278 Rn. 18; i.E. auch Bamberger/Roth/*Litzenburger* § 2278 Rn. 2.
241 BGHZ 22, 364.
242 RG LZ 1914, 760.
243 BayObLGZ 28, 634 = JFG 6, 159; RG JW 1937, 3153 m. Anm. *Vogels*.

§ 2279 Vertragsmäßige Zuwendungen und Auflagen; Anwendung von § 2077

(1) Auf vertragsmäßige Zuwendungen und Auflagen finden die für letztwillige Zuwendungen und Auflagen geltenden Vorschriften entsprechende Anwendung.

(2) Die Vorschrift des § 2077 gilt für einen Erbvertrag zwischen Ehegatten, Lebenspartnern oder Verlobten auch insoweit, als ein Dritter bedacht ist.

Übersicht

I. Entsprechende Anwendung des Testamentsrechtes

1 Die **Form** des Erbvertrags ist abweichend vom Testamentsrecht geregelt; auch die **Wirkung** des Erbvertrags (grundsätzliche Unwiderruflichkeit) ist von der des Testaments grundverschieden. Aber in anderen Beziehungen ist das Testamentsrecht entsprechend (aber nicht buchstäblich) anzuwenden, so hinsichtlich des Inhalts vertragsmäßiger Verfügungen, des Anfalls und Erwerbs der vertragsmäßigen Zuwendungen, soweit sich nicht aus den für den Erbvertrag geltenden Sondervorschriften der §§ 2274 bis 2298 BGB und dem Wesen des Erbvertrags etwas anderes ergibt.[1] Für **einseitige Verfügungen** in einem Erbvertrag gilt das Testamentsrecht schlechthin (§ 2299 Abs. 2 BGB).

Auf **vertragsmäßige Anordnungen** sind unmittelbar oder entsprechend anzuwenden:

2 (1) die §§ 1923, 2108 Abs. 1, 2160, 2176 bis 2179 BGB, wonach der **Bedachte** den Erbfall (u.U. den Nacherbfall) oder den **Anfall** des Vermächtnisses **erleben muss**, wenn er Erbe oder Nacherbe werden oder das Vermächtnis ihm anfallen soll: Auch der im Erbvertrag Bedachte muss den Erbfall oder den Anfall des Vermächtnisses erleben;

3 (2) die §§ 1937 bis 1959, 2180 BGB über den möglichen **Inhalt** letztwilliger Verfügungen und über die **Annahme oder Ausschlagung der Erbschaft oder des Vermächtnisses**. Das Ausschlagungsrecht steht dem Bedachten auch dann zu, wenn er als Vertragspartner des Erbvertrags die zuwendende Verfügung ausdrücklich angenommen hat[2] oder er die Zuwendung angefochten hat, da hierin noch keine Annahme i.S.d. §§ 1943, 2180 BGB liegt (§§ 1946, 2180 Abs. 2 Satz 2 BGB). Ein vertragsmäßiger Verzicht auf das Ausschlagungsrecht (gegenüber dem Erblasser) ist unwirksam;[3]

4 (3) Die **Auslegungsregeln** zur Person des **Bedachten** nach den §§ 2066 bis 2076 BGB. Das gilt insbesondere auch für die §§ 2074 bis 2076 BGB über bedingte letztwillige Zuwendungen. Von diesen Vorschriften abgesehen sind auch beim Erbvertrag für bedingte Verfügungen die Vorschriften des allgemeinen Teils maßgebend. Besondere Vorschriften über widersinnige, unerlaubte oder unmögliche Bedingungen kennt das BGB nicht. Selbstverständlich darf eine Bedingung, die einer vertragsmäßigen Verfügung beigefügt wird, der verbindlichen Kraft des Erbvertrags nicht wider-

1 Vgl. RGZ 67, 65, 66 mit eingehender Aufführung der anwendbaren Testamentsvorschriften; NK-BGB/*Kornexl* § 2279 Rn. 3; MünchKommBGB/*Musielak* § 2279 Rn. 1.

2 Palandt/*Weidlich* § 2279 Rn. 1.

3 NK-BGB/*Kornexl* § 2279 Rn. 5; Staudinger/*Kanzleiter* [2013] § 2279 Rn. 3.

sprechen.[4] Weiter gilt auch § 2065 BGB über das materielle **Verbot der Drittbestimmung**, dagegen wird § 2064 BGB über die Notwendigkeit der persönlichen Errichtung durch den spezielleren § 2274 BGB verdrängt.[5] Anwendbar sind auch die §§ 2087 bis 2093 BGB über die Auslegungsregeln zur Erbeinsetzung.

Über § 2077 BGB (Zuwendungen an den Ehegatten) s. Abs. 2 und Rdn. 13 f., über §§ 2078 bis 2083 BGB (**Anfechtung**) s. Erl. zu §§ 2281 ff. Die allgemeinen **Auslegungsregeln** der §§ 2084 bis 2086 BGB gelten auch hier, jedoch mit einigen Besonderheiten im Hinblick auf das Interesse des Vertragsgegners bei vertragsmäßigen Verfügungen.[6] § 2298 BGB geht beim zwei- oder mehrseitigen Erbvertrag als Sonderregelung dem § 2085 BGB vor.[7] Die §§ 2089 ff., 2157 BGB über die Erhöhung oder Minderung der Bruchteile von Erben oder Vermächtnisnehmern finden beim Erbvertrag nicht nur im Verhältnis mehrerer vertragsmäßig Bedachter zueinander Anwendung, sondern auch im Verhältnis der vertragsmäßig Bedachten zu einseitig Bedachten (§ 2299 BGB); denn bei der Ermittlung des wirklichen Willens des Erblassers, der sich in der Beziehung der Bruchteile der von ihm eingesetzten Erben vergriffen hat, ist der ganze Inhalt des Vertrages in Betracht zu ziehen.[8] Dagegen kann das Recht des Vertragserben durch die Einsetzung weiterer Erben in einem Testament nicht beeinträchtigt werden (§ 2289 BGB); 5

(4) die §§ 2094, 2095, 2158, 2159 BGB über die **Anwachsung** bei der Erbeinsetzung und beim Vermächtnis.[9] Die Anwachsung kommt aber immer nur dann in Betracht, wenn mehrere Erben oder Vermächtnisnehmer in demselben Erbvertrag bedacht sind; sind sie dagegen in verschiedenen Erbverträgen oder einige durch Erbvertrag, andere durch Testament berufen, so findet eine Anwachsung nicht statt, sofern nicht eine besondere hierauf gerichtete Willenskundgebung des Erblassers vorliegt.[10] Zur Frage, inwieweit sich die Bindungswirkung auch auf den anwachsenden Erbteil erstreckt s. § 2278 BGB Rdn. 47. 6

(5) die §§ 2096 bis 2099, 2190 BGB über **Ersatzerbfolge** und Ersatzvermächtnisnehmer; 7

(6) die §§ 2100 bis 2146, 2191 BGB über **Nacherbfolge** und Nachvermächtnis; 8

(7) die §§ 2147 bis 2191 BGB über das **Vermächtnis**; auch § 2169 BGB (Vermächtnis fremder Gegenstände) gilt für ein Vermächtnis, das in einem Erbvertrag (oder in einem unwiderruflich gewordenen gemeinschaftlichen Testament) angeordnet ist;[11] jedoch verstärkt bei einem solchen Vermächtnis, wenn es in einem Erbvertrag angeordnet ist, § 2288 BGB den Schutz des Vermächtnisnehmers (§ 2288 BGB Rdn. 3); 9

(8) die §§ 2192 bis 2196 BGB über die **Auflage**. 10

Die Vorschriften über das gemeinschaftliche Testament (§§ 2265 bis 2273 BGB) können beim Erbvertrag insbesondere wegen der andersgearteten Bindungswirkung[12] nicht entsprechend angewendet werden.[13] Daher ist auch ein Erbvertrag wirksam, in dem mehrere Erblasser, die nicht miteinander verheiratet sind, einen Dritten gemeinsam zum Erben einsetzen.[14] 11

4 Vgl. BGHZ 26, 204, 208 = NJW 1958, 498 zum Änderungsvorbehalt, s. § 2278 BGB Rdn. 14 ff.
5 Zutr. NK-BGB/*Kornexl* § 2279 Rn. 6.
6 Vorbem. zu §§ 2274 ff. Rdn. 24 ff.; NK-BGB/*Kornexl* § 2279 Rn. 10; MünchKommBGB/*Musielak* § 2279 Rn. 2.
7 MünchKommBGB/*Musielak* § 2279 Rn. 2.
8 Mot. V 321; *Planck/Greiff* Anm. 2a.
9 S. aber auch § 2088, Mot. V 320 Fn. 1.
10 Mot. V 320.
11 BGHZ 31, 13, 17 = NJW 1959, 2252.
12 Dazu Vorbem. zu §§ 2274 ff. Rdn. 47.
13 NK-BGB/*Kornexl* § 2279 Rn. 17.
14 RGZ 67, 65, 67.

Über Willensmängel s. Vorbem. zu §§ 2274 ff. BGB Rdn. 49. Bei Willensmängeln ist darauf zu achten, ob sie sich auf die erbrechtliche Verfügung selbst oder nur auf ihre Vertragsmäßigkeit, also auf die Bindung des Erblassers beziehen.[15]

II. Anwendung des allgemeinen Rechts

12 Die allgemeinen Vorschriften über Rechtsgeschäfte finden auch beim Erbvertrag Anwendung, soweit das Gesetz nichts anderes bestimmt, insbesondere § 133 BGB (Auslegung), §§ 134, 138 BGB (Nichtigkeit wegen Verstoßes gegen ein gesetzliches Verbot oder gegen die guten Sitten), §§ 158 ff. BGB (Bedingung). Auch die allgemeinen Bestimmungen über Verträge sind anzuwenden, soweit es die besondere rechtliche Natur des Erbvertrages zulässt.[16] So gelten die §§ 155 und 157 BGB, nicht dagegen die §§ 145 bis 153 BGB, da beim Erbvertrag eine sukzessive Beurkundung durch Angebot und Annahme nicht möglich ist.[17] Die Vorschriften über schuldrechtliche Verträge (§§ 305 ff. BGB), insbesondere die über den gegenseitigem Vertrag (§§ 320 ff. BGB) können auf den Erbvertrag nicht angewendet werden, selbst wenn er ein zweiseitiger oder entgeltlicher ist.[18]

III. Anwendung des § 2077 BGB bei Erbverträgen zwischen Ehegatten, Lebenspartnern oder Verlobten

1. Sachlicher und persönlicher Anwendungsbereich

13 § 2077 BGB ist nach § 2279 Abs. 2 BGB auf einen Erbvertrag, in dem der Erblasser seinen Ehegatten, Lebenspartner i.S.d. Lebenspartnerschaftsgesetzes[19] oder Verlobten bedacht hat, entsprechend anzuwenden. Demnach ergibt sich folgender **sachlicher Anwendungsbereich** des § 2077 BGB auf den Erbvertrag:[20]

(1) Für **vertragsmäßige Verfügungen** eines Erbvertrags gilt: **(a)** In einem Erbvertrag des Erblassers **mit seinem Ehegatten, Verlobten oder Lebenspartner** ergibt sich für Verfügungen, die der Erblasser **zu dessen Gunsten** angeordnet hat, die Anwendbarkeit des § 2077 BGB bereits aus der allgemeinen Verweisung des § 2279 Abs. 1 BGB (bei Lebenspartnern i.V.m. § 10 Abs. 5 LPartG).[21] Abs. 2 hat nur klarstellende Funktion.[22] § 2279 Abs. 2 BGB erstreckt die Unwirksamkeitsfolge des § 2077 Abs. 1 und 2 BGB aber auch auf alle übrigen Verfügungen, die in einem solchen Erbvertrag **zugunsten Dritter** gemacht werden, also etwa auch auf die Schlusserbeneinsetzung beim »Berliner Testament«. **(b)** Auf einen **Erbvertrag mit einem Dritten** findet § 2279 Abs. 2 BGB nach seinem ausdrücklichen Wortlaut keine Anwendung, wenn dort der Erblasser Verfügungen zugunsten seines Ehegatten, Verlobten oder Lebenspartners trifft. § 2077 BGB ist aber aufgrund der allgemeinen Verweisung des § 2279 Abs. 1 BGB anwendbar.[23] **(c)** Bei **zweiseitigen Erbverträgen** kann die Nichtigkeit der einen Verfügung gem. § 2298 BGB auch zur Nichtigkeit der Verfügung des anderen Vertragspartners führen.[24]

---

15 *Planck/Greiff* Anm. 2b.

16 Mot. V 321.

17 NK-BGB/*Kornexl* § 2279 Rn. 19 (mit Beispiel); vgl. auch oben § 2276 BGB Rdn. 4; anders noch 5. Aufl. Rn. 12, wonach § 147 Abs. 1 gelten solle.

18 Staudinger/*Kanzleiter* [2013] § 2279 Rn. 11; Burandt/Rojahn/*Burandt* § 2279 Rn. 4; Vorbem. zu §§ 2274 ff. Rdn. 40.

19 LPartG vom 16.02.2001, BGBl. 2001 I 266, in Kraft seit 01.08.2001.

20 Zur Systematik NK-BGB/*Kornexl* § 2279 Rn. 26.

21 Im Prinzip ergibt sich die Anwendung schon aus Abs. 1, OLG Stuttgart OLGZ 1976, 17, 19; Bamberger/Roth/*Litzenburger* § 2279 Rn. 5; Staudinger/*Kanzleiter* [2013] § 2279 Rn. 12; a.A. MünchKommBGB/*Musielak* § 2279 Rn. 4 (wegen der Bindungswirkung des Erbvertrags); offenlassend NK-BGB/*Kornexl* § 2279 Rn. 2, zustimmend aber in Rn. 26.

22 NK-BGB/*Kornexl* § 2279 Rn. 26.

23 NK-BGB/*Kornexl* § 2279 Rn. 28; Palandt/*Weidlich* § 2279 Rn. 4.

24 § 2298 Abs. 1, vgl. Rdn. 17.

(2) Für **einseitige Verfügungen** gilt: (**a**) Werden vom Erblasser **in dem Erbvertrag mit seinem Ehegatten, Verlobten oder Lebenspartner** einseitige Verfügungen **zugunsten dieser Personen** getroffen, so gilt hierfür die Auslegungsregel des § 2077 über § 2299 Abs. 2 Satz 1 BGB unmittelbar.[25] Einseitige Verfügungen **zugunsten eines Dritten** werden demgegenüber hier nicht von § 2077 BGB erfasst. Es verbleibt bei der allgemeinen Grundregel des § 2085 BGB. Denn § 2298 BGB gilt nur für vertragsmäßige Verfügungen und aus § 2299 Abs. 3 BGB, wonach bei einem Rücktritt oder einer Aufhebung des Erbvertrags auch die einseitige Verfügung außer Kraft tritt, ergibt sich im Gegenschluss, dass dies bei einer Unwirksamkeit nach § 2077 gerade nicht gilt.[26] (**b**) Auf einseitige Verfügungen des Erblassers, die dieser in einem **Erbvertrag mit einem Dritten zugunsten seines Ehegatten, Verlobten oder Lebenspartner** trifft, ist § 2077 BGB wegen § 2299 Abs. 2 Satz 1 BGB anwendbar. Werden dort aber auch einseitige Verfügungen **zugunsten Dritter** getroffen, so beurteilt sich deren Wirksamkeit nach § 2085 BGB.[27]

§ 2077 BGB gilt in **persönlicher Hinsicht** nur für Ehegatten und Verlobte und über § 10 Abs. 5 LPartG auch für eingetragene Lebenspartner; über eine weitergehende analoge Anwendung in persönlicher Hinsicht s. Rdn. 22.

Die Zuwendung **an den Ehegatten**, Verlobten oder einen Dritten bei einem Erbvertrag ist gem. 14
§ 2077 BGB i.V.m. § 2279 BGB unwirksam, wenn

- die Ehe vor dem Tod des Erblassers durch Scheidungs- oder Eheaufhebungsurteil (§§ 1313 ff. BGB) aufgelöst worden ist[28] oder
- die Voraussetzungen für die Scheidung gegeben waren (§§ 1565 bis 1568 BGB) und der **Erblasser** die Scheidung **beantragt** (§§ 622 Abs. 2 Satz 2, 253 Abs. 1 ZPO) oder ihr **zugestimmt** hat (§ 2077 Abs. 1 Satz 2 BGB), was auch im Schriftsatz eines bevollmächtigten Anwalts geschehen kann.[29] Für die Prognose, ob zur Zeit des Todes des Erblassers die Voraussetzungen für die Scheidung der Ehe gegeben waren, kann auf die unwiderlegbare Vermutung des § 1566 BGB abgestellt werden; liegen die Voraussetzungen für diese nicht vor, ist zu prüfen, ob die Ehe nach dem allgemeinen Tatbestand des § 1565 BGB geschieden worden wäre[30] oder
- der Erblasser begründeten Antrag auf Aufhebung der Ehe erhoben hatte (§ 2077 Abs. 1 Satz 3 BGB) oder
- das Verlöbnis vor dem Tode des Erblassers (nicht durch seinen Tod) aufgelöst worden ist, wobei es hierfür keines besonderen Verfahrens bedarf, sondern einer einfachen »Entlobung« oder eines Rücktritts.[31]

Ein Erbvertrag zwischen **Lebenspartnern** i.S.d. LPartG ist unwirksam, wenn das Gericht die Lebenspartnerschaft aufhebt (§ 15 Abs. 1 LPartG) oder zur Zeit des Todes des Erblassers die Voraussetzungen für Aufhebung der Lebenspartnerschaft gegeben waren (vgl. dazu § 15 Abs. 2 LPartG) und der Erblasser die Aufhebung der Lebenspartnerschaft beantragt oder ihr zugestimmt hat.[32]

Die Regelung des § 2279 Abs. 2 BGB beruht auf der Annahme, dass der Erblasser seinen Ehegatten, Lebenspartner oder Verlobten wegen dieses **engen Näheverhältnisses** zu ihm bedacht und dass er dies nicht getan hätte, wenn er vorausgesehen hätte, dass bei seinem Tod die Ehe, die Lebenspartnerschaft oder das Verlöbnis nicht mehr bestehen oder doch zu dieser Zeit die Auflösung der Ehe oder Lebenspartnerschaft durch ihn (bzw. in seinem Einverständnis) veranlasst worden ist. Dem- 15

25 Bamberger/Roth/*Litzenburger* § 2279 Rn. 8; MünchKommBGB/*Musielak* § 2279 Rn. 5.
26 NK-BGB/*Kornexl* § 2279 Rn. 30; Bamberger/Roth/*Litzenburger* § 2279 Rn. 8.
27 Vgl. NK-BGB/*Kornexl* § 2279 Rn. 31, wo aber zu wenig deutlich wird, dass sich die Unwirksamkeitsfrage nur stellt, wenn zunächst andere einseitige Verfügungen nach § 2077 unwirksam sind.
28 Zur Eheaufhebung und Nichtehe s. Rdn. 21.
29 BayObLG FamRZ 1983, 96; zu den Einzelheiten ausf. NK-BGB/*Kornexl* § 2279 Rn. 46.
30 MünchKommBGB/*Leipold* § 1933 Rn. 10 ff.
31 Bamberger/Roth/*Lohmann* vor § 1297 Rn. 19; Palandt/*Brudermüller* Einf. vor § 1297 Rn. 4.
32 § 10 Abs. 5 LPartG i.V.m. § 2077 Abs. 1 Satz 2; Palandt/*Brudermüller* § 10 LPartG Rn. 5 (allgemein für letztwillige Verfügungen); Palandt/*Weidlich* Rn. 2.

nach ergibt sich aus § 2279 Abs. 2 i.V.m. § 2077 BGB eine **doppelte gesetzliche Vermutung:**[33] Zum einen wird vermutet, dass das besondere Näheverhältnis **ursächliches Motiv** für die vertragsmäßige Zuwendung war. Insoweit handelt es sich hier um eine **Irrtumsregelung**, die jedoch gegenüber der Anfechtung wegen Motivirrtums den Vorteil hat, dem Anfechtenden den Kausalitätsnachweis zu ersparen.[34] Zum anderen wird vermutet, dass die **Zuwendung** des Erblassers an die nahestehende Person **entfällt**, wenn das auf Ehe, Verlöbnis oder Lebenspartnerschaft i.S.d. LPartG beruhende Näheverhältnis im Erbfall nicht mehr besteht oder seine Beendigung eingeleitet wurde. Dies erspart dem Erblasser die Anfechtung, die form- und vor allem fristgebunden ist (§§ 2283, 2285 BGB). Jedoch ist der Gegenbeweis, dass die Verfügung von Todes wegen die Ehe, Verlöbnis oder Lebenspartnerschaft überdauern soll, zulässig (§ 2077 Abs. 3 BGB). Anders als das gemeinschaftliche Testament ist das Bestehen einer Ehe oder Lebenspartnerschaft nicht erst der Grund für die Zulassung eines Erbvertrags, sodass aus einer »strukturellen Bestandsabhängigkeit« keine Argumente gegen das Fortbestehen erbvertragsmäßiger Verfügungen über die Ehe hinaus abgeleitet werden können.[35]

2. Vorzeitiger Tod des Ehegatten oder Lebenspartners, der den Scheidungs- oder Aufhebungsantrag nicht erhoben und dem nicht zugestimmt hat

16 § 2077 BGB ist im Zusammenhang mit § 2279 BGB nach seinem eindeutigen Wortlaut nur einschlägig, wenn der Ehegatte oder Lebenspartner **zuerst** verstirbt, der berechtigt den **Scheidungsantrag gestellt** hat oder Antrag auf Aufhebung der Ehe (§ 1313 BGB) oder der Lebenspartnerschaft (§ 15 LPartG) erhoben hatte oder **dem zumindest zustimmte**, weil Erblasser i.S. dieser Vorschrift nur der **erstversterbende Ehegatte** ist.[36] Nicht geregelt ist der Fall des **Vorversterbens des anderen Ehegatten** oder Lebenspartners (§ 2077 Abs. 1 Satz 2 und 3 BGB). Dies ist eine Regelungslücke, die nur schwer verständlich ist.[37] Denn demnach wird grundsätzlich das Erbrecht des überlebenden Ehegatten oder Lebenspartners hinsichtlich des Nachlasses des Erstverstorbenen nicht dadurch berührt, dass der Überlebende zu Lebzeiten des Verstorbenen Scheidungs- oder Aufhebungsklage erhoben oder dieser zugestimmt hat. Er erbt also, obgleich er – u.U. gegen den Willen des Erblassers – an der Ehe nicht mehr festhalten will.[38] Dies wird inhaltlich auch damit begründet, dass § 2077 BGB darauf abstellt, dass der Erblasser die Initiative zur Auflösung der Ehe/Lebenspartnerschaft ergriffen hat. Dann aber sei es gerechtfertigt, davon auszugehen, dass er nicht mehr an der Verfügung von Todes wegen festhalten will.[39]

17 Der Meinung, dass beim **zweiseitigen Erbvertrag** dann gleichwohl generell Unwirksamkeit der Verfügungen eintreten soll, etwa weil eine entsprechende Anwendung geboten sei,[40] kann jedoch nicht zugestimmt werden, weil nach dem Gesetzeswortlaut § 2077 BGB nur die Verfügungen erfasst, die von dem den Scheidungs- oder Aufhebungsantrag stellenden oder diesem zustimmenden Ehegatten/Lebenspartner stammen.[41] Nur ausnahmsweise kann sich bei einem gegenseitigen Erbvertrag über **§ 2298 Abs. 1 BGB** eine Gesamtnichtigkeit des Erbvertrags ergeben, wenn der Antragsteller oder derjenige, der diesem zugestimmt hat, zuerst verstirbt, und anzunehmen ist, dass kein Auf-

---

33 NK-BGB/*Kornexl* Rn. 24.

34 Sog »subjektive Bestandsabhängigkeit« der Verfügung von der Ehe, vgl. § 2268 BGB Rdn. 1.

35 Dazu aber beim gemeinschaftlichen Testament § 2268 BGB Rdn. 1; vgl. auch Gutachten DNotI-Report 2018, 57.

36 BayObLG 1990, 200, 201 = FamRZ 1990, 322 m.w.N.; OLG Hamm FamRZ 1965, 78, 79; OLG Zweibrücken NJW-RR 1998, 941, 942.

37 *Bengel* ZEV 1994, 360.

38 So auch für den einseitigen Erbvertrag MünchKommBGB/*Musielak* § 2279 Rn. 7.

39 MünchKommBGB/*Musielak* § 2279 Rn. 7 mit ausf. Begr., weshalb der einseitige Erbvertrag dem Testament gleichzustellen ist, für den § 2077 unmittelbar gilt.

40 So MünchKommBGB/*Musielak* § 2279 Rn. 8 f. (wegen § 2298 Abs. 1); *Schlüter* Rn. 329 für das gemeinschaftliche Testament.

41 OLG Hamm FamRZ 1965, 78, 79; BayObLG NJW-RR 1990, 200, 201 = FamRZ 1990, 322; NK-BGB/*Kornexl* § 2279 Rn. 49 f.; *Dieterle* BWNotZ 1970, 17; Staudinger/*Kanzleiter* [2013] § 2279 Rn. 13; *Lange/Kuchinke* § 25 VIII 2 b; Erman/*S. Kappler/T. Kappler* § 2279 Rn. 4.

rechterhaltungswille i.S. von § 2298 Abs. 3 BGB vorliegt. Denn danach werden auch die vertragsmäßigen Verfügungen von Todes wegen des Antragsgegners unwirksam.[42] Ansonsten aber bleiben die Verfügungen des anderen Ehegatten grundsätzlich wirksam, es sei denn, dass eine **Anfechtung** nach § 2078 Abs. 2 BGB begründet ist, weil er von einem harmonischen Fortbestand der ehelichen Lebensgemeinschaft oder Lebenspartnerschaft bei Errichtung des Erbvertrags ausging, und dies das Motiv für die Zuwendung war.[43]

3. Erweiterung des § 2077 BGB auf Drittzuwendungen

18 Während die Unwirksamkeitsfolge des § 2077 BGB nur die jeweiligen Zuwendungen an den Ehegatten, Lebenspartner oder Verlobten betrifft, nicht das ganze Testament, erweitert § 2279 Abs. 2 BGB den Geltungsbereich des § 2077 BGB, indem er auch für **Zuwendungen an einen Dritten** in einem Erbvertrag zwischen Verlobten, Ehegatten oder Lebenspartnern einen Zusammenhang mit der Ehe oder dem Verlöbnis oder der Lebenspartnerschaft unterstellt. Auch hier wird angenommen, dass sie durch die Ehe bzw. Partnerschaft beeinflusst werden.[44] Bei einem Ehegattenerbvertrag erstreckt sich die nach § 2077 BGB eintretende Unwirksamkeit der gegenseitigen Erbeinsetzung der Eheleute auch auf die Schlusserbeneinsetzung der aus der geschiedenen Ehe hervorgegangenen Kinder, wenn die Ehegatten bei Abschluss des Erbvertrags nichts anderes gewollt haben.[45] Auch bei Drittzuwendungen kommt Unwirksamkeit nach § 2077 BGB nur infrage, wenn der **zuwendende Ehegatte** nach berechtigter Stellung seines Scheidungsantrags, Zustimmung hierzu oder Erhebung der Aufhebungsklage **zuerst** verstirbt, nicht aber, wenn dem zuwendenden Ehegatten gegenüber Scheidungsantrag (bzw. Aufhebungsklage) gestellt wird und dieser vor dem anderen Ehegatten verstirbt.[46] Jedoch kann sich beim zweiseitigen Erbvertrag hier die Unwirksamkeit der Verfügungen des anderen aus § 2298 Abs. 1 BGB ergeben.[47] Soweit § 2077 BGB nicht einschlägig ist, können gleichwohl für beide Vertragspartner die Anfechtungsmöglichkeiten nach § 2078 Abs. 2 BGB bestehen, die jedoch fristgebunden sind (§§ 2283, 2285 BGB).

4. Fortgeltung aufgrund Aufrechterhaltungswillens

19 Auch wenn § 2077 Abs. 1 oder 2 BGB an sich anwendbar ist, kann dieser dispositive Rechtssatz[48] widerlegt werden, wenn ein entsprechender **Aufrechterhaltungswille** vorliegt, wonach die Verfügung von Todes wegen über den Bestand der Ehe oder Lebenspartnerschaft bzw. des Verlöbnisses hinaus Geltung haben soll (§ 2077 Abs. 3 BGB). Bei Zuwendungen an Dritte wird dies häufiger der Fall sein, als bei solchen an den Ehegatten oder Lebenspartner. Dies muss nach dem **wirklichen** oder zumindest **hypothetischen Willen** der Erblasser[49] zum Zeitpunkt der Errichtung des Erbvertrags beurteilt werden,[50] wobei spätere Umstände nur als Anzeichen für diesen ursprünglichen Willen herangezogen werden können.[51] An die Annahme eines Aufrechterhaltungswillens dürfen »keine

42 Nicht differenziert genug MünchKommBGB/*Musielak* § 2279 Rn. 8 i.V.m. § 2298 Rn. 3.

43 NK-BGB/*Kornexl* § 2279 Rn. 50; vgl. hierzu beim gemeinschaftlichen Testament § 2268 BGB Rdn. 19.

44 MünchKommBGB/*Musielak* § 2279 Rn. 9; Palandt/*Weidlich* § 2279 Rn. 4; übersehen wird dies von OLG Hamm OLGZ 1994, 326 = FamRZ 1994, 994 = ZEV 1994, 367 f.; vgl. hierzu kritisch *J. Mayer* ZEV 1994, 368 f. und dazu zustimmend *Staudinger/Otte* [2012] § 2077 Rn. 28; zu den verschiedenen Konstellationen, in denen § 2279 Abs. 2 bedeutsam wird, s. NK-BGB/*Kornexl* § 2279 Rn. 26 ff. sowie oben Rdn. 13.

45 OLG Stuttgart OLGZ 1976, 17; OLG Hamm OLGZ 1994, 326 = FamRZ 1994, 994 = ZEV 1994, 367 f.

46 Staudinger/*Kanzleiter* [2013] § 2279 Rn. 14; wohl auch NK-BGB/*Kornexl* § 2279 Rn. 49; a.A. MünchKommBGB/*Musielak* § 2279 Rn. 9.

47 *Lange/Kuchinke* § 25 VIII 2 b Fn. 287; s. dazu Rdn. 16.

48 Nach h.M. handelt es sich um eine Auslegungsregel, vgl. BGH FamRZ 1960, 28, zum Streitstand § 2268 BGB Rdn. 3.

49 Bei gemeinschaftlichen Verfügungen gelten hier die allgemeinen Grundsätze zur Auslegung von vertragsmäßigen Verfügungen, OLG Zweibrücken FamRZ 1998, 1540, 1541.

50 BayObLG FamRZ 1983, 839; NJW-RR 1993, 12 = FamRZ 1993, 362K NK-BGB/*Kornexl* § 2279 Rn. 51.

51 BayObLG NJW-RR 1996, 650 = FamRZ 1996, 760, 762; ZEV 2001, 190, 192 = NJWE-FER 2001, 102 (neues Testament 1 Jahr nach Ehescheidung).

niedrigen Anforderungen« gestellt werden.[52] Vielmehr müssen **besondere Anhaltspunkte** vorliegen, weil vertragsmäßige Verfügungen in einem Erbvertrag i.d.R. unter der gleichsam selbstverständlichen Voraussetzung getroffen werden, dass die Ehe zur Zeit des Erbfalls noch besteht.[53] Allein die Tatsache, dass sich die (später geschiedene) Ehe bei Abschluss des Erbvertrages bereits in der Krise befand, reicht dazu nicht aus.[54] Insbesondere bei Zuwendungen an **gemeinsame Kinder** oder Enkelkinder tendiert aber die Rspr. zunehmend dazu, dass diese vom Fortbestand der Ehe unabhängig sein sollen;[55] dies gilt nicht bei Zuwendungen an einseitige Kinder, insbesondere solche, die nicht vom Erblasser, sondern vom geschiedenen Ehegatten abstammen.[56] Anders liegt es, wenn die Schlusserbeneinsetzung der gemeinsamen Kinder bindend getroffen wurde, um die Sicherung des Vermögens in der Familie zu gewährleisten.[57] Zu berücksichtigen sind im Rahmen der **vorrangigen** individuellen **Auslegung** alle Umstände des Einzelfalls. Soll bereits aus der formalen Ausgestaltung des Erbvertrags auf die **Bestandsabhängigkeit** der Verfügungen von der Ehe geschlossen werden (wenn z.B. formuliert wird, dass der »überlebende Ehegatte« der Erbe des Erstversterbenden ist) kann zur Aufklärung dieser Frage die Anhörung des beurkundenden Notars geboten sein.[58] Wird der Erbvertrag während der Ehekrise geschlossen, so spricht dies dafür, dass die dort getroffene Nachlassplanung die Ehe gerade überdauern soll.[59] Eingehend zu diesen Fragen, die auch beim gemeinschaftlichen Testament eine Rolle spielen, s. § 2268 BGB Rdn. 12, *J. Mayer* ZEV 1997, 280 f.

20 Ein **Aufrechterhaltungswille** wird von der Rspr. nicht nur dann angenommen, wenn die **gemeinsamen Kinder** bereits nach dem Tod des erstversterbenden Elternteils zum Erben eingesetzt werden (so im Fall des OLG Stuttgart,[60] wobei die gewillkürte Erbfolge dort der gesetzlichen entsprach),[61] sondern auch dann, wenn diese aufgrund einer Verfügung i.S. eines Berliner Testaments lediglich zum **Schlusserben** nach dem Tod beider Ehegatten berufen wurden und damit eine vom Längerlebenden abhängige Rechtsposition erhalten sollen. Hier will das OLG Hamm sogar das gemeinsame Kind für den Fall des Todes als (sofortigen) Erben eines jeden Ehegatten ansehen.[62] Davon zu unterscheiden ist, ob trotz der Aufrechterhaltung der Zuwendung noch die **erbvertragliche Bindung** auch nach der Scheidung **fortbesteht**. Dies wurde bis zur Entscheidung des BGH vom 07.07.2004[63] i.d.R. verneint.[64] Nach diesem Grundsatzurteil zum gemeinschaft-

---

52 BGHZ 160, 33, 39 = NJW 2004, 3113 (zum gemeinschaftlichen Testament); OLG München NJW-RR 2008, 1037 = ZEV 2008, 290 (Rz. 9) m. Anm. *Purrucker*; MünchKommBGB/*Musielak* § 2279 Rn. 10.

53 OLG Zweibrücken FamRZ 1998, 1540, 1541; BayObLG FamRZ 1995, 1088, 1089; FamRZ 1983, 1227, 1228; *Dieterle* BWNotZ 1970, 170; zu diesem Grundgedanken und der Entstehungsgeschichte von § 2077 *Staudinger/Otte* [2012] § 2077 Rn. 6.

54 OLG Zweibrücken FamRZ 1998, 1540, 1541 f. = NJW-RR 1998, 941.

55 OLG Stuttgart OLGZ 1976, 17; OLG Hamm OLGZ 1994, 326 = FamRZ 1994, 994 = ZEV 1994, 367 m. krit. Anm. *J. Mayer*; Staudinger/*Kanzleiter* [2013] § 2279 Rn. 16.

56 Der Sache nach OLG Zweibrücken NJW-RR 1998, 941.

57 Im Fall von OLG München NJW-RR 2008, 1037 = ZEV 2008, 290 (Rz. 9 ff.) m. (zu Unrecht) krit. Anm. *Purrucker* (zust. aber wohl NK-BGB/*Kornexl* § 2279 Rn. 53) lag es genau anders herum: Keine Bindung, daher kein Aufrechterhaltungswille.

58 BayObLG NJW-RR 1997, 7, 9 = FamRZ 1997, 123.

59 Im Fall von OLG Zweibrücken FamRZ 1998, 1540, 1541 f. = NJW-RR 1998, 941 war dies zumindest nach der Auffassung des einen Vertragsteils noch nicht der Fall.

60 OLG Stuttgart OLGZ 1976, 17; ebenso *Horn/Kroiß* Testamentsauslegung § 19 Rn. 20 m.w.N.; anders OLG München NJW-RR 2008, 1037, wenn es trotz der Erbeinsetzung der Kinder dem Ehegatten vorallem um die Absicherung des überlebenden Ehepartners ging.

61 Ebenso BayObLG ZEV 2001, 190, 192 f. (dort aber offenlassend).

62 OLG Hamm OLGZ 1994, 326 = FamRZ 1994, 994 = ZEV 1994, 367 m. krit. Anm. *J. Mayer*.

63 BGHZ 160, 33 = ZEV 2004, 423 m. Anm. *Keim*.

64 OLG Hamm OLGZ 1994, 326, wo allerdings nicht dogmatisch sauber zwischen dem Fortbestand der Verfügung und dem Fortbestand der Bindungswirkung unterschieden wird (vgl. dazu krit. *J. Mayer* ZEV 1994, 369; ebenso krit. Gutachten DNotI-Report 2005, 45, 47); OLG Zweibrücken FamRZ 1998, 1540, 1542; für regelmäßigen Wegfall nach wie vor noch Staudinger/*Kanzleiter* [2013] § 2279 Rn. 16; tendenziell wohl auch BayObLG ZEV 2001, 190, 193, wobei dem Verzicht auf das Anfechtungsrecht nach § 2079 keine Bedeutung beigemessen wird.

lichen Testament behalten aber die über § 2268 Abs. 2 BGB fortgeltenden wechselbezüglichen Verfügungen auch nach Scheidung der Ehe ihre Wechselbezüglichkeit und können nicht gem. § 2271 Abs. 1 Satz 2 BGB durch einseitige Verfügung von Todes wegen aufgehoben werden.[65] Zwar ist diese Entscheidung nicht unmittelbar auf Erbverträge übertragbar. Denn für den Erbvertrag enthält das Gesetz mit § 2279 BGB eine eigenständige Regelung zu den Folgen der Eheauflösung. Mittelbar können jedoch die Argumente des BGH auch hier entsprechend herangezogen werden. Ja, es ist damit zu rechnen, dass diese sogar erst recht gelten.[66] Denn anders als bei den Ehegattentestamenten, bei denen eine »strukturelle Bestandsabhängigkeit« der Verfügung besteht, weil nur Ehegatten ein gemeinschaftliches Testament errichten können, und dies auch dafür spricht, dass mit Beendigung der Ehe auch die Verfügungen unwirksam werden sollen, lässt sich dieses Argument hinsichtlich der erbvertragsmäßigen Verfügungen gerade nicht anführen. Aus dieser Entscheidung des BGH ergeben sich daher gerade für den Erbvertrag ganz erhebliche Probleme: Denn beim ihm gibt es keine dem § 2271 Abs. 1 Satz 1 BGB entsprechende gesetzliche Lösungsmöglichkeit. Zu beachten ist allerdings, dass die in Ehegattenerbverträgen meist enthaltenen gegenseitigen Erbeinsetzungen auch nach der vorstehend aufgezeigten Rechtsprechung im Regelfall spätestens mit der Scheidung unwirksam werden. Daraus kann sich dann eine Gesamtunwirksamkeit des Erbvertrages nach § 2298 Abs. 1 BGB ergeben, wenn man diese Vorschrift auch auf Fälle der nachträglichen Unwirksamkeit anwendet.[67] Daneben kommt auch eine **Selbstanfechtung** nach den §§ 2281, 2078 Abs. 2 BGB in Betracht, weil der Erblasser bei der Errichtung des Erbvertrags vom harmonischen Verlauf und dem Fortbestand der Ehe ausgegangen ist.[68]

5. Besonderheiten bei Aufhebung der Ehe und Nichtehe

Die Aufhebung der Ehe kann nur geltend gemacht werden, wenn sie durch rechtskräftiges gerichtliches Urteil erklärt wurde.[69] Lebte ein Ehegatte in einer **Nichtehe**[70] und tritt auch keine Heilung nach § 1310 Abs. 3 BGB ein,[71] so ist § 2077 BGB und damit auch § 2279 BGB nicht anwendbar, jedoch wird die dann vorzunehmende ergänzende Testamentsauslegung i.d.R. dazu führen, dass die Zuwendung dann unwirksam ist, wenn die Partnerschaft endgültig aufgelöst ist und der Erblasser bei Errichtung der Verfügung von einer wirksamen Ehe ausging.[72] 21

6. Erweiterung des persönlichen Ausübungsbereichs des § 2077 BGB: Eheähnliche Verhältnisse, Lebenspartnerschaften

Aufgrund der ausdrücklichen Änderung des Abs. 2 ist diese Bestimmung auf eingetragene Lebenspartnerschaften nach dem LPartG entsprechend anwendbar. Aber auch in anderen Fällen stellt sich wegen der doppelten Vermutungsregel des § 2077 BGB[73] die Frage nach der **analogen Anwendung** der Norm. Aber gerade wegen des sich gegenüber der form- und fristgebundenen Anfechtung ergebenden Ausnahmecharakters der Vorschrift steht die h.M. einer Analogiefähigkeit zunehmend skeptischer gegenüber. Daher ist nach h.M. die Bestimmung des § 2077 BGB auf **eheähnliche Ver-** 22

65 Dazu ausf. § 2268 BGB Rdn. 13 ff.
66 Zutr. Gutachten DNotI-Report 2005, 45, 47.
67 Eingehend dazu § 2298 BGB Rdn. 12.
68 Dazu erst jüngst BayObLGZ 2003, 210 = ZEV 2004, 152.
69 § 1313 idF. des EheschlRG; zu Einzelheiten über die Aufhebung des EheG und die Neuregelung s. § 2268 BGB Rdn. 4.
70 Zum Begriff Bamberger/Roth/*Hahn* § 1310 Rn. 1; MünchKommBGB/*Wellenhofer*, § 1310 Rn. 25 ff..
71 Dazu etwa *Hepting* FamRZ 1998, 713, 725.
72 Staudinger/*Otte* [2012] § 2077 Rn. 6; a.A. NK-BGB/*Kornexl* § 2279 Rn. 42: Wirksamkeit, wenn der Erblasser der Nichtigkeitsfeststellung ablehnend gegenüberstand, weil dann Begünstigung unabhängig vom familienrechtlichen Status erfolgen sollte.
73 Rdn. 15.

hältnisse nicht anwendbar,[74] da dies sonst zu großen Abgrenzungsschwierigkeiten sowohl hinsichtlich des Bestehens wie auch der Auflösung der Partnerschaft führen würde und jede durch eine Freundschaftsbeziehung motivierte Zuwendung im Trennungsfall die Unwirksamkeit zur Folge haben könnte. Allenfalls kann eine **Anfechtung** nach §§ 2281, 2078 Abs. 2 BGB helfen. Hieraus ergibt sich zugleich, dass für die Annahme einer Analogie eine planwidrige Regelungslücke fehlt, denn über die Anfechtung ist i.d.R. eine Lösungsmöglichkeit von der erbvertragsmäßigen Verfügung gegeben;[75] allerdings sind die Anfechtungsfristen zu beachten (§§ 2283, 2285 BGB). Die notarielle Praxis löst dieses Problem i.d.R. dadurch, dass ein **Rücktrittsvorbehalt** vereinbart wird, der nicht den Fristen des Anfechtungsrechts unterliegt. Jedoch sind die Voraussetzungen für die Ausübung des Rücktritts klar und justiziabel zu fassen.[76] Gleiches gilt erst Recht für die Anordnung einer **auflösenden Bedingung** bei einer Zuwendung. Des Weiteren hat die Bedingungslösung den Nachteil, dass sie zu einem automatischen Wegfall führt, der u.U. nicht immer gewollt ist, und zudem bei einem Bedingungseintritt nach dem Erbfall zwingend zu einer konstruktiven Nacherbschaft führt. Auch auf Zuwendungen an **Schwiegerkinder** ist § 2077 BGB **nicht analog anwendbar**;[77] allerdings kann sich aufgrund der vorrangigen individuellen Auslegung im Einzelfall etwas anderes ergeben.

7. Gestaltungshinweise

23 Da durch §§ 2279 Abs. 2, 2077 BGB erhebliche **Auslegungsstreitigkeiten** entstehen können,[78] sollte die Frage des Fortbestehens der Verfügung von Todes wegen über einen Scheidungsantrag oder gar die Ehescheidung hinaus im Erbvertrag ausdrücklich geregelt werden, vgl. hierzu den Gestaltungsvorschlag von NK-BGB/*Kornexl* Rn. 56; eingehender zur gleichen Problematik beim gemeinschaftlichen Testament § 2268 BGB Rdn. 21. Aus der neueren Rspr. des BGH, wonach § 2077 BGB bei Zuwendungen an Schwiegerkinder nicht anwendbar ist,[79] ergeben sich für die Gestaltungspraxis neue Besonderheiten, soll es nicht zu dem »lachenden Ex-Schwiegerkind« kommen,[80] das trotz Scheidung noch erbt. Zahlreiche praktische Hinweise hierzu bei *Litzenburger*, ZEV 2003, 385, 389.

§ 2280 Anwendung von § 2269

Haben Ehegatten oder Lebenspartner in einem Erbvertrag, durch den sie sich gegenseitig als Erben einsetzen, bestimmt, dass nach dem Tode des Überlebenden der beiderseitige Nachlass an einen Dritten fallen soll, oder ein Vermächtnis angeordnet, das nach dem Tode des Überlebenden zu erfüllen ist, so findet die Vorschrift des § 2269 entsprechende Anwendung.

Übersicht

74 RG JW 1927, 1202 f.; NK-BGB/*Kornexl* § 2279 Rn. 33 ff., 39 m. ausf., z.T. abweichender Begr.; Palandt/*Weidlich* § 2077 Rn. 2; MünchKommBGB/*Leipold* § 2077 Rn. 11; Staudinger/*Kanzleiter* [2013] § 2279 Rn. 25; Staudinger/*Otte* [2012] § 2077 Rn. 25 m.w.N.; a.M. *Meier/Scherling* DRiZ 1979, 299.

75 Zutr. NK-BGB/*Kornexl* § 2279 Rn. 39.

76 Muster für Rücktrittsrecht ohne Angabe von Gründen: Beck NotHB/*Dietz* § 17 Rn. 46; vgl. auch *J. Mayer* ZEV 1997, 280, 283.

77 BGHZ 154, 336 = NJW 2003, 2095 = FamRZ 2003, 870 = ZEV 2003, 284 m. Anm. *Leipold* = JZ 2004, 97 = m. Anm. *Olzen* = LMK 2003, 148 m. Am. *Loritz*; dazu auch ausf. *Keim* NJW 2003, 3248; anders noch OLG Saarbrücken FamRZ 1994, 1205 f. = NJW-RR 94, 589; hieran zweifelnd aber bereits 5. Aufl. Rn. 13.

78 Vgl. etwa BayObLG NJWE-FER 2001, 102.

79 Rdn. 22 aE.

80 *Keim* NJW 2003, 3248.

I. Bedeutung der Vorschrift

§ 2280 BGB erklärt für den Erbvertrag zwischen Ehegatten oder gleichgeschlechtlichen Lebenspartnern[1] wegen der Gleichheit der Interessenlage die **Auslegungsregeln** (s. Rdn. 2),[2] die § 2269 BGB für das sog. Berliner Testament und für gewisse Vermächtnisse aufstellt, für anwendbar. Das bedeutet:[3] 1

(1) Wenn Ehegatten oder gleichgeschlechtliche Lebenspartner in einem Erbvertrag, durch den sie sich gegenseitig als (alleinige) Erben einsetzen, bestimmen, dass nach dem Tode des Überlebenden der beiderseitige Nachlass an einen Dritten fällt, so ist im Zweifel anzunehmen, dass der Dritte im Sinne der sog. **Einheitslösung** für den gesamten beiderseitigen Nachlass als Vollerbe des zuletzt versterbenden Ehegatten eingesetzt ist. Er ist daher **nicht Nacherbe** des zuerst Versterbenden und Ersatzerbe des zuletzt Versterbenden i.S. der sog. **Trennungslösung. Dritter** in diesem Sinn ist zunächst – aufgrund einer rein formalen Betrachtung –, wer am Abschluss des Erbvertrags weder als Erblasser noch als dessen Vertragspartner beteiligt ist. Bei vertragsmäßiger gegenseitiger Erbeinsetzung der Eheleute ist aber stets auch der Schlusserbe »Dritter« in diesem Sinn, auch wenn er neben dem Ehegatten den Erbvertrag mit abschließt.[4] Denn die sich aus der Auslegungsregel des § 2280 BGB für den überlebenden Ehegatten oder Lebenspartner ergebende Privilegierung durch Annahme einer Vollerbenstellung[5] darf nicht dadurch infrage gestellt werden, dass etwa zur Sicherung der Nachlassplanung gegen den »Störfall Pflichtteil« die Abkömmlinge am Erbvertrag mitwirken und für den Fall des Todes des Erstversterbenden der Eltern einen Pflichtteilsverzicht abgeben.[6]

(2) Zum anderen ergibt sich aus dem ebenfalls für anwendbar erklärten § 2269 Abs. 2 BGB, dass wenn die Ehegatten in einem solchen Erbvertrag ein **Vermächtnis** angeordnet haben, das nach dem Tode des Überlebenden erfüllt werden soll, im Zweifel anzunehmen ist, dass das Vermächtnis dem Bedachten erst mit dem Tode des Überlebenden i.S. von § 2176 BGB anfallen soll.[7]

§ 2280 BGB enthält, wie § 2269 BGB, nur eine **Auslegungsregel**.[8] Auch diesbezüglich gilt der **Vorrang der individuellen Auslegung**: nur wenn diese zu keinem sicheren Ergebnis führt, kann § 2280 BGB angewendet werden.[9] Wird sie angewendet, so ist der überlebende Ehegatte Vollerbe des Erstversterbenden und kann über das beiderseitige Vermögen unter Lebenden grundsätzlich frei verfügen, ohne dass darin eine durch § 2289 Abs. 1 Satz 2 BGB verbotene Aufhebung des Erbvertrags liegen würde (§ 2286 BGB). Der überlebende Ehegatte wird durch § 2290 Abs. 1 Satz 2 BGB auch nicht gehindert, mit dem im Erbvertrag bedachten Dritten einen Zuwendungsverzicht zu schließen.[10] 2

II. Einzelfragen

1. Analoge Anwendung

Auch Personen, die weder Ehegatten noch eingetragene Lebenspartner sind, können einen Erbvertrag i.S. von § 2280 BGB schließen.[11] Auch in einem solchen Fall wird, über den Wortlaut des 3

1 I.S.d. seit dem 01.08.2001 geltenden LPartG.
2 MünchKommBGB/*Musielak* § 2280 Rn. 3.
3 Vgl. etwa NK-BGB/*Kornexl* § 2280 Rn. 2.
4 NK-BGB/*Kornexl* § 2280 Rn. 10; MünchKommBGB/*Musielak* § 2280 Rn. 7; Palandt/*Weidlich* § 2280 Rn. 1; a.A. RGRK/Kregel Rn. 1 unter Hinw. auf OLG Celle NJW 1959, 1923 (zu § 2352 Satz 2, jedoch ist diese enge Auffassung heute dort nicht mehr die herrschende, vgl. unten § 2290 BGB Rdn. 9 ff.); ebenso zu § 2352 Satz 2 BayObLGZ 1965, 188.
5 Dazu eingehender Rdn. 7 f.
6 Zutr. MünchKommBGB/*Musielak* § 2280 Rn. 7.
7 Vgl. dazu den Fall von BGH NJW-RR 1998, 577, 588 = ZEV 1998, 68; zu Einzelheiten s. Erl. zu § 2269 BGB Rdn. 127 ff.
8 BayObLGZ 1986, 242, 248 = FamRZ 1986, 1151; OLG Oldenburg NJW 1947, 117; Burandt/Rojahn/*Burandt* § 2280 Rn. 1; NK-BGB/*Kornexl* § 2280 Rn. 1; MünchKommBGB/*Musielak* § 2280 Rn. 3.
9 NK-BGB/*Kornexl* § 2280 Rn. 1; MünchKommBGB/*Musielak* § 2280 Rn. 3; s. auch § 2269 BGB Rdn. 6.
10 KG OLGE 36, 237; s. aber auch BayObLGZ 24, 232 und § 2290 BGB Rdn. 2.
11 Oldenburg NJW 1947, 117; a.M. für Geschwister KG KGJ 1905, 115.

Gesetzes hinaus, wegen der Ähnlichkeit der Rechtslage §§ 2280, 2269 BGB anzuwenden sein, wenn zwischen den Vertragspartnern ein **ähnlich starkes Vertrauensverhältnis** wie zwischen Ehegatten besteht, da dann die Anwendung des diesen Normen zugrunde liegenden Erfahrungssatzes auch dort gerechtfertigt ist.[12] Demgegenüber hält *Kornexl* die analoge Anwendung des § 2280 BGB **nur** bei **Verlobten** für möglich, lehnt diese aber im Übrigen angesichts des eindeutigen Wortlauts der Norm und wegen der sich hieraus ergebenden Privilegierung des überlebenden Vertragspartners ab.[13] Sein weiterer Hinweis, die h.M. stehe im Widerspruch dazu, dass bei §§ 2077, 2279 BGB die entsprechende Anwendung auf besondere Näheverhältnisse abgelehnt werde,[14] ist allerdings nicht stichhaltig. Denn dort ist der Normzweck mit der doppelten besonderen Vermutungswirkung und der Bestandsabhängigkeit der Zuwendung von dem Näheverhältnis ein anderer. Zutreffend ist allerdings sein Hinweis, dass auch vor der analogen Anwendung des § 2280 BGB vorrangig die **individuelle Auslegung** zu erfolgen hat.[15] Und ergibt diese ein besonderes »Näheverhältnis«, wie dieses die h.M. für die analoge Anwendung fordert, so wird man auch aufgrund der Auslegung des Einzelfalls zur gleichen Wertung kommen, wie diese in der Auslegungsregel des § 2280 BGB enthalten ist. Der Meinungsstreit dürfte daher von geringer praktischer Relevanz sein.

2. Anwendungsvoraussetzungen

4 § 2280 BGB setzt zum einen nach seinem Wortlaut (»in einem Erbvertrag, durch den sie …«) voraus, dass sowohl die gegenseitige Erbeinsetzung wie auch die Zuwendung an den Dritten durch **vertragsmäßige Verfügungen** getroffen wurden.[16] Ein zulässiger Änderungsvorbehalt bezüglich der Schlusserbeneinsetzung[17] steht dem nicht entgegen, weil er die Vertragsmäßigkeit der Verfügung nicht beseitigt.[18] Nicht ausreichend ist, wenn nur einseitig verfügt wird.[19] Weiter ist wie bei § 2269 BGB erforderlich, dass sich die Ehegatten oder Lebenspartner **gegenseitig zu Erben** berufen, sodass die Vorschrift nicht anwendbar ist, wenn die Ehegatten für den ersten Erbfall außer dem anderen Ehegatten noch andere Personen zu Erben einsetzen.[20]

5 Weiter ist eine einheitliche **Weitervererbung an** einen **Dritten**, den **Schlusserben** erforderlich. Als Dritter sind nicht nur die Personen anzusehen, welche nicht an dem Abschluss des Erbvertrags direkt (formell) mitwirken. Hierunter fallen auch diejenigen, die erst als Schlusserben oder Ersatzschlusserben nach dem Tod beider Testierenden eingesetzt werden, mögen diese auch am Abschluss des Erbvertrags direkt (formell) mitwirken.[21] Fehlt eine solche ausdrückliche Bestimmung zur einheitlichen Weitervererbung, so kann sich diese auch durch **Auslegung** ergeben.[22] Da der Erbvertrag zur Niederschrift eines Notars zu erklären ist (§ 2276 BGB), muss dieser seiner ihn nach § 17

12 BGH NJW-RR 1998, 577, 588 = ZEV 1998, 68 (Schwestern); OLG Köln FamRZ 1974, 382; BayObLGZ 1986, 242, 248 = FamRZ 1986, 1151 (für Verlobte); Bamberger/Roth/*Litzenburger* § 2280 Rn. 4; Burandt/Rojahn/*Burandt* § 2280 Rn. 3; *Schlüter* Rn. 280; Staudinger/*Kanzleiter* [2013] § 2280 Rn. 3; Palandt/*Weidlich* § 2280 Rn. 1; MünchKommBGB/*Musielak* § 2280 Rn. 4, der jedoch eine sorgfältige Prüfung der Interessenlage fordert; noch weiter gehend *Damrau/Tanck/Krüger*, Erbrecht, Rn. 2: ohne die Einschränkung bezügl. des Näheverhältnisses.

13 NK-BGB/*Kornexl* § 2280 Rn. 6 ff.; ihm folgend nun auch Erman/*S. Kappler/T. Kappler* § 2280 Rn. 2.

14 Dazu § 2279 BGB Rdn. 22.

15 NK-BGB/*Kornexl* § 2280 Rn. 5.

16 § 2299; NK-BGB/*Kornexl* § 2280 Rn. 11; MünchKommBGB/*Musielak* § 2280 Rn. 5; Staudinger/*Kanzleiter* [2013] § 2280 Rn. 4; a.A. Bamberger/Roth/*Litzenburger* § 2280 Rn. 1: ausreichend, wenn nur eine dieser beiden Verfügungen vertragsmäßig.

17 Dazu § 2278 BGB Rdn. 14 ff.

18 NK-BGB/*Kornexl* § 2280 Rn. 11.

19 Staudinger/*Kanzleiter* [2013] § 2280 Rn. 4.

20 NK-BGB/*Kornexl* § 2280 Rn. 12; Staudinger/*Kanzleiter* [2013] § 2280 Rn. 4, der allerdings darauf hinweist, dass die Vorschrift bei Einsetzung weiterer Personen als Miterbe entsprechend anzuwenden sei.

21 Vgl. dazu bereits oben Rdn. 1.

22 S. dazu die oben bei § 2269 BGB Rdn. 10 ff. zum gemeinschaftlichen Testament entwickelten Auslegungsüberlegungen, die hier im Wesentlichen entsprechend gelten.

Abs. 1 Satz 1 BeurkG zu beachtenden Pflicht zur klaren und eindeutigen Formulierung genügen,[23] sodass solche Zweifelsfälle nicht nur in der Praxis äußerst selten vorkommen werden, sondern gegen das Vorliegen derselben sogar die allgemeine Lebenserfahrung spricht.[24] Nach Auffassung einiger Obergerichte[25] kann sich aber eine **stillschweigende Schlusserbenberufung** der Kinder bereits aus der Anordnung einer **Pflichtteilsklausel** oder **Wiederverheiratungsklausel** ergeben; dem kann so nicht gefolgt werden, weil dies z.T. auf einem fehlerhaften Verständnis der Wirkungen dieser Klauseln beruht.[26] Für eine (verdeckte) Schlusserbeneinsetzung genügt daher auch noch nicht eine **Pflichtteilsverweisung** für den Fall der Anfechtung des Erbvertrags,[27] dies kann allenfalls in einem privatschriftlichen Testament Anlass für eine entsprechende Prüfung sein. Anders, wenn bei gegenseitiger Erbeinsetzung Erben des Überlebenden die Kinder werden sollen, die beim ersten Erbfall den Pflichtteil nicht verlangen: Dann ist der Erbvertrag nach § 2280 BGB auszulegen.[28] In einem **zweiten Schritt** ist dann zusätzlich noch durch weitere Auslegung zu ermitteln, ob diese Schlusserbeneinsetzung auch **bindend** sein soll.[29]

Haben sich in einem Erbvertrag **Ehegatten** oder Lebenspartner gegenseitig zu Erben eingesetzt und weiterhin bestimmt, dass der **Längerlebende** von ihnen verpflichtet ist, das bei seinem Tod vorhandene Vermögen auf die aus der **Ehe hervorgegangenen Kinder zu übertragen**, so lässt sich diese Erklärung dahin umdeuten, dass nach dem Tode des Längstlebenden der beiderseitige Nachlass an ihre Kinder fallen soll.[30] Voraussetzung ist, dass der Wille der Erblasser, damit ihren gemeinsamen Kindern die Erbfolge zu sichern, genügend deutlich in der Erklärung zum Ausdruck kommt. Zu weiteren Fällen einer unvollständigen Schlusserbenbestimmung s. § 2269 BGB Rdn. 19 ff. 6

3. Rechtsstellung des Längerlebenden, Gefahren bei § 2280 BGB

a) Rechtsstellung des Längerlebenden

Bei einem Erbvertrag entsprechend der sog. **Einheitslösung** ist der längerlebende Ehegatte Vollerbe; zu seiner Rechtsposition im Einzelnen s. § 2269 BGB Rdn. 48 ff. Der zum Schlusserben berufene **Dritte** hat jedoch vor Eintritt des zweiten Erbfalls kein erbrechtliches Anwartschaftsrecht, sondern nur eine tatsächliche **Erwerbsaussicht**.[31] Ansprüche nach §§ 2287 f. BGB hat er grundsätzlich erst nach dem Tod des längerlebenden Ehegatten; zur vorzeitigen Sicherung seiner Rechte s. § 2269 BGB Rdn. 55 f., § 2287 BGB Rdn. 126 f. 7

Die durch die **Einheitslösung** bedingte Vereinigung des gesamten Vermögens beider Ehegatten in der Hand des längerlebenden Ehegatten bewirkt die bereits oben dargestellte nachteilige **Verbreiterung der Bemessungsgrundlage**.[32] Dies hat insbesondere bei größeren Nachlässen ungewünschte erbschaftsteuerliche Nachteile[33] und führt zu einer Erhöhung der Pflichtteilsbelastung. 8

---

23 Dazu etwa Bamberger/Roth/*Litzenburger* § 17 BeurkG Rn. 15 f.

24 *H.-J. Fischer* ZEV 2005, 189, 190; ähnlich NK-BGB/*Kornexl* § 2280 Rn. 13.

25 Etwa des OLG Saarbrücken (5. Senat, NJW-RR 1994, 844; anders aber OLG Saarbrücken NJW-RR 1992, 841); OLG Frankfurt ZEV 2002, 109, 110.

26 NK-BGB/*Kornexl* § 2280 Rn. 14; s. eingehend hierzu § 2269 BGB Rdn. 11 ff. und *H.-J. Fischer* ZEV 2005, 189 ff.

27 OGH MDR 1950, 669; Palandt/*Weidlich* § 2280 Rn. 2.

28 BayObLGZ 19, 307.

29 Eingehend dazu oben § 2278 BGB Rdn. 7 ff.

30 OLG Hamm JMBl NRW 1960, 125.

31 NK-BGB/*Kornexl* § 2280 Rn. 15; Staudinger/*Kanzleiter* [2013] § 2280 Vor § 2274 Rn. 5; MünchKommBGB/*Musielak* § 2286 Rn. 3; zur vergleichbaren Lage beim gemeinschaftlichen Testament: § 2269 BGB Rdn. 54 ff.; s. auch § 2286 BGB Rdn. 7 ff. speziell zum Erbvertrag.

32 § 2269 BGB Rdn. 133 ff.; s. auch *von Dickhuth-Harrach*, Handbuch der Erbfolge-Gestaltung, § 41 Rn. 24 ff.

33 Dazu eingehender oben Vorbem. zu §§ 2265 ff. Rdn. 47; *von Dickhuth-Harrach*, Handbuch der Erbfolge-Gestaltung, § 41 Rn. 30 ff.

b) Risiken aufgrund des Pflichtteilsrechts

9 Die Einheitslösung hat den Nachteil, dass sich dadurch die **Bemessungsgrundlage für den Pflichtteil** der Abkömmlinge vergrößert, die auch im zweiten Erbfall enterbt werden sollen. Zudem können auch Pflichtteilsberechtigte des erstversterbenden Ehegatten bei dessen Tod ihren Pflichtteil fordern, selbst wenn sie im Erbvertrag als Erben des überlebenden Ehegatten berufen sind.[34] Daher ist bei der Abfassung von Erbverträgen nach § 2280 BGB Vorsicht geboten, wenn Pflichtteilsberechtigte eines Ehegatten vorhanden sind. Zur Vermeidung unnötiger Pflichtteilsbelastungen und zur Verwirklichung einer möglichst gleichmäßigen Nachlassbeteiligung der pflichtteilsberechtigten Schlusserben wird hierzu oftmals die Verwendung der sog. *Jastrow'schen Klausel*[35] empfohlen, die aber durchaus ungewünschte Nebenwirkungen haben kann.[36] Daneben gibt es noch eine Reihe anderer Pflichtteilsstrafklauseln.[37]

10 Der sicherste Weg zur Vermeidung der Gefahren aus einer Pflichtteilsgeltendmachung, insbesondere im ersten Erbfall, ist die Vereinbarung eines entsprechenden **Pflichtteilsverzichts** (§ 2346 Abs. 2 BGB) mit den Abkömmlingen des Erstversterbenden. Dies setzt allerdings eine entsprechende Vertragsbereitschaft der Abkömmlinge voraus. Wenn sich Ehegatten in einem Erbvertrag als Alleinerben und das am Vertrag beteiligte Kind als Schlusserben einsetzen, den anderen Kindern aber nur Vermächtnisse aussetzen für den Fall, dass sie keine Pflichtteilsansprüche geltend machen, so soll in dem Vertrag ein (stillschweigender) Verzicht des Schlusserben auf seinen Pflichtteil gesehen werden können.[38]

4. Wiederverheiratung

11 Durch den Abschluss eines Erbvertrags nach § 2280 BGB kann aufgrund der erbvertraglichen Bindung verhindert werden, dass der überlebende Ehegatte, wenn er wieder heiratet, anstelle der im Erbvertrag ernannten Schlusserben seinen neuen Ehegatten zum Erben einsetzt oder ihm ein Vermächtnis zuwendet (§ 2289 Abs. 1 Satz 2 BGB). Nicht verhindert werden kann aber, dass wenn der überlebende Ehegatte wieder heiratet und er im Güterstand der Zugewinngemeinschaft lebt, der neue Ehegatte nach der sog. »güterrechtlichen Lösung« Ausgleich des in der zweiten Ehe erzielten, »rechnerischen« Zugewinns und den kleinen Pflichtteil fordern kann (§ 1371 Abs. 2 BGB); den großen Pflichtteil, der sich nach dem gem. § 1371 Abs. 1 BGB berechneten erhöhten Ehegattenerbteil bestimmt, kann er nicht verlangen.[39] Dagegen, dass sich die **Pflichtteilsforderung** des neuen Ehegatten auch auf den Nachlass des Erstversterbenden bezieht, hilft eine **Wiederverheiratungsklausel.**[40] Führt diese dazu, dass mit erfolgter Wiederheirat der längerlebende der Ehegatten nur Vorerbe ist, so unterfällt einem etwaigen Zugewinnausgleich aus der neuen Ehe nur der Nutzungswert dieses Rechts.[41] Umstritten ist, ob derartige Wiederverheiratungsklauseln im Falle der Wiederheirat dazu führen, dass der überlebende Ehegatte bezüglich seines eigenen Nachlasses nicht mehr gebunden ist und daher wieder frei verfügen kann.[42]

12 Außerdem kann der überlebende Ehegatte den Erbvertrag nach §§ 2281, 2285, 2079 BGB **anfechten** und dann seinen neuen Ehegatten letztwillig bedenken, wenn das Anfechtungsrecht nicht im Erbvertrag ausgeschlossen wurde (s. § 2281 BGB Rdn. 26). Das Anfechtungsrecht kann gem.

34 § 2269 BGB Rdn. 105 ff.

35 Vgl. bereits DNotV 1904, 424.

36 Eingehend dazu *Seubert*, Die Jastrowsche Klausel, 1999; *J. Mayer*, ZEV 1995, 136; NK-BGB/*Kornexl* § 2280 Rn. 19 f.; Syst. A Rdn. 699 ff.

37 Eingehend § 2269 BGB Rdn. 105 ff. und Syst. A Rdn. 690 ff.

38 BGHZ 22, 364 = m. Anm. *Johannsen* LM Nr. 1 zu § 2348; s. hierzu auch v. *Lübtow* JR 1957, 340; *Keim* ZEV 2001, 1 und eingehend Erl. § 2269 BGB Rdn. 124.

39 Vgl. BGHZ 42, 182 = NJW 1964, 2404; Palandt/*Weidlich* § 2280 Rn. 3; Bamberger/Roth/*Siede* § 1371 Rn. 22 m.w.N.; a.M. die mittlerweile überholte sog. »Wahltheorie«; *Scholten* NJW 1958, 935.

40 Eingehend dazu § 2269 BGB Rdn. 65 ff.; *von Dickhuth-Harrach*, Handbuch der Erbfolge-Gestaltung, § 42.

41 AG Landshut FamRZ 1998, 1233; Bamberger/Roth/*Cziupka* § 1375 Rn. 43; ausf. Schwab/Ernst, Handbuch des Scheidungsrechts, 8. Aufl. 2019, VII Rn. 56.

42 Eingehend dazu § 2269 BGB Rdn. 86 ff.

§ 2285 BGB u.U. auch auf den neuen Ehegatten übergehen und von ihm ausgeübt werden, wenn es beim Tod des durch den Erbvertrag gebundenen Ehegatten noch nicht erloschen war. Daher ist der »**Verzicht**« auf das Anfechtungsrecht nach § 2079 BGB in der Kautelarpraxis ein wichtiges Gestaltungsmittel, um den Erbvertrag bestandsfest zu machen.[43]

§ 2281 Anfechtung durch den Erblasser

(1) Der Erbvertrag kann auf Grund der §§ 2078, 2079 auch von dem Erblasser angefochten werden; zur Anfechtung auf Grund des § 2079 ist erforderlich, dass der Pflichtteilsberechtigte zur Zeit der Anfechtung vorhanden ist.

(2) Soll nach dem Tode des anderen Vertragschließenden eine zugunsten eines Dritten getroffene Verfügung von dem Erblasser angefochten werden, so ist die Anfechtung dem Nachlassgericht gegenüber zu erklären. Das Nachlassgericht soll die Erklärung dem Dritten mitteilen.

Übersicht Rdn.

43 NK-BGB/*Kornexl* Rn. 23; eingehend zu dieser kautelarpraktischen Vorsorge auch *Radke*, Das Berliner Testament (1999), 154 ff.; *von Dickhuth-Harrach*, Handbuch der Erbfolge-Gestaltung, § 51 Rn. 78 ff.

I. Anwendungsbereich, Abgrenzung

1 Für die Anfechtung eines Erbvertrags gelten nach § 2279 Abs. 1 BGB zunächst die Vorschriften über die Anfechtung letztwilliger Verfügungen, also vor allem die §§ 2078 ff. BGB. Jedoch sind diese beim Erbvertrag durch die §§ 2281 bis 2285 BGB modifiziert. Hinsichtlich des Vertragspartners, der selbst keine Verfügungen von Todes wegen trifft, sind die §§ 119, 142 ff. BGB heranzuziehen.[1] Dass beim Erbvertrag, der an sich ein echter Vertrag ist,[2] sich die Anfechtung nach den Bestimmungen des Testamentsrechts richtet, insbesondere die Anfechtung wegen eines Motivirrtums nach § 2078 Abs. 2 BGB möglich ist, erscheint überraschend. Dies gilt insbesondere im Hinblick darauf, dass der Vertragspartner oftmals bewusst die Form des Erbvertrags im Vertrauen auf den Fortbestand der vertragsmäßigen Verfügungen trifft. Mit diesem großzügigeren Anfechtungsrecht steht daher dem vertragsmäßig gebundenen Erblasser ein wirkungsvolles Instrument zur Verfügung, seine Testierfreiheit wieder zu erlangen.[3] Diese ausdrückliche gesetzliche Regelung ist aber grundsätzlich so hinzunehmen.[4] Für besondere Konstellationen, insbesondere beim **entgeltlichen Erbvertrag**, stellt sich jedoch die Frage nach einer **Restriktion** der Anfechtungsmöglichkeiten (s. besonders Rdn. 23).

2 Der Hauptunterschied zwischen der Anfechtung beim Erbvertrag und der beim Testament ist der, dass beim Erbvertrag auch dem Erblasser selbst das Anfechtungsrecht bezüglich der **vertragsmäßigen Verfügungen** zusteht (Abs. 1), während beim Testament das stärkere Recht des jederzeitigen freien Widerrufs (§ 2253 BGB) die Anfechtung durch den Erblasser selbst entbehrlich macht. Demgegenüber dient das Selbstanfechtungsrecht des Erblassers beim Erbvertrag der **Wiederherstellung** seiner Testierfreiheit.[5] Daher kann er auch **einseitige Verfügungen** nicht selbst anfechten, weil er diese jederzeit durch Widerruf (§§ 2253 ff. BGB) beseitigen kann.[6]

Die Anfechtungsmöglichkeit nach den §§ 2281 bis 2285 BGB ist nach ganz h.M. auf bindend gewordene **wechselbezügliche Verfügungen** eines **gemeinschaftlichen Testaments** (§§ 2270 f. BGB) von Ehegatten oder eingetragenen Lebenspartner nach dem Tod des Erstversterbenden entsprechend anzuwenden.[7]

3 Von der Anfechtung ist der **Rücktritt** vom Erbvertrag zu unterscheiden. Dieser steht nur dem Erblasser zu (§ 2296 BGB). Der Rücktritt muss im Allgemeinen im Erbvertrag selbst vorbehalten sein (§ 2293 BGB); nur für einige Fälle einer besonders einschneidenden Veränderung der Verhältnisse ermöglicht das Gesetz das Rücktrittsrecht (**§§ 2294, 2295 BGB**). Diese Vorschriften kann man als **speziellere Regelung** gegenüber der Anfechtung wegen eines Motivirrtums ansehen.[8] Es kann jedoch u.U. eine Erklärung, die zwar als Rücktritt bezeichnet ist, für die aber kein Rücktrittsgrund besteht, in eine Anfechtungserklärung umgedeutet werden.[9]

4 Über weitere Möglichkeiten der Beseitigung oder Unwirksamkeit eines Erbvertrags s. Vorbem. zu §§ 2274 ff. BGB Rdn. 45 ff. über Willensmängel bei Verfügungen von Todes wegen. Besonders zu beachten ist, dass **§ 2077** BGB – Unwirksamkeit einer letztwilligen Zuwendung an einen Ehegatten, eingetragenen Lebenspartner oder Verlobten bei Auflösung der Ehe, der Lebenspartnerschaft oder des Verlöbnisses – auch beim Erbvertrag gilt, und zwar sogar in erweitertem Umfang.[10]

---

1 Eingehend *Dohr* MittRhNotK 1998, 381, 398 ff.; *Muscheler* I Rn. 2293; MünchKommBGB/*Musielak* § 2281 Rn. 5.

2 Vorbem. zu §§ 2274 ff. Rdn. 4 ff.

3 *C. Nolting*, Inhalt, Ermittlung und Grenzen der Bindung beim Erbvertrag, S. 93.

4 Eingehend dazu Vorbem. zu §§ 2274 ff. Rdn. 11.

5 Zust. NK-BGB/*Kornexl* § 2281 Rn. 1; *Leipold* Rn. 515.

6 MünchKommBGB/*Musielak* § 2281 Rn. 2.

7 S. Rdn. 54.

8 In diese Richtung *Stürzebecher*, Rücktritt vom entgeltlichen Erbvertrag, S. 60 ff., 103 ff.; ausf. dazu *Krebber* DNotZ 2003, 20, 32 f.; zu dessen Ansicht s.u. Rdn. 15.

9 RG DNotZ 1935, 678; Staudinger/*Kanzleiter* [2013] § 2281 Rn. 3; a.A. NK-BGB/*Kornexl* § 2281 Rn. 2: Auslegung nach den Grundsätzen der »falsa demonstratio«.

10 § 2279 Abs. 2; s. Erl. hierzu.

II. Anfechtungsberechtigte

1. Der Erblasser

Zur Anfechtung ist vor allem der Erblasser **selbst berechtigt** (Abs. 1). Erblasser ist dabei nur der, der selbst vertragsmäßige Verfügungen trifft;[11] beim zweiseitigen Erbvertrag[12] steht dabei jedem Vertragsteil ein Anfechtungsrecht zu, jedoch nur hinsichtlich seiner eigenen Verfügungen.[13] Sein Anfechtungsrecht beschränkt sich auf **vertragsmäßige Verfügungen** i.S. von § 2278 BGB. Für **einseitige Verfügungen** gilt nicht Abs. 1, sondern § 2299 Abs. 2 Satz 1 BGB.[14] Der Erblasser kann seine einseitigen Verfügungen einseitig widerrufen, freilich grundsätzlich nur durch Testament.[15] Der Erblasser kann einseitige Verfügungen auch im Zusammenwirken mit dem Vertragsgegner durch einen Aufhebungsvertrag, in dem eine vertragsmäßige Verfügung aufgehoben wird, mit aufheben (§§ 2299 Abs. 2 Satz 2, 2290 BGB). Da bei einseitigen Verfügungen von Todes wegen in der Regel die Anfechtung nur durch Dritte zugelassen ist (§§ 2078 ff. BGB), kann man die Anfechtung durch den Erblasser, die beim Erbvertrag ausnahmsweise gestattet ist, als **Selbstanfechtung** bezeichnen. Beim zweiseitigen Erbvertrag ist er hinsichtlich der vertragsmäßigen Verfügungen seines Vertragspartners aber nicht Erblasser i.S.d. § 2281 BGB, sondern Vertragsgegner.[16] 5

2. Andere Berechtigte

Abs. 1 schließt das Anfechtungsrecht anderer Personen nicht aus (»auch«), da § 2281 BGB nicht das allgemeine Anfechtungsrecht anderer verdrängen, sondern dem Erblasser ein zusätzliches Selbstanfechtungsrecht gewähren will. Auch **andere** sind daher nach den **allgemeinen Vorschriften** der §§ 2078 bis 2080 BGB zur Anfechtung des Erbvertrags berechtigt, soweit ihnen dessen Aufhebung unmittelbar zustattenkommen würde (§ 2080 Abs. 1 BGB, Ausnahme Abs. 2).[17] Im Gegensatz zum Erblasser ist jedoch eine Anfechtung durch diese aber erst **nach** dessen Tod, also nach dem Erbfall möglich (vgl. § 2082 BGB).[18] Im Falle des **§ 2079 BGB** (unwissentliche Übergehung eines Pflichtteilsberechtigten) steht das Anfechtungsrecht – außer dem Erblasser – nur dem Pflichtteilsberechtigten zu (§ 2080 Abs. 3 BGB) und zwar dem zur Zeit des Erbfalls Pflichtteilsberechtigten; dies kann auch der Vertragsgegner sein.[19] § 2281 Abs. 1, Halbs. 2 BGB bezieht sich nur auf die Anfechtung durch den Erblasser. 6

Freilich können die in § 2080 BGB bezeichneten Personen nach der **Beschränkung** des **§ 2285 BGB** den Erbvertrag nicht mehr anfechten, wenn das Anfechtungsrecht des Erblassers zur Zeit des Erbfalls erloschen ist, sei es durch Bestätigung des Erbvertrags (§§ 144, 2284 BGB), sei es durch Fristablauf (§ 2283 BGB).

Die **Gläubiger des Erblassers**, deren Rechte durch den Erbvertrag nicht berührt werden, haben kein Anfechtungsrecht. 7

Ist mit dem Erbvertrag ein anderer Vertrag, z.B. ein Verpfründungsvertrag im Rahmen eines sog. »entgeltlichen Erbvertrags«, verbunden (vgl. § 2295 BGB), so steht jedem Vertragsteil bezüglich dieses Vertrags ein Anfechtungsrecht nach den allgemeinen Vorschriften zu.[20] 8

---

11 NK-BGB/*Kornexl* § 2281 Rn. 4; MünchKommBGB/*Musielak* § 2281 Rn. 4.
12 Vorbem. zu §§ 2274 ff. Rdn. 34.
13 NK-BGB/*Kornexl* § 2281 Rn. 4; MünchKommBGB/*Musielak* § 2281 Rn. 4.
14 NK-BGB/*Kornexl* § 2281 Rn. 4; *Leipold* Rn. 516; *Schumann*, Erbvertragsrecht, Rn. 1.
15 §§ 2253, 2254, 2258, s. eingehend § 2299 BGB Rdn. 14.
16 NK-BGB/*Kornexl* § 2281 Rn. 4; s. dazu unten Rdn. 10.
17 MünchKommBGB/*Musielak* § 2281 Rn. 4; NK-BGB/*Kornexl* § 2281 Rn. 7 i.V.m. 8.
18 NK-BGB/*Kornexl* § 2281 Rn. 7.
19 S. Rdn. 10.
20 NK-BGB/*Kornexl* § 2281 Rn. 6; Schlüter Rn. 286.

3. Der Vertragsgegner

9 Trifft der Vertragsgegner im zwei- oder mehrseitigen Erbvertrag **selbst Verfügungen** von Todes wegen, so ist er selbst Erblasser, sodass das in Rdn. 5 Ausgeführte für ihn ebenso gilt. Für den Vertragsgegner, der aber **nicht selbst Erblasser** ist, gilt Abs. 1 nicht. Dieser kann die **Verfügungen des Erblassers** nur nach §§ 2078, 2080, 2279 BGB (nach dem Tode des Erblassers) anfechten, wenn ihm der Wegfall des Erbvertrags oder einer in ihm enthaltenen Verfügung des Erblassers unmittelbar zustattenkommt.[21] Ist er selbst **Pflichtteilsberechtigter**, so kann er u.U. auch nach § 2079 BGB die Verfügungen des anderen anfechten, wenn er nach dem Vertragsschluss pflichtteilsberechtigt wurde oder eine schon vorhandene Berechtigung erst nachträglich bekannt wird, etwa durch Vaterschaftsanerkennung.[22]

10 Seine **eigenen Erklärungen, die nicht Verfügungen von Todes wegen sind**, kann der Vertragsgegner nach den allgemeinen Vorschriften der §§ 119, 123, 142 ff. BGB wegen eigenen Irrtums oder einer Täuschung oder Drohung anfechten, und zwar vor und nach dem Erbfall.[23] Praktische Bedeutung hat dies i.d.R. nur, wenn mit dem Erbvertrag ein anderer Vertrag, etwa ein Verpfründungsvertrag verbunden ist.[24] Theoretisch möglich ist aber auch die Anfechtung der **eigenen Annahmeerklärung** im Erbvertrag;[25] die dann immer noch verbleibende Erklärung des Erblassers kann dann im Wege der Umdeutung (§ 140 BGB) als Testament aufrechterhalten bleiben.[26]

III. Anfechtungsgründe

1. Überblick

11 Infolge der Verweisung auf die §§ 2078, 2079 BGB kommen folgende Anfechtungstatbestände in Frage:[27]
- wegen Inhaltsirrtums, § 2078 Abs. 1, 1. Alt. BGB,
- wegen Erklärungsirrtums, § 2078 Abs. 1, 2. Alt. BGB,
- wegen Motivirrtums, § 2078 Abs. 2, 1. Alt. BGB,
- wegen widerrechtlicher Drohung, § 2078 Abs. 2, 2. Alt. BGB,
- wegen Übergehung eines Pflichtteilsberechtigten, dessen Vorhandensein dem Erblasser bei der Errichtung der Verfügung nicht bekannt war oder der erst nach der Errichtung geboren oder pflichtteilsberechtigt wurde, § 2079 Satz 1 BGB.

2. Anfechtung wegen Irrtums oder Drohung

a) Allgemeines

12 Nach § 2078 BGB i.V.m. §§ 2279, 2281 Abs. 1 BGB kann der Erbvertrag angefochten werden, wenn und soweit der Erblasser über den Inhalt seiner Erklärung im Irrtum war oder eine Erklärung dieses Inhalts überhaupt nicht abgeben wollte und anzunehmen ist, dass er die Erklärung bei Kenntnis der Sachlage nicht abgegeben hätte (**Inhalts- oder Erklärungsirrtum**, § 2078 Abs. 1 BGB); ferner, soweit er zu seiner Verfügung durch die irrtümliche Annahme oder Erwartung des Eintritts oder Nichteintritts eines Umstandes (**Motivirrtum**) oder widerrechtlich durch **Drohung** bestimmt worden ist (§ 2078 Abs. 2, 2. Alt BGB).[28] Ein Inhaltsirrtum liegt auch vor, wenn sich der Erblasser über die rechtliche Tragweite, insbesondere die **Bindungswirkung** nicht im Klaren war, und bei

21 MünchKommBGB/*Musielak* § 2281 Rn. 4.
22 Zutr. NK-BGB/*Kornexl* § 2281 Rn. 8.
23 Bamberger/Roth/*Litzenburger* § 2281 Rn. 1; *Planck/Greiff* Anm. 1; Palandt/*Weidlich* § 2281 Rn. 1; *Muscheler* I Rn. 2293; NK-BGB/*Kornexl* § 2281 Rn. 6.
24 NK-BGB/*Kornexl* § 2281 Rn. 6; Bamberger/Roth/*Litzenburger* § 2281 Rn. 1; s. bereits oben Rdn. 8.
25 NK-BGB/*Kornexl* § 2281 Rn. 6; Staudinger/*Kanzleiter* [2013] § 2281 Rn. 7.
26 NK-BGB/*Kornexl* § 2281 Rn. 6; Staudinger/*Kanzleiter* [2013] § 2281 Rn. 7.
27 MünchKommBGB/*Musielak* § 2281 Rn. 6; NK-BGB/*Kornexl* § 2281 Rn. 26 ff.
28 Zu Einzelheiten vgl. etwa Staudinger/*Otte* [2012] § 2078 Rn. 25 ff.

Kenntnis der Rechtsfolgen eines Erbvertrags einen solchen nicht geschlossen hätte,[29] während die Gegenmeinung[30] einen Irrtum über den Beweggrund mit Anfechtung nach § 2078 Abs. 2 BGB annimmt. Auch wenn die Streitfrage hier wegen der Erheblichkeit des Motivirrtums bei der erbrechtlichen Irrtumsanfechtung im Ergebnis nicht von Bedeutung ist, so bleibt doch festzuhalten, dass nach zutreffender Auffassung ein **Rechtsfolgenirrtum** dann als Inhaltsirrtum anzuerkennen ist, wenn die Anfechtung Rechtsfolgen betrifft, die aufgrund der privatautonomen Gestaltungserklärung vorliegen.[31] Und gerade Letzteres ist bei der verkannten erbrechtlichen Bindungswirkung der Fall, denn diese tritt beim Erbvertrag gerade deswegen ein, weil der Erblasser ihn und nicht nur ein einseitiges Testament zur Verwirklichung seiner erbrechtlichen Zielvorstellungen wählt. Regelmäßig wird aber der Notar wegen § 17 BeurkG über die Bindungswirkung des Erbvertrags belehrt haben.[32] Aus dem gleichen Grund wird eine Anfechtung wegen eines Erklärungsirrtums kaum vorkommen, denn dies setzt voraus, dass der Erblasser eine Erklärung dieses Inhalts überhaupt nicht abgeben wollte. Solche Erklärungsdefizite sollen aber gerade durch das Beurkundungsverfahren vermieden werden.[33]

Ob bei der Anfechtung auch **auf den Willen des anderen** Vertragsteils abzustellen ist, was u.U. zu 13
einer Einschränkung der Anfechtungsmöglichkeit führen kann, ist umstritten.[34] Dies ist jedoch abzulehnen, da es sich um selbstständige Verfügungen eines jeden Ehegatten handelt und den Interessen des anderen über § 2298 BGB genügt wird.

b) Unbestimmte und unbewusste Vorstellungen

Als Irrtum i.S. von § 2078 Abs. 2 BGB können auch unbestimmte, dunkle Vorstellungen,[35] ja 14
sogar sog. **unbewusste Vorstellungen** oder Erwartungen angesehen werden.[36] Gemeint sind damit, wie der BGH wohl aufgrund der Kritik an dieser Rspr. klargestellt hat, solche Umstände, die in der Vorstellungswelt des Erblassers ohne nähere Überlegung so **selbstverständlich** sind, dass er sie zwar nicht konkret im Bewusstsein hat, aber doch jederzeit abrufen und in sein Bewusstsein holen kann,[37] wie etwa die Erwartung, die Ehe werde harmonisch verlaufen.[38] Damit aber ist man bei *Pohls* »mitbewussten Vorstellungen«.[39] Die Auffassung des BGH und der Rspr. wird im neueren Schrifttum überwiegend geteilt,[40] während teilweise nur die Berücksichtigung **hypothetischer Vor-**

29 OLG Colmar ZBlFG 14, 473; OLG Hamm OLGZ 1966, 497, 478; BayObLG ZEV 1997, 377, 379 = NJW-RR 1997, 1027; OLG Frankfurt FamRZ 1998, 194; Staudinger/*Kanzleiter* [2013] § 2281 Rn. 13.

30 NK-BGB/*Kornexl* § 2281 Rn. 27.

31 Staudinger/*Singer* [2012] § 119 Rn. 67; *Mayer/Maly* AcP 170 (1970) 133, 170; ähnlich *J. Mayer*, Der Rechtsirrtum und seine Folgen (1989) 176 ff., 190.

32 Zur Beweiskraft der notariellen Urkunde in diesem Zusammenhang BayObLG (Fn. 29).

33 NK-BGB/*Kornexl* § 2281 Rn. 28.

34 Bejahend OLG Hamm Rpfleger 1972, 169; 1978, 179 = FamRZ 1980, 505; *Veit* NJW 1993, 1553, 1557 f.; *Battes*, gemeinschaftliches Testament und Ehegattenerbvertrag, 312; verneinend zum gemeinschaftlichen Testament Palandt/*Weidlich* § 2271 Rn. 28; MünchKommBGB/*Musielak* § 2271 Rn. 38.

35 *Lange/Kuchinke* § 36 III 2 c; vgl. dazu etwa RG WarnR 1931 Nr. 50 (Prinz v. Hessen).

36 RGZ 77, 165; RG WarnRspr. 1931 Nr. 50; BGHZ 4, 95; BGH LM Nr. 3, 4 zu § 2078; BGH NJW 1963, 247; FamRZ 1971, 638; Palandt/*Weidlich* § 2078 Rn. 6; BGH LM Nr. 3 und 4 zu § 2078; KG FamRZ 1977, 271; BayObLG FamRZ 1984, 1270; OLG Hamm FamRZ 1994, 849; zur Entwicklung in der Rspr. und zu weiteren Einzelheiten s. *Schubert/Czub* JA 1980, 259; *Pohl*, Unbewusste Vorstellungen als Anfechtungsgrund (1976) 13 ff.; MünchKommBGB/*Leipold* § 2078 Rn. 29 ff.; Faustregeln hierzu bei *Krug* in: *Krug/Rudolf/Kroiß*, Erbrecht § 4 Rn. 117.

37 BGH NJW-RR 1987, 1412, 1413; zustimmend etwa *Grunewald* NJW 1991, 1211; dies wieder aufnehmend etwa OLG München FamRZ 2008, 550, 551 = ZEV 2007, 530.

38 BayObLG FamRZ 1983, 1275, 1277; FamRZ 1990, 322 = NJW-RR 1990, 200; BayObLGZ 2003, 210, 214 = FamRZ 2004, 1068.

39 Unbewusste Vorstellungen als Anfechtungsgrund (1976) 137 ff.

40 *Kipp/Coing* § 24 II 2 c (S 164); *Damrau/Tanck/Krüger*, Erbrecht, Rn. 6; MünchKommBGB/*Musielak* § 2281 Rn. 10; MünchKommBGB/*Leipold* § 2078 Rn. 25 ff., 28 f.; *Michalski* Rn. 376; Palandt/*Weidlich*

stellungen gefordert wird.[41] Der BGH lässt indes nur unbewusste Vorstellungen ausreichend sein, meint aber letztlich den **hypothetischen Willen.**[42]

15 Demnach kann die Anfechtung u.U. damit begründet werden, dass der Erblasser die angefochtene Verfügung in der irrigen Erwartung getroffen habe, dass in Zukunft keine Unstimmigkeiten zwischen ihm und dem Bedachten auftreten würden,[43] dass der Bedachte sich im Hinblick auf die anlässlich des Erbvertrags übernommenen Pflegepflichten gegenüber dem Erblasser so verhalten würde, wie es zu einer zweckentsprechenden Durchführung des Erbvertrages geboten schien,[44] dass sich die Beziehungen zum Bedachten bessern würden,[45] dass die Ehe »Bestand habe«[46] oder dass es bis zum Erbfall nicht zur Zerstörung des persönlichen Vertrauensverhältnisses kommen werde.[47] Das Recht zur Anfechtung hängt in solchen Fällen grundsätzlich nicht davon ab, ob der Bedachte das ihm vorgeworfene Verhalten verschuldet hat. Entscheidend ist vielmehr, ob er sich objektiv anders verhalten hat als der Erblasser es erwartet hatte,[48] ja es soll letztlich nur entscheidend sein, ob es den für die Verfügung bestimmenden **Erwartungen des Erblassers widerspricht.**[49] Die Rspr. führt allerdings mangels ausreichender allgemeiner Klarheit in eine unübersehbare **Kasuistik.**[50] Diese versucht man dadurch **einzugrenzen**, dass besondere Umstände des Einzelfalls vorliegen müssten, welche die Feststellung einer solchen unbewussten Erwartung andeuten,[51] diese bewegender Grund für den letzten Willen gewesen sein müssen[52] und an ihren Nachweis und Gewicht strenge Anforderungen zu stellen sind.[53] Ein zur Anfechtung berechtigender Irrtum soll auch dann ausscheiden, wenn der Erblasser die künftige Entwicklung als letztlich ungewiss ansieht und deshalb in seinem Testament selbst Regelungen für verschiedene Möglichkeiten der künftigen Entwicklung trifft.[54] Aber auch die neueren Literaturmeinungen bieten nicht unbedingt klarere Lösungen; dies gilt insbesondere für Versuche, die Lehre vom Wegfall der Geschäftsgrundlage hier für anwendbar zu

---

§ 2078 Rn. 6; Staudinger/*Otte* [2012] § 2078 Rn. 23 (unter Betonung, dass die »Erheblichkeitsprüfung« nach § 2078 Abs. 1, letzter HS das notwendige Korrektiv bildet); *Veit*, Die Anfechtung von Erbverträgen (Diss. München 1991), 56 ff.; *Schumann*, Erbvertragsrecht, Rn. 32 ff. (m. weiteren Einzelfällen); *Sieker* AcP 201 (2001) 697, 707 ff.; krit. v. *Lübtow* I 321, wonach aber das Vorhandensein der fehlenden richtigen Vorstellung ein entscheidendes Gegenmotiv gegen die getroffene Verfügung sein muss; eine *positive unrichtige Vorstellung* forderte aber vor allem die ältere Lit., so *Planck/Flad* § 2078 Rn. 2a aa; vgl. dazu auch die Nachw. bei *Krebber* DNotZ 2003, 20, 33 Fn. 66, sowie jetzt auch *Krebber* DNotZ 2003, 20, 32 f. selbst, um eine systematische Abgrenzung zu den Rücktrittsrechten nach §§ 2294 f. zu schaffen, die sich auf *unbewusste künftige* Vorstellungen stützen.

41 So etwa *Lange/Kuchinke* § 36 III 2 c (S. 847); Staudinger/*Kanzleiter* [2013] § 2281 Rn. 14; zustimmend für den Erbvertrag *Schlüter* Rn. 288; kritisch für das Testament *Schlüter* Rn. 234; zum Streitstand *Veit* NJW 1993, 1553, 1555.

42 *Veit* NJW 1993, 1553, 1555; vgl. BGH NJW 1963, 246; FamRZ 1970, 79; FamRZ 1983, 898; hierzu auch Palandt/*Weidlich* § 2281 Rn. 3; MünchKommBGB/*Musielak* [2013] § 2281 Rn. 10; ähnlich in der Einschätzung NK-BGB/*Kornexl* § 2281 Rn. 33, weil »sich alles auf innere Tatsachen bezieht«.

43 *Johannsen* WM 1969, 1229.

44 BGHZ 4, 91, 94 f. = NJW 1952, 419.

45 BGH FamRZ 1973, 539.

46 BayObLGZ 1990, 200, 201 = FamRZ 1990, 322.

47 BayObLG NJW-RR 1999, 86, 87 = FamRZ 1998, 1625 (Hausarzt); FamRZ 2000, 1053, 1054.

48 BGH LM Nr. 8 zu § 2078; zust. MünchKommBGB/*Musielak* [2013] § 2281 Rn. 9.

49 BayObLG NJW-RR 1999, 86, 87 = FamRZ 1998, 1625 (Hausarzt).

50 Vgl. etwa die Aufstellung bei Staudinger/*Otte* [2012] § 2078 Rn. 20; der hiesigen Kritik zust. NK-BGB/*Kornexl* § 2281 Rn. 35.

51 BGH NJW 1963, 246, 248; BayObLG NJW-RR 1999, 86, 87 = FamRZ 1998, 1625 (Hausarzt); MünchKommBGB/*Musielak* § 2281 Rn. 9 Fn. 12Rn..

52 BGH NJW-RR 1987, 1412, 1413; BayObLGZ 2003, 210, 214 = FamRZ 2004, 1068.

53 BayObLG (Fn. 49); Bamberger/Roth/*Litzenburger* § 2078 Rn. 12; MünchKommBGB/*Leipold* § 2078 Rn. 6.

54 BayObLGZ 2000, 279, 287 = NJWE-FER 2001, 50.

erklären,[55] da deren Rechtsfolgen nicht für das Erbrecht passen.[56] Grundsätzlich wird man daher um eine **wertende Betrachtung** nicht herumkommen,[57] zumal mit der Übernahme scheinbar noch so zwingender psychologischer Erkenntnisse Vorsicht geboten ist,[58] da es hier nicht um empirisch naturwissenschaftliche Erkenntnisbewertung geht, sondern um die spezifisch normative Einordnung bestimmter Vorstellungen und Verhaltensdispositionen. Bei dieser wertenden Einordnung muss das Ziel der Selbstanfechtung nach § 2281 BGB besonders berücksichtigt werden, das nicht in der reinen »Kassation« einer letztwilligen Verfügung und Herbeiführung der gesetzlichen Erbfolge besteht, sondern in der »Wiedererlangung der Testierfreiheit« des Erblassers durch Befreiung von einer als nicht mehr sachgerecht erkannten Bindung. *Veit*[59] will davon ausgehend eine Anfechtung dann zulassen, wenn sich zwar ein abweichender Wille aus dem Erbvertrag selbst nicht ergibt, die Grundsätze der **ergänzenden Auslegung** – ohne die Einschränkung durch die Andeutungstheorie (sonst greift die Auslegung) – einen abweichenden Willen erkennen lässt. Dies erscheint ein gangbarer Weg zu sein. Auch Ereignisse außerhalb der Vorstellungskraft des Erblassers berechtigen daher zur Anfechtung.

c) Anfechtung wegen Pflichtverletzung des Bedachten

Die Anfechtung nach § 2078 Abs. 2 BGB kann auch dann gerechtfertigt sein, wenn der Erblasser 16
eine Verfügung (sei es eine vertragsmäßige oder bei der Anfechtung durch Dritte eine einseitige) »mit Rücksicht auf eine **rechtsgeschäftliche Verpflichtung** des Bedachten« (§ 2295 BGB), etwa eine Verpflichtung, dem Erblasser auf Lebenszeit Unterhalt zu gewähren, getroffen hat, und der Bedachte diese Verpflichtung nicht oder nicht rechtzeitig oder schlecht erfüllt.[60]

d) Anfechtung wegen arglistiger Täuschung

Durch die §§ 2078, 2079, 2279, 2281 BGB ist die rechtliche Bedeutung eines Irrtums des Erb- 17
lassers bzw. Drohung beim Erbvertrag selbstständig und abschließend geregelt, sodass für die Anwendung der §§ 119, 123 BGB kein Raum ist.[61] Allerdings brauchte der Anfechtungsgrund der **arglistigen Täuschung** nicht besonders geregelt werden, da dieser vom Tatbestand des § 2078 BGB, insb. von der Anfechtungsmöglichkeit wegen Motivirrtums bereits erfasst wird.[62] Infolge der abschließenden Regelung der erbrechtlichen Anfechtungstatbestände ist eine Anfechtung durch den Erblasser wegen arglistiger Täuschung auch dann berechtigt, wenn diese nicht von seinem Vertragsgegner, sondern ohne dessen Wissen von einem Dritten verübt worden ist; die sich aus § 123 Abs. 2 BGB ergebende Beschränkung gilt hier nicht.[63] Wohl aber können die §§ 119, 123 BGB eine Anfechtung des Vertragsgegners wegen Irrtums oder arglistiger Täuschung begründen.[64] Wurde der Erblasser durch Vortäuschen eines Selbstmordversuchs zum Vertragsschluss veranlasst, kommt bei ausreichender Kausalität eine Anfechtung wegen arglistiger Täuschung in Betracht.[65]

---

55 *Keymer*, Die Anfechtung nach § 2078 Abs. 2 BGB und die Lehre von der Geschäftsgrundlage, 1984, 162 ff.; kritisch hierzu Staudinger/*Otte* [2012] § 2078 Rn. 22.

56 Ebenso BGH NJW 1993, 850; rein formal dagegen *Krebber* DNotZ 2003, 20, 34: §§ 2078 f. gingen als Sonderregelungen vor.

57 Daher im Ansatz richtig *Veit* NJW 1993, 1553, 1556; zust. jetzt auch NK-BGB/*Kornexl* § 2281 Rn. 36.

58 Besonders krit. NK-BGB/*Kornexl* § 2281 Rn. 36, der darauf hinweist, dass auch in den entsprechenden naturwissenschaftlichen Fachgebieten die bei der Irrtumsanfechtung verwendeten Begriffe nicht hinreichend geklärt seien, und daher von der Verwendung »pseudowissenschaftlicher Begriffe« im Anfechtungsrecht spricht.

59 *Veit* Die Anfechtung von Erbverträgen (Diss. München 1991), 162 f.

60 Vgl. BayObLGZ 1963, 260; s. hierzu auch *Knieper* DNotZ 1968, 333; § 2295 BGB Rdn. 24.

61 Prot. V 385; NK-BGB/*Kornexl* § 2281 Rn. 29; Staudinger/*Kanzleiter* [2013] § 2281 Rn. 12.

62 NK-BGB/*Kornexl* § 2281 Rn. 29; v. *Lübtow* I 445; MünchKommBGB/*Musielak* § 2281 Rn. 7.

63 NK-BGB/*Kornexl* § 2281 Rn. 29; Palandt/*Weidlich* § 2281 Rn. 3; *Planck/Greiff* Anm. 2a.

64 Rdn. 10.

65 BGH NJW-RR 1996, 1281 = FamRZ 1996, 605; NK-BGB/*Kornexl* § 2281 Rn. 29.

3. Anfechtung wegen Übergehung eines Pflichtteilsberechtigten

a) Allgemeines

18 Bei der Anfechtung wegen unwissentlicher Übergehung eines Pflichtteilsberechtigten (§ 2079 BGB) ist es nach § 2281 Abs. 1, Halbs. 2 BGB (im Gegensatz zu § 2079 BGB, der auf die Zeit des Erbfalls abstellt) erforderlich (und genügend), dass der Pflichtteilsberechtigte zur Zeit der Anfechtung vorhanden ist, d.h. dass er am Leben ist, auch wenn er später den Erbfall nicht mehr erlebt. Der Grund für diese Abweichung von § 2079 BGB liegt darin, dass dem Erblasser ermöglicht werden soll, sofort nach Kenntniserlangung des neuen Pflichtteilsberechtigten durch Anfechtung den alten Erbvertrag zu beseitigen und dann nach Wiedererlangung seiner Testierfreiheit eine neue Verfügung von Todes wegen zu errichten, die nicht durch den Pflichtteilsberechtigten anfechtbar ist.[66] Da es nach dem Gesetz nur auf das Pflichtteilsrecht zur Zeit der Anfechtung ankommt, bleibt diese wirksam, auch wenn der Pflichtteilsberechtigte oder sein Pflichtteilsrecht nach der Anfechtung, aber vor dem Erbfall wieder wegfällt oder wenn er aus der Erbschaft des anfechtenden Erblassers nichts erhält.[67]

19 Teilweise wird eine Anfechtungsmöglichkeit auch hinsichtlich der Personen bejaht, die im Anfechtungszeitpunkt zunächst nur **abstrakt pflichtteilsberechtigt** sind, sodass etwa eine Selbstanfechtung auf die Geburt eines Enkelkindes gestützt werden kann, wenn dieses im Anfechtungszeitpunkt zwar durch seinen Elternteil von der Pflichtteilsberechtigung ausgeschlossen wäre (§ 2309), bis zum Erbfall – etwa infolge eines Unfalls – aber konkret pflichtteilsberechtigt würde.[68] Dieser Auffassung ist zuzustimmen und entspricht auch der neueren Rspr. zur Berücksichtigung solcher Personen bei einem Pflichtteilsergänzungsanspruch.[69] Die darin zum Ausdruck kommende Tendenz zur Ausweitung des Pflichtteilsschutzes muss auch bei der Anfechtung nach § 2079 BGB berücksichtigt werden. Die Anfechtung nach § 2079 BGB **scheidet aber** dann aus, wenn ein **Pflichtteilsverzicht** vor Errichtung des Erbvertrags vorlag, weil daraus zu schließen ist, dass die Pflichtteilsberechtigung bekannt war.[70] Im Übrigen ist bei der Anwendung von § 2079 Satz 2 BGB und damit bei der Prüfung der Frage, ob die Anfechtung deshalb ausgeschlossen ist, weil anzunehmen ist, dass der Erblasser auch bei Kenntnis der Sachlage die Verfügung getroffen hätte, beim Ehegattenerbvertrag auch auf den Willen des vorverstorbenen Ehegatten Rücksicht zu nehmen;[71] das gleiche gilt bei Anwendung von § 2078 Abs. 1 und § 2078 Abs. 2 BGB.[72] Zur Reichweite der Anfechtung bei § 2079 BGB siehe unten Rdn. 47 ff. Zur Anfechtung nach § 2079 BGB wegen der sog. **»alten nichtehelichen Kinder«**, deren Erb- und Pflichtteilsrecht erst auf dem 2. Erbrechtsgleichstellungsgesetz beruht, s. § 2271 BGB Rdn. 95.

b) Wegfall des Grundes für die Pflichtteilsentziehung

20 Wenn der Erblasser in dem Erbvertrag einem Pflichtteilsberechtigten mit gutem Grund den Pflichtteil entzogen hat (§§ 2336, 2299 BGB) und später das Recht zur Entziehung des Pflichtteils wegfällt (etwa durch Besserung oder Verzeihung, §§ 2336 Abs. 4, 2337 BGB), so ist zu unterscheiden:

(1) Zum einen muss die Pflichtteilsentziehung bereits **vor** der Errichtung der erbvertragsmäßigen Verfügung errichtet sein. Denn erfolgte die Entziehung **in der Erbvertragsurkunde** als einseitige Verfügung (§ 2299 BGB) oder **nach deren Errichtung**, so lag bei der Verfügung noch eine konkrete

66 Mot. V 323; BGH FamRZ 1970, 79, 82; NK-BGB/*Kornexl* § 2281 Rn. 43; MünchKommBGB/*Musielak* § 2281 Rn. 11.

67 BGH FamRZ 1970, 79, 82; *Planck/Greiff* Anm. 2b; *Lange/Kuchinke* § 25 IX 1 b; Staudinger/*Kanzleiter* [2013] § 2281 Rn. 15; *Schlüter* Rn. 288; Palandt/*Weidlich* § 2281 Rn. 4; *Strohal* § 45 Fn. 9.

68 NK-BGB/*Kornexl* § 2281 Rn. 44 f.

69 BGH NJW 2012, 2730 = ZEV 2012, 478; anders noch BGH NJW 1997, 373.

70 BayObLG ZEV 1996, 231, 232 = BayObLGR 1995, 75 (LS).

71 OLG Hamm Rpfleger 1978, 179 (Erbvertrag); NJW 1972, 1088 = MDR 1972, 692 (gemeinschaftliches Testament).

72 OLG Hamm Rpfleger 1978, 179.

Pflichtteilsberechtigung des Betroffenen vor. Eine Anfechtung nach § 2079 BGB ist daher ausgeschlossen.[73] Möglich bleibt aber eine Anfechtung nach § 2078 Abs. 2 BGB wegen eines Motivirrtums, etwa wenn das problematische Verhalten, auf das später die Pflichtteilsentziehung gestützt wird, bereits Grund dafür war, dass der Betroffene von Todes wegen nicht bedacht wurde.

(2) Wurde die **Pflichtteilsentziehung** zeitlich **vor** der anzufechtenden vertragsmäßigen **Verfügung** errichtet, so kann sich das Unwirksamwerden der Pflichtteilsentziehung kraft Gesetzes durch eine Verzeihung (§ 2337 Satz 2 BGB) ergeben, oder wenn der Erblasser die Entziehung widerruft, die wegen § 2278 Abs. 2 BGB niemals erbvertragsmäßig bindend sein kann. In beiden Fällen wird der Betroffene mit Verwirklichung des entsprechenden Tatbestands wiederum pflichtteilsberechtigt, sodass eine Anfechtung nach § 2079 BGB möglich ist.[74]

c) **Unzulässige Ausübung des Anfechtungsrechts nach § 2079 BGB**

Die Anfechtung nach § 2079 BGB ist grundsätzlich auch dann zulässig, wenn der Erblasser ihre Voraussetzungen, insbesondere die Entstehung des Pflichtteilsrechts, selbst herbeigeführt hat, etwa durch eine Eheschließung, Eingehung einer Lebenspartnerschaft oder Zeugung bzw. Gebären eines Kindes.[75] Wenn etwa jemand mit seinem Ehegatten einen Erbvertrag schließt, sich scheiden lässt und wieder heiratet, so kann er den Erbvertrag – soweit dieser nicht ohnehin nach §§ 2077, 2279 Abs. 2 BGB unwirksam ist – nach §§ 2079, 2281 BGB anfechten.[76] Unter besonderen Umständen aber kann das Rechtsgeschäft, das zur Entstehung des Pflichtteilsrechts führt, oder doch zumindest die hierauf gestützte **Anfechtung** nach **§ 138 BGB** nichtig oder die Ausübung des Anfechtungsrechtes nach § 226 BGB oder **§ 242 BGB** unzulässig sein, so wenn der Erblasser einzig und allein, um von einem lästig gewordenen Erbvertrag loszukommen, die Voraussetzungen für das Entstehen des Anfechtungsrechts herbeigeführt hat.[77] Als »Schulbeispiel« wird hier immer wieder der Fall der **Adoption** genannt, allerdings auch zugleich betont, dass es hier besonders auf die Würdigung der Gesamtumstände ankommt und zu berücksichtigen ist, dass § 2281 BGB auch dem Interesse des Erblassers dient, um seine Testierfreiheit wieder zu erlangen.[78] Soweit als Beleg hierfür immer wieder ältere Rspr. und Äußerungen im früheren Schrifttum herangezogen werden, ist allerdings zu beachten, dass diese noch die alte Rechtslage der Adoption nach dem Vertragssystem betraf. Nunmehr erfolgt die Annahme als Kind durch Ausspruch des Familiengerichts und ist bei Minderjährigen nur möglich, wenn sie dem Wohl des Kindes dient und zu erwarten ist, dass zwischen dem Annehmenden und dem Kind ein Eltern-Kind-Verhältnis entsteht (§ 1741 Abs. 1 Satz 1 BGB). Eine Adoption eines Volljährigen ist nur zulässig, wenn die Annahme sittlich gerechtfertigt ist (§ 1767 Abs. 1 BGB). Die vom Familiengericht vorgenommene, regelmäßig sehr sorgfältige Prüfung aus der Sicht und Interessenlage des Kindes[79] schließt es nach der Lebenserfahrung regelmäßig aus, dass die Adoption in rechtsmissbräuchlicher Weise allein zur Durchbrechung der Bindungswirkung eines Erbvertrags durchgeführt wird.[80] Jedenfalls wird der Nachweis, dass eine Adoption allein 21

73 Zutr. NK-BGB/*Kornexl* § 2281 Rn. 46, 49; nicht differenziert genug Bamberger/Roth/*Litzenburger* § 2281 Rn. 5; MünchKommBGB/*Musielak* § 2281 Rn. 13 f.

74 NK-BGB/*Kornexl* § 2281 Rn. 48; Bamberger/Roth/*Litzenburger* § 2281 Rn. 5, MünchKommBGB/*Musielak* § 2281 Rn. 14; a.A. für den Fall der Verzeihung Staudinger/*Kanzleiter* [2013] § 2281 Rn. 17; RGRK/*Kregel* Rn. 6 unter Hinw. auf die Protokolle, weil das Pflichtteilsrecht erst durch die freiwillige Entscheidung des Erblassers wiederum eintritt; jedoch findet sich hierfür im Gesetz kein Anhaltspunkt, so richtig MünchKommBGB/*Musielak* § 2281 Rn. 14.

75 NK-BGB/*Kornexl* § 2281 Rn. 50.

76 BayObLGZ 21 A 10.

77 MünchKommBGB/*Musielak* § 2281 Rn. 15; allgemein hierzu BayObLG FamRZ 2000, 1053, 1055 = ZEV 2000, 202; s. auch Rn. 20.

78 RG JW 1917, 536 = WarnRspr. 1917 Nr. 121; RGZ 138, 373, 376 (in concreto verneint); BGH LM § 2079 Nr. 2 = FamRZ 1970, 79 (ebenfalls verneint); Palandt/*Weidlich* § 2281 Rn. 5; s. auch *M. Rudolf*, Handbuch der Testamentsauslegung und -anfechtung (2000) § 5 Rn. 33.

79 Vgl. etwa zur Minderjährigenadoption Bamberger/Roth/*Pöcker* § 1741 Rn. 13 ff.

80 Zutr. NK-BGB/*Kornexl* § 2281 Rn. 51.

oder weit überwiegend aus dem Motiv der Durchbrechung der erbvertraglichen Bindungswirkung heraus geschieht, sehr schwer zu führen sein. Überdies muss man bedenken, dass der Erblasser in diesem Fall die Wiedererlangung seiner Testierfreiheit mit einer Vielzahl neuer familien- und erbrechtlicher Pflichten erkauft.

Wenn ein Erblasser nach dem Abschluss eines Erbvertrags mit Zuwendungen zugunsten eines Kindes oder eines anderen Verwandten eine Ehe eingeht, die er schon beim Abschluss des Erbvertrages im Sinn gehabt hat, so kann er den Erbvertrag nur dann anfechten, wenn er darlegt, dass er beim Vertragsschluss nicht gewusst hat, dass die Heirat für den Ehegatten ein Pflichtteilsrecht begründen würde.[81]

IV. Ausschluss der Anfechtung

1. Anfechtung gegen Treu und Glauben

22 Entsprechend den allgemeinen Grundsätzen ist die Ausübung des Anfechtungsrechtes nicht zulässig, wenn der Erblasser seine Voraussetzungen durch ein **gegen Treu und Glauben** oder die **guten Sitten** verstoßendes Verhalten selbst herbeigeführt hat.[82] Dies ist etwa der Fall, wenn das Verhalten des Vertragserben, auf das der Erblasser die Anfechtung nach § 2078 Abs. 2 BGB stützt, auf dessen eigenes vertragswidriges Verhalten zurückzuführen ist, z.B. darauf, dass er wesentliche Teile seines Grundbesitzes nach und nach veräußert hat.[83] Die Prüfung der Frage, ob die Anfechtung gegen Treu und Glauben verstößt, kann eine Abwägung des beiderseitigen Verschuldens und seiner Ursächlichkeit nötig machen. Dabei ist zu berücksichtigen, dass der Einwand der rechtsmissbräuchlichen Ausübung **nur ausnahmsweise** eingreifen kann.[84]

2. Einschränkung der Irrtumsanfechtung aus Vertrauensschutzgründen

23 Die Selbstanfechtung dient primär der Wiederherstellung der Testierfreiheit. Durch die Zulassung der Anfechtung wegen Motivirrtums (§ 2078 Abs. 2 BGB) wird dies dem Erblasser relativ leicht gemacht, weil die dadurch eröffnete Anfechtungsmöglichkeit weit über das hinausgeht, was nach dem Allgemeinen Teil des BGB möglich ist.[85] Dem Willensdogma wird hier in gleicher Weise Rechnung getragen wie beim einseitigen Testament, Vertrauensschutzgesichtspunkte werden nicht berücksichtigt. Dies scheint eine konzeptionelle Schwäche des Erbvertrags zu sein, der sich sonst gerade durch seine Bindungswirkung auszeichnet.[86] Diese weitreichende Anfechtbarkeit führt zu einer **»eingeschränkten Widerruflichkeit«**, die ihre Rechtfertigung in der Testierfreiheit hat und letztlich dazu führt, dass dadurch die »clausula rebus sic stantibus« im Erbrecht verwirklicht wird und damit die **Bindung** originär **schwächer** ist **als bei Verträgen unter Lebenden**.[87] Angesichts der sich oft über viele Jahrzehnte hinziehenden Bindung bis zum Eintritt des Erbfalls und der sich immer stärker verändernden Umstände ist diese bindungseinschränkende Funktion der Anfechtung grundsätzlich richtig und vom Gesetzgeber auch klar und eindeutig angeordnet, sofern nicht besondere Bindungsgründe vorliegen, wie in Rdn. 25 dargelegt.

---

81 OLG Celle OLGE 34, 313 – sehr weitreichend!; zust. jedoch NK-BGB/*Kornexl* § 2281 Rn. 50.

82 Burandt/Rojahn/*Burandt* § 2281 Rn. 18; Erman/*S. Kappler/T. Kappler* § 2281 Rn. 4; MünchKommBGB/*Musielak* § 2281 Rn. 15.

83 BGHZ 4, 91 = NJW 1952, 419.

84 BayObLG FamRZ 2000, 1053, 1155; vgl. auch Rdn. 21.

85 Vgl. bereits oben Rdn. 1.

86 Dazu *Battes*, Gemeinschaftliches Testament und Ehegattenerbvertrag 45 ff.

87 So zutreffend MünchKommBGB/*Leipold* § 2078 Rn. 9; *C. Nolting*, Inhalt, Ermittlung und Grenzen der Bindung beim Erbvertrag, 1985, S. 82 f.; 92 ff.; *Muscheler* I Rn. 2285; eingehender dazu bereits oben Vorbem. zu §§ 2274 ff. Rdn. 13 ff.; offenlassend *von Dickhuth-Harrach*, Handbuch der Erbfolge-Gestaltung, § 51 Rn. 77.

In neuerer Zeit mehren sich allerdings die Stimmen, die aus Gründen des Vertrauensschutzes eine **Restriktion der Anfechtungsmöglichkeiten** fordern.[88] Teilweise wird aus dem Gesetz sogar die Forderung abgeleitet, eine Durchbrechung der Bindungswirkung wegen eines Motivirrtums auf Ausnahmefälle zu begrenzen.[89] Andere wollen wegen des gebotenen Vertrauensschutzes bereits durch eine Beschränkung der Tatbestandsvoraussetzungen der Anfechtung die Bestandskraft des Erbvertrags erhöhen. Eine solche Anfechtung soll daher **nur** dann **zulässig** sein, wenn sie auch unter **Berücksichtigung der Interessen des Erbvertragspartners angemessen** erscheine oder deren Durchbrechung bei der Anwendung der Lehre über den Wegfall der Geschäftsgrundlage möglich wäre.[90] Insbesondere beim **entgeltlichen Erbvertrag** will man durch die Anwendung der letztgenannten Grundsätze zu einem angemessenen Risikoausgleich des Vertragsverhältnisses gelangen.[91] 24

Für den **entgeltlichen Erbvertrag** wird man der letztgenannten Meinung folgen müssen.[92] Denn ist das »**Äquivalenzprinzip**« der Bindungsgrund beim Erbvertrag,[93] so gebietet das hier im weitesten Sinn bestehende Austauschverhältnis und der hieraus gebotene Vertrauensschutz des Vertragspartners in den Fortbestand der Verfügung eine Einschränkung der Berücksichtigung von subjektiven, nicht erklärten und für den anderen auch nicht erkennbaren Motiven. Der Vertrauensschutz muss sich daher hier gegen die allein dem Willensdogma dienenden allgemeinen erbrechtlichen Anfechtungsgründe durchsetzen. Dies ist auch insofern konsequent, als auch bei der Auslegung des Erbvertrags der Wille des anderen Vertragspartners berücksichtigt wird,[94] und beide Rechtsinstitute der Berücksichtigung des »erklärten« Willens des Erblassers zur Geltung verhelfen wollen.[95] Durch den **Vorrang der Auslegung,**[96] den die h.M. annimmt, ergibt sich zugleich bereits eine Einschränkung der Irrtumsanfechtung in diesem Sinn. Dieser Ansatz mag häufig zu den gleichen Ergebnissen wie die Beschränkung des Anfechtungsrechts durch den Gedanken des Rechtsmissbrauchs führen.[97] Jedoch hat die tatbestandliche Begrenzung den Vorteil der Rechtssicherheit für sich.[98] 25

3. Verzicht auf das Anfechtungsrecht

a) Verzicht auf ein künftiges Anfechtungsrecht

Die Anfechtung ist ausgeschlossen, wenn anzunehmen ist, dass der Erblasser auch bei Kenntnis der veränderten Umstände die Verfügung getroffen hätte (§§ 2078 Abs. 1, Halbs. 2, 2079 Satz 2 BGB). Hieraus folgt, dass der Erblasser in dem Erbvertrag ganz oder teilweise auf die Anfechtung »verzichten« kann, denn damit erklärt er, dass der Erbvertrag auch dann gelten soll, wenn er in dem einen 26

88 Soergel/*Loritz* § 2078 Rn. 2 (Gebot der Rücksichtnahme); Staudinger/*Kanzleiter* [2013] § 2281 Rn. 10; bereits *Lange* NJW 1963, 1571, 1578, die beiden letztgenannten unter Bezug auf den Grundsatz des »venire contra factum proprium«.

89 *Keymer* Die Anfechtung nach § 2078 Abs. 2 BGB und die Lehre von der Geschäftsgrundlage (1984), 75 ff.; *Stürzebecher* NJW 1988, 2717, 2718, *ders.*, Rücktritt vom entgeltlichen Erbvertrag (1987) 64 ff. im Hinblick auf die Wertungen der §§ 2294, 2295.

90 Soergel/*Loritz* § 2078 Rn. 2; ähnlich *Karpf*, Selbstanfechtungsrecht des Erblassers beim Erbvertrag (1993) 211: nur bezüglich der Anfechtungsmomente, die dem Vertragspartner wenigstens erkennbar waren.

91 *Hohmann*, Rechtsfolgen von Störungen im Rahmen eines entgeltlichen Erbvertrags und Sicherung der Rechte der Vertragsparteien, 61 ff., auch zum Streitstand; dagegen aber, wenn auch nicht überzeugend, weil allein formal argumentierend, *Krebber* DNotZ 2003, 20, 31 f.: der Erbvertrag ist nur eine in vertraglicher Form getroffene Verfügung von Todes wegen, und es bestehe nur eine reine Zweckverbindung zu dem Verkehrsgeschäft; die Leistungsverpflichtung des vertraglich Bedachten sei nicht Inhalt des Erbvertrags.

92 Noch weiter gehend, weil ohne die Beschränkung auf den entgeltlichen Erbvertrag für eine umfassende Berücksichtigung der Interessenlage beider Vertragsteile orientiert am Gebot der Rücksichtnahme NK-BGB/*Kornexl* § 2281 Rn. 38; dagegen ablehnend MünchKommBGB/*Musielak* § 2281 Rn. 16.

93 S. Vorbem. zu §§ 2274 ff. Rdn. 2.

94 Vorbem. zu §§ 2274 ff. Rdn. 21; den gleichen Bezug stellt auch NK-BGB/*Kornexl* § 2281 Rn. 38 her.

95 Wenn auch die Anfechtung nur »negativ« wirken kann, vgl. *Lange/Kuchinke* § 36 III 3.

96 S. Rdn. 51.

97 Dazu oben Rn. 20.

98 *Lange/Kuchinke* § 25 IX 1 a.

oder anderen Punkt von einer anderen, u.U. auch falschen Vorstellung ausgegangen sein sollte;[99] dabei handelt es sich mangels einer bereits entstandenen Rechtsposition nicht um einen Verzicht im »klassischen Sinne«,[100] sondern nur um die **Offenlegung des Motivs** für die Verfügung von Todes wegen[101] Möglich ist dies auch für ein Anfechtungsrecht nach § 2079 BGB, das bereits durch die Wendung ausgeschlossen sein kann, dass die Erbeinsetzung erfolgt, »gleichviel ob und welche Pflichtteilsberechtigte zur Zeit des Todes vorhanden sind«.[102] U.U. kann ein Vorausverzicht auch durch **Auslegung** gewonnen werden.[103] Wird das entsprechende Erblassermotiv der Unabhängigkeit von bestimmten künftigen Entwicklungen im Erbvertrag erklärt, so ist dies unselbstständiger Teil der Verfügung und daher im gleichen Umfang vertragsmäßig wie die Verfügung selbst.[104] Ein Irrtum über diesen Vorausverzicht auf das Anfechtungsrecht kann als Rechtsirrtum seinerseits nach § 2078 Abs. 2 BGB angefochten werden.[105] Freilich ist ein **ganz allgemein** und **pauschal formulierter** Verzicht auf die Anfechtungsrechte nach § 2078 BGB dahingehend **einschränkend auszulegen**, dass die Anfechtung nur wegen solcher Umstände ausgeschlossen ist, mit denen der Erblasser rechnen oder die er voraussehen konnte; die Anfechtung wegen unvorhersehbarer Umstände wird im Zweifel möglich bleiben.[106] Denn kein Erblasser kann die künftige Entwicklung vollständig voraussehen und planen, sodass ein völliger Ausschluss dieser Anfechtungsmöglichkeit nach § 2078 BGB nicht interessengerecht wäre und daher nicht dem wirklichen Wunsch des Erblassers entspricht.[107] Dagegen ist der »Verzicht« auf die Anfechtungsmöglichkeit nach § 2079 BGB bei Vorhandensein einer Schlusserbenbestimmung dringend notwendig, um diese entsprechend der intendierten Nachlassplanung auch bei einer Wiederverheiratung des längerlebenden Ehegatten bestandsfest zu machen.[108]

b) Verzicht auf ein bereits entstandenes Anfechtungsrecht

27 Auf die Ausübung eines bereits entstandenen Anfechtungsrechts kann der Erblasser durch formlosen Vertrag mit dem Anfechtungsgegner sowie durch Bestätigung nach §§ 144, 2284 BGB verzichten.[109]

4. Erbunwürdigkeit

28 Kein Anfechtungsrecht hat ein Erbunwürdiger, der (rechtskräftig und rückwirkend) für erbunwürdig erklärt worden ist.[110]

---

99 BayObLG FamRZ 2000, 1331, 1332; Staudinger/*Kanzleiter* [2013] § 2281 Rn. 20; *Kipp/Coing* §§ 24, 38 II.

100 *Bengel* DNotZ 1984, 132, 137.

101 *Radke*, Das Berliner Testament (1999), 155 f., 158 mit Analyse der in den Formularbüchern gebrauchten Wendungen; zust. NK-BGB/*Kornexl* § 2281 Rn. 53.

102 BGH NJW 1983, 2247, 2249 = LM Nr. 16 zu § 185 = WM 1983, 369.

103 Staudinger/*Otte* [2012] § 2079 Rn. 11; BayObLG FamRZ 2000, 1331, 1332 (bei sehr spezifiziertem Änderungsvorbehalt.

104 *Bengel* DNotZ 1984, 139 f.; zust. NK-BGB/*Kornexl* § 2281 Rn. 53.

105 BayObLG ZEV 1997, 377, 380 = NJW-RR 1997, 1027; a.M. *Radke*, Das Berliner Testament (1999), 154 ff.

106 NK-BGB/*Kornexl* § 2281 Rn. 55; Nieder/Kössinger/*W. Kössinger*, Handbuch der Testamentsgestaltung, § 24 Rn. 18; MünchKommBGB/*Musielak* § 2281 Rn. 17; *von Dickhuth-Harrach*, Handbuch der Erbfolge-Gestaltung, § 51 Rn. 85; OLG Celle NJW 1963, 353 = MDR 1963, 221; Staudinger/*Kanzleiter* [2013] § 2281 Rn. 20; vgl. dazu auch *Bengel* DNotZ 1984, 132, 138, der zutr. auf die Anfechtbarkeit des Anfechtungsverzichts in diesen Fällen hinweist.

107 *Radke*, Das Berliner Testament (1999), 154 ff.

108 NK-BGB/*Kornexl* § 2280 Rn. 23; zu zurückhaltend Krug/Rudolf/Kroiß/*Krug* § 4 Rn. 125.

109 NK-BGB/*Kornexl* § 2281 Rn. 52; Palandt/*Weidlich* § 2081 Rn. 10, vgl. auch *Lange/Kuchinke* § 36 VI 3; *Bengel* DNotZ 1984, 132, 133; gegen Verzichtsmöglichkeit *v. Lübtow* I 337; gegen Bestätigung *Kipp/Coing* § 24 VII 2, da die Anfechtung dem Interessenschutz des Anfechtungsberechtigten diene.

110 § 2344; *Lange/Kuchinke* § 36 VI 1 a Fn. 120 m.w.N.

V. Frist für die Anfechtung

S. § 2283 BGB und Erl. dort. 29

VI. Form der Anfechtung

1. Notarielle Beurkundung

Während die allgemeine Anfechtungserklärung nach §§ 2078 ff. BGB keine besondere Form erfordert, bedarf die Anfechtung des Erbvertrags **durch den Erblasser** nach §§ 2078 ff., 2281 ff. BGB der notariellen Beurkundung, § 2282 Abs. 3 BGB. Die notarielle Anfechtungserklärung muss dem Anfechtungsgegner in Urschrift oder Ausfertigung zugehen.[111] Nur die Beurkundung der Anfechtungserklärung ist vorgeschrieben, **nicht** auch die ihres **Zugangs** an den Anfechtungsgegner.[112] Aus Gründen der Beweissicherung empfiehlt sich jedoch auf alle Fälle eine förmliche Zustellung durch einen Gerichtsvollzieher.[113] 30

Das Gesagte gilt aber weder für die Anfechtung des Erbvertrags durch den **Vertragsgegner** oder durch **Dritte** noch für die in gewissen Fällen zulässige Anfechtung nach §§ 119 ff. BGB, insbesondere bei verbundenen Verträgen.[114] Hier ist zu unterscheiden, **welche Erklärung** angefochten wird:[115] Wird die vertragsmäßige Verfügung des Erblassers nach §§ 2078 ff. BGB angefochten, so ist dies im Allgemeinen nach § 2081 Abs. 1 BGB schriftlich (§ 25 FamFG) oder zu Protokoll gegenüber dem Nachlassgericht zu erklären. Wenn dagegen der Vertragsgegner seine eigene Erklärung, die keine Verfügung von Todes wegen ist, nach §§ 119 ff. BGB anficht, so ist dies nach den allgemeinen Bestimmungen formlos durch Erklärung gegenüber dem Erblasser, gegebenenfalls auch gegenüber anderen Vertragsteilen, möglich (§ 143 Abs. 2 BGB). 31

2. Inhalt der Anfechtungserklärung

Es genügt eine Erklärung des Erblassers, dass er den Erbvertrag oder eine bestimmte in ihm enthaltene Verfügung nicht gelten lassen will.[116] Die in einem Ehe- und Erbvertrag mit der zweiten Ehefrau betonte Aufrechterhaltung ihres gesetzlichen Erbrechts kann die Anfechtung des mit der ersten Ehefrau geschlossenen Erbvertrages nicht ersetzen.[117] Dagegen kann eine unwirksame Rücktrittserklärung in eine Anfechtungserklärung umgedeutet werden.[118] 32

3. Anfechtungsgegner

a) Anfechtung zu Lebzeiten des Vertragsgegners

Soweit der Vertragspartner des Erblassers noch lebt, ist dieser grundsätzlich der Adressat der Anfechtungserklärung, nicht aber ein bedachter Dritter, mag der Anfechtungsgrund auch in dessen Person liegen.[119] Hierbei ist auch unerheblich, ob der Vertragsgegner im Rahmen eines zweiseitigen Erb- 33

111 BayObLGZ 1963, 260 = NJW 1964, 205 = DNotZ 1964, 635; MünchKommBGB/*Musielak* § 2282 Rn. 4; *Schumann*, Erbvertragsrecht, Rn. 8; vgl. auch § 2271 Rn. 13.

112 *Schumann*, Erbvertragsrecht, Rn. 8.

113 Vgl. zur ähnlichen Problematik des Widerrufs beim gemeinschaftlichen Testament § 2271 BGB Rdn. 15.

114 Rdn. 8.

115 NK-BGB/*Kornexl* § 2281 Rn. 22.

116 NK-BGB/*Kornexl* § 2281 Rn. 23; *Schumann*, Erbvertragsrecht, Rn. 3.

117 BayObLGZ 21 A 10; NK-BGB/*Kornexl* § 2281 Rn. 24.

118 RG DNotZ 1935, 678 (bei Nichterfüllung vertraglicher Pflichten des Vertragsgegners im entgeltlichen Erbvertrag); Staudinger/*Kanzleiter* [2013] § 2281 Rn. 3; s. bereits oben Rdn. 3; a.M. NK-BGB/*Kornexl* § 2281 Rn. 2, 24: es genügt Auslegung nach den Grundsätzen der »falsa demonstratio«; iE ebenso Bamberger/Roth/*Litzenburger* § 2281 Rn. 7, der die rechtliche Einordnung offen lässt.

119 § 143 Abs. 2, §§ 130 bis 132; BayObLG NJW-RR 1999, 86; NK-BGB/*Kornexl* § 2281 Rn. 10; Bamberger/Roth/*Litzenburger* § 2281 Rn. 7; *Lange/Kuchinke* § 25 IX 2 a; Staudinger/*Kanzleiter* [2013] § 2281 Rn. 22.

vertrags selbst Verfügungen von Todes wegen getroffen hat.[120] Soweit der Vertragsgegner **nicht voll geschäftsfähig** ist, muss die Anfechtungserklärung seinem gesetzlichen Vertreter zugehen (§ 131 BGB). Soweit dieser ein **geschäftsunfähiger Volljähriger** ist, muss die Anfechtungserklärung seinem Betreuer gegenüber erklärt werden, wobei überwiegend für ausreichend angesehen wird, wenn dieser mit dem Aufgabenkreis »Vermögenssorge« bestellt wurde,[121] vereinzelt wird empfohlen, dass hierfür ein Betreuer mit diesem speziellen Aufgabenkreis bestellt wird.[122] Wenn der anfechtende Erblasser zugleich der Betreuer des Vertragsgegners ist, so er allerdings von der Vertretung nach §§ 1908i Abs. 1 Satz 1, 1795 Abs. 2, 181 BGB ausgeschlossen, so dass gem. § 1899 Abs. 4 BGB ein Ergänzungsbetreuer bestellt werden muss.[123] Zu weiteren Einzelheiten s. NK-BGB/*Kornexl* § 2281 Rn. 12 sowie für die ähnliche Problematik bei der Widerrufserklärung des gemeinschaftlichen Testaments oben § 2271 BGB Rdn. 18 ff.

34 Beim **mehrseitigen Erbvertrag** muss die Anfechtung gegenüber jedem anderen Vertragsteil erfolgen, sofern diese alle noch leben, und zwar auch gegenüber den Vertragsparteien, die selbst keine vertragsmäßige Verfügung getroffen haben.[124] § 2081 BGB gilt für die Selbstanfechtung des Erblassers nicht.[125]

b) Anfechtung nach dem Tode eines Vertragsgegners

35 Nach dem Tode eines Vertragsgegners ist zu unterscheiden:

aa) Verfügungen zugunsten des Vertragsgegners

36 Die Verfügungen des Erblassers zugunsten des Vertragsgegners sind durch dessen Vorableben gegenstandslos geworden, eine Anfechtung ist weder erforderlich noch möglich.[126]

bb) Verfügungen zugunsten Dritter

37 Vertragsmäßige Verfügungen, die der Erblasser in dem Erbvertrag **zugunsten Dritter** getroffen hat, kann er nach wie vor gem. §§ 2078 ff., 2279, 2281 ff. BGB anfechten.[127] Jedoch muss er die Anfechtung gegenüber dem Nachlassgericht (§ 342 Abs. 1 Nr. 5 FamFG) erklären.[128] Als Nachlassgericht kommt nur das für den verstorbenen Vertragsteil **örtlich zuständige Nachlassgericht** in Frage, also im Allgemeinen das Amtsgericht, in dessen Bezirk der Verstorbene seinen letzten gewöhnlichen Aufenthalt oder zumindest seinen letzten gewöhnlichen Aufenthalt im Inland hatte (§ 343 Abs. 1 und 2 FamFG),[129] hatte der Erblasser nie einen gewöhnlichen Aufenthalt in Deutschland, das Amtsgericht Schöneberg in Berlin (§ 343 Abs. 3 FamFG), nicht aber etwa die Behörde, der für den Nachlass des Erblassers die Verrichtungen des Nachlassgerichts zukommen würden,

---

120 NK-BGB/*Kornexl* § 2281 Rn. 10.

121 NK-BGB/*Kornexl* § 2281 Rn. 11; *Helms* DNotZ 2003, 104, 108; Bamberger/Roth/*Müller-Engels* § 1902 Rn. 6: auch »erbrechtliche Angelegenheiten«.

122 *Helms* DNotZ 2003, 104, 108.

123 NK-BGB/*Kornexl* § 2281 Rn. 11.

124 NK-BGB/*Kornexl* § 2281 Rn. 17; Staudinger/*Kanzleiter* [2013] § 2281 Rn. 23; *Veit* NJW 1993, 1553, 1557; *Rohlfing/Mittenzwei* ZEV 2004, 49, 53 (auch m.w.N. zur Gegenansicht); s. auch Rdn. 40.

125 MünchKommBGB/*Musielak* § 2281 Rn. 23.

126 NK-BGB/*Kornexl* § 2281 Rn. 18; *Rohlfing/Mittenzwei* ZEV 2004, 49, 52; *v. Lübtow* I 445; Palandt/*Weidlich* § 2281 Rn. 6; MünchKommBGB/*Musielak* § 2281 Rn. 22; *Schumann*, Erbvertragsrecht, Rn. 26; Staudinger/*Kanzleiter* [2013] § 2281 Rn. 26; Veit NJW 1993, 1553, 1557.

127 *Schumann*, Erbvertragsrecht, Rn. 27; *Rohlfing/Mittenzwei* ZEV 2004, 49, 52.

128 Abs. 2 Satz 1; vgl. § 2081; Prot. V 397; *Rohlfing/Mittenzwei* ZEV 2004, 49, 52; MünchKommBGB/*Musielak* § 2281 Rn. 22; Bumiller/Haders/*Haders* § 342 FamFG Rn. 7.

129 Vgl. nur NK-BGB/*Kornexl* § 2281 Rn. 19; Palandt/*Weidlich* § 2281 Rn. 7; soweit MünchKommBGB/*Musielak* § 2281 Rn. 22 auf § 344 Abs. 1 FamFG verweist, ist dies ersichtlich ein Tippfehler.

wenn dieser zur Zeit der Anfechtung sterben würde.[130] Wird die Anfechtung gegenüber einem unzuständigen Gericht erklärt, das seine Zuständigkeit zu Unrecht bejaht, so ist die Anfechtung nach § 2 Abs. 3 FamFG wirksam.[131]

Das **Nachlassgericht** soll nach der Ordnungsvorschrift des § 2281 Abs. 2 Satz 2 die Anfechtung dem bedachten Dritten mitteilen. Eine Mitteilung an den, welchem die Aufhebung der angefochtenen Verfügung unmittelbar zustattenkommen würde, ist nicht vorgeschrieben und auch nicht zweckmäßig, da der Erblasser auf Grund seiner nunmehr wieder erlangten Testierfreiheit auch ganz andere Personen bedenken kann.[132] 38

Wenn bei einem **zweiseitigen Erbvertrag** der überlebende Teil eine Zuwendung des Verstorbenen erhalten und angenommen hat, so wird er dadurch nicht gehindert, eine vertragsmäßige Verfügung, die er zugunsten eines Dritten getroffen hat, anzufechten.[133] Freilich hat die dadurch bewirkte Nichtigkeit der zugunsten des Dritten getroffenen Verfügung wegen der nach § 2298 Abs. 1 BGB gesetzlich vermuteten Wechselbezüglichkeit der Verfügungen die Nichtigkeit des ganzen Erbvertrags zur Folge, wenn nicht ein abweichender Wille beider Vertragsteile anzunehmen ist (§ 2298 Abs. 3 BGB). Die gesetzliche Vermutung führt also bei einem Erbvertrag mit gegenseitiger Erbeinsetzung der Ehegatten i.d.R. zum Wegfall der für den Längerlebenden günstigen Alleinerbeneinsetzung durch den erstversterbenden Ehegatten. Dies ist insbesondere bei einer Anfechtung nach § 2079 Satz 1 BGB bei einer Wiederverheiratung zu beachten.[134] 39

Beim **mehrseitigen Erbvertrag** kann jeder seine Verfügung zugunsten des noch lebenden Vertragsgegeners anfechten und zwar nach § 143 Abs. 2 BGB gegenüber dem lebenden Vertragsgegner, bei Anfechtung der zugunsten Dritter getroffener Verfügungen ist jedoch § 2281 Abs. 2 BGB zu beachten: Anfechtung gegenüber dem Nachlassgericht.[135] 40

cc) Verfügungen des verstorbenen Vertragsgegeners zugunsten des Erblassers

Solche Verfügungen, die der verstorbene Vertragsgegner getroffen hat, kann der Längerlebende nicht anfechten, da ihr Wegfall ihm nicht zustattenkommen würde (§§ 2080, 2279 BGB). 41

dd) Verfügungen des verstorbenen Vertragsgegeners zugunsten Dritter

Derartige Verfügungen, die der vorverstorbene Vertragsgegner getroffen hat, kann der Erblasser nach §§ 2078 ff., 2279 BGB anfechten, und zwar gleichfalls durch **Erklärung gegenüber dem Nachlassgericht (Abs. 2 Satz 1)**. Wenn auch Abs. 1 nur die »Selbstanfechtung« eigener Verfügungen betrifft, so hindert das nicht, Abs. 2 auch auf die Anfechtung von Verfügungen des Vertragsgegners zugunsten Dritter durch den Erblasser anzuwenden, weil der Grund des Gesetzes, dass der verstorbene Vertragspartner als Anfechtungsgegner ausscheidet und daher die Anfechtung zweckmäßigerweise gegenüber dem Nachlassgericht erklärt wird, auch hier zutrifft.[136] 42

---

130 Vgl. RGZ 143, 383; *Veit* NJW 1993, 1553, 1556; NK-BGB/*Kornexl* § 2281 Rn. 19; *Rohlfing/Mittenzwei* ZEV 2004, 49, 52; MünchKommBGB/*Musielak* § 2281 Rn. 23; NK-BGB/*Kornexl* § 2281 Rn. 19; Staudinger/*Kanzleiter* [2013] § 2281 Rn. 27.

131 OLG Frankfurt ZEV 2012, 417, 420.

132 NK-BGB/*Kornexl* § 2281 Rn. 19.

133 Planck/*Greiff* Anm. 3b.

134 Vgl. etwa Nieder/Kössinger/*W. Kössinger*, Handbuch der Testamentsgestaltung, § 24 Rn. 25; MünchKommBGB/*Musielak* § 2281 Rn. 19; für den Abschluss eines Zuwendungsverzichts nach § 2352 als besseres Mittel zur Lösung von der vertraglichen Bindung *Peters* BWNotZ 1977, 133 ff.

135 NK-BGB/*Kornexl* § 2281 Rn. 20; *Veit* NJW 1993, 1553, 1557; *Rohlfing/Mittenzwei* ZEV 2004, 49, 53.

136 A.M. Staudinger/*Kanzleiter* [2013] § 2281 Rn. 32.

4. Vertretung

43 Das Anfechtungsrecht des Erblassers ist schon deswegen ein **höchstpersönliches**, weil es zur Wiedererlangung seiner Testierfreiheit dient, um ihn von seinen erbvertraglichen Bindungen zu befreien.[137] Es kann daher nicht durch einen Vertreter ausgeübt werden (§ 2282 BGB), und zwar weder im Willen noch in der Erklärung, und geht deswegen im Gegensatz zum Anfechtungsrecht Dritter, das einem Dritten zur Ausübung überlassen werden kann, auch nicht auf den Erben über.[138] Wenn die in § 2080 BGB bezeichneten Personen ihr Anfechtungsrecht nach dem Tode des Erblassers ausüben, so tun sie es aus eigenem Recht,[139] nicht als Rechtsnachfolger des Erblassers, mag auch ihr Anfechtungsrecht bis zu einem gewissen Grade von dem des Erblassers abhängen;[140] sie sind also nicht an § 2282 BGB gebunden.

VII. Wirkung der Anfechtung

1. Grundsatz

44 Der anfechtbare, formgerecht und rechtzeitig angefochtene Erbvertrag ist als von Anfang an nichtig anzusehen.[141] Haben **beide Vertragsteile** des Erbvertrags vertragsmäßige Verfügungen getroffen und ficht **nur der eine** seine Verfügungen wirksam an, so hat die Nichtigkeit dieser Verfügungen die Unwirksamkeit des ganzen Erbvertrags nach **§ 2298 Abs. 1 BGB** zur Folge.[142] Da die Anfechtung eine Gestaltungserklärung ist, ist deren Widerruf ebenso wenig möglich, wie eine Bestätigung nach § 2284 BGB.[143] Die Nichtigkeit des Erbvertrags kann nach **§ 139 BGB** die Nichtigkeit weiterer mit ihm **zusammenhängender**, vielleicht sogar äußerlich von ihm getrennter **Verträge** zur Folge haben, z.B. eines Adoptionsvertrages, wenn der Wille der Beteiligung darauf gerichtet war, dass sie trotz der äußerlichen Trennung miteinander stehen und fallen sollen.[144]

2. Beschränkung durch den Einfluss des Anfechtungsgrundes

45 Bezog sich der Irrtum oder der Einfluss der Drohung nur auf die **vertragsmäßige Bindung**, nicht auch auf die Verfügung von Todes wegen als solche, dann kann diese als letztwillige Verfügung aufrechterhalten werden.[145]

3. Beschränkung auf einzelne Verfügungen – die Auswirkungen des Kausalitätserfordernisses bei § 2078 BGB

46 Die Anfechtung kann den ganzen Erbvertrag, sie kann aber auch nur einzelne in ihm enthaltene Verfügungen zum Gegenstand haben.[146] Aus § 2078 Abs. 1, 2 BGB geht hervor, dass der Erbvertrag und die einzelnen Verfügungen nur insoweit anfechtbar sind, als sie auf dem Irrtum oder der Drohung **beruhen**. Wenn hiernach nur **einzelne Verfügungen** eines Erbvertrags ganz oder teilweise angefochten und nichtig sind, so hat diese teilweise Nichtigkeit bei einem **zweiseitigen Erbvertrag** doch wegen § 2298 Abs. 1 BGB im Zweifel Unwirksamkeit des ganzen Vertrages zur Folge.[147] Bei einem **einseitigen Erbvertrag** ist die Wirksamkeit der nicht angefochtenen Verfügungen nach § 2085 BGB

137 *Schlüter* Rn. 288.
138 NK-BGB/*Kornexl* § 2281 Rn. 25; *Schlüter* Rn. 292; *Veit* NJW 1993, 1553, 1554; *Lange/Kuchinke* § 36 VI 2; *Schumann*, Erbvertragsrecht, Rn. 7; Staudinger/*Kanzleiter* [2013] § 2281 Rn. 25.
139 Staudinger/*Kanzleiter* [2013] § 2281 Rn. 25.
140 § 2285; *Planck/Greiff* Anm. 4.
141 § 142; NK-BGB/*Kornexl* § 2281 Rn. 56; eine besondere erbrechtliche Regelung fehlt, *Veit* NJW 1993, 1553, 1556.
142 *Muscheler* I Rn. 2295.
143 BGH NJW 1983, 2247, 2249 = WM 1983, 369; NK-BGB/*Kornexl* § 2281 Rn. 56.
144 BGH FamRZ 1966, 445; Palandt/*Weidlich* § 2281 Rn. 9.
145 §§ 139, 140; Bamberger/Roth/*Litzenburger* § 2281 Rn. 10; *Strohal* § 45 I 1 f.
146 Bamberger/Roth/*Litzenburger* § 2078 Rn. 2;MünchKommBGB/*Leipold* § 2078 Rn. 17; NK-BGB/*Kornexl* § 2281 Rn. 57.
147 NK-BGB/*Kornexl* § 2281 Rn. 58; MünchKommBGB/*Musielak* § 2281 Rn. 19.

zu beurteilen, der auf Grund der allgemeinen Verweisung nach § 2279 Abs. 1 BGB auch hier gilt. Die Nichtigkeit des gesamten einseitigen Erbvertrags ist demnach auch dann anzunehmen, wenn der Erblasser die übrigen Verfügungen ohne die angefochtene nicht getroffen hätte.[148]

4. Wirkungen der Anfechtung nach § 2079 BGB

Der **Umfang** der Anfechtungswirkung nach § 2079 BGB ist demgegenüber **umstritten.**[149] Besondere Schwierigkeiten bereitet die Feststellung des Umfangs der Anfechtung bei der nach § 2079 BGB unwissentlichen Übergehung eines Pflichtteilsberechtigten. Nach einer Auffassung führt die Anfechtung grundsätzlich zur totalen Nichtigkeit von Testament oder Erbvertrag, es tritt dann gesetzliche Erbfolge ein, wenn nicht vorausgehende Verfügungen von Todes wegen durch den Wegfall der angefochtenen Verfügung wieder aufleben.[150]Einzelne Verfügungen bleiben nur wirksam, wenn ein anderslautender (hypothetischer) Wille nach § 2079 Satz 2 BGB positiv feststellbar ist.[151] Die Gegenansicht betont den Zweck des Anfechtungsrechts mehr aus dem Gesichtspunkt des Schutzes des Pflichtteilsberechtigten und lässt quasi im Wege einer geltungserhaltenden Reduktion die Erbeinsetzungen und Vermächtnisse nur insoweit unwirksam werden, als sie den Pflichtteilsberechtigen von seinem gesetzlichen Erbrecht ausschließen.[152] Unabhängig davon, wie man diesen Meinungsstreit bei der Anfechtung einseitiger, letztwilliger Verfügungen entscheiden will, so ist bei der **Selbstanfechtung des Erblassers** hinsichtlich bindender Verfügungen eines Erbvertrages oder wechselbezüglicher Verfügungen eines gemeinschaftlichen Testaments zu beachten, dass das Anfechtungsrecht hier primär dem Zwecke der Wiedererlangung der Testierfreiheit dient.[153] Da weder der Wortlaut des Gesetzes noch die Entstehungsgeschichte der Vorschrift eine eindeutige Richtschnur für die Auslegung des § 2079 BGB geben,[154] kommt diesem teleologischen Argument hier besondere Bedeutung zu. Es ist daher zu unterscheiden:[155] 47

a) Bei Selbstanfechtung

Im Falle der Selbstanfechtung des Erblassers sollte die Gesamtnichtigkeit der betreffenden Verfügungen die **Regelrechtsfolge** sein, da nur so der Erblasser die Möglichkeit erhält, die Existenz des Pflichtteilsberechtigten bei seiner erbrechtlichen Vermögensplanung voll zu berücksichtigen, und dies auch in sehr unterschiedlichem Maße Auswirkungen auf die bereits getroffenen Verfügungen zugunsten anderer haben kann.[156] Ob und in welchem Umfang solche Zuwendungen an andere fortbestehen würden, ist im Wege der Auslegung nur sehr schwer festzustellen und mitunter rein 48

---

148 NK-BGB/*Kornexl* § 2281 Rn. 58; *Brox* Rn. 249; *Leipold* Rn. 518; MünchKommBGB/*Musielak* § 2281 Rn. 19.

149 S. Rdn. 47 ff.

150 Etwas fragwürdig argumentiert das OLG München MittBayNot 2018, 262, in einem Fall wechselbezüglicher Verfügungen eines gemeinschaftlichen Testaments, wonach der Widerruf der vorausgehenden, inhaltlsgleichen gegenseitigen Erbeinsetzung von der Anfechtung unberührt bliebe; naheliegender geht *Keim*, MittBayNot 2018, 211, davon aus, dass vielmehr die Anfechtung auch die inhaltsgleiche gegenseitige Erbeinsetzung der vorausgehenden Verfügung wegen Wechselbezüglichkeit miterfasst.

151 BayObLGZ 1971, 147, 152; 1975, 6, 9; 1980, 42, 49; BayObLG FamRZ 1983, 952, 954; NJW-RR 2005, 91 = FamRZ 2005, 140; OLG Hamm MDR 1972, 692; *Kipp/Coing* § 24 III 1 b; *Reinicke* NJW 1971, 1961, 1964; *Klaus Tiedtke* JZ 1988, 649; NK-BGB/*Fleindl* § 2079 Rn. 16 m.w.N., auch zur abw. Ansicht.

152 OLG Köln NJW 1956, 1522; LG Darmstadt JZ 1988, 671; Staudinger/*Otte* [2012] § 2079 Rn. 12 ff.; *Jung* AcP 194, 42, 72, 77; *Sandrock/Ramrath* JA 1990, 21, 26; differenzierend MünchKommBGB/*Leipold* § 2079 Rn. 22 ff.

153 So auch MünchKommBGB/*Leipold* § 2079 Rn. 20; Staudinger/*Otte* [2012] § 2079 Rn. 13; vgl. auch BGH NJW 1970, 279 = LM Nr. 2 zu § 2079.

154 Staudinger/*Otte* [2012] § 2079 Rn. 13.

155 Ebenso NK-BGB/*Kornexl* § 2281 Rn. 60 ff.; dagegen aber ohne überzeugende Begründung Soergel/*Loritz* § 2079 Rnr. 9; ohne diese Differenzierung aber *Schumann*, Erbvertragsrecht, Rn. 51.

156 NK-BGB/*Kornexl* § 2281 Rn. 60; MünchKommBGB/*Leipold* § 2079 Rn. 25; MünchKommBGB/*Musielak* § 2281 Rn. 19; Staudinger/*Kanzleiter* [2013] § 2281 Rn. 36.

spekulativ. Dies schließt aber nicht aus, dass im **Einzelfall** die entsprechende Auslegung ergibt, dass trotz der Anfechtung einzelne Verfügungen fortbestehen, weil der Erblasser sie auch bei Kenntnis vom Vorhandensein des Pflichtteilsberechtigten getroffen hätte, also die erforderliche Kausalität fehlt (§ 2079 Satz 2 BGB). Jedoch liegt die Darlegungs- und **Beweislast** für diesen **Ausnahmefall** beim Anfechtungsgegner.[157]

b) Bei Anfechtung durch den Pflichtteilsberechtigten

49 Bei der Anfechtung nach Eintritt des Erbfalls durch den Pflichtteilsberechtigten liegt die Sachlage anders, da es hier allein um die Durchsetzung von dessen Rechten geht. Dieser **eingeschränkte Schutzzweck** der Norm gebietet grundsätzlich auch eine **Beschränkung der Rechtsfolgen der Anfechtung** im Hinblick auf die Wahrung des gesetzlichen Erbteils des Pflichtteilsberechtigten, sodass im Regelfall die Anfechtung nur zur **Nichtigkeit der getroffenen Verfügung** insoweit führt, als diese den gesetzlichen **Erbteil des Berechtigten beeinträchtigt.**[158] Inwieweit die übrigen Verfügungen Bestand haben, richtet sich nach dem wirklichen oder mutmaßlichen Willen des Erblassers,[159] hilfsweise nach § 2085 BGB, beim gegenseitigen Erbvertrag nach § 2298 Abs. 1 BGB. Freilich kann sich im Einzelfall auch etwas anderes ergeben, weil der Erblasser bei Kenntnis der Sachlage dem Pflichtteilsberechtigten mehr zugewandt hätte. Soweit er demnach mehr als seinen gesetzlichen Erbteil hätte erhalten sollen, kann die Anfechtung ihm allerdings nicht weiterhelfen, da sie nur negative Wirkungen hat.[160]

50 Die verschiedenen Auffassungen werden oftmals zu keinen abweichenden Ergebnissen führen,[161] wenngleich das unterschiedliche Verständnis des Regel-Ausnahme-Verhältnisses eine andere **Beweislastverteilung** bedingt.[162]

5. Negative Wirkungen der Anfechtung

51 Die **Wirkung der Anfechtung** erschöpft sich grundsätzlich in der Vernichtung der anfechtbaren und angefochtenen Verfügung, sie ist also **rein negativ**;[163] sie wird dadurch gekennzeichnet, dass sie »kassiert, nicht reformiert«.[164] Die naheliegende Frage, welche Verfügungen der Erblasser (positiv) getroffen hätte, wenn er die wahre Sachlage gekannt hätte, ist bei der Anfechtung nutzlos, sie kann nur bei der ergänzenden Auslegung zu einer befriedigenden Lösung führen. Daher ist die Rechtsprechung mehr und mehr dazu übergegangen, den wirklichen oder mutmaßlichen Willen des Erblassers durch **ergänzende Auslegung** zur Geltung zu bringen und dieser den **Vorrang** vor der Anfechtung einzuräumen.[165] Dies führt damit aber zugleich u.U. zu einer **Einschränkung der Anfechtungsmöglichkeit,**[166] da es bei der Auslegung auch auf den **Willen des anderen Vertragsteils** ankommt.[167] Dies ist sicherlich **richtig beim entgeltlichen Erbvertrag**, der den Vertrauensschutz des Vertragspartners berücksichtigen muss, aber auch beim zweiseitigen Erbvertrag, dem eine gemeinsame Nachlassplanung zugrunde liegt. Bei anderen Erbverträgen sollte demgegenüber

---

157 NK-BGB/*Kornexl* § 2281 Rn. 60.
158 MünchKommBGB/*Leipold* § 2079 Rn. 24; *Kipp/Coing* § 24 III 1 b; MünchKommBGB/*Musielak* § 2281 Rn. 19; OLG Köln NJW 1956, 1522; offenlassend NK-BGB/*Kornexl* § 2281 Rn. 61.
159 MünchKommBGB/*Musielak* § 2281 Rn. 19.
160 MünchKommBGB/*Musielak* § 2281 Rn. 19.
161 *Lange/Kuchinke* § 36 III 4 c.
162 Dazu *Klaus Tiedtke* JZ 1988, 649, 650; NK-BGB/*Kornexl* § 2281 Rn. 61; vgl. auch *Baumgärtel/Laumen/Schmitz* § 2079 Rn. 4.
163 *Kipp/Coing* § 24 III 3.
164 Siber FG RG, 1929, III 350, 378.
165 BGH MDR 1951, 474; KG NJW 1971, 1992; *Kipp/Coing* § 24 III 3; *Lange/Kuchinke* § 36 II 2, § 34 I 3; *Schlüter* Rn. 228.
166 Hierzu aus anderen Gründen bereits Rdn. 25.
167 BGH FamRZ 1983, 380; BayObLG FamRZ 1986, 1150.

die Selbstanfechtungsmöglichkeit als Mittel zur Lösung von der erbvertraglichen Bindung nicht zu sehr eingeschränkt werden.[168]

6. Schadensersatzpflicht des Anfechtenden

Ficht der **Nächstbegünstigte** die vertragsmäßige Verfügung an, so muss er nicht dem Vertrags- 52
gegner den Vertrauensschaden ersetzen, wie sich aus der Haftungsausschlussregelung des § 2078 Abs. 3 ausdrücklich ergibt; **§ 122 BGB** ist ausdrücklich **nicht anwendbar.**[169]

Bei einer Selbstanfechtung durch den **Erblasser** soll demgegenüber nach einer immer noch stark 53
vertretenen Meinung § 122 BGB anwendbar sein, sodass der Vertragsgegner Ersatz seines Vertrauensschadens verlangen kann.[170] Dies wird damit begründet, dass der Haftungsausschluss des § 2078 Abs. 3 BGB nur für Dritte gilt, die nicht für Folgen eines von ihnen nicht beeinflussbaren Erblasserirrtums haften sollen, während bei der Anfechtung durch den Erblasser selbst der allgemeine Zurechnungsgrund für eine Vertrauenshaftung nach § 122 BGB bestehe. Dieser Auffassung steht die **ausdrückliche Verweisung in §§ 2279 Abs. 1, 2281 BGB entgegen**, die sich letztlich auch auf § 2078 Abs. 3 BGB bezieht, und die eine im Vordringen begriffene Gegenansicht als allein entscheidend ansieht.[171] Die Nichtgeltung des Haftungsausschlusses des § 2078 Abs. 3 BGB ließe sich letztlich nur durch eine teleologische Reduktion der Norm rechtfertigen, jedoch ist ein dahingehender Normzweck dem Gesetz nicht zu entnehmen. Vielmehr ist entscheidend, dass selbst dem durch Erbvertrag Bedachten kein Anwartschaftsrecht zusteht, und deshalb die Geltung des Haftungsgrunds des § 122 BGB auch ohne die Regelung des § 2078 Abs. 3 BGB mehr als fragwürdig erschiene, zumal dadurch der besondere Schutz der Testierfreiheit, den das Erbrecht des BGB gewährleistet, beeinträchtigt würde.[172] In besonders gelagerten Ausnahmefällen kann u.U. mit einem Anspruch wegen **Verschuldens bei Vertragsverhandlungen** (jetzt §§ 280 Abs. 1, 241 Abs. 2, 311 Abs. 2 Nr. 1 BGB) gegen den Erblasser dem Vertragspartner eine Kompensation seiner tatsächlich eingetretenen Schäden für den bloßen Vertragsabschluss (Beurkundungskosten) gewährt werden.[173] Entgegen *Rudolf*[174] hat diese Streitfrage durchaus praktische Relevanz, und zwar auch beim Ehegattenerbvertrag oder gemeinschaftlichen Testament, denn auch wenn die Anfechtung dort erst nach dem Tod des Erstversterbenden möglich ist, so kann ein dann zu dessen Nachlass gehörender Ersatzanspruch an Dritte vererbt werden.

VIII. Anwendung auf gemeinschaftliche Testamente

Die Vorschriften der §§ 2281 bis 2285 BGB sind auf bindend gewordene wechselbezügliche 54
gemeinschaftliche Testamente (§§ 2270, 2271 BGB) ab dem Tod des einen Ehegatten entsprechend

168 Dazu Rdn. 23 ff.; differenzierend in diesem Sinn *Veit* NJW 1993, 1553, 1554; *Schubert/Czub* JA 1980, 257, 258, stellen für den Vorrang der Auslegung darauf ab, ob ermittelt werden kann, welche Verfügungen der Erblasser bei Kenntnis der Sachlage getroffen hätte.

169 Vgl. nur MünchKommBGB/*Musielak* § 2281 Rn. 21; NK-BGB/*Kornexl* § 2281 Rn. 62.

170 Erman/*S. Kappler/T. Kappler* § 2281 Rn. 8; *Mankowski* ZEV 1998, 69; Staudinger/*Kanzleiter* [2013] § 2281 Rn. 37; v. *Lübtow* I 448.

171 OLG München NJW 1997, 2331 = ZEV 1998, 69; MünchKommBGB/*Leipold* § 2078 Rn. 50; MünchKommBGB/*Musielak* § 2281 Rn. 21; NK-BGB/*Kornexl* Rn. 64; *Krebber* DNotZ 2003, 20, 32; *Brox/Walker* Rn. 249; *Ebenroth* Rn. 317; *Leipold* Rn. 518; *Lange/Kuchinke* § 25 IX 4; *C. Nolting*, Inhalt, Ermittlung und Grenzen beim Erbvertrag, S. 93; *Muscheler* I Rn. 2290; *Schreiber* Jura 1996, 409, 412; *Veit* NJW 1993, 1553, 1556; *ders.*, Die Anfechtung von Erbverträgen (Diss. München 1991) 163 f.; jetzt auch Palandt/*Weidlich* § 2281 Rn. 10.

172 *Krebber* DNotZ 2003, 20, 32; MünchKommBGB/*Musielak* § 2281 Rn. 21; ausf. Begr. bei *Muscheler* I Rn. 2290.

173 MünchKommBGB/*Musielak* § 2281 Rn. 20; *Lange/Kuchinke* § 25 IX 4; Palandt/*Weidlich* § 2281 Rn. 10.

174 *Rudolf*, Handbuch der Testamentsauslegung und -anfechtung (2000) § 5 Rn. 174.

anzuwenden,[175] eingehend oben § 2271 BGB Rdn. 90 ff., nicht aber auf lediglich einseitige Verfügungen in solchen Testamenten.[176]

IX. Prozessuales

1. Feststellungsklagen

55 Da eine **Feststellungsklage** über die Wirksamkeit eines Erbvertrags zulässig ist, kann der **Vertragserbe** noch zu Lebzeiten des Erblassers eine Klage mit der Maßgabe erheben, dass eine Anfechtung des Erbvertrags unwirksam ist.[177] Aber auch umgekehrt kann der Erblasser eine Klage auf Feststellung der Wirksamkeit der Anfechtung erheben.[178]

2. Beweislast

56 **Prozessuale Probleme** entstehen dadurch, dass sowohl das Entstehen wie aber auch der Wegfall des Selbstanfechtungsrechts durch Fristablauf nach § 2283 BGB von inneren Tatsachen abhängen, deren Beweisbarkeit Schwierigkeiten bereiten kann.[179] Im Einzelnen ergibt sich: Den **Anfechtungsgrund** hat der zu beweisen, der sich auf die Anfechtung des Erbvertrags beruft;[180] dies ist in der Regel der Anfechtende.[181] An den Nachweis sind **strenge Anforderungen** zu stellen.[182] Diese Grundsätze gelten auch für eine 14 Jahre zurückliegende Anfechtung wegen Motivirrtums.[183] Zum Anfechtungsgrund gehört bei § 2078 BGB auch die **Ursächlichkeit** des Irrtums,[184] dagegen wird sie bei § 2079 BGB vom Gesetz vermutet (s. § 2079 Satz 2 BGB), weshalb es hier Sache des Anfechtungsgegners ist, die Kausalitätsvermutung zu entkräften.[185] Die Grundsätze des **Anscheinsbeweises** sind nicht anwendbar, weil es um individuelle Vorgänge des Verstandes- und Seelenlebens und nicht um typische Geschehensabläufe geht.[186] Nennt der Erblasser in der Verfügung von Todes wegen ein Motiv für die getroffene Anordnung, dann kann aber nach der **Lebenserfahrung** und dem gewöhnlichen Lauf der Dinge angenommen werden, dass ihn dieser Grund auch wirklich zu der Verfügung bestimmt hat; diese Erklärung begründet eine widerlegliche Vermutung.[187]

---

175 RGZ 87, 95; 132, 1; BGHZ 37, 333; BGH FamRZ 1970, 79; BayObLGZ 2003, 210 = FamRZ 2004, 1068; OLG Düsseldorf DNotZ 1972, 42; LG Berlin FamRZ 1976, 293; s. auch § 2271 BGB Rdn. 90.

176 BGH FamRZ 1956, 83; Palandt/*Weidlich* § 2281 Rn. 2; *Schubert/Czub* JA 1980, 334, 338.

177 RGZ 92, 4; Baumgärtel/*Schmitz* Rn. 1; NK-BGB/*Kornexl* § 2281 Rn. 69; MünchKommBGB/*Musielak* § 2281 Rn. 23; eingehend § 2286 BGB Rdn. 17 ff.; ebenso zum gemeinschaftlichen Testament BGHZ 37, 331 = NJW 1962, 1913; a.M. Staudinger/*Kanzleiter* [2013] § 2281 Rn. 39; *Heinrich Lange* NJW 1963, 1571, 1574: es gehe nicht an, dass der Erblasser zu Lebzeiten mit Klagen überzogen werde.

178 Baumgärtel/*Schmitz* Rn. 1; NK-BGB/*Kornexl* § 2281 Rn. 69; MünchKommBGB/*Musielak* § 2281 Rn. 23; *Hohmann* ZEV 1994, 133, 134 f.; *Johannsen* WM 1969, 1222, 1230; *Lange/Kuchinke* § 25 V 12 b; Palandt/*Weidlich* § 2281 Rn. 10.

179 Dazu etwa anschaulich NK-BGB/*Kornexl* § 2283 Rn. 8 ff.

180 BGH NJW 1963, 246, 248; BayObLGZ 1963, 260 = NJW 1964, 205; BayObLG FamRZ 1990, 211; OLG Hamm OLGZ 1966, 497; OLG München FamRZ 2008, 550, 551 = ZEV 2007, 530; ZErb 2009, 178, 181 = FamRZ 2009, 1622; Baumgärtel/*Schmitz* Rn. 2; MünchKommBGB/*Musielak* § 2281 Rn. 24.

181 Baumgärtel/Laumen/*Schmitz* § 2078 Rn. 1; zu undifferenziert daher *Schumann*, Erbvertragsrecht Rn. 42; NK-BGB/*Kornexl* § 2281 Rn. 66.

182 OLG München FamRZ 2008, 550, 551 = ZEV 2007, 530; ZErb 2009, 178, 181 = FamRZ 2009, 1622.

183 BayObLG FamRZ 2001, 1254.

184 BayObLGZ 1971, 147, 150; BayObLG FamRZ 1990, 211 (zur Feststellungslast); OLG München FamRZ 2008, 550, 551 = ZEV 2007, 530; *Baumgärtel Schmitz* § 2078 Rn. 2 m.w.N.; MünchKommBGB/*Musielak* § 2281 Rn. 24.

185 BayObLG FamRZ 1983, 952; FamRZ 1985, 534; NK-BGB/*Kornexl* § 2281 Rn. 67; *Baumgärtel/Schmitz* § 2079 Rn. 3 m.w.N.

186 BGH NJW 1963, 246; BayObLG FamRZ 1990, 211, 213; *Baumgärtel/Schmitz* § 2078 Rn. 2; übersehen bei *Schumann*, Erbvertragsrecht, Rn. 42; eine nach der Lebenserfahrung anzunehmende Ursächlichkeit lässt *Zöller/Greger* Vor § 284 ZPO Rn. 35 genügen, dem zust. NK-BGB/*Kornexl* § 2281 Rn. 67.

187 RGZ 172, 84; BGH NJW 1965, 584; *Baumgärtel/Schmitz* § 2078 Rn. 2.

57 Den **Ausschluss des Anfechtungsrechtes** durch **Zeitablauf** (§ 2283 BGB) hat nach **h.M.** derjenige zu beweisen, der sich hierauf beruft, also i.d.R. der **Anfechtungsgegner.**[188] Im Einzelfall hilft die Rspr. dem mit dem Nachweis der inneren Tatsache von der Kenntnis des Anfechtungsgrundes belasteten Anfechtungsgegner mit Beweiserleichterungen etwa nach den Grundsätzen über den **Beweis des ersten Anscheins.**[189] Nach der Gegensicht trifft dagegen denjenigen die Beweislast, der sich auf die Anfechtung beruft, also i.d.R. den Erblasser. Begründet wird dies damit, dass die Beachtung der Ausschlussfrist eine Tatbestandvoraussetzung für die Wirksamkeit der Anfechtung ist. Und nach den Grundregeln der Beweislast hat der Richter ein Tatbestandsmerkmal als nicht erfüllt anzusehen, wenn seine Verwirklichung nicht festgestellt ist.[190] Teilweise wird auch eine »beweislastrechtliche Feinstrukturierung des Tatbestandes« anhand eines Regel-Ausnahmeverhältnisses gefordert.[191]

58 Für die Beantwortung dieser Streitfrage ist zu beachten, dass es um die Verteilung der Darlegungs- und Beweislast hinsichtlich einer **negativen »inneren Tatsache«** geht, nämlich die Kenntnis des Erblassers vom Anfechtungsgrund. Dabei handelt sich allerdings um einen Umstand, der dem Einblick des Anfechtungsgegners als Beweispflichtigem i.d.R. entzogen ist, sodass sich hieraus für ihn erhebliche Beweisschwierigkeiten ergeben. Die Rspr. versucht in ähnlichen Fällen dies dadurch zu lösen, dass dem Prozessgegner im Einzelfall im Rahmen seiner Erklärungslast nach § 138 Abs. 2 ZPO ausnahmsweise zuzumuten ist, dem Beweispflichtigen eine prozessordnungsgemäße Darlegung durch nähere Angaben über die betreffenden, zu seinem Wahrnehmungsbereich gehörenden Verhältnisse zu ermöglichen, weil er im Gegensatz zu dem außerhalb des maßgeblichen Geschehensablauf stehenden Darlegungspflichtigen die wesentlichen Tatsachen kennt. Diese mindert die Substanziierungslast der beweisbelasteten Partei, soweit ein detaillierter Sachvortrag für ihn nicht möglich ist.[192] Es erscheint sachgerecht, diese Grundsätze zur sog. **»sekundären Behauptungslast«** auf die vorliegende Problemstellung zu übertragen.[193] Dies führt zu sachgerechten Ergebnissen:

59 (1) Geht man daher mit der **h.M.** davon aus, dass die Darlegungs- und Beweislast für den Fristablauf der Anfechtungsgegner trägt, so hat dieser zunächst die objektiven Umstände darzulegen, aus denen auf einen früheren Fristbeginn zu schließen ist. Ist (noch) der **Erblasser** der Gegner des Beweisführers, so hat er nähere Angaben dazu machen, wieso diese vorgetragenen Umstände nicht seinen ursprünglich bestehenden Irrtum beseitigt haben. Kommt er aber seiner Substanziierungslast nicht nach, so gilt die »innere Tatsache« des früheren Fristbeginns als zugestanden.[194]

(2) Belastet man mit der **Mindermeinung** den Erblasser mit Beweislast für die Rechtzeitigkeit der Selbstanfechtung, so muss er zwar zunächst die »negative Tatsache« der späteren Kenntniserlangung des Anfechtungsgrundes beweisen. Jedoch kommt ihm auch hier eine Modifizierung der Darlegungslast zugute:[195] Der Prozessgegner hat substanziiert vorzutragen, welche Umstände bereits für einen früheren Fristbeginn sprechen. Dadurch **relativieren** sich die **praktischen Unterschiede** des Meinungsstreits.[196] IE erscheint es allerdings mit der h.M. angebrachter, die primäre Darlegungs- und Beweislast dem Anfechtungsgegner aufzuerlegen, da es sich um die Entkräftung einer rechts-

188 BayObLGZ 1963, 260, 264; BayObLG FamRZ 1995, 1024, 1025 = ZEV 1995, 105; BayObLG FamRZ 2001, 1254; NK-BGB/*Kornexl* § 2281 Rn. 68 und § 2283 Rn. 13 f. (mit ausf. Begr); Baumgärtel/*Schmitz* § 2283 Rn. 1; MünchKommBGB/*Leipold* § 2082 Rn. 13; Palandt/*Weidlich* § 2283 Rn. 3; *Schumann*, Erbvertragsrecht, § 2283 Rn. 8; Staudinger/*Kanzleiter* § 2281 Rn. 9; *Rosenberg*, Die Beweislast (5. Aufl.) 384.

189 BayObLG FamRZ 1995, 1024, 1025 = ZEV 1995, 105.

190 A.M. MünchKommBGB/*Musielak* § 2283 Rn. 6; *Johannsen* WM 1972, 652.

191 *Leipold* ZEV 1995, 100.

192 BGHZ 140, 156, 158 = NJW 1999, 579, 580; BGHZ 86, 23, 29; *Zöller/Greger* Vor § 284 ZPO Rn. 34, § 138 ZPO Rn. 8b; Musielak/Voit/*Foerste* § 284 ZPO Rn. 15 i.V.m. Musielak/Voit/*Stadler* § 138 ZPO Rn. 10 m.w.N.

193 Zutr. NK-BGB/*Kornexl* § 2283 Rn. 12 ff.

194 Baumgärtel/*Schmitz* § 2283 Rn. 2; NK-BGB/*Kornexl* § 2283 Rn. 13.

195 Zöller/*Greger* Vor § 284 ZPO Rn. 24 i.V.m. 34.

196 NK-BGB/*Kornexl* § 2283 Rn. 14.

vernichtenden Einwendung handelt.[197] Eines Rückgriffs auf die Grundsätze des Anscheinsbeweises bedarf es nicht.[198]

60 An den Nachweis des **Anfechtungsgrundes** und der Kausalität sind strenge Anforderungen zu stellen.[199] Dies gilt insbesondere dann, wenn sich der Irrtum auf die **Bindungswirkung** eines Erbvertrags oder gemeinschaftlichen Testaments bezieht.[200] Behauptet der Anfechtende, der Erblasser sei bei Errichtung des gemeinschaftlichen Testaments einem **Motivirrtum**, etwa über den zukünftig harmonischen Verlauf seiner Ehe, unterlegen, so sind die subjektiven Vorstellungen des Erblassers mit allen Besonderheiten seiner Persönlichkeit zu diesem Zeitpunkt zu ermitteln. Umständen, die über die Persönlichkeit des Erblassers Aufschluss geben, wie z.B. seinen Lebensgewohnheiten und seine Haltung zur ehelichen Gemeinschaft, ist hierbei besondere Aufmerksamkeit zu widmen.[201]

§ 2282 Vertretung, Form der Anfechtung

(1) Die Anfechtung kann nicht durch einen Vertreter des Erblassers erfolgen.

(2) Für einen geschäftsunfähigen Erblasser kann sein Betreuer den Erbvertrag anfechten; die Genehmigung des Betreuungsgerichts ist erforderlich.

(3) Die Anfechtungserklärung bedarf der notariellen Beurkundung.

Übersicht

I. Fähigkeit zur Anfechtung

1. Grundsatz der Höchstpersönlichkeit der Anfechtung

1 § 2282 BGB ergänzt § 2281 BGB hinsichtlich der Person und der Form der Anfechtungserklärung und **betrifft nur die Selbstanfechtung** durch den Erblasser.[1] Die Vorschrift ist auf bindend gewordene wechselbezügliche Verfügung eines **gemeinschaftlichen Testaments** entsprechend anwendbar.[2] Nach der allgemeinen Regelung des § 164 BGB ist grundsätzlich bei allen Willenserklärungen Vertretung zulässig. Diese Regel durchbricht § 2282 BGB, indem er bestimmt, dass – mit Ausnahme bei einer Anfechtung durch einen **geschäftsunfähigen Erblasser**, Abs. 2 – ein Erbvertrag **nicht durch einen Vertreter** des Erblassers angefochten werden darf, also der Erblasser den Erbvertrag nur persönlich anfechten kann (Abs. 1; vgl. die gleichartige Regelung beim Abschluss des Erbvertrags, bei der Bestätigung, der Aufhebung sowie dem Rücktritt: §§ 2274, 2284, 2290, 2296 BGB). Bei der Anfechtung des Erbvertrags ist nicht nur die Vertretung im Willen ausgeschlos-

197 So auch Baumgärtel/*Schmitz* § 2283 Rn. 2.

198 Anders aber BayObLG FamRZ 1995, 1024, 1025 = ZEV 1995, 105 für das Erbscheinsverfahren, bei dem es gerade keine sekundäre Behauptungslast gibt, sondern nur eine Feststellungslast.

199 OLG München FamRZ 2008, 550, 551 = ZEV 2007, 530; ZErb 2009, 178, 181 = FamRZ 2009, 1622; *Baumgärtel/Schmitz* § 2078 Rnr. 3.

200 BayObLGZ 2002, 128, 135; BayObLG ZEV 2004, 466, 467 = FamRZ 2004, 1996 zum gemeinschaftliche Testament; s. dazu auch § 2271 BGB Rdn. 94.

201 BayObLGZ 2003, 210, 215 = FamRZ 2004, 1068.

1 Allg. M, vgl. etwa *Schumann*, Erbvertragsrecht, Rn. 1; s.u. Rn. 7.

2 NK-BGB/*Kornexl* § 2282 Rn. 2; s. bereits § 2281 BGB Rdn. 54, § 2271 BGB Rdn. 91.

sen, sondern auch die in der Erklärung des Willens,[3] also auch durch Boten.[4] Aus der **Höchstpersönlichkeit** des Anfechtungsrechts ergibt sich zugleich, dass dieses auch nicht vererblich ist.[5] Ist ein Betreuer bestellt, kann für die Anfechtungserklärung kein **Einwilligungsvorbehalt** angeordnet werden (§ 1903 Abs. 2 BGB).

Die früher in Abs. 1 Satz 2 enthaltene Sonderregelung für die Anfechtungserklärung des beschränkt geschäftsfähigen Erblassers wurde mit dem Inkrafttreten des Gesetzes zur Bekämpfung von Kinderehen zum 22.07.2017[6] für die Zukunft aufgehoben, da künftig beschränkt Geschäftsfähige als Erblasser keine Erbverträge mehr errichten können, vgl. § 2275 Rn. 1 und 6. Nach § 2282 Abs. 1 Satz 2 BGB a.F. konnte auch der beschränkt geschäftsfähige Erblasser den von ihm geschlossenen Erbvertrag anfechten und zwar ohne Zustimmung seines gesetzlichen Vertreters. Dies entsprach auch der sonst getroffenen gesetzlichen Regelung, wonach der **beschränkt geschäftsfähige Erblasser** den Erbvertrag selbständig aufheben (§ 2290 Abs. 2 BGB) oder von ihm zurücktreten (§ 2296 Abs. 1 BGB) konnte; er konnte aber den anfechtbaren Erbvertrag nicht bestätigen (§ 2284 Satz 2 BGB a.F.). Der Grund für diese Unterscheidung war, dass der Erblasser durch die Anfechtung die Testierfreiheit wieder erlangt, während er durch die Bestätigung endgültig gebunden wird. 2

Für die von minderjährigen als Erblasser bereits nach alter Rechtslage wirksam errichteten Erbverträge verbleibt es bei den allgemeinen Regeln, wonach diese Erblasser selbst und ohne Zustimmung ihres gesetzlichen Vertreters oder gerichtliche Genehmigung nur selbst anfechten können.[7] 3

2. Anfechtung beim geschäftsunfähigen Erblasser

Ist der Erblasser geschäftsunfähig, so gestattet das Gesetz ausnahmsweise dem **gesetzlichen Vertreter**, den Erbvertrag mit gerichtlicher Genehmigung anzufechten (Abs. 2; anders §§ 2229, 2275 BGB für die Errichtung eines Testaments oder Erbvertrags). Nachdem seit Inkrafttreten des Gesetzes zur Bekämpfung von Kinderehen zum 22.07.2017[8] nur noch Volljährige einen Erbvertrag schließen können, kommt als gesetzlicher Vertreter nur noch der Betreuer und für die gerichtliche Genehmigung das Betreuungsgericht in Betracht. Dem trägt der geänderte Abs. 2 auch sprachlich Rechnung. Der Grundsatz der Höchstpersönlichkeit der Anfechtung wird in diesem Fall durchbrochen, weil man hierdurch eine »schleunige Erledigung der Anfechtung« ermöglichen wollte und den nachträglich geschäftsunfähig gewordenen Erblasser nicht unnötig lang an seine irrtumsbehaftete Erklärung binden wollte.[9] Hierunter fallen nur die Fälle, dass der Erblasser nach Abschluss des Erbvertrags geschäftsunfähig i.S. von § 104 Nr. 2 BGB wurde, weil ein Geschäftsunfähiger, der das 7. Lebensalter noch nicht vollendet hat (§ 104 Nr. 1 BGB), noch keinen Erbvertrag schließen kann.[10] 4

Besteht eine **Betreuung** (§ 1896 BGB), so führt diese nicht per se zu einer Geschäftsunfähigkeit des Erblassers.[11] Eine Anfechtung nach Abs. 2 kann durch den Betreuer demnach nur erfolgen, wenn der **Erblasser tatsächlich geschäftsunfähig** ist (§ 104 Nr. 2 BGB).[12] Zudem ist erforderlich, dass der Aufgabenkreis des Betreuers (§ 1902 BGB) das Anfechtungsrecht umfasst; dies kann zweifelhaft sein, wenn sich die Befugnis des Betreuers ganz allgemein auf die »Vermögenssorge« bezieht, weil damit u.U. nur die Verwaltung des derzeitigen Vermögens gemeint ist, nicht aber des zukünftigen 5

3 Burandt/Rojahn/*Burandt* § 2282 Rn. 1 f.; *Veit* NJW 1993, 1553, 1554; *Lent* DNotZ 1951, 151; *Hueck* AcP 152, 432; NK-BGB/*Kornexl* § 2282 Rn. 3; Palandt/*Weidlich* § 2282 Rn. 1; *Schumann*, Erbvertragsrecht, Rn. 2.
4 NK-BGB/*Kornexl* § 2282 Rn. 3.
5 Bamberger/Roth/*Litzenburger* § 2282 Rn. 1.
6 BGBl. 2017 I 2429.
7 NK-BGB/*Kornexl* § 2282 Rn. 6.
8 BGBl. 2017 I 2429.
9 Prot. V 386; NK-BGB/*Kornexl* § 2282 Rn. 8.
10 NK-BGB/*Kornexl* § 2282 Rn. 9; *Schumann*, Erbvertragsrecht, Rn. 4.
11 S. § 2274 BGB Rdn. 3.
12 Palandt/*Weidlich* § 2282 Rn. 1; *G. Müller*, Betreuung und Geschäftsfähigkeit, 110.

Erwerbs von Todes wegen.[13] In der Praxis ist es daher zumindest empfehlenswert, beim Betreuungsgericht eine Erweiterung des Aufgabenbereichs auch auf die Anfechtung des Erbvertrags zu veranlassen.[14] Ist der Betreuer zugleich auch Vertragspartner des Erbvertrags, so ist er von der Vertretung ausgeschlossen (§§ 1908i Abs. 1 Satz 1, 1795 Abs. 2, 181 BGB),[15] sodass die Bestellung eines weiteren Betreuers (Ergänzungsbetreuers) für die Anfechtung nach § 1899 Abs. 4 BGB erforderlich ist.[16] Abs. 2 lässt nur ausnahmsweise bei Geschäftsunfähigkeit des Erblassers die Vertretung durch den **gesetzlichen** Vertreter zu, sodass auf Grund einer sog. **Vorsorgevollmacht** (vgl. §§ 1904 Abs. 5, 1906 Abs. 5 BGB) die Anfechtung nicht erklärt werden kann.[17]

6 **Versäumt** der gesetzliche Vertreter die Frist für die Anfechtung, so kann u.U. der Erblasser selbst anfechten, wenn er geschäftsfähig wird (§ 2283 Abs. 3 BGB). Ein nachlässiges Verhalten des gesetzlichen Vertreters wirkt sich insoweit nicht zu seinen Lasten aus. Von mehreren gesetzlichen Vertretern ist der zur Anfechtung berufen, dem die Sorge für das Vermögen des Erblassers zusteht.[18]

Funktionell zuständig ist für die Erteilung der Genehmigung des Betreuungsgerichts nach wie vor der **Rechtspfleger** (§ 3 Nr. 2 RPflG); der Richtervorbehalt des § 14 Nr. 17 RPflG wurde durch das Betreuungsgesetz aufgehoben.[19]

II. Form der Anfechtung

1. Formerfordernisse

7 Während für die Anfechtung eines Testaments nach §§ 2078 ff. BGB keine besondere Form vorgeschrieben ist (abgesehen von der Bestimmung über die Adressierung in § 2081 BGB), bedarf die Anfechtung eines Erbvertrags durch den Erblasser nach Abs. 3 der **notariellen Beurkundung.** Hierüber ist eine Niederschrift nach den §§ 8 ff. BeurkG zu errichten. Der Grund für dieses besondere Formerfordernis ist, dass die Anfechtung in ihrer Wirkung dem Rücktritt vom Erbvertrag gleichsteht und dass für diesen § 2296 Abs. 2 BGB gleichfalls notarielle Beurkundung vorschreibt. Damit wird zugleich die **Rechtsbelehrung** (§ 17 BeurkG) über die oftmals sehr weitreichenden Wirkungen der Anfechtung sichergestellt.[20] Zum Inhalt der Anfechtungserklärung s. § 2281 BGB Rdn. 32.

8 **a)** Abs. 3 bezieht sich, wie Abs. 1, nur auf die Anfechtung des Erbvertrags durch den **Erblasser**, nicht auf die durch den Vertragsgegner (nach § 2080 BGB oder §§ 119 ff. BGB) oder durch **Dritte** (nach § 2080 BGB). Diese können also formlos anfechten;[21] nur muss in gewissen Fällen die Anfechtung gegenüber dem Nachlassgericht erklärt werden.[22]

9 **b)** Beurkundet werden muss nur die **Anfechtungserklärung** selbst, nicht ihr Zugehen (§ 130 BGB) an den Anfechtungsgegner.[23] Der **BGH unterscheidet zwischen** der **formbedürftigen Abgabe** der Erklärung und deren formlosen »**Begebung**«. Abgegeben ist die Erklärung, wenn der Erklärende seinen rechtsgeschäftlichen Willen erkennbar so geäußert hat, dass an der Endgültigkeit der Äußerung

13 Ablehnend daher für eine »Vermögenspflegschaft« LG Ingolstadt MittBayNot 1990, 265; dagegen wird dies bei der Parallelproblematik des Widerrufs nach § 2271 allgemein großzügiger gesehen, vgl. etwa *Helms* DNotZ 2003, 104, 113 i.V.m. 108; eingehend dazu oben § 2271 BGB Rdn. 20.

14 *Helms* DNotZ 2003, 104, 113; vgl. auch *Jürgens*, Betreuungsrecht, 2. Aufl. 2001, § 1896 BGB Rn. 28; für dringend notwendig hält dies sogar NK-BGB/*Kornexl* § 2282 Rn. 9.

15 *Helms* DNotZ 2003, 104, 113.

16 NK-BGB/*Kornexl* § 2282 Rn. 10.

17 NK-BGB/*Kornexl* § 2282 Rnr. 11.

18 *Planck/Greiff* Anm. 1.

19 NK-BGB/*Kornexl* § 2282 Rn. 12.

20 Dazu etwa § 2271 BGB Rdn. 110; *Schmucker* MittBayNot 2001, 526, 533.

21 AllgM. Bamberger/Roth/*Litzenburger* § 2282 Rn. 3; MünchKommBGB/*Musielak* § 2282 Rn. 4; Palandt/*Weidlich* § 2282 Rn. 2.

22 § 2081; *Kipp/Coing* § 24 V 2.

23 § 2281 BGB Rdn. 30; NK-BGB/*Kornexl* § 2282 Rn. 16; MünchKommBGB/*Musielak* § 2282 Rn. 4; *Schumann*, Erbvertragsrecht, Rn. 5.

kein Zweifel mehr besteht. Bei amtsempfangsbedürftigen schriftlichen Willenserklärungen muss zu ihrer Wirksamkeit aber noch die Begebung hinzukommen. Dies erfordert, dass sie mit dem Willen des Erklärenden in den Verkehr gebracht worden ist. Dem Beurkundungszwang unterliegt aber nach dem ausdrücklichen Wortlaut des § 2282 Abs. 3 BGB nur die eigentliche Erklärung der Anfechtung, nicht die Begebung.[24] Demnach kann eine Anfechtung auch dergestalt geklärt werden, dass der die Anfechtungserklärung beurkundende Notar angewiesen wird, diese erst auf eine gesonderte, ihrerseits nicht beurkundete Anweisung des Erblassers an das zuständige Nachlassgericht weiter zu leiten.[25] An der Klärung der Frage, ob in diesem Fall eine bei einer Gestaltungserklärung **unzulässige Bedingung** vorliegt, sah sich der BGH deswegen gehindert, weil die Vorinstanz dies ausdrücklich ausgeschlossen hatte, und diese tatsächlichen Feststellungen für die Revisionsinstanz bindend waren. Allerdings stellte sich dann noch die Frage, ob es an der erforderlichen Höchstpersönlichkeit der Anfechtungserklärung deswegen fehlte, weil die Anweisung an den Notar auch durch einen Bevollmächtigten erfolgen konnte und offen war, wie dies im entschiedenen Fall geschah. Der BGH löste dies durch die (entsprechende) Anwendung der Beweislastregel des **§ 416 ZPO**. Diese sei auch dann möglich, wenn die Übermittlung der schriftlichen Willenserklärung noch von einer gesonderten Weisung des Erklärenden abhänge. Bis zum Beweis des Gegenteils sei daher davon auszugehen, dass die Anfechtungserklärung vom Erblasser persönlich abgegeben und auch »begeben« sei.[26]

Der **eigentliche Zugang** der Anfechtungserklärung kann auch auf andere Weise als eine notarielle 10
Beurkundung bewiesen werden.[27] Jedoch muss die Anfechtungserklärung als empfangsbedürftige Willenserklärung in Urschrift oder **Ausfertigung** zugehen. Ein Zugang einer beglaubigten Abschrift beim Anfechtungsgegner genügt nicht.[28] Aus Beweisgründen empfiehlt sich die Zustellung durch einen **Gerichtsvollzieher.**[29] Die Anfechtungserklärung des Erblassers bedarf auch dann der Beurkundung, wenn sie gem. § 2281 Abs. 2 BGB gegenüber dem Nachlassgericht abzugeben ist.[30]

c) Abs. 3 ist auf die bindend gewordenen wechselbezüglichen Verfügungen eines **gemeinschaftli- 11
chen Testaments** entsprechend anwendbar.[31]

2. Formmangel

Wenn die Anfechtungserklärung des Erblassers nicht die in Abs. 3 vorgeschriebene Form wahrt, ist 12
sie nach § 125 Satz 1 BGB nichtig.[32]

III. Kosten

Für die erforderliche Beurkundung der Anfechtungserklärung des Erblassers fällt eine **0,5 13
Gebühr** nach Nr. 21201 Nr. 3 KV des GNotKG an, mindestens aber 30 €.[33] Der **Geschäfts-**

24 BGH ZEV 2013, 495, 496 f. = FamRZ 2013, 1396.

25 BGH ZEV 2013, 495, 496 f. = FamRZ 2013, 1396; ebenso als Vorinstanz das OLG Frankfurt (7. ZS) ZEV 2012, 542 m. krit. Anm. *Keim* = ZErb 2012, 241; zust. Palandt/*Weidlich* § 2282 Rn. 1, ebenso *A. Bergmann* MittBayNot 2014, 220; demgegenüber hatte bezüglich des gleichen Anfechtungsvorgangs das OLG Frankfurt (20. ZS) ZEV 2012, 417, 420 erhebliche Bedenken an der Wirksamkeit und ließ daher die Anordnung einer Nachlasspflegschaft zu; offenlassend MünchKommBGB/*Musielak* § 2282 Rn. 4.

26 BGH ZEV 2013, 495, 498; krit. hiergegen zu Recht bereits *Keim* ZEV 2012, 549 zur inhaltlich gleichen Argumentation der Vorinstanz.

27 Prot. V 438.

28 AllgM. Burandt/Rojahn/*Burandt* § 2282 Rn. 5; MünchKommBGB/*Musielak* § 2282 Rn. 4; Palandt/*Weidlich* § 2282 Rn. 1; vgl. auch zum Widerruf beim gemeinschaftlichen Testament und Hinweis auf »Reparaturmöglichkeit«, solange Erbfall noch nicht eingetreten: OLG Koblenz MittBayNot 2018, 366; vgl. hierzu auch § 2281 BGB Rdn. 30, § 2271 BGB Rdn. 14.

29 NK-BGB/*Kornexl* § 2282 Rn. 16.

30 NK-BGB/*Kornexl* § 2282 Rn. 14.

31 § 2271 BGB Rdn. 103.

32 Bamberger/Roth/*Litzenburger* § 2282 Rn. 3.

33 *Bormann* ZEV 2013, 425, 426.

wert ist der Wert des betroffenen Nachlasses, bei einer Teilanfechtung nur des betreffenden Teils (§ 102 Abs. 5 i.V.m. Abs. 1 GNotKG). Verbindlichkeiten des Erblassers werden nur bis zur Hälfte des Wertes des Vermögens abgezogen (§ 102 Abs. 5 i.V.m. Abs. 2 GNotKG). Führt die Anfechtung der Verfügungen des einen Vertragsteils auch zur Unwirksamkeit der Verfügungen des anderen (vgl. § 2298 Abs. 1 BGB), so ist auch der Wert der Verfügungen des anderen Teils dem für die Geschäftswertbestimmung maßgeblichen Wert des Vermögens des Anfechtenden hinzuzurechnen (§ 102 Abs. 5 Satz 2 GNotKG). Wird mit der Anfechtung **gleichzeitig** eine **neue Verfügung** von Todes wegen beurkundet, so wird die Gebühr für die Anfechtung nur insoweit erhoben, als der Geschäftswert der neu errichteten Verfügung hinter dem der angefochtenen Verfügung zurückbleibt, da diese Erklärungen als gegenstandsgleich gelten (§ 109 Abs. 2 Satz 1 Nr. 2 und Satz 2 GNotKG).

§ 2283 Anfechtungsfrist

(1) Die Anfechtung durch den Erblasser kann nur binnen Jahresfrist erfolgen.

(2) Die Frist beginnt im Falle der Anfechtbarkeit wegen Drohung mit dem Zeitpunkt, in welchem die Zwangslage aufhört, in den übrigen Fällen mit dem Zeitpunkt, in welchem der Erblasser von dem Anfechtungsgrund Kenntnis erlangt. Auf den Lauf der Frist finden die für die Verjährung geltenden Vorschriften der §§ 206, 210 entsprechende Anwendung.

(3) Hat im Falle des § 2282 Abs. 2 der gesetzliche Vertreter den Erbvertrag nicht rechtzeitig angefochten, so kann nach dem Wegfall der Geschäftsunfähigkeit der Erblasser selbst den Erbvertrag in gleicher Weise anfechten, wie wenn er ohne gesetzlichen Vertreter gewesen wäre.

Übersicht

I. Allgemeines

1. Persönlicher Anwendungsbereich

1 Die Frist des § 2283 BGB regelt nur die Frist für die **Anfechtung der eigenen vertragsmäßigen Verfügungen durch den Erblasser** (sog. »Selbstanfechtung«), sei es gegenüber dem Vertragsgegner oder gegenüber dem Nachlassgericht, § 2281 Abs. 2 BGB. Bei einem mehrseitigen Erbvertrag läuft für jeden Erblasser die Frist zur Anfechtung der eigenen vertragsmäßigen Verfügungen gesondert.[1] Seine einseitigen Verfügungen (§ 2299 BGB) kann der Erblasser jederzeit widerrufen, sodass eine Anfechtung nicht erforderlich ist.[2]

Für die Anfechtung **durch den Vertragsgegner oder Dritte** ist § 2082 BGB maßgebend, für die Anfechtung der Annahmeerklärung oder einer eigenen Verpflichtung des Vertragsgegners (etwa beim entgeltlichen Erbvertrag) nach §§ 119, 123 BGB sind dies die §§ 121, 124 BGB. Soweit ein Erblasser die Verfügungen eines Vertragsgegners oder Mitbeteiligten nach §§ 2078 ff. BGB anfechten kann, muss er die Frist des § 2082 BGB einhalten.

---

1 Vgl. *Reithmann* DNotZ 1957, 529; *Schumann*, Erbvertragsrecht, Rn. 1.
2 S. § 2281 BGB Rdn. 1 ff.

2. Rechtsnatur

Die in Abs. 1 bestimmte Frist ist eine **Ausschlussfrist**, ihre Versäumung führt zum Erlöschen des Anfechtungsrechts.[3] Dies ist im Rechtsstreit von Amts wegen zu beachten, auch wenn sich der Prozessgegner nicht darauf beruft.[4] Da Abs. 2 Satz 2 ausdrücklich nur die §§ 206, 210 BGB für anwendbar erklärt, ergibt sich im Umkehrschluss hieraus, dass die übrigen Vorschriften über die Hemmung und den Neubeginn der Verjährung nicht gelten.[5] Nach Fristablauf kann aber noch die Einrede der Anfechtbarkeit nach § 2083 BGB bestehen.[6] 2

II. Anfechtungsfrist

1. Fristbeginn

Die **Anfechtungsfrist** beträgt ein Jahr (Abs. 1). Die Frist für die Anfechtung durch den Erblasser **beginnt** nach Abs. 2 Satz 1. 3

- Bei der Anfechtbarkeit wegen **Drohung** (§ 2078 Abs. 2, Halbs. 2 BGB) mit dem Zeitpunkt, in dem die Zwangslage aufhört; dies entspricht dem § 124 Abs. 2 Satz 1 BGB, weshalb auf die dazu in den einschlägigen Kommentaren gemachten Erläuterungen verwiesen werden kann.
- Bei der Anfechtbarkeit wegen **Irrtums** (§ 2078 Abs. 1, 2 BGB, § 2079 BGB) mit dem Zeitpunkt, in dem Erblasser von dem Anfechtungsgrund Kenntnis erlangt (vgl. § 1944 Abs. 2 Satz 1 BGB).

a) »Kenntnis vom Anfechtungsgrund«

Mit Ausnahme der Anfechtung wegen Drohung beginnt die Anfechtungsfrist erst zu laufen, wenn der Erblasser Kenntnis vom Anfechtungsgrund erlangt hat. Dies erfordert eine sichere und überzeugende Information des Erblassers über alle für die Anfechtung wesentlichen Tatumstände, sodass er die Sachlage richtig beurteilen und sich über die Erfolgsaussichten der Anfechtung ein zutreffendes Bild machen kann.[7] Bei Irrtum über die **Bindungswirkung** des Erbvertrags ist dies dann der Fall, wenn der Erblasser erstmalig beim späteren Durchlesen der Urkunde erkennt, dass er ihn einseitig nicht mehr ändern kann.[8] Auf Grund der Belehrungspflicht des Notars (§ 17 BeurkG) ist eine solche verspätete Erkenntnis aber nur ausnahmsweise anzunehmen. Insbesondere ein **Tatsachenirrtum** kann aber den Fristbeginn hindern.[9] Da je nach Anfechtungsgrund die hierfür maßgeblichen Umstände unterschiedlich sind, kann die Rechtzeitigkeit der Anfechtung erst beurteilt werden, wenn vorher der **Anfechtungsgrund klargestellt** ist.[10] Praktisch wichtig sind dabei insbesondere folgende Fallgestaltungen: 4

---

3 Burandt/Rojahn/*Burandt* § 2283 Rn. 1; NK-BGB/*Kornexl* § 2283 Rn. 3; Bamberger/Roth/*Litzenburger* § 2283 Rn. 1; *Lange/Kuchinke* § 25 IX 2 b; MünchKommBGB/*Musielak* § 2283 Rn. 2; *Veit* NJW 1993, 1553, 1555.

4 NK-BGB/*Kornexl* § 2283 Rn. 3; Bamberger/Roth/*Litzenburger* § 2283 Rn. 3; *Schumann*, Erbvertragsrecht, Rn. 2.

5 NK-BGB/*Kornexl* § 2283 Rn. 21; MünchKommBGB/*Musielak* § 2283 Rn. 2; *Schumann*, Erbvertragsrecht, Rn. 2; Staudinger/*Kanzleiter* [2013] § 2283 Rn. 3; eingehender dazu unten Rdn. 13.

6 A.A. NK-BGB/*Kornexl* § 2283 Rn. 4; Staudinger/*Kanzleiter* [2013] § 2283 Rn. 3.

7 BGH FamRZ 1970, 79 = NJW 1970, 279; BGH FamRZ 1973, 539; BayObLGZ 1963, 263; 1990, 95; BayObLG FamRZ 1995, 1024 = ZEV 1995, 105; OLG Frankfurt FamRZ 1998, 194, 195; *Johannsen* WM 1969, 1230; MünchKommBGB/*Musielak* § 2283 Rn. 3; Staudinger/*Kanzleiter* [2013] § 2283 Rn. 6.

8 OLG Frankfurt FamRZ 1998, 194, 195.

9 *Rosemeier* ZEV 1995, 124.

10 BayObLG FamRZ 1990, 322 = NJW-RR 1990, 200.

aa) **Vergessener Erbvertrag**

5 Zum Anfechtungsgrund, der dem Anfechtenden bekannt sein muss, gehört nach h.M. auch die anfechtbare Verfügung von Todes wegen,[11] obgleich diese doch das Ziel und nicht der Grund der Anfechtung ist.[12] Die fehlende aktuelle Kenntnis der Verfügung würde daher den Fristbeginn hindern. Dies begünstigt den vergesslichen oder in eigenen Rechtsdingen nachlässigen Erblasser letztlich unangemessen und führt zur Rechtsunsicherheit. Das BayObLG wie auch einige andere Obergerichte behelfen sich daher mit einer Abschwächung der Anforderung an die aktuelle Kenntnis des Erblassers: Es genüge, wenn der Erblasser ohne weitere Gedächtnishilfe sich an die Verfügung von Todes wegen erinnern würde, falls er sich mit der Frage der Nachlassregelung befasse.[13] Damit wird der tatsächliche Kenntnisstand aber **durch** eine **normative Bewertung** ersetzt, also durch Zurechnungskriterien fingiert, was problematisch ist.[14] Aus der Sicht des Anfechtenden positiver klingt dann allerdings die sich hieran anschließende, von diesen Gerichten verwendete Formel: »An der erforderlichen Kenntnis fehlt es, wenn das Testament so weit aus der Erinnerung des Überlebenden entschwunden ist, dass es selbst im Zeitpunkt der Nachlassregelung nicht in sein Bewusstsein zurückgerufen wird.«[15]

bb) **Fehlgeschlagene Erwartungen**

6 Schwierig ist die Feststellung des Fristbeginns bei **Anfechtungsgründen**, die auf Tatumständen beruhen, die sich erst über einen **längeren Zeitraum** entwickeln. So etwa, wenn eine bestimmte Erwartung über ein künftiges besseres Zusammenleben mit dem Vertragsgegner enttäuscht wird; hier beginnt die Frist erst, wenn sich beim Erblasser die **sichere Überzeugung** vom Scheitern dieser Erwartung gebildet hat, wofür eine Reihe von Vorfällen maßgeblich sein können.[16] Ändert der Erblasser aber zeitweise seine Meinung und glaubt vorübergehend an eine Besserung, so soll die Frist erst nach dem erneuten Meinungsumschwung beginnen,[17] was zu einer wiederholten Fristverlängerung führen kann. Klarer liegt der Fall, wenn der Irrtum darin bestand, die Ehe des Erblassers Bestand haben werde; hier beginnt die Anfechtungsfrist spätestens mit der Erhebung der Scheidungsklage.[18]

7 Besteht der Anfechtungsgrund in der fehlgeschlagenen Erwartung, der Bedachte werde fortlaufende Zahlungen an den Erblasser leisten, so beginnt die Anfechtungsfrist erst, wenn die Zahlungen in dem Umfang ausbleiben, bei dessen Voraussicht der Erblasser vom Erbvertrag abgesehen hätte.[19]

b) **Rechtsirrtum**

8 Nicht nur die auf einem Tatsachenirrtum beruhende Unkenntnis des Anfechtungsgrunds ist beachtlich, sondern auch ein Rechtsirrtum kann dies sein. Nach der Rechtsprechung und wohl noch **h.M.** in der Literatur ist aber ein Rechtsirrtum nur erheblich, wenn er die Unkenntnis einer die Anfechtung begründenden Tatsache zur Folge hat, weil er dem Anfechtungsberechtigten die **Einsicht** in die **Anfechtungsbedürftigkeit verschließe**. Demgegenüber gehe die rechtsirrtümliche

11 Erbvertrag, gemeinschaftliches Testament, OLG Kiel HEZ 2, 329, 334; BayObLG FamRZ 1995, 1024, 1025 = ZEV 1995, 105; ZEV 1997, 377, 380 = NJW-RR 1997, 1027; ebenso OLG Düsseldorf NJW-RR 2007, 947 = FamRZ 2007, 1272 (zum gemeinschaftlichen Testament).

12 *Leipold* ZEV 1995, 99; NK-BGB/*Kornexl* § 2283 Rn. 18.

13 BayObLG FamRZ 1995, 1024, 1025 = ZEV 1995, 105; zust. Staudinger/*Kanzleiter* [2013] § 2283 Rn. 8.

14 Der hiesigen Kritik zustimmend NK-BGB/*Kornexl* § 2283 Rn. 17.

15 BayObLG FamRZ 1995, 1024, 1025 = ZEV 1995, 105; OLG Düsseldorf NJW-RR 2007, 947 = FamRZ 2007, 1272; zust. etwa MünchKommBGB/*Musielak* § 2283 Rn. 3.

16 BGH WM 1973, 974, 975 = FamRZ 1973, 539; BayObLG FamRZ 2000, 1053, 1155; MünchKommBGB/*Musielak* § 2283 Rn. 3.

17 BayObLG FamRZ 1983, 1275, 1277 = MittBayNot 1983, 178.

18 BayObLG NJW-RR 1990, 200.

19 BayObLGZ 1963, 260, 262 = NJW 1964, 205; Bamberger/Roth/*Litzenburger* § 2283 Rn. 1; MünchKommBGB/*Musielak* § 2283 Rn. 3.

Beurteilung eines den Tatsachen nach richtig erkannten Anfechtungstatbestandes, soweit es sich um das Anfechtungsrecht und seine Ausübung handelt, zu Lasten des Berechtigten.[20] Teilweise wird nur der Tatsachenirrtum für beachtlich angesehen,[21] was zum Wiederaufleben der römisch-rechtlichen Parömie »error juris nocet« führen würde, teilweise wird die Unterscheidung überhaupt als unbrauchbar abgelehnt.[22] Eine pragmatischere neuere Auffassung will demgegenüber nicht nach dogmatischen Gesichtspunkten entscheiden, sondern im Wege einer wertenden Beurteilung, ob von dem Anfechtungsberechtigten auf Grund seines Kenntnisstandes erwartetet werden konnte, zur Wahrung seiner Interessen tätig zu werden, sei es durch Anfechtung oder Einholung eines Rechtsrats.[23]

Die Differenzierung der h.M. kommt nicht immer zu überzeugenden Ergebnissen, ja mitunter 9
ergeben sich **Wertungswidersprüche.**[24] Allgemein anerkannt ist, dass die Unkenntnis des Erblassers über die Anfechtungsbedürftigkeit zur Beseitigung der erbrechtlichen Bindung eines Erbvertrags oder gemeinschaftlichen Testaments unbeachtlich ist.[25] In anderen Fällen ist eine Tendenz zu erkennen, durch Zubilligung eines Tatsachenirrtums den Beginn der Anfechtungsfrist hinauszuschieben, weil man dies wertungsmäßig für richtig hält, auch wenn letztlich eine fehlerhafte Rechtsauffassung zugrunde liegt.[26] Soweit für die Bejahung der Anfechtbarkeit nur eine Plausibilitätskontrolle des Erblasserwillens vorgenommen wird,[27] ist zu beachten, dass damit die Gefahr besteht, dass das Selbstanfechtungsrecht zu einem freien Lösungsrecht wird.[28] Soweit eine normative Bewertung des Einzelfalls erfolgt[29] ist kritisch anzumerken, dass es zunächst der Entwicklung eines sachgerechten Beurteilungssystems über die Anerkennung des Rechtsirrtums unter Abwägung der verschiedenen zu berücksichtigenden Belange bedarf.[30]

Einzelfälle (z.T. auch zu § 2082 BGB): Die Frist läuft **nicht**, wenn der Erblasser den Erbvertrag 10
irrtümlich für formungültig[31] oder das gemeinschaftliche Testament durch Anfechtung des zweiten Ehegatten[32] oder eigenen Widerruf[33] für vernichtet oder den Erbvertrag durch Ausübung eines Rücktrittsrechts[34] für beseitigt hält. **Unbeachtlich** ist aber, wenn der Erblasser wegen der veränderten tatsächlichen Verhältnisse den Erbvertrag auch ohne Anfechtung nicht mehr für bindend

20 MünchKommBGB/*Musielak* § 2283 Rn. 4; Palandt/*Weidlich* § 2283 Rn. 1 und § 2082 BGB Rn. 3 f.; Staudinger/*Kanzleiter* [2013] § 2283 Rn. 8; Erman/*S. Kappler/T. Kappler* § 2283 Rn. 3; BGH FamRZ 1970, 79, 81; BGH ZEV 2011, 422, 423 = FamRZ 2011, 1224 (dazu auch *Giers* jurisPR-FamR 20/2011 Anm. 2); RGZ 107, 192, 194; 132, 1, 4; BayObLGZ 1990, 95, 99; BayObLG NJW-RR 1991, 454 = MittBayNot 1991, 84, 85; ZEV 1997, 377, 380 = NJW-RR 1997, 1027; KG NJW 1963, 767; der Sache nach auch *Schumann*, Erbvertragsrecht, Rn. 5; offenlassend Bamberger/Roth/*Litzenburger* § 2082 Rn. 1; vgl. zum Ganzen auch das Gutachten DNotI-Report 8/1998, S. 78 ff.

21 MünchKommBGB/*Leipold* § 2082 Rn. 5 ff.; *Schubert/Czub* JA 1980, 336; für den Fall, dass die Anfechtung auf einen Motivirrtum gestützt wird, OLG Köln ZEV 2011, 83 m. Anm. *Keim* = MittBayNot 2011, 510 m. krit. Anm. *Musielak* (als Vorinstanz zu BGH ZEV 2011, 422).

22 *Kipp/Coing* § 24 V 4 b; *Staudinger/Otte* [2012] § 2082 Rn. 8.

23 MünchKommBGB/*Leipold* § 2082 Rn. 6.

24 Vgl. den Überblick bei *Lange/Kuchinke* § 36 VI 4 b; kritisch auch Staudinger/*Otte* [2012] § 2082 Rn. 8; MünchKommBGB/*Leipold* § 2283 Rn. 7 je zu § 2082; NK-BGB/*Kornexl* § 2283 Rn. 17: »nicht vorhersehbarer Schlingerkurs«.

25 RGZ 107, 193; 132, 1; *v. Lübtow* I 335; *J. Mayer*, Der Rechtsirrtum und seine Folgen im bürgerlichen Recht (1989) 266 f.

26 *Lange/Kuchinke* § 36 VI 4 b.

27 Vgl. den krit. Hinw. bei NK-BGB/*Kornexl* § 2283 Rn. 17.

28 Dazu bereits § 2281 BGB Rdn. 23 f.

29 S.o. Rdn. 8 aE.

30 Hierzu etwa *J. Mayer*, Der Rechtsirrtum (Fn. 25) 179 ff.

31 RGZ 132, 1, 5.

32 KG OLGZ 1968, 112, 114 f.

33 OLG Hamm OLGZ 1971, 312.

34 OLG Köln 1967, 496.

hält[35] oder sich über die Wirksamkeit der eigenen Anfechtungserklärung, hier Formgültigkeit, geirrt hat.[36] Hält der Pflichtteilsberechtigte demgegenüber wegen seiner Übergehung die Verfügung gleich für nichtig, so soll keine Frist beginnen.[37] Verneint wurde ein beachtlicher **Irrtum über** die **Bindungswirkung** des Erbvertrages auch in folgendem Fall: Der Nachlass der Eheleute war im ersten Erbfall zunächst überschuldet, weshalb diese Erbschaft zunächst ausgeschlagen wurde, obwohl dies – anders als beim gemeinschaftlichen Testament – nur dann zur Testierfreiheit führt, wenn ein Rücktrittsrecht ausdrücklich vorbehalten wurde (§ 2298 Abs. 2 Satz 3 BGB). Das war aber hier nicht der Fall, und erst später erwarb der Längerlebende selbst neues Vermögen hinzu.[38]

11 Widersprüchlich erscheint weiter, wenn einerseits der Irrtum, dass infolge einer **Wiederverheiratung** die Verfügung des Längerlebenden unwirksam wurde, teilweise als beachtlich angesehen wird,[39] aber **nicht** der Irrtum über die Auswirkungen des begründeten Scheidungsantrags[40] oder über die **Wirksamkeit** einer Widerrufshandlung beim gemeinschaftlichen Testament durch einen Ehegatten nach § 2255 BGB[41] und die irrtümliche Auslegung der alten Verfügung von Todes wegen.[42] Die h.M. ersetzt ohne zwingenden Grund das Tatbestandsmerkmal »Kenntnis des Anfechtungsgrundes« durch das der »Anfechtungsbedürftigkeit«.

12 Eine **klare Abgrenzung** erhält man, wenn danach unterschieden wird, ob der Rechtsirrtum die **materiellen Anfechtungsvoraussetzungen** betrifft (dann **beachtlich**) oder aber die **Anfechtungsbedürftigkeit** als solche und die Verfahrensvoraussetzungen hierfür, wie Notwendigkeit der Ausübung, Form, Frist und Adressat (dann **unbeachtlich**).[43] Dies entspricht nicht nur dem Gesetzeswortlaut eher, sondern schützt den Betroffenen zum einen auch dagegen, dass er sein Anfechtungsrecht verliert, wenn er infolge der Unkenntnis der Anfechtungstatsache keine Veranlassung sieht, Rechtsrat einzuholen. Zum andern ist es bei objektiv zweifelhafter Rechtslage oder Rechtsprechungsänderung hinsichtlich des Anfechtungstatbestandes nicht gerechtfertigt, den Anfechtungsberechtigten mit dem sich aus solchen Fällen des »kollektiven Rechtsirrtums« ergebenden Irrtumsrisiko einseitig zu belasten.[44] Geht es aber um die Beurteilung der Beachtung der Formalien der Rechtsausübung, so spricht der Gesichtspunkt, dass die Notwendigkeit der Rechtsberatung erkennbar wurde und bestand, gegen die Beachtlichkeit des Rechtsirrtums.[45]

Ist hinsichtlich der Rechtsfrage bereits ein Gerichtsverfahren anhängig, so ist umstritten, ab wann durch den **Erlass einer vorinstanzlichen Entscheidung** die Rechtslage hinreichend geklärt und

35 BayObLG NJW-RR 1991, 454 = MittBayNot 1991, 84; ZEV 1997, 380; ähnlich KG JW 1937, 2976.

36 OLG Hamm NJW-RR 1994, 522 = ZEV 1994, 109, 111; LG Tübingen BWNotZ 1982, 166.

37 RGZ 107, 192 f. – wo ist der sachliche Unterschied zur Annahme des Bindungswegfalls?

38 BGH ZEV 2011, 422, 423 = FamRZ 2011, 1224; die Vorinstanz hierzu OLG Köln ZEV 2011, 83.

39 BayObLG FamRZ 1992, 1102, 1103 = NJW-RR 1992, 1223 (das erstaunlicherweise hierin einen Tatsachenirrtum sieht, so zu Recht kritisch MünchKommBGB/*Leipold* § 2082 Rn. 7 Fn. 25); BayObLGZ 1975, 6, 10; OLG Hamm DNotZ 1972, 43; RG Recht 1924 Nr. 184; a.M. RG JW 1935, 2716 f.; OLG Frankfurt am Main NJWE-FER 2000, 37 = ZEV 2000, 144; BayObLG ZEV 1997, 377, 380 = NJW-RR 1997, 1027 mit Betonung auf der Fehleinschätzung der Bindungswirkung.

40 BayObLG NJW-RR 1990, 200, 201.

41 BayObLGZ 1990, 95, 99.

42 OLG Koblenz NJW 1947/48, 628; a.M. Staudinger/*Otte* [2012] § 2082 Rn. 12; vgl. auch RG *Gruchot* 59, 481 f.

43 So differenzierend *J. Mayer* 267 f.; NK-BGB/*Kornexl* § 2283 Rn. 16; *Lange/Kuchinke* § 36 VI 4 b; Staudinger/*Otte* [2012] § 2082 Rn. 11; *Rosemeier* ZEV 1995, 124, wobei *letzterer* diese Differenzierung zu sehr in die Kontinuität der Rechtsprechung stellt; iE wohl auch *v. Lübtow* I 333 ff., aber nicht so differenzierend S. 446 Fn. 9.

44 Staudinger/*Otte* [2012] § 2082 Rn. 8; zur Beachtlichkeit des Rechtsirrtums bei Erkenntnisproblemen und unsicherer Rechtslage *J. Mayer* (Fn. 25) 49 ff.

45 OLG Hamm ZEV 1994, 109, 111 = NJW-RR 1994, 522; BayObLG ZEV 2004, 466, 468 = FamRZ 2004, 1996 (zur Notwendig- und Formbedürftigkeit des Widerrufs nach § 2271 Abs. 1 Satz 1, Halbs. 2); ebenso MünchKommBGB/*Leipold* § 2082 Rn. 6; allgemein hierzu *J. Mayer* (Fn. 25) 60 ff.

damit ein Irrtum des Anfechtungsberechtigten ausgeschlossen ist. Hierzu hatte das KG[46] angenommen, die notwendige Gewissheit über den Anfechtungsgrund habe der Erblasser erst mit der vorangegangenen kammergerichtlichen Entscheidung erlangt, die die Auffassung der Vorinstanzen bestätigte. Dem ist das OLG Frankfurt ausdrücklich nicht gefolgt, sondern hat bereits mit Zugang der amtsgerichtlichen Entscheidung den Fristbeginn bejaht, weil der Anfechtungsberechtigte damit umfassend über den Regelungsumfang des gemeinschaftlichen Testaments unterrichtet worden sei; andernfalls ergäbe sich zu Unrecht eine »äußerst lange Überlegungsfrist«.[47] Richtigerweise wird man nach den Umständen des Einzelfalls, insbesondere nach der Schwierigkeit und Umstrittenheit der Rechtsmaterie differenzieren müssen und den Gedanken der Evidenz des richtigen Rechts auch hier nutzbar machen.[48]

2. Fristhemmung

Die Anfechtungsfrist ist nach Abs. 2 Satz 2 in den Fällen des **§ 206 BGB** (bei höherer Gewalt u.ä.) und **§ 210 BGB** (bei nicht voll Geschäftsfähigen ohne gesetzlichen Vertreter) **gehemmt**. Als Unterfall der höheren Gewalt wird von § 206 BGB auch der **Stillstand der Rechtspflege** erfasst,[49] jedoch nur, wenn die Anfechtung gem. § 2281 Abs. 2 Satz 1 BGB nach dem Tod des anderen Vertragspartners gegenüber dem Nachlassgericht abzugeben ist,[50] nicht aber, wenn sie gegenüber dem Vertragsteil nach § 143 Abs. 2 BGB abzugeben ist. Denn insoweit besteht kein Hinderungsgrund. Die Anfechtungsfrist ist auch gehemmt, wenn sie in Folge einer **unrichtigen gerichtlichen oder amtlichen Sachbehandlung** unterbleibt,[51] etwa bei einer falschen Belehrung über das Anfechtungsrecht[52] oder einem unrichtigen Erbschein.[53] Ein Verschulden des beauftragten **Notars** anlässlich der Anfechtungserklärung ist dem Anfechtungsberechtigten nicht zuzurechnen und hemmt die Anfechtungsfrist,[54] nicht aber eine falsche Rechtsberatung durch einen Anwalt, denn dieser ist kein Träger eines öffentlichen Amtes;[55] hier bleiben nur Schadensersatzansprüche gegen den Rechtsanwalt. 13

Ist der Erblasser **geschäftsunfähig und ohne gesetzlichen Vertreter**, so endet die Anfechtungsfrist aufgrund der **Ablaufhemmung** des § 210 BGB erst 6 Monate nachdem er **unbeschränkt geschäftsfähig** wurde. Damit wird ihm eine Nachfrist zur Anfechtung eingeräumt. Wird ein gesetzlicher Vertreter nachträglich bestellt, so gilt § 2283 Abs. 3 BGB. 14

Ist der **Erblasser geschäftsunfähig**, aber hatte er einen **gesetzlichen Vertreter**, der die Anfechtungsfrist versäumt hatte, so soll er aus dem Versäumnis seines gesetzlichen Vertreters keinen Nachteil erleiden. Daher bestimmt § 2283 Abs. 3 BGB, dass der Erblasser nach Wegfall der Geschäftsunfähigkeit selbst befugt ist, den Erbvertrag in der Frist des § 210 anzufechten, d.h. die Anfechtungsfrist läuft hier erst 6 Monate nach Wegfall der Geschäftsunfähigkeit ab. Eine zeitliche Schranke wie bei § 124 Abs. 3 BGB besteht nicht.[56] Die praktische Bedeutung ist gering.[57] 15

---

46 KGJ 40, 47, 51.

47 OLG Frankfurt ZEV 2002, 109, 111 = FamRZ 2002, 352 unter Bezug auf BayObLG NJW-RR 1998, 797 = ZEV 1998, 430 zur Erbschaftsausschlagung.

48 Dazu bereits *Mayer/Maly*, Rechtskenntnis und Gesetzesflut (1984) 73 f.; *J. Mayer* (Fn. 25) 42 ff.

49 Allgemein dazu Palandt/*Ellenberger* § 206 Rn. 4; Bamberger/Roth/*Heinrich* § 206 Rn. 5; MünchKommBGB/*Grothe* § 206 Rn. 5.

50 NK-BGB/*Kornexl* § 2283 Rn. 22; Bamberger/Roth/*Litzenburger* § 2283 Rn. 2; a.M. Burandt/Rojahn/*Burandt* § 2283 Rn. 6; Staudinger/*Kanzleiter* [2013] § 2283 Rn. 10; 5. Aufl. Rn. 13.

51 Allgemein dazu Palandt/*Ellenberger* § 206 Rn. 5; Bamberger/Roth/*Heinrich* § 206 Rn. 4; MünchKommBGB/*Grothe* § 206 Rn. 8.

52 BayObLGZ 1960, 497; Bamberger/Roth/*Litzenburger* § 2283 Rn. 2.

53 BayObLG NJW-RR 1989, 1090, 1091.

54 § 206 BGB, OLG Hamm ZEV 1994, 109, 112 = NJW-RR 1994, 522; KG NJW-RR 2004, 941, 944 (zur Erbschaftsausschlagung).

55 Palandt/*Heinrichs* § 206 Rn. 4; NK-BGB/*Kornexl* § 2283 Rn. 23.

56 Palandt/*Weidlich* § 2283 Rn. 1.

57 Vgl. NK-BGB/*Kornexl* § 2283 Rn. 24 mit Beisp.

3. Fristberechnung

16 Die Fristberechnung bestimmt sich nach den §§ 187 ff. BGB.[58]

III. Beweislast

17 Die materielle Beweislast für den Anfechtungsgrund trifft den, der sich auf die Anfechtung beruft;[59] die für den Ausschluss durch Zeitablauf trifft den Anfechtungsgegner.[60]

§ 2284 Bestätigung

Die Bestätigung eines anfechtbaren Erbvertrags kann nur durch den Erblasser persönlich erfolgen.

Übersicht

I. Normzweck, Abgrenzung

1 § 2284 BGB ergänzt und modifiziert die allgemeine Regelung des § 144 Abs. 1 BGB, wonach die Anfechtung ausgeschlossen ist, wenn das anfechtbare Rechtsgeschäft von dem Anfechtungsberechtigten bestätigt wird. Die Bestätigung des anfechtbaren Rechtsgeschäfts ist ihrem Wesen nach nicht Wiederholung des Rechtsgeschäfts (so aber beim nichtigen Rechtsgeschäft, § 141 BGB), sondern ein **Verzicht** auf das bereits **entstandene Anfechtungsrecht**.[1] Allerdings muss dies **durch den Erblasser persönlich** erfolgen.[2] Soweit mehrere Anfechtungsgründe bestehen, kann die Bestätigung auf einen Grund beschränkt werden.[3]

2 Die gleiche Wirkung wie durch die Bestätigung lässt sich durch das **Verstreichenlassen** der Anfechtungsfrist (§ 2283 Abs. 1 BGB) erzielen. Jedoch bringt die Bestätigung vorzeitige Rechtsklarheit, da der Erblasser innerhalb der Anfechtungsfrist versterben und dann die Anfechtung durch den hierzu berechtigten Dritten erfolgen könnte.[4] Zum anderen ergibt sich ein weiterer, allerdings kaum praktisch bedeutsamer Unterschied daraus, dass der zwischenzeitlich geschäftsunfähig gewordene Erblasser bei einer späteren Wiedererlangung seiner Geschäftsfähigkeit sonst nach § 2283 Abs. 3 BGB anfechten könnte.[5] Der Erblasser kann auch seinerseits auf die Geltendmachung künftiger Anfechtungsgründe **verzichten**, etwa auf solche nach § 2079 BGB;[6] jedoch liegt hierin nach zutref-

---

58 NK-BGB/*Kornexl* § 2283 Rn. 20; *Schumann*, Erbvertragsrecht, Rn. 7.

59 S. dazu § 2281 BGB Rdn. 56.

60 Str., ausf. dazu § 2281 BGB Rdn. 57 f.

1 Vgl. Mot. V 323; BayObLGZ 1954, 71, 77 = NJW 1954, 1039; NK-BGB/*Kornexl* § 2284 Rn. 2; *Ischinger* Rpfleger 1951, 159 f.; MünchKommBGB/*Musielak* § 2284 Rn. 1; Staudinger/*Kanzleiter* [2013] § 2284 Rn. 2; Staudinger/*Roth* [2010] § 144 Rn. 2; teilweise wird in der Bestätigung aber kein Verzicht, sondern die Entscheidung des Anfechtungsberechtigten gesehen, dass das Geschäft ungeachtet des Anfechtungsgrundes gelten soll, so *Flume* AT II § 37, 7; zust. MünchKommBGB/*Busche* § 144 Rn. 3, wobei sich kein praktischer Unterschied ergeben dürfte.

2 Bamberger/Roth/*Litzenburger* § 2284 Rn. 3; eingehend Rn. 3.

3 Palandt/*Ellenberger* § 144 Rn. 3; Staudinger/*Roth* [2010] § 144 Rn. 9; vgl. auch MünchKommBGB/*Busche* § 144 Rn. 5.

4 NK-BGB/*Kornexl* § 2284 Rn. 7; MünchKommBGB/*Musielak* § 2284 Rn. 1.

5 NK-BGB/*Kornexl* § 2284 Rn. 7; eingehend zu dieser Problematik § 2283 BGB Rdn. 15.

6 *Veit* NW 1993, 1553, 1557.

fender Ansicht kein »Verzicht« auf ein Recht, sondern die Offenlegung des Erblassermotivs, die die Anfechtung ebenfalls ausschließt.[7] Zum möglichen Gegenstand einer Bestätigung s. eingehend Rdn. 6.

II. Voraussetzungen der Bestätigung

1. Bestätigungsbefugnis

a) Grundsätzliches

Da die Bestätigung ein Verzicht auf das Anfechtungsrecht ist,[8] kann sie als actus contrarius zur 3
Anfechtung[9] nur durch den **Erblasser persönlich erfolgen**, also nicht durch einen gewillkürten oder gesetzlichen Vertreter (vgl. §§ 2064, 2274 BGB).[10] Auch Vertretung in der Erklärung[11] ist nicht zulässig, weil die Gesetzesfassung »nur durch den Erblasser persönlich« auch eine solche Vertretung ausschließt.[12] Da sich das Anfechtungsrecht Dritter bis zu einem gewissen Grad von dem des Erblassers ableitet,[13] hat die Bestätigung durch den Erblasser hinsichtlich der von der Bestätigung erfassten Anfechtungsgründe zur Folge, dass die Anfechtung insoweit allgemein ausgeschlossen ist, also auch für Dritte (§ 2284 Satz 1 BGB). Diese weitreichende, **absolute Bestätigungswirkung** kommt allerdings nur der durch den **Erblasser** abgegebenen Erklärung zu.

Soweit **Dritte** nach dem Tod des Erblassers ein eigenes Anfechtungsrecht erhalten (§§ 2078 ff. BGB), ist es ihnen auch möglich, dieses durch einen vertraglichen **Verzicht** zu beseitigen.[14] Dies kann sogar schon vor Eintritt des Erbfalls geschehen, unterscheidet sich aber schon von der Rechtsfolge her von der Bestätigung durch den Erblasser: Denn der Verzicht führt nur im Verhältnis zum Verzichtenden zum Erlöschen der Anfechtbarkeit; die Anfechtungsmöglichkeit durch andere, die etwa aus dem gleichen Grund anfechtungsberechtigt sind, wird hiervon nicht berührt, sodass im Gegensatz zur Bestätigung durch den Erblasser nur von einer **relativen Verzichtswirkung** gesprochen werden kann.[15] Demgegenüber wird teilweise vertreten, den anderen Anfechtungsberechtigten müsse nach dem Tod des Erblassers auch eine einseitige Bestätigung möglich sein.[16] Selbst wenn man diese Erleichterung zulässt, darf die sich hieraus ergebende beschränkte, relative Rechtsfolge nicht übersehen werden: sie wirkt nicht zulasten dritter Anfechtungsberechtigter.[17]

b) Geschäftsfähigkeit

Da der gesetzliche Vertreter den Erbvertrag nicht bestätigen kann, ist die Bestätigung **ausgeschlos-** 4
sen, wenn der **Erblasser** geschäftsunfähig ist. Durch die Anordnung eines **Einwilligungsvorbehalts** kann allerdings dem geschäftsfähigen, aber unter Betreuung stehenden Erblasser die Befugnis zur Bestätigung nicht genommen werden, da ein solcher sich nicht auf Verfügungen von Todes wegen erstrecken kann.[18]

---

7 NK-BGB/*Kornexl* § 2284 Rr. 2; eingehend § 2281 BGB Rdn. 26 f.

8 Rdn. 1; Entsprechendes gilt erst recht, wenn man darin eine neue, privatautonome Entscheidung des Anfechtungsberechtigten sieht, das Rechtsgeschäft unabhängig von seiner Anfechtbarkeit gelten zu lassen.

9 Gegen diese Begründung, nicht aber gegen das Ergebnis, NK-BGB/*Kornexl* § 2284 Rn. 6 unter Bezug auf Mot. V 324, weil die Bestätigung vom Gesetzgeber »in die Nähe eines Neuabschlusses der Verfügung gerückt worden wäre«.

10 AllgM. vgl. nur Burandt/Rojahn/*Burandt* § 2284 Rn. 1.

11 Wie bei der Anfechtung, § 2282 BGB Rdn. 1.

12 NK-BGB/*Kornexl* § 2284 Rn. 5.

13 § 2285, vgl. Erl. § 2285 BGB Rdn. 1, 5.

14 NK-BGB/*Kornexl* § 2284 Rn. 17; *Kipp/Coing* § 24 VII 2; Staudinger/*Kanzleiter* [2013] § 2284 Rn. 2.

15 Zust. NK-BGB/*Kornexl* § 2284 Rn. 17.

16 *Veit*, Die Anfechtung von Erbverträgen (Diss. München 1991) 226; *v. Lübtow* I 449; MünchKommBGB/*Musielak* § 2284 Rn. 2, soweit dort auf die Meinung über die Anfechtung letztwilliger Verfügungen Bezug genommen wird (etwa *Brox* Rn. 327), ist die Rechtslage nicht vergleichbar.

17 Dies räumt auch MünchKommBGB/*Musielak* § 2284 Rn. 2 ein.

18 § 1903 Abs. 2; MünchKommBGB/*Musielak* § 2284 Rn. 6.

5 § 2284 Satz 2 BGB a.F. stellte bis zum Inkrafttreten des Gesetzes zur Bekämpfung von Kinderehen zum 22.07.2017[19] für den **beschränkt geschäftsfähigen** Erblasser (§ 106 BGB) klar, dass für ihn die **Bestätigung ausgeschlossen** ist, weil ihre Folgen denen des Abschlusses eines neuen Erbvertrages gleichstehen (vgl. § 2275 BGB; Mot V 324). Nachdem nunmehr Erbverträge nur noch durch Volljährige als Erblasser abgeschlossen werden können, konnte diese Klarstellung entfallen.

2. Bestätigungsobjekt

6 Nur anfechtbare, vertragsmäßige Verfügungen in einem Erbvertrag (§ 2278 Abs. 2 BGB) können bestätigt werden.[20] Auf nach dem Tod des anderen Ehegatten oder eingetragenen Lebenspartners bindend gewordene wechselbezügliche Verfügungen eines **gemeinschaftlichen Testaments** ist § 2284 BGB entsprechend anwendbar.[21] **Einseitige Verfügungen** in einem Erbvertrag (§ 2299 BGB) sind vom Erblasser jederzeit widerruflich (§§ 2253 ff. BGB); sie können daher nicht angefochten und deshalb auch nicht bestätigt werden.[22] Zudem können nur anfechtbare, nicht aber bereits angefochtene oder aus sonstigem Grunde nichtige Erbverträge bestätigt werden. Hierin zeigt sich der Unterschied zwischen der Bestätigung eines anfechtbaren Rechtsgeschäfts (§ 144 BGB) und der Bestätigung eines nichtigen Rechtsgeschäfts, die eine Neuvornahme ist (§ 141 BGB). Da die Anfechtung als Gestaltungsrecht sofort zur Nichtigkeit führt (§ 142 BGB), kann sie auch nicht »zurückgenommen«, sondern höchstens nach den allgemeinen Vorschriften (§§ 119 ff. BGB) ihrerseits angefochten werden.[23] Ein wegen Formmangels nichtiger Erbvertrag kann auch nicht von den Erben des Vertragsgegners oder des vertragsmäßig Bedachten bestätigt werden.

3. Kenntnis des Anfechtungsgrundes

7 Der Verzicht auf ein Recht setzt begrifflich Kenntnis des Rechts voraus, die Bestätigung also **Kenntnis** des Anfechtungsrechtes und damit des konkreten Anfechtungsgrundes.[24] Der Erblasser kann also den Erbvertrag, der wegen Irrtums anfechtbar ist, erst bestätigen, wenn er den Irrtum erkannt hat. Die Bestätigung beschränkt sich aus diesem Grund auch auf die bis dahin bekannten Anfechtungsgründe und erfasst nicht schon vorhandene, aber unbekannte.[25] Einen wegen Drohung anfechtbaren Erbvertrag kann der Erblasser erst bestätigen, wenn die Zwangslage aufgehört hat.[26]

III. Bestätigungserklärung

1. Form der Bestätigung

8 Nach **h.M.** bedarf die Bestätigung durch den Erblasser **keiner Form**, insbesondere nicht der, die in § 2276 BGB für den Abschluss des Erbvertrags oder die Anfechtung selbst (§ 2282 Abs. 3 BGB)

19 BGBl. 2017 I 2429.

20 NK-BGB/*Kornexl* § 2284 Rn. 4; MünchKommBGB/*Musielak* § 2284 Rn. 3.

21 NK-BGB/*Kornexl* § 2284 Rn. 3; s. auch § 2271 BGB Rdn. 107.

22 NK-BGB/*Kornexl* § 2284 Rn. 4; MünchKommBGB/*Musielak* § 2284 Rn. 3.

23 BGH NJW 1983 2247, 2249; *Veit* NJW 1993, 1553, 1556; NK-BGB/*Kornexl* § 2284 Rn. 2.

24 Burandt/Rojahn/*Burandt* § 2284 Rn. 4; NK-BGB/*Kornexl* § 2284 Rn. 11; Bamberger/Roth/*Litzenburger* § 2284 Rn. 2; Palandt/*Weidlich* § 2284 Rn. 2; MünchKommBGB/*Musielak* § 2284 Rn. 4; zur Bestätigung im Allgemeinen s. MünchKommBGB/*Busche* § 144 Rnr. 7; abschwächend aber *Enneccerus/Nipperdey* AT I 2 S. 1229, Soergel/*Hefermehl* § 144 Rn. 2: es genüge das Bewusstsein, dass ein Anfechtungsrecht »möglicherweise« bestehe; ebenso *Schumann*, Erbvertragsrecht, Rn. 5 (unter unzutr Bezug auf BGH NJW-RR 1991, 178); auf die Erkennbarkeit für den Anfechtungsgegner, dass die betreffende Handlung des Anfechtungsberechtigten die Erklärungsbedeutung einer Bestätigung hat, stellt Staudinger/*H. Roth* § 144 Rn. 10 ab.

25 NK-BGB/*Kornexl* § 2284 Rn. 11; *Ischinger* Rpfleger 1951, 159; MünchKommBGB/*Musielak* § 2284 Rn. 4.

26 Allgem. hierzu Staudinger/*H. Roth* § 144 Rn. 10.

vorgeschrieben ist.[27] Demnach wäre eine Bestätigung sogar durch schlüssiges Handeln möglich.[28] Die Formfreiheit wird damit begründet, dass zum einen § 144 Abs. 2 BGB dies allgemein bestimmt und zum anderen damit, dass der Erblasser durch das ebenfalls formlose Verstreichenlassen der Anfechtungsfrist gem. § 2283 BGB denselben rechtlichen Erfolg herbeiführen kann.[29] Gegen die formfreie Bestätigung wendet sich vor allem die ältere Literatur.[30]

Der **h.M.** kann **nicht gefolgt** werden: Soweit die Formfreiheit mit den Motiven[31] begründet wird, ist zu berücksichtigen, dass seinerzeit auch für die Anfechtung bei Verfügungen von Todes wegen keine besondere Form vorgesehen war; diese wurde erst in der 2. Lesung[32] eingeführt. Aus den Protokollen ergibt sich die zutreffende, de lege lata jedoch nicht realisierte Überlegung, dass mit gleichem Recht dann auch für die Bestätigung die gerichtliche oder notarielle Beurkundung verlangt werden müsse.[33] Soweit sich die h.M. auf § 144 Abs. 2 BGB beruft, ist zu berücksichtigen, dass nach den Regeln des allgemeinen Teils auch die Anfechtung (§ 143 BGB) in keiner Weise formbedürftig ist, auch dann nicht, wenn eine formbedürftige Willenserklärung angefochten wird. Da für die Ausübung des Anfechtungsrechts beim Erbvertrag die notarielle Beurkundung vorgeschrieben ist, ist diese Form auch entsprechend für die Bestätigung nach § 2284 BGB maßgebend.[34] Dem Grundsatz der Formstrenge im Erbvertragsrecht widerspricht es, die formgebundene Anfechtungsmöglichkeit durch formlose Bestätigung beseitigen zu können, auch wenn der Schwebezustand wegen § 2283 Abs. 1 BGB nur ein Jahr dauert. Auch der mit der Form des Erbvertrags verfolgte Zweck der **Beweissicherung**[35] spricht gegen die Zulässigkeit einer formlosen Bestätigung. Deutlich wird dies, wenn der Erbfall noch innerhalb der laufenden Anfechtungsfrist eintritt. Hier kann es dann zu endlosen Streitigkeiten darüber kommen, ob das Anfechtungsrecht noch besteht. Und in diesem Zusammenhang ist es gerade nicht sachgerecht, dem Anfechtungsgegner die Darlegungs- und Beweislast dafür aufzuerlegen, dass der Erblasser den Erbvertrag, und sei es auch nur konkludent, bestätigt hat.[36] Und wer in der Bestätigung einen der Wiederholung der anfechtbaren Verfügung ähnlichen Vorgang sieht,[37] muss auch aus den anderen für den Erbvertrag geltenden Formzwecken die Formbedürftigkeit der Bestätigung annehmen. 9

2. Erklärungsadressat

Die Bestätigung ist nicht empfangsbedürftig, braucht also nicht unbedingt gegenüber dem Vertragsgegner oder gegenüber dem Nachlassgericht erklärt werden.[38] Allerdings ist dem Erblasser zu empfehlen, die Bestätigung bei Lebzeiten des Vertragsgegners diesem gegenüber, nach dessen Tode gegenüber den übrigen Anfechtungsberechtigten zu erklären.[39] 10

---

27 Burandt/Rojahn/*Burandt* § 2284 Rn. 5; NK-BGB/*Kornexl* § 2284 Rn. 13 f.; Bamberger/Roth/*Litzenburger* § 2284 Rn. 3; MünchKommBGB/*Musielak* § 2284 Rn. 5; Staudinger/*Kanzleiter* [2013] § 2284 Rn. 6; *Lange/Kuchinke* § 25 IX 2 d; Palandt/*Weidlich* § 2284 Rn. 2; Erman/*S. Kappler/T. Kappler* § 2284 Rn. 1; *Brox* Rn. 244; *Schlüter* Rn. 246; *Schumann*, Erbvertragsrecht, Rn. 8; BayObLGZ 1954, 71, 77; NJW 1954, 1039; NJW-RR 1989, 1090; angesichts der weitreichenden Wirkung hält dies *v. Lübtow* I 446 f. zutr. für »verwunderlich«.

28 BayObLGZ 1954, 71, 77; MünchKommBGB/*Musielak* § 2284 Rn. 5.

29 *Ischinger* Rpfleger 1951, 164.

30 *Strohal* I § 45 Fn. 16; *Hellwig*, Die Verträge auf Leistung an Dritte, 661 ff.

31 V, 323.

32 Prot. V 385.

33 Prot. V 386.

34 Vgl. hierzu *Bengel* DNotZ 1984, 137.

35 Dazu § 2276 BGB Rdn. 1.

36 A.A. NK-BGB/*Kornexl* § 2284 Rn. 14.

37 So NK-BGB/*Kornexl* § 2284 Rn. 6.

38 Mot. V 323; BayObLGZ 1954, 71, 77; NK-BGB/*Kornexl* § 2284 Rn. 15; Bamberger/Roth/*Litzenburger* § 2284 Rn. 3; Palandt/*Weidlich* § 2284 Rn. 2; *Schumann*, Erbvertragsrecht, Rn. 9.

39 *Planck/Greiff* Anm. 1.

IV. Bestätigungswirkung

11 Die vom **Erblasser** erklärte Bestätigung beseitigt hinsichtlich des ihm bekannten Anfechtungsgrundes sein Selbstanfechtungsrecht. Dies schließt wegen § 2285 BGB auch eine auf denselben Grund gestützte Anfechtung Dritter aus. Zur Wirkung eines Anfechtungsverzichts **Dritter**, denen nach dem Erbfall ein Anfechtungsrecht zusteht, s. Rdn. 3.

§ 2285 Anfechtung durch Dritte

Die in § 2080 bezeichneten Personen können den Erbvertrag auf Grund der §§ 2078, 2079 nicht mehr anfechten, wenn das Anfechtungsrecht des Erblassers zur Zeit des Erbfalls erloschen ist.

Übersicht

I. Normzweck, Anwendungsbereich

1 Das Anfechtungsrecht des Erblassers ist höchstpersönlich und daher auch nicht vererblich.[1] Nach seinem Tod steht es jedoch dem Nächstbegünstigten zu (§§ 2285, 2080 BGB). Auch wenn es in dessen Person neu entsteht,[2] macht er nur den Irrtum des Erblassers oder seine Zwangslage geltend und leitet insoweit sein Anfechtungsrecht von den Willensmängeln des Erblassers ab.[3] Es ist daher nur folgerichtig, dass Anfechtungsvoraussetzung für den Dritten ist, dass das Anfechtungsrecht des Erblassers noch nicht erloschen ist. Durch diese **Akzessorietät des Anfechtungsrechts** ermöglicht das Gesetz dem Erblasser auch die Entscheidung, trotz der Anfechtbarkeit des Erbvertrags durch Bestätigung desselben (§ 2284 BGB) oder Verstreichenlassen der Anfechtungsfrist (§ 2283 BGB) mit Wirkung auch gegenüber den anfechtungsberechtigten Dritten die Mängel des Erbvertrags zu heilen und sich weiter an ihn zu binden. Dies muss man ihm schon deswegen zugestehen, weil er selbst seine pflichtteilsberechtigten Angehörigen enterben könnte.[4]

Die Ausschlusswirkung des § 2285 BGB betrifft nur **vertragsmäßige Verfügungen** eines Erbvertrags (§ 2278 BGB), da nur diese vom Selbstanfechtungsrecht des Erblassers erfasst werden,[5] nicht aber die **einseitigen**, jederzeit widerruflichen Verfügungen. Für deren Anfechtung durch Dritte gelten über § 2299 Abs. 2 BGB die §§ 2078 ff. BGB unmittelbar.[6] Zur Anwendbarkeit auf wechselbezügliche Verfügungen eines gemeinschaftlichen Testaments s. Rdn. 9.

II. Anfechtung durch Vertragsgegner und Dritte

1. Zeitliche Beschränkung

2 Bis zum Tode des Erblassers ist ausschließlich er selbst zur Anfechtung seiner vertragsmäßigen Verfügungen berechtigt.[7] Erst danach ist eine Anfechtung seiner Verfügungen durch andere Personen,

1 § 2282 BGB Rdn. 1.
2 MünchKommBGB/*Musielak* § 2285 Rn. 1; *Schlüter* Rn. 292; *v. Lübtow* I 448.
3 *Lange/Kuchinke* § 25 IX 3 a; NK-BGB/*Kornexl* § 2285 Rn. 1.
4 *v. Lübtow* I 449.
5 S. § 2281 BGB Rdn. 1.
6 NK-BGB/*Kornexl* § 2285 Rn. 2; Bamberger/Roth/*Litzenburger* § 2285 Rn. 1; MünchKommBGB/*Musielak* § 2285 Rn. 7.
7 NK-BGB/*Kornexl* § 2285 Rn. 4; MünchKommBGB/*Musielak* § 2285 Rn. 2; Staudinger/*Kanzleiter* § 2285 Rn. 2.

sei es den Vertragspartner des Erbvertrags oder durch Dritte, zulässig. Die Anfechtung richtet sich hinsichtlich des Anfechtungsgrundes wie der Anfechtungsformalitäten dabei allein nach Testamentsrecht, also den §§ 2078 ff. BGB.[8] Dass die in § 2080 BGB bezeichneten Personen, die sog. »Nächstbegünstigten«,[9] grundsätzlich berechtigt sind, den Erbvertrag aufgrund der §§ 2078, 2079 BGB anzufechten, ergibt sich auch aus § 2285 BGB. Das Anfechtungsrecht der übergangenen Pflichtteilsberechtigten (§§ 2079, 2080 Abs. 3 BGB) hängt dabei nicht davon ab, ob sie schon beim Abschluss des Erbvertrags pflichtteilsberechtigt waren; vielmehr kommt es darauf an, ob sie es beim Erbfall sind.[10]

2. Form und Frist

Die **Anfechtungsfrist** bemisst sich nach § 2082 BGB i. V. m. § 2279 BGB,[11] nicht nach § 2283 3
BGB, der nur für die Selbstanfechtung durch den Erblasser gilt.[12] Die Anfechtungsfrist beginnt für den Dritten mit dem Erbfall neu zu laufen, auch wenn sie beim Erblasser teilweise bereits verstrichen war. Denn das Anfechtungsrecht steht ihm nicht als Rechtsnachfolger des Erblassers, sondern aus eigenem Recht zu.[13] War die Frist dagegen im Erbfall bereits abgelaufen, dann bestand kein Anfechtungsrecht mehr und konnte auch für den Dritten nicht mehr entstehen.[14] Die Anfechtung bedarf hier **keiner besonderen Form**, wenn sie gegenüber dem Begünstigten erfolgt; § 2282 Abs. 3 BGB gilt nur für die Anfechtung durch den Erblasser.[15] Ist die Anfechtung jedoch nach § 2081 Abs. 1 BGB gegenüber dem Nachlassgericht abzugeben, so muss dies wegen § 11 FGG schriftlich oder zu Protokoll der Geschäftsstelle erfolgen.[16]

3. Anfechtungsgegner

Wenn der Vertragsgegner oder ein Dritter eine vertragsmäßige Verfügung anfechten will, so kommt 4
es für den Adressaten der Anfechtungserklärung darauf an, welche **Verfügung angefochten** werden soll: Erbeinsetzungen oder Auflagen oder die Aufhebung dieser Verfügungen sind gegenüber dem Nachlassgericht zu erklären (§ 2081 Abs. 1, 3 BGB). Auf die anderen in § 2081 Abs. 1 BGB genannten Anordnungen, insb. die Ernennung eines Testamentsvollstreckers, ist § 2285 BGB nicht anwendbar, weil diese nicht erbvertragsfähig i.S.v. § 2278 Abs. 2 BGB sind.[17] Bei vertragsmäßigen Vermächtnissen ist Anfechtungsgegner der, welcher durch die Verfügung unmittelbar einen rechtlichen Vorteil erlangt hat, also der Bedachte oder Begünstigte, nicht der Vertragsgegner oder seine Erben; hierfür spricht der Rechtsgedanke des § 143 Abs. 4 BGB.[18] § 143 Abs. 2 BGB ist nicht anwendbar, weil diese Vorschrift nur die Anfechtung durch den Erblasser als Vertragspartner und Urheber der Willenserklärung im Auge hat und sich die Anfechtung nach seinem Tod zudem nach Testamentsrecht richtet.[19]

---

8 NK-BGB/*Kornexl* § 2285 Rn. 4.
9 *Lange/Kuchinke* § 25 IX 3 a.
10 § 2079; Mot. V 325; KG OLG 11, 257.
11 BGH DNotZ 1970, 167.
12 NK-BGB/*Kornexl* § 2285 Rn. 6.
13 Mot. V 325; NK-BGB/*Kornexl* § 2285 Rn. 6; *v. Lübtow* I 448; MünchKommBGB/*Musielak* § 2285 Rn. 3; Staudinger/*Kanzleiter* [2013] § 2285 Rn. 4.
14 NK-BGB/*Kornexl* § 2285 Rn. 6; MünchKommBGB/*Musielak* § 2285 Rn. 3; Staudinger/*Kanzleiter* [2013] § 2285 Rn. 4.
15 NK-BGB/*Kornexl* § 2285 Rn. 7; Palandt/*Weidlich* § 2285 Rn. 1.
16 NK-BGB/*Kornexl* § 2285 Rn. 7; Palandt/*Weidlich* § 2285 § 2081 Rn. 2.
17 Zutr. NK-BGB/*Kornexl* § 2285 Rn. 5; zu weitreichend daher 5. Aufl. Rn. 4; Staudinger/*Kanzleiter* [2013] § 2285 Rn. 3.
18 RGZ 143, 350, 353; *Lange/Kuchinke* § 25 IX 3 a Fn. 315; *Kipp/Coing* § 24 Fn. 48; *v. Lübtow* I 449; MünchKommBGB/*Musielak* § 2285 Rn. 2; *Rohlfing/Mittenzwei* ZEV 2003, 149, 153 f.; a.M. Mot. V 325.
19 *V. Lübtow* I 449; MünchKommBGB/*Musielak* § 2285 Rn. 2.

4. Abhängigkeit vom Anfechtungsrecht des Erblassers

5 Das Anfechtungsrecht des Vertragsgegners oder Dritten nach § 2080 BGB ist von dem des Erblassers nach § 2281 BGB verschieden, es ist ein selbständiges Recht.[20] Da aber letztlich ein Willensmangel des Erblassers geltend gemacht wird, über dessen Heilung er entscheidet,[21] kann davon gesprochen werden, dass es bezüglich der vertragsmäßigen Verfügungen von dem des Erblassers abhängig ist. In Folge dieser **erlöschensbedingten Akzessorietät** besteht das Anfechtungsrecht der anderen nicht, wenn das Selbstanfechtungsrecht des Erblassers für **denselben Sachverhalt** zur Zeit des Erbfalls bereits nicht mehr bestand (§ 2285 BGB),
– also durch dessen **Bestätigung** nach § 2284 BGB,[22]
– **Fristversäumnis** nach § 2283 BGB,[23]
– »**Verzicht**« im Erbvertrag auf ein später entstehendes Anfechtungsrecht,[24]
– durch **rechtsmissbräuchliche Herbeiführung** des Anfechtungsgrundes[25] oder
– durch Ausschluss aus Vertrauensschutzgründen[26]

bereits ausgeschlossen war.[27]

Hat der Erblasser die Anfechtung nicht fristgerecht nach § 2283 BGB erklärt, so haben die Anfechtungsberechtigten auch nicht mehr das **Leistungsverweigerungsrecht** nach § 2083 BGB.[28] § 2285 BGB steht aber einer Anfechtung dann nicht entgegen, wenn das Anfechtungsrecht des Erblassers bei Eintritt des Erbfalls infolge eines beachtlichen Irrtums noch nicht erloschen war.[29]

6 War der Erblasser aus **mehreren Gründen** zur Anfechtung berechtigt, so kann es sein, dass das Recht zur Anfechtung aus dem einen Grund vor dem Erbfall erloschen ist, während das aus dem anderen Grund zur Zeit des Erbfalls fortbesteht. Dann können auch Dritte nur den zweiten Anfechtungsgrund geltend machen.[30]

7 Ein gerichtliches **Feststellungsurteil gegen** den **Erblasser**, dass das von ihm geltend gemachte Anfechtungsrecht nicht besteht, führt nach der herrschenden prozessualen **Rechtskrafttheorie** nicht dazu, dass materiell-rechtlich dieses Anfechtungsrecht erlischt, sondern bindet nur im Verhältnis der Parteien des Rechtsstreits.[31] Es ist daher in diesem Fall nicht i.S. von § 2285 BGB erloschen.[32] Die Rechtskraft eines solchen Urteils wirkt aber nicht gegen den anfech-

20 Burandt/Rojahn/*Burandt* § 2285 Rn. 1.
21 Rdn. 1.
22 NK-BGB/*Kornexl* § 2285 Rn. 8; Bamberger/Roth/*Litzenburger* § 2285 Rn. 2; MünchKommBGB/*Musielak* § 2285 Rn. 5; Palandt/*Weidlich* § 2285 Rn. 1.
23 NK-BGB/*Kornexl* § 2285 Rn. 8; Bamberger/Roth/*Litzenburger* § 2285 Rn. 2; MünchKommBGB/*Musielak* § 2285 Rn. 5; Palandt/*Weidlich* § 2285 Rn. 1.
24 NK-BGB/*Kornexl* § 2285 Rn. 8; Bamberger/Roth/*Litzenburger* § 2285 Rn. 2; MünchKommBGB/*Musielak* § 2285 Rn. 5; Palandt/*Weidlich* § 2285 Rn. 1; zum Verzicht im Einzelnen, insb. zur Rechtsnatur, s. § 2281 BGB Rdn. 26.
25 NK-BGB/*Kornexl* § 2285 Rn. 8; Palandt/*Weidlich* § 2285 Rn. 1; MünchKommBGB/*Musielak* § 2285 Rn. 5; zu diesen Fällen s. § 2281 BGB Rdn. 21 f.
26 Dazu § 2281 BGB Rdn. 23 ff.
27 Noch weitergehend, wenn die Auslegung des Erbvertrags dem Erblasser ein »unangenehmes Ergebnis brachte«, NK-BGB/*Kornexl* § 2285 Rn. 9.
28 BGHZ 106, 359, 362 = NJW 1989, 2885; NK-BGB/*Kornexl* § 2285 Rn. 10; *Kipp/Coing* § 24 V 5; MünchKommBGB/*Musielak* § 2285 Rn. 4.
29 BayObLG NJW-RR 1992, 1223 = FamRZ 1992, 1102.
30 Bamberger/Roth/*Litzenburger* § 2285 Rn. 3; MünchKommBGB/*Musielak* § 2285 Rn. 5.
31 Zur Rechtskrafttheorie allgem. *Rosenberg/Schwab/Gottwald* Zivilprozessrecht 15. Aufl., 1993 § 151 II 2, 3; Musielak/Voit/*Musielak* § 322 ZPO Rn. 4 f.
32 BGHZ 4, 91, 93 = LM Nr. 1 zu § 2285 = NJW 1952, 419; *Johannsen* WM 1973, 531; LM Nr. 1 zu § 2285 m. Anm. *Ascher*; Bamberger/Roth/*Litzenburger* § 2285 Rn. 2; Erman/*S. Kappler/T. Kappler* § 2285 Rn. 2; *v. Lübtow* I 450; MünchKommBGB/*Musielak* § 2285 Rn. 6; Staudinger/*Kanzleiter* [2013] § 2285 Rn. 5.

tungsberechtigten Dritten nach § 325 Abs. 1 ZPO, da dieser das Anfechtungsrecht nicht als Rechtsnachfolger des Erblassers erworben hat, sondern es gerade in seiner Person neu entsteht.[33] Auch eine entsprechende Anwendung des § 2285 BGB dergestalt, dass das Anfechtungsrecht der Nächstbegünstigten i.S. von § 2080 BGB nicht mehr allein auf solche Tatsachen gestützt werden kann, die bereits Gegenstand des rechtskräftigen Urteils gegen den Erblasser waren,[34] ist nicht möglich.[35] Normzweck des § 2285 BGB ist nur, eine Entscheidung des Erblassers zugunsten des Fortbestands des Erbvertrages auch gegen die später Anfechtungsberechtigten wirken zu lassen;[36] demgegenüber wollen diese hier gerade in Übereinstimmung mit dem Erblasserwillen dessen Beseitigung.[37]

5. Verzicht auf das Anfechtungsrecht

Nur der Erblasser kann den Erbvertrag i.S.d. § 2284 BGB, also mit Wirkung für alle, bestätigen. 8
Der anfechtungsberechtigte Vertragsgegner oder anfechtungsberechtigte Dritte können nur auf ihr eigenes Anfechtungsrecht verzichten, wenn auch schon vor dem Erbfall.[38]

6. Anwendung auf gemeinschaftliche Testamente

Nach h.M. ist § 2285 BGB auf wechselbezügliche Verfügungen in gemeinschaftlichen Testamenten 9
entsprechend anzuwenden.[39] Eine solche entsprechende Anwendung kommt aber nur für unwiderruflich gewordene wechselbezügliche Verfügungen des überlebenden Ehegatten infrage, nicht auch für Verfügungen des erstverstorbenen Ehegatten.[40]

III. Prozessuales

§ 2285 BGB enthält eine das Anfechtungsrecht vernichtende Tatsache; dementsprechend trägt 10
die Beweis- und Feststellungslast für diesen Ausschluss des Anfechtungsrechts derjenige, der das Anfechtungsrecht aus diesem Grund bestreitet, also i.d.R. der Anfechtungsgegner;[41] dies gilt auch für den Fall, dass das zunächst einmal entstandene Anfechtungsrecht erst infolge Fristablaufs oder Bestätigung erloschen ist,[42] jedoch kommt es zu einer Modifizierung der Darlegungslast, wenn es um den Nachweis innerer Tatsachen geht.[43]

§ 2286 Verfügungen unter Lebenden

Durch den Erbvertrag wird das Recht des Erblassers, über sein Vermögen durch Rechtsgeschäft unter Lebenden zu verfügen, nicht beschränkt.

33 NK-BGB/*Kornexl* § 2285 Rn. 12.
34 So Palandt/*Weidlich* § 2285 Rn. 2.
35 NK-BGB/*Kornexl* § 2285 Rn. 13; Bamberger/Roth/*Litzenburger* § 2285 Rn. 2; *v. Lübtow* I 450; MünchKommBGB/*Musielak* § 2285 Rn. 6; Staudinger/*Kanzleiter* [2013] § 2285 Rn. 5.
36 Rdn. 1.
37 NK-BGB/*Kornexl* § 2285 Rn. 13; MünchKommBGB/*Musielak* § 2285 Rn. 6.
38 § 2284 BGB Rdn. 3.
39 §§ 2270, 2271; RGZ 132, 4; BayObLGZ 1954, 71 = NJW 1954, 1039.
40 Vgl. zu den Einzelheiten § 2271 BGB Rdn. 107.
41 OLG Stuttgart OLGZ 1982, 315 = FamRZ 1982, 1137 f.; BayObLG ZEV 1995, 105, 106 = FamRZ 1995, 1024; NK-BGB/*Kornexl* § 2285 Rn. 11; Bamberger/Roth/*Litzenburger* § 2285 Rn. 4; *Baumgärtel/Schmitz* Rn. 1; *Lange/Kuchinke* § 25 IX 3 b; MünchKommBGB/*Musielak* § 2285 Rn. 8.
42 A.A. MünchKommBGB/*Musielak* § 2285 Rn. 8.
43 NK-BGB/*Kornexl* § 2285 Rn. 11; eingehend dazu § 2281 BGB Rdn. 58 ff.

Übersicht

I. Normzweck, Allgemeines

1. Spezifisch erbrechtliche Wirkung des Erbvertrags

1 Obgleich der Erbvertrag ein wirklicher Vertrag ist,[1] sind seine Auswirkungen grundsätzlich rein erbrechtlicher Art. Der Erblasser wird durch den Abschluss des Erbvertrages in seinem Recht, über sein Vermögen von Todes wegen zu verfügen beschränkt (§ 2289 Abs. 1 Satz 2 BGB). Die dadurch entstehende Bindung an seine vertragsmäßigen Verfügungen ist jedoch keine sachenrechtliche, sondern eine erbrechtliche,[2] was durch § 2286 BGB klargestellt wird.[3] Daher beschränkt sich die durch den Erbvertrag eingetretene Bindung auf dasjenige, was der Erblasser bei seinem Tode hinterlässt.[4] Solange der Erblasser noch lebt, bleibt er zunächst unumschränkter Herr seines Vermögens, es gilt der **Grundsatz der lebzeitigen Entschließungsfreiheit** des Erblassers.[5] Dies wird durch die Vorschrift des § 2286 BGB klargestellt. Diese »Freiheit des Erblassers bis zum letzten Atemzug«[6] gehört zu den Grundprinzipien des Erbrechts. Nur aus Gründen der Missbrauchsabwehr gibt das Gesetz nach §§ 2287 f. BGB dem vertragsmäßig Bedachten nach dem Erbfall gewisse Ausgleichs- und Herausgabeansprüche, wenn Zuwendungen in der Absicht erfolgten, diesen zu beeinträchtigen.

2. Verpflichtungsgeschäfte

2 Auch wenn das Gesetz in § 2286 BGB nur die Freiheit für dinglich wirkende Verfügungen ausdrücklich bekräftigt, so gilt diese Vorschrift doch erst recht auch für Verpflichtungsgeschäfte, die sich auf Verfügungen beziehen, selbst wenn der Vertragserbe diese u.U. erst nach dem Erbfall erfüllen muss.[7] Daher können trotz einer erbvertraglichen Bindung auch gesellschaftsrechtliche Nach-

1 MünchKomm/*Musielak* vor § 2274 Rn. 3.
2 BGHZ 59, 343, 347 = NJW 1973, 240.
3 MünchKomm/*Musielak* Rn. 1.
4 BGHZ 124, 35, 38 = NJW 1994, 317 = ZEV 1994, 37 m. Anm. *M. Siegmann* = MittBayNot 1994, 230 m. Anm. *Hohmann*; *v. Lübtow* I 429.
5 BGHZ 124, 35, 38; NK-BGB/*Horn* Rn. 1; vgl. auch MünchKomm/*Musielak* Rn. 1; *Schumann*, Erbvertragsrecht, Rn. 1.
6 *Lange*/*Kuchinke* § 25 V 12 c.
7 Mot. V 327; NK-BGB/*Horn* Rn. 2; Bamberger/Roth/*Litzenburger* Rn. 1; MünchKomm/*Musielak* Rn. 2.

folgeklauseln als Rechtsgeschäfte unter Lebenden vereinbart werden.[8] Auch Verträge zugunsten Dritter (§§ 328 ff. BGB) können entgegen einer erbvertraglichen Bindung abgeschlossen werden, selbst wenn die Leistung an den Dritten gem. § 331 BGB erst nach dem Tode erbracht werden soll. Sie sind nicht schon aus dem Gesichtspunkt der Umgehung der erbvertraglichen Bindung nichtig, jedoch kann dem beeinträchtigten Vertragserben ein Bereicherungsanspruch nach § 2287 BGB zustehen, wenn es sich im Valutaverhältnis zwischen Erblasser und Drittbegünstigten um eine Schenkung handelt.[9]

3. Tatsächliche Handlungen

Auch tatsächliche Handlungen sind dem Erblasser grundsätzlich nicht gegenüber dem Vertrags- 3
erben untersagt, mögen sie auch faktisch die tatsächliche Erwerbsaussicht beeinträchtigen.[10] Dies ergibt sich bereits aus einem Umkehrschluss aus § 2288 Abs. 1 BGB,[11] der bei einem vertragsmäßig bedachten Vermächtnisnehmer hier ausnahmsweise Ansprüche zulässt, wenn die tatsächliche Handlung, wie Zerstörung oder Beschädigung, in Beeinträchtigungsabsicht erfolgte.

4. Familienrechtliche Akte, Eheverträge

Eheschließungen und Adoptionen können zwar die Rechte des Vertragserben mittelbar beeinträch- 4
tigen, in- dem etwa neue Pflichtteilsrechte begründet werden. Sie sind dem Erblasser jedoch auch durch eine erbvertragliche Bindung nicht verwehrt.[12] Jedoch kann das Pflichtteilsrecht nicht durch einen Erbvertrag ausgeschlossen oder eingeschränkt werden, wenn nicht im Einzelfall die Voraussetzungen für die Sonderbestimmungen der §§ 2333, 2338 BGB eingreifen.[13] Auch an der wirksamen Errichtung ehevertraglicher Vereinbarungen[14] wird der durch einen Erbvertrag gebundene Erblasser nicht gehindert, so etwa nicht am Wechsel vom Güterstand der Gütertrennung zum Güterstand der Zugewinngemeinschaft.[15] Denn solche Rechtsgeschäfte sind keine Verfügungen von Todes wegen, die gem. § 2289 BGB unwirksam sein könnten. Vielmehr steht es den Ehegatten grundsätzlich frei, ihre güterrechtlichen Verhältnisse zu ändern, was auch die Gläubiger als Folge der Eheschließungsfreiheit hinnehmen müssen.[16]

5. Übergabevertrag

Der Übergabevertrag mit Zuwendungen an Ehegatten oder Abkömmlingen ist im BGB nicht aus- 5
drücklich geregelt. Es handelt sich dabei nicht um einen festumrissenen Rechtsbegriff. Vielmehr ist eine typologische, mehr wertende Betrachtung für seine Einordnung erforderlich.[17] In der Regel ist er aber ein Rechtsgeschäft unter Lebenden,[18] sodass sich aus ihm allenfalls Ansprüche nach §§ 2287 f. BGB für den erbvertragsmäßig Bedachten ergeben können. Etwas anderes gilt jedoch im Bereich der **Höfeordnung** der ehemals britischen Zone. Denn dort hat der landwirtschaftliche Hofübergabevertrag eine Doppelnatur, sodass er zwar Rechtsgeschäft unter Lebenden ist, andererseits

8 BGHZ 62, 20, 23 = WM 1974, 192.
9 BGHZ 66, 8, 13 ff. m. Anm. *Johannsen* LM § 2301 Nr. 6; NK-BGB/*Horn* Rn. 2; Palandt/*Weidlich* Rn. 1; *Schumann*, Erbvertragsrecht, Rn. 3.
10 Bamberger/Roth/*Litzenburger* Rn. 1; MünchKomm/*Musielak* Rn. 2.
11 Zust. NK-BGB/*Horn* Rn. 3.
12 NK-BGB/*Horn* Rn. 3; MünchKomm/*Musielak* Rn. 2.
13 Palandt/*Weidlich* Rn. 3; *v. Lübtow* I 429.
14 Vgl. dazu System. Teil A Rn. 321 ff.
15 § 1371 Abs. 1; zu solchen Gestaltungen *Wegmann* ZEV 1996, 201.
16 BGHZ 116, 178, 181 = NJW 1992, 558 zu § 2325.
17 Eingehend dazu *J. Mayer/Geck*, Der Übergabevertrag, § 2 Rn. 5 ff.; *Spiegelberger*, Zur Dogmatik der vorweggenommenen Erbfolge, FS 50 Jahre Deutsches Anwaltsinstitut eV (2003), 413 ff.; *Schumann*, Erbvertragsrecht, Rn. 4.
18 BGHZ 8, 23, 33; 113, 310, 313 f. = NJW 1991, 1345; *Schumann*, Erbvertragsrecht, Rn. 4.

aber auch einer Verfügung von Todes wegen nahe steht (vgl. § 17 Abs. 2 HöfeO).[19] Widerspricht daher der Übergabevertrag der erbvertraglichen Bindung, so ist er nach § 2289 BGB nichtig.[20] Zum Ausschluss der Übergabebefugnis nach westfälischem Güterrecht durch erbvertragliche Bindung s. BGH LM Nr. 3 Westf Güterrecht sowie 2. Aufl. Rn. 13.

6. Gemeinschaftliches Testament

6 § 2286 BGB gilt auch für bindende wechselbezügliche Verfügungen eines gemeinschaftlichen Testaments entsprechend, bei dem bis zum Tode des Erstversterbenden wegen der Widerrufsmöglichkeit nach § 2271 BGB jedoch keine solche Bindung wie beim Erbvertrag besteht.[21]

II. Rechtsstellung des Bedachten vor dem Erbfall

1. Anwartschaftsrecht oder tatsächliche Aussicht?

7 Da der Erbvertrag ein echter Vertrag ist und § 2289 Abs. 1 BGB von einem »Recht des Bedachten« spricht, könnte man der Auffassung sein, dass bereits mit Abschluss des Erbvertrages dem vertragsmäßig Bedachten ein Anwartschaftsrecht zusteht. Ein Anwartschaftsrecht wird dabei von der h.M. dann angenommen, wenn von einem mehraktigen Entstehungstatbestand eines Rechts so viele Erfordernisse erfüllt sind, dass von einer gesicherten Rechtsstellung des Erwerbers gesprochen werden darf, die der Veräußerer nicht mehr durch einseitige Erklärung zerstören kann und die gegen Zwangsvollstreckung und Insolvenzgefahren von seiner Seite genauso bestandsfest ist, wie der endgültige Rechtserwerb.[22] Dabei knüpft diese gängige Definition an den Erwerbstatbestand an, vermag aber eindeutige Abgrenzungskriterien nicht zu liefern.[23] Kennzeichen eines Anwartschaftsrechts ist zutreffenderweise demnach die **selbstständige Übertragbarkeit** und die ausreichende Sicherung dieser Rechtsposition entsprechend den Vorschriften des entsprechenden Hauptrechts.[24] Auch die Vererblichkeit entspricht dem Vollrecht.[25] Dabei kann das Anwartschaftsrecht sicherlich nicht als fest umrissener Rechtsbegriff verstanden werden, sondern ist im Wege einer typologischen Betrachtung zu bestimmen.[26]

Daher muss für die Feststellung, ob dem erbvertragsmäßig Bedachten ein Anwartschaftsrecht zusteht, induktiv vorgegangen und zunächst untersucht werden, welche rechtlichen Befugnisse und Folgerungen sich aus der vertragsmäßigen Zuwendung bereits vor Eintritt des Erbfalls ergeben. Erst daraus könnte auf das Vorliegen eines Anwartschaftsrechts geschlossen werden.

a) Kennzeichen der Rechtsstellung

8 Hierzu ist Folgendes anzumerken:[27] Die vertragsmäßig Bedachten können das ihnen vertraglich Zugewandte nicht übertragen.[28] Etwas anderes ergibt sich auch nicht aus der Rspr. des BGH,

---

19 BGH RdL 1952, 132; 1953, 53; BGHZ 8, 23, 33 (obiter dictum); *Schumann*, Erbvertragsrecht, Rn. 5; krit. dagegen wegen der mittlerweile erfolgten Änderungen durch das 2. ÄGHöfeO *Wöhrmann/Graß*, Landwirtschaftserbrecht, § 17 HöfeO Rn. 10.

20 S. dazu eingehend § 2289 BGB Rdn. 69.

21 Soergel/*M. Wolf* Rn. 1.

22 Etwa Staudinger/*Seiler*, Eckpfeiler des Zivilrechts U Rn. 44 ff.; Staudinger/*Bork* Vorbem. 53 zu §§ 158 ff. (zur Dogmatik dort Überblick in Rn. 62 ff.); vgl. auch BGHZ 49, 197, 201; *Marotzke*, Das Anwartschaftsrecht, ein gelungenes Beispiel richterlicher Rechtsfortbildung? (1978); s. auch den Überblick über die verschiedenen Definitionsversuche bei Staudinger/*Beckmann* § 449 Rn. 61; eingehend zum Streitstand *Wübben*, Anwartschaftsrechte im Erbrecht, 53 ff.

23 *Wübben*, Anwartschaftsrechte im Erbrecht, 53 ff.

24 *Forkel*, Grundfragen der Lehre vom privatrechtlichen Anwartschaftsrecht (1962) 104 ff., 116 ff.; Staudinger/*Bork* Vorbem. 68 zu §§ 158 ff.; auf die bloße selbstständige Verfügbarkeit stellt *Wübben* 54 ff. mit ausführlicher Darstellung des Streitstands ab.

25 Staudinger/*Bork* Vorbem. 68 zu §§ 158 ff.; *Flume* § 39, 2.

26 *Wübben*, Anwartschaftsrechte im Erbrecht. 59 f.

27 S. auch *Lange/Kuchinke* § 25 V 12 a; NK-BGB/*Horn* Rn. 4; MünchKomm/*Musielak* Rn. 3 f..

28 § 311b Abs. 4 BGB; BGHZ 37, 319, 324 (ausdrücklich für Schlusserben); BGH NJW 1974, 43, 44; BGHZ 104, 279; Jauernig/*Stürner* Rn. 6.

wonach Erbschaftsverträge nach § 311b Abs. 5 BGB auch über gewillkürte Erbteile bis zur Höhe des gesetzlichen Erbteils zulässig sind.[29] Denn nach immer noch h.M. wirken solche Vereinbarungen nur schuldrechtlich und dingliche Verträge über den Nachlass eines Dritten sind zu dessen Lebzeiten nicht möglich.[30] Die Position des Vertragserben ist daher auch nicht pfändbar (§ 851 ZPO) oder verpfändbar und kann auch bei seiner Insolvenz nicht zur Insolvenzmasse gezogen werden.[31] Seine Rechtsstellung ist auch in keiner Weise vererblich, ja sie entfällt vielmehr bei Vorversterben vor Eintritt des Erbfalls.[32] Weder dem Vertragserben noch dem Vertragsvermächtnisnehmer steht zu Lebzeiten des Erblassers ein gegen den Erblasser durchsetzbarer Anspruch zu, sodass dieser weder durch Arrest noch durch einstweilige Verfügung gesichert werden,[33] noch bei Vorhandensein von Grundbesitz eine Vormerkung eingetragen werden kann.[34] Sowohl die **fehlende Übertragbarkeit** der Rechtsstellung des vertragsmäßig Bedachten wie auch die **fehlende Sicherung** sprechen somit gegen die Annahme eines Anwartschaftsrechts.[35]

b) Speziell erbrechtlicher Anwartschaftsbegriff?

Es ließe sich allerdings auch die Auffassung vertreten, dass wegen der erbrechtlichen Besonderheiten 9
der allgemeine dingliche Begriff des Anwartschaftsrechts auf erbrechtliche Rechtsstellungen nicht ohne Weiteres übertragen werden könne.[36] Insbesondere ist eine Lockerung der Objektbezogenheit eines Anwartschaftsrechts eines Erben sicherlich angebracht, da erst mit Eintritt des Erbfalls genau feststeht, welche Nachlassgegenstände ihm zufallen. Betrachtet man jedoch die Rechtsstellung des Nacherben nach Eintritt des Erbfalls, aber vor dem Nacherbfall, so ergibt sich Folgendes: Dem Nacherben steht nach allgemeiner Auffassung hier ein gegenwärtiges Anwartschaftsrecht zu, das vererblich und übertragbar ist.[37] Der Nacherbe hat auch spezielle Sicherungs- und Kontrollrechte (§ 2127 ff. BGB). An all diesem mangelt es aber dem erbvertragsmäßig Bedachten vor Eintritt des Erbfalls. Sinnvoll kann es für die Qualifizierung der im Erbrecht erlangten Rechtsstellung sein, bezüglich der erbrechtlichen Berufung zwischen der Rechtsstellung als Erbe und der als vermögensrechtlicher Universalnachfolger des Erblassers zu differenzieren.[38] Sowohl der **Vertragserbe**, der selbst Vertragspartner des Erbvertrags ist, und demgegenüber dadurch unmittelbar die erbvertragliche Bindung (§ 2278 BGB) und damit direkt ein Rechtsverhältnis entsteht, wie auch der erbvertraglich bedachte Dritte (z.B. Schlusserbe) sind allenfalls im Hinblick auf die erbrechtliche Berufung gesichert. Was sie aber tatsächlich einmal vermögensmäßig erhalten werden, ist völlig unsicher.[39]

c) Tatsächliche Erwerbsaussicht

Zu Recht billigt daher die h.M. dem vertragsmäßig Bedachten vor Eintritt des Erbfalls kein Anwart- 10
schaftsrecht, sondern nur eine **tatsächliche Erwerbsaussicht** zu.[40] Man mag diese Position dann,

---

29 Vgl. dazu BGHZ 104, 279 = NJW 1988, 2726.

30 BGHZ 37, 319; 104, 279, 280; *Schlüter* Rn. 654; Palandt/*Grüneberg* § 311b Rn. 75; Staudinger/*Werner* § 2033 Rn. 5; NK-BGB/*Horn* Rn. 4; **a.M.** Staudinger/*Schumacher* § 311b Abs. 4 und 5 Rn. 35 bezüglich des entsprechenden Anwartschaftsrechts; zustimmend *Wübben* 343 f.; offenlassend, aber der Übertragbarkeit zuneigend *Limmer* DNotZ 1999, 927, 932.

31 NK-BGB/*Horn* Rn. 4.

32 BGHZ 37, 319, 325; 12, 115, 119; *Mattern* BWNotZ 1962, 229, 235.

33 S. Rdn. 16.

34 BGHZ 12, 115, 120; s. Rdn. 16.

35 Zu diesem Erfordernis s. Rdn. 7; vgl. auch § 2269 BGB Rdn. 54 zur ähnlichen Frage beim gemeinschaftlichen Testament.

36 In diesem Sinne *Karpf*, Das Selbstanfechtungsrecht des Erblassers beim Erbvertrag (1994) 138 ff.; *Wübben*, Anwartschaftsrechte im Erbrecht, 47 f. untersucht dies zunächst nur im Hinblick auf die erbrechtliche Ersatzberufung; zum Anwartschaftsrecht im Erbrecht auch *Muscheler* I Rn. 651 ff.

37 Vgl. nur BGHZ 87, 367 = NJW 1983, 2244; Palandt/*Weidlich* § 2100 Rn. 11.

38 *Göller*, Anwartschaften im Erbrecht (1964) 19 ff.; zustimmend *Wübben*, Anwartschaftsrechte im Erbrecht, 338.

39 *Wübben*, Anwartschaftsrechte im Erbrecht, 339.

40 BGHZ 124, 35, 38 f.; BGH DNotZ 1962, 497, 499; BayObLGZ 1952, 289, 290; OLG Düsseldorf OLG-Rp 1994, 246; OLG Düsseldorf FamRZ 2003, 1230, 1231 = MDR 2003, 936; OLG Köln ZEV 1996,

wenn der Bedachte zugleich Vertragspartner ist und daher mit ihm aufgrund der vertraglichen Bindung bereits vor dem Erbfall ein gegenwärtiges Rechtsverhältnis besteht, auch als Anwartschaft bezeichnen,[41] doch ist mit diesem schillernden Begriff noch nichts gewonnen.[42] Ein echtes Anwartschaftsrecht wird demgegenüber nur von wenigen vertreten.[43] Demgegenüber spricht *v. Lübtow*[44] nur von einer rechtlich gesicherten Anwartschaft, verneint jedoch ausdrücklich ein Anwartschaftsrecht, da es an der erforderlichen Durchsetzbarkeit fehle.[45] Die Anhänger des Anwartschaftsrechts können sich auch nicht auf § 2289 Abs. 1 BGB berufen; denn Regelungsgegenstand dieser Norm ist die Frage, ob nach Eintritt des Erbfalls Verfügungen von Todes wegen die erbvertragliche Regelung beeinträchtigen,[46] während es hier um die Frage geht, ob bereits vor Eintritt des Erbfalls eine verfestigte Rechtsposition für den Bedachten entstanden ist.

11 Die gekennzeichnete Aussicht des Bedachten, sei es des Erben, sei es des Vermächtnisnehmers, unterliegt weder der Zwangsvollstreckung noch gehört sie im **Insolvenzfall** des Bedachten zur Insolvenzmasse.[47]

2. Schutz des Vertragserben gegen beeinträchtigende Rechtsgeschäfte unter Lebenden

12 Einen Schutz gegen beeinträchtigende Schenkungen geben nach der Gesetzessystematik allein die §§ 2287 f. BGB. Aus dem Zusammenhang mit § 2286 BGB zeigt sich sogleich, dass dies grundsätzlich abschließende Sonderregelungen für den Schutz der Erberwartungen des Vertragserben sind.[48]

a) Deliktsrechtlicher Schutz

13 Der erbvertraglich Bedachte hat bei Beeinträchtigung seiner Rechtsstellung keine deliktsrechtlichen Ansprüche. Der BGH hat es ausdrücklich abgelehnt, den bereicherungsrechtlichen Schutz, den § 2287 BGB zugunsten des Vertragserben gewährt, in einen deliktsrechtlichen »umzubauen«.[49] Auch ein Anspruch wegen vorsätzlich sittenwidriger Schädigung nach § 826 BGB gegen den Erblasser wegen erfolgter Weggabe von Vermögen ist grundsätzlich nicht gegeben;[50] dies gilt selbst dann, wenn der Erblasser mit einem Dritten kollusiv in der Absicht der Schädigung des Vertragserbens zusammenwirkt.[51] Eingehend hierzu § 2287 BGB Rdn. 10.

23, 24; BGHZ 12, 115, 118 (zum Vertragsvermächtnisnehmer); Burandt/Rojahn/*Burandt* Rn. 5; Erman/*Schmidt* Rn. 3; FA K-ErbR/*Zimmer* Rn. 4; *Lange*, Erbrecht, § 44 Rn. 67; NK-BGB/*Horn* Rn. 4 f.; *Harder/Kroppenberg* Rn. 170; MünchKomm/*Musielak* Rn. 3; *Lange/Kuchinke* § 25 V 12 a; *Kuchinke*, FS Henckel (1995) 481 m.w.N.; m.u. 652 f.; Palandt/*Weidlich* § 1941 Rn. 6; *Schumann*, Erbvertragsrecht, Rn. 6 und § 1941 Rn. 64 ff. (jedoch für »Anwartschaftsrecht« des Schlusserben beim Ehegattenerbvertrag mit dem Tode des vorversterbenden Ehegatten); gegen ein Anwartschaftsrecht auch Bamberger/Roth/*Litzenburger* Rn. 2; AK/*Finger* Rn. 4; *Damrau/Tanck/Krüger*, Erbrecht, Rn. 4.

41 So Soergel/*M. Wolf* Rn. 2; *Wübben* 339.

42 Zustimmend *Wübben*, Anwartschaftsrechte im Erbrecht, 339 Fn. 32.

43 Etwa von *Mattern* BWNotZ 1962, 234; *Karpf* 144 f.: Personenbezogenes, aber nicht gegenständlich objektbezogenes Anwartschaftsrecht; *Raiser* Dingliche Anwartschaften (1961) 8 nach Erlöschen eines vorbehaltenen Rücktrittsrechtes; ebenso Staudinger/*Schumacher* § 311b Abs. 5 und 5 Rn. 35; *Schumann*, § 1941 Rn. 65: »Anwartschaftsrecht« des Schlusserben beim Ehegattenerbvertrag mit dem Tode des vorversterbenden Ehegatten; nur deswegen ablehnend, weil kein Verkehrsbedürfnis für die Anerkennung als Anwartschaftsrecht besteht *Wübben*, Anwartschaftsrechte im Erbrecht, 344.

44 II 625.

45 In der Terminologie ähnlich BGH NJW 1984, 731, 732.

46 Vgl. § 2289 BGB Rdn. 13 aE.

47 OLG Oldenburg OLG 6, 178; *Planck/Greiff* Anm. 2; NK-BGB/*Horn* Rn. 4; MünchKomm/*Musielak* Rn. 4; Soergel/*M. Wolf* Rn. 2.

48 Eingehend § 2287 BGB Rdn. 8 ff.

49 BGHZ 108, 73, 78 = NJW 1989, 2389; BGH NJW 1991, 1952 je zu § 826.

50 Ebenso OLG Köln NJW-RR 1996, 327 = ZEV 1996, 23, 24 m. Anm. *Hohmann*; OLGR München 1999, 107; *Brox/Walker* Rn. 159; MünchKomm/*Musielak* Rn. 5.

51 BGHZ 108, 73; kritisch hierzu *Schubert* JR 1990, 159; *J. Kohler* FamRZ 1990, 464.

b) Nichtigkeit wegen Gesetzesverstoßes

Eine Nichtigkeit wegen Gesetzesverstoßes nach § 134 BGB liegt auch unter dem Gesichtspunkt der Umgehung der erbvertraglichen Bindung durch ein Rechtsgeschäft unter Lebenden nicht vor.[52] Der BGH hat bereits vor langer Zeit zu Recht seine diesbezügliche frühere Rechtsprechung aufgegeben.[53] 14

c) Nichtigkeit wegen Sittenwidrigkeit

Eine Sittenwidrigkeit gem. § 138 Abs. 1 BGB wird nach dem Ende der Rechtsprechung zur Aushöhlungsnichtigkeit[54] nur in Ausnahmefällen anzunehmen sein.[55] Jedenfalls reicht die bloße Beeinträchtigungsabsicht i.S.d. § 2287 BGB hierfür nicht aus, sondern es müssen erschwerende Umstände hinzukommen.[56] Auch unter dem Gesichtspunkt der »Verleitung zum Vertragsbruch« wird eine solche Nichtigkeit in solchen Fällen, in denen lediglich die erbvertragliche Bindung unterlaufen wird, grundsätzlich nicht anzunehmen sein. Anders liegt es, wenn das Rechtsgeschäft bewusst darauf gerichtet ist, einen mit dem Vertragserben geschlossenen Verfügungsunterlassungsvertrag zu brechen.[57] Näher unter § 2287 BGB Rdn. 11. 15

3. Sicherung durch Vormerkung, Arrest und einstweilige Verfügung

Vor Eintritt des Erbfalles besteht **kein Anspruch des Bedachten** gegen den Erblasser, und zwar auch kein zukünftiger, der durch Eintragung einer Eigentumsvormerkung gesichert werden könnte.[58] Auch kann zu Lebzeiten des Erblassers die Erwerbsaussicht des Bedachten nicht durch einen Arrest oder eine einstweilige Verfügung (§§ 916, 935 ZPO) gesichert werden, da dies keine verfügungsfähige Rechtsstellung ist.[59] Der Bedachte ist vielmehr auf die Ansprüche nach §§ 2287, 2288 BGB angewiesen, die aber grundsätzlich erst nach dem Erbfall durchgesetzt werden können. Inwieweit nach der Vornahme einer Schenkung der künftige Herausgabeanspruch nach § 2287 BGB gegen den Beschenkten sicherbar ist, ist umstritten, wird aber zunehmend zu Recht bejaht.[60] 16

4. Feststellungsklage

a) Zwischen den Erbvertragspartnern

Auch wenn durch den Erbvertrag nicht unmittelbare Rechte und Pflichten entstehen, so tritt doch durch seine erbrechtliche Bindung eine rechtlich geregelte Beziehung ein,[61] die als Rechtsverhältnis i.S.d. § 256 ZPO Gegenstand einer Feststellungsklage sein kann. Jedoch ist hier zunächst der 17

52 NK-BGB/*Kornexl* Rn. 8.
53 BGHZ 59, 343 = NJW 1973, 240; BGH NJW 1991, 1952; vgl. hierzu etwa Soergel/*M. Wolf* Rn. 11.
54 BGHZ 59, 343.
55 NK-BGB/*Horn* Rn. 8.
56 BGH NJW 1973, 1645; OLG Hamm AgrarR 1997, 441, 442; *Johannsen* DNotZ 1977, 77*.
57 BGH NJW 1991, 1952.
58 BGHZ 12, 115, 120 f. = JZ 1954, 436 m. Anm. *Coing* = DNotZ 1954, 264 m. Anm. *Hieber*; BGH FamRZ 1967, 470; BayObLGZ 1953, 226, 230; OLG Düsseldorf OLG-Rp 1994, 246; OLG Düsseldorf FamRZ 2003, 1230, 1231 = MDR 2003, 936; OLG Hamm DNotZ 1956, 151; 1966, 181; NK-BGB/*Horn* Rn. 9; Bamberger/Roth/*Litzenburger* Rn. 4; *Hohmann* ZEV 1994, 133, 137; *Mattern* BWNotZ 1966, 1 f.; MünchKomm/*Musielak* Rn. 6; *Schöner/Stöber*, Grundbuchrecht, Rn. 1484; Staudinger/*Gursky* § 883 Rn. 61 f. m.w.N. (unter Betonung, dass es bereits an der notwendigen Identität zwischen dem Schuldner und dem vormerkungsbetroffenen Rechtsinhaber fehlt); *Stadler* Jura 1998, 189, 193; *Bauer/V. Oefele/Kohler* GBO III Rn. 31; Staudinger/*Kanzleiter* Rn. 7; *Wübben* 341 f.
59 NK-BGB/*Horn* Rn. 9; MünchKomm/*Musielak* Rn. 6; Soergel/*M. Wolf* Rn. 2; *Hohmann* ZEV 1994, 133, 135; *Kipp/Coing* § 38 IV 2 a Fn. 28; *Kuchinke*, FS Henckel 484; *Lange/Kuchinke* § 25 V 12 a; *Wübben* Anwartschaftsrechte im Erbrecht, 341.
60 S. § 2287 BGB Rdn. 127.
61 Zu den allgemeinen Anforderungen hieran *Musielak/Foerste* § 256 ZPO Rn. 2 ff.

Inhalt der Klage (Streitgegenstand) genau zu unterscheiden. Zulässig sind nach ganz überwiegender Meinung **Klagen zwischen den Vertragsteilen** über die Frage der Wirksamkeit eines Erbvertrages und der darin enthaltenen Erbeinsetzung oder Vermächtnisanordnung, weil durch den Erbvertrag bereits eine erbrechtliche Bindung eintritt.[62] Fraglich kann hier allenfalls das **rechtliche Interesse** an der Feststellung sein. Dieses wird teilweise bei einer Feststellungsklage des **Vertragserben gegen den Erblasser** verneint, was aber nicht allein mit dem Einwand begründet werden kann, dass der Erblasser zu Lebzeiten nicht mit Rechtsstreitigkeiten überzogen werden dürfe.[63] Denn durch den **Abschluss** des Erbvertrages hat der Erblasser vielmehr eine **Rechtsbeziehung** geschaffen, mit deren gerichtlicher Überprüfung er rechnen muss. Von einem Vorrang des Schutzinteresses des Erblassers vor dem Klärungsinteresse des Vertragspartners kann daher nicht generell gesprochen werden.[64] Man wird daher als ausreichend ansehen müssen, wenn aufgrund besonderer Umstände ein schutzwürdiges Interesse an einer baldigen Feststellung der Wirksamkeit des Vertrages vorliegt, etwa bei Anfechtung oder Rücktritt vom Erbvertrag.[65] Dies wird insbesondere auch beim entgeltlichen Erbvertrag wegen der hier bestehenden Leistungsverpflichtung des Vertragspartners i.d.R. immer gegeben sein wird.[66]

18 **Aktivlegitimiert** für eine solche Feststellungsklage ist sicherlich der **Vertragsgegner**, zu dem vertragliche Beziehungen bestehen. Dies gilt auch dann, wenn ihm selbst vertraglich nichts zugewandt wurde, weil er die Interessen des Bedachten repräsentiert.[67] Der vertragsmäßig **bedachte Dritte** ist demgegenüber in seiner Rechtsstellung vom Willen der Vertragsschließenden abhängig, da diese ohne sein Zutun den Vertrag aufheben können; daher kann ihm mangels eines feststellungsfähigen Rechtsverhältnisses kein eigenes Klagerecht zugebilligt werden.[68]

19 Nicht zulässig ist jedoch zu Lebzeiten des Erblassers eine Feststellungsklage über den **Bestand** des künftigen **Erblasservermögens**, da sich der Nachlassbestand erst mit Eintritt des Erbfalles feststellen lässt.[69]

---

62 OLG Düsseldorf ZEV 1994, 171, 172 = FamRZ 1995, 58 = MittBayNot 1995, 150 m. Anm. *J. Kirchner*; NK-BGB/*Horn* Rn. 10; MünchKomm/*Musielak* Rn. 7; MünchKomm/*Leipold* § 1922 Rn. 121; *Moser*, Die Zulässigkeitsvoraussetzungen der Feststellungsklage unter besonderer Berücksichtigung erbrechtlicher Streitigkeiten zu Lebzeiten des Erblassers, (1981) 249; *Kuchinke* FS Henckel 478 ff.; *v. Lübtow* II 625; zu undifferenziert Bamberger/Roth/*Litzenburger* Rn. 5.

63 So aber *Lange* NJW 1963, 1571, 1573; gegen die Zulässigkeit auch Staudinger/*Kanzleiter* § 2281 Rn. 39; *ders.* § 2293 Rn. 13; ebenso FA K-ErbR/*Zimmer* § 2281 Rn. 13 bezüglich Feststellungsklage des Vertragserben.

64 IE ebenso NK-BGB/*Horn* Rn. 10; MünchKomm/*Musielak* Rn. 7; *Damrau/Tanck/Krüger*, Erbrecht § 2394 Rn. 6; offenlassend BGHZ 109, 306, 308 = NJW 1990, 911 mit krit. Anm. *Leipold* JZ 1990, 697 zum Pflichtteilsrecht; auch wenn früher die Rspr. des BGH ersichtlich davon getragen war zu verhindern, dass der Erblasser zu seinen Lebzeiten in einen Rechtsstreit hineingezogen wird (s. dazu OLG Koblenz ZEV 2003, 242 = FamRZ 2003, 542 m.w.N. in anderem Zusammenhang darauf abstellend), so hat er doch jetzt diesen Gesichtspunkt im Pflichtteilsrecht ausdrücklich aufgegeben (BGHZ 158, 226 = NJW 2004, 1874; dazu *Kummer* ZEV 2004, 274; auf diese Entscheidung auch ausdrücklich hinweisend MünchKomm/*Musielak* Rn. 7 Fn. 23), sodass dies angesichts der vom Erblasser selbst verursachten erbrechtlichen Bindung erst Recht kein Argument mehr ist.

65 OLG Düsseldorf ZEV 1994, 171, 172; MünchKomm/*Musielak* Rn. 7; NK-BGB/*Horn* Rn. 10; *Musielak/Foerste* § 256 ZPO Rn. 21 m.w.N.; FA K-ErbR/*Zimmer* Rn. 12 i.V.m. § 2281 Rn. 13 (der aber Feststellungsinteresse des Vertragserben i.d.R. verneint); ähnlich zum Pflichtteilsrecht *Kummer* ZEV 2004, 274, der darauf hinweist, dass die Auffassung des BGH (in BGHZ 158, 226) an sich zu weit geht.

66 *Hohmann* ZEV 1994, 133, 135; *Lange/Kuchinke* § 25 V 12 b; NK-BGB/*Horn* Rn. 10.

67 *Kuchinke* FS Henckel 479.

68 NK-BGB/*Horn* Rn. 10; *Lange/Kuchinke* § 25 V 12 b; *Kuchinke* FS Henckel 483; i.E. ebenso *Wübben*, Anwartschaftsrechte im Erbrecht, 341.

69 MünchKomm/*Leipold* § 1922 Rn. 120; eingehend *Kuchinke* FS Henckel 480 zu weiteren prozessualen Fragen.

b) Zwischen den erbvertraglich Bedachten

Vor Eintritt des Erbfalls fehlt es demgegenüber an einem feststellungsfähigen Rechtsverhältnis zwischen den durch einen Erbvertrag bedachten Erben oder Vermächtnisnehmern, da das Erbrecht nach noch lebenden Personen festgestellt werden soll und in diesem Stadium nur eine Erwerbsaussicht bestehen kann.[70] Die Vorschrift des § 311b Abs. 5 BGB ist hier nicht einmal analog anzuwenden, denn diese will nur eine einvernehmliche Regelung zwischen den gesetzlichen Erben ermöglichen.[71] 20

c) Feststellungsklage gegen den Beschenkten, Klage des Schlusserben

Ob eine Feststellungsklage gegen den Beschenkten zulässig ist, ist umstritten, vgl. § 2287 BGB Rdn. 128. Eine Feststellungsklage des durch den Erbvertrag bedachten Schlusserben oder des für den Schlusserbfall begünstigten Vermächtnisnehmers gegen den Erblasser wird man genauso wie beim gemeinschaftlichen Testament[72] für möglich halten müssen, zumal beim Erbvertrag die Bindungswirkung noch stärker ist. 21

III. Zusätzliche vertragliche Sicherung der Rechte des Bedachten

1. Beschränkung der lebzeitigen Verfügungsbefugnis als Gestaltungsauftrag

Aus der gesetzlichen Regelung ergibt sich, dass der vertragsmäßig Bedachte nur sehr eingeschränkt gegen lebzeitige Verfügungen des Erblassers geschützt ist. Auch wenn in Ausnahmefällen ein Anspruch nach den §§ 2287, 2288 BGB eingreift, so entsteht dieser doch erst mit dem Erbfall und kann nach überwiegender Meinung vorher weder durch Eintragung einer Auflassungsvormerkung am betroffenen Grundbesitz noch durch Arrest oder einstweilige Verfügung gesichert werden; auch eine Klärung des Bestehens eines solchen Anspruches durch vorzeitige Feststellungsklage vor Eintritt des Erbfalls ist nach h.M. nicht möglich.[73] Der Vertragserbe wird daher oftmals im eigenen Interesse darauf dringen, dass seine Rechtsstellung aus dem Erbvertrag durch Schaffung »flankierender Maßnahmen« gestärkt und verbessert wird. Oftmals wird jedoch der Erblasser nicht bereit sein, seine lebzeitige Verfügungsfreiheit ohne Vorliegen triftiger Gründe einzuschränken.[74] Soweit der vertragsmäßig Bedachte bereits Vorleistungen zu Lebzeiten des Erblassers erbringt, wie insbesondere beim entgeltlichen Erbvertrag durch Pflegeverrichtungen, besteht ein besonderes Sicherungsbedürfnis hierfür,[75] von dessen Erfüllung der Vertragspartner sinnvollerweise den Vertragsabschluss abhängig machen sollte und auf das in solchen Fällen der beurkundende Notar hinweisen wird, ohne dass es sich hierbei um eine Belehrungspflicht i.S. von § 17 BeurkG handelt. Zudem ist zu beachten, dass trotz aller Sicherungsmaßnahmen deren Wirkung i.d.R. hinter dem zurückbleibt, was durch andere Rechtsgeschäfte unter Lebenden, etwa eine Schenkung mit einer auf den Tod hinausgeschobener Erfüllung, erreicht werden kann.[76] 22

2. Gestaltungsmöglichkeiten

An Sicherungsmöglichkeiten für den Vertragserben gegen Störungen durch den Erblasser kommen dabei insbesondere in Betracht:[77] 23

70 OLG Karlsruhe FamRZ 1989, 1351, 1352 = Justiz 1990, 183; MünchKomm/*Leipold* § 1922 Rn. 121; Staudinger/*Marotzke* § 1922 Rn. 20; *Wübben*, Anwartschaftsrechte im Erbrecht, 341.

71 Staudinger/*Marotzke* § 1922 Rn. 20; NK-BGB/*Horn* Rn. 10.

72 § 2269 BGB Rdn. 55.

73 So etwa MünchKomm/*Musielak* Rn. 7; a.M. *Hohmann* ZEV 1994, 133, 136 f.; eingehend hierzu § 2287 BGB Rdn. 128.

74 So richtig MünchKomm/*Musielak* Rn. 9.

75 NK-BGB/*Horn* Rn. 12.

76 Bamberger/Roth/*Litzenburger* Rn. 6.

77 Vgl. *Hohmann*, Rechtsfolgen von Störungen im Rahmen eines entgeltlichen Erbvertrags und Sicherung der Rechte der Vertragsparteien, 188 ff.

a) Verfügungsunterlassungsvertrag

24 Die in § 2286 BGB festgelegte Freiheit des Erblassers zur Verfügung unter Lebenden hindert nicht, dass er sich – sei es in einem selbstständigen oder auch in einem mit dem Erbvertrag verbundenen Vertrag – **schuldrechtlich** gem. § 137 Satz 2 BGB gegenüber dem vertragsmäßig Bedachten verpflichtet, solche Verfügungen unter Lebenden in einem bestimmten Umfang zu unterlassen, etwa seine Grundstücke nicht zu veräußern oder nicht zu belasten.[78] Bedenken gegen den Verfügungsunterlassungsvertrag erhebt nur *Krebber*[79] aus erbrechtlichen Überlegungen. Seiner Ansicht nach sind obligatorische Verfügungsbeschränkungen dieser Art nicht allein an § 137 Satz 2 BGB zu messen, sondern auch an erbrechtlichen Grundsätzen. Der Verfügungsunterlassungsvertrag scheitere aber, weil er angebliche Defizite des Erbrechts mit einem Rechtsgeschäft unter Lebenden auszugleichen versuche und damit die Grenzen zwischen Erbrecht und Rechtsgeschäften unter Lebenden verwische. Eine obligatorische Verfügungsbeschränkung sei nach § 2302 BGB nichtig, soweit sie nicht unwirksam werde, wenn die Verfügung von Todes wegen aufgehoben werde, deren Sicherung sie diene. Letzteres kann m.E. schon deswegen kein durchschlagendes Argument sein, weil sich gerade aus dem *Sicherungszweck* der Vereinbarung eine »Verkoppelung« der Wirksamkeit der erbrechtlichen Zuwendung und der des sichernden Rechtsgeschäfts unter Lebenden ergibt. Eine »überschießende Innentendenz«, dass das lebzeitige Sicherungsgeschäft isoliert weiter bestehe, wenn die Verfügung von Todes wegen unwirksam wird, ist daher auch bei fehlender ausdrücklicher Vereinbarung aufgrund einer interessengerechten Vertragsauslegung zu verneinen. Wenn *Krebber* aus § 2286 BGB den allgemeinen Grundsatz herleitet, dass Verfügungen von Todes wegen erst mit dem Erbfall wirken sollen und der Erblasser zu Lebzeiten in seiner Verfügung frei sein soll, ist dies m.E. eine überzogene Interpretation der Norm, die diese aus ihrem systematischen Zusammenhang löst. Vielmehr konstruiert *Krebber* eine scheinbar *unvereinbare Antinomie* von Verfügungen von Todes wegen und lebzeitigen Rechtsgeschäften, ohne die für beide Bereiche weitgehend geltende Privatautonomie ausreichend zu berücksichtigen.

Ein solcher »**Verfügungsunterlassungsvertrag**« kann u.U. sogar **konkludent** (stillschweigend) geschlossen werden, wenngleich an den entsprechenden Nachweis strenge Anforderungen zu stellen sind, denn nur ausnahmsweise wird sich der Erblasser in so weitreichender Weise binden wollen.[80] Der Unterlassungsvertrag hat allerdings Dritten gegenüber keine Wirkung (§ 137 Satz 1 BGB) und lässt die dingliche Wirksamkeit der verbotswidrigen Verfügung unberührt. Vielmehr wirkt er nur schuldrechtlich inter partes.[81] Wird der Unterlassungsvertrag gesondert abgeschlossen, so bedarf er nach h.M. weder der **Form** des § 2274 BGB noch bei Grundstücken der des § 311b Abs. 1 BGB.[82] Aber auch wenn er mit dem **Erbvertrag** äußerlich verbunden ist, so soll nach h.M. das Gleiche

78 Mot. V, 327; BGHZ 12, 115, 122; 31, 13, 18 f. = NJW 1959, 2252 = DNotZ 1960, 207; BGH NJW 1963, 1602; BGH FamRZ 1967, 470 = BWNotZ 1967, 259; NK-BGB/*Horn* Rn. 12; Bamberger/Roth/*Litzenburger* Rn. 7; *Coing* JZ 1960, 588; *Damrau/Tanck/Krüger*, Erbrecht, Rn. 6; *Mattern* BWNotZ 1966, 12; Palandt/*Weidlich* Rn. 2; MünchKomm/*Musielak* Rn. 11; Staudinger/*Kanzleiter* Rn. 16; *Schumann*, Erbvertragsrecht, Rn. 10; eingehend Nieder/Kössinger/*R. Kössinger*, Handbuch der Testamentsgestaltung, § 13 Rn. 29; *Schermann*, Der Schutz des Vermächtnisnehmers im gemeinschaftlichen Testament und Ehegattenerbvertrag, 312 ff.

79 AcP 204 (2004) 149, 165 ff.

80 BGH DNotZ 1969, 760; BB 1967, 1014; OLG Köln NJW-RR 1996, 327 = ZEV 1996, 23 m. Anm. Hohmann; OLG München ErbR 2009, 385 (zur Sicherung eines Nachvermächtnisanspruchs); NK-BGB/*Horn* Rn. 12; Bamberger/Roth/*Litzenburger* Rn. 7; *Damrau/Tanck/Krüger*, Erbrecht, Rn. 6; MünchKomm/*Musielak* Rn. 12; Staudinger/Kanzleiter Rn. 16.

81 BGHZ 12, 115, 123; OLG Hamm DNotZ 1956, 151; NK-BGB/*Horn* Rn. 12; Bamberger/Roth/*Litzenburger* Rn. 7; *Schumann*, Erbvertragsrecht, Rn. 13.

82 BGHZ 31, 13, 19; NK-BGB/*Horn* Rn. 12; MünchKomm/*Musielak* Rn. 11; Bamberger/Roth/*Litzenburger* Rn. 7; *Schumann*, Erbvertragsrecht, Rn. 16; *Schermann*, Der Schutz des Vermächtnisnehmers im gemeinschaftlichen Testament und Ehegattenerbvertrag, 319.

gelten, es sei denn, dass Erbvertrag und Unterlassungsvertrag eine **rechtliche Einheit** bilden,[83] während nach einer Mindermeinung die Verfügungsunterlassungsverpflichtung immer formfrei ist.[84] Demgegenüber ist nach der hier vertretenen Auffassung in allen Fällen die Erbvertragsform für alle die Vereinbarungen einzuhalten, die nach den zu § 311b Abs. 1 BGB entwickelten Kriterien eine solche rechtliche Einheit bilden, dass sie miteinander »stehen und fallen sollen«.[85] Da der Verfügungsunterlassungsvertrag ein typisches Sicherungsgeschäft zum Erbvertrag ist, wird die Form des Erbvertrags regelmäßig auch für einen äußerlich getrennten Verfügungsunterlassungsvertrag einzuhalten sein, weil regelmäßig ein entsprechender innerlicher Verknüpfungswille anzunehmen ist.[86] Ein Verfügungsunterlassungsvertrag kann auch dergestalt vereinbart werden, dass sich der Erbvertragspartner gegenüber einem Vertragserben oder einem vertraglichen Vermächtnisnehmer verpflichtet, vom Erblasser keine Zuwendungen unter Lebenden anzunehmen und mit ihm keine Verträge zu schließen, die der erbvertraglichen Regelung zuwiderlaufen.[87]

Eine Verletzung des Verfügungsunterlassungsvertrages begründet nur einen Anspruch auf Wieder- 25
herstellung des früheren Zustands.[88] Ist dies unmöglich, so bestehen **Schadensersatzansprüche** des Bedachten gegen den Erblasser, zu deren Erfüllung auch der Erbe vermöge seiner Haftung für die Nachlassverbindlichkeiten verpflichtet ist,[89] was dem Vertragserben aber als Gesamtrechtsnachfolger infolge der eintretenden Konfusion von Schadensersatzforderung einerseits und Verpflichtung zu deren Erfüllung andererseits keine Kompensationsmöglichkeit bringt; anderes gilt für den Vertragsvermächtnisnehmer.[90]

Der Anspruch aus dem Verfügungsunterlassungsvertrag als solcher ist nicht vormerkungsfähig i.S.v. 26
§ 883 BGB.[91] Daher findet sich diese Gestaltung in der Praxis kaum. Der Anspruch aus dem Verfügungsunterlassungsanspruch kann nach allerdings nicht zu Unrecht umstr. Ansicht aber (auch zu Lebzeiten des Erblassers) Grundlage einer **einstweiligen Verfügung** sein, durch die ein Veräußerungs- oder Belastungsverbot verhängt wird.[92] Dieses kann auch im Grundbuch eingetragen werden, wenn es sich auf bestimmte Grundstücke bezieht.[93] Auch ist eine Absicherung durch Bürgschaften, Pfandrechte und Vertragsstrafen möglich.[94]

---

83 BGH FamRZ 1967, 470, 471; BGH WM 1969, 1055; NK-BGB/*Horn* Rn. 13; MünchKomm/*Musielak* Rn. 11; *Schumann*, Erbvertragsrecht, Rn. 16.

84 Staudinger/*Kanzleiter* Rn. 16; *Kanzleiter* DNotZ 1994, 275, 280 Fn. 18; Soergel/*M. Wolf* Rn. 4; ebenso offensichtlich OLG Köln ZEV 1996, 23 = NJW-RR 1996, 327.

85 S. § 2276 BGB Rdn. 41 ff.

86 Zutr. *Hohmann* ZEV 1996, 24; *ders.*, Rechtsfolgen von Störungen S. 191 f.

87 OLG Köln NJW-RR 1996, 327 = ZEV 1996, 23 m. Anm. *Hohmann*.

88 BGH NJW 1963, 1604; MünchKomm/*Musielak* Rn. 13; *Recker* MittRhNotK 1978, 130.

89 BGHZ 31, 13, 19; BGH WM 1969, 1055; LG Saarbrücken ErbR 2019, 192; *Mattern* BWNotZ 1966, 12; MünchKomm/*Musielak* Rn. 13; *Schermann*, Der Schutz des Vermächtnisnehmers im gemeinschaftlichen Testament und Ehegattenerbvertrag, 321.

90 Vgl. den Fall von OLG München ErbR 2009, 385; *Schermann*, Der Schutz des Vermächtnisnehmers im gemeinschaftlichen Testament und Ehegattenerbvertrag, 321 f.

91 BGHZ 12, 122; OLG Düsseldorf FamRZ 2003, 1230, 1231 = MDR 2003, 936; NK-BGB/*Horn* Rn. 14; MünchKomm/*Musielak* Rn. 13; *Langenfeld* NJW 1987, 1577, 1580; Soergel/*M. Wolf* Rn. 6.

92 OLG Stuttgart BWNotZ 1959, 70; *Furtner* NJW 1966, 182; Soergel/*M. Wolf* Rn. 5; Staudinger/*Kanzleiter* Rn. 16; **a.M.** *Lüke*, Vertragliche Störungen beim entgeltlichen Erbvertrag (1990) 70 f.; *Hohmann*, Rechtsfolgen von Störungen im Rahmen eines entgeltlichen Erbvertrags und Sicherung der Rechte der Vertragsparteien,202 ff.: da dadurch mehr als die Hauptsache im einstweiligen Rechtsschutz gewährt wird; *Lange* NJW 1963, 1576; *Kohler* DNotZ 1989, 339, 342; ebenso ablehnend auch *Schermann*, Der Schutz des Vermächtnisnehmers im gemeinschaftlichen Testament und Ehegattenerbvertrag, 327 f., weil durch die Anordnung des Verfügungsverbots eine unzulässige Verdinglichung der Verfügungsbeschränkung einträte, was § 137 Satz 1 BGB gerade widerspräche.

93 *Langenfeld* NJW 1987, 1577, 1580; MünchKomm/*Musielak* Rn. 13.

94 NK-BGB/*Horn* Rn. 14; *Johannsen* DNotZ 1977, Sonderheft 78 f.; MünchKomm/*Musielak* Rn. 13; *Hohmann*, Rechtsfolgen von Störungen im Rahmen eines entgeltlichen Erbvertrags und Sicherung der Rechte der Vertragsparteien, 205 ff.

27 Ist im Zusammenhang mit einem Erbvertrag ein Verfügungsunterlassungsvertrag zu formulieren, wird der **Urkundsnotar** oder Berater auf die vorgenannten Einschränkungen hinweisen. Er wird auch den Begriff der Verfügung näher definieren (nur Veräußerung oder auch Belastung?), da ein Veräußerungsverbot – zumindest in Notlagen – nicht daran hindert, das Objekt zu belasten.[95]

b) Dingliche Sicherung, bedingte Übereignungsverpflichtung

28 Die Nichtverfügungsverpflichtung kann wesentlich effektiver ausgestaltet werden, wenn sich durch Rechtsgeschäft unter Lebenden der Erblasser weiter verpflichtet, bei Verstoß gegen das Verfügungsverbot bestimmte Vermögensgegenstände sofort oder zu einem vertraglich festgelegten Zeitpunkt auf den durch Erbvertrag Begünstigten (Vertragserbe, Vermächtnisnehmer) zu übertragen.[96] Eine solche Konstruktion wird auch »qualifizierter Verfügungsunterlassungsvertrag«[97] oder auch »**Sicherungsschenkung**« genannt, da eine bedingte unentgeltliche Zuwendung zur Sicherung der erbvertraglichen Erwerbsaussicht vereinbart wird.[98] Wegen § 311b Abs. 2 BGB kann Gegenstand dieser bedingten Übereignungsverpflichtung aber nicht der gesamte Nachlass sein.[99] Auch sollte bereits die schuldrechtliche Verpflichtung zu einer beeinträchtigenden Verfügung des Erblassers zur Bedingung für das Entstehen des Übereignungsanspruchs gemacht werden, damit nicht das Verbot umgangen werden kann.[100]

29 Bei **beweglichen Gegenständen** und Forderungen kann bereits die dingliche Abtretung bzw. Übereignung (§§ 399, 929 ff. BGB) unter der **aufschiebenden Bedingung** der abredewidrigen Verfügung erklärt werden, was wegen § 161 BGB den Erwerber auch mit Wirkung gegenüber Dritten schützt.[101] Bei Grundstücken und grundstücksgleichen Rechten ist dies hinsichtlich der Auflassung wegen § 925 Abs. 2 BGB nicht möglich. Jedoch kann die bedingte **schuldrechtliche Verpflichtung**, bei Verstoß gegen das Verfügungsverbot ein bestimmtes Grundstück an den Erbvertragspartner oder einen Dritten zu übereignen, durch eine **Auflassungsvormerkung** im Grundbuch gesichert werden.[102]

30 Die **Gegenmeinung** führt dagegen an, dass dadurch das Verbot dinglich wirkender Verfügungsbeschränkungen (§ 137 Satz 1 BGB) durch die »mittelbare Verdinglichung« des schuldrechtlichen Verfügungsunterlassungsvertrages mittels der Vormerkung umgangen und dadurch das Grundstück dem Rechtsverkehr entzogen werde, und dies auch zu Gläubigerbenachteiligungen führe.[103] Die Situation ist jedoch mit denjenigen Fällen vergleichbar, in denen ein Grundstück übergeben wird und der Übernehmer sich von Anfang an verpflichtet, das Objekt ohne Zustimmung des Übergebers nicht zu veräußern oder zu belasten und es im Falle eines Verstoßes hiergegen auf den Übergeber oder Dritte zu übertragen ist; derartige Vereinbarungen werden als zulässig und durch

95 BGH FamRZ 1967, 470.

96 NK-BGB/*Horn* Rn. 15; MünchKomm/*Musielak* Rn. 13; *Recker* MittRhNotK 1978, 130.

97 *Schermann*, Der Schutz des Vermächtnisnehmers im gemeinschaftlichen Testament und Ehegattenerbvertrag, 331.

98 *Strobel*, Mittelbare Sicherung erbrechtlicher Erwerbsaussichten, 1982, 5 ff.; *Spellenberg* FamRZ 1984, 858.

99 NK-BGB/*Horn* Rn. 15; Nieder/Kössinger/*R. Kössinger*, Handbuch der Testamentsgestaltung, § 13 Rn. 34.

100 NK-BGB/*Horn* Rn. 15; *Strobel* Mittelbare Sicherung erbrechtlicher Erwerbsaussichten, 1982, 24 f.

101 *Schermann*, Der Schutz des Vermächtnisnehmers im gemeinschaftlichen Testament und Ehegattenerbvertrag, 341 f. m.w.N.

102 BGHZ 134, 182, 186 f. = NJW 1997, 861 = DNotZ 1997, 720; BayObLGZ 1978, 287 = DNotZ 1979, 27; DNotZ 1989, 370; Rpfleger 1997, 59; *Haegele* Rpfleger 1966, 386; 1969, 47, 271; LG Bad Kreuznach DNotZ 1965, 301; LG Köln MittRhNotK 1976, 19; NK-BGB/Horn Rn. 16; Bamberger/Roth/*Litzenburger* Rn. 7; *Holthöfer* DRiZ 1954, 141; Staudinger/*Kanzleiter* Rn. 17; Staudinger/*Gursky* § 883 Rn. 112 ff.; MünchKomm/*Musielak* Rn. 12; *Schöner/Stöber*, Grundbuchrecht, Rn. 1484; *Kohler* DNotZ 1989, 339, 346 ff.; Staudinger/*Kohler* § 137 Rn. 59; MünchKomm/*Armbrüster* § 137 Rn. 35; ausf. *Schermann*, Der Schutz des Vermächtnisnehmers im gemeinschaftlichen Testament und Ehegattenerbvertrag, 336 ff.

103 *Timm* JZ 1989, 13, 21 f.; zustimmend, wenn auch für Begrenzung auf Lebenszeit *Berger*, Rechtsgeschäftliche Verfügungsbeschränkungen (1998) S. 205 f.; zum Streitstand eingehend Nieder/Kössinger/*R. Kössinger*, Handbuch der Testamentsgestaltung, § 13 Rn. 35; *Schermann*, Der Schutz des Vermächtnisnehmers im gemeinschaftlichen Testament und Ehegattenerbvertrag, 337 ff. mit zutr. Gegenargumenten.

Vormerkung sicherbar angesehen.[104] Daher ist ein derartiger Schutz des vertragsmäßig Bedachten durch einen vormerkungsgesicherten bedingten Übereignungsanspruch als zulässig anzusehen.[105]

Diese Absicherung erfolgt durch **Rechtsgeschäft unter Lebenden**, jedoch kann die entsprechende Vereinbarung in die Erbvertragsurkunde mit aufgenommen werden (verbundener Vertrag). Eine bedingte positive Übertragungsverpflichtung bedarf der Form des § 311b Abs. 1 Satz 1 BGB, also der **notariellen Beurkundung.**[106] Sie hat **kostenrechtlich** den **Nachteil**, dass dies eine eigenständige Verpflichtung ist, die zusätzlich zur Erbvertragsgebühr eine eigene von 2,0 nach Nr. 21100 KV GNotKG auslöst. 31

Bei Eingehen einer Übertragungsverpflichtung zugunsten eines Dritten (also nicht zugunsten des Vertragserben) ist beim Abfassen der Urkunde klarzustellen, ob die Vertragsschließenden berechtigt sind, die Vereinbarungen (Vertrag unter Lebenden!) ohne Zustimmung des begünstigten Dritten gemeinsam wieder aufzuheben. Ist eine solche Regelung unterblieben, wird man davon ausgehen können.[107] 32

Ein **Restrisiko** verbleibt auch bei dieser Gestaltung,[108] so bei tatsächlichen Handlungen und familienrechtlichen Akten.[109] Das Gleiche gilt, wenn der Erbvertrag, etwa wegen der weitreichenden Möglichkeiten zur Anfechtung wegen Motivirrtums (§ 2078 BGB) oder aufgrund eines berechtigten Rücktritts, beseitigt wird, da dann auch über § 139 BGB die gesamte Regelung wegfällt.[110] Zu weiteren Sicherungsvorkehrungen hiergegen *Hohmann*, Rechtsfolgen von Störungen im Rahmen eines entgeltlichen Erbvertrags und Sicherung der Rechte der Vertragsparteien, 182 ff., 210 ff. und § 2295 BGB Rdn. 30 ff. Auch das Schuldenmachen ist dem Erblasser dadurch nicht verwehrt, und der Erbe haftet für diese Nachlassverbindlichkeiten,[111] wenngleich die Beleihung des Grundbesitzes dem Erblasser durch die eingetragene Vormerkung ganz erheblich erschwert wird. Weiter kann auch eine (ergänzende) Auslegung ergeben, dass ein Verfügungsverbot nicht eingreift, wenn der Erblasser wegen einer dringenden Notlage das Grundstück für eine Kreditaufnahme belasten muss.[112] 33

c) Weitere Sicherungsmöglichkeiten

An weiteren Sicherungsmöglichkeiten sind vorgeschlagen worden:[113] die Einräumung eines An- oder *Vorkaufsrechts* an den Bedachten,[114] die Beschwerung des erstversterbenden Ehegatten mit einem Verfügungs-Unterlassungs-Vermächtnis zugunsten der Schlusserben (beim Berliner Modell), die Anordnung einer *Nacherbfolge* für den Fall eines den vertragsmäßig Bedachten beeinträchtigenden »Zweitgeschäftes« unter Lebenden.[115] Gegen diese Vorschläge bestehen keine grundsätzlichen Bedenken. 34

---

104 Vgl. nur BGHZ 134, 182; BGH NJW 2012, 3162; BayObLGZ 1977, 268 = DNotZ 1978, 159; OLG Hamm DNotZ 1978, 356; OLG Zweibrücken MittRhNotK 1981, 107; OLG Köln FGPrax 2017, 159; LG Aachen MittRhNotK 1981, 197; LG Köln MittRhNotK 1981, 237; *Angermaier* MittBayNot 1973, 77; *Raude* RNotZ 2016, 69, 84.

105 Statt vieler *Lüke* a.a.O. 69; *Strobel* a.a.O. 56; *Hohmann* Rechtsfolgen von Störungen im Rahmen eines entgeltlichen Erbvertrags und Sicherung der Rechte der Vertragsparteien, 213 ff.; MünchKomm/*Musielak* Rn. 13 Fn. 45; Nieder/Kössinger/*R. Kössinger*, Handbuch der Testamentsgestaltung, § 13 Rn. 35 m.w.N.; NK-BGB/*Horn* Rn. 16; Bamberger/Roth/*Litzenburger* Rn. 7; *Damrau/Tanck/Krüger*, Erbrecht, Rn. 6.

106 NK-BGB/*Horn* Rn. 15; Bamberger/Roth/*Litzenburger* Rn. 7; Staudinger/*Kanzleiter* Rn. 17; *Damrau/Krüger*, Erbrecht, Rn. 6.

107 LG Mosbach MDR 1971, 222; vgl. auch § 328 Abs. 2 BGB.

108 Vgl. Nieder/Kössinger/*R. Kössinger*, Handbuch der Testamentsgestaltung, § 13 Rn. 37; NK-BGB/*Horn* Rn. 17; warnend daher auch Bamberger/Roth/*Litzenburger* Rn. 6.

109 S. bereits oben Rdn. 4.

110 *Strobel*, Mittelbare Sicherung erbrechtlicher Erwerbsaussichten, 1982, 41.

111 S. *Faßbender* DNotZ 1984, 121.

112 BGH FamRZ 1967, 470, 472; NK-BGB/*Horn* Rn. 17; MünchKomm/*Musielak* Rn. 13; RGRK/*Kregel* Rn. 1.

113 Dazu bereits *Mattern* BWNotZ 1966, 11.

114 Ausf. dazu *Schermann*, Der Schutz des Vermächtnisnehmers im gemeinschaftlichen Testament und Ehegattenerbvertrag, 343 ff. mit Formulierungsvorschlag hierzu auf S. 348.

115 Dazu *Schermann*, Der Schutz des Vermächtnisnehmers im gemeinschaftlichen Testament und Ehegattenerbvertrag, 352 ff. mit Formulierungsvorschlägen.

35 Mitunter kommen als Ersatzlösungen auch besonders ausgestaltete **Rechtsgeschäfte unter Lebenden** in Betracht. So können bewegliche Sachen und Forderungen (wegen § 925 Abs. 2 BGB aber Grundstücke nur bezüglich des schuldrechtlichen Grundgeschäfts) auf den Todesfall aufschiebend befristet übertragen werden oder aber durch das Vorliegen bestimmter Umstände aufschiebend oder auflösend bedingt zugewendet werden.[116] Möglich ist auch die sofortige Übertragung unter Vorbehalt eines (u.U. auch freien) Rücktrittsvorbehalts, wobei der bedingte Rückübereignungsanspruch bei Grundstücken auch durch Eintragung einer Eigentumsvormerkung gesichert werden kann. Diese Lösung ist gegenüber der auflösenden Bedingung vorzuziehen, da sie die Automatik des Rückfalls vermeidet; ihre steuerliche Anerkennung (besonders im Bereich der Einkommensteuer) kann jedoch fraglich sein.

36 Bisweilen findet sich gerade bei Immobilien auch die Vereinbarung einer Zuwendung mit einer auf den Erbfall hinausgeschobenen dinglichen Erfüllung ohne oder mit zusätzlicher Überlebensbedingung des Zuwendungsempfängers[117] oder ein bindendes Vertragsangebot auf Zuwendung eines Grundstückes, das erst nach dem Tod des Zuwendenden angenommen werden darf.[118]

3. Hinweise zur Vertragsgestaltung

37 Solche finden sich insbesondere bei *Nieder* ZNotP 1998, 143 ff.; *ders.* in Nieder/Kössinger, Handbuch der Testamentsgestaltung, § 3 Rn. 73 ff.; sehr ausf. und praxisbezogen *Schermann*, Der Schutz des Vermächtnisnehmers im gemeinschaftlichen Testament und Ehegattenerbvertrag, 310 ff. Ein Vertragsmuster zu einem Verfügungsunterlassungsvertrag kann man dem Münchner Vertragshandbuch/*Nieder/Otto* VI, 2, Form XVI. 31 entnehmen; ein Muster zum Schenkungsvertrag mit auf den Tod verzögerter Erfüllung dort unter XVI. 33.

IV. Rechtliche Stellung des Bedachten nach dem Erbfall

38 Nach dem Erbfall hat der Vertragserbe die rechtliche Stellung des Erben, der Vertragsvermächtnisnehmer den Anspruch auf Leistung des vermachten Gegenstandes (§ 2174 BGB). Beide können nunmehr gegebenenfalls die Ansprüche nach §§ 2287, 2288 BGB geltend machen. Eine Absicherung durch Vormerkung ist ab dem Erbfall möglich, soweit sich die Herausgabeansprüche auf Grundstücke beziehen.[119]

§ 2287 Den Vertragserben beeinträchtigende Schenkungen

(1) Hat der Erblasser in der Absicht, den Vertragserben zu beeinträchtigen, eine Schenkung gemacht, so kann der Vertragserbe, nachdem ihm die Erbschaft angefallen ist, von dem Beschenkten die Herausgabe des Geschenks nach den Vorschriften über die Herausgabe einer ungerechtfertigten Bereicherung fordern.

(2) Die Verjährungsfrist des Anspruchs beginnt mit dem Erbfall.

---

116 Eingehend *Recker* MittRhNotK 1978, 126, 128; Nieder/Kössinger/*R. Kössinger*, Handbuch der Testamentsgestaltung, § 13 Rn. 40; *Hohmann* Rechtsfolgen von Störungen im Rahmen eines entgeltlichen Erbvertrags und Sicherung der Rechte der Vertragsparteien, 220 ff.; vgl. auch MünchKomm/*Musielak* Rn. 12; NK-BGB/*Horn* Rn. 17.

117 MünchKomm/*Musielak* Rn. 10; Nieder/Kössinger/*R. Kössinger*, Handbuch der Testamentsgestaltung, § 13 Rn. 41 ff.

118 Hierzu Nieder/Kössinger/*R. Kössinger*, Handbuch der Testamentsgestaltung, § 13 Rn. 46; *Hohmann*, Rechtsfolgen von Störungen im Rahmen eines entgeltlichen Erbvertrags und Sicherung der Rechte der Vertragsparteien, 220 ff.

119 Vgl. im Einzelnen *Schöner/Stöber* Grundbuchrecht Rn. 1485.

Übersicht

I. Allgemeines

1. Normzweck

1 Der Erbvertrag zeitigt zunächst rein erbrechtliche Wirkungen gegen beeinträchtigende erbrechtliche Verfügungen durch § 2289 BGB. Dem Erblasser wird jedoch prinzipiell die Freiheit belassen, über sein Vermögen durch Rechtsgeschäft unter Lebenden beliebig zu verfügen (§ 2286 BGB). Dieser **Grundsatz der lebzeitigen Entschließungsfreiheit**[1] bringt die Gefahr mit sich, dass der Erblasser den wirtschaftlichen Erfolg einer vertragsmäßigen Zuwendung durch Verfügungen unter Lebenden, insbesondere durch Schenkungen, mehr oder weniger vereitelt, und durch eine **missbräuchliche Ausnutzung seiner Verfügungsfreiheit** die erbrechtlichen Bindungen umgeht. § 2287 BGB und § 2288 BGB bezwecken daher den Schutz des Vertragserben bzw. Vertragsvermächtnisnehmers gegen solche benachteiligende Rechtsgeschäfte unter Lebenden. Aus der Rechtsstellung des Vertragserben und der rechtlichen Ausgestaltung dieses Anspruchs, der von den Rechtsfolgen her auf die Bereicherungsvorschriften verweist, ergeben sich jedoch bereits **Einschränkungen dieses Schutzes:**

2 Dies gilt schon für das **Objekt** des Vertragserbenschutzes: Der Vertragserbe hat auch bei uneingeschränkter Verwirklichung der mit dem Erbvertrag bezweckten Vermögensnachfolge keinen Anspruch auf bestimmte Nachlassgegenstände (Grundsatz der Gesamtrechtsnachfolge). Daher kann der Anspruch aus § 2287 BGB nicht auf Erhaltung der gegenständlichen Nachlasszusammensetzung gehen, sondern nur auf Wahrung des **Nachlasswerts.** Erstrebt wird also nur der **Ausgleich von Vermögensverlusten** durch lebzeitige Rechtsgeschäfte, wenn dieser dadurch nicht wiederum kompensiert wird.[2] Der Vertragserbenschutz des § 2287 BGB greift zudem nicht bereits bei jeder Vermögensminderung des künftigen Nachlasses ein. Denn sonst hätte der Gesetzgeber zum Zwecke des Vermögensausgleichs einen umfassenden Bereicherungsanspruch gewährt und nicht nur eine Rechtsfolgeverweisung. Die Schnittstelle zwischen den Verfügungen, die aufgrund der lebzeitigen Verfügungsfreiheit nach § 2286 BGB für den Erblasser zulässig sind, und denjenigen, die im Erwerbsinteresse des Vertragserben nicht hinnehmbar sind, zieht das Gesetz nicht gerade präzise: Nur Schenkungen, die in der Absicht der Beeinträchtigung des Vertragserbens gemacht werden, sollen einen Ausgleichsanspruch auslösen. Damit soll offenbar eine **Missbrauchsabwehr** sichergestellt werden.

3 Geht es aber um den Ausgleich der durch das Rechtsgeschäft eintretenden Vermögensminderung, so kann es für das Eingreifen des Schutzes des § 2287 BGB auf der Tatbestandsebene **nicht** auf ein besonders **sittenwidriges Handeln** oder in sonstiger Weise zu inkriminierendes Verhalten des Erblassers ankommen, will man mit dem Vertragserbenschutz ernst machen. Aus der von § 2287 BGB

1 BGHZ 124, 35, 38 = NJW 1994, 317 = ZEV 1994, 37 m. Anm. *Siegmann* = MittBayNot 1994, 230 m. Anm. *Hohmann* = LM § 2288 Nr. 6 *(Wolf)*; s. auch § 2286 BGB Rdn. 1.
2 Vgl. dazu Rdn. 44.

gewählten Rechtsfolge ergibt sich weiter, dass grundsätzlich auch ein bewusstes Unterlaufen der erbvertraglichen Bindung (»dolus directus« für die Beeinträchtigung) das vorgenommene Rechtsgeschäft nicht nichtig macht, sondern nur zu einem Bereicherungsanspruch des Vertragserben nach Eintritt des Erbfalls führt. Die sich aus dieser gesetzlichen Konzeption ergebende Großzügigkeit des Gesetzgebers gegenüber der Verfügungsfreiheit des Erblassers mag man je nach seinem Vorverständnis aus rechtspolitischen Gründen bedauern, sie beruht jedoch auf einer bewussten Entscheidung des Gesetzgebers[3] und ist daher bei der Gesetzesauslegung grundsätzlich zu beachten.[4] Da Geltungsgrund für den Vertragserbenschutz die erbvertragliche Bindung ist, die gegen lebzeitige Verfügungen einen Mindestschutz erhalten soll, liegt es nahe, für das Eingreifen des Vertragserbenschutzes auch auf die Intensität der Bindung und der ihr durch die lebzeitige Verfügung drohenden Gefährdung abzustellen, wie dies in der Literatur teilweise gemacht wird.[5] Das gesetzliche Zusammenspiel der lebzeitigen Verfügungsfreiheit nach § 2286 BGB und des durch §§ 2287, 2288 BGB intendierten Schutzes des Vertragserben bzw. Vertragsvermächtnisnehmers legt bereits aus gesetzessystematischen Erwägungen die Vermutung nahe, dass es sich hierbei um eine abschließende Sonderregelung handelt.

2. Entwicklung der Rechtsprechung: Von der Aushöhlungsnichtigkeit zur Missbrauchskorrektur

Angesichts der tatbestandsmäßigen Offenheit der Norm nimmt es nicht Wunder, dass sich die 4 höchstrichterliche Rechtsprechung zu § 2287 BGB grundlegend gewandelt hat. Dadurch hat diese Vorschrift eine ganz erhebliche tatbestandsmäßige Erweiterung erhalten.[6] Die Rspr., insbesondere des BGH, hatte lange Zeit für die Anwendung des § 2287 BGB gefordert, dass die Beeinträchtigungsabsicht der eigentlich leitende und bestimmende Beweggrund für die Schenkung sein müsse.[7] Der Nachweis eines derartigen **»dolus directus«** der Beeinträchtigung war i.d.R. äußerst schwierig, zumal sich meist noch andere Beweggründe für eine Schenkung finden lassen. Die praktische Bedeutung der Norm war gering.[8] In den Fällen eines eklatanten Missbrauchs griff der BGH daher auf § 134 BGB zurück und nahm die Unwirksamkeit der lebzeitigen Verfügungen an, die die bindenden Verfügungen von Todes wegen eines Erbvertrags oder gemeinschaftlichen Testaments aushöhlten oder umgingen.[9] Dies führte dazu, dass der Vertragserbe einen dinglichen Herausgabeanspruch nach § 985 BGB hatte, da das Geschenk noch zum Nachlass gehörte (**dinglicher Vertragserbenschutz**). Diese in sich auch nicht einheitliche Rspr. stieß auf heftige Kritik.

Mit der Entscheidung vom 05.07.1972[10] hat der BGH sie daher zu Recht aufgegeben und zugleich 5 die frühere ständige Rechtsprechung zur »Beeinträchtigungsabsicht« revidiert. Auch wenn gegen diese Rechtsprechungsänderung erhebliche Bedenken vorzubringen sind, insb. weil damit letztlich der Absichtsbegriff völlig relativiert wird,[11] ist sie doch der Praxis der Vertragsgestaltung zugrunde zu legen. Zur Wahrung des Interesses des Vertragserben ist nach Auffassung des BGH eine lebensnahe und dem Schutzzweck entsprechende Auslegung des § 2287 BGB geboten. Ist kein lebzeitiges Eigeninteresse des Erblassers erkennbar, die Verfügung vielmehr ersichtlich darauf angelegt, dass anstelle des Vertragserben ein anderer den wesentlichen Nachlass ohne angemessenes Äquivalent

3 Prot. V 390 ff.
4 MünchKomm/*Musielak* Rn. 1.
5 *S. Loritz*, Freiheit des gebundenen Erblassers und Schutz des Vertrags- und Schlusserben vor Zweitverfügungen (1992), 86 ff.; *Aunert-Micus*, Der Begriff der Beeinträchtigungsabsicht (1995) 47 ff.
6 Zur Entwicklung der Rechtsprechung *Strunz*, Vertragserbenschutz, 17 ff.; *Dilcher* Jura 1988, 72.
7 Etwa BGH FamRZ 1960, 145 f.; 1961, 72.
8 *Strunz*, Vertragserbenschutz, 15, konnte in der Zeit von 1949 bis 1972 kein klagestattgebendes Urteil finden.
9 Sog. Aushöhlungsnichtigkeit; zusammenfassend *Johannsen* DNotZ 1977, Sonderheft 69*, 76* ff..
10 BGHZ 59, 343 = NJW 1973, 240 = DNotZ 1973, 421; eingehend Rdn. 60 f.
11 Vgl. *Speckmann* JZ 1974, 543; *Finger/Füser/Hamm/Weber* FamRZ 1975, 1975; Staudinger/*Kanzleiter* Rn. 13 (demgegenüber jetzt in der Neubearbeitung 2013 ausdrücklich aufgegeben, vgl. Rn. 12 ff.); dagegen aus rechtsgeschichtlicher Sicht, insb. im Hinblick auf die Entstehungsgeschichte des BGB, *Sticherling*, Schenkungen in fraudem testamti, 2005, S. 157 f.

erhält, so dürfte die Anwendung der Vorschrift nach Ansicht des BGH »eigentlich nicht zweifelhaft sein«.[12] Unerheblich ist, ob die Absicht, den Beschenkten zu begünstigen oder die, den Vertragserben zu benachteiligen, die überwiegende Motivationskraft hat, da beides meist in untrennbarem Zusammenhang steht.

6 Während es bei den ersten Entscheidungen nach der Rechtsprechungswende vor allem um das Vorliegen des anerkennenswerten »lebzeitigen Eigeninteresses« ging, hat sich mittlerweile eine weitere Akzentverschiebung in der Rspr. ergeben, an die so 1972 wohl noch nicht gedacht war. Seit dem Jahre 1982 findet sich jetzt immer wieder als Kernaussage, dass es bei der Anwendung des § 2287 BGB um eine »**Missbrauchskorrektur**« gehe.[13] Der BGH wägt dabei die berechtigten Erberwartungen des Vertragserben gegen die Interessen des Erblassers an der lebzeitigen Verfügung ab und fragt, ob letztere ihrer Art nach so sind, dass der Vertragserbe sie anerkennen und deswegen die sich aus der Verfügung ergebende Benachteiligung hinnehmen muss.[14] Das »lebzeitige Eigeninteresse« ist dabei nur einer der vom Vertragserben zu akzeptierenden Gründe. Einen Missbrauch der Verfügungsfreiheit hat der BGH etwa auch in einem Fall abgelehnt, bei der die Schenkung zur Sicherung der Versorgung eines pflegebedürftigen Sohnes dienen sollte.[15] In weiteren Entscheidungen hat der BGH betont, dass auch eine **objektive Beeinträchtigung** der Rechtsstellung des Vertragserben Tatbestandsvoraussetzung ist,[16] was zu einer stärkeren Rückbesinnung auf den Schutzzweck der Norm führt. Die überwiegende Zahl der Revisionsentscheidungen betraf gerade diese objektive Rechtsfrage,[17] während Revisionsentscheidungen über das Vorliegen der Beeinträchtigungsabsicht kaum mehr ergehen, da dies überwiegend nicht revisible Tatsachenfragen sind und die Grundsätze offenbar von der Rspr. geklärt zu sein scheinen. *Spellenberg*[18] kommt aufgrund einer ausführlichen Rechtsprechungsanalyse zu dem zutreffenden Schluss, dass die §§ 2287 f. BGB als **Generalklausel zur Missbrauchsverhinderung** verstanden werden müssen.[19]

7 Diese Rechtsprechungsänderung, die zumindest von ihrem dogmatischen Ansatz her zu einer **erheblichen Tatbestandsausweitung** des § 2287 BGB führt,[20] stärkt zumindest rechtstheoretisch den Schutz des Vertragserben erheblich. Ob dies sich in der Praxis auch tatsächlich so ausgewirkt hat, ist nur schwer festzustellen, da vielfach der BGH in den veröffentlichten Entscheidungen die Sache zur erneuten Verhandlung zurückverwies. Immerhin hat *Struntz*[21] festgestellt, dass bei sechs von ihr untersuchten und »durchentschiedenen« Fällen der Anspruch aus § 2287 BGB dreimal für begründet und dreimal für unbegründet erklärt wurde. Von einer restriktiven Handhabung dieser Norm durch den BGH kann also nicht mehr gesprochen werden.[22]

3. Konkurrenzfragen

8 Bereits systematische Überlegungen hatten gezeigt, dass § 2287 BGB eine abschließende Sonderregelung des Vertragserbenschutzes gegen unentgeltliche lebzeitige Verfügungen darstellt.[23] Mit

12 BGHZ 59, 343, 350.
13 Erstmals BGHZ 83, 44, 46 = NJW 1982, 1100; der Missbrauchsgesichtspunkt klingt teilweise bereits früher an, etwa bei BGHZ 82, 274; ausf. zu den Einzelheiten der Missbrauchsprüfung Rdn. 63 ff.
14 Vgl. etwa BGHZ 83, 44, 45; 88, 269, 271.
15 BGH NJW-RR 1987, 2 = FamRZ 1986, 980.
16 BGH FamRZ 1989, 175 = NJW-RR 1989, 259.
17 Vgl. Rdn. 37 ff.
18 NJW 1986, 2531, 2535.
19 Wie hier etwa *Dilcher* Jura 1988, 72, 79.
20 So etwa ausdrücklich *Muscheler* I Rn. 2312; NK-BGB/*Horn* Rn. 3; der Sache nach ebenso Staudinger/*Kanzleiter* Rn. 10 ff.
21 Vertragserbenschutz, 43 f.
22 *Struntz*, Vertragserbenschutz, 43; *Spellenberg* NJW 1986, 2531, 2532 mit dem Hinweis, dass auch die Aushöhlungsrechtsprechung des BGH dem Vertragserben in verschiedenen Zeiten unterschiedlich gewogen war.
23 Rdn. 4.

der tatbestandsmäßigen Erweiterung der Norm hat der BGH zugleich auch den Gedanken der abschließenden Sonderregelung konsequent weiter verfolgt.

a) Nichtigkeit nach § 134 BGB

Bereits in seiner Grundsatzentscheidung vom 05.07.1972,[24] mit der BGH die Rechtsprechungsänderung durch **Aufgabe der Aushöhlungsnichtigkeit** begann, hat er klargestellt, dass sich eine Nichtigkeit der beeinträchtigenden lebzeitigen Verfügung nicht aus dem Gesichtspunkt der Umgehung der erbvertraglichen Bindung (§ 2289 Abs. 1 BGB) ergeben kann. Noch in früheren Entscheidungen[25] war das anders gesehen worden. Unabhängig davon, ob man überhaupt die Rechtsfigur der Umgehungsnichtigkeit akzeptiert,[26] lässt sich der erforderliche Vertragserbenschutz wesentlich systemkonformer durch eine sachgerechte Auslegung von § 2286 BGB einerseits und § 2287 BGB andererseits lösen.[27] 9

b) Deliktischer Schutz

§ 2287 BGB gibt nach dem ausdrücklichen Wunsch des Gesetzgebers einen bereicherungsrechtlichen Schutz für den Vertragserben.[28] Der BGH hat es daher mit guten Gründen mehrfach abgelehnt, diesen in einen deliktsrechtlichen Schutz umzubauen, und sei es auch nur durch die Anwendung des **§ 826 BGB.**[29] Ein Anspruch aus § 823 Abs. 1 BGB scheidet ohnehin aus, da es sich bei der Rechtsstellung des erbvertragsmäßig Bedachten nicht um ein absolutes sonstiges Recht i.S. dieser Bestimmung handelt,[30] insbesondere nicht um ein Anwartschaftsrecht.[31] Schon der Grundsatz der Spezialität verbietet es, in den §§ 2287 f. BGB Schutzgesetze i.S. von **§ 823 Abs. 2 BGB** zu sehen und dadurch die allgemeine deliktische Haftung zu eröffnen.[32] Ein Anspruch des Vertragserben aus **§ 826 BGB** wird demgegenüber öfters diskutiert. Einen eigenen, originär in der Person des Vertragserben entstehenden Anspruch aus § 826 BGB gegen den Erwerber wegen der Weggabe von Vermögen lehnt der BGH wegen der Spezialität des Anspruchs aus § 2287 BGB ab.[33] Dies gelte auch bei einem **kollusiven Zusammenwirken** von Erblasser und Erwerber.[34] Auch hier gehe es um die Frage des Missbrauchs der lebzeitigen Verfügungsmacht des Erblassers, die aber allein nach den §§ 2286, 2287 BGB zu bestimmen sei. Dies ist teilweise kritisiert worden, etwa von *Schubert*,[35] der einen Anspruch nach § 826 BGB gegen den Dritten geben möchte, wenn das Schwergewicht des sittenwidrigen Verhaltens dem Erwerber zuzurechnen sei; ebenfalls hinsichtlich des Ergebnisses kritisch *Kohler*[36] und *S. Loritz*,[37] die aber beide, wenn auch mit unterschiedlicher Begründung, letztlich für einen Anspruch nach § 826 BGB kaum einen verbleibenden Anwendungsbereich sehen, 10

24 BGHZ 59, 343, 348.
25 BGH NJW 1964, 547; NJW 1971, 188.
26 Vgl. etwa MünchKomm/*Armbrüster* § 134 Rn. 12 ff.
27 *S. Loritz*, Freiheit des gebundenen Erblassers und Schutz des Vertrags- und Schlusserben vor Zweitverfügungen, 77 f.
28 Rdn. 2.
29 BGHZ 108, 73, 78 = NJW 1989, 2389; BGH NJW 1991, 1952.
30 NK-BGB/*Horn* Rn. 7; MünchKomm/*Musielak* § 2286 Rn. 5; *Münzberg* JuS 1961, 389, 393; *Reubold*, Die Aushöhlung des Erbvertrags und des bindend gewordenen gemeinschaftlichen Testaments, 160 ff.; Soergel/*M. Wolf* § 2286 Rn. 2.
31 § 2286 BGB Rdn. 7 ff.
32 MünchKomm/*Musielak* § 2286 Rn. 5; Soergel/*M. Wolf* § 2286 Rn. 2.
33 BGHZ 108, 73, 78 = NJW 1989, 2389 = JR 1990, 155 m. krit. Anm. *Schubert*; vgl. dazu auch die Entscheidungsbesprechungen von *Kohler* FamRZ 1990, 464 und *Andrick* JA 1990, 53 sowie *Hohloch* JuS 1989, 1017; BGH NJW 1991, 1952; ebenso OLG Köln ZEV 1996, 23, 24 m. Anm. *Hohmann* = NJW-RR 1996, 327, 328; ZEV 1997, 423, 425 m. Anm. *Skibbe*; OLGR München 1999, 107.
34 BGHZ 108, 73, 78 = NJW 1989, 2389.
35 JR 1990, 159 f.; ebenso Soergel/*M. Wolf* § 2286 Rn. 2; *Olzen*, Erbrecht, 2001, Rn. 555.
36 FamRZ 1990, 464, 466.
37 *S. Loritz*, Freiheit des gebundenen Erblassers und Schutz des Vertrags- und Schlusserben vor Zweitverfügungen, 80 ff.

weil er durch die sich aus §§ 2286, 2287 BGB ergebenden Wertungen i.d.R. ausgeschlossen ist. Teilweise wird aber ein eigenständiger Anwendungsbereich für § 826 BGB deswegen betont, weil diese Norm den Vertragserben nicht nur einen geldwerten Vorteil an sich erhält, sondern auch die Erlangung einzelner Gegenstände sichert, auf die dieser etwa zur Erhaltung seiner Existenz angewiesen ist. Auch wird auf einen Wertungswiderspruch hingewiesen, wenn § 826 BGB ausgeschlossen sein soll, jedoch § 138 BGB in Einzelfällen bejaht wird.[38]

Dem BGH ist jedoch zuzustimmen.[39] Denn aus § 2287 BGB ergibt sich bereits, dass selbst bei einem bewussten **Bruch des Erbvertrags** durch den Erblasser (das ist die Beeinträchtigungsabsicht), der zudem überwiegend als grob anstößig empfunden wird, der sich hieraus ergebende Handlungsunwert allein über diese Norm kompensiert wird und keinen weiter gehenden Sittenwidrigkeitsvorwurf rechtfertigen kann.[40] Anders liegt es, wenn der **Schenkungsvertrag selbst** von Anfang an unter einem Mangel leidet, etwa wegen arglistiger Täuschung anfechtbar oder wegen Ausnutzung einer Notlage des Erblassers nichtig ist (**§ 138 Abs. 1 BGB**) oder wegen einer sonstigen Schädigung des Erblassers ihm bereits selbst lebzeitig Ansprüche zustanden, etwa auch nach § 826 BGB. Soweit solche Rechte im Erbfall noch bestehen, gehen sie nach § 1922 BGB dann im Wege der Gesamtrechtsnachfolge auf den Vertragserben über, der sie dann geltend machen kann.[41] Die §§ 2287 f. BGB können gegenüber solchen Ansprüchen keine Sperrwirkung entfalten, denn ihr Schutzzweck ist ein anderer: Sie wollen nur die erbvertragliche Erwerbsaussicht sichern, während es bei den Rechten, die durch den Erbfall derivativ erworben werden, um solche geht, die die Entschließungsfreiheit des Erblassers im Allgemeinen sichern wollen.

c) **Verhältnis zu § 138 BGB**

11 Auch nach der Rechtsprechungsänderung durch Aufgabe der Aushöhlungsnichtigkeit geht der BGH[42] zutreffenderweise davon aus, dass § 138 BGB neben den §§ 2287 f. BGB anwendbar ist.[43] Eine Nichtigkeit nach dieser Vorschrift kann jedoch nicht allein deshalb angenommen werden, weil die Zuwendung in der Absicht der Beeinträchtigung des Vertragserben erfolgt, denn der darin liegende »Handlungsunwert« ist gerade die Tatbestandsvoraussetzung für den Anspruch aus § 2287 BGB und vermag daher den Vorwurf einer sittenwidrigen Handlung nicht zu tragen; es müssen erschwerende Umstände hinzukommen.[44] Auch aus dem Gesichtspunkt des Verleitens zum Bruch der erbvertraglichen Bindung lässt sich angesichts der durch § 2286 BGB eingeräumten lebzeitigen Entschließungsfreiheit keine Sittenwidrigkeit begründen. Vielmehr müssen erst andere Momente hinzukommen, etwa wenn das Rechtsgeschäft bewusst darauf gerichtet ist, einen zusätzlich abgeschlossenen **Verfügungsunterlassungsvertrag**[45] zu unterlaufen, da dann die Grund-

38 Soergel/*M. Wolf* § 2286 Rn. 2; zu diesen Anwendungsfällen s. sogleich Rdn. 11.

39 Ebenso NK-BGB/*Horn* Rn. 7; Bamberger/Roth/*Litzenburger* § 2286 Rn. 2; MünchKomm/*Musielak* § 2286 Rn. 5; *Schlüter* Rn. 267; *Lange/Kuchinke* § 25 V 4 a und 12 c Fn. 185; Erman/*M. Schmidt* Rn. 3; *Butz/Petzold*, Die Grundstücksübertragungen in vorweggenommener Erbfolge, 183; i.E. bereits *v. Lübtow* I 431 f.

40 Staudinger/*Kanzleiter* § 2286 Rn. 4; ähnlich *Lange/Kuchinke* § 25 V 4 a, b; s. auch noch nachstehend Rdn. 11.

41 BGHZ 108, 73, 78 f., etwas missverständlich wiedergegeben bei Palandt/*Weidlich* Rn. 2; OLGR München 1999, 107; dem zust. etwa Soergel/*M. Wolf* § 2286 Rn. 2.

42 BGH NJW 1973, 240; ebenso *Kipp/Coing* § 38 IV 3 b; Soergel/*M. Wolf* § 2286 Rn. 10.

43 Für den Ausschluss von § 138: *Mattern* MDR 1960, 1, 4; *Münzberg* BWNotZ 1959, 1, 5; *Reubold*, Die Aushöhlung des Erbvertrags und des bindend gewordenen gemeinschaftlichen Testaments 109 ff., alle noch vor dem grundlegenden BGH-Urteil; für Sittenwidrigkeit allenfalls im Ausnahmefall *Lange/Kuchinke* § 25 V 4 c.

44 NK-BGB/*Horn* Rdnr. 8; Soergel/*M. Wolf* § 2286 Rn. 10; MünchKomm/*Musielak* Rn. 1, 7; S. *Loritz*, Freiheit des gebundenen Erblassers und Schutz des Vertrags- und Schlusserben vor Zweitverfügungen, 80; D. Nolting JA 1993, 129, 134; s. auch *Johannsen* DNotZ Sonderheft 1977, 78.

45 Zu einem solchen § 2286 BGB Rdn. 24 ff.

sätze der sittenwidrigen Verleitung zum Vertragsbruch eingreifen.[46] Dann geht es aber nicht um die Beeinträchtigung erbrechtlicher Anwartschaften oder Aussichten, sondern um den Bruch des mit dem Erbvertrag verbundenen Vertrags.[47] Zudem bedarf es »markanter Anhaltspunkte« für die Annahme eines stillschweigenden Verfügungsunterlassungsvertrages.[48] U.U. lässt sich auch aus einer besonderen Art und Weise der Zurücksetzung des Vertragserben die Sittenwidrigkeit begründen.[49]

d) Verhältnis zu Pflichtteilsansprüchen

Ist der Vertragserbe zugleich pflichtteilsberechtigt, so kann der Anspruch nach § 2287 BGB u.U. 12
konkurrieren mit einem **Pflichtteilsergänzungsanspruch** gegen den Erben nach § 2325 BGB oder gegen den Beschenkten nach § 2329 BGB,[50] was schon deshalb von Bedeutung ist, weil für die Pflichtteilsergänzung keine Benachteiligungsabsicht erforderlich ist.[51] Weiter kann eine dem Anspruch nach § 2287 BGB unterliegende Schenkung auch Gegenstand eines Pflichtteilsergänzungsanspruchs eines anderen Pflichtteilsberechtigten sein.[52]

e) Verhältnis zu § 812 BGB

Diese Frage wird dann beachtlich, wenn eine unwirksame Schenkungsvereinbarung vorliegt. Teil- 13
weise wird mit der Begründung, dass bei einem rechtsgrundlosen Erwerb der Erblasser und nach seinem Tod der Vertragserbe die Geschenke nach § 812 BGB zurückfordern könne, die Anwendung des § 2287 BGB verneint.[53] Die Gegenmeinung lässt ein *Nebeneinander* beider Ansprüche mit dem Argument zu, dass einem Bereicherungsanspruch bei einem Verstoß gegen die guten Sitten der Einwand aus § 817 Satz 2 BGB entgegengehalten werden könnte und zwar auch dann, wenn dieser auf den Vertragserben im Erbfall übergegangen sei, während ein solcher Einwand gegen den Vertragserbenanspruch aus § 2287 BGB nicht möglich ist.[54] Teilweise will man dem Vertragserben auch dadurch helfen, dass ihm gegenüber die Anwendung des § 817 Satz 2 als nach § 242 BGB unzulässig angesehen wird.[55] Richtigerweise wird man beide Ansprüche miteinander konkurrieren lassen, da die rechtsgrundlose Vermögensverschiebung nach allgemeinem Bereicherungsrecht rückabwicklungsfähig bleiben muss. Die Rückforderungsbeschränkung des § 817 Satz 2 BGB kann nur in besonders gelagerten Ausnahmefällen auch gegenüber dem Anspruch nach § 2287 BGB eingreifen.[56]

f) Vorausvermächtnisnehmer

Ist der Vertragserbe zugleich als Vorausvermächtnisnehmer berufen, so kann er bei beeinträchtigender 14
Verfügung über das Vermächtnisobjekt nur einen Anspruch nach § 2288 BGB geltend machen, da dies die speziellere Gesetzesbestimmung ist und einen besonderen Schutz des Vermächtnisnehmers

---

46 BGH NJW 1991, 1952 f.; zust. OLG Hamm AgrarR 1997, 441, 442 = OLGR Hamm 1997, 150 (Keine Sittenwidrigkeit bei Weiterverkauf eines Hofes an einen Dritten trotz anders lautenden Erbvertrages); ähnlich bereits *Heinr Lange* NJW 1963, 1577 zum Verpfründungsvertrag.

47 MünchKomm/*Musielak* § 2286 Rn. 5.

48 OLG Köln ZEV 1996, 23 m. Anm. *Hohmann* = NJW-RR 1996, 65.

49 *S. Loritz*, Freiheit des gebundenen Erblassers und Schutz des Vertrags- und Schlusserben vor Zweitverfügungen, 80.

50 Vgl. nur NK-BGB/*Horn* Rn. 9a; *Siebert* ErbR 2012, 271, 274.

51 *Lange-Kuchinke* § 25 V 5 Fn. 79; *Lange* Hereditare 2 (2012) 59, 75.

52 Ausf. Darstellung des Konkurrenzverhältnisses bei NK-BGB/*Horn* Rn. 9a f.

53 *Boehmer* FamRZ 1961, 253; *Spellenberg* NJW 1986, 2531, 2533.

54 *Münzberg* JuS 1961, 389, 390; MünchKomm/*Musielak* Rn. 7; Palandt/*Weidlich* Rn. 5; Soergel/*M. Wolf* Rn. 4; AK/*Finger* Rn. 6; Bamberger/Roth/*Litzenburger* Rn. 3.

55 *Mattern* FamRZ 1961, 418, 419 f.

56 *Mattern* FamRZ 1961, 418, 419 f.

nach Tatbestand und Rechtsfolge bezweckt.[57] Demgegenüber will *Skibbe*[58] § 2287 BGB mit § 2288 BGB grundsätzlich konkurrieren lassen, wobei aber der Anspruch aus § 2287 BGB bei mehreren Miterben nur i.H.d. Erbteils bestehe und daher der nach § 2288 BGB weitergehen könne.

4. Anwendung auf gemeinschaftliche Testamente

15 § 2287 BGB ist wegen der gleichen Interessenlage auf wechselbezügliche Verfügungen in gemeinschaftlichen Testamenten entsprechend anzuwenden, wenn diese bindend geworden sind, was also den Tod des einen Ehegatten voraussetzt.[59] Jedoch scheidet die Anwendung des § 2287 BGB auf gemeinschaftliche Testamente aus, wenn deren Bindungswirkung bis zum Eintritt des Schlusserbfalls wieder entfallen ist. Denkbar ist dies etwa, wenn das Testament eine Wiederverheiratungsklausel enthält und der längerlebende Ehegatte eine neue Ehe eingeht.[60] Auch auf gemeinschaftliche Testamente, die nach dem **ZGB der DDR** errichtet wurden, ist § 2287 BGB nicht anwendbar, da dort der Längerlebende wesentlich freier gestellt war.[61]

II. Voraussetzungen des Anspruchs

1. Schenkung des Erblassers

a) Begriff der Schenkung

aa) Grundsätzliches

16 Der hier verwandte Schenkungsbegriff entspricht im Wesentlichen demjenigen des **allgemeinen Schenkungsrechts** (§ 516 BGB),[62] jedoch nach der Rechtsprechung des BGH erweitert um die ehebezogene Zuwendung.[63] Dazu zählen alle Arten von Schenkungen, sei es die *gemischte*[64] oder auch die *unter Auflage*.[65] Entgeltliche Verfügungen des Erblassers fallen nicht unter § 2287 BGB,[66] selbst wenn sie in der Absicht getroffen sind, das »Recht« des Vertragserben zu beeinträchtigen.[67] Auch die Weggabe des ganzen Vermögens gegen (entsprechendes!) Entgelt, z.B. gegen eine Leibrente, ist keine Schenkung.[68] Andererseits ist es für den Begriff der Schenkung bedeutungslos, welchen Wert der zugewendete Gegenstand hat und in welchem Verhältnis sein Wert zum Wert des Nachlasses steht.[69] Eine Schenkung liegt auch vor, wenn der Erblasser die Zuwendung nicht aus dem Stamm seines Vermögens, sondern aus den Nutzungen (Zinsen) oder aus seinen laufen-

57 OLG Köln ZEV 1997, 423, 424 f., wo aber zugleich auch eine objektive Beeinträchtigung der Erberwartung verneint wurde, da der Vermächtnisgegenstand bereits nicht mehr zu der zwischen den Erben zu verteilenden Erbmasse gehört.

58 ZEV 1997, 425 f.

59 BGH DNotZ 1951, 344; OGHZ 1, 161 = MDR 1949, 287 m. Anm. *Boehmer*; OGHZ 2, 160 = NJW 1949, 581; BGHZ 82, 274, 276 = NJW 1982, 43; BGH ZEV 2012, 37; BGH NJW 2017, 329; OLG Hamm ZEV 2018, 93; str., weitergehend *von Dickhuth-Harrach* FamRZ 2005, 322, 328, der bereits vor Eintritt der Bindung die §§ 2287 f. BGB anwenden will; ebenso *Sticherling* 169 ff.; ausf. oben § 2271 BGB Rdn. 118 ff.

60 OLG Zweibrücken ZEV 2013, 395.

61 BGHZ 128, 302, 306 f. = NJW 1995, 1087 = ZEV 1995, 221 m. Anm. *Leipold* = JZ 1996, 105 m. Anm. *H. F. Müller*; OLG Dresden DtZ 1995, 140 = NJ 1994, 577.

62 BGHZ 82, 274, 281 = NJW 1982, 43; NK-BGB/*Horn* Rn. 11; Bamberger/Roth/*Litzenburger* Rn. 2; *Lange/Kuchinke* § 25 V 5 a; MünchKomm/*Musielak* Rn. 3; allg. Meinung; ausf. hierzu *Seiler*, Der Begriff der Schenkung in § 2287 BGB, Rn. 1 ff.

63 Dazu Rdn. 29 ff.

64 MünchKomm/*Musielak* Rn. 3; Palandt/*Weidlich* Rdnr. 4; *Horn* NJW 2019, 1123, 1124; zur Abgrenzung von der Schenkung unter Auflage instruktiv *Schindler* ZErb 2006, 16.

65 *Butz/Petzold*, Grundstücksübertragungen in vorweggenommener Erbfolge 149; NK-BGB/*Horn* Rn. 17; jurisPK/*B. Hamdan/M. Hamdan* Rn. 7.

66 *Butz/Petzold*, Grundstücksübertragungen in vorgenommener Erbfolge, 148.

67 NK-BGB/*Horn* Rn. 11.

68 *Planck/Greiff* Anm. 2b.

69 Mot. V, 329; Prot. V, 393.

den Einkünften gewährt.[70] Freilich wird bei einer Schenkung aus den laufenden Einnahmen oder bei einer geringfügigen Schenkung nicht leicht ein Missbrauch der Befugnis zur lebzeitigen Verfügung angenommen werden können.[71] Dasselbe gilt bei Schenkungen, durch die eine sittliche oder Anstandspflicht erfüllt wird (§ 534 BGB) oder die zu idealen Zwecken oder aus persönlichen Rücksichten vorgenommen wird.[72]

Zum Tatbestand der Schenkung i.S.d. § 516 BGB gehört neben der objektiv unentgeltlichen Zuwendung eine Einigung über die Unentgeltlichkeit derselben, die sog. **Schenkungsabrede**.[73] Bei einer reinen Schenkung wird dieses subjektive Tatbestandsmerkmal i.d.R. immer erfüllt und auch beweisbar sein, zumal eine sog. *»Parallelwertung in der Laiensphäre«* über das Bewusstsein der Unentgeltlichkeit als ausreichend angesehen wird.[74] Bei einer gemischten Schenkung und einer Schenkung unter Auflage ist ein solcher Nachweis schon wesentlich schwieriger. Den **subjektiven Vorstellungen** der Beteiligten kommt dabei in zweifacher Hinsicht Bedeutung zu: 17

Zum einen kann sie zur **Verknüpfung** der einen Zuwendung mit einer als Ausgleich gedachten Leistung des anderen Vertragsteils führen. Diese schließt dann bereits auf der objektiven Tatbestandsseite das Vorliegen einer Schenkung ganz oder wenigstens teilweise aus, da es an der **Unentgeltlichkeit** der Zuwendung **fehlt**.[75] Dabei sind *synallagmatische, kausale* und *konditionale Zuwendungsverknüpfungen* möglich.[76] Gerade die konditionale Leistungsverknüpfung kann dabei sehr weit reichen und das Vorliegen einer Schenkung erheblich einschränken.[77] Es bleibt allerdings abzuwarten, ob im Rahmen der Anspruchsgeltendmachung nach §§ 2287 f. BGB der Schenkungsbegriff ebenso restriktiv ausgelegt wird, wie man dies im Rahmen des Sozialhilferegresses nach § 528 BGB beobachten kann. Aber auch die »kausale Leistungsverknüpfung« ist relativ häufig, fallen darunter doch die in der Praxis vielfach vorliegenden »**Vorleistungsfälle**«, etwa dass jahrelang bereits im Hinblick auf die geplante Hausübergabe umfangreiche Pflegeleistungen erbracht wurden; man spricht hier auch von einer »vorweggenommenen Erfüllungshandlung«.[78] Hier entstehen zur belohnenden Schenkung **Abgrenzungsprobleme**, bei der sich der Zuwendende ohne eine Rechtspflicht für frühere Freigiebigkeiten des Empfängers »erkenntlich« zeigt. Da maßgeblich hierfür der Parteiwille ist,[79] kommt letztlich der Vertragsformulierung große Bedeutung zu. Der Schenker kann sich nach Auffassung des BGH sogar vorbehalten, das zunächst unentgeltliche Geschäft durch einseitige Erklärung nachträglich in ein voll entgeltliches umzugestalten, und zwar sogar durch Verfügung von Todes wegen.[80] 18

Stehen sich aber aufgrund einer solchen Leistungsverknüpfung Leistung und Gegenleistung gegenüber, so stellt sich die Frage, ob diese als gleichwertig anzusehen sind.[81] Denn dann scheidet ein Anspruch aus § 2287 BGB von vornherein aus. Entscheidend ist dabei die **Bewertung**, die entweder objektiv, also aus Sicht eines verständigen sachkundigen Dritten, oder aber nach den Vorstellungen der Beteiligten erfolgen kann. Die h.M. und Rspr. wählt trotz der damit für die Drittinteressen bestehenden Gefahren den zweiten Ansatz: Aufgrund der Privatautonomie steht es den Beteiligten 19

70 *Planck/Greiff* Anm. 2b; *Gramming* BayNotZ 1909, 442; Prot. V, 392.
71 Rdn. 95.
72 MünchKomm/*Musielak* Rn. 3; Staudinger/*Kanzleiter* Rn. 15; eingehender unten Rdn. 84 f.
73 Vgl. etwa Palandt/*Weidenkaff* § 516 Rn. 11; zu § 2287 BGB ausdrücklich BGHZ 82, 274, 281 = NJW 1982, 43; NK-BGB/*Horn* Rdnr. 12; Bamberger/Roth/*Litzenburger* Rn. 2.
74 So im Schenkungsteuerrecht BFH BStBl 1994 II 366, 369; MünchKomm/*Koch* § 516 Rn. 24.
75 *Lange/Kuchinke* § 25 V 5 a.
76 MünchKomm/*Koch* § 516 Rnr. 27 ff.; verkürzte Darstellung, weil nur bezüglich des Synallagmas bei Butz/Petzold, Grundstücksübertragungen in vorweggenommener Erbfolge, 65 ff.
77 Vgl. OLG Düsseldorf DNotZ 1996, 652 (zu § 528), wonach die Formulierung, die Zuwendung erfolge »mit Rücksicht auf künftige Pflegeleistungen«, insoweit die Unentgeltlichkeit ausschließe.
78 OLG Düsseldorf DNotZ 1996, 652 im Anschluss an BGH NJW 1992, 2566, 2567 zum Zugewinnausgleich.
79 MünchKomm/*Koch* § 516 Rn. 27 f., 31.
80 BGH LM Nr. 1 zu § 2147 = NJW-RR 1986, 164.
81 Unklar NK-BGB/*Horn* Rn. 12, wonach objektiv bereits keine Schenkung gegeben ist, wenn nach den Vorstellungen der Beteiligten eine Leistung als Ausgleich für eine Zuwendung angesehen wird.

grundsätzlich frei, den Wert der von ihnen nach ihrem Vertrag zu erbringenden Leistungen zu bewerten.[82] Dies wird das **Prinzip der subjektiven Äquivalenz** genannt.[83] Dies erkennt auch der BGH an, der mehrmals betont, dass keine Schenkung vorliegt, wenn in »der maßgeblichen subjektiven Wertung der Parteien die Gegenleistungen der Leistung des Übergebers äquivalent sind«.[84] Die Grenzen hierfür sind allerdings noch nicht allgemein abgesteckt und müssen für den Einzelfall entschieden werden.[85] Anerkannt ist dabei zwar, dass die Parteivorstellungen sicherlich nicht eine objektiv völlig fehlende Gegenleistung ersetzen können.[86] Auch eine *»Umfrisierung«* von Leistungen oder eine willkürliche Bewertung der gegenseitigen Leistung ist nicht zulässig.[87] Der BGH hat bislang keine ausdrücklichen sachlichen Aussagen darüber gemacht, wann er solche Bewertungsannahmen noch für zulässig hält. Er betont aber, dass das Gesetz eine Vermutung für den Schenkungscharakter von Leistungen zwischen nahen Angehörigen ausschließlich in den engen Grenzen der §§ 685, 1620 BGB kennt.[88]

20 Zugleich tritt er missbräuchlichen Beurteilungen bislang nur mittels einer **Beweiserleichterung** zugunsten der von der Zuwendung nachteilig betroffenen Dritten entgegen: Bei einem »auffallend groben Missverhältnis« der beiderseitigen Leistungen wird vermutet, dass die Parteien dies erkannt haben und sich über die teilweise Unentgeltlichkeit einig waren.[89] Bei einer Wertrelation von 150.000 DM für die Zuwendung und von 121.000 DM für den vorbehaltenen Nießbrauch (die Gegenleistung machte also 80 % aus) hat der BGH allerdings für das Eingreifen der Beweiserleichterung zumindest dann keinen Raum gesehen, wenn der neue Eigentümer die laufenden Bewirtschaftungs- und Reparaturkosten zu tragen und mit erheblichen Instandsetzungskosten zu rechnen hat.[90] *Butz-Petzold*[91] glaubt, Gestaltungsmissbräuchen durch die Ermittlung des wahren Willens begegnen zu können, jedoch hat der BGH die Beweiserleichterung ja gerade deshalb entwickelt, weil der Nachweis der inneren Tatsachen schwierig ist.

21 Diese Rechtsprechung ermöglicht »**Bewertungsspielräume**«[92] und schafft Raum, durch ausdrückliche Vertragsformulierung die Einigkeit über die Unentgeltlichkeit in Grenzfällen auszuschließen, was umgekehrt bedeutet, dass die unreflektierte Verwendung des Schenkungsbegriffs in der Zuwendungsurkunde »gefährlich« für den Zuwendungsempfänger werden kann, da durch sie die Einordnung als (teilweise) unentgeltlich gerade in Grenzfällen erheblich beeinflusst wird.[93] Die Maßgeblichkeit der subjektiven Bewertung wird aber nur in Grenzbereichen eingreifen, so wird z.T. im Schenkungsteuerrecht ein Bewertungsspielraum von etwa 20 % anerkannt.[94] Zudem ist, ausgehend vom Schenkungsteuerrecht,[95] eine Gegenbestrebung im Vordringen, die als die »**objektive Unentgeltlichkeit**« bezeichnet wird und teilweise so weit geht, dass in jeder objektiv unentgeltlichen Zuwendung eine gemischte Schenkung i.S.d. Schutzvorschriften der §§ 528, 2287 f., 2325

82 Eingehend dazu etwa *Lange/Kuchinke* § 25 V 5 a m.w.N.

83 MünchKomm/*Koch* § 516 Rn. 21 f.; dazu speziell für § 2287 *Strunz*, Der Anspruch des Vertrags- und Schlusserben wegen beeinträchtigender Schenkungen – § 2287 BGB, 69 ff.; *Butz/Petzold*, Grundstücksübertragungen in vorweggenommener Erbfolge, 62 ff.; NK-BGB/*Horn* Rn. 12.

84 BGH NJW 1995, 1349 = DNotZ 1996, 640, 641 = Nr. 25 zu § 516 (zu § 528); BGHZ 59, 132, 135; 82, 274; 97, 188, 195 = NJW 1986, 1755; ebenso auch OLG Hamm AgrarR 1997, 441.

85 NK-BGB/*Horn* Rn. 13.

86 BGHZ 59, 132, 136.

87 RG HRR 1934 Nr. 1441; BGH NJW 1961, 604, 605; in diese Richtung auch BGHZ 59, 132, 136; BGH FamRZ 1989, 732, 733 zu § 2325 bei nachträglicher Erhöhung von Vergütungen.

88 BGH NJW 1987, 890, 892; NJW 1995, 1349.

89 BGHZ 59, 132, 136; 82, 274, 282; 116, 178, 183; z.T. wird dies noch weiter erleichtert, vgl. *J. Mayer* DNotZ 1996, 613 f.; näher dazu s. Rdn. 138.

90 BGH NJW-RR 1996, 754 = ZEV 1996, 754 zu § 528.

91 63 f.

92 *V. Dickhuth-Harrach* FS Rheinisches Notariat (1998) 185, 231.

93 *J. Mayer* DNotZ 1996, 618 f.

94 *Felix* DStR 1970, 7; ebenso NK-BGB/*Horn* Rdnr. 15; für das Zivilrecht zustimmend *Kasper* in: *Scherer*, MAH Erbrecht, § 36 Rn. 124.

95 BFHE 173, 432 = BStBl II 1994, 366 = ZEV 1994, 188, 191.

BGB gesehen wird.[96] Die erbrechtliche Qualifikation der unbenannten Zuwendungen zwischen Ehegatten ist hierzu das deutlichste Beispiel, bei der der BGH dieser Auffassung gefolgt ist.[97]

bb) Gemischte Schenkung, Berücksichtigung von Gegenleistungen

Auch für **gemischte Schenkungen**, bei denen die Zuwendung objektiv und auch nach dem Willen der Vertragsteile teils entgeltlich, teils unentgeltlich ist, gilt § 2287 BGB.[98] Hierfür genügt aber nicht nur die objektive Differenz der beiderseitigen Leistungen, sondern es muss das Bewusstsein der Beteiligten über die Unentgeltlichkeit der Zuwendung hinsichtlich der Vermögensdifferenz hinzukommen.[99] Hier kann allerdings nur dieser »überschüssige« unentgeltliche Zuwendungsteil § 2287 BGB unterfallen.[100] Ob bei der Bewertung dieser gegenseitigen Leistungen ein veräußerter landwirtschaftlicher Hof lediglich mit dem niedrigen **Ertragswert** i.S. von §§ 2049, 1376 Abs. 4 BGB angesetzt werden kann, erscheint angesichts des Ausnahmecharakters dieser Bewertungsvorschriften zweifelhaft.[101] Bei der Bewertung und Beurteilung von Gegenleistungen sollte in den Vordergrund treten, welche Art von **Gegenleistungen** in diesem Rahmen **berücksichtigungsfähig** sind. Im Hinblick auf den von § 2287 BGB bezweckten Vertragserbenschutz wird man hier Einschränkungen machen müssen.[102] Nur solche Gegenleistungen werden erheblich sein, die beim Erblasser eine echte Kompensation für die von ihm gemachte Vermögensweggabe darstellen. Daher wird ein Pflichtteilsverzicht des Erwerbers nicht abzugsfähig sein, da dieser dem Übergeber zwar im Normalfall ein Stück Testierfreiheit zurückgeben kann,[103] gerade dieser Gesichtspunkt aber beim erbrechtlich gebundenen Erblasser im Rahmen von § 2287 BGB keine Rolle spielt.[104] Bei Leistungen nichtvermögensrechtlicher Art[105] wird Gleiches gelten müssen. 22

Bei einer **Schenkung unter Auflage** (§ 525 BGB) wird man den Wert der Auflage bei der Bemessung der Höhe des unentgeltlichen Teils der Zuwendung **in Abzug** bringen können,[106] mindert er doch den Wert derselben; dies entspricht auch der wohl überwiegenden Meinung zum insoweit vergleichbaren § 2325 BGB[107] und **vermeidet** die sonst entstehenden **Abgrenzungsschwierigkeiten** zur gemischten Schenkung und entgeltlichen Zuwendung.[108] Daher sind Versorgungsrechte – wie vertragliche Pflegeleistungen – voll berücksichtigungsfähig, da sie vermögensmäßig bewertbar sind,

---

96 Hierzu kritisch *Lange/Kuchinke* § 25 V 5 a (2), 37 X 3; vgl. auch *J. Mayer* DNotZ 1996, 617 f.

97 BGHZ 116, 167, 170 ff.; näher dazu unten Rdn. 29; bezeichnenderweise erging die genannte BFH Entscheidung auch zu diesen Zuwendungen.

98 BGH FamRZ 1961, 72, 73; 1964, 429, WM 1986, 977 = NJW-RR 1996, 1135; BGH NJW 2017, 329; OLG Köln ZEV 1996, 23, 24 m. Anm. *Hohmann* = NJW-RR 1996, 327; NK-BGB/*Horn* Rn. 11; Bamberger/Roth/*Litzenburger* Rn. 2; MünchKomm/*Musielak* Rn. 3; *Strunz*, Der Anspruch des Vertrags- und Schlusserben wegen beeinträchtigender Schenkungen – § 2287 BGB, 68; Palandt/*Weidlich* Rn. 5; *Horn* NJW 2019, 1123, 1124.

99 S. Rdn. 17.

100 Zur Abwicklung in diesen Fällen s. Rdn. 119.

101 OLG Hamm AgrarR 1997, 441, 443; anders aber BayObLGZ 1996, 20, 28.

102 Zur Einschränkung aus dem Normzweck des Rückforderungsgrunds *J. Mayer* DNotZ 1996, 616.

103 So *Lange/Kuchinke* § 37 X 3.

104 **A.M.** *Butz/Petzold*, Grundstücksübertragungen in vorweggenommener Erbfolge, 81.

105 Fälle etwa bei *Strunz*, Der Anspruch des Vertrags- und Schlusserben wegen beeinträchtigender Schenkungen – § 2287 BGB, 60 ff.

106 NK-BGB/*Horn* Rn. 17; **a.M.** aber mit ausf. Begr. *Schindler* ZErb 2006, 16, 20 f. aufgrund des dogmatischen Unterschieds zwischen gemischter Schenkung und Schenkung unter Auflage, wobei bei letzterer nur die vom Beschenkten gemachten Aufwendungen i.R.d. Entreicherung (§ 818 Abs. 3 BGB) zu berücksichtigen seien.

107 Bamberger/Roth/*J. Mayer* § 2325 Rn. 8 m.w.N.

108 Eingehend dazu *Butz/Petzold*, Grundstücksübertragungen in vorweggenommener Erbfolge, 67 ff. So etwa BGHZ 107, 156, 160. Auf diese dogmatisch-theoretische Differenzierung kann es aber für eine sachgerechte Problemlösung nicht ankommen, zumal eine am eigentlichen Willen der Beteiligten auszurichtende Auslegung immer ergeben wird, dass es zur umfassenden Berücksichtigung all dessen kommt, was bei einer gemischten Schenkung in Abzug gebracht werden kann; ohne diese sachgerechte Differenzierung

auch wenn die h.M. Übergabeverträge gegen Pflegeleistungen noch als Schenkung unter Auflage qualifiziert.[109] Für die Abzugsfähigkeit dieser Leistungen kommt es auf den Umfang der vertraglich übernommenen Verpflichtung an.[110] Bei Anbindung des Leistungsumfangs an das PflegeVG (SGB XI) werden die dort genannten Sachleistungswerte anzusetzen sein.[111] Maßgeblich für diese Bewertung ist aber die Vorstellung der Vertragsteile, insbesondere für die Frage, ab welchem Zeitpunkt die Pflegepflichten zu berücksichtigen sind.[112]

23 Der Wert eines Nießbrauchs oder dinglichen **Wohnungsrechts** (zum schuldrechtlichen Rdn. 25), das sich der Zuwendende bei der Vermögensübertragung vorbehält, wird zwar vom BGH ebenfalls durchweg nicht als Gegenleistung charakterisiert;[113] dies ist wohl eher ein typischer Fall einer Schenkung unter Auflage; er mindert jedoch den Wert der Zuwendungen[114] und muss daher auch im Rahmen des § 2287 BGB beim Schenkungswert abzugsfähig sein, spart er doch dem Schenker sonstige Mittel, die er für seine Unterbringung aufbringen müsste, oder ermöglicht ihm sogar, Mieteinnahmen zu erzielen.[115]

b) Einzelfälle

24 Eine **Ausstattung** gilt nur insoweit als Schenkung, als sie das den Umständen entsprechende Maß übersteigt (§ 1624 BGB).[116] Soweit keine Übermaßausstattung vorliegt, wird sie wie eine entgeltliche Zuwendung behandelt, obwohl sie objektiv unentgeltlich ist. Das ist insofern gerechtfertigt, als sie nur an einen Pflichtteilsberechtigten erfolgen kann und kraft Gesetzes über die zwingende Ausgleichspflicht des § 2050 Abs. 1 BGB pflichtteilsmindernd wirkt (§ 2316 BGB) und daher bis zur Höhe seines Pflichtteils dadurch keine objektive Beeinträchtigung der Rechte des Vertragserben vorliegt.[117] Liegt der Zuwendungswert darüber, dürfte ohnehin eine übermäßige Ausstattung vorliegen. Die Ausstattung ist daher kein Allheilmittel gegen Ansprüche aus § 2287 BGB.

---

aber *Schindler* ZErb 2006, 16, 20 f.; zur Abgrenzung zwischen Schenkung unter Auflage und gemischter Schenkung s. etwa MünchKomm/*Koch* § 525 Rn. 7.

109 Staudinger/*Wimmer/Leonhardt* § 525 Rn. 25 m.w.N.; **a.M.** *J. Mayer* DNotZ 1996, 604, 611; *Keim* ZEV 2002, 93, 94.

110 OLG Düsseldorf DNotZ 1996, 652, 656 erkannte hierfür immerhin einen Monatswert von 800,00 DM an, OLG Oldenburg FamRZ 1998, 516 f. sogar monatlich »wenigstens« 2.500,00 DM; ausführlicher Überblick zur Bewertung dieser Leistungen *Littig/J. Mayer*, Sozialhilferegress ggü. Erben und Beschenkten (1999) § 2 Rn. 112.

111 § 36 Abs. 3 Nr. 1 SGB XI: 689 Euro/Monat bei Pflegegrad 2; dazu *Weyland*, MittRhNotK 1997, 55, 68 f.; für eigene Vergütungstabelle mit tendenziell etwas höheren Sätzen als nach dem PflegeVG *Kues* ZEV 2000, 434.

112 Ab Vertragsschluss oder ab tatsächlich erbrachter Pflegeleistung, BGH NJW-RR 1986, 977; OLG Oldenburg NJW-RR 1992, 778, 779; für Ansatz ab Vertragsschluss zu § 2325 BGB OLG Koblenz ZErb 2002, 104, 105 = FamRZ 2002, 772, 774; nur für die tatsächlich erbrachten Pflegeleistungen, wenn diese im Rahmen einer Schenkung unter Auflage erbracht wurden *Schindler* ZErb 2006, 16, 21.

113 BGH NJW-RR 1996, 754 = ZEV 1996, 197; ZEV 1996, 86; ZEV 2013, 213.

114 BGH a.a.O. zu Ansprüchen aus §§ 528, 2325 BGB; zur Pflichtteilsergänzung s. MünchKomm/*Lange* § 2325 Rn. 23 f. m.w.N.

115 BGHZ 77, 264, 268 verneinte Berücksichtigung nur, weil Wohnungsrecht unwirksam war; **a.M.** *Keim* ZEV 2002, 93, 94, der sich aber zu Unrecht auf BGHZ 82, 274, 280 ff. beruft, denn dort erfolgte eine Übergabe gegen Rente, Pflegeleistung und Nießbrauchsvorbehalt, wobei der BGH ausdrücklich die zu restriktive Auslegung der Vorinstanz zur Verneinung einer gemischten Schenkung tadelte, ohne in Bewertungsdetails zu gehen; vgl. auch BGH NJW 2017, 329; ohne Einschränkung auch *Butz/Petzold*, Grundstücksübertragungen in vorweggenommener Erbfolge, 148 ff.; anders aber *Schindler* ZErb 2006, 16, 20 f. nur für den Fall der Schenkung unter Auflage, nicht aber für die gemischte Schenkung, jedoch kann von dieser feinsinnigen dogmatischen Differenzierung nicht ein so großer praktischer Unterschied abhängig gemacht werden.

116 *Lange/Kuchinke* § 25 V 5 a (3).

117 S.u. Rdn. 41.

Bei einer **verschleierten Schenkung** wollen die Vertragsteile durch Vorspiegelung einer in Wirklichkeit nicht gewollten Gegenleistung den Anschein der Entgeltlichkeit erwecken.[118] Auch sie fällt unter diese Vorschrift.[119] Das nur vorgetäuschte Rechtsgeschäft ist nach § 117 BGB nichtig, das verdeckte Schenkungsgeschäft unterliegt dem § 2287 BGB.[120] Die Vereinbarung eines unentgeltlichen **schuldrechtlichen Wohnungsrechts** soll nach h.M. keine dem § 2287 BGB unterliegende Schenkung, sondern eine Leihe sein, weil es an einer dauerhaften Verminderung der Vermögenssubstanz beim Schenker fehlt und das bloße Unterlassen von Einnahmen noch keine Schenkung ist.[121] Dann wäre aber auch die unentgeltliche Zuwendung eines Nießbrauchs oder dinglichen Wohnungsrechts keine Schenkung, weil beides ebenfalls zu keiner Minderung der Substanz führt. Eine solche Differenzierung ließe sich nur mit der dogmatisch längst überwundenen Vorstellung rechtfertigen, dass dingliche Rechte zu einer Abspaltung des eigentlichen Eigentums führen und daher einen stärkeren Rechtseingriff darstellen als schuldrechtliche Verpflichtungen. Demgegenüber hat der BGH bereits vor einiger Zeit bei einem unentgeltlich bestellten Nießbrauch eine Schenkung i.S.v. § 2287 BGB bejaht.[122] Die Gründe des Vertragserbenschutzes gebieten es daher, § 2287 BGB auf die Fälle der unentgeltlichen **obligatorischen Nutzungsüberlassung** anzuwenden.[123] 25

§ 2287 BGB gilt nicht nur für Verfügungen, sondern auch für reine Verpflichtungsgeschäfte, also auch für das noch nicht vollzogene **Schenkungsversprechen**, und geht dann auf Vertragsaufhebung.[124] Denn § 2287 BGB spricht nur ganz allgemein von der »gemachten Schenkung« und auch aufgrund eines, allerdings formwirksamen Schenkungsversprechens (§ 518 BGB) könnte der Beschenkte auch einen wirksamen Erfüllungsanspruch geltend machen. Die Vorschrift gilt weiter für Schenkungen, die der Erblasser für den **Fall seines Todes versprochen**, aber noch vor seinem Tod vollzogen hat (§ 2301 Abs. 2 BGB). Ist die Schenkung beim Tod des Erblassers noch nicht vollzogen, so ist sie wie eine Verfügung von Todes wegen zu behandeln (§ 2301 Abs. 1 BGB), sie ist also unwirksam, soweit sie das Recht des Vertragserben beeinträchtigt (§ 2289 Abs. 1 Satz 2 BGB).[125] Auch die rechtsgrundlose Schenkung unterfällt § 2287 BGB.[126] 26

118 RGZ 148, 236; 240; BGH FamRZ 1961, 72, dazu *Münzberg* JuS 1961, 389; *Reubold* 79; BGH FamRZ 1964, 429; OGHZ 2, 161, 164.

119 MünchKomm/*Musielak* Rn. 3; *Brox/Walker* Rn. 159; Erman/*Schmidt* Rn. 3.

120 NK-BGB/*Horn* Rn. 18; MünchKomm/*Musielak* Rn. 3; *Strunz*, Der Anspruch des Vertrags- und Schlusserben wegen beeinträchtigender Schenkungen – § 2287 BGB, 68.

121 BGHZ 82, 254, 356 ff.; BGH FamRZ 2007, 1649 = ZEV 2008, 192 m. abl. Anm. *J. Mayer* (Gebrauchsüberlassung gegen Miete, die kaum die Betriebskosten abdeckt, vgl. dazu auch die Vorinstanz KG ZEV 2008, 189 (LS.) = ErbR 2007, 158); OLG Stuttgart BeckRS 2008, 8173 (unentgeltliche Gebrauchsüberlassung); OLG Celle ZEV 2010, 409; MünchKomm/*Musielak* Rn. 3; zum Streitstand MünchKomm/*Koch* § 516 Rn. 7 f.; dies wird im Schenkungsteuerrecht, etwa bei der zinslosen Darlehensgewährung ganz anders gesehen, vgl. hierzu *Gebel* in Troll/Gebel/Jülicher/Gottschalk, ErbStG (Stand Mai 2018) § 7 ErbStG Rn. 30 ff.

122 BGH ZEV 1996, 25 = NJW-RR 1996, 133; ebenso OLG Karlsruhe ZEV 2000, 108, 109 f.; OLG Celle FamRZ 2006, 1876 = MittBayNot 2006, 516.

123 Anschaulich der Fall von BGH FamRZ 2007, 1649 = ZEV 2008, 192, in dem durch die weitgehend unentgeltliche Gebrauchsüberlassung der Verkehrswert um fast die Hälfte reduziert war: wie hier auch Staudinger/*Kanzleiter* Rn. 3; NK-BGB/*Horn* Rn. 15; Bamberger/Roth/*Litzenburger* Rn. 2 bei einer unangemessen langen Laufzeit, etwa von 10 Jahren und mehr, jedoch ist die Länge eine Frage der Höhe des Schenkungswert; *Nehlsen/v. Stryk* AcP 187 (1987), 552, 596 bejaht § 2287 bei Überlassung auf Lebenszeit unter Verzicht auf das Eigenbedarfskündigungsrecht des § 605 Nr. 1.

124 OLG Celle MDR 1948, 142, 144 m. Anm. *Kleinrahm*; Bamberger/Roth/*Litzenburger* Rn. 4; NK-BGB/*Horn* Rn. 20; Palandt/*Weidlich* Rn. 5; *v. Lübtow* I 438; PWW/*Deppenkemper* Rn. 6; **a.M.** MünchKomm/*Musielak* Rn. 3 (Arglisteinwand gegen den Erfüllungsanspruch, jedoch bringt dies eine zusätzliche Abwägungsentscheidung ins Spiel, die zu differierenden Ergebnissen führen kann); für beide Möglichkeiten *Lange/Kuchinke* § 25 V 5 Fn. 103.

125 Bamberger/Roth/*Litzenburger* Rn. 4; *v. Lübtow* I 435; MünchKomm/*Musielak* Rn. 8.

126 S. Rdn. 13.

27 Die üblichen **Übergabeverträge** über Bauernhöfe oder sonstigen Grundbesitz stellen nach der älteren Rspr. im Allgemeinen Schenkungen unter Auflage dar.[127] Nach der neueren Rspr. ist jedoch bei der aus den bäuerlichen Verhältnissen erwachsenen typischen Hofübergabe, die gegen Leibgedingsleistungen erfolgt, mit der Annahme einer (und sei es auch nur gemischten) Schenkung »Zurückhaltung« geboten. Eine Schenkung sei nur anzunehmen, wenn unter Berücksichtigung des von den Vertragsteilen gewollten Zwecks bei einem Vergleich des Werts des übergebenen Anwesens mit dem Wert der Gegenleistungen das Merkmal der Unentgeltlichkeit »überwiegt«.[128]

28 Die **vorweggenommene Erbfolge** ist kein fest umrissener Rechtsbegriff, sondern ein im Gesetz nicht geregelter **Vertragstypus**, der durch Wunsch nach erbrechtlicher Klarheit, Versorgungssicherheit für den Veräußerer und u.U. Schaffung einer Existenzhilfe für den Übernehmer gekennzeichnet ist,[129] und sich auch als **»Generationennachfolgevertrag«** bezeichnen lässt.[130] Sie hat viele Gesichter.[131] *Olzen* unterscheidet etwa neun verschiedene Arten von Gegenleistungen.[132] Die bloße Bezeichnung als »Vorwegnahme der Erbfolge« besagt demnach noch nichts darüber, ob eine (gemischte) Schenkung vorliegt.[133] Es bedarf daher hier ebenso wie bei den ehebezogenen Zuwendungen einer rechtsfolgenorientierten, typologisch wertenden Zuordnung, ob die erbrechtlichen Schutzvorschriften der §§ 2287 f., 2325 BGB ihrem Normzweck nach auf die konkrete Vertragsgestaltung anwendbar sind. Auf der **Skala der Rechtsgeschäfte**: rein unentgeltlicher Erwerb, Schenkung unter Auflage, teilweise entgeltlicher Erwerb und voll entgeltlicher Erwerb (Kauf) liegt die vorweggenommene Erbfolge daher zwar außerhalb des voll entgeltlichen Bereichs; ihre Zuordnung zu einer der Rechtsfolgen, die an eine der anderen Vertragstypen geknüpft werden, ist aber im Einzelfall vorzunehmen.[134]

29 **Ehebezogene** (auch unbenannte oder ehebedingte) **Zuwendungen unter Ehegatten** können objektiv entgeltlich sein,[135] sind in der Regel aber **objektiv unentgeltlich**. Ihre Einordnung als eine Schenkung i.S.v. § 516 BGB wurde dennoch aus verschiedenen Gründen als nicht sachgerecht angesehen, insbesondere hinsichtlich der scheidungsbedingten Folgen und der Rückforderung nach § 530 BGB. Zudem glaubte man, die für eine Schenkung erforderliche Schenkungsabrede wegen der i.d.R. hier immer vorliegenden besonderen familiären Motivation ausschließen zu können.[136] Der BGH hat sich im Hinblick auf die durch die Vorschriften der §§ 2113, 2287, 2288 BGB zu verwirklichenden erbrechtlichen Schutzzwecke dafür entschieden, dass die **unbenannte Zuwendung** unter Ehegatten **im Erbrecht regelmäßig** wie eine **Schenkung** zu behandeln ist.[137] Damit will er zugleich den von ihm missbilligten **Umgehungsversuchen** entgegenwirken, Vermögen zum Nachteil der Pflichtteilsberechtigten und Vertragserben auf »Schleichwegen am Nachlass vorbei« zu leiten, die der Senat zu erkennen glaubt.[138]

127 OLG Bamberg NJW 1949, 788; BGHZ 3, 206, 211; BGH FamRZ 1967, 215; BGHZ 107, 156 = NJW 1989, 2122; für gemischte Schenkung: LG Passau RdL 1975, 70.

128 BayObLGZ 1995, 186; 1996, 20; jeweils zu § 530 BGB.

129 *Jerschke* in: Beck'sches Notarhandbuch, A V Rdnr. 76; eingehend dazu *Spiegelberger*, Zur Dogmatik der vorweggenommenen Erbfolge, FS 50 Jahre Deutsches Anwaltsinstitut eV (2003), 413 ff.

130 So anschaulich *Spiegelberger*, Vermögensnachfolge, 1994, Rn. 12 ff.

131 *J. Mayer* DNotZ 1996, 610.

132 Die vorweggenommene Erbfolge (1984) 26.

133 BGH NJW 1995, 1349 = DNotZ 1996, 640 zu § 528; *J. Mayer* DNotZ 1996, 615; *Keim* ZEV 2002, 93, 94.

134 *J. Mayer* DNotZ 1996, 612, 615.

135 Zu Beispielen vgl. etwa *Schotten* NJW 1990, 2846.

136 So etwa *Sandweg* NJW 1989, 1965, 1966 (der dem Grundsatz nach unentgeltliche Zuwendung annimmt); eingehend hierzu MünchKomm/*Koch* § 516 Rdnr. 60 ff.; *Kollhosser* NJW 1994, 2313, 2318; *Meincke* NJW 1995, 2769; sowie zur neueren Entwicklung, auch und gerade im Verhältnis zu Dritten Bamberger/Roth/*J. Mayer* § 1372 Rn. 12 f.

137 BGHZ 116, 167, 174 f. = NJW 1992, 564 = DNotZ 1992, 513; NJW-RR 1996, 133 = ZEV 1996, 25 (zweite Revisionsentscheidung in gleicher Sache); OLG Karlsruhe ZEV 2000, 108, 109 f.; ausf. dazu *Seiler*, Der Begriff der Schenkung in § 2287 BGB, Rn. 527 ff.

138 Dazu bereits *Schmidt/Kessel* DNotZ 1989, 161*.

Das Gericht stellt jedoch ausdrücklich klar, dass im **Einzelfall** auch **Zuwendungen** unter **Ehegatten** als entgeltliche Rechtsgeschäfte anzuerkennen sein können, so, wenn und soweit sie nach den konkreten Umständen einem objektiv bestehenden Unterhaltsanspruch, insbesondere zur Alterssicherung, entsprechen oder durch sie langjährige Dienste nachträglich vergütet werden, die ein Ehegatte dem anderen vor oder nach der Eheschließung geleistet hat. Dabei wird jedoch die Notwendigkeit der objektiven Angemessenheit der Zuwendung betont und festgestellt, dass eine entgeltliche Zuwendung nicht die Regel ist.[139] Auch darf die Absicht der Zukunftssicherung des Ehegatten nicht nur *vorgeschoben sein.*[140] Das bloße Bestehen der Ehe, auch im Güterstand der Zugewinngemeinschaft, reicht für sich allein demnach nicht aus, um die Entgeltlichkeit zu begründen.[141] Die Kautelarjurisprudenz ist daher bemüht, die vom BGH angedeuteten Möglichkeiten zur Begründung entgeltlicher Vermögensübertragungen auszuloten und umzusetzen.[142] Dabei besteht Einigkeit darüber, dass allein durch die Formulierung als ehebedingte Zuwendung Ansprüche des Vertragserben und der Pflichtteilsberechtigten nicht ausgeschlossen werden können.[143] Ja, es werden sogar Bedenken dagegen erhoben, ob die vom BGH genannten Beispiele der entgeltlichen Übertragung nur für den Bereich des §§ 2287 f. BGB gelten, bei dem dies Gründe für ein anerkennenswertes lebzeitiges Eigeninteresse sein können, nicht aber für § 2325 BGB.[144] 30

Die Rspr. des BGH ist von Anfang an **teilweise** auf **Zustimmung**,[145] teilweise aber auch auf Kritik gestoßen.[146] Vom Ausgangspunkt ist dem BGH zuzustimmen. Methodisch gesehen geht es – wie das Gericht klar herausgestellt hat – um die Frage der Zuordnung gesetzlich geregelter Rechtsfolgen auf einen nicht ausdrücklich normierten Vertragstypus, da dem historischen Gesetzgeber des BGB die Rechtsfigur der unbenannten Zuwendung noch nicht bekannt war.[147] Dies ist anhand des Normzwecks des § 2287 BGB[148] so sicherlich richtig beantwortet.[149] Im Rahmen dieser typologischen Zuordnung ist es dabei auch möglich, das Innenverhältnis der Ehegatten, also den eigentlichen Anwendungsbereich dieser Rechtsfigur (z.B. Rückforderungsrechte, Ausgleich im Scheidungsfall) nach anderen Regeln zu behandeln als das Außenverhältnis mit Drittansprüchen und steuerlichen Fragen.[150] Es ist daher kein unlösbarer Widerspruch, wenn der XII. Senat bei der Prüfung eines Ausgleichsanspruchs wegen ehebezogener Mitarbeit an seiner früheren Rspr. festgehalten hat, dass es sich bei ehebezogenen Zuwendungen i.d.R. nicht um unentgeltliche Rechtsgeschäfte handelt.[151] 31

Es stellt sich vielmehr nur die Frage nach den Grenzen dieser Rspr, was unter dem Stichwort der **»legitimen Vermögensteilhabe des Ehegatten«** diskutiert wird.[152] Diese Gesichtspunkte können 32

139 BGHZ 116, 167, 173 f.; *Horn* NJW 2019, 1123, 1124; eingehend zu der Rspr. des BGH Mayer/Süß/Tanck/Bittler/*Pawlytta*, Handbuch Pflichtteilsrecht § 7 Rn. 51 ff.

140 BGH ZEV 1996, 25, 26 = NJW-RR 1996, 133 unter Betonung, dass die Entgeltlichkeit nicht die Regel.

141 So aber *Morhard* NJW 1987, 1734, 1736; *Werthmann*, Die unbenannte Zuwendung im Privatrechtssystem (1990) 126 ff.

142 Dazu etwa *Klingelhöfer* NJW 1993, 1097, 1100 f.; *Brambring* ZEV 1996, 248 ff.; *ders.*, ZEV 1997, 7; *kritisch* hiergegen *Kollhosser* NJW 1994, 2313, 2319, der für belohnende Zuwendungen für Haushaltsführung zutreffend auf § 1360b hinweist; zu den praktischen Gestaltungsmöglichkeiten s. auch *Pawlytta*, in Handbuch Pflichtteilsrecht, § 7 Rn. 53 ff.; *Weidlich* ZEV 2014, 345.

143 »Entzauberung der ehebedingten Zuwendung«, *Brambring* ZEV 1996, 250.

144 So *Brambring* ZEV 1996, 250; dagegen aber klar BGHZ 116, 178, 183.

145 *Draschka* DNotZ 1993, 100, 106; *Kollhosser* NJW 1994, 2313, 2316; *Ebenroth* Rn. 1361.

146 *Kues* FamRZ 1992, 924, 926; *Hohloch* LM Nr. 20 zu § 2287; *Dingerdissen* JZ 1992, 402; *Lange/Kuchinke* § 25 V 5 a (1); *Hayler* DNotZ 2000, 681, 683 ff.; *Klingelhöfer* NJW 1993, 1097, 1100 f.; *Ludwig* FuR 1992, 1, die drei Letztgenannten je mit praktischen Lösungsansätzen; eingehend zu Streitstand *Pawlytta*, in Handbuch Pflichtteilsrecht, § 7 Rn. 53 ff.

147 So nochmals klar betonend *Langenfeld* NJW 1994, 2133, 2134, der dem BGH zu Recht im Ansatz zustimmt.

148 S. Rdn. 1 ff.

149 Grds. ähnlich Staudinger/*Kanzleiter* Rn. 4.

150 Gegen eine solche Aufteilung aber *Schotten* NJW 1990, 2841, 2851.

151 BGHZ 127, 48, 50 ff. = NJW 1994, 2545.

152 *Langenfeld* ZEV 1994, 129; NJW 1994, 2841.

dabei bei solchen ehebezogenen Zuwendungen, die nach der Rechtsprechung des BGH nicht bereits ausnahmsweise entgeltlich sind[153] systemkonform im Rahmen der bei §§ 2287 f. BGB erforderlichen Missbrauchsprüfung[154] berücksichtigt werden (bei der Pflichtteilsergänzung ist dies schwieriger). Als Obergrenze für eine zulässige und insoweit gegen §§ 2287 f. BGB anspruchsfeste Zuwendung zur gerechten Verteilung des ehezeitlichen Vermögenserwerbs auf beide Ehegatten wurde bisweilen in Anlehnung an den Halbteilungsgrundsatz der Zugewinngemeinschaft die hälftige Beteiligung gesehen.[155] Zur Problemlösung entwickelte *Langenfeld* Fallgruppen[156] und folgerte, dass die »je hälftige Eigentumszuordnung am **Familienheim**« gegen Ansprüche nach §§ 2287 f. BGB Bestand haben müsste. Dem kann bereits im Ansatz nicht gefolgt werden. Da es um die Frage der legitimen Durchbrechung der erbvertraglichen Bindung geht, kann diese Frage nicht aus dem Blickwinkel des neuen Ehegatten beantwortet werden, der natürlich immer für eine Zuwendung ist, sondern dies ist aus den Grenzen der früheren Bindung heraus zu beantworten. Und hier ergibt sich mühelos und sachgerecht eine Problemlösung aus dem Gesichtspunkt, dass eine **objektive Beeinträchtigung** des Vertragserben insoweit ausscheidet, als die Zuwendung zur **Deckung des Pflichtteils** und **Zugewinnausgleichs**[157] dient, da beide Ansprüche ohnehin auch vom Vertragserben vorrangig erfüllt werden müssten.[158] So ist sicherlich die pauschale Durchführung des *Langenfeld´schen* Halbteilungsgrundsatzes am Familienwohnheim dann nicht zulässig, wenn dieses wertmäßig überwiegend bereits aus der Ehe mit dem ersten Ehegatten stammt, der sich gerade bei der Nachlassplanung durch Erbvertrag auf den Bestand der erbrechtlich getroffenen Vermögenszuordnung über seinen Tod hinaus verlassen hat. Zulässig wäre eine derartige Beteiligung dann, wenn das Wohnhaus aus dem Zugewinn der neuen Ehe stammt. Dann erscheint die Durchbrechung der Bindungswirkung sogar geboten und gerade auch dadurch verwirklicht, dass i.H.d. Zugewinnausgleichs des neuen Ehegatten und seines Pflichtteils eine objektive Beeinträchtigung bereits ausscheidet.

33 Kritisch gegen die vorstehende Argumentation *Lange/Kuchinke*,[159] weil sie die Problematik auf die Beeinträchtigung des Vertragserben »verenge«; demgegenüber setzt *Kuchinke* bereits beim allgemeinen Schenkungsbegriff an und verneint einen solche bereits dann, wenn mit der Zuwendung ein anerkennenswerter Zweck angestrebt wird, der nach dem Willen der Vertragsteile als Ausgleich verstanden wird. Damit geht diese Auffassung noch über die Auffassung *Langenfelds* hinaus, die immerhin mit Wertungsgesichtspunkten die Bestandsfestigkeit der Zuwendung rechtfertigen will. Bei *Kuchinkes* Meinung verlagert sich die Problematik aber nur auf die Festlegung, was als »anerkennenswerter« Zuwendungszweck anzusehen ist. Bestimmt man dies allein aus der Sichtweise von Veräußerer und Erwerber, läuft § 2287 BGB weitgehend leer, zumindest wenn die Vertragsteile rechtlich beraten sind. Demgegenüber nimmt *Hayler*[160] ebenfalls **güterrechtliche Wertungen** auf, um die Bestandsfestigkeit der Zuwendung zu begründen: Diese bestehe bis zur Grenze eines fiktiven, auf den Zuwendungszeitpunkt bezogenen Zugewinnausgleichsanspruchs.[161] Dabei wird übersehen, dass der BGH ganz bewusst die insbesondere von *Mohrhard* vertretene Auffassung verworfen hat.[162]

34 Die gleichen Grundsätze gelten auch für Zuwendungen zwischen **gleichgeschlechtlichen Lebenspartnern** i.S.d. LPartG.[163]

153 S. Rdn. 29.

154 S. Rdn. 62 ff.

155 So *Langenfeld* ZEV 1994, 129, 133; *ders.* NJW 1994, 2135; *Klingelhöfer* NJW 1993, 1097, 1101.

156 Im Ansatz zustimmend MünchKomm/*Musielak* Rn. 4 (jedoch ohne nähere eigene Ausführungen); vgl. auch Erman/*M. Schmidt* Rn. 3.

157 Dazu ausdrücklich BGH ZEV 1996, 25.

158 Ebenso Staudinger/*Kanzleiter* Rn. 4; s. eingehend Rdn. 41.

159 § 25 V 5 a (1).

160 FuR 2000, 4, 9.

161 Ähnlich bereits *Morhard* NJW 1987, 1734.

162 BGHZ 116, 167, 172 ff.

163 Krug/Zwißler/*Krug*, Familienrecht und Erbrecht (2002) 3. Kap. Rn. 123; NK-BGB/*Horn* Rn. 23.

Gewisse Gestaltungsmöglichkeiten scheint die **Vereinbarung von Gütergemeinschaft** nach der Rspr. des BGH zu bieten, die insoweit wesentlich »ehefreundlicher« ist.[164] Denn nach Auffassung des BGH kann nur in Ausnahmefällen in der Begründung einer Gütergemeinschaft eine Schenkung des begüterten Ehegatten an den bereicherten anderen liegen. Dazu bedarf es außer der Einigung über die Unentgeltlichkeit der Zuwendung **noch einer Verdrängung** der »güterrechtlichen causa« durch den eigentlichen schuldrechtlichen Schenkungsvertrag. Dies erfordert eine besondere Feststellung, dass die Geschäftsabsichten der Ehegatten nicht auf die Verwirklichung der Ehe mit einer Ordnung des beiderseitigen Vermögens gerichtet waren.[165] In Betracht kommt hierfür, dass die Gütergemeinschaft kurz vor dem Tod des einen Ehegatten abgeschlossen wurde, dass für die Auseinandersetzung des Gesamtguts abweichend von § 1476 BGB eine andere Ausgleichsquote zugunsten desjenigen Ehegatten vereinbart wird, der weniger in das Gesamtgut einbrachte, oder dass dies allein deswegen geschieht, um die erbrechtliche Bindung zu unterlaufen.[166] Der Entscheidung ist zuzustimmen, weil sie einerseits Umgehungs- und Missbrauchsversuchen entgegen wirkt, andererseits berechtigte Güterstandswechsel ohne Sanktionen nach § 2287 BGB zulässt.[167] Jedoch ist aus Haftungs- und anderen Gründen die Gütergemeinschaftslösung i.d.R. nicht mehr empfehlenswert.[168] 35

c) Maßgeblicher Zeitpunkt

In Betracht kommen nur Schenkungen, die nach dem Abschluss des Erbvertrags gemacht werden; denn nur solche können den Vertragserben beeinträchtigen;[169] eine dem § 2325 Abs. 3 BGB vergleichbare Ausschlussfrist gibt es nicht.[170] Bei gemeinschaftlichen Testamenten unterfallen erst die Schenkungen dieser Vorschrift, die nach Eintritt der Bindungswirkung vorgenommen werden.[171] 36

2. Objektive Beeinträchtigung der Vertragserbenstellung

Als gleichsam ungeschriebenes Tatbestandsmerkmal setzt der Anspruch nach § 2287 BGB voraus, dass die berechtigten Erberwartungen des Vertragserben **objektiv beeinträchtigt** werden.[172] Denn der dem Vertragserben dadurch gewährte **Schutz** kann **nicht weiter reichen** als die erbvertragliche **Bindung.**[173] Der Sache nach handelt es sich um die erforderliche Restriktion der durch die Rechtsprechungsänderung zu einer General- oder Missbrauchsklausel[174] erweiterten Vorschrift des § 2287 BGB durch Rückgriff auf den Schutzzweck der Norm.[175] Sie ist logischerweise der Feststellung der Beeinträchtigungsabsicht bzw. der Missbrauchsprüfung vorgelagert.[176] Bezeichnet man dies als eine »Einschränkung des Vertragserbenschutzes in objektiv-normativer Hinsicht«,[177] so unterstellt man 37

---

164 *Lange/Kuchinke* § 25 V 5 Fn. 88.

165 BGHZ 116, 179 zu § 2325.

166 Zu Gestaltungsüberlegungen ausf. *Wegmann* ZEV 1996, 201.

167 MünchKomm/*Musielak* Rn. 5.

168 So richtig *Brambring* ZEV 1996, 252.

169 MünchKomm/*Musielak* Rn. 9; NK-BGB/*Horn* Rn. 25; *Planck/Greiff* Anm. 2b.

170 Soergel/*M. Wolf* Rn. 8; zum Grundsatz der Posteriorität s. Rdn. 96.

171 Str., s. Rdn. 15.

172 So ausdrücklich BGH FamRZ 1989, 175 = NJW-RR 1989, 259; OLG Hamm ZEV 2018, 166; ausf. dazu *Schindler* ZErb 2007, 39 ff.; *Horn* NJW 2019, 1123, 1124.

173 BGHZ 82, 274, 278 = NJW 1982, 43; BGHZ 83, 44, 48 = NJW 1982, 1100; BGH WM 1986, 1221, 1222; OLG München FamRZ 2015, 608; MünchKomm/*Musielak* Rn. 10; Soergel/*M. Wolf* Rn. 9; *Lange/Kuchinke* § 25 V 5 b (1); Bamberger/Roth/*Litzenburger* Rn. 5 f.; *Beisenherz* ZEV 2005, 8, 9; krit. dagegen jurisPK/*Geiger* Rn. 19, weil sich die fraglichen Fälle auch über die »Beeinträchtigungsabsicht« lösen ließen; jedoch wird dabei verkannt, wie die dortige Kommentierung zeigt, dass § 2287 BGB nach der neueren Rspr. eben primär eine Missbrauchskorrektur darstellt, und sich diese nicht allein auf die Beeinträchtigungsabsicht reduziert.

174 *Spellenberg* NJW 1986, 2535, 2540.

175 Zust. NK-BGB/*Horn* Rn. 26.

176 NK-BGB/*Horn* Rn. 9; Bamberger/Roth/*Litzenburger* Rn. 6.

177 *Strunz*, Vertragserbenschutz, 108 f.

damit bereits zu Unrecht, dass zunächst ein Vertragserbenschutz überhaupt bestanden hat, was angesichts der Offenheit des Tatbestandes der Norm aber hier erst zu prüfen ist.

a) Allgemeine Kriterien

38 Als Prüfungskriterien lassen sich angeben:[178] Es muss eine **objektive Beeinträchtigung** vorliegen, was sowohl hinsichtlich des Tatbestandes wie der Rechtsfolge den Anspruch begrenzt; die irrtümliche Annahme einer Beeinträchtigung genügt nicht.[179] Diese Beeinträchtigung muss zu einer **Vermögensminderung** des Nachlasses führen, dessen Erwerb der Vertragserbe erwarten kann.[180] Dabei ist zu beachten, dass der Vertragserbe keinen Anspruch auf Erhaltung eines bestimmten Gegenstandes im künftigen Nachlassvermögen hat, sondern nur der Nachlasswert durch § 2287 BGB gesichert werden soll. Es ist also durch Aufstellung eines Vermögensstatus zu prüfen, ob sich tatsächlich der Nachlasswert durch die lebzeitige Zuwendung zulasten des Vertragserben verringert hat. Dabei sind Vermögenskompensationen zu berücksichtigen,[181] jedoch muss es sich um Zuwendungen von dritter Seite handeln oder – bei Miterben – aus dem Vermögen, das dem Vertragserben nicht zusteht. Ob es sich um eine **wesentliche Vermögensminderung** handeln muss, damit § 2287 BGB eingreift,[182] hat der BGH bislang ausdrücklich offen gelassen,[183] bei einer früheren aber betont, dass es ein Vorzug bei der Anwendung dieser Vorschrift sei, dass nicht jede kleine, dem Testament widersprechende Verfügung unwirksam sei.[184] Richtigerweise wird man diese Frage im Rahmen der **Missbrauchsbewertung** klären müssen.[185] Der Anspruchssteller ist aber nicht beweispflichtig, dass er ohne die Schenkung mehr erworben hätte. Auch der Einwand, der Vertragserbe hätte den Gegenstand auch ohne die Schenkung nicht erworben, z.B. weil er beim Erblasser **untergegangen** wäre, soll unbeachtlich sein.[186] Dem kann in dieser Allgemeinheit nicht gefolgt werden. Vielmehr sind solche Fälle nach den Grundsätzen des rechtmäßigen Alternativverhaltens[187] zu beurteilen, weil es hier ähnlich wie im Schadensrecht um einen Wertausgleich geht.[188] Vermögensverluste, die auch bei einem rechtmäßigen Verhalten des Erblassers entstanden wären und zu einer Verringerung des künftigen Nachlasses geführt hätten, können nicht vom Schutzbereich der Norm des § 2287 BGB erfasst werden. Anders liegt es, wenn ohne die Schenkung der Erblasser für den Untergang der Sache eine Kompensation erlangt hätte, etwa durch eine Versicherungsleistung, die dann auf den Vertragserben übergegangen wäre.[189]

b) Einzelfälle

39 Die meisten Entscheidungen des BGH beschäftigen sich überwiegend mit der Prüfung der Frage, ob überhaupt eine objektive Beeinträchtigung vorlag.

aa) Änderungsvorbehalte, vorweggenommene Vermächtniserfüllung

40 Eine objektive Beeinträchtigung wurde verneint, wenn der Erblasser aufgrund eines entsprechenden Änderungsvorbehalts im Erbvertrag[190] den verschenkten Gegenstand auch durch Verfügung

178 Vgl. NK-BGB/*Horn* Rn. 27; Soergel/*M. Wolf* Rn. 9.
179 BGH FamRZ 1989, 175.
180 BGH FamRZ 1989, 175.
181 A.M. *Johannsen* DNotZ 1977, 88*, unter Bezug auf das unveröffentlichte BGH-Urt. v. 10.12.1958 – V ZR 194/57.
182 So Soergel/*M. Wolf* Rn. 9.
183 BGH WM 1979, 442, 444.
184 BGHZ 66, 8, 14 = NJW 1976, 749; *Johannsen* DNotZ 1977, 92* spricht davon, dass ein »Teil des Vermögens« verschenkt werden müsse; vgl. auch *Spellenberg* NJW 1986, 2531, 2535.
185 Ebenso *Spellenberg* NJW 1986, 2531, 2535; *Strunz*, Vertragserbenschutz, 131; Rn. 68.
186 Soergel/*M. Wolf* Rn. 9; *Johannsen* DNotZ 1977, 87* f.
187 Vgl. etwa Palandt/*Grüneberg* Vorbem. 64 ff. vor § 249.
188 Zust. NK-BGB/*Horn* Rn. 27.
189 Zust. NK-BGB/*Horn* Rn. 27.
190 § 2278 BGB Rdn. 14 ff.

von Todes wegen dem Beschenkten hätte zukommen lassen können,[191] denn aufgrund dieser Änderungsmöglichkeit bestand eben von Anfang an keine berechtigte Erberwartung: **Ohne Bindung kein Schutz.**[192] Gleiches gilt, wenn dem Längerlebenden ausdrücklich freigestellt ist, »unter Lebenden« über den Nachlass frei zu verfügen;[193] eine gleichzeitig verfügte Teilungsanordnung[194] steht dem nicht entgegen.[195] Der Erblasser muss sich nur an die Bedingungen halten, die tatbestandsmäßig wie hinsichtlich der Rechtsfolgen im Vorbehalt festgelegt sind.[196] Gleiches muss für die Freistellungsklauseln in einem gemeinschaftlichen Testament[197] gelten, da diese ebenfalls die erbrechtliche Bindung durchbrechen. Auch die lebzeitige, vorweggenommene Erfüllung eines Vermächtnisses bereits durch den Erblasser selbst kann keine Beeinträchtigung des Vertragserben darstellen, da dies nur die vorweggenommene Erfüllung der später ihn treffenden Verpflichtung darstellt.[198] Da zu diesem Zeitpunkt allerdings noch kein Anspruch auf Leistungserfüllung bestand, handelt es sich dem Grundsatz nach um eine unentgeltliche Zuwendung.[199]

bb) Zuwendungen an den Pflichtteilsberechtigten, Zugewinnausgleich

Eine Beeinträchtigung scheidet auch aus, wenn die Schenkung an einen Pflichtteilsberechtigten erfolgt und zur Deckung seines Pflichtteils geeignet ist.[200] Denn der Vertragserbe muss mit der Pflichtteilslast von vornherein rechnen und ist zu deren Erfüllung vorrangig verpflichtet. Soweit der Schenkungswert den Pflichtteil übersteigt, ist der Bereicherungsanspruch aus § 2287 BGB auf das beschränkt, was nach Begleichung des Pflichtteils dem Beschenkten übrig bleibt.[201] Daher ist in diesen Fällen der Bereicherungsanspruch aus § 2287 BGB nach Maßgabe der Grundsätze geltend zu machen und zu berechnen, wie sie zur gemischten Schenkung von der Rechtsprechung entwickelt worden sind.[202] Das bedeutet, dass der Kläger das **Schenkungsobjekt** nur dann **herausverlangen** kann, wenn die Schenkung überwiegend nicht anzuerkennen ist, also wenn derjenige Wertanteil der Schenkung, der nach den oben dargelegten Grundsätzen hinzunehmen ist, geringer wiegt als der nach § 2287 BGB auszugleichende überschießende Anteil. Dann kann aber ein Herausgabeanspruch des Vertragserben nur Zug um Zug gegen Zahlung des Pflichtteils geltend gemacht werden, was auch ohne Einrede zu berücksichtigen ist. **Überwiegt** dagegen der **anzuerkennende Teil** der Schenkung, kann er vom Beschenkten nur Zahlung des Betrages beanspruchen, der dem Teilwert der Schenkung entspricht, den er nicht geltend lassen muss.[203] Bei Zuwendungen an Ehegatten muss dabei auch noch deren **Zugewinnausgleich** berücksichtigt werden, da auch dieser vom Erben zu erfüllen wäre;[204] einer Vereinbarung einer Gütertrennung zur lebzeitigen Begründung einer Zugewinnforderung bedarf es nicht.[205] Erreicht der Wert der Zuwendung den Pflichtteil nicht, ist keine Beeinträchtigung des Vertragserben gegeben. Jedoch ist zu beachten, dass wirksame 41

191 BGH WM 1986, 1221, 1222 = MittBayNot 1986, 265; ebenso *Johannsen* WM Sonderbeilage 2/1982, S. 13; NK-BGB/*Horn* Rn. 29; Bamberger/Roth/*Litzenburger* Rn. 7.
192 *Waltermann* JuS 1993, 276, 279 Fn. 12; zust. NK-BGB/*Horn* Rn. 29.
193 OLG München ZEV 2005, 61, 62; zum Schenkungsvorbehalt ausführlich Rdn. 134.
194 Die ohnehin nicht bindend sein kann, § 2278 Abs. 2 BGB.
195 OLG Frankfurt OLG-Rp Frankfurt 1995, 31.
196 *Lange/Kuchinke* § 25 V 5 b (1).
197 § 2271 BGB Rdn. 67.
198 BGHZ 97, 188, 194 = NJW 1986, 1755, 1756; NK-BGB/*Horn* Rn. 29.
199 Zust. NK-BGB/*Horn* Rn. 29; übersehen von *Strunz*, Vertragserbenschutz, 118.
200 Bamberger/Roth/*Litzenburger* Rn. 8; MünchKomm/*Musielak* Rn. 10; Soergel/*M. Wolf* Rn. 10.
201 BGHZ 88, 269, 272 f. = NJW 1984, 121; BGHZ 77, 264, 271 ff. = NJW 1980, 2307; MünchKomm/*Musielak* Rn. 10; NK-BGB/*Horn* Rn. 30; Staudinger/*Kanzleiter* Rn. 7; vgl. auch Hohloch JuS 1984, 147; *Schindler* ZErb 2007, 39 meint, dass nur der auf die herauszugebende Schenkung berechnete Pflichtteil den Anspruch aus § 2287 BGB beschränke.
202 BGH FamRZ 2006, 1186 = ZEV 2006, 505 (Rn. 13); zu diesen Grundsätzen s. Rdn. 119.
203 BGHZ 88, 269, 272 f. = NJW 1984, 121 auch zur Berechnung; BGHZ 77, 264, 271 ff.; s. zu den praktischen Auswirkungen auch unten Rdn. 119.
204 BGH ZEV 1996, 25 = NJW-RR 1996, 133.
205 Staudinger/*Kanzleiter* Rn. 4.

Ausgleichungspflichten oder Anrechnungen auf den Pflichtteil (§§ 2316, 2315 BGB) den Pflichtteil, der dem Erwerber konkret zusteht, erheblich mindern können.[206]

42 Diese Grundsätze sollen auch dann gelten, wenn der Beschenkte bereits früher auf sein gesetzliches Erb- und **Pflichtteilsrecht verzichtet** hat (§ 2346 BGB), da der Erbverzicht nach § 2351 BGB wieder hätte aufgehoben werden können und daher der Erbe auf dessen Fortbestand nicht vertrauen durfte.[207] Einer vorherigen förmlichen Aufhebung bedarf es nach Ansicht des BGH nicht.[208] Aus § 2289 Abs. 1 BGB lässt sich hiergegen nichts einwenden, da der Aufhebungsvertrag keine Verfügung von Todes wegen ist.[209] Im Einzelfall kann allerdings **§ 242 BGB** der Berufung auf die Wirksamkeit der Aufhebung des Pflichtteilsverzichts **entgegen gehalten** werden: Dies ist zum einen der Fall, wenn die Vereinbarung unter Einbeziehung auch der anderen Kinder aufgrund eines von allen getragenen Konzepts über die Nachlassverteilung erfolgte.[210] Zum anderen kann dies der Fall sein, wenn vom Erblasser für den Pflichtteilsverzicht eine Gegenleistung erbracht wurde. Wird diese Gegenleistung bei Aufhebung des Verzichts nach den Grundsätzen über die ungerechtfertigte Bereicherung nicht zurückgefordert, liegt darin eine unentgeltliche Zuwendung an den Pflichtteilsberechtigten, die zu einem Anspruch nach § 2287 BGB führen kann. Daher kann bspw. der seinen Kindern gegenüber erbvertraglich gebundene Erblasser nicht sanktionslos bei seiner Wiederheirat der Ehefrau zunächst für ihren Pflichtteilsverzicht eine Abfindung gewähren und dann später durch Aufhebung des Pflichtteilsverzichts »den Pflichtteil wieder zukommen lassen«.[211]

43 Daneben bestehen **vertragliche Regelungsmöglichkeiten**. (1) So soll eine Aufhebung jedenfalls dann nicht mehr möglich sein, wenn sich der Erblasser gegenüber dem Vertragserben verpflichtet hat, die **Aufhebung** des Pflichtteilsverzichts **zu unterlassen**, was rechtlich zulässig ist, da es sich dabei um einen Vertrag unter Lebenden handelt und § 2302 BGB damit nicht anwendbar ist.[212] Einer absoluten Unwirksamkeit einer später trotzdem versuchten Aufhebung steht hier nicht § 137 Satz 1 BGB entgegen, da diese Vorschrift nur rechtsgeschäftliche Verfügungsbeschränkungen in Bezug auf kraft Gesetzes veräußerliche Rechte betrifft,[213] und der Pflichtteilsanspruch vor Eintritt des Erbfalls gerade noch nicht übertragbar ist.[214] Zumindest entsteht bei Nichteinhaltung der Ver-

206 Soergel/*M. Wolf* Rn. 10; ohne diese notwendige Einschränkung MünchKomm/*Musielak* Rn. 10.

207 BGHZ 77, 264, 268 = NJW 1980, 2307; LG Aachen FamRZ 1996, 61, 62; zust. *Muscheler* JuS 1986, 790, 794; *Johannsen* WM 1982, Sonderbeil Nr. 2, S. 15; MünchKomm/*Musielak* Rn. 10; offenbar auch *Butz/Petzold*, Grundstücksübertragungen in vorweggenommener Erbfolge, 153.

208 BGHZ 77, 280.

209 *Kanzleiter* DNotZ 2009, 86, 87 ff.; NK-BGB/*Horn* Rn. 31; MünchKomm/*Musielak* Rn. 10; *Spellenberg* NJW 1986, 2534; **a.M.** *Hülsmeier* NJW 1981, 2043 (analoge Anwendung des § 2289 Abs. 1 BGB); sowie *Meincke* DStR 1981, 523, 528 und *A. Schindler* DNotZ 2004, 824, 830 f., die in der Aufhebung eine Verfügung von Todes wegen sehen; der »materiell-rechtliche Kern« des Aufhebungsvertrags beruhe auf der Testierfreiheit des Erblassers (*Schindler* a.a.O. im Anschluss an die Ausführungen *Zellmans*, Dogmatik und Systematik des Erbverzichts …, 1990, 197 f.; demgegenüber anders zu Recht gegen *Zeilmann* etwa *Quantius*, Die Aufhebung des Erbverzichts, 2001, 35). Damit werden aber alle Grenzen zwischen den Rechtsgeschäften unter Lebenden und denen von Todes wegen verwischt und nicht berücksichtigt, dass der Pflichtteilsverzicht unstr. ein Rechtsgeschäft unter Lebenden ist und daher seine Aufhebung als actus contrarius nicht anders qualifiziert werden kann (vgl. zur Kritik auch *J. Mayer* ZEV 2005, 176 f.; dagegen wiederum *Schindler* ZEV 2005, 299); aus Wertungsgesichtspunkten lehnen Soergel/*M. Wolf* Rn. 17 die BGH-Entscheidung ab, wenn sich nicht die Verhältnisse geändert haben.

210 Zutr. *Schindler* DNotZ 2004, 824, 836.

211 *Kanzleiter* DNotZ 2009, 86, 90 ff.; dazu auch *Keim* NotBZ 1999, 1, 7.

212 NK-BGB/*Horn* Rn. 31; MünchKomm/*Musielak* Rn. 10 (o. Begr.); vgl. dazu den Fall von OLG Karlsruhe ZEV 2000, 108, 110 f. (jedoch wurde dort zu sehr mit Vertrauensschutzargumenten gearbeitet) und Beschluss des BGH hierzu vom 06.10.1999, AZ IV ZA 4/99; zur Nichtanwendbarkeit von § 2302 s. auch *Quantius*, Die Aufhebung des Erbverzichts, S. 35 f.; für die Einordnung einer entsprechenden Vereinbarung als Vertrag zugunsten Dritter, nämlich des Vertragserben, Nieder/Kössinger/*R. Kössinger*, Handbuch der Testamentsgestaltung, § 12 Rn. 43.

213 Staudinger/*Kohler* § 137 Rn. 12 m.w.N.

214 Übersehen bei *Schindler* DNotZ 2004, 824, 835.

pflichtung ein Schadensersatzanspruch des Vertragserben, der den (wiederauflebenden) Pflichtteilsanspruch des aus dem Aufhebungsvertrag Begünstigten auf null stellt.[215] (2) Möglich ist auch eine Vereinbarung des Verzichtenden nach **§ 311b Abs. 5 BGB** gegenüber dem Vertragserben, dass der Pflichtteilsberechtigte auch bei einer Aufhebung des Pflichtteilsverzichts seinen Pflichtteilsanspruch nach dem Erbfall **nicht geltend macht**. Dies hat allerdings nur schuldrechtliche Wirkung und ist nur zwischen den künftigen gesetzlichen Erben des Erblassers möglich, was nicht immer der Fall ist.[216] (3) Daneben kann sich auch der Verzichtende gegenüber dem Vertragserben verpflichten, den Pflichtteilsverzicht nicht mehr aufzuheben, was nicht den Beschränkungen des § 311b Abs. 5 BGB unterliegt.[217] Der Verstoß führt dann zu einem unmittelbaren Schadensersatzanspruch des Vertragserben gegen den Pflichtteilsberechtigten.[218] Entgegen *Lange/Kuchinke*[219] wird man aber allein aus der Interessenlage bei entgeltlichen Pflichtteilsverzichten i.d.R. keine Vereinbarung einer Unterlassungsverpflichtung annehmen können.[220]

cc) Zuwendungen ohne echte Wertverschiebung

44 Da Schutzzweck des § 2287 BGB ist, das Vertrauen des Vertragserben auf Erhalt des Nachlasswertes und nicht einzelner Nachlassgegenstände gegen unentgeltliche Verfügungen zu bewahren,[221] scheidet ein solcher Anspruch aus, wenn die Schenkung zu **keiner echten Wertverschiebung** zulasten des Vertragserben führt. Auch eine bindend gewordene Verfügung von Todes wegen hindert daher den Erblasser nicht, durch (nicht wertverschiebende) Teilungsanordnung oder im Wege der vorweggenommenen Erbfolge einem Erben an bestimmten Nachlassgegenständen mehr zukommen zu lassen, als dem Wert des Erbteils entspricht. Voraussetzung dafür ist im zweitgenannten Fall aber, dass er den Zuwendungsempfänger zu einer entsprechenden *Ausgleichung* verpflichtet.[222] Denn dann tritt eine entsprechende Wertkompensation für den Vertragserben ein.

45 Eine solche kann sich durch die Anordnung einer Ausgleichungsbestimmung nach § 2050 Abs. 3 BGB ergeben, über die der zunächst übergangene Vertragsmiterbe bei der Erbauseinandersetzung einen Ausgleich durch Erhöhung seiner Teilungsquote erhält. Für eine solche Ausgleichungsanordnung lässt der BGH bereits die Wendung genügen, dass die Zuwendung im Wege der vorweggenommenen Erbfolge erfolgt.[223] Scheitert eine solche Wertkompensation an § 2056 BGB, weil der verbliebene Restnachlass nicht ausreicht, um den Vertragserben wertmäßig zu befriedigen, so kann sich die erforderliche Ausgleichung durch eine (aufschiebend befristete) rechtsgeschäftliche

---

215 Anders *Schindler* DNotZ 2004, 824, 835 f., der meint, es entstehe das »unlösbare Problem«, wie der Pflichtteil und der Schaden berechnet werden sollen. Der sich aus der Nichteinhaltung der Verpflichtung, den Pflichtteilsverzicht nicht aufzuheben, ergebende Schadensersatzanspruch ist seinem Grunde nach eine *Erblasserschuld*, weil sie auf einer schädigenden Handlung des Erblassers beruht. Sie ist deshalb bereits aus diesem Grund, aber auch aufgrund einer wertenden Überlegung, ggü. dem Pflichtteilsanspruch vorrangig. Dass der Schadensersatzanspruch u.U. wegen Vereinigung von Recht und Schuld im Erbfall gleich wieder erlischt, gereicht dem Pflichtteilsberechtigten nicht zum Vorteil, vgl. etwa BGH DNotZ 1978, 487, 489; Palandt/*Weidlich* § 2311 Rn. 2.

216 S. dazu das Beisp. bei *Schindler* DNotZ 2004, 824, 836 f.

217 Staudinger/*Schumacher* § 311b Abs. 4 und 5 Rn. 4; anders möglicherweise *Damrau* ZErb 2004, 206, 209.

218 Konsequenterweise müsste *Schindler* auch hier die Berechenbarkeit des Schadensersatzanspruchs ablehnen, was er aber nicht tut, vgl. DNotZ 2004, 824, 838.

219 § 25 V 5 b (3).

220 NK-BGB/*Horn* Rn. 33; zur Rückabwicklungsproblematik bei Aufhebung eines entgeltlichen Erbvertrags BGHZ 77, 264, 270.

221 Rdn. 2.

222 BGHZ 82, 274 = NJW 1982, 43 = FamRZ 1982, 56; zust. *Butz/Petzold*, Grundstücksübertragungen in vorweggenommener Erbfolge, 153 f.; BGH FamRZ 1989, 175 m. Anm. *Musielak*; OLG Hamm ZEV 1999, 313; OLG Schleswig SchlHA 2012, 21, Tz. 39; NK-BGB/*Horn* Rdnr. 34; Bamberger/Roth/*Litzenburger* Rn. 7; krit. zur BGH-Rspr. *Kuchinke* JuS 1988, 853; teilw. zu Unrecht ablehnend auch *Strunz*, Vertragserbenschutz, 115 ff.; zu Folgerungen für die Praxis *Keim* ZEV 2002, 93, 94 f.

223 BGHZ 82, 274, 278; anders zu diesem unklaren Begriff OLG Düsseldorf ZEV 1994, 173 m. Anm. *W Baumann*.

Zahlungsverpflichtung des Zuwendungsempfängers zugunsten des zunächst übergangenen Vertragserben ergeben,[224] die damit auch der Zuwendung z.T. den Charakter der Unentgeltlichkeit nimmt.[225] Nur soweit all dies nicht der Fall ist, kommt ein (aufstockender) Anspruch nach § 2287 BGB hinsichtlich des Mehrbetrags der Zuwendung in Betracht.[226]

dd) Überschuldeter Nachlass

46 Keine Beeinträchtigung liegt auch vor, wenn die Nachlassverbindlichkeiten so hoch sind, dass sie den Wert des verschenkten Gegenstandes aufgezehrt hätten, wäre er noch im Nachlass gewesen.[227]

ee) Zustimmungen

47 Nach dem Grundsatz »volenti non fit injuria« nimmt auch die vor Eintritt des Erbfalls erklärte Zustimmung des erbvertraglich Bedachten der Schenkung bereits auf der Tatbestandsseite den Charakter der Beeinträchtigung des Vertragserben. Dass der Vertragserbe (Bedachte) auf den Schutz des § 2287 BGB verzichten kann, ist im Grunde nicht zweifelhaft, kann er doch auf die Erbeinsetzung überhaupt verzichten.[228] Aber auch die Zustimmung des nicht bedachten Vertragspartners muss dazu führen, dass Ansprüche nach den §§ 2287 f. BGB nicht entstehen können. Allerdings ist hinsichtlich der verschiedenen Arten von Zustimmungen zu differenzieren.

(1) Zustimmungen vor Eintritt des Erbfalls

(a) Zustimmung des Vertragserben

48 Wegen der Nähe zum Zuwendungsverzicht fordert der BGH aus Gründen der Rechtsklarheit und Rechtssicherheit allerdings, dass die Zustimmung **vor dem Erbfall** der **notariellen Form** des **§ 2348 BGB** bedarf.[229] Eine formlose Einwilligung kann allenfalls im Einzelfall den Arglisteinwand begründen.[230] Bei einem **minderjährigen Vertragserben** bedarf wegen dieser Ähnlichkeit zum Zuwendungsverzicht der gesetzliche Vertreter zudem der familiengerichtlichen Genehmigung.[231] Die Auffassung des BGH von der besonderen Formbedürftigkeit der Zustimmung ist z.T. erheblich kritisiert worden. Denn es sei nicht gerechtfertigt, den »Verzicht« auf den sich aus § 2287 BGB ergebenden schuldrechtlichen Bereicherungsanspruch hinsichtlich der Formbedürftigkeit einem Zuwendungsverzicht gleichzustellen.[232]

49 Der Ansicht des BGH kann nur **teilweise** gefolgt werden: Ausgangspunkt der Überlegungen muss dabei sein, dass es auch hier um die **Durchbrechung einer erbvertraglichen Bindung** geht, deren flankierenden Schutz die §§ 2287 f. BGB dienen. Diese Durchbrechung der erbvertraglichen Bin-

224 *Kuchinke* JuS 1988, 853, 855; *Musielak* FamRZ 1989, 176.

225 *Musielak* FamRZ 1989, 176.

226 NK-BGB/*Horn* Rn. 33.

227 BGH NJW 1989, 2389, 2391 (in BGHZ 108, 73 nicht abgedruckt); NK-BGB/*Horn* Rn. 34; *Butz/Petzold* 155.

228 § 2352 BGB; *Spellenberg* NJW 1986, 2531, 2535; BGH WM 1973, 680, 682; *Butz/Petzold*, Grundstücksübertragungen in vorweggenommener Erbfolge, 150; Bamberger/Roth/*Litzenburger* Rn. 12; *Johannsen* DNotZ 1977, 88*.

229 BGHZ 108, 252 = NJW 1989, 2618 = FamRZ 1991, 552; NJW-RR 2005, 1462 = ZEV 2005, 479 (Rz. 14); ebenso OLG Köln ZEV 2003, 76; zustimmend etwa *Spellenberg* NJW 1986, 2531, 2535; *Wübben*, Anwartschaftsrechte im Erbrecht, 351 Fn. 82; Bamberger/Roth/*Litzenburger* Rn. 12; MünchKomm/*Musielak* Rn. 24; Nieder/Kössinger/*R. Kössinger*, Handbuch der Testamentsgestaltung, § 12 Rn. 32; Soergel/*Damrau* § 2352 Rn. 3; **a.M.** noch RGZ 134, 325, 327 (formlose Zustimmung für Änderung des Erbvertrags genügend).

230 BGHZ 108, 252; vgl. § 2289 BGB Rdn. 53 ff.

231 BGHZ 83, 44, 49 = NJW 1982, 1100, 1102.

232 *Kanzleiter* DNotZ 1990, 776; *ders.*, ZEV 1997, 261, 267; Staudinger/*Kanzleiter* Rn. 19; Erman/*M. Schmidt* Rn. 9; *Kornexl*, Der Zuwendungsverzicht (1998) Rn. 547 ff.; *Lange/Kuchinke* § 25 V 9 aE.; Soergel/*M. Wolf* Rn. 10; *Spanke* ZEV 2006, 485, 487 f.; kritisch auch *Damrau* FamRZ 1991, 552; Palandt/*Weidlich* Rn. 8.

dung ist aber grundsätzlich nur in zwei Formen möglich:[233] Entweder durch einen Aufhebungs- oder Änderungsvertrag der ursprünglichen Vertragspartner, wobei diese auch einen Schenkungsvorbehalt vereinbaren können, aber die Formen des § 2276 BGB oder zumindest der §§ 2290 bis 2292 BGB[234] einhalten müssen, oder aber durch einen Zuwendungsverzicht (§ 2352 BGB) zwischen dem vertragsmäßig Bedachten und dem Erblasser. Daraus ergibt sich zum einen, dass entsprechend der Rspr. des BGH eine formlose Zustimmung nicht ausreichend ist, um die erbvertragliche Bindung auszuschließen. Nicht zutreffend ist allerdings die Ansicht des BGH, dass bezüglich der Beseitigung der Ansprüche des bedachten Vertragspartners nach §§ 2287 f. BGB immer eine Zustimmung, noch dazu in der Form des Zuwendungsverzichts (§ 2348 BGB), erforderlich ist. Denn die Parteien des Erbvertrags können die erbvertragliche Bindung auch hinsichtlich der Ansprüche nach §§ 2287 f. BGB nicht durch einen Zuwendungsverzicht, sondern nur durch einen Aufhebungs- oder Änderungsvertrag beseitigen oder einschränken,[235] wobei es sich der Sache nach um die Vereinbarung eines Schenkungsvorbehalts handelt.[236] Dem entspricht es, dass nach der immer noch überwiegenden Meinung ein Zuwendungsverzicht zwischen den Vertragsteilen des Erbvertrags nicht möglich ist.[237] Die Beseitigung der Schutzansprüche des bedachten Vertragspartners ist daher grundsätzlich eine vertragliche Vereinbarung der Vertragsteile. Diese kann generell oder aber auch nur für einen bestimmten Einzelfall, vor oder auch nach der Zuwendung erfolgen.[238] Wird sie für einen **bestimmten Einzelfall** als »Zustimmung« erklärt, so handelt es sich um eine unschädliche **Falschbezeichnung**. Zu beachten ist weiter, dass die sachgerechte Auslegung des ursprünglichen Erbvertrags ergeben kann, dass diesem bereits ein Schenkungsvorbehalt des Inhalts zu entnehmen ist, dass eine Schenkung ohne das Entstehen der Schutzansprüche der §§ 2287 f. BGB erfolgt, wenn der andere Vertragsteil zumindest zugestimmt hat.[239] Erfolgt die Beseitigung der Schutzansprüche der §§ 2287 f. BGB durch entsprechenden **Aufhebungs- oder Änderungsvertrag** der eigentlichen Vertragsteile, so ergibt sich daraus zugleich, dass dies auch unmittelbar gegen die Ersatzberufenen wirkt, denn diese leiten ihre Rechtsstellung aus dem Erbvertrag ab und müssen demnach alle sich hieraus ergebenden Einschränkungen hinnehmen, die bis zum Eintritt des Erbfalls diesbezüglich vereinbart werden.[240]

(b) Zustimmung des nicht bedachten Vertragspartners vor Eintritt des Erbfalls

Soweit der nicht bedachte Vertragspartner des Erbvertrags mit der beeinträchtigenden Zuwendung 50
unter Lebenden einverstanden ist, bedarf es ebenfalls einer Einschränkung der erbvertraglichen Bindung durch einen entsprechenden Aufhebungs- oder Änderungsvertrag, um die Ansprüche nach §§ 2287 f. BGB auszuschließen. Hierfür gilt das in Rdn. 49 Gesagte entsprechend.[241]

(c) Zustimmung des vertragsmäßig Bedachten, der nicht Vertragspartner ist

Auszugehen ist auch hier davon, dass es um eine teilweise Durchbrechung der erbvertraglichen 51
Bindung durch Beseitigung seiner Schutzansprüche nach den §§ 2287 f. BGB bei lebzeitigen Zuwendungen geht.[242] Im Verhältnis zwischen dem vertragsmäßig bedachten Dritten und dem Erblasser des Erbvertrags ist aber eine solche Beseitigung oder Einschränkung der Bindungswirkung nach der überwiegenden Auffassung vor Eintritt des Erbfalls nicht durch eine vertragliche Ände-

---

233 Vgl. *Ivo* ZEV 2003, 58, 59; ZEV 2003, 101, 102; *Damrau* FamRZ 1991, 552; *Spanke* ZEV 2006, 485, 487; eingehend dazu unten § 2289 BGB Rdn. 53 ff.

234 Darauf, dass die Form des § 2292 genügen muss, weist zutr. *Damrau* FamRZ 1991, 552 hin.

235 *Ivo* ZEV 2003, 101, 102; *Damrau* FamRZ 1991, 552; zur ähnlichen Rechtslage bei der beeinträchtigenden Verfügung von Todes wegen s. § 2289 BGB Rdn. 53 ff.

236 Dazu Rdn. 134.

237 Soergel/*Damrau* § 2352 Rn. 3; Staudinger/*Schotten* § 2352 Rn. 14; anders unten, § 2290 BGB Rdn. 9.

238 *Ivo* ZEV 2003, 101, 102; Staudinger/*Kanzleiter* Rn. 16.

239 Vgl. auch unten Rdn. 134 zum Schenkungsvorbehalt aufgrund interessengerechter Auslegung.

240 *Ivo* ZEV 2003, 101, 102.

241 *Ivo* ZEV 2003, 101, 102.

242 S.o. Rdn. 48.

rung, sondern nur durch einen **Zuwendungsverzicht** (§ 2352 BGB) möglich. Dies ist andererseits aber auch hier statthaft: Wenn sich der vertragsmäßig bedachte Dritte mittels eines solchen Zuwendungsverzichts schon mit einer ihn beeinträchtigenden Beschwerung oder Beschränkung durch eine Verfügung von Todes wegen einverstanden erklären kann,[243] muss dies aber erst Recht bezüglich einer lebzeitigen Beeinträchtigung i.S.v. §§ 2287 f. BGB gelten.[244] Entgegen einer vereinzelt in der Literatur vertretenen Auffassung liegt hierin auch **kein unzulässiger** gegenständlich beschränkter **Zuwendungsverzicht**. Denn Inhalt der Vereinbarung ist nur die Einräumung des Rechts zur sanktionslosen Vornahme der lebzeitigen Zuwendung, nicht das Zuwendungsobjekt selbst.[245]

52 Weiter stellt sich auch die Frage, ob die Erklärung des zunächst Bedachten auch **gegen Ersatzberufene** wirkt. Auch hier muss man unterscheiden:

(1) Fällt der in erster Linie als Vertragserbe oder Vertragsvermächtnisnehmer Berufene bis zum Eintritt des Erbfalls **nicht weg**, so kommt die Ersatzberufung nicht zum Zuge. Daher bleibt der von dem in erster Linie Berufenen erklärte Verzicht auf die Schutzrechte der §§ 2287 f. BGB wirksam.

(2) Fällt demgegenüber der zunächst **Bedachte** bis zum Eintritt des Erbfalls **weg**, insbesondere durch Ausschlagung oder Vorversterben, so ist zunächst zu prüfen, ob auch der Ersatzberufene erbvertragsmäßig bedacht ist und ob nicht ausnahmsweise eine Auslegung des Erblasserwillens ergibt, dass auch die Schutzrechte der §§ 2287 f. BGB durch den Verzicht des zunächst Berufenen entfallen sollen.[246]

53 Ansonsten ist umstritten und höchstrichterlich noch nicht entschieden, ob bei Wegfall des zunächst Bedachten dessen Verzicht auf die Schutzrechte nach §§ 2287 f. BGB auch gegen die **Ersatzberufenen** wirkt. Die strengere Auffassung betont ihren Ansatzpunkt, dass es sich hier der Sache nach um einen Zuwendungsverzicht handelt. Dann ist aber weiter zu differenzieren:

(1) **Altfälle:** Bei den bis zum Inkrafttreten des ErbRVerjÄndG am 01.01.2010 eingetretenen Erbfällen wirkte ein Zuwendungsverzicht nach h.M. nicht gegen die Ersatzberufenen, weil § 2352 Satz 3 BGB a.F. die diesbezüglich für den Erbverzicht geltende Bestimmung des § 2349 BGB nicht ausdrücklich für anwendbar erklärte.[247] Daher nahm die überwiegende Meinung an, dass bei dem Verzicht auf die Schutzrechte nach §§ 2287 f. BGB nichts anderes gelten könne.[248] Deshalb war nach dieser Auffassung ein eigener Verzicht sämtlicher Ersatzbedachter erforderlich, um diese Ansprüche auszuschließen.[249] *Kanzleiter*[250] vertrat demgegenüber bereits nach altem Recht die Auffassung, dass eine weitere Zustimmung der Ersatzberufenen nicht notwendig sei, da die Zustimmung der Erstberufenen bereits die Beeinträchtigung ausschließe. So ohne Weiteres wird man dem nicht folgen können. Denn die Beeinträchtigungsabsicht oder – nach dem Verständnis der Rspr. zu § 2287 BGB – die Frage des Missbrauchs der lebzeitigen Verfügungsbefugnis ist bezogen auf eine etwaige Rechtsstellung des Ersatzbedachten zu beurteilen. Entscheidend ist daher, ob dem Ersatzberufenen eine eigenständige, aufschiebend bedingte Rechtsposition nach dem Willen der Erbvertragsparteien zustehen sollte, auf die nur er verzichten kann. Der von *Kanzleiter*[251] weiter gebrachte Systemver-

243 *Ivo* ZEV 2003, 58, 61.
244 *Ivo* ZEV 2003, 101, 103.
245 *Ivo* ZEV 2003, 101, 103 gegen *Kornexl*, Der Zuwendungsverzicht, Rn. 547; ebenso wie *Kornexl* auch *Spanke* ZEV 2006, 485, 488.
246 Vgl. dazu für die Parallelproblematik bei den beeinträchtigenden Verfügung von Todes wegen § 2289 BGB Rdn. 61, insb. bei einem Verzicht gegen »vollwertige Abfindung«.
247 Palandt/*Weidlich* § 2352 Rn. 6 m.w.N.; **a.M.** Staudinger/*Schotten* § 2352 Rn. 46 ff. unter Bezug auf die Entstehungsgeschichte.
248 *Wübben*, Anwartschaftsrechte im Erbrecht, 349; *Ivo* ZEV 2003, 101, 103.
249 Nieder/Kössinger/*R. Kössinger*, Handbuch der Testamentsgestaltung, § 12 Rn. 32; *Nieder*, ZEV 1996, 241, 247; zur Ausnahme bei einer vollwertigen Abfindung des Stammes des Verzichtenden s. Syst. A Rdn. 454 ff.
250 ZEV 1997, 261, 265 f., 267.
251 ZEV 1997, 266; zustimmend *Keim* ZEV 2002, 93, 95; NK-BGB/*Horn* Rn. 36; Palandt/*Weidlich* Rn. 8.

gleich zur Nacherbschaft überzeugt jedoch letztlich und spricht **gegen** das **Zustimmungserfordernis** der Ersatzberufenen, da selbst beim Nacherben, der mit wesentlich stärkeren Mitwirkungs- und Kontrollrechten ausgestattet ist, nur dessen Zustimmung, nicht aber die der Ersatznacherben zum Wirksamwerden beeinträchtigender lebzeitiger Verfügungen des Vorerben erforderlich ist. *Wübben* hält diese Argumentation nicht für stichhaltig, weil der Unterschied darin liege, dass nach Eintritt des Erbfalls der Nacherbe bei solchen Verfügungen bereits über sein Anwartschaftsrecht verfügt, und die darin liegende Beeinträchtigung müsse auch der Ersatznacherbe gegen sich gelten lassen.[252] Jedoch verbleibt diese Argumentation im Begrifflichen und überzeugt für sich gesehen auch hier nicht, wenn das Anwartschaftsrecht des Nacherben nicht zum Tragen kommt, etwa wenn auch hier der zunächst Berufene vorverstirbt und das Anwartschaftsrecht nicht vererblich ist. Letztlich zeigt sich in der Wirkung des Verzichts auf die Schutzrechte der §§ 2287 f. BGB gegenüber den Ersatzberufenen die systemimmanente Konsequenz, dass der Erbvertrag gegen lebzeitige Verfügungen nur einen sehr eingeschränkten Schutz bietet.

(2) Für die **seit dem 01.01.2010 eingetretenen Erbfälle** verweist nunmehr der aufgrund der Gesetz- 54
änderung entsprechend angepasste § 2352 BGB in seinem Satz 3 auch **auf** die Erstreckungswirkung des **§ 2349 BGB**, die daher auch bei der Zustimmung zu lebzeitigen Zuwendungen gelten muss. Denn der Schutz des § 2287 BGB vor lebzeitigen Verfügungen kann nicht weiter gehen als die Bindungswirkung des Erbvertrages und der Schutz gegen beeinträchtigende Verfügungen von Todes wegen nach § 2289 BGB.[253] Damit sind aber noch nicht alle Probleme gelöst. Denn es finden sich auch zum neuem Recht einige Versuche, die Neuregelung einschränkend auszulegen; zudem tritt die Erstreckungswirkung **nur bezüglich der Abkömmlinge** des Verzichtenden, nicht aber hinsichtlich anderer Ersatzberufener, wie Ehegatten oder Eltern (s. Syst. A Rdn. 456 ff.).

Von der vorstehend dargestellten Problematik ist zu unterscheiden, dass der **Vertragspartner** der 55
Zuwendung in der Form des Erbvertrags zustimmt: Hierin liegt »ad hoc« und konkludent eine Vereinbarung eines Schenkungsvorbehalts (s. Rdn. 49).

Eine neuere **Auffassung** vertritt die **Formlosigkeit der Zustimmung des Bedachten** und versucht 56
diese in anderer Weise als durch die Notwendigkeit eines Zuwendungsverzichts und die damit verbundenen Form- und Erstreckungsprobleme (§§ 2348, 2352 BGB) zu lösen. So wird zum einen vertreten, auch durch die formlose Zustimmung entfalle die Beeinträchtigungsabsicht, weil diese einen bewussten Verstoß gegen die erbrechtliche Bindung voraussetze.[254] Dies ist schon deswegen nicht überzeugend, weil nach der neueren Rspr. nicht so sehr die Beeinträchtigungsabsicht für das Eingreifen des § 2287 BGB entscheiden ist, sondern die Notwendigkeit einer Missbrauchskorrektur (ausführlich dazu Rdn. 62 ff.). Zum anderen wird für die Formfreiheit der Zustimmung angeführt, dass es sich hierbei letztlich nur um einen, wenn auch vor dem Erbfall erklärten Verzicht auf die sich aus §§ 2287, 812 ff. BGB ergebenden schuldrechtlichen Ansprüche handle. Da grds. nach unserer Rechtsordnung ein Verzicht (gemeint ist wohl ein Erlass i.S von § 397 BGB) auf künftige Forderungen zulässig ist, sei ein formfreier Verzicht bereits vor dem Erbfall möglich. Insoweit sei die Rechtslage so wie bei einem nach dem Eintritt des Erbfalls erklärten Erlass (dazu Rdn. 57).[255] Jedoch wird die These von dem immer formfrei möglichen Erlass zukünftiger Ansprüche nicht näher begründet. Gerade die Schaffung der §§ 2346 ff. BGB mit der besonderen Formvorschrift des § 2348 BGB legen im Wege eines argumentum e contrario eher den Schluss nahe, dass bei erbrechtlichen Rechtspositionen dies gerade nicht formlos möglich ist.

252 Anwartschaftsrechte im Erbrecht (2001) 352.

253 *Keim* RNotZ 2009, 574, 577.

254 Staudinger/*Kanzleiter* Rn. 19.

255 *Spanke* ZEV 2006, 485, 488; ähnlich für den Zeitpunkt ab Vornahme der Schenkung Staudinger/*Kanzleiter* Rn. 33; *ders.*, ZEV 1997, 261 f.

(2) Zustimmungen nach Eintritt des Erbfalls

57 Hinsichtlich der Zustimmung des bedachten Vertragspartners **nach Eintritt des Erbfalls** ist zu beachten, dass die Ansprüche nach den §§ 2287 f. BGB mit dem Erbfall entstehen (s. Rdn. 102), dann aber »normale« schuldrechtliche Ansprüche des vertragsmäßig Bedachten sind. Daher kann der **Gläubiger** durch einen nicht formbedürftigen Erlassvertrag (§ 397 BGB) mit dem Schuldner hierauf verzichten,[256] oder aber auch einfach davon absehen, diese geltend zu machen. Demgegenüber stehen dem Vertragspartner des Erbvertrags, soweit er dadurch nicht bedacht wurde, nach Eintritt des Erbfalls diesbezüglich keine Rechte mehr zu, auf die er verzichten könnte.[257]

(3) Verzicht gegenüber dem Beschenkten

58 Ein Erbschaftsvertrag nach § 311b Abs. 4 und 5 BGB zwischen dem Beschenkten und dem Vertragserben ist nicht möglich, da die dort genannten Voraussetzungen nicht gegeben sind,[258] während ein formloser Verzichtsvertrag zwischen dem Vertragserben und dem Beschenkten über die zukünftige Forderung für zulässig gehalten wird.[259]

ff) Anfechtbarkeit der bindenden Verfügung von Todes wegen, Rücktrittsvorbehalt

59 Stellt man auf den Gesichtspunkt der berechtigten Erberwartungen als Schutzzweck des § 2287 BGB ab,[260] so muss bereits die **bloße Anfechtbarkeit** der bindenden Verfügung genügen, um die Anwendung der Vorschrift auszuschließen.[261] Es bedarf daher nicht erst des »Umwegs« über eine vorherige formgerechte Anfechtung. Daher gilt: Wer anfechten kann, kann auch schenken.[262] Allerdings müssen die Voraussetzungen für eine wirksame Anfechtung vorliegen, insbesondere darf die Frist zur Anfechtung noch nicht verstrichen sein, da sonst die Verfügung bestandskräftig wird.[263] Eine Kenntnis vom Anfechtungsgrund bei Vornahme der Schenkung wird man nicht unbedingt verlangen können, da die Unkenntnis den Fristbeginn und damit nach wie vor die objektiv berechtigte Erberwartung des Vertragserben hindert.[264] Angesichts der weitreichenden Anfechtungsmöglichkeiten im Erbrecht (§ 2078 Abs. 2 BGB, Motivirrtum), hat dies große praktische Bedeutung. Gleiches muss für einen bestehenden **Rücktrittsvorbehalt** gelten, soweit die Voraussetzungen für seine Ausübung vorliegen. Da auch er das Entstehen einer berechtigten Erberwartung des Vertragserben ausschließt, besteht auch bei einer Schenkung vor Ausübung des Rücktrittsvorbehalts kein Vertragserbenschutz nach § 2287 BGB.[265] Denn immerhin kam es dem BGH auch bei dem erbvertraglichen Änderungsvorbehalt[266] nicht in den Sinn, zuerst eine Änderung der Verfügung von Todes wegen vor Vornahme der Schenkung zu verlangen.

---

256 *Ivo* ZEV 2003, 101, 102; Soergel/*M. Wolf* Rn. 10; *Spanke* ZEV 2006, 485, 487; Staudinger/*Kanzleiter* Rn. 33.
257 *Ivo* ZEV 2003, 101, 103.
258 *Spellenberg* NJW 1986, 2535.
259 *Wübben,* Anwartschaftrechte im Erbrecht, 351 Fn. 82; *Lange/Kuchinke* § 25 V 8.
260 S.o. Rdn. 2.
261 BGH FamRZ 2006, 1186 = ZEV 2006, 505; OLG Hamm ZEV 2018, 166; *Spellenberg* NJW 1986, 2531, 2535; NK-BGB/*Horn* Rn. 37; *Johannsen* DNotZ 1977, Sonderbeil S. 92; *Remmele* NJW 1981, 2290, 2291; Soergel/*M. Wolf* Rn. 17; *Lange/Kuchinke* § 25 V 5 d Fn. 131; **a.M.** *Strunz,* Vertragserbenschutz, 121 ff.; *Butz/Petzold,* Grundstücksübertragungen in vorweggenommener Erbfolge, 151 f. (unter Betonung, des Vertrauensschutzes des Vertragserben, der sich auf die Loslösung vom Erbvertrag einstellen müsse); bei § 2288 ebenso *Schermann,* Der Schutz des Vermächtnisnehmers im gemeinschaftlichen Testament und Ehegattenerbvertrag, 215.
262 *Spellenberg* NJW 1986, 2539.
263 BGH FamRZ 2006, 1186 = ZEV 2006, 505 (Rn. 9); *Spellenberg* NJW 1986, 2535; MünchKomm/*Musielak* Rn. 10.
264 Ebenso *Spellenberg* NJW 1986, 2535.
265 NK-BGB/*Horn* Rn. 38, 51; **a.M.** MünchKomm/*Musielak* Rn. 19; Mot. V, 330; die Entscheidung OLG Koblenz OLGZ 1991, 235, 237 betraf einen Fall, bei dem gerade kein Rücktrittsrecht bestand.
266 Rdn. 40.

3. Beeinträchtigungsabsicht

Die gesetzliche Formulierung, dass der Erblasser in der Absicht gehandelt haben muss, »den Vertragserben zu beeinträchtigen«, ist nicht sehr »präzise«,[267] sie kann rechtlich oder wirtschaftlich verstanden werden. Die Rspr. hat sich daher durch Aufgabe der sog. Aushöhlungsnichtigkeit gewandelt.[268] Die Absicht, den Beschenkten zu begünstigen, steht nunmehr nach Auffassung des BGH mit der Absicht, den Vertragserben zu benachteiligen, regelmäßig im untrennbaren Zusammenhang.[269] Ein Überwiegen eines der Motive sei kaum feststellbar und es dürfe daher nicht darauf ankommen, da sonst für § 2287 BGB wegen der für den Vertragserben auftretenden Beweisschwierigkeiten kaum eine praktische Anwendungsmöglichkeit bleibe. Vielmehr müsse es genügen, wenn die Absicht der Beeinträchtigung neben anderen Motiven mit gewollt war. Hierfür genüge ein direkter Vorsatz.[270] Damit versteht die Rspr. den **Absichtsbegriff** bei der Auslegung des § 2287 BGB aufgrund einer **extensiven Interpretation** in einer Weise, wie dies sonst nur noch im Bereich des Insolvenz- und Gläubigeranfechtungsrechts (§ 133 InsO, § 3 AnfG) üblich ist.[271] Es gilt nach dieser Rspr. vielmehr die »Faustregel«: Begünstigung des Beschenkten = Beeinträchtigung des Vertragserben.[272] Um ein grenzenloses Ausufern der Norm zu verhindern, hat der BGH in seiner Grundsatzentscheidung von 1972 dafür ein **weiteres Abgrenzungsmerkmal** für die nach § 2287 BGB angreifbaren Schenkungen aufgestellt, das zunächst in den ersten Folgeentscheidungen mit dem Vorliegen der Beeinträchtigungsabsicht eng verwoben wurde, das aber von dieser streng zu unterscheiden ist: Entscheidend sei, dass der »**Missbrauch** der dem Erblasser verbliebenen lebzeitigen Verfügungsbefugnis … zu der Benachteiligungsabsicht hinzutrete«.[273] Dabei wurde ein derartiger Missbrauch zunächst nur dann verneint, wenn ein sog. »lebzeitiges Eigeninteresse« des Erblassers vorlag. 60

In den neueren Entscheidungen wird nunmehr ausdrücklich betont, dass an die Benachteiligungsabsicht **nur geringe Anforderungen** gestellt werden dürfen, sodass sie »praktisch immer vorliege«.[274] Damit ist das Tatbestandsmerkmal der Beeinträchtigungsabsicht als entscheidendes Abgrenzungskriterium weitgehend aufgegeben worden.[275] Wenn demgegenüber *Aunert-Micus* an den Grad der Beeinträchtigungsabsicht unterschiedliche Anforderungen je nach der Art und der Intensität des Eingriffs in schutzwürdige Interessen des Vertragserben bzw. des vorverstorbenen Ehegatten beim gemeinschaftlichen Testament stellt, so entspricht dies zum einen nicht der neuen Entwicklung der Rspr. Zum anderen hat dies den methodischen Nachteil, dass damit die Missbrauchsprüfung als entscheidendes Tatbestandsmerkmal zu sehr wieder mit dem althergebrachten Verständnis der Beeinträchtigungsabsicht verknüpft wird. Zum dritten kommt es bei der Fallgruppe der fehlenden objektiven Beeinträchtigung gar nicht und bei den sonst vorzunehmenden Abwägungen im Rahmen der Missbrauchskorrektur nicht entscheidend auf den Grad einer wie immer gearteten Beeinträchtigungsabsicht an. Deutlich betont *Johannsen*[276] bereits, dass entgegen dem Gesetzeswortlaut 61

267 Bamberger/Roth/*Litzenburger* Rn. 10; MünchKomm/*Musielak* Rnr. 11; eingehend hierzu *Aunert-Micus*, Der Begriff der Beeinträchtigungsabsicht,,44 ff.

268 Rdn. 4 f.

269 BGHZ 59, 343, 350; 82, 274, 282; 83, 44, 51. Vgl. auch BGH NJW-RR 2012, 207; BGH NJW 2017, 329.

270 BGHZ 59, 343, 349; dazu etwa auch *Spanke* ZEV 2006, 485, 486; zust. etwa MünchKomm/*Musielak* Rn. 11.

271 *Aunert-Micus*, Der Begriff der Beeinträchtigungsabsicht, 44 ff., 28 f.; krit. daher Staudinger/*Kanzleiter* Rn. 13.

272 *Beckmann* MittRhNotK 1977, 25, 28.

273 So deutlich BGH FamRZ 1989, 175, 176 (Hervorhebung vom Verfasser); dann erneut BGH NJW-RR 2012, 207, 208 (Rn. 11) = FamRZ 2012, 28; bereits früher BGHZ 82, 274, 282; OLG Düsseldorf NJW-RR 1986, 806; so auch NK-BGB/*Horn* Rn. 39; Bamberger/Roth/*Litzenburger* Rn. 10; diese Differenzierung kommt z.T. auch in der Lit. zu wenig zum Ausdruck, etwa bei MünchKomm/*Musielak* Rn. 11 ff.

274 BGHZ 82, 274, 282 = NJW 1982, 43; BGH FamRZ 1989, 175, 176 = NJW-RR 1989, 259; BGHZ 116, 167, 176; BGH NJW-RR 2012, 207, 208 (Rn. 11) = FamRZ 2012, 28; OLG Hamm ZEV 2018, 93; *Spanke* ZEV 2006, 484, 486; *Horn* NJW 2019, 1123, 1124.

275 Nieder/Kössinger/*R. Kössinger*, Handbuch der Testamentsgestaltung, § 12 Rn. 10.

276 DNotZ 1977, 91*.

die Abgrenzung der zulässigen Zuwendungen »nicht ausschließlich nach den Beweggründen des Erblassers vorgenommen werden dürfe«. Und der BGH hat ausdrücklich hervorgehoben, dass es nicht darauf ankomme, welche **subjektive Vorstellung** der Erblasser vom Umfang seiner erbvertraglichen Bindung hatte.[277] Hieraus und aus dem Gesichtspunkt, dass es um eine Missbrauchskorrektur geht, ergibt sich, dass ein **Irrtum über die rechtliche Bindung** einen Anspruch aus § 2287 BGB **nicht** ausschließt.[278]

4. Missbrauch der lebzeitigen Verfügungsfreiheit des Erblassers – lebzeitiges Eigeninteresse

62 Damit geht es bei § 2287 BGB nicht mehr nur darum, ob eine Benachteiligungsabsicht vorliegt, sondern um eine **nach anderen Kriterien** auszurichtende Missbrauchskorrektur.[279] Damit hat der BGH den Tatbestand des § 2287 BGB *»über den Wortlaut hinaus neu bestimmt.«*[280] Auch der historische Gesetzgeber hat bei der Schaffung des § 2287 BGB betont, dass es darum geht, »einem Missbrauche des Verfügungsrechts des Erblassers durch Schenkungen entgegen (erg. zu) treten«.[281] Da hierfür ein ganz anderer Prüfungsmaßstab gilt, ist es auch nach dem Selbstverständnis der Rspr. geboten, dies als weiteres allgemeines **(ungeschriebenes) Tatbestandsmerkmal** aufzufassen.[282]

a) Durchführung der Missbrauchsprüfung

aa) Grundsätzliches: Von der Prüfung des »lebzeitigen Eigeninteresses« des Erblassers zur umfassenden Missbrauchsprüfung

63 Diese Missbrauchskorrektur wird im Wege einer **Interessenbewertung** vorgenommen, die anstelle der früheren Beurteilung der Motive der Zuwendung tritt: Die **Rspr.-Formel** lautet nun dahingehend, dass ein Missbrauch zu verneinen und ein lebzeitiges Eigeninteresse *»anzunehmen ist, wenn nach dem Urteil eines objektiven Beobachters die Verfügung in Anbetracht der gegebenen Umstände auch unter Berücksichtigung der erbvertraglichen Bindung als billigenswert und gerechtfertigt erscheint. Dabei kommt den Gründen, die den Erblasser zu der Verfügung bestimmt haben, ausschlaggebendes Gewicht zu. Hier kommt es darauf an, ob diese Gründe ihrer Art nach so sind, daß der Vertragspartner sie anerkennen und deswegen die sich aus der Verfügung für ihn ergebende Benachteiligung hinnehmen muss.«*[283] Die **Grenze** zwischen den Fallgestaltungen des Missbrauchs und den Fällen, in denen der Vertragserbe schutzlos bleibt, wurde entsprechend der soeben zitierten Rspr.-Wendung zunächst allein mit der auf *Spellenberg*[284] zurückgehenden **Formel vom anerkennenswerten »lebzeitigen Eigeninteresse«**

277 BGHZ 83, 44, 51; BGH ZEV 2006, 505 = FamRZ 2006, 1186 (Rn. 11); dem wird allgemein gefolgt, vgl. nur Palandt/*Weidlich* Rn. 6; *Muscheler* I Rn. 2313.

278 Hierzu *Schindler* ZEV 2005, 334 mit Beisp; entgegen seiner Auffassung muss man aber den römisch-rechtlichen Grundsatz des »error juris nocet«, dessen Anwendbarkeit im geltenden Recht ohnehin zweifelhaft ist (dazu etwa *Mayer/Maly*, AcP 170, 1970, 133; *J. Mayer*, Der Rechtsirrtum und seine Folgen im bürgerlichen Recht, 1989), nicht bemühen.

279 So deutlich NK-BGB/*Horn* Rn. 38 ff.; Bamberger/Roth/*Litzenburger* Rn. 10; *Dilcher* Jura 1988, 72, 78; *Musielak* FamRZ 1989, 177; *Muscheler* I Rn. 2312 ff.; Nieder/Kössinger/*R. Kössinger*, Handbuch der Testamentsgestaltung, § 12 Rn. 10 ff.; *Schindler* ZEV 2005, 334, 335; *Spanke* ZEV 2006, 484, 486; *Spellenberg* NJW 1986, 2531, 2536; Soergel/*M. Wolf* Rn. 12; *Butz/Petzold*, Grundstücksübertragungen in vorweggenommener Erbfolge, 160 ff.; Staudinger/*Kanzleiter* Rn. 12 ff.

280 Palandt/*Edenhofer* Rn. 6; ausdrücklich zust. *Muscheler* I Rn. 2313.

281 Prot. V 390; eingehend dazu jetzt Staudinger/*Kanzleiter* Rn. 12; hierauf hatte bereits *Butz/Petzold*, Grundstücksübertragungen in vorweggenommener Erbfolge, 160 ff. hingewiesen.

282 *Muscheler* I Rn. 2312; NK-BGB/*Horn* Rn. 40; Soergel/*M. Wolf* Rn. 12; *Lange/Kuchinke* § 25 V 5 d; *Spanke* ZEV 2006, 484, 486.

283 BGH NJW-RR 2012, 207, 208 (Rn. 11) = FamRZ 2012, 28; bereits früher BGHZ 77, 264, 266; 83, 44, 45; 108, 73, 77; BGH WM 1986, 836; NJW 1992, 2631, 2632; BGH FamRZ 2006, 1186 = ZEV 2006,; OLG Hamm OLG-Rp 1992, 188; OLG München FamRZ 2016, 746; OLG Hamm ZEV 2018, 93; vgl. auch *Ebenroth* Rn. 273; NK-BGB/*Horn* Rn. 41; Bamberger/Roth/*Litzenburger* Rn. 10; MünchKomm/*Musielak* Rn. 13.

284 FamRZ 1972, 349, 355.

gezogen.[285] Wie der BGH aber **später klargestellt** hat, kann ein **Missbrauch** dieser lebzeitigen Verfügungsbefugnis **auch aus anderen Gründen verneint** werden, vor allem dann, wenn der Erblasser die Schenkung gerade aus dem Bestreben heraus vorgenommen hat, die Interessen des begünstigten Vertragserben wahrzunehmen.[286] Die gebotene Interessenbewertung, und das sei nochmals betont, ist vom Standpunkt eines **objektiven Beobachters** unter Berücksichtigung der gegebenen Umstände vorzunehmen,[287] der die berechtigten Erberwartungen des Vertragserben einerseits und den Wunsch des Erblassers nach Verwirklichung seiner lebzeitigen Verfügungsbefugnis andererseits abzuwägen hat. Damit wird § 2287 BGB praktisch zu einer »Generalklausel«, wodurch die Vorhersehbarkeit der richterlichen Beurteilung und damit auch die Rechtssicherheit leiden.[288] Den sich hieraus ergebenden Problemen versucht man allgemein durch eine Konkretisierung mittels Bildung von Fallgruppen entgegenzutreten.[289]

bb) Nur »teilweise Rechtfertigung der Schenkung«

Die im Rahmen des § 2287 BGB vorzunehmende Interessenabwägung kann auch dazu führen, dass das Einzelinteresse nicht die gesamte Übertragung, sondern **nur einen Teil der Schenkung rechtfertigt.**[290] Früher war man ganz überwiegend davon ausgegangen, dass bei Vorliegen eines lebzeitigen Eigeninteresses der Herausgabeanspruch bezüglich der gesamten Schenkung ausgeschlossen war. Demgegenüber muss richtigerweise eine **wertmäßige Unterteilung** erfolgen, wie diese auch in den Fällen der gemischten Schenkung vorgenommen wird. Das geschenkte Grundstück kann demnach nur bei entsprechender Zug-um-Zug-Leistung herausverlangt werden, wenn die Schenkung überwiegend nicht anzuerkennen ist, wenn also derjenige Wertanteil der Schenkung, der hinzunehmen ist, geringer wiegt als der nach § 2287 BGB auszugleichende überschießende Anteil. Hierbei ist nach dem BGH allerdings »keine rein rechnerische Gegenüberstellung« des Wertes der vom Beklagten erbrachten Leistungen[291] mit dem Wert des Grundstücks vorzunehmen. Vielmehr ist auch unter Berücksichtigung des Umstandes, dass Leistungen noch in Zukunft erfolgen sollten und der Erblasser sich ihm erbrachte oder zu erbringende Leistungen »etwas kosten lassen darf«, eine umfassende Gesamtabwägung vorzunehmen.[292] 64

Daher muss der Herausgabeanspruch nach § 2287 BGB also durch ein *»doppeltes Nadelöhr«* gehen, damit es zu einer Rückgabe des Schenkungsobjekts »in Natur« kommt. Denn es hat eine doppelte Gesamtabwägung zu erfolgen:

- Überwiegt bei einer gemischten Schenkung der unentgeltliche Teil?
- Überwiegt bei einer nur teilweisen »Rechtfertigung« durch das lebzeitige Eigeninteresse der »nicht gerechtfertigte« Teil?

Andernfalls kommt es zu keiner gegenständlichen Geschenkrückgabe, sondern allenfalls zu einem Wertersatz nach §§ 2287, 818 BGB.

285 BGHZ 59, 343, 348 ff.

286 BGH NJW-RR 2005, 1462 = ZEV 2005, 479 (Rz. 15); WM 1986, 837 = NJW-RR 1986, 1135, 1136 = DNotZ 1987, 114; NJW-RR 1987, 2, etwa Sicherstellung der Versorgung eines Behinderten; vgl. dazu auch *Butz/Petzold*, Grundstücksübertragungen in vorweggenommener Erbfolge, 163 f.; zutr. betont jetzt auch Staudinger/*Kanzleiter* Rn. 13 i.V.m. Rn. 15, dass das anerkennenswerte lebzeitige Eigeninteresse des Erblassers nicht der einzige Gesichtspunkt ist, der trotz der erbvertraglichen Bindung eine Schenkung zu rechtfertigen vermag; zur Entwicklung der Rspr. bereits oben Rdn. 6 f.

287 BGHZ 77, 264, 266; BGH WM 1979, 442, 445; BGH NJW-RR 2012, 207, 208 (Rn. 11) = FamRZ 2012, 28; OLG Hamm ZEV 2018, 93.

288 *Spellenberg* NJW 1986, 2531, 2540.

289 MünchKomm/*Musielak* Rn. 14 ff.; Nieder/Kössinger/*R. Kössinger*, Handbuch der Testamentsgestaltung, § 12 Rn. 11 ff.; *Spellenberg* NJW 1986, 2537 f.; *Ebenroth* Rn. 273; zu den Vor- und Nachteilen NK-BGB/*Horn* Rn. 40.

290 BGH NJW-RR 2012, 207, 208 (Rn 14); BGH NJW 2017, 329; bereits früher BGHZ 77, 264, 271 = NJW 1980, 2307; ebenso dem BGH folgend Palandt/*Weidlich* Rn. 7; Staudinger/*Kanzleiter* Rn. 16.

291 Dies deutet bereits auf eine (Teil-)Entgeltlichkeit hin.

292 BGH NJW-RR 2012, 207, 208 (Rn 14, sprachlich bereits missglückt).

b) Fallgruppenbildung

65 Die Bildung von Fallgruppen anhand der von der Rspr. entschiedenen Fälle geht insbesondere noch auf die Zeit zurück, in der allein das Vorliegen eines anerkennenswerten lebzeitigen Eigeninteresses als alleiniger Grund zur Rechtfertigung der Schenkung angesehen wurde. Im **Einzelnen** werden dabei folgende Gruppen gebildet:[293] Pflicht- und Anstandsschenkungen, Schenkungen zu ideellen Zwecken oder aus persönlichen Rücksichten, Zuwendungen zur Sicherung der Versorgung und Pflege des Erblassers im Alter (betrifft die am häufigsten entschiedenen Fälle), Schenkungen zu anderen materiellen Fällen,[294] sowie die Fallkonstellationen des persönlichen Zerwürfnisses zwischen Erblasser und Vertragserben bzw. der schweren Verfehlungen des Vertragserben.

c) Zur Kritik der Rspr.

aa) Methodische Vorbehalte

66 Die Bildung von Fallgruppen ist modern und hat sicherlich den Vorteil, die verschiedenen höchstrichterlichen Entscheidungen zu systematisieren. Sie birgt jedoch die Gefahr, dass man glaubt, die Falllösung zu sehr topisch, gleichsam durch einfache Subsumtion vornehmen zu können: mit der Zuordnung eines Falles in eine bestimmte Fallgruppe sei derselbe gelöst und einfach entschieden. Dabei wird jedoch verkannt, dass der BGH die Missbrauchsprüfung anhand einer umfassenden **Abwägungsentscheidung** vornimmt.[295] Dies setzt eine Gewichtung der einzelnen betroffenen Rechte und Rechtsgüter ausgerichtet an der jeweiligen konkreten Situation voraus. Wenn in einem Fall die Schenkung von 20.000,00 € an die zweite Ehefrau durch das Versorgungsinteresse des Erblassers gerechtfertigt ist, mag dies bei der Übertragung eines Zweifamilienhauses nicht mehr gegeben sein. Letztlich geht es darum, eine im Gesetz nicht geregelte Interessenkollision im Wege der **Rechtsfortbildung** zu lösen. Dafür gibt es durchaus Kriterien, sodass die Falllösung nicht rein eine Sache des Rechtsgefühls ist.[296] Der begrenzte Erkenntniswert[297] der Fallgruppenbildung wird selbst von deren Anhänger teilweise eingeräumt.[298] Eine Fallgruppenbildung entspricht auch **nicht dem Selbstverständnis** der Rspr. zur Problemlösung.[299] Allerdings ist zuzugeben, dass für den Praktiker die Fallgruppenbildung eine erste Einschätzung für seine Entscheidungsfindung bietet,[300] die aber nur indizielle Bedeutung hat und die Beurteilung der Besonderheiten des Einzelfalls nicht zu ersetzen vermag.

bb) Unzulässige Extension der Norm

67 Neben dieser methodischen Kritik an den Präzisierungs- und Fixierungsversuchen der neueren Rspr. des BGH ist auch eine **grundsätzliche Kritik** angebracht. Denn die vorstehend skizzierte Rspr. hat den Anwendungsbereich des § 2287 BGB »neu bestimmt«, wie auch durchaus konser-

---

293 MünchKomm/*Musielak* Rn. 15–19; *Spellenberg* NJW 1986, 2537 f.; *Spanke* ZEV 2006, 485, 486; Kurzüberblick bei Staudinger/*Kanzleiter* Rn. 13, der offenbar der »fallgruppenweisen Präzisierung des Begriffs des lebzeitigen Eigeninteresses« zustimmt; zahlreiche Einzelfälle auch bei jurisPK/*Geiger* Rn. 22–32. Vgl. auch *Horn* NJW 2019, 1123, 1124.

294 Wobei oftmals bei genauer Prüfung die Zuwendung sich bereits als Entgelt – konditionale Verknüpfung – für das Verhalten des Empfängers darstellt (MünchKomm/*Musielak* Rn. 18; *Strunz*, Vertragserbenschutz, 52 ff.).

295 S. bereits Rdn. 63 ff.

296 Zu der methodischen Seite *Larenz*, Methodenlehre der Rechtswissenschaft, 404 ff.

297 Im Ansatz zust. NK-BGB/*Horn* Rn. 41, der zutr. darauf hinweist, dass die hiesige Darstellung den Vorteil einer »sauberen dogmatischen Differenzierung« hat; dem hiesigen Ansatz ebenfalls zust. *Schindler* ZEV 2005, 334 f.

298 MünchKomm/*Musielak* Rn. 14: die »Besonderheiten des Einzelfalls« spielen eine bedeutsame Rolle; die Herausarbeitung besonderer Wertungsgesichtspunkte hebt auch *Strunz*, Vertragserbenschutz, 130 ff. hervor.

299 So aber Staudinger/*Kanzleiter* Rn. 10.

300 Anders die Einschätzung von NK-BGB/*Horn* Rn. 41 aE.

vative Kommentatoren feststellen (dazu bereits Rdn. 62). Zur Verdeutlichung dieses Paradigmenwechsels sei auf zwei Umstände hingewiesen:

(1) Zum einen wird durch die neuere Rspr. der Blick nicht nur weg von der Beeinträchtigung des erbvertragsmäßig Bedachten hin zur Begünstigung des Beschenkten gewandt,[301] sondern eigentlich **allein zum Erblasser**. Dieser hat sich aber aufgrund seines eigenen Vertragsentschlusses gebunden. Zumindest beim Erbvertrag erscheint er insoweit aber nicht schutzwürdig, denn die entsprechende Belehrungspflicht des Notars (§ 17 Abs. 1 BeurkG) sichert verfahrensmäßig, dass er sich dieser Bindung bewusst ist. Anders mag es nur sein, wenn besondere Umstände seit Abschluss des Erbvertrags eine Änderung des dort niedergelegten Verteilungsplans rechtfertigen.

(2) Zum anderen wird aber durch diese Rspr. der Blick weg von den subjektiven Vorstellungen des 68
Erblassers hin zu einer **objektiven Interessenbewertung** (dazu bereits Rdn. 63) gewendet.[302] Da aber der Wortlaut des § 2287 Abs. 1 BGB ausdrücklich die »**Beeinträchtigungsabsicht**« fordert und die »Absicht« nach dem allgemeinen juristischen Sprachgebrauch eine besondere subjektive Zweckverfolgung voraussetzt, sind damit an sich die Grenzen für eine weite Auslegung, ja sogar für eine »**teleologische Extension**«[303] der Anwendungsvoraussetzungen des § 2287 BGB überschritten und es handelt sich genau betrachtet um eine **richterliche Rechtsfortbildung** über den Wortlaut der Norm hinaus. Ob deren Voraussetzungen erfüllt sind,[304] muss mehr als bezweifelt werden: Zum einen wird für eine solche »teleologische Extension« gefordert, dass der Gesetzeszweck eindeutig ermittelt werden kann, was angesichts einer Gemengelage der verschiedenen Meinungen, die in der *2. Kommission* hierzu vertreten wurden, mehr als zweifelhaft erscheint.[305] Zum anderen ist hierfür erforderlich, dass dieser Gesetzeszweck ohne die Korrektur in einem Teil der Fälle verfehlt würde, sodass dies einen schwerwiegenden Wertungswiderspruch oder eine offenbare Ungerechtigkeit zur Folge hätte. Auch hieran kann man bei § 2287 BGB zweifeln: Derjenige Vertragspartner des Erblassers, der einen Schutz gegen lebzeitige Verfügungen bereits unterhalb einer an dem eigentlichen Absichtsbegriff orientieren Eingriffsschwelle möchte, kann dies durch entsprechende vertragliche Vereinbarungen, insb. durch einen Verfügungsunterlassungsvertrag, sicherstellen.[306] Bei einem **Erbvertrag** oder einem notariellen gemeinschaftlichen Testament wird der Notar auf die nur beschränkte Wirkung der erbrechtlichen Bindung hinweisen und bei einem Interesse der Beteiligten an einer stärkeren Absicherung entsprechende Kautelen empfehlen. Bei eigenhändigen gemeinschaftlichen Testamenten fehlt diese Unterstützung. Jedoch wäre dort eine bindungskritischere, eingeschränkte Anwendung des § 2287 Abs. 1 BGB ein wohlverstandener Beitrag dazu, um zu verhindern, dass für die im Regelfall nicht ausreichend rechtlich beratenen Ehegatten die weitreichende Bindungswirkung solcher wechselbezüglichen Verfügungen zu einer von ihnen nicht gewollten Falle wird.[307]

cc) Wertungswidersprüche der neueren Rspr.

Schließlich ist zudem kritisch festzustellen, dass die neuere Rspr., und zwar nicht nur der Instanzge- 69
richte, in sich **Brüche aufweist**: Zutr. weist *Kanzleiter*, der sich nunmehr in Abkehr seiner früheren Kritik dieser Rspr. dem Grundsatz nach angeschlossen hat, darauf hin, dass sich der »Gesichtspunkt des lebzeitigen Eigeninteresses teilweise verselbständigt (erg. hat) und ist so geeignet, ohne Einbeziehung des Verstoßes gegen die erbvertragliche Bindung in die Überlegungen wohlwollend zugebilligt zu werden.«[308] Symptomatisch wird dies daran deutlich, dass die meisten neueren Entscheidungen nur noch prüfen, ob ein »lebzeitiges Eigeninteresse« des Erblassers vorliegt. Das ent-

301 So im Ansatz sicherlich zutr. *Muscheler* I Rn. 2313.

302 Dieser Systematisierungshinweis von *Muscheler* I Rn. 2313 ist voll zutreffend.

303 Dazu allgemein *Larenz*, Methodenlehre der Rechtswissenschaft, 397 ff.

304 Vgl. hierzu allgemein *Larenz*, Methodenlehre der Rechtswissenschaft, 400.

305 Staudinger/*Kanzleiter* Rn. 12 will diese auf den »gemeinsamen Nenner« eines Missbrauchs des Verfügungsrechts des Erblassers bringen.

306 Ausf. oben, § 2286 BGB Rdn. 22 ff.

307 Zu diesbezüglichen Reformüberlegungen s. Vorbem. zu §§ 2265 ff. BGB Rdn. 47.

308 Staudinger/*Kanzleiter* Rn. 14.

scheidende Kriterium, dass es sich um ein »**anzuerkennendes**« oder »beachtenswertes« lebzeitiges Eigeninteresse handeln muss, fehlt jedoch in den meisten neueren Entscheidungen.[309] Damit werden aber die Konturen der Rspr.-Änderung verwischt und die Anforderungen an das Eingreifen des § 2287 BGB erheblich angehoben und damit de facto der Ausgangspunkt dieser Rspr. wieder verlassen.

d) Beurteilungskriterien

70 Zunächst gilt es die für und gegen die Zuwendung sprechenden Interessen und deren grundsätzliche Wertigkeit herauszuarbeiten.[310]

aa) Schutzwürdigkeit des Erwerbsinteresses des Vertragserben

71 § 2287 BGB bezweckt den Schutz des Vertragserben. An erster Stelle der Überlegungen muss daher seine Schutzwürdigkeit stehen. Dabei kann nicht genug betont werden, dass Bindung nicht gleich Bindung ist.[311] Erkennt man den Missbrauch als Anspruchsgrund,[312] so stellt sich dieser als ein Verhalten dar, das die **gebotene Vertragstreue** verletzt, was ebenfalls nicht ohne Rückgriff auf das Gewicht der erbvertraglichen Bindung beantwortet werden kann.[313] Das Bindungsinteresse, wie immer man dies bestimmen will,[314] ist jedoch je nach konkreter Fallgestaltung sehr unterschiedlich. Da der Erbvertrag als Instrument der Nachlassplanung der Lebensgestaltung des Erblassers dient, wird man diese bei Abschluss des Erbvertrages vorhandene und dem Erbvertragspartner bekannte **Lebenseinstellung** entscheidend mit berücksichtigen müssen.[315] Hätte der Vertragserbe mehr an Sicherheit gewollt, hätte er diese im Verhandlungswege durchsetzen müssen.

72 Im Einzelnen kann wie folgt grob differenziert werden:[316] Beim typischen **Ehegattenerbvertrag** nach dem Muster des Berliner Testaments (§ 2269 BGB), bei dem der nach dem Tod beider Ehegatten berufene Schlusserbe nicht mitwirkt, hat dieser eine nur von beiden Ehegatten **abgeleitete Rechtsstellung**; hier entspricht es typischerweise nach der Lebenserfahrung dem Willen der Ehegatten, dass auch der Längerlebende von ihnen noch in stärkerem Maße zur Verfügung unter Lebenden berechtigt sein soll, insbesondere wenn er dadurch seine Versorgung sicherstellen kann.[317] Dies gilt in noch stärkerem Maße, falls das **wesentliche Vermögen** der Ehegatten dem **Längerlebenden** schon immer **gehört** hat, was bei der Erörterung der Bindungswirkung des gemeinschaftlichen Testaments anerkannt ist.[318] Eine umfassende Bindung ist hier nur gewollt, wenn besondere Sicherungsvorkehrungen für den Erwerb des Dritten bereits mit Eintritt des diesbezüglichen Erbfalls und nicht erst für den Schlusserbfall getroffen wird, etwa bereits Testamentsvollstreckung im ersten Todesfall angeordnet ist oder Nacherbeneinsetzung hinsichtlich des Nachlasses des Erstversterbenden, wobei sich hier der Schutz des Vertragserben bereits über diese speziellen Sicherungsgestaltungen

---

309 S. dazu nur einerseits BGH NJW-RR 2012, 207 Rn. 11; BGHZ 82, 274, 282, wo jeweils nur von dem »lebzeitigen Eigeninteresse« ohne besonderen Zusatz gesprochen wird, sowie BGHZ 59, 343, 552 andererseits, wo noch ein »beachtenswerten Eigeninteresse« gefordert wurde; auch BGH NJW-RR 1987, 2 spricht unter III. 3 noch vom erforderlichen »anzuerkennenden lebzeitigen Eigeninteresse«. Vgl. auch OLG München FamRZ 2015, 608.

310 Vgl. auch die Darstellung bei *Butz/Petzold*, Grundstücksübertragungen in vorweggenommener Erbfolge, 164 ff.; s. auch NK-BGB/*Horn* Rn. 42 ff.

311 So richtig *S. Loritz*, Freiheit des gebundenen Erblassers und Schutz des Vertrags- und Schlusserben vor Zweitverfügungen, 140, 170; ebenso NK-BGB/*Horn* Rn. 43.

312 So der BGH, s.o. Rdn. 63.

313 *Strunz*, Vertragserbenschutz, 134; **a.M.** *Butz/Petzold*, Grundstücksübertragungen in vorweggenommener Erbfolge, 166 f.: Bindung sei Bindung, wenn sie nicht durch ausdrückliche Regelung (Rücktritts- oder Änderungsvorbehalt) durchbrochen werde.

314 Vgl. etwa *D. Nolting*, Bindung beim Erbvertrag, 5 ff.

315 Ähnlich *Lange/Kuchinke* § 25 V 5 d (4).

316 Ebenso NK-BGB/*Horn* Rn. 43.

317 Zum Gesichtspunkt der **Alterssolidarität** als Bindungsgrund s. Vorm 2 zu §§ 2274 ff.

318 § 2270 BGB Rdn. 54.

unabhängig von § 2287 BGB realisiert.[319] Auch aus der Person des erbvertraglich Bedachten wie aus den Umständen des Vertragsabschlusses lassen sich Rückschlüsse auf die Bindungsintensität herleiten: Gegenüber den gemeinsamen Kindern wird sie größer sein. Dient der Erbvertrag dem Ersatz einer früheren, fideikommissrechtlichen Regelung, wonach nur männliche Nachkommen, notfalls aus einer Seitenlinie erben dürfen, so kann dies bei kinderloser Ehe gegen eine zu starke Bindung sprechen.[320]

Ist der Bedachte selbst **Vertragspartner**, tritt der Wille zur Bindung ihm gegenüber stärker in den Vordergrund und seine Schutzwürdigkeit wird deutlicher.[321] Am stärksten wird sein Sicherungsbedürfnis beim **entgeltlichen Erbvertrag** (§ 2295 BGB), auch wenn dieser seiner Natur nach ein »Risikogeschäft« ist; hier bestimmt der **Äquivalenzgedanke** die verstärkte erbvertragliche Bindung.[322] Zu einem ähnlichen Katalog der schutzwürdigen Interessen des Vertragserben gelangt *Aunert-Micus*, die insbesondere auch darauf abstellt, welches **Vermögensopfer** der Vertragserbe bereits im Hinblick auf die Erbeinsetzung erbracht hat. Ihr kann jedoch darin nicht gefolgt werden, wenn sie die Erheblichkeit dieser Gesichtspunkte bei der erforderlichen Abwägung in ein Abhängigkeitsverhältnis zu einer subjektiven Gesinnung stellt, die ihrerseits zu bewerten ist und teilweise mit reinen Unwerturteilen stigmatisiert wird.[324] 73

bb) Lebzeitiges Verfügungsinteresse des Erblassers

Da es um die Zulässigkeit der lebzeitigen Verfügungsbefugnis des § 2286 BGB geht, scheiden als berücksichtigungsfähige Erblasserinteressen solche aus, die nur »**letztwillig motiviert**« sind, bei der es also im Grunde nur um die Verteilung seines Vermögens nach seinem Tode geht.[325] Insofern ist die von BGHZ 59, 343 im Anschluss an *Spellenberg* verwendete Formel vom Erfordernis des anerkennenswerten lebzeitigen Eigeninteresses richtig. Die Rspr. hat daher zu Recht immer wieder betont, allein der Wunsch **zur Korrektur der bindenden Verfügung** von Todes wegen mittels einer anderen Vermögensumverteilung aufgrund eines **späteren Sinneswandels** nach Abschluss des Erbvertrages genüge nicht, um einen Anspruch nach § 2287 BGB auszuschließen, wenn sich die tatsächlichen Verhältnisse zwischenzeitlich nicht geändert haben.[326] Nicht ausreichend ist daher die **spätere Einsicht**, dass einer der Erbbeteiligten im Verhältnis zu den anderen zu kurz gekommen ist,[327] bei dem Wunsch, alle Kinder gleichzubehandeln,[328] oder dass der Benachteiligte dem Erblas- 74

319 NK-BGB/*Horn* Rn. 43; übersehen von S. *Loritz*, Freiheit des gebundenen Erblassers und Schutz des Vertrags- und Schlusserben vor Zweitverfügungen, 146 f., wenn auf die Testamentsvollstreckung bezüglich der Schlusserbeneinsetzung in BGH FamRZ 1986, 980 hingewiesen wird.

320 S. den Fall BGH NJW 1992, 2630.

321 Vgl. etwa den Fall von BGH NJW-RR 2005, 1462 = ZEV 2005, 479 = LMK 2005, 159126 *(Basty)*, bei dem die Ehefrau als Vertragspartner geltend machte, sie sei auf das Schenkungsobjekt zur Sicherung ihrer Altersversorgung »dringend« angewiesen.

322 **A.M.** *Butz/Petzold*, Grundstücksübertragungen in vorweggenommener Erbfolge, 165 f. in sehr formaler Betrachtung, weil der Normzweck des § 2287 BGB dieses Vertrauen nicht schütze; das Gesetz differenziere nicht zwischen entgeltlichem und unentgeltlichem Erbvertrag.

323 *S. Loritz*, Freiheit des gebundenen Erblassers und Schutz des Vertrags- und Schlusserben vor Zweitverfügungen, 47 ff.

324 Etwa S. 70: »böswillige Motivation des Erblassers«.

325 OLG München FamRZ 2015, 1531; *Spellenberg* NJW 1986, 2531, 2540; ebenso NK-BGB/*Horn* Rn. 44.

326 BGHZ 59, 434, 352; 66, 8, 16; 83, 44, 46; 97, 188; BGH WM 1973, 680, 682; WM 1977, 201, 202; BGH NJW-RR 2005, 1462 (Rn. 16) = ZEV 2005, 479 = LMK 2005, 159126 *(Basty)*; FamRZ 2006, 473 = ZEV 2006, 312 (Rn. 6); OLG Düsseldorf NJW-RR 1986, 806, 807; OLG Frankfurt NJW-RR 1991, 1157, 1159; OLG München ZEV 2000, 104, 105 = NJW-RR 2000, 526; OLG Schleswig SchlHA 2012, 21, Tz. 42; OLG München, Urt. v. 23.11.2016 – 3 U 796/16, WKRS 2016, 28589; OLG Hamm, Urt. v. 12.09.2017 – 10 U 75/16, WKRS 2017, 24590; zust. NK-BGB/*Horn* Rn. 41; Bamberger/Roth/*Litzenburger* Rn. 19; MünchKomm/*Musielak* Rdnr. 13.

327 OLG Hamm ZEV 2018, 166.

328 BGH NJW-RR 2005, 1462 (Rn. 16) = ZEV 2005, 479 = LMK 2005, 159126 *(Basty)*; FamRZ 2006, 473 = ZEV 2006, 312 (Rn. 6).

ser nun genehmer ist[329] oder bestimmte Gegenstände im Familienbesitz bleiben[330] oder der Grundbesitz ungeteilt erhalten werden soll.[331] Der uneingeschränkten Berücksichtigung dieses Interesses steht schon der Schutzzweck der erbvertraglichen Bindung entgegen: Anders als beim Testament soll der Bestand der erbvertraglichen Zuwendung gerade gegen einen einseitigen Sinneswandel geschützt sein.

75 Davon zu unterscheiden sind die Fälle, in denen nach dem Abschluss des Erbvertrags sich objektiv die **Umstände wesentlich verändern**, die die Vertragsteile bei ihrer Nachlassplanung zugrunde legten. Dann stellt sich die Frage, ob infolge der zwischenzeitlich eingetretenen Veränderungen die ursprüngliche Bindung wenigstens teilweise entfällt, weil aufgrund einer **ergänzenden Auslegung** eine Berechtigung anzunehmen ist, durch entsprechende Schenkungen den im Erbvertrag niedergelegten Verteilungsplan an die aktuellen Verhältnisse anzupassen.[332] Dies muss zumindest in den Fällen möglich sein, in denen der Erblasser wegen dieser Veränderungen auch zur Anfechtung des Erbvertrags wegen eines Motivirrtums nach §§ 2281, 2078 BGB berechtigt wäre. Denn anstelle der völligen Zerstörung des Erbvertrags ist dem vertraglich Bedachten mit einer Einschränkungen des flankierenden Schutzes aus § 2287 BGB immer noch eher gedient.[333] Der Wunsch, eine Kompensation für zwischenzeitlich an andere Abkömmlinge erfolgte Zuwendungen zu schaffen, kann nach Auffassung des BGH aber über eine **Ausgleichung** nach den §§ 2050 ff. BGB erfolgen, die auch Auswirkungen auf den Pflichtteil nach § 2316 BGB hat, sodass eine deswegen motivierte lebzeitige Schenkung kein anerkennenswertes Eigeninteresse begründet.[334]

76 Auch aus § 2286 BGB kann nicht hergeleitet werden, dass bereits jede lebzeitig motivierte Schenkung zulässig wäre, denn mit Abschluss des Erbvertrags entsteht aus dem Gesichtspunkt der Vertragstreue für den Erblasser die Pflicht, auf die Erwerbserwartungen des Vertragserben, demgegenüber er sich freiwillig gebunden hat, Rücksicht zu nehmen und sich auch einer Überprüfung seiner Zuwendungsmotive unterziehen zu lassen.[335] Die Gründe, die den Erblasser zur Zuwendung bewogen haben, müssen so beschaffen sein, »dass der Vertragserbe sie anerkennen, und dass er die Beeinträchtigung hinnehmen muss«.[336] Daraus ergibt sich, dass grundlose, **unmotivierte** oder sinnlose **Schenkungen** ebenfalls keine Anerkennung finden können.[337] In der Rspr. findet sich demnach eine Tendenz, eine Schenkung immer dann dem Anspruch aus § 2287 BGB zu unterwerfen, wenn sich keine rechtfertigenden Gründe ergeben.[338] Ein solches aus der Vertragsbindung folgendes Rechtfertigungsgebot legt es nahe, die Unzulässigkeit der Schenkung zur Regel, deren Zulässigkeit zur Ausnahme zu machen,[339] was insbesondere bei der **Beweislastverteilung** erhebliche Konsequenzen hätte. Damit würde aber eine »Faustregel« aufgestellt, die die Gefahr ihrer inneren Verselbständigung in sich trägt, und letztlich den Ausgangspunkt der Überlegungen ad absurdum führt, dass

---

329 BGHZ 66, 8, 16; 77, 264, 268; vgl. auch OLGR Celle 2003, 326 = FamRZ 2003, 1971 = ZEV 2003, 417 (LS): nicht anzuerkennen, dass Wertpapierschenkungen gemacht werden, um damit die Wertsteigerungen auszugleichen, die der Vertragsvermächtnisnehmer bei einem großen Wertzuwachs erzielt, der seit Erbvertragsabschluss eintrat.

330 BGHZ 59, 343.

331 BGH WM 1973, 680.

332 *J. Mayer* ZEV 2004, 302; vgl. auch LG Landau ZErb 2004, 74.

333 Vgl. auch Rdn. 92 zum maßgeblichen Zeitpunkt des Änderungsmotivs.

334 BGH NJW-RR 2005, 1462 (Rn. 16) = ZEV 2005, 479 = LMK 2005, 159126 *(Basty)*, allerdings in einem Fall, in dem der bedachte Ehegatte den Anspruch aus § 2287 BGB geltend machte.

335 *Spellenberg* NJW 1986, 2536 f., 2540; ähnlich *Strunz*, Vertragserbenschutz, 134 ff.

336 BGHZ 77, 264, 266; 83, 44, 45; BGH NJW 1992, 2630, 2631; OLG Düsseldorf NJW-RR 1986, 806, 807; OLG Düsseldorf ZEV 2013, 392; zum gemeinschaftlichen Testament BGH FamRZ 1986, 980.

337 *Spellenberg* NJW 1986, 2531, 2536 f., 2540; *Lange/Kuchinke* § 25 V 5 d Fn. 120; NK-BGB/*Horn* Rn. 43; **a.M.** *Strunz*, Vertragserbenschutz, 105 ff.; 134.

338 BGHZ 66, 8, 17; 77, 264, 267; 82, 274, 282; anders beiläufig BGH NJW 1978, 424; dazu *Spellenberg* NJW 1986, 2536.

339 Für das umgekehrte Verhältnis *Strunz*, Vertragserbenschutz, 17 ff.

es nämlich um eine Missbrauchsabwehr geht. Und der Missbrauch ist in unserer Rechtsordnung immer noch die Ausnahme. Nur in nicht aufklärbaren Grenzfällen, in denen Anzeichen für einen solchen vorliegen, sollte man daher der von der Rspr. aufgezeigten Tendenz folgen, ansonsten sich **im Zweifelsfalle für die Erblasserfreiheit** entscheiden.[340] Zu Recht betont daher *Johannsen*,[341] dass wegen § 2286 BGB keine zu hohen Anforderungen an die Rechtfertigung der Zuwendung gestellt werden dürfen.[342]

Der Art nach können die **Zuwendungsgründe** sowohl **materielle** wie auch **immaterielle** (ideelle) sein.[343] Eine reine **personale Verbundenheit** mit dem Beschenkten reicht aber sicher nicht aus.[344] Nach der Rspr. des BGH ist eine Schenkung jedoch dann umso anerkennenswerter, je materieller und eigennütziger der vom Erblasser verfolgte Zweck ist.[345] Teilweise wird eine genaue Prüfung dabei ergeben, dass die schenkungsweise Zuwendung letztlich ein Entgelt für das beabsichtigte Verhalten des Zuwendungsempfängers ist, weshalb zumindest bei Annahme einer konditionalen Verknüpfung die Unentgeltlichkeit teilweise ausscheidet.[346] 77

(1) Als wichtigster anerkennenswerter Zuwendungszweck findet sich dabei in der Rspr. der Hinweis auf die **Sicherung und Verbesserung der eigenen Altersversorgung** des Erblassers.[347] Häufig wird dies allerdings von den Gerichten nur als Beispiel oder Möglichkeit erwähnt, teilweise mit diesem Hinweis vom BGH zur erneuten Entscheidung an das Instanzgericht zurückverwiesen,[348] aber offenbar nur selten tatsächlich entscheidungserheblich.[349] Gerade angesichts der zunehmenden Lebenserwartung und des Abbaus sozialer Leistungen aber auch des natürlichen familiären Zusammenhalts durch geänderte gesellschaftliche Verhältnisse ist dies ein existenzielles Anliegen, dem grundsätzlich Rechnung zu tragen ist. Dafür spricht auch, dass bei der erbvertraglichen Vermögensplanung der Gedanke der Alterssolidarität i.S. der Absicherung des anderen Ehegatten große Bedeutung zukommt.[350] Dieses Erblasserinteresse wird bei der Errichtung des Erbvertrags zwar i.d.R. schon vorhanden sein, aber damals meist nur latent, während es mit zunehmendem Alter 78

340 Im Ergebnis ebenso *Strunz*, Vertragserbenschutz, 105 ff. von einem anderen Ansatzpunkt.

341 DNotZ 1977, 93*.

342 Ebenso *Butz/Petzold*, Grundstücksübertragungen in vorweggenommener Erbfolge, 167; *Strunz*, Vertragserbenschutz, 134.

343 NK-BGB/*Horn* Rn. 45; *Lange/Kuchinke* § 25 V 5 d (2); MünchKomm/*Musielak* Rn. 14 ff.; Soergel/*M. Wolf* Rn. 12; zu einem ideellen Grund BGHZ 97, 188 = NJW 1986, 1755, 1757.

344 OLG Köln FamRZ 1992, 607 = NJW-RR 1992, 200.

345 NK-BGB/*Horn* Rn. 45; *Strunz*, Vertragserbenschutz, 143; Nieder/Kössinger/*R. Kössinger*, Handbuch der Testamentsgestaltung, § 12 Rn. 11.

346 MünchKomm/*Musielak* Rn. 18; Bamberger/Roth/*Litzenburger* Rn. 14; zur fehlenden Differenzierung in der BGH-Rspr. *S. Strunz*, Vertragserbenschutz, 52.

347 BGHZ 66, 8; 82, 274; 83, 44, 46; 97, 188, 196 = BGH JZ 1987, 250 m. Anm. *Kuchinke*; BGH FamRZ 1977, 539; WM 1979, 442; NJW 1992, 2630 = FamRZ 1992, 1067; BGH NJW-RR 2012, 207, 208 (Rn. 11) = FamRZ 2012, 28; BGH NJW 2017, 329; OLG Hamm ZEV 2018, 93; *Löhnig* FamRZ 2012, 118, *Löffler* jurisPR-FamR 4/2012 Anm. 6; OLG Düsseldorf OLG-Rp Düsseldorf 1993, 185 (Aidserkrankung); NJW-RR 1986, 806, 807; OLGR Frankfurt 2001, 37; OLG Koblenz OLGZ 1991, 235; OLG Koblenz NJW-RR 2005, 883; OLG Köln MittRhNotK 1995, 186 (zu erwartende Höchstpflegebedürftigkeit aufgrund Parkinsonscher Krankheit); OLG Köln ZEV 2000, 106, 108 = ZNotP 1999, 486 (in concreto verneint); ZErb 2003, 21 m. Anm. *Mettlach-Plutte* (bejaht); OLG München NJW-RR 1987, 1484; OLG Schleswig SchlHA 2012, 21, Tz. 42; LG Coburg ErbBstg 2003, 8; vgl. dazu auch NK-BGB/*Horn* Rn. 46; Bamberger/Roth/*Litzenburger* Rn. 14; J. Mayer ZEV 2004, 302 .

348 BGH FamRZ 1976, 539; WM 1979, 442; BGHZ 82, 274 = NJW 1982, 43; BGHZ 88, 269; ohne ersichtliche Relevanz war dieses Kriterium auch im Fall von OLG Schleswig SchlHA 2012, 21, Tz. 42.

349 So in OLG Köln MittRhNotK 1995, 186; ZErb 2003, 21 m. Anm. *Mettlach-Plutte* i.V.m. Beweislastüberlegungen; OLGR Frankfurt 2001, 37; vgl. auch *Spellenberg* NJW 1986, 2537.

350 Vorbem. zu §§ 2274 ff. BGB Rdn. 2.

immer dringlicher wird.[351] Der BGH hat in mehreren Entscheidungen betont, dass es **nicht** darauf ankommt, ob die Zuwendung **zur** Erlangung dieser **Alterssicherung** wirtschaftlich **notwendig** war oder ob sie der Erblasser billiger oder auch vom Vertragserben hätte bekommen können, wenn er diesem die Schenkung gemacht hätte.[352] Denn der Erblasser müsse selbst die Möglichkeit haben, einen so wichtigen Lebensbereich nach seinen Vorstellungen zu gestalten.[353]

79 Ein »**Freibrief**« zur willkürlichen Schenkung kann daraus jedoch nicht abgeleitet werden, da es im Rahmen der notwendigen Abwägung auch noch auf andere Gesichtspunkte ankommt, wie den relativen und absoluten Wert der Schenkung.[354] Auch die neuere Rspr. der Instanzgerichte betont zutreffenderweise den Gesichtspunkt der **Erforderlichkeit** der Altersversorgung durch die vorgenommene Zuwendung[355] und folgt damit auch der hier vertretenen Linie.[356]

80 Zudem ist in diesen Fällen zunächst zu prüfen, ob die Zuwendung des Erblassers **nicht ein Entgelt** für die an ihn zu erbringenden Gegenleistungen sein soll, sodass insoweit bereits tatbestandsmäßig eine Schenkung ausscheidet.[357] In einer neueren Entscheidung hat der BGH betont, dass ein **lebzeitiges Eigeninteresse** des Erblassers an einer Schenkung auch dann vorliegen kann, wenn der Beschenkte **ohne rechtliche Bindung** Leistungen etwa zur Betreuung im weiteren Sinne übernimmt, tatsächlich erbringt und auch in der Zukunft vornehmen will, wie Winterdienst, Gartenpflege mit Rasenmähen, Heckenschnitt etc. sowie die monatliche Fahrt zum Großeinkauf, obwohl in der Zuwendungsurkunde ausdrücklich bestimmt wurde, dass Wart- und Pflegeleistungen durch den Übernehmer nicht gewünscht werden.[358] Anstelle des Abstellens auf das Vorliegen des lebzeitigen Eigeninteresses, liegt aber die Annahme einer konditionalen Verknüpfung näher, sodass man durchaus zu einer teilentgeltlichen Leistung gekommen wäre.

81 Nach einer weiteren Entscheidung des BGH braucht die Versorgungszusage auch nicht ausdrücklich Vertragsinhalt geworden sein, es genüge, wenn sie wenigstens die Geschäftsgrundlage geworden ist.[359] Jedoch betraf dieser Fall die Betreuung einer stark pflegebedürftigen Person, bei der die förmliche Vereinbarung einer Pflegeverpflichtung wegen der damit u.U. verbundenen großen Belastung und aus Gründen eines Sozialhilferegresses problematisch war. Die bloße

---

351 BGHZ 83, 44, 46; vgl. auch BGH NJW 1992, 2630, 2631: Bestreben, seine jüngere zweite Ehefrau (9 Jahre Altersunterschied) zum Zwecke der Altersversorgung an sich zu binden, zust. NK-BGB/*Horn* Rdnr. 46; Bamberger/Roth/*Litzenburger* Rn. 14.

352 BGH LM § 2287 Nr. 1 = BB 1977, 1972; BGH FamRZ 1977, 539, 549; WM 1979, 442, 444; BGH NJW 1982, 43, 45 = WM 1982, 20, 22, insoweit in BGHZ 82, 274 nicht abgedruckt; ebenso OLG Köln MittRhNotK 1995, 186, 187; ZEV 2000, 317 (Erbvertrag mit Pflegeverpflichtung); ZErb 2003, 21 m. Anm. *Mettlach/Plutte*; Bamberger/Roth/*Litzenburger* Rn. 14; kritisch hierzu Rdn. 97.

353 BGH NJW 1992, 2630, 2631; Erman/*M. Schmidt* Rn. 5; *Johannsen* DNotZ 1977, 94*.

354 So mit Recht *Spellenberg* NJW 1986, 2537; *Butz/Petzold*, Grundstücksübertragungen in vorweggenommener Erbfolge, 169; krit. auch *Strunz*, Vertragserbenschutz, 144 f. gegen BGH FamRZ 1977, 539, wo sogar ein Pflegevertrag mit dem Erbvertrag verbunden war; weniger zurückhaltend Nieder/Kössinger/*R. Kössinger*, Handbuch der Testamentsgestaltung, § 12 Rn. 13.

355 OLG Karlsruhe ZEV 2000, 108, 110 (Sicherung der Altersversorgung bereits durch vorangehende Zuwendung unter Zustimmung des Vertragserben); OLG Koblenz NJW-RR 2005, 883 (nicht anzuerkennende Zuwendung, wenn der Erblasser nur die vom Vertragserben geschuldete Pflegeleistung nicht mehr wünscht); OLG München ZEV 2000, 104, 105 f. (anderweitige Einkünfte, die die als Gegenleistung vereinbarte Leibrente bei Weitem überstieg); zust. NK-BGB/*Horn* Rn. 46.

356 S. Rdn. 97.

357 BGH NJW-RR 2012, 207, 208 (Rn. 12) = FamRZ 2012, 28, dazu *Löhnig* FamRZ 2012, 118, *Löffler* jurisPR-FamR 4/2012 Anm. 6; MünchKomm/*Musielak* Rn. 18.

358 BGH NJW-RR 2012, 207, 208 (Rn. 13) = FamRZ 2012, 28; BGH NJW 2017, 329; dazu *Löhnig* FamRZ 2012, 118, *Löffler* jurisPR-FamR 4/2012 Anm. 6; zust. etwa Palandt/*Weidlich* Rn. 7; zutr. weist *Odersky* (notar 2012, 23) darauf hin, dass nach dieser BGH-Entscheidung ein Abgrenzungsproblem entsteht: Kann der Gesichtspunkt der Altersvorsorge bei der Prüfung des Eigeninteresses auch dann nochmals gewertet werden, wenn man deswegen bereits zu einer entgeltlichen Leistungsverknüpfung kommt, dies aber nur zu einer Teilentgeltlichkeit führt, oder dies bereits abgegolten ist.

359 BGH FamRZ 1986, 980, 982 = NJW-RR 1987, 2, 3; ähnlich OLG München 2015, 608.

mündliche Mitteilung, moralisch verpflichtet zu sein, die Mutter im altersbedingten Pflegefall zu versorgen, reichte demgegenüber dem OLG Oldenburg[360] nicht, wenn diese – wegen befürchteten Sozialhilferegresses – gerade nicht mit Rechtsbindungswille als synallagmatische Pflegeverpflichtung ausgestaltet wurde. Das Gleiche soll nach dem OLG Köln für persönliche Betreuung und Sorge ohne vertragliche Verpflichtung gelten, wie dies i.d.R. bereits aufgrund verwandtschaftlicher Beziehungen erwartet wird.[361] Jedoch dürften diese instanzgerichtlichen Entscheidungen nach dem Urt. des BGH aus dem Jahre 2012[362] überholt sein. Gegen das Versorgungsmotiv als leitenden Beweggrund spricht allerdings, wenn sich der Veräußerer ein Rückgewährrecht für den Fall vorbehält, dass er außerstand sein wird, seinen angemessenen Lebensunterhalt zu bestreiten.[363] Der *sicherste* und letztlich einzig richtige *Weg* zur Vermeidung des § 2287 BGB ist allerdings nach wie vor, wenn aus Gründen des Schutzes des Erwerbers eine förmliche Pflegeverpflichtung vereinbart wird.[364] Das Motiv der **»erkauften« Alterssicherung** verliert auch nicht dadurch seine Erheblichkeit, dass der Erblasser die finanziellen Kosten seiner Pflege später selbst tragen soll.[365]

Ob eine Schenkung zur **Sicherstellung der Versorgung naher Angehöriger** die **Zuwendung rechtfertigen** kann, ist von der Rspr. noch nicht abschließend geklärt. Soweit ein solches Bedürfnis bereits bei Abschluss des Erbvertrags bestand, sprechen Gründe der Missbrauchsverhinderung grundsätzlich gegen die Berücksichtigung.[366] In drei Entscheidungen hat der BGH die spätere Einsicht des Erblassers, er habe seine Ehefrau oder ein Kind nicht ausreichend versorgt, als nicht beachtlich eingestuft,[367] obgleich eine solche Sicherung eine gesetzlich gebotene sittliche Pflicht sein kann (§ 534 BGB). In diesen Fällen lag allerdings offenbar noch keine Notsituation vor, und der Pflichtteil, der dem Betroffenen verbleibt, hat ebenfalls eine Versorgungsfunktion.[368] Anderes gilt, wenn das Versorgungsbedürfnis erst nach Vertragsabschluss entstand oder stärker wird, zumindest wenn es um nahe Angehörige geht.[369] Der BGH hat die Sicherung der Versorgung eines nahen Angehörigen als Rechtfertigungsgrund in einem Fall ausdrücklich bejaht, in dem der pflegebedürftige Sohn zugleich auch als Schlusserbe eingesetzt war und durch die Zuwendung an die zweite Ehefrau dessen lebenslange Pflege gewährleistet werden sollte.[370] Dies war zugleich die Entscheidung, die dazu führte, dass **nicht** nur das lebzeitige **Eigeninteresse**, sondern auch andere berechtigte Interessen einen Missbrauch der lebzeitigen Verfügungsbefugnis ausschließen. Ähnlich entschied das OLG Düsseldorf, wonach bei einer Aidserkrankung die Sorge um die wirtschaftliche Zukunft der leiblichen Kinder die Beeinträchtigungsabsicht ausschließen kann.[371] 82

(2) Ein anerkennenswertes lebzeitiges Eigeninteresse kann auch die Absicht sein, ein Unternehmen 83 **im Familienbesitz** zu erhalten und auf einen geeigneten Nachfolger zu übertragen, insb. wenn der hierfür zunächst vorgesehene Sohn aufgrund einer Erkrankung dazu nicht mehr in der Lage ist,[372] oder wenn durch die Zuwendung einer Beteiligung an seinem Unternehmen der Erblasser einen

360 OLGZ 1994, 434 = FamRZ 1994, 1423.
361 OLG Köln ZEV 2000, 106, 108 = ZNotP 1999, 486.
362 BGH NJW-RR 2012, 207, 208 (Rn. 13) = FamRZ 2012, 28.
363 OLG Köln ZEV 2000, 106, 108.
364 Nieder/Kössinger/*R. Kössinger*, Handbuch der Testamentsgestaltung, § 12 Rn. 12.
365 BGH WM 1979, 442; Nieder/Kössinger/*R. Kössinger*, Handbuch der Testamentsgestaltung, § 12 Rn. 12.
366 *Lange/Kuchinke* § 25 V 5 d (2).
367 BGHZ 77, 264, 269; BGH WM 1977, 201, 202; BGH NJW 1984, 731 = FamRZ 1984, 166; vgl. dazu *Spellenberg* NJW 1986, 2538.
368 *Spellenberg* NJW 1986, 2538; *Strunz*, Vertragserbenschutz, 111 f.
369 *Lange/Kuchinke* § 25 V 5 d (2); anders aber OLG Celle FamRZ 2006, 1876 = MittBayNot 2006, 516 bei Einräumung eines Nießbrauchs für zweite Ehefrau mit »bescheidener Erwerbsunfähigkeitsrente«.
370 BGH NJW-RR 1987, 2 = FamRZ 1986, 980.
371 OLG Düsseldorf OLG-Rp 1993, 185.
372 OLG Oldenburg , Urt. v. 05.10.2010 – 12 U 51/10, BeckRS 2011, 23182.

zur **Geschäftsleitung befähigten Mitarbeiter dem Betrieb erhalten** will.[373] Hier schwingt eine Art *»Gratifikationsgedanke«* mit,[374] wobei im Arbeitsrecht in einer solchen Leistung keine Schenkung gesehen wird.[375] Maßgebend war aber auch in diesem Urteil das Argument der nicht so starken erbvertraglichen Bindung:[376] der zunächst als Unternehmensnachfolger vorgesehene Sohn, der kapitalmäßig abgesichert werden sollte, war bereits vorverstorben, der Ersatzerbe war aber als bereits bei Errichtung des Erbvertrags etablierter Rechtsanwalt nicht in dem Maß schutzbedürftig.[377]

84 (3) Schenkungen zu ideellen Zwecken oder aus persönlichen Rücksichten sollten schon nach den Protokollen zum BGB nicht verwehrt werden.[378] Zum einen kann man hierunter die **Pflicht- und Anstandsschenkungen** (§ 534 BGB) einordnen. Sie haben schon nach einer Reihe ausdrücklicher gesetzlicher Regelungen im Verhältnis zu Dritten eine höhere Bestandskraft als eine gewöhnliche Schenkung (§§ 534, 814, 1425 Abs. 2; 1641, 2113 Abs. 2, 2205, 2207, 2330 BGB), weshalb der BGH für Zuwendungen in Erfüllung einer sittlichen Pflicht zu Recht bejaht, dass sie ein lebzeitiges Eigeninteresse rechtfertigen können.[379] Allerdings betont er, dass auch hier im Einzelfall abzuwägen ist, ob die Gründe des Erblassers trotz der Bindung die Zuwendung rechtfertigen können.[380] Die **rechtfertigende sittliche Pflicht** braucht dabei allerdings nicht erst aus dem Schenkungsanlass entstehen, sondern kann auch in der **Abstattung von Dank** für langjährige Dienste oder auch in der **Sicherung des Lebensunterhalts** und der Altersversorgung des Partners einer nichtehelichen Lebensgemeinschaft bestehen, auch wenn letzteres größere Zuwendungen erfordert.[381] Noch stärker als bei § 2330 BGB, wo es sogar möglich sein soll, dass die Zuwendung den Nachlass ausschöpft, ist hier wegen der erbvertragliche Bindung Zurückhaltung mit der Annahme einer rechtfertigenden Pflichtschenkung geboten. Vertragliche und sittliche Pflicht konkurrieren hier. Dies gilt sowohl für den **Schenkungsanlass**, sodass nicht bereits langjährige personale Verbundenheit zum Schenker, sondern nur besondere Opfer, Leistungen und Versorgungszusagen des Erwerbers eine sittliche Verpflichtung dieser Art entstehen lassen.[382] Erst recht gilt dies für die **Angemessenheit der Höhe** der Zuwendung selbst. Hier ist eine Abwägung des Schenkermotivs mit dem Erwerbsinteresse des Vertragserben besonders sorgfältig vorzunehmen, sodass die Zuwendung in einem angemessenen Verhältnis zu den wirtschaftlichen Verhältnissen und dem Grund für die Schenkungsvornahme (z.B. zur Art der zu belohnenden Hilfe) stehen muss.[383]

85 Bei **Anstandsschenkungen** kommt hinzu, dass es sich bei diesen um die gebräuchlichen Gelegenheitsgeschenke und übliche Geschenke unter nahen Verwandten von meist geringerem Wert handelt oder zumindest um solche, die in einem angemessenen Verhältnis zu dem Vermögen des Schenkers stehen[384] und daher letztlich berechtigte Erberwartungen nicht tangieren. Sie sind daher

---

373 BGHZ 97, 188, 195 f. = NJW 1986, 1755 = FamRZ 1986, 569 = JZ 1987, 250 m. Anm. *Kuchinke*, wo es um die Frage ging, ob das nach dem Erbvertrag für die Übernahme zu zahlende angemessene Entgelt richtig festgesetzt wurde; NK-BGB/*Horn* Rn. 47.

374 NK-BGB/*Horn* Rn. 47.

375 Palandt/*Weidenkaff* § 611 Rn. 81.

376 Dazu bereits oben Rdn. 72.

377 BGHZ 97, 188, 196; in dieser Wertung zust. NK-BGB/*Horn* Rn. 48; ausf. auch *Tanck* ZErb 2015, 220.

378 Prot. V 393.

379 BGHZ 66, 8, 16; 83, 44, 46; BGH NJW-RR 2005, 1462 (Rn. 12 in concreto verneint) = ZEV 2005, 479 = LMK 2005, 159126 *(Basty)*; zust. Bamberger/Roth/*Litzenburger* Rn. 13; MünchKomm/*Musielak* Rn. 14.

380 BGHZ 83, 44, 46 f.; BGH ZEV 2005, 479.

381 MünchKomm/*Koch* § 534 Rn. 3 m.w.N.

382 OLG Köln FamRZ 1992, 607, 608.

383 OLG Koblenz OLGZ 1991, 235, 238; OLG München, Urt. v. 23.11.2016 – 3 U 796/16, WKRS 2016, 28589; NK-BGB/*Horn* Rn. 48; Bamberger/Roth/*Litzenburger* Rn. 13; Soergel/*M. Wolf* Rn. 16; *Strunz*, Vertragserbenschutz, 145 f.: zulässig nur bei akuten, existenziellen Notsituationen oder bei besonders ungewöhnlichen Umständen; für großzügigere Anerkennung dagegen *Butz/Petzold*, Grundstücksübertragungen in vorweggenommener Erbfolge, 169.

384 MünchKomm/*Musielak* Rn. 15; NK-BGB/*Horn* Rn. 48.

grundsätzlich gerechtfertigt.[385] Immobilienveräußerungen fallen darunter aber nicht: So gebietet es der Anstand nicht, dem Ehegatten den hälftigen Miteigentumsanteil an einem größeren Hausanwesen zuzuwenden, auch wenn eine langjährige Mitarbeit des Ehepartners vorlag.[386] Bei einer Schenkung, deren Wert im Verhältnis zu dem des Nachlasses geringfügig ist, ist es jedoch unwahrscheinlich, dass sie in der Absicht der Beeinträchtigung gemacht ist.[387] Zu weitgehend ist daher auch die Ansicht des OLG Düsseldorf,[388] in der Schenkung einer 575.000 € teuren Motoryacht zur Hochzeit könne eine gerechtfertigte Anstandsschenkung zu sehen sein, wenn das Geschenk im konkreten Fall in einem angemessenen Verhältnis zum verfolgten Zweck und zu den wirtschaftlichen Verhältnissen des Erblassers und seinem verbleibenden Vermögen steht.

Auch Zuwendungen an gemeinnützige **Stiftungen** sind i.S. der erbrechtlichen Schutzvorschriften der §§ 2287, 2325 BGB grundsätzlich als Schenkungen anzusehen.[389] Es stellt sich aber hier besonders die Frage, ob eine Missbrauchskorrektur erfolgen muss. Schenkungen an Stiftungen und Organisationen, die **kulturelle und wohltätige Zwecke** verfolgen, aber auch solche aus reiner Nächstenliebe erfahren aus ihrer altruistischen Zwecksetzung heraus und aus der daraus erzielten, letztlich dem Gemeinwohl dienenden Wirkung ein besonderes Maß der Rechtfertigung gegenüber dem Erwerbsinteresse des Vertragserben. Es sollte daher hier nicht so sehr auf das **Eigeninteresse** des Schenkers abgestellt werden, das weniger im Erhalt einer steuerlich abzugsfähigen Spendenbescheinigung als vielmehr in dem daraus resultierenden gesellschaftlichen Ansehen (Mäzenatentum), aber auch in dem schlichten Zweck »Gutes zu tun« liegen kann. Entscheidend ist aber auch hier, dass sich die Zuwendung in einem **angemessenen Rahmen** hält.[390] Eine starre Grenze, bis zu der die Zuwendung zulässig ist, kann hierfür allerdings nicht gegeben werden,[391] da auf die Besonderheiten des Einzelfalls abgestellt werden muss. Auch hier wird betont, dass es auf den für die Erbvertragspartner damals bereits erkennbaren Lebenszuschnitt des Erblassers ankam:[392] Hat er bereits früher Schenkungen zu mildtätigen Zwecken in diesem Umfang gemacht, so ist dies ein Hinweis dafür, dass er sich in seiner lebzeitigen Verfügungsfreiheit durch den Erbvertrag nicht stärker einschränken lassen wollte.[393] Auch der Anlass für die Zuwendung spielt hier ebenso eine Rolle wie die Frage, ob diese nur aus den Erträgen stammt, was der Vertragserbe eher verschmerzen und hinnehmen muss, oder aus der Vermögenssubstanz. Eine Zuwendung an eine Stadt oder Gebietskörperschaft ist allerdings noch nicht »per se« wohltätig, sondern bedarf ebenfalls der rechtfertigenden Prüfung. 86

Auch **ehebezogene Zuwendungen** an den Ehegatten, die vom BGH grundsätzlich wie eine Schenkung behandelt werden,[394] können unter bestimmten Voraussetzungen gerechtfertigt sein.[395] Wenn der BGH betont, dass Zuwendungen zur Unterhalts- und Alterssicherung oder Vergütung langjähriger Dienste entgeltlich wären und somit den Anspruch aus § 2287 BGB ausschließen,[396] so ließe sich dieses Ergebnis zumindest für den zuletzt genannten Fall plausibler dadurch erklären, dass 87

385 *Spellenberg* NJW 1986, 2531, 2538.

386 BGH NJW-RR 1986, 1202; Palandt/*Weidenkaff* § 534 Rn. 3: bei Grundstücken »kaum zu bejahen«.

387 KG OLG 24, 81.

388 ZEV 2017, 328 m. abl. Anm. *Hölscher*.

389 Zum Pflichtteilsergänzungsanspruch ausdrücklich BGH NJW 2004, 1382 = ZEV 2004, 115 m. Anm. *Kollhosser* = ZErb 2004, 45.

390 NK-BGB/*Horn* Rdnr. 49; Bamberger/Roth/*Litzenburger* Rn. 15; *Lange/Kuchinke* § 25 V 5 d (2); *Butz/Petzold*, Grundstücksübertragungen in vorweggenommener Erbfolge, 171; vgl. auch OLG München ZEV 2000, 104, 106 = NJW-RR 2000, 526, wo betont wird, dass die wertvollsten Vermögensgegenstände des Nachlasses an Stiftung übertragen wurden; für großzügige Beurteilung *Johannsen* DNotZ 1977, 93*.

391 So bereits Mot. V 329; ebenso MünchKomm/*Musielak* Rn. 16; *Strunz*, Vertragserbenschutz, 147; dafür *Beckmann* MittRhNotK 1977, 28: bis 1/5 Beweiserleichterung, dass keine Missbräuchlichkeit.

392 NK-BGB/*Horn* Rn. 49; Bamberger/Roth/*Litzenburger* Rn. 15.

393 MünchKomm/*Musielak* Rn. 16; Soergel/*M. Wolf* Rn. 16.

394 Rdn. 29.

395 Ebenso *Lange/Kuchinke* § 25 V 5 d (2).

396 BGHZ 116, 167, 173.

es sich nicht um eine missbräuchliche Zuwendung handelt.[397] Im Übrigen wird man sie dann für gerechtfertigt halten, soweit sie zur Deckung des Pflichtteils- und Zugewinnausgleichs erfolgt; weiter gehende Rechtfertigungsversuche, etwa dass die hälftige Beteiligung am Familienheim immer bestandsfest sei,[398] können nicht überzeugen.[399]

88 Bei Zuwendungen an den Partner einer **nichtehelichen Lebensgemeinschaft** könnten diese Gründe ebenfalls für den Bestand der Schenkung sprechen, zumal hier noch dazu kein Pflichtteilsanspruch als versorgungssicherndes Recht besteht. Indes, die Rechtsprechung geht bislang in die entgegengesetzte Richtung und lehnt selbst unter dem Gesichtspunkt der Pflichtschenkung die Anerkennung solcher Schenkungen ab.[400]

89 (4) Bei **schweren Verfehlungen** oder einem nachträglich eingetretenen **Zerwürfnis** mit dem Bedachten liegt i.d.R. immer eine Benachteiligungsabsicht des Erblassers vor. Ob in solchen Fällen eine missbräuchliche Ausübung der lebzeitigen Verfügungsbefugnis gegeben ist, ist umstritten. Teilweise wird dies bejaht,[401] teilweise wird darin eine unzulässige Bestrafung des Bedachten gesehen, wenn sich der Erblasser nicht ohnehin durch Rücktritt vom Erbvertrag nach § 2294 BGB oder durch Anfechtung (§ 2078 BGB) von der erbrechtlichen Bindung lösen kann.[402] Richtigerweise wird man nach dem Grundsatz *»Wer anfechten kann, darf auch schenken«*,[403] solche Schenkungen anerkennen müssen, wenn aufgrund des Verhaltens des Bedachten eine Rücktritts- oder Anfechtungsmöglichkeit besteht, da es dann bereits an einer schützenswerten, berechtigten Erberwartung fehlt.[404] Ob demgegenüber *unterhalb* dieser Grenze, die das *Anfechtungsrecht* zieht, in solchen Fällen eine sanktionslose Lösung von der erbvertraglichen Bindung möglich ist, erscheint fraglich.[405] Von einem Missbrauch der lebzeitigen Verfügungsmacht wird man aber auch dann nicht sprechen können, wenn die Veräußerung den Zweck verfolgt, einer gegenwärtigen oder konkret drohenden Konfliktsituation auszuweichen, die vom Vertragserben schuldhaft herbeigeführt wurde; dabei wurde auch betont, dass ansonsten die Altersversorgung gefährdet schien.[406]

e) Beschränkung der Abwägungsgründe

90 In die Abwägung eingestellt werden dürfen aber nicht alle möglichen abwägungsfähigen Gründe des Erblassers. Vielmehr ergeben sich nach der Rspr. des BGH folgende Einschränkungen:

aa) Subjektive und objektive Erheblichkeit

91 Da es um die Zulässigkeit der vom Erblasser gewollten lebzeitigen Verfügungsbefugnis trotz der erbvertraglichen Bindung geht, sind berücksichtigungsfähig zunächst nur solche Motive und Gründe, die den Erblasser hierzu auch tatsächlich bewogen haben.[407] Maßgeblich sind also nur

397 Ähnlich *Brambring* ZEV 1996, 248, 250.

398 *Langenfeld* ZEV 1994, 133.

399 S. Rdn. 30 ff.

400 OLG Koblenz OLGZ 1991, 235, 237 ff.

401 LG Gießen MDR 1981, 582; Palandt/*Weidlich* Rn. 6.

402 MünchKomm/*Musielak* Rn. 19; OLG Koblenz OLGZ 1991, 235, 237; *Butz/Petzold*, Grundstücksübertragungen in vorgenommener Erbfolge, 172; nur für Lösungsmöglichkeit über Rücktritt Bamberger/Roth/*Litzenburger* Rn. 18.

403 S. Rdn. 59.

404 Rdnr. 42; *Spellenberg* NJW 1986, 2531, 2537; *Lange/Kuchinke* § 25 V 5 d Fn. 131; NK-BGB/*Horn* Rn. 50.

405 Ablehnend *Spellenberg* NJW 1986, 2531, 2537; *Strunz*, Vertragserbenschutz, 139.

406 BGH FamRZ 1977, 539, 541; *Lange/Kuchinke* § 25 V 5 d (3); dazu *Spellenberg* NJW 1986, 2531, 2537; so auch *Butz/Petzold*, Grundstücksübertragungen in vorweggenommener Erbfolge, 172.

407 Vgl. BGHZ 77, 264, 267; 82, 274, 282; BGH WM 1977, 201 f.; WM 1979, 442, 445; OLG Köln ZEV 1996, 23, 24; OLG Düsseldorf FamRZ 2018, 1865; *Strunz*, Vertragserbenschutz, 97 f.; NK-BGB/*Horn* Rn. 51; Bamberger/Roth/*Litzenburger* Rn. 19; MünchKomm/*Musielak* Rn. 13: nur diese sollen »ausschlaggebend sein«.

solche Interessen, die für die Zuwendung **subjektiv erheblich** waren. Weil aber gerade die Rechtfertigung der Schenkung gegenüber dem Vertragserbenschutz beurteilt wird, kann dies letztlich nur nach objektiven Kriterien erfolgen.[408] Es können daher nur die Motive und Gründe berücksichtigt werden, die subjektiv den Erblasser zur Zuwendung bestimmt haben, aber auch tatsächlich (objektiv) vorlagen.[409] Auf das Erfordernis der subjektiven Erheblichkeit kann allerdings dann verzichtet werden, wenn die entsprechenden Gründe zur Anfechtung berechtigen, denn nach der hier vertretenen Auffassung entfällt dann bereits eine objektive Beeinträchtigung des Vertragserben (s. Rdn. 59).

bb) Maßgeblicher Zeitpunkt für das Änderungsmotiv

In einer Reihe von Entscheidungen des BGH findet sich die Aussage, dass an sich anzuerken- 92
nende Gründe für die Zuwendung dann nicht mehr zu berücksichtigen sind, wenn sie schon bei Abschluss des Erbvertrags vorlagen und bekannt waren,[410] wobei diese allerdings letztlich ohnehin nicht entscheidungserheblich waren.[411] Richtig daran ist, dass der Gesichtspunkt der Vertragstreue und des Vertragserbenschutzes die Berücksichtigung eines nachträglichen Sinneswandels an sich ausschließt, der nicht auf einer Veränderung der tatsächlichen Verhältnisse, sondern nur auf einer anderen Bewertung der gleichen Entscheidungstatsachen beruht.[412] Eine absolute Präklusion der bei Erbvertragsabschluss bekannten Entscheidungsüberlegungen erscheint jedoch nicht sachgerecht. Da der Erbvertrag ein Mittel der Nachlassplanung ist, der aufgrund einer eingehenden Entscheidung und Abwägung verschiedener Umstände für den Fall des Todes des Erblassers, also für die Zukunft, getroffen wird, wohnt ihm wie allen planenden Entscheidungen etwas Prognostisches inne. Entwickeln sich die Dinge dann aber nicht so, wie ursprünglich vorausgesetzt, erscheint es nicht richtig, wenn das **Prognoserisiko** allein der Erblasser tragen müsste, indem er uneingeschränkt an jeder Verfügung gehindert würde.[413] Dass dies auch der gesetzlichen Wertung über den Fortbestand erbvertraglicher Verfügungen widerspräche, zeigt abermals ein Blick auf das Anfechtungsrecht: Denn nach der Rspr. berechtigt auch der Irrtum über zukünftige Erwartungen, sogar wenn sie auf sog. unbewussten Vorstellungen beruhen, zu einer Anfechtung nach § 2078 Abs. 2 BGB.[414] Der BGH hat daher unter Hervorhebung der dem Erblasser verbliebenen Entscheidungsfreiheit betont, dass auch ein bereits bei Abschluss des Erbvertrags vorhandenes Interesse »durchaus so beschaffen sein kann, dass es eine benachteiligende Schenkung – bei Berücksichtigung nachträglicher eingetretener Veränderungen – rechtfertigt«.[415] Insbesondere das Bedürfnis eines alleinstehenden Erblassers zur Sicherung seiner Versorgung im Alters- und Pflegefall werde »erfahrungsgemäß für den Einzelnen mit den Jahren immer dringender und gewichtiger«.[416] Aber auch bei einer Zuwendung in Erfüllung einer bereits bei Erbvertragsabschluss bestehenden sittlichen Pflicht könne nicht generell auf die Einbeziehung dieses Motivs in die Abwägung verzichtet werden, wenn es auch zulasten des Erblassers zu berücksichtigen ist, dass er sich damals bei Vertragsschluss über dieses hinwegsetzte.[417]

---

408 Vgl. BGH FamRZ 1977, 539, 540; BGHZ 88, 269, 271; BGH NJW-RR 2005, 1462 = ZEV 2005, 479, 480.

409 BGH NJW-RR 2005, 1462 = ZEV 2005, 479, 480 (Rn. 15); *Spellenberg* NJW 1986, 2531, 2536.

410 BGHZ 77, 264, 268 f.; BGH WM 1977, 201; NJW 1984, 731, 732; dazu und zum Folgenden *Spellenberg* NJW 1986, 2531, 2538 f.; *Strunz*, Vertragserbenschutz, 140.

411 *Spellenberg* NJW 1986, 2531, 2538 f.

412 Rdn. 74.

413 NK-BGB/*Horn* Rn. 51.

414 Palandt/*Weidlich* § 2078 Rn. 6 m.w.N.; eingehend dazu bereits oben § 2281 BGB Rdn. 14 f.

415 BGHZ 83, 44, 46.

416 BGH BGHZ 83, 44, 46; zust. NK-BGB/*Horn* Rn. 51.

417 zustimmend NK-BGB/*Horn* Rn. 51; *Strunz*, Vertragserbenschutz, 142; *Spellenberg* NJW 1986, 2531, 2537; *Butz/Petzold*, Grundstücksübertragungen in vorweggenommener Erbfolge, 173.

f) Die Gewichtung der Abwägungsgründe

93 Bei Vorliegen mehrerer dieser genannten Abwägungsgesichtspunkte ist deren Gewichtung für die Beurteilung der Zulässigkeit der Schenkung entscheidend, denn ohne sie kann nicht die erforderliche Güterabwägung vorgenommen werden. Dabei spielen die Grundsätze der **Geeignetheit** der Zweckverfolgung durch das gewählte Mittel, die **Erforderlichkeit** und die **Verhältnismäßigkeit** eine große Rolle.[418]

aa) Grad der Beeinträchtigung des Vertragserben

94 Zum einen ist hier der Grad der Beeinträchtigung des Vertragserbenschutzes ganz erheblich, also wie sich die Schenkung auf die Minderung der berechtigten Erberwartungen auswirkt. Hier kommt es vor allem auf die Größe der Vermögensminderung durch die Schenkung an. Bei kleineren Geschenken entfällt ein Missbrauch der Verfügungsmacht allein schon deshalb, weil nach der Lebenserwartung mit einem gewissen Abgang von Vermögenswerten ohnehin gerechnet werden muss und daher deren Einbeziehung in den Vertragserbenschutz nicht erforderlich ist.[419] Oftmals werden sie ohnehin bereits unter die Gelegenheitsgeschenke des § 534 BGB fallen. Der BGH hat es in einer Entscheidung ausdrücklich offen gelassen, ob der Schenkungswert vom Umfang her wesentlich sein muss, um den Anspruch aus § 2287 BGB auszulösen.[420] Auf alle Fälle wird man **feste Wertgrenzen** oder Quoten, bis zu der eine Schenkung gerechtfertigt ist, nicht geben können, zumal auch der Gesetzgeber dies bereits als unbrauchbar verworfen hat.[421] Da es um den Vertragserbenschutz im Einzelfall geht, wird es primär auf den **relativen Umfang des Schenkungswertes** im Verhältnis zum verbleibenden Restvermögen des Erblassers ankommen, aus dem der Vertragserbe noch etwas erhalten kann. Dies kann u.U. bei einem geringen Restvermögen dazu führen, dass eine absolut gesehen geringe Zuwendung den Anspruch auslöst.[422] Bei dieser Abwägung wird es auch auf den bisherigen Lebensstil des Erblassers ankommen, wie er bei Erbvertragsabschluss dem Vertragspartner erkennbar war.[423]

95 Schenkungen, die aus den **Vermögenserträgen** gemacht werden, sollen weniger rechtsmissbräuchlich sein als solche, die aus der Vermögenssubstanz stammen.[424] Dies ist richtig, da sogar dem Erben, dem die strengste erbrechtliche Bindung auferlegt wird, nämlich dem Nacherben, die Vermögenserträge der Erbschaft verbleiben müssen.[425] Daraus ergibt sich zugleich, dass dies nicht für Übermaßfrüchte (arg. § 2133 BGB) gilt.

96 Bei **mehreren Vermögensverschiebungen** ist zu prüfen, ob die berechtigten Erberwartungen erst infolge des Zusammenwirkens aller Zuwendungen oder einiger von ihnen objektiv beeinträchtigt werden. Dabei kann sich ergeben, dass die Wertungen der §§ 2329 Abs. 3, 528 Abs. 2 BGB auch hier zu beachten sind, was darauf beruht, dass frühere Zuwendungen den Vertragserben im Allgemeinen weniger einschneidend beeinträchtigen als die späteren (**Grundsatz der Posteriorität**).[426]

418 Zust. NK-BGB/*Horn* Rn. 52; Bamberger/Roth/*Litzenburger* Rn. 10.

419 *Spellenberg* NJW 1986, 2531, 2535; vgl. auch die Andeutung bei BGHZ 66, 8, 14.

420 BGH WM 1979, 442, 444; die Wertverhältnisse waren auch bei BGH NJW 1992, 12630 ausschlaggebend; für das Erfordernis einer wesentlichen Vermögensweggabe Soergel/*M. Wolf* Rn. 9.

421 Mot. V 329; NK-BGB/*Horn* Rn. 52; vgl. auch OLG Köln FamRZ 1992, 607, 608 = NJW-RR 1992, 200, wo selbst bei einer Zuwendung von weniger als 20 % des Gesamtvermögens ein Anspruch ausdrücklich bejaht wurde.

422 Zur Berücksichtigung des absoluten und des relativen Zuwendungsumfangs auch *Spellenberg* NJW 1986, 2535; *Johannsen* DNotZ 1977, 91*, 93*.

423 *Lange/Kuchinke* § 25 V 5 d (4); vgl. auch Rdn. 71.

424 So Soergel/*M. Wolf* Rn. 16; NK-BGB/*Horn* Rn. 53; MünchKomm/*Musielak* Rn. 16; je zur Schenkung aus ideellen Gründen; *Johannsen* DNotZ 1977, 91*.

425 Palandt/*Weidlich* § 2100 Rn. 8.

426 BGHZ 116, 167, 177 = NJW 1992, 564; BGH WM 1991, 1311, 1313; ZEV 1996, 25, 26 = NJW-RR 1996, 133, 134; ebenso NK-BGB/*Horn* Rn. 53; krit. dazu *Lange/Kuchinke* § 25 V 7.

Ob allein die Absicht des Erblassers, den durch die Schenkung eintretenden Vermögensverlust später wieder ausgleichen zu können, genügt,[427] erscheint fraglich.

bb) Das Verfügungsinteresse des Erblassers

Das Gewicht des Verfügungsinteresses ist von ganz erheblicher Bedeutung. Tritt der wirtschaftliche Erfolg für den Schenker erst mit seinem Tod ein, spricht dies gegen eine Berücksichtigung,[428] der Vorbehalt von Nießbrauch oder Wohnungsrecht jedoch nicht tendenziell dagegen.[429] Einen besonderen Stellenwert hat dabei das existenzielle Interesse an der *Altersversorgung.*[430] Dabei ist aber bei der Abwägung auch der Grundsatz der **Erforderlichkeit** zu berücksichtigen. Besteht bereits zum Zeitpunkt der Schenkung eine ausreichende Sicherung derselben, so kann dieses Motiv die Zuwendung nicht rechtfertigen.[431] Der o.g. BGH-Rspr,[432] die dies nicht berücksichtigt, kann daher nicht beigetreten werden; u.U. sind die dort geäußerten Ansichten jedoch aus Gründen der Beweislastschwierigkeit ergangen und vom richtigen Grundsatz **»in dubio pro Verfügungsfreiheit«**[433] bestimmt. Auch wird man fordern müssen, dass die Art der Zuwendung zur Erreichung des angestrebten berechtigten Interesses geeignet ist, etwa das Versorgungsinteresse auch durch eine entsprechende vertragliche Verpflichtung abgesichert ist.[434] Im Fall von BGH NJW-RR 1987, 2, wo die Versorgungsabsicherung des behinderten Schlusserben (allenfalls) nur Geschäftsgrundlage war, muss dies bezweifelt werden *(Grundsatz der Geeignetheit und Erforderlichkeit).* 97

Im Rahmen der **Pflichtschenkungen** erlangt das Motiv der Alters- und Pflegeabsicherung ebenfalls Bedeutung, da es hierbei darauf ankommen kann, ob die Zuwendung zur Dankesleistung oder Sicherung der Altersversorgung durch den Leistungsempfänger erfolgt. Je später der Grund zu einer abweichenden lebzeitigen Verfügung entsteht oder bedeutsam wird, desto eher ist dessen Verwirklichung gerechtfertigt, wie sich schon aus dem Grundsatz der »clausula rebus sic standibus« ergibt. Ansonsten werden es größere Schenkungen, die aus ideellen Gründen vorgenommen werden, schwer haben, sich gegen die Erberwartungen durchzusetzen. 98

cc) Grad der erbrechtlichen Bindung

Bei der Berücksichtigung des Vertragserbenschutzes ist auf den Grad der erbvertraglichen Bindung entscheidend abzustellen.[435] Allein das Gebot der Rücksichtnahme des Erblassers auf die Interessen des Vertragserben kann berechtigte Verfügungsinteressen nicht überwinden. 99

dd) Angemessenheit der lebzeitigen Verfügung

Letztlich ist auch zu berücksichtigen, ob eine angemessene Zweck-Mittel-Relation vorliegt.[436] So kann bei einem großen Vermögen die Schenkung für sich genommen unter Berücksichtigung des verbleibenden Restvermögens nicht so erheblich sein, dass deshalb allein der Vertragserbenschutz erforderlich erscheint. Im Verhältnis zum damit verfolgten Zweck kann sich dies aber als unzu- 100

427 Dafür Soergel/*M. Wolf* Rn. 16.
428 NK-BGB/*Horn* Rn. 54.
429 So auch *Butz/Petzold*, Grundstücksübertragungen in vorweggenommener Erbfolge, 174 unter Betonung der Notwendigkeit der Interessenabwägung.
430 NK-BGB/*Horn* Rn. 54.
431 OLG Oldenburg OLGZ 1994, 434 bei der Überlassung eines wertvollen Gutes; sowie OLG Karlsruhe ZEV 2000, 108, 110 (Sicherung der Altersversorgung bereits durch vorangehende Zuwendung unter Zustimmung des Vertragserben); OLG München ZEV 2000, 104, 105 f. (anderweitige Einkünfte, die die als Gegenleistung vereinbarte Leibrente bei Weitem überstieg); NK-BGB/*Horn* Rn. 53; *Lange/Kuchinke* § 25 V 5 Fn. 126.
432 Rdn. 78.
433 Rdn. 76.
434 So betont von OLG Köln MittRhNotK 1995, 186, 187.
435 Eingehend Rdn. 72; zust. NK-BGB/*Horn* Rn. 55.
436 NK-BGB/*Horn* Rn. 56; Bamberger/Roth/*Litzenburger* Rn. 10.

lässige Übermaßschenkung herausstellen. Eine solche Annahme liegt im Fall von BGH NJW 1992, 2630 nahe: dort waren Schenkungen in Millionenhöhe durch den Erblasser, der »Herr über ein zweistelliges Millionenvermögen« war, aus dem Bedürfnis gemacht worden, die jüngere Ehefrau zwecks Betreuung und Pflege im Alter »an sich zu binden«. Die Entscheidung lässt sich im Ergebnis aber damit rechtfertigen, dass hier die Bindungsinteressen des erbvertraglich Bedachten, der nicht pflichtteilsberechtigt war, in nur geringem Umfang schutzwürdig waren.[437]

g) In »dubio pro Verfügungsfreiheit«

101 Kann trotz umfassender Abwägungsbemühungen nicht festgestellt werden, ob der Anspruch nach § 2287 BGB besteht, so sollte man sich in solchen Grenzfällen aufgrund der Wertung des § 2286 BGB für die Erblasserfreiheit und gegen den Vertragserbenschutz entscheiden.[438] Unbefriedigend bleibt trotz der Konkretisierungsbemühungen der Rspr. und Lit., dass die konkrete Vorhersehbarkeit richterlicher Entscheidungen im Bereich des § 2287 BGB wegen der tatbestandsmäßigen Offenheit dieser »Generalklausel zur Missbrauchsverhinderung«[439] aufgrund des Abwägungserfordernisses oftmals völlig offen und daher für die Betroffenen das Prozessrisiko sehr hoch ist.

5. Anfall der Erbschaft

102 Der Anspruch entsteht erst, wenn die Erbschaft dem Vertragserben »angefallen ist«, also grundsätzlich mit dem Tod des Erblassers (§§ 1922, 1942 BGB). Bei Ausschlagung der Erbschaft durch den Vertragserben gilt nach der Fiktion des § 1953 BGB der Anfall an ihn als nicht erfolgt und das Recht aus § 2287 BGB fällt rückwirkend weg.[440] Dies wird auch von denen nicht bestritten, die die Nachlasszugehörigkeit des Anspruchs aus grundsätzlichen Gründen verneinen.[441] Da § 2287 BGB ein Hilfsanspruch zur Sicherung des Vertragserbenschutzes ist, hängt er mit diesem zumindest in einer Art akzessorischen Verbundenheit zusammen. Wurde wegen vermeintlicher Überschuldung des Nachlasses infolge Unkenntnis der beeinträchtigenden Schenkung die Erbschaft ausgeschlagen, so muss man dem Vertragserben daher die Möglichkeit der Anfechtung der Ausschlagung nach § 119 Abs. 2 BGB gewähren, auch wenn dogmatisch gesehen der Anspruch nicht zum Nachlass gehört.[442]

III. Der Anspruch nach § 2287 BGB

1. Gläubiger und Schuldner des Anspruchs

a) Gläubiger des Anspruchs

103 Der Anspruch nach § 2287 BGB steht dem Vertragserben persönlich und ohne gesamthänderische Bindung zu, und zwar frühestens vom Erbfall an.

aa) Keine Nachlasszugehörigkeit, Testamentsvollstreckung

104 Der Anspruch nach § 2287 BGB entsteht **originär** in der Person des Erben, denn ein entsprechendes Recht des Erblassers, dass dann im Erbfall auf den Erben übergehen könnte, kann in seiner Person naturgemäß nicht vorhanden sein. Deshalb gehört der Anspruch nicht zum Nachlass.[443] Daher bedurfte es einer eigenständigen erbschaftsteuerlichen Regelung (§ 3 Abs. 2 Nr. 7 ErbStG).

437 Zust. NK-BGB/*Horn* Rn. 56; s. auch bereits oben Rdn. 72.
438 NK-BGB/*Horn* Rn. 52; gegen die Stellung zu hoher Anforderungen für die Rechtfertigung der Zuwendung auch *Johannsen* DNotZ 1977, 93*; eingehender Rdn. 76.
439 *Spellenberg* NJW 1986, 2535.
440 H.M., NK-BGB/*Horn* Rn. 57; Bamberger/Roth/*Litzenburger* Rn. 21; MünchKomm/*Musielak* Rn. 20; Palandt/*Weidlich* Rn. 10; *Muscheler* FamRZ 1994, 1361, 1363 lässt den Anspruch entfallen.
441 Vgl. Nachweise Rdn. 104.
442 Eingehend *Muscheler* FamRZ 1994, 1361, 1363.
443 NK-BGB/*Horn* Rn. 58; Bamberger/Roth/*Litzenburger* Rn. 22; MünchKomm/*Musielak* Rn. 20; *Spanke* ZEV 2006, 485; eingehend dazu *Wübben*, Anwartschaftsrechte im Erbrecht, 345 f.

Sollen noch zu Lebzeiten des Erblassers Rechtsgeschäfte abgeschlossen werden, die sich auf diesen Anspruch beziehen, so spricht vieles dafür, hierauf die Bestimmungen des § 311b Abs. 4 und 5 BGB anzuwenden,[444] da deren Schutzzwecke, wie etwa der Schutz vor spekulativ aleatorischen Geschäften, dies nahe legen.[445] Mangels Nachlasszugehörigkeit kann der Anspruch nach § 2287 BGB auch nicht vom Testamentsvollstrecker geltend gemacht werden, weder durch Klage noch durch Einrede.[446] Jedoch sollte die sachgerechte Lösung von Einzelproblemen nicht von dieser dogmatischen Einordnung abhängig gemacht werden.[447] Hat daher der Erblasser eine wirksame Verwaltungsvollstreckung angeordnet (§ 2209 BGB), so unterfällt das Schenkungsobjekt ab seiner Rückholung automatisch der Testamentsvollstreckung, sonst stünde der Vertragserbe durch die Schenkung günstiger als ohne sie.[448] Ein Testamentsvollstrecker kann für den Vertragserben den Anspruch nur als gewillkürter Prozessstandschafter geltend machen; ist seine Klage prozessual unzulässig, so unterbricht sie doch die Verjährung nach § 209 BGB, wenn er nur materiell-rechtlich wirksam dazu ermächtigt war.[449]

bb) Bei Anordnung von Vor- und Nacherbschaft

Hier ist zu differenzieren: 105

(1) Soweit beide **vertragsmäßig** eingesetzt sind, haben **Vor- und Nacherbe** beide rechtlich voneinander unabhängige Ansprüche aus § 2287 BGB. Ein Verzicht des Vorerben darauf berührt daher den Anspruch des Nacherben nicht. Wenn die Erbschaft dem Nacherben anfällt (§ 2139 BGB), so steht ihm der Anspruch hinsichtlich der Schenkungen des Erblassers zu, zwar nicht als Bestandteil der Erbschaft, wohl aber deswegen, weil der Nacherbe gleichermaßen Erbe ist wie der Vorerbe und daher des Schutzes bedarf.[450] Das gilt auch bei Einsetzung des Vertragserben als Nacherben auf den Überrest.[451] Verjährungsprobleme lassen sich hier vermeiden, wenn man als Anfall i.S. von § 2287 Abs. 2 BGB wegen der Selbstständigkeit der Ansprüche hier für den Nacherben den Eintritt der Nacherbfolge ansieht.[452] Probleme entstehen aber aus der Erfüllung des Anspruchs des § 2287 BGB durch Leistung an den Vorerben. Nach Ansicht der h.M. fällt das Schenkungsobjekt wegen der fehlenden Nachlasszugehörigkeit des Anspruchs in dessen Eigenvermögen, weshalb der Nacherbe dann den ganzen Schutz verliert, den ihn sonst das Nacherbenrecht bietet (§§ 2111, 2113 BGB). Dann steht der Vorerbe durch die Schenkung unverdientermaßen besser.[453] Daher kann nur richtig sein, dass der Anspruch des Vorerben sich auf Übereignung des Geschenks an ihn nur in seiner Funktion als Vorerbe richtet und daher im Verhältnis von Vor- und Nacherbe der verschenkte Gegenstand voll den nacherbenrechtlichen Beschränkungen unterliegt.[454]

(2) Ist **nur der Vorerbe vertragsmäßig** eingesetzt, so hat nur er den Anspruch aus § 2287 BGB, 106
sodass mit dessen Erfüllung das Schenkungsobjekt sein unbeschränktes Eigenvermögen wird. Es ließe sich allerdings daran denken, den Inhalt des Anspruchs hier einzuschränken, da insbesondere der nicht befreite Vertragsvorerbe ja durch die Schenkung nicht in dem gleichen Umfang wie ein

---

444 So *Wübben*, Anwartschaftsrechte im Erbrecht, 347 f.

445 Zum Wandel dieser Schutzzwecke *Limmer* DNotZ 1998, 927, 930.

446 BGHZ 78, 1, 3 = NJW 1980, 2461; BGH NJW 1989, 2389, 2391 (insoweit in BGHZ 108, 73 nicht abgedruckt); RGZ 77, 5, 6; *Johannsen* WM 1969, 1224; NK-BGB/*Horn* Rn. 58; Bamberger/Roth/*Litzenburger* Rn. 22; MünchKomm/*Musielak* Rn. 20; (h.M.); *Spanke* ZEV 2006, 485; **a.M.** nur *Spellenberg* NJW 1986, 2531, 2540.

447 *Muscheler* FamRZ 1994, 1361, 1363.

448 *Muscheler* FamRZ 1994, 1368 f.; NK-BGB/*Horn* Rn. 58.

449 BGHZ 78, 1 = NJW 1980, 2461; Soergel/*M. Wolf* Rn. 23; **a.M.** *Tiedtke* JZ 1981, 429, der von einer Prozessstandschaft kraft Amtes ausgeht.

450 RG JW 1938, 2353 = WarnRspr. 1938 Nr. 144; NK-BGB/*Horn* Rn. 61; Soergel/*M. Wolf* Rn. 22.

451 § 2137 BGB; RG LZ 1919, 1187.

452 Zu pauschal NK-BGB/*Horn* Rn. 61, der immer die Frist erst mit Eintritt der Nacherbfolge beginnen lässt.

453 Für Herausgabeanspruch analog § 816 Abs. 2 BGB aber jurisPK/*B. Hamdan*/*M. Hamdan* Rn. 20.

454 *Muscheler* FamRZ 1994, 1361, 1370 f.

Vollerbe beeinträchtigt ist, weil mit Eintritt der Nacherbfolge er ja das Schenkungsobjekt verliert und ihm letztlich nur die Nachlassnutzungen verbleiben.[455]

107 (3) Ist **nur** der **Nacherbe vertragsmäßig** berufen, dann hat nur er den Anspruch, aber erst mit Eintritt des Nacherbfalls. Bis dahin unterliegt das Schenkungsobjekt nicht den Sicherungen, die sonst das Gesetz zum Schutze des Nacherben vorsieht (§§ 2211 ff. BGB). Dem Nacherben kann trotzdem geholfen werden: Er hat mit Eintritt des 1. Erbfalls einen bedingten oder befristeten Herausgabeanspruch; dieser kann bereits ab dann gesichert werden, etwa bei Grundstücken durch eine Eigentumsvormerkung (§ 883 Abs. 1 BGB), durch Arrest oder einstweilige Verfügung. Insoweit ist die Rechtslage nicht mit der zu Lebzeiten des Erblassers zu vergleichen, bei der die h.M. dem Vertragserben diese Sicherungsmittel nicht gewährt.[456]

108 (4) Ist der vertragsmäßige **Nacherbe** zugleich **Vertragserbe des Vorerben** (wie dies im Falle der sog. Trennungslösung nicht selten vorkommt), so ist er gegen unentgeltliche Verfügungen des Vorerben über Nachlassgegenstände durch § 2287 BGB und § 2113 Abs. 2 BGB, gegen unentgeltliche Verfügungen des Vorerben über dessen eigenes (sonstiges) Vermögen durch § 2287 BGB geschützt.[457]

cc) Mehrere Vertragserben

109 Ihnen steht der Anspruch nach § 2287 BGB nicht nach §§ 2032 ff. BGB zur gesamten Hand zu, da er nicht zum Nachlass gehört. § 2039 BGB ist hier nicht anwendbar.[458] Im Übrigen ist zu differenzieren: Bei **Teilbarkeit** des Schenkungsobjekts kann jeder Miterbe die Einräumung eines seiner Erbquote entsprechenden Miteigentumsanteils verlangen (§§ 420, 741 ff. BGB).[459] Dadurch entsteht eine Bruchteilsgemeinschaft (§§ 741 ff. BGB), was verständlich ist, da dieser Gegenstand ja nie zum Nachlass gehörte.[460] Teilbar sind Geldbeträge, Wertpapiere, aber im Rahmen des § 2287 BGB auch Grundstücke.[461]

110 Ist die **Leistung unteilbar**, etwa bei einer wertvollen Uhr, so sind die mehreren Vertragserben Gesamtgläubiger nach § 432 BGB.[462] Ist der Vertragserbe nur auf einen Bruchteil der Erbschaft eingesetzt, so beschränkt sich sein Anspruch auf einen entsprechenden Teil des Geschenkes.[463] Der durch **Teilungsanordnung** Begünstigte kann jedoch nicht Herausgabe des davon betroffenen Nachlassgegenstandes an sich zu Alleineigentum verlangen, da diese Anordnung nur schuldrechtlich wirkt.[464] Von den Miterben kann der Vertragserbe im Allgemeinen wegen der Schenkung keinen Ausgleich oder Ersatz verlangen.[465]

111 Der **Vertragsgegner** des Erblassers als solcher, also der bloß die erbvertragliche Verfügung annehmende Teil, hat weder einen Anspruch nach § 2287 BGB noch kann er sonst aus der Schenkung Rechte herleiten. Nur in ganz besonderen Fällen wird er nach § 826 BGB wegen der Schenkung gegen den Erblasser vorgehen können, wenn er einen eigenen Schaden hat.

---

455 Zu Lösungen hierzu *Muscheler* FamRZ 1994, 1369.

456 Eingehend *Muscheler* FamRZ 1994, 1370.

457 OLG Celle MDR 1948, 142 m. Anm. *Kleinrahm*; RG WarnRspr. 1926 Nr. 188; NK-BGB/*Horn* Rn. 64; Staudinger/*Kanzleiter* Rn. 19.

458 Bereits *Strohal* § 45 Fn. 46.

459 BGH FamRZ 1961, 76; BGHZ 78, 1 = NJW 1980, 2461; BGH NJW 1989, 2389, 2391: für Einräumung von Miteigentumsanteilen an einem Grundstück; OLG Koblenz OLGZ 1991, 235, 236; OLGR München 1999, 107; OLG Hamm ZEV 1999, 313; RGZ 77, 5, 7; NK-BGB/*Horn* Rn. 59; Bamberger/Roth/*Litzenburger* Rn. 22; *Planck/Greiff* 7; RGRK-BGB/*Kregel* § 2287 Rn. 6; *Spanke* ZEV 2006, 485.

460 Eingehend zu den konstruktiven Fragen *Waltermann* JuS 1993, 276, 278 f.

461 BGH NJW 1989, 2389, 2391 (insoweit in BGHZ 108, 73 nicht abgedruckt); FamRZ 1961, 76, 78.

462 *Damrau/Tanck/Krüger* Rn. 14; NK-BGB/*Horn* Rn. 59; Bamberger/Roth/*Litzenburger* Rn. 22; MünchKomm/*Musielak* Rn. 20; *Waltermann* JuS 1993, 276, 278 f.; *Spanke* ZEV 2006, 485, 486.

463 Prot. VI, 351.

464 *Waltermann* JuS 1993, 276, 278 f.; **a.M.** OLG Frankfurt NJW-RR 1991, 1157; Bamberger/Roth/*Litzenburger* Rn. 22; Palandt/*Weidlich* Rn. 12.

465 *Planck/Greiff* 7; **a.M.** *Strohal* § 45 bei Fn. 47; vgl. Prot. V, 394; VI, 351.

dd) Nachlassgläubiger

Sie können einen Anspruch des Vertragserben nach § 2287 BGB nicht als Bestandteil des Nachlasses behandeln, also auf diesen Anspruch, oder auf das, was der Vertragserbe aufgrund des Anspruchs erlangt, nur dann zugreifen, wenn er ihnen persönlich haftet. Der beschränkt haftende Vertragserbe darf daher den Nachlassgläubigern die Befriedigung aus dem Rückforderungsanspruch oder dem dadurch Erlangten verweigern. Ihnen bleibt nur die Möglichkeit, die Schenkung anzufechten, was oftmals schon an der Einhaltung der Fristen scheitert.[466] Dies ist sachgerecht, denn wenn der Erbe nicht Vertragserbe, sondern normaler Erbe gewesen wäre, so wären die Nachlassgläubiger auch nicht besser gestanden und § 2287 BGB bezweckt nicht ihren Schutz, sondern nur den des erbvertragsmäßig Bedachten.[467] 112

b) Schuldner des Anspruchs

Schuldner des Anspruchs ist der Beschenkte, nicht etwa der Erblasser oder etwaige Miterben (anders als bei § 2288 Abs. 2 Satz 2 BGB).[468] 113

2. Anspruchsinhalt

a) Herausgabe des Geschenkes

Der Anspruch richtet sich primär auf die Herausgabe des Erlangten, und zwar nach den Vorschriften über eine **ungerechtfertigte Bereicherung**. Diese Vorschriften sind aber nur für den Umfang des Anspruchs maßgebend, nicht für seine Voraussetzungen, denn es handelt sich um eine **Rechtsfolgenverweisung.**[469] In Betracht kommen die Bestimmungen der §§ 818 bis 821 BGB. Ist die Herausgabe des Geschenks in Natur nicht mehr möglich, so ist der Wert zu ersetzen (§ 818 Abs. 2 BGB), wobei die Wertverhältnisse zum Zeitpunkt der Durchführung der Schenkung maßgeblich sind.[470] Jedoch kann der Anspruch aus § 2287 BGB nicht höher sein, als die objektiv eingetretene Bereicherung, mag der Erblasser auch eine höhere Beeinträchtigung beabsichtigt haben.[471] 114

Bei einer **Lebensversicherung** zugunsten Gunsten eines Dritten soll nach Ansicht des OLG Köln der Vertragserbe nur die vom Erblasser aufgewandten Prämienleistungen erstattet verlangen können, da nicht die Versicherungssumme, sondern die gezahlten Prämien als Gegenstand der Schenkung anzusehen sind.[472] Nach der zur Behandlung von Lebensversicherungen mit einem unwiderruflichen Bezugsrecht im Rahmen des § 2325 BGB ergangenen Grundsatzentscheidung des BGH dürfte diese Ansicht nicht mehr aufrechtzuerhalten sein. Denn nach dieser richtet sich die Pflichtteilsergänzung allein nach dem Wert, den der Erblasser aus den Rechten seiner Lebensversicherung in der letzten – juristischen – Sekunde seines Lebens nach objektiven Kriterien für sein Vermögen hätte umsetzen können. I.d.R. sei dabei auf den Rückkaufswert abzustellen. Je nach Lage des Einzelfalls könne gegebenenfalls auch ein – objektiv belegter – höherer Veräußerungswert heranzuziehen sein.[473] Hält man die Entscheidung des BGH im Ansatz für richtig, so müssten diese Überlegungen auch für § 2287 BGB gelten.[474] 115

466 §§ 129 bis 146 InsO; §§ 3 ff. AnfG; Soergel/*M. Wolf* Rn. 23; Staudinger/*Kanzleiter* Rn. 20; *Strohal* § 45 Fn. 45.

467 *Muscheler* FamRZ 1994, 1365; NK-BGB/*Horn* Rn. 58.

468 NK-BGB/*Horn* Rn. 65; Bamberger/Roth/*Litzenburger* Rn. 23; ausf. *Damrau* ZEV 2016, 413; zur Anwendung von § 822 BGB s. Rn. 118.

469 AllgM, RGZ 139, 22; Burandt/Rojahn/*Burandt* Rn. 24; NK-BGB/*Horn* Rn. 66; Bamberger/Roth/*Litzenburger* Rn. 24; Palandt/*Weidlich* Rn. 11; PWW/*Deppenkemper* Rn. 10; Staudinger/*Kanzleiter* Rn. 23.

470 NK-BGB/*Horn* Rn. 66.

471 BGH NJW-RR 1989, 259, 260 = FamRZ 1989, 175; MünchKomm/*Musielak* Rn. 21.

472 ErbR 2009, 288 = ZEV 2009, 209 (LS); dazu Funk jurisPR-FamR 8/2009 Anm. 6.

473 BGHZ 185, 252 = NJW 2010, 3232; krit. dazu *J. Mayer* DNotZ 2011, 89.

474 Für die Anwendung der gleichen Kriterien auch Bamberger/Roth/*Litzenburger* Rn. 24a.

116 Der Beschenkte kann sich auf den Einwand der *Entreicherung* berufen (§ 818 Abs. 3 BGB). Zur Berücksichtigung von Aufwendungen s. Rdn. 124, zu der der bezahlten Schenkungsteuer Rdn. 145. Für die vereinzelt geforderte Anwendung der aus dem Schenkungsteuerrecht bekannten Rechtsfigur der »**mittelbaren Grundstücksschenkung**«[475] besteht im Anwendungsbereich des § 2287 BGB dagegen keine Notwendigkeit, vielmehr verkompliziert sie die Rechtslage unnötig: Hat der Beschenkte, und mag dies vereinbarungsgemäß entsprechend den Vorgaben des Schenkers geschehen sein, den geschenkten Geldbetrag für den Ankauf eines Grundstücks verwendet, so ist er einem Wertersatzanspruch nach § 818 Abs. 2 BGB ausgesetzt. Auf eine Entreicherung nach § 818 Abs. 3 BGB kann er sich nicht berufen, solange der Wert der Zuwendung bei ihm noch vorhanden ist. Ließe man dagegen den Anspruch aus § 2287 BGB in diesen Fällen auf die Übereignung des Grundstücks gerichtet sein, so würde man dem Vertragserben entgegen der erbvertragsmäßigen Zuwendung ein Grundstück aufnötigen. Zudem entstünden wegen der in solchen Fällen regelmäßig getätigten Aufwendungsansprüche des Erwerbers zahlreiche weitere Abgrenzungsfragen.

117 Die Einrede der Bereicherung entfällt bei einer **verschärften Haftung** nach § 819 BGB (Bösgläubigkeit) oder Rechtshängigkeit (§ 818 Abs. 4 BGB). Für die Anwendung von § 819 BGB ist nach h.M. erforderlich, dass der Beschenkte von der Bindung des Erblassers an den Erbvertrag und von der Beeinträchtigungsabsicht positive Kenntnis hat.[476] Die Kenntnis der Tatsachen, aus denen nach der Lebenserfahrung auf eine Beeinträchtigungsabsicht zu schließen ist, soll ausreichen.[477] Dem kann so nicht ohne Weiteres gefolgt werden: Da es nach der Rspr. um eine Missbrauchskorrektur geht,[478] muss die Missbräuchlichkeit der lebzeitigen Zuwendung dem Empfänger klar sein. Aus der bloßen Kenntnis der Tatsachen ergibt sich aber angesichts der hier schwierigen und nach Rechtsgrundsätzen vorzunehmenden Abwägung oftmals noch nicht ohne Weiteres, dass selbst ein »objektiv Denkender« vom Rechtsmangel überzeugt ist, wie dies bei § 819 BGB sonst gefordert wird.[479] Daher kann nur bei **evidenten Missbrauchsfällen** aus der Tatsachenkenntnis auf die Kenntnis des Rechtsmangels geschlossen werden.

118 Die **Anwendbarkeit des § 822 BGB** ist **streitig**; dagegen spricht, dass es sich dabei um einen eigenständigen Anspruch und nicht nur um den Umfang des Bereicherungsanspruchs handelt.[480] Da der unentgeltliche Erwerb des Dritten aber weniger schutzwürdig ist als der von § 2287 BGB intendierte Vertragserbenschutz und sonst die Gefahr von Umgehungsgeschäften groß wird, ist zumindest die entsprechende Anwendung des § 822 BGB zu bejahen.[481]

b) Bei gemischter Schenkung und Schenkung unter Auflage

119 Bei gemischten Schenkungen wendet der BGH die Grundsätze an, die er zur Rückforderung derartiger Zuwendungen im Allgemeinen entwickelt hat.[482] Demnach geht der Anspruch nach § 2287 BGB auf Herausgabe des verschenkten Gegenstandes, wenn der **unentgeltliche Charakter des Geschäftes überwiegt**; eine vom Beschenkten erbrachte Gegenleistung ist zu erstatten.[483] Für ein

475 *Spanke* ZEV 2006, 485, 488.

476 MünchKomm/*Musielak* Rdnr. 21; *Kipp/Coing* § 38 IV 2 a; Soergel/*M. Wolf* Rn. 25 lässt Kenntnis der Beeinträchtigungsabsicht genügen, wozu aber wohl auch Kenntnis der bindenden Verfügung gehört.

477 Bamberger/Roth/*Litzenburger* Rn. 24; MünchKomm/*Musielak* Rn. 21; Staudinger/*Kanzleiter* Rn. 23.

478 Rdn. 62 ff.

479 Palandt/*Sprau* § 819 Rn. 2.

480 Ablehnend daher Staudinger/*Kanzleiter* Rn. 23.

481 BGHZ 199, 123 = FamRZ 2014, 200 m Anm *M. Schwab* (Rn. 17); NK-BGB/*Horn* Rn. 68; Bamberger/Roth/*Litzenburger* Rn. 23; *Damrau/Tanck/Krüger*, Erbrecht, Rn. 13; Erman/*M. Schmidt* Rn. 7; *v. Lübtow* I 437; Palandt/*Weidlich* Rn. 11; MünchKomm/*Musielak* Rn. 21; Soergel/*M. Wolf* Rn. 25; *Lange/Kuchinke* § 25 V 6 a; vgl. auch BGHZ 142, 300 = NJW 2000, 134 = ZEV 2000, 69 m. Anm. *Kollhosser*, wo auf eine ehebezogene Zuwendung in extensiver Interpretation ebenfalls § 822 angewendet wird.

482 Dazu BGHZ 30, 120, 122 f.; MünchKomm/*Koch* § 516 Rn. 36 ff.

483 BGH NJW 1953, 501; BGH FamRZ 1961, 73; 1964, 430; BGHZ 77, 264, 271 f.; 88, 269, 272 f.; OLG Köln MittRhNotK 1995, 186; OLG München NJW-RR 2000, 526, 529 = ZEV 2000, 104; NK-BGB/*Horn* Rn. 69 b; Erman/*M. Schmidt* Rn. 7; *Kohler* NJW 1964, 1398; *Horn* NJW 2019, 1123, 1124;

Wahlrecht, wonach der Erbe auf die Rückgabe verzichten und Zahlung der Wertdifferenz fordern kann,[484] gibt es im Gesetz keinen Anhaltspunkt.[485] **Überwiegt** der **entgeltliche Charakter** des Übertragungsgeschäftes, geht der Anspruch des Erben auf Zahlung der Wertdifferenz zwischen dem Wert des Gegenstandes und dem Wert der tatsächlich erbrachten Gegenleistung;[486] die Herausgabe des Gegenstandes selbst kann bei Überwiegen der Entgeltlichkeit nicht verlangt werden.

Keim[487] meint, bei einer Schenkung unter **Auflage** sei entsprechend den allgemeinen, dort herrschenden Grundsätzen der Anspruch stets auf Rückgabe in Natur gerichtet. Damit würde die schwierige Unterscheidung zwischen gemischter Schenkung und solcher unter Auflage für die Rechtsfolgenseite wieder bedeutsam.[488] Er übersieht dabei aber die herrschende Auffassung und die Rspr. des BGH, die nicht diese Differenzierung vornimmt, sondern allein darauf abstellt, ob der Teilwert der Zuwendung überwiegt, den der Vertragserbe »gegen sich gelten lassen muss«.[489] **120**

c) Beschränkung des Anspruchs

aa) Pflichtteil und Zugewinnausgleich des Beschenkten

Der Anspruch aus § 2287 BGB kann nur soweit reichen, wie der Vertragserbe in seiner berechtigten Erbwartung beeinträchtigt wird.[490] Dies hat erhebliche praktische Bedeutung. Soweit der Zuwendungsempfänger selbst noch erb- oder pflichtteilsberechtigt ist oder Anspruch auf ein Vermächtnis oder einen Zugewinnausgleich hat, muss der Wert des **Pflichtteils**, der Erbquote, des Zugewinnausgleichs oder des Vermächtnisses bei der Durchsetzung des Anspruchs berücksichtigt werden.[491] Daher ist in diesen Fällen der Bereicherungsanspruch aus § 2287 BGB nach Maßgabe der Grundsätze geltend zu machen und zu berechnen, wie sie zur gemischten Schenkung von der Rechtsprechung entwickelt worden sind.[492] Das bedeutet, dass der Kläger das Schenkungsobjekt nur dann herausverlangen kann, wenn die **Schenkung überwiegend nicht anzuerkennen** ist, also wenn derjenige Wertanteil der Schenkung, der nach den oben dargelegten Grundsätzen hinzunehmen ist, geringer wiegt als der nach § 2287 BGB auszugleichende überschießende Anteil. Dann kann aber ein Herausgabeanspruch des Vertragserben nur Zug um Zug gegen Zahlung des Pflichtteils, des Zugewinnausgleichs oder gegen Erfüllung des Vermächtnisses geltend gemacht werden, was auch ohne Einrede zu berücksichtigen ist. Überwiegt dagegen der anzuerkennende Teil der Schenkung, kann der Vertragserbe vom Beschenkten nur Zahlung des Betrages beanspruchen, der dem Teilwert der Schenkung entspricht, den der Kläger nicht gelten lassen muss.[493] Dies bedeutet bei der **klageweisen Durchsetzung** des Anspruchs aus § 2287 BGB, dass zunächst der Kläger die von ihm **121**

Palandt/*Weidlich* Rn. 12; zustimmend jetzt auch grds. *Lange/Kuchinke* § 25 V 6 a Fn. 141; **a.A.** OGHZ 1, 258; 2, 160; Soergel/*M. Wolf* Rn. 7, wonach die Herausgabe des Gegenstandes nur verlangt werden kann, wenn ohne den Schenkungsteil der Gegenstand überhaupt nicht, auch nicht zu einem höheren Preis, übertragen worden wäre, sonst nur Wertersatz, jedoch findet sich dafür im Gesetz kein Anhalt, NK-BGB/*Horn* Rn. 69b.

484 So *Johannsen* DNotZ 1977, Sonderheft S. 97*; MünchKomm/*Musielak* Rn. 22; damit sympathisierend *Lange/Kuchinke* § 25 V 6 Fn. 141.

485 NK-BGB/*Horn* Rn. 69b; Bamberger/Roth/*Litzenburger* Rn. 26; *Keim* ZEV 2002, 93, 94.

486 BGH NJW 1953, 501; BGH FamRZ 1961, 73; 1964, 429; NK-BGB/*Horn* Rn. 69 c; Bamberger/Roth/*Litzenburger* Rn. 26; *Schlüter* Rn. 268; MünchKomm/*Musielak* Rn. 22.

487 ZEV 2002, 93, 94; zust. jetzt *Schindler* ZErb 2006, 16, 23, der sich zu Unrecht auf BGHZ 30, 120, beruft, denn die Entscheidung betrifft zum einen den Schenkungswiderruf nach § 530 BGB, zum anderen ist dies ein obiter dictum.

488 Der hiesigen Kritik zust. NK-BGB/*Horn* Rn. 71.

489 BGHZ 77, 264, 271 f. = NJW 1980, 2307; zutr. *Spanke* ZEV 2006, 485, 488.

490 BGH NJW-RR 1989, 259; BGHZ 88, 269, 272 = NJW 1984, 121; s. bereits oben Rdn. 41 bei Pflichtteilsberechtigung des Beschenkten oder wenn diesem noch ein Zugewinnausgleich zusteht.

491 *Lange/Kuchinke* § 25 V 6 a.

492 Rdn. 119.

493 Vgl. zum Pflichtteil BGHZ 88, 269, 272 f. = NJW 1984, 121; BGHZ 77, 264, 271 ff.; OLG Karlsruhe Beschl. v. 30.06.2005, 11 U 21/05.

anzuerkennende objektive Beeinträchtigung, insbesondere wegen des dem Beklagten zustehenden Pflichtteils oder Zugewinnausgleichs,[494] festzustellen hat und danach anhand der zur gemischten Schenkung entwickelten Grundsätze und des entsprechenden Wertvergleichs prüfen muss, ob er Klage auf Herausgabe Zug um Zug gegen Zahlung des Pflichtteils oder Zugewinnausgleichs erhebt oder nur eine Zahlungsklage geltend machen kann i.H.d. Wertes des Schenkungsobjekts abzüglich des dem Bekl. zustehenden Pflichtteils bzw. Zugewinnausgleichs. Hieraus ergeben sich ganz erhebliche Prozessrisiken. Nach dem BGH wird der **Pflichtteil** dabei höchstens aus der Summe der Werte der noch vorhandenen, also herauszugebenden Schenkung und des Nachlasses für den Zeitpunkt des Erbfalls **berechnet**;[495] richtigerweise müssen auch sonstige Zuwendungen an Dritte, die sich nach §§ 2315, 2316, 2325 BGB auf die Pflichtteilshöhe des Beschenkten auswirken, berücksichtigt werden.[496] Der Wert des Schenkungsobjekts darf allerdings dann nicht angesetzt werden, wenn es um die Berechnung des dem Pflichtteilsberechtigten zustehenden Pflichtteils auf der Basis des Szenarios geht, dass er – wegen § 2287 BGB – das Schenkungsobjekt zurückgeben muss.

bb) Erbausgleichung, teilweise gerechtfertigte Schenkung, Aufwendungen des Beschenkten

122 Bei einer Zuwendung an einen **Miterben** im Wege der vorweggenommenen Erbfolge mit Ausgleichungsverpflichtung geht der Anspruch des anderen Vertragserben nicht auf Herausgabe des Geschenks, sondern nur auf Wertersatz i.H.d. Mehrbetrags, um den der Wert der Schenkung den ihm zukommenden Anteil am Restvermögen des Erblassers übersteigt.[497] Die Sondernorm des § 2055 BGB wird man aber auf die rechtsgeschäftlich begründete Ausgleichungsverpflichtung nur dann anwenden können, wenn dies ausdrücklich vereinbart wurde.[498]

123 Ist die Schenkung **teilweise gerechtfertigt**, so führt dies ebenfalls zu einer **Beschränkung** des Herausgabeanspruchs: Der Kläger kann das Schenkungsobjekt dabei nur dann herausverlangen, wenn die Schenkung überwiegend nicht anzuerkennen ist, also der Wertanteil, der vom Vertragserben hinzunehmen ist, geringer wiegt als der ausgleichungspflichtige Teil; in diesem Fall ist dem Beschenkten ebenfalls Zug um Zug damit der auf die anzuerkennende Schenkung entfallende Wert zu erstatten.[499] Überwiegt der anzuerkennende Teil, so kann nur Wertersatz i.H.d. nicht gerechtfertigten Zuwendungswerts verlangt werden. Insoweit sind die vom BGH bei der Rückforderung einer gemischten Schenkung entwickelten Grundsätze anzuwenden.[500] Allerdings ist dann keine rein rechnerische Gegenüberstellung des Wertes der vom Bekl. erbrachten Leistungen mit dem Wert des Grundstücks vorzunehmen. Vielmehr hat auch unter Berücksichtigung des Umstands, dass Leistungen noch in Zukunft erfolgen sollten und der Erblasser sich ihm erbrachte oder zu erbringende Leistungen »etwas kosten lassen darf«, eine umfassende Gesamtabwägung zu erfolgen.[501]

124 Die für die Rückforderung der gemischten Schenkung entwickelten Grundsätze gelten entsprechend für die vom Beschenkten gemachten **Aufwendungen**, die grundsätzlich ebenfalls zu erstatten sind.[502] Demgegenüber will das OLG Köln selbst die adäquat kausal durch die Zuwendung veranlassten Aufwendungen des Beschenkten nicht ohne Weiteres zur Erstattung zulassen, sondern die der »Saldotheorie zugrunde liegende Risikoverteilung« anwenden. Es komme darauf an, ob der Bereicherungsschuldner die Aufwendungen im Vertrauen auf die Rechtswirksamkeit der Verfügung

---

494 S. Rdn. 41 ff.
495 BGHZ 88, 269, 273.
496 NK-BGB/*Horn* Rn. 73.
497 BGHZ 82, 274, 278 f.; Staudinger/*Kanzleiter* Rn. 23; *Lange/Kuchinke* § 25 V 6 b; **a.M.** BGH NJW-RR 2012, 207, 208 (Rn 15) ohne eine Abgrenzung zur früheren Rspr. vorzunehmen; Palandt/*Weidlich* Rn. 11: Ausgleichspflichten sind erst bei der Erbauseinandersetzung zu berücksichtigen.
498 NK-BGB/*Horn* Rn. 71; der Unterschied wird übersehen bei *Keim* ZEV 2002, 93, 95.
499 BGHZ 77, 264, 271 f. = NJW 1980, 2307; NK-BGB/*Horn* Rn. 70.
500 Rdn. 64.
501 BGH NJW-RR 2012, 207, 208 (Rn 15).
502 BGH NJW 1963, 1870; BGH WM 1972, 564; BGH NJW 1980, 1789, 1790; *Lange/Kuchinke* § 25 V 6 a.

gemacht hat; dies wurde im entschiedenen Fall verneint.[503] Jedoch scheitert die Anwendung der Saldotheorie hier schon daran, dass diese an sich der Berücksichtigung von echten Gegenleistungen dient,[504] wenngleich eine gewisse Saldierung der durch die Bereicherung erlangen Vor- und Nachteile hier möglich ist.[505]

d) Herausgabe eines Schenkungsversprechens

Wenn der Erblasser nach dem Abschluss des Erbvertrags in der Absicht, den Vertragserben zu beeinträchtigen, einem Dritten ein Schenkungsversprechen gemacht, dieses aber bis zum Erbfall nicht erfüllt hat, kann der Vertragserbe von dem Empfänger die Rückgabe des Versprechens, also Befreiung von der Verbindlichkeit verlangen (vgl. § 812 Abs. 2 BGB). Er kann aber auch die Erfüllung des Versprechens verweigern, und zwar selbst dann, wenn der Anspruch auf Befreiung nach § 2287 BGB verjährt ist (§ 821 BGB).[506] 125

3. Sicherung des künftigen Anspruchs gegen den Beschenkten

Nach erfolgter Schenkung, aber vor dem Erbfall, besteht der Anspruch nicht, auch nicht als bedingter.[507] Es besteht in diesem Stadium auch noch kein Anwartschaftsrecht des Vertragserben.[508] Der künftige Herausgabeanspruch kann nach h.M. zu Lebzeiten des Erblassers **nicht** durch **Arrest, einstweilige Verfügung** oder **Vormerkung** im Grundbuch gesichert werden, weil es sich nicht um einen bedingten, sondern nur um einen künftigen und daher nicht sicherungsfähigen Anspruch handelt.[509] Da die Grenzen zwischen bedingtem und künftigem Anspruch aber fließend sind, sollte man das Absicherungsinteresse des Vertragserben vor dogmatische Überlegungen stellen, auch wenn hier noch nicht feststeht, ob und in welchem Umfang eine Beeinträchtigung der Vertragserbenrechte tatsächlich erfolgt. *Einstweilige Verfügung* und wegen des evtl. Wertersatzanspruchs auch *Arrest* (§§ 916, 935 ZPO) sollten daher immer dann zugelassen werden, wenn nach der Lebenserfahrung und dem gewöhnlichen Lauf der Dinge mit der Entstehung des Anspruchs aus § 2287 BGB gerechnet werde muss,[510] jedoch sollten hieran strenge Anforderungen gestellt werden. Auch die Vorschrift des § 926 ZPO ist gewahrt, weil das Gericht die Erhebung einer **Feststellungsklage** anordnen kann.[511] Ob bei noch nicht vollzogener Schenkung allerdings aufgrund einer einstweiligen Verfügung ein sog. *Erwerbsverbot* eingetragen werden kann, erscheint fraglich, da es in diesem Stadium lediglich um die Unterlassung einer beeinträchtigenden Verfügung geht, und dies im Hauptsacheverfahren, über das die einstweilige Verfügung nicht hinausgehen kann, nur mittels eines Ordnungsgelds oder einer Ordnungshaft durchsetzbar wäre.[512] 126

---

503 ZEV 2000, 106, 108 = ZNotP 1999, 486.

504 Vgl. etwa Palandt/*Sprau* § 818 Rn. 46 ff.

505 Dazu etwa Palandt/*Sprau* § 818 Rn. 28.

506 Vgl. Prot. V, 394; VI, 351; *Kleinrahm* MDR 1948, 142 Anm; NK-BGB/*Horn* Rn. 72; Bamberger/Roth/*Litzenburger* Rn. 25; Staudinger/*Kanzleiter* Rn. 24; **a.M.** MünchKomm/*Musielak* Rn. 3, der das Schenkungsversprechen überhaupt aus dem Anwendungsbereich von § 2287 BGB ausnehmen und mit einem Arglisteinwand den Vertragserben schützen will.

507 Staudinger/*Kanzleiter* Rn. 18.

508 § 2286 BGB Rdn. 7 ff. m.w.N.

509 BayObLGZ 1952, 289, 290; OLGR Celle 2003, 123 = MDR 2003, 813; OLG Koblenz MDR 1987, 935, 936; OLG Düsseldorf OLG-Rp 1994, 246; NK-BGB/*Horn* Rn. 75; *Damrau/Tanck/Krüger*, Erbrecht, Rn. 13; jurisPK/*Geiger* Rn. 63; MünchKomm/*Musielak* Rn. 20 u. § 2286 BGB Rn. 6; Palandt/*Weidlich* Rn. 17; Soergel/*M. Wolf* Rn. 19; Staudinger/*Kanzleiter* Rn. 18; *Wübben*, Anwartschaftsrechte im Erbrecht, 341 f.; **a.M.** *Strohal* § 45 II 3 a Fn. 38; *v. Lübtow* II 623; *Hohmann*, Rechtsfolgen von Störungen im Rahmen eines entgeltlichen Erbvertrags und Sicherung der Rechte der Vertragsparteien, 176 ff.; *ders.*, ZEV 1994, 133, 136.

510 *Kuchinke* FS Henckel 475, 492 f.

511 *Kuchinke* FS Henckel 475, 492 f.; *Hohmann* ZEV 1994, 133, 136; näher hierzu Rdn. 128.

512 § 890 Abs. 1 ZPO; vgl. dazu *Hohmann*, Rechtsfolgen von Störungen im Rahmen eines entgeltlichen Erbvertrags und Sicherung der Rechte der Vertragsparteien, 203 f.; *Lüke*, Vertragliche Störungen beim entgeltlichen Erbvertrag (1990) 70 f.

127 Bei Herausgabeansprüchen, die Grundstücke betreffen, sollte auch die **Vormerkungsfähigkeit** des künftigen Anspruchs aus § 2287 BGB **ab erfolgter Schenkung** bejaht werden.[513] Dafür spricht, dass das Gesetz auch die Absicherung künftiger Ansprüche zulässt (§ 883 Abs. 1 Satz 2 BGB; bei Eintragung erst nach der Schenkung wird auch der Rechtsverkehr nicht unnötig blockiert) und das Bestimmtheitserfordernis gewährleistet ist, wozu nur gehört, dass der Grund des Anspruchs gelegt ist, und die Entstehung des Anspruchs mit hinreichender Wahrscheinlichkeit angenommen werden kann. Der Beschenkte selbst wird allerdings selten selbst die Eigentumsvormerkung zur Grundbucheintragung bewilligen, sodass eine einstweilige Verfügung hierfür erforderlich ist (§ 885 Abs. 1 BGB). Nach Eintritt des Erbfalls ist die Eintragung einer Vormerkung zur Sicherung des Herausgabeanspruchs unstreitig zulässig[514] und dem Vertragserben zur Sicherung seiner Rechte dringend zu empfehlen.

128 Die Zulässigkeit einer **Feststellungsklage** des Vertragserben **gegen** den **Beschenkten** bereits zu Lebzeiten des Erblassers zur Klärung der Frage, ob ein Anspruch nach § 2287 BGB besteht, ist ebenfalls umstritten. Teilweise wird dies abgelehnt und zwar überwiegend mit der Begründung, es bestünde zwischen diesen Parteien vor dem Erbfall kein gegenwärtiges Rechtsverhältnis, weil der Herausgabeanspruch solange noch nicht einmal bedingt entstanden ist.[515] Auch außerrechtliche Argumente werden dagegen vorgebracht, wie, dass man dem Erblasser zu seiner Lebzeiten ein seine Würde verletzendes »Gefeilsche und Gezerre um sein Hab und Gut« ersparen müsse.[516] Grund für den späteren Anspruch ist allein, dass der Tatbestand der missbräuchlichen Schenkung bereits zu Lebzeiten des Erblassers verwirklicht wird und damit bereits ein **feststellungsfähiges Rechtsverhältnis** zwischen ihnen schafft.. Auch ein rechtliches Interesse an der alsbaldigen Feststellung besteht, weil der Beschenkte über die Schenkung weiterverfügen und daher den Anspruch vereiteln kann; zudem tritt mit Klageerhebung die verschärfte Haftung nach § 818 Abs. 4 BGB ein, und die Feststellungsklage ist Voraussetzung für den Erlass einer einstweiligen Verfügung. Sie sollte daher zugelassen werden.[517] Sie muss jedoch unter Vorbehalt ergehen, wenn bis zum Erbfall die Bindungswirkung des Erbvertrags entfällt.

129 Wegen der Sicherungsmöglichkeiten für den Vertragserben zu Lebzeiten des Erblassers durch rechtsgeschäftliche Vereinbarung vgl. § 2286 BGB Rdn. 22 ff.

4. Verjährung

130 Abs. 2 wurde durch **ErbVerjRÄndG** geändert. Früher begann die auch damals schon kurze Verjährung von 3 Jahren erst mit Anfall der Erbschaft (§§ 200, 1922, 1942 BGB), im Fall der Nacherbschaft für den Nacherben erst mit deren Anfall an ihn (§ 2139 BGB), da ihm ein eigener Anspruch

513 *Lange/Kuchinke* § 25 V 10 b; *Kuchinke* FS Henckel 489 ff.; *Hohmann* ZEV 1994, 137; *v. Lübtow* I 437; ebenso Staudinger/*Gursky* § 883 Rn. 50 aE.; **a.M.** wohl OLG Düsseldorf OLG-Rp 1994, 246; abl auch *Damrau/Tanck/Krüger*, Erbrecht, Rn. 13; Staudinger/*Kanzleiter* Rn. 18: nicht vormerkungsfähig, da der Anspruch erst mit dem Erbfall entsteht; offenlassend NK-BGB/*Horn* Rn. 76.

514 Vgl. etwa OLG München ZEV 2000, 104.

515 OLGR Schleswig 2003, 89 = ProzRB 2002, 65 m. Anm. *Schlaegel* (Nichtzulassungsbeschwerde vom BGH aus formellen Gründen nicht angenommen, vgl. NJW 2003, 2290); OLG Koblenz ZEV 2002, 242 = FamRZ 2003, 542; *Damrau/Tanck/Krüger*, Erbrecht, Rdnr. 13; Staudinger/*Kanzleiter* Rn. 18; MünchKomm/*Musielak* Rn. 20; MünchKomm/*Leipold* § 1922 Rn. 121; Erman/*M. Schmidt* Rn. 6; abschwächend jurisPK/*Geiger* Rn. 62 (»Zurückhaltung geboten«).

516 OLG München NJW-RR 1996, 328 = FamRZ 1996, 253.

517 OLG Koblenz MDR 1987, 935; *Kuchinke* FS Henckel 487 ff.; *Lange/Kuchinke* § 25 V 10 a, auch zum Klageantrag; *Göller*, Anwartschaftsrechte im Erbrecht (1964) 55 (Vermeidung von Beweisschwierigkeiten); *Kipp/Coing* § 38 Fn. 26; *Moser*, Die Zulässigkeitsvoraussetzungen der Feststellungsklage unter besonderer Berücksichtigung erbrechtlicher Streitigkeiten zu Lebzeiten des Erblassers, 344; MünchKomm-ZPO/*Lüke* § 256 Rn. 32; *Hohmann* ZEV 1994, 133, 135 m.w.N.; *Musielak/Foerste* § 256 ZPO Rn. 21; *Wübben*, Anwartschaftsrechte im Erbrecht, 340 (anders für den Schlusserben, weil dann noch kein gegenwärtiges Rechtsverhältnis bestünde); offen gelassen von OLG Düsseldorf NJW 1957, 266; OLG München NJW-RR 1996, 328, 329 = FamRZ 1996, 253 hält dies nur in seltenen Ausnahmefällen für zulässig.

zusteht.[518] Für die seit dem **01.01.2010** eintretenden Erbfälle beginnt die Verjährung dagegen stets **mit** dem **Erbfall** zu laufen.[519] Damit wird im Interesse des Beschenkten die Verjährung des Anspruchs erleichtert. Denn abweichend von der sonstigen Regelverjährung im Erbrecht (§ 199 Abs. 1 Nr. 2 BGB) wird auf **alle subjektiven Voraussetzungen** für den Verjährungsbeginn **verzichtet**. Es ist daher auch gleichgültig, wann der Vertragserbe von der Schenkung und den Umständen erfährt, auf denen die Missbrauchskorrektur beruht.[520] Der Gesetzgeber glaubte auf einzelne Fälle, in denen der Vertragserbe zu spät Kenntnis erlangt, keine Rücksicht nehmen zu können.[521] Auch auf den Zeitpunkt der Schenkung kommt es, anders als bei § 2325 Abs. 3 BGB, nicht an.[522] Zudem ist abweichend von § 199 Abs. 1 BGB der Beginn der Verjährung nicht auf den Schluss des Jahres hinaus geschoben, in dem der Anspruch entsteht.[523]

Für **Ansprüche**, die mit § 2287 BGB **konkurrieren**, etwa solche nach § 826 BGB, gelten jedoch 131
die allgemeinen verjährungsrechtlichen Bestimmungen der §§ 195, 199 BGB, sodass es zu einem **unterschiedlichen Verjährungsbeginn** kommen kann.[524]

Die Verjährung nach **Abs. 2** gilt demgegenüber **auch** für Ansprüche nach § 2287 BGB, soweit sie 132
die Herausgabe gezogener **Nutzungen** betreffen,[525] aber auch für den entsprechenden Auskunfts- und Wertermittlungsanspruch.[526] Über die Hemmung der Verjährung und deren Neubeginn s. §§ 203 bis 213 BGB, über die Berechnung der Verjährungsfrist §§ 187, 188 BGB.

5. Ausschluss des Anspruchs

a) Vertraglicher Ausschluss des Anspruchs, Schenkungsvorbehalt

Ob ein vertraglicher Anspruchsausschluss bereits im Erbvertrag möglich ist, ist umstritten.[527] Man 133
wird dies aber wegen der Vertragsfreiheit grundsätzlich bejahen müssen. § 138 BGB ist deshalb hier nicht anwendbar.[528] Auch § 276 Abs. 3 BGB steht nicht entgegen, da vor dem Erbfall kein Anspruch des Vertragserben besteht.[529] Angesichts der Diskussion um die Zulässigkeit von Änderungsvorbehalten im Erbvertrag[530] erscheint allerdings ein genereller vertraglicher Ausschluss des Anspruchs oder ein Schenkungsvorbehalt nicht unproblematisch, handelt es sich doch bei § 2287 BGB um ein zentrales Mittel des flankierenden Vertragserbenschutzes. Jedoch sind solche Gestaltungen im Zusammenhang mit dem System der Sicherung der Rechte des erbvertraglich Bedachten zu sehen und daher mit den grundsätzlich zulässigen spezifizierten Änderungsvorbehalten[531] vergleichbar (Durchbrechung der Bindung nur im genau festgelegten Umfang). Daher wird man im Wege eines »argumentum a maiore ad minus« dies für zulässig halten müssen. Voraussetzung ist dabei natürlich, dass der Vertragspartner bereits im Erbvertrag dem Ausschluss zustimmt. Damit

518 Soergel/*M. Wolf* Rn. 28; s.o. Rdn. 105 ff.
519 *Schindler* ZEV 2017, 7; Bamberger/Roth/*Litzenburger* Rn. 29; *Horn* NJW 2019, 1123, 1125; übersehen bei NK-BGB/*Horn* Rn. 82; Staudinger/*Kanzleiter* Rn. 30.
520 Bamberger/Roth/*Litzenburger* Rn. 29; *v. Lübtow* I 438; NK-BGB/*Horn* Rn. 82; MünchKomm/*Musielak* Rn. 25; Soergel/*M. Wolf* Rdnr. 28; Staudinger/*Kanzleiter* Rn. 30.
521 Prot. V 394; Staudinger/*Kanzleiter* Rn. 30.
522 Bamberger/Roth/*Litzenburger* Rn. 29.
523 Palandt/*Weidlich* Rn. 13.
524 *Schindler* ZEV 2017, 7, 9; Palandt/*Weidlich* Rn. 13.
525 OLG Köln ZEV 2000, 108 = BWNotZ 2000, 46; NK-BGB/*Horn* Rn. 82.
526 Bamberger/Roth/*Litzenburger* Rn. 29.
527 **Bejahend** MünchKomm/*Musielak* Rn. 24; RGRK-BGB/*Kregel* Rn. 2; *Strohal* § 45 Fn. 36, 48; Staudinger/*Kanzleiter* Rn. 28; *Butz/Petzold*, Grundstücksübertragungen in vorweggenommener Erbfolge, 150; Bamberger/Roth/*Litzenburger* Rn. 19; NK-BGB/*Horn* Rn. 78; Palandt/*Weidlich* Rn. 1; einschränkend Erman/*M. Schmidt* Rn. 9; **als generell sittenwidrig ablehnend**: *Planck/Greiff* Anm. 8; *Kipp/Coing* § 38 IV 2 c; OGHZ 2, 169.
528 Demgegenüber halten dies im Einzelfall für möglich Soergel/*M. Wolf* Rn. 1.
529 **A.M.** *v. Lübtow* I 442 f.
530 § 2278 BGB Rdn. 14 ff.
531 § 2278 BGB Rdn. 30 ff.

entfällt ein Anspruch aus § 2287 BGB schon deswegen, weil es dann an einem Missbrauch der lebzeitigen Verfügungsfreiheit fehlt,[532] der Anspruch entsteht von Anfang an daher nicht.[533]

134 Da sich der Erblasser im Erbvertrag den Rücktritt vorbehalten kann (§ 2293 BGB), kann er sich gleichsam als »minus« auch das Recht ausbedingen, nach Belieben Schenkungen zu tätigen (**Schenkungsvorbehalt**).[534] Ein solches Recht nimmt der erbvertraglichen Verfügung auch nicht den vertragsmäßigen Charakter, da der Erblasser trotz der vorbehaltenen Schenkungsbefugnis erbrechtlich gebunden und keine davon abweichenden Verfügungen von Todes wegen treffen darf.[535] Jedoch ist ein Schenkungsvorbehalt sorgfältig zu formulieren: So kann der Vorbehalt, »über Grundstücke zu Lebzeiten zu verfügen, insbesondere sie zu veräußern« u.U. auch als bloßer Hinweis auf § 2286 BGB verstanden werden, der § 2287 BGB gerade nicht ausschließt.[536] Ein Schenkungsvorbehalt kann im Einzelfall auch **konkludent** vereinbart sein.[537] Dies ist etwa nach der Lebenserfahrung zu vermuten, wenn ein vermögender Erblasser seinen zweiten Ehegatten durch den Erbvertrag für den Fall seines Todes absichern will. Denn dann will er nach der typischen Interessenlage zu seinen Lebzeiten nicht an Schenkungen zugunsten seiner Kinder aus erster Ehe durch den Erbvertrag gehindert sein.[538] In der vertragsmäßigen Erbeinsetzung auf den **Überrest** ist jedoch nicht ohne Weiteres ein Schenkungsvorbehalt zu sehen.[539]

b) Die Zustimmung des Vertragserben

135 Die Zustimmung zu einer beeinträchtigenden Schenkung schließt nach der hier vertretenen Auffassung bereits die objektive Beeinträchtigungsabsicht und damit den Tatbestand aus.[540] Nach anderer Ansicht kann hierin ein Verzicht (§ 397 BGB) auf den Anspruch aus § 2287 BGB gesehen werden.[541] Vor Eintritt des Erbfalls bedarf er der Form des § 2348 BGB.[542] Von dieser Frage zu unterscheiden ist die Zustimmung zu einer beeinträchtigenden Verfügung von Todes wegen.[543]

c) Unwirksamkeit des Erbvertrags

136 Der Anspruch nach § 2287 BGB entsteht nicht, wenn der Erbvertrag oder die vertragsmäßige Erbeinsetzung vor dem Erbfall gegenstandslos geworden ist, sei es durch Anfechtung (§§ 2281 ff. BGB), Aufhebung (§§ 2290 ff. BGB) oder Rücktritt (§§ 2293 ff., 2298 Abs. 2 BGB), oder wenn sie von vornherein unwirksam ist, etwa wegen Geschäftsunfähigkeit des Erblassers (§ 2275 BGB), Formmangels (§§ 2274, 2276 BGB), Widerspruchs zu einem früheren Erbvertrag (§ 2289 Abs. 1 Satz 2 BGB) oder Nichtigkeit einer vertragsmäßigen Verfügung des Vertragsgegners (§ 2298 Abs. 1 BGB).

---

532 *Lange/Kuchinke* § 25 V 9, die sonst wegen der Gefahr doloser Schenkungen einen Ausschluss für unzulässig halten.
533 RGZ 148, 262.
534 OLG Köln ZEV 2003, 76, 77 m. zust. Anm. *J. Mayer*; i.E. ebenso, ohne das Problem zu erörtern OLG München ZEV 2005, 61; NK-BGB/*Horn* Rn. 77; RGRK-BGB/*Kregel* Rn. 2; MünchKomm/*Musielak* Rn. 24; Palandt/*Weidlich* Rn. 1; *Spanke* ZEV 2006, 485, 487; Staudinger/*Kanzleiter* Rn. 28; **a.M.** *Kipp/Coing* § 38 IV 2 c.
535 MünchKomm/*Musielak* Rn. 24; NK-BGB/*Horn* Rn. 78.
536 Vgl. den Fall von OLG Köln (ZEV 2003, 76), wo dies nach eingehender Auslegung allerdings verneint wurde.
537 Dazu auch im Hinblick auf aktuelle Entscheidungen *J. Mayer* ZEV 2004, 302 sowie *Horn/Kroiß*, Testamentsauslegung § 17 Rn. 62.
538 S. auch oben, Rdn. 72.
539 Erman/*M. Schmidt* Rn. 9.
540 Eingehend dazu Rdn. 46 ff.
541 Soergel/*M. Wolf* Rn. 21; Erman/*M. Schmidt* Rn. 9; OGH NJW 1949, 581.
542 BGHZ 108, 252, 255 = DNotZ 1990, 803; **a.M.** Staudinger/*Kanzleiter* Rn. 30; *Kanzleiter* DNotZ 1990, 776; *Lange/Kuchinke* § 25 V 9 a.E.: formfrei; eingehend dazu oben Rdn. 47 ff.
543 Dazu § 2289 BGB Rdn. 53 ff.

IV. Prozessuales

1. Beweislastregelung

Der Vertragserbe hat grundsätzlich die objektiven und subjektiven Tatbestandsvoraussetzungen des § 2287 BGB zu beweisen,[544] insbesondere die Schenkung, einschließlich der Unentgeltlichkeit der Zuwendung, und die Beeinträchtigungsabsicht und letztlich auch die Umstände, aus denen sich die Missbräuchlichkeit der Zuwendung ergibt.[545] 137

a) Nachweis der Unentgeltlichkeit

Vor allem hinsichtlich des Nachweises der Unentgeltlichkeit der Zuwendung entstehen hier für den Vertragserben erhebliche Beweisschwierigkeiten. Da bei **gemischten Schenkungen** die Feststellung einer teilweisen objektiven Unentgeltlichkeit allein nicht genügt, sondern zusätzlich das Einigsein der Vertragspartner über die Unentgeltlichkeit (Schenkungsabrede) erforderlich ist, gewährt die Rspr. ihm eine Beweiserleichterung: Bei einem (groben) auffallenden Missverhältnis von Leistung und Gegenleistung besteht eine auf der Lebenserfahrung gegründete tatsächliche Vermutung, dass die Vertragsteile diese erkannt haben und sich über die Unentgeltlichkeit der Zuwendung einig waren.[546] Allerdings scheint sich hierzu aus einigen Entscheidungen des BGH eine **Akzentverschiebung** zugunsten des Schutzes der Interessen Dritter zu ergeben:[547] Demnach genügt es für das Eingreifen der Beweiserleichterung bereits, wenn das objektive Missverhältnis der Leistungen »über ein geringes Maß deutlich hinaus geht«.[548] Auch hier findet sich die sonst festzustellende, nicht unproblematische Tendenz des BGH, an sich dem materiellen Recht vorbehaltene Abgrenzungsfragen durch Beweislastregeln zu entscheiden. Dass der Kläger den Schenkungscharakter der Zuwendung beweisen muss, gilt dann nicht, wenn eine dem Erblasser zurechenbare **Urkunde den Schenkungscharakter indiziert**.[549] 138

b) Nachweis des Missbrauchs

Da nach der überwiegenden Rspr. bei einer Schenkung regelmäßig eine **Beeinträchtigungsabsicht** vorliegen wird, bestehen insofern kaum Beweisschwierigkeiten.[550] Anders liegt es hinsichtlich der Frage der **Missbräuchlichkeit der Rechtsausübung**. Wenn dem Vertragserben weder die Gründe bekannt sind, die den Erblasser zur Schenkung veranlassten, noch diese aus den Umständen ersichtlich sind, legt die Rspr. dem Beschenkten die Darlegungs- und Beweislast auf, die Gründe offen zu legen und gegebenenfalls zu beweisen, die aus seiner Sicht für den Erblasser Beweggrund für die Schenkung waren. Unterlässt der Beschenkte dies oder ist sein Vorbringen nicht schlüssig, ist vom Missbrauch der Verfügungsbefugnis auszugehen.[551] Sind die vorgetragenen Gründe aber geeignet, 139

---

544 NK-BGB/*Horn* Rn. 81; *Lange/Kuchinke* § 25 V 8 a; *Johannsen* DNotZ 1977, 94*; *Baumgärtel/Schmitz* Rn. 1; jurisPK/*B. Hamdan/M. Hamdan* Rn. 33; MünchKomm/*Musielak* Rn. 26; *Roth* NJW-Spezial 2017, 551; *Horn* NJW 2019, 1123, 1125; wohl auch *Schumann*, Erbvertragsrecht, Rn. 13.

545 BGHZ 82, 274, 282; OLGR Frankfurt 2001, 37; OLG Hamm OLG-Rp 1992, 188; OLG Köln NJW-RR 1992, 200; OLG München NJW-RR 2000, 526, 528 = ZEV 2000, 104.

546 BGHZ 59, 132, 136 zu § 2325; 116, 178, 183; NJW 1981, 1956; FamRZ 1989, 732, 733; ZEV 1996, 197 = NJW-RR 1996, 754, 755; NJW 2012, 605; NJW 2017, 329; Schleswig-Holsteinisches OLG MittBayNot 2013, 59; *Schumann*, Erbvertragsrecht, Rn. 21; dazu auch *Klingelhöffer* ZEV 2007, 361, 362.

547 *J. Mayer* DNotZ 1996, 614; nicht differenziert genug, weil dies nicht erwähnend, jurisPK/*Geiger* Rn. 59.

548 BGHZ 82, 274, 281; BGH NJW 1995, 1349 zu § 528.

549 OLG Koblenz ZErb 2004, 271 = FamRZ 2005, 1280.

550 *Lange/Kuchinke* § 25 V 8 c; nicht differenziert genug MünchKomm/*Musielak* Rn. 26.

551 BGHZ 66, 8, 16; OLG Köln NJW-RR 1992, 200 = FamRZ 1992, 607, 608; ZEV 2000, 106, 107 f. = ZNotP 1999, 486; ZErb 2003, 21 m. Anm. *Mettlach-Plutte*; OLG München NJW-RR 1987, 1484; LG Duisburg Erbrecht effektiv 2004, 71; NK-BGB/*Horn* Rn. 81; jurisPK/*Geiger* Rn. 58; *Lange/Kuchinke* § 25 V 8 c.

einen Missbrauch auszuschließen, so muss der Vertragserbe beweisen, dass sie den Erblasser in Wahrheit nicht zur Schenkung bewogen haben.[552] Damit ist die Beweisentlastung des Vertragserben allerdings letztlich gering, zumindest wenn der Beschenkterechtlich gut beraten ist.[553] Da es um innere Tatsachen geht, wird eine endgültige Sicherheit häufig nicht zu erreichen sein; an deren Stelle treten dann Wahrscheinlichkeits- und Plausibilitätserwägungen sowie Grundsätze der Lebenserfahrung. Lässt sich eine endgültige Klarheit nicht erzielen, so muss im Zweifelsfall die Schenkung als gerechtfertigt angesehen werden, wenn nach den Umständen des Einzelfalls es wahrscheinlich ist, dass der Erblasser ein rechtfertigendes Motiv gehabt hat.[554]

2. Auskunfts- und Wertermittlungsanspruch

a) Auskunftsanspruch

140 § 2287 BGB selbst gibt dem Vertragserben keinen eigenen Auskunftsanspruch über die vom Erblasser gemachten Schenkungen. Da jedoch die von der Rspr. eingeräumten Beweiserleichterungen zur Durchsetzung der Ansprüche des Vertragserben nicht ausreichend sind, billigt – abweichend von seiner früheren Rspr[555] – der BGH ihm nach Treu und Glauben einen **Auskunftsanspruch** zu, wenn er auf die Auskunft des Beschenkten angewiesen ist, um Aufschluss über die Schenkung zu erhalten, und wenn der Beschenkte dadurch nicht unbillig belastet wird.[556] Da es sich um einen Hilfsanspruch zur Durchsetzung des eigentlichen Hauptanspruchs handelt, hat der Berechtigte den Anspruch aus § 2287 BGB schlüssig darzulegen und in **substanziierter Weise Tatsachen** hierfür vorzutragen und zu beweisen, die greifbare Anhaltspunkte für eine beeinträchtigende Schenkung ergeben. Dabei wächst die Vortragslast in dem Umfang, in dem der Begünstigte konkrete Behauptungen für ein lebzeitiges Eigeninteresse vorträgt.[557] Der Auskunftsanspruch steht mehreren Vertragserben aber nur gemeinsam und nicht untereinander zu.[558] Eine bloße **Ausforschung** der Schenkung ist aber **nicht** zulässig.[559] Wie beim *Pflichtteilsergänzungsanspruch* stellt sich daher auch hier das Problem, dass der Vertragserbe den Auskunftsanspruch nur hat, wenn er eine (zumindest gemischte) Schenkung belegen könnte. Daher wird man die dort entwickelten Grundsätze auch hier anwenden können. Folglich ist nicht erforderlich, dass die Tatbestandsvoraussetzungen für eine Schenkung feststehen; es genügt, wenn der Vertragserbe gewisse Anhaltspunkte für das Bestehen einer unentgeltlichen Verfügung darlegt.[560]

141 Der Vertragserbe hat aber **keinen** Auskunftsanspruch dahingehend, dass ihm der Beschenkte mögliche **Gegenansprüche**, etwa wegen seiner Investitionen auf dem Schenkungsobjekt, mitteilt.[561] Bei Ehegattenzuwendungen besteht eine Auskunftspflicht bezüglich aller Zuwendungen, auch wenn diese vom Zuwendungsempfänger als entgeltlich angesehen werden.[562]

---

552 BGHZ 77, 264, 267; OLG Köln NJW-RR 1992, 200.
553 *Spellenberg* NJW 1986, 2531, 2539.
554 *Spellenberg* NJW 1986, 2539 f.; vgl. auch Rdn. 76.
555 BGHZ 18, 67, 68.
556 BGHZ 97, 188, 193 = NJW 1986, 1755 = JZ 1987, 250 m. krit. Anm. *Kuchinke*; BGHZ 61, 180, 184 = NJW 1973, 1876; MünchKomm/*Musielak* Rn. 23; NK-BGB/*Horn* Rn. 79; *Damrau/Tanck/Krüger*, Erbrecht, Rn. 14; jurisPK/*B. Hamdan/M. Hamdan* Rn. 36; i.E. auch *Winkler-v. Mohrenfels* NJW 1987, 2557, 2558, der den Auskunftsanspruch aber auf eine Einzelanalogie zu § 2028 1. Alt BGB stützen will.
557 BGHZ 97, 188, 193; jurisPK/*B. Hamdan/M. Hamdan* Rn. 36; *Spanke* ZEV 2006, 485, 486.
558 *Sarres/Afraz* ZEV 1995, 433, 434, auch zum Auskunftsanspruch gegen die Bank.
559 BGHZ 61, 180, 185; jurisPK/*B. Hamdan/M. Hamdan* Rn. 36.
560 Dazu etwa OLG Düsseldorf ZEV 1995, 410, 413; MünchKomm/*Lange* § 2314 Rn. 3.
561 OLG Zweibrücken NJW-RR 2004, 1726 = FamRZ 2005, 379.
562 *Klingelhöfer* NJW 1993, 1097, 1101 f.

b) Wertermittlungsanspruch

Auch einen Wertermittlungsanspruch gewährt § 2287 BGB dem Vertragserben nicht. Demgegenüber kann nach der Rechtsprechung des BGH[563] der pflichtteilsberechtigte Erbe, der den vom Erblasser Beschenkten auf Pflichtteilsergänzung in Anspruch nimmt, auf seine Kosten gegen diesen unter bestimmten Voraussetzungen einen Anspruch auf Wertermittlung nach § 242 BGB haben. Umstritten ist jedoch, ob diese Rechtsprechung auf den Vertragserben, der den vom Erblasser Beschenkten auf **Wertersatz** oder Wertausgleich (§ 818 Abs. 2 BGB) in Anspruch nimmt, etwa weil der verschenkte Gegenstand veräußert wurde, übertragbar ist. Teilweise[564] wird ein Wertermittlungsanspruch in diesen Fällen bejaht, teilweise wird ein solcher Anspruch als zu weitgehend abgelehnt, insbesondere weil auch in anderen Fällen dem Bereicherungsgläubiger bei einem Wertersatzanspruch kein solcher Wertermittlungsanspruch zugebilligt würde.[565] Man wird einen solchen Wertermittlungsanspruch dem Grundsatz nach **bejahen** müssen, jedoch ist erforderlich, dass ein erhebliches **»Informationsgefälle«** zwischen den Parteien besteht, also der Vertragserbe über die tatsächlichen Voraussetzungen des Anspruchs nicht unterrichtet ist, wohingegen der Begünstigte die erforderlichen Informationen hat und sie unschwer mitteilen kann.[566] Die Kosten der Wertermittlung hat allerdings der Vertragserbe zu tragen. Zudem ist grds. erforderlich, dass zunächst der Auskunftsanspruch erfolgreich durchgesetzt wurde. Nur ausnahmsweise kann bereits ein **Auskunfts- mit dem Wertermittlungsanspruch gleichzeitig** geltend gemacht werden, wenn die Unentgeltlichkeit der Zuwendung bestritten ist, insb. bei gemischten Schenkungen; denn sonst ist es ohne Feststellung des Wertes der Zuwendung gar nicht möglich, das Vorliegen des objektiven Tatbestandes des § 2287 BGB zu beweisen.[567] 142

3. Revisionsgerichtliche Überprüfung der Missbrauchsprüfung

Die Beurteilung, ob die Zuwendung ein Missbrauch der lebzeitigen Verfügungsbefugnis war, beruht auf einer umfassenden Wertung aller Umstände des Einzelfalls. Daher kommt dem Tatrichter ein gewisser Beurteilungsspielraum zu, in den das Revisionsgericht nur eingreifen kann, wenn nicht alle Wertungsgesichtspunkte berücksichtigt sind oder deutliche Wertungsfehler vorliegen.[568] Man wird diese Grundsätze dahin präzisieren können, dass nur folgende Umstände im Rahmen der bei der Missbrauchsprüfung vorzunehmenden Abwägung **revisibel** sind: Abwägungsausfall (gar keine Abwägung); Abwägungsdefizit (nicht alle wesentlichen Abwägungsgesichtspunkte sind einbezogen worden); Abwägungsfehleinschätzung (keine richtige Einschätzung von Inhalt und Bedeutung der betroffenen Interessen) und Abwägungsdisproportionalität (Ausgleich der betroffenen Belange wird in einer Weise vorgenommen, die zur objektiven Gewichtigkeit außer Verhältnis steht). 143

V. Praktische Hinweise

1. Gestaltungsempfehlungen

Liegt eine erbrechtliche Bindung vor, so bietet die lebzeitige Vermögenszuwendung eher eine Möglichkeit zur Durchbrechung derselben. Dies gilt insbesondere hinsichtlich der Vertragserbenstellung, während der Schutz eines Vermächtnisses über § 2288 BGB teilweise weiter geht. Da Tatbestandsvoraussetzung für § 2287 BGB das Vorliegen einer Schenkung ist, gilt es die Mög- 144

563 BGHZ 108, 393 = NJW 1990, 180; dazu etwa Palandt/*Weidlich* § 2314 Rn. 17.

564 Soergel/*Wolf* Rn. 26; *Lange/Kuchinke* § 25 V 8 b; *Spanke* ZEV 2006, 485, 487; Palandt/*Weidlich* Rn. 15.

565 Erman/*Schmidt* Rn. 11; jurisPK-BGB/*Geiger* Rn. 52; NK-BGB/*Horn* Rn. 80; *Winkler-v. Mohrenfels* NJW 1987, 2559, 2560.

566 OLG Düsseldorf FamRZ 2013, 158 (Rdnr. 31 ff.) = ZEV 2012, 156 m krit Anm. *Spanke*.

567 *Lange/Kuchinke* § 25 V 8 b; *Spanke* ZEV 2006, 485, 487.

568 BGHZ 97, 188, 196; vgl. auch BGHZ 108, 73, 77; BGH NJW 1992, 2630, 2631; NJW 1986, 1755, 1757; *Lange/Kuchinke* § 25 V 5 d (4).

lichkeiten zu nutzen, die sich aus dem Prinzip der **subjektiven Äquivalenz** ergeben.[569] Die unreflektierte Verwendung des Wortes Schenkung sollte vermieden werden. Es kann allerdings nicht genug betont werden, dass angesichts der Offenheit des Tatbestandes, insbesondere wegen der erforderlichen Abwägung der betroffenen Interessen im Rahmen der sog. Missbrauchsprüfung, der Ausgang eines Rechtsstreits nur schwer vorhersehbar ist und damit derartige Gestaltungen sehr streitanfällig sind, auch wenn in der Praxis vieles durch (außergerichtliche oder gerichtliche) Vergleiche erledigt wird. Möglichkeiten der Reparatur zu weitreichender erbrechtlicher Bindungen bietet auch die Zustimmung des erbvertraglich Bedachten zu einer lebzeitigen Zuwendung, wenn man diese – entsprechend der hier vertretenen Auffassung – auch gegen die Ersatzberufenen wirken lässt,[570] während der Zuwendungsverzicht, weil nicht immer eine Erstreckungswirkung gegen die Ersatzerben eintritt, die Probleme mitunter nicht meistern kann.[571] Im Hinblick auf die von der Rspr. vorgenommene Darlegungs- und Beweislastregelung für die Beeinträchtigungsabsicht und den Missbrauch der lebzeitigen Verfügungsbefugnis[572] ist es unbedingt erforderlich, das genaue, die Zuwendung **rechtfertigende Motiv** in der Urkunde aufzunehmen und die Gründe hierfür deutlich herauszuarbeiten.[573]

Um dem Längerlebenden in einem Erbvertrag oder gemeinschaftlichen Testament die volle lebzeitige Verfügungsfreiheit zu belassen, könnte wie folgt formuliert werden:

▶ Muster: Verfügungsfreiheit für den Längerlebenden

Der Längerlebende von uns ist berechtigt, über eigenes oder vom verstorbenen Ehegatten erworbenes Vermögen zu Lebzeiten frei zu verfügen. Die §§ 2287 f. BGB werden insoweit abbedungen.

2. Steuerliche Hinweise

145 Die für die Zuwendung gezahlte **Schenkungsteuer** kann von dem Anspruch nach § 2287 BGB **nicht bereicherungsmindernd** abgezogen werden, da der Beschenkte diese nach Herausgabe des Geschenks wieder zurückverlangen kann.[574] Dabei ist ein Schenkungsteuerbescheid auch dann nach § 175 Abs. 1 Satz 1 Nr. 2 AO i.V.m. § 29 Abs. 1 Nr. 1 ErbStG zu ändern, wenn das Geschenk lediglich teilweise und/oder an einen Dritten herauszugeben ist.[575] Wird der Herausgabeanspruch auf ein Grundstück durch ein **anderes Grundstück** erfüllt, so ist nicht dessen Steuerwert, sondern der Verkehrswert bei der Erbschaftsteuer anzusetzen.[576]

§ 2288 Beeinträchtigung des Vermächtnisnehmers

(1) Hat der Erblasser den Gegenstand eines vertragsmäßig angeordneten Vermächtnisses in der Absicht, den Bedachten zu beeinträchtigen, zerstört, beiseite geschafft oder beschädigt, so tritt, soweit der Erbe dadurch außerstande gesetzt ist, die Leistung zu bewirken, an die Stelle des Gegenstands der Wert.

(2) Hat der Erblasser den Gegenstand in der Absicht, den Bedachten zu beeinträchtigen, veräußert oder belastet, so ist der Erbe verpflichtet, dem Bedachten den Gegenstand zu verschaffen oder die Belastung zu beseitigen; auf diese Verpflichtung finden die Vorschriften des § 2170

569 Rdn. 19.
570 Rdn. 52.
571 S. dazu Syst. A Rdn. 454 ff.
572 Rdn. 139.
573 Nieder/Kössinger/*R. Kössinger*, Handbuch der Testamentsgestaltung, § 12 Rn. 37; zust. NK-BGB/*Horn* Rn. 81; *Horn* NJW 2019, 1123, 1125.
574 § 29 Abs. 1 Nr. 1 ErbStG; dazu OLG Köln ZEV 2000, 106, 108 = ZNotP 1999, 486; *Meincke*, ErbStG, § 29 Rdnr. 6.
575 FG Düsseldorf EFG 2009, 501.
576 FG München EFG 2007, 370.

Abs. 2 entsprechende Anwendung. Ist die Veräußerung oder die Belastung schenkweise erfolgt, so steht dem Bedachten, soweit er Ersatz nicht von dem Erben erlangen kann, der im § 2287 bestimmte Anspruch gegen den Beschenkten zu.

Übersicht

I. Allgemeines

1. Schutzzweck

§ 2288 BGB will den **erbvertragsmäßig bedachten Vermächtnisnehmer** zunächst aus den gleichen Gründen gegen beeinträchtigende Zweitgeschäfte schützen, wie dies § 2287 BGB als Parallelvorschrift für den Vertragserben tut. Abweichungen ergeben sich jedoch aus der Besonderheit des »Schutzobjekts Vermächtnis« gegenüber der durch § 2287 BGB geschützten berechtigten Erberwartung. Daher erweitert § 2288 BGB den Schutz des Vermächtnisnehmers gegenüber dem des Vertragserben mehrfach: 1

Und zwar hinsichtlich des **Tatbestandes:** 2

- Erfasst werden auch **entgeltliche Verfügungen** und **Belastungen**, nicht nur Schenkungen. Während gerade bei entgeltlichen Verfügungen durch die Gegenleistung eine Kompensation für die Vermögensweggabe des Erblassers eintritt, die dem Vertragserben durch die Universalsukzession zugutekommt, liegt es beim Vermächtnis anders. Nach §§ 2169, 2171 BGB ist ein Vermächtnisanspruch grundsätzlich nur dann gegeben, wenn die vermachte Sache noch im Nachlass ist; der Vermächtnisnehmer würde daher bei einer Veräußerung grundsätzlich leer ausgehen. Nach § 2165 BGB kann im Zweifel auch nicht Beseitigung der darauf ruhenden Belastungen verlangt werden.[1] Daraus resultiert die insoweit höhere Schutzbedürftigkeit des Vermächtnisnehmers.
- Auch **tatsächliche Handlungen** des Erblassers, die den Vermächtnisnehmer beeinträchtigen, begründen einen Wertersatzanspruch nach § 2288 BGB. Der Vertragserbe ist demgegenüber gegen solche nicht geschützt, obgleich sie ihn im wirtschaftlichen Ergebnis genauso treffen. Diese unterschiedliche Behandlung resultiert jedoch nicht aus einer geringeren Schutzbedürf-

1 Soergel/*M. Wolf* Rn. 1; *v. Lübtow* I 440 f.

tigkeit des Vertragserben, sondern einfach aus der (eher konstruktiven) Überlegung, dass ihm ein Wertersatzanspruch ja nur gegen ihn selbst als Erbe zustehen könnte.[2]

3 Als **Rechtsfolge** gewährt § 2288 BGB statt eines schwachen Bereicherungsanspruchs gegen den Beschenkten **primär** im Falle der absichtlichen Beeinträchtigung durch rechtliche *Verfügungen* ein entsprechendes **Verschaffungsvermächtnis** (Abs. 2 Satz 1) gegen den Erben, und zwar ohne den Einwand der Entreicherung. Bei Beeinträchtigungen durch *tatsächliche Handlungen* gibt die Vorschrift ein *Wertersatzvermächtnis*, wenn eine Beschaffung nicht mehr möglich ist.[3] Nur *hilfsweise* besteht bei einer **schenkweisen Veräußerung** oder Belastung entsprechend § 2287 BGB ein Bereicherungsanspruch gegen den Beschenkten nach § 2288 Abs. 2 Satz 2 BGB, soweit Ersatz vom Erben nicht zu erlangen ist. Durch diese Regelungen erweitert § 2288 BGB die sonst für Vermächtnisse geltenden Pflichten aus §§ 2147 ff. BGB.[4]

2. Konkurrenzfragen

4 Wie § 2287 BGB gewährt auch § 2288 BGB nur einen schuldrechtlichen Schutz des erbvertraglich Bedachten. Der Erblasser wird dadurch in seiner lebzeitigen Verfügungsfreiheit nicht beschränkt (§ 2286 BGB) und kann grundsätzlich auch beliebige tatsächliche Handlungen vornehmen. Ein Rechtsgeschäft unter Lebenden, durch das der Erblasser das vertragsmäßige Vermächtnis beeinträchtigt, ist daher grundsätzlich rechtswirksam; dem Vermächtnisnehmer stehen i.d.R. nur die schuldrechtlichen Ansprüche aus § 2288 BGB zu.[5] Auch die Grundsätze der früheren **Aushöhlungsnichtigkeit** gelten daher **nicht** mehr.[6] Wie die Parallelvorschrift des § 2287 BGB ist § 2288 BGB eine Sonderregelung eigener Art bezüglich des Schutzes des Vertragsvermächtnisnehmers und schließt grundsätzlich einen Anspruch nach § 826 BGB aus.[7] Dagegen ist daneben ein Pflichtteilsergänzungsanspruch nach §§ 2325, 2329 Abs. 1 BGB für den pflichtteilsberechtigten Vermächtnisnehmer möglich, wegen § 2307 Abs. 1, Satz 2, Halbs. 1 BGB aber nur, soweit dieser den Anspruch nach § 2288 BGB übersteigt.[8]

3. Anspruchsberechtigter

5 Dies ist nur der in einem gültigen Erbvertrag mit einem Vermächtnis vertragsmäßig Bedachte, nicht dagegen der, dem ein Vermächtnis einseitig (§ 2299 BGB) zugewandt wurde.[9] Auch der **Vorausvermächtnisnehmer** hat diesen Anspruch,[10] nicht aber der lediglich aus einer Teilungsanordnung Begünstigte.[11] Ist dieser Vorausvermächtnisnehmer zugleich der alleinige Vorerbe, so richtet sich der Anspruch primär nach § 2288 Abs. 2 Satz 1 BGB in gleicher Weise gegen den Nachlass, wie wenn der Vermächtnisnehmer nicht Vorerbe wäre, da im Verhältnis zwischen Vor- und Nacherbe letzterer diesen Anspruch als sog. außerordentliche Last zu tragen hat,[12] ja das Vorausvermächtnis wirkt in solchen Fällen ausnahmsweise sogar dinglich. Der Vorerbe ist daher zur Entnahme des Wertersatzes aus dem Nachlass berechtigt (§§ 2124 Abs. 2, 2126 BGB). Ist der Vorausvermächtnisnehmer zugleich auch der **alleinige (Voll-)Erbe**, so steht ihm der Anspruch nach Abs. 2 Satz 2 gegen

---

2 *Siegmann* ZEV 1994, 38 f.; MünchKomm/*Musielak* Rn. 1; eingehend zum Normzweck und zur Entstehungsgeschichte des § 2288 BGB *Schermann*, Der Schutz des Vermächtnisnehmers im gemeinschaftlichen Testament und Ehegattenerbvertrag, 183 ff.

3 Abs. 1; *v. Lübtow* I 440.

4 BGHZ 124, 34, 37 = NJW 1994, 317.

5 BGHZ 26, 274 = LM Nr. 6 zu § 2271 m. Anm. *Johannsen*; NK-BGB/*Horn* Rn. 3; Staudinger/*Kanzleiter* Rn. 2; *Schumann*, Erbvertragsrecht, Rn. 5; über mögliche Ausnahmen vgl. § 2286 Rn. 14 f.

6 Soergel/*M. Wolf* Rn. 1.

7 *Hohmann* MittBayNot 1994, 231; NK-BGB/*Horn* Rn. 3; vgl. zu den Konkurrenzverhältnissen § 2287 BGB Rdn. 8 ff.

8 NK-BGB/*Horn* Rn. 3.

9 NK-BGB/*Horn* Rn. 1; Bamberger/Roth/*Litzenburger* Rn. 1; MünchKomm/*Musielak* Rn. 8.

10 OLG Köln ZEV 1997, 423, 425; NK-BGB/*Horn* Rn. 5.

11 OLG Frankfurt NJW-RR 1991, 1157, 1159 m. Anm. *Waltermann* JuS 1993, 276, 279 f.

12 § 2126 BGB: hierzu gehört auch ein Vermächtnis, Palandt/*Weidlich* § 2126 Rn. 1.

den Beschenkten zu, da der ihm gebührende Nachlass durch die Schenkung des Erblassers vermindert wurde und § 2288 BGB gerade den Schutz des erbvertraglich Bedachten erweitern will.[13] Bei einer **Erbengemeinschaft** kann der Vorausvermächtnisnehmer dagegen bereits aus dem ungeteilten Nachlass die Gesamthandsklage (§ 2059 Abs. 2 BGB), aber auch die Gesamtschuldklage nach § 2058 BGB durchsetzen,[14] weshalb primär der Anspruch nach **Abs. 1 oder Abs. 2 Satz 2** gegeben ist, jedoch im Innenverhältnis die übrigen Miterben die Last des Vorausvermächtnisses zu tragen haben. Nur wenn insoweit kein Ersatz zu erlangen ist, ist auch hier ein Anspruch nach Abs. 2 Satz 2 gegen den Beschenkten gegeben. Dem mit dem Vermächtnis **belasteten Erben** steht nicht selbst ein Anspruch nach § 2288 Abs. 2 Satz 2 BGB gegen den Beschenkten zu, um dadurch quasi eine Kompensation für die ihn nach § 2288 BGB treffende Haftung zu erreichen.[15]

§ 2288 BGB ist so wie § 2287 BGB auf **bindend** gewordene, **wechselbezügliche Verfügungen** in **gemeinschaftlichen Testamenten** entsprechend anzuwenden, weil die vergleichbare Bindungswirkung dies gebietet.[16] 6

4. Anspruchsverpflichteter

Dies ist grundsätzlich der **Erbe** oder die Erbengemeinschaft.[17] Sind **mehrere Miterben** mit dem Vermächtnis beschwert, so haften sie nach §§ 2058 ff. BGB. Dies soll nach h.M. auch dann gelten, wenn **nur einer** mit dem Vermächtnis belastet ist.[18] Dem kann nicht gefolgt werden, weil der Wertersatzanspruch nur ein Surrogat für den Vermächtniserfüllungsanspruch ist und die Haftung hierfür nicht weiter gehen kann, als die für den Primäranspruch.[19] Auch bei einem **Untervermächtnis** ist § 2288 BGB aufgrund der vergleichbaren Interessenlage entsprechend anwendbar. Denn bliebe es bei diesem bei der Anwendbarkeit der allgemeinen Vorschriften der §§ 2169 ff., 2186 BGB, so stünde der Erbe beim Untervermächtnis ungerechtfertigterweise besser als beim normalen Vermächtnis.[20] Entgegen der h.M. haftet aber auch beim Untervermächtnis nicht der Erbe, sondern aus dem bereits dargelegten Grund nur der damit beschwerte Vermächtnisnehmer.[21] Die herrschende Gegenauffassung[22] begründet die Haftung des Erben damit, dass dieser für alle Handlungen des Erblassers aufgrund der Universalsukzession einstehen muss, nicht aber der mit dem Vermächtnis belastete Vermächtnisnehmer. 7

Bei Beeinträchtigung durch Schenkung haftet **hilfsweise der Beschenkte** nach Bereicherungsrecht (Abs. 2 Satz 2). 8

5. Objekt der Beeinträchtigung

a) Vermächtnis

Der Hauptanwendungsfall der Norm ist zwar die Beeinträchtigung eines Vermächtnisses, das eine bestimmte Sache betrifft (**Stückvermächtnis**); soweit trotz der Beeinträchtigungshandlung des Erblassers dies noch möglich ist, geht der Anspruch hier auf Vermächtniserfüllung.[23] Jedoch gebietet nach Ansicht des BGH der Normzweck, der in einer Stärkung des Vermächtnisschutzes besteht, 9

13 Rdn. 1 ff.; ebenso *Lange/Kuchinke* § 25 V 11 b.
14 Letzteres strittig, bejahend MünchKomm/*Schlichting* § 2150 Rn. 12.
15 OLG Frankfurt NJW-RR 1991, 1157, 1159.
16 OGHZ 1, 161; NK-BGB/*Horn* Rn. 2; Soergel/*M. Wolf* Rn. 1; vgl. § 2287 BGB Rdn. 15.
17 BGHZ 26, 280; NK-BGB/*Horn* Rn. 4; Bamberger/Roth/*Litzenburger* Rn. 6; *Schumann*, Erbvertragsrecht, Rn. 2.
18 NK-BGB/*Horn* Rn. 4; *v. Lübtow* I 441; MünchKomm/*Musielak* Rn. 9; RGRK/*Kregel* Rn. 4.
19 Bamberger/Roth/*Litzenburger* Rnr. 6; Soergel/*M. Wolf* Rn. 3; Jauernig/*Stürner* Rnr. 1; Palandt/*Weidlich* Rn. 2; zu den Sonderfragen beim Vorausvermächtnis s. Rdn. 5.
20 Bamberger/Roth/*Litzenburger* Rn. 6; *Lange/Kuchinke* § 25 V 11 a; MünchKomm/*Musielak* Rn. 9; Palandt/*Weidlich* Rn. 4; RGRK-BGB/*Kregel* Rn. 4; *v. Lübtow* I 441.
21 Bamberger/Roth/*Litzenburger* Rn. 6.
22 *Lange/Kuchinke* § 25 V 11 a; MünchKomm/*Musielak* Rn. 9; RGRK-BGB/*Kregel* Rn. 4; *v. Lübtow* I 441.
23 NK-BGB/*Horn* Rn. 5; MünchKomm/*Musielak* Rn. 5.

eine Anwendung auf alle Vermächtnisarten, insbesondere auf Verschaffungs- und Gattungsvermächtnisse, und zwar auch auf **Geldvermächtnisse**, deren Erfüllung der Erblasser dadurch vereitelt, dass er den größten Teil seines Vermögens wegschenkt.[24] Dies führt beim Geld- und Quotenvermächtnis zu einer bedenklichen Haftungsverschärfung.

10 § 2288 BGB ergänzt und verschärft die **Haftung** nach den allgemeinen **Vermächtnisvorschriften**:

aa) **Verschaffungsvermächtnis**

11 Hier führen bei **Veräußerung** oder **Belastung** des Gegenstandes die §§ 2170, 2182 Abs. 2 BGB i.V.m. § 435 BGB zu dem gleichen Ergebnis wie § 2288 Abs. 2 BGB. Dagegen kann bei **Zerstörung** oder Beschädigung eines bestimmten vermachten Gegenstandes durch den Erblasser **nur § 2288 Abs. 1 BGB eine Ersatzpflicht** des Erben begründen, da § 2170 Abs. 2 BGB nur für den Fall der subjektiven und nicht der dann vorliegenden objektiven Unmöglichkeit gilt,[25] während nach dem allgemeinen Vermächtnisrecht bei der objektiven Unmöglichkeit das Vermächtnis abweichend von § 311a Abs. 1 BGB unwirksam ist (§ 2171 BGB) und die Beschädigung eines bestimmten vermachten Gegenstandes grundsätzlich keine Ersatzpflicht auslöst.[26]

bb) **Gattungsvermächtnis**

12 Dort kommt § 2288 BGB außer in den Fällen des Abs. 2 Satz 2[27] nur dann in Betracht, wenn der Erblasser eine bestimmte Menge aus einem ihm gehörigen Vorrat von gewissen, der Gattung nach bezeichneten Gegenständen vermacht hat und dann durch tatsächliche oder rechtliche Verfügung in Beeinträchtigungsabsicht die Erfüllung des Vermächtnisses unmöglich macht,[28] also bei einem auf den **Nachlass beschränkten Gattungsvermächtnis.**[29] Ansprüche nach § 2182 BGB sind in diesem Fall nicht gegeben, wenn alle zum Nachlass gehörenden Gegenstände der fraglichen Gattung mit demselben Mangel behaftet sind; dann ist die Anwendung der §§ 2165 bis 2168a BGB anstelle des § 2182 BGB interessengerecht[30] und auch der Schutz des § 2288 BGB.

cc) **Geldvermächtnis**

13 Hier ist der hilfsweise Anspruch gegen den Beschenkten nach Abs. 2 Satz 2 dann zur Wahrung des Vermächtnisnehmers erforderlich, wenn der Nachlass gerade durch eine Schenkung erschöpft ist.[31]

b) **Auflage**

14 Gegen die Vereitelung vertragsmäßiger Auflagen gibt das Gesetz **keinen Schutz.**[32] Da dem Auflagebegünstigten kein eigenes Forderungsrecht zusteht, ist nur dem **Vollziehungsberechtigten** des § 2194 BGB ein Anspruch aus § 2288 BGB im Wege einer **Analogie** zuzubilligen,[33] was konsequenterweise zumindest diejenigen tun müssen, die den Auflagebegünstigten gegen beeinträchtigende Verfügungen von Todes wegen durch Anwendung des § 2289 BGB schützen.[34]

---

24 BGHZ 111, 138, 141 f. = NJW 1990, 2063; zustimmend etwa NK-BGB/*Horn* Rn. 5; *Ebenroth* Rn. 275; Palandt/*Weidlich* Rn. 1; MünchKomm/*Musielak* Rn. 5; *Schumann*, Erbvertragsrecht, Rn. 3.

25 Zust. Palandt/*Weidlich* Rn. 1.

26 § 2165; *v. Lübtow* I 440; Staudinger/*Otte* § 2170 Rn. 4, § 2182 Rn. 7 f.

27 Dazu Rdn. 33 f.

28 Staudinger/*Kanzleiter* Rn. 16.

29 Zum Begriff: Staudinger/*Otte* § 2155 Rn. 3; *v. Lübtow* I 440; *Planck/Greiff* Anm. 1; *Strohal* § 45 II 3.

30 Staudinger/*Otte* § 2182 Rn. 9.

31 BGHZ 111, 138, 141 = NJW 1990, 2063; NK-BGB/*Horn* Rn. 8; Bamberger/Roth/*Litzenburger* Rn. 13; Staudinger/*Kanzleiter* Rn. 14.

32 NK-BGB/*Horn* Rn. 5; MünchKomm/*Musielak* Rn. 7; *Kipp/Coing* § 38 IV 2 b.

33 Soergel/*M. Wolf* Rn. 1; Staudinger/*Kanzleiter* Rn. 4.

34 Vgl. § 2289 BGB Rdn. 15.

6. Objektive Beeinträchtigung

Sie ist ebenso wie bei § 2287 BGB ein ungeschriebenes Tatbestandsmerkmal, denn der Schutz des § 2288 BGB kann dort nicht eingreifen, wo keine berechtigte Erwartung des vertragsmäßigen Vermächtnisnehmers besteht.[35] 15

Die in der Form des § 2348 BGB erklärte **Zustimmung des vertragsmäßig Bedachten** führt daher dazu, dass eine objektive Beeinträchtigung nicht mehr besteht;[36] der Sache nach handelt es sich dabei um einen beschränkten Zuwendungsverzicht i.S.v. § 2352 BGB. Daher genügt es nicht, wenn der Bedachte[37] formlos in die beeinträchtigende Handlung oder Verfügung einwilligt oder auch der von dem Bedachten verschiedene **Vertragsgegner** sich mit der Aufhebung der vertragsmäßigen Verfügung **formlos** einverstanden erklärt.[38] Soweit die Zustimmung des Vertragspartners in der erleichterten Form des § 2291 BGB erfolgt, ist der eigentliche Aufhebungsakt das Testament; solange dieses nicht in der vorgeschriebenen Form vom **Erblasser** errichtet ist, ist er an die vertragsmäßige Vermächtnisanordnung gebunden. Die Absicht des Erblassers, das Aufhebungstestament zu errichten, kann die Errichtung selbst nicht ersetzen, selbst wenn der andere Vertragsschließende in der Form des § 2291 BGB bereits zugestimmt hat.[39] Und die **erbvertragliche Bindung** kann zwischen dem Erblasser und dem nicht bedachten **Vertragspartner** nur durch (Teil-)Aufhebung des Erbvertrags, also in einer der Formen der §§ 2290 ff. BGB beseitigt werden.[40] Auch hier ist an der Alternativität festzuhalten, dass die vertraglichen Verfügungen nur durch Aufhebung der Vertragsteile des Erbvertrags oder durch einen Zuwendungsverzicht des Bedachten mit dem Erblasser beseitigt werden können.[41] Nach Eintritt des Erbfalls ist ein Erlass des dann »einfachen schuldrechtlichen« Anspruchs aus § 2288 BGB nach § 397 BGB möglich. Eine dann erklärte »Zustimmung« kann als ein solcher Erlass ausgelegt werden.[42] 16

Soweit jedoch der Erbvertrag anfechtbar ist oder ein Rücktritt möglich wäre (§§ 2293 bis 2295 BGB), scheidet eine **objektive Beeinträchtigung** der Rechte des erbvertraglich Bedachten aus; ob die Anfechtung oder der Rücktritt bereits erklärt ist, ist insoweit unerheblich.[43] Zu weiteren Einzelheiten, insbesondere zum Änderungsvorbehalt s. § 2287 BGB Rdn. 40 ff. 17

7. Beeinträchtigungsabsicht, Missbrauchskontrolle

Teilweise wird das Tatbestandsmerkmal der Beeinträchtigungsabsicht mit dem in § 2287 BGB verwendeten gleichgesetzt.[44] Entsprechend den dort entwickelten Grundsätzen führt dies dazu, dass 18

35 *Tanck* ZErb 2003, 198, 200; *Schermann*, Der Schutz des Vermächtnisnehmers im gemeinschaftlichen Testament und Ehegattenerbvertrag, 212.

36 *Schermann*, Der Schutz des Vermächtnisnehmers im gemeinschaftlichen Testament und Ehegattenerbvertrag, 213 m.w.N.; NK-BGB/*Horn* Rn. 19; *Schumann*, Erbvertragsrecht, Rn. 10; vgl. § 2287 BGB Rdn. 47 ff.; für formlos wirksame Zustimmung Staudinger/*Kanzleiter* Rn. 18.

37 OLG Celle ZEV 2010, 409 m. Anm. *Schindler* = FamRZ 2010, 1273.

38 *Schermann*, Der Schutz des Vermächtnisnehmers im gemeinschaftlichen Testament und Ehegattenerbvertrag, 213; NK-BGB/*Horn* Rn. 19; *Planck/Greiff* Anm. 4; *Strohal* § 46 I 4 Abs. 2; **a.M.** Staudinger/*Kanzleiter* Rn. 18.

39 **A.M.** Staudinger/*Kanzleiter* Rn. 18; *Schermann*, Der Schutz des Vermächtnisnehmers im gemeinschaftlichen Testament und Ehegattenerbvertrag, 214.

40 S. § 2289 BGB Rdn. 54 f.

41 Eingehend dazu § 2289 BGB Rdn. 54 f.

42 NK-BGB/*Horn* Rn. 19; Soergel/*M. Wolf* § 2288 Rn. 21.

43 NK-BGB/*Horn* Rn. 20; eingehend § 2287 BGB Rdn. 59; **a.M.** Staudinger/*Kanzleiter* Rn. 19; *Schumann*, Erbvertragsrecht, Rn. 9; *Schermann*, Der Schutz des Vermächtnisnehmers im gemeinschaftlichen Testament und Ehegattenerbvertrag, 215, der meint, beim dem Vermächtnisschutz des § 2288 BGB sei auf alle Fälle eine andere Wertung als bei § 2287 BGB geboten, ohne dass seine Begründung überzeugen könnte.

44 Bamberger/Roth/*Litzenburger* Rn. 4; MünchKomm/*Musielak* Rn. 4; Staudinger/*Kanzleiter* Rn. 18; wohl auch Palandt/*Weidlich* Rn. 1; keine Differenzierung auch jurisPK/*B. Hamdan*/*M. Hamdan* Rn. 10.

eine Prüfung des **Missbrauchs der Verfügungsfreiheit** des Erblassers vorzunehmen ist: Es hat also eine Abwägung des Interesses des Erblassers an seiner fortbestehenden Verfügungs- und Handlungsbefugnis mit dem Erwerbsinteresse des Vermächtnisnehmers zu erfolgen. Ein solcher Missbrauch entfällt in der Regel bei Vorliegen eines anerkennenswerten »lebzeitigen Eigeninteresses«,[45] das der BGH aber nur dann anerkennen will, wenn dies darauf beruht, dass nach Abschluss des Erbvertrages eine Änderung der Sachlage eingetreten ist.[46] Aus dem Umstand, dass der Erblasser hier, anders als bei § 2287 BGB, nur durch ein Vermächtnis in seiner Verfügungsbefugnis eingeschränkt ist, ergibt sich für die Missbrauchskontrolle, dass nur solche Erblasserinteressen zu berücksichtigen sind, die die Veräußerung des vermachten Gegenstandes erfordern, und auch nur dann, wenn der erstrebte Zweck nicht durch andere wirtschaftliche Maßnahmen zu erreichen gewesen wäre.[47] Die Absicht eines älteren Erblassers, die Last der Hausverwaltung »loszuwerden«, vermag daher einen Verkauf nicht zu rechtfertigen, da durch die Beauftragung einer gewerblichen Hausverwaltung dieses Problem auch anders lösbar ist.[48]

19 Richtigerweise muss man jedoch bei der Prüfung der Beeinträchtigungsabsicht **zwischen** den beiden Tatbeständen des **Abs. 1 und Abs. 2 unterscheiden**:[49] Die Einschränkung des Absichtsbegriffs in § 2287 BGB beruhte im Wesentlichen auf der Erwägung, dass bei einer Schenkung der Wille zur Zuwendung einer Sache an den Beschenkten zugleich notwendigerweise mit dem Willen zur Beeinträchtigung des Bedachten einhergeht und wegen der fehlenden Unterscheidbarkeit schon aus Gründen der Beweiserleichterung eine andere Bewertung erforderlich ist.[50] Im Bereich der Beeinträchtigung durch **tatsächliche Handlungen** nach § 2288 **Abs. 1** BGB besteht aber diese Schwierigkeit nicht, da es für die dort erfassten Handlungen keine gleichzeitige Rechtfertigung durch ein weiter gehendes Vergabemotiv gibt, das zu Abgrenzungsschwierigkeiten führen kann. Umgekehrt kann gerade eine Beschädigung durch den gewöhnlichen Lauf der Dinge erfolgen. Daher kann nur ein zweckgerichtetes, bewusstes Handeln, niemals aber Fahrlässigkeit einen Anspruch aus § 2288 BGB begründen,[51] ja man wird auf alle Fälle einen direkten Vorsatz verlangen müssen,[52] der – will man den Tatbestand der Norm nicht zu weit ausufern lassen – auch das Wissen um die beeinträchtigende vertragliche Verfügung umfassen muss (Unrechtsbewusstsein). Werden noch andere Zwecke mit der tatsächlichen Handlung verfolgt, so spricht im Interesse einer nicht zu starken Haftungserweiterung und zur Wahrung des sonst üblichen Absichtsbegriffs manches dafür anzunehmen, dass der **Beeinträchtigungswille** das bestimmende **Motiv** sein muss.[53] Insoweit hat hier die **Beeinträchtigungsabsicht** – anders als bei § 2287 BGB – noch eine eigenständige, anspruchsbegründende Funktion.[54]

20 Bei einer **Veräußerung** nach § 2288 Abs. 2 BGB ist demgegenüber die Normsituation die gleiche wie bei § 2287 BGB, die Einschränkung des Absichtsbegriffs eher möglich, ja sogar geboten. Wie bei § 2287 BGB geht es um das Spannungsfeld zwischen der freien lebzeitigen Verfügungsmöglichkeit nach § 2286 BGB und der eingegangenen erbvertraglichen Bindung. Allerdings ist

45 BGH NJW 1984, 731, 732 = LM Nr. 4.

46 Zur Problematik der zeitlichen Einschränkung § 2287 BGB Rdn. 92.

47 Gesichtspunkt der »**Erforderlichkeit**« zur Wahrung der anzuerkennenden Erblasserinteressen, BGH NJW-RR 1998, 577, 578 = ZEV 1998, 68, 69; OLG Düsseldorf OLG-Rp 1991 Nr. 1; NK-BGB/*Horn* Rn. 15.

48 BGH NJW-RR 1998, 577 = ZEV 1998, 69.

49 So auch Soergel/*M. Wolf* Rn. 2, 5; Staudinger/*Kanzleiter* Rn. 17; *Schermann*, Der Schutz des Vermächtnisnehmers im gemeinschaftlichen Testament und Ehegattenerbvertrag, 217 f.; wohl auch NK-BGB/*Horn* Rn. 16.

50 BGHZ 59, 349 f.; vgl. § 2287 BGB Rdn. 60.

51 BGHZ 31, 23; MünchKomm/*Musielak* Rn. 4; NK-BGB/*Horn* Rn. 16; Staudinger/*Kanzleiter* Rn. 17.

52 Soergel/*M. Wolf* Rn. 2; zust. *Schermann*, Der Schutz des Vermächtnisnehmers im gemeinschaftlichen Testament und Ehegattenerbvertrag, 218.

53 So BGHZ 31, 23 vor der Rechtsprechungsänderung zu § 2287 BGB.

54 Diesen Unterschied verkennt MünchKomm/*Musielak* Rn. 4 Fn. 10 in seiner Kritik an der hiesigen Auffassung.

auch hier haftungsbegründende Voraussetzung, dass der Erblasser seine vertragsmäßige Bindung bei der Zuwendung kennt. Dabei spricht bereits das Bewusstsein, dass durch die Veräußerung dem Vermächtnis der »Boden entzogen wird« und dass die Gegenleistung für die Veräußerung keinen Ersatz für den Vermächtnisnehmer darstellt, für das Vorliegen einer Beeinträchtigungsabsicht.[55] Aufgrund der sich danach ergebenden Anforderungen wird die Beeinträchtigungsabsicht bei einer Veräußerung oder Belastung regelmäßig vorliegen.[56] Im Übrigen ist hier die **Missbrauchskontrolle**[57] ebenso wie bei § 2287 BGB vorzunehmen[58] und ebenfalls das entscheidende Tatbestandsmerkmal.

Ob der Erblasser einen Gegenstand jedoch in Beeinträchtigungsabsicht veräußert, wenn er ihn zu seinen Lebzeiten einer von ihm als Erben eingesetzten Person zuwendet, um dieser eine Wohltat zu erweisen, ist eine Frage der Einzelfallbeurteilung. Auf alle Fälle ist jedoch der Erbe nach dem Erbfall verpflichtet, dem Bedachten den Gegenstand zu verschaffen, wenn sich der Erblasser diesem gegenüber durch Rechtsgeschäft unter Lebenden verpflichtet hatte, ihm den Gegenstand bei seinem Ableben zu übereignen; denn der Erbe ist verpflichtet, diese Nachlassverbindlichkeit zu erfüllen.[59] 21

II. Tatsächliche Beeinträchtigung des Vermächtnisses (Abs. 1)

1. Beeinträchtigungshandlung

Hat der Erblasser den Gegenstand eines vertragsmäßig angeordneten Vermächtnisses in der Absicht, den Bedachten zu beeinträchtigen, zerstört, beiseitegeschafft oder beschädigt, so kann der Vermächtnisnehmer zunächst gem. § 2174 BGB verlangen, dass der Beschwerte den Gegenstand wiederherstellt oder wieder beschafft.[60] Ist er hierzu außerstande, so ist der beschwerte Erbe verpflichtet, anstelle des Gegenstandes den Wert zu ersetzen (§ 2288 Abs. 1 BGB). 22

Da die in Abs. 1 genannten **tatsächlichen Handlungen** ein Eingreifen des Erblassers voraussetzen, das auf willkürliche Vernichtung oder Reduzierung des Wertes der vermachten Sache gerichtet ist, ist die Vorschrift auch anzuwenden, wenn der vermachte Gegenstand durch **Verbrauch** (in der Absicht der Beeinträchtigung, wohl selten nachweisbar) oder durch **Verbindung**, Vermischung oder Verarbeitung untergeht oder im Wert gemindert wird.[61] 23

Erfolgen die Beeinträchtigungshandlungen zwar nicht durch den Erblasser selbst, sondern durch einen **Dritten**, jedoch mit seiner Zustimmung, so hat er sich diese zurechnen zu lassen.[62] 24

---

55 BGH NJW 1984, 731, 732; NJW-RR 1998, 577, 578; vgl. auch OLG Celle ZEV 2010, 409 m. Anm. *Schindler* = FamRZ 2010, 1273.

56 *Schermann*, Der Schutz des Vermächtnisnehmers im gemeinschaftlichen Testament und Ehegattenerbvertrag, 218.

57 Dazu eingehend oben § 2287 BGB Rdn. 62 ff.

58 Staudinger/*Kanzleiter* Rn. 17; *Schermann*, Der Schutz des Vermächtnisnehmers im gemeinschaftlichen Testament und Ehegattenerbvertrag, 218; vgl. auch die Entscheidung BGH NJW 1984, 731, 732 (bloßer Wunsch nach nachträglicher Korrektur der erbvertraglichen Regelung nicht ausreichend); NJW-RR 1998, 577, 578, wo dies auch praktiziert wurde; ausf. zur Missbrauchskontrolle bei § 2288 BGB *Schermann*, a.a.O., 219 ff.

59 BGH LM Nr. 2 zu § 2288 = DNotZ 1957, 548.

60 NK-BGB/*Horn* Rn. 9; MünchKomm/*Musielak* Rn. 5; jurisPK/*B. Hamdan*/*M. Hamdan* Rn. 11; RGRK/*Kregel* Rn. 4; Soergel/*M. Wolf* Rn. 3; diese Differenzierung übersieht Bamberger/Roth/*Litzenburger* Rn. 7.

61 BGHZ 124, 35, 39 = NJW 1994, 317; NK-BGB/*Horn* Rn. 9; Bamberger/Roth/*Litzenburger* Rn. 2; jurisPK/*B. Hamdan*/*M. Hamdan* Rn. 9; MünchKomm/*Musielak* Rn. 2; *Schumann*, Erbvertragsrecht, Rn. 17; Staudinger/*Kanzleiter* Rn. 7; *Tanck* ZErb 2003, 198.

62 NK-BGB/*Horn* Rn. 9; Soergel/*M. Wolf* Rn. 2.

2. Beeinträchtigung durch Unterlassung

25 Ob eine Beschädigung oder Zerstörung durch **Unterlassung** den in Abs. 1 genannten Handlungen gleichgestellt werden kann und damit den Anspruch nach Abs. 1 begründet, ist umstritten. Teilweise wird dies im Wege der (extensiven) Auslegung bejaht und zwar unabhängig davon, ob eine Rechtspflicht zum Handeln für den Erblasser bestand.[63] Dabei mag es durchaus Fälle geben, in denen der Normzweck die Gleichstellung verlangt, weil auch das Unterlassen in Beeinträchtigungsabsicht die berechtigten Erwartungen des Vertragsvermächtnisnehmers in gleicher Weise vereitelt wie aktives Tun, also der **Handlungsunwert** infolge der Beeinträchtigungsabsicht die Zubilligung des Anspruchs gebietet. So etwa, wenn der Erblasser trotz Flutwarnung den vermachten Gegenstand deswegen nicht in Sicherheit bringt, weil er dem Bedachten schaden will,[64] wobei sich auch hieraus erhellt, dass die Beeinträchtigungsabsicht hier i.S. eines dolus malus verstanden werden muss, um anspruchsbegründend zu wirken.[65] Jedoch liegt sicherlich kein unter § 2288 Abs. 1 BGB fallendes Verhalten vor, wenn der Erblasser eine zwar wirtschaftlich vielleicht sinnvoll erscheinende Anpassung eines Geschäftsbetriebs an die modernen Anforderungen unterlässt.[66] Gleiches gilt nach Auffassung des BGH[67] auch dann, wenn der Erblasser den vermachten Gegenstand nicht instand hielt, weil sich die erbvertragliche Bindung grundsätzlich nur auf das Vermögen beziehe, das der Erblasser bei seinem Tod hinterlässt, und § 2288 BGB nur gegen bewusste Eingriffe einen weiter gehenden Schutz gegen die Handlungsfreiheit des Erblassers gewähre.[68] Mit der Annahme einer stillschweigenden Handlungspflicht aus dem Erbvertrag ist daher Zurückhaltung geboten.[69]

26 Demgegenüber wird in der Literatur in sehr weitreichender Weise gefordert, dass dem aktiven Eingriff auch das **Unterlassen** notwendiger Unterhaltungs- und **Schutzmaßnahmen** gleichstehe, sofern dadurch eine erhebliche Beschädigung oder Zerstörung des Vermächtnisobjekts eintritt.[70] Ein Korrektiv stelle aber die erforderliche Beeinträchtigungsabsicht dar, die etwa dann entfalle, wenn der Erblasser infolge plötzlicher Verarmung zu solchen objektiv gebotenen Maßnahmen außerstande ist.[71]

27 Versteht man jedoch zutreffender Weise hier unter Beeinträchtigungsabsicht nur die **Absicht im eigentlichen Sinne**,[72] so wird sich zwischen den beiden Auffassungen kein so großer Unterschied ergeben und die Norm auf ihren eigentlichen Anwendungsbereich begrenzt. Ansonsten kann dieser weitreichenden Auslegung nicht gefolgt werden und es kommt auf die **Rechtspflicht** zum Handeln an,[73] die sich insb. auch aus einer Garantenstellung ergeben kann,[74] nicht aber ohne Weiteres aus einer stillschweigenden Übernahme einer Handlungspflicht aufgrund des Erbvertrags.[75]

---

63 *Siegmann* ZEV 1994, 38, 39; *Hohmann* MittBayNot 1994, 232; abgeschwächt MünchKomm/*Musielak* Rn. 2; *Schermann*, Der Schutz des Vermächtnisnehmers im gemeinschaftlichen Testament und Ehegattenerbvertrag, 195 f., verlangt das Unterlassen einer »substanzerhaltenden Maßnahme«; generell abl. Burandt/Rojahn/*Burandt* Rn. 6.

64 Beispiel nach *Hohmann* MittBayNot 1994, 232.

65 Rdn. 19.

66 BGHZ 124, 35, 37 f. = ZEV 1994, 37 m. abl. Anm. *Siegmann* = LM Nr. 6 zu § 2288 m. Anm. *Wolf*; dem BGH zust. FA K-ErbR/*Zimmer* Rdnr. 3; NK-BGB/*Horn* Rn. 10; jurisPK/*B. Hamdan*/*M. Hamdan* Rn. 9.

67 BGHZ 124, 35, 37 f. = ZEV 1994, 37; zust. etwa Bamberger/Roth/*Litzenburger* Rn. 2; Staudinger/*Kanzleiter* Rn. 8.

68 Zust. NK-BGB/*Horn* Rn. 10; Bamberger/Roth/*Litzenburger* Rn. 2.

69 Vgl. Vorbem. zu §§ 2274 ff. BGB Rdn. 13; NK-BGB/*Horn* Rn. 10; Staudinger/*Kanzleiter* Rn. 8.

70 MünchKomm/*Musielak* Rn. 2; *Schermann*, Der Schutz des Vermächtnisnehmers im gemeinschaftlichen Testament und Ehegattenerbvertrag, 195 f.

71 *Siegmann*; *Hohmann* ZEV 1994, 133, 135 je a.a.O.

72 Rdn. 19.

73 Staudinger/*Kanzleiter* Rn. 8.

74 *Schumann*, Erbvertragsrecht, Rn. 17.

75 S. bereits Rdn. 26; a.A. Staudinger/*Kanzleiter* Rn. 8.

3. Rechtsfolge

Der Anspruch des Abs. 1 geht auf Wiederherstellung (besonders bei Beschädigung) oder Wiederbeschaffung des vermachten Gegenstandes (etwa bei Gattungsvermächtnis), soweit der Erbe hierzu in der Lage ist.[76] Soweit dies nicht möglich ist, richtet sich der Anspruch auf **Wertersatz**, bei Beschädigung auch hinsichtlich des Minderwerts. Maßgebend für den Wertersatz ist in jedem Fall der gemeine Verkehrswert, den der vermachte Gegenstand zur Zeit des **Vermächtnisanfalls** (§ 2176 BGB) hat;[77] nicht maßgeblich ist der Wert zum Zeitpunkt des Erbfalls,[78] da dieser bei bedingten oder befristeten Vermächtnissen nicht mit dem Vermächtnisanfall identisch ist (§ 2177 BGB). Unerheblich für den Umfang des Wertersatzes ist das Interesse des Bedachten. Zinsen können nur nach den allgemeinen Grundsätzen verlangt werden (vgl. § 290 BGB). 28

III. Veräußerung und Belastung (Abs. 2 Satz 1)

Hat der Erblasser den vermachten Gegenstand in der Absicht, den Bedachten zu beeinträchtigen, veräußert oder belastet – sei es gegen Entgelt oder schenkungsweise[79] –, so ist der Erbe verpflichtet, dem Bedachten den Gegenstand **zu verschaffen** oder die Belastung zu beseitigen (Abs. 2 Satz 1). Anders als bei § 2287 BGB (dort § 2287 BGB Rdn. 25) spielt die Frage, ob die Zuwendung eines im Grundbuch nicht eingetragenen Wohnungs- oder sonstigen Nutzungsrechts zu einem Anspruch des erbrechtlich Bedachten führen kann, bei § 2288 BGB keine Rolle, weil diese Rechtsverhältnisse nach der Rspr. als bloße Leihe zu qualifizieren sind und diese daher nicht nach § 566 BGB von dem Vermächtnisnehmer bei der Vermächtniserfüllung zu übernehmen sind.[80] Abs. 2 Satz 1 enthält von den allgemeinen Bestimmungen für das Stückvermächtnis für den Fall der Veräußerung eine Abweichung von §§ 2169, 2279 BGB, für den Fall der Belastung eine solche von §§ 2165, 2279 BGB. Entsprechend seinem Schutzzweck ist Abs. 2 auch dann anzuwenden, wenn zwar noch keine Verfügung vorgenommen wurde, aber ein hierauf gerichtetes Verpflichtungsgeschäft vorliegt, was sich bereits aus § 2169 Abs. 4 BGB ergibt.[81] 29

Abs. 2 ist entsprechend anzuwenden, wenn der Erblasser die **vermachte Forderung selbst** einzieht.[82] In diesem Fall wird freilich häufig § 2173 BGB eingreifen und dazu führen, dass das Vermächtnis trotz der Unmöglichkeit der unmittelbaren Erfüllung (§§ 2171, 2174 BGB) aufrechterhalten werden kann, weil anstelle der Forderung der hierfür in Erfüllung geleistete Gegenstand tritt. Der Anspruch nach § 2173 BGB richtet sich gegen den Beschwerten. Soweit aber § 2173 BGB nicht anwendbar ist, kann sich der Vermächtnisnehmer nach § 2288 Abs. 2 BGB an den Erben halten.[83] Zu der Frage, ob der Vermächtnisnehmer in dem gedachten Fall Gewährleistungsansprüche gegen den Beschwerten erheben kann, s. Staudinger/*Otte* § 2182 Rn. 5 ff. 30

Der in Abs. 2 Satz 1 bestimmte Anspruch auf Verschaffung des vermachten Gegenstandes oder Beseitigung der Belastung hat dieselbe rechtliche Natur wie das **Verschaffungsvermächtnis** (§ 2170 BGB). Deshalb schreibt auch das Gesetz die entsprechende Anwendung von § 2170 Abs. 2 BGB 31

76 Dazu bereits Rdn. 22.
77 Bamberger/Roth/*Litzenburger* Rn. 7; Soergel/*M. Wolf* Rn. 3; Staudinger/*Kanzleiter* Rn. 9.
78 So aber MünchKomm/*Musielak* Rn. 5.
79 NK-BGB/*Horn* Rn. 11; Bamberger/Roth/*Litzenburger* Rn. 8; zu zahlreichen Einzelheiten *Schermann*, Der Schutz des Vermächtnisnehmers im gemeinschaftlichen Testament und Ehegattenerbvertrag, 199 f., insb. im Kontext mit Zwangsvollstreckungs- und Insolvenzmaßnahmen.
80 Zutr. *Schermann*, Der Schutz des Vermächtnisnehmers im gemeinschaftlichen Testament und Ehegattenerbvertrag, 200.
81 BGHZ 31, 13, 23.
82 NK-BGB/*Horn* Rn. 12; Staudinger/*Kanzleiter* Rn. 11.
83 NK-BGB/*Horn* Rn. 12; *Planck/Greiff* 2 b.

vor.[84] Wenn der Erbe daher außerstande ist, den Gegenstand zu verschaffen oder die Belastung zu beseitigen, so ist er zum Wertersatz verpflichtet; wenn die Verschaffung oder Beseitigung nur mit unverhältnismäßigen Aufwendungen möglich ist, so kann er sich durch Entrichtung des Wertes des Gegenstandes befreien.[85]

IV. Verschenken des vermachten Gegenstandes

1. Haftung des Erben

32 Wenn der Erblasser den vermachten Gegenstand schenkweise veräußert oder belastet hat, so hat der Bedachte genauso wie in den anderen Fällen in erster Linie nach Abs. 2 Satz 1 einen Anspruch gegen den Erben auf Verschaffung des Gegenstandes oder Beseitigung der Belastung, gegebenenfalls auf Ersatz des Wertes.[86]

2. Subsidiäre Haftung des Beschenkten

33 Nur wenn weder Verschaffung des vermachten Gegenstandes noch Wertersatz vom Erben erlangt werden kann, haftet subsidiär der Beschenkte (Abs. 2 Satz 2). Aus welchem Grund von dem Erben kein Ersatz zu erlangen ist, ist gleichgültig.[87] Es genügt, dass der Erbe die Beschränkung seiner Haftung (§§ 1975 ff. BGB) geltend macht und der Nachlass zur Befriedigung des Vermächtnisnehmers nicht ausreicht[88] oder bei Zahlungsunfähigkeit des Erben.[89] Dass er von dem Erben keinen Ersatz erhalten kann, hat im Streitfall der Vermächtnisnehmer zu beweisen.[90] Der Anspruch richtet sich aufgrund der doppelten Verweisung in Abs. 2 Satz 2 und in § 2287 BGB nach den Vorschriften über die Herausgabe einer ungerechtfertigten Bereicherung (**Rechtsfolgeverweisung**)[91] und geht grundsätzlich auf die Herausgabe des Geschenks.[92]

34 Auch der Anspruch nach Abs. 2 Satz 2 besteht für **Verschaffungs-** und **Geldvermächtnisse**,[93] wobei gerade für letztere ein besonderer Anwendungsbedarf besteht, wenn der Nachlass durch Schenkungen so geschmälert ist, dass er zur Erfüllung der Geldvermächtnisse nicht ausreicht.[94]

V. Ausschluss der Ansprüche, Verjährung, Sonstiges

1. Vertragliches Abbedingen

35 Die Normen des § 2288 BGB sind keine bloßen Auslegungsregeln, sie sind also anzuwenden, ohne dass erst der mutmaßliche Wille der Parteien erforscht werden müsste.[95] Andererseits sind die Vorschriften nicht zwingend; ihre Anwendung kann also im **Erbvertrag** im Voraus **ausgeschlossen** oder modifiziert werden.[96]

---

84 Dazu NK-BGB/*Horn* Rn. 11; Staudinger/*Kanzleiter* Rn. 10.
85 Eingehend dazu NK-BGB/*J. Mayer* § 2170 Rn. 9 ff.
86 Ausf. *Damrau* ZEV 2016, 413, 414 ff.
87 JurisPK/*B. Hamdan*/*M. Hamdan* Rn. 17; vgl. auch *Damrau* ZEV 2016, 413, 414 ff..
88 NK-BGB/*Horn* Rn. 14; *Planck/Greiff* Anm. 3; Staudinger/*Kanzleiter* Rn. 12.
89 MünchKomm/*Musielak* Rn. 7; *v. Lübtow* I 441 f.; Soergel/*M. Wolf* Rn. 7.
90 Staudinger/*Kanzleiter* Rn. 12.
91 Vgl. § 2287 BGB Rdn. 114.
92 MünchKomm/*Musielak* Rn. 7.
93 BGH NJW 1988, 2063; Palandt/*Weidlich* Rn. 4.
94 BGHZ 111, 139, 141 f.; vgl. im Einzelnen Rdn. 9.
95 Prot. V, 405 f.
96 OLG Köln ZEV 2003, 76 m. Anm. *J. Mayer*; NK-BGB/*Horn* Rn. 18; jurisPK/*B. Hamdan*/*M. Hamdan* Rn. 5; MünchKomm/*Musielak* Rn. 10; Palandt/*Weidlich* Rn. 1; *Schermann*, Der Schutz des Vermächtnisnehmers im gemeinschaftlichen Testament und Ehegattenerbvertrag, 212; Staudinger/*Kanzleiter* Rnr. 20; *Strohal* I § 45 Fn. 48; Soergel/*M. Wolf* 1; **a.M.** *Planck/Greiff* Anm. 5; *Kipp/Coing* § 38 IV 2 c; *v. Lübtow* I 442; vgl. § 2287 BGB Rdn. 133 f.

2. Erlass des Anspruchs, Zustimmung des bedachten Vermächtnisnehmers

Nach Eintritt des Erbfalls kann durch Vertrag zwischen den Vermächtnisnehmern und dem Erben auf den dann entstandenen schuldrechtlichen Anspruch verzichtet werden, § 397 BGB.[97] Die noch vor Eintritt des Erbfalls in der Form des § 2348 BGB erklärte Zustimmung des Bedachten führt bereits dazu, dass keine objektive Beeinträchtigung mehr besteht; die formlose Zustimmung ist – abgesehen vom Eingreifen eines Arglisteinwands in Ausnahmefällen – unbeachtlich.[98] Die Zustimmung zur Zuwendung wird als Verzicht auf den Anspruch nach § 2288 BGB angesehen werden können.[99] 36

3. Wirksamer Erbvertrag

Wenn die vertragsmäßige Anordnung des Vermächtnisses im Erbvertrag oder die bindende Verfügung des gemeinschaftlichen Testamentes unwirksam ist oder wird, so entfallen auch die Ansprüche nach § 2288 BGB. 37

4. Ausschlagung des Vermächtnisses

Nach § 2180 BGB führt auch die Ausschlagung des Vermächtnisses zum Verlust des Anspruchs nach § 2288 BGB, der die Annahme des Vermächtnisses voraussetzt.[100] 38

5. Verjährung

Der gegen den Beschenkten gerichtete Bereicherungsanspruch des **Abs. 2 Satz 2** verjährt entsprechend § 2287 Abs. 2 BGB nach der Neuregelung dieser Vorschrift[101] in 3 Jahren **ab** dem Eintritt des Erbfalls.[102] Demgegenüber hat der **gegen** den **Erben** gerichtete Anspruch die gleiche rechtliche Struktur wie der **ursprüngliche Vermächtnisanspruch**; er begründet daher eine Nachlassverbindlichkeit, rangiert im Insolvenzverfahren erst an fünfter Stelle[103] und unterliegt der gleichen **Verjährung** wie die sonstigen Vermächtnisansprüche, insbesondere gilt daher der kenntnisabhängige Fristbeginn nach § 199 Abs. 2 BGB.[104] 39

VI. Gestaltungshinweise

1. Sicherungsbedürfnis

Auch wenn § 2288 BGB dem vertragsmäßig bedachten Vermächtnisnehmer einen gewissen Schutz sogar gegen entgeltliche Veräußerungen und Belastungen bietet, greift dieser doch erst nach dem Tod des Erblassers ein, wenn die Ansprüche auf Vermächtniserfüllung oder Wertersatz u.U. nicht mehr zu realisieren sind. **Verfügungsunterlassungsverpflichtungen** anlässlich der erbvertraglichen Vereinbarungen, gekoppelt mit einer bedingten Übereignungsverpflichtung bei einem Verstoß, bei Immobilien gesichert durch eine Eigentumsvormerkung, wirken demgegenüber bereits präventiv 40

97 NK-BGB/*Horn* Rn. 19.

98 Rdn. 16; eingehend dazu § 2289 BGB Rdn. 53.

99 So Soergel/*M. Wolf* § 2287 Rn. 21.

100 BGH NJW 1984, 731, 732.

101 § 2287 BGB Rdn. 130 f.

102 Bamberger/Roth/*Litzenburger* Rn. 15; MünchKomm/*Musielak* Rn. 7; **anders**: Staudinger/*Kanzleiter* Rn. 13, NK-BGB/*Horn* Rn. 21, die entsprechend § 2287 Abs. 2 BGB a.F. auf den Anfall des Vermächtnisses abstellen, aber übersehen, dass diese Vorschrift durch das ErbVerjRÄndG entsprechend geändert wurde.

103 *V. Lübtow* I 442; Soergel/*M. Wolf* Rn. 8.

104 Bamberger/Roth/*Litzenburger* Rn. 15, ohne jede Differenzierung bei der Verjährung der beiden Anspruchsarten Staudinger/*Kanzleiter* Rdnr. 13.

und sichern den Bedachten wesentlich besser ab; ihre Vereinbarung kann daher auch hier sinnvoll sein.[105]

2. Beweissicherung des anerkennenswerten lebzeitigen Eigeninteresses

41 Da auch hier zugunsten des vertragsmäßig bedachten Vermächtnisnehmers u.U. eine Beweiserleichterung eingreift, wonach der Zuwendungsempfänger die Gründe darzulegen hat, aus denen sich das lebzeitige Eigeninteresse für die Zuwendung ergibt, empfiehlt es sich auch hier, das Motiv für die Übertragung in der Zuwendungsvereinbarung herauszuarbeiten.[106]

3. Vereinbarung einer Instandhaltungspflicht

42 Da das Unterlassen einer Instandsetzung des vermachten Gegenstandes nach der Rechtsprechung des BGH[107] keine Ansprüche nach § 2288 BGB auslösen kann, kann die Vereinbarung einer ausdrücklichen Pflicht hierzu mitunter im Interesse des Vermächtnisnehmers sein; vielfach wird jedoch der Erblasser zu einer ausdrücklichen Übernahme einer solchen Pflicht nicht bereit sein.[108]

VII. Beweislast, prozessuale Durchsetzung

43 Die **Beweislast** für die objektiven und subjektiven Tatbestandsvoraussetzungen des § 2288 BGB trägt der bedachte Vermächtnisnehmer.[109] An den Nachweis der Beeinträchtigungsabsicht sind hier aber keine höheren Anforderungen zu stellen als in den Fällen des § 2287 BGB.[110] Der Vermächtnisnehmer hat nur darzutun, dass der Erblasser im Bewusstsein gehandelt hat, dem Vermächtnis die Grundlage zu entziehen.[111] Wenn der Vermächtnisnehmer den Beschenkten nach § 2288 Abs. 2 Satz 2 BGB in Anspruch nehmen will, muss er nachweisen, dass er von dem Erben keinen Ersatz verlangen kann.[112] Des Weiteren trägt er die Beweislast dafür, dass eine Unentgeltlichkeit der Zuwendung vorliegt.[113] Man wird aber auch hier die zu § 2287 BGB entwickelten Grundsätze anwenden können.[114]

44 Dem Vermächtnisnehmer muss man unter den gleichen Voraussetzungen, die für den Anspruch nach § 2287 BGB gelten (§ 2287 BGB Rdn. 140 f.), einen **Auskunftsanspruch** zubilligen; die Rechts- und Interessenlage ist insoweit die Gleiche.[115] Entsprechendes gilt für einen Wertersatzanspruch, dazu § 2287 BGB Rdn. 142. Zur **gerichtlichen Durchsetzung** der Ansprüche nach § 2288 BGB s. ausführlich *Tanck* ZErb 2003, 198, 200 ff. mit Klagemustern.

---

105 Vgl. im Einzelnen § 2286 BGB Rdn. 28 f.; sehr ausführlich und praxisbezogen *Schermann*, Der Schutz des Vermächtnisnehmers im gemeinschaftlichen Testament und Ehegattenerbvertrag, 310 ff.

106 NK-BGB/*Horn* Rn. 23; ausf. hierzu § 2287 BGB Rdn. 144.

107 Rdn. 25.

108 Zust. NK-BGB/*Horn* Rn. 24.

109 *Tanck* ZErb 2003, 198, 200; *Schermann*, Der Schutz des Vermächtnisnehmers im gemeinschaftlichen Testament und Ehegattenerbvertrag, 234 mit weiteren Einzelheiten; vgl. auch *Baumgärtel/Schmitz* Rn. 1 ff.

110 *Baumgärtel/Schmitz* Rn. 1; MünchKomm/*Musielak* Rn. 4.

111 BGH NJW 1984, 731, 732; *Baumgärtel/Schmitz* Rn. 1.

112 *Baumgärtel/Schmitz* Rn. 3; NK-BGB/*Horn* Rn. 14; Staudinger/*Kanzleiter* Rn. 12; vgl. auch OLG Celle ZEV 2010, 409 m. Anm. *Schindler* = FamRZ 2010, 1273.

113 *Tanck* ZErb 2003, 198, 200.

114 Dazu oben § 2287 BGB Rdn. 138.

115 Bamberger/Roth/*Litzenburger* Rn. 17; *Schermann*, Der Schutz des Vermächtnisnehmers im gemeinschaftlichen Testament und Ehegattenerbvertrag, 236 f.

§ 2289 Wirkung des Erbvertrags auf letztwillige Verfügungen; Anwendung von § 2338

(1) Durch den Erbvertrag wird eine frühere letztwillige Verfügung des Erblassers aufgehoben, soweit sie das Recht des vertragsmäßig Bedachten beeinträchtigen würde. In dem gleichen Umfang ist eine spätere Verfügung von Todes wegen unwirksam, unbeschadet der Vorschrift des § 2297.

(2) Ist der Bedachte ein pflichtteilsberechtigter Abkömmling des Erblassers, so kann der Erblasser durch eine spätere letztwillige Verfügung die nach § 2338 zulässigen Anordnungen treffen.

Übersicht Rdn.

I. Normzweck: Sicherung der erbrechtlichen Bindung

1 Die Freiheit des Erblassers, über sein Vermögen unter Lebenden zu verfügen, wird durch den Erbvertrag grundsätzlich nicht eingeschränkt (§ 2286 BGB). Wohl aber wird der Erblasser an seine vertragsmäßigen Verfügungen erbrechtlich gebunden, indem er einerseits gehindert wird, später weitere Verfügungen von Todes wegen zu errichten, die das Recht des vertragsmäßig Bedachten beeinträchtigen würden (Abs. 1 Satz 2), und andererseits frühere letztwillige Verfügungen des Erblassers, von denen ebenfalls eine solche Beeinträchtigung ausgeht, aufgehoben werden (Abs. 1 Satz 1). Diese erbrechtliche Bindung ergibt sich nicht erst aus § 2289 BGB, sie beruht vielmehr auf der rechtlichen Natur des Erbvertrages als »wirklicher Vertrag«.[1] Sie hat zur Folge, dass die Testierfreiheit des Erblassers entsprechend eingeschränkt oder ausgeschlossen ist.[2] § 2289 BGB spricht nur die Rechtsfolgen aus, die sich aus der **erbrechtlichen Bindung** für die Wirksamkeit von früher oder später errichteten Verfügungen von Todes wegen ergeben.[3] **Normzweck** der Bindung ist es, das Vertrauen des Vertragsgegners auf den Bestand der vertragsmäßigen Verfügung zu schützen.[4] Dagegen ist ein Vertrauensschutz des durch den Erbvertrag bedachten Dritten, der nicht selbst Vertragspartner ist, nicht beabsichtigt, da die Vertragsteile den Erbvertrag ohne seine Zustimmung jederzeit wieder aufheben können.[5]

2 Die durch den Erbvertrag erzeugte erbrechtliche Bindung ist stärker als die bei einem **wechselbezüglichen gemeinschaftlichen Testament** (§ 2270 BGB), weil sich bei diesem der Erblasser zu Lebzeiten des anderen Ehegatten jederzeit und nach dem Tode des anderen Ehegatten immerhin noch durch Ausschlagung des ihm Zugewendeten einseitig von seinen wechselbezüglichen Verfügungen lossagen kann, während er von der vertragsmäßigen Verfügung in der Regel nur dann zurücktreten kann, wenn er sich den Rücktritt in dem Erbvertrag vorbehalten hat, und zumal dies zudem beim zweiseitigen Erbvertrag grundsätzlich nur zu Lebzeiten des Vertragsgegners möglich ist (§§ 2271, 2293 ff., 2297 BGB). Daher ist **§ 2289 Abs. 1 BGB** grundsätzlich auf wechselbezügliche Verfügungen eines gemeinschaftlichen Testaments nicht anwendbar,[6] wohl aber aufgrund der ausdrücklichen Verweisung des § 2271 Abs. 3 BGB der **§ 2289 Abs. 2 BGB**.

3 § 2289 Abs. 2 BGB enthält eine sachlich und persönlich **begrenzte gesetzliche Durchbrechung der Bindungswirkung** des Erbvertrags.[7] Abweichend von der Unwirksamkeitssanktion des Abs. 1 Satz 2 werden im Interesse der Erhaltung des Vermögens im Familienbesitz Sicherungsmaßnahmen nach den Vorschriften über die Pflichtteilsbeschränkung in guter Absicht (§ 2338 BGB) gestattet, wenn durch Verschwendung oder Überschuldung eines Abkömmlings der Erwerb gefährdet wird.

II. Die Aufhebungswirkung des Erbvertrags gegenüber früheren Verfügungen von Todes wegen

4 Durch den Erbvertrag werden frühere letztwillige Verfügungen des Erblassers aufgehoben, soweit sie das Recht des vertragsmäßig Bedachten beeinträchtigen würden (§ 2289 Abs. 1 Satz 1 BGB). Der Erbvertrag ist also stärker als eine ihm vorausgehende letztwillige Verfügung. Das hat seinen Grund einmal in der vertraglichen Natur des Erbvertrags, aber auch in dem Rechtsgedanken des § 2258 BGB, dass für die Beerbung der letzte Wille des Erblassers maßgebend sein soll.

---

1 BGHZ 26, 204, 208.
2 *Schumann*, Erbvertragsrecht, Rn. 2.
3 BGH BGHZ 26, 204, 208; NK-BGB/*Kornexl* Rn. 1; MünchKomm/*Musielak* Rn. 2.
4 NK-BGB/*Kornexl* Rn. 1; *Kuchinke*, FS *v. Lübtow* 283, 284; MünchKomm/*Musielak* Rn. 1 rechnet hierzu auch den Schutz des vertragsmäßig Bedachten.
5 NK-BGB/*Kornexl* Rn. 1; a.A. MünchKomm/*Musielak* Rn. 1.
6 NK-BGB/*Kornexl* Rn. 3.
7 NK-BGB/*Kornexl* Rn. 2 sieht demgegenüber hierin eine Bestätigung der Bindungswirkung des Erbvertrags.

1. Objekt der Aufhebungswirkung

Objekt der Aufhebungswirkung ist eine frühere, also zeitlich vorher getroffene letztwillige Verfügung i.S. von § 1937 BGB. Damit ist die einzelne, in einem Testament enthaltene Anordnung gemeint, nicht das gesamte Testament.[8] 5

a) Verhältnis zu früheren Erbverträgen

Abs. 1 Satz 1 regelt daher nur das Verhältnis des Erbvertrags zu einer früheren letztwilligen Verfügung, nicht aber zu früheren Erbverträgen (Umkehrschluss aus Abs. 1 Satz 2, der für den dort behandelten Fall ausdrücklich vom Überbegriff der »Verfügung von Todes« wegen spricht). Wenn der Erblasser den früheren Erbvertrag mit einem **Dritten** geschlossen hat, so ist der neue Erbvertrag unwirksam, soweit er das Recht der Personen, die in dem früheren Erbvertrag bedacht worden sind, beeinträchtigen würde (§ 2289 Abs. 1 Satz 2 BGB). Es gilt insoweit das Prioritätsprinzip.[9] Ist aber der frühere Erbvertrag von **denselben Personen** geschlossen worden wie der neue, so ist der frühere Erbvertrag durch den späteren aufgehoben, wenn sie einen förmlichen **Aufhebungsvertrag** nach § 2290 BGB abschließen.[10] Dabei genügt nach zutreffender Ansicht, wenn die entsprechende Aufhebungsvereinbarung sich wenigstens im Wege der **Auslegung** feststellen lässt,[11] z.T. lässt man es sogar genügen, dass ein formwirksamer Erbvertrag mit einem abweichenden Inhalt i.S. von **§ 2258 Abs. 1** BGB errichtet wird.[12] Dagegen bleibt der frühere Erbvertrag bestehen, soweit er in dem späteren ausdrücklich oder stillschweigend aufrechterhalten oder bestätigt ist.[13] Auch eine teilweise Änderung oder Ergänzung des alten Erbvertrags ist durch einen sog. »Nachtrag« zum Erbvertrag zwischen den gleichen Vertragspartnern möglich. 6

b) Frühere wechselbezügliche Verfügungen eines gemeinschaftlichen Testament

Solche Verfügungen fallen an sich unter Abs. 1 Satz 1, werden also durch einen späteren Erbvertrag insoweit aufgehoben, als die früheren Verfügungen des Erblassers das Recht des vertragsmäßig Bedachten beeinträchtigen würden. Für wechselbezügliche Verfügungen (§ 2270 BGB) ordnet aber § 2271 BGB eine gewisse erbrechtliche Bindung der Testatoren und damit eine Ausnahme von dem in § 2289 BGB ausgesprochenen Vorrang des Erbvertrags an: Nach § 2271 Abs. 1 Satz 2 BGB kann ein Ehegatte oder eingetragener Lebenspartner (§ 10 Abs. 4 LPartG Satz 2) seine wechselbezüglichen Verfügungen **zu Lebzeiten des anderen nicht** einseitig durch eine neue Verfügung von Todes wegen aufheben, also auch nicht durch einen Erbvertrag mit einem Dritten; selbst die Zustimmung des anderen Ehegatten nützt nichts.[14] Es ist nur ein förmlicher Widerruf möglich (§ 2271 Abs. 1 Satz 1 BGB i.V.m. § 2296 BGB). Dieser kann allerdings auch noch zeitlich nach dem Abschluss des Erbvertrags,[15] aber vor dem Erbfall erfolgen. Allerdings kann ein gemeinschaftliches Testament durch einen Erbvertrag der **gleichen Eheleute** oder eingetragenen Lebenspartner, die das gemeinschaftliche Testament errichtet haben, aufgehoben werden. 7

Dies ergibt sich aus einem **Umkehrschluss aus § 2292 BGB**: Da ein zwischen Ehegatten oder eingetragenen Lebenspartnern geschlossener Erbvertrag nach dieser Vorschrift durch ein gemeinschaftliches Testament der Eheleute aufgehoben werden kann, dieses aber gemeinhin eine schwächere

---

8 NK-BGB/*Kornexl* Rn. 5.
9 NK-BGB/*Kornexl* Rn. 7.
10 AllgM, *Damrau/Tanck/Krüger*, Erbrecht, Rn. 4.
11 NK-BGB/*Kornexl* Rn. 8; *Lange/Kuchinke* § 25 VII 3 c; MünchKomm/*Musielak* Rn. 7; Staudinger/*Kanzleiter* Rn. 6; eingehender dazu unten § 2290 BGB Rdn. 26.
12 BayObLG FamRZ 1994, 190, s. auch mit ausf. Stellungnahme § 2290 BGB Rdn. 26.
13 Mot. V 341.
14 § 2271 BGB Rdn. 25.
15 NK-BGB/*Kornexl* Rn. 10.

Wirkung hat als der Erbvertrag, muss es umgekehrt erst recht zulässig sein, ein gemeinschaftliches Testament durch einen Erbvertrag der Testatoren aufzuheben.[16]

Nach dem Tode des anderen Ehegatten oder eingetragenen Lebenspartners ist der Widerruf wechselbezüglicher Verfügungen grundsätzlich überhaupt ausgeschlossen (§ 2271 Abs. 2 Satz 1 BGB). Dann kann der Erblasser eine wechselbezügliche Verfügung in einem gemeinschaftlichen Testament nur dann durch einen Erbvertrag (mit einem Dritten) aufheben, wenn er das ihm von dem verstorbenen Ehegatten Zugewendete **ausschlägt** (§ 2271 Abs. 2 Satz 1 BGB) oder wenn sich der Bedachte gewisser Verfehlungen schuldig macht (§ 2271 Abs. 2 Satz 2, §§ 2294, 2336, 2299 BGB)[17] oder er aufgrund einer Freistellungsklausel zu einer entsprechenden Neuregelung ermächtigt ist.[18] Man kann sagen: Abs. 1 Satz 1 setzt voraus, dass der Erblasser **nicht** an die frühere Verfügung durch Erbvertrag oder gemeinschaftliches Testament **gebunden** war.[19]

c) Einseitige Verfügungen im gleichen Erbvertrag

8 Auf solche, die gem. § 2299 BGB im Erbvertrag getroffen werden, ist § 2289 Abs. 1 Satz 1 BGB weder unmittelbar noch entsprechend anwendbar. Selbst wenn sie die vertragsmäßigen Verfügungen einschränken, so ergibt sich doch aus einer Gesamtschau der getroffenen Regelung, dass die vertragsmäßigen Rechtspositionen von vornherein nur mit den daraus sich ergebenden Beschränkungen eingeräumt sein sollten, was dem Vertragspartner, der hiervon Kenntnis erlangte, auch so bewusst und von ihm akzeptiert wurde.[20] Jede andere Auffassung ginge an den rechtlichen Gegebenheiten vorbei, da manche erbrechtlichen Anordnungen, man denke etwa an die Testamentsvollstreckung, nur einseitig getroffen werden können, denknotwendigerweise aber die vertragsmäßige Erbeinsetzung beeinträchtigen. Diese Überlegungen gelten allerdings nicht für andere einseitige Verfügungen, die zwar nicht in den Erbvertrag aufgenommen, aber »**gleichzeitig**« mit diesem getroffen werden. Für diese bleibt es bei der Grundregel, dass sie bei einer Beeinträchtigung der vertragsmäßigen Rechte des Bedachten entweder nach § 2289 Abs. 1 Satz 1 BGB – wenn sie früher errichtet wurden – oder aber zumindest nach Abs. 1 Satz 2 unwirksam sind.[21]

d) Aufrechterhaltung früherer letztwilliger Verfügungen

9 In gleicher Weise steht es den Vertragsteilen aufgrund der Testierfreiheit offen, solche ganz oder teilweise im Erbvertrag aufrechtzuerhalten.[22] Dies kann nicht nur ausdrücklich geschehen, sondern u.U. auch im Wege der Auslegung, sogar der ergänzenden Auslegung, festgestellt werden. Die Kenntnis des Vertragsgegners von der früheren letztwilligen Verfügung genügt aber allein nicht, um dem Erbvertrag die aufhebende Wirkung zu nehmen; vielmehr ist erforderlich, dass beide Vertragsteile die frühere Verfügung bestehen lassen wollen und dass dieser Wille im Erbvertrag irgendwie zumindest andeutungsweise zum Ausdruck kommt.[23]

---

16 NK-BGB/*Kornexl* Rn. 11; Bamberger/Roth/*Litzenburger* Rn. 5; Staudinger/*Kanzleiter* Rn. 6; *Strohal* I § 45 IV 2.

17 *Planck/Greiff* Anm. 2c.

18 § 2271 BGB Rdn. 67 ff.

19 BayObLGZ 21 A 15; NK-BGB/*Kornexl* Rn. 7; MünchKomm/*Musielak* Rn. 7; RGRK-BGB/*Kregel* Rn. 2.

20 OLG Düsseldorf ZEV 1994, 302 = FamRZ 1995, 123; NK-BGB/*Kornexl* Rn. 12; MünchKomm/*Musielak* Rn. 5; Palandt/*Weidlich* Rn. 1; Soergel/*M. Wolf* Rn. 7; Staudinger/*Kanzleiter* Rn. 10; *Schumann*, Erbvertragsrecht, Rn. 21; teilweise abweichend OLG Hamm OLGZ 1976, 20, 24.

21 Völlig übersehen bei *Schumann*, Erbvertragsrecht, Rn. 22.

22 NK-BGB/*Kornexl* Rn. 13; MünchKomm/*Musielak* Rn. 6; Palandt/*Weidlich* Rn. 3; Staudinger/*Kanzleiter* Rn. 4; so lassen sich die von *Schumann*, Erbvertragsrecht, Rn. 22 f. für sog. »gleichzeitige einseitige Verfügungen« außerhalb des Erbvertrags gemachten Erörterungen teilweise lösen.

23 MünchKomm/*Musielak* Rn. 6; NK-BGB/*Kornexl* Rn. 13; *Planck/Greiff* Anm. 2a; *Coing* NJW 1958, 689 Fn. 14.

2. Aufhebungsgrund

Die Aufhebung der früheren letztwilligen Verfügung durch späteren Erbvertrag setzt weiter voraus: 10

a) Wirksamer Erbvertrag

Die **aufhebende Wirkung** kommt nur einem Erbvertrag zu, der **wirksam zustande** kam und bis zum Erbfall **wirksam** bleibt, nicht aber einem solchen, der aus irgendwelchen Gründen nichtig oder nach §§ 2078, 2079, 2279, 2281 ff. BGB zu Recht angefochten ist.[24] Die letztwillige Verfügung wird auch dann nicht aufgehoben, bleibt also bestehen oder lebt wieder auf, wenn der spätere Erbvertrag oder die vertragsmäßige Verfügung, deren Beeinträchtigung infrage steht, durch Aufhebung oder Rücktritt **nachträglich** außer Kraft gesetzt ist oder wird (§§ 2290 bis 2292, 2293 ff. BGB, vgl. § 2258 Abs. 2 BGB).[25] Gleiches gilt, wenn der durch die frühere Verfügung beeinträchtigte Erbvertrag oder die vertragsmäßige Verfügung **gegenstandslos** wird, sei es durch Vorableben des Bedachten (§§ 1923, 2160 BGB), Ausschlagung (§§ 1942, 1953, 2180 BGB), Zuwendungsverzicht (§§ 2346, 2352 Satz 2, 2069 BGB) oder Erbunwürdigkeit (§§ 2339, 2344 BGB) oder Eintritt einer auflösenden Bedingung vor dem Erbfall, etwa wegen Eingreifens einer Verwirkungsklausel, wenn nicht eine ausdrückliche oder durch Auslegung ermittelte **Ersatzberufung** eintritt. Denn im Falle einer Gegenstandslosigkeit oder Unwirksamkeit einer Verfügung bestehen keine vertragsmäßigen Rechte mehr, die durch die frühere Verfügung beeinträchtigt werden könnten.[26] Dies gilt nach der hier vertretenen Auffassung auch für die Anwachsung (§ 2094 BGB), die auch bezüglich des anwachsenden Teils an der erbvertraglichen Bindung teilnimmt,[27] nicht aber für eine gesetzlich vermutete Ersatzberufung (§ 2069 BGB).[28] 11

Jedoch ist in den **Fällen der Gegenstandslosigkeit** (etwa bei Vorversterben oder Ausschlagung) des später abgeschlossenen Erbvertrags die letztwillige Verfügung trotzdem als aufgehoben anzusehen, wenn dem Erbvertrag zusätzlich zumindest im Wege der Auslegung der **Widerrufswille** zu entnehmen ist, die frühere letztwillige Verfügung auf alle Fälle aufzuheben (§§ 2299, 2253, 2254 BGB).[29] Nach der weitergehenden **Gegenansicht** kommt es dagegen allein darauf an, ob im Zeitpunkt der Errichtung des Erbvertrags eine Beeinträchtigung vorliegt; dann habe und behalte die vertragsmäßige Verfügung die Widerrufswirkung wie eine einseitige testamentarische Anordnung nach § 2258 BGB.[30] Dies ist aber deshalb abzulehnen, weil es die vertragliche Verfügung unzulässig machen, da standardmäßig in einen gewährenden und widerrufenden Teil atomisieren würde und es in diesen Fällen ja gerade kein Recht eines Bedachten mehr gibt, das beeinträchtigt werden könnte.[31] 12

24 MünchKomm/*Musielak* Rn. 4; NK-BGB/*Kornexl* Rn. 21; Bamberger/Roth/*Litzenburger* Rn. 1; *Schumann*, Erbvertragsrecht, Rn. 10.

25 MünchKomm/*Musielak* Rn. 4.

26 OLG Zweibrücken OLGZ 1990, 134 = FamRZ 1989, 1355; *Lange/Kuchinke* § 25 VI 2 b; *v. Lübtow* I 420 f.; *Planck/Greiff* Anm. 2d; MünchKomm/*Musielak* Rn. 4; RGRK-BGB/*Kregel* Rn. 2; *Schumann*, Erbvertragsrecht, Rn. 17; Staudinger/*Kanzleiter* Rn. 8.

27 S. dazu § 2278 Rdnr. 39; **a.A.** NK-BGB/*Kornexl* Rn. 23.

28 Zutr. NK-BGB/*Kornexl* Rn. 23; s. dazu eingehender § 2278 BGB Rdn. 47.

29 KG JFG 5, 182; OLG Zweibrücken FamRZ 1999, 1545 = ZEV 1999, 439 m. abl. Anm. *Kummer*; NK-BGB/*Kornexl* Rnr. 24; RGRK-BGB/*Kregel* Rn. 2; *Lange/Kuchinke* § 25 VI 2 b; Soergel/*M. Wolf* Rn. 6; Staudinger/*Kanzleiter* Rn. 8; Burandt/Rojahn/*Burandt* Rn. 2; *Muscheler* I Rnr. 2229 mit ausf. Darstellung des Streitstands; offen gelassen von BGHZ 26, 204, 214.

30 *Keim* ZEV 1999, 413, 414; *Lange*, Erbrecht, § 17 Rn. 175; *Leipold* Rnr. 505; *Kummer* a.a.O.; Bamberger/Roth/*Litzenburger* Rn. 3.

31 So schon Prot. V 395 f., 354 f.; *Muscheler* I Rn. 2229 mit zutr. Hinw., dass § 2289 Abs. 1 Satz 1 BGB nicht so weitreichende Wirkungen wie § 2258 BGB hat; unzutreffend daher MünchKomm/*Musielak* Rn. 4, der anderes Regel-Ausnahmeverhältnis annimmt und von Wirksamkeit der früheren Verfügung von Todes wegen nur dann ausgeht, wenn entsprechender Erblasserwille anzunehmen sei.

b) Recht des vertragsmäßig Bedachten

13 Was hierunter zu verstehen ist, wird in den einschlägigen Abhandlungen nur sehr knapp erörtert.[32] Zum einen wird hierunter ein subjektives Recht verstanden,[33] aber auch eine »im Gesetz selbst nicht benannte Rechtsstellung«, die nicht folgenlos verletzt werden kann.[34] Die h.M. begreift darunter die Rechtsstellung, die der Bedachte aufgrund des Erbvertrags mit dem Erbfall erhält,[35] womit noch nichts an begrifflicher Klarheit gewonnen ist, denn diese Stellung gilt es ja zu definieren.[36] Nach *Hülsmeier*[37] entsteht ein Recht des Bedachten bereits immer dann, wenn die Testierfreiheit des Erblassers in irgendeiner Weise eingeschränkt ist, da ja die dagegen verstoßende, beeinträchtigende Verfügung nach dem Parteiwillen unwirksam sein soll. Ein Recht des Bedachten entsteht dabei auch bei einem Änderungsvorbehalt insoweit, als in dem Fall, in dem die Tatbestandsbedingung für die Änderungsbefugnis nicht erfüllt ist, eine beeinträchtigende Verfügung unwirksam ist.[38] *D. Nolting*[39] versteht unter dem Recht des Bedachten das »durch Rechtsmachtverlust aufseiten des Erblassers gesicherte Interesse des Bedachten daran, im Erbfall die Position eines Erben oder Vermächtnisnehmers zu erwerben, oder sein Interesse am Vollzug einer Auflage«.[40] Damit wird das Recht des Bedachten durch den konturlosen Begriff des »rechtlich geschützten Interesses« ersetzt, aber letztlich nichts gewonnen. Das Recht des Bedachten nach Abs. 1 Satz 1 als Anwartschaftsrecht begreift allerdings – entgegen der Auffassung von *D. Nolting*[41] – niemand; soweit er sich auf *v. Lübtow*,[42] *Raiser*, Die dinglichen Anwartschaften,[43] *Forkel*, Grundfragen der Lehre vom privatrechtlichen Anwartschaftsrecht[44] und *Soergel/M. Wolf*[45] beruft, erörtern diese die Rechtsstellung des vertragsmäßig Bedachten noch **zu Lebzeiten des Erblassers**, während es bei § 2289 Abs. 1 BGB um die Betrachtung nach dem Eintritt des Erbfalls geht!

14 Richtigerweise muss man in **zeitlicher Hinsicht** zwischen der sofort mit Vertragsschluss eintretenden **Bindung**[46] mit der daraus folgenden Einschränkung der Testierfreiheit[47] und dem **Recht des Bedachten** i.S.v. § 2289 BGB unterscheiden, das aus der Aufhebungs- oder Sanktionswirkung nach Eintritt des Erbfalls resultiert:[48] Die Bindung an den von den Vertragsteilen festgelegten Plan zur Verteilung des Nachlasses tritt sofort ein, während die Sanktionen zur praktischen Durchsetzung der Bindung, nämlich die Aufhebungswirkung nach § 2289 Abs. 1 Satz 1 BGB und die Nichtigkeitssanktion nach § 2289 Abs. 1 Satz 2 BGB, erst mit dem Erbfall zum Tragen kommt.[49] Das Recht des Bedachten ist dann die sich aus den bindenden, vertragsmäßigen Verfügungen im Erbfall ergebende Rechtsstellung des Bedachten.[50] In **persönlicher Hinsicht** ist zu beachten, dass zunächst nur das Vertrauen des Vertragspartners geschützt wird, dass der vertraglich und damit bindend getroffene Plan zur Verteilung des Nachlasses so auch realisiert wird. Die Sanktionswirkungen des

32 Zum Diskussionsstand *D. Nolting*, Der Änderungsvorbehalt beim Erbvertrag,74 ff.
33 *Harrer* LZ 1926, 214, 219 f.
34 *Van Venrooy* JZ 1987, 10, 14 – was schon deswegen nicht überzeugt, weil das Gesetz das Recht ja in Abs. 1 ausdrücklich regelt.
35 MünchKomm/*Musielak* Rn. 9; *Schlüter* Rn. 274; *Siebert* 246.
36 Der hiesigen Kritik zust. NK-BGB/*Kornexl* Rn. 25.
37 109; NJW 1986, 3115, 3118.
38 Ebenso zu Recht *Bengel* DNotZ 1989, 157*; hierzu kritisch aber zu sehr verkürzend und vom eigenen Vorverständnis beeinflusst *D. Nolting*, Änderungsvorbehalt beim Erbvertrag, 82.
39 Änderungsvorbehalt, 86 ff.
40 Änderungsvorbehalt, 89.
41 Änderungsvorbehalt, 76 ff.
42 II 622.
43 1961, 8.
44 1962, 190.
45 § 2286 BGB Rdn. 2.
46 S. Vorbem. zu §§ 2274 ff. BGB Rdn. 8.
47 *Schumann*, Erbvertragsrecht, Rn. 4.
48 Zust. NK-BGB/*Kornexl* Rn. 26; vgl. bereits *J. Mayer* DNotZ 1990, 766.
49 NK-BGB/*Kornexl* Rn. 27.
50 NK-BGB/*Kornexl* Rn. 27.

§ 2289 Abs. 1 BGB kommen dann aber dem vertragsmäßig Bedachten zugute, der nicht unbedingt auch der Vertragspartner sein muss.[51]

Fraglich ist insbesondere, ob der aus einer **Auflage** Begünstigte ein Recht i.S. von § 2289 Abs. 1 BGB hat, das beeinträchtigt werden kann.[52] Dagegen spricht, dass dieser kein Recht auf Leistung besitzt (§ 1940 BGB),[53] ja vielfach Auflagen vorkommen, die keinerlei Begünstigten kennen (Grabpflegeauflagen etc.). Im Wege einer teleologischen Auslegung der Norm wird teilweise und im Ergebnis zutreffend für eine Anwendung dieser Vorschrift zugunsten des durch die Auflage Begünstigten plädiert, da dessen Schutz so weit gehen müsse, wie die erbvertragliche Bindung des § 2278 Abs. 2 BGB reiche.[54] Daraus ergibt sich aber zugleich, dass sich die erbvertragliche Bindung nicht aus § 2289 BGB selbst ergeben kann, da dies sonst ein unzulässiger Zirkelschluss wäre (Vorbem. zu §§ 2274 ff. BGB Rdn. 10). 15

c) Beeinträchtigung der vertragsmäßigen Rechte

aa) Unterschied zwischen »Beeinträchtigung« und »Widerspruch« i.S.v. § 2258 BGB

Während § 2258 BGB einem späteren Testament nur insoweit aufhebende Wirkung zuerkennt, als es mit dem früheren in Widerspruch steht, stellt § 2289 Abs. 1 BGB darauf ab, ob das Recht des vertragsmäßig Bedachten durch die frühere letztwillige Verfügung **beeinträchtigt** wird, und spricht damit dem späteren Erbvertrag eine **weiter gehende Wirkung** zu als dem **späteren Testament**. Der Begriff der Beeinträchtigung ist dabei **teilweise weiter**, teilweise **enger** als der des Widerspruchs i.S. von § 2258 BGB.[55] Ein Widerspruch in diesem Sinne liegt nur vor, wenn die erbrechtlichen Anordnungen sachlich nicht übereinstimmen, sich also gegenseitig ausschließen.[56] Eine Beeinträchtigung besteht dagegen bereits, wenn die vertragsmäßige Zuwendung gemindert, belastet oder beschränkt würde.[57] Demnach widerspricht zwar eine testamentarische Vermächtnisanordnung nicht direkt einer vertragsmäßigen Erbeinsetzung, sie beeinträchtigt jedoch die Rechte des Vertragserben und ist deshalb grundsätzlich unwirksam,[58] wenn sich kein anderer Wille durch Auslegung ermitteln lässt.[59] Bei zwei letztwilligen Verfügungen träte die Aufhebungswirkung nur ein, wenn sich ein Aufhebungswille wenigstens durch Auslegung ergeben würde.[60] Die Aufhebungswirkung eines gemeinschaftlichen Testaments ist daher wesentlich schwächer als die eines Erbvertrags.[61] Hat dagegen der Erblasser den Bedachten bereits durch Testament zum Alleinerben eingesetzt, in dem späteren Erbvertrag aber nur zur Hälfte als Miterben berufen, sonst aber nichts bestimmt, dann widersprechen sich zwar diese beiden Verfügungen, durch die frühere testamentarische werden jedoch die Rechte aus dem Erbvertrag nicht beeinträchtigt, ja sogar ein »mehr« gewährt.[62] Die frühere letztwillige Verfügung besteht daher fort, die vertragsmäßige Zuwendung verstärkt durch die eintretende Bindungswirkung seine Rechtsstellung. 16

51 NK-BGB/*Kornexl* Rn. 26.
52 Abl. *Harrer* LZ 1926, 214, 219.
53 *J. Mayer* DNotZ 1990, 755, 766; dagegen zu Unrecht *D. Nolting*, Änderungsvorbehalt beim Erbvertrag, 74.
54 So ausdrücklich MünchKomm/*Musielak* Rn. 9; im Ergebnis ebenso *D. Nolting* 89 f.; *Lange*, Erbrecht, § 17 Rn. 175; Staudinger/*Kanzleiter* Rn. 5.
55 MünchKomm/*Musielak* Rn. 11; vgl. auch NK-BGB/*Kornexl* Rn. 6; *Lange*, Erbrecht, § 17 Rn. 176; übersehen bei *Schumann*, Erbvertragsrecht, Rn. 15 f, der immer nur den »Widerspruch« erörtert.
56 Staudinger/*W. Baumann* § 2258 Rn. 10 m.w.N.
57 BGH NJW 2011, 1733, 1735; OLG Frankfurt NJW-RR 2018, 329, 331; Soergel/*M. Wolf* Rn. 9; *Lange/Kuchinke* § 25 VI 2 a.
58 Mot. V, 331; NK-BGB/*Kornexl* Rn. 6.
59 *Johannsen* DNotZ Sonderheft 1977, 70* f.
60 Umgekehrtes Regel/Ausnahmeverhältnis, was für die Beweis- und Feststellungslast bedeutsam ist, Nieder/Kössinger/*R. Kössinger*, Handbuch der Testamentsgestaltung, § 11 Rn. 3.
61 *Johannsen* DNotZ Sonderheft 1977, 70* f.
62 NK-BGB/Kornexl Rn. 6; MünchKomm/*Musielak* Rn. 11.

17 Ein **späterer Erbvertrag**, der dem Bedachten eine geringere Erbeinsetzung als die frühere letztwillige Verfügung gewährt, hebt also die frühere Zuwendung nicht »ipso jure« auf, was in der Tat merkwürdig erscheint.[63] Anders wäre es, wenn man dem Erbvertrag einen Widerruf der letztwilligen Verfügung entnehmen würde, was sich auch durch Auslegung ergeben kann, etwa wenn die Verfügungen miteinander unvereinbar wären.[64]

bb) Prüfung nach rechtlichen Gesichtspunkten

18 § 2289 Abs. 1 BGB will das Recht des Bedachten gegen Beeinträchtigungen schützen, nicht aber einen lediglich wirtschaftlichen Vorteil. Bei der hier vorzunehmenden Prüfung kann daher keine rein wirtschaftliche Betrachtungsweise vorgenommen werden, sondern diese ist entsprechend der h.M. allein an **rechtlichen Gesichtspunkten** auszurichten. Anderes wäre mit dem **Wesen des Erbvertrags** nicht vereinbar. Denn § 2289 Abs. 1 BGB will das Recht des vertraglich Bedachten, nicht dessen wirtschaftlichen Erwerb schützen.[65] Die Gegenansicht will demgegenüber stärker **wirtschaftliche Kriterien** in den Vordergrund stellen, welche auch immer diese sein mögen.[66] Eine **neuere Auffassung** geht demgegenüber davon aus, dass der Erbvertrag zur Durchsetzung des von den Vertragsteilen bindend festgelegten Nachlassplans dient. Daher sei für das Eingreifen der Sanktionen des § 2289 Abs. 1 BGB immer zu prüfen, ob die anderen Verfügungen von Todes wegen mit diesem **Verteilungsplan vereinbar** seien. Dabei kann es sein, dass die **Beeinträchtigung rechtlicher oder aber wirtschaftlicher Natur** ist.[67] Diese Auffassung hat den Vorzug, zielführender die eigentliche Problematik in den Vordergrund zu rücken. Dass letztlich in Grenzfällen eine wertende Betrachtung erforderlich ist, kann auch sie nicht vermeiden. Und diese Wertung hat letztlich nach rechtlichen Kategorien zu erfolgen. Das Urteil des BGH vom 08.01.1958[68] schließt zwar aus, dass eine rein wirtschaftliche Betrachtung möglich ist, lässt im Übrigen aber offen, welchen Stellenwert wirtschaftliche Erwägungen haben. Letztlich geht der Streit auf rein terminologische Unterschiede zurück,[69] hat aber, wie die folgenden Beispiele zeigen, durchaus praktische Bedeutung.[70]

cc) Bestimmung der Beeinträchtigung nach dem Vertragsinhalt

19 Bestimmen sich Bindung und Rechte der Bedachten aus dem Erbvertrag, so kann andererseits die Frage einer Beeinträchtigung und damit Unwirksamkeit nach § 2289 Abs. 1 BGB nicht ohne vorherige Ermittlung des Vertragsinhalts beantwortet werden.[71] Erst so lässt sich feststellen, ob die spätere letztwillige Verfügung die vertragsmäßige Zuwendung mindert, beschränkt, belastet oder gegenstandslos macht.[72] Für eine Gewichtung der Beeinträchtigung etwa nach »Spürbarkeit« oder »Messbarkeit«[73] ist dabei nach Ansicht des BGH allerdings kein Raum. Denn derartige Begriffe böten im Übrigen kein sicheres Abgrenzungskriterium.[74]

---

63 MünchKomm/*Musielak* Rn. 11.

64 MünchKomm/*Musielak* Rn. 11; Staudinger/*Kanzleiter* Rn. 3; 2. Aufl. Rn. 4 nimmt dies i.d.R. an, was m.E. zu weit geht; nach **a.A.** soll sich dies auch ohne Widerruf aus § 2258 BGB ergeben, Soergel/*M. Wolf* Rn. 3; Erman/*M. Schmidt* Rn. 3.

65 BGHZ 189, 120, 126 f. (Rdnr. 18) = NJW 2011, 1733; *Brox/Walker* Rn. 157; *Kipp/Coing* § 38 II 2; *Lange/Kuchinke* § 25 VI 2 a; *Kuchinke*, FS v. *Lübtow* 288; *Lange*, Erbrecht, § 17 Rn. 176; v. *Lübtow* I 421; *Schlüter* Rn. 274; *Muscheler* I Rn. 2228; MünchKomm/*Musielak* Rn. 10; *Siebert*, FS Hedemann (1958) 237, 256 ff.; Staudinger/*Kanzleiter* Rn. 14; AK/*Finger* Rn. 5; Palandt/*Weidlich* Rn. 2.

66 RGRK-BGB/Kregel Rn. 1; *Ebenroth* Rn. 256; Nieder/Kössinger/*R. Kössinger*, Handbuch der Testamentsgestaltung, § 11 Rn. 3; *Schumann*, Erbvertragsrecht, Rn. 16; Soergel/*M. Wolf* Rn. 3: bloß wirtschaftliche Beeinträchtigung genüge, wenn rechtlich geschützte Position betreffend.

67 NK-BGB/*Kornexl* Rn. 29.

68 BGHZ 26, 204, 213.

69 *Strobel*, Mittelbare Sicherung erbrechtlicher Erwerbsaussichten (1982) 95 ff.

70 **A.A.** Bamberger/Roth/*Litzenburger* Rn. 7.

71 Zutr. BGHZ 189, 120, 129 f. (Rn. 30) = NJW 2011, 1733.

72 BGHZ 189, 120, 129 f. (Rn. 30) = NJW 2011, 1733 unter Bezug auf *Muscheler* Erbrecht Rn. 2227.

73 So etwa KG ZEV 2010, 40.

74 BGHZ 189, 120. 129 f. (Rn. 29) = NJW 2011, 1733; Bamberger/Roth/*Litzenburger* Rn. 10b.

d) Einzelfälle zur Beeinträchtigung durch frühere Verfügungen von Todes wegen

20 Als Beispiele für eine **Beeinträchtigung** vertragsmäßiger Rechte durch eine **frühere letztwillige** Verfügung lassen sich nennen: Bei zunächst verfügter testamentarischer **Miterbeneinsetzung**, später aber erfolgter vertragsmäßiger Alleinerbenbestimmung geht die Alleinerbschaft vor.[75] Bei letztwilliger Alleinerbschaft und später angeordneter erbvertraglicher Miterbschaft wird das Recht der bisher nicht bedachten Miterben beeinträchtigt und setzt sich daher gegen das Testament durch. Die **Erhöhung** einer in einem Testament festgelegten **Miterbenquote** durch einen Erbvertrag setzt sich hinsichtlich des aufgestockten Anteils gegenüber den Erbteilen der übrigen Miterben durch, muss aber nicht zum gesamten Wegfall der früheren Erbeinsetzungen führen. Die Erbquoten der anderen Miterben sind vielmehr analog § 2090 BGB herabzusetzen.

So gibt etwa *Kornexl* folgendes Beispiel:[76] Testamentarisch werden A, B und C je zu 1/3 als Erben eingesetzt. Im späteren Erbvertrag wird A dann zur Hälfte zum Erben berufen, weitere Bestimmungen bezüglich der Erbfolge werden nicht getroffen. Infolge der entsprechenden Anwendung von § 2090 BGB beträgt dann die Erbquote von B und C je 1/4.

Durch die Anordnung einer **Testamentsvollstreckung** oder Erweiterung seiner Befugnisse wird das Recht des Erben beeinträchtigt, da er dadurch in seiner Verfügungsbefugnis eingeschränkt wird,[77] ebenso durch seine Beschwerung mit einem **Vermächtnis**,[78] während die Anordnung eines Untervermächtnisses ihn nicht beeinträchtigt.[79] Dagegen ist es zu pauschal, wenn es heißt, durch die spätere Anordnung einer Testamentsvollstreckung könne ein Vermächtnisnehmer bezüglich seines früher zugewandten Vermächtnisses nicht mehr beeinträchtigt werden,[80] denn auch ein Vermächtnisnehmer kann hinsichtlich seines Erwerbs mit einer Verwaltungsvollstreckung i.S.d. § 2209 BGB beschwert werden.[81] Vermacht der Erblasser einen bestimmten Gegenstand zunächst durch letztwillige Verfügung dem A, dann vertragsmäßig dem B, so beeinträchtigt die frühere Anordnung das Recht des B auf jeden Fall, mag der Erblasser die Absicht gehabt haben, sie aufzuheben oder nur die Bedachten zu Gesamtgläubigern zu machen (§§ 428 ff. BGB); die letztwillige Anordnung wird also durch den Erbvertrag aufgehoben.[82] Bei **Gattungsvermächtnissen** geht, wenn der Nachlass zur Erfüllung beider Vermächtnisse nicht ausreicht, das vertragsmäßige Vermächtnis dem letztwilligen vor; im Nachlassinsolvenzverfahren ist daher § 327 Abs. 2 Satz 2 InsO anzuwenden.[83] Auch die Anordnung einer **Auflage** kann eine Beeinträchtigung des Rechts des vertragsmäßig Bedachten darstellen.[84]

3. Aufhebungswirkung

21 Soweit die Beeinträchtigung des Rechts des vertragsmäßig Bedachten reicht, wird die frühere letztwillige Verfügung aufgehoben. Dies geschieht mit **absoluter Wirkung** gegenüber allen, nicht bloß relativ gegenüber dem vertragsmäßig Bedachten. Daher kann sich auch ein Dritter auf die Unwirksamkeit berufen, etwa beim Widerstreit zweier Erbeinsetzungen der Schuldner einer Nachlassfor-

75 NK-BGB/*Kornexl* Rn. 30.
76 NK-BGB/*Kornexl* Rn. 31.
77 §§ 2211 ff. BGB; RGZ 139, 43; KG RJA 16, 253; BGH NJW 1962, 912; OLG Hamm OLGZ 1976, 20 = WM 1976, 303, 305; OLG Hamm FamRZ 1996, 637 = FGPrax 1995, 241, 243; LG Stuttgart Rpfleger 1993, 68; NK-BGB/*Kornexl* Rn. 35; MünchKomm/*Musielak* Rnr. 10; Staudinger/*Kanzleiter* Rn. 12.
78 BGHZ 26, 204 = LM Nr. 3 zu § 2289; OLG Frankfurt NJW-RR 2018, 329, 331; NK-BGB/*Kornexl* Rn. 32; *Kipp/Coing* § 38 II 2; Palandt/*Weidlich* Rn. 5.
79 NK-BGB/*Kornexl* Rn. 32.
80 So aber MünchKomm/*Musielak* Rn. 10.
81 Bamberger/Roth/*J. Mayer* § 2223 Rnr. 2.
82 *Planck/Greiff* Anm. 2b; Soergel/*M. Wolf* Rn. 3.
83 Vgl. § 1991 Abs. 4, § 1992 BGB; NK-BGB/*Kornexl* Rn. 32; vgl. bereits zum alten Konkursrecht *Strohal* I § 45 Fn. 81.
84 OLG Frankfurt NJW-RR 2018, 329, 331.

derung und bei einem mehrfachen Vermächtnis desselben Gegenstandes der Beschwerte.[85] Werden durch die vertragsmäßigen Verfügungen die Rechte des Bedachten **verbessert**, so ist § 2289 Abs. 1 Satz 1 BGB mangels einer Beeinträchtigung nicht anwendbar.[86]

III. Wirkung des Erbvertrags gegenüber späteren Verfügungen von Todes wegen – Unwirksamkeitssanktion

22 Während § 2289 Abs. 1 Satz 1 BGB die allgemeine Regelung über widersprüchliche Testamente erweitert, schließt Abs. 1 Satz 2 die Anwendung des § 2258 BGB aus, um den Schutz des vertragsmäßig Bedachten gegen spätere Verfügungen von Todes wegen zu gewährleisten.[87] Nach dem Erbvertrag getroffene beeinträchtigende Verfügungen von Todes wegen sind grundsätzlich unwirksam. Die Wirksamkeit von Verfügungen von Todes wegen, die mit der bereits früher getroffenen vertragsmäßigen Verfügung des Erbvertrags unvereinbar sind, bestimmt sich daher nach dem **Prioritätsprinzip**. Abs. 1 Satz 2 führt daher dazu, dass der Erblasser durch den Abschluss des Erbvertrags in seiner Testierfreiheit (nicht in seiner Testierfähigkeit) entsprechend beschränkt wird.[88] Hierin manifestiert sich die **Bindungswirkung des Erbvertrags**.

1. Gegenstand der Unwirksamkeitssanktion

23 Unwirksam werden **alle Arten** der »Verfügungen von Todes wegen«, also Testamente wie Erbverträge, soweit sie das Recht des vertragsmäßig Bedachten beeinträchtigen.[89] Insoweit geht Abs. 1 Satz 2 über die Regelung des Satzes 1 hinaus. Für spätere Erbverträge und gemeinschaftliche Testamente gilt dies freilich nur dann, wenn sie vom Erblasser **mit einem Dritten** errichtet sind, denn andernfalls wird durch die neue Verfügung mit dem gleichen Ehegatten/Lebens- oder Vertragspartner die alte Verfügung zulässigerweise abgeändert oder aufgehoben (§§ 2290, 2292 BGB); zur Möglichkeit der Abänderung ohne eine vorherige Aufhebung s. § 2290 BGB Rdn. 27 f. Voraussetzung für die Unwirksamkeitsfolge ist weiter, dass die beeinträchtigende Verfügung von Todes wegen später, d.h. zeitlich nach dem beeinträchtigten Erbvertrag errichtet wurde. Zur Errichtung am gleichen Tag s. OLG Colmar OLG 18, 359; allgemein hierzu *Sonntag* ZEV 1996, 1.

24 Die Aufhebung eines **Verzichts** auf das **gesetzliche Erbrecht** führt nur zu dessen Wiederherstellung, beseitigt dagegen nicht die davon abweichenden vertragsmäßigen Rechte.[90] Auch die Aufhebung eines reinen **Pflichtteilsverzichts** berührt nicht unmittelbar die Rechte des vertragsmäßig Bedachten, sondern hat nur indirekt Auswirkungen auf die Höhe der zu tragenden Pflichtteilslast. Gegen solche **mittelbare Beeinträchtigungen** schützt allerdings § 2289 Abs. 1 BGB nicht.[91]

25 Schwieriger ist die Rechtslage bei der **Aufhebung** eines **Zuwendungsverzichts** (§ 2352 BGB) bei folgender Fallkonstellation: Die zunächst vertragsmäßige Anordnung wird später durch einen Zuwendungsverzicht beseitigt. Anschließend verfügt der Erblasser in einem neuen Erbvertrag wiederum abweichend. Wird nunmehr der Zuwendungsverzicht analog § 2351 BGB aufgehoben, stellt sich die Frage, ob der Aufhebungsvertrag zum Zuwendungsverzicht nur »ex nunc« wirkt.[92] Dann würde sich aber bei inhaltlicher Unvereinbarkeit der ältere Erbvertrag gegenüber dem jüngeren durchsetzen. Dies ließe sich nur dann vermeiden, wenn man entweder auf den Aufhebungsvertrag § 2289 Abs. 1 Satz 2 BGB analog anwendet,[93] was aber die überwiegende Meinung zu Recht ablehnt,[94] weil damit die Grenzen zwischen den Verfügungen von Todes wegen und den Verfügungen unter

85 MünchKomm/*Musielak* Rn. 12; BGB-RGRK/*Kregel* Rn. 1; *Strohal* I § 46 Fn. 3; **a.M.** *Schiffner* 140 Fn. 20.
86 Bamberger/Roth/*Litzenburger* Rn. 8.
87 Soergel/*M. Wolf* Rn. 1.
88 RGZ, 149, 201.
89 AllgM, vgl. etwa NK-BGB/*Kornexl* Rn. 16.
90 NK-BGB/*Kornexl* Rn. 17.
91 NK-BGB/*Kornexl* Rn. 19; s. dazu unten Rdn. 33.
92 Mot. V 476; **a.A.** LG Kempten MittBayNot 1978, 63, 64.
93 So *Hülsmeier* NJW 1981, 2043; *Schindler* DNotZ 2004, 824; *ders.*, ZEV 2005, 299.
94 MünchKomm/*Musielak* Rn. 15; *Staudinger/Kanzleiter* Rn. 22; *Kanzleiter* DNotZ 2009, 86, 89 f.

Lebenden verwischt werden, oder aber einen Zuwendungsverzicht gar nicht für aufhebbar ansieht, weil es für eine Analogie zu § 2351 BGB an einer vergleichbaren Interessenlage fehlt.[95]

Keine Verfügung von Todes wegen ist die Löschung des **Hofvermerks** nach § 1 Abs. 4 HöfeO, die beim fakultativen Höferecht zum Erlöschen der Sondererbfolge führt.[96] Dagegen hat ein Hofübergabevertrag nach §§ 7 Abs. 1, 17 HöfeO auch die Wirkung einer Verfügung von Todes wegen, da dadurch das Recht zur Bestimmung des Hoferben ausgeübt wird. Ein gegen eine erbvertragliche Zuwendung verstoßender Hofübergabevertrag ist deshalb im Bereich der HöfeO nach § 2289 Abs. 1 BGB unwirksam,[97] während nach allgemeinem Erbrecht bei einer beeinträchtigenden Verfügung nur § 2287 BGB infrage kommt.[98] Die Bindungswirkung eines vor der Entstehung der Hofeigenschaft bereits abgeschlossenen Erbvertrages steht einer abweichenden Hoferbenbestimmung entgegen, soweit die erbvertragliche Verfügung mit den Grundsätzen der HöfeO vereinbar ist.[99] 26

2. Unwirksamkeitsgrund

a) Wirksamer Erbvertrag

Abs. 1 Satz 2 gilt **nur** für **vertragsmäßige Verfügungen** i.S.v. § 2278 Abs. 2 BGB, weil nur diese den Erblasser binden können.[100] Demgegenüber bestimmt sich das Verhältnis einseitiger Verfügungen (§ 2299 BGB) in einem Erbvertrag zu späteren anderen letztwilligen Verfügungen des Erblassers nach den §§ 2253 ff. BGB, wie sich auch aus der Verweisung des § 2299 Abs. 2 BGB ergibt.[101] Weitere Voraussetzung für den Eintritt der Unwirksamkeitsfolge ist auch hier stets, dass der zuerst **errichtete Erbvertrag** wirksam ist und bleibt und die vertragsmäßigen Zuwendungen nicht gegenstandslos wurden.[102] Die spätere Verfügung von Todes wegen ist also trotz der Kollision mit dem Erbvertrag wirksam, wenn dieser oder die infrage stehende vertragsmäßige frühere **Verfügung nichtig oder erfolgreich angefochten ist, wenn sie durch Aufhebung** oder **Rücktritt** beseitigt oder wenn sie wegen Vorablebens des Bedachten, Ausschlagung, Erbverzichts oder Erbunwürdigkeit oder Eingreifens einer Verwirkungsklausel[103] **gegenstandslos** ist, ohne dass eine Ersatzberufung oder Anwachsung eingreift.[104] Besteht daher die Möglichkeit, dass der Erbvertrag nicht wirksam ist, sollte der **Notar** die Errichtung eines Testaments nicht deswegen ablehnen, weil die vom Erblasser beabsichtigte Verfügung eine ältere vertragsmäßige Verfügung beeinträchtigen würde.[105] 27

b) Beeinträchtigung eines Rechts eines vertragsmäßig Bedachten

Für die Frage, ob das Recht des vertragsmäßig Bedachten durch eine spätere Verfügung von Todes wegen beeinträchtigt wird, ist auch hier (wie bei Abs. 1 Satz 1) die **rechtliche Betrachtungsweise** entscheidend.[106] Soweit daher eine spätere Verfügung das Recht des Bedachten beeinträchtigt, ist sie nicht deswegen wirksam, weil sie, wirtschaftlich betrachtet, für den Bedachten günstiger ist als die vertragliche Regelung.[107] 28

95 *Kornexl*, Der Zuwendungsverzicht (1998) Rn. 550 ff.
96 BGH NJW 1976, 1635; BGHZ 73, 324 = NJW 1979, 1453; eingehend *Otte* NJW 1986, 672.
97 BGHZ 1, 116, 121; BGH LM Nr. 3 zu § 12 HöfeO; NK-BGB/*Kornexl* Rn. 20; *Damrau/Tanck/Krüger*, Erbrecht, Rn. 8; s. auch § 2286 BGB Rdn. 5; übersehen bei OLGR Celle 2003, 269; **a.A.** Staudinger/*Kanzleiter* Rn. 26, wo die Hofübergabe zu Unrecht mit der Löschung des Hofvermerks gleichgesetzt wird.
98 S. auch Rdn. 69.
99 OLG Köln JMBl NW 2004, 8 = ZEV 2004, 122 (LS).
100 OLG München NJW-RR 2009, 19, 20 = ZEV 2008, 344; MünchKomm/*Musielak* Rn. 14.
101 *Siebert*, FS Hedemann, S. 237 f.; MünchKomm/*Musielak* Rn. 14.
102 Vgl. Rdn. 11.
103 OLG Zweibrücken OLGZ 1990, 134 = FamRZ 1989, 1355.
104 Vgl. Rdn. 11; Mot. V 332; *Planck/Greiff* Anm. 3a; RGRK-BGB/*Kregel* Rn. 3; Soergel/*M. Wolf* Rn. 11.
105 *Planck/Greiff* Anm. 3a.
106 Vgl. Rdn. 18.
107 BGHZ 26, 204 = NJW 1958, 498 = LM Nr. 3 zu § 2289 m. Anm. *Johannsen* = JZ 1958, 394 m. Anm. *Küster*.

29 **Zulässig** sind aber alle Verfügungen, die dem vertragsmäßig Bedachten **nachträglich lediglich einen erbrechtlichen Vorteil** bringen oder wenigstens rechtlich neutral sind.[108]

aa) Veränderung oder Umwandlung der Stellung des Vertragserben

30 Unzulässig ist eine Einschränkung der **Quote** des Vertragserben oder die Anrechnung einer lebzeitigen Zuwendung jenseits der Möglichkeiten der §§ 2050 ff. BGB, etwa durch ein Änderungstestament.[109] Der Erblasser ist daher ohne entsprechenden Änderungsvorbehalt nicht befugt, den vertragsmäßig zum alleinigen Vorerben Berufenen stattdessen zu einem kleineren Bruchteil zum Vollerben neben anderen Miterben einzusetzen, mag dieses auch wirtschaftlich wertvoller sein.[110] Demgegenüber wäre es zulässig, den zunächst zum alleinigen Vorerben Eingesetzten zu einer bestimmten Quote als Vollerben zu berufen und im Übrigen seine Vorerbenstellung zu belassen.

31 Aber auch nicht jede **spätere Verbesserung** der vertragsmäßig erfolgten Erbeinsetzung ist ohne Weiteres zulässig. Zwar widerspricht eine solche Besserstellung an sich der früheren vertragsmäßigen Zuwendung i.S.v. § 2258 BGB, sie wird jedoch von der ganz h.M. grundsätzlich für zulässig gehalten, weil der Normzweck des § 2289 BGB nur gegen eine Verschlechterung der Rechte des Bedachten schützen will.[111] Hier zeigt sich abermals, dass die Begriffe »Widersprechen« und »Beeinträchtigen« sich nicht decken,[112] was der BGH auch übersehen hat, wenn er meint, soweit ein früheres vertragsmäßiges Recht des Bedachten vorliege, stelle eine dazu widersprechende Verfügung notwendigerweise immer eine Beeinträchtigung dar.[113] Zu beachten ist in den Fällen der Rechtsverbesserung aber, dass diese **oftmals zulasten anderer** Beteiligter geht, die in dem Erbvertrag u.U. ebenfalls Zuwendungen erhielten.[114] Die Komplexität der Gesamtregelung eines Erbvertrages wird mitunter übersehen. So etwa in dem immer wieder gebrachten Beispiel, dass der vertraglich zum alleinigen Vorerben Berufene durch spätere letztwillige Verfügung zum alleinigen Vollerben gemacht werden dürfe. Dies ist zumindest dann nicht möglich, wenn – was wohl der Regelfall ist – auch die Nacherbeneinsetzung vertragsmäßig getroffen wurde, denn die kann ebenfalls nicht einseitig beseitigt werden. Bei einer nachträglichen Erhöhung der Quote eines Miterben zulasten der anderen vertragsmäßig Bedachten wird die unzulässige Beeinträchtigung deutlicher.

32 Aus diesem Grund ist auch beim Ehegattenerbvertrag die nachträgliche **Besserstellung des Ehepartners** zulasten anderer vertraglich Bedachter durch einseitige Verfügung nicht möglich,[115] etwa der Austausch der zunächst vertraglich berufenen Kinder durch den Ehegatten. Dagegen soll dies nach h.M. beim gemeinschaftlichen Testament möglich sein,[116] was sich aber auch dort nicht aus Normzweck oder eingeschränkter Bindungswirkung rechtfertigen lässt.[117]

108 *Brox/Walker* Rn. 158; *Lange/Kuchinke* § 25 VI 2 a; *ders.*, FS v. Lübtow (1991), 283, 287; *Muscheler* I Rn. 2231.

109 OLG München NJW-RR 2009, 19, 20 = ZEV 2008, 344 sowie BGH ZEV 2010, 33 = MittBayNot 2010, 320 m. Anm. *Dietz* als Revisionsinstanz.

110 BGHZ 26, 204, 213; krit. hierzu etwa *Buchholz* Rpfleger 1990, 45, 53; unklar *Lange*, Erbrecht, § 17 Rn. 176 im letzten Beispiel, der wohl den hier diskutierten Fall meint, aber vergisst klarzustellen, dass der ursprüngliche Vorerbe bezüglich des restlichen Erbteils enterbt werden soll.

111 OLG Düsseldorf OLG-Rp 1992, 185; *Siebert*, FS Hedemann S. 256; *Lange/Kuchinke* § 25 VI 2 a; MünchKomm/*Musielak* Rn. 17.

112 Rdn. 16.

113 BGHZ 26, 204, 213; hierauf macht *Buchholz* Rpfleger 1990, 53 zu Recht aufmerksam.

114 *Lange/Kuchinke* § 25 VI, Fn. 203; Palandt/*Weidlich* Rn. 5.

115 BayObLGZ 1961, 207 = NJW 1961, 1866; Palandt/*Weidlich* Rn. 9; kritisch gegen das dort angewandte Bindungsargument *Buchholz* Rpfleger 1990, 52; a.M. Staudinger/*Kanzleiter* Rn. 14, wo übersehen wird, dass die BGH-Entscheidung zum gemeinschaftlichen Testament erging.

116 BGHZ 30, 261; KG DNotZ 1943, 276.

117 *Kuchinke* FS *v. Lübtow* (1991) 286 f.; vgl. hierzu § 2271 BGB Rdn. 27.

Ideelle Nachteile, die aus der rechtlichen Verbesserung entstehen (Verfeindung mit den gesetzlichen Erben) oder wirtschaftliche Belastungen, etwa durch erhöhte Pflichtteilsbelastung, sind ohne Belang.[118] 33

Keine Beeinträchtigung einer vertragsmäßigen Verfügung liegt vor, wenn sich die spätere Verfügung auf einen anderen Gegenstand (Bruchteil der Erbschaft oder bestimmter Gegenstand) bezieht oder über den nämlichen Gegenstand dasselbe bestimmt, wie die vertragsmäßige Verfügung, oder wenn sie nur für den Fall getroffen wird, dass die vertragsmäßige Verfügung unwirksam ist oder wird.[119] Daher hindert die gegenseitige Erbeinsetzung von Ehegatten in einem Erbvertrag, der keine Schlusserbeneinsetzung enthält, jeden einzelnen von ihnen nicht, schon zu seinen Lebzeiten für den Fall, dass der andere Ehegatte zuerst sterben sollte, durch einseitiges Testament anderweitig über seinen Nachlass zu verfügen.[120] 34

Eine **Umwandlung** der ursprünglichen Stellung eines Vertragserben (etwa zu einem Achtel) in die Zuwendung eines Quotenvermächtnisses gleicher oder gar größerer Höhe ist dagegen eine unzulässige Beeinträchtigung, da der Bedachte dadurch seine direkte, dingliche Nachlassbeteiligung verliert; auf die wirtschaftliche Vorteilhaftigkeit kommt es auch hier nicht an.[121] Spätere **Inhaltsänderungen** von vertragsmäßigen Zuwendungen sind immer konkret und einzelfallbezogen darauf hin zu prüfen, ob sich daraus eine Beeinträchtigung i.S.v. § 2289 Abs. 1 BGB ergibt. Maßgeblicher Zeitpunkt, auf den bei der Überprüfung dabei abzustellen ist, ist der des Erbfalls.[122] 35

bb) Anordnung erbrechtlicher Beschränkungen oder Beschwerungen

(1) Grundsätzliches

Nachträgliche Anordnungen einer erbrechtlichen Beschränkung oder Beschwerung stellen grundsätzlich eine unzulässige Beeinträchtigung dar. Ausnahmen können sich ergeben, wenn 36
- der Erblasser auch nach dem Ableben des Erstversterbenden zum **Rücktritt** berechtigt ist (§ 2297 BGB),
- eine **Pflichtteilsbeschränkung in guter Absicht** (§§ 2289 Abs. 2, 2338 BGB) zulässig wäre, hier jedoch nur bezüglich der danach möglichen Anordnungen,
- wenn ein **entsprechender Änderungsvorbehalt** besteht, wobei sich ein solcher auch erst aufgrund einer entsprechenden Auslegung ergeben kann (stillschweigender Änderungsvorbehalt).[123] Hierzu ist zu beachten, dass diese Vorbehalte von der Rspr. häufig sehr eng ausgelegt werden.[124]

(2) Nacherbschaft, Auflage, Vermächtnis

Unzulässig ist aber – wenn kein solcher Ausnahmefall (Rdn. 36) vorliegt – die nachträgliche Anordnung einer **Nacherbschaft**, einer **Auflage** und eines **Vermächtnisses**, oder wenn der Gegenstand eines Vermächtnisses verändert wird.[125] Demgegenüber soll der bloße Austausch des Vermächtnisnehmers oder eines Auflagenbegünstigten bei einer bereits von Anfang getroffenen Anordnung dieser Art keine Beeinträchtigung darstellen.[126] 37

---

118 *Lange/Kuchinke* § 25 VI 2 a; Erman/*M. Schmidt* Rn. 2.

119 *Planck/Greiff* Anm. 3a.

120 OLG Stuttgart JW 1933, 2779; Palandt/*Weidlich* Rn. 9.

121 *Lange/Kuchinke* § 25 VI 2 a.

122 NK-BGB/*Kornexl* Rn. 34 mit dem anschaulichen Beispiel der nachträglichen Anordnung einer Wertsicherungsklausel für ein Geldvermächtnis, die sich u.U. gar nicht bis zum Erbfall nachteilig auswirken muss.

123 Dazu § 2278 BGB Rdn. 43; s. auch nachstehend Rdn. 42.

124 Vgl. dazu *Weidlich* MittBayNot 2011, 453, 454; *Keim* ZEV 2005, 365 m.w.N; aus der Rspr. etwa OLG München MittBayNot 2009, 53; OLG Köln ZEV 2014, 255.

125 OLG Düsseldorf ZEV 2017, 645; OLG Frankfurt NJW-RR 2018, 329, 331; NK-BGB/*Kornexl* Rn. 33; MünchKomm/*Musielak* Rn. 16; vgl. Rdn. 17.

126 NK-BGB/*Kornexl* Rn. 33.

(3) **Testamentsvollstreckung**

38 Beeinträchtigt wird der Vertragserbe regelmäßig durch die **erstmalige, nachträgliche Anordnung** einer **Testamentsvollstreckung**, aber auch durch die Erweiterung der Befugnisse des Testamentsvollstreckers, da dadurch in die Rechtsmacht des Erben eingegriffen wird (§§ 2211 ff. BGB).[127] Das ergibt sich auch aus einem Umkehrschluss aus Abs. 2.[128]

39 Die nachträgliche einseitige Anordnung einer Testamentsvollstreckung ist grundsätzlich auch dann unwirksam, wenn der Vertragserbe vor oder nach dem Erbfall zustimmt, soweit dies formlos geschieht.[129] Nur in Ausnahmefällen kann eine solche nachträgliche einseitige Ernennung eines Testamentsvollstreckers durch **ergänzende Auslegung** des Erbvertrags gerechtfertigt werden, was aber die Annahme eines entsprechenden (u.U. auch stillschweigend vereinbarten) **Änderungsvorbehalts** voraussetzt.[130] Die Rechte eines **Nießbrauchsvermächtnisnehmers** werden durch die Anordnung der Testamentsvollstreckung nicht beeinträchtigt, es sei denn, dass es sich um eine Vermächtnisvollstreckung nach § 2223 BGB handelt[131] oder das Vermächtnis sonst der Testamentsvollstreckung unterworfen ist.

40 Umstritten ist, inwieweit eine unzulässige und damit unwirksame Beeinträchtigung des Vertragserben i.S. von § 2289 Abs. 1 Satz 2 BGB durch eine spätere **Auswechslung der Person des Testamentsvollstreckers** erfolgt. Bis zur nachstehend genannten Grundsatzentscheidung des BGH sah das Meinungsspektrum wie folgt aus: **(1)** Nach der wohl **überwiegenden Auffassung** in der Literatur sollte in einer solchen Auswechslung grundsätzlich **keine Beeinträchtigung** des Vertragserben zu sehen sein. Die eigentliche Beeinträchtigung des Vertragserben durch Beschränkung seiner Verwaltungs- und Verfügungsmacht (§§ 2205, 2211 BGB) liege bereits in der Anordnung der Testamentsvollstreckung als solcher und eine Bestimmung der Person des Testamentsvollstreckers könne im Erbvertrag ohnehin nicht bindend vorgenommen werden.[132] **(2)** Demgegenüber gingen andere in einem solchen Fall eher von einer grundsätzlichen Beeinträchtigung aus[133] oder differenzierten danach, ob die Bedachten im Einzelfall gegenüber der ursprünglichen Verfügung konkret messbar benachteiligt sind.[134] **(3)** Demgegenüber stellt nach Ansicht des BGH[135] die **Rechtsprechung** seit Langem den Inhalt des Erbvertrages als Vergleichsmaßstab für die nachfolgende testamentarische Verfügung in den Vordergrund und beurteilt diese Frage danach, ob im konkreten Fall eine Beeinträchtigung der Rechte des Vertragserben auszumachen ist.[136]

---

127 RGZ 139, 41 m. Anm. *Boehmer* JW 1933, 1301; KG RJA 16, 253; BGH NJW 1962, 912; OLG Hamm OLGZ 1976, 20 = WM 1976, 303; OLG Hamm FamRZ 1996, 637 = FGPrax 1995, 241 = MittBayNot 1996, 44 m. Anm. *Reimann*; BayObLG FamRZ 1991, 111, 113; OLG Köln FamRZ 1990, 1402, 1403; OLG Frankfurt WM 1993, 803, 804; OLG München ZEV 2008, 340, 341 = FamRZ 2009, 460; LG Stuttgart Rpfleger 1993, 68 (auch wenn der Erbe über die Hälfte des Nachlasses frei verfügen kann); NK-BGB/*Kornexl* Rn. 35; Bamberger/Roth/*Litzenburger* Rn. 9; *Lange*/*Kuchinke* § 25 VI 2 a; *Kuchinke* FS *v. Lübtow* (1991) 283, 288; *Schumann*, Erbvertragsrecht, Rdnr. 2; Staudinger/*Kanzleiter* Rn. 7; **a.M.** *Harrer* LZ 1926, 214.

128 Vgl. KG RJA 12, 18.

129 KG JW 1938, 2746 = DNotZ 1938, 804; OLG Hamm FamRZ 1996, 637 = MittBayNot 1996, 44, 46 m. Anm. *Reimann*; OLG Köln Rpfleger 1994, 111, 113; *Kipp*/*Coing* § 38 II 2; vgl. Rdn. 40.

130 Dazu und zu den Grenzen OLG Hamm a.a.O.; vgl. § 2271 BGB Rdn. 39.

131 KG RJA 16, 253; *Kipp*/*Coing* § 38 Fn. 7.

132 So etwa früher Bamberger/Roth/*Litzenburger*, BGB, 2. Aufl. 2008, § 2289 Rn. 10b; auch nach der BGH-Entscheidung ebenso noch MünchKomm/*Musielak* Rn. 10; krit. gegen den BGH und in diesem Sinne auch *Zimmer* JZ 2011, 802, 803 f.

133 *Meyding* ZEV 1994, 98, 100.

134 So etwa *Reimann*, ZEV 2001, 273, 274.

135 BGHZ 189, 120 (Rn. 28) = NJW 2011, 1733 = ZEV 2011, 306 m. krit. Anm. *Reimann* = ZNotP 2011, 225; dazu auch *Klingelhöffer*, jurisPR-BGHZivilR 12/2011 Anm. 3; *Zimmer* JZ 2011, 802.

136 Hierzu weist der BGH in seiner nachgenannten Entscheidung u.U. auf BGHZ 26, 214; KG ZEV 2010, 40; OLG Düsseldorf ZEV 1994, 302 = FamRZ 1995, 123 hin.

An diesem Ansatz der Rspr. hält der **BGH**[137] ausdrücklich fest. Die Frage einer Beeinträchtigung ließe sich ohne vorherige Ermittlung des Vertragsinhalts nicht beantworten. Erst so lasse sich feststellen, ob die spätere letztwillige Verfügung die vertragsmäßige Zuwendung mindern, beschränken, belasten oder gegenstandslos machen würde. Jedoch müsse der Vertragserbe in seinem Recht aus dem Erbvertrag und nicht nur in seinen wirtschaftlichen Interessen beeinträchtigt sein. Bei der erforderlichen Beurteilung sei jedoch eine völlige Abkopplung vom Inhalt des Erbvertrags nicht möglich. Da die Vertragsteile des Erbvertrags die alleinige Herrschaft über den Vertragsinhalt haben, besitzen sie die Möglichkeit, »die Rechtsstellung eines Vertragserben auf die Person eines Testamentsvollstreckers auszudehnen«, sodass bei einer Auswechslung dieser Person die vertraglich festgelegten Rechte des Bedachten beeinträchtigt werden könnten. Ob dies der Fall ist, könne sich u.U. erst im Wege der **Auslegung** ergeben. Im entschiedenen Fall scheide jedoch eine solche Rechtsbeeinträchtigung des Vertragserben aus, der zugleich auch Mittestamentsvollstrecker ist. Hinzu komme in diesem Fall des Erbvertrags aus dem *»Hause Hohenzollern«,* dass die Testamentsvollstreckung sehr lange dauern sollte. Daher war die Neubestimmung der Testamentsvollstrecker nach den erheblichen Veränderungen der Verhältnisse, die seit Abschluss des Erbvertrages eintraten, erforderlich, um den von beiden Vertragspartnern verfolgten Vertragszweck nicht zu gefährden. 41

Die Entscheidung des BGH ist **nicht unproblematisch.** Dass die Beeinträchtigung der Rechte des Vertragserben nach dem betreffenden Erbvertrag und dessen Reichweite zu beurteilen ist, was gegebenenfalls durch Auslegung zu geschehen hat, ist nichts Neues und trägt nichts zur grundsätzlichen Klärung der Rechtsfrage bei.[138] Wenn der BGH weiter ausführt, dass die Vertragsteile die Möglichkeit hätten, »die Rechtsstellung eines Vertragserben *auf die Person eines Testamentsvollstreckers auszudehnen«,* so bleibt der eigentliche Sinn dieser Ausführungen verborgen, ja dies nährt die Befürchtung, dass der BGH entgegen der Beschränkung der erbvertragsfähigen Verfügungen in § 2278 Abs. 2 BGB »über die Hintertür« des § 2289 Abs. 1 BGB doch eine Bindung des Vertragserben an den einmal ernannten Testamentsvollstrecker begründen will.[139] Letztlich hat der BGH die **dogmatische Verortung** der Problemlösung nicht erkannt. Da die Anordnung der Testamentsvollstreckung Teil der erbvertraglichen Regelung ist, nämlich eine Beschränkung der Rechte des Schlusserben, die aufgrund bestimmter Überlegungen in bewusster Nachlassplanung getroffen wurde, kann eine Durchbrechung der erbvertraglichen Bindung nur nach den anerkannten Grundsätzen hierfür erfolgen. Da ein Rücktrittsvorbehalt fehlt, ist das Vorliegen eines (zumindest stillschweigend erklärten) **Änderungsvorbehalts** zu prüfen.[140] Bei der erforderlichen Auslegung des Umfangs der Bindungswirkung ist zu beachten, dass hierfür nicht der Wille des die Testamentsvollstreckung anordnenden Erblassers alleine maßgebend ist, sondern wegen der vertragsmäßigen Begünstigung des Schlusserben der übereinstimmende Wille beider Vertragspartner zum Zeitpunkt der Erbvertragserrichtung.[141] 42

Der Praxis und der Rechtssicherheit wäre mit der Aufstellung eines **Regel-Ausnahme-Verhältnisses** für die Beantwortung der Frage, ob ein solcher Änderungsvorbehalt besteht, besser gedient gewesen. Hierfür kann zum einen auf die gesetzliche Systematik, zum anderen auch auf einen entsprechenden Erfahrungssatz der Praxis abgestellt werden: Danach kann davon ausgegangen werden, dass die nachträgliche **Auswechslung** der Person des **Testamentsvollstreckers** durch einseitige Verfügung grundsätzlich keine unzulässige Beeinträchtigung des Vertragserben darstellt, da dadurch der Erblasser nicht zusätzlich in die Rechte des Vertragserben eingreift. Allein durch die Anordnung der Testamentsvollstreckung ergeben sich bereits die wesentlichen Einschränkungen der Rechte des Erben, und zwar unabhängig von der Person des konkret amtierenden Testaments- 43

137 BGHZ 189, 120 (Rdnr. 29 ff.) = NJW 2011, 1733; dem BGH ausdrücklich folgend OLG Frankfurt ZEV 2012, 417, 423 (Rdnr. 45 f.).

138 Zutr. insoweit die sprachlich etwas überzogene Kritik von *Reimann* ZEV 2011, 310.

139 *Zimmer* JZ 2011, 802, 804.

140 Zutr. *Weidlich* MittBayNot 2011, 453, 456; dass es hier um das Problem des Vorliegens eines Änderungsvorbehalts geht, hatte bereits das OLG Stuttgart OLGZ 1979, 49, 52 = Justiz 1979, 20 erkannt; ebenso OLG Köln FamRZ 2014, 1061, 1062.

141 *Weidlich* MittBayNot 2011, 453, 456; allgemein hierzu oben Vorbem. zu §§ 2274 ff. BGB Rdn. 24 ff.

vollstreckers, der den Nachlass ordnungsgemäß zu verwalten hat (§ 2216 BGB).[142] Anders liegt es in **besonderen Fällen**, wenn es den Vertragsschließenden gerade auf die Person des Testamentsvollstreckers, etwa im Hinblick auf eine besondere Qualifikation oder ein Vertrauensverhältnis, ankam[143] oder dem Testamentsvollstrecker ein besonderer Beurteilungs- und Entscheidungsspielraum eingeräumt wurde. Allerdings wird teilweise das Regel-Ausnahme-Verhältnis **anders** gesehen: Danach sei im Hinblick auf § 2197 BGB die **personenbezogene Testamentsvollstreckung** als der Regelfall anzusehen. Daher bedürfe es besonderer, zu begründender Anhaltspunkte, dass trotzdem eine Auswechslung der Person des Testamentsvollstreckers zulässig sei.[144] Anders sei in den Fällen der Drittbenennungsmöglichkeiten nach den §§ 2198 bis 2200 BGB zu entscheiden, mögen diese die Ersternennung oder aber auch die Benennung eines Nachfolgers betreffen. In der BGH-Entscheidung war eine solche Benennungsmöglichkeit gegeben.[145]

44 Nachträgliche **Bestimmungen zur Höhe der Vergütung** des Testamentsvollstreckers sind **nur zulässig**, wenn sie sich als **Konkretisierung** der **gesetzlichen Vorgaben** des § 2221 BGB darstellen.[146] Unzulässig wäre jedenfalls eine Vermehrung der Zahl der Testamentsvollstrecker schon aus dem Grund, wenn dies zu einer Erhöhung ihrer Vergütung (§ 2221 BGB) führt, weil diese die Erben rechtlich und wirtschaftlich entsprechend belastet.[147]

(4) Teilungsanordnung, Ausgleichspflichten, Vorausvermächtnisse

45 Die nachträgliche Anordnung echter **Teilungsanordnungen** ist ebenfalls keine unzulässige Beeinträchtigung des Vertragserben. Auch wenn § 2289 BGB das Vertrauen in den rechtlichen Bestand der bindenden Verfügung schützen will, so ergibt sich gerade aus § 2286 BGB, dass die Erberwartung darauf, dass bestimmte Nachlassgegenstände später tatsächlich im Nachlass vorhanden sind, nicht geschützt wird. Es muss nur gewährleistet bleiben, dass die durch die Teilungsanordnung u.U. entstehenden unterschiedlichen Wertverschiebungen durch eine entsprechende *Ausgleichungspflicht* der Begünstigten wieder beseitigt werden.[148] Anders liegt es bei der nachträglichen Anordnung von **Vorausvermächtnissen**, da hier die Höhe der Nachlassbeteiligung effektiv verändert wird;[149] Entsprechendes gilt für die sog. »wertverschiebenden Teilungsanordnungen«,[150] bei denen eine Ausgleichspflicht i.H.d. Wertdifferenz zwischen Erbteil und dem Wert des zugewiesenen Nachlassgegenstandes ausgeschlossen wird,[151] oder wenn nach der erfolgten **lebzeitigen Zuwendung** über

142 OLG Düsseldorf FamRZ 1995, 123 = ZEV 1994, 302; MünchKomm/*Musielak* Rn. 10; Palandt/*Weidlich* Rn. 5; ebenso KG FamRZ 1977, 485, 487 (mit der Einschränkung, dass messbare Beeinträchtigung schaden würde); ähnlich OLG Hamm ZEV 2001, 271, 272 m. Anm. *Reimann*; allein auf die Auslegung stellt Staudinger/*Kanzleiter* Rn. 10 ab, bejaht Auswechslungsbefugnis aber im Regelfall.

143 *Lange/Kuchinke* § 25 VI 2 a; NK-BGB/*Kornexl* § 2278 Rn. 8; ebenso, wenn auch von einem anderen Grundansatz ausgehend, *Weidlich* MittBayNot 2011, 453, 456 f.; ähnlich OLG Stuttgart OLGZ 1979, 49, das betont, dass der gesetzliche Regelfall eine auf eine bestimmte Person bezogene Testamentsvollstreckung sei; dem zustimmend *Meyding* ZEV 1994, 98, 100; vgl. auch § 2271 BGB Rdn. 39.

144 *Weidlich* MittBayNot 2011, 453, 456; auf diese Personenbezogenheit der Testamentsvollstreckung hatte bereits das OLG Stuttgart OLGZ 1979, 49, 52 = Justiz 1979, 20 abgestellt.

145 *Weidlich* MittBayNot 2011, 453, 456.

146 NK-BGB/*Kornexl* Rn. 35.

147 *Reimann*, FS Kanzleiter, 2010, 319, 326.

148 *Kuchinke* FS *v. Lübtow* (1991) 288; NK-BGB/*Kornexl* Rn. 36; *Lange/Kuchinke* § 25 VI 2 a; MünchKomm/*Musielak* § 2271 Rn. 17; *Schumann*, Erbvertragsrecht, Rn. 2; BGHZ 82, 274; BGH NJW 1982, 441; a.M. OLG Koblenz DNotZ 1998, 218, 219 = FamRZ 1997, 1247; Bamberger/Roth/*Litzenburger* Rn. 9; *Lehmann* MittBayNot 1988, 158; Soergel/*M. Wolf* Rn. 9; *Dieckmann* FS *Coing* (1982) 68 f.; Staudinger/*Kanzleiter* Rn. 12 unter Hinweis auf die Wertung des § 2306 Abs. 1 BGB, der aber einen ganz anderen Normzweck hat; anders auch Nieder/Kössinger/*R. Kössinger*, Handbuch der Testamentsgestaltung, § 11 Rn. 4a, weil auch das immaterielle Interesse des Vertragserben am Erwerb eines bestimmten Gegenstand zu berücksichtigen sei.

149 So lag es im Fall von OLG Koblenz DNotZ 1998, 218, 220.

150 Zu Abgrenzungsfragen s. NK-BGB/*J. Mayer* § 2150 Rn. 10 ff.

151 NK-BGB/*Kornexl* Rn. 36.

die §§ 2050 ff. BGB hinaus eine **Ausgleichungspflicht** durch Rechtsgeschäft unter Lebenden oder unter Beeinträchtigung einer vertragsgemäßen Erbenstellung begründet werden soll.[152]

cc) Weitere nachträgliche Anordnungen sonstiger Beschwerungen

Der Erblasser kann letztwillig auch **familienrechtliche Anordnungen** treffen, so etwa den Entzug des Verwaltungsrechts gegenüber dem gesetzlichen Vertreter (§ 1638 BGB),[153] die Erklärung zum Vorbehaltsgut (§ 1418 Abs. 2 Nr. 2 BGB) oder Anordnungen zur Vermögensverwaltung durch Eltern oder Vormund (§§ 1639, 1909 BGB). Solche Bestimmungen führen jedoch zu keiner unzulässigen Beeinträchtigung i.S. von § 2289 Abs. 1 BGB, denn diese Norm schützt nur gegen Verfügungen von Todes wegen.[154] Hier handelt es sich aber ihrem Wesen nach um familienrechtliche Anordnungen, die nur der Form nach in einer letztwilligen Verfügung erklärt werden, und die zudem auf die durch die vertragsmäßige Zuwendung erfolgte Nachlassbeteiligung keinen Einfluss haben. 46

Aus dem gleichen Grund ist auch eine nachträgliche Einsetzung eines **Schiedsgerichts** (§ 1066 ZPO) zulässig, weil es sich nicht um eine erbrechtliche, sondern um eine prozessuale Anordnung handelt, die an der durch die vertragsmäßige Zuwendung nach materiellem Recht vermittelte Nachlassposition nichts ändert.[155] Anders liegt es, wenn einem Schiedsgutachter nachträglich bezüglich eines vertraglichen Vermächtnisses ein **Leistungsbestimmungsrecht** nach billigem Ermessen (§ 317 BGB) eingeräumt wird, weil er hier in den Umfang des Vermächtnisanspruchs eingreifen kann.[156] 47

Auch eine **postmortale Vollmacht**, mag sie auch in einer Verfügung von Todes wegen erteilt werden, ist ihrer Rechtsnatur nach eine Willenserklärung, die den Vorschriften über die Bevollmächtigung unter Lebenden unterliegt und daher von § 2289 Abs. 1 BGB nicht erfasst wird, zumal eine wirtschaftlich mögliche Beeinträchtigung der erbvertraglichen Rechte durch die Möglichkeit des Widerrufs der Vollmacht ausgeschlossen wird.[157] Hat aber der Erblasser auf das Recht zum Widerruf ausdrücklich verzichtet, so liegt sachlich die Einsetzung eines Testamentsvollstreckers vor,[158] sodass dann § 2289 BGB zumindest analog anwendbar ist.[159] 48

3. Rechtsfolge

Eine später errichtete und die Rechte des vertragsmäßig Bedachten beeinträchtigende Verfügung ist unwirksam, was auch hier absolut wirkt,[160] aber dann entfällt, wenn die entgegenstehende erbvertragliche Verfügung, etwa wegen Rücktritts oder Gegenstandslosigkeit, außer Kraft tritt. 49

4. Kein Schutz einseitiger Verfügungen

Die erbrechtliche Bindung des Erblassers nach Abs. 1 Satz 2 bezieht sich nur auf vertragsmäßige Verfügungen. Einseitige Verfügungen im Erbvertrag (§ 2299 BGB) kann er jederzeit durch einseitige oder vertragliche Verfügung von Todes wegen widerrufen oder ändern. So kann der Län- 50

---

152 OLG München NJW-RR 2009, 19, 20 = ZEV 2008, 344 sowie BGH ZEV 2010, 33 = MittBayNot 2010, 320 m. Anm. *Dietz* als Revisionsinstanz.

153 Dazu Gutachten DNotI-Report 1997, 227 f.

154 BeckOGK/*Müller-Engels* BGB § 2289 Rn. 13; *Kuchinke* FS *v. Lübtow* (1991) 289; NK-BGB/*Kornexl* Rn. 37; Bamberger/Roth/*Litzenburger* Rn. 10c; *Damrau/Tanck/Krüger*, Erbrecht, Rn. 4.

155 OLG Celle RNotZ 2016, 249; MittBayNot 2017, 82; NK-BGB/*Kornexl* Rn. 37; *Lange/Kuchinke* § 25 VI Fn. 199; allgemein zur rechtlichen Qualifikation ebenso *Otte*, FS Rheinisches Notariat (1998) 241, 243 m.w.N.; a.M. OLG Hamm NJW-RR 1991, 455, 456; Bamberger/Roth/*Litzenburger* Rn. 10b; *Lange*, Erbrecht, § 17 Rdnr. 176 (im Beispiel); Palandt/*Weidlich* Rn. 5; Soergel/*M. Wolf* Rn. 9.

156 NK-BGB/*Kornexl* Rn. 38; Soergel/*M. Wolf* Rn. 9.

157 *Kuchinke* FS *v. Lübtow* I 289; Nieder/Kössinger/*R. Kössinger*, Handbuch der Testamentsgestaltung, § 11 Rn. 4b; *v. Lübtow* II 1240; *Staudinger/Reimann* Vorbem. 62 ff., 69 zu §§ 2197 ff.

158 Staudinger/*Reimann* Vorbem. 71 zu §§ 2197 ff.

159 NK-BGB/*Kornexl* Rn. 35.

160 Rdn. 21.

gerlebende der Ehegatten beim Ehegattenerbvertrag die für seinen Tod angeordnete Testamentsvollstreckung vollständig aufheben. Denn die Aufhebung beseitigt die durch die Anordnung der Testamentsvollstreckung sich ergebende Beschränkung und verbessert damit die Rechtsstellung des als Schlusserben Eingesetzten.[161]

5. Ausnahmen von der Bindung des Erblassers

51 Ausnahmen von der erbvertraglichen Bindung sind möglich.

a) Änderungsvorbehalt

52 Nach dem Grundsatz der Vertragsfreiheit kann sich der Erblasser in dem Erbvertrag prinzipiell das Recht vorbehalten, später abweichende Verfügungen von Todes wegen zu treffen, insbesondere beschränkende oder beschwerende Anordnungen, wie die Ernennung eines Nacherben oder eines Testamentsvollstreckers, die Anordnung von Vermächtnissen oder Auflagen.[162] Eingehend zu den Arten und Grenzen des Änderungsvorbehalts § 2278 BGB Rdn. 14 ff. und BeckOGK BGB/*Röhl* § 2278 Rn. 22 ff.

b) Zustimmung des Vertragsgegners und des Bedachten

aa) Vor dem Erbfall

(1) Zustimmung des bedachten Vertragspartners

53 Umstritten ist, ob vor dem Eintritt des Erbfalls die Zustimmung des anderen Vertragsteils den Eintritt der Unwirksamkeit der **beeinträchtigenden Verfügung von Todes wegen** verhindert. Das RG hat dies unter Bezug auf § 182 Abs. 2 BGB bereits bei einer *formlosen Zustimmung* des vertragsmäßig Bedachten bejaht.[163] Demgegenüber genügt nach Ansicht des BGH und der überwiegenden Auffassung in der Rspr. und Lit. die **formlose Zustimmung** des **Vertragspartners** hierfür **nicht**, weil das Gesetz sowohl die Aufhebung des Erbvertrags (§§ 2290 ff. BGB) wie auch den Erb- und Zuwendungsverzicht (§§ 2352 Satz 3, 2348 BGB) an die Einhaltung strenger Formvorschriften knüpft. Damit wäre es nicht vereinbar, wenn die Bindungswirkung des Erbvertrags aufgrund einer formlosen Zustimmung durchbrochen werden könnte. Im Interesse der Rechtssicherheit bedarf eine solche Zustimmung zu ihrer Wirksamkeit nach h.M. der Form, die das Gesetz in den genannten Vorschriften vorschreibt, also der **notariellen Beurkundung**.[164] Bei Ehegatten genügt dabei nach h.M. auch die Form des gemeinschaftlichen Testaments (§ 2292 BGB), bei Beeinträchtigung eines **Vermächtnisses** oder einer Auflage eine einseitige, notariell beurkundete Zustimmung des anderen Vertragsteils entsprechend § 2291 Abs. 2 BGB.[165]

54 Die skizzierte Rspr. und h.M. stellt allerdings für die Problemlösung zu sehr auf die Wahrung der Form zur Beseitigung der erbvertraglichen Bindung, also das »**Wie**« ab, und vermag in der Begründung nicht zu überzeugen. Primär entscheidend ist aber, **ob** die Bindung überhaupt beseitigt

---

161 *Reimann*, FS Kanzleiter, 2010, S. 319, 328; *Weidlich* MittBayNot 2011, 453, 454 f. mit Vermeidungsstrategien.

162 Grundlegend BGHZ 26, 204 = LM Nr. 3 zu § 2289 m. Anm. *Johannsen* = NJW 1958, 498.

163 RGZ 134, 325, 327; ebenso *Brox/Walker* Rn. 163; RGRK-BGB/*Kregel* Rn. 3 sowie BGH LM BGB § 2271 Nr. 7 unter Zuhilfenahme des Arglisteinwandes.

164 BGHZ 108, 252, 254 = FamRZ 1989, 1076 m. Anm. *Damrau* FamRZ 1991, 552 = DNotZ 1990, 803 m. krit. Anm. *Kanzleiter* DNotZ 1990, 776; KG JW 1938, 2746 = DNotZ 1938, 804; OLG Hamm DNotZ 1974, 627; BayObLGZ 1974, 401; OLG Celle RdL 1975, 205; OLG Köln NJW-RR 1994, 651, 653 = Rpfleger 1994, 111; OLG Düsseldorf ZEV 2017, 645; *Kipp/Coing* § 38 III 6; Bamberger/Roth/*Litzenburger* Rn. 13; *Lange*, Erbrecht, § 17 Rn. 177; Palandt/*Weidlich* Rn. 7; *Lange/Kuchinke* § 25 VI 3; *Leipold* Rn. 505; *Muscheler* I Rn. 2240; MünchKomm/*Musielak* Rn. 18; Soergel/*M. Wolf* Rn. 13; *Schumann*, Erbvertragsrecht, Rn. 10; Staudinger/*Kanzleiter* Rn. 19.

165 Palandt/*Weidlich* Rn. 7; Soergel/*M. Wolf* Rn. 13.

werden kann.[166] Dabei ist zu beachten, dass die Möglichkeiten der Beseitigung oder Einschränkung der erbvertraglichen Bindung im Gesetz abschließend geregelt sind.[167] Im Hinblick auf die **Formenstrenge** des Erbrechts kann dies deshalb **zwischen den Vertragsteilen** nur durch den **Aufhebungsvertrag** und seine Ersatzformen (§§ 2290 ff. BGB), zwischen dem **Bedachten** und dem Erblasser nur durch den **Zuwendungsverzicht** (§ 2352 BGB) geschehen.[168] Soweit nicht ein Rücktritts- oder Änderungsvorbehalt eingreift, ist eine Beseitigung der erbvertraglichen Bindung auf anderem Wege nicht möglich. Die von der h.M. verwendete Formulierung, die Zustimmung des Vertragspartners müsse entsprechend den §§ 2290 ff. BGB formgerecht erklärt werden, ist demnach begrifflich unscharf. Eine einseitige Erklärung des Vertragspartners kann den Erblasser bei der vertragsmäßigen Erbeinsetzung nicht von der eingegangenen vertraglichen Bindung befreien. Denn beim Erbvertrag handelt es sich um einen echten Vertrag.[169] Und dessen Bindung kann von den Vertragsteilen nur durch eine Aufhebung oder aber zumindest eine Vertragsänderung aufgehoben oder eingeschränkt werden.[170] Demnach ist dies durch eine bloße Zustimmung, unter der das Gesetz eine rein einseitige, wenn auch empfangsbedürftige Willenserklärung versteht, gerade nicht möglich.[171] Anders als Verfügungen eines Nichtberechtigten unter Lebenden (§ 185 BGB) sind Verfügungen von Todes wegen auch nicht generell zustimmungsfähig.[172] Etwas anderes ergibt sich auch nicht für die Durchbrechung der Bindungswirkung bei einem Vermächtnis oder einer Auflage aus § 2291 BGB. Die dort vorgesehene erleichterte Form der Zustimmung des anderen Vertragsteils ändert nichts daran, dass es sich dem Wesen nach auch dort um einen Vertrag als besondere Substitutionsform des § 2290 BGB handelt.[173] Die grundsätzlich gegebene Alternativität, die bereits eingetretene erbvertragliche Bindung durch Aufhebungs- bzw. Änderungsvertrag einerseits oder durch einen Zuwendungsverzicht (§ 2352 BGB) andererseits wieder einzuschränken oder ganz zu beseitigen, wird allerdings dadurch eingeschränkt, dass die Vertragsteile eines Erbvertrags auf eine vertragliche Zuwendung nach der immer noch überwiegenden Auffassung nicht entsprechend § 2352 BGB verzichten können;[174] dies gilt zumindest für den mehrseitigen Erbvertrag.[175]

Soll die **abweichende Verfügung** von Todes wegen zeitlich **nachfolgend** errichtet werden, so kann die Einschränkung der Bindungswirkung dadurch hergestellt werden, dass die Erbvertragsparteien einen entsprechenden Änderungsvorbehalt vereinbaren.[176] Möglich ist aber auch, die Unwirksamkeit einer an sich beeinträchtigenden **vorangegangenen Verfügung** durch eine nachträgliche Einschränkung der erbvertraglichen Bindungswirkung zu verhindern. Denn die beeinträchtigende Verfügung wird dann wirksam, wenn die entgegenstehende frühere erbvertragliche Verfügung bis zum Eintritt des Erbfalls gegenstandslos wird, sei es auch durch eine Aufhebung.[177] Und Gleiches gilt auch für die nachträgliche beschränkte Aufhebung der erbvertraglichen Bindung.[178] 55

Erfolgt die Einschränkung der erbvertragsmäßigen Bindung durch eine entsprechende Änderung des Erbvertrags aufgrund einer Vereinbarung der Vertragsteile, so ergibt sich daraus zwangsläufig, dass diese auch **zulasten etwaiger Ersatzberufener** wirkt, weil diese ihre Rechtsposition nur aus 56

---

166 So zu Recht *C. Stumpf* FamRZ 1991, 1057.
167 *Kipp/Coing* § 38 III 6.
168 Zust. NK-BGB/Kornexl Rn. 41; Ivo ZEV 2003, 58, 59; *H. Keller* ZEV 2004, 93, 98; i.E. ebenso MünchKomm/*Musielak* Rn. 18.
169 Vorbem. zu §§ 2274 ff. Rdn. 5.
170 *H. Keller* ZEV 2004, 93, 98; eingehend dazu § 2290 Rn. 25 ff.
171 *Ivo* ZEV 2003, 58, 59; *H. Keller* ZEV 2004, 93, 98.
172 *C. Stumpf* FamRZ 1990, 1057.
173 S. ausf. § 2291 BGB Rdn. 2 m.w.N.; ebenso *H. Keller* ZEV 2004, 93, 98 mit zutr. Hinw., dass hieraus sogar für die vertragsmäßige Erbeinsetzung der Gegenschluss gezogen werden müsste, dass hier eben die einseitige Zustimmung nicht genügt.
174 Staudinger/*Schotten* § 2352 Rn. 14 m.w.N.; *Ivo* ZEV 2003, 58, 59.
175 Eingehend dazu § 2290 BGB Rdn. 9 ff.
176 Zu den verschiedenen Gestaltungsmöglichkeiten s. § 2278 BGB Rdn. 14 ff.
177 S. MünchKomm/*Musielak* Rn. 13; oben Rdn. 49 i.V.m. Rdn. 21.
178 *Ivo* ZEV 2003, 58, 59.

diesem Erbvertrag ableiten und damit alle diesbezüglichen Abschwächungen oder Aufhebungen der Bindungswirkung gegen sich gelten lassen müssen.[179]

57 Soweit *C. Stumpf*,[180] ausgehend von der Interessenlage an der erbvertraglichen Bindung, demgegenüber **im Einzelfall** die Beachtlichkeit einer **einseitigen Zustimmung bejaht**, stützt sie dies auf die Auslegung des Erbvertrags selbst und damit bei der erleichterten Abänderbarkeit wiederum auf eine Art Änderungsvorbehalt, mit der Besonderheit, dass der Vertragspartner der Ausübung des Vorbehalts zustimmen muss. Diese Ansicht wird daher zu Unrecht für die Behauptung herangezogen, die Einwilligung des Vertragspartners sei grundsätzlich immer geeignet, den Erblasser von seiner Bindung zu befreien, wenn nur die Formen der §§ 2290 ff. BGB eingehalten werden.[181] Die Zustimmung des Vertragspartners oder des erbvertraglich bedachten Dritten zur Beseitigung einer nicht durch Rücktritts- oder Änderungsvorbehalt möglichen Änderung muss daher hinsichtlich ihrer Form wie auch der materiell-rechtlichen Auswirkungen nach immer unter eine der beiden Kategorien (Aufhebung-/Änderungsvertrag oder Zuwendungsverzicht) subsumierbar sein. Diese Auffassung wird in vielen Fällen zu den gleichen Ergebnissen wie die Rspr. führen, ermöglicht jedoch eine umfassendere Problemlösung, gerade im Bereich der materiell-rechtlichen Wirkung dieser »Zustimmungen«. Wenn der Vertragspartner des Erbvertrags aber in der Form des § 2276 Abs. 1 BGB einer Schenkung zustimmt, so ist dies ein auf den Einzelfall bezogener **Schenkungsvorbehalt**, der die Rechte aus §§ 2287 f. BGB ausschließt.[182]

58 Beim **gemeinschaftlichen Testament** liegen die Dinge wegen der andersartigen Bindungswirkung wechselbezüglicher Verfügungen (§ 2270 BGB) in zweifacher Hinsicht anders:[183] Zum einen findet § 2289 Abs. 1 Satz 2 BGB auf wechselbezügliche Verfügungen erst dann Anwendung, wenn diese infolge des Erlöschens des Widerrufsrechts nach § 2271 BGB bindend wurden.[184] Zum anderen kann der eine Ehegatte den anderen durch lediglich einseitige letztwillige Verfügung von der hier bestehenden Bindung befreien.[185]

(2) Zustimmung des erbvertragsmäßig Bedachten, der nicht Vertragspartner ist

59 Auch die bloße **formlose Zustimmung** des vertragsmäßig Bedachten, der selbst nicht Vertragspartner ist, vermag nach ganz h.M. der beeinträchtigenden abweichenden Verfügung nicht zur Wirksamkeit zu verhelfen.[186] Zu Recht rückt dabei der BGH in seinen zwei Entscheidungen zu diesem Themenbereich[187] im Wege einer Analogie die Zustimmung des vertragsmäßig **Bedachten** in die Nähe zum Zuwendungsverzicht.[188] Die überwiegende Meinung fordert sogar nicht nur der Form, sondern auch dem Inhalte nach den Abschluss eines Zuwendungsverzichts durch den Bedachten, damit vor Eintritt des Erbfalls die beeinträchtigende Verfügung wirksam wird.[189] Dies bestätigt die hier vertretene Auffassung, dass die Beseitigung einer vertragsmäßig bindenden Verfügung nur in den vom Gesetz vorgegebenen, formalisierten Formen des Aufhebungs- oder Änderungsvertrags

179 *Ivo* ZEV 2003, 58, 59; vgl. auch *Kanzleiter* ZEV 1997, 261, 262; zur insoweit abweichenden Rechtslage beim der Zustimmung des Bedachten, der nicht Vertragspartner ist, s. Rdn. 49.

180 FamRZ 1990, 1057 ff.

181 Zutr. *H. Keller* ZEV 2004, 93, 98.

182 S. § 2287 BGB Rdn. 48 f., 51.

183 *Ivo* ZEV 2003, 58, 59 f.

184 S. § 2271 BGB Rdn. 37 m.w.N.

185 S. § 2271 BGB Rdn. 26 f. m.w.N.

186 *v. Lübtow* I 422; *Lange/Kuchinke* § 25 VI 3; *Leipold* Rn. 505; MünchKomm/*Musielak* Rnr. 18; *Schumann*, Erbvertragsrecht, Rn. 11 f.; vgl. auch den Fall von OLG München ZEV 2008, 344 = NJW-RR 2009, 19; **a.A.** noch RGZ 134, 325, 327; *Siebert*, FS Hedemann (1958) 237, 261 f.

187 BGHZ 83, 44, 49 = NJW 1982, 1100: Erforderlichkeit der vormundschaftsgerichtlichen Genehmigung beim Minderjährigen; BGHZ 108, 252, 254 = NJW 1989, 2618 = DNotZ 1990, 803: Formbedürftigkeit der Zustimmung des Vertragspartners.

188 Kritisch dagegen *Kanzleiter* DNotZ 1990, 776.

189 NK-BGB/*Kornexl* Rn. 42; Erman/*M. Schmidt* Rn. 6; *Ivo* ZEV 2003, 58, 61; *Kipp/Coing* § 38 III 6; MünchKomm/*Musielak* Rn. 18; Palandt/*Weidlich* Rn. 7; Soergel/*M. Wolf* Rn. 14.

der Vertragsteile oder durch Zuwendungsverzicht des Erblassers mit dem bedachten Dritten beseitigt werden kann.[190] Nach h.M. muss sich dabei dieser Verzicht nicht auf die ganze Zuwendung erstrecken. Möglich ist zutreffenderweise auch ein **teilweiser Zuwendungsverzicht**, insbesondere dergestalt, dass durch ihn Beschränkungen und Beschwerungen des Bedachten (z.B. durch Vermächtnisse, Auflagen, Anordnung der Testamentsvollstreckung oder eine Nacherbfolge) gestattet werden.[191]

Erhebliche praktische Probleme ergaben sich bis zur Erbrechtsreform durch das ErbVerjRÄndG 60
daraus, dass nach h.M. der **Zuwendungsverzicht** sich grundsätzlich nicht auf ersatzberufene Abkömmlinge erstreckte, weil § 2352 Satz 3 BGB nicht auf § 2349 BGB verwies.[192] Wenn man mit der h.M. die die Nichtigkeitssanktion des § 2289 Abs. 1 Satz 2 BGB beseitigende Zustimmung des erbvertragsmäßig bedachten Dritten materiellrechtlich als Zuwendungsverzicht qualifiziert, so musste man auch hierauf diese Grundsätze anwenden.[193] Durch die **Gesetzesänderung** erstreckt sich aber nunmehr für alle seit dem **01.01.2010** eintretenden Erbfälle ein Zuwendungsverzicht auch auf die Abkömmlinge des Verzichtenden, sodass sich diese Problematik etwas entschärft hat. Allerdings tritt keine Erstreckungswirkung gegenüber Ersatzberufenen ein, die keine Abkömmlinge des Verzichtenden sind.

Weiter ist, insbesondere wenn **Ersatzberufene keine Abkömmlinge** des Verzichtenden sind, zu 61
beachten, dass sich aufgrund einer entsprechenden **Auslegung** der Verfügung von Todes wegen ergeben kann, dass die Ersatzberufung trotz des Zuwendungsverzichts ohne die Erstreckungswirkung des § 2349 BGB nicht eintritt. Dies wurde von der h.M. insbesondere dann angenommen, wenn sich die Ersatzberufung nur aus der Auslegungsregel des § 2069 BGB ergibt und der Zuwendungsverzicht **gegen** eine **vollwertige Abfindung** erfolgt.[194] Ebenso ist zu berücksichtigen, dass nach der Rechtsprechung des BGH bei einer sich nur aus § 2069 BGB ergebenden Ersatzberufung nicht anzunehmen ist, dass diese nach der Auslegungsregel des § 2270 Abs. 2 BGB auch wechselbezüglich ist, weil es zu **keiner unzulässigen Kumulation** dieser Auslegungsregeln kommen darf.[195] Die Ersatzberufung kann in diesen Fällen also einseitig durch den Erblasser geändert werden. Zum anderen soll nach einer Auffassung in der Lit. durch etwaige Ersatzberufene auch dann kein Wirksamkeitsproblem für den **Zuwendungsverzicht** eintreten, wenn dieser den **Anfall der Zuwendung** an den Verzichtenden **gar nicht berührt**, der Zuwendungsverzicht also gerade nicht zu dessen Wegfall führt. Dies sei dann der Fall, wenn der Bedachte durch den Verzicht sich lediglich mit einer **Beschränkung oder Beschwerung** seiner Rechtsstellung (z.B. durch Vermächtnisse, Anordnung der Testamentsvollstreckung oder Nacherbfolge) **einverstanden** erklärt. Denn dann bewirke der Zuwendungsverzicht gerade nicht, dass der Ersatzberufene zum Zuge käme.[196] Dies scheint zwar vom dogmatischen Ansatz richtig zu sein, führt aber zu dem bei wirtschaftlicher Betrachtung abstrusen Ergebnis, dass der zunächst berufene Erbe durch sein Einverständnis in die Belastung mit

---

190 S. Rdn. 51.

191 BGH NJW 1978, 1159; Ivo ZEV 2003, 58, 61; MünchKomm/*Strobel* § 2352 Rn. 4; Staudinger/*Schotten* § 2352 Rn. 13; Soergel/*Damrau* § 2352 Rn. 1; NK-BGB/*Ullrich* § 2352 Rn. 4; **a.A.** NK-BGB/*Kornexl* Rn. 43; *ders.*, Der Zuwendungsverzicht (1998) Rn. 545: Objekt des Verzichts sei die Zuwendung des Erblassers, nicht aber die bloße Bindung hieran; daher vollständiger Verzicht auf die Zuwendung und neue vertragsmäßige Verfügung mit gelockerter Bindung erforderlich.

192 Vgl. etwa BayObLG NJW-RR 1997, 1027, 1028 = ZEV 1997, 377; OLG Frankfurt am Main ZEV 1997, 454 m. Anm. *J. Mayer* = DNotZ 1998, 220 m. Anm. *Kanzleiter* = Rpfleger 1997, 309 m. Anm. *Schotten* Rpfleger 1998, 113; für analoge Anwendung des § 2349 aber *Schotten* ZEV 1997, 1; für differenzierende Lösung durch Auslegung der Verfügung von Todes wegen nach der Interessenlage *Kanzleiter* ZEV 1997, 261, 263; im Ansatz ähnlich *Kornexl*, Der Zuwendungsverzicht, Rn. 384 ff., 437; eingehend zum Streitstand Staudinger/*Schotten*, Bearb. 1998, § 2352 Rn. 31 sowie oben Syst. A Rdn. 454 ff.

193 *J. Mayer* ZEV 1996, 127, 132; im Ansatz ebenso, wenn auch differenzierend *Ivo* ZEV 2003, 58, 61.

194 Vgl. etwa BGH NJW 1974, 43; BayObLG NJW-RR 1997, 1027, 1028 = ZEV 1997, 377; MünchKomm/*Strobel* § 2352 Rn. 14; eingehend dazu oben Syst. A Rdn. 454.

195 BGHZ 149, 363 = NJW 2002, 1126.

196 *Ivo* ZEV 2003, 58, 61.

einem Universalvermächtnis seine Erbenstellung völlig entwerten lassen kann und damit dem Erblasser neue Verfügungsmöglichkeiten eröffnet, dies aber durch einen Zuwendungsverzicht bezogen auf die ganze Erbschaft nicht möglich wäre, weil dann der Ersatzberufene zum Zuge käme.

(3) Ausnahmsweise: Der Arglisteinwand

62 Der Grundsatz von **Treu und Glauben** kann freilich auch hier dazu führen, dass die formlose Zustimmung des Vertragserben Bedeutung erlangt. Schließt etwa der in einem gemeinschaftlichen Testament eingesetzte Erbe später mit dem überlebenden Ehegatten einen Erbvertrag, so kann ihm die Einrede der Arglist entgegengehalten werden, wenn er sich auf die Unwirksamkeit des unter seiner Mitwirkung geschlossenen Erbvertrags nach § 2289 BGB beruft.[197]

bb) Nach dem Erbfall

63 Hier ist die Rechtslage anders, weil durch den Eintritt des Erbfalls der Erbvertrag selbst nicht mehr geändert werden kann. Die Differenzierung danach, ob der Bedachte Vertragspartner des Erbvertrags ist oder nicht, hat hier keine Bedeutung mehr. Vielmehr greift für den Bedachten stets die Sanktionswirkung des § 2289 Abs. 1 Satz 2 BGB zu seinen Gunsten ein.[198] Von Teilen der Literatur wird allerdings die Möglichkeit bejaht, nach Eintritt des Erbfalles durch einseitige Erklärung des vertragsmäßig Bedachten der zunächst unwirksamen, beeinträchtigenden Verfügung Wirksamkeit zu verschaffen. Dies wird damit begründet, dass der Bedachte die vertragsmäßige Zuwendung insgesamt auch ausschlagen könne. Dann müsse er aber erst recht die Möglichkeit haben, durch eine Art Teilausschlagung sich mit der Beschränkung seiner Rechtsstellung durch die beeinträchtigende Verfügung einverstanden zu erklären. Dies müsse durch form- und fristgerechte Erklärung gegenüber dem Nachlassgericht erfolgen (analog §§ 1944, 1945 BGB).[199] Doch verkennt diese Auffassung, dass einer solchen Möglichkeit das **Verbot der Teilausschlagung** (vgl. § 1950 BGB) entgegensteht. Die in § 1951 BGB hierzu gemachten Ausnahmen greifen nicht ein. Und das Verbot der Teilausschlagung verhindert auch eine analoge Anwendung der Ausschlagungsvorschriften.[200] Vielmehr ist nach der Art der erbvertraglichen Zuwendung, die zu beseitigen ist, und der sich daraus ergebenden Rechtsfolgen zu unterscheiden:[201]

- Ein **Vermächtnis** gewährt nur einen schuldrechtlichen Anspruch gegen den Beschwerten (§ 2174 BGB), auf den durch formlosen Erlassvertrag dann jederzeit (§ 397 BGB) verzichtet werden kann; dabei ist auch ein Teilerlass zulässig. Stattdessen kann aber das Vermächtnis auch ausgeschlagen werden (§ 2180 BGB), wobei hierfür keine Frist gilt. Allerdings ist auch hier eine Teilausschlagung nicht möglich (§ 2180 Abs. 3 BGB).
- Dagegen kann der Vertragserbe eine Erbschaft nur unter Beachtung der hierfür geltenden Form- und Fristvorschriften ausschlagen (§§ 1944 ff. BGB).[202]
- Soweit es nur um die Beseitigung der **Rechte** des vertragsmäßig Bedachten **nach §§ 2287 f. BGB** bei beeinträchtigenden lebzeitigen Verfügungen geht, handelt es sich auch hier nur um die Beseitigung schuldrechtlicher Ansprüche, für die ein formloser Erlass genügt.
- Daneben hat der vertragsmäßig Bedachte natürlich auch die Möglichkeit, **freiwillig** die an sich nach § 2289 Abs. 1 Satz 2 BGB unwirksame Verfügung **zu befolgen**. Hieraus entstehen auch keine erbschaftsteuerlichen Nachteile, da die zivilrechtliche Unwirksamkeit für die erbschaftsteuerliche Beurteilung insoweit unbeachtlich ist.[203]

---

197 BGHZ 108, 252, 254; BGH DNotZ 1958, 495; WM 1978, 1978, 171, 182; OLG Düsseldorf ZEV 2017, 645; Staudinger/*Kanzleiter* Rn. 19.

198 NK-BGB/*Kornexl* Rn. 44; *Ivo* ZEV 2003, 58, 60.

199 Erman/*M. Schmidt* Rn. 6; *Lange/Kuchinke* § 25 VI 3; Palandt/*Weidlich* Rn. 7; *Siebert* FS Hedemann (1958) 237, 262; Soergel/*M. Wolf* Rn. 14.

200 NK-BGB/*Kornexl* Rn. 45; eingehender *Ivo* ZEV 2003, 58, 60.

201 NK-BGB/*Kornexl* Rn. 46; *Ivo* ZEV 2003, 58, 60.

202 MünchKomm/*Musielak* Rn. 18.

203 *Meincke* § 3 ErbStG Rn. 28 m.w.N.

c) Beschränkung pflichtteilsberechtigter Abkömmlinge in guter Absicht

aa) Grundsätzliches

Ist der vertragsmäßig Bedachte ein **pflichtteilsberechtigter Abkömmling** des Erblassers (vgl. § 2303 Abs. 1 BGB), so kann dieser durch eine spätere letztwillige Verfügung ohne Zustimmung des Vertragsgegners, sogar ohne dessen Wissen, die nach § 2238 BGB zulässigen Anordnungen treffen (§ 2289 Abs. 2 BGB), also die vertragsmäßige Zuwendung oder das Pflichtteilsrecht durch die Anordnung einer *Nacherbfolge* (§ 2100 BGB) oder eines *Nachvermächtnisses* (§ 2191 BGB) zugunsten der gesetzlichen Erben des Abkömmlings oder durch die Anordnung einer Verwaltungsvollstreckung für die Lebenszeit des Abkömmlings (§ 2209 BGB) beschränken. Er kann dies freilich nur dann, wenn die in § 2338 BGB vorgeschriebenen **Voraussetzungen** (Verschwendung oder Überschuldung) vorliegen.[204] Eine solche Beschränkung in guter Absicht wird dann nicht von der Unwirksamkeitssanktion des § 2289 Abs. 1 Satz 2 BGB erfasst. Man kann in § 2289 Abs. 2 BGB einen Fall eines gesetzlichen Änderungsvorbehalts sehen.[205] Der **Inhalt** der danach zulässigen Beschränkungen ergibt sich aus § 2338 BGB. Allgemein zu den Gestaltungsmöglichkeiten der Pflichtteilsbeschränkung in guter Absicht (»bona mente«): *Baumann* ZEV 1996, 121; *Kuhn* ZEV 2011, 288. 64

bb) Gegenstand der zulässigen Beschränkung

Dagegen ergibt sich der **Gegenstand der Beschränkung** nicht aus § 2338 BGB, sondern aus § 2289 BGB: Der Erblasser kann die **ganze vertragsmäßige Zuwendung**, nicht bloß das Pflichtteilsrecht des Abkömmlings, einer Anordnung nach § 2338 BGB unterwerfen.[206] Unerheblich ist, ob der bedachte Abkömmling selbst Vertragspartner oder Dritter ist; im letzteren Fall kann die Anordnung auch noch nach dem Tod des Vertragspartners erfolgen.[207] Der Erblasser kann die Anordnung nur durch letztwillige Verfügung treffen (Abs. 2, vgl. § 2338 Abs. 2 Satz 1 BGB i.V.m. § 2336 Abs. 1 BGB), nicht in der Form des Rücktritts (§ 2296 BGB). Ist die Anordnung in einem weiteren Erbvertrag mit dem nämlichen Vertragsgegner enthalten, so wird sie als teilweise Aufhebung (§ 2290 BGB) wirksam sein. Wird sie in einem Erbvertrag mit einem Dritten getroffen, so kann sie als einseitige Verfügung (§ 2299 BGB) gelten. Der Grund der Beschränkung muss zur Zeit der Anordnung bestehen und in ihr angegeben werden. Besteht nur die Besorgnis, dass der Erbe die Erbschaft nicht erhalten kann, genügt dies nicht.[208] Der **Beweis** des Grundes obliegt nach § 2336 Abs. 2, 3 BGB i.V.m. § 2338 Abs. 2 Satz 1 BGB dem, der sich auf die Beschränkung beruft.[209] Hat sich der Abkömmling zur Zeit des Erbfalls dauernd von dem verschwenderischen Leben abgewendet oder ist er zu dieser Zeit nicht mehr überschuldet, so ist die Anordnung unwirksam (§ 2338 Abs. 2 Satz 2 BGB). Da das Recht des Erblassers zur Beschränkung nach Abs. 2 der familienrechtlichen Fürsorgepflicht der Eltern und Voreltern und der Erhaltung der Zuwendung dient, verstößt ein Verzicht auf das Recht gegen die guten Sitten und ist daher nichtig.[210] 65

cc) Keine einseitige Aufhebung der Zuwendung

Abs. 2 gestattet dem Erblasser nur, die vertragsmäßige Zuwendung einzuschränken, **nicht** aber, sie **einseitig aufzuheben** oder dem Bedachten den Pflichtteil zu entziehen.[211] Wenn sich dieser aber 66

204 NK-BGB/*Kornexl* Rn. 48; *Planck/Greiff* Anm. 3b; *Kipp/Coing* § 38 II 5; *Schumann*, Erbvertragsrecht, Rn. 30.

205 Bamberger/Roth/*Litzenburger* Rn. 14; *Schumann*, Erbvertragsrecht, Rn. 30.

206 KG KGJ 48, A 143; NK-BGB/*Kornexl* Rn. 49; *Damrau/Tanck/Krüger*, Erbrecht, Rn. 5; MünchKomm/*Musielak* Rn. 20; Staudinger/*Kanzleiter* Rn. 21.

207 Soergel/*M. Wolf* Rn. 15.

208 OLG Köln MDR 1983, 318; MünchKomm/*Musielak* Rn. 20.

209 *Schumann*, Erbvertragsrecht, Rn. 34.

210 § 138 BGB; Prot. V 422; VI 352; NK-BGB/*Kornexl* Rn. 51; *Harrer* LZ 1924, 19; *Schumann*, Erbvertragsrecht, Rn. 31.

211 *Schumann*, Erbvertragsrecht, Rn. 33.

einer Verfehlung schuldig macht, die den Erblasser gegenüber Abkömmlingen zur **Entziehung des Pflichtteils** berechtigt, so kann er von der vertragsmäßigen Verfügung zurücktreten (§ 2294 BGB) und dann dem Bedachten auch den Pflichtteil entziehen (§ 2333 BGB). Ohne vorherigen Rücktritt kann er das nicht, weil die Entziehung das Recht des vertragsmäßig Bedachten beeinträchtigen würde.[212]

d) **Befreiung von der Bindung durch einseitiges Testament?**

67 **Nicht zulässig** ist, dass durch einseitiges Testament der eine Vertragsteil den anderen Partner des Erbvertrags von den vertraglichen Bindungen befreit. Dieses Ergebnis kann beim Erbvertrag – anders als beim gemeinschaftlichen Testament – auch nicht dadurch erreicht werden, dass er seine letztwilligen Anordnungen in einem neuen einseitigen Testament wiederholt, sodass ihre Geltung nun nicht mehr von der Wirksamkeit der vertragsmäßigen Verfügung des anderen Vertragsteils abhängig sein könnte. Denn **Bindungsgrund** ist beim Erbvertrag allein die vertragliche Einigung und nicht – wie beim gemeinschaftlichen Testament – die Vertragsmäßigkeit, die bereits aus einem reinen Zusammenhang des Motivs ohne Willen zur vertraglichen Bindung resultiert.[213] Diesen Unterschied zum gemeinschaftlichen Testament übersieht das BayObLG,[214] das aber durch eine ergänzende Auslegung zum richtigen Ergebnis gelangt.[215]

IV. Erbvertrag und besondere Rechtsgeschäfte unter Lebenden

1. Schenkungen von Todes wegen

68 Soweit sie nicht zu Lebzeiten des Schenkers vollzogen wurden, finden auf sie die Vorschriften über die Verfügung von Todes wegen Anwendung (§ 2301 Abs. 1 BGB). Beeinträchtigen sie daher einen vertragsmäßig Bedachten, so sind sie nach § 2289 Abs. 1 BGB unwirksam;[216] nur soweit sie bereits vollzogen wurden, können sich Ansprüche aus §§ 2287 f. BGB ergeben. Zu Versuchen einer **analogen Anwendung** des § 2289 BGB auf lebzeitige Schenkungen[217] s. eingehend Staudinger/*Kanzleiter* Rn. 23 ff. Solche Bestrebungen sind schon aus Gründen der Rechtssicherheit abzulehnen.[218]

2. Der Übergabevertrag nach der Höfeordnung

69 Im Bereich der ehemals britischen Zone hat ein Übergabevertrag nach §§ 7 Abs. 1, 17 HöfeO eine Doppelnatur und somit auch die Wirkungen einer **Verfügung von Todes wegen**. Ein solcher Hofübergabevertrag, der daher im Widerspruch zu einem früheren Erbvertrag einem anderen den Hof zuwendet, ist daher unwirksam;[219] außerhalb des landwirtschaftlichen Sondererbrechts gewähren demgegenüber nur die §§ 2287 f. BGB einen bei weitem nicht so starken Schutz.[220]

3. Eingehung einer Ehe oder Lebenspartnerschaft

70 Eine Eheschließung mit einem zweiten Ehegatten verhindert trotz Bestehens einer erbvertraglichen Bindung nicht, dass für den neuen Ehegatten ein Pflichtteilsanspruch entsteht, der die Rechte des

---

212 Abs. 1 Satz 2; RGRK-BGB/Kregel Rn. 4; Soergel/*M. Wolf* Rn. 15.
213 S. § 2270 BGB Rdn. 5 f., 23.
214 BayObLGZ 1999, 46, 50 f. = NJW-RR 1999, 1167.
215 Richtig aber BayObLGZ 1961, 207; vgl. auch Rdn. 32 zur einseitigen Besserstellung.
216 Palandt/*Weidlich* § 2287 Rn. 5.
217 Etwa *Teichmann* MDR 1972, 1.
218 *Johannsen* DNotZ 1977, 69*, 83*; *Staudinger/Kanzleiter* Rn. 25b.
219 BGH NJW 1976, 1635; vgl. auch BGHZ 73, 324; *Wöhrmann/Graß*, Landwirtschaftserbrecht, § 17 HöfeO Rn. 30; NK-BGB/*Kornexl* Rn. 20; a.M. Staudinger/*Kanzleiter* Rn. 26, der die Änderungsmöglichkeit jedoch auf eine unzulässige Parallele zur zulässigen Löschung des Hofvermerks stützt; die Bindungswirkung des Erbvertrags wird auch bei OLGR Celle 2003, 269 übersehen, wo davon ausgegangen wird, durch einen Hofübergabevertrag könne das in einem früheren Erbvertrag zugunsten eines Dritten angeordnete Vermächtnis ohne dessen Zustimmung abgeändert werden.
220 Soergel/*M. Wolf* Rn. 8.

vertragsmäßig Bedachten beeinträchtigt; dies gilt auch für den erhöhten Pflichtteil im Rahmen der Zugewinngemeinschaft (§ 1371 Abs. 1 BGB) bei Ehegatten. Weder § 2286 BGB noch **§ 2289 BGB** können hieran etwas ändern; denn beide Vorschriften gelten **nicht für familienrechtliche Geschäfte**, mögen diese auch erbrechtliche Auswirkung haben.[221] Auch ehevertragliche Vereinbarungen, wie die der Gütergemeinschaft, sind Rechtsgeschäfte unter Lebenden und daher allenfalls an §§ 2287 f. BGB zu messen.[222] Entsprechendes gilt für die vor der Einführung der »Ehe für alle«[223] geschlossenen und nicht in eine Ehe umgewandelten Lebenspartnerschaften.

§ 2290 Aufhebung des Erbvertrags

(1) Ein Erbvertrag sowie eine einzelne vertragsmäßige Verfügung kann durch Vertrag von den Personen aufgehoben werden, die den Erbvertrag geschlossen haben. Nach dem Tode einer dieser Personen kann die Aufhebung nicht mehr erfolgen.

(2) Der Erblasser kann den Vertrag nur persönlich schließen.

(3) Ist für den anderen Teil ein Betreuer bestellt und wird die Aufhebung vom Aufgabenkreis des Betreuers erfasst, ist die Genehmigung des Betreuungsgerichts erforderlich.

(4) Der Vertrag bedarf der im § 2276 für den Erbvertrag vorgeschriebenen Form.

Übersicht

I. Allgemeines

1. Gesetzliche Systematik zur Beseitigung der Bindung

1 Das Wesen des Erbvertrags besteht in der ihm eigenen **Bindung.** Das Gesetz regelt in den §§ 2290 ff. BGB Maßnahmen zur Wiedererlangung der Testierfreiheit, und zwar in den §§ 2290 bis 2292 BGB die einverständliche Aufhebung eines Erbvertrags oder einzelner vertragsmäßiger Verfügungen durch die Vertragsteile selbst sowie in den §§ 2293 bis 2297 BGB den einseitigen Rücktritt des Erblassers.

221 Palandt/*Weidlich* Rn. 10; **a.M.** *Scholten* NJW 1958, 935.

222 Vgl. BGHZ 116, 178; vgl. § 2287 BGB Rdn. 35.

223 Durch Gesetz zur Einführung des Rechts auf Eheschließung für Personen gleichen Geschlechts v. 30.06.2017, BGBl. I 2787.

2 Es entspricht den allgemeinen Grundsätzen des Vertragsrechts, dass die Vertragspartner den zwischen ihnen geschlossenen Vertrag durch eine **entgegengesetzte Vereinbarung** (actus contrarius) wieder aufheben können. Dies gilt auch für den Erbvertrag, der ein »wirklicher Vertrag« ist.[1] Die Vorschrift des § 2290 Abs. 1 Satz 1 BGB enthält daher lediglich eine Verdeutlichung.[2] Der Gesetzgeber des BGB sah sich angesichts der früher für den Erbvertrag geltenden Testamentstheorie[3] offenbar zu dieser Klarstellung veranlasst. Daraus kann aber nicht der Umkehrschluss gezogen werden, dass jede Ergänzung oder Änderung des früheren Erbvertrags logischerweise dessen vorherige Aufhebung erfordere.[4]

3 Das Gesetz stellt für die einverständliche Aufhebung in § 2290 BGB als Grundtypus des »actus contrarius« den echten Aufhebungsvertrag zur Verfügung, der jedoch wie der Erbvertrag selbst der notariellen Beurkundung bedarf. Aus praktischen Gründen der Formerleichterung ermöglicht **§ 2291 BGB** die Aufhebung einer vertragsmäßigen Vermächtnis- oder Auflageanordnung durch Testament des Erblassers mit Zustimmung des Vertragsgegners und **§ 2292 BGB** die Aufhebung eines zwischen Ehegatten geschlossenen Erbvertrags durch gemeinschaftliches Testament der Ehegatten. Dies sind **Ersatzformen des echten Aufhebungsvertrags**, die im Rahmen ihres Anwendungsbereichs die entsprechenden erbvertraglichen Verfügungen beseitigen. Aus dieser **Substitutionsfunktion** und ihrer dem Aufhebungsvertrag gleichenden Rechtsfolge ergibt sich, dass diese Aufhebungstestamente nach §§ 2291 f. BGB zwar formal Testamente sind, ihrer materiellen Wirkung nach aber einen Aufhebungsvertrag darstellen.[5] Die Gegenmeinung[6] betont zu sehr die äußere Form und sieht darin allein nur letztwillige Verfügungen, für die auch hinsichtlich der materiell-rechtlichen Wirkungen nur Testamentsrecht gelten soll.

2. Wesen und Gegenstand des Aufhebungsvertrags

4 Aus dem Charakter des Aufhebungsvertrags des § 2290 BGB als »actus contrarius« ergibt sich, dass grundsätzlich die für den **Erbvertrag geltenden Vorschriften** auch **hierfür gelten**. Abs. 4 spricht dies für die zu beachtende Form ausdrücklich aus, während nach dem allgemeinen Recht der Vertragsaufhebung sich die Formbedürftigkeit des Aufhebungsvertrags i.d.R. nicht nach der Formvorschrift über die Begründung des Schuldverhältnisses richtet.[7] Da der Aufhebungsvertrag der Wiedererlangung der Testierfreiheit dient, kann der Erblasser wegen § 2302 BGB nicht auf das Recht zur Vertragsaufhebung verzichten.[8]

5 Da der Aufhebungsvertrag die Wiederherstellung der durch den Erbvertrag beseitigten Testierfreiheit ermöglichen soll, können **Gegenstand des Aufhebungsvertrags** alle in dem früheren Erbvertrag enthaltenen vertragsmäßigen Verfügungen sein (anders als beim einseitigen Aufhebungstestament des § 2291 BGB, das sich nur auf Vermächtnisse und Auflagen beziehen kann). Dabei kann der gesamte Erbvertrag im Ganzen aufgehoben werden, aber auch nur einzelne darin enthaltene Verfügungen.[9] Aus dem Normzweck, nämlich der Wiederherstellung der Testierfreiheit durch Aufhebungsvertrag aufgrund Privatautonomie, folgt, dass auch lediglich die vertragsmäßige Bindung beseitigt werden, die Verfügung aber als einseitige aufrechterhalten bleiben kann.[10] Einseitige Verfü-

1 MünchKomm/*Musielak* Rn. 1; Vorbem. zu §§ 2274 ff. BGB Rdn. 5 ff.
2 Mot. V 339; MünchKomm/*Musielak* Rn. 1; *H. Keller* ZEV 2004, 93, 95; i.E. ebenso Staudinger/*Kanzleiter* Rn. 2.
3 Dazu Vorbem. zu §§ 2274 ff. BGB Rdn. 5 ff.
4 Eingehend dazu Rdn. 27 ff.
5 S. eingehend hierzu § 2291 BGB Rdn. 2, § 2292 BGB Rdn. 2.
6 Etwa MünchKomm/*Musielak* § 2291 Rn. 2; § 2292 BGB Rdn. 5; *Planck/Greiff* § 2291 Anm. 3; *v. Lübtow* I 456.
7 MünchKomm/*Emmerich* § 311 Rn. 19.
8 NK-BGB/*Horn* Rn. 3; MünchKomm/*Musielak* Rn. 2; § 2302 BGB Rdn. 2.
9 NK-BGB/*Horn* Rn. 4; jurisPK/*B. Hamdan*/*M. Hamdan* Rn. 2.
10 NK-BGB/*Horn* Rn. 4; Palandt/*Weidlich* Rn. 3.

gungen (§ 2299 BGB) können wahlweise einseitig nach Testamentsrecht (§ 2299 Abs. 2 BGB) oder aber durch Aufhebungsvertrag zusammen mit den vertraglichen Verfügungen widerrufen werden.

II. Vertragspartner des Aufhebungsvertrags – das Verhältnis zum Zuwendungsverzicht

1. Allgemeines

Vertragspartner des Aufhebungsvertrags können nach der ausdrücklichen Regelung des § 2290 Abs. 1 Satz 1 BGB **nur** die **Personen** sein, die den Erbvertrag geschlossen haben. Maßgebend ist dabei der **formale Vertragspartnerbegriff**. Gegenüber dem allgemeinen Recht des Aufhebungsvertrags[11] ergeben sich bei § 2290 BGB vor allem in **zweifacher Hinsicht** Besonderheiten: 6

(1) Während ein allgemeiner Aufhebungsvertrag auch nach dem Tod des einen Vertragsteils von dessen Erben abgeschlossen werden kann, bestimmt § 2290 **Abs. 1 Satz 2 BGB** ausdrücklich, dass **nach dem Tode** auch **nur eines Vertragspartners** eine Aufhebung des Erbvertrags nicht mehr möglich ist. Im Fall des **Todes des Erblassers** entspricht dies dem Grundsatz, dass nach dem Erbfall erbrechtliche Verhältnisse nicht mehr geändert werden können. Dadurch soll verhindert werden, dass die Erben des Erblassers nach dessen Tod durch einen Vertrag mit den anderen Vertragsteilen die Anordnungen des Erblassers aufheben können.[12] (2) Stirbt der durch Erbvertrag **bedachte Vertragspartner** vor Eintritt des Erbfalls, so wird der Erbvertrag insoweit ohnehin gegenstandslos und es tritt Testierfreiheit ein, wenn keine **Ersatzberufung** oder Anwachsung eingreift.[13] Liegt jedoch eine solche vor, so versagt die Möglichkeit der Wiedererlangung der Testierfreiheit durch Aufhebungsvertrag. Gleiches gilt bei einem **mehrseitigen Erbvertrag**,[14] da die erbvertragliche Bindung hier im Zweifel gegenüber allen Vertragspartnern bestehen soll, weshalb die Mitwirkung aller Vertragspartner erforderlich ist.[15] Es bleibt hier nur noch die Möglichkeit durch Anfechtung (§ 2281 Abs. 2 BGB) oder kraft vorbehaltenen Rücktrittsrechts (§ 2297 BGB) oder Änderungsvorbehalts[16] die Testierfreiheit wiederzuerlangen;[17] ob dies durch Zuwendungsverzicht mit dem Bedachten möglich ist, ist fraglich.[18] Bejaht man dies, so ist eine **Umdeutung** eines unwirksamen Aufhebungsvertrags in einen entsprechenden Zuwendungsverzicht möglich.[19] 7

Der im Erbvertrag **bedachte Dritte**, der nicht Vertragspartner ist, muss bei der Aufhebung nicht mitwirken.[20] Bei einer Aufhebung eines bereits wirksamen schuldrechtlichen Vertrages, der Rechte Dritter begründet, wäre dies nicht möglich, da Verträge zulasten Dritter mit der Parteiautonomie nicht vereinbar sind.[21] Beim Erbvertrag liegt dies anders, denn die Zustimmung des bedachten Dritten ist deshalb nicht erforderlich, da dieser vor dem Erbfall kein Recht, nicht einmal eine Anwartschaft, sondern nur eine tatsächliche Aussicht hat.[22] Der Dritte ist, wie *Lange/Kuchinke*[23] bemerken, »der Gnade des Vertragsgegners ausgeliefert«. Zur Beseitigung der erbrechtlichen Zuwendung an Dritte sieht das Gesetz den Erbverzicht in der Form des Zuwendungsverzichts vor, der aber nach dem Gesetzeswortlaut gerade nicht mit dem Vertragspartner, der im Erbvertrag bedacht wurde, vereinbart werden kann (§ 2352 Satz 2 BGB: »Zuwendung an einen Dritten«). 8

---

11 Vgl. etwa MünchKomm/*Emmerich* § 311 Rn. 19 f.
12 OLG Schleswig NJW-RR 2006, 1665, 1666; Mot. V 339; MünchKomm/*Musielak* Rn. 1.
13 Soergel/*M. Wolf* Rn. 8.
14 Zum Begriff s. Vorbem. zu §§ 2274 ff. BGB Rdn. 38 f.
15 OLG Hamm ZEV 2012, 266 m. Anm. *Gockel* = MittBayNot 2013, 65 m. Anm. *Kornexl*; MünchKomm/*Musielak* Rn. 4; *Johannsen* WM 1969, 1222, 1229; vgl. auch den Fall von OLG Schleswig NJW-RR 2006, 1665, 1666.
16 § 2278 BGB Rdn. 14 ff.
17 MünchKomm/*Musielak* Rn. 4.
18 S. Rdn. 9 f.; eingehend zum Streitstand s. auch NK-BGB/*Horn* Rn. 7.
19 OLG Hamm ZEV 2012, 266 m. Anm. *Gockel* = MittBayNot 2013, 65 m. Anm. *Kornexl*.
20 MünchKomm/*Musielak* Rn. 5; *Kipp/Coing* § 39 I 4; *Lange/Kuchinke* § 25 VII 3 a.
21 Palandt/*Grüneberg* Einf. 10 vor § 328.
22 Vorbem. zu §§ 2274 ff. BGB Rdn. 11; § 2286 BGB Rdn. 7 ff.; BGHZ 12, 115, 118.
23 § 25 VII 3 a.

2. Das Verhältnis von Aufhebungsvertrag und Zuwendungsverzicht

9 Diese Überlegungen scheinen zu dem Ergebnis zu führen, dass der Aufhebungsvertrag nach § 2290 BGB und der Zuwendungsverzicht nach § 2352 BGB sich einander ergänzen sollen (**Komplementierungsfunktion**). Beide sollen der Erlangung der Testierfreiheit beim Erbvertrag dienen. Beim **mehrseitigen Erbvertrag** führt aber eine am formalen Gesetzeswortlaut ausgerichtete Betrachtung dazu, dass beim Tod nur eines Vertragsteils weder ein Aufhebungsvertrag[24] möglich ist, noch nach der h.M. der bedachte Vertragspartner mittels des Zuwendungsverzichts die erbvertragliche Zuwendung beseitigen kann,[25] während eine vermittelnde Auffassung darauf abstellt, dass der Bedachte nur »formal« am Erbvertrag beteiligt sei und daher »Dritter« i.S. von § 2352 Satz 2 BGB sei.[26] Die hierzu vertretenen Auffassungen sind vielfältig und letztlich verwirrend, da der Begriff der formalen und materiellen Beteiligung z.T. völlig unterschiedlich verstanden wird.[27]

10 Die Auffassung der wohl noch h.M. würde den Beteiligten gerade beim mehrseitigen Erbvertrag die Möglichkeit zur Beseitigung der erbvertraglichen Bindung rein aufgrund einer formalen Betrachtungsweise nehmen. Dies kann vom Gesetzgeber nicht gewollt sein.[28] Wegen der Komplementierungsfunktion von Aufhebungsvertrag und Zuwendungsverzicht[29] muss es für die Vertragsparteien immer eine Möglichkeit geben, im gegenseitigen Einvernehmen die erbvertragliche Zuwendung zu beseitigen. Wenn der Aufhebungsvertrag ausscheidet, kann dies nach der Gesetzessystematik nur durch einen Zuwendungsverzicht geschehen. Daher ist der Begriff des »**Dritten**« im Wege einer **teleologischen Reduktion** auszulegen und der Zuwendungsverzicht immer bereits dann zuzulassen, wenn bei einem Erbvertrag mehr als zwei Personen beteiligt sind,[30] ja sogar immer dann, wenn es den Parteien des Zuwendungsverzichts nicht mehr möglich ist, den Erbvertrag nach den §§ 2290 ff. BGB einvernehmlich aufzuheben, etwa wenn dies am Tod oder einer Geschäftsunfähigkeit eines Vertragspartners scheitert.[31]

11 Durch **Einwilligung** des erbvertragsmäßig Bedachten kann die vertragliche Bindung ebenfalls beseitigt werden,[32] wenngleich es die Gesetzessystematik durchaus nahe legen würde, dass dies nur mittels Aufhebung nach §§ 2290 ff. BGB oder Zuwendungsverzicht möglich ist. Der BGH rückt diese Erklärung in zwei Entscheidungen zur formellen Seite[33] im Wege einer Analogie[34] in die **Nähe des Zuwendungsverzichts** und verlangt hierzu grundsätzlich die Wahrung der für den Aufhebungsvertrag bzw. den Erbverzicht vorgeschriebenen notariellen Form.[35] Nach dem Selbstverständnis der BGH-Entscheidungen eröffnet sich dadurch keine besondere neue Aufhebungsform neben dem Aufhebungsvertrag und dem Zuwendungsverzicht. Eingehend hierzu § 2289 BGB Rdn. 53 ff.

---

24 S. Rdn. 7.

25 OLG Celle NJW 1959, 1923; Soergel/*Damrau* § 2352 Rn. 3, wieder zweifelnd in Fn. 10.

26 Palandt/*Weidlich* Rn. 7; *Fassbender* MittRhNotK 1962, 602, 613; ähnlich wohl MünchKomm/*Musielak* Rn. 5.

27 Zum Streitstand mit Systematisierungsversuchen *J. Mayer* ZEV 1996, 127, 129; *Kornexl*, Der Zuwendungsverzicht, 1999, Rn. 478 ff.; gegen die Differenzierung der h.M. zu Recht auch Staudinger/*Schotten* § 2352 Rn. 26.

28 BayObLGZ 1965, 188, 192; *J. Mayer* ZEV 1996, 127, 129; Staudinger/*Schotten* § 2352 Rn. 25, die beiden letztgenannten mit näheren Ausführungen zur Entstehungsgeschichte.

29 S. Rdn. 9.

30 *J. Mayer* ZEV 1996, 127, 130; MünchKomm/*Wegerhoff* § 2352 Rn. 9; Staudinger/*Kanzleiter* Rn. 7; OLG Hamm ZEV 2012, 266 m. Anm. *Gockel* = MittBayNot 2013, 65 m. abl Anm. *Kornexl* (wo aber übersehen wird, dass eine Stellvertretung des Erblassers beim Zuwendungsverzicht nicht zulässig ist, § 2347 Abs. 2 i.V.m. § 2352 Satz 3 BGB; zutr. *Kornexl* a.a.O.).

31 Staudinger/*Schotten* Rn. 25; *Kornexl* Rn. 482 f.; im Ergebnis ebenso BayObLGZ 1965, 188, 192 (vom BGH nicht entschiedener Vorlagebeschluss) unter Aufgabe von BayObLGZ 1924, 232, 235; **a.M.** immer noch die ältere Rechtsprechung, vgl. Rdn. 9.

32 Palandt/*Weidlich* § 2289 Rn. 5; differenzierend nach der Interessenlage *C. Stumpf* FamRZ 1990, 1057.

33 BGHZ 83, 44, 49 f. = NJW 1982, 1100; BGHZ 108, 252, 254 = DNotZ 1990, 803.

34 Kritisch hierzu *Kanzleiter* DNotZ 1990, 776.

35 Ebenso OLG Köln NJW-RR 1994, 651; anders noch RGZ 134, 325, 327.

Die Aufhebung eines Erbvertrages nach § 2290 BGB setzt eine notarielle Beurkundung bei **gleichzeitiger Anwesenheit** der **Vertragspartner** voraus (§§ 2276 Abs. 1 Satz 1, 2290 Abs. 4 BGB). Der **Zuwendungsverzicht** kann demgegenüber ohne gleichzeitige Anwesenheit der Vertragspartner durch sukzessive notarielle Beurkundung des Vertragsangebots und der Vertragsannahme zustande kommen (§§ 2348, 128 BGB). Die **Umdeutung** eines **Zuwendungsverzichts** in einen Aufhebungsvertrag scheidet daher – selbst wenn die richtigen Vertragspartner gehandelt haben – aus, wenn der Aufhebungsvertrag durch Angebot und Annahme zustande kam.[36] Umgekehrt scheitert die Umdeutung eines Aufhebungsvertrags in einen Zuwendungsverzicht daran, wenn sich der Erblasser bei Abschluss der Urkunde vertreten ließ.[37] 12

Zu beachten ist auch, dass der **Aufhebungsvertrag** den **Erbvertrag** vollständig beseitigt, der **Verzicht** auf ein vertragliches Erbrecht sich aber **erst** auf die **Abkömmlinge** des Verzichtenden, in **keinem Fall** aber auf **sonstige Ersatzerben** oder Ersatzvermächtnisnehmer des Verzichtenden erstreckt.[38] 13

Der **Zuwendungsverzicht** kann **ohne** Zuziehung des **Vertragsgegners** und ohne seine Zustimmung vereinbart werden, also auch noch nach seinem Tod. § 2290 Abs. 1 Satz 2 BGB steht nicht entgegen, weil er nur den Aufhebungsvertrag zwischen den Parteien des Erbvertrags betrifft.[39] Das ist auch von praktischer Bedeutung, weil der Zuwendungsverzichtsvertrag in Bezug auf Geschäftsfähigkeit der Vertragsschließenden, Vertretung und Form andere Anforderungen stellt als der Aufhebungsvertrag (§§ 2352, 2347 Abs. 2 Satz 2 BGB, §§ 2348, 2290 Abs. 4, 2276 BGB). 14

III. Der Aufhebungsvertrag

1. Formerfordernisse

Die Formerfordernisse des Aufhebungsvertrages sind im Allgemeinen dieselben wie beim Erbvertrag (§§ 2274 bis 2276 BGB). 15

a) Allgemeines

Der **Erblasser** kann den Aufhebungsvertrag, wie den Erbvertrag, nur persönlich schließen, Abs. 2, vgl. §§ 2064, 2274, 2284, 2296 BGB. Er kann hierbei weder im Willen noch in der Erklärung, weder durch einen gesetzlichen Vertreter noch durch einen Bevollmächtigten vertreten werden. Ein Geschäftsunfähiger kann daher einen Aufhebungsvertrag nach § 2290 BGB als Erblasser überhaupt nicht schließen. In einem Prozessvergleich kann ein Aufhebungsvertrag nur geschlossen werden, wenn der Erblasser persönlich anwesend ist,[40] weshalb im Anwaltsprozess die nötigen Erklärungen sowohl vom Erblasser selbst als auch von seinem Anwalt abgegeben werden müssen.[41] Ist für den Erblasser ein **Betreuer** bestellt, so bedarf er zum Abschluss des Aufhebungsvertrags auch dann keiner Zustimmung seines Betreuers, wenn ein **Einwilligungsvorbehalt** angeordnet wurde, denn dieser kann sich nicht hierauf beziehen (§ 1903 Abs. 2 BGB a.E. i.V.m. § 2290 Abs. 2 BGB).[42] Es ist nur erforderlich, dass der Erblasser geschäftsfähig ist. 16

b) Beschränkte Geschäftsfähigkeit des Erblassers

Ein Erblasser, der in der Geschäftsfähigkeit beschränkt ist (§ 106 BGB), kann einen Aufhebungsvertrag ebenfalls nicht abschließen. Dies war früher noch anders. In Abs. 2 Satz 2 a.F. war geregelt, dass beschränkt geschäftsfähige Erblasser einen Aufhebungsvertrag selbstständig ohne Mitwirkung oder Zustimmung ihres gesetzlichen Vertreters und ohne jede familiengerichtliche Genehmigung 17

---

36 OLG Stuttgart DNotZ 1979, 107.

37 Übersehen von OLG Hamm ZEV 2012, 266 m. Anm. *Gockel* = MittBayNot 2013, 65 m. abl Anm. *Kornexl*.

38 Palandt/*Weidlich* § 2352 Rn. 5; vgl. Syst. A Rdn. 454 ff.

39 KG RJA 15, 180 = OLG 36, 237.

40 Soergel/*M. Wolf* Rn. 5.

41 BayObLGZ 1965, 86 = NJW 1965, 1276; OLG Düsseldorf RNotZ 2007, 219; Palandt/*Weidlich* Rn. 2.

42 MünchKomm/*Musielak* Rn. 6.

schließen konnten, weil sie durch diesen Vertrag von der erbrechtlichen Bindung (§ 2289 BGB) befreit wurden. Mit Wirkung zum 22.07.2017 wurden durch das Gesetz zur Bekämpfung von Kinderehen v. 17.07.2017,[43] das durch Aufhebung des § 1303 Abs. 2 BGB a.F. die Eheschließung von Minderjährigen mit Wirkung ab dem 01.01.2018 unmöglich gemacht hat, u.a. alle Regelungen im Erbrecht gestrichen, die sich auf minderjährige Erblasser bezogen.

c) Mängel in der Geschäftsfähigkeit des Vertragsgegners (Abs. 3)

18 Für den **Vertragsgegner,** der **nicht zugleich Erblasser ist**, gelten zunächst die allgemeinen Regeln über Geschäftsfähigkeit, gesetzliche Vertretung (§§ 104 ff. BGB), und die Vollmacht (§§ 164 ff. BGB), sodass er sich auch vertreten lassen kann.[44] Der Grundsatz der materiellen Höchstpersönlichkeit des § 2065 Abs. 2 BGB wird dadurch nicht berührt, weil nur der Vertragsteil vertreten werden soll, der die Verfügung von Todes wegen, die aufgehoben werden soll, als ihm gegenüber bindend annahm. Haben dagegen, wie regelmäßig bei einem Ehegattenerbvertrag, **beide Vertragsteile Verfügungen** von Todes wegen errichtet, und sollen nur **die** des **einen aufgehoben** werden, so ist im Wege einer Gesamtbetrachtung zu berücksichtigen, dass in den von beiden getroffenen erbrechtlichen Verteilungsplan eingegriffen würde; daher ist wegen § 2065 Abs. 2 BGB in diesen Fällen eine Vertretung auch hinsichtlich des Vertragsteils ausgeschlossen, der nur die aufzuhebende Verfügung als Vertragspartner angenommen hat.[45]

19 Ist der **Vertragsgegner**, der **nicht zugleich Erblasser ist**, geschäftsunfähig, so muss sein gesetzlicher Vertreter – sprich sein Betreuer – für ihn handeln (§ 1793 BGB).[46] Wird die Aufhebung vom Aufgabenkreis eines Betreuers erfasst (§§ 1896 Abs. 2, 1902 BGB), so ist die Genehmigung des Betreuungsgerichts erforderlich (Abs. 3).

20 Dasselbe muss auch gelten, wenn für einen unbeschränkt geschäftsfähigen Vertragsgegner ein Pfleger mit einem entsprechenden Wirkungskreis bestellt ist und dieser den Vertrag abschließt.[47]

21 Für die betreuungsgerichtliche **Genehmigung** gelten die **§§ 1826 ff. BGB**. Daher kann die Zustimmung des gesetzlichen Vertreters und die erforderliche gerichtliche Genehmigung auch nachträglich erteilt werden (§§ 108, 1829, 1908i BGB).[48] Hat ein Betreuer den Aufhebungsvertrag ohne die erforderliche Genehmigung des Betreuungsgerichts geschlossen und ist diese Genehmigung auch nicht nachträglich erteilt worden, so kann der Vertragspartner des Erblassers selbst die Zustimmung und Genehmigung formlos erklären, wenn, solange die Wirksamkeit des Vertrages noch in der Schwebe ist, der Einwilligungsvorbehalt aufgehoben wird (§ 1903 Abs. 1 Satz 2 BGB).[49] Die nachträgliche Zustimmung ist allerdings dann nicht mehr möglich, wenn der Erblasser bereits gestorben ist, da Sachverhalte, die erst nach dem Erbfall eintreten, grundsätzlich keine Rückwirkung auf die Erbfolge haben können.[50]

d) Beurkundung und Verwahrung des Aufhebungsvertrags

22 Nach Abs. 4 bedarf der Aufhebungsvertrag der gleichen Form wie der Erbvertrag, also des Abschlusses zur Niederschrift eines Notars bei gleichzeitiger Anwesenheit beider Teile (§ 2276 Abs. 1 BGB). Die Formwirksamkeit eines Aufhebungsvertrags hat dabei das Grundbuchamt selbstständig zu prüfen und kann deswegen nicht einfach einen Erbschein verlangen.[51] Wird ein Aufhebungsvertrag zwischen Ehegatten oder Verlobten geschlossen und mit einem Ehevertrag in derselben Urkunde

---

43 BGBl. I S. 2429.
44 Bamberger/Roth/*Litzenburger* Rn. 4; Staudinger/*Kanzleiter* Rn. 10, 12.
45 Gutachten DNotI-Report 2013, 186 f.
46 MünchKomm/*Musielak* Rn. 6; Palandt/*Weidlich* Rn. 2.
47 § 1915 BGB; Mot. V 340.
48 Staudinger/*Kanzleiter* Rn. 12.
49 Bamberger/Roth/*Litzenburger* Rn. 4.
50 MünchKomm/*Musielak* Rn. 6.
51 OLG Frankfurt FamRZ 1998, 1470 = Rpfleger 1998, 513 zu § 35 Abs. 1 GBO.

verbunden, so genügt die Form des Ehevertrags (§ 2276 Abs. 2 BGB, §§ 1408, 1410 BGB). Nicht anwendbar ist § 34 Abs. 2 BeurkG; die **Vertragsurkunde** wird daher nicht amtlich verschlossen und in die besondere amtliche Verwahrung gebracht.[52] Daher hat auch die Rücknahme aus der besonderen amtlichen Verwahrung keine Widerrufs- oder Aufhebungswirkung.[53] Die Urschrift des **aufgehobenen Erbvertrags** verwahrt der Notar grundsätzlich weiter in seiner Urkundensammlung, wenn die besondere amtliche Verwahrung nicht ausgeschlossen war, und liefert ihn beim Erbfall an das Nachlassgericht ab (§ 34 Abs. 3 Satz 2 BeurkG). Denn der Erbvertrag kann durch spätere Beseitigung des Aufhebungsvertrags wieder wirksam werden.[54] Eine **Rückgabe** des aufgehobenen Erbvertrags an die Vertragsteile ist nur unter Beachtung der Voraussetzungen des § 2300 Abs. 2 BGB möglich.

2. Materiell-rechtliche Fragen

Für die Wirksamkeit des Aufhebungsvertrags gelten grundsätzlich die allgemeinen Vorschriften, 23
insbesondere die des Allgemeinen Teils.

a) Wirksamkeitsfragen

Hat der *Vertragsgegner* die Aufhebung des Erbvertrags arglistig herbeigeführt, so ist diese an sich 24
wirksam, wenn nicht ausnahmsweise § 138 BGB eingreift.[55] Aber der Erblasser kann den Aufhebungsvertrag nach § 123 BGB anfechten, der geschädigte Dritte kann u.U. gegen den Vertragsgegner Schadensersatzansprüche, etwa nach § 823 Abs. 2 BGB, § 826 BGB erheben.

Die Aufhebung eines Erbvertrags ist **nicht sittenwidrig**, wenn der Erbteil, der in dem Erbvertrag 25
dem Sohn des Erblassers zugedacht war, nunmehr dem Abkömmling des Sohnes zugewendet wird, um ihn dem **Zugriff seiner Gläubiger** oder des Sozialhilfeträgers zu entziehen. Denn eine solche Absicht entspricht dem Grundgedanken des § 2338 Abs. 1 BGB; der vertragsmäßig Bedachte hat vor dem Erbfall kein Recht auf die Zuwendung.[56] Auch ist die Mitwirkung des in einem Erbvertrag vertragsmäßig eingesetzten Erben an der Aufhebung seiner Erbeinsetzung höchstpersönlich und kann daher nicht von seinen Gläubigern oder dem **Insolvenzverwalter** angefochten werden. Denn der Vertragserbe kann auch allein darüber entscheiden, ob er die Erbschaft annimmt oder ausschlägt, ohne dass dies anfechtbar wäre (§ 83 InsO). Diese Entschließungsfreiheit darf nicht durch eine insolvenzrechtliche Rückgewähr in Folge einer wirksamen Anfechtung der Aufhebungserklärung unterlaufen werden (§ 143 Abs. 1 InsO).[57]

b) Aufhebung durch widersprechenden Erbvertrag

Nach dem allgemeinen Grundsatz, dass ein Vertrag zwischen mehreren Personen durch eine Ver- 26
einbarung der gleichen aufgehoben werden kann, können die Personen, die einen Erbvertrag geschlossen haben, diesen auch durch einen späteren Erbvertrag **beseitigen**, ohne einen förmlichen Aufhebungsvertrag nach § 2290 BGB abzuschließen oder ohne in dem neuen Erbvertrag ausdrücklich zu erklären, dass der alte Erbvertrag aufgehoben sein soll; es genügt, dass der neue Erbvertrag einen widersprechenden Inhalt hat.[58] Auch wenn der Gesetzgeber eine Regel, wie sie *§ 2258 BGB*

52 NK-BGB/*Horn* Rn. 12; RGRK-BGB/*Kregel* Rn. 8; Palandt/*Weidlich* Rn. 2; Soergel/*J. Mayer* § 34 BeurkG Rn. 6; Soergel/*M. Wolf* Rn. 5; **a.M.** *Planck/Greiff* Anm. 3; *Commichau* MittBayNot 1998, 235.
53 NK-BGB/*Horn* Rn. 12; MünchKomm/*Musielak* Rn. 7; Palandt/*Weidlich* Rn. 3.
54 Palandt/*Weidlich* Rn. 3.
55 RGZ 134, 325, 328.
56 RG LZ 1919, 436 = SeuffA 74 Nr. 55; Staudinger/*Kanzleiter* Rn. 3.
57 BGH NJW 2013, 692 = FamRZ 2013, 373; dazu *Suppliet* NotBZ 2013, 132; *Raab* jurisPR-InsR 4/2013 Anm. 3; *Deppenkemper* LMK 2013, 343829; *Floeth* EWiR 2013, 289.
58 § 2258 BGB analog; s. BGH NJW 1987, 901 = WM 1987, 379: »nach Art des § 2258 BGB«; BayObLG FamRZ 1994, 190, 191 = MittRhNotK 1993, 121; *Lange/Kuchinke* § 25 VII 3 c; **a.A.** Bamberger/Roth/*Litzenburger* Rn. 6; *Kipp/Coing* § 39 I 1; MünchKomm/*Musielak* Rn. 7: zweiter Vertrag ist als Aufhebungsvertrag zu werten.

für das Testament gibt, beim Erbvertrag für nicht angezeigt hielt,[59] lässt die h.M. auch eine Aufhebung des Erbvertrags durch **widersprechende Verfügung** nach Art des § 2258 Abs. 1 BGB zu.[60] Dies ist deshalb bedeutsam, weil die Aufhebung durch widersprechende Verfügung nach Ansicht des BGH keine rechtsgeschäftliche ist, sondern bereits kraft Gesetzes aus einem Widerspruch der späteren zur früheren Verfügung von Todes wegen folgt.[61] Inwieweit durch die neue Verfügung die Bestimmungen des früheren Erbvertrags aufgehoben werden, entscheiden dabei der spätere Erbvertrag und dessen Auslegung.[62]

c) Der Nachtrag zum Erbvertrag – neue Verfügungen von Todes wegen

27 Nach bisher ganz unbestrittener Meinung kann der Aufhebungsvertrag auch mit neuen Verfügungen von Todes wegen verbunden werden.[63] Daraus ergibt sich dann eine **erbrechtliche Gesamtregelung**, wie sie von der Rspr. auch bei einer Änderung des Erbvertrags durch ein gemeinschaftliches Testament der Ehegatten, die Vertragsteile des ersten Erbvertrags waren, nach § 2292 BGB angenommen wird.[64] Solche Änderungen und Ergänzungen werden in der Praxis im Allgemeinen als »Nachtrag zum Erbvertrag« bezeichnet. Nach einer neueren Auffassung gibt es jedoch einen solchen im eigentlichen Sinne nicht. Immer wenn der Erblasser nachträglich eine beeinträchtigende Verfügung von Todes wegen anordnen will und ihm dafür kein entsprechender Änderungsvorbehalt zur Verfügung steht,[65] sondern dies mit Zustimmung des Erbvertragspartners erfolgt, ergäbe eine genaue Analyse, dass zunächst die bislang uneingeschränkte Zuwendung durch einen Aufhebungsvertrag nach § 2290 BGB beseitigt und in einem nächsten Teilschritt eine vertragsmäßige Neuverfügung vorgenommen werden müsse, um die Unwirksamkeitsfolge des § 2289 Abs. 1 Satz 2 BGB zu vermeiden.[66] Enthalte die »Nachtragsurkunde« gar keine erbvertragsmäßige Verfügung, etwa weil nur eine Testamentsvollstreckung neu angeordnet wird, so läge in Wahrheit nur ein Testament vor, was dazu führt, dass dieses immer in die besondere amtliche Verwahrung des Nachlassgerichts zu bringen ist, auch wenn bei dem abzuändernden Erbvertrag dies nach § 34 Abs. 2 BeurkG ausdrücklich ausgeschlossen wurde. Wird dies nicht beachtet, so läge eine Amtspflichtverletzung des Notars vor, die dienstaufsichtliche Konsequenzen haben kann. Falschbezeichnungen, welche dieser »Trennungsbetrachtung« nicht entsprächen, seien allerdings i.d.R. unschädlich; gegebenenfalls komme auch eine Umdeutung nach § 140 BGB in Betracht.[67]

28 Dieser **dualistischen Betrachtung** vom rein kassatorischen Aufhebungsvertrag nach § 2290 BGB zur Beseitigung der Unwirksamkeitsfolge des § 2289 Abs. 1 Satz 2 BGB und der zusätzlich zwingend erforderlichen Neuverfügung durch einen neuen Erbvertrag kann **nicht** gefolgt werden. Sie führt insbesondere in den Fällen, in denen die ursprünglich getroffene **Vertragserbeinsetzung nur** teilweise **geändert oder ergänzt** werden soll, zu nicht sachgerechten Ergebnissen: Zum einen belastet sie die Vertragsteile mit **unnötigen Notarkosten** etwa in dem Fall, in dem nur die Schlusserben

---

59 Mot. V 341.

60 BGH NJW 1987, 901; BayObLG FamRZ 1994, 190, 191; BayObLGZ 2002, 66 = NJW-RR 2002, 1160; *H. Keller* ZEV 2004, 93, 95; *Kanzleiter* DNotZ 1987, 433; für Analogie *Lange/Kuchinke* § 25 VII 3 c; **a.A.** Bamberger/Roth/*Litzenburger* Rn. 6; Kipp/Coing § 39 I 1; MünchKomm/*Musielak* Rn. 7: neuer Erbvertrag ist insoweit als Aufhebungsvertrag anzusehen.

61 BGH NJW 1987, 901; dieser Unterschied wird von der Gegenansicht nicht weiter thematisiert.

62 Staudinger/*Kanzleiter* Rn. 4.

63 *Lange/Kuchinke* § 25 VII 3 c; Palandt/*Weidlich* Rn. 3; MünchKomm/*Musielak* Rn. 7.

64 BayObLGZ 2002, 66, 70 = NJW-RR 2002, 1160; H. Keller ZEV 2004, 93, 95; s. eingehender dazu § 2292 BGB Rdn. 7.

65 Eingehend dazu § 2278 BGB Rdn. 14 ff.

66 NK-BGB/*Kornexl* § 2289 Rn. 40; *ders.*, ZEV 2003, 62, 63; *ders.*, ZEV 2003, 235; zust. NK-BGB/*Horn* Rn. 24; ablehnend aber *H. Keller* ZEV 2004, 93, 94 ff.; i.E. auch *Lehmann* ZEV 2003, 234: allenfalls im Einzelfall Teilaufhebung, etwa i.H.d. Beschwerung des Vertragserben mit einem Vermächtnis.

67 *Kornexl* ZEV 2003, 62, 63 f.; zur Kritik bereits oben § 2278 BGB Rdn. 2 zur Notwendigkeit des Vorliegens einer vertragsmäßigen Verfügung im »Nachtrag«.

mit einem (u.U. nur geringwertigen) neuen Vermächtnis belastet werden sollen, weil hier nach der Auffassung von *Kornexl* zunächst die Schlusserbfolge aufgehoben und dann wiederum wiederholt, aber mit der Vermächtnisanordnung belastet, neu verfügt werden müsste. Denn dies löst für diese nachträgliche Änderung nicht nur die Gebühr aus dem neu angeordneten Vermächtnis aus, wie dies die bislang überkommene Meinung handhabt,[68] sondern wegen der neu verfügten Erbeinsetzung sogar aus dem gesamten Vermögen der Testierenden[69] mit dem nunmehr nur begrenzt zulässigen Schuldenabzug (§ 102 Abs. 1 Satz 2 GNotKG). Wollen die vertragsschließenden Ehegatten den Schlusserben aber nur in einem Ehegattentestament nach § 2292 BGB mit einem Vermächtnis belasten, so führt die Ansicht von *Kornexl* entgegen dem Willen der Vertragsteile nicht zur gleichen Bindungswirkung: Denn da die Ehegatten zunächst die im Erbvertrag enthaltene Schlusserbeneinsetzung aufheben und anschließend durch das gemeinschaftliche Testament diese, zugleich belastet mit der Vermächtnisanordnung, wiederum neu treffen müssten, hat diese neue Verfügung in dem gemeinschaftlichen Testament nicht die gleiche Bindungswirkung wie die frühere erbvertragsmäßige Verfügung. Denn selbst wenn die neue Verfügung wechselbezüglich i.S. von § 2270 BGB getroffen wird, so ist sie doch nach § 2271 Abs. 1 BGB widerruflich, während beim Erbvertrag grundsätzlich eine sofortige, unwiderrufliche Bindung eintritt.[70] Die These von der Notwendigkeit der vorherigen Aufhebung der inhaltlich nur zu ergänzenden oder zu ändernden Verfügung wird aber vor allem der nur begrenzten Reichweite des Regelungsgehalts des § 2290 BGB und des **Grundsatzes der Vertragsfreiheit** nicht gerecht. § 2290 Abs. 1 Satz 1 BGB stellt nach dem ausdrücklichen Willen des historischen Gesetzgebers nur eine Verdeutlichung der aus dem Grundsatz der Vertragsfreiheit sich ergebenden Konsequenz dar, dass Verträge durch die ursprünglichen Vertragspartner auch wieder aufgehoben werden können.[71] Die Möglichkeit der Änderung bestehender Verträge bestätigt ausdrücklich auch § 311 BGB. Und da der Erbvertrag ein »wirklicher Vertrag« ist,[72] muss sich daraus erst Recht auch die nur eingeschränkte Möglichkeit ergeben, diesen nur teilweise abzuändern oder zu ergänzen, wenn man diesen sogar im Ganzen aufheben kann.[73] Die Auffassung von *Kornexl* ist daher eine Umwegkonstruktion, die aus dogmatischen Gründen gerade nicht notwendig ist, aber zu unzutreffenden Konsequenzen führt. Deutlich wird dies nochmals an dem Beispiel der nachträglichen Beschwerung des Vertragserben mit einem Vermächtnis: Damit wird gerade nicht die Erbeinsetzung i.H.d. Vermächtnisses aufgehoben,[74] sondern die Erbeinsetzung bleibt gerade die Grundlage für die Beschwerung mit diesem Vermächtnis.[75]

Daraus ergibt sich, dass derartige **Ergänzungen** und **Änderungen** der bereits bestehenden erbvertragsmäßigen Verfügung als »actus contrarius« grundsätzlich ebenfalls den **Charakter eines Erbvertrags** haben, soweit dadurch die bereits getroffene erbvertragsmäßige Verfügung abgeändert oder ergänzt und daher in die **Bindungswirkung** eingegriffen wird, insbesondere soweit dadurch eine nachträgliche Beeinträchtigung des vertragsmäßig Bedachten i.S. von § 2289 Abs. 1 Satz 2 BGB erfolgt.[76] Die Änderung oder Ergänzung ist meist zum einen eine neue Verfügung von Todes wegen, zum anderen aber auch eine notwendiger Weise damit verbundene Änderung der ursprünglichen Bindung. Wegen des Eingriffs in die bereits bestehende Bindungswirkung ist die Änderung und Ergänzung bereits dann eine erbvertragsmäßige Verfügung, auch wenn die neu getroffene Anord- 29

68 Vgl. etwa allgemein hierzu *Korintenberg/Reimann* § 38 GNotKG Rn.8.
69 *H. Keller* ZEV 2004, 93, 94 ff.; *Lehmann* ZEV 2003, 234.
70 Zutr. *H. Keller* ZEV 2004, 93, 95.
71 S. Rdn. 2; allgemein zu diesem Grundsatz der Vertragsfreiheit MünchKomm/*Emmerich* § 311 Rn. 3; Palandt/*Grüneberg* § 311 Rn. 3, 7.
72 Vorbem. zu §§ 2274 ff. BGB Rdn. 5 ff.
73 Zutr. *H. Keller* ZEV 2004, 93, 94 f. mit eingehender Begründung; zust. Palandt/*Weidlich* Rn. 1.
74 So aber *Lehmann* ZEV 2003, 234.
75 *H. Keller* ZEV 2004, 93, 94.
76 Nur auf Letzteres stellt *H. Keller* ZEV 2004, 93, 96 ab, wobei m.E. dies im Einzelfall zu eng sein kann, man denke etwa bei der Änderung der Voraussetzungen für die Ausübung eines spezifizierten Änderungsvorbehalts.

nung ihrerseits als einseitige Verfügung von Todes wegen jederzeit wieder einseitig abgeändert oder aufgehoben werden kann (§ 2299 BGB). Hieraus ergibt sich in **formeller Hinsicht** weiter, dass eine solche Änderung oder Ergänzung nur durch Mitwirkung aller Vertragsteile des ursprünglichen Erbvertrags möglich ist, grundsätzlich der Form des Erbvertrags (§ 2276 BGB) bedarf und in die besondere amtliche Verwahrung des Nachlassgerichts zu bringen ist, wenn dies nicht ausdrücklich nach § 34 Abs. 2 BeurkG ausgeschlossen wurde. Anstelle der Form des Erbvertrags genügen auch die in §§ 2291, 2292 BGB genannten Ersatzformen.[77] Sollen nur **neue einseitige Verfügungen** (§ 2299 BGB) getroffen werden, so ist dies dann in der Form eines (einseitigen) Testaments möglich, wenn damit in keiner Weise in die vertragliche Bindung des ursprünglichen Erbvertrags eingegriffen wird, etwa die nur durch einseitige Verfügung getroffene Schlusserbeneinsetzung wiederum einseitig abgeändert oder ergänzt wird.[78]

IV. Wirkung des Aufhebungsvertrags

1. Wirkung

30 Der Aufhebungsvertrag bewirkt, dass entweder der **ganze aufgehobene Erbvertrag** oder aber nur die **einzelnen**, aufgehobenen vertragsmäßigen Verfügungen **außer Kraft** gesetzt werden. Im letzteren Fall bleiben die übrigen vertragsmäßigen Verfügungen bestehen. Wird der ganze Erbvertrag durch einen Aufhebungsvertrag aufgehoben, so erstreckt sich dessen vernichtende Wirkung im Zweifel auch auf einseitige Verfügungen, die in dem Erbvertrag getroffen waren (§ 2299 Abs. 3 BGB). Geht die Absicht der Beteiligten nur dahin, die **Bindung** des Erblassers an seine vertragsmäßigen Verfügungen **zu beseitigen**, so bleiben diese als einseitige bestehen.[79]

2. Aufhebung des Aufhebungsvertrags

31 Wird der Aufhebungsvertrag seinerseits einverständlich durch die Vertragsteile aufgehoben oder sonst wie beseitigt (etwa durch Anfechtung), so **lebt** der **ursprüngliche Erbvertrag** wieder **auf**.[80] Die analoge Anwendung der §§ 2257, 2258 Abs. 2 BGB beruht zwar nicht auf § 2279 Abs. 1 BGB, sie entspricht aber dem Grundgedanken jener Bestimmungen.[81] Da die Aufhebung des Aufhebungsvertrags dem Abschluss eines neuen Erbvertrags gleichkommt, muss hierbei die **Form** des Erbvertrags eingehalten werden. Maßgebend sind insbesondere die §§ 2274 bis 2276 BGB, nicht § 2290 BGB.[82] Wird die Wiederherstellung des alten Erbvertrags beabsichtigt, so empfiehlt es sich, ihn in dem neuen Erbvertrag ausdrücklich zu erneuern.[83]

V. Anfechtung des Aufhebungsvertrags

1. Anfechtungsbedürfnis

32 Nach dem Abschluss eines Aufhebungsvertrages kann der Erblasser jederzeit eine einseitige Verfügung von Todes wegen errichten, die den gleichen Inhalt hat wie die aufgehobene vertragsmäßige

---

77 *Keller* ZEV 2004, 93, 96; für Analogie Palandt/*Weidlich* Rn. 1, der es jedoch nicht bedarf, wenn man den Eingriff in die vertragliche Bindung betrachtet.

78 Vgl. die Beisp. bei *Keller* ZEV 2004, 93, 96, wobei aber auch die Änderung der Person des Testamentsvollstreckers ein Eingriff in die vertragliche Bindung sein kann, wenn es gerade auf dessen Person besonders ankam, vgl. § 2289 BGB Rdn. 38 ff.

79 Bamberger/Roth/*Litzenburger* Rn. 7; Erman/*Schmidt* Rn. 4; MünchKomm/*Musielak* Rn. 8; *Strohal* I § 46 II; *Planck/Greiff* Anm. 1; *Kipp/Coing* § 39 I Fn. 1; Palandt/*Weidlich* Rn. 3; Staudinger/*Kanzleiter* Rn. 17; Soergel/*M. Wolf* Rn. 9; **a.M.** *Leonhard* III D, wonach eine Verbindung von Aufhebungsvertrag und Testament anzunehmen sei.

80 *Strohal* I § 46 Fn. 32; *Planck/Greiff* Anm. 5; *Kipp/Coing* § 39 IV; Palandt/*Weidlich* Rn. 4.

81 Staudinger/*Kanzleiter* Rn. 19.

82 Bamberger/Roth/*Litzenburger* Rn. 8; Erman/*Schmidt* Rn. 5; MünchKomm/*Musielak* Rn. 9; NK-BGB/*Horn* Rn. 16; Staudinger/*Kanzleiter* Rn. 19.

83 Staudinger/*Kanzleiter* Rn. 19.

Verfügung. Trotzdem kann für ihn ein Bedürfnis bestehen, den Aufhebungsvertrag anzufechten,[84] weil

- die einseitige Verfügung keine vertragsmäßige Bindung bewirkt und der Neuabschluss des Erbvertrags nochmals die entsprechenden Notargebühren auslöst,
- der Erblasser nach dem Aufhebungsvertrag einen neuen, inhaltlich abweichenden Erbvertrag mit einem Dritten abgeschlossen hat. Durch die Anfechtung des Aufhebungsvertrages wird dann aber die ursprüngliche vertragsmäßige Verfügung des aufgehobenen Erbvertrags rückwirkend wiedergestellt (§ 2289 Abs. 1 Satz 2 BGB), während dies durch den erneuten Abschluss des ursprünglichen Erbvertrags gerade nicht mehr möglich wäre.

2. Voraussetzungen der Anfechtung, Anfechtungsberechtigte

Für die Anfechtung des Aufhebungsvertrages gelten für den **Erblasser** die §§ 2281 ff., 2078 ff. BGB 33
entsprechend. Zwar sieht § 2279 BGB die entsprechende Anwendung des Testamentsrechts nur für die Anfechtung bereits vorhandener vertragsmäßiger Zuwendungen und Auflagen vor. Jedoch sind die Vorschriften für vertragsmäßige Verfügungen im Wege der **Analogie** auch auf ihr Gegenstück, die Rechtsgeschäfte zur Aufhebung vertragsmäßiger Verfügungen, anzuwenden, soweit die Erklärungen des Erblassers betroffen sind. Zum einen werden in § 2081 BGB hinsichtlich der Anfechtbarkeit positive wie negative Verfügungen gleichgestellt. Zum anderen kann danach zweifellos auch das gemeinschaftliche Aufhebungstestament als Ersatzform nach diesen Bestimmungen angefochten werden, weshalb dort die Anfechtung leichter möglich wäre, als bei der Grundform, dem Aufhebungsvertrag. Und schließlich könnte sonst der Erbinteressent nach dem Tod des Erblassers leichter anfechten (nämlich nach §§ 2078 ff. BGB), als dieser selbst, was dem Zusammenhang zwischen dem Anfechtungsrecht des Erblassers und dem der in § 2080 BGB bezeichneten Personen (§ 2285 BGB) widersprechen würde.[85]

Der **Vertragsgegner**, der den Erbvertrag nicht zugleich als Erblasser geschlossen hat, kann den 34
Aufhebungsvertrag nach §§ 2078 ff. BGB anfechten, wenn er Erbinteressent ist, weil er in der aufgehobenen vertragsmäßigen Verfügung bedacht war, sodass er sich auf § 2080 BGB berufen kann.[86] Andernfalls kann er nur nach §§ 119 ff. BGB anfechten.[87] Zur Anfechtung berechtigt sind außerdem die **Personen**, denen der **Wegfall des Aufhebungsvertrages** unmittelbar zustattenkommt (§§ 2080, 2279 BGB), also die in dem aufgehobenen Erbvertrag oder in der aufgehobenen vertragsmäßigen Verfügung Bedachten.

3. Wirkung

Die Anfechtung beseitigt die angefochtene Verfügung. Der Fortbestand eines mit dem Aufhebungs- 35
vertrag verbundenen Abfindungsvertrags richtet sich nach § 139 BGB.[88]

VI. Mitteilungen an das Zentrale Testamentsregister

Nach der Beurkundung des Aufhebungsvertrags, der eine Änderung einer erbfolgerelevanten 36
Urkunde i.S.v. § 78b Abs. 2 Satz 1 BNotO darstellt, hat der Notar die erforderlichen Verwahr-

---

84 NK-BGB/*Horn* Rn. 17 ff.; Staudinger/*Kanzleiter* Rn. 20; eine geringe praktische Bedeutung behauptet Palandt/*Weidlich* Rn. 4.

85 IE ebenso NK-BGB/*Horn* Rn. 20; Bamberger/Roth/*Litzenburger* Rn. 8; *Planck/Greiff* Anm. 4a; *Kipp/Coing* § 39 V; Palandt/*Weidlich* Rn. 4; MünchKomm/*Musielak* Rn. 9; *Lange/Kuchinke* § 25 VII 3 d; *v. Lübtow* I 454; Staudinger/*Kanzleiter* Rn. 20; *Schlüter* Rdnr. 309; **a.M.** RGRK-BGB/*Kregel* Rn. 9; Soergel/*M. Wolf* Rn. 10; *Brox/Walker* Rn. 250: Anfechtung nur nach den restriktiveren allgemeinen Bestimmungen der §§ 119 ff. BGB.

86 NK-BGB/*Horn* Rn. 21; Staudinger/*Kanzleiter* Rn. 21.

87 Teilweise wird generell nur eine Anfechtung nach §§ 119 ff. BGB für den Vertragspartner zugelassen, vgl. *Schlüter* Rn. 309.

88 Palandt/*Weidlich* Rn. 4.

angaben i.S.d. § 78b Abs. 2 Satz 2 BNotO unverzüglich an das **Zentrale Testamentsregister** zu übermitteln (§ 34a Abs. 1 Satz 2 BeurkG). Zu weiteren Einzelheiten s. § 2276 BGB Rdn. 40.

§ 2291 Aufhebung durch Testament

(1) Eine vertragsmäßige Verfügung, durch die ein Vermächtnis oder eine Auflage angeordnet sowie eine Rechtswahl getroffen ist, kann von dem Erblasser durch Testament aufgehoben werden. Zur Wirksamkeit der Aufhebung ist die Zustimmung des anderen Vertragschließenden erforderlich; die Vorschrift des § 2290 Abs. 3 findet Anwendung.

(2) Die Zustimmungserklärung bedarf der notariellen Beurkundung; die Zustimmung ist unwiderruflich.

Übersicht

I. Normzweck, Allgemeines

1 § 2291 BGB bringt für die Aufhebung bestimmter vertragsmäßiger Verfügungen, die im Allgemeinen für nicht so wichtig gehalten werden, gegenüber § 2290 BGB Formerleichterungen aus Gründen der Vereinfachung und Kostenersparnis.[1]

Die **Erleichterung** besteht darin, dass
- der Erblasser seine Aufhebungserklärung auch in der Form des eigenhändigen Testaments (§ 2247 BGB) errichten kann und
- eine gleichzeitige Anwesenheit beider Vertragsteile vor einem Notar nicht notwendig ist.

Diese Formerleichterung ist jedoch beschränkt auf die Anordnung von Vermächtnissen und Auflagen sowie einer Rechtswahl[2] und gilt nicht für Erbeinsetzungen.

II. Rechtsnatur des Aufhebungstestaments

2 Aus der Notwendigkeit des Zusammenwirkens der Erbvertragspartner zur Aufhebung der Verfügung, des Gegenstandes der Aufhebung (vertragsmäßige Verfügung) und aus dem Umstand, dass § 2291 BGB nur eine *Formerleichterung* gegenüber der Aufhebung durch Vertrag sein will, ergibt sich, dass die Aufhebung nach § 2291 BGB wie die nach § 2290 BGB ihrem **Wesen** nach einen **Vertrag** darstellt, durch den die vertragsmäßige Verfügung aufgehoben wird, und nur eine **besondere Substitutionsform** zu § 2290 BGB ist.[3] Demgegenüber sieht die *Gegenmeinung* in der Zustimmung des anderen Vertragsteils lediglich eine **einseitige empfangsbedürftige Willenserklärung**, die **Wirksamkeitsvoraussetzung** für das Aufhebungstestament ist.[4] Damit käme der Zustimmung letztlich

1 Prot. V 417.

2 Abs. 1 S. 1 entsprechend geändert aufgrund des Art. 16 des Gesetzes zum internationalen Erbrecht und zur Änderung von Vorschriften zum Erbschein sowie zur Änderung sonstiger Vorschriften vom 29.06.2015 (BGBl I 1042).

3 Bamberger/Roth/*Litzenburger* Rn. 2; NK-BGB/*Horn* Rn. 2; *H. Keller* ZEV 2004, 93, 94; *Lange/Kuchinke* § 25 VII 3 b Fn. 242; Palandt/*Weidlich* Rn. 1; Staudinger/*Kanzleiter* Rn. 2; wohl auch *Kipp/Coing* § 39 II; offenlassend jurisPK/*B. Hamdan/M. Hamdan* Rn. 3.

4 *Damrau/Tanck/Krüger* Rdnr. 2; *Planck/Greiff* Anm. 3; *v. Lübtow* I 456; *Ebenroth* Rn. 261; MünchKomm/*Musielak* Rn. 2: keine Zustimmung zu einer allgemeinen rechtsgeschäftlichen Vertragsaufhebung, sondern Einverständnis, dass Verfügung von Todes wegen entgegen der Bindungswirkung von § 2289 BGB gelten soll.

die Bedeutung eines Verzichts auf die erbvertragliche Bindung zu,[5] wie der Zustimmung des Vertragserben zu einer beeinträchtigenden Verfügung.[6] Da es aber hier um die Zustimmung des Vertragspartners zur Beseitigung der vertragsmäßigen Verfügung von Todes wegen geht, bedarf es einer solchen dogmatischen Umwegkonstruktion nicht, die in einer überspitzten Wortinterpretation liegt und ohne sachliche Notwendigkeit eine eigene besondere Form der Aufhebung erbvertraglicher Verfügungen konstruiert.

Dem Theorienstreit, welche Rechtsnatur diese Aufhebung hat, kommt durchaus **praktische Bedeutung** zu, wenn das Aufhebungstestament vom Erblasser widerrufen werden soll.[7] Die Zustimmung des bedachten Dritten ist bei der Aufhebung nach § 2291 BGB ebenso wenig nötig wie bei der nach § 2290 BGB.[8] 3

III. Form und Inhalt des Aufhebungstestaments

Für das Aufhebungstestament gelten hinsichtlich seiner formellen Seite die gleichen Bestimmungen, die sonst für ein Widerrufstestament gelten (§ 2254 BGB). Dies ergibt sich aus dem Normzweck des § 2291 BGB, nämlich der Formerleichterung. Der Erblasser kann daher die vertragsmäßige Vermächtnis-, Auflage- oder Rechtswahlanordnung sowohl durch öffentliches als auch durch privates Testament oder Nottestament[9] sowie durch eine einseitige Verfügung in einem gemeinschaftlichen Testament oder Erbvertrag aufheben (§§ 2231 ff., 2247, 2249 bis 2251, 2265, 2278 Abs. 2 BGB, § 2299 BGB).[10] Das Aufhebungstestament kann die vertragsmäßige Verfügung schlechthin widerrufen, es kann aber auch durch eine widersprechende Verfügung die Aufhebung oder Änderung mittelbar zum Ausdruck bringen (§§ 2254, 2258 BGB).[11] Ob der Erblasser fähig war, ein Aufhebungstestament zu errichten, ist ebenfalls nach Testamentsrecht, also nach §§ 2229 f. BGB, nicht nach § 2290 Abs. 2 BGB, zu beurteilen. 4

IV. Zustimmung des Vertragsgegners

1. Allgemeines

Das Aufhebungstestament ist nur dann oder erst dann wirksam, wenn der Vertragsgegner ihm zugestimmt hat (§ 2291 Abs. 1 Satz 2 BGB). Der Vertragsgegner kann seine Zustimmung vor der Errichtung des Aufhebungstestaments erteilen (Einwilligung) oder auch nachher (Genehmigung), denn die §§ 182 bis 184 BGB können hier zumindest entsprechend angewendet werden.[12] 5

Die Zustimmung zur Aufhebung eines vertragsmäßigen Vermächtnisses oder einer solchen Auflage oder Rechtswahl kann auch schon im Erbvertrag im Voraus erklärt werden. Dies ähnelt der Vereinbarung eines sog. Änderungsvorbehalts, sodass für die Zulässigkeit einer solchen die dafür entwickelten Grundsätze[13] entsprechend gelten.[14] Wenn sich freilich der Vertragsgegner im Erbvertrag ohne jede Einschränkung mit der Aufhebung einverstanden erklärt, so wird die Anordnung des Vermächtnisses, der Auflage oder der Rechtswahl nicht als vertragsmäßige Verfügung erachtet 6

5 So MünchKomm/*Musielak* Rn. 2.
6 Vgl. § 2287 BGB Rdn. 48 ff.
7 Rdn. 13 f.
8 S. dort Rdn. 8.
9 NK-BGB/*Horn* Rn. 3.
10 MünchKomm/*Musielak* Rn. 3; Staudinger/*Kanzleiter* Rn. 3.
11 MünchKomm/*Musielak* Rn. 3; NK-BGB/*Horn* Rn. 3.
12 NK-BGB/*Horn* Rn. 4; jurisPK/*B. Hamdan/M. Hamdan* Rn. 5; *Planck/Greiff* Anm. 2a; MünchKomm/*Musielak* Rn. 4 je für Analogie; die Anhänger der Vertragstheorie (s. Rdn. 2), müssten an sich die §§ 145 ff. BGB anwenden; da das Gesetz aber selbst in § 2291 BGB von einer »Zustimmung« spricht, können die §§ 182 ff. BGB hier herangezogen werden.
13 S. § 2278 BGB Rdn. 14 ff.
14 Ebenso MünchKomm/*Musielak* Rn. 5.

werden können.[15] Führt die Zustimmung dazu, dass jederzeit ohne weitere Bedingungen sämtliche Verfügungen des Erbvertrags einseitig geändert werden dürfen, so ist das mit dem Wesen des Erbvertrages nicht vereinbar.[16] Wie bei einem unzulässigen Totalvorbehalt[17] wird man aber davon ausgehen können, dass diese Verfügungen als einseitige fortbestehen und wirksam sind.

7 Wegen der sachlichen Unterschiede kann im **Einverständnis** des Vertragspartners zum **Rücktrittsvorbehalt** (§ 2293 BGB) nicht zugleich die Zustimmung zu einem Aufhebungstestament i.S. von § 2291 BGB gesehen werden, denn der Rücktritt schreibt strengere Formvorschriften, insbesondere die Erklärung gegenüber dem anderen Vertragsteil, vor.[18]

2. Nach dem Tod des Vertragsgegners

8 Nach dem **Tod** des Vertragsgegners kann die Zustimmung nicht mehr erteilt werden, insbesondere nicht von seinen Erben.[19] Denn da die Aufhebung nach § 2291 BGB in ihrem Wesen der nach § 2290 BGB gleicht,[20] ist § 2290 Abs. 1 Satz 2 BGB auch hier anzuwenden.[21] Dass die Rechte des Vertragsgegners nicht auf seine Erben übergehen, zeigt sich auch darin, dass sich das Recht zum Rücktritt vom Erbvertrag nach dem Tode des Vertragsgegners in ein Recht zur einseitigen Aufhebung verwandelt (§§ 2297, 2298 Abs. 2 Satz 3 BGB). Wirksam ist freilich auch eine Zustimmungserklärung, die vor dem Tode des Vertragsgegners abgesandt wird, die aber dem Erblasser erst nachher, jedoch noch zu seinen Lebzeiten, zugeht (§ 130 Abs. 2 BGB).[22] Hat der **Vertragsgegner** zugestimmt, so kann aber der Erblasser die vertragsmäßige Verfügung auch **nach dem Tode des Vertragsgegners** aufheben.[23]

9 **Nach** dem **Tode des Erblassers** kann die Zustimmung gleichfalls **nicht** mehr erklärt werden.[24] Das folgt wiederum aus der entsprechenden Anwendung des § 2290 Abs. 1 Satz 2 BGB, aber auch aus der Erwägung, dass nach dem System des BGB nur solche Verfügungen von Todes wegen auf die erbrechtliche Lage einwirken können, die zur Zeit des Erbfalls abgeschlossen sind. Die nach dem Erbfall erteilte Zustimmung kann daher auch nicht (entsprechend § 184 BGB) auf den Zeitpunkt der Errichtung des Aufhebungstestaments zurückwirken.

3. Form der Zustimmung

10 Die Zustimmungserklärung des Vertragsgegners bedarf der notariellen Beurkundung (§ 2291 Abs. 2 Halbs. 1 BGB; vgl. § 128 BGB). Für den **unter Betreuung stehenden Vertragsgegner** gilt hier dasselbe wie beim Aufhebungsvertrag. **§ 2290 Abs. 3 BGB** ist ausdrücklich für anwendbar erklärt (§ 2291 Abs. 1 Satz 2 Halbs. 2 BGB). Wird die Zustimmung vom Aufgabenkreis eines Betreuers erfasst, so ist die Genehmigung des Betreuungsgerichts erforderlich (Abs. 1 Satz 2, Halbs. 2 i.V.m. § 2290 Abs. 3 BGB). Die Zustimmungserklärung ist empfangsbedürftig. Sie muss dem Erblasser zugehen, damit dieser weiß, dass er die unbeschränkte Testierfreiheit zurückerlangt hat.[25]

---

15 NK-BGB/*Horn* Rn. 4; jurisPK/*B. Hamdan/M. Hamdan* Rn. 5; *Strohal* I, 399; Palandt/*Weidlich* Rn. 2; Soergel/*M. Wolf* Rn. 3; jetzt auch Erman/*M. Schmidt* Rn. 2.
16 MünchKomm/*Musielak* Rn. 5; Soergel/*M. Wolf* Rn. 3.
17 S. § 2278 BGB Rdn. 20 ff.
18 § 2296 Abs. 2 BGB; MünchKomm/*Musielak* Rn. 5; *Planck/Greiff* Anm. 2a; **a.M.** RGRK-BGB/*Kregel* Rn. 2.
19 Prot. V 421; jurisPK/*B. Hamdan/M. Hamdan* Rn. 5; Palandt/*Weidlich* Rn. 2; RGRK-BGB/*Kregel* Rn. 2; *Schlüter* Rn. 312; MünchKomm/*Musielak* Rn. 4.
20 Rdn. 2.
21 Staudinger/*Kanzleiter* Rn. 5.
22 § 130 Abs. 2 BGB; vgl. *Lange/Kuchinke* § 25 VII 3 b Fn. 243; Staudinger/*Kanzleiter* Rn. 5.
23 MünchKomm/*Musielak* Rn. 4; RGRK-BGB/*Kregel* Rn. 2.
24 OLG Hamm NJW 1974, 1774.
25 § 130 BGB, vgl. § 182 BGB; *Planck/Greiff* Anm. 2b; Palandt/*Weidlich* Rn. 2; *Harrer* LZ 1924, 15.

4. Unwiderruflichkeit der Zustimmung

Die Zustimmungserklärung ist, einmal erklärt, unwiderruflich (§ 2291 Abs. 2 Halbs. 2 BGB). Sie kann auch nicht etwa bis zur Errichtung des Aufhebungstestaments widerrufen werden.[26] Die Zustimmung bleibt auch dann wirksam, wenn der Vertragsgegner stirbt, sodass der Erblasser das Aufhebungstestament auch nach dem Tode des Vertragsgegners errichten kann.[27] 11

V. Rechtsfolge des Aufhebungstestaments

Die wirksame Aufhebung beseitigt nur das betreffende vertragsmäßige Vermächtnis oder die entsprechende Auflage.[28] Bei Vorliegen eines **Bedingungszusammenhangs** oder infolge von § 2085 BGB kann sich dadurch als mittelbare Folge auch der Wegfall einer vertragsmäßigen Erbeinsetzung ergeben. Daraus kann man aber nicht die Unzulässigkeit des Aufhebungstestaments in diesen Fällen herleiten.[29] Denn § 2291 BGB schließt nur die bewusste, unmittelbare Aufhebung der vertragsmäßigen Erbeinsetzung aus, ansonsten würde die praktische Relevanz dieser Widerrufsform stark eingeschränkt, da eine solche mittelbare Auswirkung über § 2085 BGB oftmals nicht ganz auszuschließen ist. 12

VI. Widerruf des Aufhebungstestaments

Bis zur Zustimmung des anderen Vertragsteils kann der Erblasser das Aufhebungstestament einseitig nach §§ 2253 ff. BGB widerrufen.[30] 13

Nach erfolgter Zustimmung kann das Aufhebungstestament, da die **Aufhebung** nach § 2291 BGB die Rechtsnatur eines Vertrages hat,[31] **nur** mit **Zustimmung** des **Vertragsgegners widerrufen** werden, für die man die Form des Abs. 2 fordern muss.[32]

Der wirksame Widerruf hat nach h.M. entsprechend §§ 2257, 2258 Abs. 2 BGB zur Folge, dass die vertragsmäßige Verfügung wieder auflebt.[33] Dem wird man nur für den Fall zustimmen können, dass der Widerruf mit Zustimmung des anderen Vertragsteils erfolgt ist. Denn ein einseitiger Widerruf kann den erforderlichen Konsens der Beteiligten zu dem aufgehobenen Vertrag nicht wieder herstellen.[34] Nach dem Tode des Vertragsgegners kann der Erblasser das Aufhebungstestament nicht mehr widerrufen, er kann aber die aufgehobene vertragsmäßige Verfügung in einer neuen Verfügung von Todes wegen wiederholen. 14

§ 2292 Aufhebung durch gemeinschaftliches Testament

Ein zwischen Ehegatten oder Lebenspartnern geschlossener Erbvertrag kann auch durch ein gemeinschaftliches Testament der Ehegatten oder Lebenspartner aufgehoben werden; die Vorschrift des § 2290 Abs. 3 findet Anwendung.

---

26 *Planck/Greiff* Anm. 2b; anders § 183 BGB.
27 MünchKomm/*Musielak* Rn. 4; RGRK-BGB/*Kregel* Rn. 2.
28 JurisPK/*B. Hamdan/M. Hamdan* Rn. 6.
29 So Soergel/*M. Wolf* Rn. 5.
30 NK-BGB/*Horn* Rn. 10; jurisPK/*B. Hamdan/M. Hamdan* Rn. 7.
31 Rdn. 2.
32 NK-BGB/*Horn* Rn. 10; *Harrer* LZ 1924, 14; Palandt/*Weidlich* Rn. 3; Soergel/*M. Wolf* Rn. 6; Staudinger/*Kanzleiter* Rn. 10; **a.M.** aus der Sicht des Widerrufstestaments *v. Lübtow* I 456; MünchKomm/*Musielak* Rn. 6; *Planck/Greiff* Anm. 3; RGRK-BGB/*Kregel* Rn. 1; *Ebenroth* Rn. 261: auch danach noch einseitiger Widerruf möglich; offenlassend jurisPK/*B. Hamdan/M. Hamdan* Rn. 7.
33 MünchKomm/*Musielak* Rn. 6; *Planck/Greiff* Anm. 3; RGRK-BGB/*Kregel* Rn. 1; Palandt/*Weidlich* Rn. 3; Soergel/*M. Wolf* Rn. 6.
34 *Kipp/Coing* § 39 II Fn. 3, IV.

Übersicht

I. Allgemeines

1. Normzweck

1 § 2292 BGB schafft gegenüber § 2290 BGB eine **Formerleichterung**, da zur Aufhebung oder Änderung eines Erbvertrags bei Ehegatten und bei gleichgeschlechtlichen Lebenspartnern ein gemeinschaftliches Testament genügt, das auch privatschriftlich errichtet werden kann.[1] Die Aufhebung des Erbvertrags würde sonst eine notarielle Beurkundung erfordern (§ 2290 Abs. 4 BGB, §§ 2276, 2291 Abs. 2 BGB). In dieser Regelung kommt auch zum Ausdruck, dass der Gesetzgeber im gemeinschaftlichen Testament eine gleichwertige **Substitutionsform** für den Erbvertrag zwischen Ehegatten und eingetragenen Lebenspartnern gesehen hat. Anders als beim einfachen Aufhebungstestament des § 2291 BGB kann Gegenstand des gemeinschaftlichen Aufhebungstestaments der Ehegatten oder Lebenspartnern auch eine Erbeinsetzung sein, damit können also alle vertragsmäßigen Verfügungen beseitigt werden.[2]

2 Wegen seiner Wirkungen handelt es sich bei dem gemeinschaftlichen Aufhebungstestament dem Wesen nach grundsätzlich um eine vertragliche Verfügung,[3] was bei der Lösung materiell-rechtlicher Fragen zu beachten ist, während wegen des Normzwecks der Formerleichterung in formeller Hinsicht Testamentsrecht gilt, soweit sich aus der Verweisung auf das Erbvertragsrecht des § 2290 Abs. 3 BGB nichts anderes ergibt.

2. Das Eheerfordernis

3 Nach dem Wortlaut des Gesetzes ist § 2292 BGB nur anwendbar, wenn die Vertragsteile schon beim Abschluss des Erbvertrages Ehegatten oder Lebenspartner waren. Nach h.M. ist aber die Vorschrift aber auch dann anzuwenden, wenn die Vertragsteile beim Abschluss des Erbvertrags miteinander verlobt, zur Zeit der Aufhebung aber miteinander verheiratet waren.[4] Der Zweck des Gesetzes gestattet es, noch weiterzugehen und **§ 2292 BGB auch dann** anzuwenden, wenn die **Beteiligten** beim Abschluss des Erbvertrags **noch in überhaupt keiner familienrechtlichen Beziehung** zueinander gestanden haben, wenn sie nur bei der Errichtung des gemeinschaftlichen Aufhebungstestaments Ehegatten oder Lebenspartner sind.[5] .

---

1 JurisPK/*B. Hamdan*/*M. Hamdan* Rn. 1; Hk-BGB/*Hoeren* Rn. 1.

2 RGZ 134, 325, 327; Soergel/*M. Wolf* Rn. 1.

3 NK-BGB/*Horn* Rn. 1; Staudinger/*Kanzleiter* Rn. 10; a.M. MünchKomm/*Musielak* Rn. 6: letztwillige Verfügung.

4 BayObLGZ 8, 350; 1995, 383, 386 = NJW-RR 1996, 457 = FamRZ 1996, 566; Burandt/Rojahn/*Burandt* Rn. 2; *Kipp*/*Coing* § 39 III; NK-BGB/*Horn* Rn. 2; jurisPK/*B. Hamdan*/*M. Hamdan* Rn. 3; Staudinger/*Kanzleiter* Rn. 2.

5 OLG Köln DNotZ 1974, 371 m.w.N.; BayObLGZ 1995, 383, 386; Palandt/*Weidlich* Rn. 1; MünchKomm/*Musielak* Rn. 2; *Ebenroth* Rn. 260.

II. Form und Inhalt des gemeinschaftlichen Aufhebungstestaments

1. Form

Das gemeinschaftliche Aufhebungstestament muss von den **gleichen Ehegatten** oder Lebenspartnern errichtet werden, die den aufzuhebenden Erbvertrag miteinander geschlossen haben. Daher ist eine Aufhebung in der Form des § 2292 BGB **ausgeschlossen**, wenn **noch andere Personen** an dem Erbvertrag **beteiligt** waren.[6] Es kann in jeder Form errichtet werden, die in §§ 2265 ff. BGB mit §§ 2231 bis 2233, 2247, 2249 ff. BGB zugelassen ist, also sowohl als ordentliches öffentliches oder privates (eigenhändiges) Testament (vgl. § 2267 BGB) oder als Nottestament (§ 2266 BGB). Nicht genügend sind jedoch selbstständige Einzeltestamente. Dies soll nach wohl noch h.M. auch dann gelten, wenn diese im beiderseitigen Einverständnis über die Aufhebung errichtet wurden.[7] Diese Ansicht ist mit der modernen Auffassung des Begriffs des gemeinschaftlichen Testaments wohl nicht vereinbar. Entscheidend ist vielmehr, ob eine »Gemeinschaftlichkeit« der Verfügungen vorliegt, die auch bei zwei äußerlich selbstständigen Testamenten gegeben sein kann, vgl. hierzu Vorbem. zu §§ 2265 ff. BGB Rdn. 12 ff.[8] Beim gemeinschaftlichen Aufhebungstestament ist auf alle Fälle § 2247 Abs. 4 BGB zu beachten; hiernach können Minderjährige oder Lesensunkundige kein privatschriftliches Testament errichten. 4

2. Aufhebende Verfügung

Das Aufhebungstestament kann den ganzen Erbvertrag aufheben oder auch nur einzelne in ihm getroffene Verfügungen; dann bestehen die übrigen fort.[9] Es kann den Erbvertrag entsprechend § 2254 BGB ausdrücklich aufheben, aber auch stillschweigend dadurch, dass es widersprechende Verfügungen trifft, sofern nur der Wille der Ehegatten oder Lebenspartner, die vertragsmäßigen Verfügungen durch testamentarische zu ersetzen, ausreichend deutlich wird.[10] Anders als das Aufhebungstestament nach § 2291 BGB kann das gemeinschaftliche Aufhebungstestament nach § 2292 BGB auch eine vertragsmäßige Erbeinsetzung beseitigen.[11] 5

3. Neue positive Verfügungen, die Gesamtregelung

Es genügt, dass in dem gemeinschaftlichen Aufhebungstestament der Erblasser den Erbvertrag oder eine in diesem enthaltene vertragsmäßige Verfügung aufhebt und der andere Teil seine Zustimmung erklärt.[12] Die Testatoren können aber in dem Aufhebungstestament auch noch neue positive Verfügungen treffen.[13] 6

Durch eine Bezugnahme der Ehegatten oder Lebenspartner in einem gemeinschaftlichen Testament auf einen früher zwischen ihnen geschlossenen Erbvertrag kann dabei zwischen ihnen eine einheitliche »**Gesamtregelung**« zustande kommen,[14] sodass sich der im ursprünglichen Erbvertrag enthaltene Änderungsvorbehalt hinsichtlich der alten Schlusserbeneinsetzung auch auf die im gemeinschaftlichen Testament getroffene neue Schlusserbeneinsetzung bezieht.[15] 7

---

6 Hk-BGB/*Hoeren* Rn. 2; jurisPK/*B. Hamdan/M. Hamdan* Rn. 3.

7 BayObLGZ 20 A 117; Palandt/*Weidlich* Rn. 2; Staudinger/*Kanzleiter* Rn. 3.

8 Ebenso *Lange/Kuchinke* § 25 II 3 b Fn. 246; Soergel/*M. Wolf* Rn. 3; MünchKomm/*Musielak* Rn. 3; offenlassend NK-BGB/*Horn* Rn. 7; jurisPK/*B. Hamdan/M. Hamdan* Rn. 4.

9 BayObLGZ 1960, 192.

10 BayObLGZ 1995, 383, 387; MünchKomm/*Musielak* Rn. 5; Staudinger/*Kanzleiter* Rn. 4; BGH NJW 1987, 901, 902 leitet die Aufhebungswirkung bereits aus der Widersprüchlichkeit der Verfügungen her.

11 S. Rdn. 1.

12 *Planck/Greiff* Anm. 1.

13 MünchKomm/*Musielak* Rn. 4; Soergel/*M. Wolf* Rn. 1.

14 BGH NJW 1987, 901 = FamRZ 1987, 272 = MittBayNot 1987, 105; BayObLG NJW-RR 2003, 658 = DNotZ 2003, 867; NK-BGB/*Horn* Rn. 9.

15 BGH NJW 1987, 901 = FamRZ 1987, 272 = MittBayNot 1987, 105; BayObLGZ 1987, 23, 27 f. = FamRZ 1987, 638, 639; anders liegt es, wenn die Ehegatten nunmehr eine vollständig neue Regelung i.S.d. Berliner Testaments getroffen haben, BayObLG Rpfleger 2002, 446, 447.

Erfolgt keine ausdrückliche Aufhebung und stehen die testamentarischen Verfügungen zu den erbvertragsmäßigen nicht in Widerspruch, so kann eine **Ergänzung** zu einer einheitlichen gemeinschaftlichen Verfügung vorliegen.[16] Auch können die bisherigen, erbvertragsmäßigen mit den neuen testamentarischen Verfügungen durchaus im Verhältnis der **Wechselbezüglichkeit** stehen, etwa wenn der Wille der Testatoren dahin geht, dass der vertraglichen gegenseitigen Erbeinsetzung nachträglich im gemeinschaftlichen Testament durch Bindung an die Schlusserbeneinsetzung eine Bedingung in diesem Sinne beigefügt wird.[17] Dies ist eine Auslegungsfrage, über die grundsätzlich die Tatsacheninstanz entscheidet.[18] Der **Aufhebung** der gegenseitigen Erbeinsetzung der Ehegatten in dem ursprünglichen Erbvertrag nach § 2290 BGB steht dann auch nicht entgegen, wenn hierauf in einem späteren gemeinschaftlichen Testament Bezug genommen wurde.[19]

III. Mängel der Testierfähigkeit

1. Testierfähigkeit des Erblassers

8 Ob der Erblasser fähig ist, bei der Errichtung eines gemeinschaftlichen Aufhebungstestaments nach § 2292 BGB mitzuwirken, richtet sich nach §§ 2229 f. BGB, also nach *Testamentsrecht* und nicht nach § 2290 BGB. Denn wenn auch das gemeinschaftliche Aufhebungstestament seinem Wesen nach dem Aufhebungsvertrag nach § 2290 BGB ähnlich ist, so ist es doch formal ein Testament,[20] und da das Gesetz nur hinsichtlich des Vertragsgegners auf § 2290 Abs. 3 BGB verweist, ergibt sich daraus im **Umkehrschluss**, dass im Übrigen hinsichtlich formeller Fragen Testamentsrecht gilt.

9 Daraus folgt: Der Erblasser kann das Aufhebungstestament nur persönlich errichten (§ 2064 BGB; vgl. § 2290 Abs. 2 BGB). Ein testierunfähiger Erblasser kann also ein solches Testament überhaupt nicht errichten. Die Testierfähigkeit muss zum Zeitpunkt der Errichtung des Aufhebungstestaments vorliegen.[21] Da Minderjährige seit Inkrafttreten des Gesetzes zur Bekämpfung von Kinderehen v. 17.07.2017[22] seit dem 01.01.2018 keine Ehe mehr eingehen können, sind auch keine Erbverträge, an denen ein Minderjähriger als Erblasser beteiligt wäre, mehr möglich. Die Frage, ob und inwieweit ein beschränkt Geschäftsfähiger beim Aufhebungstestament vertreten werden könnte, stellt sich daher nicht mehr.

2. Geschäftsfähigkeit des Vertragsgegners

10 Für die Fähigkeit des Ehegatten oder Lebenspartners, der **nicht zugleich** als **Erblasser** gehandelt hat, bei der Aufhebung durch gemeinschaftliches Testament mitzuwirken, gilt nicht Testamentsrecht, sondern das **Erbvertragsrecht** über den Aufhebungsvertrag, § 2290 BGB. Denn indem das Gesetz auf § 2290 Abs. 3 BGB verweist, bringt es zum Ausdruck, dass Mängel der Geschäftsfähigkeit des »anderen Teils« hier dieselbe Bedeutung haben wie im Falle des § 2290 BGB.[23]

---

16 BayObLG Rpfleger 1980, 283; BayObLG NJW-RR 2003, 658 = DNotZ 2003, 867; BayObLGZ 1956, 205, 206; 192, 195; 1965, 53, 56; 1987, 23, 27; NK-BGB/*Horn* Rn. 10.

17 BayObLGZ 1956, 205; 1987, 23, 27; BayObLG FamRZ 1985, 839, 841; FamRZ 1986, 392; Rpfleger 2002, 267, 268 = FamRZ 2001, 1327; ablehnend in einem Fall, in dem das gemeinschaftliche Testament 20 Jahre später errichtet wurde LG München I FamRZ 2000, 705, 708; bei 2 Jahren Abstand BayObLG NJW-RR 1999, 878 = ZEV 1999, 227; eingehend dazu § 2270 BGB Rdn. 8.

18 BayObLGZ 1987, 23, 27.

19 BayObLG NJW-RR 2003, 658 = DNotZ 2003, 867, 868 f.

20 S. Rdn. 2; vgl. auch Burandt/Rojahn/*Burandt* Rn. 6.

21 BayObLGZ 1995, 383.

22 BGBl. I S. 2429.

23 *Planck/Greiff* Anm. 3c; RGRK-BGB/*Kregel* Rn. 3; *Kipp/Coing* § 39 III; Burandt/Rojahn/*Burandt* Rn. 7; Palandt/*Weidlich* Rn. 2; so letztlich auch MünchKomm/*Musielak* Rn. 3, wenn auch aus einem anderen dogmatischen Ansatz heraus.

Daraus folgt: 11

a) Steht der Ehegatte oder Lebenspartner, der im Erbvertrag keine vertragsmäßigen Verfügungen getroffen hat, der sog. Vertragsgegner, **unter Betreuung**, so kann sein gesetzlicher Vertreter (Betreuer) für ihn handeln, wenn die Aufhebung vom Aufgabenkreis des Betreuers erfasst wird (§§ 1793, 1896 Abs. 2 BGB). Zudem ist die Genehmigung des Betreuungsgerichts erforderlich. § 2064 BGB steht als Bestimmung des Testamentsrechtes nicht entgegen.[24]

b) **Minderjährige** als Vertragsgegner sind i.R.d. § 2292 BGB, der nur für Ehegatten gilt, seit Inkrafttreten des Gesetzes zur Bekämpfung von Kinderehen v. 17.07.2017[25] nicht mehr denkbar, da Minderjährige seit 01.01.2018 keine Ehe mehr eingehen können. Fragen der Vertretung beschränkt Geschäftsfähiger beim Aufhebungstestament stellen sich daher nicht mehr. 12

c) Wenn der unter Betreuung stehende geschäftsunfähige andere Ehegatte selbst gehandelt hat oder die Genehmigung des Betreuungsgerichts nicht eingeholt wurde, so kann er, nachdem er wieder unbeschränkt geschäftsfähig geworden ist, die Aufhebung des Erbvertrags durch das gemeinschaftliche Testament **nachträglich selbst genehmigen.**[26] Der Grundsatz, dass ein unwirksames Testament nicht durch formlose Bestätigung wirksam werden kann,[27] wird dadurch nicht verletzt, weil die Aufhebung des Erbvertrags nach § 2292 BGB ihrem Wesen nach der vertragsmäßigen Aufhebung nach § 2290 BGB gleichsteht.[28] Bei einer Aufhebung eines *Einwilligungsvorbehalts* stellt sich dieses Problem nicht, da dieser nach § 1903 Abs. 2 BGB sich nicht auf Verfügungen von Todes wegen beziehen kann. Die rückwirkende Genehmigung ist aber **nicht mehr möglich**, wenn der Erblasser bereits verstorbenen ist, weil nur die erbrechtlichen Sachverhalte berücksichtigt werden können, die bis zum Tod verwirklicht wurden, oder wenn der Erblasser seine Verfügung widerrufen hat oder wenn das Aufhebungstestament als eigenhändiges erfolgte und der Vertragspartner Geschriebenes nicht lesen konnte, weil dann die Zulässigkeit dieser Testamentsform an den allgemeinen Anforderungen des § 2247 Abs. 4 BGB scheitert.[29] 13

Beim **zweiseitigen Erbvertrag** trifft jeder Vertragsteil erbvertragsmäßige Verfügungen und es ist somit jeder Erblasser, sodass die unter Rdn. 8 f. dargestellten Grundsätze für beide Teile gelten. Daher müssen dann auch beide Ehegatten zum Zeitpunkt der Errichtung des Aufhebungstestaments testierfähig sein.[30] 14

IV. Die Wirkung des gemeinschaftlichen Aufhebungstestaments und dessen Beseitigung

Durch die Errichtung eines gemeinschaftlichen Aufhebungstestaments nach § 2292 BGB wird der aufgehobene Erbvertrag oder die aufgehobene vertragsmäßige Verfügung **außer Kraft** gesetzt. 15

Das gemeinschaftliche *Aufhebungstestament* tritt an die Stelle eines Aufhebungsvertrags nach § 2290 BGB; aus dieser **Formsubstitution** ergibt sich, dass es dem Wesen nach *vertraglicher Natur* ist.[31] Unabhängig vom Theorienstreit überzeugen die praktischen Ergebnisse der Auffassung von der Rechtsnatur als letztwillige Verfügung nicht.[32] 16

---

24 **A.M.** Planck/Greiff Anm. 3a.

25 BGBl. I S. 2429.

26 NK-BGB/*Horn* Rn. 6; jurisPK/*B. Hamdan/M. Hamdan* Rn. 5; HK-BGB/*Hoeren* Rn. 5; *Strohal* I § 46 Fn. 25; MünchKomm/*Musielak* Rn. 3; Palandt/*Weidlich* Rn. 2; Soergel/*M. Wolf* Rn. 4; **a.M.** Erman/*M. Schmidt* Rn. 2; *Planck/Greiff* Anm. 3c; RGRK-BGB/*Kregel* Rn. 3; *Lange/Kuchinke* § 25 VII 3 b Fn. 248; *Harrer* LZ 1924, 15, Letzter, weil er den Vertragscharakter der Aufhebung nach § 2292 BGB verneint.

27 § 2229 BGB Rdn. 18.

28 Gegen diese Gleichstellung ausdrücklich *v. Lübtow* I 457 f.; *Harrer* LZ 1924, 15.

29 Vgl. Rdn. 3; MünchKomm/*Musielak* Rn. 4.

30 BayObLGZ 1995, 383, 387; MünchKomm/*Musielak* Rn. 4.

31 Staudinger/*Kanzleiter* Rn. 10; vgl. auch Rn. 2; **a.M.** MünchKomm/*Musielak* Rn. 6: nur letztwillige Verfügung.

32 S. Rdn. 18 aE.

17 Ein **einseitiger Widerruf** des Erblassers nach §§ 2271, 2253 BGB kann daher den vorher aufgehobenen Erbvertrag nicht wieder in Kraft setzen;[33] vielmehr kann diese Wirkung nur durch eine gleichwertige Handlung, also durch einen Erbvertrag der gleichen Ehegatten mit Aufhebungswirkung, einen Aufhebungsvertrag nach § 2290 BGB, ein Aufhebungstestament nach § 2291 BGB oder – mit der dieser eigentümlichen eingeschränkten Bindungswirkung – durch ein neues gemeinschaftliches Testament der Eheleute (entsprechend § 2292 BGB) herbeigeführt werden.

18 Da das gemeinschaftliche Aufhebungstestament jedoch zur **Wiederherstellung der Testierfreiheit** führt, sind neue einseitige Verfügungen von Todes wegen möglich. Eine *Umdeutung* (§ 140 BGB) des *einseitigen Widerrufs* des Aufhebungstestaments in die im früheren Erbvertrag enthaltenen letztwilligen Verfügungen erscheint daher grundsätzlich möglich,[34] wenn in dem (zunächst rein negativen) Willen zum Widerruf der Wunsch zur Wiederherstellung der in dem früheren Erbvertrag getroffenen Verfügungen von Todes wegen hinreichend deutlich zum Ausdruck kommt. Diese Umdeutung führt aber – als wesentlicher Unterschied – immer noch nicht zur Wiederherstellung der alten *erbvertraglichen Bindung*, weil der einseitige Wille nicht den notwendigen beiderseitigen Konsens für das Wiederaufleben der alten erbrechtlichen Bindung ersetzen kann.[35] Diese einseitige Verfälschung des im Aufhebungstestament manifestierten Willens der Ehegatten übersieht MünchKomm/*Musielak*,[36] der durch einseitigen Widerruf des Aufhebungstestaments den aufgehobenen Erbvertrag »wieder in Kraft treten« lassen will und damit beim zweiseitigen Erbvertrag den anderen Vertragspartner einseitig in eine Bindung an seine alten erbvertraglichen Verfügungen hineinzwingt, die an sich einverständlich aufgehoben wurde.

V. Gestaltungshinweise

19 Wenn im Aufhebungstestament zugleich neue positive Verfügungen von Todes wegen getroffen werden, ist besondere Sorgfalt auf deren Formulierung und die *»Verzahnung«* mit den früheren erbvertraglichen Bestimmungen zu legen. Auch wenn die Rechtsprechung hier zur Annahme einer »Gesamtregelung« neigt und mitunter sogar das *Fortbestehen* eines für die alte Schlusserbenbestimmung getroffenen *Änderungsvorbehalts* auch für die neue Schlusserbenbestimmung sowie eine Wechselbezüglichkeit von alt und neu annimmt,[37] ist insbesondere zu regeln:
- Welche früheren Verfügungen von Todes wegen gelten noch fort? Ausdrückliche Aufhebung der nicht mehr gewollten.
- Stehen die neuen Verfügungen mit den früheren im Verhältnis der Wechselbezüglichkeit (§ 2270 BGB)?
- Gelten frühere Änderungsvorbehalte auch bezüglich der neuen Verfügungen uneingeschränkt oder modifiziert fort?

§ 2293 Rücktritt bei Vorbehalt

Der Erblasser kann von dem Erbvertrag zurücktreten, wenn er sich den Rücktritt im Vertrag vorbehalten hat.

33 NK-BGB/*Horn* Rn. 12; *Kipp/Coing* § 39 IV; Palandt/*Weidlich* Rn. 3; Soergel/*M. Wolf* Rn. 6; Staudinger/*Kanzleiter* Rn. 10; vgl. § 2291 BGB Rdn. 13 f.; a.M. MünchKomm/*Musielak* Rn. 6; jurisPK/*B. Hamdan/M. Hamdan* Rn. 9; Hk-BGB/Hoeren Rn. 7.

34 So *Kipp/Coing* § 39 IV; Palandt/*Weidlich* Rn. 3, Soergel/*M. Wolf* Rn. 6.

35 Zust. NK-BGB/*Horn* Rn. 12.

36 Rdn. 6.

37 S. Rdn. 6 f.

Übersicht

I. Allgemeines

1. Normzweck

Der Rücktritt gibt dem Erblasser die Möglichkeit, sich einseitig ohne Zustimmung des Vertragspartners von der Bindung des Erbvertrags zu lösen, insbesondere wenn sich die Verhältnisse ändern. Jedoch sieht das Gesetz keinen generellen Rücktrittsvorbehalt bei einer Änderung der Verhältnisse vor,[1] sondern enthält nur in § 2294 BGB (Rücktritt bei Verfehlung des Bedachten) und in § 2295 BGB (Rücktritt bei Aufhebung der Gegenverpflichtung) sehr begrenzte Rücktrittsmöglichkeiten.[2] Ein Rücktrittsvorbehalt nimmt dem Erbvertrag nicht seinen Vertragscharakter und gibt ihm nicht den Charakter eines Testaments,[3] was durch § 2293 BGB klargestellt wird.[4] 1

2. Rücktritt – Aufhebung – Anfechtung

Unter Rücktritt vom Erbvertrag versteht das Gesetz eine Erklärung, durch die sich der Erblasser trotz seiner grundsätzlichen Bindung an den Vertrag ausnahmsweise einseitig, also ohne Zustimmung des Vertragsgegners, von dem Erbvertrag oder einzelnen vertragsmäßigen Verfügungen lossagen kann.[5] Den Ausdruck »Widerruf« hat das BGB absichtlich vermieden, um die einseitige Aufhebung des Erbvertrags oder vertragsmäßiger Verfügungen von dem Widerruf der in einem Erbvertrag getroffenen einseitigen Verfügungen zu unterscheiden.[6] Der Rücktritt steht auch im Gegensatz zur **Aufhebung** des Erbvertrags oder vertragsmäßiger Verfügungen im beiderseitigen Einverständnis (§§ 2290 bis 2292 BGB) einerseits, zu der Anfechtung andererseits: 2

Die **Anfechtung** (§ 2281 BGB) hat mit dem Rücktritt gemeinsam, dass sie eine einseitige Lossagung vom Erbvertrag oder von einer vertragsmäßigen Verfügung bedeutet; sie braucht aber nicht vorbehalten zu sein und setzt auch nicht eine Verfehlung des Bedachten oder eine Aufhebung seiner Unterhaltspflicht voraus; vielmehr wird sie dem Erblasser gestattet, weil der Erbvertrag oder die vertragsmäßige Verfügung von Beginn an einem Willensmangel leidet (§§ 2281, 2078, 2079 BGB). Darum wirkt auch die Anfechtung zurück (§ 142 BGB), während der Rücktritt nur für die Zukunft wirkt.[7] 3

1 NK-BGB/*Horn* Rn. 1; Soergel/*M. Wolf* Rn. 2.
2 Soergel/*M. Wolf* Rn. 2.
3 Mot. V 342.
4 MünchKomm/*Musielak* Rn. 1; eingehend hierzu und zum Normzweck *van Venrooy* JZ 1987, 10, 11 f.; a.M. *Schiffner*, Der Erbvertrag nach dem BGB für das Deutsche Reich (1899) § 48.
5 Zum Versuch, die Rechtsnatur zu bestimmen Höfer BWNotZ 1984, 113, 118.
6 § 2299 BGB, auch Abs. 3; Mot. V 342; NK-BGB/*Horn* Rn. 1.
7 Rdn. 23.

3. Wesen des Rücktritts

4 Der Vorbehalt des Rücktritts (§ 2293 BGB) ist mit der rechtlichen Natur des Erbvertrags oder der vertragsmäßigen Verfügung, der er beigefügt ist, ebenso vereinbar wie der entsprechende Vorbehalt bei schuldrechtlichen Verträgen mit der Bindung des Schuldners.[8] Solange nämlich der Erblasser von dem Rücktrittsrecht keinen Gebrauch macht, besteht der Erbvertrag oder die vertragsmäßige Verfügung zu Recht und äußert alle Wirkungen, die das Gesetz ihnen beilegt (s. bes. §§ 2287 bis 2289 BGB). Jedoch kann der Vorbehalt des Rücktritts im Zusammenhang mit weiteren Umständen zu der Auslegung führen, dass der Erbvertrag oder die vertragsmäßige Verfügung nur als letztwillige Verfügung anzusehen ist (vgl. § 2299 BGB).[9] Darüber, wann sich der Vorbehalt des Rücktritts empfiehlt und wie er ausgestattet werden sollte, s. Rdn. 29 ff.

4. Weitere Abgrenzungen

5 Der Vorbehalt des Rücktritts ist zu unterscheiden (vgl. auch *Herlitz* MittRhNotK 1996, 153, 160):

a) vom Änderungsvorbehalt[10]

6
- durch die **Zweckrichtung**: der Rücktrittsvorbehalt ist primär auf die Beseitigung der gesamten Verfügung von Todes wegen gerichtet, der Änderungsvorbehalt auf die inhaltliche Umgestaltung, insbesondere zur Anpassung an die geänderten Verhältnisse.[11] **Der Rücktrittsvorbehalt kassiert**, der **Änderungsvorbehalt reformiert.**
- **materiell-rechtlich** hinsichtlich der **Tatbestandsvoraussetzungen** dadurch, dass er nicht schlechthin die einseitige bedingungslose Aufhebung aller vertragsmäßigen Verfügungen des Erbvertrags zum Gegenstand haben kann, wenn der Vertrag ein Erbvertrag bleiben soll (Verbot des Totalvorbehalts); von der **Rechtsfolge** führt die Ausübung des Änderungsvorbehalts nicht zur Unwirksamkeit der damit korrespondierenden Verfügungen, während der Rücktritt nach der Auslegungsregel des § 2298 Abs. 2 Satz 1 BGB grundsätzlich den gesamten Erbvertrag beseitigt.
- **formell** besteht ein Unterschied insofern, als der Rücktritt (abgesehen von dem Fall des § 2297 BGB) nicht durch Verfügung von Todes wegen, sondern nur durch öffentlich beurkundete Erklärung gegenüber dem Vertragsgegner geschehen kann (§ 2296 Abs. 2 BGB). Die beim Rücktrittsvorbehalt – anders als beim Totalvorbehalt – grundsätzlich bestehende erbvertragliche Bindung resultiert gerade aus dieser Formstrenge.[12]

b) von der auflösenden Bedingung

7 z.B. Wiederverheiratung des Erblassers, § 2074 BGB – dadurch, dass beim Eintritt der Bedingung der Erbvertrag oder die vertragsmäßige Verfügung von selbst außer Kraft tritt, ohne dass es noch einer Rechtshandlung des Erblassers bedürfte (§ 158 Abs. 2 BGB). Solche auflösende Bedingungen sind grundsätzlich zulässig, soweit sie nicht in Widerspruch mit der bindenden Kraft des Erbvertrags oder der vertragsmäßigen Verfügung stehen.[13] Allerdings können sie zur Annahme einer Nacherbfolge oder eines Nachvermächtnisses führen (§§ 2104, 2191 BGB). Besteht die auflösende Bedingung in einer Handlung des Erblassers, was grundsätzlich zulässig ist, so nähert sich die

8 §§ 346 ff. BGB; *Planck/Greiff* § 2293 Anm. 1; *van Venrooy* JZ 1987, 10.

9 Weiter gehend Mot. V 343 für den Fall, dass das Rücktrittsrecht nur hinsichtlich einer einzelnen vertragsmäßigen Verfügung vorbehalten ist: »im Zweifel wird die Auslegung gerechtfertigt sein, dass die Verfügung den Charakter einer letztwilligen mit dem Vertrag äußerlich verbundenen Zuwendung haben soll«.

10 Eingehend zur Abgrenzung s. den Meinungsüberblick bei *D. Nolting* 38 ff.; NK-BGB/*Horn* Rn. 4; und oben § 2278 BGB Rdn. 16 ff.; die Unterschiede verkennt *Lehmann* BWNotZ 1999, 1, 2 f., was auch MünchKomm/*Musielak* Rn. 3 zu Recht hervorhebt.

11 *C. Nolting* 96 f.

12 *Herlitz* MittRhNotK 1996, 153, 155 f.

13 Mot. V 344.

Bedingungsanordnung dem Vorbehalt des Rücktritts. Der Erblasser kann sich dann ohne Beachtung der Formvorschrift für den Rücktritt (§ 2296 BGB) von der Bindung freimachen.[14]

c) **vom Rücktrittsvorbehalt beim schuldrechtlichen Vertrag (§§ 346 ff. BGB)**

Diese Vorschriften finden auf den Rücktritt vom Erbvertrag als solchen keine Anwendung, da dieser kein schuldrechtlicher Vertrag ist;[15] s. aber Rdn. 27. 8

II. Vorbehalt

1. Ort des Vorbehalts

Der Vorbehalt muss im Erbvertrag selbst oder in einem Nachtrag[16] hierzu vereinbart werden. Enthält der Nachtrag nur den Vorbehalt, so gilt hierfür, da er eine teilweise Aufhebung des Erbvertrags enthält, § 2290 Abs. 2 u. 3 BGB.[17] Auch der Vorbehalt, eine vertragsmäßige Erbeinsetzung ersatzlos durch Rücktritt zu beseitigen, kann sinnvoll und daher statthaft sein: Der Vertragspartner muss durch die förmliche Ausübung und Erklärung des Rücktritts (Unterschied zum Änderungsvorbehalt) erfahren, wenn der Erblasser die Erbeinsetzung beseitigt, die gesetzliche Form des Rücktritts gewährleistet rechtliche Sicherung und Unterrichtung des Vertragsgegners.[18] 9

2. Bezeichnung

Ein Rücktrittsvorbehalt kann auch in anderen Begriffen ausgedrückt werden, etwa durch »widerrufen« oder »einseitig aufheben«,[19] wenn nur unzweifelhaft das Recht zur einseitigen Lossagung vom Erbvertrag gewollt ist. Abgrenzungsprobleme ergeben sich dabei insbesondere gegenüber dem Änderungsvorbehalt. Bei dem Vorbehalt, vom Erbvertrag abweichende Verfügungen zu treffen, handelt es sich i.d.R. nicht um einen Rücktritts- sondern um einen Änderungsvorbehalt,[20] jedoch kann die Auslegung im Einzelfall ergeben, dass es sich doch um einen förmlichen Rücktrittsvorbehalt handelt[21] oder um eine auflösende Bedingung.[22] 10

Der **Vorbehalt** des Rücktritts muss **nicht ausdrücklich** erklärt werden, sondern kann sich auch erst aus einer Auslegung des Erbvertrags ergeben. So kann eine **Wiederverheiratungsklausel** in einem Ehegattenerbvertrag stillschweigend einen Rücktrittsvorbehalt für den Fall der Wiederverheiratung des Längerlebenden enthalten.[23] Demgegenüber kann ein stillschweigend vereinbarter Rücktrittsvorbehalt nicht einfach bei einer Änderung der **Vermögensverhältnisse** der Ehegatten nach dem Tode des Erstversterbenden angenommen werden,[24] zumal der Erbvertrag unter Mitwirkung eines Notars abgeschlossen werden muss, der grundsätzlich die Pflicht hat, seine Urkunden auch insoweit klar und eindeutig zu formulieren. 11

14 *Planck/Greiff* § 2293 Anm. 2.
15 NK-BGB/*Horn* Rn. 6; *Harrer* 16; Staudinger/*Kanzleiter* Rn. 6.
16 *v. Lübtow* I, S. 460; MünchKomm/*Musielak* Rn. 4; jurisPK/*B. Hamdan/M. Hamdan* Rn. 2; *Wein* BayZ 1916, 123, 124.
17 NK-BGB/*Horn* Rn. 7; MünchKomm/*Musielak* Rn. 4; Palandt/*Weidlich* Rn. 2; PWW/*Deppenkemper* Rdnr. 2; Staudinger/*Kanzleiter* Rn. 7.
18 *Küster* JZ 1958, 394.
19 BayObLG FamRZ 1989, 1353, 1354 = DNotZ 1990, 812; NK-BGB/*Horn* Rn. 7; jurisPK/*B. Hamdan/M. Hamdan* Rn. 2; MünchKomm/*Musielak* Rn. 3; Palandt/*Weidlich* Rn. 2; *J. Mayer* DNotZ 1990, 775, 772.
20 MünchKomm/*Musielak* Rn. 3.
21 NJW-RR 1997, 1027.
22 Palandt/*Weidlich* Rn. 2.
23 OLG Karlsruhe NJW 1961, 1410; OLG Zweibrücken OLGZ 1973, 217.
24 BGH ZEV 2011, 422 = FamRZ 2011, 1224 (dort Rn. 10; in dem Erbvertrag war zudem ausdrücklich vereinbart, dass ein einseitiges Rücktrittsrecht ausgeschlossen ist); dazu *Giers* jurisPR-FamR 20/2011 Anm. 2.

3. Inhalt

12 Der **Erblasser** kann sich den Rücktritt für den ganzen Erbvertrag oder auch nur für eine einzelne vertragsmäßige Verfügung vorbehalten, **schlechthin** oder **nur für gewisse Fälle**, bedingt oder unbedingt, befristet oder unbefristet.[25] Ist die Zulässigkeit des Rücktritts an die Beachtung bestimmter Bedingungen geknüpft, so kann von einem **spezifizierten Rücktrittsvorbehalt** gesprochen werden. Dem Erblasser kann auch das Recht eingeräumt werden, allein darüber zu entscheiden, **ob** ein bestimmter **Rücktrittsgrund gegeben** ist, sodass die gerichtliche Überprüfung ausgeschlossen ist; denn die Vertragsteile hätten dem Erblasser auch ein freies Rücktrittsrecht einräumen können.[26]

III. Ausübung des Rücktrittsrechts

1. Allgemeines

13 Dem Erblasser steht es frei, von dem Erbvertrag oder der vertragsmäßigen Verfügung ganz oder nur teilweise zurückzutreten. Die Form des Rücktritts ist verschieden, je nachdem ob er zu Lebzeiten des Vertragsgegners oder nach seinem Tod erklärt wird (§§ 2296, 2297 BGB; Ausnahme beim zweiseitigen Erbvertrag: § 2298 Abs. 2 Satz 2, 3 BGB). Der Vertragsgegner braucht dem Rücktritt nicht zuzustimmen, seine Zustimmung liegt schon in dem Abschluss des Erbvertrags, der den Vorbehalt des Rücktritts enthält.[27] Das Recht zum Rücktritt ist **höchstpersönlich** (§§ 2065, 2279, 2296 Abs. 1 Satz 1 BGB); als Mittel zur Wiederherstellung der Testierfreiheit erlischt es mit dem Tode des Erblassers und ist daher nicht vererblich.[28] Der Erblasser kann von seinem Rücktrittsrecht auch nur teilweise Gebrauch machen und den **Rücktritt auf einzelne** seiner vertragsmäßigen Verfügungen **beschränken**;[29] zu den Rechtsfolgen s. hierzu Rdn. 22. Das Rücktrittsrecht unterliegt nicht der Verjährung, da es keinen Anspruch darstellt.[30] Das Gesetz hat grundsätzlich auch keine Ausschlussfrist für seine Ausübung festgesetzt, beim **zweiseitigen Erbvertrag** ist jedoch § 2298 Abs. 2 Satz 2 BGB zu beachten, wonach hier das Rücktrittsrecht **mit dem Tod des anderen Vertragspartners erlischt**, wenn nichts anderes anzunehmen ist.[31] Jedoch kann eine **Ausschlussfrist** im Erbvertrag vereinbart werden,[32] was im Einzelfall – gerade bei entgeltlichen Erbverträgen – sachgerecht sein kann.

14 Der Rücktritt selbst **braucht nicht ausdrücklich** erklärt werden; jedoch ist auf alle Fälle die Form der §§ 2296, 2297 BGB einzuhalten.[33] Zur Rücktrittserklärung in einer neuen Verfügung von Todes wegen § 2296 BGB Rdn. 10. Die **Rücktrittsgründe** müssen **in der Rücktrittserklärung** auch dann nicht, und zwar auch **nicht** in ihrem Kern, **mitgeteilt** werden, wenn der Rücktritt wegen eines Fehlverhaltens des anderen Vertragsteils erfolgt. Eine solche Anforderung hat im Gesetz keine Grundlage.[34] Davon zu unterscheiden ist, dass vor der Ausübung des Rücktrittsrechts der Erblasser u.U. eine entsprechende Abmahnung erklären muss, s. dazu Rdn. 17 ff.

2. Bedingungsfeindlichkeit

15 Der Rücktritt kann, da es sich um ein Gestaltungsrecht handelt, nicht unter einer Bedingung erklärt werden, da dem Erklärungsgegner keine Ungewissheit über die Wirksamkeit des Rücktritts

---

25 Mot. V 343; Bamberger/Roth/*Litzenburger* Rn. 3; *Damrau/Tanck/Krüger* Rn. 2; MünchKomm/*Musielak* Rn. 2.

26 MünchKomm/*Musielak* Rn. 2; zum Widerrufsrecht beim gemeinschaftlichen Testament BGHZ 2, 35, 36 ff. = NJW 1951, 959 zur ähnlichen Problematik des Widerrufs wechselbezüglicher Verfügungen; *Johannsen* WM 1969, 1222, 1230; *Herlitz* MittRhNotK 1996, 153, 160.

27 Palandt/*Weidlich* Rn. 4.

28 Bamberger/Roth/*Litzenburger* Rn. 4; Palandt/*Weidlich* Rn. 1; MünchKomm/*Musielak* Rdnr. 6.

29 Erman/*Schmidt* Rn. 2; MünchKomm/*Musielak* Rn. 7; Staudinger/*Kanzleiter* Rn. 9.

30 *Planck/Greiff* Anm. 3.

31 MünchKomm/*Musielak* Rn. 8.

32 Damrau/Tanck/*Krüger* Rdnr. 7; MünchKomm/*Musielak* Rn. 8.

33 JurisPK/*B. Hamdan/M. Hamdan* Rn. 4; Soergel/*M. Wolf* Rn. 6.

34 *Kirchner* MittBayNot 1996, 19; aA die vereinzelt gebliebene Entscheidung des OLG Düsseldorf ZEV 1994, 171, 172 = NJW-RR 1995, 141.

zumutbar ist.[35] Die Umdeutung eines nach §§ 2290, 2276 Abs. 1 Satz 1 BGB formnichtigen Vertragsangebotes zur Aufhebung eines Erbvertrags[36] oder eines wegen § 2290 BGB unzureichenden Erbverzichtsvertrags[37] in einen Rücktritt vom Erbvertrag ist daher nur möglich, wenn keine Bedingung in der Rücktrittserklärung enthalten ist.

Zulässig sind aber **Rechtsbedingungen**, da sie die gesetzlichen Voraussetzungen nur wiederholen,[38] oder Potestativbedingungen, deren Erfüllung allein vom Willen des Erklärungsempfängers abhängen.[39] 16

3. Abmahnungserfordernis, die Berücksichtigung von Treu und Glauben

Bei der Ausübung des Rücktrittsrechts muss der Grundsatz von Treu und Glauben beachtet werden.[40] Hat sich der Erblasser den Rücktritt für den Fall vorbehalten, dass der Vertragspartner seiner Pflicht zur Pflege nicht nachkommt, so können Treu und Glauben es erfordern, dass der Rücktritt erst nach einer erfolglosen Abmahnung zulässig ist.[41] Das Erfordernis der Abmahnung soll nach einer Entscheidung des BGH[42] jedoch nur gelten, wenn die Verpflichtung des Bedachten nur allgemein, etwa unter Verwendung unbestimmter Rechtsbegriffe (»erforderliche Wart und Pflege«, »standesgemäße Verpflegung«) umschrieben ist; ansonsten sei weder eine Abmahnung noch eine Fristsetzung entsprechend § 323 BGB geboten. Ob dies bei einem Rücktritt wegen der Verletzung von Verpflichtungen aus Dauerschuldverhältnissen ebenfalls gilt, erscheint – insbesondere angesichts der gesetzlichen Regelung des Kündigungsrechts bei Dauerschuldverhältnissen in § 314 BGB und bei der dort normierten Abmahnungspflicht – zweifelhaft, zumal das OLG Düsseldorf[43] offensichtlich hier zur Übernahme arbeitsrechtlicher Kriterien neigt. Dann kann aber auch durch eine entsprechende Formulierung des Rücktrittsvorbehalts das Abmahnungserfordernis nicht umgangen werden.[44] Als Faustregel wird gelten, dass eine Abmahnungspflicht umso eher besteht, je weniger genau die zu erbringende Leistungspflicht festgelegt ist.[45] 17

In der **Abmahnung** müssen die beanstandeten Leistungsmängel hinreichend konkret bezeichnet sein und die aus der Nichtbeachtung sich ergebenden Rechtsfolgen angedroht werden, damit diese ihrer eigentlichen Aufgabe, der *Warn- und Androhungsfunktion*, gerecht wird.[46] Der Rücktritt ist unzulässig, wenn der Erblasser das Verhalten, das den Rücktritt gerechtfertigt hätte, stillschweigend geduldet hat.[47] 18

Der Rücktritt kann allerdings später nicht mehr auf die **Tatsachen** gestützt werden, die dem Erblasser **im Zeitpunkt der Abmahnung bekannt** waren, denn durch die Tatsache der Abmahnung bringt der Erblasser gerade zum Ausdruck, dass er die Leistungserbringung will und nicht bereits zur Sanktion des Rücktritts greift. Demnach müssen die Rücktrittsgründe über die hinausgehen, 19

35 OLG Stuttgart DNotZ 1979, 107; NK-BGB/*Horn* Rn. 10; allgem. hierzu BGHZ 97, 267; Palandt/*Ellenberger* Einf. 13 v § 158.
36 OLG Hamm DNotZ 1977, 751.
37 OLG Stuttgart DNotZ 1979, 107.
38 Allgem. BGHZ 99, 239; Staudinger/*Bork* Vorbem. 24 ff. zu §§ 158 ff.
39 *Palandt/Grüneberg* Einf 13 v § 158 m.w.N.
40 NK-BGB/*Horn* Rn. 11; Staudinger/*Kanzleiter* Rn. 10.
41 BGH LM (Cd) Nr. 118 zu § 242 BGB = MDR 1967, 993; OLG Düsseldorf ZEV 1994, 171, 172 = NJW-RR 1995, 141 (dazu krit. *Kirchner* MittBayNot 1996, 19); OLG Hamm NJW-FER 1998, 275 zum Rücktritt vom Erbvertrag, der mit einer Scheidungsvereinbarung verbunden ist; *Johannsen* WM 1969, 1222, 1230; MünchKomm/*Musielak* Rn. 7; Palandt/*Weidlich* Rn. 3.
42 NJW 1981, 2299 = DNotZ 1983, 117, 118; ähnlich Bamberger/Roth/*Litzenburger* Rn. 5.
43 ZEV 1994, 171, 172 = NJW-RR 1995, 141; dazu *Kirchner* MittBayNot 1996, 19.
44 Anders *Lange/Kuchinke* § 25 VIII 4 Fn. 259.
45 JurisPK/*B. Hamdan/M. Hamdan* Rn. 6; ähnlich NK-BGB/*Horn* Rn. 11.
46 OLG Düsseldorf ZEV 1994, 171, 172 = NJW-RR 1995, 141; OLG Hamm DNotZ 1999, 142, 144 = NJWE-FER 1998, 275; jurisPK/*B. Hamdan/M. Hamdan* Rn. 6; kritisch hierzu *Kirchner* MittBayNot 1996, 19.
47 OLG Oldenburg NdsRpfl 1955, 191; MünchKomm/*Musielak* Rn. 7; Staudinger/*Kanzleiter* Rn. 10.

die Gegenstand der Abmahnung waren,[48] etwa weitere Schlecht- oder Nichtleistung. Der Notar sollte bei derartigen Verbindungen von Erb- und Pflegeverträgen entweder die dem Vertragsgegner obliegenden Leistungen möglichst genau formulieren oder – da dies in der Praxis oft nicht möglich, u.U. auch unzweckmäßig ist – auf die Notwendigkeit einer Abmahnung vor Ausübung des Rücktrittsrechtes hinweisen.

IV. Wirkung des Rücktritts

1. Generelle Wirkung

20 Der Rücktritt wirkt nach h.M. soweit, wie der Vorbehalt reicht, und **beseitigt** die davon betroffenen Verfügungen des Zurücktretenden.[49] Nach einer Mindermeinung soll die vom Rücktrittsvorbehalt erfasste Verfügung nach Ausübung des Rücktrittsrechts als einseitige noch existent sein, weil in der Vertragsmäßigkeit der Verfügung nur eine besondere Bestandssicherung derselben zu erblicken sei. Ob sie dann aber wirksam bleibe, richte sich nach § 2299 Abs. 3 BGB.[50] Diese Vorstellung beruht jedoch auf der mittlerweile überholten Testamentstheorie[51] und ist daher abzulehnen.[52]

21 Durch den wirksamen Rücktritt werden die davon betroffenen vertragsmäßigen Verfügungen des Zurücktretenden immer beseitigt.[53] Hinsichtlich der vertragsmäßigen **Verfügungen des anderen Vertragsteils** beim mehrseitigen Erbvertrag ist zu unterscheiden: Bei einem **vorbehaltenen Rücktrittsrecht** werden nach der Auslegungsregel des § 2298 Abs. 2 Satz 1 BGB im Zweifel auch die des **anderen Vertragsteils** aufgehoben. **Bei der Ausübung eines gesetzlichen Rücktrittsrechts** (§§ 2294, 2295 BGB) gilt dies nicht, sodass die Verfügungen des Vertragsgegners hier als bindende Anordnung bestehen bleiben.[54]

22 Betrifft der **Rücktritt nur einzelne** vertragsmäßige **Verfügungen** (etwa bei § 2294 BGB), so kann deren Unwirksamkeit zur Folge haben, dass auch andere Verfügungen kraftlos werden, vertragsmäßige nach § 139 BGB, einseitige nach §§ 2085, 2279 BGB. Teilweise wird auch vertreten, dass sich die Wirksamkeit der verbleibenden vertragsmäßigen Verfügungen nach § 2085 bestimmt, weil diese Norm aufgrund des § 2279 Abs. 1 BGB auch hier anwendbar sei;[55] meist wird man damit zu ähnlichen Beurteilungen kommen,[56] jedoch kann das anders ausgestaltete Regel-Ausnahme-Verhältnis im Rahmen der Beweislastverteilung eine Rolle spielen. Bei einem Rücktritt von dem ganzen Erbvertrag treten auch die **einseitigen Verfügungen**, die etwa in dem Erbvertrag enthalten sind, im Zweifel außer Kraft (§ 2299 Abs. 3 BGB).[57]

23 Der Rücktritt hat **keine Rückwirkung**; denn in der Regel wirken Rechtsgeschäfte erst von ihrer Vornahme an.[58] Die §§ 346 ff. BGB sind hier nicht anwendbar (Gleiches gilt ja auch beim Widerruf eines gemeinschaftlichen Testaments, §§ 2270, 2271 BGB).

---

48 OLG Düsseldorf ZEV 1994, 171, 172 = NJW-RR 1995, 141.
49 Staudinger/*Kanzleiter* Rn. 11; jurisPK/*B. Hamdan*/*M. Hamdan* Rn. 7.
50 *Van Venrooy* JZ 1987, 10, 15 f.
51 S. Vorbem. zu §§ 2274 ff. BGB Rdn. 6.
52 Im Ergebnis ebenso *D. Nolting* 45 unter Berufung auf den Wortlaut des § 2298 Abs. 2 BGB.
53 S. dazu Rdn. 20.
54 *Müller*/*Rottach* BWNotZ 1987, 42; *Lange*/*Kuchinke* § 25 VII 6 a bei Fn. 273.
55 MünchKomm/*Musielak* Rn. 9; *Höfer* BWNotZ 1984, 113, 119; *Damrau*/*Tanck*/*Krüger* Rn. 9; Staudinger/*Kanzleiter* Rn. 11; sowohl § 139 wie auch § 2085 BGB bejaht wohl *Schumann*, Erbvertragsrecht, Rn. 13; nur für das Unwirksamwerden der vom Rücktritt unmittelbar erfassten Verfügung Bamberger/Roth/*Litzenburger* Rn. 6, was aber weder der Wertung von § 139 BGB noch der von § 2085 BGB entspricht.
56 *Herlitz* MittRhNotK 1996, 153, 162; ebenso NK-BGB/*Horn* Rn. 13.
57 Vgl. § 2299 BGB Rdn. 17 ff.
58 BayObLGZ 1957, 292, 301; *Schumann*, Erbvertragsrecht, Rn. 13; Staudinger/*Kanzleiter* Rn. 11.

2. Kein Rücktritt vom Rücktritt

Der einmal erklärte Rücktritt ist grundsätzlich **unwiderruflich.**[59] Eine Ausnahme gilt aber dann, wenn nach dem Tod des Vertragsgegners an die Stelle des Rücktrittsrechtes das Recht tritt, die vertragsmäßige Verfügung durch einseitiges Testament aufzuheben (§ 2297 BGB). Denn das Testament ist seiner Natur nach widerruflich (§ 2253 BGB).[60] In diesem Falle hat der Widerruf zur Folge, dass die frühere vertragliche Verfügung wieder in Kraft tritt.[61] 24

3. Wirkung bei Ehe- und Erbvertrag

Haben Eheleute vor einem Notar in einer einzigen Verhandlung durch Ehevertrag den Güterstand der Gütergemeinschaft vereinbart und gleichzeitig einen Erbvertrag geschlossen (vgl. § 2276 Abs. 2 BGB), so kann jeder Ehegatte unter den Voraussetzungen der §§ 2293 ff. BGB von den im Erbvertrag getroffenen vertragsmäßigen Verfügungen zurücktreten, ohne dass die weitere Geltung des Ehevertrages dadurch berührt wird; § 139 BGB kann weder unmittelbar noch entsprechend angewendet werden, weil ursprüngliche Nichtigkeit nicht infrage steht und das BGB den Rücktritt vom Erbvertrag einerseits und die Aufhebung der Gütergemeinschaft andererseits besonders geregelt hat (§§ 1447 ff. BGB).[62] Jedoch kann zwischen dem Erbvertrag und dem damit verbundenen Vertrag auch ein Bedingungszusammenhang (§ 158 BGB) bestehen, jedoch müssen für einen solchen besondere Anhaltspunkte bestehen. 25

V. Rücktrittsrecht des Vertragsgegners

Das Gesetz kennt **nur den Rücktritt des Erblassers** vom Erbvertrag, nicht auch einen Rücktritt des Vertragsgegners, der keine Verfügung von Todes wegen getroffen hat, vom Erbvertrag. Dieser hat also keinesfalls ein gesetzliches Recht zum Rücktritt. Aber auch ein vertraglicher Vorbehalt des Rücktritts vom Erbvertrag (oder von der Annahme der vertragsmäßigen Verfügungen in diesem Vertrag) wäre **für den Vertragsgegner unzulässig** und unwirksam[63] und ist ohne praktische Notwendigkeit, denn er kann nach den §§ 2290, 2292 BGB an einer Befreiung von der erbvertragsmäßigen Bindung mitwirken. Nach Eintritt des Erbfalls kann er auch die Zuwendung ausschlagen.[64] 26

Zulässig ist nur, dass sich der Vertragsgegner den Rücktritt von einem **schuldrechtlichen Vertrag** vorbehält, den er in dem Erbvertrag oder in Zusammenhang mit diesem mit dem Erblasser geschlossen und in dem er – etwa als Gegenleistung für vertragsmäßige Zuwendungen des Erblassers – diesem gegenüber schuldrechtliche Verpflichtungen übernommen hat.[65] Für ein solches schuldrechtliches Rücktrittsrecht gelten die Vorschriften der §§ 346 ff. BGB. Ein gesetzliches Recht zum Rücktritt vom Erbvertrag nach §§ 323, 324 BGB kommt nicht in Betracht, weil der Erbvertrag, auch wenn er mit einem schuldrechtlichen Vertrag verbunden ist (vgl. § 34 Abs. 2 BeurkG),[66] kein gegenseitiger Vertrag ist. Der schuldrechtliche Rücktritt des Vertragsgegners macht die erbrechtlichen Verfügungen des Erblassers nicht ohne Weiteres unwirksam, wenn sie nicht aufgrund des Parteiwillens durch den Bestand der schuldrechtlichen Verpflichtungen des Vertragsgegners bedingt sind; die Nichtigkeit ergibt sich aber auch nicht zwingend aus § 139 BGB.[67] Der Rücktritt 27

---

59 Prot. VI 153; *Wein* BayZ 1916, 123, 126; NK-BGB/*Horn* Rn. 14; MünchKomm/*Musielak* Rn. 10.

60 § 2297 BGB Rdn. 16.

61 MünchKomm/*Musielak* Rn. 10.

62 BGHZ 29, 129 = NJW 1959, 625 = DNotZ 1959, 209; *Schumann*, Erbvertragsrecht, Rn. 16.

63 Bamberger/Roth/*Litzenburger* Rn. 4; *Planck/Greiff* Vorbem. 3; MünchKomm/*Musielak* Rn. 5; BGB-RGRK/*Kregel* Rn. 2; Soergel/*M. Wolf* Rn. 5; *Kipp/Coing* § 40 IV 1; *Herlitz* MittRhNotK 1996, 153, 161; *Wein* BayZ 1916, 123; **a.A.** *van Venrooy* JZ 1987, 10, 15 f.

64 Dazu NK-BGB/*Horn* Rn. 15; Staudinger/*Kanzleiter* Rn. 14.

65 *Hilderscheid* DNotZ 1942, 204, 212 f.; *v. Lübtow* I, S. 460; MünchKomm/*Musielak* Rn. 5; NK-BGB/*Horn* Rn. 15; *Kipp/Coing* § 40 IV 2; Staudinger/*Kanzleiter* Rn. 14; vgl. Mot. V 342.

66 Vorbem. zu §§ 2274 ff. BGB Rdn. 38 ff.

67 **A.M.** MünchKomm/*Musielak* Rn. 9.

kann aber ein Rücktrittsrecht, insb. nach § 2295 BGB, oder ein Anfechtungsrecht des Erblassers bezüglich des Erbvertrags auslösen.[68]

VI. Prozessuales

28 Das Recht zum Rücktritt kann u.U. schon zu Lebzeiten des Erblassers zum Gegenstand einer Feststellungsklage (§ 256 ZPO) gemacht werden, wobei teilweise danach differenziert wird, ob der Erblasser oder der vertraglich Bedachte die Klage erhebt.[69] Da der Rücktritt eine Ausnahme von dem Grundsatz der Unwiderruflichkeit des Erbvertrags darstellt, hat im Streitfall derjenige das Recht zum Rücktritt und seine ordnungsmäßige Ausübung darzulegen und **zu beweisen**, der sich auf den Rücktritt beruft.[70] Soweit jedoch der Rücktritt deshalb erfolgt, weil der **andere** Vertragsteil seine zugesagten **Verpflichtungen**, etwa zur Betreuung und Pflege des Erblassers, **nicht** erfüllt, so trägt dieser andere die Darlegungs- und **Beweislast** für die ordnungsgemäße Erfüllung seiner Verpflichtung. Dies ergab sich früher aus der mittlerweile aufgehobenen Beweislastregel des § 358 a.F.,[71] jedoch handelt es sich hierbei um einen allgemeinen Grundsatz der Beweislastverteilung, der auch so noch fortgilt.[72]

VII. Gestaltungshinweise

1. Allgemeine Überlegungen

29 Es ist durch sorgfältige **Willenserforschung** festzustellen, ob die Beteiligten eine **uneingeschränkte Bindung** an den Erbvertrag wünschen; i.d.R. ist dies – insbesondere bei Ehegattenerbverträgen – nicht gewollt.[73] Die gesetzlichen Rücktrittsgründe reichen im Allgemeinen nicht aus, um bei diesen oft weit in die Zukunft gerichteten Vereinbarungen die u.U. erforderliche Anpassung an die geänderten Verhältnisse zu erzielen.

30 Dann ist zwischen den beiden grundsätzlichen Möglichkeiten für die Befreiung von der erbvertraglichen Bindung **abzuwägen**, nämlich **zwischen** dem **Änderungsvorbehalt** und dem **Rücktrittsrecht.** Dabei ist zu beachten: der Rücktritt führt gerade beim zweiseitigen Erbvertrag grundsätzlich zum Wegfall des gesamten Erbvertrages, soweit sich nicht aus dem Willen der Beteiligten etwas anderes ergibt (§ 2298 Abs. 3 BGB), während bei einer Änderung aufgrund eines Vorbehalts die übrigen Verfügungen, mögen sie auch wechselbezüglich sein, bestehen bleiben. Dies ist gerade beim typischen Ehegattenerbvertrag nach dem Gestaltungsmuster des »Berliner Testaments« meist gewollt.

31 Sodann sind die **Tatbestandsvoraussetzungen** des Rücktrittsvorbehalts genau zu regeln:[74]
- Besteht ein uneingeschränktes Rücktrittsrecht oder nur ein solches bei bestimmten Gründen?
- Bezieht sich das Rücktrittsrecht auf den ganzen Erbvertrag oder nur auf einzelne Verfügungen?
- Soll das Vorliegen der Rücktrittsgründe justiziabel sein oder kann der Erblasser selbst verbindlich über deren Vorliegen entscheiden?[75]
- Ist das Rücktrittsrecht befristet (Ausschlussfrist)?
- Ist Rücktrittsgrund ein bestimmtes Verhalten des Vertragserben oder eines Dritten (mangelnde Pflegeerbringung etc.), so bedarf es, insbesondere bei im Voraus nicht genau konkretisierbarer Leistungspflicht, i.d.R. einer Abmahnung als Rücktrittsvoraussetzung; hier sind Inhalt und Formalien der Abmahnungserklärung zu regeln.

---

68 Eingehend dazu § 2295 BGB mit Rdn. 10 ff.; NK-BGB/*Horn* Rn. 15; *Kipp/Coing* § 40 IV 2; Palandt/*Weidlich* Rn. 4.

69 *Damrau/Tanck/Krüger*, Erbrecht Rn. 9; *Schumann*, Erbvertragsrecht, Rn. 12; eingehend dazu § 2286 Rdn. 17 ff.; zur Streitwertfestsetzung BGH BGHR § 3 ZPO: nur Bruchteil des Grundstückswerts.

70 OLG Düsseldorf ZEV 1994, 171, 172 = FamRZ 1995, 58; *Damrau/Tanck/Krüger*, Erbrecht Rn. 10; MünchKomm/*Musielak* Rn. 11.

71 Soergel/*M. Wolf* Rn. 3; offenlassend BGH LM § 242 (Cd) Nr. 118.

72 MünchKomm/*Musielak* Rn. 11.

73 Vgl. etwa *J. Mayer* DNotZ 1990, 776.

74 Vgl. auch Nieder/Kössinger/*R. Kössinger*, Handbuch der Testamentsgestaltung, § 11 Rn. 75.

75 Was zulässig ist, BGH NJW 1951, 959.

- Ist der Rücktritt auch noch nach dem Tode des Vertragspartners zulässig (§ 2298 Abs. 2 Satz 2, Abs. 3 BGB)?

Aber auch die durch den Rücktritt eintretenden **Rechtsfolgen** sind zu regeln: 32
- Tritt der ganze Erbvertrag außer Kraft oder nur einzelne Verfügungen?
- Erfasst der Rücktritt auch einseitige Verfügungen (§ 2299 Abs. 3 BGB)?
- Bei Verbindung mit einem Ehevertrag: bleibt dieser wirksam?
- Bei Verbindung mit einem anderen Vertrag: bleibt dieser wirksam? Sind bereits erbrachte Leistungen zurückzugewähren?

Zu beachten ist, dass die Form für den Rücktritt (§ 2296 BGB) zwingend ist und hiervon durch Vereinbarung nicht abgewichen werden kann. 33

2. Formulierungsvorschläge für Rücktrittsvorbehalte

Solche finden sich etwa bei Formular-Kommentar/*Prausnitz*, Form 6.529; Kölner FormBErbR/ *Dorsel*, Kap. 1 Rn. 69M; Münchener Vertragshandbuch/*Otto*, Bd. VI, 2. Form XII 26; *Langenfeld*, Testamentsgestaltung, § 13 Rn. 704 (bei Erbvertrag jüngerer Ehegatten), Rn. 707 (bei sog. Rückflusslösung mit kombinierten Pflichtteilsverzicht); *Keim* in Keim/Lehmann, Beck´sches Formularbuch Erbrecht C. I. 7; *Keim* in Keim/Lehmann, Beck´sches Formularbuch Erbrecht D. 6 (Rücktrittsvorbehalt beim mehrseitigen Erbvertrag), D. 5 (Rücktrittsvorbehalt beim einseitigen Erbvertrag); *Herlitz* MittRhNotK 1996, 153, 163 mit ausführlichen Praxishinweisen. 34

3. Nachteilige Wirkungen der Rücktrittsvorbehalte hinsichtlich des erleichterten Nachweises des Erbrechts

Unliebsame **Nebenwirkungen** treten bei der Vereinbarung eines Rücktrittsvorbehalts bezüglich des **vereinfachten Erbnachweises**[76] gegenüber dem Grundbuchamt auf: Nach § 35 Abs. 1 Satz 2 GBO genügt für die Grundbuchberichtigung anstelle des (teuren) Erbscheins die Vorlage der notariell beurkundeten Verfügung von Todes wegen und der Eröffnungsniederschrift. Wird jedoch ein Rücktrittsvorbehalt vereinbart oder der Erbvertrag unter eine (auflösende oder aufschiebende) Bedingung gestellt, so stellt sich die folgende Frage: Kann das Grundbuchamt unter Hinweis auf diese die unbedingte Geltung des Erbvertrags infrage stellenden Vereinbarungen die Vorlage eines Erbscheins verlangen, weil es wegen der beschränkten Erkenntnismöglichkeiten des Grundbucheintragungsverfahrens nicht überprüfen kann, ob die Wirkung des Erbvertrags wegen des Rücktrittsvorbehalts oder der vereinbarten Bedingung entfallen ist. Relativ großzügig ist diesbezüglich das OLG München in seinem Beschl. v. 31.05.2012.[77] Es sieht danach auch einen Erbvertrag, der mit einer **Leistungsverpflichtung** des Bedachten verbunden ist, immer noch als grundsätzlich geeignet an, um die Erbfolge gegenüber dem Grundbuchamt ohne Erteilung eines Erbscheins nachweisen zu können. Denn der Erbvertrag entfällt nicht automatisch bei einer Schlechterfüllung der versprochenen Leistung, sondern es entsteht dann nur ein gesetzliches Rücktrittsrecht nach **§ 2295 BGB**. Voraussetzung für das Rücktrittsrecht ist in diesem Fall zudem, dass die Verpflichtung vor dem Tode des Erblassers aufgehoben wird. Zu berücksichtigen sei weiter, dass ein gesetzliches Rücktrittsrecht als **abstrakte Möglichkeit** nur unter ganz besonderen Umständen das Erbrecht infrage stellen könne. Die bloße Möglichkeit genügt nicht. Das Grundbuchamt muss daher, weil die auch für Erbverträge geltende Vorschrift des § 35 Abs. 1 Satz 2 GBO sonst ihren Sinn verlieren würde, vom Vorliegen des Regelfalls solange ausgehen, wie es keinen besonderen Anlass zu Bedenken hat.[78] 35

---

76 Vgl. etwa *Langenfeld*, Testamentsgestaltung, Rn. 56 ff.

77 FamRZ 2013, 244 = MittBayNot 2013, 46 m. Anm. *S. Braun*.

78 Vgl. Meikel/*Roth* § 35 GBO Rn. 125 m.w.N.

36 Damit wendet das OLG München im Falle des **gesetzlichen Rücktrittsrechts nicht** so **strenge Maßstäbe** an, **wie** in seiner Entscheidung vom 03.11.2011[79] zum **vertraglichen Rücktrittsrecht**. Dort hatte es festgestellt, dass das Grundbuchamt für den Nachweis des Nichtvorliegens einer Tatsache, wie hier des Umstands, dass ein Rücktritt nicht erklärt worden ist, eine vor dem Notar abgegebene eidesstattliche Versicherung verlangen kann. Anderer Auffassung ist die wohl h.M.,[80] die generell die Vorlage der notariellen Verfügung von Todes wegen samt Eröffnungsniederschrift genügen lässt, wenn für die Ausübung des (vorbehaltenen oder gesetzlichen) Rücktrittsrechts keine greifbaren Anhaltspunkte ersichtlich sind. In einer neueren Entscheidung hat sich dem nunmehr auch das OLG München angeschlossen und eine Änderung seiner bisherigen Rechtsprechung – und damit auch der Grundbuchpraxis in Bayern – vorgenommen. Das Gericht stützt sich in seiner Begründung allerdings maßgeblich auf den Umstand der Einführung des Zentralen Testamentsregisters zum 01.01.2012 und der damit verbundenen Mitteilungspflicht des Notars nach § 34a BeurkG, wenn dieser einen Rücktritt vom Erbvertrag beurkundet hat. Liege eine solche Mitteilung nicht vor, könne das Grundbuchamt im Regelfall davon ausgehen, dass ein Rücktritt auch nicht erklärt wurde.[81] Plakativ spricht das OLG München davon, dass die durch das Zentrale Testamentsregister geschaffene zusätzliche Sicherheit auch auf die Nachweisanforderungen für die Erbfolge im Grundbuchverfahren »ausstrahlt«. Auf der etwas großzügigeren Linie liegt auch der Beschluss des KG vom 13.11.2012.[82] Danach können bei einem Erbvertrag, der eine **Scheidungsklausel** in Anlehnung an § 2077 BGB enthält, hieraus allein keine Zweifel an dem behaupteten Erbrecht abgeleitet werden, die das Verlangen nach der Vorlage eines Erbscheins rechtfertigen könnten (§ 35 Abs. 1 Satz 2 Halbs. 2 GBO). Das OLG Naumburg sieht dies für den Fall anders, dass die letztwillige Verfügung aufgrund einer Scheidungsklausel nicht nur unwirksam sein soll, wenn die Ehe geschieden wird, sondern auch dann, wenn der überlebende Ehegatte zum Zeitpunkt des Todes des Erstversterbenden Scheidungsklage eingereicht hatte.[83]

§ 2294 Rücktritt bei Verfehlungen des Bedachten

Der Erblasser kann von einer vertragsmäßigen Verfügung zurücktreten, wenn sich der Bedachte einer Verfehlung schuldig macht, die den Erblasser zur Entziehung des Pflichtteils berechtigt oder, falls der Bedachte nicht zu den Pflichtteilsberechtigten gehört, zu der Entziehung berechtigen würde, wenn der Bedachte ein Abkömmling des Erblassers wäre.

Übersicht

79 FamRZ 2012, 1007 = MittBayNot 2012, 293 m. Anm. *S. Braun*; dazu *Tönnies* RNotZ 2012, 326.

80 LG Kleve MittRhNotK 1989, 273; OLG Düsseldorf MittBayNot 2013, 490; OLG Saarbrücken FGPrax 2014, 250; *Tönnies* RNotZ 2012, 326; *Braun* MittBayNot 2012, 294; *ders.* MittBayNot 2013, 48; *Lehmann/Schulz* ZEV 2012, 538 (539); *Demharter* ZfIR 2013, 471; *von Rintelen* NotBZ 2013, 265.

81 So bereits *Tönnies* RNotZ 2012, 326, 327; *von Rintelen* NotBZ 2013, 265, 266; *Braun* MittBayNot 2012, 294, 294 f.

82 ZErb 2013, 41 = NotBZ 2013, 33 = FamRZ 2013, 1073; ebenso *Langenfeld*, Testamentsgestaltung, Rn. 676; vgl. auch *Schöner/Stöber*, Grundbuchrecht, Rn. 788.

83 OLG Naumburg NotBZ 2019, 192.

I. Normzweck, Allgemeines

Die Vorschrift enthält ein **gesetzliches Rücktrittsrecht** zur Lösung von der erbvertraglichen Bindung, weil einerseits wegen der Verfehlungen des Bedachten dem Erblasser ein Festhalten an dem Erbvertrag nicht mehr zugemutet werden kann und andererseits der Bedachte wegen seines Verhaltens keiner Belohnung bedarf.[1] Sie weist eine gewisse Ähnlichkeit mit § 530 BGB und § 2271 Abs. 2 Satz 2 BGB auf.[2] 1

II. Voraussetzungen des Rücktrittsrechts

1. Verfehlungen des Bedachten

Der Erblasser kann dann, auch wenn er sich nicht bereits aus anderen Gründen einen Rücktritt vorbehalten hat, von einer vertragsmäßigen Verfügung zurücktreten, wenn sich der Bedachte einer Verfehlung schuldig macht, die den Erblasser zur Entziehung des Pflichtteils berechtigt. Damit verweist das Gesetz auf § 2333 BGB. Als Verfehlungen, die zum Rücktritt berechtigten, kommen daher nur die in **§ 2333 BGB** genannten Pflichtteilsentziehungsgründe infrage. Die Pflichtteilsentziehungsgründe des § 2333 Abs. 1 Nr. 1 und 2 BGB, sind mit dem Grundgesetz vereinbar.[3] Ist der Bedachte kein Pflichtteilsberechtigter, so ist er insoweit wie ein Abkömmling zu behandeln, also § 2333 BGB entsprechend anzuwenden.[4] Der Wortlaut des § 2294 BGB bedarf jedoch im Hinblick auf die in der Zwischenzeit erfolgten Änderungen des Pflichtteilsentziehungsrechts in **zweifacher Hinsicht** einer Klarstellung: (1) Wenn zum einen für die Rücktrittsberechtigung darauf abgestellt wird, ob die Pflichtteilsentziehung gegenüber einem Abkömmling möglich wäre, beruht dies auf einem Redaktionsversehen: Denn aufgrund des **ErbVerjRÄndG** sind für alle seit dem 01.01.2010 eintretenden Erbfälle alle Pflichtteilsentziehungsgründe in § 2333 BGB zusammengefasst und es wird gerade nicht mehr mit der Zubilligung verschiedener Entziehungsgründe danach differenziert, ob die Pflichtteilsentziehung gegenüber einem Abkömmling, Ehegatten oder Elternteil erfolgen soll. Die früher bestehende Differenzierung der Rücktrittserheblichkeit der Verfehlungen nach der Person des Bedachten wurde damit aufgegeben.[5] (2) Zum anderen ist die Wendung, dass sich der Bedachte einer entsprechenden Verfehlung »**schuldig**« machen muss, nicht im streng strafrechtlich, technischen Sinn zu verstehen. Es ist also **nicht** unbedingt erforderlich, dass der Bedachte bei der Verfehlung **schuldfähig** i.S. von **§ 20 StGB** gewesen sein muss. Bedeutsam wird dies insbesondere bei einer Pflichtteilsentziehung wegen einer Straftat nach § 2333 Abs. 1 Nr. 4 BGB. Denn bei einer solchen ist eine strafrechtliche Schuldfähigkeit gerade nicht erforderlich, vielmehr genügt es nach § 2333 Abs. 1 Satz 2 BGB, wenn die Unterbringung des Pflichtteilsberechtigten in einem psychiatrischen Krankenhaus oder in einer Entziehungsanstalt wegen einer ähnlich schwerwiegenden vorsätzlichen Tat rechtskräftig angeordnet wird. Ob bei den anderen Pflichtteilsentziehungsgründen eine Schuldfähigkeit im strafrechtlichen Sinn erforderlich ist, weil aus dieser Sonderregelung für einen Pflichtteilsentziehungsgrund der Gegenschluss für alle anderen Entziehungsgründe zu ziehen ist, ist allerdings umstritten.[6] 2

Verfehlungen gegen **Eigentum** oder Vermögen des Erblassers i.S.d. §§ 2333 Nr. 2, 2294 BGB sind nur dann **schwere vorsätzliche Verfehlungen**, wenn sie nach ihrer Natur und nach ihrer Begehungsweise eine **grobe Missachtung des Eltern-Kind-Verhältnisses** zum Ausdruck bringen und deswegen eine besondere Kränkung des Erblassers bedeuten.[7] Nach Auffassung des OLG Köln[8] kann bei fehlendem vertraglichen Rücktrittsrecht ein einseitiger Rücktritt eines Vertragspartners nicht darauf 3

1 *Lange/Kuchinke* § 25 VII 5.
2 NK-BGB/*Horn* Rn. 1; Staudinger/*Kanzleiter* Rn. 1.
3 BVerfGE 112, 332 = ZEV 2005, 301 m. Anm. *Kleensang* ZEV 2005, 277; *ders.* DNotZ 2005, 509; *K. W. Lange* ZErb 2005, 205; *J. Mayer* FamRZ 2005, 1441.
4 Staudinger/*Kanzleiter* Rn. 2.
5 Vgl. etwa Palandt/*Weidlich* § 2333 Rn. 1.
6 Vgl. nur Bamberger/Roth/*J. Mayer* § 2333 Rn. 9.
7 BGH NJW 1974, 1084 = LM § 2333 BGB Nr 2; NJW-RR 1986, 371, 372.
8 Beschl. v. 03.07.2017 – 2 Wx 147/17 = WKRS 2017, 21812.

gestützt werden, dass sich der Bedachte zum Nachteil des Vertragspartners an dessen Vermögen »bedient«, sofern jener zusätzlich eine entsprechende Bankvollmacht besaß und damit die Gelder des Vertragspartners zu sich transferierte. Zu beachten ist weiter: Es kommt **nur** darauf an, ob der vertragsmäßig **Bedachte**, mag er Vertragsgegner oder Dritter sein, solche **Verfehlung begangen** hat; eine Verfehlung des Vertragsgegners, der nicht zugleich der Bedachte ist, ist unbeachtlich.[9] Wurden **mehrere Personen** bedacht, so besteht das Rücktrittsrecht nur gegenüber der Person, bei der der Rücktrittsgrund besteht.[10] Der Fortbestand der übrigen vertragsmäßigen Verfügungen bestimmt sich beim einseitigen Erbvertrag dann nach § 139 BGB.[11]

4 Nur Verfehlungen, die **nach dem Abschluss des Erbvertrags** begangen werden, berechtigen zum Rücktritt.[12] Frühere Verfehlungen, die dem Erblasser beim Abschluss des Erbvertrags bekannt waren, sind bedeutungslos; man kann davon sprechen, dass ihnen verziehen wurde.[13] Waren sie ihm damals unbekannt, so können sie die Anfechtung des Erbvertrags nach § 2078 Abs. 2, §§ 2281 ff. BGB begründen, nicht aber den Rücktritt.[14] Dieser Unterschied kann wegen § 2285 BGB bedeutsam sein.[15] Ob der **Bedachte** von der vertragsmäßigen Verfügung gewusst hat, ist unerheblich, wie sich aus dem Normzweck der für den Erblasser bestehenden Unzumutbarkeit der Aufrechterhaltung der Bindung[16] ergibt.[17]

2. Anwendbarkeit des § 2336 Abs. 2 und 3 BGB

5 Abgesehen von dem Sonderfall des Rücktritts nach dem Tode des Bedachten (§ 2297 BGB) sind die Bestimmungen in § 2336 Abs. 2 bis 3 BGB (Entziehung des Pflichtteils) auf den Rücktritt wegen Verfehlung des Bedachten (§ 2294 BGB) nicht entsprechend anwendbar, weil § 2294 BGB im Gegensatz zu § 2297 Satz 2 BGB und § 2271 BGB nicht auf sie verweist.[18] Dies beruht auch auf dem sachlichen Grund, dass der Rücktritt nicht durch Testament erfolgt, sondern durch Erklärung gegenüber dem anderen Vertragsteil, sodass Beweisschwierigkeiten nicht im gleichen Maß zu befürchten sind.[19] Jedoch muss bei Ausübung des Rücktrittsrechts ein **Rücktrittsgrund** i.S. der o.g. Verfehlungen **noch** bestehen.[20]

3. Verzeihung durch Erblasser

6 Hat der Erblasser dem Bedachten eine Verfehlung verziehen, so kann er ihretwegen **später** nicht mehr von der vertragsmäßigen Verfügung zurücktreten;[21] denn er wäre dann zur Zeit des Rücktritts nicht mehr berechtigt, dem Bedachten wegen der Verfehlung den Pflichtteil zu entziehen (§ 2337 Satz 1 BGB). Dagegen wird ein zu Recht **erklärter Rücktritt** durch **nachträgliche Verzeihung nicht**

9 *AK/Finger* Rdnr. 1; jurisPK/*B. Hamdan/M. Hamdan* Rn. 3; Staudinger/*Kanzleiter* Rn. 2.
10 JurisPK/*B. Hamdan/M. Hamdan* Rn. 3; Soergel/*M. Wolf* Rnr. 2.
11 Str., s. § 2293 BGB Rdn. 21.
12 NK-BGB/*Horn* Rn. 2; Bamberger/Roth/*Litzenburger* Rn. 1; Palandt/*Weidlich* Rn. 1; Staudinger/*Kanzleiter* Rn. 2.
13 Bamberger/Roth/*Litzenburger* Rn. 1.
14 NK-BGB/*Horn* Rn. 2; Bamberger/Roth/*Litzenburger* Rn. 2; *Planck/Greiff* Anm. 2; Palandt/*Weidlich* Rn. 1; MünchKomm/*Musielak* Rn. 3; Staudinger/*Kanzleiter* Rn. 2; **a.M.** *Strohal* I § 46 Fn. 40; zu undifferenziert jurisPK/*B. Hamdan/M. Hamdan* Rn. 3, wonach bei allen vor Vertragsschluss begangenen Verfehlungen die Anfechtung möglich ist.
15 AK/*Finger* Rn. 2; MünchKomm/*Musielak* Rn. 3.
16 S. Rdn. 1.
17 MünchKomm/*Musielak* Rn. 2; AK/Finger Rn. 1; Burandt/Rojahn/*Burandt* Rn. 2; **a.M.** *Lange/Kuchinke* § 25 VII 5 a Fn. 264.
18 AllgM, vgl. BGH NJW 1952, 700; NJW-RR 1986, 371, 372 = FamRZ 1985, 919; Staudinger/*Kanzleiter* Rn. 3; Bamberger/Roth/*Litzenburger* Rn. 2; Palandt/*Weidlich* Rn. 1.
19 BGH NJW-RR 1986, 371, 372; Staudinger/*Kanzleiter* Rn. 3.
20 MünchKomm/*Musielak* Rn. 3; *v. Lübtow* I S. 461; Soergel/*M. Wolf* Rn. 3.
21 Bamberger/Roth/*Litzenburger* Rn. 1; NK-BGB/*Horn* Rn. 4.

berührt.[22] Für eine entsprechende Anwendung des § 2337 Satz 2 BGB besteht kein hinreichender Grund.[23] Dem Erblasser bleibt es natürlich unbenommen, die vertragsmäßige Verfügung, von der er zurückgetreten ist, in einem Testament oder Erbvertrag zu erneuern.[24]

4. Rücktritt nach Tod des Vertragsgegners

Soweit der Erblasser nach § 2294 BGB zum Rücktritt berechtigt ist, kann er seine vertragsmäßige Verfügung auch noch nach dem Tode des Vertragsgegners aufheben, allerdings nicht mehr durch Rücktritt, also Erklärung gegenüber dem Vertragsgegner (§ 2296 Abs. 2 BGB), sondern durch **Testament** (§ 2297 BGB). In diesem Fall finden nach § 2297 Satz 2 BGB die Vorschriften des § 2336 Abs. 2 bis 4 BGB entsprechende Anwendung, sodass insbesondere der **Rücktrittsgrund** angegeben werden muss.[25] Eine Ausnahme gilt beim **zweiseitigen Erbvertrag**: Hier erlischt das Rücktrittsrecht im Zweifel mit dem Tode des Vertragsgegners (§ 2298 Abs. 2 Satz 2 BGB). Der Rücktritt nach dem Tode des Vertragsgegners hat im Allgemeinen nur dann einen Sinn, wenn der Vertragsgegner nicht zugleich der Bedachte ist; ist er nämlich selbst der Bedachte, so wird die vertragsmäßige Verfügung mit seinem Tode gegenstandslos, sofern nicht etwa Ersatzerbfolge (§ 2096 BGB), z.B. nach § 2069 BGB, Ersatzvermächtnis (§ 2190 BGB) oder Anwachsung (§§ 2094, 2158 BGB) anzunehmen ist (§§ 1923, 2160 BGB). 7

5. Verzicht auf Rücktrittsrecht

Auf das Rücktrittsrecht nach § 2294 BGB kann der Erblasser nicht im Voraus, also etwa schon im Erbvertrag, ein für alle Mal verzichten.[26] Er kann es aber hinsichtlich einer bestimmten bereits erfolgten Verfehlung, wenn der Verzicht in der Form eines Erbvertrags niedergelegt wird. Denn dann kommt der Verzicht einem neuen Erbvertrag gleich und Verfehlungen, die vor seinem Abschluss begangen worden sind, können den Rücktritt nicht rechtfertigen.[27] 8

III. Umfang des Rücktrittsrechts

§ 2294 BGB gestattet, wie § 2293 BGB, den Rücktritt nur dem **Erblasser**, nicht dem Vertragsgegner.[28] Während aber § 2293 BGB den Rücktritt von dem ganzen Erbvertrag zulässt, sieht § 2294 BGB **nur** den Rücktritt von den **einzelnen vertragsmäßigen Verfügungen** vor, die eine Zuwendung an den Bedachten enthalten, bei dem eine entsprechende Verfehlung gegeben ist.[29] Wenn auch bei Auflagen von einem »Bedachten« streng genommen nicht die Rede sein kann, so wird die Vorschrift doch nach ihrem Sinn und Zweck auch auf solche Anordnungen anzuwenden sein.[30] In Betracht kommen immer nur Verfügungen zugunsten dessen, der die Verfehlung begangen hat.[31] 9

IV. Ausübung des Rücktrittsrechtes

Die Form des Rücktritts richtet sich grundsätzlich nach § 2296 BGB; wenn aber der Vertragsgegner gestorben ist, nach § 2297 BGB.[32] Der Grund des Rücktritts braucht in der Rücktrittserklärung, die zu Lebzeiten des Vertragspartners nach § 2296 BGB erklärt wird, **nicht** angegeben 10

---

22 MünchKomm/*Musielak* Rn. 5; NK-BGB/*Horn* Rn. 4; AK/Finger Rn. 2; Staudinger/*Kanzleiter* Rn. 5; *Lange/Kuchinke* § 25 VII 5 a Fn. 263 m.w.N.; vgl. auch oben, Rdn. 5.

23 *Kipp/Coing* § 40 I 2 a Fn. 3; Staudinger/*Kanzleiter* Rn. 5.

24 NK-BGB/*Horn* Rn. 4.

25 Bamberger/Roth/*Litzenburger* Rn. 2; *Schumann*, Erbvertragsrecht, Rn. 7.

26 RG Warn 1942 Nr. 52; AK/*Finger* Rn. 3; NK-BGB/*Horn* Rn. 5; *Schumann*, Erbvertragsrecht, Rn. 4; Staudinger/*Kanzleiter* Rn. 7; *Strohal* I § 46 Fn. 40a; *Harrer* LZ 1924, 18.

27 Rdn. 4.

28 Vgl. § 2293 BGB Rdn. 26.

29 NK-BGB/*Horn* Rn. 6; Bamberger/Roth/*Litzenburger* Rn. 3; MünchKomm/*Musielak* Rn. 5; jurisPK/*B. Hamdan*/*M. Hamdan* Rn. 7.

30 NK-BGB/*Horn* Rn. 6; *Planck/Greiff* Anm. 1.

31 NK-BGB/*Horn* Rn. 6; Staudinger/*Kanzleiter* Rn. 8.

32 S.o. Rdn. 7.

zu werden, da § 2336 Abs. 2 BGB nicht entsprechend anwendbar ist (Umkehrschluss aus § 2297 Satz 2 BGB),[33] ist jedoch aus Gründen der Streitvermeidung empfehlenswert.

V. Wirkung des Rücktritts

11 Der Rücktritt erfasst nur die betreffende Verfügung, hinsichtlich derer der Bedachte eine entsprechende Verfehlung beging.[34] Erhalten demnach in dem Erbvertrag mehrere Personen Zuwendungen, so bleiben grundsätzlich die vertragsmäßigen Verfügungen zugunsten der anderen vom Rücktritt unberührt;[35] etwas anderes kann sich jedoch aus einem **Bedingungszusammenhang** oder § 139 BGB ergeben; beim zweiseitigen Erbvertrag gilt nicht § 2298 Abs. 2 Satz 1 BGB, sondern § 2085 BGB, sodass grundsätzlich die vertragsmäßigen Verfügungen des Vertragspartners wirksam bleiben.[36] Der Rücktritt setzt die betreffende Verfügung »ex nunc« außer Kraft.[37] Daher ist ein Rücktritt vom Rücktritt ebenso unbeachtlich[38] wie eine nachträgliche Besserung des Bedachten oder eine spätere Verzeihung des Erblassers.[39]

12 Wenn der Bedachte im Rahmen der erbvertraglichen Vereinbarung als »Entgelt« für die vertragsmäßige Zuwendung eine Verpflichtung übernommen hat, so fällt mit der vertragsmäßigen Verfügung des Erblassers in der Regel auch die Verpflichtung des Bedachten weg.[40] Ein mit dem Erbvertrag verbundener Ehevertrag wird auch durch einen Rücktritt aus diesem Grund nicht berührt.[41]

VI. Sonstige Rechte des Erblassers, Konkurrenzfragen

13 § 2294 BGB lässt das Recht des Erblassers unberührt, Zuwendungen an pflichtteilsberechtigte Abkömmlinge, die sich der Verschwendung ergeben haben oder in gefährlichem Maße verschuldet sind, durch geeignete Anordnungen, insbesondere durch Anordnung einer Nacherbfolge oder durch Einsetzung eines Testamentsvollstreckers, zu beschränken (§ 2289 Abs. 2, § 2338 BGB, sog. Pflichtteilsbeschränkung in guter Absicht).[42] Unberührt bleiben auch die Bestimmungen über die Erbunwürdigkeit (§§ 2339 ff. BGB).

VII. Prozessuales

14 Beim Rücktritt zu Lebzeiten des Vertragsgegners ist § 2336 Abs. 3 BGB nicht entsprechend anzuwenden.[43] Jedoch trägt nach allgemeinen Grundsätzen die Darlegungs- und **Beweislast** für die zum Rücktritt berechtigenden *Pflichtteilsentziehungsgründe* grundsätzlich der Erblasser.[44] Bei strafbaren Handlungen gehört hierzu der Nachweis der tatbestandsmäßigen Handlung und des Verschuldens. *Rechtfertigungs- und Entschuldigungsgründe* sind beim **Rücktritt zu Lebzeiten** des Vertragsgegners als Ausnahmetatbestände aber von demjenigen zu beweisen, der sich darauf beruft.[45] Anders liegt

33 Bamberger/Roth/*Litzenburger* Rn. 2; Burandt/Rojahn/*Burandt* Rn. 3; *Damrau/Tanck/Krüger*, Erbrecht Rn. 4; *Johannsen* WM 1973, 530; MünchKomm/*Musielak* Rn. 4; Staudinger/*Kanzleiter* Rn. 3; **aA** *Strohal* I § 46 Fn. 42, 46a.

34 NK-BGB/*Horn* Rn. 6; s. Rdn. 9.

35 MünchKomm/*Musielak* Rn. 2.

36 Vgl. § 2293 BGB Rdn. 21, § 2298 BGB Rdn. 13; jurisPK/*B. Hamdan/M. Hamdan* Rn. 7.

37 NK-BGB/*Horn* Rn. 8.

38 § 2293 BGB Rdn. 24; NK-BGB/*Horn* Rn. 9; MünchKomm/*Musielak* Rn. 5.

39 *Höfer* BWNotZ 1984, 113; *v. Lübtow* I 462; MünchKomm/*Musielak* Rn. 5; s. ausf. Rdn. 5.

40 Vgl. § 2295 BGB Rdn. 29; NK-BGB/*Horn* Rn. 8.

41 BGHZ 29, 129; s. § 2293 BGB Rdn. 25; NK-BGB/*Horn* Rn. 8.

42 NK-BGB/*Horn* Rn. 10; Soergel/*M. Wolf* Rn. 1.

43 NK-BGB/*Horn* Rn. 11; Palandt/*Weidlich* Rn. 2.

44 BGH LM Nr. 1 = NJW 1952, 700; FamRZ 1985, 919, 920 = NJW-RR 1986, 371; *Baumgärtel/Schmitz* Rn. 1; NK-BGB/*Horn* Rn. 11; *Schumann*, Erbvertragsrecht, Rn. 8.

45 BGH LM Nr. 1 = NJW 1952, 700; NJW-RR 1986, 371; NK-BGB/*Horn* Rn. 11: Bamberger/Roth/*Litzenburger* Rn. 4; *Damrau/Tanck/Krüger*, Erbrecht Rn. 6; MünchKomm/*Musielak* Rn. 6; Staudinger/*Kanzleiter* Rn. 13; *Schumann*, Erbvertragsrecht, Rn. 8.

es, wenn nach dem **Tod des Vertragspartners** der Rücktritt nach § 2297 BGB ausgeübt wird, da hier wegen der ausdrücklichen Verweisung in § 2297 Satz 2 BGB die Vorschrift des § 2336 Abs. 3 BGB auch bezüglich der Rechtfertigungs- und *Entschuldigungsgründe* Anwendung findet.[46] Solange ein Rücktrittsgrund nicht nachgewiesen werden kann, ist von der Unwirksamkeit des Rücktritts auszugehen, damit aber nicht schon von der weiter bestehenden Gültigkeit des Erbvertrags.[47] Eine **Feststellungsklage** zur Klärung der Rechtslage ist zulässig.[48]

§ 2295 Rücktritt bei Aufhebung der Gegenverpflichtung

Der Erblasser kann von einer vertragsmäßigen Verfügung zurücktreten, wenn die Verfügung mit Rücksicht auf eine rechtsgeschäftliche Verpflichtung des Bedachten, dem Erblasser für dessen Lebenszeit wiederkehrende Leistungen zu entrichten, insbesondere Unterhalt zu gewähren, getroffen ist und die Verpflichtung vor dem Tode des Erblassers aufgehoben wird.

Übersicht Rdn.

I. Allgemeines, entgeltlicher Erbvertrag

1 Die Vorschrift regelt nur einen Teil der Rechtsbeziehungen, die bei einem »**entgeltlichen Erbvertrag**« auftreten. Unter dieser Vertragsform versteht man heute ein einheitliches, zusammengesetztes Rechtsgeschäft, bestehend aus einem Erbvertrag mit einer vertragsmäßigen Zuwendung einerseits und einem Verkehrsgeschäft (auch Verpflichtungsgeschäft), in dem sich der Vertragspartner im Hinblick auf die erbvertraglichen Verfügungen zur Erbringung von Leistungen an den Erblasser verpflichtet.[1] Die Norm enthält lediglich eine Teilbestimmung, weil nur bestimmte Arten von entgeltlichen Erbverträgen von § 2295 BGB erfasst werden, namentlich die sog. **Verpfründungsverträge** und ähnliche Verträge, bei denen sich der im Erbvertrag Bedachte verpflichtet, zum Ausgleich für eine vertragsmäßige Zuwendung dem Erblasser auf Lebenszeit wiederkehrende Leistungen, insbesondere Pflege, Unterhalt, Rente, Verpflegung u.ä. zu gewähren[2] (die Väter des BGB sprachen

46 MünchKomm/*Musielak* Rn. 6; *Baumgärtel/Schmitz* Rn. 2; gegen diese Differenzierung *Strohal* S. 384 ff.; keine Differenzierung dieser Art nehmen auch jurisPK/*B. Hamdan/M. Hamdan* Rn. 9 und Staudinger/*Kanzleiter* Rn. 13 vor.

47 Soergel/*M. Wolf* Rn. 5; a.M. MünchKomm/*Musielak* Rn. 6.

48 JurisPK/*B. Hamdan/M. Hamdan* Rn. 9; vgl. § 2293 BGB Rdn. 28.

1 Vgl. etwa *Hohmann*, Rechtsfolgen von Störungen im Rahmen eines entgeltlichen Erbvertrags und Sicherung der Rechte der Vertragsparteien, 232; *Lüke*, Vertragliche Störungen beim »entgeltlichen Erbvertrag« (1990) 5 ff., 29; *Lange/Kuchinke* § 25 X 1; MünchKomm/*Musielak* vor § 2274 Rn. 27; *Poser*, Der entgeltliche Erbvertrag im Zivil- und Steuerrecht, 2000, 11 ff.; *Vollmar*, Der entgeltliche Erbvertrag, 2002, 1, 73 ff.

2 Prot. V, 410; zu diesen Verpfründungsverträgen s. auch *J. Mayer* DNotZ 2012, 89, 90.

dabei von sog. Abnährverträgen). Geregelt werden aber auch nur bestimmte Störungen der Vertragsbeziehungen, nämlich solche, die daraus resultieren, dass die Verpflichtung vor dem Tod des Erblassers aufgehoben wird. Nur hier wird wegen der ursächlichen Verknüpfung der verbundenen Rechtsgeschäfte dem Erblasser dann ein **gesetzliches Rücktrittsrecht** eingeräumt, sich von seiner erbvertraglichen Verfügung zu lösen. Der Sache nach handelt es sich um eine spezialgesetzliche **Regelung der Zweckverfehlung.**

2 Wegen der nur teilweisen gesetzlichen Regelung der beim entgeltlichen Erbvertrag möglichen Störungen ist ein bedauerliches **gesetzliches Regelungsdefizit** zu konstatieren. Hieraus ergibt sich zugleich für die Kautelarjurisprudenz ein umfassender **Gestaltungsauftrag**,[3] wobei es sowohl den Erblasser wie auch den Vertragspartner bzw. den Bedachten angemessen zu sichern gilt.[4]

II. Voraussetzungen des Rücktrittsrechts

1. Verpflichtung des Bedachten zu wiederkehrenden Leistungen

3 Die Leistungsverpflichtung des Vertragspartners muss auf die Erbringung **wiederkehrender**, also nicht unbedingt regelmäßig, aber fortlaufend **noch bis zum Tod** des Erblassers zu erbringender Leistungen gerichtet sein.[5] Handelt es sich nur um eine **auf Zeit** zu erbringende Leistungsverpflichtung, so kann der Erblasser nicht nach § 2295 BGB zurücktreten, sondern allenfalls nach §§ 2281, 2078 BGB anfechten.[6] Besteht die Verpflichtung nur in einer **einmaligen** oder zeitlich begrenzten **Leistung**, so ist § 2295 BGB seinem Wortlaut nach nicht anwendbar. Auch eine Analogie ist dann nicht möglich, da es sich nach der Entstehungsgeschichte um eine Sondervorschrift für derart wiederkehrende Leistungen handelt.[7] Die Vorschrift geht von der **Identität** des Leistungsverpflichteten und des erbvertragsmäßig Bedachten aus. Die Bestimmung wird man aber wegen der Gleichheit der Interessenlage dann analog anwenden können, wenn zwar ein Dritter erbvertraglich bedacht, die erbvertragliche Bindung aber gegenüber dem Leistungsverpflichteten eingegangen wird.

4 Das Rücktrittsrecht erfordert weiter eine **rechtsgeschäftliche Verpflichtung** des Bedachten, dem Erblasser auf dessen Lebenszeit wiederkehrende Leistungen zu entrichten, insbesondere eine Rente oder Pflege und dergleichen zu gewähren. Das bloße Bestehen einer gesetzlichen Verpflichtung, etwa der Unterhaltspflicht nach §§ 1601 ff. BGB, reicht nicht aus;[8] jedoch genügt es entsprechend dem gesetzlichen Leitbild der Regelung, wenn an sich unterhaltsverpflichtete Personen (etwa Kinder gegenüber den Eltern) eine ausdrückliche vertragliche Verpflichtung dieser Art übernommen haben, mag diese auch in Ausgestaltung der Unterhaltsverpflichtung erfolgen.[9] Die Verpflichtung wird meist auf einem schuldrechtlichen Vertrag zwischen dem Erblasser und dem Bedachten beruhen. Dieser Vertrag, das sog. **Verkehrsgeschäft**, ist in der Regel ein Leibrentenvertrag (§ 759 BGB) und kann in **derselben Urkunde wie der Erbvertrag niedergelegt** sein (§ 34 Abs. 2 BeurkG),[10] aber auch gesondert abgeschlossen werden. Umstritten ist, ob auch dieses Verkehrsgeschäft und damit der gesamte »entgeltliche Erbvertrag« der **Form** des § 2276 Abs. 1 BGB bedarf. Nach wohl h.M.

3 Staudinger/*Kanzleiter* Rn. 3; vgl. auch den Fall von OLG München ZEV 2009, 345 m. Anm. Keim = FamRZ 2009, 1622.

4 Ausführliche Hinweise bei *Hohmann*, Rechtsfolgen von Störungen im Rahmen eines entgeltlichen Erbvertrags und Sicherung der Rechte der Vertragsparteien, 155 ff.; *Lüke* 57 ff.; s. Rdn. 30 ff.

5 NK-BGB/*Horn* Rn. 2; Soergel/*M. Wolf* Rn. 2; MünchKomm/*Musielak* Rn. 2.

6 Bamberger/Roth/*Litzenburger* Rn. 1.

7 Eingehend *Hohmann*, Rechtsfolgen von Störungen im Rahmen eines entgeltlichen Erbvertrags und Sicherung der Rechte der Vertragsparteien, 33 ff.; *Lange/Kuchinke* § 25 X 2 b Fn. 328; Soergel/*M. Wolf* Rn. 2; AK/Finger Rn. 2; a.M. *Lüke* 53; *Oertmann*, Entgeltliche Rechtsgeschäfte (1912) 122.

8 NK-BGB/*Horn* Rn. 2; Bamberger/Roth/*Litzenburger* Rn. 1; *Damrau/Tanck/Krüger*, Erbrecht, Rn. 2; Erman/*Schmidt* Rn. 2; MünchKomm/*Musielak* Rn. 2; Soergel/*M. Wolf* Rn. 2; jurisPK/*B. Hamdan/M. Hamdan* Rn. 2, 4.

9 NK-BGB/*Horn* Rn. 2; Erman/*M. Schmidt* Rn. 2.

10 OLG München ZEV 2009, 345, 346 m. Anm. *Keim* = FamRZ 2009, 1622; jurisPK/*B. Hamdan/M. Hamdan* Rn. 3.

bedürfen Verpflichtungen des Vertragspartners dann dieser Form, wenn sie mit dem Erbvertrag eine rechtliche Einheit bilden.[11] Jedoch soll die Verbindung der Verträge der hier vorliegenden Art i.d.R. nicht so eng sein, dass dies gegeben wäre; teilweise wird von einer »formellen Selbstständigkeit« beider Verträge gesprochen und das Verkehrsgeschäft als formfrei angesehen.[12] Begreift man aber zutreffenderweise den entgeltlichen Erbvertrag als zusammengesetztes Rechtsgeschäft und erkennt, dass die darin getroffenen Vereinbarungen nach dem Parteiwillen miteinander stehen und fallen sollen, so muss man auf das gesamte Vertragsverhältnis mit allen Nebenabreden die Formvorschrift des Erbvertrags erstrecken. Dies gilt erst recht, wenn man sich die mit dem Formgebot hier verfolgten Zwecke, insbes. den Schutzzweck der umfassenden notariellen Belehrung angesichts der hier besonders großen Schwierigkeiten der richtigen vertraglichen Ausgestaltung und das gesetzliche Regelungsdefizit[13], vor Augen hält. Die isolierte Beurkundung des Erbvertrags ohne die dazu korrespondierenden Gegenpflichten wäre ein reines »Torso«.[14]

Die Verpflichtung kann aber auch auf der **Verfügung von Todes wegen** eines Dritten beruhen, etwa auf einem Vermächtnis.[15]

2. Zusammenhang zwischen erbrechtlicher Verfügung und schuldrechtlicher Verpflichtung

Das Rücktrittsrecht erfordert einen Zusammenhang zwischen der erbrechtlichen Verfügung des Erblassers und der schuldrechtlichen Verpflichtung des Bedachten, wie aus dem Gesetzeswortlaut »mit Rücksicht« hervorgeht. 5

a) Kein Gegenleistungsverhältnis

Auch wenn sich nach den Vorstellungen der Vertragsteile der Erbvertrag als Leistung des Erblassers und die des Vertragspartners als »Gegenleistung« gegenüberstehen, so handelt es sich doch nicht um einen gegenseitigen Schuldvertrag mit einem **synallagmatischen Verhältnis**, auf das die §§ 320 ff. BGB anwendbar wären, da der Erbvertrag anerkanntermaßen einen – wenn auch spezifisch erbrechtlich – verfügenden Charakter hat.[16] Daran ändert nichts, dass hier wegen einer kausalen oder konditionalen Verknüpfung[17] ein entgeltliches Rechtsgeschäft vorliegen kann.[18] Demgegenüber ist in letzter Zeit versucht worden, dem entgeltlichen Erbvertrag ein schuldrechtliches Kausalgeschäft zu unterlegen, auf das diese Vorschriften des Leistungsstörungsrechts Anwendung finden.[19] Jedoch müsste ein solches Grundgeschäft grundsätzlich die Verpflichtung des Erblassers enthalten, den entsprechenden Erbvertrag in Vollzug dieser Vereinbarung abzuschließen. Dies ist aber nach § 2302 BGB nicht zulässig.[20] Auch bei gleichzeitigem Abschluss von Grundgeschäft und Erbvertrag oder bereits vorher errichtetem Erbvertrag, wenn nur die Leistungsverknüpfung nachgeholt werden soll, 6

---

11 BGHZ 36, 65, 71; NK-BGB/*Horn* Rn. 2; *Kipp/Coing* § 36 IV 1 Fn. 14; eingehend hierzu § 2276 BGB Rdn. 41 ff.

12 *Böhmer*, FS *Lehmann* (1956) 461, 467..

13 Rdn. 2.

14 Ebenso mit ausführlicher Begründung *Hohmann*, Rechtsfolgen von Störungen im Rahmen eines entgeltlichen Erbvertrags und Sicherung der Rechte der Vertragsparteien, 11 ff.; für nicht notwendig, aber zweckmäßig hält aus diesen Gründen die gesamte Beurkundung *Lüke* 22 ff., 72.

15 RGRK-BGB/*Johannsen* Rn. 2.

16 BGH NJW 2011, 224 = DNotZ 2012, 146 (Rdnr. 5); BayObLGZ 1998, 22, 24 f. = NJW-RR 1998, 729; NK-BGB/*Horn* Rn. 3; *Krebber* DNotZ 2003, 20, 33; Staudinger/*Kanzleiter* Rn. 3; *Vollmar* ZErb 2003, 274, 280; *Lange/Kuchinke* § 25 X 1; MünchKomm/*Musielak* Rn. 1; *Kipp/Coing* § 36 IV 1; eingehender dazu Vorbem. zu §§ 2274 ff. BGB Rdn. 40 ff.

17 Dazu sogleich Rdn. 7 f.

18 S. Vorbem. zu §§ 2274 ff. BGB Rdn. 44 ff. m.w.N.

19 *Stürzebecher*, Rücktritt vom entgeltlichen Erbvertrag (1987) 69 ff.; *ders.*, NJW 1988, 2717; ähnlich, wenn auch mit anderem Ansatz *Stöcker* WM 1980, 482; zustimmend Soergel/*M. Wolf* Rn. 4.

20 *v. Lübtow* I 404; zust. NK-BGB/*Horn* Rn. 3.

ist eine Heilung dieses Mangels ausgeschlossen, da § 2302 BGB eine Verbotsnorm (§ 134 BGB) und keine Formvorschrift ist.[21]

b) **Kausale Verbindung**

7 Es verbleiben jedoch die beiden anderen gesetzlichen Möglichkeiten, Zuwendungen miteinander zu verbinden: Die kausale und konditionale Verknüpfung. I.d.R. sind Erbvertrag und Verkehrsgeschäft miteinander kausal verknüpft, was eine **Einigung** beider Vertragsteile über die Zweckgebundenheit der erbvertraglichen Zuwendung einerseits und die rechtsgeschäftliche Verpflichtung des Vertragspartners andererseits voraussetzt.[22]

c) **Konditionale Verbindung**

8 Möglich ist aber auch eine **konditionale Verknüpfung**, bei der der Fortbestand der erbvertragsmäßigen Zuwendung von vornherein durch das Entstehen, den Fortbestand und die Erfüllung der Leistungspflicht des Bedachten bedingt ist.[23] Durch diese gegenseitige Abhängigkeit kraft Vertragsinhalt entfällt die Anwendbarkeit der §§ 139, 2295, 2281, 2078 BGB, die sonst zu deren Sicherung dienen.[24] Der konditionale Zusammenhang kann durch ausdrückliche Vereinbarung aber auch stillschweigend erfolgen.

d) **Auslegungskriterien**

9 Die Zusammenfassung von zwei Rechtsgeschäften **in einer Urkunde** spricht zwar dafür, dass die Vertragsteile diese als wirtschaftliche Einheit ansehen und daher dergestalt miteinander verknüpfen wollen, dies muss aber nicht immer so sein.[25] Werden beide Verträge am gleichen Tag vor dem gleichen Notar abgeschlossen, ohne dass sie einen gegenseitigen Hinweis enthalten, so spricht dies gegen einen Zusammenhang i.S.v. § 2295 BGB.[26] Auch setzt eine solche Vereinbarung voraus, dass die Vertragsteile an der Wirksamkeit des Verkehrsgeschäfts gezweifelt haben, denn jede Bedingung setzt psychologisch einen Zweifel voraus; hieran wird es aber in der Regel fehlen.[27] Man wird daher für eine solche **Vertragsauslegung** einen konkreten Anhaltspunkt in der Urkunde fordern müssen.[28]

---

21 *Lange/Kuchinke* § 25 X 2 b; *Lüke* 12 ff.; eingehend *Hohmann*, Rechtsfolgen von Störungen im Rahmen eines entgeltlichen Erbvertrags und Sicherung der Rechte der Vertragsparteien, 92 ff. (auch zum Normzweck des § 2302 BGB).

22 OLG München ZEV 2009, 345, 346 m. Anm. *Keim* = FamRZ 2009, 1622; *Hohmann*, Rechtsfolgen von Störungen im Rahmen eines entgeltlichen Erbvertrags und Sicherung der Rechte der Vertragsparteien, 48, 232; jurisPK/*B. Hamdan*/*M. Hamdan* Rn. 3; MünchKomm/*Musielak* Rnr. 3 lässt demgegenüber bereits genügen, dass der Bedachte nur diesen Zusammenhang erkennt; eine Zustimmung sei nicht erforderlich, ebenso auch Bamberger/Roth/*Litzenburger* Rn. 2, der sich aber zu Unrecht auf das OLG München beruft.

23 OLG Hamm Rpfleger 1977, 208 = DNotZ 1977, 751; BayObLG Rpfleger 1976, 290; Staudinger/*Kanzleiter* Rn. 3; BGB-RGRK/*Kregel* Rn. 3; MünchKomm/*Musielak* Rn. 3; *v. Lübtow* I 407; eingehend zur Annahme eines einheitlichen Vertrags aufgrund einer »Gesamtcausa« *Vollmar* ZErb 2003, 274, 278; *dies.* Der entgeltliche Erbvertrag (Diss. 2002) 248 ff.; dazu näher oben Vorbem. zu §§ 2274 ff. BGB Rdn. 41.

24 *V. Lübtow* I 407.

25 OLG München ZEV 2009, 345, 346 m. Anm. *Keim* = FamRZ 2009, 1622; jurisPK/*B. Hamdan*/*M. Hamdan* Rn. 3.

26 OLG München ZEV 2009, 345, 346 m. Anm. *Keim* = FamRZ 2009, 1622, dazu auch *Brenner* jurisPR-FamR 24/2009 Anm. 5; Bamberger/Roth/*Litzenburger* Rn. 2; jurisPK/*B. Hamdan*/*M. Hamdan* Rn. 3; anders Staudinger/*Kanzleiter* Rn. 3: starkes Indiz für erforderlichen Zusammenhang.

27 *V. Lübtow* I 407 f.; *Häsemeyer*, Die Abhängigkeit erbrechtlicher Verträge von Verkehrsgeschäften, 56.

28 *Hohmann*, Rechtsfolgen von Störungen im Rahmen eines entgeltlichen Erbvertrags und Sicherung der Rechte der Vertragsparteien, 28; *Keim* ZEV 2009, 348 in seiner Anm. zu OLG München ZEV 2009, 345, 346 = FamRZ 2009, 1622, das auch in diese Richtung tendiert; so wohl auch OLG Karlsruhe NJW-RR 1997, 708, 709.

Eine ergänzende Auslegung kommt in diesem Fall nicht in Betracht, da das Gesetz selbst die Interessenlage über §§ 2295, 139, 2281, 2078 BGB befriedigend löst.[29]

3. Aufhebung der Verpflichtung des Bedachten vor dem Tode des Erblassers

a) Beendigung der Leistungsverpflichtung

aa) Grundsätzliches

Die Aufhebung der Leistungsverpflichtung des Bedachten zu Lebzeiten des Erblassers ist weitere 10
Voraussetzung des Rücktrittsrechts, gleichviel aus welchem Beweggrund sie erfolgt ist. Ein **rechtsgeschäftlicher Aufhebungsvertrag** über die Leistungsverpflichtung, etwa die Pflegevereinbarung, ist dabei grundsätzlich formlos möglich und zwar auch dann, wenn man für deren Begründung die Form des Erbvertrags verlangt.[30] Denn es gibt keinen Grundsatz, dass der Aufhebungsvertrag der gleichen Form bedarf wie der aufzuhebende Vertrag. Entsprechend dem Normzweck der Vorschrift ist unter der Aufhebung aber **nicht nur** der Fall der **einverständlichen Vertragsaufhebung** zu verstehen. Auch andere Fälle des **nachträglichen »Wegfallens«** der Leistungsverpflichtung des Bedachten sind der Vertragsaufhebung gleichzusetzen, wenn sie nur in gleicher Weise zu einem »Zessieren« der zunächst bestehenden Pflicht führen, diese also beendet wird, gleich aus welchem Rechtsgrund.[31] So war zunächst im Gesetzgebungsverfahren auch vorgesehen, von »beendigen« zu sprechen. Dies ist nur aus redaktionellen Gründen, aber ohne sachlichen Grund geändert worden.[32] Unter den Anwendungsbereich fallen daher[33] auch die **Leistungsbeendigung** aufgrund Ausübung eines **Rücktrittsrechts**, mag dies nach § 346 BGB vorbehalten, mag dies ein gesetzliches nach § 323 BGB sein (dazu Rdn. 11), der **Eintritt einer auflösenden Bedingung** (§ 158 Abs. 2 BGB), die **Kündigung** der Pflege- oder sonstigen rechtsgeschäftlichen Vereinbarung aus wichtigem Grund[34] oder nachträgliche **Unmöglichkeit** der zu erbringenden Leistung (§ 275 BGB).[35]

bb) Rücktritt von einem gegenseitigen Vertrag nach § 323 BGB

Eine Aufhebung der Gegenverpflichtung des Bedachten liegt auch vor, wenn nicht nur dieser eine 11
schuldrechtliche Verpflichtung übernommen hat, sondern auch der Erblasser, diese Verpflichtungen zudem in einem Gegenseitigkeitsverhältnis i.S.d. §§ 320 ff. BGB stehen und dann ein berechtigter **Rücktritt** nach § 323 BGB erfolgt.[36] Entsprechendes hat zu gelten, wenn statt des Rücktritts **Schadensersatz statt der Leistung** verlangt wird,[37] weil dann der Anspruch auf Leistung ausgeschlossen ist (§ 281 Abs. 4 BGB) und daher bei gegenseitigen Verträgen wegen der Verbindung von Leistung

29 *V. Lübtow* I 408; *Hohmann*, Rechtsfolgen von Störungen im Rahmen eines entgeltlichen Erbvertrags und Sicherung der Rechte der Vertragsparteien, 29 f.

30 OLG Hamm DNotZ 1977, 751; NK-BGB/*Horn* Rn. 4; eine solche formlose Aufhebung hätte etwa im Fall von OLG München ZEV 2007, 345 nahe gelegen, zutr. *Keim* ZEV 2007, 248 in seiner Anm. hierzu.

31 OLG Karlsruhe NJW-RR 1997, 708, 709; NK-BGB/*Horn* Rn. 4; ab 3; Bamberger/Roth/*Litzenburger* Rn. 3 (jedoch zu eng, wenn nur die Fälle des »ex nunc« eintretenden Wegfalls der Leistungspflicht darunter fallen sollen, denn nach allgM gehört auch die »ex tunc« wirkende Anfechtung hierher); *Damrau/Tanck/Krüger*, Erbrecht, Rn. 4; *Lange/Kuchinke* § 25 X 2 b; *v. Lübtow* I 463; MünchKomm/*Musielak* Rnr. 4; Soergel/*M. Wolf* Rn. 3; *Schumann*, Erbvertragsrecht, Rn. 1, 3; **a.M.** Staudinger/*Kanzleiter* Rn. 7; ebenso *Bengel* DNotZ 1978, 688, der nach dem Rechtsgrund des auf die Auflösung gerichteten Gestaltungsrechts differenzieren will; zum Meinungsstand vgl. auch Gutachten DNotI-Report 2000, 119, 120.

32 Prot. V 410; Soergel/*M. Wolf* Rn. 3.

33 Vgl. etwa MünchKomm/*Musielak* Rn. 4; Palandt/*Weidlich* Rn. 2.

34 OLG Karlsruhe NJW-RR 1997, 708, 709; LG Köln DNotZ 1978, 685 = FamRZ 1979, 346; NK-BGB/*Horn* Rn. 4; dazu eingehender Rdn. 21.

35 BGH ZEV 2013, 330, 331 = FamRZ 2013, 878 (Rn. 6); NJW 2011, 224 (Rn. 12); NK-BGB/*Horn* Rn. 4; MünchKomm/*Musielak* Rn. 4; Soergel/*M. Wolf* Rn. 3; **a.M.** *Schubert/Czub* JA 1980, 337.

36 So bereits RG DNotZ 1935, 678; MünchKomm/*Musielak* Rn. 1; Staudinger/*Kanzleiter* Rn. 9; Soergel/*M. Wolf* Rn. 4.

37 Staudinger/*Kanzleiter* Rn. 9.

und Gegenleistung auch der Erfüllungsanspruch des (anderen) Schuldners erlischt.[38] Erforderlich ist aber hierfür jeweils, dass diese **Verpflichtungen** in einem **Gegenseitigkeitsverhältnis** stehen. Hieran fehlte es aber gerade in dem vom BGH[39] entschiedenen Fall, dass im Zusammenhang mit dem Erbvertrag der vertraglich Bedachte sich zur Pflege des Erblassers verpflichtet hatte, der Erblasser aber bezüglich seines Hausgrundstücks eine **Verfügungsunterlassungsverpflichtung** zugunsten des Bedachten abgab mit einem bedingten Erwerbsrecht zu dessen Gunsten für den Fall eines Verstoßes hiergegen. Denn die Verfügungsunterlassungsverpflichtung sollte gerade die **erbvertragliche Zuwendung** absichern und war daher eine **reine Nebenpflicht** des Erblassers, die eben gerade nicht in einem synallagmatischen Verhältnis zur Pflegeleistung steht.[40]

cc) Pflegeheimfall und Unmöglichkeit der Pflegeverpflichtung nach § 275 Abs. 1 BGB?

12 Der Eintritt einer nachträglichen Unmöglichkeit in diesem Sinne kommt nach Ansicht des BGH insbesondere dann in Betracht, wenn der Bedachte sich zur **häuslichen Pflege** des Erblassers verpflichtet hat.[41] Voraussetzung hierfür ist, dass Verpflichtete selbst ohne zusätzlich von ihm zu erbringenden finanziellen Aufwand nicht mehr in der Lage ist, für die Pflege des Erblassers zu sorgen. Das sei dann der Fall, wenn eine Pflege des Erblassers durch den Vertragserben im häuslichen Bereich nicht mehr möglich ist, weil nur noch in einem Alten- und Pflegeheim eine **adäquate medizinische** und pflegerische **Betreuung** geleistet werden kann. Dabei geht es nicht darum, ob der Vertragserbe verpflichtet ist, selbst eine professionelle Pflege zu erbringen, wie sie geschultes Personal in einem Alten- und Pflegeheim zu leisten imstande ist. Maßgebend sei allein, dass die vom Vertragserben zu leistende persönliche Pflege dann nicht mehr möglich ist, wenn der **bezweckte Erfolg** dieser häuslichen Pflege deshalb nicht mehr erreicht werden kann, weil bei der Erblasserin ein Pflegebedarf besteht, der eine sachgerechte Betreuung nur noch durch professionelle Fachkräfte in einem Alten- und Pflegeheim erlaubt.[42] Ein so verstandener Begriff der Leistungsverpflichtung des Vertragserben und der Unmöglichkeit gem. § 275 Abs. 1 BGB führe auch **nicht** zu einer einseitigen Risikoübernahme seitens des vertraglich Bedachten.[43] Vielmehr werde ein **angemessener Risikoausgleich** zwischen den Vertragsparteien erzielt: Der Vertragserbe ist persönlich lediglich zu Pflegeleistungen im Rahmen seiner Möglichkeiten im häuslichen Umfeld des Erblassers verpflichtet. Er muss sich ferner nicht an den finanziellen Lasten beteiligen, die mit dem Umzug des Erblassers in das Alten- und Pflegeheim und dem damit verbundenen Wegfall seiner Pflegeverpflichtung verbunden sind. Umgekehrt hat der Vertragserbe keinen Anspruch darauf, dass seine vertragliche Einsetzung als Erbe erhalten bleibt, wenn er selbst die von den Vertragsparteien vorgesehene Verpflichtung zur Pflege bisher tatsächlich nicht erbracht hat und auch in Zukunft nicht wird erbringen können.[44] Damit gilt etwas provokant formuliert: »Rein ins Pflegeheim und raus aus dem Erbvertrag«.[45] Aber was ist dann in anderen Fällen mit den bereits erbrachten, u.U. sehr umfangreichen Pflegeleistungen des Vertragserben? Der BGH hat letztlich das Problem der Gegenleistungsgefahr im weiteren Sinn und vor allem der übernommenen Reichweite der übernommenen Pflegeverpflichtung nicht erkannt.

13 Der BGH nimmt dagegen der Sache nach eine Unmöglichkeit (§ 275 BGB) wegen eines **Zweckfortfalls aufgrund eines Leistungshindernisses** in der Person des Gläubigers an. Dass ein solcher

38 Palandt/*Grüneberg* § 281 Rn. 52.

39 BGH NJW 2011, 224 (Rn. 5) = ZEV 2011, 254 m. Anm. *Kanzleiter.*

40 So nahezu alle Stellungnahmen zu dieser Entscheidung, vgl. MünchKomm/*Musielak* Rn. 1; Staudinger/*Kanzleiter* Rn. 9; *ders.* ZEV 2011, 256, 257; *Kornexl* MittBayNot 2011, 320, 321; *J. Mayer* DNotZ 2012, 89, 96; lediglich die Entscheidung referierend NK-BGB/*Horn* Rn. 7; auf diesen Teil der Entscheidung gar nicht eingehend Palandt/*Weidlich* Rn. 2.

41 BGH ZEV 2013, 330, 331 = FamRZ 2013, 878 (Rn. 6); NJW 2011, 224 (Rn. 12).

42 BGH ZEV 2013, 330, 331 = FamRZ 2013, 878 (Rn. 6).

43 Anders *J. Mayer* DNotZ 2012, 95 f., wobei der BGH diesen Einwand ausdrücklich ablehnt.

44 BGH ZEV 2013, 330, 331 = FamRZ 2013, 878 (Rn. 6).

45 *Kornexl* MittBayNot 2011, 320.

Grund zu einer Unmöglichkeit i.S.d. § 275 BGB führt, ist allerdings allgemein anerkannt.[46] Nach den dort geltenden Grundsätzen führt jedoch der Zweckfortfall bei einem Werkvertrag zu einem Teilvergütungsanspruch bezüglich der bereits erbrachten Leistungen in entsprechender oder zumindest extensiver Anwendung des in § 645 BGB enthaltenen Rechtsgedankens, bei einem Dienstvertrag nach § 615 Satz 3 BGB zu einem Anspruch i.H.d. ganzen vereinbarten Gegenleistung gekürzt um die Ersparnisse, die sich durch die Nichterbringung der Leistungen ergeben; ein dem Letzteren entsprechendes Ergebnis ergibt sich bei sonstigen gegenseitigen Verträgen aus § 326 Abs. 2 Satz 1 1. Alt. BGB bei einem Zweckfortfall.[47] Der Sache nach käme bei den hier vorliegenden Pflegeleistungen ein sehr weitgehender Vergütungsanspruch des zur Pflege Verpflichteten nach § 615 Satz 3 BGB in Betracht, wenn man wegen der erbvertragsmäßig zugesicherten Zuwendung eine einem Dienstvertrag vergleichbare Gestaltung bejaht, was trotz des fehlenden Gegenseitigkeitsverhältnisses im Wege einer Analogie nicht ausgeschlossen erscheint. Dies würde zu einer sehr weitreichenden Doppelbelastung des Nachlasses führen: Denn die hohen Pflegeheimkosten sind vom Erblasser noch zusätzlich zu bezahlen.

Dagegen hat in den Fällen, in denen der Berechtigte eines **dinglichen Wohnungsrechts** (§ 1093 14
BGB) in ein Pflegeheim untergebracht werden muss, die Rspr., auch des BGH, bei einem solchen subjektiven Ausübungshindernis gerade keine Unmöglichkeit (§ 275 BGB) mit der Folge eines Erlöschens des Wohnungsrechts angenommen. Begründet wurde dies auch damit, dass eine Rückkehr des Berechtigten aus dem Heim in seine Wohnungsrechtsräume regelmäßig nicht ausgeschlossen ist,[48] was auch in unseren Fällen des entgeltlichen Erbvertrags oftmals genauso möglich sein könnte. Die Rspr., gerade auch des BGH, erscheint daher nicht widerspruchsfrei.

Auf alle Fälle sieht sich der Erblasser nach zutreffender Ansicht wegen der vom Vertragserben bereits 15
erbrachten Pflegeleistungen einem mitunter umfangreichen Bereicherungsanspruch wegen Zweckverfehlung ausgesetzt, wenn er nach § 2295 BGB vom Erbvertrag zurücktritt (dazu Rdn. 29). Demgegenüber ist eigentlich **folgende Überlegung** in den vorliegenden Problemfällen zutreffender: Auch bei einem **Wegzug** ins Pflegeheim besteht **kein Grund zum Rücktritt** vom Erbvertrag, weil keine Unmöglichkeit der Pflegeverpflichtung eintritt. Denn die vom Vertragserben übernommene Pflegeverpflichtung besteht regelmäßig nicht in einer unbeschränkten Pflegeverpflichtung in »ultimo«, also bis zum Tod des Erblassers und ohne sachliche Beschränkung. Sie wird gerade nur für den Fall versprochen, dass die Pflege im häuslichen Bereich und ohne eine besondere Schulung und Ausbildung möglich ist. Dies ist heute ganz üblicher Standard der notariellen Vertragsgestaltung.[49] Wurde dies versäumt, etwa in den sog. »Altfällen«, so wird sich eine entsprechende Begrenzung zumindest dem Grundsatz nach aus einer sachgerechten, ergänzenden Auslegung ergeben.[50] Es liegt also von vornherein eine **sachliche Leistungseinschränkung** vor, denn niemand will sich zu Unmöglichem verpflichten. Das Eintreten des Pflegeheimfalls führt daher gerade nicht zur Beendigung der Pflegeverpflichtung wegen des Zweckvorfalls als Sonderfall der Unmöglichkeit (§ 275 BGB). Er ist nicht mit den hierzu entwickelten Schulfällen vergleichbar, dass etwa der zu operierende Patient vor Eintreffen des Arztes verstirbt oder das auszubessernde Haus durch einen Brand zerstört wird,[51] bei denen es um unvorhergesehene Fälle des Zweckfortfalls geht. Der Pflegeheimfall war von Anfang an bewusst nicht von der Leistungspflicht erfasst, die Pflegeverpflichtung erlischt nicht aufgrund Unmöglichkeit, sondern aufgrund der vertraglich erfolgten sachlichen Begrenzung. Dies war regelmäßig den Vertragsteilen auch so bewusst und ist bei notariell beurkundeten Vereinbarungen wegen § 17 Abs. 1 BeurkG auch Inhalt der notariellen Belehrungspflicht. Und diese Regelung ist auch

46 Palandt/*Grüneberg* § 275 Rn. 19; MüchKomm/*Ernst* § 275 Rn. 152.

47 MüchKomm/*Ernst* § 275 Rn. 155 ff.; Palandt/*Grüneberg* § 275 Rn. 19 unter Bezug auf *Picker* JZ 1985, 694 mit weiteren Nachw.

48 BGH NJW 2007, 1884, 1885; vgl. auch BGH NJW 2012, 3572; OLG Hamm NZM 2018, 846, 848; eingehend zur Rspr. Mayer/Geck/*J. Mayer*, Der Übergabevertrag, § 3 Rn. 76 m.w.N.

49 Vgl. dazu die Hinweise bei *J. Mayer* DNotZ 2012, 89 f.; zu den Möglichkeiten der sachgerechten Abstufung s. etwa Mayer/Geck/*J. Mayer* Der Übergabevertrag, § 6 Rn. 21 ff.

50 Dafür etwa *Berger* ZNotP 2009, 266; dazu auch Mayer/Geck/*J. Mayer*, Der Übergabevertrag, § 3 Rn. 142.

51 Vgl. etwa MüchKomm/*Ernst* § 275 Rn. 151 Fn. 278.

durchaus **sachgerecht**: Zwar ruht die sachlich begrenzte Pflegeverpflichtung während der Dauer der Heimunterbringung, während die erbvertragsmäßige Zuwendung fortbesteht. Jedoch **mindern** die für die **Heimunterbringung** anfallenden, u.U. enormen **Kosten** den **Wert des Nachlasses** und damit den Erwerb des Vertragserben entsprechend. Es handelt sich um einen **systemimmanenten Risikoausgleich**, jenseits eines Synallagmas. Demgegenüber führt die Ansicht des BGH dazu, dass bei einem Rücktritt vom Erbvertrag der gesamte Nachlass aus der zugesicherten Bindung frei wird.

b) Nichtige Rechtsgeschäfte

aa) Anwendbarkeit von § 139 BGB und § 2295 BGB

16 Begrifflich gesehen können nur wirklich bestehende Verpflichtungen aufgehoben werden. § 2295 BGB ist daher zumindest nicht direkt anwendbar, wenn eine **Verpflichtung des Bedachten von vornherein** überhaupt **nicht entstanden** ist, z.B. wenn der schuldrechtliche Vertrag, in dem sie begründet werden sollte, von Anfang an nichtig war (§ 134 BGB), etwa wegen Verstoßes gegen § 14 Heimgesetz, die entsprechenden landesrechtlichen Nachfolgebestimmungen oder gegen § 2302 BGB, oder mit Erfolg angefochten und daher rückwirkend nichtig geworden ist (§ 142 BGB).[52] Die Behandlung dieser Fälle ist umstritten. Die wohl überwiegende Auffassung wendet **§ 139 BGB** auch beim entgeltlichen Erbvertrag an,[53] was voraussetzt, dass beide Verträge aufgrund eines »Einheitlichkeitswillens« der Beteiligten als einheitliches Rechtsgeschäft gewollt waren.[54] Dabei steht die Höchstpersönlichkeit des Erbvertrags der Annahme eines einheitlichen Rechtsgeschäfts i.S. von § 139 BGB nicht entgegen.[55] Dies wird im Regelfall die Unwirksamkeit auch des Erbvertrags zur Folge haben, weil zumindest der Erblasser den hier notwendigen *»Einheitlichkeitswillen«* haben und der andere Vertragsteil dies erkennen und billigen wird. Im Vordringen ist jedoch die Auffassung, die **§ 2295 BGB** auch auf diesen Fall **analog** anwendet;[56] z.T. wird dies nur dann befürwortet, wenn § 139 BGB nicht eingreift,[57] was richtig ist, denn von einer bereits nichtigen Vereinbarung muss man nicht erst noch zurücktreten. Man wird aber in den Fällen, in denen sich nicht bereits die Nichtigkeit des Erbvertrags nach § 139 BGB ergibt, die entsprechende Anwendung von § 2295 BGB schon deswegen befürworten müssen, weil die bereits von Anfang an bestehende Nichtigkeit der Vertragsverpflichtung des Bedachten letztlich eine noch stärkere Beeinträchtigung der von den Vertragsteilen beabsichtigten kausalen oder konditionalen Verknüpfung der beiderseitigen Zuwendungen ist, als die erst später eintretende Beendigung der Leistungspflicht.

bb) Andere Ansprüche

17 Da die Erwartung des Erblassers von der Wirksamkeit des Verpfründungsvertrags i.d.R. für die erbvertragliche Zuwendung maßgeblich ist, wird in den allermeisten Fällen daneben auch noch eine **Irrtumsanfechtung** nach §§ 2281, 2078 Abs. 2 BGB in Betracht kommen.[58] Dies gilt auch

---

52 Staudinger/*Kanzleiter* Rn. 6.

53 BGH FamRZ 1966, 445; BGHZ 50, 63, 70; MünchKomm/*Musielak* Rn. 6; *v. Lübtow* I 408; *Lüke* 16 ff., 29, 31 ff., 55; Erman/*M. Schmidt* Rn. 5; *Ebenroth* Rn. 264; wohl auch *Krebber* DNotZ 2003, 20, 35; anders *Häsemeyer*, Die Abhängigkeit erbrechtlicher Verträge von Verkehrsgeschäften, 23 f., 141 f., 143.

54 Allgemein dazu Staudinger/*Herbert Roth* § 139 Rn. 37 f.

55 A.M. dagegen *Häsemeyer*, Die Abhängigkeit erbrechtlicher Verträge von Verkehrsgeschäften, 142 ff.; *ders.*, FamRZ 1967, 30, 31.

56 *Brox/Walker* Rn. 154; Palandt/*Weidlich* Rn. 2; Soergel/*M. Wolf* Rn. 3; *Lange/Kuchinke* § 25 X 2 b; *Hohmann*, Rechtsfolgen von Störungen im Rahmen eines entgeltlichen Erbvertrags und Sicherung der Rechte der Vertragsparteien, 31 ff.; wohl auch jurisPK/*B. Hamdan/M. Hamdan* Rn. 7; dagegen ablehnend aber etwa MünchKomm/*Musielak* Rn. 6; *Bengel* DNotZ 1978, 687, 688; Staudinger/*Kanzleiter* Rn. 6: nur § 139 BGB oder Anfechtung nach § 2078 Abs. 2.BGB.

57 NK-BGB/*Horn* Rn. 5; *Ebenroth* Rn. 264; *Lange/Kuchinke* § 25 X 2 b.

58 *Lange/Kuchinke* § 25 X 2 b; MünchKomm/*Musielak* Rn. 6; Staudinger/*Kanzleiter* Rn. 6; *Hohmann*, Rechtsfolgen von Störungen im Rahmen eines entgeltlichen Erbvertrags und Sicherung der Rechte der Vertragsparteien, 61 ff.

dann, wenn man mit einer anderen Auffassung[59] beim entgeltlichen Erbvertrag die Anfechtung wegen Motivirrtums im Interesse des Vertragserbenschutzes einschränken will. Denn der Erblasser darf nicht einseitig das Risiko des Nichtbestehens der Leistungspflicht des Bedachten tragen.[60] Die Anfechtung **konkurriert** daher hier mit dem Rücktrittsrecht nach § 2295 BGB.[61] Zu beachten ist jedoch, dass sie nur binnen der Jahresfrist des § 2283 BGB erklärt werden kann und daher oftmals nicht mehr möglich ist.[62]

Die Anwendbarkeit der Grundsätze über den **Wegfall der Geschäftsgrundlage** (§ 313 BGB) auf diese Fallkonstellation ist allerdings nicht möglich.[63] Denn diese scheiden hinsichtlich der Umstände aus, die selbst Vertragsbestandteil geworden sind.[64] Wegen der hier i.d.R. vorliegenden kausalen Verknüpfung des Erbvertrags und der Leistungsverpflichtung des Bedachten[65] ist dies daher nicht möglich.[66] Da aber eine Zweckabrede zwischen erbvertraglicher Zuwendung und Leistungserbringung durch den Bedachten besteht, ist ein **Bereicherungsanspruch wegen Zweckverfehlung** (§ 812 Abs. 1 Satz 2, 2. Fall BGB) grundsätzlich möglich, der auf Erklärung der Zustimmung des Vertragspartners zu der Aufhebung des Erbvertrags gerichtet ist. Soweit jedoch § 2295 BGB direkt oder aber wenigstens analog eingreift, wird man davon ausgehen müssen, dass dadurch der Kondiktionsanspruch ausgeschlossen ist.[67] Denn spezialgesetzliche Regelungen der Zweckverfehlung, zu denen auch § 2295 BGB zu rechnen ist, haben insoweit Vorrang.[68] 18

c) Nichtabschluss des Verpfründungsvertrags

Wenn sich der Bedachte nach dem Abschluss des Erbvertrags weigert, den vorgesehenen schuldrechtlichen Verpfründungsvertrag zu schließen, so ist allerdings § 2295 BGB nicht entsprechend anwendbar,[69] da es infolge der Vorleistung des Erblassers an dem »Rechtsschein« einer Leistungsverpflichtung des Bedachten fehlt. Da der Erblasser irrtümlich mit dem Abschluss des Verpfründungsvertrags rechnet, kann er aber nach §§ 2281, 2078 Abs. 2 BGB **anfechten.**[70] Und soweit der Nichtabschluss aus Gründen in der Sphäre des Vertragspartners liegt, gebietet auch der Vertragserbenschutz keine Einschränkung der Anfechtungsmöglichkeit. Da dem im Voraus abgeschlossenen Erbvertrag aber eine entsprechende Zweckabrede zugrunde lag, ist auch ein Kondiktionsanspruch wegen Zweckverfehlung (§ 812 Abs. 1 Satz 2, 2. Fall BGB) möglich,[71] der hier auch nicht durch die sondergesetzliche Spezialregelung des § 2295 BGB ausgeschlossen ist. 19

---

59 Soergel/*Loritz* § 2078 Rn. 2; *Keymer*, Die Anfechtung nach § 2078 Abs. 2 BGB (1984) 48 ff.; *Stürzebecher* NJW 1988, 2717, 2718; dazu § 2281 BGB Rdn. 23 f.

60 *Hohmann*, Rechtsfolgen von Störungen im Rahmen eines entgeltlichen Erbvertrags und Sicherung der Rechte der Vertragsparteien, 66.

61 *v. Lübtow* I 406; *Lange/Kuchinke* § 25 X 2 b.

62 Vgl. die Fälle von BGH NJW 2011, 224 (Rdnr. 13) = DNotZ 2012, 146; OLG Karlsruhe NJW-RR 1997, 708, 709, in denen die Anfechtung verfristet war.

63 Zust. NK-BGB/*Horn* Rn. 8.

64 Allgemein dazu BGH ZIP 1991, 1599, 1600; NK/*Krebs* § 313 Rn. 10 m.w.N.; Bamberger/Roth/*Grüneberg* § 313 Rn. 17 m.w.N.; Palandt/*Grüneberg* § 313 Rn. 10.

65 S. Rdn. 7.

66 *Hohmann*, Rechtsfolgen von Störungen im Rahmen eines entgeltlichen Erbvertrags und Sicherung der Rechte der Vertragsparteien, 72; iE ebenso *Lüke* Vertragliche Störungen beim »entgeltlichen Erbvertrag« (1990) S. 28 f.

67 *Hohmann*, Rechtsfolgen von Störungen im Rahmen eines entgeltlichen Erbvertrags und Sicherung der Rechte der Vertragsparteien, 75; *Lüke* 53.

68 Allgemein zu diesem Konkurrenzverhältnis etwa Bamberger/Roth/*Wendehorst* § 812 Rn. 37; MünchKomm/*Lieb* § 812 Rn. 158, 165 ff.; unklar BGH NJW 1999, 789 im Zusammenhang mit einem Zuwendungsverzicht.

69 Dafür aber *Lange/Kuchinke* § 25 X 2 b; *v. Lübtow* I 406, 463.

70 NK-BGB/*Horn* Rn. 6; MünchKomm/*Musielak* Rn. 6; *v. Lübtow* I 406; Staudinger/*Kanzleiter* Rn. 6.

71 *Hohmann*, Rechtsfolgen von Störungen im Rahmen eines entgeltlichen Erbvertrags und Sicherung der Rechte der Vertragsparteien, 78.

d) Einfache Leistungsstörung

20 Bloße **Schlechterfüllung, Verzug** oder **Nichterfüllung** der Leistungspflicht des Bedachten, etwa der Pflegeverpflichtung, berechtigen für sich allein noch nicht zum Rücktritt nach § 2295 BGB, da sie als solches seine Vertragspflicht zunächst unberührt lassen.[72] Nach den einschlägigen Vorschriften des Schuldrechts beantwortet sich jedoch die Frage, ob der Erblasser nicht aus diesem Grund doch zu einer Beendigung der Leistungsverpflichtung des Vertragsgegners aus dem schuldrechtlichen Versorgungsvertrag gelangt und damit den Weg zu einem Rücktritt nach § 2295 BGB freimachen kann.[73]

21 Den Pflegevertrag (Versorgungsvertrag) kann der Erblasser unter den Voraussetzungen des **§ 314 BGB kündigen,**[74] was insbesondere erfordert, dass ihm die Fortsetzung des Vertragsverhältnisses nicht mehr zugemutet werden kann. Denn der Verpfründungsvertrag i.S. von § 2295 BGB ist auf wiederkehrende Leistungen gerichtet, sodass er ein Dauerschuldverhältnis i.S.d. § 314 BGB ist.[75] Vor Inkrafttreten des Schuldrechtsmodernisierungsgesetzes wurde in Analogie zu § 626 BGB ein Kündigungsrecht gewährt,[76] das dann bestand, wenn das erforderliche persönliche Vertrauensverhältnis zerrüttet, daher die Vertragsdurchführung gefährdet und folglich dem Kündigenden ein Festhalten des Vertrags nicht mehr zumutbar war.[77] Sachlich dürften sich durch die Einführung des § 314 BGB – außer dem Abmahnungserfordernis nach § 314 Abs. 2 BGB – keine Unterschiede zur früheren Rspr. ergeben.[78] Der Wegfall des Versorgungsvertrags berechtigt dann den Erblasser, nach § 2295 BGB zurückzutreten, da die Norm auf solche Fälle zumindest analog anwendbar ist.[79] Allerdings kann der Berechtigte die Kündigung nach § 314 Abs. 3 BGB nur innerhalb einer angemessenen Frist erklären.[80]

22 Der Erblasser kann stattdessen auch bei einseitigen Leistungspflichten unter den Voraussetzungen des § 281 Abs. 1 BGB **Schadensersatz statt der ganzen Leistung** verlangen, wenn er dem Schuldner erfolglos eine angemessene Frist zur Leistung oder Nacherfüllung bestimmt hat (zur Entbehrlichkeit der Fristsetzung s. § 281 Abs. 2 und 3 BGB). Damit ist dann der Anspruch auf Leistung (z.B. Pflege, Versorgung) ausgeschlossen (§ 281 Abs. 4 BGB). Dieses Erlöschen des Erfüllungsanspruchs[81] wird man als Anwendungsfall des § 2295 BGB sehen können.[82] Allerdings kann der Schuldner die Rückforderung des von ihm Geleisteten nach den §§ 346 bis 348 BGB verlangen. Dies kann dann für den Erblasser problematisch werden, wenn der Vertragsgegner bereits Leistungen, insb. Pflegeleistungen, über einen längeren Zeitraum erbracht hat, denn dann ist hierfür nach § 346 Abs. 2 Nr. 1 BGB Wertersatz zu leisten. Zudem führt dies nicht zum Wegfall des schuldrechtlichen Versorgungsvertrags und damit auch nicht zur Anwendbarkeit des § 2295 BGB.

---

72 OLG München ZEV 2009, 345, 346 m. Anm. *Keim* = FamRZ 2009, 1622; NK-BGB/*Horn* Rn. 7; jurisPK/*B. Hamdan/M. Hamdan* Rn. 7; MünchKomm/*Musielak* Rn. 5; Staudinger/*Kanzleiter* Rn. 8.

73 OLG Karlsruhe NJW-RR 1997, 708, 709; *Lüke* 50 f.

74 BGH NJW 2011, 224 (Rn. 15) = DNotZ 2012, 146.

75 Zur Begriffsbestimmung unter der Geltung des SchRModG s. etwa NK/*Krebs* § 314 Rn. 3; Bamberger/Roth/*Grüneberg* § 314 Rn. 4 ff.

76 LG Köln DNotZ 1978, 685, 686; *Lüke* 50; *Knieper* DNotZ 1968, 331, 336.

77 OLG Karlsruhe NJW-RR 1997, 708, 710 im Fall einer Unmöglichkeit der Pflegeerbringung durch Wegzug des Verpflichteten.

78 NK-*Krebs* § 314 Rn. 1; Bamberger/Roth/*Grüneberg* § 314 Rn. 2; Palandt/*Grüneberg* § 314 Rn. 1, 7.

79 S. Rdn. 10; ebenso der Sache nach BGH NJW 2011, 224 (Rn. 15) = ZEV 2011, 254 m. Anm. *Kanzleiter* = DNotZ 2012, 146; OLG Karlsruhe NJW-RR 1997, 708, 709; LG Köln DNotZ 1978, 685; RGRK/*Kregel* Rn. 3; *Lange/Kuchinke* § 25 X 2 b; *Lüke* 50 f.; *Hohmann*, Rechtsfolgen von Störungen im Rahmen eines entgeltlichen Erbvertrags und Sicherung der Rechte der Vertragsparteien, 100 f.; *v. Lübtow* I 410; **a.M.** *Kipp/Coing* § 40 I 2 b; *Planck/Greiff* Anm. 2; *Ebenroth* Rn. 264; *Knieper* DNotZ 1968, 331, 333 sowie das ältere Schrifttum, s. die Nachw. bei *v. Lübtow* a.a.O. Fn. 35; offenlassend MünchKomm/*Musielak* Rn. 5.

80 BGH NJW 2011, 224 (Rn. 15) = ZEV 2011, 254 m. Anm. *Kanzleiter* = DNotZ 2012, 146, wo die Kündigung daran scheiterte.

81 Bamberger/Roth/*Grüneberg* § 281 Rn. 48.

82 Ebenso *Krebber* DNotZ 2003, 20, 36; *Krug*, Schuldrechtsmodernisierungsgesetz und Erbrecht Rn. 227.

Ein Rücktritt nach **§ 323 BGB** scheidet aus, da diese Vorschrift einen gegenseitigen Vertrag voraussetzt,[83] und ein solches Verhältnis zwischen dem Erbvertrag und dem »Verkehrsgeschäft« gerade nicht besteht[84] und zudem bei vollzogenen Dauerschuldverhältnissen – und solche liegen hier i.d.R. vor – anstelle des Rücktrittsrechts das Kündigungsrecht aus wichtigem Grund tritt.[85] 23

Daneben können noch weitere Rechte des Erblassers **konkurrieren**: Meist wird eine **Anfechtung des Erbvertrags** nach §§ 2281, 2078 Abs. 2 BGB möglich sein, da der Erblasser bei Abschluss des Erbvertrags eine ordnungsgemäße Vertragserfüllung seines Partners erwartet hat.[86] Die Sonderregelungen der §§ 2078 ff. BGB über die Selbstanfechtung wegen Motivirrtums gehen den Regeln über den Wegfall der Geschäftsgrundlage (§ 313 BGB) vor, da die Entscheidung über die Lösung aus dem Vertragsverhältnis bei einem Motivirrtum allein dem Erblasser zustehen soll.[87] Eine Spezialität des Anfechtungsrechts gegenüber dem Rücktrittsrecht nach § 2295 BGB besteht nicht;[88] eher kommt im Gegenteil in Betracht, dass der Rücktritt als der speziellere Rechtsbehelf die allgemeine erbrechtliche Irrtumsanfechtung verdrängt.[89] Näher liegt es in diesen Fällen, aufgrund der Interessenlage der Beteiligten den Vertrag dahingehend **auszulegen**, dass die ordnungsgemäße Erbringung der Versorgungsleistung eine **auflösende Bedingung** für die erbvertragliche Zuwendung ist;[90] dies entspricht auch dem Grundsatz, dass die Auslegung vor der Anfechtung den Vorrang hat. In beiden Fällen kommt es zu einer Rückabwicklung der beiderseits erbrachten Leistungen nach den §§ 812 ff. BGB mit dem Risiko der Entreicherungseinrede (§ 818 Abs. 3 BGB). 24

Da der Zweck der Erbeinsetzung die ordnungsgemäße Erbringung der Gegenleistung war, wird z.T. auch ein **Bereicherungsanspruch** wegen Zweckverfehlung (§ 812 Abs. 1 Satz 2, 2. Fall BGB) befürwortet, der auf die Einwilligung in die Aufhebung des Erbvertrags gerichtet ist.[91] Dagegen spricht allerdings noch nicht, dass die Kondiktion undurchführbar wird, wenn der Erblasser stirbt, ohne den Bereicherungsanspruch durchgesetzt zu haben.[92] Denn der Erbe ist ja auch machtlos, wenn etwa der Erblasser einen Anspruch verjähren lässt. Jedoch verdrängt **§ 2295 BGB** als gesetzliche **Spezialregelung** der Zweckverfehlung insoweit auch diesen Anspruch;[93] in den davon nicht erfassten Fällen ist aber die Zweckverfehlungskondiktion anwendbar, was der Absicht des historischen Gesetzgebers entspricht.[94] 25

83 Ausdrücklich zum entgeltlichen Erbvertrag *Vollmar* ZErb 2003, 274, 280; Staudinger/*Kanzleiter* Rn. 8; Bamberger/Roth/*Litzenburger* Rn. 3; allgemein hierzu Bamberger/Roth/*Grothe* § 323 Rn. 2; Palandt/*Grüneberg* § 323 Rn. 3.

84 S. bereits oben Rdn. 6.

85 Palandt/*Grüneberg* § 323 Rn. 4.

86 *Lange/Kuchinke* § 25 X 2 b; *Krebber* DNotZ 2003, 20, 34; jurisPK/*B. Hamdan/M. Hamdan* Rn. 7; MünchKomm/*Musielak* Rn. 5; *Kipp/Coing* § 36 IV 1, § 40 I 2 b; *Ebenroth* Rn. 264; *Krug* Schuldrechtsmodernisierungsgesetz und Erbrecht Rn. 228; Gutachten DNotI-Report 2000, 119, 121; **a.M.** *Vollmar* ZErb 2003, 274, 279: nur Kondiktionsanspruch wegen Zweckverfehlung.

87 *Krebber* DNotZ 2003, 20, 34.

88 OLG Hamm DNotZ 1977, 751, 756; Staudinger/*Kanzleiter* Rn. 10.

89 Worauf *Lüke* 51 Fn. 203 hinweist.

90 MünchKomm/*Musielak* Rn. 5; Gutachten DNotI-Report 2000, 119, 121; *Krug*, Schuldrechtsmodernisierungsgesetz und Erbrecht Rn. 228; für stillschweigende Vereinbarung OLG Hamm DNotZ 1977, 751, 754.

91 JurisPK/*B. Hamdan/M. Hamdan* Rn. 7; *Lange/Kuchinke* § 25 X 2 b; *Planck/Greiff* Anm. 4; Staudinger/*Kanzleiter* Rn. 8 (mit weitem Leistungsbegriff); *Vollmar* ZErb 2003, 274, 279 f.; eingehend zu den bereicherungsrechtlichen Fragen *Hohmann*, Rechtsfolgen von Störungen im Rahmen eines entgeltlichen Erbvertrags und Sicherung der Rechte der Vertragsparteien, 38 ff., 102.

92 So aber *Strohal* I § 47 Fn. 1; NK-BGB/*Horn* Rn. 7; Palandt/*Weidlich* Rn. 4.

93 *Hohmann*, Rechtsfolgen von Störungen im Rahmen eines entgeltlichen Erbvertrags und Sicherung der Rechte der Vertragsparteien, 102; insoweit zust., soweit § 2295 BGB eingreift, Staudinger/*Kanzleiter* Rn. 8, für darüber hinausgehende Fälle jedoch bejahend.

94 Prot. V 411; *Kanzleiter* ZEV 2011, 257.

26 Die Anwendung der Grundsätze des **Wegfalls der Geschäftsgrundlage** (§ 313 BGB) auf den schuldrechtlichen Versorgungsvertrag ist ebenfalls nicht möglich, da die Verpflichtung zur Erbringung ordnungsgemäßer Leistungen des Bedachten gerade Vertragsinhalt wurde.[95]

III. Ausübung des Rücktrittsrechts

27 Für die Ausübung des Rücktrittsrechts nach § 2295 BGB gilt im Wesentlichen das gleiche wie bei § 2294 BGB. Wegen der **Form** des Rücktritts und der Beweislast kann daher auf § 2294 BGB Rdn. 10, 14 verwiesen werden. Auf das Recht zum Rücktritt nach § 2295 BGB kann **nicht im Voraus verzichtet** werden.[96] Es **erlischt** auch bei einem mehrseitigen Erbvertrag **nicht mit dem Tod eines Vertragspartners**, da § 2298 Abs. 2 Satz 2 BGB nur für das vertraglich vereinbarte Rücktrittsrecht gilt.[97] Ein formnichtiges Angebot zur Aufhebung eines Erbvertrags kann in eine Rücktrittserklärung umgedeutet werden.[98] Wird die Leistungspflicht des Bedachten erst durch Ausübung eines Gestaltungsrechts (Kündigung, Rücktritt etc.) beendet, so muss »doppelgleisig« verfahren werden: Erforderlich sind Ausübung dieses Rechts und Erklärung des Rücktritts nach § 2295 BGB; beides kann jedoch miteinander verbunden werden.[99] Jedoch muss die **Aufhebung** der rechtsgeschäftlichen Verpflichtung **bestimmender Beweggrund** für den **Rücktritt** sein. Hieran fehlt es, wenn der Erblasser trotz des Rücktritts vom Erbvertrag auf Erfüllung der Leistungsverpflichtung besteht. Der Erblasser kann nicht den Rücktritt vom Erbvertrag als Sanktion für die Nicht- oder Schlechterfüllung bei gleichzeitiger Aufrechterhaltung der schuldrechtlichen Verpflichtung erklären.[100]

IV. Wirkung des Rücktritts

28 Die Wirkung des Rücktritts beschränkt sich i.d.R. auf die **vertragsmäßige Verfügung**, die mit **Rücksicht** auf die **Verpflichtung des Bedachten getroffen** wurde.[101] Enthält der Erbvertrag daneben noch andere vertragsmäßige Verfügungen, insb. zugunsten Dritter, so richtet sich ihre Wirksamkeit nach § 2085 BGB.[102] Liegt ein gegenseitiger Erbvertrag vor, behalten die vertragsmäßigen Verfügungen des anderen Teils ihre Wirkung, da § 2298 Abs. 2 BGB auf einen gesetzlichen Rücktrittsgrund keine Anwendung findet.[103]

29 Die Auswirkung des Rücktritts auf die **schuldrechtlichen Beziehungen** zwischen dem Erblasser und dem Bedachten richtet sich nach dem Rechtsverhältnis, auf dem die Verpflichtung des Bedachten gegenüber dem Erblasser beruhte. Regelmäßig wird der Erblasser verpflichtet sein, die von dem Bedachten empfangenen Leistungen wegen **ungerechtfertigter Bereicherung** zurückzugewähren, weil der mit ihnen bezweckte Erfolg, nämlich die vertragsmäßige Zuwendung von Todes wegen, durch den Rücktritt weggefallen ist (§ 812 Abs. 1 Satz 2, 2. Fall BGB).[104] Tritt gesetzliche Erbfolge ein, so kommt auch eine Berücksichtigung über § 2057a BGB in Betracht.[105]

---

95 S. Rdn. 18; iE ebenso *v. Lübtow* I 410.
96 Vgl. § 2294 BGB Rdn. 8.
97 OLG München ZEV 2009, 345, 346 m. Anm. *Keim* = FamRZ 2009, 1622; Palandt/*Weidlich* Rn. 1; dazu bereits oben Vorbem. zu §§ 2274 ff. BGB Rdn. 40.
98 OLG Hamm DNotZ 1977, 751; MünchKomm/*Musielak* Rn. 7.
99 OLG Karlsruhe NJW-RR 1997, 708, 709.
100 OLG München ZEV 2007, 345, 347 m. Anm. *Keim*; Bamberger/Roth/*Litzenburger* Rn. 3a.
101 NK-BGB/*Horn* Rn. 10; Bamberger/Roth/*Litzenburger* Rn. 5; v. Lübtow I 406; MünchKomm/*Musielak* Rn. 8; Staudinger/*Kanzleiter* Rn. 13.
102 § 2293 BGB Rdn. 21.
103 JurisPK/*B. Hamdan*/*M. Hamdan* Rn. 11.
104 Bamberger/Roth/*Litzenburger* Rn. 5; *Planck*/*Greiff* Anm. 3; jurisPK/*B. Hamdan*/*M. Hamdan* Rn. 11; Palandt/*Weidlich* Rn. 7; Staudinger/*Kanzleiter* Rn. 13; *Vollmar* ZErb 2003, 274, 281; *dies.* Der entgeltliche Erbvertrag, S. 306 ff.
105 Soergel/*M. Wolf* Rn. 6; jurisPK/*B. Hamdan*/*M. Hamdan* Rn. 11.

V. Gestaltungshinweise

Wegen des bereits festgestellten, in mehrfacher Hinsicht bestehenden gesetzlichen Regelungsdefizits ist der entgeltliche Erbvertrag eine besondere Herausforderung für die Kautelarjurisprudenz und mit besonderer Sorgfalt auszugestalten.[106] Tendenziell muss eher vor seiner Verwendung gewarnt werden.[107] 30

Dabei sind einerseits Sicherungsvorkehrungen **gegen Störungen durch den Erblasser** mittels entsprechender Ausgestaltung des Erbvertrags zu treffen,[108] zu der eine Einschränkung des Anfechtungsrechts (besonders nach § 2079 BGB) gehören, Regelung der Koppelung der beiderseitigen Vertragsverhältnisse (Bedingungszusammenhang oder über § 139 BGB) und Einsetzung von Ersatzerben und Ersatzvermächtnisnehmern. Daneben treten Sicherungen gegen Verfügungen unter Lebenden durch Abschluss eines entsprechenden Verfügungsunterlassungsvertrages mit Vereinbarung einer (bedingten) Übereignungsverpflichtung bei einem Verstoß dagegen und grundbuchmäßiger Absicherung bei Grundbesitz durch eine Eigentumsvormerkung.[109] Die bedingte Übereignungspflicht kann auch auf Fälle des Hinzutretens neuer Pflichtteilsberechtigter (bei Heirat oder Adoption) oder das Entstehen von Zugewinnausgleichsansprüchen erweitert werden, wenn derartige Ansprüche nicht vertraglich durch Vereinbarung mit den Berechtigten ausgeschlossen werden. Auch Regelungen über die Rückabwicklung bereits erbrachter Leistungen bei vorzeitiger Vertragsbeendigung sind empfehlenswert, besonders hinsichtlich der schwer zu bewertenden Pflegeleistungen. Diesbezüglich aber den **Entreicherungseinwand** (§ 818 Abs. 3 BGB) des Erblassers auszuschließen, um dem anderen Vertragsteil die volle Rückforderung seiner Leistungen zu ermöglichen,[110] ist zumindest dann nicht sachgerecht, wenn es zu einer Rückabwicklung aufgrund eines Umstands kommt, den der Vertragspartner zu vertreten hat. 31

Aber auch den **Erblasser** gilt es **zu sichern**, besonders bei der Vereinbarung einer Pflegeverpflichtung durch eine klare und **justiziable Formulierung**, die sich hinsichtlich des Leistungsumfangs an den gesetzlichen Kategorien des § 14 SGB XI orientieren kann.[111] Daneben ist ihm durch Einräumung von Rücktrittsrechten oder beschränkten Änderungsvorbehalten die Möglichkeit zu geben, vom Erbvertrag – und dann aber auch von den im Zusammenhang mit der Sicherung der erbrechtlichen Berufung bedingten Übereignungsverpflichtungen – wieder loszukommen, wenn der Vertragspartner seine Verpflichtungen nicht oder nicht richtig erbringt. Dabei ist auch auf die sachgerechte Verteilung der Beweislast, gerade bei der Erbringung von wiederkehrenden Leistungen, zu achten. 32

Vertragsmuster, die diesen Anforderungen allerdings nicht immer gerecht werden, finden sich bei KölnerFormBErbR/*Dorsel* Kap. 16 Rn. 197M; Münchener Vertragshandbuch/*Nieder/Otto*, Bd. VII/2, Form XII. 26; *Langenfeld*, Testamentsgestaltung, § 4 Rn. 558; Formularkommentar-*Prausnitz*, Bd. 6, 22. Aufl., Form 6.529. 33

§ 2296 Vertretung, Form des Rücktritts

(1) Der Rücktritt kann nicht durch einen Vertreter erfolgen.

(2) Der Rücktritt erfolgt durch Erklärung gegenüber dem anderen Vertragschließenden. Die Erklärung bedarf der notariellen Beurkundung.

106 Ein Vertragsmuster findet sich bei BeckOGK/*Röhl* § 2275 Rn. 75 f. Eingehend auch *Hohmann*, Rechtsfolgen von Störungen im Rahmen eines entgeltlichen Erbvertrags und Sicherung der Rechte der Vertragsparteien, 155 ff.; *Lange/Kuchinke* § 25 X 3; vgl. auch *Lüke* 57 ff.; NK-BGB/*Horn* Rn. 11 ff.

107 *J. Mayer* DNotZ 2012, 89, 97 ff. mit abschreckendem Beispiel.

108 NK-BGB/*Horn* Rn. 12.

109 Zu diesen Gestaltungen s. § 2286 BGB Rdn. 23 ff.

110 So *Krug*, Schuldrechtsmodernisierungsgesetz und Erbrecht, Rn. 230.

111 Dazu etwa *Weyland* MittRhNotK 1997, 55; *J. Mayer* ZEV 1997, 176.

Übersicht

I. Anwendungsbereich

1 § 2296 BGB regelt die formellen Erfordernisse des Rücktritts vom Erbvertrag oder von einer einzelnen vertragsmäßigen Verfügung durch den Erblasser für den Fall, dass der **Vertragsgegner noch lebt**. Ist dieser gestorben, so gilt § 2297 BGB.[1] Zum Rücktritt durch den Vertragsgegner s. § 2293 BGB Rdn. 26 f. Die Vorschriften des § 2296 BGB stimmen grundsätzlich mit denen überein, die § 2282 BGB für die Anfechtung des Erbvertrags durch den Erblasser gibt.[2] Sie gelten sowohl für den **vorbehaltenen Rücktritt** nach § 2293 BGB[3] als auch für den **gesetzlichen Rücktritt** nach §§ 2294, 2295 BGB, für den Rücktritt von einer vertragsmäßigen Erbeinsetzung wie für den von einer vertragsmäßigen Vermächtnis- oder Auflageanordnung. Sie gelten aber nicht für abweichende (meist einschränkende) Verfügungen von Todes wegen, die aufgrund eines **Änderungsvorbehalts** getroffen werden.[4] Nach Ansicht des OLG Hamm findet die Formvorschrift des § 2296 Abs. 2 Satz 2 BGB auch auf einen vorbehaltenen Rücktritt von einem **zusammengesetzten Vertrag**, in dem auch ein Erbvertrag enthalten ist (z.B. Scheidungsvereinbarung), Anwendung;[5] jedoch kann eine solche Vereinbarung regelmäßig dahingehend ausgelegt werden, dass der Rücktritt zunächst nur hinsichtlich der darin enthaltenen Rechtsgeschäfte unter Lebenden nach den dafür geltenden Formvorschriften zu erklären ist und dann seinerseits die auflösende Bedingung für den Wegfall des Erbvertrags darstellt.[6]

2 Nach § 2271 Abs. 1 Satz 1 BGB ist § 2296 BGB auch auf den Widerruf einer wechselbezüglichen Verfügung in einem **gemeinschaftlichen Testament** zu Lebzeiten beider Ehegatten anzuwenden. Die Erläuterungen zu diesem Widerruf[7] gelten zum größten Teil auch für den Rücktritt vom Erbvertrag. Auch die Rücktrittserklärung ist ihrem Wesen nach **Verfügung von Todes wegen**. Solange den Erfordernissen des § 2296 BGB nicht genügt ist, ist das Rücktrittsrecht des Erblassers ohne unmittelbare rechtliche Wirkung.

II. Vertretung des Erblassers, Vererblichkeit

3 Nach § 2296 Abs. 1 Satz 1 BGB kann der Rücktritt nicht durch einen Vertreter erfolgen (vgl. auch § 2290 Abs. 2 Satz 1, § 2282 Abs. 1 Satz 1 BGB). Die Vorschrift gilt sowohl für den rechtsgeschäftlichen wie für den gesetzlichen Vertreter.[8] Ausgeschlossen ist nicht nur die Vertretung im

1 Eingehend s. Rdn. 22.
2 JurisPK/*B. Hamdan*/*M. Hamdan* Rn. 2.
3 Missverständlich *Schumann*, Erbvertragsrecht, Rn. 1: »§ 2296 betrifft die Form des gesetzlichen Rücktritts«.
4 Zust. Staudinger/*Kanzleiter* Rn. 1; eingehend hierzu § 2278 BGB Rdn. 14 ff.
5 DNotZ 1999, 142, 144 = NJWE-FER 1998, 275.
6 *Kanzleiter* DNotZ 1999, 122, 124; s. auch Rdn. 18.
7 § 2271 BGB Rdn. 8 ff.
8 *Kipp*/*Coing* § 40 II; NK-BGB/*Horn* Rn. 3; MünchKomm/*Musielak* Rn. 2.

Willen, sondern auch die in der Erklärung.[9] Da hier der Grundsatz der Höchstpersönlichkeit gilt,[10] ist das Rücktrittsrecht auch nicht vererblich.[11]

III. Geschäftsfähigkeit des Beteiligten

1. Geschäftsunfähigkeit des Erblassers

Ein bei Abgabe der Rücktrittserklärung geschäftsunfähiger Erblasser kann nicht vom Erbvertrag zurücktreten; denn er selbst kann den Rücktritt nicht erklären (§ 105 BGB) und der gesetzliche Vertreter kann nicht für ihn handeln (Abs. 1 Satz 1).[12] Angesichts des klaren Wortlauts der Norm kann die Regelung des § 2282 Abs. 2 BGB, wonach für den geschäftsunfähigen Erblasser sein gesetzlicher Vertreter mit Zustimmung des Betreuungsgerichts anfechten kann, nicht analog angewandt werden.[13] Bei Rücktrittsgründen nach §§ 2294, 2295 BGB wird allerdings häufig auch ein Anfechtungsrecht bestehen, das dann nach der genannten Vorschrift von dem gesetzlichen Vertreter ausgeübt werden kann.[14] Auf die Testierfähigkeit kommt es hier – im Gegensatz zum Widerruf eines gemeinschaftlichen Testaments, § 2271 BGB Rdn. 10 – nicht an. Wird allerdings der Erblasser nach Abgabe der Rücktrittserklärung geschäftsunfähig, gilt § 130 Abs. 2 BGB.[15] 4

2. Beschränkte Geschäftsfähigkeit des Erblassers

Ist der Erblasser in der Geschäftsfähigkeit beschränkt, gilt nunmehr dasselbe wie bei einem geschäftsunfähigen Erblasser. Die frühere Regelung in § 2296 Abs.1 Satz 2 BGB, wonach ein beschränkt geschäftsfähiger Erblasser den Rücktritt selbst und ohne Zustimmung seines gesetzlichen Vertreters erklären konnte, ist mit Inkrafttreten des Gesetzes zu Bekämpfung von Kinderehen vom 17.07.2017[16] aufgehoben worden. 5

3. Vertreter des Vertragsgegners

Auch der Zugang bei einem entsprechend bevollmächtigten Vertreter des Vertragsgegners genügt. Das Gleiche gilt bezüglich eines gesetzlichen Vertreters bei einem beschränkt Geschäftsfähigen oder Geschäftsunfähigen (§§ 164 Abs. 3, und 131 Abs. 1 und 2 Satz 1 BGB). Eingehend hierzu § 2271 BGB Rdn. 18 ff. 6

IV. Die Rücktrittserklärung

1. Form

Nach § 2296 Abs. 2 Satz 1 BGB geschieht der Rücktritt durch Erklärung gegenüber dem Vertragsgegner (vgl. § 349 BGB), bei mehreren gegenüber all diesen.[17] Diese Form dient der Sicherung des Vertragsgegners, der »wissen will, woran er ist«.[18] Die Rücktrittserklärung bedarf der **notariellen Beurkundung** (§ 2296 Abs. 2 Satz 2 BGB), die sich nach den §§ 6 ff. BeurkG richtet. Öffentliche 7

---

9 NK-BGB/*Horn* Rn. 3; MünchKomm/*Musielak* Rn. 2; § 2282 BGB Rdn. 1.
10 JurisPK/*B. Hamdan*/*M. Hamdan* Rn. 3.
11 JurisPK/*B. Hamdan*/*M. Hamdan* Rn. 3; *v. Lübtow* I 465; MünchKomm/*Musielak* Rn. 2.
12 BayObLG FamRZ 1996, 969; NK-BGB/*Horn* Rn. 4; *Lange*/*Kuchinke* § 25 VII 6 a; MünchKomm/*Musielak* Rn. 3; RGRK/*Johannsen* Rn. 1.
13 JurisPK/*B. Hamdan*/*M. Hamdan* Rn. 3; Soergel/*M. Wolf* Rn. 2.
14 JurisPK/*B. Hamdan*/*M. Hamdan* Rn. 3; MünchKomm/*Musielak* Rn. 3.
15 NK-BGB/*Horn* Rn. 4; s. Rn. 15.
16 BGBl. I S. 2429.
17 BGH NJW-RR 1986, 371 = FamRZ 1985, 919; *Reithmann* DNotZ 1957, 527, 530; Bamberger/Roth/*Litzenburger* Rn. 5; jurisPK/*B. Hamdan*/*M. Hamdan* Rn. 5; MünchKomm/*Musielak* Rn. 4.
18 Mot. V 343.

Beglaubigung genügt nicht, wohl aber die Protokollierung im Prozessvergleich (§ 127a BGB).[19] Ein Verstoß gegen das Formerfordernis führt zur Unwirksamkeit der Rücktrittserklärung (§ 125 Satz 1 BGB). Auch im Erbvertrag kann keine abweichende Form vereinbart werden.[20]

2. Inhalt

8 Die Rücktrittserklärung ist, da von einem Gestaltungsrecht Gebrauch gemacht wird, **bedingungsfeindlich.**[21] Vgl. im Übrigen § 2293 BGB Rdn. 13 ff. Die ausdrückliche Verwendung des Wortes »Rücktritt« ist zwar zweckmäßig, aber nicht erforderlich, es genügt, wenn sich dies durch **Auslegung** ermitteln lässt.[22] Soweit vor dem Rücktritt eine **Abmahnung** erforderlich ist, insb. beim entgeltlichen Erbvertrag (§ 2293 BGB Rdn. 17 ff.) ist dies zu beachten.[23]

9 Der **Rücktrittsgrund** braucht im Falle des § 2296 BGB in der Rücktrittserklärung nicht angegeben werden, denn § 2296 BGB verweist – anders als § 2297 BGB – nicht auf § 2336 Abs. 2 BGB.[24] Doch ist dies vor allem dann zweckmäßig, wenn der Rücktritt nur bei Vorliegen bestimmter Gründe zulässig ist.[25] Werden nur einzelne von mehreren Rücktrittsgründen angegeben, so führt dies nicht zur Präklusion der übrigen, wenn nicht vertraglich anderes bestimmt ist.[26] Bei der Beurkundung der Rücktrittserklärung brauchen nicht – wie beim Abschluss des Erbvertrages, § 2276 BGB – beide Teile anwesend sein, weil nur die Erklärung des Erblassers beurkundet wird, nicht auch die Annahme durch den Vertragsgegner oder das Zugehen an ihn.[27]

10 Die **spätere Errichtung** einer abweichenden **Verfügung von Todes wegen**, sei es ein Testament oder ein Erbvertrag mit einem Dritten, zu Lebzeiten des Vertragspartners ist selbst bei Wahrung der für den Rücktritt vorgeschriebenen Form schon **mangels Erklärung gegenüber** dem anderen Vertragsteil keine wirksame Rücktrittserklärung.[28] Selbst wenn aber später ein Zugang an den anderen Vertragsteil erfolgt, wird man fordern müssen, dass sich aus dem Testament nicht nur der Rücktrittswille klar ergibt, sondern dass dieser – wie es für eine Rücktrittserklärung wesensnotwendig ist – klar gegenüber dem Vertragsgegner **adressiert** ist. Auch BGHZ 106, 359, 362[29] betont ausdrücklich zu einer aufhebenden Verfügung in einem **Erbvertrag**, dass diese nicht zugleich als Rücktrittserklärung angesehen werden kann, weil sie »entgegen § 2296 Abs. 2 Satz 1 BGB nicht der Klägerin gegenüber erfolgt und ihr auch, wie diese mit Recht betont, bei Lebzeiten des Erblassers weder zugegangen noch auch nur im Sinne von § 130 Abs. 2 BGB abgegeben worden ist«. Nur unter diesen Voraussetzungen wird man eine **Kombination** eines Rücktritts mit einer neuen Verfügung von Todes wegen in einer Urkunde selbst bei Wahrung der Form des § 2296 Abs. 2 Satz 2 BGB für zulässig halten können.[30]

---

19 NK-BGB/*Horn* Rn. 6; Soergel/*M. Wolf* Rn. 3.

20 JurisPK/*B. Hamdan/M. Hamdan* Rn. 12; MünchKomm/*Musielak* Rn. 6; *Schneider* ZEV 1996, 220.

21 OLG Stuttgart OLGZ 1979, 129, 131; *Lange/Kuchinke* § 25 VII 6 a; MünchKomm/*Musielak* Rn. 6; Staudinger/*Kanzleiter* Rn. 15.

22 NK-BGB/*Horn* Rn. 7; *Damrau/Tanck/Krüger*, Erbrecht, Rn. 3; Soergel/*M. Wolf* Rn. 3.

23 Vgl. OLG Hamm DNotZ 1999, 142, 144; NK-BGB/*Horn* Rn. 7.

24 NK-BGB/*Horn* Rn. 7; *Damrau/Tanck/Krüger*, Erbrecht, Rn. 3; *Lange/Kuchinke* § 25 VII 4; *Planck/Greiff* Anm. 3; MünchKomm/*Musielak* Rn. 6; Staudinger/*Kanzleiter* Rn. 7; *Wein* BayZ 1916, 126; anders im Falle des § 2297 BGB, wo u.U. § 2336 Abs. 2 BGB entsprechend anzuwenden ist.

25 Nieder/Kössinger/*R. Kössinger*, Handbuch der Testamentsgestaltung, § 11 Rn. 77.

26 Zust. NK-BGB/*Horn* Rn. 7.

27 Prot. V 438.

28 NK-BGB/*Horn* Rn. 7; Palandt/*Weidlich* Rn. 3; Soergel/*M. Wolf* Rn. 5; Staudinger/*Kanzleiter* Rn. 9; **a.M.** *Damrau/Tanck/Krüger*, Erbrecht, Rn. 3.

29 = NJW-RR 1986, 371 = DNotZ 1990, 50, 51.

30 S. § 2271 BGB Rdn. 12 zur parallelen Problematik des Widerrufs des gemeinschaftlichen Testaments; Staudinger/*Kanzleiter* Rn. 9 lässt demgegenüber die bloße Übermittlung genügen.

3. Zugang beim Vertragsgegner

Die Rücktrittserklärung ist eine einseitige empfangsbedürftige Willenserklärung, die erst mit ihrem Zugang an den anderen Vertragsteil des Erbvertrags wirksam wird (§ 130 BGB),[31] bei mehreren ist Zugang an alle erforderlich.[32] Nach dem **Tod** des **Vertragsteils** kann der Rücktritt nur noch in der **Form des § 2297 BGB** erklärt werden,[33] soweit er dann nicht ohnehin ausgeschlossen ist (vgl. insb. § 2298 Abs. 2 Satz 2 BGB). Ist es zur Zeit des Rücktritts **zweifelhaft**, ob der Vertragsgegner noch lebt oder schon gestorben ist, so sollte der Notar dem Erblasser empfehlen, nicht nur den Rücktritt nach § 2296 BGB zu erklären, sondern vorsorglich auch ein Aufhebungstestament nach § 2297 BGB zu errichten.[34] 11

a) Gegenstand der Übermittlung

Die Rücktrittserklärung ist dem Vertragsgegner in Urschrift oder **Ausfertigung** zu übermitteln; die Übermittlung einer einfachen oder auch einer von einem Notar oder Gerichtsvollzieher beglaubigten Abschrift genügt nach h.M. nicht.[35] 12

Eine zunächst unwirksame Zustellung der Rücktrittserklärung, etwa in beglaubigter Abschrift, kann **nach** dem **Tode des Vertragsteils** nicht mehr mit heilender Wirkung nachgeholt werden.[36] Eine Heilung eines Zugangsmangels ist auch dann ausgeschlossen, wenn die erneute Rücktrittserklärung bei **Lebzeiten des Erblassers** weder zugegangen noch wenigstens i.S. von § 130 Abs. 2 BGB abgegeben war.[37] Zur Anweisung, erst nach dem Tod den Rücktritt zu übermitteln s. Rdn. 15. 13

b) Art der Übermittlung

Eine bestimmte Form der Übermittlung der Rücktrittserklärung oder eine Beurkundung ihres Zugangs an den Vertragsgegner ist (im Gegensatz zu der Erklärung selbst) nicht vorgeschrieben;[38] es empfiehlt sich aber, zur Beweissicherung die Rücktrittserklärung durch einen Gerichtsvollzieher nach den §§ 191 ff. ZPO förmlich zustellen zu lassen (§ 132 Abs. 1 BGB).[39] Eine **Ersatzzustellung** an den die Zustellung betreibenden Teil macht die Zustellung auf alle Fälle unwirksam (§ 178 14

---

31 MünchKomm/*Musielak* Rn. 4.

32 BGH NJW-RR 1986, 371, 372 = FamRZ 1985, 919; Bamberger/Roth/*Litzenburger* Rn. 5; MünchKomm/*Musielak* Rn. 4; *Reithmann* DNotZ 1957, 527, 530; Soergel/*M. Wolf* Rn. 3.

33 JurisPK/*B. Hamdan/M. Hamdan* Rn. 8; Soergel/*M. Wolf* Rn. 5; eingehender s. Rdn. 22.

34 Staudinger/*Kanzleiter* Rn. 12.

35 § 2271 BGB Rdn. 14; RGZ 65, 270; BGHZ 31, 5; 36, 201; 48, 374; BGH NJW 1981, 2299, 2300; NJW-RR 1986, 371, 372 = FamRZ 1985, 919 = LM Nr. 3 zu § 2294; KG DNotZ 1933, 578; NK-BGB/*Horn* Rn. 8; jurisPK/*B. Hamdan/M. Hamdan* Rn. 7; *Lange/Kuchinke* § 25 VII 6 a; MünchKomm/*Musielak* Rn. 5 m.w.N.; *J. Schneider* ZEV 1996, 220; *Schumann*, Erbvertragsrecht, Rn. 5; Palandt/*Weidlich* Rn. 2; weitere Nachweise s.o. bei § 2271 BGB Rdn. 14; **a.M.**: Zugang einer beglaubigten Abschrift genügt, die h.M. sei zu formalistisch und zudem seinen die Vorschriften über die Parteizustellung in §§ 191 ff. ZPO durch Gesetz zur Reform des Verfahrens bei Zustellungen im gerichtlichen Verfahren vom 25.06.2001, BGBl. 2001 I S. 1206, neu gefasst worden: *Aumann* MittBayNot 2018, 368; *Weidlich* MittBayNot 2018, 425, 428; Soergel/*M. Wolf* Rn. 4; *Hieber* DNotZ 1960, 240; *Röll* DNotZ 1961, 312; *Veit*, Die Anfechtung (1991) 27 ff.; ausf. *Kanzleiter* DNotZ 1996, 931; differenzierend *Dilcher* JZ 1968, 188; ggü. der h.M. jetzt resignierend Staudinger/*Kanzleiter* Rn. 8.

36 OLG Düsseldorf, OLGZ 1966, 68 = FamRZ 1966, 48; AG Blomberg FamRZ 1986, 1154; OLG Hamm NJW-RR 1991, 1480, 1481 = FamRZ 1991, 1486 (zum gemeinschaftlichen Testament; dazu *Hohloch* JuS 1992, 259); NK-BGB/*Horn* Rn. 9; *Lange/Kuchinke* § 25 VII 6 a.

37 BGHZ 106, 359, 362 = NJW 1989, 2885; BGHZ 48, 374 = JZ 1963, 185 m. Anm. *Dilcher* (für Widerruf des gemeinschaftlichen Testaments); RGZ 65, 270, 274; *Lange/Kuchinke* § 25 VII 6 a; MünchKomm/*Musielak* Rn. 5; z.T. (so etwa Palandt/*Weidlich* Rn. 2) wird aber übersehen, dass der BGH die Abgabe nach § 130 Abs. 2 BGB für die Heilung genügen lässt.

38 JurisPK/*B. Hamdan/M. Hamdan* Rn. 10; MünchKomm/*Musielak* Rn. 4; vgl. auch § 2271 BGB Rdn. 15.

39 MünchKomm/*Musielak* Rn. 4; *v. Lübtow* I 465; § 2271 BGB Rdn. 15.

Abs. 2 ZPO).[40] Eine **öffentliche Zustellung der** Rücktrittserklärung nach den §§ 185 ff. ZPO ist möglich, wenn dem Erblasser der Aufenthalt des anderen Vertragsteils nicht bekannt ist.[41] Dabei ist eine wirksame Zustellung trotz Fehlens der hierfür erforderlichen Voraussetzung gleichwohl anzunehmen, wenn das die Zustellung bewilligende Gericht von dem Vorliegen dieser Voraussetzungen ausgehen durfte und auch zur Durchführung weiterer Ermittlungen keinen Anlass sehen musste.[42] Zur sog. **»erschlichenen Zustellung«**, s. § 2271 BGB Rdn. 15. Vereinbarungen zur **Formerleichterungen** im Zusammenhang mit dem Zugang der Rücktrittserklärung werden mittlerweile ganz überwiegend für zulässig gehalten.[43] Da aber für die Übermittlung und den Zugang der Rücktrittserklärung ohnehin keine besondere Form zu beachten ist, dürfte diese Frage keine größere praktische Bedeutung haben. An der Notwendigkeit, dass die Rücktrittserklärung in Urschrift oder Ausfertigung zu gehen muss, kann auch eine Parteivereinbarung nichts ändern.

c) **Vorzeitiger Tod des Erblassers**

15 Nach **§ 130 Abs. 2 BGB** ist der Rücktritt grundsätzlich auch dann wirksam, wenn die Rücktrittserklärung dem Vertragsgegner erst nach dem Tode des Erblassers zugeht, sofern der den Rücktritt Erklärende nur alles getan hat, was von seiner Seite geschehen musste, damit die Erklärung dem anderen Teil (alsbald) zuging.[44] In einem Fall des OLG Oldenburg[45] verstarb der lösungswillige Ehegatte bevor die notariell beurkundete Widerrufserklärung (die Situation ist bei gemeinschaftlichem Testament und Erbvertrag identisch) dem anderen Ehegatten in Ausfertigung zuging. Gem. § 130 Abs. 2 BGB ist es für die Wirksamkeit einer Willenserklärung ohne Einfluss, wenn der Erklärende nach Abgabe der Erklärung sterbe. Hierfür sei – so das Gericht – allerdings Voraussetzung, dass der Erklärende alles getan habe, was von seiner Seite geschehen müsse, damit die Erklärung zugehe. Die Erklärung müsse also bereits auf dem Weg zum Empfänger sein. Das OLG Oldenburg entschied, dass in einem solchen Fall der Zugang der Willenserklärung alsbald nach dem Erbfall erfolgen müsse, weil ein Interesse des Rechtsverkehrs daran bestehe, Erbrechtsverhältnisse sicher beurteilen zu können und nicht auf unbestimmte Zeit über diese im Unklaren zu sein. Die notarielle Urkunde enthielt einen entsprechenden Zustellungsauftrag an den Notar. Durch diese Anweisung habe die widerrufende Ehefrau alles von ihrer Seite aus Erforderliche getan, um die Erklärung zuzustellen. Dass der Notar im konkreten Fall zunächst nur eine beglaubigte Abschrift zugestellt habe, sei unerheblich. Die Anweisung der Ehefrau sei hierdurch noch nicht vollständig umgesetzt worden. Diese sei daher nicht etwa »verbraucht«. Die Zustellung der Ausfertigung der Widerrufserklärung innerhalb von zwölf Tagen nach dem Tod der Ehefrau sei als alsbaldige Zustellung anzusehen. In diesem zeitlichen Abstand sei angesichts normaler Bearbeitungszeiten im Notariat und im Gericht noch damit zu rechnen, dass eine lebzeitig abgegebene, notarielle Willenserklärung der Ehefrau dem Ehemann zugestellt werden könnte. Ähnlich fiel auch ein Urteil des OLG Koblenz[46] aus. Aufgrund eines vom Widerrufenden nicht zu vertretenden Versehens wurde zunächst nur eine beglaubigte Abschrift des Widerrufs des gemeinschaftlichen Testaments förmlich zugestellt. Dies wurde seitens des Auftraggebers moniert und so erfolgte – mit einiger zeitlicher Verzögerung – später auch noch die Zustellung einer Ausfertigung des Widerrufs. Der widerrufende Ehegatte war zwischenzeitlich verstorben. Das OLG Koblenz stellte hierzu fest, dass sich der Widerruf des gemeinschaftlichen

40 NK-BGB/*Horn* Rn. 8; Palandt/*Weidlich* Rn. 2.

41 MünchKomm/*Musielak* Rn. 5; Staudinger/*Kanzleiter* Rn. 9; vgl. auch BGHZ 64, 5, 8 ff. = NJW 1975, 827 zum Widerruf eines gemeinschaftlichen Testaments.

42 KG NJW-RR 2006, 1380 = FamRZ 2006, 1563; dort auch zur Zustellungserschleichung.

43 Bejahend jurisPK/*B. Hamdan*/*M. Hamdan* Rn. 6; Palandt/*Weidlich* Rn. 2; *Schumann*, Erbvertragsrecht, Rn. 7, unter Bezug auf BGHZ 130, 71 = NJW 1995, 2217, wobei die Entscheidung aber nicht das Erbrecht betraf; zweifelnd NK-BGB/*Horn* Rn. 8d.

44 RGZ 65, 270; OLG Celle NJW 1964, 53 m. Anm. *Bärmann* = DNotZ 1964, 238 m. Anm. *Hieber*; *Natter* JZ 1954, 381; zweifelnd aber OLG Hamm FamRZ 1991, 1486 = NJW-RR 1991, 1480, 1481 zu § 2271 Abs. 1 BGB im Hinblick auf dessen Normzweck.

45 OLG Oldenburg ErbR 2018, 346.

46 OLG Koblenz ZEV 2017, 713.

Testaments nach der vom Erklärenden nicht zu verantwortenden unwirksamen Zustellung (der beglaubigten Abschrift) weiterhin »auf dem Weg« zum Erklärungsempfänger befand, solange der Auftrag zur Zustellung einer Ausfertigung vom Auftraggeber nicht als abgeschlossen betrachtet wurde. Maßgeblich dafür, ob nach dem Tod des Erklärenden der Widerruf eines gemeinschaftlichen Testaments noch wirksam zugestellt werden kann, sei nämlich, dass der Widerrufende zu Lebzeiten alles dafür getan habe, dass seine Willenserklärung dem Erklärungsempfänger zugeht. Dies sei durch die Beauftragung des Notars mit der Zustellung geschehen. Durch eine alsbaldige nachfolgende Zustellung einer Ausfertigung konnte der Widerruf daher vorliegend noch wirksam erklärt werden. Die zugunsten des Erklärenden getroffene Regelung des § 130 Abs. 2 BGB wird aber **missbraucht**, wenn der Erblasser den **Notar anweist**, die von ihm beurkundete Rücktrittserklärung dem Vertragsgegner erst nach dem Tode des Erblassers zu übermitteln. In einem solchen Fall liegt kein wirksamer Rücktritt vor.[47] Sonst würde gerade das erreicht, was durch den Normzweck des § 2296 BGB vermieden werden sollte, dass nämlich der Erblasser sich von seiner vertragsmäßigen Verfügung hinter dem Rücken des Vertragsgegners einseitig lossagen und insb. der andere Vertragsteil bei gegenseitigen Erbvertrag nicht einmal durch Änderung seiner Verfügungen darauf reagieren könnte.

Zur **nachträglichen Heilung von Zugangsmängeln** s. Rdn. 13. § 130 Abs. 2 BGB geht von dem 16
Regelfall aus, dass sich die Willenserklärung beim Tode des Erklärenden auf dem Wege zum Adressaten befindet und die Zustellung **alsbald** nachfolgt. Daher ist eine Rücktrittserklärung unwirksam, deren Zugang der Erblasser zwar nicht absichtlich verhindert hat, die aber dem Vertragsgegner erst zu einem Zeitpunkt zugestellt wird, zu dem er mit der Kraftlosigkeit des Erbvertrags durch Rücktritt des Erblassers nicht mehr zu rechnen brauchte.[48] Der ein Aufhebungstestament nur verwahrende Notar ist ohne ausdrückliche Weisung des Erblassers nicht ermächtigt, nach dessen Tod durch Übersendung des Testaments an den Vertragsgegner den Rücktritt vom Erbvertrag zu erklären.[49]

4. Zwingende Rücktrittsform

Die Vorschriften des § 2296 BGB sind **zwingend**; die Beteiligten können keine andere Form des 17
Rücktritts vereinbaren, auch nicht für den vorbehaltenen Rücktritt.[50] Jedoch werden Vereinbarungen über Zugangserleichterung für möglich gehalten.[51] Da die Verfügungen von Todes wegen mit beliebigen auflösenden Bedingungen versehen werden können,[52] ist im Wege der Auslegung eine Bestimmung über eine an sich unzulässige Rücktrittsform als Verfügung von Todes wegen unter der auflösenden Bedingung des Eintritts der vereinbarten **Rücktrittsvoraussetzungen** anzusehen und damit wirksam.[53]

---

47 BGHZ 9, 233, 235 ff. = NJW 1953, 938 (zu § 2271); OLG Hamm NJW 1964, 53, 54; NK-BGB/*Horn* Rn. 9; jurisPK/*B. Hamdan*/*M. Hamdan* Rn. 8; MünchKomm/*Musielak* Rn. 4; Soergel/*M. Wolf* Rn. 5; Staudinger/*Kanzleiter* Rn. 10; ebenso beim Widerruf einer wechselbezüglichen Verfügung in einem gemeinschaftlichen Testament, § 2271 BGB Rdn. 12.

48 BGHZ 48, 374, 384 = NJW 1968, 496 (Zugang 7 Monate nach dem Erbfall nicht genügend); OLG Hamm FamRZ 1991, 1486; dem stimmt das Schrifttum überwiegend zu, vgl. etwa NK-BGB/*Horn* Rn. 9; *Damrau*/*Tanck*/*Krüger*, Erbrecht, Rn. 4; MünchKomm/*Musielak* Rn. 4; Soergel/*M. Wolf* Rn. 5; krit. dagegen aber jurisPK/*B. Hamdan*/*M. Hamdan* Rn. 8: aus dem Wortlaut des § 130 Abs. 2 BGB ergäbe sich diese Einschränkung nicht; jedoch dient § 130 Abs. 2 BGB dem Schutz des Erklärungsempfängers, der sich bereits auf den Bestand der Willenserklärung eingerichtet hat, und erst später vom Tod des Erklärenden erfährt (Bamberger/Roth/*Wendtland* § 130 Rn. 7), sodass die Rspr. des BGH auf einer zutr. teleologischen Reduktion der Vorschrift beruht.

49 OLG Saarbrücken, SaarlRStZ 1957, 45.

50 JurisPK/*B. Hamdan*/*M. Hamdan* Rn. 12; MünchKomm/*Musielak* Rn. 6; *Planck*/*Greiff* Anm. 1; Soergel/*M. Wolf* Rn. 3; Staudinger/*Kanzleiter* Rn. 13; s. bereits oben Rdn. 7.

51 Rdnr. 14.

52 Vgl. nur Staudinger/*Kanzleiter* Rn. 14.

53 Staudinger/*Kanzleiter* Rn. 13; *Kanzleiter* DNotZ 1999, 122, 124; s. auch Rdn. 1.

5. Umdeutung

18 Durch Errichtung einer Verfügung von Todes wegen, sei es eines Testaments oder eines Erbvertrags mit einem Dritten, kann der Erblasser – außer im Falle des § 2297 BGB – den Rücktritt nur erklären, wenn der Rücktrittswille sich aus dieser eindeutig ergibt, diese an den Vertragsgegner gerichtet ist, ihm auch **zugeht** und die erforderliche Form gewahrt ist.[54] Das gilt auch dann, wenn der Vertragsgegner formlos zustimmt.[55] Etwas anderes gilt, wenn die Zustimmungserklärung notariell beurkundet wird. Dann kann die Rücktrittserklärung in eine Aufhebung nach § 2291 BGB umgedeutet werden, freilich nur, wenn es sich um ein einzelnes vertragsmäßiges Vermächtnis oder eine Auflageanordnung handelt.

19 Die **Umdeutung** anderer an sich unwirksamer Erklärungen, welche die Aufhebung der Erbeinsetzung beabsichtigt haben, z.B. eines Zuwendungsverzichts oder Angebots auf Aufhebung des Erbvertrags, in die Erklärung des Rücktritts nach § 2296 BGB ist möglich.[56]

V. Wirkung des Rücktritts

20 Durch den wirksamen Rücktritt werden die vertragsmäßigen Verfügungen des **Zurücktretenden immer** beseitigt, die des **anderen Vertragsteils** nach der Auslegungsregel des § 2298 Abs. 2 Satz 1 BGB nur bei einem **vorbehaltenen Rücktrittsrecht.** Bei der Ausübung eines **gesetzlichen Rücktrittsrechts** (§§ 2294, 2295 BGB) gilt dies nicht, sodass bei einem zweiseitigen Erbvertrag die Verfügungen des Vertragsgegners grundsätzlich als bindende Anordnung bestehen bleiben;[57] jedoch ist § 2085 BGB anzuwenden.[58]

21 Der Rücktritt vom Erbvertrag ist, wenn er zu Lebzeiten des Vertragsgegners erklärt wird, stets **unwiderruflich.**[59] Soweit nicht im Einzelfall eine Anfechtung der Rücktrittserklärung nach den §§ 119 ff. BGB möglich ist,[60] kann die Wirkung des Rücktritts nur durch den Abschluss eines neuen Erbvertrags rückgängig gemacht werden oder – wenn eine Bindung nicht angestrebt wird – durch Errichtung eines Testaments mit dem entsprechenden Inhalt.

VI. Rücktritt nach dem Tode des Vertragsgegners

22 Nach dem Tode des Vertragsgegners **verwandelt** sich das Recht zum Rücktritt in ein **Recht zur einseitigen Aufhebung** des Erbvertrags oder der vertragsmäßigen Verfügung durch Testament (§ 2297 BGB).[61] Dies gilt allerdings **nicht** beim zweiseitigen Erbvertrag, sofern bei diesem nicht ein anderer Wille der Vertragsteile anzunehmen ist (§ 2298 Abs. 2 Satz 2, 3 BGB). Die Erklärung gegenüber dem Vertragsgegner kann also, wenn dieser tot ist, nicht durch eine Erklärung gegenüber seinem Erben ersetzt werden. Das Aufhebungstestament ist im Gegensatz zu der Rücktrittserklärung nach § 2296 BGB widerruflich.[62]

---

54 S. Rdn. 10.

55 § 2271 BGB Rdn. 25.

56 OLG Hamm DNotZ 1977, 751; OLG Stuttgart DNotZ 1979, 107; NK-BGB/*Horn* Rn. 10; Staudinger/*Kanzleiter* Rn. 18.

57 *Müller/Rottach* BWNotZ 1987, 42; NK-BGB/*Horn* Rn. 11; jurisPK/B. *Hamdan/M. Hamdan* Rn. 14; *Lange/Kuchinke* § 25 VII 6 a; *G. Müller* ZEV 2011, 240; Palandt/*Weidlich* Rn. 4.

58 Staudinger/*Kanzleiter* Rn. 12; *Lange/Kuchinke* § 25 VII 6 a Fn. 273; *Müller/Rottach* BWNotZ 1987, 42, der aber ihre Wirksamkeit nicht einschränkt; s. auch § 2298 BGB Rdn. 17 ff.

59 JurisPK/B. *Hamdan/M. Hamdan* Rn. 15; *Planck/Greiff* Anm. 4; Prot. VI 153; *Wein* BayZ 1916, 123, 126 r Sp; Soergel/*M. Wolf* Rn. 6; vgl. § 2293 BGB Rdn. 24.

60 Soergel/*M. Wolf* Rn. 6.

61 *Staudinger/Kanzleiter* Rn. 17.

62 § 2297 BGB Rdn. 16.

VII. Formulierungsvorschläge

Formulierungsvorschläge finden sich für den **Rücktrittsvorbehalt** etwa bei Formular-Kommentar/*Prausnitz*, Form 6.529 (entgeltlicher Erbvertrag); jurisPK/*Hamdan*/*Quernheim* § 2295 Rn. 10 (bei Erbvertrag gegen Pflegeverpflichtung); *Herlitz* MittRhNotK 1996, 153, 163 (freies Rücktrittsrecht); *Basty* MittBayNot 2000, 73, 79. 23

Für die **Rücktrittserklärung** selbst bei Formular-Kommentar/*Prausnitz*, Form 6.533; *Herlitz* MittRhNotK 1996, 153, 164; *Krug* in: Krug-Rudolf-Kroiß § 4 Rn. 147. 24

VIII. Beweislast, Praxistipp bei Zustellung durch Gerichtsvollzieher

Derjenige, der sich auf einen wirksamen Zugang einer Erklärung beruft, trägt hierfür die Darlegungs- und **Beweislast.**[63] Dies ist also beim Rücktritt vom Erbvertrag i.d.R. derjenige, der dadurch seine Testierfreiheit wieder erlangen will. Es gibt auch keinen Beweis des *ersten Anscheins*, dass ein Einschreiben zugegangen ist.[64] Bei der aus Beweisgründen daher sinnvollen Zustellung[65] durch einen Gerichtsvollzieher nach den §§ 191 ff. ZPO ist darauf zu achten, dass dieser nicht – wie sonst üblich – selbst eine beglaubigte Abschrift der Ausfertigung, die zugestellt werden muss, anfertigt und nur die Abschrift zustellt, was zur Unwirksamkeit der Übermittlung führt.[66] Daher ist eine ausdrückliche Anweisung im Zustellungsauftrag wichtig, dass die Ausfertigung selbst zugestellt werden muss.[67] 25

§ 2297 Rücktritt durch Testament

Soweit der Erblasser zum Rücktritte berechtigt ist, kann er nach dem Tode des anderen Vertragschließenden die vertragsmäßige Verfügung durch Testament aufheben. In den Fällen des § 2294 findet die Vorschrift des § 2336 Abs. 2 bis 3 entsprechende Anwendung.

Übersicht

I. Allgemeines

Durch den **Tod des Vertragspartners** erlischt aus letztlich formalen Gründen für den Erblasser die Möglichkeit, durch Rücktrittserklärung ihm gegenüber sich von der erbvertraglichen Bindung zu lösen. Das Rücktrittsrecht wäre hier nur dann möglich, wenn man die Erben des Vertragspartners als Adressaten der Rücktrittserklärung zuließe; dies widerspräche aber bereits der in § 2290 Abs. 1 Satz 2 BGB getroffenen Wertung, dass nach dem Tode des Vertragspartners seine Erben an einer Aufhebung des Erbvertrags nicht mitwirken dürfen;[1] daher ist dies nicht zulässig.[2] Um aber weiterhin die Lösung von der erbvertraglichen Bindung für den Erblasser zu gewährleisten, **wandelt** sich das (gesetzliche oder vertraglich vorbehaltene) **Rücktrittsrecht** des Erblassers mit dem Tod des Vertragspartners in ein Recht zur **einseitigen Aufhebung** vertragsmäßiger Verfügungen durch 1

63 *Schumann*, Erbvertragsrecht, Rn. 8; allgemein hierzu BGHZ 101, 55.

64 BGH NJW 1964, 1176.

65 JurisPK/*B. Hamdan*/*M. Hamdan* Rn. 10.

66 Rdn. 12.

67 *Herlitz* MittRhNotK 1996, 153, 162 Fn. 115.

1 § 2290 BGB Rdn. 7.

2 OLG Düsseldorf OLGZ 1966, 68, 71.

Testament (S. 1). Und dies, obwohl die vertragliche Aufhebung eines Erbvertrags oder einzelner vertragsmäßiger Verfügung nach dem Tode des Vertragsgegners nicht mehr möglich ist (§ 2290 Abs. 1 Satz 2 BGB). Obgleich das Gesetz hier ausdrücklich von der »Aufhebung des Vertrags« spricht und das Kennzeichen des Rücktritts doch die Erklärung gegenüber dem anderen Vertragsteil ist, geht das Schrifttum einhellig davon aus, dass es sich sachlich nach wie vor um einen Rücktritt vom Erbvertrag handelt und durch den Tod des Vertragspartners nur eine Änderung der Rücktrittsform erfolgt.[3]

2 **Praktische Bedeutung** hat diese Aufhebungsform, da Zuwendungen an den Vertragsgegner mit dessen Tod in der Regel gegenstandslos werden, im Allgemeinen nur bei Zuwendungen an Dritte, auch Ersatzberufene, oder bei Auflageanordnungen.[4]

3 Eine **Ausnahme** von dem Fortbestand des Rücktrittsrechts beim Tode des Vertragsgegners gilt beim **zweiseitigen Erbvertrag** nach der Auslegungsregel des § 2298 Abs. 2 Satz 2 BGB,[5] jedoch nur für den vorbehaltenen Rücktritt, ferner nur im Zweifel (Abs. 3) und vorbehaltlich des Rechtes des überlebenden Erblassers, durch Ausschlagung des ihm (vertragsmäßig) Zugewendeten seine Verfügungsfreiheit zurückzugewinnen (§ 2298 Abs. 2 Satz 3 BGB).

4 Indem das Gesetz in § 2297 BGB die Form des Testaments vorschreibt, schließt es zugleich aus, dass der Rücktritt nach dem Tode des Vertragsgegners in anderer Form, etwa durch Erklärung gegenüber seinen Erben, ausgesprochen werden könnte.[6] Durch den Tod des Vertragsgegners wird auch ein etwa bestehendes Anfechtungsrecht nicht berührt, nur der Adressat derselben wird geändert.[7] Es kann sogar sein, dass der Tod des Vertragsgegners erst einen Grund zur Anfechtung des Erbvertrags abgibt.

II. Das Aufhebungstestament

1. Voraussetzungen

5 Die Aufhebung einer vertragsmäßigen Verfügung durch Testament erfordert nach § 2297 BGB,

6 a) dass der Erblasser bei Errichtung dieses Aufhebungstestaments zum **Rücktritt** nach §§ 2293 ff. BGB (noch) **berechtigt** ist. Gleichgültig ist, ob das Rücktrittsrecht noch zu Lebzeiten des Vertragsgegners oder erst nach seinem Tod entstanden ist.[8] Hierbei ist jedoch zu beachten, dass bei einem gegenseitigen Erbvertrag das vertraglich vorbehaltene Rücktrittsrecht nach § 2298 Abs. 2 Satz 2 BGB im Zweifel mit dem Tod des anderen Vertragsteils erlischt.[9]

7 b) dass der Vertragsgegner gestorben ist. Wenn von **mehreren Vertragsgegnern** nur einer gestorben ist, so ist § 2297 BGB nicht anwendbar; es genügt dann die Erklärung des Rücktritts nach § 2296 Abs. 2 BGB gegenüber den Überlebenden, da das Aufhebungstestament nur eine Ersatzform des Rücktritts ist, wenn dieser wegen des Vorversterbens des Vertragspartners nicht möglich ist.[10] Teilweise wird abweichend hiervon verlangt, dass der Rücktritt auch **gegenüber den Erben** des Verstorbenen erklärt wird.[11]

3 Etwa Erman/*M. Schmidt* Rn. 1; *Schlüter* Rn. 301; Soergel/*M. Wolf* Rn. 1.
4 NK-BGB/*Horn* Rn. 1; jurisPK/*B. Hamdan*/*M. Hamdan* Rn. 4.
5 JurisPK/*B. Hamdan*/*M. Hamdan* Rn. 2; *Schumann*, Erbvertragsrecht, Rn. 2.
6 Prot. V 421.
7 § 2281 Abs. 2 BGB; Palandt/*Weidlich* Rn. 1.
8 NK-BGB/*Horn* Rn. 2; jurisPK/*B. Hamdan*/*M. Hamdan* Rn. 4; MünchKomm/*Musielak* Rn. 2; *Planck*/*Greiff* § 2297 Anm. 2; *Lange*/*Kuchinke* § 25 VII 6 b; Soergel/*M. Wolf* Rn. 2.
9 JurisPK/*B. Hamdan*/*M. Hamdan* Rn. 2; *Schumann*, Erbvertragsrecht, Rn. 2.
10 *Reithmann* DNotZ 1957, 527, 529; NK-BGB/*Horn* Rn. 3; Bamberger/Roth/*Litzenburger* Rn. 1; MünchKomm/*Musielak* Rn. 2, Soergel/*M. Wolf* Rn. 1; *Herlitz* MittRhNotK 1996, 153, 161.
11 Burandt/Rojahn/*Burandt* Rn. 1; MünchKomm/*Musielak* Rn. 2.

c) dass der Erblasser **testierfähig** ist[12] auf die Geschäftsfähigkeit kommt es hier – anders als beim Rücktritt zu Lebzeiten des Vertragspartners – nicht an. 8

2. Möglichkeiten

Wenn die genannten Voraussetzungen vorliegen, kann der Erblasser seine vertragsmäßige Verfügung durch **Testament** aufheben (S. 1), und zwar ausdrücklich durch Widerrufstestament (§ 2254 BGB) oder stillschweigend durch widersprechendes Testament (§ 2258 BGB)[13] oder indem er einfach die im Erbvertrag enthaltene Regelung wiederholt, die aber nicht mehr seinem Willen entsprechende Ersatzerbenbestimmung nicht erwähnt.[14] Die Aufhebung kann auch durch ein gemeinschaftliches Testament erfolgen, da dieses nur eine Sonderform des Testaments ist. Demgegenüber erscheint fraglich, ob dies auch durch eine einseitige Verfügung in einem Erbvertrag geschehen kann,[15] ist wegen § 2299 Abs. 1 BGB aber letztlich zu bejahen. Mit der Aufhebung können zugleich auch neue Verfügungen getroffen werden.[16] 9

Eine Mitteilung an die Erben des Vertragsgegners oder an den bedachten Dritten ist nicht nötig, wie sich gerade aus der vorgeschriebenen Aufhebungsform ergibt. Ein zu Lebzeiten des Vertragsgegners ohne dessen Zustimmung (§ 2291 BGB) errichtetes Aufhebungstestament wird durch seinen Tod aber nicht wirksam. 10

3. Anwendung der Pflichtteilsentziehungsvorschriften

Beim Rücktritt nach § 2294 BGB wegen Verfehlung des Bedachten sind nach der ausdrücklichen Verweisung des § 2297 Satz 2 BGB die Vorschriften des § 2336 Abs. 2 und 3 BGB über die Entziehung des Pflichtteils entsprechend anzuwenden, weil hier besonderer Wert auf die Angabe und Beweis des Rücktrittsgrundes gelegt werden muss.[17] Das bedeutet: 11

a) Wenn der Erblasser nach dem Tode des Vertragsgegners eine vertragsmäßige Verfügung wegen einer Verfehlung des Bedachten aufheben will, so muss der **Entziehungsgrund** zur Zeit der Errichtung des Aufhebungstestaments **noch bestehen** und der Erblasser muss ihn in dem Aufhebungstestament nach § 2297 BGB **angeben**, insbesondere den Kern des Geschehens, auf den der Rücktritt gestützt wird (§ 2336 Abs. 2 Satz 1 BGB).[18] Wird der Rücktritt auf eine Verfehlung wegen einer entsprechenden Straftat nach **§ 2333 Abs. 1 Nr. 4** gestützt, so muss die Tat im Zeitpunkt der Errichtung des Aufhebungstestaments bereits begangen worden sein und der Grund, weshalb dem Erblasser die Teilhabe des Bedachten an seinem Nachlass unzumutbar ist, zu diesem Zeitpunkt bestehen. Beides muss in dem Aufhebungstestament angegeben werden (§ 2336 Abs. 2 Satz 2 BGB).[19] 12

b) Im Streitfall hat der, welcher die Aufhebung geltend macht, nicht nur die **Verfehlung** des Bedachten **zu beweisen**, sondern auch etwa vorgebrachte Rechtfertigungsgründe oder Entschuldigungsgründe zu widerlegen (§ 2236 Abs. 3 BGB).[20] 13

c) Hat der Erblasser dem Bedachten **vor der Aufhebung verziehen**, so ist die Aufhebungserklärung unwirksam, weil durch die Verzeihung das Recht zur Entziehung des Pflichtteils und damit auch 14

---

12 NK-BGB/*Horn* Rn. 4; MünchKomm/*Musielak* Rn. 2.
13 Bamberger/Roth/*Litzenburger* Rn. 4; jurisPK/*B. Hamdan/M. Hamdan* Rn. 5; MünchKomm/*Musielak* Rn. 3; *v. Lübtow* I 465; *Ebenroth* Rn. 266.
14 OLG Köln OLGZ 1993, 275 = NJW-RR 1992, 1418.
15 Dafür Soergel/*M. Wolf* Rn. 2.
16 JurisPK/B. *Hamdan/M. Hamdan* Rn. 5; Soergel/*M. Wolf* Rn. 2.
17 BGH LM § 2294 Nr. 1 = NJW 1952, 700; MünchKomm/*Musielak* Rn. 1.
18 NK-BGB/*Horn* Rn. 6; *Lange/Kuchinke* § 25 VII 6 b Fn. 276; MünchKomm/*Musielak* Rn. 6.
19 MünchKomm/*Musielak* Rn. 4.
20 *Damrau/Tanck/Krüger* Rn. 5; NK-BGB/*Horn* Rn. 6; MünchKomm/*Musielak* Rn. 4; Staudinger/*Kanzleiter* Rn. 7; beim Rücktritt zu Lebzeiten ist dies anders, vgl. § 2294 BGB Rdn. 14; der Unterschied beruht darauf, dass § 2297 BGB ausdrücklich auf § 2336 Abs. 3 BGB verweist.

das Recht zum Rücktritt erloschen ist (§ 2337 Satz 1, § 2294 BGB).[21] Dagegen ist **nachträgliche Verzeihung** nach dem Rücktritt bedeutungslos; denn das Gesetz verweist nicht auf § 2337 Satz 2 BGB.[22] Dafür besteht auch kein Bedürfnis, steht doch dem Erblasser frei, das Aufhebungstestament zu widerrufen[23] oder die aufgehobene Zuwendung wenigstens einseitig zu wiederholen.[24]

15 d) Für die Rücktrittsfälle der **§§ 2293, 2295 BGB** bei einem vertraglichen Rücktrittsvorbehalt oder Rücktritt bei Aufhebung der Gegenverpflichtung findet sich in § 2297 Satz 2 BGB keine ausdrückliche Verweisung auf § 2336 Abs. 2 bis 4 BGB; ihre Anwendung kommt auch nach ihrem Inhalt kaum in Betracht. Sie sind in diesen Fällen nach dem Tode des Vertragsgegners (§ 2297 BGB) ebenso wenig anwendbar wie beim Rücktritt unter Lebenden, also nach § 2296 BGB.

4. Widerruf des Aufhebungstestaments

16 Das Aufhebungstestament ist (im Gegensatz zum Rücktritt unter Lebenden nach § 2296 BGB und zum Widerruf einer wechselbezüglichen Verfügung in einem gemeinschaftlichen Testament nach § 2271 Abs. 1 Satz 1 BGB) **widerruflich**, weil dies zum Wesen des einseitigen Testaments gehört (§ 2253 BGB).[25] Anders liegt es, wenn die Aufhebung durch eine widersprechende wechselbezügliche Verfügung eines gemeinschaftlichen Testaments oder eine vertragsmäßige Verfügung eines Erbvertrags erfolgt.[26] Ansonsten wird durch den Widerruf die aufgehobene **vertragsmäßige Verfügung als solche**, nicht bloß als einseitige, wiederhergestellt (§§ 2257, 2258 Abs. 2 BGB).[27] Damit werden u.U. nach dem Widerruf getroffene Verfügungen von Todes wegen nach § 2289 Abs. 1 Satz 2 BGB unwirksam,[28] weshalb *Dohr*[29] dann im Widerruf des Aufhebungstestaments selbst zu Recht einen Verstoß gegen § 2289 Abs. 1 Satz 1 BGB sieht, wenn die nach dem Widerruf errichtete Verfügung eine wechselbezügliche aus einem gemeinschaftlichen Testament oder eine vertragsmäßige eines Erbvertrags ist, die im Widerspruch zu der durch das Aufhebungstestament widerrufenen Verfügung steht.

§ 2298 Gegenseitiger Erbvertrag

(1) Sind in einem Erbvertrage von beiden Teilen vertragsmäßige Verfügungen getroffen, so hat die Nichtigkeit einer dieser Verfügungen die Unwirksamkeit des ganzen Vertrags zur Folge.

(2) Ist in einem solchen Vertrag der Rücktritt vorbehalten, so wird durch den Rücktritt eines der Vertragschließenden der ganze Vertrag aufgehoben. Das Rücktrittsrecht erlischt mit dem Tode des anderen Vertragschließenden. Der Überlebende kann jedoch, wenn er das ihm durch den Vertrag Zugewendete ausschlägt, seine Verfügung durch Testament aufheben.

(3) Die Vorschriften des Absatzes 1 und des Absatzes 2 Sätze 1 und 2 finden keine Anwendung, wenn ein anderer Wille der Vertragschließenden anzunehmen ist.

---

21 JurisPK/*B. Hamdan/M. Hamdan* Rn. 8; MünchKomm/*Musielak* Rn. 5.

22 NK-BGB/*Horn* Rn. 7; Bamberger/Roth/*Litzenburger* Rn. 4; Erman/*M. Schmidt* Rn. 2; jurisPK/*B. Hamdan/M. Hamdan* Rn. 8; *v. Lübtow* I 466; MünchKomm/*Musielak* Rn. 5; *Planck/Greiff* Anm. 4; Palandt/*Weidlich* Rn. 2; BGB-RGRK/*Kregel* Rn. 4; *Schumann*, Erbvertragsrecht, Rn. 5; Soergel/*M. Wolf* Rn. 3; Staudinger/*Kanzleiter* Rn. 7; a.M. *Strohal* I § 46 Fn. 47.

23 Bamberger/Roth/*Litzenburger* Rn. 4; s. dazu Rdn. 16.

24 Staudinger/*Kanzleiter* Rn. 7; Palandt/*Weidlich* Rn. 2.

25 JurisPK/*B. Hamdan/M. Hamdan* Rn. 6; MünchKomm/*Musielak* Rn. 5, *Planck/Greiff* Anm. 5; Staudinger/*Kanzleiter* Rn. 9; *Wein* BayZ 1916, 126.

26 Unklar Bamberger/Roth/*Litzenburger* Rn. 4.

27 *Höfer* BWNotZ 1984, 118; NK-BGB/*Horn* Rn. 8; MünchKomm/*Musielak* Rn. 5; Staudinger/*Kanzleiter* Rn. 9; *Ebenroth* Rn. 266.

28 NK-BGB/*Horn* Rn. 8.

29 MittRhNotK 1998, 396.

Übersicht

I. Zweck, Voraussetzungen

1 Die Vorschrift regelt den Fortbestand der **anderen**, in einem zweiseitigen Erbvertrag getroffenen Verfügungen, wenn eine Verfügung **nichtig** ist (Abs. 1) oder von ihr aufgrund eines **vorbehaltenen Rücktrittsrechts** (Abs. 2) zurückgetreten wird. Dabei stellt das Gesetz durch eine **Auslegungsregel**[1] die widerlegbare Vermutung (Abs. 3) auf, dass wenn die Vertragsteile im Interesse einer gemeinsamen Nachlassplanung schon die Verbindung ihrer Verfügungen von Todes wegen in einer Urkunde wünschen, diese in ihrem Bestand voneinander abhängig sein sollen.[2] Das im Zweifelsfall mit dem Tod des einen Vertragsteils eintretende **Erlöschen** eines **vorbehaltenen Rücktrittsrechts** beruht auf der Erwägung, dass mit dem Eintritt des ersten Erbfalls die entsprechenden erbvertraglichen Verfügungen bereits Wirksamkeit erlangt haben und daher nach Möglichkeit Bestand haben sollen. Dass dann aber der überlebende Vertragsteil berechtigt sein soll, seine Verfügungen einseitig durch den Rücktritt zu beseitigen, widerspricht der von den Vertragsteilen durch die gemeinschaftliche Nachlassplanung angestrebten Bestandsabhängigkeit.[3]

2 **Voraussetzung** für die Anwendbarkeit des § 2298 BGB ist das Vorliegen eines **zwei- oder mehrseitigen**, also eines gemeinschaftlichen **Erbvertrags**. Hierunter versteht man einen Erbvertrag, in dem von zwei oder mehr Personen mehrere vertragsmäßige Verfügungen von Todes wegen (§ 2278 BGB) getroffen werden, wobei unerheblich ist, ob diese zugunsten des Vertragsgegners oder aber auch zugunsten eines Dritten getroffen werden;[4] näher zum Begriff Vorbem. zu §§ 2274 ff. BGB Rdn. 34. Der zweiseitige Erbvertrag braucht also kein gegenseitiger zu sein,[5] weshalb die **amtliche Überschrift** der Vorschrift **nicht** zutreffend ist.[6] Liegt ein »**mehrseitiger Erbvertrag**« vor, bei dem mehr als zwei Personen vertragsmäßige Verfügungen treffen, so ist § 2298 BGB gleichfalls anwendbar, weil hier ebenfalls ein entsprechender Wille aller Vertragsteile zur Bestandsabhängigkeit der Verfügungen anzunehmen ist.[7]

1 Dazu Rdn. 30 f.

2 Mot. V 345; jurisPK/*B. Hamdan/M. Hamdan* Rn. 1; MünchKomm/*Musielak* Rn. 1.

3 MünchKomm/*Musielak* Rn. 1.

4 BayObLG ZEV 1995, 413, 414 = FamRZ 1995, 1449 = NJW-RR 1996, 7; BeckOGK/*Röhl* § 2274 Rn. 19; Bamberger/Roth/*Litzenburger* Rn. 1.

5 Bamberger/Roth/*Litzenburger* Rn. 1; *Kipp/Coing* § 41 II 2; Staudinger/*Kanzleiter* Rn. 1; jurisPK/*B. Hamdan/M. Hamdan* Rn. 2; MünchKomm/*Musielak* Rn. 1; anders offenbar nur *Schumann*, Erbvertragsrecht, Rn. 1.

6 Bamberger/Roth/*Litzenburger* Rn. 2; Hk-BGB/*Hoeren* Rn. 1; jurisPK/*B. Hamdan/M. Hamdan* Rn. 2; MünchKomm/*Musielak* Rn. 1.

7 Bamberger/Roth/*Litzenburger* Rn. 1.

3 Liegt ein **einseitiger Erbvertrag** vor, weil nur von einem Teil vertragsmäßige Verfügungen getroffen werden,[8] und ist eine dieser Verfügungen nichtig, so richtet sich die Auswirkung der Nichtigkeit auf die übrigen vertragsmäßigen Verfügungen nicht nach § 2298 BGB, auch nicht nach § 139 BGB, sondern nach **§ 2085** i.V.m. § 2279 BGB.[9]

II. Wechselbezüglichkeit der beiderseitigen Verfügungen

4 Die von § 2298 BGB im Zweifelsfall **angenommene Bestandsabhängigkeit** der beiderseitigen Verfügungen beruht auf dem Gedanken, dass bei einem zweiseitigen Erbvertrag i.d.R. angenommen werden kann, dass die beiderseitigen vertragsmäßigen Verfügungen nach dem Willen der Parteien voneinander abhängen und miteinander stehen und fallen sollen, dass also im Zweifel Wechselbezüglichkeit einer jeden von ihnen gegenüber allen anderen gegeben ist.[10] Die Wechselbezüglichkeit der vertragsmäßigen Verfügungen darf ohne Weiteres vermutet werden (§ 2298 Abs. 3 BGB). Die **Vermutungswirkung** der Wechselbezüglichkeit nach § 2298 Abs. 1 BGB geht beim **Erbvertrag weiter** als die beim gemeinschaftlichen Testament nach § 2270 Abs. 2 BGB, da beim zweiseitigen Erbvertrag die **Wechselbezüglichkeit aller vertragsmäßiger Verfügungen ausnahmslos**, wenn auch widerlegbar, **vermutet** wird, während dies beim gemeinschaftlichen Testament gem. § 2270 Abs. 2 BGB nur bei gegenseitiger Begünstigung der Eheleute oder hinsichtlich der Verfügung zugunsten von Verwandten oder sonst Nahestehenden des erstverstorbenen Ehegatten erfolgt.[11]

5 Die **Rechtsfolgen** der Wechselbezüglichkeit erbvertragsmäßiger Verfügungen regelt § 2298 BGB ähnlich wie § 2270 Abs. 1 BGB und § 2271 Abs. 1, Abs. 2 Satz 1 BGB für das gemeinschaftliche Testament: Die Nichtigkeit einer einzigen vertragsmäßigen Verfügung oder die Ausübung des vorbehaltenen Rücktritts eines Beteiligten bewirkt, dass in dem Vertrag getroffene vertragsmäßige Verfügungen unwirksam oder aufgehoben werden (§ 2298 Abs. 1, Abs. 2 Satz 1 BGB). Das vorbehaltene Rücktrittsrecht eines Vertragspartners erlischt mit dem Tode des anderen Teils, vorbehaltlich des Rechtes des überlebenden Erblassers, durch Ausschlagung des ihm Zugewendeten seine Testierfreiheit zurückzugewinnen (§ 2298 Abs. 2 Satz 2, 3 BGB).

6 Wie sich aus § 2298 Abs. 3 BGB ergibt, stellen die Regelungen der Abs. 1 und 2 nur **Auslegungsregeln** dar.[12] Zudem ist zu beachten, dass § 2298 BGB nur das Schicksal der **vertragsmäßigen Verfügungen** regelt. Für einseitige Verfügungen (§ 2299 BGB) gilt bei Nichtigkeit einer vertragsmäßigen Verfügung § 2085 BGB i.V.m. § 2279 BGB, beim Rücktritt § 2299 Abs. 3 BGB, wonach im Zweifelsfall auch die einseitige Verfügung unwirksam wird.[13]

III. Nichtigkeit einer vertragsmäßigen Verfügung (Abs. 1)

1. Nichtigkeitsfolgen

7 Bei einem zweiseitigen Erbvertrag wird vom Gesetz grundsätzlich angenommen, dass die beiderseitigen Verfügungen in ihrer Rechtsgültigkeit voneinander abhängig sind (**Grundsatz der Wirksamkeitsabhängigkeit**). Daher bewirkt die Nichtigkeit einer vertragsmäßigen Verfügung die **totale Unwirksamkeit** des ganzen Vertrags, genauer: die Unwirksamkeit aller vertragsmäßigen Verfügungen beider Teile.[14] § 2298 BGB behandelt also im Grunde wechselbezügliche Verfügungen ebenso wie § 2270 Abs. 1 BGB; er zieht nur den Kreis der wechselbezüglichen Verfügungen weiter, indem

8 Vorbem. zu §§ 2274 ff. BGB Rdn. 34; BeckOGK/*Röhl* § 2274 Rn. 18.
9 NK-BGB/*Horn* Rn. 3; Staudinger/*Kanzleiter* Rn. 5.
10 Vgl. § 2270 BGB; BGH NJW 1961, 120; NK-BGB/*Horn* Rn. 3; Staudinger/*Kanzleiter* Rn. 3.
11 BGH NJW 1961, 120 = DNotZ 1961, 417; OLG Hamm OLGZ 1994, 326 = ZEV 1994, 367, 368; NK-BGB/*Horn* Rn. 3; jurisPK/*B. Hamdan*/*M. Hamdan* Rn. 4; Staudinger/*Kanzleiter* Rn. 6; Nieder/Kössinger/*R. Kössinger*, Handbuch der Testamentsgestaltung, § 11 Rn. 14.
12 Vgl. nur Burandt/Rojahn/*Burandt* Rn. 5.
13 Vgl. *Bühler* DNotZ 1962, 367; NK-BGB/*Horn* Rn. 3; Palandt/*Weidlich* Rn. 2; eingehend zu dieser Problematik s.u. § 2299 BGB Rdn. 7 ff.
14 § 2298 Abs. 1 BGB; OLG Saarbrücken DNotZ 2015, 691, 698; *Kipp*/*Coing* § 41 II 2 a.

er davon ausgeht, dass alle vertragsmäßigen Verfügungen in einem zweiseitigen Erbvertrag im Zweifel als wechselbezüglich anzusehen sind, nicht nur beschränkt auf den Adressatenkreis des § 2270 Abs. 2 BGB beim gemeinschaftlichen Testament.

8 Die **Nichtigkeit** einer einzelnen vertragsmäßigen Verfügung genügt grundsätzlich, um allen übrigen die rechtliche Wirkung zu nehmen, jedoch wird **nicht selten** ein abweichender Wille der Parteien anzunehmen sein (§ 2298 Abs. 3 BGB). Die Unwirksamkeit der vertragsmäßigen Verfügungen, die Abs. 1 anordnet, kann zur Folge haben, dass eine Verfügung von Todes wegen, die durch jene Verfügungen verdrängt war oder schien (§ 2289 BGB), als wirksam zu behandeln ist.

2. Die Unwirksamkeitstatbestände

a) Anfängliche Unwirksamkeit

9 Die Unwirksamkeitsfolge der vertragsmäßigen Verfügungen nach Abs. 1 betrifft zunächst die Fälle der **anfänglichen Nichtigkeit** einer Verfügung, etwa in Folge einer Sittenwidrigkeit (§ 138 BGB), der Nichtbeachtung des § 2306 Abs. 1 Satz 1 BGB oder eines Formverstoßes.[15] § 2298 Abs. 1 BGB greift demnach auch ein, wenn in einem zweiseitigen Erbvertrag ein Vertragspartner vertragsmäßige Verfügungen getroffen hat, der beim Abschluss geschäftsunfähig[16] oder in der Geschäftsfähigkeit beschränkt, sodass seine vertragsmäßigen Verfügungen nichtig sind.[17]

b) Nachträglich eintretende Unwirksamkeit

10 § 2298 Abs. 1 BGB ist aber auch dann anzuwenden, wenn eine vertragsmäßige Verfügung wegen erfolgreicher Anfechtung nach §§ 2078 ff., 2281 ff. BGB gem. § 142 BGB als **von Anfang an nichtig** anzusehen ist.[18] Der Nichtigkeit steht die ursprüngliche Unwirksamkeit gleich, die sich durch den Widerspruch einer vertragsmäßigen Verfügung zu einem früheren Erbvertrag ergibt.[19]

c) Gegenstandslose Verfügungen

11 Anders sind nach h.M. die Fälle zu beurteilen, in denen eine vertragsmäßige Verfügung **nachträglich**, also nach ihrer Errichtung, **gegenstandslos** wird, z.B. durch Vorversterben des Bedachten (§§ 1923, 2160 BGB), **Ausschlagung** (§§ 1953, 2180 Abs. 3 BGB),[20] Eintritt einer auflösenden oder Ausfall einer aufschiebenden Bedingung vor dem Erbfall,[21] Zuwendungsverzicht (§ 2352 BGB) oder Erb- oder Vermächtnisunwürdigkeit (§§ 2339 ff. BGB). Dann ist nach der h.M. § 2298 Abs. 1 BGB nicht anwendbar, sondern es sind die Auswirkungen auf die Verfügungen des Vertragspartners nach **§ 2085 BGB zu beurteilen**. Denn nach dem Normzweck des § 2298 Abs. 1 BGB ist es nicht gerechtfertigt, diese Fälle der anfänglichen Nichtigkeit gleichzustellen, sondern es ist vielmehr grundsätzlich vom Fortbestehen der anderen vertragsmäßigen Verfügung auszugehen.[22]

---

15 NK-BGB/*Horn* Rn. 4; Bamberger/Roth/*Litzenburger* Rn. 2; *Damrau/Tanck/Krüger*, Erbrecht, Rn. 2; Palandt/*Weidlich* Rn. 1.

16 BayObLG ZEV 1995, 413, 414; NK-BGB/*Horn* Rn. 4; *Damrau/Tanck/Krüger*, Erbrecht, Rn. 2; jurisPK/*B. Hamdan/M. Hamdan* Rn. 3; Soergel/*M. Wolf* Rn. 2.

17 § 2275 BGB; Mot. V 346.

18 NK-BGB/*Horn* Rn. 4; *Damrau/Tanck/Krüger*, Erbrecht, Rn. 2; *Kipp/Coing* § 41 II 2 a; *Lange/Kuchinke* § 25 VIII 1 a; MünchKomm/*Musielak* Rn. 3; RGRK/Kregel Rn. 1; Staudinger/*Kanzleiter* Rn. 7; Soergel/*M. Wolf* Rn. 2.

19 § 2289 Abs. 1 Satz 2 BGB; Bamberger/Roth/*Litzenburger* Rn. 2; NK-BGB/*Horn* Rn. 4; Palandt/*Weidlich* Rn. 1; Staudinger/*Kanzleiter* Rn. 7.

20 AllgM; vgl. nur MünchKomm/*Musielak* Rn. 3; *Staudinger/Kanzleiter* Rn. 7; NK-BGB/*Horn* Rn. 5; FA K-ErbR/*Zimmer* Rn. 4.

21 §§ 158, 2074 ff. BGB, s. aber auch §§ 2102, 2104 BGB, Mot. V 345.

22 BayObLG NJW-RR 2003, 293, 295 = FamRZ 2004, 59 (Erbeinsetzung der Kinder scheitert an Kinderlosigkeit); *Bühler* DNotZ 1961, 359, 367; NK-BGB/*Horn* Rn. 5; Bamberger/Roth/*Litzenburger* Rn. 5; Burandt/Rojahn/*Burandt* Rn. 9; *Damrau/Tanck/Krüger*, Erbrecht, Rn. 2; Erman/*M. Schmidt* Rn. 2; FA K-ErbR/*Zimmer* Rn. 4; jurisPK/*B. Hamdan/M. Hamdan* Rn. 3; *v. Lübtow* I 470; MünchKomm/*Musielak*

Damit gelangt man zu einer flexibleren und idR angemesseneren Teilwirksamkeit.[23] Zudem ist Folgendes zu berücksichtigen: Beim **klassischen Ehegattenerbvertrag** mit der gegenseitigen Erbeinsetzung und der Schlusserbenbestimmung der gemeinschaftlichen Kinder ist Letzteres nach allerdings nicht unumstrittener Meinung zugleich eine **Ersatzerbenbestimmung.**[24] Da diese (konkludente) Ersatzschlusserbenbestimmung wirksam bleibt, führt dies auch nicht dazu, dass die vom Längerlebenden verfügte Schlusserbeneinsetzung nach § 2298 Abs. 1 BGB unwirksam wird, ohne dass es auf § 2085 BGB ankommt. Denn zum einen sind die Verfügungen des Erstverstorbenen nicht insgesamt unwirksam, sondern führen zum sofortigen Anfall an die zunächst als Schlusserben vorgesehenen Personen, die nun Ersatzerben sind. Zum anderen wollen die Eheleute in einem Ehegattenerbvertrag idR, dass ihr gemeinsames Vermögen ihren als Schlusserben eingesetzten Abkömmlingen zukommt. Dies dokumentieren sie dadurch, dass gerade **keinem** von ihnen das Recht vorbehalten wird, von dem **Erbvertrag zurückzutreten.** Daher kann der überlebende Ehegatte – mangels eines abweichenden Willens der Vertragsteile (§ 2298 Abs. 3 BGB) – nicht einfach nach § 2298 Abs. 2 Satz 3 BGB das ihm zugewandte ausschlagen und seine eigene Verfügung von Todes wegen durch ein Testament aufheben. Das Regel-/Ausnahmeverhältnis ist insoweit ein anders.

d) Unwirksamkeit bei Ehescheidung und Ehenichtigkeit

12 **Umstritten** sind allerdings die Fälle, wenn eine Verfügung nach § 2077, 2279 Abs. 2 BGB, insbesondere wegen einer **Ehescheidung, nachträglich unwirksam** wird; jedoch nimmt hier die h.M. zu Recht eine **Nichtigkeit** des gesamten Vertrags an.[25] Dem ist schon deswegen zuzustimmen, weil sonst ein **Wertungswiderspruch** zum gemeinschaftlichen Testament aufträte: denn nach **§ 2268 Abs. 1 BGB** wird ein gemeinschaftliches Testament in den Fällen des § 2077 BGB bei Fehlen eines Aufrechterhaltungswillens seinem ganzen Inhalt nach unwirksam. Wieso dies bei einem Ehegattenerbvertrag, der doch einem Berliner Testament inhaltlich regelmäßig ähnelt, anders sein soll, lässt sich auch unter Bindungsgesichtspunkten nicht rechtfertigen.

e) Andere Lösungsansätze

13 Demgegenüber wollen *Lange/Kuchinke*[26] bereits bei allen Fällen, in denen die **Unwirksamkeit bereits zum Zeitpunkt des Erbfalls** vorlag, eine Nichtigkeitsfolge nach § 2298 Abs. 1 BGB annehmen, da § 2298 BGB auf dem Gedanken des funktionellen Synallagmas beruhe. Trotz des anderen Regel-/Ausnahmeverhältnisses dürfte der **praktische Unterschied** beider Auffassungen oftmals nicht groß sein, da sich auch bei Anwendung des § 2085 BGB, etwa im Falle der Gegenstandslosigkeit infolge des Vorversterbens des Bedachten, ergeben kann, dass dies auch zur Unwirksamkeit der Verfügungen des anderen Vertragsteils führt, wenn dieser eben seine Anordnung nicht ohne die weggefallene des anderen getroffen hätte.[27] Denn die Rechtslage liegt hier anders als beim gemeinschaftlichen Testament. Im Gegensatz zu diesem lässt sich beim Erbvertrag auch in solchen Fällen über die Auslegungsregel des § 2085 BGB eine **volle Abhängigkeit beider Verfügungen erreichen.**[28]

Rn. 3; RGRK-BGB/*Kregel* Rn. 3; Palandt/*Weidlich* Rn. 1; Soergel/*M. Wolf* Rn. 3; *Schumann*, Erbvertragsrecht, Rn. 3; Staudinger/*Kanzleiter* Rn. 7; **a.M.** nur *Lange/Kuchinke* § 25 VIII 1 a in den Fällen der Unwirksamkeit zum Zeitpunkt des Erbfalls; ohne Stellungnahme FA K-ErbR/*Zimmer* Rdnr. 4.

23 Bamberger/Roth/*Litzenburger* Rn. 5.

24 Eingehend dazu § 2269 BGB Rdn. 29.

25 Bamberger/Roth/*Litzenburger* Rn. 4; *Damrau/Tanck/Krüger*, Erbrecht, Rn. 2; FA K-ErbR/*Zimmer* Rn. 3; MünchKomm/*Musielak* Rn. 3; OLG Hamm OLGZ 1994, 326 = ZEV 1994, 367 m. krit. Anm. J. Mayer; *Horn/Kroiß*, Testamentsauslegung § 19 Rn. 8; **a.M.** Staudinger/*Kanzleiter* Rn. 7; Nieder/Kössinger/*R. Kössinger*, Handbuch der Testamentsgestaltung, § 11 Rdnr. 15 Fn. 53; Burandt/Rojahn/*Burandt* Rn. 9; offenlassend OLG München NJW-RR 2006, 82, 83 = DNotZ 2006, 132.

26 § 25 VIII 1 a; ähnlich *Brox/Walker* Rn. 153.

27 Zust. NK-BGB/*Horn* Rn. 5; vgl. auch den Fall von OLG München NJW-RR 2006, 82, 83 = DNotZ 2006, 132.

28 *Bühler* DNotZ 1962, 359, 367; Nieder/Kössinger/*R. Kössinger*, Handbuch der Testamentsgestaltung, § 11 Rn. 15.

Denn der zweiseitige Erbvertrag ist ein einheitliches Rechtsgeschäft,[29] sodass hinsichtlich aller dort getroffenen Verfügungen über § 2279 Abs. 1 BGB die Vorschrift des § 2085 BGB Anwendung findet, soweit nicht die speziellere Norm des § 2298 BGB eingreift. Demgegenüber ist § 2085 BGB hinsichtlich der Frage der Wechselbezüglichkeit der von den beiden Ehegatten in dem gemeinschaftlichen Testament enthaltenen Verfügungen nicht anwendbar, sondern es gilt nur die engere Vorschrift des § 2270 Abs. 1 BGB, die aber den Fall der Gegenstandslosigkeit nicht erfasst.[30] Denn beim gemeinschaftlichen Testament liegen an sich zwei selbstständige Testamente vor, die nur durch den Testierwillen beider Ehegatten miteinander verbunden sind, während § 2085 BGB voraussetzt, dass von »mehreren in einem Testamente enthaltenen Verfügungen« eine unwirksam ist.[31] Eine gegenseitige Wirksamkeitsabhängigkeit lässt sich daher beim gemeinschaftlichen Testament in den Fällen der Gegenstandslosigkeit nur durch entsprechende auflösende Bedingungen oder durch eine die Anfechtbarkeit begründende Motivangabe erreichen (sog. **unechte Wechselbezüglichkeit**).[32]

3. Unwirksamkeit einseitiger Verfügungen?

Einseitige Verfügungen werden von der **Nichtigkeit der vertragsmäßigen nicht** ohne weiteres erfasst, auf sie ist § 2298 BGB nicht anwendbar.[33] Sie sind nur äußerlich Bestandteil des Erbvertrags, werden jedoch nicht von der vertraglichen Bindung umfasst und können auch nicht wechselbezüglich sein. Ihr Fortbestand ist nach **§ 2085 BGB** zu beurteilen.[34] Ist der ganze Erbvertrag nichtig, so gilt § 2299 Abs. 3 BGB entsprechend.[35] Streitig ist die Beurteilung des umgekehrten Falls, also ob die **Nichtigkeit** oder Gegenstandslosigkeit einer **einseitigen Verfügung** im Erbvertrag aufgrund des § 2085 BGB zur Unwirksamkeit der vertragsmäßigen Verfügungen des anderen Vertragspartners führen kann, wenn dieser sie nicht ohne die einseitige Anordnung getroffen hätte[36] oder ob sich hier Auswirkungen nur bei Vorliegen eines Bedingungszusammenhangs, eines Rücktrittsvorbehalts oder eines Anfechtungsgrundes ergeben.[37] 14

4. Nichtigkeit eines Teils einer Verfügung

Ist nur ein Teil einer Verfügung nichtig, so ist zunächst nach § 2085 BGB zu untersuchen, welche Auswirkungen dies auf die ganze betreffende Verfügung hat. Ist danach die Nichtigkeit der ganzen Verfügung anzunehmen, so führt dies zur Anwendung des § 2298 Abs. 1 BGB.[38] 15

5. Umdeutung eines nichtigen Erbvertrags

Ein Erbvertrag, der aus irgendeinem Grund nichtig ist, kann höchstens dann in ein gemeinschaftliches Testament umgedeutet werden, wenn er von Ehegatten oder eingetragenen Lebenspartnern errichtet ist, weil nur diese die persönlichen Abschlussvoraussetzungen hierfür besitzen.[39] 16

---

29 Mot. V 345.
30 § 2270 BGB Rdn. 80 ff.
31 MünchKomm/*Leipold* § 2085 Rn. 10.
32 *Bühler* DNotZ 1962, 364.
33 Staudinger/*Kanzleiter* Rn. 10; *Lange/Kuchinke* § 25 VIII 1 a; *Planck/Greiff* Anm. 2; Palandt/*Weidlich* Rn. 1; **a.A.** jurisPK/*B. Hamdan/M. Hamdan* Rn. 3.
34 OLG München NJW-RR 2006, 82, 83 (für eine Enterbung); *Bühler* DNotZ 1962, 359, 367; MünchKomm/*Musielak* Rn. 2; *Lange/Kuchinke* § 25 VIII 1 a; *Brox/Walker* Rn. 154; Staudinger/*Kanzleiter* Rn. 10; zu weitreichend Erman/*M. Schmidt* Rn. 2: völlig bestandsunabhängig; eingehend hierzu § 2299 BGB Rdn. 7 ff.
35 Palandt/*Weidlich* Rn. 1; Soergel/*M. Wolf* Rn. 2.
36 Dafür zu Recht *Bühler* DNotZ 1962, 368: einheitliches Rechtsgeschäft.
37 MünchKomm/*Musielak* Rn. 2; für generelle Bedeutungslosigkeit der Nichtigkeit der einseitigen Verfügung FA K-ErbR/*Zimmer* Rn. 2.
38 Bamberger/Roth/*Litzenburger* Rn. 5; Burandt/Rojahn/*Burandt* Rn. 9; NK-BGB/*Horn* Rn. 7; MünchKomm/*Musielak* Rn. 2; Erman/*Schmitt* Rn. 2.
39 § 140 BGB; Vorbem. zu §§ 2274 ff. BGB Rdn. 19; *Kipp/Coing* § 41 Fn. 1.

IV. Rücktritt von einer vertragsmäßigen Verfügung

1. Auswirkung auf andere Verfügungen

17 Ist in einem zweiseitigen Erbvertrag der Rücktritt vorbehalten, so wird durch den Rücktritt der »ganze Vertrag«, d.h. die vertragsmäßigen Verfügungen beider Teile, aufgehoben (§ 2298 Abs. 2 Satz 1 BGB). Das gilt aber **nur** für den **vorbehaltenen Rücktritt** vom Erbvertrag, nicht für den gesetzlichen (§§ 2294, 2295 BGB);[40] bei diesem ist (über § 2279 Abs. 1 BGB) § 2085 BGB anzuwenden.[41] Soweit die Gegenmeinung[42] hier aufgrund eines *Umkehrschlusses* aus § 2298 Abs. 2 BGB annimmt, die Verfügungen des anderen Vertragsteils blieben ohne Rücksicht auf dessen Willen unverändert fortbestehen, *bestraft* sie ihn wegen seines Fehlverhaltens *unzulässigerweise doppelt*: durch Verlust seines Erbrechts und Aufrechterhaltung der Bindung.[43]

18 Für **Abs. 2** genügt, dass ein Vertragspartner sich den Rücktritt vorbehalten hat und das Rücktrittsrecht ausübt. Beschränkt sich der Vorbehalt auf einen **Teil des Erbvertrags**, vielleicht sogar auf eine einzige vertragsmäßige Verfügung, so ist im Vertrag selbst klar zu regeln, welche Auswirkung die Ausübung des Rücktrittsrechts für den übrigen Erbvertrag hat.[44] Zudem muss der erklärte Rücktritt ebenso weit reichen wie der Vorbehalt, er muss den Vorbehalt ausschöpfen.[45] Fehlt es an einer ausdrücklichen Regelung über die Folgen des **Teilrücktritts**, so ist § 2298 Abs. 2 Satz 1 BGB anwendbar.[46] Freilich wird, wenn der Rücktrittsvorbehalt auf eine einzelne Verfügung beschränkt ist, häufig im Wege der Auslegung anzunehmen sein, dass diese Verfügung nach dem Willen der Parteien nicht im Verhältnis gegenseitiger Abhängigkeit zu allen übrigen vertragsmäßigen Verfügungen stehen soll oder doch nur zu einer bestimmten vertragsmäßigen Verfügung des anderen Teils.[47] Bei jedem zwei- oder sonst mehrseitigen Erbvertrag ohne klare und ausdrückliche Regelung dieser Frage ist daher im Wege der **Auslegung** eingehend zu prüfen, inwieweit bei Rücktritt von einzelnen Teilen des Erbvertrags dies auch zur Unwirksamkeit der anderen Verfügungen führen soll; maßgebend ist dabei die erkennbare Auffassung des anderen Vertragsteils.[48]

19 Soweit **einseitige Verfügungen** vorhanden sind, so beurteilt sich bei einem Rücktritt ihr Fortbestand nach § 2299 Abs. 3 BGB, d.h. sie treten grundsätzlich außer Kraft. Jedoch entscheidet letzten Endes der Wille des Urhebers der einseitigen Verfügung, nicht, wie bei vertragsmäßigen Verfügungen nach Abs. 3, der Wille beider Teile.[49]

20 Wenn der Rücktritt zu Lebzeiten des anderen Teils erklärt wird, so ist er **unwiderruflich**.[50] Über den Rücktritt nach dem Tode des anderen Teils s. Rdn. 22.

---

40 Burandt/Rojahn/*Burandt* Rn. 13; *Müller/Rottach* BWNotZ 1987, 42; *Lange/Kuchinke* § 25 VIII 1 b; MünchKomm/*Musielak* Rn. 4; Staudinger/*Kanzleiter* Rn. 12.

41 *Lange/Kuchinke* § 25 VIII 1 b; MünchKomm/*Musielak* Rn. 4; Palandt/*Weidlich* § 2296 Rn. 4; Staudinger/*Kanzleiter* Rn. 12; Bamberger/Roth/*Litzenburger* Rn. 7.

42 Erman/*M. Schmidt* § 2294 Rn. 3; *Müller/Rottach* 43 f.

43 Staudinger/*Kanzleiter* Rn. 12.

44 *Lehmann* BWNotZ 2000, 129, 130 zum »Beschränkungs- und Beschwerungsvorbehalt«.

45 *Planck/Greiff* Anm. 3a; RGRK-BGB/*Kregel* Rn. 3; Staudinger/*Kanzleiter* Rn. 12; **a.M.** *Wein* BayZ 1916, 123, 128 r Sp.

46 Staudinger/*Kanzleiter* Rn. 12; **a.M.** Bamberger/Roth/*Litzenburger* Rn. 2.

47 **Abs. 3**; Staudinger/*Kanzleiter* Rn. 12; *Lange/Kuchinke* § 25 VIII 1 b Fn. 281; *Herlitz* MittRhNotK 1996, 153, 163; für die Herleitung einer generellen Unabhängigkeit der Verfügungen aus diesem Umstand etwa MünchKomm/Musielak Rn. 4; vor Generalisierung warnt zu Recht Wein BayZ 1916, 123, 128 r Sp.

48 *Lange/Kuchinke* § 25 VIII 1 b.

49 *Planck/Greiff* Anm. 3a.

50 § 2293 BGB Rdn. 24.

2. Tod eines Vertragsteils

Es ist zu unterscheiden: 21

a) Tod des Vertragspartners

Beim zwei- oder sonst **mehrseitigen Erbvertrag erlischt** das vorbehaltene Recht zum Rücktritt (§ 2293 BGB) mit dem Tode des Vertragspartners (§ 2298 Abs. 2 Satz 2 BGB, wenn kein anderer Wille der Vertragsteile anzunehmen ist; anders beim einseitigen Erbvertrag nach § 2297 BGB). Es erlischt aber nur das vorbehaltene Rücktrittsrecht (§ 2293 BGB), nicht auch das gesetzliche, dessen Ausübung die Verfügungen des anderen Teils regelmäßig nicht berührt.[51] Auch ein Änderungsvorbehalt[52] bleibt grundsätzlich in Kraft, wenn nichts Abweichendes bestimmt ist.[53] Das vorbehaltene Rücktrittsrecht erlischt ausnahmsweise nicht durch den Tod des Vertragspartners, wenn der überlebende rücktrittsberechtigte Vertragspartner das ihm durch den Erbvertrag Zugewendete ausschlägt (§ 2298 Abs. 2 Satz 3 BGB) oder wenn ein abweichender Wille der Vertragsteile anzunehmen ist (§ 2298 Abs. 3 BGB). Ein solch abweichender Wille kann auch durch Auslegung ermittelt werden.[54] 22

Ist der Rücktrittsvorbehalt nur auf **einzelne vertragsmäßige Anordnungen** beschränkt, so wird man aber aus diesem Umstand noch nichts gegen das **Fortbestehen des Rücktrittsrechts** herleiten können. Da es hier um das (Fort-)Bestehen des Rücktrittsrechts geht, ist diese Frage anders zu beurteilen als die des Umfangs der Rücktrittsfolgen nach Abs. 2 Satz 1.[55] 23

Abs. 2 Satz 3 ändert aber nichts daran, dass das Rücktrittsrecht, wenn überhaupt, schon mit dem Tode des Vertragspartners erlischt, nicht erst mit der Annahme der Zuwendungen des verstorbenen Erblassers an den Überlebenden durch diesen (vgl. § 1942 BGB). Die Annahme der Zuwendungen hat nur zur Folge, dass der überlebende Vertragspartner sein **Ausschlagungsrecht** und damit das Recht zur Aufhebung seiner Verfügungen einbüßt (§§ 1943, 2180 BGB). 24

b) Tod des Rücktrittsberechtigten

Mit dem Tode des Rücktrittsberechtigten erlischt das Rücktrittsrecht (§ 2293 BGB Rdn. 13). 25

3. Erhaltung des Rücktrittsrechts durch Ausschlagung

a) Nach § **2298 Abs. 2 Satz 3 BGB** kann sich der überlebende Erblasser das Rücktrittsrecht, das er sich im Erbvertrag vorbehalten hat, über den Tod des Vertragspartners hinaus erhalten, wenn er das ihm Zugewendete ausschlägt (vgl. §§ 1942 ff., 2180 BGB). Dies setzt voraus, dass ein **entsprechender Rücktrittsvorbehalt** vereinbart wurde (§ 2293 BGB).[56] Der Überlebende kann dann (ähnlich wie beim einseitigen Erbvertrag ohne Ausschlagung, § 2297 BGB) seine vertragsmäßige Verfügung durch Testament aufheben. Er braucht nur das auszuschlagen, was ihm »durch den Vertrag«, also in vertragsmäßigen Verfügungen zugewendet ist, nicht auch Zuwendungen in einseitigen Verfügungen, mögen diese auch im Erbvertrag enthalten sein.[57] Die vertragsmäßigen Zuwendungen muss er aber alle ausschlagen. Hat der verstorbene Vertragspartner dem Überlebenden **nichts** zugewandt, so kann dieser auch nichts ausschlagen; dann steht ihm auch das in § 2298 Abs. 2 Satz 3 26

51 §§ 2294, 2295 BGB; *Planck/Greiff*; MünchKomm/*Musielak* Rn. 5.

52 § 2278 BGB Rdn. 14 ff.

53 RGRK-BGB/*Kregel* Rn. 4; **a.M.** *Planck/Greiff* Anm. 3b.

54 BayObLG FamRZ 1994, 196.

55 **A.M.** MünchKomm/*Musielak* Rn. 5, der trotz des sachlichen Unterschieds keinen Grund für ein Abweichen von der Gleichbehandlung sieht; iE ebenso wie *Musielak* Bamberger/Roth/*Litzenburger* Rn. 10; RGRK-BGB/*Kregel* Rn. 4.

56 Palandt/*Weidlich* Rn. 4; Staudinger/*Kanzleiter* Rn. 17; übersehen bei Krug/Rudolf/Kroiß/*Krug* § 4 Rn. 97; übersehen wurde dies offenbar auch im Fall von BGH ZEV 2011, 422 = FamRZ 2011, 1224.

57 Bamberger/Roth/*Litzenburger* Rn. 11; NK-BGB/*Horn* Rn. 14; MünchKomm/*Musielak* Rn. 6; *Planck/Greiff* Anm. 3c; RGRK-BGB/*Kregel* Rn. 5; Palandt/*Weidlich* Rn. 5.

BGB vorgesehene Aufhebungsrecht nicht zu.[58] Die **Ausschlagung eines Dritten** ist bedeutungslos, mag er ausschließlich oder neben dem überlebenden Vertragspartner bedacht sein.[59] Daher erlischt das Rücktrittsrecht mit dem Tode des anderen Vertragspartners, wenn der Rücktrittsberechtigte nur Dritte bedacht hat, sofern nicht etwa ein anderer Wille der Vertragsteile anzunehmen ist (Abs. 3).[60] Sind neben dem überlebenden Vertragspartner Dritte bedacht, so genügt die Ausschlagung durch den Überlebenden, um ihm das Rücktrittsrecht zu erhalten.[61] Mit Unrecht befürchten *Planck/Greiff*,[62] dass dann der überlebende Vertragspartner durch Aufhebung seiner vertragsmäßigen Verfügungen zugunsten Dritter (nur solche kommen infrage) bewirken könnte, dass auch die vertragsmäßigen Verfügungen des verstorbenen Vertragspartners nach Abs. 2 Satz 1 kraftlos würden. Denn die Aufhebung der eigenen Verfügungen nach Abs. 2 Satz 3 ist, wenn sie auch aus dem ursprünglichen Rücktrittsrecht des überlebenden Vertragspartners entspringt, kein Rücktritt im Sinne des Gesetzes mehr.

27 b) Auch bei der Anwendung von § 2298 Abs. 2 Satz 3 BGB ist **§ 2298 Abs. 3 BGB** zu beachten, sodass ein abweichender Parteiwille vorgeht.[63] Dass Abs. 2 Satz 3 in Abs. 3 nicht zitiert ist, beruht auf einem Redaktionsversehen.[64]

28 c) Der Rücktrittsberechtigte kann, wenn er ausschlägt, »seine Verfügung«, d.h. seine vertragsmäßigen Verfügungen aufheben. Er kann sich auch mit der Aufhebung eines Teils dieser Verfügungen begnügen. Seine einseitigen Verfügungen kann er in jedem Fall nach seinem Gutdünken widerrufen (§ 2299 Abs. 2 BGB). Er kann aber nur seine eigenen Verfügungen aufheben, **nicht** auch **die des verstorbenen Vertragspartners**. Diese bleiben daher – anders als beim Rücktritt zu Lebzeiten beider Vertragsteile nach § 2298 Abs. 2 Satz 1 BGB – wirksam, soweit sie nicht durch die Ausschlagung des überlebenden Vertragspartners kraftlos geworden sind (§§ 1953, 2180 BGB).

29 d) Der überlebende Vertragspartner muss, wenn er seine **Verfügungen aufheben** will, ein **Testament** errichten, sei es ein Widerrufstestament nach § 2254 BGB oder ein widersprechendes Testament nach § 2258 BGB.[65] Er kann dies schon vor der Ausschlagung tun unter der selbstverständlichen (Rechts-)Bedingung, dass er nachträglich rechtzeitig ausschlägt. Das Aufhebungstestament ist widerruflich.[66] Auch die Aufhebung durch eine einseitige Verfügung im Rahmen eines Erbvertrags mit einem Dritten wird man wegen § 2299 Abs. 1 BGB genügen lassen.[67]

V. Auslegungsregel, abweichender Parteiwille

30 Die Vorschriften in Abs. 1 und 2 sind nur **Auslegungsregeln**. Sie beruhen auf dem vermuteten Willen der Vertragsteile und finden daher keine Anwendung, wenn ein anderer Wille anzunehmen ist.[68] Dabei kommt es auf den Willen der Parteien zur Zeit des Vertragsschlusses an.[69] Abs. 3 gilt

58 Palandt/*Weidlich* Rn. 5.

59 *Damrau/Tanck/Krüger* Rn. 5; NK-BGB/*Horn* Rn. 14; MünchKomm/*Musielak* Rn. 6; RGRK-BGB/*Kregel* Rn. 5; *Planck/Greiff* Anm. 3c; **a.M.** Soergel/*M. Wolf* Rn. 5; vgl. auch zur ähnlichen Problematik bei § 2271 Abs. 2 Satz 1 BGB: Erl. zu § 2271 BGB Rdn. 48.

60 *Flatten* DNotZ 1941, 50.

61 Staudinger/*Kanzleiter* Rn. 17; **a.M.** *Wein* BayZ 1916, 123, 127.

62 Anm. 3c.

63 *Planck/Greiff* Anm. 4; Palandt/*Weidlich* Rn. 4; Staudinger/*Kanzleiter* Rn. 18; *Höfer* BWNotZ 1984, 113, 120; **a.M.** *Harrer* LZ 1924, 11, 18; *Werneburg* DNotZ 1916, 231.

64 *Planck/Greiff* Anm. 4; MünchKomm/*Musielak* Rn. 7.

65 Vgl. § 2297 BGB Rdn. 9.

66 § 2297 BGB Rdn. 16.

67 § 2297 BGB Rdn. 9.

68 § 2298 Abs. 3 BGB; allgem. Meinung, vgl. BayObLG ZEV 1995, 413, 414 = NJW-RR 1996, 7 = FamRZ 1995, 1449; FamRZ 1994, 196, 197; OLG Hamm OLGZ 1994, 326 = ZEV 1994, 367; OLG München NJW-RR 2006, 82, 83 = DNotZ 2006, 132; Burandt/Rojahn/*Burandt* Rn. 5; MünchKomm/*Musielak* Rn. 7.

69 BayObLG FamRZ 1994, 196.

auch für Abs. 2 Satz 3.[70] Der Wille der Parteien bestimmt, inwieweit die beiderseitigen vertragsmäßigen Verfügungen wechselbezüglich und in ihrem Bestand voneinander abhängig sind und ob ein etwa gegebenes Rücktrittsrecht beim Tode des anderen Teils stets oder unter gewissen Voraussetzungen oder (der gesetzlichen Regel entsprechend) immer dann erlischt, wenn der überlebende Vertragspartner die Zuwendungen des verstorbenen Partners annimmt. Dabei gibt es keinen Satz der *Lebenserfahrung* dahingehend, dass die sich gegenseitig bedenkenden Ehegatten dem Längerlebenden hinsichtlich der Schlusserbeneinsetzung »freie Hand« lassen wollen und daher ein Rücktrittsvorbehalt entsprechend § 2298 Abs. 2 Satz 2 BGB nach dem ersten Todesfall generell nicht erlöschen soll.[71] Die Parteien können aber bestimmen, dass das Rücktrittsrecht beim Tode des anderen Teils auch dann erlöschen solle, wenn der überlebende Vertragspartner die Zuwendungen des Verstorbenen ausschlägt, oder umgekehrt, dass es auch ohne Ausschlagung bestehen bleiben soll.[72] Dagegen sind die Parteien nicht befugt, die Ausübung des Rücktrittsrechts näher zu regeln und etwa zu bestimmen, dass der Rücktritt nach dem Tode des anderen Teils gegenüber dessen Erben zu erklären sei und nicht, wie in § 2298 Abs. 2 Satz 3 BGB bestimmt, durch Testament.[73] Auch wenn das Rücktrittsrecht nach dem Willen der Parteien entgegen Abs. 2 Satz 2 nach dem Tode des anderen Vertragspartners ohne Rücksicht auf die Annahme oder Ausschlagung der Zuwendungen des verstorbenen Partners fortbesteht, kann zwar Abs. 2 Satz 3 nicht angewendet werden, aber auch in diesem Fall kann das Rücktrittsrecht nach § 2297 BGB nur durch Errichtung eines Aufhebungstestaments ausgeübt werden.[74]

Die Feststellung des Parteiwillens hat nach den allgemeinen Auslegungsregeln zu erfolgen; dabei können sowohl die allgemeine Lebenserfahrung als auch Umstände herangezogen werden, die außerhalb des Erbvertrages liegen.[75] Die **Beweis- und Feststellungslast** für einen von den gesetzlichen Auslegungsregeln abweichenden Parteiwillen trifft den, der einen solchen behauptet, da es sich um einen Ausnahmetatbestand handelt.[76] 31

VI. Gestaltungshinweise

Der Rücktrittsvorbehalt beim zweiseitigen Erbvertrag führt zu einer höchst komplizierten Regelung:[77] Erbvertrag – also Bindung; Rücktrittsvorbehalt – also nur Bindung durch Form des Rücktritts; Wechselbezüglichkeit: also doch Bindung, aber nur in bestimmtem Umfang. Insbesondere wegen der Geltung der Auslegungsregeln des § 2298 Abs. 3 BGB und des § 2085 BGB (bei einseitigen Verfügungen oder bei nachträglicher Gegenstandslosigkeit) ist das Schicksal der einzelnen Verfügungen im zweiseitigen Erbvertrag voneinander abhängig, sodass es erforderlich erscheint, durch eine ausdrückliche Regelung Auslegungsstreitigkeiten zu vermeiden.[78] 32

Regelungsbedarf besteht insbesondere in folgender Hinsicht: 33

- wegen § 2298 Abs. 2 Satz 2 BGB beim Rücktrittsvorbehalt: »Der Rücktrittsvorbehalt soll mit dem Tod des anderen Vertragsschließenden nicht erlöschen«.[79]
- wegen § 2298 Abs. 3 BGB bezüglich des Fortbestands der übrigen Verfügungen. So könnte etwa formuliert werden: »Im Falle der Nichtigkeit oder Gegenstandslosigkeit einzelner, auch einseitiger Verfügungen soll die Wirksamkeit aller anderen dadurch nicht berührt werden.«
- Bei einem Rücktrittsvorbehalt nur bezüglich eines Teils der Verfügungen für die Auswirkungen auf den Rest der Verfügungen bei Ausübung des Rücktrittsrechts. Jedoch ist es für den Notar

---

70 Rdn. 27.
71 BayObLG FamRZ 1994, 196, 197.
72 RGRK-BGB/*Kregel* Rn. 6; Soergel/*M. Wolf* Rn. 7.
73 Staudinger/*Kanzleiter* Rn. 21; zur zwingenden Form des Rücktritts vgl. § 2296 BGB Rdn. 17.
74 *Planck/Greiff* Anm. 3b.
75 Palandt/*Weidlich* Rn. 5.
76 BayObLG FamRZ 1994, 196; MünchKomm/*Musielak* Rn. 8; *Brox/Walker* Rn. 154; *Schumann* Rn. 9.
77 *Kipp/Coing* § 41 II 2 b.
78 Nieder/Kössinger/*R. Kössinger*, Handbuch der Testamentsgestaltung, § 11 Rn. 18.
79 Nieder/Kössinger/*R. Kössinger*, Handbuch der Testamentsgestaltung, § 11 Rn. 20.

angesichts der Vielzahl von Gründen für die Unwirksamkeit einer Verfügung meist nicht vorhersehbar, ob die gesamte Unwirksamkeit oder aber die »geltungserhaltende Reduktion« eher dem Willen der Vertragsteile entspricht. Da aber die Anfechtungsmöglichkeit auf alle Fälle fortbestehen würde, diese aber nur zur Vernichtung einer Verfügung führen kann (Kassation), dürfte »in dubio pro Wirksamkeit« in der Regel die bessere salvatorische Lösung sein.

34 Umgekehrt besteht beim Erbvertrag kraft der gesetzlichen Regelung in einem weitaus **stärkerem Maße** als beim gemeinschaftlichen Testament ein **Verhältnis** der widerleglich vermuteten gegenseitigen **Abhängigkeit** aller Verfügungen beider Erblasser[80] und zwar sowohl hinsichtlich eines weiteren Adressatenkreises der Zuwendung[81] wie auch im Falle der nachträglichen Gegenstandslosigkeit von Verfügungen,[82] die den Erbvertrag oftmals als die bessere Form einer gemeinsamen Vermögensplanung von zwei Erblassern erscheinen lässt.

§ 2299 Einseitige Verfügungen

(1) Jeder der Vertragschließenden kann in dem Erbvertrag einseitig jede Verfügung treffen, die durch Testament getroffen werden kann.

(2) Für eine Verfügung dieser Art gilt das Gleiche, wie wenn sie durch Testament getroffen worden wäre. Die Verfügung kann auch in einem Vertrag aufgehoben werden, durch den eine vertragsmäßige Verfügung aufgehoben wird.

(3) Wird der Erbvertrag durch Ausübung des Rücktrittsrechts oder durch Vertrag aufgehoben, so tritt die Verfügung außer Kraft, sofern nicht ein anderer Wille des Erblassers anzunehmen ist.

Übersicht

I. Allgemeines

1. Zweck

1 § 2299 BGB ergänzt § 2278 Abs. 2 BGB: An sich können andere Verfügungen als Erbeinsetzung, Vermächtnisse, Auflagen und Rechtswahlen in einem Erbvertrag nicht vertragsmäßig, also mit der dem Erbvertrag eigentümlichen Bindung, getroffen werden. Ergäbe sich daraus ein Verbot der Verbindung mit anderen Verfügungen in einer Urkunde, so wären eine Vielzahl von typischen Anordnungen, die für eine sachgerechte erbrechtliche Regelung (etwa Testamentsvollstreckung) oftmals notwendig sind, in einem Erbvertrag gar nicht möglich. Daneben werden die nach § 2278 Abs. 2 BGB an sich erbvertragsfähigen Anordnungen mitunter, zumindest hinsichtlich bestimmter Verfügungen, gerade nicht bindend gewünscht. Der Erbvertrag als Gestaltungsmittel einer umfassenden erbrechtlichen Vermögensplanung[1] könnte aber seiner Funktion nicht gerecht werden, wenn

80 Nieder/Kössinger/*R. Kössinger*, Handbuch der Testamentsgestaltung, § 11 Rn. 12 ff.
81 Anders als bei § 2270 Abs. 2 BGB, s.o. Rdn. 2.
82 S. Rdn. 11.
1 Vorbem. zu §§ 2274 ff. BGB Rdn. 1 f.

wegen dieser durch § 2278 Abs. 2 BGB verfügten qualitativen Beschränkung der erbvertraglichen Anordnungen wesentliche Teile des Erblasserwillens in letztwillige Verfügungen ausgelagert werden müssten.

2. Auswirkungen der Aufnahme im Erbvertrag

Das Gesetz gestattet jedem Vertragsteil (also nicht nur dem Erblasser, sondern auch dem bloß annehmenden Teil), in dem Erbvertrag **einseitig jede Verfügung** zu treffen, die durch Testament getroffen werden kann (§ 2299 Abs. 1 BGB). Der Erbvertrag wird damit gewissermaßen ein »Stützpunkt« für letztwillige Verfügungen aller Art.[2] Wenn auch die einseitigen Verfügungen nur äußerlich Bestandteile des Erbvertrages sind und an seiner rechtlichen (vertraglichen) Natur nicht teilnehmen, so können sie doch ihrem Inhalt nach wichtiger sein als die vertragsmäßigen, z.B. ist durchaus möglich, dass ein Erblasser in einem Erbvertrag ein Vermächtnis vertragsmäßig anordnet, den Erben aber nur einseitig bestimmt. 2

Die **Wirkung** der Aufnahme der einseitigen mit den vertragsmäßigen Verfügungen in einer Erbvertragsurkunde erschöpft sich aber **nicht nur in dieser äußeren Verbindung**,[3] die einseitigen Verfügungen sind damit nicht nur im Erbvertrag »zu Gast«.[4] Es besteht vielmehr i.d.R. ein besonders enger **innerer Zusammenhang** zwischen diesen Regelungen, der dazu führen kann, dass vertragliche und einseitige Verfügungen nicht nur unabhängig nebeneinanderstehen.[5] Dieser Zusammenhang wird nicht nur auf der formalen Ebene durch den Gesichtspunkt der Urkundeneinheit deutlich, der erfordert, dass sowohl vertragliche wie einseitige Verfügungen in Gegenwart des Vertragsgegners zu verlesen sind (§ 13 Abs. 1 Satz 1 BeurkG). In materieller Hinsicht kann vielmehr ein (auch stillschweigend möglicher) Bedingungszusammenhang zwischen ihnen bestehen,[6] oder sich aus den Beweggründen eine solche Verknüpfung ergeben, dass bei Nichtigkeit oder Wegfall der einen Anordnung eine Anfechtung wegen eines Irrtums nach § 2078 Abs. 2 BGB möglich ist.[7] 3

3. Regelungsinhalt des § 2299 BGB

Abs. 1 erlaubt, entsprechend dem vorstehend Gesagten, die Aufnahme einseitiger Verfügungen in einen Erbvertrag. Abs. 2 erklärt für die Behandlung der einseitigen Verfügungen grundsätzlich Testamentsrecht für anwendbar, gestattet aber zugleich wegen des Regelungszusammenhangs auch die Aufhebung derselben durch einen Aufhebungsvertrag, mit dem vertragsmäßige Verfügungen beseitigt werden. Die **Auslegungsregel** des Abs. 3 beschäftigt sich mit dem Fortbestand einseitiger Verfügungen, wenn die vertragsmäßigen Verfügungen durch Rücktritt oder Aufhebungsvertrag beseitigt werden. 4

4. Einseitige Verfügungen

§ 2299 BGB beschäftigt sich nur mit einseitigen Verfügungen im Erbvertrag. Hierzu zählen zunächst solche, die generell nicht als vertragsmäßige getroffen werden können (**»vertragsunfähige Anordnungen«**). Dazu gehören die *Enterbung* (§ 1938 BGB), die *Entziehung* des *Pflichtteils* (§ 2336 BGB), die *Pflichtteilsbeschränkung* in guter Absicht (§ 2338 BGB), der Widerruf und die Aufhebung einer letztwilligen Verfügung (§§ 2254, 2258 BGB), die Ernennung eines *Testamentsvollstreckers* (§§ 2197 ff. BGB), *Teilungsanordnungen* (§ 2048 BGB), Ausschluss der Auseinandersetzung (§ 2044 BGB), die Errichtung einer *Stiftung* (§ 83 BGB) sowie *familienrechtliche Anordnungen* (§ 1638, 1639, 1803 BGB), die Benennung eines Vormundes oder Pflegers (§ 1777 5

---

2 *Kipp/Coing* § 42 I; zust. NK-BGB/*Horn* Rn. 1.
3 So aber Mot. V 347.
4 So anschaulich *Lange/Kuchinke* § 25 IV.
5 *Lange/Kuchinke* § 25 IV.
6 *Lange* NJW 1963, 1571, 1578; Staudinger/*Kanzleiter* § 2278 Rn. 17.
7 Nieder/Kössinger/*R. Kössinger*, Handbuch der Testamentsgestaltung, § 11 Rn. 10; NK-BGB/*Horn* Rn. 2; *Bühler* DNotZ 1962, 359, 369.

Abs. 3, §§ 1915 ff. BGB), eine *Schiedsgerichtseinsetzung* (§ 1066 ZPO), die nach h.M. keine Auflage (§ 1940 BGB), sondern eine prozessuale Anordnung eigener Art ist,[8] sowie jede erbrechtliche oder familienrechtliche Anordnung, die nach BGB durch Testament getroffen werden kann. Solche Verfügungen werden im Zweifel als einseitige Verfügungen nach § 2299 BGB aufrechtzuerhalten sein, auch wenn sie fälschlich als vertragsmäßige bezeichnet wurden (§§ 140, 2084, 2279 BGB).

6 Daneben stehen *Erbeinsetzung, Vermächtnis, Auflage und Rechtswahl*, die gem. § 2278 Abs. 2 BGB grundsätzlich vertragsfähig sind, aber entsprechend dem Willen des Erblassers auch lediglich als einseitige Verfügungen getroffen werden können. Hier entstehen mitunter **Abgrenzungsprobleme**, denn allein durch die Tatsache der Aufnahme dieser Anordnungen in einem Erbvertrag ist über die Qualität derselben als vertragsmäßige Verfügung noch nichts entschieden, sodass eine Auslegung erforderlich ist.[9] Eingehend zu diesen Fragen § 2278 BGB Rdn. 6 f.

5. Rechtsfolgen der Unwirksamkeit des Erbvertrags

7 Eingehender zu untersuchen ist die Frage, wie sich die **Unwirksamkeit** vertragsmäßiger Verfügungen auf die in der gleichen Urkunde enthaltenen einseitigen Verfügungen auswirkt. Denn § 2298 BGB ist hierauf nicht entsprechend anwendbar.[10] Unproblematisch sind zunächst die Fälle der **Fehleridentität**, wenn etwa wegen Fehler beim Beurkundungsverfahren oder wegen Geschäftsunfähigkeit des Erblassers beide Arten von Verfügungen gleichermaßen nichtig sind. Aus der Formulierung des Abs. 1, dass die einseitigen Verfügungen »in dem Erbvertrag« getroffen sein müssen, folgert die h.M., dass die wirksame einseitige Verfügung einen wirksamen Erbvertrag voraussetze,[11] was insbesondere erfordere, dass er wenigstens eine wirksame vertragsmäßige Verfügung enthalte[12] und dass die für den Erbvertrag vorgeschriebene Form (§ 2276 BGB) gewahrt ist. Ist der Erbvertrag nichtig, so sind nach h.M. auch die einseitigen Verfügungen als sein Bestandteil unwirksam.[13] Freilich können nach der h.M. dann die in ihm enthaltenen einseitigen Verfügungen u.U. im Wege der **Umdeutung** (§ 140 BGB) doch als einseitiges oder als gemeinschaftliches Testament aufrechterhalten werden, sofern sie den hierfür gegebenen Vorschriften – insbesondere über die Testierfähigkeit und über die Form – entsprechen und wenn weiter anzunehmen ist, dass die Urheber der einseitigen Verfügungen diese auch für den Fall der Unwirksamkeit des Erbvertrages gewollt hätten.[14] Bei **wechselbezüglichen Verfügungen** ist jedoch eine Umdeutung in Einzeltestamente problematisch.[15]

8 Da die erfolgreiche **Anfechtung** aller vertragsmäßigen Verfügungen den Erbvertrag insgesamt beseitigt, führt dies nach h.M. auch zur Unwirksamkeit der einseitigen Verfügungen.[16] Dagegen ist es nach der h.M. für die Wirksamkeit der einseitigen Verfügungen regelmäßig bedeutungslos, wenn

---

8 Vgl. *Otte*, FS Rheinisches Notariat (1998) 241, 242 ff. m.w.N.; ausführlich Soergel/*M. Wolf* Rn. 3.

9 Allgem. Meinung, vgl. BayObLG FamRZ 1997, 911 = ZEV 1997, 160; MünchKomm/*Musielak* Rn. 2; Soergel/*M. Wolf* Rn. 2; zu Abgrenzungsstreitigkeiten s. BayObLG FamRZ 1998, 1262; zu weitreichend aber NK-BGB/*Horn* Rn. 4, wonach eine Auslegung stets erforderlich sei; denn wenn der Erbvertrag den notariellen Standards entspricht, vermeidet eine klarstellende Formulierung gerade die Auslegungsstreitigkeiten.

10 *Lange/Kuchinke* § 25 VIII 1 a.

11 NK-BGB/*Horn* Rn. 12; AK/*Finger* Rn. 2; MünchKomm/*Musielak* Rn. 3; Palandt/*Weidlich* Rn. 1; Soergel/*M. Wolf* Rn. 1.

12 *Planck/Greiff* Anm. 2a, c; *Kipp/Coing* § 42 I Fn. 1; MünchKomm/*Musielak* Rn. 3; **a.M.** *Strohal* I § 44 Fn. 26; zu diesem Erfordernis für den Erbvertrag § 2278 BGB Rdn. 2.

13 Bamberger/Roth/*Litzenburger* Rn. 1; *Damrau/Tanck/Krüger* Rn. 5; *Höfer* BWNotZ 1984, 113, 115; *Kipp/Coing* § 42 VI; *v. Lübtow* I S. 473; MünchKomm/*Musielak* Rn. 3.

14 NK-BGB/*Horn* Rn. 12; *Kipp/Coing* § 42 VI; MünchKomm/*Musielak* Rdnr. 3.

15 *Planck/Greiff* Anm. 2c; *Kipp/Coing* § 42 IV Fn 9; ausf. oben zum gemeinschaftlichen Testament § 2265 BGB Rdn. 8 ff.

16 *Planck/Greiff* Anm. 2a; *Kipp/Coing* § 42 VI; **a.M.** *van Venrooy* JZ 1987, 10, 15, der den Fortbestand der einseitigen Verfügungen analog § 2299 Abs. 3 BGB beurteilen will und nur die Bindung beseitigt sieht.

die vertragsmäßigen Verfügungen nachträglich **gegenstandslos** werden, z.B. durch Vorableben des Bedachten oder durch Ausschlagung, Erbverzicht oder dergleichen.[17]

Damit erkennt die h.M. einen sehr weitreichenden Bedingungszusammenhang zwischen den einseitigen und vertragsmäßigen Verfügungen an, der über das ursprüngliche Verständnis, dass es sich nur um eine »äußere Verbindung« handle,[18] weit hinausgeht und hieraus ohne weitere Prüfung auch eine materiell-rechtliche Koppelung annimmt. **Richtigerweise** wird man **§ 2085 BGB** anwenden und in den Fällen, dass der Erbvertrag mit Mängel behaftet ist, zunächst davon ausgehen müssen, dass vertragsmäßige und einseitige Verfügungen solche verschiedener Art sind, die **grundsätzlich in ihrer Wirksamkeit unabhängig** sind, jedoch bei Vorliegen eines besonderen Bedingungszusammenhangs oder bei Verknüpfung durch ein einheitliches Motiv im Wege der Anfechtbarkeit nach § 2078 Abs. 2 BGB sich in ihrer Wirksamkeit gegenseitig bedingen können.[19] Dies gilt auch, wenn etwa die einzige vertragsmäßige Verfügung unter einer aufschiebenden Bedingung getroffen ist und diese ausfällt. Denn aus dem Umstand, dass dann der Erbvertrag unwirksam wird, ist noch nichts darüber gesagt, dass eine zugleich getroffene einseitige Verfügung, etwa familienrechtlicher Art nach § 1803 BGB, auch entfallen soll, obgleich sie für die gesetzliche Erbfolge genauso dem Erblasserwillen entspricht, und letztlich nur gelegentlich des Erbvertrags getroffen wurde. Anstelle der rein konstruktiven Erwägungen der h.M. hat in diesen Fällen also eine **interessengerechte Auslegung** des Erblasserwillens zu treten,[20] weshalb die o.g. Ergebnisse der h.M. nicht generalisiert werden dürfen.[21] 9

II. Die rechtliche Behandlung der einseitigen Verfügungen

1. Verweisung auf Testamentsrecht

Für eine einseitige Verfügung in dem Erbvertrag gilt das Gleiche, wie wenn sie durch Testament getroffen worden wäre (§ 2299 Abs. 2 Satz 1 BGB). Die h.M. sieht darin eine umfassende Verweisung auf das **formelle und materielle Testamentsrecht**, mit Ausnahme der Vorschriften über die Testamentsform selbst, da insoweit die für den Erbvertrag geltende Spezialregelung (§ 2276 BGB) zu beachten ist.[22] Insbesondere die persönlichen Voraussetzungen würden sich hinsichtlich der letztwilligen Verfügungen somit nicht nach Erbvertragsrecht, sondern nach Testamentsrecht richten; der einseitig Verfügende müsste daher nach wohl **h.M. testierfähig** sein (§ 2229 BGB); die Erleichterungen nach § 2275 BGB, gelten hier nicht.[23] 10

Vergegenwärtigt man sich, dass die Zulassung einseitiger Verfügungen im Rahmen des Erbvertrags dazu dient, eine möglichst umfassende einheitliche erbrechtliche Vermögensplanung zu verwirklichen,[24] so kann dieses Ziel nur erreicht werden, wenn sich auch die **persönlichen Voraussetzungen** zur Errichtung der letztwilligen Verfügungen allein nach **Erbvertragsrecht** richten, sodass insbes. Geschäftsfähigkeit erforderlich ist.[25] Diese **teleologische Reduktion** der Verweisung des Abs. 2 Satz 1 führt dazu, dass sie sich nur hinsichtlich des **Inhalts und der Wirkungen auf Testamentsrecht** 11

---

17 NK-BGB/*Horn* Rn. 11; *Strohal* I § 44 Fn. 26.
18 Mot. V 347.
19 Vgl. Rdn. 3; anders die h.M.
20 Das Bedürfnis der sachgerechten Auslegung betont zu Recht auch Staudinger/*Kanzleiter* Rn. 2.
21 Für Bestandsunabhängigkeit der einseitigen Verfügungen auch Erman/*M. Schmidt* § 2298 Rn. 2, einschränkend aber wieder in § 2299 Rn. 2: Erbvertrag muss gültig sein.
22 *Kipp/Coing* § 42 III; AK/*Finger* Rn. 3; jurisPK/*B. Hamdan/M. Hamdan* Rn. 8; MünchKomm/*Musielak* Rn. 4.
23 Strohal I § 44 Fn. 25; Erman/M. Schmidt Rn. 2; RGRK-BGB/Kregel Rn. 2; Soergel/M. Wolf Rn. 4; Kipp/Coing § 42 II; Schumann, Erbvertragsrecht, Rn. 10; Lange/Kuchinke § 25 IV 2 **a.M.** *Planck/Greiff*, Anm. 2b; Palandt/*Weidlich* Rn.1; Bamberger/Roth/*Litzenburger* § 2275 Rn.4; Staudinger/*Kanzleiter* Rn.5; NK-BGB/*Kornexl* § 2275 Rn. 17 f.
24 S. dazu Rdn. 1.
25 Zust. MünchKomm/*Musielak* Rn. 4.

bezieht.[26] Die vorgenannte wohl h.M. kann sich bei näherer Betrachtung auch gar nicht so sehr auf den Gesetzeswortlaut berufen:[27] Die Wendung, dass für diese Verfügungen das Gleiche gelte, »wie wenn sie durch Testament getroffen worden wären«, lässt sich durchaus so verstehen, dass sie nicht hinsichtlich ihrer Entstehungsvoraussetzungen, sondern **nur** hinsichtlich ihrer **Rechtsfolgen** dem Testamentsrecht unterworfen werden.

12 Für einseitige Verfügungen gilt auch § **2064 BGB**, d.h. nicht nur der Vertragspartner, der in dem Erbvertrag vertragsmäßige Verfügungen niederlegt, sondern auch derjenige, der die vertragsmäßigen Verfügungen annimmt, ohne selbst vertragsmäßige Verfügungen zu treffen, muss etwaige einseitige Verfügungen persönlich errichten, während er sich bei der Annahme der vertragsmäßigen Verfügungen vertreten lassen kann.[28]

2. Bedingungszusammenhang

13 Einseitige Verfügungen können mit vertragsmäßig bindenden Verfügungen in einem so gewollt untrennbaren Verhältnis stehen, dass ein Bedingungszusammenhang angenommen werden muss;[29] ein solcher Bedingungszusammenhang kann aber auch zwischen allein einseitigen Verfügungen der Vertragspartner untereinander bestehen.[30]

III. Aufhebung einseitiger Verfügungen

1. Widerrufstestament, widersprechendes Testament

14 Einseitige Verfügungen, die in einem Erbvertrag getroffen sind, können aufgehoben werden durch Widerrufstestament oder widersprechendes Testament des Urhebers der einseitigen Verfügung nach §§ 2254, 2258 BGB (§ 2299 Abs. 2 Satz 1 BGB).[31] § 2289 Abs. 1 Satz 2 BGB steht nicht entgegen, weil diese Vorschrift nur den vertragsmäßig Bedachten schützt.[32] Dagegen ist ein Widerruf nach § 2255 BGB ist hier nicht denkbar, weil sich der Erbvertrag stets in (besonderer oder einfacher) amtlicher Verwahrung befindet.[33] Ein Widerruf ist jedoch durch Rücknahme aus der amtlichen oder notariellen Verwahrung möglich (§ 2300 Abs. 2 BGB. i.V.m. § 2256 Abs. 1 BGB; dazu § 2300 BGB Rdn. 9 ff.).

2. Aufhebungsvertrag

15 Einseitige Verfügungen im Erbvertrag können auch durch einen Aufhebungsvertrag nach § 2290 BGB beseitigt werden (§ 2299 Abs. 2 Satz 2 BGB). Dabei muss **wenigstens eine erbvertragsmäßige Verfügung** aufgehoben werden, damit diese Handlungsform eröffnet ist.[34] Allerdings braucht die aufzuhebende vertragsmäßige Verfügung **nicht** in dem **gleichen Erbvertrag** enthalten sein, wie die einseitige. Denn für die Rechtsnatur des Aufhebungsvertrags spielt dies keine Rolle und auch der Gesetzeswortlaut enthält keine derartige Einschränkung.[35] Wird der ganze Erbvertrag durch Aufhebungsvertrag nach § 2290 BGB aufgehoben, so treten selbst ohne ausdrückliche Regelung im Zweifel auch die in ihm enthaltenen einseitigen Verfügungen außer Kraft (§ 2299 Abs. 3 BGB).

---

26 So deutlich *Schlüter* Rn. 320.

27 So aber *Lange/Kuchinke* § 25 IV 2.

28 NK-BGB/*Horn* Rn. 6; vgl. zu den Vertretungsmöglichkeiten auch § 2274 BGB Rdn. 6.

29 *Lange/Kuchinke* § 25 IV 2 bei Fn. 48; Rdn. 3; *Schumann*, Erbvertragsrecht, Rn. 8.

30 Vgl. auch *Bühler* DNotZ 1962, 359, 369 Fn. 28 zum Fall einer analogen Anwendung des § 2271 BGB; dazu auch Staudinger/*Kanzleiter* Rn. 7, der auf die unterschiedlichen Bindungskriterien zwischen Erbvertrag und gemeinschaftlichem Testament hinweist.

31 S. etwa BayObLG FamRZ 1998, 1262.

32 NK-BGB/*Horn* Rn. 7.

33 NK-BGB/*Horn* Rn. 7; MünchKomm/*Musielak* Rn. 5; Staudinger/*Kanzleiter* Rn. 8.

34 NK-BGB/*Horn* Rn. 8; RGRK-BGB/*Kregel* Rn. 3; *Kipp/Coing* § 42 V; Staudinger/*Kanzleiter* Rn. 9; **a.M.** *Planck/Greiff* Anm. 3b.

35 JurisPK/*B. Hamdan/M. Hamdan* Rn. 9; Soergel/*M. Wolf* Rn. 4; Staudinger/*Kanzleiter* Rn. 9.

»**Erblasser**« i.S.d. Abs. 3 ist nur der Urheber der einseitigen Verfügungen, nicht etwa der Vertragspartner, der in dem Erbvertrag vertragsmäßige Verfügungen getroffen hat (wie in § 2274 BGB).[36] 16

3. Rücktritt vom Erbvertrag

Auch der Rücktritt vom (ganzen) Erbvertrag nach §§ 2293 ff. BGB vernichtet nach Abs. 3 im Zweifel die einseitigen Verfügungen, allerdings nur die des Rücktrittsberechtigten, nicht auch die des anderen Teils.[37] 17

4. Abweichender Wille des Erblassers

Die **Auslegungsregel**[38] des Abs. 3 ist nur dann anzuwenden, wenn sich die Aufhebung oder der Rücktritt auf den ganzen Erbvertrag oder auf sämtliche Verfügungen beziehen, nicht aber, wenn sie sich auf **eine** von mehreren **vertragsmäßigen Verfügungen** beschränken.[39] Denn aus dieser bewussten Beschränkung der Aufhebungs- oder Rücktrittswirkungen ergibt sich, dass gerade keine vollständige Beseitigung der in dem Erbvertrag mit enthaltenen einseitigen Verfügungen gewollt ist. Vielmehr ist in diesen Fällen die Rückwirkung auf einseitige Verfügungen nach **§§ 2085, 2279 Abs. 1 BGB** zu beurteilen.[40] 18

Die Anwendung des **Abs. 3** ist auch dann gerechtfertigt, wenn sämtliche vertragsmäßige Verfügungen durch ein **Aufhebungstestament** nach § 2297 BGB aufgehoben werden[41] oder durch ein solches nach § 2291 BGB[42] und erst recht bei der Aufhebung durch ein gemeinschaftliches Testament nach § 2292 BGB.[43] Denn in all diesen Fällen handelt es sich entweder um eine besondere Form des Rücktritts[44] oder des Aufhebungsvertrags.[45] Nicht berührt wird der Fortbestand einseitiger Verfügungen, wenn vertragsmäßige Verfügungen nachträglich **gegenstandslos** werden, etwa durch Vorableben des Bedachten, Ausschlagung und dergleichen.[46] Eine **Anfechtung** einseitiger Verfügungen durch ihren Urheber (§§ 2281 ff. BGB) oder ein Rücktritt von ihnen (§§ 2293 ff. BGB) ist nach § 2299 Abs. 2 Satz 1 BGB (Geltung des Testamentsrechts) ausgeschlossen. 19

Aus der Auslegungsregel des Abs. 3 ergibt sich weiter, dass die **Beweis- und materielle Feststellungslast** derjenige trägt, der sich auf einen abweichenden Erblasserwillen beruft.[47] 20

IV. Gestaltungshinweise

In dem Erbvertrag sollte zum einen besonders bei der Erbeinsetzung, dem Vermächtnis, der Auflage und der Rechtswahl bestimmt werden, ob diese vertragsmäßig, und damit einseitig unwiderruflich getroffen werden, oder lediglich einseitig.[48] Dies erspart langwierige Auslegungsstreitigkeiten.[49] 21

---

36 Vgl. Vorbem. zu §§ 2274 ff. BGB Rdn. 28; *Planck/Greiff* Anm. 3c.
37 Prot. V 417; *Planck/Greiff* Anm. 3c.
38 AllgM, vgl. etwa jurisPK/*B. Hamdan/M. Hamdan* Rn. 9; *Schumann*, Erbvertragsrecht, Rn. 6.
39 JurisPK/*B. Hamdan/M. Hamdan* Rn. 9; *Planck/Greiff* Anm. 3c; Erman/*M. Schmidt* Rn. 3; Soergel/*M. Wolf* Rn. 5.
40 JurisPK/*B. Hamdan/M. Hamdan* Rn. 9; MünchKomm/*Musielak* Rn. 6; *Planck/Greiff* Anm. 3c; *Kipp/Coing* § 42 VI.
41 *Planck/Greiff* Anm. 3c; Staudinger/*Kanzleiter* Rn. 11.
42 NK-BGB/*Horn* Rn. 10; Staudinger/*Kanzleiter* Rn. 11; **a.M.** *Planck/Greiff* Anm. 3c.
43 MünchKomm/*Musielak* Rn. 6; Staudinger/*Kanzleiter* Rn. 11.
44 § 2297 BGB Rdn. 1.
45 § 2290 BGB Rdn. 3.
46 NK-BGB/*Horn* Rn. 11; s. auch Rdn. 8.
47 NK-BGB/*Horn* Rn. 13; MünchKomm/*Musielak* Rn. 6; *Schumann*, Erbvertragsrecht, Rn. 7.
48 Vgl. Rdn. 6 sowie § 2278 BGB Rdn. 6 ff.
49 Typische Formulierung an sich im Fall von BayObLG FamRZ 1998, 1262, wo das Gericht aber eher zum Rücktritts- oder Änderungsvorbehalt tendierte.

22 Da Abs. 3 eine Auslegungsregel ist, sollte aus dem gleichen Grund ausdrücklich geregelt werden, ob die **einseitigen Verfügungen fortbestehen** sollen, wenn der Erbvertrag nachträglich durch ein vorbehaltenes Rücktrittsrecht oder durch Aufhebungsvertrag beseitigt wird, wobei im letztgenannten Fall dies auch im Aufhebungsvertrag selbst geschehen kann.

§ 2300 Anwendung der §§ 2259 und 2263; Rücknahme aus der amtlichen oder notariellen Verwahrung

(1) Die §§ 2259 und 2263 sind auf den Erbvertrag entsprechend anzuwenden.

(2) Ein Erbvertrag, der nur Verfügungen von Todes wegen enthält, kann aus der amtlichen oder notariellen Verwahrung zurückgenommen und den Vertragsschließenden zurückgegeben werden. Die Rückgabe kann nur an die Vertragsschließenden gemeinschaftlich erfolgen; die Vorschrift des § 2290 Abs. 1 S. 2, Abs. 2 und 3 findet Anwendung. Wird ein Erbvertrag nach den Sätzen 1 und 2 zurückgenommen, gilt § 2256 Abs. 1 entsprechend.

Übersicht

I. Allgemeines

1 § 2300 BGB behandelt die Verpflichtung zur Ablieferung von Erbverträgen und die Nichtigkeit eines Eröffnungsverbots. Die für Testamente diesbezüglich geltenden Vorschriften der §§ 2259, 2263 BGB werden auf Erbverträge für entsprechend anwendbar erklärt. Abs. 2 regelt die Rücknahme von Erbverträgen aus der amtlichen oder notariellen Verwahrung.

2 **Abs. 1** wurde durch **Art. 50 Nr. 66 FGG-RG** mit Wirkung zum 01.09.2009 geändert. Denn nunmehr sind die **verfahrensrechtlichen Vorschriften** über die Eröffnung von Testamenten und Erbverträgen im **FamFG**, und zwar dort in den §§ 348 bis 351 FamFG eigenständig geregelt.[1] Deshalb beschränkt sich die Regelung des Abs. 1 gegenüber der früheren, weitergehenden Verweisung auch auf verfahrensrechtliche Vorschriften des Testamentsrechts, **nur** noch auf die im BGB verbliebenen **materiell-rechtlichen Vorschriften** über die Ablieferungspflicht und die Nichtigkeit eines Eröffnungsverbots.

3 Bis dahin verwies Abs. 1 auf Bestimmungen des Testamentsrechts und zwar wegen der (besonderen) amtlichen Verwahrung auf §§ 2258a und b BGB a.F., hinsichtlich der Ablieferung auf § 2259 BGB, hinsichtlich der Eröffnung auf §§ 2260 bis 2263, 2273 BGB a.F., auf die letztgenannte Vorschrift allerdings mit der Einschränkung, dass § 2273 Abs. 2, 3 BGB a.F. nur dann entsprechend anzuwenden war, wenn sich der Erbvertrag in besonderer amtlicher Verwahrung befindet.[2]

4 Wie schon der Wortlaut des Gesetzes ergibt, sind die §§ 2259, 2263 BGB auch auf Erbverträge **entsprechend** anzuwenden, die sich **nicht in besonderer amtlicher Verwahrung** befinden, sondern (offen oder verschlossen) in der gewöhnlichen amtlichen Verwahrung, d.h. in der Urkundensammlung des Notars.[3]

---

1 Dazu etwa *Kroiß/Seiler*, Das neue FamFG, 2009, 6. Kap. Rn. 87 ff., bes. 98 ff.
2 Vgl. etwa NK-BGB/*Seiler*, Rn. 1.
3 § 18 DONot; hierzu und zu den wichtigsten Folgeänderungen s. Armbürster/Preuß/Renner/*Eickelberg* Vorbem. DONot Rn. 7 ff.

II. Anwendungsbereich des Abs. 1

1. Ablieferungspflicht nach § 2259 BGB

§ 2259 BGB verpflichtet Privatpersonen und Behörden, Testamente, die sie in Besitz oder Verwahrung haben, nach dem Erbfall an das Nachlassgericht abzuliefern.[4] Beim Erbvertrag kommt praktisch nur **§ 2259 Abs. 2 BGB** in Betracht, der nicht nur bei besonderer, sondern auch bei gewöhnlicher amtlicher Verwahrung gilt.[5] Die Ablieferungspflicht nach § 2259 BGB kann Bürgermeister, Konsularbeamte und vor allem Notare treffen, die einen Erbvertrag verwahren. Allerdings soll ein Erbvertrag vom beurkundenden Notar unverzüglich in besondere amtliche Verwahrung gebracht werden, also in die Verwahrung beim Amtsgericht (§ 34 Abs. 1 Satz 4, Abs. 2 BeurkG), dies gilt jedoch nicht, wenn die Parteien die besondere amtliche Verwahrung ausschließen, was im Zweifel auch anzunehmen ist, wenn der Erbvertrag mit einem anderen Vertrag in derselben Urkunde verbunden wird (§ 34 Abs. 2, Halbs. 2. BeurkG). Befindet sich ein Erbvertrag beim Erbfall noch in der **Verwahrung des Notars**, nämlich in seiner Urkundensammlung (§ 34 Abs. 3 BeurkG, § 18 DONot), obliegt es dem Notar, beim Erbfall den Erbvertrag[6] an das Nachlassgericht abzuliefern (§ 34a Abs. 3 Satz 1 BeurkG).[7] Das gilt auch für Erbverträge, die von den Parteien nach § 2290 BGB oder sonst wie aufgehoben oder sonst gegenstandslos oder unwirksam geworden sind.[8] 5

Vom Ausnahmefall des § 45 Abs. 2 BeurkG abgesehen,[9] durfte die Urschrift des Erbvertrags den Beteiligten nicht ausgehändigt werden, sondern verblieb auch dann, wenn die Beteiligten die besondere amtliche Verwahrung ausgeschlossen hatten, in der Verwahrung des Notars (§ 34 Abs. 3 Satz 1 BeurkG; § 18 Abs. 4 DONot). Auch wenn die **besondere amtliche Verwahrung nachträglich ausgeschlossen** wurde, durfte diese nicht an die Beteiligten herausgegeben werden; die Urschrift war dann vielmehr nur entweder offen bei den Gerichtsakten zu verwahren oder in die Verwahrung des Urkundennotars zurückzugeben.[10] Auch wenn der Erbvertrag formwirksam aufgehoben wurde, konnte die Urschrift nicht den Beteiligten ausgehändigt werden.[11] Die Regelung des § 25 Abs. 2 BNotO, der seit dem 08.09.1998 durch den wortgleichen § 34 Abs. 3 BeurkG ersetzt wurde, war **verfassungsgemäß**, da es den Beteiligten freisteht, ob sie die Testierform des Erbvertrags wählen,[12] aber wenig sachgerecht.[13] Der Gesetzgeber hat erst sehr spät durch die Einfügung von **Abs. 2** die **Möglichkeit** geschaffen, dass alle Vertragschließenden die **Rücknahme des Erbvertrags** mit der Widerrufswirkung des § 2256 Abs. 1 verlangen können (zu Einzelheiten s. Rdn. 9 ff.). 6

Die verwahrende Behörde erhält Kenntnis vom Erbfall in der Regel durch Mitteilung des Zentralen Testamentsregisters (ZTR), § 7 Abs. 1 Satz 1 ZTRV.[14] Erfährt der Notar in anderer Weise vom Eintritt des Erbfalls und weiß positiv, dass er eine Urkunde mit entsprechenden erbrechtlichen Wirkungen beurkundet hat, so trifft ihn die Ablieferungspflicht unabhängig von der Benachrichtigung durch das ZTR.[15] Wenn sich ein Gericht, bei dem ein Erbvertrag offen verwahrt ist, nach 7

4 *Kipp/Coing* § 123 II 1; *Lange/Kuchinke* § 38 III 2 b; MünchKomm/*Musielak* Rn. 3.
5 RGZ 48, 99.
6 Und zwar die Urschrift, KG KGJ 36 A 91.
7 NK-BGB/*Horn* Rn. 4.
8 KG JW 1938, 1455 = DNotZ 1938, 450; LG Aachen MDR 1988, 506; LG Augsburg MittBayNot 1982, 84; MünchKomm/*Musielak* Rn. 2; RGRK-BGB/*Kregel* Rn. 2; Soergel/*M. Wolf* Rn. 4; **a.A.** *Boehmer* DNotZ 1940, 192.
9 Dazu OLG Köln DNotZ 1989, 643, 644.
10 OLG Hamm FamRZ 1974, 391; MittRhNotK 1989, 146.
11 OLG Köln DNotZ 1989, 643; LG Aachen Rpfleger 1988, 266.
12 BVerfG MittRhNotK 1989, 146 (Nichtannahmebeschluss); **a.M.** *Fassbender* MittRhNotK 1989, 125, 129 ff.
13 Kritisch zum Rückgabeverbot und für eine Gesetzesänderung *Weirich* DNotZ 1997, 6, 8.
14 Dazu etwa *Armbürster/Preuß/Renner/Eickelberg* § 20 DONot Rn. 30.
15 *Armbürster/Preuß/Renner/Eickelberg* § 20 DONot Rn. 30.

dem Tod des Erblassers weigert, ihn an das Nachlassgericht abzuliefern, so hat dieses das Recht zur Beschwerde.[16]

2. Eröffnungsverbote, § 2263 BGB

8 Eine Anordnung der Vertragspartner, durch die sie verbieten, den Erbvertrag alsbald nach dem Tode eines von ihnen zu eröffnen, ist nichtig, § 134 BGB.

III. Aufhebung durch Rücknahme

1. Gesetzeszweck

9 Seit langem war kritisiert worden, dass das geltende Recht den Vertragschließenden keine Möglichkeit gab, die Rücknahme eines Erbvertrags aus der amtlichen oder notariellen Verwahrung zu verlangen und dadurch zu vermeiden, dass inhaltlich zwischenzeitlich überholte Erbverträge im Erbfall doch noch an das Nachlassgericht abgeliefert und dort eröffnet werden müssen.[17] Die fehlende Möglichkeit einer körperlichen Vernichtung der Originalurkunde wurde beim Erbvertrag als eines der wesentlichen Nachteile gegenüber dem gemeinschaftlichen Testament empfunden.[18] Der Gesetzgeber hat auf diese Kritik erst spät durch die Einfügung des Abs. 2 aufgrund des Gesetzes zur Änderung des Rechts der Vertretung durch Rechtsanwälte vor den Oberlandesgerichten vom 23.07.2002 (BGBl I 2850) reagiert. Danach können seit dem 01.08.2002 auch Erbverträge aus der amtlichen oder notariellen Verwahrung zurückgenommen werden, wenn sie lediglich Verfügungen von Todes wegen enthalten. Damit gelten die darin enthaltenen vertragsmäßigen wie einseitigen Verfügungen als widerrufen (§ 2300 Abs. 2 Satz 3, 2256 Abs. 1 Satz 1 BGB). Dadurch sollte die Rechtslage an die des gemeinschaftlichen Testaments angeglichen werden.[19] Die Vorschrift wirft allerdings verschiedene Zweifelsfragen auf.[20] Dies beruht insbesondere darauf, dass sich Abs. 2 im Wesentlichen auf Verweisungen beschränkt, welche den sachlichen Unterschieden zu den in Bezug genommenen Vorschriften aber nicht hinreichend Rechnung tragen. Die Anwendung in der Praxis wird dadurch glücklicherweise nicht wesentlich beeinträchtigt.[21]

2. Voraussetzungen der Rückgabe

a) Gegenstand der Rückgabe

10 In **sachlicher Hinsicht** erfasst die Rücknahmemöglichkeit nach § 2300 Abs. 2 BGB nur solche Erbverträge, die **ausschließlich Verfügungen von Todes** wegen enthalten. Keine Rücknahmemöglichkeit besteht daher, wenn die Erbvertragsurkunde auch bereits *zu Lebzeiten* der Beteiligten wirksame Bestimmungen beinhaltet, etwa einen *Verpfründungsvertrag* (vgl. etwa § 2295 BGB), einen *Verfügungsunterlassungs-* oder einen *Ehevertrag* oder eine Vollmacht.[22] Auch ein *Erb- oder Pflichtteilsverzicht* (§ 2346 BGB) oder Erbschaftsverträge nach § 311b Abs. 4 und 5 BGB sind Rechtsgeschäfte unter Lebenden, die, wenn sie in der gleichen Urkunde enthalten sind, die Rücknahme des Erbvertrags ausschließen,[23] nicht aber eine **Beschränkung der elterlichen Vermögenssorge** nach **§ 1638 BGB**, weil dies in der Form einer Verfügung von Todes wegen zu erfolgen und auch inhaltlich einen

16 KG Recht 1909 Nr. 124.
17 Für Gesetzesänderung *Weirich* DNotZ 1997, 6, 8.
18 S. Vorbem. zu §§ 2265 ff. BGB Rdn. 35.
19 BT-Drucks. 14/9266, S. 49; *von Dickhuth-Harrach* RNotZ 2002, 384; *Reimann* FamRZ 2002, 1383, 1384 f.
20 Eingehend dazu *von Dickhuth-Harrach* RNotZ 2002, 384; *Keim* ZEV 2003, 55.
21 Staudinger/*Kanzleiter* Rn. 5.
22 Bamberger/Roth/*Litzenburger* Rn. 3; MünchKomm/*Musielak* Rn. 5; *Keim* ZEV 2003, 55; *Frank* NotBZ 2003, 8, 11.
23 *Reimann* FamRZ 2002, 1383, 1385.

rein erbrechtlichen Kontext hat.[24] Erfolgt die Rückgabe dennoch, obgleich der Erbvertrag nicht nur Verfügungen von Todes wegen enthält, so tritt die Aufhebungswirkung nicht ein, der Erbvertrag gilt weiter.[25] Zur Vermeidung der sich daraus ergebenden Haftungsgefahr, die sich insbesondere daraus ergeben kann, dass ein stillschweigender Pflichtteilsverzicht mit erklärt wurde, sollte daher in Zweifelsfällen der Erbvertrag besser nach § 2290 BGB aufgehoben werden.[26]

Es besteht aber **keine generelle Belehrungspflicht** des Notars bei der Beurkundung solcher verbundenen Verträge, auf den dadurch eintretenden Ausschluss der späteren Rücknahmemöglichkeit hinzuweisen,[27] denn es besteht oftmals eine Pflicht zur Beurkundung der gesamten Vereinbarung, die am besten durch die Aufnahme in einer Urkunde erfüllt wird. Ob dem Rücknahmerecht auch **Ausfertigungen** unterliegen, ist im Gesetz nicht geregelt; hierfür spricht allerdings, dass die Ausfertigung die Urschrift im Rechtsverkehr vertritt (§ 47 BeurkG), daher der Ablieferungspflicht nach § 2259 BGB unterliegt und nach § 2260 BGB zu eröffnen ist. Entsprechend dem Gesetzeszweck, die Eröffnung der von den Vertragsteilen nicht mehr gewollten erbvertraglichen Verfügungen zu verhindern, muss sich daher das Rückgaberecht der Vertragsteile auch hierauf erstrecken; Gleiches gilt nach teilweise vertretener Meinung auch für **beglaubigte Abschriften**, die auch der Eröffnungspflicht unterliegen; kritisch dazu Rdn. 21.[28] 11

In **zeitlicher Hinsicht** ist § 2300 Abs. 2 BGB zum 01.08.2002 in Kraft getreten; Überleitungsvorschriften enthält das Gesetz nicht. Daher besteht die Rücknahmemöglichkeit auch hinsichtlich solcher Erbverträge, die bereits vorher beurkundet wurden.[29] Dies entspricht auch dem Gesetzeszweck, wonach die Rechtslage beim Erbvertrag derjenigen beim gemeinschaftlichen Testament angeglichen werden sollte. 12

Die Rückgabe ist sowohl bei den Erbverträgen möglich, die sich in der besonderen **amtlichen Verwahrung** des Nachlassgerichts befinden (§§ 344 ff. FamFG), wie bei denen, die in notarieller Verwahrung sind (§ 34 Abs. 2 und 3 BeurkG, §§ 18 Abs. 4, 20 DONot). Die unterschiedliche Verwahrungszuständigkeit bedingt allerdings auch die Zuständigkeit für das Rückgabeverfahren. 13

b) Rückgabeverlangen

Die Rückgabe setzt zum einen ein entsprechendes **Rückgabeverlangen** voraus[30] und zum anderen in Vollzug desselben den **Realakt der körperlichen Rückgabe**, der – wie beim gemeinschaftlichen Testament – nur an alle Vertragsschließenden gemeinschaftlich erfolgen kann. Das Erfordernis des Rückgabeverlangens ergibt sich zwar nicht aus dem ausdrücklichen Wortlaut des Abs. 2, ist aber zu § 2256 BGB allgemein anerkannt,[31] auf dessen Abs. 1 ausdrücklich Bezug genommen wird. Abs. 2 Satz 2 bestimmt, dass die Rückgabe nur an alle Vertragsschließenden gemeinschaftlich erfolgen kann; im Übrigen regelt das Gesetz das **Rückgabeverfahren** nicht selbstständig. Es enthält nur in § 2300 Abs. 2 Satz 2, Halbs. 2 BGB eine Verweisung auf die Vorschrift des § 2290 Abs. 1 Satz 2, Abs. 2 und 3 BGB, wodurch gewährleistet werden soll, dass die für die Aufhebung eines Erbvertrags geltenden Schutzvorschriften nicht umgangen werden.[32] Auf § 2256 Abs. 2 BGB, wonach der Erblasser die Rückgabe jederzeit verlangen kann und die Rückgabe nur an ihn persönlich erfolgen darf, wird aber in § 2300 Abs. 2 BGB ausdrücklich nicht verwiesen. 14

24 OLG Hamm NJW-RR 2015, 1187; Gutachten DNotI-Report 2007, 100, 101; BeckOGK/*Müller-Engels* Rn. 19.

25 *Armbürster/Preuß/Renner/Eickelberg* § 20 DONot Rn. 17.

26 *Frank* NotBZ 2003, 8, 11; *Armbürster/Preuß/Renner/Eickelberg* § 20 DONot Rn. 17.

27 Bamberger/Roth/*Litzenburger* Rdnr. 2a hält dies für »ratsam«.

28 So wohl auch *von Dickhuth-Harrach* RNotZ 2002, 384, 396.

29 *Bamberger/Roth/Litzenburger* Rn. 3; MünchKomm/*Musielak* Rn. 5; Staudinger/*Kanzleiter* Rn. 6.

30 *Keim* ZEV 2003, 55, 56; MünchKomm/*Musielak* Rn. 5.

31 S.o. § 2256 BGB Rdn. 6.

32 BT-Drucks. 14/9266, S. 49.

15 Mangels klarer Regelung kann sich die Verweisung auf die genannten Bestimmungen über die Aufhebung des Erbvertrags entweder allein auf das **Rückgabeverlangen**, den Realakt der Rückgabe oder auf beides beziehen.[33] Denn der Gesetzgeber hat die Unterscheidung zwischen Rückgabeverlangen und Rückgabeakt nicht gesehen. Zunächst liegt es nahe, die Verweisung auf die genannten rechtsgeschäftlichen Bestimmungen des § 2290 BGB nicht auf die Rückgabe als tatsächliche Handlung, sondern auf das Rückgabeverlangen als ebenfalls rechtsgeschäftliche Erklärung anzuwenden, weil die Erbvertragsaufhebung ein Rechtsgeschäft ist und das Rückgabeverlangen zumindest eine **rechtsgeschäftsähnliche Handlung**.[34] Demnach kann die Rückgabe nur so lange verlangt werden, als noch alle **Vertragsschließenden**, also auch der andere Vertragsteil, der nur die Verfügungen des anderen annimmt, **am Leben** sind (§ 2290 Abs. 1 Satz 2 BGB). Dementsprechend erlischt das Recht zur Rücknahme **bereits mit dem Tode eines der Vertragsteile**, mag der Verstorbene selbst auch keine Verfügung von Todes wegen getroffen haben.[35]

16 Aus dieser Verweisung ergibt sich weiter, dass derjenige, der in dem Erbvertrag Verfügungen von Todes wegen getroffen hat, das **Rücknahmeverlangen** grundsätzlich nur **höchstpersönlich** stellen kann. Bei dieser Lesart werden an das Rücknahmeverlangen beim Erbvertrag allerdings strengere Anforderungen gestellt als beim Testament, denn dort wird diesbezüglich – allerdings nicht bezüglich des Realakts der Rücknahme – teilweise eine Stellvertretung zugelassen.[36] Ein Betreuer des anderen Vertragsschließenden, der in dem Erbvertrag keine Verfügung von Todes wegen getroffen hat, bedarf zur Rücknahme der betreuungs**gerichtlichen Genehmigung** (§ 2290 Abs. 3 BGB).[37] Weiter ist für die Wirksamkeit der Rücknahme erforderlich, dass der im Erbvertrag verfügende Teil noch **geschäftsfähig** ist,[38] denn die Rücknahme hat zumindest die Wirkungen einer Verfügung von Todes wegen,[39] wenn man in ihr mit der h.M. nicht sogar sowohl ein Rechtsgeschäft unter Lebenden als auch – wegen der Widerrufswirkung – eine Verfügung von Todes wegen sieht.[40] Da für den Abschluss des Erbvertrags nicht die Testier-, sondern die Geschäftsfähigkeit erforderlich ist (§ 2275 BGB, s. dazu § 2275 BGB Rdn. 1 ff.), muss für die Rückgabe als »actus contrarius« das Gleiche gelten. Wie bei der Rückgabe eines Testaments nach § 2256 BGB wird man auch hier die Auffassung vertreten können, dass es ausreichend ist, wenn die Geschäftsfähigkeit wenigstens im Zeitpunkt der tatsächlichen Aushändigung gegeben ist,[41] während von einer Gegenmeinung[42] gefordert wird, dass das Rücknahmebegehren bis zur tatsächlichen Aushändigung aufrechterhalten wird, woraus man das Erfordernis des Bestehens der Geschäftsfähigkeit sowohl im Zeitpunkt der Stellung des Rücknahmeverlangens wie bei Durchführung der Rückgabe selbst herleiten kann.

c) Die eigentliche Rückgabe

17 Die Rückgabe des Erbvertrags, also dessen tatsächliche, körperliche Aushändigung, darf nur an *»alle Vertragsschließenden gemeinschaftlich«* erfolgen (§ 2300 Abs. 2 Satz 2, Halbs. 1 BGB). Anders als in § 2256 Abs. 2 Satz 2 BGB für das Testament, auf den § 2300 Abs. 2 BGB gerade nicht verweist, bestimmt das Gesetz jedoch ausdrücklich nicht mehr, dass der Erbvertrag nur an den Erblasser per-

33 Nicht klar unterscheidend Bamberger/Roth/*Litzenburger* Rn. 3.

34 Zust. NK-BGB/*Horn* Rn. 8.

35 NK-BGB/*Horn* Rn. 9; *Keim* ZEV 2003, 55, 56; Palandt/*Weidlich* Rn. 4; Staudinger/*Kanzleiter* Rn. 7; zu den sich für das Verfahren hieraus ergebenden Problemen s. nachstehend Rdn. 17 aE.

36 S. § 2256 BGB Rdn. 6, str; **a.M.** LG Augsburg Rpfleger 1998, 344.

37 *Keim* ZEV 2003, 55, 56.

38 NK-BGB/*Horn* Rn. 10; *Keim* ZEV 2003, 55, 56.

39 So etwa *Firsching/Graf* Rn. 4.26 unter unzutreffendem Bezug auf BayObLG NJW-RR 1990, 1481 = FamRZ 1990, 1404.

40 So etwa BGHZ 23, 207, 211; BayObLGZ 1960, 490, 494; Palandt/*Weidlich* § 2256 Rn. 3; **a.M.** oben § 2272 BGB Rdn. 7; *Soergel/Harder* § 2256 (nur Fiktion des Widerrufs); gegen Verfügung von Todes wegen auch Staudinger/*Baumann* § 2256 Rn. 4.

41 So *von Dickhuth-Harrach* (Rn. 29) 390; § 2256 BGB Rdn. 6.

42 LG Augsburg Rpfleger 1998, 344, 345; wohl auch Palandt/*Weidlich* § 2256 Rn. 2.

sönlich zurückgegeben werden muss. Demgegenüber lautete der ursprüngliche Entwurf, dass »die Rücknahme nur durch alle Vertragsschließenden persönlich erfolgen« könne; anschließend war nur eine Verweisung auf § 2290 Abs. 3 BGB vorgesehen. Durch die neu aufgenommene Verweisung auf § 2290 Abs. 2 Satz 1 BGB, wonach der Erblasser den Aufhebungsvertrag nur persönlich schließen kann, glaubte man offenbar, auf die ausdrückliche Normierung des Erfordernisses der persönlichen Rückgabe verzichten zu können. Dies ist in zweifacher Hinsicht unzutreffend: Zum einen *sachlich*, weil sich die Verweisung auf § 2290 Abs. 2 Satz 1 BGB auch dahingehend auslegen lässt, dass damit *nur* das *Rücknahmeverlangen*, nicht aber der Realakt der körperlichen Rückgabe gemeint sein kann.[43] Zum anderen in *persönlicher Hinsicht*, weil § 2290 Abs. 2 Satz 1 BGB das Erfordernis der Höchstpersönlichkeit nur für den Erblasser normiert, nicht aber für den **nicht verfügenden anderen Vertragsschließenden**, der aber im Hinblick auf die ihm gegenüber bereits eingetretene Bindungswirkung gegen einen einseitigen Widerruf der erbvertragsmäßigen Verfügung erst recht geschützt sein muss. Daher ist auch bei **ihm** die **Stellvertretung** ausgeschlossen .[44] Dem kann nicht entgegen gehalten werden, dass die Rückgabe »nur an alle Vertragsschließenden gemeinschaftlich erfolgen« darf: Denn auch bei der körperlichen Übergabe ist nicht ausgeschlossen, dass der eine für die anderen handelt. Wendet man auf diesen Realakt besitzrechtliche Kategorien an, so sind auf alle Fälle auch Besitzmittlungsverhältnisse möglich, die zu einer Zurechnung der Herausgabe der Erbvertragsurkunde auch gegenüber den anderen Vertragsteilen führen können. Die **Notwendigkeit** einer **einschränkenden Auslegung** des § 2300 Abs. 2 Satz 1 BGB i.S. von »persönlich« anstelle von »gemeinschaftlich« ergibt sich jedoch für diejenigen relativ einfach, die in der Rückgabe eine Verfügung von Todes wegen sehen: Denn eine Stellvertretung im letzten Willen ist grundsätzlich ausgeschlossen (§ 2064 BGB).[45] Wer der Rückgabe wegen der Widerrufsfiktion nur die »Wirkungen einer letztwilligen Verfügung« beilegt, tut sich mit einer restriktiven Interpretation schwer, kann jedoch anstelle des dogmatisch konstruktiven Arguments immerhin noch auf die Manipulationsgefahren verweisen, welche die Verwahrungssicherheit gefährden würden, ließe man hinsichtlich der körperlichen Rücknahme eine »Stellvertretung« in irgendeiner Form zu. Diese Interpretation entspricht der auch vom Gesetzgeber ausdrücklich gewollten Angleichung an die Rechtslage beim gemeinschaftlichen Testament.[46] Die Gegenansicht, welche bezüglich des nicht verfügenden Vertragsteils eine Vertretung zulässt, führt zu einem in der Praxis nicht lösbaren Problem:[47] Nach § 2290 Abs. 1 Satz 2 BGB, auf den insoweit ebenfalls verwiesen wird, ist eine Aufhebung des Erbvertrags nach dem Tod auch nur eines Vertragsteils ausgeschlossen (dazu bereits Rdn. 15). Dies muss dann aber auch für die Rücknahme gelten. Daraus ergibt sich: Lässt sich der nicht verfügende Vertragsteil bei der Durchführung der Rückgabe vertreten, so muss sich der die Rücknahme durchführende Notar oder – bei dem Verfahren vor dem Nachlassgericht – der Rechtspfleger darüber versichern, dass der Vertretene tatsächlich noch am Leben ist, sonst hat die Rücknahme zu unterbleiben. Selbst eine amtliche Lebensbescheinigung, die für eine solche Feststellung noch am zuverlässigsten in Betracht käme, bietet aber auch hierfür nicht volle Gewissheit. Daher scheidet faktisch und in der Praxis eine solche **Vertretung** in dem Rücknahmeverfahren aus.[48]

Da eine »getrennte« **körperliche Aushändigung** der einheitlichen Erbvertragsurkunde an mehrere 18
Beteiligte nicht möglich ist, kann die demnach erforderliche »gemeinschaftliche« i.S. von persönliche Rückgabe gem. § 2300 Abs. 2 Satz 2, Halbs. 1 BGB nur dadurch bewirkt werden, dass **sämtliche am Abschluss des Erbvertrags Beteiligten**, also auch die lediglich eine Verfügung anneh-

43 S. bereits Rdn. 15.

44 Ebenso NK-BGB/*Horn* Rn. 10; wohl auch Palandt/*Weidlich* Rn. 4 (»höchstpersönlich«); **a.M.** *Keim* ZEV 2003, 55, 56; Staudinger/*Kanzleiter* Rn. 7; *von Dickhuth-Harrach* RNotZ 2002, 384, 390; *Armbürster/Preuß/Renner/Eickelberg* § 20 DONot Rn. 17; *Reimann* FamRZ 2002, 1383, 1385.

45 So MünchKomm/*Musielak* Rn. 5.

46 BT-Drucks. a.a.O., S. 49.

47 Hierzu Bamberger/Roth/*Litzenburger* Rn. 5.

48 *Armbürster/Preuß/Renner/Eickelberg* § 20 DONot Rn. 17 Fn. 44.

menden anderen Vertragsschließenden, gleichzeitig vom verwahrenden Notar oder Nachlassgericht die Erbvertragsurkunde zurückerhalten.[49]

19 Kann einer der **Vertragsteile aus gesundheitlichen** oder sonstigen zwingenden Gründen die **Urkunde nicht selbst** bei der verwahrenden Stelle entgegen nehmen, so gelten die diesbezüglich zu § 2256 BGB entwickelten Grundsätze.[50] Eine Übersendung durch die Post ist demnach unzulässig und würde die Widerrufswirkung entfallen lassen. Vielmehr muss der Vertragsschließende aufgesucht und die Urkunde ihm – und gleichzeitig den anderen Vertragsteilen – ausgehändigt werden. Bei der Rückgabe durch das Nachlassgericht als verwahrende Stelle ist anerkannt, dass diese allerdings auch im Wege der **Rechtshilfe** erfolgen kann (s. § 2256 BGB Rdn. 7). Für den **Notar** ergibt sich eine räumliche Beschränkung auf seinen **Amtsbereich** oder Amtssitz nicht aus §§ 10a, 11 BNotO, weil der Abs. 2 dieser Vorschriften nur für Urkundstätigkeiten i.S. von §§ 20 bis 22 BNotO gilt,[51] es sich jedoch hier um eine betreuende Tätigkeit i.S. von §§ 23, 24 BNotO handelt.[52] Zudem wird man auch bei ihm eine Möglichkeit der »**Rechtshilfe**« durch den örtlich zuständigen Kollegen analog § 11a BNotO für zulässig halten müssen.[53] Alternativ besteht auch die allerdings sehr umständliche und kostenintensive Möglichkeit, dass die Vertragsteile nachträglich den Ausschluss der amtlichen Verwahrung widerrufen (§ 34 BeurkG) und damit die besondere Verwahrung begründen. Dann hat der Notar den Erbvertrag an das Nachlassgericht abzuliefern. Dort kann dann im Wege der Rechtshilfe nach dem dann für das Nachlassgericht geltenden § 27 Nr. 8 AktO die Rücknahme durch ein ortsnäheres Gericht oder (bei Aufenthalt im Ausland) ein Konsulat durchgeführt werden.[54] Ist unter Beachtung dieser Vorgaben trotz alledem eine Aushändigung an alle Vertragsteile **nicht möglich**, ist eine Rücknahme des Erbvertrags nach § 2300 Abs. 2 BGB ausgeschlossen.[55]

d) Das Rückgabeverfahren

20 Für die Durchführung der Rückgabe **funktionell zuständig** ist für die bei den Nachlassgerichten verwahrten Erbverträge der Rechtspfleger (§ 3 Nr. 2c RPflG). Bei den in **notarieller Verwahrung** befindlichen Erbverträgen hat der Notar selbst die Rückgabe zu bewirken, weil für ihn der Grundsatz der persönlichen Amtsausübung gilt (vgl. etwa § 25 Abs. 1 BNotO). Er kann diese Tätigkeit daher nicht auf seine Mitarbeiter delegieren.[56]

21 **Gegenstand der Rückgabe** ist die **Urschrift** des Erbvertrags, aber auch die davon gemachten Ausfertigungen, da diese nach § 47 BeurkG die Urschrift im Rechtsverkehr vertreten. Daneben wird vertreten, dass auch die Rückgabe der vom Notar gefertigten und bei ihm verwahrten **beglaubigten Abschriften** verlangt werden kann, da auch diese der Ablieferungspflicht nach § 2259 BGB unterliegen.[57] Ein solches Verfahren mag zweckmäßig sein, um diese Ablieferungspflicht zu vermeiden;

---

49 Ebenso Rundschreiben der Bundesnotarkammer Nr. 25/2002 vom 13.08.2002; DNotl-Report 2002, 135; **a.M.** *von Dickhuth-Harrach* RNotZ 2002, 384, 390 und Staudinger/*Kanzleiter* Rn. 7 für den nicht verfügenden Vertragsteil, weil sich dieser auch beim Aufhebungsvertrag vertreten lassen könne.

50 Vgl. etwa dazu oben § 2256 BGB Rdn. 7; Staudinger/*Baumann* § 2256 Rn. 14.

51 *Schippel/Bracker* BNotO, § 11 Rn. 2.

52 **A.M.** offenbar *von Dickhuth-Harrach* RNotZ 2002, 384, 391, ganz überwiegend wird dieses Abgrenzungsproblem aber gar nicht gesehen, vgl. etwa in *Armbürster/Preuß/Renner/Eickelberg* § 20 DONot Rn. 25; Gutachten DNotI-Report 2003, 3.

53 NK-BGB/*Horn* Rn. 12; *Keim* ZEV 2003, 55, 56; *Reimann* FamRZ 2002, 1383, 1385; **a.M.** *von Dickhuth-Harrach* Rn. (29) 391.

54 *Frank* NotBZ 2003, 8, 12; *Armbürster/Preuß/Renner/Eickelberg* § 20 DONot Rn. 25; *Dickhuth-Harrach* RNotZ 2002, 384, 391 f.; Gutachten DNotI-Report 2003, 3.

55 Staudinger/*Kanzleiter* Rn. 7.

56 *Keim* ZEV 2003, 55, 56; *Armbürster/Preuß/Renner/Eickelberg* § 20 DONot Rn. 25.

57 Gutachten DNotI-Report 2007, 137, 138; *Armbürster/Preuß/Renner/Eickelberg* § 20 DONot Rn. 26; einschränkender *Reimann* FamRZ 2002, 1383, 1385: Ausfertigungen sollten zurückgegeben werden, beglaubigte Abschriften aber nicht.

gegen einen Rechtsanspruch hierauf spricht allerdings, dass nach § 20 Abs. 3 Satz 1 DONot der Notar ausdrücklich berechtigt ist, den anlässlich der Rückgabe zu fertigenden Aktenvermerk auf einer solchen beglaubigten Abschrift anzubringen.[58] Der Ablieferungspflicht kann auch nicht dadurch vorgebeugt werden, dass mit Zustimmung der Beteiligten aus Gründen einer zweckmäßigen Beweissicherung zumindest eine einfache Abschrift in der Urkundensammlung des Notars verbleibt.[59] Denn nach allerdings umstrittener Meinung unterliegen auch einfache Abschriften der Ablieferungspflicht nach § 2259 BGB.[60]

Nach **§ 2256 Abs. 1 Satz 2 BGB**, der durch § 2300 Abs. 2 Satz 3 BGB für entsprechend anwendbar erklärt ist, hat die zurückgebende Stelle die Vertragsteile über die **Folge der Rückgabe zu belehren** und dies auf der zurückzugebenden Urkunde vermerken. Dies kann etwa durch folgende Worte geschehen: »Dieser Erbvertrag gilt durch die am … erfolgte Rückgabe aus der notariellen Verwahrung als widerrufen«. Befindet sich dieser Text auf einem Beiblatt, ist er regelmäßig mit Schnur und Siegel mit dem Originalerbvertrag zu verbinden (§ 44 BeurkG, § 30 DONot).[61] **Unterbleibt** die erforderliche **Belehrung**, so ist deswegen die Rückgabe nicht unwirksam, es kann jedoch zu Amtshaftungsansprüchen kommen, u.U. ist auch das Rücknahmeverlangen anfechtbar.[62] Das weitere zu beachtende Verfahren ist für **Notare in § 20 Abs. 3 DONot**, für das **Nachlassgericht in § 27 AktO** geregelt.[63] Nachstehend ist schwerpunktmäßig das von einem Notar zu beachtende Verfahren dargestellt. 22

Der Notar hat demnach die Erfüllung der ihm gem. §§ 2300 Abs. 2, 2256 Abs. 1 Satz 2 BGB obliegenden Pflichten auf dem **Vermerkblatt** oder der beglaubigten Abschrift, die jeweils seinerzeit bei Beurkundung des Erbvertrags nach § 18 Abs. 4 Satz 2 DONot gefertigt wurden oder zumindest jetzt zu fertigen sind, aktenkundig zu machen (§ 20 Abs. 3 Satz 1 DONot, §§ 2256 Abs. 1 Satz 1, 2300 Abs. 2 Satz 3 BGB). Diese Aktennotiz ist vom Notar unter Angabe des Datums zu unterzeichnen; sie muss die Personen, an die der Erbvertrag zurückzugeben ist, entsprechend den Vorgaben des § 26 DONot bezeichnen (§ 20 Abs. 3 Satz 4 DONot). Die Anfertigung eines Vermerkblatts ist allerdings entbehrlich, wenn über die Rückgabe des Erbvertrags eine **Urkunde** in der gesetzlich vorgesehenen Form vorgenommen wird (§ 20 Abs. 3 Satz 3 DONot). Dabei geht der Notar den sichersten Weg, wenn er eine solche **Niederschrift** über den Rücknahmevorgang aufnimmt, weshalb dies auch durchweg empfohlen wird.[64] Dies ist auch das in der Praxis übliche Prozedere. Dabei handelt es sich um die Beurkundung »sonstiger Tatsachen oder Vorgänge«, sodass sich das Verfahren **nach den §§ 36 f. BeurkG** richtet. Dagegen liegt keine Beurkundung von Willenserklärungen nach § 8 BeurkG vor.[65] 23

58 Übersehen im Gutachten DNotI-Report 2007, 137, 138.

59 Dies empfiehlt etwa *Dickhuth-Harrach* RNotZ 2002, 384, 396 f.

60 Dies wird zumindestens dann überwiegend vertreten, wenn sie zum Beweis des Inhalts einer nicht mehr vorhandenen Urschrift dienen kann, so NK/*Beck* § 2259 Rn. 7; MünchKomm-BGB/*Hagena* § 2259 Rn. 13; *Palandt/Weidlich* § 2259 Rn. 2; *Soergel/J. Mayer* § 2259 Rn. 6; offenlassend PWW/*Avenarius* § 2259 Rn. 1.

61 *Reimann* FamRZ 2002, 1383, 1385.

62 *Armbürster/Preuß/Renner/Eickelberg* § 20 DONot Rn. 17 Fn. 46.

63 MünchKomm/*Musielak* Rn. 5; zu Details s. etwa oben § 2256 BGB Rdn. 8 und ausführlich *von Dickhuth-Harrach* RNotZ 2002, 384, 394 ff.; *Keim* ZEV 2003, 55, 57; *Armbürster/Preuß/Renner/Eickelberg* § 20 DONot Rn. 18 ff.; Rundschreiben der Bundesnotarkammer Nr. 25/2002 vom 13.08.2002; *Firsching/Graf* Rn. 4.27 zum Testament, wobei diese Ausführungen für den Erbvertrag entsprechend gelten.

64 *Reimann* FamRZ 2002, 1383, 1385; *Armbürster/Preuß/Renner/Eickelberg* § 20 DONot Rn. 19, 21; Eylmann/Vaasen/*Kanzleiter* § 20 DONot Rn. 9; Schippel/Bracker/*Bracker* § 20 DONot Rn. 7.

65 *Reimann* FamRZ 2002, 1383, 1385 f.; anders offenbar *Armbürster/Preuß/Renner/Eickelberg* § 20 DONot Rn. 21: es gelten die allgemeinen Regelungen zur Beurkundung von »Aufhebungsurkunden«; aber zum einen gibt es keine solchen allgemeinen Bestimmungen und zum anderen ist die Rücknahme nach § 2300 Abs. 2 BGB keine Aufhebung, sondern ihr wird nur Widerrufsfiktion (§ 2300 Abs. 2 Satz 3 BGB) beigemessen.

24 Die Rücknahme des Erbvertrages und der Tag der Rücknahme sind in das **Erbvertragsverzeichnis** oder die Kartei nach § 9 Abs. 2 DONot einzutragen (§ 20 Abs. 3 Satz 6 DONot). Da es sich um eine erbfolgerelevante Tatsache handelt, hat hierüber auch unverzüglich eine (elektronische) **Mitteilung** an das **Zentrale Testamentsregister** zu erfolgen (§ 34a Abs. 2 BeurkG, § 4 Abs. 2 ZTRV). Ein **Ausdruck** über die **Bestätigung der Registrierungsbehörde** über die Registrierung der Rücknahme im Zentralen Testamentsregister ist in der Urkundensammlung bei dem Vermerkblatt oder der beglaubigten Abschrift oder bei der über die Rückgabe gefertigten Niederschrift aufzubewahren (§ 20 Abs. 3 Satz 5 DONot).

25 Die Rücknahme löst eine 0,3 Gebühr nach Nr. 23100 KV aus, wobei sich der Wert aus den im Erbvertrag getroffenen Verfügungen im Zeitpunkt der Rückgabe bestimmt (§ 96 GNotKG). Wird durch denselben Notar demnächst eine erneute Verfügung von Todes wegen desselben Erblassers beurkundet, so wird diese Gebühr jedoch für das Beurkundungsverfahren angerechnet (Anm. zu Nr. 23100 KV GNotKG).[66]

3. Die Wirkung der Rückgabe

26 Die **ordnungsgemäße Rückgabe** des Erbvertrags, aber auch nur diese unter Beachtung des Abs. 2 Satz 1 und 2, gilt nach dem ausdrücklichen Wortlaut des Gesetzes als **Widerruf** i.S. von § 2256 Abs. 1 Satz 1 BGB (§ 2300 Abs. 2 Satz 3 BGB). Dass hier auch bezüglich der erbvertragsmäßigen Verfügungen eine »Widerrufsfolge« angeordnet wird, ist terminologisch nicht korrekt.[67] Denn das Gesetz sprach bis dahin bei der Rückgängigmachung von erbvertragsmäßigen Verfügungen immer nur von der »Aufhebung« (vgl. §§ 2289 Abs. 1, 2290 BGB). Nach dem Gesetzeszweck[68] und der ausdrücklichen Gesetzesbegründung, die von der Beseitigung der vertraglichen wie einseitigen Verfügungen des Erbvertrags ausgeht, muss man aber auch der ordnungsgemäßen Rückgabe hinsichtlich der vertragsmäßigen Verfügungen »Aufhebungswirkung« beilegen.[69] Für die einseitigen im Erbvertrag enthaltenen Verfügungen (§ 2299 BGB) ergibt sich im Übrigen die Widerrufswirkung nicht immer bereits aus der direkten Anwendung des § 2256 Abs. 1 Satz 1 BGB,[70] denn diese Bestimmung könnte allenfalls dann originär angewandt werden, wenn sich der Erbvertrag in der besonderen amtlichen Verwahrung des Nachlassgerichts befand.

27 Die **Aufhebungsfiktion** knüpft das Gesetz nicht an das Rückgabeverlangen, sondern an der Tatsache der **Rückgabe** durch den Notar.[71] Die durch die Rückgabe eintretenden **Wirkungen** sind **endgültig** und können nicht durch Testament (§ 2254 BGB) widerrufen werden[72] oder indem der Erbvertrag erneut in die Verwahrung gegeben wird.[73] Erbverträge enthalten aus Gründen der Rechtsklarheit regelmäßig eine Aufhebung oder einen »Widerruf« der früher getroffenen Verfügungen von Todes wegen. Die Widerrufsfiktion des §§ 2256 Abs. 1 Satz 1, 2300 Abs. 2 Satz 3 BGB wird sich regelmäßig auch hierauf erstrecken, sodass damit die zunächst widerrufenen Verfügungen wieder aufleben.[74] Anders liegt es nur, wenn nach dem Wille des Erblassers trotz des »Widerrufs

---

66 *Bormann* ZEV 2013, 425, 426 f.

67 MünchKomm/*Musielak* Rn. 5.

68 Rdn. 9.

69 Ebenso *von Dickhuth-Harrach* RNotZ 2002, 384, 392; MünchKomm/*Musielak* Rn. 5.

70 So aber Rundschreiben der Bundesnotarkammer, Nr. 25/2002 vom 13.08.2002.

71 *Reimann* FamRZ 2002, 1383, 1385; Staudinger/*Kanzleiter* Rn. 7.

72 NK-BGB/*Horn* Rn. 11; jurisPK/*B. Hamdan*/*M. Hamdan* Rn. 8; *Keim* ZEV 2003, 55, 56; Palandt/*Weidlich* Rn. 5; Staudinger/*Kanzleiter* Rn. 10; vgl. auch BayObLG NJW-RR 1990, 1481 zu § 2256 BGB.

73 NK-BGB/*Horn* Rn. 11; Staudinger/*Baumann* § 2256 Rn. 17 für das Testament.

74 Vgl. den Rechtsgedanken des § 2257 BGB und die Parallelproblematik bei der Erbvertragsaufhebung, oben § 2290 BGB Rdn. 30; s. ebenso Staudinger/*Kanzleiter* Rn. 10; BeckOGK/*Müller-Engels* Rn. 29; Palandt/*Weidlich* Rn. 5; NK-BGB/*Horn* Rn. 11; *von Dickhuth-Harrach* RNotZ 2002, 384, 393; *Keim* ZEV 2003, 55, 56 m. Beisp.

des Widerrufs« die ursprüngliche Verfügung von Todes wegen nicht wieder gelten soll.[75] Teilweise wird auch die Möglichkeit einer »Anfechtung der Rückgabe« befürwortet, die sich entsprechend der zur Anfechtung eines Aufhebungsvertrags nach § 2290 BGB entwickelten Grundsätze nach den §§ 2078 f. BGB bestimmt,[76] aber nur unter den Voraussetzungen möglich ist, die zur Rückgabe nach § 2256 BGB entwickelt wurden.[77]

§ 2300a *(aufgehoben)*

Die Vorschrift wurde durch Art. 50 Nr. 67 FGG-ReformG aufgehoben. Eine entsprechende Vorschrift findet sich nunmehr in § 351 FamFG. Allerdings betrifft die Ermittlungs- und gegebenenfalls Eröffnungspflicht bereits Verfügungen von Todes wegen, die sich seit mehr als 30 Jahren in der entsprechenden behördlichen Verwahrung befinden, und nicht wie früher nur solche, die sich seit über 50 Jahren dort befanden.[1] 1

§ 2301 Schenkung von Todes wegen

(1) Auf ein Schenkungsversprechen, welches unter der Bedingung erteilt wird, dass der Beschenkte den Schenker überlebt, finden die Vorschriften über Verfügungen von Todes wegen Anwendung. Das Gleiche gilt für ein schenkweise unter dieser Bedingung erteiltes Schuldversprechen oder Schuldanerkenntnis der in den §§ 780, 781 bezeichneten Art.

(2) Vollzieht der Schenker die Schenkung durch Leistung des zugewendeten Gegenstandes, so finden die Vorschriften über Schenkungen unter Lebenden Anwendung.

Literatur

Bartholomeyczik, Verfügung von Todes wegen zur Bestimmung, Änderung und zum Widerruf der Bezugsberechtigung aus einer Lebensversicherung, FS v. Lübtow (1970) 729; *Bonefeld/Heindl*, Zuwendungen auf den Todesfall unter Lebenden im Rahmen von Bankgeschäften – ein Kurzüberblick, ZErb 2014, 185; *Blaurock*, Vollzug der unentgeltlichen Zuwendung einer neugegründeten Unterbeteiligung, NZG 2012, 521; *Bühler*, Die Rechtsprechung des BGH zur Drittbegünstigung auf den Todesfall, NJW 1976, 1727; *Canaris*, Bankvertragsrecht, Rdz 210 ff.; *Damrau*, Zuwendungen unter Lebenden auf den Todesfall, Jura 70, 716; *Gubitz*, Der Wettlauf zwischen Erben und Begünstigten zum Vertrag zugunsten Dritter auf den Todesfall ist vermeidbar!, ZEV 2006, 333; *Haegele*, Zur Bezugsberechtigung aus einer Lebensversicherung, BWNotZ 1973, 110; *Hager*, Neuere Tendenzen beim Vertrag zugunsten Dritter auf den Todesfall, FS von Caemmerer (1977) 127; *Harder*, Zuwendungen unter Lebenden auf den Todesfall (1968); *ders.*, Das Valutaverhalten beim Vertrag zugunsten Dritter auf den Todesfall, FamRZ 1976, 418; *Hasse*, Interessenkonflikte bei der Lebensversicherung zugunsten Dritter, VVW Karlsruhe, 1981; *Hinz*, Bankverträge zugunsten Dritter auf den Todesfall, JuS 1965, 299; *Hoffmann*, Der Vertrag zugunsten Dritter von Todes wegen, AcP 158, 178; *Johannsen*, WM 1972, 1046; 1977, 302; 1979, 634; DNotZ 1977 Sonderheft 69/79 ff.; *Kuchinke*, Das versprochene Bankguthaben auf den Todesfall und die zur Erfüllung des Versprechens erteilte Verfügungsvollmacht über den Tod hinaus, FamRZ 1984, 109; *Kümpel*, Konto und Depot zugunsten Dritter auf den Todesfall, WM 1977, 1186; *Linnenbrink*, Der Vertrag zugunsten Dritter in der notariellen Praxis, MittRhNotK 1992, 261; *Mattern*, Rechtsgeschäfte unter Lebenden auf den Todesfall, BWNotZ 1965, 6; *Muscheler*, Vertrag zugunsten Dritter auf den Todesfall und Erbenwiderruf WM 1994, 921; *Reischl*, Zur Schenkung von Todes wegen (1996); *Muscheler*, Erbrecht Bd I, II (2010); *Rötelmann*, Zuwendungen unter Lebenden auf den Todesfall, NJW 1959, 661; *Trapp*, Die post- und transmortale Vollmacht zum Vollzug lebzeitiger Zuwendungen, ZEV 1995, 314; *Werkmüller*, Zuwendungen auf den Todesfall: Die Bank im Spannungsfeld der kollidierenden Interessen nach dem Tod ihrer Kunden, ZEV 2001, 97; *Wieacker*, Zur lebzeitigen Zuwendung auf den Todesfall, FS Lehmann I 271, 1956; *Zehner*, Versicherungssumme und Nachlaßinteressen, AcP 153, 424.

75 Vgl. dazu oben § 2257 BGB Rdn. 7; Staudinger/*Kanzleiter* Rn. 10; Staudinger/*Baumann* § 2257 Rn. 11.
76 So etwa *Keim* ZEV 2003, 55, 57; wohl auch NK-BGB/*Horn* Rn. 11.
77 Dazu oben § 2256 BGB Rdn. 9.
1 Zu diesem Verfahren eingehend *Kordel* DNotZ 2009, 644.

Übersicht

I. Allgemeines

1. Rechtsgeschichte

1 Das römische Recht verstand unter Schenkung von Todes wegen *(donatio mortis causa)* eine Schenkung, die jemand in Lebensgefahr oder in Gedanken an den Tod macht.[1] Das Gemeine Recht und der *Code Civil* haben die Schenkung auf den Todesfall als besonderes Rechtsinstitut anerkannt. Das BGB hat die Schenkung von Todes wegen als eigenständige Rechtseinrichtung beseitigt (Mot V 350; ZG V 61). Es kennt nur noch den engeren Begriff der Schenkung, die unter der Bedingung gemacht wird, dass der Beschenkte den Schenker überlebt.

2. Problematik der Schenkung von Todes wegen

2 Jede Schenkung des Erblassers kann die Stellung der Nachlassbeteiligten, also der Erben, Vermächtnisnehmer, Pflichtteilsberechtigten und der sonstigen Nachlassgläubiger gefährden.[2] Besonders gilt dies für die Schenkung von Todes wegen oder, was nach dem BGB dasselbe ist, auf den Todesfall. Denn bei dieser besteht weiter die Gefahr, dass der Erblasser versucht, durch ein Rechtsgeschäft unter Lebenden, das aber erst bei seinem Tod (endgültig) wirksam werden soll, dieselbe Wirkung herbeizuführen, die nach der Absicht des Gesetzgebers durch eine Verfügung von Todes wegen erzielt werden soll, und dass er so die Vorschriften über die Form dieser Verfügungen und über die Beschränkung der Testierfreiheit (§ 2271 Abs. 2 Satz 1, § 2289 Abs. 1 Satz 2 BGB) umgeht.[3] Andererseits kann ein gewisses Bedürfnis für die Regelung vermögensrechtlicher Verhältnisse für

1 *Kipp/Coing* § 81 II 2 a.
2 Vgl. Staudinger/*Kanzleiter* § 2301 Rn. 2.
3 Staudinger/*Kanzleiter* § 2301 Rn. 2; *Kipp/Coing* § 81 II 1 a, b.

den Todesfall durch Rechtsgeschäfte unter Lebenden nicht geleugnet werden.[4] Es fragt sich, wo die Grenze zu ziehen ist, inwieweit also die Schenkung von Todes wegen einer Verfügung von Todes wegen (Erbvertrag) gleichgestellt und inwieweit sie als echtes Rechtsgeschäft unter Lebenden (Schenkung) anerkannt werden soll.

3. Die Regelung des BGB

Das BGB behandelt die Schenkung, die unter der Bedingung des Überlebens des Beschenkten gemacht wird, als gewöhnliche Schenkung (§§ 516 ff. BGB), wenn der Schenker die Schenkung (zu seinen Lebzeiten) durch Leistung des zugewendeten Gegenstandes vollzieht (§ 2301 Abs. 2 BGB). In diesem Fall braucht also – wenn nicht etwa die Eigenart des zugewendeten Gegenstands für den Vollzug der Schenkung eine besondere Form erfordert, wie z.B. bei Grundstücken – bei der Schenkung keine besondere Form eingehalten zu werden, gleichgültig, ob sie ohne vorheriges Versprechen sofort vollzogen wird (Handschenkung, § 516 BGB) oder ob sie zunächst versprochen und später vollzogen wird.[5] Wird aber die Schenkung nur versprochen und zu Lebzeiten des Schenkers nicht vollzogen, so finden die Vorschriften über Verfügungen von Todes wegen Anwendung (Abs. 1 Satz 1). Das BGB hat es also für entscheidend erklärt, ob der Schenker die Schenkung (zu seinen Lebzeiten) durch Leistung des zugewendeten Gegenstandes vollzogen hat (§ 2301 Abs. 2 BGB). Diese Lösung hat grundsätzliche Billigung gefunden,[6] sie ist aber auch auf Widersprüche gestoßen.[7] Jedenfalls hat die Unterscheidung zwischen vollzogenen und nicht vollzogenen Schenkungen der Praxis erhebliche Schwierigkeiten bereitet.[8] Dazu kommt die Frage, ob bei Verträgen zugunsten Dritter, insbesondere bei Lebensversicherungsverträgen, § 2301 BGB durch die §§ 328, 331 BGB verdrängt wird.[9] 3

Die Rechtsfolge des § 2301 Abs. 1 Satz 1 BGB (Geltung der Vorschriften über Verfügungen von Todes wegen) tritt nach der **gesetzlichen Systematik** nur ein, wenn 4
a) ein Schenkungsversprechen vorliegt,
b) dieses unter der Bedingung steht, dass der Beschenkte den Schenker überlebt,
c) die Schenkung nicht zu Lebzeiten des Schenkers vollzogen wird (§ 2301 Abs. 2 BGB).

Fehlt auf der Tatbestandsseite eines dieser Merkmale, dann sind zumindest nicht die Vorschriften über die Verfügung von Todes wegen anwendbar.

Dies bedeutet:

Liegt keine **unentgeltliche Verfügung** vor, so handelt es sich um ein – dann näher zu qualifizierendes – Rechtsgeschäft unter Lebenden; deshalb scheidet eine Subsumtion von gesellschaftsvertraglichen Nachfolgeklauseln unter die Vorschrift des § 2301 Abs. 1 Satz 1 BGB aus, da es sich um ein gesellschaftsrechtliches, nicht um ein schenkungsrechtliches Faktum handelt.[10]

Fehlt es an der **Überlebensbedingung**, ist also eine Regelung z.B. daran geknüpft, dass der Beschenkte vorzeitig verstirbt, dann ist § 2301 Abs. 1 Satz 1 BGB nicht anwendbar.[11]

Erfolgt der **Vollzug der Schenkung** zu Lebzeiten des Schenkers, auch wenn die Erfüllung bis zum Tod hinausgeschoben ist, dann ist (§ 2301 Abs. 2 BGB) die Rechtsfolge des § 2301 Abs. 1 Satz 1 BGB nicht anwendbar.

---

4 BGHZ 8, 23, 32; *Rötelmann* N 2.
5 § 518 Abs. 2 BGB (s. Rdn. 34); *Muscheler* Bd. II Rn. 2863.
6 *Kipp/Coing* § 81 II 2.
7 Vgl. Staudinger/*Kanzleiter* § 2301 Rn. 2; *Lange/Kuchinke* § 33 I 6 d; *Meyer* ZEV 2017, 682.
8 *Kipp/Coing* § 81 III 1 c, Staudinger/*Kanzleiter* § 2301 Rn. 2.
9 Rdn. 59 ff., 76.
10 Vgl. dazu im Einzelnen Rdn. 14, 77.
11 Vgl. dazu folgende Rdn. 18 ff; vgl. auch *Muscheler* Bd. II Rn. 2844.

Eine **Einschränkung des Anwendungsbereiches** des § 2301 Abs. 1 Satz 1 BGB (Anwendung der Vorschriften über Verfügungen von Todes wegen) erfolgt dadurch, dass

a) die Anforderungen an den Begriff »vollzogene Schenkung« geringgehalten werden,[12]
b) bei Verträgen zugunsten Dritter auf den Todesfall gem. §§ 328, 331 BGB wegen des beim Tode des Schenkers eintretenden »Von-Selbst-Erwerbs« Formfreiheit angenommen wird, und zwar selbst dann, wenn das Valutaverhältnis (Verhältnis Schenker-Begünstigter) eine Schenkung darstellt.[13]

Damit wird die Anwendbarkeit von § 2301 Abs. 1 Satz 1 BGB schon tatbestandsmäßig eingeengt bzw. ausgeschlossen. Insbesondere Verfügungen über Bankkonten und Depots sind damit weitgehend dem Geltungsbereich des § 2301 Abs. 1 Satz 1 BGB entzogen. Die Rechtsfolge, die im § 2301 Abs. 1 Satz 1 BGB angeordnet ist, nämlich die Geltung der Form für Verfügungen von Todes wegen, wird also nur selten eintreten. Die Bedeutung des § 2301 Abs. 1 Satz 1 BGB ist daher praktisch gering. Demgemäß treten auch Schenkungsversprechen auf den Todesfall, die den Formvorschriften nicht entsprechen, selten auf.

4. Rechtsfolgen eines Schenkungsversprechens von Todes wegen

5 Liegen die tatbestandsmäßigen Voraussetzungen des Schenkungsversprechens von Todes wegen vor, so hat dies zur Folge:

a) Formellrechtliche Folgen

6 Gem. § 2301 Abs. 1 Satz 1 BGB sind die Vorschriften über Verfügungen von Todes wegen anzuwenden. Da das Schenkungsversprechen einen Vertrag erfordert (§ 518 Abs. 1 BGB), kommen hierfür nur die Vorschriften über vertragliche Verfügungen von Todes wegen in Betracht, also die Vorschriften über den Erbvertrag, §§ 2274 ff. BGB.[14] Die Schenkung von Todes wegen bedarf also der **notariellen Beurkundung** bei gleichzeitiger Anwesenheit beider Vertragsteile (§ 2276 BGB); der Schenker kann den Vertrag **nur persönlich** schließen (§ 2274 BGB).

7 Das BGB betrachtet (angenommene) Schenkungsversprechen als **Verträge**. Mit dem **einseitigen Versprechen** einer Schenkung auf den Todesfall hat es sich nicht befasst. Der Gesetzgeber nahm an, dass es sich in solchen Fällen um eine letztwillige Verfügung handle (Mot V 351). Wenn der Erklärende die Absicht hatte, eine Schenkung zu machen, die der Beschenkte annehmen sollte, aber nicht angenommen hat, ist die einseitige Erklärung des Schenkers u.U. als **letztwillige Verfügung** (eigenhändiges Privattestament, § 2247 BGB) aufrechtzuerhalten (§§ 133, 140, 2084 BGB). Allerdings ist dies nur möglich, wenn Anhaltspunkte dafür vorliegen, dass der »Schenker« den Beschenkten auf alle Fälle von Todes wegen bedenken wollte, auch für den Fall, dass er nicht mehr dazu kommen sollte, die Schenkung anzunehmen.[15] Unter dieser Voraussetzung kann ein einseitiges Schenkungsversprechen, das zwar für den Todesfall, aber nicht in der für den Erbvertrag vorgeschriebenen Form erteilt ist, z.B. in Briefform, in ein eigenhändiges Testament umgedeutet werden.[16] – Die praktischen Auswirkungen dieser Umdeutung kommen denen der Gegenmeinung nahe, die jede zulässige Form eines Testaments für das Schenkungsversprechen von Todes wegen ausreichen lässt.[17]

---

12 Vgl. unten Rdn. 34 ff.
13 Vgl. unten Rdn. 59 ff.
14 OLG München FamRZ 2011, 1757; Palandt/*Weidlich* § 2301 Rn. 6; BGB-RGRK/*Kregel* § 2301 Rn. 7. a.A. *Wieacker*, FS für Lehmann, S. 274 Fn. 10; *Lange/Kuchinke* § 33 II 1 a; Erman/*S. Kappler/T. Kappler* § 2301 Rn. 5; MünchKomm/*Musielak* § 2301 Rn. 13; *Muscheler* Bd. II Rn. 2847.
15 RG LZ 1924, 162; BGB-RGRK/*Kregel* § 2301 Rn. 7; *Planck/Greiff* § 2301 Anm. 2.
16 Soergel/*Wolf* § 2301 Rn. 6; Palandt/*Weidlich* § 2301 Rn. 6.
17 MünchKomm/*Musielak* § 2301 Rn. 13.

Das Schenkungsversprechen von Todes wegen wird in der Regel ein Erbeinsetzungsvertrag oder Vermächtnisvertrag sein.[18] Der Erbvertrag kann, wie jeder andere Vertrag, gegebenenfalls durch Anfechtung, Aufhebung oder Rücktritt aus der Welt geschafft werden (§§ 2281, 2290, 2293 ff. BGB). An die Stelle der Vorschriften über den Widerruf einer Schenkung (§§ 530 ff. BGB) treten diejenigen über den Rücktritt vom Erbvertrag (§§ 2293 ff. BGB). Widerruf nach § 530 BGB ist unzulässig,[19] jedoch kann grober Undank die Anfechtung begründen.[20] 8

Ist die Schenkung von Todes in einem Kaufvertrag über Grundstücke enthalten, ist zwar die Form (notarielle Beurkundung) gewahrt, aber § 2301 BGB nur dann, wenn der Vertrag vom Erblasser persönlich (§ 2274 BGB) und bei gleichzeitiger Anwesenheit der Vertragsteile (§ 2275 Abs. 1 Satz 1 BGB) abgeschlossen wurde. 9

b) Materiellrechtliche Folgen

Die Rechtsfolge, die in § 2301 Abs. 1 Satz 1 BGB angeordnet wird, beschränkt sich nicht auf den Bereich der Formvorschriften, sondern hat auch materiellrechtliche Auswirkungen: Ein Schenkungsversprechen von Todes wegen ist in seinen Wirkungen den Verfügungen von Todes wegen gleichgestellt.[21] Der Versprechensempfänger hat also, wie beim Erbvertrag der Bedachte, selbst wenn er Vertragspartner ist, keine gesicherte Rechtsposition, insbesondere keinen Anspruch gegen den Schenker und kein Anwartschaftsrecht.[22] Dies gilt unabhängig davon, ob das Versprechen als Vermächtnis oder, wenn es sich auf das gesamte Vermögen oder einen Bruchteil desselben bezieht, als Erbeinsetzung zu behandeln ist.[23] Ist Grundbesitz betroffen, hat dies zur Folge, dass eine Absicherung durch Auflassungsvormerkung nicht möglich ist; deshalb wird in aller Regel in derartigen Fällen auch nicht ein Schenkungsversprechen auf den Todesfall vereinbart, sondern eine unmittelbar bindende Schenkung, bei der lediglich die Erfüllung auf den Todeszeitpunkt des Schenkers hinausgeschoben wird.[24] 10

II. Der Begriff des Schenkungsversprechens

1. Unentgeltlichkeit

§ 2301 BGB gilt nur für Schenkungen, also nicht für sonstige unentgeltliche Verträge.[25] Schenkung ist nach § 516 BGB eine Zuwendung, durch die jemand aus seinem Vermögen einen anderen bereichert, wenn beide Teile darüber einig sind, dass die Zuwendung unentgeltlich sein soll. Unentgeltlich ist eine Zuwendung, der nach dem Inhalt des Rechtsgeschäfts keine Gegenleistung gegenübersteht. 11

Ein Vertrag, in dem jemand einer Hausangestellten für den Fall, dass sie bis zu seinem Tod in seinem Dienst bleibe, eine bestimmte Geldsumme verspricht, ist daher keine Schenkung auf den Todesfall, sondern ein gegenseitiger entgeltlicher Vertrag unter Lebenden, der keiner besonderen Form bedarf, denn die versprochene Geldsumme ist eine Vergütung für geleistete und noch zu leistende Dienste.[26] 12

Richten mehrere Personen gemeinsam ein Bankkonto in der Form eines »Oder«-Kontos ein,[27] so gehen zwar Inhaberschaft und Verfügungsbefugnis beim Ableben eines Teils auf den anderen über. Es liegt jedoch, wenn nichts weiter vereinbart ist, überhaupt keine Schenkung vor, sodass sich 13

18 *Kipp/Coing* § 81 III 2 a.
19 Palandt/*Weidlich* § 2301 Rn. 7; BGB-RGRK/*Kregel* § 2301 Rn. 7.
20 § 2078; *Lange/Kuchinke* § 31 II Fn. 47.
21 Soergel/*Wolf* § 2301 Rn. 5.
22 Erman/*S. Kappler/T. Kappler* § 2301 Rn. 5.
23 MünchKomm/*Musielak* § 2301 Rn. 14.
24 Vgl. etwa Formulierungsvorschlag bei Münchener Vertragshandbuch/*Otto* Bd. 6, XII 28.
25 BGHZ 8, 23; OLG Karlsruhe ZEV 2000, 108; vgl. *Stachels* JR 1949, 383; *Ehlers* JR 1950, 86.
26 RG JW 1920, 139; RG WarnR 1917, Nr. 14.
27 Jeder Kontoinhaber kann einzeln verfügen, vgl. *Eichel* MittRhNotK 1975, 614.

die Frage der Anwendbarkeit des § 2301 BGB nicht stellt, da die Ausgleichungspflicht des verbleibenden Kontoinhabers gegenüber den Erben des verstorbenen Teils gem. § 430 BGB bestehen bleibt.[28] Beim »Und«-Konto (mehrere Kontoinhaber sind nur gemeinschaftlich verfügungsbefugt) geht die Berechtigung des Konto-Mitinhabers gegenüber der Bank ohnehin auf die Erben über.[29]

14 Auch gesellschaftsvertraglichen Nachfolgeregelungen fehlt i.d.R. das Bewusstsein der Vertragsteile, sich etwas unentgeltlich zuzuwenden; es handelt sich vielmehr um eine spezifisch gesellschaftsrechtliche, vor allem auf die Unternehmenssicherung ausgerichtete causa.[30]

2. Schenkungsversprechen

15 Das Schenkungsversprechen ist Teil eines Vertrages, durch den eine Leistung schenkungsweise versprochen wird (§ 518 BGB). Es steht im Gegensatz zu der sofort vollzogenen Schenkung (**Handschenkung**), bei der der Schenker den zugewendeten Gegenstand ohne vorheriges Versprechen an den Beschenkten leistet. Da § 2301 Abs. 1 BGB nur das Schenkungsversprechen behandelt, ist diese Vorschrift auf sofort vollzogene Schenkungen nicht ohne Weiteres anwendbar. Man wird sie aber bei eingeleiteten Handschenkungen entsprechend anwenden können.[31]

16 Eine Schenkung, die sofort vollzogen ist, ist also kein Schenkungsversprechen von Todes wegen. Besteht die Schenkung im **Erlass** einer Schuld, so nimmt die sofort vollzogene Schenkung, eben der Erlass, auch wenn er aufschiebend bedingt ist (§ 161 BGB), dem Schenker die Möglichkeit zu weiteren Verfügungen.[32] Dagegen stellt das bloße Versprechen des schenkungsweisen Erlasses für den Todesfall nur ein Befreiungsvermächtnis ohne dingliche Wirkung dar (§ 2173 BGB). Eine solche Schenkung ist erst dann vollzogen, wenn der Erbe mit dem Bedachten einen Erlassvertrag schließt (§ 397 BGB). Bis zum Erbfall kann der Erblasser trotz der erbrechtlichen Bindung unter Lebenden frei über die Forderung verfügen.[33]

17 Ein selbständiges **Schuldversprechen** oder **Schuldanerkenntnis** (§§ 780, 781 BGB), das unter der Bedingung des Überlebens des Bedachten schenkungsweise erteilt wird, ist in Abs. 1 Satz 2 ausdrücklich einem gleichartigen Schenkungsversprechen gleichgestellt (vgl. § 518 Abs. 1 Satz 2 BGB). Ein solches Anerkenntnis ist kein unbedingtes Anerkenntnis einer durch das Überleben des Gläubigers bedingten Schuld, vielmehr ist das Anerkenntnis selbst bedingt.

III. Bedingung des Überlebens

1. Überleben des Schenkungsempfängers als Rechtsbedingung

a) Grundsatz

18 Das Gesetz verlangt ein Schenkungsversprechen, das unter der Bedingung erteilt wird, dass der Beschenkte den Schenker überlebt (Abs. 1 Satz 1). Es handelt sich dabei an sich um eine echte Bedingung; da das Schenkungsversprechen gem. Abs. 1 – bei Vorliegen der dafür normierten Voraussetzungen[34] – wie eine Verfügung von Todes wegen behandelt wird, verliert sie ihre eigentliche Bedeutung und wird zu einem Merkmal der Verfügung von Todes wegen.[35] Sie erhält also durch die in § 2301 Abs. 1 Satz 1 BGB angeordnete Rechtsfolge den Charakter einer Rechtsbedingung. Die §§ 158 ff. BGB können auf ein derartig bedingtes Schenkungsversprechen nicht

28 BGH NJW 1976, 807; anders BGH FamRZ 1986, 982 bei entsprechendem Willen des Erblassers.

29 Vgl. *Eichel* MittRhNotK 1975, 614.

30 Vgl. dazu Rdn. 77.

31 *Wieacker* 280 N 27.

32 Vgl. aber OLG Karlsruhe FamRZ 1989, 322, 329, das eine Befristung annimmt, wenn der Erblasser sich eine Verfügung über die mit seinem Tod erlassene Forderung vorbehalten hatte, jedoch auch in diesem Fall den Vollzug i.S.v. § 2301 Abs. 2 bejaht.

33 § 2286; BayObLGZ 1954, 39, 41.

34 Vgl. Rdn. 4.

35 §§ 1923, 2160; Mot. V 351.

angewandt werden,[36] also insbesondere nicht § 159 BGB (schuldrechtliche Rückbeziehung), § 160 BGB (Haftung für Verfügungen während der Schwebezeit), § 161 BGB (Unwirksamkeit von Zwischenverfügungen).

Die **Bedingung** kann eine **aufschiebende oder auflösende** sein. Sie braucht nicht förmlich oder ausdrücklich erklärt zu werden; sie kann sich auch aus dem Sinn des Geschäftes oder aus den Umständen ergeben. 19

b) Übergang des »Schenkungsanspruchs« auf die Erben des Beschenkten

§ 2301 BGB ist nicht anwendbar, wenn das Schenkungsversprechen zwar erst nach dem Tode des Schenkers angenommen werden darf, wenn es aber beim Vorableben des Beschenkten von seinen Erben angenommen werden kann.[37] Hier treten die Erben an die Stelle des ursprünglichen Schenkungsempfängers, und zwar kraft Erbrechts, sodass dem ursprünglich Beschenkten bereits ein Vermögenswert zu Lebzeiten des Schenkers zugewandt ist. 20

c) Gleichzeitiges Ableben

Die Schenkung für den Fall, dass der Schenker in einer bestimmten Lebensgefahr umkommt, hat das BGB absichtlich nicht besonders geregelt. Es ist Sache der Auslegung festzustellen, ob in einem solchen Fall die Schenkung davon abhängig sein soll, ob der Schenker einer bestimmten Lebensgefahr zum Opfer fällt, jedoch zu Lebzeiten des Beschenkten[38] –, oder ob die Klausel nur bedeuten soll, dass die Schenkung von dem Tod des Schenkers abhängig sein soll.[39] 21

d) Erwartung des baldigen Todes

Eine Schenkung, die der Schenker in Erwartung seines baldigen Todes vornimmt, ohne aber das Überleben des Beschenkten ausdrücklich oder stillschweigend zur Bedingung zu machen, fällt nicht unter § 2301 BGB. Hieran ändert es grundsätzlich nichts, wenn der Schenker darauf hinweist, dass er seinen baldigen Tod erwarte; denn die Angabe des Beweggrundes kann die Aufstellung einer Bedingung nicht ersetzen.[40] 22

2. Hinausgeschobene Erfüllung

Ist das Schenkungsversprechen selbst unbedingt und nur seine Erfüllung bis zum Tode des Schenkers hinausgeschoben, so tritt die Rechtsfolge, die in § 2301 Abs. 1 BGB angeordnet ist, nämlich die Anwendung der Vorschriften über Verfügungen von Todes wegen, wegen § 2301 Abs. 2 BGB nicht ein, da es sich um eine vollzogene Schenkung handelt, deren Rechtsfolgen allerdings bis zum Tod des Schenkungsempfängers hinausgeschoben werden; es sind dann die Vorschriften über Schenkungen unter Lebenden anzuwenden, insbesondere die Formvorschrift des § 518 BGB.[41] In diesem Fall wird die Belastung auf das gegenwärtige Vermögen des Schenkers gelegt und der Anspruch des Beschenkten entsteht schon mit dem Schenkungsversprechen bedingungslos, er ist nur noch nicht fällig. Wenn der Schenker den Anspruch des Beschenkten vereitelt, so ist er ihm zum Schadensersatz verpflichtet.[42] Ähnlich BGHZ 31, 13, 20 = NJW 1959, 2252: Der Umstand, dass ein Recht erst im Todesfall praktisch werden soll, schließt die Annahme eines Rechtsgeschäfts unter Lebenden nicht grundsätzlich aus; ob ein Rechtsgeschäft unter Lebenden oder eine Verfügung von Todes wegen vorliegt, hängt davon ab, ob die Beteiligten schon zu Lebzeiten Rechte 23

36 *Harder*, 96 ff.; MünchKomm/*Musielak* § 2301 Rn. 10; *Muscheler* Bd. II Rn. 2836.
37 OGH MDR 1949, 282; Staudinger/*Kanzleiter* § 2301 Rn. 17.
38 Vgl. BGB-RGRK/*Kregel* § 2301 Rn. 5.
39 Vgl. Mot. V 351.
40 Palandt/*Weidlich* § 2301 Rn. 4 a.E.; vgl. BayObLGZ 5, 466; *Wieacker* 280 empfiehlt entsprechende Anwendung von § 2301.
41 BGHZ 8, 31; RGZ 53, 296; Staudinger/*Kanzleiter* § 2301 Rn. 14.
42 §§ 521, 280; OLG Hamburg MDR 1950, 615; *Stachels* JR 1949, 385 gegen OLG Stuttgart JR 1949, 383.

und Pflichten begründen wollten, auch wenn sie erst beim Tode eines von ihnen (Erblasser) voll wirksam werden sollten,[43] oder ob eine Bindung des Erblassers zu seinen Lebzeiten nicht gewollt war.[44] Die Entgeltlichkeit der Zuwendung kann dabei für die Annahme eines Rechtsgeschäfts unter Lebenden sprechen.[45]

24 In folgenden Fällen hat die Rechtsprechung angenommen, dass nur die Erfüllung und die **Fälligkeit des Schenkungsversprechens** hinausgeschoben und daher nicht § 2301 BGB, sondern die Vorschriften über Schenkungen unter Lebenden anzuwenden seien:

25 – Bei der Bestellung eines **Nießbrauchs** an einem Grundstück durch den Käufer zugunsten des Verkäufers unter der Bedingung, dass das Recht dem Verkäufer erst vom Tode des Käufers an zustehen solle;[46]

26 – bei einem einheitlichen **Leibrentenvertrag**, selbst wenn er über den Tod des Versprechenden hinaus wirksam sein solle;[47]

27 – bei Zuwendung einer Geldsumme **unter Lebenden** mit der Bestimmung, dass sie dem Bedachten beim Tod des Schenkers unentgeltlich zufallen oder gehören solle;[48]

28 – wenn der Erblasser kurz vor seinem Tod einem seiner Kinder ein **Sparkassenbuch** übergibt, mit der Auflage, es solle nach seinem Tode die Einlage abheben, davon die Begräbniskosten begleichen und den Rest mit zwei Geschwistern teilen;[49]

29 – wenn der Inhaber eines **Wertpapier-Depots** (Streifbanddepot gem. § 2 DepotG oder Sammeldepot gem. § 5 DepotG) dieses schriftlich auf einen Dritten überträgt, ihn jedoch anweist, den Brief nicht abzusenden, solange er am Leben sei.[50]

3. Sonstige Bedingungen

30 Keine Schenkung von Todes wegen liegt vor, wenn die Schenkung nicht von dem Überleben des Bedachten, sondern von einer **anderen Bedingung** abhängig gemacht wird; so bei einer Schenkung unter der Bedingung, dass die Verwandten nach dem Tode des Schenkers nicht auf der Befolgung des Erbvertrags bestehen.[51] Dasselbe gilt, wenn der Schenker die Schenkung unabhängig von dem Überleben des Beschenkten verspricht oder wenn er den Gegenstand auch für den Fall zuwenden will, dass er am Leben bleibt.[52]

IV. Vollzogene Schenkung

1. Allgemeines

a) Anwendungsbereich des § 2301 Abs. 2 BGB

31 Nach § 2301 Abs. 2 BGB finden auf die Schenkung von Todes wegen die Vorschriften über die Schenkung unter Lebenden (§§ 516 ff. BGB) Anwendung, wenn der Schenker (zu seinen Lebzeiten) die Schenkung durch Leistung des zugewendeten Gegenstandes vollzieht.

§ 2301 Abs. 2 BGB betrifft jedoch nicht beliebige Schenkungen, sondern nur solche Schenkungsversprechen, die unter der Bedingung erteilt werden, dass der Beschenkte den Schenker überlebt (§ 2301 Abs. 1 Satz 1 BGB). Auf alle anderen Schenkungen sind die Vorschriften der Schenkun-

43 Insb. bedingte Rechte, BGHZ 8, 23, 30.
44 RG HRR 1930 Nr. 1464.
45 OLG Hamburg MDR 1950, 615; BGB-RGRK/*Kregel* Vorbem. 6 zu § 2274; s. aber dazu *Kipp/Coing* § 81 VI.
46 BadRspr. 1919, 62.
47 RG Recht 1917 Nr. 1254.
48 OLG Stuttgart WürttJ 1920, 5: Betagte Schenkung unter Lebenden.
49 OLG Dresden SächsArch 1909, 491.
50 BGH WM 1974, 450.
51 RG Recht 1918 Nr. 94; Staudinger/*Kanzleiter* § 2301 Rn. 17.
52 Vgl. Soergel/*Wolf* § 2301 Rn. 10.

gen unter Lebenden unmittelbar (nicht kraft Verweisung in § 2301 Abs. 2 BGB) anzuwenden;[53] dies gilt insbesondere für diejenigen Schenkungen, bei denen nur die Erfüllung eines unbedingt abgegebenen Schenkungsversprechens bis zum Tode des Schenkers hinausgeschoben wird.[54] Der Anwendungsbereich von § 2301 Abs. 2 BGB liegt zwischen den Schenkungen unter Lebenden einerseits und denjenigen Schenkungsversprechen von Todes wegen, die zu Lebzeiten des Schenkers unvollzogen bleiben.

b) Rechtsfolgen des lebzeitig vollzogenen Schenkungsversprechens von Todes wegen

Eine derartige Schenkung erfordert dann grundsätzlich keine besondere Form und das Schenkungsversprechen, das etwa vorausgegangen ist und das nicht in der Form des § 518 Abs. 1 BGB beurkundet wurde, wird durch die Bewirkung der versprochenen Leistung wirksam.[55] Hierbei ist es gleichgültig, ob die Leistung zu Erfüllung des Schenkungsversprechens oder zum Zwecke der Schenkung (Handschenkung) bewirkt wird.[56] 32

Eine sofort vollzogene Schenkung von Todes wegen unterliegt aufgrund von § 2301 Abs. 2 BGB auch hinsichtlich eines **Rücktritts** den Vorschriften über Schenkungen unter Lebenden, nicht denen über den Rücktritt vom Erbvertrag (§§ 2293 ff. BGB).[57] 33

2. Begriff des Vollzugs

a) Grundsätze

Vollzogen i.S.d. § 2301 Abs. 2 BGB wie i.S.d. § 518 Abs. 2 BGB ist die schenkweise versprochene Leistung, wenn der Schenker *zu seinen Lebzeiten* alles getan hat, was von seiner Seite aus zum Erwerb des Schenkungsgegenstandes durch den Beschenkten erforderlich ist.[58] Für Vollzug genügt Leistungsbewirkung nach dem Tod des Schenkers nicht, wenn er die etwa nötige Form nicht eingehalten hat, § 518 Abs. 2 BGB gilt dann nicht.[59] Auch die Heilung nach § 311b Abs. 1 Satz 2 BGB tritt dann nicht ein.[60] 34

Für die Frage, ob eine Leistung als **Vollzug** im Sinne von § 2301 Abs. 2 BGB angesehen werden kann, kommt es in Zweifelsfällen nach der Interessenlage darauf an, ob der Schenker mit der Leistung ein fühlbares **Opfer** gebracht hat, ob der zugewandte Gegenstand durch die Verfügung des Schuldners aus seinem Vermögen **ausgeschieden** ist und ob andererseits der Beschenkte mindestens eine gewisse dingliche Anwartschaft auf den Erwerb erlangt hat.[61] 35

Bei **beweglichen Sachen** setzt der Vollzug Folgendes voraus: Einigung über den Eigentumsübergang und Übergabe bzw. Übergabesurrogat (§§ 929 ff. BGB), z.B. Abtretung des Herausgabeanspruchs; dies gilt z.B. auch für Wertpapiere, sei es im Streifbanddepot gem. § 2 DepotG oder in Sammelverwahrung gem. § 5 DepotG.[62] 36

Bei **Grundstücken und Grundstücksrechten** ist die Schenkung vollzogen, wenn eine wirksame Einigung (§ 873 BGB) oder Aufhebungserklärung (§ 875 BGB) vorliegt und der Schenker dem Beschenkten die zur Eintragung im Grundbuch erforderliche Eintragungs- oder Löschungsbewilligung ausgehändigt hat oder wenn er, soweit dies zur Eintragung genügt, die Eintragung im 37

53 MünchKomm/*Musielak* § 2301 Rn. 16; *Muscheler* Bd. II Rn. 2844.
54 Vgl. Rdn. 23.
55 § 518 Abs. 2; RG WarnR 1915 Nr. 142.
56 Prot. V 462; a.M. *Harder* 116: nicht bei Leistung aufgrund eines formungültigen, vermeintlich wirksamen Schenkungsversprechens *solvendi causa*.
57 RG JW 1914, 301; Palandt/*Weidlich* § 2301 Rn, 8.
58 BGH NJW 1970, 1638; WM 1974, 450; OLG Karlsruhe FamRZ 1989, 322, 324.
59 BGHZ 99, 97.
60 Staudinger/*Kanzleiter* § 2301 Rn. 4.
61 Staudinger/*Kanzleiter* § 2301 Rn. 23; *Ebenroth* Rn. 522.
62 BGH WM 1967, 902; 1974, 450.

Grundbuch selbst beantragt hat.[63] Denn dann ist er an seine Erklärung gebunden (§ 873 Abs. 2 BGB) und hat alles getan, was er tun konnte, um die Vermögensverschiebung herbeizuführen; auf das Verfahren des GBA hat er keinen Einfluss. Da die Übereignung eines Grundstücks wegen der Bedingungsfeindlichkeit der Auflassung (§ 925 Abs. 2 BGB) nicht mit einer Überlebensbedingung verknüpft werden kann, wird sich der Fall eines vollzogenen Schenkungsversprechens von Todes wegen in der Praxis so darstellen, dass das Grundstück zwar aufgelassen und die Auflassung im Grundbuch vollzogen wird, allerdings der schuldrechtliche Vertrag mit einer auflösenden Bedingung versehen wird, bei deren Eintritt (Vorversterben des Beschenkten) der Schenker die Rückauflassung verlangen kann; der Rückauflassungsanspruch wird in der Regel durch eine Auflassungsvormerkung im Grundbuch gesichert. Der Erklärung der Auflassung und dem Aushändigen bzw. Einreichen der entsprechenden Grundbucherklärung steht die Bewilligung der Eintragung einer Auflassungsvormerkung gleich.[64] Dies gilt nicht nur bei der Schenkung erst noch zu vermessender Teilflächen, sondern auch bei der aufschiebend bedingten Schenkung eines Grundstücks, bei welcher wegen § 925 Abs. 2 BGB die Auflassung nicht erklärt werden kann und dafür eine Auflassungsvormerkung zugunsten des Schenkungsempfängers eingetragen wird. Der Beschenkte hat in derartigen Fällen bereits ein Anwartschaftsrecht.[65] Soweit lediglich eine Auflassungsvormerkung im Grundbuch eingetragen wurde, stellt diese allein jedenfalls dann bereits eine vollzogene Schenkung i.S.v. § 2301 Abs. 2 BGB dar, wenn sich der Schenker und Erblasser zusätzlich noch zu Lebzeiten schuldrechtlich zur Unterlassung anderweitiger Verfügungen verpflichtet hat.[66]

38 Bei **Forderungen** setzt der Vollzug einer Schenkung Abtretung (§ 398 BGB) oder Erlass[67] voraus.

b) Einzelfragen

aa) Zugang der Willenserklärung nach Ableben des Erblassers

39 Erweiternd ist aus dem Zweck der §§ 130 Abs. 2, 153 BGB ein Vollzug auch dann zu bejahen, wenn der Beschenkte bis zum Erbfall trotz aller erforderlichen Erfüllungshandlungen, die vom Schenker vorgenommen wurden, noch kein Anwartschaftsrecht erwerben konnte, weil ihm die Willenserklärungen des Schenkers erst nach dessen Ableben zugegangen sind und erst dann durch Annahme zum Rechtserwerb führten. Dies gilt jedoch nur, wenn der Zugang vom Schenker nicht absichtlich bis nach dem Erbfall verzögert wurde.[68]

bb) Einschaltung Dritter

40 Stirbt der Schenker, bevor ein von ihm Beauftragter Dritter (Treuhänder, Bevollmächtigter, Bote) die ihm aufgetragene Erfüllungshandlung ausgeführt hat, ist ein Vollzug gleichwohl zu bejahen, wenn der Tätigkeit des Dritten ein unwiderruflicher Auftrag zugrunde liegt.[69] Gleiches gilt, wenn der Treuhänder zwar nicht dem Schenker, wohl aber einem Dritten gegenüber zur Übertragung verpflichtet ist. Auch ist bei Einschaltung Dritter (z.B. Kreditinstitut!) stets auch die Möglichkeit eines Vertrags zugunsten Dritter zu prüfen.[70]

63 *Baumann* MittRhNotK 1999, 299.
64 OLG Hamm NJW 1975, 879; MünchKomm/*Musielak* § 2301 Rn. 26; differenzierend *Liessem* MittRhNotK 1988, 29, 31.
65 Formulierungsvorschlag s. Münchener Vertragshandbuch/*Otto* Bd. 6, XII 28..
66 OLG Hamm NJW-RR 2000, 1389 = ZEV 2000, 449.
67 § 397 BGB; vgl. hierzu OLG Karlsruhe FamRZ 1989, 322, 324.
68 MünchKomm/*Musielak* § 2301 Rn. 23; Palandt/*Weidlich* § 2301 Rn. 10.
69 Palandt/*Weidlich* § 2301 Rn. 14.
70 Vgl. unten Rdn. 59 ff.

cc) Auflösende Bedingung

41 Bei vollzogener Schenkung ist die Bedingung des Überlebens regelmäßig eine auflösende, d.h. wenn der Beschenkte vor dem Schenker stirbt, soll der geschenkte Gegenstand an den Schenker zurückfallen.[71]

dd) Aufschiebende Bedingung

42 Ist die Schenkung aufschiebend bedingt durch das Überleben des Beschenkten, so ist die Schenkung im Sinne von § 2301 Abs. 2 BGB vollzogen, wenn alle übrigen Voraussetzungen für den Rechtserwerb erfüllt sind.[72] Der Beschenkte erwirbt in derartigen Fällen zwar nicht den ihm zugewandten Gegenstand, wohl aber ein Anwartschaftsrecht, das ihn vor einseitiger Entziehung oder Beeinträchtigung durch den Schenker schützt.[73] Dabei ist es für die Annahme des Vollzugs unschädlich, dass der endgültige Rechtserwerb noch an weitere Bedingungen geknüpft ist.[74] Wegen des aufschiebend bedingten Erwerbs von Grundstücken s. Rdn. 37.

ee) Widerrufsvorbehalt

43 Ein Vollzug im Sinne von § 2301 Abs. 2 BGB liegt auch vor, wenn sich der Schenker bei der Leistung des zugewendeten Gegenstandes das Recht vorbehält, die Schenkung beliebig zu widerrufen, sei es mit dinglicher oder schuldrechtlicher Wirkung. Denn eine Übertragung des Gegenstandes auf den Beschenkten liegt immerhin vor, der Vorbehalt des Widerrufs erlischt grundsätzlich mit dem Tode des Schenkers (vgl. § 530 Abs. 2 BGB) und die Beifügung einer auflösenden Bedingung bei der Leistung hindert die Anwendung des § 2301 Abs. 2 BGB nicht.[75]

ff) Postmortale und transmortale Vollmacht

44 Unter einer postmortalen Vollmacht versteht man eine Vollmacht, die über den Tod des Vollmachtgebers hinaus gelten soll.[76] Eine solche Vollmacht bedarf grundsätzlich keiner besonderen Form (§ 167 Abs. 2 BGB). Sie kann auch in einer Verfügung von Todes wegen erteilt werden, wenn nur der Erblasser dafür sorgt, dass die Erklärung nach seinem Tod dem Bevollmächtigten zugeht.[77] Von der allgemeinen Frage, ob die postmortale Vollmacht dem Bevollmächtigten gestattet, auch noch nach dem Tode des Vollmachtgebers mit Wirkung für den Nachlass und für die Erben Rechtsgeschäfte, insbesondere sachenrechtliche Geschäfte vorzunehmen, ist die erbrechtliche Frage zu unterscheiden, ob der Bevollmächtigte aufgrund der Vollmacht auch noch nach dem Erbfall eine vom Erblasser versprochene oder eingeleitete Schenkung auf den Todesfall so vollziehen kann, dass die Schenkung nach § 2301 Abs. 2 BGB als Rechtsgeschäft unter Lebenden zu behandeln ist.[78]

Die Frage ist zu verneinen, wenn die Vollendung der Schenkung im Ermessen des Bevollmächtigten liegt. Denn sonst hätte es der Bevollmächtigte in der Hand, durch Benützung oder Nichtbenützung der Vollmacht darüber zu entscheiden, ob ein Schenkungsversprechen des Erblassers nach § 2301 Abs. 1 BGB als Verfügung von Todes wegen und dann in den meisten Fällen wegen Formmangels als unwirksam anzusehen ist oder ob sie nach § 2301 Abs. 2 BGB als vollzogene Schenkung unter Lebenden wirksam ist; das wäre aber mit dem Grundgedanken des § 2065 BGB nicht vereinbar.[79]

---

71 BGB-RGRK/*Kregel* § 2301 Rn. 13.
72 BGHZ 8, 31; *Harder* §§ 40 ff.
73 MünchKomm/*Musielak* § 2301 Rn. 21.
74 BayObLGZ 1954, 38.
75 Staudinger/*Kanzleiter* § 2301 Rn. 22; *Muscheler* Bd. II Rn. 2868.
76 Vgl. allg. *Seif* AcP 200, 192.
77 Staudinger/*Reimann* Vorbem. zu §§ 2197 ff. Rn. 63 ff., dort auch Näheres über Widerruflichkeit und Wirkung der postmortalen Vollmacht.
78 Vgl. Staudinger/*Kanzleiter* § 2301 Rn. 38 ff.
79 Vgl. BGH FamRZ 1988, 945, 946.

Ist dagegen der Bevollmächtigte zugleich unwiderruflich beauftragt (*mandatum post mortem*), die Schenkung zu vollenden, hat er also keinen Ermessensspielraum, ist der (lebzeitige) Vollzug des Schenkungsversprechens auf den Todesfall i.S.v. § 2301 Abs. 2 BGB anzunehmen.

Von der postmortalen Vollmacht ist die transmortale Vollmacht zu unterscheiden.[80] Durch letztere wird der Bevollmächtigte bereits zu Lebzeiten des Vollmachtgebers mit einer Vollmacht ausgestattet, welche über den Tod des Vollmachtgebers hinaus gelten soll.[81] Zwar leitet der Bevollmächtigte seine Befugnis vom Erblasser ab, vertritt jedoch nach dem Tod des Erblassers den Erben und nicht den Erblasser und diesen auch nur beschränkt auf den Nachlass.[82] Daher handelt der Bevollmächtigte auch nur im Rahmen der Verfügungsmacht des Erben, welche wiederum durch Rechte des Testamentsvollstreckers beschränkt sein kann.[83] Dies ist insbesondere zu beachten, wenn Testamentsvollstreckung und post- oder transmortale Vollmacht aufeinander treffen. Zwar schließen beide Rechtsinstitute einander nicht zwangsweise aus, im Einzelnen kann die Rechtslage jedoch nicht als geklärt angesehen werden.[84]

3. Fallgruppen und Fälle

a) Vollzogene Schenkungen

45 Bei einer Schenkung von **Wertpapieren**, obwohl nur die Mäntel, nicht auch die Zinsscheine übergeben wurden und der Schenker sich den Zinsgenuss bis zu seinem Tode vorbehielt;[85] bei einem undatierten, als letztwillige Verfügung gedachten und der bedachten Person übergebenen Brief, wonach alle beim Empfänger deponierten Wertpapiere und Gelder Eigentum des Bedachten seien und auf dessen Konto gebucht werden sollten;[86] bei einer Schenkung von Todes wegen, die durch Abtretung des Herausgabeanspruchs vollzogen wurde.[87]

46 – Bei einer Schenkung (Abtretung) eines **Sparkassenguthabens** durch mündliche Erklärung des Schenkungswillens und gleichzeitige Übergabe des Sparkassenbuches;[88] wenn der Beschenkte ein Sparkonto auf seinen Namen eröffnet, auf welches der Schenker einen bestimmten Geldbetrag einzahlt, der Schenker sich dann aber eine Kontovollmacht erteilen lässt und außerdem das Sparbuch in Besitz nimmt, denn der Beschenkte ist hier von Anfang an Gläubiger des Kontoguthabens;[89] bei mündlicher Übertragung des Rechts auf ein Sparkassenguthaben oder Bankguthaben mit den Worten »Wenn mir mal etwas passiert, ist für Dich gesorgt, sieh zu, dass Du das Buch bekommst« oder »Das Konto ist ein Notgroschen für Dich, Du kannst jederzeit davon holen«.[90] Ein Vollzug i.S.v. § 2301 Abs. 2 BGB ist auch gegeben, wenn der Erblasser als Mitinhaber eines Oder-Kontos dem anderen Mitinhaber dieses Kontos zu Lebzeiten die Mitverfügungsbefugnis über den gesamten jeweiligen Bestand einräumt; damit ist die Schenkung des gesamten Guthabenbetrages vollzogen.[91]

47 – Bei aufschiebend bedingter Abtretung von Rechten, z.B. bei schenkungsweiser Abtretung eines **Bankkontos** auf den Zeitpunkt des Todes des Gläubigers in Verbindung mit einer Bankvoll-

80 Zur grundsätzlichen Zulässigkeit BGHZ 87, 19.
81 Im Einzelnen hierzu OLG München MittBayNot 2012, 227 m. Anm. *Reimann.*
82 RGZ 106, 185, 187; BGH NJW 1962, 1718, 1719; FamRZ 1983, 476, 477; *Weidlich* MittBayNot 2013, 196, 196 m.w.N.
83 Staudinger/*Reimann* Vorbem. zu §§ 2197 ff. Rn. 80 und § 2211 Rn. 12.
84 Eingehend OLG München MittBayNot 2012, 227 m. Anm. *Reimann; Weidlich* MittBayNot 2013, 196; *Zimmer* ZEV 2013, 307.
85 Bezüglich der Zinsen für die Zeit nach dem Tode des Schenkers wurde die Schenkung allerdings nicht als wirksam erachtet, RG LZ 1916, 1017.
86 KG OLGE 16, 50.
87 RG BayZ 1909, 91.
88 RG Recht 1909, Nr. 57; RG WarnR 1915 Nr. 142.
89 BGH FamRZ 1994, 625.
90 Das Konto war in beiden Fällen von vornherein auf den Namen des Bedachten errichtet; RG WarnR 1916 Nr. 74; RG JW 1907, 73; *Kipp/Coing* § 81 I 3 b, vgl. a BGH FamRZ 1988, 945.
91 BGH FamRZ 1986, 982, 983.

macht;[92] bei schenkungsweiser aufschiebend bedingter Abtretung eines Sparkontos[93] oder eines Post-Sparguthabens.[94]

- Bei Schenkung durch Hingabe eines **Schecks** wird die Schenkung durch Einlösung des Schecks vollzogen und damit wirksam, auch wenn der Aussteller vor Einlösung verstirbt und die Erben von der Begebung und Einlösung keine Kenntnis haben. Der Scheck enthält die Anweisung an die Bank, zulasten des betroffenen Kontos den Scheckbetrag auszuzahlen; die Wirksamkeit dieser Weisung wird gem. § 130 Abs. 2 BGB, Art. 33 ScheckG nicht durch den Tod des Ausstellers berührt.[95] 48
- Beim **Erlass** einer Schuld unter Vorbehalt des Zinsgenusses für die Lebenszeit des Schenkers, weil der schenkungsweise Erlass einer Schuld seine Vollziehung in sich trage;[96] beim Erlass einer Darlehensschuld unter der Bedingung des Überlebens des Schuldners, da die Schenkung von Todes wegen unter derselben Bedingung vollzogen und der Formmangel durch den bedingten Vollzug geheilt sei;[97] für die Abgrenzung von Schenkungsversprechen und Schenkungsvollzug kommt es nach ersterer Entscheidung darauf an, ob der Schenker eine bestimmte Gestaltung der Dinge nur verheißen will oder ob er schon etwas zu ihrem tatsächlichen Eintritt tut.[98] Auch bei einem auf den Tod des Darlehensgebers (Schenkers) befristeten Erlass – wenn also der Darlehensgeber sich das Recht vorbehalten hatte, zu Lebzeiten noch über die Darlehensforderung verfügen zu können – ist die Schenkung mit dem Abschluss des Erlassvertrages vollzogen i.S.v. § 2301 Abs. 2 BGB; die Berechtigung zur Rückforderung zu Lebzeiten ist Ausfluss der Befristung der Schenkung.[99] 49
- Das OLG Hamburg[100] hat in der Erklärung des Gläubigers gegenüber einem Darlehensschuldner, die geliehene Summe solle nach dem Tod des Gläubigers dem Schuldner gehören, nur ein Schenkungsversprechen gefunden, das allerdings vollzogen sei, wenn der Gläubiger dem Schuldner auch den **Schuldschein** zur Vernichtung übergeben habe. Diese Ansicht ist aber zu streng: In der Erklärung des Gläubigers kann auch schon der Erlass selbst liegen.
- Bei einer unentgeltlichen Zuwendung einer durch den Abschluss eines Gesellschaftsvertrages entstehenden **Unterbeteiligung**, mit der dem Unterbeteiligten über eine schuldrechtliche Mitberechtigung an den Vermögensrechten des dem Hauptbeteiligten zustehenden Gesellschaftsanteils hinaus mitgliedschaftliche Rechte in der Unterbeteiligungsgesellschaft eingeräumt worden ist, ist die Schenkung im Zeitpunkt des Abschlusses des Gesellschaftsvertrags i.S.v. § 2301 Abs. 2, § 518 Abs. 2 BGB vollzogen (»Suhrkamp- Entscheidung«).[101] Auch die formlose Schenkung einer Innenbeteiligung bzw. Einbuchung von Angehörigen als stille Gesellschafter oder Beteiligte im Bereich des § 518 BGB ist zivil- und steuerrechtlich als vollzogene Schenkung und nicht als bloßes Schenkungsversprechen anzusehen.[102] 50

b) Nichtvollzogene Schenkungen

- Bei der Übergabe von **Wertpapieren** an einen Boten zur Weitergabe an einen Dritten, wenn der Bote sie dem Empfänger erst nach dem Tode des Schenkers übergibt; denn zu diesem Zeitpunkt komme es auf den Willen des Erben an, dieser habe aber die Übereignung nicht gewollt.[103] Ein 51

92 OLG Hamburg NJW 1963, 449.
93 OLG Frankfurt MDR 1966, 503.
94 KG NJW 1970, 332, sowie BGH FamRZ 1986, 672, 674, der bei Abhebung eines Betrages nach dem Erbfall mittels einer postmortalen Postsparkassenvollmacht einen Vollzug gem. § 518 Abs. 2 annimmt.
95 BGH MDR 1978, 737.
96 RGZ 53, 296.
97 RG WarnR 1921 Nr. 95; OLG Hamburg NJW 1961, 76.
98 Vgl. Rdn. 34 ff.
99 OLG Karlsruhe FamRZ 1989, 322, 324.
100 OLGE 37, 264.
101 BGH ZEV 2012, 167 m. Anm. *Reimann*; hierzu auch *Schmidt* JuS 2012, 460 sowie *Strnad* ZEV 2012, 394.
102 *Schmidt* JuS 2012, 460, 461.
103 RGZ 83, 223; a.M. Staudinger/*Boehmer* Einl. Erbrecht § 26 Bem 18; *Wieacker* 282 f.

Vertrag zugunsten Dritter kommt hier nicht infrage.[104] Vgl. auch RG Recht 1924 Nr. 169: Zur Vollziehung genüge es nicht, dass der Erblasser den Auftrag gebe, nach seinem Tod die geschenkte Sache dem Beschenkten zu überbringen, und dass dieser Auftrag ausgeführt werde; denn die Übergabe sei keine Vollziehung aus dem Willen des Erben, besonders, wenn dieser von der Übergabe des geschenkten Gegenstandes nichts gewusst habe; noch weniger sei sie aber eine Rechtshandlung des bereits verstorbenen Erblassers.[105] Anders OLG Dresden SächsAnn 27, 440: Eine Zuwendung, die erst nach dem Tode des Schenkers dem Bedachten zugehen solle, könne unter Umständen als Schenkung unter Lebenden behandelt und durch Ausführung des Auftrags gültig werden. Vgl. dazu jedoch Rdn. 40.

52 – Bei der Abrede, es solle jemandem nach dem Tode des Eigentümers ein einem Dritten hinterlegtes Vermögensstück (**Wertpapierdepot**) ausgehändigt werden: die Vereinbarung könne nicht als wirksame Erfüllung eines dem Bedachten erteilten, der Form entbehrenden Schenkungsversprechens gelten, sondern nur als ein auf die Erfüllung abspielendes, sie aber **bloß vorbereitendes** und deshalb unwirksames Rechtsgeschäft.[106] Diesen strengen Standpunkt hat das RG allerdings später aufgegeben, zumindest bezüglich der Verfügungen über einzelne Vermögensstücke. Es wird in derartigen Fällen darauf ankommen, ob das Vermögensstück durch Vertrag zugunsten Dritter aus dem Vermögen des Schuldners ausgeschieden werden kann und, wenn man diese Frage bejaht, ob es wirklich durch die Schenkung oder ihren Vollzug aus dem Nachlass **ausgeschieden** worden ist.[107]

53 – In der **Ermächtigung zur Abhebung** der beim Tod des Schenkers vorhandenen, nicht näher bezeichneten Wertpapiere des Schenkers, die bei einer Bank verwahrt waren, und zur Einziehung eines nicht bestimmt begrenzten Guthabens bei dieser Bank.[108] Ebenso wurde entschieden bei der Schenkung eines nach dem Tod des Schenkers abzuhebenden Bankdepots, wenn sich der Erblasser die Verfügung darüber vorbehielt, sodass das Depot nicht aus seinem Vermögen ausgeschieden war.[109] In diesen Fällen ist jedoch zu prüfen, ob es sich überhaupt um ein Schenkungsversprechen von Todes wegen handelt oder ob nicht eine (normale) Schenkung unter Lebenden vorliegt, bei der lediglich der Vollzug aufschiebend bedingt durch das Vorableben des Schenkers ist.[110]

54 Eine wegen Formmangels unwirksame Schenkung von Todes wegen erblickte das RG in der Anlegung eines **Sparkassenbuches** durch den Großvater auf den Namen seines Enkels, weil der Großvater das Buch in Besitz behielt, wenn er auch glaubte, mit seinem Tod würde der Enkel das Forderungsrecht ohne Weiteres erwerben.[111] In letzterem Fall hat aber der BGH mit Recht einen anderen Standpunkt eingenommen:[112] Hat eine Großmutter ein Sparbuch auf den Namen ihrer Enkelin angelegt, das Sparbuch aber behalten, so wird zwar die Enkelin in der Regel nicht schon mit der Anlegung Inhaberin des Guthabens, aber es kann da eine rechtswirksame Zuwendung auf den Todesfall nach § 331 BGB liegen.[113] Eine vollzogene Schenkung angenommen hat der BGH allerdings in dem Fall, als die Beschenkte (Nichte des Schenkenden) ein Konto auf ihren Namen eröffnete, ihr Onkel (Schenker) einen Betrag einzahlte, sich eine Kontovollmacht erteilen ließ und das Sparbuch in Besitz nahm.[114]

---

104 RGZ 106, 1.
105 Ähnlich *Ebbecke* Recht 1916, 338; *Spielmann* Recht 1924, 402.
106 RGZ 98, 281.
107 Vgl. Rdn. 59 ff.
108 RG LZ 1919, 692; OLG Dresden OLGE 39, 229; anders nun jedoch für Oder-Konten, wenn der Erblasser dem anderen Kontoinhaber zu Lebzeiten die Mitverfügungsbefugnis über den gesamten jeweiligen Bestand eingeräumt hat (BGH FamRZ 1986, 982, 983); vgl. hierzu Rdn. 46.
109 KG OLGE 9, 33; anders hingegen bei vorbehaltener Verfügungsmacht im Rahmen eines durch den Tod befristeten Erlasses (OLG Karlsruhe FamRZ 1989, 322, 324 und oben Rdn. 49).
110 Vgl. oben Rdn. 42.
111 RG LZ 1919, 972.
112 BGHZ 46, 198 = LM Nr. 3 zu § 331 m. Anm. *Mormann*.
113 Vgl. Rdn. 67 ff.
114 BGH FamRZ 1994, 625; vgl. a. Rdn. 46.

In einem anderen Fall hatte der Schuldner einem Dritten als **Treuhänder** den Anspruch auf Herausgabe der von ihm bei einer Bank hinterlegten Aktien abgetreten, damit er sie dem Bedachten übermittle; dies geschah aber zu Lebzeiten des Schuldners nicht: Hier hat das RG[115] eine vollzogene Schenkung abgelehnt, weil der Erfüllung die auf sie hinzielenden Handlungen des Schuldners nicht gleichstünden. Nach der späteren Rechtsprechung des RG wäre aber auch in diesem Fall ein Vertrag zugunsten Dritter anzunehmen.[116] 55

In dem Vermerk des Gläubigers auf einem **Schuldschein** »Dieser Schein wird mit meinem Tod ungültig« hat das RG keine vollzogene Schenkung, sondern nur das Versprechen einer Leistung gesehen, das zu seiner Wirksamkeit der Form des § 518 Abs. 1 BGB bedurft hätte.[117] Die mündliche Weisung eines Gläubigers an seine Haushälterin, wenn er gestorben sei, dem Schuldner den Schuldschein zur Vernichtung auszuhändigen, hat das RG als Vermächtnis betrachtet und wegen Mangels der erforderlichen Form für unwirksam erklärt.[118] Dagegen wurde in der Übergabe des Schuldscheins an den Schuldner mit dem Auftrag, ihn zu vernichten, in Verbindung mit der Erklärung, die Forderung solle nach dem Tode des Gläubigers dem Schuldner gehören, ein vollzogener Erlass erblickt.[119] 56

Bei der Übergabe von **Grundschuldbriefen** mit Abtretungserklärungen an einen Beauftragten, der sie nach dem Tode des Auftraggebers als Geschenk einem Dritten aushändigen sollte: es liege eine nicht vollzogene wegen Formmangels nichtige Schenkung von Todes wegen vor, wenn sich der Auftraggeber die Verfügung und den Zinsgenuss vorbehalte.[120] 57

Das RG[121] hat einen Vertrag, durch den zur Sicherung künftiger Erbrechte eine **Hypothek** an einen Treuhänder abgetreten wurde mit der Abrede, dass sie beim Tode des Zedenten auf bestimmte Personen übertragen werden solle, nicht als vollzogene Schenkung von Todes wegen erachtet, wohl aber als wirksamen Vertrag zugunsten Dritter, weil die Zuwendung durch das Vorableben derjenigen, an welche die Hypothek abgetreten werden sollte, nicht hinfällig werde, vielmehr das Kapital aus dem Vermögen des Zedenten sofort ausscheiden sollte. 58

V. Verträge zugunsten Dritter auf den Todesfall

1. Dogmatische Grundlegung und Grundsätze der Anwendung

Als Mittel für die gewillkürte Weitergabe von Vermögensgegenständen im Todesfall stehen dem Erblasser neben den Verfügungen von Todes wegen auch rechtliche Gestaltungsmöglichkeiten außerhalb des Erbrechtes offen. Der Erblasser kann auch durch Rechtsgeschäft unter Lebenden für den Fall seines Todes zugunsten der von ihm Bedachten schuldrechtliche Ansprüche begründen und dingliche Verfügungen treffen.[122] Zu diesen Gestaltungsmöglichkeiten gehört auch der echte Vertrag zugunsten Dritter.[123] Durch ihn kann sich der Erblasser eine Leistung an den von ihm begünstigten Dritten derart versprechen lassen, dass dieser nach dem Tode des Erblassers unmittelbar einen Anspruch gegen den Versprechenden auf die Leistung erlangt. Bei einem Vertrag zugunsten Dritter im Sinne von § 328 BGB ist es nicht geboten, dass dem Dritten das Recht endgültig 59

115 JW 1917, 924.
116 Vgl. Rdn. 59 ff.
117 RG WarnR 1918 Nr. 302; es ist aber mindestens zweifelhaft, ob nicht nach der neueren Rechtsprechung ein bedingter Erlass der Forderung und damit eine vollzogene Schenkung anzunehmen wäre; vgl. OLG Karlsruhe FamRZ 1989, 322, 324 zu einem befristeten Erlass.
118 RGZ 42, 133; a.M. *Wieacker* 278 N 25.
119 OLG Hamburg OLGE 37, 264.
120 OLG Rostock OLG 37, 264 N 1; vgl. jedoch Rdn. 3.
121 BayZ 1920, 29.
122 BGH WM 1983, 939.
123 §§ 328, 331; zum Vertrag zugunsten Dritter in der notariellen Praxis s. *Linnenbrink* MittRhNotK 1992, 261.

und sofort zugewandt wird; dies folgt aus § 328 Abs. 2 BGB, wonach das dem Dritten zugewandte Recht befristet oder bedingt bestellt werden darf.[124]

60 Die Rechtsbeziehungen des Erblassers (Versprechensempfängers) zu dem Versprechenden, das sogenannte **Deckungsverhältnis**, und auch der dadurch begründete Anspruch des Dritten gegen den Versprechenden unterliegen zumindest im Grundsatz[125] nicht dem Erbrecht, sondern dem Schuldrecht. Demgemäß hat die höchstrichterliche Rechtsprechung sowohl des RG als auch des BGH es beständig abgelehnt, derartige Verträge zugunsten Dritter wegen § 2301 Abs. 1 Satz 1 BGB den erbrechtlichen Formvorschriften für Verfügungen von Todes wegen zu unterwerfen, auch wenn es sich im Verhältnis zwischen dem Versprechensempfänger und dem Begünstigten, also im Valutaverhältnis, um eine unentgeltliche Zuwendung handelte.[126]

61 Der Begünstigte darf den erworbenen Anspruch gegen den Versprechenden jedoch nur behalten, der Erwerb des Begünstigten Dritten im Sinne von § 331 Abs. 1 BGB ist also nur dann als endgültig anzusehen, wenn in seinem Verhältnis zum Erblasser (**Valutaverhältnis**) ein gültiger vertraglicher Rechtsgrund für den Rechtserwerb besteht; andernfalls hat er den Anspruch gem. § 812 BGB an die Erben herauszugeben. Die Frage nach dem rechtlichen Grund für die Bereicherung des Begünstigten im Valutaverhältnis ist nicht nach Erbrecht, sondern nach Schuldrecht zu beurteilen.[127] Als Rechtsgrund kommt bei unentgeltlicher Begünstigung im Allgemeinen nur eine Schenkung in Betracht. Hierzu bedarf es einer Einigung des Begünstigten mit dem Schenker über die Unentgeltlichkeit der Zuwendung gem. § 516 BGB. Die Rechtsbeziehungen zwischen dem Erblasser und dem begünstigten Dritten (Valutaverhältnis), die auf einer Verfügung zugunsten Dritter auf den Todesfall basieren, unterliegen – wie das Deckungsverhältnis – den allgemeinen Regeln für Rechtsgeschäfte unter Lebenden, nicht dem Erbrecht.[128] Die Anfechtung der im Valutaverhältnis begründeten Rechtsbeziehungen muss nach §§ 119 f. BGB erfolgen.[129]

62 Die erbrechtliche **Anfechtungsregelung** aus § 2078 BGB zum Schutz des Vertragspartners des Rechtsgeschäftes unter Lebenden ist nicht entsprechend anwendbar.[130]

63 Der **Formmangel** eines Schenkungsversprechens wird **geheilt**, wenn der Begünstigte den versprochenen Anspruch gegen den Versprechenden mit dem Tod des Erblassers erwirbt. Selbst wenn es sich aufseiten des Schenkers (Erblassers) lediglich um ein Schenkungsversprechen handelt, sei es auch nur ein durch das Überleben des Beschenkten bedingtes Versprechen, ist dieses nicht schon deshalb unwirksam, weil es in der Regel weder den Formvorschriften über Verfügungen von Todes wegen (§ 2301 Abs. 1 Satz 1 BGB) noch denjenigen für Schenkungsversprechen (§ 518 Abs. 1 Satz 1 BGB) genügt, denn in diesen Fällen wird wegen des sog. »Von-Selbst-Erwerbs« des Begünstigten[131] sowohl Vollziehung im Sinne von § 2301 Abs. 2 BGB als auch Heilung des Formmangels gem. § 518 Abs. 2 BGB angenommen.[132]

64 Die Einigung über die Unentgeltlichkeit der Zuwendung kann auch erst nach dem **Tod des Schenkers** zustande kommen.[133] Nach dem Tod des Erblassers kommt eine Einigung über die unentgeltliche Zuwendung dann zustande, wenn der Versprechende in Ausführung des Auftrags des Erblassers dem Begünstigten das Schenkungsangebot und ihre eigene Bereitschaft zur Erfüllung vermittelt.

---

124 MünchKomm/*Gottwald* § 328 Rn. 34.
125 Vgl. BGHZ 66, 8 = DNotZ 1976, 555.
126 RGZ 106, 1; 128, 187; BGHZ 66, 8 = DNotZ 1976, 555, WM 1976, 1130; OLG Köln FamRZ 1996, 380 m.N.
127 BGHZ 66, 8 = DNotZ 1976, 555; WM 1976, 1130.
128 BGH NJW 2004, 767.
129 Palandt/*Weidlich* § 2301 Rn. 19; *Muscheler* Bd. I Rn. 888.
130 BGH NJW 2004, 767, Anm. *Leipold* ZEV 2004, 121.
131 BGHZ 41, 95; BGH NJW 2013, 3448.
132 BGH NJW 2008, 2702.
133 §§ 130, 153; *Linnenbrink* MittRhNotK 1992, 261, 266 f.

Die Einigung über die Unentgeltlichkeit der Zuwendung wird aber dadurch verhindert, dass dem Begünstigten vor der Annahme des Angebots des Erblassers oder gleichzeitig mit ihr ein wirksamer **Widerruf des Schenkungsangebots** durch den Erben zugeht. Der Erbe kann das Schenkungsangebot in gleicher Weise zurückziehen (widerrufen) wie der Erblasser selbst;[134] der Erbe muss jedoch von dem Schenkungsangebot wissen – einem möglicherweise als Widerruf auslegbaren schlüssigen Verhalten fehlt bei nicht vorhandener Kenntnis vom Schenkungsangebot das Erklärungsbewusstsein[135] für den Widerruf einer vom Erblasser erteilten Vollmacht durch den Erben. Es folgt aus § 328 Abs. 2 BGB, dass der Kontoinhaber berechtigt ist, das dem Dritten zugewandte Recht bis zum Eintritt des Rechtserwerbs zu widerrufen; dieses Recht geht auf den Erben über, sodass die Wirksamkeit der Zuwendung oft davon abhängt, wer schneller ist. Hat der Begünstigte die Schenkung angenommen, ist die Schenkung mit dem Tod des Erblassers wirksam geworden, ein Widerruf durch die Erben scheidet dann aus.[136] Der Erblasser kann nicht ohne Weiteres anordnen, dass zwar er, nicht aber der Erbe widerrufen darf, wenn er nicht diese Form der letztwilligen Verfügung wählt oder den Erben an den betreffenden Rechtsgeschäften beteiligt.[137] Die Widerrufsmöglichkeit kann vom Erblasser (Schenker) nur durch Verfügung von Todes wegen (Vermächtnis zugunsten Dritten, Auflage ggf. abgesichert durch Testamentsvollstreckung) oder durch Beteiligung des Erben an dem Vertrag zugunsten Dritter ausgeschlossen werden.[138] 65

Der **Auftrag an den Dritten**, in der Regel eine Bank, muss darüber hinaus so gestaltet sein, dass die Rechtsfolge (Eintritt des Von-selbst-Erwerbs beim Begünstigten) auch vom Vertragswillen des Dritten (der Bank) mitumfasst ist; es muss also eine entsprechende Abrede zwischen dem Erblasser und dem Versprechenden getroffen sein.[139] 66

2. Fallgestaltungen

a) Zuwendungen von Bankkonten und Sparguthaben

Das formlose Versprechen einer **Bank** gegenüber einem Kunden, nach seinem Tod einem Dritten eine bestimmte Geldsumme zu zahlen, ist als wirksamer Vertrag zugunsten eines Dritten erachtet worden, weil das bürgerliche Recht nicht verbiete, durch Vertrag unter Lebenden zugunsten eines Dritten eine unentgeltliche Zuwendung auf den Todesfall zu machen.[140] 67

Die formlose Vereinbarung des Inhabers eines **Sparguthabens** mit der Sparkasse, dass nach seinem Tod einem Dritten ein unmittelbarer Anspruch gegen die Sparkasse auf Auszahlung des Guthabens zustehen solle, wurde als wirksam betrachtet, weil bei Verträgen zugunsten Dritter für die Frage, ob eine bestimmte Formvorschrift in Betracht komme, immer nur das Verhältnis zwischen dem Versprechenden und dem Versprechungsempfänger von Bedeutung sei[141] und das Gesetz selbst in § 331 BGB ein Mittel an die Hand gebe, um die für letztwillige Verfügungen gegebenen Formvorschriften zu ersparen.[142] Die Entscheidung betont, dass es darauf ankomme, ob durch den Vertrag zugunsten Dritter das Vermögensstück bereits aus dem Vermögen des Versprechungsempfängers ausgeschieden sei.[143] 68

134 BGH WM 1976, 1130; DNotZ 1984, 692.
135 BGH NJW 1995, 953.
136 OLG Düsseldorf, NJW-RR 1996, 1329.
137 BGH WM 1876, 1130.
138 BGH WM 1976, 1130; Staudinger/*Kanzleiter* § 2301 Rn. 44; *Linnenbrink* MittRhNotK 1992, 261, 267; Münchener Vertragshandbuch/*Graf von Westphalen* Bd. 2, IV 7 Anm. 9.
139 BGHZ 46, 198; BGH DNotZ 1984, 692.
140 RGZ 88, 137.
141 Vgl. *Lange/Kuchinke* § 33 II Fn. 77.
142 RGZ 106, 1.
143 Im gleichen Sinn BGHZ 46, 198. S. auch *Harder* 140 N 106.

69 Der Erblasser kann einem Dritten schenkweise einen Geldbetrag dadurch zuwenden, dass er einer Bank den **Auftrag** erteilt, diesen Betrag nach seinem Tode von seinem Konto zu überweisen oder auszuzahlen. Der Dritte kann den Betrag jedoch nicht verlangen, wenn die Bank den Auftrag nicht ausführt, weil der Erbe den vom Erblasser erteilten Auftrag widerrufen hat.[144]

70 Weist jemand seine Bank an, **nach seinem Tode** ein Sparguthaben an einen Dritten auszuzahlen, so erlangt dieser im Todesfall einen Anspruch auf das Guthaben nur dann, wenn der Bankkunde es ihm zuwenden wollte und diese Rechtsfolge vom Vertragswillen der Bank umfasst war.[145]

71 Die bloße **Anlegung eines Kontos auf den Namen eines Dritten** bedeutet noch keine Verfügung zugunsten Dritter auf den Todesfall, vor allem dann nicht, wenn der Anlegende sich die Verfügungsbefugnis vorbehält.[146] Es wird jedoch zu prüfen sein, ob nicht bezüglich des beim Ableben des Anlegenden verbleibenden Restes eine Verfügung zugunsten des Dritten (Kontoinhabers) auf den Todesfall vorliegt.[147]

72 Auch die bloße Anlegung eines »**Oder**«-**Kontos** genügt nicht.[148]

b) Zuwendung von Depots

73 Beim Vertrag zugunsten Dritter betreffend ein Kontoguthaben ist es möglich, die zwischen Kunde und Bank bestehenden schuldrechtlichen Ansprüche an einen Dritten zu übertragen; denn die beim Konto übertragenen Rückgewährs- und Rückerstattungsansprüche gem. §§ 700, 607, 488 ff. BGB[149] sind immer dann vorhanden, wenn ein Bankguthaben zugunsten des Kunden besteht. Demgegenüber besteht beim Wertpapierdepot die Schwierigkeit, dass dingliche Rechte nicht im Wege eines Vertrages zugunsten Dritter übertragen werden können.[150] Um der Unwirksamkeitssanktion eines – unzulässigen – dinglichen Vertrages zugunsten Dritter zu entgehen, ist die Konstruktion eines Treuhandvertrages erforderlich: Danach überträgt der Kunde treuhänderisch sein Eigentum bzw. Miteigentum an den im Depot verbuchten Wertpapieren auf die Bank mit der Maßgabe, dass dem Kunden/Depotinhaber ein – bedingter – Rückübereignungsanspruch gem. §§ 667, 665 BGB zuwächst.[151] Dieser dem Depotinhaber zustehende Rückübereignungsanspruch ist dann Gegenstand des Vertrages zugunsten Dritter i.S.d. §§ 328, 331 BGB:[152] Der Inhaber eines Wertpapierdepots kann also auf den Zeitpunkt seines Todes durch Vertrag mit seiner Bank zugunsten eines Dritten für diesen einen schuldrechtlichen Anspruch gegen die Bank auf Übereignung der Wertpapiere begründen.[153]

74 Entsprechendes gilt für einen vom Erblasser mit einer Bank abgeschlossenen **Treuhandvertrag** mit der Anweisung an die Bank, nach dem Tod des Erblassers den Erlös aus dem Verkauf von dessen Wertpapieren an einen Begünstigten auszuzahlen.[154]

144 BGH NJW 1975, 382.

145 BGH DNotZ 1984, 692.

146 MünchKomm/*Musielak* § 2301 Rn. 40. Zu dem Fall, dass der »Dritte« das Konto selbst auf seinen Namen eröffnet, der Erblasser zu Lebzeiten einen Betrag auf das Konto einzahlt, sich eine Kontovollmacht erteilen lässt und das Sparbuch in Besitz nimmt vgl. BGH FamRZ 1994, 625; zur Kontengestaltung *Eichel* MittRhNotK 1975, 613.

147 BGHZ 46, 202.

148 Anders BGH FamRZ 1986, 982, 983 bei entsprechendem Willen des Erblassers; vgl. oben Rdn. 13.

149 Vgl. *Van Look* in Claussen, Bank- und Börsenrecht, § 2 Rn. 58, 12; *Kümpel* WM 1977, 1186, 1188.

150 BGHZ 41, 95, 96; Palandt/*Grüneberg* § 328 Rn. 12; MünchKomm/*Gottwald* § 328 Rn. 62, 281.

151 *Kümpel* WM 1977, 1186, 1188; *ders.* BuB Rn. 8/232; *Hinz* JuS 1965, 299, 305; *Canaris* Rn. 2093; vgl. ausführlich Münchener Vertragshandbuch/*Graf von Westphalen* Bd. 2, IV 11 Anm. 2.

152 BGHZ 41, 96.

153 Zustimmend Palandt/*Weidlich* § 2301 Rn. 17; vgl. a *Liessem* MittRhNotK 1988, 29, 33; a.M. *Büsselberg* NJW 1964, 1952.

154 BGH WM 1976, 1130.

c) Zuwendungen von Bauspar- und Ansparverträgen

Wenn in einem Bausparvertrag für den Todesfall des Bausparers ein Dritter unentgeltlich begünstigt wird, so ist hierin in der Regel eine schenkweise Zuwendung an den Dritten zu sehen, und zwar hinsichtlich der Sparraten, die der Sparer in Erfüllung des Bausparvertrages gemacht hat.[155] Von Verfügungen zugunsten Dritter bezüglich eines Bausparvertrages kann nur, da ein Vertrag zulasten Dritter nicht möglich ist, das Bausparguthaben betroffen sein. Das etwa bereits in Anspruch genommene Bauspardarlehen fällt als Passivposten in den Nachlass, wenn keine sonstigen verbindlichen Regelungen getroffen sind. Vor allem bei Zwischenfinanzierungen kann es daher zu dem überraschenden Effekt kommen, dass Berechtigung am Bausparguthaben und Verpflichtung aus dem Darlehen beim Ableben des Bausparers auseinanderfallen. Ansparverträge sind wie Bausparverträge zu behandeln. 75

d) Zuwendungen von Lebensversicherungen

Bei Lebensversicherungsverträgen zugunsten Dritter[156] entsteht mit dem Tod des Erblassers ein unmittelbarer schuldrechtlicher Anspruch in der Person des Begünstigten.[157] Der Anspruch auf die Versicherungsleistung fällt nicht in den Nachlass, unabhängig davon, ob die Bezugsberechtigung widerruflich oder unwiderruflich ausgestaltet ist.[158] Für die Anwendung der Vorschriften des Pflichtteilsrechtes (10-Jahres-Frist, § 2325 BGB!), den § 2287 BGB, sowie für die Anfechtung nach §§ 129 ff. InsO, § 3 AnfG ist dies von entscheidender Bedeutung.[159] Umstritten war bei einem widerruflichen Bezugsrecht, ob für die Pflichtteilsergänzung auf die entrichteten Prämien oder auf die ausgezahlte Versicherungssumme abzustellen ist. Nach Ansicht des BGH ist der Wert maßgeblich, den der Erblasser in der letzten juristischen Sekunde seines Lebens noch selbst hätte realisieren können, was in der Regel der Rückkaufswert sei.[160] 76

Wird die **Unwiderruflichkeit der Bezugsberechtigung** des Dritten bereits zu Lebzeiten des Versicherungsnehmers – sei es von vornherein oder nachträglich (bei oder nach Abschluss der Versicherung) – durch Übereinkunft mit dem Versicherer gem. § 13 Abs. 2 ALB mit dinglicher Wirkung herbeigeführt, liegt eine vollzogene Schenkung unter Lebenden vor gem. § 159 Abs. 3 VVG; § 2301 BGB ist dann in keiner Weise tangiert.[161] Deuten die Umstände auf einen anderen Willen der Beteiligten hin, kann auch die Versicherungssumme in den Nachlass fallen.[162]

e) Gesellschaftsvertragliche Nachfolgeregelungen

Diese fallen regelmäßig nicht unter § 2301 Abs. 1 Satz 1 BGB, da es an der *causa donandi* fehlt, der Rechtsgrund ist das Gesellschaftsverhältnis. Gelten die Regelungen für alle Gesellschafter, fehlt es an der Unentgeltlichkeit, und zwar auch, wenn ein Abfindungsanspruch weichender Erben (gegen die Gesellschafter) ausgeschlossen ist, da die Regelung als gesellschaftsrechtliches Faktum, also im Zusammenhang mit allen anderen Gegebenheiten des Gesellschaftsvertrages und des Gesellschaftsverhältnisses gesehen werden muss.[163] Gilt die Nachfolgeregelung nur für den Geschäftsanteil **eines** 77

---

155 BGH NJW 1965, 1913 = BGH LM Nr. 2 zu § 331 = DNotZ 1966, 494; vgl. *Hippel* NJW 1966, 867.

156 §§ 159, 160, 185 VVG (für Altverträge bis zum 01.01.2008 sind § 330 a.F. BGB, §§ 166, 167, 180 VVG a.F. anwendbar), s. Art. 1 Abs. 1 EGVVG).

157 MünchKomm/*Lange* § 2325 Rn. 36.

158 MünchKommVVG/*Heiss* § 159 Rn. 9, 67.

159 *Muscheler* Bd. I Rn. 888.

160 BGH NJW 2010, 3232; Palandt/*Weidlich* § 2325 Rn. 13; kritisch MünchKomm/*Lange* § 2325 Rn. 38.

161 Vgl. BGH NJW 1975, 1360.

162 RG JW 1911, 777 Nr. 39; OLG Hamm OLGE 32, 233 für eine Aussteuerversicherung; vgl. auch Staudinger/*Jagmann* (2004) § 330 Rn. 30.

163 BGHZ 22, 194; DNotZ 1966, 620; NJW 1977, 1339; vgl. auch oben Rdn. 14; zur unentgeltlichen Einziehung eines GmbH-Anteils: *Habersack* ZIP 1990, 625; zur Zuwendung eines zum Sonderbetriebsvermögen gehörenden Einzelgegenstandes neben einer qualifizierten Nachfolgeklausel: *Reischl* ZEV 1996, 50.

Gesellschafters, so ist sie meist nicht durch das Überleben anderer bedingt, sondern unbedingt gewollt; auch hier ist in erster Linie nicht das objektive Wertverhältnis der beiderseitigen Leistungen, sondern deren Bewertung durch die Vertragschließenden selbst maßgebend, soweit sie nicht willkürlich ist.[164]

78 Gesellschaftsvertragliche **Eintrittsklauseln** sind in der Regel Verträge zugunsten Dritter, mit der Folge, dass der »Von-Selbst-Erwerb« der zugewandten Rechtsposition (Eintrittsrecht) beim Ableben des Gesellschafters erfolgt. § 2301 Abs. 1 Satz 1 BGB gilt damit nicht, derartige gesellschaftsvertragliche Klauseln sind daher – abgesehen von evtl. besonderen Gestaltungen – formfrei wirksam.[165]

§ 2302 Schutz der Testierfreiheit

Ein Vertrag, durch den sich jemand verpflichtet, eine Verfügung von Todes wegen zu errichten oder nicht zu errichten, aufzuheben oder nicht aufzuheben, ist nichtig.

Literatur

Battes, Der erbrechtliche Verpflichtungsvertrag im System des Deutschen Zivilrechts – Ziele, Dogmatik und praktische Auswirkungen des § 2302 BGB, AcP 178, 337; *Stürzebecher*, Zur Anwendbarkeit der §§ 320 ff. BGB auf den entgeltlichen Erbvertrag, NJW 1988, 2717; *van Venrooy*, Internationalprivatrechtliche Bemerkungen zu § 2302, JZ 1985, 609; *Weiler*, Änderungsvorbehalt und Vertragsmäßigkeit der erbvertraglichen Verfügung, DNotZ 1994, 427.

Übersicht

I. Allgemeines

1. Grundsatz

1 § 2302 BGB dient dem Schutz der Testierfreiheit[1] und bestimmt, dass ein Vertrag, durch den sich jemand verpflichtet, eine Verfügung von Todes wegen zu errichten oder nicht zu errichten, aufzuheben oder nicht aufzuheben, nichtig, also von Anfang an ohne Rechtswirkung ist.[2] Des Weiteren ist § 2302 BGB auf eine einseitige Verpflichtung des Erblassers zur Errichtung, Aufrechterhaltung oder Aufhebung einer Verfügung von Todes wegen – d.h. auf eine Verpflichtung, die nicht in einem gegenseitigen Vertrag begründet wurde – entsprechend anwendbar.[3]

Das ist keine Ausnahme von § 137 Satz 2 BGB, weil § 137 Satz 1 BGB nur Verfügungen unter Lebenden im Auge hat. Verboten ist aber nur die schuldrechtliche Verpflichtung, nicht die **erbrechtliche Bindung**, die beim Erbvertrag (§ 2289 Abs. 1 Satz 1 BGB) und beim gemeinschaftlichen Testament ausdrücklich zugelassen ist (bei diesem freilich nur für wechselbezügliche Verfügungen

164 BGH DNotZ 1966, 620.

165 MünchKomm/*Musielak* § 2301 Rn. 45; Staudinger/*Kanzleiter* § 2301 Rn. 51; Palandt/*Weidlich* § 2301 Rn. 15.

1 Vgl. *Muscheler* Bd. I Rn. 2345.

2 Vgl. RGZ 75, 34.

3 BayObLG FamRZ 2001, 771 = ZEV 2001, 193.

und nur für den Fall, dass diese durch den Tod des anderen Ehegatten unwiderruflich geworden sind: § 2271 Abs. 2 Satz 1 BGB). Die Verpflichtung, eine bestimmte Verfügung von Todes wegen nicht aufzuheben, kann daher bei entsprechendem Inhalt der Verfügung (§ 2278 Abs. 2 BGB) und bei Wahrung der Form des Erbvertrages in einen Erbvertrag zugunsten des Bedachten umgedeutet werden, freilich nur dann, wenn der Inhalt der Verfügung, an die sich der Erblasser binden will, in dem Vertrag wiedergegeben wird.[4] Haben sich in einem Erbvertrag Ehegatten gegenseitig zu Erben eingesetzt und weiter bestimmt, dass der Längstlebende von ihnen verpflichtet ist, das bei seinem Tode vorhandene Vermögen auf die gemeinsamen Kinder zu übertragen, so lässt sich diese Erklärung dahin deuten, dass nach dem Tode des Längstlebenden der beiderseitige Nachlass an die gesetzlichen Erben fallen soll.[5] Unter Umständen kann in einer solchen Bestimmung auch die Anordnung einer **Nacherbfolge** gefunden werden. Wenn ein Ehemann seiner Frau bestimmte Vermögensgegenstände als Vermächtnis zuwendet mit der Weisung, sie auf die gemeinschaftlichen Kinder zu vererben, so kann in dieser Anordnung ein **Nachvermächtnis** liegen.[6]

Die Verpflichtung, überhaupt keine Verfügung von Todes wegen zu errichten oder an der gesetzli- 2
chen Erbfolge nichts zu ändern, kann als **Erbeinsetzungsvertrag** zugunsten der gesetzlichen Erben aufrechterhalten werden, wenn die Form des Erbvertrags gewahrt ist.[7] Dieser Fall ist gegeben, wenn der Erblasser gegenüber seinen gesetzlich berufenen Erben vertragsmäßig auf das Recht verzichtet, von Todes wegen anderweitig zu verfügen, sofern nur aus dem Vertrag erhellt, dass der Erblasser seinen gesetzlichen Erben die Erbfolge sichern wollte.[8] Auch in einem Erbvertrag kann aber nicht auf das Recht zur Aufhebung des Vertrages (§§ 2290 bis 2292 BGB) oder auf das Recht des gesetzlichen Rücktritts nach §§ 2294, 2295 BGB verzichtet werden.[9] Eine gegen § 2302 BGB verstoßende Verpflichtung zum Abschluss eines Erbvertrages kann u.U. in einen Vertrag zugunsten Dritter umgedeutet werden.[10] Zur Bedeutung des § 2302 BGB im Hinblick auf die dogmatische Konstruktion eines entgeltlichen Erbvertrages s.[11]

2. Verpflichtung zur Entziehung des Pflichtteils

Auch die vertragsmäßige Zusicherung, in einer bestimmten Weise nicht testieren zu wollen, ist 3
nach § 2302 BGB verboten. Ferner fällt unter § 2302 BGB eine vertragsmäßige **Verpflichtung zur Entziehung des Pflichtteils** (§ 2336 BGB); eine solche würde übrigens wohl auch nach § 138 BGB wegen Verstoßes gegen die guten Sitten nichtig sein.[12]

3. Koppelung mit Ehevertrag

Eine Einschränkung der Testierfähigkeit kann auch nicht dadurch erreicht werden, dass ein Erbver- 4
trag mit einem anderen Vertrag **(Ehevertrag)** gekoppelt wird, damit der Erbvertrag das rechtliche Schicksal des mit ihm verbundenen Vertrages teile. Vielmehr bleibt ein Erbvertrag auch in einem solchen Fall rechtlich selbständig, er ist ausschließlich nach den für ihn geltenden gesetzlichen

4 Vgl. aber *Weiler*, DNotZ 1994, 427, 439 zur Wirkung des § 2302 BGB auf in einem Erbvertrag mit spezifiziertem Änderungsvorbehalt getroffene einseitige Verfügungen des Erblassers (neben vertragsmäßigen); denn der Inhalt des Erbvertrages kann nicht aus anderen, nur in Bezug genommenen Verfügungen entnommen werden (Staudinger/*Seybold* § 2065 Rn. 10 (1954); Mot. V 313); das hindert natürlich nicht, dass Anlagen der notariellen Niederschrift als Bestandteil des Erbvertrages betrachtet werden, vgl. § 9 Abs. 1 BeurkG.

5 OLG Hamm JMBl NRW 1960, 125.

6 BGH DRiZ 1966, 398.

7 Sog. konservativer Erbvertrag, Mot. V 313; BayObLGZ BayZ 1906, 105; MünchKomm/*Musielak* § 2302 Rn. 4.

8 Mot. V 314; BayObLGZ 6, 711; 21 A 391.

9 BGB-RGRK/*Kregel* § 2302 Rn. 2; BGH NJW 1959, 625.

10 BGH MDR 1961, 128; Palandt/*Weidlich* § 2302 Rn. 4.

11 *Stürzebecher* NJW 1988, 2717, 2718 f.

12 Mot. V 447.

Bestimmungen (insbesondere über den Rücktritt) zu beurteilen. § 139 BGB ist in diesem Fall nicht entsprechend anzuwenden.[13]

4. Verpflichtung zur Ausschlagung einer Erbschaft

5 Die Verpflichtung, eine Erbschaft **auszuschlagen**, fällt **nicht** unter § 2302 BGB.[14] Wenn sie zu Lebzeiten des Erblassers in einem Vertrag mit diesem übernommen wird, so kann sie u.U. in einen **Erbverzicht** umgedeutet werden (§§ 2346, 2352 BGB), bedarf aber dann der Form des § 2348 BGB.[15] Wird sie zu Lebzeiten des Erblassers gegenüber einem Dritten übernommen, so gilt § 311b Abs. 4, 5 BGB.[16]

Die Testierfreiheit ist weiter dadurch gesichert, dass die rechtswidrige Einwirkung auf den Erblasser wegen der Errichtung, Aufrechterhaltung oder Aufhebung einer Verfügung von Todes wegen die **Erbunwürdigkeit** des Täters zur Folge hat (§ 2339 Abs. 1 Nr. 1–3 BGB).

5. Auflösend bedingte Zuwendung

6 Der Erblasser kann die Testierfreiheit eines von ihm Bedachten (mittelbar) dadurch beeinträchtigen, dass er die Zuwendung von der auflösenden Bedingung abhängig macht, die darin besteht, dass der Bedachte seinerseits eine bestimmte Person von Todes wegen bedenkt. Eine derartige **»kaptatorische Verfügung«**, durch die lediglich die Zuwendung des Erblassers inhaltlich eingeschränkt wird, verstößt nicht gegen § 2302 BGB.[17]

7 Wird eine **Zuwendung unter Lebenden** an die Bedingung geknüpft, dass der Zuwendungsempfänger den Geber oder einen Dritten durch Verfügung von Todes wegen bedenkt, so verstößt dies schon im Ansatz – im Gegensatz zu einer Zuwendung durch Verfügung von Todes wegen– nicht gegen § 2302 BGB; es liegt vielmehr nur eine Zuwendung unter Einschränkungen vor.[18] Unwirksamkeit nach § 134 BGB (Gesetzesumgehung) oder § 138 BGB (Sittenwidrigkeit) kommt nur in besonderen Ausnahmefällen infrage. Auf eine Umdeutung in eine Verfügung mit auflösender Bedingung kommt es hier überhaupt nicht an.

6. Auflagen zur Errichtung eines Testaments

8 Eine Auflage, durch die dem Bedachten die Verpflichtung auferlegt wird, ein Testament zu errichten, nicht zu errichten, aufzuheben oder nicht aufzuheben, ist nichtig.[19] Sie kann – und wird häufig! – aber u.U. in die Anordnung einer Nacherbfolge bzw. eines Nachvermächtnisses oder einer Bedingung umgedeutet werden.

7. Poolverträge

9 Bei Kapitalgesellschaften kann die Verschonung nach § 13a ErbStG grundsätzlich nur dann in Anspruch genommen werden, wenn der Erblasser oder Schenker am Nennkapital der Gesellschaft zu mehr als 25 % unmittelbar beteiligt war. Allerdings ermöglicht das Gesetz eine Zurechnung der Anteile anderer Gesellschafter, wenn zwischen dem Erblasser oder Schenker und den weiteren Gesellschaftern ein Poolvertrag über Anteil von insgesamt mehr als 25 % abgeschlossen wird (§ 13b Abs. 1 Nr. 3 Satz 2 ErbStG). Damit ist für Gesellschafter von Kapitalgesellschaft gelegentlich die

---

13 BGHZ 29, 129, 133 = NJW 1959, 625; BGB-RGRK/*Kregel* § 2302 Rn. 1.

14 Palandt/*Weidlich* § 2302 Rn. 1.

15 Palandt/*Weidlich* a.a.O.; *Damrau*, Der Erbverzicht als Mittel zweckmäßiger Vorsorge auf den Todesfall, 27; *Weidlich* ZEV 2007,465.

16 Palandt/*Grüneberg* § 311b Rn. 70.,

17 *Brox*, FS Bartholomeyczik 41; *Battes* 369; Soergel/*Wolf* § 2302 Rn. 3; MünchKomm/*Musielak* § 2302 Rn. 3; a.A. *Kipp/Coing* § 18 V; vgl. auch die Rspr. zur entsprechenden Einschränkung lebzeitiger Zuwendungen Rn. 8.

18 BGH MDR 1972, 36; Staudinger/*Kanzleiter* § 2302 Rn 8.

19 BayObLG FamRZ 2001,771; Palandt/*Weidlich* § 2302 Rn. 3.

Notwendigkeit gegeben, die eigenen Anteile mit denen anderer Mitgesellschafter in einem Pool zu verbinden, um die erbschaftsteuerlichen Verschonungen nach § 13a ErbStG in Anspruch nehmen zu können. Gegenstand der Poolvereinbarung hat nach den gesetzlichen Vorgaben zu sein, dass über die durch den Pool verbundenen Anteile nur einheitlich verfügt werden darf und/oder ausschließlich auf andere derselben Verpflichtung unterliegende Anteilseigner übertragen werden und das Stimmrecht gegenüber nicht gebundenen Gesellschaftern einheitlich ausgeübt werden darf. Wortlaut und Sinn und Zweck des § 13b Abs. 1 Nr. 3 Satz 2 ErbStG sprechen für das Erfordernis auch einer erbrechtlichen Vinkulierung.[20] Andererseits kann eine solche Vereinbarung aufgrund der Unzulässigkeit des Testiervertrages nach § 2302 BGB nicht in der Weise getroffen werden, dass die Gesellschafter verpflichtet sind, von Todes wegen nur nach einheitlichen Kriterien zu verfügen.[21] Will man einen Verstoß gegen § 2302 BGB vermeiden, kann man nur Sanktionen für den Fall für möglich halten, dass die Anteile eines verstorbenen Gesellschafters »poolwidrig« vererbt werden, wobei insbesondere an Einziehungsregelungen zu denken ist. Ein Testierzwang kann aus § 13b Abs. 1 Nr. 3 Satz 1 ErbStG hingegen nicht abgeleitet werden.[22] Im Übrigen beschränkt sich die Wirkung des § 13b Abs. 1 Nr. 3 Satz 1 ErbStG in den Fällen, in denen der Gesellschafter einer Kapitalgesellschaft sich nicht an den Poolvertrag hält und es zu einem abweichenden Übergang kraft Erbrechtes kommt, darauf, dass die erbschaftsteuerlichen Verschonungen des § 13a ErbStG nicht in Anspruch genommen werden können.

8. Verpflichtung zu Anordnungen nach § 1638 BGB

Bei Nachfolgeplanungen von Familiengesellschaften ist nicht nur die Sicherung des Vermögens 10 von Interesse, sondern auch die **Verhinderung von Fremdeinfluss** auf das Unternehmen. Hierzu kann es insbesondere kommen, wenn ein volljähriges Familienmitglied nach seiner Beteiligung am Familienunternehmen verstirbt und seine minderjährige Kinder, u.U. aus unterschiedlichen Verbindungen, nachfolgen, die dann durch ihre gesetzlichen Vertreter, also die jeweilige Mutter oder den jeweiligen Vater, vertreten werden. Der ursprünglich Beschenkte kann gem. § 1638 BGB verfügen, dass der gesetzliche Vertreter des Gesellschafter-Nachfolgers, also der überlebende Elternteil, von der Vermögenssorge in Bezug auf vererbte Vermögen ausgeschlossen wird. Nach § 1909 Abs. 1 Satz 2 BGB ist in der Folge ein Ergänzungspfleger (Zuwendungspfleger) zu bestellen. Der Erblasser kann auch die Person des Pflegers bestimmen (§ 1917 BGB); Ersatzbenennungen sind möglich und sinnvoll[23]. Das Gericht kann über die Person des Benannten nur unter den engen Voraussetzungen des § 1778 BGB hinweggehen (§ 1917 Abs. 1 Satz 2 BGB)[24].

Ergänzend wird vielfach **Testamentsvollstreckung** angeordnet. Dadurch wird das Familienrecht 11 insgesamt in Bezug auf den Nachlass verdrängt, also nicht nur die gesetzliche Vertretung, sondern auch etwaige gerichtliche Genehmigungsvorbehalte.[25] Die Anordnung der Testamentsvollstreckung hat zudem den Vorteil, dass sie über die erreichte Volljährigkeit des Kindes hinauswirken kann, sie hat den Nachteil, dass sie zur Erbausschlagung und Geltendmachung des Pflichtteils nach § 2306 BGB berechtigt.[26] Auch zu einer Kollision der Interessen aufgrund der Doppelfunktion kann es kommen.[27] Eine vertragliche Verpflichtung, Testamentsvollstreckung anzuordnen, scheitert an § 2302 BGB. Fraglich ist, welche Relevanz diese Vorschrift für die Beschränkung der Vermögenssorge bei Erwerben von Todes wegen gem. § 1638 BGB hat. Sie hat zwar »durch letztwillige Verfü-

20 *Onderka/Lasa* Ubg 2009, 309, 312 f.
21 *Von Oertzen* in: FS Schaumburg 2009, 1045, 1050; *Kramer* GmbHR 2010, 1023 f; *Leitzen* ZEV 2010,401.
22 Hannes/*Kramer*, Formularbuch Vermögens- und Unternehmensnachfolge, C. 2, Rn. 22.
23 *Damrau*, Der Minderjährige im Erbrecht, 2002, Rn. 102.
24 Auch der Pflichtteilsanspruch wird von § 1638 BGB erfasst (OLG Hamm FamRZ 1969, 662; Palandt/*Götz*, § 1638 Rn. 3.
25 Vgl. Staudinger/*Reimann*, Vorbem. zu §§ 2197 ff. Rn 42.
26 Palandt/*Weidlich*, § 2306 Rn. 3.
27 BGH ZEV 2008, 330 mit Anm. *Muscheler*; zu den kautelarjuristischen Ausweichmöglichkeiten s. *Reimann*, MittBayNot 1994, 56.

gung« zu erfolgen, § 1638 Abs. 1 BGB stellt aber lediglich eine Formvorschrift und keine materielle Qualifizierung der Maßnahme dar. § 2302 BGB ist insoweit nicht anwendbar.[28]

12 Der Zuwendungspfleger ist nach der neueren Rechtsprechung des BGH[29] bei einer letztwilligen Zuwendung auch zur **Annahme und Ausschlagung der Erbschaft** befugt, insoweit wird die Zuständigkeit des gesetzlichen Vertreters verdrängt. Die Anordnung nach § 1638 BGB ermöglicht es daher, insbesondere wenn zusätzlich Testamentsvollstreckung oder Nacherbfolge angeordnet ist, die Risiken einer Erbausschlagung gem. § 2306 BGB zu verringern.

9. Verpflichtung zur Rechtswahl

13 Am 16.08.2012 ist für alle EU-Staaten mit Ausnahme von Großbritannien, Irland und Dänemark die »Europäische Erbrechtsverordnung« (EuErbVO) aufgrund der Verordnung (EU) Nr. 650/2012 in Kraft getreten. Sie wird ab 17.08.2015 anwendbar sein. Nach der allgemeinen Kollisionsnorm des Art. 21 Abs. 1 EuErbVO unterliegt die gesamte Rechtsnachfolge von Todes wegen dem Recht des Staates, in dem der Erblasser im Zeitpunkt seines Todes seinen gewöhnlichen Aufenthalt hatte. Art. 22 Abs. 1 EuErbVO sieht jedoch eine eingeschränkte Rechtswahlmöglichkeit vor, wonach für die Rechtsnachfolge von Todes wegen das Recht des Staates gewählt werden kann, dem der Erblasser im Zeitpunkt der Rechtswahl oder im Zeitpunkt des Todes angehört. Für die Rechtswahl ist unerheblich, ob es sich bei diesem Recht um dasjenige eines Mitgliedsstaates der EU oder eines Drittstaates handelt. Dies wird insbesondere bei der Nachfolgeplanung von Unternehmen relevant. Hier kann es zu Problemen kommen, wenn die in Gesellschaftsverträgen gestaltete Nachfolgeplanung mit der gewählten ausländischen Rechtsordnung kollidiert. Eine Rechtswahlklausel in Gesellschaftsverträgen schützt hier nicht, da die erbrechtliche Rechtswahl immer in einer Verfügung von Todes wegen getroffen werden muss (Art. 22 Abs. 2 EuErbVO). Fraglich ist, ob der Gesellschaftsvertrag die Gesellschafter zu einer erbrechtlichen Rechtswahl verpflichten kann. Eine Rechtswahl im Erbrecht bedarf zwar der Form einer Verfügung von Todes wegen, ist aber selbst keine solche.[30] Zwar kann der Erblasser auch bei einer vertraglichen Verpflichtung dem Grunde nach frei testieren, es besteht jedoch – anders als bei § 1638 Abs. 1 BGB – eine besondere Nähe zum materiellen Erbrecht, denn der Erblasser kann nur im Rahmen der jeweiligen Rechtsordnung testieren. Aus diesem Grund würde eine entsprechende Regelung die Testierfreiheit der Gesellschafter unzulässig einschränken, mit der Folge, dass sie gem. § 2302 BGB nichtig wäre.[31] Rechtlich unverbindliche Empfehlungen an die Gesellschafter sind zulässig, gewissermaßen als »Merkposten« für die Gesellschafter.

II. Folgerungen

1. Keine Schadensersatzpflicht

14 Da Verträge der in § 2302 BGB behandelten Art nichtig sind, tritt bei Zuwiderhandlungen gegen die Verpflichtung zur Errichtung, Aufrechterhaltung oder Aufhebung einer (bestimmten) Verfügung von Todes wegen keine Schadensersatzpflicht ein.[32] Die Vereinbarung einer Vertragsstrafe ist unwirksam (§ 344 BGB).

2. Teilnichtigkeit

15 Die in § 2302 BGB angeordnete Nichtigkeit ergreift den ganzen Vertrag, also auch das etwa in ihm enthaltene Versprechen einer Gegenleistung; anders nur, wenn anzunehmen ist, dass der übrige Inhalt des Vertrages auch ohne den nichtigen Teil vereinbart worden wäre (§ 139 BGB).

---

28 *Reimann* in: FS Hahne 2012, 455, 457; Gerichtsentscheidungen, welche diese Aussage bestätigen, sind allerdings, soweit erkennbar, nicht zu verzeichnen.
29 BGH ErbR 2016, 630 = ZEV 2017, 33.
30 Vgl. *Dörner* DNotZ 1988, 67, 68; *Döbereiner* DNotZ 2014, 323, 324; aA *Kunz* GPR 2012, 207.
31 *Wachter*, GmbHR 2014, 177, 178.
32 BGH NJW 1967, 1126.

3. Versorgungsversprechen

Das Versprechen gegenüber einer Angestellten, sie dauernd zu versorgen und in einer letztwilligen Verfügung entsprechend zu bedenken, wenn sie bis zum Tode des Dienstherrn in seinem Dienst bleibe, kann u.U. so aufgefasst werden, dass eine sofortige vertragliche Bindung zur Zahlung einer beim Tode des Dienstherrn fällig werdenden Summe beabsichtigt war und der Hinweis auf die letztwillige Verfügung nur eine unschädliche Nebenabrede über die Art der Erfüllung darstellte.[33] Die Angestellte hat Anspruch auf Vergütung nach § 612 Abs. 2 BGB; Bereicherungsansprüche würden voraussetzen, dass kein schuldrechtlicher Vertrag bestanden hat.[34] 16

D. Pflichteil, §§ 2303–2338 BGB [nicht kommentiert]

§ 2303 Pflichtteilsberechtigte; Höhe des Pflichtteils

(1) [1]Ist ein Abkömmling des Erblassers durch Verfügung von Todes wegen von der Erbfolge ausgeschlossen, so kann er von dem Erben den Pflichtteil verlangen. [2]Der Pflichtteil besteht in der Hälfte des Wertes des gesetzlichen Erbteils.

(2) [1]Das gleiche Recht steht den Eltern und dem Ehegatten des Erblassers zu, wenn sie durch Verfügung von Todes wegen von der Erbfolge ausgeschlossen sind. [2]Die Vorschrift des § 1371 bleibt unberührt.

§ 2304 Auslegungsregel

[1]Die Zuwendung des Pflichtteils ist im Zweifel nicht als Erbeinsetzung anzusehen.

§ 2305 Zusatzpflichtteil

[1]Ist einem Pflichtteilsberechtigten ein Erbteil hinterlassen, der geringer ist als die Hälfte des gesetzlichen Erbteils, so kann der Pflichtteilsberechtigte von den Miterben als Pflichtteil den Wert des an der Hälfte fehlenden Teils verlangen. [2]Bei der Berechnung des Wertes bleiben Beschränkungen und Beschwerungen der in § 2306 bezeichneten Art außer Betracht.

§ 2306 Beschränkungen und Beschwerungen

(1) [1]Ist ein als Erbe berufener Pflichtteilsberechtigter durch die Einsetzung eines Nacherben, die Ernennung eines Testamentsvollstreckers oder eine Teilungsanordnung beschränkt oder ist er mit einem Vermächtnis oder einer Auflage beschwert, so kann er den Pflichtteil verlangen, wenn er den Erbteil ausschlägt; die Ausschlagungsfrist beginnt erst, wenn der Pflichtteilsberechtigte von der Beschränkung oder der Beschwerung Kenntnis erlangt.

(2) [1]Einer Beschränkung der Erbeinsetzung steht es gleich, wenn der Pflichtteilsberechtigte als Nacherbe eingesetzt ist.

§ 2307 Zuwendung eines Vermächtnisses

(1) [1]Ist ein Pflichtteilsberechtigter mit einem Vermächtnis bedacht, so kann er den Pflichtteil verlangen, wenn er das Vermächtnis ausschlägt. [2]Schlägt er nicht aus, so steht ihm ein Recht auf den Pflichtteil nicht zu, soweit der Wert des Vermächtnisses reicht; bei der Berechnung des Wertes bleiben Beschränkungen und Beschwerungen der in § 2306 bezeichneten Art außer Betracht.

---

33 RG WarnR 1917 Nr. 14.
34 BGH FamRZ 1965, 318; Palandt/*Weidlich* § 2302 Rn. 2.

(2) [1]Der mit dem Vermächtnis beschwerte Erbe kann den Pflichtteilsberechtigten unter Bestimmung einer angemessenen Frist zur Erklärung über die Annahme des Vermächtnisses auffordern. [2]Mit dem Ablauf der Frist gilt das Vermächtnis als ausgeschlagen, wenn nicht vorher die Annahme erklärt wird.

§ 2308 Anfechtung der Ausschlagung

(1) [1]Hat ein Pflichtteilsberechtigter, der als Erbe oder als Vermächtnisnehmer in der in § 2306 bezeichneten Art beschränkt oder beschwert ist, die Erbschaft oder das Vermächtnis ausgeschlagen, so kann er die Ausschlagung anfechten, wenn die Beschränkung oder die Beschwerung zur Zeit der Ausschlagung weggefallen und der Wegfall ihm nicht bekannt war.

(2) [1]Auf die Anfechtung der Ausschlagung eines Vermächtnisses finden die für die Anfechtung der Ausschlagung einer Erbschaft geltenden Vorschriften entsprechende Anwendung. [2]Die Anfechtung erfolgt durch Erklärung gegenüber dem Beschwerten.

§ 2309 Pflichtteilsrecht der Eltern und entfernteren Abkömmlinge

[1]Entferntere Abkömmlinge und die Eltern des Erblassers sind insoweit nicht pflichtteilsberechtigt, als ein Abkömmling, der sie im Falle der gesetzlichen Erbfolge ausschließen würde, den Pflichtteil verlangen kann oder das ihm Hinterlassene annimmt.

§ 2310 Feststellung des Erbteils für die Berechnung des Pflichtteils

[1]Bei der Feststellung des für die Berechnung des Pflichtteils maßgebenden Erbteils werden diejenigen mitgezählt, welche durch letztwillige Verfügung von der Erbfolge ausgeschlossen sind oder die Erbschaft ausgeschlagen haben oder für erbunwürdig erklärt sind. [2]Wer durch Erbverzicht von der gesetzlichen Erbfolge ausgeschlossen ist, wird nicht mitgezählt.

§ 2311 Wert des Nachlasses

(1) [1]Der Berechnung des Pflichtteils wird der Bestand und der Wert des Nachlasses zur Zeit des Erbfalls zu Grunde gelegt. [2]Bei der Berechnung des Pflichtteils eines Abkömmlings und der Eltern des Erblassers bleibt der dem überlebenden Ehegatten gebührende Voraus außer Ansatz.

(2) [1]Der Wert ist, soweit erforderlich, durch Schätzung zu ermitteln. [2]Eine vom Erblasser getroffene Wertbestimmung ist nicht maßgebend.

§ 2312 Wert eines Landguts

(1) [1]Hat der Erblasser angeordnet oder ist nach § 2049 anzunehmen, dass einer von mehreren Erben das Recht haben soll, ein zum Nachlass gehörendes Landgut zu dem Ertragswert zu übernehmen, so ist, wenn von dem Recht Gebrauch gemacht wird, der Ertragswert auch für die Berechnung des Pflichtteils maßgebend. [2]Hat der Erblasser einen anderen Übernahmepreis bestimmt, so ist dieser maßgebend, wenn er den Ertragswert erreicht und den Schätzungswert nicht übersteigt.

(2) [1]Hinterlässt der Erblasser nur einen Erben, so kann er anordnen, dass der Berechnung des Pflichtteils der Ertragswert oder ein nach Absatz 1 Satz 2 bestimmter Wert zu Grunde gelegt werden soll.

(3) [1]Diese Vorschriften finden nur Anwendung, wenn der Erbe, der das Landgut erwirbt, zu den in § 2303 bezeichneten pflichtteilsberechtigten Personen gehört.

§ 2313 Ansatz bedingter, ungewisser oder unsicherer Rechte; Feststellungspflicht des Erben

(1) [1]Bei der Feststellung des Wertes des Nachlasses bleiben Rechte und Verbindlichkeiten, die von einer aufschiebenden Bedingung abhängig sind, außer Ansatz. [2]Rechte und Verbindlichkeiten, die von einer auflösenden Bedingung abhängig sind, kommen als unbedingte in Ansatz. [3]Tritt die Bedingung ein, so hat die der veränderten Rechtslage entsprechende Ausgleichung zu erfolgen.

(2) [1]Für ungewisse oder unsichere Rechte sowie für zweifelhafte Verbindlichkeiten gilt das Gleiche wie für Rechte und Verbindlichkeiten, die von einer aufschiebenden Bedingung abhängig sind. [2]Der Erbe ist dem Pflichtteilsberechtigten gegenüber verpflichtet, für die Feststellung eines ungewissen und für die Verfolgung eines unsicheren Rechts zu sorgen, soweit es einer ordnungsmäßigen Verwaltung entspricht.

§ 2314 Auskunftspflicht des Erben

(1) [1]Ist der Pflichtteilsberechtigte nicht Erbe, so hat ihm der Erbe auf Verlangen über den Bestand des Nachlasses Auskunft zu erteilen. [2]Der Pflichtteilsberechtigte kann verlangen, dass er bei der Aufnahme des ihm nach § 260 vorzulegenden Verzeichnisses der Nachlassgegenstände zugezogen und dass der Wert der Nachlassgegenstände ermittelt wird. [3]Er kann auch verlangen, dass das Verzeichnis durch die zuständige Behörde oder durch einen zuständigen Beamten oder Notar aufgenommen wird.

(2) [1]Die Kosten fallen dem Nachlass zur Last.

§ 2315 Anrechnung von Zuwendungen auf den Pflichtteil

(1) [1]Der Pflichtteilsberechtigte hat sich auf den Pflichtteil anrechnen zu lassen, was ihm von dem Erblasser durch Rechtsgeschäft unter Lebenden mit der Bestimmung zugewendet worden ist, dass es auf den Pflichtteil angerechnet werden soll.

(2) [1]Der Wert der Zuwendung wird bei der Bestimmung des Pflichtteils dem Nachlass hinzugerechnet. [2]Der Wert bestimmt sich nach der Zeit, zu welcher die Zuwendung erfolgt ist.

(3) [1]Ist der Pflichtteilsberechtigte ein Abkömmling des Erblassers, so findet die Vorschrift des § 2051 Abs. 1 entsprechende Anwendung.

§ 2316 Ausgleichungspflicht

(1) [1]Der Pflichtteil eines Abkömmlings bestimmt sich, wenn mehrere Abkömmlinge vorhanden sind und unter ihnen im Falle der gesetzlichen Erbfolge eine Zuwendung des Erblassers oder Leistungen der in § 2057a bezeichneten Art zur Ausgleichung zu bringen sein würden, nach demjenigen, was auf den gesetzlichen Erbteil unter Berücksichtigung der Ausgleichungspflichten bei der Teilung entfallen würde. [2]Ein Abkömmling, der durch Erbverzicht von der gesetzlichen Erbfolge ausgeschlossen ist, bleibt bei der Berechnung außer Betracht.

(2) [1]Ist der Pflichtteilsberechtigte Erbe und beträgt der Pflichtteil nach Absatz 1 mehr als der Wert des hinterlassenen Erbteils, so kann der Pflichtteilsberechtigte von den Miterben den Mehrbetrag als Pflichtteil verlangen, auch wenn der hinterlassene Erbteil die Hälfte des gesetzlichen Erbteils erreicht oder übersteigt.

(3) [1]Eine Zuwendung der in § 2050 Abs. 1 bezeichneten Art kann der Erblasser nicht zum Nachteil eines Pflichtteilsberechtigten von der Berücksichtigung ausschließen.

(4) [1]Ist eine nach Absatz 1 zu berücksichtigende Zuwendung zugleich nach § 2315 auf den Pflichtteil anzurechnen, so kommt sie auf diesen nur mit der Hälfte des Wertes zur Anrechnung.

§ 2317 Entstehung und Übertragbarkeit des Pflichtteilsanspruchs

(1) [1]Der Anspruch auf den Pflichtteil entsteht mit dem Erbfall.

(2) [1]Der Anspruch ist vererblich und übertragbar.

§ 2318 Pflichtteilslast bei Vermächtnissen und Auflagen

(1) [1]Der Erbe kann die Erfüllung eines ihm auferlegten Vermächtnisses soweit verweigern, dass die Pflichtteilslast von ihm und dem Vermächtnisnehmer verhältnismäßig getragen wird. [2]Das Gleiche gilt von einer Auflage.

(2) [1]Einem pflichtteilsberechtigten Vermächtnisnehmer gegenüber ist die Kürzung nur soweit zulässig, dass ihm der Pflichtteil verbleibt.

(3) [1]Ist der Erbe selbst pflichtteilsberechtigt, so kann er wegen der Pflichtteilslast das Vermächtnis und die Auflage soweit kürzen, dass ihm sein eigener Pflichtteil verbleibt.

§ 2319 Pflichtteilsberechtigter Miterbe

[1]Ist einer von mehreren Erben selbst pflichtteilsberechtigt, so kann er nach der Teilung die Befriedigung eines anderen Pflichtteilsberechtigten soweit verweigern, dass ihm sein eigener Pflichtteil verbleibt. [2]Für den Ausfall haften die übrigen Erben.

§ 2320 Pflichtteilslast des an die Stelle des Pflichtteilsberechtigten getretenen Erben

(1) [1]Wer an Stelle des Pflichtteilsberechtigten gesetzlicher Erbe wird, hat im Verhältnis zu Miterben die Pflichtteilslast und, wenn der Pflichtteilsberechtigte ein ihm zugewendetes Vermächtnis annimmt, das Vermächtnis in Höhe des erlangten Vorteils zu tragen.

(2) [1]Das Gleiche gilt im Zweifel von demjenigen, welchem der Erblasser den Erbteil des Pflichtteilsberechtigten durch Verfügung von Todes wegen zugewendet hat.

§ 2321 Pflichtteilslast bei Vermächtnisausschlagung

[1]Schlägt der Pflichtteilsberechtigte ein ihm zugewendetes Vermächtnis aus, so hat im Verhältnis der Erben und der Vermächtnisnehmer zueinander derjenige, welchem die Ausschlagung zustatten kommt, die Pflichtteilslast in Höhe des erlangten Vorteils zu tragen.

§ 2322 Kürzung von Vermächtnissen und Auflagen

[1]Ist eine von dem Pflichtteilsberechtigten ausgeschlagene Erbschaft oder ein von ihm ausgeschlagenes Vermächtnis mit einem Vermächtnis oder einer Auflage beschwert, so kann derjenige, welchem die Ausschlagung zustatten kommt, das Vermächtnis oder die Auflage soweit kürzen, dass ihm der zur Deckung der Pflichtteilslast erforderliche Betrag verbleibt.

§ 2323 Nicht pflichtteilsbelasteter Erbe

[1]Der Erbe kann die Erfüllung eines Vermächtnisses oder einer Auflage auf Grund des § 2318 Abs. 1 insoweit nicht verweigern, als er die Pflichtteilslast nach den §§ 2320 bis 2322 nicht zu tragen hat.

§ 2324 Abweichende Anordnungen des Erblassers hinsichtlich der Pflichtteilslast

[1]Der Erblasser kann durch Verfügung von Todes wegen die Pflichtteilslast im Verhältnis der Erben zueinander einzelnen Erben auferlegen und von den Vorschriften des § 2318 Abs. 1 und der §§ 2320 bis 2323 abweichende Anordnungen treffen.

§ 2325 Pflichtteilsergänzungsanspruch bei Schenkungen

(1) [1]Hat der Erblasser einem Dritten eine Schenkung gemacht, so kann der Pflichtteilsberechtigte als Ergänzung des Pflichtteils den Betrag verlangen, um den sich der Pflichtteil erhöht, wenn der verschenkte Gegenstand dem Nachlass hinzugerechnet wird.

(2) [1]Eine verbrauchbare Sache kommt mit dem Werte in Ansatz, den sie zur Zeit der Schenkung hatte. [2]Ein anderer Gegenstand kommt mit dem Werte in Ansatz, den er zur Zeit des Erbfalls hat; hatte er zur Zeit der Schenkung einen geringeren Wert, so wird nur dieser in Ansatz gebracht.

(3) [1]Die Schenkung wird innerhalb des ersten Jahres vor dem Erbfall in vollem Umfang, innerhalb jedes weiteren Jahres vor dem Erbfall um jeweils ein Zehntel weniger berücksichtigt. [2]Sind zehn Jahre seit der Leistung des verschenkten Gegenstandes verstrichen, bleibt die Schenkung unberücksichtigt. [3]Ist die Schenkung an den Ehegatten erfolgt, so beginnt die Frist nicht vor der Auflösung der Ehe.

§ 2326 Ergänzung über die Hälfte des gesetzlichen Erbteils

[1]Der Pflichtteilsberechtigte kann die Ergänzung des Pflichtteils auch dann verlangen, wenn ihm die Hälfte des gesetzlichen Erbteils hinterlassen ist. [2]Ist dem Pflichtteilsberechtigten mehr als die Hälfte hinterlassen, so ist der Anspruch ausgeschlossen, soweit der Wert des mehr Hinterlassenen reicht.

§ 2327 Beschenkter Pflichtteilsberechtigter

(1) [1]Hat der Pflichtteilsberechtigte selbst ein Geschenk von dem Erblasser erhalten, so ist das Geschenk in gleicher Weise wie das dem Dritten gemachte Geschenk dem Nachlass hinzuzurechnen und zugleich dem Pflichtteilsberechtigten auf die Ergänzung anzurechnen. [2]Ein nach § 2315 anzurechnendes Geschenk ist auf den Gesamtbetrag des Pflichtteils und der Ergänzung anzurechnen.

(2) [1]Ist der Pflichtteilsberechtigte ein Abkömmling des Erblassers, so findet die Vorschrift des § 2051 Abs. 1 entsprechende Anwendung.

§ 2328 Selbst pflichtteilsberechtigter Erbe

[1]Ist der Erbe selbst pflichtteilsberechtigt, so kann er die Ergänzung des Pflichtteils soweit verweigern, dass ihm sein eigener Pflichtteil mit Einschluss dessen verbleibt, was ihm zur Ergänzung des Pflichtteils gebühren würde.

§ 2329 Anspruch gegen den Beschenkten

(1) [1]Soweit der Erbe zur Ergänzung des Pflichtteils nicht verpflichtet ist, kann der Pflichtteilsberechtigte von dem Beschenkten die Herausgabe des Geschenks zum Zwecke der Befriedigung wegen des fehlenden Betrags nach den Vorschriften über die Herausgabe einer ungerechtfertigten Bereicherung fordern. [2]Ist der Pflichtteilsberechtigte der alleinige Erbe, so steht ihm das gleiche Recht zu.

(2) [1]Der Beschenkte kann die Herausgabe durch Zahlung des fehlenden Betrags abwenden.

(3) [1]Unter mehreren Beschenkten haftet der früher Beschenkte nur insoweit, als der später Beschenkte nicht verpflichtet ist.

§ 2330 Anstandsschenkungen

[1]Die Vorschriften der §§ 2325 bis 2329 finden keine Anwendung auf Schenkungen, durch die einer sittlichen Pflicht oder einer auf den Anstand zu nehmenden Rücksicht entsprochen wird.

§ 2331 Zuwendungen aus dem Gesamtgut

(1) [1]Eine Zuwendung, die aus dem Gesamtgut der Gütergemeinschaft erfolgt, gilt als von jedem der Ehegatten zur Hälfte gemacht. [2]Die Zuwendung gilt jedoch, wenn sie an einen Abkömmling, der nur von einem der Ehegatten abstammt, oder an eine Person, von der nur einer der Ehegatten abstammt, erfolgt, oder wenn einer der Ehegatten wegen der Zuwendung zu dem Gesamtgut Ersatz zu leisten hat, als von diesem Ehegatten gemacht.

(2) [1]Diese Vorschriften sind auf eine Zuwendung aus dem Gesamtgut der fortgesetzten Gütergemeinschaft entsprechend anzuwenden.

§ 2331a Stundung

(1) [1]Der Erbe kann Stundung des Pflichtteils verlangen, wenn die sofortige Erfüllung des gesamten Anspruchs für den Erben wegen der Art der Nachlassgegenstände eine unbillige Härte wäre, insbesondere wenn sie ihn zur Aufgabe des Familienheims oder zur Veräußerung eines Wirtschaftsguts zwingen würde, das für den Erben und seine Familie die wirtschaftliche Lebensgrundlage bildet. [2]Die Interessen des Pflichtteilsberechtigten sind angemessen zu berücksichtigen.

(2) [1]Für die Entscheidung über eine Stundung ist, wenn der Anspruch nicht bestritten wird, das Nachlassgericht zuständig. [2]§ 1382 Abs. 2 bis 6 gilt entsprechend; an die Stelle des Familiengerichts tritt das Nachlassgericht.

§ 2332 Verjährung

(1) [1]Die Verjährungsfrist des dem Pflichtteilsberechtigten nach § 2329 gegen den Beschenkten zustehenden Anspruchs beginnt mit dem Erbfall.

(2) [1]Die Verjährung des Pflichtteilsanspruchs und des Anspruchs nach § 2329 wird nicht dadurch gehemmt, dass die Ansprüche erst nach der Ausschlagung der Erbschaft oder eines Vermächtnisses geltend gemacht werden können.

§ 2333 Entziehung des Pflichtteils

(1) [1]Der Erblasser kann einem Abkömmling den Pflichtteil entziehen, wenn der Abkömmling
1. dem Erblasser, dem Ehegatten des Erblassers, einem anderen Abkömmling oder einer dem Erblasser ähnlich nahe stehenden Person nach dem Leben trachtet,
2. sich eines Verbrechens oder eines schweren vorsätzlichen Vergehens gegen eine der in Nummer 1 bezeichneten Personen schuldig macht,
3. die ihm dem Erblasser gegenüber gesetzlich obliegende Unterhaltspflicht böswillig verletzt oder

4. wegen einer vorsätzlichen Straftat zu einer Freiheitsstrafe von mindestens einem Jahr ohne Bewährung rechtskräftig verurteilt wird und die Teilhabe des Abkömmlings am Nachlass deshalb für den Erblasser unzumutbar ist. [2]Gleiches gilt, wenn die Unterbringung des Abkömmlings in einem psychiatrischen Krankenhaus oder in einer Entziehungsanstalt wegen einer ähnlich schwerwiegenden vorsätzlichen Tat rechtskräftig angeordnet wird.

(2) [1]Absatz 1 gilt entsprechend für die Entziehung des Eltern- oder Ehegattenpflichtteils.

§ 2334 *(weggefallen)*

§ 2335 *(weggefallen)*

§ 2336 Form, Beweislast, Unwirksamwerden

(1) [1]Die Entziehung des Pflichtteils erfolgt durch letztwillige Verfügung.

(2) [1]Der Grund der Entziehung muss zur Zeit der Errichtung bestehen und in der Verfügung angegeben werden. [2]Für eine Entziehung nach § 2333 Absatz 1 Nummer 4 muss zur Zeit der Errichtung die Tat begangen sein und der Grund für die Unzumutbarkeit vorliegen; beides muss in der Verfügung angegeben werden.

(3) [1]Der Beweis des Grundes liegt demjenigen ob, welcher die Entziehung geltend macht.

§ 2337 Verzeihung

[1]Das Recht zur Entziehung des Pflichtteils erlischt durch Verzeihung. [2]Eine Verfügung, durch die der Erblasser die Entziehung angeordnet hat, wird durch die Verzeihung unwirksam.

§ 2338 Pflichtteilsbeschränkung

(1) [1]Hat sich ein Abkömmling in solchem Maße der Verschwendung ergeben oder ist er in solchem Maße überschuldet, dass sein späterer Erwerb erheblich gefährdet wird, so kann der Erblasser das Pflichtteilsrecht des Abkömmlings durch die Anordnung beschränken, dass nach dem Tode des Abkömmlings dessen gesetzliche Erben das ihm Hinterlassene oder den ihm gebührenden Pflichtteil als Nacherben oder als Nachvermächtnisnehmer nach dem Verhältnis ihrer gesetzlichen Erbteile erhalten sollen. [2]Der Erblasser kann auch für die Lebenszeit des Abkömmlings die Verwaltung einem Testamentsvollstrecker übertragen; der Abkömmling hat in einem solchen Falle Anspruch auf den jährlichen Reinertrag.

(2) [1]Auf Anordnungen dieser Art findet die Vorschrift des § 2336 Abs. 1 bis 3 entsprechende Anwendung. [2]Die Anordnungen sind unwirksam, wenn zur Zeit des Erbfalls der Abkömmling sich dauernd von dem verschwenderischen Leben abgewendet hat oder die den Grund der Anordnung bildende Überschuldung nicht mehr besteht.

Stichwortverzeichnis

Verweise auf den Systematischen Teil: Syst. A, B bzw. C (fett) mit Randnummer (mager)
Verweise auf den Formularteil: Form. (fett) und Randnummer (mager)
Verweise auf den Kommentarteil: Paragraf (fett) mit Randnummer (mager)